2026-1102

Guide
de la
musique de piano
et de clavecin

Collection
LES INDISPENSABLES DE LA MUSIQUE

Guide de l'opéra par Harold Rosenthal et John Warrack ; édition française réalisée par Roland Mancini et Jean-Jacques Rouveroux.
Guide de la musique symphonique sous la direction de François-René Tranchefort (Prix de l'Académie Charles-Cros, 1986).
Histoire de la musique sous la direction de Brigitte et Jean Massin.

OUVRAGES À PARAÎTRE

Guide de la musique de chambre.
Guide de la musique chorale (sacrée et profane).

Guide de la MUSIQUE DE PIANO ET DE CLAVECIN

sous la direction de
FRANÇOIS-RENÉ TRANCHEFORT
avec la collaboration de
ADÉLAÏDE DE PLACE, HARRY HALBREICH,
ANDRÉ LISCHKÉ, JEAN-ALEXANDRE MÉNÉTRIER,
ALAIN POIRIER, MARC VIGNAL

FAYARD

© Librairie Arthème Fayard, 1987

Les citations musicales ont été établies
par Jean-Louis Sulmon.

AVANT-PROPOS

Ce nouveau *Guide d'écoute* adopte les principes de base qui présidèrent à l'élaboration du précédent *Guide de la musique symphonique* : l'exploration d'un domaine de notre « littérature » musicale déterminé par le type de formation ou d'instrument(s) employé, et la présentation des œuvres qui le constituent. Avec la même intention avouée : aider l'auditeur, s'il n'a en mains la partition de l'œuvre qu'il écoute, à « suivre » celle-ci dans son déroulement, à comprendre son organisation générale ainsi que ses structures élémentaires, à l'apprécier d'autant mieux qu'il ne se satisfera pas seulement du plaisir de l'oreille ; bref, inviter cet auditeur à une *écoute active*.

Effrayé peut-être par une telle prétention, qu'il se rassure cependant : l'effort demandé n'est pas immense, et il est gratifiant. Car les rédacteurs de ce *Guide* se sont imposés d'employer un langage simple et concis qui, s'il ne peut écarter complètement le vocabulaire requis pour toute analyse (indications, notamment, de mouvement, de mesure, de tempo, de nuances), en limite l'usage et le fait comprendre aussitôt grâce à un commentaire qui l'éclaire. Rien, d'autre part, de la sécheresse aride et glacée d'articles de dictionnaire : mais souvent, au contraire, de la chaleur, des enthousiasmes, une passion qui se veulent faire partager, — quitte à rencontrer telle ou telle réticence du lecteur. Mais, après tout, voilà — dans certains cas — qui contribuera encore à enrichir l'écoute.

Quant au choix des œuvres, peu d'injustices commises, pensons-nous : car il a procédé d'un travail en commun où chacun apportait sa connaissance d'une époque, d'un style, d'un musicien, dans le but de ne rien omettre d'essentiel. Mieux : le lecteur se trouve convié à plusieurs découvertes, à exercer lui-même sa curiosité au-delà d'un répertoire connu et parfois trop exclusivement pratiqué, soit par paresse, soit par de simples préjugés. En maintes occasions ce livre propose des « réhabilitations » dont interprètes, organisateurs de concerts et éditeurs de disques pourraient, pour le profit de tous, s'inspirer.

Autre observation : il est peu aisé d'opérer une sélection parmi les œuvres de ce second demi-siècle, et surtout de porter des jugements sans léser tel ou tel compositeur vivant, voire même le blesser. Soulignons que, parmi ces compositeurs vivants, ont été retenus ceux jouissant d'un renom universel et incontesté, déjà tenus pour des « classiques » de demain. Et que — nous l'espérons — verra le jour, au sein de cette même collection, un *Guide de la musique contemporaine* dont on pourra reconnaître enfin l'entière impartialité.

Ce volume réunit deux instruments dont la filiation à travers l'histoire de la musique n'est pas contestable, — bien que très dissemblables par leur facture. Résumons en un rapide survol : le psaltérion médiéval, qui appartint à la famille des cithares, fut l'ancêtre commun du clavecin et du piano. Muni d'un clavier, il donna naissance, en effet, à deux nouvelles catégories d'instruments : ceux à cordes pincées — clavecin, épinette et virginal —, ceux à cordes frappées — clavicorde, piano-forte, puis piano*.

Le *clavecin* apparut vers la fin du XVe siècle en Italie, et se répandit en Europe occidentale au cours du siècle suivant pour rester en usage jusque vers 1800 : au XVIIe siècle principalement, d'importants centres de facture se développèrent en France, dans les Flandres (dont la célèbre famille Rückers, installée à Anvers), en Angleterre et jusqu'au Portugal, — l'instrument atteignant au XVIIIe siècle un point avancé de perfection. Jusqu'à cette époque le clavecin fut sans doute — avec l'orgue — l'instrument qui contribua le plus à l'évolution des formes musicales en Europe. Dès le XVIe siècle, de véritables écoles instrumentales avaient vu le jour, un répertoire s'était constitué : transcriptions de chansons (la « canzon da sonar »), puis conquêtes progressives dans le domaine de la musique « pure », — dans le champ illimité ouvert entre la fantaisie et la fugue ; ce répertoire s'enrichit par ailleurs de rythmes de danses — pavanes, gaillardes, branles, allemandes, courantes, sarabandes, chaconnes, menuets et autres gigues — jusqu'alors « sonnés » par d'autres instruments (tel le luth) ; enfin l'âge d'or du clavecin fut celui de la variation, tandis que sonates et « pièces en concert » précédèrent de peu son déclin marqué par l'apparition d'un instrument totalement différent et correspondant mieux aux exigences des compositeurs comme aux changements du goût : le piano-forte. Redécouvert par quelques pionniers au début du XXe siècle, le clavecin a vu renaître un répertoire qui lui soit propre ; on assiste aujourd'hui à un regain considérable d'intérêt, — non seulement pour ce nouveau répertoire, mais pour celui des siècles passés et, plus spécifiquement, pour ces sonorités claires, précises (nullement sèches ainsi qu'on le dit parfois), du grand clavecin actuel.

Très répandue aux XVIIe et XVIIIe siècles, l'*épinette* fut un instrument proche du clavecin, plus petit généralement, également à cordes pincées ; il résultait de sa facture une résistance inégale de note à note, — rendant le jeu difficile ; mais la sonorité, douce, en fut délectable. Le *virginal* constitua une variété d'épinette, encore plus petite, en honneur dans la musique anglaise des XVIe et XVIIe siècles : les « virginalistes » furent des compositeurs qui écrivirent alors pour le clavecin ou pour cet instrument, également d'usage domestique. Toute une littérature pour virginal a été heureusement ressuscitée de nos jours.

A la différence des clavecins — à cordes pincées —, les pianos sont, nous l'avons dit, à cordes frappées. C'est à partir de la seconde moitié du XIVe siècle qu'apparut l'ancêtre le plus authentique du piano, l'échiquier, — variante du psaltérion médiéval, assortie d'un clavier dont les touches actionnaient de petits marteaux ; mais on ne sait rien de très précis sur l'instrument, sinon qu'il se propagea en France, en Angleterre et en Espagne jusqu'au XVIe siècle. On est mieux renseigné sur le *clavicorde,* premier véritable instrument à clavier du Moyen Age qui, peu à peu agrandi et perfectionné, subsista jusqu'au début du XIXe, — en raison notamment de sa valeur pédagogique auprès des apprentis clavecinistes ou organistes. La simplicité de son mécanisme, permettant de lier directement l'expression au toucher, assura longtemps son succès : au milieu du XVIIIe siècle, il coexista sans conteste avec le clavecin et le piano-forte : Haydn et Mozart possédèrent chacun le sien.

---

* De brèves descriptions techniques de ces instruments figurent, en fin de volume, au *Glossaire*.

Dès son apparition — tout début du XVIIIe siècle — le *piano-forte* adopta la forme du clavecin, puis la conserva avec le piano à queue, son successeur ; d'emblée l'instrument fut pourvu des principaux organes de sa mécanique moderne, avec un clavier comportant cinq octaves. Mais le piano-forte, instrument de transition et ressenti bientôt comme tel, ne devait pas s'imposer durablement. Jean-Sébastien Bach, par exemple, fut peu favorable à son essor ; or la sonorité délicate, voire transparente de ce piano-forte, la légèreté de ses basses favorisant les accords de main gauche, expliquent que Mozart ait abandonné le clavecin pour le piano-forte.

L'ère véritable du *piano* ne commença que dans le dernier tiers du XVIIIe siècle, avec les perfectionnements apportés par le facteur anglais Broadwood (premier grand piano à queue), puis, dans les premières années du XIXe, par le français Érard : ce dernier, surtout, inventa une mécanique à simple échappement (l'intensité des sons dépendait du degré d'enfoncement des touches), puis mit au point en 1822 la mécanique à double échappement, — la première permettant les répétitions véloces de notes : d'où la « virtuosité » romantique (ainsi qu'un contrôle permanent de l'intensité sonore par le toucher). Sur ce principe même sont construits tous les pianos actuels, et les perfectionnements ultérieurs n'ont été que de détail : « notre » piano était né. A de rares exceptions près, tous les compositeurs ont écrit pour le piano à partir du dernier tiers du XVIIIe siècle : « le plus grand excitant de l'imagination musicale depuis deux siècles », a estimé Olivier Messiaen. Et il est vrai que, de Haydn à nos jours, la « littérature » pianistique — qu'on la confie au piano droit, au grand instrument de concert, ou à quelque piano-forte ressuscité — est sans doute l'une des plus belles, et peut-être la plus significative de l'évolution du goût musical dans nos sociétés occidentales.

F.R.T.

*Le classement est celui des noms de compositeurs dans l'ordre alphabétique. Chaque nom de compositeur est suivi, avant présentation des œuvres, d'une courte notice biographique que complètent des indications sur les caractères (historiques, esthétiques) de sa production dans le domaine considéré. En fin de volume, l'**index** procède aussi, pour la commodité, à un classement alphabétique des œuvres sous chaque nom de compositeur. Un bref **glossaire** le précède, — qui devrait faciliter grandement la lecture de ce livre dans les cas où subsiste quelque obscurité.*

FRANÇOIS D'AGINCOURT

Né à Rouen, en 1684 ; mort à Rouen, le 30 avril 1758. C'est comme organiste plus que comme claveciniste qu'il fut connu en son temps. Élève de Jacques Boyvin (c. 1653-1706), organiste de l'église Notre-Dame de Rouen, puis disciple de Nicolas Lebègue à Paris, il occupa de nombreuses tribunes d'orgue : à Paris, à Sainte-Madeleine-en-la-Cité, à Rouen où il succéda à son maître aux orgues de l'église Notre-Dame, à l'abbaye royale de Saint-Ouen, puis à la chapelle royale de Versailles où il fut appelé en remplacement de Louis Marchand. Il mourut à Rouen après de nombreuses années de service à l'église Notre-Dame. D'Agincourt laisse plusieurs recueils d'airs avec basse continue, de la musique d'orgue, et un livre de pièces de clavecin plein de charme et de raffinement.

L'œuvre de clavecin

D'Agincourt n'écrivit qu'un seul livre de *Pièces de clavecin*. Édité en 1733 et dédié à la reine Marie Leszczinska, il est accompagné d'une préface particulièrement intéressante. Celle-ci nous apprend d'abord qu'à l'époque de la publication de ce premier livre, d'Agincourt travaillait à un second livre, — dont nous n'avons aujourd'hui aucune trace. Elle nous apprend aussi le soin avec lequel l'organiste de Rouen a préparé et surveillé la publication de ce volume, ce qui lui a occasionné des dépenses considérables. C'est dans cette préface enfin que d'Agincourt manifeste toute l'admiration qu'il portait à François Couperin (dont le *Quatrième Livre de pièces de clavecin* était paru en 1730) ; en guise de commentaire accompagnant la table de ses agréments, il précise : « Je n'ai rien changé aux agréments ni à la manière de toucher de celle que Monsieur Couperin a si bien désignée et caractérisée, et dont presque toutes les personnes de l'art font usage... »

Le livre de clavecin de d'Agincourt se compose de quarante-trois pièces réunies en quatre *ordres*. On remarquera que, comme François Couperin, d'Agincourt utilise le terme « ordre » pour désigner ses suites. Seul le *Premier ordre* contient, au milieu de ses treize pièces, les mouvements traditionnels de la suite de danses (deux allemandes, courante, sarabande, gigue). Les trois autres ordres abandonnent ce schéma et leur auteur, à l'instar de François Couperin, semble avoir une réelle préférence pour le rondeau et pour les pièces sous-titrées (presque toutes les pièces, y compris les danses, portent un sous-titre évocateur).

Le **Premier ordre** (*ré* mineur) rassemble treize pièces, pour la plupart sous-titrées. Il débute par deux allemandes *La Sincopée** et *La Couronne*. Par la densité de son écriture, la richesse de son ornementation et le rythme de ses valeurs pointées, cette dernière a un aspect très solennel. Une cou-

---

* Dans les titres des pièces et les indications de tempo ou d'expression, nous avons généralement respecté l'orthographe du compositeur.

rante, une sarabande, *La Magnifique*, et une gigue, *La Bléville*, succèdent aux deux allemandes. D'Agincourt aime à composer des rondeaux à deux couplets : *Le Pattelin* est une pièce simple et gracieuse, *La Sensible* se joue « lentement et coulament ». Il y a beaucoup de variété dans *Les Dances provençales* qui s'ouvrent par un joyeux mouvement à deux temps en *ré* majeur, se poursuivent par un épisode plus expressif en *ré* mineur, et se concluent en *ré* majeur sur un rythme à 6/8 que l'on exécutera « légèrement ».

Le **Deuxième ordre** (*fa* majeur) réunit sept pièces, — soit deux danses (un menuet et une chaconne, *La Sonning*) et diverses pièces sous-titrées. En tête du rondeau *Le Colin Maillard* où les mains jouent en permanence à intervalle de tierces ou en canon, d'Agincourt précise qu'il faut utiliser ici les deux claviers du clavecin. Plus loin, il dépeint *La Pressante Angélique* dans un rondeau gracieux et plein de noblesse, et brosse les portraits de *Deux cousines* : l'un tendre et rêveur dans le mode mineur, l'autre primesautier, joyeux et « un peu plus viste » avec ses croches, ses valeurs pointées et ses triolets. Une chaconne à la française en dix couplets, *La Sonning*, où « chaque couplet se recommence deux fois », conclut ce second ordre.

Le **Troisième ordre** (*ré* majeur) regroupe onze pièces. Parmi celles-ci, une gavotte, *La Courtisane*, et un vaudeville, *Le Val joyeux*. Le charmant et volubile *Moulin à vent*, écrit « très légèrement » sur un rythme à 6/16, rappellera à plus d'un l'art et la manière de François Couperin. *La Minerve* est un rondeau empreint de majesté, et *L'Étourdie*, autre rondeau « gayement », est une page pleine de vivacité avec son thème en notes répétées et son déploiement de doubles croches.

Il y a douze pièces dans le **Quatrième ordre** (*mi* mineur). Dans la belle allemande introductive, intitulée *La Couperin*, d'Agincourt rend encore une fois hommage à François Couperin qui reste son modèle. Plusieurs pièces tendres ou expressives se succèdent ensuite : la gavotte *La tendre Lisette*, *L'Harmonieuse*, *Les Tourterelles*. Dans *Les Violettes fleuries*, rondeau « gracieusement », l'écriture raffinée et surchargée d'une ornementation subtile est digne du *Rossignol en amour* du *Troisième Livre de pièces de clavecin* de Couperin. D'Agincourt rend un dernier hommage à *La Princesse de Conty* dans un rondeau majestueux, et termine son recueil par *La Moderne*, pièce rapide, composée (comme il l'avoue dans sa préface) dans un genre différent de celui des autres pièces, et qui se joue avec la dextérité de ses croisements de mains sur les deux claviers de l'instrument.

A. d. P.

ISAAC ALBENIZ

Né le 20 mai 1860, à Camprodón (Catalogne); mort le 18 mai 1909, à Cambo-les-Bains (Pyrénées-Atlantiques). La maîtrise du piano domine la vie et l'œuvre de ce Catalan qui, précocement doué, donna son premier récital à Barcelone à l'âge de quatre ans! Une existence impécunieuse et mouvementée devait le conduire en Amérique du Sud, puis aux États-Unis, enfin en Angleterre et en Allemagne, — tous pays où il accomplit des tournées de concerts triomphales. Mais la personnalité du compositeur, forgée par les enseignements successifs de Marmontel à Paris, de Reinecke à Leipzig, de Gevaert à Bruxelles, de Liszt à Weimar, enfin de d'Indy et Dukas de nouveau à Paris (il deviendra professeur de piano à la Schola Cantorum), ne se dégagea que lentement. L'art lyrique semblait lui réussir, notamment dans la veine des « zarzuelas » (Pepita Jimenez, *en 1896). Mais rien dans sa production — vocale (avec des mélodies) ou symphonique — n'approcha la réussite de ses pièces pour piano, soit séparées, soit le plus souvent réunies en recueils — dont les quatre cahiers d'*Iberia, *le chef-d'œuvre — révélant la richesse d'une écriture tout autre que de pure virtuosité : d'une part, les innovations dans la technique pianistique y sont notables (attaques du clavier, position des mains, doigtés), et influenceront maints compositeurs contemporains ; d'autre part, le souci des sonorités* individualisées, des couleurs, d'une harmonie complexe et raffinée, et jusqu'à l'esprit rhapsodique de ses œuvres, placent Albeniz dans la descendance d'un Liszt tout en préservant l'originalité d'une inspiration profondément espagnole, et qui semble inépuisable. Plus de trois cents pièces constituent la production pour piano seul. Beaucoup certes — une sorte de « première manière » du compositeur — relèvent d'un art de salon élégamment cosmopolite et assez convenu (influences subies par le grand itinérant que fut Albeniz). Néanmoins s'en détachent certaines où s'exprime une sensibilité particulière, enracinée dans la culture ibérique, — et que nous présentons succinctement avant d'examiner plus en détail les douze pièces composant le grand « cycle » d'Iberia.

Les œuvres pour piano antérieures à Iberia

La **Suite espagnole n° 1** (op. 47), datée de 1886, comporte huit numéros inspirés par des thèmes populaires régionaux et, plus particulièrement, par leurs rythmes caractéristiques. Se succèdent *Granada, Cataluna, Sevilla, Cadiz, Asturias, Aragon, Castilla* et *Cuba* (qui est un tango). Une *Suite n° 2* fut écrite, avec deux numéros : *Zaragoza* et *Sevilla*.

Un an plus tard (1887) parut **Recuerdos de Viaje** (op. 71), qui se traduit « Souvenirs de voyage », — d'une facture comparable et comprenant sept pièces : *En el mar, Leyenda* (« légende »), *Alborada, En la Alhambra, Puerto de tierra, Rumores de la Caleta* (qui est une *malagueña* devenue populaire), et *En la playa*. Les titres sont évocateurs de moments et d'atmosphères d'un caractère plus subjectif, mais encore assez superficiel.

Composée en 1893, **España** (op. 165) consiste en une suite de six petites pièces sous-titrées « feuilles d'album pour piano », et certainement d'un intérêt accru. La première — *Prélude* — forme une sorte de longue cadence, avec ses solos à découvert d'une monotonie obsédante. Suit un *Tango* dans un *ré* majeur un peu alangui, — pièce la plus célèbre, connue dans toutes sortes de transcriptions, et qui n'est pourtant pas d'une originalité marquée. La *Malagueña* qui succède est de bien plus de poids, — dont les petites notes, les arpèges, les trilles, comme en constante improvisation, suscitent un progressif envoûtement. Viendront ensuite une *Serenata*, un *Capricho* (« caprice » catalan), enfin un *Zortzico* évocateur du Pays basque.

C'est avec les **Chants d'Espagne** (op. 232), datés de 1897, que se dessine un véritable talent, — qui n'est pas encore tout à fait le génie. Ce recueil comprend cinq numéros : le *Prélude*, un *solear* andalou, est en forme de récit profondément méditatif.

Oriental, puis *Sous le palmier*, sont deux morceaux d'une inspiration exotique assez sentimentale, — tandis que *Cordoba* et *Seguidillas*, les deux dernières pièces, retrouvent les rythmes et les saveurs ibériques, — en particulier *Seguidillas*, sans doute la plus réussie, toute animée d'une effervescence populaire dans l'éclatante lumière de son *fa* dièse majeur. Relativement peu connues, car peu jouées*, ces pièces n'ont qu'épisodiquement la qualité de celles d'*Iberia*; mais la composition de ce grand « cycle » ne sera entreprise que près de dix années plus tard.

Iberia, douze impressions pour piano (sans numéro d'opus)

C'est avec *Iberia* qu'éclate enfin le génie, longtemps contenu, du musicien espagnol. Cet important recueil demeure — on l'a dit — le chef-d'œuvre incontesté d'Albeniz, un chef-d'œuvre absolu de la littérature pianistique. Il comprend douze « impressions » composées entre 1905 et 1908 (publiées à Paris de 1906 à 1909), et réparties en quatre cahiers de trois pièces chacun ; une treizième pièce inachevée, *Navarra* (sur un rythme fougueux de *jota*), fut terminée par Déodat de Séverac en hommage — un peu édulcoré — à celui qui fut son maître. Il est notable qu'Albeniz a conçu *Iberia* comme un « adieu » à l'Espagne, — alors que, déçu par l'accueil que lui avait réservé son pays natal, il se tenait pour un exilé. Tout, dans *Iberia*, respire d'un « folklore » : mais folklore artificiel, réinventé, et cependant le plus authentique, — ce fut là le secret d'un homme si proche de ses sources et qui

---

* Il existe toutefois un enregistrement complet de la grande pianiste Alicia de Larrocha. Outre les arrangements pour guitare, on peut s'intéresser à une version orchestrée de ces *Chants d'Espagne* par le chef Rafael Frühbeck de Burgos (orchestrateur, également, de la *Suite espagnole n° 1* évoqué ͏͏plus haut).

sut en faire jaillir de nouvelles eaux fraîches.

Chaque pièce d'*Iberia*, très construite en dépit de son allure rhapsodique, se coule naturellement dans un cadre formel, — en général celui de la forme sonate bi-thématique avec développement et réexposition. De même les relations tonales sont-elles classiques (influence non négligeable de l'enseignement reçu à la Schola Cantorum). D'où l'unité profonde de ce « cycle » qu'on ne perçoit pas d'emblée, tant abondent les figurations expressives : accumulation, notamment, de notes « étrangères » (le gruppetto, par exemple), emploi quasi systématique de l'acciacature (appogiature brève dans laquelle la dissonance et sa résolution sont frappées simultanément), variations instantanées de timbre et d'intensité (par les croisements de mains). S'y ajoutent les utilisations fréquentes de la gamme par tons debussyste (et des accords de quinte augmentée qui en découlent), ainsi que des modes antiques (doriens, surtout) ou orientaux (arabes), — qui créent chez l'auditeur une sensation de vertige lancinant, voire d'hypnose. Toutes les pièces d'*Iberia* — sauf l'*Evocación* initiale — portent des noms de villes, de danses ou de fêtes, et toutes, à l'exception de cette *Evocación* et de *Lavapiés*, se réfèrent au sud de l'Espagne, à l'Andalousie. Mais — on l'aura compris — sans la moindre intention strictement descriptive.

Premier cahier

1. EVOCACIÓN : c'est, sous forme d'un *fandanguillo* d'appartenance basque, une sorte de préambule au caractère d'andantino, — lente rêverie à la fois mystérieuse et comme voilée de nostalgie. Il y a deux thèmes avec un développement extrêmement concis — court passage mélodique —, avant leur reprise. Le premier, en *la* bémol mineur, s'expose en staccatos scintillants ; plus remarquable s'avère le second thème dans le ton relatif (*ut* bémol majeur), — d'un lyrisme grave que parsèment les gruppettos caractéristiques du *cante jondo*. Dans la coda, c'est un clair *la* bémol majeur qui succède au mineur, et qui achèvera cette merveilleuse pièce de poésie dans le pianissimo :

Un doux accord de sixte ajoutée — légère palpitation du silence, d'essence impressionniste — vient conclure.

2. EL PUERTO (« Le port ») : le contraste est grand avec l'*Evocación* précédente. Il s'agit d'un *polo*, — chanson dansée andalouse qui tournoie dans l'allégresse sur des rythmes déhanchés et dans de soudaines violences (le frappé et le martelé y sont indiqués avec précision et efficacité : « fort et très en dehors », « très brusque », etc.). Là encore, on reconnaît la forme sonate à deux thèmes, — le premier dans un *ré* bémol majeur jubilant, le second « sombre et sonore, souple et caressant », suivi d'un développement « très langoureux ». La reprise précède une coda ralentie. « Humoresque passionnée » selon Vladimir Jankélévitch*, c'est la pièce la plus brève de tout le recueil d'*Iberia*.

3. EL CORPUS (CHRISTI) EN SEVILLA : cette pièce fameuse — plus développée que les deux précédentes — a pris pour titre distinctif *Fête-Dieu à Séville*. Elle évoque, en effet, la cérémonie annuelle de la Fête-Dieu dans la vieille cité andalouse, — avec sa procession, ses cantiques, ses excès de dévotion. Non un tableau, mais une succession d'images sonores déployées dans le cadre d'une très ample forme sonate. L'écriture pianistique y atteint un accomplissement, — tendant d'ailleurs à transcender les possibilités mêmes de l'instrument en une sorte de poème symphonique pour piano-orchestre (Songeons ici à l'orchestre de *Bruits de fête*, de Liszt). Le premier thème, un *Allegro gracioso* en *fa* dièse mineur, se présente dans le pianissimo, en staccatos marqués sur un fond d'acciacatures donnant l'impression de pizzicatos de guitare : le cortège des fidèles avance, selon des alternances de ritardando et d'accelerando imprimant aux cantiques une sorte d'ondulation extatique. Le second thème — explosion de liesse, sorte de carnaval mystique — fait éclater un *fa* dièse majeur d'une lumière aveuglante, sur une trépidante *saeta* andalouse qui paraît improvisée par les spectateurs. D'écrasants fortissimos (« plus fort encore si possible », demande le compositeur) assènent leur puissance forcenée, — tandis que le thème initial, passé en majeur, contrepointe cette orgie sonore. Au développement de la *saeta* succède celui, modulant, du premier thème dont la double réexposition amène

---

* In : *La Présence lointaine* (Le Seuil, Paris, 1983).

sa variation rythmique — *vivo* — à 3/8. La conclusion, contrastante, se fera sur un pianissimo laissant mourir tous les bruits de fête : la procession disparue, c'est l'épanchement doux et lointain d'une mélodie grave qui clôt cette pièce extraordinaire.

Deuxième cahier

1. RONDEÑA : pour ouvrir ce deuxième cahier, une vigoureuse danse gitane dont le titre provient de la ville andalouse de Ronda. Elle expose un premier thème rythmique alternant 3/4 et 6/8, qui modulera pour introduire un second sujet fondé sur la *malagueña* : c'est une *copla*, — chant d'amour dont le lyrisme sensuel et presque douloureux s'épanche en *la* majeur. Nouveau développement du premier thème, — avant que les deux ne soient réexposés polyphoniquement. Brève coda.

2. ALMERIA : pièce la plus développée de ce deuxième cahier, qui — comme la précédente — expose des rythmes gitans, ceux de la *taranta* de la ville d'Almeria... « Tout ce morceau est à jouer d'une façon nonchalante et molle, mais bien rythmée » (Albeniz). Le premier thème, en effet, orné de délicates acciacatures, semble s'alanguir de volupté, — alors que l'expressive mélodie d'une *copla* envahit peu à peu le registre aigu du piano. Celui-ci développe abondamment ce second thème, qui ne laissera reparaître le premier qu'à l'extrême fin de la pièce, d'une grâce rêveuse.

3. TRIANA : le thème énergique de *pasodoble* qui ouvre, en *fa* dièse mineur, cette dernière pièce du cahier fait évoquer un faubourg de Séville. C'est un rythme de boléro qui forme la transition harmoniquement complexe et hardie — nombreuses dissonances et fausses relations — vers un second sujet, dans un *la* majeur lumineux : celui-ci — une *marche-torera* — n'est, à la vérité, qu'une dérivation enjouée du *pasodoble* qui ne reparaîtra pas lui-même dans la reprise. Au contraire, une brève séquence modale introduira la conclusion revenue dans le ton initial, — toute en gruppettos et staccatos incisifs.

Troisième cahier

Publié en 1907, ce cahier peut être tenu pour le plus caractéristique de la technique pianistique d'Albeniz, — le virtuose autant que le compositeur : en particulier de la répartition des sons et des timbres entre les deux mains, — dont les effets ont pu paraître inouïs à nombre de contemporains.

1. EL ALBAICIN : c'est une des pièces les plus mystérieusement belles, et envoûtantes, de la série des deux derniers cahiers, — constituant eux-mêmes un sommet de l'inspiration du musicien espagnol. Son ambiance nocturne et fiévreuse fait notamment contraste avec les tumultes éclatants de la *Fête-Dieu à Séville* du tout premier cahier. La sombre tonalité de *si* bémol mineur enveloppe l'énoncé du premier thème indiqué *Allegro assai ma melancolico*, — déroulé de façon lancinante sur un rythme à 3/8 : on pénètre ici dans le vieux quartier gitan de Grenade, au cœur de la nuit. Accords secs de la main droite imitant le pizzicato des guitaristes flamencos, — tandis que la main gauche égrène des traits rapides et concentrés :

Le second thème, en unisson sur l'intervalle de deux octaves, offre une *copla* en mode dorien, — monodie incantatoire typique du *cante jondo* andalou. Un épisode agité d'acciacatures endiablées — véritables « arrachés » de guitare — précède un développement au lyrisme passionné. Le retour des acciacatures introduit une seconde *copla*, plus ornée que la première. On revient aux accents rythmiques du début dans la conclusion, qui achève cette pièce unique avec brusquerie. Commentaire de Debussy : « C'est comme les sons assourdis d'une guitare qui se plaint dans la nuit, avec... de nerveux soubresauts. » Et c'est aussi l'essence, sublimée, de tout le chant flamenco.

2. EL POLO : du nom d'un chant et d'une danse andalous, à 3/8 et de mouvement modéré. Pièce « géniale et fataliste », selon Olivier Messiaen. *Allegro melancolico* indiqué — entre autres — « doux, en sanglotant, toujours dans l'esprit du sanglot » : ce qui définit le climat affectif de ce morceau, non moins étonnant que le précédent (ou que celui qui suivra) ; mais d'une facture plus discrète, plus intime et plus décantée, — la moins contrastée et la moins colorée parmi les douze pièces d'*Iberia*. Déploration funèbre que la monotonie de son rythme ternaire, son obstination pathétique

sur la tonique de *fa* mineur, l'intensité de ses gruppettos, l'âpreté de ses dissonances, gravent aussitôt dans la mémoire. On retrouve deux thèmes, — le second étant seul développé, en majeur.

3. LAVAPIÉS : seule pièce (avec l'*Evocación* inaugurale du recueil) que n'inspire pas l'Andalousie. Ce sont, cette fois, les danseurs d'un quartier populaire de Madrid qui animent *Lavapiés* de leur frénésie, et projettent sur la « toile » les couleurs les plus crues et les plus violentes. Ce morceau, du même coup, s'avère le plus difficile d'exécution de toute la série : entrecroisements des mains et très larges sauts, en particulier. Le ton principal est *ré* bémol majeur, — avec un premier thème empruntant l'élasticité rythmique de la *habanera* : débordements de « fausses » notes, d'acciacatures, de fortissimos au grave du clavier (véritables sons de cloches à la volée), — exigeant la notation sur trois portées. Le second thème passe en *la* bémol majeur et fait entendre, au médium du piano, une chanson intentionnellement vulgaire avec ses gruppettos « à fleur de peau ». Développement, et reprise dans laquelle le second thème, passant au registre grave, se veut « narquois », « canaille » (indications de la partition). La coda, d'esprit modal, puis sur la gamme par tons, s'opère en un staccato qui crépite et s'affaiblit peu à peu...

Quatrième cahier

1. MALAGA : c'est une des pièces les moins connues du recueil, — et sans doute en raison de sa proximité avec les deux morceaux, autrement célèbres, qui concluront le « cycle ». D'un sentiment néanmoins passionné, sur des rythmes purement gitans de *malagueña*, elle présente elle aussi deux thèmes, — dont le second, intensément mélodique, se distingue par l'expressivité véhémente de ses notes répétées.

2. JEREZ : très développée, cette pièce, qui fait usage du mode hypodorien, se veut d'une qualité différente. Le thème initial, en mineur, au rythme obsédant, se déroule dans un climat de recueillement quasi mystique, ainsi qu'une « rêverie ». Il est l'objet de trois variations, d'une écriture harmonique dense et subtile (quartes et tierces, parallélismes harmoniques). Un nouveau rythme à 3/8 et le passage au majeur conduisent au second thème, — qui est une *copla* dont le développement, d'une expression tendre, aux belles modulations, approfondit le chant. Réexposition très librement variée et pimentée d'acciacatures, — avant une ample coda limpide, presque « surnaturelle »*, dont les sonorités s'éteindront dans un quadruple pianissimo.

3. ERITAÑA : la dernière pièce d'*Iberia* forme un nouveau contraste avec celle qui l'a précédée. Danse d'auberge aux portes de Séville, dans la pleine lumière d'un *mi* bémol majeur. Le rythme principal en est celui d'une *sévillane*, — qui parcourt les deux thèmes : le premier d'une joie débordante, comme criblée d'éclats de rire, et marqué de continuelles appogiatures, d'acciacatures percutantes, de vibrants pizzicatos ; le second, plus doux, plus évasif. Développement très modulant, avec reprise rapide, puis une vaste coda, — d'abord allègrement expansive, ensuite d'une vigueur croissante, pour conclure sur un fortissimo éclatant.

Nul doute qu'avec *Jerez*, puis *Eritaña*, le compositeur espagnol n'ait achevé ce magnifique chef-d'œuvre qu'est *Iberia* par deux pièces révélant le mieux l'essence du flamenco sous un double éclairage, — l'ombre et la lumière. Avec une imagination, une générosité, une prodigalité qui ont fait dire à Debussy qu'Albeniz n'hésitait pas « à jeter la musique par les fenêtres ».

On signalera, pour terminer, qu'après la mort du musicien, cinq pièces d'*Iberia* furent orchestrées par le chef Fernandez Arbós : *Evocación, El Puerto, Fête-Dieu à Séville, Triana*, et *El Albaicin*. Certes, le piano d'*Iberia* tend à tout instant vers la plénitude de l'orchestre, la riche diversité de ses timbres instrumentaux : cependant, quoi de plus âpre, de plus tendu, de plus explosif, que les attaques et les acciacatures au clavier, quoi de plus mystérieusement beau que ses étalements harmoniques ? L'orchestre ne remplace pas cela.

F.R.T.

---

* Selon V. Jankélévitch, *op. cit.*

CHARLES-VALENTIN ALKAN

Né à Paris, le 30 novembre 1813 ; mort à Paris, le 29 mars 1888. D'origine juive, son véritable nom était Morhange. Le nom d'Alkan, emprunté à son père, Alkan Morhange, fut porté par sa sœur et ses quatre frères, tous musiciens. Admis très tôt au Conservatoire de Paris, Charles-Valentin y reçut plusieurs premiers prix, notamment celui de piano dans la classe de P. Zimmermann. Des débuts prometteurs devant le public parisien laissaient présager une belle carrière. Malheureusement, ce personnage étrange et énigmatique, grand ami et admirateur de Chopin, sombra dans un état de mélancolie et de misanthropie qui devait peu à peu le couper totalement du monde. En dépit d'un voyage à Londres en 1833, il passa toute sa vie à Paris, s'y produisant sporadiquement, mais avec succès. Liszt, qui l'admirait, le considérait comme un brillant pianiste. La nomination d'A.-F. Marmontel comme successeur de Zimmermann au Conservatoire, poste qu'il briguait, semble l'avoir profondément affecté. Alkan n'obtiendra jamais de charge officielle. De plus en plus nerveux et hypocondriaque, il réapparaîtra une dernière fois au concert en 1873 pour une série de Petits Concerts *qu'il organisa durant plusieurs années à la salle Érard. Les programmes, éclectiques, étaient très intéressants : Couperin, Rameau, Haendel, Bach, Mozart, Beethoven, Schubert, Saint-Saëns, etc. Fidèle au judaïsme, traducteur de la Bible, il avait une profonde connaissance de l'Ancien Testament et du Talmud, qui influencèrent sa musique. Alkan connut une fin étrange : selon ses proches, il serait mort écrasé par la chute de sa bibliothèque alors qu'il tentait d'attraper un volume haut placé.* « *S'il est une physionomie d'artiste originale et curieuse à étudier entre toutes, c'est bien certainement celle de Charles-Valentin Alkan, dont l'intérêt se double d'une sorte de mystère et d'énigme à pénétrer* », *écrivit Marmontel* *.

L'œuvre de piano

L'œuvre d'Alkan fut en grande partie négligée par ses contemporains. Son génie créateur incompris passa longtemps inaperçu, et pourtant un artiste comme Liszt, qui le connaissait et lui consacra un article dans la « Revue et Gazette musicale », l'admirait sincèrement. Alkan avait d'ailleurs dédié à Liszt ses *Trois Morceaux dans le genre pittoresque op. 15*, publiés en 1832 sous le titre initial de *Trois grandes Études*. Le comportement étrange d'Alkan, tout autant que le caractère insolite de ses compositions suffiraient, semble-t-il, à expliquer cette indifférence du monde musical parisien. « C'est un haut talent que celui de M. Charles-Valentin Alkan, c'est un talent éminent, hors ligne... Si M. Alkan ne jouit pas de la réputation qu'il mérite, c'est qu'il se fait entendre trop rarement. Ses compositions s'éloignent des formes mises en vogue par la plupart des solistes ; il s'ensuit qu'une ou deux auditions ne suffisent pas, que le public est dérouté et a peine à comprendre », écrivait en 1844 Joseph d'Ortigues, critique à « La France musicale ».

Au tournant du XXe siècle, c'est le pianiste Busoni qui remit en valeur l'œuvre d'Alkan en la jouant au concert à Berlin. Aujourd'hui, cette musique, fort méconnue en France, est au contraire très appréciée dans les pays anglo-saxons, où plusieurs ouvrages en langue anglaise lui ont été consacrés. En 1969, les éditions Le Pupitre ont publié à Paris une anthologie de l'œuvre pour piano d'Alkan, avec une introduction de G. Beck**. Enfin, récemment, en 1985, le pianiste Ronald Smith, auteur d'un petit livre sur la personnalité d'Alkan***, a réalisé un enregistrement très séduisant d'un choix de vingt-cinq pièces de celui qu'on nommait en son temps « le Berlioz du piano ».

Mis à part quelques pièces de musique vocale et de musique militaire, trois œuvres de musique de chambre et deux *Concertos da camera, op. 20*, l'œuvre d'Alkan se compose essentiellement de pièces pour le piano. Cette littérature est aussi vaste qu'ignorée.

---

* Antoine-François Marmontel, *Les pianistes célèbres* (Paris, Heugel 1878).

** George Beck, Preface to *Ch. V. Alkan : œuvres choisies pour piano* (Le Pupitre, XVI, Paris, 1969).
*** Ronald Smith, *Alkan : the Enigma* (London, Kahn & Averill, 1976).

L'*op. 1* qui regroupe des variations sur un thème de Steibelt, fut publié en 1828. Alkan avait alors quinze ans, et des débuts prometteurs lui attiraient le succès. La première série d'œuvres importantes vit le jour en 1832 : ce sont les *Trois Études de bravoure, op. 12*, les *Trois Andante romantiques, op. 13* et les *Trois Morceaux dans le genre pathétiques, op. 15*, dédiés à Liszt.

En 1838, Alkan composa trois intéressants *Scherzi, op. 16, Trois grandes Études, op. 76* pour les deux mains séparées ou réunies, et des *Morceaux caractéristiques* rassemblés dans le recueil *Les Mois, op. 74*. R. Smith voit dans ces dernières pièces un exemple de ces « miniatures » qui plaisaient particulièrement au pianiste amateur. Entre 1838 et 1844, Alkan disparut totalement de la vie musicale parisienne, ne réapparaissant qu'en 1844 et 1845 pour une série de concerts à la salle Érard. Durant ces six années, il ne publia aucune œuvre. Il se remit à la composition en 1844 avec *Le Preux, Étude de concert, op. 17, Saltarelle, op. 23, Gigue et Air de ballet dans le style ancien, op. 24, Alleluia pour piano, op. 25, Le Chemin de fer, Étude pour piano, op. 27*, et *L'Amitié, Étude pour piano*.

L'année 1846 fut marquée par la publication de deux œuvres importantes : la *Marche funèbre, op. 26* et la *Marche triomphale, op. 27*, dédiées par Alkan à la duchesse de Montebello, son élève, et dont les titres ne sont pas sans rappeler celui de la *Symphonie funèbre et triomphale* composée par Berlioz en 1840 pour l'inauguration de la Colonne de Juillet. Ces deux marches et les *Vingt-cinq Préludes dans tous les tons majeurs ou mineurs, op. 31* (pour piano ou orgue), publiées en 1847, firent l'objet d'une analyse minutieuse de Fétis dans la « Revue et Gazette musicale » du temps.

Cette même année 1847, Alkan composa *Douze Études dans tous les tons majeurs, op. 35*, auxquelles Hans von Bülow, gendre de Liszt, consacra un article admiratif, et une gigantesque *Grande Sonate, op. 33*, dédiée à son père Alkan Morhange. Sous leurs sous-titres évocateurs, les quatre mouvements de cette sonate dépeignent les états psychologiques des âges de *20 ans, 30 ans (Quasi Faust), 40 ans (Un heureux ménage)*, et *50 ans (Prométhée enchaîné)*.

Grande Sonate (op. 33)

En ces quelques lignes imprimées en tête de sa sonate, Alkan s'est expliqué sur les sous-titres donnés aux quatre mouvements de cette œuvre :

« On a dit et écrit beaucoup de choses sur les limites de l'expression musicale. Sans adopter telle ou telle règle, sans chercher à résoudre aucune des vastes questions soulevées par tel ou tel système, je dirai simplement pourquoi j'ai donné de semblables titres à ces quatre morceaux et employé quelquefois des termes tout à fait inusités. Il ne s'agit point ici de musique imitative ; encore moins de musique cherchant sa propre justification, la raison de son effet, de sa valeur, dans un milieu extra-musical. Le premier morceau est un *Scherzo* ; le deuxième un *Allegro* ; le troisième et le quatrième un *Andante* et un *Allegro* ; mais chacun d'eux correspond dans mon esprit à un moment donné de l'existence, à une disposition particulière de la pensée, de l'imagination. Pourquoi ne l'indiquerai-je point ? L'élément musical subsistera toujours, et l'expression ne pourra qu'y gagner ; l'exécutant, sans rien abdiquer de son sentiment individuel, s'inspire de l'idée même du compositeur : tel nom et telle chose semblent se heurter pris dans une acceptation matérielle, qui, dans le domaine intellectuel, se combinent parfaitement. Je crois donc devoir être mieux compris et mieux interprété avec ces indications, quelque ambitieuses qu'elles paraissent au premier coup d'œil, que sans leur secours... »

1. 20 ANS : Alkan concevait donc ce premier mouvement comme un *scherzo* « très vite ». Il est fait d'une succession d'épisodes qui s'enchaînent les uns aux autres, après la montée progressive jusqu'à de longs accords tenus des secondes qui servent d'introduction :

Puis, comme en un mouvement perpétuel, Alkan développe un dessin continu de six croches basé sur un système harmonique très original. Ce mouvement tourbillonnant s'apaise dans la sobriété et le calme, néanmoins « palpitant », d'un nouvel épisode qui s'ouvre sur la réverbération sonore de deux noires, et se continue en une ligne mélodique parsemée de silences. L'homme de vingt ans, à la recherche de sa maturité, passe alors par tous les états psychologiques possibles : d'un « timidement » expressif mettant en valeur une recherche de sonorités, il traverse un épisode « amoureusement », pour déboucher « avec bonheur » sur un mouvement continu ascendant et descendant des noires de la basse. Tout est devenu de plus en plus expressif, — lorsque réapparaît le mouvement perpétuel initial qui se conclut « avec enthousiasme » dans un débordement de virtuosité. Les traits d'octaves des deux mains qu'Alkan impose ici « rapidement » sont particulièrement difficiles. Le scherzo se termine « victorieusement » par de grands accords larges et puissants.

2. 30 ANS — QUASI FAUST : en tête de ce second mouvement, Alkan a noté « sataniquement » et « assez vite ». Ce morceau gigantesque, d'un élan continu, est en effet d'une hardiesse technique exceptionnelle. Toutes les difficultés de jeu y sont accumulées, et il n'est pas exagéré de dire que certaines touchent aux dernières limites de l'art du piano. D'un passage tellement ardu techniquement et harmoniquement, Alkan donne une version : « facilité ». De rares épisodes plus calmes viennent briser ce déferlement « avec candeur », « passionnément », « suppliant », « avec désespoir » ou « avec bonheur ». Le « Diable » apparaît lui-même sur des accords joués fortissimo : cette éruption des forces « sataniques » prend fin sur une succession régulière d'accords tout à fait saisissants.

3. 40 ANS — UN HEUREUX MÉNAGE : « lentement » et « très lié », précise Alkan. Le débordement cède la place à la sérénité. Le premier motif est émis « avec tendresse et quiétude » sur un simple dessin de noires accompagné de triolets de croches. Divers tableaux de la vie familiale se succèdent alors : « les enfants » donnent lieu à un mouvement perpétuel de tierces et de sixtes en doubles croches sur une basse obstinée ; puis, après un retour du motif initial coupé d'épisodes expressifs « amoureusement », c'est « la Prière » qui « sonne » comme un choral avec retour du thème des « enfants » à la main droite, mais sur une basse d'accords en noires. Tout se termine « tendrement » par un bref rappel du début.

4. 50 ANS — PROMÉTHÉE : cet ultime mouvement porte en exergue quelques vers du *Prométhée enchaîné* d'Eschyle. C'est une sorte d'immense récitatif qui débute par un roulement « extrêmement lent » et sombre de quintuples croches dans le grave du clavier. Ces roulements de basses reviennent régulièrement, et produisent des effets sonores extraordinaires. C'est sur un dessin d'octaves « en augmentant graduellement » que se termine ce morceau sévère, — et l'œuvre entière.

Il y eut ensuite un nouveau silence d'une dizaine d'années. De plus en plus envahi par la mélancolie, Alkan était devenu ombrageux. Délaissant la composition, il se consacra à son activité de pédagogue qui resta sa seule véritable ressource. Marmontel note qu'« à la mort de Chopin, plusieurs de ses élèves affectionnés choisirent Alkan pour continuer les traditions du maître regretté* ». En 1857 parurent les *Douze Études dans tous les tons mineurs, op. 39*, des recueils de *Chants, op. 38*, inspirés des *Romances sans paroles* de Mendelssohn, *Trois Marches pour piano à quatre mains, op. 40*, dédiées à F. Hiller, *Trois petites Fantaisies, op. 41*, pleines d'humour, un *Minuetto alla tedesca, op. 46*, dédié par Alkan à son ami Henri Ravina, et dont l'écriture polyphonique et harmonique audacieuse est curieusement dissonante, enfin deux pièces publiées sous le numéro d'*op. 50 : Capriccio alla soldatesca* et *Le Tambour bat aux champs*, extraordinaire miniature dans laquelle Alkan évoque merveilleusement la sonorité de l'orchestre.

Dans la dernière partie de sa vie, Alkan se passionna pour le piano à pédalier, ce piano auquel était joint un pédalier et qui n'eut qu'un succès éphémère en France. Alkan publia alors *Treize pièces, op. 64*, *Onze grands Préludes et une transcription du Messie de Haendel, op. 66*, un *Impromptu sur le choral de Luther « Un fort rempart est notre Dieu », op. 69*, écrits pour piano à pédalier ou piano à trois mains. Notons encore, entre autres, les *Trois Menuets* néoclassiques de l'*op. 51* et *Une Fusée, introduction et impromptu, op. 55*, datés de 1859, une *Sonatine, op. 61* et *Quarante-huit Esquisses, op. 63*, éditées en 1861, un *Bombardo-Carillon* pour clavier de pédales à quatre pieds seulement (ou quatre mains sur clavier ordinaire) et *Chapeau bas! deux Fantastecheria pour piano*, composés en 1872, enfin *Onze Pièces dans le style religieux, op. 72*, l'une des dernières œuvres d'Alkan.

Alkan était un pianiste remarquable, doté d'une technique exceptionnelle. Son jeu était brillant et sévère, mais parfaite-

---

* Antoine-François Marmontel, *op. cit.*

ment contrôlé, disait Joseph d'Ortigues. Sa contribution au développement de la virtuosité fut évidente, et il sut totalement exploiter le piano. Ses différents recueils d'*Études* sont à cet égard révélateurs. Les **Trois grandes Études, op. 76** (1838) sont, par exemple, d'une difficulté redoutable. L'étude pour la main droite est terrifiante, celle consacrée aux deux mains est conçue comme un mouvement perpétuel.

Les **Douze Études dans tous les tons mineurs, op. 39** (1857) exigent, elles aussi, une technique infaillible. A ces études, Alkan a donné des sous-titres : *Comme le vent, En rythme molossique, Scherzo diabolico* (pièce diabolique comme l'indique son titre, avec ses grands accords, ses extensions de main et son écriture orchestrale), *Ouverture, Le Festin d'Ésope* (qui réunit vingt-cinq variations, dont certains présentent de terribles difficultés). Au centre, Alkan a inclu une *Symphonie* pour piano solo en quatre mouvements *(Allegro moderato, Marche funèbre, Menuet* et *Finale),* et un immense *Concerto* pour piano seul en trois mouvements *(Allegro assai, Adagio* et *Allegro alla barbaresca).*

Alkan avait le goût de la parodie et des titres évocateurs, parfois excentriques et caricaturaux à la manière d'Erik Satie (l'étude *En rythme molossique,* par exemple). *Le Grillon, op. 60-bis* (1859) parodie le chant du criquet. **Le Chemin de fer, étude, op. 27** (1844) imite le train. Cette pièce curieuse est une sorte de très long mouvement perpétuel qui décrit la progression de la vitesse du train depuis son départ, puis sa régression avant l'arrivée. Alkan a noté là *vivacissimamente.* Tout débute sur la basse obstinée du départ,

et s'achève en ralentissant et en diminuant sur de longs accords calmes des blanches tenues.

La **Saltarelle, op. 23** (1844) obtint un grand succès. Cette vaste pièce extrêmement brillante éclate d'énergie furieuse. La virtuosité y est débordante et exige du pianiste une force réelle, liée cependant à la légèreté de l'attaque. Une des premières difficultés de cette page réside dans l'exécution *prestissimo* des notes répétées au-dessus desquelles Alkan a tenu à préciser son propre doigté, parfois étrange :

Joseph d'Ortigues disait que cette œuvre était « vive, entraînante, sémillante, pleine d'une fantaisie coquette et spirituelle, sans cesser d'être en même temps un morceau essentiellement musical ». On remarquera ici l'influence de la musique ancienne et des clavecinistes français, qu'Alkan admirait et jouait régulièrement en public.

Selon G. Beck, la **Sonatine, op. 61** (1861) s'avère l'une des meilleures partitions d'Alkan. Le premier mouvement, *Allegro vivace,* témoigne d'un sens raffiné de l'harmonie et de la mélodie ; l'*Allegramente* est un rondo varié, suivi d'un *Scherzo minuetto* et de son trio. L'œuvre se termine par un *Tempo giusto* à deux thèmes, sous la basse duquel Alkan a noté *energicamente et rimbombardo.*

A côté de ses pages gigantesques Alkan aimait à composer des miniatures musicales. Les **Quarante-huit Esquisses, op. 63** (1861) en sont des exemples. Toutes ces pièces charmantes, pleines de raffinement, de clarté et de sensibilité, sont sous-titrées. *La Vision* est une sorte de petite danse qui se joue « aussi chanté et lié que possible » :

Le Staccatissimo permet l'étude du staccato, tandis que *Le Legatissimo* est orienté vers l'étude du legato. Pièce expressive, *Les Soupirs* évolue « assez lentement » sur un dessin unique :

Alkan écrit aussi une *Barcarolette* sur de longs trémolos de la main droite. Dans *Héraclite et Démocrite,* deux caractères bien différents s'affrontent en une superbe écriture harmonique. C'est une miniature étrange et singulière que ces *Diablotins* où Alkan utilise des effets étonnants, tels ces clusters ou ces acciaccatures à la manière de Scarlatti :

Les **Trois Morceaux dans le genre pathétique, op. 15**, dédiés à Liszt, sont des pièces extraordinaires que Schumann n'aimait pas. Selon R. Smith*, la première, *Aime-moi*, est une mélodie française fluide ; Liszt la trouvait simple, tendre et mélancolique. Dans *Le Vent*, un mugissement chromatique suggère la *7e Symphonie* de Beethoven. Le « Dies irae » fait son apparition dans *La Morte.* Liszt estimait que cette pièce contenait beaucoup de belles choses, mais en même temps y relevait des longueurs. Les longueurs d'Alkan « ... ont quelque chose de grandiose et de " volcanique ", et dans cet ardent déchaînement des passions, je vois un trait de race, tout comme dans son goût pour le tragique sombre et même fantastique, volontiers satanique, et macabre parfois », a écrit G. Beck dans sa préface à l'édition d'œuvres choisies d'Alkan**.

R. Smith fait remarquer que la musique d'Alkan n'appartient à aucune école. Son admiration allait à des musiciens comme Weber, Mendelssohn ou Chopin qu'il jouait fréquemment. Il pouvait se laisser aller à la plus grande originalité, cumulant les audaces harmoniques, mais savait aussi adopter un style conservateur. Néanmoins, son art de la gradation du son et son goût pour le chant, modèle de déclamation pianistique, le rapprochent tout à fait de Chopin. Sa musique reste le reflet de son caractère énigmatique et de sa très étrange personnalité.

A. d. P.

JEAN-HENRI D'ANGLEBERT

Né à Paris, en 1635 ; mort à Paris, le 23 avril 1691. Organiste et claveciniste, contemporain de Louis Couperin, il est un des grands représentants de l'école française de clavecin du XVIIe siècle. Sa carrière se déroula sans événement exceptionnel, et il suivit la filière traditionnelle des musiciens de son temps. Élève de Chambonnières, organiste des Jacobins et du duc d'Orléans, il succéda à son maître comme Ordinaire de la Chambre du Roi pour le clavecin. D'Anglebert céda cette charge à son fils Jean-Baptiste-Henri, qui eut lui-même François Couperin comme survivancier. La transition était faite. Si son œuvre de clavecin ne se réduit qu'à un seul livre, il reste « l'un des sommets de la musique française de clavecin. Il possède une richesse d'écriture, une force expressive qui peuvent étonner l'auditeur moderne, pour qui la musique française est trop souvent synonyme d'élégance charmante et de bon goût, voire de frivolité***. »

L'œuvre de clavecin

D'Anglebert ne publia qu'une seule œuvre : son recueil de *Pièces de Clavecin... Livre premier* paru en 1689, deux ans avant sa mort, et dédié à la princesse de Conti, fille de Louis XIV et de Mademoiselle de La Vallière. Avait-il un second livre en chantier ? Sa préface tendrait à le prouver : « Je n'ay mis des pièces dans ce recueil que sur quatre tons, bien que j'en ay composé sur tous les autres. J'espère donner le reste dans un second libre. » Des pièces manuscrites de d'Anglebert et d'autres auteurs sont d'ailleurs rassemblées dans un petit volume conservé à la Bibliothèque nationale.

Le contenu de ce recueil de **Pièces de Clavecin** est assez disparate. Il réunit en

---

* Ronald Smith, *op. cit.*
** George Beck, *op. cit.*
*** Kenneth Gilbert Ed., *J.-H. d'Anglebert, Pièces de Clavecin* (Paris, 1975, *Préface*).

effet quatre *suites* composées des mouvements de danses traditionnels, des transcriptions d'ouvrages de Lully, des transcriptions de vaudevilles que d'Anglebert a placées là « pour remplir des fins de pages, qui se seroient trouvé inutiles sans cela » (Préface), six pièces d'orgue (cinq fugues et un quatuor sur le « Kyrie »), échantillons de ce qu'il avait composé autrefois pour l'orgue, et un petit traité de l'harmonie au clavier, les *Principes de l'accompagnement*, réduit à cinq leçons suffisantes pour « se perfectionner de soi-même » (Préface). En introduction à son recueil, d'Anglebert laisse une table des agréments extrêmement complète, et sans doute l'une des plus précises de l'histoire du clavecin français. Certains signes d'agréments sont de son invention, et la plupart seront repris par bon nombre de musiciens français.

Les quatre *suites* suivent le schéma de la suite de danses classique et trouvent leur unité dans la tonalité (*sol* majeur, *sol* mineur, *ré* mineur et *ré* majeur). Chacune contient une allemande, une ou plusieurs courantes, une ou deux sarabandes, et une gigue, — courtes pièces austères sans doute, mais d'une grandeur remarquable. D'Anglebert ajoute çà et là une gaillarde, une gavotte, un menuet, une chaconne en rondeau ou une passacaille. La *Troisième suite*, en *ré* mineur, se termine par vingt-deux « couplets » ou *Variations sur les folies d'Espagne*, malheureusement un peu pauvres. La *Quatrième suite*, en *ré* majeur, prend fin par un *Tombeau de Mr. de Chambonnières*, hommage de l'élève à son maître, — pièce qui se joue « fort lentement » ; elle est écrite dans le style majestueux qui fut celui des « tombeaux » des luthistes, et sur le rythme solennel de la pavane.

Les trois premières *suites* débutent par un prélude non mesuré. Ces préludes, plus libres que ceux de Lebègue, sont cependant moins élaborés et plus courts que ceux de Louis Couperin. Ici, les notes constituant les accords sont notées en rondes, les notes du chant et les notes de passage sont notées en croches exclusivement, et la préparation et la résolution des ornements sont notées en doubles croches. Ces préludes semblent donc à première vue moins complexes que ceux de Louis Couperin, uniquement écrits en rondes. D'Anglebert reprend aussi dans ces pièces un système de liaisons qui déterminent l'élan de la phrase musicale.

Les transcriptions d'ouvrages de Lully représentent le premier exemple d'essai de transcription pour le clavecin. Faut-il y voir un reflet de la vogue que connurent ces sortes d'arrangements, ou bien faut-il les considérer comme un hommage au tout-puissant Surintendant de la Musique du roi ? « Il faut avouer que les ouvrages de cet homme incomparable sont d'un goût fort supérieur à tout autre. Comme ils réussissent avec avantage sur le clavecin, j'ay cru qu'on me sçauroit gré d'en donner ici plusieurs de différent caractère », avoue d'Anglebert dans la préface de son recueil. Les diverses parties de l'orchestre se trouvent ici réduites sur le clavier du clavecin, dans une écriture propre à l'instrument. D'Anglebert a transcrit des extraits de *Cadmus*, *Proserpine*, *La Mascarade*, *Phaéton*, *Roland*, *Armide*, *Le Triomphe de l'Amour* et *Acis et Galatée*.

A. d. P.

THOMAS ARNE

Né à Londres, le 12 mars 1710 ; mort à Londres, le 5 mars 1778. Peut-être élève de son père, mais sans doute autodidacte, Arne est le plus célèbre musicien anglais du milieu du XVIIIe siècle. Son œuvre comprend surtout de la musique de théâtre, qui lui valut de connaître le succès. Homme vaniteux et ambitieux, il sut admirablement cultiver sa publicité, et il est encore réputé aujourd'hui pour sa mélodie patriotique Rule Britannia. *La musique de Thomas Arne, extrêmement abondante, comprend plus de quatre-vingts œuvres pour le théâtre (notamment de la musique de scène pour le théâtre de Shakespeare), des pièces de musique sacrée, de la musique instrumentale, et huit sonates pour clavecin.*

THOMAS ARNE

Thomas Arne fait partie de la génération des musiciens anglais qui succéda à Haendel. Dans la première moitié du XVIIIe siècle, ses prédécesseurs avaient été éclipsés par le génie de l'auteur du *Messie*; mais ses contemporains, s'ils furent plus brillants, ne réussirent cependant pas à rehausser le niveau de l'école musicale anglaise. L'histoire de la musique anglaise de cette époque est donc décevante. On notera cependant ce fait contradictoire : alors que le XVIIIe siècle anglais connut un développement exceptionnel au niveau des activités musicales, aucun de ses compositeurs n'eut assez d'envergure et de personnalité pour rivaliser avec un Purcell ou un Haendel. La grande pauvreté du génie créateur anglais n'a engendré, en ce temps-là, que de pâles imitations de l'art italien qui jouissait en Angleterre d'une vogue considérable.

L'œuvre de clavecin

L'œuvre de clavecin de Thomas Arne, agréable et facile, mais peu originale, comprend huit *sonates* publiées en 1756 chez l'éditeur londonien Walsh *(VIII Sonatas or Lessons for the Harpsichord)*.

La **Première sonate**, en *fa* majeur, est conçue en trois mouvements. Elle s'ouvre par un *Andante* à quatre temps, dont l'écriture légère à deux voix repose sur une succession de triolets. Une mesure *Adagio*, exigeant un remplissage improvisé de ses trois accords, précède un *Allegro* à 3/8, très simple, mais en même temps très chorégraphique.

La **Seconde sonate**, en *mi* mineur, comprend aussi trois mouvements. Son *Andante* initial, à quatre temps, est une sorte d'allemande dont l'écriture polyphonique est assez riche. Un *Adagio* à quatre temps et à trois parties débute sur des entrées du thème en imitation des deux mains. Un court *Allegro* à 3/8 conclut la sonate.

La **Sonate nº 3**, en *sol* majeur, introduit un *Prélude* conçu dans un esprit d'improvisation organisée avec ses arpèges brisés, ses triolets, ses gammes rapides, ses chevauchements de mains. Il est suivi d'un *Allegro* écrit dans un style concertant, et d'un *Menuet* à 3/8 dont le rythme s'accélère de reprise en reprise.

La **Quatrième sonate**, en *ré* mineur, est peut-être la plus intéressante. Plusieurs styles s'y mêlent. L'homophonie de l'*Andante* est un peu archaïque. Les valeurs longues du *Largo siciliano* à 6/4 imposent un remplissage harmonique. Une *Fugua allegro* à trois voix lui succède, et l'ensemble se termine par un mouvement de danse *Allegro* à 2/4.

La **Cinquième sonate** (*si* bémol majeur) et la **Sixième sonate** (*sol* mineur) sont en deux mouvements : *Poco largo* et *Gavotta*, *Affettuoso* et *Presto*. La **Septième sonate**, en *la* majeur, est en trois mouvements : *Presto, Andante* et *Allegro*.

Sous le *Menuet* (avec basse chiffrée) de la **Huitième sonate**, et sous sa version réalisée, Arne a tenu à préciser que cette pièce n'était pas de lui ; mais qu'il en avait composé les variations à la demande d'une dame, — et ceci pour lui rendre plus agréables ses leçons de clavecin.

A. d. P.

GEORGES AURIC

Né à Lodève (Hérault), le 15 février 1899 ; mort à Paris, le 23 juillet 1983. Cet élève de Vincent d'Indy à la Schola Cantorum, cet adepte provisoire, mais le plus combatif, du Groupe des Six (Cocteau lui dédia son manifeste le Coq et l'Arlequin *en 1919), conserve la célébrité grâce aux ballets qu'il écrivit pour Diaghilev — les* Fâcheux, *les* Matelots *notamment —, et à ses musiques de film pour René Clair — pour Cocteau, pour Delannoy, pour Clouzot, pour Huston enfin (la valse de* Moulin-Rouge, *consacré à la vie du peintre Toulouse-Lautrec) : près de quarante partitions pour le seul cinéma ! Auric, qui subit l'influence de Chabrier, de Satie, de Stravinski, fut cependant l'auteur plus discret, et plus grave, d'une intéressante musique vocale (les* Chansons françaises *pour chœur a cappella, de nombreuses mélodies), ainsi que de belles pièces pour piano — dont on présente ici la* Sonate en fa *écrite dès les années 1930, et, pour les années d'après-guerre, la* Partita *et* Doubles Jeux *à deux pianos.*

Sonate en fa

Commencée en 1930 et terminée l'année suivante, cette *Sonate* révèle une soif de renouer avec la dimension romantique du piano. Désirant « faire quelque chose de différent, de plus tendu, d'expressif et de dramatique », Auric prend ses distances avec le « retour à la simplicité » prôné par le manifeste de Cocteau, et marque, avec cette partition de grande envergure, une rupture par rapport aux œuvres précédentes, tant par l'écriture polyphonique que par le style luxuriant. Si la découpe en quatre mouvements reste traditionnelle, le langage procède d'un tonal enrichi conduisant parfois à de fortes instabilités. Par ailleurs, l'unité générale est assurée par une cellule de cinq sons qui sous-tend tout le mouvement initial, et qui réapparaît, plus par référence que par volonté véritablement cyclique, dans les deux derniers mouvements :

C'est le premier mouvement (« Animé »), de forme sonate classique, qui traduit le plus cette nostalgie avouée d'un piano brillant et coloré, avec des contrastes très abrupts, — l'opposition étant toutefois moins thématique (second thème « beaucoup plus lent ») que stylistique. Le « Très vif » tient lieu de Scherzo en *la* mineur mais très modulant, avec un trio central « Lent » en *fa* mineur, — poursuivant ainsi l'alternance de périodes très contrastées qui caractérisait le premier mouvement. Le troisième mouvement « Très Lent », plus éloigné des archétypes formels grâce au long récitatif qui le traverse, est le plus instable tonalement et le plus dramatique. La virtuosité propre aux deux premiers mouvements réapparaît dans le finale (« Vif et violent »), qui évolue globalement de *fa* mineur à *fa* majeur dans une nouvelle forme sonate.

Créée par le pianiste Jacques Février en 1932, et fraîchement accueillie par la critique — ce qui conduira Auric à se consacrer à la musique de film —, la *Sonate en fa* ne trouvera d'écho que vingt ans plus tard dans *Phèdre**, l'équivalent scénique de la puissance expressive qui est ici déployée.

Partita, pour deux pianos

La *Partita* constitue le meilleur exemple de la faculté d'adaptation d'un auteur toujours attentif à la musique de son temps. Comme Stravinski à la même époque, Auric s'essaie ici à l'écriture dodécaphonique sans renier pour autant les caractéristiques de son style, et en particulier son attachement à la mélodie. La longue gestation de l'œuvre, de juillet 1953 à juillet 1955, témoigne de cette volonté de réactualiser son langage, — les trois volets *(Vif, Lent, Vif)* combinant astucieusement le tonal et la série. L'originalité de la démarche d'un compositeur n'appartenant pas à la jeune génération du sérialisme se traduit en effet par un jeu de confrontation entre ces deux écritures, notamment sensible dès la première pièce dans laquelle un contrepoint habile est alimenté par des phrasés rythmiques aux accentuations cinglantes, plus propres au style de l'auteur. Le mouvement lent, grave et parfois dramatique par ses oppositions, est le plus caractéristique quant à « l'impératif de variation perpétuelle plutôt que de répétition » dont parle Gisèle Brelet**, et tranche avec l'écriture à nouveau aérée de la troisième pièce.

Doubles Jeux, pour deux pianos

Pas moins de dix compositeurs ont offert au duo de pianos Geneviève Joy-Jacqueline Robin, à l'occasion de leur vingt-cinquième anniversaire (1970), de nouvelles partitions parmi lesquelles les *Figures de résonances* de Dutilleux (v. l'œuvre), et la première des trois pièces qui composent *Doubles Jeux*. Le succès de cette pièce fut tel qu'Auric écrivit *Doubles Jeux II et III* en 1971, — destinées à former un triptyque sur le modèle de la *Partita* (vif, lent, vif). Contemporaines des remarquables *Imaginées*, *Doubles Jeux* prolonge l'esprit à tendance pointilliste de la *Partita* et en possède la même qualité incisive, qui reste étonnante de la part d'un compositeur septuagénaire. Comme pour la *Partita*, la durée d'exécution n'atteint pas le quart d'heure.

A.P.

---

* Voir *Guide de la musique symphonique*.
** In : *Histoire de la musique* (La Pléiade, Gallimard, 1963).

CARL PHILIPP EMANUEL BACH

Né à Weimar, le 8 mars 1714 ; mort à Hambourg, le 14 décembre 1788. Cinquième enfant de Jean-Sébastien et de Maria Barbara Bach, il eut Telemann pour parrain. Parallèlement à de sérieuses études générales et juridiques menées à Leipzig et à Francfort, il étudia la musique avec son père qui fut son unique maître. Exceptionnellement doué, il allait se révéler un remarquable virtuose du clavier. En 1738, Carl Philipp Emanuel s'installa à Berlin, où il devait résider trente années durant ; deux ans plus tard, il entrait au service du roi Frédéric II de Prusse, alors au début de son règne. Il devint l'accompagnateur du roi, flûtiste et amateur de bonne musique, et, malgré quelques offres de l'étranger, il conserva ce poste jusqu'en 1768. Peu fait pour le métier de courtisan, Philipp Emanuel garda toujours ses distances envers la cour et l'uniformité de goût qu'entretenait le souverain par son mépris pour la culture de son pays et son enthousiasme pour la musique italienne et pour l'art français. En mars 1768, après avoir obtenu son congé de Frédéric II qui le laissa partir à regret, il succéda à Telemann (mort quelques mois auparavant) comme directeur de la musique à Hambourg. Il y donna de très nombreux concerts, y dirigea les chefs-d'œuvre de ses contemporains, et y resta en activité jusqu'à sa mort. Au lendemain de sa disparition, on pouvait lire dans une gazette locale : « La musique perd en lui une des plus belles parures et, dans l'esprit des musiciens, le nom de Carl Philipp Emanuel Bach sera toujours un nom sacré ». Parfois appelé le « Bach de Berlin » ou le « Bach de Hambourg » pour le différencier de ses frères, il est, parmi les fils de Jean-Sébastien Bach, le musicien le plus attirant et le plus raffiné. Il adopta la nouvelle langue de l'Empfindsamkeit, subit l'influence du Sturm und Drang, et fut le créateur d'un nouveau style de musique instrumentale. Homme cultivé et très informé des courants d'idées de son temps, il laisse un immense catalogue d'œuvres dont le musicologue belge Alfred Wotquenne a, au début de ce siècle, réalisé le classement.

La composition de l'œuvre pour clavier de Carl Philipp Emanuel Bach couvre à peu près toute sa carrière. Cette œuvre, qui regroupe pratiquement tous les genres, est si vaste qu'il est impossible d'en dresser ici une liste détaillée. Ce sont surtout des sonates, des sonatines, des polonaises joyeuses, des fantaisies élaborées, des rondos, des « solfeggios » dans le genre du prélude, des menuets, des petits duos pour deux claviers, un concerto en *ut* majeur pour clavecin seul conçu dans l'esprit du *Concerto Italien* de Jean-Sébastien Bach, et un grand nombre de pièces sous-titrées à la manière française, — portraits musicaux tour à tour tendres, mélancoliques, gracieux, piquants, joyeux ou plaintifs : *La Juliane, La Louise, La Sophie, La Xénophon et La Sybille, L'Auguste, L'Ernestine, La Complaisante, Les Langueurs tendres, La Capricieuse*, etc.

Les Sonates pour clavier

Dans la seconde moitié du XVIIIe siècle, la musique instrumentale connut un nouveau développement. La profonde mutation sonore et technique causée par le passage du clavecin au piano-forte, avec comme intermédiaire le clavicorde — instrument préféré de Carl Philipp Emanuel, appelait une transformation de l'écriture de clavier. L'extrême sensibilité des mécanismes du clavicorde et du piano-forte, malgré leur sonorité limitée, permettait de réaliser dans chaque composition une grande variété d'effets dynamiques et expressifs. Le traitement polyphonique des différentes parties de la phrase musicale, si conforme aux possibilités du clavecin, était remis en question au profit d'un assouplissement quasi vocal de la ligne mélodique : la voix supérieure devenait l'élément expressif et chantant, les voix inférieures se chargeant de l'accompagnement. Carl Philipp Emanuel Bach fut l'un des artisans de ce renouvellement de l'écriture. Il sut notamment effectuer avec bonheur la transposition du style vocal dramatique dans sa musique de clavier. Lui-même écrivait, en 1773, qu'une de ses principales recherches jusque-là avait consisté « à jouer le plus chantant possible sur le clavier, (nonobstant l'impossibilité de la tenue du son) et à composer une musique en conséquence.

Cela n'est point aisé si l'on ne veut pas laisser l'oreille trop vide, ni masquer la noble simplicité du chant par trop de bruit »...

Carl Philipp Emanuel Bach apparaît encore aujourd'hui comme un novateur. Considéré comme le père de la sonate classique, il ne délaissa pas totalement la tradition héritée de son père, mais rechercha un style original et innova sans doute plus par la décoration interne de ses œuvres que par leur construction. Ses sonates adoptent la coupe ternaire de l'ouverture à l'italienne, et ses *allegros* à deux ou plusieurs motifs sont conçus en deux parties avec doubles barres, — la première partie ne concluant pas dans le ton original mais plus généralement à la dominante. Les bases du plan de l'*allegro* de sonate traditionnel furent ainsi jetées. Mais les idées mélodiques de Carl Philipp Emanuel sont particulièrement intéressantes : leur envolée lyrique, leur asymétrie, leur vélocité, leur puissance et leur émotion n'appartiennent qu'à leur auteur.

Celui-ci composa plus de cent sonates, — dont une partie fut publiée de son vivant. L'une des premières sonates, la **Sonate en *ré* mineur (Wq 65/3)** fut écrite en 1732, et revue à Berlin en 1744. Elle figure dans un ensemble de cinquante sonates datées de 1731 à 1786, et réunies en recueil par Wotquenne *(Wq 65)*. Dans l'*Allegro di molto* initial, le mouvement continu des doubles croches de la main droite,

légèrement soutenu par la main gauche, évoque encore le genre de la toccata à l'italienne sur basse continue. L'épisode lent central est pensé à la manière d'un concerto, — tandis que le finale est une gigue gaie aux dessins imitatifs. La **Sonate en *sol* majeur (Wq 65/48)** fut achevée à Hambourg en 1783. La longue mélodie, largement développée et techniquement très riche, du premier mouvement *Andantino*

est marquée par ces intonations passionnées, très personnelles, qui le rattachent aux œuvres que Carl Philipp Emanuel conçut à Hambourg.

Wotquenne regroupa encore en deux recueils vingt-quatre sonates composées entre 1731 et 1769 *(Wq 62)*, puis six sonates datées de Leipzig en 1734 et de Berlin en 1744 *(Wq 64)*.

Le premier cycle de sonates proposées par Carl Philipp Emanuel Bach lui-même parut à Nuremberg en 1742, chez Balthasar Schmid, éditeur de Jean-Sébastien Bach. Ce sont les six sonates connues sous le titre de *Sonates prussiennes (Wq 48)*, écrites à Berlin et dédiées en italien au roi Frédéric II. On sait que c'est à Berlin que Philipp Emanuel créa un style instrumental original « tout en puissance et en passion », selon l'expression de Karl Geiringer*. Dans les six *Sonates prussiennes,* tradition et formules nouvelles se mêlent en effet. Elles souscrivent encore à l'influence de la musique instrumentale italienne, très pratiquée à la cour de Prusse, et, en même temps, sont bâties avec rigueur sur le plan de la sonate en trois mouvements : vif-lent-vif. Les indications d'effets et de nuances dynamiques « forte » et « piano », clairement signifiées, soulignent les changements de registres, avec, à la fois, des accents pré-romantiques. En réalité, plus qu'à la réalisation de la forme elle-même, c'est au contenu du discours musical que semble ici s'attacher d'abord Carl Philipp Emanuel Bach.

La première **Sonate en *fa* majeur (Wq 48/1)** débute, *Poco allegro,* sur le sujet simple mais affirmé d'une invention à deux voix classique :

Un second motif syncopé suggère très nettement la forme de l'allegro de sonate à deux thèmes. Avec des passages récités et presque vocaux, soutenus par de longs accords de basse chiffrée, l'*Andante* est tourmenté et passionné. Le *Vivace* final a tout l'entrain d'une sonate italienne.

La **Sonate en *si* bémol majeur (Wq 48/2)** s'ouvre par un *Vivace* écrit dans le style de la toccata : roulades de gammes, traits rapides, croisements de mains, triolets s'y succèdent avec vélocité. L'*Adagio* en *sol* mineur, véritable mouvement lent de concerto, s'impose par sa variété rythmique et par la richesse de son écriture. C'est un *Allegro assai* à l'italienne qui conclut.

Avec le premier mouvement, *Poco allegro,* de la **Sonate en *mi* majeur**

---

* K. Geiringer, *Bach et sa famille* (trad. de l'anglais, Paris, Corréa, 1955).

(Wq 48/3), le compositeur revient à la forme sonate avec deux idées dominantes, — la première calme et pondérée :

L'*Adagio* en *ut* dièse mineur repose sur un contrepoint dense à trois voix : indépendantes l'une de l'autre, celles-ci se répondent néanmoins indéfiniment. Le *Presto* au rythme de gigue ressemble à certaines gigues de Jean-Sébastien Bach.

L'*Allegro* initial de la **Sonate en *ut* mineur (Wq 48/4)** est construit sur plusieurs motifs, qui font appel aux rythmes les plus variés. Un *Adagio* en *mi* bémol majeur, relatif majeur du ton principal, précède un *Presto* en forme de gigue. Ses entrées fuguées dénotent l'influence des grandes gigues de Suites pour clavecin de Jean-Sébastien Bach :

Le mouvement *Poco allegro* et l'*Andante* de la **Sonate en *ut* majeur (Wq 48/5)** marquent un retour à la mélodie sur basse continue, — avant la virtuosité joyeuse de l'*Allegro assai* conclusif.

Traits et rythmes multiples s'épanouissent avec exubérance dans l'*Allegro* initial de la **Sonate en *la* majeur (Wq 48/6)** : valeurs pointées à la française, silences en points d'orgue caractéristiques du *Sturm und Drang* musical, virtuosité et liberté dignes de Joseph Haydn. Une mélodie douloureuse et mélancolique s'épanche dans l'*Adagio* en *fa* dièse mineur, et c'est un *Allegro* très contrapuntique qui termine à la manière italienne.

Les six célèbres *Sonates wurtembergeoises (Wq 49)*, composées à Berlin en 1742 et éditées à Nuremberg en 1744 sous le numéro d'*Opera II*, furent dédiées au duc Charles de Wurtemberg. C'est à leur dédicataire qu'elles doivent leur nom. L'esprit novateur de Carl Philipp Emanuel Bach y est poussé au plus haut point : les effets dramatiques se multiplient (successions de points d'orgue, de silences inattendus, ou de changements de tempo notamment), l'étendue du clavier s'élargit, les modulations deviennent plus audacieuses, — en particulier dans ces brusques passages du majeur au mineur.

La première **Sonate en *la* majeur (Wq 49/1)** débute par un long *Moderato* improvisé comme un grand prélude, avec une deuxième partie très développée. Sur ses trois parties harmonisées, l'*Andante* en *la* majeur est sobre. Il mène à un *Allegro assai* alerte, à deux thèmes contrastés : l'un est calme, l'autre plus animé avec ses chutes d'arpèges.

La **Sonate en *la* bémol majeur (Wq 49/2)** est écrite dans le genre de la fantaisie. Le premier mouvement, *Un poco allegro*, commence par une exposition de ses motifs principaux ; l'un d'eux, vigoureux et animé, s'impose aux diverses parties d'un riche contrepoint à trois voix :

Après la double barre, le mouvement progresse vers un développement et une reprise, sur une harmonie aux effets très modernes. L'*Adagio* est une page rêveuse qui se développe comme un grand solo de violon dans la tonalité romantique de *ré* bémol majeur. Un *Allegro* très rapide sert de conclusion.

L'*Allegro* initial de la **Sonate en *mi* mineur (Wq 49/3)** débute comme une improvisation, avec une seconde partie plus tourmentée. Comme il en a l'habitude dans les mouvements lents de ses sonates écrites dans le mode mineur, Carl Philipp Emanuel Bach adopte le mode majeur dans l'*Adagio* central.

Il y a beaucoup de souplesse dans la première partie, *Un poco allegro*, de la **Sonate en *si* bémol majeur (Wq 49/4)**. L'*Andante* en *sol* mineur est très construit, sur un contrepoint à trois voix de style imitatif, auquel se superpose parfois le motif principal :

L'*Allegro* conclusif, vif et brillant, est écrit à la manière de Scarlatti.

La **Sonate en *mi* bémol majeur (Wq 49/5)** débute par un *Allegro* presque romantique : ses effets dramatiques et frappants éclatent sur une harmonie constamment audacieuse, et sur un rythme toujours changeant. Un *Adagio* en *mi* bémol mineur, et un *Allegro assai* rapide se succèdent ensuite.

Le *Moderato* quasi improvisé qui ouvre la **Sonate en *si* mineur (Wq 49/6)** offre des accents poignants, dont l'intensité croît au fur et à mesure que progresse le mouvement. Carl Philipp Emanuel Bach les jouait lui-même avec « un léger et graduel accelerando suivi immédiatement d'un ritardando allant s'assoupissant ». La variété d'expressions et la diversité rythmique (arpèges, rythmes pointés, traits de quadruples et quintuples croches, arrêts sur points d'orgue, etc.) ne cèdent jamais. L'*Adagio non molto* est composé dans la tonalité de *si* majeur. Il précède un *Allegro* final très brillant.

En 1760, paraissaient à Berlin *Six Sonates pour clavier avec reprises en variations (Wq 50)*, dédiées à la Princesse Amélie de Prusse, sœur de Frédéric II. Karl Geiringer* voit en ces sonates la claire expression de l'idée de Carl Philipp Emanuel Bach selon laquelle « l'ornement s'intègre dans la mélodie elle-même et... il n'appartient pas à l'interprète d'en ajouter arbitrairement au cours des reprises, selon la mode du temps ».

Une nouvelle suite de *Six Sonates pour le clavier (Wq 51)* était publiée à Berlin l'année suivante, en 1761. Parmi celles-ci, la **Sonate en *si* bémol majeur (Wq 51/2)** comprend trois mouvements : le premier mouvement, *Presto*, est introduit dans un *Adagio sostenuto* aux rythmes pointés. Le second, *Adagio mesto e sostenuto*, reprend ces rythmes pointés, mais développe à partir de leurs éléments un intéressant récitatif plein d'imagination. L'*Allegro* conclusif à 6/8, avec coda, rappelle le style de Mozart.

Une deuxième suite de *Six Sonates pour le clavier (Wq 52)* fut éditée à Berlin en 1763. La quatrième **Sonate en *fa* dièse mineur (Wq 52/4)** est la seule que Philipp Emanuel ait composée dans cette tonalité. Elle retiendra l'attention de l'auditeur et de l'exécutant par une particularité de style : on a, en effet, souvent comparé la musique de Carl Philipp Emanuel Bach à une conversation ; or, le premier mouvement de cette sonate est réellement écrit dans le genre d'une conversation : tempérament sanguin (« sanguinicus ») aux triolets roulants, et tempérament mélancolique (« melancholicus ») au chant douloureux, dialoguent et alternent. Les deux voix mélodiques de l'*Andante* se déploient sur une basse continue de notes répétées. La finale est plein de feu.

La dernière série de *Six Sonates pour clavier (Wq 53)*, écrite à la fin du séjour de Carl Philipp Emanuel Bach à la cour de Prusse, parut à Leipzig en 1766.

A Hambourg, Carl Philipp Emanuel abandonna un peu la sonate pour clavier. Accaparé par de nombreuses charges et par la composition de grandes œuvres vocales et religieuses, le directeur de la musique se devait d'abord de satisfaire aux exigences quotidiennes de ce haut foyer musical et spirituel. Il avait peu de temps à consacrer au clavicorde ou au piano-forte. *Six Sonates pour le clavecin à l'usage des dames... Œuvre premier (Wq 54)* furent éditées à Amsterdam en 1770, puis six nouvelles *Sonates (Wq 55)* parurent à Leipzig en 1779. Entre 1780 et 1785, quatre recueils d'œuvres pour clavier furent publiés à Leipzig : les deux premiers *(Wq 56 et 57)*, respectivement datés de 1780 et 1781, contiennent trois sonates et trois rondos ; les deux suivants, parus en 1783 et en 1785, regroupent deux sonates, trois rondos et deux fantaisies pour l'un *(Wq 58)*, et deux sonates, deux rondos et deux fantaisies pour l'autre *(Wq 59)*. Parmi les œuvres du dernier recueil, la **Sonate en *mi* bémol majeur (Wq 59/3)** est l'une des plus intéressantes : sa substance, comme celle des sonates contemporaines, est extrêmement riche. Son début capricieux, aux triolets pleins de virtuosité, donne lieu à un traitement génial des motifs, digne de Haydn. La mélodie très émouvante du *Largo* et ses effets d'enharmonie suggèrent déjà le romantisme.

Après une *Sonate pour clavecin (Wq 60)*, publiée à Dresde et Leipzig en 1785, Carl Philipp Emanuel Bach fit éditer à Leipzig en 1787 un ultime recueil de deux sonates, deux rondos et deux fantaisies *(Wq 61)*.

Essai sur la véritable manière de jouer du clavecin

Sous son titre allemand, *Versuch über die wahre Art das Clavier zu spielen*, l'*Essai* parut en deux parties : la première à Berlin en 1753, avec plusieurs rééditions du vivant de Carl Philipp Emanuel Bach ; la seconde en 1762, et dans une nouvelle édition en 1780. Cet ouvrage clair et logique est capital pour la connaissance du style du clavier dans la seconde partie du XVIIIe siècle. Beethoven en fit l'une des bases de son enseignement. En remarquable pédagogue et interprète, Carl Philipp Emanuel Bach y traite de tous les problèmes liés à l'exécution de la musique de clavier. Des chapitres essentiels sont

---

* K. Geiringer, *op. cit.*

consacrés à l'ornementation facultative des cadences, à la question des ornements dont il blâmait l'abus (car pour lui tout ornement fait partie de la mélodie), et au doigter. Son doigter est à la fois archaïsant et moderne, — puisqu'il utilise le passage du pouce, mais ne renonce pas tout à fait à l'ancien passage du troisième sur le quatrième doigt. Le chapitre traitant de l'exécution proprement dite dépasse de loin le seul jeu du clavier : il représente, en effet, la véritable profession de foi du musicien. Sa théorie repose sur l'idée qui sera celle de Chopin que la technique pure ne peut être qu'un moyen d'arriver à une exécution accomplie ; ce qui est primordial, c'est le contenu sensible et expressif de toute composition, que l'interprète doit transmettre au public.

La première partie de l'*Essai* était accompagnée de six *Sonates* qui furent réunies, par Philipp Emanuel lui-même, à Six *Sonatines* en une nouvelle édition parue à Hambourg en 1786 *(Wq 63)*. Ces sonates représentent des exemples fournis en illustration des divers chapitres. Elles sont classées, dans un souci pédagogique, de la plus facile à la plus difficile. La plus difficile est précisément la sixième **Sonate en *fa* mineur (Wq 63/6)**. L'*Allegro di molto* se signale par son exubérance :

Carl Philipp Emanuel y envisage la technique du croisement de mains, largement développée par Scarlatti, et qu'il nomme lui-même une « sorcellerie naturelle ». Le deuxième mouvement, *Adagio affettuoso e sostenuto*, est un superbe épisode : son beau chant se développe en tierces et en sixtes, jusqu'à une cadence librement improvisée par l'auteur lui-même. C'est la magnifique *Fantaisie en ut mineur* qui forme le dernier épisode : l'intensité émotionnelle de cette pièce s'avère si profonde que le poète Gerstenberg, ami et contemporain de Carl Philipp Emanuel, tenta de superposer à la musique un texte inspiré par le monologue de Hamlet, et par les dernières paroles de Socrate vidant la coupe de ciguë. Pour assurer à son œuvre une absolue liberté rythmique, Carl Philipp Emanuel Bach a supprimé les barres de mesure des parties improvisées.

A. d. P.

JOHANN CHRISTIAN (JEAN-CHRÉTIEN) BACH

Né à Leipzig, le 5 septembre 1735 ; mort à Londres, le 1er janvier 1782. Parfois surnommé aujourd'hui le « Bach de Milan » ou le « Bach de Londres », il est le dernier fils de J.-S. Bach et de sa seconde épouse, Anna Magdalena. A la mort de son père, c'est son demi-frère, Carl Philipp Emanuel, qui se chargea de son éducation musicale. Installé pour quelques années en Italie, il devint maître de chapelle du comte Litta, grand mécène milanais, et se perfectionna dans son art auprès du fameux Padre Martini, à Bologne. Éminent théoricien, mais aussi philosophe, mathématicien et érudit, Giovanni Battista Martini (1706-1784) devait avoir une influence déterminante sur le jeune Bach, qui acquit auprès de lui une solide technique. C'est de cette époque que datent la plupart de ses compositions religieuses. Devenu organiste de la cathédrale de Milan après sa conversion au catholicisme, Jean-Chrétien s'orienta néanmoins de plus en plus vers l'opéra, genre musical que son père et ses frères avaient totalement dédaigné. Sollicité par le King's Theatre de Londres, il s'établit en Angleterre où il obtint la charge de maître de musique de la reine. Professeur, compositeur, virtuose, directeur de concerts, ami des plus hautes personnalités artistiques, il devait très vite connaître le succès et devenir pendant une dizaine d'années l'une des célébrités de la vie musicale londonienne. C'est à Londres qu'il rencontra Mozart pour la première fois, et l'on sait combien grande sera son influence sur le jeune prodige. Avec son compatriote Karl Friedrich Abel (1723-1787), il fonda en même temps l'un des premiers concerts publics anglais : les Bach-Abel-Concerts. Ses dernières années furent assombries par des difficultés financières, et, c'est à Londres qu'il mourut prématurément à l'aube de l'année 1782. Il fut enterré dans l'indifférence générale. Quelques mois plus tard, Mozart écrivait à son père : « Le Bach d'Angleterre est mort..., c'est un jour sombre pour le monde de la musique ! »

L'art de J.-C. Bach

S'il ne fait aucun doute que, comme ses frères, J.-C. Bach travailla très jeune avec son père, il semble cependant lui devoir assez peu sur le plan de l'écriture musicale. L'influence de Carl Philipp Emanuel, son premier véritable maître, fut plus évidente. Mais lors de son séjour chez ce frère aîné, c'est par les représentations de l'Opéra de Berlin, où l'art italien était très florissant, qu'il se sentit particulièrement attiré. Il se passionna aussi pour les recherches de l'orchestre de Mannheim dans les domaines de l'instrumentation et de la symphonie. Cet orchestre, composé de musiciens remarquables, avait une réputation internationale. En Italie, d'autres influences essentielles devaient décider de l'orientation du « Bach de Milan ». Celui-ci reprit à son compte l'art du contrepoint savant, et la pratique du style sévère et de la polyphonie pure et ancienne que lui enseigna le Padre Martini à Bologne. Simultanément, il découvrit avec bonheur le goût du comique, le sens de la mélodie souple et claire, et la grâce de ce style « galant » qui caractérisaient l'opéra napolitain. Il allait d'ailleurs devenir l'un des symboles de l'art « galant », avec son raffinement et son charme un peu précieux.

Son langage, fait à la fois d'éléments allemands et italiens, est donc plutôt joyeux, parfois passionné, mais toujours d'une parfaite élégance. La solidité de sa technique et de son écriture harmonique, sa science du chromatisme expressif et des dissonances, la spontanéité de son inspiration, la vivacité de ses mouvements rapides, la pureté et la clarté de sa ligne mélodique sont d'une grande richesse.

C'est à Londres, en 1764, que se situe la première rencontre entre J.-C. Bach et Mozart. Accompagné de son père et de sa sœur, l'enfant Mozart, âgé de huit ans, effectuait sa deuxième tournée à travers l'Europe. Le « Bach de Londres », qui était une des plus hautes personnalités du monde musical londonien, témoigna tout de suite un grand attachement et une réelle affection au jeune Mozart, qui lui resta toujours fidèle. Pendant le sombre séjour qu'il fit à Paris en 1778, Mozart eut de nouveau l'occasion de rencontrer Jean-Chrétien, venu proposer son opéra *Amadis des Gaules*. Pour l'un et l'autre, Paris ne fut malheureusement que source de désillusion et d'amertume. Enfin, c'est avec une profonde tristesse que Mozart recevra en 1782 la nouvelle de la mort de son maître.

L'influence de J.-C. Bach sur la personnalité musicale de Mozart est tout à fait évidente. Si le premier n'a pas le génie du second, il y a cependant chez eux de grandes analogies. On retrouve dans leur musique la même invention mélodique, la même grâce, le même raffinement, le même chant élégant. A Londres, le jeune Mozart avait découvert les *Sonates pour clavier op. 5* de J.-C. Bach, encore manuscrites. A l'automne de 1765, il arrangea trois d'entre elles (sonates *op. 5*, *n° 2* en *ré* majeur, *n° 3* en *sol* majeur, et *n° 4* en *mi* bémol majeur) en concertos pour clavier et orchestre (concertos K. 107, 1-2-3). Sous la ligne mélodique originale, Mozart a ajouté une partie concertante faite d'un groupe instrumental restreint, deux violons et une basse, et il a organisé le dialogue entre les deux partenaires, entre le tutti et le soliste. Pour Alfred Einstein, ces essais de Mozart ne furent pas considérés par lui comme de simples exercices, puisqu'il exécutait encore ces concertos dans sa maturité et composa pour eux des cadences raffinées.

L'œuvre pour clavier

En comparaison de son œuvre symphonique et de son œuvre concertante (trente-sept concertos pour clavier et orchestre), l'œuvre pour clavier seul de J.-C. Bach est relativement réduite. Elle se compose de pièces diverses, pour la plupart publiées à Londres, de sonates à quatre mains charmantes et faciles, mais surtout de deux séries de six sonates pour clavier : *op. 5* et *op. 17*. A cela s'ajoute une *Méthode ou Recueil de connaissances élémentaires pour le forte-piano ou clavecin*, écrite en collaboration avec F. Pasquale Ricci (1733-1817) pour le Conservatoire de Naples, et publiée à Paris chez Leduc en 1786.

Les *Six sonates pour clavecin ou pianoforte op. 5*, dédiées au duc Ernest de Mecklenbourg, furent éditées à Londres vers 1766 ; c'est trois d'entre elles que Mozart, reprit en 1765 et arrangea en concertos pour clavier et orchestre. Les *Six sonates pour clavecin ou piano-forte op. 17* parurent à Londres vers 1779 ; elles avaient été publiées à Paris, chez Sieber, sous le numéro d'op. 12.

Pour ces sonates, J.-C. Bach adopte des cadres variés : certaines sont construites en deux mouvements (de tempo rapide), les autres sont en trois mouvements (deux mouvements vifs entourant un mouvement lent). Les *allegros* initiaux sont généralement conçus selon la forme sonate classique : deux thèmes, contrastés ou semblables, s'y opposent. Ils sont suivis d'un développement et d'une réexposition, parfois coupés par une cadence improvisée « ad libitum ». Karl Geiringer* souligne que c'est dans ses *andante* et ses *adagio* que J.-C. Bach donne le plus souvent le meilleur de lui-même. Ses mélodies suaves et mélancoliques, typiques de la musique rococo raffinée, ne sont pas exemptes d'une réelle profondeur et d'une délicate coloration. Le mouvement conclusif de chaque sonate est en général un rondo ou un finale très rapide qui brille par une virtuosité débordante.

Comme l'indique leur page de titre, ces deux séries de sonates sont écrites « pour clavecin ou piano-forte ». J.-C. Bach reprend là l'usage courant d'une époque où les deux instruments à clavier connaissaient une vogue à peu près semblable. En suivant cette tradition (qui existera jusqu'à la fin du XVIIIe siècle), le compositeur avait toutes les chances d'intéresser un grand nombre d'amateurs en proposant à ceux-ci une musique destinée indifféremment aux défenseurs du clavecin et aux partisans du nouveau piano-forte. Quoi qu'il en soit, par la légèreté et la clarté de leur écriture (le plus souvent à deux voix), par la délicatesse et la souplesse de leurs mélodies, par les procédés d'accompagnement utilisés par J.-C. Bach, ces sonates semblent d'abord convenir beaucoup plus au mécanisme sensible du piano-forte qu'à la sonorité un peu sèche du clavecin. Enfin, chacune des deux séries débute par une sonate facile, très certainement destinée au débutant.

Les sonates de l'op. 5

Selon K. Geiringer**, ces sonates « respirent cette douceur d'expression, cette chaleur sensitive de mélodie qui fascinaient Mozart enfant ».

Sonate op. 5, n° 2 (*ré* majeur) : cette sonate en trois mouvements fut intégralement arrangée par Mozart en concerto (K. 107-1). Elle s'ouvre par un *Allegro di molto* à quatre temps, simple mais enjoué, avec l'affirmation immédiate de la tonalité par les trois accords ponctués de la première mesure. Un second thème plus chantant apparaît à la mesure 19. L'ensemble repose en permanence sur une écriture à deux voix. Le second mouvement, *Andante di molto* à 2/4, en *sol* majeur, est une charmante romance, très expressive. La sonate se conclut par un *Minuetto* en trois parties (majeur, mineur, majeur).

Sonate op. 5, n° 3 (*sol* majeur) : voici encore une sonate reprise et transcrite par Mozart (*Concerto en sol majeur*, K. 107-2). Elle est écrite en deux mouvements. L'*Allegro* à quatre temps, de construction classique, fait entendre deux thèmes. Le premier est une ravissante mélodie, gracieuse et fluide. Malgré une écriture à deux voix assez simple, la virtuosité s'anime dans le cours du développement. Les seize mesures de l'*Allegretto* à 2/4 donnent lieu à quatre variations d'une rythmique joyeuse.

Sonate op. 5, n° 4 (*mi* bémol majeur) : cette sonate fut arrangée par Mozart en concerto (K. 107-3). Deux mouvements la composent : un *Allegro* à quatre temps, dont les deux thèmes témoignent de la constante inspiration mélodique de J.-C. Bach ; et un rondo *Allegretto* à trois temps, au charme aimable. On notera l'opposition entre la sérénité des refrains et le caractère plus animé, et parfois plus dramatique, des couplets.

Sonate op. 5, n° 5 (*mi* majeur) : trois mouvements apparaissent dans cette sonate plus difficile que les précédentes. L'*Allegro assai* initial, à quatre temps, est plein de vivacité. Il y a un contraste évident entre les deux thèmes : entre le premier qui s'affirme par ses contretemps, et le deuxième à trois voix, plus expressif (mesure 20). Dans le développement, J.-C. Bach déploie des formules de virtuosité variées. La longue mélodie gracieuse et rêveuse de l'*Adagio*, en *la* majeur, impose très certainement l'usage

---

* Karl Geiringer, en collaboration avec Irène Geiringer, *Bach et sa famille,* traduit de l'anglais (Paris, Corrêa, Buchet-Chastel, 1955).

** *Op. cit.*

du piano. Sur son accompagnement immuable, la ligne mélodique est coupée trois fois par un repos sur point d'orgue, qui permet à l'interprète d'exécuter à volonté une cadence. La sonate se conclut par un *Prestissimo* à 2/4, d'une exubérance extraordinaire. Il prend la forme d'un rondo en trois couplets (le second couplet est écrit dans le mode mineur, avec changement d'armure).

Sonate op. 5, n° 6 (*ut* mineur) : d'après K. Geiringer, cette sonate de style sévère, très différente des précédentes, aurait été composée lors du séjour de J.-C. Bach en Italie. Avec évidence, celui-ci cherche ici à allier style savant et style galant. La sonate s'ouvre par un *Grave* à 3/4, prélude émouvant d'une grande richesse d'écriture, qui laisse apparaître la double influence des violonistes italiens et de la manière de Carl Philipp Emanuel, — laquelle prend parfois un aspect presque romantique. L'*Allegro moderato* central est une fugue classique, dont le court sujet fait entendre les notes clés de l'accord parfait. Le souvenir de l'enseignement du Padre Martini est très présent. L'*Allegretto* conclusif est construit sur un rythme de gavotte un peu pompeux, de goût français.

Les sonates de l'op. 17

Les sonates de l'*op. 17* sont dans l'ensemble plus riches musicalement et plus difficiles techniquement que les sonates de l'*op. 5*. Elles aussi conçues en deux ou trois mouvements, elles sont pleines d'allant et de grâce, et, pour reprendre la définition de K. Geiringer*, elles sont le reflet du bel canto et de ce langage homophonique « propre à l'opéra italien qui sera la marque de la musique du John Bach de Londres ».

Sonate op. 17, n° 2 (*ut* mineur) : cette sonate en trois mouvements débute par un *Allegro* à 2/4, de construction classique avec ses deux thèmes. Les figures d'accompagnement utilisées par J.-C. Bach (batteries de tierces et basse d'Alberti) relèvent plus du style du piano que de celui du clavecin. Dans le développement, très modulant, apparaissent des impulsions presque romantiques. A l'écoute d'une telle œuvre, on saisit parfaitement l'influence qu'eut J.-C. Bach sur le jeune Mozart. Le second mouvement est un *Andante* en *mi* bémol majeur à quatre temps : c'est une cantilène pour piano, à la fois tendre et expressive, très proche de l'art vocal. De nouveau une tendance romantique s'y fait jour. Un *Prestissimo* à 12/8, au rythme bondissant, sert de conclusion. Tous les thèmes et motifs secondaires de cette pièce pleine d'esprit débordent de gaieté et d'entrain.

Sonate op. 17, n° 3 (*mi* bémol majeur) : cette sonate, très mozartienne, est une des plus belles de la série. L'*Allegro assai*, à quatre temps, débute sur les longs trilles du premier thème, soutenus par une basse d'Alberti très stricte. Le second thème, plus suave, apparaît à la mesure 14 sur des batteries de tierces. Les inflexions romantiques du développement très animé semblent exclure l'idée d'une interprétation de cette œuvre au clavecin. Cette pièce ne s'adresse pas à un débutant, et certaines difficultés techniques exigent de l'interprète une solide technique. Le deuxième et dernier mouvement est un *Allegro* à 3/8, au rythme dynamique, qui combine avec vivacité la forme du rondo et la forme binaire bithématique.

Sonate op. 17, n° 4 (*sol* majeur) : cette charmante sonate est moins difficile que les précédentes. L'*Allegro* à quatre temps fait entendre une musique aimable et chantante. Les deux thèmes sont pleins de grâce, et l'emploi presque continuel de deux voix donne à l'ensemble souplesse et fluidité. Un *Presto assai* à 3/8, bref, rapide et exubérant, conclut la sonate dans un déploiement de virtuosité.

Sonate op. 17, n° 5 (*la* majeur) : voici une sonate beaucoup plus élaborée. Elle s'ouvre sur un *Allegro* à quatre temps, plein de sensibilité. La variété rythmique accentue l'idée de contraste et d'émotion. On remarquera la chaleur et la grandeur du dessin mélodique des deux thèmes. J.-C. Bach utilise là un langage harmonique assez riche et des difficultés techniques capricieuses. L'intensité rythmique du *Presto* à 3/8, son esprit et son brio, ne le cèdent jamais.

Sonate op. 17, n° 6 (*si* bémol majeur) : cette sonate est une des plus vivantes. La construction classique de l'*Allegro* oppose deux thèmes gracieux et légers. Le développement déborde de virtuosité et de variété, et les deux mains y sont à égalité dans la difficulté (arpèges, gammes rapides, chevauchements, sauts, grands écarts, etc.). Le brio de J.-C. Bach est ici à son comble. L'*Andante* central, à quatre temps, est écrit dans le ton de *mi* bémol majeur (on remarquera que les deux superbes *andante* de

---

* *Op. cit.*

l'*op. 17* sont écrits dans cette tonalité : *op. 17, n° 2* et *n° 6*). Il y règne une véritable intensité dramatique. La ligne mélodique de ce mouvement lent repose sur une main gauche très mouvante, et les longues phrases en tierces de la main droite constituent des passages délicats. La sonate prend fin sur un *Prestissimo* à 12/8 éblouissant d'entrain et de virtuosité (roulades, arpèges brisés, grands écarts, longues gammes qui courent sur près de trois octaves, etc.).

A. d. P.

JOHANN SEBASTIAN BACH

Né le 21 (en réalité 31)* mars 1685 à Eisenach, en Thuringe ; mort à Leipzig, le 28 juillet 1750. Petit-fils et fils d'organistes et cantors établis en Thuringe depuis le XVIe siècle, il fut lui-même un « maillon » d'une importante lignée de musiciens : trois — l'aîné Wilhelm Friedemann, puis Carl Philipp Emanuel et Johann Gottfried Bernhard — parmi les sept enfants de son premier mariage ; deux — Johann Christoph Friedrich et Johann Christian — des treize enfants qu'il eut encore en secondes noces avec Anna Magdalena. Johann Sebastian — notre Jean-Sébastien — acquit à Eisenach une brillante culture classique (le grec et le latin notamment), puis, après la mort de son père, entreprit ses études musicales à Ohrdruf : il s'était déjà familiarisé avec le violon, l'orgue et le clavecin ; il apprit la composition avec Herder, plus occasionnellement avec Böhm à Lüneburg. Son éducation musicale fut complétée par la lecture assidue de compositeurs allemands (dont Buxtehude, rencontré à Lübeck), italiens (dont Frescobaldi et Vivaldi), et français (dont François Couperin et Marchand). Ayant fait la connaissance de plusieurs organistes en renom, il fut nommé lui-même à la Neue Kirche d'Arnstadt en 1703, et commença à composer, tout en se forgeant une réputation d'expert et réparateur d'orgues. Après un court séjour à Mülhausen, Jean-Sébastien Bach est en 1708 musicien de chambre et organiste à la cour de Weimar, puis Konzertmeister en 1714 : outre de nombreuses cantates, il y produit ses premières grandes œuvres pour orgue et pour clavecin. C'est en 1717 qu'il devient Kapellmeister à la cour de Cöthen (cour réformée calviniste, qui l'oblige à abandonner l'orgue et la musique d'église) : pour l'orchestre dont il dispose, il produit donc la majeure partie de ses œuvres instrumentales, ainsi que, pour le clavier, le premier livre du Clavier bien tempéré, *les* Inventions, *les* Suites Anglaises *et* Françaises, *la* Fantaisie chromatique et fugue *notamment. Des dissensions l'amènent à quitter Cöthen, pour accepter le poste de cantor à l'église Saint-Thomas de Leipzig en mai 1723 : il restera à Leipzig jusqu'à sa mort. Assurant l'enseignement musical, chargé de composer régulièrement de la musique religieuse pour chaque dimanche et fête, ainsi que pour les cérémonies officielles de la ville et de l'université, soumis en outre à l'interdiction de s'absenter sans permission signée, Bach connaîtra d'incessants et incroyables démêlés avec les autorités. Outre les cantates du dimanche, il n'en écrira pas moins ses chefs-d'œuvre de musique vocale (les deux* Oratorios, *les deux grandes* Passions) ; *mais c'est pour Dresde (à l'occasion d'une de ses absences, et à l'intention du comte Keyserling) qu'il composera ses* Variations Goldberg *(tout comme il dédiera son* Offrande musicale *au roi Frédéric II de Prusse, installé à Postdam). A la fin de 1749, une opération malheureuse de la cataracte le rend presque complètement aveugle ; le musicien recouvre soudainement la vue en juillet 1750 ; mais une attaque aussi soudaine, puis une fièvre l'emporteront dix jours plus tard... L'œuvre de Jean-Sébastien Bach — on l'a*

---

* D'après Alberto Basso, *Jean-Sébastien Bach* (2 tomes, Fayard, Paris, 1984 et 1985 pour la traduction française) : ouvrage des plus essentiels pour la connaissance du musicien.

maintes fois souligné — *forme un « aboutissement » des traditions musicales les plus éprouvées en son temps (celles, en particulier, de la composition polyphonique et du contrepoint), et en propose une magnifique re-création à travers des architectures sonores complexes et constamment renouvelées. A cet égard, la production pour le clavier — entendons ici le clavecin — ne démérite pas du reste : sublimation de formes héritées (les* Suites Françaises *et* Anglaises, *par exemple), elle est aussi synthèse de procédés d'écriture dans les deux livres du* Clavier bien tempéré, *comme dans les superbes* Variations Goldberg, *— sommet de toute science contrapuntique.* Clavier bien tempéré *et* Variations Goldberg *— monuments incontestés de cette production — sont analysés ci-après en priorité. Suivent les recueils complets de pièces* (Suites, Partitas, Toccatas, Inventions), *et la présentation d'œuvres plus ou moins isolées, mais non moins remarquables, comme la* Fantaisie chromatique et fugue *ou le* Concerto Italien, *entre autres.*

LE CLAVIER BIEN TEMPÉRÉ

Les deux livres du *Clavier bien tempéré* (ou plus exactement *Das wohltemperierte Clavier*), élaborés entre 1722 et 1744, contiennent chacun vingt-quatre préludes et fugues (*BWV 846-869* et *BWV 870-893*) écrits dans tous les tons et demi-tons de la gamme.

Dans ces quarante-huit diptyques, Bach explore toutes les possibilités offertes par le tempérament égal, dont les bases étaient assez récentes. Les recherches des musiciens et des théoriciens autour du système tempéré avaient en effet ébranlé le monde musical depuis la fin du XVIIe siècle. Considéré aujourd'hui comme l'un des pionniers de la méthode du tempérament égal, le compositeur allemand Andreas Werckmeister (1645-1706) publia en 1691 un ouvrage théorique dans lequel il recommandait l'application du tempérament égal à tous les instruments à clavier. Mathématiquement, mais artificiellement, le procédé de Werckmeister divisait l'octave en douze demi-tons égaux entre eux. Cette méthode, qui ne donnait aucun intervalle pur (sauf l'octave), avait néanmoins l'avantage de permettre un accord précis des instruments à clavier et, partant, la réalisation de modulations variées. Ce système s'opposait au tempérament inégal prôné par le théoricien Gioseffo Zarlino (1517-1590) : fondé sur des intervalles inégaux, ce tempérament par douze rendait la modulation impossible en dehors des tons voisins, et interdisait l'utilisation de tonalités comportant un grand nombre de dièses ou de bémols.

D'autres théoriciens contemporains de Bach avaient à leur tour tenté de réaliser le tempérament. Citons, entre autres, le compositeur néerlandais Christian Huygens (1629-1695), le physicien français Joseph Sauveur (1653-1716), les compositeurs allemands Johann Caspar Ferdinand Fischer (c. 1650-c. 1746) ou Johann Mattheson (1691-1764). On ne saurait enfin oublier l'immense production théorique de Jean-Philippe Rameau (1683-1764). Mais, dans ce domaine, Bach est resté le maître incontesté.

Dans cette première moitié du XVIIIe siècle, en effet, le langage musical était en pleine évolution : le grand art de Bach fut de le développer à l'infini. Mieux que quiconque sans doute, Bach comprit les bouleversements que pouvait apporter l'adoption du tempérament égal, dont l'une des premières conséquences fut le progrès de la musique instrumentale. *Le Clavier bien tempéré* demeure donc le point culminant de toutes ces recherches, et ce chef-d'œuvre représente, depuis plus de deux siècles, l'ouvrage de base de la littérature pour clavier. Les plus grands successeurs de Bach en ont fait leur pain quotidien. En 1782, par exemple, Mozart a transcrit pour quatuor à cordes (K. 405) cinq fugues à quatre voix du *Clavier bien tempéré*. Chacun sait aussi que Chopin ne commençait jamais à travailler son piano sans avoir joué un ou plusieurs préludes et fugues de Bach. De cette œuvre immense, il disait volontiers : « Cela ne s'oublie jamais. » Dans ses conseils aux jeunes musiciens, Schumann, pour sa part, recommandait le travail des fugues des bons maîtres, et avant tout celles du *Clavier bien tempéré*.

La traduction du titre donné par Bach à ses deux recueils, *Das wohltemperierte Clavier*, par *Clavecin bien tempéré* est une inexactitude. C'est *Clavier bien tempéré* qu'il faut évidemment comprendre. Au temps de Bach, le terme « clavier » désignait tous les instruments à clavier en général. A quel instrument Bach songea-t-il en composant une telle œuvre ? Il est difficile, sinon impossible, de répondre. Contentons-nous de remarquer que certains préludes « sonneront » bien sur un clavicorde, que certaines fugues seront mieux interprétées sur un clavecin, et que d'autres, plus rares, semblent découler du style de l'orgue. Et le piano ? Peut-on jouer les quarante-huit préludes et fugues du *Clavier bien tempéré* sur un piano, sans trahir l'esprit de Bach ? Le débat reste ouvert aujourd'hui. En réalité, pour reprendre une opinion de Glenn Gould, il semble que ces pages (comme *l'Art de la fugue)* « se distinguent par une évidente abstraction instrumentale... Il n'y a rien en vérité qui empêche le piano contemporain de représenter fidèlement les implications architecturales du style baroque en général, et de celui de Bach en particulier. »

Livre I

Le premier livre du *Clavier bien tempéré* fut achevé en 1722. Le manuscrit porte ce sous-titre : *Le Clavier bien tempéré, ou préludes et fugues dans tous les tons et demitons, tous deux avec la tierce majeure ou* ut, ré, mi, *et avec la tierce mineure ou* ré, mi, fa. *Pour la pratique et le profit des jeunes musiciens désireux de s'instruire et pour recréer ceux qui sont déjà rompus à cet art.*

Depuis 1717, Bach était à Cöthen au service du prince Léopold, grand amateur de musique, chanteur, claveciniste, violoniste et gambiste à ses heures. Maître de chapelle et directeur de la musique de chambre du prince, Bach composait essentiellement de la musique instrumentale pour cette cour calviniste où la musique religieuse ne comptait guère. De cette époque datent entre autres les six *Suites françaises* (BWV 812-817), les six *Suites anglaises* (BWV 806-811), le *Clavierbüchlein* écrit en 1720 pour W. F. Bach, les six *Sonates pour violon et clavecin* (BWV 1014-1019), les trois *Sonates pour viole de gambe et clavecin* (BWV 1027-1029), les six *Concertos brandebourgeois* (BWV 1046-1051), les *Sonates* et *Partitae pour violon seul* (BWV 1001-1006), les six *Suites pour violoncelle seul* (BWV 1007-1012).

A l'époque de Bach, le *prélude* était une forme libre, — sorte d'improvisation où l'exécutant pouvait à loisir donner libre cours à sa fantaisie. Dans les vingt-quatre préludes de son premier livre, Bach ne se soumet à aucune organisation apparente. Diversité, liberté et imagination sont ici la règle. Onze de ces préludes figuraient déjà, sous leur forme primitive, dans le *Clavierbüchlein vor Wilhelm Friedemann Bach* (1720). Certains furent remaniés par Bach en vue de leur insertion dans le présent recueil.

Si la *fugue* reste la pièce architecturale par excellence, Bach sait donner à chacune d'entre elles sa propre structure. Ce livre contient onze fugues à trois voix, dix à quatre voix, deux à cinq voix (dont une triple fugue en *ut* dièse mineur), et une à deux voix. Il règne une certaine unité entre prélude et fugue d'une même tonalité, — unité que l'on retrouvera peu dans le second volume.

Notons enfin que, sauf de très rares exceptions, Bach ne laisse ici aucune indication de tempo. Les indications figurant en tête de chaque pièce du *Clavier bien tempéré* dans les éditions modernes sont donc purement arbitraires.

N° 1. Prélude et fugue en *ut* majeur (BWV 846)

PRÉLUDE (à 4/4) : les trente-six mesures de ce prélude reposent entièrement sur un dessin d'accords brisés :

C'était un usage courant à l'époque de Bach de préluder sur un tissu d'harmonies brisées, dans le style des improvisations des luthistes. Malgré quelques modulations très passagères, le ton d'*ut* reste ici dominant d'un bout à l'autre de la pièce. On sait que Gounod reprit ce prélude comme assise de son célèbre *Ave Maria*.

FUGUE (4 voix, à 4/4) : la fugue est bâtie sur un sujet de quatorze notes :

Un dessin de quarte ascendante et un dessin de quarte descendante entourent un intervalle de quinte, qui en est le point culminant. Certains ont vu une parenté évidente entre les notes essentielles de ce sujet et les notes les plus aiguës des sept premières mesures du prélude. Au cours de l'exposition, les entrées du sujet se font dans l'ordre suivant : alto, soprano, ténor et basse. Le contre-sujet lui-même reprend les éléments du sujet. Divertissement, contre-exposition et strettes se succèdent et se chevauchent en une écriture extrêmement dense : il n'y aura pas moins de vingt-quatre entrées consécutives du sujet au cours des vingt-sept mesures de cette fugue. Entre les mesures 14 (où, après une cadence en *la* mineur, commence la contre-exposition) et 20, l'ensemble repose sur un canon à quatre voix où le sujet passe sans relâche de voix en voix. Si Bach ne s'autorise dans cette pièce que des modulations relativement modestes, il maintient d'un bout à l'autre une extraordinaire tension.

N° 2. Prélude et fugue en *ut* mineur (BWV 847)

PRÉLUDE (à 4/4) : une première version de ce prélude figurait dans le *Clavierbüchlein* composé pour Wilhelm Friedemann Bach. Il se présente comme une toccata ou comme une étude de virtuosité pour les deux mains, basées sur un dessin de doubles croches qui se poursuivent inlassablement sur un rythme immuable :

Deux mesures d'improvisation dans le style d'un récitatif viennent couper le mouvement initial, pour mener aux quatre mesures conclusives qui s'achèvent sur la tierce majeure (*mi* bécarre).

FUGUE (3 voix, à 4/4) : tout entière basée sur une polyphonie transparente, l'écriture de cette fugue est particulièrement claire. Le sujet, extrêmement gracieux, s'étale sur deux mesures :

Sa troisième entrée (à la basse) n'intervient qu'à la septième mesure de l'exposition. Le sujet est entouré de deux contre-sujets (l'un fait d'un motif de doubles croches descendantes, l'autre d'un dessin ascendant plus souple, avec ses notes liées). Cette fugue riche en divertissements prend fin sur une rentrée intégrale du sujet au soprano, sur une pédale de tonique tenue à la basse.

N° 3. Prélude et fugue en *ut* dièse majeur (BWV 848)

PRÉLUDE (à 3/8) : invention à deux voix ou pièce de virtuosité rapide, construite sur un tourbillon de doubles croches qui passent successivement de la main droite à la main gauche :

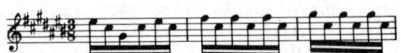

Un jeu d'arpèges décomposés entre à la mesure 63, et se poursuit jusqu'aux mesures finales où de nouveaux arpèges brillants (qui imposent des croisements de mains) concluent avec éclat.

FUGUE (3 voix, à 4/4) : comme dans la fugue précédente, le sujet alerte et joyeux (avec son grupetto caractéristique qui s'élance vers le *mi*) s'étend sur deux mesures :

C'est une des plus belles fugues de ce livre, et en même temps l'une des plus difficiles à exécuter. Deux contre-sujets s'opposent au sujet. Dans la partie centrale de la fugue, tout se joue autour des tierces descendantes du premier contre-sujet et des entrées incomplètes du sujet (mesures 29-41). Les nombreux divertissements empruntent à la tête du sujet, et les quatorze dernières mesures ressemblent fort à la reprise de l'exposition.

N° 4. Prélude et fugue en *ut* dièse mineur (BWV 849)

La tonalité d'*ut* dièse mineur est une tonalité assez rare chez Bach. Il l'utilisa notamment dans les mouvements lents de deux œuvres en *mi* majeur : le *Concerto pour violon et orchestre* BWV 1042 et la *Sonate pour violon seul* BWV 1016.

PRÉLUDE (à 6/4) : comme le prélude précédent, ce prélude apparaissait déjà dans le *Clavierbüchlein*. C'est une version un peu remaniée et allongée, que Bach a insérée dans ce premier livre du *Clavier bien tempéré*. Le thème calme, modéré, et d'une gravité recueillie, de cet *aria* :

se développe dans la première partie en questions et réponses entre les deux mains, puis progresse dans la seconde partie en marches harmoniques et en épisodes très expressifs. Six mesures avant la fin, une cadence rompue annonce une conclusion apaisée sur la tierce majeure (*mi* dièse).

Fugue (5 voix, à 2/2) : d'une grande complexité, elle est une des deux fugues à cinq voix du premier livre du *Clavier bien tempéré*; mais elle peut être aussi classée dans la catégorie des triples fugues, c'est-à-dire des fugues à trois sujets. En cela, elle est unique dans ce premier volume. Écrite dans le style ancien du ricercare à l'italienne, c'est une sorte d' « alla breve » bouleversant qui sonne comme une pièce vocale religieuse. Chacun des trois sujets a sa propre personnalité. Le premier, en valeurs longues,

est tout d'abord exposé de la basse vers l'aigu. Il imprime à cette première exposition un caractère sévère. L'ensemble s'assouplit avec l'entrée du second sujet et des premières croches, qui donnent à cette fugue un aspect plus instrumental et plus lumineux. L'exposition du troisième sujet, avec ses trois notes répétées caractéristiques, va engendrer une succession de divertissements et d'épisodes variés. Ce dernier sujet se superpose au premier dans les mesures qui précèdent la conclusion, puis éclate dans la strette, jusqu'à la cadence finale sur la tierce majeure.

N° 5. Prélude et fugue en *ré* majeur
(BWV 850)

L'atmosphère de ce court diptyque en *ré* majeur contraste totalement avec ce qui a précédé. *Ré* majeur est généralement pour Bach une tonalité de joie et de virtuosité.

Prélude (à 4/4) : il figurait sous une forme plus concise dans le *Clavierbüchlein*. Bach en fait une pièce de virtuosité pour la main droite, écrite dans cette tonalité claire et brillante de *ré* majeur qu'il affectionne particulièrement. Une figure enjouée et volubile

se promène inlassablement sur deux octaves du clavier. Aucun silence ne vient couper ce mouvement. Le rythme est maintenu jusqu'au bout. La main gauche se borne discrètement à ponctuer chaque temps de chaque mesure par des croches brèves et légères. Sérénité et allégresse se mêlent ici pour le plus grand plaisir de l'auditeur.

Fugue (4 voix, à 4/4) : cette courte page (vingt-sept mesures) est bâtie sur un sujet noble et majestueux, qui s'affirme sur un rythme pointé à la française :

Contre-sujet, épisodes, divertissements découlent de ce sujet, et les huit triples croches qui forment la tête du sujet resteront l'élément dominant de cette fugue. Ajoutons que cette pièce est un modèle de clarté et de précision.

N° 6. Prélude et fugue en *ré* mineur
(BWV 851)

Prélude (à 4/4) : ce morceau faisait partie des préludes réunis par Bach dans le *Clavierbüchlein*. Voici encore une pièce de virtuosité pour la main droite, destinée à l'étude de la position naturelle de la main à plat sur le clavier. Un dessin régulier de triolets de doubles croches

court dans le plus grand calme sur une ponctuation de croches à la main gauche. Une descente chromatique dans les dernières mesures précède la cadence en *ré* majeur.

Fugue (3 voix, à 3/4) : cette fugue modérée s'ouvre par l'exposition, de l'aigu au grave, d'un sujet calme et tendre :

Bach a tenu à préciser que le *si* bémol de la deuxième mesure du sujet devait être joué détaché, — indication précieuse bien souvent omise dans les éditions modernes. Les doubles croches du contre-sujet découlent de ce sujet. Bach utilise volontiers les imitations canoniques dans ses divertissements, ainsi que de nouvelles entrées du sujet renversé (mesures 16-17, par exemple). Deux mesures de conclusion sur double pédale de tonique rappellent un instant la tête du sujet.

N° 7. Prélude et fugue en *mi* bémol majeur (BWV 852)

PRÉLUDE (à 4/4) : s'agit-il d'un prélude ou d'une fugue ? Les deux genres sont ici mêlés, et il est évident que ce prélude prend une orientation fuguée. Une courte toccata de neuf mesures

introduit un long épisode fugué, — lui-même divisé en deux parties : un fugato à quatre voix de style ancien précède une double fugue dont l'un des sujets est issu directement de l'élément thématique de la toccata. Les doubles croches régulières et modérées de ce sujet impriment à la seconde partie du prélude un caractère paisible et serein.

FUGUE (3 voix, à 4/4) : voici un exemple de contraste entre prélude et fugue d'une même tonalité. Un sujet gracieux, mais décidé,

sert d'assise à une fugue très libre. Les divertissements et les marches d'harmonie qui se succèdent dans la seconde partie de cette pièce découlent des arpèges du contre-sujet.

N° 8. Prélude et fugue en *mi* bémol mineur (BWV 853)

Nous sommes ici en présence d'un des plus beaux préludes et fugues du *Clavier bien tempéré*, et peut-être le plus émouvant.

PRÉLUDE (à 3/2) : ce prélude apparaissait déjà en *mi* bémol mineur dans le *Clavierbüchlein*. C'est une page magnifique par l'intensité et l'intériorité qui s'en dégagent. Un immense chant méditatif et tourmenté, à mi-chemin entre le récitatif-arioso et le nocturne, se déploie sur des accords solennels et puissants :

Le tissu harmonique utilisé par Bach est extrêmement riche : retards, broderies, notes de passage, renversements, augmentations, appogiatures, etc. La coda est introduite entre les mesures 28 et 29 par une cadence rompue : le chant passe alors d'une main à l'autre, et s'apaise dans un climat de calme mêlé de mystère.

FUGUE (3 voix, à 4/4) : d'après le musicologue et historiographe de Bach, Philipp Spitta (1841-1894), Bach aurait d'abord composé cette fugue en *ré* dièse mineur. Elle est d'ailleurs généralement reproduite dans les deux tonalités de *mi* bémol mineur et *ré* dièse mineur dans les éditions critiques. Le sujet est un thème de plain-chant grégorien

que Bach exploite pour en tirer toutes les combinaisons de l'art contrapuntique : entrées canoniques du sujet, retour du sujet renversé, sujet traité en canon véritable, jeu de canons entre sujet réel, sujet en augmentation et sujet renversé. Cette pièce magnifique — œuvre du poète et de l'architecte — annonce l'atmosphère d'intense recueillement qui sera celle du Credo de la *Messe en si mineur*.

N° 9. Prélude et fugue en *mi* majeur (BWV 854)

PRÉLUDE (à 12/8) : par son caractère simple et charmant, et par le balancement rythmique de sa mesure à 12/8, ce prélude à trois voix ressemble à une pastorale tout entière basée sur un thème issu de l'accord parfait arpégé :

FUGUE (3 voix, à 4/4) : voici encore une fugue alerte contrastant avec la grâce du prélude qui la précède. Les entrées d'un sujet affirmé

se succèdent avec rapidité au cours de l'exposition. Le divertissement central s'organise autour des doubles croches du sujet. Le mouvement sera maintenu avec fermeté jusqu'à la cadence finale.

N° 10. Prélude et fugue en *mi* mineur (BWV 855)

PRÉLUDE (à 4/4) : Bach a tiré ce prélude du *Clavierbüchlein,* mais il l'a transformé avant de l'insérer dans le *Clavier bien tempéré.* L'indication *presto,* mise en tête de la mesure 23, est une des rares indications de tempo laissées par Bach lui-même. Elle permet de diviser ce morceau en deux sections : la première section, d'allure modérée, fait entendre une mélodie ornée et expressive sur une basse continue de doubles croches régulières à l'italienne :

Elle s'enchaîne directement à la seconde partie *presto,* qui se présente comme un mouvement de toccata rapide basé aux deux mains sur un dessin ininterrompu de doubles croches, et qui n'est autre que le rappel du dessin de la basse continue de la première partie.

FUGUE (2 voix, à 3/4) : cette fugue est la seule à deux voix du *Clavier bien tempéré.* Elle est la continuation véritable du prélude. Son sujet, qui module très vite à la dominante, est en réalité la décomposition chromatique (ascendante, puis descendante) de l'accord parfait :

Les divertissements qui forment la partie centrale de la fugue se caractérisent par une progression des deux voix sur de simples traits de tierces, de sixtes et d'octaves parallèles. Un rappel incomplet du sujet apparaît dans la coda.

N° 11. Prélude et fugue en *fa* majeur (BWV 856)

PRÉLUDE (à 12/8) : ce morceau figurait intégralement dans le *Clavierbüchlein.* C'est à la fois une étude de virtuosité destinée au travail de l'indépendance des doigts (notons que le passage du pouce y est toujours évité), et une invention à deux voix construite sur un thème alerte qui passe de main en main et progresse en marches d'harmonie :

FUGUE (3 voix, à 3/8) : le caractère du sujet et son rythme à 3/8

donnent à cette fugue une allure chorégraphique très particulière. Les entrées du sujet se succèdent avec rapidité dans l'exposition et se superposent dans la seconde partie. La coda s'organise autour du contre-sujet, qui découle lui-même du sujet, — lequel s'est tu dès la mesure 54.

N° 12. Prélude et fugue en *fa* mineur (BWV 857)

Prélude et fugue sont ici étroitement liés.
PRÉLUDE (à 4/4) : il fait partie des préludes extraits du *Clavierbüchlein.* Certains ont cru voir dans ce chef-d'œuvre de style lié une page destinée à l'orgue : les notes liées, qui abondent, semblent en effet plus destinées à l'orgue qu'au clavecin. Rappelons ici que Bach ne laisse aucune précision sur l'emploi de tel ou tel clavier pour l'interprétation du *Clavier bien tempéré.* Le thème est fait d'arpèges,

de notes de passage et de broderies. Il module continuellement et réapparaît dans sa tonalité d'origine, sur pédale de dominante, à l'approche de la coda.

FUGUE (4 voix, à 4/4) : cette longue fugue grave, et son sujet chromatique tout en noires,

semblent découler directement des dernières mesures du prélude. Ce sujet modulant est presque un thème de choral figuré. L'élément de détente est donné par les doubles croches des deux contre-sujets et par les divertissements plus souples.

N° 13. Prélude et fugue en *fa* dièse majeur (BWV 858)

PRÉLUDE (à 12/16) : il s'apparente à une délicate invention à deux voix écrite sur un motif d'arpèges et de syncopes :

Ce thème se répète avec régularité, en empruntant des tonalités toujours nouvelles. Cette pièce est un chef-d'œuvre de raffinement.

FUGUE (4 voix, à 4/4) : une fugue libre succède à ce gracieux prélude. Le sujet se caractérise par ses deux parties coupées en leur milieu par un demi-soupir :

Le contre-sujet en doubles croches est issu des éléments du sujet. Les notes répétées des divertissements donnent à cette fugue un caractère enjoué.

N° 14. Prélude et fugue en *fa* dièse mineur (BWV 859)

PRÉLUDE (à 4/4) : voici encore une pièce écrite dans le style de l'invention à deux voix. L'élément thématique

se poursuit en dialogue d'une main à l'autre, jusqu'à la pédale de tonique qui mène à la conclusion sur la tierce majeure.

FUGUE (4 voix, à 6/4) : cette fugue lente repose sur un sujet calme, mais plein d'intensité :

Il sera accompagné par un contre-sujet très particulier, avec ses croches se répétant de deux en deux, autant de soupirs d'une infinie tristesse. A la mesure 20, le sujet réapparaît renversé sur son contre-sujet immuable. Il règne une certaine tension dans cette fugue, — tension sui ne prend fin que sur l'accord final en *fa* dièse majeur.

N° 15. Prélude et fugue en *sol* majeur (BWV 860)

L'allégresse de cette tonalité de *sol* majeur contraste avec l'émotion de la tonalité précédente.

PRÉLUDE (à 24/16) : Bach compose là une pièce à deux voix très brève (dix-neuf mesures), mais pleine d'entrain. C'est un prélude rapide, basé sur un développement d'arpèges qui parcourent le clavier :

Les mains s'entremêlent dans les dernières mesures, et tout s'achève dans l'exubérance.

FUGUE (3 voix, à 6/8) : cette longue pièce (quatre-vingt-six mesures) est un brillant morceau d'exécution. La conduite de l'ensemble, le sujet développé, riche et varié,

et le contre-sujet très instrumental font songer à l'esthétique du concerto. Bach utilise un grand éventail de combinaisons contrapuntiques : entrées successives du sujet renversé, marches harmoniques, canons, apparition du sujet servant de basse, entrée incomplète du sujet qui introduit la coda.

N° 16. Prélude et fugue en *sol* mineur (BWV 861)

PRÉLUDE (à 4/4) : morceau plein d'émotion, il débute sur une longue tenue de *sol* à la main droite,

et se poursuit en une écriture à trois voix sur une succession de marches harmoniques. On relèvera une parenté certaine entre les formules rythmiques de ce prélude et celles des *Inventions à deux voix n° 6* et *14*.

FUGUE (4 voix, à 4/4) : tout est calme et sérénité dans cette fugue. Le sujet, qui s'étend sur deux mesures, est coupé en son milieu par un demi-soupir :

Il est accompagné d'un contre-sujet qui semble être son prolongement. Les canons se succèdent dans la partie centrale de la fugue et mènent à la coda qui débute par trois entrées en canon, avant de se résoudre sur la tierce majeure.

N° 17. Prélude et fugue en *la* bémol majeur (BWV 862)

PRÉLUDE (à 3/4) : le prélude, conçu dans le style du concerto ou de l'ouverture, s'ouvre sur de larges accords à la main gauche et sur un thème solennel à la main droite, qui développe l'accord de *la* bémol :

Ce motif évolue en dialogue, et en questions et réponses imitatives entre les deux parties. Le retour régulier du thème solennel entre chaque épisode évoque la construction du concerto à l'italienne.

FUGUE (4 voix, à 4/4) : le prélude exubérant conduit à une fugue sereine et modérée, dont le sujet débute aussi par les notes arpégées de l'accord parfait de *la* bémol :

Ces notes arpégées s'opposent aux notes conjointes du contre-sujet, souple et mélodique. Les divertissements sont composés de guirlandes de doubles croches qui vont de la main droite à la main gauche, dans un style très legato. La fugue se conclut sur un retour du sujet dans l'avant-dernière mesure, et tout s'achève dans le calme et la méditation.

N° 18. Prélude et fugue en *sol* dièse mineur (BWV 863)

Bach n'utilisa pas cette tonalité de *sol* dièse mineur en dehors de ses préludes et fugues.

PRÉLUDE (à 6/8) : cette invention à trois voix est construite sur un thème qui apparaît tout entier dès la première mesure. Ce thème, énoncé au soprano,

passe à la basse et se développe avec l'adjonction d'un motif intermédiaire dans la voix du milieu. Imitations, canons, renversements se poursuivent jusqu'à la réapparition finale du thème, à la basse, dans l'avant-dernière mesure. Le mouvement chorégraphique de cette pièce se trouve encore accentué par le rythme à 6/8 choisi par Bach.

FUGUE (4 voix, à 4/4) : une fugue grave suit ce gracieux prélude. Le sujet, assez significatif avec ses quatre notes répétées,

débute par un silence. Il est entouré de deux contre-sujets : le premier est issu du sujet, et le second, plus éphémère, apparaît dès la mesure 5. L'atmosphère se détend dans la partie centrale, pour retrouver toute son intensité dans les mesures finales.

N° 19. Prélude et fugue en *la* majeur (BWV 864)

PRÉLUDE (à 4/4) : voici encore une invention à trois voix écrite dans le style d'une danse légère. L'ensemble rappelle l'*Invention à trois voix n° 9* en *fa* mineur. Plusieurs motifs se succèdent dans un contrepoint raffiné, qui donne à cette pièce toute sa richesse sonore :

Fugue (3 voix, à 9/8) : de caractère alerte et dansant, son sujet est très particulier : il débute sur une croche isolée, puis progresse après trois silences par mouvement ascendant de quarte en quarte :

L'exposition de cette fugue à trois voix laisse la place à quatre entrées successives du sujet de l'aigu au grave. La première partie, entièrement centrée sur le rythme joyeux du sujet, se conclut à la dominante à la vingtième mesure. La seconde partie repose essentiellement sur les doubles croches de ce que l'on peut considérer comme un contre-sujet, et contrastant tout à fait avec le sujet qui poursuit sa course jusqu'à la coda.

N° 20. Prélude et fugue en *la* mineur (BWV 865)

Prélude et fugue s'opposent ici totalement.

Prélude (à 9/8) : le rythme à 9/8 donne à ce prélude l'allure d'une danse gracieuse et légère reposant sur un thème qui se développe en épisodes variés (mesures 17 à 19, par exemple) :

Fugue (4 voix, à 4/4) : cette fugue est une pièce complexe. En effet, l'apparition du pédalier sur un *la* tenu à la mesure 83 amène l'interprète et l'auditeur à se poser une question. A quel instrument fut destinée une telle œuvre ? Bach songeait-il à l'orgue, ou utilisait-il un clavecin à pédalier ? Il est impossible de répondre avec certitude ; mais la tenue prolongée de cette note de pédale sur les cinq dernières mesures de la fugue reste impraticable sur un clavecin normal ou sur un clavicorde. Les prouesses acrobatiques du claveciniste n'y pourront rien changer. Cette pièce est une page grandiose et imposante. Aussi longue que la *Fugue en* sol *majeur* de ce recueil*, elle n'en a pas le caractère joyeux. Le sujet affirmé débute par un demi-soupir :

A partir de la mesure 27, Bach exploite toutes les possibilités de l'écriture en canon : canons à deux et trois parties, canon entre sujet réel et sujet renversé, canons par imitations, enchevêtrements des voix qui s'intensifient jusqu'à l'arrêt du point d'orgue (mesure 80). L'enchaînement des deux accords donne alors l'impression d'un nouveau départ, mais la conclusion s'annonce déjà avec l'apparition de la note de pédalier (mesure 83), et l'écriture se fait de plus en plus dense pour mener à la cadence finale sur double pédale de tonique.

N° 21. Prélude et fugue en *si* bémol majeur (BWV 866)

Prélude (à 4/4) : ce court prélude est une toccata brillante et rapide, entièrement construite sur des traits de virtuosité : grands accords brisés, roulements de gammes dans le style de Rameau (v. *Les Tourbillons*, de Rameau), larges accords de cadence, chevauchements de mains, etc. Tout ici respire la gaieté et l'exubérance :

Fugue (3 voix, à 3/4) : on retrouve la même joie dans la fugue. Un long sujet souple et gracieux

trouve son prolongement dans les doubles croches du premier contre-sujet, puis dans l'élément rythmique des notes répétées du second contre-sujet. Sujet et contre-sujets s'imposeront jusqu'aux mesures finales.

---

* V. *N° 15*, précédemment.

N° 22. Prélude et fugue en *si* bémol mineur (BWV 867)

PRÉLUDE (à 4/4) : même s'il évolue dans une atmosphère sombre, ce prélude est à la fois d'une grande richesse et d'une grande simplicité. Il se caractérise par la démarche régulière et obstinée des croches de la main gauche qui soutiennent l'élément mélodique de la main droite, — lequel engendrera toute la pièce :

Le tissu harmonique de Bach est particulièrement dense : si l'écriture à quatre et cinq voix domine, le prélude va vers sa conclusion en une polyphonie à neuf parties (mesure 22, avant le point d'orgue).

FUGUE (5 voix, à 4/4) : voici la deuxième fugue à cinq voix du premier livre du *Clavier bien tempéré* et l'un de ses sommets. Il y a une unité évidente entre le prélude qui précède et cette fugue. Le sujet descend de la tonique sur la quarte, puis bondit vers la neuvième mineure par-dessus un soupir :

L'exposition fait entendre les voix, de l'aigu à la basse. Cette œuvre, qui progresse sur des valeurs longues (essentiellement des blanches et des noires), ressemble à une pièce vocale de style sévère. Elle se termine par une strette extrêmement serrée d'une dizaine de mesures.

N° 23. Prélude et fugue en *si* majeur (BWV 868)

On notera une identité entre les premières notes du thème du prélude et les premières notes du sujet de la fugue *(si-la-si-do)* : v. deux exemples musicaux ci-après.

PRÉLUDE (à 4/4) : le prélude est conçu comme une invention à trois voix. Il s'ouvre sur une pédale de tonique à la main gauche. Celle-ci accompagne un thème calme et modéré,

qui passera alternativement d'une voix à l'autre, avec quelques renversements. La coda conclura en un contrepoint à quatre et cinq voix.

FUGUE (4 voix, à 4/4) : le sujet de la fugue débute, comme nous l'avons dit, sur les premières notes du prélude :

Il sera exposé, du grave vers l'aigu, sur un contre-sujet de gammes. Entre les mesures 18 et 20, une nouvelle entrée du sujet renversé introduit la seconde partie de la fugue, qui prend fin dans une atmosphère calme et sereine, sur une dernière entrée du sujet au soprano.

N° 24. Prélude et fugue en *si* mineur (BWV 869)

PRÉLUDE (à 4/4) : Bach a noté *andante* comme indication de tempo en tête de cette méditation mystique qui semble plus destinée à l'orgue qu'au clavecin. Elle offre la particularité d'être divisée en deux parties de longueurs inégales (dix-sept et trente mesures), — séparées par une barre de reprise. Soprano et alto dialoguent en duo à la main droite, sur une basse continue de croches à l'italienne :

Dans la seconde partie, le duo se resserre en imitations sur un nouveau dessin mélodique de quatre croches.

FUGUE (4 voix, à 4/4) : en tête de cette immense fugue, Bach a clairement indiqué *largo* (cette simple indication n'est malheureusement pas toujours reproduite dans les éditions modernes du *Clavier bien tempéré*). Le sujet, exclusivement en croches, débute et se termine par deux arpèges qui entourent un dessin ascendant, progressant vers l'aigu de secondes mineures en secondes mineures :

Il est accompagné des noires d'un contre-sujet très sobre. Les divertissements sont nombreux au centre de cette fugue : certains sont très denses, comme ceux à trois voix des mesures 17 à 20 ou 26 à 29. C'est par ce morceau d'une grandeur et d'une gravité proches de ses *Passions*, que Bach conclut son premier livre du *Clavier bien tempéré*.

Livre II

C'est à la suite du succès remporté par le premier livre du *Clavier bien tempéré* que Bach songea à composer un second livre de vingt-quatre nouveaux préludes et fugues *(BWV 870-893)*. Ce second recueil est aujourd'hui considéré comme le prolongement du premier, — même si l'on n'y retrouve pas la même unité. Les historiographes de Bach pensent qu'il s'agit là d'une collection de pièces isolées réunies par leur auteur pour former un ensemble inégal. La composition du second livre du *Clavier bien tempéré* s'échelonna en effet sur plusieurs années : sans doute achevé entre 1740 et 1744, il aurait été définitivement mis au point en 1744.

1744 : Bach est à Leipzig depuis une vingtaine d'années. Directeur de la musique et cantor de l'église Saint-Thomas, il y vit une des étapes essentielles de sa vie créatrice. Pour chaque dimanche il écrit une cantate, et compose en même temps ses *Passions*, son *Oratorio de Noël*, ainsi qu'une grande partie de son œuvre d'orgue. Il n'oublie pas pour autant le clavecin, et entre 1730 et 1745 voient le jour : les six *Partitas* (BWV 825-830), le *Concerto Italien* (BWV 971), l'*Ouverture à la française* (BWV 831), et les *Variations Goldberg* (BWV 988) entre autres œuvres.

N° 1. Prélude et fugue en *ut* majeur
(BWV 870)

PRÉLUDE (à 4/4) : c'est par un portique solennel que s'ouvre le second livre du *Clavier bien tempéré*. Conçu comme une grande improvisation organisée dans le style des préludes pour orgue, ce long prélude débute et se conclut sur une pédale de tonique. Le dessin mélodique, plein de majesté, de la main droite est assoupli par des triples croches qui apportent l'élément de variété :

FUGUE (3 voix, à 2/4) : plusieurs éléments composent le sujet de cette fugue. Il s'annonce par un demi-soupir, prend effet sur deux ornements (le premier est décomposé en doubles croches), avant de se prolonger par une guirlande de doubles croches :

On notera que le second divertissement évolue à deux voix dans l'aigu, et fait entendre trois entrées du sujet : deux entrées complètes, et une entrée incomplète (mesures 25 à 39). Dans la coda, la tête du sujet s'affirme de voix en voix sur une main gauche qui s'anime jusqu'à la cadence finale.

N° 2. Prélude et fugue en *ut* mineur
(BWV 871)

PRÉLUDE (à 4/4) : il est divisé en deux sections (douze et seize mesures), séparées par une barre de reprise. C'est une gracieuse invention à deux voix (une troisième voix apparaîtra dans les mesures conclusives), construite sur un élément thématique à la fois enjoué et tranquille, qui oppose un dessin sinueux de doubles croches et de légers sauts de croches :

FUGUE (4 voix, à 4/4) : elle est bâtie sur un sujet d'une mesure. Dans sa simplicité, il expose les cinq premiers degrés de la gamme d'*ut* mineur :

Les voix entrent dans l'ordre qui suit : alto, soprano, ténor et basse. L'alto et le soprano entrent dans l'intervalle d'une mesure, ne laissant le contre-sujet apparaître qu'à la cinquième mesure. Dans la partie centrale de la fugue, Bach manie avec dextérité l'art du canon : triple canon entre sujet véritable au soprano et à la basse, et sujet en augmentation dans la partie intermédiaire (mesures 14 à 18). Ce canon est suivi immédiatement d'une nouvelle apparition du sujet en augmentation. Il sert alors de base à l'édifice. Dans la strette très serrée, quatre entrées du sujet se superposent, jusqu'à cette étrange conclusion en *mi* mineur sur septième diminuée qui précède la cadence finale en *ut* mineur.

N° 3. Prélude et fugue en *ut* dièse majeur (BWV 872)

PRÉLUDE (à 4/4) : voici une pièce construite en deux parties très distinctes : un prélude d'allure modérée, de vingt-quatre mesures à quatre temps, précède une petite fugue à trois voix, de vingt-six mesures sur un rythme à 3/8. La main droite du prélude décompose des accords arpégés très modulants,

reposant sur une basse immuable (à deux voix) de croches et de noires. La petite fugue à trois voix s'enchaîne directement sur un accord de dominante.

FUGUE (3 voix, à 4/4) : cette pièce offre la particularité de débuter tout de suite sur des canons du sujet :

Dès la deuxième mesure de l'exposition (qui est déjà en elle-même un triple canon), le sujet est exposé renversé. Les cinq notes du sujet seront l'élément dominant de toute la fugue, — laquelle se termine sur des traits de toccata volubiles menant à une longue cadence conclusive sur pédale de tonique.

N° 4. Prélude et fugue en *ut* dièse mineur (BWV 873)

PRÉLUDE (à 9/8) : c'est par un prélude d'une longueur inhabituelle (soixante-deux mesures) que s'ouvre ce diptyque en *ut* dièse mineur. Cette page mélancolique très ornementée et très expressive fait entendre trois voix. L'allure dansante du dessin mélodique,

qui se répercute de mesure en mesure et de voix en voix, est accentuée par le rythme à 9/8.

FUGUE (3 voix, à 12/16) : le sujet de cette fugue aurait été écrit à l'origine dans le ton d'*ut* mineur. Le caractère volubile de ses doubles croches, qui évoque une gigue à l'italienne,

s'oppose au caractère plus affirmé d'un contre-sujet en croches pointées. Ce sont les éléments du sujet, parfois renversés (mesures 24 ou 28), qui servent de base aux divertissements. L'entrée, à la mesure 35, d'un thème chromatique étranger fait songer à un second sujet, — qui se mêle tout de suite au sujet initial (le premier au soprano, le second à la basse). Ils se poursuivent jusqu'à la coda, pour réapparaître une dernière fois six mesures avant la conclusion.

N° 5. Prélude et fugue en *ré* majeur (BWV 874)

Comme dans le premier livre, la tonalité de *ré* majeur est ici synonyme de joie.

PRÉLUDE (à 12/8) : voici encore un long prélude à trois voix, en deux parties d'inégales longueurs (seize et quarante mesures). Bach compose un véritable mouvement de sonate avec exposition, développement et réexposition d'un thème. Celui-ci sonne comme un thème de fanfare, dont les premières mesures décomposent l'accord parfait de *ré* majeur :

Cette page quasi-orchestrale fait irrésistiblement penser à Scarlatti. Rythme binaire et rythme ternaire y alternent. Le développement, qui ouvre la deuxième section sur la dominante, débute par le renversement du thème. Il servira de fondement à la partie centrale du prélude. Une courte cadence de concerto amène la réexposition du thème initial, avec quelques modifications. On notera cependant l'absence d'un second thème.

FUGUE (4 voix, à 2/2) : il y a un grand contraste entre la somptuosité et l'exubérance du prélude et le calme noble et recueilli de cette fugue. Elle débute par un thème de choral,

qui entre dans l'ordre suivant : ténor, alto, soprano et basse. Le contre-sujet, très sobre, est directement issu de ce sujet. Les canons se succèdent jusqu'au dernier canon très serré, qui précède la conclusion dans les huit mesures finales.

N° 6. Prélude et fugue en *ré* mineur (BWV 875)

PRÉLUDE (à 3/4) : comme le prélude en *ré* mineur du premier livre, celui-ci est une impétueuse pièce de virtuosité, basée essentiellement sur des traits de gammes et d'arpèges décomposés. Ces traits passent simultanément de la main droite à la main gauche, évoluent par mouvement contraire, et se suivent parfois à intervalle de tierce. Certains dessins d'accompagnement de la main gauche (mesures 43 à 48 notamment) sont presque des dessins pianistiques. Enfin, le chevauchement des deux mains entre les mesures 18 et 25 (chevauchement très difficile à réaliser sur un seul clavier) tendrait à prouver que ce prélude a été écrit par Bach pour un clavecin à deux claviers :

FUGUE (3 voix, à 4/4) : on notera l'originalité du sujet de cette fugue. Deux éléments tout à fait contraires s'y affrontent : une montée de doubles croches en triolets, immédiatement suivie d'une descente chromatique de croches :

C'est de la tête du sujet que découlent les divertissements. Au centre de la fugue, deux canons se succèdent : le premier expose deux entrées du sujet véritable dans l'aigu à un temps d'intervalle ; le second est basé sur le retour du sujet renversé. Un dernier rappel du sujet dans son intégralité précède la cadence en *ré* mineur.

N° 7. Prélude et fugue en *mi* bémol majeur (BWV 876)

PRÉLUDE (à 9/8) : sorte de gigue modérée, ce long prélude débute sur un thème mélodique, prolongé par une appogiature et soutenu par une basse arpégée :

L'essentiel de ce morceau qui évoque le luth est axé sur le développement modulant de ce dessin d'arpèges, — avant le retour de l'épisode initial qui mène au dénouement.

FUGUE (4 voix, à 2/2) : en *mi* bémol majeur, elle s'ouvre sur un sujet grave et majestueux, qui sonne comme un thème vocal sacré :

Bach utilise ici une polyphonie très verticale, essentiellement dominée par des valeurs longues. Quelques croches viennent assouplir le dernier divertissement, et c'est par un canon entre basse et soprano que la fugue s'achève dans la sérénité.

N° 8. Prélude et fugue en *ré* dièse mineur (BWV 877)

Dans le second livre du *Clavier bien tempéré*, Bach abandonne le ton de *mi* bémol mineur qui était celui du huitième prélude et fugue du premier livre. Il compose à la place un diptyque en *ré* dièse mineur, — tonalité très rarement utilisée à l'époque baroque.

PRÉLUDE (à 4/4) : mouvement de danse modéré en deux parties (seize et vingt mesures), séparées par une barre de reprise. Il est écrit dans le style de l'invention à deux voix. Un dessin mélodique de triples croches se mêle aux doubles croches régulières du thème,

et vient assouplir l'ensemble jusqu'à la conclusion. La dernière note expire comme dans un soupir.

FUGUE (4 voix, à 4/4) : il règne une extraordinaire gravité tout au long de cette fugue lente. Les notes répétées de la tête du sujet

accentuent encore cet effet de pesanteur solennelle, immuable d'un bout à l'autre, et qu'aucun silence ne viendra briser. Les entrées du sujet passent par toutes les voix, et se superposent entre ténor et soprano au moment de conclure. Et c'est dans l'atmosphère sombre du début que prendra fin cette superbe page grave mais néanmoins empreinte de poésie.

N° 9. Prélude et fugue en *mi* majeur (BWV 878)

PRÉLUDE (à 3/4) : ce morceau est conçu comme un long mouvement de suite en deux parties : la conclusion de la première partie sur la dominante du ton introduit la seconde partie, avec un nouveau départ du thème initial à la dominante. Ce thème initial, très chantant, est exposé dès le début du prélude sur une pédale de tonique. Il prend tout de suite un mouvement de balancement que l'on retrouvera tout au long de la pièce,

et se développe dans la deuxième partie sur une succession de marches harmoniques et de pédales. Tout ici respire à la fois la joie et la douceur.

FUGUE (4 voix, à 2/2) : cette fugue grave et d'une grande pureté est un « alla breve » recueilli construit sur un motif grégorien de six notes :

Dans sa simplicité quelque peu archaïsante, ce sujet évoque l'ancienne polyphonie vocale. Il entre de mesure en mesure de la basse vers l'aigu, et dès la huitième mesure tout est exposé. Les groupes d'entrées vont alors se succéder : le second, qui s'ouvre sur la mesure 16, est le plus serré. Un développement d'une douzaine de mesures fait réapparaître le sujet, mais en valeurs diminuées. Quatre entrées se suivent dans la strette, et tout s'achève dans l'émotion. Bach s'autorise ici peu de modulations, son langage reste très limpide, et son attention se porte essentiellement sur la conduite du sujet.

N° 10. Prélude et fugue en *mi* mineur (BWV 879)

PRÉLUDE (à 3/8) : invention à deux voix en deux parties (quarante-huit et soixante mesures) dont le thème, fait d'un motif d'arabesques montantes et descendantes, passe continuellement d'une main à l'autre :

La cadence à la dominante de la première section précède le retour du motif au début de la deuxième section, mais en mouvement contraire.

FUGUE (à 2/2) : c'est par un sujet plein de gaieté et d'une longueur exceptionnelle, que s'ouvre cette vaste fugue (quatre-vingt-six mesures). L'exposition du sujet repose elle-même sur six mesures et demie : triolets de croches, noires détachées, croches pointées, doubles croches sont les éléments de ce long sujet, exposé de l'aigu au grave :

Le contre-sujet est, lui aussi, bondissant. Les triolets de croches serviront de base aux divertissements. Une courte cadence sur la dominante du ton (mesure 70) annonce un nouveau départ vers la conclusion. Le sujet est réexposé une dernière fois, et la fugue s'apaise en un mouvement descendant qui précède la cadence finale. On notera, au passage, une brève évocation de la tierce majeure (*sol* dièse). Cette page très exubérante, et en même temps très limpide, est une pièce d'exécution brillante au même titre que la fugue en *sol* majeur du premier livre. La virtuosité est ici étincelante.

N° 11. Prélude et fugue en *fa* majeur (BWV 880)

PRÉLUDE (à 3/2) : les longues tenues legato qui se prolongent d'une voix à l'autre ont été notées par Bach. Ce prélude évolue dans une atmosphère de calme et de paix. Malgré sa simplicité apparente, il est très riche en inflexions chromatiques. Sur ses cinq voix qui se chevauchent, s'étirent les croches de son motif thématique :

On remarque enfin quelques effets de dissonance particuliers (entre *do* bécarre et *do* dièse à la mesure 52, par exemple).

FUGUE (3 voix, à 6/16) : le caractère joyeux et enlevé de la fugue contraste tout à fait avec le caractère reposant du prélude. Le sujet débute par un demi-soupir et bondit par sauts successifs jusqu'à l'octave, pour redescendre aussitôt :

Les développements, extrêmement enjoués, ont le même esprit. Une pédale harmonique ramène le sujet à la mesure 66. Celui-ci évolue vers le mode mineur, lorsque quelques traits volubiles de triples croches annoncent une joyeuse conclusion, — avec réexposition du thème en *fa* majeur.

N° 12. Prélude et fugue en *fa* mineur (BWV 881)

PRÉLUDE (à 2/4) : en deux sections ce prélude se présente comme un mouvement de sonate. La double exposition d'un thème délicatement expressif

occupe la première section, et se conclut au relatif majeur (*la* bémol). Le développement de ce thème, dans la même tonalité, ouvre la seconde section et précède la réexposition, avec quelques modifications. Tout se calme dans les ultimes mesures de ce prélude où Bach laisse libre cours à son émotion.

FUGUE (3 voix, à 2/4) : c'est par un sujet d'allure décidée, avec ses grands intervalles et ses roulements de doubles croches,

que commence cette fugue. Le sujet apparaît de l'aigu vers la basse, accompagné par un contre-sujet découlant naturellement des éléments du sujet. Les divertissements procèdent le plus souvent par marches d'harmonie, interrompues par des retours réguliers du sujet : sujet au relatif majeur (mesure 24) avec sa réponse, sujet à la tonique (mesures 40 et 50), sujet à la quarte supérieure (mesure 71). La réexposition du sujet et du premier divertissement vient clore cette superbe pièce.

N° 13. Prélude et fugue en *fa* dièse majeur (BWV 882)

PRÉLUDE (à 3/4) : ce long prélude (soixante-quinze mesures), à la fois solennel et expressif, est magnifique. Il débute en quelque sorte comme une ouverture à la française, — avec ses valeurs pointées et ses roulades de triples croches qui se superposent à une contrepartie d'une régularité étonnante :

L'écriture à deux voix est respectée jusqu'aux mesures finales. L'ébauche de la réexposition du thème initial (mesure 57) débouche sur la coda, et les deux voix d'origine s'enrichissent de deux voix nouvelles pour la cadence.

FUGUE (3 voix, à 2/2) : voici encore un contraste entre prélude et fugue d'une même tonalité. Le sujet de la fugue offre cette particularité de s'affirmer dès la première note par un trille énergique :

Exposé dans le médium, puis à l'aigu et enfin à la basse, il prend tout de suite un caractère résolu et dansant. De nombreuses marches d'harmonie apparaissent dans les divertissements. La conduite de l'ensemble, et l'écriture aérée choisie par Bach, donnent à cette œuvre un aspect très instrumental.

N° 14. Prélude et fugue en *fa* dièse mineur (BWV 883)

PRÉLUDE (à 3/4) : c'est la régularité du mouvement général de ce prélude qui frappe dès l'abord. Dans sa sérénité grandiose c'est une des plus belles pages de ce second livre. Un motif thématique, assoupli par des triolets de doubles croches, avance comme un grand air à la fois expressif et tranquille. Des éléments de ce thème reviennent régulièrement, parfois renversés (mesure 12). Un repos à la dominante, à la mesure 29, annonce un retour des mesures initiales qui se modifient progressivement, pour conclure en s'apaisant.

FUGUE (3 voix, à 4/4) : Bach laisse une triple fugue dans chacun de ses livres (*Fugue en ut dièse mineur* du *Livre I*, et *Fugue en fa dièse mineur* du *Livre II*). Trois sujets se partagent les soixante-dix mesures de cette fugue. Les intervalles disjoints de la tête du premier sujet

sont réunis par deux groupes de doubles croches. Un second sujet d'un rythme plus énergique lui fait suite, tandis qu'un troisième sujet très différent apparaît à la mesure 36. Son dessin de doubles croches va engendrer toute la partie centrale de la fugue. Les trois sujets s'amalgament brièvement dans les mesures qui précèdent la cadence finale.

N° 15. Prélude et fugue en *sol* majeur
(BWV 884)

PRÉLUDE (à 3/4) : deux sections séparées par une barre de reprise composent ce gracieux prélude, qui se présente comme une étude pour le travail de l'indépendance des doigts. Pédales d'harmonie et marches harmoniques se succèdent, et les doigts se délient autour d'un motif plein de légèreté et de gaieté :

Le rythme est maintenu jusqu'au bout, aucun silence ne vient couper le mouvement. Tout s'achève dans la joie communicative du début.

FUGUE (3 voix, à 3/8) : la fugue garde le même caractère que le prélude. Elle repose sur un long sujet, dont les guirlandes d'arpèges descendants et ascendants resteront l'élément dominant de cette pièce enjouée. Accords parfaits et accords de septième s'y trouvent décomposés. L'exposition se fait de l'aigu à la basse :

Bach exploite ici toutes les ressources de la marche d'harmonie. Onze mesures de toccata, dans un style d'improvisation, viennent trancher avec le mouvement de la fugue, et concluent dans un déploiement exubérant de gammes rapides et d'arpèges.

N° 16. Prélude et fugue en *sol* mineur
(BWV 885)

PRÉLUDE (à 4/4) : Bach a noté *largo* en tête de ce prélude solennel, qui ressemble à un prélude d'orgue. Essentiellement axé sur des rythmes pointés,

c'est une pièce très polyphonique à quatre voix qui se déploie dans le mouvement immuable de ses triples croches et doubles croches pointées. Elle prend fin sur un épisode cadentiel soutenu par une longue pédale de tonique.

FUGUE (4 voix, à 3/4) : le sujet est ici très particulier, avec ses six notes répétées pleines de force. Plusieurs fois coupé en son début par des demi-soupirs, il s'ouvre sur un silence :

Il y a peu de divertissements, les éléments du sujet sont presque continuellement présents. On note une nouvelle entrée intéressante du sujet dans la partie intermédiaire (mesure 45) sur des marches d'harmonie entre voix supérieure et voix inférieure, et, ailleurs, deux entrées superposées à la sixte (mesure 51) et à la tierce (mesure 59). Une coupure subite sur la dominante du ton à la mesure 67 ramène la réexposition de la tête du sujet dans le médium, et du sujet lui-même au soprano. Cette réexposition conduit à deux mesures de cadence, — fausse conclusion qui débouche sur la coda, avec rappel du sujet et cadence sur la tierce majeure (*si* bécarre). Malgré ces quelques césures, la tension se maintient jusqu'à la fin.

N° 17. Prélude et fugue en *la* bémol majeur (BWV 886)

PRÉLUDE (à 3/4) : il règne une grande unité dans ce prélude très développé ; cette unité thématique et rythmique, et sa régularité, assurent l'élan extraordinaire avec lequel progresse cette pièce majestueuse sans jamais céder. Le thème principal, qui s'appuie sur l'accord parfait,

revient régulièrement entre chaque épisode. Le mouvement s'anime vers la fin, puis quelques accords mêlés d'appogiatures s'affirment jusqu'au dénouement.

FUGUE (4 voix, à 4/4) : un sujet lié, plein de grâce, est exposé de l'alto au soprano, puis du ténor à la basse :

Il s'oppose tout de suite au mouvement chromatique des noires du contre-sujet, — lequel reste omniprésent d'un bout à l'autre de la fugue. Faut-il y voir comme un deuxième sujet ? Les entrées du sujet se succèdent régulièrement entre les mesures 13 et 25 : en *mi* bémol majeur (mesure 16), en *la* bémol majeur (mesure 18), en *fa* mineur (mesure 24). Un court divertissement annonce une nouvelle entrée du sujet en *mi* bémol mineur (mesure 32), puis les entrées se succèdent jusqu'à la coda à cinq voix qui est conclue sur une ultime entrée du sujet au ténor.

N° 18. Prélude et fugue en *sol* dièse mineur (BWV 887)

PRÉLUDE (à 4/4) : il est intéressant de noter que, dans tout le deuxième livre du *Clavier bien tempéré*, on ne trouve que deux indications de nuances : le *piano* et le *forte* que Bach a clairement indiqués sous la troisième et la cinquième mesures de ce prélude. Cette précision prouverait-elle que Bach a composé ce prélude pour un clavecin à deux claviers ? On sait que la sonorité de chaque clavier du clavecin est immuable : la réalisation de nuances dynamiques s'y révèle donc impossible. Chaque clavier a néanmoins son registre particulier, et seul le passage d'un clavier à l'autre permettrait cet effet de nuances.

Ce prélude comporte deux sections d'égale longueur, séparées par une barre de reprise. Il ressemble à un mouvement de sonate avec exposition, développement et réexposition d'un thème

écrit dans le style des grandes allemandes initiales des suites de clavecin.

FUGUE (3 voix, à 6/8) : cette fugue est exceptionnellement longue (cent-quarante-trois mesures). C'est un sujet tranquille qui se meut dans le bercement legato de son rythme à 6/8, qui en est le fondement :

Il s'affronte à un contre-sujet chromatique et rythmique. L'apparition à la mesure 61 d'un nouveau sujet issu des éléments du contre-sujet transformerait cette fugue en double fugue. Ce nouveau sujet se superpose au sujet initial à partir de la mesure 97. Ils poursuivent leur course jusqu'à la cadence finale.

N° 19. Prélude et fugue en *la* majeur (BWV 888)

PRÉLUDE (à 12/8) : le rythme à 12/8 de ce prélude à trois voix lui confère un caractère pastoral aimable et charmant. Un thème de sept notes ascendantes se répercute de voix en voix sur l'élément rythmique apporté par la main gauche :

Son balancement engendre toute la pièce, — même s'il subit quelques modifications et renversements (mesures 9 et 10).

Fugue (3 voix, à 4/4) : on quitte l'allure dansante du prélude pour la démarche résolue de cette courte fugue (vingt-neuf mesures). L'exposition du sujet se fait du grave à l'aigu, sur l'intervalle d'une octave :

Les divertissements sont directement issus du sujet. Une cadence au ton principal, à la quinzième mesure, mène vers un nouveau départ du sujet et de nouveaux divertissements. La réexposition du sujet au soprano servira de conclusion à cette fugue pleine de simplicité et de charme.

N° 20. Prélude et fugue en *la* mineur (BWV 889)

Prélude (à 4/4) : c'est une invention à deux voix, grandiose et expressive, qui sert ici de prélude. La pièce est en deux parties, séparées par une barre de reprise. L'édifice entier repose sur le mouvement chromatique de ses deux voix. Dès le début, le thème mouvementé de la main droite

s'oppose à la descente chromatique douloureuse des croches de la main gauche. On remarquera le mouvement contraire des premières mesures de la seconde section, où les deux voix sont inversées : thème renversé à la main gauche, et montée chromatique à la main droite. Bach conclut par un trait de virtuosité.

Fugue (3 voix, à 4/4) : deux éléments dominent le sujet de cette fugue : quatre noires lourdes et solennelles, suivies d'une série de croches détachées :

Le contraste est immédiatement apporté par les triples croches et le trille du contre-sujet. La conduite de cette fugue est assez particulière : après l'exposition, les nouvelles entrées du sujet ne sont presque jamais intégrales. Ce sont les éléments du contre-sujet qui apportent ce mouvement extraordinaire, plein d'énergie, menant à une conclusion extrêmement volubile sur des roulements de gammes virtuoses, et qui précède le retour du sujet dans les deux dernières mesures.

N° 21. Prélude et fugue en *si* bémol majeur (BWV 890)

Prélude (à 12/16) : c'est un prélude très développé (quatre vingt-sept mesures) que laisse Bach sous cette tonalité de *si* bémol majeur. Sa coupe est à peu près celle d'une forme sonate classique. Il se déroule dans une atmosphère de calme et de tranquillité, et dans un mouvement de balancement accentué par le rythme à 12/16. Le thème principal passe avec souplesse de voix en voix :

Un court dialogue entre les deux mains (mesures 9 à 12) introduit un second thème avec croisements de mains. Ces deux éléments thématiques vont se poursuivre inlassablement dans la deuxième partie, avec renversements et inversions de mains. Un arrêt sur le point d'orgue, douze mesures avant la fin, précède un calme conclusion.

Fugue (3 voix, à 3/4) : cette fugue oscille, de la première à la dernière mesure, sur une régularité exemplaire. Cette régularité se manifeste dès l'exposition d'un sujet calme et serein. Le contre-sujet lui-même ne s'écarte pas du climat général. Un nouveau thème apparaît sur le sujet à la mesure 33. Formé d'un dessin ascendant de deux croches et d'une noire prolongée sur la mesure suivante, il est soutenu par une basse nouvelle en blanches pointées. Tous ces éléments se superposent dans la partie finale de la fugue (certains par mouvement contraire). Aucune agitation ne vient rompre ce mouvement continu, qui s'achève dans la sérénité et la retenue.

N° 22. Prélude et fugue en *si* bémol mineur (BWV 891)

Prélude (à 2/2) : par sa construction, ce long prélude se situe entre l'invention à trois voix et la pièce de style fugué à trois parties. Rien ne réussira à perturber le calme qui se dégage de cette superbe page sereine et mélancolique. Les thèmes se croisent et s'entrecroisent.

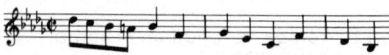

FUGUE (4 voix, à 3/2) : cette magnifique fugue débute par un long sujet élaboré de quatre mesures, qui trouve son assise sur la tonique et s'élève par degrés malgré la coupure de deux silences :

A la fin de l'exposition, un canon entre soprano et basse affirme le thème dans la tonalité de *ré* bémol majeur, tandis que le contre-sujet cède la place à des épisodes nouveaux. Ceux-ci progresseront en écriture canonique jusqu'à l'apparition d'une série d'expositions du thème renversé (avec contre-sujet renversé), — l'une d'elle engendrant un canon serré (mesure 67). Toutes les combinaisons canoniques sont exploitées par Bach, comme dans ces mesures 80 et 81 qui proposent une exposition en canon du sujet véritable et du sujet renversé entre soprano et ténor. Six mesures avant la conclusion, les quatre voix s'unissent deux par deux et par mouvement contraire (à la sixte entre alto et soprano, à la tierce entre ténor et basse), jusqu'à cette extraordinaire apparition de tierces simultanées qui conduisent à la cadence.

N° 23. Prélude et fugue en *si* majeur
(BWV 892)

PRÉLUDE (à 4/4) : conçu comme une toccata, il s'ouvre à la main droite sur la gamme ascendante du ton,

avec sa réponse en mouvement contraire à la main gauche. La véritable toccata, avec ses gammes volubiles, ses croisements et ses chevauchements de mains, est coupée par deux épisodes organisés. Le premier réapparaîtra un peu transformé dans la dernière partie du prélude, et le second évoluera en imitations à la main droite avec des appogiatures caractéristiques.

FUGUE (4 voix, à 2/2) : voici encore une longue fugue solennelle qui sonne comme une fugue d'orgue. Les six blanches de son sujet, dans leur simplicité, entrent de la basse vers l'aigu :

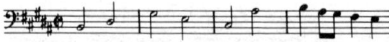

Un contre-sujet plus mouvementé, avec ses croches et ses syncopes, l'accompagne. Un arrêt sur la dominante clôt l'exposition et annonce l'arrivée d'un nouveau thème plus souple, qui fait figure de second sujet. Les deux sujets vont se trouver souvent superposés jusqu'à la progression finale. Bach laisse ici une œuvre majestueuse, d'une richesse extraordinaire, à la fois douce et paisible, — qui figure comme l'une des plus belles pages du second livre du *Clavier bien tempéré*.

N° 24. Prélude et fugue en *si* mineur
(BWV 893)

PRÉLUDE (à 2/2) : Bach conclut sa série de préludes et fugues par une invention à deux voix. Le thème est énoncé simultanément par la main droite et par la main gauche :

Il sera réexposé régulièrement dans des tonalités différentes. Autour de lui se développent divers épisodes : certains syncopés, d'autres en contretemps. Une brusque césure sur la note sensible ramène le thème initial à la main gauche, et tout se termine dans l'affirmation de *si* mineur.

FUGUE (3 voix, à 3/8) : c'est sur un rythme de passepied que Bach construit le sujet de sa dernière fugue :

Il est secondé par un contre-sujet éphémère, avec son trille caractéristique, qui disparaît définitivement dès la mesure 25. Il laisse la place à un nouveau contre-sujet très instrumental, qui accompagnera le sujet jusqu'à une coda rapide et pleine d'entrain.

LES VARIATIONS GOLDBERG

Publiées en 1742, les *Variations Goldberg (BWV 988)* forment à elles seules la quatrième partie de la *Clavierübung*. Elles furent commandées à Bach par le comte von Keyserling, ex-ambassadeur de Russie auprès de la cour de Saxe. Souffrant d'insomnies et ne trouvant de véritable apaisement que dans la musique, c'est pour combler le vide de ses nuits sans sommeil qu'il demanda à Bach de lui composer quelques pièces que le claveciniste Johann Gottlieb Goldberg (1725-1756), son protégé et en même temps élève de Bach, jouait dans le salon contigu à sa chambre. Ces variations furent largement payées par leur dédicataire qui, au dire du musicographe J. N. Forkel, ne se lassait pas de les entendre.

C'est de cette anecdote qu'elles tirent le nom de *Variations Goldberg* sous lequel on les connaît aujourd'hui ; mais le titre exact donné par Bach est *Aria mit verschieden Veränderungen vors Clavicimbal mit 2 Manualen (Aria avec quelques variations pour clavecin à deux claviers)*. On notera que Bach se montre exceptionnellement précis sur la nature de l'instrument qu'il entend utiliser pour l'exécution de cette œuvre. Certaines variations sont expressément écrites pour un clavecin à deux claviers ; pour les autres un clavier sera suffisant ; enfin, pour trois d'entre elles, l'interprète aura le choix entre un ou deux claviers.

Plus encore que pour toute autre œuvre pour clavecin de Bach, se pose donc ici l'éternelle question, si souvent débattue : clavecin ou piano ? En effet, est-il possible de jouer au piano les *Variations Goldberg* ? Les faits semblent plaider en faveur du clavecin, puisque Bach a tenu lui-même à mentionner l'emploi des claviers en tête de chaque variation. Cependant, on connaît de magnifiques enregistrements pianistiques de cette œuvre (celui de Glenn Gould en particulier). Quoi qu'il en soit, partisans du clavecin et partisans du piano peuvent y trouver leur compte. Mais on remarquera que l'interprétation de certaines variations à deux claviers s'avère particulièrement difficile sur le seul clavier du piano, lorsque se mêlent de redoutables chevauchements de mains, de délicats croisements de voix ou de rapides répétitions de notes.

Cette œuvre, en laquelle Glenn Gould ne voyait « ni début, ni fin », demeure un monument de la musique de clavier en général. Dans aucune autre de ses pages pour clavecin, Bach n'a sans doute atteint une telle intensité, et il faudra très certainement attendre les *Variations Diabelli* de Beethoven pour retrouver, dans le genre de la variation, un tel sommet.

De variation en variation, plus que le développement d'une mélodie ornée, c'est bien la construction formelle et les progressions harmoniques d'une basse commune

qui semblent d'abord intéresser Bach. La tonalité de *sol* majeur et le canevas harmonique de l'aria initial sont présents dans la plupart des variations (seules trois d'entre elles sont écrites dans le mode mineur), alors que le thème mineur de l'aria demeure le plus souvent quasi invisible. Bach reste ici dans la tradition bien connue de la chaconne ou du « ground » anglais. Il réalise, en quelque sorte, la synthèse des formes utilisées par lui dans ses pages antérieures (duos, inventions, gigues, fugues, toccatas, chorals ornés, danses, canons, ouverture à la française, etc.), et accumule les difficultés techniques qui rendent cette œuvre de plus en plus brillante à mesure qu'elle se développe. Les procédés d'écriture sont eux-mêmes constamment variés de pièce en pièce (écriture à deux, trois et quatre voix, style homophone ou polyphonique, grande diversité rythmique, etc.).

ARIA (*sol* majeur, à 3/4) : la paisible aria qui sert de point de départ aux trente variations qui suivront est une sarabande très ornementée, dans le style français. Bach l'a empruntée au second *Clavierbüchlein* qu'il composa pour sa femme Anna Magdalena en 1725. Cet air est construit en deux parties de seize mesures chacune, — chaque partie étant elle-même divisée en deux phrases de huit mesures. Cette organisation se retrouvera dans presque toutes les variations. Un seul accord sert de base à chaque mesure, et c'est cette assise harmonique que Bach exploitera de variation en variation :

VAR. 1, à un clavier (*sol* majeur, à 3/4) : cette variation brillante, écrite dans le style de l'invention, est un duo entre les deux

mains. Les idées thématiques passent alternativement d'une partie à l'autre, et certains dessins nécessitent des croisements de mains délicats.

VAR. 2, à un clavier (*sol* majeur, à 2/4) : Bach compose ici une sorte d'invention à trois voix. Ce paisible trio succède au brillant duo précédent. Dès les premières mesures, l'élément thématique entre en imitation à la sixte, aux deux voix supérieures. Les imitations se répercutent régulièrement entre les trois voix de la seconde partie.

VAR. 3, à un clavier, *Canone all'Unisuono* (*sol* majeur, à 12/8) : voici le premier canon de la série des neuf canons qui se succéderont toutes les trois variations. C'est un des plus difficiles. La base harmonique n'est pas toujours identifiable au milieu du bouillonnement des doubles croches de la main gauche. On notera également de fréquents croisements des éléments canoniques dans les deux voix supérieures. Contrairement à l'organisation générale des trente pièces, ce canon à l'unisson est fait de deux sections de huit mesures chacune.

VAR. 4, à un clavier (*sol* majeur, à 3/8) : cette variation alerte et gaie peut être comparée à une invention à quatre voix. Son caractère bondissant est accentué par ses courtes mesures et par son rythme rapide à 3/8. L'ensemble repose sur une idée rythmique qui se répète de voix en voix.

VAR. 5, à un ou deux claviers (*sol* majeur, à 3/4) : c'est un duo rapide et clair que Bach place ici, avant son deuxième canon. Deux éléments s'y opposent. Le premier est représenté par une ligne mélodique fluide qui court à la main droite, régulièrement ponctuée par les quelques notes brèves de la basse harmonique, — qui nécessitent des croisements de mains. Le second décompose une partie de cette basse par le dessin des doubles croches de la main gauche (mesures 12 à 16). Les mêmes idées trouvent leur prolongement dans la deuxième partie de la variation.

VAR. 6, à un clavier, *Canone alla Seconda* (*sol* majeur, à 3/8) : ce canon à la seconde débute par une noire pointée liée, point de départ de l'élément canonique, et dont l'effet de suspension se répète de voix en voix et de mesure en mesure. A partir de la mesure 9, tout se passe autour des croisements de voix. Les principales harmonies de la basse sont respectées à la main gauche.

VAR. 7, à un ou deux claviers, *Al tempo di giga* (*sol* majeur, à 6/8) : cette petite gigue, qui évolue sur une basse et des harmonies simples, est écrite sur un tempo de sicilienne. Elle repose sur deux idées : une idée rythmique faite du motif à note pointée caractéristique de la gigue, et une idée combinant ce motif et un dessin de quatre triples croches rapides. Chacune de ces idées passe d'une main à l'autre.

VAR. 8, à deux claviers (*sol* majeur, à 3/4) : voici encore un duo brillant, qui n'est autre qu'une ornementation du thème. La main droite progresse sur un dessin ascendant de doubles croches qui s'oppose au dessin descendant de la basse. Ce mouvement est inversé entre les mesures 5 et 8. Cette première idée se superpose, à partir de la neuvième mesure, à une seconde idée faite d'une gamme descendante. La deuxième partie de la variation reprend les mêmes éléments.

VAR. 9, à un clavier, *Canone alla Terza* (*sol* majeur, à 4/4) : comme le premier canon, ce canon à la tierce est fait de deux sections de huit mesures chacune. Une voix de basse suggérant la basse harmonique de l'aria soutient les voix canoniques, qui entrent en imitation à intervalle d'une mesure. Ces imitations rigoureuses imposent des croisements et des chevauchements de voix.

VAR. 10, à un clavier, *Fughetta* (*sol* majeur, à 2/2) : Bach choisit pour cette variation le genre de la fugue strictement construite. Cette fughetta à quatre voix est basée sur un long sujet de quatre mesures, fait essentiellement d'intervalles disjoints. Il y a quatre entrées du sujet dans chaque partie, — intervenant régulièrement toutes les quatre mesures.

VAR. 11, à deux claviers (*sol* majeur, à 12/16) : voici un duo dont les délicats croisements de mains nécessitent l'emploi de deux claviers. Le clavecin semble ici s'imposer absolument. Cette pièce est écrite comme une invention à deux voix, sur un rythme léger. Deux idées dominent : la première se poursuit en imitations entre les deux mains ; elle réapparaîtra un peu avant la fin de la seconde section. La deuxième idée contraste avec celle-ci par ses motifs arpégés, qui passent d'une main à l'autre et serviront de conclusion dans les deux parties.

VAR. 12, [à un clavier], *Canone alla Quarta* (*sol* majeur, à 3/4) : canon à la quarte et à trois voix. Chaque partie débute par l'énoncé du sujet, qui reçoit immédiatement sa réponse inversée à la mesure suivante, à la quarte inférieure dans la première partie et à la quarte supérieure dans la seconde partie.

Dans les sept premières mesures de la variation, on remarquera que la note fondamentale de la basse harmonique de l'aria initiale est répétée trois fois dans chaque mesure.

VAR. 13, à deux claviers (*sol* majeur, à 3/4) : cette variation est un grand air orné à l'italienne, sur une écriture à trois parties. Les deux parties inférieures (où l'on distingue nettement la basse du thème initial) soutiennent une ample mélodie expressive et mouvante, à la fois claire et très ornementée.

VAR. 14, à deux claviers (*sol* majeur, à 3/4) : ce duo est en réalité une brillante toccata. Là encore, Bach impose l'emploi des deux claviers du clavecin. Ils doivent permettre la réalisation des croisements de mains extrêmement rapides qui se multiplient dans cette pièce. Le style de la toccata s'affirme dès les premières mesures. Quatre thèmes vont se succéder toutes les quatre mesures, pour réapparaître inversés dans la seconde partie de la variation.

VAR. 15, à un clavier, *Canone alla Quinta*, « andante » (*sol* mineur, à 2/4) : avec ce canon à la quinte nous quittons le mode majeur pour aborder la première des trois variations de la série écrites dans le mode mineur. C'est un canon expressif pour lequel Bach a voulu un tempo modéré. Il s'agit ici non d'une véritable imitation entre sujet et réponse, mais d'un réel renversement de la réponse. Le sujet progresse en mouvement descendant (mesure 1), et sa réponse en mouvement ascendant (mesure 2). L'évolution des trois voix exige dans la deuxième partie quelques croisements.

VAR. 16, à un clavier, *Ouverture* (*sol* majeur, à 2/2) : Bach compose là une véritable ouverture à la française en deux parties. A une première partie lente et majestueuse, avec ses rythmes pointés caractéristiques et ses effets de gammes rapides, succède un épisode fugué à trois voix sur un rythme à 3/8. Cette petite fugue repose sur un court sujet dont les entrées se succèdent rapidement de l'aigu au grave.

VAR. 17, à deux claviers (*sol* majeur, à 3/4) : par la diversité et la difficulté de ses traits, cette variation à deux voix ressemble à une toccata. Une seule idée s'y développe, passant de main en main dans la première partie et réapparaissant à la main gauche dans la seconde partie.

VAR. 18, à un clavier, *Canone alla Sesta* (*sol* majeur, à 2/2) : ce trio clair, paisible et régulier, est basé sur le dessin répété de son sujet qui passe alternativement de voix en voix.

VAR. 19, à un clavier (*sol* majeur, à 3/8) : cette délicate variation est un air en trio écrit sur un rythme de passepied. Dans les deux sections du morceau, une souple mélodie circule d'une voix à l'autre de quatre mesures en quatre mesures.

VAR. 20, à deux claviers (*sol* majeur, à 3/4) : voici encore une toccata très brillante. Son allure animée contraste avec le calme de la variation précédente. Bach y déploie un grand arsenal de figures mélodiques et rythmiques autour de trois idées dominantes. Chaque idée reçoit sa réponse inversée : mouvement ascendant et mouvement descendant se succèdent. Les continuels croisements de mains ajoutent ici à la difficulté de cette pièce, — pour laquelle Bach réclame l'emploi de deux claviers.

VAR. 21, *Canone alla Settima* (*sol* mineur, à 4/4) : on notera que cette variation écrite dans le mode mineur, est la seule variation pour laquelle Bach ne laisse aucune indication sur l'emploi d'un ou des deux claviers du clavecin. Comme les canons à l'unisson et à la tierce qui précédèrent, ce sombre canon à la septième est fait de deux sections de huit mesures chacune. Sujet et réponse se font entendre dès la première mesure sur une basse descendante chromatique. Le chromatisme est d'ailleurs omniprésent dans les deux parties de cette pièce très riche sur le plan de l'écriture. C'est le renversement du sujet et de sa réponse qui ouvre la seconde partie (mesure 9).

VAR. 22, à un clavier, *Alla breve* (*sol* majeur, à 2/2) : cet « alla breve » est construit sur un motif principal qui se développe dans les deux parties du morceau. On peut y voir un canon imitatif entre les trois voix supérieures sur une basse d'une grande sobriété, ou un mouvement de fugato à trois voix sur cette même basse.

VAR. 23, à deux claviers (*sol* majeur, à 3/4) : Bach compose là une nouvelle toccata pour un clavecin à deux claviers. La première partie repose sur deux phrases : l'idée initiale est faite de gammes descendantes aux deux mains, et de leur inversion entre les mesures 5 et 8. Une seconde idée plus rythmique lui succède : elle est exposée en mouvement contraire dès le début de la deuxième partie. Cette variation se termine par une succession de traits de tierces et de sixtes d'une grande agilité aux deux mains (mesures 25 à 32).

VAR. 24, à un éclair, *Canone all'Ottava* (*sol* majeur, à 9/8) : cet ample mouvement est une danse modérée qui se déroule sur le balancement rythmique de la gigue. Le sujet, qui est énoncé dès la première mesure, reçoit sa réponse à l'octave inférieure dans la partie intermédiaire de la troisième mesure. Une série d'imitations canoniques nouvelles apparaît au centre de la première section.

VAR. 25, à deux claviers, « adagio » (*sol* mineur, à 3/4) : pour cette variation expressive, écrite dans le mode mineur, Bach a voulu un tempo modéré. On tient là sans doute le moment le plus émouvant de cette série de variations. Sorte d'aria à l'italienne très ornementée à trois voix, c'est un splendide chant mélancolique et tendre, d'une écriture très fouillée. Bach accentue l'idée de mélancolie par l'emploi fréquent du chromatisme, surtout dans les deux voix de basse.

VAR. 26, à deux claviers (*sol* majeur, à 18/16 et à 3/4) : cette variation, écrite comme un mouvement de chaconne, est une pièce curieuse par l'étonnante polyrythmie qui oppose le 18/16 de la main droite et le 3/4 de la main gauche. Sa première partie est construite en deux sections précises de huit mesures chacune. Entre les mesures 1 et 8, la ligne mélodique de la main droite ondule du grave à l'aigu du clavier sur un rythme à 18/16. Elle est ponctuée par la basse de chaconne de la main gauche, qui s'affirme de l'aigu au grave du clavier sur un rythme à 3/4. La même construction se retrouvera au cours des huit premières mesures de la seconde partie (mesures 17 à 24). Cette disposition exige de nombreux croisements de mains. La deuxième section (mesures 8 à 16) est basée sur l'inversion exacte de la première section (inversion rythmique, inversion mélodique, mouvements contraires). Cette inversion sera tronquée dans la seconde partie (mesures 25 à 27), puisque les deux mains concluront simultanément sur un rythme à 18/16, en reprenant en mouvement contraire la ligne mélodique fluide initiale (mesures 28 à 32).

VAR. 27, à deux claviers, *Canone alla Nona* (*sol* majeur, à 6/8) : Bach termine sa série de canons par une pièce simple et claire. Les imitations canoniques entrent à la neuvième, de mesure en mesure, et se développent dans le style de l'invention à deux voix. La seconde partie s'ouvre par l'inversion de ces imitations canoniques.

VAR. 28, à deux claviers (*sol* majeur, à 3/4) : avant de conclure par un *quodlibet*, Bach compose deux variations extrêmement brillantes dont l'écriture purement instrumentale exige de l'interprète la plus haute virtuosité. Ce sont deux toccatas du plus bel effet. Celle-ci est basée sur une phrase principale, qui se développe abondamment dans chacune des parties, et qui repose sur une sorte de faux-trille continu, ponctué de notes rapides. Une seconde phrase, plus brève, décompose des accords en traits de doubles croches, par mouvement contraire aux deux mains (mesures 9 à 12, et 17 à 20). Une série de descentes et de montées chromatiques sur le faux-trille annonce, dès la mesure 25, la conclusion de la toccata.

VAR. 29, à un ou deux claviers (*sol* majeur, à 3/4) : cette seconde toccata brillante s'ouvre par une succession d'accords éclatants alternés entre les deux mains, auxquels s'oppose un souple dessin de triolets rapides, tourbillonnant en cascade de l'aigu au grave du clavier. Chaque idée est reprise dans la deuxième partie.

VAR. 30, à un clavier, *Quodlibet* (*sol* majeur, à 4/4) : Bach achève sa série de variations par un spirituel *quodlibet* (du latin *quod libet* : « ce qui plaît »), genre musical très apprécié dans sa famille, et dans lequel il combine simultanément et successivement, comme il était de tradition, les citations de deux mélodies populaires connues de son temps : *Ich bin so lang nicht bei dir g'west* (« Je suis resté longtemps loin de vous »), et *Kraut und Rüben haben mich vertrieben* (« Les choux et les navets m'ont fait fuir »). Ces chants populaires, qui s'intègrent dans le contrepoint de la variation, se superposent immédiatement.

Après ce moment de jovialité tout se termine par un retour à la douceur de l'aria initiale dans son intégralité et dans sa version première, — retour voulu par Bach.

CLAVIERBÜCHLEIN

Comme l'indique la dédicace manuscrite du recueil, le **Clavierbüchlein vor Wilhelm Friedemann Bach** fut commencé à Cöthen le 22 janvier 1720 ; mais sa composition couvre une longue période.

Ce livre est un ouvrage didactique qui s'ouvre par deux tables : l'une montre la manière de figurer les clefs de *sol*, de *fa* et d'*ut* ; l'autre est une table explicative de treize signes d'agréments. Il contient ensuite soixante-trois pièces, — certaines de la main de Bach, d'autres de celle de Wilhelm Friedemann, d'autres enfin dues à divers auteurs.

Au début du recueil, se trouve le fameux et bref *Applicatio en ut majeur (BWV 994)* : ses huit mesures sont une démonstration du doigté suggéré par Bach. On notera, par exemple, son attachement à la méthode archaïque du croisement du troisième doigt sur le quatrième (les gammes montantes se jouent ici à la main droite exclusivement avec les troisième et quatrième doigts), et sa hardiesse quant à l'emploi du pouce dont on ne se servait pratiquement jamais à l'époque (les gammes montantes de la main gauche évoluent presque exclusivement avec le pouce et le deuxième doigt). Parmi les pièces de ce *Clavierbüchlein,* onze préludes sont les versions primitives de onze préludes du *Clavier bien tempéré,* — dont on trouvera la nomenclature dans l'analyse des préludes et fugues de ce recueil. Il réunit aussi des préludes faciles (*BWV 924 à 928*, et *BWV 930*), connus aujourd'hui sous le titre de *Petits Préludes,* et qui étaient des morceaux récréatifs destinés aux jeunes élèves.

Le premier volume du **Clavierbüchlein vor Anna Magdalena Bachin, Anno 1722** (le titre fut rédigé par la destinataire) a été commencé à Cöthen. Il contient la première version des cinq premières *Suites françaises* (*BWV 812 à 816*), dont trois sont incomplètes. On y trouve aussi quelques pièces d'orgue.

Le second volume fut commencé en 1725, à Leipzig. Quarante-cinq morceaux y sont regroupés, et parmi eux un certain nombre de petits mouvements de danses (menuets, marches, polonaises, musette) connus des apprentis pianistes*, mais aussi deux *Partitas* (*BWV 827* et *830*) et deux des *Suites françaises* (*BWV 812* et *813*) déjà transcrites dans le premier album. A côté de quelques chorals et de quelques arias, Bach a recopié des pages d'auteurs divers tels que Hasse, Boehm, François Couperin, et certains de ses fils.

AUTRES ŒUVRES DE CLAVIER

Elles sont présentées — pour la simple commodité (car datées d'époques diverses) — suivant l'ordre de numérotation du catalogue thématique de W. Schmeider établi à l'initiative de la Bach-Gesellschaft, sous le sigle bien connu *BWV*.

* Sous le titre français de *Petit Livre de clavecin d'Anna Magdalena Bach.*

Les Inventions à deux et trois voix (BWV 772-786 et BWV 787-801)

Les quinze *Inventions à deux voix* et les quinze *Inventions à trois voix* (que Bach nomme *Sinfonias*) ont été publiées à Cöthen en 1723. Depuis 1717 Bach était directeur de la musique du prince Léopold d'Anhalt-Cöthen, qui lui témoignait une grande amitié. Les six années qu'il passa au service de cet homme cultivé et délicat furent certainement parmi les meilleures de sa carrière. On ne sait pas exactement ce qui poussa Bach à quitter la cour de Cöthen. Le mariage du prince avec une jeune femme insensible à la musique est généralement invoqué. Le 1er juin 1723, il sera en tout cas officiellement installé à son nouveau poste de cantor de l'église Saint-Thomas de Leipzig — poste qu'il occupera jusqu'à sa mort.

A Cöthen où la musique religieuse était peu goûtée, encouragé par le prince Léopold, grand amateur de musique et musicien lui-même, Bach put tout à loisir se consacrer à la musique instrumentale. Dans ce domaine, il composa à cette époque la plupart de ses grandes œuvres : sonates pour violon, viole de gambe, violoncelle ou flûte, concertos pour violon, suites pour orchestre, *Concertos brandebourgeois,* œuvres pour clavecin (dont le premier livre du *Clavier bien tempéré*). On notera, à ce propos, que durant cette période de Cöthen Bach a volontiers utilisé le clavecin à des buts éducatifs : le *Clavierbüchlein* composé en 1720 pour Wilhelm Friedemann Bach, la première partie du *Clavier bien tempéré* publiée en 1722, ou les trente *Inventions* terminées avant le départ à Leipzig, sont en réalité des ouvrages didactiques. Sur l'un des manuscrits autographes des *Inventions,* on peut d'ailleurs lire cette précision laissée par Bach en guise de préface : *Guide honnête qui enseignera à ceux qui aiment le clavecin, tout particulièrement à ceux qui désirent s'instruire, une méthode claire pour arriver à jouer proprement deux voix, puis, après avoir progressé, à exécuter correctement trois parties obligées...*

Comme les préludes et les fugues du *Clavier bien tempéré* les quinze *Inventions à deux voix* et les quinze *Sinfonias à trois voix* sont classées suivant l'ordre chromatique de la gamme (d'*ut* majeur à *si* mineur). Pour des raisons bien compréhensibles d'ordre pédagogique, Bach évite les tonalités difficiles, et s'en tient aux tonalités les plus usitées de son temps. Dans ces trente petites pièces, il exploite tous les procédés techniques connus par lui, comme la fugue et le canon, et utilise des formules d'écriture qui font appel au chromatisme, aux pédales harmoniques, au principe de la basse continue, ou aux diverses manières d'ornementer un thème. Telle *Invention* est un joyeux mouvement de danse, telle autre est un tendre duo, telle autre enfin une fugue rigoureusement construite. Chacune est strictement monothématique. Il y a évidemment moins de variété dans les *Inventions* à deux voix, plus limitées, que dans les *Sinfonias* à trois voix, plus libres.

Inventions à deux voix (BWV 772-786)

INVENTION 1, en *ut* majeur, à 4/4 (BWV 772) : exposé à la main droite, le thème initial reçoit sa réponse immédiate à la main gauche. Il se développe en mouvement contraire des deux mains jusqu'à la réexposition à la dominante, avant de reparaître inversé à la neuvième mesure. Ce thème et son inversion sont omniprésents dans les vingt-deux mesures de ce morceau.

INVENTION 2, en *ut* mineur, à 4/4 (BWV 773) : voici un duo gracieux et modéré. Bach y exploite à fond le procédé du canon : dans les dix premières mesures, c'est un canon strict entre main droite et main gauche ; la main gauche suit la main droite à distance régulière de deux mesures. A partir de la onzième mesure, le système est inversé : la main droite suit la main gauche, toujours à distance de deux mesures.

INVENTION 3, en *ré* majeur, à 3/8 (BWV 774) : Bach y développe d'une voix à l'autre un thème qui subit peu de transformations, et se répète de séquence en séquence.

INVENTION 4, en *ré* mineur, à 3/8 (BWV 775) : tout s'articule dans cette invention autour des courbes montantes et descendantes de l'idée principale. Marches d'harmonie, épisodes canoniques et inversions de voix se succèdent.

INVENTION 5, en *mi* bémol majeur, à 4/4 (BWV 776) : dans cette pièce, Bach oppose en permanence deux motifs que l'on pourrait comparer à deux sujets d'une double fugue. Le premier est fait de deux mordants : l'un développé sur les trois premières notes, l'autre rebondissant sur la cinquième. Le second se constitue en guirlande régulière de doubles croches, dont le mouvement ne faillit jamais. Chacun passe alternativement d'une main à l'autre.

INVENTION 6, en *mi* majeur, à 3/8 (BWV 777) ; cette superbe pièce est construite en deux parties, séparées par une barre de reprise. C'est un duo tendre et gracieux où les deux voix, dans le décalage de leur écriture syncopée, semblent toujours se chercher et s'éviter. Au milieu de cette ligne mélodique, Bach intercale régulièrement des mordants décomposés qui donnent à cette invention l'aspect d'un exercice sur les mordants.

INVENTION 7, en *mi* mineur, à 4/4 (BWV 778) : dans cette invention expressive, Bach revient à la forme du dialogue entre deux voix, sur un motif thématique qui se répète régulièrement de mesure en mesure.

INVENTION 8, en *fa* majeur, à 3/4 (BWV 779) : ce morceau léger et joyeux est centré sur des éléments de canons à l'octave, interrompus par des divertissements faits de dessins mélodiques à la tierce entre les deux mains ou de marches harmoniques descendantes.

INVENTION 9, en *fa* mineur, à 3/4 (BWV 780) : dans cette pièce expressive, Bach utilise un double contrepoint. Main droite et main gauche imposent leur propre motif, mais chaque motif passe d'une main à l'autre. Celles-ci se répondent inlassablement.

INVENTION 10, en *sol* majeur, à 9/8 (BWV 781) : cette invention pleine d'entrain est une fugue construite sur un sujet dont les notes arpégées décomposent l'accord parfait majeur. Le motif qui sert de contre-sujet reprend la même idée thématique.

INVENTION 11, en *sol* mineur, à 4/4 (BWV 782) : voici une courte double fugue expressive et émouvante, qui oppose deux sujets. Les arabesques montantes et descendantes du premier, qui apparaissent à la main droite, se superposent à la contre-mélodie de la main gauche, avec son motif plus nerveux, où Bach pose une touche de chromatisme. Ces deux sujets se croisent alternativement d'une partie à l'autre.

INVENTION 12, en *la* majeur, à 12/8 (BWV 783) : le rythme à 12/8 accentue le caractère joyeux de ce morceau. C'est encore une pièce où un thème et sa contre-mélodie s'affrontent continuellement. Dans ce double contrepoint, Bach fait travailler les traits d'arpèges et le mouvement parallèle des mains.

INVENTION 13, en *la* mineur, à 4/4 (BWV 784) : l'idée initiale, basée sur le développement des notes essentielles du ton de *la* mineur, se déploie de séquence en séquence sur un dessin régulièrement repris par les deux parties. C'est le travail des accords brisés qui est ici traité.

Invention 14, en *si* bémol majeur, à 4/4 (BWV 785) : cette invention évoquera pour certains le seizième prélude en *sol* mineur du premier livre du *Clavier bien tempéré.* C'est un morceau alerte où Bach décompose une série de grupettos montants et descendants, qui se répondent d'une voix à l'autre, autour d'un dessin d'accords brisés arpégés.

Invention 15, en *si* mineur, à 4/4 (BWV 786) : la dernière invention à deux voix est un mouvement vif qui ressemble à une fugue à deux voix, rigoureusement construite sur le retour régulier de son sujet.

Inventions à trois voix (BWV 787-801)

Sur l'un de ses manuscrits autographes, après la dernière *Invention à deux voix,* Bach a noté : « Sequuntur adhuc 15 sinfoniae tribus vocibus obligatis » (« Suivent maintenant 15 sinfonias à trois voix obligées »).

Invention 1, en *ut* majeur, à 4/4 (BWV 787) : Bach a recours ici à la forme de la fugue. Les trois entrées d'un sujet bâti sur la gamme montante, et qui sert de base à l'édifice, se font de l'aigu au grave dans les trois premières mesures. Comme dans l'*Invention* à deux voix correspondante, aucun divertissement ne vient briser la présence constante du sujet.

Invention 2, en *ut* mineur, à 12/8 (BWV 788) : l'écriture de cette invention animée est extrêmement riche. Elle repose sur deux dessins mélodiques. L'un, arpégé, décompose des accords ; l'autre, plus lié, fait entendre une succession de gammes ascendantes et descendantes. Parfois les deux éléments se superposent.

Invention 3, en *ré* majeur, à 4/4 (BWV 789) : c'est encore la forme de la fugue que Bach choisit ici. L'élève aura alors un exemple parfait de la conduite de trois voix indépendantes dans un rythme animé.

Invention 4, en *ré* mineur, à 4/4 (BWV 790) : cette courte pièce est une fugue à trois voix basée sur le balancement d'un sujet, dont les entrées se font de l'aigu au grave. Bach y mêle des effets chromatiques qui donne à ce morceau un caractère particulièrement expressif.

Invention 5, en *mi* bémol majeur, à 3/4 (BWV 791) : c'est un tendre duo orné que Bach compose à présent : les deux voix supérieures (qui se suivent le plus souvent à intervalle de tierces ou de quintes) sont accompagnées par une basse obstinée, qui répète inlassablement une même figure de trois doubles croches et deux noires jusqu'à la mesure finale.

Invention 6, en *mi* majeur, à 9/8 (BWV 792) : cette délicate invention progresse en une écriture fuguée sur le balancement modéré caractéristique de son rythme à 9/8. L'idée initiale alimente toute la pièce et se brise sur une cadence à la dominante quelques mesures avant la fin (mesure 34), avant de réapparaître, en guise de conclusion, en mouvement contraire puis en mouvement parallèle entre les deux mains.

Invention 7, en *mi* mineur, à 3/4 (BWV 793) : pour ce morceau expressif, Bach a de nouveau recours au style fugué à trois parties. A partir de la mesure 14, on peut y voir la superposition de deux sujets distincts qui s'affrontent jusqu'aux mesures conclusives. L'emploi d'une écriture en tierces et en sixtes rehaussera le premier sujet.

Invention 8, en *fa* majeur, à 4/4 (BWV 794) : cette pièce animée est une fugue rigoureusement construite. Au cours de l'exposition, les trois entrées du sujet se succèdent dans les trois premières mesures. Pour ses divertissements, Bach utilise des entrées canoniques du sujet (mesures 7 à 10) ou des répétitions régulières du contre-sujet (mesures 16 à 20). La fugue prend fin par la réexposition intégrale du sujet à la basse.

Invention 9, en *fa* mineur, à 4/4 (BWV 795) : ce superbe morceau mélancolique est une triple fugue. Les trois sujets se superposent en permanence. On notera qu'un des trois sujets est exposé dès la première mesure, comme une longue basse obstinée chromatique. Celle-ci réapparaîtra de séquence en séquence d'une voix à l'autre. Comme le souligne Karl Geiringer, « l'interprétation complexe des trois sujets et l'admirable construction formelle sont utilisées à des fins expressives ; il règne une atmosphère de sinistre pathétisme dont Bach lui-même a rarement dépassé le pouvoir dramatique[*] ».

Invention 10, en *sol* majeur, à 3/4 (BWV 796) : la simplicité succède au pathétisme. Le thème de cette invention a la particularité de débuter sur une anacrouse. Ses guirlandes de doubles croches montantes et descendantes engendrent toute la construction de la pièce.

Invention 11, en *sol* mineur, à 3/8 (BWV 797) : Bach compose ici un mouvement de

---

[*] K. Geiringer, *Jean-Sébastien Bach* (trad. de l'américain, Le Seuil, Paris, 1970).

danse gracieux. Le rythme à 3/8 très marqué lui donne une allure de passepied.

INVENTION 12, en *la* majeur, à 4/4 (BWV 798) : c'est encore l'écriture fuguée qui domine dans ce morceau. L'exposition du sujet, sa contre-exposition et sa réexposition sont séparées par deux séries de divertissements reprenant des éléments du sujet. La pièce se termine par un rappel de la tête du sujet dans la partie intermédiaire, sur une pédale de dominante à la basse.

INVENTION 13, en *la* mineur, à 3/8 (BWV 799) : comme la onzième invention, Bach transforme celle-ci en un grand mouvement de passepied où se mêlent plusieurs idées mélodiques.

INVENTION 14, en *si* bémol majeur, à 4/4 (BWV 800) : Bach utilise de nouveau une écriture fuguée à trois parties. Contre-sujet et divertissements dérivent du sujet.

INVENTION 15, en *si* mineur, à 9/16 (BWV 801) : cette dernière invention à trois voix offre la particularité d'être une pièce à deux voix. Lorsqu'elle se glisse çà et là discrètement, la troisième voix fait alors figure de remplissage. Bach rompt avec sa conception tragique de la tonalité de *si* mineur, à laquelle il donne ici un caractère essentiellement léger.

Suites Anglaises (BWV 806-811)

On ne connaît pas exactement la date de composition des six *Suites Anglaises* pour clavecin *(BWV 806-811)*. Il est généralement admis que Bach commença à y travailler assez tôt, sans doute à Weimar vers 1715, et qu'il les acheva à l'époque de Cöthen, entre 1717 et 1723. Norbert Dufourcq, pour sa part, pense que les préludes qui ouvrent chaque *Suite Anglaise* ont été ajoutés postérieurement, vraissemblablement lors du séjour de Bach à Leipzig. Il est vrai que ces six suites offrent un ensemble d'éléments disparates, — ce qui tend à accréditer l'idée que les mouvements divers qui les composent datent de périodes différentes de la carrière de Bach.

D'où vient ce titre de *Suites « anglaises »* ? Bach ne laisse là-dessus aucune explication. Le musicographe J.N. Forkel prétend que ces œuvres ont été dédiées à un riche Anglais. Karl Geiringer émet l'hypothèse que Bach a été influencé, lors de la composition de ces suites, par les pièces de clavecin de Charles Dieupart (c. 1670-c. 1740), claveciniste français dont la carrière se déroula entièrement à Londres. Bach avait recopié la *Suite en* fa *mineur* et repris la *Gigue en* la *majeur* de Dieupart ; et c'est cette gigue qui lui sert de modèle pour le prélude de la première *Suite Anglaise* (en *la* majeur)*. On notera cependant à ce propos que, si les *Suites Françaises* contiennent beaucoup d'éléments français qui peuvent expliquer leur titre, les *Suites Anglaises* ne renferment aucun caractère véritablement anglais.

Les *Suites Anglaises* sont plus développées et moins faciles techniquement que les *Suites Françaises* (v. plus loin), leur caractère concertant est en outre délibérément instrumental. Elles reprennent le même schéma traditionnel de la suite de danses — allemande, courante, sarabande, gigue — et des mouvements divers comme bourrées, gavottes, menuets ou passepieds. Chaque suite débute par un prélude d'une grande envergure et compte entre six et huit mouvements, qui sont tous (sauf le prélude d'ouverture) des pièces binaires à reprise. On remarquera enfin que Bach organise ses suites dans un ordre décroissant de tonaliés (*la* majeur, *la* mineur, *sol* mineur, *fa* majeur, *mi* mineur, *ré* mineur).

Suite Anglaise nº 1, en *la* majeur
(BWV 806)

PRÉLUDE (à 12/8) : ce prélude, qui ne compte que trente-sept mesures, est le moins développé de tous les préludes des *Suites Anglaises*. La *Gigue en* la *majeur* de Charles Dieupart, recopiée par Bach, fut son point de départ. Il commence par un trait de toccata de deux mesures, et se poursuit sur un rythme de gigue. Un motif unique, qui entre en imitation dès la troisième mesure, domine toute la pièce et se répercute de mesure en mesure et de voix en voix, parfois inversé. Une double pédale de tonique supporte une dernière apparition du thème (en mouvement direct et en inversion) dans les mesures finales.

ALLEMANDE (à 4/4) : l'esprit des luthistes (notamment dans l'emploi d'accords arpégés) apparaît encore dans cette vaste allemande solennelle, écrite tantôt à deux voix, tantôt à quatre voix.

COURANTE I (à 3/2) : la première *Suite Anglaise* est la seule à contenir deux courantes. La seconde sera suivie de *Doubles*. La première courante, d'un caractère no-

---
* K. Geiringer, *op. cit.*

ble, est de style français et repose sur un contrepoint libre en valeurs inégales. La ligne mélodique se glisse de voix en voix.

COURANTE II et ses deux *Doubles* (à 3/2) : cette courante à la française est accompagnée de ses deux *Doubles,* — c'est-à-dire de deux mouvements de variation et d'ornementation du mouvement initial. Ce n'est pas seulement la ligne mélodique qui est variée dans ces *Doubles,* mais chacune des parties de la courante reçoit des figurations. Le premier *Double* est plus ornementé, le second plus souple.

SARABANDE (à 3/4) : le caractère grave et solennel de cette sarabande est rehaussé par les larges accords que Bach utilise dès le début de la pièce. Celle-ci repose sur un motif unique. Quelques épisodes d'improvisation précèdent le rappel insistant du thème qui sert de conclusion.

BOURRÉES I et **II** (à 2/2) : la première bourrée, en *la* majeur, est basée sur un thème souple que Bach traite en imitations. La seconde bourrée, en *la* mineur, est plus austère : on notera le mouvement contraire de ses deux voix, et l'inversion de ses motifs thématiques.

GIGUE (à 6/8) : entièrement construite sur une écriture à deux voix, cette gigue fait entendre un thème alerte et gai, qui entre en imitation dès la première mesure et revient inversé au début de la deuxième partie.

Suite Anglaise n° 2, en *la* mineur
(BWV 807)

PRÉLUDE (à 3/4) : l'esprit du concerto règne dans ce majestueux prélude, presque intégralement écrit à deux voix. Deux thèmes y dominent : par son énergie vigoureuse, le thème principal, qui apparaît dès la première mesure, ressemble au *tutti* d'un concerto. Bach le reprendra de plusieurs manières : thème libre, thème harmonisé, ou présentation en contrepoint. Le second motif, beaucoup plus calme, revêt le caractère d'un *solo* de violon ou de clavier et s'impose avec ses notes répétées dès la mesure 55. Une large cadence en *ut* majeur ramène un da capo intégral de la première partie (mesures 110 à 164).

ALLEMANDE (à 4/4) : cette allemande calme et expressive est entièrement basée sur le principe de l'imitation. Chaque partie a son motif thématique propre. la seconde partie est faite de six expositions successives de son thème, qui passe de voix en voix.

COURANTE (à 3/2) : voici encore une courante à la française, plus souple que les deux courantes de la *Suite Nº 1.* L'instabilité tyhmique y est moins prononcée, et c'est par l'inversion du thème initial que s'ouvre la seconde partie.

SARABANDE (à 3/4) : cette sarabande très harmonique et d'influence française est suivie de son *Double,* avec les agréments que Bach note intégralement. Le *Double* est fait d'un contrepoint d'essence italienne, et son ornementation libre repose sur la basse immuable de la sarabande.

BOURRÉES I et **II** (à 2/2) : la première bourrée, en *la* mineur, est une danse vive, gaie et rapide, à deux voix. La seconde bourrée, en *la* majeur, à trois voix, est plus calme et expressive. Le langage harmonique de Bach y est essentiellement basé sur des pédales harmoniques (pédales de tonique et pédales de dominante).

GIGUE (à 6/8) : c'est un mouvement vif de gigue à l'italienne, rapide et joyeuse, qui termine cette deuxième *Suite Anglaise.* Un élément thématique unique domine toute la pièce.

Suite Anglaise n° 3, en *sol* mineur
808)

PRÉLUDE (à 3/8) : véritable mouvement de concerto, ce prélude a une parenté avec les transcriptions pour clavecin des concertos pour violon de Vivaldi, que Bach réalisa à Weimar. Ce mouvement annonce d'ailleurs le *Concerto Italien* (BWV 971). Il repose en réalité sur l'opposition — typique du concerto grosso — entre les passages *tutti* vigoureux, avec leurs larges accords, et les épisodes *soli,* plus expressifs. Le thème principal court à travers tout le prélude, et reparaît tantôt harmonisé, tantôt orné.

ALLEMANDE (à 4/4) : une allemande tranquille succède à ce prélude de style sévère. C'est la ligne mélodique de la voix inférieure qui semble avoir toute l'importance, puisqu'elle passe alternativement d'une voix à l'autre dans la première partie, pour revenir inversée au début de la deuxième partie. C'est ce thème, avec quelques modifications, qui servira de conclusion (mesures 19 à 24).

COURANTE (à 3/2) : Bach compose une nouvelle courante à la française, souple, élégante et légère. Une succession de cadences ponctue la seconde période, de trois mesures en trois mesures.

SARABANDE (à 3/4) : chef-d'œuvre d'expression profonde, la sarabande est accompagnée de son *Double*. La basse reste immuable dans les deux mouvements, mais l'ornementation du *Double* donne à la sarabande un caractère tourmenté. L'écriture harmonique de Bach y est très riche : on notera, à ce propos qu'il n'hésite pas à faire appel aux ressources de l'enharmonie, et l'effet de relation enharmonique que procure le passage du *ré* bémol au *do* dièse entre les mesures 17 et 18 est tout à fait frappant.

GAVOTTE I et **GAVOTTE II** ou **LA MUSETTE** (à 2/2) : à une gavotte vive et carrée (en *sol* mineur), succède une gavotte charmante en forme de musette (en *sol* majeur).

GIGUE (à 12/8) : Bach choisit ici la forme fuguée. Trois expositions du thème (descendant et conjoint dans sa première partie, ascendant et disjoint dans sa deuxième partie) entrent successivement au début de la seconde période ; et c'est par ses deux aspects (mouvement direct et mouvement inversé) que se conclut cette gigue tourbillonnante.

rante à la française, avec sa complexité rythmique et contrapuntique. L'introduction de chacune des parties repose sur le principe de l'imitation : imitation à l'octave dans la première partie, et imitation à la quinte dans la deuxième partie.

SARABANDE (à 3/4) : c'est une sarabande harmonique que Bach compose ici. Cette pièce, solennelle dans sa simplicité, est basée sur un motif mélodique unique qui réapparaît toutes les quatre mesures, sur de larges accords modulants.

MENUETS I, II (à 3) : deux menuets se succèdent, avec da capo au premier menuet. Celui-ci, en *fa* majeur, est enjoué et gracieux. Le second, en *ré* mineur, est plus sérieux.

GIGUE (à 12/8) : cette gigue animée et rapide est un véritable morceau de bravoure. Son thème ascendant, qui décompose l'accord parfait majeur, rebondit de mesure en mesure. C'est son inversion (descendante) qui ouvre la seconde partie. A partir de la mesure 35, ces deux présentations du thème se poursuivent dans l'exubérance jusqu'à la mesure finale.

Suite Anglaise n° 4, en *fa* majeur
(BWV 809)

PRÉLUDE (4/4 ou 2/2, « vitement ») : en tête de ce prélude, Bach donne en français l'indication du tempo à suivre : « vitement ». C'est un procédé qu'il utilise très peu dans sa musique de clavecin. Ce vaste mouvement, de caractère monumental et le plus souvent à deux voix (parfois à trois), nous rapproche de nouveau du style du concerto pour clavier et plus particulièrement du *Concerto Italien* et du *Cinquième Concerto brandebourgeois*. Le thème principal, simple mais énergique, entre immédiatement à intervalle d'une mesure et d'une octave entre les deux mains. Ses deux éléments (gamme montante et valeurs pointées) engendrent tout le mouvement. Un second thème, plus discret, s'intercale de temps à autre.

ALLEMANDE (à 4/4) : cette allemande expressive, et en même temps très chorégraphique, se caractérise par une grande variété rythmique. L'effet de balancement des triolets de doubles croches accentue son aspect de danse, et l'intensité générale de la pièce s'accroît avec les superpositions rythmiques de la deuxième partie.

COURANTE (à 3/2) : dans ses *Suites Anglaises*, Bach opte réellement pour la cou-

Suite Anglaise n° 5, en *mi* mineur
(BWV 810)

PRÉLUDE (à 6/8) : ce prélude monumental de cent cinquante-six mesures et de style fugué évoque l'orgue. Le thème principal, qui domine tout le mouvement, est un véritable thème de fugue. Des éléments de divertissements à deux et trois voix viennent s'intercaler entre ses diverses présentations. On remarquera les très beaux passages harmoniques sur pédales aux mesures 34-35 et 150-151.

ALLEMANDE (à 4/4) : solennelle et expressive, elle est écrite dans le tempo modéré qui convient. Cette pièce, d'une grande intensité dans sa seconde partie, est dominée par une écriture en imitation.

COURANTE (à 3/2) : si la complexité rythmique de cette courante française s'avère plus réduite que dans les autres courantes des *Suites Anglaises*, l'écriture harmonique y est très recherchée.

SARABANDE (à 3/4) : malgré la simplicité apparente de son thème, cette sarabande est pleine d'une émotion intense. C'est une sarabande harmonique (certains passages sont à quatre voix) dont les différentes parties progressent à la tierce, à la sixte, ou en mouvement contraire.

PASSEPIED I EN RONDEAU et **PASSEPIED II**

(à 3/8) : l'influence française est ici très présente. Bach traite son passepied vif et léger à la manière d'un Couperin, avec le retour régulier du rondeau, le passage du mode mineur au mode majeur dans le second passepied, et le retour da capo au premier passepied.

GIGUE (à 3/8) : la suite se conclut par cette gigue d'un caractère assez tourmenté. Suivant l'habitude de Bach, c'est l'inversion du thème qui ouvre la deuxième partie. Cette gigue à trois voix, continuellement modulante, repose sur une écriture chromatique resserrée dans la partie initiale.

Suite Anglaise n° 6, en *ré* mineur (BWV 811)

PRÉLUDE (à 9/8) : Bach tente ici une sorte de fusion entre le prélude libre à la française et le prélude plus organisé à l'allemande. La pièce débute en effet par une longue page d'improvisation de trente-six mesures, — page lyrique de fantaisie et de liberté très harmonique. Une mesure de cadence, au-dessus de laquelle Bach note « adagio », permet l'enchaînement entre cette première partie et une seconde partie « allegro ». Celle-ci s'ouvre sur un thème de fugue traité librement avec imitations et renversements. Un motif secondaire apparaît plus discrètement. Ce prélude, le plus long de toutes les *Suites Anglaises*, est un magnifique mouvement monumental, d'une ampleur unique (cent quatre-vingt-quinze mesures), qui se termine par le da capo intégral des quarante-neuf premières mesures de l'*allegro*.

ALLEMANDE (à 4/4) : très mouvementée par son rythme (surtout dans la seconde partie), cette pièce solennelle est d'une grande richesse mélodique.

COURANTE (à 3/2) : écrite à deux voix contrairement aux précédentes, cette courante française est plus souple et d'une complexité moindre. La main gauche y est extrêmement mouvante.

SARABANDE et **DOUBLE** (à 3/2) : cette sarabande est une puissante pièce harmonique notée en valeurs longues (blanches et rondes essentiellement), sur un rythme inhabituel à 3/2. C'est donc le canevas harmonique qui est principalement noté ici et qui demande à être orné, — ce que Bach fait dans le *Double* : les quatre parties y sont ornementées et variées. Notes de passage, broderies, appogiatures, retards, anticipations, pédales se succèdent, amplement développés dans le *Double*.

GAVOTTES I et **II** (à 2) : une gracieuse gavotte à deux voix, en *ré* majeur, succède à une gavotte alerte et carrée, en *ré* mineur. Un da capo ramène à la première gavotte.

GIGUE (à 12/16) : la gigue qui conclut la série des *Suites Anglaises* est une superbe pièce. Morceau de grande virtuosité, qui exige de l'interprète une réelle dextérité et beaucoup d'habileté (notamment dans les passages à trois voix) : il repose sur un thème dont les tourbillons de doubles croches emportent toute la pièce jusqu'aux mesures finales.

Suites Françaises (BWV 812-817)

C'est à la fin de son séjour à Cöthen (1717-1723) que Bach aurait terminé ses six *Suites Françaises* pour clavecin *(BWV 812-817)*. Les cinq premières suites ont été recopiées dans le *Clavierbüchlein* composé pour Anna Magdalena (1722). On sait qu'à Cöthen Bach fut surtout un musicien profane, et que c'est à cette époque qu'il devait atteindre le sommet de son art dans le domaine instrumental.

Quelle est l'origine de cette appellation de « françaises » ? Peut-on l'expliquer par l'intégration, au centre du schéma classique de la suite de danses — allemande, courante, sarabande, gigue —, d'un certain nombre de ces mouvements de danses françaises très en vogue à la cour de Versailles : menuets, gavottes, bourrées, loure ? D'un autre côté, on connaît l'influence exercée sur Bach par les musiciens français qu'il découvrit dans sa jeunesse à Lüneburg et à Celle. Ne fut-il pas inspiré pour ses *Suites Françaises* par les clavecinistes français qu'il prenait volontiers pour modèles ?

Ces *Suites Françaises* comportent entre six et huit mouvements. Chacun est une pièce binaire à reprise. Les trois premières suites (écrites dans le mode mineur) sont plus graves que les trois dernières (écrites dans le mode majeur). Leur exécution est relativement facile.

Suite Française n° 1, en *ré* mineur (BWV 812)

Cette suite, de caractère un peu archaïque, est techniquement la plus facile des six suites.

ALLEMANDE (à 4/4) : la page sérieuse de

la suite. Elle repose sur une écriture riche et raffinée à trois voix, assez proche de celle des clavecinistes français contemporains.

Courante (à 3/2) : cette pièce à trois voix est une courante de type français, avec son rythme à 3/2. La mélodie passe continuellement d'une voix à l'autre.

Sarabande (à 3/4) : basée sur une idée thématique qui circule de voix en voix, et qui paraît en soprano dans la première partie pour recevoir sa réponse à la basse dès le début de la seconde partie, cette sarabande à quatre voix s'épanouit dans le calme et dans une simplicité toute apparente.

Menuets I-II (à 3/4) : deux charmants menuets succèdent à cette sarabande quasi religieuse. Le thème du premier menuet revient inversé au relatif majeur (*fa* majeur) au début du second épisode. Le deuxième menuet, plus souple, repose sur un thème qui se répercute inlassablement dans les deux voix supérieures, toutes les quatre mesures.

Gigue (à 4/4) : cette gigue pleine de gravité est d'un caractère très particulier avec son rythme pointé à 4/4. Elle ne ressemble en rien au mouvement final alerte et gai qui termine habituellement toute suite de danses. Son thème reprend, au contraire, les éléments solennels d'une ouverture à la française : rythmes pointés et traits rapides de triples croches, notamment. Bach utilise ici un style fugué strict, avec quatre entrées du thème (mesures 1 à 4), puis trois nouvelles entrées entre les mesures 8 et 10. La seconde partie s'ouvre à la treizième mesure par la réapparition du thème en quatre entrées successives, mais en inversion par rapport à son exposition initiale. A partir de la mesure 22, une petite strette en mouvement direct et en mouvement contraire rappelle le thème, et mène à la cadence sur la tierce majeure. Ce type de gigue s'apparente à un genre de gigue utilisée par les luthistes français.

.Suite Française n° 2, en *ut* mineur
(BWV 813)

Allemande (à 4/4) : cette allemande sérieuse est, au demeurant, pleine de séduction. Sur une écriture à trois voix d'une grande richesse, son extraordinaire variété rythmique accuse son caractère de danse.

Courante (à 3/4) : souple et fluide, elle contraste immédiatement avec l'allemande. C'est une courante rapide à l'italienne, essentiellement écrite à deux voix (une troisième voix de remplissage harmonique s'incruste discrètement entre les mesures 30 et 37).

Sarabande (à 3/4) : cette sarabande, très différente de la précédente (v. *Suite n° 1*), ressemble avant tout à un air orné pour un dessus, soutenu par deux voix de basse.

Air (à 4/4) : malgré son titre, cette pièce conserve par son assise rythmique une certaine allure chorégraphique. Œuvre instrumentale, elle pourrait tout aussi bien être chantée en duo. On notera que la deuxième partie est trois fois plus longue que la première partie, qui ne compte que quatre mesures.

Menuet (à 3/4) : quelques éditions anciennes font suivre ce menuet d'un deuxième menuet, ou *trio*. C'est une courte pièce à deux voix d'une grande simplicité, extrêmement gracieuse.

Gigue (à 3/8) : cette gigue est d'essence française. Elle est écrite sur le rythme rapide et sautillant à 3/8 de la canarie française, avec son appui sur la première note de chaque mesure.

Suite Française n° 3, en *si* mineur
(BWV 814)

Allemande (à 4/4) : Bach accentue ici le caractère de morceau introductif de cette pièce, qui perd un peu son allure chorégraphique. C'est une sorte de grand prélude à deux voix, très sobre, qui repose sur les principes de l'imitation et de la marche harmonique.

Courante (à 6/4) : voici une courante à trois voix très française, avec son rythme à 6/4. Ses différentes idées mélodiques passent alternativement d'une voix à l'autre.

Sarabande (à 3/4) : comme la sarabande précédente (v. *Suite n° 2*), cette sarabande expressive, mais plus tourmentée, peut être comparée à un air de soliste. Une voix se détache, allant du soprano à la basse, soutenue par deux voix d'accompagnement.

Anglaise (à 2) : cette pièce, d'origine anglaise ou écossaise, était l'un des mouvements (moins utilisés que d'autres) de la suite de danses. Bach conserve tout son caractère chorégraphique à ce morceau alerte et rapide à deux temps.

Menuets I-II (à 3/4) : le premier menuet est une pièce très simple, mais charmante, à deux voix. Le second menuet, ou *trio*, à trois voix, est plus expressif, voire plus majestueux.

GIGUE (à 3/8) : après une gigue de style fugué et une gigue à la française, Bach compose dans sa troisième suite une gigue à l'italienne, qui prend l'allure d'un passepied. On rappellera que, pour les uns, la gigue est d'origine anglaise ; pour les autres, elle serait d'origine italienne ou française...

Suite Française n° 4, en *mi* bémol majeur (BWV 815)

ALLEMANDE (à 4/4) : l'allemande de la quatrième *Suite Française* est un véritable prélude à trois voix, qui témoigne d'un travail contrapuntique extrêmement soigné. Elle prend vraiment sa place privilégiée de morceau introductif de la suite de danses, et garde tout son caractère de gravité.

COURANTE (à 3/4) : cette courante alerte a la vivacité de la corrente italienne. Écrite à deux voix (sauf dans la mesure initiale), elle met en opposition permanente deux éléments rythmiques : les triolets de croches de la main droite, et les valeurs pointées de la main gauche.

SARABANDE (à 3/4) : pièce lyrique et tendre, elle peut être décomposée en trois parties de huit mesures chacune. Chaque partie est basée sur une courte idée mélodique expressive, qui réapparaît régulièrement à l'aigu et à la basse.

GAVOTTE (à 2) : vieille danse française très en vogue à la cour de Versailles, la gavotte débute invariablement par deux temps levés. Bach sait donner à celle-ci un caractère simple et enjoué, — tout en lui conservant son allure dansante.

MENUET (à 3/4) : cette courte danse gracieuse de seize mesures peut se jouer, suivant l'ordre choisi par les différentes éditions, entre l'*Air* qui suit et la *Gigue*. Il est souvent absent de la plupart des éditions.

AIR (4/4 ou 2/2) : voici encore une pièce instrumentale qui prend un mouvement de danse. Elle est basée sur une idée principale faite d'une gamme descendante, et sur son inversion dans la seconde partie.

GIGUE (à 6/8) : le thème de cette gigue, sautillant et alerte, entre en imitation dans les cinq premières mesures et se poursuit en guirlandes de triolets de croches. Il réapparaît inversé au début de la deuxième période, pour reprendre son mouvement initial trois mesures avant la fin.

Suite Française n° 5, en *sol* majeur (BWV 816)

ALLEMANDE (à 4/4) : ample mouvement d'introduction, d'une grande intensité. L'écriture polyphonique et le travail contrapuntique témoignent de l'admirable maîtrise de Bach dans ces domaines.

COURANTE (à 3/4) : voici une courante fluide, rapide et gaie, dans le style italien. Ses deux voix (et parfois trois voix entre les mesures 21 et 24) courent sur toute l'étendue du clavier, en un tempo qui ne se relâche jamais.

SARABANDE (à 3/4) : pièce très expressive, la longue sarabande laisse magnifiquement transparaître l'influence française. On est proche, ici, de l'art d'un Louis ou d'un François Couperin, ou d'un Rameau.

GAVOTTE (à 4/4 ou 2/2) : en dépit de sa richesse d'écriture, la gavotte garde son aspect de danse simple, alerte, mais pleine de grâce.

BOURRÉE (à 4/4 ou 2/2) : Bach intercale de nouveau une vieille danse typiquement française. Danse gaie et rapide, cette bourrée est un morceau d'une grande souplesse. La main gauche y est très mouvante.

LOURE (à 6/4) : Bach termine sa série de mouvements de danses françaises par une loure : pièce modérée, à trois ou quatre voix, sur un rythme pesant et irrégulier, laissant parfois un sentiment de déséquilibre. Ainsi apparaît généralement la loure traditionnelle.

GIGUE (à 12/16) : la suite se termine par une gigue rapide et volubile, qui prend une forme fuguée : trois entrées du thème se succèdent de l'aigu au grave dans les six premières mesures. Ce thème, fait de triolets de doubles croches, s'oppose au caractère rythmique (croche-double croche) du motif qui lui sert de contre-sujet. C'est l'inversion du thème principal qui est le point de départ et la base de la seconde partie. Sa dernière apparition renversée servira de conclusion à cette pièce, — qui reste une des plus belles pages de la série des *Suites Françaises*.

Suite Française n° 6, en *mi* majeur (BWV 817)

La plus célèbre, et en même temps la plus brillante de la série.

ALLEMANDE (à 4/4) : cette ample pièce est un morceau extrêmement raffiné. Tout le mouvement repose sur un élément thématique développé, qui passe de la voix supérieure à la basse, et qui est pour Bach l'occasion de déployer avec la plus grande maîtrise sa science de l'imitation et son art du contrepoint.

COURANTE (à 3/4) : la courante italienne,

souple et élégante, « court » véritablement d'une main à l'autre et du grave à l'aigu du clavier, dans un mouvement qui ne ralentit jamais.

SARABANDE (à 3/4) : voici de nouveau une superbe pièce qui se ressent de l'influence française. Elle s'apparente à certaines sarabandes du *Premier Livre de Pièces de clavecin* de François Couperin. L'appui caractéristique sur le deuxième temps est accentué par les puissants accords que Bach place sur les seconds temps de ses mesures.

GAVOTTE (à 4/4 ou 2/2) : Bach compose ici une danse gaie et gracieuse, assouplie çà et là par une main gauche légère.

POLONAISE (à 3/4) : cette danse (originaire de la cour de Pologne) allie charme, simplicité et élégance. Elle évoque irrésistiblement un menuet.

BOURRÉE (à 2) : une bourrée gaie et enjouée succède à la charmante polonaise. Son thème bien marqué passe allègrement d'une voix à l'autre, sur un contrepoint de croches d'une grande souplesse.

MENUET (à 3/4) : entre deux danses vives, Bach intercale un court menuet tendre et gracieux, sans doute ajouté après coup.

GIGUE (à 6/8) : une gigue volubile et brillante à deux voix termine cette suite. Deux éléments y dominent : un thème sautillant qui entre en imitation dès les premières mesures, pour réapparaître en inversion au début de la deuxième partie ; et un motif secondaire fait d'un dessin rapide de doubles croches, qui ajoutent à la vivacité générale du mouvement. Jusqu'à la cadence finale, la gigue gardera le brio d'une pièce éclatante et fort difficile à exécuter.

Partitas pour clavecin (BWV 825-830)

La série des six suites, ou *Partitas,* pour clavecin *(BWV 825-830)* forme la première partie de la *Clavier-Übung*. Cette série fut publiée à Leipzig par Bach lui-même, entre 1726 et 1731, à raison d'une suite chaque année. La collection parut ensuite intégralement en 1731, comme opus 1. Le volume reçut alors le nom de *Clavier-Übung* (le titre exact de l'édition originale est *Clavier-Übung beftehend in Praeludien, Allemandien, Couranten, Sarabanden, Giguen, Menuetten und andern Galanterien),* et Bach intitula chaque suite : *Partita.* Aux XVIIe et XVIIIe siècles, le terme « partita » avait différentes significations. Suivant les cas, il pouvait — entre autres — désigner une suite instrumentale de danses ou une série de variations. C'est dans ce sens que Bach composa plusieurs *Partitas pour orgue,* magnifiques variations sur des thèmes de chorals.

Les *Partitas pour clavecin* sont conçues selon la forme des *Suites Anglaises* (v. plus haut) — même si Bach évolue considérablement. La structure de leurs mouvements est plus riche et plus complexe. Chaque partita débute par un vaste morceau d'introduction qui porte un titre différent suivant les suites : *Praeludium, Sinfonia, Fantasia, Ouverture, Praeambulum, Toccata.* La succession des quatre danses traditionnelles de la suite — allemande, courante, sarabande, gigue — est respectée, mais Bach y mêle divers mouvements qu'il nomme « galanteries » : menuets, passepied, scherzo, burlesca, rondeau, aria. Certaines de ces « galanteries » ne sont pas des danses (le *Rondeau* de la *Partita n° 2,* ou les *Airs* des *Partitas n° 4* et *6,* par exemple), et le *Tempo di gavotta* de la *Partita n° 6* n'a pas vraiment le caractère d'une gavotte. On remarquera aussi que, contrairement à l'usage, la *Partita n° 2,* en *ut* mineur, ne se termine pas par une gigue (absente de cette suite), mais par un *Capriccio.* Enfin, Bach n'hésite pas à bousculer l'ordre habituel de la suite, en intercalant ses « galanteries » entre la courante et la sarabande ou entre la sarabande et la gigue.

Dans ses *Partitas pour clavecin,* Bach innove donc considérablement en s'écartant du cadre strict de la suite de danses qui était celui des *Suites Anglaises,* et il atteint le sommet de son art dans la manière de traiter la suite pour clavier. Sauf la *Partita n° 2* qui ne compte que six mouvements, les autres partitas comprennent sept mouvements, — qui sont pour la plupart des pièces binaires à reprise (sauf le *Rondeau* de la *Partita n° 2*).

Partita n° 1, en *si* bémol majeur
(BWV 825)

Cette partita, composée de sept mouvements, est la première publiée par Bach en 1726. Comme la *Suite Anglaise n° 1,* elle se distingue des autres par une simplicité relative, mais surtout par la concision de son *Praeludium.*

1. PRAELUDIUM (à 4/4) : ce prélude, extrêmement célèbre, est une courte pièce de vingt et une mesures, qui ressemble à une invention à trois voix construite sur un motif au rythme organisé. Celui-ci s'affirme d'une voix à l'autre, et l'influence de la basse continue semble ici évidente. Ce doux prélude se conclut par un retour du thème à la basse, puis à la voix supérieure dans les cinq dernières mesures.

2. ALLEMANDE (à 4/4) : très fluide, c'est une sorte de mouvement perpétuel où se superposent plusieurs idées : décomposition d'accords arpégés, gammes, thèmes nouveaux, passages polyphoniques à quatre parties, mouvement contraire des deux mains.

3. COURANTE (à 3/4) : Bach compose une rapide courante à l'italienne, écrite comme un duo. Un élément thématique domine la pièce, malgré l'apparition discrète d'un petit motif de divertissement au centre des deux parties. Bach joue ici sur l'opposition rythmique des triolets de croches et des valeurs pointées.

4. SARABANDE (à 3/4) : cette sarabande aux contours variés ressemble à un air orné proche des beaux chants français chantés à Versailles à la même époque. L'élément mélodique en fait une immense arabesque expressive.

5 et 6. MENUETS I-II (à 3/4) : deux menuets, de caractères différents, se succèdent. Le premier, très fluide et gracieux, est de style français : il fait songer aux menuets des *Suites pour clavecin* de Rameau. Le second menuet, plus court et écrit à trois et quatre voix, se fait plus calme et plus austère.

7. GIGUE (à 4/4) : écrite sur un rythme à quatre temps, cette pièce de grande virtuosité impose d'incessants croisements de mains. La main droite est en perpétuel mouvement d'une octave à l'autre, sur une main gauche très régulière. Cette gigue est très proche de certaines sonates de Domenico Scarlatti.

Partita n° 2, en *ut* mineur (BWV 826)

La seconde partita fut publiée par Bach à Leipzig en 1727. A la différence des autres partitas, elle ne compte que six mouvements et se termine par un *Capriccio* qui remplace la gigue traditionnelle. Cette suite est plus vaste et plus polyphonique que la *Partita n° 1*.

1. SINFONIA (à 4/4) : la sinfonia d'ouverture est construite en trois parties : un *Grave adagio* à quatre temps, un *Andante*, et un *Allegro* à trois temps. Le *Grave* initial est conçu dans le style de l'ouverture à la française, avec ses valeurs pointées, ses larges et puissants accords, et ses silences. Il prend fin sur une cadence à la dominante *(sol)* qui permet l'enchaînement avec l'*Andante*. On abandonne ici le style français pour la manière italienne, car cet *Andante* est en réalité un ample arioso reposant sur une basse continue régulière à l'italienne. Un *Allegro* fugué, entièrement à deux voix, lui succède. Dans cette sinfonia, Bach opère la synthèse de plusieurs éléments : il juxtapose, en effet, le genre de l'ouverture à la française et celui de la sinfonia à l'italienne.

2. ALLEMANDE (à 2/2) : elle s'écoule ici calmement sur une idée principale qui entre en canon entre les deux voix dès la première mesure, et engendre tout le mouvement. Quelques épisodes plus mouvementés, à trois voix, s'intercalent au début de la première partie, — sans changer le caractère modéré et grave de la pièce.

3. COURANTE (à 3/2) : pour cette suite, Bach choisit la courante à la française. L'écriture en est très complexe. Un motif thématique, qui revient parfois inversé, domine le morceau.

4. SARABANDE (à 3/4) : cette longue sarabande, calme et expressive, ressemble à un air. Air en duo dans la première partie et au début de la seconde, il est soutenu par une basse continue à l'italienne à partir de la mesure 13.

5. RONDEAU (à 3/8) : ce vaste rondeau de cent douze mesures, construit à trois temps et à deux voix, rappelle la forme et le style des rondeaux des clavecinistes français (on sait à quel point François Couperin pratiqua le rondeau), — avec apparition régulière d'un refrain, simple mais rapide, autour duquel progressent trois couplets. Le rappel ornementé du rondeau dans les quinze dernières mesures conclut ce mouvement.

6. CAPRICCIO (à 2/4) : à la place de la gigue traditionnelle, Bach termine sa suite par ce brillant capriccio, qui exige de l'interprète une grande dextérité. C'est un superbe morceau à trois voix, où Bach témoigne d'une richesse d'écriture extraordinaire. L'intensité s'affirme, d'un bout à l'autre de la pièce, d'une manière exceptionnelle.

Partita n° 3, en *la* mineur (BWV 827)

Cette partita, publiée en 1728, s'ouvre par une *Fantasia* et comprend sept mouvements à l'intérieur desquels Bach intercale deux « galanteries » : une *Burlesca* et un *Scherzo*. Elle figurait sous une forme primitive dans le *Clavierbüchlein II*, composé pour Anna Magdalena en 1725.

1. **FANTASIA** (à 3/8) : il s'agit d'une grande invention à deux voix, de cent vingt mesures. Un thème unique entre en imitation entre les deux voix au cours des premières mesures. Bach inverse la construction de son morceau à partir de la mesure 31, et fait apparaître quelques éléments de divertissement autour de la mesure 61. Le mouvement s'apaise sur un retour régulier des divers éléments du thème.

2. **ALLEMANDE** (à 4/4) : d'une grande complexité rythmique, cette allemande de type français, revêt un caractère tourmenté. L'écriture contrapuntique est ici extrêmement recherchée.

3. **COURANTE** (à 3/4) : pièce souple à deux voix, de style italien. La deuxième partie y est beaucoup plus développée que la première. Les mains courent littéralement sur le clavier, et opposent en permanence des tourbillons de doubles croches et un rythme pointé qui se superposent.

4. **SARABANDE** (à 3/4) : plus intime que solennelle, cette sarabande à trois voix repose entièrement sur les réponses en imitation d'un thème charmant.

5. **BURLESCA** (à 3/4) : Bach ne laisse aucune explication sur le titre choisi pour cette pièce. Celle-ci a l'apparence d'un vaste menuet où différentes idées se succèdent en épisodes réguliers de quatre mesures.

6. **SCHERZO** (à 2/4) : ce mouvement, construit sur un rythme de gavotte, s'articule, comme la *Burlesca*, autour d'épisodes réguliers.

7. **GIGUE** (à 12/8) : il y a une certaine solennité dans cette gigue, traitée à la manière d'une fugue à trois voix. Les trois expositions d'un long sujet couvrent les dix premières mesures de la partie initiale, et c'est l'inversion de ce sujet qui introduit la seconde partie.

Partita n° 4, en *ré* majeur (BWV 828)

La *Quatrième partita* fut publiée par Bach en 1729. Ici encore, la tonalité de *ré* majeur est pour Bach synonyme d'allégresse et d'éclat.

1. **OUVERTURE** (à 2/2) : cette partita débute par une ouverture à la française, construite en deux épisodes : un premier mouvement grave, où apparaissent tous les éléments de l'ouverture à la française, et un second mouvement rapide, de style fugué, écrit sur un rythme à 9/8. On notera qu'il n'y a pas de retour au grave initial. Les éléments d'un thème exposés en trois entrées successives engendrent tout le mouvement et réapparaissent régulièrement, en imitation le plus souvent. Ils sont interrompus par quelques idées secondaires et par des passages syncopés qui s'intercalent çà et là (mesures 41-43 et 89-92, par exemple).

2. **ALLEMANDE** (à 4/4) : on soulignera la richesse d'écriture de cette allemande. L'agitation rythmique s'intensifie au fur et à mesure du mouvement, qui commence dans le calme et atteint son apogée dans la seconde partie : triolets de doubles croches, court dessin de triples croches, succession de triolets et de traits rapides de triples croches à la main droite, accusent cette animation. Les deux voix de la main gauche servent de basse à cette main droite tourmentée.

3. **COURANTE** (à 3/2) : pleine de lumière est cette courante française à trois voix avec son thème dynamique, qui apparaît inversé au début de la deuxième partie (mesure 17). Mouvement direct et mouvement inversé du thème s'imposent d'ailleurs entre les mesures 25 et 28 de cette seconde partie.

4. **ARIA** (à 3/4) : tout est d'allure joyeuse dans ce morceau qui débute sur un thème syncopé, repris et harmonisé entre les mesures 4 et 8 sur pédale de dominante.

5. **SARABANDE** (à 3/4) : il règne une grande intensité rythmique dans cette sarabande mouvementée qui semble pensée pour la voix. Il y a contraste entre l'animation de la ligne mélodique et la régularité de la basse. Une troisième partie s'intègre aux deux voix d'origine dans les séquences de cadence.

6. **MENUET** (à 3/4) : Bach compose son menuet autour de l'opposition rythmique des triolets de croches de la main droite et des valeurs pointées de la main gauche, sur de larges accords de trois et quatre sons.

7. **GIGUE** (à 9/16) : cette superbe pièce repose sur un tempo inhabituel à 9/16. La première partie affirme un thème énergique, qui entre en style fugué. La deuxième partie débute avec l'apparition d'un nouveau motif, plus fluide. Chaque partie, coulée dans le même moule, a cependant son thème propre. Le premier thème revient très vite dans la seconde partie (dès la mesure 55), et la pièce est conclue par la superposition des deux motifs.

Partita n° 5, en *sol* majeur (BWV 829)

Dans cette partita, publiée en 1730, Bach intercale deux « galanteries » entre la sarabande et la gigue.
1. PRAEAMBULUM (à 3/4) : ce mouvement d'ouverture débute comme une toccata, avec ses traits rapides : gammes montantes et descendantes, chevauchements de mains, cascades d'accords arpégés, etc. Ces épisodes de virtuosité sont coupés de passages plus organisés qui rappellent certains préludes des *Suites Anglaises*. Les deux voix sont agrémentées çà et là de larges accords.
2. ALLEMANDE (à 4/4) : cette allemande riche et animée est envahie par des guirlandes et des tourbillons de triples croches sur un rythme pointé.
3. CORRENTE (à 3/8) : pour cette courante rapide à l'italienne, Bach utilise le terme italien de « corrente ». Des accords décomposés courent sur une basse régulière de croches dans la première partie. La seconde partie reprend l'organisation inverse : croches régulières à la main droite, et décomposition de doubles croches à la main gauche. Le caractère capricieux habituel de la courante est abandonné.
4. SARABANDE (à 3/4) : Karl Geiringer voit dans cette sarabande fertile en modulations l'ébauche condensée d'une forme sonate avec exposition et court développement de deux thèmes. Quelques doubles croches viennent assouplir l'insistance des valeurs pointées de style français.
5. TEMPO DI MINUETTA (à 3/4) : ce menuet, d'une grande sobriété, par son écriture luthée rappelle certains menuets de Rameau.
6. PASSEPIED (à 3/8) : cette danse alerte et rapide repose sur une seule idée thématique.
7. GIGUE (à 6/8) : l'œuvre se termine par une ample gigue de style fugué. Le thème, de caractère mouvementé et affirmé, est exposé trois fois dans la première partie. Dans la seconde partie, un élément nouveau, traité en imitation, domine jusqu'au retour du thème initial (mesure 46). Ces deux éléments se superposeront pour conclure.

Partita n° 6, en *mi* mineur (BWV 830)

Cette dernière partita qui figurait dans une version primitive dans le *Clavierbüchlein* d'Anna Magdalena de 1725, fut publiée par Bach en 1731.
1. TOCCATA (à 2/2) : le morceau d'introduction de la dernière partita est une véritable toccata en trois parties. Un esprit d'improvisation, dans une liberté contrôlée, règne dans la première partie (mesures 1 à 26), avec ses accords arpégés, ses septuolets et ses puissants accords. La partie centrale est un épisode fugué à trois voix dont le sujet rappelle un peu les éléments des mesures initiales. Il y a là un grand équilibre dans l'écriture polyphonique raffinée de Bach. Les vingt dernières mesures ramènent au mouvement de toccata du début.
2. ALLEMANDE (à 4/4) : on est loin ici de l'allemande traditionnelle, calme et modérée. Celle-ci, grave et dramatique, de style français, avec ses valeurs pointées, ses traits rapides aux deux mains et ses larges accords, a un caractère passionné.
3. COURANTE (à 3/8) : cette pièce, d'esprit français, repose sur un thème orné et sinueux, dont l'écriture syncopée entre les deux mains est assouplie par un dessin de triples croches qui s'anime de plus en plus dans la seconde partie. Ce mouvement plein d'intensité se termine par une longue gamme de trois octaves que ponctuent les deux accords de la cadence parfaite.
4. AIR (à 2/2) : dans sa simplicité apparente, ce morceau joyeux ressemble à une gavotte. Sa basse continue conjointe témoigne des recherches de Bach dans l'art du contrepoint.
5. SARABANDE (à 3/4) : cette sarabande passionnée, très ornementée et de caractère improvisé, est pleine d'émotion. L'écriture de Bach y est d'une richesse extraordinaire. Le thème initial est développé et amplifié au début de la deuxième partie qui s'impose avec la liberté d'un récitatif de toccata.
6. TEMPO DI GAVOTTA (à 2/2) : est-ce réellement une gavotte, ou un morceau composé sur le rythme de la gavotte ? Le contraste entre les triolets de croches et le rythme pointé y est obsédant.
7. GIGUE (à 2/2) : ne serait-ce pas un tempo à 2/1 que Bach a voulu ici ? Cette gigue est une œuvre superbe, difficile et complexe à la fois. Le travail polyphonique est de toute beauté, et prouve l'exceptionnel esprit créateur de Bach. La pièce est écrite dans un style fugué à trois voix. Son thème décidé et coupé par des silences revient inversé dans la seconde partie, et fait entendre des septièmes diminuées d'une grande hardiesse.

Ouverture dans le style français, en *si* mineur (BWV 831)

Lorsqu'en 1735 fut publié à Nuremberg le recueil formant la seconde partie de la *Clavier-Übung*, Bach avait entamé depuis une douzaine d'années l'ultime mais essentiel chapitre de sa vie et de son œuvre : il était « director musices » des églises de Leipzig, et cantor à l'église Saint-Thomas. Il y restera jusqu'à sa mort en 1750.

Cette seconde partie de l'œuvre contient le *Concerto Italien* (BWV 971) (v. plus loin) et l'*Ouverture dans le style français* (« Ouverture nach Französischer Art ») en *si* mineur (BWV 831), — appelé généralement *Ouverture à la française*, et parfois *Partita*. Ces deux œuvres sont écrites pour un clavecin à deux claviers, ainsi que Bach tint à le préciser sur la page de titre de ses partitions, et leurs différents mouvements sont accompagnés d'indications de nuances : forte (pour les *tutti*) et piano (pour les *soli* de la ligne mélodique). Les effets d'écho du dernier mouvement de l'*Ouverture dans le style français* — appelé d'ailleurs *Echo* — sont rendus avec bonheur par l'opposition dynamique des deux sonorités forte et piano voulues par Bach.

Dans cette œuvre, Bach opère la synthèse entre la suite pour clavecin et l'ouverture pour orchestre. Il fait en effet précéder les divers mouvements de la suite de danses traditionnelle pour une ouverture à la française, avec ses trois parties (un allegro fugué entouré de deux graves). On notera que la quatrième des six *Partitas* pour clavecin, publiées entre 1726 et 1731 et qui forment la première partie de la *Clavier-Übung*, débute aussi par une vaste ouverture à la française.

Tout est d'esprit français dans les onze mouvements de cette *Ouverture*. Bach doit beaucoup aux musiciens français contemporains qu'il avait découverts dans sa jeunesse à Lünebourg et à Celle (1700-1702), deux foyers de la culture française. La musique française était très prisée à cette époque dans la plupart des cours allemandes, et, à Lünebourg comme à Celle, le musicien officiel de la cour, Thomas de la Selle, élève de Lully, avait apporté et fait connaître l'art versaillais. A son contact, Bach se familiarisa avec la musique française pour orgue ou clavecin, il apprit à reconnaître la beauté et la richesse des agréments, et reprit à son compte les ressources contrapuntiques que lui livrait le style fugué des organistes français. Il se plut en même temps à étudier et à recopier toutes les partitions qui lui tombaient sous la main, et connut parfaitement les œuvres d'un Nicolas de Grigny ou d'un Charles Dieupart, mais avant tout celle de François Couperin auquel il voua toujours une grande admiration. On sait aussi que Bach composa à Weimar une *Passacaille en ut mineur* pour orgue sur un thème de l'organiste français André Raison (mort en 1719), et l'on connaît les péripéties qui entourèrent le duel musical qui aurait dû l'opposer à Dresde, en 1717, au célèbre Louis Marchand, — lequel se déroba au dernier moment.

L'*Ouverture dans le style français* comprend donc onze mouvements. Neuf sont écrits dans le ton de *si* mineur, la *Gavotte II* est en *ré* majeur, le *Passepied II* en *si* majeur.

1. OUVERTURE (à 2/2, 6/8 et 2/2) : construite sur le plan classique de l'ouverture à la française, dans le style de Lully, qui connut à l'époque une vogue extraordinaire en Allemagne : deux mouvements graves encadrent un mouvement vif fugué. Les deux mouvements lents reposent, comme le voulait l'usage, sur des valeurs pointées, sur de riches accords à quatre sons, sur des traits rapides de doubles et de triples croches, et sur des silences accentuant l'élan rythmique des valeurs pointées, — autant d'éléments typiquement français. Le mouvement rapide central est un vaste épisode fugué de cent vingt-trois mesures dont le thème décompose des accords arpégés, qui se poursuivent en courbes de doubles croches, avec ce balancement caractéristique du rythme à 6/8. Les deux mains entrent en imitation à intervalle d'une mesure, la main gauche à la quinte inférieure. Les nuances forte et piano, clairement notées par Bach, soulignent les traits de tutti et les passages soli.

2. COURANTE (à 3/2) : il n'y a pas d'allemande dans cette suite de danses, et à l'exception de la Sarabande, Bach ne compose dans cette *Ouverture* que des danses françaises. Il passe de l'ouverture à la courante, de style français et composé sur un rythme à 3/2. Celle-ci se caractérise par son écriture raffinée, par son instabilité rythmique, et par sa ligne mélodique aussi riche à la main gauche qu'à la main droite.

3 et 4. GAVOTTES I et II (à 2/2) : danses essentiellement françaises, ces deux gavottes sont des pièces enjouées. Pièces binaires à reprise, elles imposent un da capo à la première gavotte. Celle-ci (en *si* mineur) est plus pittoresque que la seconde (en *ré* majeur), pour laquelle Bach a choisi la nuance piano. Cette seconde gavotte débute dans le grave du clavier, remonte vers l'aigu, pour retomber dans le grave dans les trois dernières mesures.

5 et 6. PASSEPIEDS I et II (à 3/8) : deux passepieds suivent les deux gavottes. Le premier passepied est un tendre morceau écrit en *si* mineur ; le deuxième, plus léger, est en *si* majeur. Pièces binaires à reprise, ils appellent aussi un da capo au premier passepied.

7. SARABANDE (à 3/4) : voici un morceau tourmenté basé sur une riche écriture à quatre voix. Son apparente instabilité rythmique respecte cependant l'appui sur le second temps de chaque mesure, — élément caractéristique de la sarabande.

8 et 9. BOURRÉES I et II (à 2/2) : vieille danse française en vogue à la cour, la bourrée devint un des morceaux traditionnels de la suite de danses. Ces deux bourrées sont de caractères assez opposés. L'une, calme et modérée, s'appuie sur une écriture claire à deux voix. L'autre, plus souple et plus agitée, fait entendre une succession d'accords arpégés qui se répondent d'une voix à l'autre. Cette seconde bourrée doit se jouer dans la nuance piano indiquée par Bach.

10. GIGUE (à 6/8) : généralement placée à la fin de toute suite de danses, la gigue se caractérise par son rythme pointé. Celle-ci est écrite sur un rythme de canarie, — avec son accent sur la première note de la mesure. La deuxième partie est plus animée, avec ses gammes-fusées ascendantes de triples croches. On notera une évidente parenté entre cette pièce et la septième variation des *Variations Goldberg* (v. plus haut).

11. ECHO (à 2/4) : Bach termine sa suite par un morceau savoureux et espiègle. Dans cet *Echo,* aux deux parties développées, se succèdent avec esprit et humour des effets d'écho, — sous lesquels Bach souligne, bien sûr, les indications de contraste des nuances piano et forte.

Fantaisie chromatique
et Fugue en *ré* mineur (BWV 903)

Publiée pour la première fois en 1802, l'œuvre aurait été composée lors du séjour de Bach à la cour de Cöthen (entre 1717 et 1723), et définitivement achevée à Leipzig vers 1730. Certains ont cru déceler dans ce diptyque l'art et la manière d'un Carl Philipp Emanuel Bach, ou d'un Wilhelm Friedemann Bach, et la discussion est longtemps restée ouverte sur ce sujet. Il semble qu'aujourd'hui la paternité de Jean-Sébastien Bach ne soit plus mise en question. En dehors de tout débat, on admettra que cette pièce demeure une œuvre d'une grandeur et d'une intensité que peu de contemporains réussirent à surpasser. Elle influença profondément le siècle romantique.

FANTAISIE (*ré* mineur, à 4/4)

La *Fantaisie,* extrêmement mouvementée et tourmentée, s'oppose à ce modèle de construction formelle qu'est la *Fugue*. Elle est clairement divisée en trois parties : la première (qui s'achève sur l'enchaînement des mesures 48 et 49) est conçue comme une longue toccata où règne un extraordinaire esprit d'improvisation. Bach y déploie tous les traits de virtuosité qui durent, sous ses doigts, faire briller la sonorité de son instrument, — traits que l'on retrouve dans la cadence pour clavecin du premier mouvement du *Cinquième Concerto brandebourgeois* (composé aussi durant la période de Cöthen) : grands tournoiements de gammes-fusées montantes et descendantes sur l'étendue du clavier, cascades de traits arpégés nécessitant des croisements de mains, décomposition d'accords de sept et huit sons d'une richesse rare en rapides triolets de doubles croches, etc. La succession de plus en plus accélérée de ces accords mène à la seconde période qui s'ouvre dès la mesure 49, et se prolonge en un ample récitatif *arioso* d'une quinzaine de mesures, dont la ligne mélodique est ponctuée de larges accords, certains surchargés d'altérations. Le clavecin se fait ici à la fois déplorant et dissonant. La force expressive est tout-à-fait exceptionnelle. La *Fantaisie* s'achève sur une dernière partie de toute beauté : Bach y mêle le style improvisé du début et les éléments de récitatif de l'épisode central, qui semblent autant de points d'interrogation et d'exclamation. Accidents et modulations se multiplient, — tandis que l'oppression redouble et atteint son paroxysme au moment de retomber dans le calme de la cadence finale.

Dans cette *Fantaisie,* le langage harmonique de Bach s'avère d'une densité remarquable. Les épisodes chromatiques et enharmoniques sur lesquels est basé l'ensemble de cette œuvre témoignent à quel point Bach s'est intéressé au problème de l'intégration du chromatisme dans le système tonal. Par ailleurs, cette pièce est essentiellement de style nordique : Bach y apparaît très proche de la manière d'un Buxtehude qu'il admira tant. Tout l'art de Buxtehude s'y déploie en effet : la passion, l'élan, la force, la fantaisie, la grandeur, mais aussi les déferlements de la virtuosité et la recherche de timbres variés. Bach reprend à son compte avec une maîtrise hors du commun ce que Buxtehude lui a appris, et nous laisse une œuvre dramatique d'une puissance et d'une intensité magnifiques.

FUGUE (*ré* mineur, à trois voix, à 3/4)
Le calme de la fugue s'oppose immédiatement à la passion de la *Fantaisie*. Cette fugue débute dans un style contrapuntique sévère, qui se relâchera au fur et à mesure de la progression du mouvement. Son long sujet est avant tout chromatique et ascendant. La rigueur de son exposition (qui se fait de l'aigu au grave) se détend avec l'arrivée d'un contre-sujet plus souple. Les éléments de ce contre-sujet formeront plus loin la base de la plupart des divertissements, — régulièrement interrompus par un retour tronqué du sujet ou par de brefs traits de toccata (mesures 47-52, 97-100). Les épisodes variés sont repris dans des tonalités différentes (*la* majeur entre les mesures 53 et 59, *sol* mineur entre les mesures 101 et 106) ; mais Bach n'hésite pas à enrichir son écriture harmonique de tonalités très éloignées du ton initial de *ré* mineur. Vingt-deux mesures avant la fin de la fugue, il introduit des basses lourdes et redoublées à l'octave, et des accords de quatre sons pour accuser son sujet (ce qu'il ne fait pratiquement jamais au clavecin). Dans les dernières mesures ces basses « sonnent » comme des basses d'orgue, puis une brève gamme-fusée précède la cadence qui conclut sur la tierce majeure.

A côté de la *Fantaisie,* dramatique et passionnée, la *Fugue* apparaît bien comme un modèle d'ordre formel et de discipline contrapuntique.

Fantaisie pour clavecin, en *ut* mineur (BWV 906)

La *Fantaisie en ut mineur* pour clavecin, sans doute composée à Leipzig vers 1738, est une œuvre relativement courte (quarante mesures), en un seul mouvement. Bach avait-il l'intention de lui adjoindre une fugue ? Nul ne peut l'affirmer. Cette pièce, en tout cas, se suffit parfaitement à elle-même.

D'accents vigoureux, elle est de forme binaire avec barres de reprise. Chacune de ses parties (respectivement de seize et de vingt-quatre mesures) est construite sur l'opposition de deux thèmes : un thème principal, un thème secondaire. Le thème principal, énergique et affirmé, repose sur une succession de solides accords arpégés en triolets de doubles croches, qui se résolvent sur trois accords carrés et puissants. Le second thème, beaucoup plus paisible et expressif, impose à la main gauche des sauts continuels au-dessus du dessin régulier des triolets de la main droite. On sent parfaitement ici l'influence d'un Domenico Scarlatti, connu à l'époque à travers toute l'Europe.

La deuxième partie de la *Fantaisie* s'ouvre à la mesure 17 sur le développement modulant de ces deux idées thématiques : ce développement prend fin sur une courte cadence de virtuosité, qui amène la récapitulation abrégée de l'exposition (mesures 34 à 40). Seul le thème principal réapparaît, et l'œuvre se termine sans que le tempo se soit jamais relâché.

Le langage harmonique de Bach repose essentiellement sur le chromatisme, omniprésent du début à la fin. Avec ses formules rapides, — croisements de mains ou arpèges —, cette *Fantaisie* ressemble à une étude de virtuosité. Mais, malgré sa petite dimension, elle annonce de façon plus évidente la forme du futur mouvement de sonate, — avec son plan reposant sur l'exposition de deux thèmes différenciés, suivie de leur développement et de leur réexposition.

Toccatas pour clavecin (BWV 910-916)

Les sept *Toccatas pour clavecin* sont pour la plupart des œuvres des années de formation de Bach. Bien qu'on ne connaisse pas avec certitude la date de leur composition, leur style et le caractère de leurs mouvements permettent de les situer approximativement. Les *Toccatas* en *sol* mineur, *mi* mineur et *sol* majeur auraient été composées vers 1707-1710 : jeune organiste, Bach qui avait alors entre vingt-trois et vingt-cinq ans, venait d'entrer au service du prince de Saxe-Weimar. Les *Toccatas* en *ré* majeur et en *ré* mineur seraient antérieures, puisque composées vers 1705-1708. Plus tardives, les Toccatas en *fa* dièse mineur et *ut* mineur auraient été achevées vers 1709-1712. Comme ce fut le cas pour la majorité des œuvres de Bach, aucune de ces sept *Toccatas* ne fut éditée du vivant de leur auteur. Il fallut attendre le tout début du XIXe siècle pour que le Bureau de Musique de Leipzig publie la seule *Toccata en ré mineur.*

Utilisé dès le XVIe siècle en Italie, le terme « toccata » (de l'italien « toccare » = toucher) désigne généralement une pièce de virtuosité et de forme libre pour clavier (clavecin ou orgue). A l'origine pièce en plusieurs sections où alternaient passages rapides, figurations brillantes, sections fuguées et épisodes expressifs, elle semble être née à Venise sous les doigts d'un Andrea Gabrieli (c. 1520-1586), ou ceux d'un Claudio Merulo (1533-1604). Mais, avant Bach, c'est sans aucun doute Girolamo Frescobaldi (1583-1643) qui — le premier — lui donna ses lettres de noblesse.

En tête de ses sept *Toccatas,* Bach n'a laissé aucune indication d'instrumentation. On sait qu'à côté de l'orgue et du clavecin, le compositeur pratiquait le clavicore, — instrument qu'il appréciait particulièrement. Néanmoins, il faut reconnaître que le caractère général de chacune de ces œuvres appelle sans conteste le clavecin : les passages brillants et les fugues ne conviennent absolument pas à l'instrument discret qu'est le clavicorde.

Bach ne choisit pas la même organisation pour ses *Toccatas.* Les plus courtes (*sol* majeur, *ut* mineur) n'ont que trois mouvements, et la plus longue (*ré* majeur) comprend six mouvements ; mais toutes contiennent une ou deux fugues (ou *fugato*). A l'intérieur de chaque *Toccata,* les épisodes rapides et les épisodes expressifs se succèdent, parfois sans interruption.

Toccata en *fa* dièse mineur (BWV 910)

Cette toccata fut sans doute composée dans les années 1709-1712, alors que Bach était musicien de la cour de Weimar. C'est une œuvre d'introspection qui comprend cinq mouvements, dont deux fugues.
1. Elle débute par un prélude récité à quatre temps, de caractères sérieux, mais où brillent des effets de virtuosité.
2. Ce premier mouvement s'enchaîne directement à un épisode expressif, grand *Arioso* à 3/2 qui est un des plus beaux morceaux de toute la série des *Toccatas.* La profonde mélancolie de cette pièce est accentuée par le mouvement chromatique descendant de son thème. Ce motif obstiné, qui reçoit quelques variations, est un véritable thème de basse ostinato d'une passacaille, d'une chaconne ou d'un ground anglais.
3. La première fugue est à trois voix *Presto e staccato.* Son sujet, simple, est cependant plein de véhémence. On admirera le superbe travail contrapuntique de Bach, et les très beaux passages en imitation des divertissements.
4. Un mouvement modéré de vingt-sept mesures sépare les deux fugues. De caractère méditatif, il se répète de mesure en mesure, en modulant. Bach inverse régulièrement la progression des deux mains.
5. Le sujet de cette deuxième fugue, à quatre voix, est en réalité le thème chromatique du second mouvement dont Bach a dédoublé les valeurs. La fugue se termine par quelques mesures de style improvisé qui rappelleront le prélude du début.

Toccata en *ut* mineur (BWV 911)

Cette toccata serait contemporaine de la précédente. Elle ne compte que trois mouvements, dont une fugue.
1. Le mouvement d'introduction, à quatre temps, est construit sur la liberté et les éléments caractéristiques de la toccata : gammes rapides, passages de récitatif déclamé, longues pédales, sixtes et septièmes brisées, etc.
2. La partie centrale, *Adagio,* s'enchaîne sans interruption par un accord sur la dominante. Cet épisode expressif est basé sur un thème contemplatif, d'une ample méditation. On notera que Bach utilise ici le style fugué. Quatre mesures de rappel de toccata initiale (sous lesquelles l'édition originale indique la nuance piano) terminent ce morceau.
3. La longue fugue à trois voix qui succède à l'*Adagio* est une superbe pièce construite sur un sujet affirmé, plein de force. Le caractère décidé de ce mouvement est dû en grande partie aux répétitions incessantes de ce sujet, qui ne se relâchent jamais. Cette fugue est coupée en son milieu par une séquence de quatre mesures écrite dans le style du mouvement d'introduction (mesures 49-52), puis par une mesure de cadence *Adagio* (mesure 53) qui mène à un nouvel épisode. On aborde alors une authentique double fugue, qui démarre sur l'exposition de deux sujets : le sujet initial à la basse, et son contre-sujet au soprano (qu'il faut considérer comme un nouveau sujet). L'intensité rythmique et mélodique de ce magnifique mouvement s'ac-

centue de mesure en mesure, jusqu'à l'épisode de style improvisé qui sert de conclusion *Adagio* (mesures 139-141), puis *Presto* (mesures 142-143).

Toccata en *ré* majeur (BWV 912)

Il est d'usage de dater cette toccata des années 1705-1708, avant l'arrivée de Bach à la cour du duc de Saxe-Weimar. Elle comprend un grand nombre de mouvements qui s'enchaînent directement les uns aux autres.
1. La *Toccata* en *ré* majeur s'ouvre sur une introduction rapide, extrêmement brillante, à quatre temps, construite essentiellement sur de rapides gammes ascendantes et sur de larges accords décomposés.
2. Un long épisode *Allegro* survient immédiatement. Il est à la fois pompeux et espiègle. L'édition originale indique que Bach souhaitait l'emploi des nuances piano (sous la mesure 50) et forte (sous la mesure 53), au moment où s'annonce la conclusion.
3. Une douzaine de mesures *Adagio* précèdent un mouvement de fugato.
4. Ce mouvement lent est donc un double fugato, qui évolue sur deux sujets de caractère sérieux.
5. Un épisode modéré et *Con discrezione,* à quatre temps, de forme très libre, servira d'enchaînement entre le fugato et la fugue. De style totalement improvisé, il change continuellement de tempo.
6. La toccata se conclut par une double fugue écrite sur un rythme à 6/16. Deux sujets s'y affrontent : un premier sujet enlevé, avec ses doubles croches légères et rapides, et un second plus marqué et rythmé. Conçue comme une longue gigue, la fugue se termine par une courte toccata qui conduit aux deux mesures d'une cadence prolongée.

Toccata en *ré* mineur (BWV 913)

Cette toccata, sans doute composée comme la précédente vers 1705-1708, fut la première de la série à être publiée au début du XIXe siècle, au Bureau de Musique de Leipzig. Elle est constituée d'une suite de différents mouvements, et comprend deux fugues.
1. Son morceau d'introduction, à quatre temps, mêle les styles du prélude et de la toccata, avec une grande variété de traits brillants et des passages rhapsodiques qui prennent un caractère de plus en plus improvisé au fur et à mesure du mouvement.
2. Un mouvement expressif à quatre voix, basé sur la répétition d'un motif mélodique, lui succède.
3. La première fugue, à quatre temps, est construite sur un court sujet qui a la particularité d'être exposé dès le début d'une octave à l'autre. Ce sujet est continuellement présent tout au long du morceau, qui se termine dans l'esprit d'un prélude improvisé.
4. Mouvement lent et expressif, l'*Adagio,* qui débute comme une brève toccata, est sans doute la plus belle pièce de l'œuvre. Plein de superbes modulations, il se termine par quatre mesures *Presto*.
5. Une double fugue, écrite sur un rythme à 3/4, s'enchaîne aussitôt. Elle ne débute véritablement qu'à la douzième mesure, — les onze premières mesures étant considérées comme une introduction construite sur les deux sujets de la fugue. Ceux-ci se superposent en permanence dès l'exposition. Le mouvement s'anime progressivement, et s'achève sur une brillante conclusion.

Toccata en *mi* mineur (BWV 914)

Probablement écrite vers 1707-1710, cette œuvre comprend deux mouvements lents et deux fugues.
1. Treize mesures d'introduction à 3/2, évoluant sur un seul dessin, précèdent un fugato.
2. Le deuxième épisode de la toccata est un court double fugato à quatre temps, construit sur deux sujets graves qui se chevauchent en une écriture très dense. Il s'agit là sans aucun doute du noyau de l'œuvre.
3. Le mouvement *Adagio* à quatre temps, qui succède, se présente comme un vaste récitatif entremêlé d'épisodes improvisés et de traits de virtuosité, conçu dans l'esprit de la fantaisie.
4. La fugue finale, à trois voix et à quatre temps, est une page brillante où s'affirme l'influence de l'orgue. Certains spécialistes de l'œuvre de Bach pensent d'ailleurs qu'elle fut initialement composée pour l'orgue. On sait que Bach composa une grande partie de ses *préludes et fugues pour orgue* entre son installation à Arnstadt et la fin de son séjour à Weimar, c'est-à-dire entre 1705 et 1717 ; or cette *toccata en* mi *mineur* date

des années 1707-1710. Le long sujet impétueux de cette fugue, tout en doubles croches, annonce le sujet de certaines grandes fugues d'orgue, et l'on notera une parenté thématique entre ce sujet et le thème du mouvement initial.

Toccata en *sol* mineur (BWV 915)

Dans cette toccata contemporaine de la précédente, Bach intercale deux fugues.
1. Quatre courtes mesures d'introduction brillante, écrite sur un rythme à 24/16, ouvrent l'œuvre. On remarquera les deux indications de nuances piano et forte dans la quatrième mesure. C'est de même épisode de triolets tumultueux qui conclura la toccata.
2. Un mouvement lent et expressif à 3/2 s'enchaîne immédiatement. C'est un bref épisode *Adagio*, à la fois sombre et majestueux.
3. Le fugato, *Allegro* à quatre temps, qui lui succède, est écrit en *si* bémol majeur — c'est-à-dire au relatif majeur du ton initial. Ce double fugato est basé sur deux sujets gais et animés, — l'un évoluant en mouvements disjoints, l'autre en mouvements conjoints.
4. Quelques mesures *Adagio* à 3/2, pensives et expressives, conçues dans l'esprit du récitatif, séparent les deux fugues.
5. Les éditions modernes des *Toccatas pour clavecin* transcrivent généralement cette fugue sur un rythme à 12/8, décomposant ainsi la valeur réelle de chaque note telle qu'on la trouve dans les manuscrits contemporains de Bach. Cette fugue devient alors une immense gigue de plus de cent mesures. La version originale de cette pièce est notée à quatre temps, en valeurs pointées (le dessin initial : double croche — croche pointée, devient en notation moderne à 12/8 ; croche — noire). Son caractère est donc très différent :

Cette fugue est néanmoins écrite sur un sujet joyeux, alerte et exubérant, qui reparaît inversé aux mesures 21, 76 et 94. L'écriture de Bach se charge de lourds accords et de traits en tierces vers la fin du morceau, qui se conclut par le retour des quatre mesures d'introduction à 24/16 précédant une large cadence à 3/2.

Toccata en *sol* majeur (BWV 916)

Cette toccata aurait été composée à Weimar dans les années 1710. Comme un concerto italien, elle comprend trois mouvements : deux mouvements rapides (dont une fugue) entourent un mouvement lent.
1. Le morceau d'ouverture, à quatre temps, est une page brillante qui permet à l'interprète d'exploiter toutes les ressources de son instrument et de faire valoir sa virtuosité. On est proche de l'esthétique du premier mouvement rapide de concerto pour clavier, — avec ses passages de tutti très remplis (rendus par les descentes de puissants accords parallèles aux deux mains) et ses épisodes de soli où le clavecin semble se lancer dans une grande cadence d'instrument soliste.
2. Le mouvement central, *Adagio* à quatre temps, en *mi* mineur débute sur un motif très expressif fait de deux éléments : l'un chantant, et le second plus dynamique. C'est ce dernier qui domine ici. Les apparitions du motif dans son intégralité se resserrent entre les mesures 13 et 17. Il servira de conclusion dans les mesures de cadence.
3. Une fugue à trois voix, *Allegro* à 6/8, termine la toccata. Les trois entrées de son sujet enjoué et animé se font d'abord entendre de l'aigu au grave. Ses différents éléments (rythme pointé, puis gammes et arpèges de doubles croches) se retrouveront dans le contre-sujet et dans les épisodes de divertissement.

Selon Alberto Basso, de chacune de ses *Toccatas* Bach fait un « monument à travers la stricte construction polyphonique de la fugue, qui est la véritable protagoniste, le point culminant et résolutif*... »

Concerto Italien pour clavecin seul, en *fa* majeur (BWV 971)

Le *Concerto Italien* forme, avec l'*Ouverture dans le style français* (v. plus haut), la seconde partie de la *Clavier-Übung* publiée en 1735 à Nuremberg, chez l'éditeur Christoph Weigl le Jeune : Bach est alors direc-

---
* Alberto Basso, *op. cit.*, t. I, p. 526.

teur de la musique et cantor à Saint-Thomas de Leipzig.

Le titre exact de ce concerto est : *Concerto nach Italianischem Gusto* (« Concerto dans le goût italien »). Comme l'*Ouverture dans le style français,* il doit être exécuté sur un clavecin à deux claviers. A ce propos, Bach indique expressément ses intentions sur la page de titre de son recueil. Cette précision sur l'utilisation d'un type de clavecin particulier (précision exceptionnelle dans l'ensemble de l'œuvre pour clavier de Bach) ne se retrouvera que, quelques années plus tard, dans les *Variations Goldberg.* Les trois mouvements du *Concerto Italien* sont d'ailleurs garnis d'indications de nuances qui ne laissent aucun doute sur l'instrument choisi par Bach : forte (qui se joue sur un ou deux registres du clavier inférieur du clavecin, ou sur les deux claviers accouplés) pour les parties du tutti et pour la conduite de la ligne mélodique des soli ; piano (qui se joue sur le clavier supérieur) pour les parties d'accompagnement de cette ligne mélodique.

Avec cette œuvre, Bach revient à la manière italienne qu'il cultiva avec enthousiasme lors de son séjour à la cour de Weimar (1708-1717). Nommé Concertmeister en 1714, il avait en effet pu mettre à profit son nouveau titre de chef d'orchestre pour s'intéresser de plus près aux musiciens italiens contemporains, qui devaient l'influencer profondément. S'il emprunte les thèmes de quelques-unes de ses fugues à Corelli, Albinoni et Legrenzi, c'est Vivaldi qui semble avoir plus que d'autres retenu son attention et suscité son admiration. Suivant un usage courant à l'époque, Bach reprit certains de ses concertos de violon (ainsi que des concertos de Benedetto Marcello, de Telemann et du duc de Saxe-Weimar), et les transcrivit pour l'orgue ou pour le clavecin.

Dans ces adaptations, Bach ne se contente pas d'une simple transcription : il n'hésite pas à ornementer un thème dans le style qui convient à la sonorité du clavecin, ou à combler une basse par des éléments polyphoniques nouveaux. Ces divers procédés d'écriture se retrouvent dans le *Concerto Italien.* Ce concerto pour clavecin sans accompagnement est construit en trois mouvements (deux mouvements vifs encadrant un mouvement lent), comme les modèles italiens de Corelli et de Vivaldi.

Le premier mouvement vif (*fa* majeur, à 2/4), pour lequel Bach ne laisse aucune indication de tempo, prend tout de suite la forme d'un concerto à l'italienne. Un tutti d'une trentaine de mesures, qui réapparaîtra intégralement en guise de conclusion, sert ici d'introduction. Ses éléments reviendront régulièrement dans le cours du mouvement, s'assimilant aux différents épisodes mélodiques des soli ou les séparant, suivant la construction classique du concerto grosso italien. Les indications de nuances laissées par Bach sont alors les meilleurs guides pour la compréhension et l'exécution de cette œuvre. Dans ce splendide mouvement, Bach mêle plusieurs styles : technique harmonique du thème d'ouverture qui est rendu plus riche par ses accords, ou procédé du chant orné sur une basse à l'italienne (solo en *ré* mineur, par exemple).

1. ANDANTE (*ré* mineur, à 3/4) : l'épisode central est un admirable solo lyrique et nostalgique. Une longue phrase chantante, très ornementée dans ses contours, évolue sur une basse continue régulièrement italienne — faite d'accords ponctués sur le temps faible de chaque mesure par deux notes de basse qui se répètent continuellement. Ici, Bach a indiqué la nuance forte pour la ligne mélodique, et la nuance piano pour la basse continue. Ce grand lied est construit en deux parties d'égale importance. Vers la fin, une pédale de dominante (*la*) insistante, sonnera longtemps — durant sept mesures — pour annoncer la coda, — elle-même précédant, sur sa pédale de tonique, la cadence conclusive.

2. PRESTO (*fa* majeur, à 2/2) : cet éblouissant finale est construit sur le même plan que le mouvement initial, avec alternance de tutti et de soli accompagnés d'indications de nuances précises. Le tutti d'ouverture harmonique, essentiellement basé sur la gamme montante de *fa* majeur, s'oppose aux passages soli à deux voix très mélodiques. Le langage harmonique de Bach s'articule, comme dans les mouvements précédents, autour de la dominante, du relatif mineur et des tons voisins.

C'est en ce *Concerto Italien,* mieux qu'ailleurs peut-être, que l'on saisira l'art avec lequel Bach sut réaliser la synthèse entre la clarté de style et la transparence mélodique italiennes et la solide architecture polyphonique germanique.

Les concertos italiens transcrits pour clavier seul (BWV 972 à 987)

Ces transcriptions de concertos italiens datent de la période de Weimar, c'est-à-dire 1708-1717. Elles sont au nombre de seize pour le clavecin seul (*BWV 972* à *987*), et de cinq pour l'orgue seul (*BWV 592* à *596*). Il y faut ajouter le *Concerto pour quatre clavecins et cordes en la mineur (BWV 1065),* qui est la transcription du *Concerto pour quatre violons op. 3 n° 10* de Vivaldi*.

L'art de la transcription n'était pas, à l'époque de Bach, un phénomène nouveau, et l'on sait que bon nombre de ses prédécesseurs et de ses contemporains ont sacrifié à ce genre. On citera, par exemple, le cas du claveciniste français d'Anglebert qui réduisit au clavecin les pages célèbres de Lully.

Beaucoup de manuscrits italiens circulaient en Allemagne au temps de Bach. Les noms de Corelli, de Torelli, d'Albinoni et de Vivaldi y étaient fort connus. A Weimar, où l'on faisait une grande consommation de musique instrumentale, Bach découvrit l'Italie, domaine de la mesure et de l'harmonie lumineuse, et s'initia aux maîtres italiens. Parmi ceux-ci, c'est Vivaldi, son contemporain, qui l'attira plus particulièrement : quoi de plus naturel, dès lors, qu'il se soit consacré à la transcription de quelques-uns de ses concertos pour violon ? (Ainsi que des concertos des frères Marcello et d'auteurs italianisants comme Telemann et le duc Ernst de Saxe-Weimar, frère du duc régnant au service duquel était Bach). C'est le modèle italien qui séduit Bach, — même si l'auteur n'est pas lui-même italien.

Dans ses transcriptions, Bach reste aussi fidèle que possible au texte initial, tout en cherchant à modifier son discours au profit du clavecin par des amplifications ou des adjonctions. A cette fin, il introduit des variantes contrapuntiques et rythmiques qui mettent en valeur la composition, ailleurs il renforce l'harmonie ou assouplit la basse. Dans les mouvements rapides, il embellit les épisodes de tutti par des accords ou par de fortes oppositions. Afin de remédier à la brièveté sonore du clavecin, il orne la ligne mélodique de ses mouvements lents de fioritures ou de dessins nouveaux. En même temps, l'étendue limitée du clavier le contraint à descendre (d'une tierce généralement) la tonalité initiale du modèle : le *Concerto en ut majeur BWV 976* est, par exemple, la transcription d'un concerto pour violon en *mi* majeur de Vivaldi ; autre exemple, le *Concerto en* sol *majeur BWV 980* est tiré d'un autre concerto pour violon de Vivaldi écrit en *si* bémol majeur.

Parmi les seize concertos italianisants transcrits pour clavecin seul, trois étaient à l'origine des concertos pour violon inclus dans le recueil de *L'Estro armonico op. 3* de Vivaldi, publié à Amsterdam en 1711 : ce sont les concertos en *ré* majeur (*op. 3 n° 9*), en *ut* majeur (*op. 3 n° 12*), et en *fa* majeur (*op. 3 n° 3*) (*BWV 972, 976* et *978*). Deux concertos, celui en *sol* mineur (*BWV 975*) et celui en *sol* majeur (*BWV 980*), sont transcrits des concertos pour violon *n° 6* et *n° 1* de *La Stravaganza op. 4* de Vivaldi, éditée vers 1712-1713. Le concerto en *sol* majeur (*BWV 973*) est un arrangement de concerto pour violon *op. 7 n° 2* de Vivaldi (l'*op. 7* de Vivaldi fut publié vers 1716-1717).

Bach emprunta aussi aux frères Marcello : de l'aîné, Alessandro, il transcrivit un concerto pour hautbois (*Concerto en* ré *mineur, BWV 974*) ; du cadet, Benedetto, il reprit le *Concerto op. 1 n° 2* tiré du recueil des *Concerti a cinque con violino solo e violoncello obligato* parus à Venise en 1708 (*Concerto en* ut *mineur, BWV 981*). Les autres concertos étaient à l'origine les œuvres de Telemann (*Concerto en* sol *mineur, BWV 985*) et du duc Ernst de Saxe-Weimar : concertos en *si* bémol majeur (*BWV 982*), en *ut* majeur (*BWV 984*), et *ré* mineur (*BWV 987*). Les quatre autres concertos sont transcrits d'œuvres d'auteurs inconnus : ce sont les concertos en *ut* majeur (*BWV 977*), en *si* mineur (*BWV 979*), en *sol* mineur (*BWV 983*) et en *sol* majeur (*BWV 986*).

Capriccio sopra la lontananza del suo fratello dilettissimo (Caprice sur le départ de son frère bien-aimé) (BWV 992)

Le *Caprice sur le départ de son frère bien-aimé* aurait été composé par Bach vers 1704-1706, à l'époque où son frère aîné, et en même temps son préféré, Johann Jacob (1682-1732), s'engagea comme hautboïste dans l'armée du roi Charles XII de Suède, — qu'il suivit d'ailleurs à Stockholm où il mourut. 1706 : âgé d'une vingtaine d'années et fiancé à sa cousine Maria Barbara qu'il épousera quelques mois plus tard, Bach est organiste à Arnstadt (depuis 1703). Il a passé les derniers mois de l'année 1705 sur les routes d'Allemagne qui l'ont mené à Lübeck, où il a pu entendre

---

* Voir *Guide de la musique symphonique.*

l'illustre Dietrich Buxtehude (1637-1707), titulaire de l'orgue de la Marienkirche. Il a réalisé là l'un de ses souhaits les plus chers. Dans quelques semaines il donnera sa démission, et quittera Arnstadt pour s'installer à Mülhausen.

Ce charmant *Capriccio* est donc une œuvre de jeunesse, et l'on sait qu'alors Bach passa de longs moments à lire et à recopier la musique de ses contemporains allemands (Boehm en particulier), français (Marchand, Grigny, François Couperin), et italiens (Vivaldi, Albinoni). Cette pratique lui permit de se familiariser avec un des grands maîtres allemands de l'époque, le cantor de Saint-Thomas de Leipzig, Johann Kuhnau (1660-1722), auquel il succédera en 1723. C'est sans aucun doute dans les *Sonates bibliques (Biblische Historien)* de Kuhnau, publiées en 1700, et qui racontent en musique divers épisodes de l'Ancien Testament avec un sens réel de l'imitation et du pittoresque, que Bach trouva ici son inspiration.

Les six mouvements du *Capriccio* sont autant de tableaux tendres et savoureux, précédés de sous-titres évocateurs en allemand et en italien, narrant à l'auditeur les petites scènes d'angoisse et d'adieu qui accompagnent le départ de Johann Jacob Bach.

1. *Arioso. Adagio. Ist eine Schmeichelung der Freunde, um denselben von seiner Reise abzuhalten.* (« Cajoleries de ses amis pour le détourner d'entreprendre ce voyage ») : dès les premières mesures, Bach sait se montrer pittoresque et descriptif. C'est au moyen d'éléments français, tels les agréments ou le mouvement parallèle de deux voix, qu'il décrit les « cajoleries » des amis de Johann Jacob, et c'est par l'emploi de sixtes délicates et la répétition de certains motifs qu'il dépeint l'insistance de ces mêmes amis, qui tentent de retenir le voyageur.

2. *Ist eine Vorstellung unterschiedlicher Casuum, die ihm der Fremde könnter vorfallen.* (« Représentation des divers accidents qui peuvent lui arriver dans les pays étrangers ») : en ce court mouvement de dix-neuf mesures, Bach veut nous représenter les accidents qu'il redoute pour son frère. Il développe dans un style fugué une mélodie mélancolique qui se répète en baissant d'un ton à chaque reprise (*sol, fa, mi* : mesures 1, 6, 12), jusqu'aux mesures conclusives où le tempo se ralentit sur de larges accords.

3. *Adagiossissimo. Ist ein allgemeines Lamento der Freunde* (« Lamentations unanimes des amis ») : l'idée de lamentation est ici soulignée par le tempo excessivement lent et par la tonalité de *fa* mineur. Bach reste fidèle au style de la passacaille, cette danse modérée écrite dans le mode mineur sur une basse obstinée et un rythme ternaire. Le motif chromatique descendant de la basse — dessin caractéristique de l'époque baroque — se veut la parfaite représentation des plaintes des amis. Cette basse chromatique est chiffrée : le claveciniste doit donc la « réaliser » en ajoutant des parties de remplissage, conformément aux accords et à l'harmonie indiqués par le chiffrage choisi par Bach.

4. *Allhier kommen die Freunde (weil sie doch, dass as anders nicht sein kann) und nehmen Abschied* (« Voyant qu'ils ne peuvent l'empêcher de partir, ses amis viennent lui dire adieu ») : ce court mouvement n'est composé que de onze mesures. Un air de marche, qui annonce le départ imminent du voyageur, est introduit par de lourds accords de cadence.

5. *Allegro poco. Aria di Postiglione* (« Air du postillon ») : Kark Geiringer[*] nous précise que Bach utilise comme thème le gai saut d'une octave que faisaient entendre les petits cors de postillon au XVIIIe siècle. Ce thème revient avec insistance et passe de main en main. Il servira de contre-sujet à la fugue qui suit.

6. *Fuga all'imitatione di Posta* (« Fugue à l'imitation du cornet de postillon ») : cette délicieuse fugue oppose les entrées régulières de son sujet de fanfare et le retour du thème du postillon, qui fait figure de contre-sujet. Le rythme alerte et vigoureux ne se relâche jamais, et la fugue se termine dans une atmosphère de gaieté légère et d'humeur enjouée.

Pièces isolées

« Du point de vue de l'exégèse, le plus chaotique et le plus embrouillé des domaines dans lesquels Bach exerça son talent est celui de la musique pour clavecin », a remarqué Alberto Basso[**].

A côté des monuments, il existe en effet quantité de pièces isolées difficiles à dater, — dont certaines sont d'authenticité douteuse : c'est le cas, notamment, de la *Suite en si bémol majeur (BWV 821)*, du *Prélude et*

---

[*] K. Geiringer, *Bach et sa famille* (traduit de l'anglais, Paris, 1955).
[**] Alberto Basso, *op. cit.*

fugue en la *majeur (BWV 896),* ou des deux *Fugues en* la *mineur (BWV 958* et *959).*

Les pièces isolées composées durant la période que Bach passa à Weimar entre 1708 et 1717, sont relativement nombreuses : on peut citer une *Ouverture en fa majeur (BWV 820),* une *Fantaisie en sol mineur (BWV 917),* un *Prélude et partita en fa majeur (BWV 833),* une *Fantaisie sur un rondo en* ut *mineur (BWV 918),* une *Fantaisie en* ut *mineur (BWV 919),* un *Prélude en* la *mineur (BWV 922),* six fugues en *ut* majeur, en *la* mineur, en *ré* mineur, en *la* majeur *(BWV 946* à *949),* et en *la* majeur et *si* mineur *(BWV 950* et *951)* d'après Albinoni, sur lesquelles sont émis parfois quelques doutes.

De la même époque date un **Air varié dans le style italien** *(Aria variata alla maniera italiana) (BWV 989)* qui représente, avec les *Variations Goldberg,* la seule série de variations pour clavecin de la main de Bach. L'air est suivi de dix variations qui appartiennent au type italien, ornant et transforment la ligne mélodique. Certaines annoncent les *Inventions à deux voix*; une autre est une tendre cantilène *(n° 6)*; une autre une gigue animée à 12/8 *(n° 7)*; une autre, enfin, est prétexte à déploiement de virtuosité *(n° 9).*

La **Suite en *fa* mineur** *(BWV 823),* composée à Weimar dans les années 1710, est constituée de trois mouvements : un *Prélude* à 3/8 en forme de rondeau lui sert d'ouverture. On y entend des formules rythmiques et des tournures mélodiques qui apparaîtront plus tard dans les *Inventions.* Le prélude est suivi d'une *Sarabande* à 3/4, tendre mélodie ornée à trois parties, qui précède une *Gigue* à 3/8, écrite à la manière d'une canarie, dans laquelle l'élément mélodique s'impose qu'à la main droite.

Autre œuvre de jeunesse que cette **Sonata en *ré* majeur** *(BWV 963),* datée généralement des années 1703-1704. C'est l'unique composition pour clavecin seul de Bach portant le titre de sonate (les sonates en *la* mineur et en *do* mineur, *BWV 965* et *966,* plus tardives car écrites à Cöthen, sont des transcriptions). La *Sonate en* ré *majeur* comprend cinq mouvements : elle s'ouvre sur une vaste introduction en accords, séparée de la première fugue, ou *Fugato,* par un bref épisode récitatif sur des rythmes français. Un court *Adagio* introduit la dernière fugue à 6/8, qui porte un sous-titre : *Thema all'Imitatio Gallina Cucca* (« Thème à l'imitation du coucou et de sa femelle »). Son élément thématique dominant n'est pas sans annoncer, ou rappeler, le sujet de la fugue finale du *Capriccio sopra la lontananza... (BWV 992),* à peu près contemporain.

Le **Capriccio en *mi* majeur** *(BWV 993),* qui porte une émouvante dédicace *(Capriccio in honorem Joh. Christoph Bachii)* et qui fut probablement composé en 1703, est moins connu que le *Capriccio sopra la lontananza...,* écrit un an plus tard, et qui a fait plus haut l'objet d'une analyse. Le *Capriccio en* mi *majeur* est dédié au frère aîné de Jean-Sébastien, Johann Christoph Bach, qui lui servit à la fois de père et de maître. Il s'agit surtout d'une ample fugue construite sur un sujet joyeux, et qui se déroule en divertissements légers et homophones soutenus par de grands accords.

De la période de Cöthen (1717-1723) datent les préludes et petites fugues en mi mineur, en *fa* majeur et *sol* majeur *(BWV 900* à *902).* Les fughettes en *fa* majeur et en *sol* majeur sont les versions primitives des fugues *BWV 888* et *889* du *Clavier bien tempéré.* La *Fantaisie en* ut *mineur (BWV 919)* et la *Fugue en* la *mineur (BWV 944)* sont contemporaines : La **Fugue en *la* mineur** est une immense pièce (cent quatre vingt dix-huit mesures), précédée d'une courte *Fantasia* en grands accords arpégés modulants. Son gigantesque sujet, uniquement en doubles croches, et qui s'étend sur six mesures, représente la forme première du sujet de la fugue d'orgue *BWV 543.* Un contre-sujet en croches rythmées lui répond. Les divertissements sont essentiellement faits d'accords brisés. A la mesure 168, le sujet semble s'engager pendant une dizaine de mesures dans les profondeurs du clavier, pour émerger progressivement sur de grands accords plaqués avant sa dernière réapparition (mesure 192), quelques mesures avant la cadence finale sur la tierce majeure (*do* dièse).

De sa dernière et intense période créatrice — celle de Leipzig —, Bach laisse encore quelques pièces : parmi elles, une *Fantaisie sur un rondeau (BWV 918),* qui n'est autre qu'une fantaisie en forme de rondeau à la française ; la *Fantaisie en ut mineur (BWV 906),* précédemment analysée, et qui était sans doute suivie d'une fugue inachevée sur un sujet chromatique *(BWV 906-2)*; et l'immense **Fantaisie et fugue en *la* mineur** *(BWV 904),* souvent datée à tort de 1725 : la *Fantaisie* contient toutes les caractéristiques du style de la toccata, du moins telle que la concevait Frescobaldi. Bach adopte donc ici un art manifestement archaïsant. La *Fugue*, à quatre voix, est l'une des plus belles doubles fugues laissées par Bach : on est frappé, dès l'abord, par le contraste entre l'énergie imposante du premier sujet, et le caractère suppliant du second sujet avec ses chromatismes descendants.

Enfin, les deux fugues magistrales en *si* bémol majeur (*BWV 954* et *955*) sont respectivement des arrangements de fugues de J. A. Reincken et de J. C. Erselius, — traditionnellement datées de la période de jeunesse de Bach, mais plus certainement écrites ou reécrites à Leipzig.

A. d. P.

WILHELM FRIEDEMANN BACH

Né à Weimar, le 22 novembre 1710; mort à Berlin, le 1er juillet 1784. Fils aîné de Jean-Sébastien Bach et de sa première épouse, Maria Barbara, il étudia la musique avec son père qui écrivit pour lui le fameux Klavierbüchlein. Après des études de droit menées à Leipzig, il fut organiste de l'église Sainte-Cécile de Dresde entre 1733 et 1746, puis organiste de la Liebfrauenkirche et « Director musices » à Halle. En 1762, Wilhelm Friedemann fut invité à succéder à Graupner comme chef d'orchestre de la cour de Darmstadt ; mais il semble qu'en raison de ses hésitations et de son attitude étrange, il n'en reçut que le titre sans occuper jamais le poste. Quoi qu'il en soit, il ne se démit de ses fonctions à Halle qu'en 1764, et ne quitta définitivement la ville qu'en 1770. A partir de cette époque, il mena une existence instable, — décourageant et déroutant les bonnes volontés par ses excentricités et ses sautes d'humeur. Installé successivement à Brunswick, où il vendit aux enchères une partie de la collection des manuscrits de son père, puis à Berlin, il vécut surtout d'expédients, — enseignant à quelques élèves brillants et fascinant le public par sa dextérité à l'orgue. Il mourut misérablement à l'âge de soixante-quatorze ans, laissant sa femme et sa fille dans le plus complet dénuement. Wilhelm Friedemann est le plus énigmatique des fils de Jean-Sébastien Bach, mais certainement aussi l'un des plus doués. Une légende malveillante, entretenue au XIXe siècle autour d'un roman, puis, plus près de nous, autour d'un film, a malheureusement laissé de cet artiste l'image d'un ivrogne débauché et malhonnête. Sa musique, originale et parfois surprenante, reste un des plus beaux témoignages du nouveau style « moderne » et « sensible » qui s'épanouit au milieu du XVIIIe siècle.

L'œuvre de clavier

Il est difficile de dater l'œuvre pour clavier de Wilhelm Friedemann Bach. Très intéressante, elle a essentiellement été écrite à Leipzig, à Dresde, et dans la dernière partie de la vie de son auteur. A Halle, Wilhelm Friedemann se consacra davantage à la musique vocale. On lui doit des sonates, dix fantaisies écrites entre 1733 et 1784, des préludes, diverses petites pièces, huit fugues dédiées en 1778 à la princesse Amélie de Prusse et sans doute conçues pour l'orgue, et, surtout, douze polonaises que le pianiste autrichien Julius Epstein a rangées parmi les « plus belles pièces pour piano de tous les temps ».

Cette œuvre est complexe, car — tout attiré qu'il fut par un langage neuf — Wilhelm Friedemann subit très fortement l'influence de son père. Eléments conservateurs et éléments modernes se fondent donc dans sa musique. Contrairement à son frère, Carl Philipp Emanuel, qui réussit parfaitement l'amalgame de ces divers éléments, et contrairement à son demi-frère, Jean-Chrétien, qui se tourna résolument vers l'avenir, Wilhelm Friedemann hésita toujours entre style ancien et style moderne. Est-ce pour cette raison que ses contemporains ne virent en lui qu'un artiste compliqué ? Toute sa vie, il rechercha le succès ; mais, incompris, il échoua en dépit de son talent : talent qui éclate dans une œuvre dont l'expression vive, passionnée et très personnelle témoigne d'un fort tempérament.

Avant son arrivée à Dresde en 1733, Wilhelm Friedemann ne composa que quelques pièces pour clavier, — et particulièrement un petit morceau sous-titré à la manière de Couperin, *Le Réveille*, une *Pièce burlesque* et gaie aux croisements de mains périlleux, une **Suite en *sol* mineur** comprenant notamment une *Allemande* très polyphonique et un peu archaïsante, une *Courante* mi-française et mi-italienne, une *Bourrée* ainsi qu'une *Gigue* pleine d'effets rythmiques, enfin un *Concerto per cembalo solo* qui semble le résultat de la transposition sur un seul clavier des divers mouvements d'un concerto grosso.

La seconde période de créativité de Wilhelm Friedemann commença vers 1733, — lors de son installation à Dresde où il devait surtout composer de la musique instrumentale. Longtemps attribué à Jean-Sébastien Bach, le **Concerto a duoi cembali concertati** *(Concerto pour deux clavecins concertants)* en *fa* majeur fut écrit au début de cette période. C'est une pièce ample et compacte, au contrepoint solide, qui s'ouvre par un *Allegro moderato* très symphonique, de forme sonate. Son écriture syncopée saisissante donne à la mesure un effet de prolongement et de balancement permanents. Plus bref, l'*Andante* repose également sur une écriture symphonique : les deux clavecins semblent dialoguer indéfiniment, car les motifs d'accompagnement de l'un sont toujours calqués sur les thèmes principaux de l'autre. Le finale est un brillant *Presto*, véritablement conçu comme un concerto avec ses alternances de tutti et de soli aux rythmes contrastés. On y relèvera des éléments mélodiques et dynamiques directement issus de Jean-Sébastien Bach.

Parmi les six *Sonates pour clavecin*, vraisemblablement composées à Dresde, deux furent publiés du vivant de Wilhelm Friedemann : la *Sonate en ré majeur* en 1745, et la *Sonate en mi bémol majeur* en 1748. Chacune est écrite en trois mouvements, qui expriment des états d'âme divers. Les contrastes rythmiques et dynamiques, et les effets dramatiques que l'on y rencontre, témoignent de la sensibilité du compositeur. La **Sonate en *ré* majeur** débute par un mouvement *Un poco allegro*, aux motifs fiévreux et animés :

Elle se poursuit par un *Adagio* à 3/4, au contrepoint dense ; ses passages imitatifs semblent nés sous la plume de Jean-Sébastien Bach. Un *Vivace* à deux temps, au rythme de gigue, sert de conclusion. Chaque mouvement se termine par le même petit trait de cadence, — qui évoque un procédé cyclique. La **Sonate en *mi* bémol majeur** contient elle aussi un *Largo* très contrapuntique, dans lequel on découvrira aisément l'influence du Cantor de Leipzig. La **Sonate en *sol* majeur** s'ouvre par une inhabituelle introduction lente et presque funèbre — *Andantino* — qui s'enchaîne à un *Allegro di molto,* et se conclut par un *Presto* en forme de gigue dont les contrastes dramatiques paraissent particulièrement accentués par des successions de silences inattendus :

Les *Fantaisies* de Wilhelm Friedemann Bach sont des œuvres très brillantes et équilibrées, — plus proches de la toccata ou du mouvement de sonate que de la fantaisie. Les passages de grande virtuosité, animés et volubiles, y alternent avec des épisodes fugués ou des sections lyriques. Telle **Fantaisie en *ré* majeur,** par exemple, a des accents presque romantiques, lorsque ses roulades et ses traits d'accords brisés s'imposent d'un main à l'autre.

A Halle, Wilhelm Friedemann composa peu pour le clavier, consacrant l'essentiel de ses activités à la musique vocale. De cette période datent cependant les douze *Polonaises*, que l'on peut considérer comme la partie la plus séduisante de son œuvre.

Les Polonaises

Les douze *Polonaises* auraient été écrites vers 1765. Wilhelm Friedemann annonça, en tout cas, leur composition dès 1764. Ce sont des pièces plus ou moins courtes, généralement à deux ou trois voix, de tempo modéré, et toujours basées sur un rythme à trois temps, — seule réminiscence de la danse du même nom dont elles ont perdu le caractère. Elles sont classées selon l'ordre ascendant des tonalités d'*ut* à *sol*, en omettant certaines tonalités moins répandues comme *ut* dièse majeur ou *fa* dièse majeur. La sixième *Polonaise* est cependant écrite dans le ton rare de *mi* bémol mineur. Malgré leur concision, elles sont construites sur les procédés de base de la sonate, — c'est-à-dire sur deux thèmes opposés, avec ébauche de développement et de réexposition. Leur premier éditeur, Griepenkerl, au début du XIXe siècle, les a décrites comme « l'image très sincère d'une âme noble, tendre et profondément agitée »... Il fallut attendre l'époque romantique pour voir ces douze *Polonaises* couronnées de succès.

1. ALLEGRO (*ut* majeur) : sur un rythme constamment en mouvement, évoluant autour de triolets de doubles croches, cette première *Polonaise* s'affirme comme une œuvre ferme et décidée.

2. ANDANTE (*ut* mineur) : à une première partie très brève succède une seconde partie beaucoup plus développée. La mélodie expressive et délicate ne nuit pas au rythme légèrement plus affirmé de la danse.

3. ALLEGRETTO (*ré* majeur) : c'est une pièce brillante et techniquement assez difficile, avec ses successions d'accords et de traits de triples croches, et ses passages contrapuntiques très riches :

4. MODERATO (*ré* mineur) : très courte et très simple, cette *Polonaise* est en même temps tendre, plaintive et expressive.

5. ALLEGRO MODERATO (*mi* bémol majeur) : beaucoup plus longue, cette cinquième pièce est aussi rythmiquement plus variée. Une idée rythmique lui sert

d'assise, et permet le développement dramatique de dessins multiples qui se partagent entre les deux mains.

6. ADAGIO (*mi* bémol mineur) : page particulièrement saisissante, qui tient de la profondeur et de l'intensité des grandes *Sarabandes* de Jean-Sébastien Bach. Ses thèmes progressent d'ailleurs sur un rythme de sarabande très dense et très structuré :

7. ANDANTINO (*mi* majeur) : de tempo modéré, c'est cependant une pièce animée et chorégraphique.

8. ANDANTE (*mi* mineur) : le premier thème est construit comme une mélodie ornée sur basse continue, — alors que le second motif contraste immédiatement par le rythme tumultueux de ses arpèges de triples croches.

9. ALLEGRO MODERATO (*fa* majeur) : c'est une des *Polonaises* les plus sobres mélodiquement et harmoniquement. Elle n'en est pas moins intéressante.

10. ADAGIO (*fa* mineur) : comme la sixième *Polonaise*, celle-ci a tous les caratères des puissantes sarabandes des Suites de Jean-Sébastien Bach.

11. ALLEGRETTO (*sol* majeur) : ses thèmes pleins d'animation évoluent sur une écriture contrapuntique très riche.

12. ANDANTE (*sol* mineur) : cette dernière *Polonaise* est une page presque romantique d'une superbe puissance d'expression.

A. d. P.

MILY BALAKIREV

Né le 2 janvier 1837, à Nijni-Novgorod ; mort le 29 mai 1910, à Saint-Pétersbourg. Il prit des leçons de piano avec Dubuc, et devint à l'âge de quatorze ans le pianiste et chef d'orchestre privé du comte Oulybychev. Dès lors, il se perfectionna en autodidacte. En 1855 il rencontra Glinka, auquel il montra l'une de ses premières œuvres pianistiques, la Fantaisie sur des thèmes de la Vie pour le Tsar. *A partir de 1857 il rassembla autour de lui le Groupe des Cinq, dont il resta l'animateur efficace mais despotique pendant une* dizaine d'années. *Sa production pianistique, assez abondante, mais inégale et d'envergure moyenne, peut être classée chronologiquement en quatre périodes : fin 1850-début 1860* (Scherzo n° 1, Nocturne n° 1, Polka, Mazurka n°s 1 *et* 2) *; 1869* (Islamey) *; 1884-1886* (Au jardin, Mazurkas n°s 3 *et* 4) *; enfin une dernière période, la plus productive de toutes, débutant avec les dernières années du XIXe siècle, voit naître notamment la* Sonate *(1905) et de nombreuses autres pièces. Centrée sur quelques tonalités de prédilection (*ré bémol majeur, si bémol mineur, si mineur*), l'œuvre pianistique de Balakirev reflète l'influence de Chopin et de Liszt, ainsi que de quelques autres compositeurs-pianistes du XIXe (Henselt notamment), — tout en incluant abondamment des éléments slaves et orientaux. Brillante et souvent d'une grande difficulté, elle demeure relativement peu populaire, — excepté* Islamey, *qui reste un cheval de bataille de quelques virtuoses, et, dans une certaine mesure, le 2e* Scherzo *et la* Sérénade espagnole.

Sonate en *si* bémol mineur

Elle fut écrite en 1905. C'est la mouture définitive d'une œuvre à laquelle Balakirev avait travaillé déjà dans les années 1850 et dont il avait réalisé deux versions préalables, très différentes de la *Sonate* définitive, excepté le deuxième mouvement.

1. ANDANTINO : il débute par un fugato sur un thème à la russe, puis, après un second motif légèrement balancé, évolue vers un lyrisme et une facture chopiniens. Le développement, qui commence après un silence, est modulant et contrapuntique. Après la réexposition, la coda affirme le mode majeur. L'impression générale est à la fois celle d'une grande précision d'écriture et d'une certaine fragilité.

2. MODERATO : c'est une mazurka, qui possède une longue histoire. Elle fit déjà partie des deux premiers essais de sonates de Balakirev, puis fut publiée comme pièce indépendante *(Mazurka n° 5)* en 1900, avant d'être reprise ici. Après un début vigoureux, le thème se fait léger et dansant, mais retrouve par moment sa vitalité fougueuse. Ce mouvement, intéressant aussi par sa variété harmonique, est le plus « jeune » et de caractère de toute l'œuvre.

3. LARGHETTO : *Intermezzo*. Sur une formule d'accompagnement mobile se répétant avec des transformations chromatiques, s'élève un chant élégiaque, d'abord intimiste, puis de plus en plus ample. Son expressivité, sa finesse d'écriture, n'empêchent pas cette page de produire l'impression d'une pièce de salon. A l'encontre du mouvement précédent, on a là, plutôt, un Balakirev vieillissant, ayant conservé sa sensibilité et sa science d'écriture, mais privé de ses forces vitales.

4. ALLEGRO NON TROPPO, MA CON FUOCO : le finale efface toutefois cette impression. Son premier thème, court, carré, descendant, ne manque pas de détermination. L'évolution du mouvement confirme ce regain de vigueur, et déploie par moments une virtuosité considérable. Après un motif secondaire nostalgique, un rappel de l'*Intermezzo* forme une rétrospective à des fins de contraste. Il est énergiquement interrompu par le retour du thème du finale, — comme si le compositeur tenait à prouver que le détachement lyrique n'est pas synonyme de faiblesse. L'intensité pianistique augmente ensuite de façon spectaculaire. C'est pourtant dans la douceur et dans une sérénité retrouvée que la *Sonate* s'achève.

Islamey, fantaisie orientale

Elle fut composée en 1869, et exécutée pour la première fois par Nikolaï Rubinstein à Saint-Pétersbourg le 30 novembre de cette même année. C'est l'œuvre la plus connue de Balakirev, et la seule qui ait réellement survécu de sa production pianistique. Ceci en dépit de sa difficulté, — qui l'a longtemps fait considérer comme la pièce la plus périlleuse de tout le répertoire (Plus tard Ravel, avec le *Scarbo* de *Gaspard de la nuit*, relèvera le défi de Balakirev en déclarant vouloir faire encore plus difficile !). Par son style et par son esprit, elle peut se rapprocher de certaines *Rhapsodies* de Liszt ; ce dernier la tenait d'ailleurs en haute estime et la faisait volontiers travailler à ses élèves.

Le thématisme d'*Islamey* est oriental. Lors de séjours au Caucase, Balakirev avait noté des mélodies de danses sur lesquels est basée la première partie. La seconde partie *(Andantino)* cite un chant que Balakirev entendit par la voix d'un Arménien au cours d'une soirée chez Tchaïkovski. Le premier thème, en *si* bémol mineur, exposé d'abord sans accompagnement, donne immédiatement le ton de la frénésie dansante orientale :

Il donne lieu à une série de variations, — passant en successions de tierces, au milieu de martèlements rapides d'accords, ou disloqué en bonds spectaculaires. Les harmonies sont constamment chromatiques. Une montée de tierces aux deux mains s'arrête sur un silence, avant l'apparition d'un motif secondaire assez proche du précédent, auquel s'oppose cependant son legato un peu haletant. Le premier thème ne tarde pas à revenir avec de nouvelles variantes, encore plus virtuoses. Après un fortissimo conclusif, quelques accords modulants mènent à la seconde partie *Andantino espressivo*, en *ré* majeur :

Son lyrisme sensuel, aux harmonies pures, va s'animer ensuite de traits d'arpèges à la main droite, et dégagera bientôt une effervescence conduisant tout à fait naturellement au retour du premier thème, à présent ponctué de tierces précédées de mordants. Après un miroitement prolongé dans l'aigu, souligné d'arpèges égrenés à la main gauche (passage de *ré* majeur à *ré* bémol majeur), la dernière partie de l'œuvre fait alterner des variations des thèmes principaux, — le lyrisme du dernier s'étant transmué en une énergie fougueuse qui l'apparente à l'esprit du premier. Développant progressivement une technique du poignet et de la frappe (accords, octaves, grands intervalles, martèlements alternés des deux mains), *Islamey* fait atteindre à l'exécutant les limites de ses possibilités physiques.

Pièces diverses

Parmi les œuvres à titres « chopiniens », on trouve au catalogue de Balakirev sept mazurkas, sept valses, trois nocturnes et trois scherzos.

Parmi les **Mazurkas**, distinguons la *3e* en *si* mineur (1886), assez vaste, avec d'intéressantes modulations et quelques procédés contrapuntiques ; la *4e* en *sol* bémol majeur (1886), avec une partie supérieure très travaillée, parsemée de triolets à la manière de Chopin, et une partie centrale « quasi violoncello » ; la *5e* (1900), introduite dans la *Sonate* (v. plus haut) ; la *6e* en *fa* mineur (1902), vaste et variée, dont le premier thème est orientalisant.

Si les *Valses* paraissent invariablement pâles, on rencontre des accents plus personnels, davantage de relief et d'invention dans les **Nocturnes**, en particulier les *no 2* en *si* mineur (1901), dont le thème principal rappelle la mélodie *l'Alouette* de Glinka, et *no 3* en *ré* mineur (1902), avec sa sensibilité pénétrée. Des trois **Scherzos**, c'est le *2e* en *si* bémol mineur (1900) qui semble le plus réussi, et continue parfois à être joué : pianistiquement avantageux, il s'avère presque aussi difficile qu'*Islamey*. Sa partie principale, bâtie sur un thème de trois notes inquiet et péremptoire, est énergique, dense et équilibrée, teintée d'orientalisme et d'hispanisme. La partie centrale, beaucoup plus légère et rêveuse, utilise un thème de la première *Sonate* inachevée de Balakirev. Une pièce intitulée *Au jardin* est une « étude-idylle » écrite en 1884 et dédiée à Henselt, dont Balakirev avouait l'influence. Mais c'est surtout dans les compositions de la dernière période, à partir de 1900, que se trouvent certaines pages réellement réussies et qui mériteraient mieux que le semi-oubli dans lequel on les tient actuellement. Ainsi la **Doumka** en *mi* bémol mineur (1900), dans laquelle, après une introduction en arabesques au-dessus d'une répétition rythmique ♪♪♪, s'épanche une ample mélodie, ornée ensuite de traits continus de triolets ; le **Gondellied** en *la* mineur (1901), barcarolle dont le chant s'anime de vaguelettes et d'irisations, et dont le style appelle la comparaison avec Fauré ; la **Toccata** en *ut* dièse mineur (1902), nouveau défi de virtuosité dans lequel les réminiscences techniques d'*Islamey* paraissent en maints endroits, mais dans un style plus spécifiquement slave.

Restée relativement populaire, la **Sérénade espagnole** (1902), en *ré* bémol majeur, emploie des thèmes authentiques communiqués à Balakirev par Glinka. Sur de fins arpèges montants un premier épisode fait office de longue introduction, avec un thème sans doute moins remarquable que ne le sera celui de la partie principale, avec son ornement de quintolet qui résonne « quasi guitarra ». Pris ensuite dans un flot de traits, ce thème amène une culmination du premier motif, en accords battus. De nouvelles imitations de la guitare, en notes rapidement répétées, conduisent à une reprise un peu différenciée de l'introduction, avant les quelques mesures « risoluto », rythmées et dansantes, de la coda.

Entre 1903 et 1906 naissent encore une *Tyrolienne* (*fa* dièse majeur), un *Chant du pêcheur* (*si* mineur), à la fois virtuose et impressionniste, une *Rêverie* (*fa* majeur), une *Humoresque* (*ré* majeur) assez décevante, un *Fantasiestück* (*ré* bémol majeur), ainsi que deux pièces plus intéressantes, **la Fileuse** (*si* bémol mineur), incomparablement plus riche et sensible que celle de Mendelssohn, et une **Novelette** (*la* majeur), pièce de style russe, alerte et positive assez comparable à certaines pages de Liadov.

Quant à la **Fantaisie sur des thèmes de Glinka**, qui avait valu à Balakirev l'estime du « Père de la musique russe », elle a été composée par un jeune homme de dix-sept ans (1854), et révisée en 1899. Elle est écrite à partir du trio du 1er acte de *la Vie pour le Tsar* chanté par Antonida, Sobinine et Soussanine (« Ah, pourquoi, mon père »).

Piano à quatre mains

Trente Chants du peuple russe

Il s'agit de transcriptions de chants populaires notés dans le nord de la Russie (provinces d'Arkhangelsk et d'Olonetsk) par Istomin et Dutsh, et édités par la Société Impériale de Géographie, dont Balakirev fut le consultant pour les questions touchant au folklore musical. Publié en 1899, ce recueil conserve aux mélodies toute leur saveur, tout en en faisant des miniatures attrayantes et fragiles à l'intention d'un duo de pianistes.

C'est pour mémoire qu'on citera enfin une **Suite** pour piano à quatre mains (1908), constituée de trois pièces, *Polonaise, Chansonnette* et *Scherzo*.

A. L.

CLAUDE BALBASTRE

Né à Dijon, le 22 janvier 1727; mort à Paris, le 9 mai 1799. Il eut les meilleurs maîtres: dans sa ville natale, Claude Rameau, frère de Jean-Philippe, puis à Paris Jean-Philippe Rameau lui-même. Titulaire à Paris des orgues de Saint-Roch et de Notre-Dame, il occupa en même temps de hautes charges à la cour: organiste de Monsieur, futur Louis XVIII, et maître de clavecin de la reine Marie-Antoinette et du duc de Chartres. Remarquable improvisateur à l'orgue et excellent interprète au clavecin et au piano-forte, il connut un immense succès, en particulier auprès du public du Concert spirituel. D'après ses contemporains, il aurait largement contribué par ses recherches aux progrès des mécanismes du clavecin et du piano-forte. La Révolution porta un coup fatal au succès de Balbastre. Réduit à composer des œuvres patriotiques, il continua cependant à tenir les orgues de Notre-Dame désaffectée lors de la célébration des fêtes révolutionnaires.

L'œuvre de clavier

A côté de quelques pages de musique de chambre, comme ses *Sonates en quator op. 3* (pour clavier, avec accompagnement de deux violons, basse et deux cors de chasse « ad libitum »), Balbastre écrivit surtout pour le clavier seul. Il laisse notamment un *Premier Livre de pièces de clavecin*, daté de 1759, un *Recueil de Noëls formant quatre suites, avec des variations pour le clavecin ou le forte-piano*, paru en 1770, la *Marche des Marseillais et l'air Ça ira, arrangés pour le forte-piano*, publiés en 1793.

Avec des musiciens comme Jean-François Tapray, Jean-Louis Adam et Jean-Jacques Beauvarlet-Charpentier, Balbastre peut être considéré comme l'un des pionniers de l'histoire du piano-forte en France. C'est dans les années 1770 en effet que, détrônant progressivement le clavecin, le piano-forte commença à s'imposer réellement dans la vie musicale française. L'écriture de clavier devait connaître un profond changement. Alors que le clavecin, instrument harmonique, se prêtait plus que d'autres aux remplissages exigés par la basse chiffrée et aux agréments qui rehaussaient la ligne mélodique, le piano-forte, par la légèreté de son mécanisme permettant les nuances, attirait tout naturellement le compositeur vers une simplification et un assouplissement de cette ligne mélodique.

L'œuvre pour clavier de Balbastre se situe à la croisée de ces chemins. Ses **Noëls en variations** ont contribué pour une large part à la célébrité de leur auteur. Cette musique, qui témoigne du solide métier de Balbastre, reste somme toute assez superficielle. Elle répond au goût d'une époque qui prisait fort toute démonstration de virtuosité. La technique légère des premiers pianos-forte, qui n'exigeait pas de l'interprète une force excessive, favorisait évidemment le déploiement d'une certaine vélocité ; et l'art de la variation amenait aux virtuoses confirmés comme les apprentis pianistes à faire valoir leur dextérité.

On peut regretter que le **Premier Livre de pièces de clavecin** de Balbastre soit aujourd'hui méconnu. Par la variété des genres et des styles qu'il représente, il mériterait d'apparaître plus souvent au répertoire des clavecinistes. Ce recueil, pour lequel un privilège fut accordé à son auteur en 1759, est dédié à Madame de Caze, trésorière générale des postes et relais de France et fermière générale. Chacune des pièces qui le compose est sous-titrée selon la tradition française. Balbastre reprend les noms des personnages qu'il cherche à dépeindre ou auxquels il veut rendre hommage. C'est d'ailleurs un hommage à la dédicataire qui ouvre la série : l'*Ouverture La De Caze*, « fièrement et marqué » à 2/4, en *ut* mineur, est écrite dans le style français, avec ses notes pointées, ses gammes rapides, ses sextolets et ses basses larges. Balbastre ressent-il déjà l'influence naissante du piano-forte lorsque dans la seconde partie il laisse l'indication de nuance « moëlleux » ? L'*Ouverture* en *mi* bémol majeur et à trois temps, *La Lamarck*, « vivement et marqué les premières notes de chaque mesure », répond à l'esthétique italienne : son thème alerte repose sur une basse faite de l'accord parfait déployé sur pédale de tonique. De nouveau les nuances « doux » et « fort » semblent annoncer ici le piano-forte.

Balbastre se plaît aussi à composer des danses. Écrites sur un rythme de gigue légère à 12/8, *La Monmartel ou La Brunoy* est marquée par l'influence de Rameau. C'est encore sur un rythme de gigue « gaiement », à 6/8, que s'affirme *La Genty Badine* en *la* majeur. Ailleurs, sous un seul titre, s'opposent des séries de gavottes gracieuses : *La Ségur, La Berville.*

Dans certaines pièces brille une virtuosité digne de Domenico Scarlatti. Celle-ci s'intensifie de reprise en reprise dans les deux parties de *La Boullongne*, « fièrement et marqué ». Dans la *Lugeac, Giga allegro* à 6/8 et en *fa* majeur, des passages extrêmement délicats exigent de l'interprète une réelle dextérité. Le déploiement de la virtuosité est à son comble dans *La Laporte*, « Allegro animé » en *la* majeur : triolets et batteries de doubles croches, chevauchement de mains, arpèges brisés s'y mêlent constamment.

Le futur pianiste apparaît dans les pièces où l'accompagnement se réduit à des procédés systématiques comme la célèbre basse d'Alberti. Balbastre l'utilise dans *La Bellaud*, « vivement », et dans *La Suzanne*, « noblement et animé » en *ut* majeur et « gracieusement » en *la* majeur.

A côté de pages nobles et majestueuses comme *La D'Héricourt* ou *La Morisseau*, Balbastre compose encore des airs gracieux, gais ou champêtres. Deux airs gracieux sont réunis sous le titre *La Courteille*. Dans *La Malesherbes*, une « ariette gracieuse » et un « air gay » se succèdent. Celui-ci, carré et joyeux, repose sur une basse en bourdon continu sur les notes *la-do-la*, qui évoque la vielle. *La Castelmore* est un « air champêtre », « louré », évoluant aussi sur une basse en bourdon. Enfin, dans la tradition d'un François Couperin, Balbastre compose un rondeau à la française *La Lamoignon*, « gracieusement » en *la* majeur.

A. d. P.

JEAN BARRAQUÉ

Né à Puteaux, près de Paris, le 17 janvier 1928; mort à Paris, le 17 août 1973. Une mort prématurée n'a pas permis à ce compositeur d'exceptionnelle envergure de donner une œuvre abondante : trois heures et demie de musique en tout! Ce solitaire, étranger à toute concession et qui ne vécut que pour son art, apprit d'abord le piano et fut l'élève de Jean Langlais (harmonie, contrepoint et fugue), puis, de 1948 à 1951, d'Olivier Messiaen au Conservatoire de Paris. Dès cette période d'étude, il écrivit en musicien sériel, et restera inébranlablement fidèle à une technique de composition sur ce qu'il en viendra à appeler les « séries proliférantes » (prolifération de séries différentes dérivées d'une série initiale, et lui restant apparentées). Les auteurs de référence de Barraqué resteront Beethoven, Debussy (dont il réalisa une analyse magistrale de la Mer*), et Webern qu'il admira moins pour sa perfection formelle que pour la nouveauté de son langage. Des premières années date la monumentale* Sonate, *œuvre majeure du répertoire pianistique de ce second demi-siècle, et seule œuvre pour piano qu'ait léguée Barraqué. Hormis* Séquence *pour soprano, ensemble instrumental et percussions (1950-1955),* Étude *pour bande magnétique (1951-1954), et l'ultime* Concerto pour clarinette *(1968), c'est la* Mort de Virgile, *immense composition entreprise en 1956, qui constitue le véritable testament du musicien : la découverte du roman de Hermann Broch fut une révélation dont il ne cessa plus d'approfondir le sens en une série de commentaires et paraphrases. Il n'en put mener à bien qu'une partie (dont deux partitions,* ... Au-delà du hasard *et* le Temps restitué, *créées respectivement en 1960 et 1968). La maladie, la mort — « la musique c'est le drame, c'est le pathétique, c'est la mort », déclarait Barraqué — eurent entretemps le dernier mot.*

Sonate pour piano

Cette partition, dont les premières esquisses remontent au moment où Boulez signait sa *Seconde Sonate* (v. l'œuvre), et terminée en 1952, se présente comme un bloc monolithique en deux parties jouées sans interruption. Celles-ci, reposant chacune sur une famille de tempo (A rapide ; B lent) avec des sous-catégories internes, sont également caractérisées par l'alternance entre un style « libre » et un style « rigoureux », — au sens d'un écho à l'exergue de Beethoven à la *Grande Fugue* « tantôt libre, tantôt recherchée ». Ces deux types d'écriture, qui correspondent à l'opposition entre une pensée linéaire (début de la sonate),

et une texture très polyphonique, donneront lieu à des développements successifs avant d'aboutir à une synthèse dans la deuxième partie. La conception sérielle n'agit cependant jamais aux dépens de l'intelligibilité, — Barraqué ayant cherché à articuler le discours « en termes d'expression la plus directe et la plus efficace ». Dans ce but, des relations sont établies entre les différents niveaux d'organisation de façon à ce que chaque variation de tempo corresponde à un changement dans les intensités et les registres. C'est là la véritable signification du titre, volontairement général, qui ne garde de la « sonate » que son procédé d'opposition dialectique (groupes de tempos, types d'écriture, intensités, cellules rythmiques), ainsi que dans le couple son/silence, — ce dernier s'infiltrant progressivement jusqu'à « la désagrégation de la musique aspirée par le néant » (André Hodeir). Cette inéluctable trajectoire, d'une densité extraordinaire, est tout entière illustrée par cette parole de Jean Genet reprise par Barraqué à son compte : « Le génie, c'est la rigueur dans le désespoir. » La durée d'exécution de l'œuvre dépasse les trois quarts d'heure.

A.P.

BÉLA BARTOK

Né le 25 mars, 1881, à Nagyszentmiklos (Hongrie, aujourd'hui en Roumanie) ; mort à New York, le 26 septembre 1945. Initié au piano par sa mère, le remarquable praticien de cet instrument que deviendra Bartok reçoit ensuite l'enseignement de Laszlo Erkel, puis, à l'Académie royale de musique de Budapest, d'Istvan Thoman, un élève de Liszt ; il y travaille aussi la composition avec Janos Koessler. Dès 1900, Bartok se lie d'amitié avec Zoltan Kodaly : amitié qui portera ses fruits lorsque les deux compositeurs entreprendront une recherche commune sur les traditions musicales populaires, aboutissant à la publication de véritables sommes d'ethnomusicologie. En 1902, le musicien hongrois découvre les poèmes symphoniques de Richard Strauss, dont l'influence se conjugue d'abord avec un enthousiasme nationaliste qui donnera naissance à la première grande œuvre orchestrale, Kossuth. *Puis c'est la révélation de Debussy, dont l'influence éclipsera celle de Strauss (violente critique d'*Elektra, *en 1910). Mais, sa réputation de pianiste grandissant, c'est en 1907 que Bartok a été nommé professeur à l'Académie de musique de Budapest : son enseignement, concrétisé en 1908 par dix* Pièces faciles *pour le piano, trouvera son lointain aboutissement avec les plus célèbres* Mikrokosmos, *postérieurs d'un quart de siècle. Le compositeur atteint sa pleine maturité dans les années précédant la Première Guerre mondiale, avec des œuvres aussi notables que l'*Allegro Barbaro *pour piano ou que son opéra le* Château de Barbe-Bleue. *L'après-guerre confirmera l'évolution vers une originalité de plus en plus marquée — et un élargissement hors du cadre national —, tant dans le domaine de l'orchestre (avec les concertos notamment) que dans celui de la musique de chambre (l'extraordinaire série des quatuors à cordes, les œuvres pour violon et piano). Peu ou mal apprécié dans son propre pays, Bartok effectuera de nombreuses tournées à l'étranger pour faire connaître ses partitions, jusqu'aux derniers mois de 1940 où l'envahissement de la Hongrie par les nazis le contraindra à l'exil : il gagnera les États-Unis à l'invitation de l'université Columbia ; il y poursuivra ses travaux sur le folklore, multipliera les concerts sans rencontrer tout à fait le succès escompté. Celui-ci reviendra sur le tard, avec le* Concerto pour orchestre *écrit à la demande du chef Serge Koussevitzki. Mais Bartok, hanté par l'espoir d'un retour dans son pays, ne survivra pas aux atteintes d'une leucémie, dont il mourra au West Side Hospital de New York, — laissant certaines œuvres inachevées... Bartok a beaucoup écrit pour le piano, son instrument d'élection, et, à plusieurs reprises, dans des intentions didactiques. Cette partie de son œuvre, de haute qualité, est ici présentée. Signalons toutefois qu'il ne sera fait que mention de la* Sonate pour deux pianos et percussion, *destinée au futur « Guide de la musique de chambre » de la présente collection.*

Bartok et le piano

Les œuvres pianistiques de grands génies révolutionnaires tels que Beethoven, Liszt ou Debussy — pour ne citer que trois des modèles artistiques les plus importants de Bartok — sont en général très en avance, par leur nouveauté et leur maturité, sur les autres productions de la même époque.

Il en est de même chez Bartok, et ses compositions de grande envergure sont généralement un résultat, un développement des conquêtes en apparence plus modestes, réalisées au clavier. C'est pourquoi un examen attentif de sa vaste — et quelque peu inégale — production pianistique, comprenant quelque trois cents pièces, groupées en vingt-huit numéros d'opus (vingt-neuf avec la *Sonate pour deux pianos et percussion*), nous offre la meilleure perspective possible de ses méthodes compositionnelles et de la structure de ses réalisations plus ambitieuses. D'ailleurs, cette production comprend une quantité de musique des plus attrayantes et inclut chefs-d'œuvre majeurs, de l'*Allegro Barbaro* de 1911, qui fait date, à l'unique *Sonate pour piano*, de 1926. Evidemment, le sommet de ces quarante années de compositions pour clavier se trouve d'une part dans les six cahiers de *Mikrokosmos* terminés en 1937 et comprenant cent cinquante-trois pièces d'une valeur pédagogique sans rivale depuis les *Inventions* et *Préludes et Fugues* de Bach, d'autre part dans ce plus audacieux des dépassements du milieu pianistique, la *Sonate pour deux pianos et percussion* composée la même année. Bartok lui-même a dû considérer ces deux œuvres, chacune à sa manière, comme un aboutissement et une fin, — car il n'écrivit plus rien pour piano seul durant les huit années qui lui restaient à vivre.

En étudiant la musique pour piano de Bartok, il faut tenir compte de trois aspects dont les deux premiers s'appliquent, du reste, à toute son œuvre : son appartenance au peuple hongrois, son esprit authentiquement révolutionnaire, et enfin sa technique personnelle du piano. Ajoutons que les deux premiers aspects sont la cause principale de son traitement hautement original de l'instrument qui, à son tour, lui permit de donner une forme concrète à ses idées musicales.

Dès sa prime jeunesse, Bartok fut un patriote passionné et un « magyarisme » sans compromis marque son attitude artistique depuis le début de sa carrière, — comme en témoigne sa fameuse déclaration, d'une lettre datée du 8 septembre 1903, alors qu'il avait 22 ans : « Quant à moi, ma vie durant, en tout lieu, à tout moment et de n'importe quelle manière, je ne veux servir qu'une cause : celle du bien-être de la nation et de la patrie hongroise ». Cette attitude de don total à son pays ne l'entraîna cependant jamais au chauvinisme extrémiste et, plus tard, dans son travail de recherches folkloriques, il étudia avec un soin et une passion égales la musique de toutes les contrées avoisinant la Hongrie.

En effet, après une brève période où il fut sous le charme de Liszt et de Richard Strauss, il ressentit le besoin de reprendre le contact le plus étroit avec la musique alors peu connue des campagnes hongroises. A son insu, Liszt avait confondu la musique des Tziganes avec l'authentique folklore magyar, et Bartok, de concert avec son ami Kodaly, son cadet de moins de deux ans, fut le premier à révéler la véritable nature de la musique des paysans hongrois. Le résultat, à la fin de la vie de Bartok, fut une moisson de plus de 8 000 chants populaires de divers pays, surtout hongrois, roumains et slovaques, mais englobant également toutes les contrées balkaniques, et même la Turquie et l'Afrique du Nord.

Sa vie durant, Bartok s'efforça de démontrer par l'étude scientifique des éléments structurels mélodiques, rythmiques et autres, que ces chants populaires avaient tous des racines communes et, transcendant tout patriotisme local, de mettre un accent généreux sur la fraternité de tous les peuples.

Le compositeur réalisa bientôt que s'il voulait utiliser ces mélodies folkloriques (soit complètes, soit fragmentées en leurs cellules essentielles) autrement qu'en transcription littérale, les lois existantes de la musique classique et romantique ne conviendraient pas, et qu'il devrait inventer un langage mélodique, harmonique et rythmique entièrement neuf, libéré des formules d'école pour l'harmonie et des chaînes de la barre de mesure pour le rythme. Cela correspondait précisément à son propre tempérament révolutionnaire. Après ses premières grandes tournées folkloriques en 1905-1906, le choc décisif vint d'un voyage à Paris, entrepris l'année suivante avec son ami Kodaly, au cours duquel la connaissance de Debussy — tant de l'homme que de l'œuvre — le libéra définitivement du post-romantisme germanique. Il trouva les moyens techniques de réaliser la « synthèse musicale entre l'Orient et l'Occident », — une tâche pour laquelle, en tant que Hongrois, il se sentait prédestiné.

Tout d'abord, il fallait libérer la musique de l'harmonie tonale du système majeur/mineur. Pour cela, il fit appel aux modes anciens de la musique populaire, dont le plus primitif, la gamme pentatonique, lui permit d'émanciper quartes et quintes de longs siècles d'esclavage harmonique. Mais la richesse modale de la musique hongroise (et des pays voisins) dépassait même les vieux modes d'église et présentait une gamme aussi étrange que colorée, l'octave « acoustique » avec tierce et sixte majeures, septième mineure et quarte augmentée, Celle-ci, la quarte « lydienne », devait devenir le signe distinctif du langage du compositeur et la base de son sytème d'« axes » harmoniques, tel qu'il est exposé par Ernö Lendvai. Cette utilisation cohérente des douze sons de l'échelle chromatique est fondée par le cycle des quintes, — donc sur la résonance naturelle (contrairement au dodécaphonisme sériel). Chaque tonique possède deux relatifs virtuels (selon son mode supposé), dont chacun à son tour en possède deux autres. Ces deux relatifs sont toujours à distance de triton, se trouvant à une tierce mineure de part et d'autre de la tonique. Le triton devient donc l'intervalle névralgique, et deux tritons, à une tierce mineure d'écart, forment les deux « axes » de la « tonique ». Des paires d'axes semblables sont formées à partir de la « dominante » et de la « sous-dominante », et leur total englobe les douze demi-tons de la gamme chromatique. C'est pourquoi le triton tient toujours une place prééminente dans le langage musical de Bartok ; et pourquoi, également, le compositeur utilise indifféremment la dominante ou sous-dominante, soit de la tonique, soit du relatif. De fait, le système axial de Bartok représente une utilisation *tonale* du « total chromatique » bien plus convaincante que celle de Hindemith, et le seul système que l'on puisse opposer à son usage sériel, *non tonal* par Schoenberg. Bartok, remplaçant les fonctions tonales traditionnelles par d'autres entièrement nouvelles, agit en vrai révolutionnaire, et ce en dépit des attaques qu'il a subies et subit encore parfois.

Le rythme est d'un puissant secours pour Bartok. Il est développé depuis les deux antipodes de la musique folklorique : le récitatif mélodique libre, dont le compositeur tira un très original « rubato-parlando », et les rythmes de danses basés sur une « motorik » binaire, soit sur des groupes irréguliers de 5, 7, 9, 11 croches ou davantage. Dans certains cas, comme les fameux « rythmes bulgares » de *Mikrokosmos* (ou du *Cinquième Quatuor*), la mesure est divisée en temps inégaux tels que $3+3+2$ ou $4+3+2$, etc. Les combinaisons polyrythmiques complexes sont la contre-partie des rudes chocs polytonaux.

Le rythme pur apparaît pour la première fois avec une énergie déchaînée dans le célèbre *Allegro Barbaro* de 1911, puis règne en maître durant les années 1920 et 1930 (*Sonate pour piano, 1er* et *2e Concertos pour piano, Sonate pour deux pianos et percussion*). Comme d'autres éléments du dernier style de Bartok, il s'adoucit ensuite et devient moins prééminent.

Bartok apparaît toujours comme un maître de l'architecture musicale et, à ce point de vue, ses six *Quatuors* par exemple ont été justement comparés à ceux de Beethoven. Son sens minutieux, maniaque même, des proportions est illustré par le minutage exact de ses œuvres, à la demi-seconde près, souvent par brèves sections ! Mais une manifestation autrement importante de son sens de l'ordre se trouve dans son usage fréquent de la « Sectio Aurea » (la « Section dorée », 0,618), donnée par le rapport $\frac{A}{B} + \frac{B}{A+B}$. Dans toutes ses œuvres majeures, le point de la « Section dorée » coïncide avec un moment névralgique, point culminant ou (fréquemment dans les mouvements de Sonate) début de la réexposition. C'est le cas, par exemple, pour le premier mouvement de la *Sonate pour deux pianos et percussion*. Dans la même œuvre, si l'on compte le nombre total de croches, la « Section dorée » tombe exactement à la fin du premier mouvement (plus long en fait que les deux autres réunis) ! Un examen attentif révèle même la « Section dorée » à la base de plus petites unités constructives, de sections séparées, ou même, hors du cadre rythmique, dans le choix des intervalles mélodiques !...

Tout en témoignant d'une formidable évolution, la production de Bartok, à l'exception de quelques-unes des toutes premières œuvres, demeura toujours imprégnée d'éléments populaires. Ils sont, bien sûr, plus ou moins élaborés, et d'après les propres déclarations du compositeur, son biographe Serge Moreux[*] distingue six périodes de manières différentes, d'importance croissante, dans son usage du matériau populaire. Nous estimons préférable d'examiner les œuvres présentées ici d'après cette classification, plutôt que dans l'ordre strictement chronologique, — car durant toute sa vie Bartok produisit des arrangements très simples et directs de thèmes populaires, parallèlement à ses chefs-d'œuvre les plus complexes et les plus élaborés.

La première période, antérieure à 1905, montre une stylisation encore lisztienne des « verbunkos » (danses de recrutement) du XIXe siècle, — comme par exemple la *Rhapsodie pour piano et orchestre op. 1*.

***

La seconde, d'après Bartok lui-même, consiste à « munir la mélodie paysanne d'un accompagnement sans rien y changer, ou en la variant à peine, l'encadrant éventuellement d'un prélude et d'un postlude, ce procédé rappelant la façon dont Bach a mis en œuvre ses Chorals ». Cette manière largement employée entre 1907 et 1918 environ est illustrée par :

Trois Chants populaires hongrois
(Sz. 35)[**]

Composés en 1907, ces trois arrangements sont parmi les premiers essais de

---

[*] Ed. Richard-Masse, 1955.
[**] Les numéros sont ceux du catalogue thématique d'Andréas Szöllösy.

Bartok dans ce domaine. Les chants viennent du district de Csik, en Transylvanie Orientale et appartiennent donc au folklore *sicule (Székely),* dont Bartok s'inspira largement durant toute sa carrière. Les trois pièces notées d'après le jeu d'un paysan de soixante ans sur le « Tilinkó » (sorte de flûte) sont : *Rubato* — l'*Istessi tempo* — *Poco vivo.*

Pour les enfants (Sz. 42)

Il s'agit de quatre-vingt cinq pièces faciles composées en 1908-1909, et révisées peu avant la mort de Bartok. La version révisée ramena l'ensemble à soixante-dix neuf pièces groupées en deux livres au lieu de quatre, — le premier comprenant quarante chants populaires hongrois, le second trente-neuf slovaques. Conçue à l'usage des débutants, cette musique, comme le futur *Mikrokosmos,* désire les familiariser avec le langage musical moderne à la manière la plus amicale et discrète, en jetant ici et là un accord acide et dissonant ou un rythme irrégulier, tout en préservant l'esprit joyeux et spontané de la matière choisie. Une majorité d'airs de danse gais, de rythme binaire, est parsemée de quelques pièces lentes et méditatives, formant un contraste bienvenu. Les pièces sont presque toutes simples et brèves, la *Rhapsodie (no 36/37)* du Livre II faisant exception. Au total, ces deux livres apportent non seulement une matière pédagogique de premier ordre, mais ils sont d'une audition délicieuse.

*
**

La troisième manière étend l'harmonisation par le transfert de la chanson populaire dans les matières sonores ou des formes non originelles, préparant la transition vers le folklore « imaginaire ». Ce compromis des plus heureux entre musique populaire et artistique a suscité maints fruits savoureux, parmi lesquels :

Dix Pièces faciles (Sz. 39)

Elles furent composées à Budapest en juin 1908, peu après les capitales *Bagatelles op. 6.* Elles entrent dans la même catégorie que les deux cahiers *Pour les Enfants* (v. précédemment), et réalisent le même but qui est de familiariser les débutants avec le langage de la musique moderne de la manière la plus engageante. Après la « Dédidace » préliminaire, nous entendons successivement un « Chant Paysan » puis une pièce intitulée « Tressaillements douloureux » suivie d'une « Danse des gars slovaques », animée. Après une pièce sans nom (« sostenuto ») viennent une « Veillée chez les Sicules », un chant populaire du district de Gödöllö, un « Lever du Jour », un autre chant populaire, un exercice pour le doigté. Et le recueil se clôt par une gaie « Danse de l'Ours » qui, tout comme la « Veillée chez les Sicules », devait être transcrite plus tard pour orchestre et incluse par Bartok dans ses *Images Hongroises (Sz. 97)* de 1931.

Sonatine (Sz. 55)

La délicieuse *Sonatine,* l'une des pièces les plus justement populaires de Bartok, appartient également à cette catégorie. Ses trois brefs mouvements *(Joueurs de cornemuse — Danse de l'ours — Finale),* composés en 1915, tirent leur matière mélodique de Transylvanie, et furent orchestrés par Bartok en 1931, sous le titre de *Danses de Transylvanie.* Serge Moreux remarque à juste titre que cette œuvre charmante mériterait plutôt le nom de « Suite » alors que la *Suite opus 14* (voir plus loin), écrite l'année suivante, évoquerait plutôt une sonatine...

Six Danses populaires roumaines (Sz. 56)

Composées en 1915 et connues par-delà leur version pianistique originale dans une foule de transcriptions instrumentales et orchestrales, — comme l'une des œuvres les plus largement populaires de Bartok. C'est une petite suite très réussie, conçue en crescendo rythmique et dynamique, du début placide au « Maruntelun » (danse vive) final.

Chants de Noël roumains (« Colindes ») (Sz. 57)

Les *Chants de Noël roumains* ou *« Colindes »,* composés la même année, appartiennent également à cette catégorie. Il y a deux séries, de dix chants chacune. Un appendice donne les variantes plus élaborées de certains d'entre eux à l'usage des pianistes de concert. Les chants, dont les paroles suggèrent de curieuses survivances païennes (l'un d'eux nous parle même de la légende des neuf cerfs enchantés, qui devait inspirer à Bartok sa *Cantata profana*) proviennent de différents districts de la Roumanie de l'Ouest et du Nord-Ouest. La première série contient surtout des chants rapides, alors que la seconde en offre de plus recueillis.

Quinze Chants paysans hongrois (Sz. 71)

Les *Quinze Chants paysans hongrois*, de 1914/1918, sont l'un des plus beaux exemples de la troisième « manière ». Les mélodies furent recueillies entre 1907 et 1918 dans divers districts de Hongrie et de Transylvanie Sicule. Les n°s 1 à 4 sont de vieilles complaintes, le n° 5 est un Scherzo, le n° 6 une ballade (quasi Thème et variations), les n°s 7 à 15 une série de danses rapides culminant en un air de cornemuse sans paroles. En 1933, Bartok orchestra neuf de ces pièces sous le même titre de *Chants paysans hongrois*.

Trois Chants populaires hongrois (Sz. 66)

Les *Trois Chants populaires hongrois*, qu'il ne faut pas confondre avec les pièces *Sz. 35* commentées ci-dessus, faisaient partie à l'origine du recueil des *Quinze Chants paysans hongrois* (v. précédemment), et leur matériau fut également rassemblé entre 1914 et 1917. Mais Bartok les conserva inédits jusqu'en 1942, date à laquelle ils parurent dans un album collectif en « Hommage à Paderewski ». La première pièce « Le Paon » *(Andante tranquillo, rubato)*, est basée sur un chant tout différent de celui qui inspira Kodály pour ses célèbres *Variations du Paon* pour orchestre. La seconde, « Au champ de foire de Jánoshida » *(Allegro non troppo, un poco rubato)*, fait alterner librement des mesures à 2/4 et à 3/4. Quant à la dernière, « Le Lys Blanc » *(Maestoso)*, elle apporte une conclusion austère.

Petite Suite (Sz. 105)

La *Petite Suite*, écrite en 1936, et la dernière œuvre de Bartok pour piano seul à l'exception de *Mikrokosmos*, appartient à la même catégorie. Ses six courts mouvements ne sont qu'une transcription de quelques-uns des quarante-quatre *Duos pour deux violons (Sz. 98)* composés en 1931. Cette œuvre pittoresque et insouciante est une brève détente avant l'attaque de l'œuvre suivante, la formidable *Musique pour cordes, célesta et percussion*.

La quatrième manière est l'étape la plus élevée qui puisse être atteinte avec du matériau folklorique originel, le pas suivant menant au folklore « imaginaire ». Bartok décrit ce quatrième type : « Ici la mélodie paysanne joue uniquement le rôle de la devise, l'essentiel est ce qu'on met autour et au-dessous. Il importe que le vêtement musical dont nous habillons la mélodie puisse toujours être déduit de son caractère et de ses particularités musicales manifestes ou camouflées ; la mélodie et tout ce que nous y ajoutons doit donner l'impression d'une unité inséparable ».

Bien que certaines pièces des *Bagatelles op. 6 (Sz. 38)* et des *Esquisses op. 9b (Sz. 44)* puissent être classées dans cette catégorie, l'ensemble de ces recueils se rattache plutôt au groupe suivant, où nous les rencontrerons.

Deux Danses roumaines (op. 8a, Sz. 43)

Au contraire, les *Deux Danses roumaines* offrent un exemple superbe de ce style. Il ne faut point les confondre avec les *Six* (petites) *Danses populaires roumaines* Sz. 56, beaucoup plus connues (v. plus haut). Ici, il s'agit de deux pièces très développées, deux véritables « Rhapsodies de Danses », dont la seconde date de mars 1910. Bartok les joua pour la première fois le 12 mars 1910 à Paris. Ce sont des pièces très rapides, brillantes et difficiles, progressant au rythme d'une bonne humeur contagieuse, la première seule comportant une brève interruption sous forme d'un poétique « rubato-parlando » de rythme lent. Ces deux chefs-d'œuvre, aux harmonies aussi riches que neuves, furent orchestrés en 1939 par Leo Weiner.

Trois Rondos sur des thèmes populaires (Sz. 84)

Des *Trois Rondos sur des thèmes populaires*, les deux derniers furent composés en

1927 comme détente entre le *1er Concerto pour piano* et le *3e Quatuor,* mais le premier, datant de 1916, les précède de onze ans. Leur titre nous indique qu'ils sont écrits *sur* des thèmes populaires ; ils réalisent une synthèse remarquable des expériences de Bartok sur les formes strophiques. Ecrits respectivement en *ut* majeur, *ré* majeur et *fa* majeur, ils offrent une musique aimable et sans problème.

Huit Improvisations sur des chants paysans hongrois (op. 20, Sz. 74)

Les *Huit Improvisations sur des chants paysans hongrois,* écrites à Budapest en 1920 et créées dans cette même ville par le compositeur le 27 février 1921, représentent le plus haut sommet atteint par Bartok dans l'utilisation de folklore authentique, et l'une de ses avancées les plus audacieuses dans les zones musicales jusque-là inconnues. Avec les *Trois Études,* de peu antérieures (voir ci-dessous), elles témoignent du dur combat de Bartok avec les problèmes de l'atonalité, comme c'est le cas également du ballet expressionniste *le Mandarin Merveilleux* et des deux *Sonates pour violon et piano,* — ces œuvres datant toutes des années cruciales de 1918 à 1923.

Les huit pièces sont basées sur des chants populaires de diverses origines, certains, comme pour les *nos 1* et *4* notés par Bartok lui-même longtemps auparavant (district de Tolan 1907), les autres empruntés aux collections de ses collègues folkloristes Bela Vikar (*nos 2* et *5* du district de Zala, *no 6* de la région de Csik, *no 7* d'Udvarhely), Akos Garay (*no 3* du district de Szerém) et Laszlo Lajtha (*no 8* de Szilágy). Bartok use de ce matériau avec une liberté magistrale, le coulant dans une forme rhapsodique soigneusement équilibrée, comportant des variations reliées par de véritables développements. La présence du contrepoint souligne l'élaboration thématique hautement intellectuelle (mais jamais cérébrale ou desséchée). Les pièces rapides en forme de danses *(nos 2, 5, 6* et *8)* témoignent du même humour diabolique et sardonique que les épisodes apparentés *(le Prince de Bois* et *le Mandarin Merveilleux),* ou de la *Suite de Danses* pour orchestre de 1923.

Les deux premières pièces sont enchaînées, une danse rapide succédant à une mélopée lente, et les deux dernières offrent des liens analogues. Les *nos 3, 4* et *5* forment également un cycle ininterrompu, d'une animation croissante, alors que le *no 6,* un fantasque *Capriccio,* demeure isolé. Le *no 7,* profondément expressif, fut composé à l'origine à la mémoire de Claude Debussy et publié avec des hommages d'autres compositeurs, tels que Stravinski, Dukas, Falla ou Ravel, dans le *Tombeau de Claude Debussy (Revue Musicale* du 1er mars 1961).

Avec les *Improvisations,* Bartok atteignit à un tel sommet de son style pianistique, qu'il attendit six années avant d'entreprendre une autre œuvre pour clavier ! Ce devait être l'unique *Sonate* de 1926 (v. plus loin), qui appartient à l'univers fascinant du folklore « imaginaire ».

Cet univers, nous l'atteignons avec la cinquième manière, où le compositeur invente des thèmes dans la forme et l'esprit du langage des chants paysans, mais d'une création toute personnelle. Il utilise les tournures mélodiques et rythmiques spécifiques et, à l'aide d'une alchimie musicale poussée, obtient des résultats d'une stupéfiance authenticité. Leur traitement devient néanmoins d'une complexité croissante et, spécialement durant les années expérimentales cruciales (1920-1930), l'élément populaire est souvent réduit à de simples bribes rythmiques et mélodiques, parfois diaboliquement déformées. L'on considère généralement que cette manière s'ouvre brillamment par la *Suite de Danses* pour orchestre de 1923, mais elle connut au moins une prémonition extraordinaire avec le célèbre *Allegro Barbaro (Sz. 49),* composé en 1911. Néanmoins, plusieurs œuvres importantes écrites entre 1908 et 1911, se rattachent au moins partiellement à ce groupe :

Quatorze Bagatelles (op. 6, Sz. 38)

Les *Quatorze Bagatelles op. 6,* achevées à Budapest en mai 1908 et jouées pour la première fois à Berlin à la classe de piano de Busoni le 29 juin de la même année, sont une étape capitale tant dans la production de Bartok que dans l'histoire de la véritable musique hongroise. Kodaly qualifia ces pièces brèves, mais qui font date, de « renaissance de la mélodie et du rythme », et leur lucide audace incita Schoenberg à en citer des exemples dans son *Traité d'Harmonie,* — honneur exceptionnel puisque cet ouvrage ne contient par ailleurs que des citations de compositeurs germaniques! Les *Bagatelles* occupent la même place dans l'œuvre de Bartok que les *Pièces pour piano op. 19* dans celle de Schoenberg — celle d'une synthèse de toutes ses conquêtes antérieures, cristallisées de la manière la plus concise. De plus, elles impliquent mainte découverte future et, comme telles, forment une clé indispensable de toute son évolution créatrice. Il est vrai que certaines d'entre elles revêtent un caractère délibérement expérimental, ce qui ne les empêche pas d'être de l'admirable musique. Bartok lui-même désigna les n^{os} *1, 8, 9, 11* et *13* comme des « expériences ».

La première, dans un style très simple de chant populaire, est une étude sur le polymélodisme, ou plutôt sur la bitonalité, — la portée supérieure comportant quatre dièses à la clé, la portée inférieure quatre bémols. Lente et soutenue, la huitième « spécule » sur l'harmonie de septième majeure. La neuvième est une expérience de lignes mélodiques « nues », les deux mains jouant une mélodie aux arêtes aiguës, à l'unisson la plupart du temps. La onzième, une truculente danse populaire avec un épisode médian pensif, travaille sur les diverses possibilités de l'accord de treizième de dominante, tandis que la brève mais intense marche funèbre de la treizième (intitulée « Elle est morte ») étudie l'intégration harmonique sur pédale.

Bien qu'elles ne soient pas systématiquement consacrées à un problème particulier, les autres pièces ne sont pas moins intéressantes, faisant alterner des danses populaires souvent d'une ironie mordante *(n°s 2, 5, 7, 10)* et d'obsédants tableaux d'états d'âme impressionnistes *(n°s 3,* ou *12,* cette dernière offrant une stupéfiante prémonition du Bartok tardif avec ses notes répétées accelerando, qui suggèrent le xylophone dans le troisième mouvement de la *Musique pour cordes, célesta et percussion)*. La *4e Bagatelle* est un authentique vieux chant populaire, harmonisé en blocs d'accords massifs en mouvement contraire, à la manière d'un choral. La sixième est une pièce lente et désolée, dont le legato glissant évoque les *Nénies*, auxquels elle pourrait appartenir. Le recueil se termine par une valse sarcastique intitulée « Ma mie qui danse » qui, dans une libre élaboration orchestrale, devint plus tard le second des deux *Portraits*.

Faut-il le dire, ces révolutionnaires *Bagatelles* suscitèrent un flot de polémiques et d'hostilité, premières dans la très longue série d'attaques auxquelles Bartok eut à faire face durant sa carrière. Leur style si nouveau fut jugé comme manquant de mélodie (éternel refrain dans l'histoire de la musique!), et de construction, comme accumulant les dissonances, le désordre et l'incohérence... On alla jusqu'à leur dénier un véritable caractère hongrois! Mais aujourd'hui, elles se dégagent clairement comme les saines racines qui ont donné naissance à toute la musique hongroise moderne!

Sept Esquisses (op. 9b, Sz. 44)

Cependant, les œuvres « expérimentales » que Bartok écrivit à cette époque ne furent pas toutes également réussies.

Les *Sept Esquisses op. 9b*, composées entre 1908 *(n° 1)* et août 1910 *(n° 3)* ne réalisent pas tout-à-fait leur but, qui est d'une synthèse entre un impressionnisme transcendé (tel qu'il avait été parfaitement réalisé dans les merveilleux *Quatre Nénies* examinés plus loin), d'amples lignes mélodiques du type « rubato-parlando », et d'une modalité très instable.

Néanmoins, il y a beaucoup de bonne musique en cet opus beaucoup trop peu connu. La première pièce, *Andante con moto* intitulé « Portrait d'une jeune fille », est dédiée à Marta Ziegler, élève de Bartok, alors âgée de quinze ans et qui devait devenir sa première femme en automne 1909. La deuxième est un petit morceau que son titre « La Balançoire » définit pleinement. La troisième, qui développe une très belle mélodie rhapsodique en pur style « rubato-parlando », est dédiée à Zoltan Kodaly et à sa femme. La quatrième et la septième participent également de cette forme typiquement hongroise de libre récitatif mélodique, la septième annonçant le début du *Second Quatuor* par ses rythmes balancés, oscillant entre 9/8 et 6/8. La cinquième et la sixième, deux courtes danses, se rapprochent davantage encore des sources populaires, la première basée sur une authentique mélodie roumaine, tandis que la seconde est qualifiée « A la manière Valaque ».

Allegro Barbaro (Sz. 49)

L'*Allegro Barbaro* fut composé en 1911, mais créé en public dix ans plus tard, le

27 février 1921, par Bartok lui-même. Le titre seul résonne déjà comme une provocation et la frénésie rythmique de cette pièce appelait visiblement un scandale, ce qu'elle obtint. L'usage nouveau, percussif du piano par Bartok est révélé ici pour la première fois (la *Toccata* de Prokofiev est de la même année!) :

Aujourd'hui, l'*Allegro Barbaro*, pièce favorite des pianistes, apparaît purement classique dans sa stricte forme ternaire et son unité tonale (*fa* dièse).

Suite (op. 14, Sz. 62)

Rien d'expérimental ou de hasardeux, certes, dans la délicieuse *Suite opus 14*, l'une des œuvres pianistiques les plus parfaites et les plus appréciées de Bartok, composée à Rákoskeresztur en février 1916, à l'époque du *Prince de Bois*, et jouée pour la première fois par lui-même à Budapest le 21 avril 1919, le même soir que les *Trois Études* (v. ci-après).

La séquence de quatre courts mouvements suggère plutôt une sonatine. Chose étrange, le seul mouvement lent se trouve à la fin (un autre, qui devait succéder à l'*Allegretto* initial fut interrompu et rejeté).

Le premier mouvement, exemple parfait de folklore « imaginaire », doit son séduisant parfum rustique à l'usage de la gamme « acoustique ». Le spirituel et très difficile *Scherzo* dissimule, sous ses dehors de fraîche spontanéité, l'usage systématique d'une « série » de dix notes sous toutes ses formes :

Vient ensuite une âpre et fougueuse *Toccata*, sorte de mouvement perpétuel s'enchaînant sans interruption au mouvement lent final, sommet de l'œuvre entière, qui parvient à enfermer tout un monde d'intensité expressive en ses trente-cinq mesures, s'approchant fortement de l'admirable *Finale* du *2e Quatuor* alors en cours de composition.

Trois Études (op. 18, Sz. 72)

Les *Trois Études opus 18*, achevées en 1918, nous montrent Bartok au sommet de sa phase révolutionnaire, où il tend les liens rythmiques et harmoniques jusqu'à leur point de rupture. Elles montrent la continuité de l'ascèse bartokienne à son stade le plus ardu et leur âpreté reflète indubitablement l'amertume et le désespoir de la Hongrie des années 1918 à 1921. Bartok atteint ici au point où aucune retraite ne demeure plus possible devant le choix ou le refus également angoissants du chromatisme « total ». A trois cents kilomètres de là, le viennois Arnold Schoenberg élabore dans le secret les lois de la musique sérielle. Comme nous le savons, Bartok résistera finalement à la terrible tentation et, demeurant fidèle à son être foncièrement hongrois, choisira d'autres richesses, plus proches de la terre...

Ces *Études* sont trois pièces contrastées écrites à l'usage des virtuoses transcendants (tout comme les *Études* de Debussy). La première, *Allegro molto*, est une toccata en croches régulières, où les nombreux sauts mélodiques de septième et de neuvième, alliés à de grands blocs d'harmonies dissonantes, ajoutent à la tension créée par la violence rythmique. La deuxième, *Andante sostenuto*, évoque quelque rêve étrange, quelque paysage fluide et lunaire, comme d'un Debussy qui connaîtrait Schoenberg, mais relevé de lointains souvenirs folkloriques. La troisième, la plus libre dans ses fonctions tonales, est aussi la plus proche des sources populaires, avec son usage subtil de rythmes « rubato-parlando ».

Sonate pour piano (Sz. 80)

La *Sonate pour piano*, la seule qu'écrivit Bartok, fut composée en janvier 1926 après deux ans de silence, et semble confirmer et étendre les conquêtes de l'œuvre précédente. Cette œuvre solitaire, créée par le compositeur le 8 décembre 1926, demeure l'un de ses messages les plus âpres et les plus dénués de compromis. Sa concentration drastique et sa richesse d'invention, alliées à la maîtrise de la forme et à sa nouveauté en font l'œuvre la plus importante pour piano seul de Bartok et l'une des grandes sonates écrites depuis Beethoven, — ouvrant la voie à mainte œuvre récente, comme celle de Messiaen, Jolivet ou Boulez. Complexes tendus, impitoyablement dissonants et percussifs, d'un volume sonore quasi-orchestral, les deux mouvements extrêmes ne connaissent point de relâche, qu'il s'agisse de l'*Allegro moderato* initial, écrit en forme sonate concentrée et exprimant une sombre frénésie,

ou de l'*Allegro molto* final, un rondo libre, jouant avec des lambeaux élémentaires, des squelettes fantômatiques de mélodies populaires, et culminant en une strette orgiaque *(vivacissimo)*. Le mouvement lent, *Sostenuto e pesante*, d'un hiératisme impressionnant, sorte de sarabande solitaire et introspective, à la limite de la sécheresse, et écrite en stricte forme ternaire, n'apporte aucune détente. C'est là une Sonate faite de granit et de marbre noir, un chef-d'œuvre presque effrayant !

En plein air, suite (Sz. 81)

La suite *En plein air,* composée entre juin et août de la même année, et créée le même soir que la *Sonate,* est une série de cinq pièces (divisée en deux cahiers) dont l'écriture polyphonique et linéaire fait contraste avec le style percutant massif de la *Sonate*. Elle annonce le *1er Concerto*, et s'ouvre avec une pièce purement rythmique « avec tambours et fifres », suivie d'une poétique « barcarolla » aux relations tonales étonnamment libres. « Musettes » nous offre des ornementations mélodiques très étranges. Le second cahier débute par « Musiques nocturnes », une de ces évocations extraordinaires de la vie de la nuit, avec de curieux cris d'oiseaux, des froissements d'ailes ou de feuilles mortes, que seul Bartok pouvait écrire, et dont l'impressionnisme particulier se retrouve dans les mouvements lents des *4e* et *5e Quatuors* ou des *Concertos*. La « Poursuite » finale est une pièce très chromatique, dont l'allure précipitée accroît à la fois la sensation de panique et... la difficulté d'exécution !

Neuf Petites Pièces (Sz. 82)

En dernier lieu, dans cette catégorie, se présentent les *Neuf Petites Pièces,* composées en 1926, — cette merveilleuse année qui vit la reprise de l'activité créatrice de Bartok dans le domaine pianistique, illustrée par ces autres chefs-d'œuvre, la *Sonate (Sz. 80),* la suite *En plein air (Sz. 81)* et le *Premier Concerto (Sz. 83)*. Bartok créa les *Neuf Pièces* le même soir que la *Sonate* et *En plein air,* le 8 décembre 1926, à Budapest.

Divisées en trois cahiers, ces pièces, comme le *1er Concerto,* montrent pour la première fois la forte influence du contrepoint linéaire de J.S. Bach. Le 1er Cahier, en particulier se compose de *Quatre Dialogues,* en réalité quatre autentiques Inventions à deux voix que Claude Rostand a justement comparées à celles de Bach, soulignant que « l'écriture polyphonique de Bartok mêle lucidité et poésie, intelligence et sensibilité, de façon peu commune au XXe siècle ».

Le 2e Cahier contient un *Menuet*, un *Air* dont la polyphonie évoque des sources antérieures encore à J.S. Bach, remontant jusqu'à Frescobaldi ; puis une pièce sarcastique et dissonante intitulée *Marcia delle Bestie* (Marche des Bêtes), rappelant certaines parties du *Prince de Bois,* et enfin un très vivant *Tambourin*. Le 3e Cahier retourne aux claires sources du folklore, annoncées déjà dans le *4e dialogue* ou dans l'*Air*. Il ne contient qu'une pièce mais d'importante dimension, intitulée *Preludio-All'Ungherese,* en fait, une véritable rhapsodie hongroise avec une lente et rêveuse introduction menant à une danse animée et sans cesse accélérée. Cette pièce fut achevée en dernier lieu, le 31 octobre 1926.

**

Si cette cinquième manière, pour citer Bence Szalbolesi, utilise la musique populaire comme modèle de *style,* la sixième et suprême catégorie la prend pour modèle *spirituel*. Cette dernière manière correspond aux années d'ultime maturité et de classicisme universel de Bartok ; elle est représentée par ce chef-d'œuvre altier qu'est la *Sonate pour deux pianos et percussion**.

**

Il nous reste à mentionner encore quelques œuvres qui ne peuvent se classer dans

---

* Analysée dans : *Guide de la musique de chambre* (à paraître).

aucune des catégories énumérées ci-dessus, car elles ne montrent aucun lien évident avec le folklore :

Deux Élégies (op. 8b, Sz. 41)

Si les *Deux Élégies opus 8b*, composées respectivement en février 1908 et en décembre 1909, et jouées pour la première fois par Bartok le 21 avril 1919, sont d'une importance plutôt secondaire — le compositeur lui-même les ayant qualifiées d'ultimes « récidives de l'enflure romantique » —, on ne peut certes en dire autant des :

Quatre Nénies (op. 9a, Sz. 45)

Ces *Quatre Nénies opus 9a* furent terminées à Budapest en 1910, et créées dans cette même ville par Ernö Dohnanyi le 17 octobre 1917. Ces lents hymnes funèbres, d'une étrange fascination, avec leurs blocs d'accords profonds et translucides, et leur immense richesse d'invention harmonique, se rapprochent de façon extraordinaire de l'univers des *Préludes* de Debussy, au point d'évoquer fortement certains d'entre eux (la deuxième pièce suggère distinctement *Canope*). Mais les chefs-d'œuvre de Debussy sont postérieurs d'au moins quelques mois !

Trois Burlesques (op. 8c, Sz. 47)

Si ces morceaux profonds et impressionnants nous révèlent les sentiments les plus intimes de Bartok et le versant le plus sombre de son inspiration, les *Trois Burlesques opus 8c*, écrits à peu près à la même époque, apparaissent comme le reflet de sa bonne humeur la plus truculente. Ce sont trois vigoureux scherzos pianistiques débordant de vitalité juvénile et d'un humour splendide. Le premier composé en novembre 1908, une pièce bondissante et haute en couleurs, au rythme de valse très rapide sous-titré « Querelle », porte à sa dernière mesure l'indication « Pièce de Márta ». Le second, écrit en mai 1911 avec l'épigraphe très typique « un peu gris », est le plus foncièrement hongrois des trois, tant pour le rythme que pour la mélodie. De fait, Bartok l'orchestra en 1931 pour l'inclure dans ses *Images Hongroises*, en compagnie des cinquième et dixième des *Dix Pièces Faciles (Sz. 39)* et du deuxième des *Nénies (Sz. 45)*.

Le troisième « Burlesque » *(Molto vivo, capriccioso)*, datant de 1910, est une pièce plus précipitée encore que le $n^o 1$ et témoigne d'un brillant exceptionnel : ces trois merveilleux scherzos méritent décidément beaucoup plus d'attention, tant de la part des exécutants que du public, qu'ils n'en ont reçue jusqu'ici !

Enfin, c'est une place à part qu'il convient de réserver aux cent cinquante-trois pièces de *Mikrokosmos*, nec plus ultra du piano bartokien, — « macrocosme » et synthèse d'un art subtil et mûri sous toutes ses facettes.

Mikrokosmos, pièces progressives pour piano (Sz. 107)

Ce cycle important pour piano — important par l'ampleur de son projet pédagogique, important par sa valeur musicale — fut conçu par Bartok en plusieurs étapes : sur les cent cinquante-trois pièces qui le composent, les premières furent écrites dès 1926 ; mais la majorité ne vit le jour qu'à partir de 1932 (quarante pièces environ), en 1933-1934 (une autre quarantaine), et encore une vingtaine dans les années suivantes. Une centaine de pièces était composée en 1938, et les dernières furent intégrées dans l'ensemble en 1939. C'est en 1940, enfin, que parut à Londres la totalité des cent cinquante-trois pièces, — accompagnées en appendice de trente-trois exercices ainsi que de vingt-trois notices explicatives ; la publication à Budapest n'aura lieu qu'après la guerre, en 1951. Dès février 1937, Bartok avait joué pour la première fois publiquement, à Londres, vingt-sept pièces ; il en avait redonné seize de celles-ci à Budapest en mai suivant ; et, avant de quitter définitivement l'Europe pour les États-Unis, il en avait joué cinquante-deux en diverses circonstances. A noter que, pour ces différentes exécutions, il les regroupa le plus souvent sous forme de suites.

L'intention didactique est avouée : *Mikrokosmos* est, à peu près dans sa totalité, une sorte de *Gradus ad Parnassum* à l'usage du pianiste débutant. Dans sa préface de la première édition, Bartok précisa notamment : « Les quatre premiers cahiers de cet ensemble de pièces pour piano ont été écrits pour mettre à la disposition des commençants, jeunes ou vieux, un matériau embrassant dans la mesure du possible tous les problèmes qu'ils rencontrent durant leurs premiers pas. Les cahiers nos 1, 2 et 3 sont destinés à la première ou aux deux premières années. Ces trois cahiers diffèrent d'une méthode de piano, au sens traditionnel, par l'absence de toute description et de toute instruction sur le plan technique et théorique... Souvent, plusieurs pièces traitent du même problème, pour que la professeur et l'élève aient le choix*. Il est inutile d'étudier l'ensemble de toutes les pièces». Ces pièces — qui sont courtes (une seule dépasse trois minutes, deux dépassent deux minutes, beaucoup durent moins d'une minute) — se répartissent donc en six cahiers regroupant respectivement trente-six, trente, trente, vingt-cinq, dix-huit et quatorze pièces. Les deux derniers cahiers ont été conçus essentiellement pour la salle de concert, les quatre premiers étant à vocation plus spécifiquement pédagogique. Quel que soit le cahier, l'écriture est extrêmement condensée : chaque pièce fait affronter un problème technique ou d'expression musicale déterminée, que son titre ne précise pas forcément, mais dont la nature se révèle immédiatement. Les nos 13 *(Dans le style hongrois)*, 44 *(Mouvements contraires)*, 55 *(Triolets en mode lydien)* et 68 *(Danse hongroise)* sont écrits pour deux pianos ; cependant chacune des deux parties peut être jouée séparément. Les nos 77 *(Chant hongrois)*, 95 *(Chanson du Renard)* et 127 *(Nouveau chant populaire hongrois)* comportent une partie vocale facultative avec le texte.

Les commentateurs n'ont jamais omis d'établir le rapprochement, tout à fait justifié, avec le *Clavier-Büchlein*, écrit deux siècles plus tôt par Jean-Sébastien Bach à l'intention de Wilhelm Friedemann, et avec les *Douze Petits Préludes* pour les débutants. Pourtant, on ne sera pas sans remarquer une inspiration différente : les références, dans *Mikrokosmos*, sont nombreuses à des folklores (Europe centrale et orientale), à des cultures musicales (jusqu'à celle de Bali), à des formes (choral, canon, variation, etc.) et à des styles — un « hommage » à J.S. Bach (n° 79, et aussi, de façon évidente, n° 91), un autre à Robert Schumann (n° 80), d'autres encore à Couperin *(Bourrée* n° 117) ou à Gershwin *(Six Danses en rythme bulgare* n° 151) selon l'aveu de Bartok lui-même — qui semblent rassembler les

éléments épars d'une histoire pluriculturelle. Tout est inventé cependant, recréé à l'usage du pianiste apprenti, — haut apprentissage au terme du cycle. Trois pièces seulement, selon Bartok lui-même, représentent des arrangements directs d'airs populaires : trois des prodigieuses *Danses sur des rythmes bulgares* qui viennent en conclusion (et qui furent dédiées à Harriet Cohen, pianiste que Bartok découvrit à New York et qui le stupéfia par son extraordinaire instinct rythmique).

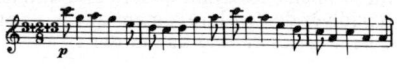

Et, ainsi que l'a noté un excellent biographe du compositeur, Janos Breuer, « dans les miniatures de *Mikrokosmos*, on retrouve la musique de Bartok dans ses dimensions universelles, comme macrocosme ».

Les musicologues ont souvent tenté, pour les commodités de l'analyse, de grouper par catégories les pièces de *Mikrokosmos*. Et il est vrai, qu'étant admis qu'on progresse à travers les cahiers du « très facile » au « très difficile », un tel procédé s'avère plus éclairant que la pure et simple énumération des pièces et des problèmes techniques à résoudre. Une distinction commune est celle entre les morceaux proposant une éducation, non seulement des doigts, mais de l'oreille (éducation aux dissonances, aux rythmes inégaux, à la polytonalité...), et celles qui enseignent des techniques et des formes de la musique proprement dites (harmoniques, syncopes, échelles, et aussi bien, menuet, scherzo, etc.). On répartit également *Mikrokosmos* entre pièces d'évocation poétique (telles *Mélodie dans le brouillard, Notturno* ou *Intermezzo*), pièces de caractère dans lesquelles Bartok déploie ses talents d'humoriste *(Grande Foire, Burlesque rustique* ou *Bouffon)*, celles enfin se référant aux danses et airs du folklore paysan tant aimé du musicien (entre Hongrie, Bulgarie, Transylvanie ou Russie, les titres ne laissent place à aucune équivoque). Mais il reste loisible d'explorer *Mikrokosmos* à travers quelques axes essentiels constituant la permanence du discours bartokien, — qu'on a pu considérer comme des constantes du langage remarquablement élaboré de ce musicien.

---

* Dont le propre fils du compositeur, Peter, qui, d'ailleurs, ne franchit pas les difficultés du quatrième cahier.

Un « axe » important est l'axe tonal, dans lequel Bartok fait montre d'une singulière originalité. Chez Bartok, le concept de tonalité demeure vivant selon la tradition, mais la notion de « relatif » s'étend aux douze sons chromatiques : la mineur n'est pas le relatif d'*ut* majeur, mais *la-mi* devient relatif d'*ut-sol*. Ce qui représente un intéressant enrichissement du système tonal classique, — au-delà de toute révolution dodécaphonique. Ainsi les douze notes constitutives de la pièce n° 135 — *Perpetuum mobile* — ne doivent-elles rien au procédé schönbergien, de même que l'altonalisme qui paraît imprégner l'*Invention chromatique* (n° 91), ou *Staccato* (n° 124), n'est qu'une manifestation de tonalité poussée à ses dernières limites. Ces notions un peu abstraites trouvent une plus concrète illustration dans une pièce telle que *Dans le style d'un chant folklorique* (n° 100), dans laquelle une sorte de contrepoint des douze sons vient en réponse à la mélodie populaire, diatonique, qui y est utilisée.

Autre « axe » : l'opposition majeur/mineur n'est jamais employée pour elle-même, mais simplement évoquée dans les accords d'une pièce comme *Mélodie avec interruptions* (n° 83), ou dans *Mélodie dans le brouillard* (n° 107). De nombreuses pièces, par ailleurs, adoptent les échelles pentatonique (ainsi *Mélodie pentatonique*, n° 61) ou heptatonique (ainsi *Gaieté*, n° 84), de même que les modes anciens (mode dorien de *Question et Réponse*, n° 14, et de *Dans le mode dorien*, n° 32 ; mode phrygien dans *Canon à l'octave*, n° 28, et de *Dans le mode phrygien*, n° 34). La bitonalité typiquement bartokienne (superposition de deux tonalités voisines sans que s'en trouve affectée la tonalité principale) apparaît à l'évidence dans des pièces telles que *Syncopes* (n° 133) et *Perpetuum mobile* (n° 135). Ce ne sont là — bien sûr — que des exemples épars qui pourraient être multipliés. On rencontre aussi la gamme par tons entiers (n° 136), et la gamme orientale (n° 58).

Un « axe » plus secret, plus mystérieux, enfin, réside dans le symbolisme des nombres, avec l'emploi, très cher à Bartok, de la fameuse « section d'or » comme principe de construction (rythmes, intervalles, mouvements)* : on ne s'y attardera pas ici, — simplement pour citer les *Variations libres* du n° 140, dont les cinquante et une mesures de la première partie terminée *Molto più calmo* sont en relation conforme à la section d'or avec les quatre-vingt-deux mesures que comporte ce morceau.

Pour terminer, il est utile d'indiquer que Bartok lui-même procéda à deux séries de transcriptions. Sept pièces furent transcrites pour deux pianos (numéro *Sz. 108*) : n° 113 *(Rythme blugare)*, n° 69 *(Étude d'accords)*, n° 135 *(Perpetuum mobile)*, n° 123 *(Staccato et Legato)*, n° 127 *(Nouveau Chant populaire hongrois)*, n° 145 *(Invention chromatique)* et n° 146 *(Ostinato)*. Par ailleurs, Tibor Serly a réalisé un arrangement sous forme de suite orchestrale des pièces n° 139 *(Joyeux André)*, n° 137 *(Unisson)*, n° 117 *(Bourrée)*, n° 142 *(Ce que raconte une mouche)*, n° 102 *(Harmoniques)*, n° 151 et 153 *(Danses bulgares)* ; ainsi que de cinq pièces sous forme de quatuor à cordes : n° 139 *(Joyeux André)*, *n° 102 (Harmoniques)*, n° 108 *(Lutte)*, n° 116 *(Mélodie)* et n° 142 *(Ce que raconte une mouche)*.

Pour une analyse plus détaillée du *Mikrokosmos* on consultera avec profit l'ouvrage en langue anglaise de Benjamin Suchoff : *Guide to Bartok's Mikrokosmos* (Boosey & Hawkes, Londres, 1971).

H.H.

---

* Voir, en particulier, *Musique pour cordes, percussions et célesta*, in : *Guide de la musique symphonique*.

LUDWIG VAN BEETHOVEN

Né à Bonn, le 16 (ou 17) décembre 1770 ; mort à Vienne, le 26 mars 1827. Ses dons pour la musique furent précoces, et son père, Johann, qui exerçait à la Chapelle de l'électeur de Cologne, le contraignit, après des études générales fort sommaires, à une formation musicale d'un rythme effréné : Christian Gottlieb Neefe, organiste de la Cour, fut le premier maître sérieux de Ludwig qui, à quatorze ans, était nommé deuxième organiste de la Chapelle électorale. Envoyé à Vienne pour y travailler avec Mozart — mais leur rencontre demeura sans résultats —, le jeune homme en revint pour s'inscrire à l'univer-

sité de Bonn où il étudia la littérature et la philosophie allemandes. Mais, en 1792, Beethoven quitta définitivement sa ville natale pour suivre Haydn à Vienne : il y fut adopté aussitôt par l'aristocratie mélomane, — travaillant par intermittences avec Haydn (dont il prit congé avec les trois Sonates pour piano op. 2) et, non moins sporadiquement, avec des maîtres tels qu'Albrechtsberger et Salieri. C'est l'époque — mondaine — à laquelle sa personnalité, enrichie des connaissances techniques nécessaires, se forgea ; Beethoven était alors un pianiste d'une virtuosité extraordinaire, inventive et profonde à la fois ; ses improvisations arrachaient, selon Czerny, « larmes » et « sanglots » à ses auditeurs. Hormis des voyages à Nuremberg, Prague, Dresde et Berlin, il ne quitterait pratiquement plus Vienne à partir de 1796. Les premières années furent heureuses et virent naître, outre les deux premières Symphonies, plusieurs Sonates pour piano (jusqu'« à l'illustre op. 27 n° 2, dite « Clair de lune »). C'est en 1802 que le drame éclate : une déception sentimentale, la surdité naissante conduisent Beethoven au désespoir, — que traduit un document bouleversant, le « testament d'Heiligenstadt ». L'idée de suicide hante le musicien, — qu'il surmontera par la pleine conviction de sa mission artistique. D'où un travail acharné en dépit de l'abattement, de l'instabilité matérielle et d'une solitude croissante. En dépit également d'une célébrité devenue universelle (visites de Rossini, de Schubert, de Weber, ou du tout jeune Liszt), et de l'adoucissement des figures féminines qui traversent sa vie. Beethoven, muré de silence, sombre alors dans la misanthropie : en 1824, les triomphes de la Missa solemnis, comme de la Neuvième Symphonie, le laisseront insensible. Entre les deux, les Trente-trois Variations sur une valse de Diabelli, œuvre monumentale, visionnaire, pour le piano : là encore, un « testament ». A partir de 1825, le compositeur n'échappe plus à la maladie, mais semble atteindre un ultime équilibre fait d'indifférence au succès et de grand apaisement ; il se consacre tout entier aux derniers Quatuors. Il mourra deux ans plus tard, victime d'une double pneumonie, pendant un violent — très symbolique — orage. A ses obsèques, un cortège de vingt mille personnes, — parmi lesquelles Schubert. Ses restes seront exhumés et transférés au Cimetière central de Vienne, aux côtés de Mozart... Le génie beethovénien ne se contente pas de définitions sommaires : aux confins des univers « classique » et « romantique », son œuvre elle-même semble échapper à l'histoire ; par là même, l'habituelle répartition en « périodes », pour pratique qu'elle soit, peut s'avérer fallacieuse. Mais il se trouve que l'œuvre de piano permet de reconstituer assez sûrement un itinéraire spirituel, et les étapes d'une pensée toujours novatrice : des premières Sonates « haydniennes » à l'Opus 111 et aux Variations Diabelli, peu de discontinuités. C'est à l'impressionnante série des trente-deux Sonates qu'on se consacrera d'abord ; seront présentées ensuite les plus importantes Variations, puis tout un ensemble de pièces (les Bagatelles, les Rondos, etc.) dont la valeur n'est pas à mésestimer, malgré leur moindre notoriété.

LE PIANO BEETHOVÉNIEN

On l'a dit, répété à satiété : Beethoven a fait accomplir à l'écriture du piano de son temps — et au piano tout court - un pas de géant. Tout ce que Beethoven reçut de Haydn ou de Mozart (sans parler d'un Carl Philipp Emanuel Bach ou d'un Muzio Clementi), il en a réalisé une extension telle que plus d'un auteur n'a pas hésité à employer le mot de « révolution » ; et d'autres n'ont eu de cesse de souligner sa modernité : « Par son attitude vis-à-vis de l'instrument*, Beethoven anticipe sur les préoccupations actuelles. Sur ce plan comme sur beaucoup d'autres, il reste un *compositeur contemporain* » (Claude Helffer). Ne démentons pas le jugement. Toutefois, tempérons-le : Beethoven a essentiellement ouvert la voie au *piano romantique* par des acquisitions progressives, une évolution constante de son « style » et, simplement, de sa personnalité de musicien. Ainsi, par exemple, la soumission de toute virtuosité aux exigences de sincérité de l'inspiration et, surtout, du lyrisme ; ainsi, encore, la

---

* Beethoven, ce « souverain incontestable de l'instrument » (Igor Stravinski). Sans oublier que ses œuvres anticipèrent largement la facture de cet instrument : il fallut attendre plusieurs décennies après sa mort pour rencontrer des pianos (et des pianistes) qui soient vraiment à la hauteur, notamment, de la *Sonate Hammerklavier*.

conception quasi symphonique du clavier, à suggestions proprement orchestrales : tout un orchestre y semble retentir, et chacun de ses instruments y conserver sa couleur et son mode d'expression ; ainsi, pour terminer, l'émancipation des formes conventionnelles, pour aboutir à de nouveaux critères d'organisation logique n'ayant que l'apparence de la fantaisie : ceux d'une liberté conquise sur le passé, en somme, et offerte à l'avenir du piano, — à l'avenir de toute la musique.

Avant de gravir les sommets des trente-deux *Sonates* et des plus belles *Variations,* écoutons les conseils d'humilité dus à celui qui fut — et reste au disque — un beethoven profond, souvent inspiré, le pianiste Wilhelm Kempff :... « Beethoven doit être éprouvé. Eprouvez-le, ainsi vos auditeurs l'éprouveront aussi. Beethoven réclame des exigences incalculables en ce qui concerne la dextérité du pianiste. Il exige de la main des prouesses qui ne peuvent être acquises que par des années d'efforts. Et ce qui est étrange, c'est que dans chacune de ses grandes *Sonates,* de nouveaux problèmes techniques apparaissent, qui ne sont pas résolus par le travail acquis jusque-là... Une fois rassemblé le matériau technique, nous pouvons aller pleins de confiance à la conquête de l'univers beethovénien. Mais alors, puisqu'il s'agit d'un monde, on ne peut le conquérir en un jour...* »

LES TRENTE-DEUX SONATES

Elle tracent, dans la carrière du compositeur, une immense et continue trajectoire : ceci — nous objectera-t-on — est une vue de l'esprit. Cependant la classification par « périodes », ou par « styles », communément admise est-elle plus convaincante ? On en distingue trois (conformément à une formule emphatique de Liszt, — « l'adolescent, l'homme, le dieu » !) : ainsi les trente-deux *Sonates* se distribueraient-elles en quinze dans la première période (jusqu'en 1802), onze dans la deuxième (1802-1814), et six dans la dernière (1814-1827). Pour pratique qu'elle soit, et ne faussant aucun des faits beethovéniens (nous y ferons d'épisodiques allusions par la suite), cette distribution relève d'une approche musicographique assez superficielle, — et qu'il est utile aujourd'hui de contester.

Relevons, pour notre part, ces quelques réflexions du pianiste Alfred Brendel** : « Les Sonates pour piano de Beethoven sont uniques à trois égards : 1. Elles reflètent toute l'évolution de son génie jusqu'à la composition des derniers Quatuors. Les *Variations Diabelli* et la dernière série des *Bagatelles* viennent compléter le tableau. 2. Elles ne contiennent pas d'œuvres mineures, — ce qui les distingue des œuvres à variations, assez inégales. 3. Beethoven ne se répète pas dans ses Sonates. Chaque œuvre, chaque mouvement est un nouvel organisme ».

Sonate n° 1, en *fa* mineur (op. 2 n° 1)

Cette première « Grande Sonate » — ainsi fut-elle qualifiée par les contemporains*** — appartient au recueil de l'*Opus 2* comportant également les deux Sonates suivantes, — toutes trois dédiées au « docteur en musique » Joseph Haydn. Composées entre 1794 et 1795, elles furent publiées à Vienne chez Artaria en mars 1796, avec la mention « pour clavecin ou piano-forte », après avoir été jouées par l'auteur devant Haydn au cours d'une soirée musicale chez le prince Lichnowsky. Les jugements furent élogieux, sauf, peut-être, celui de Haydn, bien obligé de reconnaître le talent de son « élève » tout en lui conseillant de « s'instruire encore ». Mais on sait de quelle ambiguïté furent marqués les rapports entre un maître respecté, et quelque peu distant, et l'élève trop doué pour ne pas un jour lui porter ombrage.

Brigitte et Jean Massin**** font remarquer que Beethoven aurait plus tard une prédilection particulière pour cette œuvre, en la plaçant en tête d'une série des Sonates en mineur exprimant des états psychologiques comparables. La *Sonate en fa mineur* comprend encore un menuet de forme classique (avec trio), — tandis que son *Adagio* représente l'enrichissement d'un quatuor en *ut* majeur écrit vraisemblablement dès 1785.

---

* In : *Beethoven* (Librairie Hachette, Paris, 1961).
** A. Brendel, in : *Réflexions faites,* « Forme et psychologie dans les Sonates pour piano de Beethoven » (Éd. Buchet/Chastel, Paris, 1979).
*** Rien d'essentiel ne signale antérieurement dans la production pour piano seul. Les *Variations sur un thème du comte Waldstein* sont sans doute la seule partition intéressante qu'on puisse retenir : voir plus loin, dans ce même volume ; voir également à *Sonatines.*
**** B. et J. Massin, *Ludwig van Beethoven* (Éd. Fayard, Paris, 1967).

Les quatre mouvements se succèdent ainsi :
Allegro, Adagio, Menuetto, Prestissimo.

1. Allegro (à 2/2) : c'est donc le ton sombre et tourmenté de *fa* mineur (*fa* mineur — notons-le — qu'empruntera la célèbre *Appassionata,* et que cette première Sonate semble parfois préfigurer) qui inaugure le mouvement initial, d'une facture très classique et concentrée. Cependant le premier thème, qui se présente d'emblée en anacrouse, paraît fortement imprégné d'esprit mozartien*, dans l'élan juvénile d'un arpège ascendant, en staccatos, venant conclure sur un énergique triolet de doubles croches :

Quatre fois, Beethoven répète ce triolet jusqu'à atteindre — mesure 7 — un *ff* qui se résout en point d'orgue. Le thème secondaire intervient rapidement, en *la* bémol majeur, — qui ne fait que développer le thème principal en legato, par renversement. L'exposition est conclue, *con espressione,* par un motif contrastant, en *la* bémol. Magistralement conduit, le développement paraît prendre appui sur le second thème, tout en conservant le triolet caractéristique du premier, qui semble s'émietter. La reprise rassemble tous les thèmes en mineur, et la courte coda, bâtie sur le motif « con espressione », amène une série d'accords alternant fortissimo et sforzando, — dont les trois accords *fa — mi — fa* péremptoires, d'un dramatisme accentué.

2. Adagio (à 3/4, en *fa* majeur) : aux tensions inquiètes du premier mouvement succède l'accalmie d'une longue méditation. La forme lied en domine le parcours, — avec un thème, *dolce,* mélodiquement persuasif :

Sans tarder, ce thème est repris en doubles croches, tout en conservant son gruppetto sans afféterie. La diversité thématique est introduite par le jeu des doubles croches, puis le déroulement de triples croches à la main droite, — qui s'épanouit sur l'étendue de trois octaves. A la fin, toutefois, l'intrusion de *ré* bémol dans l'ultime énoncé du thème provoque une dissonance d'un effet presque douloureux, et qui place une énigme sur l'apparente sérénité de tout ce morceau.

3. Menuetto : Allegretto (à 3/4, en *fa* mineur) : d'allure modérée, il prend également un caractère désenchanté. Il comporte deux parties, — dont la seconde entraîne un unisson des deux mains auquel succède l'échange du thème à la main gauche, tandis que la main droite trille d'abondance, pour conclure rapidement, *pp,* de la dominante sur la tonique. Le trio intermédiaire s'oppose par sa légèreté fluide et délicate (en *fa* majeur).

4. Prestissimo (à 2/2, en *fa* mineur) : l'indication *Prestissimo* du finale de cette Sonate n'est pas des plus courantes (Mozart ne l'a jamais employée), et marque une intention du musicien, non point d'originalité à tout prix, mais d'exploitation la plus poussée des possibilités expressives du piano-forte de l'époque, — en particulier dans le déferlement de petites notes crépitantes. Le premier thème, qui retrouve le sombre *fa* mineur du mouvement initial (et résonne d'ailleurs sur les trois notes *fa - mi -fa* déjà signalées, qui le terminaient), martèle furieusement la double alternance *p* et *f* d'accords précipités :

Une courte phrase mélodique en adoucit momentanément l'impétuosité. Le second thème est tout entier dominé par les figures rapides de triolets enveloppant une simple succession d'accords déclinants, dans une tonalité mélancolique et quasi schubertienne. Retour en force du thème principal, avant la répétition complète de cette première partie. Lui succède, en place de développement, une nouvelle idée mélodique, en *la* bémol majeur, indiquée *sempre piano è dolce,* d'un lyrisme intime et dépouillé. Mais le rythme haletant du *Prestissimo* s'impose à nouveau : « ... des membres épars de cette mélodie sont engloutis dans le ressac toujours plus violent du thème principal ; et le mouvement s'achève dans une agitation passionnée » (Paul Badura-Skoda), — le thème obstinément scandé

---

* Paul Badura-Skoda indique son affinité avec le thème du final de la *40e Symphonie* en sol *mineur* de Mozart, in : *Les Sonates de Beethoven,* par Paul Badura-Skoda et Jörg Demus (Éd. J.-C. Lattès, Paris, 1981). Ouvrage de la plus grande utilité pour la connaissance du piano de Beethoven et pour son interprétation. Lorsque nous citerons l'un ou l'autre de ces auteurs (par ailleurs pianistes connus), c'est à ce livre qu'il sera fait implicitement référence.

par la main gauche, la main droite déversant des gerbes de triolets dont la dernière retombe sur l'intervalle de quatre octaves. Ultime chute confirmant le caractère sombre, comme rageusement désespéré, de cette première Sonate.

Sonate n° 2, en *la* majeur (op. 2 n° 2)

Si la *Sonate op. 2 n° 1* donnait à entendre un Beethoven tourmenté, ombrageux, celle-ci, composée et présentée publiquement dans les mêmes circonstances (v. précédemment), semble d'un tout autre esprit, — à peine, pourrait-on croire, écrite par le même homme. Au lieu du sombre *fa* mineur, le ton lumineux de *la* majeur, et, comme pour effacer l'impression de violence et de douleur mal contenue que donnait l'œuvre précédente, l'extériorisation d'une sorte de joie limpide, sans réticence aucune, — le bonheur de composer pour son propre plaisir. Non sans l'espoir, également, de plaire à son « maître » Haydn, pris ici comme modèle avoué. Les commentateurs l'ont souvent souligné : cette Sonate « révèle un hommage conscient à Haydn » (Jörg Demus), jusque dans son *Scherzo*, apparaissant pour la première fois, conservant quelque chose de la robustesse souriante des Menuets haydniens. Les quatre mouvements sont : *Allegro vivace, Largo appassionato, Scherzo* et *Rondo* (ce dernier particulièrement développé).

1. ALLEGRO VIVACE (à 2/4) : le premier mouvement débute par une attaque des deux mains à l'unisson, couvrant l'octave (*la -la*) avec une double chute de quarte et de quinte, puis répété par réduction à l'intervalle de septième (*la - si*) :

De ce thème, et de sa figure de triples croches omniprésente, l'idée adjacente prend le contre-pied en regrimpant le même intervalle en double octave. Rien de plus clair, de mieux affirmé que cette entrée en matière, qui combine ensuite ces deux éléments thématiques pendant trente-deux mesures. Sur quoi quelques mesures indiquées *Rallentando* amènent un second thème contrastant, *espressivo,* d'essence mélodique mais d'ambitus étroit, — dont les tendances chromatiques s'opposent au diatonisme initial. Après la reprise de cette exposition conclue sur de doux accords de *mi* majeur, puis en mineur, l'attaque du thème de départ se fait avec autorité (*ut* majeur), — ouvrant le développement. Celui-ci, modulant d'abondance, réaffirme la suprématie de ce thème, réintroduit son complément, puis retrouve le ton de *la* majeur pour faire chanter, sur un *Ritardando,* la mélodie du second thème. Retour en force du thème initial, conclu sous forme cadentielle, avant la reprise complète de cette partie développement.

2. LARGO APPASSIONATO (à 3/4, en *ré* majeur) : confession d'hésitations se muant en certitudes, selon les uns, expression sublimée d'une plongée dans les abîmes de l'être universel, selon d'autres ; ce très beau mouvement, animé — il est vrai — d'intense ferveur, se signale par son écriture chambriste, — comme conçue pour les voix combinées du quatuor à cordes. Les accords tenus initiaux, sur l'immuable staccato de la basse, en font foi. Ces accords sont répétés avec insistance, interrompus régulièrement par un cantabile d'une grande noblesse, en successifs sforzandos. Ultime proposition des accords en mineur, dans un véhément fortissimo. Mais on revient au chant profond, intériorisé, du début, qui s'évanouit dans les notes graves du piano.

3. SCHERZO : ALLEGRETTO (à 3/4) : un scherzo, donc, à la place déjà du menuet classique, — remarquable par sa légèreté piquante, avec son « faux » quartolet de doubles croches répétées auxquelles répondent des accords discrets de la main gauche :

Un bref épisode mélodique, en *sol* dièse mineur, s'intercale avant la reprise. Le trio, en *la* mineur, annoncé par un spirituel *sol* trillé, a plus de robustesse, la vigoureuse scansion d'un Ländler. L'ensemble est répété da capo.

4. RONDO : GRAZIOSO (à 4/4) : la forme rondo - A B A C A B A avec coda — est caractéristique. Et non moins digne d'attention l'immense arpègement inaugurant le mouvement, — culminant sur un triple *mi* à l'aigu, puis tombant sur *sol* en un considérable intervalle de treizième. L'esprit peu conformiste d'un Haydn est bien présent. Le thème principal (*la* majeur) joue à profusion de cette désinvolte entrée en matière, et fait paraître l'épisode B sous forme de variations en guirlandes de doubles croches, qui passent bientôt à l'accompagnement. L'épisode C, qui s'impose brutalement en mineur, fortissimo et *sempre staccato*, rythme énergiquement des séries de triolets incisifs. La longue coda se divertira de l'arpège initial du mouvement, échangé vivement entre les deux mains, et citera de nouveau le puissant rythme de C ; après une volubile cadence, elle viendra s'éteindre sur un doux accord dans le ton principal.

Sonate n° 3, en *ut* majeur (op. 2 n° 3)

Composée et jouée pour la première fois par Beethoven dans les mêmes circonstances que les deux premières Sonates, elle est bâtie sur le même moule, — soit en quatre mouvements : *Allegro con brio, Adagio, Scherzo-Allegro, Allegro assai*. Elle est particulièrement brillante et virtuose.

1. ALLEGRO CON BRIO (à 4/4) : cette virtuosité éclate dès les premières mesures avec la répétition rapide et brusquée de tierces en doubles croches, qui confère au motif initial tout son dynamisme :

Dynamisme accentué par un jeu vivement syncopé entre main droite et main gauche (souligné de sforzandos), dans les mesures 8 à 12. Le second thème déploie, au contraire, son lyrisme en un legato — *dolce* — d'une grande plénitude : « C'est comme lorsqu'on pénètre par un beau jour d'été dans une forêt », estimait un grand interprète de Beethoven, le pianiste Edwin Fischer. L'animation véloce du premier thème reprend toutefois le dessus : abondance des trilles, des sauts, des indications de nuances opposées (*pp* — *ff*). La reprise précède un développement encore plus brillant si possible, qui sera conclu par une cadence (terminée elle-même sur une descente chromatique de triples croches) et l'affirmation très nette du thème initial.

2. ADAGIO (à 2/4, en *mi* majeur) : *mi* majeur propice à un climat de méditation ardente : « Les morceaux que Beethoven a écrits en *mi* majeur ont souvent quelque chose d'éthéré, tout à la fois mystique et mystérieux... Tous commencent sur le troisième degré — médiante — et dans le registre chaleureux du médium ; et ce, depuis l'*Adagio* de cette *Sonate op. 2 n° 3* jusqu'aux finales des *Sonates op. 90* et *109**, en passant par le *Largo* du *Troisième Concerto pour piano* » (Paul Badura-Skoda). Un thème doux, très recueilli, succède en *mi* mineur, indiqué *sempre legato* : ligne mélodique à la main gauche, accompagnement en triples croches à la droite, — qui manifestera plus tard son indépendance en passages fortissimo. Le retour du thème premier débouche sur une affirmation à pleine puissance (*ff*) de son dessin de doubles croches, en *ut* majeur (tonalité principale de l'œuvre). Contraste de la reprise du *sempre legato* du thème adjacent, peu à peu attiré vers le *mi* majeur initial. Tout s'achève dans un pianissimo apaisant « l'extrême tension interne de cet *Adagio* » (selon l'expression de Paul Badura-Skoda).

3. SCHERZO (*Allegro* à 3/4, en *ut* majeur) : l'animation du premier mouvement domine, — plus légère, plus piquante toutefois. Entrées successives, en petit fugato aux deux mains, du spirituel dessin mélodique, sur des notes bien détachées. Le trio, arpégé et lié par la main droite sur de simples accords de la gauche, précède une reprise da capo du *Scherzo* ; la coda conclusive, commencée sur quelques *ff*, introduit d'évanescents *pp* surmontant un sourd martèlement de la main gauche, — qui s'évapore...

4. ALLEGRO ASSAI (à 6/8, en *ut* majeur) : dans la forme du rondo de sonate, — avec un thème-refrain s'envolant vers l'aigu par succession précipitée de sixtes parallèles, et un thème-couplets diversifié, paraphrasant en partie le thème-refrain. Extrême variété des figurations mélodiques et rythmiques (en staccato), — tenant lieu de développement où s'insère une sorte de bref choral — *dolce* — « qui représente alors, dans la littérature pianistique, quelque chose de tout à fait nouveau... Les romantiques allemands ont fait leur profit d'une si belle trouvaille de Beethoven, et il n'y a pas loin de cet « hymne » au thème en forme de choral de la *Sonate en fa mineur op. 5* de Brahms » (Paul Badura-Skoda)**. Pour l'heure, cet *Allegro* beethovénien se termine sur d'insistantes notes trillées : trille simple à la main droite, devenant double par intervention de la main gauche, et même triple sur la main droite intermédiaire ! C'est un *Rallentando* tout à fait passager que rompt un double

---

* Voir, plus loin, *Sonates n° 27* et *n° 30*.
** Voir l'œuvre à : *Brahms*.

mouvement, montant et descendant, de traits en octaves péremptoires et, une fois encore, remarquablement virtuoses.

Sonate n° 4, en *mi* bémol majeur (op. 7)

Cette « Sonate pour piano solo en mi bémol majeur » fut composée en 1796, et publiée en 1797 à Vienne chez Artaria. Dédiée à la comtesse Babette de Keglevics, elle fut qualifiée de « grande » par Beethoven : ce qui fait supposer l'importance que lui accorda le musicien, non seulement en tant que publication séparée, mais de par sa durée (c'est la plus longue des trende-deux Sonates après la *Sonate op. 106 « Hammerklavier »*, — presque une demi-heure). Mais « grande », également, par la richesse du matériau thématique, par son élan soutenu, et par l'extension de la forme sonate traditionnelle qu'elle représente : c'est avec cet *Opus 7* (en particulier son deuxième mouvement) que s'inaugure une sorte de cycle « symphonique » dans lequel le piano semble s'attribuer divers timbres d'orchestre, — un des caractères distinctifs de la future Sonate beethovénienne (qui ne sera pas non plus sans influencer tout le piano romantique). Les quatre mouvements sont successivement : *Allegro molto e con brio, Largo, Allegro* et *Rondo*.

1. Allegro molto e con brio (à 6/8) : l'entrée du thème initial est animée d'une énergie, d'une verve conquérante, « de la couleur du sang, vermeil comme la belle tonalité de *mi* bémol » (Louis Aguettant)*. Sur les accords de la main droite, staccato fiévreux de croches à l'accompagnement :

Ces accords seront prolongés par de brusques saccades ascendantes (accentuées croche/noire) et d'immenses sauts intervalliques (de treizième à la main droite), teintés d'héroïsme. Le second thème se fait plus calme, presque rêveur, et, dans ses nombreuses modifications, volontiers ornemental. La reprise de ce « portique » conduit à un développement assez considérable : on y remarque un bref passage à l'*ut*

---

* L. Aguettant, in : *La musique de piano des origines à Ravel* (Albin Michel, Paris, 1954).

majeur, *pp*, sur la figure initiale du mouvement, et la large extension du thème conclusif qui vient mourir sur une succession d'accords en crescendo, — retour au point de départ de l'*Allegro*.

2. Largo (*con gran espressione* à 3/4, en *ut* majeur) : l'un des plus beaux mouvements lents de Beethoven — un Beethoven « mystique », interrogateur —, avec ses silences caractéristiques, comme autant de questions laissées en suspens (demi-soupir + soupir, aux trois mesures initiales) :

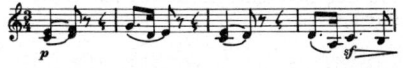

Une ample courbe mélodique se déploie, d'expression quasi schumannienne (double gruppetto), trouée de brefs accords, *ff*, qui semblent plus affirmatifs. Un épisode en *la* bémol majeur s'intercale — *sempre tenuto* — en accords solennels, bien appuyés, sur un accompagnement de doubles croches *sempre staccato*; il débouche sur l'étrange dialogue de ces mêmes accords et de notes appoggiaturées par deux triples croches à l'aigu du clavier. On revient, pour terminer, aux mesures du début, à lui épanouissement mélodique, qui s'évanouit enfin sur un gruppetto d'un magnifique délié.

3. Allegro (à 3/4, en *mi* bémol majeur) : non point un scherzo, mais un mouvement d'une délicatesse à peine enjouée — *dolce* —, presque un écho confidentiel des grandes interrogations du *Largo* précédent (Remarquer, ici aussi, les ponctuations de soupirs). Le trio, indiqué *Minore* (soit *mi* bémol mineur), est une chevauchée ténébreuse, vers le centre du clavier, de triolets uniformément aux deux mains : il présente deux sections, — la seconde précédant une reprise écourtée de l'*Allegro* proprement dit.

4. Rondo (*Poco allegretto e grazioso* à 2/4, en *mi* bémol majeur) : de la gaieté, certes, dans ce finale ; mais également quelque réminiscence des climats antérieurs. Thème admirablement coulé dans ses doubles croches dévalant l'octave,

auxquelles rétorquent de brèves ascensions de triples croches amenant un point d'orgue. Celles-ci s'imposent à la main gauche comme un véritable motif dynamique, que la main droite met à son tour à profit en valeurs rapides de faux sextolets (triples croches - doubles croches). Au centre, épisode en *ut* mineur (relatif de *mi* bémol), — en rafales de triples croches balayant alternativement les registres de chaque main. Puis, retour *a Tempo*, avec un prolongement inattendu dans le ton de *mi* majeur lorsqu'intervient la coda. Cette dernière laisse entendre, en crescendo puis decrescendo, de fines appoggiatures (à l'octave des notes affectées), — telles de spirituelles réparties venant clore l'éloquente succession des dialogues instaurés par cette *Sonate op. 7*.

Sonate n° 5, en *ut* mineur (op. 10 n° 1)

La *Sonate op. 10 n° 1* fait partie d'un groupe de trois Sonates écrites entre 1796 et 1798. Elle fut, semble-t-il, composée à la suite de deux « petites sonates faciles » (*op. 49 n° 1* et *n° 2*), — des sonatines qui peuvent être considérées comme des exercices offerts par le jeune Beethoven à ses élèves ; de même, entre-temps, une *Sonate pour clavecin ou piano solo à quatre mains*, en *ré* majeur (cataloguée *op. 6*), qui fut effectivement publiée en 1797 à Vienne : là aussi, une œuvre destinée par le maître à ses élèves, sans intérêt majeur*.

D'un tout autre poids, la partition qui nous occupe : elle fut dédiée à la comtesse Anna Margarete von Braun (ou de Browne), et publiée — de même que les deux Sonates suivantes — à Vienne, en 1798, par Eder. Une annotation intéressante du compositeur : « Dans mes nouvelles sonates, des menuets fort courts, pas plus de seize à vingt-quatre mesures »... Autre caractéristique : le retour à la division classique en trois mouvements. Enfin, trait remarquable : « Les *Sonates op. 10* révèlent une élaboration plus délicate de la matière sonore, en particulier dans les voix médianes, et surtout — ce qui sera typique, par la suite, du style beethovénien — une véritable liaison des parties entre elles, et de celles-ci à l'ensemble. Donc un progrès, ici encore ; mais, cette fois, un progrès intérieur » (Paul Badura-Skoda). Les mouvements sont indiqués *Allegro molto e con brio*, *Adagio* et *Finale* : *prestissimo*. Tous se signalent par leur relative brièveté ; tous sont dans la forme sonate.

* Voir, plus loin, *Sonatines*.

1. Allegro molto e con brio (à 3/4) : on a souvent évoqué la parenté de son début avec celui de la *Sonate K 457* — de même tonalité — de Mozart. Il est vrai que l'élan musclé, dramatique, du thème principal (*forte*), avec sa réponse immédiate en un *piano* presque gémissant, signale une affinité :

Cependant, chez Beethoven, nous écoutons d'emblée un dialogue de nature pathétique, — dans lequel les phrases se heurtent, se brisent, et reprennent course en d'incessantes confrontations dynamiques. Il s'agit là d'un exemple, d'une application déjà manifeste de cette conception d'un conflit entre éléments antagonistes — « deux principes » déclarera le musicien — appelé à nourrir nombre d'œuvres à venir. Le second thème ménage très habilement la même ambiguïté, dans les nuances *fp* ; la fin de l'exposition, moins contrastée, est sans doute plus « mozartienne ». Le début du développement répète les mesures initiales : toutefois, l'*ut* majeur est interprété ici comme dominante, — induisant le ton de *fa* mineur dans lequel s'épanche une longue phrase suppliante, *piano*. Ce contenu émotionnel s'accentuera encore dans la diversité d'éléments que brasse ce premier mouvement tout à fait novateur, — presque toutes les idées — ce fut une remarque du grand pianiste Edwin Fischer — s'achevant dans un sanglot. Cependant le caractère du thème principal l'emporte à la fin, — imposant deux brefs accords fortissimo conclusifs.

2. Adagio molto (à 2/4, en *la* bémol majeur) : c'est une forme sonate sans développement, inaugurée par un thème mélodique d'une belle ferveur, avec un recours fréquent au gruppetto. Le thème secondaire, d'un parcours plus sinueux, plus ornementé, donne à entendre des figurations de quadruples croches à la main droite sur un accompagnement d'une grande discrétion. A la mesure 45, un accord brisé, *ff*, exclut toute velléité de développement : c'est la reprise immédiate du thème initial, *piano*. Les effusions de la partie terminale s'affaiblissent enfin — sur un accord répété de *mi* — en decrescendo.

3. Finale (*Prestissimo* à 2/2, en *ut* mineur) : forme sonate à nouveau pour ce mouvement conclusif, — aux deux thèmes également marqués rythmiquement, mais énoncés *piano*. L'expositions fournit l'impression permanente d'un sautillement, qui serait comique sans d'inquiétantes ruptures de ton, sans d'insistantes scansions de croches presque menaçantes. Le développement réitère ces scansions jusqu'à l'obsession, résolue seulement dans les toutes dernières mesures : accord arpégé d'*Adagio* sur une mesure, enchaînant le *Tempo primo* destiné à fusionner les deux thèmes en un *ut* majeur rien moins qu'équivoque. Tout s'achève en un pianissimo murmuré sarcastiquement vers le grave du clavier. Ainsi prend fin cette œuvre nerveuse et versatile, — jouant sur les ombres et les lumières les moins définies : telles les passions, sans doute, contradictoirement agitées par un cœur humain.

Sonate n° 6, en *fa* majeur (op. 10 n° 2)

C'est la deuxième Sonate du groupe de trois composé de 1796 à 1798 ; elle fut dédiée, comme la précédente, à la comtesse de Browne. Paul Badura-Skoda — que nous citons si volontiers — fait le rapprochement avec la *Sonate en* fa *majeur (Hob XVI/23)* de Joseph Haydn, en particulier quant à la structure rythmique des deux mouvements extrêmes. Est-ce donc un retour de Beethoven au style des toutes premières Sonates, dédiées à son maître viennois ? A peine. Le langage beethovénien a évolué vers un affermissement très personnel, très « volontaire », — sans parler des innovations que nous avons constatées dans l'écriture (Nous n'y revenons pas : mais songeons tout spécialement à cet investissement de l'œuvre musicale par la subjectivité, — qui a déjà provoqué bien des bouleversements de la forme et du contenu). Néanmoins, une évidence : la *Sonate en* fa *majeur* n'est pas éloignée, par l'esprit, d'un certain Haydn, — le Haydn de la bonne humeur et des saillies savoureuses. Les trois mouvements, assez courts, sont : *Allegro, Allegretto* et *Finale-Presto*.

1. ALLEGRO (à 2/4) : d'emblée, un premier thème très net, très incisif, — introduit par une double accentuation, *piano,* d'accords dans le ton de *fa* (le tout premier en anacrouse), avec leurs petits motifs en triolet qui agissent comme des désinences légèrement ironiques :

A ce premier thème qui prend son élan sur un accompagnement continu de doubles croches (principalement en basse d'Alberti), succède un second très différent par la vivacité de ses déplacements d'accents, qui syncopent la main droite par rapport à la main gauche. Puis trois mesures de trilles presque enchaînées, — deux au grave du clavier, le troisième répondant à l'aigu : autant de roucoulements superficiellement enamourés, sur le ton badin plutôt. Trois notes énergiques — *do, sol, do* — introduisent la reprise, puis — *la, mi, la,* en douceur — le développement. Ce dernier évolue vers la dominante de *ré* mineur, non sans quelque assombrissement. La moindre surprise n'est pas de voir reparaître, comme à l'improviste, l'énoncé des mesures initiales dans le ton de la tierce inférieure, — soit *ré* majeur en place de *fa* : réexposition ? Non : « fausse » réexposition, qui n'est d'ailleurs constituée que d'une phrase de quelques mesures, — d'un effet aussi extraordinaire qu'inattendu. Mais *ré* majeur incline vers *ré* mineur, et l'on retrouve la tonique rassurante de *fa* majeur : c'est alors la « vraie » réexposition, qui conclura sur les séries de trilles entendues précédemment, — augmentées d'un trille supplémentaire sur *do* aigu ! Beethoven, apparemment, se sera beaucoup amusé, et même à nos dépens.

2. ALLEGRETTO (à 3/4, en *fa* mineur) : il est de caractère sombre — débutant au registre grave du piano (les deux mains, à l'unisson, en clé de *fa*) —, rythmiquement scandé, parfois avec brutalité. Le trio, en *ré* bémol majeur, introduit des sonorités sourdes (*pp*), en profonds accords. Dans l'ensemble, l'aigu du clavier n'est sollicité qu'avec parcimonie, en notes bien détachées et qui paraissent toujours attirées vers le registre médian.

3. FINALE : PRESTO (à 2/4, en *fa* majeur) : il est de forme sonate, — avec la particularité d'un thème unique. Il présente aussi le caractère d'un staccato quasi permanent. Enfin, il prend dans les premières mesures un aspect fugué que viendront démentir les tierces de la main gauche « contrepointant » la main droite : de parfaites octaves parallèles ! Que n'oserait-on objecter si l'auteur de ce morceau n'était Beethoven ! Ce *Presto* n'est autre, en fait, qu'un finale de la plus joyeuse, de la plus espiègle insouciance, — sans complications d'écriture certes (la tierce·et l'octave mises abondamment à contribution), mais non sans maîtrise des sonorités piquantes et « clavecinistes » du piano.

Sonate n° 7, en *ré* majeur (op. 10 n° 3)

La dernière des trois Sonates de l'*Opus 10* (toujours dédiée à la comtesse de Browne), — la plus longue et sans doute la plus accomplie. Notons-y le retour à quatre mouvements, — les deux derniers des *Allegros*, le premier un *Presto*. Remarquons aussi qu'en dépit de ses allégations, Beethoven consacre à son *Menuetto* (troisième mouvement) un nombre de mesures — de seize plus trente-huit — supérieur à celui qu'il s'était fixé. Enfin l'œuvre comporte un mouvement lent (le deuxième) qui a plus fait pour sa réputation que toute autre caractéristique : « Chacun sentira bien dans ce *Largo* l'état d'âme en proie à la mélancolie avec les différentes nuances de lumière et d'ombre », répondrait Beethoven à Schindler vingt-huit ans plus tard. Ce chef-d'œuvre du piano pré-romantique, mais qui contient déjà tout le Romantisme, reste une des très grandes pages beethovéniennes. Les mouvements sont : *Presto, Largo e mesto, Menuetto* et *Rondo*.

1. Presto (à 4/4) : on l'a souvent considéré comme une simple « ouverture », presque un hors-d'œuvre. C'est trop vite juger : le style en est brillant, certes, mais nullement superficiel ; le tempo est alerte, mais non hâtif. Surtout, l'ensemble possède une rare unité, — fondée sur l'impulsion donnée au thème initial : le tétracorde descendant *ré, do* dièse, *si, la*, en parfait accord des deux mains à l'octave, — qui atteindront ensuite un point d'orgue à l'aigu sur la note *la* :

Ce jeu sur quatre notes confère au mouvement entier sa structure monothématique, — puisqu'il s'insinue tout autant dans le second thème, dans les transitions, dans la coda même (en imitation). Citons, pour sa très juste appréciation, le pianiste Jörg Demus : ... « Ce *Presto* est d'une technique si solide et si serrée qu'il n'a guère son pareil dans toute la musique classique, fondée pourtant jusqu'alors sur la diversité. Il constitue une sorte de paradoxe, assez excitant pour l'esprit : un propos léger et de simple divertissement, associé à l'architecture la plus sévère ». Nous ne retrancherons qu'un mot, « divertissement ». Le « propos » beethovénien ne tend jamais vers ce genre de gratuité : le musicien n'aura songé qu'à créer le contraste dramatique, douloureux, du *Largo* qui fait suite.

2. Largo e mesto (à 6/8, en *ré* mineur) : *mesto*, « triste ». L'expression nue, désolée, des « voix intérieures » du jeune Beethoven, — en ce morceau qui, par son étendue et sa complexité, surpasse sans doute tous les mouvements lents écrits antérieurement pour le piano... « Où se trouve le thème du *Largo* ? », s'est demandé André Boucourechliev*. « Partout. Car, chez Beethoven, il faut renoncer à chercher le thème forcément « au début » et toujours sous une forme mélodique. Le thème est ici rythme de deux fois trois croches, et se manifeste sans cesse diversement, par les rapports changeants de tous les éléments — harmoniques, mélodiques, d'intensités, de durées, de poids... ou de silences. A partir de cette « cellule de temps », de cette matrice dont tout dérive, l'imagination s'évade dans les constellations les plus lointaines en apparence, les moins prévisibles, les images les plus neuves. » Citons néanmoins l'intervalle de quarte diminuée constituant la « cellule de temps » dont nous entretient cet auteur, — intervalle déchirant, origine même de toutes les tensions à venir :

On assiste ensuite à une série de « métamorphoses », — tant sur le plan harmonique (enchaînements d'accords de septième diminuée) que sur celui de la puissance dramatique (dans la seconde partie du mouvement, tournoiements et entassements d'accords, étalement horizontal de triples croches acquérant une véritable autonomie expressive). La coda, « extinction des forces » selon André Boucourechliev, semble, après les sursauts de révolte, un renoncement consenti dans la raréfaction du matériau musical, dans le silence : pianissimo d'un double chromatisme ascendant (*do* dièse — *ré*), retombant sur un *ré* grave à peine entendu...

3. Menuetto (*Allegro* à 3/4, en *fa* majeur) : il est indiqué *dolce*, et apporte chaleur, sinon luminosité. Une consolation, — « comme un baume sur une blessure » (Alfred Brendel)**. Sa seconde partie, en écriture canonique surchargée d'un long trille

---

* A. Boucourechliev, in : *Beethoven* (Éd. du Seuil, Paris, 1963) : pour l'analyse complète de ce mouvement de la *Sonate op. 10 n° 3*, renvoyons le lecteur exigeant aux pp. 29 à 31.
** A. Brendel, *op. cit.*

de la main droite, avec plusieurs indications de sforzando, est plus vigoureuse. Le trio (*sol* majeur) forme un parcours presque ininterrompu de triolets de croches à la main droite (clé de *fa*) : la main gauche effectue des croisements, en notes détachées à l'aigu. Un peu d'humour, peut-être...

4. RONDO (*Allegro* à 4/4, en *ré* majeur) : « Jeu de cache-cache musical brillamment improvisé » (Alfred Brendel)*. Mais « est-ce un hasard si cette Sonate, qui s'ouvre par un jeu sur quatre notes, trouve sa conclusion en musique pure également, dans un très spirituel *Rondo* qui, joue, cette fois, sur le mouvement inversé du tétracorde, malicieusement privé de son avant-dernière note ? » (Jörg Demus) : *fa* dièse, *sol, si.* Or tout le côté plaisant du « jeu » — puisque chacun de nos pianistes emploie ce terme — ne résiderait-il pas dans les imprévus du parcours, avec ses fausses reprises propres à semer le doute dans l'esprit de l'auditeur ? Et dans celui d'un exécutant trop novice : innombrables pauses, points d'orgue incessants, contrastes dynamiques, — autant d'embûches, autant d'interrogations sur la plus juste interprétation. On discerne trois thèmes, — avec incursion du premier dans le ton de *fa* majeur, et du troisième dans celui de *si* bémol ; le second thème, plus uni, plus transparent, apparu dès la mesure 9, ne quittera pas le ton principal. La coda débute sur l'accord de septième de dominante *(ff)* : suit une mystérieuse séquence harmonique, en accords syncopés *(pp)* ; vient conclure la course chromatique de doubles croches traversant l'étendue de trois octaves, — telle une ample révérence en guise d'esquive. Qui nous révélera toutefois les desseins du compositeur ? Nous intriguer, ou simplement séduire ? Toute l'amère et secrète désespérance du *Largo* n'est pas oubliée...

Sonate nº 8, en *ut* mineur, « Pathétique » (op. 13)

Pathétique : titre porté par la *Sonate op. 13,* — dont Beethoven n'est pas responsable, mais qu'il semble avoir admis et même employé. Écrite en 1798-99, elle parut à l'automne de 1799 chez l'éditeur Eder, à Vienne, comme « Grande Sonate pathétique pour le clavecin ou piano-forte, composée et dédiée à Son Altesse Monseigneur le Prince Karl von Lichnowsky. » Elle marque, à n'en pas douter, le sommet de la production pianistique de Beethoven avant 1800. C'est aussi la deuxième fois que le musicien utilise la tonalité d'*ut* mineur, si significative pour lui** ; il n'y reviendra d'autre part qu'une seule fois, avec l'ultime *Sonate op. 111.* Trait non moins caractéristique : l'introduction lente du mouvement initial, — bien plus que simple entrée en matière, formant une entité complète qui rayonne sur l'ensemble de l'œuvre : une « cellule cyclique » (pour adopter le vocabulaire franckiste). Commentaire de Jean Witold*** : « Beethoven revenait ainsi, sans le savoir, à un procédé habituel chez les compositeurs de suites de luth, qui se servaient d'un même motif, d'une même idée musicale, parcourant les différentes pièces de ces suites. » Il faut ajouter néanmoins qu'un tel procédé fut exploité par Haydn *(Symphonie nº 103),* ou chez Mozart *(Quintette à cordes K 593).* L'originalité de Beethoven est de lui conférer un pouvoir expressif, une urgence dramatique à laquelle l'auditeur le moins attentif ne peut être insensible. La *Sonate Pathétique* devint rapidement, en son temps, une des partitions les plus célèbres de Beethoven ; et quel pianiste amateur, aux dépens même de la grandeur de l'œuvre, ne l'a depuis abordée ? Les trois mouvements sont vif, lent, et vif.

1. GRAVE (à 4/4) — ALLEGRO DI MOLTO E CON BRIO (à 2/2) : le fameux *Grave* introductif est construit sur quatre notes attaquées *fp* dans le médium du piano, — motif contracté, saccadé, presque violent :

C'est cette « cellule » qui reparaîtra deux fois, plus ou moins modifiée, au cours du premier mouvement, et qu'on percevra encore dans le *Rondo* final. Le style grandiose, déclamatoire, est mis en valeur à travers son énoncé en octaves ascensionnelles, à deux reprises ponctuées par un martellato grave *(ff.)* Une véloce descente chromatique sur plus de deux octaves *(mi* bémol aigu — *si* naturel) introduit l'*attacca subito* de l'*Allegro.* Celui-ci est à deux thèmes, — le premier ardent, vif, indomptable, qui escalade les degrés d'une gamme

---

* A. Brendel, *op. cit.*

** Voir, plus haut, *Sonate nº 5, op. 10 nº 1.*
*** J. Witold, in : *Beethoven* (Librairie Hachette, Paris, 1961).

mineure un peu altérée ; l'autre mélodique (également en mineur), avec ses « mordants » expressifs. Le développement, qui supprime les altérations à la clé, est précédé — comme on l'a signalé — d'une reprise de quatre mesures du *Grave* initial, à la dominante : il en exploite le motif sans accentuations rythmiques, puis retourne à l'*ut* mineur et au même schéma bi-thématique. Seconde réapparition du *Grave* (également quatre mesures), à la tonique, et privé cette fois de son accord initial : comme vaincu, il se brise, decrescendo, en silences épuisés. Brève fusée conclusive du premier thème de l'*Allegro.*

2. ANDANTE CANTABILE (en *la* bémol majeur, à 2/4) : c'est une forme lied à plusieurs sections distinctes, — calme intériorité laissant éclater passagèrement une terrible véhémence. Le pianiste Jörg Demus a décelé une couleur mozartienne dans le thème principal (selon lui, véritable « citation » de l'*Adagio* correspondant de la *Sonate en* ut *mineur K 457*) :*

Une deuxième idée, plus claire, faisant appel aux gruppettos, engendre de graves répliques contrastantes en mouvement descendant. La première réexposition du thème amène un épisode central, ténébreux, — marqué de brefs inserts « pathétiques » (les seuls, dans cet *Andante,* sollicitant véritablement l'aigu du piano). Avec obstination, la main gauche paraît tirer la main droite vers le centre du clavier. Un apaisement conduit enfin à la seconde réexposition du thème, à peine varié, — elle-même conclue dans le pianissimo.

3. RONDO : ALLEGRO (à 2/2, en *ut* mineur) : le thème principal, gracieux, un peu mélancolique, cède devant les guirlandes, entremêlées aux deux mains, d'un « couplet » qu'interrompent momentanément de brefs accords staccato. Double reprise du thème-refrain, — avant une exaspération, puis une rupture annonçant la conclusion, et confirmant un caractère dramatiquement orageux mainte fois relevé dans le déroulement de l'œuvre.

Une remarque pour finir, — partagée avec nombre de commentateurs : la nature « symphonique » de cette *Sonate op. 13,* qui ne s'affirme nulle part mieux que dans le *Grave* d'introduction, ou au centre de l'*Andante* faisant s'opposer — main droite, main gauche — des timbres de bois. Cependant, comment ne pas songer aussi aux cordes du quatuor en ce sublime « nocturne », — qui trouvera sans conteste son équivalent dans le mouvement lent de la troisième *Sonate en* fa *mineur* d'un certain Johannes Brahms** ?

Sonate n° 9, en *mi* **majeur** (op. 14 n° 1)

Après la *Sonate Pathétique,* ses contemporaines de l'*Opus 14 n° 1 et 2* (1798-1799) marquent une pause et, peut-on dire, un ressourcement à l'esprit haydnien. Ces deux partitions jumelles furent dédiées à la baronne Josefa von Braun (épouse du directeur du Théâtre impérial de Vienne), et publiées en 1799 chez l'éditeur Mollo. Il faut signaler que la *Sonate en* mi *majeur,* qui nous occupe ici, serait transcrite pour quatuor à cordes (en *fa* majeur) par Beethoven lui-même. Les deux œuvres peuvent être qualifiées « d'exécution facile », ou — du moins — de difficultés techniques graduées et homogènes (sans ces redoutables finales qui ont émaillé plusieurs Sonates antérieures). La *Sonate en* mi *majeur* comprend les quatre mouvements suivants : *Allegro, Allegretto* et *Rondo.*

1. ALLEGRO (à 4/4) : prédomine un climat de grâce euphorique et de légèreté, — suggéré par un premier thème en quartes ascendantes, jouant momentanément d'imitations entre les deux mains, ainsi que par l'admirable délié chromatique du thème secondaire. L'exposition est répétée, — avant un développement d'expression plus accentuée : le thème principal abandonne *mi* majeur pour s'installer en *la* mineur, moduler vers *ut* majeur avant de retrouver la tonique ; la main gauche arpège en doubles croches discrètes. La récapitulation, variée, a lieu sur des accords *forte,* presque cuivrés. La conclusion résonne en écho, dans un mystérieux pianissimo.

2. ALLEGRETTO (à 3/4, en *mi* mineur) : il est en trois parties, avec un *Maggiore* (*ut* majeur) central, — qui peut apparenter ce mouvement au menuet traditionnel ; on y verra plutôt une sorte de ballade romantique en raccourci. Selon Schindler, Beethoven l'aurait joué tel un *Allegro furioso,* — alors qu'il s'agit d'un mouvement certes al-

---

* Voir l'œuvre à : *Mozart.*   ** Voir l'œuvre à : *Brahms.*

lant (Czerny a proposé une indication métronomique de 69 à la blanche pointée), mais non précipité : le sentiment quelque peu élégiaque du thème principal y contredit. L'épisode intermédiaire en majeur est un *sempre legato* dont on imagine aisément le jeu par les cordes (ce qui — nous l'avons dit — fut effectivement fait). La reprise de l'*Allegretto* lui-même est conclue par un immense intervalle de *mi* (double octave), en crescendo, — qui prélude à l'ultime énoncé du thème en pianissimo.

3. RONDO : ALLEGRO COMMODO (à 2/2, en *mi* majeur) : il retrouve l'esprit du mouvement initial, — quoique avec l'énergie accrue de son premier thème (et son martellement répétitif sur la note *la*) :

Le second thème, en revanche, possède la fluidité soyeuse de doubles croches échangées souplement aux deux mains sur une mélodie pleine de charme. Leur combinaison introduit un troisième thème en *sol* majeur, — incessant parcours arpégé de triolets de croches ponctués d'octaves, au grave, voire à l'extrême grave du clavier : modulations en *si* mineur et *mi* mineur, — qui ne rétablissent le majeur qu'avec le retour conclusif du premier thème.

Sonate n° 10, en *sol* majeur (op. 14 n° 2)

Intimement liée à l'*op. 14 n° 1* (mêmes dates de composition, même dédicataire), elle atteint néanmoins une sorte de liberté radieuse, tant par sa thématique que dans sa construction. Le *Scherzo* final semble, en particulier, une merveille de grâce et d'enjouement plein d'esprit. Comme dans l'*op. 14 n° 1*, nulle place ici pour l'antagonisme dramatique des « deux principes » ; mais la suggestion persistante de répliques entre deux amoureux. Les trois mouvements sont : *Allegro, Andante* et *Scherzo*.

1. ALLEGRO (à 2/4) : un legato de doubles croches admirablement « chantant » fait office de thème principal :

Aux mesures 9 à 12, l'insistance sur la note *ré*, un instant trillée, puis répétée par petites notes en écho, donne l'illusion parfaite d'un pépiement d'oiseau (Voyez, plus tard, la *Symphonie Pastorale* !). Le thème secondaire — ses dégringolades de tierces parallèles — peut faire songer à Mozart, tout autant qu'à Cimarosa. C'est un sentiment d'idylle sans nuages qui envahit, avec ses volutes délicates de triples croches, l'exposition tout entière. La reprise précède un développement assez long dans lequel les deux thèmes explorent les régions successives de *sol* mineur, de *si* bémol majeur, de *la* bémol majeur, de *fa* mineur, de *sol* mineur à nouveau, avec une liberté sans pareille (Noter, une fois encore, les envolées de triples croches jusqu'au *mi* bémol aigu). On revient au ton principal vers la conclusion, assortie d'une petite coda : courte répétition aphoristique du thème initial, qui disparaît vers l'aigu (vers le ciel) en une ultime figure de triples croches éthérées.

2. ADANTE (à 4/4, en *ut* majeur) : c'est une pièce à variations, — vraisemblablement composée avant les deux autres mouvements. L'indication *alla breve* nous signale que le tempo ne doit pas être trop ralenti. La vingtaine de mesures initiales forme le thème (avec reprise de sa seconde partie) : il est tout entier donné dans un staccato voisin de celui d'une marche sans lourdeur ; nous dirions même d'une marche un rien pimpante. Des trois variations qui suivent, les première et troisième transforment ce staccato en un legato d'une légèreté charmeuse. La variation intermédiaire — qui, pour Paul Badura-Skoda, préfigure l'*Étude op. 25 n° 4* de Chopin* — conserve le staccato de départ, mais perd son caractère de marche un peu populaire. Conclu, non sans humour, sur un *pp* suivi de l'accord parfait d'*ut* majeur asséné avec force, cet *Andante* paraît un des mouvements lents les plus sereins, les plus « vagabonds », que Beethoven ait écrits.

3. SCHERZO : ALLEGRO ASSAI (à 3/8, en *sol* majeur) : le finale est, en fait, un rondo en bonne et due forme ; mais de caractère scherzando. Que Beethoven l'ait intitulé *Scherzo* souligne l'indépendance qu'il entendait accorder à ce mouvement, sans pour autant déliter la construction de sa Sonate. La tonalité d'origine est présente, et l'esprit de « jeu » qui s'est manifesté antérieurement. Quel jeu plus plaisant, en effet, que celui proposé par une figure rythmique à deux croches à l'intérieur d'une

---

* Voir, ici même, à : *Chopin.*

mesure à 3/8, — fort contrariante, avec laquelle elle semble jongler incessamment ? D'où l'impression d'une permanente improvisation, qu'accentue l'abondance de signes de silence et de petits accords fermés. Deux intermèdes en forme de trios s'interposent : le premier mélodique et finement nuancé de chromatismes, le second rustique à la façon d'un Ländler. Dans la courte coda, répétition du thème principal sur l'accompagnement arpégé de discrètes doubles croches, — plongeant enfin dans les profondeurs du clavier (contre-octave), avec une sorte de feinte gravité.

Sonate n° 11, en *si* bémol majeur (op. 22)

« Grande Sonate pour le piano-forte » dédiée à « M. le Comte de Browne, brigadier au service de Sa Majesté Impériale de toute la Russie » (le comte Johann Georg von Browne) : elle fut esquissée en 1799, achevée en décembre 1800, et publiée en 1802 par l'éditeur Franz Anton Hoffmeister, à Leipzig. Il est à noter que cet éditeur avait fait paraître, l'année précédente, la *Ire Symphonie en ut majeur*, — qui est donc sensiblement contemporaine de la *Sonate op. 22*. Il est vraisemblable que Beethoven n'avait pas conçu l'œuvre d'abord d'aussi vastes proportions, et qu'il la remania — l'élargit — avant sa publication. Elle est généralement considérée comme l'une des dernières partitions du « premier » Beethoven. Il faut surtout remarquer que ce type de « Grande Sonate » en quatre mouvements ne sera plus adopté qu'en deux occasions, — la *Sonate op. 28* et la *Sonate op. 106* (la célèbre « Hammerklavier ») : « Il est intéressant de noter que c'est précisément cette structure en quatre mouvements, presque abandonnée par Beethoven dans ses sonates ultérieures — mais non pas dans ses symphonies — qui va redevenir la forme de la sonate romantique, en particulier dans les dernières sonates de Schubert et dans toutes celles de Schumann, de Chopin, de Brahms » (Jörg Demus). Il n'est pas moins vrai que Beethoven apparaît encore ici comme le digne héritier de Haydn et de Mozart, — même si le souffle épique dont elle s'anime épisodiquement leur doit peu. Les quatre mouvements, amplement développés, sont : *Allegro con brio, Adagio, Menuetto, Rondo*.

1. Allegro con brio (à 4/4) : on se sent immédiatement au seuil d'un premier mouvement adoptant un ton de grandeur héroïque. Le premier thème bondit avec une énergie impatiente, sur un motif de quatre doubles croches qui recèle en lui-même toute la tension dynamique requise ; le legato mélodique, qui enchaîne, conserve la même vitalité, sur des arpègements de la basse. C'est l'impression d'une partie de piano sur accompagnement d'orchestre qui domine, — jusqu'à l'énoncé d'une idée secondaire puissante, basée — tel un tutti — sur la succession de tierces parallèles, par les deux mains accordées. La fin de l'exposition est marquée par un long trémolo de la basse et par un passage en octaves sforzato, toujours sur l'unisson des deux mains. Tout, ou presque, est d'une force conquérante et invincible. Le développement donne la primauté à une main droite agile, en mouvement incessant de doubles croches arpégées ; les deux thèmes, très saillants, font l'objet d'un travail polyphonique serré, — grâce à une main gauche active, qui assure la continuité mélodique. En fin de course, le passage en octaves précède une dernière figuration des doubles croches initiales et l'accord, *ff*, sur la tonique.

2. Adagio (*con molto espressione* à 9/8, en *mi* bémol majeur) : dans cette belle tonalité — celle de la *Sonate op. 7** —, un chant magnifique, de la plus intense poésie, qu'on imaginerait sans peine confié à la clarinette. C'est la forme sonate, très développée, qui le gouverne. Le premier thème se présente ainsi, — purement belcantiste :

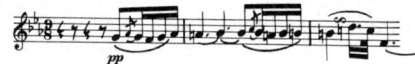

Le second thème est construit sur des accords de tierce, de quarte et de sixte, qui s'enrichissent de très expressives dissonances. Au terme de l'exposition, modulation mystérieuse en un *sol* majeur qui connaîtra lui-même de nombreuses altérations chromatiques, — « tristaniennes » avant la lettre. À noter, par ailleurs, l'élargissement d'un clavier encore relativement limité à l'époque (culmination au *fa* aigu), — avec l'assise des basses d'une grande plénitude.

3. Tempo di Menuetto (à 3/4, en *si* bémol majeur) : ce mouvement réalise l'amalgame d'une sorte de style « rococo » (ouverture par l'anacrouse de trois notes

---

* Voir, plus haut, *Sonate n° 4*.

gracieuses, surabondance des appoggiatures) et du rythme noble, un peu majestueux, de la danse de cour. Le trio, pris dans la nuance *forte*, paraît moins conventionnel, — dans un *sol* mineur tempétueux, sur la basse mouvante de doubles croches parcourant deux octaves. La reprise da capo du *Tempo di Menuetto* donne à ce dernier un tout nouveau relief, — créant un contraste qu'on ne pouvait évidemment saisir d'emblée.

4. RONDO : ALLEGRETTO (à 2/4, en *si* bémol majeur) : il s'agit là d'un grand mouvement conclusif, — d'un effet pianistique assuré. Le thème principal, dans un legato fluide, un peu détaché, se signale par son jeu d'octaves brisées à la main droite, par celui de sixtes parallèles à la main gauche ; il module transitoirement en *mi* bémol majeur, puis en *ut* mineur, — avant son retour à la tonique. Le second thème paraît plus statique, en accords parfois arpégés, et cède la place à un troisième thème véloce, en figurations ininterrompues de triples et doubles croches. Une nouvelle étape de complexité est atteinte dans le développement, étendu, d'aspect contrapuntique et d'une écriture remarquablement virtuose. Le second thème en accords résonne enfin dans sa plénitude, — en guise de coda s'achevant sur un rappel, pianissimo, du thème initial ponctué d'un double accord pointé, définitif, fortissimo.

« Particulièrement réussie » (selon le compositeur), cette *Sonate op. 22* est celle du brio pianistique, presque excessif. Mais — l'*Adagio* excepté — possède-t-elle de plus évidentes vertus ? Son « bavardage » — le mot de Beethoven s'adressant à Hoffmeister — a toutes les séductions d'un adieu brillant, fleuri, aux maîtres viennois : mais non, pensons-nous, le charme absolu, les immenses pouvoirs d'émotion que détiennent tant d'autres de la série des trente-deux Sonates.

Sonate n° 12, en *la* bémol majeur, « Marche funèbre »
(op. 26)

Dédiée au prince Karl von Lichnowsky, cette Sonate parut sous son numéro d'*Opus 26* en mars 1802, chez l'éditeur Cappi, à Vienne. Les premières esquisses dataient de 1800, et l'œuvre dut être terminée en 1801. Le titre donné par Beethoven au troisième mouvement — *Marcia funebre sulla morte d'un Eroe* — figurait bien dans les esquisses de 1800 : cette *Marche funèbre* était donc prévue dès l'origine et n'a pas été ajoutée après coup, ainsi qu'on l'a cru parfois. En revanche, il semble que Beethoven ait primitivement placé l'*Allegro* avant elle, — pour décider finalement d'en former le mouvement conclusif. Il est tentant — on n'y a pas manqué — d'établir une comparaison avec la *Marche funèbre* de la *Symphonie Héroïque* (elle-même commencée en 1802 et terminée deux ans plus tard) ; mais, plus encore, avec la *Sonate en si bémol mineur op. 35* de Chopin* (qui, d'ailleurs, joua la *Sonate op. 26*) : signalons, au moins, les similitudes formelles découlant de l'emplacement du *Scherzo* en deuxième position (donc, dans les deux cas, avant la *Marche funèbre*), ainsi que d'un finale rapide et contrastant. Pour en rester toutefois à la *Marche funèbre* beethovénienne, voici quelle fut l'appréciation de l' « Allgemeine Musikalische Zeitung » en 1802 : ... « Quelques passages sont peut-être travaillés avec trop d'art. Toutefois, cela ne s'applique nullement au morceau d'harmonie véritablement grand, sombre et magnifique (Marcia funebre), car là tout ce qui est difficulté et art est nécessaire à l'expression. » Les quatre mouvements de la *Sonate op. 26* sont : *Andante con variazioni, Scherzo, Marcia funebre* et *Allegro*.

1. ANDANTE CON VARIAZIONI (à 3/8) : brisant avec la forme sonate traditionnelle (le fameux « allegro de sonate »), Beethoven propose d'emblée une série de variations « dont — précise André Boucourechliev** — la conception marque la fin de la variation dite " ornementale ", brodée autour d'un modèle mélodique maintenu tout au long ; c'est la préfiguration de ces grands cycles de métamorphoses que sont les dernières variations beethovéniennes ». Le thème est ici un chant calme et profond que se partagent les deux mains à l'octave :

Ce thème se développe avec régularité dans une forme lied de trente-quatre mesures. On ne peut que remarquer son évidente parenté avec le thème de l'*Impromptu op. 142 n° 2* de Schubert***. Et « il n'est pas jusqu'à l'atmosphère poétique — j'al-

---
* Voir cette œuvre à : *Chopin*.
** A. Boucourechliev, op. cit.
*** Voir l'œuvre à : *Schubert*.

lais dire parfumée — et jusqu'à l'esprit du lied, toujours présent dans ces variations, qui ne fasse penser à Schubert » (Paul Badura-Skoda). La *Variation I*, d'esprit fantasque et léger, orne la mélodie de figurations arpégées (ou en octaves parallèles) de triples croches. La splendide *Variation II* transforme le thème en un staccato dramatiquement animé, — syncopé par un contretemps permanent des deux mains (la droite en triples croches, la gauche en doubles croches) ; toute la pièce est en accords, partiellement d'octave ; le thème est assuré par la basse. La *Variation III* passe en *la* bémol mineur et, par son caractère lugubre, désolé, anticipe la *Marche funèbre;* on y note l'abondance des accentuations sforzato. On revient au ton principal avec la *Variation IV*, jouée *pp* (à l'exception d'une courte séquence soulignée de plusieurs *sf*) : le thème se fragmente en motifs successifs, sur un staccato léger de la main gauche ; c'est une sorte de scherzo. La dernière variation — *Variation V* —, éminemment lyrique (on rencontre l'indication *cantando il tema*), présente enfin la figuration de triolets de doubles croches, puis de quartolets de triples croches, — les deux mains bien accordées. La coda, calme, termine en un pianissimo marqué *senza sordino*, c'est-à-dire avec pédale. On aura noté qu'aucune variation ne se départit de la mesure initiale à 3/8.

2. SCHERZO : ALLEGRO MOLTO (à 3/4, en *la* bémol majeur) : vif et bondissant, concentrant les énergies de l' « allegro de sonate » habituel, il reprend en valeurs pointées, puis en accords de tierce, un très simple motif ascendant ; il est terminé sur un mouvement continu — main droite, puis main gauche — de croches tempétueuses. Le trio, en un berceur *sempre legato*, est en octaves.

3. MARCIA FUNEBRE (« SULLA MORTE D'UN EROE ») (à 4/4, en *la* bémol mineur) : c'est un *Maestoso andante* (dont l'indication ne figure d'ailleurs pas sur le manuscrit original, semble-t-il rajoutée sur l'épreuve gravée). Il fut joué — relevons-le — aux funérailles du musicien... Et depuis ! « Pièce maîtresse du répertoire des orphéons du monde entier, elle résonne, pièce de circonstances civiles et militaires, sur bugles, ophicléides et bombardons, en maintes versions auxquelles son écriture pianistique très orchestrale se prête dans une certaine mesure » (André Boucourechliev)*

---

* A. Boucourechliev, *op. cit.*

Mais, tout compte fait, faut-il s'en plaindre ?

La première phrase en *la* bémol mineur — obsédante monotonie de ses accords de tierce —

module rapidement vers *do* bémol majeur, puis, dans sa seconde période, de *si* mineur vers *ré* majeur enharmoniquement : un *ré* majeur coupant, glacial. A cette morne désolation semble faire obstacle le trio en *la* bémol majeur, — sorte d' « apothéose du héros » : roulements de tambour à la basse, en trémolo de triples croches crescendo ; éclats de trompette, *ff,* sur deux tierces ascendantes à la main droite. Ces suggestions de timbres orchestraux donnent l'occasion de dire que Beethoven transcrira plus tard cette *Marche funèbre* dans une musique de scène pour une tragédie de Duncker, *Leonora Prohaska* (1814). La reprise des accords initiaux conduit à une coda dans laquelle une mélodie plaintive s'exténue en chromatismes ; la douce conclusion en majeur — decrescendo — apporte peut-être quelque consolation.

4. ALLEGRO (à 2/4, en *la* bémol majeur) : en accords brisés de doubles croches, dans le style aisé d'une étude de Cramer, s'annonce le thème principal, d'une belle élégance :

Succédant à la grandiose tristesse du mouvement antérieur, celui-ci paraîtra-t-il trop limpide, quelque peu désinvolte, indifférent ? Remarquons, au moins, la simplicité de la construction, qui est un peu celle du rondo à refrain, sans aucune variation (à l'inverse de l'*Andante* initial) : Beethoven se plaît volontiers à déconcerter... Mais n'incline-t-on pas à nouveau vers la tristesse, vers quelque douloureuse obscurité, à travers les minorisations du thème principal (*sol* bémol, *fa* bémol) dont la toccata vient s'éteindre, pour finir, au registre grave du clavier ?

Sonate n° 13, en *mi* bémol majeur, « Quasi una Fantasia »
(op. 27 n° 1)

Composée en 1800-1801, et publiée simultanément à la *Sonate op. 27 n° 2* (v. plus loin) en mars 1802 chez l'éditeur Cappi, à Vienne, elle porta dédicace à la princesse Joséphine von Liechtenstein. « *Quasi una Fantasia* » : cette dénomination — commune aux deux sonates — a beaucoup surpris et provoqué d'extravagants commentaires. La vie privée du compositeur, il est vrai, s'y trouvait impliquée — nous le verrons plus particulièrement avec la Sonate suivante —, et matière fut donnée à gloser. Par « fantaisie » (l'allemand *fantasieren* signifie improviser), « on doit entendre dans le contexte des environs de 1800 quelque chose d'anormal, au sens fondamental et non pas simplement statistique du terme, par rapport au style classique viennois » (Marc Vignal)*. Et ne négligeons pas *Quasi*, « comme » : Beethoven a suggéré, plus qu'il n'imposait, l'originalité de son œuvre. Originalité provenant de l'architecture unitaire liant indissolublement les mouvements, — au point qu'il paraîtrait impensable de jouer l'un d'eux séparément. Ouvrir la partition suscite d'ailleurs l'étonnement : pour la première fois, chaque mouvement n'est séparé du suivant que par une double barre simple ; et, à la dernière mesure d'un mouvement est annoncée la désignation de mesure de celui qui enchaîne. Notons par ailleurs que l'œuvre recèle tant d'idées mélodiques et rythmiques, tant d'indications de nuances, une telle diversité du phrasé, qu'elle justifie supplémentairement son titre, — non sans poser à l'exécutant de considérables difficultés d'interprétation. Les quatre mouvements se répartissent ainsi : *Andante — Allegro — Tempo primo (Andante); Allegro molto e vivace ; Adagio con espressione ; Finale : Allegro vivace — Adagio — Presto.*

1. ANDANTE (à 4/4) : il débute, pianissimo, par un thème extrêmement simple, empreint déjà de cette tranquillité rêveuse, comme éclairée de l'intérieur — de véritables sonorités de cor —, qui l'enveloppe tout entier. Trois beaux accords de la main droite, une réponse mélodique de doubles croches à la gauche :

Ces deux voix partagées sur deux registres distincts se transformeront, se mêleront plus tard polyphoniquement, — en une écriture de quatuor à cordes. Parfaite stabilité harmonique, seulement mise en péril par l'*ut* majeur d'un épisode central en accords surprenants de beauté, — parus comme idée secondaire (mesure 13). Le retour à *mi* bémol ne se fait guère attendre. Point de développement, mais l'irruption d'un vif *Allegro* à 6/8, dans un *ut* majeur justifiant après coup les accords précédents de même tonalité : bref intermezzo de doubles croches ininterrompues, — qui dynamisent le mouvement. On revient à *mi* bémol, avec une reprise abrégée — l'*ut* majeur antérieur n'y figure pas — de l'*Andante*. Accord en point d'orgue, et arrêt sur un *mi* grave marqué d'un « attacca » : le mouvement suivant doit donc s'enchaîner aussitôt.

2. ALLEGRO MOLTO E VIVACE (à 3/4, en *ut* mineur) : c'est un scherzo sans structure thématique fixe ; plutôt un mouvement continu d'arpèges aux deux mains. Le petit trio, en *la* bémol majeur, se profile en staccato serré, — avec un trille aigu, puissant, sur la note *sol* bémol résolue en *sol*, et d'incessantes syncopes des deux mains. La reprise du scherzo s'assortit d'un triomphant *ut* majeur conclusif. On aborde, à nouveau sans véritable interruption, le mouvement lent suivant.

3. ADAGIO CON ESPRESSIONE (à 3/4, en *la* bémol majeur) : il est bref, quoique dense et d'expression pathétique. Le thème mélodique s'épanche en crescendo, sur une main gauche profonde, éloquente. Le decrescendo amorce un passage cadentiel vers le finale : envolée de quintuples et quadruples croches, trille en point d'orgue, et, pour terminer, un accord de septième demeurant en suspens, pianissimo. Nouvelle indication « attacca ».

4. FINALE : ALLEGRO VIVACE (à 2/4, en *mi* bémol majeur) : le dernier mouvement — le plus long — emprunte avec ampleur, ainsi qu'une extraordinaire liberté, à la forme sonate (avec quelques éléments de rondo). Il assure, à cet égard, les fonctions de l'Allegro initial manquant ; et l'on ne peut ainsi douter que les mouvements antérieurs convergent vers lui : nous sommes bien en présence d'un « finale de sonate ». La construction à deux voix du thème principal lui confère son aspect fugué. La mesure 36 fait entrer une seconde idée en battements de doubles croches, et la mesure 56 un troisième motif en octaves percussives. Le thème principal est rappelé, et une longue transition d'accords polarisés sur *si* bémol — *mi* bémol (vingt-huit mesures)

---

* In : *Larousse de la Musique* (Librairie Larousse, Paris, 1982).

amène la réexposition complète. Point d'orgue terminal sur un accord de septième de dominante ; et nouvelle mention « attacca », pour une reprise écourtée de l'*Adagio con espressione* : une réminiscence hardie, — qui semble cependant élargir son espace temporel, en approfondir la signification première. Le *Presto* de conclusion (à 2/4) enchaîne en guise de coda brève, électrisante, ponctuée par deux accords fortissimo.

Sonate n° 14, en *ut* dièse mineur, « Clair de lune »
(op. 27 n° 2)

« Sonate pour piano quasi una fantasia en ut dièse mineur, alla Damigella comtessa Giulietta Guicciardi » : écrite en 1801 à la suite de la *Sonate en mi bémol majeur* (v. ci-dessus), elle fut publiée à la même date — mars 1802 — chez Cappi, à Vienne, avec le même numéro d'opus, — *op. 27 n° 2* pour celle-ci. Toujours comme la *Sonate en mi bémol majeur,* sa dénomination *Quasi una Fantasia* est authentique. La dédicace, en revanche, subit une modification : il est probable que les deux œuvres furent adressées d'abord à la princesse Joséphine von Liechtenstein ; puis seule la *Sonate op. 27 n° 1* conserva cette dédicace, et l'*op. 27 n° 2* fut offert à la jeune Giulietta Guicciardi, que Beethoven s'était mis à aimer avec passion (sans espoir de réciprocité*). Quant au titre « Clair de lune » dont cet *op. 27 n° 2* fut affublé, et qu'il a conservé définitivement, il fut inventé par le poète Ludwig Rallstab, qui connaissait le musicien et qui écrivit les paroles de plusieurs lieder de Schubert. Toutes les légendes ont couru : Rallstab lui-même déclara que la Sonate évoquait une promenade nocturne, « au clair de lune », sur le lac des Quatre-Cantons (!) ; les contemporains de Beethoven l'appelaient « Sonate de la tonnelle », prétendant que le compositeur l'avait écrite sous une tonnelle. Holz aurait reçu les confidences de Beethoven : l'*Adagio* — premier mouvement — aurait été improvisé près du cadavre d'un ami (mais quel ami ?),

et Liszt, à son tour, devait surnommer l'*Allegretto* — second mouvement — « une fleur entre deux abîmes » (!). Autre avatar enfin, — plus récent : la *Sonate « Au clair de lune »* suscita un film avec le pianiste Paderewski... Pour revenir à plus de sérieux, voici quel fut le jugement porté par l' « Allgemeine Musikalische Zeitung » le 30 juin 1802 : « L'opus 27 n° 2 ne laisse absolument rien à reprendre, cette fantaisie d'une unité parfaite est sortie d'un seul coup, inspirée par un sentiment nu, profond et intime, et pour ainsi dire taillé d'un seul bloc de marbre. » Beethoven, toutefois, semble avoir été plus sceptique : « On parle toujours de la sonate en *ut* dièse mineur ; j'en ai écrit moi-même de meilleures, ainsi la *sonate en fa* dièse est bien autre chose », déclarait-il plus tard à son élève Czerny**.

L'œuvre n'est « quasi una fantasia » ni par ses structures formelles (même débuter par un mouvement lent n'était pas exceptionnel à l'époque), ni par la multiplicité de ses tempos ou sa versatilité tonale : de ces points de vue, l'*op. 27 n° 1* méritait davantage le qualificatif. Ici, la « fantaisie » provient essentiellement du sentiment d'improvisation que suscite l'admirable premier mouvement, qui n'obéit à aucune forme précise, dont « le chant s'épanouit librement, tour à tour à la surface ou dans les profondeurs de la trame musicale » (André Boucourechliev)*** ; et Beethoven improvisateur fait à nouveau merveille dans les tourbillons du *Presto* conclusif, — mais, cette fois, d'une tout autre manière, selon des moyens complètement différents. Les trois mouvements s'intitulent successivement : *Adagio sostenuto, Allegretto, Presto.*

1. ADAGIO SOSTENUTO (à 2/2) : en tête de ce premier mouvement, la double indication *sempre pp* et *delicatissimamente senza sordini* (c'est-à-dire avec pédale). Des registres graves du clavier surgit la résonance, sombre, somptueuse, d'accords assurant le contre-chant de la mélodie ; celle-ci paraît doucement à la cinquième mesure, — sur l'accompagnement ininterrompu de triolets de croches arpégés — « des centaines de triolets qui tournent comme un rouet monotone » (Jörg Demus) —, entendu dès le début :

---

* Les supputations de la musicographie sont les suivantes : un *Rondo pour piano (op. 51 n° 2),* écrit en 1801, était certainement destiné à l'origine à Giulietta Guicciardi ; mais, lors de sa publication, Beethoven en adressa la dédicace à la comtesse Henrietta Lischnowsky (à moins que l'éditeur n'ait commis une erreur). Le compositeur, pour dédommager Giulietta, aurait ainsi dissocié les dédicaces de l'*op. 27.*

** Voir, ici même, *Sonate n° 24.*
*** A. Boucourechliev, *op. cit.*

C'est un peu une marche funèbre, intime, sans nul apparat, — où l'on remarque que la double croche de la mélodie se doit jouer après la note de triolet qui l'accompagne, presque à regret. L'ensemble de la pièce paraît constitué d'une coulée sonore fluide et continue (avec modulations en *mi* majeur, puis en *mi* mineur, — avant d'autres d'*ut* majeur en *si* mineur). Se dégage une voix médiane — la voix d'alto d'un quatuor — qui prend en charge la « parole » poétique : « Oui, nous ressentons très distinctement que Beethoven nous parle. Il s'agit bien de déclamation plutôt que de chant ; par exemple, dans ces répétitions du même *sol* dièse — six fois de suite — dès le début, qui ne laissent pas d'évoquer une parole, en effet » (Jörg Demus). Disons aussi « méditation », au cours de laquelle domine « l'impression que le temps s'abolit, ce qui à l'époque n'était pas courant » (Marc Vignal)*. Le climat harmonique semble inaltérable : noter néanmoins de douloureuses dissonances avec la basse, soulignées d'augmentations et de diminutions du son (mesures 16 et 18). Remarquer par ailleurs un certain engourdissement dans le grave — milieu du morceau, avant la reprise —, lorsque paraît abdiquée toute volonté de chanter, pour aboutir à une sorte de récitatif neutre. Le caractère mélancolique du mouvement s'accentue enfin — pouvait-il l'être davantage ? — au cours des mesures de conclusion qui font se dérouler les croches d'accompagnement vers les profondeurs du piano. Qu'on ne s'y méprenne pas cependant : les contemporains ont perçu dans cet *Adagio* la confession, sur le ton élégiaque, d'un homme en proie aux incertitudes sur son avenir ; et nous aussi. Or, n'est-il pas plus vraisemblable que Beethoven — conscient des équilibres tel qu'il le fut toujours — s'est avant tout préoccupé de bâtir une architecture tonale tripartite, — faisant succéder à l'*ut* dièse mineur présent le *ré* bémol majeur du mouvement central, pour revenir ensuite à l'*ut* dièse mineur initial ? Pour prosaïque qu'elle soit, cette interprétation n'extrapole pas comme on l'aura fait trop souvent. Une simple double barre — avec mention « attacca » — sépare l'*Adagio* de l'*Allegretto* qui suit : le contraste est donc volontairement marqué.

2. ALLEGRETTO (à 3/4, en *ré* bémol majeur) : il est bref, se tient un peu en retrait, sans autre souci avoué que de distraire ; ce qui confirme également l'hypothèse du triptyque précédemment avancée. Ce mouvement tient à la fois du scherzo et du menuet, — par sa grâce un peu fantasque (les syncopes, les contre-chants) et par la délicatesse du phrasé ; le trio, qui se fait plus pesant, a la bonne humeur d'une sorte de Ländler villageois.

3. PRESTO AGITATO (à 4/4, en *ut* dièse mineur) : c'est le seul mouvement admettant la forme sonate, à trois thèmes. Le premier, d'une violence fiévreuse, presque enragée, est en arpèges de doubles croches montant en crescendo régulièrement ponctué d'un double accord *sf*. Le second joue comme contre-sujet mélodique, en un legato affectueux, un peu plaintif (en *sol* dièse mineur) :

On peut y noter un double accord de sixte napolitaine, accentué. Le thème conclusif se présente en sixtes et tierces précipitées :

Comme dans l'*Adagio,* sentiment d'une liberté extrême, — d'une improvisation alliant la plus grande rigueur à la véhémence de l'expression. Après reprise de l'exposition, le développement accorde une large place au deuxième thème mélodique, qui passe à la basse, puis retourne à la main droite. La partie terminale offre, sur de beaux arpègements *ff,* une répétition du même thème — main gauche, main droite — qui s'exaspère. Après deux mesures d'*Adagio*, c'est enfin le bref écho du *Tempo primo,* — que prolonge une giboulée de doubles croches arpégées.

Sonate n° 15, en *ré* majeur, « Pastorale » (op. 28)

Écrite en 1801, et dédiée au directeur du Wiener Theater Joseph von Sonnenfels — les Allemands l'appellent encore la *Sonnenfels-Sonate* —, elle fut publiée avec le numéro d'*Opus 28* en 1802 à Vienne au Comptoir des Arts et de l'Industrie, sous le titre de « Grande Sonate pour le piano-forte** ».

---

* In : *Larousse de la Musique* (Librairie Larousse, Paris, 1982).

** Titre partagé avec les *Sonates op. 7, 13* et *26* (v. plus haut).

Le surnom de « pastorale » lui serait accolé plus tard, vers 1838, par l'éditeur hambourgeois Cranz (le même qui baptisa l'*op. 57* « l'Appassionata »). Après avoir publié l'*op. 28*, Beethoven aurait déclaré à son ami Krumpholz (d'après Czerny) : « Je ne suis guère content de ce que j'ai écrit jusqu'à présent ; désormais je vais suivre une autre voie. » Cependant (toujours d'après Czerny), l'*Andante* de la *15e Sonate* fut longtemps l'un des préférés du compositeur, — qui le jouait souvent pour lui-même (il le fit même rééditer en 1820 dans une version abrégée et doigtée, pour une « Méthode de piano-forte »). Quant à l'accueil reçu par l'œuvre, citons une fois encore l' « Allgemeine Musikalische Zeitung », qui estima que les premier et troisième mouvements étaient « originaux jusqu'à l'étrangeté et l'extravagance » (8 décembre 1802).

« Pastorale » : pour une fois, le qualificatif paraît tout à fait judicieux. On sait quel amoureux de la nature fut Beethoven, non comme simple spectateur, mais en une communion toute panthéiste : « Quelle joie pour moi, dès que je peux errer parmi forêts ou buissons. Parmi les arbres, l'herbe, les rochers ! Aucun homme ne pourra aimer la nature autant que moi. Ce sont les forêts, ce sont les rochers qui apportent à l'homme cet écho qu'il attendait » (lettre à Thérèse Malfatti). La *Sonate op. 28* est sœur de la *Sixième Symphonie*, — elle-même « Pastorale » (écrite à partir de 1805).) : même impression de calme et de joie idyllique — « rêve d'un jour d'été à la campagne » (Louis Aguettant)* —, qui se justifie notamment dans le premier mouvement de l'une et l'autre œuvres. Ici, les quatre mouvements sont : *Allegro, Andante, Scherzo* et *Rondo*.

1. ALLEGRO (à 3/4) : les thèmes sont uniformément mélodiques, largement chantés. Dès le début, une longue pédale de tonique *(ré),* tenue à la basse pendant vingt-quatre mesures, suggère une douce et régulière respiration « naturelle » ; le thème principal s'épanche avec fraîcheur, presque avec l'ingénuité, en une période de trente-huit mesures sur cette basse imitative d'un bourdon de cornemuse :

Un « pont » est ménagé en croches chromatisées inclinant vers *fa* dièse mineur, sur un rythme de Ländler à la basse ; un second thème paraît alors en *sempre legato* de très faible ambitus, sur le double accompagnement — main droite, main gauche — de croches qui ondulent, pour ne céder la place au thème conclusif qu'à la mesure 91, en *la* majeur. Ce thème est en octaves ascendantes, sur un staccato de basse rythmé, dansant. Le développement, assez fourni, parfois de caractère symphonique, réintroduit le thème de départ sur un accord de septième en *sol* majeur ; le travail thématique et ornemental gagne en intensité, puis décroît jusqu'à deux mesures d'*Adagio,* pianissimo. C'est enfin la reprise du *Tempo primo*, conclue pacifiquement sur le bourdon de *ré*.

2. ANDANTE (à 2/4, en *ré* mineur) : c'est une pièce plus sévère, qui se refuse à l'idylle du premier mouvement, — avec un chant quasi cérémoniel, sur le lent égrènement des doubles croches de la basse en staccato. Les dissonances chromatiques des mesures 10 à 14 créent l'effet de sonorités de cloches à la volée. Une partie médiane, en *ré* majeur, prend l'allure plus gracieuse d'un motif rythmique, toujours staccato. Lors de la réexposition en mineur, le thème initial s'agrémente d'un legato de triples croches, — qui paraît s'épuiser peu à peu, en un déclin presque douloureux. Les ultimes mesures — leurs accords graves, leur dessin erratique de doubles croches piquées à l'aigu du clavier — amènent une singulière conclusion par larges intervalles culminant en gruppetto sur *mi* aigu, pour retomber sur l'accord de *ré*.

3. SCHERZO : ALLEGRO VIVACE (à 3/4, en *ré* majeur) : bâti sur un petit motif de trois notes, — proche de la valse ; le staccato persiste à la main gauche, puis s'élargit en intervalles d'octave. Cet accompagnement prend toute sa signification dans le trio, lorsqu'on découvre qu'il assurait en fait la mélodie : hésitant entre *si* mineur et *ré* majeur, cette mélodie de clarinette sur huit mesures (découpée en deux sections égales) est présentée quatre fois sans modification, mais sous des éclairages harmoniques différents ; jusqu'à sa conclusion en *si* mineur. C'est ensuite la reprise du *Scherzo* proprement dit.

4. RONDO : ALLEGRO MA NON TROPPO (à 6/8, en *ré* majeur) : une « bergerie » de la plus délicate poésie. La main gauche, qui commence, évoque à nouveau quelque basse de musette sur son *ré* insistant. Les

---

* L. Aguettant, *op. cit.*

deux voix du thème à la main droite dessinent « un aimable paysage rustique » (Paul Badura-Skoda), qui se brouille à nos yeux en un mouvement d'arpèges de doubles croches, *molto legato*. Le second thème, comme le précédent, ressuscite parfaitement le charme bucolique d'un tableau de pâtres devisant sur leur chalumeau, — très voisin d'un autre « air de berger », celui du finale de la *Symphonie Pastorale*. Comme troisième thème contrastant, un épisode polyphonique sur fond de fugato, fortement chromatisé, — tel « un orage en miniature » (Paul Badura-Skoda) : on module de *sol* majeur vers *sol* mineur, on évolue du pianissimo au fortissimo. Le *Più Allegro, quasi presto* des mesures de coda, qui réintègre la basse de musette initiale, fait se précipiter la course des doubles croches vers une « sortie » d'un remarquable effet virtuose.

Sonate n° 16, en *sol* majeur (op. 31 n° 1)

Cette Sonate fait partie d'un groupe de trois portant le numéro d'*Opus 31,* — dont les deux premières furent composées à peu près simultanément (l'*op. 31 n° 3* étant plus tardif). Il semble même que cet *op. 31 n° 1* fut écrit après le *n° 2*. Quoi qu'il en soit, les *Sonates op. 31 n° 1* et *n° 2* furent publiées en même temps par l'éditeur zurichois Naegeli, à Bonn et à Paris. Esquissée d'octobre 1801 à mai 1802, la présente *Sonate en sol majeur* s'avère exactement contemporaine de la *Symphonie en ré majeur* — la *Deuxième Symphonie* —, et l'on peut noter que son thème initial fut d'abord destiné à un quatuor à cordes. Plus fondamentalement, on remarquera qu'elle fut composée l'année même du « testament d'Heiligenstadt » (6 octobre 1802), — ce qui ne manque pas de déconcerter : bien qu'une majorité des Sonates soit en majeur, le *sol* majeur de celle-ci n'était pas attendu (le *ré* mineur de l'*op. 31 n° 2* créant moins de surprise). Et que dire de l'allégresse qui l'anime, de ses nombreux traits d'impertinence ? Mais — répétons-le — la chronologie reste un peu floue, — les carnets d'esquisses n'apportant aucune certitude absolue. Et, tout compte fait, l'optimisme dont semble déborder l'œuvre peut fort plausiblement masquer les circonstances pénibles de la biographie. Les trois mouvements qui la constituent sont : *Allegro vivace, Adagio grazioso, Rondo*.

1. ALLEGRO VIVACE (à 2/4) : l'entrée en matière — deux mesures seulement — frappe par le ton désinvolte de son motif de doubles croches sur un simple accord de tonique. Le thème lui-même prend son essor rythmique en ponctuations de doubles croches sur des octaves décalées : il semble que main droite et main gauche ne parviennent pas à des attaques simultanées, — ce qui, en France du moins, fit surnommer la Sonate « la Boîteuse ». Cette attaque simultanée ne s'impose qu'aux mesures de cadence (10 et 11), en un staccato léger. Vient ensuite la répétition de l'énoncé thématique un ton entier plus bas (*fa* majeur) ; puis un élargissement en legato arpégé du motif initial, — qui ramène *sol* majeur et, cette fois, module en *fa* dièse. Le second thème entre, de façon imprévue, en *si* majeur (qui est donc la médiante, non la dominante habituelle), sur un rythme de danse à contretemps. Le développement combine le motif rythmique du premier thème et — à travers trois présentations en *si* bémol majeur, en *ut* mineur et en *ré* mineur — le legato initial. La réexposition se fait précéder d'un jeu rythmique accentué sur la note *ré,* — la main gauche chevauchant la droite pour de brefs accords de tierce. La réexposition elle-même, attaquée *ff*, écourte le thème principal et promène le thème secondaire dans les tons de *mi* majeur, *mi* mineur, puis *sol* majeur. La coda, elle aussi, est un jeu plein d'humour, — exploitant de brefs éléments rythmiques antérieurs en accords suivis de figures de triolets, brisées par des silences. Sur un pianissimo, éclat fortissimo d'un dernier rappel du thème conclu en deux très légers accords, staccato. Décidément, dans ce mouvement, tout n'est que jeu !

2. ADAGIO GRAZIOSO (à 9/8, en *ut* majeur) : comment interpréter ce « grazioso » plaqué sur un mouvement d'Andante, sinon comme un nouvel avatar de la sonate beethovénienne signalant une révérence tardive au vieux Haydn ? La forme est dans un A B A assez développé, — au cours duquel B assume la gravité requise par l'indication *Adagio*. La partie A, sur un arpègement quelque peu mécanique de croches à la main gauche — un pizzicato guitaresque —, débute par un trille répété deux fois (main droite, main gauche), introduisant l'énoncé mélodique du thème, de caractère psalmodié ; de courtes notes piquées en chromatisme ascendant l'interrompent :

Le thème lui-même ne trouve à s'épanouir qu'à partir d'un double *leggieramente* très orné ; les formules cadentielles abondent. L'épisode central B est d'expression plus sobre, marquée d'un *pp* intériorisé, en octaves, — la basse de doubles croches, répétitive, conservant les piqués des figurations chromatiques initiales. La gravité de rigueur n'apparaît véritablement qu'au terme de l'épisode, sur une alternance d'accords de sixte et de tierce à gauche du clavier, — d'une mystérieuse beauté. Le retour du thème A s'accompagne du même jeu trillé, alterné par les deux mains, que précédemment, — avec son staccato et son *leggieramente* déjà remarqués, ainsi qu'une immense cadence improvisée. Le dernier exposé — qu'on peut tenir pour une grande coda — fait sourdre le trille obstiné du registre le plus profond de l'instrument, avec des descentes de quadruples croches quelque peu énigmatiques. Mais ne serait-ce point le mouvement entier — multipliant à volonté les figurations métronomiques et les notes d'ornement, non sans préciosité — qui demeure pour l'auditeur le plus attentif une « énigme » difficile à déchiffrer ?

3. RONDO : ALLEGRETTO (à 4/4, en *sol* majeur) : libre traitement de la forme rondo en ce mouvement conclusif, dont les motifs ne présentent qu'à peine un profil thématique. Le « thème » principal, néanmoins, se détache par un contour mélodique vif, élégant, qu'amorce une cellule de quatre notes conjointes, — qui ne serait pas sans faire songer au célèbre *Menuet* de Boccherini :

Cette idée passe ensuite à la basse, puis s'accompagne d'un murmure de triolets, — avant l'apparition d'un autre épisode (mesure 42) qui fait office de thème secondaire, sans définition mélodique précise. Le retour du motif initial s'assortit de l'énoncé d'une troisième idée, également un peu « floue », — sorte de développement d'Allegro de sonate qui trouve à s'épanouir en octaves sur un long trémolo de *ré* (paru à la mesure 132). La coda, en expansion, brise peu à peu les lignes mélodiques, ponctuées de silences, et ralentit le mouvement en un double *Adagio* qu'entrecoupent deux reprises provisoires du *Tempo primo*. Long trille à la main gauche, sur lequel s'élance, *forte*, un *Presto* tourbillonnant, — qui prend prétexte du motif initial de quatre notes conjointes pour amener une conclusion où s'alternent de puissants accords — main droite, main gauche — à partir d'un roulement de croches en crescendo. Cependant, accords discrets de tonique dans le grave d'un clavier endiablé : point final, non moins rempli d'interrogations que l'*Adagio* précédent, à cette plus que curieuse *Sonate en* sol *majeur.*

Sonate n° 17, en *ré* mineur (op. 31 n° 2)

Sur les circonstances de composition et de publication de cet *op. 31 n° 2*, nous pouvons renvoyer le lecteur au précédent *op. 31 n° 1*. Il est cependant nécessaire de rappeler que la *Sonate en ré mineur* fut probablement esquissée avant celle en *sol* majeur, entre la fin de 1801 et les premiers mois de 1802, et qu'elle reflète bien davantage l'état d'esprit du compositeur en cette douloureuse période (le « testament d'Heiligenstadt », en octobre 1802). Selon Czerny, l'*Allegretto* final aurait d'ailleurs été noté à Heiligenstadt au début de l'été 1802, d'après le galop d'un cheval sous la fenêtre de Beethoven : si le mouvement suscite effectivement l'impression d'un galop — et plutôt d'un trot léger —, méfions-nous toutefois d'une telle allégation. Il est en revanche avéré que le musicien répondit un jour à Schindler, qui l'interrogeait sur la signification de l'œuvre : « Lisez *la Tempête* de Shakespeare ! » (Il fit la même réponse pour la *23e Sonate* « *Appassionata* ».) Un « programme » ? Sûrement pas. Tempête intérieure, ou insistance sur l'expression dramatique réclamée par l'œuvre ?... Constatons simplement que le titre « la Tempête », malgré quelques tentatives (les Allemands la baptisent parfois *Sturmsonate*), ne s'est pas imposé pour la *17e Sonate.*

« A présent je veux marcher dans des chemins nouveaux » : nous avons déjà cité ce mot de Beethoven à Krumpholz, à propos de l'*op. 31 n° 1*. On ne doutera pas que l'*op. 31 n° 2* — plus particulièrement — marque un pas décisif vers l'affranchissement de la forme, ou, pour mieux dire, vers sa soumission à l'expression : celle-ci s'incarne immédiatement dans une forme conçue pour elle. Toutes les audaces de l'*Allegro* initial en font foi. Les trois mouvements sont ici successivement : *Allegro, Adagio* et *Allegretto*.

1. LARGO. ALLEGRO (à 4/4) : les vingt mesures d'introduction de ce mouvement dénoncent un souci extraordinaire de l'élargissement de la forme sonate, — avec l'affirmation puissante et concise des « deux principes » antagonistes. D'abord, deux mesures de *Largo* sur un lent et profond accord arpégé, — avec la sixte *ut* dièse, *mi, la*. Le point d'orgue qui le couronne cède rapidement devant un *Allegro* de doubles croches agitées, — dans lequel se discerne déjà une idée secondaire :

Les trois mesures de cet *Allegro* se précipitent en crescendo vers une mesure d'*Adagio* à la dominante, — et qu'il faut considérer comme une clausule du thème principal. Ces six mesures en tout concentrent donc les éléments thématiques fondamentaux du mouvement. A la mesure 7, nouvelle présentation du *Largo* en accord arpégé de sixte *mi, sol, ut* (dominante du ton relatif *fa* majeur), — tandis que s'élance de même l'*Allegro* : il évoluera, cette fois, vers la tonalité principale de *ré* mineur, et atteindra, par larges intervalles, un *fa* aigu. Après une montée chromatique, entrée du thème principal, en « tempête », à la mesure 21, — sur un frémissement de triolets. Puis retour de l'idée secondaire en un *la* mineur traversé d'hésitations, de plaintes, presque d'accents tragiques. On atteint une coda qui s'apaise, avec des unissons d'octaves en crescendo-diminuendo. Après la reprise, la partie développement s'amorce sur un *Largo* de six mesures, en arpègements du plus profond mystère : il s'agit du motif d'introduction, d'abord en *ré* majeur, répété sur un accord de septième, puis sur l'accord *ut - fa - la* diésés. L'*Allegro* resurgit en bourrasques dans le ton de *fa* dièse mineur, traverse celui de *ré* mineur — sombre, sur ses accords de trombone —, enfin celui de *mi* bémol, orageux. Nouveau *Largo* de six mesures — *con espressione e semplice* —, indiqué *pp*, réintroduisant le motif de départ conclu sur sa mesure d'*Adagio*. Six mesures de *Largo* à nouveau : la réexposition est en accords entrecoupés de silences et de cascades de triolets, suggérant plus que jamais les turbulences de l'ouragan. La courte coda s'établira sur un accord de *ré* mineur surmontant le bercement des croches à la basse marquée d'une pédale, — et deux doux accords conclusifs... Dans tout ce mouvement, « l'affirmation tonale longuement différée, l'irruption du récitatif, la libre alternance des tempi, la domination du premier thème... sont autant de gestes audacieux dont certains se retrouvent dans la dernière *Symphonie* » (André Boucourechliev)*. S'il semble inutile de redire que l'usage du récitatif libre représente à lui seul une innovation au sein de la forme sonate (prémonitoire du dernier Beethoven), remarquons néanmoins les indications de pédale jusqu'alors inusitées, — destinées à suggérer la confidence, une certaine tendresse (Czerny parla de « harpe éolienne ») au cours des pauses et des arpègements du récitatif, sans même revenir sur l'extrême souplesse de l'agencement formel, comme asservi à l'impérieuse nécessité de puissances démoniaques en action.

2. ADAGIO (à 3/4, en *si* bémol majeur) : c'est un grand *cantabile* prélubé par un accord brisé, — de caractère méditatif. La construction est simple : trois motifs mélodiques, sertis dans la forme AA', plus coda, — dans laquelle A et A' se découpent en trois parties. Les motifs de la première partie se répartissent en octaves — main droite, main gauche — sur l'énoncé mélodique : l'impression d'un dialogue serré domine. Dans la deuxième partie, incessants arpègements de triples croches, — la mélodie s'infléchissant en gruppettos successifs à l'aigu du clavier. Le second thème a des couleurs cuivrées — comme de cors — sur un ostinato de timbales (triolets d'octave). Retour du *cantabile* avec le troisième thème en tierces parallèles, sur un rythme pointé. La coda utilise le premier thème.

3. ALLEGRETTO (à 3/8, en *ré* mineur) : bâti sur une cellule unique de quatre notes en doubles croches, il propose l'exemple parfait d'une « monotonie » mélodique et rythmique, — une sorte de perpetuum mobile. Cette petite cellule tourne autour d'elle-même, semble immuable, évolue cependant sans discontinuité :

---

* A. Boucourechliev, *op. cit.*

Le tempo n'est ni lent ni vif, — sans cesse freiné, puis relancé. Les indications de crescendo et de diminuendo se répètent et se contrarient d'une mesure à l'autre. Quant au motif principal, — qui n'aura noté son voisinage (même mesure à 3/8, même intervalle initial de septième, mêmes descentes chromatiques) avec l'illustre Bagatelle *Pour Élise**? Le thème principal représente une période de trente-deux mesures, — à laquelle succède un motif de fanfare (mesure 35) introduisant l'idée secondaire, marquée de mordants énergiques et de figures d'octave en notes piquées. Le développement transforme le motif initial en périodes de quatre et huit mesures, infléchies dans la région tonale de *si* bémol mineur. On revient toutefois à la tonalité de base, pour conclure en descentes chromatiques *ff*, puis dans l'étouffement du registre grave du clavier. Ainsi s'achève « en douceur » ce mouvement final quasi improvisé, d'un fantasque modéré, — dans lequel Beethoven semble s'être ingénié à exprimer des sensations fugaces, de nature impressionniste.

Sonate n° 18, en *mi* bémol majeur
(op. 31 n° 3)

La plus tardive des Sonates de l'*Opus 31* fut écrite en 1802 et publiée seule par Naegeli, à Zürich, avec le numéro d'*op. 33* en 1804. C'est lorsqu'elle parut ensuite chez Cappi, à Vienne, en 1805, qu'elle fut réunie aux deux Sonates précédentes, — toutes trois formant dès lors l'*Opus 31,* toutes trois dédiées à la comtesse de Browne. Après l'orageux *op. 31 n° 2*, celui-ci fait retour à l'esprit de l'*op. 31 n° 1*, la « Pastorale », et a suggéré à certains de lui attribuer le même titre. Or, un autre surnom s'est parfois imposé, — celui de *Wachtelschlag-Sonate* (« Sonate du cri de la caille ») : fortuitement, Beethoven s'est plu à évoquer par une tournure mélodique et rythmique très particulière l'appel de cet oiseau, — qui constitue le thème du premier mouvement**, et se fait encore entendre dans le *Scherzo* et dans le *Presto* final. Sous le signe de la nature, cette *Sonate* en *mi* bémol majeur l'est à l'évidence : une « Pastorale » donc — a estimé le pianiste Jörg Demus —, mais en inversant cette fois la devise « Plus expression du sentiment que peinture*** » ; pour chacun des tableaux (des mouvements) une intention pittoresque qui appelle presque un sous-titre ; disons « Les oiseaux dans la forêt », « Cavalcade au petit jour », « Chanson campagnarde », « La chasse » (« La chasse » fut, en particulier, un surnom longtemps attribué en France à cette *18e Sonate*).

Autres points notables : la *18e Sonate* est la seule de celles de la « deuxième manière » du compositeur comportant les quatre mouvements traditionnels. D'autre part, le mouvement lent est absent ; mais, entre les deux mouvements rapides extrêmes s'intercalent un *Scherzo*, puis un *Menuetto*, doublon qui est rare. Cette organisation de l'œuvre a fait écrire à Jörg Demus : « La succession des trois derniers mouvements — le *Scherzo,* le *Menuetto,* et ce finale qui semble une tarentelle — fait penser à une suite. » Bref, la *18e Sonate* a sa physionomie distincte, — tant dans son agencement général que par ses liaisons ou parentés thématiques entre les mouvements. Ajoutons que trois mouvements — le *Scherzo* compris — adoptent la forme sonate ! Les quatre mouvements sont successivement : *Allegro, Scherzo, Menuetto* et *Presto con fuoco.*

1. ALLEGRO (à 3/4) : de nouveau Beethoven amorce son *Allegro* initial avec quelques mesures d'introduction qui n'ont pas — comme dans la *Sonate n° 17* — une réelle fonction thématique. Le thème principal n'y est qu'esquissé, — en un petit motif de trois notes *(ut, fa, fa)* formant accord de quinte à la sous-dominante *la* bémol majeur ; il est énoncé deux fois. L'élan rythmique se brise dès la troisième mesure sur un ralentissement aboutissant à un point d'orgue. Le thème proprement dit n'est lancé qu'à la mesure 18, — en larges intervalles assortis d'un double *mi* bémol appoggiaturé, puis trillé dont la signification ornithologique ne peut être mise en doute :

Le second thème, éminemment lyrique, n'est pas non plus dénué de cette poésie légère, un peu humoristique, — avant qu'un long trille (mesure 67) surmontant un staccato d'arpèges ne vienne clore avec grâce

---

* Voir l'œuvre, ici même.
** Thème d'ailleurs voisin de celui d'un lied à venir. *Der Wachtelschlag* (1803).

*** On sait que cette devise fut appliquée par Beethoven à la *Symphonie Pastorale*, quelques années plus tard.

l'exposition. Sans transition, le développement s'empare du premier thème qu'il promène dans les tons de *fa* et d'*ut* majeur, — tandis qu'on assiste, lors de la réexposition, à l'infléchissement du staccato de la basse vers un legato fluide, ainsi qu'à un enjolivement du petit motif de départ en doubles croches tournoyant dans la tonalité de *fa* mineur. La coda est introduite par une vive montée chromatique, et répète les mesures d'introduction pour terminer sur quelques mesures puissamment rythmées — notes piquées — dans le ton principal.

2. SCHERZO : ALLEGRETTO VIVACE (à 2/4, en *la* bémol majeur) : relativement développé, et construit lui aussi dans la forme sonate la plus orthodoxe, ce *Scherzo* peut surprendre par son indication de mouvement « Allegretto vivace », — qui suggère, sinon la rapidité, du moins l'aisance et la légèreté. Comment, d'ailleurs, n'être pas frappé par l'antinomie d'une main droite très mélodique, chaleureuse — des sonorités de cor —, et de la main gauche en *sempre staccato* de doubles croches impatientes (« Cavalcade au petit jour »). Un *Poco ritardando* d'unissons de triple croche-croche évoque assez bien un piétinement de sabots, — lorsque le cavalier paraît retenir sa monture. Deux accords *ff* créent la surprise ; et le second thème s'envole en un piqué de doubles croches qui perpétuent l'effet de staccato. Le développement, qui traverse les tons de *fa* et d'*ut* majeur, effectue un parcours arpégé et passagèrement chromatique. La reprise *A Tempo* mène vers une conclusion decrescendo, — qui ne se départira jamais du caractère staccato le plus évident du morceau. A noter — une fois encore — la parenté établie entre le motif initial de l'*Allegro* et celui de la première mesure, en mouvement conjoint, de ce *Scherzo*.

3. MENUETTO : MODERATO E GRAZIOSO (à 3/4) : il est plus court, mais assorti de multiples reprises. Le thème de *Menuet* est une mélodie simple, d'ambitus restreint, — dans le style d'un petit lied rustique. Le trio contraste fortement par ses sauts d'accords importants, par son allure capricieuse ; c'est ce trio qu'utilisa Saint-Saëns pour écrire ses *Variations pour deux pianos sur un thème de Beethoven**. Il n'est pas inutile de remarquer qu'on retrouve le bref motif de l'*Allegro* initial au tout début du *Menuet*, et dans toutes les formules qui en sont issues.

4. PRESTO CON FUOCO (à 6/8, en *mi* bémol majeur) : le finale est à nouveau dans la forme sonate. La « chasse » s'ouvre impétueusement, sur une battue hâtive de croches : les douze premières mesures agissent comme un « départ » qui répète quatre fois le même motif descendant :

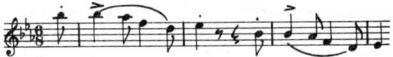

Le premier thème, syncopé, paraît aux mesures 12 - 13, — avec décision. Le second thème s'interposera à la mesure 34, sur un ostinato de la note *fa* à la main droite ; la battue de croches est incessante. Le développement fait alterner, dans la vélocité, les passages en legato aérien et les accents marqués *ff*. Le mouvement continu de croches ne trouve à se détendre qu'en un bref *Poco ritardando* précédant l'ultime figuration du « départ » en accélération, — pour terminer par cinq mesures d'accords fortissimo.

Sonate n° 19, en *sol* mineur (op. 49 n° 1)

Cette « Sonate facile pour le pianoforte » — de même que la Sonate suivante — porte un numéro d'opus qui ne correspond pas à sa date de composition. Elle fut vraisemblablement écrite pendant l'hiver 1797-1798 (d'après les cahiers d'esquisses antérieurs), et destinée par Beethoven à ses élèves. Elle ne fut publiée, comme la *Sonate op. 49 n° 42*, qu'en janvier 1905 à Vienne (au Bureau d'art et d'industrie). Le style est celui de l'extrême jeunesse du compositeur, et pourrait justifier la dénomination de « sonatine » : on est proche de la sonate du XVIIIe siècle, — à la fois de Carl Philipp Emanuel Bach et de Haydn. Deux mouvements seulement, comme chez le premier, et ce ton de grâce aimable et rustique souvent propre au second. Le contenu musical n'appelle d'ailleurs pas de longs commentaires.

1. ANDANTE (à 2/4) : en dépit de cette indication *Andante*, le premier mouvement est construit sur le schéma habituel de l'« Allegro de sonate » à deux thèmes. Au premier, qui semble cultiver la demi-teinte, Beethoven oppose un second thème qui a plus de relief (mais attaqué *dolce*), sur un battement continu de croches et marqué d'un double crescendo. Le court développement n'est, somme toute, qu'une varia-

---

* Voir l'œuvre à : *Saint-Saëns*.

tion, — avant une réexposition un peu modifiée (le second thème introduit une tierce plus bas). La coda, discrète, est à la portée inférieure, — sur un petit martèlement du deuxième motif, pour terminer au grave du clavier.

2. RONDO : ALLEGRO (à 6/8, en *sol* majeur) : la forme combine adroitement une structure tripartite et l'alternance couplet/refrain qui caractérise le rondo ; d'où le schéma A B C B A C A. Le *sol* majeur annoncé à la clé cède assez rapidement devant un *sol* mineur que nuance son relatif *si* bémol majeur ; mais toute la dernière partie retrouve le ton initial, — sans caractère très marqué, essentiellement gracieux, et qui, certes, ne peut poser de graves problèmes à tout novice du piano.

Sonate n° 20, en *sol* majeur (op. 49 n° 42)

« Sonate facile » également, et composée antérieurement à l'*op. 49 n° 1*, — en 1796. Elle parut néanmoins comme *n° 2* en janvier 1805, à Vienne (Bureau d'art et d'industrie), — après l'insuccès du frère de Beethoven, Karl, pour faire accepter les deux partitions par des éditeurs allemands. Mais il est fort possible que Beethoven n'ait jamais envisagé la publication. Malgré l'apparente simplicité de son écriture, l'*op. 49 n° 2* a certainement plus de caractère que le *n° 1*, plus de charme profond, plus de luminosité, ainsi qu'une autre ampleur du traitement thématique. Deux mouvements également, un *Allegro,* puis un *Menuetto.*

1. ALLEGRO MA NON TROPPO (à 2/2) : il emprunte, comme précédemment, à la forme sonate. L'idée principale, qu'inaugure un accord franc de *sol* majeur suivi de deux triolets de croches, se construit sur la gamme ascendante du ton que vient infléchir l'ornement d'un trille et de sa terminaison appoggiaturée. C'est d'une élégance simple et efficace :

Le second thème (*dolce,* à partir de la mesure 20) ne constitue, en vérité, qu'un élargissement du premier, — avec l'insistante figure de trois croches rythmiques qu'on peut tenir pour emblématique du morceau. Peut-on parler véritablement de développement, — alors que la réexposition se fait si peu attendre, et conduit avec un naturel exquis aux mesures de conclusion en avalanche de triolets ?

2. TEMPO DI MENUETTO (à 3/4) : plutôt qu'un menuet, un Ländler, ou — si l'on préfère — le ton jovial et bienveillant d'une chanson populaire des pays rhénans ; mais, à coup sûr, une « trouvaille » :

Beethoven dut aimer ce thème particulièrement : il le réutilisa sous une forme mélodique à peine modifiée dans l'*Adagio* de son *Trio op. 11* et, surtout, dans son *Septuor op. 20*. Son motif initial se trouve répété et varié avec beaucoup d'à-propos (croche pointée, double croche). Le bref trio est en *ut* majeur : joyeux, avec de claires sonorités de trompette. La reprise du *Tempo di menuetto* se conclut dans la fraîcheur acide d'un carillonnement de doubles croches.

Sonate n° 21, en *ut* majeur, « Waldstein » ou « l'Aurore » (op. 53)

Dédiée au comte Ferdinand von Waldstein, ex-protecteur du jeune Beethoven à Bonn, et depuis installé à Vienne, cette *Waldstein-Sonate* fut esquissée en 1803, mais seulement terminée vers l'été de 1804 : dès le 25 août de cette année Beethoven la proposait, à Leipzig, aux éditeurs Breitkopf et Härtel, qui la refusèrent ; elle ne parut qu'en mai 1805 à Vienne, au Comptoir des Arts et de l'Industrie, sous le numéro d'*Opus 53*. Le compositeur avait primitivement pensé cette Sonate en trois mouvements, au centre, un *Andante* à variations qu'il supprima pour des raisons d'équilibre, et qui fut publié par la suite séparément*; pour compenser, il écrivit une *Introduzione* lente au *Rondo* final tel que nous le connaissons maintenant. Contemporaine de la première version de l'opéra *Fidelio,* l'œuvre constitue un aboutissement logique des deux dernières Sonates de l'*Opus 31* (v. plus haut), ainsi qu'un parfait exemple de la deuxième « manière » du musicien : ampleur et liberté des développements, aisance virtuose de l'écriture pianistique. Outre le nom du dédicataire, la *Sonate op. 53* fut parée d'un autre titre :

---

* Voir, plus loin, *Andante en fa majeur (WoO 57).*

« l'Aurore ». On ignore l'origine de cette appellation, sans doute due à la fantaisie d'un éditeur (il s'est avéré qu'elle n'est pas de l'auteur). Plusieurs interprétations de détail ont été fournies pour la justifier, — aucune bien convaincante. S'il est une « aurore », c'est celle « d'un idéal encore inconnu pour le monde musical » (Claude Rostand). Il est certainement plus intéressant de remarquer que l'œuvre révèle « une évolution dans la technique du piano. Beethoven n'écrit plus à présent pour des exécutants de force moyenne, mais pour des pianistes capables de surmonter les plus grandes difficultés. Il peut y être incité, d'autre part, par les instruments qu'il a à sa disposition. Le piano-forte, en Autriche avec Stein et Streicher, en France avec Erard, en Angleterre avec Broadwood, subit alors des modifications, des extensions qui vont permettre de renouveler l'art encore soumis aux anciennes techniques »*. Exceptionnellement développée, la *Sonate op. 53,* qui comporte l'*Introduzione* centrale déjà mentionnée ainsi qu'un *Prestissimo* conclusif, ne compte en fait que deux parties : un *Allegro* et un *Rondo*.

1. ALLEGRO CON BRIO (à 4/4) : le premier mouvement s'articule en une très ample forme sonate, — dont il faut noter une particularité signalant la liberté acquise par Beethoven à l'égard des modèles classiques : les deux thèmes ne sont pas présentés directement l'un à la suite de l'autre ; on assiste, au contraire, à une double exposition du thème principal, qui diffère assez longuement l'entrée du second (seulement à la mesure 35). Bien plus, la mélodie du premier thème, noyée de batteries rythmiques, « ne fait pas du tout l'effet d'un thème, mais bien plutôt d'un groupe entier de thèmes » (Jörg Demus). La voici, introduite à la troisième mesure sur une rapide battue de croches à la tonique qui s'élargit en accords de sixte à la dominante :

Nous sommes au grave du clavier (clé de *fa*), — que ne quitte donc pas le petit motif de tierce à la quatrième mesure ; mais tout s'éclaircit (clé de *sol*) avec une réponse de doubles croches à l'aigu, dévalant une quinte. Thème, en effet, que ceci ? Plutôt un « appel » que Beethoven se plaît à répéter aussitôt en *si* bémol majeur, pour nous conduire sans ménagement vers les régions harmoniques de *fa* mineur, puis d'*ut* mineur. Un bref tourbillon de doubles croches (mesures 10 et 11) nous précipite à nouveau vers un accord de *sol* grave. Et le « thème » principal prend encore un élan, — sur trémolo des deux mains à la fois. Une intense chromatisation des doubles croches de main droite précède quatre mesures d'octaves en staccato formant la transition vers le thème secondaire, — qui paraît bien dans le ton de la médiante *mi* majeur. *Dolce e molto legato,* c'est — cette fois — un très beau motif mélodique, par accords sereins, presque liturgiques, descendant une quinte. Le *mi* majeur de ce thème, qui se maintiendra presque jusqu'à la double barre, apporte sans aucun doute une coloration toute différente, plus rayonnante, — et plus étrange dans son spectre harmonique. On atteint (mesure 62) un fortissimo, que résorbera peu à peu la dernière partie de cette exposition conclue sur un long trille de *ré* dièse terminé sur *mi,* et par quelques mesures de détente infléchies vers *mi* mineur. Une courte modulation ramène au ton initial, et au développement. Évitons l'énumération un peu fastidieuse des tonalités que traverse ce dernier (*fa* majeur, puis *sol* mineur, puis *ut* mineur..., et bien d'autres) : « Ici, Beethoven... semble furieusement décidé à caresser, en chemin, toutes les tonalités bémolisées. Cela, peut-être, pour contrebalancer, conformément au cycle des quintes, l'abondance des tonalités diésées au cours de l'exposition » (Jörg Demus). Quant à la réexposition, signalons uniquement qu'elle propose au nouvel instrument dont Beethoven constata l'agrandissement du clavier la note *sol 5,* et même un *la 5*. L'importante et très brillante coda (dès la mesure 249) aborde le ton de *ré* bémol majeur, et conclut la course des doubles croches par deux accords tenus de septième de dominante. Une fois encore résonne — *dolce* — le petit cantique du second thème, dans le ton retrouvé d'*ut* majeur. Et c'est un bref *A Tempo* — le premier thème — qui termine.

2. INTRODUZIONE (*Adagio molto* à 6/8) — **RONDO** (*Allegretto moderato* à 2/4, puis *Prestissimo* à 2/2) : la lente et brève *Introduzione* (vingt-huit mesures) remplace — comme on l'a dit — un *Andante,* trop long, que Beethoven supprima (sur le conseil d'amis, a-t-on prétendu). La forme est tripartite. Au motif succinct de départ

---

* J. Prod'homme, cité par Brigitte et Jean Massin, in : *Ludwig van Beethoven* (Ed, Fayard, Paris, 1967).

(dans un *mi* majeur réminiscent du premier mouvement, toutefois modulant rapidement) succède une partie mélodique, d'expression pathétique, sur l'indication *rinforzato* : sorte de « points de repos » central de toute la Sonate. Le retour du motif introductif fait transition vers la troisième partie, — remarquable par ses intervalles ascendants sur la figuration de base double croche pointée-triple croche : le *fa* aigu, produit en *sforzato*, semble tinter dans un espace « métaphysique », intemporel... Et c'est, pour atteindre enfin le *Rondo*, une chute d'octaves en decrescendo, menant à l'infinitésimal d'un pianissimo.

Précédé, sur point d'orgue, par la mention « Attacca subito », le *Rondo* se conforme, dans son ensemble, au schéma traditionnel d'alternance couplet/refrain ; il annonce cependant très directement l'emploi que Beethoven fera plus tard de la grande variation amplificatrice. Le thème mélodique, qui a l'ingénuité d'un merveilleux petit lied, s'exprime — *pp* — sur un accompagnement arpégé de doubles croches :

Il est répété — *sempre pp* — en unissons d'octave et fait un usage original, quasi orchestral, du trille *ff*. Deux idées seront développées, en octaves également, — l'une en *la* mineur, l'autre en *ut* mineur (trois bémols à la clé). Cet épisode d'*ut* mineur, de longue haleine, décompose le thème principal en accords marqués de constants crescendos/diminuendos. C'est ce thème, déclamé *ff*, qu'on retrouve énoncé dans sa totalité au retour de l'*ut* majeur. Un ruissellement de doubles croches — main droite et main gauche simultanées — vient enfin s'unifier en une succession d'accords de dominante s'évaporant sur l'« attacca » du *Prestissimo* conclusif : ce dernier concentre en un brio digital étourdissant la matière musicale du *Rondo*. Sous forme de strette, l'épilogue est en brefs accords alternés de chaque main, dans l'*ut* majeur de la plus pure jubilation.

Supplémentairement, quelques remarques s'imposent ici sur l'emploi fréquent du trille dans cette *Sonate op. 53*. Nous citerons deux auteurs dont les avis concordent et se complètent : « L'aspect vibratoire (du trille) se développe vraiment au niveau de la *Sonate Waldstein* où la technique devient très personnelle. Dans le *Rondo*..., et spécialement dans la coda, le trille a complètement oublié sa fonction d'origine et s'est transformé en phénomène vibratoire qui, à l'aide de la pédale droite souvent prescrite de façon explicite, change le timbre du piano. Celui-ci a vraiment acquis une sonorité qui n'évoque que lui-même » (Claude Helffer)*. D'autre part, ...« sa fonction harmonique — de « dominante » — ne suffit pas à le définir ; le trille est avant tout un son complexe d'une certaine *qualité* — déjà un timbre. C'est à ce titre qu'il va envahir la musique de piano de Beethoven ; dans les dernières œuvres, des pages entières se dérouleront sous son signe » (André Boucourechliev)**. Ce qui est dire doublement toute l'importance de cette Sonate, — d'une difficulté pianistique rare, parfois diabolique, mais à l'attrait de laquelle aucun virtuose de l'instrument n'a jamais résisté.

Sonate n° 22, en *fa* majeur (op. 54)

Placée entre un *op. 53* (« Waldstein ») et un *op. 57* (« Appassionata ») qui se sont acquis une grande popularité, la *Sonate op. 54* est une laissée pour compte, — que certains n'ont pas hésité à qualifier de « franchement faible », voire de « complètement manquée ». Il s'agit cependant d'une des œuvres les plus critiquées de cette deuxième « manière » de Beethoven qui ne s'embarrasse guère des modèles formels, et dont les deux mouvements présentent une structure propre à défier l'analyse (du moins a-t-elle suscité des commentaires fort contradictoires). Composée en 1804, elle fut publiée par le Comptoir des Arts et de l'Industrie, à Vienne, en avril 1806, et fut accueillie par ce très curieux jugement de l'« Allgemeine Musikalische Zeitung », — estimant que « les deux morceaux dont elle se compose ressemblent à un chant de grillons » (!). Mais, depuis, il y eut pire : prenant prétexte de l'opposition des deux thèmes du mouvement initial, le musicologue suisse Richard Rosenberg a proposé l'histoire de *la Belle et la Bête* comme fil conducteur, et justifié le déroulement musical par les péripéties de ce conte merveilleux***. L'exégèse ne doit certes pas s'inter-

---
* In : *Le piano* (Presses Universitaires de France, « Que sais-je ? », Paris, 1985).
** A. Boucourechliev, *op. cit.*
*** Deux excellents pianistes — au surplus grands beethovéniens — se sont précipités sur l'analyse de Richard Rosenberg pour nourrir leurs commentaires : Paul Badura-Skoda, ici régulièrement cité, et Alfred Brendel (*op. cit.*).

dire toute poésie, et il n'est pas aberrant de plaquer telle image naturaliste, tel symbole du langage psychologique ou métaphysique sur l'analyse technique, qui verse parfois dans l'aridité. Encore faut-il garder de la mesure, et ne pas déformer la pure signification musicale d'une partition par les vagabondages de l'esprit. Nous récusons donc l'interprétation de l'estimable musicologue, — pour nous en tenir à une lecture du « texte » beethovénien, si déconcertant qu'il puisse paraître et propice aux extrapolations. Les deux mouvements sont successivement un *In tempo di menuetto* et un *Allegretto* ; ils sont l'un et l'autre assez brefs ; une double barre simple les sépare.

1. IN TEMPO DI MENUETTO (à 3/4) : qu'on ne s'attende surtout pas à un véritable menuet ; en dehors de toute forme conventionnelle, ce « In tempo... » » — simple indication du trois temps requis — révèle une parenté plus certaine avec la forme rondo traitée librement en variations. Le premier thème/refrain, joué *piano*, s'affirme par son caractère rythmique, son harmonie claire et homophone, ses changements incessants de registres (clé de *fa* passant à la main droite, clé de *sol* à la main gauche) ; une délicatesse ingénue enfin :

Violent contraste du second thème/couplet, qui paraît à la mesure 24, — *sempre forte e staccato* : écriture en imitations d'octaves entre les deux mains, — qui annonce de façon saisissante un Liszt, voire un Bartok. Ici, notes égales groupées en triolets et registre homogène. On ne peut considérer — comme le font certains — que ce second thème ferait fonction de trio. En dépit des dissemblances, les deux thèmes recèlent plus d'une affinité, — non seulement du tempo, mais plus encore de l'harmonie. Quoi qu'il en soit, le second thème libère avec fureur ses octaves redoublées, avec le grondement de pédales intérieures (à partir de la mesure 30), — pour quitter le ton principal, se hausser d'une tierce mineure (*la* bémol majeur), retrouver enfin *fa* majeur et céder devant la grâce du « menuet ». La reprise de ce dernier s'accompagne désormais de notes d'ornement, tandis qu'une nouvelle et courte irruption des triolets d'octaves conserve cette fois la tonalité fondamentale (douze mesures seulement). Deuxième reprise du « menuet »,

ornée, — dont la basse ne part plus à présent de la tonique, mais de sa tierce. La tonalité mineure n'est que temporaire, et se dilue en une succession de trilles intarissables dont le dernier s'évanouit *mezza voce*. Une mesure de cadence *Adagio* réintroduit enfin le *Tempo primo*, — formant la coda conclusive : sous le thème de « menuet » subsistent, en un bourdonnement apaisé, les triolets de la basse, avec un saut d'octave à chaque mesure. Aux ultimes mesures, ces triolets s'affaiblissent, decrescendo, en duolets, et tout est conclu pianissimo.

2. ALLEGRETTO (à 2/4) : son parcours presque uniformément à deux voix, sans modification rythmique et sans profil mélodique marqué, lui donne le caractère d'un perpetuum mobile ou — si l'on veut — d'une toccata empruntant la forme sonate à un seul thème*. La double croche est de rigueur, — en mouvements ascendant de sixtes et descendant de tierces et sixtes. Les vingt premières mesures sont une exposition (avec reprise). Toute la longue partie qui suit constitue un développement aux riches modulations. On remarquera notamment un passage dans lequel Beethoven parcourt, avec une souveraine aisance, toutes les tonalités du cycle des quintes (à partir de la mesure 45). La Sonate est conclue par un *Più allegro* vif, spirituel, — pur enchantement de la sensibilité pianistique préludant à d'autres avancées du génie beethovénien.

Sonate n° 23, en *fa* mineur, « Appassionata » (op. 57)

Esquissée en 1804 (simultanément à la *Symphonie Héroïque*), élaborée par Beethoven lors d'un séjour d'été à Döbling la même année, la *Sonate n° 23* fut terminée au plus tard en octobre 1806 ; mais peut-être était-elle achevée dès 1805. Sa publication intervint en février 1807 au Comptoir des Arts et de l'Industrie, à Vienne, avec une dédicace du musicien à son ami le comte Franz von Brunswik. Le titre d'*Appassionata* ne lui fut donné qu'à l'occasion d'une publication ultérieure par l'éditeur Cranz, de Hambourg ; Beethoven — semble-t-il — ne le désavoua pas. D'autre part, nous savons par Czerny, qu'à l'exception

---

* On peut faire le rapprochement avec le finale de la *Sonate en la bémol op. 26* (v., plus haut, *Sonate n° 12*).

des cinq dernières Sonates, l'*Appassionata* fut celle que « Beethoven lui-même estimait comme sa plus grande ». Elle est celle, en tout cas, qui s'adapte le mieux au portrait « psychologique » du musicien tel que l'a retenu l'histoire : « Un torrent de feu dans un lit de granit »,— cette définition de l'œuvre par Romain Rolland prenait acte en partie de la déclaration de Beethoven lui-même, « Lisez *la Tempête* de Shakespeare »*. L'écrivain français écrivit encore à ce propos : « Quelle est la *Stimmung* générale de *la Tempête*? Le déchaînement des forces élémentaires, passions, folies des hommes et des éléments. Et la domination de l'Esprit... Mais n'est-ce pas justement la définition de l'art beethovénien à cette époque de maturité ? » Sensible à tant d'humanité, aux explosions d'un primitivisme difficilement dompté que fait éclater l'*op. 57*, la postérité — friande de cette partition — n'a fait que ratifier un tel jugement. Les trois mouvements sont les suivants : *Allegro assai, Andante con moto* et *Allegro ma non troppo.*

1. ALLEGRO ASSAI (à 12/8) : il est construit sur deux thèmes issus d'un même motif rythmique — cellule de quatre notes — conférant à l'un et l'autre une semblable impulsion, de tension orageuse. Le thème principal se présente d'abord, *pp*, en un unisson des deux mains sur un arpègement descendant puis montant qui couvre la double octave ; c'est un déploiement de l'accord de tonique :

Un trille vient conclure,— de même qu'il achèvera la répétition immédiate de l'arpègement un demi-ton plus haut (en *sol* bémol majeur). Nouveaux trilles démarqués par de soudains silences,— ramenant au ton de *fa* mineur ; et entrée, au grave du clavier, du très court motif de quatre notes, inquiétant, au martèlement presque sinistre,— d'une évidente parenté avec le thème du Destin qui ouvrira la *Cinquième Symphonie* (terminée en 1808). On s'est amplement interrogé sur la signification symbolique de ces figurations musicales d'exposition : le Destin, certes, faisant obstacle aux élans d'espoir de l'homme, un *fatum* venant combattre sa volonté et ses désirs d'optimisme. Interprétation si conforme à toute l'imagerie romantique,— jusqu'à Tchaïkovski ! Mais on peut préférer s'en tenir à un commentaire plus serré des treize mesures qui viennent de s'écouler, et contiennent déjà toute l'œuvre comme en « suspens » : « L'alliage de l'extrême grave et du registre médian de l'instrument, et surtout l'écart de deux octaves entre les deux lignes parallèles, ce creux qui est entre elles, créent précisément la sonorité fantomatique, lourde de présages, qu'exige Beethoven. Le climat dramatique de l'œuvre est élaboré jusque dans l'aspect physique des sons ; le timbre devient une vraie fonction musicale, une ligne de force aussi importante que les autres... » (André Boucourechliev)**. Ce qui est souligner avec plus de pertinence à quelle maîtrise du piano atteint ici Beethoven,— non seulement au plan de l'expression mais dans le domaine de ses propriétés acoustiques ! Sur un ritardando, le musicien fait éclater, *forte*, un trait fulgurant de doubles croches dévalant le clavier : l'*Allegro* est lancé,— le thème principal dans sa sombre majesté que ponctuent par trois fois des enchaînements d'accords massifs en constante ascension (contrastes frappants entre *p* et *f*, marquant une volonté de varier l'intensité). Introduit *dolce e legato,* le second thème — on l'a déjà noté — est issu rythmiquement du premier (du moins d'une même cellule) : il est dans le ton relatif de *la* bémol majeur, plus paisible, presque tendre, de caractère hymnique ; en tout cas, il « chante ». Mais pas longtemps : voici son arrêt, plaintif, sur un double accord faisant transition vers le mineur et qui se dilue en un long trille étagé vers les registres élevés. Immense chute sur quatre octaves, *pp*, de petites notes conduisant vers une fin d'exposition — un vrai thème conclusif — en *la* bémol mineur (on eût pu s'attendre au majeur), sur accompagnement de doubles croches tempétueuses. La passion dont s'anime le mouvement semble si vive — une force aveugle — et *la* bémol mineur si éloigné du ton principal que Beethoven, contrevenant aux règles strictes de la forme sonate, omet pour la première fois une reprise textuelle de l'exposition : on pénètre sans transition dans la partie développement —, un développement grandiose qui ne « travaille » pas les thèmes pour eux-

---

* Nous avons vu qu'il l'appliqua également à la *Sonate op. 31 n° 2* (v. plus haut).

** A. Boucourechliev, *op. cit.*

mêmes, mais en propose des transfigurations inédites (le thème secondaire y paraît même prendre le pas sur le thème principal). On ne s'étendra pas à présent sur ces « transfigurations » que l'auditeur, emporté lui-même par la lente montée d'une sorte de violence concentrée, ne pourra que subir tels des états successifs de conscience. Peu avant le début de la réexposition retentit à huit reprises le motif du Destin, alternativement asséné dans les clés de *sol* et de *fa*; avant un profond pianissimo laissant place à la reprise du thème principal. Une importante cadence, *ff*, dérivée du thème secondaire, est suivie d'un *Più Allegro* terminal : répétition du thème secondaire s'épuisant douloureusement dans le mode mineur, puis du thème principal sombrant dans le pianissimo jusqu'aux limites extrêmes du registre grave (du moins sur instrument de l'époque : contre-*fa*). Ainsi paraissent s'éteindre les « folies des hommes et des éléments » dans l'ombre et dans l'immobilité.

2. ANDANTE CON MOTO (à 2/4, en *ré* bémol majeur) : le deuxième mouvement est dans la forme de variations d'une remarquable stabilité harmonique, — « chacune d'elles utilisant successivement un registre sonore plus élevé et plus lumineux laissant entrevoir, au travers des méandres d'une ligne mélodique, l'ombre méditative de ce Prospero shakespearien auquel Beethoven fait allusion » (Alfred Cortot). Cet éclaircissement progressif du clavier s'accompagne d'autre part d'une diminution permanente des valeurs de notes (de la noire à la double croche), procurant le sentiment d'une accélération. Le thème, *piano e dolce*, un peu solennel, semble celui d'une lente procession d'esprits fantomatiques ; le mouvement à répétitions pulsionnelles de la basse accentue cette impression. Les quatre variations, dans lesquelles les figurations de triples croches accompagnatrices sont un élément déterminant de l'éclaircissement dont on a parlé, atteignent un fortissimo, — avant la reparution du thème sous son aspect initial. Tout se trouve conclu par un double accord arpégé de septième diminuée : le premier accord léger et flottant, pianissimo ; le second fortissimo, tranchant, arraché comme un cri.

3. ALLEGRO MA NON TROPPO (à 2/4, en *fa* mineur) : sur ce même accord répété treize fois enchaîne le finale, qui — à n'en pas douter — restaure le climat du premier *Allegro*. Un tourbillon sauvage de doubles croches précède l'entrée du thème unique (conjugaison de la forme sonate et d'emprunts au rondo, en une sorte de perpetuum mobile) ; thème agissant comme une hallucination que transperce le crépitement incessant, rageur, des doubles croches :

Dans le cours du développement (à la mesure 142), s'esquisse un second thème, embryonnaire, qui s'effacera rapidement :

Au terme de ce développement, un moment — le seul — d'adoucissement et de répit en un diminuendo prolongé d'arpèges. De façon insolite, Beethoven a prévu la reprise du développement, et même de la réexposition : peut-être dans le but d'accentuer le sentiment tragique d'une inéluctable « course à l'abîme »... La coda est un *Presto* qui n'infirme nullement ce sentiment : quelques mesures staccato ; puis le thème en doubles croches se mêle lui-même aux croches frénétiques de cette conclusion quasi démoniaque, — qui ne se calmera point jusqu'aux mesures finales. Hormis une fugitive échappée en majeur lors de la réexposition, on n'aura jamais quitté l'univers tourmenté, visionnaire, du mineur !

Sonate nº 24, en *fa* dièse majeur, « À Thérèse » (op. 78)

Composée en 1809 — soit séparée d'au moins trois années de l'*Appassionata* (mais que d'« événements » intermédiaires, — le *Quatrième Concerto pour piano*, le *Concerto pour violon*, les *Cinquième* et *Sixième Symphonies*, nous en passons !), la « petite » *Sonate en fa dièse majeur* fut dédiée à la comtesse Thérèse von Brunsvik : le surnom lui est parfois resté de *Sonate « A Thérèse »*. Elle fut publiée en décembre 1810 à Leipzig, chez Breitkopk et Härtel. Beethoven aimait beaucoup cette œuvre intime, — reflet de l'étrange amitié qui l'unit à la sœur de son ami Franz (lui-même dédicataire antérieur de l'*Appassionata*). Des deux mouvements qui la constituent émane un parfum poétique ainsi qu'une tendresse affectueuse, qualifiée par un Vincent d'Indy d'« insipide »... Laissons là ce jugement blessant, autant qu'envieux peut-être. Successivement se présentent un *Allegro ma non troppo,* puis un *Allegro vivace.* Point de mouvement lent.

1. ALLEGRO MA NON TROPPO (à 4/4) : mais, en guise d'entrée en matière, un bref *Adagio cantabile* qui, plus tard, fit Hans von Bülow s'exclamer : « Beethoven serait immortel même s'il n'avait écrit que ces quatre mesures ! ». Absolument indépendant du mouvement qui suit, il semble se suffire à lui-même,— telle une apostrophe amicale, « la plus tendre en-tête de lettre jamais mise en musique » (Jörg Demus) : le gruppetto de la quatrième mesure, son point d'orgue conclusif sur *do* dièse forment une merveilleuse épigraphe. Le thème principal de l'*Allegro* est offert *dolce,* souriant, preque gai, en clairs accords de *fa* dièse majeur,— tonalité peu usitée que la Sonate n'abandonnera pas :

Des guirlandes de doubles croches — *leggiermente* — s'y accrochent aussitôt. On peut à peine parler de thème secondaire, ou simplement dérivé, à travers les accords de tierce et de sixte qui s'établissent sous une main droite en doubles croches agiles assumant un rôle modulant. Un épisode de triolets de croches — *dolce* — fait fonction de petit « pont » qui n'élude pas la continuité harmonique. La reprise est indiquée, tant pour l'exposition que pour le développement. Ce dernier ménage un beau déploiement mélodique du thème principal, assorti de figurations de doubles croches en enroulement ou en arpèges. Celles-ci montent d'ailleurs, à deux reprises, au registre supérieur du piano, comme s'enivrant de leur liberté. Une passagère altération du thème, bécarrisé, ne trouble en rien le climat d'idylle printanière qui baigne le mouvement jusqu'aux accords de *fa* dièse conclusifs.

2. ALLEGRO VIVACE (à 2/4, en *fa* dièse majeur) : significativement sur même fond tonal, c'est cependant un jeu vif, subtil, exquis, sur les tonalités à travers l'énoncé de deux thèmes s'alternant dans la forme rondo. Extrême mobilité des phrasés, des articulations, des formules de deux doubles croches en répétitions — main droite, main gauche — à la Scarlatti. Le mouvement précédent se déroulait en guirlandes amoureuses : celui-ci est en brefs motifs d'arabesque, combinant virtuosité pure et quelque intention d'espièglerie. On ne saurait s'étendre davantage : cette *Sonate op. 78,* qui n'est sans doute qu'une parenthèse dans l'œuvre pianistique de Beethoven, exprime surtout le « divertissement » d'un compositeur qui sut à l'occasion goûter l'ineffable plaisir qu'on éprouve à *inventer* de la musique en toute innocence. Ici, voir Schubert !

Sonate n° 25, en *sol* majeur, « Alla tedesca » (op. 79)

Cette « Sonatine » (« Sonate facile ») — tel fut le titre qu'elle porta lors de sa publication — fut composée à la suite de l'*op. 78* en 1809 ; mais ses esquisses furent entremêlées à celles du *Cinquième Concerto pour piano,* de la *Fantaisie pour piano, orchestre et chœurs,* de la *Sonate n° 26 pour piano,* entre autres. Elle parut chez Breitkopf et Härtel, à Leipzig, en décembre 1810, sans dédicace. Son premier mouvement, où s'entendrait l'appel du coucou, l'a fait parfois surnommer « Sonate du coucou ». Cependant l'habitude s'est plutôt prise de lui accoler l'indication portée par ce même mouvement, « Alla tedesca ». Beethoven eut sans doute à l'esprit cette *Sonate en sol majeur* lorsqu'il écrivit à sa jeune amie Thérèse Malfatti : « Vous recevrez bientôt quelques autres compositions dont vous n'aurez pas à déplorer les trop grandes difficultés ». Qu'on ne s'y fie pas toutefois : la facilité apparente cache un art savant qui n'est pas sans placer des embûches sur le chemin de l'interprète : embûches rythmiques tout particulièrement. Les trois mouvements, tous brefs, sont un *Presto,* un *Andante* et un *Vivace.*

1. PRESTO ALLA TEDESCA (à 3/4) : il débute par un thème fougueux, bondissant, bâti sur une tierce *sol - si* — les trois premiers accords serrés, nerveux — venant s'appuyer sur la quinte (note *ré*) pour prendre son élan :

Ce motif rythmique *forte,* essentiel au mouvement, est monnayé sur-le-champ en petites notes arpégées indiquées *leggieremente.* C'est sur ces arpègements que paraît un thème secondaire en valeurs allongées mais conservant la même division rythmique à trois temps ; il peut être considéré comme un simple soutien harmonique du parcours de croches conjointes que se partagent les deux mains. C'est à la fois fluide et martelé,— d'une écriture confondante d'aisance et de naturel. Cette brève exposition, qui sera répétée, se termine sur des sauts de quinte descendants (*f*) qui deviennent sauts de tierce (*p*) : effet de décélération très calculé, quoique assez inattendu. Le développement s'inaugure par une redite du thème principal à la tierce inférieure ; mais on passe immédiatement à une batterie de croches, que troue l'égrènement de trois noires par mesure avec les indications *sforzato* sur la plus élevée, de pédale sur la plus grave. Cet incessant carillon sera rompu par une nouvelle figure de quatre noires, également descendantes, à la basse,— contre-rythmant la mesure ternaire. Puis réexposition à peu près textuelle,— qui fait remarquer que les dessins de croches montent à l'octave supérieure du clavier. La coda alterne le thème principal aux deux mains en écho, et s'offre la coquetterie d'une répétition de celui-ci en notes finement appoggiaturées.

2. ANDANTE (*expressivo* à 9/8, en *sol* mineur) : dans la forme du lied A B A (avec coda),— telle une « romance sans paroles » du plus pur romantisme (ce fut l'opinion d'un Hans von Bülow, qui paraît peu discutable). De l'avis du pianiste Paul Badura-Skoda, une *canzone* à l'italienne. La partie A fait entendre, en effet, un thème mélodique à deux voix, en sixtes et tierces, de la plus parfaite simplicité. En *mi* bémol majeur, la partie B centrale présente un motif plus orné, en legato, dont se signale l'accompagnement délicat de doubles croches,— sextolets en mouvement régulièrement ascendant et descendant. La reprise de la partie A bénéficie, à son tour, de cet accompagnement qui vient décorer le thème initial répété en octaves. Le diminuendo conclusif, marqué de figures de silences, semble refermer cet *Andante* sur de brèves énigmes,— celles d'un Beethoven nullement dupe de ses « facilités ».

3. VIVACE (à 2/4, en *sol* majeur) : ce rondo s'ouvre par huit mesures d'un thème allègre, heureux, immédiatement répétées. Ce thème est entièrement construit sur la petite figure rythmique d'une croche — deux doubles croches (un « faux » triolet), avec, aux mesures paires, l'arrêt suspensif sur une noire : ascendant sur une double ligne descendante de la basse, il n'est pas sans analogie avec le thème du finale du *Quatrième Concerto pour piano* (terminé au tout début de 1807, et dans la même tonalité de *sol* majeur)*. L'ensemble de ce *Vivace* apparaît surtout, d'ailleurs, comme une réussite rythmique de chaque instant,— avec ses brefs unissons ou ses rapides échos entre les deux mains, ses « 4 pour 3 » intempestifs, ses très légers décalages de tempo, et ses mouvements harmoniques vers *mi* mineur et *ut* majeur. Il est conclu sur son motif de départ déroulé en un legato fluide sur les arpègements ascendants, cette fois, de la basse : rien de plus élégamment désinvolte, et peut-être teinté d'ironie douce-amère...

Sonate n° 26, en *mi* bémol majeur, « Les Adieux » (op. 81 a)

Cette œuvre d'une merveilleuse inspiration a été dédiée par Beethoven à son élève et ami l'archiduc Rodolphe d'Autriche, pour commémorer son absence de Vienne durant l'occupation de la ville par les troupes de Napoléon, puis son retour. La partition, en effet, fut esquissée en mai 1809,— tandis que l'armée française avançait vers la capitale de l'Empire ; en tête du premier mouvement, cette mention manuscrite : « L'Adieu, Vienne le 4 mai 1809, jour du départ de S.A.I. mon archiduc vénéré ». En tête du troisième mouvement, quelques mois plus tard : « Retour de S.A.I. mon archiduc vénéré, le 30 janvier 1810 » ; ainsi nous sont fournis les repères essentiels de datation. La publication eut lieu en juillet 1811 à Leipzig, chez Breitkopf et Härtel, sans les dates toutefois, et avec ce titre en français : « Les adieux, l'absence et le retour ». Mais le musicien n'en était pas satisfait ; dès octobre 1811, il s'adressait en ces termes à son éditeur : « *Lebewohl* est tout autre chose que *les adieux ;* on ne dit le premier qu'à une seule personne, et de cœur seulement, l'autre à toute une assemblée, à des villes entières ». Il songea donc à remplacer le titre par son équivalent allemand : « Das Lebewohl, Die Abwesenheit, Das Wiedersehen ». Il appela aussi l'œuvre *Sonate caractéristique* : sans doute par allusion à son contenu émotionnel tout à fait particulier. Mais faut-il parler d'un véritable « programme », à travers le triple épisode que décrit la *26e So-*

---

* Voir *Guide de la musique symphonique.*

nate ? Il n'est pas douteux que l'artiste Beethoven visait plus : à donner une traduction symboliquement musicale de trois « états » humains qui aient valeur universelle. L'événement, l'anecdote n'avaient à ses yeux que leur propre prix, — celui d'une incitation. Signalons que la *Sonate « Les Adieux »* — l'histoire n'a retenu que ce titre — porte le numéro d'*opus 81 a*, — l'*opus 81 b* ayant été attribué à un sextuor pour cordes et cors écrit une quinzaine d'années auparavant, mais publié par Simrock seulement en 1810 : ce n'est là qu'une de ces bizarreries de numérotation qui affectent toute l'histoire de la musique. Les trois mouvements de cet *op. 81 a* sont un *Adagio-Allegro*, un *Andante espressivo* et un *Vivacissimamente*. Ils sont tous relativement courts.

1. ADAGIO — ALLEGRO (« Les Adieux ») : l'*Adagio* d'introduction (à 2/4) présente d'emblée une « devise » musicale reproduisant les trois syllabes du mot « Lebewohl » — *sol, fa, mi* bémol — et, tout à la fois, son caractère affectif. Il s'agit d'un motif unificateur, — dont le rôle sera déterminant dans le cours de l'œuvre. Ce motif, comme accablé de tristesse, se constitue donc d'une légère déclinaison, *piano*, tombant sur un accord du sixième degré (instable, et pourrions-nous dire rempli d'inquiétude ?). Dès la deuxième mesure, le voici suivi d'un nouveau motif qui paraît amplifier ce sentiment :

Intervalles ascendants, mais comme à regret (successives rechutes d'un degré) — avec répétition du motif initial et abondance de chromatismes douloureux. A la seizième mesure, deux accords *pp* préludent à l'accord de *la* bémol, *forte*, qui inaugure l'*Allegro* (à 2/2) : c'est un « départ » précipité, inquiet lui-même (série de tierces en descente chromatique à la main gauche), dont le thème n'abandonne pas la déclinaison initiale *sol - fa - mi* bémol, mais s'assortit de sauts de quarte ascendants (précisés « tenuto »). Non plus que ne la quitteront deux idées secondaires formant un contre-sujet : la première oscillant entre majeur et mineur (mesure 36), — à la basse ; la seconde (mesure 52), — dans la mouvance de trémolos de croches à la main droite. Le court développement est une sorte de lamento leitmotivique, — que suit une coda d'une ampleur exceptionnelle (presque deux fois le nombre de mesures de l'exposition) : les valeurs s'allongent, l'harmonie se dépouille, — avant qu'une série d'accords de tonique et de dominante ne résonne à la façon d'appels de trompe de postillon ; le mouvement reste obstinément descendant (mais le dernier decrescendo en mouvement ascendant suggère admirablement un éloignement dans le lointain). Puis un envol de croches vers l'aigu efface peu à peu l'image du voyageur qui est parti...

2. ANDANTE ESPRESSIVO (« L'Absence ») : indiqué « dans un mouvement allant, mais avec expression » (à 2/4, et la croche à 60). C'est un morceau qui ne s'étend pas, paraît comme improvisé. Il est en deux parties, qui s'alternent : la première dans la tonalité de *sol* mineur, la seconde dans celle de *fa* mineur ; chacune transpose un thème qui est une transformation (en valeurs brèves, pointées) du motif initial de l'*Adagio* d'ouverture :

Le *cantabile* paru à la mesure 15 fait se presser les unes derrière les autres des figurations de doubles, de triples, de quadruples, de quintuples croches, fortement chromatisées, sur l'accompagnement immuable de triples croches battues, puis piquées : quels émois de l'attente, quelle impatience à guetter un retour !... C'est ce thème de l'attente, précisément, qui s'établit de nouveau dans la partie centrale, — pour céder encore devant l'impatient *cantabile*, puis un pianissimo précédant l'« attacca » du dernier mouvement.

3. VIVACISSIMAMENTE (« Le Retour ») : brusque accord *forte*, et envol joyeux de doubles croches escaladant des tierces :

Le thème principal (à 6/8), qui entre à la mesure 11, se fait d'humeur plus calme, presque idyllique, — avec toutefois des éclats de joie (notes piquées à l'aigu du clavier, sur des écarts de dixième). Sur le même dessin mélodique, des bruits de fanfare retentissent par brefs éclats *ff* : noires piquées par l'unisson des deux mains, — avant l'introduction, en legato de doubles croches, d'un second thème d'une ferveur plus intime. Après une reprise de cette exposition, le développement module impétueusement dans des tonalités diésées. La récapitulation, fermement appuyée, cède devant un *Poco andante* dévolu au thème principal : celui-ci chante doucement, avec une joie tout intériorisée, — d'abord à nu, puis harmonisé dans un *mi* bémol majeur de plus en plus lumineux. Un très léger point d'orgue prélude aux six mesures de conclusion : une course échevelée de doubles croches en octaves qui dévalent puis remontent le clavier, — de la plus intense jubilation!

Sonate n°27, en *mi* mineur (op.90)

Quatre années se sont écoulées entre le groupe des *Sonates op. 78, op. 79* et *op. 81 a,* et cet *op. 90 :* elles ont vu naître, notamment, la musique pour *les Ruines d'Athènes,* deux *Symphonies* (les *7e* et *8e*), et cette *Bataille de Vittoria* commémorant la victoire du général Wellington sur les troupes françaises en Espagne : en réalité, la fin de la domination française en Allemagne et sur presque toute l'Europe. Cette *Bataille* fut « un moment décisif pour la gloire de Beethoven » (Schindler). La composition de la *Sonate en mi mineur* intervint l'année suivante : elle fut terminée au mois d'août 1814, lors d'un séjour de Beethoven à Baden. Elle est tout à fait éloignée des fureurs de la guerre ; mais elle commémore, elle aussi, un événement : le mariage du comte Moritz von Lichnowsky* — à qui l'œuvre est dédiée — avec une actrice, en dépit de toutes les réticences familiales qu'on peut imaginer. Selon Schindler, Beethoven aurait raconté dans sa Sonate l'histoire de l'amour du comte : le premier mouvement s'intitula *Kampf zwischen Kopf und Herz* (« Combat entre la tête et le cœur »), le second *Conversation mit der Geliebten* (« Conversation avec la bien-aimée »). Schindler ajoute que « des considérations compréhensibles retinrent Beethoven de faire imprimer la sonate avec ces titres »... Il est à noter que, pour la première fois, Beethoven écrivit en allemand le titre de la Sonate ainsi que les indications pour les deux mouvements. L'œuvre, enfin, fut publiée par Steiner, à Vienne, en juin 1815.

---
* Frère du prince Karl von Lichnowsky, dédicataire des *Sonates op. 13* (la *Pathétique*) et *op. 26,* et décédé peu auparavant.

1. ALLEGRO : *Mit Lebhaftigkeit und durchaus mit Empfindung und Ausdruck* (« Avec vivacité et d'un bout à l'autre avec sentiment et expression »). Ce premier mouvement est à 3/4. Son thème — qui présenterait plutôt le caractère d'un Andante — forme une longue période de vingt-quatre mesures, dans laquelle se distinguent trois parties : un motif principal constitué d'une phrase rythmique en accords (le premier en anacrouse), avec les nuances alternées de *forte* et de *piano ;* une idée secondaire indiquée *dolce,* très diatonique, en noires égales, — purement lyrique ; une répétition modifiée du motif principal, qui se hisse à un registre supérieur. Cette période introductive rassemble tout le matériau thématique. L'arrêt produit, sur la mesure 24, par un point d'orgue ne constitue en soi qu'un effet dramatique : ce n'est en rien le type courant de césure formelle, — mais une sorte d'hésitation, de repentir. Étrangement indécis, ponctué de silences éloquents, d'indications de nuances opposées, d'accents (noter la fréquence des *sf*), le développement adopte la même présentation thématique : les figurations de doubles croches qui enveloppent le motif secondaire traversent les tonalités de *sol,* de *fa* dièse, de *mi* majeur ; remarquer, en outre, avant la réexposition (mesures 134 à 144), la tension qu'introduit l'intervalle de dixième, *sempre diminuendo,* douze fois répété par les deux voix, — l'une et l'autre en clé de *sol. L'A tempo* de la réexposition elle-même, avec ses successifs ritardandos, ne fait que renforcer l'impression persistante de redites, d'aveux plus ou moins formulés, puis refusés. Toute la durée musicale de cet *Allegro* paraît le décalque fidèle d'une durée psychologique lui imposant ses propres rythmes et ses intermittences. Les dernières mesures abolissent cette durée dans un intemporel pianissimo.

2. RONDO : *Nicht zu geschwind und sehr singbar verzutragen* (« A jouer sans trop de vélocité et très chantant »). Au *mi* mineur de l'*Allegro* succède ici un *mi* majeur épanoui, — un climat de bonheur substitué aux menues angoisses que suggérait le mouvement précédent. Ce *Rondo* est le dernier écrit par Beethoven : un rondo d'ailleurs peu conforme aux lois du genre — puisque le thème - refrain domine nettement les couplets qui n'apparaissent qu'en tant que « formules de transition » (Jörg Demus). D'une autre manière, la forme générale peut être tenue pour strophique. Le début — *dolce* — est une mélodie amoureuse se déployant largement, non sans insistance persuasive (indication « teneramente »), au long de trente-deux mesures ; mélodie démultipliée à trois voix, — voix supérieure chantant au médium du piano, voix d'accompagnement (l'une en ligne médiane de doubles croches battues, l'autre à la basse doublée à l'octave) ; une écriture chambriste :

Deux idées adjacentes sont entendues : la première (mesure 41) en legato de sixtes ; la seconde (mesure 60) en octaves sur triolets de croches, — qui réintroduisent sans tarder le thème principal, toujours *dolce,* en un délicieux petit groupe de trois croches (à comparer avec l'anacrouse initiale de deux croches). Et voici l'amorce d'un développement qui affectera de s'égarer dans des tonalités étrangères (quatre mesures avec un dièse à la clé, quinze mesures sans altération à la clé, — un *ut* majeur très affirmatif). On s'achemine alors sans problèmes vers une coda plus pressée, qui ne conservera que des bribes de thèmes, et conclura la Sonate sur un accelerando de doubles croches s'évaporant dans un pianissimo... Ainsi l'« histoire d'amour » aura-t-elle trouvé son heureux et discret dénouement.

Sonate n°28, en *la* majeur (op.101)

Avec cette *Sonate op. 101* l'on pénètre de plein-pied dans ce que les exégètes du compositeur ont pris l'habitude d'appeler sa « troisième période » créatrice. Pour ne pas déborder notre propos, disons simplement que l'*op. 101* inaugure la série des « dernières Sonates »,— si bien définie par André Boucourechliev qu'il paraît judicieux de citer sans compter cet auteur* : « Avec elles la sonate en tant que forme stable, définie par une époque et une communauté stylistiques, entre dans sa longue phase crépusculaire. Ce n'est pas une rupture brutale, ni une création ex nihilo de formes nouvelles qu'accomplissent les dernières Sonates. Du fameux « allegro de sonate » Beethoven maintient le principe fondamental — l'antagonisme d'éléments opposés, leur affrontement constructif dans le développement musical —, principe proche de sa nature, adapté à sa forme d'esprit dès lors qu'il le plie à sa volonté, à sa liberté, à ses dimensions personnelles... C'est surtout la Sonate entière, dans l'ordonnance et la nature rituelles de ses parties ou mouvements, que Beethoven remet en question. Après l'avoir minée de l'intérieur, dès ses premiers chefs-d'œuvre, après avoir fait peu à peu apparaître ses ordonnances comme vides de sens au regard de ses exigences poétiques personnelles..., il consacre avec ses dernières Sonates un état de fait, l'aboutissement d'une longue trajectoire ». Toutes observations dont la pertinence se vérifiera à l'écoute de cette *Sonate en* la *majeur,* — œuvre composée en 1816 (autographe daté du mois de novembre), qui fut dédiée à la baronne Dorothea Cæcilia Ertmann, une élève amie très solide pianiste, et publiée chez Steiner, à Vienne, en février 1817 sous son numéro d'opus définitif.

Plusieurs points sont à signaler : il s'agit, d'abord, de la première Sonate désignée par Beethoven « für das Hammerklavier » (c'est-à-dire le « clavier à marteaux » — le piano-forte — par opposition au clavecin et au clavicorde). On remarque, d'autre part, que le musicien a fourni lui-même, pour ses mouvements, des indications d'expression en allemand ; et selon le fidèle Schindler — dont il faut toutefois se méfier —, il aurait donné des titres à chacun : 1. « Sentiments de rêverie » ; 2. « Invitation à l'action » ; 3. « Retour des sentiments rêveurs » ; 4. « L'action ». Quoi qu'on puisse penser de ce qu'a toujours relaté Schindler, ces titres suggèrent assez bien le « climat » de l'œuvre, en particulier l'exceptionnel relief qu'elle acquiert dans la fugue de sa partie finale. Mais il convient, surtout, de mettre l'accent sur les relations cycliques qui s'établissent entre les mouvements, — et qu'on détectera dans le cours de l'analyse : de ce point de vue, l'*op. 101* préfigure déjà les grandes constructions cycliques d'un Schumann, d'un Liszt (la *Sonate en si mineur*)**, d'un Bruckner même, et d'un César Franck. Et l'on se doit d'ajouter que Wagner y découvrit cet idéal de la « mélodie infinie » vers lequel il tendit dans ses opéras. Indiquons, pour clore ces préliminaires, que l'*op. 101* fut la première Sonate de Beethoven jouée, de son vivant, en public (par Stainer von Felsburg, interprète rompu au style du compositeur). Les quatre

---

* A. Boucourechliev, *op. cit.*

** Voir, ici même, à *Liszt.*

mouvements sont successivement un *Allegretto*, un *Vivace alla marcia*, un *Adagio*, un *Allegro*.

1. ALLEGRETTO MA NON TROPPO (à 6/8) : ce mouvement est indiqué par Beethoven *Etwas lebhaft und mit der innigsten Empfindung* (« Pas trop vif et dans le sentiment le plus intime »). Ce n'est, somme toute, qu'une assez courte introduction ; mais elle marque de son empreinte l'œuvre entière, — par sa force expressive, par l'affirmation du ton principal de *la* majeur, toujours en suspens, cependant omniprésent. Les deux thèmes sont extrêmement voisins, l'un et l'autre de caractère rêveur. Et c'est bien le premier qui domine, — qui semble naître à la vie, croître et s'épanouir en une longue période de vingt-cinq mesures, d'une respiration ample et légère à la fois :

Basses profondes, moelleuses, et répartition des voix, bien différenciées, en imitations. Quelques mesures cadentielles introduisent une série d'accords syncopés, à l'octave supérieure de la main droite, puis au registre médian (*mi* majeur) : ils préludent à un bref développement qui, dès la mesure 58, fait place à la reprise abrégée du thème initial. Les accords syncopés atteignent un *ff* (le seul dans ce mouvement), aussitôt adouci en diminuendo par une coda laissant la mélodie se disjoindre vers l'aigu et vers le grave, — la séparation des registres ne faisant qu'accentuer l'impression de mystère que provoque le ritardando final.

2. VIVACE ALLA MARCIA (à 4/4, en *fa* majeur ; indication du manuscrit : *Lebhaft*, « assez vif »). Ce mouvement se caractérise par la permanence d'une formule rythmique — rythmes pointés — dont tous les commentateurs ont noté le caractère précocement schumannien. Cette formule s'éparpille aux divers registres du clavier en une polyphonie précise, presque sèche. Très forte rupture de ton avec le mouvement précédent, — soulignée par l'absence de pause (double barre simple à l'issue de l'*Allegretto*), le double *forte* de l'accord initial, la nouvelle tonalité de *fa* majeur ; accentuée, d'autre part, par maintes rencontres harmoniques dissonantes, et par une rare diversité de timbres — de trompette et de cor, puis de piccolo, de hautbois et de clarinette enfin — contrastant avec l'unicité de couleurs antérieure. La seconde partie de l'*Alla marcia* passe à la tierce majeure supérieure (*la* majeur, — tonalité principale), puis au ton de *ré* bémol, — avec indication de pédale à la basse, très active rythmiquement. L'irrésistible progression de ce scherzo semble un instant freinée par le trio, plus calme, *sempre legato e dolce* : mais celui-ci se construit sur deux mesures introductives respectant le même rythme pointé, que développe un canon à deux voix à l'octave, d'une extrême fluidité. Les deux voix, en effet, s'expriment à distance d'une demi-mesure, puis d'une mesure entière, à nouveau d'une demi-mesure, et par épisodes fragmentés, dans la conclusion : nul doute que ne se trouve ici préfiguré le grand style de l'*Allegro* terminal.

3. ADAGIO MA NON TROPPO CON AFFETTO (à 2/4) : mouvement indiqué *Langsam und sehnsuchtsvoll* (« lent et avec ardeur » ; traduisons surtout : « pas trop lent »). Il est bref (vingt mesures seulement), et se doit jouer *una corda*, — la pédale unicorde, ou pédale douce. C'est une admirable mélodie, méditative, débutant sur un motif de sixte en doubles croches précédées par deux accords *pp*, — d'une éloquence tout à fait « romantique ». Ce motif est ensuite incessamment repris aux deux mains alternées, tel un monologue murmuré, sans pathétique, avec une conviction lucide, pour aboutir sur un accord de *mi* majeur. Une cadence improvisée (*non presto*) introduit un rappel du thème de l'*Allegretto* initial : ce rappel ne saurait se contenter de marquer la transition vers le finale ; réminiscence fugace, il dénote à l'évidence un souci de cette « forme cyclique » destinée à la mémoire de l'auditeur quelque peu décontenancé par la versatilité du discours. Il a lieu dans le tempo de départ de l'œuvre, et *tutte le corde ma piano* : « toutes les cordes », par opposition avec l'*una corda* antécédent. Nous sommes en *la* majeur également, — ton, inévitable, de l'*Allegro* conclusif annoncé par une mesure — *Presto* — de neuf triples croches et de trois points d'orgue trillés !

4. ALLEGRO MA NON TROPPO (à 2/4, en *la* majeur) : *Geschwind, doch nicht zu sehr, und mit Enschlossenheit* (« rapide, mais pas trop, et avec résolution »). Trois mesures de trille précèdent l'essor du thème principal, tendu, autoritaire, — dont la tête est immédiatement répétée à la basse. On remarquera d'emblée que ce dessin ascendant de doubles croches correspond à un motif déjà exposé dans le premier mouvement, — établissant un lien supplémentaire d'unification. Une polyphonie très stricte, presque aride, régit la variation de cette cellule motivique pendant trente-six mesures ; un second thème paraît en effet à la mesure 37 (nous évoluons ici dans le cadre de la forme sonate bi-thématique) : tendre, sentimental, — en contraste frappant avec l'énergie déployée par le style fugué du premier thème. La première partie prend fin sur une redite de celui-ci, — plus déliée. Le développement adopte l'allure d'un grand fugato à quatre voix, qui n'évite pas de s'éloigner dans la région de *la* mineur. Le sujet de ce fugato est une nouvelle présentation du thème principal, à la basse :

Il est repris en deuxième voix au registre grave (clé de *fa*), et ne consent à gagner le registre médian qu'à la quinzième mesure. La voix de soprano ne s'élèvera d'ailleurs pas à l'aigu du clavier avant une ample « présentation », et n'atteindra le registre élevé qu'en imitations serrées du motif de doubles croches sur les troisième et quatrième mesures du thème. Reprise à la dominante, à partir d'un flux de doubles croches arpégées : mais c'est un adoucissement — une variante lyrique, *dolce* — qui se fait sentir. Le sujet de la fugue s'élance à nouveau en intervalles de quinte auxquels répliquent les staccatos de la basse. Il sera varié une dernière fois, *pp*, en guise de coda, sur un profond trémolo de la basse ; et, après un ritardando, trois accords disjoints, *ff*, étalés aux registres extrêmes, viendront conclure avec éclat.

Quelques mots s'imposent pour compléter cette petite analyse d'une partition dont l'écriture pianistique apporte plusieurs innovations : il n'est pas douteux que vers l'époque de sa composition la mécanique des pianos à marteaux ne cessait de se perfectionner. Beethoven, ami du facteur viennois Streicher, harcelait alors ce dernier pour obtenir un instrument nouveau sur lequel il puisse « chanter ». C'est — nous l'avons indiqué — pour un Hammerklavier de cette sorte que fut explicitement écrite la *Sonate op. 101* (et, mieux encore, la *Sonate op. 106* suivante ; v. ci-après). Les sonorités puissantes (notamment celles des basses), la souplesse inusitée de la mécanique (ses réponses rapides en particulier) de cet instrument évolutif ont remarquablement stimulé l'imagination du musicien, et influencé la conception d'une œuvre dont on ne peut s'étonner qu'elle nous semble, à présent, avoir été prévue pour le grand piano de concert moderne. Mais, au moins, ne soyons pas excessivement surpris que Beethoven y ait déployé toutes les possibilités d'une harmonie verticale aux richesses encore inexploitées, et réunies dans le mouvement final, — splendide assomption de toutes les virtualités encore inaccomplies des mouvements précédents. Car l'*op. 101* « n'est pas une œuvre exubérante... Elle ne fait pas partie de cette catégorie de drames où une âme lutte avec les éléments ou combat le destin. Elle transmet avec une maîtrise souveraine tout le bonheur, toute la force et l'assurance qui l'habitent » (Alfred Brendel)*.

Sonate n°29, en *si* bémol majeur, « Hammerklavier » (op. 106)

L'immense *Sonate op. 106* — immense dans ses proportions et dans sa durée (quarante-quatre pages de partition moderne), immense par son contenu musical — fut esquissée vers la fin de 1817, écrite véritablement à partir de juin 1818, notamment durant l'été à Mödling, terminée en 1819, et aussitôt publiée en septembre de cette même année par Artaria, à Vienne, avec une dédicace à l'archiduc Rodolphe d'Autriche**. La dénomination de *Hammerklavier*, qui lui est restée, lui confère certes son prestige. Mais — nous l'avons vu — ce titre aurait pu être porté, aussi bien, par la *Sonate op. 101,* et même par toutes les Sonates de Beethoven à partir de l'*op. 28 :* depuis longtemps les éditions indiquaient « pour le piano-forte ». Or, Beethoven exigea que la page de titre de son *op. 106* fût rédigée non plus en français ou en italien comme de coutume, mais en allemand : Artaria réussit à satisfaire le compositeur en publiant deux éditions différentes, l'une en français (*Grande Sonate pour le piano-forte*), l'autre en allemand

---

* A. Brendel, *op. cit.*
** Il est certain que l'élaboration de l'œuvre (« ...écrite dans des circonstances pressantes ; il est dur d'écrire pour gagner son pain, voilà où j'en suis ! ») fut chaotique : chaque mouvement a son histoire particulière, — qu'on ne peut relater ici. Voir : Brigitte et Jean Massin, *Ludwig van Beethoven* (Éd. Fayard, Paris, 1967).

(*Grosse Sonate für das Hammer-Klavier*) ; le surnom *Hammerklavier* s'est dès lors définitivement attaché à l'œuvre. Œuvre d'exceptionnelle envergure que celle-ci, quasi monstrueuse dans sa volonté de dépassement des simples possibilités sonores de l'instrument, et qu'aucun interprète — même grand beethovénien — n'aborde sans crainte : « La *Hammerklavier-Sonate* est, pour nous autres pianistes, ce qu'est la *Neuvième Symphonie* pour le chef d'orchestre : l'œuvre monumentale, l'œuvre culminante, ou, mieux encore, l'œuvre qui parcourt tout autant les profondeurs que les sommets. Aussi ne l'approchons-nous qu'avec respect » (Paul Badura-Skoda). Quand il eut terminé son *op. 106,* Beethoven dit à un ami : « Maintenant je sais écrire ». Mais, en confiant son manuscrit à l'éditeur, il ajouta : « Voilà une sonate qui donnera de la besogne aux pianistes, lorsqu'on la jouera dans cinquante ans ! » De fait, l'*op. 106* fut mal compris et fort peu joué du vivant du compositeur. Aujourd'hui, même le premier venu ne s'y risquerait pas.

Après ce qui vient d'être dit, on s'étonnera peut-être que la *Hammerklavier* se conforme encore aux grands principes formels hérités d'un Haydn : elle « comprend en effet les quatre mouvements traditionnels — écrire une fugue comme finale n'avait rien d'extraordinaire à Vienne, même si cela restait relativement peu fréquent ; mais elle leur donne des dimensions gigantesques, inouïes, — les proportions au sein de chaque mouvement et entre les mouvements ne sont pas fondamentalement bouleversées par rapport à Haydn ou aux sonates antérieures de Beethoven, mais l'échelle n'est plus la même » (Marc Vignal)*. L'*op. 106,* par ailleurs, révèle un travail compositionnel d'une rare lucidité et, peut-on avancer, la pensée musicale profonde de Beethoven à l'époque de sa plus haute maturité. Nous laissons la parole à Marc Vignal, — qui éclaire parfaitement un aspect « technique » de l'œuvre, aspect qu'il nous semble nécessaire d'appréhender avant toute écoute sérieuse : « Par-delà ses dimensions, la *Hammerklavier* est l'une des musiques les plus concentrées qui soient. Deux tournures principales l'unifient, qu'on retrouve aussi bien au niveau des thèmes, des détails et des épisodes stratégiques que de la structure globale. Ce sont, d'une part, les chutes de tierce et, d'autre part, l'opposition des notes *si* bémol et *si* (et, par voie de conséquence, de la tonalité de *si* bémol majeur à celles de *si* majeur et mineur). Les chutes de tierce déterminent par exemple la succession des tonalités des diverses sections de l'*Allegro* initial et de la fugue finale, ainsi que la tonalité du troisième mouvement (en *fa* dièse mineur) par rapport à celle des trois autres ; quant à l'opposition *si* bémol — *si,* elle joue un rôle à la fin de l'exposition du premier mouvement,... justifie dans ce même mouvement le sommet dramatique en *si* mineur peu après la réexposition,... ou encore se traduit par des chutes de seconde mineure (de *si* à *si* bémol) soit très violentes, soit très lyriques... La note *si* et les tonalités de *si* assument par rapport à la tonique de l'œuvre un rôle de dissonance poussée au maximum »... Sans omettre d'ajouter que ces relations dialectiques et unificatrices trouvent à s'exprimer avec la plus éclatante évidence dans le passage du troisième au quatrième mouvement, — l'introduction de la fugue qui nourrit ce dernier ! Les quatre mouvements sont successivement un *Allegro,* un *Scherzo,* un *Adagio sostenuto,* et un *Largo - Allegro risoluto.*

1. ALLEGRO (à 2/2) : le premier mouvement prélude par un motif d'accords *ff* surgis d'une pédale de *si* bémol en un saut de double octave ; le ton est héroïque, d'une remarquable énergie rythmique, — telle une formidable explosion de volonté. Ce motif est redit immédiatement à la tierce supérieure, dans une configuration harmonique renouvelée. Il forme, en réalité, le segment initial, en imitation, du thème principal dont le second élément, fortement contrasté par son caractère mélodiquement expressif, paraît à la quatrième mesure :

Ce second élément se répète également sur un ritardando à l'octave supérieure, en huit mesures qui atteignent sans discontinuer l'aigu du clavier en un élan de victoire, — tandis que la basse descend au registre grave (contre-*fa* dièse, contre-*sol*) : c'est donc, d'emblée, une très large occupation de l'étendue sonore, prémonitoire de cette emprise totale qu'accompliront les ultimes Sonates. Ce par quoi l'on peut affirmer aussi que l'*op. 106* forme une sorte de portique qu'il est nécessaire de franchir

---

* M. Vignal, *op. cit.*

pour entrer au dernier « royaume » pianistique du compositeur. Ce premier thème complet, et complexe, est suivi d'une descente d'octaves syncopées par les deux mains (*si* bémol majeur), — qui s'élargit au maximum en de vertigineux intervalles (ambitus de cinq octaves). La tête du motif initial reparaît en *ré* majeur, et donne lieu, en un très léger contrepoint, à un déploiement de « guirlandes angéliques » (le mot est attribué au pianiste Edwin Fischer). Celles-ci forment, au travers d'une nouvelle transformation du second segment mélodique du thème principal, la transition vers le second thème : la tonalité de *sol* majeur s'est alors imposée ; c'est dans ce *sol* majeur qu'est présenté le nouveau thème en croches égales sur de beaux accords tenus de la basse, — d'une rhétorique mélodique et harmonique chopinienne avant la lettre. Enfin entendons-nous — *cantabile dolce ed espressivo, sempre legato* — le thème conclusif de cette en commune exposition, — de caractère tout à fait élégiaque, hésitant entre majeur et mineur sur une basse fluide qui semble elle-même indécise. L'exposition est achevée dans le *sol* majeur antécédent, — que le développement module dans le ton de *mi* bémol. Hors du commun, également, ce développement dans lequel peuvent se distinguer quatre parties : d'abord un fugato bâti sur la cellule rythmique initiale du mouvement, en une construction polyphonique à quatre voix (dans la dominante *ut* mineur). Succède une série très étonnante d'accords sur la tête du thème principal dans les tonalités de *sol* majeur, d'*ut* mineur, de *si* bémol et de *mi* bémol majeur, — succession d'épisodes étroitement associés dans l'espace harmonique de *ré* majeur. Un diminuendo fait reparaître le thème conclusif en *si* majeur. Enfin, venu de la basse, le thème principal s'impose le dernier, et, par enharmonie (*la* bémol majeur), instaure le ton de la récapitulation, — qui est en *si* bémol majeur. Dès lors, ce thème résonne dans sa plénitude sur le mouvement de basse entendu précédemment, mieux affirmé, — avec la voix intermédiaire, *sempre legato*, d'un trille (ensuite double trille) très liant : nouvelles modulations peu attendues (quoique enharmoniques) de *sol* bémol en *fa* dièse majeur, puis en *si* mineur. Et, à travers sa coda non moins étonnante, cet immense *Allegro* se conclura, non point. dans le mode triomphant de son début, mais en une sorte d'émiettement du thème principal, — brisé, éclaté en succession heurtée de *p* et de *f* sur un trémolo de basse partagé entre tonique et dominante, et s'évanouissant dans le pianissimo. Pour terminer, tout tourne court : en un éclair, deux accords *ff* posent un point final dramatiquement péremptoire.

2. SCHERZO (*Assai vivace* en *si* bémol majeur, à 3/4) : tendu, concentré à l'extrême, il substitue à l'ampleur et à la puissance expressive de l'*Allegro* de nouvelles forces obtenues par la nervosité rythmique et la fragmentation des motifs. Le thème principal lui-même se décompose en six segments qui sont autant d'étincelles rythmiques du dessin initial (sauts de tierces ascendants et descendants), rompu par deux accords *forte :* cette fragmentation crée une « atmosphère spectrale » (Paul Badura-Skoda), et tout à la fois caricaturale du thème du premier mouvement. La pulsation haletante du trio en *si* mineur (tonalité la plus « noire » chez Beethoven), dans une harmonisation de *ré* bémol majeur, fait paraître un motif syncopé à l'aigu puis au grave, — avec des imitations canoniques résolues en un très court *Presto* (à 2/4), étrange, quasi fantomatique. Une mesure *Prestissimo* parcourt les six octaves du clavier en une gamme jaillie d'un accord grave ; un trémolo de doubles croches sur l'accord de dominante précède enfin le retour du *Tempo primo* (à 3/4) : cette reprise du *Scherzo* se disloquera dans la vitesse vertigineuse d'un nouveau *Presto* (à 4/4), en octaves trépidantes *ff,* — pour s'évanouir aux dernières mesures à l'aigu du clavier (double transposition à l'octave supérieure), en échos affaiblis de l'humour inquiétant qui l'empreint tout entier... « Le thème véritable de ce *Scherzo,* ce sont — selon André Boucourechliev* — les mouvements du timbre eux-mêmes, les fluctuations de la matière sonore. C'est le dernier Scherzo des Sonates de Beethoven..., c'est son fantôme qui passe ici. Le Scherzo, naguère « Scherz », plaisanterie, devient cauchemar ». Et nul doute, également, que ne s'annoncent ici les *Scherzos* de Chopin !**

3. ADAGIO SOSTENUTO (en *fa* dièse mineur, à 6/8) : il est indiqué *Appassionato e con molto sentimento*. Il compte certainement parmi les plus beaux mouvements lents de Sonate jamais écrits ; serait-ce même le plus beau, et sans équivalent dans toute la littérature pianistique ? L'auditeur en jugera, — car aucun commentaire ne

---

* A. Boucourechliev, *op. cit.*
** Voir à : *Chopin.*

saurait l'en persuader. Nous ne résistons pas, toutefois, au désir de citer à nouveau André Boucourechliev* : « Son expression tourmentée... atteint une grandeur, une noblesse qui lui donnent sa portée universelle : aucune musique n'est plus bouleversante dans ses accents humains ; mais aucune n'est moins « confession », moins enchaînée à un moi sentimental. Immense phrase, souffle ininterrompu, l'*Adagio* est la variation perpétuelle d'une seule hantise, il reflète à l'infini un seul visage musical ».

Il s'agit d'un mouvement à variations ou, pour mieux dire, avec reprise à variations. Son gigantisme n'est pas moins frappant que celui de l'*Allegro* initial, — ainsi que sa profondeur : feuilleter la dizaine de pages de partition qu'il emplit révèle immédiatement l'exceptionnelle densité de son écriture. Deux simples notes de l'accord de tonique forment une introduction aussi surprenante que nécessaire : elles furent ajoutées par Beethoven après coup. Lorsque son premier éditeur londonien reçut l'ordre de les introduire dans le manuscrit (d'ailleurs disparu), il crut à une méprise du compositeur ; puis ce fut pour avouer que « jamais des notes n'ont eu autant d'effet et de puissance »... Le premier thème, qui comporte l'indication *una corda mezza voce*, est en accords litaniques d'une infinie désolation (mesures 1 à 26) ; les deux thèmes secondaires, marqués *tutte le corde con grand'espressione* (mesures 27 à 56), reglètent en revanche une gamme de sentiments plus « humains », — de la déploration funèbre à l'apaisement consolateur, voire à l'exaltation mystique. Une partie centrale, qui semble improvisée, en figures incessantes de triples croches enveloppant et métamorphosant le thème principal, amène la réexposition dans laquelle les divers motifs sont soumis à variations. La fin du mouvement, sur le thème principal, est d'une douceur résignée, crépusculaire : tout paraît s'y abolir aux tréfonds de la mémoire. Pour résumer — et simplifier —, quant à la forme : se dégage le schéma A B1 B2 — « développement » — A B1 B2 — coda ; forme lied, par conséquent, — avec le correctif non négligeable d'un enrichissement du second A B1 B2 par variations. Et, pour envisager les différentes tonalités que traverse cet *Adagio* : ton principal de *fa* dièse mineur (peu ordinaire par rapport au *si* bémol majeur initial), tonalités transitoires de *ré* majeur, de *mi* bémol majeur, de *fa* dièse majeur, de *sol* majeur (sixte napolitaine), — qui signalent les nombreuses permutations harmoniques que connaissent les thèmes. Au point qu'on puisse s'avouer surpris de retrouver, lors de la conclusion, le *fa* dièse mineur de départ, et les indications *una corda*, puis *tutte le corde*, de l'accord final !... « Sans cesse — a commenté Paul Badura-Skoda — d'innombrables détails surgissent et ravivent encore notre attention qui aurait pu, dans un mouvement aussi long, s'émousser quelque peu. N'est-il pas merveilleux que jamais le « fil » de cette pathétique histoire — de cette destinée —, si tendu soit-il, ne se rompe ? »

4. LARGO — ALLEGRO RISOLUTO : le mystérieux *Largo* (à 4/4), qui succède après une pause, fait fonction de transition vers la fugue finale. « Transition, introduction, point d'arrivée, point de départ ? — s'est demandé André Boucourechliev*. Tout cela sans doute, et sans doute rien de cela. On croit y voir, un instant, l'improvisateur, l'image de la main qui tâtonne dans l'obscurité, cherchant une issue... Émergeant lentement de l'informel, ce rêve éveillé s'incarne tour à tour dans des archétypes divers de l'écriture musicale, visions de styles surgies de la mémoire ». Les premiers accords, venus de la basse — *ré* bémol majeur, *si* bémol mineur, *sol* bémol majeur — appartiennent tant au domaine de *fa* dièse majeur qu'à celui de *si* majeur aussitôt atteint, — qui modulera lui-même de *sol* dièse mineur vers *la* majeur. Dans cet extraordinaire labyrinthe de « paliers » et d'événements harmoniques, tout semble improvisé ; et cependant rigoureusement construit, réparti dans l'espace et le temps avec une incroyable précision ! Les intervalles de tierces — structure profonde de *l'op. 106* — prédominent, pour laisser l'énergie se concentrer en un bref fugato (*Allegro*) : *sol* dièse mineur, — le *la* majeur annoncé faisant exploser cette énergie en un accelerando qui débouche sur un hallucinant *Prestissimo*.

L'*Allegro risoluto* (à 3/4) de la fugue enchaîne en *si* bémol majeur, — après cinq mesures de préparation du sujet (trille ascendant *la* — *do* — *fa*, et première figuration à la main droite) : *Fuga a tre voci, con alcune licenze* (« avec quelques licences »), ce couronnement polyphonique de l'*op. 106* semble, à lui seul, une œuvre complète et indépendante ; mais... « fantastique aventure dans un style qui marque profondément les dernières œuvres de Beethoven,

---

* A. Boucourechliev, *op. cit.*

elle n'est pas un phénomène isolé, elle est indissociable de son immédiate préfiguration, la *Fugue* de la *Sonate pour piano et violoncelle op. 102 n°2*, et de la *Grande Fugue pour quatuor à cordes op. 133* » (André Boucourechliev). L'exposition du sujet de la présente fugue comporte une « tête » brève et fulgurante, à partir d'un grand saut de dixième et d'un trille possédant une fonction timbrique très évidente :

Sujet qui sera réintroduit par la suite en augmentation (mesure 84, en *mi* bémol mineur), repris par mouvement rétrograde « à l'écrevisse » (mesure 143, en *si* mineur), ou par mouvement contraire (mesure 198, en *sol* majeur). L'impression dominante demeure celle d'un perpetuum mobile parfaitement rodé. Mais combien de surprises, de « licences », n'attendent-elles pas l'auditeur ! : changements de mesure non indiqués (du 3/4 régnant au 2/4, au 4/4, ou au 3/2 par exemple, lors de la reprise du sujet en augmentation), décalages rythmiques ou inversions entre les trois voix, éclatements thématiques, dissonance marquée, dramatique, entre dimensions harmonique et contrapuntique... A la mesure 235, en *ré* majeur, surprise encore plus grande d'un nouveau contre-sujet indiqué *una corda, sempre dolce cantabile*, — qui enchaîne une fugue supplémentaire, également à trois voix :

Plus calme (noires égales), d'esprit hymnique (étroitement apparenté à celui du *Gratias* de la *Missa solemnis*), cette courte fugue s'unit insensiblement au sujet de la fugue principale (*a Tempo*), puis s'évanouit... Le sujet de la grande fugue entre dès lors en âpre lutte avec son mouvement contraire (mesure 284), — avant de triompher sur un sombre trille et de trouver une conclusion (dix-sept dernières mesures) qui est une « vision » d'héroïsme intemporel.

Une si schématique analyse ne peut rendre compte que d'une architecture globale : l'*op. 106* est un monument qui se visite à de multiples et attentives reprises... « Il en est de cette *Hammerklavier-Sonate* comme d'une cathédrale gothique. Il y a toujours quelque chose à réparer, à revoir. On n'en a jamais fini avec elle » (Edwin Fischer)*. Ainsi s'est exprimé un interprète beethovénien de haute science. Notre science, dans le cadre imparti, n'a pu aller si loin : que le lecteur veuille nous en excuser, et approfondir selon ses propres désirs et ses propres moyens l'« approche » que nous avons tracée.

Sonate n° 30, en *mi* majeur (op. 109)

La *Sonate op. 109* ouvre le groupe couramment appelé « des trois dernières Sonates », toutes datées des années 1820-1822. Époque de la composition du grand testament spirituel qu'est la *Missa solemnis* : les esquisses de cette œuvre et celles des Sonates (à partir de 1819) sont mêlées dans les cahiers de Beethoven. Ce qui confère aux Sonates une sorte d'unité d'ensemble : elles reflètent « des états affectifs caractéristiques du compositeur pendant l'édification de son ultime chef-d'œuvre religieux » (Claude Rostand). Il faut ajouter que les « trois dernières Sonates » auraient été les fruits d'un défi relevé par le compositeur, qui se décida soudainement à les écrire après qu'un article malveillant de l' « Allgemeine Musikalische Zeitung » l'eût présenté comme mort à la vie musicale de son temps ! Mais on peut en douter : il paraît plus vraisemblable que Beethoven, qui venait de publier sa *Grande Sonate op. 106* (v. précédemment), résolut d'affronter à nouveau l'instrument dont cette œuvre si nouvelle et si riche avait développé maintes potentialités. Le musicien avait tout d'abord envisagé de dédier son groupe de trois Sonates à la famille Brentano, qu'il appelait alors ses « uniques amis ». Mais seule la *Sonate op. 109* fut adressée, en décembre 1821, à la fille d'Antonia Brentano, la jeune Maximiliana (Antonia, en revanche, se verrait offrir les *Variations Diabelli* ; v. plus loin). Composée vraisemblablement pendant l'été de 1820 à Mödling, achevée en tout cas avant la fin de cette même année, la partition fut publiée en novembre 1821 chez Schlesinger, l'éditeur de Beethoven à Berlin, sous son numéro d'opus définitif. La *Sonate op. 109* ne comporte que trois mouvements : un *Vivace* initial, un *Prestissimo*, et un *Adagio* final à variations. A noter que les deux premiers s'enchaînent.

---

* Propos rapporté par Paul Badura-Skoda, *op. cit.*

1. VIVACE MA NON TROPPO : il adopte très librement la forme sonate, — avec cette particularité de faire se succéder les deux idées thématiques, très distinctes, sur des indications de mouvement et de mesure différentes. Le premier thème (à 2/4) est énoncé en neuf mesures, *sempre legato* : vif, mais rêveusement poétique et comme improvisé — schumannien avant la lettre —, il joue sur l'opposition d'un motif légèrement rythmique à la main droite (double croche — croche pointée en intervalles typiques de tierce et de quarte) et de ses réponses à la main gauche (doubles croches égales entre la tierce et l'octave) :

Le second thème enchaîne, *Adagio espressivo* à 3/4 : c'est une sorte de récitatif lent, de caractère déclamatoire, qui procède d'abord par accords d'une dynamique contrastée (trois *p*, trois *f*, trois crescendos en trois mesures !) et par très vastes arpèges de triples/quadruples croches balayant le clavier. Dès la mesure 15, un ritardando conclut cette brève exposition. Le développement commence immédiatement avec le retour du *Tempo primo* : le premier thème y subit une transformation passagère de sa configuration d'origine, — puisque son motif mélodico-rythmique initial s'entend désormais à la main gauche, les réponses de doubles croches à la droite, — mais toutes deux étroitement associées vers le centre du clavier (les deux portées en clé de *sol*); il se hisse d'autre part, à deux reprises, au registre élevé, — avant de laisser reparaître l'*Adagio*. Un bref « pont » amorce la réexposition du thème principal avec, fugitivement, le soupçon d'un motif inédit (en accords), qu'on peut aussi bien considérer comme un élément de coda : le thème, modulant, atteint un *mi* majeur serein, conclu par un accord longuement apaisé dans le grave du piano (avec indication de pédale).

2. PRESTISSIMO (à 6/8, en *mi* mineur) : supprimant toute barre de mesure à la fin du premier mouvement, Beethoven a marqué non seulement un dièse mais trois bécarres au début du *Prestissimo*, — soulignant ainsi sa volonté de continuité entre les deux morceaux. Celui-ci emprunte l'allure vigoureuse, altière, passionnée, et parfois tourmentée d'obscures angoisses, de l'habituel Scherzo, — bien qu'on y discerne à nouveau une forme sonate traitée sans contraintes. Le thème principal s'élève par intervalles de quinte et de sixte, *ff*, sur une basse en octaves notées *ben marcato*; on peut remarquer dès à présent que cette basse des premières mesures est destinée à acquérir par la suite une signification mélodique. Le thème fait l'objet d'un très subtil contrepoint par la main gauche. A la mesure 25 paraît une idée secondaire en un unisson grave, *espressivo*. Succédant à cette courte exposition, le développement « travaille » la basse initiale en imitations sur un point d'orgue *si* (battement de croches), qui s'élève vers *ut*. L'ambivalence tonale s'accentue lors des mesures suivantes en brefs accords *una corda*, blêmes, quasi fantomatiques : le *fa* dièse majeur laisse présager une réexposition en *si* mineur. Mais celle-ci — *tutte le corde* — a bien lieu dans le ton principal, auquel il ne sera pas dérogé jusqu'au terme de ce *Prestissimo* conclu en un crescendo d'accords d'une énergie abrupte.

3. ANDANTE (à 3/4, en *mi* majeur) : indiqué *Gesangvoll mit innigster Empfindung, mezza voce* (« Très chantant avec le plus intime sentiment, à mi-voix »). Beethoven a d'ailleurs multiplié les indications de « sentiment » — *cantabile, espressivo, teneramente, piacevole* — au cours de ce finale qui est un très beau thème de lied suivi de six variations. Ce thème est énoncé en une période de seize mesures (avec double reprise); longue phrase d'amour, légèrement douloureuse, très intériorisée. En voici le tout début (quatre mesures) :

On y remarque l'infléchissement par tierces des deux premières mesures, et, dans les deux mesures suivantes, symétriques, l' « accident » d'un mélancolique *la* dièse. Ce thème, néanmoins, ne possède pas un relief particulier, et c'est la première variation — *Molto espressivo* à 3/4 — qui libère véritablement sa force émotionnelle : la mélodie s'épanouit au registre mi-aigu du clavier, avec un pathétique que souligne le quintolet de triples croches s'intercalant à la troisième mesure (mais qu'il serait malséant d'appuyer !); à la main gauche, de somptueux accords de trombone ; la *mezza voce* reste toutefois de rigueur. La deuxième variation — *Leggiermente* à 3/4

— est à double volet : le thème s'y trouve traité avec un charme spirituel en figures de doubles croches syncopées — main droite, main gauche —, puis transformé *(teneramente)* en insistants accords de croches montant par degrés conjoints, — les deux mains à présent réunies au centre du clavier ; ces accords se diluent en un martèlement de doubles croches qui rejoignent en diminuendo la première présentation, — celle-ci faisant office de reprise. C'est une sorte d'intermezzo que l'*Allegro vivace* (à 2/4) de la troisième variation : un staccato très alerte de croches, alterné aux deux mains, grâce auquel le thème originel subit une métamorphose considérable, — mince motif qu'égrène la main droite d'abord (mais le *la* dièse n'a pas disparu !) :

Il ne connaîtra guère d'enrichissement, — si ce n'est un déroulement continu de doubles croches en octaves. Bref, il s'agit ici d'un piano en pleine et insouciante liberté. *Un poco meno andante* (à 9/8), indiquée *Etwas langsamer, als das Thema* (« Un peu plus lent, comme le thème »), la quatrième variation, qui enchaîne *(attacca)*, marque un net retour vers l'expression et le style polyphonique des registres. Une première partie se signale par son dessin de doubles croches en sextolets, qui décorent avec délicatesse la ligne mélodique ; la seconde partie est, pour l'essentiel, formée d'un splendide unisson d'accords de tierces, culminant sur un *ff*, puis refluant dans un legato arpégé ; la reprise est prescrite pour chaque partie. La cinquième variation — *Allegro ma non troppo* (à 4/4) — affirme son énergie en un fugato à trois et quatre voix ; le *forte*, le *sempre forte* sont les indications les plus fréquentes. Il s'agit aussi de la variation la plus « violente », et certainement la plus difficile techniquement (vers le centre, redoutable transition diatonique de sixtes en tierces à l'aigu du clavier)*. C'est avec la sixième et dernière variation — *Tempo primo del tema (cantabile)* — que le thème retrouve le plus fidèlement sa physionomie initiale, décrite dans les quatre mesures introductives (à 3/4) sur un point d'orgue *si* des deux mains. On passe aussitôt au 9/8 d'un ample développement contrapuntique en progression constante de valeurs diminuées, par condensations mélodiques dans un rythme immuable de triples croches : « Ce sont alors non plus des valeurs rythmiques, mais les particules élémentaires d'un monde sonore nouveau qui évoluent comme timbres autour de la " ligne d'horizon " constituée par la fonction harmonique suspendue sur la dominante » (André Boucourechliev)**. Ce flux de triples croches se pulvérise bientôt en trilles généralement tenus au centre du clavier et en petites notes du thème carillonnées à l'aigu. Puis tout retombe, et l'on revient à l'énoncé textuel — à d'infimes variantes près (suppression d'indications de nuances ou de tel ornement arpégé) — du thème en un doux *cantabile*.

Sonate n° 31, en *la* bémol majeur (op. 110)

Esquissée en même temps que l'*op. 109* précédent, c'est-à-dire dès 1819, la *Sonate en la bémol majeur* fut écrite au cours de l'année 1821 (achevée le 18 décembre), mais publiée seulement en août 1822, sous son numéro d'*Opus 110,* par l'éditeur Schlesinger à la fois à Berlin et à Paris. A l'origine destinée à Antonia Brentano, elle parut finalement sans dédicace***. Plus encore que l'*op. 109,* cet *op. 110* s'avère significatif de la dernière « période » du compositeur : extrême liberté de forme, amples développements, usage du procédé cyclique (les thèmes naissent d'un unique motif initial), emploi désormais délibéré du récitatif dramatique et de parties fuguées. Il y a trois mouvements : un *Moderato cantabile,* un *Allegro molto,* et un long finale — mouvement complexe et le plus important — qui se décompose en plusieurs parties dont les éléments principaux sont un *Adagio* et une *Fuga*. On peut toutefois discerner dans

---

* Ce passage — pour la curiosité du lecteur — a été signalé par le pianiste Glenn Gould (G. Payzant, *Glenn Gould, un homme du futur,* Éd. Fayard, Paris, 1983) : « Chaque fois que j'ai entendu jouer cette œuvre, le pianiste ressemblait en cet endroit à un cheval qu'on aurait sorti d'une grange en feu — une expression de terreur emplissait son visage et je m'étais demandé pourquoi. » La difficulté de l' « endroit » en question n'est point tant celle des touches noires/ blanches — nous dit Gould — que celle du registre où il se situe, deux octaves environ au-dessus du centre du clavier, là où les répétitions de notes posent de véritables problèmes.

** A. Boucourechliev, *op. cit.*

*** Voir *Sonate n° 30* : comme nous l'avons signalé, Antonia Brentano deviendrait la dédicataire des fameuses *Variations Diabelli* (v. plus loin).

cette succession *Moderato — Scherzo — Adagio — Allegro* la structure générale d'une vaste forme sonate tout à fait librement interprétée.

1. Moderato cantabile molto espressivo (à 3/4) : le premier mouvement débute par une courte annonce thématique (quatre mesures), indiquée *con amabilità*, — harmonisée à quatre voix dans la manière d'un quatuor à cordes. Sur la désinence en forme de léger trille et de petite cadence, s'élance dès la mesure 5 un second thème *dolce*, purement mélodique, violonistique, d'une grande simplicité ; exemplaire la symétrie de la « question » — deux mesures — et de la « réponse » — deux mesures suivantes :

Ce thème mélodique avait été utilisé déjà par Beethoven pour le Menuet de sa *Sonate n° 8 pour piano et violon (op. 30 n° 3)*. Les figures d'accompagnement en batterie de doubles croches font place rapidement à huit mesures d'arpèges de triples croches *(leggiermente)*, absolument a-thématiques, — qui parcourent le clavier dans les deux sens pour venir conclure sur une série d'accords brisés, puis de trilles à la basse. Une troisième idée thématique, au rythme serré, sur de nouveaux battements de doubles croches, achève cette exposition assez insolite, — qui semble constituée d'éléments épars, hétérogènes, telles de « simples pierres de taille » (Jörg Demus). Le développement se construit sur le thème initial, — ou du moins sur son amorce reprise huit fois en rosalie, propre à faciliter les modulations du parcours harmonique. Le second thème mélodique est répété à une quarte supérieure, mais laisse paraître la gamme de *mi* majeur pour les guirlandes d'arpèges déjà entendus. La réexposition *a Tempo* s'organise à nouveau dans le ton principal reparu avec brusquerie, et la coda à partir de quatre mesures d'accords syncopés, *pp* : le thème initial résonne encore à la basse, sous l'avalanche de triples croches arpégées. L'accord de sixte, en mineur, aux mesures conclusives *(f)* semble poser une larme sur le doux apaisement final *(p)*.

2. Allegro molto (à 2/4, dans le ton relatif *fa* mineur) : le deuxième mouvement est conçu dans l'esprit du Scherzo, mais stylistiquement proche des *Bagatelles* avec tous ses contrastes rythmiques, ses fréquents changements d'accentuation*. Son thème, rythmiquement acéré, s'oppose fermement au caractère lyrique du mouvement précédent. A la mesure 17, une idée plus mélodique, en tierces, paraît : Beethoven s'y serait inspiré d'un air populaire silésien qui courait les faubourgs de Vienne, *Ich bin liederlich* (« Je suis bon vivant »). Le trio, en *ré* bémol, fantasque jusqu'au bizarre — sauts intempestifs de l'aigu au grave en croisements de voix staccato — est essentiellement constitué d'arabesques à la main droite. Après la reprise, la coda fait entendre un ensemble d'accords syncopés, *sf*, qui viennent s'éteindre — *Poco ritardando* — sur une longue tenue pédalisée *(p)* : la lente ascension de croches à la basse annonce le ton de *fa* majeur, qu'on retrouvera par la suite.

3. Adagio ma non troppo — Allegro ma non troppo (Fuga) : le mouvement final, qui enchaîne, est de beaucoup le plus développé, et d'un agencement très singulier. Il convient de distinguer quatre parties, à première vue disparates, formant néanmoins un tout solidement architecturé.

A. *Adagio, Recitativo, Arioso* : une introduction de trois mesures, lente et douloureuse — *Adiago* à 4/4 *(ré* bémol majeur) — prélude à un passage en récitatif de caractère plaintif quoique plus dramatique, qui module de *fa* majeur (ton conclusif de l'*Allegro* précédent) vers *la* bémol ; ce récitatif atteint son point culminant sur une note — *la* (bécarre) — répétée vingt-six fois, qui s'accélère, s'amplifie, s'évanouit... *Smorzando*, une mesure modulante — quasi tristanienne — fait sourdre un battement indécis mais régulier de triolets de doubles croches (à 12/16) sur lequel se posera le chant d'un *Arioso dolente* : « chant de plainte » *(Klagender Gesang)* triste, découragé, de la plus poignante émotion, — l'une des pages les plus bouleversantes de toute la musique de piano (six bémols à l'armure, en réalité avec les sept bémols du ton de *la* bémol mineur) :

B. Première *Fuga (Allegro ma non troppo*, à 6/8) : sans transition, succède une fugue écrite dans le ton initial de *la* bémol majeur, — évoquant, selon Beethoven lui-même, le combat intérieur de l'homme

---

* Voir, ici même, à : *Bagatelles*.

contre la souffrance (la référence biographique n'étant pas ici négligeable). Le thème, par quartes ascendantes, est le même que celui du premier mouvement ; il est énoncé par la main gauche :

S'ensuit un travail contrapuntique à trois voix d'une écriture particulièrement dense. Une culmination est atteinte à la mesure 47, — avec l'entrée, à la basse, d'octaves en fortissimo. Après quoi le mouvement viendra se briser sur un accord de septième de dominante (*mi* bémol, *sol*, *si* bémol, *ré* bémol), lui-même résolu en un accord *ré*, *sol*, *si* bémol, *ré*. Nouvelle tonalité de *sol* mineur : la souffrance triomphe.

C. Second *Arioso* (indiqué *perdendo le forze, dolente* : « en perdant de la force... ») : plus accablé encore que le premier, ce deuxième « chant de plainte » (de nouveau à 12/16 et dans le *sol* mineur annoncé) lui est symétrique. Cependant des silences l'interrompent, et son débit se fait saccadé, haletant, presque exténué ; vers la fin, indication *una corda* dans le pianissimo. On passe du mineur au majeur : dix fois retentit un accord de *sol* majeur en crescendo, — cri de révolte, sursaut de volonté, élan vers la délivrance.

D. Seconde *Fuga* (à 6/8, en *sol* majeur) : *sempre una corda* paraît le sujet en tête duquel Beethoven a noté *Poi a poi di nuovo vivente* (« en revenant peu à peu à la vie »). Il s'agit du renversement du sujet de la première Fugue, — exprimé cette fois par la main droite :

poi a poi di nuovo vivente

Les entrées se succèdent de très près : augmentation, puis diminution, enfin double diminution rythmique du thème, — avec un resserrement des durées dans l'élargissement progressif du tempo. La « manière » beethovénienne est toute là, et l'éclatante maîtrise formelle et pianistique d'un bâtisseur de cathédrales sonores. Avec l'indication *Poi a poi tutte le corde* (*Meno allegro*, puis *Più moto*), le ton principal de *la* bémol majeur se retrouve, et fait vaincre le thème en octaves puissantes à la basse. Toute la partie conclusive, homophone, s'empreint d'un caractère hymnique, d'euphorie jubilante, — en montée continue vers l'aigu du clavier : une apothéose véritablement symphonique. Tout sera terminé en une courte séquence d'arpèges et sur un accord définitif de tonique, irradiant la joie conquise sur le désespoir... « C'est ainsi la représentation de tout le drame beethovénien » (Claude Rostand).

Mais, après ces lignes de commentaire musical, suivons le sage conseil d'un interprète averti des complexités et des ambiguïtés de l'œuvre : « Je sais que la structure de l'*op. 110* est trop vaste, et son message trop riche, pour qu'il soit possible d'en rendre compte... avec de simples mots. Aussi conseillerai-je à chacun de s'engager lui-même, tout entier, dans cette œuvre et de la vivre, en quelque sorte, dans toutes ses péripéties, depuis l'état d'innocence qui règne encore sur les premières pages jusqu'aux conflits, aux souffrances, au désespoir, et au vigoureux sursaut, enfin, qui marque le retour offensif de l'esprit. Car c'est bien là que réside la puissance à la fois bouleversante et exaltante de l'*op. 110* : le triomphe de l'Esprit » (Jörg Demus).

Sonate n° 32, en *ut* mineur (op. 111)

Cette dernière Sonate pour piano fut esquissée et composée simultanément au précédent *op. 110*, — en 1820-1821 ; cependant, son achèvement fut un peu plus tardif, en janvier 1822 (autographe daté du 13 de ce mois). Beethoven apporta quelques retouches jusqu'à l'été suivant, et l'œuvre fut publiée comme *Opus 111* en avril 1823 par Schlesinger en même temps à Berlin et à Paris. Destinée d'abord à Antonia Brentano*, la dédicace fut adressée à l'archiduc Rodolphe d'Autriche, sur sa propre insistance. La *Sonate en ut mineur* est en deux mouvements seulement : ce qui a provoqué une pluie de commentaires sur l'exégèse beethovénienne. Quelle pouvait en être la signification profonde ? Schindler ne manqua pas de fournir ses explications, prétendument recueillies de la bouche même du compositeur : Beethoven avait, dans ses esquisses, prévu trois mouvements ; mais, dès qu'il eut trouvé l'*Arietta* — second mouvement définitif —, il y renonça. A Schindler le pressant de questions, il aurait déclaré : « Je n'ai pas eu le temps d'écrire un troisième mouvement » ; autre réponse, plus sérieuse : « Les variations de l'*Arietta*

---

* Voir, précédemment, *Sonates n° 30* et *n° 31*.

auraient eu une autre construction si j'avais dû écrire un troisième mouvement »... Pour justifier ce diptyque qu'est l'*op. 111*, Hans von Bülow recourut plus tard au concept hindou de la destinée des âmes : « A la souffrance et à la douleur qui assaillent les êtres engagés dans la roue des métamorphoses..., succède dans la seconde partie de la sonate le sentiment du Nirvâna qui est la dilution dans le non-être. » Wagner s'en mêla lui aussi, en 1880 : « C'est là toute ma doctrine ! Le premier mouvement est la volonté dans sa douleur et son héroïque désir ; le second est la volonté apaisée, comme l'homme la possédera lorsqu'il sera devenu raisonnable, végétarien » (!). Et l'on peut citer encore le français Romain Rolland, reprenant l'image hindoue, — qui vit dans le premier mouvement une lutte épique et, dans le second, « un sourire presque immobile de Bouddhâ »... Pauvre Beethoven, et pauvre *op. 111* ! Nous savons, en tout cas, que cet *op. 111*, bien qu' « admiré partout », fut peu joué du vivant du musicien, et qu'en particulier les variations du second mouvement ne furent pas près d'être admises non seulement par le public, mais par les gens de métier. Il en est tout autrement aujourd'hui : annoncée au concert, l'ultime Sonate pour piano de Beethoven remplit sa salle. Les deux mouvements sont un *Maestoso-Allegro* et cette fameuse *Arietta* à variations, « dont le titre diminue à plaisir l'importance, (mais qui) est une des paroles les plus hautes qui soient sorties de la bouche de Beethoven » (Romain Rolland).

1. MAESTOSO — ALLEGRO CON BRIO ED APPASSIONATO (à 4/4) : l'œuvre s'ouvre par une brève introduction grandiose, spectaculaire, « théâtrale », — qui est une sorte de question. Motif mélodico-rythmique (doublement pointé), à la dynamique contrastée *(f, sf, p),* avec un grand arpègement conclusif en crescendo : il est répété trois fois dans une riche harmonisation, à la dominante, à la tonique, à la sous-dominante, puis vient s'éteindre sur un accord de dominante. Sur un sourd battement de la basse dissonante (secondes), paraît une courte phrase mélodique en style de choral, conservant néanmoins quelque trace du rythme pointé initial ; un long trémolo de basse en crescendo marque l'entrée de l'*Allegro,* qui prend comme point de départ l'accord de septième diminuée si cher au compositeur. Le thème principal surgit brusquement : il est constitué d'un triolet de doubles croches et de trois noires, et,

dans sa première figuration, prend un temps d'arrêt (point d'orgue), comme pour se cabrer ; sur la seconde figuration, le « galop » est aussitôt lancé :

Son mouvement impétueux dominera le morceau tout entier, — qu'on peut considérer comme un vaste développement (le « développement » proprement dit n'occupera pas vingt mesures !) d'architecture monolithique. L'ancienne forme sonate est abolie, — n'était la présence d'une idée secondaire destinée à détendre l'énergie : après la mesure 33 que signale un saut immense de la main droite (du *ré* grave à un *do* bémol aigu), apparition d'un assez bref motif mélodique, lumineux, apaisé, se ralentissant jusqu'à une mesure d'*Adagio*. Mais l'agitation des doubles croches reprend aussitôt, — le thème principal résonnant puissamment en octaves à la basse, pour terminer une première partie dans le ton de *la* bémol majeur. La seconde partie module en *sol* mineur, — entraînant le fugato (avec reprise dans le ton initial et, épisodiquement, du motif secondaire). Après une telle intensité dans l'expression de tumultes intérieurs, la coda, sur une série d'accords syncopés, semble préparer le climat de l'*Arietta* dans son parcours harmonique vers un *ut* majeur d'une extrême pureté, dans la sérénité conquise de cette nouvelle tonalité.

2. ARIETTA *(Adagio molto semplice cantabile)* : on passe alors sans solution de continuité — ou presque — au thème de l'*Arietta* (à 9/16). C'est une mélodie aussi belle que dépouillée, d'une respiration tranquille, confiante, — toute trace des inquiétudes de l'*Allegro* se trouve à présent effacée. Elle s'exprime à quatre voix, — la voix d'alto telle une ombre de la voix supérieure, et les deux voix de basse en accompagnement harmonique d'une parfaite égalité ; la voix supérieure s'énonce ainsi, — avec une petite cellule rythmique (croche — double croche — noire pointée) dont le rôle sera plus tard déterminant :

La deuxième partie de cet énoncé évolue vers *la* mineur, puis revient à l'*ut* majeur sur de profonds accords affirmant leur stabilité. Les cinq variations qui suivent s'enchaînent sans rupture, — chacune représentant une amplification du thème initial. Amplification seulement ? Métamorphose serait sans doute un terme plus approprié. Car ces variations ont suscité mille commentaires, — de ceux notamment qui ont pu s'étonner de n'y plus rencontrer les techniques de la variation « classique ». Plus avisé, un André Boucourechliev*, — qu'il nous faut citer ici : « Les variations de l'*Arietta*... apparaissent selon un ordre significatif, profondément nécessaire, qui est l'âme même de l'œuvre. Ce qui varie, au niveau de la forme entière, c'est le degré de la métamorphose, l'équation entre le souvenir du thème et sa distorsion dans le présent en marche. Cette courbe sinueuse et discontinue, oscillant entre le connu et l'inconnu, entre la ressemblance et l'étrangeté, est la respiration de l'œuvre, le rythme vital de son devenir. » Comment, à cette occasion, ne d'ailleurs pas convier le lecteur à l'audition des toutes proches *Variations Diabelli* ?

Dans la première variation, le rythme fondamental croche/double croche demeure identique, quoique déjà légèrement démultiplié (les valeurs pointées ont disparu) ; l'accompagnement passe en doubles croches. Le fugato de la deuxième variation — *dolce* — s'établit à son tour sur un jeu de doubles croches avec une triple croche en accent rythmique ; on observe donc que le schéma rythmique se resserre, devient de plus en plus dense ; il est à noter, d'ailleurs, que la mesure est à 6/16, et qu'apparaissent d'autre part des nuances de dynamique, — crescendos et *sf*. La plus virtuose, la plus éclatante est sûrement la troisième variation, à 12/32, annoncée *f* : elle se constitue par groupements rythmiques distincts en mouvements contraires des deux mains : le rythme fondamental, désormais, prend appui sur des durées extrêmement rapides (triple/quadruple croche) et sur une opposition marquée des registres :

[notation musicale]

La variation suivante, à 9/16, forme une variation double : elle installe un pianissimo d'accords coupés de silences sur une sourde batterie de la basse : l'élément mélodique du thème prend le pas sur l'élément rythmique, qui semble se dissoudre momentanément. Un *leggiero* de triples croches à l'aigu (les accords étant à la main gauche) alterne par deux fois, pour venir s'élargir en arpègements sur un long trille qui fait office de passage cadentiel transitant vers la cinquième variation : sur ce trille en diminuendo, unisson du début du thème dans sa configuration rythmique initiale, et qui s'élève en des régions éthérées en même temps qu'il module en *mi* bémol majeur (dominante). L'écart entre les deux mains atteint cinq octaves ! Il s'agit bien là d'un exemple particulièrement frappant de l'utilisation « quasi géographique » (le mot est du pianiste Alfred Brendel) du territoire sonore du piano de l'époque... C'est enfin le thème tout entier qui reparaît, — toutefois transfiguré, singulièrement enrichi par rapport à l'original : sur un retour du ton d'*ut* majeur et l'incessant mouvement harmonique de triolets à la basse, il prend peu à peu une ampleur hymnique, orchestrale, en valeurs de plus en plus longues, faisant résonner jusqu'à des accords de neuvième. D'impalpables bruissements de trilles au registre aigu emplissent à nouveau l'espace que la main gauche occupe, pour l'essentiel, de ses battements mouvants de triples croches. Un superbe raccourci de ces triples croches en tierces vient sombrer en crescendo au grave du clavier, — dont les trois dernières mesures contiennent en guise d'épilogue, tel un écho lointain, le rappel mélodique du thème. A la quarte descendante (tonique - dominante) de la voix supérieure répond la quarte ascendante (dominante-tonique) de la seconde voix, — avec cette merveilleuse simplicité que faisait pressentir l'énoncé originel du thème ; un accord de tonique, *pp*, conclut donc, — aboli dans le silence...

« Le Beethoven tardif n'a donc nullement brisé les formes... Bien plutôt, à ce stade de sa vie, il avait appris à épurer l'œuvre de tout le superflu et de tout l'aléatoire, à la couler dans une forme délivrée de tout le banal, de tout le schématique. Et, par là, il avait satisfait au critère de toutes les œuvres assurées de la pérennité, qui tient dans l'équilibre forme = contenu » (Jörg Demus). En ajoutant également que l'*op. 111* « est à la fois une confession qui vient clore les Sonates et un prélude au silence » (Alfred Brendel)**.

---

* A. Boucourechliev, *op. cit.*

** Alfred Brendel, *op. cit.*

LES VARIATIONS

L'œuvre pianistique de Beethoven nous lègue une abondante moisson de *Variations*. On ne s'étonnera pas qu'à l'exemple de la plupart des compositeurs de son temps, Beethoven ait pratiqué assidûment un « genre » qu'à bien des égards il a renouvelé et enrichi. N'oublions pas même que le principe de la variation est fondateur d'une grande partie de son œuvre, qu'il en assure — pourrait-on dire — le ciment et l'unité organique. Avec la fugue en particulier, ce sont les variations que Beethoven traitera le plus fréquemment dans ses derniers ouvrages : l'ultime *Sonate op. 111* se termine par des variations qui, de ce fait, achèvent l'immense « cycle » des trente-deux Sonates. On connaît la richesse des combinaisons d'écriture que propose, par définition même, la variation : la manière « classique » consiste à tirer d'un thème donné des formes incessamment renouvelées, cependant étroitement apparentées ; la variation est principalement décorative. Beethoven ira plus loin, ou, du moins, procédera-t-il autrement : la variation, chez lui, ressortit au développement symphonique, et peut donc être appelée amplificatrice. Le thème ne sera jamais perdu de vue (jamais complètement en tout cas, même dans les grandioses *Variations Diabelli*), mais il ne fournira plus qu'un prétexte aux agencements mélodiques, rythmiques et d'expression les plus inattendus, et constamment élaborés pour eux-mêmes. Plus que de « thème » sujet à variations, il sera dès lors correct de parler d'« idée initiale ». Celle-ci (comme chez Mozart d'ailleurs) ne brillera que rarement par son originalité, ni même par son extrême musicalité : comme Mozart, Beethoven s'empare de telle ou telle « idée » selon les circonstances, presque au hasard. Il s'agit le plus souvent de mélodies assez anodines, mais connues du public de l'époque, empruntées à des musiciens allemands, italiens ou français dont les noms, aujourd'hui, ne nous sont plus très familiers.

Ces différentes séries de *Variations* ne présentent pas un constant intérêt, — quand bien même certaines, au premier rang desquelles les *Variations Diabelli*, demeurent légitimement au répertoire des pianistes actuels. Le recensement que nous proposons ci-après fera donc parfois l'économie d'amples commentaires ; mais les plus belles *Variations* seront analysées.

Les neuf **Variations pour clavier sur une marche de Ernst-Christoph Dressler**, en *ut* mineur *(WoO 63)**, datent de 1782 : leur auteur avait douze ans ! Elles furent dédiées à la comtesse Felice von Wolf-Metternich, et éditées l'année suivante par Götz, à Mannheim. On suppose qu'une main étrangère participa à ce travail de jeunesse. Peu d'originalité, — si l'on excepte la cinquième variation combinant mélodiquement legato et staccato avec une plaisante habileté.

C'est approximativement de 1790 que peuvent se dater les six **Variations faciles sur un air suisse,** en *fa* majeur *(WoO 64)*, écrites également lorsque Beethoven était encore à Bonn : c'est, de même, un pur exercice d'école, qui pèche en particulier par la médiocrité du thème choisi.

Les vingt-quatre **Variations pour clavecin sur l'ariette « Venni Amore » de Vincenzo Righini,** en *ré* majeur *(WoO 65)*, furent publiées dès 1791 chez Götz à Mannheim, mais remaniées par Beethoven et republiées à Vienne en 1801. L'œuvre fut dédiée à la comtesse von Hatzfeld. L'édition originale de Mannheim a disparu, et ce que nous en connaissons montre un musicien aguerri au genre. Le thème en est pourtant insignifiant, — une gamme montante, puis un échange de tonique et de dominante. Mais, dès la première variation, ce thème s'empreint d'un lyrisme étonnant, exprimé à quatre voix, et parvenant à l'ambitus de quatre octaves. Parmi les autres variations, doivent se remarquer la neuvième (chromatisme de tierces parallèles), la douzième en mineur (de ton élégiaque), la treizième en mineur également (un staccato d'octaves), et surtout la quatorzième, — variation double en un *Adagio* atteignant des profondeurs mystérieuses. De même l'*Adagio sostenuto* de la vingt-troisième variation, de style pathétique, aux harmonies largement étalées entre les deux mains distantes. Le finale cite à nouveau, en *Assai presto*, le début du thème initial, — qui s'évanouira dans un long pianissimo et un accord de *ré* majeur à peine audible.

Composées vers 1791-1792 (sans qu'on puisse apporter plus de précision), les huit **Variations à quatre mains pour le pianoforte sur un thème de Monsieur le comte Waldstein** *(WoO 67)* parurent chez

---

* Les œuvres sans numéros d'opus *(WoO)* sont désignées d'après le catalogue établi par Georg Kinsky et Hans Halm, *Das Werk Beethovens* (Munich-Duisbourg, 1955).

Simrock, à Bonn, en 1794. Remarquons, dans le titre original, la disparition du mot *clavecin*, — qui devait reparaître cependant dans les titres d'œuvres ultérieures. L'œuvre, en *ut* majeur, souffre d'une maîtrise insuffisante de l'écriture pour quatre mains, et ne peut être considérée comme l'achèvement d'une véritable pensée musicale : ... « Il n'entrait pas dans mes intentions de publier maintenant des Variations, car j'aurais voulu attendre qu'il y eût dans le monde quelques œuvres plus importantes de moi », écrivit Beethoven à son éditeur ; il était bien conscient du peu de poids d'un tel ouvrage.

D'un intérêt plus certain se révèlent les treize **Variations sur « Es war einmal ein alter Mann » de Dittersdorf**, en *la* majeur *(WoO 66)*, écrites en 1792 et publiées l'année suivante à Bonn, chez Simrock. *Es war einmal ein alter Mann* (« Il était une fois un vieil homme »), air tiré du Singspiel de Karl Ditters von Dittersdorf *Das rote Käppchen* (« le Petit Chaperon rouge »), proposait à Beethoven un thème plus propice au travail de la variation : il est dans le ton d'une ballade, et présente la particularité d'un hiatus central entre la dominante et la tonique attendue, — qui séduisit certainement le compositeur. C'est cet effet d' « attente » — et la tension qu'il provoque — qui se trouve subtilement exploité dans la plupart des variations : superpositions de duolets et de triolets, parcours chromatiques, déplacements du thème à la basse, etc. Seule l'ultime variation, en forme de marche, réussit à briser cette tension, et rompt avec l'ambiance générale.

On passera ici sur les douze *Variations pour le clavecin ou le piano-forte avec un violon obligé sur le « Se vuol ballare » des « Noces de Figaro » de Mozart (WoO 40)*, composées en 1793, qui sortent du cadre de ce volume, pour citer à présent une série de variations d'importance tout à fait secondaire : les huit *Variations sur le lied « Ich hab ein kleines Hüttchen nur »* (op. posth.), en *si* bémol majeur, publiées après la mort du compositeur : elles ne peuvent mériter qu'une attention polie...

De 1795, les douze **Variations sur le « Menuetto à la Vigano » de Jakob Haibel**, en *ut* majeur *(WoO 68)*, prennent pour prétexte un extrait du ballet de cet auteur, *Le nozze disturbate* (« la Noce troublée »), — qui eut son heure de gloire comme air de danse populaire à Vienne ; c'est l'éditeur viennois Artaria qui les publia d'ailleurs dès 1796. Beethoven a transformé le 3/4 du Menuet en un scherzo aérien, en une marche, en une étude pour le délié des doigts... L'*ut* majeur quelque peu monotone s'agrémente de traits d'humour, et la quatrième variation emprunte un mode mineur plus expressif. La dernière variation, développée, fait cohabiter des « styles » complètement étrangers au thème de départ — écriture en canon, usage du trille, etc. —, qui s'estompe conclusivement en un *Adagio* sans doute ironique.

Les neuf **Variations pour piano sur l'air « Quant'è più bello » de « La Molinara » de Giovanni Paisiello**, en *la* majeur *(WoO 69)*, furent publiées en 1795, — année même de leur composition (par Traeg, à Vienne). Elles furent dédiées au prince Karl von Lichnowsky. L'opéra de Paisiello avait été représenté en juin 1795, et l'air retenu par Beethoven (« O quelle Beauté ») lui offrit la mise en valeur du caractère à la fois pastoral et élégiaque de cette belle mélodie italienne ; la dernière variation, curieusement, la transforme en un gracieux Menuet. De nouveau un emprunt au musicien napolitain, avec les six **Variations pour piano sur l'air « Nel cor più non mi sento » de « La Molinara » de Paisiello**, en *sol* majeur *(WoO 70)* : un duo cette fois (« Je n'en peux plus, je ne me sens plus »), extrait du même opéra. Écrites également en 1795, ces *Variations* furent publiées en mars 1796 par Traeg, à Vienne. Le thème délicat, d'une joliesse peu pathétique, prête à une vêture pianistique assez brillante, de style polyphonique dans une des variations en mineur, et virtuose dans la dernière.

L'année suivante — 1796 — vit paraître un ouvrage plus marquant dans le genre : les douze **Variations pour piano sur la danse russe du ballet « Das Waldmädchen » de Paul Wranitzky**, en *la* majeur *(WoO 71)* ; il fut dédié à la comtesse de Browne, et publié par Artaria, à Vienne, en avril 1797. Le thème de cette *Fille de la forêt*, plus remarquable par sa force expressive que par son profil mélodique, se signale par ses irrégularités métriques, — dont Beethoven a tiré immédiatement profit. Ce thème rythmique ne subit aucune transformation de nature, — les variations sont ici davantage des « variantes » harmoniques ou contrapuntiques, voire d'approfondissement du slavisme du thème (variations en mineur). Comme dans les *Variations WoO 68*, la variation finale est ample, richement harmonisée : elle emprunte le ton d'*ut* dièse majeur, et une cadence libre (*la* bémol, *mi* bémol, *sol* majeur) précède le retour au ton principal.

Les huit **Variations pour piano sur « Une fièvre brûlante » du « Richard Cœur de Lion » de Grétry**, en *ut* majeur *(WoO 72)*, furent composées entre 1796 et 1797 après la représentation de cet opéra-comique à Vienne, et publiées en novembre 1798 par Traeg. En réalité, Beethoven prit pour thème la romance traduite en allemand *Mich brennt ein heisses Fieber* (« Je suis consumé par une fièvre ardente »). Cette romance, populaire dans toute l'Europe du temps, attira Beethoven comme bien d'autres, et parvint à lui inspirer — au travers des humeurs changeantes de ses *Variations* — un véritable opéra en raccourci. Le thème, simple et uni, subit notamment dans la deuxième variation une métamorphose quasi schumannienne, et le caractère « chevaleresque » de la sixième variation contraste avec l'esprit très « opéra-comique » de la huitième, pleine de gaieté. Dans un doux et mystérieux *la* bémol majeur, la coda offre un rappel lointain du thème, — qui retrouve l'*ut* majeur jubilant d'un heureux dénouement d'opéra, presque annonciateur de celui de *Fidelio*. Ces *Variations WoO 72* furent l'objet de la première critique consacrée à Beethoven par l' « Allgemeine Musikalische Zeitung », — qui n'en ressentit que la pure virtuosité. A coup sûr, elles valent par d'autres qualités un peu moins évidentes : il suffit d'écouter...

L'opéra *Falstaff* d'Antonio Salieri fut représenté à Vienne pour la première fois le 3 janvier 1799 ; c'est peu après que Beethoven composa ses dix **Variations pour piano sur « La stessa, la stessissima »** *(WoO 73)*, — « De plus en plus la même », air extrait d'une œuvre dont le succès fut d'estime. Lors de leur parution en mars 1799 chez Artaria, à Vienne, Beethoven dédia ces nouvelles *Variations* (en *si* bémol majeur) à son élève Babette de Keglevics. L' « Allgemeine Musikalische Zeitung » porta ce jugement : « M. van Beethoven sait peut-être improviser, il ne sait pas faire de bonnes variations. » La plus grande fantaisie, il est vrai, règne ici, et le plaisir d'écrire un divertissement pianistique. C'est à nouveau l'irrégularité métrique du thème (l'antécédent de neuf mesures, le conséquent de sept) qui est exploitée dans cette série de variations brillantes ; on remarquera telle ou telle, — en forme de petit lied (en mineur), en fugato ou d'*Adagio* d'une sereine beauté (d'une atmosphère éthérée à l'aigu du clavier). L'ample dernière variation fait valoir la mélodie originale rythmiquement (un Ländler « alla austriaca »), et joue d'innombrables formules harmoniques que le finale — sur un long trille cadentiel — fera s'évanouir au registre grave de l'instrument.

Les six **Variations pour piano à quatre mains sur « Ich denke dein, wenn mir der Sonne Schimmer... » de Goethe** *(WoO 74)* sont datées de mai 1799. Ce « Je pense à toi lorsqu'à mes yeux la clarté du soleil rayonne... » fut destiné à l' « album des comtesses Thérèse et Joséphine Brunsvick », afin « qu'elles se souviennent de temps à autre, en jouant et en chantant cette petite offrande musicale, de leur très dévoué Ludwig van Beethoven ». Ces *Variations* (en *ré* majeur) ne furent publiées qu'en janvier 1805, à Vienne, par le Comptoir d'Arts et d'Industrie. L'ensemble dégage un charme sentimental, et assez anodin.

On ne s'attardera pas davantage sur les sept **Variations sur « Kind, willst du ruhig schlafen » de Peter Winter** *(WoO 75)*, qui prend pour prétexte un quatuor — « Enfant, veux-tu dormir en paix » — extrait de l'opéra *Das unterbrochene Opferfest* (« le Sacrifice interrompu ») de cet obscur compositeur. Elles sont de 1799 également, et furent éditées par Mollo, à Vienne. Le thème (en *fa* majeur), prolixe (quarante-neuf mesures), donne lieu toutefois à deux belles variations : la cinquième, dans une écriture de quatuor à cordes ; la sixième (en *fa* mineur), sombre et émouvante.

En 1799 encore, furent composées les huit **Variations sur « Tändeln und Scherzen » de Süssmayr** *(WoO 76)*, en *fa* majeur, dédiées à la comtesse de Browne et publiées par Hoffmeister, la même année, à Vienne. *Tändeln und Scherzen* (« Badiner et plaisanter ») était un trio extrait de l'opéra *Soliman II* de cet élève de Mozart que fut Franz Xaver Süssmayr : à travers lui, c'est bel et bien Mozart que Beethoven a voulu ressusciter, — en un piano léger, d'une texture transparente. Doivent se noter en particulier la cinquième variation, dans un *ré* mineur typiquement mozartien, et l'enrichissement expressif apporté par Beethoven à l'*Adagio* servant de référence textuelle.

Les six **Variations faciles pour piano sur un thème original** *(WoO 77)*, en *sol* majeur, ont été composées en 1800 dans une intention didactique ; elles furent éditées par Traeg, à Vienne, en 1801. Le beau thème d'*Andante* (qui figure sous l'indication *Allegretto* au finale de la *Sonate op. 22*)* se déploie dans une forme lied à deux parties, — dont le lyrisme est exploité avec science dans les variations. Dans un *Poco sostenuto* central, variation en mineur dont l'unisono de basse crée une rupture de ton d'un intense pouvoir expressif.

Six Variations sur un thème original, en *fa* majeur (op. 34)

Écrites en 1802, ces *Variations op. 34* se hissent d'un superbe coup d'aile à un tout autre niveau que ce qui a précédé jusqu'alors dans le genre (Noter qu'elles sont contemporaines des trois Sonates de *l'op. 31*)**. Elles furent dédiées à la princesse Odescalchi (née Babette de Keglevics)***, et parurent en août 1803 chez Breitkopf et Härtel, à Leipzig. « Comme ces Variations se distinguent visiblement de mes précédentes, je dois, au lieu de les désigner comme elles par un simple numéro..., les comprendre dans le nombre réel de mes grandes œuvres musicales, d'autant plus que les thèmes sont de moi-même » : telle fut la prière d'insérer prescrite par le musicien à son éditeur.

L'œuvre se signale d'emblée par l'autonomie qu'y acquiert chaque variation, — dans son climat propre, sa métrique, sa tonalité. L'élément unificateur est une succession de tierces descendantes. Le thème d'*Adagio*, éminemment mélodique, s'enveloppe aussitôt de sonorités de bois, d'une sérénité agreste :

Cette mélodie se construit en trois périodes, — motif principal de huit mesures, intermède de six mesures, et redite du motif principal ; la motricité est introduite par les accords arpégés de la mesure 2, — qui se répètent à la mesure 6. La première variation, en *ré* majeur, forme un nouvel épisode lyrique ornemental, sur un accompagnement de doubles croches égales ; un rythme pointé à 6/8 caractérise la variation suivante (en *si* bémol majeur), qui prend l'allure d'un scherzo. La troisième variation (à 4/4, en *sol* majeur) s'exprime à deux voix dans un « dolce » et un « semplice » fluides (C'est à propos de ces *Variations* que Beethoven insista, auprès de son élève Ries, sur l'importance qu'il attachait aux nuances et indications diverses dans ses partitions). La quatrième variation est un Menuet (*mi* bémol majeur) d'une grande noblesse, — auquel feront suite deux variations « sérieuses » : la cinquième en tant que marche funèbre (en *ut* mineur), — dans laquelle le thème s'approfondit d'une signification inattendue, laissant paraître ensuite un éclaircissement d'*ut* majeur, comme d'appels lointains de trompette ; la sixième et dernière variation dans le ton principal, — le thème résonnant avec faste sur l'étendue complète du clavier : passages en trilles et vastes arpègements... Nul doute que la technique de la variation « amplificatrice » n'ait fait ici son entrée royale dans l'univers conceptuel et pianistique beethovénien.

Quinze Variations et une fugue sur un thème du ballet des « Créatures de Prométhée », en *mi* bémol majeur, « Variations Eroica » (op. 35)

Jumelles des précédentes, ces *Variations op. 35*, composées également en 1802, parurent en 1803 à Leipzig, chez Breitkopf et Härtel, avec une dédicace au comte Moritz von Lichnowsky. Elles reprenaient un thème du ballet *les Créatures de Prométhée* (de 1801), — qui devait se retrouver dans le finale de la *Troisième Symphonie* (commencée, pour sa part, en 1802 et terminée en 1804) : d'où le surnom, assez arbitraire, de *Variations Eroica*. Elles sont — c'est l'évidence — d'un caractère très différent de celui des *Variations op. 34* ; et l'on pourrait imaginer qu'elles opèrent un retour en arrière : unicité de tonalité, de métrique, de l'ambiance générale. Mais la richesse des développements, un souffle âpre et puissant corrigent l'impression première d'uniformité. Le thème est le suivant :

De même que dans la *Symphonie Héroïque*, ce thème se préfigure d'abord à la

---

* Voir, plus haut, *Sonate n° 11*.
** Voir, plus haut, *Sonates n°s 16, 17 et 18*.
*** Voir, précédemment, *Variations WoO 73*.

basse, puis s'élargit par entrées successives des autres voix : il s'agit, en fait, d'une longue introduction (soixante-cinq mesures) à son exposition proprement dite, très unie (seize mesures). Les quinze variations composent un véritable « jeu » de formulations motiviques inédites, — partagées entre des figurations de triolets, d'accords staccato, de canon à double voix, d'élégie en mineur..., pour terminer par un *Largo* d'une exceptionnelle densité d'écriture, annonciatrice du Beethoven le plus tardif. En conclusion, telle une greffe faisant éclater de l'intérieur le « genre » de la variation, un « Finale alla Fuga » : sa première partie est une fugue à troix voix dont le sujet provient de la basse du thème principal ; la seconde partie tire profit de son jaillissement purement mélodique, — qu'il transforme à profusion en traits pianistiques d'une remarquable intensité.

A cette œuvre grandiose succédèrent, en 1803, deux séries de *Variations* de petite envergure : sept **Variations sur l'air populaire anglais « God Save the King »** *(WoO 78),* en *ut* majeur, sans dédicace ; et cinq **Variations sur le chant populaire anglais « Rule Britannia »** *(WoO 79),* en *ré* majeur, — publiées les unes et les autres en 1804 à Vienne, par le Comptoir d'Arts et d'Industrie : pièces de circonstance — la seconde fourmillant d'idées bizarres —, dans lesquelles ne se distingue que l'authenticité beethovénienne de la formulation thématique, et que les pianistes ne retiennent plus à leur répertoire. Le mélomane, plus curieux, devrait peut-être en réclamer l'audition...

Les trente-deux **Variations pour piano sur un thème original** *(WoO 80),* en *ut* mineur, écrites en 1806, et publiées à Vienne par le Comptoir d'Arts et d'Industrie l'année suivante, ont connu meilleur sort. Elles sont, aussi, d'un autre poids : elles constituent, en quelque sorte, une « démonstration » de la technique de la variation à partir d'un matériau thématique dont l'énergie se concentre au maximum, — mélodiquement et harmoniquement (principe traditionnel de la basse harmonique s'étoffant par étagements successifs). Ce thème, de huit mesures, est en style de chaconne : chacune des variations s'enchaîne tout en respectant le cadre métrique, — à l'exception de la toute dernière (six fois plus longue que les autres), qui prend l'allure d'une très libre improvisation. Le tout constitue une « étude » confinant à l'abstraction du piano beethovénien, avec ses difficultés spécifiques : en particulier celle d'une parfaite égalité des deux mains, — par exemple dans la présentation de notes répétées successivement à la main droite *(Var. I),* à la main gauche *(Var. II),* aux deux mains en mouvement contraire *(Var. III).*

Tel un intermède humoristique, les six **Variations sur le thème de la « Marche turque » des « Ruines d'Athènes »** *(op. 76),* en *ré* majeur, dédiées par Beethoven « à son ami Franz Oliva », furent écrites en 1809 et publiées avec leur numéro d'opus définitif par Breitkopf et Härtel, à Leipzig, en décembre 1810. Elles ont pour thème un motif — connu — qui n'apparaîtra, parmi les Marches et Chœurs des *Ruines d'Athènes,* qu'en 1811. A cette *Marche turque (n° 4),* comme au reste, le compositeur n'attachera jamais grande importance : on peut, au mieux, constater que l'effet de tapage produit par l'imitation d'un défilé de janissaires trouve, au clavier, une traduction non dénuée d'esprit, et presque amusée.

Trente-trois Variations sur un thème de valse de Diabelli (op. 120)

Cette ample partition — chef-d'œuvre suprême de l'art de la variation — fut écrite de 1819 au printemps de 1823, avec de fréquentes interruptions (composition, à la même époque, de la *Neuvième Symphonie).* C'est, en exceptant les six *Bagatelles op. 126,* la dernière œuvre pour piano de Beethoven, en une sorte de testament pianistique. En 1819, l'éditeur-compositeur Anton Diabelli avait demandé à plusieurs musiciens autrichiens d'écrire chacun une variation sur une valse dont il était lui-même l'auteur (idée pour le moins saugrenue), se proposant de publier l'ensemble comme œuvre collective du *Vaterländlischer Künstlerverein* (« Union des compositeurs nationaux »). Outre Beethoven, furent sollicités des musiciens tels que Czerny, Hummel, Kalkbrenner, Kreitzer, Liszt (âgé de onze ans), Moscheles, Mozart fils, Schubert, l'archiduc Rodolphe, Stadler, Tomasek, Vorisek, — pour citer des noms qui ont encore pour nous une résonance. En juin 1823, la publication à Vienne — « unique en son genre » selon Diabelli — fut en deux parties : la première entièrement consacrée à Beethoven, la seconde aux autres participants.

C'est qu'en effet, et malgré une première réaction de refus (thème jugé sans intérêt et « rapiécé » de sa propre *Huitième Symphonie**), Beethoven s'était finalement piqué au jeu, et, revenant périodiquement à ses *Variations* comme à un délassement, composa l'œuvre monumentale que ni Diabelli, ni lui-même, n'avaient sûrement envisagée. La dédicataire définitive en fut Antonia von Brentano (une première dédicace avait été adressée à la femme de son élève Ries, puis Beethoven s'était repris) : cette Antonia, épouse du sénateur Franz von Brentano, était la belle-sœur de Bettina, la célèbre amie de Goethe, ainsi que du poète Clemens Brentano (dont on sait qu'il édita, avec Achim von Arnim, le *Knaben Wunderhorn*) ; elle entretenait elle-même une relation épistolaire avec Goethe : celui-ci, tout comme Brentano, tenait en haute estime cette femme cultivée, nullement indigne de l'œuvre qui lui était offerte par Beethoven.

Le titre d'origine porte mention de *Veränderungen*, — autrement dit d'altérations (donc variations altérées) : ce qui signifie que la partition prend appui sur le principe de l'altération, — plus communément appelée accident (dièse, bémol, bécarre) ; mais il peut y avoir également altération du rythme, c'est-à-dire sa modification accidentelle ou momentanément durable. Cependant les *Variations Diabelli* — tel est le titre adopté couramment — ressortissent aussi au type de la variation « amplificatrice », déjà pratiquée notamment par Jean-Sébastien Bach dans ses chorals variés : en d'autres termes, l'idée initiale se trouve immédiatement agrandie, puis quasiment « oubliée » dans les variations successives. Citons ici Marc Vignal** : « Mélodiquement et rythmiquement, le thème de Diabelli n'est ni insignifiant ni dénué de charme, et Beethoven aurait pu sans déshonneur l'écrire lui-même. Mais il fit comme si, de ce double point de vue, la valse en question n'existait pas. Il s'attache uniquement à la petite anacrouse du début et à sa structure harmonique, des plus simples : deux parties de seize mesures chacune, chaque partie étant faite de quatre fois quatre mesures, et chacun des huit groupes de quatre mesures ayant une fonction harmonique bien précise (tonique, dominante, évolution vers la dominante, cadence de dominante, puis dominante, évolution vers la sous-dominante, évolution vers la tonique, cadence de tonique). Il s'intéressa également aux symétries de ce schéma et à sa réversibilité (tonique-dominante, puis dominante-tonique). A noter que, en tant que tel, ce schéma harmonique n'avait rien d'extraordinaire. Mais c'est justement sa neutralité, son caractère de bien collectif, sa solidité à toute épreuve, qui enflamma l'imagination de Beethoven »... A remarquer aussi que les variations conservent presque toutes la même longueur que la première, et que la mesure, ainsi que la tonalité d'*ut* majeur (ou les relations tonales qui en résultent), subissent assez peu de changements.

Le thème — *Vivace* — est le suivant (premier groupe de quatre mesures) :

Exposé à la tonique, il est répété à la dominante. D'emblée les indications de nuances, le martèlement des accords modifient le caractère anodin de la valse de Diabelli. Ne revenons pas sur le détail de son parcours harmonique, pour entrer dans la première variation.

VAR. 1 (*ut* majeur) : elle transforme aussitôt le thème à 3/4 en une marche *(Alla Marcia maestoso)* à 4/4 ; la valse de Diabelli est déjà « oubliée » ! Plus qu'une marche proprement dite, voyons-en l'abstraction en une appropriation toute personnelle et péremptoire du matériau musical, — non, peut-être, sans quelque pointe d'ironie.

VAR. 2 (*ut* majeur) : *Poco Allegro* en forme de scherzo, léger, spirituel, — qui fait contraste.

VAR. 3 (*ut* majeur) : *l'Istesso tempo*, mais qui s'emporte d'un lyrisme exalté, offrant une amplification harmonique de la variation précédente ; interruption momentanée d'un épisode mystérieux, — simple murmure des basses.

VAR. 4 (*ut* majeur) : prolonge le lyrisme antérieur en d'insistants crescendos *(Un poco più vivace)* ; un nouveau motif en style polyphonique apparaît.

VAR. 5 (*ut* majeur) : c'est un *Allegro vivace* exploitant essentiellement le 3/4 ini-

---

* Aux mesures 3 et 4 de la valse de Diabelli s'entend une nette réminiscence des six premières notes de cette Symphonie (créée en février 1814) : Beethoven ne put s'y méprendre !
** In : *Larousse de la Musique* (Librairie Larousse, Paris, 1982.)

tial ; il est donc bâti sur les principaux accords du développement harmonique de la valse, — fort librement interprété.

VAR. 6 (*ut* majeur) : à l'inverse, cet *Allegro ma non troppo* utilise un fragment thématique, — l'anacrouse de départ ornée ici d'un trille bien marqué *(ff)*. Le thème lui-même, considérablement transposé (par réversibilité), se transforme en chutes vertigineuses de doubles croches sur trois octaves :

Les deux mains y prennent une part égale, dans un style orchestral, — menant la variation vers sa conclusion majestueuse.

VAR. 7 (*ut* majeur) : *Un poco più allegro* respectant la trame harmonique initiale, — bien qu'on n'y perçoive aucunement le thème de Diabelli ; legato mélodique plein de persuasion, avec l'usage du triolet et le martèlement d'octaves à la basse.

VAR. 8 (*ut* majeur) : variation lyrique et de virtuosité *(Poco vivace)*, sorte d'intermezzo où se contrecarrent les deux mains, — traits de la main gauche, accords de la main droite.

VAR. 9 (*ut* mineur) : variation en mineur, *Allegro pesante e risoluto* ; figurations de staccato.

VAR. 10 (*ut* majeur) : retour au majeur dans ce *Presto* en forme de scherzo, et d'un effet saisissant : exploitation en gamme descendante de la basse du thème depuis le plus léger pianissimo, sur un long trille conduit jusqu'au fortissimo. Ici le piano de Beethoven s'avère, une fois de plus, novateur : qu'il en ait ou non obtenu les effets timbriques que permet le piano moderne, le compositeur n'a pu se dissimuler l'étrangeté des vibrations propagées à partir des cordes graves de l'instrument dont il disposait... On a pu considérer, à l'instar d'un Hans von Bülow, qu'un groupe de variations se refermait avec celle-ci, clôturant ainsi la première partie de l'œuvre : de fait, qui n'eût pu s'étonner que Beethoven s'en tienne là !

VAR. 11 (*ut* majeur) : la seconde partie s'ouvre donc avec deux pièces de caractère lyrique, — la présente *(Allegretto)* proposant une nouvelle formule, éminemment poétique, dans laquelle se remarque une transformation de l'anacrouse initiale du thème, avec un dessin expressif de triolets.

VAR. 12 (*ut* majeur) : *Un poco più moto,* elle tire sa substance de la figure mélodique de croches à la basse du thème originel (troisième mesure : v. premier exemple musical). Retour de l'épisode mystérieux entendu dans la troisième variation, — à peine modifié.

VAR. 13 (*ut* majeur) : *Vivace*, au relatif mineur *(la)*, cette variation pleine d'imprévus (oppositions de nuances, figures de silences, etc.) propose une formulation inédite de l'élément rythmique de l'anacrouse :

VAR. 14 (*ut* majeur) : *Grave e maestoso* — lenteur et lourds accords de la basse, flottement éthéré du chant —, cette variation consiste en une amplification harmonique, mélodique et rythmique de la précédente, dont elle conserve un certain côté fantasque.

VAR. 15 (*ut* majeur) : *Presto scherzando,* fantomatique, réclamant une main légère, dans le pianissimo.

VAR. 16 (*ut* majeur) : variation de bravoure *(Allegro),* — octaves brisées, traits pianistiques fulgurants.

VAR. 17 (*ut* majeur) : autre *Allegro*, représentant l'inversion à quatre temps de la variation précédente.

VAR. 18 (*ut* majeur) : *Poco moderato* à 3/4, ayant pour effet de détruire l'équilibre harmonique et rythmique des deux variations précédentes ; parcours chromatique.

VAR. 19 (*ut* majeur) : *Presto* développant contrapuntiquement un court motif issu des notes de l'accord initial du thème de Diabelli : canon de huit mesures, deux fois présenté.

VAR. 20 (*ut* majeur) : *Andante*. Variation « centrale », très mystérieuse, aux étranges accords en jeux d'orgue, — une voix d' « oracle » estimait Bülow.

VAR. 21 (*ut* majeur) : succède une variation contrastante *(Allegro con brio — meno allegro),* pleine de verve, comme ricanante, et non dénuée d'esprit d'à-propos dans un moule plus traditionnel : trilles, sauts intervalliques, rigueur rythmique marquée.

VAR. 22 (*ut* majeur) : *Allegro molto*, indiqué « alla *Notte e giorno faticar* di Mozart ». Cette variation n'est pas la moins insolite ni la moins plaisante de toutes, — puisque construite sur le thème du premier air de Leporello dans *Don Giovanni*; elle emprunte, à cette occasion, les tonalités de *la* bémol majeur et de *mi* majeur, pour revenir à l'*ut* majeur ambiant. Hans von Bülow décelait ici une intention parodique, voire épigrammatique : mais cette imitation de l'impatience rageuse du valet attendant son maître ne prend-elle pas une toute autre signification que dans l'opéra ?... Qui saura l'élucider ? Quoi qu'il en soit, le développement harmonique reste issu du thème de Diabelli, et cette variation s'inscrit parfaitement dans la logique de l'œuvre.

VAR. 23 (*ut* majeur) : *Allegro assai* de pure virtuosité, brodant en partie sur le thème de la précédente variation.

VAR. 24 (*ut* majeur) : c'est une *Fughetta andante* (à ne pas jouer trop rapidement, comme on le fait souvent), sorte d'intermède d'une douce et tendre sérénité. La belle fugue développe à quatre voix — « una corda » — un thème inspiré de la basse de Diabelli. Les commentateurs ont fait remarquer des analogies — mêmes augmentations et mêmes inversions — avec la seconde fugue, en *ut* mineur, du Deuxième Livre du *Clavier bien tempéré* de Bach ; parenté troublante, également, entre le sujet de cette *Fughetta* et celui de la *Sonate en la bémol majeur, op. 110*.

VAR. 25 (*ut* majeur) : *Allegro* de caractère aimablement dansant, — qu'on peut assimiler à un passepied.

VAR. 26 (*ut* majeur) : variation marquée *Piacevole* (« à volonté »), jouant sur l'alternance des rythmes à 3/8 et 6/16.

VAR. 27 (*ut* majeur) : variation *Vivace*, en triolets très coulants.

VAR. 28 (*ut* majeur) : *Allegro* que signale son rude staccato. L'ensemble des variations 24 à 28 constitue un petit groupe caractérisé par la légèreté, la vivacité de la mesure ainsi que du tempo, — précédant un dernier groupe, plus lent, plus recueilli, et qui explore les régions d'*ut* mineur.

VAR. 29 (*ut* mineur) : *Adagio ma non troppo* qui, sur ses accords liés de la main gauche, présente le caractère d'un prélude (très proche des Préludes du *Clavier bien tempéré*) ; cette variation forme d'ailleurs une sorte d'introduction à la suivante.

VAR. 30 (*ut* mineur) : *Andante sempre cantabile* d'une calme fluidité, — préludant lui-même aux trois dernières variations.

VAR. 31 (*ut* mineur) : superbe *Largo molto espressivo* dans le style d'un souple récitatif vocal, atteignant une sorte de spiritualisation du discours musical, — tout à fait comparable à celle ressentie dans les variations de l'*Arietta* de l'ultime *Sonate op. 111*.

VAR. 32 (*ut* mineur) : *Double fugue* à quatre voix, orientée vers *mi* bémol majeur. Elle est extrêmement classique, — sur un thème caractérisé par ses répétitions de quatre notes martelées :

Succède une variante de la fugue, plus lyrique, en valeurs allongées. On est conduit, par de subtiles enharmonies (*ut* bémol - *si*, *mi* bémol - *ré* dièse) vers la conclusion, en une sorte de mystérieux cheminement.

VAR. 33 (*ut* majeur) : dans le mode majeur retrouvé, *Tempo di menuetto moderato* (mais sans traîner, indique Beethoven) — qui est donc un menuet orné plein de grâce : il clôt le « cycle » en un hommage révérencieux à Haydn et Mozart. Une telle conclusion, paisible et aimable, doit-elle surprendre ? Le musicien, tout conscient qu'il fût d'avoir édifié un « monument », n'a pas omis de nous rappeler, in fine, qu'il s'était livré avant tout à un jeu. Mais quel jeu !

ENSEMBLES ET PIÈCES DIVERSES

Les Bagatelles

Le catalogue beethovénien compte trois recueils de *Bagatelles* formant un total de vingt-quatre pièces, — auxquelles s'ajoute une *Bagatelle* isolée, la fameuse *Pour Élise*. Le terme « bagatelle », qui ressortit à un genre n'obéissant à aucune règle précise, ne peut faire illusion : bien que Beethoven ait qualifié certaines de « petites choses », ses *Bagatelles* ne sont nullement de simples esquisses, ni des aphorismes musicaux jetés au hasard sur le papier. Si le principe reste bien celui de la petite forme, celle-ci n'a pas contraint la pensée de l'auteur, qui s'est ainsi forgé l'occasion d'exprimer toutes les gammes de son écriture comme de ses sentiments ; l'intensité de l'inspiration, dans bien des cas, n'est pas moins grande que celle de telle ou telle Sonate : elle n'est que plus concentrée.

Le premier recueil des **Sept Bagatelles op. 33** est daté de 1802 et fut publié en mai 1803 par le Comptoir d'arts et d'industrie, à Vienne. Peut-être, néanmoins, faut-il attribuer les toutes premières aux années de Bonn (avant 1793), — sans aucune certitude. Ce sont des pièces d'essence lyrique, présentées successivement dans les tonalités de *mi* bémol majeur, d'*ut* majeur, de *fa* majeur, de *la* majeur, d'*ut* majeur, de *ré* majeur et de *la* bémol majeur ; certaines, toutefois, tiennent de la fantaisie du Scherzo (*nos 2, 5* et *7*). Si l'*Allegretto* du *no 3* peut paraître un peu pâle, la charmante « feuille d'album » qu'est le *no 1*, l'*Andante* épanoui du *no 4*, la belle mélodie du *no 6* (« con una certa espressione parlante »), sont dignes de retenir l'attention qu'on accordera, plus tard, aux *Romances sans paroles* d'un Mendelssohn.

Für Elise (« Pour Élise »), bagatelle en *la* mineur *(WoO 59),* fut vraisemblablement composée en 1810 (elle est en tout cas datée du 27 avril de cette année), puis jointe à un cahier d'*Albumblätter* comportant d'autres pièces. Il semble que l'autographe, aujourd'hui disparu, ait porté non pas ce titre, mais celui de *Pour Thérèse,* — l'œuvre étant destinée à la jeune Thérèse Malfatti que Beethoven avait espéré épouser au début de 1810. *Pour Élise* résulterait d'une méprise de Ludwig Nohl qui, le premier, publia la partition à Vienne en 1867 (soit bien après la mort du compositeur). Cette courte et merveilleuse offrande musicale, dont le charme élégiaque a fait l'universelle célébrité, annonce assez discrètement certain Chopin...

Avec le deuxième recueil des **Onze nouvelles Bagatelles op. 119**, qualifiées par Beethoven de « faciles et agréables », l'auditeur pénètre déjà dans l'univers schubertien : il suffirait de substituer les termes de « moment musical » ou d'« impromptu » pour donner enfin leur titre de noblesse à ces pièces, — dont quelques-unes parmi les plus courtes écrites par leur auteur. Composées à partir de 1820, leur publication subit maints avatars : les *no 7* à *11* furent d'abord édités à Vienne en 1821, dans la « Wiener Schule für Klavier » de F. Starke; les onze premières furent ensuite publiées à la fin de 1823 à Paris, chez Schlesinger; une douzième *Bagatelle,* isolée, parut enfin à Vienne en 1828, chez Diabelli. Beethoven les avait d'ailleurs toutes proposées à l'éditeur Peters de Leipzig, — qui les refusa comme « indignes » du prix demandé (dix ducats) ; la raison d'un tel refus a toute sa signification : « Beethoven devrait tenir au-dessous de sa dignité de perdre son temps à de telles choses insignifiantes, comme chacun pourrait le faire. » Sans nul doute, les contemporains ne comprirent pas le sens de ces *Bagatelles —* Beethoven était déjà figé sur son piédestal —, et les assimilèrent à des exercices dans la manière d'un Czerny ou d'un Diabelli. Insistons ici, tout particulièrement, sur les dernières pièces de cet *op. 119* : sur le *no 7* (en forme d'étude pour les trilles) et le *no 8* (d'écriture chambriste, d'une singulière originalité) ; sur le *no 9* (qui est une valse en *la* mineur) et le *no 10* (un *Allegramente* en *la* majeur, d'une précision aiguë). Mais c'est l'ultime *no 11* (*Andante ma non troppo* en *si* bémol majeur) qui constitue certainement le fleuron du recueil, — avec sa mélodie « innocentemente e cantabile » qu'il faut compter parmi les plus belles inspirations du compositeur :

Son développement en quatuor, son envol angélique, sa brève conclusion en point d'orgue : vingt-deux mesures seulement d'une création musicale totalement achevée, — dont un Max Reger se souviendra près d'un siècle plus tard lorsqu'il empruntera ce thème pour écrire ses *Variations pour deux pianos op. 86*.*

Les **Six Bagatelles op. 126** forment les « adieux » de Beethoven au piano : ce dernier recueil, en effet, fut composé en 1823-1824, puis édité par Schott, à Mayence, en 1825. Considérées par leur auteur comme « les meilleures qu'il ait écrites dans ce genre », les *Bagatelles op. 126* furent conçues dans l'ordre de leur publication, — le musicien précisant qu'il s'agissait pour lui d'un « cycle » dans lequel l'ordonnance des tonalités prenait toute son importance : *sol* majeur du très lyrique *Andante,* aux voix largement déployées sur l'étendue du clavier ; *sol* mineur du capricieux *Allegro* qui succède ; *mi* bémol majeur d'un second *Andante,* ornementé celui-ci ; *si* mineur de l'énergique

---

* Voir à : *Reger (Variations et Fugue sur un thème de Beethoven.)*

Presto, assorti d'un épisode majeur en musette ; *sol* majeur, à nouveau, pour le *Quasi Allegretto* suivant, d'une suave délicatesse ; *mi* bémol majeur, enfin, de la *Bagatelle* conclusive, riche de contrastes d'expression. Les subtilités « miniaturistes » de ces instantanés étranges, fulgurants, visionnaires que sont les pièces de l'*op. 126,* la diversité, l'incroyable densité du détail en chacune d'elles, fournissent un exemple sans pareil du dernier style beethovénien, — dans lequel s'allient à la perfection rigueur de la construction et libre aisance de l'écriture en des micro-ensembles dont on pénètre difficilement la complexité. En quoi s'explique, notamment, l'incompréhension que manifestèrent les contemporains du musicien. Notre clairvoyance est plus grande : nous bénéficions aujourd'hui de la connaissance des cycles schumanniens — des *Papillons* aux *Kreisleriana* — dont on ne peut douter qu'ils furent directement inspirés par le Beethoven dont nous parlons ici.

Les Rondos

Pour le piano seul, Beethoven a composé cinq *Rondos,* — le dernier, *Rondo a capriccio,* très nettement détaché des quatre autres. Leur composition est antérieure à l'année 1800 : on peut ainsi les qualifier d'œuvres « de jeunesse ». Conformément à leur titre, la plupart de ces pièces est de coupe italienne et d'humeur enjouée. Beethoven, toutefois, affranchit l'ancien « rondeau » de ses stéréotypes (tant vocaux qu'instrumentaux) en cherchant à fondre la forme rondo dans la forme sonate, en diversifiant le plus possible la présentation du thème-refrain, en introduisant les développements à l'intérieur des motifs secondaires-couplets, — eux-mêmes très nettement opposés au refrain. Mais le Rondo beethovénien n'est pas encore ce genre plus libre, et de virtuosité, qu'il est appelé à devenir chez un Mendelssohn et, surtout, chez un Chopin. La rigueur formelle l'emporte toujours.

Ces caractères, pourtant, n'apparaissent pas à l'évidence dans les deux premiers *Rondos* — *n° 1* en *ut* majeur *(WoO 48)* et *n° 2* en *la* majeur *(WoO 49)* — datés de 1783 : le compositeur avait alors treize ans. Il en va différemment des deux Rondos suivants — *n° 3* en *ut* majeur et *n° 4* en *sol* majeur —, tous deux réunis en un même *op. 51.* Le populaire **Rondo en *ut* majeur** **(op. 51 n° 1)** fut écrit en 1796 et publié l'année suivante à Vienne par Artaria ; il fut dédié à la comtesse Henrietta von Lichnowsky (primitivement à Giulietta Guicciardi) : la simplicité mélodique de l'œuvre, enrichie de passages en mineur d'une belle expressivité, ne le cède en rien, en fraîcheur et en grâce quasi féminine, au jeu plus fantaisiste du **Rondo en *sol* majeur (op. 51 n° 2),** composé en 1801 et édité en 1802 à Vienne, également chez Artaria (même dédicataire que l'*op. 51 n° 1*). Dans ce dernier, un *mi* majeur central, de caractère aimable, rompt avec la fougue capricieuse du thème principal.

Cependant la pièce maîtresse de cet ensemble reste à coup sûr le *n° 5,* baptisé **Rondo a capriccio (op. 129),** en *sol* majeur, — que complète un sous-titre curieux : *Die Wuth über den verlorenen Groschen* (« Fureur à propos d'un sou perdu »). Ce sous-titre fut ajouté par une main inconnue ; mais le titre de « Leichte Kaprize » qui figure en page de garde du manuscrit original est bien de Beethoven lui-même. On a longtemps situé la composition de cette œuvre dans les années 1822-1823, car elle ne fut éditée qu'en 1825, à Vienne, par Diabelli ; il faut, en réalité, la situer vers 1795, — soit antérieurement aux deux *Rondos* de *l'op. 51.* Le dédicataire est l'archiduc Rodolphe d'Autriche. Sur un 2/4 « all'ungharese », cette pièce très singulière, pleine de force, de violence virile, peut être considérée comme l'exemple d'un certain humour beethovénien : les surprises constantes de son parcours harmonique (*sol* mineur, *mi* majeur, *la* bémol majeur, *si* bémol majeur...), ses traits de virtuosité, ses furieux martèlements d'accords, contribuent sans conteste à troubler une écoute confortable, et donnent à connaître un aspect bouillonnant, « débridé », de l'inspiration du musicien.

Les Sonatines

Les six *Sonatines* recensées au catalogue des œuvres pour piano seul sont des partitions de l'adolescence : trois d'entre elles — *mi* bémol majeur, *fa* mineur, *ré* majeur — furent écrites entre 1782 et 1783 *(WoO 47),* et dédiées au prince-électeur Maximilian Friedrich de Cologne ; elles parurent chez Bossler, à Spire, en octobre 1783. Plus tard, Beethoven mentionna sur un exemplaire de ces *Sonatines* : « Ces Sonates et les Variations de Dressler sont mes premières œuvres*. » La **Sonatine en *mi* bémol majeur** est formée d'un *Allegro*, d'un *Andante* et d'un *Rondo Finale*; la **Sonatine en *fa* mineur** comporte un *Larghetto maestoso*, un *Allegro*, un *Andante* et un *Presto*; la **Sonatine en *ré* majeur**, quant à elle, un *Allegro*, un *Menuetto con variazioni* et un *Rondo scherzando*. Elles portent toutes l'empreinte de l'école de Mannheim et, tout autant, d'un Carl Philipp Emanuel Bach, — modèle avoué et admiré.

Une quatrième **Sonatine en *ut* majeur** *(WoO 51)*, datée de 1783 (?), publiée seulement en 1830, nous est parvenue inachevée, — avec deux mouvements, un *Allegro* et un *Adagio* non terminé (l'œuvre fut achevée par Ries). Cette « Sonate facile », dédiée par le jeune Beethoven à Eleonore von Breuning, se remarque déjà par les libertés harmoniques prises dans le développement du mouvement initial. Enfin deux courtes **Sonatines en *sol* majeur** et en ***fa* majeur** (1785 ?) ont été attribuées à Beethoven avec le numéro d'*op. 157*, en dépit d'une authenticité douteuse : elles ne portèrent aucune dédicace et ne furent pas publiées du vivant de leur auteur. La première comprend un *Andante* en forme de lied, et une *Romance* en *sol* majeur ; la seconde est formée d'un *Allegro assai* et d'un *Rondo*.

Au voisinage de ces partitions de jeunesse doit prendre place la **Sonate en *ré* majeur pour clavecin ou piano à quatre mains (op. 6)**, composée sans doute en 1796, et publiée en octobre 1797 à Vienne par Artaria. Probablement conçue par Beethoven à l'intention de ses élèves, l'œuvre — qui est en deux mouvements *(Allegro molto* et *Rondo)* — est assez mince, « mozartienne » à quelques égards. On notera, dès le début de l'*Allegro*, la présence du rythme « fatidique » destiné à reparaître dans l'encore lointaine *Cinquième Symphonie*, — qui resurgit à la reprise ainsi qu'aux toutes dernières mesures.

Il sera fait mention, à présent, d'un certain nombre de pièces de piano isolées écrites par Beethoven à diverses périodes : sauf exceptions (présentées un peu plus loin), ces œuvres demeurent mineures, fort peu représentatives du « génie » beethovénien. Quelques pièces de danses, d'abord : un *Menuet* en *mi* bémol majeur *(WoO 82)*, une *Allemande* en *la* majeur (sans signature, et retrouvée parmi des esquisses dans la maison natale de Bonn), deux *Écossaises* en *mi* bémol majeur *(WoO 83 et 86)*, deux *Valses* en *mi* bémol majeur *(WoO 84)* et en *ré* majeur *(WoO 85)*. Deux *Scherzi* en *ut* mineur furent écrits en 1797 pour la *Sonate op. 10 n° 1***, — mais en furent retranchés, de même qu'un charmant *Allegretto* en *ut* majeur (sans signature) en forme de Scherzo avec trio, daté de 1804. C'est encore un *Allegretto* en *si* mineur *(WoO 61)*, composé en 1821 et dédié à Ferdinand Piringer, puis une **transcription pour piano à quatre mains de la Grande Fugue (op. 134)** issue du *Treizième Quatuor à cordes (op. 130)* que nous rencontrons plus tardivement : quand Beethoven eut accepté de détacher la *Grande Fugue* du *Quatuor* dont elle constituait le dernier mouvement, son éditeur viennois Artaria lui proposa de publier simultanément cette transcription pour piano ; le compositeur fit exécuter le travail par son élève Anton Halm, mais n'en fut pas satisfait et se mit lui-même à la tâche. Cette transcription, publiée en mai 1827, respecte la tonalité d'origine, *si* bémol majeur, mais ne restitue pas absolument les splendeurs polyphoniques de la célèbre *Grande Fugue (op. 133)*, — œuvre devenue autonome, et assurée de son éternité.

Une place à part peut être réservée aux trois **Marches pour piano à quatre mains (op. 45)** composées au début de 1803, — dont la commande fut faite par le comte de Browne à Beethoven et qui furent dédiées à la princesse Esterhazy, puis publiées à Vienne en 1804, au Comptoir d'arts et d'industrie. Il semble que ces trois *Marches* — en *ut* majeur, en *mi* bémol majeur et en *ré* majeur — furent hâtivement écrites et sans retouches notables. Dénuées de tout esprit belliqueux, voire de tout caractère « national » (telle la Marche des *Ruines d'Athènes*, par exemple), elles ont un ton plaisant, presque badin, — et rappellent que Beethoven, tout enflammé qu'il fût pour la cause allemande et la glorification des héros, savait garder, ironiquement, ses distances...

Les œuvres par lesquelles nous terminons ici sont d'un tout autre poids que ce que nous venons d'examiner très succinctement : il s'impose en effet de les considérer comme des « jalons » de la création pianistique du compositeur.

---

* Voir, plus haut, *Variations sur une marche de Dressler*.

** Voir, plus haut, *Sonate n° 5*.

Andante en *fa* majeur (WoO 57)

Composé en même temps que la *Sonate « Waldstein »* * — soit en 1803-1804 —, cet *Andante grazioso con moto* en devait faire partie, mais fut publié séparément en mai 1806 à Vienne, au Comptoir d'arts et d'industrie. Il obtint aussitôt le succès, et le compositeur, qui le jouait fréquemment en public, en vint à le dénommer « Andante favori ».

La forme est A B A avec coda. La partie principale s'expose, à 3/8, en une longue période de trente mesures qui se répète après un intermède. Une partie centrale, en *si* bémol majeur, précède la reprise, — dans laquelle le thème initial est varié par deux fois; un second intermède est introduit avant la coda conclusive. La mélodie principale s'offre, *dolce,* sur le ton de la confidence émue :

Particulièrement émouvante, d'ailleurs, la courte modulation de *ré* bémol majeur mystérieusement introduite dans son énoncé sur les notes chromatisées. Et particulièrement remarquable l'écriture des variations lors de la réexposition, — en jeu d'octaves et de figurations ornées qui confèrent à ce mouvement une plénitude sonore assez impressionnante.

Fantaisie en *sol* mineur (op. 77)

Elle fut écrite en 1809, en même temps que la *Sonate en* fa *dièse majeur op. 78***, et dédiée au comte Franz von Brunsvik. Sa publication intervint en décembre 1810 chez Breitkopf et Härtel, — avec celle, notamment, des *Variations sur la Marche des « Ruines d'Athènes. »*

Son caractère d'ensemble est celui d'une géniale improvisation. Toute la partie initiale se développe sans aucun repère évident d'ordre thématique ou tonal. Une gamme mineure descendante instaure dès l'abord une atmosphère d'inquiétude fébrile, — qu'une courte phrase d'*Adagio* ne saurait dissiper : au *sol* mineur annoncé s'est substitué *fa* mineur. Puis paraît un motif mélodique quelque peu solennel, dans le ton de *ré* bémol majeur, — sans que s'impose un développement thématique continu. Tout semble livré à la quête erratique d'un matériau sonore homogène. C'est, en effet, le *si* bémol majeur d'un *Allegro non troppo* qui prend une sorte de relève agitée ; un brusque changement de climat harmonique amène à son tour le ton de *ré* mineur sur lequel enchaîne un *Allegro con brio,* — lui-même freiné par l'immobilité d'un motif d'*Adagio*. Enfin, le « thème » paraît *dolce,* après un passage en *si* mineur ; c'est un *Allegretto* à 2/4, qui adopte le ton de *si* majeur et s'épanche sur la basse fluide de doubles croches en triolets. Ce thème sera ensuite abondamment varié (sept variations) jusqu'aux confins les plus éthérés du registre aigu. La gamme mineure tentera de briser cet élan, sans toutefois s'imposer ; et c'est bien l'élément purement mélodique qui l'emportera au terme de cette œuvre aussi étonnante que fantasquement inspirée.

Polonaise en *ut* majeur (op. 89)

Écrite en 1814 et publiée par P. Mechetti, à Vienne, en mars 1815, elle fut dédiée par l'auteur à « Sa Majesté Élisabeth, impératrice de toutes les Russies » (alors séjournant à Vienne pour le Congrès, à laquelle Beethoven fut présenté chez l'archiduc Rodolphe).

On a accablé cette œuvre sous d'absurdes reproches : pièce « de salon » — entre autres —, d'une « frivolité » indigne du grand compositeur. Il s'agit, en réalité, d'une partition pleine de verve et d'esprit, — sorte de paraphrase de la danse connue, et qui faisait déjà fureur à l'époque. Très caractéristique, en particulier, de la création beethovénienne en sa maturité cette manière de réaliser une véritable « abstraction » du rythme d'accompagnement de la Polonaise (croche - deux doubles croches - quatre croches), sans qu'on puisse créditer cette manière des soucis d'expressivité dramatique qui seront ceux d'un Chopin. Ici, au contraire, priment l'élégance, le brillant, la légèreté, — même dans le bref trio en *la* bémol majeur intercalé par l'auteur en dehors de toute convention.

F.R.T.

---
* Voir, plus haut, *Sonate n° 21.*
** Voir, plus haut, *Sonate n° 24.*

ALBAN BERG

Né à Vienne, le 9 février 1885 ; mort le 24 décembre 1935, dans cette même ville (où le musicien vécut à peu près toute son existence). Berg fut, avec Webern, le plus illustre « disciple » de Schönberg qu'il rencontra en 1904, et auquel le lia une indéfectible amitié. Il lui dut tout, il est vrai : non seulement sa formation musicale complète, mais les conseils les plus judicieux et la maturation d'une personnalité que Schönberg sut discerner et comprendre dès les premières compositions. Parmi celles-ci, la Sonate pour piano *— premier opus du catalogue bergien —, qui restera sans descendance : tout comme Webern, Berg n'écrivit qu'une partition pour piano seul (en exceptant — de la même époque — de scolaires et très brahmsiennes* Variations sur un thème original*, « reniées » par le compositeur). Appartenant à la période d'apprentissage, la* Sonate *ne relève donc en rien de l'atonalisme absolu, ni de la technique dodécaphonique exploités plus tard par l'auteur de la* Suite lyrique *et de* Lulu. *Elle n'est pas non plus — de loin — l'œuvre majeure de Berg ; ce qui ne la rend pas inintéressante, ni surtout dépourvue d'une immédiate séduction.*

Sonate pour piano (op. 1)

Elle peut être considérée comme la première œuvre pour le clavier de l'École de Vienne. A cet égard, le musicologue Mosco Carner* a formulé quelques remarques que nous reproduisons en partie : « De même que pour les classiques viennois, la forme sonate est demeurée pour l'École de Vienne la première des normes formelles, la forme par excellence... Elle constituait le seul moule suffisamment grand pour (...) permettre l'élaboration d'une structure musicale à grande échelle et à plusieurs niveaux, selon le principe fondamental de Schönberg de développement par variation continue. » Et le même auteur fait observer que, parmi les œuvres à venir de Berg, la forme sonate — forme en un mouvement ou forme cyclique — occupera une place privilégiée, jusque dans certaines scènes de *Wozzeck* et de *Lulu*. On ne saurait donc confiner la *Sonate* dans un splendide isolement : elle bénéficiera, de ce point de vue, d'une riche descendance.

La *Sonate pour piano* fut écrite au cours des années 1907-1908, et publiée à compte d'auteur à Berlin en 1910 (c'est Berg lui-même, dont les talents graphiques ne furent pas négligeables, qui en dessina la couverture, très « Jugendstil »). La première audition s'en fit à Vienne, le 24 avril 1911, sous les doigts d'Etta Werndorff ; au même concert, la création du *Quatuor à cordes op. 3* : si celui-ci fut odieusement maltraité par la critique, la *Sonate*, d'accès plus facile (et dont la durée d'exécution n'atteint pas huit minutes), reçut un bien meilleur accueil.

Elle est en un mouvement, — et c'est sur le conseil de Schönberg que le jeune musicien aurait renoncé à en ajouter d'autres : selon Schönberg, tout était dit. Il semble, en vérité, que le maître ait souhaité soumettre l'élève à cette épreuve de la *Sonatensatz* (le traditionnel « allegro de sonate ») hors des conventions tonales habituelles. Dans la forme, en effet, rien de plus classique : une exposition (avec sa reprise), un développement, la réexposition, suivie d'une courte coda. Cela est fermement construit, articulé, et d'une remarquable économie thématique. Mais le climat émotionnel est tout autre : le chromatisme — qui se juxtapose au diatonisme (par tons entiers) — introduit une tension « tristanienne » qui s'exacerbe progressivement pour n'être résorbée qu'à l'extrême fin, — avec une explosion centrale tout à fait dramatique. C'est une sensibilité passionnée, et tous les excès du délire romantique, qui trouvent à s'exprimer à travers les rigueurs de l'architecture. La tonalité — celle de *si* mineur — n'est qu' « officielle » : elle ne se définit clairement que dans les premières mesures, et dans les dernières.

C'est un motif ascendant de quartes, très caractéristique chez Berg, et dont le rôle sera grand dans le cours de l'œuvre, qui ouvre le premier thème (une quarte juste, puis une quarte augmentée) :

---

* M. Carner, in : *Alban Berg* (Éd. J.-C. Lattès, Paris, 1979).

Indiqué *mässig bewegt* (« modérément animé »), ce thème déploie une phrase du plus bel effet pianistique ; lui succèdent un second thème marqué *langsamer* (« plus lent »), puis un troisième en codetta, *viel langsamer* (« beaucoup plus lent »). Mosco Carner indique pertinemment que ces changements de tempo sont un des moyens employés par Berg pour distinguer les différentes parties d'un mouvement : « La nature fluctuante du tempo est encore accentuée par des accelerandos et des ritardandos qui donnent à la musique un caractère *rubato*, — peut-être un reflet de la sensibilité nerveuse du compositeur. » Par rapport à l'extrême densité polyphonique de l'exposition (normalement suivie de sa reprise), le développement se trouve simplifié et raccourci : c'est une écriture plus homophone qui s'impose, — progressant par « marches ». Formellement, la réexposition est une répétition de l'exposition : mais non textuelle, — plus fluide et subtilement variée. Et la coda conclusive se constitue en une cadence purement harmonique où se retrouve, dans une sérénité mélancolique, le ton de *si* mineur initial.

F.R.T.

LUCIANO BERIO

Né à Oneglia (Ligurie), le 24 octobre 1925. Ayant étudié la composition avec Ghedini au Conservatoire de Milan, puis avec Dallapiccola à Tanglewood, aux U.S.A., il fonde en 1955, avec son ami Bruno Maderna, le studio de phonologie musicale de la R.A.I. à Milan. A partir de 1960, il enseigne à la Berkshire Music School de Tanglewood, et, en 1967, est nommé professeur à la fameuse Juilliard School de New York. Plus tard, le musicien dirigera (jusqu'en 1980) le département électroacoustique de l'I.R.C.A.M. à Paris. Berio se révèle, en notre temps, un grand manipulateur du matériau sonore, à l'aide notamment des moyens électroacoustiques ; mais il est surtout un explorateur du phénomène vocal, — ayant écrit un grand nombre de ses œuvres pour l'extraordinaire chanteuse que fut Cathy Berberian, son épouse. Le piano n'intervient qu'épisodiquement dans une abondante production, — sans qu'on puisse toutefois l'en isoler : tout comme la voix humaine, il a été pour Berio un « objet » de recherches tendant à magnifier toutes les ressources de l'instrument, et le lieu d'expérimentations extrêmement originales. Ce qui justifie les quelques commentaires qu'on lui consacre ici même.

Des années 1952-53 — œuvre de jeunesse donc — datent les **Cinque Variazioni** (qui précédèrent de peu des *Variazioni* pour orchestre de chambre) : après les deux premières *Sonates* d'un Boulez (v. ce nom), cette partition représente dans la période d'après-guerre une contribution intéressante aux applications de l'écriture sérielle au clavier : ce qui chez l'intransigeant Boulez de l'époque confinait à l'aridité se teinte, chez le compositeur italien, de lyrisme — un lyrisme inné —, mais ne se dégage pas de l'empreinte trop manifeste des *Variations op. 27* de Webern (v. cette œuvre). A cet égard, les *Cinque Variazioni* font figure d'exercice épigonal.

Il n'en est plus de même de la **Sequenza IV**, œuvre datée de 1966, et dédiée à la pianiste française Marie-Françoise Bucquet, — qui s'inscrit dans la série des *Sequenze* pour instruments solistes divers*. L'intérêt primordial réside dans l'invention d'une « forme » nouvelle introduisant l'aléatoire, — qui brise le caractère fixe de la notation musicale conventionnelle pour offrir à l'exécutant certaines variabilités (notamment quant aux durées des notes) : « Composer pour un virtuose digne de ce nom — a écrit Berio — n'est aujourd'hui valable que pour consacrer un accord particulier entre le compositeur et l'interprète, que comme témoignage d'un rapport humain... » Nul doute que *Sequenza IV* — parmi les autres *Sequenze* — ne constitue

---

* Rappelons que la *Sequenza I* est pour flûte, la *Sequenza II* pour harpe, la *Sequenza III* pour voix, la *Sequenza V* pour trombone, etc.

un jalon important dans le développement des possibilités du piano actuel : l'une des plus remarquables étant le parti que tire le musicien de l'utilisation des pédales, en particulier de la pédale centrale de l'instrument. Celle-ci, en effet, permet de « réactiver » les sons réellement joués par les sons « virtuels » d'accords pris au préalable, — selon des phénomènes de résonance procurant à l'auditeur la sensation vertigineuse d'un jeu sur plusieurs claviers, voire sur un tout autre instrument que le piano. Ajoutons — mais on ne s'en étonnera pas — que l'œuvre exige une dextérité peu commune, non seulement des doigts, mais des pieds !

Berio prolongera ce type de recherches « vibratoires » sur les cordes avec deux partitions jumelées : *Rounds* pour clavecin, en 1966, et son complément, *Rounds* pour piano, l'année suivante. De même, dans *Memory* pour deux pianos (1970), les harmoniques artificiellement créés par la combinatoire des claviers font pressentir la transformation radicale des sonorités instrumentales opérée par l'électroacoustique. *Wasserklavier* (1965), en revanche, aura représenté une halte bien curieuse, sorte de repos tonal (tonalité de *fa* mineur très affirmée), dans cette évolution.

Il s'impose, pour terminer, de mentionner trois partitions dans lesquelles le piano fut mis à contribution : l'acrobatique **Concerto** pour deux pianos et orchestre (1973), qui a paru — lui aussi — marquer un recul vers la tradition tonale ; *Points on the curve to find* (1973-74), qui a été conçu pour le piano accompagné par un petit ensemble de vingt-deux instrumentistes ; enfin *Linea* (1974), écrit pour deux pianos, marimba et vibraphone.

F.R.T.

GEORGES BIZET

Né à Paris, le 25 octobre 1838 ; mort à Bougival, près de Paris, le 3 juin 1875. Né dans une famille de musiciens, enfant précocement doué et brillant élève du Conservatoire de Paris, où il collectionna les prix (solfège, piano, contrepoint, fugue et orgue), il obtint le Premier Grand Prix de Rome en 1857. Il était déjà l'auteur d'une opérette, le Docteur Miracle, et de la belle Symphonie en ut majeur. Ces succès semblaient très prometteurs pour la suite de la carrière de ce jeune artiste non conformiste ; malheureusement le doute et l'incertitude s'installant allaient considérablement entraver l'évolution artistique de Bizet. Ses hésitations, ses remises en question, ses indécisions contribuèrent certainement à l'incompréhension que rencontrèrent ses œuvres maîtresses : les Pêcheurs de perles (1863) furent reçus froidement, Djamileh (1872) dérouta le public et la critique, la musique écrite pour l'Arlésienne de Daudet (1872) ne remporta qu'un succès mitigé ; enfin chacun connaît la déroute des toutes premières représentations de Carmen en 1875. Atteint d'une grave affection de la gorge, Bizet mourut quelques semaines après cet échec qui l'affecta profondément. Esprit fin, délicat et ennemi des conventions admises, il disparut sans avoir rencontré la gloire que méritait son génie.

Bizet avait un merveilleux talent de pianiste et une incomparable habileté de lecteur, et, bien qu'il eût pu prétendre à une belle carrière de concertiste, il ne se produisit jamais en public. Ses amis admiraient son jeu délicat, sa technique brillante et son toucher moelleux qui lui valurent les suffrages les plus flatteurs de Gounod, de Berlioz, de Liszt, et de beaucoup d'autres. Marmontel, son professeur de piano, a laissé cet intéressant témoignage : « Bizet était resté virtuose habile, intrépide lecteur, accompagnateur modèle. Son exécution, toujours ferme et brillante, avait acquis une sonorité ample, une variété de timbres et de nuances qui donnait à son jeu un charme inimitable... Il excellait dans l'art de moduler le son, de le rendre fluide sous la pression délicate ou intense des doigts. Il savait, en virtuose consommé, faire saillir le chant bien en lumière, tout en lui laissant l'enveloppe d'une harmonie transparente, dont le rythme ondulé ou cadencé s'identifiait avec la partie récitante... ».

Indépendamment de sa musique lyrique et symphonique, Bizet laisse quelques compositions pour piano, de valeur inégale. Ses œuvres de jeunesse furent écrites dans les années 1854, alors qu'il poursuivait ses études au Conservatoire : quatre préludes, deux caprices, un *Thème brillant*, une *Grande valse de concert*, un *Nocturne en* fa majeur, et *Venise, Romance sans paroles*. Cette dernière pièce est intéressante par l'utilisation d'éléments mélodiques et rythmiques judicieusement juxtaposés. Les autres œuvres, vives et brillantes, sont un peu faibles.

Bizet abandonna momentanément le piano, auquel il revint dans les années 1865-1868. Entre-temps, il avait composé en 1858 **Trois Esquisses musicales**, primitivement destinées à l'harmonium, l'une de ses meilleures pages pour piano : la *Ronde turque* retentit d'accents exotiques, le charme de la *Sérénade* est mis en valeur par un rythme caractéristique et persistant, tandis qu'un *Caprice* sert de conclusion au recueil.

En 1865 parurent une *Chasse fantastique*, faible imitation de la manière de Liszt, et **Six Chants du Rhin**, inspirés par des poèmes de Méry *(l'Aurore, le Départ, les Rêves, la Bohémienne, les Confidences, le Retour)* : dans ces pièces inégales, Bizet paraît clairement influencé par Schumann et par Mendelssohn.

Une nouvelle série d'œuvres fut écrite en 1868 : un *Nocturne en* ré majeur, *Marine* (ou *la Chanson du matelot : souvenir d'Ischia*), et les **Variations symphoniques de concert** (dites aussi **Variations chromatiques**) dont Bizet s'avouait « tout à fait content » et qui, selon lui, étaient traitées « très audacieusement ». Ces variations, presque beethovéniennes, sont axées sur la gamme chromatique et sur une pédale que le musicien utilisa fréquemment dans sa musique dramatique.

Après 1868, Bizet devait encore composer des *Promenades au clair de lune*, puis les *Jeux d'enfants* pour piano à quatre mains, datés de 1871.

Jeux d'enfants

La suite des *Jeux d'enfants* — l'une des œuvres les plus célèbres de Bizet — fut terminée à l'automne de 1871, et publiée à Paris chez l'éditeur Durand. Composée de douze pièces pour piano à quatre mains, elle fut dédiée à Mesdemoiselles Marguerite de Beaulieu et Fanny Gouin. Bizet transforma peu après cinq de ces pièces en une *Petite Suite d'orchestre* qu'il fit jouer, sans grand succès, au Théâtre de l'Odéon, à Paris, en mars 1873. Cette dernière version est aujourd'hui la plus connue*.

1. L'ESCARPOLETTE (*Rêverie*, « andantino » à 6/8) : le doux balancement de l'escarpolette est d'abord suggéré dans une nuance pianissimo par les arpèges montants et descendants des deux parties, auxquels répond bientôt, dans le grave du clavier, le chant marqué et très expressif de la Rêverie.

2. LA TOUPIE (*Impromptu*, « allegro vivo » à 2/4) : orchestrée par Bizet sous le titre d'*Impromptu*. La toupie tournoie sur elle-même au son des notes piquées du « prima » :

Ces notes sont soutenues obstinément par un dessin de doubles croches au « seconda ». Une montée d'arpèges annonce la chute de la toupie —, laquelle s'effondre sur les forts accents des trois mesures finales.

3. LA POUPÉE (*Berceuse*, « andantino simplice à 6/8) : orchestrée par Bizet sous le titre de *Berceuse*. L'accompagnement en triolets de croches de la voix grave soutient, « aussi pianissimo que possible », le thème simple et naïf de la voix supérieure,

qui se charge çà et là d'accords, avant de conclure.

4. LES CHEVAUX DE BOIS (« allegro vivo » à 6/8) : les suggestions rythmiques des triolets montants et descendants du « seconda », et du léger élan de galop du « prima »,

sont des plus heureuses.

5. LE VOLANT (*Fantaisie*, « andantino molto » à 3/4) : le volant est lancé et renvoyé sur des traits rapides de triples croches qui traversent le clavier.

---

* V. *Guide de la musique symphonique*

6. TROMPETTE ET TAMBOUR (*Marche*, « allegro, mouvement de marche » à quatre temps) : orchestrée par Bizet sous le titre de *Marche*. Le rythme de la marche est ponctué, avec beaucoup d'animation et de variété, par les batteries de tambour de la partie supérieure et par les croches brèves de la partie inférieure, — avec une partie centrale assouplie par des ondulations de triolets.

7. LES BULLES DE SAVON (*Rondino*, « allegro moderato » à quatre temps) : le vol léger des bulles se traduit aux voix aiguës par le rythme obstiné d'un motif qui va et vient.

sur de discrets et brefs accords de croches.

8. LES QUATRE COINS (*Esquisse*, « allegro vivo » à 2/4) : rien de plus brillant et animé, de plus primesautier et espiègle que les notes répétées et les croches pointées qui s'égaient pour conclure.

9. COLIN-MAILLARD (*Nocturne*, « andante non troppo quasi andantino ») : en ce jeu ancien, Bizet a vu un nocturne. L'envolée lyrique du thème du « prima », qui se joue à l'unisson, repose sur un discret accompagnement du « seconda ».

10. SAUTE-MOUTON (*Caprice*, « allegro molto moderato » à 2/4) : dialogue vif et particulièrement animé entre les deux parties sur des traits volubiles.

11. PETIT MARI, PETITE FEMME (*Duo*, « andantino » à 2/4) : orchestrée par Bizet sous le titre de *Duo*, c'est un tendre dialogue, suave et expressif, entre les deux parties.

12. LE BAL (*Galop*, « presto » à 2/4) : orchestré par Bizet sous le titre de *Galop*, c'est un joyeux divertissement dont le thème célèbre et entraînant

est soutenu par d'heureux accords syncopés. La conclusion est effrénée et furieuse.

A. d. P.

ALEXANDRE-PIERRE-FRANÇOIS BOËLY

Né à Versailles, le 19 avril 1785 ; mort à Paris, le 27 décembre 1858. Il fut d'abord l'élève de son père, excellent théoricien et harmoniste, et musicien à la cour de Versailles, qui le confia par la suite au compositeur allemand Ignaz Ladurner, professeur de piano au Conservatoire de Paris dès 1798. Boëly ne fréquenta cependant pas le Conservatoire. D'une nature modeste et effacée, il n'obtint pas de véritables charges officielles. A partir de 1834, il fut néanmoins organiste de Saint-Gervais, puis de Saint-Germain l'Auxerrois à Paris. Il n'occupera que quelques années cette tribune : le clergé et les fidèles jugeant sa musique trop sérieuse, il en sera chassé en 1851. Quoi d'étonnant, dès lors, que sa musique de piano, remarquable par sa qualité, soit passée presque inaperçue près de ses contemporains.

L'Œuvre de piano

A côté de quelques pages de musique vocale et de musique de chambre, Boëly laisse une œuvre d'orgue qui représente une véritable anthologie de tous les genres, et une œuvre de piano considérable, dont la composition se répartit sur près d'un demi-siècle.

Auprès de son père et de Ladurner, Boëly avait acquis une solide connaissance de la technique contrapuntique des maîtres anciens et de l'art de Mozart et de Haydn. Initié à Beethoven par Ladurner, il nourrit toujours pour le compositeur une immense admiration. Le public français commençait alors à découvrir Beethoven, mais avec une certaine méfiance, car maints commentaires lui reprochaient des « dissonances les plus barbares », et une musique aride et ingrate qui déchirait « bruyamment l'oreille, sans jamais parler au cœur ! ». On devine aussi, chez Boëly, l'ombre de Bach dont la musique de clavier n'était pas inconnue des musiciens français. Signalons, par exemple, que le pianiste Jean-Louis Adam, contemporain de Boëly, introduisit des extraits du *Clavier bien tempéré* en guise d'exercices et d'exemples dans sa *Méthode de piano*, rédigée en 1804 pour le Conservatoire.

Dans sa musique de piano, Boëly puise aux sources classiques, mais s'inspire aussi des formes romantiques. Son œuvre est une œuvre de musique pure qui tend vers une austérité toute classique. On n'y trouve aucun parti-pris évocateur, mais une fantaisie parfois débridée qui voisine avec un contrepoint rigoureux. Boëly avait une haute conception de son art, qui explique sans doute le succès mitigé que reçurent ses partitions auprès du public frivole du milieu du XIXe siècle.

Boëly aborda le piano par la composition de *Deux Sonates... op. 1*, dédiées à son maître Ladurner, et publiées à Paris chez Pleyel en 1810. Ces deux œuvres, d'inspiration toute beethovénienne, comportent chacune trois mouvements. La première **Sonate en *ut* mineur** s'ouvre par un *Allegro molto* à l'intérieur duquel s'opposent deux motifs : l'un sur les accents interrogateurs de ses accords d'*ut* mineur et de *si* bémol mineur, l'autre avec les inflexions chantantes et expressives de sa souple mélodie. Ni surcharge, ni excès dans le langage harmonique et dans le traitement de la virtuosité ne viennent affaiblir le long développement. Un profond *Adagio con espressione* précède un *Finale presto* à deux thèmes contrastés : le premier thème, au caractère de mouvement perpétuel, traverse le clavier sur une étendue de trois octaves. Le finale est interrompu, au centre, par un vaste épisode improvisé en valeurs longues qui réapparaît dans la coda pour conclure. La seconde **Sonate en *mi* mineur** débute par un *Allegro con brio* de structure classique, — lequel s'enchaîne à un *Scherzo allegro* en *sol* mineur, caractérisé par le rythme balancé de ses syncopes et de ses contretemps. Pas de mouvement lent dans cette sonate, qui se termine par un *Rondo vivace ma non troppo* en *sol* majeur.

Les **Trente Caprices ou Pièces d'étude op. 2**, écrits en 1816 et édités à Paris chez Boïeldieu, sont dédiés à Marie Bigot, amie et interprète de Beethoven. Boëly se tourne ici résolument vers le style polyphonique de Bach et des maîtres anciens. Il conçoit ses *Caprices* à la manière des clavecinistes, et construit certains d'entre eux comme de véritables inventions à deux ou trois voix, — leur donnant des rythmes variés, des thèmes nobles et raffinés, et une assise harmonique riche et compacte.

Vers 1830, Boëly fit paraître plusieurs séries d'études et un **Duo pour piano à quatre mains op. 4**, dédicacé à Mesdemoiselles Félicie et Coralie Duvivier. Trois mouvements s'y succèdent : un *Allegro* en *si* mineur de forme sonate, claire et limpide, et aux thèmes enjoués, un *Larghetto con moto* en *si* bémol majeur expressif et simple, sur un rythme à 6/8, et un *Rondo* final.

En 1843, il revint à la forme du caprice, avec les *Trois Caprices* de l'*op. 8* (deux pour piano à quatre mains, et un pour piano à trois mains) et un **Caprice pour piano seul op. 7**. Celui-ci, publié à Paris chez Madame Veuve Lanner et dédié à Mademoiselle Claire Spitze, est une page à la sensibilité toute romantique. Boëly y abandonne, en effet, la stricte écriture contrapuntique qu'il pratiquait avec prédilection au profit d'une fantaisie rêveuse qui s'épanouit en un tempo voisin de la valse.

Une nouvelle série d'études, réunies en un livre de **Pièces d'étude pour le piano en deux suites op. 13**, et dédiées à Jean-Baptiste Cramer, fut éditée en 1846. Boëly y mêle les genres les plus variés — fugue ou canon par exemple — et d'intéressantes formules d'écriture, comme l'utilisation de rythmes anciens (rythme à 6/16) ou de la basse continue. Il apparaît ici comme le digne successeur de Bach et des maîtres du passé, mais en même temps comme un précurseur dans le domaine de l'étude, que Chopin et Lizst vont élever à un haut degré de perfection.

En 1854, Boëly annonçait à un ami la prochaine publication de ses **Quatre Suites dans le style des anciens maîtres op. 16** : « L'œuvre de piano que je compte faire paraître incessamment vous plaira sans doute, il se compose de quatre suites dans le genre des anciens maîtres, tels que Jean-Sébastien Bach, Haendel et Scarlatti : les trois premières sont composées d'une allemande, une courante, une sarabande, une gavotte ou bourrée, puis d'une gigue à la manière de Bach. La quatrième suite se forme d'une assez longue fugue en *fa* mineur à deux sujets, d'un largo et d'une polonaise qui se rapproche peut-être du style d'Emmanuel Bach, qui a bien aussi son mérite, quoique différent de celui de son père... ». Par ces suites, Boëly, qui paraissait plus « avant-gardiste » au début de sa carrière, renoue avec les mouvements habituels de la suite de danses, et s'engage dans une sorte de néo-classicisme que les musiciens français pratiquaient peu en ce milieu de siècle.

Seule sonate pour piano à quatre mains, la **Sonate en fa mineur, op. 17** parut à Paris chez S. Richault en 1855. Boëly la dédia à Madame E. Sauzay. C'est une nouvelle page d'inspiration beethovienne en quatre mouvements : un *Allegro moderato* de forme sonate où s'épanouissent deux thèmes ; un *Adagio* en *la* bémol majeur calme et expressif, avec une étonnante modulation en *si* majeur dans le développement ; un charmant *Tempo di minuetto* ; et une *Giga* vivante et alerte, en guise de conclusion.

Plusieurs œuvres devaient encore paraître à Paris dans les toutes dernières années de la carrière de Boëly, — notamment les *Vingt-quatre Pièces divisées en deux suites op. 20*, et une *Fantaisie op. 21*, pièce très libre dédiée à Camille Saint-Saëns, respectivement publiées en 1857 et 1858.

A cela s'ajoutent enfin les diverses collections parues à titre posthume : l'éditeur S. Richault édita, par exemple, en 1860 une *Collection des œuvres posthumes pour orgue à pédales ou pour piano à trois mains*, qui inclut des fugues, allegros, andante et largos, une toccata, une pièce pastorale, un canon à l'octave, cinquante et une pièces sur des thèmes liturgiques ou destinées aux offices, et des adaptations de pages de Frescobaldi, de Couperin, de Scarlatti, de Haydn, de Beethoven, et de bien d'autres.

A. d. P.

JOSEPH BODIN DE BOISMORTIER

Né à Thionville, le 23 décembre 1689 ; mort à Roissy-en-Brie, le 28 octobre 1755. Les détails de sa vie nous sont connus depuis peu. Originaire de Thionville, ce remarquable musicien, contemporain de Rameau, séjourna dans plusieurs villes françaises, Metz et Perpignan notamment, avant de se fixer à Paris vers 1724. Il publia lui-même dans la capitale une partie de son œuvre, et le catalogue de sa musique instrumentale groupe deux cents numéros d'opus. Une dizaine d'années avant sa mort, il aurait dirigé les orchestres de la foire Saint-Laurent et de la foire Saint-Germain. Grand innovateur au sein de l'école française, Boismortier a su adopter des combinaisons instrumentales inattendues, mais aussi variées qu'attrayantes, qui donnent à sa musique de chambre un charme très particulier.

L'œuvre de Boismortier est importante en quantité, et très intéressante en qualité. Son instrument de prédilection reste la flûte pour laquelle il composa nombre de sonates et de concertos, — comme ces extraordinaires *Concertos pour cinq flûtes sans basse, op. 15*. Il écrivit encore pour le violon, le violoncelle, le basson, l'alto, et s'intéressa à la musette qui était très en faveur dans la France du milieu du XVIIIe siècle. Certaines de ses œuvres portent des titres tout à fait évocateurs et parfois pleins d'ironie : ce sont, par exemple, les *Gentillesses en trois parties* (pour musette, vielle et basse), les *Six Nuits saltimbanques en trois parties* ou les *Divertissements de campagne* avec vielle et musette. Boismortier se consacra aussi à la musique vocale (cantates françaises, airs à boire, cantatilles, etc.), et fit représenter deux ballets et une pastorale.

L'œuvre de clavecin

Son œuvre de clavecin se réduit à *Quatre Suites de pièces de clavecin, op. 59*, publiées à Paris chez les éditeurs Boivin et Leclerc en 1736. Le recueil se vendait aussi chez l'auteur, « rue du Jour, vis-à-vis le grand portail de Saint-Eustache, au signe de la Croix ». Ces quatre suites ne comptent que quatre ou cinq pièces, généralement binaires à reprise, et sous-titrées selon l'usage de la musique française. Une grande partie d'entre elles sont conçues dans la forme du rondeau et écrites dans le mode mineur. Chacune de ces suites se termine cependant dans le mode majeur. Cette musique, dans laquelle Boismortier ne recherche jamais une vaine virtuosité, est une musique simple mais pleine de charme et d'élégance, teintée parfois d'italianisme.

La **Première suite**, en *ut*, débute par une pièce en rondeau en *ut* mineur, *La Caverneuse*, qui se joue « gracieusement ». Dans ses deux couplets, Boismortier précise quelques indications de nuances « doux » et « fort ». Se succèdent ensuite une allemande, *La Marguillière*, « gravement », avec ses rythmes pointés très français, une gavotte légère, *La Transalpine*, avec ses effets de pédales harmoniques dans la reprise, et une sarabande, *La Valétudinaire*, qui repose sur une écriture aérée. C'est un rondeau « gai » en *ut* majeur, *La Décharnée*, qui termine : on y remarque l'entrain de ses motifs arpégés.

La **Seconde suite**, en *sol*, réunit quatre pièces : un rondeau en *sol* mineur, *La Sérénissime* qui évolue « noblement » sur son rythme de gigue à 6/8 et s'anime en doubles croches dans le deuxième couplet. Lui succèdent une courante très française et ornementée, *La Gauloise*, un rondeau en *sol* majeur, *La Rustique*, bâti sur le thème carré de son refrain à l'intérieur duquel le rythme s'accélère de plus en plus avec, çà et là, des ébauches de basse d'Alberti, enfin une gigue en *sol* majeur à 6/8, *La Choquante*.

La **Troisième suite**, en *mi*, se compose de cinq pièces. *L'Impérieuse* est une sorte de grand prélude d'ouverture en *mi* mineur, « fièrement et piqué ». Trois rondeaux lui succèdent : une pièce descriptive, *La Puce*, dont les superpositions de croches à 6/8 évoquent avec beaucoup d'ironie les sauts d'une puce, une bourrée en rondeau, *La Navette*, faite de deux courts couplets où les mains se croisent avec légèreté, et *La Flagorneuse*, en *mi* majeur, que n'eût pas renié le Couperin des *Bergeries* du *Sixième Ordre* de son *Second Livre de pièces de clavecin*. C'est une allemande en *mi* majeur, *La Belliqueuse*, qui termine « vivement » cette suite : des dessins de doubles croches courent d'une octave à l'autre et d'un croisement de main à l'autre dans cette pièce rapide.

La **Quatrième suite**, en *la*, débute par un paisible rondeau en *la* majeur, *La Veloutée*, et se poursuit en une pièce alerte, *L'Indéterminée*, avec ses doubles croches permanentes et ses triolets. Seul morceau de cette suite écrit dans le mode mineur, le rondeau *La Frénétique* expose une grande variété de figures : notes répétées du thème, gammes de doubles croches, sauts d'octaves et de neuvièmes, superpositions de mains, triolets, etc. *La Brunette*, « gracieusement » à 3/4, ressemble à un menuet. Elle engendre le *Double de la Brunette*, dont les cinq doubles sont des variations sur des traits de main droite *(1er double)*, sur des traits de main gauche *(2e double)*, sur une écriture à trois voix *(3e double)*, sur des triolets *(4e double)*, et sur la virtuosité de ses basses rapides en doubles croches *(5e double)*.

A. d. P.

ALEXANDRE BORODINE

Né à Saint-Pétersbourg, le 11 novembre 1833 ; mort dans la même ville, le 27 février 1887. Il était le fils naturel d'un prince caucasien du nom de Guedianov, et d'une Russe. Dès son enfance il manifesta de brillantes aptitudes simultanément pour la musique (piano, flûte, violoncelle) et pour la chimie, et toute sa vie il mena de front ces deux activités, souvent au détriment de la musique ; d'où le nombre réduit de ses œuvres achevées. En 1862 il fut nommé professeur à l'Académie de Médecine, et devint en même temps le dernier membre du Groupe des Cinq (il connaissait Moussorgski depuis 1857). En 1877, à l'occasion d'un voyage en Allemagne, il rencontra Liszt et reçut ses encouragements admiratifs. A partir de 1882, il se rapprocha du Groupe Belaiev, animé par Rimski-Korsakov, — qui fut en quelque sorte un prolongement du Groupe des Cinq. Le génie de Borodine s'est épanoui dans ses œuvres symphoniques, sa musique de chambre, ses mélodies et son opéra le Prince Igor *(achevé par Glazounov et Rimski-Korsakov). Dans le domaine du piano, dont il jouait en amateur, Borodine a surtout laissé les deux œuvres écrites vers la fin de sa vie, la* Petite Suite *et le* Scherzo, *miniatures sans prétentions, mais pleines de fraîcheur et d'originalité.*

Petite Suite

Écrite en 1885, elle fut dédiée à la comtesse de Mercy-Argenteau, musicienne et mécène belge qui propagea activement la musique de Borodine. La *Petite Suite* comprend sept pièces. A l'origine, Borodine avait prévu un programme dont l'esquisse s'est conservée, — avec le titre général de *Petit poème d'amour d'une jeune fille*.

1. DANS LE MONASTÈRE (« Sous les voûtes d'une cathédrale ») : c'est une pièce d'esprit très moussorgskien, avec ses sons de cloches et sa mélodie religieuse archaïsante, développée d'une manière très chorale.
2. INTERMEZZO (« Rêve d'avoir de la compagnie ») : indiqué « tempo di minuetto », mais tenant en fait du rythme d'une mazurka. L'allure est celle d'une danse de salon, mais nullement dans son sens péjoratif ; la mélodie est finement ouvragée, et les harmonies de la partie centrale fort recherchées.
3. MAZURKA I (« Ne pense qu'aux danses ») ; 4. MAZURKA II (« Pense aux danses et au danseur ») : les deux mazurkas forment un contraste. La première pourrait être une mazurka de bal, claire, affirmée, vigoureusement rythmée. La seconde est plus chantante, avec son beau thème de violoncelle à la main gauche, et se rapproche de Chopin.
5. RÊVERIE (« Ne pense qu'au danseur ») : c'est le centre lyrique de la *Suite*. Toutes différences gardées, elle évoque la *Rêverie* des *Scènes d'enfants* de Schumann.
6. SÉRÉNADE (« Rêve aux sons d'un chant d'amour ») : avec ses harmonies luxuriantes, elle retrouve l'hispanisme cher au Groupe des Cinq.
7. NOCTURNE (« Bercée par le bonheur d'être aimée ») : balancement hypnotisant, qui dégage une mélodie en accords, avant de finir sur une belle cantilène dans le médium et le grave. On rencontre dans cette pièce à la fois des réminiscences chopiniennes (dans les transformations chromatiques des premières mesures) et des prémices debussystes.

Scherzo, en *la* bémol majeur

Contemporain de la *Petite Suite*, le *Scherzo* — indiqué *Allegro vivace* — est une pièce indépendante, mais qui lui est parfois adjointe. L'ensemble *Suite* et *Scherzo* fut orchestré par Glazounov après la mort de Borodine. Ce dernier avait prévu son *Scherzo* comme une œuvre d'orchestre, mais ne l'avait noté qu'en version pour piano. C'est la pièce la plus virtuose de Borodine, — assez comparable à une toccata, d'un dynamisme intense et soutenu, avec des harmonies âpres qui constituent la signature bien reconnaissable de son auteur, et respirant la joie et la santé. Ce *Scherzo* fut dédié au chef d'orchestre belge Théodore Jadoul, qui avait dirigé maintes œuvres de Borodine.

Œuvres pour piano à quatre mains

Borodine a laissé également quelques pièces pour piano à quatre mains : une *Polka* en *ré* mineur (« Hélène »), écrite à l'âge de onze ans (!) ; une *Tarentelle* de dimensions relativement importantes, datant vraisemblablement de 1862 (ces deux pièces ont été publiées posthumement, respectivement en 1946 et en 1938). Mais, surtout, Borodine a pris part en 1878 au recueil collectif *Paraphrases*, avec Rimski-Korsakov, César Cui et Liadov (série de pièces diverses sur un thème enfantin) : recueil pour lequel il écrivit une *Polka*, une *Marche funèbre*, un *Requiem* et une *Mazurka*.

A.L.

ANDRÉ BOUCOURECHLIEV

Né à Sofia (Bulgarie), le 28 juillet 1925. Après des études supérieures de piano, André Boucourechliev s'installe en France, étudiant l'écriture et le piano à l'École Normale de Musique de Paris. De 1957 à 1959, il travaille au Studio de Phonologie de Milan auprès de Maderna et de Berio. Parallèlement à son activité de compositeur, Boucourechliev se présente également comme « écrivain de musique » au travers de nombreux articles et, surtout, de ses trois livres consacrés à Schumann, Beethoven et Stravinski, qui font autorité. L'une des grandes orientations de son œuvre consiste dans une réflexion sur « la forme ouverte » — ayant été le cotraducteur du célèbre essai d'Umberto Eco —, avec la série des Archipels *(1967-1970) « dont on découvre à chaque fois les îles sous des angles de vision changeants, rives sans cesse nouvelles, mais surgies d'un même continent englouti, et dont l'explorateur est l'interprète »... A côté d'une production vocale importante —* Grodek *(1963) d'après Trakl, l'opéra le* Nom d'Œdipe *(Hélène Cixous, 1978),* Lit de neige *(Paul Celan, 1984) et jusqu'aux sept* Lieder *(Jean-Pierre Burgart, 1986) —, le piano reste l'instrument privilégié, que ce soit en soliste* (Archipel 4, Orion, Études d'après Piranèse), *en ensembles avec percussions* (Archipels 1 et 3) *ou avec orchestre (*Concerto, *1976).*

Archipel 4

A l'expression de « forme ouverte », Boucourechliev préfère celle d' « œuvre mobile, c'est-à-dire changeant dans sa forme, son caractère, ses articulations, sa durée à chaque interprétation ». La partition, qui date de 1970, est issue des réseaux d'*Archipel 3* (piano et six groupes de percussions, en 1969), et se présente sur une grande page — tout comme le *Klavierstück XI* de Stockhausen (v. l'œuvre) — sur laquelle sont disséminés quatorze « matériaux bruts de hauteurs » jouant le rôle de réservoirs harmoniques, chacun entouré de plusieurs schémas rythmiques et dynamiques. Il est donc fait appel à l'imagination créatrice de l'interprète, qui doit associer les matériaux aux schémas périphériques en fonction de ses propres choix (le pianiste ayant toute liberté de répéter un même schéma en le variant, aussi bien que de ne pas tous les jouer au cours d'une exécution). Dans la préface de la partition, Boucourechliev précise « qu'il ne s'agit pas pour autant d'une œuvre " aléatoire " : le compositeur insiste sur *le choix* (qu'il soit instinctif ou réfléchi dans l'instant) que doit exercer l'interprète. Ce choix exclut toute idée de *hasard* » : nette prise de position qui correspond à l'une des attitudes les plus intéressantes dans le débat de la « forme ouverte ».

Tirés d'*Anarchipel* (1972), les *Archipels 5b* et *5d,* respectivement pour un ou deux clavecins et pour piano, qu'il est possible de jouer isolément, procèdent du même esprit.

Six Études d'après Piranèse

Inspirées des labyrinthes chers au graveur et architecte italien, les six *Études,* que l'interprète peut librement permuter, apparaissent comme un prolongement des *Archipels.* Plus encore que ceux-ci, les *Études* réclament une grande virtuosité, tant pianistique que de souplesse d'esprit, — « la mobilité de l'œuvre résultant à la fois : 1. de la variabilité propre à chaque structure ; 2. de la libre communication des structures entre elles sur la même page ; 3. de la libre combinaison des pages elles-mêmes ». Chaque page est caractérisée par une approche particulière du clavier, d'où le titre d'*Études,* traitant les registres (grave/aigu), les textures (accords, arpèges, clusters), ou encore un intervalle (en hommage à l'*Étude pour les quartes* de Debussy).

A.P.

PIERRE BOULEZ

Né à Montbrison (Loire), le 26 mars 1925. D'abord orienté vers les mathématiques, il décide de se consacrer à la musique et suit, à partir de 1944, les cours d'Olivier Messiaen au Conservatoire de Paris, parallèlement à des études de contrepoint avec Andrée Vaurabourg-Honegger. De l'année suivante, alors qu'il travaille la composition avec Messiaen et la technique dodécaphonique avec René Leibowitz, datent les premières partitions pour piano, les Trois Psalmodies *et les douze* Notations, *— retirées par la suite de son catalo-*

gue *(les* Notations *ont été totalement réécrites pour orchestre en 1980). **Nommé directeur de la musique de scène à la Compagnie Renaud-Barrault en 1946, il s'attache en tant que compositeur à «fertiliser l'héritage des trois Viennois»,** — ce dont les deux premières* Sonates *sont un écho très personnel. Après la phase de «sérialisation généralisée»* (Structures I, *1952), il prend en charge en 1954 les Concerts du Petit Marigny, devenus Concerts du Domaine Musical l'année suivante, au moment où est créée à Baden-Baden la partition qui le rendra célèbre,* le Marteau sans maître. *Suit, toujours dans sa production pianistique, la* Troisième Sonate *(1957)* — *précédant son chef-d'œuvre* Pli selon Pli —, *qui constitue la réponse de Boulez à la «forme ouverte» dont le second livre des* Structures *sera également imprégné. Après son installation en Allemagne, il élargit considérablement ses activités: enseignement (Bâle, Harvard), nombreux écrits (dont* Penser la musique aujourd'hui, *1963), direction d'orchestre (*Parsifal *à Bayreuth en 1966, chef à la BBC et à New York), enfin responsabilités à l'IRCAM, au Centre Pompidou, avec création parallèle de l'Ensemble Intercontemporain. Après les* Structures II, *le piano n'apparaît plus en soliste, mais plutôt intégré dans des partitions «in progress» à effectif plus ou moins important (*Éclat, *1965, et* Répons, *1981).*

Sonate nº 1

Contemporaine de la *Sonatine* pour flûte et piano (1946), cette *Sonate,* créée par Yvette Grimaud la même année, révèle déjà de nombreux aspects de la personnalité de Boulez. Dans l'écriture pour piano tout d'abord, marquée par les œuvres atonales de Schönberg — la troisième pièce de l'*Opus 11** en particulier —, et caractérisée par «des sauts brusques avec des coups de pattes et des attaques par en dessous d'un dynamisme électrique absolument extraordinaire», comme le notera justement Messiaen; ensuite, dans la volonté d'actualiser le dodécaphonisme viennois, appris et rapidement assimilé auprès de René Leibowitz, en particulier par la fragmentation de la série (7 + 5 sons) donnant lieu à des figures très individualisées (intervalles, registres, cellules rythmiques).

Les deux mouvements qui composent la partition sont à la fois opposés et complémentaires, — le principe de dualité propre à la sonate s'effectuant tant à l'intérieur de chaque mouvement qu'entre eux. Le premier, dominé par un tempo lent, présente un contraste entre des résonances harmoniques, trouées par le silence webernien, et des déflagrations brutales, contraste accentué par des fluctuations de vitesse:

* Voir, ici même, à: *Schönberg.*

Le second mouvement, de tendance générale «rapide», installe en une densité continue, «une sorte de toccata implacable» (Antoine Goléa) annoncée dans le mouvement précédent, par rapport à des plages plus linéaires sur tout le clavier («assez large»), ou d'une sonorité plus fluide («Modéré sans lenteur»). Toute la nouveauté du travail compositionnel apparaît comme une incessante réinterprétation de groupes d'intervalles suivant le principe «de la variation et du renouvellement constant». La durée d'exécution n'atteint pas dix minutes.

Sonate nº 2

Œuvre majeure de la production du premier Boulez (1948) et du répertoire de ce siècle, la *Deuxième Sonate,* créée par Yvette Grimaud en 1950, reste stupéfiante par la maturité dont fait preuve le compositeur de vingt-trois ans! Dans l'esprit de «la rivière des pouvoirs transmis» dont parle René Char, elle s'affirme autant par la référence aux modèles (Beethoven) que par le souci de dissoudre et de détruire les formes empruntées. Plus traditionnelle que la *Première Sonate* par son découpage en quatre mouvements, elle met en jeu les acquisitions rythmiques de Messiaen et la consommation de la rupture avec la conception schönbergienne de la série, — l'intention étant «de donner un sens motivique et thématique aux douze sons par rapport à certaines fonctions qu'ils doivent assumer dans l'œuvre»: des cellules sonores servant de support à de véritables thèmes rythmiques, constituant, aux yeux de l'auteur, « le pas décisif vers un monde sériel intégral » qui sera réalisé dans les œuvres suivantes.

Si le premier mouvement *(Extrêmement rapide)* répond dans ses grandes lignes au schéma de la forme sonate, avec, entre autres signaux, les *fff* qui délimitent les principales articulations, c'est plus dans le contraste entre une écriture motivique et une écriture athématique que se définit la forme. Outre les figures repérables dès le début,

auxquelles on ajoutera le trille (autre référence beethovénienne), ou la citation BACH, le second « thème » *(tempo II)*, qui se veut un écho de celui de la *Sonate « Waldstein » op. 53**, correspond à une zone polyphonique plus « mélodique » pour laquelle Boulez a pris soin de prévenir en préface de l'importance égale de tous les contrepoints, — n'existant ni parties principales ni parties secondaires.

Le mouvement lent est le plus riche d'avenir à travers du principe du « trope » — réutilisé dans la *Troisième Sonate* —, consistant en une vaste prolifération à partir d'un énoncé, procédé assimilable à une variation « non pas mécanique, mais véritablement organique parce qu'elle est une amplification même des petits motifs qui ont constitué le premier texte ». Par ailleurs, il faut souligner la présence de « parenthèses », en apparence étrangères au discours, en tant que second niveau de lecture, ou, si l'on veut, une forme par enchevêtrement de « multiples » pour employer un vocabulaire typiquement boulézien.

Le troisième mouvement *(Modéré presque vif)* — le premier à avoir été écrit semble-t-il — décrit plus nettement la distanciation progressive avec Schönberg, très sensible entre les quatre parties « Scherzo » :

et les trois trios, — le dernier en particulier (mouvement dédoublé) dont l'extrême complexité polyphonique tranche d'autant plus fortement.

Le finale opère une synthèse des deux premiers mouvements en rendant leurs éléments non reconnaissables, avec la même opposition entre thématisme et athématisme. Après une introduction, apparaît une fugue *(Très modéré mais sans traîner)* dont le sujet est composé de cinq éléments individualisés qui seront dispersés pour alimenter le développement :

La seconde partie du mouvement *(Brusquement vif et très heurté)* est assimilable globalement à un rondo, dans lequel l'écriture s'emploiera à noyer les différents éléments ; il est suivi d'une coda *(Lent)* qui rappellera le sujet de la fugue et le motif BACH, ultime clin d'œil à un passé désormais révolu.

Sonate n° 3

Parmi les compositeurs des années 1950 qui ont le plus attaché d'importance à la littérature, Boulez, après avoir mis en musique Char et Michaux, est de ceux qui reconnaît sa dette envers les tentatives de renouvellement de Mallarmé et de Joyce. Réfléchissant depuis longtemps à une trajectoire multiple de l'œuvre (voir, par exemple, les deux versions du même poème dans *le Marteau sans maître*), Boulez trouve dans le projet mallarméen du « Livre », dont la publication en 1957 par Jacques Schérer fut une véritable révélation, la coïncidence avec sa pensée compositionnelle. Comme c'est souvent le cas chez Boulez, la partition est accompagnée d'un exposé théorique — et polémique — *(Alea)*** pre-

---

* Voir à Beethoven : *Sonate n° 21*.

** Publié dans *Relevés d'apprenti* (Le Seuil, Paris, 1966).

nant position contre certaines expériences d'inclusion du hasard dans la composition, de Cage à Stockhausen *(Klavierstück XI)**, qui mène à « la démission du compositeur ». Boulez opte donc pour un « hasard dirigé », — l'œuvre devant être un réseau flexible de possibilités à l'intérieur duquel s'effectuent les choix, et comparé au plan d'une ville (les *Archipels* de Boucourechliev**.

La *Troisième Sonate,* créée par l'auteur en 1957 à Darmstadt, est constituée de cinq « formants », entités fixes excluant toute intrusion dans leur homogénéité, mais dont la place extérieure peut varier. Ainsi, *Antiphonie, Trope, Strophe* et *Séquence* gravitent autour d'un axe central, *Constellation,* ou son double, *Constellation-miroir.*

Le formant 2, *Trope,* dont la notion est empruntée au grégorien et élargie à la structure formelle, se présente comme une forme circulaire — la partition est reliée par une spirale —, l'exécution consistant à commencer par l'une des quatre sections dont on fait suivre les trois autres (les sections « Parenthèse » et « Commentaire » comportent des structures obligatoires et des structures facultatives).

Le formant 3, *Constellation-miroir,* est imprimé en deux couleurs correspondant à deux textures opposées — « Points » (en vert), et « Blocs » (en rouge) —, les deux écritures pouvant être juxtaposées dans « Mélange ». L'enchaînement des cellules, de longueurs inégales, se fait grâce à des parcours fléchés, si bien que, quels que soient les choix opérés, tout est joué une fois et une seule. L'écriture pianistique, notée avec un soin extrême (arpèges d'harmoniques à la main gauche dans « Points »),

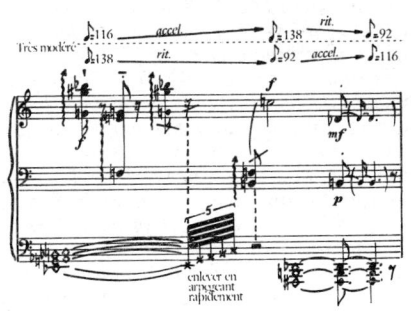

* Voir, ici même, à : *Stockhausen.*
** Voir, ici même, à : *Boucourechliev.*

permet, outre les choix dans les trajets, certaines fluctuations dans les vitesses, l'interprète devant osciller autour d'un tempo.

Quant aux formants 1,4 et 5, non encore publiés mais décrits par Boulez dans un autre article *(Sonate que me veux-tu ?),* ils procèdent du même esprit quant à la conception boulézienne de l'« œuvre ouverte », — dans la perpétuelle gestation du « work in progress » joycien.

Structures I

Le premier livre des *Structures* pour deux pianos (1951-1952), au titre austère, est le résultat d'une remise en question dont l'idée fondamentale était « d'éliminer absolument toute trace d'héritage dans le vocabulaire et de reconquérir peu à peu trois stades de l'écriture de manière à en faire une synthèse absolument nouvelle ». Pour réaliser cette « table rase » — dont les principes théoriques sont exposés dans l'article *Éventuellement**** —, Boulez choisit volontairement d'emprunter un matériau de base dont il n'a pas la responsabilité, puisqu'il s'agit de celui du *Mode de valeurs et d'intensités* de Messiaen (1949) qui aura déclenché une véritable révolution musicale. S'inspirant de cette pièce, qui contient en germe la « sérialisation généralisée », Boulez applique, comme Stockhausen *(Kreuzspiel,* 1951), l'organisation sérielle aux principaux paramètres avec la *Structure Ia* (et *Polyphonie X* pour dix-huit instruments qu'il retirera par la suite) :

Rarement trois minutes de musique auront autant fait couler d'encre : on a parlé d'automatisme, de composition mécanique, là où Boulez, empruntant l'expression à Roland Barthes, y voyait « le degré zéro de l'écriture » (Boulez avait songé à

*** Publié dans *Relevés d'apprenti* (Le Seuil, Paris, 1966).

intituler cette pièce *A la limite du pays fertile*, titre d'une toile de Klee). Toute la démarche du premier Livre correspond en effet, à partir du principe de douze sons élargi aux durées, aux attaques et aux intensités, à décrire l'*intervention* croissante du compositeur sur les processus neutres de *Ia*. Les deux autres *Structures*, qu'il faut lire chronologiquement dans l'ordre *Ic* puis *Ib* (Boulez ayant permuté l'ordre de présentation), constituent la véritable interprétation du matériau de l'« objet » impersonnel qu'est *Ia*. La *Structure Ib*, la plus diversifiée des trois par l'alternance de sections plus ou moins denses et de tempos vif et lent, et la *Structure Ic*, imposant un mouvement perpétuel *(Assez rapide)*, illustrent cette « récupération progressive de l'invention » et cette volonté — utopique ? — d'amnésie face à l'histoire.

Les *Structures* ont été créées par Yvette Grimaud et Yvonne Loriod en 1953, après la première exécution de *Ia* due à Olivier Messiaen et l'auteur l'année précédente.

Structures II

Ce deuxième Livre, composé entre 1956 et 1961, tient compte autant des acquisitions du premier Livre que de la *Troisième Sonate*. Articulé en deux chapitres, il introduit une conception plus harmonique de l'écriture sérielle, déjà entrevue dans *le Marteau sans maître*. Si le premier chapitre répond à une répartition traditionnelle des deux pianos, le second est de forme beaucoup plus souple dans l'intervention de parties détachées et destinées à être incluses dans le discours selon des possibilités d'« entrées » indiquées dans la partition. La terminologie employée *(Livres, Chapitres)*, ou, pour les sections mobiles (« Encarts » 1 à 4, « Textes » 1 à 6, « Pièces » 1 et 2), reste marquée par l'expérience mallarméenne, notamment de *Pli selon Pli* (dont la longue gestation est contemporaine de cette partition). Infiniment plus séduisant que l'austère premier Livre, celui-ci travaille sur la recherche de sonorités en individualisant des registres moins usités (extrême grave, extrême aigu) ou des textures de densités diverses, instaurant un véritable contrepoint entre les deux instruments. Les *Structures II* ont été créées par Yvonne Loriod et Pierre Boulez à Donaueschingen en 1961.

A.P.

JOHANNES BRAHMS

Né à Hambourg, le 7 mai 1833 ; mort à Vienne, le 3 avril 1897. Précocement doué pour le piano et la composition (enfant, Brahms imagina un système de notation musicale sans savoir qu'il en existait déjà !), il fut initié à la musique par son père, estimable contrebassiste, qui le confia à d'obscurs mais très efficaces pédagogues, Otto Kossel pour le piano, puis Edouard Marxsen pour les techniques de composition : les modèles furent Bach, Mozart et Beethoven. Jusqu'à l'âge de vingt ans, et pour améliorer la modeste condition familiale, Johannes dut donner des leçons, accompagner des chanteurs, tenir le piano dans des tavernes malfamées, et, au mieux, se produire dans des récitals. En 1853, une tournée de concerts avec le violoniste hongrois Eduard Reményi, spécialiste de la musique tzigane (que Brahms n'aurait garde d'oublier), le conduisit jusqu'à l'illustre Joseph Joachim : rencontre décisive, inaugurant une collaboration qui durerait toute leur vie. C'est cette même année, favorable au jeune musicien, que s'effectua la rencontre avec le couple Schumann : on sait ce qu'il en advint, — les louanges un peu ostentatoires de Robert (saluant en Brahms un « nouveau messie de l'art »), la longue amitié passionnée avec Clara. L'année 1853 devait se terminer par un séjour, triomphal, à Leipzig : encouragements de Berlioz — premier admirateur français — et de Liszt. Or Brahms n'avait encore qu'à peine écrit : pour le piano, cependant, c'est au cours des années 1852-1854 que virent le jour les premiers opus des trois Sonates et des Variations sur un thème de Schumann, ainsi que les quatre Ballades op. 10 *(le 1ᵉʳ Concerto pour piano, de gestation difficile, ne serait achevé qu'en 1859). Un moment chef de chœurs à la cour de Detmold, puis las de n'obtenir aucun poste dans sa ville natale, Brahms se rendit à Vienne en 1862 : l'accueil qu'il y reçut, notamment du célèbre critique Hanslick, le détermina à s'y fixer définitivement. C'est donc à Vienne — si l'on excepte les tournées et les séjours de vacances — que Brahms composa ce qui fait l'essentiel de son œuvre, — dont chacun connaît la portée et qu'on ne détaillera pas ici. Indiquons simplement que les merveilleuses pièces pour le piano que sont les* Fantaisies, Intermezzi, Ballades *et* Rhapsodies *des Opus 116 à 119, datent toutes de 1892 et 1893 : années fastes pour l'instrument, après qu'un Brahms, alors proche de la soixantaine, aura confié tant de belles inspirations à l'orchestre, à la voix (les lieder), et, plus encore, aux formations de chambre (les sublimes trios, quatuors, quintettes et sextuors). Ces inspirations d'un musicien à son zénith, on les trouve encore là.*

Brahms et le piano

Contrairement à certains compositeurs comme Schubert ou Schumann, Brahms mena durant toute son existence une double activité de créateur et d'exécutant. Interrompant son travail de compositeur, il entreprend de longues tournées de concerts : récitals de piano, musique de chambre, concertos avec orchestre. A dix ans, il joue si bien qu'un imprésario lui propose une tournée de concerts en Amérique. Le 21 mars 1848, dans un concert à Hambourg, il interprète une *Fantaisie sur une valse favorite* de sa composition. Pianiste de bastringue dans ses jeunes années, puis interprète brillant de Bach, de Beethoven et de Schumann, il finira par se consacrer à ses propres œuvres ; le compositeur a pris le pas progressivement sur l'interprète. A la fin de sa vie, il accompagne la cantatrice Alice Barbi dans ses lieder, et il joue en public avec le clarinettiste Richard Muhlfeld ses propres *Sonates pour clarinette et piano.*

Moins virtuose que Liszt, plus proche de Mendelssohn, son style pianistique reste étranger à la tradition du « pianisme idéal » de Mozart, Chopin et Debussy. Son écriture procède à la fois de Bach, de Beethoven, de Mendelssohn et de Schumann, — par ses sonorités pleines, larges et étendues, très compactes, qui dissocient rarement l'horizontal et le vertical. A propos de Liszt, il dit à son ami le poète Klaus Groth : « Nous savons naturellement aussi jouer du piano, mais nous n'avons tous que quelques doigts de ses deux mains. » Cependant, certains arrangements, études ou exercices prouvent qu'il s'intéressa de près à la technique et à la pédagogie du piano : ainsi les *Cinquante et un Exercices* de 1893, inspirés par Czerny. Un élève de Liszt, Tausig, lui donne à Vienne en 1862 un précieux apport technique qu'il met en œuvre sur-le-champ dans les *Variations Paganini.* Parmi ses préoccupations, l'entraînement de la main gauche figure au premier plan, — comme le prouvent les *Études pour le pianoforte* de 1869 et 1879 : l'*Étude en fa mineur* de Chopin, alourdie de sixtes, le *Mouvement Perpétuel* de Weber, ou la *Chaconne pour violon* de Bach arrangés pour la main gauche. Ses compositions demandent beaucoup des interprètes sans jamais faire appel à la virtuosité de mode à la fin du XIXᵉ siècle. Seule la pensée musicale, écrasante il est vrai, commande ; d'où des exigences digitales parfois redoutables, une surcharge d'accords qui semble en appeler à l'orchestre, des suites de tierces, sixtes et octaves — et leurs doublures — qui couvrent l'ensemble du clavier, des passages contrapuntiques aux superpositions rythmiques subtiles, — tout cela dans un déploiement de forces symphoniques. Un jour où Brahms jouait du piano chez les Schumann, Clara entra dans la pièce en demandant : « Qui donc est en train de jouer ici à quatre mains ? »

L'œuvre pour piano de Brahms comprend une cinquantaine de pièces réparties entre 1851 et 1893, c'est-à-dire sur toute son existence de créateur. Son rapport au piano est particulier : après quelques essais de sonates et de variations où il fait preuve d'allégeance aux classiques, et en particulier à Beethoven, il va rapidement considérer le piano comme un confident de chaque jour, une sorte de journal intime à qui peut confier de brèves pensées, les *Klavierstücke,* — exactement trente-quatre pièces de quelques minutes qui ne nécessitent d'autre mise en œuvre que celle d'une improvisation poétique pleine de richesse, mais de moindre envergure et d'une totale liberté de conception. Moins divers que le piano de Chopin (comme Chopin, toutefois, il reste un « classique », étranger à la musique descriptive), moins difficile que le piano de Liszt, le piano de Brahms est traité dans l'esprit de la musique de chambre.

On peut distinguer trois périodes créatrices, — chaque période correspondant à une esthétique différente. Le premier groupe, dit « symphonique », situé entre 1851 et 1854, prend exactement le relais du dernier opus de Schumann, les *Chants de l'Aube op. 133* : il comprend les *op. 1* à *10*, les trois *Sonates pour piano op. 1, 2* et *5*, le *Scherzo op. 4*, les *Variations op. 9*, et les *Ballades op. 10*. Le second, dit « de virtuosité », correspondant aux années 1860, est celui des œuvres techniques, les *Variations op. 21, 24* et *35*. Le troisième groupe, dit « contemplatif », englobe les œuvres des dernières années, les pièces brèves de l'*op. 76* à l'*op. 119*. Il apparaît nettement que l'œuvre pianistique de Brahms est concentrée au début et à la fin de sa carrière, — avec d'importantes plages désertes — ainsi entre les *Opus 35* et *76, 79* et *116* — où probablement, à la différence de Chopin et de Schumann, le piano ne lui suffit plus pour exprimer sa pensée.

LES SONATES

Tout en s'affirmant comme l'héritier du Beethoven de la troisième manière, Brahms, dans ses trois sonates pour piano composées entre 1851 et 1854, affirme une originalité absolue. A vingt ans, il s'attaque à ce genre monumental, le marque de sa griffe et, délibérément, l'abandonne ensuite à jamais. Dès l'*op. 1* — lui-même précédé de plusieurs essais, et intitulé, sur le manuscrit, *Quatrième Sonate* —, il va d'emblée insuffler à la grande forme beethovénienne une vie hautement romantique ; les images poétiques de l'Allemagne du Nord, qui lui sont chères, trouvent ici leur premier terrain d'expression. Les sonates manifestent toutes trois une affinité avec le genre symphonique, et cela frappe Schumann lorsqu'il fait la connaissance de Brahms en octobre 1853. Dans l'article fameux qu'il publie alors dans les *Neue Zeitschrift für Musik,* Schumann écrit : « Il transforme le piano en un orchestre aux voix tour à tour exultantes et gémissantes. Ce furent des sonates, ou plutôt des symphonies déguisées... » Outre leur écriture orchestrale, ces trois sonates présentent des traits communs : aménagements spéciaux apportés à la forme sonate classique, mouvements lents conçus sous forme de variations, dans le style choral, essais de rapports cycliques entre les divers mouvements, richesse du travail contrapuntique, ampleur des développements. On y découvre déjà l'écriture pianistique si dense, si pleine, de Brahms.

Sonate en *ut* majeur (op. 1)

Composée durant l'hiver 1852-1853, elle fut dédiée à Joseph Joachim. Achevée après la *Sonate op. 2*, elle sera publiée comme *op. 1*, — Brahms la jugeant digne de faire connaître son nom dans le monde musical. La signature qui figure sur le manuscrit (« Johannes Kreisler jun. ») indique l'identification — toute schumanienne — du jeune auteur avec l'univers d'E.T.A. Hoffmann. Dans la clarté d'*ut* majeur, elle allie la poésie pleine de fougue à une grandeur objective.

1. ALLEGRO : le premier mouvement s'ouvre sur un thème énergique, proche du premier thème de la *Sonate op. 106* (« Hammerklavier ») de Beethoven, qui est redite ensuite un ton plus bas (voir la *Sonate « Waldstein »*!). Également beethovénien, le pont construit en imitations sur la tête du thème. Le second groupe, au relatif (*la* mineur), comprend deux idées délicates, chantantes, l'une *(con espressione),* d'une écriture pianistique très mince et féminine ; l'autre *(poco ritenuto),* chantée en tierces, repose sur une longue pédale de dominante. Ces deux idées secondaires règnent sur le développement, très contrapuntique. La coda, puissante et développée, suggère l'orchestre symphonique.

2. ANDANTE : c'est l'évocation pianistique d'un chœur sans paroles dialogué (« Altdeutsches Minnelied »), suivie de trois variations. Brahms a d'ailleurs écrit les paroles — *« Verstohlen geht der Mond auf »* — sous la partie de piano. Le thème, confié à la basse soliste *(Vorsänger),* est joué par la main gauche, le chœur se réservant les variations ornementales. Dans sa simplicité calme et recueillie, ce morceau émouvant préfigure mainte page chorale de Brahms :

3. SCHERZO : le troisième mouvement *(Allegro molto e con fuoco)* retrouve la fougue et la puissance des grands scherzos beethovéniens ; le thème est ingénieusement tiré des trois mesures de la cadence plagale conclusive du mouvement précédent. L'écriture, chargée pour un mouvement rapide (avec les doublures d'octaves, de tierces et de sixtes dans une seule main), suggère encore l'orchestre de façon caractéristique. Schumann, effrayé par cet élan irrésistible, loua au contraire le tendre trio qui évoque certaine *Romances sans paroles* dans le style populaire *(« Im Volkston »)* de Mendelssohn.

4. FINALE : le *Rondo* final, à 9/8, est une chevauchée dans les forêts allemandes. Le refrain, apparenté au premier thème du mouvement initial, rappelle la *Marche Militaire* tumultueuse *(D 886 n° 1)* de Schubert. Le premier couplet, en *sol* majeur, possède un charme dû à son lyrisme apaisé, très prenant, caractérisé par des accords de septième langoureux ; le second couplet *(la* mineur, à 6/8), a le charme nostalgique de la ballade nordique : selon Brahms lui-même, il s'agit là d'une traduction du poème de l'Écossais Robert Burns, *« My heart is in the Highlands »,* déjà mis en musique par Schumann. La coda finale est puissamment développée.

Sonate en *fa* dièse mineur (op. 2)

La première grande œuvre pour piano de Brahms, composée en novembre 1852, sera publiée l'année suivante par Breitkopf et Härtel à Leipzig, et dédiée à Clara Schumann. Moins parfaite formellement que l'*op. 1,* cette sonate est aussi plus personnelle, plus hardie, d'une écriture audacieuse, et révèle un Brahms moins préoccupé d'assujettir son inspiration à un schéma préétabli que d'exprimer les états d'âme passionnés du jeune homme de dix-neuf ans, admirateur de Jean Paul, isolé dans sa brumeuse ville natale en cet automne de 1852.

1. ALLEGRO NON TROPPO, MA ENERGICO : Schumann jugeait qu'on n'avait jamais rien écrit de comparable à ce premier mouvement. En mars 1855, il écrit à Brahms : « Ta seconde sonate, mon cher ami, m'a beaucoup rapproché de toi. Cela est tout à fait nouveau pour moi. Je vis en ta musique à tel point que je peux presque la jouer à vue, un mouvement après l'autre. Je t'en suis reconnaissant. Le début, le *pp,* le mouvement tout entier — il n'y a jamais rien eu de tel ! L'andante et les variations, ainsi que le scherzo qui les suit, tout à fait différents de la musique des autres ; et le finale, le sostenuto, la musique du début de la deuxième partie, l'animato, et la fin ! Bref, une couronne de lauriers pour ce Johannes qui vient d'on ne sait où ! » C'est bien à l'esprit d'une *Fantaisie* de Schumann (ainsi l'*op. 17)* que s'apparente le premier mouvement. Le thème initial semble jailli du *fantasieren* pianistique, de la rêverie, de l'abandon : c'est une cellule violente, en doubles croches, qui nourrit les quinze premières mesures de façon rhapsodique, — plutôt qu'un thème traditionnel, riche des promesses du développement. La seconde idée, surgie mystérieusement des profondeurs du piano, est marquée par une quarte augmentée inquiétante (que rappelle un peu le premier thème du cor dans le *Till Eulenspiegel* de Richard Strauss) :

Ses métamorphoses rythmiques vont sous-tendre tout le mouvement, et soutenir en particulier la présentation de la troisième idée, largement chantée sur un rythme ternaire en *ut* dièse mineur. Le souci d'une combinaison contrapuntique dans le développement (qui annonce quelque peu l'Ouverture des *Maîtres Chanteurs* de Wagner) y apparaît comme le sage contrepoids d'une inspiration libre et rêveuse. Lors de la réexposition, très ramassée, le premier thème est encore enrichi d'imitations qui renforcent son caractère héroïque. La seconde idée, inquiétante, semble triompher dans la coda mouvementée, à la manière de Liszt, et jusque dans la cadence conclusive.

2. ANDANTE CON ESPRESSIONE : le second mouvement, en *si* mineur, peut être considéré comme une des plus belles réussites du jeune Brahms ; comme dans l'*op. 1,* il s'agit d'un thème suivi de trois variations. Selon le compositeur Albert Dietrich, Brahms s'inspira d'un poème du Minnesänger Kraft von Toggenburg (« Comme il me peine que l'hiver ait ainsi dépouillé et la forêt et la lande ») pour écrire cette mélodie simple et recueillie, fragmentée en échos dans le médium du clavier. De ses trois variations subtiles, au rythme délicat, retenons la seconde, notée sur trois portées, dont la richesse polyphonique et le raffinement impressionniste évoquent un *Prélude* de Debussy.

3. SCHERZO : selon un procédé cher à Brahms, le thème du scherzo n'est qu'une variation rythmique, à 6/8, de l'*Andante*. Le trio *(Poco più moderato)*, plus mélodique, possède le charme d'une noble sicilienne, traversée de sonneries de cors. La reprise du scherzo est agrémentée d'éléments de virtuosité, — surtout de trilles omniprésents.

4. FINALE : le finale est précédé d'une introduction lente basée sur un thème « creux », sans tierce, suivi d'une sorte de cadence improvisée, avec de grands effets pianistiques qui s'inspirent du premier mouvement de la sonate. Le finale lui-même, en forme sonate, est un *Allegro non troppo e rubato* qui adjoint au thème tiré de l'introduction *(fa* mineur) une seconde idée en *la* mineur, plus mélodique, posée sur une basse mouvante. Curieusement, le développement est précédé d'un étrange préambule, — sorte de prélude improvisé, constitué de larges accords couvrant tout le clavier, dans le style des préludes non mesurés des clavecinistes. Le développement et la réexposition ne sont qu'une longue fantaisie modulante, mais dont le caractère improvisé est balancé par le goût de la recherche contrapuntique. La coda très libre reprend en *fa* majeur l'introduction lente, et ses effets de pure virtuosité : trilles, gammes, arpèges légers, traits de flûtes et gazouillis d'oiseaux, dans un climat baigné d'une douce poésie. L'imagination romantique, foisonnante, déborde du cadre de la forme sonate classique ; mais la cohérence de la construction, la richesse du travail thématique expliquent l'enthousiasme de Schumann devant une œuvre aussi audacieuse.

Sonate en *fa* mineur (op. 5)

Avec cette œuvre, dédiée à la comtesse Ida von Hohenthal, Brahms prend congé de la sonate pour piano. Il compose les second et quatrième mouvements durant l'été de 1853, puis les trois autres à l'automne de la même année. C'est la seule œuvre de Brahms qui fut soumise à Schumann durant sa composition. On a parfois voulu y voir une sorte d'auto-portrait, et c'est effectivement la plus diverse en sentiments. Le style personnel de Brahms s'y affirme déjà nettement : successions de tierces et de sixtes, idées mélodiques plus compartimentées, choix plus défini d'un type d'écriture particulier réservé à une section. L'harmonie utilise davantage les degrés secondaires ; le nombre des mouvements — cinq, et non quatre comme dans la sonate classique — s'apparente à l'ancien divertimento ; les trois mouvements rapides alternant symétriquement avec les deux mouvements lents, qui sont reliés par la thématique.

1. ALLEGRO MAESTOSO : on ne peut qu'admirer dans cette page l'extraordinaire chemin parcouru par Brahms, en une seule année, depuis la *Sonate op. 2*. L'exposition du premier thème, répartie en quatre variantes rythmiques sur trente-huit mesures, montre une concentration d'idées rare ; la cellule initiale, ascendante, éclate avec la violence de l'éclair (mesures 1 à 6) :

Au contraire, la basse procède par chromatisme descendant comme une passacaille ; à la mesure 7, la même idée se présente en accords calmes, posés sur les triolets de quintes vides qui annoncent le style funèbre du *Requiem Allemand* ; après une reprise rageuse de la première idée, lui succède son augmentation, sous la forme d'un majestueux choral *(« Fest und Bestimmt »)*. Le second thème proprement dit (en *la* bémol majeur, *Con espressione)*, proche de Chopin, suit un chemin très modulant avant de s'enchaîner au troisième thème, au chromatisme descendant *(accelerando),* posé sur une pédale de *la* bémol. L'ensemble de ce matériel thématique dérive de la cellule initiale selon un procédé lisztien. Au cours du développement apparaît une belle phrase chantée par la main gauche, en *ré* bémol majeur *(« Quasi cello »)*. La réexposition classique est suivie d'une coda *(Più animato)* où figure (à 6/4) le dessin par mouvement contraire annonçant le *Scherzo* de la *Quatrième Symphonie*.

2. ANDANTE ESPRESSIVO : ce fut la première page écrite par Brahms, — qui plaça en épigraphe ces vers du poète C.O. Sternau :

« Le soir tombe, le clair de lune brille,
Il y a là deux cœurs unis par l'amour
Qui s'enlacent avec béatitude. »

Ce long nocturne, d'une poésie intense, est une des plus belles « scènes d'amour » de toute la musique romantique allemande ; il s'inscrit dans la lignée des mouvements lents de la *Sonate Pathétique* de Beethoven (dans la même tonalité de *la* bémol majeur) et de la *Seconde Symphonie* de Schumann.

Dans la première partie, nous découvrons pour la première fois un de ces dessins formés de tierces descendantes si chers à Brahms. Le duo qui lui succède *(Ben cantando),* réparti entre les deux mains dans l'aigu du clavier, met en scène deux amoureux qui rêvent dans le crépuscule, au bord du Rhin... Le premier thème vient conclure cet épisode. La seconde section *(Poco più lento,* en *ré* bémol majeur), est basée sur un jeu de sixtes réparties entre les deux mains : c'est un tendre intermède qui va s'élever peu à peu vers l'extase, — avant une reprise de la première idée. La troisième partie *(Andante molto,* en *ré* bémol majeur) atteint des régions sublimes, dans un éclatant paroxysme amoureux prémonitoire des plus belles scènes des derniers opéras de Richard Strauss. Il est également possible que Wagner, qui entendit la sonate en 1863, se soit souvenu de ce passage dans le second acte des *Maîtres Chanteurs* : « *Dem Vogel der da sang, dem war der Schnabel wohl gewachsen.* » Quelques mesures de coda *(Adagio)* viennent conclure, par un rappel du premier thème, cette page enchanteresse.

3. SCHERZO : pour Clara Schumann, ce Scherzo évoquait un « cataclysme ». Il y a, en effet, une sorte de noirceur dans cette valse fantastique *(Allegro energico)* dont le thème haché, saccadé, évoque également Liszt. Par contre, le paisible trio retrouve, dans la tonalité de *ré* bémol majeur, l'atmosphère paisible et recueillie de l'*Andante.*

4. INTERMEZZO : intitulé *Rückblick* (« regard en arrière »), c'est une sorte de variante macabre et funèbre de l'*Andante* amoureux, — dont le premier thème, cette fois en *si* bémol mineur, est soutenu par d'angoissants triolets de triples croches évoquant le rythme des timbales dans une marche funèbre (effet qu'on trouve déjà dans la *Romance sans parole op. 62 n° 3* de Mendelssohn*). L'inspiration orchestrale et berliozienne prédomine dans cette page angoissante, pathétique, qui semble traduire une vision pessimiste de l'amour.

5. FINALE : le finale est un *Rondo* traité librement, — qui reprend le thème beethovénien de la marche vers une victoire acquise au prix de bien des efforts : il semble issu des ténèbres, pour marcher peu à peu vers la lumière. Le premier thème *(Allegro moderato ma rubato),* très rythmé, évoque encore l'atmosphère démoniaque du *Scherzo,* et sa conclusion violente, en doubles croches, s'appuie sur un fragment du trio. Le second thème (en *fa* majeur), très lyrique, reprend le fragment majestueux de choral du premier mouvement, accompagné cette fois d'une basse ondulante en doubles croches. Les premières notes *(fa, la, mi,* en allemand *F, A, E)* correspondent à la devise du violoniste Joseph Joachim, l'ami de Brahms : *Frei, aber einsam* (« libre, mais seul »). La reprise du refrain, très variée, suggère presque un développement. Le second couplet, en *ré* bémol majeur, est chanté par larges accords, dans les basses du piano, avec une gravité religieuse. La fin de ce finale repose sur ce cantus firmus qui subit d'ingénieuses variations, surtout rythmiques, dans le *Più Mosso* (en *fa* majeur) et dans le *Presto* très lisztien. La coda grandiose conclut cette sonate de façon héroïque.

LES VARIATIONS

Le second genre auquel va s'intéresser Brahms, et cela durant toute son existence, est la variation dont la technique convient tant à son talent, — et qu'il appliquera à tous les domaines : symphonie, musique de chambre, ou cycle de lieder. Ici encore, une double tradition s'impose à lui : d'une part la variation dite *stricte,* la plus ancienne, — et que Beethoven a portée à son apogée (elle a pour principe de préserver plus ou moins la structure métrique et harmonique du thème) ; d'autre part la *variation-fantaisie,* plus libre, illustrée par Schumann ou Liszt, — qui renouvelle le principe du genre en s'évadant au maximum du plan initial. Brahms va d'abord utiliser librement ces deux esthétiques pour bientôt — avec l'*op. 24* — renouer avec une autre tradition, plus ancienne, celle de la passacaille baroque.

Variations en *fa* dièse mineur, sur un thème de Schumann (op. 9)

En septembre 1853, le jeune Brahms, âgé de vingt ans, est reçu chaleureusement par

---

* Voir l'œuvre, ici même.

le couple Schumann à Düsseldorf. Dès lors, Brahms vit dans l'intimité des Schumann à qui il voue une amitié pleine de tendresse et d'admiration. Les *Variations op. 9* vont refléter le drame qui survient dans la nuit du 27 février 1854, quand Schumann se jette dans le Rhin. Il sera interné quelques jours plus tard, et Brahms accourt près de Clara pour lui venir en aide : « Brahms est mon soutien le plus cher, depuis le début de la maladie de Robert, il ne m'a pas quittée. » Le 11 juin, elle met au monde son dernier enfant, Felix, — dont Brahms sera le parrain ; à cette occasion, il lui offre ces variations qui portent la dédicace : « *Petites Variations sur un thème de Lui, dédiées à Elle.* » Et Clara écrit dans son journal : « Il a voulu apporter une consolation à mon cœur. Il a composé des variations sur le thème magnifique et intime à la fois qui m'avait si profondément impressionnée il y a un an, à l'époque où j'avais écrit mes propres variations sur ce thème de mon bien-aimé Robert. Cette attention m'a beaucoup touchée par ce qu'elle signifie de tendresse de pensée. » Cet *op. 9* est un témoignage d'amitié et de tendresse, en même temps qu'un hommage au merveilleux couple d'artistes. Ces variations, les plus romantiques que Brahms ait écrites, sont placées sous le signe des *Études Symphoniques* de Schumann ; mieux encore, certaines sont signées « Brahms » (les n^{os} *3, 7, 8, 11, 14* et *16*), d'autres (n^{os} *5, 6, 9, 12* et *13*) « Kreisler », d'après le personnage d'Hoffmann, — selon le principe schumanien du dédoublement de la personnalité (Eusébius et Florestan). Les variations « Brahms » sont poétiques, tendres, d'un esprit introverti ; les variations « Kreisler » sont plus exubérantes et fiévreuses.

Quatorze variations sont écrites en mars 1854 ; la *10e* et la *11e* seront composées spécialement pour la fête de Clara, le 12 août suivant. Le thème choisi est celui de l'*Albumblatt n° 1* extrait des *Bunte Blätter op. 99*. Dans la neuvième variation, Brahms cite l'*Albumblatt n° 2* du même opus, et, à la fin de la dixième, quelques notes d'un thème de Clara dont Schumann s'était servi pour écrire ses *Impromptus op. 5* (1833). La conception même de la variation est toute schumannienne ; il s'agit, en effet, de « Variations fantaisies » qui s'écartent librement du thème, par la tonalité, l'harmonie et la structure, en se contentant d'en conserver la tournure mélodique. La maîtrise de Brahms, abordant pour la première fois un genre qu'il cultivera tant, est absolue. Selon Arnold Schönberg, c'est un de ses plus parfaits chefs-d'œuvre.

1. Le thème est à la basse, — enrobé d'accords qui traduisent la mélancolie générale du morceau.
2. Brahms abandonne la mélodie de Schumann, mais en conserve la basse, détachée légèrement sur un rythme ternaire.
3. Retour au 2/4 de l'original : le thème est à la main gauche, accompagné de tristes sixtes en triolets à la main droite. Cette variation déjà très modulante engendre un climat douloureux.
4. Première variation « Brahms » : sur quatre groupes de doubles croches alternés aux deux mains s'élève une libre paraphrase du thème.
5. Première variation « Kreisler » : ce scherzo bondissant reprend la technique des accords alernés et rapides des *variations Sérieuses* de Mendelssohn.
6. Variation très modulante, à 6/8 : de brillants triolets de doubles croches, — d'où émerge le mince souvenir du thème de Schumann.
7. Variation « Brahms » : remarquable par le sentiment dépressif qu'amène l'usage du chromatisme descendant.
8. Mélancolique encore, cette variation est une « romance sans paroles », — la base procédant en canon à l'octave, sous forme de trémolos de caractère orchestral.
9. Étrange variation « Kreisler », où le thème se mêle à une paraphrase d'une autre page du même recueil *op. 99* de Schumann.
10. Placée sous le signe de Jean-Sébastien Bach, cette variation (*Adagio* en *ré* majeur) témoigne du talent contrapuntique de Brahms : on entend au soprano la basse du thème, accompagnée par son propre renversement à la main gauche, — tandis que l'accompagnement en doubles croches des parties intermédiaires présente en diminution le thème original. Dans les quatre dernières mesures apparaît, doucement chanté au ténor, le thème de Clara.
11. Variation « Brahms ». Composée du même jour que la précédente, elle présente sur le manuscrit cet épigraphe : « Les roses et l'héliotrope sont en fleurs. » Le thème est morcelé en doubles croches qui se dévident régulièrement sur une basse immuable. Le climat tonal est équivoque.
12. C'est un scherzo spirituel en doubles croches détachées, — dont chaque phrase se termine sur un crescendo en syncopes ; tout à fait « Kreisler ».
13. Schumann y voyait de « douces so-

norités métaphysiques ». Ce mouvement perpétuel en doubles croches est une étude pour les tierces et les sixtes à la main droite.

14. Variation « Brahms : sur les arpèges en doubles croches piquées (à 3/8) s'élève un canon à la seconde plein de délicatesse. Encore une fois, la poésie de cette page fait oublier le tour de force technique.

15. Dans les deux dernières variations — deux *Adagios* enchaînés —, Brahms joue sur l'enharmonie des tonalités de *sol* bémol majeur et de *fa* dièse majeur, et ce choix n'est pas indifférent. La quinzième variation apporte une note d'espoir sous la forme d'un canon à la sixte entre le chant et la basse, enveloppé d'un flot d'arpèges aux appoggiatures typiquement schumanniennes.

16. Dans la dernière variation, en un *fa* dièse majeur très obscurci, ne subsistent plus du thème que quelques fragments épars. La basse intacte évoque un glas funèbre ; on ne peut s'empêcher de songer ici à une intelligence qui sombre dans le néant. Le 27 novembre 1854, de la clinique d'Endenich où il était interné, Schumann adressa une lettre de remerciements très officielle à Brahms ; mais il en existe une autre, plus impulsive, rédigée sous le coup de l'émotion, et qu'il ne lui envoya pas : il y trouvait la dernière de ces *Variations* « splendide et ravissante dans son *fa* dièse majeur »... Sans doute le drame qui se joue dans ces pages — reflet de son propre destin — avait-il échappé au grand compositeur déchu.

Variations
sur un thème original (op. 21 n° 1)

Composées durant le séjour de Brahms à la cour de Detmold, elles ouvrent le deuxième groupe des variations brahmsiennes, — qui réunit les *op. 21* (deux cahiers, tous deux en *ré* majeur), *23* (à quatre mains) et *24*, sur un thème de Haendel. Dès juin 1856, Brahms fait mention dans une lettre à Joachim d'un nouveau style de variations « plus strict et plus pur ». Ce style devait trouver son application dans l'*op. 21 n° 1* (que Brahms nomme ses « Variations philosophiques », — sans doute en raison de leur caractère méditatif et de l'absence relative de virtuosité), terminé probablement pendant l'été 1857. Cette pureté stylistique mérite quelque éclaircissement : « Dans un thème, c'est à vrai dire presque seulement la basse qui compte pour moi. Mais celle-ci m'est sacrée, c'est le terrain ferme sur lequel je bâtis mes histoires (...) sur la basse donnée, je réinvente véritablement, je lui découvre de nouvelles mélodies, je crée... » Ainsi, à partir de l'*op. 21*, Brahms se détache-t-il du principe de la variation ornementale : il délaisse le thème pour cultiver son soubassement harmonique, selon une technique proche de l'ancienne passacaille, qui trouvera son accomplissement dans les *Variations sur un thème de Haendel op. 24.*

L'*op. 21* fut créé par Clara Schumann au Gewandhaus de Leipzig, le 8 décembre 1860. Selon elle, Brahms avait composé ces variations dans une humeur « Bach-Beethoven-Brahms ». Le thème, *Poco larghetto* en *ré* majeur, a ceci de particulier qu'il échappe à la carrure classique, — ses deux phrases comprenant chacune neuf mesures, mètre qui sera respecté dans les onze variations :

1. La première variation, *Poco più mosso*, est une invention à deux voix dans un style proche à la fois de Bach et de Schumann, — qui s'écarte déjà considérablement du thème.

2. Le rythme de doubles croches de la précédente variation est conservé à la main gauche ; la main droite esquisse une nouvelle idée à deux voix sur le rythme noire/croche.

3. *L'istesso tempo* : caractéristique par ses syncopes régulières.

4. Comme les trois précédentes variations, reste dans la nuance *p* ou *pp*. Richement polyphonique, celle-ci se développe en accords à quatre ou cinq parties, sur un rythme inchangé de doubles croches.

5. Proche des tours de force de Jean-Sébastien Bach, cette variation est écrite sous la forme d'un canon « en miroir » : la main gauche joue le renversement de la main droite, mais en le mêlant à un accompagnement en doubles croches d'une grande difficulté d'exécution. Cet « Art de la Fugue » brahmsien n'exclut pas une poésie très schumannienne.

6. Sorte de mouvement perpétuel en triolets de doubles croches aux deux mains.

7. *Andante con moto* qui se rapproche du thème initial, sous la forme d'un canon rythmique entre les deux mains.

8. Les trois variations suivantes sont en *ré* mineur, à 2/4. Pour la première fois la nuance fortissimo apparaît, et le mouvement s'accélère. La huitième variation, *Allegro non troppo*, est une fougueuse toccata en double croches staccato. Les dernières pages de ce cachier sont très proches du Mendelssohn des *Variations Sérieuses**.

9. Enchaînée à la précédente, cette variation pleine de bravoure évoque des sonorités d'orchestre ; les roulements de timbales à la main gauche sont caractéristiques, — tout comme les batteries de la petite harmonie à la main droite.

10. *Agitato :* variation d'une écriture complexe ; des fragments du thème se répondent en imitations à la main droite, — tandis que l'accompagnement les reprend en diminution.

11. Plus vaste que les précédentes, la dernière variation abonde en effets orchestraux. Dès les premières mesures (retour du thème en *ré* majeur, à 3/8), la main gauche imite les timbales et les contrebasses sous forme d'une longue chaîne de trilles (qui rappellent l'*Arietta* de l'*op. 111* de Beethoven). La main droite se voit confier une partie d'une écriture très chargée. La fin accentue cette impression de plénitude orchestrale, mais le thème initial ne réapparaît pas.

**Variations
sur un thème hongrois** (op. 21 n° 2)

Publiées comme les précédentes en 1861, ces variations furent probablement esquissées dès le printemps de 1853, durant les tournées de concerts que Brahms effectuait en compagnie du violoniste Reményi. Ce dernier, d'origine hongroise, jouait avec Brahms au piano nombre de danses de son pays, — dont Brahms devait se souvenir plus tard en les arrangeant pour piano à quatre mains. Pour la première fois le folklore hongrois, si présent dans on œuvre, trouve ici une parure d'une grande richesse musicale. Comme le souligne bien Claude Rostand, Brahms n'a pas été influencé par le folklore hongrois : « Ici le thème est choisi en raison de l'intéressant élément mélodique et rythmique qu'il constitue, mais il est développé par Brahms suivant son langage personnel et original d'Allemand du Nord, sans qu'il y ait là la moindre volonté de reconstitution folklorique ou pittoresque** ».

L'attrait principal de ce thème en *ré* majeur est son mètre inhabituel, dû à l'alternance de mesures à 3/4 et 4/4, — que Brahms abandonnera toutefois après la huitième variation. Dans ces études de rythme, le thème reparaît périodiquement, mais sans les transformations mélodiques et les ajouts contrapuntiques qu'on trouvait dans le premier cahier. Le finale est une *Czardas* passionnée, où le thème revient dans sa forme initiale couronner brillamment le tout.

**Variations
sur un thème de Haendel** (op. 24)

Ces pages constituent l'apogée de la forme variation chez Brahms. Composées en septembre 1861 à Hambourg, sa ville natale, elles impressionnèrent Wagner (« On voit ce qu'on peut encore produire dans les formes anciennes quand se présente quelqu'un s'entendant à les manier »). L'équilibre entre la rigueur de la construction (qui leur confère un ton classique) et la fantaisie de l'inspiration (qui laisse s'épanouir sans cesse de nouvelles beautés mélodiques) est parfait. Le thème est emprunté aux *Lessons* pour clavecin que Haendel avait composées en 1733 à l'intention des petites princesses, filles du prince de Galles. Sa carrure — deux fois quatre mesures — est idéale. Haendel l'avait d'ailleurs déjà fait suivre de trois variations :

Ces vingt-cinq métamorphoses, réunies savamment selon une logique tacite, parviennent à constituer une sorte d'oragnisme idéal. Brahms réussit ici à tisser un réseau

---

* Voir l'œuvre à : *Mendelssohn*.

** C. Rostand, *Johannes Brahms* (Éd. Fayard, Paris, 1978).

polyphonique intense, au travers duquel le profil — même imperceptible — du thème transparaît. Il les joua pour la première fois devant un cercle d'amis, mais c'est à Clara Schumann que devait revenir la création en public, à Hambourg puis à Leipzig.

1. Les quatre premières variations forment un groupe homogène : la première *(Più vivo)* ornemente le thème par une appogiature inférieure de chaque note (sous la forme de deux doubles croches/une croche).

2. *Animato* à quatre voix, utilisant le « deux pour trois ». Les arabesques de la main droite (en triolets) sont soutenues par une basse en croches, au chromatisme descendant.

3. *Dolce et scherzando* : variation syncopée, — les deux mains se répondent en écho par groupe de trois croches.

4. *Risoluto* : un ostinato d'octaves aux deux mains, chargées de tierces et de quintes à la main gauche, en doubles croches staccato à la main droite.

5. Groupe de deux variations poétiques et apaisées, en *si* bémol mineur. Comme un dialogue entre la clarinette et le violoncelle, la cinquième présente la mélodie en croches, avec les trilles de Haendel ralentis (main droite), et à la basse un dessin régulier et chantant en doubles croches.

6. *Sempre misterioso* : une étude en canon. Les deux mains jouent la mélodie de la variation précédente en canon à l'octave, puis en canon par mouvement contraire pour la deuxième section.

7. Un nouveau groupe de deux variations en fanfare. Retour de *si* bémol majeur. La septième variation, *con vivacità*, est une fanfare de cors sur un rythme dactylique.

8. Duo volubile de deux clarinettes sur les dactyles incessants d'une trompette (pédale de *si* bémol et de *fa* successivement).

9. *Poco sostenuto* : une sorte de lente procession, également très riche d'écriture, avec des pédales supérieures, — un dessin de chromatisme descendant à la main droite, un dessin ascendant de trombones à la main gauche.

10. Brillant capriccio en triolets, avec des changements d'octaves sur chaque temps. Le clavier est ainsi balayé, de la petite flûte aux contrebasses.

11. Deux variations *moderato*, plus intimistes : la première est une libre invention à trois voix *(moderato, dolce espressivo)*. A la partie supérieure, une paraphrase du thème, en croches, rappelle le hautbois. Batteries de doubles croches à la main droite.

12. L'*istesso tempo* : deux cors à la main gauche reprennent la basse de Haendel, — soutenus par de délicates arabesques de flûte.

13. *Largamente, ma non troppo* : splendide variation en *si* bémol mineur, écrite dans le style hongrois comme la suivante. Cette page tient à la fois de la noble sarabande et du prélude lent des czardas, avec ses sixtes plaintives et ornementées, ses mélismes en triples croches, et ses secondes augmentées caractéristiques entre le sixième et le septième degré, — selon l'écriture du violon tzigane. La main gauche ponctue le rythme en accords détachés et arpégés comme un cymbalum ; elle sert de prélude lent à la variation suivante, selon les principes du *Verbunkos* ou style populaire hongrois.

14. *Sciolto* (non lié), en *si* bémol majeur : c'est une page brillante, très animée, où les sixtes de la variations précédente sont déchaînées en un flot de doubles croches, sur une basse en octaves brisées.

15. Un nouveau groupe de quatre variations : la quinzième reprend le rythme de la précédente, sous la forme d'une petite fanfare de trompettes (en double croches) qui dialogue avec les appels syncopés des bois.

16. Un écho de la précédente : la fanfare est travaillée en imitations légères.

17. Dialogue entre la main droite (croches *staccato*) qui joue un léger trait descendant comme un glockenspiel, et la main gauche qui reprend les simples sonneries de cor de la douzième variation.

18. *Gracioso* : conclut ce groupe de quatre variations. C'est un échange constant, d'une mesure l'autre et entre les deux mains, des délicates arabesques en doubles croches et des fanfares précédentes qui sont ici syncopées.

19. Variation énigmatique : c'est une sicilienne à 12/8, au rythme souplement balancé (que Brahms utilise aussi dans la septième variation sur un thème de Haydn*. L'utilisation des degrés dits « faibles » (3e et 6e en particulier) lui confère une couleur légèrement archaïque. Les ornements baroques, tantôt au soprano, tantôt à l'alto, renforcent cette impression et nous rappellent que Brahms était un grand admirateur de Couperin.

20. *Andante (legatissimo)* : il contraste

---

* Voir plus loin, *Œuvres pour deux pianos.*

violemment, par son modernisme, avec la précédente ; c'est à Max Reger qu'on pense ici. La main droite procède par accords réguliers à trois voix, en croches, au chromatisme rampant. La main gauche lui oppose ses octaves par mouvement contraire, également chromatiques. Les accords de quinte augmentée ici présents sont rares dans les premières œuvres de Brahms.

21. *Vivace :* la seule variation écrite au ton relatif (*sol* mineur). Les triolets détachés à la main droite contre les doubles croches de la main gauche, l'atmosphère délicate, vaporeuse, font songer à la harpe.

22. *Alla Musette :* une délicate pièce pour boîte à musique du XVIIIe siècle. L'écriture riche, à cinq voix, n'exclut pas la transparence. Les bourdons (*si* bémol et *fa*) sont répartis entre les deux mains, la mélodie d'une simplicité agreste « fait penser à l'instrument magique de Papageno » (Claude Rostand).

23. Conclusion triomphante : les trois dernières variations constituent une ultime chevauchée, plus purement pianistique, vers la fugue finale. La vingt-troisième variation (à 12/8) est une sorte de gigue, jouée staccato, où les deux mains échangent leurs répliques dans un contraste dynamique très accusé.

24. Dialogue entre les deux mains, comme la précédente : c'est un échange brillant de fusées en doubles croches.

25. La dernière variation, jouée fortissimo, reprend la formule pianistique et le rythme de la huitième variation de l'*op. 21 n⁰ 1**. Page pleine de jubilation, comme une conclusion dionysiaque, précédant la fugue finale plus austère, — dont la devise pourrait être « Res severa verum gaudium ».

Fugue, tonale à quatre voix : le sujet, fragmenté, bref, est comme une pointe sèche du thème de Haendel :

Le contre-sujet, à la troisième mesure, est aussi morcelé ; les entrées suivent l'ordre alto, soprano, basse, ténor. Mais, après huit mesures d'exposition orthodoxe, Brahms mène les divertissements avec la plus grande liberté, — tout en prodiguant les richesses du genre : renversements, augmentations et diminutions, strettes qui s'allient à la fougue pianistique des dernières variations. Les quinze mesures de coda, harmoniques, évoquent la *Fugue en* ut *mineur* pour deux pianos de Mozart.

Variations sur un thème de Paganini (op. 35)

Les deux cahiers de *Variations sur un thème de Paganini* occupent une place à part dans l'œuvre de Brahms ; c'est le seul exemple de thème varié qui soit axé essentiellement sur la virtuosité. Composées à Vienne durant les deux séjours de 1862 et 1863, elle reflètent les préoccupations techniques de Brahms, qui prit à ce moment des conseils auprès du célèbre virtuose Carl Tausig. Publiées par Rieter-Biedermann en 1866, elles furent créées par Brahms lui-même à Vienne, le 17 mars 1867. Brahms se situe dans une lignée de compositeurs — de Schumann à Lutoslawski — fascinés par le génie de Paganini (1782-1840). Ses *vingt-quatre Caprices pour violon solo (op. 1),* publiés en 1820, ont engendré une foule de répliques pianistiques, — dues en particulier à Schumann, Liszt et Rachmaninov. L'*op. 35* de Brahms, sous-titré *Études pour le piano,* a su retrouver la virtuosité diabolique de l'original, en accumulant les difficultés qui en font un des morceaux les plus difficiles de tout le répertoire. Clara Schumann elle-même le surnomma *Hexen-Variationen* (« Variations de sorcier »). Quatre variations sur vingt-huit sont en majeur ; chacune d'entre elles explore un problème de technique particulier. Le thème est exposé en *la* mineur, à 2/4, *non troppo presto* ; les deux mains jouent à l'octave sans accompagnement ; sa carrure (trois fois quatre mesures), sa simplicité rythmique et harmonique sont idéales :

Premier cahier

1. Mouvement continu en doubles croches, — qui requiert un jeu legato en sixtes à la main droite, en tierces à la main gauche. Une légère métamorphose harmonique à la treizième mesure, où apparaît la sixte napolitaine.

2. Le jeu de sixtes passe à la main gauche ; les tierces, auxquelles s'ajoutent les octaves, à la main droite.

3. Un *solfeggio* à 6/8 dans le goût de

---
* Voir plus haut, *Variations sur un thème original.*

Carl Philipp Emanuel Bach, — où les deux mains échangent un léger motif en doubles croches alternées.

4. Encore un échange des deux mains (à 12/16). L'une évolue sur des octaves brisées, l'autre en accords surmontés d'un trille difficile. L'écriture est très violonistique, l'harmonie pour la première fois brahmsienne (mesure 21).

5. Étude redoutable où la polyrythmie est compliquée par les croisements de mains, dans un climat très langoureux ; les tierces et sixtes de la main droite sont à 2/4, les octaves brisées de la main gauche à 6/8.

6. Encore une étude de rythme, à 6/8. Accords syncopés à la main droite, contre cinq croches en octaves piquées à la main gauche.

7. Les octaves chromatiques par mouvement contraire, dans les extrêmes du clavier, s'opposent à un dessin plus serré, en écho dans le médium.

8. Même effet d'écho entre les octaves dans l'aigu et les tierces aux deux mains dans le médium.

9. Retour du 2/4 dans cette page très lisztienne, — d'une facture plus orchestrale que les précédentes. A la main gauche les octaves martelées en sextolets de doubles croches, et des rafales d'octaves chromatiques à la main droite, en un contraste de nuances très marqué.

10. Très loin de Paganini, c'est une sombre étude en syncopes, *sotto voce*, avec des croches piquées à la main gauche, des tierces *legato* à la main droite.

11. Deux variations en *la* majeur, délicatement sonores. La première — *Andante* — est un mouvement perpétuel pour boîte à musique naïf à l'octave, sur fond de batteries en doubles croches.

12. Un chatoiement de sonorités entrelacées aux deux mains ; le motif *ostinato* de la main gauche (six doubles croches/une croche) est agrémenté des sextolets à la main droite, qui exigent un grand écartement des doigts.

13. *Vivace e scherzando*, cette variation revient en *la* mineur : c'est une étude d'octaves à la main droite, sur un rythme de polka qui lui confère une physionomie vaguement hongroise. Elle exige des pianistes la faculté de pouvoir jouer des glissandos d'octaves à une seule main.

14. Toccata éblouissante constituée d'une seule ligne de triples croches réparties entre les deux mains, — que vient couronner une longue coda. La première section, octaves brisées et arpèges, conserve le rythme précédent ; la seconde, *presto ma non troppo*, déchaîne toutes les forces du clavier.

SECOND CAHIER

1. Un scherzo, construit sur la gamme mélodique ascendante de *la* mineur. Les deux mains échangent régulièrement deux idées : un flot de tierces en triolets de croches, et un accompagnement en croches sous la forme d'octaves piquées.

2. *Poco animato*, à 3/4 : c'est une étude en deux pour trois, — octaves legato à la main droite contre les arpèges de la main gauche.

3. Capriccio fantasque, *piano et leggiero*, avec un thème ascendant en doubles croches à la main droite et un rythme de tambourin à la basse.

4. *Pocco allegretto, con grazia* : c'est une valse viennoise en *la* majeur, alanguie, sans la moindre difficulté pianistique.

5. Un délicat scherzo à 3/8 : le thème, à la main droite, est réduit à son squelette harmonique sur le ruissellement des triolets de la main gauche.

6. *Poco più vivace* : c'est un caprice violonistique, sans accompagnement, écrit pour la main droite, — dont les arpèges en triolets sont appoggiaturés par les petites notes de la main gauche.

7. *Leggiero e ben marcato* : étude de polyrythmie délicate ; le thème (main droite) est à 2/4, le contre-chant (main gauche) est à 3/8.

8. *Allegro, quasi pizzicato*, à 6/8 : une parodie de l'écriture violonistique, d'une grande simplicité harmonique ; écriture « en éventail » aux deux mains.

9. Étude uniquement monodique, sous la forme d'un mouvement perpétuel en doubles croches, pour les déplacements des deux mains qui jouent sans cesse à l'octave.

10. *Feroce, energico*, à 6/8 : comme la précédente, étude consacrée aux arpèges où les deux mains sont traitées parallèlement.

11. *Vivace, non legato e scherzando*, à 2/4 : étude d'une grande difficulté, — où les deux mains, en mouvement contraire, doivent parsemer d'octaves des traits en doubles croches.

12. *Un poco andante*, en *fa* majeur et à 6/8 : c'est un intermezzo lyrique, sentimental même, à la mode viennoise. La seule étude échappant à la tonalité de *la* de ce recueil. Elle est écrite à trois voix, et fait alterner subtilement 6/8 et 3/4. Sur les ar-

pèges *legato* de la main gauche, la main droite enveloppe un chant à trois temps dans des octaves piquées à 6/8.

13. *Un poco più andante*, à 2/4 : la main gauche reprend en croches la mélodie précédente, suivie parallèlement par les deux voix de la main droite.

14. Comme dans le premier cahier, la dernière variation comprend trois sections, et s'amplifie peu à peu sous la forme d'une coda. La première partie, *Presto ma non troppo*, est un scherzo volubile sur un rythme de doubles croches parfois alternées. La seconde, à 6/8, fait alterner accords et octaves aux deux mains. La coda proprement dite superpose les deux mètres, — les accords de la main droite (à 2/4) se posant sur les octaves de la main gauche (à 6/8), pour conclure sur l'une des préoccupations rythmiques essentielles de Brahms.

LES PIÈCES BRÈVES DE JEUNESSE

Scherzo en *mi* bémol mineur (op. 4)

C'est probablement le fragment rescapé d'une sonate de jeunesse, que Brahms n'avait pas jugée digne d'être éditée. Composée en 1851, il fut dédié à un ami, E. F. Wenzel, puis publié chez Breitkopf, à Leipzig, en 1853. Brahms le joua alors aux Schumann (Clara notant que c'était « une pièce remarquable, un peu jeune peut-être, mais pleine d'imagination et d'idées splendides »), et à Berlioz (qui félicita ce « jeune audacieux si timide qui s'avise de faire de la musique nouvelle »). Quand à Liszt, il y découvrira une ressemblance frappante avec le second *Scherzo* de Chopin* (qui semble avoir alimenté le premier thème du *Scherzo* et le deuxième thème du *Trio II*), — ce qui vexa grandement Brahms. Au demeurant, les réminiscences abondent : le second thème du *Scherzo* s'inspire d'un fragment de l'opéra *Hans Heiling* de Marschner.

La structure utilise une idée de Schumann : un scherzo en *mi* bémol mineur, plein de fougue et d'âpreté, un premier trio en *mi* bémol majeur, un second en *si* majeur. On est loin du scherzo aérien et délicat de Mendelssohn, mais plutôt à mi-chemin entre Beethoven et Liszt.

---

* Voir l'œuvre, à : *Chopin*.

Ballades (op. 10)

A l'origine, la Ballade puise son inspiration à des sources littéraires anglo-saxonnes ; ces poèmes narratifs traitent (chez les poètes du *Sturm und Drang* (Herder, Goethe, Schiller, Uhland) des sujets légendaires, dans une atmosphère typiquement romantique. Mis en musique par Zelter, Neefe, Zumsteeg, et surtout Loewe, la Ballade hante l'opéra (ainsi la « Ballade de Senta » dans *le Vaisseau fantôme* de Wagner), et bientôt le piano avec Chopin. Elle constitue l'unique incursion littéraire dans la musique de piano de Brahms. Au printemps de 1854, il découvre un recueil folklorique, les *Stimmen der Wolker* de Herder, où figure le fameux poème *Edward*, déjà mis en musique par Schubert et Loewe. Il s'agit d'un très ancien texte écossais que Brahms va traiter de façon dramatique, comme un mélodrame ; le poème, qui narre un parricide, est étroitement lié à la première *Ballade*, mais préside à l'inspiration de tout le cahier. La caractéristique commune à ces quatre pièces est l'absence de développement thématique : les fragments sont exposés, juxtaposés sans recherches d'écriture, avec une naïveté qui convient à une légende rapportée par tradition orale.

1. ANDANTE EN RÉ MINEUR : L'ambiance des anciennes légendes nordiques est frappante ; il s'agit d'un texte dialogué entre la mère et le fils. « Page d'une étrange nouveauté », selon Robert Schumann.

La première section pose le décor, comme à l'opéra : *Andante* (mesures 1 à 8), La mère : « Pourquoi ton épée est-elle si rouge de sang, Edward, Edward ? ». *Poco più mosso* (mesures 9 à 13), Edward : « Oh ! J'ai tué mon faucon, Mère, Mère ! ». *Tempo I* (mesures 14 à 21), la mère : « Le sang de ton faucon n'est pas aussi rouge, Edward, Edward ! ». *Poco più mosso* (mesures 22 à 26), Edward : « Oh ! J'ai tué mon cheval roux, Mère, Mère ! »

Dans la deuxième section (mesures 27 à 60), le crime est évoqué en triolets beethoviens :

Allegro ma non troppo (*ré* majeur), la mère : « Ton cheval était vieux, et n'avait pas besoin de cela, Edward, Edward ! Une autre douleur te pèse, Edward, Edward ! » Edward : « Oh ! J'ai tué mon père, Oh ! Mon cœur souffre ! »

La troisième section représente la malédiction d'Edward : *Allegro* (*ré* mineur, mesures 45 à 60), Edward : » Mon pied ne reposera plus sur la terre, Mère! Je vous laisse ma malédiction et le feu de l'enfer, Mère! Car c'est vous, c'est vous qui m'y avez poussé! »

La dernière section (*Tempo primo*) reprend les lamentations de la mère.

2. **La deuxième ballade** : *Andante en ré majeur*, contraste fortement avec la première. Bâtie en cintre, elle utilise trois thèmes successifs répartis en cinq sections, selon le schéma A B C B A. Le premier dévide, comme une chanson de geste, les éléments naïfs où se déroule la tragédie (*espressivo e dolce*). Le second *(Allegro non troppo)* est brutalement scandé, en *si* mineur. La section centrale (*molto staccato e leggiero*, en *si* majeur) offre un coloris pianistique étrange : chaque note est appoggiaturée dans un style proche de Schumann.

3. **Intermezzo** : Cette troisième *Ballade* (à 6/8), en dépit de son écriture pianistique bondissante et déliée, possède un aspect inquiétant et ténébreux qui ne s'éloigne pas du sujet initial. Le trio en *fa* dièse majeur, aux sonorités délicates, évolue dans le registre aigu du clavier sans quitter les nuances *pp* ou *ppp*. Une page « démoniaque, vraiment splendide », dira Schumann.

4. **Andante con moto** : Plus éloignée de la légende écossaise, la quatrième *Ballade* annonce les dernières pièces pour piano de Brahms, les courtes méditations des derniers opus. L'écriture très élégante, avec son balancement de croches, et l'hésitation tonale des premières mesures sont presque fauréennes : « De quelle façon merveilleuse l'étrange mélodie hésite entre majeur et mineur, puis reste lugubrement en majeur ». (Schumann). La seconde section, *più lento*, en *fa* dièse majeur *(col intimissimo sentimento, ma senza troppo marcare la melodia)*, présente un thème presque indistinct, enveloppé dans un flot d'accompagnement en deux pour trois. Chaque section est reprise deux fois, avec des variantes qui renforcent l'impression croissante de brouillard poétique. Longtemps plus tard, Brahms a mis en musique ce poème sous la forme d'un duo pour alto et baryton *(op. 75 n° 1)*.

LES PIÈCES BRÈVES DE LA MATURITÉ

Après un long silence (seize années séparent les *Variations sur un thème de Paganini* des *Fantaisies op. 76* et des *Rhapsodies op. 79*), Brahms revient au piano en 1879. Les trente pièces groupées en huit cahiers, de l'*op. 76* à l'*op. 119*, constituent la contribution la plus précieuse qui soit à la musique de piano du romantisme finissant. Ce sont de courtes pages, d'un caractère essentiellement romantique, qui renoncent aux grandes formes de la sonate ou de la variation. En Allemagne on les a baptisées *Charakterstücke*, en France « pièces lyriques ». Le théoricien E. Hanslick, ami de Brahms, les nommait « monologues ». Le terme allemand de *Stimmungsbilder* leur convient admirablement. A l'exception de la *Ballade* et de la *Romance* de l'*op. 118*, des trois *Rhapsodies* de l'*op. 79* et de l'*op. 119*, Brahms a utilisé deux genres opposés : le *capriccio* et l'*intermezzo*. (En particulier pour les *op. 76, 116* et *117*). Les *Capriccii*, de tempo rapide, léger, fantasque, offrent souvent un traitement rythmique intéressant ; ce sont des pages agitées, véhémentes parfois, avec le caractère de la ballade nordique (déjà rencontrée dans l'*op. 10*). L'*Intermezzo* brahmsien, en revanche, est plus modéré, contemplatif : « C'est le nordique un peu morose, aux pensées automnales, d'une belle maturité humaine, douloureux parfois, et teinté de pessimisme, de ce « Weltschmerz », cette vague douleur du monde qui a accablé les allemands du XIXe siècle... » (Claude Rostand)[*].

Klavierstücke (op. 76)

L'*op. 76*, composé durant l'été 1878 à Portschach en même temps que le *Concerto pour violon op. 77*, sera publié par Simrock en 1879. Ces deux cahiers regroupent quatre *Capriccii* fantasques, entremêlés de quatre *Intermezzi* plus méditatifs. Cette première approche des petites formes porte l'empreinte d'un certain laconisme, caractéristique du dernier style pianistique de Brahms, qui diffère du style orchestral des premières œuvres, mais aussi des variations brillantes des années 1860.

1. **Capriccio** : (Un poco agitato, en *fa* dièse mineur, à 6/8).

Composée dès 1871, et offerte à Clara Schumann (qui la jugea « horriblement difficile ») comme présent d'anniversaire, cette page très romantique adopte la rigueur monothématique. Les treize mesures d'introduction sont peuplées d'arpèges en

---

[*] C. Rostand, *op. cit.*

doubles croches qui s'élèvent pour retomber, inlassablement, comme des vagues à l'assaut d'une falaise. Le thème ardent (mesure 14) est bientôt suivi de son renversement (mesure 45) :

Dans la dernière page, ce thème est chanté en octaves à la main droite, — accompagné par une augmentation du dessin arpégé du début, puis finalement au ténor.

2. CAPRICCIO : (*Allegretto ma non troppo*, en *si* mineur, à 6/8).

Page très célèbre, qui possède la grâce d'une danse de Schubert et rappelle aussi le goût de Brahms pour la musique hongroise. Le premier thème, *gracioso*, s'élève avec légèreté en notes staccato, sur une basse dont le chromatisme descendant fait tout le charme. Après la reprise, une seconde idée en *ré* majeur. Le retour du refrain est enjolivé de piquantes marches harmoniques. Un second couplet, en *ut* majeur *(più tranquillo)*, tient le rôle du trio dans un scherzo. Lors de la reprise, le dessin chromatique de la basse se superpose au thème dans l'aigu.

3. INTERMEZZO (*Gracioso*, à 4/4, en *la* bémol majeur).

Ce premier *Intermezzo* possède un charme particulier : il échappe à la carrure classique, — chacune des six phrases regroupant cinq mesures. Il fait penser à quelque timide sérénade : le thème, syncopé, chromatique, est soutenu par de frêles accords de luth à la main gauche (mesures 1 à 10). Le second élément (mesures 11 à 15) est une sorte d'épanchement lyrique très suave, qui conclura le morceau après le retour de la première idée (mesures 26 à 30).

4. INTERMEZZO (*Allegretto grazioso*, en *si* bémol majeur, à 2/4).

Le premier thème a le charme d'une *Romance sans paroles* de Mendelssohn ; il est remarquable par l'absence, durant les douze premières mesures, de l'accord de tonique et par la présence du *mi* bémol formant pédale à l'alto. Le second thème (mesure 13), en tierces et sixtes très brahmsiennes, est suivi d'un court développement basé sur le renversement de la première idée, et précède la réexposition.

5. CAPRICCIO (*Agitato, ma non troppo presto*, en *ut* dièse mineur, à 6/8).

Une page-clé de l'œuvre pour piano de Brahms. Il y révèle sa tendance à exposer des motifs divergents, de nature opposée, et placés dans une situation conflictuelle. Il joue ici sur l'équivoque du mètre à 6/8, traité en même temps à 3/4 : ce rythme heurté va évoquer irrésistiblement une tempête. La main droite énonce le premier thème (à 3/4) vigoureux ; la voix médiane, répartie entre les deux mains, introduit un élément au chromatisme rampant de croches. Mais la main gauche ponctue le tout à 6/8 (mesures 1 à 18) :

La seconde idée, très modulante (*sostenuto* en *mi* majeur), déplace le 3/4 à la basse, contre les syncopes binaires de la main droite. Le retour du premier thème (mesure 36) est suivi d'un court développement, *più tranquillo*. Toute la seconde partie, chaotique, va jouer sur la réduction des thèmes soumis maintenant à la géhenne du 2/4 ; le second tout d'abord (mesures 70 à 85), dans un climat plus violent, puis le premier (mesures 86 à 111), avec des syncopes heurtées, comme amputé ; la brève coda (à 6/8) conclut dans une bousculade.

6. INTERMEZZO (*Andante con moto*, en *la* majeur, à 2/4).

Dans un climat plus suave, ce morceau reprend l'ambiguïté rythmique du précédent en l'inversant : la main droite (à 6/8) s'oppose à la main gauche (à 2/4). Cette page est caractéristique de la façon qu'a Brahms de disperser les notes du thème dans la trame harmonique : ici la mélodie est fragmentée entre deux octaves. Poursuivant l'utilisation du trois pour deux, le trio central, en *fa* dièse mineur, fut jugé « très chopinesque » par Clara Schumann : à juste titre, — ne serait-ce qu'en raison de son écriture linéaire, plus souplement pianistique.

7. INTERMEZZO (*Moderato semplice*, en *la* mineur, à 4/4).

Une page plus transparente que les autres, d'une clarté toute diatonique. Les huit mesures du prélude et du postlude, avec quelque solennité, annoncent une complainte populaire. La seconde idée (mesures 9 à 16) est lyrique, délicate, entrecoupée de soupirs, posée sur un dessin furtif de la main gauche.

8. CAPRICCIO (*Grazioso ed un poco vivace*, en *ut* majeur, à 6/4).

Ce dernier *Intermezzo* sonne comme une amplification du premier *Prélude* de Chopin. Il possède un côté fuyant, dû en partie au flot de croches ininterrompu des deux mains, — qui suggère quelque étude improvisée, ainsi qu'à l'absence de l'accord de tonique dans les quinze premières mesures. Cette inquiétude provient aussi de l'absence d'un thème réel, remplacé par une ligne chromatique syncopée à la main droite, — l'arpège jouant à la fois la voix principale et la voix secondaire en écho. La seconde partie fait entendre de larges accords posés sur des arpèges. Tout le morceau évite la tonalité d'*ut* majeur jusqu'à la coda, et l'harmonie très recherchée — un peu « fin de siècle » — semble vouloir fuir la clarté associée généralement au ton paradigme.

Deux Rhapsodies (op. 79)

Composées en 1879, elles furent publiées l'année suivante. Brahms assura lui-même la création lors d'un Festival Brahms à Krefeld, en Rhénanie, le 20 janvier 1880 (au même programme figuraient la *Deuxième Symphonie*, la *Rhapsodie pour contralto* et le *Triumphlied*). Un ami de Brahms, Theodor Billroth, y voyait le retour du « Johannes jeune et tempétueux ». Peut-être moins « modernes » en effet que les pièces de l'*op. 76*, les deux *Rhapsodies* s'orientent plutôt vers le genre chevaleresque des *Ballades* de la jeunesse de Brahms, — dont on retrouve ici la fougue et la tendresse passionnée. La dédicataire, Elizabeth von Herzogenberg, n'approuva pas d'abord le titre de ces deux pages : « Vous savez, écrivit-elle à l'auteur, que je suis toujours très partisane du terme de *Klavierstücke* qui n'engage à rien, justement parce qu'il n'engage à rien : mais probablement cela ne conviendra pas, auquel cas le nom de *Rhapsodien* est le meilleur, je pense, bien que la forme clairement définie de ces deux pièces semble quelque peu en désaccord avec la conception qu'on a d'une rhapsodie. »

Très différentes des *Rhapsodies* de Liszt, ces pages n'ont rien non plus du caractère improvisé, ou « pot-pourri », qu'on associe en général à l'idée de rhapsodie ; notons toutefois que le compositeur V.J. Tomasek, qui avait le premier composé des *Rhapsodies* pour piano, fut le maître de Hanslick, l'ami de Brahms.

1. RHAPSODIE EN SI MINEUR *(Agitato)*

En effet, si l'inspiration de ces deux œuvres est juvénile, la conception reste très rigoureuse ; la première *Rhapsodie* est construite comme un vaste scherzo avec trio. Le premier thème, véhément, est posé sur une basse formée de groupes de trois croches :

Au bout de quatre mesures, il est repris par la main gauche qui module de façon caractéristique en *ré* mineur, dans le grave de l'instrument. Après un court divertissement basé sur les trois croches de la basse, le premier thème est réexposé au relatif (mesure 22), — ce qui amène aisément le second thème, en *ré* mineur, doucement chanté et d'une tournure plus frêle (mesure 30). Il est brusquement interrompu (mesure 39) par un brutal et splendide développement du premier thème, de style beethovénien, — que termine une longue fusée de triples croches ; comme dans une sonate, ce premier thème est ensuite réexposé (mesures 67 à 93). Le trio qui suit, en *si* majeur *(meno agitato)*, est ingénieusement tiré des mesures 3 et 4 du second thème. C'est une sorte de musette pleine de tendresse, avec des bourdons (*fa* dièse à la main droite, *si* à la basse). Ses deux sections (la seconde plus modulante) précèdent une reprise du scherzo très variée, et suivie d'une coda où le second thème monte des profondeurs du clavier.

2. RHAPSODIE EN SOL MINEUR (*Molto passionato, ma non troppo allegro*, à 4/4).

Cette page célèbre est surtout remarquable par son héroïsme (on songe à quelque course à l'abîme), par son instabilité tonale, et par sa foisonnante richesse thématique. La forme est celle d'un allegro de sonate avec un développement très ample. La première section (mesures 1 à 33) ne comprend pas moins de quatre thèmes distincts. Le premier, joué avec les mains croisées (mesures 1 à 8), n'a pas de tonalité définie, mais un entrain irrésistible :

Le second (mesures 9 à 13), en *sol* majeur, possède un bondissement très schumannien avec ses triolets alternés aux deux mains. La troisième idée, posée sur de grands arpèges, en *ré* mineur (mesures 14 à 20), est tendre, suppliante ; et la quatrième (*misterioso*, mesures 21 à 31) — sorte de procession hivernale jouée *mezza voce* — a le charme fantastique de la vieille ballade nordique. Il est certain que la juxtaposition de ces thèmes si contrastés n'est pas étrangère à l'esprit « rhapsodique », non plus que le vaste développement (mesures 33 à 85) qui suit : il comprend deux sections très modulantes basées sur le premier et le quatrième thèmes, tantôt opposés tantôt mêlés. On assiste à une réexposition où le troisième et le quatrième thèmes sont soumis aux mutations traditionnelles (mesure 86), — suivie d'une coda. En 1899, le peintre W. von Beckerath fit de mémoire un portrait de Brahms jouant cette page au piano.

LES DERNIÈRES ŒUVRES POUR PIANO SEUL

Durant treize années, Brahms n'écrit plus pour le piano. Les grands concertos, les *Troisième* et *Quatrième Symphonies*, de nombreux lieder et des œuvres de musique de chambre absorbent son énergie créatrice. Les vingt pièces (*op. 116 à 119*), composées durant les vacances d'été de 1892 et 1893 à Ischl, constituent le testament pianistique de Brahms. Ce sont les pages du journal intime d'un homme qui, de son propre aveu, « en lui-même ne riait jamais ». Contrairement à ses symphonies, qui tentent d'exposer puis de résoudre de violents conflits, les dernières œuvres pour piano, proches des *Lieder op. 105* et *107*, sont autant de confidences apaisées (« même un seul auditeur est de trop », disait Brahms), que cet homme vieillissant envoyait par la poste à sa vieille amie, Clara Schumann ; elle y voyait un « trésor de chefs-d'œuvre inépuisables ». Lui-même surnomma « berceuses de ma souffrance » ces pièces empreintes de sérénité, — dans lesquelles peut se déchiffrer « un état d'âme où s'allient la douleur et la sérénité, l'espoir et la résignation, la fuite dans la nature et l'amour des hommes. » (G. Knepler).

Fantaisies (op. 116)

Il s'agit de sept pièces regroupées en deux cahiers, composées pour la plupart en 1892. Comme dans l'*op. 76, Capriccio* et *Intermezzo* alternent. Les tonalités mineures prédominent. Le premier cahier comprend deux *Capriccii* qui encadrent un *Intermezzo*.

1. CAPRICCIO (*Presto energico*, en *ré* mineur, à 3/8).

Page au charme étrange, pleine d'une sorte de fougue mêlée d'angoisse, aux rythmes heurtés et syncopés, mais écrite avec une grande économie de moyens. Les seize premières mesures sont en contrepoint renversable, — trait caractéristique du dernier Brahms :

Le premier thème, remarquable par ses octaves répétées et ses quintes augmentées, est suivi d'une seconde idée (mesure 21), chromatique, bientôt reprise en écho à la main droite, et qui module en *fa* majeur. Le troisième thème (mesure 37), aux grands élans syncopés, est soutenu par une basse en octaves sur l'accord de septième diminuée, qui plonge dans le grave du piano. Les trois thèmes sont ensuite développés librement ; le premier l'emporte dans la coda.

2. INTERMEZZO (*Andante*, en *la* mineur, à 3/4).

Un morceau serein et résigné, plein d'une poésie automnale, un peu lasse. La première partie comprend dix-huit mesures, — en réalité deux fois huit, mais la cadence conclusive est répétée ; le thème (deux croches/une blanche) est immédiatement repris et varié. La section centrale, *non troppo presto* à 3/8, est un tournoiement éperdu de doubles croches, que Clara Schumann comparait au chant d'un rossignol. Au retour de l'*Andante*, le premier thème est d'abord repris en majeur, puis s'éteint doucement dans sa forme originelle.

3. CAPRICCIO (*Allegro passionato*, en *sol* mineur, à 4/4).

Il s'agit là probablement d'une page de jeunesse, que Brahms reprit en 1892. Le climat est proche de celui des *Ballades* de 1854. La première section, houleuse, est construite sur deux idées : la première est énoncée successivement par les deux mains (mesures 1 à 8). La seconde (mesures 9 à 12) consiste en arpèges violemment chromatiques. La partie centrale (*un poco meno allegro*, en *mi* bémol majeur) est largement chantée ; sa richesse orchestrale sent davantage le Brahms des jeunes années ; la modulation de *mi* bémol à *sol* majeur (mesure 13) possède une couleur typiquement schubertienne.

4. INTERMEZZO (*Adagio*, en *mi* majeur, à 3/4).

Primitivement intitulé *Nocturne*, cet *Adagio* très « fin de siècle » est une sorte de rêverie faussement improvisée, — en réalité d'une polyphonie très solide. Construit comme un lied à trois sections, il utilise trois thèmes peu contrastés, descendants, et qui s'enchaînent selon une technique floue. Le premier (jusqu'à la mesure 10), fait d'appels et de réponses hésitantes, tire son origine d'une cellule (un triolet en *mi* majeur, suivi d'un accord de quinte augmentée) qui se mêle ensuite à une seconde idée (mesures 11 à 36), dans une sorte de halo poétique très debussyste. La troisième idée (mesure 37), qui s'oriente vers *la* majeur, a le même charme alangui, un peu plus lyrique.

5. INTERMEZZO (*Andante con grazia ed intimissimo sentimento*, en *mi* mineur, à 6/8).

Page mystérieuse, d'une grande originalité. Il s'agit d'une sorte de barcarolle fantôme, — peu éloignée des dernières pièces pour piano de Liszt. Le thème est en fait une sorte d'ostinato rythmique, constitué de groupes réguliers de deux croches séparés par un demi-soupir ; chaque main se voit confier un accord à trois voix suivi d'une note isolée, formant une double broderie à une quinte de distance :

La trame harmonique secrète est comparable à la basse contrainte du finale de la *Quatrième Symphonie*. L'épisode central est moins haché, plus mélodique ; mais le climat harmonique reste indécis, troublant.

6. INTERMEZZO (*Andantino teneramente*, en *mi* majeur, à 3/4).

Sorte de lent menuet, de forme ABA, — qui possède aussi la gravité d'un choral. L'écriture polyphonique très riche oppose la mélodie descendante du soprano et le chromatisme ascendant du ténor, sur une basse en noires régulières. La partie centrale, en *sol* dièse mineur, est plus souple, d'une clarté toute diatonique.

7. CAPRICCIO (*Allegro agitato*, en *ré* mineur, à 2/4).

Scherzo tumultueux, avec un trio central en *la* mineur. C'est un échange vigoureux d'arpèges de septième diminuée aux deux mains (mesure 10), aussitôt repris en syncopes (mesures 11 à 20), — sur lequel surnage un thème carillonnant de quatre notes. Dans le trio (à 6/8), le thème syncopé est à la voix intermédiaire et enveloppé dans les arpèges en triolets des deux mains. Une cadence non accompagnée en doubles croches précède la reprise du premier thème, qui est ensuite condensé dans la coda très vive à 3/8. La conclusion est en *ré* majeur.

Trois Intermezzi (op. 117)

Dans l'*op. 117*, composé également en 1892, Brahms va se borner à confier ses pensées à trois *Intermezzi*, — la forme favorite des dernières années (dix-huit pages sur trente-quatre portent ce titre). Selon Claude Rostand, « trois paysages d'automne qui restent tous dans la demi-teinte, le clair-obscur, chers au Brahms de la vieillesse * ».

1. INTERMEZZO (*Andante moderato*, en *mi* bémol majeur, à 6/8).

Dans cette page doucement résignée, Brahms s'inspire d'une ancienne berceuse écossaise, la *Lamentation of Lady Anna Bothwell* tirée des *Reliques of Ancient Poetry* de Percy, qu'il connaît depuis longtemps par les *Stimmen der Volker* de Herder. Il a placé en épigraphe ces deux vers : « Schlaf sanft, mein Kind, schlaf sanft und schön/ Mich dauert's sehr, dich weinen sehn ! » — qui s'ajustent étroitement au premier thème, tendre et maternel, chanté par une voix intermédiaire, et enveloppé dans une double pédale continue de *mi* bémol (mesures 1 à 16). Quatre mesures de ritournelle modulent vers la partie centrale, *più adagio*, en *mi* bémol mineur, qui traduit le désespoir de la mère abandonnée. La reprise variée du premier thème est une merveille de poésie : le thème, en octaves, est partagé entre les deux mains, — surmonté d'accords tristes et d'arabesques qui épousent la forme d'un canon.

2. INTERMEZZO (*Andante non troppo e con molta espressione*, en *si* bémol mineur, à 3/8).

Célèbre à juste titre, cette élégie pleine de noblesse et d'élégance, mais aussi de tristesse résignée, possède un charme fugitif dû à son écriture morcelée, faite d'ar-

---

* C. Rostand, *op. cit.*

pèges entrelacés, — d'où la mélodie émerge à peine, aussitôt suivie de son écho dans une autre voix :

La seconde idée (mesure 23) n'est que l'augmentation au relatif majeur de la première. Plus qu'une reprise, le troisième épisode forme une libre improvisation, très modulante, que vient conclure une coda *più adagio*.

3. INTERMEZZO (*Andante con moto*, en *ut* dièse mineur, à 2/4).

Troisième volet de ce triptyque nostalgique, cet *Intermezzo* a les caractéristiques de la ballade nordique (simplicité mélodique, dynamique de la narration, clarté harmonique). Le premier thème exposé par les deux mains à l'unisson, est une marche lugubre et mystérieuse à la fois, basée sur un anapeste :

La seconde idée (mesure 10), en croches et toujours sans accompagnement, module vers *sol* dièse mineur ; la première idée est reprise (mesure 20) au ténor, — surmontée d'accords statiques. La seconde section, *più mosso ed espressivo* en *la* majeur, est très schumannienne, inquiète et tourmentée, — avec son thème syncopé et dispersé sur plusieurs octaves. La reprise de la première partie est admirablement variée, d'une écriture plus riche, et culmine dans la coda grandiose.

Klavierstücke (op. 118)

Ce recueil, composé comme l'*op. 119* durant l'été 1893, fut édité la même année par Simrock ; il se compose de quatre *intermezzi*, d'une *Ballade* et d'une *Romance*. Toutes ces pages sont construites selon la forme lied, avec un épisode central contrasté et une reprise variée.

1. INTERMEZZO (*Allegro non assai, ma molto passionato*, en *la* mineur, à 4/4).

Très « *Sturm und Drang* », cet *Intermezzo* plus passionné que d'ordinaire se remarque par sa concision : soixante-douze mesures, y compris les reprises. Le premier thème (mesures 1 à 10), en *la* mineur, doit à la présence d'un *si* bémol son allure modale (mode de *mi*) ; il est repris et suivi d'une seconde idée qui peut être considérée comme son renversement (mesure 11). Tous deux sont enveloppés d'arpèges en croches. Le premier thème est développé (mesure 21), et suivi d'une brève coda.

2. INTERMEZZO (*Andante terneramente*, en *la* majeur, à 3/4).

Pièce d'une poésie magnifique, d'une grande tendresse, dans la forme ABA. Le premier épisode repose sur un thème de quatre mesures, fortement appuyé sur le quatrième degré, et qui est présenté plusieurs fois (mesures 1 à 16) :

Il est suivi de deux motifs secondaires (mesures 17 et 25). La section centrale, en *fa* dièse mineur, posée sur des triolets, commence par un canon entre le soprano et la voix intermédiaire, suivi d'un passage choral en majeur.

3. BALLADE (*Allegro energico*, en *sol* mineur, à 4/4).

La seule *Ballade* parmi les trente pièces pour piano du dernier Brahms a acquis une juste célébrité. Page héroïque, d'une grande vigueur rythmique, elle s'apparente aux œuvres de jeunesse. La première partie repose entièrement sur un thème bondissant, emporté (deux croches suivies d'une blanche pointée), — qui doit son cachet à la succession des deux versions mélodiques (ascendante et descendante) de la gamme de *sol* mineur :

Comble du raffinement, la partie centrale n'est pas au relatif (*si* bémol), mais un demi-ton plus haut, en *si* majeur. C'est une douce rêverie chantée en tierces et sixtes bien brahmsiennes, — sur un fluide accompagnement d'arpèges.

4. INTERMEZZO (*Allegretto un poco agitato*, en *fa* mineur, à 2/4).

Cette page passionnée, véhémente, où l'art est caché par l'art même, est un strict canon à l'octave entre les deux mains, — chaque main devant de surcroît assurer un accompagnement en triolets. Le canon est même dédoublé à quatre parties dans l'épisode central, en *la* bémol majeur.

5. ROMANCE (*Andante*, en *fa* majeur, à 6/4).

Le modèle de cette pièce, unique en son genre, se trouve dans l'*op. 28* de Schumann ; c'est, en fait, une pastorale très calme et sereine, de forme tripartite. La première partie repose sur un thème de quatre mesures, répété et varié quatre fois ; la quatrième mesure de chaque section est à 3/2. Les voix intermédiaires, doublées, forment un contrechant très expressif. L'*Allegretto grazioso* central, en *ré* majeur et à 4/4, est une musette idyllique et gracieuse, ornée de trilles, d'arabesques et de chants d'oiseaux, — à laquelle un *sol* dièse obstiné donne une couleur « lydienne ».

6. INTERMEZZO (*Andante, largo e mesto*, en *mi* bémol mineur, à 3/8).

Cette page tragique — un sommet de la musique de Brahms — est une méditation sur la mort, basée sur un motif de trois notes, — sorte d'improvisation lasse sur le *Dies Irae* grégorien :

Ce thème, exposé sans accompagnement, désespéré, est entrecoupé par les rafales de brusques arpèges qui se perdent dans le grave du clavier (mesures 1 à 8), puis harmonisé en tierces (mesures 9 à 20). Cette partie, qui ne quitte jamais la nuance *p*, est répétée (mesures 21 à 40). Plus animée, héroïque, la chevauchée centrale, très brève, a un côté apocalyptique ; la première partie vient conclure sans que le sentiment tragique disparaisse.

Klavierstücke (op. 119)

1. INTERMEZZO (*Adagio*, en *si* mineur, à 3/8).

« Cette merveilleuse pièce en *si* mineur si doucement triste en dépit de ses dissonances » (Clara Schumann) ouvre le dernier recueil pianistique de Brahms. Ce sont en effet les dissonances, dues aux notes tenues des arpèges du premier thème (mesures 1 à 16), qui créent la mélancolie de cette page ; le second thème (mesures 17 à 46), en *ré* majeur, délicatement syncopé, est repris deux fois. Le retour de la première idée, très variée, est plus animé (triolets de doubles croches). Brahms souhaitait que cette pièce fût jouée très lentement, — chaque note devant être détachée *ritardando*, pour accentuer en effet les dissonances.

2. INTERMEZZO (*Andantino un poco agitato*, en *mi* mineur, à 3/4).

Cette page inquiète et tourmentée, au rythme nerveux et persistant, est conçue à la fois comme un lied en trois sections et comme un thème varié ; le thème lui-même (mesures 1 à 12) présente des accords en doubles croches alternés aux deux mains, — la basse, *(mi, la, si)* revenant régulièrement comme dans une passacaille. L'atmosphère générale n'est d'ailleurs pas éloignée du finale de la *Quatrième Symphonie* (dans la même tonalité). L'épisode central, en majeur, est une variation *grazioso* en forme de valse.

3. INTERMEZZO (*Grazioso e giocoso*, en *ut* majeur, à 6/8).

Cette page charmante et légère, remarquable par son élégance un peu désinvolte, a une souplesse de facture qui rappelle Schubert. Le thème unique, joué par le pouce et l'index de la main droite à la voix médiane (selon une formule chère à Brahms), possède un charme harmonique dû à l'emploi du troisième degré (mesure 3) :

Les trois notes tourbillonnantes — *mi, sol, la* — commandent toute la fin du morceau, traitée *scherzando*, avec un certain esprit faisant évoquer Chabrier.

4. RHAPSODIE (*Allegro risoluto*, en *mi* bémol majeur, à 2/4).

C'est une page héroïque — dans la tonalité de *mi* bémol — qui clôt la production pianistique de Brahms, précédant les œuvres ultimes : les deux *Sonates pour clarinette*, les *Quatre Chants sérieux*, et les *Chorals pour orgue*. Comme dans l'*op. 79*, « rhapsodie » ici signifie plutôt « ballade » : l'atmosphère légendaire, emportée, l'écriture orchestrale nous rapprochent du Brahms de l'*op. 10*, — avec, en plus, une touche populaire, pleine de vigueur. Le premier thème, puissant, est une marche avec trompettes et timbales, regroupant douze phrases de cinq mesures, — ce qui lui donne une tournure typique d'Europe centrale ; la seconde idée (des triolets menaçants, en *ut* mineur, à la mesure 65) accentue le caractère épique de l'œuvre. La partie centrale, en *la* bémol majeur, est construite sur un thème chantant, *grazioso*, entouré d'appogiatures et d'accords arpégés très printaniers ; les deux premières idées sont largement développées (mesure 131). La réexposition (mesure 215) est suivie d'une coda très rythmique, en *mi* bémol mineur, qui conclut cette œuvre puissante dans un climat grandiose et farouche à la fois.

PIÈCES POUR PIANO À QUATRE MAINS

Comme Schubert, Brahms appréciait le piano à quatre mains, — cette forme si germanique du *Hausliche Musikpflege*, du plaisir musical de l'intimité. Dès 1849, à Hambourg, il publia sous le pseudonyme de G. W. Marks un *Souvenir de la Russie, Transcription en forme de Fantaisies sur des airs russes et bohémiens pour le piano à quatre mains* (y figurent, en particulier, le *Rossignol* d'Alabieff et l'*Hymne Russe* de Lvoff). Les *Variations op. 23*, les *Valses op. 39* et les *Danses hongroises* témoignent de cette passion que partageait Clara Schumann. Nul doute que, pour un compositeur qui recherchait tant les effets de sonorités orchestrales au piano, le jeu à quatre mains offrait une perspective alléchante. Les *Variations op. 23* sont un hommage à Schumann ; mais les deux cahiers de danses sont un hommage à Vienne, capitale de la valse et capitale de l'Empire austro-hongrois.

Variations sur un thème de Robert Schumann (op. 23)

Contemporaines des *Variations sur un thème de Haendel* (v. plus haut), ces *Variations* écrites en novembre 1861 sont une sorte de « Tombeau de Schumann », et particulièrement émouvantes car écrites sur la dernière pensée musicale du compositeur aimé : il s'agit du fameux *Geister-Thema*, cette mélodie « envoyée » par les anges de la part de Schubert et de Mendelssohn, que Schumann entendit dans ses hallucinations (nuit du 17 février 1854), et qu'il tenta de varier lui-même à l'asile d'Endenich le 7 avril de cette année-là. Contrairement à l'*op. 24*, destiné au concert, l'*op. 23*, qui est dédié à Julie Schumann (la troisième fille du compositeur), est une œuvre recueillie, simple, destinée à l'intimité. Le thème, en *mi* bémol majeur et à 2/4, *leise und innig*, est une délicate mélodie, plus mendelssohnienne que schubertienne, — sur laquelle Brahms a conçu dix variations émouvantes, dont la dernière sonne comme une marche funèbre. Dans les ultimes mesures on peut voir une prière pour le repos de l'âme de Schumann.

Seize Valses

Les *Valses op. 39* ont étonné les contemporains de Brahms : Brahms faisant valser ! Le dédicataire, le célèbre esthéticien Hanslick, se crut obligé de justifier son ami : « Brahms le sérieux, le taciturne, le véritable frère cadet de Schumann, écrire des valses ! Et, en plus, aussi nordique, aussi protestant, et aussi peu mondain qu'il est ! » Selon lui, Vienne était la coupable : la ville dansante, catholique, méridionale, le fief des Strauss avait contaminé le vertueux Brahms ! Et Hanslick ajoutait : « Évidemment, il ne vient à personne l'idée qu'il s'agit de véritable musique de danse, mais seulement de mélodies et de rythmes de valse mis en forme artistique, et, en quelque sorte, anoblis par le style et l'expression... » Les modèles de Brahms furent sans doute ici les *Danses* de Schubert, ou les pièces des *op. 109* et *130* de Schumann, conçues dans le même esprit. Très simples, elles n'ont ni trio, ni introduction lente, ni coda comme les *Valses* des Strauss, mais retrouvent parfois la rusticité d'un ländler. Elles sont construites en forme ABA, — avec deux idées mélodiques parfois apparentées. Par souci d'unité tonale, les sept premières *Valses* restent dans les tonalités très diésées, autour de *si* et de *mi* majeur.

1. TEMPO GIUSTO (en *si* majeur) : page brillante, sorte d'introduction dont le rythme — qui n'est pas celui d'une valse — est très rigoureux.

2. DOLCE (en *mi* majeur) : plus souple que la précédente, avec son rythme balancé, se rapproche de la valse traditionnelle.

3. VALSE EN SOL DIÈSE MINEUR : pour la première fois, les trois temps sont marqués au *seconda* dans cette page mélancolique, qui s'apparenterait plutôt à... Chopin.

4. POCO SOSTENUTO (en *mi* mineur) : valse passionnée, au rythme très marqué, voisinant avec le folklore tzigane.

5. VALSE EN MI MAJEUR : la mélodie est à l'alto, recouverte par des notes tenues assez mélancoliques, sur un accompagnement en croches régulières.

6. VIVACE (en *ut* dièse majeur) : plutôt un scherzo-valse très brillant qu'une valse, — avec une abondance de notes piquées et des traits qui exigent une certaine virtuosité du *prima*.

7. POCO PIÙ ANDANTE (en *ut* dièse mineur) : contrepartie mélancolique, c'est une valse sentimentale, — avec de curieux accords de septième dans la partie centrale.

8. DOLCE (en *si* bémol majeur) : un ländler rustique, — avec des sucessions de tierces et de sixtes bien brahmsiennes. L'épisode central est dans le ton remarquable de *ré* bémol majeur.

9. ESPRESSIVO (en *ré* mineur) : valse entrecoupée de soupirs, à 4/4. Claude Rostant y a vu un souvenir de la dix-huitième danse des *Davidsbündler* de Schumann.

10. VALSE EN SOL MAJEUR : une page simple et naïve, qui fait alterner des mesures à six croches et à trois noires.

11. VALSE EN SI MINEUR : de type tzigane, avec des appogiatures nombreuses et un rythme capricieux.

12. DOLCE ESPRESSIVO : valse lente, très suave, dans le climat d'une berceuse.

13. VALSE EN UT MAJEUR : proche de la première, cette valse possède une franche et robuste gaieté, mi-martiale, mi-hongroise.

14. Au relatif de la précédente, cette valse offre la particularité de masquer dans une mesure à trois temps un rythme à deux temps.

15. La plus célèbre de toutes, cette valse, très langoureuse, est ornée à la reprise de sixtes en triolets authentiquement brahmsiennes.

16. Valse triste, en demi-teintes, remarquable par sa polyphonie presque austère, — qui termine le recueil sur une note grave.

Danses hongroises

Ces danses ont beaucoup contribué à la réputation de leur auteur ; elles furent publiées par Simrock sous le titre *Danses hongroises, arrangées pour le piano par Johannes Brahms*. L'absence de numéro d'opus provient du fait que Brahms ne les considérait pas comme une création originale. Les deux premiers cahiers virent le jour en 1869, les deux suivants en 1880. Par la suite, Brahms rédigea une version à deux mains des deux premiers cahiers, et orchestra les *n° 1, 3* et *10*. Toutes les autres versions (et elles sont innombrables !) ne sont pas de sa main. Citons l'orchestration de quelques pièces par Dvorak qui, encouragé par Brahms, publia également en 1880 un recueil analogue de *Danses slaves* pour piano à quatre mains *. Le succès immense de ces pièces suscita bien des jalousies : un certain Kuhe les plagia pour l'éditeur André, à qui Simrock fit un procès scandaleux. Le violoniste Eduard Reményi, que Brahms avait accompagné dans sa jeunesse et qui lui avait fait découvrir le folklore hongrois, accusa Brahms de vol. Simrock répondit en 1897 en publiant une brochure : *Une défense, J. Brahms et les Danses hongroises*. En réalité, depuis son installation à Vienne, Brahms avait pu entendre souvent dans les cafés des musiciens tziganes, et Clara Schumann ou lui-même terminaient souvent un récital avec quelques-unes de ces *Danses*.

Comme Schubert dans son grand *Divertissement à la hongroise,* Brahms tenait bien à la version pour piano à quatre mains ; il écrivit à Simrock : « Je les ai conçues pour quatre mains ; si je l'avais fait pour orchestre, elles seraient différentes... » Joseph Joachim en arrangea certaines pour violon avec l'approbation de Brahms. Notons que le titre devrait être *Danses tziganes,* — car Brahms ne connaissait pas le vrai folklore hongrois (ou *magyar,* il faudra pour cela attendre Bartok et Kodaly). Seule la musique tzigane apparaît dans son œuvre, dès les *Variations op. 21,* mais aussi dans les deux *Sextuors op. 18* et *op. 36*, dans le *Quatuor op. 25*, dans les *Liebesliedervalzer,* dans les *Zigeunerlieder,* et dans le finale du *Concerto pour violon*. Le génie de Brahms lui permit d'éviter le côté improvisé et presque vulgaire de ce fonds d'exportation destiné aux capitales allemandes, — dû à des compositeurs hongrois mineurs. Il évita systématiquement la virtuosité, et tenta souvent de retrouver le caractère expressif de cette musique en puisant les thèmes dans des recueils folkloriques.

Ces *Danses* sont toutes écrites à 2/4, sans jamais engendrer la monotonie. Brahms y répand tous les éléments du *Verbunkos* hongrois, et en particulier les *csardas*, — avec l'alternance de tempos lents, généralement en mineur, dits « lassus », et rapides, en majeur, dits « friskas ». On y trouve aussi les brusques changements de tempo au mi-

---

* Voir à : *Dvorak*.

lieu du morceau, les accélérations progressives, le déhanchement rythmique, les syncopes, les imitations caractéristiques du cymbalum (trémolos) et du violon, avec les ports de voix, les tierces langoureuses, les appogiatures et tous les ornements vocaux répandus à profusion.

1. ALLEGRO MOLTO (en *sol* mineur) : c'est une *csardas* (danse d'auberge), qui montre d'emblée à quel point la formation à quatre mains convient à cette musique. Thème expressif, basse syncopée au *seconda*, légères arabesques de doubles croches au *prima*. Brahms n'a pas laissé d'indications dynamiques pour ces différentes sections, cependant contrastées.

2. ALLEGRO NON ASSAI (en *ré* mineur) : une autre *csardas*, empruntée au recueil *Emma Csardas* de Mor Windt. La première partie, en mineur, est passionnée, langoureuse et fortement syncopée ; la seconde, en majeur, est plus vive.

3. ALLEGRETTO (en *fa* mineur) : charmante danse nuptiale, *grazioso*, empruntée au *Tolnai Lakadalmas* du compositeur populaire hongrois Rizner. La section centrale — *Vivace* en *ré* majeur — est d'une franche gaieté.

4. POCO SOSTENUTO (en *fa* mineur) : une page magnifique, en trois sections, empruntée au *Souvenir de Kalocsay* de N. Merty. Brahms reconnut avoir voulu imiter ici les tournoiements de la danse, les claquements de talons, les coups de fouet, et les sonorités de l'orchestre tzigane. Les mains des deux pianistes se croisent et se partagent les trémolos de cymbalum, les accords syncopés, les violons en tierces, etc.

5. ALLEGRO (en *fa* dièse mineur) : page célèbre, comme la suivante, empruntée au *Souvenir de Bartfai* de Kéler Bela. La section centrale — *Vivace* en *fa* dièse majeur — présente des ralentissements et des accélérations typiques.

6. VIVACE (en *ré* majeur) : « Danse du Rosier », remarquable par ses fréquents changements de tempo.

7. ALLEGRETTO (en *la* mineur) : danse très brève, dont l'origine est inconnue.

8. PRESTO (en *la* mineur) : d'après la *Luisa Csardas* de J. Franck. Plus longue que les précédentes, c'est une danse rapide, chantée en tierces, traitée dans l'esprit de la variation.

9. ALLEGRO NON TROPPO (en *mi* mineur) : empruntée à *Makoc Csardas* de J. Travnik. Dans la première section, la main droite du *seconda* (qui croise la main gauche du *prima*) propose d'heureux effets d'écho.

10. PRESTO (en *mi* majeur) : d'après *Tolnai Lakadalmas*, autre danse nuptiale de J. Rizner.

11. POCO ANDANTE (en *ré*) : ici commence le troisième cahier, édité donc en 1880. C'est une création originale de Brahms, dans le mode ancien de *ré* (sans *si* bémol ni *do* dièse), pleine de mélancolie et dont la couleur tzigane est très réussie.

12. Conçue comme la précédente, sans modèle, une page d'une grande virtuosité, — qui fait alterner *ré* mineur et *ré* majeur.

13. ANDANTINO GRACIOSO (en *ré* majeur) : page brève, sans modèle connu, et très riche en effets orchestraux (en particulier dans la partie centrale, *Vivace*).

14. UN POCO ANDANTE (en *ré* mineur) : Brahms a également revendiqué la paternité de cette danse brève, mais très élégante par ses chromatismes et ses contre-chants expressifs.

15. ALLEGRETTO GRACIOSO (en *si* bémol majeur) : pièce d'une étrange originalité, avec un curieux déhanchement rythmique ; effets pittoresques de cymbalum dans la partie centrale, en mineur.

16. CON MOTO (en *fa* mineur) : plus calme d'allure, plus nostalgique que les précédentes dans sa première partie, mais s'animant peu à peu avec l'apparition de thèmes populaires en majeur.

17. ANDANTINO (en *fa* dièse mineur) : plan de la danse nuptiale traditionnelle, — avec ses alternances d'épisodes nostalgiques et gais. L'introduction lente précède un *Vivace* et un *Meno presto* en *fa* dièse majeur.

18. MOLTO VIVACE (en *ré* majeur) : page pleine de vie et de gaieté, — basée sur le rythme deux doubles croches/une croche, où les partenaires jouent les mains croisées.

19. ALLEGRETTO (en *si* mineur) : pièce remarquable par son écriture en quatuor et les canons entre les deux mains droites.

20. POCO ALLEGRETTO (en *mi* mineur) : pièce de caractère très brahmsien, nostalgique dans sa première partie, — avec un épisode central en *mi* majeur, plus vif.

21. VIVACE (en *mi* mineur) : la première partie est un scherzo dans une jolie couleur modale, avec d'ingénieux croisements de mains. L'*Animato* en majeur conclut dans un climat de franche gaieté.

PIÈCES POUR DEUX PIANOS

On sait que Brahms appréciait fort le jeu à deux pianos (ainsi donna-t-il souvent en concert les *Variations op. 46* de Schumann, avec Clara). Sans écrire d'œuvre originale pour cette formation, il a laissé deux pages importantes, l'*op. 34 b* et l'*op. 56 b*, qui, mieux que des transcriptions, sont des « versions bis » conçues pour le piano, — parfois avant même la version définitive.

Sonate en *fa* mineur (op. 34 b)

Au cours de l'hiver 1861-1862, Brahms avait rédigé la première version pour quintette à cordes *(op. 34 a)* de cette œuvre, — que Clara Schumann et Joseph Joachim n'approuvèrent pas. Pendant l'été de 1863, dans le petit village de Blankenese, près de Hambourg, il rédigea la seconde version, pour deux pianos : l'œuvre fut créée par l'auteur et Karl Tausig à Vienne en avril 1864, dédiée à la princesse Anna de Hesse, et publiée par Rieter-Biedermann en 1872. En 1864, Brahms rédigera, sur les conseils de Clara Schumann, la troisième version pour piano et cordes ; mais la version pour deux pianos gardera toujours sa préférence, — malgré le succès du célèbre *Quintette op. 34*.

Variations sur un thème de Haydn (op. 56 b)

Composées à Tutzing durant l'été 1873, ces *Variations* furent bien tout d'abord conçues pour deux pianos, — comme le prouvent les manuscrits conservés à la Gesellschaft der Musikfreunde de Vienne. Sans avoir le charme sonore de la version orchestrale *(op. 56 a)**, cet *opus b*, moins monotone et moins compact que la *Sonate en fa mineur*, sonne merveilleusement grâce aux contrastes de timbres et aux effets d'écho.

J.A.M.

FRANK BRIDGE

Né à Brighton, le 26 février 1879 ; mort à Eastbourne, le 10 janvier 1941. Ce compositeur anglais, qui fut considéré comme l'égal de son compatriote Vaughan Williams (mais dont la réputation s'est moins bien maintenue), eut pour maître Charles Villiers Stanford au Royal College of Music de Londres, et fut lui-même le professeur de Benjamin Britten. Il s'acquit une grande renommée en tant que chambriste (violoniste au sein du Quatuor Grimson, altiste du Quator Joachim) et comme chef d'orchestre, dans son pays et aux États-Unis. Influencé jusqu'à la Première Guerre mondiale par Brahms et par les post-romantiques, il se forgea, en une seconde période, un nouveau langage harmonique attiré par l'univers schönbergien ainsi que par la polytonalité. En témoignèrent sa Sonate pour piano *(1921-1924), puis des œuvres symphoniques (dont* Enter Spring, *1927), concertantes (*Oration, *pour violoncelle et orchestre, 1930 ;* Phantasm, *pour piano et orchestre, 1931), et de musique de chambre (les troisième et quatrième* Quatuors à cordes, *le monumental* Deuxième Trio *avec piano, le trio à cordes* Rhapsody*). Bridge écrivit aussi un opéra,* The Christmas Rose, *et, surtout, de nombreuses et intéressantes mélodies. L'imposante* Sonate pour piano *mérite ici quelques commentaires.*

Ce fut l'expérience traumatisante de la Première Guerre mondiale qui transforma en profondeur le compositeur Bridge, pacifiste convaincu, — faisant d'un artiste de grand talent, mais foncièrement traditionnel, le seul créateur authentiquement d'avant-garde de l'Angleterre de l'entre-deux-guerres, ouvert aux influences tant de Scriabine que de l'École viennoise. Or, les conservateurs refusèrent de le suivre dans cette évolution, tandis que les progressistes se méfiaient d'un ex-modéré : durant vingt ans, Bridge édifia ses plus grandes œuvres dans l'isolement, et ce n'est que depuis une quinzaine d'années que son pays lui accorde enfin sa juste place. Dans le catalogue thématique dressé par Paul Hindmarsh, le piano occupe non moins de qua-

---

* Voir *Guide de la musique symphonique.*

rante numéros sur cent quatre-vingt douze ; mais il s'agit, en majorité, de pièces brèves. Certaines parmi les dernières, telles *In Autumn* (1924) ou l'extraordinaire *Gargoyle* (1928, publiée seulement en 1977 !), comptent au nombre de ses inspirations les plus audacieuses.

Sonate pour piano

Mais la présence de Bridge est ici due surtout à sa monumentale *Sonate (H. 160)*, qui inaugure véritablement son style de haute maturité, — style dont la difficile conquête se reflète dans la longue gestation de l'ouvrage : de Pâques 1921 au 3 mars 1924. En trois mouvements se jouant sans interruption, elle dure une grande demi-heure et requiert un puissant virtuose. Bridge la dédia à la mémoire de son ami le compositeur Ernest Bristow Farrar, tombé sur le front français en 1918. On a souvent qualifié son langage de bitonal, mais l'effet sur l'auditeur est bien plutôt celui d'une réfraction prismatique de l'harmonie, donnant naissance à des agrégats très complexes. On peut observer deux procédés fondamentaux : la superposition de quartes et de quintes d'une part, celle d'accords parfaits sans notes communes de l'autre. La superposition d'un accord mineur et de l'accord majeur un ton plus haut (par exemple *ut* mineur et *ré* majeur) est si fréquente et si typique qu'on l'a appelée « l'accord Bridge ». Le compositeur exprime une profonde angoisse à travers ces tensions harmoniques parfois étrangement proches du langage de Berg.

La *Sonate* comprend un *Allegro energico* précédé d'une brève introduction *Lento ma non troppo*, puis un *Andante ben moderato*, enfin un *Allegro ma non troppo*. Le dur carillon initial sur des *sol* dièse répétés pourra évoquer le souvenir du *Gibet* ravélien (rapprochement symbolique ?). Sous lui, s'ébauche un sombre thème en accords parallèles mineurs. A la fin de l'œuvre, ce passage est rappelé : cependant les *sol* dièse y sont harmonisés en accords majeurs, — ce qui provoque avec les accords mineurs du thème sous-jacent des « accords Bridge ». Mais le véritable thème « cyclique », avec ses accords chromatiques et son appoggiature mélodique typique, est le seul et nostalgique vestige de style romantique, — dont la présence hante la *Sonate* comme le souvenir d'un paradis perdu, celui de la Paix. Après la violence chaotique du premier mouvement, le morceau lent central est une élégie amère, image de bonheur révolu vue à travers un miroir déformant. Le dernier mouvement a le caractère désespéré de quelque course à l'abîme, et, après une dernière évocation du thème cyclique nostalgique, l'œuvre se termine en une sorte de naufrage polytonal. Rien d'étonnant à ce qu'elle ait déconcerté, voire choqué, le monde musical anglais de l'époque. A nos yeux, elle inaugure une série de chefs-d'œuvre (le *Troisième Quatuor* suivra de peu), et demeure la plus puissante *Sonate* anglaise pour piano avant celles de Michael Tippett, voire même l'une des plus importantes du premier demi-siècle.

H.H.

BENJAMIN BRITTEN

Né à Lowestoft (Suffolk), le 22 novembre 1913 ; mort à Aldeburgh (Suffolk), le 4 décembre 1976. Celui qui fait aujourd'hui figure de « classique » en son pays — mais qui provoque encore quelques réticences ailleurs — s'est imposé surtout par sa musique vocale (ses opéras, ses mélodies, et tous ses ouvrages où se marque une prédilection pour les voix d'enfants). Le piano n'occupe qu'une place restreinte dans son abondante production : Britten, d'abord élève de Frank Bridge, puis de John Ireland pour la composition, fut cependant un excellent pianiste, — s'étant initié à l'instrument avec Arthur Benjamin. Si l'on excepte un trop juvénile cahier de cinq Valses, *le catalogue des œuvres pour piano seul ne compte que trois numéros d'opus : le court recueil* Holiday Diary *date des premières années de composition, et les deux partitions suivantes — pour deux pianos l'une et l'autre — de l'époque où Britten, antimilitariste convaincu, prendra la décision courageuse de quitter les États-Unis pour rentrer en Angleterre en pleine guerre, puis s'installer définitivement à Aldeburgh, au bord de la mer du Nord. Il est curieux que les Britanniques eux-mêmes ignorent généralement ces pièces qui — tout comme le reste de l'œuvre — ne peuvent être considérées comme révolutionnaires, mais recèlent des qualités très personnelles, soit de lyrisme évocateur —* Holiday Diary *—, soit d'incontestable maîtrise dans l'écriture polyphonique pour deux pianos.*

Holiday Diary (op. 5)

Cette petite suite intitulée « Journal de vacances » (mais peut-être pourrait-on préférer la traduction « Croquis de vacances ») fut composée en 1934, et publiée dès l'année suivante. Elle comporte quatre mouvements portant également des titres descriptifs.

Le premier — *Early morning bathe* (« Baignade matinale ») — est en *ut* majeur, indiqué *Vivace ma non troppo presto*; il forme une sorte de prélude enjoué, dans lequel une écume d'arpèges noie la mélodie qui se balance sur une faible houle à 6/8. La seconde pièce est un *Andante comodo* à 3/2, en *ré* majeur, avec le titre *Sailing* (« Promenade à voiles ») : une phrase mélodique un peu molle sur de doux accords de quarte et de septième, — avec un épisode central souplement rythmé évoluant dans les tons de *fa* et de *la*. *Fun-fair*, qui succède, a plus de caractère et de diversité d'humeurs : c'est un scherzo, qui s'ouvre en toccata dans l'équivoque tonale de *la-fa* dièse majeur ; on distingue plusieurs épisodes contrastés jouant capricieusement de cette bi-tonalité, — avant la réexposition complète du thème principal que prolonge une coda où s'affirme le ton de *la* majeur. Le mouvement final — *Night* (« Nuit ») —, indiqué *Molto lento e tranquillo, sempre rubato* (à 4/4), laisse errer dans l'aigu du clavier des accords éthérés ; la texture harmonique est indécise, et les nombreuses chromatisations ne permettent pas de définir une tonalité, en dépit d'une pédale bien marquée ; à la voix intermédiaire, judicieux contrepoint mélodique sur de nettes réminiscences du thème initial de l'œuvre. Œuvre d' « atmosphères » dénuées de pittoresque, — qu'eût pu écrire un Frank Bridge, maître honoré par le compositeur, et dont le deuxième mouvement *(Sailing)*, d'une qualité poétique rare, peut sembler le plus réussi.

Introduction and Rondo alla Burlesca, pour deux pianos (op. 23 n° 1)

Les deux autres partitions de piano composées par Britten furent jumelées sous un numéro d'opus commun. L'*Introduction and Rondo alla Burlesca*, partition écrite en novembre 1940 aux États-Unis, ne fut publiée néanmoins qu'en 1945 : il s'agit là d'une œuvre solidement agencée pour les deux pianos, — il n'est pas exceptionnel qu'ils s'opposent plutôt qu'ils ne collaborent véritablement.

Un *Grave* inaugural, à 4/4, plante le décor contrapuntique, *ff*, qui s'épaissit harmoniquement, — avant de laisser chanter, *pp*, le motif principal en un *Allegro moderato, ma con spirito*. L'écriture en canon suscite la disharmonie des deux partenaires, — que vient résoudre un unisson mélodique. Retour du *Grave* introductif amorçant l'*Allegro* conclusif, dans lequel on peut voir une vaste cadenza que se disputent par antiphonie les deux pianos (le second sur des figures inversées du premier). L'étrangeté d'un *mi* bémol par lequel ils concluent sur l'accord final de *ré* majeur paraît ne point résorber le conflit, — dont Britten aura su tirer un parti « pince sans rire » tout au long de la partition.

Mazurka Elegiaca, pour deux pianos (op. 23 n° 2)

L'œuvre jumelle — dont le titre contraste non sans humour — fut composée peu après, en juillet 1941, mais publiée plus tôt, dès 1942. N'hésitons pas à déclarer qu'il s'agit, à notre avis, d'un petit chef-d'œuvre du genre, — tant l'équilibre nécessaire entre les deux pianos, si souvent obtenu d'artificieuse manière, semble ici naturel et souverainement réalisé.

Dans la tonalité de *la* bémol majeur, les partenaires préludent calmement en un

Poco lento à 3/4, — à trois voix : le second piano, sur deux portées, présente un motif mélodique parcouru de triolets, que ponctuent des accords graves ; le premier piano énonce le thème principal, — ample phrase déclinante en octaves. Ce thème s'affirme avec force en *fa* majeur, sur les basses rythmiquement syncopées d'un *Animato appassionato*.

Une très intéressante élaboration contrapuntique (le thème au second piano, les accords rythmiques au premier) laissera paraître à nouveau l'élément « élégiaque » du prélude initial, avant que soit atteint un impressionnant unisson rythmique. Lors de la conclusion, l'insistante scansion de toute la pièce s'affaiblit au profit du thème mélodique éloquemment réparti entre les deux pianos.

F.R.T.

JOHN BULL

Né dans le Somerset, en Angleterre, vers 1562 ; mort à Anvers, le 12 ou 13 mars 1628. Organiste de la cathédrale d'Hereford et de la Chapelle royale à Londres, installé à Bruxelles et à Anvers après un départ précipité d'Angleterre — sans doute par conviction religieuse ou pour échapper à la justice —, titulaire de l'orgue de la cathédrale d'Anvers jusqu'à sa mort, il diffusa sur le continent l'art des virginalistes anglais. Bull reste avant tout un compositeur de musique instrumentale. Si l'on conserve de lui quelques pages de musique sacrée et une cinquantaine de pièces pour viole, son œuvre pour virginal et pour orgue est de première importance. Il est encore considéré aujourd'hui comme l'un des plus grands virginalistes anglais et l'un des créateurs de la technique de clavier moderne. Sa virtuosité sur le petit clavier du virginal — dont l'étendue moyenne était de trois octaves et demie — était aussi extraordinaire qu'audacieuse à une époque où l'on ne jouait qu'avec trois doigts et où le passage du pouce était inconnu.

L'œuvre de clavier

Une partie de la musique de Bull fut malheureusement perdue lors de son départ d'Angleterre. Son œuvre de clavier se compose de quelques cent cinquante pièces, dont la plupart se trouvent réunies dans de grands recueils collectifs du XVIIe siècle comme le *Parthenia,* ou le *Fitzwilliam Virginal Book* conservé au Fitzwilliam Museum de Cambridge et édité à la fin du XIXe siècle.

Cette œuvre est extrêmement brillante et la puissance d'inspiration de son auteur est tout à fait intéressante. Tous les moyens techniques et rythmiques utilisés par Bull donnent à sa musique un éclat que l'on ne rencontre pas toujours dans les pièces de ses contemporains. Cet éclat a parfois nui à la réputation de l'ensemble, — certains n'ayant voulu voir dans la littérature de clavier de John Bull qu'une œuvre inégale comportant essentiellement des morceaux d'habileté. Reconnaissons cependant qu'il possède un réel don de mélodiste, et qu'il est certainement le premier à avoir développé la variation dans sa forme moderne. S'il recherche l'effet et s'il a le souci de faire valoir son talent de virtuose, c'est bien pour mettre en valeur la sonorité ténue du virginal, ce petit instrument dont le clavier réduit ne permettait pas de tenir les sons. Il fallait combler les vides sonores. Le virginal, peu fait pour les mouvements lents, exigeait donc des pièces volubiles.

L'œuvre de clavier de John Bull se compose principalement de pièces descriptives (comme *The King's Hunt*), de mouvements de danses (surtout de pavanes et de gaillardes : *The Quadran Pavan,* l'une de ses plus belles pièces, *Galiard to the Quadran Pavan, Pavana of my Lord Lumley*, etc.), de fantaisies, de préludes, de variations sur des mélodies de plain-chant (variations sans doute destinées à l'orgue plutôt qu'au virginal : *In Nomine, Gloria tibi Trinitas, Salvator mundi* sur le thème grégorien du « Veni creator »), de variations sur des airs de danses (*Variation of the Quadran Pavan*, par exemple), de variations sur des chansons populaires (les célèbres variations sur *Walsingham* demeurent parmi les plus parfaites réussites de John Bull).

Variations sur Walsingham

C'est la pièce n° 1 du *Fitzwilliam Virginal Book*. Le thème simple de la première variation est exposé sans accompagnement. Il engendre une série de trente variations dans lesquelles il réapparaîtra toujours au superius. Cette pièce fait appel à un déploiement de virtuosité tout à fait extraordinaire, mais qui ne nuit jamais à l'esthétique. Toutes les figurations sont ici employées : broderies, traits d'arpèges, contrepoint serré *(var. 2, 3 et 4)*, notes répétées *(var. 8)*, variété rythmique *(var. 10)*, traits de toccata dont certains annoncent curieusement Domenico Scarlatti *(var. 11, 12, 16, 17, 18, 27)*, emploi de sextolets *(var. 13)* et de triolets *(var. 22)*, écriture en imitation *(var. 19)*, superpositions rythmiques *(var. 20)*, enchevêtrements rythmiques *(var. 21)*, traits de gammes *(var. 23 et 24)*, figures rythmiques complexes *(var. 25 et 26)*. En voici quelques exemples ; le thème :

Figuration de notes répétées *(var. 8)* :

Superpositions rythmiques *(var. 20)* :

Figures rythmiques complexes *(var. 25)* :

A. d. P.

FERRUCCIO BUSONI

Né à Empoli (Toscane), le 1er avril 1866 ; mort à Berlin, le 27 juillet 1925. Celui qui deviendra un des grands pianistes de son époque fut formé à la musique par ses parents (un clarinettiste italien et une pianiste d'origine allemande). Il débuta sa carrière de virtuose à Vienne à l'âge de huit ans, puis, dès 1888, entreprit un monumental travail de transcription pour piano des œuvres d'orgue de Bach. Remarquable pédagogue, il sera aussi professeur aux conservatoires d'Helsinki, puis de Moscou et de Vienne, à l'Académie des Beaux-Arts de Berlin, enfin directeur du Liceo Musicale de Bologne. Après un séjour aux États-Unis, Busoni s'installe définitivement à Berlin en 1894 : non seulement il compose, mais il dirige avec ferveur de la musique contemporaine (c'est lui qui donnera la première audition en Allemagne du Prélude à l'après-midi d'un faune *de Debussy). Comme pianiste, il se fait remarquer surtout par ses récitals consacrés à Liszt, — « qu'il considérait comme l'oméga du clavier, Bach étant l'alpha » (Jean-Jacques Rouveroux). En tant que compositeur, c'est un moderniste : son* Projet d'une nouvelle esthétique musicale, *de 1907, propose l'emploi de la polytonalité, de la dissonance, celui des modes anciens, des micro-intervalles, et même de l'électronique — bref, quantité d'innovations* devenues après lui monnaie courante de la musique occidentale au XXe siècle. Ses ouvrages lyriques — quatre opéras dont Doktor Faust *(création posthume)* —, plusieurs de ses partitions pour piano *(les six* Sonatines *par exemple)* reflètent cet anti-conformisme. Exception faite des opéras, de suites symphoniques, d'un peu de musique de chambre, l'œuvre de Busoni privilégie le piano, soit concertant*, soit dans de nombreuses pièces dont il faut signaler la Fantaisie contrapuntique *d'après Bach,* les belles transcriptions d'œuvres de ce dernier déjà mentionnées, et celles de partitions de Beethoven, Brahms, Liszt, — sans oublier les improvisations et des cadences intéressantes pour des concertos de Mozart, de Beethoven et de Brahms. Sont présentées ci-après les plus essentielles de ces pièces à un ou deux pianos.

Le catalogue thématique des œuvres de Busoni établi par Kindermann comporte non moins de trois cent trois numéros, et le piano s'y taille évidemment la part du lion. Mais, d'une part, Busoni accumula les œuvres durant son adolescence et sa jeunesse, d'autre part il mit longtemps à se trouver un langage personnel et fit preuve lui-même d'une grande sévérité envers sa production juvénile, au point de recommencer une deuxième numérotation par opus. Par ailleurs, au-delà des quelque trois cents titres « originaux », existent d'innombrables transcriptions et arrangements d'après d'autres compositeurs : ici Busoni rappelle son grand modèle Liszt. Ces arrangements, en particulier d'après Jean-Sébastien Bach, ont largement éclipsé ses œuvres originales dans la conscience du grand public, pour lequel il n'est guère que l'une des composantes d'un étrange monstre hybride nommé Bach-Busoni. Bien entendu, nous nous attacherons ici aux plus significatives d'entre les œuvres originales. Parmi celles de jeunesse, on retiendra les deux *Tanzstücke* (« Pièces de danse ») *opus 30 A (K. 235),* de 1890, que Busoni jugea dignes d'une refonte complète en 1914 *(K. 235 A),* sous les titres de *Waffentanz* et *Friedentanz* (« Danse en armes » et « Danse de Paix ») ; puis la *4e Scène de Ballet (Valse et Galop) opus 33 A (K. 238),* de 1892, elle aussi remaniée ultérieurement *(K. 238 A,* 1913) ; enfin, les *Six pièces opus 33 B (K. 241),* de 1896, que Busoni ne modifia plus, et dont la cinquième, *Ballade finlandaise,* est un souvenir de son important séjour à Helsinki, où il connut son épouse et où il se lia d'une amitié durable avec Sibelius. Mais ces œuvres pèsent de peu de poids face aux pages de maturité, que Busoni lui-même fit commencer avec le recueil des *Sept Élégies.*

Sept Élégies (K. 249 et 252)

« Je n'ai enfin trouvé mon véritable visage personnel que dans les *Élégies* », déclarait le compositeur. Les six premières furent écrites en 1907 et 1908, à l'époque de son texte théorique fondamental, *Projet d'une nouvelle esthétique musicale.* La *Septième Élégie* fut ajoutée en juin 1909 : c'est une étude préliminaire pour la célèbre *Berceuse élégiaque* pour orchestre. Ce recueil, succédant à une pause de plus de dix ans durant laquelle Busoni n'avait plus rien écrit pour le piano seul, devait s'intituler à l'origine *Nach der Wendung* (« Après le Tournant »), — ce qui situe bien son importance ; ce titre est resté celui de la première pièce, la seule qui ne soit ni une élaboration de musiques plus anciennes (comme les n°s 2, 4 et 5), ni une étude préliminaire à des pages ultérieures (comme les n°s 3, 6 et 7). À tous égards, ce cycle se situe donc sur la ligne de « partage des eaux » entre les deux grandes phases créatrices de Busoni. Le langage musical, illustrant les idées de son essai théorique, s'ouvre largement sur le siècle à venir : émancipation des concepts traditionnels de consonance et de dissonance ; dépassement de l'alternative majeur/mineur vers une richesse modale toute nouvelle, puisant aux sources tant anciennes que modernes, tant savantes que populaires, tant européennes qu'extra-européennes (Busoni, dans son *Essai,* dénombre non moins de cent treize de ces modes !) ; usage libre des douze sons de la gamme chromatique ; abandon de plus en plus fréquent du principe de l'unité tonale ; appel à des techniques polytonales et polymodales, à des harmonies faites de quartes et de quintes superposées, voire même harmonies « neutres » de saveur microtonale... Busoni entend par *Élégie* un morceau d'expression poétique, pas obligatoirement triste, comme le montrent les n°s 2 et 4 (ou encore, dans le cycle ultérieur

---

* En particulier l'important *Concerto pour piano, chœur d'hommes et orchestre ;* voir *Guide de la musique symphonique.*

d'*Élégies* pour orchestre, des pages aussi exubérantes que le *Rondo arlecchinesco* ou le *Tanzwalzer*).

La PREMIÈRE ÉLÉGIE, *Nach der Wendung* (« Après le tournant »), porte le sous-titre de *Recueillement*, et ne fut écrite qu'en décembre 1907, après les n°s 2 à 6. C'est un morceau tout en demi-teintes, d'une étonnante liberté d'harmonie, de rythme et de structure formelle : « recueillement » au seuil d'un univers nouveau (au même moment exactement, Schönberg « respirait l'air d'autres planètes » dans son *Deuxième Quatuor!*)...

La DEUXIÈME ÉLÉGIE est de caractère tout différent, et nullement « élégiaque » : intitulée *All'Italia! In modo napolitano*, elle élabore trois fragments de caractère italien des deux *Scherzos* (deuxième mouvement, *Pezzo giocoso*, et quatrième mouvement *All'Italia*) du monumental *Concerto pour piano et orchestre avec chœur d'hommes* de 1903 : successivement une *Canzone* napolitaine *(Andante barcarolo)*, une vive *Tarentelle (Presto)*, et un *Allegro*.

La TROISIÈME ÉLÉGIE, la plus développée, la plus avancée de langage et la plus profonde d'expression, est un *Prélude de Choral (Choralvorspiel)* qui élabore la mélodie luthérienne souvent utilisée par Bach, *Allein Gott in der Höh' sei Ehr* (paraphrase du *Gloria in excelsis Deo*) ; mais transposée en mineur, et adaptée à des paroles de signification bien différente : *Meine Seele bangt und hofft zu dir* (« Mon âme a peur et espère en toi »). Busoni a donné à ce morceau, qui se déroule *Moderato, un po' maestoso*, le sous-titre *Angst und Glauben* (« Crainte et Foi »), que l'on peut interpréter également comme ce qu'il ressentait face à l'avenir inconnu de la musique, — un avenir dont il traçait lui-même les premières lignes. Ce morceau est l'une des sources de la *Fantasia Contrappuntistica* de 1910, où il sera réutilisé et élaboré.

La QUATRIÈME ÉLÉGIE s'intitule *Turandots Frauengemach. Intermezzo* (« l'Appartement des femmes de Turandot : Intermezzo »). Cette pièce en deux volets *(Andantino sereno — Più vivo e distaccato e ritmato)*, qui cite la célèbre mélodie anglaise de la Renaissance *Greensleeves*, développe l'introduction au troisième acte de la musique de scène que Busoni avait écrite en 1906 pour le *Turandot* de Gozzi, tout en la raccordant au *Lied* avec chœur qui ouvrira le deuxième acte du futur opéra (1917), — que le compositeur devait écrire à partir de sa musique de scène. C'est une pièce brillante et vituose, d'une écriture instrumentale lisztienne.

La CINQUIÈME ÉLÉGIE *Die Nächtlichen. Walzer* (« les Nocturnes. Valse »), est une brève et fantômatique danse d'ombres (marquée *Schnell, flüchtig und verschleiert* : « rapide, fugitif et voilé »), entièrement dans les nuances les plus infimes du pianissimo. Elle aussi se rattache à *Turandot*, tant à la *Valse nocturne* de la musique de scène qu'au dernier *Intermezzo* du futur opéra.

La SIXIÈME ÉLÉGIE, au titre lisztien d'*Erscheinung* (« Apparition »), et sous-titrée *Notturno*, fut en réalité la première écrite (dès la fin de 1906). C'est néanmoins celle des six premières à laquelle Busoni attachait le plus de prix, et c'est l'une des plus libres et plus avancées de style, l'une des plus expressives également. Le compositeur devait en réutiliser la musique dans son premier opéra, *Die Brautwahl* (1912). Cette *Élégie* comporte une *coda* citant comme dans un rêve *(Visionario)* le motif initial de la *Première Élégie*, — *coda* qu'il ne faut jouer que lorsqu'on exécute en entier le cycle, dont elle souligne ainsi l'unité.

Ajoutée en juin 1909, la SEPTIÈME ÉLÉGIE, intitulée *Berceuse*, n'est autre qu'un premier état, beaucoup moins développé, de la sublime *Berceuse élégiaque* pour petit orchestre, que Busoni écrira plus tard dans l'année sous le coup de la mort de sa mère, survenue le 3 octobre. Ici le langage n'est ni tonal, ni atonal, pas davantage chromatique, mais planant en quelque sorte en état d'apesanteur, — ce que soulignent encore la fluidité du rythme et la légèreté désincarnée de l'écriture instrumentale. Une pareille merveille s'inscrit dans le droit fil de l'héritage du Liszt tardif des *Nuages gris*.

Fantasia Contrappuntistica (K. 255 et 256)

Symbiose la plus grandiose et la plus célèbre entre Bach et Busoni, la *Fantasia Contrappuntistica* a connu une élaboration longue et compliquée, et existe en plusieurs versions authentiques, — sans compter les nombreuses transcriptions par d'autres auteurs. Au début de 1910 Busoni, dans son édition des œuvres de Bach, en était arrivé à *l'Art de la Fugue* et se trouva confronté au problème de la fugue inachevée. Au cours d'une tournée américaine, il retrouva à Chicago le célèbre contrapuntiste Bernard Ziehn, qui lui communiqua le résultat de ses recherches : on sait que la fugue en question, prévue « à quatre sujets », s'interrompt au milieu de l'élaboration du troisième, lequel n'est autre que BACH. Ziehn démontre que le quatrième sujet est tout simplement le thème initial et principal de tout *l'Art de la Fugue*, et qu'il se combine parfaitement avec les trois autres. Busoni entreprit de réaliser cette quadruple fugue ; mais, comme si cela ne suffisait pas, il ajouta un cinquième sujet de son invention, et réalisa donc une gigantesque quintuple fugue qu'il intitula, sans excès de modestie, *Grosse Fuge*, la désignant comme *Fantaisie contrapuntique sur la dernière œuvre inachevée de J.S. Bach*. Cette première version de la *Fantasia Contrappuntistica (K. 255)* fit l'objet d'un tirage limité aux États-Unis. Rentré en Europe, Busoni amplifia énormément son projet, faisant précéder la *Fugue* d'un *Prélude sur le Choral « Allein Gott in der Höh' sei Ehr »*, qui n'est autre qu'un remaniement profond de la *Troisième Élégie* (v. plus haut). Cette nouvelle version, connue sous le nom d'*Édition définitive* (juin 1910) est cataloguée comme *K. 256*. En 1912 naquit la *Versio minor (K. 256 A)*, où le *Prélude de Choral* était remplacé par un *Prélude* plus bref sur la même mélodie, suivi de trois *Variations*, — le tout provenant d'une ébauche non utilisée en 1907 dans l'*Élégie*. Mais ce ne fut qu'en 1921 que l'œuvre colossale connut enfin sa forme définitive *(K. 256/B)*, cette fois-ci pour deux pianos, seule formule instrumentale apte à rendre justice à son incroyable complexité contrapuntique. Cette version ultime amalgame les deux versions du *Choral* initial, et soumet les divers volets de la *Fugue* à quelques variantes de détail. Elle se présente en non moins de douze parties :

1. Prélude et Variations sur le Choral « Allein Gott in der Höh' sei Ehr », se décomposant en *Introduction, Choral et trois Variations, Transition*, — cette dernière annonçant l'apparition du premier sujet de fugue à la basse, tandis qu'au dessus se déroule une paisible invention à trois voix.

2. Fuga I : l'original de Bach est paraphrasé et enrichi de contrepoints chromatiques ; surtout, son équilibre est modifié : au lieu d'une progression continue vers un climax final, c'est une forme d'arche symétrique.

3. Fuga II : les notes en valeurs longues du thème sont ponctuées par des allusions doucement dissonantes au thème du *Choral* ; mais Busoni fait entendre également une prémonition du sujet BACH, celui de la troisième *Fugue*.

4. Fuga III : partant du fragment inachevé de Bach, à peine modifié, Busoni le poursuit, et tire les conséquences harmoniques et contrapuntiques les plus hardies et les plus dissonantes du projet de départ, atteignant un sommet de tension d'une prodigieuse complexité.

5. Intermezzo : cette tension se relâche durant cet indispensable palier, — musique mystérieuse échappant à toute gravité métrique ou tonale, et dont les indications telles qu'*Occultamente* ou *Visionario* définissent bien le caractère irréel.

6. Variatio I : se succèdent à présent trois *Variations* représentant autant de développements, ou — pour parler fugue — de divertissements, dans le cadre colossal du projet d'ensemble. Une mystérieuse invention à deux voix, non tonale, mène en *ré* bémol majeur pour la rentrée du premier sujet modifié.

7. Variatio II : sur une variante rythmique en triolets du motif BACH (c'est l'origine du futur cinquième sujet).

8. Variatio III : les triolets assument les contours du deuxième sujet, combiné ensuite avec de nouvelles variantes du troisième et du premier.

9. Cadenza : à nouveau, la tension accumulée se relâche en une césure formelle et dynamique dont le rôle rappelle celui de l'*Intermezzo* ; écriture libre, non tonale, non mesurée, dissimulant la présence de BACH renversé et d'harmonies évoquant le *Prélude de Choral*.

10. Fuga IV : le point culminant de l'œuvre, son idée de départ et sa véritable raison d'être. Busoni commence en *si* bémol mineur, avec du matériau emprunté à la deuxième fugue de *l'Art de la Fugue*. On passe brusquement et dramatiquement en *ré* mineur, pour l'entrée tant attendue du quatrième sujet (le premier de *l'Art de la Fugue*, en fait) qui tonne aux basses. Mais Busoni, nous l'avons vu, introduit encore un cinquième sujet, et la complexité de la polyphonie à six voix atteint son sommet : vertigineux engrenages faisant appel à toutes les ressources de l'écriture, y compris le contrepoint renversable. A la fin seul BACH subsiste, grondant dans le grave.

11. Choral : rappel de la mélodie de *Choral*, distante, éthérée.

12. Stretta : basée sur la section conclusive de la grande *Fugue à trois sujets n° XI* de *l'Art de la Fugue*. On retrouve, au maximum de la puissance, la triple quinte ascendante qui ouvrait la *Fuga I*. Une accumulation d'accords de dominante de plus en plus denses (jusqu'à la quinzième) précède l'unisson final sur *ré*.

La *Fantasia Contrappuntistica* trouve à deux pianos sa meilleure réalisation sonore. Mais, conceptuellement, c'est de la musique abstraite, tout comme *l'Art de la Fugue* qui l'inspira. Aussi n'est-il pas étonnant que le chef-d'œuvre de Busoni ait donné lieu à plusieurs transcriptions, soit pour orgue, soit pour diverses formations orchestrales.

Les Six Sonatines

Échelonnées sur une période de dix ans (1910-1920), les six *Sonatines,* sous une forme attrayante, accessible et concise, donnent peut-être le meilleur portrait global de Busoni, dont elles ramassent les multiples facettes en un étonnant microcosme. Ce ne sont pas des sonates en miniature, et l'on n'y retrouve pas trace des formes classiques telles que forme sonate, rondo, scherzo, etc. Le terme doit être pris plutôt dans son sens originel : pièce brève de forme libre destinée à être « sonnée » (jouée).

La PREMIÈRE SONATINE *(K. 257)* date de 1910, et succède de peu à la deuxième version de la *Fantasia Contrappuntistica* (v. précédemment). Elle enchaîne quatre épisodes libres, tous basés sur le thème initial dérivé de la mélodie populaire américaine *Swanee River,* aussitôt variée, soit sur une idée secondaire, exposée en fugato, lors du deuxième épisode, tenant lieu de mouvement lent. Vient ensuite un *Allegretto elegante,* sorte de valse à la Chopin, mais opposant les gammes par tons de la main droite (à 4/4) aux rythmes de valse de la main gauche en *la* bémol majeur. Un épilogue lent et rêveur, au charme debussyste, rappelle le thème initial.

La SONATINA SECONDA *(K. 259),* de juin-juillet 1912, est la plus célèbre des six, et à bon droit, car c'est l'œuvre la plus audacieusement novatrice de Busoni, de forme entièrement libre. Une musique complètement atonale, et renonçant même à la barre de mesure ; donc, en un sens, plus avancée même que ce que Schönberg et ses disciples écrivaient à la même époque ! L'œuvre habite le monde étrange de rêve crépusculaire et blême, au-delà de toute pesanteur, propre à Busoni. Il est significatif que le compositeur ait repris l'espèce de *Choral* intervenant après le premier climax, puis juste avant la fin, pour l'un des moments capitaux du *Docteur Faust,* — celui dans lequel les trois mystérieux étudiants de Cracovie, vêtus de noir, remettent à Faust le Livre magique. Vers la fin de l'œuvre, les accords d'accompagnement deviennent des clusters indistincts et non-fonctionnels dans le grave du clavier. L'œuvre entière tire son unité d'un intervalle : la seconde (d'ailleurs annoncée, par jeu de mots, dans le titre même !). Mineure ou majeure, ou encore renversée sous forme de septième, elle domine tout le déroulement de la *Sonatine*. En voici un exemple :

L'harmonie, non tonale, est faite surtout de divers accords combinant quartes et neuvièmes. En sa totale liberté, l'œuvre va bien au-delà de toute autre musique de son époque, et garde toute sa fascinante actualité. Avec le *Nocturne symphonique* pour orchestre, de la même année, elle représente l'avancée stylistique la plus extrême de son auteur.

La TROISIÈME SONATINE *(K. 268, juillet* 1915) est intitulée, en latin, *Sonatina ad usum infantis Madeline M. Americanae pro Clavicimbalo composita*. Elle résulte en effet d'une commande destinée à une enfant américaine. La mention *pro Clavicimbalo* n'est qu'une coquetterie de style ; à moins qu'elle ne se rapporte à la forme de l'œuvre, qui est une espèce de Suite de danses en miniature, en cinq épisodes enchaînés : c'est l'un des premiers témoignages de l'évolution dernière du compositeur vers ce qu'il appelait lui-même un « jeune classicisme », et l'influence croissante de Mozart n'y est pas étrangère. Les cinq parties s'intitulent *Molto tranquillo, (Invention Andantino melancolico), Vivace (alla Marcia), Molto tranquillo* et *Polonaise (un poco cerimonioso)*. Les mouvements 1, 2 et 4 sont basés sur le même thème, — tandis que l'ironique danse de marionnettes de la *Polonaise* se retrouve, deux ans plus tard, dans l'opéra *Arlecchino*.

De décembre 1917 date la QUATRIÈME SONATINE, *In diem nativitatis Christi MCMXVII (K. 274),* dédiée par Busoni à son fils Benvenuto. C'est une pièce introvertie et tranquille, d'une sérénité voilée de mélancolie, dont le dépouillement annonce un certain Hindemith. Les dissonances douces-amères résultent ici d'une écriture totalement linéaire, indifférente aux rencontres harmoniques. Bien que d'un seul tenant, l'œuvre se découpe en trois volets, dont celui du milieu fait apparaître, parmi des bribes de choral sur fond de carillon dans le grave, un fragment de *Saltarello* napolitain, — comme si le compositeur, exilé à Zürich par les hostilités, voulait réunir par la musique ses deux patries, l'Italie et l'Allemagne, alors en guerre. Le thème initial, agrandi aux dimensions d'un *Choral*, termine la *Sonatine, quasi trasfigurato,* dans un sentiment de profonde méditation. Peut-être avons-nous là la plus précieuse des six *Sonatines,* de pair avec la *Seconde*.

Les deux dernières *Sonatines* élaborent de la musique d'autres compositeurs. La CINQUIÈME *(K. 280,* août 1918) s'intitule *Sonatina brevis in signo Joannis Sebastiani Magni,* et constitue une très libre paraphrase de la « petite » *Fantaisie et Fugue en ré mineur (BWV 905)* de Bach, une œuvre pour clavecin dont on s'accorde aujourd'hui à refuser la paternité au Cantor. Busoni emprunte quelques mesures à la *Fantaisie,* puis les deux mesures du sujet de *Fugue,* et y adjoint un motif de sa propre invention, mais dérivé des intervalles de la *Fantaisie,* pour édifier une architecture polyphonique concise mais magistrale, et qui dépasse de loin son prétexte de départ.

Avec la SIXIÈME SONATINE *(K. 284,* mars 1920), *Sonatina super Carmen,* ou *Kammer-Fantaisie über Bizets Carmen* (« Fantaisie de chambre sur la Carmen de Bizet »), Busoni suit les traces de Liszt en rendant hommage au genre de la fantaisie-transcription d'après un opéra célèbre. Cependant il ne s'agit pas ici d'une pièce virtuose ou brillante, mais d'une page très architecturée, de caractère dramatique et intériorisé. Les thèmes s'enchaînent selon une logique musicale propre, et non point dans l'ordre où ils apparaissent dans l'opéra ; ces enchaînements, par modulations très brusques, rappellent presque des fondus-enchaînés cinématographiques. L'harmonie est dissonante, fréquemment polytonale, et Busoni exploite l'extrême-grave de l'instrument. Il paraphrase successivement les scènes de foule du premier et du dernier actes, la *Romance de la fleur,* la *Habanera,* et termine par le motif chromatique du *Destin,* lequel se combine avec la *Habanera* dans une conclusion *(Andante visionario)* d'une profonde tristesse.

Indianisches Tagebuch I (Journal indien I) (K. 267)

Au cours de sa tournée américaine de 1910, Busoni s'était pour la première fois passionné pour la musique traditionnelle des Peaux-Rouges d'Amérique du Nord, dont son élève Natalia Curtis lui offrit alors un recueil. De 1913 à 1915 naquit ainsi une trilogie « indienne » : tout d'abord la *Fantaisie indienne pour piano et orchestre, op. 44 (K. 264),* puis les deux parties du *Journal indien* : les quatre pièces pour piano dont il est question ici, et une page pour petit orchestre, *Gesang vom Reigen der Geister* (« Chant de la Danse des Esprits »), *op. 47 (K. 269).*

Les *Quatre Études sur des motifs des Indiens d'Amérique du Nord* furent composées entre juin et août 1915. Ici, Busoni essaye de trouver un langage neuf correspondant à un folklore vierge et éloigné des traditions classiques, — un peu comme Bartok, à la même époque, avec les musiques traditionnelles d'Europe centrale et orientale. Il choisit des thèmes se rapportant à la vie quotidienne traditionnelle des Peaux-Rouges : mère et fils, fiancée, guerre et paix... A l'exception de la deuxième pièce, le cycle élabore des éléments contenus déjà dans la *Fantaisie indienne,* mais de manière plus concise et plus dépouillée. L'*Allegretto affettuoso, un poco agitato,* d'un chromatisme étrange, provient de la cadence de la *Fantaisie* et se déroule comme une douce berceuse, par moments plus agitée. Le bref *Vivace,* peut-être le plus original des quatre morceaux, est une danse guerrière aux rythmes percussifs violents et aux âpres frottements de secondes :

Les deux autre pièces proviennent des parties lentes de la *Fantaisie indienne.* L'*Andante* est un tendre duo amoureux, aux subtiles rencontres polytonales, tandis que le *Maestoso ma andando* final, d'une ampleur de souffle épique, plonge dans les profondeurs de l'extrême-grave, voire même jusqu'au *sol,* que peu d'instruments possèdent. Ce petit cycle (d'une douzaine de minutes tout au plus) constitue l'une des créations les plus originales de son auteur.

Toccata (K. 287)

C'est la dernière œuvre importante pour piano seul de Busoni, qui jusqu'à la fin de sa vie sera entièrement absorbé par la composition de *Docteur Faust*. Écrite entre juillet et septembre 1920, la *Toccata* se situe dans l'ombre de cet opéra. C'est une page à la fois grandiose, âpre et sombre, d'une extrême difficulté technique. Busoni en fut conscient, puisqu'il n'a pas hésité à faire précéder la partition de cette citation empruntée à Frescobaldi : *Non è senza difficoltà che si arriva al fine* (« Ce n'est pas sans difficulté qu'on arrive à la fin »).

La *Toccata* se compose de trois parties enchaînées. Le *Preludio*, dans la sombre tonalité de *la* bémol mineur, qualifié par Alfred Brendel de « tempête de grêle glacée », élabore des figures d'accompagnement du premier acte de l'opéra *Die Brautwahl*, — un fragment ayant trait à un livre de magie (à rapprocher du Livre magique dans *Docteur Faust!*). Vient ensuite une *Fantasia* dont le centre est un fugato *(Andante tranquillo)*, et dont la musique se rapporte principalement au personnage de la duchesse de Parme dans *Docteur Faust*, — musique exprimant le désir et l'amour, mais chaque fois contrariée par le motif symbolisant Méphisto dans l'opéra. Cette *Fantasia*, fort complexe, comporte non moins de sept sections, de structure concentrique. De même la troisième partie de l'œuvre, une *Ciaccona* sur une basse obstinée de quatre mesures, au profil très âpre, présente des rapports avec le *Preludio*, dont on retrouve le dessin rythmique initial dans la *Strette* conclusive.

Il faudrait citer ici quelques autres pages importantes de la maturité de Busoni, que l'économie de ce livre ne permet pas de traiter en détail. De 1916 date l'*Improvisation sur le Choral de Bach « Wie wohl ist mir, o Freund der Seele »* pour deux pianos *(K. 271)*, qui reprend le *Finale* de la *Deuxième Sonate pour violon et piano* de 1898, et qui constitue une contrepartie plus modeste de la *Fantaisia Contrappuntistica*. Viennent ensuite, pour un seul piano, les *Trois Feuillets d'album : Zürich, Rome, Berlin*, — ce dernier en style de *Prélude de Choral (K. 289*, 1917 et 1921). A la fin de sa vie, Busoni se consacra de plus en plus à des œuvres de caractère pédagogique, visant à développer la haute virtuosité, et qu'il finit par réunir dans une gigantesque *Klavierübung* (titre emprunté à Bach!), en dix parties. Il faut relever là, en particulier, les *Cinq Pièces brèves pour la pratique du jeu polyphonique (K. 296*, 1923), qui sont les dernières pages originales du compositeur pour piano seul. Au total, Busoni et son œuvre pianistique demeurent bien l'une des dernières grandes « terrae incognitae » de la musique du premier demi-siècle.

H.H.

WILLIAM BYRD

Né en Angleterre (Lincolnshire ?), vers 1543 ; mort à Sondon Massey (Essex), le 4 juillet 1623. Esprit novateur et génie universel, il reste l'un des plus grands compositeurs du XVIe siècle. Sans doute élève de Tallis, organiste de la cathédrale de Lincoln, gentilhomme, puis organiste de la Chapelle royale (en dépit de sa fidélité à la foi catholique), il fut considéré en son temps comme le maître le plus éminent de toute l'Angleterre. Son génie s'affirme dans tous les genres qu'il pratiqua, et si son œuvre religieuse en est la plus haute manifestation — il écrivait aussi bien pour le culte anglican que pour le culte catholique —, il est certainement l'un des pères de la musique de clavier et le créateur des éléments de style propres au virginal.

L'œuvre de clavecin

Byrd laisse près de cent trente pièces pour virginal, la plupart rassemblés dans les grands recueils collectifs des XVIe et XVIIe siècles : le *Lady Nevill's Book*, le *Parthenia* ou le *Fitzwilliam Virginal Book*, notamment. Cette œuvre se compose de genres très variés : fantaisies, préludes, transcriptions de mélodies de plain-chant (*Miserere* à trois et quatre parties), mouvements de danses variés (principalement pavanes et gaillardes, mais aussi allemandes ou courantes : *The Quadran Pavan, Passamezzo Pavana, Galiardas Passamezzo, The Queenes Alman, Monsieur's Alman,* par exemple), variations sur des mélodies populaires (*All in a garden green, Fortune, Go from my window, The woods so wild, Wilson wild, John come kiss me now, The Carman's whistle, Sellinger's Round,* etc.), pièces descriptives (comme *The Bells*).

S'il ne se dégage pas complètement du style vocal, Byrd enrichit cependant le domaine instrumental. Sa musique de clavier, dans sa simplicité, est pleine d'imagination et de charme. Il perfectionne le genre de la danse et développe l'art de la variation sur des airs de danses. Ses pavanes et ses gaillardes, écrites dans ce style simple et raffiné caractéristique de la plupart de ses pièces, sont en même temps empreintes de sensibilité. Basé sur une polyphonie claire, souvent limpide, mais toujours riche, leur thème donne lieu à toutes sortes de recherches mélodiques, rythmiques et harmoniques.

Dans ses **fantaisies,** Byrd apparaît comme un fin contrapuntiste. Il se libère peu à peu de la polyphonie et si certaines de ses *Fantasia* sont encore bâties sur un thème grégorien (*Fantasia LII,* du *Fitzwilliam Virginal Book*), la plupart découlent au contraire d'un motif original. Véritables amplifications du ricercare italien, les fantaisies de Byrd — comme celles de ses contemporains — s'ouvrent par un court épisode où le thème entre en contrepoint imitatif. Il se développe ensuite en passant par toutes les transformations possibles, mais avec des « coloratures » assez sobres (*Fantasia CIII,* du *Fitzwilliam Virginal Book*) : broderies, changements de rythme, thème harmonisé, passages homophones qui témoignent du penchant de Byrd pour le style vocal, passages rapides ou motifs nouveaux traités en imitation.

Les nombreuses **variations** de Byrd sur des thèmes de mélodies populaires sont tout à fait intéressantes. Toutes sortes de combinaisons y sont utilisées. Les quatorze variations sur *The Woods so wild* figurent parmi les plus remarquables. Ici, l'élément polyphonique est supplanté par un élément harmonique qui n'est autre que le bourdon. Dans les sept premières variations, le thème passe de voix en voix et disparaît dans la huitième variation au profit du bourdon. Il est défiguré au cours de la variation 9, et sa basse est remplacée par une basse libre. Dans certaines variations, comme celles écrites sur l'air *The Carman's whistle,* le thème inchangé revient de variation en variation en s'entourant d'un nouveau contrepoint. Il apparaît toujours au supérius et subit parfois une figuration en broderies (variation 6). Le contrepoint d'accompagnement, très simple, repose sur une structure harmonique raffinée. En guise de conclusion, la dernière variation fait entendre un motif nouveau d'allure pompeuse. Ailleurs, Byrd tente la synthèse entre la variation mélodique, où le thème figure toujours à la voix supérieure, et la variation harmonisée, où le thème, passant à la basse, sert d'appui au contrepoint (variations sur la chanson humoristique *John come kiss me now*).

A. d. P.

JOHN CAGE

Né le 15 septembre 1912, à Los Angeles. Il hésite d'abord sur sa vocation — littérature, peinture —, avant de commencer à composer sur les conseils de Henry Cowell (v. ce nom), puis de devenir l'élève notamment de Schönberg à l'Université de la Californie du Sud à partir de 1934. C'est en 1938 qu'il invente le « piano préparé », tandis que l'année suivante voit ses premiers essais de musique électroacoustique avant la lettre (Imaginary Landscape n° 1). *Ainsi, dès avant la Seconde Guerre mondiale, Cage apparaît-il comme un créateur tout à fait original, fréquentant toutes les avant-gardes artistiques : il deviendra en 1952 directeur musical de la Compagnie Merce Cunningham, y donnant* Theater Piece, *probablement le premier « happening » jamais présenté outre-Atlantique ; il se rendra, en 1954, dans tous les hauts lieux de la musique contemporaine en Europe (Cologne, Milan, Paris), et, en 1958, à Darmstadt pour une série de conférences qui feront date. Cage, d'autre part, sera l'un des promoteurs des musiques « aléatoires » (bien que récusant le terme), — introduisant dans la composition et l'exécution musicale la notion d'indétermination et l'idée de hasard. On voit par là quelle sera son influence sur l'évolution des techniques les plus récentes de la musique moderne, mais également quant à la reconsidération du statut social de celle-ci : réhabilitation de l'indépendance et de la créativité de l'interprète, voire de l'auditeur, face à la prééminence du compositeur. Cage est donc l'un de « ceux à qui l'on doit une nouvelle façon non plus de* penser en musique, *mais de* penser la musique *» (Marc Vignal)*. L'œuvre — et l'on s'excuse d'employer ce terme, puisque Cage réfute la notion traditionnelle d'œuvre musicale — est abondante : parmi tous les dispositifs imaginés par le compositeur, qu'ils soient instrumentaux ou technologiques, le piano occupe une place non négligeable. Nous retenons ci-après ce qui fut conçu pour le piano seul, — tout en mentionnant certaines pièces dans lesquelles Cage l'a employé en combinaison avec d'autres « sources » ou « événements » sonores.*

Le « piano préparé »

Un commentaire préalable s'impose sur les techniques du « piano préparé », dont Cage fit usage à partir de 1938. La nécessité s'en fit jour à l'occasion de la commande d'une musique de ballet — *Bacchanale* — par la danseuse Syvilla Fort : c'est par manque de place pour installer un orchestre de percussions que le compositeur eut l'idée de « préparer » un piano en transformant partiellement sa sonorité, afin d'obtenir des timbres inhabituels. A cet effet, il modifia la résonance des cordes en introduisant entre celles-ci divers corps étrangers, — en bois, en coton, en caoutchouc, en liège, en métal... (gommes, bouchons, vis, limaille, chiffons, fils de plomb, etc.). Les propriétés acoustiques de l'instrument traditionnel s'en trouvèrent altérées, et devaient permettre à Cage d'exploiter systématiquement par la suite les variations d'attaque et de timbre, — jusqu'à obtenir des effets de « jeux » comparables à ceux de l'orgue ou du clavecin. Mais, plus fondamentalement, Cage visait à accroître l'indétermination du résultat sonore : dès ses premières « expériences » s'insinua la notion de hasard, — qui s'étendrait plus tard à l'acte même de composition. Citons ici, assez amplement, Jean-Yves Bosseur** : « Il existe une grande parenté entre les premières expériences musicales de John Cage sur les " pianos préparés " et les processus d'indétermination qu'il a élaborés postérieurement. En plaçant entre les cordes d'un piano des matériaux de toute sorte, Cage diminue son contrôle au niveau des sons obtenus ; c'est déjà une opération de hasard car, au lieu d'obtenir un son pur, définissable, l'instrument peut engendrer des sons voilés, plus ou moins complexes, malléables, allant jusqu'au bruit. De plus, *les pièces pour piano préparé de Cage, bien que de structure fixe, varient d'une exécution à l'autre selon les matériaux que l'instrumentiste choisit pour changer les sonorités originelles du piano* » (c'est nous qui soulignons).

Plus de vingt-cinq œuvres pour piano préparé seront écrites, — dont plusieurs destinées à des spectacles chorégraphiques de Merce Cunningham (citons, parmi elles, *Daughters of the Lonesome Isle*, en 1944, et *Mysterious Adventure*, l'année suivante). D'autres associeront le piano préparé soit à la voix (*Duo, She is Asleep*, etc.), soit à l'orchestre (*Concerto pour piano et orchestre de chambre*, en 1951), soit enfin à d'autres dispositifs (ainsi *Amores*, de 1943, comportant deux mouvements extrêmes pour piano préparé et deux mouvements centraux pour trio de percussions). On mentionnera encore des partitions comme *Meditation* (1943), *Music for Marcel Duchamp* (1951), ou *31'57.9864"* et *34'46.776"* (toutes deux datées de 1954). Toutefois, une œuvre domine sans conteste : la série des *Sonates et Interludes*.

Sonatas and Interludes

L'ensemble fut composé de 1946 à 1948 ; la première audition intégrale en eut lieu

---

* In : *Larousse de la Musique* (Librairie Larousse, Paris, 1982).
** J.-Y. Bosseur, in : *Musique de notre temps* (Éd. Casterman, Paris, 1973).

avec la pianiste dédicataire Mara Ajemian, les 12 et 13 janvier 1949, au Carnegie Hall de New York. L'œuvre eut un retentissement considérable. Elle est constituée de seize sonates en un mouvement, et de quatre interludes. Treize sonates sur les seize adoptent le modèle scarlattien AA-BB, — tandis que les sonates « centrales » *(n° 9, 10, 11)* sont formées de trois parties asymétriques parmi lesquelles se place un interlude. La notation reste traditionnelle.

.... « Le projet esthétique de l'auteur était d'exprimer les « neuf émotions permanentes de la tradition esthétique de l'Inde » : l'héroïque, l'érotique, le merveilleux, la joie, la douleur, la peur, la colère, l'odieux, et leur « tendance commune vers la tranquillité ». L'écriture de ces œuvres est souvent assez raréfiée, quasi monodique, avec de fréquentes interruptions laissant entendre les résonances particulières du piano préparé, et un travail du *rythme* très personnel, intégrant le *silence* de manière insistante » (Michel Chion)*.

« Le piano est préparé comme on ramasse des coquillages sur une plage », déclara le compositeur. C'était mettre l'accent sur l'indétermination qui préside au choix et au rendu du matériau sonore, — en dépit de l'assise des structures formelles, et plus particulièrement des structures rythmiques. Mais peut-être l'essentiel, pour l'auditeur, n'est-il pas là : le meilleur gage de réussite de ces pages, ce par quoi elles séduisent, reste — supposons-nous — leur « tendance commune vers la tranquillité », tranquillité conquise sur les sonorités désaccordées et les transformations timbriques du piano résonnant, en bien des cas, à la manière d'un gamelan balinais. Musique douce et énigmatique, aux qualités poétiques évidentes, avec ses modulations mélodiques, ses acidités harmoniques minutieusement calculées, — sans aucune provocation. D'ailleurs — et souvent on s'y est trompé —, Cage ne fut et ne sera jamais un provocateur.

Autres œuvres de piano

Peu avant les *Sonates et Interludes*, le compositeur américain écrivit une *Suite for Toy-piano* (« Suite pour piano-jouet », 1948) : sorte d' « hommage » ému au petit piano à queue qu'il avait reçu lorsqu'il était enfant.

---

* In : *Larousse de la Musique* (Librairie Larousse, Paris, 1982).

Music of Changes

En 1951 est composé le *Concerto pour piano préparé* (v. plus haut) : c'est l'année même où Cage prit connaissance des deux volumes de l'*I-Ching*, ou « Livre des mutations », célèbre recueil d'oracles chinois anciens, — qui devait lui suggérer de nouvelles méthodes de composition : composition « impersonnelle », éliminant toute subjectivité, dans laquelle le sort supplante le choix. A l'indétermination du matériau sonore, Cage ajoute alors l'indétermination de l'acte de composer... « D'ailleurs, se posait-il réellement le problème ? Il semble qu'il faille être très prudent dans les termes que l'on emploie au sujet de la recherche de Cage. Toute réflexion qui revient à la penser sous la forme d'une dialectique (hasard — anti-hasard ; détermination — indétermination) est à exclure : Cage ne cherche pas à produire du hasard ; il se laisse porter par tout ce qui lui arrive... » (Jean-Yves Bosseur)**.

Music of Changes fut commencé en 1951, conformément aux procédés de hasard tirés du *I-Ching* : neuf mois furent nécessaires au compositeur pour effectuer les tirages au sort préalables, pour consulter les « oracles ». L'œuvre définitive fut en quatre parties (Livres I à IV), — dont la durée d'exécution varie de quatre à vingt minutes. Remarquons que la notion de hasard ne s'étend pas encore à l'exécution de la partition. Partition séduisante au plus haut degré, donnant l'impression d'une imprévisibilité absolue des événements musicaux, — avec ses notes en liberté, ses silences « originels » (pour Cage, le silence est considéré comme l'ensemble des bruits non organisés), et, certainement, un sens de l'humour et du jeu qui fit tant défaut aux musiciens néo-sériels de l'époque.

Music for Piano

Musique pour piano forme un cycle que Cage entreprit en 1952 et acheva en 1956, et qui comprend au total quatre-vingt-quatre pièces. Le « hasard » s'y manifeste de façon inédite : détermination des notes dans l'espace de la feuille-partition compte tenu des imperfections du papier ! Dans une telle notation, la méthode de composition devient sans conteste une « fonction » des manipulations du hasard. Mieux : « En plusieurs endroits — avertit John Cage —

** J.-Y. Bosseur, *op. cit.*

la notation semble irrationnelle ; dans de tels cas l'exécutant doit jouer à son seul gré. » Dans cette œuvre-labyrinthe, le compositeur établit par ailleurs des rapports d'espace et de durée (« space-notation »), — qui feront florès dans les systèmes de notation modernes : ainsi l'unité de temps musical qu'est la noire est-elle figurée sur le papier par un espace correspondant à l'inch (2,5 cm).

Dans le prolongement direct de *Music for Piano* se situe le *Concerto pour piano et orchestre*, écrit en 1957, — dont la création new-yorkaise l'année suivante créa le scandale : Cage y utilise quatre-vingt-quatre systèmes de notation différents ; la durée d'une exécution est définie par le chef d'orchestre qui en réalise une version. Et sont envisagés des « accidents », dus également aux défauts du papier : « Comme le test de Rorschach, l'interprétation des imperfections du papier peut libérer une musique des opérations de la mémoire ou de l'imagination » (Cage). On voit donc comment... « cette pluralisation des techniques de hasard semble bien être un abandon de toute prétention à la structure, une volonté de court-circuiter à tous les niveaux les aspects intellectuels du choix. Il ne s'agit pas pour autant de privilégier le hasard en soi, ce qui ressortirait encore à la logique, mais plutôt d'une tentative pour se rapprocher de la nature, pour libérer le son, mais aussi le silence » (Marc Vignal)*.

On mentionnera, pour terminer, quelques œuvres pour le clavier de moindre portée, parues dans les années plus récentes : exception faite de ces aphoristiques **Haiku** (1952), — sept courtes pièces dans lesquelles les sonorités étranges du piano renvoient à celles d'un Orient librement interprété. Ainsi doit-on citer une *Cheap Imitation* pour le piano (1969), écrite à partir du *Socrate* de Satie, et ce brillant **HPSCHD** (abréviation de « Harpsichord », ou clavecin), daté des années 1967-1969, pour un à sept clavecins et une à cinquante — et — une bandes magnétiques (mixées pour l'exécution), — partition composée sur ordinateur en collaboration avec un ingénieur électronicien, Lejaren Hiller, à l'Université de l'Illinois. Enfin, surtout, ces **Études Australes** datées de 1974-1976, qui comportent trente-deux pièces de piano réparties en quatre cahiers : le titre dérive de celui de l' « Atlas Australis », rassemblant des cartes astronomiques anciennes que Cage étudia pour établir sa partition en négatif projeté sur écran ; les procédés de notation — aussi labyrinthiques que ceux de *Music of Changes* (v. plus haut) — s'apparentent à la méthode employée alors pour la lecture des « oracles » du *I-Ging*. *Études Australes* — musique des sphères — constitue à coup sûr l'une des œuvres les plus foncièrement originales du piano moderne.

F.R.T.

ELLIOTT CARTER

*Né à New York, le 11 décembre 1908. Exact contemporain de Messiaen, il a étudié la composition avec Walter Piston à l'Université de Harvard, puis à Paris chez Nadia Boulanger. De retour aux États-Unis en 1935, il est d'abord attiré par le néo-classicisme d'un Stravinsky ou d'un Hindemith (*Symphonie n° 1, 1942*), puis évolue vers une plus grande complexité d'écriture, en particulier rythmique, tout en se libérant progressivement de la tonalité : la* Sonate pour piano *(1945-1946) et, surtout, la* Sonate pour violoncelle et piano *(1948) portent témoignage de cette évolution. C'est à partir de cette œuvre que Carter reprit à son compte un concept déjà utilisé empiriquement par Charles Ives, et qui deviendra une constante de son style : la « modulation métrique », — consistant en un changement de tempo progressif par emploi de valeurs irrationnelles. La production de Carter sera, dès lors, jalonnée par des œuvres remarquables, — parmi lesquelles quatre* Quatuors à cordes, *ainsi que des* Variations pour orchestre, *un* Double Concerto pour clavecin et piano, *un* Concerto pour piano, *un* Concerto pour orchestre, *et la* Sym-

---

* In : *Larousse de la Musique* (Librairie Larousse, Paris, 1982).

phonie de trois orchestres *. *A signaler, d'autre part, que Carter a plus particulièrement écrit pour la voix dans les années récentes, à partir de* A mirror on which to dwell *(1975). Composant peu, ce qui l'a fait comparer au Français Henri Dutilleux, Carter a occupé depuis 1961 divers postes d'enseignement universitaire et apparaît aujourd'hui comme l'un des plus grands musiciens américains. Hormis les œuvres concertantes déjà citées, sa production pianistique se limite à deux partitions distantes de plus de trente ans, la* Sonate, *non encore caractéristique de sa personnalité définitive, et surtout les* Night Fantaisies *qui sont d'une incomparable originalité.*

Sonate pour piano

Œuvre de transition, la *Sonate* correspond aux distances que Carter prend avec le néo-classicisme qui a marqué sa période antérieure. Composée en 1945-1946, suivant donc de peu celle de Aaron Copland et contemporaine de celle de Samuel Barber, elle inaugure ses nouvelles conceptions quant à la qualité des idées musicales et la transformation du matériau au cours de l'œuvre. De ce point de vue, la *Sonate* est la première partition dans laquelle la thématique n'est plus envisagée au sens traditionnel, c'est-à-dire exposée dès le début, mais conçue comme dérivée progressivement d'une harmonie de base, — une superposition de quintes ** : bien que reposant sur une architecture tonale (*si* majeur) et sur des formes classiques, elle abandonne la « répétitivité statique » du néo-classicisme, l'idée fondamentale provenant des sonorités tirées de l'écriture pianistique. Autre innovation, le phrasé est désormais pensé en fonction de l'accentuation rythmique, et non plus par rapport à la barre de mesure : c'est ce pas en avant de Carter — le principe ayant déjà été largement appliqué par Bartok — qui le conduira vers la « modulation métrique » dans la *Sonate pour violoncelle* et le *Premier Quatuor*.

Le premier mouvement, de forme sonate à deux thèmes, est révélateur de cette variété rythmique qui entraîne de fréquents changements de caractères, des oppositions de registres et des modes de jeu, ainsi qu'une grande flexibilité du tempo.

Quant au second mouvement, de forme ternaire, c'est un *Andante* qui encadre une fugue centrale complexe polyphoniquement — reste d'académisme —, la dernière partie rappelant également des passages du premier mouvement et se terminant, comme l'a justement relevé Charles Rosen, dans l'esprit de la *Sonate* de Liszt.

Night Fantaisies

Commandée par les pianistes Paul Jacobs, Gilbert Kalish, Ursula Oppens et Charles Rosen, tous familiers de la musique de Carter, les *Night Fantaisies* (1979-1980) constituent la seule partition pour piano depuis la *Sonate*. Le titre contient une double référence : générale d'abord, — l'auteur ayant désiré saisir « le caractère versatile et fantasque de l'imagination pendant une insomnie »; musicale ensuite, à travers l'esprit des recueils de Schumann, telles les *Kreisleriana,* dans une succession d'états différents enchaînés et formant un tout. Semblable à un rêve — au sens propre comme au sens romantique du mot —, l'œuvre propose, selon David Shiff***, « une surface musicale d'aspect improvisé s'appuyant sur des fondations rigoureuses ». La forme globale, d'un seul tenant, est donc tributaire de contrastes, parfois violents, et ne répond pas à une forme « à retours » prévisibles ou même attendus : seules quelques séquences réapparaîtront, soit textuellement, soit transformées, ou, plus subtilement encore, rapidement évoquées. Carter a lui-même décrit l'œuvre comme un mouvement rapide interrompu par des « trios lents » qui imposent progressivement un tempo, interrompu à son tour par des « trios rapides ». Les différentes périodes ainsi typées — *fantastico, appassionato*, ou, à l'opposé, *tranquillo* —, convergent toutes vers un sommet de grande intensité situé presque à la fin de la pièce, précédant une longue conclusion qui imposera progressivement le calme.

Carter utilise une grande gamme de sonorités, de dynamiques et de modes de jeu (du « marcatissimo » au « leggerissimo »,

---

* Voir *Guide de la musique symphonique.*
** Voir Charles Rosen, *Les langages musicaux de Carter*, in : *Contrechamps* n° 6 (L'Age d'Homme, 1986).

*** D. Shiff, *The music of Elliott Carter* (Eulenburg, 1983).

ou du « staccato » au « cantabile »), — la première réussite de la pièce consistant dans le fait d'avoir relié cette variété de textures à une organisation harmonique : la partition repose sur un matériau de quatre-vingt-huit accords, dits « tous intervalles », en superposant un intervalle à son renversement — une septième à une seconde par exemple —, qui définissent ainsi non seulement des couleurs spécifiques à telle ou telle section (intervalles, registres), mais confèrent un véritable rôle structurel à ces agrégats. La seconde réussite réside dans l'application très poussée de la conception du temps propre à Carter : deux pulsations de base, très contradictoires entre elles, régissent les tempos (notés avec une exceptionnelle minutie métronomique), et déterminent des « champs de durées » pour chacun d'entre eux. Il s'ensuit une extrême complexité rythmique, tant dans les successions que dans les superpositions obtenues.

On ne peut que rester confondu devant la richesse d'invention d'un musicien âgé de plus de soixante-dix ans au moment de la composition, ayant signé là l'une de ses partitions les plus fascinantes depuis le *Double concerto pour clavecin, piano et deux orchestres de chambre* (1961), — qui exploitait déjà la même ambivalence entre deux mondes sonores. Les *Night Fantaisies* ont été créées par Ursula Oppens en 1980, et fréquemment jouées depuis par les autres dédicataires ; leur durée d'exécution dépasse de peu les vingt minutes.

A.P.

EMMANUEL CHABRIER

Né à Ambert (Puy-de-Dôme), le 18 janvier 1841 ; mort à Paris, le 13 septembre 1894. Il manifesta très jeune des dons pour le piano et devint à Paris, où ses parents s'installèrent, l'élève d'Édouard Wolff, tout en étudiant la composition,... ainsi que le droit pour respecter la tradition familiale. En 1861 il entre au ministère de l'Intérieur, — dont il ne démissionnera qu'en 1880, pour se consacrer dès lors à la musique. Déjà lié avec Verlaine, puis avec les Impressionnistes (son ami Manet exécuta plusieurs portraits de lui, il fut un grand collectionneur de leurs toiles), Chabrier est devenu dès 1876 membre de la Société Nationale de Musique, qui devait accueillir nombre de ses compositions. Il écrit d'abord des œuvres lyriques légères — l'Étoile, Une éducation manquée ; puis, bouleversé par une audition à Munich de Tristan et Isolde, il n'en compose pas moins ses fameuses Pièces pittoresques pour piano, et, pour l'orchestre, la radieuse España. Des ouvrages lyriques plus ambitieux — Gwendoline, le Roi malgré lui — ne connaîtront pas d'emblée le succès. Au contraire, les partitions d'orchestre — la Joyeuse Marche, la Suite pastorale —, ainsi que l'ultime chef-d'œuvre pour piano, la Bourrée fantasque, seront très vite appréciés à leur juste valeur, — consolant le musicien de la perte progressive de ses facultés. Chabrier n'a jamais abordé la grande forme (point, chez lui, de symphonie, ni même de sonate, ni même de poème symphonique), et, ignorant toute hiérarchie des genres, il a traité de courtes pages pour piano avec la même conscience — et le même art — qu'il eût déployés dans de vastes compositions. Art fort original, cependant aisément identifiable, — car dans la pure tradition française héritée de Rameau : équilibre, clarté, — avec, chez Chabrier, une certaine jovialité et des pointes d'ironie masquant la tendresse et les émois de la sensibilité ; non moins qu'un sens de l'harmonie, de l'imprévu rythmique, des couleurs chatoyantes, du rendu des « sensations » captées dans l'instant, que lui envieront maints cadets. Car l'influence de Chabrier sera grande sur une longue génération de musiciens français, sur Satie, sur Ravel (qui le vénéra), sur le Groupe des Six, et sur Poulenc notamment. Ainsi sa musique, peu ordinaire, mais nullement marginale, reste-t-elle sans cesse à redécouvrir. La production pour le piano — à deux mains, à quatre mains, pour deux pianos — n'est pas surabondante, mais d'extrême qualité, et peut-être encore insuffisamment prisée par les interprètes. A la suite des Pièces pittoresques et de la Bourrée fantasque, qui constituent ses fleurons, nous en présentons ci-dessous l'essentiel.

Pièces pittoresques

Datées de 1881, et exécutées — pour six d'entre elles — le 9 avril de la même année à Paris, à la Société Nationale de Musique (avec la pianiste Marie Poitevin), les dix *Pièces pittoresques* eurent un retentissement que nous ne soupçonnons plus aujourd'hui. César Franck aurait déclaré, à l'issue de cette première audition : « Nous venons d'entendre quelque chose d'extraordinaire, une musique qui relie notre temps à celui de Couperin et de Rameau. » Prononcé ou non, ce jugement révèle ce que contient la musique de Chabrier : une résurrection de la musique française et, dans ce cas précis, une naissance de la musique française de piano. Retour aux sources, trop longtemps taries ou oubliées, d'une tradition (celle des grands clavecinistes), — faisant fi de la virtuosité décorative (cultivée, souvent bien inutilement, par le XIXe siècle pianistique), et restaurant les vertus de simplicité mélodique, de franchise rythmique, d'éloquence directement persuasive. Les *Pièces pittoresques* furent certainement pensées pour l'orchestre : l'expression pianistique, qu'enrichissent les mobilités de l'harmonie, les contrastes de couleurs, en tire le plus large profit. Ouvrages de fine sensibilité, aveux déguisés ou parfois simples pochades, les *Pièces pittoresques* sont un joyau que Debussy lui-même chérira, proclamant sa dette dans ses propres *Préludes*.

1. Paysage : c'est une pièce de nature descriptive, — bien qu'il soit impossible d'en isoler quelque élément significatif de « pittoresque » (le titre général se fait volontairement trompeur). Le ton est celui de *ré* bémol majeur, dans lequel s'établit un unisson mélodique des deux mains en octaves parallèles, sur un rythme sans précipitation, puis un peu plus allant. Le thème s'élargit ensuite à la main gauche contrepointée expressivement par une main droite volubile, — avant une section médiane franchement animée en petites notes répétées et « roulades ». Puis réexposition complète, terminée sur l'affirmation marquée du thème aux deux mains.

2. Mélancolie : ce second épisode revêt, quant à lui, un caractère subjectif auquel échappait la première pièce. Courte page d'une « perfection discrète » (Alfred Cortot)*, — sur un seul thème, rêveur, schumanien, échangeant des répliques. L'élément interrogatif, à l'aigu du clavier, reçoit une réponse murmurée par un unisson des deux mains dans le grave, — le rythme alternant 9/8 et 6/8 en lentes syncopes. Puis dialogue en imitations ou en échos, d'expression tendre et délicate, avant la conclusion toute de paix.

3. Tourbillon : contraste saisissant avec ce bref morceau d'un « tempérament » tel que Chabrier sut en faire preuve devant des auditoires éberlués**. Rythmes hachés, motifs défigurés, — c'est une rafale de notes et de gammes dans laquelle l'humour, voire l'esprit de satire, a sa place. Brusque accord conclusif, péremptoire.

4. Sous-bois : maints commentateurs l'ont souligné, — voici une pièce majeure de la littérature française de piano, et de celles que ni Debussy ni Ravel n'oublièrent. Les rapprochements avec la poésie (Verlaine, *Colloque sentimental*), avec la peinture (Manet, *le Déjeuner sur l'herbe*), n'ont pas non plus manqué. Le ton d'*ut* majeur baigne cette lente évocation « en vert », qui ne dégage qu'avec peine une ligne mélodique évasive sur le rythme mouvant, mais comme immobile, de la basse. Rien d'autre. Toutefois... « les harmonies la diversifient, par des enchaînements subtilement équivoques d'accords de quinte augmentée et d'accords parfaits. Vers le milieu de la pièce, au ton de la dominante, le léger divertissement d'une imitation à l'octave » (Alfred Cortot)***. Puis réexposition à peu près textuelle dans le ton initial, et conclusion estompée.

5. Mauresque : moins originale, assurément moins novatrice que la pièce précédente, celle-ci — d'un orientalisme approximatif (son rythme, un emprunt au mode lydien) — déroule vivement un motif en tierces ascendantes avant un développement mélodique dont on a pu comparer les courbes à celles de la *Forlane* du *Tombeau de Couperin* de Ravel. Mais, dans ce morceau trop convenu, rien de « sérieux » : la double barre, d'ailleurs, est une désinvolte pirouette.

6. Idylle : de ce petit « tableau musical » — qui n'est rien moins qu'une suggestion de rendez-vous amoureux dans un cadre qu'on peut supposer champêtre —, on

---

* A. Cortot, *La musique française de piano* (Presses Universitaires de France, Paris, 1930-1932).

** Sur le jeu de Chabrier : « Ce n'était ni le pianiste correct, ni le virtuose agile, rompu aux difficultés, oh ! que non ! Mais un tempérament endiablé qui s'incorporait dans un instrument » (Henry Bauër ; cité par Alfred Cortot).
*** *Ibid.*

n'a pas omis non plus de remarquer la grâce exquise, l'élégance légère et un peu ironique. Mais c'est, à coup sûr, un nouveau sommet de la série. La ligne mélodique, dans un legato fluide et « bien chanté », se détache sur un double accompagnement staccato, en trame fine, des deux mains. En fait, la pièce tout entière est écrite à trois parties, — à exécuter, sans jamais quitter la mesure à 4/4, « avec fraîcheur et naïveté » (indications de Chabrier) :

« Par instants, la basse interrompt son pizzicato et s'ombre d'une sensible inflexion chromatique ou, dans la reprise de l'exposition, s'anime d'un fin battement de doubles croches qui renouvelle le rythme de l'accompagnement. Ce sont là les seuls ornements pittoresques de cette musique adorable qui vaut par la pureté délicieuse de ses contours, par son discret raffinement poétique » (Alfred Cortot) *. Conclusion délicatement arpégée, sur un accord qui se prolonge.

7. DANSE VILLAGEOISE : pièce d'une rusticité robuste et martelée, — telle une réminiscence de l'Auvergne natale. Au thème rythmique en *la* mineur, d'un discret archaïsme (omission de la note sensible) et construit en fugato, s'oppose le caractère plus à l'aise, plus mélodique, d'un trio en *la* majeur. La reprise du thème rustique est sans changement.

8. IMPROVISATION : « improvisation » véritablement ? Car la forme sonate à deux thèmes inspire ce morceau, dont on a souvent souligné la filiation avec Schumann. Schumanien, sans doute, le lyrisme fiévreux dont s'anime le premier thème, — qui envahit le clavier et le rythme de la main gauche, qui s'exalte, puis retombe. La seconde idée est bien plus assagie, avec ses accords arpégés. Mais le développement contrapuntique des deux thèmes ramène le premier, amplifié, dans son élan passionné (progressions chromatiques à la basse), — enfin brusquement rompu, et conclu sur de paisibles arpègements.

9. MENUET POMPEUX : au premier abord, il reste proche de la *Danse villageoise* antérieure, — essentiellement par sa carrure rythmique (lourde scansion de bourrée, semble-t-il : mais il faut se rappeler que le « pas de bourrée » devint lui-même une danse aristocratique ; et le mot « pompeux » n'a pas été choisi au hasard). Au *sol* mineur de cette rustique entrée en matière s'oppose le *sol* majeur du trio, d'un autre esprit : charme mélodique, instabilité rythmique, « saluts » et « révérences » d'un apprêt suggérant le rituel de la danse de cour, — dont Ravel a tiré le parti qui convenait en orchestrant cette pièce plus d'un demi-siècle plus tard, en 1937.

10. SCHERZO-VALSE : à son tour fermement, nerveusement rythmé à trois temps, ce morceau clôt l'ensemble du recueil avec un à-propos quelque peu bruyant, mais d'une allégresse à coup sûr « pittoresque » (sans qu'il faille — on l'a dit — s'abuser sur ce qualificatif). Une fois encore, le trio — en forme de valse — fait contraste par sa tendresse féerique, avec de nonchalants repos sur la dominante ou la tonique. Un rappel abrégé du scherzo initial et une courte coda concluent définitivement ces *Pièces pittoresques* qu'aucun pianiste, aujourd'hui défenseur du patrimoine français, ne songerait à omettre de son répertoire.

En 1888 fut exécutée pour la première fois à Angers la *Suite pastorale* constituée d'orchestrations, par le compositeur, de quatre des *Pièces pittoresques* (et dans l'ordre suivant) : *Idylle, Danse villageoise, Sous-bois* et *Scherzo-valse* (rebaptisé *Gigue* pour l'occasion). La réussite de telles orchestrations égale certainement celle, toute différente, de la partition pour piano. Mais, avec celui-ci, on écoute malgré tout six pièces supplémentaires !

Bourrée fantasque

C'est la dernière œuvre pour piano de Chabrier, — qui souhaitait l'orchestrer mais n'y put parvenir, miné par la maladie. On joue souvent au concert une orchestration réalisée par le chef autrichien Felix Mottl (une autre, de Charles Koechlin, demeure inédite) : autant dire qu'on est proche de la trahison, et que c'est l'écoute de la version pianistique originale qui s'impose. Composée en 1891, cette partition fut créée le 7 janvier 1893 à Paris, à la Société Nationale de Musique, avec le concours de

---
* *Ibid.*

Mme Henry Jossic. Elle était néanmoins dédiée au jeune pianiste Édouard Risler dont le musicien appréciait particulièrement le talent, — auquel il écrivit : « Je vous ai fabriqué un petit morceau de piano que je crois assez amusant et dans lequel j'ai compté cent treize sonorités différentes » (!).

Amusant, étonnant d'abord, le titre qui accole au nom de la danse campagnarde l'adjectif le plus antinomique : une des ultimes facéties de l'auteur. Mais non moins étonnante la manière dont cette pièce semble constituer une sorte de synthèse stylistique de la musique pour piano de Chabrier : « On n'avait pas encore écrit pour le piano de cette façon en lui prêtant des ressources orchestrales insoupçonnées, en utilisant les timbres pour caractériser les rythmes, en libérant le pouvoir impressionniste rayonnant de la pédale » (Alfred Cortot)*. Risler lui-même n'avait-il pas déjà constaté : « C'est de l'orchestre à rendre au piano ? » La construction est simple, — selon une formule fréquemment rencontrée dans les *Pièces pittoresques* : deux thèmes, — le premier « très animé et avec beaucoup d'entrain », sur un 2/4 vigoureusement scandé par la main gauche, à l'instar de la danse qui l'inspire ; la légèreté « fantasque » est à la main droite, qui ornemente. Le second — *molto espressivo* mélodiquement un peu indécis — n'atteint que progressivement la plénitude lyrique. Puis libre combinaison — par oppositions, par juxtapositions — de ces deux thèmes dans une riche vêture harmonique. La tonalité de départ est *ut* mineur, mais laisse subsister l'équivoque du modalisme dans le premier thème, et celle du chromatisme dans le deuxième, — avec, pour ce dernier, effets de syncopes. Bref, un merveilleux divertissement dont Poulenc dira que Chabrier innovait ici dans le domaine pianistique... « autant que les *Études* de Debussy, ou de *Gaspard de la nuit* de Ravel ».

Autres pièces pour piano à deux mains

C'est sans dommage pour la connaissance de Chabrier pianiste qu'on peut passer sous silence les œuvres de jeunesse qui ont pour titres : *Souvenirs de Brunehaut*, recueil de valses (1862) ; *Marche des Cipayes* (1863), qui préfigure, au mieux, la veine bouffe de certains ouvrages lyriques à venir ; une *Suite de Valses* enfin (1872), dont la publication, posthume, n'intervint qu'en 1913.

Il en va différemment de l'**Impromptu en *ut* majeur,** composé vraisemblablement en 1873, — dont Camille Saint-Saëns, remarquable pianiste, assura la première audition à Paris, à la Société Nationale de Musique, le 27 janvier 1877. La dédicace s'adresse à la femme d'un grand ami peintre, Mme Édouard Manet. L'*Impromptu* est la première pièce révélant la véritable personnalité pianistique de Chabrier, et son goût de la construction bi-thématique dans un cadre ternaire que le musicien respectera dans bon nombre de ses compositions ultérieures. Le premier thème est exposé sur un rythme « espagnol » d'un dessin mélodique flexible, en deux périodes (majeure et mineure) ; une seconde idée, plus vive, forme contraste, — avant le « trio » dans un *la* bémol majeur un peu languide. Réexposition complète, précédant une coda lumineuse.

Une dizaine d'années plus tard, en 1882, Chabrier séjourne en Espagne : il en rapportera *España*, sa plus célèbre partition pour orchestre, ainsi qu'une pièce brève pour le piano, la **Habanera,** éditée à Paris en 1885 (et qui sera orchestrée par le compositeur en 1888). Autant que les œuvres de jeunesse, cette malheureuse *Habanera* n'a pas trouvé grâce aux yeux d'Alfred Cortot * : « pièce assez faible dont on ne sait si le caractère est populaire ou simplement banal », « musique de casino » ! C'est bien injuste : le thème, certes, sur son lent balancement rythmique à deux temps, n'a pas grande originalité, — dégageant les effluves d'une sensualité assez peu capiteuse. Mais l'écriture harmonique est d'un subtil intérêt, avec des changements d'octaves et des modulations aussi belles qu'imprévues. On ne tient donc pas là une œuvre majeure du musicien ; mais, non plus, une pure infâmie !

Air de ballet, vraisemblablement de 1888 (publication posthume en 1897) — pièce dont Alfred Cortot a déclaré sans ménagement qu'elle « déshonorerait le répertoire du plus médiocre pianiste » * —, ne mérite pas davantage l'opprobre. Cette partition pseudo-chorégraphique se veut sans prétention, mais expose maintes trouvailles harmoniques (par exemple dès les accords

---

* *Ibid.*

initiaux) qui ne sont pas indignes de celles qu'on peut trouver dans la *Petite Suite* d'un Debussy. Poulenc, ici bien meilleur juge que Cortot, y a vu une sorte de croquis à la Degas.

Les **Cinq Pièces pour piano**, probablement composées vers 1890-1891 (mais dès 1883 d'après le manuscrit autographe), et publiées à titre posthume en 1897, comportent des intitulés donnés par l'éditeur. Ce sont, successivement : 1. *Aubade* (pièce finement lyrique) ; 2. *Ballabile* (d'un mouvement virevoltant) ; 3. *Caprice* (pièce tout à fait mineure, plus « sentimentale » que fidèle à son titre) ; 4. *Feuillet d'album* (« en un mouvement assez lent de valse, et très tendrement », selon l'auteur) ; 5. *Ronde champêtre* (peut-être la meilleure pièce du lot, — le Chabrier aimable et « bon enfant »). Mais on ne saurait s'abuser sur la valeur de cette série, qui ne compte aucun chef-d'œuvre de la production pianistique du musicien.

Pièces pour piano à quatre mains ou pour deux pianos

Les **Trois Valses romantiques** pour deux pianos, éditées en 1883, sont en revanche du meilleur Chabrier, — celui, à coup sûr, des *Pièces pittoresques* parues deux ans plus tôt (v. plus haut). Leur première audition eut lieu à Paris, à la Société Nationale de Musique, le 15 décembre 1883 : aux pianos, André Messager et l'auteur ; le succès fut vif.

« Chacune de ces *Valses* est un portrait féminin, et chacune a son caractère. L'une est tendre, l'autre est vive, la troisième a presque les accents de la passion. Et toutes comportent une pointe de satire malicieuse » (Robert Brussel, cité par Alfred Cortot). Admettons l'alibi de ces « portraits féminins » ; il est vrai, en tout cas, que ces pièces ont leur personnalité distincte, — avec, en commun, l'élégance du phrasé et de la conduite thématique, l'audace des harmonies, l'ingéniosité des combinaisons aux deux claviers : diverses qualités qui, plus ce qu'elles peuvent évoquer, font tout leur prix. La première *Valse,* annoncée par trois accords majestueux, d'un tempo vif, gaie et spirituelle, déroule un collier de notes perlées. La deuxième, alternant le thème aux deux pianos, est lente et ornée (gruppettos, trilles à l'aigu) ; elle se veut plus « sentimentale », — avec quelques effets de rubato ; le second sujet s'en trouve plus énergiquement rythmé, presque conquérant. Chabrier n'aurait-il pas là pris modèle chez Chopin ? La troisième *Valse,* enfin, paraît la plus remarquable : certaines sonorités timbriques (tel trille aigu sur des accords profonds) semblent proches, déjà, de l'atmosphère du *Jardin féerique* de *Ma mère l'Oye* de Ravel. Très lente, elle présente un thème noble au registre grave, qu'échangent ensuite les pianos, — dont l'un arpège en notes scintillantes. L'effusion lyrique, sur un staccato insistant de la basse, ne s'impose que progressivement, culmine, puis s'évanouit, comme par une pudeur s'offusquant de tant de passion ouvertement déclamée : morceau, certainement, de pure magie sonore, — dont on ne peut oublier l'éblouissement qu'il a provoqué. Une orchestration, honnête, de ces trois *Valses romantiques* a été réalisée par Felix Mottl.

Le **Cortège burlesque** (repris d'un *Pas redoublé,* composition de jeunesse), daté vraisemblablement de 1883 (publication posthume), est écrit pour quatre mains : pièce mineure mais amusante, — que signale simplement la configuration modale de son thème initial, rythmé de façon quasi mécanique ; il y a un contre-thème, avant une reprise à ritournelle. Une orchestration en fut réalisée par Maurice Ravel en 1937.

On prend un bien plus vif plaisir aux **Souvenirs de Munich,** pour quatre mains également, datés de 1885-1886 (publication posthume en 1911) : ce « quadrille sur des thèmes favoris de Tristan et Yseult » est une fantaisie très irrespectueuse ; l'irrespect, il est vrai, s'accompagne d'une immense dévotion (l'œuvre ne fut-elle pas dédiée à « Monsieur Lascoux », ardent défenseur en France du maître de Bayreuth ?). Ne s'en scandaliseront que les censeurs de toute plaisanterie en musique [*], et s'en réjouiront fort les anti-wagnériens. On n'y peut même parler de discrètes allusions, — tant la paraphrase s'y fait cocassement insistante : les thèmes les plus nobles, les plus émouvants, les plus sublimes de *Tristan* y sont pris à partie, rythmiquement déformés, harmoniquement pervertis, — mais nullement caricaturés ; ce sont là des parodies. Chacune — il y en a cinq — est ponctuée par un rude accord final des quatre mains [**].

---

[*] Un « méfait musical..., de goût discutable » (Alfred Cortot) : ce qui est aller loin !
[**] V., par ailleurs, Fauré/Messager, *Souvenirs de Bayreuth* (également un « quadrille » pour piano à quatre mains).

Enfin la **Joyeuse Marche** (à l'origine *Marche française*) fut écrite en 1888 pour quatre mains à l'intention des candidats au concours du Conservatoire de Bordeaux, — puis aussitôt orchestrée par le compositeur. Elle fut dédiée à Vincent d'Indy. Bref « chef-d'œuvre de haute fantaisie » (selon Debussy), — dans lequel Chabrier s'est entièrement livré à ses démons de l'humour, de la verve caustique, pour « exorciser » les harmonies et les rythmes du piano-orchestre. « Ce sont des gruppetti impertinents, des gammes en glissando, des borborygmes qui évoquent les bassons en goguette, des écrasements de la paume de la main dans les octaves basses, toute une farce sonore, un défilé de mardi-gras... Et tout cela mené dans un mouvement irrésistible, avec une sensualité rythmique incomparable, cependant que des contrepoints amusés se divertissent de leurs propres entrechats » (Alfred Cortot) *. La forme est celle du rondo à refrain, — qui, hélas, ne dure que quelques petites minutes.

F.R.T.

JACQUES CHAMPION DE CHAMBONNIÈRES

Né à Chambonnières-en-Brie, vers 1602 ; mort à Paris, en 1672. Arrière petit-fils d'un luthiste écossais, petit-fils de Thomas Champion (XVIe siècle) et fils de Jacques Champion (v. 1555-v. 1640), tous deux organistes et joueurs d'épinette de la Chambre du roi, dont les œuvres furent vantées par Mersenne, Jacques Champion de Chambonnières ne pouvait échapper à l'attrait de la musique. Survivancier de son père, il passa l'essentiel de sa carrière comme claveciniste royal. Est-ce une disgrâce qui l'écarta en 1662 du service du roi ? Toujours est-il que c'est à cette époque que son élève d'Anglebert lui succéda. Considéré encore aujourd'hui comme le créateur de l'école française de clavecin, Chambonnières est une personnalité importante de l'histoire de la musique. Il ne fut pas seulement claveciniste, mais aussi professeur et virtuose réputé à travers toute l'Europe. Danseur à ses heures et organisateur de concerts (« l'Assemblée des honnêtes curieux »), il sut à bon escient découvrir des talents nouveaux, — celui de Louis Couperin en particulier, dont il favorisa les débuts à Paris. De ce musicien dont l'œuvre est exclusivement consacrée au clavecin, Mersenne disait : « Il ne faut rien entendre après..., cet instrument a rencontré son dernier maître. »

L'œuvre de clavecin

L'œuvre de clavecin de Chambonnières est abondante. Elle est cependant restée en grande partie manuscrite. Seuls deux livres ont été édités par lui quelques années avant sa mort. Chacun réunit trente pièces (uniquement des danses), regroupées dans l'ordre voulu par leur auteur. Le *Livre premier*, publié en 1670, est dédié à la duchesse d'Enghien (Le *Second livre* est resté non daté et sans dédicace). Le premier recueil est accompagné d'une table des agréments extrêmement réduite : cette table, nommée *Démonstration des marques*, ne décompose que sept signes d'ornements.

Les pièces de clavecin de Chambonnières étaient connues et jouées régulièrement de son vivant, mais elles circulaient manuscrites et avec beaucoup de fautes. C'est la raison pour laquelle il entendit procéder lui-même à leur publication. Il s'en explique d'ailleurs dans la préface de son premier livre : « Les copies que l'on en distribue quoiqu'avec beaucoup de défauts, et aussi fort à mon préjudice, m'ont fait croire... que je devais mettre au jour moi-même ce que d'autres y avaient déjà mis à demi pour moi... ; elles seront sans doute plus utiles au public, et plus honorables pour moi, que toutes ces copies infidèles qui paraissent sous mon nom. » Le manuscrit Bauyn (du nom de l'amateur qui dirigea sa copie), conservé à la Bibliothèque nationale, à Paris, est l'un des documents les plus importants pour la connaissance de la musique française de clavier du XVIIe siècle en général et de celle de Chambon-

---

* *Ibid.*

nières en particulier, — puisqu'il réunit plus de cent vingt œuvres de ce musicien. Il renferme aussi presque toutes les pièces de clavecin de Louis Couperin.

Tout l'art de Chambonnières se tourne vers la danse. Il compose des **suites de danses** qui sont les sœurs des suites de luth (allemandes, courantes, sarabandes, gigues, pavanes, gaillardes, chaconnes, etc.). Car, si sa musique est exclusivement destinée au clavecin, elle hérite néanmoins directement du style des luthistes, auquel elle emprunte des procédés d'écriture comme les agréments et certaines figures de contrepoint. Chambonnières ne dédaigne pas de sous-titrer quelques-unes de ses pièces. Ses allemandes portent des noms : *La Rare, La Dunkerque*. Telle pavane s'appelle *L'Entretien des dieux*, telle sarabande *Les jeunes Zéphirs*. Dans le *Premier livre*, trois courantes sont sous-titrées : courante *Iris*, courante *La toute belle*, et courante *de Madame*. Il compose une sarabande *de la Reyne*, ou des gigues qu'il nomme *La Madelainette, La Villageoise* ou *La Verdinguette*.

La plupart des pièces de Chambonnières sont des pièces binaires à reprise. Plusieurs d'entre elles sont accompagnées d'un double. Les allemandes, à quatre temps, sont majestueuses et polyphoniques. Les entrées en imitation y sont fréquentes. Écrites sur un rythme à 3/2 ou 6/4, les courantes rapides brillent par leur simplicité. Cette simplicité est une des qualités essentielles de l'art de Chambonnières. Des gigues légères à 3/2 et à 3/4 se succèdent. L'une d'elles repose sur un canon strict (gigue en *sol* mineur du *Deuxième livre*). La pavane en *sol* mineur, *L'Entretien des dieux*, est construite en trois parties de quinze, neuf et onze mesures, — allant de la dominante à la tonique en passant par le relatif majeur dans la partie centrale.

A côté des mouvements de danses traditionnels de la suite de danses, Chambonnières compose un charmant menuet en *sol* majeur *(Livre II)*, un mouvement de canaries en *sol* majeur apparenté à la gigue *(Livre I)*, un rondeau en *fa* majeur (manuscrit), des brusques ou pièces à trois temps essentiellement axées sur le principe de l'imitation (manuscrites), des chaconnes conçues dans la forme typiquement française de la chaconne en rondeau, avec alternance de refrain et de couplets (manuscrites).

La musique de Chambonnières n'est pas une musique de virtuose. Si l'on a pu lui reprocher une certaine froideur, elle est néanmoins raffinée, souvent tendre et grâcieuse. Elle aura, en tout cas, une influence des plus fécondes sur les grands maîtres que seront d'Anglebert, Louis Couperin, Nicolas Lebègue, Robert Cambert ou l'organiste Guillaume-Gabriel Nivers, tous élèves de Chambonnières.

A. d. P.

JACQUES CHARPENTIER

Né à Paris, le 18 octobre 1933. Ayant commencé seul l'étude de la musique, il effectua un séjour en Inde, — dont la culture devait tenir une place importante dans sa propre évolution philosophique et musicale. Élève, à son retour, de Tony Aubin et d'Olivier Messiaen, il obtint des prix d'analyse musicale (1956) et de composition (1958). Il avait déjà entrepris à l'époque la composition de ses soixante-douze Études karnatyques, *— œuvre majeure de la littérature de piano contemporaine. Jacques Charpentier, qui par la suite occupa différents postes officiels (Jeunesses musicales de France, inspection générale de la musique, direction de la musique au ministère de la Culture), est par ailleurs l'auteur d'un opéra en langue d'oc* (Beatrix de Planissolas), *de plusieurs compositions religieuses (dont un* Te Deum*), d'un très beau* Livre d'orgue, *de six symphonies, de plusieurs concertos (dont deux pour ondes Martenot), — ainsi que d'une thèse intitulée* Introduction à la musique de l'Inde. *C'est l'Inde, conjuguée à l'influence d'un Messiaen, que nous retrouvons dans les* Études karnatyques *présentées ci-après.*

Études karnatiques

Les soixante-douze pièces de ce recueil — que Jacques Charpentier se proposait d'écrire d'affilée — furent composées en fait de 1956 à 1959 (pour les trois premiers cycles), et en 1960-1961 (quatrième cycle)*. La publication eut lieu en 1968.

« Karnatique » (ou « carnatique ») : il serait présomptueux d'entrer ici dans le détail d'un système sur lequel s'est fondé le *râga* indien. Indiquons, pour simplifier, que subsistent aujourd'hui deux systèmes hérités de la tradition, — l'un du Nord (Hindoustan), fort ancien et influencé par la culture islamique, l'autre du Sud, qui prit sa forme définitive avec un certain Venkatamakhi au XVIIe siècle : c'est le système karnatique, dont la particularité est d'utiliser soixante-douze « melakartas », — autant de possibilités de diviser l'octave (comportant sept notes et vingt-deux intervalles inégaux) ; soit soixante-douze modes dérivés des degrés de base, et formant un ensemble complet et fermé. On songera sans difficulté — mais en transposant considérablement — aux vingt-quatre tonalités explorées par Jean-Sébastien Bach dans son *Clavier bien tempéré* (v. l'œuvre).

A ce système se réfère l'entreprise du musicien occidental ; une de ses particularités — certes partagée avec d'autres en notre temps — est d'y employer le piano comme un « équivalent », en l'occurrence d'instruments traditionnels de l'Inde, soit dans leurs résonances harmoniques, soit dans leurs qualités percussives. Ainsi Messiaen, qui ne pouvait rester indifférent aux recherches de son émule, a-t-il proposé ce commentaire : « Le piano y est traité en percussions ou en étagement de résonances, il s'apparente alors au *tablâ* ou à la *vinâ***. Il s'agit d'une œuvre sans fin. En effet, Jacques Charpentier s'est donné pour tâche d'écrire des pièces de piano par mode karnatique..., au total soixante-douze modes. Quelques rythmes hindous voisinent avec d'autres recherches de forme ou d'écriture. Le tout reste éloigné des différents systèmes actuellement en vogue : chaque pièce imposant tour à tour son mode et les procédés qui en découlent. » On se tromperait gravement en pensant que le compositeur s'est voulu le servile officiant d'une pure spéculation. Rien de scolaire, ni d'ennuyeux, dans ces *Études karnatiques* dont il importe peu, après tout, d'approfondir la théorie au fur et à mesure de l'écoute. Au contraire, une sorte de glorification de l'instrument aux ressources toujours insoupçonnées qu'est le piano, — en particulier dans les différents types d'attaque : piano-cloches, piano-percussion, piano-cithare... Et toutes les intuitions — lyrisme secret, subtilités rythmiques, colorations harmoniques — d'un grand constructeur d'édifice musical.

F.R.T.

ERNEST CHAUSSON

Né à Paris, le 20 janvier 1855 ; mort à Limay, près de Mantes, le 10 juin 1899. Sa brève existence ne comporte guère d'événements saillants. Il entreprit tardivement l'étude de la musique, après avoir tâté du droit. Au Conservatoire, il comprit très vite que Massenet ne pourrait être le maître dont il avait besoin. C'est pourquoi, dès 1883, il devint l'élève de César Franck. A partir de 1888, il fut le secrétaire de la Société Nationale de Musique, et son caractère conciliant et amène lui permit à maintes reprises d'aplanir des différends nés du choc de natures aussi entières et irréductiblement opposées que celles d'un Saint-Saëns et d'un d'Indy. Peu à peu, le rythme de sa production devint plus sou-

---

* Ces dates, non contrôlées par nous, sont indiquées par Michel Chion, in : *Larousse de la Musique* (Librairie Larousse, Paris, 1982).

** Tablâ : tambour d'origine probablement arabe, à fût de bois couvert d'une peau unique (de buffle, par exemple), au son très pur, sec et clair.

Vinâ : le plus ancien des instruments à cordes en usage sur le continent indien (son invention est attribuée au dieu Shiva) ; c'est aussi l'instrument le plus noble, pratiqué par d'éminents virtuoses, — cithare à cordes mélodiques et cordes à vide latérales. Sonorités d'une délicate transparence, scintillantes dans l'aigu.

tenu, et ses dernières œuvres montrent une personnalité pleinement réalisée. Ce fut alors qu'il connut la fin la plus déplorable et la plus inattendue : descendant en bicyclette l'allée de son jardin de Limay dans l'intention d'aller accueillir des amis à la gare, il perdit le contrôle de sa machine et alla se fracasser le crâne contre le mur de la propriété! La brièveté de son existence et la lenteur de son rythme de travail ont réduit sa production à trente-neuf opus. Mais son catalogue est fort varié, et l'on y trouve un grand drame lyrique, le Roi Arthus, *une admirable* Symphonie, *un cycle pour chant et orchestre,* le Poème de l'Amour et de la Mer, *un* Poème *pour violon et orchestre, noble élégie fréquemment jouée aujourd'hui encore, diverses musiques de scène et quelques pages de musique religieuse. Enfin, la nature de son tempérament d'artiste le prédisposait particulièrement au cadre intime, comme le prouvent une quarantaine de mélodies et quelques pages merveilleuses de musique de chambre dominées par le* Concert en sextuor *et les deux* Quatuors.

Le style de Chausson, malgré l'influence de Franck, et, parfois, celle de Wagner (sensible surtout dans *le Roi Arthus*), est extrêmement personnel. Dans son opéra ou sa *Symphonie*, il est capable, lorsque le noble enthousiasme de l'idéal le soulève, d'accents puissants et même héroïques. Cependant, son ton d'élection sera celui de la confidence, de la demi-teinte, de la méditation élégiaque. Dans la gamme exquise des camaïeux et des gris, il trouve des nuances d'un raffinement et d'une subtilité déjà impressionnistes, — qui font de lui le véritable chaînon reliant l'art de Franck à celui de Debussy.

La production pianistique de Chausson se réduit à peu de chose, mais la qualité supplée à la quantité. Cinq *Fantaisies op. 1,* œuvre de jeunesse, ont été détruites. Il reste un délicat *Paysage (op. 38 ;* 1895), souvenir de cet horizon harmonieux de Toscane, de cette villa de Fiesole où naquirent quelques-uns de ses meilleurs ouvrages et, surtout, *Quelques Danses.*

Quelques Danses (op. 26)

Ces pièces, que Debussy adorait, et en lesquelles il pouvait, en effet, se reconnaître, naquirent à Glion, au-dessus de Montreux, en juin et juillet 1896, alors que Chausson venait de terminer le *Poème* pour violon. C'est le grand pianiste Edouard Risler qui assura la création de cet *Opus 26* à la Société Nationale de Musique, à Paris, le 3 avril 1897. Le recueil est dédié à Madame Robert de Bonnières.

Ces pages, si les pianistes consentaient à les jouer, seraient une véritable révélation, et il est inconcevable qu'elles demeurent ainsi ignorées. Jamais Chausson n'a été plus raffiné, plus poétique, jamais sa rythmique n'a été plus souple, son harmonie plus subtile, plus audacieuse. Une brève, mais expressive *Dédicace* introduit la *Sarabande,* page délicate et noble où il nous plaît de voir une sorte d'auto-portrait du musicien. La *Pavane,* qu'il est passionnant de rapprocher de celle de Ravel, un peu plus tardive, offre ensuite l'élégie voilée de son fin archaïsme. Et la Suite se termine par une *Forlane,* danse animée et souplement balancée, à laquelle les figurations incessantes de croches régulières prêtent le bourdonnement continu de quelque Fileuse. Vingt pages de musique seulement, mais de la qualité la plus exquise et la plus rare !

H.H.

FRÉDÉRIC CHOPIN

Né près de Varsovie, à Zelazowa-Wola, le 1er mars 1810 ; mort à Paris, le 17 octobre 1849. Revendiqué à la fois par les Polonais qui en ont fait une gloire nationale, et par les Français qui en ont fait un des leurs, ce fils d'un Français et d'une Polonaise n'en reçut pas moins dès sa naissance une double hérédité. André Gide disait justement : « Si je reconnais dans l'œuvre de Chopin une inspiration, un jaillissement polonais, il me plaît de reconnaître également à cette étoffe première une coupe, une façon française. » Les années de jeunesse de Chopin, années assez heureuses passées à Varsovie, furent essentiellement centrées sur la musique : à quatorze ans, il entrait au Conservatoire de Varsovie, mais dans le domaine du piano il n'avait plus rien à apprendre, et, à quinze ans, il faisait publier une première œuvre (le Rondo op. 1). Entre 1828 et 1829, des voyages le menèrent à Berlin, à Vienne, à Prague, alors que dans la capitale polonaise il était déjà fêté comme le meilleur pianiste de la ville. Chopin se réfugia cependant très tôt dans le zal polonais, ce mélange de nostalgie et de rêve. Son amour naissant pour Constance Gladowska ne fut pas assez fort pour le retenir dans son pays natal, qu'il quitta en 1830 à la veille de l'insurrection de Varsovie. Il découvrit Paris après une année de voyage, et c'est dans ce Paris romantique, où il se fixa définitivement à la fin de 1831, que devait se faire sa consécration. Se partageant entre la composition et l'enseignement, il renonça alors à la carrière de virtuose peu conforme à son tempérament. Entre 1837 et 1846, les étés se passèrent à Nohant, chez George Sand, où Chopin écrivit l'essentiel de son œuvre. Ses amis étaient Liszt, Delacroix, Meyerbeer, Heine, Balzac. Il ne fut jamais un grand voyageur : de courts déplacements en Allemagne où il rencontra Schumann et Mendelssohn, et un court séjour à Londres un an avant sa mort, en 1848. La vie de Frédéric Chopin est une de celles qui a suscité le plus de légendes. Qui ne connaît l'image souvent dénaturée du musicien élégant, séducteur et amoureux ? Qui ne connaît les épisodes de son amour déçu pour Marie Wodzinska, les péripéties de sa liaison orageuse et de sa rupture avec George Sand, et la tristesse du séjour manqué à Majorque ? Qui ne connaît enfin l'image de Chopin luttant contre la phtisie qui le rongea lentement, pour finalement l'emporter pendant une nuit d'octobre 1849 ? C'est à l'église de la Madeleine à Paris qu'il fut enterré le 30 octobre, aux accents de sa Marche funèbre. Son corps fut déposé au cimetière du Père-Lachaise, alors que son cœur était transporté à Varsovie. « La musique de Chopin est une des plus belles que l'on ait jamais écrites. Par la nature de son génie, il échappe aux classifications », devait écrire Debussy.

Chopin et le piano

Mis à part quelques œuvres de musique de chambre, un recueil de dix-sept *Mélodies op. 74* et les diverses pages pour piano et orchestre (dont les deux magnifiques *Concertos op. 11* et *op. 21*), Chopin n'eut que le seul piano comme confident le plus intime. Le pianiste et compositeur allemand Ferdinand Hiller disait à ce propos : « ... Il se livrait rarement ; mais au piano il le faisait plus complètement que je ne l'ai jamais plus entendu chez aucun autre artiste musicien. Il se donnait dans un état de concentration tel que toute pensée étrangère disparaissait *. »

Depuis le premier *Rondo op. 1*, écrit à Varsovie en 1825, jusqu'à la *Mazurka op. 68 n° 4*, dernière inspiration « jetée sur le pa-

pier peu de temps avant sa mort » en 1849, Chopin cultiva le piano sous les formes les plus variées : polonaises, valses, mazurkas, préludes, nocturnes, études, ballades, impromptus, scherzos, sonates, rondos, variations. Contrairement à cet autre géant du piano que fut Franz Liszt, il ne se consacra jamais à la composition de musique descriptive ou d'ouvrages dramatiques, et dans son œuvre de piano qui ne procède d'aucune idée littéraire, le sentiment l'emporte toujours sur la représentation. George Sand a d'ailleurs pu écrire : « Son génie était plein de mystérieuses imitations de la nature, traduites par des équivalents sublimes de la pensée musicale et non par une répétition servile des sons extérieurs. »

Formé à Mozart et à Bach, dont l'influence est évidente et qu'il travaillait quotidiennement, Chopin apparaît pour ses commentateurs comme un esprit classique dans une âme romantique. Tout ornementée qu'elle soit, sa phrase musicale est faite de simplicité : « La dernière chose, c'est la simplicité. Après avoir épuisé toutes les difficultés, après avoir joué une immense quantité de notes et de notes, c'est la sim-

---

* La plus grande partie des citations contenues dans ce texte sont extraites de l'ouvrage de Jean-Jacques Eigeldinger, *Chopin vu par ses élèves* (nouvelle édition entièrement remaniée ; Neuchâtel, La Baconnière-Payot, 1979). Cet ouvrage est une étude passionnante dont on ne saurait trop recommander la lecture aux amateurs comme aux interprètes de la musique de Chopin.

plicité qui sort avec tout son charme, comme le dernier sceau de l'art », déclarait-il. Son ornementation, dont il souhaitait qu'elle paraisse improvisée, faisait partie intégrante de la ligne mélodique et se rattachait aussi bien aux fioritures des Italiens qu'à la tradition des clavecinistes français et au souvenir de François Couperin, auquel Wanda Landowska n'hésita pas à relier Chopin. Les meilleurs modèles étaient pour lui les chanteurs du Théâtre-Italien qu'il se plaisait à écouter fréquemment, et dont il admirait l'aisance et le style simple et large. « Il vous faut chanter si vous voulez jouer du piano », conseillait-il à ses élèves. Une des théories de Chopin dans le domaine de l'interprétation reposait sur l'analogie de la musique et du langage, et son grand art fut de transposer au piano la tradition vocale italienne. Jean-Jacques Eigeldinger voit en lui le « ... seul génie musical du XIXe siècle dont le piano ne reflète en rien l'orchestre de son temps ; il se situe au cœur d'une trajectoire d'essence vocale, où priment les raffinements du toucher ».

Chopin jouait avec une égalité parfaite, et cette égalité était le résultat d'une excellente maîtrise du doigter. « Autant de différents sons que de doigts ; le tout, c'est de savoir bien employer les doigts, c'est de savoir bien doigter », a-t-il écrit. Une autre caractéristique de son jeu était ce fameux *rubato*, qui fit couler beaucoup d'encre. Du point de vue technique, le rubato est une indication dynamique qui précise une altération du mouvement : dans une œuvre de piano, par exemple, la partie d'accompagnement reste immuable, tandis que la ligne mélodique se libère de toute rigueur rythmique au profit d'une interprétation expressive. Avec l'apparition de la musique romantique, ce rubato était devenu un élément indispensable de l'interprétation. Dans ses *Mémoires,* Berlioz a émis quelques réserves sur cet aspect de l'art de Chopin : « Chopin supportait mal le frein de la mesure ; il a poussé beaucoup trop loin, selon moi, l'indépendance rythmique... Chopin ne pouvait pas jouer régulièrement. » Ce jugement de Berlioz, qui pourtant ne jouait pas du piano, semble sévère si l'on sait que tous ceux qui entendirent Chopin ou travaillèrent avec lui furent unanimes pour reconnaître que son rubato était toujours léger et naturel, jamais affecté ni déplacé. Dans ce domaine, le bon goût de l'interprète réside dans le soin qu'il prendra de conserver à la phrase musicale un équilibre rythmique qui lui donnera une entière liberté. C'est sans doute Liszt qui trouva la plus belle image pour définir le rubato de Chopin : « Regardez ces arbres : le vent joue dans les feuilles, les fait ondoyer ; mais l'arbre ne bouge pas. Voilà le *rubato chopinesque.* »

C'est également par la complexité de son écriture harmonique et par une équivoque tonale toujours présente que s'épanouit dans sa pleine intensité la musique de Chopin. D'un autre côté, Chopin a perfectionné l'art du piano par l'emploi de la pédale : il avait atteint là une maîtrise absolue, utilisant la pédale avec beaucoup de modération et, selon Marmontel, « avec un tact merveilleux ».

Il est difficile de classer l'œuvre de Chopin dans un ordre strictement chronologique. La composition des *Mazurkas* couvre, par exemple, toute sa vie. Les *Polonaises,* les *Valses* et les *Nocturnes* se répartissent à peu près de la même manière. La présentation de cette œuvre par « genres » paraît donc la plus logique et la plus commode (en suivant simplement les dates d'apparition).

LES POLONAISES

Forme première de la création de Chopin, la *Polonaise* couvre à peu près toute sa carrière, entre 1817, époque de la publication d'une *Polonaise en sol mineur,* et 1846, année de la composition de la *Polonaise-fantaisie op. 61.*

A l'origine, danse processionnelle lente et grave, au rythme caractéristique à trois temps généralement répartis sur une croche - deux doubles croches - quatre croches, la *Polonaise* se développa très tôt en dehors de la Pologne. Elle trouva sa place aux XVIIe et XVIIIe siècles dans la suite instrumentale et, à la suite des luthistes, des musiciens comme Bach, Haendel, Couperin ou Mozart l'utilisèrent. Au début du XIXe siècle, sous la plume d'auteurs polonais (Michael Kléophas Oginski ou Karol Lipinski, par exemple), elle prit la forme d'une marche pompeuse, virile, parfois sémillante. Weber lui donna un éclat nouveau : il accentua son rythme, et enrichit sa mélodie et son harmonie de colorations variées. Mais, comme le souligna Liszt, Chopin surpassa Weber dans la force et l'idéalisme « par sa touche plus émouvante et ses nouveaux procédés d'harmonie. Les *Polonaises* de Chopin, tour à tour tragiques, sombres ou lumineuses, traduisent la résistance désespérée d'un peuple agressé et menacé.

La vogue que connut la *Polonaise* au XIXe siècle fut en effet en grande partie liée à la prise de conscience du drame polonais en Europe dans les années 1830. Sa symbolisation nationale se renforça des explosions de révolte d'une nation persécutée, et c'est de nouveau Liszt qui a témoigné que, par son rythme énergique, la *Polonaise* a fait tressaillir et a galvanisé « toutes les torpeurs de nos indifférences. Les plus nobles sentiments traditionnels de l'ancienne Pologne y sont recueillis..., la bravoure et la valeur y sont rendues avec la simplicité qui faisait chez cette nation guerrière le trait distinctif de ces qualités. »

Chopin laisse plus de quinze *Polonaises*. Les premières, œuvres de l'enfant et de l'adolescent, sont apparentées par leur virtuosité et leur pittoresque à celles de Weber. Avec l'*Op. 26*, Chopin éveille la *Polonaise* à une vie nouvelle et lui donne son véritable caractère martial. Liszt a décrit les *Polonaises* de Chopin comme les plus belles inspirations de leur auteur, moins recherchées que les autres à cause de leurs difficultés techniques. Chopin souhaitait d'ailleurs qu'on exécute ses *Polonaises* dans le tempo que l'on suivait en dansant, c'est-à-dire 3/4 à la croche, mais en respectant le caractère majestueux qui en faisait le fond.

1. Polonaise en *sol* mineur : dédiée à la comtesse Victoire Skarbek, sœur de Frédéric Skarbek, élève de Nicolas Chopin, elle fut composée et publiée à Varsovie en 1817. C'est un joyeux morceau très court (trente-huit mesures) au centre duquel est intercalé un trio.

2. Autre œuvre d'extrême jeunesse, la **Polonaise en *si* bémol majeur**, conçue dans le même esprit que la précédente et la même année, ne fut publiée qu'au milieu du XXe siècle.

3. Polonaise en *la* bémol majeur : « dédiée à M. A. Zywny par son élève Fryderyk Chopin à Varsovie, ce 23 avril 1821 » ; cette œuvre gracieuse, coupée par un trio animé, a l'élan spontané des *Polonaises* de Weber.

4. Polonaise en *sol* dièse mineur : composée en 1822, elle ne fut éditée à titre posthume qu'en 1864. C'est une pièce plus dramatique et plus tourmentée que les précédentes ; elle se joue en un tempo « moderato ». Le premier motif, sinueux, est chargé de fioritures, le second est plus gracieux. La deuxième partie du trio s'orne d'effets de trilles très étonnants.

5. Polonaise en *si* bémol mineur : publiée à titre posthume en 1872, elle fut écrite au cours de l'été de 1826, avant un voyage que Chopin effectua avec sa sœur Émilie. Elle est souvent appelée « Polonaise de l'Adieu », en raison de sa dédicace « A Guillaume Kolberg. Adieu ! ». Après une introduction, la danse s'anime en des formules mélodiques et rythmiques très variées. Le trio central, intitulé *Do widzenia* (« Au revoir »), est inspiré d'un air de *la Pie voleuse* de Rossini que Chopin avait vu représenter à Varsovie.

6. Polonaise en *sol* bémol majeur : éditée sans numéro d'opus en 1870, elle aurait été composée avant l'été de 1829. Elle respecte le schéma des *Polonaises* précédentes : introduction, la danse elle-même avec ses reprises, un trio, et un da capo à la première partie.

7. Deux Polonaises op. 26

Écrites dans les années 1834-1835, elles parurent en 1836 (à Paris chez Schlesinger) et furent dédiées à Josef Dessauer. Ami de Geoge Sand, ce musicien né à Prague vécut à Paris entre 1833 et 1842.

a. Op. 26 n° 1 (en *ut* dièse mineur, *Allegro appassionato*) : elle paraît encore proche des premières *Polonaises*, mais sa puissance en fait un véritable poème symphonique. Deux épisodes : le premier débute sur un rythme fougueux, ponctué de grands accords, puis la danse prend le dessus avec ses « gouttelettes » de petites notes. Un enchaînement enharmonique annonce le second épisode en *ré* bémol majeur : la mélodie animée de la partie supérieure de la main droite se charge ici de fioritures.

b. Op. 26 n° 2 (en *mi* bémol mineur, *Maestoso*) : c'est la première *Polonaise* qui s'impose d'emblée par son caractère martial. Les lourds et graves unissons de l'introduction laissent présager la colère et l'énergie de l'ensemble. Après une longue montée de petites notes « con forza », la *Polonaise* prend son élan vers un thème plein de vivacité, et des traits énergiques d'octaves et de grands accords. Une reprise du début précède une nouvelle phase en *si* majeur « meno mosso » : Chopin y adopte le ton de la confidence. C'est dans une sonorité assourdie, presque dramatique, que se conclut cette page à propos de laquelle Wilhelm von Lenz nota : « Pour ce qui est de la Polonaise en *mi* bémol mineur —

avec son saisissant trio en *do* bémol écrit enharmoniquement en *si* majeur — il m'est arrivé la même chose que pour le Scherzo en *si* bémol mineur : Chopin me refusa la permission de les jouer. " Vous ne pouvez pas rendre cela ", me fut-il répliqué laconiquement. »

8. Deux Polonaises op. 40

Dédiées à Julian Fontana, ami et copiste de Chopin, elles ont été publiées en 1840 à Leipzig et à Paris (chez Troupenas). La première, en *la* majeur, date d'octobre 1838 ; la seconde, en *ut* mineur, commencée à l'automne de 1838, fut terminée à Majorque en 1839.

a. Op. 40 n° 1 (en *la* majeur, *Allegro con brio*) : très populaire, elle est parfois désignée sous le titre de *Polonaise militaire*. C'est une œuvre triomphale qui débute sur un thème viril et affirmé, assoupli par un triolet :

Une seconde phrase en *ré* majeur éclate comme une fanfare d'octaves et d'accords. L'élan passionné et frénétique ne se ralentit jamais dans ce morceau, où ne figure aucune indication de nuance « piano ».

b. Op. 40 n° 2 (en *ut* mineur, *Allegro maestoso*) : elle contraste tout à fait avec la précédente, dont elle semble la réplique dramatique. Anton Rubinstein y voyait comme l'image endeuillée de la Pologne martyre. Des accords obstinés introduisent un thème tragique « legato » à la main gauche, sous un pesant et oppressant accompagnement de la main droite. Tout s'anime et s'intensifie jusqu'au retour du thème. Un nouvel épisode en *la* bémol majeur « sostenuto », plus expressif mais tourmenté, correspond, selon André Coeuroy, à « la libération personnelle nécessaire à Chopin après chaque tension ». La *Polonaise* prend fin sur deux mesures plaquées saisissantes.

9. Polonaise en *fa* dièse mineur, op. 44 : achevée avant l'été de 1841, elle fut publiée la même année à Vienne et à Paris (chez Schlesinger), et dédiée à la Princesse de Beauvau, sœur de Delphine Potocka. Œuvre brillante, elle retentit d'accents héroïques et énergiques. Les quelques mesures d'introduction débouchent sur un puissant « fortissimo ». Avec ses traits frénétiques, le thème de la *Polonaise* est lui-même un thème héroïque. Le retour prolongé de la tonique au début de chaque mesure évoquait à Liszt le choc brutal des coups de canon répétés. L'impulsion rythmique augmente avec les triples croches qui précèdent un *Tempo di mazurka* « doppio movimento ». Cet intermède, d'une durée insolite, contraste par son caractère méditatif avec l'amertume de l'ensemble. Liszt n'aimait pas beaucoup ce passage, dans lequel il voyait une sombre bizarrerie et une fantastique évocation. Le retour au rythme de la *Polonaise* est préparé par une succession de gammes exaltées.

10. Polonaise en *la* bémol majeur, op. 53 *(Maestoso)* : cette célèbre *Polonaise*, dite *Polonaise héroïque*, fut dédiée au banquier français Auguste Léo. Elle fut composée en 1842, et éditée à Leipzig et à Paris (chez Schlesinger) en 1843, puis à Londres en 1845. C'est une page véhémente et solennelle, faite de violences rythmiques et de nostalgie, que Chopin ne voulait pas entendre jouer trop vite ni dans ce « fracas de tonnerre » avec lequel elle est généralement rendue. Toute précipitation nuit à la grandeur et à la majesté de cette pièce. De puissantes montées chromatiques servent d'introduction,

puis la danse pathétique s'élance en des dessins mélodiques et rythmiques extrêmement variés. Tout se calme brièvement sur un « sostenuto » ; puis une cadence mène à un nouvel épisode en *mi* majeur, épisode populaire entre tous. Ses répétitions de doubles croches obstinées sont comme l'affirmation de l'intensité première de l'œuvre :

Il est intéressant d'apprendre grâce aux proches de Chopin que celui-ci jouait d'abord ce passage « pianissimo et le menait à terme sans recourir à une progression rythmique très marquée ». Autant d'indications précieuses pour l'interprète d'aujourd'hui.

11. Polonaise-fantaisie en *la* bémol majeur, op. 61 : achevée avant l'été 1846 et dédiée à Mme A. Veyret, amie de Chopin et de George Sand, elle fut publiée en 1846. Elle parut à Paris chez Brandus. 1846 : la rupture entre Chopin et George Sand se confirme, et ce morceau, contemporain d'un épisode si douloureux dans la vie du compositeur, paraît d'abord comme un reflet de ses sentiments et de ses désillusions. Au dire de Liszt qui y relevait des mouvements effrénés, des sourires mélancoliques et des soubresauts inopinés, cette œuvre déborde d'une tristesse élégiaque. Chopin s'écarte du cadre du rythme de la *Polonaise* au profit d'une liberté d'expression proche du caractère des *Ballades*. Une introduction dans le style d'un vaste prélude rhapsodique sert d'ouverture. Le thème principal apparaît « a tempo giusto », pour se prolonger en accords et en octaves. Un *Agitato*, conçu selon Cortot comme une variation, vient intensifier ce thème ; puis une transition cadentielle conduit à une nouvelle phrase « più lento » pleine de nostalgie. Un crescendo final mène à la conclusion de cette page douloureuse et héroïque.

12. Trois Polonaises op. 71
Elles ont été publiées à titre posthume en 1855, à Berlin et à Paris (chez J. Meissonnier fils).
   a. Op. 71 n° 1 (en *ré* mineur, *Allegro maestoso*) : c'est une œuvre de jeunesse, datée de 1825 et écrite pour Michael Skarbek. Quatre mesures d'introduction précèdent le premier motif gracieux et mélancolique ; mais la danse s'anime bientôt en épisodes brillants où s'affrontent des dessins variés (mouvement contraire des deux mains, traits de triolets de doubles croches, rebondissements de la basse, etc.). Une nouvelle phrase en *ré* majeur lui fait suite dans une nuance « pianissimo », et sur le jeu joyeux et délicat de ses triolets. La *Polonaise* est conclue par un da capo au mouvement initial.
   b. Op. 71 n° 2 (en *si* bémol majeur, *Allegro ma non troppo*) : écrite en 1828, cette *Polonaise* oppose à la virtuosité un peu gratuite de son premier thème surchargé de fioritures, de gammes rapides par onze et par treize, de rythmes pointés, de quintolets, sextolets et septuolets, au caractère délicatement expressif de son second motif, conçu dans l'esprit du Nocturne. André Coeuroy note cependant que pas une fois dans ce morceau « n'est utilisé le rythme spécial à la Polonaise normale ».
   c. Op. 71 n° 3 (en *fa* mineur, *Allegro moderato*) : contemporaine de la précédente, c'est une page plus intimiste, introduite dans le calme de ses quatre mesures initiales qui débouchent sur un premier motif relativement simple. Tout se complique rythmiquement avec l'énoncé du deuxième motif dans la partie supérieure de la main droite, sur un contrepoint d'accompagnement renforcé. Un dernier passage plus mélodique et expressif amène la reprise du début.

LES MAZURKAS

Chopin composa des Mazurkas tout au long de sa vie. Comme ses *Polonaises*, elles sont le reflet du sentiment national auquel sa musique reste liée. Son élève Wilhelm von Lenz disait à ce propos : « Les Mazurkas de Chopin sont le carnet de voyage de son âme à travers les territoires socio-politiques d'un monde de rêves sarmates ! Là son exécution était chez elle ; c'est là que résidait l'originalité de Chopin pianiste. Il représentait la Pologne, sa patrie telle qu'il la rêvait, dans les salons parisiens sous Louis-Philippe... Chopin a été l'unique pianiste politique. Il incarnait la Pologne, il mettait en musique la Pologne ! »

Très populaire en Pologne dès le XVIe siècle, la *mazurka* est une danse à trois temps dont l'accent principal tombe sur les temps faibles, et plus particulièrement sur le second. Chopin en a conservé le rythme, mais, pour reprendre l'expression de Liszt, « il a ennobli la mélodie, agrandi les proportions ». Il laisse près de soixante *Mazurkas*, toutes remarquables par leur écriture pianistique, leur harmonie audacieuse et la variété de leurs rythmes, autant de pièces (souvent écrites en mineur) pleines de cette diversité de « motifs et d'impressions » que relevait Liszt. Alfred Cortot y a vu plusieurs catégories : les mazurkas dansées, les mazurkas chantées, les mazurkas chantées et dansées, mais aussi les mazurkas décidées et les mazurkas élégiaques.

Grâce à un témoignage de Berlioz, nous savons comment Chopin interprétait ses *Mazurkas* : « Il y a des détails incroyables dans ses Mazurkas ; encore a-t-il trouvé le moyen de les rendre doublement intéressants en les exécutant avec le dernier degré de douceur, au superlatif du piano, les marteaux effleurant les cordes, tellement qu'on

1. Quatre Mazurkas, op. 6

Composées à Vienne à la fin de l'année 1830 et publiées en 1832, elles sont dédiées à la comtesse Pauline Plater.

a. Op. 6 n° 1 (en *fa* dièse mineur) : un motif principal à la fois caressant et enjoué, avec son triolet de croches et ses valeurs pointées, réapparaît avec la régularité d'un refrain. Deux motifs secondaires l'entourent : le rythme appuyé du premier ajoute au caractère populaire de l'ensemble, tandis que les petites notes pimpantes du second apportent leur touche de gaieté.

b. Op. 6 n° 2 (en *ut* dièse mineur) : trois motifs s'imposent dans cette *Mazurka* d'inspiration folklorique : une première danse résolue, une seconde danse légère et pleine de vivacité, puis un épisode empreint d'allégresse rustique et sous lequel Chopin a noté « gajo ». Son écriture harmonique est ici originale et personnelle : elle entretient une constante équivoque entre *la* et *mi* majeur. La première danse amène la conclusion, mais avec quelques modifications rythmiques et cette mention de « rubato » expressément voulue par Chopin.

c. Op. 6 n° 3 (en *mi* majeur) : comme un bourdon pittoresque, les basses martelées et accentuées des premières mesures annoncent le caractère général de toute la *Mazurka,* en laquelle Alfred Cortot voyait « une évocation à peine stylisée de ces danses de fête dont les villages mazoviens ont si longtemps conservé la populaire tradition... ». On remarquera la curieuse descente chromatique qui accompagne le second motif :

d. Op. 6 n° 4 (en *mi* bémol mineur) : cette courte pièce repose sur deux idées qui semblent se répéter indéfiniment ; et, partout, ces longues tenues de notes accentuées caractéristiques des danses nationales polonaises.

2. Cinq Mazurkas, op. 7

Écrites à Vienne entre 1830 et 1831, elles ont été éditées en 1832. Leur dédicataire fut Paul-Émile Johns, amateur de musique autrichien, émigré à la Nouvelle-Orléans en 1822 et mort à Paris en 1860.

a. Op. 7 n° 1 (en *si* bémol majeur, *Vivace*) : relativement facile à jouer, c'est aussi l'une des *Mazurkas* les plus célèbres. Schumann aurait dit qu' « on ne peut l'imaginer que dansée au moins par des comtesses ». Dans sa saveur aristocratique, elle garde néanmoins son caractère de danse paysanne et rustique, ne serait-ce que par les joyeux rebondissements du refrain. Dans le second épisode, la quinte vide de la basse accentue l'étrange équivoque tonale suggérée par Chopin.

b. Op. 7 n° 2 (en *la* mineur, *Vivo ma non troppo*) : elle est aussi connue que la précédente. La mélodie mélancolique de cette page poétique s'épanche curieusement sur la vivacité rythmique de sa basse. Au centre, un épisode majeur mêle deux idées : le thème de la première est accompagné par le délicat chromatisme d'une partie intermédiaire et par la douce ascension « sempre legato » de la basse. La seconde idée a la franchise d'une danse rythmique.

c. Op. 7 n° 3 (en *fa* mineur) : mélancolie, désinvolture et vivacité sont ici subtilement mêlées. Mélancolique, le chant de la main gauche dont la liberté d'expression impose un rigoureux maintien de la main droite accompagnatrice. Désinvolte, le motif principal soutenu par un léger arpègement de guitare sur les temps faibles :

Pleins de vivacité, les robustes accords de la partie centrale.

d. Op. 7 n° 4 (en *la* bémol majeur, *Presto ma non troppo*) : véritable danse paysanne, cette courte *Mazurka* est pleine d'entrain et d'allégresse. Quelques mesures avant la conclusion, quatre mesures d'une modulation inattendue en *la* majeur provoquent quelque surprise.

e. Op. 7 n° 5 (en *ut* majeur, *Vivo*) : non moins brève est cette joyeuse danse rustique dont le thème de seize mesures se répète inlassablement, avec cette indication de Chopin : « Dal segno senza fine. »

3. Quatre Mazurkas, op. 17

Composées dans les années 1832-1833, elles furent dédiées à Mme Lina Freppa, professeur de chant et amie de Chopin. Elles furent publiées pour la première fois chez Pleyel en 1833.

Cette publication fut accompagnée, quelques mois plus tard, par cet article paru le 29 juin 1834 dans la *Gazette musicale* : « La véritable mazourka polonaise, telle que M. Chopin nous la reproduit, porte un caractère si particulier et s'adapte en même temps avec tant d'avantage à l'expression d'une sombre mélancolie comme à celle d'une joie excentrique ; elle convient si bien aux chants d'amour, comme aux chants de guerre... »

a. Op. 17 n° 1 (en *si* bémol majeur, *Vivo e risoluto*) : danse populaire vive et animée, elle se distingue par les beautés de l'écriture mélodique et harmonique. On remarquera, par exemple, les modifications mélodiques et rythmiques, et les raffinements harmoniques — avec *sol* bémol notamment — qui accompagnent la reprise du thème principal (à la mesure 17).

b. Op. 17 n° 2 (en *mi* mineur, *Lento ma non troppo*) : Chopin nous apparaît ici poétique, tendre et fantastique à la fois. Il y a une similitude évidente entre la ligne mélodique et rythmique du trio de cette *Mazurka* et celle du trio de la *Mazurka op. 17 n° 4* (v. plus loin). Ailleurs, des suites harmoniques propres à Chopin nous orientent tantôt vers le mode majeur, tantôt vers le mode mineur, dans une étrange incertitude tonale :

c. Op. 17 n° 3 (en *la* bémol majeur, *Legato assai*) : un parfum de mélancolie et de tristesse intime plane sur cette *Mazurka*, même si par épisodes Chopin, toujours aimable, recherche la gaieté dans un thème plein d'élan et de franchise. A la mesure 40, un *do* bémol de la main gauche provoque subitement une modulation enharmonique : on quitte le ton de *la* bémol pour entrer dans celui de *mi* majeur.

d. Op. 17 n° 4 (en *la* mineur, *Lento ma non troppo*) : les élèves de Chopin appelèrent cette *Mazurka* « le visage endeuillé », dénomination qui, selon Wilhelm von Lenz, semblait plaire au maître. D'autres lui ont donné le titre de *Petit Juif*, la tradition voulant que Chopin en ait noté les motifs en écoutant un jeune mendiant juif demander l'aumône. Alfred Cortot souligne d'ailleurs que cette œuvre porte tous les accents de la plus intense mélancolie, « ... après le murmure d'une brève introduction qui à elle seule est déjà une délicate merveille de poésie imaginative » : impression renforcée par ces petites notes aériennes qui viennent ajouter à la nostalgie du thème principal. Le second épisode, *Poco più vivo*, tranche par son caractère de refrain populaire. Le troisième épisode offre cette similitude rythmique et mélodique relevée à propos de la *Mazurka op. 17 n° 2*. Une coda douloureuse et passionnée se perd en de curieux accords qui s'évanouissent sur un triolet de croches.

4. Quatre Mazurkas, op. 24

Écrites entre 1834 et 1835, elles furent éditées simultanément à Leipzig, à Londres, et à Paris chez l'éditeur M. Schlesinger en 1836. Chopin les dédia au comte de Perthuis, aide de camp de Louis-Philippe.

a. Op. 24 n° 1 (en *sol* mineur, *Lento*) : dès les premières mesures, Chopin note l'indication « rubato », qui vaudra pour toute l'œuvre. C'est d'ailleurs l'une des dernières fois qu'il prend le soin de noter en toutes lettres cette indication. Tendance à la sobriété ? Peut-être, mais selon Liszt : « Le mot qui n'apprenait rien à qui savait, ne disant rien à qui ne savait pas, ne comprenait pas, ne sentait pas, Chopin cessa plus tard d'ajouter cette explication à sa musique. » Quoi qu'il en soit, cette danse est fortement imprégnée d'une saveur toute folklorique, dont n'est pas exclu un réel sentiment poétique. On remarquera avec quelle dextérité Chopin entretient l'ambiguïté rythmique du second épisode, la notation triolets-noires procurant un curieux effet de mesure binaire au milieu du rythme ternaire général, avec accentuation de la première note des triolets (mesure 17).

b. Op. 24 n° 2 (en *ut* majeur, *Allegro non troppo*) : tout est joie et allégresse dans cette *Mazurka*. Le rythme obsédant de la basse « sempre legato » contraste avec la légèreté de la ligne mélodique. Alfred Cortot note que l'emploi du mode lydien (*fa* majeur sans *si* bémol) dans le second motif confère à cette danse « un caractère de pittoresque rusticité ». Au centre, un épisode en *ré* bémol majeur où l'intérêt mélodique passe alternativement de la main droite à la main gauche.

c. Op. 24 n° 3 (en *la* bémol majeur, *Moderato con anima*) : cette courte *Mazurka* repose sur un thème unique, rehaussé de quelques éléments décoratifs. La répétition de la dernière mesure de ce thème s'évanouit dans les croches de la brève coda.

d. Op. 24 n° 4 (en *si* bémol mineur, *Moderato*) : la variété harmonique et rythmique qui règne dans cette pièce est d'une nouveauté surprenante. Les quatre mesures d'introduction, avec leurs deux voix syncopées et leur chromatisme, nous entraînent déjà dans une atmosphère de mystérieuse poésie. Le second motif évolue, quant à lui, sur le rythme fiévreux de ses valeurs pointées et doublement pointées. Chopin disait que les mesures à l'unisson de la partie centrale donnaient l'illusion d'un chœur mixte. Il exigeait qu'on les joue avec la plus extrême délicatesse : « C'est à peine si l'on avait le droit d'effleurer le clavier ; il ne fallait surtout pas le toucher », confia Wilhelm von Lenz. A ces unissons répondent de grands accords :

Le ralentissemnt progressif des vingt mesures de la coda est tout à fait extraordinaire : « ritenuto », « calando », « marcando », « sempre rall. », « smorzato ».

5. Quatre Mazurkas, op. 30

Elles furent composées entre 1836 et 1837, et publiées d'abord à Londres en 1837, puis à Leipzig, et à Paris chez M. Schlesinger l'année suivante. Chopin les dédia à la princesse de Wurtemberg.

a. Op. 30 n° 1 (en *ut* mineur, *Allegretto non tanto*) : c'est vraiment une danse populaire, dont le thème folklorique s'adoucit dans de pittoresques syncopes « con anima ».

b. Op. 30 n° 2 (en *si* mineur, *Vivace*) : de grandes variétés rythmiques s'opposent en cette pièce vive et rapide. Le bref premier motif, sur lequel Chopin joue avec des effets d'opposition et de répétition, ne réapparaîtra plus. C'est le second motif qui devient ici l'élément essentiel.

c. Op. 30 n° 3 (en *ré* bémol majeur, *Allegro non troppo*) : Wilhelm von Lenz disait à Chopin que cette *Mazurka* avait « quelque chose d'une Polonaise destinée aux fêtes du couronnement ». Les huit mesures d'introduction nous entraînent immédiatement dans la joie de la danse. Tout est contraste dans cette pièce, et jusqu'aux oppositions en écho des nuances du premier motif « risoluto » qui s'impose sur un rythme allègre, soutenu par une basse immuable.

d. Op. 30 n° 4 (en *ut* dièse mineur, *Allegretto*) : cette très longue *Mazurka* est une des plus importantes par sa signification musicale « toute pénétrée de la poésie mazovienne », selon Alfred Cortot. C'est un des morceaux les plus polonais de Chopin : par ses contours mélodiques, le trio « con anima » s'avère, notamment, fortement teinté de couleurs nationales. Quatre mesures d'introduction annoncent la longue phrase mystérieuse et sinueuse du motif principal, soutenu par de larges et étonnants arpèges de la basse :

Au long de cette pièce, Chopin semble cependant vouloir se dégager de toute construction stricte et formelle.

6. Quatre Mazurkas, op. 33

Les quatre *Mazurkas op. 33,* composées en 1837 et en 1838, et publiées en 1838, ont été dédiées à la comtesse Rosa Mostowska.

a. Op. 33 n° 1 (en *sol* dièse mineur, *Mesto*) : certains assurent que ce terme « mesto » (triste) est une déformation de l'indication « presto », qui aurait été portée par Chopin sur son manuscrit original. Cependant, cette courte *Mazurka* apparaît surtout comme une œuvre mélancolique et nostalgique qui justifierait la première indication.

b. Op. 33 n° 2 (en *ré* majeur, *Vivace*) : beaucoup plus longue, la seconde *Mazurka,* qui déborde de vitalité, est une des plus célèbres, et en même temps l'une des plus gaies. Deux idées y dominent : l'une, joyeuse et animée, qui tournoie pour rebondir sur un triolet :

L'autre, plus expressive, mais tout aussi tournoyante. Un court épisode de transition ramène le premier motif. Chopin voulait que cette reprise soit jouée d'une manière différente de l'exposition : celle-ci « doit illustrer l'atmosphère populaire de la taverne », tandis que la reprise doit évoquer « l'élégance des salons... ». Une alerte coda nous précipite vers la conclusion dans un « accelerando » effréné.

c. Op. 33 n° 3 (en *ut* majeur, *Semplice*) : encore une courte pièce que Wilhelm von Lenz nommait « l'épitaphe des mazurkas », — tant elle lui semblait pénétrée de deuil et d'affliction. Les témoignages abondent sur la liberté avec laquelle Chopin « respectait » (ou ne « respectait » pas) ici la mesure, lui donnant un caractère binaire au lieu du caractère ternaire original.

d. Op. 33 n° 4 (en *si* mineur, *Mesto*) : mélancolique, mais non pas triste, telle apparaît cette longue *Mazurka* que Wilhelm von Lenz comparait à « une ballade sans en porter le nom ». C'est une des pages les plus polonaises de la série ; elle inspira d'ailleurs à deux auteurs polonais l'adjonction d'un programme littéraire. Chopin lui-même soulignait le caractère narratif de ce morceau. La reprise du second épisode précède un ravissant trio en *si* majeur, qui apporte une note de contraste au centre de la pièce et qui se conclut, sur dix-sept mesures, par un curieux monologue de la main gauche. La *Mazurka* prend fin avec une étrange sonnerie de carillon débouchant sur les accords finaux qui balaient « la cohorte des fantômes », disait Chopin. « Polonais, il vivait dans le cauchemar des légendes. Les fantômes l'appelaient, l'enlaçaient... », écrivit George Sand.

7. Quatre Mazurkas, op. 41

En 1839, Chopin annonça depuis Nohant, à son ami Fontana, la composition des quatre *Mazurkas* de l'*op. 41* : « Tu sauras que j'ai en portefeuille quatre nouvelles mazurkas : une, de Palma, en *mi* mineur, les trois autres d'ici. Elles me paraissent charmantes, ainsi qu'il est toujours des petits enfants pour leurs parents qui vieillissent... » La seconde *Mazurka* fut écrite à Majorque au mois de novembre 1838, les autres à Nohant en juillet 1839. Elles furent publiées à Leipzig, à Londres, et à Paris chez Troupenas l'année suivante, et dédiées à l'écrivain polonais Stefan Witwicki, ami de Chopin et émigré à Paris.

a. Op. 41 n° 1 (en *ut* dièse mineur, *Maestoso*) : elle débute sobrement sur la gamme du ton (avec altération du second degré) pleine de cette saveur populaire polonaise qui hantait Chopin, et se poursuit en divers épisodes vers le tempo de la *Mazurka* : l'un sera mélodique, l'autre balancé, un autre expressif, un autre enfin amplifié par d'énergiques octaves. Tout s'apaise dans le grave du clavier en une conclusion à la fois rêveuse et expressive.

b. Op. 41 n° 2 (en *mi* mineur, *Andantino*) : cette page mélancolique et douloureuse est celle qui fut composée pendant le triste séjour de Chopin à Majorque, en compagnie de George Sand. Le premier thème répète ses éléments mélodiques et rythmiques avec une déchirante insistance ; mais c'est le second motif, suppliant, qui tient ici le rôle principal.

c. Op. 41 n° 3 (en *si* majeur, *Animato*) : Chopin considérait que cette page s'ouvrait par un chœur de guitares, et que la *Mazurka* ne commençait vraiment qu'à la cinquième mesure. « Les quatre mesures initiales, de même que leurs répétitions, sont à jouer dans l'esprit d'un prélude de guitare, en serrant progressivement le mouvement », confirmait Wilhelm von Lenz. La danse rustique a repris ici ses droits dans l'élan marqué, voire martelé, de ses motifs. On remarquera avec quelle audace Chopin module enharmoniquement du *ré* dièse au *mi* bémol, dès la mesure 15.

d. Op. 41 n° 4 (en *la* bémol majeur, *Allegretto*) : écrite sur un rythme de valse, cette *Mazurka* est une œuvre aimable et légère, qui contraste fortement avec l'esprit des trois pièces précédentes.

8. Trois Mazurkas, op. 50

Publiées en 1842, elles furent dédiées à Léon Zmitkowski.

a. Op. 50 n° 1 (en *sol* majeur, *Vivace*) : cette *Mazurka*, que Chopin jugeait difficile à jouer, retourne vers une atmosphère populaire. Des motifs alertes et pittoresques s'y succèdent. Au centre, l'un d'eux s'articule sur deux éléments énoncés simultanément à la main droite et à la main gauche, sur un même plan sonore.

b. Op. 50 n° 2 (en *la* bémol majeur, *Allegretto*) : un court préambule de quelques mesures « mezza voce » introduit le premier motif, — tendre mélodie douce et caressante, d'une souplesse toute vocale. Est-ce pour cette raison que Pauline Viardot arrangea cette *Mazurka* (et quatorze autres) pour la voix ? On semble s'écarter du rythme de la danse, lorsqu'au milieu de la pièce intervient un nouvel épisode en *ré* bémol majeur, au rythme caractéristique.

c. Op. 50 n° 3 (en *ut* dièse mineur, *Moderato*) : de cette longue *Mazurka*, Wilhelm von Lenz disait qu'elle débute « dans un style d'orgue, pour se terminer dans une pure atmosphère de salon ». Presque tous les commentateurs de la musique de Chopin ont vu dans l'exposition en imitations l'influence de Jean-Sébastien Bach. En réalité, Chopin tente plutôt ici de se libérer des contraintes rythmiques de la danse, dans la succession et la variété des motifs qui composent cette pièce.

9. Trois Mazurkas, op. 56

Dédiées à Catherine Maberly, élève de Chopin, ces trois *Mazurkas* ont été publiées à Paris en 1844.

a. Op. 56 n° 1 (en *si* majeur, *Allegro non troppo*) : plusieurs sections définies s'enchaînent dans cette *Mazurka*. Le caractère pittoresque de la danse semble se dissimuler sous les raffinements de l'écriture de Chopin. La mélodie du premier thème s'impose dès l'abord à la main gauche. Le second motif évolue ensuite en *mi* bémol dans un tournoiement de croches sur un léger rappel de valse, pour revenir dans un doux relâchement vers le motif initial. L'organisation reprend alors ses droits, — en *si* majeur, en *sol* majeur, en *si* majeur de nouveau ; puis la pièce s'anime progressivement sur des fragments du premier thème, pour se conclure avec affirmation.

b. Op. 56 n° 2 (en *ut* majeur, *Vivace*) : le compositeur retourne à la fougue rustique de la *Mazurka*. Le premier thème éclate sur la quinte immuable d'un bourdon de basse, puis sur de larges arpègements déjà rencontrés dans les *Mazurkas* de Chopin. Deux motifs se suivent ensuite : le premier, très bref, s'élance avec légèreté à la main gauche ; l'autre, souple et gracieux, s'épanouit sur un dessin rythmique énoncé de façons différentes dans ses deux reprises, et se résout sur un épisode de croches legato.

c. Op. 56 n° 3 (en *ut* mineur, *Moderato*) :

Alfred Cortot décrit cette *Mazurka* contemplative comme « la plus minutieusement élaborée de toutes celles de Chopin ». Au premier thème mélancolique et presque douloureux succède, après transition, un motif plein de fierté. Selon André Coeuroy*, l'ample coda « avec ses raffinement harmoniques annonce — unique à son époque — les équivoques, les chatoiements, les « esquives modulantes » qui feront l'art de Fauré et de Debussy »...

10. Trois Mazurkas, op. 59

Moins tourmentées que les précédentes, ces trois *Mazurkas* furent éditées à Berlin et à Londres en 1845, puis à Paris chez Schlesinger en 1846, sans dédicataire :

a. Op. 59 n° 1 (en *la* mineur, *Moderato*) : c'est véritablement le Chopin des *Mazurkas* qui réapparaît ici dans l'élégance des motifs imprégnés de réminiscences de sa Pologne natale. L'épisode central, en majeur, débute avec retenue dans le grave du clavier et se développe en dessins expressifs, — passant alternativement de la main droite à la main gauche. Le retour du thème initial s'effectue avec toutes les hardiesses harmoniques caractéristiques du style de Chopin, notamment dans cette curieuse progression du ton de *sol* dièse au ton de *la* mineur.

b. Op. 59 n° 2 (en *la* bémol majeur, *Allegretto*) : l'idée première pleine de grâce et de douceur, réexposée à deux voix (mesure 23), laisse la place à un nouveau motif insistant, quoique délicat. La courte coda accélère le tempo, mais pour conclure finalement sur quatre accords fugitifs.

c. Op. 59 n° 3 (en *fa* dièse mineur, *Vivace*) : encore une longue *Mazurka* très proche du folklore. Son motif initial évolue sur un rythme plein de franchise et de pittoresque :

Le second épisode, en majeur, est toujours animé du plus pur esprit de la danse. Chopin nous ménage de savoureuses surprises avec la réexposition du premier thème sur un jeu d'imitations (mesure 97), et avec une conclusion inattendue en majeur.

---

* A. Coeuroy, *Chopin* (Ed. Plon, Paris, 1951).

11. Trois Mazurkas, op. 63

Écrites en 1846 et dédiées à la comtesse Laure Czosnowska, les trois *Mazurkas* de l'*op. 63* furent les dernières publiées du vivant de Chopin, en 1847, — soit deux ans avant sa mort. Elles ont cependant le charme et la fraîcheur de ses œuvres de jeunesse.

a. Op. 63 n° 1 (en *si* majeur, *Vivace*) : cette *Mazurka* est pleine de vitalité. Des rythmes bien décidés, liés au caractère de la danse, s'y succèdent. Le trio, en *la* majeur, a les accents naïfs d'un populaire. Chopin prépare sa conclusion par quatre mesures dont la singulière inflexion mélodique à tendance binaire semble désarticuler le rythme ternaire.

b. Op. 63 n° 2 (en *fa* mineur, *Lento*) : deux idées seulement dans cette brève *Mazurka*. La première, essentiellement mélodique et quelque peu rêveuse, s'oppose à la seconde, dont l'impulsion rythmique évoque irrésistiblement la danse.

c. Op. 63 n° 3 (en *ut* dièse mineur, *Allegretto*) : maints commentateurs de l'œuvre de Chopin ont relevé l'atmosphère de nocturne qui domine cette *Mazurka*. Deux thèmes s'y développent : le premier est une mélodie tendre et nostalgique ; le deuxième s'affirme sur un rythme plus marqué. La dernière exposition du premier thème se conclut par un extraordinaire canon à l'octave.

12. Huit Mazurkas, op. 67 et 68

Les *op. 67* et *68* se composent de huit *Mazurkas* publiées à titre posthume en 1855 par Julian Fontana, musicien polonais émigré à Paris, ami et copiste de Chopin (et auteur de l'édition d'une partie de son œuvre). Ces huit *Mazurkas* ont été écrites à des époques différentes de la vie du compositeur.

a. Op. 67 n° 1 (en *sol* majeur, *Vivace*) : elle fut composée en 1835 pour Mlle Mlokosiewicz. C'est un divertissement de rythme et d'accent populaires, — dont certains motifs s'apparentent au style du Laendler. L'œuvre fait partie des *Mazurkas* arrangées pour la voix par Pauline Viardot.

b. Op. 67 n° 2 (en *sol* mineur, *Cantabile*) : cette page expressive a été conçue en 1849, quelques semaines avant la mort de son auteur. Deux thèmes d'inspiration toute polonaise se partagent le développement de cette pièce délicate et ravissante.

c. Op. 67 n° 3 (en *ut* majeur, *Allegretto*) : *Mazurka* écrite en 1835 pour Mme Hoffmann, épouse de l'écrivain C.A. Hoffmann. Ce morceau plein de fraîcheur débute sur l'indication « rubato ». Un seul motif s'y déploie et s'y répète. L'élément de variété est apporté par la doublure des voix toutes les deux expositions, et par un court épisode de transition, — lui-même insistant.

d. Op. 67 n° 4 (en *la* mineur, *Moderato animato*) il existe trois versions de cette pièce datée de 1846. Elle repose sur une structure assez simple. Là encore, deux thèmes s'affrontent : le premier relève nettement du style de la danse ; le second, en majeur, s'avère d'une grâce très séduisante.

e. Op. 68 n° 1 (en *ut* majeur, *Vivace*) : c'est une œuvre de jeunesse, composée en 1830. Danse vive et extrêmement brillante, elle s'anime en une succession de motifs pleins de joie, d'entrain et d'allégresse. Certains ont tous les accents du Laendler.

f. Op. 68 n° 2 (en *la* mineur, *Lento*) : œuvre de la grande jeunesse de Chopin, elle fut écrite en 1827. Alfred Cortot y relève « une indéfinissable saveur de folklore bohémien ». Elle semble tout entière construite sur la citation d'un refrain populaire.

g. Op. 68 n° 3 (en *fa* majeur, *Allegro ma non troppo*) : encore une page de jeunesse, datée de 1830. Est-ce, de nouveau, la transcription d'un air au timbre populaire ?

h. Op. 68 n° 4 (en *fa* mineur, *Andantino*) : en 1855, Julian Fontana accompagna la publication des *Mazurkas* de Chopin de ce commentaire : « Cette mazurka est la dernière inspiration que Chopin ait jetée sur le papier peu de temps avant sa mort ; il était déjà trop malade pour l'essayer au piano. » Une longue phrase aux douloureuses inflexions et aux ondulations modulantes, puis un second motif tout aussi expressif, la traversent.

13. Deux Mazurkas posthumes
(sans numéro d'opus)

a. MAZURKA EN LA MINEUR *(Allegretto)* : composée durant l'été de 1840, elle a été publiée en juillet 1841 dans *La France musicale*. Relativement facile à exécuter, elle repose, comme beaucoup, sur deux thèmes principaux. Selon Alfred Cortot, le premier évolue dans une atmosphère « de grisaille sonore ». Le second paraît beaucoup plus aimable.

b. MAZURKA EN LA MINEUR *(Allegretto)* : parue en 1841 à Paris chez Chabal, et publiée dans *l'Album des Pianistes polonais* de Schlesinger la même année, elle fut écrite vers 1840 pour Émile Gaillard, banquier et élève de Chopin. Les accents mélodiques du premier thème n'altèrent en rien son caractère chorégraphique. Le second motif a la particularité d'être entièrement exposé en octaves. La conclusion se perd en un long trille qui s'achève sur de petites notes fugitives.

LES VARIATIONS

Hormis les célèbres *Variations pour piano et orchestre sur « La ci darem la mano » (op. 2)*, d'après le *Don Giovanni* de Mozart, saluées par le fameux « Chapeau bas, Messieurs, un génie ! » de Schumann, Chopin a écrit quatre séries de *Variations* pour piano seul.

Les **Variations en *mi* majeur sur l'air allemand « Der Schweizerbub »**, composées par Chopin dans sa quinzième année, ne seront éditées qu'après sa mort, en 1851, à Vienne et à Paris (chez l'éditeur S. Richault). Elles furent dédiées à Katarzyna Sowinska, épouse du général Sowinski. Le thème — que l'on peut traduire par « le jeune Suisse » — serait tiré du folklore tyrolien. Ce thème, *Andantino* à deux temps, donne lieu à cinq variations : selon les indications de Chopin, la première est « élégante », la troisième est « tranquille », la quatrième est « expressive ». Il est précédé lui-même d'une exubérante *Introduction a capriccio* à quatre temps, dans le style d'une improvisation.

Les très courtes **Variations en *la* majeur, dites Souvenir de Paganini**, éditées en 1881 à Varsovie, furent écrites par Chopin en 1829. Le point de départ en est un air vénitien repris par Paganini comme thème de ses *Variations pour violon op. 10*. Paganini joua-t-il ces *Variations* lors de son passage à Varsovie en 1829 ? Il est probable alors que Chopin eut l'occasion de les entendre.

Au cours de l'été de 1833, Chopin composa quatre **Variations brillantes en *si* bémol majeur sur le rondeau favori « Je vends des scapulaires »** *(op. 12)*, tiré de *Ludovic*, opéra d'Hérold achevé par Halévy et représenté à Paris en mai 1833. L'œuvre, dédiée à Emma Horsford, élève de Chopin, fut publiée à Leipzig en 1833, et à Paris chez Schlesinger en 1834. Le thème, *Allegro moderato* à 6/8, est celui d'un air pour soprano et chœur de l'acte I de *Ludovic*. Il est suivi de trois variations joyeuses et d'une variation expressive, et précédé d'une *Introduction allegro maestoso* à quatre temps, un peu pompeuse et conventionnelle.

La dernière série de *Variations*, écrites par Chopin en 1837, parut dans un ouvrage collectif de variations composées sur le thème commun de la **Marche des « Puritains »** *de Bellini*, par Liszt, Thalberg, Pixis, Herz, Czerny et Chopin : Chopin était l'auteur de la sixième et dernière série. L'ouvrage — qui portait le titre ronflant d'*Hexameron. Morceau de concert. Grandes variations de bravoure pour piano* — fut publié en 1839. Ces six séries de variations avaient été commandées aux musiciens précités par le princesse Christine de Belgiojoso pour l'un de ses concerts de charité. L'intérêt musical est tout à fait mineur.

LES RONDEAUX

Chopin composa cinq *Rondeaux*, — tous œuvres de jeunesse : trois sont écrits pour piano seul (*op. 1, 5 et 16*) ; le *Rondeau op. 73* est pour deux pianos, et le *Rondeau op. 14* (ou *Krakoviak*) est un rondo de concert pour piano et orchestre.

Rondeau en *ut* mineur (op. 1)

Il fut achevé en mai 1825. Toutefois, s'il figure dans le catalogue des œuvres de Chopin sous le numéro d'*Opus 1*, ce n'est pas le premier ouvrage de son auteur, — lequel avait déjà composé en 1822 une *Polonaise* en sol *dièse mineur*, et en 1824 des *Variations sur un Air allemand*. Le *Rondeau op. 1* a d'abord été publié à Varsovie en juin 1825, puis réédité à Berlin en 1835 (sous le numéro d'*Op. 1*), puis à Londres et à Paris (chez Schlesinger) en 1836. L'édition anglaise de Wessel lui donnait le titre d'*Adieu à Varsovie !*. Chopin le dédia à Mme Linde, épouse de Samuel Linde, ami et collègue de Nicolas Chopin, père de Frédéric, et recteur du Conservatoire de Varsovie.

Allegro (à 2/4) : cette œuvre d'un pianiste de quinze ans est un essai où se décèle déjà la maîtrise du futur génie, — même si façonnée de conventions d'écriture et de style. Le thème, un peu simple dans son énoncé, se surcharge tout de suite de nombreux gruppettos, trop affectés peut-être. Le rythme appuyé de l'accompagnement lui donne une allure de polka. Il y a donc ici la présence d'un élément d'inspiration nationale. Ce long morceau voit une succession d'épisodes variés dans son développement : une phrase naïve *Più lento* un peu alourdie par des fioritures dignes du bel canto, un divertissement *Con fuoco* qui contraste par sa difficulté technique, un nouveau motif expressif apparaissant en *la bémol majeur*. Un point d'orgue introduit la reprise de thème initial. La première partie est réexposée presque intégralement, avec un thème accessoire expressif ; mais cette abondante réexposition n'altère en rien, vers la fin, « le don précieux de poésie ».

Rondeau à la mazur (op. 5)

Encore une œuvre de jeunesse, composée en 1826 et publiée à Varsovie en février 1828. Dédié à la comtesse Alexandrine de Moriolles, élève de Chopin, ce *Rondeau* fut réédité à Leipzig et à Paris (chez Schonenberger) en 1836. « Pour celui qui ne connaît pas Chopin, on ne saurait conseiller à la découverte de sa personnalité créatrice, une meilleure introduction que l'étude de ce rondeau » (Robert Schumann).

Vivace (à 3/4) : le titre de *Rondeau à la mazur* doit être compris dans le sens « rondeau dans le style de la mazurka ». Deux thèmes principaux s'affrontent ici à une série de motifs secondaires. Le premier thème est précis et délié, dans le style d'un divertissement populaire ; le second est plus large et plus expressif. Les épisodes intermédiaires sont volubiles en de tournoyants triolets, ou gracieux sur l'allégresse d'un rythme de mazurka, ou plus dramatiques dans la succession d'enchaînements harmoniques, ou raffiné lorsque le thème initial tente de réapparaître par allusions. Vers la fin, Alfred Cortot a remarqué l'analogie frappante entre un nouveau motif de brillantes broderies de triolets et le thème de la coda du finale du *Concerto en fa mineur op. 21*, terminé en 1829.

Rondeau en *mi* bémol majeur (op. 16)

Achevé en 1832, il fut d'abord publié à Paris chez Pleyel en 1833 et dédié à Caroline Hartmann, élève de Chopin. Celle-ci fut aussi l'élève de Liszt, avant de devenir une pianiste réputée.

Introduction-Andante (à 4/4) : plusieurs épisodes dans cette introduction en *ut mineur* : mesures initiales où, selon Alfred Cortot, se reflète l'influence de Weber par une apparente simplicité de coupe et de style ; phrase *Agitato* plus dramatique, sur une basse d'une régularité obsédante ; intermède *Più mosso*, sur un bouillonnement de doubles croches qui s'intensifie jusqu'au « meno mosso ». Le motif mélodique apparaît là dans la partie supérieure de la main gauche, — accompagné par des arabesques de main droite et des croches de basse. L'introduction s'enchaîne directement au *Rondo, Allegro vivace* à deux temps. Le thème principal est souple et élégant, le second plein d'une souriante allégresse, avec le ravissant dessin rythmique de l'accompagnement qui passera dans le cours du développement à la main droite. Une réapparition modifiée du *Rondo*, suivie d'une transition de traits de doubles croches qui se noient dans le grave du clavier pour resurgir vers l'aigu, précède la réapparition modifiée du thème secondaire au relatif mineur. Un long divertissement pianistique annonce la conclusion : de volubiles fioritures chromatiques et des triolets de doubles croches s'y mêlent. Un passage modulant ramène le motif initial dans sa tonalité première. Le *Rondeau* s'achève sur la brillante virtuosité d'un coda pleine de sonorités subtiles.

LES NOCTURNES

Chopin a composé une vingtaine de *Nocturnes*. Le terme « nocturne » a eu une signification différente suivant les époques. Le genre était déjà cultivé aux XVIIe et XVIIIe siècles, en Italie et en Allemange notamment, mais il s'agissait alors de morceaux instrumentaux ou vocaux destinés le plus souvent au jeu en plein air. Le créateur du *Nocturne pour piano* est, au XIXe siècle, le compositeur irlandais John Field (v. ce nom) qui, de 1812 à 1835, imagina d'écrire des pièces charmantes et élégantes, d'un chant simple et souple, recueilli ou mélancolique, auxquelles il donna le nom de Nocturnes. Le Nocturne conçu par Field se soumet aux règles d'un plan presque immuable : la ligne mélodique, expressive ou méditative, qui s'étend à la main droite dans le style du bel canto, est généralement accompagnée par de larges arpèges d'accords de la main gauche. Séduit par le caractère d'improvisation de cette forme libre qu'était le Nocturne lancé par Field, Chopin en subira fortement l'influence ; mais il saura y apporter une puissance d'invention qu'on ne trouve pas chez son modèle. A Field il empruntera le schéma extérieur de la forme, mais il amplifiera magnifiquement l'écriture mélodique par l'adjonction de formules suggestives et éloquentes, et de fioritures qui deviennent elles-mêmes matières expressives ; il enrichira également le contenu harmonique, et transformera les dessins d'accompagnement.

Peut-être plus que tout autre genre musical, le Nocturne est lié chez Chopin à l'influence du bel canto italien qu'il aimait tant. Emilie von Gretsch, son élève dans les années 1842-1844, a pu noter : « Chopin m'a joué quatre nocturnes que je ne connaissais pas encore, quel enchantement ! C'était incroyablement beau. Son jeu est entièrement calqué sur le style vocal de Rubini, de la Malibran, de la Grisi, etc., il le dit lui-même. Mais c'est avec une " voix " proprement pianistique qu'il cherche à rendre la manière particulière à chacun de ces artistes... »

Ce sont ses *Nocturnes* qui, parmi toutes ses œuvres, ont le plus contribué à développer la célébrité de Chopin, — car ce sont des pages passionnées, tendres, délicates, nuancées de tristesse, et où s'épanche une vie intérieure remplie de rêves et d'élans infinis. Georges Mathias, élève de Chopin dès 1838, y voyait pêle-mêle des « accents d'infinie douleur ; quelques mesures qui vous découvrent des abîmes, qui vous plongent dans l'immensité ; puissance de sentiment à faire éclater la fibre humaine ; désespoirs affreux ; terrible accablement voisin de la mort... ».

1. Trois Nocturnes, op. 9

Ils sont dédiés à Marie Pleyel, née Marie Moke, femme de l'éditeur Camille Pleyel et remarquable pianiste-virtuose. Composés dans les années 1830-1831, ils furent d'abord publiés à Leipzig en 1832, puis à Londres (chez Wessel) et à Paris (chez Schlesinger) en 1833. L'édition anglaise parut avec ce sous-titre : *Murmures de la Seine*. A propos des sous-titres saugrenus que son éditeur anglais Wessel donnait à ses œuvres contre son avis, Chopin écrivit en 1841 à son ami Fontana : « Wessel est un imbécile... S'il éprouve des pertes par mes compositions, il le doit à l'imbécillité des titres qu'il leur donne malgré mes indications ! »

Les trois *Nocturnes* de l'*op. 9* sont encore fortement teintés de l'influence de Field.

a. Op. 9 n° 1 (en *si* bémol mineur, *Larghetto* à 6/4) : Field est encore présent dans ce premier *Nocturne,* — ne serait-ce que par l'accompagnement conventionnel de ses figures arpégées. Broderies d'arabesques tendres, exaltées et passionnées, s'y superposent. André Coeuroy* note que l'intention psychologique est plus marquée, mais sans accélération du mouvement, lorsque paraissent les mesures « appassionato » (mesure 16). Une descente appuyée de tierces et de secondes se résolvant sur cinq accords parfaits pianissimo sert de conclusion.

b. Op. 9 n° 2 (en *mi* bémol majeur, *Andante* à 12/8) : c'est l'un des plus connus. Sous sa simplicité apparente qui en fait souvent un morceau favori des jeunes pianistes, ce *Nocturne* contient des difficultés d'exécution particulières. Chopin y adopte le ton de la confidence et, sans tomber dans la mièvrerie, nous donne un bel exemple de l'art du bel canto adapté au piano. D'où, peut-être, la complexité de son interprétation. Le thème assez sinueux de la main droite

est soutenu par les sonorités pleines d'une série d'accords à trois temps obstinés. Ce thème subira trois variations ornementales, entrecoupées de ritournelles de transition aux modulations rapides. De nouveaux motifs décoratifs amplifient les dernières mesures, jusqu'à la conclusion précédée d'une cadence en petites notes. Dans des versions ultérieures, Chopin a chargé son texte de fioritures et de variantes qui ont toutes un caractère d'improvisation ou de virtuosité, — comme des descentes de tierces chromatiques ajoutées à la fin de la troisième variation (mesure 24).

c. Op. 9 n° 3 (en *si* majeur, *Allegretto* à 6/8) : comme beaucoup des *Nocturnes* de Chopin, celui-ci est en trois parties. La nostalgie du thème « scherzando » des premières mesures est accentuée par les notes de passage insérées dans la mélodie. L'har-

---

* A. Coeuroy, *op. cit.*

monie s'enrichit d'épisodes chromatiques propres à Chopin, et l'accompagnement arpégé cherche à s'écarter des règles conventionnelles créées par Field. La partie centrale — *Agitato* à 2/2 — se caractérise par le dessin invariable de la basse sur laquelle se détache un chant tourmenté, accompagné par une partie intermédiaire. L'alternance rapide des modifications de nuances et des altérations rythmiques notées par Chopin ajoutent à l'intensité dramatique de cette phrase. Un point d'orgue marque le retour à l'épisode initial qui se résout rapidement sur une cadence de virtuosité en petites notes libres, puis se conclut sur deux mesures « adagio » à quatre temps en arpèges divergents.

2. Trois Nocturnes, op. 15

Les deux premiers *Nocturnes* de l'*op. 15* sont contemporains des *Nocturnes* précédents ; le troisième aurait été composé en 1833. Ils ont été publiés à Leipzig en 1833, puis à Londres et à Paris (chez Schlesinger) en 1834. L'édition anglaise leur donnait le sous-titre *Zéphirs*. Chopin les dédia à Ferdinand Hiller, pianiste, compositeur et chef d'orchestre allemand qui fut très lié avec lui jusque vers 1836.

a. Op. 15 n° 1 (en *fa* majeur, *Andante cantabile* à 3/4) : trois parties dans ce *Nocturne*. Au centre, un *Con fuoco* très pianistique se déchaînant en doubles croches. Les parties extrêmes sont, au contraire, d'essence vocale. Elles se jouent presque sans pédale — car, selon Chopin, elles gagnaient à être exécutées simplement. Un thème doux et tranquille chante sur une basse « legato » en triolets. Quelques ornements délicats et quasi improvisés, comme ces groupes de petites notes surajoutées (mesures 20, 68, 73 et 74) et ces gruppettos écrits en toutes notes pour augmenter leur valeur expressive, témoignent sans conteste de l'influence du bel canto italien.

b. Op. 15 n° 2 (en *fa* dièse majeur, *Larghetto* à 2/4) : plein de grâce exquise, ce *Nocturne* est, avec le *Nocturne op. 9 n° 2*, l'un des plus célèbres. Toute sa première partie baigne dans une atmosphère de lyrisme et d' « intimité enveloppante ». Le thème s'élève, pour retomber inlassablement sur trois notes répétées expressives :

Il se charge de fioritures, — autant d'ornements vocaux et de variantes décoratives qui paraissent onduler sur la mélodie, et que Chopin emploie avec une habileté remarquable. Le passage central, *Doppio movimento*, est doucement passionné : la trame mélodique est remplie par les broderies expressives de ses deux motifs parallèles au rythme inégal, — l'un lié et intime, l'autre ardent et animé. La reprise de la partie initiale s'accompagne d'une ornementation de plus en plus dense qui, jusqu'à la conclusion, semble frôler les notes clés de la mélodie.

c. Op. 15 n° 3 (en *sol* mineur, *Lento* à 3/4) : sur le manuscrit de ce *Nocturne*, Chopin avait primitivement noté : « après une représentation d'Hamlet ». Il renonça peu après à cette épigraphe, en disant : « Laissez-les deviner par eux-mêmes. » Toujours le même refus de toute musique à programme ! Par les différences qu'il présente avec les autres *Nocturnes*, celui-ci est unique. Il obéit notamment à une construction exceptionnelle en deux parties, portant elles-mêmes des sous-titres inhabituels chez Chopin. La cantilène « languido e rubato » de la première partie a tous les caractères d'un motif de mazurka. Une extraordinaire progression chromatique sur plusieurs mesures introduit la seconde partie *Religiosi*. Ce chant religieux est conçu comme un choral à quatre parties, dans une harmonie modale telle que la concevaient les Romantiques. Il reparaît par intermittence, régulièrement interrompu par des sonneries en octaves qui ressemblent à des appels de trompettes. Pour accentuer la pureté de ce *Religioso* « sotto voce », Chopin abandonne l'emploi de toute pédale. La dernière mesure fait entendre un accord majeur, inattendu dans cet univers équivoque.

3. Deux Nocturnes, op. 27

Les deux *Nocturnes* de l'*op. 27*, composés en 1835, furent publiés l'année suivante simultanément à Leipzig, à Londres et à Paris (chez Schlesinger). L'éditeur anglais leur donna un sous-titre alléchant : *Les Plaintives !* Ils sont dédiés à la comtesse d'Apponyi, femme de l'ambassadeur d'Autriche en France, dont le salon musical s'honorait fréquemment de la présence de Chopin.

a. Op. 27 n° 1 (en *ut* dièse mineur, *Larghetto* à 4/4) : il y a beaucoup de force et de fièvre intérieure dans ce *Nocturne*. Il débute avec une cantilène palpitante et attendrie, toute vocale, soutenue par le mouvement ondulatoire et tout en souplesse d'un accompagnement de croches que Chopin jouait à mi-voix. Un motif intermédiaire vient se joindre à la mélodie première (mesure 20) et, avec elle, introduit progressivement la seconde partie de l'œuvre, *Più mosso* à 3/4. La fièvre croît avec l'apparition d'un nouveau thème en octaves sur le grondement continu des triolets de la basse ; puis l'agitation passionnée culmine lorsque ce thème se transforme en accords sur une basse qui sillonne le clavier. Selon André Coeuroy*, de « rapides états d'âme » se succèdent, jusqu'à donner l'illusion fugitive d'une valse (mesure 67). Une transition harmonique exceptionnelle, suivie d'un point d'orgue et d'un court récitatif, ramène la douce cantilène du début.

b. Op. 27 n° 2 (en *ré* bémol majeur, *Lento sostenuto* à 6/8) : Mendelssohn aimait particulièrement ce *Nocturne*. Chopin pousse très loin son art de l'ornementation ; mais, sous les arabesques décoratives, la construction s'avère relativement simple. Le thème gracieux est exposé trois fois, mais chacun de ses retours est accompagné d'une expression différente et d'une ornementation variée. Tout est soutenu par un murmure de doubles croches, comme en un rythme de barcarolle.

4. Deux Nocturnes, op. 32

Datés des années 1836-37, ils furent publiés en 1837 à Leipzig, à Paris, puis à Londres sous le titre de *Il lamento e la consolazione*. Chopin les dédia à la baronne de Billing, son élève.

a. Op. 32 n° 1 (en *si* majeur, *Andante sostenuto* à 4/4) : le souvenir de Field est ici de nouveau présent. Pour certains commentateurs cette œuvre aurait donc pu être composée avant 1837, dans la jeunesse de son auteur. Il y a cependant dans ce *Nocturne* des raffinements harmoniques et des modulations imprévues qui témoignent de la maturité de l'écriture harmonique de Chopin. La ligne mélodique, recouverte de fioritures, trouve sa conclusion dans un vaste récitatif dramatique et inattendu.

b. Op. 32 n° 2 (en *la* bémol majeur, *Lento* à 4/4) : André Coeuroy compare ce *Nocturne* à une romance dont les trois parties progressent sur un rythme quasiment invariable et uniforme. Trois accords cadentiels introduisent une mélodie douce et affectueuse, parsemée de ces motifs décoratifs dans lesquels Liszt relevait « l'imprévu et la variété que ne comportait pas la voix humaine ». Avec l'oscillation continuelle de ses croches, la phrase médiane — *Più agitato* à 12/8 — est plus dramatique. Le rythme constant ne doit pas rester tyrannique, mais conserver une souplesse ondoyante. Chopin retourne à la partie initiale, mais dans un climat passionné d'où est exclue toute pédale. Les trois accords cadentiels d'ouverture servent de conclusion.

5. Deux Nocturnes, op. 37

Le premier (en *sol* mineur) fut écrit en 1838, le second (en *sol* majeur) fut terminé à Nohant en juillet 1839. Ils furent publiés, sans dédicataire, en 1840 à Leipzig, à Paris (chez Troupenas), et à Londres sous le titre *Les Soupirs*.

A propos de ces *Nocturnes,* Schumann écrivit : « Les nocturnes se distinguent essentiellement des premiers par une parure plus simple, une grâce plus discrète. On sait sous quel aspect jadis Chopin se présentait : comme tout parsemé de fanfreluches, de pendeloques d'or et de perles. Il est déjà devenu tout autre, et plus grave : il aime encore la parure, mais c'est la parure plus réfléchie, sous laquelle la noblesse de la poésie n'en éclate que plus aimablement... »

a. Op. 37 n° 1 (en *sol* mineur, *Lento* à 4/4) : trois sections dans ce *Nocturne,* — avec, comme dans le *Nocturne op. 15 n° 3,* un épisode religieux central conçu tel un choral à quatre parties, dénué de tout effet de pédale :

Son thème répétitif, qui se double occasionnellement d'une octave à la basse, s'élargit vers sa conclusion en des points d'orgue qui ajoutent à l'effusion religieuse. Des parties extrêmes surgit une intense mélancolie. A chacune de ses expositions, le thème se surcharge de fioritures, d'ornements et de gruppettos qui se fondent com-

---

* A. Coeuroy, *op. cit.*

plètement dans la trame mélodique. Un accord majeur arpégé pianissimo sert de conclusion, dans un climat d'apaisement et de quiétude.

b. Op. 37 n° 2 (en *sol* majeur, *Andantino* à 6/8) : tout est douceur dans ce magnifique *Nocturne* achevé durant l'été de 1839, — douceur ravissante et voluptueuse de son rythme de barcarolle, de son univers de rêverie nonchalante, et de sa mélodie moelleuse de tierces et de sixtes. Bientôt un chant se détache, pur et calme, sur une harmonie toujours en mouvement. Est-ce, comme on l'a dit, souvenir de la traversée de Majorque à Marseille, quelques mois plus tôt, vers la guérison espérée. George Sand a noté : « La nuit était chaude et sombre... Tout reposait à bord, à l'exception du timonier qui, pour se tenir éveillé, chanta toute la nuit... C'était une rêverie plutôt qu'un chant... »

6. Deux Nocturnes, op. 48

Ces deux *Nocturnes* ont été terminés à l'automne de 1841. La première édition parut à Paris chez Schlesinger au mois de novembre de la même année, avec une dédicace à Laure Duperré, fille de l'amiral Victor-Guy Duperré et l'une des élèves préférées de Chopin.

a. Op. 48 n° 1 (en *ut* mineur, *Lento* à 4/4) : un des *Nocturnes* les plus longs, et en même temps l'un des plus dramatiques, — véritable « journal intime » de son auteur, dans lequel on a cru voir l'expression d'une douleur infinie s'épanchant par épisodes distincts. Chopin voulait que les mesures initiales, qui paraissent simples, ressortent en tant qu'élément thématique. A cet effet, il en accentuait la sonorité en jouant les trois premières notes avec le même doigt (le troisième). Lenz confie d'ailleurs qu'il était « exigeant et vétilleux » pour l'exécution de ces mesures. Un nouvel élément de choral intervient *Poco più lento*. Ses longs accords égrénés apportent d'abord comme un rayon d'espoir ; mais l'agitation intérieure croît peu à peu sur d'obsédantes figures de triolets de doubles croches en octaves, et s'accélère vers un épisode passionné *Doppio movimento*, fébrile et presque désespéré. Un thème s'y détache, sur une partie intermédiaire d'une régularité immuable et sur une basse aux contours de plus en plus sinueux. Tout s'achève comme en une longue plainte.

b. Op. 48 n° 2 (en *fa* dièse mineur, *Andantino* à 4/4) : tout aussi long que le précédent, ce quatorzième *Nocturne* paraît néanmoins très différent. S'il n'est pas douloureux, il est cependant dominé par la mélacolie. Toute sa première partie est basée sur la superposition rythmique des quatre temps réguliers de la ligne mélodique et des triolets de croches de l'accompagnement. L'atmosphère est subitement rompue par un épisode *Molto più lento* à 3/4, en *ré* bémol majeur (mesure 57). Modulation imprévue, au caractère émotionnel. Chopin conseillait de jouer ce passage comme un récitatif ; un dessin plaintif, qui prend son départ sur des arpèges, s'y oppose à d'impérieux accords :

La mélancolie du début revient en conclusion, mais avec un souci d'apaisement.

7. Deux Nocturnes, op. 55

Composés en 1843 et publiés en 1844 à Leipzig, à Londres et à Paris, ils ont été dédiés à Jane Stirling, élève et amie intime de Chopin.

a. Op. 55 n° 1 (en *fa* mineur, *Andante* à 4/4) : le thème simple de sa première partie a toutes les apparences d'un air folklorique, sur sa basse rythmée très marquée ; il s'anime *Più mosso* dans un grondement de triolets jusqu'au *stretto*, — vaste cadence de virtuosité brillante dont l'élan s'accélère sur une pédale de tonique longuement tenue.

b. Op. 55 n° 2 (en *mi* bémol majeur, *Lento sostenuto* à 12/8) : pas d'épisode central ni de modification de tempo dans ce long *Nocturne* lyrique. Une seule idée domine, qui s'enrichit çà et là d'une seconde voix et d'un contrepoint intérieur. Une seule figure d'accompagnement aussi, en sinuosité de doubles croches. Une innovation technique vers la fin de l'œuvre : cette superposition rythmique des « cinq contre trois » précédant les mesures de cadence, et qui exige une parfaite indépendance des mains.

8. Deux Nocturnes, op. 62

Composés et publiés en 1846 (à Paris, chez Brandus), ils ont été dédiés à

Mlle R. de Könneritz, élève de Chopin. La *Gazette musicale* du 17 janvier 1847 en fit la critique : « Ces deux nocturnes d'un mouvement lent, d'une teinte mélancolique, exhalent de mystérieux parfums de poésie. Ici encore, il faut une exécution fine, délicate, d'une exquise sensiblité. Ces mélodies fiévreuses, cette harmonie inquiète, réclament une touche sympathique, une âme au bout des doigts. » Ces deux *Nocturnes*, qui datent de la période confuse de la rupture avec George Sand, ne sont peut-être pas les meilleurs de Chopin.

a. Op. 62 n° 1 (en *si* majeur, *Andante* à 4/4) : dans ce vaste *Nocturne* aux épisodes contrastés, Chopin fait valoir une recherche d'écriture contrapuntique de plus en plus élaborée. La période centrale *Sostenuto* est toutefois l'œuvre du poète, et le finale *Poco più lento*, qui repose sur un déploiement d'effets variés, ne cherche pas à éblouir.

b. Op. 62 n° 2 (en *mi* majeur, *Lento* à 4/4) : le style est vigoureux et soutenu. Le premier thème est une longue phrase un peu nostalgique, simple en son début, mais qui se pare peu à peu de variations ornementales. Parsemé de modulations aussi surprenantes qu'inattendues, le *Lento* s'anime à la main gauche et s'infléchit vers un *Agitato* fébrile. Un nouveau motif s'y déploie sur un contrepoint double, avec une touche de chromatisme presque douloureuse.

9. Nocturne op. 72 (en *mi* mineur, *Andante* à 4/4) : écrit en 1827 dans la jeunesse de Chopin, il ne fut édité, comme œuvre posthume, qu'en 1855. Par son accompagnement traditionnel en triolets de croches, il est encore proche de Field. Dans ses deux thèmes cependant, on trouve déjà, selon l'expression d'André Coeuroy*, « un accent de confidence discrètement pathétique », absent de l'œuvre de Field. Le premier thème, expressif et caressant, se double parfois d'octaves et de fioritures ; le second, plein d'élan, doit se jouer « aspiramente ». Ainsi le voulait Chopin.

Il existe deux autres *Nocturnes* de Chopin, sans numéros d'opus. L'un, en *ut* mineur, daté de 1837, fut publié en Pologne en 1838 ; l'autre, en *ut* dièse mineur, vraisemblablement composé au printemps de 1830, ne fut édité qu'en 1875.

---

* A. Coeuroy, *op. cit.*

LES SONATES

Chopin a écrit trois sonates pour piano, dont la composition s'échelonne sur seize années : 1828, 1839 et 1844. La première sonate *(op. 4)* est une œuvre de jeunesse, un peu scolaire aux yeux de certains. Les deux autres *(op. 35 et 58)* sont des monuments, mais deux monuments tout à fait opposés : l'une est un poème tragique, la seconde étincelante de vitalité. On a reproché à Chopin d'être moins à l'aise dans ses sonates que dans d'autres genres musicaux et de s'écarter de toute orthodoxie formelle, — omettant, par exemple, à la fin des premiers mouvements de ses *Sonates op. 35* et *58*, la réexposition du premier thème, réexposition conventionnelle dans la forme classique. Manque d'organisation, ou tentative d'adaptation du tempérament romantique au modèle classique ? C'est oublier que les grands « classiques », Haydn et Mozart, se sont admirablement éloignés de toute contingence formelle, et que l'une des gloires de Beethoven fut justement de faire éclater magistralement les cadres stricts de la forme.

Sonate en *ut* mineur (op. 4)

Elle est moins insignifiante qu'on a trop souvent voulu le dire, — même si elle peut paraître parfois un peu maladroite. Chopin en décela d'ailleurs les défauts lorsqu'en 1845 il écrivit : « Je voudrais y changer beaucoup de choses..., il est trop tard maintenant pour une musique de ce genre : c'était bon il y a quatorze ans. » Œuvre de jeunesse, la *Sonate en ut* mineur fut écrite en 1828 et dédiée par Chopin à Joseph Elsner, qui fut son premier maître au Conservatoire de Varsovie. Elle sera publiée à titre posthume en 1851 à Vienne, et à Paris chez l'éditeur Simon Richault.

Comme les deux autres sonates, elle est construite en quatre mouvements. Elle s'ouvre sur un *Allegro maestoso* dans lequel s'opposent deux thèmes. On remarquera l'évidente parenté entre la courbe mélodique du premier thème,

et les inflexions thématiques du motif de l'*Invention à deux voix* en ut *mineur* de

Bach. L'influence de Bach, que Chopin admirait par-dessus tout, est déjà perceptible dès les premières œuvres ! Le second thème est plus polyphonique. Ces deux éléments sont développés, puis réexposés, et le mouvement s'achève sur une brève montée chromatique de quatre notes presque murmurées, — contraste saisissant avec les tumultueuses octaves « fortissimo » qui l'ont précédée.

Le *Minuetto, Allegro,* est de conception classique : après un « scherzando » enjoué, le trio central « con espressione » fait appel à un rythme de valse. Écrit dans une mesure peu commune à 5/4, le *Larghetto,* en *la* bémol, est un morceau très personnel : Chopin y déploie « con molta espressione » une grande diversité de moyens ; succession de triolets et de quintolets, figures ornementales et figures rythmiques variées, gammes fusées, etc. Le *Finale, Presto,* est certainement trop long : il déborde d'une virtuosité un peu clinquante, et se termine sur de forts accords très marqués.

Sonate en *si* bémol mineur (op. 35)

C'est autour de la *Marche funèbre* — point de départ et idée essentielle de l'œuvre — que Chopin organisa sa *Sonate en si bémol mineur.* A ce sujet, durant l'été de 1839, il écrivit de Nohant à son ami Fontana : « Je compose ici une sonate en *si* bémol mineur dans laquelle sera la Marche funèbre que tu connais. Il y a un Allegro ; puis un Scherzo en *mi* bémol mineur, la Marche et un court finale de trois pages environ. Après la Marche, la main gauche babille *unisono* avec la main droite. » La *Marche funèbre* fut écrite dès 1837, — le reste suivit donc au cours de cet été de 1839, au retour de l'affreux voyage aux Baléares. La sonate fut publiée dans son entier à Leipzig, à Londres et à Paris (chez Troupenas) en 1840, sans dédicataire. Le violoncelliste Auguste Franchomme, l'ami fidèle et intime, en fit peu après une transcription pour violoncelle qui reçut l'adhésion de Chopin.

Œuvre puissante et originale, la *Sonate op. 35* a souvent été mal comprise. Elle fit en tout cas couler beaucoup d'encre, et suscita maints commentaires et les explications les plus insensées. Il y a cependant dans ce morceau tragique, et dans l'exceptionnelle « économie formelle » de son auteur, quelque chose de désincarné, et comme une représentation saisissante des différents visages de la mort. Quatre mouvements s'y succèdent.

1. GRAVE-AGITATO : le premier mouvement est introduit par une phrase passionnée et quelques mesures d'accords gémissants, *Grave.* Deux thèmes contrastés s'y affronteront : par son rythme précipité et agité, le premier paraît violent et trépidant :

Le second est au contraire radieux, lyrique et paisible ; mais il va peu à peu s'animer sur les triolets de noires, après une transition « sostenuto » quasi récitée. Le premier thème, dans le ton éloigné de *fa* dièse mineur, amorce le développement bref, mais dramatique : tous les éléments déjà exposés s'y succèdent dans une ardeur débordante, en une écriture harmonique dont la complexité n'appartient qu'à Chopin. L'élément essentiel de la réexposition est le deuxième thème : l'omission du thème initial a profondément troublé les « grammairiens » de la musique, soucieux du respect de toute forme traditionnelle. De grands accords « fortissimo » concluent avec éclat ce mouvement plein de force et de passion.

2. SCHERZO (à 3/4) : impétueux, audacieux et fougueux, — tel apparaît le *Scherzo* en *mi* bémol mineur. Sa très belle mélodie encadre un trio *Più lento,* mélancolique et rêveur comme une valse triste, puis reprend comme une danse des ténèbres pour s'achever en un étrange murmure.

3. MARCHE FUNÈBRE (*Lento,* à 4/4) : Chopin l'aurait composée pour commémorer l'anniversaire de l'insurrection de Varsovie. Interprétation ou réalité ? Le musicien ne s'est pas expliqué là-dessus. Écrite avant le reste de la sonate, cette *Marche* fut orchestrée par Henri Reber pour être jouée en l'église de la Madeleine à Paris, le jour des funérailles de Chopin. Curieusement Schumann n'aimait pas ce mouvement dans lequel il voyait « beaucoup de repoussant ! », et qu'il condamnait, — car ... « à sa place un adagio en *ré* bémol, par exemple, aurait sûrement produit un plus grand effet » !

Fondement de la sonate, cette pièce admirable porte l'empreinte d'une inspiration remarquable. La *Marche* progresse inexorablement sur rythme saccadé et obsédant, jusqu'au chant sublime et bouleversant du magnifique trio central que Chopin jouait avec une ineffable expression. Son élève, Wilhelm von Lenz, témoigne que « seul Rubini chantait ainsi... » ; et il ajoute que « rien n'est plus facile que de faire de ce trio la chose la plus commune, rien n'est plus difficile que d'en élever le charme mélodique à la hauteur de l'affliction qui pèse sur tout le poème de la Marche funèbre... Le trio est une pierre de touche à laquelle on reconnaît si l'exécutant est poète ou s'il n'est que pianiste, s'il sait parler ou s'il ne fait que jouer du piano ». A la basse, un dessin de notes arpégées et éloignées les unes des autres, — dessin expressif cher à Chopin et qui nécessite une grande souplesse de la main gauche, aidée par la pédale :

Le thème sombre et implacable de la *Marche* revient pour conclure.

4. FINALE (*Presto*, à 2/4) : immense trait rapide entièrement en triolets d'octaves à l'unisson des deux mains, c'est un mouvement furieux qui balaie le clavier comme une tempête formidable. Après la mort, on atteint à l'inévitable néant. « Le coup de vent sur la tombe ! », a dit un commentateur ; et Schumann d'ajouter : « Ce n'est plus de la musique, mais un certain génie impitoyable nous souffle au visage. »

Sonate en *si* mineur (op. 58)

Écrite au cours de l'été 1844, peu de temps avant la rupture avec George Sand, et alors que la maladie qui devait emporter Chopin progresse inexorablement, la *Sonate op. 58* sera publiée l'année suivante à Leipzig, à Londres et à Paris (chez l'éditeur J. Meissonnier). Chopin la dédia à la comtesse E. de Perthuis (c'est à son époux qu'avaient été dédiées les *Mazurkas op. 24*). A l'opposé de la *Sonate op. 35*, œuvre visionnaire et tournée vers la mort, la *Sonate en si mineur* est une page resplendissante de vie et d'énergie. Elle comprend quatre mouvements.

1. ALLEGRO MAESTOSO (à 4/4) : le premier mouvement débute sur l'arpège d'un thème très symphonique,

fait de courtes incises de quatre mesures qui reviennent avec de nouvelles modifications de détail. Ce thème s'élargit sur le dessin d'arpège initial, qui s'impose en répétitions de plus en plus fréquentes et en marches ascendantes chromatiques. Les traits variés d'une période de transition (descente de sixtes, dessin mélancolique sur montée chromatique, motif de doubles croches agitées) conduit à un second thème presque beethovenien, — lequel apparaît d'abord en *ré* majeur « sostenuto e molto espressivo » sur une première phrase aux inflexions toutes italiennes, délicieusement tendres et poétiques, puis sur une seconde phrase plus mouvementée. Le thème se couvre de dessins multiples et se charge d'un contrepoint double, agité mais léger, — avant de s'apaiser vers le développement dans une sorte d'alanguissement. Plus orienté vers l'improvisation que vers l'organisation, le développement, assez long, semble décousu : après un court rappel du premier thème, il repart sur de nouvelles répétitions et sur un jeu d'imitations mélodiques, pour déboucher sur les redites des différentes incises du second thème, avec de légères modifications. Comme dans la *Sonate en si bémol mineur*, Chopin omet la réexposition du thème initial et centre tout l'intérêt de cette partie sur le deuxième thème, transposé en *si* majeur. Ce mouvement plein de vitalité s'apaise dans la chaude poésie et le charme délicat de la conclusion.

2. SCHERZO (*Molto vivace*, à 3/4) : trois parties dans ce preste épisode en *mi* bémol majeur, — qui débute sur un thème volubile couvrant à la main droite l'étendue du clavier avant de retomber sur de fortes octaves. La seconde partie, en *si* majeur, se caractérise par ses longues tenues d'accords ; puis le retour à la phrase première sert de dénouement.

3. LARGO (à 4/4) : sorte de vaste lied tourmenté, ce morceau en *si* majeur est introduit par de grandes octaves appuyées. Le thème central « cantabile » ressemble à une rêverie ; mais rêverie passionnée dans les contours de ses valeurs pointées, de ses triolets de doubles croches, et dans ses mouvements disjoints. Un nouvel épisode « sostenuto » tente d'imposer son motif noyé dans la trame mélodique de ses triolets. Le retour progressif au thème « cantabile » se fait par une succession de modulations aussi extraordinaires qu'inattendues, et Chopin conclut en une coda rêveuse et sereine où le thème revient en un discret frisson sur des triolets de croches.

4. FINALE (*Presto non tanto,* à 6/8) : le finale, traité en rondo, contraste d'emblée par sa fougue, son exaltation et sa virtuosité débordante. Chaque retour du thème, presque épique, s'effectue dans des refrains de plus en plus frémissants. Les divers épisodes thématiques sont proposés de multiples manières : mouvement perpétuel de triolets, gammes rapides ou gammes légères se résolvant sur des arpèges brisés, superposition rythmique d'un « trois-pour-quatre » entre les deux mains, etc. Le rythme s'intensifie vers la conclusion, quand apparaissent des triolets de main droite sur des doubles croches de main gauche. Une cadence de virtuosité amène de grands accords finals.

On est bien loin, ici, du Chopin malade et souffreteux, mais plutôt en présence d'une joie qui est « le sentiment d'une force vitale menacée ». André Gide a pu écrire que ce qu'il aimait en Chopin, « c'est que la joie en lui domine ».

LES ÉTUDES

Chopin a composé vingt-sept *Études,* réunies en deux recueils de douze chacun (*op. 10* et *25*), — auxquelles s'ajoutent trois *Études* séparées écrites pour la *Méthode des Méthodes* de Fétis et Moscheles. Chacune de ces *Études* est écrite dans un but précis, chacune traite d'une ou de plusieurs difficultés techniques, mais toutes sont prétexte à un déploiement de sonorités splendides, toutes sont pleines d'une poésie qui rend presque impropre leur dénomination d'études.

Chopin a consacré une grande partie de sa carrière parisienne à l'enseignement, — lequel n'était pas une servitude, mais la manifestation d'une authentique vocation de pédagogue. Pour lui, la technique n'était qu'un moyen : moyen de s'exprimer musicalement, et moyen d'arriver à la perfection de la matière sonore. Son enseignement était basé sur des points qu'il jugeait essentiels : le travail de la « sensorialité tactile et auditive », la recherche permanente de la souplesse du poignet et de la main, l'art du doigter et du toucher, adaptés notamment à la morphologie de la main. De là sa prédilection pour les tonalités chargées de touches noires, — parce qu'assurant mieux que les autres la position naturelle de la main. « Ayez le corps souple jusqu'au bout des pieds », ou : « Le tout... c'est de bien doigter », conseillait-il volontiers. Chopin ne mettait ses *Études* qu'entre les mains de ses élèves les plus avancés, qu'il orientait aussi vers les exercices de Clementi, de Cramer, de Moscheles, et vers les œuvres de Bach.

<u>Douze Études</u> (op. 10)

Chopin les composa entre sa dix-neuvième et sa vingt-deuxième années, — ce qui témoigne de son extraordinaire génie. Chacune de ces douze *Études,* en lesquelles Berlioz trouvait « des combinaisons harmoniques d'une étonnante profondeur », aborde un problème technique particulier. Dédiées à Liszt, elles furent publiées en 1833 à Leipzig, à Paris (chez Schlesinger) et à Londres, mais une grande partie d'entre elles avaient été écrites avant l'arrivée de Chopin à Paris, en 1831.

1. UT MAJEUR *(Allegro)* : datée de l'automne 1830, cette *Étude* est destinée au travail de l'extension en souplesse de la main droite, par l'intermédiaire de larges accords brisés couvrant le clavier. La main gauche se borne à soutenir l'ensemble par de longues tenues :

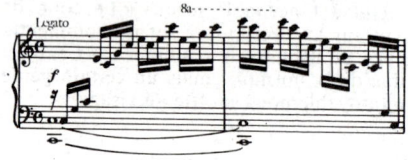

Selon Chopin, la bonne exécution en souplesse de cette *Étude* n'était assurée que par un travail lent et soutenu des arpèges brisés.

2. LA MINEUR *(Allegro)* : contemporaine de la précédente, elle traite du travail des doigts faibles de la main droite — les troisième, quatrième et cinquième doigts —, par le chevauchement de ces doigts sur des formules chromatiques « sempre legato », dans lesquelles le pouce n'intervient pas :

3. MI MAJEUR *(Lento ma non troppo)* : cette *Étude* mélodique aurait été achevée le 25 août 1832. Elle s'ouvre sur le triple contrepoint d'un thème limpide, qui se développe en un crescendo d'une grande puissance expressive :

La partie centrale « poco più animato » repose sur une cadence de traits brillants et de sixtes périlleuses, qui transforme cette page tendre en véritable étude de virtuosité. La douceur initiale servira de conclusion. « O ma patrie ! », s'écria un jour Chopin en entendant Adolf Gutman, son disciple favori, jouer ce morceau.

4. UT DIÈSE MINEUR *(Presto)* : terminée en août 1832, elle traite de plusieurs difficultés : égalité des doigts des deux mains dans un mouvement alerte, travail du pouce sur les touches noires, legato rapide. Les deux mains dialoguent en permanence dans un élan qui évoque certains *Préludes* de Bach.

5. SOL BÉMOL MAJEUR *(Vivace)* : cette *Étude* date de 1830. Tout le jeu mélodique des triolets de la main droite est exclusivement basé sur les touches noires. Les notes sont égrenées avec la plus parfaite égalité sonore,

sur un simple accompagnement de la main gauche qui éclaircit la tonalité de cette page en une palette de nuances exceptionnelles. Liszt comparait cette *Étude* à « une improvisation magnifique ».

6. MI BÉMOL MINEUR *(Andante)* : contemporaine de la précédente, elle est centrée sur un travail polyphonique entre les deux mains. La main droite joue une mélodie pleine de sensibilité « con molto espressione », que la main gauche soutient sur un dessin « sempre legatissimo ». Cette pièce a été assimilée à un poème sonore se mouvant dans une atmosphère de Nocturne.

7. UT MAJEUR *(Vivace)* : Chopin termina cette *Étude* au cours de l'été de 1832. Son but est d'obtenir la précision dans l'attaque des doubles notes, — essentiellement autour des intervalles de tierces et de sixtes.

8. FA MAJEUR *(Allegro)* : c'est une des premières *Études* composées par Chopin, — puisqu'elle date, comme les trois suivantes, de l'automne de 1829. Elle est axée sur deux problèmes : étude du passage du pouce dans la rapidité, et travail de l'extension de la main. Parmi les passages périlleux, on notera les traits parallèles des deux mains au centre de la pièce et les grands unissons qui confluent avec force.

9. FA MINEUR *(Allegro molto agitato)* : datée de 1829, cette *Étude* est destinée au travail de l'extension de la main gauche. La main droite ponctue de discrètes figures de notes pointées. Tout s'achève dans la légèreté d'une conclusion « pianissimo ».

10. LA BÉMOL MAJEUR *(Vivace assai)* : véritable mouvement perpétuel plein de fantaisie, écrit en 1829. L'exécution des accords brisés de la main droite améliorera la souplesse du poignet, — point capital de l'enseignement de Chopin :

Ces accords sont tantôt liés, tantôt piqués, sur un accompagnement ondulant de la main gauche.

11. MI BÉMOL MAJEUR *(Allegretto)* : composée en même temps que les précédentes, c'est une *Étude* sur les sonorités. Les deux mains progressent régulièrement et parallèlement sur de grands arpègements d'accords, aux accents de Nocturne.

12. UT MINEUR *(Allegro con fuoco)* : sans doute la plus célèbre de toutes les *Études*. On lui a donné le nom d'*Étude révolutionnaire*, — car elle passe pour avoir été écrite en septembre 1831, à l'annonce de la chute de Varsovie. Chopin aurait appris ce malheur alors qu'il se trouvait à Stuttgart, sur le chemin de Paris. C'est une œuvre pathétique, traversée par un souffle de violence inouïe. Son accord initial, énergique et brutal, entraîne le pianiste dans un débordement de traits rapides et fulgurants, pleins de désespoir, de rage, de haine, de tendresse et de fougue mêlés. Les difficultés techniques apparaissent en filigrane dans cette extraordinaire richesse d'écriture : dessin brillant de la main gauche se précipitant vers la basse, chromatisme des motifs brefs, rythmes en saccades, etc., — le tout se terminant dans une atmosphère « appassionato » :

Douze Études (op. 25)

Publiées à Leipzig, à Paris (chez Schlesinger) et à Londres en 1837, elles ont été composées entre 1832 et 1836, — immédiatement après les études de l'*Op. 10*. Chopin les dédia à Marie d'Agoult, amie et compagne de Liszt, romancière connue dans le monde littéraire sous le nom de Daniel Stern. Schumann se souvenait les avoir entendues jouées par Chopin lui-même, « très à la Chopin », et il ajoutait : « Qu'on se figure une harpe éolienne disposant de toute l'échelle sonore, que la main d'un artiste fait parler en y jetant pêle-mêle toutes sortes d'arabesques fantastiques, de manière pourtant qu'on perçoive toujours un son fondamental grave et un chant qui se déroule délicatement dans le haut, et l'on aura une idée approximative de son jeu. »

1. LA BÉMOL MAJEUR *(Allegro sostenuto)* : Chopin composa cette *Étude* lors du voyage qu'il effectua à Dresde en 1836 pour retrouver la femme aimée, Marie Wodzinska. Cette pièce, que Schumann comparait à un poème plus qu'à une étude, repose sur un dessin de vaporeux arpèges en petites notes, — par lesquels le pianiste travaillera l'extension simultanée des deux mains. Cet « ondoiement de *la* bémol majeur, balancé de-ci de-là plusieurs fois dans le haut du clavier, avec l'aide de la pédale »,

se conclut dans une nuance « pianissimo » ; selon Schumann, on avait alors l'impression « d'avoir contemplé en rêve une image radieuse qu'à demi réveillé on voudrait rattraper encore ».

2. FA MINEUR *(Presto)* : achevée en janvier 1836, cette page fut pour Schumann « aussi enchanteresse, rêveuse et douce que pourrait l'être le chant d'un enfant qui dort ». Chopin aborde ici le travail de l'indépendance des mains, à partir de la superposition rythmique des triolets de croches de la main droite et des triolets de noires de la main gauche :

3. FA MAJEUR *(Allegro)* : Schumann y voyait une pièce de bravoure aimable. Elle date de 1836. C'est encore le travail de l'indépendance des mains qui est au centre de cette *Étude,* dans le mouvement simultané d'un contrepoint double aux deux mains. La main droite se charge de temps en temps d'un petit motif ornemental qui reviendra pour conclure.

4. LA MINEUR *(Agitato)* : c'est une pièce de technique pure que Chopin composa entre 1832 et 1834. Pour Stephen Heller, elle évoquait le *Kyrie* du *Requiem* de Mozart. Elle est cependant essentiellement destinée à l'étude du staccato : staccato sur les temps faibles de la main droite et staccato des croches régulières de la main gauche, avec quelques passages lourés.

5. MI MINEUR *(Vivace)* : contemporaine de la précédente, elle est une des *Études* les plus riches et les plus originales. Basée sur un problème de sonorité pianistique, elle débute avec agilité sur un rythme brisé. Au centre, une phrase expressive en *mi* majeur, *Più lento,* ressemble au chant languissant d'un violoncelle qui s'anime peu à peu en arpèges volubiles.

6. SOL DIÈSE MINEUR *(Allegro)* : Chopin l'écrivit dans les années 1832-1834. Il aborde toutes les difficultés de l'écriture en tierces, sous toutes ses formes : traits et gammes chromatiques, gammes montantes et descendantes, chevauchements de doigts dans les tierces chromatiques,

— ce chevauchement qui, selon le pianiste Mikuli, ancien élève de Chopin, offrait « à un degré bien supérieur la possibilité du

plus beau legato dans une temps très rapide, en gardant la main parfaitement tranquille ».

7. UT DIÈSE MINEUR *(Lento)* : cette *Étude*, datée du début de 1836, traite d'un problème lié à la fois à la technique pure et à l'expressivité : l'emploi du pouce sur les touches noires dans les fragments mélodiques. Elle s'ouvre sur une mesure d'introduction en petites notes quasi improvisées ; puis on remarquera les immenses traits en gouttelettes de petites notes ornementales, — par lesquels Chopin amorce la conclusion.

8. RÉ BÉMOL MAJEUR *(Vivace)* : cette pièce, conçue dans les années 1832-1834, semble être le pendant de la *Sixième Étude* : l'une était consacrée aux tierces, celle-ci est consacrée au travail des sixtes sous les formes les plus diverses. On découvrira le rôle primordial du poignet lors de l'enchaînement des sixtes liées.

9. SOL BÉMOL MAJEUR *(Allegro vivace)* : écrite en même temps que la précédente, c'est l'*Étude* la plus courte du recueil. Chopin se soumet, avec finesse, aux difficultés de l'exécution sur les touches noires.

10. SI MINEUR *(Allegro con fuoco)* : dernière des six *Études* composées entre 1832 et 1834, c'est un exercice sur les octaves. Les parties extrêmes exposent des octaves violentes, qui contrastent avec les octaves douces et liées du *Lento* central en *si* majeur.

11. LA MINEUR *(Lento)* : la plus longue de toutes les *Études,* elle fut écrite en 1834. Les problèmes techniques n'altèrent pas la puissance du poème musical. Après quatre mesures d'introduction lente, c'est la force et l'agilité des doigts dans un tourbillon de doubles croches, *Allegro con brio*, qui retient l'attention de Chopin. L'*Étude* se conclut « fortissimo » sur un immense trait de petites notes.

12. UT MINEUR *(Allegro molto con fuoco)* : c'est une *Étude* de haute virtuosité, achevée en 1836. Par l'intermédiaire d'arpèges ponctués de chocs dissonants, Chopin traite du déplacement des mains sur le clavier et de la succession du pouce et du cinquième doigt sur la même touche.

Trois nouvelles Études

Elles furent composées en 1839 pour être intégrées dans la *Méthode des Méthodes* de Fétis et Moscheles, publiée à Paris chez Schlesinger en 1840. Parmi les autres collaborateurs de Fétis et Moscheles : Liszt et Mendelssohn.

1. FA MINEUR *(Andantino)* : *Étude* centrée sur l'indépendance des mains à travers la superposition de deux rythmes : triolets de noires à la main droite, et arpèges de croches à la main gauche.

2. RÉ BÉMOL MAJEUR *(Allegretto)* : la difficulté de la progression distincte et indépendante de deux parties superposées à la main droite occupe ici Chopin :

3. LA BÉMOL MAJEUR *(Allegretto)* : indépendance des mains et superposition d'accords ternaires à la main droite sur un rythme binaire à la main gauche, — tels sont les problèmes ardus abordés dans cette *Étude*.

LES VALSES

Très différentes des valses viennoises des Strauss et des Lanner pères et fils, les *Valses* de Chopin sont plus des poèmes que des pièces faites pour la danse. « Je n'ai rien de ce qu'il faut pour les valses viennoises », avouait-il d'ailleurs. Faut-il considérer ces *Valses* comme des pages mineures ? Certainement pas, — car ce sont des œuvres pleines d'élan spontané qui, selon l'expression de Schumann, « ont une autre note que les valses ordinaires ». Toutes possèdent un éclat certain, auquel se mêle presque toujours un profond lyrisme. Elles ont été composées à différentes époques de la vie de Chopin : les plus anciennes remontent aux derniers mois passés à Varsovie, les plus récentes datent des années qui précédèrent sa mort.

On admet généralement que Chopin a laissé dix-neuf *Valses*; parmi elles, quatorze sont universellement connues et inscrites au répertoire de tous les pianistes. Huit de ces quatorze *Valses* furent publiées du vivant de leur auteur (*op. 18, 34, 42* et *64*), les autres furent éditées à titre posthume (*op. 69, 70* et *Op. posth.* en *mi mineur*). Les cinq autres *Valses,* beaucoup moins célèbres et moins souvent jouées, ont été publiées longtemps après la mort de Chopin : ce sont d'abord trois œuvres de jeunesse, en *mi* majeur, en *la* bémol majeur et en *mi* bémol majeur, écrites entre 1827 et

1829, et éditées à Leipzig en 1902 ; puis une courte *Valse en* mi *bémol majeur,* datée du 20 juillet 1848 et probablement composée pour le banquier Émile Gaillard, élève et ami de Chopin (publiée en 1955) ; enfin une *Valse en la mineur,* parue en 1955 dans *La Revue musicale,* et qui aurait été écrite pour Mme Charlotte de Rothschild.

1. Grande valse brillante, en *mi* bémol majeur (op. 18).

Ce n'est pas la première *Valse* écrite par Chopin, mais la première publiée, en 1834. Sans doute composée à Vienne en 1831, avant l'arrivée de Chopin à Paris, elle fut dédiée à Mlle Laura Horsford. C'est une vaste pièce — *Vivo* — clairement construite en six épisodes, avec une coda de conclusion. Elle se distingue d'abord par les notes répétées de ses mesures initiales ; ce jeu de notes répétées, et le dessin léger qui l'entoure et qui scintille à travers tout le mouvement,

ajoutent au tournoiement de la danse. Au centre de ce tournoiement émergent de nouveaux motifs, — comme ce thème lyrique « con anima », ou ce thème de petites notes espiègles et gracieuses qui illuminent la longue phrase centrale en *ré* bémol majeur. La coda jaillit du grave du clavier pour accélérer vers l'aigu, avant de se répéter avec obstination dans un « diminuendo » qui précède les grands accords brefs de la conclusion.

2. Trois Valses brillantes (op. 34)

Les trois *Valses* de l'*op. 34* furent publiées en 1838. Schumann voyait en elles « des valses pour les âmes plus que pour les corps ».

a. Op. 34 n° 1 (en *la* bémol majeur, *Vivace*) : dédiée à Mlle de Thun-Hohenstein, elle fut composée en 1835. Comme la précédente, c'est une vaste pièce en plusieurs sections, avec un épisode central en *ré* bémol majeur empreint de lyrisme passionné. Tous les artifices ondulatoires d'une virtuosité brillante sont ici utilisés, — tels ces cabrioles d'arpèges se déployant sur les rebondissements de la basse. Cette *Valse,* étincelante et sentimentale à la fois, débute par seize mesures qui ont toutes les apparences d'un exorde, et se conclut par une coda rapide s'apaisant pianissimo avant les deux forts accords de la cadence finale.

b. Op. 34 n° 2 (en *la* mineur, *Lento*) : selon le pianiste Stephen Heller, c'était la *Valse* préférée de Chopin. Il la dédia à son élève, la baronne C. d'Ivry. Écrite en 1831, elle est parfois désignée comme « Valse du regret » ou « Valse mélancolique ». Mélancolique, elle l'est en effet, mais ce sentiment provient surtout de sa tonalité mineure et du contour sinueux du thème de la main gauche :

Jean-Jacques Eigeldinger souligne qu'elle est « l'une des plus riches en éléments dérivés du folklore polonais ». Les épisodes modulants intermédiaires s'écartent quelque peu du style de la Valse, pour s'orienter vers celui de la Mazurka. C'est un retour du motif nostalgique initial qui mène à l'épilogue ; mais, avant de conclure, la main gauche s'anime une dernière fois dans de doux méandres qui ondulent dans le grave du clavier.

c. Op 34 n° 3 (en *fa* majeur, *Vivace*) : c'est une courte pièce (cent soixante-treize mesures) composée en 1838 et dédiée à Mlle A. d'Eichtal, fille du financier du même nom, ami de Chopin. D'un caractère moins intimiste que les deux autres *Valses* de l'*op. 34*, elle ressemble davantage à une valse de salon pleine de brio. Elle se caractérise surtout (mesures 83 à 125) par de pittoresques appoggiatures bondissantes qui lui ont valu le surnom de « Valse du chat » (par lequel elle est parfois désignée), et qui auraient été inspirées à Chopin par les sauts légers d'un petit chat sur les touches de son clavier. Mais on se souviendra ici que Chopin détestait les sous-titres accolés à ses œuvres !

3. Grande Valse, en *la* bémol majeur (op. 42)

Cette *Valse* — *Vivace* — fut publiée en 1840, sans dédicataire. Plusieurs éléments distincts la caractérisent : tout d'abord la variété des motifs tourbillonnants utilisés et développés par Chopin ; puis cette polyrythmie binaire-ternaire du premier motif,

sorte de désarticulation du thème qui requiert une parfaite indépendance des mains ; enfin l'élan extraordinaire du long trille d'introduction sur huit mesures. Wilhelm von Lenz, qui travailla avec Chopin, commente ainsi cette danse : « Cette valse, qui prend son essor dans un trille de huit mesures, est à rendre à la manière d'une horloge à musique, selon les propres termes de Chopin. Exécutée par lui, elle incarnait au mieux son style rubato. Il lui imprimait un mouvement continu de strette prestissimo en maintenant ferme la mesure à la basse. Une guirlande de fleurs ondoyant parmi les couples de danseurs ! »

4. Trois Valses (op. 64)

a. Op. 64 n° 1 (en *ré* bémol majeur, *Molto vivace*) : dédiée à la comtesse Delphine Potocka, élève et amie intime de Chopin, célèbre par sa beauté et son talent de chanteuse, cette joyeuse *Valse,* très brève, est une des plus connues de la série. Elle est parfois appelée « Valse du petit chien », — car, au dire de témoins, Chopin l'aurait composée en regardant un petit chien tourner sur lui-même en tentant d'attraper sa queue ! L'impulsion de cette danse légère, brillante et volubile ne se ralentit jamais. Elle est d'ailleurs accentuée par les quatre mesures d'introduction qui, selon l'expression de Chopin, devaient être dévidées « comme une pelote », — le véritable mouvement n'étant donné qu'à la cinquième mesure, lorsque la basse fait son entrée. C'est par un trait fulgurant de petites notes en triolets que prend fin ce mouvement radieux.

b. Op. 64 n° 2 (en *ut* dièse mineur, *Tempo giusto*) : dédiée à la baronne Nathaniel de Rothschild, cette *Valse* est un modèle du style rubato de Chopin, avec ses modifications successives et passagères du tempo initial expressément notées : *tempo giusto, più mosso* (mes. 38), *più lento* (mes. 65), *più mosso* (mes. 97), *tempo 1* (mes. 129), *più mosso* (mes. 161). Au centre, un épisode en *ré* bémol majeur énonce un thème délicieusement expressif. Selon André Coeuroy*, cette pièce « unit l'esprit de salon à l'esprit de la valse ».

c. Op. 64 n° 3 (en *la* bémol majeur, *Moderato*) : Chopin la dédia à la comtesse Catherine Branicka. C'est la dernière *Valse* publiée de son vivant. Par son rythme autant que par sa thématique, cette *Valse* se rapproche du style de la Mazurka. En même temps, elle a quelque chose de haletant, d'imprévisible et de tourmenté. Imprévisible en effet, le subtil enchaînement enharmonique des mesures 132-133, où quatre dièses remplacent les quatre bémols du ton. Le tout s'achève en un « accelerando » éblouissant qui mène au *la* bémol final.

5. Deux Valses (op. 69)

Ces deux *Valses* furent publiées à titre posthume à Paris, en 1855, sans dédicataire.

a. Op. 69 n° 1 (en *la* bémol majeur, *Lento*) : écrite à Dresde en 1835 pour Marie Wodzinska, fiancée de Chopin, elle est connue sous le nom de « Valse de l'adieu ». Lorsqu'on sait que les fiançailles avec Marie furent rompues en 1837, doit-on y voir une sorte de prémonition, ou comme un « fragment du journal intime » de Chopin, pour reprendre l'expression d'André Coeuroy ? Néanmoins, ce n'est pas une œuvre triste et désespérée, mais une page d'exquise discrétion. Certaines mesures ont un caractère vocal, d'autres sont pleines de ces broderies luxuriantes de petites notes que Liszt comparait à des gouttelettes. Au centre, on s'oriente « con anima » vers la Mazurka, puis vers un humour tendre et insolite, qui précède une douce conclusion.

b. Op 69 n° 2 (en *si* mineur, *Moderato*) : souvent publiée au XIXe siècle sous le titre de « Valse mélancolique », c'est une des toutes premières *Valses* écrites par Chopin. Elle date de 1829, et fut sans doute composée pour Oscar Kolberg. La mélancolie des premiers motifs, qui ondulent constamment, contraste avec l'énergie du thème central en *si* majeur.

6. Trois valses (op. 70)

Ces trois *Valses* d'époques différentes fu-

---
* A. Coeuroy, *op. cit.*

rent publiées à titre posthume en 1855, sans dédicataire.

a. Op. 70 n° 1 (en *sol* bémol majeur, *Molto vivace*) : probablement composée en 1833, cette courte *Valse*, qui mêle les styles de la Mazurka et du Laendler, est peut-être celle qui conserve le plus nettement son origine viennoise, — tout au moins dans la partie centrale *Meno mosso*, conçue à la manière de Schubert sur une mélodie extrêmement gracieuse.

b. Op. 70 n° 2 (en *fa* mineur, *Tempo giusto*) : cette *Valse* fut écrite vers 1841. Il en existe en tout cas plusieurs copies manuscrites, — l'une d'elles mentionnant « Mlle de Krudner, Paris, le 8 juin 1841 ». Compatriote de Chopin, Marie de Krudner était aussi son élève. Selon Wilhelm von Lenz, Chopin aimait particulièrement cette *Valse*; « je la lui ai souvent entendu jouer et avec quel charme incomparable », ajoutait-il. C'est une page nostalgique, essentiellement « legato », d'où ressort magnifiquement le beau son lié du chant, malgré quelques mesures animées. Le « rubato » prend ici toute son importance, avec les ondulations de la mélodie.

c. Op. 70 n° 3 (en *ré* bémol majeur, *Moderato*) : datée de 1829, c'est une des premières *Valses* composées par Chopin. Elle fut écrite en hommage à Constance Gladowska, le premier amour de Chopin au temps des années heureuses de Varsovie. Son motif initial se caractérise par le balancement affirmé de ses deux voix et par de timides passages chromatiques. L'épisode central, en *sol* bémol majeur, ressemble à une valse à la Weber. Chopin disait qu'ici « le chant doit dominer à la basse jusqu'au *mi* bémol du violon à la cinquième mesure ».

7. Valse, en *mi* mineur (op. posthume)

Elle ne fut publiée qu'en 1860, mais elle aurait été composée en 1829. C'est une œuvre de jeunesse, indiquée *Vivace*, — moins intense et moins lyrique que les précédentes, mais qui, selon André Coeuroy*, annonce le futur Chopin.

LES BALLADES

La Ballade n'a jamais eu en musique de forme bien définie. L'étymologie du mot, issu de l'italien « ballare » (danser), lui donne le sens de chanson à danser ; à l'origine, la Ballade était donc une pièce vocale raffinée. C'est Chopin qui, le premier, donna le titre de Ballade à une composition musicale, — vaste pièce sans moule précis procédant, selon la description d'Étienne Roger, « de la chanson, du rondo, de la sonate et des variations ». Au XIXe siècle, à la suite de Chopin, la Ballade prendra un caractère lyrique, tout en gardant une allure générale narrative, et ce sont plutôt les ballades légendaires qui inspireront les musiciens. La légende de Faust en est peut-être le plus bel exemple.

La composition des quatre *Ballades* de Chopin s'échelonne sur une douzaine d'années. Toutes sont construites sur une mesure binaire à subdivision ternaire : 6/4 et 6/8. Par l'intensité de leur accent mélodique et par la richesse de leur écriture harmonique, elles figurent parmi les œuvres les plus accomplies du musicien. Selon une assertion de Schumann — assertion très discutée encore aujourd'hui —, Chopin aurait été inspiré pour ses trois premières *Ballades* par des ballades poétiques d'Adam Mickiewicz, poète polonais, comme lui émigré à Paris. Chopin n'a cependant laissé aucune explication à ce sujet ; et l'on se souviendra, à ce propos, qu'il appréciait peu la musique à programme.

Première Ballade en *sol* mineur (op. 23)

Commencée à Vienne au printemps de 1831, elle fut achevée à Paris en 1835, et publiée l'année suivante simultanément à Leipzig, à Londres, et à Paris chez l'éditeur Maurice Schlesinger. Chopin la dédia au baron de Stockausen, ambassadeur de Hanovre en France. Selon Schumann, cette *Ballade* lui aurait été suggérée par la lecture de *Conrad Wallenrod*, vaste fresque poétique de Mickiewicz qui narre un épisode dramatique des combats menés par les chevaliers de l'Ordre teutonique contre les païens. Peut-on cependant imaginer que Chopin ait songé un instant à mettre en musique des scènes odieuses, si étrangères à sa nature ? Préférons, avec Liszt, voir ici une « odyssée de l'âme de Chopin ».

Cette œuvre était une de celles que Chopin préférait, — ce qui est confirmé par cette lettre que Schumann écrivit à Dorn, son ancien professeur de contrepoint, en

---
* A. Coeuroy, *op. cit.*

septembre 1836, après avoir rencontré Chopin à Leipzig : « De Chopin, j'ai une récente ballade en *sol* mineur ; elle me semble géniale et je lui ai dit que c'était celle de ses œuvres qui me plaisait le plus. Après un assez long silence, il me dit tout à coup : « cela me fait un grand plaisir, car c'est aussi celle que je préfère ».

La *Ballade en* sol *mineur* est un immense poème plein de passion, d'émotion et de mélancolie presque douloureuse, — en trois parties de proportions très inégales : le long *Moderato* à 6/4, partie centrale et essentielle de l'œuvre, est encadré par une brève introduction *Lento* et une vaste coda orageuse à deux temps, *Presto con fuoco*. Dans l'introduction les deux mains égrènent à l'unisson un dessin d'octaves pesantes, qui se calment sur deux accords pour préparer l'énoncé du premier thème : sa mélodie s'élève comme une plainte sur l'inflexion hésitante d'un arpège de septième (*do-si* bémol), puis retombe vers la tonique sur un rythme de valse presque improvisé :

Une cadence fugitive mène à un épisode transitoire qui annonce le second thème. Cet épisode s'agite et s'anime progressivement sur de belliqueuses sonneries de basses, voilées par de légères et rapides figures arpégées. Suave et caressant, le second thème apparaît « sotto voce » dans un élan plus modéré (mesure 67). Il est suivi d'un court divertissement, — instant de joie fugace précédant le moment de passion intense des mesures à venir. Le retour des thèmes s'affirme dans une extraordinaire envolée, qui éclate jusqu'à la progression des gammes chromatiques fortissimo. Un nouvel épisode de divertissement, d'une virtuosité débordante, apporte une note d'apaisement jusqu'à la réapparition du deuxième thème dans toute son ampleur, agrémenté de quelques éléments décoratifs et accompagné d'une ondulation de croches. Le thème initial s'affirme une dernière fois « sotto voce » dans un climat de passion quasi pathétique, et s'enchaîne *Presto con fuoco* avec la tumultueuse coda. Dans l'effervescence d'une exceptionnelle virtuosité, une série de gammes douloureuses et déchirantes traverse le clavier pour retomber sur trois accords plaintifs, et sur une discrète et brève réminiscence du premier thème. Tout s'accélère, dans les mesures finales, sur un éblouissant dessin chromatique d'octaves fougueuses fortissimo qui s'achève en deux longs accords sonores.

Deuxième Ballade en *fa* majeur (op. 38)

Commencée dès 1836, elle fut achevée dans sa version définitive en janvier 1839, lors du séjour catastrophique de Chopin et de George Sand à Majorque, et publiée en 1840 à Leipzig, à Londres et à Paris (chez l'éditeur Troupenas). Dans son édition anglaise, elle portait le titre *La Gracieuse*. Elle sera dédiée à Schumann : mais il ne faut voir dans cette dédicace qu'une formalité de courtoisie, le remerciement de la dédicace des *Kreisleriana op. 16,* — car l'on sait que Chopin resta totalement fermé à l'art de Schumann dont il n'aima jamais la musique. Schumann, quant à lui, admira profondément cette *Ballade* qu'il qualifia de « morceau remarquable » ... « Chopin a déjà écrit une composition sous ce même nom, une de ses plus sauvages et plus originales ; la nouvelle est autre chose, inférieure à la première comme œuvre d'art, mais non moins fantastique et spirituelle... Les pages du milieu, toutes passionnées, paraissent n'avoir été intercalées que postérieurement ; je me rappelle fort bien avoir entendu Chopin jouer sa ballade avec une conclusion en *fa* majeur ; aujourd'hui elle finit en *la* mineur... ». Chopin jouait rarement cette *Ballade* en entier ; Pauline Viardot se souviendra d'avoir souvent entendu Chopin lui jouer l'*Andantino* du début, mais jamais la suite.

Pour Schumann, la *Deuxième Ballade* fut inspirée à Chopin par un poème écrit par Mickiewicz sur la légende du lac lituanien, le *Switez* : une femme mystérieuse, surgie lentement du sein du lac, raconte le combat des Lituaniens contre les tsars et décrit la métamorphose des morts en fleurs aquatiques. Comment ne pas songer ici à la légende bretonne de la ville d'Ys mise en musique par Lalo, et, surtout, à *la Cathédrale engloutie* de Debussy, dont l'idée poétique ressemble étrangement à celle qui, selon Schumann, aurait inspiré Chopin.

La *Ballade en* fa *majeur* est une succession d'épisodes de douceur et de force.

Épisode de douceur, l'*Andantino* initial que Chopin — se souvenait Pauline Viardot — jouait sans aucune nuance, sauf celles indiquées entre les mesures 18 et 22 et qu'il accentuait fortement. Quelques notes, résonnant comme le tintement d'une cloche, introduisent le premier thème qui s'épanouit et se répète dans la grande quiétude de son rythme apaisant :

Avec Schumann, certains ont cru voir dans cette longue phrase l'évocation des eaux calmes du lac dont émerge la femme mystérieuse du poème de Mickiewicz. Un large arpège de petites notes se répercutant sur le lointain écho du tintement des premières mesures sert de transition avec le second épisode, — épisode de force *Presto con fuoco* qui s'enchaîne immédiatement dans un déferlement de doubles croches. Dans ces rafales de traits arpégés, d'octaves puissantes, de gammes ascendantes et de figures semées de modulations inattendues, Chopin a-t-il réellement voulu, comme le suggérait Schumann, dépeindre le combat des Lituaniens ? Le tumulte s'apaisera peu à peu pour laisser place, dans un contraste saisissant, au premier thème qui réapparaît coupé en son milieu par un point d'orgue imprévu ajoutant au mystère. Omniprésent, le thème se répète inlassablement dans le chant de la basse, puis module continuellement, pour éclater en octaves sous de forts accords qui progressent par degrés chromatiques. Ce calme apparent, mais pathétique, précède la tempête : le déferlement sonore du *Presto con fuoco* surgit de nouveau et conduit en un dessin de trilles prolongés à la coda, *Agitato* en *la* mineur. L'emportement, le déchaînement atteignent ici au paroxysme de la virtuosité et de l'explosion sonore. La hardiesse de l'écriture harmonique de Chopin est frappante, — notamment dans ces modulations enharmoniques du *do* dièse au *ré* bémol, ou du *ré* dièse au *mi* bémol (mesures 179 à 189). Un accord puissant, interrompu par un point d'orgue, annonce la courte conclusion. C'est dans le charme et la douceur des mesures initiales, en *la* mineur, que Chopin met un point final à sa *Deuxième Ballade*. Cette conclusion en *la* mineur tendrait à prouver qu'il remania son œuvre, — puisque Schumann l'entendit initialement conclure sur un accord de *fa* majeur.

Troisième Ballade en *la* bémol majeur (op. 47).

Écrite dans cette tonalité de *la* bémol chère à Chopin, elle fut commencée en 1840 et achevée en 1841. Publiée d'abord à Paris chez Schlesinger en 1841, puis à Leipzig et à Londres l'année suivante, elle fut dédiée à Mademoiselle Pauline de Noailles, élève du compositeur. La tradition veut qu'elle ait été inspirée à son auteur par la légende de Mickiewicz, *Ondine* : un jeune homme entraîné par les flots est condamné à poursuivre en vain l'ondine qu'il ne parviendra jamais à atteindre. Schumann considérait que cette œuvre, qui « diffère d'une façon frappante des précédentes par le caractère et par la forme », est une des pages les plus originales de Chopin.

La *Troisième Ballade* fut jouée en première audition par Chopin, le 21 février 1842 chez Pleyel. Rendant compte du concert dans la *Gazette musicale*, le critique Maurice Bourges écrivait : « ...C'est une des compositions les plus achevées de M. Chopin. Sa flexible imagination s'y est répandue avec une magnificence peu commune. Il règne, dans l'heureux enchaînement de ces périodes aussi harmonieuses que chantantes, une animation chaleureuse, une rare vitalité. C'est de la poésie traduite, mais supérieurement traduite par les sons. »

Cette œuvre, qui n'a pas la puissance des *Ballades* précédentes, est néanmoins pleine de charme poétique. Certains voient dans les premières mesures *Allegretto* les doux épanchements d'un duo d'amour entre le jeune homme, héros de la légende de Mickiewicz, et l'ondine : deux voix chantent en effet distinctement dans ce premier thème, — comme un dialogue entre la partie supérieure et la basse :

Cette tendre confidence s'anime cependant peu à peu dans un climat fiévreux qui explose sur de rapides arpèges divergents, très fréquents dans la musique de Chopin. Le premier thème réapparaît furtivement, puis se calme sur de longs accords tenus. De joyeux sautillements d'octaves annoncent le second thème, — le plus important de l'œuvre. Il reviendra régulièrement, souvent soutenu par des ondulations de doubles croches que les commentateurs de Chopin — toujours en suivant le poème de Mickiewicz — ont comparé au mouvement des flots. Un nouveau motif apparaît (mesure 77), noyé dans une triple pédale d'*ut* qui se répète avec de plus en plus de force, puis en une succession d'accords bruyants et arpégés sur double pédale d'*ut*. Par leurs doubles croches volubiles, quelques mesures transitoires semblent présager un moment de joie ; mais, dans son obstination, la main gauche qui les soutient a quelque chose d'inquiet et d'haletant. Le second thème revient sur un dessin fluide de doubles croches, puis dans son énoncé premier grâce auquel, avec un sens extraordinaire de l'enharmonie, Chopin va peu à peu changer le décor. Les quatre bémols cèdent la place à quatre dièses, et le thème chante « mezza voce » sur la montée chromatique légère des doubles croches de la basse. Tout cet épisode est plein d'un bouillonnement continu d'effets et de figures variés, qui passent d'une main à l'autre. Deux descentes chromatiques (qui ont réintroduit l'armature initiale) annoncent le retour du premier thème : celui-ci, privé de sa réponse à la basse, évolue dans un étrange climat modulant très éloigné de celui des premières mesures. L'œuvre s'anime dans un grondement d'octaves qui balaient le clavier ; puis Chopin conclut *Più mosso* par l'épisode joyeux déjà entendu après l'exposé du second thème.

Quatrième Ballade en *fa* mineur
(op. 52)

Composée en 1842, publiée à Leipzig et à Paris (chez Schlesinger) en 1843, elle fut dédiée à la baronne Charlotte de Rotschild. Chef-d'œuvre extraordinaire par son inspiration et son éloquence, par l'originalité de ses motifs et la richesse de son harmonie, c'est une page pathétique, tantôt passionnée, tantôt triste, voire suppliante, — en laquelle Alfred Cortot voyait « une somptuosité harmonique, un raffinement d'écriture très significatif d'une nouvelle orientation du style de Chopin. A n'en pas douter, s'il eût vécu, c'est dans un caractère précurseur de notre impressionnisme musical qu'il eût écrit les chefs-d'œuvre à venir »...

Cette dernière *Ballade* s'ouvre *Andante con moto* par sept mesures d'introduction sur un motif d'un lyrisme tendre et nostalgique, qui reparaîtra au centre de l'œuvre. Le premier thème, « mezzo voce », a le caractère expressif d'un thème de Nocturne, égayé par un petit dessin de croches enjouées :

De longs accords plaqués sur de puissantes octaves, qui semblent se balancer, conduisent à la réexposition du thème, transformé dans sa ligne mélodique et agrémenté d'une gracieuse suite de tierces parallèles. Un brillant *Accelerando* mène au deuxième thème, exposé sur son rythme calme de barcarolle ; puis tout s'anime dans un brio étourdissant, qui s'apaisera sur le retour des tendres inflexions de l'introduction, mais en *la* majeur. Celles-ci s'évanouissent comme dans un rêve sur une cadence dolcissimo, et sur de légers arpèges aériens écrits en petites notes. Un surprenant canon à deux, puis à trois voix, s'enchaîne immédiatement sous les éléments du premier thème, qui prennent un caractère inquiet et tourmenté, mais se développent et se transforment aussitôt en joyeux triolets tourbillonnants. Le second thème lui-même participe à cette explosion sonore qui s'épanouit somptueusement jusqu'à trois grands accords fortissimo, interrogatifs, prolongés par deux silences et un point d'orgue. A cette interrogation répondent sourdement cinq accords longs et clairs : ils paraissent marquer le départ de la coda dans un tumulte plein de vitalité, traversé de traits de triolets en tierces, en octaves et en accords. La *Ballade,* qui avait commencé dans le rêve, s'achève dans un chaleureux enthousiasme.

LES IMPROMPTUS

A des époques différentes de sa vie, Chopin a écrit quatre *Impromptus*. Le quatrième est celui que nous connaissons aujourd'hui sous le titre de *Fantaisie-Impromptu (op. 66)* : primitivement appelée

Impromptu par Chopin, cette pièce fut baptisée *Fantaisie-Impromptu* par Fontana, lorsqu'en 1855 il en réalisa l'édition posthume.

Le titre d'*Impromptu* suggère immédiatement un caractère d'improvisation. Mais l'improvisation ne nuit en rien à l'organisation : si l'esprit improvisateur règne, en effet, dans ces pièces, chacune répond cependant à un plan régulier tripartite. Ces trois parties : exposition d'un premier thème, qui ne subit aucun développement (puisqu'il s'agit d'une improvisation) ; puis, dans l'épisode central plus expressif, énoncé d'un nouveau motif de caractère opposé au premier ; retour au sujet initial pour conclure. Ces *Impromptus*, pleins d'une sensibilité poétique extraordinaire, sont ornés de motifs mélodiques d'une spontanéité sans pareille. Ce sont des œuvres relativement courtes, — dans lesquelles Chopin a recours à de merveilleux raffinements sonores, et pour lesquelles il adopte une forme délicate et naturelle. Alfred Cortot a fort bien dit que « la musique y devrait paraître en quelque sorte naître sous les doigts de l'exécutant ».

Premier Impromptu, en *la* bémol majeur (op. 29)

Chopin le dédia à la Comtesse de Lobau. Composé au début de 1837, il fut publié au mois d'octobre de la même année à Vienne, et à Paris chez Schlesinger. L'édition anglaise, parue en 1838, lui donnait le numéro d'*Op. 28*.

Allegro assai, quasi presto (à 4/4) : il s'ouvre sur un ruissellement d'arabesques de triolets volubiles, mais pleins de grâce :

L'idée suit son chemin, et s'épanouit avec une modification mélodique du dessin de la basse : chaque première note des triolets de croches est appuyée et devient une noire expressive. Un bref rappel des premières mesures intervient discrètement au milieu de l'animation des triolets ; puis les douces sonorités de quelques mesures « smorzando » annoncent la fin de cet épisode. Un point d'orgue et une gamme descendante servent de transition vers la seconde phrase, en *fa* mineur. Au badinage riche et varié des triolets des deux mains, succède un beau et noble thème, expressif et frémissant, — « où tous les caprices du chant se jouent comme à plaisir » (selon un commentaire de l'époque). Sa mélodie repose sur une basse au rythme particulier et inattendu, — dans lequel on a décelé quelque chose de pré-wagnérien ; cette basse supporte, à faux et à distance d'un temps de retard, les notes du thème :

C'est avec la même souplesse rythmique, mais selon des figures mélodiques de plus en plus fournies, que Chopin conclut cet épisode central plein de sensibilité. Trois trilles brefs ramènent à la première partie, et une série d'accords sur quatre notes ascendantes introduisent les trois longs accords conclusifs « pianissimo ».

Schumann admirait cet *Impromptu*, qu'il décrivait comme un morceau « si délicat de forme, avec une cantilène au commencement et à la fin, enchâssée dans un charmant travail de figures de toutes sortes... »

Deuxième Impromptu, en *fa* dièse mineur (op. 36)

Écrit à l'automne de 1839, il parut à Leipzig, à Londres et à Paris (chez Troupenas) en 1840, sans dédicataire. Il se rapproche des *Nocturnes*, mais Alfred Cortot relève justement qu'on n'y trouve pas ce sentiment méditatif et cette poésie rêveuse propres à ces derniers.

Andantino (à 4/4) : la première édition portait *Allegretto*. Le motif initial, doux et tranquille, paraît flotter sur le balancement des basses :

Il est enjolivé çà et là de délicates broderies ornementales en petites notes, et animé de brèves et nouvelles inflexions rythmiques. Les dernières mesures de ce premier épisode se chargent d'accords et d'un rythme nerveux qui, selon Cortot, vont orienter l'épisode central vers la polonaise. Un point d'orgue amène un changement d'armure et une modulation imprévue en *ré* majeur. Le second motif s'impose d'abord dans le grave du clavier sur une basse sourde, scandée et obstinée, qui s'intensifie par l'adjonction d'une octave, — alors que le thème émerge du grave et entame sa progression vers l'aigu dans une vigueur pleine d'éclat. Les valeurs pointées de la basse se voient remplacées par un quart de soupir, qui donne à la conclusion de la partie médiane une note d'héroïsme. Deux mesures aux harmonies curieuses et troublantes mènent à un nouvel épisode *A Tempo,* en *fa* majeur. Le contraste est ici saisissant : à l'héroïsme succède la sérénité du premier thème, — celui-ci reposant à présent sur les douces ondulations des triolets de la basse. Ce bref moment de douze mesures ramène à la tonalité initiale. La mélodie se noie alors peu à peu dans les triolets de main droite. Nouveau contraste imprévu lorsque ces triolets sont brutalement interrompus par un feu d'artifice d'arabesques de triples croches, qui vont tournoyer longuement et avec brio à la main droite sur le motif doux et caressant de la basse. Un bref souvenir de la polonaise conduit à la conclusion en deux accords frappés « fortissimo ».

Troisième Impromptu, en *sol* bémol majeur
(op. 51)

Il fut composé en 1842, publié en 1843 à Leipzig, à Londres et à Paris (chez Schlesinger), et dédié à la comtesse Esterhazy. Chopin le joua une première fois alors qu'il était encore inédit, lors d'un concert qu'il donna chez Pleyel le 21 février 1842. Wilhelm von Lenz nous apprend que Chopin avait une prédilection particulière pour cet *Impromptu.*

Vivace (giusto) (à 12/8) : dès les mesures initiales, le premier thème prend un caractère quasi improvisé. Ses contours mélodiques lui confèrent un aspect expressif et tendre, mais également passionné. Des triolets et des accords viennent peu à peu s'ajouter à la basse ; puis le thème lui-même se voit adjoindre une seconde partie, dans un contrepoint serré qui respecte cependant le caractère vocal de la ligne mélodique. Une harmonie toujours audacieuse et des subtilités chromatiques accentuent les intentions expressives de Chopin. C'est par des traits variés qu'on aborde progressivement l'épisode central : gammes chromatiques de main gauche, quelques accords légers mais marqués, gammes ascendantes et souples de main droite, etc. L'intermède central « sostenuto », à quatre temps, est expressif et pathétique. Le thème est à la basse, soutenu à la main droite par des triolets : il ressemble au chant sublime d'un violoncelle progressant dans une intensité lyrique exceptionnelle. Le thème initial est réexposé, — et l'on notera l'évidente parenté entre ce thème et le dessin du premier motif de l'*Impromptu op. 29* (v. plus haut) :

De grands accords affirment la conclusion.

LES SCHERZOS

Les *Scherzos* de Chopin n'ont aucun rapport avec le *Scherzo* de la sonate classique. Ce sont des pièces amplement développées, qui trouvent leur unité dans leur rythme commun à 3/4. Ces quatre morceaux, riches de fantaisie, débordent d'un élan tumultueux, souvent passionné, parfois tragique. Le dernier *Scherzo (op. 54)* est toutefois plus sobre et plus mélancolique que les précédents.

1. Scherzo en *si* mineur, op. 20
(Presto con fuoco)

Cette très longue pièce, commencée à Vienne à la fin du printemps de 1831 et achevée à Paris en 1832, a été publiée en 1835 (à Paris, chez M. Schlesinger). L'édition anglaise parut avec le titre *Banquet infernal.* Chopin dédia ce *Scherzo* à Thomas Albrecht, l'un de ses meilleurs amis.

Il débute par des surprenants accords, dont l'audace harmonique parut à l'époque très hardie :

Le développement qui suit, introduit par un « piano » assourdi, s'élève progressivement vers les aigus du clavier dans un mouvement enfiévré, et se poursuit sur l'impulsion orageuse de ses croches. Trois accords fougueux mènent à un épisode douloureusement pathétique qui s'enchaîne à un *Agitato,* dont le sentiment d'angoisse intérieure s'accuse avec le crescendo des arpèges alternés de main droite et de main gauche. La mélodie se détache de la ligne supérieure des arpèges de la main droite. La première partie du *Scherzo* est réexposée jusqu'au mouvement *Molto più lento,* en *si* majeur : sur un rythme de berceuse, son chant délicieusement mélancolique, tiré de la mélodie d'un Noël polonais, traduit une atmosphère de rêverie inexprimable, — que le jeu de Chopin rendait, selon Wilhelm von Lenz, avec « une impression indicible ». Une reprise du début de l'œuvre précède la conclusion *Risoluto e sempre più animato,* épisode de virtuosité coupé par sept mesures d'accords stridents et violents. La péroraison est brillante et flamboyante. Son élève, Karol Mikuli, a révélé que Chopin ne cessait d'augmenter le mouvement avant la coda, « de sorte que l'œuvre culminait dans un angoissant paroxysme ».

Wilhelm von Lenz rapporte que Chopin se montrait intraitable sur l'exécution de ces triolets : « Il faut que ce soit une question », enseignait Chopin ; et on ne jouait jamais assez interrogateur, jamais assez piano, jamais assez « tombé », comme il disait, jamais suffisamment important. « Ce doit être une maison des morts », déclara-t-il un jour... « C'est la clef du morceau tout entier. » La mélodie se répète et s'élève graduellement en s'enrichissant d'accords nouveaux, jusqu'à un puissant épisode de traits montants et descendants. La tendre cantilène du second thème *Con anima* chante à la main droite sur un simple accompagnement de croches à la main gauche, puis se charge progressivement d'accords et d'arpèges périlleux. La réexposition de ces éléments conduit à un *Sostenuto* moins fiévreux. Pour Alfred Cortot, la voix médiane de la main droite ressemble à « la voix mélancolique et pénétrante d'un cor ». De sinueuses arabesques de croches réintroduisent le *Sostenuto,* — lequel est suivi d'un *Agitato* qui se développe dans une exaltation douloureuse. Une nouvelle réexposition débouche sur la conclusion *Più mosso,* ferme et résolue.

2. Scherzo en *si* bémol mineur, op. 31
(Presto)

C'est le plus connu des quatre *Scherzos.* Écrit en 1837, et publié la même année à Paris (chez Schlesinger) et à Londres (sous le titre fantaisiste de *Méditation*), il a été dédié à la Comtesse Adèle de Furstenberg. Schumann y voyait un morceau extrêmement captivant, dont le caractère passionné lui évoquait une poésie de lord Byron « avec ce même mélange d'amour et de mépris ».

Les triolets du début ressemblent à une saisissante interrogation, à laquelle répondent les accords énergiques du thème des mesures suivantes :

3. Scherzo en *ut* dièse mineur, op. 39
(Presto con fuoco)

Il est dédié à Adolf Gutman, l'un des disciples favoris de Chopin. Commencé à Majorque en janvier 1839, il fut achevé quelques mois plus tard et publié dès 1840. L'édition française parut à Paris chez Troupenas.

C'est une page puissante introduite par un grave unisson dont les quatre notes sont audacieusement réparties dans un rythme ternaire :

Ce préambule se prolonge en octaves franches et détachées, puis sur un trait de noires staccatos qui ressemblent aux pizzicatos d'un violoncelle, pour s'achever sur un passage polyphonique. La deuxième idée, *Meno mosso*, est énoncée comme un choral. Chacun de ses retours s'agrémente d'un dessin de croches qui s'emportent en arpèges sur un chromatisme vaporeux. un « accelerando » ramène au *Tempo I* ; puis une étonnante modulation annonce un épisode *Più lento*. Le thème du choral s'amplifie « cantando con calore » : les longs accords de la main droite sont soutenus par de périlleux arpèges de main gauche. La conclusion s'impose *Con fuoco* dans l'emballement de ses traits de croches et de ses sauts de main gauche ; et ce sont des octaves décidées qui apportent la touche finale.

4. Scherzo en *mi* majeur, op. 54 *(Presto)*

Composé en 1842, il a été publié en 1843 à Leipzig et à Paris (chez Schlesinger). L'édition allemande fut dédiée à Jeanne de Caraman, — alors que l'édition française s'adressait à sa sœur Clothilde. Toutes deux étaient élèves de Chopin.

Ce quatrième *Scherzo* contraste avec les précédents. Plus sobre et plus serein, il s'écarte de la tragique exaltation des autres *Scherzos* et s'oriente vers plus de nostalgie. Il ouvre sur un délicat balancement rythmique et sur de sensibles accords, suivis d'un léger motif de croches qui passe comme un frisson fugitif ponctué de petites notes caressantes. Les accords et les gammes chromatiques de l'épisode suivant débouchent sur des croches volubiles. Au centre du morceau, des allusions au rythme de la valse et au rythme de la barcarolle, — interrompues par des reprises de la première partie : la forme de la valse, d'abord, sur des réminiscences de la *Grande Valse en la bémol, op. 42,* avec superposition rythmique binaire-ternaire ; puis la forme de la barcarolle, *Più lento,* en un passage mélancolique sur les calmes ondulations de noires de la main gauche. La conclusion *Più presto* se termine par un fulgurant trait de gammes.

LES PRÉLUDES (op. 28)

Au siècle précédent, le *Prélude* était un genre musical de forme libre et de caractère improvisé qui introduisait une fugue ou servait d'ouverture à la suite de danses, — suite de luth, de clavecin ou d'orchestre. Chopin semble conserver l'idée d'un morceau dont la structure n'est pas définie. Son *Prélude* est une pièce indépendante qui n'introduit rien et dont la construction n'est pas fixe. Chopin détache le prélude de la fugue, et en fait une œuvre relativement courte qui ne procède d'aucun programme établi : cette forme lui a permis de développer une musique à l'état pur, qui échappe à toute classification.

Parce qu'une partie de ces *Préludes* a été terminée lors du sombre séjour de Chopin à Majorque, certains ont absolument voulu leur donner une explication imagée, — le surchargeant parfois d'un titre aussi absurde que ridicule, et que Chopin aurait catégoriquement rejeté. Ces *Préludes* sont cependant pleins d'allusions, de souvenirs ou de réminiscences, mais plus qu'un commentaire ou qu'une image, c'est la pensée intime de leur auteur, ses états d'âme ou ses aspirations qu'il faut essayer d'y saisir. Pour Liszt, ces morceaux sont « admirables par leur diversité, le travail et le savoir qui s'y trouvent... Ils ont la libre et grande allure qui caractérise les œuvres de génie ».

La première édition des vingt-quatre *Préludes op. 28* parut en même temps à Leipzig et à Paris en1839. Dans l'édition française, ils étaient dédiés à Camille Pleyel, dans l'édition allemande à J. K. Kessler. Il est difficile de les dater avec certitude. On a coutume de dire que Chopin les composa lors de son séjour à Majorque avec George Sand, durant l'hiver 1838-1839 ; mais un certain nombre d'entre eux avaient déjà été écrits à Paris avant le départ, d'autres avaient été seulement esquissés. En réalité, il semble plutôt que Chopin les revit et les corrigea à Palma en vue de leur publication. Sans tomber dans l'excès des banalités écrites sur le voyage de Chopin et de Sand aux Baléares, on ne peut nier que l'atmosphère fiévreuse, et attirante à la fois, de la chartreuse de Valdemosa ait eu une influence sur la sensibilité exacerbée du musicien.

Chopin organise ses vingt-quatre *Préludes* selon les vingt-quatre tons de l'ordre normal de la gamme : chaque ton majeur est suivi de son relatif mineur. N'est-ce pas là le tribut payé à Bach et au *Clavecin bien tempéré* dont Chopin faisait son pain quotidien ?

A cet ensemble homogène, il faut ajouter un *Prélude* isolé en *ut dièse mineur (op. 45),* publié en 1841 et dédié à la princesse Elisabeth Czernicheff, ainsi qu'un *prélude* daté de Paris le 10 juillet 1834 et dédié par Chopin à son ami Pierre Wolff. Ce dernier *Prélude*, en *la* bémol majeur, a été redécouvert en 1918.

1. Agitato (en *ut* majeur, à 2/8) : ce premier *Prélude* est une œuvre fiévreuse d'agitation intérieure, construite sur une formule syncopée et sur un dessin de triolets d'accords arpégés. Chopin a-t-il réglé ces accords sur des lois harmoniques précises ? Ils ressemblent plutôt à une succession d'images sonores extraordinaires. André Gide regrette la précipitation avec laquelle beaucoup de virtuoses jouent cet *Agitato* : « Est-il vraisemblable, je vous le demande, qu'au seuil de ce cahier, dans le plus limpide des tons, Chopin ait souhaité une manifestation si troublée ? »...

2. Lento (en *la* mineur, à quatre temps) : cette page a désorienté beaucoup de commentateurs de la musique de Chopin. Il règne dans cette douloureuse méditation une grande tension entre le chant très simple de la main droite et l'inflexibilité de la basse, avec ses écarts de dizièmes ou de onzièmes et ses hésitations entre le mode majeur et le mode mineur :

... « Discordant, certes, il l'est entre tous, et l'on ne peut pousser plus loin la dissonance », a écrit de ce *Prélude* André Gide.

3. Vivace (en *sol* majeur, à quatre temps) : sur le dessin de la main gauche, Chopin a noté « leggiermente ». Sur des ondulations de doubles croches très virtuoses, le thème de la main droite s'affirme en accords. Quatre mesures finales, emportées aux deux mains dans un tourbillon de doubles croches, précèdent les deux accords conclusifs. Alfred Cortot a comparé cette pièce au chant d'un ruisseau.

4. Largo (en *mi* mineur, à deux temps) : comme on l'a dit, il fut exécuté à l'orgue de la Madeleine le jour des funérailles de Chopin. Un caractère d'apaisement se mêle à la mélancolie du chant de la main droite, — sous lequel Chopin a noté « espressivo ». Celui-ci s'étire sur des accords régulièrement battus à la main gauche, qui se dissolvent en une lente descente chromatique. Un bref silence précède, pour conclure, trois longs et sourds silences.

5. Molto allegro (en *ré* majeur, à 3/8) : ce mouvement perpétuel en doubles croches s'avère techniquement fort périlleux. Chopin envisage ici l'une des difficultés de l'art pianistique : arrivé à la plus parfaite maîtrise de son instrument, le pianiste doit pouvoir combiner les exigences d'une interprétation poétique à travers la position inconfortable des deux mains.

6. Lento assai (en *si* mineur, à 3/4) : ce *Prélude* a été exécuté lors des funérailles de Chopin. La belle mélodie de la basse ressemble à une douce plainte, qui se fait entendre sur un mouvement de barcarolle. A la main droite est réservé le dessin d'accompagnement extrêmement sobre ; ses notes répétées accentuent le caractère mélancolique de l'ensemble :

Comme le *Prélude n° 15*, celui-ci reçoit parfois le titre tout à fait erroné de *Prélude « des Gouttes de pluie »*, en souvenir du triste séjour de Majorque, — marqué comme l'on sait par le froid, la tempête et l'angoisse de la maladie.

7. Andantino (en *la* majeur, à 3/4) : très courte page de seize mesures, mais, en même temps, peut-être l'une des plus célèbres de la série. L'idée musicale se réduit au stricte minimum : aucun développement, mais une brève image tendre et adorable sur un rythme de mazurka.

8. Molto agitato (en *fa* dièse mineur, à quatre temps) : le déferlement succède immédiatement à la tendresse. Chopin donne à ce *Prélude*, d'une extrême difficulté technique, le caractère d'une étude de virtuosité. Trois éléments rythmiques bien distincts se superposent : à la basse, le dessin immuable d'un triolet de doubles croches et d'une croche ; à la main droite, dans la partie intermédiaire, le thème mélodique (sur un rythme pointé) que l'interprète ne peut jouer qu'avec le seul pouce tout en réalisant le plus parfait legato, — les autres doigts de la main droite se partageant l'exécution de la partie supérieure. Constituée de fioritures de triples croches brillantes, celle-ci est écrite en petites notes. Plein de passion bouillonnante, ce *Prélude* est une pièce relativement longue : trente-quatre mesures. Au-dessus de la mesure 19, Chopin a laissé cette indication : « molto agitato e stretto ».

9. Largo (en *mi* majeur, à quatre temps) : ce majestueux morceau se joue dans le grave du clavier. Sur l'appui de la basse, l'accompagnement en triolets de la partie intermédiaire soutient une mélodie très pathétique.

10. Molto allegro (en *ut* dièse mineur, à 3/4) : Chopin joue ici sur l'opposition entre la descente agile des triolets de la main droite et les accords arpégés de la main gauche. Cette pièce, qui prend parfois l'aspect d'un récitatif, est une page tourmentée dans sa variété rythmique et mélodique.

11. Vivace (en *si* majeur, à 6/8) : voici encore un *Prélude* conçu comme une étude de virtuosité, entièrement basée sur un dessin de triolets aux deux mains. Elle débute sur l'affirmation d'une blanche pointée appuyée *(fa)*, et se conclut sur sept mesures de coda, — lesquelles sont introduites par le retour de la même blanche pointée.

12. Presto (en *sol* dièse mineur, à 3/4) : les problèmes techniques dominent de nouveau ce long *Prélude* plein de nervosité. L'ardeur des basses bondissantes et l'obstination rythmique de l'ensemble

sont ponctuées de crescendos impétueux.

13. Lento (en *fa* dièse majeur, à 6/4) : ce *Prélude* a toutes les apparences d'un nocturne. Un long thème en accords, aux accents de tendre mélancolie, se meut sur des arabesques de croches. Dans l'épisode central *Più lento* et plus expressif, le thème se dégage à la voix supérieure de la main droite, — soutenu par les battements de croches dans la partie intermédiaire.

14. Allegro (en *mi* bémol mineur, à quatre temps) : on a vu dans ce mouvement l'ébauche du finale de la *Sonate en si bémol mineur*. Chopin reprend en effet les mêmes moyens. Le tourbillonnement pathétique des unissons de triolets des deux mains se joue « pesante » dans le grave du clavier.

15. Sostenuto (en *ré* bémol majeur, à quatre temps) : ce célèbre *Prélude,* proche du nocturne, est le plus important et sans aucun doute l'un des plus beaux. Comme le *Prélude n° 6,* il est connu sous le titre des *Gouttes de pluie.* Certains ont assimilé les notes répétées de l'épisode central à l'insistance mélancolique des gouttes de pluie qui frappaient pesamment le toit de la chartreuse de Valdemosa. George Sand a écrit que certains *Préludes...* sont d'une tristesse morne et, en vous charmant l'oreille, vous navrent le cœur. Il y en a un qui [vint à Chopin] par une soirée de pluie lugubre, et qui jette dans l'âme un abattement effroyable ». Est-ce là une évocation de ce *Quinzième Prélude ?*

16. Presto con fuoco (en *si* bémol mineur, à deux temps) : étude rythmique de virtuosité. Chopin s'exprime sur des tourbillons tumultueux de doubles croches soutenus par une basse immuable. Quatre mesures d'unisson qui s'élèvent progressivement du grave à l'aigu servent de conclusion.

17. Allegretto (en *la* bémol majeur, à 6/8) : de cette sorte de *Romance sans paroles* douce et tendre, Mendelssohn a dit : « Je l'aime ; je ne peux pas dire combien ni pourquoi, si ce n'est que c'est une chose que je n'aurais jamais pu écrire moi-même. » André Coeuroy* souligne que le jeu de pédales est ici au premier plan.

18. Molto allegro (en *fa* mineur, à quatre temps) : Chopin construit un récitatif passionné et tourmenté. C'est une pièce difficile, avec ses unissons, ses dégringolades de traits et ses bondissements rythmiques. André Coeuroy* y découvre l'aspect d'un Chopin violent, — dont la pensée renoue avec les récitatifs de Bach, mais aussi avec le romantisme de Schumann.

19. Vivace (en *mi* bémol majeur, à 3/4) : l'atmosphère de ce *Prélude* est comparable à celle de l'*Étude op. 25 n° 1*, en *la* bémol majeur. Il a d'ailleurs le caractère d'une étude axée sur l'interprétation legato d'un dessin de croches, immuable du début à la fin.

20. Largo (en *ut* mineur, à quatre temps) : Jane Stirling, élève de Chopin, comparaît ce court *Prélude* de treize mesures à une prière. Elle ajoutait : « C'étaient [sous les doigts de Chopin] des accords plus célestes que terrestres, pleins d'une aspiration qui s'étendra dans l'éternité ».

---

* A. Coeuroy, *op. cit.*.

21. Cantabile (en *si* bémol majeur, à 3/4) : voici de nouveau un *Prélude* au caractère de nocturne. Sa mélancolie latente s'anime peu à peu en épisodes passionnés et tourmentés, pour se résoudre dans l'apaisement. Quelques problèmes techniques surgissent çà et là, — comme ces successions de pouces dans le chant de la mesure 49, ces effets d'appoggiatures ou autres délicats doigtés de liaison.

22. Molto agitato (en *sol* mineur, à 6/8) : comme le *Prélude n° 16*, c'est une étude rythmique de virtuosité construite sur l'opposition des octaves puissantes de la basse et du dessin rythmique de la main droite.

23. Moderato (en *fa* majeur, à quatre temps) : c'est une pause entre le tumulte qui a précédé et la passion qui va suivre. La mélodie ornée apparaît à la main gauche, sous les ondulations de doubles croches à la main droite.

24. Allegro appassionato (en *ré* mineur, à 6/8) : ce *Prélude* existait bien avant le départ pour Majorque, puisque — de même que les deux *Études* dites « révolutionnaires » (*op. 10 n° 12* et *op. 25 n° 12*) — il est censé évoquer la prise de Varsovie. C'est une œuvre passionnée. La difficulté de son exécution provient de l'équilibre à réaliser entre la mélodie décidée et emportée de la main droite et l'uniformité rythmique des martèlements de la basse :

Les dernières mesures s'abîment, selon André Gide, « dans une épouvantable profondeur ». Jean-Jacques Eigeldinger souligne que Chopin aborde là deux problèmes techniques : l'extension de l'écriture de la main gauche avec ses écarts de dixièmes et de douzièmes, et le chevauchement des trois derniers doigts de la main droite dans les passages en tierces chromatiques.

Prélude en *ut* dièse mineur (op. 45)

Ce *Prélude* — *Sostenuto* à deux temps —, que Chopin qualifiait de « bien modulé », est une œuvre d'un charme pénétrant. André Coeuroy * y voit une rêverie solitaire » dont la mélancolie est sans cesse accentuée par la mouvance de ses relations tonales. Selon Alfred Cortot, il y a au moins trente incursions successives dans les échelles de gammes différentes, — oscillant du mode majeur au mode mineur ou d'un ton voisin à un ton éloigné.

ŒUVRES ISOLÉES

Leur présentation est chronologique.

Trois Écossaises (op. 72 n° 3)

Écrites en 1826, elles ne furent publiées, à titre posthume, qu'en 1855 avec le *Nocturne en mi mineur (op. 72 n° 1)*, à Berlin et à Paris (chez J. Meissonnier fils). Ces trois courtes pièces vives et joyeuses (en *ré* majeur, en *sol* majeur et en *ré* bémol majeur) sont pleines d'une grâce piquante. Ce sont de purs divertissements dansants, d'une virtuosité propre à séduire tous les interprètes de Chopin.

Marche funèbre (op. 72 n° 2)

C'est une page de jeunesse composée en 1827, mais qui ne verra sa publication qu'en 1855 dans sa première version à Leipzig, et à Paris chez J. Meissonnier fils. Œuvre d'importance secondaire, elle est loin de posséder la force et la puissance de la *Marche funèbre* de la *Sonate en si bémol mineur*. Au centre, un joli trio, en *la* bémol majeur.

Boléro, en *la* mineur (op. 10)

Chopin s'est inspiré du Boléro espagnol pour écrire, selon Schumann, une « délicate composition, ruisselante d'amour, faite d'ardeur méridionale et de timidité, d'abandon et de réserve ». Cette composition a été achevée en 1833, pour être publiée en 1834 à Leipzig, et en 1835 à Paris, enfin à Londres sous le titre de *Souvenir d'Andalousie* ! La dédicataire était la comtesse Émilie de Flahault.

L'œuvre débute par une *Introduction, Molto allegro* à 3/8 et en *ut* majeur, en plu-

---

* A. Coeuroy, *op. cit.*

sieurs époques : au rythme d'un mouvement perpétuel accompagné d'un motif expressif à la basse répond une phrase *Più lento con anima*, enjouée et chorégraphique, sur un balancement de croches. Une courte transition de virtuosité introduit le *Boléro, Allegro vivace* à 3/4 :

Son rythme se soutient constamment, malgré une petite rupture « dolce » au centre de la pièce ainsi qu'un bref motif doux et expressif en *la* bémol majeur (mesure 156). Le *Boléro* est conclu brillamment en *la* majeur.

Fantaisie-Impromptu, en *ut* dièse mineur (op. 66)

On ne sait pas pourquoi cette page, qui est une des plus belles de Chopin, ne fut pas éditée de son vivant. Composée en 1835, elle ne fut publiée qu'en 1855 par les soins de Fontana, qui ajouta sans raison le terme de « fantaisie », et parut en même temps à Berlin et à Paris (chez Meissonnier fils). Elle fut dédiée à Madame d'Esté. C'est Marcelline Czartoryska, remarquable pianiste qui fut l'élève de Czerny avant d'être celle de Chopin, qui la joua pour la première fois à Paris en 1855.

Cette *Fantaisie-Imprompu* reste l'une des pièces les plus célèbres de Chopin. C'est un moment heureux de création dans son œuvre, — un instant de joie et de contemplation dont la délicatesse ne doit pas être faussée par une interprétation trop passionnée. Une longue octave tenue sur la dominante introduit, comme en une cadence parfaite, l'*Allegro agitato*, dont les légères doubles croches courent sans relâche en un remou lumineux, soutenu par de discrets sextolets de croches. Une descente chromatique et une brève cadence de virtuosité orientent le mouvement vers le ton de *ré* bémol, par une courte transition de deux mesures *Largo* aux croches « pesante ». Tout se transforme alors en tendresse amoureuse dans le *Moderato cantabile* : un thème discret, poétiquement contemplatif, y transparaît en une douce progression. Sa mélodie revient dans la conclusion pour se fondre dans l'heureux débordement de l'épisode initial, jusqu'à la cadence pianissimo.

Tarentelle, en *la* bémol majeur (op. 43)

La Tarentelle était à l'origine une danse du sud de l'Italie, de mouvement rapide, généralement à 3/8 ou à 6/8. Grâce à des musiciens tels que Mendelssohn, Chopin, Rossini, Liszt ou Rachmaninov, elle survécut aux XIXe et XXe siècles comme morceau de concert ou comme pièce de piano. Ses formes étaient alors dérivées de celles de la danse ancienne : tempo vif, le plus souvent à 6/8, phrases régulières, écriture virtuose, etc.

La *Tarentelle en* la *bémol majeur* de Chopin fut achevée à Nohant durant l'été de 1841, et publiée à la fin de la même année simultanément à Hambourg, à Londres et à Paris (chez l'éditeur Troupenas), sans dédicace. Si l'on en croit une lettre adressée par Chopin à son copiste et ami Fontana au cours de cet été 1841, ce serait une Tarentelle de Rossini qui aurait été sa source d'inspiration : « Je t'envoie la Tarentelle et te prie de la copier. Va chez Schlesinger, ou de préférence chez Troupenas, et vois la collection des chants de Rossini, publiés par Troupenas. Il y a une Tarentelle en *fa*. Je ne sais si elle est écrite dans une mesure à six-huit ou à douze-huit. Cela n'a pas d'importance pour ma composition, mais je préfère qu'elle soit comme celle de Rossini... ».

Redevable à Rossini, la *Tarentelle* de Chopin ne possède cependant aucune véritable couleur italienne. Il s'agit d'un *Presto* à 6/8 en plusieurs épisodes qui, s'animant de plus en plus, ne perdent jamais leur caractère chorégraphique. Avec son rythme noire-croche et ses sauts d'octaves, le thème est plein d'allégresse. Le rythme trépidant domine en permanence, — jusqu'aux dernières mesures qui s'accélèrent : les triolets s'y couvrent d'un nouveau contrepoint, et le thème, passé à la basse, se charge d'une octave, — autant d'éléments accentuant l'exubérance générale, pour conclure dans une nuance « fortissimo » et presque violente.

Schumann n'aimait pas cette pièce qu'il critiqua en termes sévères : « C'est un morceau de la plus folle manière de Chopin : on voit devant ses yeux le danseur pirouettant, possédé de folie, et on a soi-même l'esprit tout en vertige. Personne sans doute n'osera appeler cela de la belle musique, mais nous pouvons bien pardonner une fois de plus au maître des sauvages fantaisies... »

Fantaisie, en *fa* mineur (op. 49)

Ébauchée au début de l'année 1841, époque féconde dans la carrière de Chopin, elle fut achevée au mois d'octobre de la même année. Chopin la dédia à la princesse Catherine de Souzzo, son élève, et la fit publier à Paris chez Schlesinger en 1841, puis à Leipzig et à Londres en 1842. Œuvre de passion et de force, la *Fantaisie en* fa *mineur* déborde d'accents d'angoisse et d'espoir. On l'a malheureusement trop souvent assimilée à un programme sentimental ou à la référence à quelque fonds national polonais, — et cela en dépit de l'aversion de Chopin pour toute musique anecdotique et toute effusion non contrôlée.

Le *Tempo di marcia* à quatre temps qui ouvre la pièce a tous les aspects d'une marche funèbre :

Rien de lugubre dans cet épisode, mais une certaine retenue élégante et des mouvements harmoniques inattendus, — comme cette modulation enharmonique du *mi* bémol au *ré* dièse de la mesure 17, que Chopin jouait strictement en mesure pour en souligner le charme. Court moment de détente après le rythme obsédant de la marche, une période de transition dont les triolets arpégés se prolongent sur un point d'orgue et en un long accord de notes tenues introduit un thème nouveau. Sa mélodie syncopée évolue « agitato » sur une basse sourde de triolets, puis se développe en une magnifique progression. Au centre, un passage « stretto », traité en accords dans le style du choral, rompt le climat ; mais les traits arpégés ramènent le thème syncopé dans le grave du clavier. Brève réapparition de la période de transition arpégée qui, par enharmonie, annonce un *Lento sostenuto* à 3/4 : épisode momentané de recueillement en vingt-quatre mesures, et pivot expressif de la pièce. C'est avec une superbe maîtrise dans les retours cycliques que Chopin ramène progressivement l'auditeur aux mouvements initiaux : retour au *Tempo primo* sur arpèges, retour de la mélodie syncopée, mais en octaves, retour du motif de choral. Deux mesures *Adagio sostenuto*, à 3/4, de cadence quasi improvisée, annoncent la péroraison *Assai allegro* à deux temps : de brillants triolets déferlent vers deux accords sonores et appuyés.

Berceuse, en *ré* bémol majeur (op. 57)

Cette *Berceuse*, vraisemblablement composée en 1843, est un des chefs-d'œuvre des dernières années. Chopin la donna au concert en première audition le 2 février 1844, mais la révisa l'été suivant à Nohant. L'œuvre fut publiée à Paris chez Meissonnier en 1845, et dédiée à Elise Gavard, élève de Chopin.

Cette pièce est une merveille de grâce et de délicatesse, qui, par son rubato subtil, paraît conçue dans l'atmosphère d'une improvisation magique. « La main gauche, c'est le chef d'orchestre », disait Chopin. Cette main gauche dessine à la basse, sur un rythme égal d'accords de tonique et de dominante, des figures d'accompagnement nécessitant une extension toute en souplesse de la main. La pédale joue ici un rôle déterminant. Sur ce fond de berceuse et en une longue suite de seize variations, se déroule la mélodie transparente, d'abord douce et caressante, puis s'animant dans une ornementation de la plus merveilleuse fantaisie : arabesques, cascades de notes légères, succession de tierces chromatiques pour lesquelles Chopin exigeait le chevauchement des troisième, quatrième et cinquième doigts, — doigté qui semblait révolutionnaire à l'époque. Quelques mesures avant la fin, un étrange *do* bémol dissonant apporte une note de mystère ; et l'œuvre se termine comme dans un murmure impalpable.

Barcarolle, en *fa* dièse majeur (op. 60)

L'œuvre, une des plus modernes de Chopin sur le plan harmonique, est teintée d'italianisme, — non de cet italianisme formel attaché, selon André Coeuroy, « à des formules d'opéras et de fioritures » mais d'un italianisme lié « à la vie du cœur ». Commencée en 1845 et achevée durant l'été de 1846, elle fut publiée à la fin de cette même année. L'édition française parut chez Brandus. Chopin dédia ce morceau à la baronne de Stockausen, épouse du dédicataire de la *Ballade op. 23*, et le joua lors du concert qu'il donna chez Pleyel le 16 février 1848.

On appelle généralement « barcarolle » le chant des gondoliers vénitiens : ensuite de quoi le terme fut attribué à des compositions musicales rappelant ce chant, ou ayant le même rythme à 6/8 ou à 12/8. La *Barcarolle* de Chopin est conçue sur un rythme analogue ; mais elle est construite dans la forme de la plupart des *Nocturnes*, — c'est-à-dire en trois parties, la troisième étant une reprise modifiée de la première.

L'ensemble est un vaste *Allegretto* à 12/8, dont le thème principal « cantabile » ressemble à une douce cantilène soutenue par un rythme berceur :

Maurice Ravel a merveilleusement décrit ce mouvement, qu'il aimait particulièrement : « ...ce thème en tierces, souple et délicat, est constamment vêtu d'harmonies éblouissantes. La ligne mélodique est continue. Un moment, une mélopée s'échappe, reste suspendue et retombe mollement, attirée par des accords magnifiques. L'intensité augmente. Un nouveau thème éclate, d'un lyrisme magnifique, tout italien. Tout s'apaise. Du grave s'élève un trait rapide, frissonnant, qui plane sur des harmonies précieuses et tendres. On songe à une mystérieuse apothéose. »

On remarquera l'épisode central en *la* majeur, dont les souples triolets mènent vers un *Poco più mosso* passionné. La phrase initiale est réexposée dans sa tonalité de *fa* dièse majeur, mais avec des modifications rythmiques et mélodiques. C'est dans la nuance douce d'une coda brillante que se termine l'œuvre : de longs traits de petites notes ornementales scintillantes, une suite de sixtes à la main droite, des guirlandes volubiles de triples croches s'y succèdent, et quatre octaves marquées apportent une conclusion « fortissimo ».

A. d. P.

DIMITRI CHOSTAKOVITCH

Né à Saint-Pétersbourg, le 25 septembre 1906 ; mort à Moscou, le 9 août 1975. Il fit ses études musicales au conservatoire de sa ville natale alors dirigé par Alexandre Glazounov — avec Nikolaiev (piano) et Steinberg (composition). En 1927 il prit part au premier Concours Chopin à Varsovie, et obtint un diplôme d'honneur. Il se produisit souvent comme virtuose, tant dans le grand répertoire que dans ses propres œuvres. Sa personnalité novatrice s'affirma dès l'âge de vingt ans dans sa Ire Sonate *(1926), ses* Aphorisme *(1927), suivis quelques années plus tard par un cycle de* Vingt-quatre Préludes *(1933). Par la suite, cependant, Chostakovitch s'orienta davantage vers la musique symphonique et de chambre, et ne revint au piano qu'à deux reprises, — avec sa vaste* 2e Sonate *(1943) et le cycle des* Vingt-quatre Préludes et Fugues *(1951), écrits en hommage à Bach. Il faut ajouter à cela sa contribution à la musique pour enfants avec le* Cahier d'enfants *(1944-1945). Redevable dans une large mesure à Prokofiev, mais aussi à Bartok et Hindemith, l'œuvre pour piano de Chostakovitch, comme tout le reste de sa production, offre une grande diversité, entre le futurisme de la* Ire Sonate *et le classicisme — alliant ingéniosité et académisme — de ses* Préludes et Fugues, *premier cycle de ce genre dans la musique russe. Bien que figurant au répertoire de pianistes renommés, et ayant donné lieu à des enregistrements prestigieux, ces œuvres restent relativement peu connues du grand public occidental.*

LES DEUX SONATES

Sonate n° 1 (op. 12)

Elle fut écrite à Léningrad en 1926, et créée dans cette même ville le 12 décembre de la même année par l'auteur. Suivant le courant représenté au cours de ces années par l'Association pour la Musique Contemporaine, Chostakovitch se montre dans cette œuvre passionné de recherches futuristes et constructivistes. Sa Ire *Sonate* s'inscrit dans l'esthétique du Prokofiev de la première manière, ainsi que de Roslavets et de Mossolov, — tout en présentant parfois des ressemblances avec Bartok et Stravinski. Elle est en un seul mouvement, avec plusieurs subdivisions *(Allegro, Meno mosso, Adagio, Allegro, Lento, Allegro)*.

Le premier épisode rappelle le début de la 3e *Sonate* de Prokofiev, — à la fois par le caractère du thème et par les chromatismes de l'accompagnement, très mobile :

Le dynamisme est sec et vigoureux, avec des chocs percussifs ou des successions rapidement martelées d'accords. Le langage harmonique oscille entre le quasi-atonalisme et quelques procédés polytonaux. La partie *Meno mosso* débute par de courts traits descendants, presque des glissandos. Le nouveau thème qui surgit dans le registre grave est une sorte de marche lourde et grotesque, à laquelle réplique bientôt une mélodie *semplice* accompagnée par des lignes brisées de staccatos. On plonge dans les ténèbres des basses du piano avec le court *Adagio,* — qui fait office de développement du premier thème, soutenu par un ostinato. L'*Allegro* qui suit développe, à son tour, le motif secondaire de la première partie avec une succession d'octaves staccato à la main gauche. Cet épisode mènera par plusieurs étapes successives (ponctuées de glissandos à la main droite) vers une culmination des sonorités : déferlement de traits vers l'aigu, entrecoupés d'accords dissonants, puis trémolo dans les basses, avec martèlement d'un motif-signal, se fondant dans des « clusters » et des tenues de pédale. Après ces remarquables effets acoustiques, le *Lento,* écrit sur trois portées, superpose effectivement trois idées distinctes : une partie supérieure ornée d'arpeggiandos et de mordants, un thème central en cantus firmus (il s'agit du thème du *Meno mosso* transformé, avec quelques renversements), et un accompagnement en larges intervalles, s'imbriquant avec les notes du thème. Vers la fin de l'épisode, réapparaît le thème initial de la *Sonate*. L'*Allegro* final lance un mouvement de toccata avec un trait précipité de doubles croches à la main droite, le thématisme étant confié à la main gauche. Dans la coda, la technique digitale cède la place à celle du poignet, — avec des accords battus puissamment et rapidement.

Prokofiev, ayant pris connaissance de la 1re *Sonate* au cours de son séjour en U.R.S.S. en 1927, exprima son intérêt. Incompréhensiblement, cette œuvre — sans conteste la plus originale et la plus puissante de toute la production pianistique de Chostakovitch — reste méconnue, alors qu'elle est un témoignage de l'orientation radicale du compositeur au cours de ses jeunes années, — au même titre que l'opéra *le Nez* qu'elle précède de deux ans.

Sonate n° 2, en *si* mineur (op. 61)

Écrite en 1943, elle fut créée par l'auteur le 6 juin de la même année. Elle fut dédiée à Leonid Nikolaiev, le professeur de piano de Chostakovitch. En trois mouvements, elle est considérablement plus traditionnelle que la 1re *Sonate,* — tant par le langage que par la forme.

1. ALLEGRETTO : sur une course continue de doubles croches qui s'organisent rapidement en imitations de formules d'Alberti, le premier thème est exposé à la main gauche :

En rythmes pointés, il est à la fois assez abstrait du fait de sa structure très organisée, et chargé d'une inquiétude latente, sensible dans ses intonations. Thème et accompagnement alterneront entre les deux mains, franchissant chaque fois un nouveau palier d'intensité. Le second thème, en *si* bémol - *mi* bémol majeur, est une marche rythmée par des accords répétés, aux sonorités claires et percutantes. Le développement, rigoureux et spirituel, oppose le premier thème à une cellule de doubles croches ; le second thème y est également rappelé. Le matériau se partage entre les deux mains, en imitations et selon des juxtapositions de tonalités. La réexposition, en *si* bémol majeur, retrouve la tonalité initiale à mi-chemin d'une culmination qui se réalisera dans la superposition des deux thèmes du mouvement, — une collision dont le second thème se dégagera de nouveau *(Più mosso)*. Un rappel du développement précède la coda, proche du début du mouvement. Quelques vigoureux accords servent de conclusion, laissant sur une équivoque majeur-mineur qui est une des caractéristiques harmoniques de l'œuvre.

2. Largo : en *la* bémol majeur et sur un rythme de valse lente, c'est une méditation au lyrisme douloureux, assez austère, voire hermétique en raison de son extrême dépouillement. Des dissonances recherchées se résolvent parfois dans l'accord parfait de la tonalité à la clé, qui réapparaît de loin en loin comme un jalon assurant une constance harmonique. Dans la partie centrale, un nouveau motif, en octaves dans l'aigu, est rythmé par des accords secs sur les deux premiers temps. Vient ensuite un épisode contrapuntique, qui reprend le premier thème en imitations. Dans la dernière partie, quelques fins arpeggiandos paraissent, — seule concession à l'ornementation parmi la rigueur de pensée de ce mouvement.

3. Moderato : le finale, indiqué à 4/4, est en forme de variations enchaînées. Le thème, monodique lors de son exposition à la seule main droite, est une longue mélodie, assez bartokienne par son mélange d'éléments folkloriques et de chromatismes. A une première harmonisation succède une variation où le thème, passant d'une main à l'autre, s'orne de triolets. Il est ensuite égrené en staccatos, d'abord morcelés puis réguliers, à la main gauche. Une harmonisation en choral fait entendre des sonorités très proches de Stravinski. De nouveaux staccatos *(Allegretto con moto)* s'organisent bientôt en une page contrapuntique. La variation suivante est particulièrement intéressante : monodique, elle enchaîne des imitations dans des tonalités à intervalle de demi-ton, en rythme pointé. Ces rythmes se transmutent ensuite en une figure ostinato au-dessus d'un cantus firmus en octaves et accords. Le maximum de densité est atteint dans l'*Adagio* qui superpose divers aspects du thème, — opposant une figure en valeurs longues à une autre, animée de rythmes convulsifs. L'apaisement d'une nouvelle harmonisation en choral, pianissimo, précède la coda où un accompagnement fluide rappelle celui du mouvement initial. La *Sonate* s'estompe doucement, et meurt sur des accords dans les basses.

ŒUVRES DIVERSES

Trois Danses fantastiques (op. 5)

Écrites en 1922, à l'âge de seize ans, ce sont les premières compositions de Chostakovitch pour le piano. Elles sont indiquées successivement : 1. *Allegretto* ; 2. *Andantino* ; 3. *Allegretto*.

Leurs rythmes et caractères respectifs sont ceux d'une marche, d'une valse et d'une polka. Fraîches et spirituelles, elles montrent déjà d'intéressantes recherches au niveau harmonique, — tout en restant encore bien tonales.

Aphorismes (op. 13)

Écrites en 1927, ces dix pièces très courtes, dont le titre général a été suggéré au compositeur par Boleslav Iavorski, s'apparentent dans une certaine mesure aux *Visions fugitives* de Prokofiev (v. cette œuvre). Elles appartiennent à un type de compositions « expérimentales » faisant voisiner des procédés d'avant-garde avec des rappels de style pré-classique. Dans certains cas, une attitude ironique de Chostakovitch lui fait prendre à contre-pied les titres des pièces.

1. Récitatif : plus qu'un véritable récitatif, c'est un dialogue entre plusieurs formules thématiques.

2. Sérénade : des changements constants de rythmes. Pièce quasi monodique, elle est juste ponctuée par des accords espacés ; ce n'est qu'à la fin que les deux mains jouent à l'aplomb.

3. Nocturne : sans indication de mesure. Véhément, passionné, tout d'élans et de sursauts.

4. Élégie : huit mesures polyphoniques en style d'orgue.

5. Marche funèbre : dominée par des sonneries acides, qui s'opposent à quelques notes graves. Un mélange de douleur et de grotesque.

6. ÉTUDE : courses de notes encadrant un passage en grands intervalles brisés à la main gauche, rythmé par des staccatos de quintes à la main droite.

7. DANSE MACABRE : ici encore, une vision sarcastique qui fait surgir le *Dies irae* médiéval contredisant un rythme de valse.

8. CANON : sur trois portées. Très webernien par son écriture lapidaire et pointilliste.

9. LÉGENDE : un murmure aux deux mains note contre note, — d'où émergera un motif énigmatique dans le grave.

10. BERCEUSE : diatonique, modale, elle renoue avec le style baroque ; basse de passacaille et partie supérieure très ornée.

Vingt-quatre Préludes (op. 34)

Écrits au début de 1933. Chostakovitch a donné là un équivalent moderne de Chopin et de Scriabine. Par rapport aux *Aphorismes,* le langage s'assagit avec le retour à la tonalité (le cycle suit le cercle des quintes en alternant le majeur et le relatif mineur), tout en conservant une diversité harmonique considérable. Comme toujours dans ce type de pièces, on rencontre un vaste échantillonnage de procédés d'écriture et d'états psychologiques.

1. *Moderato* (*ut* majeur) : une page quasi improvisée, pensive.
2. *Allegretto* (*la* mineur) : rythmé, fait songer à une danse espagnole.
3. *Andante* (*sol* majeur) : élégiaque, dans une ambiance de nocturne.
4. *Moderato* (*mi* mineur) : une fuguette à trois voix.
5. *Allegro vivace* (*ré* majeur) : une étude pour la main droite, — avec une course ininterrompue de gammes en doubles croches, ponctuée de staccatos accentués à la main gauche.
6. *Allegretto* (*si* mineur) : une polka grotesque et dissonante.
7. *Andante* (*la* majeur) : cantilène de violoncelle à la main gauche, avec l'harmonie et quelques contre-chants de la main droite.
8. *Allegretto* (*fa* dièse mineur) : un humour fin et caustique, de nombreux staccatos.
9. *Presto* (*mi* majeur) : rythme et allure de tarentelle.
10. *Moderato non troppo* (*ut* dièse mineur) : une romance un peu sentimentale. Des contre-chants dans le médium, et une série de trilles dans la dernière partie, — avec le procédé beethovénien consistant à jouer de la même main le trille et le thème.
11. *Allegretto* (*si* majeur) : net, dru, spirituel, — proche de Prokofiev.
12. *Allegro non troppo* (*sol* dièse mineur) : un thème rythmique accompagné par une figure répétitive d'arpèges, conférant à la pièce une allure de toccata.
13. *Moderato* (*fa* dièse majeur) : une danse un peu lourde, assez proche d'une bourrée. A la fin, les deux mains jouent dans les registres extrêmes.
14. *Adagio* (*mi* bémol mineur) : une marche funèbre.
15. *Allegretto* (*ré* bémol majeur) : valse fine, légère, en staccatos.
16. *Andantino* (*si* bémol mineur) : un rythme de marche, un peu vulgaire.
17. *Largo* (*la* bémol majeur) : une valse lente, avec la formule d'accompagnement typique, — mais intercalant par moments une mesure à quatre temps.
18. *Allegretto* (*fa* mineur) : une écriture partagée entre le contrepoint (imitations) et l'harmonie.
19. *Andantino* (*mi* bémol majeur) : barcarolle, sur un accompagnement rythmique répétitif.
20. *Allegretto furioso* (*ut* mineur) : dur, caustique, violent, avec des dissonances aiguës.
21. *Allegretto poco moderato* (*si* bémol majeur) : à cinq temps. Un esprit de scherzo, sur un accompagnement uniforme.
22. *Adagio* (*sol* mineur) : une méditation poétique. Échanges de la ligne mélodique entre les deux mains.
23. *Moderato* (*fa* majeur) : en triolets, — les premières notes constituent le thème ; s'apparente à une étude.
24. *Allegretto* (*ré* mineur) : une gavotte comique, dans laquelle transparaît à nouveau l'esprit classique-moderne de Prokofiev.

Cahier d'enfant (op. 69)

Comme Kabalevski, Prokofiev et de nombreux compositeurs soviétiques, Chostakovitch a apporté sa contribution à la musique « enfantine ». Ce petit recueil de sept pièces a été écrit en 1944-1945 à l'intention de sa fille Galina, qui en fut la première exécutante. Les intitulés sont les suivants : 1. *Marche* (*ut* majeur); 2. *Valse* (*la* mineur); 3. *l'Ours* (*ré* majeur); 4. *Histoire* gaie (*mi* mineur) ; 5. *Histoire triste* (*sol* majeur) ; 6. *la Poupée mécanique* (*si* mineur) ; 7. *l'Anniversaire* (*la* majeur). On note — pour les nos 4 et 5 — que les modes majeur et mineur sont utilisés à l'inverse de leur attribution expressive usuelle : mineur pour le « gai », majeur pour le « triste ».

Vingt-quatre Préludes et Fugues (op. 87)

En 1950, Chostakovitch avait assisté et participé aux concerts du Bicentenaire de la mort de Bach à Leipzig. C'est à la suite de cette manifestation qu'il entreprit d'écrire ce cycle de *Préludes et Fugues* (bien que certains semblent avoir été composés antérieurement), — le premier exemple du genre dans la musique russe. Dans une certaine mesure, l'écriture polyphonique de Chostakovitch a été influencée par celle de Glazounov et de Taneïev : l'élément national russe y est souvent sensible. D'autre part, Chostakovitch dépasse souvent le stade de la pure abstraction musicale, et nombre de *Préludes et Fugues* suggèrent des images et des scènes vivantes.

Le cycle est évidemment un hommage au *Clavier bien tempéré*, — mais Chostakovitch procède différemment quant à l'ordre des tonalités : Bach progressait par demi-tons chromatiques en faisant se succéder le majeur et le mineur de chaque ton (*ut* majeur, *ut* mineur, *ré* bémol majeur, *ut* dièse mineur...) ; Chostakovitch, quant à lui, garde l'ordre — déjà conservé dans ses *Préludes op. 34* — du cercle des quintes, avec alternance du majeur et du relatif mineur. Les vingt-quatre *Préludes et Fugues*, écrits très rapidement, furent achevés au printemps 1951. La création eut lieu les 23 et 28 décembre de la même année à Léningrad, par Tatiana Nikolaeva. Le cycle contient une fugue à deux voix, onze fugues à trois voix, onze fugues à quatre voix, une fugue à cinq voix ; deux fugues sont doubles. Dans certains cas, le caractère du *Prélude* prépare celui de la *Fugue*, et parfois même en ébauche le thème. Dans d'autres cas, au contraire, on observe des contrastes fortement marqués.

1. UT MAJEUR
Prélude (Moderato) : une écriture en choral, avec des accords de cinq sons, sur un rythme de sarabande qui se répète invariablement :

Fugue (*Moderato*, à quatre voix) : lente, diatonique (sans une seule altération accidentelle) et souvent modale. Dense et assez laconique, elle peut être ressentie comme sereine, ou comme totalement abstraite, d'une absolue neutralité.

2. LA MINEUR
Prélude (Allegro) : Perpetuum mobile proche d'une toccata ou d'une étude, presque constamment monodique.
Fugue (*Allegretto*, à trois voix) : thème en lignes brisées, staccato lancé par la cellule. Spirituelle, légère, humoristique, avec de nombreuses modulations, parfois dans des tonalités éloignées (*mi* bémol mineur).

3. SOL MAJEUR
Prélude (Moderato non troppo) : oppose un thème en octaves, lent, majestueusement archaïsant, à un « parlando » plus rapide, avec des intonations plaintives.
Fugue (*Allegro molto*, à trois voix) : légère, et non sans une certaine ironie grotesque. Le thème est lancé par une gamme montante, dans un ambitus de septième.

4. MI MINEUR
Prélude (Andante) : une narration mélancolique et intimiste ; quelques ressemblances du thème principal avec le second thème du *Prélude nº 3,* soutenu par de longues tenues d'octaves à la basse.
Fugue (*Adagio*, double fugue à quatre voix) : l'une des plus complexes, des plus élaborées et des plus denses du recueil. Le premier thème se révèle assez proche de certains chants populaires ; le second *(Più mosso)* est plus animé, et plus classique. Les deux se superposent, comme d'usage, dans la dernière partie.

5. RÉ MAJEUR
Prélude (Allegretto) : simplicité, fraîcheur, sérénité, — avec un thème soutenu par des accords continuellement arpégés, imitant des instruments populaires. À la fin, répétition d'intervalles de seconde sur pédale de tonique.

Fugue (*Allegretto*, à trois voix) : le thème, très simple, qui évoque des musiques pour enfants, est entrecoupé de silences, — s'organisant en trois étapes progressives. Staccatos et répétitions de notes. L'ensemble donne une sensation de grande finesse et de fragilité.

6. SI MINEUR

Prélude (*Allegretto*) : rythme pointé, lignes brisées ; dramatique et péremptoire, ce *Prélude* fait songer aux débuts des *5e* et *8e Symphonies*.

Fugue (*Moderato*, à quatre voix) : c'est l'une des plus vastes de tout le cycle. Le thème est en deux parties contrastées : l'une grave, laconique, concentrée, — les deux mains jouant à l'octave ; l'autre, à la main gauche, animée et symétrique. Ce début s'entendrait bien joué aux cordes graves... La conclusion est sombre, silencieuse, évasive.

7. LA MAJEUR

Prélude (*Allegro poco moderato*) : sur un rythme à 12/8, avec quatre doubles croches donnant l'impulsion dynamique. Ce *Prélude* est proche de l'esprit de Bach — alliant animation et méditation —, et rappelle par certaines formules le *Prélude n° 5* du Second cahier du *Clavier bien tempéré*.

Fugue (*Allegretto*, à trois voix) : le thème est entièrement sur les notes de l'accord parfait — seul exemple de ce type dans tout le cycle —, et ferait songer à une sonnerie s'il n'était joué *piano* avec autant de délicatesse. Le registre aigu prédomine, sauf dans quelques passages, comme la modulation en *si* bémol majeur et le retour du thème à la basse dans la dernière partie.

8. FA DIÈSE MINEUR

Prélude (*Allegretto*) : thème dansant proche d'une gavotte, sur des staccatos donnant l'impression d'être joués aux cordes pizzicato. Les modulations sont brèves et peu nombreuses.

Fugue (*Andante*, à trois voix) : bien que thématiquement issue du *Prélude* qui précède, elle contraste avec la sérénité insouciante de celui-ci. La douleur est l'angoisse sont traduites par des successions de phrases lapidaires, aux accents dramatiques, avec quelques syncopes.

9. MI MAJEUR

Prélude (*Moderato non troppo*) : dialogue entre les registres grave et aigu, — les mains jouant parallèlement à deux octaves d'intervalle. Les phrases sont asymétriques, et les motifs typiques du folklore russe. C'est l'un des *Préludes* les plus intégralement nationaux, et les plus attrayants mélodiquement, — dans une atmosphère paisible et bucolique :

Fugue (*Allegro*, à deux voix) : la seule fugue à deux voix du recueil. Là encore, les formules et le mouvement d'ensemble sont directement hérités de Bach. La forme est très structurée, dense et homogène. Les dernières mesures sont jouées à l'octave, — comme un rappel de l'écriture du *Prélude*. Par sa technique pianistique, c'est une des fugues qui donnent le plus l'impression de virtuosité classique, sans être cependant parmi les plus difficiles.

10. UT DIÈSE MINEUR

Prélude (*Allegro*) : dialogue de doubles croches entre les deux mains, coupé momentanément par des accords en choral. La formule conclusive du *Prélude* contient la cellule du thème de la *Fugue*.

Fugue (*Moderato*, à quatre voix) : sans hâte, régulière, elle est pénétrée d'intonations populaires (intervalles de quarte et de quinte), — tandis que son écriture et son style contrapuntique en feraient une fugue pour orgue.

11. SI MAJEUR

Prélude (*Allegro*) : frais, sautillant, naïf, il s'apparente aux pièces du *Cahier d'enfant* (v. plus haut). Par moments, des tenues de quinte à la main gauche font l'effet d'un bourdon de vielle.

Fugue (*Allegro*, à trois voix) : rapide, énergique, elle hérite du *Prélude* certains intervalles de son thème et ses staccatos. Le dynamisme est diversifié par quelques syncopes en cours de thème, — qui restent sensibles même sur le mouvement régulier des doubles croches du contre-sujet.

12. SOL DIÈSE MINEUR

Prélude (*Andante*) : c'est une passacaille, avec un thème de douze mesures répété dix fois, et servant de base à un tissu de voix dont la texture va se resserrant, comme d'usage. Le thème lui-même, d'abord en octaves à la basse, passe ensuite en accords à la main droite et donne lieu, dans la dernière partie, à des imitations entre les deux mains. L'écriture est diatonique, avec peu d'altérations accidentelles, — mais qui acquièrent une importance d'autant plus grande, introduisant la note sensible de la tonalité dans une écriture modale la plupart du temps. Comme dans le *Prélude n° 11*, les mesures finales contiennent en embryon le thème de la *Fugue*.

Fugue (*Allegro*, à quatre voix) : la mesure est à 5/4. Après avoir été entrecoupée de quelques silences lors de son exposition par fragments (comme la *Fugue n° 5*), elle va de l'avant avec une détermination implacable. La culmination est très orchestrale, — les octaves de la main gauche évoquant les trombones. La coda s'apaise pourtant dans un lyrisme un peu mélancolique.

13. FA DIÈSE MINEUR

Prélude (*Moderato con moto*) : une pastorale, dont le caractère franckiste est souligné par la tonalité fortement diésée. Le thème en arabesques, assez large, pourrait être joué par un hautbois, un cor anglais ou une clarinette. Il est ponctué par les deux accords, et alterne avec une mélodie chantante.

Fugue (*Adagio*, à cinq voix) : seule fugue à cinq voix du recueil, elle présente un thème extrêmement simple et dépouillé, limité à l'ambitus de quarte. Édifice très construit, d'une écriture très riche (nombreuses strettes), — elle est aussi passablement académique et austère. Une grande partie en est notée sur trois portées.

14. MI BÉMOL MINEUR

Prélude (*Adagio*) : les procédés musicaux et l'atmosphère sont ceux d'une scène dramatique dans un opéra populaire russe, — impression renforcée par la tonalité moussorgskienne de *mi* bémol mineur. Sur des trémolos d'octaves (dominante ou tonique la plupart du temps) s'élèvent des phrases qui retentissent comme des appels ou des prédications dramatiques. (On remarquera aussi, en début, une cellule identique au thème du Destin beethovénien.) Ponctuées par des notes graves, tels des sons de cloches, les voix s'organisent en chœur. Le rythme est presque constamment à 7/4.

Fugue (*Allegro non troppo*, à trois voix) : le thème, douloureux et austère, est issu d'un des motifs du *Prélude*. Le mouvement acquiert progressivement une régularité et une continuité qui contrastent avec le *Prélude*. Après le dramatisme épique de ce dernier, la *Fugue* résonne comme une plainte, — restant dans le même climat national populaire.

15. RÉ BÉMOL MAJEUR

Prélude (*Allegretto*) : léger, sans nuages, parfois ironique, en rythme de valse. Dans la partie centrale, des staccatos à la main gauche sur de larges intervalles s'opposent à une mélodie chantante legato.

Fugue (*Allegro molto*, à quatre voix) : le contraste avec le *Prélude* est très accentué. La *Fugue* est jouée d'un bout à l'autre non legato et marcatissimo. Elle donne une impression de monolithisme, malgré les changements quasi constants de mesure. Dans la dernière partie, une équivoque rythmique supplémentaire est introduite avec des accords marquant un temps sur deux, — effet prolongé dans les mesures suivantes sur le thème en octaves à la basse, en rythme :

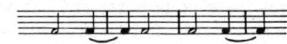

16. SI BÉMOL MINEUR

Prélude (*Andante*) : un thème exposé en choral sert de base pour une série de variations, à la manière d'une chaconne. A la partie supérieure, les valeurs rythmiques sont successivement croches, triolets, doubles croches. A la fin, le choral revient sous sa forme première.

Fugue (*Adagio*, à trois voix) : écriture typiquement baroque, — avec une mélodie en ornements constants, toujours notés avec précision ; une complexité rythmique considérable.

17. LA BÉMOL MAJEUR

Prélude (*Allegretto*) : sur une figure répétitive, une mélodie assez rudimentaire est exposée à la main gauche avant de passer à la partie supérieure. Au milieu du *Prélude* un motif secondaire apparaît, qui semble chantonné par une voix humaine.

Fugue (*Allegretto*, à quatre voix) : sur un rythme à cinq temps, thème enjolivé de dentelles de doubles croches.

18. FA MINEUR

Prélude (*Moderato*) : à la fois lyrique et un peu cérébral. Une mélodie assez déliée, — soutenue par des accords en rythme blanche-noire. Au milieu, un *Adagio*, avec quelques mesures en choral. Après quoi le thème initial ne revient que par bribes, dans une écriture partagée entre horizontalité et verticalité.

Fugue (*Moderato con moto*, à quatre voix) : une fois de plus, un thème qui présente des intonations russes très identifiables, — donnant à toute la *Fugue* une grâce chantante, dans une écriture claire et aérée. Fin sur une tierce picarde.

19. Mi bémol majeur
Prélude (Allegretto) : écrit à partir de deux thèmes opposés. Un choral majestueux, avec des passages binaires à l'intérieur de la mesure à 3/4, et une réponse en staccatos que l'on peut percevoir à la fois comme plaintive et ironique. Les deux alterneront, — le second thème descendant peu à peu dans le registre grave.
Fugue (Moderato con moto, à trois voix) : rythme à cinq temps. Un thème original, — avec des inflexions chromatiques inattendues. Le langage est intéressant par son élaboration, tandis que le caractère d'ensemble est celui d'une certaine causticité.

20. Ut mineur
Prélude (Adagio) : opposition d'un thème austère, qui semble chanté par un chœur d'hommes, — avec la basse et la voix supérieure se doublant, et d'un solo mélodique quasi improvisé, — avec quelques ornements.
Fugue (Moderato, à quatre voix) : le début du thème est identique à celui du *Prélude.* La *Fugue* va de l'avant avec une puissance tranquille, une respiration ample, et par moments un cachet archaïsant.

21. Si bémol majeur
Prélude (Allegro) : une étude ou toccata, — avec des doubles croches continues à la main droite et un accompagnement qui varie, entre des intervalles d'octave et de quarte, ou des staccatos en intervalles larges ou plus resserrés.
Fugue (Allegro non troppo, à trois voix) : thème en forme de signal. Une *Fugue* énergique, dure, claire et optimiste ; les staccatos bien marqués acquièrent, peu avant la fin, une robustesse barodinienne.

22. Sol mineur
Prélude (Moderato non troppo) : encore une fois, un *Prélude* proche d'une étude. Une seule formule est répétée tout du long, alternativement à la main droite et à la main gauche. Les notes sont répétées par deux et liées à la note suivante ; l'harmonisation est en accords réguliers.
Fugue (Moderato, à quatre voix) : un thème à la saveur folklorique bien marquée, — partageant la *Fugue* entre la cantilène et un dynamisme assez soutenu.

23. Fa majeur
Prélude (Adagio) : solennité, noblesse et discrétion caractérisent ce *Prélude,* — remarquable par le nombre et la diversité de ses modulations.
Fugue (Moderato con moto, à trois voix) : thème en quatre sections, — les deuxième et quatrième faisant écho aux précédentes. Une page mélodieuse, aimable et gracieuse.

24. Ré mineur
Prélude (Andante) : oppose un chœur d'une majesté recueillie, ecclésiastique, un peu rigide, à un motif « soliste », restant aussi dans une intériorité semblable.
Fugue (Moderato, double fugue à quatre voix) : la plus vaste de toutes, — Chostakovitch ayant gardé pour la fin cette fresque d'une envergure sans précédent. Le premier thème reprend textuellement le second motif du *Prélude* :

Dans sa première partie, la *Fugue* est calme, sans hâte, dans une écriture d'orgue. Le second thème *(Accelerando poco a poco),* mouvant, en notes répétées par deux, rappelle un peu celui du *Prélude n° 22.* Dans une vaste amplification symphonique les deux thèmes se superposeront, — clôturant le cycle sur une vision épique, dans une communion des lignes, des harmonies et des timbres.

Œuvre pour deux pianos

Concertino (op. 94)

Chostakovitch l'écrivit en 1853 à l'intention de son fils Maxime, qui en donna la première audition à Moscou le 20 janvier 1954, avec Alla Maloletkova.
Une introduction *Adagio* oppose une série d'octaves pointées péremptoires à une douce prière pianissimo ; ce contraste rappelle le 2ᵉ mouvement du *4ᵉ Concerto* de Beethoven. Mais il est dissipé par l'*Allegretto* qui s'enchaîne, spirituel et divertissant, nourri de thèmes populaires ; l'un, en *la* mineur naturel, possède un cachet rural, l'autre, en *ut* majeur, se rapproche d'une chanson ou d'une danse de masses. La technique pianistique est presque entièrement basée sur le parallélisme des mains. Malgré sa vivacité et son brillant, le *Concertino* n'est que d'une difficulté moyenne, car les traits tombent aisément sous les doigts. Des rappels de l'*Adagio* réapparaissent au milieu, et avant la coda.

A.L.

DOMENICO CIMAROSA

Né à Aversa, le 17 décembre 1749; mort à Venise, le 11 janvier 1801. Compositeur, organiste, claveciniste, violoniste et chanteur, ce Napolitain, qui eut une triste enfance, étudia la musique avec Sacchini et peut être avec Piccinni. Il se fit très rapidement connaître à Naples avec ses premiers opéras qui obtinrent un très grand succès. Concurrent, puis rival de Paisiello, Cimarosa fut en son temps célèbre à travers toute l'Europe : Naples, Venise, Rome, Florence, Paris, Londres, Vienne, Dresde, et Saint-Pétersbourg où l'impératrice Catherine réussira à le retenir pour quelques années. Les relations tendues qu'il entretint avec la tzarine le poussèrent à quitter la Russie pour entrer au service de l'empereur Léopold à Vienne. C'est à Vienne qu'il fit jouer en 1792 son Mariage secret : la représentation fut un triomphe. Réfugié à Venise après avoir été exilé de Naples, il y mourut à l'aube du XIXe siècle, sans doute victime du poison. L'œuvre de Cimarosa est très vaste : plus de soixante-dix opéras, de nombreuses cantates, des oratorios, de la musique religieuse, des concertos, des sonates pour clavier.

Les Sonates

Cimarosa fut l'un des plus grands maîtres de l'opera-buffa italien, et l'un des plus réputés. On connaît l'enthousiasme de Stendhal pour l'œuvre de Cimarosa, et on sait aussi combien grande était l'admiration que lui portait Eugène Delacroix. Celui-ci écrira en février 1850 : « Personne n'a cette proportion, cette convenance, cette expression, cette gaieté, cette tendresse, et par-dessus tout cela, et ce qui est l'élément général qui relève toutes ces qualités, cette élégance incomparable, élégance dans l'expression des sentiments tendres, élégance dans le bouffon, élégance dans le pathétique modéré... » Nul jugement n'a résumé mieux, peut-être, les caractéristiques de l'œuvre de cet Italien.

Cimarosa laisse plus de trente *sonates* de clavier, non datées et dont la plus grande partie a été réunie dans diverses éditions modernes. Quelques-unes sont encore conservées en manuscrits, en Angleterre notamment. Elles trouvent leur place au milieu d'une production importante en Italie au XVIIIe siècle. Durante, Galuppi, Pescetti, Zipoli, Porpora, Rutini, Paradisi — pour ne citer que ces musiciens, tous compositeurs et virtuoses — ont écrit une immense quantité de sonates pour clavier qui étaient connues, à l'époque, dans toute l'Europe.

Tour à tour spirituelles, joyeuses, lyriques ou tendres, les sonates de Cimarosa sont de courtes pièces, le plus souvent construites en un seul mouvement. Elles sonnent aussi bien au clavecin qu'au piano. Ces petits morceaux sont généralement conçus à deux voix : la ligne mélodique apparaît à la partie supérieure, la main gauche se réservant les formules d'accompagnement (octaves brisées, accords arpégés, batteries, notes répétées, basse d'Alberti, etc.). On y relèvera, malgré une simplicité apparente, une certaine souplesse élégante dans les tournures et une réelle invention expressive. Cimarosa fait parfois appel à une virtuosité qui rappellera à plus d'un l'art de Domenico Scarlatti, et certaines de ces sonates sont de véritables petits morceaux de bravoure. Ce goût du comique et de la virtuosité est directement hérité de l'opera-buffa. Dans d'autres pièces au contraire, l'effusion lyrique adapte parfaitement au clavier les inflexions du violon (Sonate en *ré* bémol majeur, par exemple).

A. d. P.

MUZIO CLEMENTI

Né à Rome, le 23 janvier 1752; mort à Evesham (Worcestershire), le 10 mars 1832. Il se consacra comme compositeur presque exclusivement au clavier, et fut un des plus illustres pianistes de son temps : sa longue carrière servit de modèle aux innombrables pia-

nistes virtuoses du début du XIXe siècle. *Dès la fin de 1766 (ou le début de 1767), il quitta l'Italie pour l'Angleterre à l'invitation d'un gentilhomme du Dorset, Peter Beckford, qui lui permit de parfaire sa culture musicale durant sept ans. En 1773 ou 1774, il s'installa à Londres, où il se fit connaître comme virtuose et dirigea l'orchestre de l'Opéra italien au King's Theatre. L'année 1780 le vit entreprendre sa première tournée de concerts à travers l'Europe (à Vienne en 1781, l'empereur Joseph II organisa une compétition pianistique entre lui et Mozart, qui le jugea — peut-être par jalousie — « une mécanique, sans un sou de sensibilité ni de goût »). Rentré à Londres à la fin de 1783, il en repartit pour une deuxième tournée l'année suivante, puis de 1785 à 1802 ne quitta pas la capitale britannique, — s'y consacrant à la composition, à la direction d'orchestre, ainsi qu'à sa carrière de pianiste (qu'il arrêta brusquement en 1790) et de professeur. De 1798 jusqu'à sa retraite en 1830, il se livra à l'édition musicale, ainsi qu'à la vente et à la manufacture de pianos. De 1802 à 1810, d'abord accompagné de son élève John Field (voir ce nom), avec qui il alla jusqu'à Saint-Pétersbourg, il parcourut en tous sens le continent européen, séjournant notamment quatre fois à Vienne (où il conclut avec Beethoven d'avantageux contrats d'édition). A Londres en 1813, il participa à la fondation de la Philharmonic Society. Entre 1817 et 1827, il se rendit encore quatre fois sur le continent (Paris, Vienne, Allemagne, Italie). A sa mort, à l'âge de quatre-vingts ans, il eut des obsèques nationales et fut enterré à Westminster Abbey.*

Il fit ses débuts au clavecin et écrivit ses premières sonates pour cet instrument; mais, de son vivant déjà, on l'appela le « père du piano-forte ». Il fut sans doute le principal créateur du style pianistique moderne, à la fois sur les plans technique (tierces et octaves parallèles) et sonore, — ce dont devaient largement s'inspirer ses élèves et successeurs (à la tête de ces derniers, Beethoven, qui plaçait les sonates de Clementi au-dessus de celles de Mozart). Des sonates de Clementi, plusieurs (comme l'*op. 34 n° 2* en *sol* mineur) naquirent à l'origine comme concertos; mais une seule (*op. 33 n° 1* en *ut* majeur) a également survécu sous cette forme. Le catalogue thématique publié en 1967 par Alan Tyson comprend notamment, avec comme dates celles de publication, une centaine de sonates (souvent par groupes de six ou de trois), dont une soixantaine pour piano seul, les autres avec accompagnement de violon ou de flûte (avec ou sans violoncelle). Deux symphonies parurent en 1787 *(op. 18)*, plusieurs autres furent composées dans les années 1790 et vers 1820, mais laissées inédites et dans un état de désordre quasi inextricable (quatre ont été reconstituées dans les années 1970). On doit aussi à Clementi un célèbre et important recueil didactique pour piano, le *Gradus ad Parnassum*.

Avec les trois *Sonates op. 2 n° 2* en *ut* majeur, *n° 4* en *la* majeur et *n° 6* en *si* bémol majeur (1779), Clementi conquit la célébrité. Elles sont en deux mouvements, et parurent avec l'indication « pour piano-forte ou clavecin »; mais le côté massif et les octaves parallèles du *Presto* initial de celle en *ut*, par exemple, indiquent l'instrument moderne.

Les trois sonates *op. 7* (*mi* bémol majeur, *ut* majeur, *sol* mineur) parurent chez Artaria, à Vienne, en 1782. La tonalité de *sol* mineur fut souvent utilisée par Clementi pour ses sonates *(op. 7 n° 3, op. 8 n° 1, op. 34 n° 2, op. 50 n° 3)*. L'**Op. 7 n° 3** s'ouvre par un très dense *Allegro con spirito*, se poursuit par un *Lento e cantabile* en *mi* bémol majeur, et se termine par un *Presto* dont les premières mesures, avec leurs accords et leurs octaves parallèles,

sont typiques de l'écriture « moderne » de Clementi. L'œuvre s'impose par son préromantisme et ses accents passionnés.

L'*op. 8* (*sol* mineur, *mi* bémol majeur, *si* bémol majeur) parut à Lyon en 1782, les *op. 9* (*si* bémol majeur, *ut* majeur, *mi* bémol majeur) et *10* (*la* majeur, *ré* majeur, *si* bémol majeur) à Vienne en 1783. L'*op. 11* (Londres, 1784) est constitué d'une sonate en *mi* bémol majeur, suivie d'une célèbre toccata en *si* bémol majeur (*Prestissimo* avec tierces et sixtes parallèles). L'*op. 12* (Londres, 1784) comprend quatre sonates pour piano (*si* bémol majeur, *mi* bémol majeur, *fa* majeur, *mi* bémol majeur), et une pour deux pianos (*mi* bémol majeur).

L'*op. 13*, paru à Londres en 1785, comprend trois sonates avec accompagnement, suivies de trois autres pour piano seul (*n° 4* en *si* bémol majeur, *n° 5* en *fa* majeur, *n° 6* en *fa* mineur). La **Sonate en *fa* mineur op. 13 n° 6** compte à juste titre parmi les plus jouées de Clementi : elle est de toute beauté, et l'on imagine volontiers Beethoven s'enthousiasmant pour cette œuvre visionnaire. Les premières mesures de l'*Allegro agitato* initial relèvent, par leur instabilité rythmique, du premier romantisme :

L'opposition entre duolets et triolets se poursuit et donne sa dynamique au discours, — mais ce sont les triolets qui dominent. A ce mouvement en demi-teintes, enrobé de mystère, succèdent un pathétique *Largo* en *ut* mineur, puis un *Presto* en *fa* mineur, à 3/8, dont le début annonce étrangement le thème principal du finale de l'*Héroïque* de Beethoven. On y entend aussi d'agiles doubles croches et des formules cadentielles rappelant que Clementi était un bon connaisseur de Domenico Scarlatti.

L'*op. 16* et l'*op. 20* sont faits chacun d'une sonate isolée (en *ré* majeur dite « La Chasse », en *ut* majeur). Les trois sonates *op. 23* (*mi* bémol majeur, *fa* majeur, *mi* bémol majeur) furent publiées à Londres en 1790, mais sans doute assez longtemps après avoir été composées.

A Londres également parurent en 1788-1789 les deux sonates *op. 24* (*fa* majeur, *si* bémol majeur). La **Sonate en *si* bémol majeur op. 24 n° 2** a toujours joui d'une célébrité particulière, — car c'est elle que joua Clementi lors de sa confrontation avec Mozart en décembre 1781. En outre, les premières mesures de son *Allegro con brio* initial annoncent — on l'a remarqué de tout temps — l'ouverture de *la Flûte enchantée* (1791) :

Le « second thème » à la dominante reprend la même idée, — qu'on trouve également au début du développement. Suivent un *Andante* en *fa* et un *Allegro assai* en forme de rondo, élégant et énergique à la fois.

L'*op. 25* (Londres, 1790) est constitué de six sonates (*ut* majeur, *sol* majeur, *si* bémol majeur, *la* majeur, *fa* dièse mineur, *ré* majeur). La **Sonate en *la* majeur, op. 25 n° 4**, en deux mouvements, s'ouvre par un *Maestoso e cantabile* d'une grande souplesse mélodique, annonçant le style chantant et orné de Chopin ou de Bellini, mais avec des tierces et des sixtes parallèles d'un bel effet sonore ; le *Molto allegro* est plus concentré. La **Sonate en *fa* dièse mineur op. 25 n° 6** est une des plus belles et des plus connues : *Allegro* très expressif, *Lento* pathétique (en *si* mineur), *Presto* à 3/8 bondissant, énergique, — avec de nets souvenirs de Domenico Scarlatti.

Des trois sonates *op. 33* (*la* majeur, *fa* majeur, *ut* majeur), publiées à Londres en 1794, l'**op. 33 n° 3** était à l'origine un concerto pour piano, — ce que reflètent la cadence de son premier mouvement et la brillance de son écriture (une copie de la version concerto existe) ; il y a trois mouvements, avec, au centre, un *Adagio* en *fa*. L'*op. 34* (Londres, 1795) comprend deux grandes sonates, — l'une en *ut* majeur (assez semblable à l'*op. 33 n° 3*), et l'autre en *sol* mineur. Cette dernière (**op. 34 n° 2**), sans doute à l'origine un concerto pour piano, est des plus impressionnantes. Elle s'ouvre par une introduction — *Largo e sostenuto* — de dix mesures faisant penser à Beethoven (*Sonate Pathétique*, marche funèbre de l'*Héroïque*).

L'*Allegro con fuoco* qui suit est fondé sur la même idée ; il s'agit d'une page emportée, aventureuse, à allure de développement perpétuel, — avec retour varié et intensifié de l'introduction au tiers environ de son déroulement, en plein « développement ». Le mouvement lent (*Un poco Adagio* en *mi* bémol majeur, à 6/8) témoigne d'une densité et d'une plénitude mélodique faisant penser au meilleur Mozart. Quant au finale (*Allegro molto*), passionné, aventureux, virtuose, il apparaît comme le digne pendant du premier mouvement.

Les six sonatines *op. 38* (*ut, sol, ut, fa, sol* et *ré* majeur), parues à Londres en 1797, sont connues de tous les apprentis pianistes, surtout la première :

Mais on peut souhaiter que ceux-ci, ayant fait des progrès, explorent aussi les grandes sonates. Les trois sonatines *op. 37* (*ré, mi* bémol et *ut* majeur) et les trois *op. 38* (*sol, si* bémol et *fa* majeur) ne sont autres que des transcriptions des six sonates *op. 4* (Londres, 1780) avec accompagnement de violon ou de flûte. Le véritable *op. 37* est fait de trois sonates en *ut, sol* et *ré* majeur (Londres, 1798), et le véritable *op. 38* de douze valses pour piano avec tambourin et triangle (Londres, 1798). Douze autres valses parurent comme *op. 39* (Londres, 1800).

Les trois sonates *op. 40* (*sol* majeur, *si* mineur, *ré* majeur), publiées à Londres en 1802 (et la même année à Paris chez Pleyel et à Vienne chez Mollo), comptent parmi les plus grandes de Clementi. La **Sonate en *sol* majeur op. 40 n° 1** est une œuvre vaste, en quatre mouvements, tout à fait comparable à l'*op. 28* ou à l'*op. 31* de Beethoven (de la même époque*). Le deuxième mouvement *(Adagio molto sostenuto e cantabile)* adopte la tonalité éloignée de *mi* majeur, et le troisième (*Allegro* à 3/4) est fait de deux canons, — démarche qu'affectionnait Clementi : canon perpétuel par mouvement droit (en *sol* majeur), canon perpétuel par mouvement contraire (en *sol* mineur, tenant lieu de trio central). La **Sonate en *si* mineur op. 40 n° 2**, la plus célèbre des trois, est en deux mouvements principaux et d'une construction globale subtile. Puissante et ambitieuse, elle s'ouvre par une introduction lente à 6/8 (*Molto adagio e sostenuto*) débouchant sur un imposant mouvement rapide à 2/2 *(Allegro con fuoco e con espressione)* :

A la fin, la tonique *si* mineur est violemment affirmée. Le second mouvement débute, lui aussi, par une introduction (*Largo mesto e patetico*) à 4/4), toujours en *si* mineur, plus souple d'écriture que la précédente, et tenant lieu, en quelque sorte, de mouvement lent. Elle débouche quant à elle sur un *Allegro* à 6/8, de forme sonate, mais dont la réexposition est remplacée par un bref retour du *Largo*. Ce qui suit (*Presto* à 6/8) tient lieu de coda ; fin très énergique en *si* mineur. La **Sonate en *ré* majeur op. 40 n° 3** n'est pas moins remarquable. Elle comprend trois mouvements : un *Allegro* (précédé d'une introduction *Adagio molto* en *ré* mineur) évoquant quelque peu, par sa coloration immédiate de sous-dominante, l'*op. 28* de Beethoven (dans la même tonalité**), un *Adagio con molto espressione* en *ré* mineur, et un nouvel *Allegro* dont l'épisode central, en *ré* mineur, utilise avec virtuosité le procédé du canon.

La **Sonate en *mi* bémol majeur op. 41** parut (édition non authentique) à Vienne, chez Artaria, en 1804,. et en deux mouvements ; mais ces pages (*Allegro assai* et *Presto*) remontaient à plus de vingt ans. La même année, Clementi en fit paraître, à Londres et à Vienne, une version révisée avec *Adagio* central en *si* bémol nouvellement composé. L'édition viennoise (chez Mollo) ajouta comme *op. 41 n° 2* la sonate en *si* bémol, déjà parue une quinzaine d'années auparavant comme *op. 24 n° 2*. La sonate en *si* bémol majeur *op. 46*, publiée à Londres en 1820, fut probablement écrite dès 1804-1805. Elle fut dédiée à Friedrich Kalkbrenner.

Les trois sonates *op. 50* (*la* majeur, *ré* mineur, *sol* mineur), parues à Londres en 1821 avec une dédicace à Luigi Cherubini, étaient sans doute composées dès 1805. Elles ont toutes trois mouvements. La **Sonate en *la* majeur op. 50 n° 1** est souple, lyrique, d'une grande richesse harmonique. Son mouvement central *(Adagio sostenuto e patetico)* est un canon strict à deux voix en *la* majeur, diatonique mais précédé et suivi d'un épisode très chromatique et homophone en *la* mineur (ses harmonies audacieuses ont été comparées à celles de César Franck). La sonate en *ré* mineur *op. 50 n° 2* — la seule de Clementi dans cette tonalité — est elle aussi très réussie. La **Sonate en *sol* mineur op. 50 n° 3**, dite *Didone abbandonata*, est le seul ouvrage instrumental de Clementi à porter un titre authentique. Comme toutes les pages ultimes de l'auteur, elle relève franchement du XIXe siècle. Ses trois mouvements sont tous

---

* Voir, à *Beethoven* : *Sonates n° 15* et *n° 16/18*.

** Voir, à *Beethoven* : *Sonate n° 15*.

en *sol* mineur. Selon un compte rendu d'époque, elle évoque en son premier mouvement *(Largo patetico* puis *Allegro)* « la reine Didon soumise à diverses passions discordantes et cherchant les moyens d'y échapper », et, en son deuxième mouvement *(Adagio dolente)* « la situation désespérée de la reine, qui raisonne et prie en vain ». Le finale *(Allegro agitatio e con disperazione)* termine l'œuvre en beauté, — avec, en son centre, un canon ne freinant en rien l'élan du discours.

On possède également, de Clementi, quelques sonates pour piano à quatre mains (*op. 3 n° 1* à *3*, en *ut, mi* bémol et *sol* majeur ; *op. 14 n° 1* à *3*, en *ut, fa* et *mi* bémol majeur), d'aventureux et expressifs *Cappriccios* dans la descendance des fantaisies de Carl Philipp Emanuel Bach (en *si* bémol majeur *op. 17,* en *la* majeur et en *fa* majeur *op. 34 n° 3* et *4,* en *mi* mineur et en *ut* majeur *op. 47 n° 1* et *2),* des variations comme celles de l'*op. 48 (Fantaisie avec variations sur « Au clair de la lune »).* A citer également les douze *Monterrines op. 49* (la monterrine étant une danse originaire du Piémont. Restèrent inédites du vivant de Clementi, entre autres, six *Monterrines,* diverses pièces isolées, et deux sonates respectivement en *sol* majeur (première version de l'*op. 1 n° 2)* et en *la* bémol majeur (1765, la plus ancienne composition de l'auteur qui nous soit parvenue).

Le **Gradus ad Parnassum (op. 44)** est une œuvre en principe didactique comprenant cent pièces groupées en trois volumes, parus respectivement en 1817, 1819 et 1826. Tel quel, il résulte d'un processus de composition, de révision et d'assemblage qui s'étendit sur près d'un demi-siècle. Le titre fait référence à l'ouvrage théorique du même nom de Johann Joseph Fux (1725). Le recueil ne se limite pas à de simples exercices, mais comprend également des mouvements vifs ou lents qui auraient aussi bien pu faire partie de sonates (et qui, peut-être, furent ainsi conçus à l'origine), des préludes, des fugues (où l'influence de Bach est manifeste), des canons, des pièces caractéristiques comme *Scena Patetica (n° 39)* ou *Bizzareria (n° 95).* Plus de la moitié des pièces est groupée en « suites » de trois à six mouvements dans la même tonalité [*]. Au fur et à mesure qu'on avance dans le recueil, les objectifs spécifiquement techniques s'effacent devant des considérations purement musicales, — et c'est avec raison qu'en 1827, un journal mit le *Gradus* sur le même plan que les « Préludes et exercices » de Bach. On sait que, dans *Dr. Gradus ad Parnassum,* premier volet de son *Children's Corner,* Debussy caricatura assez méchamment le recueil de Clementi. Mais il n'avait probablement à sa disposition que les extraits publiés par Carl Tausig vers 1865, et ne comprenant que les « exercices les plus mécaniques » (selon l'expression de Léon Plantinga) : hypothèse d'autant plus vraisemblable que la pièce en *ut* majeur parodiée par Debussy est la première de la sélection de Tausig.

M.V.

LOUIS-NICOLAS CLÉRAMBAULT

Né à Paris, le 19 décembre 1676 ; mort à Paris, le 26 octobre 1749. Fils d'un des « Vingt-quatre violons du Roi », élève de son père et de l'organiste André Raison (mort à Paris en 1719), il étudia aussi le chant et la composition avec Jean-Baptiste Moreau (1656-1733). Titulaire des orgues des Grands-Augustins, de Saint-Sulpice et du couvent des Jacobins, il fut en même temps surintendant des concerts de Madame de Maintenon et organiste de la célèbre Maison royale d'éducation de Saint-Cyr. Pour les demoiselles de Saint-Cyr, il composa des Chants et motets. *Tenu en son temps pour l'un des meilleurs organistes français, et mis à part un* Premier Livre d'orgue *(c. 1710), Clérambault laisse des* Airs sérieux et à boire, *publiés en 1697 chez l'éditeur Ballard, un* Premier Livre de pièces de clavecin *(1704), des cantates françaises, un oratorio, et diverses pièces de musique de chambre.*

---

[*] Voir, de même, les *Sonates* de Domenico Scarlatti.

L'œuvre de clavecin

L'œuvre de clavecin de Clérambault est réunie dans un seul recueil : son *Premier Livre de pièces de clavecin*, publié en 1704 et dédié au duc d'Orléans, futur Régent de France. A une époque où l'on assiste à la renaissance de l'italianisme que Lully avait essayé d'étouffer, Clérambault écrit des sonates de chambre italianisantes, mais réussit à faire dans ses pièces de clavecin une véritable synthèse entre l'art italien et la manière française. Si certaines tournures mélodiques sont chez lui italiennes, il reste fidèle à la suite française et au prélude non mesuré des luthistes. A l'exception de ce prélude, les autres pièces de Clérambault sont toutes des danses, et généralement des pièces binaires à reprise.

Suite en *ut* majeur

1. PRÉLUDE : dans ce prélude non mesuré, il ne reprend pas le procédé de Louis Couperin (sauf dans la toute dernière partie), c'est-à-dire la notation en rondes accompagnées de liaisons d'intonation mélodique ou harmonique. Il y a une ébauche d'organisation rythmique et mélodique, sans barres de mesure.
2. ALLEMANDE (« gay », à 4/4) : cette allemande souple et légère est suivie de son double à la manière française. C'est une pièce binaire à reprise, dont la seconde partie débute en écho entre les deux mains.
3. COURANTE (à 3/2) : la courante à la française repose sur un rythme nerveux. Clérambault reste proche ici de l'art des luthistes.
4. SARABANDE I (« fort grave », à 3/4) : les deux sarabandes de cette suite en *ut* majeur sont des pièces graves. La première partie de celle-ci évolue de quatre mesures en quatre mesures.
5. SARABANDE II (« gravement », à 3/4) : cette sarabande grave, mais plus souple, est rehaussée de nombreux agréments : pincés, tremblements, coulés, arpègements, ports de voix.
6. GAVOTTE (à 2/2) : entre la sarabande et la gigue, Clérambault intercale une gavotte très raffinée, très française, et surchargée d'ornements. Elle est suivie de son double, beaucoup plus léger.
7. GIGUE (« gay », à 6/4) : cette gigue légère à la française est conçue comme un mouvement de *canaries*.
8. MENUETS I ET II (à 3/4) : deux charmantes petites pièces concluent cette suite. Le second menuet est un *menuet en rondeau*.

A. d. P.

AARON COPLAND

Né à Brooklyn (New York), le 14 novembre 1900. Issu, comme Gershwin, d'une famille d'émigrés russes (Kaplan), puis élève, également comme Gershwin, de Rubin Goldmark, Copland quitta les États-Unis en 1921 pour connaître l'Europe : c'est au Conservatoire américain de Fontainebleau qu'il reçut l'enseignement de Nadia Boulanger et acquit la familiarité des œuvres de Ravel, de Stravinski, de Milhaud. C'est en France également qu'il se perfectionna au piano près de Ricardo Viñes. De l'époque date, dans sa première version, sa Symphonie avec orgue (1923-1924), écrite pour Nadia Boulanger. Rentré aux États-Unis, Copland s'oriente vers un style « cosmopolite » s'abreuvant aux sources polyrythmiques du jazz, des différents folklores américains et sud-américains, — étrangement associées à un néo-classicisme stravinskien et aux procédés polytonaux chers à Milhaud. Mais, à partir de 1930, Copland adopte une esthétique plus radicale et plus austère — tournée vers le sérialisme —, et exerce une activité militante en faveur de la jeune musique américaine : d'une part il soutient Bartok immigré à New York, d'autre part il donne très régulièrement des cours à Tanglewood et multiplie articles, conférences et concerts. Parmi les partitions pour piano les plus notables, les Variations *(1930) datent de cette seconde période, mais la* Sonate *(1941) d'une époque plus tardive où — soucieux* d'obtenir une large audience — *Copland produisit ses plus fameuses partitions de ballets,* Billy the Kid, Rodeo, *et* Appalachian Spring* ; *la* Fantaisie, *enfin (1957), semble une œuvre de synthèse. Entouré d'honneurs, Copland est aujourd'hui considéré comme un « père fondateur » de la musique américaine contemporaine.*

L'œuvre de piano

L'éclectisme — auquel sont sensibles ses compatriotes, qu'on lui reprocherait plutôt de ce côté-ci de l'Atlantique — paraît bien le caractère dominant de l'œuvre de Copland. Sa musique pour piano n'y fait pas exception, bien qu'on puisse la considérer comme un champ d'« études » privilégié du compositeur. Passons rapidement sur une partition de jeunesse (1919), qui est un scherzo d'esprit humoristique, — *The Cat and the Mouse* (« Le chat et la souris ») ; on ne saurait toutefois en négliger la technique pianistique, appréciable chez un musicien qui n'avait pas vingt ans. La *Passacaglia* date de l'année suivante : elle ne manque pas non plus de brio, mais fait encore figure d'exercice trop appliqué. Ce sont les **Piano Variations** (« Variations pour piano »), largement postérieures (1930), qui révèleront un compositeur qui a considérablement mûri et s'est orienté vers un style d'écriture dépouillé, — en une « période » qu'il qualifia lui-même de « l'austérité » et de « la simplicité imposée ». Les *Piano Variations* sont une œuvre d'exploration des voies du dodécaphonisme sériel, exigeante, économe de ses moyens, et d'une exécution délicate : l'expression est tendue, les lignes anguleuses, avec des moments d'intense concentration nécessitant une oreille attentive. On ne saurait en dire autant de la **Sonate** composée de 1939 à 1941, — qui tourne le dos à l'œuvre précédente : relâchement de l'expression en un lyrisme abondant et parfois besogneux, en dépit d'indéniables qualités rythmiques (à noter les effets de sixte et de tierce qui, pour élémentaires qu'ils soient, assument leur pleine efficacité). La **Piano Fantasy** (« Fantaisie pour piano ») est à nouveau beaucoup plus tardive (1955-1957) : et nous retrouvons une partition certainement plus intéressante, — qui se veut synthèse et aboutissement d'un itinéraire esthétique assez confus. Le but avoué par l'auteur est d'y « produire un effet spontané et imprévu », par l'habile exploitation des techniques sérielle et tonale simultanément, et par une construction empruntant à la sonate et à la variation. L'œuvre est simple et compliquée à la fois ; elle est cependant celle, peut-être, révélant le mieux une sensibilité vive et déconcertante, un souci de recherche qui ne fut jamais vain, même s'il aboutit parfois à des résultats qu'on peut juger contestables.

Pour ne rien omettre, mentionnons enfin quatre *Piano-blues* (« Blues pour piano ») dans la meilleure veine, toute de spontanéité, de la musique populaire américaine ; et les suites pour piano transcrites du ballet *Billy the Kid* et de la musique du film *Our Town*. Mais, en ce domaine, la meilleure réalisation pianistique demeure probablement l'arrangement effectué par Leonard Bernstein de la suite d'orchestre *El Salón México*.

F.R.T.

FRANÇOIS COUPERIN

Né à Paris, le 10 novembre 1668 ; mort à Paris, le 12 septembre 1733. Issu d'une famille de musiciens, enfant prodige, successeur de son oncle Louis et de son père à l'orgue de l'église Saint-Gervais à Paris — véritable fief familial jusqu'au milieu du XIXe siècle —, remarquable improvisateur, il cumula les plus hautes charges : organiste de la Chapelle du roi, maître de clavecin des Enfants de France, survivancier de d'Angle-

---

* Voir *Guide de la musique symphonique.*

bert comme claveciniste royal. Mais, en dehors du domaine musical, on sait peu de choses sur Couperin. Homme discret qui sut se faire éloquent dans les préfaces de ses ouvrages, artiste heureux qui connut le succès, musicien intimiste qui n'aborda pas l'opéra, il reste l'un des compositeurs les plus subtils de la musique française. Passionné d'art italien, il recherchera tout au long de son œuvre la réunion des goûts italien et français —, de ces « goûts réunis » dont sa musique est l'illustration. Le clavecin fut l'instrument le plus cultivé par Couperin dès sa jeunesse. Son œuvre de clavecin se compose de quelque deux cent cinquante-deux pièces réunies en quatre livres. Cette œuvre est celle d'un poète délicat et d'un fin portraitiste, tour à tour tendre, lyrique, ironique ou rêveur ; elle est pleine de cette mélancolie dans laquelle Debussy voyait « l'adorable écho venu du fond mystérieux des paysages où s'attristent les personnages de Watteau ».

François Couperin laisse quatre livres de pièces de clavecin et un ouvrage didactique, *l'Art de toucher le clavecin*, paru en 1716 (et dans une seconde édition en 1717). Ces recueils ont été entièrement édités par le compositeur et sous sa signature. Les quatre livres de pièces de clavecin regroupent vingt-sept *ordres*, — car Couperin, à l'inverse de ses prédécesseurs ou contemporains, n'utilise pas le mot « suite » : il préfère rassembler ses pièces dans des « ordres », terme dont il n'a jamais donné l'explication. Les agréments, qui sont l'une des caractéristiques d'écriture de l'école française de clavecin, prolifèrent dans les « ordres » de Couperin. Contrairement à une idée trop répandue, ces agréments ne servent pas uniquement à faire oublier certains défauts du clavecin, mais font partie du chant ; c'est d'ailleurs dans le chant qu'on les trouve le plus souvent, parfois greffés les uns sur les autres. Il faut donc les considérer comme des procédés expressifs d'une importance capitale... « Je déclare donc que mes pièces doivent être exécutées comme je les ai marquées et qu'elles ne feront jamais une certaine impression sur les personnes qui ont le goût vrai tant qu'on observera pas à la lettre tout ce que j'y ai marqué, sans augmentation ni diminution », affirme Couperin dans la préface du *Troisième Livre*.

Premier Livre

Couperin a attendu assez longtemps pour publier son *Premier Livre* : 1713. Ses charges à la cour et plusieurs maladies ont été cause de ce retard, mais cette première édition a été faite avec un soin tout particulier et a connu tout de suite le succès. Ce livre groupe cinq « ordres », — soit soixante et onze pièces. Dans cet ensemble, l'ornementation très riche — notamment dans les danses — relève encore de l'art du luth, instrument déjà supplanté par le clavecin. La nouveauté de ce recueil réside dans la cinquantaine de pièces sous-titrées, portraits d'amis ou de hauts personnages, ou scènes pittoresques*.

1er Ordre

Cet ordre contient dix-huit pièces en *sol*, avec prédominance du mode mineur. Couperin commence par l'ordre classique de la suite de danses, puis mêle des rondeaux, des mouvements de danses et des pièces descriptives.

1. L'AUGUSTE, ALLEMANDE (à quatre temps) : cette pièce binaire à reprise (avec petite reprise), dont la complexité rythmique se fait intense dans la reprise, est très ornementée (pincés, tremblements, aspirations, ports de voix, coulés, arpègements). Son titre et la noblesse qui s'en dégage évoqueront à plus d'un la majesté de Louis XIV, auquel sans aucun doute Couperin rend hommage.

2. PREMIÈRE COURANTE (à 3/2) : Couperin fait suivre cette courante à la française et sa reprise de leur double, ou « dessus plus orné sans changer la basse ».

3. SECONDE COURANTE (à 3/2) : cette courante légère évolue sur une basse régulière à l'italienne.

4. LA MAJESTUEUSE, SARABANDE (à trois temps) : cette pièce binaire à reprise est accompagnée de deux petites reprises, la seconde étant plus ornementée que la première. La démarche de cette sarabande est d'une extraordinaire gravité. On reste dans l'atmosphère de l'allemande initiale avec son ornementation très riche.

---
* Les titres de pièces et les indications de Couperin lui-même respectent son orthographe.

5. Gavotte (à deux temps) : cette pièce légère (pièce binaire à reprise, avec petite reprise) est écrite dans le style pointé à la française. Elle est accompagnée de son double, ou « ornements pour diversifier la gavotte précédente sans changer la basse ».

6. La Milordine, Gigue, gracieusement et légèrement » (à 12/8) : on suit encore ici le schéma de la suite de danses. Le rythme de cette gigue est accentué par le dessin de la basse. Couperin accompagne quelques mesures de cette pièce de doigtés qu'il a tenu à noter avec précision.

7. Menuet (à trois temps) : le menuet est suivi de son double, qui « se joue avec la même basse ».

8. Les Silvains, Rondeau, « majestueusement, sans lenteur » (à deux temps) : cette pièce rêveuse est la première de ce recueil écrite dans le mode majeur (la seconde partie est en *sol* mineur), et en même temps le premier rondeau de Couperin. C'est aussi la première pièce évocatrice, le premier portrait précédant toute la série qui s'épanouira dans les livres suivants. Ce rondeau, écrit dans le style luthé, évolue dans le grave du clavier. Couperin affectionnait particulièrement ce genre de morceau : « J'aime beaucoup mieux ce qui me touche que ce qui me surprend », écrit-il en préface à ce livre.

9. Les Abeilles, Rondeau, « tendrement » (à 6/8) : ce court rondeau, plein de poésie, est écrit dans le style d'une gigue légère.

10. La Nanète, « gayement » (à deux temps) : le thème chorégraphique de cette pièce binaire à reprise évolue sur une basse qui n'est pas sans rappeler l'accompagnement d'une vielle.

11. Les Sentiments, Sarabande, « très tendrement » (à trois temps) : voici une danse sous-titrée, à la fois pièce binaire et à reprise (avec petite reprise). Cette sarabande en *sol* majeur est moins grave que *La Majestueuse* (v. n° 4).

12. La Pastorelle, « naïvement » (à 6/8) : cette courte pièce binaire à reprise (avec petite reprise) est très chorégraphique.

13. Les Nonètes, « tendrement » (à 6/8) : *Les Blondes* et *Les Brunes*. Sur le même rythme, les blondes dansent gracieusement et les brunes, primesautières, dansent avec légèreté.

14. La Bourbonnoise, Gavotte, « gayement » (deux temps) : Couperin rend ici hommage à son élève Mademoiselle de Bourbon, fille du duc de Bourbon.

15. La Manon, « vivement » (à 6/8) : il règne beaucoup de gaieté et de légèreté dans cette courte pièce.

16. L'Enchanteresse, Rondeau (à 4/8) : les quatre voix de cette pièce de style luthé progressent dans le grave du clavecin. Lorsque, dans le troisième couplet, la tessiture s'élève un peu, c'est pour retomber immédiatement dans le grave. Le quatrième couplet s'anime dans un contrepoint de doubles croches. Tout au long de ce rondeau, les mains se poursuivent et se répondent inlassablement.

17. La Fleurie, ou La tendre Nanette, « gracieusement » (à 6/8) : le thème léger et gracieux de la main droite avance sur un mouvement régulier de croches à la basse, dans le style de la gigue.

18. Les Plaisirs de Saint-Germain-en-Laye (à 6/8) : une certaine mélancolie se dégage de cette pièce binaire à reprise en deux parties. C'est encore un morceau évocateur écrit dans le grave du clavier.

2e Ordre

Cet ordre, en *ré*, est le plus long du *Premier Livre*, — puisqu'il regroupe vingt-deux pièces. Il débute, selon le schéma habituel de la suite de danses, par une allemande, suivie de deux courantes et d'une sarabande. Couperin mêle ensuite différents mouvements de danses (gavotte, menuet, canaries, passepied et rigaudon) et des pièces sous-titrées, — scènes champêtres *(Les Papillons)*, portraits suggestifs *(La Charoloise)*, ou évocations plus mystérieuses *(La Voluptueuse, La Flateuse, Les Idées heureuses)*.

1. La Laborieuse, Allemande, « sans lenteur, et les doubles croches un-tant-soit-peu pointées » (à quatre temps) : Couperin construit cette vaste pièce binaire à reprise sur un dialogue permanent entre le dessus et la basse, dans une écriture contrapuntique rigoureuse.

2. Première Courante (à 3/2) : cette page très sobre dans sa première partie acquiert une grande souplesse dans sa reprise.

3. Seconde Courante (à 3/2) : voici une œuvre essentiellement polyphonique dans sa partie initiale. Les deux courantes ont en commun un motif mélodique, qui apparaît aux mesures 4 de leurs reprises, et qui se développe ici jusqu'à la petite reprise.

4. La Prude, Sarabande (à trois temps) : par sa simplicité et sa sobriété, cette sarabande stylisée et sous-titrée semble directement issue de l'œuvre de Louis Couperin.

5. L'ANTONINE, « majestueusement, sans lenteur » (à trois temps) : voici, en cette pièce courte et charmante, le premier portrait évocateur de ce *Deuxième Ordre*, portrait non identifié.

6. GAVOTTE (à deux temps) : cette courte danse évolue de quatre mesures en quatre mesures avec abondance d'ornements.

7. MENUET (à trois temps) : une ornementation généreuse est présente dans chaque mesure de ce ravissant menuet.

8. CANARIES et DOUBLE DES CANARIES (à trois temps) : ces deux pièces binaires à reprise sont suivies d'une petite reprise. Le *Double* est une diminution de la ligne mélodique et de la basse de la *Canarie*.

9. PASSE-PIED (à 3/8) : il y a deux parties dans ce passepied : la première est écrite en *ré* mineur ; la seconde, en *ré* majeur, reprend les mêmes dessins rythmiques que la première.

10. RIGAUDON (à deux temps) : comme la précédente, cette page est construite en deux parties : le ton de *ré* majeur y succède à celui de *ré* mineur. La seconde partie évolue en une écriture légère à deux voix. Le rythme régulier de ses noires est rehaussé par la variété des ornements utilisés par Couperin.

11. LA CHAROLOISE (à 6/8) : c'est par une courte pièce de quatorze mesures, qui ressemble à une petite gigue pleine de fraîcheur, que Couperin rend hommage à l'une de ses élèves, Mademoiselle de Charolais, fille de Louis XIV et de Madame de Montespan.

12. LA DIANE, « gayement » (à 4/8) et *Fanfare pour la Suite de la Diane* (à 6/8) : la chasse est ici à l'honneur. Le départ est « sonné » sur de gais arpèges, puis les meutes se lancent à la poursuite de la bête. Le tableau de chasse est fêté par une fanfare joyeuse, sur un rythme de gigue.

13. LA TERPSICORE, « modérément, et marqué » (à trois temps) : c'est une des plus belles pages de son *Deuxième Ordre* que Couperin dédie à la muse de la Danse. Écrite dans le ton de *ré* majeur, la pièce progresse en dialogue entre soprano et basse, dialogue qui se resserre dans la reprise. L'écriture harmonique de Couperin est pleine de hardiesse. Il n'hésite pas, en outre, à utiliser les formules d'ornementation les plus variées.

14. LA FLORENTINE, « d'une légèreté tendre » (à 12/16) : cette pièce légère n'est autre qu'une gigue charmante.

15. LA GARNIER, « modérément » (à 6/8) : voici, peut-être, le portrait de l'organiste Gabriel Garnier. Cette pièce binaire à reprise et petite reprise se joue essentiellement dans le grave du clavier, sur un rythme de sicilienne, et en une écriture dense à trois ou quatre voix.

16. LA BABET, « nonchalamment » et « un peu vivement » (à 6/8) : à qui Couperin veut-il rendre ici hommage ? Très certainement aux deux facettes d'un personnage : la première progresse nonchalamment dans le ton de *ré* mineur ; la seconde s'affirme dans celui de *ré* majeur, sur un rythme joyeux et sautillant.

17. LES IDÉES HEUREUSES, « tendrement, sans lenteur » (à quatre temps) : cette pièce est écrite dans le style « luthé » que Couperin affectionnait tant. Un chant souple mais complexe, dont les deux parties sont constamment unies, évolue sur une basse d'une grande régularité, chargée d'ornements notamment dans la reprise et dans la petite reprise.

18. LA MIMI, « affectueusement » (à trois temps) : c'est une pièce charmante que cette *Mimi*. La simplicité de sa ligne mélodique est rehaussée d'une ornementation particulièrement variée.

19. LA DILIGENTE, « légèrement » (à 6/8) : tout se joue ici autour des gammes et des traits, qui montent et descendent le long du clavier.

20. LA FLATEUSE, « affectueusement » (à trois temps) : cette pièce binaire à reprise est suivie d'une petite reprise. Plusieurs idées rythmiques y dominent.

21. LA VOLUPTUEUSE, « tendrement, etc. » (à 6/8) : voici le seul rondeau de ce *Deuxième Ordre*. Le refrain est accompagné de trois couplets. Avec ses douze mesures, le troisième couplet s'écarte de la coupe initiale de huit mesures choisie par Couperin. L'ensemble repose sur un rythme de sicilienne.

22. LES PAPILLONS, « très légèrement » (à 6/16) : par son mouvement rythmique, cette pièce charmante rappelle *La Florentine* du même ordre ; mais les papillons s'y déploient sur un rythme inhabituel à 6/16, souple et sautillant.

3e Ordre

Cet ordre, qui contient treize pièces en *ut*, se divise en deux parties : suites de danses, puis pièces évocatrices sous-titrées.

1. LA TÉNÉBREUSE, ALLEMANDE (à quatre temps) : cette magnifique pièce fait appel aux sonorités graves du clavecin. A une écriture très dense Couperin mêle une harmonie tourmentée. Le rythme pointé et majestueux de la première partie s'oppose au rythme plus souple de la reprise, qui se résout sur un jeu de contretemps à la main gauche soutenant des accords martelés à la main droite.

2. Première Courante (à 3/4) : après *La Ténébreuse,* Couperin place une légère courante à la française.

3. Seconde Courante (à 3/2) : la mélodie très ornementée de la main droite repose sur une base régulière à l'italienne.

4. La Lugubre, Sarabande (à trois temps) : cette pièce binaire à reprise (avec petite reprise) est une superbe danse dans le « goût français », avec ses effets déclamatoires, son ornementation riche et variée, son rythme pointé, son harmonie limpide, et cet appui sur le second temps caractéristique de la sarabande.

5. Gavotte (à deux temps) : dans cette courte pièce assez légère (avec reprise et petite reprise), les mains avancent parallèlement.

6. Menuet (à trois temps) : on retiendra la clarté et la légèreté de ce petit menuet.

7. Les Pèlerines : *La Marche,* « gayement » (à deux temps), *La Caristade,* « tendrement » (à 6/8), *Le Remerciement,* « légèrement ». Voici un triptyque dont l'organisation n'est pas sans annoncer la sonate en trois mouvements vif, lent, vif. *La Marche* et *Le Remerciement* sont les premières pièces de cet ordre écrites dans le mode majeur. Le mouvement central, plein de poésie, est en *ut* mineur. Dans le premier volet, *La Marche,* la régularité des croches de la basse accentue l'idée de marche légère. Dans la reprise, Couperin intercale de savoureux effets d'écho. Le tendre *Remerciement* évolue en un mouvement de danse sur une basse de style luthé.

8. Les Laurentines, « gracieusement » (à 6/4) : cette pièce très ornementée, avec ses effets d'écho, est gracieuse et gaie. C'est une pièce binaire à reprise (avec petite reprise) en deux parties. Le passage d'*ut* majeur à *ut* mineur dans la seconde partie donne un éclairage tout à fait nouveau.

9. L'Espagnolète, « d'une légèreté modérée » (à 6/8) : le rebondissement rythmique de cette pièce est accentué par le « doublé » que Couperin place sur chaque seconde croche :

10. Les Regrets, « languissamment » (à quatre temps) : il règne une grande tendresse dans cette pièce binaire à reprise. Couperin y oppose une mélodie très française par son ornementation et son rythme tourmenté, et une basse régulière de croches à l'italienne.

11. Les Matelotes Provençales, « gayement » (à deux temps) : c'est une pièce à reprise en deux parties. La première partie est une sorte de marche qui progresse régulièrement sur une basse de noires. Dans la reprise, les deux mains se poursuivent parallèlement, et l'accentuation des temps est mise en relief par les agréments qui se posent sur presque chaque noire. La seconde partie prend l'aspect d'une gigue alerte.

12. La Favorite, Chaconne (à deux temps), « gravement, sans lenteur », *Rondeau* : d'une chaconne, Couperin n'hésite pas à faire un rondeau. On est très proche ici de l'art de Louis Couperin. Les deux premiers couplets restent dans le style du rondeau. Les troisième et quatrième couplets tranchent par leur caractère rythmique. Le quatrième couplet est basé sur le saut de quarte initial et ses renversements. Le dernier couplet s'anime en un contrepoint de doubles croches aux deux mains.

13. La Lutine, « très vivement et marqué » (à 6/8) : le 3e ordre s'achève sur cette pièce en *ut* majeur pleine de gaieté. Le rythme de pirouette des premières mesures se développe jusqu'à la fin de la reprise :

4e Ordre

Quatre pièces sous-titrées et très évocatrices, en *fa* majeur, composent ce petit ordre. On n'y relève aucun mouvement de danse.

1. La Marche des Gris-Vêtus, « pesamment, sans lenteur » (à deux temps) : Couperin aime tourner en dérision l'aspect ridicule de certains de ses contemporains. On retrouvera ce goût de la caricature dans *les Fastes de la grande et ancienne Ménestrandise,* l'un des chefs-d'œuvre du deuxième livre. Ici, la régularité du rythme, sa noblesse et sa pesanteur, la pompe qui accompagne ce défilé des Gris-Vêtus, accentuent le caractère ironique de la parodie.

2. LES BACCANALES : première partie, *Enjoüemens bachiques*; seconde partie, *Tendresses bachiques*; troisième et dernière partie, *Fureurs bachiques*. Le premier volet de ce triptype repose sur un thème chorégraphique soutenu par une basse régulière de noires. L'impression de balancement qui se dégage de la partie centrale (*fa* mineur) est due au rythme à 3/8 et aux ornements qui semblent se glisser entre chaque note. Dans la troisième partie, Couperin oppose mineur et majeur. Il y a beaucoup de joie et d'allégresse, mais aussi beaucoup de grâce, dans ce mouvement qui trouve sa résolution en une envolée de doubles croches.

3. LA PATELINE, « gracieusement » (à 3/8) : l'accompagnement particulier des arpèges de la main gauche soutient une mélodie gracieuse à la main droite. Ce procédé est inversé dans la reprise.

4. LE RÉVEIL-MATIN, « légèrement » (à 12/8) : voici une nouvelle page descriptive. Sur un tempo de gigue une carillon égrène ses notes, lorsque surviennent des batteries d'octaves qui simulent la sonnerie du réveil. Cette pièce bouffonne à reprise évolue sur un rythme chorégraphique très enlevé.

5ᵉ Ordre

Cet ordre, en *la* majeur, contient quatorze pièces divisées en deux catégories : aux cinq danses initiales (allemande, deux courantes, sarabande et gigue), succèdent neuf pièces sous-titrées, et parmi elles cinq rondeaux. L'allemande d'introduction, *La Logivière*, est une des plus belles pages du *Premier Livre*.

1. LA LOGIVIÈRE, ALLEMANDE, « majestueusement, sans lenteur » (à quatre temps).
2. COURANTE (à trois temps).
3. SECONDE COURANTE (à trois temps) : en *la* mineur.
4. SARABANDE, LA DANGEREUSE, « gravement » (à trois temps).
5. GIGUE (à 6/4).
6. LA TENDRE FAUCHON, RONDEAU, « gravement » (à 6/8) : en *la* mineur.
7. LA BADINE, RONDEAU, « légèrement et flaté » (à deux temps).
8. LA BANDOLINE, RONDEAU, « légèrement, sans vitesse » (à 6/8), en *la* mineur : en tête du refrain, Couperin indique « la main droite coulée, et la main gauche marquée ».

9. LA FLORE, « gracieusement » (à 6/8) : en *la* mineur.
10. L'ANGÉLIQUE, RONDEAU, « d'une légèreté modérée » (à 6/8) : première partie en *la* mineur, seconde partie en *la* majeur.
11. LA VILLERS : première partie « gracieusement » (à 6/8), en *la* mineur ; seconde partie « un peu plus vivement » (à 6/8), en *la* majeur.
12. LES VENDANGEUSES, RONDEAU (à deux temps).
13. LES AGRÉMENS, « gracieusement, sans lenteur » (à deux temps) : première partie en *la* mineur ; seconde partie en *la* majeur.
14. LES ONDES, RONDEAU, « gracieusement, sans lenteur » (à 6/8).

Deuxième Livre

Le *Deuxième Livre* fut dédié en 1716-1717 à Monsieur Prat, receveur général des finances de Paris. Comme il l'avoue dans sa préface, Couperin aurait aimé le publier en 1713 avec le *Premier Livre* ; mais son travail fut de nouveau retardé par ses charges à la cour, par des problèmes de gravure, et par la composition des *Leçons de ténèbres* et de *l'Art de toucher le clavecin*. Ce second recueil contient sept ordres, à l'intérieur desquels Couperin se crée un cadre souple et libre. Les ornements y sont moins nombreux que dans le *Premier Livre*, et les danses sont peu à peu abandonnées au profit de pièces sous-titrées et de grandes fresques descriptives à plusieurs tableaux (seul le *8ᵉ Ordre* suit le schéma de la suite de danses).

6ᵉ Ordre

Voici le seul ordre composé uniquement dans le mode majeur (*si* bémol). Il réunit huit pièces sous-titrées : portraits évocateurs, ou scènes pittoresques.

1. LES MOISSONNEURS, RONDEAU, « gayement » (à deux temps) : trois couplets entourent un refrain, dont le thème d'allure populaire se retrouvera dans les deuxième et troisième couplets. Le dernier couplet s'élargit en un dessin de croches parallèles aux deux mains.

2. LES LANGUEURS TENDRES (à quatre temps) : la basse choisie par Couperin pour cette pièce binaire à reprise est une basse continue à deux voix. La mélancolie du thème est accentuée par son ornementation faite de pincés, d'appoggiatures et de ports de voix.

3. LE GAZOUILLEMENT, RONDEAU, « gracieusement et coulé » (à 3/8) : le refrain et ses trois couplets reprennent les mêmes moyens. Dans le troisième couplet, Couperin cherche à décrire « plaintivement » — il le mentionne sous la cinquième mesure — les soupirs et le ramage des oiseaux.

4. LA BERSAN, « légèrement » (à quatre temps) : cette pièce binaire à reprise est en réalité le portrait de Suzanne de Bersan, fille de seigneur de Bersan, fermier général. L'écriture polyphonique à deux voix (parfois à trois et quatre voix) est proche de l'écriture des *Inventions* de J.-S. Bach. Le passage de la tonalité de *fa* majeur (dominante de *si* bémol), qui conclut la première partie, à celle de *sol* mineur (relatif de *si* bémol) qui ouvre la reprise, est particulièrement saisissant.

5. LES BARICADES MISTÉRIEUSES, RONDEAU, « vivement » (à deux temps) : en tête de ce rondeau écrit dans ce style luthé qui convient si bien au clavecin, Couperin a écrit « vivement ». Sans être rapide, ce n'est donc pas une pièce lente, mais une pièce mélancolique et « mystérieuse ». C'est sans aucun doute le chef-d'œuvre de ce 6e ordre. Les quatre voix du refrain et des trois couplets évoluent dans le grave du clavier. Tout ici est basé sur les retards et les syncopes des voix supérieures, et sur les pédales et les marches harmoniques des voix inférieures. Aucun ornement, — sauf celui qui vient souligner les cadences conclusives.

6. LES BERGERIES, RONDEAU, « naïvement » (à 6/8) : la qualité de ce rondeau réside dans sa simplicité, sa grâce et sa naïveté. Bach a été séduit par cette pièce et l'a recopiée. Le rondeau est formé d'un premier thème, et d'un second thème qui sert de reprise au refrain et de rondeau au premier couplet. Le refrain sera repris dans son intégralité après les deuxième et troisième couplets. La mélodie ornée de la main droite est soutenue par un dessin de doubles croches qui annonce la future basse d'Alberti du piano-forte.

7. LA COMMÈRE, « vivement » (à 2/4) : dans ce duo, croches et doubles croches rivalisent pour nous conter les bavardages et les redites inutiles de la commère qui se plaît à colporter les cancans.

8. LE MOUCHERON, « légèrement » (à 12/8) : l'allure lancinante du thème, le rythme chaotique de l'accompagnement, les répétitions d'agréments qui « bourdonnent », tout concourt à dépeindre l'attaque de l'insecte.

7e Ordre

Le *Septième Ordre*, en *sol*, réunit huit pièces : quatre d'entre elles *(La Muse naissante, L'Enfantine, L'Adolescente* et *Les Délices)* forment les différents volets d'un tableau intitulé *Les Petits Ages*, — dans lequel Couperin évoque avec délicatesse quatre portraits enfantins.

1. LA MÉNETOU, RONDEAU : « gracieusement, sans lenteur » (à deux temps).

2. LES PETITS AGES :
a. *La Muse naissante* (à deux temps) : première partie en *sol* majeur, seconde partie en *sol* mineur. Couperin a noté en tête de la première partie : « Ces Sincopes doivent être toutes liées. »
b. *L'Enfantine* (à 6/8).
c. *L'Adolescente*, Rondeau (à deux temps).
d. *Les Délices*, Rondeau (à 6/8).

3. LA BASQUE (à 6/8) : première partie en *sol* mineur, seconde partie en *sol* majeur.

4. LA CHAZÉ, « très lié, sans lenteur » (à 3/8) : première partie en *sol* mineur, seconde partie en *sol* majeur.

5. LES AMUSEMENS, « sans lenteur » (à trois temps) : cette pièce comporte deux rondeaux, — un *Premier Rondeau* en *sol* majeur, un *Deuxième Rondeau* en *sol* mineur.

8e Ordre

Dans cet ordre sérieux, Couperin se replace dans le cadre de la suite de danses classique à la française. Les mouvements de danses se suivent selon le schéma établi. Une seule des dix pièces qui composent cet ordre échappe à la règle : la dernière, *La Morinète*, qui est un portrait.

1. LA RAPHAËLE (à quatre temps) : cette vaste pièce binaire à reprise peut être considérée à la fois comme une allemande et comme une ouverture à la française avec son rythme tourmenté, ses valeurs pointées, ses roulades de quadruples croches. La reprise, beaucoup plus développée que la première partie, se distingue par ses accords arpégés et ses passages luthés.

2. L'AUSONIÈNE, ALLEMANDE, « légèrement, et marqué » (à 4/8) : si l'on a considéré *La Raphaële* comme une allemande, il y a contraste entre elle et celle-ci. La démarche régulière et l'écriture serrée de *L'Ausoniène* font songer à un prélude d'orgue.

3. Première Courante (à 3/2) : Couperin respecte le schéma de la suite de danses en intercalant cette légère courante.

4. Seconde Courante (à 3/2) : cette courante est plus riche et plus polyphonique que la précédente. Elle débute en un style luthé, puis débouche sur des trilles de croches pointées et quadruples croches auxquelles répondent des guirlandes de croches.

5. L'Unique, Sarabande, « gravement » (à trois temps) : Couperin déploie dans cette pièce toute une variété d'enchaînements harmoniques : modulations inattendues, chromatisme, dissonances. Dans la reprise, l'allure générale de la sarabande change avec de nouvelles indications de tempo : « vivement », « gravement » ; et l'appui du deuxième temps vient se briser en un déferlement de doubles et de quadruples croches sur un rythme à 3/8.

6. Gavotte, « tendrement » (à deux temps) : tout est légèreté dans le thème de cette pièce binaire à reprise (avec petite reprise).

7. Rondeau, « gayement » (à trois temps) : on retiendra le charme et la simplicité de ce petit mouvement. Deux couplets entourent le rondeau. Le thème du rondeau est fait de deux séquences identiques de huit mesures, la basse de la seconde séquence évoluant une octave plus bas.

8. Gigue (à 6/4) : Couperin pense encore ici en organiste. On remarquera comment il répartit sa trame sonore entre les aigus et les graves du clavecin. Le rythme immuable de la gigue passe aux deux mains alternativement, et se poursuit dans la reprise.

9. Passacaille, Rondeau (à trois temps) : c'est à la fois une passacaille et un rondeau, dans la tradition de la chaconne française en rondeau. Elle se caractérise par le mouvement ascendant et processionnel du refrain, avec ses modulations passagères et ses marches harmoniques chromatiques, et par le mouvement descendant de ses huit couplets, chacun obéissant à une recherche particulière. Les effets chromatiques du premier couplet se font entendre successivement à chacune des trois voix. Le second couplet se présente comme un récit orné à la française qui circule d'une main à l'autre. Dans le troisième couplet, tout évolue autour du jeu des tierces : accords de tierces arpégés et tierces parallèles entre main gauche et main droite. Ce jeu de tierces est de nouveau présent dans le quatrième couplet, où il alterne avec des roulades de quintuples croches et un rythme pointé à la française. En tête du cinquième couplet, Couperin a noté « mouvement marqué ». Des effets d'écho débouchent sur quatre mesures majestueuses, qui progressent vers le retour du rondeau. Dans le sixième couplet, les notes pointées à la française passent d'une voix à l'autre, précédant cinq mesures de conclusion écrites dans le style luthé, sur des notes tenues comme par une longue pédale. Le mouvement descendant et les appoggiatures du septième couplet sont dans l'esthétique du rondeau. Le huitième et dernier couplet repose sur un motif de doubles croches faites de broderies et de notes de passage, — motif qui se retrouve dans beaucoup de couplets finaux de Couperin :

10. La Morinète, « légèrement, et très lié » (à 12/8) : les triolets de croches de cette charmante pièce binaire à reprise (avec petite reprise) jettent une note de légèreté à la fin de cet ordre sérieux.

9e Ordre

Cet ordre, en dix pièces et en *la,* a la particularité de s'ouvrir par l'une des rares pages de toute la musique française de clavecin écrite expressément pour deux instruments.

1. Allemande à deux clavecins (à quatre temps).

2. La Rafraîchissante, « nonchalamment » (à 6/8) : première partie en *la* mineur, seconde partie en *la* majeur.

3. Les Charmes, « mesuré, sans lenteur » (à trois temps) : première partie en *la* mineur, seconde partie en *la* majeur. En tête de la première partie, Couperin a précisé : « luthé et lié ». En tête de la seconde partie, il a noté : « Seconde partie qu'il faut doigter avec les mêmes précautions que la première. »

4. La Princesse de Sens, Rondeau, « tendrement » (à 6/8) : on connaît le modèle qui inspira à Couperin ce portrait : Mademoiselle de Sens, fille du duc de Bourbon.

5. L'Olimpique, « impérieusement, et animé » (à deux temps).

6. **L'Insinuante**, « tendrement » (à 3/8).
7. **La Séduisante**, « tendrement, sans lenteur » (à quatre temps).
8. **Le Bavolet-flotant, Rondeau**, « tendrement, légèrement, et lié » (à 6/8).
9. **Le Petit-deuil, ou les trois-Veuves**, « gracieusement » (à 3/8).
10. **Menuet** (à 6/8).

10e Ordre

C'est par un tableau guerrier plein d'allégresse, *La Triomphante,* que s'ouvre cet ordre joyeux, en *ré*. Il se compose de sept pièces : parmi elles, une pièce croisée, *Les Bagatelles,* pour laquelle Couperin donne des conseils d'interprétation dans la préface de son *Troisième Livre.*

1. **La Triomphante**, en trois parties :
   a. *Bruit de guerre, Rondeau,* « vivement, et les croches égales » (à trois temps) : le troisième couplet porte le sous-titre *Combat.*
   b. *Allégresse des vainqueurs, Rondeau* (à 6/8).
   c. *Fanfare,* « fort gayement » (à 9/8).
2. **La Mézangère**, « luthé-mesuré » (à quatre temps).
3. **La Gabrièle**, « légèrement, et coulé » (à 12/8).
4. **La Nointèle**, « gayement » (à deux temps) : première partie en *ré* mineur ; seconde partie, *Rondeau,* en *ré* majeur.
5. **La Fringante**, « vif et relevé » (à 6/8) : première partie en *ré* majeur, seconde partie en *ré* mineur.
6. **L'Amazône**, « vivement, et fièrement » (à 6/8).
7. **Les Bagatelles, Rondeau** (à 6/8) : les indications suivantes sont laissées à la fin de cette pièce croisée : « Pour toucher cette pièce, il faut repousser un des claviers du clavecin, ôter la petite octave, poser la main droite sur le clavier d'en haut, et poser la gauche sur celui d'en bas. On peut jouer cette pièce à deux violes ; à deux dessus de violons ; et même à deux flûtes, pour vü que le second dessus de flûte prenne les finales en haut ». Dans la préface de son *Troisième Livre,* le compositeur conseille au claveciniste qui ne possèderait qu'un clavecin à un seul clavier de jouer « le dessus comme il est marqué, et la basse une octave plus bas, et lorsque la basse ne pourra être portée plus bas, il faudra porter le dessus une octave plus haut ». Selon Couperin, ces sortes de pièces conviennent parfaitement bien à deux instruments (flûtes, hautbois, violons ou violes).

11e Ordre

Cet ordre contient cinq pièces, parmi lesquelles figure le chef-d'œuvre incontesté de ce second livre : *Les Fastes de la grande et ancienne Ménéstrandise,* tableau pittoresque en cinq actes. Ces pièces respectent l'unité tonale voulue par Couperin dans chacun de ses ordres, — ici le ton d'*ut*.

1. **La Castelane**, « coulamment » (à quatre temps) : voici l'un de ces portraits que Couperin aimait tant esquisser. « J'ai toujours eu un objet en composant toutes ces pièces : des occasions différentes me l'ont fourni. Ainsi les titres répondent aux idées que j'ai eues ; on me dispensera d'en rendre compte », confie-t-il. Sur une basse continue, une mélodie gracieuse, un peu mélancolique, faite de suspensions et d'ornements coulés, évolue dans la tonalité d'*ut* mineur.

2. **L'Étincelante, ou la Bontems**, « très vivement » (à quatre temps) : s'agit-il ici de Charlotte de Bontemps, épouse du premier valet de chambre du roi ? Ce duo alerte évoquera à plus d'un le style de Scarlatti, l'art de J.-S. Bach, ou le jeune Mozart.

3. **Les Grâces naturèles, Suite de la Bontems**, « affectueusement, sans lenteur » (à deux temps) : Couperin oppose ici le mode majeur (première partie) et le mode mineur (seconde partie). On retiendra la grâce et la simplicité de la première partie, dont le thème évoque une berceuse enfantine. La seconde partie, plus délicate, évolue vers une petite reprise, — rappel en *ut* mineur de la petite reprise en *ut* majeur.

4. **La Zénobie**, « d'une légèreté gracieuse, et liée » (à 12/8) : c'est encore un portrait que Couperin nous propose dans cette pièce binaire à reprise. *La Zénobie* évoque une silhouette fantasque. Si la basse est régulière, le thème est tourmenté : notes coulées et liaisons y abondent.

5. **Les Fastes de la grande et ancienne Ménéstrandise** : cette parodie en cinq actes tourne en dérision la Ménéstrandise, puissante corporation qui entendait faire verser par les organistes la redevance exigée des bateleurs. Est-ce par ironie, ou par crainte des représailles, que Couperin écrit en titre : *Mxnxstrxndxsx* ?

   a. *Premier acte ; Les Notables et jurés Mxnxstrxndxurs,* « sans lenteur » (à deux temps) : le tableau débute par le défilé pompeux et la marche compassée des notables de la corporation. Couperin sourit avec mépris.

b. *Second acte, Les Viéleux et les Gueux* (à deux temps) : deux airs de vielle sur une basse en bourdon annoncent avec ironie l'arrivée ridicule des vielleux et des gueux.

c. *Troisième acte, Les Jongleurs, Sauteurs et Saltimbanques, avec les Ours et les Singes*, « légèrement » (à 3/8) : les jongleurs, sauteurs, saltimbanques et montreurs d'ours paraissent sur une danse grotesque, — dont le thème pittoresque et sautillant est soutenu par la basse régulière d'une vielle.

d. *Quatrième acte, Les Invalides, ou gens Estropiés au service de la grande Mxnxstrxndxsx* (à 3/2) : le grotesque de la situation s'accentue avec l'arrivée des boiteux et des disloqués, qui passent en « clopinant » sur un rythme claudicant.

e. *Cinquième acte, Désordre et déroute de toute la troupe, causés par les Yvrognes, les Singes et les Ours*, « très vite » (à 4/8) et reprise (à 6/8) : on atteint la dérision suprême avec ce grouillement digne de la Cour de Miracles. C'est la dislocation et la déroute générale de toute la bande, Ménestrandeurs en tête, que dépeint cette dégringolade de doubles croches, — ponctuée dans la reprise par le rythme des « béquilles ». Tout se termine dans l'apothéose finale, qui reste un des plus beaux traits de caricature dus à la plume de Couperin.

12e Ordre

Le dernier ordre, en *mi*, du *Second Livre* contient huit pièces légères et gracieuses. Au milieu d'elles s'intercale un mouvement de courante *(L'Intîme)*.

1. LES JUMÈLES, « affectueusement » (à deux temps) : première partie en *mi* majeur, seconde partie en *mi* mineur.
2. L'INTÎME, *Mouvement de courante* (à trois temps).
3. LA GALANTE, « gayement » (à 6/8).
4. LA CORIBANTE, « vivement » (à 6/8).
5. LA VAUVRÉ, « coulamment » (à 3/8).
6. LA FILEUSE, « naïvement, sans lenteur » (à deux temps).
7. LA BOULONOISE, « tendrement, sans lenteur » (à trois temps).
8. L'ATALANTE, « très légèrement » (à 4/8).

Troisième Livre

C'est en 1722 que Couperin publie son *Troisième Livre*. Sept ordres y sont regroupés. La danse disparaît ou presque ; seules subsistent une courante *(17e Ordre)* et une allemande, *La Verneuil (18e Ordre)*. Le reste est constitué de pièces burlesques, de scènes de la vie quotidienne, de tableaux de la nature et de pièces croisées que l'on jouera de préférence sur les deux claviers du clavecin.

13e Ordre

Cet ordre contient cinq pièces, toutes en *si* mineur. L'une d'elles, *Les Folies françaises*, réunit une suite de douze tableaux évocateurs.

1. LES LIS NAISSANS, « modérément et uniment » (à deux temps) : cette pièce binaire à reprise est entièrement basée sur un dessin régulier d'arpèges, avec un pincé sur le temps faible. Une petite reprise apparaît ici comme l'affirmation ou la conclusion de ce qui a précédé.
2. LES ROZEAUX, « tendrement, sans lenteur » (à 6/8) : le rondeau, avec son alternance caractéristique refrain-couplet, est le genre qui plaît à Couperin. Dans cette pièce, trois reprises du rondeau entourent deux couplets. La mélodie simple, mais ornée, de la main droite repose sur un dessin de doubles croches à la main gauche. Les ornements se multiplient : pincés, tremblements, accents, coulés.
3. L'ENGAGEANTE, « agréablement, sans lenteur » (à 6/8) : dans cette pièce binaire à reprise, tout tourne autour d'un motif descendant de six doubles croches qui se répète de mesure en mesure et de main en main jusqu'à la conclusion.
4. LES FOLIES FRANÇAISES, OU LES DOMINOS : c'est une suite de courts tableaux ou portraits, portant chacun un domino de couleur différente. Il s'agit en quelque sorte de douze variations établies sur un rythme de passacaille, — variations que Couperin nomme « couplets ». Mais ne faut-il pas voir dans ces saynètes l'influence évidente de ce que fut la *Folia* aux XVIIe et XVIIIe siècles, danse au caractère reposé, parfois grave, proche de la passacaille ou de la chaconne, cette *Folia* que les musiciens de l'époque désignaient souvent comme « les folies d'Espagne » ? En même temps cependant, Couperin reste proche des *Fêtes galantes*, ce jeu de masques théâtral qui s'épanouira pleinement au XVIIIe siècle.

a. *La Virginité*, sous le Domino couleur d'invisible, « gracieusement » (à trois temps) : tout est grâce et simplicité dans ces quelques mesures rehaussées d'agréments.

b. *La Pudeur,* sous le Domino couleur de rose, « tendrement » (à trois temps) : tout se joue dans les aigus du clavier. Le thème et sa basse évoluent en notes conjointes à la tierce.

c. *L'Ardeur,* sous le Domino incarnat, « animé » (à trois temps) : l'ardeur des notes pointées à la française passe d'une main à l'autre dans les aigus et dans le grave du clavecin.

d. *L'Espérance,* sous le Domino vert, « gayement » (à 9/8) : c'est une sorte de dialogue, avec question et réponse une mesure sur deux qui se répètent sur un rythme de triolets.

e. *La Fidélité,* sous le Domino bleu, « affectueusement » (à 3/2) : une longue phrase progresse sur un rythme pointé à la française.

f. *La Persévérance,* sous le Domino gris de lin, « tendrement, sans lenteur » (à trois temps) : une courte mélodie très ornée s'affirme en deux épisodes de huit mesures.

g. *La Langueur,* sous le Domino violet, « également » (à 1/2) : cette pièce est basée sur un dessin régulier de valeurs longues, avec ce rythme particulier à 1/2.

h. *La Coquéterie,* sous différents Dominos (à 6/8) : six indications de tempo (deux fois « gayement », « modéré », « légèrement ») et de rythme (à 6/8, à 3/8, à 2/4), en ces seize mesures, accentuent la fantaisie de si courts épisodes.

i. *Les Vieux galans et les Trésorières Surannées,* sous des Dominos pourpres et feuilles mortes, « gravement » (à trois temps) : un mouvement pompeux et solennel de croches et d'accords s'oppose au rythme pointé d'un dessin à la tierce.

j. *Les Coucous bénévoles,* sous des Dominos jaunes (à 3/8) : la correspondance du titre et de la couleur ne serait-elle pas une plaisanterie de Couperin ? L'appel du coucou, sous les paroles « coucou coucou », se déroule sur de petits accords marqués régulièrement.

k. *La Jalousie taciturne,* sous le Domino gris de maure, « lentement, et mesuré » (à 3/2) : la mélodie est ici pesante par sa régularité.

l. *La Frénésie, ou le Désespoir,* sous le Domino noir, « très vite » (à trois temps) : un dessin obstiné de doubles croches, ponctué çà et là de pizzicatos, court sur l'étendue du clavier. Il s'agit encore du motif repris par Couperin pour ses couplets finaux (v. *Passacaille* du *8e Ordre*).

5. L'ÂME EN PEINE, « languissament » (à trois temps) : cette pièce binaire à reprise (avec petite reprise) semble être la conclusion de ce qui a précédé. Les ornements, très nombreux, accentuent le caractère douloureux de la pièce.

14e Ordre

Cet ordre, en *ré,* est en grande partie consacré aux oiseaux, puisque cinq des huit pièces qui le composent font revivre tour à tour le rossignol, la linotte ou la fauvette. En vrai poète, Couperin se laisse ici attendrir par les scènes de la nature.

1. LE ROSSIGNOL EN AMOUR, « lentement, et très tendrement, quoy que mesuré » (à 6/8) : c'est bien sûr, à la voix supérieure que Couperin confie le chant d'amour du rossignol. La ligne mélodique de cette voix est surchargée de ces agréments et de ces roulades qui simulent les plaintes de l'oiseau. Tout ici est finesse et poésie, préciosité et expressivité. Les « accens plaintifs » du rossignol se répercutent dans la petite reprise, et Couperin tient à indiquer là qu'ils doivent être « augmentés, par gradations imperceptibles ».

2. DOUBLE DU ROSSIGNOL (à 6/8) : sur la même basse, le chant du rossignol est ornementé :

Pour cette pièce, Couperin sait se faire très précis lorsqu'il conseille à l'interprète : « Il ne faut pas s'attacher trop précisément à la mesure dans le Double cy-dessus. Il faut tout sacrifier au goût, à la propreté des Passages, et à bien attendrir les Accens marqués par des pincés. Ce Rossignol réussit sur la Flûte Traversière on ne peut mieux, quand il est bien joué ».

5. LA LINOTE EFAROUCHÉE, RONDEAU, « légèrement » (à 12/8) : c'est sur un rythme alerte et léger que s'affirme le thème de la linotte. Main droite et main gauche se répondent inlassablement de couplets en rondeaux, même si l'allure générale change quelque peu et s'alourdit dans le deuxième couplet avec l'adjonction d'une troisième voix.

4. Les Fauvètes plaintives, « très tendrement » : l'écriture en trio de cette pièce chercherait-elle à dépeindre les plaintes de trois fauvettes ? Ces plaintes s'expriment en demi-tons expressifs, en roulades et en syncopes, — auxquels répondent les pincés et les notes pointées de la reprise. L'art de Couperin est ici d'un raffinement extraordinaire.

5. Le Rossignol vainqueur, « très légèrement » (à 12/8) : c'est sur un rythme de gigue plein de gaieté que le rossignol chante la victoire. On retiendra la légèreté de l'écriture en duo, où les deux parties ébauchent un dialogue ponctué d'agréments.

6. La Julliet, Rondeau, « gayement » (à 6/8) : Couperin note son rondeau sur trois portées : le « sujet », la « contre partie, si l'on veut », et la basse. C'est la partie intermédiaire, celle que Couperin nomme « contre partie », qui semble s'imposer d'emblée : sa tessiture est plus aiguë que celle du sujet qu'elle domine le plus souvent à la tierce supérieure, et sa ligne mélodique est parsemée de la majorité des agréments. Couperin précise quelques indications d'interprétation : « Cette Pièce peut se jouer sur différens instrumens. Mais encore sur deux Clavecins ou épinètes : à savoir, le sujet avec la Basse sur l'un, et la même Basse avec la contre partie sur l'autre. Ainsi des autres pièces qui pourront se trouver en Trio ».

7. Le Carillon de Cithère, « agréablement, sans lenteur » (à 2/4) : c'est encore un tableau pittoresque que nous laisse Couperin dans cette pièce binaire à reprise. Ce carillon, avec le retour régulier de ses quatre notes à la tierce ou à la sixte, annonce-t-il un prochain embarquement pour l'île de Cythère, pour ce monde « fêtes galantes » qu'ont dépeint avec une infinie délicatesse Couperin et Watteau ?

8. Le Petit-Rien, « légèrement » à (3/8) : ce petit-rien est un rondeau à deux couplets. Deux voix se poursuivent et se répondent dans une écriture en duo rigoureuse. Le refrain et le premier couplet reprennent les mêmes moyens, et le contrepoint serré du second couplet n'est pas sans rappeler certains airs de J.-S. Bach.

15ᵉ Ordre

Le *Quinzième Ordre*, en *la*, compte huit pièces. Parmi elles, une pièce croisée *(Le Dodo, ou l'Amour au berceau)*, des portraits *(La Régente, ou la Minerve, La Princesse de Chabeüil)*, et deux charmantes musettes.

1. La Régente, ou la Minerve, « noblement, sans lenteur », (à quatre temps).

2. Le Dodo, ou l'Amour au berceau, pièce croisée, Rondeau, « sur le mouvement des berceuses » (à deux temps) : on retrouvera ici le charmant air populaire « dodo l'enfant dormira bientôt », — sur lequel Couperin bâtit son premier rondeau en *la* majeur. Le deuxième rondeau est écrit en *la* mineur.

3. L'Evaporée, « très légèrement » (à 2/4).

4. Musette de Choisi, « tendrement » (à 6/8) : trois parties notées composent cette pièce (un dessus, *sujet*, une partie intermédiaire, *contre-partie*, et une basse en *bourdon*). La première partie est en *la* majeur, la seconde partie en *la* mineur.

5. Musette de Taverni, « légèrement » (à 12/8) : Couperin respecte la même construction pour cette deuxième musette, à la fin de laquelle il note qu' « on peut toucher ces musetes les mains croisées, en repoussant un des claviers. Lorsqu'on joue le sujet seul, on se sert du bourdon pour basse obligée, mais ces musetes sont propres pour toutes sortes d'instrumens à l'unisson. Ordinairement ces deux musetes se jouent de suite ».

6. La Douce et Piquante, « d'une légèreté tendre » (à 6/8) : première partie en *la* majeur, seconde partie en *la* mineur.

7. Les Vergers fleuris, (à 6/8) : première partie, « galament et louré », en *la* mineur ; seconde partie, « dans le goût de cornemuse », en *la* majeur.

8. La Princesse de Chabeüil, ou la Muse de Monaco, « d'une légèreté modéré » (à 3/8) : la princesse de Chabeüil était la fille du prince de Monaco.

16ᵉ Ordre

Il y a sept pièces dans cet ordre en *sol*, composé des pièces des plus variées.

1. Les Grâces incomparables, ou La Conti, « majestueusement » (à quatre temps).

2. L'Himen-Amour (à 3/8) : première partie, « majestueusement », en *sol* mineur ; sa petite reprise se joue « si l'on veut ». Seconde partie « galament » en *sol* majeur.

3. LES VESTALES, RONDEAU, « tendrement, sans lenteur » (à 3/8) : première partie en *sol* mineur, seconde partie en *sol* majeur.
4. L'AIMABLE THÉRÈSE, « gracieusement » (à 6/8).
5. LA DRÔLE DE CORPS, « gaillardement » (à 12/8).
6. LA DISTRAITE, « tendrement, et très lié » (à 6/8).
7. LA LÉTIVILE (à 12/8) : c'est une pièce en trio, avec un sujet, une contre-partie et une basse.

17e Ordre

Cinq pièces seulement dans cet ordre en *mi*. Au centre, une courante semble relever du style du *Premier Livre* ; elle est entourée d'un portrait et de trois pièces de genre.
1. LA SUPERBE, OU LA FORQUERAY, « fièrement, sans lenteur » (à quatre temps) : Couperin rend hommage au grand violiste que fut Antoine Forcqueray dans une superbe pièce qui s'apparente au style de l'allemande. Un dessus à une ou deux voix progresse sur une basse continue régulière.
2. LES PETITS MOULINS À VENT, « très légèrement » (à 2/4) : voici un duo plein d'entrain et de virtuosité, où les gammes et les traits se poursuivent en un rythme effréné.
3. LES TIMBRES, RONDEAU (à 2/4) : le refrain et les deux premiers couplets « sonnent » comme des carillons. Le troisième couplet, coulé dans un moule différent, repose sur une écriture à quatre voix riche et complexe.
4. COURANTE (à 3/2) : avec l'*Allemande* du *18e Ordre,* cette pièce est la seule danse de recueil. Elle s'apparente aux courantes composées par Couperin pour son *Premier Livre*.
5. LES PETITES CHRÉMIÈRES DE BAGNOLET, « légèrement et coulé » (à 12/8) : c'est par cette charmante pièce, et sur un ton de badinage, que Couperin clôt cet ordre.

18e Ordre

Sept pièces sont réunies dans cet ordre en *fa*, qui s'ouvre par une allemande. Parmi ces pièces, deux des plus célèbres rondeaux de Couperin : *Sœur Monique* et *Le Tic-toc-choc*.
1. ALLEMANDE, LA VERNEUIL (à quatre temps) : cette superbe allemande en *fa* mineur repose sur un triple contrepoint. L'ornementation, très riche, y est recherchée. Couperin emploie notamment l'acciacatura, — qui ajoute à la complexité harmonique de cette danse.
2. LA VERNEÜILÈTE, « lentement, et agréablement » (à 6/8) : c'est par cette page spirituelle et joyeuse que Couperin répond à l'allemande sévère d'ouverture.
3. SŒUR MONIQUE, « tendrement, sans lenteur » (à 6/8) : avec ses trois couplets et sa reprise, ce charmant rondeau en *fa* majeur figure parmi les pièces les plus célèbres de Couperin. Le troisième couplet se détache de l'ensemble par le dessin animé des doubles croches de la basse, qui se prolonge dans la reprise.
4. LE TURBULENT, « très vite » (à 2/4) : c'est une pièce de virtuosité que ce duo turbulent et animé. L'exécution en est difficile.
5. L'ATTENDRISSANTE, « douloureusement » (à trois temps) : cette pièce se joue dans le grave du clavier. Les deux portées d'ailleurs notées en clef de *fa*. L'ornementation raffinée et délicate, les valeurs pointées, les dissonances contribuent au caractère « douloureux » de cette page.
6. LE TIC-TOC-CHOC, OU LES MAILLOTINS, RONDEAU, « légèrement et marqué » (à deux temps : voici de nouveau une pièce croisée brillante, pleine de difficultés techniques inattendues. Le rondeau et ses trois couplets s'appuient sur des batteries de doubles croches à la main droite et sur le chant régulier, mais toujours en mouvement, des croches de la main gauche.
7. LE GAILLARD-BOITEUX, « dans le goût burlesque » (à 2/6) : c'est par un portrait satirique et grotesque que Couperin termine cet ordre varié. Le rythme complexe de cette page doit être assimilé à un 6/8.

19e Ordre

Dans cet ordre en *ré* qui regroupe sept pièces, Couperin passe de la gaieté au burlesque, de la légèreté à la tendresse. Au centre, il intercale une pièce au sous-titre énigmatique, *Les Culbutes Ixcxbxnxs*. Ces culbutes « jacobines » montrent avec quel art le Couperin qui ridiculisa la Ménestrandise savait manier la dérision. On notera enfin que le thème de *L'artiste* est très précisément le thème de la *Courante* de la *Suite en mi majeur* du premier livre de *Suites de clavecin* de Haendel.

1. LES CALOTINS ET LES CALOTINES, OU LA PIÈCE À TRETOUS, Rondeau, « gayement » (à 2/4).
2. LES CALOTINES, « très légèrement » (à 2/4) : première partie en *ré* majeur, seconde partie en *ré* mineur.
3. L'INGÉNÜE, RONDEAU ; première partie, « naïvement » (à 2/4), en *ré* majeur ; seconde partie, « tendrement » (à 2/4), en *ré* mineur.
4. L'ARTISTE, « modérément » (à 6/8).
5. LES CULBUTES IXCXBXNXS, « légèrement et marqué » (à 6/8).
6. LA MUSE-PLANTINE, RONDEAU (à 6/8).
7. L'ENJOUÉE : première partie, « très gayement » (à 6/8), en *ré* majeur ; seconde partie, « un peu plus tendrement » (à 6/8), en *ré* mineur.

Quatrième Livre

Le *Quatrième Livre* parut en 1730, trois ans avant la mort de Couperin. Il était achevé depuis plusieurs années, mais Couperin avoue dans sa courte préface que sa mauvaise santé l'a empêché de travailler. Il s'agit là de l'œuvre d'un homme mélancolique, qui se sent usé et fatigué. Ce recueil réunit huit ordres. Le rondeau, qui prévalait largement dans les deux livres précédents, disparaît presque. En réalité, dans ce livre, Couperin réalise une sorte de fusion entre le rondeau et la pièce binaire.

20e Ordre

Cet ordre comprend huit pièces, certaines en deux ou trois parties, regroupées autour du ton de *sol*.

1. LA PRINCESSE MARIE : le *20e Ordre* s'ouvre par une pièce en trois parties, hommage à la reine Marie Leszczinska.
a. « Gracieusement, sans lenteur » (à deux temps) : cette *première partie*, à reprise, repose sur un thème (ascendant) et une basse (descendante) très sobres, qui progressent du début à la fin par mouvement contraire.
b. *Seconde partie* (à deux temps) : Couperin reprend en mineur l'idée de la première partie, mais inversée. Si les deux (ou trois) voix s'affrontent toujours par mouvement contraire, le motif descendant du thème s'oppose à la régularité ascendante d'une basse à l'italienne.
c. *Air dans le goût Polonois, troisième partie* de la pièce précédente, « vivement : les notes égales, et marquées » (à 3/4) : cet hommage à la reine se termine par un air polonais. Un motif d'allure populaire (ou folklorique) trouve son accent sur l'accord qui ponctue le premier temps de chaque mesure. Cette accentuation rythmique est encore soulignée dans la reprise par le tremblement ouvert placé sur le temps faible.

2. LA BOUFONNE, « gaillardement » (à 6/8) : c'est sur un rythme de gigue que danse la bouffonne de Couperin. La reprise offre la particularité de s'élargir dès la dixième mesure en une série d'accords de septièmes descendants, liés et coulés, dont l'effet est saisissant.

3. LES CHÉRUBINS OU L'AIMABLE LAZURE, « légèrement » (à 2/4) : voici une pièce en deux parties, avec reprises (et petite reprise pour la première partie) : *sol* majeur succède à *sol* mineur. Un motif, qui évolue de trois notes liées en trois notes liées, se répète d'une main à l'autre dans la première partie. Dans la seconde partie, c'est un motif de quatre notes qui déroule ses doubles croches, engendrant guirlandes, marches et répétitions, — le tout coupé de cadences parfaites et ponctué dans les dernières mesures par une grande gamme descendante de *sol* à l'octave.

4. LA CROÜILLI, OU LA COUPERINÈTE : n'est-ce pas là le portrait d'une des filles de Couperin ? La plus jeune sans doute, Marguerite-Antoinette, née en 1705.
a. *Première partie,* « délicatement, sans vitesse » (à 3/8) : c'est par une pièce binaire à reprise que s'ouvre ce portrait. Un thème quelque peu mélancolique, mais charmant dans sa simplicité, se meut en *sol* mineur sur un dessin régulier de six doubles croches, coulées de deux en deux.
b. *Seconde partie* de la pièce précédente, dans le *Goût de Musète*, « naïvement » (à 3/8) : trois voix dans cette pièce : au soprano, un thème qui reprend en *sol* majeur les éléments du thème de la pièce précédente ; au centre, une « contrepartie, pour la Viole si l'on veut » qui reprend à son tour (en clef d'*ut*) les éléments de la basse de la pièce précédente ; enfin, à la basse, un « bourdon continu » qui accompagnera l'ensemble sur les notes *sol-ré*.

5. LA FINE MADELON, « affectueusement » (à 3/8) : c'est avec un raffinement extrême que Couperin esquisse ce portrait. Il manie l'art de l'ornementation avec la plus grande subtilité : ports de voix, coulés, accords arpégés, — autant de moyens qui s'accompagnent dans la reprise d'une nouvelle figure aux doubles croches hésitantes.

6. LA DOUCE JANNETON, « plus voluptueusement » (à 3/8) : la voluptueuse Janneton succède à l'affectueuse Madelon. Elle ébauche, en mineur, la même idée thématique, qui reviendra comme un écho dans les mesures qui précèdent la petite reprise. On remarquera le contrepoint serré de la reprise et cet accord de septième qui se répercute de la main droite à la main gauche, de deux mesures en deux mesures.

7. LA SEZILE, PIÈCE CROISÉE SUR LE GRAND CLAVIER, « gracieusement » (à 3/8) : voici encore un portrait, peut-être celui de l'épouse de Nicolas Sézile, trésorier des offrandes et aumônes du roi. C'est aussi l'une de ces pièces croisées écrites dans le grave du clavier que Couperin affectionnait tant. C'est enfin une pièce binaire à reprise, avec petite reprise. Les deux mains se suivent, se chevauchent et se croisent, le plus souvent à un intervalle de tierce.

8. LES TAMBOURINS, « très légèrement », notes égales (à 3/4) : deux airs se suivent : le premier, en *sol* majeur ; le second, en *sol* mineur, traité en rondeau. « On joue ces deux airs alternativement, et tant qu'on veut ; mais on doit toujours finir par le premier », précise Couperin.

21e Ordre

Il y a cinq pièces dans cet ordre tendre en *mi*, — toutes pièces binaires à reprise. L'écriture contrapuntique et harmonique de Couperin y est extrêmement riche. Presque partout il utilise une écriture à trois voix très raffinée.

1. LA REINE DES CŒURS, « lentement, et très tendrement » (à 3/8) : c'est par une pièce expressive que s'ouvre cet ordre. La tendre mélodie à trois voix de la courte première partie s'affirme en un jeu polyphonique subtil et délicat.

2. LA BONDISSANTE, « gayement » (à 6/8) : seule page vive de cet ordre. Couperin emploie une écriture contrapuntique à deux et trois voix.

3. LA COUPERIN, « d'une vivacité modéré » (à quatre temps) : Couperin a-t-il voulu peindre son autoportrait dans cette superbe pièce ? Conçue dans le style de l'allemande, elle s'impose — selon Norbert Dufourcq — « sur cinq ou six motifs qui s'engendrent mutuellement et assurent à l'ensemble une diversité en même temps qu'une rigueur résumant tout l'effort, toute la vitalité du compositeur ». Le travail contrapuntique de la reprise est de toute beauté.

4. LA HARPÉE, « Pièce dans le goût de la harpe » (à 3/8) : un motif principal s'impose dans cette pièce, et se répercute de voix en voix par un jeu de réponses et d'écho entre les différentes parties.

5. LA PETITE PINCE-SANS-RIRE, « affectueusement, sans lenteur » (à 3/8) : c'est autour de gammes descendantes et d'effets de syncopes que Couperin bâtit cette pièce « affectueuse », mais pleine d'humour.

22e Ordre

Dans cet ordre en *ré* et en sept pièces, Couperin revient à la forme de la danse : il écrit une allemande et deux menuets. L'ensemble est alerte et vif.

1. LE TROPHÉE (à 2/4).

2. PREMIER AIR POUR LA SUITE DU TROPHÉE (à trois temps), en *ré* majeur. Cet air est suivi d'un *Second air*, en *ré* mineur.

3. LE POINT DU JOUR, ALLEMANDE, « d'une légèreté modéré » (à 2/4).

4. L'ANGUILLE, « légèrement » (à 2/4).

5. LE CROC-EN-JAMBE, « gayement » (à 6/8).

6. MENUETS CROISÉS (à 3/8) : ces menuets sont accompagnés d'une des rares indications de registration laissées par Couperin. La main droite doit se jouer sur le grand clavier (ou clavier inférieur) et la main gauche sur le second clavier.

7. LES TOURS DE PASSE-PASSE (à 6/8) : pièce extraordinaire basée sur une écriture en syncopes, avec des croisements de mains qui imposent une grande dextérité technique.

23e Ordre

Cet ordre, en *fa*, débute par une pièce majestueuse écrite dans le style de l'allemande, *L'Audacieuse*. Elle est suivie de quatre pièces dans le genre léger, tendre et burlesque. Avec *Les Gondoles de Délos*, Couperin revient de la forme du rondeau, mais inaugure une forme complexe où plusieurs rondeaux sont enchâssés les uns dans les autres.

1. L'AUDACIEUSE (à quatre temps).

2. LES TRICOTEUSES, « très légèrement » (à deux temps).

3. L'ARLEQUINE, « grotesquement » (à 3/8).

4. LES GONDOLES DE DÉLOS : première partie servant de rondeau, « badinage-tendre » (à 3/8), en *fa* majeur ; deuxième partie (à 3/8), en *ré* mineur ; troisième partie en rondeau séparé (à 3/8), en *fa* mineur.

5. LES SATIRES, CHÈVRE-PIEDS : première partie, « gravement ferme, et pointé » (à 6/4) ; seconde partie qu'on joue de suite, « vivement, et dans un goût burlesque » (à deux temps).

24e Ordre

Il y a beaucoup de variété dans les huit pièces de cet ordre en *la*. Couperin se tourne de nouveau vers la danse, avec une sarabande grave et un mouvement de passacaille. Quelques-unes de ces pièces sont en plusieurs tableaux, — alors qu'une seule reprend la forme du rondeau.

1. LES VIEUX SEIGNEURS, SARABANDE GRAVE, « noblement » (à trois temps).

2. LES JEUNES SEIGNEURS, CY-DEVANT LES PETITS MAÎTRES, « légèrement » (à 2/4), en *la* mineur ; deuxième partie (2/4 également), en *la* majeur.

3. LES DARS-HOMICIDES, RONDEAU, « gayement et coulé » (à 6/8).

4. LES GUIRLANDES : première partie, « amoureusement, sans langueur » (à 2/4), en *la* majeur ; deuxième partie qu'on doit toucher de suite, « coulament » (à 2/4), en *la* mineur.

5. LES BRINBORIONS : première partie, « gayement » (à 6/8), en *la* majeur ; deuxième partie, « mineure » (à 6/8), en *la* mineur ; troisième partie (à 6/8), en *la* mineur ; quatrième partie (à 6/8), en *la* majeur.

6. LA DIVINE-BABICHE, OU LES AMOURS BADINS, « voluptueusement, sans langueur » (à 3/8).

7. LA BELLE JAVOTTE, « tendrement » (à deux temps).

8. L'AMPHIBIE, MOUVEMENT DE PASSACAILLE, « noblement », « gayement », « modérément », « vivement », « affectueusement », « marqué », « plus marqué », « noblement » (à trois temps).

25e Ordre

Une seule pièce rapide dans cet ordre en *ut*, qui réunit cinq pièces. Après sa préface, Couperin a tenu à laisser dans un *Avis sur ce Livre* diverses indications : « Mon premier dessein, en commençant l'ordre 25e de ce Livre, était qu'il fut en *ut* mineur et majeur ; mais après la première pièce en *ut* mineur, il me vint dans l'idée d'en faire une en *mi* bémol naturel (et cela pour raison). La première pièce et la troisième s'étant toutes deux trouvées égarées, on a donné cet ordre comme on a pû... » Couperin a donc perdu deux pièces, et intercale une pièce en *mi* bémol par laquelle s'ouvre cet ordre dans sa présentation actuelle. Celle-ci, *La Visionnaire*, est une véritable ouverture française, avec une première partie majestueuse et une reprise rapide en duo.

1. LA VISIONNAIRE, « gravement et marqué » (à deux temps) ; reprise, « visite » » ;

2. LA MISTÉRIEUSE, « modérément » (à quatre temps).

3. LA MONFLAMBERT, « tendrement, sans lenteur » (à 6/8).

4. LA MUSE VICTORIEUSE, « audacieusement » (à 3/8).

5. LES OMBRES ERRANTES, « languissamment » (à deux temps).

26e Ordre

Cet avant-dernier ordre, en *fa* dièse, contient encore, au centre de ses cinq pièces, une danse et un rondeau, — le dernier écrit par Couperin.

1. LA CONVALESCENTE (à quatre temps).

2. GAVOTE (à deux temps).

3. LA SOPHIE (à 6/8).

4. L'ÉPINEUSE, RONDEAU (à deux temps).

5. LA PANTOMIME, « gayement et marqué, et d'une grande précision » (à 2/4).

27e Ordre

Ce *27e Ordre* est le dernier composé par Couperin. C'est aussi l'un des plus courts : quatre pièces réunies sous la tonalité de *si* mineur.

1. L'EXQUISE, ALLEMANDE (à quatre temps) : dans cette ultime allemande, Couperin utilise un contrepoint à trois voix que ne renierait pas J.-S. Bach ; mais avec cette fantaisie provenant de ces quelques passages luthés, de ces notes pointées qui s'affirment dans la reprise sur un dessin de doubles croches régulières, de cet emploi subtil du chromatisme. Si l'écriture est riche, règne cependant dans cette pièce une extraordinaire fluidité.

2. LES PAVOTS, « nonchallamment » (à deux temps) : tout est finesse et clarté dans cette page délicate. Sur la basse continue se déploie une ligne mélodique ornementée avec souplesse : pincés, ports de voix, tremblements, aspirations s'y mêlent. On retiendra l'effet particulier des tierces arpégées que Couperin emploie dans les deux parties de cette pièce.

3. LES CHINOIS : Couperin sacrifie à la mode de l'exotisme, et les Chinois lui inspirent un véritable ballet en trois parties. La première partie, « lentement » (à 6/4), est une gigue à la française au rythme très marqué. Sa reprise de quatre mesures s'enchaîne à un « viste » (à 2/4) très chorégraphique. L'ensemble s'achève sur un récitatif « lentement » à trois temps.

4. SAILLIE, « vivement » (à 2/4) : c'est en *si* mineur, par une pièce pleine de gaieté, que Couperin achève son œuvre de clavecin. Un thème alerte et espiègle entre en imitation, et se poursuit en un contrepoint à trois voix digne de J.-S. Bach ; avec, dans la reprise, un jeu d'échos et d'imitations.

A.d.P.

LOUIS COUPERIN

Né à Chaumes-en-Brie, vers 1626 ; mort à Paris, le 29 août 1661. Claveciniste, organiste et violiste, oncle de François Couperin, il se place à l'origine de la dynastie des Couperin qui s'éteindra au milieu du XIXe siècle. Découvert par Chambonnières — fondateur de l'école française de clavecin —, il reste l'un des plus grands compositeurs de musique de clavecin du XVIIe siècle. Patronné par Chambonnières, il s'installa à Paris vers 1650. Premier membre de sa famille à occuper le poste d'organiste à Saint-Gervais, violiste à la cour, participant comme tel à plusieurs ballets de cour qui lui auraient permis de connaître Lully, Louis Couperin laisse plus de cent trente pièces de clavecin, environ soixante-dix œuvres pour orgue, et quelques symphonies et fantaisies pour la viole. Une vingtaine d'années après la mort de ce jeune musicien trop tôt disparu, l'abbé Le Gallois écrivait qu'il avait « excellé par la composition, c'est-à-dire par ses doctes recherches. Et cette manière de jouer a esté estimée par les personnes sçavantes, à cause qu'elle est pleine d'accords et enrichie de belles dissonances, de dessein et d'imitation. »

L'œuvre de clavecin

L'œuvre de clavecin de Louis Couperin n'est pas aussi importante en quantité que celle de son neveu François. Rappelons ici qu'il mourut trop jeune — il avait à peine trente-cinq ans — pour avoir pu travailler à la publication de ses pièces, et, à la différence de l'œuvre de son neveu, sa musique ne fut pas éditée de son vivant. Elle circula sous forme de manuscrits, et c'est sous cette forme qu'elle est parvenue jusqu'à nous. Cette œuvre est en grande partie rassemblée dans deux célèbres manuscrits, sans doute copiés peu après la mort de Louis Couperin, — le « manuscrit Parville » et le « manuscrit Bauyn », conservés respectivement à l'Université de Californie-Berkeley et à la Bibliothèque nationale de Paris. C'est à partir de ces sources qu'ont été réalisées les éditions modernes de l'œuvre de clavecin de Louis Couperin.

Une question se pose alors, qui concerne autant l'éditeur que l'interprète : Louis Couperin organisait-il ses pièces en suites ? Il est difficile de répondre avec certitude, et l'examen des manuscrits ainsi que l'analyse de leurs différences ne résolvent pas ce problème. L'organisation du manuscrit Parville en groupes de pièces du même ton semble aussi arbitraire que celle du manuscrit Bauyn, qui réunit les pièces par genres et par tonalités. En réalité, ces organisations, ou, si l'on veut, ce manque d'organisation permettent au claveciniste d'agencer et d'exécuter ces « suites » selon son propre goût.

Allemande, courantes et sarabandes, parfois sous-titrées *(Allemande L'Amiable, Courante dite La Mignonne, Allemande La Précieuse, Allemande de la Paix)*, forment la majeure partie de cette œuvre.

Les **Allemandes** de Louis Couperin sont surtout des pièces majestueuses essentiellement polyphoniques et conçues dans un style qui, parfois, rappelle celui de l'orgue, avec des passages à trois et quatre voix, et des épisodes en imitations extrêmement riches :

Les **Courantes** sont généralement des courantes graves, le plus souvent à trois parties. Certaines utilisent une écriture polyphonique très dense, — telle cette *Courante en ré mineur* (qui porte le n° 48 de l'édition réalisée par Alan Curtis pour la collection « Le Pupitre »). Quelques-unes échappent à ces règles et présentent une ligne plus souple, — comme la *Courante en ut majeur* (n° 24 de la même édition) qui n'est autre qu'une pièce croisée où divers épisodes se répondent d'une main à l'autre.

Le tempo des **Sarabandes** est relativement rapide, avec presque toujours un temps fort par mesure. Certaines sont très influencées par le style du luth (*Sarabande en ré majeur, n° 42* de la collection « Le Pupitre ») ; d'autres font appel à une écriture contrapuntique et harmonique très travaillée (*Sarabande en ré mineur, n° 49* de la même collection).

Louis Couperin s'attarde encore à d'autres mouvements de danses : il compose des gaillardes lentes et majestueuses, un branle de basque alerte et léger, un joyeux rigaudon suivi de son double, des gigues nobles et de vives canaries, une courte volte en *ré* mineur, de solides gavottes et une étonnante *Pavane en fa dièse mineur* (tonalité rare alors) — pièce en trois parties qui reste l'une de ses plus nobles compositions :

Louis Couperin écrit encore une *Piémontaise* dans le caractère d'une danse en *la* mineur à deux temps marqués, une courte *Pastourelle* (en *ré* mineur), et une pièce en *ré* mineur qu'il nomme *Pièce de trois sortes de mouvements* où se succèdent effectivement trois parties bien définies dans leur rythme et leur tempo particuliers. Ailleurs, il reprend des pièces de ses contemporains, comme cette allemande de Chambonnières,

Le Moutier, ou cette *Gavotte de Mr. Hardel* qu'il fait suivre d'un double, c'est-à-dire de variations : Guillaume Hardel, mort en 1679, fut lui aussi l'un des meilleurs disciples de Chambonnières dont, au dire de Le Gallois, « il possédait tout à fait le génie ». D'un autre côté, la superbe *Allemande en sol majeur* (n° 86 de la collection « Le Pupitre ») est accompagnée d'un non moins superbe double dû à la plume d'Anglebert.

A l'instar des luthistes qui prisaient fort le genre du « tombeau », Louis Couperin compose un *Tombeau de Mr. de Blancrocher*, en hommage au luthiste Charles de Blancrocher qui se tua vers 1652 en faisant une chute dans un escalier. Froberger, qui assista à la scène, écrivit aussi un *Tombeau de Blancrocher*. Véritable petit tableau de l'accident et des funérailles du luthiste, la pièce de Couperin, en *fa* majeur, se divise en trois parties. Elle débute par une exposition solennelle quasi improvisée, écrite dans le style de la pavane, puis débouche sur une seconde partie « plus vite » qui fait appel à une écriture luthée caractéristique, avec ses arpègements d'accords qui — semble-t-il — évoquent la chute funeste :

Le retour obstinée de quatre notes dans la troisième partie paraît suggérer le glas des funérailles.

Les pièces les plus remarquables de Louis Couperin sont sans aucun doute ses **Passacailles** et **Chaconnes**, et ses préludes non mesurés. Il laisse une douzaine de passacailles et de chaconnes. A l'une de ses chaconnes, il donne le sous-titre *La Bergeronnette*. La plupart sont de stricts rondeaux à la française, avec un refrain — ou « grand couplet » — immuable du début à la fin. Les chaconnes ressemblent à des danses majestueuses ; leur refrain progresse inexorablement sur les quatre mesures de la basse, et s'oppose aux couplets plus animés. Dans la *Passacaille en ut majeur* (n° 26 de la collection « Le Pupitre »), le refrain et les couplets reposent sur un ostinato régulier de quatre notes descendantes (*do, si, la, si* bémol). Il n'y a ni refrain, ni couplet dans la *Passacaille en sol mineur* (n° 98 de la même collection), mais plutôt une série de variations qui passent du mode mineur au mode majeur.

Comme le souligne Alan Curtis, les **Préludes non mesurés** représentent « l'un des exemples les plus séduisants d'improvisation contrôlée que l'on trouve dans toute l'histoire de la musique... » Les préludes non mesurés de Louis Couperin sont issus des préludes des luthistes, par lesquels ces instrumentistes travaillaient l'accord toujours délicat de leur instrument. Ces préludes ne sont que partiellement écrits : il n'y a aucune indication rythmique, car l'ensemble est noté en rondes. Seule est précisée la hauteur de chaque note, dans le grave et dans l'aigu. L'interprète a donc toute liberté d'improvisation rythmique et mélodique à partir du canevas donné par Louis Couperin. Il doit cependant respecter le système de liaisons mis au point par Couperin, — système finalement complexe. Ce procédé, emprunté aux luthistes, fait apparaître que l'organisation des préludes non mesurés n'est pas aussi imprécise qu'on pourrait le croire au premier abord. Ces liaisons indiquent la durée approximative de certaines notes, ou donnent une idée du legato et de l'élan que Louis Couperin entendait donner à la phrase musicale :

Trois de ces préludes *(Prélude à l'imitation de Mr. Froberger, Préludes en* ré *mineur et en* sol *mineur)* sont conçus en trois parties : deux parties non mesurées entourent une partie centrale avec « changement de mouvement » écrite dans le style d'une gigue pour orgue.

A.d.P.

HENRY COWELL

Né à Menlo Park (Californie), le 11 mars 1897; mort à Shady (New York), le 10 décembre 1965. Henry Dixon Cowell est considéré comme l'inventeur des techniques du piano les plus avant-gardistes, — dont certaines inspirèrent le « piano préparé » de son compatriote et cadet John Cage (v. ce nom). Violoniste, puis pianiste, il composa dès l'âge de onze ans, et provoqua le scandale en 1912 lorsqu'il exécuta publiquement sa pièce pour piano intitulée The Tides of Manaunaun, *qui faisait usage de « clusters ». Il ne s'en tint pas là et, peu à peu, codifia ses « découvertes », exposées dans un livre publié en 1919,* New Musical Resources. *Plusieurs séjours en Europe entre 1923 et 1933 le lièrent d'amitié avec Berg et Bartok ; il étudia un temps avec Schönberg, à Berlin. En 1931 paraissait une œuvre pour orchestre,* Synchrony, *dans laquelle était utilisé un instrument électrique appelé « rythmicon » conçu en collaboration avec l'ingénieur Leon Theremin. Cowell se tourna d'autre part vers les musiques asiatiques — Inde, Japon, entre autres — dont il exploita avec réussite les échelles (tiers et quarts de ton japonais dans sa pièce* Ongaku, *par exemple), les rythmes et les tournures mélodiques ; il ne négligea pas davantage la culture musicale américaine, les ballades de son folklore, ses anciens hymnes et airs fugués. Il fut enfin un pédagogue (parmi ses élèves, Gershwin et Cage) et un ardent défenseur de musiciens contemporains — Ives, Ruggles, Thomson, et, aussi bien, Schönberg et Webern. Une vingtaine de symphonies, des concertos, de la musique de chambre et vocale constituent sa production relativement abondante, — qui comporte également de nombreuses pièces pour piano dont nous présentons ci-après le survol.*

L'œuvre de piano

Avec Charles Ives (v. ce nom : *Concord Sonata*), Cowell est considéré comme le promoteur de l'emploi des clusters (ou « tone-clusters ») au piano : en 1912, il expérimentait cette technique des « notes agglomérées » dans une œuvre intitulée **The Tides of Manaunaun**. Ces notes étaient produites en frappant le clavier de tout l'avant-bras ou avec la paume de la main ouverte (occasionnellement le coude ou le poing) dans une ou diverses régions de l'étendue des touches. Le résultat ? L'émission de grappes sonores plus ou moins compactes, et entendues différemment des accords traditionnels, — dont Cowell précisa qu'elles devaient être traitées comme s'il s'agissait d'une seule note. On notera d'ailleurs que de tels agrégats furent utilisés, mais de façon beaucoup plus limitée (et pour des effets sensiblement autres que ceux recherchés par Cowell), par des compositeur tels que Debussy, Ravel ou Scriabine. Le musicien américain en vint — comme on l'a dit en introduction — à codifier ses expérimentations, et à distinguer de « petits » clusters (quelques notes seulement, trois au minimum), de « grands » clusters (beaucoup de notes, et formés de plusieurs grappes sonores), des clusters « fixes » et « mobiles », enfin des clusters « en harmoniques » (obtenus par léger appui sur les touches supérieures du piano, tout en attaquant des clusters partiels ou entiers dans le registre grave). Ces différents procédés de production du son ne seraient pas sans influencer de façon déterminante une partie de la musique moderne (glissandos, superpositions, etc, de clusters), — au piano, dans le quatuor, et même à l'orchestre.

The Tides of Manaunaun, dont le style et le matériau thématique restaient d'esprit néo-romantique, provoqua néanmoins la stupeur. Ce n'était toutefois qu'un essai : en fait, Cowell radicalisa sa technique dans *Advertisement*, qui parut deux ans plus tard. C'est de 1914, également, que peut être daté **Fabric**, — pièce pour piano révélant les préoccupations du musicien quant aux problèmes de rythme : persuadé que la complexité des coordinations rythmiques qu'il envisageait ne pourrait qu'excéder les capacités humaines, Cowell se ferait l'inventeur du « rythmicon », instrument à clavier-percussion d'une audacieuse conception combinatoire, utilisé bientôt en collaboration avec l'orchestre.

Autre application intéressante d'une « découverte » de ce grand précurseur : l'utilisation des cordes du piano attaquées directement avec les doigts (par frappe, par effleurement, par pincement) sans l'intermédiaire du clavier, — selon une technique plus ou moins violonistique : un tel procédé annonçait directement le « piano préparé » de John Cage. *Aeolian Harp* (1923) inaugura toute une série de pièces, — dont se retiennent *Tiger*, *The Banshee* (1925), et **Sinister Resonance** (1930). Ce dernier morceau représente plus particulièrement une expérience sur les harmoniques du piano.

Indiquons, pour conclure, que Cowell écrivit également pour l'instrument sans recours aux différentes techniques énumérées précédemment, — réhabilitant notamment le vieux fonds musical américain avec une réelle fantaisie poétique.

F.R.T.

JOHANN BAPTIST CRAMER

Né à Mannheim, le 24 février 1771 ; mort à Londres, le 16 avril 1858. Allemand, mais installé à Londres dès l'âge de trois ans avec sa famille, la plus grande partie de sa carrière se déroula en Angleterre. Élève de Clementi pour le piano et d'Abel pour la composition, il fut successivement pianiste, compositeur et éditeur de musique. Excellent virtuose, Cramer effectua plusieurs tournées sur le continent : entre 1788 et 1791 il voyagea en France et en Allemagne, en 1799 et 1800 il séjourna en Suisse, en Autriche, et de nouveau en Allemagne où il rencontra Beethoven (qui le tenait en haute estime), puis entre 1816 et 1845 il parcourut l'Europe à plusieurs reprises. En 1805, il fonda à Londres une maison d'édition qui devint très florissante. Cramer laisse une œuvre gigantesque qui contribua pour une large part à la formulation d'un style pianistique ; mais ce sont ses compositions pédagogiques, que Chopin faisait travailler à ses élèves et qui ont longtemps servi de modèles à plusieurs générations de pianistes, qui ont assuré sa célébrité.

L'œuvre de piano

Si l'on en croit ses contemporains, le jeu de Cramer était très brillant, mais son interprétation se caractérisait avant tout par une manière très personnelle de faire chanter le piano, grâce à un legato expressif extraordinaire et à un toucher d'une égalité parfaite.

Cramer composa neuf concertos pour piano, des pièces de musique de chambre avec piano, près de cent vingt-cinq sonates pour piano, et un nombre impressionnant de pièces diverses pour son instrument (caprices, variations, divertissements, rondos, toccatas, fantaisies, duos, valses, etc.). Certaines sont joliment sous-titrées, — comme ces divertissements publiés à Paris dans les années 1810-1817 : *L'Ambigu, les Bords du Danube, l'Étrenne, les Menus Plaisirs, la Moisson, le Retour du printemps,* etc.

L'ensemble de l'œuvre pour piano de Cramer s'avère malheureusement de valeur inégale — l'abondance a parfois nui à la qualité —, bien que nombre de ses **Sonates** présentent un intérêt réel. Au cours de ses voyages sur le continent, Cramer assimila le langage de ses contemporains : il fut notamment l'ami de Haydn (auquel il a dédié en 1799 *Trois Sonates... op. 22*), et de Dussek (dédicataire des *Trois Grandes Sonates op. 29,* publiées à Paris en 1803).

Les **Trois Sonates... op. 7,** datées de 1792 et dédiées à Clementi, se ressentent de l'influence de ce dernier : les phrases sont chantantes, l'ornementation est sobre, l'harmonie raffinée, même si le style paraît moins dramatique que celui de Clementi.

Certaines sonates sont d'inspiration classique : on y retrouve la grâce et l'élégance de Mozart ; d'autres — surtout celles portant des sous-titres, écrites après 1810 — sont plus sérieuses, avec des intonations romantiques. Ce sont, par exemple, *les Suivantes, trois Sonates pour piano op. 57, 58* et *59,* parues à Paris en 1817, *le Retour à Londres, Sonate... op. 62,* publiée à Paris en 1818, ou la sonate dite *Mens pondere ludit,* éditée à Paris en 1820.

Longtemps considérées comme l'une des meilleures bases de la technique pianistique, les **Études** pour piano de Cramer sont encore travaillées de nos jours. Les quatre-vingt-quatre *Études* (en deux suites de quarante-deux, écrites en 1804 et 1809) sont, selon Cramer, « calculées pour faciliter les progrès de ceux qui se proposent d'étudier » à fond le piano. Chacune est axée sur un problème technique ou mécanique particulier. Elles furent suivies par des *Instructions pour le piano-forte* (1812), par un recueil *Dulce et utile op. 55* (1816), par seize *Études op. 81* (parues à Paris vers 1835), par douzes nouvelles *Études en forme de nocturnes op. 96* (vers 1842), par cent *Études progressives* (1847). Le recueil de six morceaux intitulé **Dulce et utile** fut dédié à la pianiste Hélène de Montgeroult, et édité à Paris en 1816. Il contient d'intéressantes petites pièces, ingénieuses et riches, dont les phrases musicales, dégagées de toute emphase, sont pleines de ces formules habiles qui permettent le travail de l'indépendance des doigts.

A. d. P.

CÉSAR CUI

Né le 6 janvier 1835, à Vilnus ; mort le 26 mars 1918, à Petrograd. Il était fils d'un Français (un déserteur de la Grande Armée de Napoléon) et d'une Lithuanienne. En 1850, il prit des leçons d'harmonie et de composition avec Moniuszko. Il ne se destinait pas encore, à cette époque, à une carrière musicale, et fit ses études à l'Académie militaire de Saint-Pétersbourg, — devenant ingénieur en fortifications. Cependant, la rencontre avec Balakirev fut décisive pour son orientation musicale, et en 1857 il fut le premier, avec Moussorgski, à se joindre à lui pour former le futur Groupe des Cinq. D'autre part, à partir de 1864 il se consacra activement à la critique musicale (dans les Nouvelles de Saint-Pétersbourg, *la* Voix, *le* Citoyen, *les* Nouvelles *et le Journal de la Bourse). Ses articles sont restés célèbres par leur causticité, leurs partis pris et leurs ratages : bien que défendant, en principe, les idéaux nationalistes de son cénacle, il n'en donna pas moins un compte rendu négatif de la création de* Boris Godounov *! Il écrivit également dans la presse française, — publiant notamment dans le* Ménestrel *une série d'articles sur la musique en Russie (rassemblés en un livre en 1892). Le moins Russe et le compositeur le moins important du Groupe des Cinq, il ne fut cependant pas dépourvu* *d'un certain talent de dramaturge musical, et c'est dans ses opéras qu'il a donné le meilleur de lui-même (le* Prisonnier du Caucase, 1858-1882 ; William Ratcliffe, 1868 ; Angelo, 1875 ; *la* Fille du Capitaine, 1915*).*

L'œuvre de piano

Moins à son aise dans la musique instrumentale, César Cui a laissé pour piano un nombre considérable de miniatures diverses, influencées par Schumann et par Chopin dans la plupart des cas (*Valses, Impromptus, Polonaises, Bluettes, Mazurkas* et autres pièces, parfois regroupées en cycles). L'ensemble est d'un intérêt très secondaire, se maintenant dans un genre bon teint de salon ; mais certaines pièces, annonçant parfois celles de Liadov, ne sont pourtant pas totalement oubliées. Parmi les meilleures, il faut citer les douze *Miniatures op. 12,* les six *Miniatures op. 39,* la *Suite op. 21* dédiée à Liszt, qui est une des œuvres les plus virtuoses, et les neuf *Pièces op. 40,* qui furent écrites au cours du séjour au château de la comtesse de Mercy-Argenteau, et dédiées à cette fervente propagandiste de la musique russe (également biographe de Cui).

A.L.

CARL CZERNY

Né à Vienne, le 21 février 1791 ; mort à Vienne, le 15 juillet 1857. Il eut le double privilège d'être l'élève de Beethoven et le professeur de Liszt. Né dans une famille de musiciens, il manifesta des dons étonnamment précoces pour le piano et débuta avec son père, qui l'initia très tôt aux œuvres de Bach, de Mozart et de Clementi. Il devint l'élève de Beethoven, auquel il voua toujours une immense admiration. Czerny connaissait de mémoire toute la musique de son maître, qu'il jouait régulièrement au concert. Ce grand virtuose qui, dès 1800, entreprit une brillante carrière de concertiste et qui fut considéré par ses contemporains comme l'un des plus grands pianistes viennois, perdit cependant peu à peu le goût des concerts publics. Dans la deuxième partie de sa vie, il préféra mener une existence retirée, se consacrant à ses amis — Clementi, Hummel, ou Beethoven — et à ses élèves. Parmi ceux-ci, le plus en vue fut Liszt, qui commença à travailler avec lui en 1820 — il avait alors neuf ans —, et qui, en reconnaissance, lui dédia plus tard ses Études d'exécution transcendante. *Aucun compositeur n'a écrit une telle somme de musique : plus de huit cents numéros d'opus, et plus d'un millier d'œuvres de tous les genres. La célébrité lui vient aujourd'hui de ses ouvrages théoriques et de ses études pour piano, qui restent au répertoire et sur lesquelles bon nombre de pianistes se font encore les doigts. Czerny fut aussi un grand défricheur : on lui doit notamment des arrangements et des réductions de pages de Haendel, de Haydn, de Mozart, de Schubert, de Beethoven ou de Cherubini, et des éditions des œuvres de Bach et de Scarlatti. C'est lui qui, le premier, amorça en 1839 la première édition « moderne » de deux cents sonates de Scarlatti.*

L'œuvre de piano

L'œuvre pour piano de Czerny est gigantesque. Il composa dans tous les genres : airs variés, danses, allegros, caprices, fantaisies, impromptus, sonates, nocturnes, polonaises, préludes, sonatines, duos à quatre mains (réunis sous le titre de *Chiron musical*), scherzos dédiés à Chopin, fantaisies à quatre mains inspirées des romans de Walter Scott, et trois recueils de compositions brillantes intitulés *Décaméron musical op. 110, 175* et *251.* La plupart de ces œuvres sont généralement peu originales, mais elles sont brillantes et variées, et représentent les fruits d'une facilité naturelle prodigieuse dont Czerny n'a pas toujours su tirer le meilleur parti, et dont il a souvent abusé.

Ses productions les plus significatives restent ses **Études** et ses ouvrages pédagogiques, trop nombreux pour en dresser ici une liste exhaustive. Ses collections d'études, d'exercices et de méthodes vont progressivement du facile au plus difficile. Certaines, destinées aux débutants, sont aisées et presque récréatives. Ses exercices doigtés, qu'il puise aux sources des grands auteurs contemporains, offrent une infinie diversité de traits. On peut cependant reprocher à Czerny une conception trop mécanique de la technique, par une gymnastique digitale très systématique.

Il laisse des études de pure vélocité, comme les *Quarante-huit Études en forme de préludes et cadences dans tous les tons op. 161, l'École de la vélocité op. 299,* les *Exercices journaliers op. 337, l'École de la virtuosité op. 365,* parsemée de traits brillants et de formules mécaniques, le célèbre *Art de délier les doigts op. 699,* les *Études pour les petites mains op. 749,* et les trente études groupées sous le titre *le Progrès op. 750,* pièces brillantes mais de difficulté progressive ; ou encore les *Vingt-cinq Études de caractère op. 755* et les *Vingt-cinq Grandes Études de salon op. 756.*

Czerny ne s'attarde pas uniquement sur des problèmes de mécanisme pur. Les notions d'expression, de phraser, de toucher, retiennent toute son attention dans des ouvrages tels que *l'École des ornements, l'École d'expression pour le piano dans le style moderne, l'École ou Traité des embellissements pour le piano sur des thèmes anglais, allemands, français et italiens* en quatre suites *op. 575, l'Étude du legato et du staccato en cinquante exercices op. 335, l'Étude de l'exécution des fugues et des compositions dans le style sévère op. 400,* qui contient douze préludes et douze fugues dédiés à Mendelssohn, — autant d'excellents exercices sur des difficultés de style très particulières.

Enfin, Czerny fut l'auteur d'un *Nouveau Gradus ad Parnassum op. 822,* visiblement inspiré de Clementi, et d'une *Grande Sonate d'étude op. 268,* qui résume à elle seule et avec habileté les plus grandes difficultés d'exécution.

A.d.P.

LUIGI DALLAPICCOLA

Né à Pisino d'Istria (Trieste), le 3 février 1904 ; mort à Florence, le 18 février 1975. Ayant commencé ses études musicales à Graz (Pisino d'Istria était alors sous domination autrichienne), il entra en 1923 au Conservatoire Luigi Cherubini de Florence dans les classes de piano et de composition. C'est comme pianiste qu'il se produisit ensuite en duo avec le violoniste Sandro Materassi dans un répertoire d'œuvres contemporaines (il deviendra le délégué italien de la Société Internationale de musique contemporaine). Nommé en 1934 professeur de piano au Conservatoire de Florence, Dallapiccola est aussi critique musical, et poursuit une carrière de compositeur attaché particulièrement à la musique vocale (le premier opéra, Vol de nuit, *est de 1937-1939, mais les premières œuvres pour la voix datent de 1925). Après la Seconde Guerre mondiale, Serge Koussevitzki l'invite à enseigner la composition aux États-Unis, à Tanglewood, à New York, enfin à l'Université de Berkeley. Dallapiccola, également, aura été membre de plusieurs Académies artistiques, — Munich, Berlin, New York et Londres. Les trois partitions pour piano seul qu'il a laissées se répartissent harmonieusement à travers les différentes « périodes » de sa production :* Musique pour trois pianos, *en 1935 ; la* Sonatina canonica, *en 1942-1943 ;* Quaderno Musicale di Annalibera, *qui connaîtra une version orchestrale, après la guerre (1952). A signaler, d'autre part, que le piano fut mis à contribution dans le* Piccolo Concerto per Muriel Couvreux *(1941), et dans plusieurs ouvrages vocaux, — dont les splendides* Quattro Liriche de Machado *avec soprano (1948).*

La musique instrumentale n'occupe qu'une place marginale dans l'œuvre du grand compositeur italien. Sa présence ici se justifie cependant par les trois ouvrages déjà cités : la *Musica per Tre Pianoforti* de 1935, un triptyque sous-titré *Inni* (« Hymnes »), et qui est une œuvre de jeunesse encore modale ; la *Sonatine canonique en* mi *bémol majeur sur des Caprices de Niccolo Paganini* de 1943, étincelant et spirituel tour de force révélant toutes les virtualités polyphoniques insoupçonnées du modèle choisi (quatre des *Caprices*) ; enfin, un chef-d'œuvre, — présenté plus longuement ci-après.

Quaderno Musicale di Annalibera

C'est un recueil de très courtes pièces pour piano composé en 1952, et dédié par Dallapiccola à sa fille Annalibera pour ses huit ans. Le titre, qui signifie en français *Cahier de Musique pour Annalibera*, se dit en allemand *Notenbüchlein der Annalibera*, — une allusion certaine à Jean-Sébastien et à Anna-Magdalena Bach. L'œuvre de Dallapiccola a, elle aussi, des ambitions pédagogiques non dissimulées. Elle est basée tout entière sur une série de douze sons ; c'est la série même sur laquelle sera édifiée la grande partition pour chœurs et orchestre à laquelle Dallapiccola travaillait alors, les *Canti di Liberazione,* auxquels le *Quaderno* sert ainsi de banc d'essai.

Il y a onze morceaux, dont le compositeur interdit l'exécution séparée. Au début, un *Simbolo,* dont les mesures 2 à 5 dégagent du contexte harmonique le profil mélodique BACH : c'est le « symbole » évoqué par le titre. Viennent ensuite : *Accenti ; Contrapunctus primus ; Linee ; Contrapunctus secundus ; Fregi* (« Traits ») ; *Contrapuctus tertius ; Ritmi ; Colore ; Ombre ;* et l'œuvre se termine par une *Quartina* (« Quatrain »). Les trois *Contrepoints* (terme repris de *l'Art de la Fugue* de Bach) font appel aux plus complexes raffinements d'écriture. Le premier est un canon par augmentation et diminution ; mais celles-ci sont asymétriques, et ne se basent pas sur des multiplications ou divisions de la valeur fondamentale. Il se peut qu'on trouve ici l'influence des procédés rythmiques de Messiaen, en particulier de l'augmentation « par ajout de point ». Mais Dallapiccola introduit une autre nouveauté encore, celle de la rétrogradation des valeurs rythmiques, — procédé visant à obtenir un équivalent dans le domaine des durées du mouvement rétrograde mélodique : c'est un mode de pensée déjà sériel, et non plus simplement dodécaphonique. Le deuxième contrepoint, très bref, est un canon par mouvement contraire au sens traditionnel, sauf que la structure en miroir s'étend aux accords, et non seulement aux lignes mélodiques. Le troisième contrepoint est un canon rétrograde, proposé d'abord dans la partition sous l'aspect graphique d'un canon énigmatique (comme dans *l'Offrande musicale* de Bach), auquel succède cependant d'emblée la « résolution ». Les autres pièces forment des études concernant divers aspects de technique ou de sonorité pianistique ; toutefois — et ceci s'applique au recueil tout entier — c'est merveille de voir tant de rigueur et tant de science mises au service de la plus tendre et de la plus délicate poésie. Hors du domaine vocal qui lui est si cher, Dallapiccola demeure avant tout un lyrique, et, pour se mettre à la portée d'une enfant de huit ans, sa muse se fait souriante et émue.

En 1954, devant répondre à une commande urgente, le compositeur réalisera une transcription orchestrale du *Quaderno* sous le nom de *Variations pour orchestre*,* — un équivalent de ce que le *Ricercar* de l'*Offrande musicale* transcrit pour orchestre par Webern est à l'original de Bach.

H.H.

JEAN-FRANÇOIS DANDRIEU

Né à Paris, vers 1682 ; mort à Paris, le 17 janvier 1738. Après Couperin et Rameau, il est sans doute l'un des plus célèbres clavecinistes français du XVIIIe siècle. S'il se rapproche parfois de leur manière, il n'a cependant pas leur génie. Issu d'une famille de musiciens — organistes et clavecinistes —, organiste à Paris de Saint-Merry, de la Cha-

---

* Voir à *Variazioni per orchestra,* in : *Guide de la musique symphonique.*

pelle royale et de Saint-Barthélemy où il fut enterré, il laisse une œuvre de clavecin assez abondante : six livres, et des Principes de l'accompagnement au clavecin *publiés en 1718. Quelques années après la mort de Dandrieu, Titon du Tillet écrivait :* « *Le mérite et la réputation de l'auteur doivent faire rechercher ces pièces avec empressement par les musiciens et amateurs de musique qui sont aujourd'hui en si grand nombre* ».

L'œuvre de clavecin

Dandrieu laisse six recueils de pièces de clavecin : trois sont des œuvres de jeunesse, trois sont des œuvres de la maturité. Composés entre 1704 et 1720, les livres de jeunesse groupent, par tonalité, des pièces faciles et de moyenne difficulté. Le premier *Livre de clavecin*, publié vers 1704 — et dans une seconde édition entre 1715 et 1720 —, est dédié à Guillaume Robert, seigneur de Septeuil, conseiller du roi et protecteur de Dandrieu. Il est formé de dix courts mouvements de danses en *ré* mineur, précédés de deux préludes. Le deuxième *Livre de clavecin*, paru entre 1715 et 1720, comprend onze pièces réunies sous la tonalité de *sol*. Publié à la même époque, le recueil de *Pièces de clavecin courtes et faciles de quatre tons différents* rassemble quatre suites de danses très courtes et faciles en *ut* et en *ré*. Chaque suite débute par un prélude non mesuré d'une extrême simplicité. Ici, Dandrieu a pris soin de doigter lui-même ses pièces et d'ajouter une petite table explicative de ses agréments.

En pleine maturité, Dandrieu voulut-il renier ses œuvres de jeunesse ? Son quatrième recueil porte en effet le titre de *Premier Livre de pièces de clavecin... contenant plusieurs divertissements dont les principaux sont les Caractères de la guerre, ceux de la Chasse et la Fête de village.* Publié en 1724 et dédié au roi, il comporte cinq suites de pièces sous-titrées à la manière d'un Couperin ou d'un Rameau (*La Plaintive, La Favorite, Les Tendres accents, Les Tourbillons, Le Carillon,* etc.). *Les Caractères de la guerre* qui concluent la première suite étaient à l'origine un divertissement pour orchestre, que Dandrieu avait composé en 1718 pour un opéra non identifié. C'est leur transcription pour clavecin qu'il inséra en 1724 dans son *Premier Livre*. Il retoucha cette pièce en 1733 et la publia à part. Le *Second Livre de pièces de clavecin*, dédié au prince de Conti, parut en 1728. Il est également constitué de plusieurs suites de pièces sous-titrées (*La Sincère, Le Petit Maître, La Timide,* etc.). Le *Troisième Livre de pièces de clavecin*, publié en 1734, groupe trente-six pièces sous-titrées réunies en huit suites. Une dizaine de ces morceaux sont en réalité des reprises de pages de jeunesse de leur auteur.

Dans son œuvre de clavecin, Dandrieu apparaît comme un musicien élégant et délicat, tantôt virtuose, tantôt sentimental. Il adopte des formes sans rigidité, recherche des enchaînements d'accords savoureux, manie l'art de la variation et du contrepoint avec adresse, et sait remarquablement faire chanter son instrument.

A. d. P.

LOUIS-CLAUDE DAQUIN

Né à Paris, le 4 juillet 1694 ; mort à Paris, le 15 juin 1772. Il est l'un des derniers représentants de cette grande école française de clavecin qui commence à décliner sous les doigts des successeurs de Couperin et de Rameau. Enfant prodige — il se produisit devant Louis XIV à l'âge de six ans —, élève de Nicolas Bernier et de Louis Marchand, filleul d'Élisabeth Jacquet de La Guerre, organiste avant d'être claveciniste, il cumula les plus importantes tribunes, — celles de la Chapelle royale et de Notre-Dame de Paris entre autres. Daquin est surtout célèbre aujourd'hui pour ses fameux Noëls *pour orgue (tirés de son* Nouveau Livre de Noëls pour l'orgue et le clavecin, *paru vers 1745). Il y fait preuve d'une grande habileté, et écrit des variations sur des thèmes populaires avec un sens réel du pittoresque et une séduction irrésistible.*

L'œuvre de clavecin

L'œuvre de clavecin de Daquin se réduit à un *Premier Livre de pièces de clavecin « A Mademoiselle de Soubise »*, publié en 1735. Ce recueil groupe quatre suites composées essentiellement de portraits, de pièces imitatives, de rondeaux, — genre dans lesquels Daquin excelle particulièrement. Œuvre décorative et charmante, il sait y mêler son goût pour la manière italienne et ce caractère naturel et spontané typique de la musique française de clavecin de cette époque, — caractère que l'on retrouve notamment dans le fameux **Coucou** et dans l'**Hirondelle**, deux rondeaux vifs en *sol* majeur et *ré* majeur. Daquin apprécie surtout l'écriture à deux voix aérée qui, dans ces deux pièces — entre autres — accentue l'humeur joyeuse et volubile du refrain et des couplets. L'appel du coucou, à la main gauche, se détache clairement sous les guirlandes légères de doubles croches tissées par la main droite. Le thème alerte et gai de l'hirondelle passe de main en main et réapparaît dans l'épisode central, mais dans la tonalité de *ré* mineur qui donne à l'ensemble un éclairage nouveau. Toujours cette écriture en duo dans la **Ronde bachique**, où les croches régulières du rondeau et des deux premiers couplets, ponctuées de pincés sur les premiers ou sur les deuxièmes temps de chaque mesure, tournoient pour arriver à un tourbillon de doubles croches dans le troisième couplet.

S'il ne peut rivaliser avec Couperin et Rameau, ses contemporains, s'il n'a pas leur souffle ni leur personnalité, Daquin apparaît cependant comme un musicien en possession d'un métier solide, et comme un claveciniste plein de grâce et de raffinement. C'est cette grâce et ce raffinement que l'on retrouve dans **la Mélodieuse**, rondeau en *mi* bémol majeur basé sur un thème mélodique, simple et expressif à la main droite et sur une basse régulière de la main gauche. Le thème s'anime dans le troisième couplet en des croisements de mains délicats. On est proche ici de certains rondeaux gracieux de François Couperin.

A. d. P.

CLAUDE DEBUSSY

Né à Saint-Germain-en-Laye, le 22 mai 1862; mort à Paris, le 25 mars 1918. Issu d'une famille de modestes commerçants, il ne reçut aucune éducation générale sérieuse, mais se fit remarquer par ses dons musicaux, apprit le piano avec Mme Mauté de Fleureville (une élève de Chopin), et fut admis au Conservatoire de Paris dès l'âge de dix ans. Il devait y passer douze années dans les classes de Marmontel, de Lavignac, de César Frank (orgue), de Massenet, de Guiraud (son vrai « maître » pour la composition), — années qui lui procurèrent une solide formation musicale. Entre-temps, le jeune Debussy fut engagé comme pianiste accompagnateur par la baronne von Meck (la riche protectrice de Tchaïkovski); ses séjours en Russie, prolongés par des voyages en Italie et en Autriche, lui apportèrent la culture générale qui faisait encore défaut. En 1884, la cantate l'Enfant prodigue — son deuxième essai au concours pour le prix de Rome — lui ouvre les portes de la Villa Médicis : il y écourtera son séjour, — ne supportant ni l'académisme de l'établissement ni les verdicts de l'Institut scandalisé par ses « envois ». Dès 1887, il s'installe définitivement à Paris — qu'il ne quittera plus guère — et y vit ses « années de bohème », impécunieuses mais sans doute les plus enrichissantes : fréquentation des « Mardis » de Mallarmé, amitié avec Pierre Louÿs, rencontres de Verlaine, Laforgue, Huysmans, ainsi que de peintres qui ne seront pas sans l'inspirer... En 1888, c'est un premier voyage à Bayreuth dont il reviendra « follement wagnérien » (mais pas pour longtemps), et, en 1889, la révélation des musiques d'Extrême-Orient à l'Exposition universelle, ainsi que de la partition du Boris Godounov *de Moussorgski. En 1894, la première audition — triomphale — du* Prélude à l'après-midi d'un faune *marque l'entrée dans la « vie publique » qui, jusqu'à la création en 1902 de* Pelléas et Mélisande, *consacrera la célébrité du compositeur, et l'amélioration de sa situation matérielle (grâce également à sa collaboration à la « Revue blanche* »). De cette période, qui voit notamment l'éclatant succès des* Nocturnes *aux concerts Lamoureux, datent aussi les premières compositions notables pour piano, — dont un chef-d'œuvre au moins,* Pour le piano. *Suivront, à partir de 1903 et dans l'aisance procurée par un remariage, les grandes années entièrement vouées au travail : œuvres pour l'orchestre (*la Mer, *puis les* Images*), mais également de la musique vocale (*Trois Chansons de France, *seconde série des* Fêtes galantes, le Promenoir des deux amants*), et, surtout, une part importante de la musique pour piano. Vers 1910, premières manifestations d'un cancer qui, malgré deux opérations, terrassera le musicien peu avant la fin de la Première Guerre mondiale : mais, dans la souffrance, Debussy n'aura cessé d'écrire, — proposant à l'indifférence soudaine de ses contemporains, incapables de le comprendre, des partitions magistrales telles que celles du ballet* Jeux *ou des dernières œuvres de piano. Mais c'est, à la vérité, toute la production debussyste qui, dans sa trajectoire solitaire, aura anticipé d'un demi-siècle sur son époque, qui l'aura toujours « mal entendue ».*

L'œuvre de piano**

Le piano occupe une position centrale dans la création debussyste. Dans la lignée des grands pianistes compositeurs, Debussy s'inscrit tout naturellement dans la succession de Mozart, Beethoven, Schumann, Chopin et Liszt. Si l'on trouve après lui Bartók, Prokofiev et Messiaen, auteurs d'une importante production pianistique, il s'en faut cependant qu'elle occupe dans l'ensemble de leur œuvre une place aussi considérable. Il n'en est que plus étonnant de constater que, seul parmi ses pairs, Debussy a affirmé sa personnalité créatrice au piano beaucoup plus tard que dans les autres domaines de composition. Tant par la qualité que par la quantité, son œuvre pianistique est essentiellement de maturité.

Marguerite Long, qui a eu le privilège de travailler une grande partie de l'œuvre de Debussy aux côtés du compositeur entre 1914 et 1917, à une époque où il était déjà gravement atteint par la maladie, nous donne une description précise de la nature du jeu debussyste : « Comment oublier la souplesse, la caresse, la profondeur de son toucher ! En même temps qu'il glissait avec une douceur si pénétrante sur son clavier, il le serrait et en obtenait des accents d'une extraordinaire puissance expressive... Il jouait presque toujours en demi-teinte, mais avec une sonorité pleine et intense, sans aucune dureté de l'attaque, comme Chopin... L'échelle de ses nuances allait du triple pianissimo au forte, sans jamais arriver à des sonorités désordonnées où la subtilité des harmonies se fût perdue. Tel Chopin encore, il considérait l'art de la pédale comme " une sorte de respiration ". » Et Marguerite Long insiste longuement sur ces deux points capitaux : la pression non seulement continue mais profonde de la main et l'adhérence totale au clavier, tout à l'opposé de l'attaque lisztienne, où « les mains doivent être plus en l'air que sur les touches », ce qui signifie en clair que les accords doivent être fixés avant le contact matériel avec le clavier. Chez Debussy, au contraire, ils naissent de ce contact. Au viol impérieux de Liszt s'oppose la possession intime et amoureuse, propre à Debussy comme à Chopin. Et Marguerite Long conclut sur cette formule frappante et juste : « Lorsque Schumann s'écrie : " Je voudrais faire éclater mon piano ! ", Debussy recommande seulement à voix basse : " Laissez-le parler ! " »

Si Debussy introduit dans la musique occidentale une conception neuve du temps musical, il se rapproche également des musiciens d'Orient par sa préoccupation du phénomène proprement sonore, par son approche très concrète de la musique. Comme les musiciens d'Orient, Debussy accorde une importance primordiale à la qualité du son. Le témoignage d'Émile

---

* Une partie de ses virulents articles sera plus tard recueillie sous le titre de *Monsieur Croche antidilettante.*
** Adapté d'après un texte paru in : *Claude Debussy,* d'Edward Lockspeiser et Harry Halbreich (Éd. Fayard, 1980).

Vuillermoz est précieux à cet égard, bien qu'à son époque il ne fût pas encore possible d'appréhender l'immensité des conséquences qui allaient découler de l'attitude debussyste, sur le plan de la pensée musicale d'aujourd'hui : « Je le revois en tête à tête avec l'ivoire, avec cet air à la fois absent et obstiné d'explorateur de l'inconnaissable. Lui aussi aime palper, manier et pétrir sa musique, lui aussi aime la faire couler dans ses mains comme un avare faisant ruisseler des pièces d'or entre ses doigts pour en entendre le tintement magique. Il interroge le clavier avec une sorte de gravité et de curiosité scientifiques. Sous son doigt, le marteau percute précautionneusement la corde... Debussy s'intéresse aux longues résonances, il guette leur trajectoire dans l'espace jusqu'à l'évanouissement du dernier son harmonique. » Ne croirait-on pas entendre un joueur de *sitar* ou de *sarod* indien, préludant longuement à la recherche de son *râga,* en en explorant méticuleusement les possibilités ?...

Il est évident que Debussy, premier compositeur d'Occident à composer avec des sons plutôt qu'avec des notes, réalisera le plus complètement et le plus parfaitement son rêve à l'aide de l'instrument qu'il pratique lui-même en virtuose, par lequel il produit lui-même ces sons : le piano. Au piano, Debussy est plus libre qu'ailleurs, et l'effort de transposition intellectuelle est infiniment moindre qu'à l'orchestre, où l'acte compositionnel passe par le tamis inévitable d'une distanciation. Ceci sans compter la totale liberté rythmique et périodique, la ductilité, la souplesse et l'indépendance que permet le piano, face à l'orchestre qui toujours demeure prisonnier des servitudes du jeu collectif. Au piano, Debussy est seul, les actes de création compositionnelle et d'exécution matérielle se confondent plus intimement que partout ailleurs : la divine indépendance de la monodie indienne, de « la flûte du berger égyptien collaborant au paysage », devient possible. Aussi Debussy ne va-t-il nulle part plus loin dans la nouveauté ou dans la profondeur personnelle que dans sa production pianistique.

C'est là qu'il a pu le mieux, le tout premier, mettre fin à trois siècles d'harmonie fonctionnelle, écrivant une musique d'une logique parfaitement atonale, même si le matériau employé est souvent tonal. C'est là aussi qu'il a pu le mieux libérer la phrase mélodique de la tyrannie de la barre de mesure, mettre fin à la périodisation symétrique des classiques, introduire dans la musique une variété infinie de structures rythmiques, généraliser l'emploi de toute une gamme de valeurs irrationnelles, bref, rattraper à lui seul les siècles de retard qu'avait pris l'élément rythme dans la musique occidentale. En ce sens, la révolution de Debussy a été beaucoup plus complète et plus diverse que celle de l'École viennoise, et il faudrait parler encore en détail des acquisitions capitales dans le domaine des timbres, des attaques, des intensités et de la projection spatiale.

Mais un écueil redoutable guette le pianiste-compositeur, à son clavier : celui de la facilité, des formules toutes faites, des méandres de l'improvisation. Ne voyons pas ailleurs la raison de l'étrange retard de la production pianistique de Debussy par rapport au reste de son œuvre.

Dans le domaine pianistique, la courbe de l'évolution créatrice de Debussy a été plus tardivement, mais aussi plus abruptement ascendante que partout ailleurs. La date-pivot semble être 1903 : avec les *Estampes,* le piano debussyste a totalement rattrapé son retard initial. La production pianistique de Debussy peut en effet se subdiviser en six étapes, qui ne recoupent donc pas toujours celles de son développement d'ensemble :

1. Les pages de jeunesse, de 1880 à 1890 : *Danse bohémienne, Arabesques, Rêverie, Ballade, Valse romantique, Nocturne, Mazurka.* Les pièces publiées en 1890-1891, à l'exception de la *Danse (Tarentelle styrienne)* reprise ci-après, ont très certainement été composées à des dates diverses durant les années 1880.

2. Les œuvres de transition vers la maturité, de 1890 à 1901 : *Suite bergamasque, Tarentelle styrienne, Images inédites, Pour le piano.* De l'une à l'autre de ces pages, le progrès est considérable.

3. Les œuvres de la première maturité, apogée des recherches de couleur et de richesse sonore au piano. Ici apparaissent les titres évocateurs. C'est le Debussy improprement qualifié d'impressionniste : *Estampes, D'un cahier d'esquisses, Masques, L'Isle joyeuse* et les deux recueils d'*Images* (1903-1907).

4. L'intermède de 1908-1909, consacré essentiellement au recueil plus intime de *Children's Corner,* auquel on ajoutera des pages de circonstance, d'intérêt mineur : *Petit nègre, Hommage à Haydn* et, bien que datée de 1910, *La plus que lente.*

5. Les deux livres de *Préludes*

(1909-1912), qui mènent à son sommet conclusif la démarche amorcée avec les *Estampes*, tout en préparant, surtout dans le second Livre, l'étape ultime :

6. Celle des *Études* de 1915, aboutissement suprême du piano debussyste, que précèdent en 1913 et 1914 deux œuvres de moindre portée : *la Boîte à joujoux** et la *Berceuse héroïque*.

Dans l'œuvre pour piano, on peut trouver des pages dans toutes les tonalités majeures et mineures, à la seule exception — curieuse coïncidence ! — du ton beethovénien par excellence d'*ut* mineur. La seule tonique absente des vingt-quatre *Préludes* est *mi* majeur, tandis que dans les douze *Études*, il ne manque que *mi* bémol et *si* majeur. Certaines tonalités interviennent plus fréquemment que d'autres, et parfois des raisons instrumentales plutôt que proprement musicales expliquent ces préférences : nous savons à quel point Debussy est un musicien concret. C'est ainsi qu'une *Étude* sur les touches noires, *Pour les huit doigts*, se déroulera en toute logique en *sol* bémol majeur. Mais certaines tonalités semblent avoir revêtu pour Debussy une signification expressive particulière, tout comme pour Mozart un siècle et demi plus tôt.

C'est ainsi qu'*ut* majeur est généralement le ton du mouvement pur, de la fameuse giration statique (*Mouvement* ; *Docteur Gradus ad Parnassum* ; les *Tierces alternées* ; l'*Étude pour les cinq doigts*). C'est aussi le ton neutre et incolore par excellence, atteignant au gris par annulation chromatique réciproque *(Voiles ; Brouillards)*.

La mineur suscite chez Debussy un déploiement de rude vigueur physique. C'est le ton des puissants blocs d'accords, du martèlement rythmique de la toccata *(Prélude de Pour le piano ; Masques ; Étude pour les accords).*

Ré mineur (souvent avec une nuance dorienne), c'est la neige, le vide, le silence, la solitude, la mort *(The snow is dancing ; Des pas sur la neige ; Canope).*

L'humour à froid s'exprime volontiers à travers *fa* majeur : ainsi, dans *Général Lavine*, dans l'*Hommage à S. Pickwick Esq.*, *P.P.M.P.C.* ou encore dans l'*Étude pour les agréments*.

Au contraire, quelques-unes des confidences les plus rares de Debussy nous parviennent par le truchement d'*ut* dièse mineur, ton de l'émotion profonde, de l'amertume et du raffinement extrême *(Sarabande de Pour le piano ; Feuilles mortes ; Étude pour les sonorités opposées).* On y rattachera l'unique pièce écrite dans le ton apparenté de *sol* dièse mineur : l'*Hommage à Rameau*.

Les tons majeurs très chargés de dièses évoquent la lumière éblouissante du Midi ou encore la magie de l'Orient, qu'il s'agisse de *si* majeur *(Pagodes ; Les collines d'Anacapri)* ou de *fa* dièse majeur *(Poissons d'or ; La terrasse des audiences du clair de lune).*

Parallèlement, le ton fortement bémolisé de *ré* bémol majeur sera propice à la nuit, aux eaux dormantes, au clair de lune *(Nocturne de 1890 ; Clair de lune de la Suite bergamasque ; D'un cahier d'esquisses ; Reflets dans l'eau ; les Fées sont d'exquises danseuses).*

On pourrait poursuivre davantage encore cette analyse, dont le but n'est autre que de souligner l'importance extrême que conserve la couleur tonale dans le langage debussyste. Cette tonalité, émancipée de ses pesantes chaînes fonctionnelles, des exigences d'une dynamique modulante foncièrement étrangère au génie de notre musicien, devient pour la première fois grâce à Debussy un élément de couleur : tonalité-couleur, tonalité-timbre, — une fois de plus le parallèle avec le *râga* indien s'impose de lui-même.

Danse bohémienne

La plus ancienne pièce pour piano connue de Debussy n'a été publiée que plus d'un demi-siècle après sa composition (Schott, 1932). C'est l'œuvre d'un adolescent de dix-huit ans, qui se trouvait alors au service de Nadejda von Meck, la célèbre et richissime protectrice de Tchaïkovski. En septembre 1880, Mme von Meck écrivait précisément au compositeur russe : « Je veux soumettre à votre appréciation une petite composition — d'entre beaucoup d'autres — de mon petit pianiste Bussy. » Et Tchaïkovski répondit un peu plus tard : « C'est une fort gentille chose, mais réellement trop courte. Aucune pensée n'y est approfondie, la forme en est manquée et le tout manque d'unité. »

Ce jugement sévère n'est pas tout à fait injustifié, et si nous sommes au contraire

---

* Qu'il faut ranger toutefois parmi les musiques de ballets, — compte tenu de l'orchestration aussitôt entreprise par le compositeur en vue du spectacle commandé : v. *Guide de la musique symphonique*.

reconnaissants à Debussy de n'avoir pas délayé davantage une matière assez insignifiante, la *Danse bohémienne* présente surtout un intérêt anecdotique et historique : modeste point de départ d'une trajectoire alors totalement imprévisible. C'est un *Allegro* à 2/4 dans le ton principal de *si* mineur, adoptant une simple forme ternaire. Après un petit développement médian en *si* majeur, la reprise, très écourtée, est amenée par un trait chromatique de quatre mesures qui constitue peut-être la trouvaille la plus heureuse de l'œuvrette, d'inspiration assez nettement slave, sinon tckaïkovskienne.

Deux Arabesques

Composées en 1888, et donc postérieures de peu à *la Damoiselle élue* et aux *Ariettes oubliées,* les *Arabesques* furent publiées par Durand en 1891. La première audition de la seconde *Arabesque* eut sans doute lieu le 23 mai 1894. Par rapport à la *Danse bohémienne* de 1880, le progrès est considérable, et la valeur de ces deux pages exquises, tout autre que documentaire, leur assure une place permanente dans le répertoire de la musique vivante. Elles sont même plus achevées et plus personnelles que les pages pianistiques publiées en 1890, de composition fort probablement antérieure. Pour Léon Vallas, « leur souplesse fait songer à la brillante légèreté des ballets de Delibes ». Cependant, en leur élégance raffinée, elles ne renient pas non plus la douce tyrannie de Grieg ou de Schumann. Mais surtout, elles annoncent l'avenir par un sens très neuf de la courbe vocale, harmoniquement statique, qui est l'essence même de la notion d'arabesque, si importante chez Debussy. Plus tard, dans ses écrits, il devait sans cesse souligner l'importance de la « divine arabesque », dont il situait très justement l'origine dans la libre volute du chant grégorien, et dont il voyait l'apogée dans l'œuvre de Bach. Les deux pièces se réclament de la forme ternaire, mais infiniment mieux équilibrée que dans la *Danse bohémienne.* Si les souples triolets de la *Première Arabesque en mi majeur* peuvent évoquer encore Massenet,

mille détails, dans le traitement des arpèges, dans l'aisance des modulations, annoncent l'évolution future du musicien. La péroraison en demi-teintes de la *Deuxième Arabesque en* sol *majeur* fait penser à l'humour des pièces anglaises comme *Général Lavine* (v., plus loin, *Préludes*).

Rêverie

De même que la *Ballade,* la *Valse romantique,* le *Nocturne* et la *Mazurka* (v. ci-après), cette pièce semble bien antérieure à sa date officielle de 1890 : par rapport aux *Poèmes de Baudelaire,* aux *Fêtes galantes I* ou même à la *Fantaisie pour piano et orchestre,* le hiatus, du point de vue du style et de la maturité de pensée, est trop flagrant pour être vraisemblable. Il semblerait plutôt que toutes ces pages mineures pour le piano aient été écrites à intervalles espacés durant les années 1880-1890, et que Debussy les ait fait paraître, poussé par le besoin d'argent, en les refourbissant quelque peu. C'est ainsi qu'il proposa la *Rêverie* à Choudens dès le 14 mars 1891, en même temps que la *Mazurka*. Mais lorsque Germaine Alexandre en donna la première audition le 27 février 1899, l'œuvre était toujours inédite. L'éditeur Fromont la fit tardivement paraître en 1904, mais Debussy la désavoua alors en termes assez vifs, regrettant cette publication. Le 21 avril 1904, il écrivait à Fromont : « Vous avez tort de faire paraître la *Rêverie*. C'était une chose sans importance, faite très vite... : en deux mots, c'est mauvais. »

Il s'agit pourtant d'un petit morceau fort agréable et bien sonnant, d'un charme mélodique un peu facile, mais certain, d'une écriture pianistique élégante et légère. On y décèle déjà le goût du compositeur pour l'harmonie diatonique colorée de modalité. Le bref intermède central en *mi* majeur — le ton principal du morceau est *fa* majeur — offre quelques intonations slavisantes, très précisément borodiniennes, qui s'affirmeront beaucoup plus nettement dans la pièce suivante, *Ballade slave.*

Ballade

Choudens fit paraître ce morceau en 1890 sous le titre de *Ballade slave,* mais l'épithète « slave » disparut de la seconde édition, assurée par Fromont en 1903, — bien que l'œuvre soit indéniablement d'inspiration russe : peut-être sa conception remonte-t-elle aux séjours de Debussy en Russie ?

C'est encore une page d'un grand charme mélodique et sonore, dont certaines figurations pianistiques (les triolets de doubles croches) annoncent déjà la *Toccata* de *Pour le piano.* Les chaînes de tierces, la souplesse du balancement rythmique, alternant valeurs binaires et triolets, sont déjà du vrai Debussy. Comme dans la *Rêverie,* le compositeur choisit le ton de *mi* majeur comme intermède central d'une pièce en *fa* majeur, et cet intermède offre une mélodie à l'étrange saveur orientale, proche de Borodine ou de Balakirev. Mais le retour au ton principal se fait par enharmonie (d'*ut* dièse mineur on passe d'abord en *sol* bémol majeur), et cette transition de *sol* bémol à *fa* majeur sur pédale de *fa* grave (on pense aux *Steppes de l'Asie centrale*) constitue une trouvaille magistrale justifiant à elle seule l'intérêt que l'on peut porter à cette *Ballade.* La reprise du début est très resserrée, comme à l'accoutumée chez Debussy, et la paisible conclusion modale atteint à un rare charme poétique.

Danse (Tarentelle styrienne)

Voici la meilleure et la plus originale, sans doute, de toutes ces pièces de jeunesse, et probablement la seule qui, à l'instar de la *Suite bergamasque,* date véritablement de 1890, — année de sa première publication chez Choudens sous le titre de *Tarentelle styrienne.* L'édition de 1903, chez Fromont, porte simplement la mention *Danse* ; de fait, l'œuvre ne rappelle pas particulièrement une tarentelle, danse d'ailleurs parfaitement inconnue en Styrie. La première audition en fut assurée par Lucien Wurmser, à la Société Nationale de Musique, le 10 mars 1900. Maurice Ravel estima assez cette page pour l'orchestrer en 1923, et cette version a également acquis une certaine popularité.

C'est un vif scherzo en *mi* majeur en forme de rondo (ABACA), et dans ses triolets de croches répétées et volubiles se respire parfois comme un souvenir de Chabrier. Mais on pense surtout à une étude préliminaire pour *Masques,* avec ce même tournoiement, cette même coexistence capricieuse du 6/8 et du 3/4. Debussy module ici avec une audacieuse aisance, entrelaçant librement septièmes et neuvièmes. Maintes successions d'accords annoncent l'avenir, et la couleur harmonique des mesures 104 et suivantes fait même penser de près à *Pelléas.*

Valse romantique

Publiée elle aussi par Choudens en 1890, puis par Fromont en 1903, cette page brève ne rappelle guère Chabrier que par son titre. La brusquerie imprévue de certaines modulations, le charme de la sonorité instrumentale, la sauvent heureusement de la banalité, et certains arpèges en demi-teintes, certains pianissimos en tierces dans l'extrême aigu, sont d'une couleur vraiment debussyste. De *fa* mineur, ton principal, la robuste conclusion, avec son ample crescendo, passe en *fa* majeur. De par sa conception première, la *Valse romantique* doit être l'une des pièces pianistiques les plus anciennes que nous connaissions de Debussy.

Nocturne, en *ré* bémol majeur

Publié tout d'abord dans le *Figaro musical* en 1890 sous le nom d'*Interlude,* puis en 1903 à *la Sirène musicale* sous celui, incontestablement mieux approprié de *Nocturne,* avant de passer définitivement dans le fonds Eschig en 1907, ce morceau présente un réel intérêt, même si le fielleux Vallas n'y vit que « quelques pages de caractère fuyant et de style composite ». Assurément, l'inspiration en est un peu hybride, et le climat poétique demeure loin encore de la miraculeuse réussite du *Clair de lune* de la *Suite bergamasque,* qui est dans le même ton.

La capricieuse introduction *(lent, ad libitum)* annonce le dessin de triolets de croches de l'épisode central du morceau, dessin auquel la coda fera à nouveau allusion : souci évident d'unité organique, par-delà les apparences de l'improvisation. Le thème principal, qui aborde *ré* bémol par le relatif de la sous-dominante, évoque irrésistiblement Fauré (cas rarissime chez Debussy), — quoique les enchaînements de septièmes qui lui succèdent soient purement debussystes. Au reste, la partie médiane, à 7/4, « dans le caractère d'une chanson populaire », s'écarte tout à fait de Fauré, pour se rapprocher une fois encore des Russes. Dans la coda, un *sol* naturel lydien rehausse *ré* bémol de sa tache lumineuse. Une bien jolie page, à la limite de la musique de salon, pas encore vouée aux gémonies en 1890. Et puis, Debussy ne disait-il pas que « la musique doit chercher humblement à faire plaisir » ?...

Mazurka

Ballade, Nocturne, Valse... : il manquait évidemment une *Mazurka* au catalogue du jeune admirateur de Chopin. Or, il semble que Debussy l'ait rédigée quelques années avant sa première publication, par Hamelle, en 1890. Par distraction, il la vendit à un deuxième éditeur, Choudens, le 14 mars 1891, en même temps que la *Rêverie* (v. plus haut). Lorsque Fromont la fit paraître à nouveau en 1905, Debussy fut fort mécontent, — de même qu'il avait vainement tenté de s'opposer à la publication de la *Rêverie*.

De fait, il s'agit de l'une de ses pages les moins personnelles, malgré un charme toujours indéniable. Il y flotte le souvenir de Chopin, certes, mais plus précisément encore celui de l'*Intermezzo* de la *Petite Suite* de Borodine, qui date de 1885, — de sorte qu'il ne semble pas que Debussy ait pu l'écrire avant cette date. Les deux volets externes en *fa* dièse mineur, d'un élan robuste, avec leurs sensibles abaissées modales, encadrent un intermède assez long en *ré* majeur, où les rythmes pointés obsédants propres à toute mazurka revêtent une allure plus gracieuse et plus légère.

Suite bergamasque

Avec cette œuvre, dont la rédaction première remonte à 1890 environ, Debussy s'exprime, pour la première fois au piano, dans un langage musical neuf et personnel, — spécialement en ce qui concerne l'harmonie. La suite demeurera longtemps une œuvre ouverte : il devait y avoir tout d'abord un prélude, un menuet, une promenade sentimentale et une pavane. La promenade devint le célèbre *Clair de lune,* tandis que le *Passepied* remplaça la pavane. Plus tard, vers 1904, Debussy voulut ajouter d'autres pièces encore, mais finalement *Masques* et *L'Isle joyeuse* furent publiés séparément, tandis qu'une deuxième sarabande figurait peut-être un premier état de l'*Hommage à Rameau* (v., plus loin, *Images*). Debussy révisa les quatre morceaux de 1890 juste avant la première publication, assurée par Fromont en juin 1905. Le 21 avril, il écrivait à Fromont : « Vous la donner telle quelle serait fou et inutile. » Le connaisseur de Debussy trouvera sans peine les traces du travail de ravalement opéré par le compositeur, mais l'unité de style et de pensée de l'ouvrage n'en a nullement pâti. Dans sa forme définitive, la *Suite bergamasque,* incontestablement la meilleure composition pianistique de la jeunesse de Debussy, nous apparaît comme un pendant instrumental du premier recueil des *Fêtes galantes,* qui date de la même époque (1891). D'ailleurs, le titre même s'inspire du monde poétique de Paul Verlaine, dont il évoque les *Masques et Bergamasques.* En écoutant *Clair de lune,* on pense tout particulièrement au *Colloque sentimental,* mais la suite tout entière, pour citer Alfred Cortot*, est « mollement infléchie au souffle verlainien ». La forme des morceaux se rapproche encore grosso modo de la coupe ternaire, mais traitée avec une liberté croissante. On notera qu'à l'exception du premier, tous les mouvements se terminent pianissimo. Il n'est plus possible de déterminer la première exécution publique de l'ouvrage.

1. Le Prélude, en *fa* majeur, joyeux et animé, dont les tournures légèrement archaïsantes évoquent fugitivement Fauré (les mesures 33-34 rappellent son *Clair de lune*), se déroule gracieusement en toute liberté. On notera la nature délibérément statique, diatonique et modale, du langage harmonique, qui travaille plutôt sur les fonctions des degrés secondaires (II, III, VI, VII), négligées par les romantiques au profit des relations de sensible, du chromatisme et de l'enharmonie : le « Modulez ! » de Franck était bel et bien tombé dans l'oreille d'un sourd.

2. Le Menuet, en *la* mineur, à la noble couleur modale, dont le tempo plutôt lent *(Andantino)* s'anime par la variété du rythme, parle un langage bien plus personnel encore. C'est aussi le plus libre de forme des quatre morceaux, et les quatre apparitions de son thème de refrain, dans le mode dorien,

---

* A. Cortot, *La musique française de piano* (Presses Universitaires de France, Paris, 1930-1932).

sont chaque fois différentes quant au rythme et à la disposition instrumentale. Les sonorités de ce morceau, comme celles du *Passepied* conclusif, évoquent gambes et luths à la manière d'un délicat pastiche des musiques d'autrefois.

3. Avec le célèbre CLAIR DE LUNE (*Andante très expressif* à 9/8, en *ré* bémol majeur), nous pénétrons dans un univers nouveau. Ce premier grand paysage musical debussyste constitue un digne pendant de la mélodie du même nom figurant dans le premier recueil des *Fêtes galantes*. Sa tendresse rêveuse, sa poésie évanescente, ensorcelante, ne renient point leurs sources, que l'on trouvera dans l'*Andante* de la *Première Symphonie* de Borodine ou, davantage encore, dans le *Nocturne* de son second *Quatuor*. Le jeune Debussy avait eu l'occasion d'entendre des œuvres de la nouvelle école russe durant l'Exposition universelle de 1889. Cependant, *Clair de lune* annonce aussi l'avenir, tant par sa thématique — on y entend même fugitivement le fameux motif de cinq notes du *Prélude à l'après-midi d'un faune* et de *Nuages* — que par son écriture instrumentale, qui laisse prévoir celle des *Estampes* et des *Images*.

4. LE PASSEPIED final (*Allegretto ma non troppo* en *fa* dièse mineur, à 4/4) n'a rien de commun avec la danse ancienne de ce nom (animée et à trois temps), et devrait plutôt s'intituler *Passamezzo*. Cette pièce nonchalante, aux triolets alanguis, aux courbes modales évoquant la *Pavane* de Fauré (leur structure mélodique éclaire sans cesse le ton principal de tournures doriennes ou éoliennes), termine la suite de manière douce et discrète sur une cadence plagale mineure.

Images inédites

La production pianistique de Debussy présentait, du point de vue chronologique, une importante solution de continuité à l'époque de la première rédaction de *Pelléas et Mélisande* (septembre 1893-août 1895). Cette lacune se trouve désormais comblée grâce aux trois *Images inédites* dont le manuscrit a appartenu longtemps à Alfred Cortot, et dont il n'existe d'édition imprimée que depuis 1977. Debussy les écrivit vers la fin de 1894 (elles portent la date *Hiver 1894*) pour Yvonne Lerolle, fille du peintre Henry Lerolle, grand ami d'Ernest Chausson. Yvonne, alors âgée de dix-huit ans, était une jeune fille pleine de grâce, de transparence et d'« irréalité », et Debussy conserva beaucoup de tendresse pour elle-même après qu'ils se fussent mariés chacun de leur côté. Dans une lettre accompagnant l'envoi de la partition, Debussy expliquait à Yvonne Lerolle : « Ces morceaux craindraient beaucoup les salons brillamment illuminés où se réunissent habituellement les personnes qui n'aiment pas la musique. Ce sont plutôt " des conversations entre le piano et soi ". »

1. Alors que les deux pièces suivantes figurent le premier état d'œuvres ultérieures bien connues, la première de ces *Images* semble n'avoir pas laissé d'autre trace dans la production de Debussy. Elle ne porte pas d'autre titre que l'indication de mouvement *Lent, doux et mélancolique*. C'est une sorte de prélude ou de nocturne, à trois temps, en *fa* dièse mineur, d'une expression à la fois grave et abandonnée, d'un grand raffinement harmonique et sonore.

2. Intitulée *Souvenir du Louvre,* la seconde pièce n'est autre que la version primitive de la *Sarabande* de *Pour le piano*, version pratiquement conforme à celle parue le 17 février 1896 dans le supplément illustré du *Grand Journal du Lundi*. Elle se différencie de la rédaction définitive de 1901 par de très nombreux points de détail. Ces retouches vont toutes dans le sens de l'allègement et d'une plus grande transparence, mais la substance du morceau n'a pas du tout changé. Aussi, l'indication portée par Debussy sur le manuscrit de 1894 conserve-t-elle toute sa valeur pour l'interprétation de la version finale : « *Dans le mouvement d'une Sarabande, c'est-à-dire avec une élégance grave et lente, même un peu vieux portrait, souvenir du Louvre, etc.* » La fidélité du sentiment de Debussy envers la première dédicataire est d'autre part illustrée par la dédicace figurant en tête de la *Sarabande* de 1901 : « À Mme E. Rouart (née Y. Lerolle). »

3. Quant à la troisième pièce, *Quelques aspects de « Nous n'irons plus au bois » parce qu'il fait un temps épouvantable,* c'est une lointaine, très lointaine préfiguration des *Jardins sous la pluie* (v. *Estampes)*. Contrairement à la *Sarabande*, il s'agit vraiment d'une page indépendante, vive, légère et colorée, où Debussy utilise pour la première fois la chanson enfantine si chère à son cœur — il s'en souviendra encore dans *Rondes de printemps*. Par contre, l'autre timbre populaire utilisé dans *Jardins sous la pluie* (« Do, do, l'enfant do ») n'apparaît pas encore ici. Selon Henri Pellerin, ce

morceau aurait été inspiré par les jardins (sous la pluie !) de l'hôtel de Croisy, à Orbec, Calvados, où Debussy avait séjourné avec sa maîtresse Gaby à la Pentecôte de 1894...

Pour le piano

La partition porte la date « janvier-avril 1901 », mais la conception de l'ouvrage est nettement plus ancienne. La *Sarabande* remonte à la fin de 1894, époque où elle constituait la seconde des trois *Images inédites,* dédiées à Yvonne Lerolle. Il semble que la *Toccata* ait été achevée dès 1896. Quant au *Prélude,* il est suffisamment proche des autres morceaux par le style et le langage pour en être contemporain. Il est donc infiniment probable qu'au début de 1901, Debussy ne fit que revoir et parfaire son œuvre avant de la confier à son éditeur Fromont : en 1905, il devait agir de même avec la *Suite bergamasque.* Ricardo Viñes créa *Pour le piano* à la Société Nationale de Musique le 11 janvier 1902, peu de mois avant la première de *Pelléas.* Le succès fut si vif qu'il fallut bisser la *Toccata.*

Pour le piano est la première œuvre pianistique importante que Debussy ait composée depuis la *Suite bergamasque* de 1890. Dans ce parfait chef-d'œuvre qui révèle totalement, et pour la première fois dans le domaine du clavier, sa personnalité en plein épanouissement, le compositeur se détourne définitivement du post-romantisme germanisant ou de la pensée esthétique franckiste, pour se rapprocher des grands maîtres du XVIIIe siècle : Bach, Scarlatti, et surtout Couperin et Rameau, — anticipant ainsi d'un quart de siècle sur l'évolution de la musique après 1918. L'influence de ces grands modèles se marque salutairement sur l'esprit plus que sur la forme ou le langage. L'ingéniosité des enchaînements d'accords, la variété et l'imprévu des rythmes, la luxuriance aisée de l'écriture sont bel et bien de leur temps. On remarquera tout particulièrement l'ingéniosité des enchaînements de septièmes et de neuvièmes, l'agencement et le jeu subtil des retards, qui modifient de manière imprévue le visage des accords, la juxtaposition d'accords parfaits appartenant à des tonalités très éloignées. Bref, nous sommes dans le royaume debussyste de la tonalité élargie. Si la structure formelle des morceaux demeure librement ternaire, les reprises deviennent plus allusives que textuelles, avec des changements considérables dans l'harmonie, la tessiture et l'écriture pianistique. Le *Prélude* et la *Toccata* se distinguent de l'ensemble de l'œuvre pianistique de Debussy par leur puissance très physique, par leur carrure robuste, par le martèlement obstiné de leurs rythmes, par leurs blocs d'accords. Ils rappellent ainsi la vigueur passionnée du *Quatuor* de 1893, et semblent au contraire renier *Pelléas,* dont ils sont strictement contemporains. Cette éloquence directe, ces gradations spectaculaires, ont valu à *Pour le piano* une vaste popularité, même dans les milieux — allemands surtout — habituellement fermés au message debussyste. Cela n'enlève rien à la portée décisive de l'ouvrage, qui ajoute au contraire à son auteur une dimension trop souvent ignorée.

1. LE PRÉLUDE (*Assez animé et très rythmé, la* mineur, 3/4), vigoureux, puissant, parfois rudement martelé, avec des attaques presque brutales annonçant déjà l'ultime *Étude pour les accords,* est une page d'un élan incomparable, s'inspirant librement à la fois des Préludes et des Fantaisies que Bach destinait à l'orgue et des préludes non mesurés de nos vieux luthistes, repris et amplifiés par Louis Couperin. Les passages de forte carrure rythmique alternant avec d'autres, d'un charme plus fluide et plus insinuant. Tout s'édifie sur deux motifs au profil caractéristique, — l'un rythmique, l'autre mélodique, exposés dans les neuf premières mesures du morceau. Au centre, on trouve un long épisode en gamme par tons sur pédale de *la* bémol, dont le calme chargé de tension latente correspond à l'œil d'un cyclone. L'étonnante cadence avant la fin commence comme un récitatif, puis alterne rapidement des gammes ascendantes et descendantes, tantôt diatoniques, tantôt par tons entiers, en quasi glissandos visiblement inspirés par la harpe.

2. LA SARABANDE (*Avec une élégance grave et lente, ut* dièse mineur) noble et pure, d'une gravité presque liturgique, constitue le sommet musical et expressif de l'ouvrage. Dans son déroulement soutenu, à la ligne d'une absolue perfection, elle semble vouloir faire admirer, avec une fierté sans l'ombre d'affectation, la somptueuse parure de ses septièmes et neuvièmes, inouïes à l'époque. Au centre, on trouve des successions d'accords de quarte, structure harmonique plus nouvelle encore, et dont les musiciens de la décennie

1900-1910 se serviront pour saper définitivement la tonalité :

3. A l'audition de l'éblouissante TOCCATA (*Vif, ut* dièse mineur, à 2/4), dont le brillant et la vivacité surpassent encore ceux du *Prélude,* Émile Vuillermoz ne pouvait s'empêcher de penser chaque fois : « Voilà ce magicien à qui l'enseignement officiel a refusé un prix de piano et un prix d'harmonie ! » Les grandes ombres de Couperin et de Scarlatti semblent parrainer ce déploiement de saine virtuosité, d'une fermeté incisive dans le rythme, — chose rare vers 1900. Son mouvement perpétuel de doubles croches rayonne d'une joie saine, virile, résolument ascensionnelle, aux antipodes du mal du siècle. La structure de quartes du thème initial semble empruntée aux dernières mesures de la *Sarabande* :

Bientôt s'affirme un deuxième motif en valeurs plus calmes, s'élevant graduellement pour s'épanouir en un chant passionné, brusquement coupé à son sommet. Alors, d'un voile pianissimo, poussière de gouttelettes multicolores, d'accords brisés de neuvième, le premier thème se reconstitue peu à peu et finit par éclater triomphalement en *ut* dièse majeur au détour d'une audacieuse modulation chromatique. A sa reprise très resserrée succède une brillante coda unissant les différents motifs et aboutissant à la large conclusion en accords.

Estampes

Les *Estampes* inaugurent une manière qui, après les *Images,* atteindra son apogée et sa fin dans les deux livres de *Préludes.* Debussy y fait appel à des sujets précis, prétextes à des évocations magiques où le compositeur semble s'identifier aux puissances mêmes de la nature qui l'inspire. Pour traduire ces sonorités jamais exprimées avant lui, il se forge de toutes pièces un langage pianistique révolutionnaire dont les *Estampes,* écrites fort rapidement en juillet 1903, offrent un premier et magistral exemple. Edward Lockspeiser a admirablement défini la nature et la portée de cet apport : « Le piano ne quitte pas seulement la pièce où l'on étudie ou le salon, il quitte aussi la salle de concert. Il devient l'instrument poétique d'un esprit vagabond imaginatif, capable de saisir et de recréer l'âme de lointains pays et de leurs habitants, les beautés sans cesse changeantes de la nature et les plus intimes aspirations d'un mortel découvrant comme un enfant les neuves et mouvantes merveilles de la création. » Et, dans une lettre du 3 septembre 1903 à André Messager, Debussy, annonçant l'achèvement de l'ouvrage, précisait : « Quand on n'a pas le moyen de se payer des voyages, il faut suppléer par l'imagination. » Durant les *Estampes* dès le mois d'octobre. Le fidèle Ricardo Viñes en assura la première audition le 9 janvier 1904, dans le cadre d'un concert de la Société Nationale donné Salle Érard. Les *Jardins sous la pluie* eurent les honneurs du bis.

Première œuvre achevée par Debussy après la création de *Pelléas,* les *Estampes* inaugurent sa haute maturité dans le domaine du piano. Désormais, sa production pianistique soutiendra un rythme presque ininterrompu jusqu'aux *Études* de 1915.

1. PAGODES : le premier volet du triptyque (*Modérément animé, si* majeur, à 4/4) nous emmène en Extrême-Orient, plutôt en Indonésie qu'en Chine (malgré le titre), et plus précisément à Bali. Profondément enthousiasmé par le gamelang balinais, découvert à l'Exposition universelle de 1889, où il avait passé de longues heures au *Kampong* javanais de la section néerlandaise, Debussy se montre en effet ici le précurseur d'Olivier Messiaen dans l'utilisation féconde des musiques d'Orient. Cette pièce, que l'auteur a marquée *délicatement et presque sans nuances,* évoque admirablement les résonances cristallines des gongs, des cloches, des cymbales et autres percussions balinaises. Régnant sur les touches noires, domaine de l'Asie, choisissant le ton lumineux de *si* majeur, *Pagodes* est dominé de bout en bout par un thème pentaphone obstiné auquel ses curieux ornements rythmiques et mélodiques confèrent une authenticité locale encore accrue :

La richesse des superpositions polyrythmiques n'a d'égale que la variété fabuleuse des sonorités. Dans le cadre très souple d'une forme à cinq compartiments, Debussy, travaillant sur de longues pédales, bien asiatiques encore (*si, sol* dièse, *ré* dièse, *ut* dièse), en arrive à remplacer les structures classiques par un mode de développement basé sur les couleurs et les volumes, les objets sonores jouant le rôle de thèmes. Les accords tassés, avec adjonction de secondes, ont déjà la valeur de véritables clusters, et l'accord parfait final s'enrichit de la seconde et de la sixte ajoutées. Cependant, les modes orientaux s'inscrivent dans le cadre d'une logique toute tonale, — ce que Vuillermoz a parfaitement compris lorsqu'il souligne l'introduction « discrète et savante d'une note de basse qui çà et là donne soudain au clapotis cambodgien ou javanais de la main droite un sens harmonique français que peuvent seuls savourer les initiés ». Alfred Cortot* vante « la nostalgie délicieuse de ces pays de lumière fine où s'accordent les rites doux et les danses traditionnelles, les fêtes des pêchers et les gestes rusés, patients et prémédités d'une civilisation raffinée ». Mais le génie prodigieusement intuitif de Debussy va beaucoup plus loin dans l'identification très poussée avec la manière orientale de *penser* la musique et de *créer le son*. Il n'est point question ici de pastiche, mais bien d'osmose : c'est tout ce qui sépare les *Pagodes* de la *Laideronnette* ravélienne.

2. LA SOIRÉE DANS GRENADE : cette torpide et obsédante habañera au lourd parfum, à la fois tendre et fière, tire sa prodigieuse puissance de suggestion de la présence d'une pédale obstinée d'*ut* dièse grave. Se déroulant, selon l'auteur, *« dans un rythme nonchalamment gracieux »* (*fa* dièse mineur, à 2/4), cette évocation mélancolique et hautaine d'une tiède nuit andalouse, première en date des grandes pièces espagnoles de Debussy, faisait l'admiration de Manuel de Falla, qui devait en citer un passage dans l'hommage posthume qu'il composa en 1920 pour le *Tombeau de Debussy* de la *Revue musicale*. Falla écrit : « La force d'évocation concentrée dans les quelques pages de *la Soirée dans Grenade* tient du prodige quand on pense que cette musique fut écrite par un étranger guidé presque par la seule vision de son génie... ». Rappelons que Debussy n'alla jamais en Espagne, sauf à la fin de sa vie pour assister à une corrida à Saint-Sébastien. Mais Falla poursuit : « C'est bien l'Andalousie qu'on nous présente : la vérité sans l'authenticité, pourrions-nous dire, étant donné qu'il n'y a pas une mesure directement empruntée au folklore espagnol et que, nonobstant, tout le morceau, jusque dans ses moindres détails, fait sentir l'Espagne. »

« Lorsque Debussy la jouait, nous rapporte Marguerite Long, il n'était que profondeur, attirance, enveloppements, envoûtements inexplicables. » Alfred Cortot* y entend « les bruits étouffés de ces rythmes ibériens qui font danser les belles filles, graves et arrogantes ». La forme du morceau, très libre et fort fragmentée, peut se ramener, quant à l'infrastructure, à cinq volets disposés en symétrie concentrique. Mais il n'y a pas moins de six éléments musicaux : la mélodie expressive de la main gauche à la mesure 7, élément de flamenco adoptant la gamme gitane, et qu'on retrouvera seulement dans la conclusion ; puis, après cette introduction, le motif de guitare des mesures 17-18 *(Tempo giusto)*, — faisant office de refrain : c'est lui que Falla citera dans son hommage, et on l'entendra à nouveau dans la coda, dépouillé de sa parure harmonique ; un élément de transition en triolets de croches *(Tempo rubato)* ; le thème de habañera proprement dit, en *la* majeur (*Très rythmé*, mesures 41-44) ; l'épisode central de tango (mesures 67-68), où l'on passe en *fa* dièse majeur ; enfin, complètement étrangère, et à dessein, au reste de la musique, l'interpolation à 3/4 (*Léger et lointain*, mesures 109-110), en *ut* majeur, qui coupe par deux fois la reprise variée de la habañera, créant une impression extraordinaire d'éloignement dans l'espace.

La Soirée dans Grenade fut précédée, dans l'œuvre de Debussy, par *Lindaraja*, pièce pour deux pianos de 1901 qui en constitue comme une ébauche (v. plus loin, *Œuvres à quatre mains*). Dans toutes deux, on trouve le fameux procédé harmonique de la pédale de *do* dièse, trouvaille géniale du jeune Ravel dans sa *Habañera* de 1895**, qui avait intéressé au plus haut point Debussy. Il s'ensuivit une véritable polémique, attisée par les partisans des deux compositeurs. Ravel devait vigoureusement défendre ses droits, et l'épisode se termina en 1907, lorsqu'il inclut dans sa

---

* A. Cortot, *op. cit.*
** V., ici même, Maurice Ravel : *Sites auriculaires*.

Rhapsodie espagnole la *Habañera*, qui y proclame fièrement sa date de 1895.

3. JARDINS SOUS LA PLUIE : au sortir de l'oppressante nuit andalouse, un vent cinglant et aigrelet de Paris rafraîchit l'atmosphère. Un premier état de cette pièce, très éloigné de la rédaction définitive, terminait le recueil d'*Images inédites* de 1894 (v. plus haut). Il portait alors le titre : *Quelques aspects de « Nous n'irons plus au bois »* parce qu'il fait un temps épouvantable. Les deux versions font usage en effet de la populaire chanson française que Debussy aimait tout particulièrement :

Mais dans l'*Estampe* définitive on trouve une autre chanson encore, promue même au rôle de thème principal : une paraphrase à peine déformée de « Do, do, l'enfant do... », très proche, également, du vieux carillon « Orléans, Beaugency... ». Debussy offre ici une stylisation parfaite du bruissement de la pluie, de l'éclaircie et du gazouillis de mille oiseaux frileux et mouillés. Le compositeur, à propos de la première rédaction, précisait qu' « il n'est pas défendu d'y mettre sa petite sensibilité des bons jours de pluie », alors que vingt ans plus tard il demandait à Marguerite Long « une ronde d'enfants au Jardin du Luxembourg ! Du soleil ! », sous prétexte... qu' « après la pluie vient le beau temps » !... Contradiction qui n'étonnera que ceux qui ignorent le caprice de nos giboulée de mars. Marguerite Long souligne à juste titre que l'allure de l'exécution doit être rapide (mesure à 2/2, indication *Net et vif*). Tant du point de vue rythmique que pianistique, il s'agit du reste d'une toccata, apparentée à celle de *Pour le piano* : que l'on compare par exemple les deux premières mesures des *Jardins* et les mesures 21-22 de la *Toccata* ! La tonalité de *mi* mineur, rare chez Debussy, ne se retrouve que dans une page pianistique tout à fait différente, *Et la lune descend sur le temple qui fut* (v., plus loin, *Images*).

D'un cahier d'esquisses

C'est l'une des pages les moins connues et les plus injustement négligées de Debussy. Sa date de composition ne peut être fixée avec certitude. Elle se situe sans doute en 1903, — et plutôt après les *Estampes* qu'avant. Certains auteurs suggèrent même le début de 1904. Quoi qu'il en soit, elle parut d'abord, sous le titre d'*Esquisse,* dans l'album de musique de *Paris illustré*, puis, la même année 1904, chez Schott Frères, à Bruxelles, sous son appellation définitive. Elle dut attendre sa première audition publique jusqu'au 20 avril 1910, mais l'occasion en fut exceptionnelle : il s'agissait du concert inaugural, salle Gaveau, à Paris, de la S.M.I. (Société de Musique Indépendante), fondée sous l'égide de Fauré dans le but de promouvoir la musique nouvelle qui trouvait de moins en moins accès à la vénérable Société Nationale. L'interprète n'était autre que Maurice Ravel.

Cette pièce brève de cinquante-trois mesures seulement n'a rien d'une ébauche. C'est une lente et langoureuse rêverie (*Très lent, sans rigueur, ré* bémol majeur, à 6/8), dont la limpidité mystérieuse révèle la main d'un grand maître. Inaugurant dans la production pianistique de Debussy l'écriture conséquente sur trois portées, elle se rattache à *Lindaraja* et à *la Soirée dans Grenade* par la recherche des rythmes espagnols de habañera. Mais c'est d'une Espagne de rêve qu'il s'agit ici, toute en sonorités lointaines et en fluctuations délicates, avec l'alternance, voire la superposition, de valeurs binaires et ternaires dans le cadre du 6/8. A l'exception d'un bref crescendo de quatre mesures et d'une unique mesure de forte, les valeurs dynamiques se cantonnent entre le double et le triple pianissimo. La qualité mélodique, la richesse des harmonies et de l'écriture instrumentale permettent d'y voir une étude préparatoire aux *Images,* — d'autant plus qu'on y trouve des allusions presque littérales, notamment à *Reflets dans l'eau* (effet bitonal du *ré* bémol sur pédale de *la*).

Masques

Masques et *l'Isle joyeuse* sont les deux pièces pour piano les plus développées de Debussy, et ce sont les deux seules œuvres importantes de sa maturité pianistique qui n'aient pas été intégrées dans un recueil, — peut-être justement à cause de leurs dimensions. Composées presque coup sur coup en juillet 1904, publiées la même année et créées le même soir par Ricardo Viñes lors d'un concert de la Société Nationale de Musique (salle Pleyel, 18 février 1905), ces deux œuvres jumelles ont cependant connu une destinée bien différente. Si l'éblouissante virtuosité de *l'Isle Joyeuse* lui a attiré de bonne heure la faveur des interprètes et du public, son aînée immédiate, plus sombre et plus secrète, compte au nombre des chefs-d'œuvre les plus mal connus de Debussy.

Or, les deux pièces sont plus étroitement liées aux circonstances de la vie privée de Debussy qu'aucune autre œuvre de sa plume, et elles constituent une sorte d'étoile double dont on ne saurait dissocier les éléments : *Masques,* en *la* mineur, s'oppose à *l'Isle joyeuse,* en *la* majeur, comme la nuit au jour. Si *l'Isle joyeuse* reflète la joie du triomphe solaire de l'amour de Claude et d'Emma Bardac, *Masques* représente le tunnel oppressant qui y mène, les affres de la séparation d'avec Lily Texier. Se fiant à un titre ambigu, on a trop souvent voulu voir dans cette pièce une évocation des personnages de la Commedia dell'arte, ce que semblent corroborer ses rythmes tourbillonnants de tarentelle. Mais si carnaval il y a, il est sinistre et nocturne, amer et sarcastique. Debussy en précisa sans ambages la portée à Marguerite Long : « Ce n'est pas la comédie italienne, mais l'expression tragique de l'existence. » Le rapprochement qui s'impose le plus est celui avec les *Scherzos* de Chopin, — avec leur clair-obscur inquiétant, leur jeu d'ombres, leur angoisse traversée d'élans de révolte. Par la singularité de sa pulsation rythmique, constamment équivoque entre le 6/8 et le 3/4, par sa polarisation modale autour d'une note-pivot,

Masques, dont on peut voir une préfiguration lointaine dans la *Tarentelle styrienne* de 1890, fait partie des pièces hispanisantes de Debussy. L'obsession des notes répétées, en alternance rapide des deux mains, dans les volets extérieurs surtout, évoque quant à elle la guitare. Marc Pincherle, pour sa part, y trouve quelque chose du bourdonnement insidieux de *Scarbo*. L'immobilité même de l'épisode central conserve une tension menaçante, lourde de toutes les violences virtuelles, « point étale qui est aussi point d'angoisse parce que toutes les possibilités y restent suspendues dans l'équilibre de l'indifférence » (V. Jankélévitch*). Il faut souligner encore que *Masques* est l'une des pièces les plus modernes et les plus âpres de Debussy du point de vue sonore, avec la tyrannique présence des quintes vides, des secondes crissantes, cigales de cauchemar au sein de la fantasmagorie nocturne, avec le dur éclat métallique des percussions opiniâtres, — plus plectres que doigts. Et cette lune laiteuse et illusoire précédant la replongée dans les ténèbres (l'architecture ternaire est ici plus stricte et plus dépouillée qu'ailleurs chez Debussy)... Et la langueur sournoise de l'effacement terminal, le fantasme qui se fond dans la nuit qui l'enfanta sans se dissoudre en elle... *Masques,* merveille méconnue, ne ressemble décidément à rien d'autre chez Debussy.

L'Isle joyeuse

Cette évocation d'une merveilleuse et délicate poésie, servie par une écriture pianistique d'une somptuosité exceptionnelle, aurait été inspirée — selon une tradition bien ancrée — par *l'Embarquement pour Cythère* de Watteau. Mais si *l'Isle joyeuse,* c'est Cythère, Cythère, c'est Jersey, l'île des amours triomphantes de Claude Debussy et de celle qui allait devenir sa seconde femme, Emma Bardac. Après les maléfices nocturnes de *Masques,* c'est l'euphorie solaire face à la mer resplendissante, c'est la fierté épanouie de l'affirmation virile, c'est la joie des amants enfin débarrassés de leurs masques. Le souffle puissant qui soulève cette musique est celui du grand large : cette évocation d'une île est tout naturellement une marine musicale, — la première que l'on trouve dans l'œuvre pianistique de Debussy, plus proche, du reste, de *la Mer (De l'aube à midi sur la mer),* qui la suit à moins d'un an de distance, que des *Sirènes,* de cinq ans antérieures.

Debussy en termina la mise au net à Saint-Hélier (Jersey) le 5 août 1904, très peu de temps après sa conception première, semble-t-il. Il était conscient d'avoir composé là une page d'une portée exceptionnelle, tout particulièrement en ce qui concerne l'écriture pianistique. *L'Isle joyeuse* fut publiée avant la fin de 1904, et Ricardo Viñes en assura la création, salle Pleyel, le 18 février 1905, le même soir que *Masques.* Avec ses deux cent cinquante-

---

* In : *La Vie et la Mort dans la musique de Debussy* (La Baconnière, Neuchâtel).

cinq mesures et ses treize pages de partition, c'est la plus développée de toutes les pièces pour piano de Debussy, un Debussy comme ivre d'espace, dans un état d'extraversion exceptionnel. D'où la richesse immense des coloris et des nuances dynamiques, s'élevant à la fin jusqu'au triple fortissimo. D'où, encore, la franchise crue, chaleureuse, claironnante, de ce ton de *la* majeur que Debussy n'a utilisé que rarement au piano. *L'Isle joyeuse* fut la première œuvre que Debussy fit travailler à Marguerite Long, et celle-ci lui consacra une longue et pénétrante analyse, qu'il faut citer, au moins en partie : « C'est une vision fastueuse, un vent de joie d'une prodigieuse exubérance, une fête du rythme où, sur de vastes courants de modulations, le virtuose devra maintenir une technique exacte, sous les voiles tendues de son imagination. Debussy disait que la cadenza introductive était conçue " comme un appel ". Après avoir exposé le thème à une cadence joyeuse, précise et implacable, ... il faut maîtriser la puissance atomique jusqu'à la fin, la graduer. Elle doit n'y éclater qu'après l'apothéose cuivrée des trompettes... Dans la dernière page, vertigineuse à lire comme à jouer, son et lumière semblent lutter de vitesse. »

Le trille initial du *Quasi una cadenza* introductif se colore d'emblée de la quarte augmentée lydienne caractéristique pour l'ensemble du morceau. Mais cet exode se déroule plutôt sur la dominante de *fa* dièse, et n'annonce donc pas le ton principal de *la* majeur, qui s'affirme au moment où le tempo métrique se fixe (*modéré et très souple*, mesure 7), — cependant qu'apparaît bientôt le thème principal, *léger et rythmé*, dont l'alternance de valeurs pointées et de tourbillonnants triolets de doubles croches annonce curieusement *The little shepherd*, de *Children's Corner*, également en *la* majeur. Divers éléments subsidiaires, affirmant la mesure à 3/8 (mais la croche conserve la même valeur que dans le 4/4) conduisent à l'ample cantilène ascendante du second thème (*un peu cédé, molto rubato*), marqué *ondoyant et expressif* (mesure 67), d'un caractère chaleureux et enthousiaste. Ayant atteint le ton de la dominante (*mi* majeur), Debussy commence à partir de la mesure 99 (*a Tempo*) une sorte de grand développement, amplifiant librement les idées précédentes : l'infrastructure de la sonate classique affleure donc ici plus nettement que de coutume. Une véritable fausse reprise du premier thème en *ut* majeur (nous ne quittons plus le 3/8) mène, par une gradation rapide, à son affirmation dans le ton principal, marquant la réexposition (*plus animé*, mesure 160). Réexposition totalement renouvelée, bien entendu, à l'issue de laquelle éclate, d'abord en *mi* bémol majeur (antipode, triton de *la*), puis en *fa* majeur, le motif triomphal de fanfare, dont le martèlement a été rapproché par certains commentateurs de l'épisode médian de *Fêtes*.

Il mène à l'apothéose dionysiaque de la seconde idée, transfigurée en un fortissimo tout orchestral (*un peu cédé*, mesure 220), où il se combine avec le rythme de la fanfare que Debussy exige *très en dehors*. La cadenza du début (*très animé jusqu'à la fin*, mesure 244) fait office de coda, culminant en un strident accord lydien trillé aux deux mains.

Images

Livre Ier

Debussy travailla aux trois pièces du premier Livre durant le printemps et l'été de 1905, après l'achèvement de *la Mer* (5 mars). *Reflets dans l'eau* lui donna le plus de mal, et la mise au point de sa rédaction définitive retarda à elle seule l'envoi de tout le recueil à Jacques Durand. Debussy y consacra le mois d'août, qu'il passa à Eastbourne en compagnie de sa femme : le 19, il s'y acharnait encore. Mais tant d'efforts devaient finalement porter leurs fruits, et Debussy exprima sa satisfaction de l'œuvre achevée à Durand en ces termes : « Sans fausse vanité, je crois que ces trois morceaux se tiennent et qu'ils prendront leur place dans la littérature de piano..., à gauche de Schumann ou à droite de Chopin... as you like it. » Les trois pièces furent publiées à la fin de la même année, alors que Debussy était depuis peu de semaines l'heureux papa de Chouchou. Maurice Dumesnil joua l'*Hommage à Rameau* dès le 14 décembre 1905, aux Soirées d'Art, mais l'honneur de la première audition intégrale revint une fois de plus à Ricardo Viñes : le 6 février 1906 à la salle des Agriculteurs, à Paris, puis le 3 mars à la Société Nationale. *Mouvement* fut bissé.

1. REFLETS DANS L'EAU : c'est une évocation du liquide élément, inégalable de sensibilité poétique, de frémissante sensualité et de rêve. Fruit de longues recherches, d'un raffinement harmonique croissant, ce « poème de l'agonie de la lumière, de la lumière estompée par l'onde » (André Suarès) aurait été inspiré par un étang réfléchissant l'image d'arbres et de plantes. Son chatoiement crépusculaire est totalement vide de présence humaine. Bien plus, le paysage est silencieux, — et ce n'est pas le moindre paradoxe du génie de Debussy que d'avoir donné ici une traduction sonore du silence. Cette musique n'est que l'équivalence d'une réalité purement optique ! Alfred Cortot* parle de « sommeil lumineux et flottant des aspects inversés » et des « images lentes qui s'étirent au miroir ondoyant des sonorités, dans la transparence délicieuse des accords et des arpèges effleurés ».

Par-dessus l'infrastructure à peine perceptible d'une forme à cinq compartiments, alternant deux thèmes, on peut distinguer jusqu'à huit sections différentes. Une atmosphère automnale domine ici (*Andantino molto, tempo rubato*, 4/8), et Marguerite Long a souligné avec raison que ce tempo rubato, « tel le flot captif de ses berges, ne veut pas dire altération de ligne, de mesure, mais de nuance et d'élan ». Le thème principal, aux trois notes descendantes obstinées (*la* bémol, *fa*, *mi* bémol), chaque fois varié, d'abord en accords, ensuite en arpèges, enfin réduit à sa seule mélodie, alterne avec une autre idée au cours d'épisodes aussi libres que divers, mais unifiés par leur climat et le ton de *ré* bémol majeur. On peut constater une troublante ressemblance entre ce second thème, en gamme par tons, et l'appel de trompette du *Dialogue du vent et de la mer*. Alors que le thème initial est réexposé chaque fois différemment, le second fait l'objet d'un véritable développement sous forme de variations par changements d'accords et de rythmes. A la seconde présentation, arpégée, du premier thème, Debussy indiquait à Marguerite Long : « Un petit cercle dans l'eau, un petit caillou qui tombe dedans. » A la fin du morceau *(dans une sonorité harmonieuse et lointaine)*, la nuit tombe doucement, l'allure se ralentit encore, tandis que les événements sonores se raréfient et s'éloignent...

2. HOMMAGE À RAMEAU : c'est une sobre stèle, du plus pur marbre, au grand musicien français que l'édition complète entreprise par Durand, malheureusement interrompue par la suite, et à laquelle collaborait l'auteur de *Pelléas*, ainsi que les concerts historiques de la Schola Cantorum qui étaient alors en train de ressusciter au terme d'un siècle et demi d'oubli. Au cours d'un de ces concerts, celui du 22 juin 1903, Debussy avait entendu *la Guirlande*, et en avait été profondément impressionné. Par la suite, il ne devait cesser de proclamer son admiration pour l'auteur de *Dardanus*, — mettant en garde ses contemporains « contre la grandiloquence menteuse des enfants fous de gloire, négligeant le goût parfait, l'élégance stricte, qui forment l'absolue beauté de la musique de Rameau ». Il semble de prime abord paradoxal que Debussy ait glorifié la mémoire de Rameau et Ravel celle de Couperin, alors qu'on eût peut-être attendu l'inverse. Mais l'attirance des contraires ne rend pas compte à elle seule de ce choix, et une réflexion plus profonde, dépassant notre cadre, soulignerait tout le ramisme de Debussy.

Lent et grave, dans le style d'une sarabande, mais sans rigueur (*sol* dièse mineur, à 3/2), le thème non harmonisé expose, en octaves nues, sa courbe splendide en mode dorien pentaphone, modèle de « divine arabesque » ornementale autour de sa tonique, qui s'exhale en non moins de six périodes :

On en remarquera l'asymétrie rythmique, avec des interpolations de mesures à 4/2, 1/2 et 2/2. Des harmonies chromatiques doucement meurtries viennent troubler ensuite, de leur raffinement aigu, presque douloureux, la sérénité du début. Après l'épisode central, qui présente le thème du début renversé — geste d'hommage aux vieux polyphonistes —, elles reviennent cependant le temps d'une brève reprise, et une cadence finale de *sol* dièse en mode mineur mélodique termine cette sœur plus profonde et plus riche de la *Sarabande* de 1896, cette grave procession d'une noblesse antique, que Debussy voulait entendre interprétée « comme une offrande ». L'accord final, à peine audible, s'étage sur cinq

---

* A. Cortot, *op. cit.*

octaves et une quinte. Les sept notes graves se posent d'abord, en triple pianissimo, leur redoublement dans l'aigu marqué *pppp*, s'ajoutant après une demi-pause.

3. MOUVEMENT : *Avec une légèreté fantasque et précise,* ce mouvement perpétuel plein d'humour et de fantaisie (*Animé, ut* majeur, à 2/4), aux triolets obstinés de doubles croches, révèle cette même frénésie giratoire que l'on trouve dans *Masques* ou dans *Fêtes* :

« Il faut que ça tourne dans un rythme implacable », recommandait Debussy à Marguerite Long, mais ce tournoiement est purement statique, et l'apparente exaltation de la joie de la vitesse s'épuise sur place et se dévore elle-même. Le rôle neutre et indifférent de l'harmonie diatonique souligne cette impression de statisme, et le choix d'*ut* majeur est fort significatif à cet égard. Les deux mains se superposent fréquemment en position serrée, — ce qui n'exclut pas une échelle dynamique assez exceptionnelle chez Debussy, allant du triple pianissimo au triple fortissimo. Le morceau est de forme ternaire, avec un milieu plus agité faisant brièvement diversion à l'ostinato impassible des triolets, dont on retrouve la grisaille informelle à l'issue de l'unique triple fortissimo. Page étrange et envoûtante où Debussy atteint au fatalisme concentré des derviches tourneurs.

Livre II

Au premier recueil des *Images,* achevé en août 1905, succèdent deux années entièrement stériles. Ce n'est qu'en octobre 1907 que Debussy se ressaisit enfin, rédigeant trois nouvelles *Images* pour le piano. Selon Marcel Dietschy, elles auraient été conçues dans un ordre différent de celui de la partition imprimée (3.1.2), — l'équilibre de cette dernière étant plus satisfaisant sur le plan purement musical. Debussy y travailla encore jusqu'en janvier 1908. Ricardo Viñes les présenta pour la première fois au Cercle musical à Paris, le 21 février, et Durand les fit paraître peu après. La complexité accrue de l'écriture explique la nécessité de son étagement constant sur trois portées, qui rend plus sensible celui des divers plans, ainsi que l'individualisation des timbres, des volumes sonores et des rythmes.

1. **CLOCHES À TRAVERS LES FEUILLES** : selon Louis Laloy, cette pièce (*Lent, sol* mineur, à 4/4), qui réalise de fort complexes résonances d'harmoniques, aurait été inspirée au compositeur par la description, faite par Laloy lui-même, d'une ancienne coutume des campagnes jurassiennes : « Le glas qui sonne depuis les vêpres de la Toussaint jusqu'à la Messe des Morts, traversant de village en village les forêts jaunissantes dans le silence du soir. » Une prenante atmosphère d'automne domine en effet ce morceau, dont Vladimir Jankélévitch* décèle dans les dernières mesures la chute expressive de « la fatigue amoureuse ». De son côté, Marguerite Long définit opportunément l'opposition sonore fondamentale sur quoi s'édifie le morceau : « Deux forces éparses sont en présence : le bronze, que nous sentons gronder dans les grosses cordes du piano, et une jungle harmonique, insondable à souhait. » La réalité est plus nuancée et plus complexe, pour peu qu'on essaie de sonder tout de même la jungle...

Le début, entièrement bâti sur la gamme par tous,

témoigne d'une richesse rythmique absolument unique, faisant entendre à la troisième mesure sept valeurs rythmiques différentes et simultanées, auxquelles une huitième vient encore s'ajouter deux mesures plus loin. Au cours d'une deuxième section, la couleur change, la grisaille devient « comme une buée irisée » (Debussy). Lors de l'épisode suivant, « un peu animé et plus clair », le soleil perce à travers le feuillage, eu un *mi* majeur éclatant, rehaussé encore de la quarte lydienne. La brève reprise du début se déroule sur un fond de triolets formant un carillon obstiné, après quoi la coda désintègre le second thème et meurt tristement sur un accord vespéral de *sol* mineur. C'est à propos de cette pièce que Debussy utilise le terme de « chimie harmonique », qui semble cependant s'appliquer mieux encore à la suivante.

---

* V. Jankélévitch, *op. cit.*

2. ET LA LUNE DESCEND SUR LE TEMPLE QUI FUT : dédiée à Louis Laloy, cette pièce d'inspiration exotique, plus précisément orientale, et lunaire à la fois, montre Debussy sous son jour méconnu de génial mélodiste. Le sommeil d'un vaste paysage, que les rayons intermittents de la lune semblent consoler de leur caresse, est en effet évoqué par le miracle d'une musique entièrement mélodique, dont l'ample courbe ne connaît d'autre accompagnement que les subtiles harmonies de quintes et de secondes qui l'habillent. Ce déplacement mélodique de chaînes d'accords donne à la mélodie le volume de la dimension spatiale ; on pense aux mixtures à l'orgue :

La tonalité officielle du morceau est *mi* mineur, mais la vraie tonique mélodique est bien le *si* (dominante). Malgré sa brièveté et son homophonie, c'est l'une des structures formelles les plus complexes de Debussy, et l'on peut y distinguer non moins de onze sections et trois thèmes principaux.

C'est, en tout cas, l'une des inspirations poétiques les plus émouvantes de son auteur. Si Marcel Dietschy, guidé par des considérations biographiques (la lassitude, la saturation du bonheur domestique, la hantise de la stérilité créatrice) y voit « l'évocation du néant, l'image glacée et blafarde des espaces sidéraux où toute souffrance s'engloutit », Alfred Cortot* vante surtout « la beauté méditative d'un site lentement composé par le temps, qui poursuit dans la nuit vaporeuse le rêve de ses ruines ». Et Marguerite Long, soulignant le « paradoxe d'une musique donnant l'impression du silence par le moyen de l'oppression », fait un rapprochement d'une étonnante pénétration lorsqu'elle parle de ce temple qui « émerge de la forêt comme la cathédrale engloutie de l'Océan ». Tous ces points de vue sont conciliables : par-delà son prétexte visuel, le thème profond de cette pièce, la plus lourde d'avenir, peut-être, que Debussy ait confiée au piano avant les *Préludes,* c'est la hantise du temps qui fuit, du déclin et de la ruine, la fascination mêlée de terreur du *Nirvâna*.

3. POISSONS D'OR : Ricardo Viñes, dédicataire de cette pièce, rappelle les circonstances de cette dédicace, le 26 novembre 1907 : « Je le voyais nerveux, gêné, faisant des signes à sa femme. C'était un ami exquis, mais d'humeur difficile. Je m'attendais à une algarade amicale et me demandais ce qui allait m'arriver. Debussy se mit au piano et joua à sa façon souple et veloutée *Poissons d'or*. Puis, il me montra en riant la dédicace. Je l'en remerciai, profondément ému et troublé... » Debussy possédait dans son bureau un somptueux panneau japonais de laque noire, rehaussé de poissons de nacre et d'or, et c'est lui qui inspira cet étincelant scherzo pianistique, digne de son dédicataire en son étourdissante virtuosité. Du point de vue instrumental et sonore, il rappelle du reste *l'Isle joyeuse*, autre pièce aquatique, vive et mobile. Mais *l'Isle joyeuse* était diurne et solaire, alors qu'ici le ton de *fa* dièse majeur « fulgurant et rutilant, projetant des gerbes d'étincelles » (V. Jankélévitch) ferait plutôt penser aux féeries lumineuses sur fond de nuit d'un Paul Klee. On peut reconnaître sept sections, en progression d'éclat et d'agilité pianistique depuis l'*Animé* initial, — bien que les dernières mesures soient inopinément retenues, le morceau s'éteignant en pianissimo. En ses zigzags rapides et capricieux, en ses traits insaisissables et en l'éclaboussement de ses groupes-fusées, la musique « amplifie et exalte le mouvement scintillant du vif modèle, pourtant immobilisé par l'artiste d'Extrême-Orient ». (Léon Vallas.)

Children's corner

De 1903 à 1907, de *Pagodes* à *Poissons d'or,* Debussy avait produit douze grandes pièces pour piano, d'une richesse instrumentale et d'un raffinement de langage sans cesse croissants. Avant de s'élancer vers de nouvelles conquêtes, celle des *Préludes,* il se ménagea une brève halte, une sorte de palier. Cette parenthèse, cet intermède intime, c'est *Children's corner*.

Le chapitre Chouchou est à part dans l'œuvre de Debussy comme il l'est dans sa vie. C'est sur la pointe des pieds que nous faisons intrusion dans ce petit royaume de délicate féerie. Debussy a passionnément aimé sa fille dès sa naissance, qui le trouva désemparé et ravi à la fois. C'est en juillet

---

* A. Cortot, *op. cit.*

1908 qu'il offre à Chouchou l'exquis petit recueil qui l'a immortalisée, mais la troisième pièce, *Serenade for the doll,* remonte à 1906. Selon Edward Lockspeiser, elle aurait même fait alors l'objet d'une publication séparée, mais il n'a pas été possible d'en retrouver trace. Quoi qu'il en soit, c'est Chouchou qui a arraché Debussy au terrible marasme de deux années de stérilité créatrice, — d'abord en 1906, puis en 1908 : avant la fin de l'année, *Iberia* sera achevée. Quant à *Children's corner,* publié par Durand cette même année avec une amusante couverture dessinée par Debussy lui-même, la première audition publique en fut donnée par Harold Bauer, au Cercle musical, à Paris, le 18 décembre 1908. Signalons qu'André Caplet réalisa une transcription orchestrale de l'œuvre, dont Debussy lui-même dirigea la première audition le 25 mars 1911.

Children's corner exige de l'exécutant moins de virtuosité qu'un toucher nuancé, beaucoup de sensibilité et d'imagination. Ces miniatures, que leur simplicité raffinée permet de comparer aux *Enfantines* de Moussorgski, que Debussy admirait tant, ne sont pas destinées à des mains enfantines, ni même en priorité à de jeunes auditeurs, nonobstant la dédicace conçue dans les termes suivants : « A ma très chère petite Chouchou, avec les tendres excuses de son père pour ce qui va suivre. » Dans *Children's corner* l'humour le plus fin se mêle à l'émotion la plus délicate, le sourire le plus espiègle à la plus douce affection. Par les titres anglais des morceaux, Debussy se moque gentiment de l'anglomanie alors régnante, et à laquelle il échappait d'ailleurs moins que tout autre, pas plus que son épouse : Chouchou avait une gouvernante anglaise, Miss Dolly, et les murs de sa chambre n'étaient ornés que de gravures anglaises...

1. La première pièce, DOCTOR GRADUS AD PARNASSUM (*Modérément animé, ut* majeur, à 4/4), est une fine raillerie des redoutables exercices de Clementi et exprime ainsi avec humour l'opinion plutôt sceptique de Debussy quant à la valeur de ce genre d'éducation musicale... Déjà l'enfant languit après les jeux qui l'attendent, et ce désir d'évasion se traduit par le bref ralentissement qui interrompt en son milieu le cours de cette toccata scintillante.

2. JIMBO'S LULLABY (*Assez modéré, si* bémol majeur, à 2/2), c'est la tendre berceuse pour le gros éléphant branlant en peluche. Tandis que la partie principale est basée sur la gamme pentaphone, la partie centrale, un peu plus animée, introduit également la gamme par tons. La douce conclusion mêle ces deux éléments avec délicatesse et esprit. Cortot questionne : « Est-ce l'enfant, est-ce le jouet qui s'endort ? Peut-être tous les deux... »

3. Puis la fillette offre à sa poupée la plus exquise des sérénades, SERENADE FOR THE DOLL (*Allegretto ma non troppo, léger et gracieux, mi* majeur, à 3/4), dont les rythmes quelque peu espagnols, les quintes et quartes piquées des mains très rapprochées, constituent une souriante satire de la guitare. Victime de sa connaissance approximative de l'anglais, Debussy a écrit en tête du morceau : *Serenade of the doll.* C'est bien entendu *for the doll* qu'il faut lire : Sérénade *à* la poupée, et non point *de* la poupée.

4. Avec THE SNOW IS DANCING (*Modérément animé, ré* mineur, à 4/4), le compositeur donne un émouvant pendant de ses *Jardins sous la pluie,* dont la fine mélancolie est inégalable. Ici, comme chez Schumann, « le poète parle ». Cette évocation du monotone tournoiement des flocons de neige que les enfants contemplent tristement par la fenêtre durant les longues journées d'hiver où ils sont retenus à la maison est digne de figurer au côté des plus beaux *Préludes.* Le morceau se présente comme une petite étude sur les doubles croches alternées aux deux mains en staccato doux. De petits motifs plaintifs *(doux et triste)* se détachent de temps à autre sur ce fond de flocons...

5. Voici à présent la délicieuse idylle du petit berger, THE LITTLE SHEPHERD (*Très modéré, la* majeur, à 4/4), sorti tout droit, avec son chalumeau, des albums d'images anglais. Des mélismes pentaphones, légèrement mélancoliques, évoquant *la Fille aux cheveux de lin* — mais on comparera aussi le début de la mélopée avec celui du *Prélude à l'après-midi d'un faune* —

(Prélude à l'après-midi d'un faune)

alternent avec des rythmes pointés plus animés (citation presque exacte du début de *l'Isle joyeuse),* au cours de ce conte d'une Arcadie bienheureuse pénétré d'une exquise nostalgie. Marguerite Long l'entendit joué par Chouchou elle-même : « C'était très émouvant, elle rappelait presque Debussy », rapporte-t-elle.

6. « Ataxique et dégingandé » (Alfred Cortot), GOLLIWOGG'S CAKE-WALK (*Allegro giusto, mi* bémol majeur, à 2/4) constitue le finale plein d'effet. Pour traduire les gestes saccadés et mécaniques d'une poupée nègre qui danse, Debussy évoque ici pour la première fois la musique de jazz, — alors encore dans son enfance. Ce tout premier essai d'intégrer l'art des Noirs d'Amérique dans la musique classique européenne prévoit déjà l'évolution de cette dernière après la Première Guerre mondiale. Dans deux de ses *Préludes (Minstrels* et *General Lavine-eccentric)*, Debussy devait poursuivre sur cette voie pour rendre hommage à l'art des clowns, qu'il admirait tant. Mais ici, au milieu de son *cake-walk,*

le grand wagnérien renégat a inséré une citation à demi ironique des premières mesures de *Tristan,*

accompagnée de l'indication tant soi peu pince-sans-rire « avec une grande émotion » !... Quant à la seconde ajoutée de l'accord final, elle devait devenir un lieu commun du jazz commercial.

Hommage à Haydn

Il s'agit ici d'une simple page de circonstance, dans laquelle il serait vain de chercher la portée de l'*Hommage à Rameau* (v. *Images,* plus haut). En mai 1909, on fêtait le centenaire de la mort de Haydn. A cette occasion, la Revue de la Société de Musique Indépendante sollicita plusieurs compositeurs, en leur proposant de traiter le thème *si-la-ré-ré-sol,* dont les première, seconde et quatrième notes correspondent aux lettres H, A et D en notation allemande, tandis que les deux autres ont été obtenues en appliquant la série alphabétique des lettres à la série diatonique de l'échelle sonore : Y correspond ainsi à *ré,* et N à *sol.* Sur ce thème tout artificiel, Debussy composa son bref *Hommage à Haydn* en juillet 1909. Il parut dans le numéro « Haydn » de la S.M.I., le 15 janvier 1910, — voisinant avec des pages de Dukas, Reynaldo Hahn, d'Indy, Ravel[*] et Widor. Ennemond Trillat en donna la première audition publique à la Société Nationale de Musique, à Paris.

L'*Hommage à Haydn* commence par un mouvement de valse lente, qui n'établit que progressivement le ton principal de *sol* majeur. Le rythme dansant s'affirme peu à peu sur une basse nostalgique. Par deux fois, le thème imposé s'élève à la main droite. Puis le tempo s'accélère, devient un 3/8 *vif,* cependant que le thème revêt l'allure capricieuse d'un scherzando, chevauchant malicieusement la barre de mesure. L'allure s'anime encore, le thème est martelé en accords percutants, puis la musique se calme et s'alanguit. Les dix dernières mesures du morceau en constituent un piquant raccourci. On admirera la souplesse des métamorphoses rythmiques auxquelles Debussy soumet un motif bien peu engageant au départ.

Le petit nègre

Cette pochade semble presque un premier jet, une version rejetée, de *Golliwogg's cake-walk* (v., plus haut, *Children's corner*), — tant les deux pièces se ressemblent. A défaut de pouvoir en dater exactement la composition, on peut rappeler qu'elle fut publiée dès 1909 dans la *Méthode de piano* de Théodore Lack, avant que Leduc n'en assurât une édition séparée posthume en 1934. Debussy devait en reprendre le thème principal en 1913 pour évoquer le soldat anglais dans *la Boîte à joujoux.* Cette petite pièce simplette (*Allegro giusto, ut* majeur, à 2/4), accessible aux apprentis pianistes, est moins négligeable qu'il n'y paraît. Sa mélodie secondaire rappelle très curieusement Chabrier. Les basses en tierces chromatiques descendantes et de menus détails d'harmonie permettent de reconnaître la griffe de l'auteur, — sauvant cette bluette de la banalité.

Préludes

Groupés en deux Livres, les vingt-quatre

---

[*] V. notamment, ici même, Maurice Ravel : *Menuet sur le nom de Haydn.*

Préludes sont le fruit de la haute maturité de Debussy, l'aboutissement de la démarche créatrice inaugurée avec les *Estampes* et poursuivie avec les *Images*. La seule œuvre importante qui leur succédera pour le clavier sera le recueil des douze *Études*, testament pianistique du musicien.

Ces *Préludes* se proposent un objectif bien différent de ceux de Chopin, et il n'est pas question de les comparer. Chez le Polonais, ce sont de saisissants raccourcis d'états d'âme, des instantanés psychologiques éclairant brusquement le subconscient surpris. Chez le Français, au contraire, ce sont des évocations destinées à rendre une atmosphère, à créer un état de sensibilité, de réceptivité propice à l'identification de l'auditeur avec le thème choisi, paysage ou personnage. C'est une équivalence sonore du sujet. Du réalisme poétique des *Images,* nous sommes passés au plan plus abstrait d'un symbolisme musical.

Cette différence explique que les *Préludes* de Chopin ne portent point de titres, à la différence de ceux de Debussy ; pourtant, à chaque fois, le compositeur ne révèle son prétexte qu'à la fin du morceau : ainsi en est-il dans la partition. Loin d'être une coquetterie typographique, cette pratique nous révèle la véritable essence de ces morceaux : ce sont des Préludes à... quelque chose — comme, déjà, le *Prélude à l'après-midi d'un faune* — non pas des descriptions, mais des prémonitions, des intuitions musicales, dont les prolongements en nous sont illimités, alors que chez Chopin chaque court instant musical trouvait sa fin en soi.

Vladimir Jankélévitch* a admirablement saisi l'essence du prélude debussyste, dans lequel il voit le cadre formel par excellence de notre musicien : « Le statisme et la phobie du développement discursif ont trouvé dans le prélude leur forme privilégiée [...] Le prélude, c'est l'avant-propos éternel d'un propos qui jamais n'adviendra. » Et, à propos de *Feux d'artifice* : « Les préliminaires du concert sont le concert lui-même. »

A de rares exceptions près *(Feux d'artifice, La cathédrale engloutie),* les *Préludes* sont de dimensions plus restreintes que les *Estampes* ou les *Images*. Les pages d'éclat et de virtuosité *(Ce qu'a vu le vent d'Ouest, Feux d'artifice)* y sont également plus rares. Le double cycle des vingt-quatre *Préludes* couvre presque toutes les tonalités majeures et mineures, tout en favorisant certaines : *ut* majeur revient quatre fois et *ré* bémol majeur trois fois. La variété des structures formelles correspond à celle des climats expressifs. Les *Préludes,* véritable microcosme debussyste, n'ignorent aucun des grands courants de l'inspiration du musicien. Les paysages sont les plus nombreux, bien entendu, qu'ils soient de terre *(Les sons et les parfums, Des pas sur la neige, Feuilles mortes, Bruyères),* de mer *(Voiles, Ce qu'a vu le vent d'Ouest, La cathédrale engloutie)* ou d'air *(Brouillards, Le vent dans la plaine),* qu'ils s'évadent vers l'Espagne *(La sérénade interrompue, La Puerta del Vino),* vers l'Italie *(Les collines d'Anacapri)* ou vers l'Extrême-Orient *(La terrasse des audiences du clair de lune).* On y trouve aussi bien l'attirance de Debussy pour une antiquité gréco-égyptienne aux mystères impénétrables *(Danseuses de Delphes, Canope)* que pour le monde des fées et des lutins *(Danse de Puck, Les Fées sont d'exquises danseuses, Ondine).* L'humour parodique d'essence anglo-saxonne se manifeste avec une verve mordante *(Minstrels, General Lavine-eccentric, Hommage à S. Pickwick).* L'avant-dernier prélude, enfin, part d'un prétexte purement musical et abstrait *(Les tierces alternées),* et sert ainsi de lien avec le recueil des *Études.* On soulignera une fois encore à quel point l'univers debussyste est vide de personnages humains nettement profilés et individualisés. On n'y trouve que des clowns, des êtres surnaturels, ou alors des silhouettes un peu irréelles *(La fille aux cheveux de lin).* Debussy ne nous donne à voir ni l'amoureux transi de *La sérénade interrompue,* ni la foule en liesse, spectatrice anonyme des *Feux d'artifice...*

Le premier Livre a été composé en un temps très bref : de décembre 1909 à février 1910. La plupart des pièces en sont datées. La composition du second Livre, au contraire, s'échelonne sur trois ans (1910-1912), durant lesquels maintes œuvres majeures (*Le Martyre de saint Sébastien, Jeux*) virent également le jour. D'où sans doute une qualité d'ensemble plus constante dans le dernier recueil, Debussy n'ayant gardé que les pièces qui le satisfaisaient pleinement. Pourtant, le premier Livre, en dépit de quelques menues faiblesses, regorge lui aussi de beautés. D'accès plus facile que le second, il a connu depuis toujours une popularité plus grande, — du moins jusqu'à ces dernières

---

* V. Jankélévitch, *op. cit.*

années. En fait, les deux recueils sont indissociables et forment un tout.

Livre I

Les douze pièces du premier Livre ont été rédigées à un rythme exceptionnellement rapide pour Debussy, certaines en un seul jour, et en succession immédiate. Trois morceaux, seulement ne sont pas datés : *Ce qu'a vu le vent d'Ouest, La sérénade interrompue* et *La cathédrale engloutie*. Parmi les neuf autres, le plus ancien, *Danseuses de Delphes*, est du 7 décembre 1909, le plus récent, *La danse de Puck*, du 4 février 1910. *Le vent dans la plaine* et *Voiles* ont été composés coup sur coup (11 et 12 décembre), de même que *Les collines d'Anacapri* et *Des pas sur la neige* (26 et 27 décembre). S'agissant, surtout dans ce dernier cas, de pages si violemment contrastantes, et connaissant, par ailleurs, la lenteur de l'élaboration musicale chez Debussy, on est porté à croire que ces dates indiquent seulement la mise au net, la rédaction définitive. Durand fit paraître le recueil entier en 1910, mais il n'y eut pas de première audition intégrale, et il ne semble pas que Debussy ait envisagé l'exécution publique sous forme de cycle complet, telle qu'elle est souvent pratiquée de nos jours. Il présenta lui-même quatre *Préludes* au cours d'un concert de la S.M.I., le 25 mai 1910 : *Danseuses de Delphes, Voiles, La cathédrale engloutie* et *La danse de Puck*, qui fut bissée. Le 14 janvier 1911, Ricardo Viñes présentait à la Société Nationale *Les collines d'Anacapri, La fille aux cheveux de lin* et *La sérénade interrompue*. Le 29 mars, Debussy créa quatre autres *Préludes* encore : *Les sons et les parfums..., Le vent dans la plaine, Des pas sur la neige* et *Minstrels* (ce dernier bissé). Il n'est plus possible de localiser la première audition de *Ce qu'a vu le vent d'Ouest*.

1. DANSEUSES DE DELPHES : cette lente sarabande (*Lent et grave, doux et soutenu, si* bémol majeur, à 3/4), aux harmonies recherchées, est fermement ancrée dans la tonalité principale de *si* bémol, et ses fonctions tonales demeurent toutes classiques. La quiétude tonale, l'égalité du rythme, accusent le hiératisme de ce morceau, inspiré par un groupe de trois danseuses, fragment sculptural du temple de Delphes, dont Debussy avait vu une photo au Louvre. Alfred Cortot* évoque ces danseuses, « graves et silencieuses, évoluant au rythme lent des harpes, des sistres et des flûtes ». Au témoignage de Marguerite Long, « Debussy lui-même jouait ce morceau lentement, avec une exactitude presque métronomique. Ses valeurs sonores restaient moelleuses et d'une hiératique densité, de sorte que les figures du bas-relief évoqué devenaient plus prêtresses que danseuses. Les deux derniers accords comme une prosternation. » On ne manquera pas de faire le rapprochement avec la *Danse sacrée* pour harpe, tout aussi classique de tonalité.

2. VOILES : c'est l'évocation paisible (*Modéré, ut* majeur, à 2/4) d'un soir au bord de la mer où de blanches voiles glissent sur une eau calme. Cependant, Debussy lui-même nous met en garde contre un naturalisme par trop terre à terre : « Ce n'est pas une photo de plage, une carte postale pour le 15 août. » D'ailleurs, la grève est silencieuse et déserte, et la clarté un peu indécise de cette musique évoque l'autre signification du mot voiles. Elle est due à l'usage constant de la gamme par tons, d'où ressort d'autant plus nettement la vive tache de couleur de quatre mesures d'intermède pentaphone sur les touches noires, qui sauve la pièce de la stérilité inhérente à cette échelle. La fin rappelle de près celle des *tierces alternées* (v. Livre II).

3. LE VENT DANS LA PLAINE : c'est un souffle discret (*Animé, aussi légèrement que possible, mi* bémol mineur, à 4/4), mais furtif et un peu mystérieux, venu d'on ne sait où, égrenant des frémissements d'herbes longues figurées par un fond continu d'arpèges :

Debussy s'est souvenu ici des *Ariettes oubliées* de Verlaine : « Le vent dans la plaine / suspend son haleine... ». Le morceau, dont la couleur est déterminée surtout par l'intervalle de seconde mineure et par les septièmes parallèles, demeure suspendu jusqu'à la fin autour de la dominante du ton principal. Mais en son centre exact, il culmine en six accords violents dans le ton relatif du *sol* bémol majeur.

4. LES SONS ET LES PARFUMS TOURNENT DANS L'AIR DU SOIR : le vers célèbre et harmonieux de Charles Baudelaire a inspiré le

---
* A Cortot, *op. cit.*

premier grand chef-d'œuvre de ce premier Livre, et l'un de ses sommets. On y respire une atmosphère voluptueuse et un peu entêtante, comme certaines odeurs d'herbe ou de chèvrefeuille, avec cette tournure harmonique d'une si étrange couleur qui parcourt le morceau à la manière d'un ostinato. Malgré la tonalité de *la* majeur, bien établie et guère remise en question, l'alchimie harmonique atteint ici à un raffinement qu'égaleront seuls, dans le second Livre, *Feuilles mortes* et *La terrasse des audiences du clair de lune*. De la série mélodique initiale (*mi, la, si* bémol, *fa* dièse, *do* dièse) on peut déduire tous les agrégats et combinaisons harmoniques. Par l'intuition neuve d'une harmonie sérielle, par le rôle essentiel de la notion d'intervalle mélodique dans la structuration de l'harmonie, c'est l'un des morceaux les plus avancés de Debussy dans ce domaine. Il se déroule selon le rythme d'une sorte de très lente valse imaginaire *(Modéré, harmonieux et souple)*, qui interpole de temps à autre un 2/4 dans la mesure à 3/4, — ce qui donne un 5/4. Du reste, le même poème de Baudelaire ne contient-il pas le vers « Valse mélancolique et langoureux vertige » ?...

5. LES COLLINES D'ANACAPRI : la seule page d'inspiration italienne que l'on puisse trouver dans l'œuvre de piano de Debussy est une pièce intensément vivante et lumineuse (*Vif, si* majeur, à 12/16, 2/4), d'une écriture nette, avec ses staccatos d'une sécheresse toute méditerranéenne. On y respire le thym, le ciste, les senteurs du maquis. Sous « les vibrations d'un ciel trop bleu, que blesse l'animation inlassable et perçante d'une flûte rapide » (A. Cortot), « un lacis de tarentelles enserre la baie de Naples, ses villas et ses grottes. Au milieu des danses endiablées s'élève, indolent, merveilleux, amoureux, un simple chant populaire, suggérant toute l'ardeur, la tendresse et l'audace d'un *ragazzo* napolitain. » (Marguerite Long). Ajoutons que sa mélodie *(modéré et expressif)* nous rappelle que Naples entretint longtemps d'étroites relations avec l'Espagne, pays dont l'obsédant souvenir semble accompagner Debussy même de l'autre côté de la Méditerranée ! La fixité sphérique de l'harmonie de cette pièce strictement monotonale, qui ne s'écarte jamais du ton de *si* majeur, fait un vif contraste avec le raffinement du prélude précédent : c'est que l'azur immaculé du ciel napolitain n'admet ni nuances, ni clair-obscur harmonique. Que crissent donc les cigales, jusqu'aux éblouissantes fusées de la fin ! L'intensité de pareille vibration de lumière ne se retrouve, dans le piano de Debussy, que dans la péroraison de *l'Isle joyeuse*.

6. DES PAS SUR LA NEIGE : le lendemain de cette vision de joie et de chaleur, Debussy rédigeait ces trente-six mesures de silence, toutes imprégnées d'une solitude ineffable. Comme il nous entraîne soudain loin de toute présence humaine, loin de toute vie, même, dans ce coin de campagne déserte où un être sans visage a laissé la trace la plus précaire, la plus fragile de son passage, qu'un souffle de bise effacera bientôt !... Debussy précise que le rythme de ce morceau doit avoir « la valeur sonore d'un fond de paysage triste et glacé... » Sur ce fond crépusculaire s'exhale une mélopée plaintive en mode de *ré* pentaphone (*Triste et lent, ré* mineur, à 4/4) ;

Une seconde idée, à peine suggérée, effleure *sol* bémol majeur, antipode du ton principal. L'indication du compositeur lors de sa fugitive réapparition : « comme un tendre et triste regret », confirme qu'il s'agit de l'incarnation, déjà pâlie et insaisissable, de celui, ou plutôt de celle qui passe par ici... Puis, la vision s'estompe peu à peu dans une brume morte... Debussy n'en a jamais surpassé l'indicible émotion, rendue avec si peu de notes.

7. CE QU'A VU LE VENT D'OUEST : ce prélude génial est l'un des sommets du recueil. Plus encore que le triptyque orchestral *la Mer,* ce vent d'Ouest qui vient du grand large évoque l'Océan, avec ses rafales, son ciel lourd et sombre traversé de verts crus. Les ouragans chromatiques y grondent d'une passion violente trop souvent déniée au grand romantique que savait être aussi Debussy. Remous, murailles d'eau qui s'élèvent brusquement, suivies du ressac, rage immobile de la vague au bord de l'écroulement, sont évoqués tour à tour par une écriture pianistique d'une richesse prodigieuse, jusqu'à l'accord violent et sec, férocement dissonant, qui termine brusquement le morceau. Déjà pour l'œil, la partition évoque une violence et un éclat presque lisztiens. Le cauchemar dissonant commence dans le grave du clavier (*Animé et*

tumultueux, à 4/4), et à l'exception de quelques échappées de la basse vers *ré* dièse et *si*, le morceau entier se déroule sur pédale de tonique, ne quittant guère le ton principal de *fa* dièse mineur. Les tensions harmoniques les plus fortes reposent ici sur l'intervalle de triton (*fa* dièse-*ut*). Par sa rudesse, sa brutalité même, par l'âpreté de ses secondes parallèles éruptives et chaotiques, ce prélude représente un cas limite dans l'œuvre de Debussy :

Le prélude suivant, calme, euphonique, paisible, en constitue le pôle extrême opposé.

8. LA FILLE AUX CHEVEUX DE LIN : une longue mélodie modale, d'une calme douceur (*Très calme et doucement expressif, sol* bémol majeur, à 3/4), évoque cette sœur paisible de Mélisande, à laquelle la prédominance de la gamme pentaphone permet d'attribuer des origines celtiques. C'est là l'un des atavismes musicaux les plus forts de Debussy, que l'on retrouve également dans *Bruyères* (v. Livre II) : ici comme là, le morceau consiste en une seule grande arabesque mélodique.

9. LA SÉRÉNADE INTERROMPUE : la mesure à 3/8 évoquant la *jota* (modérément animé), les rythmes en staccato, les harmonies modales dans le cadre de la tonalité principale de *si* bémol mineur, tout cela fait penser irrésistiblement à la guitare. Cette pièce nerveuse, sarcastique, fantasque, véritable équivalent musical d'un nocturne *Capricho* de Goya, est une fine satire des amoureux espagnols. « Mille incidents de la rue arrêtent la chanson d'amour de notre pitoyable Don Juan » (A. Cortot). « Le même prélude de guitare vingt fois recommencé, la même improvisation rageuse et sans pitié tord brutalement le cou à la sérénade naissante (*expressif et un peu suppliant*) et impose finalement sa tonalité de *si* bémol mineur. » (V. Jankélévitch.) Mais Manuel de Falla indique un scénario un peu différent : « Deux donneurs de sérénade se disputent les faveurs d'une belle qui, cachée derrière le grillage fleuri de sa fenêtre, épie les incidents du galant tournoi. » Quoi qu'il en soit, nous avons affaire ici à l'une des pièces les plus totalement ibériques de Debussy : la tessiture même, réduite à trois octaves, est celle de la guitare, et la gamme gitane s'épanouit par moments en libres mélismes de genre *copla*, tels que Ravel en écrit également dans son *Alborada del Gracioso*. La forme du morceau est strictement ternaire, un comble pour une conception à ce point discontinue. Par deux fois, l'intervention d'un élément complètement étranger (*Modéré* en *ré* majeur, à 2/4) crée une étrange sensation d'éloignement spatial : c'est une citation textuelle d'*Iberia*, très précisément de l'irruption du *Matin d'un jour de fête* dans la torpeur des *Parfums de la nuit**.

10. LA CATHÉDRALE ENGLOUTIE : ce prélude étonnant repose sur la vieille légende bretonne de la ville d'Ys, autrefois engloutie par les flots, et dont on peut voir, à marée basse, les fondations de la cathédrale. Selon Robert Dézarneaux, cité par Alfred Cortot, Debussy en aurait trouvé le sujet au début des *Souvenirs d'Enfance et de Jeunesse* de Renan.

C'est le plus amplement développé de tous les préludes du premier Livre, le plus puissant aussi, et son écriture pianistique, avec ses grands blocs d'accords étagés sur sept octaves, est réellement monumentale. Le morceau tout entier repose sur la cellule fondamentale *ut-ré-sol*, qui s'élargit parfois à *ut-ré-la*. Cette vision toute médiévale fait grand emploi des modes plain-chantesques et surtout des intervalles de l'organum du XIIe siècle (quartes et quintes). La première section (*Profondément calme, sol* majeur comme dominante du ton principal *ut* majeur, à 6/4-3/2) commence « dans une brume doucement sonore » et se poursuit « doux et fluide ». Elle évoque l'eau calme d'où surgiront, dans la seconde section, « peu à peu sortant de la brume » des carillons de cloches irréelles. La troisième, premier sommet d'intensité, « sonore, sans dureté », nous fait entendre l'orgue de la vieille cathédrale en des enchaînements d'accords parfaits archaïques, à la matière d'un vieux choral. Une méditation, « expressif et concentré, dans une expression allant grandissant », sur pédale de dominante d'*ut* dièse mineur, apporte la note personnelle de l'artiste : elle se hausse à un second sommet d'intensité, à l'issue duquel un épisode « flottant et sourd » nous fait entendre, comme un écho, l'orgue dans l'eau glauque. Dans la brève conclusion, la cathédrale disparaît à nouveau dans les flots. Avec une pénétration admirable, Vla-

---

* V. *Guide de la musique symphonique* : *Images* pour orchestre.

dimir Jankélévitch* reconnaît dans cette œuvre l'expression suprême, chez Debussy, de la désagrégation : « elle est reflet dans l'eau ; elle est le reflet d'une chose enfouie dans les profondeurs ; elle est enfin une architecture tremblante et diffluente. » Nous ajouterons qu'elle est aussi le reflet d'une chose enfouie dans le passé, et que ce passé se télescope ici avec le présent de l'expérience vécue d'une manière absolument révolutionnaire, — témoignage de cette volonté acharnée de Debussy d'épouser le temps pour en abolir le cours.

11. LA DANSE DE PUCK : *Capricieux et léger* (*mi* bémol majeur, à 2/4), ce morceau offre un délicieux portrait musical du lutin espiègle immortalisé par *le Songe d'une nuit d'été* de Shakespeare. Rien ne manque dans cette évocation féerique, aux harmonies raffinées, parfois bitonales : ni le cor magique, ni l'apparition du génie Ariel. Puis Puck s'enflamme, devient feu follet, virevolte et tourbillonne avant de disparaître dans les airs... La liberté fantasque du discours, la fluidité des rythmes, les pirouettes harmoniques les plus imprévues, toute cette diversité apparente dissimule une unité profonde, due autant à la forme ternaire cachée sous la succession des huit sections du morceau, qu'aux liens secrets tissés par les intervalles homogènes. *Mi* bémol, tonalité de base, demeure sous-entendu et ne s'affirme jamais, sans cesse battu en brèche par le *ré* bémol (ou *ut* dièse). Heureusement, le thème diatonique du cor d'Obéron rétablit de temps en temps l'équilibre !... Cette pièce merveilleuse est malheureusement le seul fruit de l'inspiration shakespearienne que Debussy ait pu mener à bien. (Comme l'on sait, ses projets de théâtre concernant *le Roi Lear* et *Comme il vous plaira* n'ont jamais été réalisés.)

12. MINSTRELS : cette esquisse dans le style du music-hall américain de l'époque (*Modéré, nerveux et avec humour, sol* majeur; à 2/4) fut inspirée, selon les uns (A. Cortot) par des pitres anglais, selon les autres, par des musiciens noirs qui faisaient connaître alors, dans les boîtes de nuit, les premiers balbutiements du jazz... Quoi qu'il en soit, c'est une de ces pochades dans la manière pince-sans-rire d'un Toulouse-Lautrec, d'une grâce enjouée et railleuse, qui révèle l'humour très anglo-saxon d'un certain Debussy. Il est permis d'y voir le premier exemple d'un grotesque musical qui inspirera des réussites très diverses à Stravinski *(Histoire du soldat, Ragtime),* à Hindemith et à bien d'autres au lendemain de la première guerre. Seulement, Debussy sait toujours jusqu'où il peut aller trop loin, — même si ces *Minstrels,* qui n'ajoutent rien à sa gloire, terminent ce premier Livre sur une note quelque peu équivoque. Le second Livre s'achèvera plus dignement.

Livre II

La genèse des douze *Préludes* du deuxième Livre est beaucoup plus malaisée à établir que celle du premier recueil. Ils semblent avoir été composés à intervalles assez longs durant les trois années 1910 à 1912, sans qu'il soit possible de préciser davantage. On sait seulement que *La terrasse des audiences du clair de lune* date de décembre 1912, et qu'il s'agit de la dernière en date des douze pièces. Debussy venait alors de terminer *Jeux*. Chose étrange, les détails des premières auditions publiques de ces *Préludes* sont tout aussi obscurs, *Brouillards, Feuilles mortes* et *La Puerta del Vino* auraient été exécutés fin février ou début mars 1913 (où et par qui ?...) ; Ricardo Viñes donna *Les Fées sont d'exquises danseuses, La terrasse des audiences du clair de lune* et *Feux d'artifice* à une soirée de la Société Nationale, le 5 avril 1913, et Debussy lui-même présenta *Canope* et l'*Hommage à S. Pickwick* le 19 juin suivant. Mystère quant aux autres pièces !

1. BROUILLARDS : dès le début de ce second Livre, s'affirme une maîtrise accrue, faite d'audaces et de nouveautés qui n'ont rien perdu de leur force aujourd'hui. Ainsi de ces *Brouillards* étrangement polytonaux, d'où émergent des lambeaux de thème à nouveau dérobés par des procédés analogues aux caches cinématographiques. Lorsqu'à la fin le brouillard se dissipe, ce n'est point un beau paysage qui se découvre, mais une banlieue prosaïque et mouillée. La pièce est entièrement basée sur l'antithèse entre touches blanches et noires, l'*ut* majeur illusoire de la main gauche étant sans cesse contredit par le brouillage sonore de la main droite :

---

* V. Jankélévitch, *op. cit.*

Cortot* parle de « vapeur de sonorités, en suspens dans la superposition, à la seconde mineure, de tonalités qui se confondent ». En réalité il s'agit déjà d'un remplissage de l'espace sonore des douze sons chromatiques, annonçant les clusters infra-chromatiques des musiciens actuels. Mais ce n'est là qu'un aspect du modernisme génial de cette pièce, qui échappe même aux habituels critères de l'exégèse debussyste. Le compositeur allemand Dieter Schnebel remarque à ce sujet : « Pas de thème, pas de développement ; pas de forme traditionnelle ; pas de contrepoint, mais pas davantage d'harmonie au sens usuel du mot ; ni mélodies, ni accompagnement ; pas de voix principales et secondaires ; pas de tonalité diatonique, ni chromatique, du reste. Y a-t-il même une tonalité ? Rien qui rappelle des contemporains, comme Schönberg ou Mahler. Mais une chimie sonore, dont les processus remplacent les structures traditionnelles. » La dimension spatiale du son n'est pas moins extraordinaire : aux rares moments où les brouillards se déchirent, les lambeaux de lignes mélodiques apparaissent en octaves aux deux mains, jouant à quatre octaves de distance. *Brouillards* est l'exemple-type de ces morceaux que l'époque de Debussy ne pouvait absolument pas comprendre, faute de clés, et que boudent aujourd'hui encore les rares « debussystes » attardés.

2. Feuilles mortes : encore un des suprêmes chefs-d'œuvre de Debussy. La délicate mais ferme structure de ce morceau (*Lent et mélancolique, ut* dièse mineur, à 3/4) est revêtue d'harmonies d'un raffinement et d'une beauté presque insoutenables, — surpassant même *Jeux***. Tout repose ici sur l'accord initial, typiquement ravélien, de sixte et quinte avec fondamentale rehaussée. Pas un agrégat qui ne soit la quintessence distillée d'une pensée harmonique suprêmement concentrée ; et pourtant la structure tonale, s'articule autour d'une forme ternaire rigoureusement classique, avec un milieu axé sur la dominante et la sous-dominante du ton principal. Exemple de tonalité démesurément élargie, — au contraire de l'atonalité de *Brouillards*. La subtilité rythmique contribue à la splendeur aiguë, douloureuse, de cette lancinante vision automnale, de cette « pourriture douce » (Marguerite Long) où Debussy a enfermé toute sa hantise angoissée de la fuite du temps et de la mort...

3. La Puerta del Vino : une simple carte postale en couleurs, envoyée par Manuel de Falla, inspira à Debussy, qui jamais, rappelons-le, ne connut l'Espagne, cette vision âpre et passionnée de la vieille citadelle solitaire des Maures de Grenade. Falla lui-même nous explique : « La photo représente le célèbre monument de l'Alhambra. Orné de reliefs en couleur et ombragé par de grands arbres, le monument fait contraste avec un chemin inondé de lumière que l'on voit en perspective à travers l'arceau du bâtiment. » C'est précisément l'intensité de ces oppositions de lumière et d'ombre qui frappa Debussy : au reçu de la carte, il déclara : « Je ferai quelque chose avec ça ! » Il est donc faux d'y voir, avec certains commentateurs, une scène de genre, avec *majas* dansant dans un bouge : c'est encore une page de solitude que Debussy nous livre ici, et l'une des plus impressionnantes de sa plume. On dirait une guitare géante, dans une atmosphère faite de fierté modale, sur un rythme obsédant de habañera. Debussy a indiqué en tête du morceau : « Avec de brusques oppositions d'extrême violence et de passionnée douceur », et ses sonorités âcres et chaudes, ocre rouge, sienne brûlé et sépia, arrachaient à Marguerite Long l'exclamation : « Quel tanin sonore ! ». A nouveau, les audaces de langage s'inscrivent dans un cadre formel et tonal d'un dépouillement prodigieusement efficace : coupe ternaire, avec milieu autour du relatif si bémol, la tonalité principale étant *ré* bémol. Mais le mode gitan choisi par Debussy — mode de *mi* avec la quarte diminuée *la* bémol — établit le rapport harmonique le plus tendu possible (septième et triton) avec la fondamentale *ré* bémol. *La Puerta del Vino*, aboutissement et sommet de tout le Debussy espagnol, s'avère bien plus proche de l'univers andalou d'un Garcia Lorca que des clichés du folklore : seule la *Fantasia Baetica* de Manuel de Falla (v. cette œuvre) poursuivra encore sur cette voie.

4. Les Fées sont d'exquises danseuses : ce scherzo, d'une délicatesse merveilleuse, aux rythmes et aux sonorités aussi insaisissables que les êtres irréels qu'il évoque (*Rapide et léger, ré* bémol majeur, à 3/8), se déroule dans une atmosphère harmonique délicieusement indécise, due à l'opposition bitonale des deux mains, — la droite sur les touches noires, la gauche sur les blanches :

---

* A. Cortot, *op. cit.*
** V. *Guide de la musique symphonique.*

Après la danse de ces créatures de rêve, « filles capricieuses des nymphes de *l'Après-midi d'un faune* » (Marguerite Long), nous entendons leur chant, et le morceau conclut sur une citation rêveuse du cor de l'*Obéron* de Weber :

épilogue mystérieux du Roi des Fées, et non point présence active, comme dans *La danse de Puck*.

5. BRUYÈRES : paisible mélopée du chalumeau d'un berger (*Calme, doucement expressif, la* bémol majeur, à 3/4), résonant dans la lande silencieuse :

Par sa structure pentaphone celtique, elle nous fait reconnaître en ce pâtre un lointain cousin de *La fille aux cheveux de lin*. Un même calme, une même pureté, une même transparence diatonique, rapprochent ces deux pages de même mesure et de même tempo. Marguerite Long rapporte : « Debussy "sentait la mer" jusqu'au milieu des bois. Il en mariait l'odeur à celle de ces buisons celtiques qui prolifèrent sous les grands pins, ajoutant : C'est ça les bruyères ! Et non ces petites fleurettes aux tons de porcelaine que je déteste. »

6. GENERAL LAVINE-ECCENTRIC : le fameux jongleur comique américain Edward La Vine jouait du piano avec ses orteils aux Folies-Marigny. « Cet homme en bois était un homme de génie : il était musical », expliqua Debussy à Marguerite Long, ajoutant : « Il masquait d'humour et de pirouettes un cœur trop sensible. » Le rythme de la spirituelle pochade qu'il inspira au compositeur est plutôt celui d'un *ragtime*, en dépit de l'indication figurant en tête du morceau : « Dans le style et le mouvement d'un cake-walk ». Debussy tenait beaucoup à la rigueur mécanique — « en bois » — de l'exécution, et défendait qu'on jouât cette pièce trop vite. Cette rigueur permet le mieux de retrouver l'exactitude ironique à la Toulouse-Lautrec de cette pantomime burlesque, fin et mort de l'humoresque romantique, et que rompt subitement la prodigieuse détente d'acier d'une pirouette. Les sonorités du piano évoquent avec une précision étonnante celles d'un jazz-band : après les appels de trompette initiaux, « strident », on imagine fort bien la mélodie de danse, « spirituel et discret », à la contrebasse ou au sax-baryton... *Fa* majeur, tonalité humoristique chez Debussy, se retrouvera dans l'*Hommage à S. Picwick*.

7. LA TERRASSE DES AUDIENCES DU CLAIR DE LUNE : cette page sublime — le plus beau, à notre sens, des vingt-quatre *Préludes*, le dernier composé aussi (décembre 1912) — propose la vision d'une Inde de rêve, qui a profondément influencé Olivier Messiaen. Debussy en a trouvé le titre dans *l'Inde sans les Anglais* de Pierre Loti, d'autres disent dans l'une des *Lettres des Indes* adressées par René Puaux au journal *le Temps*. Soulignons qu'il s'agit bien des audiences du clair de lune, et non point au clair de lune, ainsi qu'on lit parfois. Ce n'est donc pas une quelconque terrasse des audiences saisie lors d'un clair de lune, mais au moins une terrasse où les audiences ne se donnent que la nuit. A moins que la lune elle-même ne donne audience à ses adorateurs ?... Au contraire du pentaphone *Pagodes*, on ne trouve ici aucune trace d'exotisme littéral ; et pourtant la pièce est bien orientale, en sa clarté laiteuse de *fa* dièse majeur (*Lent*, à 6/8), avec cette sourde tension à la base qu'entretient le triton *ut* dièse-*sol*. C'est comme une contrepartie mûrie et plus riche des *Sons et des parfums* du premier Livre. Le début évoque, avec une douce ironie, les premières notes d'*Au clair de la lune*, poétisées par l'harmonisation délicate en septièmes,

puis, au moyen d'un langage d'une liberté et d'une subtilité insurpassables, Debussy nous donne le plus féerique de ses nocturnes, — merveille d'écriture pianistique.

On voit un instant le thème se superposer à son renversement, cas unique chez le compositeur : « Mais voici que la lune s'inscrit double dans l'étang aux lotus », nous dit le poète chinois... Puis la suite s'éclaire d'un jour éclatant (dominante d'*ut* majeur, antipode de *fa* dièse), tandis que la reprise, inversée et parée de mille variantes subtiles, nous ramène à l'accord final sans tierce, très froid et « lunaire ».

Un des sommets de toute la musique !

8. ONDINE : cette sœur injustement méconnue de l'*Ondine* ravélienne apparaît parmi les frétillements de vrais poissons (*Scherzando, ré* majeur, à 6/8). Espiègle, elle joue avec les vagues, « ruisselante, tentatrice et nue » (A. Cortot), essaie ensuite de séduire quelque humain (pédale de *mi* bémol), s'alanguit et rêve sur le sable en regrettant de n'être point mortelle, avec ce thème de milieu d'une mélancolie un peu irritante par ses frottements de seconde ; mais, après une toute classique gradation sur pédale de dominante, dont l'âpreté méchante exprime son dépit, elle disparaît sur une pirouette, changée en écume de mer... Cette fin doit être gardée très nette par l'interprète, avec ce bref ressac masquant la fuite de l'ondine volatilisée. La pièce diffère considérablement de l'*Ondine* de Ravel en ce qu'elle ne contient aucune virtuosité pour elle-même, tous les traits faisant partie de la substance musicale. Le mode hexaphone *mi* bémol-*fa* dièse-*sol-la-si* bémol-*ré* bémol :

s'inscrit avec une aisance insidieuse dans le contexte tonal de *ré* majeur.

9. HOMMAGE À SAMUEL PICKWICK ESQ. P.P.M.P.C. : Debussy a commis une petite erreur : Pickwick était G.C.M.P.C. (General Chairman Member of Pickwick Club) et son adjoint Joseph Smiggers P.V.P.M.P.C. (Perpetual Vice President Member). Il se moque gentiment du sympathique héros de Dickens, qui entre en scène aux sons d'un *God save the King* de circonstance (*Grave, fa* majeur, à 3/4). A l'appel du cor, la vieille patache s'ébranle et cahote sur la route. Les alternances de gravité distraite, de timidité et de contentement de soi dépeignent merveilleusement le personnage, et la bonhomie caustique de la pochade ne va jamais jusqu'à évoquer « la tartufferie anglaise, mêlant le *God save the King* à une bonne saoulerie au stout », — une des rares erreurs d'appréciation psychologique de Marguerite Long. C'est une page non point raffinée — ce qui serait hors de mise en l'occurrence — mais très colorée, avec ses timbres évoquant l'orchestre, une manifestation de l'esprit pince-sans-rire de Debussy, qui pourrait porter la signature de « Monsieur Croche antidilettante ».

10. CANOPE : comme la sublime *Terrasse des audiences* succédant au *General Lavine*, Debussy fait suivre le désinvolte *Hommage à Pickwick* de l'une de ses pages les plus secrètes, les plus rares et les plus énigmatiques, et par voie de conséquence les plus méconnues. L'une des plus étonnamment modernes et prophétiques, également, et surtout, l'une des plus parfaitement belles et émouvantes. Comme l'indique son titre — une canope est une urne funéraire étrusque ou égyptienne, avec un couvercle représentant une tête symbolique (Debussy en possédait deux) — il s'agit d'une déploration funèbre. Les accords parfaits parallèles du début (*Très calme et doucement triste, ré* mineur, à 4/4) font penser au début du *Martyre de saint Sébastien,*

qu'évoque à nouveau ensuite la plainte modale, chromatique et orientalisante, des pleureuses antiques. Toute la pièce se déroule dans une atmosphère étrangement hiératique et lointaine, créant une sensation d'infinie solitude, accentuée par une fin qui n'en est pas une ; on reste suspendu sur le vide, avec cet objet inanimé qui vous fixe :

Une fois encore, Debussy a confondu l'espace et le temps...

11. LES TIERCES ALTERNÉES : ce n'est pas du tout un prélude mais une étude, devancière de ses douze sœurs du recueil de 1915, et même beaucoup plus stricte et rigoureuse qu'aucune d'elles dans son adhérence à son prétexte technique. Après quelques accords introductifs *(Modérément animé)* le morceau se déroule comme un mouvement perpétuel en doubles croches régulières (*Un peu plus animé, légèrement détaché,* *sans sécheresse*, *ut* majeur, à 2/4), aux inflexions parfois vaguement espagnoles, interrompu seulement en son milieu par un bref développement des mesures initiales. A l'exception de ce milieu, et du début dont il découle, l'ambitus se restreint à une seule octave, le jeu alterné des touches noires et blanches créant fréquemment des effets bitonaux. De cet argument technique renouvelé des clavecinistes — le titre pourrait être de Couperin — Debussy fait une nouvelle exaltation du tournoiement statique, se consumant dans sa propre giration. Vladimir Jankélévitch* note : « C'est dans l'azur caniculaire et immobile que les tierces alternées, battant des ailes, avancent sur place de leur vol délicat et monotone... Comme il est sec et bleu, l'éther de midi ! »

12. FEUX D'ARTIFICE : brillante et poétique, cette pièce, la plus développée du second Livre, termine le recueil dans l'éclat de ses gerbes de lumière. Déjà l'aspect graphique de la partition est lisztien, avec ses chaînes d'arpèges, ses cadences, ses traits en octaves, — très rares ailleurs chez Debussy. Ce déploiement de virtuosité transcendante est l'instrument d'un réalisme étonnamment efficace. Alfred Cortot** nous décrit le détail de ces pyrotechnies : « Vapeurs dormantes des flammes de Bengale, d'où se détachent des étincelles solitaires, grésillement des fusées, lente descente parabolique des étoiles, ronronnement des soleils, éblouissement des bouquets multicolores, tout ce qui scintille et qui brille dans la nuit, toute la féerie des lumières est dans cette musique. » Et le public, et la liesse populaire que l'on attendrait ? Étrangement absents, comme toujours chez Debussy.

Dans l'introduction du morceau (*Modérément animé, léger, égal et lointain, fa* majeur, à 4/8) une rumeur confuse, rappelant le début de *Brouillards*, évoque une foule sans visage, qui disparaît ensuite totalement :

La citation dans les dernières mesures d'une *Marseillaise* hésitante et lointaine (*ut* majeur sur pédale de *ré* bémol) permet de dater cette évocation du 14 juillet. Mais cette conclusion n'est pas sans mélancolie : comme dans *Fêtes* (*Nocturnes* pour orchestre), la joie est envolée, le lieu des réjouissances désert. Dans l'aube frileuse et décolorée rampent les lambeaux de fumée à l'âcre senteur de salpêtre... Il faut souligner pour finir que *Feux d'artifice* est l'une des pièces les plus hardiment novatrices de Debussy : athématique, atonale et statique. Sa structure presque informelle ne s'appuie — cas très exceptionnel — sur aucune unité tonale.

La plus que lente

C'est en août 1910, à l'époque où sans doute Debussy commençait à songer au second Livre des *Préludes,* que se place la composition de cette pochade, dont le matériau remonte peut-être à celui de la *Valse* pour deux pianos inédite de 1894. Comme elle semble perdue, nous n'en serons jamais sûrs. Quoi qu'il en soit, Debussy avouait sans ambages avoir écrit ce morceau « dans le genre brasserie, pour les innombrables five o'clock où se rencontrent les belles écouteuses auxquelles j'ai pensé ». Durand, qui fit paraître l'œuvrette cette même année 1910, en fit réaliser une orchestration dans ce sens, où ne manquait pas l'obligatoire cymbalum. Le phrasé tzigane de la basse, la présence d'indications telles que *molto rubato con morbidezza, appassionato,* confirment les intentions nettement parodiques du compositeur, qui s'est diverti ici à écrire — avec quel chic, quelle élégance de plume ! — un morceau de « mauvaise » musique. Notre complicité amusée lui est acquise.

Berceuse héroïque

Venant s'ajouter à une santé de plus en plus gravement compromise, la guerre de 1914 plongea Debussy dans un terrible marasme créateur. Il n'en devait émerger que pour le miraculeux été de 1915, et la seule œuvre qui vit le jour durant le premier hiver de la guerre, la *Berceuse héroïque,* fut arrachée à un homme profondément déprimé et malheureux. Le 9 octobre 1914, il écrivait à Jacques Durand : « Si j'osais et si, surtout, je ne craignais pas le certain pompiérisme qu'attire ce genre de composition, j'écrirais volontiers une marche héroïque... Mais, encore une fois, faire de l'héroïsme tranquillement à l'abri des balles me

---

* V. Jankélévitch, *op. cit.*
** A. Cortot, *op. cit.*

paraît ridicule... ». Cependant, une circonstance imprévue allait permettre à Debussy de réaliser son projet, — bien que sous une forme différente. Le *Daily Telegraph*, quotidien londonien, préparait un album en hommage au roi des Belges Albert Ier, dont l'héroïque résistance face à un ennemi infiniment supérieur en nombre et en puissance de feu faisait alors l'admiration de l'Europe entière. Ainsi naquit ce *King Albert's Book*, publié en novembre 1914, où Debussy voisine avec Elgar, Edward German, André Messager, mais aussi avec Claude Monet et Henri Bergson. La *Berceuse héroïque*, composée « pour rendre hommage à S. M. Albert Ier de Belgique *(sic!)* et à ses soldats », fut orchestrée par Debussy dès le mois suivant. La première audition de cette version symphonique eut lieu le 24 octobre 1915. Cette même année, Durand en assura l'édition définitive.

Par son atmosphère de simplicité tragique, par le choix de la sombre tonalité de *mi* bémol mineur, par la conduite obstinée des basses, par le dépouillement d'une écriture instrumentale tassée dans le grave, l'œuvre évoque le souvenir de Moussorgski d'une manière très frappante. Une émotion sobre et grave se dégage de cette musique, qui semble planter le morne décor des tranchées des Flandres noyées par les brumes de novembre, évocation coupée d'appels de trompettes dans trois tonalités différentes (*mi* bémol, *ré*, *fa*). En son centre, Debussy glisse une citation discrète, mais caractéristique, de *la Brabançonne* (« fièrement », en *ut* majeur), dont il avouait pourtant à Robert Godet qu'elle lui paraissait « peu faite pour enflammer les cœurs de ceux qui n'ont pas été bercés par elle »...

Études

Comme toutes les dernières œuvres de Debussy, les *Études* ont été longtemps considérées comme les produits d'une imagination déclinante, où une abstraction purement cérébrale ne serait point parvenue à pallier l'appauvrissement dû à l'âge et à la maladie. En réalité, ces critiques émanaient des milieux mêmes qui préféraient *le Faune* et les *Nocturnes* à *Jeux* ou aux *Sonates*, frappés dans la vie musicale courante d'un même ostracisme relatif. Il est indéniable que ces douze grandes pièces, aboutissement suprême qui nous livre le plus précieux de Debussy, décanté et quintessencié, parviennent à cette perfection au prix d'un renoncement à la somptuosité sonore et, dans une certaine mesure, poétique, des grandes œuvres précédentes. Mais ce Debussy dernière manière, qui sublime son propre langage en un classicisme largement ouvert sur l'avenir, atteint en dépit de ce dépouillement, ou plutôt grâce à lui, à la plus souveraine liberté de langage et d'expression. On trouvera ici ses intuitions les plus génialement révolutionnaires, les plus lourdes d'avenir. L'évolution ultérieure de la musique de piano est impensable sans leur exemple.

Les *Douze Études* sont le fruit de la dernière grande vague créatrice du musicien qui, à Pourville, en Normandie, retrouva durant l'été 1915, au contact de la mer bien-aimée, une euphorie et une santé passagères au milieu des assauts de la maladie. Entre juin et octobre 1915 virent ainsi le jour, outre les *Études*, les trois caprices *En blanc et noir* pour deux pianos (juin-juillet) et les deux premières *Sonates*, qui participent d'une inspiration et d'une esthétique semblables. Entreprise après l'achèvement de la *Sonate pour violoncelle et piano* (début août), la composition des *Études* fut menée de front avec celle de la *Sonate pour flûte, alto et harpe*. Celle-ci fut terminée en octobre, alors que le point final fut mis aux *Études* le 27 septembre déjà. L'élaboration en fut très rapide, et la correspondance de Debussy nous permet de dater exactement certaines pièces, telles l'*Étude pour les agréments* (12 août) ou l'*Étude pour les sixtes* (22 août, jour de son cinquante-troisième anniversaire).

C'est au contact renouvelé avec l'œuvre de Chopin, adoré depuis toujours, que Debussy trouva l'inspiration pour ses *Études*, dédiées du reste à la mémoire de l'illustre Polonais, — bien que cette dédicace soit curieusement absente de l'édition imprimée. Comme les *Études* de Chopin, celles de Debussy, divisées en deux volumes de six pièces chacun, tout en ouvrant des perspectives toutes neuves à l'instrument, et en nous donnant une précieuse méthode d'interprétation, clé de l'univers pianistique debussyste tout entier, débordent avant tout de pure et vraie musique, non plus évocatrice, comme dans les *Préludes*, mais d'un sentiment plus intérieur, d'un message peut-être encore plus essentiel. Sur le plan du langage, elles enrichissent encore l'univers harmonique de Debussy, mais surtout innovent en fait de subtilité rythmique et de différenciation dans les attaques et les intensités, — forgeant par là l'outil qu'un

Messiaen, un Boulez, un Barraqué ou un Stockhausen trouveront tout prêt pour leurs nouvelles conquêtes. A cet égard, Jean Barraqué* souligne très opportunément l'évolution séparant les deux volumes, pourtant strictement contemporains, lorsqu'il remarque : « Le premier Livre semble avoir pour objet le mécanisme digital. Le second Volume (et ceci représente par rapport à la littérature de cette forme une acquisition originale) propose une étude des sonorités et des timbres. »

Au contraire des *Études* de Chopin et de Liszt, le but recherché n'est pas la puissance, l'endurance ou la vélocité, mais la souplesse et l'agilité acrobatique dans des positions insolites. Les *Études* de Debussy présupposent chez l'interprète la maîtrise de celles de Chopin, tout en ignorant celles de Liszt. La virtuosité compositionnelle apparaît toujours au premier plan : ainsi, la gageure de bâtir tout un morceau sur un seul intervalle, comme déjà dans les *Tierces alternées*. En effet, la perspective pratique de pareils tours de force semble assez aléatoire : à quels morceaux autres que des *Études,* justement, ces pièces axées sur un seul type de difficulté peuvent-elles prétendre préparer l'exécutant ? La formule choisie disparaît presque toujours derrière l'invention proprement musicale. Seules l'*Étude pour les huit doigts* et celle *pour les degrés chromatiques,* peut-être, exploitent cette formule d'une manière trop continue pour que le caractère utilitaire de cet exercice échappe à l'auditeur.

Durand fit paraître les deux Livres d'*Études* dans le courant de 1916. Walter Rummel en assura la première audition publique le 14 décembre de la même année L'édition imprimée est précédée d'un amusant avant-propos, où Debussy se justifie avec son ironie et son goût du paradoxe habituels de n'avoir pas noté de doigtés.

Livre I

1. Pour les « cinq doigts », d'après Monsieur Czerny : cet hommage ironique au vieux maître de la mécanique du piano — écrit sans sauts ni passage du pouce — possède l'humour désinvolte de *Doctor Gradus ad Parnassum* (v. plus haut, *Children's corner*). Les cinq premières notes de la gamme d'*ut* majeur (notez l'indication « sagement » !) sont « piquées » d'irrévérencieuses dissonances :

Sans cesse Czerny veut se réaffirmer, et se voit troublé par les sarcasmes capricieux de Debussy : nous quittons bien vite le sage et fade exercice d'école pour un éblouissant scherzo pianistique (*Animé, mouvement de gigue,* à 6/16), dont la désinvolture n'exclut pas la pointe d'amertume caractéristique du dernier Debussy, et que nous allons retrouver fréquemment.

2. Pour les Tierces : pour lors, voici un Debussy nostalgique, langoureux (*Moderato ma non troppo,* ré bémol majeur, à 4/4), les douces consonances des tierces se prêtant à ces effusions romantiques. Mais l'expression s'échauffe peu à peu, se hausse à un éclat passionné, presque brahmsien (*con fuoco,* en triolets fortissimo, dix mesures avant la fin), brusquement interrompu par l'impitoyable conclusion en *si* bémol mineur : « Prends l'éloquence et tords-lui son cou ! » Du point de vue technique, l'exigence imprescriptible du *legato e sostenuto* rend le morceau particulièrement éprouvant pour l'interprète. L'écriture continue en tierces affecte uniquement la main droite.

3. Pour les Quartes : les sonorités deviennent ici froides et quelque peu lunaires, déterminées par la présence de cet intervalle antiromantique et antitonal, qui s'éclaire parfois de la dure lueur du triton : ces agrégats de quartes, tantôt justes, tantôt augmentées, évoquent le dernier Scriabine, tout en annonçant Messiaen. Debussy précise à l'éditeur Jacques Durand que cette *Étude* « s'emploie à des recherches de sonorités spéciales » et qu' « on y trouvera du non-entendu ». Chopin et Liszt ayant largement épuisé le problème des traits de quartes chromatiques, Debussy les évite en effet. Le morceau, d'une expression étrangement distante et capricieuse (*Andantino con moto, fa* majeur, à 6/8), des éclats brusques alternant avec des moments de tristesse glacée qui évoquent le souvenir de *Canope* (v., plus haut, les *Préludes*), se distingue aussi par une grande liberté formelle :

---

* J. Barraqué, *Debussy* (Le Seuil, coll. « Solfèges », Paris, 1962).

La reprise normale est remplacée par une sorte de rapide sténogramme de ce qui précède.

4. Pour les Sixtes : Debussy explique lui-même que dans cette étude, « le souci de la sixte va jusqu'à n'en ordonner les harmonies qu'avec l'agrégation de ces intervalles, et ça n'est pas vilain ». Il qualifie alors les sixtes de « demoiselles prétentieuses, assises dans un salon, faisant maussadement tapisserie, en enviant le rire scandaleux des folles neuvièmes ! » Nous ajouterons que leur sagesse est lourde de désir contenu, et que cette pièce (*Lento, ré* bémol majeur, à 3/4) est d'une chaleur et d'une tendresse tout autres que le commentaire mordant du compositeur ne le laisserait croire. Et que de fraîcheur bondissante dans l'évasion illusoire du milieu plus animé *(Un poco agitato)*! Il est presque impossible qu'un morceau fait entièrement de sixtes (et aux deux mains) ne rappelle pas Brahms : braverons-nous les foudres posthumes de Debussy en affirmant qu'on y pense parfois un peu, surtout vers le milieu ?...

5. Pour les Octaves : cette pièce animée et brillante, très mobile du point de vue des enchaînements de tonalités (*Joyeux et emporté, librement rythmé, mi* majeur, à 3/8) est l'une des rares études où la joie sans nuage l'emporte. C'est un grand scherzo de forme ternaire, en rythme libre de valse, dont la souveraine liberté d'écriture rappelle fortement *En blanc et noir* (v. plus loin). La technique du jeu d'octaves avait culminé chez Liszt, et les compositeurs s'y étaient beaucoup moins intéressés par la suite. Elle est en fait rare chez Debussy, et même chez Ravel. Ici, tant de tierces et d'autres intervalles de remplissage viennent s'ajouter aux octaves (sauf dans la section centrale, dont le délicat dépouillement sonore et dynamique est voulu en tant que contraste), que musicalement on finit par oublier tout à fait le prétexte technique du morceau.

6. Pour les huit doigts : par l'absence voulue des pouces — serait-ce là un hommage de Debussy à nos anciens clavecinistes qu'il admirait tant ? — ce volubile mouvement perpétuel (*Vivamente, molto leggiero e legato, sol* bémol majeur, à 3/4 et 2/4), dont l'harmonie, totalement affranchie de la tonalité, naît uniquement des ondulations mélodiques, éclabousse le clavier de mille fines gouttelettes reflétant le soleil comme à travers un prisme. Il est basé sur l'alternance ultra-rapide des deux mains, enchaînant des groupes de quatre sons avec une virtuosité insaisissable :

Debussy a indiqué en note en bas de page : « Dans cette Étude, la position changeante des mains rend incommode l'emploi des pouces, et son exécution en deviendrait acrobatique. » Marguerite Long rapporte qu'elle ne put résister à la tentation de relever le défi, et que le résultat convainquit Debussy au point qu'il décida lui aussi de « mettre les pouces ». Mais, dans sa préface, n'avait-il pas invité les pianistes à chercher leurs propres doigtés ?

Livre II

La substance de ce Livre est plus riche et plus audacieuse que celle du précédent, — bien qu'ils soient strictement contemporains, au contraire des deux Livres de *Préludes*.

7. Pour les degrés chromatiques : dans cette pièce, techniquement et musicalement assez proche de la précédente *(Scherzando, animato assai,* à 2/4), un thème obstiné et de nette carrure évolue environné d'un essaim tourbillonnant de petites notes rapides, triples croches par groupes chromatiques de quatre, dont le bourdonnement est structuré, du point de vue rythmique et sonore, par cette mélodie fondamentale, qui apparaît sous trois aspects différents. Nous sommes ici au sein d'un univers féerique totalement libre, car ni tonal, ni modal, ni atonal. La fin interrogative est un peut-être ouvert sur l'infini des virtualités.

8. Pour les agréments : Debussy commente ironiquement : « ... pas ceux des pianistes, diront les virtuoses, volontiers facétieux ». Et il ajoute que cette pièce « emprunte la forme d'une barcarolle sur une mer un peu italienne ». Il s'agit en effet d'une pièce aquatique, — la dernière qu'ait écrite Debussy, mais non la moins évocatrice. Arabesques et ornements deviennent un simple prétexte, donnant libre jeu à la fantaisie poétique. La structure rythmique et agogique est d'une souplesse extraordinaire, dans le cadre d'un 6/8 très lent *(Lento, rubato e leggiero),* alors que la tonalité de *fa* majeur demeure assez nettement perceptible. Aux volets extrêmes, d'une souple nonchalance, s'oppose un milieu plus animé et éclatant, où culminent les difficultés techniques, particulièrement les accords parallèles rapides des deux mesures à 5/8.

9. POUR LES NOTES RÉPÉTÉES : il s'agit là d'une technique typiquement occidentale, surtout française (les clavecinistes) et évidemment espagnole (Scarlatti, la guitare). Debussy s'en sert pour édifier une toccata pleine de verve *(Scherzando,* à 4/4), qui porte le reflet de son humour si typiquement anglo-saxon : on dirait une réincarnation du General Lavine (v., plus haut, les *Préludes).* Une mélodie tendrement moqueuse se glisse et s'impose peu à peu au cours de la claire partie centrale, où les doubles croches répétées s'accélèrent en triolets. La reprise est totalement variée dans son éclairage. Trois accords secs, coupés de silences, terminent ironiquement cette pochade, qui égale la sécheresse acérée et craquante d'un Stravinski. Les intervalles dissonants de seconde, mineure ou majeure, et quarte augmentée, dominent, mais Debussy use aussi largement de la gamme par tons :

La nature de ce matériau d'intervalles a pour résultat une musique tout à fait atonale, la tonalité officielle de *sol* majeur demeurant une virtualité... sur le papier !

10. POUR LES SONORITÉS OPPOSÉES : le sommet de tout le recueil, — la grande page lyrique que Debussy nous devait : pièce doublement géniale par sa sensationnelle nouveauté de propos et d'écriture, et par la profondeur de son message expressif. Pour la première fois, devançant Webern et Messiaen, Debussy exploite les ressources insoupçonnées des timbres, des attaques et des intensités possibles dans le cadre du seul piano. Il n'est que d'entendre les premières mesures (*Modéré, sans lenteur,* à 9/8), étagées sur six octaves, extraordinairement proches de l'univers sonore sériel. Jean Barraqué* explique : « Debussy innove un agencement contrapuntique des registres, des nuances, de la dynamique, des tempi, des vitesses de déroulement, et même des notations de style expressif. » Simple exemple du raffinement des nuances exigées : aux mesures 38-40 (reprise du 9/8), le même accord doit être joué trois fois de suite : *piano doux, piano marqué, piano expressif et pénétrant.* La tonalité (*ut* dièse mineur ou majeur) n'apparaît jamais qu'implicitement, pour ainsi dire réfléchie dans un miroir, tonalité au second degré. Elle se trouve fréquemment polarisée sur le son de cloche de la dominante *sol* dièse. Un motif de fanfare en quartes et quintes *(pianissimo lointain, mais clair et joyeux),* ajoute une dimension spatiale imprévue à partir du milieu du morceau,

et s'affirme de plus en plus, pour entraîner finalement la musique aux confins de l'horizon *(de plus loin...).* Mais le plus grand miracle est que ces hautes spéculations d'écriture donnent lieu à une musique d'une expression aussi profonde et poignante que cette grande sarabande, qui répond, en plus ample et en plus intense, à l'*Hommage à Rameau* de dix ans antérieur. A lui seul, ce chef-d'œuvre suffirait à faire justice des accusations incompréhensibles de froideur et de sécheresse dont on a longtemps accablé les *Études.*

11. POUR LES ARPÈGES COMPOSÉS : comme contraste, un intermède ravissant et plein de fraîcheur, jeu lumineux ironique et léger qui ramène au Debussy souriant de l'époque des *Estampes.* Le transparent ruissellement des arpèges fait place un instant à un thème facétieux *(giocoso, scherzandare),* caustique et dégingandé, — dernière allusion au monde des clowns que Debussy aimait tant et qui l'inspirèrent si souvent. Fait caractéristique, cette page détendue est la seule du recueil qui se termine sur un clair accord parfait majeur arpégé, affirmant la tonalité principale de *la* bémol majeur.

12. POUR LES ACCORDS : cette pièce termine le recueil — et par là même l'œuvre

---

* J. Barraqué, *op. cit.*

pianistique de Debussy — sur une affirmation de puissance presque agressive, avec une poigne vigoureuse trop souvent déniée à l'auteur de *Pelléas*. Edward Lockspeiser voit avec raison dans cette ultime étude l'une des œuvres les plus fondamentales de son auteur. Debussy ouvre ici au piano des perspectives percutantes dont ses successeurs sauront tirer parti. Point de chromatisme alangui, mais un modalisme vigoureux et austère à infrastructure pentaphone, juxtaposant des accords parfaits non apparentés entre eux, et dont la dynamique véhémente accuse le contexte dissonant. Nous parlons ici des deux volets extrêmes de ce triptyque, — volets de toccata se déroulant en un 3/8 *décidé, rythmé, sans lourdeur* (*la* mineur) qui très souvent abrite en fait des groupes de deux croches. En dépit de sa robustesse, cette musique exige de l'interprète une sorte d'élégance particulière, d'élasticité très difficile à réaliser :

Mais il faut aborder à présent l'extraordinaire milieu du morceau (*lento, molto, rubato*, à 6/8), totalement différent, lent jusqu'à la négation du mouvement, et dont Vladimir Jankélévitch* rapproche opportunément « la pause énigmatique et menaçante » de l' « œil du cyclone » dans *Masques*. Cette partie, qui exalte une dernière fois toute la poésie du timbre et des vibrations du silence, échappe tout à fait au cadre de l'Étude. Une remontée graduelle conduit à la reprise variée du début, et le morceau se termine violemment sur un fortissimo arraché sec.

Élégie

L'œuvre pour piano de Debussy se prolonge encore par un bref épilogue d'outre-tombe, cette *Élégie* de décembre 1915, destinée à un album publié en décembre 1916 par l'éditeur Devambez, et réservé à mille souscripteurs : « Pages inédites sur la Femme et la Guerre », dédié à la reine Alexandra, veuve d'Édouard VII. Ces deux pages de musique n'ont été tirées de l'oubli qu'avec leur publication en 1978, par les Éditions Jobert. Ce sont vingt et une mesures d'une expression indiciblement triste (*Lent et douloureux),* une longue et sinueuse mélopée de la main gauche en *ré* mineur modal, environnée d'un contexte harmonique diaphane, et s'évanouissant pour finir dans les ténèbres. Cette phrase évoque le violoncelle, et y a été adaptée avec succès. Comme le fait remarquer Ennemond Trillat (note figurant au bas de la partition imprimée), on y trouve « le témoignage authentique du désespoir de l'auteur : synthèse de ses souffrances physiques et morales, confondant celles d'une France meurtrie et celles de son propre corps qui doit lutter contre un mal inexorable... ». Ce fut en effet en décembre 1915 que Debussy dut subir sa grave opération. Au même moment, il jeta sur le papier le déchirant *Noël des enfants qui n'ont plus de maisons,* dont cette *Élégie* constitue comme un commentaire secret et accablé...

ŒUVRES POUR QUATRE MAINS OU DEUX PIANOS

Les trois œuvres pour piano à quatre mains ont fait l'objet de transcriptions orchestrales (seule celle de la *Marche écossaise* est de Debussy lui-même), et les deux premières, tout au moins, la *Petite Suite* et la *Marche écossaise* en question, sont plus connues aujourd'hui sous cette dernière forme. Ce sont d'agréables œuvres de jeunesse, face au témoignage de la maturité que sont les *Six Épigraphes antiques*. De même, pour deux pianos, Debussy a composé une page secondaire (*Lindaraja*) et l'un de ses suprêmes chefs-d'œuvre *(En blanc et noir)*. Bien entendu, ni l'une ni l'autre de ces œuvres n'a fait l'objet d'une orchestration.

Petite Suite

Publiée par Durand dès février 1889, cette œuvre charmante, qui « ne cherche humblement qu'à faire plaisir », est d'une telle richesse de sonorités dans l'écriture pianistique (sans cesse on évoque la flûte, le cor, la harpe, les pizzicatos...) que l'or-

---

* V. Jankélévitch, *op. cit.*

chestration s'imposait d'elle-même. Henri Büsser la réalisa en 1907 à la pleine satisfaction de Debussy ; mais si cette version symphonique a acquis une immense popularité, la rédaction originelle l'emporte encore par le raffinement sonore, car elle *suggère* admirablement ce que l'orchestration, en l'incarnant, dépouille de sa part de rêve. Nous avons affaire à une sorte de suite chorégraphique en quatre épisodes brefs, au sujet de laquelle on a souvent évoqué les ballets de Léo Delibes. Mais on pense aussi à Chabrier, voire à Fauré, et le tendre souvenir de Borodine est parfois encore bien proche !

1. EN BATEAU est une douce et ondoyante barcarolle où dominent les chaînes de tierces, et dont la simplicité harmonique apparente dissimule déjà bien des audaces. Après le thème initial, délicieux balancement de flûte se détachant sur le friselis d'arpèges évoquant l'eau frémissant sous les rames, le milieu nous offre une idée plus vigoureuse et animée, aux rythmes pointés, un peu fauréenne avec ses enchaînements de neuvièmes. Le moment le plus remarquable de la pièce est la transition, le retour vers l'idée initiale, s'effectuant sur une gamme par tons défective (manque le *la* dièse), et suspendant soudain le sens directionnel harmonique, jusqu'à ce qu'un simple glissement du *sol* dièse au *la* rompe l'envoûtement statique : passage prémonitoire, sans équivalent dans les œuvres de jeunesse. Ici comme partout la reprise est variée : le premier thème est à présent accompagné par des fragments du deuxième et de la transition, et l'harmonisation n'est pas deux fois pareille.

2. Le CORTÈGE, d'une élégance un peu compassée et lointaine, retrouve, comme le *Menuet* qui suit, l'atmosphère des *Fêtes galantes* de Verlaine. Après le joli premier thème, aux séquences fauréennes, le milieu, aux syncopes discrètement accentuées, module très librement, et à nouveau brouille passagèrement la tonalité au seuil de la reprise variée du début, enrichie de nouveaux contrechants, jusqu'à la conclusion brillante évoquant l'éclat des cors.

3. D'une douce mélancolie en son écriture transparente, le MENUET est sans doute le plus subtil et le plus raffiné des quatre morceaux du point de vue de l'instabilité tonale et modale. Une introduction précède le thème délicatement archaïque, dont le *la* mineur (éolien, avec *sol* naturel) semble contredire le *sol* majeur de ce qui précède :

On pense au *Menuet*, dorien lui, de la *Suite bergamasque*. En fait, *sol* majeur n'apparaît guère que comme formule conclusive des périodes, et la dominante est remplacée par le septième degré ou des cadences plagales. Seul le milieu, avec son charmant accompagnement en quartes évoquant la guitare, affirme clairement *ré* majeur. Le morceau se termine discrètement, sur la pointe des pieds...

4. Le joyeux élan du BALLET conclusif semble d'abord annoncer les futurs ébats des *Minstrels*, avec son thème en trois sauts de quarte successifs ; mais bientôt s'installent les « pédales russes » chères à Borodine, et de la formule conclusive du thème naît tout naturellement le nouveau motif lyrique de valse du volet central, où passe comme un souvenir d'*Estudiantina* de Waldteufel, — alors très populaire. C'est vraiment de la musique légère, proche de Delibes et de Chabrier ; mais quel charme et quelle souplesse dans les modulations ! Le thème de valse sert de contresujet dans la reprise, et se fond, dans la coda, avec le thème initial en quartes, qui en adopte à présent le rythme ternaire, pour une conclusion brillante à laquelle participe tout le corps de ballet.

Marche écossaise

Le titre original complet de cette page pour piano à quatre mains de 1891 est « *Marche écossaise sur un thème populaire, ou Marche des anciens Comtes de Ross, dédiée à leur descendant le Général Meredith Reid, grand-croix de l'ordre royal du Rédempteur* ». Ceci nous indique qu'il s'agit d'une commande, — ce que confirme la notice du compositeur figurant en épigraphe de la partition éditée : « L'origine des comtes de Ross, chefs du clan de Ross en Rosshire, Écosse, remonte aux temps les plus reculés. Le chef était entouré par une bande de *Bagpipes*, qui jouaient cette *Marche* devant leur *Lord* avant et pendant la bataille, et aussi aux jours de gala. La *Marche* primitive est le chœur de la *Marche* actuelle. »

Lorsqu'il l'orchestra en 1908, Debussy développa un peu la conclusion, et l'actuelle version pianistique éditée, revue à cet effet par Gustave Samazeuilh, tient compte de ce remaniement. Une introduction, en partie basée sur la gamme par tons, mène à l'authentique chant de cornemuse écossais, fourni par le commanditaire, en mineur dorien défectif (pentaphone), très « couleur locale », — et que sa présentation au hautbois dans la version orchestrale rapproche davantage encore des futures *Gigues,* écossaises elles aussi, comme l'on sait ! La tête de ce thème, augmentée, donne très agréablement naissance à l'épisode central, quasi-*Trio,* où flotte encore parfois le souvenir de Borodine. Au cours de la transition vers le retour du thème initial, celui-ci se transforme en gigue, et il en conservera le rythme jusqu'à la fin, très brillante et éclatante, de ce morceau dans lequel, malgré le plan ternaire classique évident, Debussy témoigne déjà d'une volonté de variation, d'évolution constante de la forme.

Lindaraja

L'on sait que Maurice Ravel, contrairement à Debussy, trouva d'emblée sa voie propre, au point qu'il est déjà tout entier dans les pages de sa vingtième année, et qu'on ne saurait parler, en ce qui le concerne, « d'œuvres de jeunesse », du moins quant au style. Le plus étonnant de ces miracles de « génération spontanée », la *Habañera,* naquit dès 1895 sous sa forme originelle à deux pianos. Réunie avec une autre pièce, *Entre cloches,* la *Habañera* fut entendue pour la première fois à la Société Nationale le 5 mars 1898. Le jeune musicien avait présenté ses deux morceaux sous le titre de *Sites auriculaires* (v. cette œuvre). Or Debussy, qui terminait alors ses *Nocturnes,* se trouvait dans la salle : il fut séduit et même envoûté par le rythme sensuel et obsédant de l'œuvre de son jeune confrère, et surtout par ses harmonies d'un raffinement aigu, presque morbide, dont les troublantes dissonances s'appuyaient sur une lancinante pédale de *do* dièse, d'une nouveauté inouïe. Tant et si bien que Debussy demanda au jeune Ravel copie de son œuvre.

Or, en avril 1901, Debussy composa une courte pièce pour deux pianos qu'il intitula *Lindaraja,* — du nom de quelque courtisane mauresque. Glissée entre deux feuillets d'une partition d'orchestre, elle fut perdue et oubliée jusqu'à sa publication posthume en 1926. Après *D'un cahier d'esquisses,* publié en 1904, l'idée de Debussy devait enfin trouver sa forme définitive — et magistrale — qui n'est autre que la fameuse *Soirée dans Grenade,* seconde des trois *Estampes* pour piano. Fait significatif, l'œuvre de Debussy, sous ses trois états successifs, se présente comme une danse au rythme langoureux de *Habañera,* et qui plus est, se base sur une pédale de *do* dièse... sans que l'on puisse parler de plagiat. On comprend que ces coïncidences troublantes aient amené Ravel à revendiquer hautement la priorité de sa géniale trouvaille au point d'orchestrer sa *Habañera* pour la faire figurer dans sa *Rhapsodie espagnole.* Il reste que la pièce de Debussy, premier état de l'immortelle *Soirée dans Grenade,* vaut largement d'être connue, ne serait-ce que pour cette intéressante confrontation.

Six Épigraphes antiques

La matière de cette œuvre, remaniée, développée (et certes retravaillée en profondeur, puisque dans son état présent son langage relève de la suprême maturité de Debussy) remonte à la musique de scène pour les *Chansons de Bilitis* de Pierre Louÿs rédigée en 1900 pour la formation insolite de deux flûtes, deux harpes et un célesta (et demeurée inédite jusqu'à notre époque). Debussy n'a jamais révélé cette origine. Ces six pièces brèves (les deux plus longues ne dépassent pas une soixantaine de mesures) ont certainement été pensées comme un tout, l'enchaînement des tonalités et des tempos le prouve, et même le retour cyclique du thème de la première pour conclure la sixième. Dans une lettre à Jacques Durand du 11 juillet 1914, Debussy explique : « J'avais l'intention, jadis, d'en faire une suite d'orchestre, mais les temps sont durs, et la vie m'est plus dure encore. » En effet, autant et davantage que dans la *Petite Suite,* l'écriture pianistique, d'un extraordinaire raffinement, évoque la flûte, le pincé de la harpe, le tintement des crotales... En 1932 Ernest Ansermet a réalisé le vœu de Debussy, et à sa transcription pour grand orchestre, très belle, est venue s'en ajouter plus récemment une autre, due à Jean-François Paillard, et réservée aux seules cordes d'un orchestre de chambre.

Ces *Épigraphes* sont bien sûr d'une antiquité aussi fantaisiste et imaginaire que celle de Pierre Louÿs, et cependant d'une authenticité d'atmosphère incomparable, oscillant entre la sérénité tranquille et une profonde résignation, voire un trouble morbide suggérant bien la décadence alexandrine des *Bilitis*... Rêve sublimé, où la clarté classique, la souple fermeté des mélodies modales, grecques ou orientalisantes, se dissimulent derrière le voile de l'intemporel. Leur interprétation demeure l'une des pierres de touche du jeu à quatre mains, et l'un des exécutants empiète fréquemment sur la tessiture de l'autre, de sorte qu'il peut être indiqué de jouer l'œuvre à deux pianos. Le plan tonal de l'ensemble est très étudié (*n° 1* : *sol* mode de *ré* ; *n° 2* : pôle tonal *ré* ; *n° 3* : pôle *ré* bémol/*ut* dièse ; *n° 4* : *sol* mixolydien ; *n° 5* : *mi* bémol mineur modal ; *n° 6* : modulant, ramenant au *sol* initial), mais la nouveauté de certains agrégats harmoniques, évoquant même Stravinski, surtout dans les pièces *2, 3* et *5,* brouille fréquemment le sentiment tonal.

1. **POUR INVOQUER PAN, DIEU DU VENT D'ÉTÉ** : pièce d'un sentiment pastoral purement modal et diatonique (mode dorien transposé en *sol*), — avec sa mélodie pentaphone évoquant la flûte, son milieu plus animé (à 12/8) et sa reprise très abrégée, à peine un rappel.

2. **POUR UN TOMBEAU SANS NOM** : proche de *Canope* (v. *Préludes*) par son sujet poétique, cette page subtile et troublante dégage un sentiment de riche malaise. La flûte de Pan y résonne, et, comme dans le *Prélude à l'après-midi d'un faune,* sa mélodie couvre l'ambitus d'un triton, le « champ » harmonique implicite étant celui de la gamme par tons :

Une sorte de procession funèbre s'esquisse brièvement, puis (mesures 13 et suivantes) vient un épisode extraordinairement raffiné avec des complexes de secondes et de quartes rappelant *Feuilles mortes* : l'accord *sol-la-do-mi* bémol-*sol* bémol-*la* bémol est symétrique, les trois intervalles du haut étant le miroir de ceux du bas, — analogie intéressante avec l'absence de tension des cinq intervalles de la gamme par tons ! C'est un type d'accord né du piano (on le frappe de la seule main droite, pouce couché sur le *sol* et le *la*), et dont l'espèce va proliférer sous la plume de maints compositeurs (Stravinski...) avec l'émancipation de la dissonance. Une transition en quartes et septièmes mélodiques ramène le thème du début ; mais la pièce se termine par une extraordinaire plainte de pleureuses en chromatismes descendants...

3. **POUR QUE LA NUIT SOIT PROPICE** : dans cette pièce, la plus libre de toutes du point de vue de la forme et de la tonalité, la mélodie se déroule dans l'ambitus de triton, comme dans la précédente :

Le milieu, richement polyphonique et polyrythmique (dans le cadre du 12/8) combine et superpose jusqu'à cinq éléments différents. Les harmonies de quartes empilées définissent la fin abrupte et forte.

4. **POUR LA DANSEUSE AUX CROTALES** : danse aux rythmes souples, très libre de forme, dans le mode de *sol* (ou mixolydien) — ce qui entraîne de constantes équivoques tonales entre *ut, ré* et *sol.* Le milieu échappe à ce mode par sa complexité harmonique. Mélodiquement, cette pièce et la suivante évoquent le souvenir de Mélisande (après tout, la musique de scène date de 1900 !)...

5. **POUR L'ÉGYPTIENNE** : seule pièce déviant nettement de la matière harmonique ambiante, avec des mélismes orientaux, sur l'accord fondamental de *mi* bémol mineur modal (avec *do* bécarre et *ré* bécarre ajoutés), dont les éléments se répartissent sur toute l'étendue du clavier et s'unissent aux improvisations de quelque *aulos* et aux rythmes lascifs et provocants de la danseuse : l'Orient et l'Occident se rejoignent dans ce chef-d'œuvre d'évocation. Ce n'est pas une forme ternaire, mais une introduction, suivie d'une danse de plus en plus marquée et rythmée avec, pour finir, une simple allusion au thème mélodique et une conclusion laissant intact le mystère immobile de l'accord initial : comment ne point penser à Zohra, l'aimée algérienne de Pierre Louÿs à la beauté énigmatique et parfaite ?...

6. **POUR REMERCIER LA PLUIE AU MATIN** : voici le contraste de l'animation et de la fraîcheur exquise du ruissellement matutinal des doubles croches effervescentes, du diatonisme modal retrouvé de la première pièce après la langueur étouffante des modes orientaux de l'*Égyptienne*. La rupture de l'envoûtement se traduit également par une mobilité modulante sans précédent dans le cycle : autour de l'axe de *sol,* on passe successivement dans les régions de

mi bémol, d'*ut*, de *mi*, etc., rehaussées de discrètes touches polytonales, avant de retrouver le *sol* initial pour le retour, en huit mesures de coda, de la mélodie de la première *Épigraphe*, à peine trempée des dernières gouttelettes de pluie.

En blanc et noir

Les trois Caprices d'*En blanc et noir* sont l'un des suprêmes chefs-d'œuvre de Debussy, et l'un des fruits de cette dernière grande vague créatrice de l'été 1915, passé à Pourville, au bord de la Manche, et qui devait nous donner également les douze *Études* et les deux premières *Sonates*. Ces trois grandes pièces qui, nous apprend le compositeur, « veulent tirer leur couleur, leur émotion, du simple piano, tels les " gris " de Velazquez », appartiennent donc à sa dernière manière, — celle où, revendiquant fièrement le titre de « musicien français », il retourne aux sources pures de l'esprit classique, alors que son langage, au contraire, révèle une liberté et une audace de plus en plus étonnantes. Les attaques de la maladie n'affectent en rien ces pages ruisselant d'une riche inspiration ; mais la seconde d'entre elles, et, à un moindre degré, la première, portent les stigmates du drame de la guerre de 1914.

1. Dédiée à Serge Koussewitzky, la première pièce, qui porte l'indication *Avec emportement*, est précédée d'un exergue tiré du livret de Barbier et Carré pour le *Roméo et Juliette* de Gounod : « Qui reste à sa place — Et ne danse pas — De quelque disgrâce — Fait l'aveu tout bas » ; allusion amère au mauvais état de santé de Debussy, qui l'empêche de prendre part à la danse macabre des combats ! Le premier thème, chaleureux et emporté, alterne comme un refrain avec de brèves langueurs, des pointes narquoises, des balancements hésitants, au sein d'une grande liberté polyrythmique, voire polytonale. Les contrastes violents sont mis en relief par une virtuosité prodigieuse.

2. Debussy n'a jamais dépassé le dramatisme poignant et même sinistre de la seconde pièce, intitulée *Lent-Sombre*. Le sens profond de cette bouleversante « Défense de la Musique française » est révélé par la dédicace « Au lieutenant Jacques Charlot, tué à l'ennemi en 1915, le 3 mars » (Jacques Charlot était le neveu de l'éditeur de Debussy, Jacques Durand), et tout autant par l'épigraphe, — envoi extrait de la « Ballade contre les ennemis de la France » de Villon : « Prince, porté soit des serfs Eolus — En la forest où domine Glaucus — Ou privé soit de paix et d'espérance — Car digne n'est de posséder vertus — Qui mal voudroit au Royaulme de France. » Un premier jet, non conservé, de ce morceau était, au dire du compositeur, « très poussé au noir et presque aussi tragique qu'un " Caprice " de Goya ». Sous sa forme définitive, cette pièce — « la plus trouvée des trois » estimait Debussy, assurément la plus profonde et la plus émouvante — condense son horreur véhémente de la guerre, sa haine de l'envahisseur et de la barbarie teutonne, et sa confiance inébranlable dans la victoire finale. Le choral de Luther, pesant et discord, y symbolise l'agresseur allemand, auquel répond une claire mélodie française qui finira par l'emporter. « Vers la fin », nous dit l'auteur, « un modeste carillon sonne une pré-*Marseillaise.* »

Le début, sinistre et sombre, n'a pas son pareil dans toute l'œuvre de Debussy. D'étranges et fantomatiques clairons, des lambeaux de chansons viennent s'y superposer. Puis l'allure devient rapide et la musique évoque, avec un souffle véritablement épique, une bataille formidable mais lointaine, — car Debussy ne sacrifie jamais au réalisme descriptif. Cette partie culmine par la victoire d'une admirable mélodie héroïque, véritable quintessence du clair génie de la France. Un épisode lent et triste, aux harmonies d'une audace inouïe, fait place au brusque réveil d'énergie de la conclusion arrachée fortissimo.

3. La dernière pièce, *Scherzando,* la plus libre des trois par le rythme, l'harmonie et l'écriture, est dédiée « A mon ami Igor Stravinski » et porte en exergue : « Yver, vous n'estes qu'un villain », premier vers du populaire rondel de Charles d'Orléans dont Debussy avait fait un délicieux chœur a cappella dix-sept ans auparavant. Ce scherzo au style alerte, à la technique pianistique transcendante, véritable type du « Caprice », évoque fréquemment les plus périlleuses *Études*, — celle *Pour les cinq doigts* ou celle *Pour les degrés chromatiques*. Après une introduction fantaisiste, comme improvisée, le morceau suit une libre coupe ternaire, et son discours volubile, aux césures imprévues, aux brusques fusées, aux sonores ruissellements d'accords, aboutit à une fin ironique, impalpable, qui demeure suspendue comme un point d'interrogation.

H.H.

ABEL DECAUX

Né à Auffray (Saine-Maritime), en 1869 ; mort à Paris, le 19 mars 1943. Abel Marie Decaux commença des études d'orgue à Rouen, qu'il poursuivit avec Charles-Marie Widor à Paris, — tandis qu'il apprenait la composition avec Massenet. C'est à l'orgue qu'il consacra sa vie : titulaire au Sacré-Cœur de Montmartre à partir de 1903, il enseigna l'instrument à la Schola Cantorum et, de 1926 à 1937, à l'Eastman School of Music de Rochester, aux États-Unis. C'est aussi pour l'orgue qu'il composa principalement, quoique sans abondance. Toutefois, il dédia au piano un recueil intitulé Clairs de lune *: l'œuvre — fort intéressante — fit surnommer Decaux le « Schönberg français ». L'explication en est donnée ci-après.*

Cas très étrange que celui d'un obscur organiste, d'esthétique toute traditionnelle, et qui, quelques années durant, semble avoir été habité par une inspiration venue d'ailleurs. Sa présence ici se justifie seulement par quatre brèves pièces pour piano réunies ensuite sous le titre **Clairs de lune** lors de leur publication en 1913. *Minuit passe* date de 1900, *la Ruelle* de 1902, *le Cimetière* de 1907, *la Mer* de 1903. Un cinquième morceau, *la Forêt*, ne fut pas mené à terme.

Dans ces pièces, Decaux se montre tout proche des poètes symbolistes et décadents dans l'évocation de nuits blêmes et maléfiques. *Minuit passe* commence par les douze coups de minuit sous forme de tritons dans le grave ; cette page, comme les suivantes, est entièrement atonale, — évitant systématiquement les accords parfaits (il n'y en a pas un seul, même pour conclure !). *Le Cimetière* cite le *Dies Irae*, mais en déformant tous ses intervalles. Decaux ne précède pas seulement Schönberg dans la suspension de la tonalité, il anticipe également sur son utilisation sérielle du matériau. Bien qu'écrites à plusieurs années d'écart, les quatre pièces ont en commun une cellule de trois notes descendantes, présente sous deux formes : seconde majeure, puis tierce majeure ou seconde mineure, puis tierce mineure. Or, cette simple cellule fournit toute la matière, tant mélodique qu'harmonique : par exemple, le début de *la Ruelle* donne la verticalisation sous forme d'accords de la première des deux formes de la cellule. Schönberg ne devait pas aborder ce type de pensée structurelle avant 1909. Il s'agit donc d'une prémonition extraordinaire, qui fait de ce modeste organiste l'un des pionniers — le tout premier peut-être — de l'atonalisme intégral. Hormis ces considérations, les *Clairs de Lune* possèdent une réelle force d'évocation poétique, qui justifierait enfin leur présence au répertoire des pianistes.

H.H.

ANTON DIABELLI

Né à Mattsee, près de Salzbourg, le 6 septembre 1781 ; mort à Vienne, le 7 avril 1858. Compositeur et éditeur autrichien, il étudia la musique à Salzbourg d'abord, puis, à partir de 1800, au monastère de Raitenhaslach, en Bavière. Il fut l'élève de Michael et de Joseph Haydn. Installé à Vienne en 1803, il devint un professeur de piano et de guitare très recherché. Son intérêt pour l'édition musicale le poussa à s'associer en 1818 avec Pietro Cappi, pour fonder une maison d'édition qui allait se révéler particulièrement active. Après le retrait de Cappi en 1824, la firme prit le nom de « Diabelli et Cie » et entra dans sa période la plus productive. Le catalogue de ses publications est immense. C'est Spina, son associé, qui prit en 1851 la succession de Diabelli. Au cours de son existence paisible, Diabelli se fit de nombreux amis — parmi eux Beethoven et Schubert — dont il fut le principal éditeur.

L'œuvre de piano

On a dit que Diabelli était « plus remarquable par sa fécondité que par le mérite de ses ouvrages ». Son œuvre est effectivement très vaste : nombreuses pages pour piano, pour guitare, pour flûte, de la musique sacrée, de la musique de chambre, des lieder, des ouvrages dramatiques, etc. Ses *Sonates* et *Sonatines* pour piano, légères et faciles, ont longtemps figuré, et figurent encore, dans les anthologies de pièces récréatives et progressives pour jeunes pianistes. Indiquons que certaines sont écrites pour quatre mains.

Mais la notoriété de Diabelli provient essentiellement du thème de valse qu'il composa, thème au demeurant assez insignifiant, qui est à l'origine des *Trente-trois Variations sur une valse de Diabelli op. 120* de Beethoven, et qu'il publia dans le *Vaterländischer Künstlerverein*.

En 1819, Diabelli avait envoyé son thème aux compositeurs les plus en vue à l'époque en Autriche, leur demandant d'écrire dessus une série de variations. Parmi ces compositeurs figuraient Beethoven, bien sûr, mais aussi Pixis, Kalkbrenner, Czerny, Moscheles, et le jeune Liszt âgé d'une dizaine d'années. Le but de Diabelli était, semble-t-il, de créer une anthologie de pièces variées et de s'attirer le plus grand nombre de clients et d'acquéreurs en leur proposant un choix de variations agréables dues aux grands noms du piano contemporain. A côté des magnifiques variations de Beethoven*, les autres pièces paraissent d'un intérêt moindre. La plupart exigent une technique éblouissante, mais restent superficielles et presque uniformes.

A. d. P.

PAUL DUKAS

Né à Paris, le 1er octobre 1865 ; mort à Paris, le 17 mai 1935. Issu d'un milieu cultivé, il ne commence à manifester des dispositions sérieuses pour la musique que vers l'âge de quatorze ans. Admis en 1881 au Conservatoire de Paris, il y fréquente les classes d'écriture, de piano, d'orchestre et de composition. Dans la classe de composition d'Ernest Guiraud, il se lie d'amitié avec Debussy. En 1888, il reçoit le second Grand Prix de Rome à l'unanimité (il n'obtiendra jamais le Premier Prix). Déçu par ce demi-échec, il abandonne ses études musicales, et prend du recul pour approfondir sa connaissance des grandes œuvres du passé. Sa première partition, Polyeucte, *ouverture pour la tragédie de Corneille, est jouée avec succès en 1892 aux Concerts Lamoureux. Désormais, note Georges Favre, « ses œuvres vont se succéder sans heurt... après d'assez longues périodes de silence et de réflexion ». Sa réputation s'affirme en 1897 avec la* Symphonie *en ut majeur et, surtout, avec l'*Apprenti sorcier, *une de ses plus parfaites réussites, qui triomphe à la Société Nationale. D'une culture et d'une érudition exceptionnelles, Dukas assurera durant de longues années la critique musicale dans divers journaux de l'époque, — commentant avec une maîtrise extraordinaire la musique des auteurs anciens (Bach, Rameau, Gluck, Mozart, Beethoven) et contemporains (Bizet, Franck, Debussy). Puis, attiré par la jeunesse, il enseignera la composition au Conservatoire de Paris et à l'École Normale de musique (Olivier Messiaen et Maurice Duruflé, entre autres, seront ses élèves). Brutalement terrassé par une crise cardiaque, il succombera quelques mois après son élection à l'Institut. Son œuvre, très réduite mais d'une rare exigence, a exercé une profonde influence sur celle de ses contemporains. Parmi ceux-ci, Gabriel Fauré a écrit : « Originalité puissante, haute sensibilité, style admirable : telles m'apparaissent les qualités qui font de Paul Dukas un très grand musicien ».*

---

* Dont l'analyse figure, bien entendu, dans ce même livre sous le nom de *Beethoven*.

Dukas n'a laissé que quatre œuvres pour piano : une *Sonate en* mi *bémol mineur,* et des *Variations, Interlude et Finale sur un thème de Rameau,* — deux monuments datés respectivement de 1901 et de 1903 ; ainsi que deux pièces de circonstance, *Prélude élégiaque* (1909) et *la Plainte, au loin, du faune* (1920), — hommages à Haydn et à Debussy.

En 1909, à l'occasion du centenaire de la mort de Joseph Haydn, la revue musicale *S.I.M.* avait commandé à six musiciens (Vincent d'Indy, Reynaldo Hahn, Debussy, Dukas, Ravel et Charles-Marie Widor) six courtes pièces composées sur un thème correspondant aux lettres du nom de Haydn. Dukas écrivit pour cette commémoration un bref **Prélude élégiaque,** lent et recueilli.

Autre célébration, — celle de la mémoire de Debussy décidée en 1920 (deux ans après sa mort) par *la Revue musicale,* nouvellement fondée. Dukas collabore à ce *Tombeau de Claude Debussy* avec Albert Roussel, Florent Schmitt, Ravel et Satie, pour la France, Malipiero, Bartok, Stravinski, Falla et Goosens, pour l'étranger. Il compose une **Plainte, au loin, du faune,** où transparaît un écho lointain du faune de Debussy. « Les personnalités de Debussy et de Dukas s'y confondent et s'y pénètrent à tel point que la voluptueuse plainte bucolique du *Prélude à l'après-midi,* dont le chromatisme assoupi sert de prétexte à la composition, s'y révèle soudain chargée d'une langueur toute asiatique... », a relevé Alfred Cortot*.

Sonate en *mi* bémol mineur

Éditée chez Durand et dédiée à Camille Saint-Saëns, elle fut créée le 10 mai 1901 à la Salle Pleyel, à Paris, par le pianiste Édouard Risler, avec un succès considérable. Pour Pierre Lalo, critique au *Temps,* cette première audition fut un événement capital de l'histoire de la musique française : « ... Il y a dans cette sonate plus de musique que dans la plupart des opéras. Et soyez assurés que beaucoup d'opéras auront passé quand cette sonate demeurera... La pensée y possède une intensité d'énergie, une richesse de substance singulière et qui s'exprime dans le langage le plus ferme, le plus suivi, le plus fortement lié .»

Cette sonate est, en effet, l'une des œuvres les plus ambitieuses de tout le répertoire pianistique français. Plusieurs influences s'y ressentent : les ombres de Beethoven, de Franck et de Liszt passent discrètement sur l'ensemble de ses quatre mouvements. L'impact de Beethoven, dont Dukas avait étudié les sonates — en particulier les dernières —, se révèle, par exemple, dans l'épisode fugué lent et mystérieux intercalé dans le troisième mouvement. Dukas connaissait aussi la *Grande Sonate en* si *mineur* de Liszt, et les pièces de Franck. De celles-ci, il a assimilé l'écriture puissante et l'assise solide ; mais, contrairement aux œuvres de Franck, la sonate de Dukas n'est pas une œuvre cyclique. Comme l'a souligné Georges Favre**, il faut d'ailleurs se garder d'établir des comparaisons entre les thèmes des grands maîtres, — puisque Dukas lui-même déclarait : « C'est le signe indéniable du crétinisme musical que de rechercher partout des réminiscences, des analogies de rythmes, des ressemblances de notes »...

La *Sonate en* mi *bémol mineur* se compose de quatre mouvements.

1. MODÉRÉMENT VITE (« expressif et marqué », en *mi* bémol mineur, à 4/4) : le mouvement initial suit la construction traditionnelle du mouvement de sonate à deux thèmes contrastés, — exposés, développés et réexposés. Ces deux thèmes s'enchaînent presque sans transition (huit mesures) : le premier, tourmenté et anxieux,

sur un accompagnement orchestral de syncopes ; le second, plus serein et expressif,

sur un accompagnement régulier de doubles croches qui évoquent le schéma classique de la basse d'Alberti. Alfred Cortot remarque, ici, que ces thèmes « s'affirment d'égale importance dans le temps, mais encore ont-ils, malgré leurs caractères diver-

---

* A. Cortot, *la Musique française de piano* (Paris, Presses Universitaires de France, 1948).

** Georges Favre, in : *Paul Dukas* (Paris, La Colombe, 1948).

gents, une étroite parenté spécifique qui les rapproche des plus purs exemples classiques* ». Ces purs exemples classiques que Dukas avait étudiés et commentés avec une remarquable érudition. A la fin de l'exposition, sous l'indication « Reprenez peu à peu le mouvement », et dans l'atmosphère du début avec le même accompagnement syncopé, commence le développement. Les deux thèmes vont s'y affronter, parfois dans un climat dramatique : le second, qui semble dominer, revient noyé dans un dessin de triolets de croches, en *si* bémol majeur, puis en *mi* majeur. Sur des roulements de basse, quelques mesures transitoires ramènent la réexposition des deux motifs (le deuxième dans la tonalité de *mi* bémol majeur), — jusqu'à la coda, très calme et recueillie, dans un « mouvement plus élargi » et « très retenu ». Une conclusion rapide fait entendre un furtif et tendre rappel du second thème dans le ton d'*ut* mineur, immédiatement interrompu par trois grands accords poignants qui rétablissent, dans le *mi* bémol mineur initial, l'atmosphère mystérieuse de l'ensemble.

2. Calme, un peu lent — très soutenu (en *la* bémol majeur, à 3/4) : dans ce mouvement lent, comme dans l'*Andante espressivo e sostenuto* de la *Symphonie en ut majeur***, Dukas conserve l'idée de la forme sonate, et y oppose deux thèmes : le premier, simple et harmonisé en *la* bémol majeur, restera présent tout au long du mouvement :

Le second, plus lyrique et bien chanté, prend son point de départ sur la dominante du ton principal (*mi* bémol majeur),

et se juxtapose dans la ligne mélodique à un dessin de triolets de croches. Dans le développement expressif, les contours et « le chant bien distinct » des deux motifs se superposent sur de nouvelles formules d'accompagnement, — le plus souvent en triolets. Le mouvement s'intensifie lors de la réexposition, dans le « brouillard sonore d'une grande poésie » selon Georges Favre, et les thèmes réapparaissent dans la tonalité initiale de *la* bémol majeur. Ce qui frappe, dans cette deuxième partie de la sonate, c'est l'animation progressive des figures d'accompagnement (noires, croches, triolets de croches, sextolets de doubles croches), — animation qui, pour Alfred Cortot, « relève à la fois de la variation ornementale et du " double " des clavecinistes ». Ce splendide morceau, grave et tranquille, justifie pleinement ce commentaire de Pierre Lalo : « Aucune froideur, d'ailleurs ; rien de rigide, ni d'inanimé, mais une sorte de certitude passionnée, de logique ardente, d'émotion impérieuse dont le pouvoir est grand ».

3. Vivement, avec légèreté (en *si* mineur, à 2/4) : ce mouvement très animé est conçu sur le modèle du scherzo beethovénien. Son motif principal, qui s'élance dans un scintillement de doubles croches partagées entre les deux mains, n'est jamais contrarié par ce qu'on peut considérer comme un motif secondaire plus expressif. Tout s'apaise, « en cédant peu à peu » dans la partie centrale sur un rappel passager du thème initial du premier mouvement, — rappel qui incita Vincent d'Indy à classer cette sonate dans la catégorie des œuvres cycliques (un tel classement est encore très discuté aujourd'hui). Des accords lents et mystérieux conduisent ensuite à l'exposition d'un sujet de fugue chromatique et tortueux, d'un caractère « doucement marqué », accompagné par un contre-sujet tourmenté :

La fugue à trois voix se déroule assez longuement dans des tonalités de plus en plus éloignées, et se calme lors du retour du scherzo réexposé presque intégralement. Alfred Cortot a ressenti là une impression de cauchemar presque maléfique qui ne se dissipe qu'avec ce retour « du rythme du scherzo, faisant irruption du sommet du clavier, dans un bouillonnement de notes rapides ». Une brève réapparition du sujet de la fugue, harmonisé de manière différente, conduit peu à peu vers une conclusion furtive dans la nuance pianissimo.

---

* A. Cortot, *op. cit.*
** Voir *Guide de la musique symphonique*.

4. TRÉS LENT (en *mi* bémol mineur, à 4/4) : un récitatif dramatique très lent — vaste « marche d'accords puissants et serrés, çà et là détendus par une mesure plus libre... » (Pierre Lalo) interrompue par de longs passages déclamés « librement, sans altérer le rythme » — sert d'introduction au finale. Alfred Cortot y relève l'influence de Beethoven, et voit dans les premières notes de ce récitatif les notes principales de l'épisode central du mouvement précédent, « retournées, prises comme l'on dit à rebrousse-poil, modifiées du reste, dans leur caractère autant que dans leur disposition et, de mystérieuses et fatidiques qu'elles étaient, devenues impérieuses, dominatrices ». Le finale « animé » est construit sur le plan de l'allegro de sonate, avec un premier thème très orchestral, syncopé et bien scandé,

et un second thème calme et presque religieux, — en lequel Vincent d'Indy a découvert une parenté avec le thème liturgique du *Pange lingua*. Un motif de choral mène au développement, où se superposent tous les sujets déjà entendus ; puis la réexposition s'affirme avant la coda avec une véhémence sonore quasi symphonique. Blanche Selva, remarquable interprète de cette sonate, a décrit cet ultime mouvement comme « un magnifique couronnement... d'un jet si long, d'une progression si intense et continue. Pas une défaillance, pas un moment où l'intérêt faiblisse. La puissance dont l'exposé est déjà rempli s'accroît dans l'action et trouve, dans la péroraison, son déploiement superbe*. »

Cette sonate monumentale est empreinte d'une singulière élévation. On n'y relèvera aucune complaisance, — mais plutôt une « somptueuse ordonnance » et un vaste équilibre. L'écriture pianistique, toujours puissante mais jamais lourde, s'avère de toute beauté. Et Dukas lui-même conclut en ces termes : « Le point difficile en abordant cette forme est de ne pas tomber dans la sonate pédantesque, dans ces morceaux prétentieux, dans ces thèmes qui ont l'air de sortir tout seuls du piano, se gonflent et annoncent solennellement : c'est moi le thème... » Dont acte, pour une œuvre qui reste unique dans la littérature française du genre.

---

* B. Selva, *la Sonate* (Paris, Rouart, 1913).

Variations, Interlude et Finale sur un thème de Rameau

L'œuvre, dédiée à l'éditeur Jacques Durand, fut jouée en première audition à la Société Nationale de Musique le 23 mars 1903 par le pianiste Édouard Risler.

Dukas a choisi comme point de départ l'avant-dernière pièce de la Suite en *ré* du deuxième Livre de *Pièces de clavecin* de Rameau, — publié en 1724 : un menuet extrêmement concis, et apparemment anodin, intitulé *Le Lardon*. Il va lui faire subir toutes sortes de transformations qui le rendront méconnaissable. On se souviendra que Dukas vouait une grande admiration à la musique de Rameau, qu'il commenta et réhabilita ; à l'époque de la composition de ces *Variations*, il travaillait d'ailleurs à la révision des *Indes galantes*.

Les *Variations, Interlude et Finale* se situent dans la lignée des immenses *Variations sur une valse de Diabelli* de Beethoven, et des non moins immenses *Variations symphoniques* de Franck ; bien que, comme l'a souligné Alfred Cortot**, le plan et le caractère de ces œuvres diffèrent absolument : « elles procèdent pourtant d'un motif analogue ». Vincent d'Indy a résumé les *Variations* de Dukas en ces termes : « Onze variations commentent diversement le thème — puis, après un épisode largement développé où s'esquissent les éléments principaux de la douzième variation, celle-ci, formant le Finale, l'expose en un style sain et plein d'allégresse, pour aboutir, comme une sorte d'apothéose, au thème de Rameau que l'on dirait ici " agrandi au module du monument " dont il vient de fournir le sujet décoratif***. »

Les six premières variations sont des variations essentiellement mélodiques, les quatre suivantes sont plus axées sur des procédés rythmiques, — alors que la onzième variation, sombre et lente, sert de transition entre les dix premières et l'*Interlude*. Chacune est issue d'un fragment plus ou moins modifié du thème du *Lardon*, traité avec une diversité d'idées tout à fait extraordinaire.

VAR. I (« tendrement », en *ré* majeur, à 3/4) : c'est un dialogue souple et expressif à quatre voix.

VAR. II (« assez vif et rythmé », en *si* mineur, à 2/4) : le rythme unique et fortement

---

* A. Cortot, *op. cit.*
*** V. d'Indy, *Cours de composition musicale* (Paris, Durand, s.d.).

accentué qui domine cette variation au relatif mineur

contraste nettement avec le tendre caractère de la pièce précédente.

VAR. III (« sans hâte délicatement », en *ré* majeur, à 6/16) : dans cette variation expressive à quatre parties, le thème, présenté d'abord à la basse, est soutenu par trois voix chantantes et balancées.

VAR. IV (« un peu animé, avec légèreté », en *ré* majeur, à 4/4) : la ligne mélodique d'un thème souple, dont les mains s'emparent à tour de rôle, s'affirme d'abord sur un léger accompagnement de triolets de croches qui vont et viennent.

VAR. V (« lent », en *ré* majeur, à 3/4) : courte variation à quatre voix dont le thème, selon Georges Favre*, paraît « se diluer dans une brume sonore assez mystérieuse ».

VAR. VI (« modéré », en *ré* majeur, à 3/4) : dernière variation mélodique de la série, — c'est une variation chantante dont les cellules mélodiques se poursuivent d'une partie à l'autre. Le thème de Rameau est discrètement évoqué par quelques fragments de tierces.

VAR. VII (« assez vif », en *ré* majeur, à 4/4) : épisode alerte sur un accompagnement de doubles croches légères et virtuoses. Alfred Cortot remarque que le thème générateur semble avoir disparu ; mais il est « pourtant présent sous chaque note, organisateur dissimulé et volontaire de l'agencement sonore sous lequel il se dérobe ».

VAR. VIII (« très modéré », en *ré* majeur, à 4/4) : de caractère improvisé, elle repose essentiellement sur un dessin rythmique et volubile de triples croches arpégées.

VAR. IX (« animé », en *ré* majeur, à 9/8) : dans cette spirituelle variation rythmique, le thème est reconnaissable à la main gauche.

VAR. X (« sans lenteur », en *ré* majeur, à 3/4) : variation au rythme appuyé, plein de fièvre.

VAR. XI (« sombre, assez lent », en *ré* mineur, à 3/4) : elle s'enchaîne directement à la précédente, — et cet enchaînement crée un climat de gravité inattendu. Le motif qui se dégage des sombres triolets accentue l'atmosphère d'inquiétant mystère.

INTERLUDE (en *ré* mineur, à 6/4) : « La noire un peu plus lente », a indiqué Dukas. Il est conçu comme une improvisation. Ses roulades de gammes de triples croches, ses grands accords, ses traits d'arpèges et de tierces, son chromatisme et ses modulations de plus en plus précises conduisent au *Finale,* qui rayonne sur la tonalité de *ré* majeur.

FINALE, VAR. XII (« modérément animé », en *ré* majeur, à 3/2) : à la fois finale et ultime variation, ce long mouvement est plein d'allégresse. Deux thèmes s'y croisent : le premier, avec son rythme étrangement syncopé, provient du thème du *Lardon,*

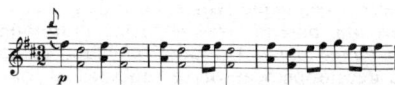

le second n'est autre que celui de Rameau amplifié et exposé dans diverses tonalités. Les deux sujets s'unissent dans la péroraison de l'œuvre, qui se conclut en apothéose.

Rendant compte, dans sa chronique du *Temps,* de la première audition des *Variations* de Dukas, Pierre Lalo remarqua qu'il est impossible « d'unir et de combiner avec plus de variété et d'éclat les éléments mélodiques, harmoniques et rythmiques dont se compose le thème de Rameau. Quant au sentiment, il suffit d'entendre la onzième variation, si grave et si profonde, pour comprendre que l'emploi d'une forme classique ne nuit point à la sensibilité, qu'une musique peut se soumettre à la loi de la forme, et cependant rester pleine de force vive et d'émotion concentrée. Pour leur style musical et pour leur sens intime, Rameau eût aimé ces *Variations.* »

A.d.P.

---

* G. Favre, *op. cit.*

JACQUES DUPHLY

Né à Rouen, le 12 janvier 1715 ; mort à Paris, le 15 juillet 1789. Il fut, dans sa ville natale, l'élève de d'Agincourt. Nommé vers 1732 organiste de la cathédrale d'Évreux, on le retrouve entre 1734 et 1742 à Rouen où il tint simultanément les orgues de Saint-Éloi et de Notre-Dame-de-la-Ronde, — sa sœur Marie-Anne étant sa suppléante. En 1742, Duphly quitte Rouen pour s'installer à Paris : il n'y occupera aucune charge officielle, vivant probablement des leçons qu'il donne ; Jean-Jacques Rousseau le considéra d'ailleurs comme un « excellent maître de clavecin ». La publication de ses quatre livres de Pièces de clavecin *établit sa réputation, — mais Duphly mourut assez solitaire au lendemain de la prise de la Bastille. Dans son modeste appartement de l'hôtel de Juigné, il n'y avait curieusement aucun clavecin.*

L'œuvre de clavecin

L'œuvre de Duphly est entièrement vouée au clavecin. Il laisse quatre livres non datés, mais publiés entre 1744 et 1768, et décrits comme des œuvres « aussi agréables que propres à former les élèves qui les étudient ».

Premier Livre

La publication du premier livre de *Pièces de clavecin dédiées à Monseigneur le duc d'Ayen* a été annoncée en février 1744 dans le *Mercure de France*. Le recueil était paru chez l'auteur et chez les éditeurs Mme Boivin et Le Clerc. Ce premier ouvrage est encore conçu dans la tradition de la suite pour clavecin du XVIIe siècle et du début du XVIIIe. Peut-être fut-il écrit bien avant sa publication. Il est constitué de deux suites (en *ré* et en *do*), même si Duphly n'emploie pas le terme « suite » ; en fait, il organise son livre en une succession de pièces réunies sous une même tonalité et en un groupement de mouvements de danse (allemandes, courantes, menuets, gigue). Beaucoup de pièces sont accompagnées de noms de personnes, parfois non identifiées, — dédicaces d'un musicien qui tient plus à rendre un hommage musical qu'à décrire ses modèles.

La première « suite » en *ré* s'ouvre par une *Allemande* calme et modérée, mais très construite dans le style des premières Allemandes de Rameau. Dans la *Courante* aux épisodes luthés, Duphly semble avoir retenu les leçons de Couperin. Morceau plein d'allégresse, *La Van Loo* est vraisemblablement un hommage au peintre Carle Van Loo qui avait épousé la chanteuse Christine Somis. Un *Rondeau* « gracieux » que ne renierait pas François Couperin lui succède, et précède *La Tribolet,* page alerte qui évoque à la fois l'art raffiné de Rameau et la virtuosité de Scarlatti. Dans un nouveau *Rondeau* « tendre », en deux couplets, semblent toujours planer les ombres de Rameau et de Couperin :

Par la diversité de son rythme pointé et affirmé, *La Damanzy* est une pièce de style français. Dans *La Cazamajor*, dernier morceau en *ré*, on croirait entendre une sonate de Scarlatti tant la virtuosité est exubérante : des cascades de croches courent sur le clavier, entremêlées de rapides croisements de mains fort périlleux.

La seconde « suite » en *do* débute par une superbe *Allemande* grave et très travaillée, qui se développe sur un somptueux contrepoint à trois et quatre parties. La courante *La Boucon* paraît répondre en écho à la *Courante en mi mineur* de Rameau : elle est dédiée à Anne-Jeanne Boucon, nièce de Jean-Baptiste Forqueray, — à laquelle Rameau dédia lui aussi une pièce de ses *Pièces de clavecin en concerts (Deuxième Concert)*. Aux deux danses de la « suite » s'enchaîne une pièce de grande virtuosité, *La Larare*, dont le brillant élan se trouve furtivement coupé par une courte phrase expressive de trois mesures sous lesquelles Duphly a noté « un peu moins vite ». Deux *Menuets* apportent une note de grâce enjouée, puis apparaît un *Rondeau* délicat qui semble né sous la plume de d'Agincourt. Deux parties dans ce rondeau : le premier refrain est suivi de deux couplets, et d'un nouveau refrain lui-même suivi de deux nouveaux couplets. C'est par un mouvement de gigue légère et joyeuse, *La Millettina,* et sur un rythme à trois temps décomposés en triolets, que Duphly s'achemine vers la conclusion de son *Premier Livre,* — qui se termine « légèrement » avec une heureuse pièce sans titre, au rythme sautillant.

Second Livre

Le *Second Livre de pièces de clavecin...* fut annoncé à son tour dans le *Mercure de France* en 1748. Il parut chez Mme Boivin, Le Clerc et Mlle Castagnéry, et fut dédié à Mme Victoire de France, seconde fille de Louis XV. Le deuxième livre est surtout constitué de pièces joyeuses, rapides ou brillantes dans le style de Scarlatti, et de trois rondeaux qui doivent autant à Couperin qu'à d'Agincourt, — tous sous-titrés. La danse a tendance à disparaître : on ne trouve plus que deux gavottes et deux menuets.

C'est par une ouverture somptueuse et brillante, *La Victoire,* hommage à sa dédicataire, que commence ce *Second Livre.* Il se poursuit en une pièce alerte aux traits périlleux dignes de Scarlatti, *La De Villeroy,* — nouvel hommage à la duchesse de Villeroy qui participa activement au succès des spectacles de la cour. Entre deux pages rapides, Duphly intercale un rondeau majestueux, *La Félix :* ses gracieux couplets se jouent « noblement ». Le dédicataire est-il ce Félix, propriétaire d'un petit théâtre de la rue Saint-Honoré sur la scène duquel Mozart se produisit avec sa sœur en 1764 ? *La De Vatre* est sans doute dédiée au facteur de clavecins, Antoine Vater : c'est un mouvement de gigue qui débute sur un rythme pointé imposant. Dans un tempo « noblement et vif » à la fois, *La Lanza* brille par une virtuosité de plus en plus étincelante, apaisée cependant dans le « gracieusement » du milieu par une phrase au parfum de style galant :

Les Colombes roucoulent tendrement et gracieusement dans un rondeau en deux parties, — véritable paraphrase de *La Timide* de Rameau. *La Damanzy* est conçue « vivement » comme une toccata débordant de traits éblouissants ; au centre, Duphly a placé une vraie cadence de concerto. Un rondeau *La De Beuzeville* lui fait suite, avec son refrain et ses deux couplets à la manière de Couperin. A qui Duphly a-t-il voulu rendre hommage dans *La D'Héricourt ?* Très certainement à un personnage important auquel Balbastre rendra hommage à son tour quelques années plus tard. « Noblement et vif » a indiqué Duphly en tête de cette page pleine de brio, qui débute comme une ouverture. A deux *Gavottes* en *mi* succèdent deux *Menuets,* également en *mi. La De Redemond* est un morceau rapide qui se joue « hardiment ». Morceau rapide aussi, cette *De Caze* qui semblerait due à la plume de Scarlatti. Le *Second Livre* se termine « guayement » sur les triolets gracieux de *La De Brissac,* où s'affirme l'influence de d'Agincourt.

Troisième Livre

Annoncé en 1758 dans le *Mercure de France,* et en des termes flatteurs pour son auteur « son talent est son mérite sont trop connus pour avoir besoin d'être prônés » — le *Troisième Livre de pièces de clavecin...* fut publié sans dédicataire chez les éditeurs Bayard, Le Clerc et Mlle Castagnéry. Il se vendait aussi chez Duphly. A côté des pièces pour clavecin seul, ce livre contient six pièces qui comportent un accompagnement de violon, — les situant dans le cadre de la musique de chambre. Les pièces pour clavecin seul répondent à des genres de plus en plus variés. Ce recueil est en général plus tendre et plus gracieux que les précédents, et justifie pleinement ces lignes que Pierre-Louis Daquin, fils de Claude Daquin, écrivit à propos de Duphly : « ... On lui trouve beaucoup de légèreté dans le toucher et une certaine mollesse qui, soutenue par des grâces, rend à merveille le caractère de ses pièces. »

Dédiée au grand virtuose de la viole, *La Forqueray* est un rondeau grave en trois couplets. Dans le troisième couplet, un passage luthé évoquera le Couperin des *Barricades mystérieuses.* Première danse de ce livre, une longue et brillante *Chaconne* en *fa,* dont le rythme s'intensifie et change continuellement. Une curieuse et sauvage *Médée* en *fa* mineur s'enchaîne dans un tempo « vivement et fort », immédiatement suivi par l'élégance des *Grâces*. Duphly a noté ici que « les points qui sont sur les notes de basse signifient qu'il faut les passer avant celles du dessus », — ce qui crée lors de l'éxécution un doux et agréable balancement :

Une pièce rapide qui se joue « vivement », *La De Belombre*, précède deux *Menuets* mélodieux. C'est à l'illustre pastelliste de la cour que Duphly rend hommage avec brio dans *La De La Tour*. Deux épisodes charmants et légers que *La De Guyon*, et les deux *Menuets* en *mi*. *La De Chamlay* est un « rondeau gracieux » en trois couplets : le refrain et les deux premiers couplets, expressifs et coulés dans le même moule, s'opposent à l'entrain du troisième couplet. La série des pièces du *Troisième Livre* se conclut par une tendre gaavotte en deux parties, *La De Villeneuve*.

Quatrième Livre

Le *Quatrième Livre de pièces de clavecin...*, imprimé à Paris au Bureau d'abonnement musical, fut dédié à la Marquise de Juigné. Sa publication fut annoncée dans les *Affiches, Annonces et Avis divers* du 14 juillet 1768, — l'année même où le piano-forte fit sa première apparition publique au Concert Spirituel à Paris. Les pièces de ce recueil sont très nettement marquées par l'influence de l'instrument nouveau : les thèmes mélodieux et gracieux sont soutenus par une basse d'Alberti omniprésente, figure d'accompagnement caractéristique du piano-forte, mais peu destinée au clavecin dont la sonorité trop égale risquait de rendre ce procédé assez désagréable. Ajoutons que le mouvement de danse a complètement disparu de ce dernier livre de Duphly.

La basse d'Alberti apparaît déjà dans la longue pièce d'ouverture, *La De Juigné*, — hommage à la dédicataire qui se joue « dans un style noble et tendre ». Le pianoforte n'est pas loin. C'est M. de Sartines, Lieutenant-général de la police, qui avait permis à Mozart de donner des concerts à Paris en 1764 : Duphly lui dédie un joyeux morceau en *sol* majeur, *La De Sartines*. *La De Drummond* est un « rondeau gracieux » : la ligne mélodique de son refrain et des deux couplets progresse avec l'aisance et la délicatesse propres au style galant, et sur une basse d'Alberti largement utilisée :

L'influence de Scarlatti se révèle très sensible dans les traits étincelants de *La De Vaucansson*. Duphly sait être tendre et agile dans le rondeau *La Pothoüin* : aux deux élégants premiers couplets s'enchaîne un dernier couplet très long et animé comme une toccata qui s'achève en un brillant épisode cadentiel. C'est dans l'éclat que Duphly clôt son *Quatrième Livre* avec une page en *sol* mineur, *La Du Bucq*.

A. d. P.

JAN LADISLAV DUSSEK

Né à Cáslav, en Bohême, le 12 février 1760; mort à Saint-Germain-en-Laye (ou à Paris), le 20 mars 1812. Il fait partie de ces mucisiens tchèques qui, dans la deuxième moitié du XVIIIe siècle, partirent chercher gloire et fortune au-delà de leurs frontières. Leur influence sur la culture musicale européenne s'étendra jusqu'à Haydn et Mozart. D'abord élève de son père, Dussek termine ses études à Prague en 1778. Musicien itinérant, il parcourt l'Europe dès 1779 : il est organiste à la cathédrale de Malines, puis organiste et professeur de piano à Bergen-op-Zoom, Amsterdam et La Haye. Un voyage à Hambourg en 1783 lui permet de rencontrer Carl Philipp Emanuel Bach. Il gagne peu après la cour de Catherine II à Saint-Pétersbourg, où il reste peu de temps : injustement impliqué dans un complot, il doit fuir la cour russe et se retrouve « Kapellmeister » du prince Radziwill en Lituanie. Ses débuts à Paris datent en 1786 : sa virtuosité séduit aussi bien le public parisien que la cour, — et jusqu'à la reine Marie-Antoinette qui lui voue une grande admiration. Il séjournera à Paris jusqu'en 1789. La Révolution et son attachement bien connu à la famille royale le forcent à émigrer en Angleterre, où il vivra une dizaine d'années. Ses activités y seront multiples : il donne beaucoup de concerts avec grand succès, encourage le facteur de pianos Broadwood, fréquente Haydn et Clementi, et fonde avec Corri une maison d'édition qui périclitera rapidement. Entre 1800 et 1802, il s'installe à Hambourg, qu'il quitte en 1803 pour entrer au service du prince Louis-Ferdinand de Prusse, remarquable musicien et pianiste distingué que Beethoven admirait. A la mort du prince en 1806, Dussek se dirige de nouveau vers la France et entre au service du prince de Talleyrand, alors ministre des Affaires étrangères de Napoléon. Il y restera jusqu'à sa mort. Lorsqu'il disparaît en 1812, handicapé par une maladie mentale qui le plongeait dans de douloureuses crises de mélancolie, Dussek était l'un des compositeurs les plus en vue et les plus fréquemment joués à Paris. « Annoncer que M. Dussek a joué du piano, c'est annoncer que tout l'auditoire a été transporté de plaisir », pouvait-on lire en 1811 dans les Tablettes de Polymnie.

L'œuvre pour piano de Dussek est trop abondante pour qu'il soit possible d'en dresser ici une liste détaillée. En dehors des concertos et symphonies concertantes pour piano et orchestre, des pièces de musique de chambre avec piano, cette œuvre se compose d'airs variés, de rondos, de variations, de fantaisies, de duos à quatre mains, de pièces sous-titrées, — comme *La Mort de Marie-Antoinette... (op. 44),* éditée chez Pleyel vers 1796, ou *La Consolation,* andante pour le piano-forte publié aussi chez Pleyel en 1807. Dussek collabora en outre avec Pleyel (v. ce nom) à la rédaction d'une méthode de piano, composa des leçons et des études pour son instrument, et signa une *Méthode pour piano-forte...,* terminée par une fantaisie et une fugue, — qui parut à Paris deux ans après sa mort, en 1814.

LES SONATES

Les nombreuses sonates pour piano constituent la partie la plus intéressante de l'œuvre de Dussek. Injustement négligées aujourd'hui, ces sonates sont dans l'ensemble des pages de grande qualité. Le langage de Dussek y est tout à fait original, son style est brillant et sa technique difficile. Il exploite tous les effets d'une harmonie audacieuse et pleine d'invention, en particulier dans ses traits chromatiques ou dans ses enchaînements d'accords étonnants. Si sa musique est le reflet des influences qu'il subit — celles de Carl Philipp Emanuel Bach, de Mozart, de Haydn, de Clementi ou de Beethoven, ses contemporains, celle du folklore tchèque qu'il a assimilée —, on y trouve aussi un sens de l'expressivité, un lyrisme dans les phrases mélodiques, un choix de modulations inattendues et de tonalités rares qui lui donnent une véritable dimension romantique. On peut affirmer que Dussek anticipe parfois sur l'art d'un Chopin, d'un Mendelssohn ou d'un Schubert.

Dussek écrit d'abord des sonates en deux ou trois mouvements, puis, plus tard, des sonates en quatre mouvements. Celles-ci répondent le plus souvent à l'organisation suivante : un premier mouvement rapide ou modéré, qui peut être précédé d'une introduction lente ou pathétique, puis un mouvement lent de caractère expressif ou dramatique, — lequel est généralement suivi d'un menuet et d'un finale en forme de rondo brillant.

Les premières sonates furent composées dans les années 1785-1790 : les *Trois sonates... op. 2* (avec violon et basse ad libitum), et les *Trois sonates... op. 4* (avec violon ad libitum), ont été publiées par Dussek à Paris en 1787. Il séjournait alors dans la capitale. Les sonates de l'*Op. 2* sont des pièces faciles, très certainement destinées à l'élève ou au débutant. Les *Trois sonates... op. 5,* dédiées à la pianiste Hélène de Montgeroult, futur professeur au Conservatoire de Paris, sont parues à Paris en 1788 : les deux premières comportent un accompagnement de violon obligé, la troisième est pour piano seul. La **Sonate en *la* bémol majeur** *(op. 5 n° 3)* représente un exemple significatif du style de Dussek en cette période classique. Elle est conçue en deux mouvements : en dépit de sa conception strictement classique, l'*Allegro* s'impose déjà par quelques éléments pré-romantiques, — alors que le rondo, *Allegro non tanto con spirito,* évoque indiscutablement la manière de Mozart.

Les *Trois sonates... op. 9* et les *Trois sonates... op. 10,* éditées vers 1789, respectent les caractères de la sonate bithématique mise en valeur par Carl Philipp Emanuel Bach, puis par Haydn et Mozart. Œuvres brillantes, les sonates de l'*Op. 9* se ressentent de l'influence du Bach de Hambourg, que Dussek avait rencontré en 1783. On y découvre aussi des inflexions lyriques presque romantiques. Dans ces sonates, Dussek déploie une harmonie très hardie pour l'époque et une infinie variété de couleurs sonores. L'*Allegro non tanto* de la **Sonate op. 9 n° 1** est un allegro de sonate traditionnel : au premier thème, radieux et spirituel, répond un second thème beaucoup plus expressif qui semble né sous la plume de Schubert. Par sa concision, par sa parfaite construction et par son style concertant, la *Sonate op. 9 n° 2* offre de réelles affinités avec la *Sonate en ut majeur (op. 2)* de Beethoven.

Les *Trois sonates... op. 10* paraissent plus personnelles encore. La deuxième, en *sol* mineur, débute sur les accents mélancoliques d'un mouvement grave, *Adagio non troppo.* La troisième, en *mi* majeur, comprend deux mouvements : un *Andante maestoso* pondéré, auquel s'enchaîne un vivant *Presto con fuoco* à la manière de Weber ou de Mendelssohn.

Ayant atteint sa pleine maturité, Dussek fit éditer plusieurs séries de sonates dans les dernières années du XVIIIe siècle : les *Trois sonates... op. 13,* les *Trois sonates... op. 17* et les *Trois sonates... op. 18* dédiées à Haydn, toutes avec accompagnement de violon ad libitum, parurent à Paris entre 1790 et 1792. Elles furent suivies quelques années plus tard par de nouvelles séries intéressantes : les sonates de l'*Op. 24* et de l'*Op. 25,* et les *Trois sonates et trois préludes... op. 31.*

Cette époque de la carrière de Dussek fut particulièrement féconde, — puisque peu avant 1800 voyaient encore le jour *Trois grandes sonates... op. 35* dédiées à Gabrielle Pleyel, *Trois sonates... op. 39* et une *Grande sonate... op. 43* qui parut à Paris, chez Pleyel, en 1800. La **Sonate en *ut* mineur** *(op. 35 n° 3)* contient l'un des plus beaux mouvements de sonate de Dussek : la remarquable intensité de concentration qui s'en dégage est digne de Beethoven. Ce mouvement est suivi d'un *Adagio* expressif, et par un finale léger et joyeux.

Ave la **Grande sonate... op. 44,** l'art de Dussek prend une autre dimension. Dédiée à son ami Clementi et composée par Dussek au moment de son départ d'Angleterre, cette sonate est intitulée *Les Adieux.* Elle fut publiée à Paris, chez Pleyel, en 1800. Son titre, sa tonalité de *mi* bémol mineur et l'expression qui s'exhale de ses quatre mouvements donnent sans conteste un avant-goût de la sonate du même nom composée par Beethoven quelques années plus tard. Les treize mesures sombres et graves de l'introduction pathétique impriment à cette pièce une rare dimension romantique :

Le mouvement lent, *Adagio,* impose la persistance fiévreuse d'un motif développé avec variété. Après le menuet, le finale repose sur un rythme syncopé et sur une coloration harmonique particulièrement expressive.

Les sonates suivantes sont de qualité inégale : les *Trois grandes sonates... op. 45,* éditées à Paris chez Pleyel en 1801, sont un peu faibles, — malgré de beaux morceaux comme l'*Adagio* de la première sonate, en *si* bémol majeur, ou l'*Allegro* de la sonate en *sol* majeur. Avec les *Six sonates... op. 46,* contemporaines des précédentes, Dussek revient au genre de la sonate facile avec accompagnement de violon ad libitum. *Deux sonates... op. 47* parurent enfin à Paris chez Sieber fils, en 1803.

Plus tardive, la **Sonate... op. 61,** dédiée au prince Lobkowitz, duc de Raudnitz, est l'une des pages les plus profondes de Dussek. Sous-titrée *Élégie harmonique sur la mort de son Altesse Royale le Prince Louis Ferdinand de Prusse,* elle fut écrite en hommage à ce dernier, au lendemain de sa mort en 1806. L'édition française parut en 1807 avec cette préface : « Son Altesse Royale le Prince Louis Ferdinand de Prusse a été tué à l'affaire de Saalfeld le 10 octobre 1806. L'auteur, qui a eu le bonheur de jouir du commerce très intime de S.A.R., ne l'a quittée qu'au moment où elle a versé son précieux sang pour sa patrie... » Cette sonate est remarquable par son intensité, par ses inflexions romantiques, par son langage poétique, et par la richesse de son écriture mélodique et harmonique. Elle débute par une introduction au « tempo agitato » en *fa* dièse mineur, de caractère improvisé, et parsemée de surprenantes modulations. Le rythme funèbre des syncopes initiales :

s'anime peu à peu en de pathétiques traits de doubles croches. L'introduction s'enchaîne, sur les mêmes syncopes obsédantes et expressives, à un *Lento patetico* dont les chromatismes douloureux marquent l'ensemble d'une véritable tension dramatique. On retrouve cette écriture syncopée dans le finale, *Tempo vivace e con fuoco quasi presto*.

Autre sonate « à programme », la **Sonate en *la* bémol**, cataloguée selon les cas sous les numéros d'*op. 64* ou d'*op. 70*, et intitulée *Le Retour à Paris*, a été composée en 1807, — à l'époque où Dussek entra au service du prince de Talleyrand. Elle est dédiée à la princesse de Bénévent, son épouse. L'édition anglaise lui donnait le titre de *Plus ultra*, — riposte ironique à la sonate *Non plus ultra (op. 41)* de Joseph Woelfl, publiée à la même époque. L'édition française parut sous le numéro d'*op. 64* chez Pleyel, en 1808. Il s'agit certainement d'un des sommets de l'œuvre pour piano de Dussek. Elle préfigure l'art de Chopin et de Schubert. Le style de Dussek y est extrêmement coloré, et son écriture harmonique paraît très recherchée. On y remarque notamment d'extraordinaires enchaînements d'accords par enharmonie. Les deux mouvements extrêmes sont de superbes pièces : les accents dramatiques et pathétiques du premier thème de l'*Allegro non troppo* sont dignes de Beethoven, — alors que l'émotion du second thème, plus lyrique, évoque irrésistiblement Chopin. Page brillante au rythme de polka, le finale est un *Scherzo, Allegro con spirito*, qui s'écarte tout à fait de la forme classique du scherzo.

Les dernières sonates de Dussek furent écrites dans les mois qui précédèrent les premiers symptômes de la maladie mentale qui l'anéantirait. *Trois sonates... op. 69* furent éditées chez Pleyel en 1810. Les deux premières sonates exigent un accompagnement de violon concertant, la troisième est écrite pour piano seul. En regard des sonates précédentes, cette **Sonate op. 69 n° 3** manque un peu de puissance. Trois mouvements dans cette œuvre, en *ré* majeur : un *Allegro maestoso e brillante*, plein de gaieté et de virtuosité, qui répond au cadre de la forme sonate classique et qui se libère momentanément de tout accent romantique ; un *Larghetto espressivo* à 6/8, qui semble inspiré d'une mélodie folklorique ; et un finale, *Allegro scherzo,* intitulé *La Chasse*. L'intérêt de ce dernier morceau repose avant tout sur l'enchaînement de modulations surprenantes et de plus en plus éloignées du ton initial de *ré* majeur.

L'ultime **Sonate en *fa* mineur** *(op. 77),* dite *L'Invocation,* est une des toutes dernières œuvres de Dussek. Dédiée à Betsy Ouvrard, elle parut à Paris chez Naderman peu de temps avant la mort de son auteur. C'est une des plus belles pages de Dussek : la qualité de son inspiration, la noblesse de son expression, ses proportions parfaites et son extraordinaire poésie la placent au niveau des chefs-d'œuvre de Chopin et de Schubert. L'*Allegro moderato ma energico* est un remarquable mouvement dramatique aux modulations magistrales :

Le *Tempo di minuetto commoto* est un strict canon à la seconde, très singulier :

Il est suivi d'un trio expressif. Le mouvement lent, *Adagio non troppo ma solenne* en *ré* bémol majeur, repose sur un rythme pointé qui s'amplifie en épisodes de virtuosité dans la phrase centrale en *ut* dièse, — avant le retour au motif initial, mais sur une main gauche de plus en plus mouvante. C'est un rondo tragique, *Allegro moderato*, qui conclut. Ce très long morceau passionné progresse sur des rythmes de marche rehaussés d'une somptueuse sonorité pianistique.

A. d. P.

HENRI DUTILLEUX

Né à Angers, le 22 janvier 1916. Après une première formation au Conservatoire de Douai, il entre en 1933 au Conservatoire de Paris où son maître pour la composition sera Henri Büsser : divers premiers prix — harmonie, contrepoint, fugue — précèdent l'obtention du grand Prix de Rome en 1938. Son séjour à la Villa Médicis se trouve interrompu par les hostilités ; cependant, ses premières œuvres — dont une Sarabande *pour orchestre — seront créées pendant la guerre. En 1945, Dutilleux est nommé directeur du Service des Illustrations musicales à la Radiodiffusion française, poste qu'il occupera jusqu'en 1963. En 1967, l'ensemble d'une œuvre qui, outre des musiques de scène et des musiques de film, compte une partition aussi célèbre que le ballet* le Loup *(1953), deux* Symphonies *(1951 et 1959), et surtout les remarquables* Métaboles *(1965), se voit couronné du Grand Prix National de la Musique. En 1970 enfin, Dutilleux est nommé professeur de composition au Conservatoire de Paris. A partir de cette date, c'est la production symphonique qui domine :* Tout un monde lointain *(1970),* Timbres, Espace, Mouvement *(1978) et le* Concerto pour violon *(1985), à côté du quatuor à cordes* Ainsi la nuit *(1977). Le catalogue, déjà limité par une rare exigence et une lente maturation, ne laisse que peu de place au piano : dans une production amorcée pourtant dès 1946 avec les six pièces* Au gré des ondes *jusqu'aux* Préludes d'Ombre et de Lumière *(1975), les partitions les plus représentatives de sa pensée restent, à ses yeux, la* Sonate, Résonances, *et les* Figures de résonances *pour deux pianos.*

Sonate

La *Sonate*, considérée par Dutilleux comme son *Opus 1*, a été écrite entre 1946 et 1948, et créée cette même année par la dédicataire Geneviève Joy. Encore très marquée par les schémas traditionnels, c'est l'œuvre — confie l'auteur — « d'un musicien encore jeune qui semble se chercher ». L'écriture combine en effet tonalité et modalité, dans le prolongement d'un Ravel en particulier, avec certaines ambiguïtés harmoniques qui ne menacent cependant pas la conception classique du langage : la *Sonate* représente une étape importante dans l'œuvre de Dutilleux, déjà révélatrice d'un sens de la rigueur, d'une conscience harmonique aiguë, d'un goût pour les sonorités raffinées ainsi que d'une préoccupation vis-à-vis de la grande forme, — toutes qualités qui s'affirmeront de façon plus personnelle dans les œuvres suivantes.

Le premier mouvement *(Allegro con moto)*, de tonalité générale *fa* dièse mineur, répond très généralement au découpage de la forme sonate, à cette distinction près que l'habituelle opposition de caractère entre les deux thèmes est ici atténuée, — le second thème, bien que très individualisé *(forte marcato*, syncopes), étant très apparenté au premier : une tendance au monothématisme qui témoigne d'un souci d'économie propre à Dutilleux. Autre constante de son style, le développement commence par une plage plus contemplative à partir d'harmoniques (et des résonances qui en découlent), avant qu'une subtile polytonalité/polymodalité ne ramène la récapitulation suivie d'un développement terminal dort la grande densité annonce l'écriture du finale.

Le *Lied (lent)*, dont le titre est à prendre dans le double sens mélodique et formel (ABA), est spécifique du jeu très « français » du raffinement de l'écriture — arabesques typiquement « mystérieuses » dans la partie centrale —, en un *ré* bémol majeur imprégné de couleurs modales.

Le dernier mouvement, le plus imposant des trois, est un grand *Choral* utilisant tout le clavier,

suivi de quatre variations équilibrées rythmiquement : les variations 1, 2 et 4 *(Vivace, Più vivo, Prestissimo),* avec la troisième en guise de section lente, évoquent un plan que Dutilleux a comparé aux quatre parties d'une sonate classique. Au travers de la perpétuation d'un héritage non exempt de traces d'académisme — comme en témoignera encore la *Passacaille* de la *Première Symphonie,* se manifeste la prédilection de Dutilleux pour la variation dans cette brillante *Sonate* qui fait office, avec le recul, de transition dans la trajectoire de son œuvre.

Résonances

La grande expérience dans le raffinement des timbres dont bénéficie Dutilleux en 1965 se traduit avec cette pièce, — qu'il ne faut pas mésestimer malgré sa brièveté (la durée d'exécution est de deux minutes et demie). Dédiée à Lucette Descaves, elle exploite la diversification des attaques entre les deux mains par un jeu de cache, à partir d'accords proches du « cluster » dont se dégage une harmonie claire :

Ce type d'effet, entrecoupé de traits mélodiques en octaves, peut être inversé dans l'opposition de longues tenues et d'ostinatos en staccato et pianissimo. La recherche d'un espace obtenu par la confrontation entre le son et l'écho déformé s'affirmera de plus en plus comme étant l'une des préoccupations majeures de l'univers de Dutilleux dans ses œuvres suivantes.

Figures de résonances

Écrites pour le duo Geneviève Joy-Jacqueline Robin en 1970, soit plus de vingt ans après la *Sonate,* les deux premières pièces ont été complétées par deux autres en 1975, formant ainsi un recueil homogène. Prolongeant l'esprit de *Résonances,* plus particulièrement pour la deuxième de ces *Figures,* Dutilleux l'applique ici à deux pianos, — l'un se reflétant dans l'autre par le biais d'harmoniques résonnant par phénomène de sympathie : les brèves figures d'un piano se trouveront ainsi entretenues par les « clusters » en harmoniques (touches blanches/touches noires avec les avant-bras) de l'autre piano (première pièce). Basée sur un « rythme d'harmonies », l'écriture en miroir peut accentuer l'ambiguïté de l'écho insaisissable des blocs sonores (quatrième pièce). Succédant au *Concerto pour violoncelle* et précédant *Timbres, Espace, Mouvement,* ces pièces, de conception formelle originale, ne dissimulent pas leur dimension orchestrale tout en échappant au cadre de simples études.

A.P.

ANTONIN DVORAK

Né à Nelahozeves (Bohême), le 8 septembre 1841 ; mort à Prague, le 1er mai 1904. A partir de 1857 il étudia à l'École des organistes de Prague, — apprenant simultanément l'orgue, le piano, le violon. Il fut violoniste, puis altiste, au Théâtre de Prague, organiste de l'église Saint-Adalbert, puis partit travailler à Vienne où il fit la connaissance de Brahms. Celui-ci l'aida à faire éditer chez Simrock les Danses slaves pour deux pianos

(1878). A partir de 1880 Dvorak effectua de nombreux voyages en Angleterre, en Hongrie, en Allemagne, en Russie. De 1892 à 1895 il fut directeur du Conservatoire de New York. Symphoniste d'abord, compositeur de musique de chambre, d'œuvres dramatiques et religieuses, Dvorak, lorsqu'il confie son inspiration au clavier, reste la plupart du temps dans le domaine de la miniature. Lui-même fut un pianiste correct, quoique non un virtuose. Ses œuvres pour piano, sans être toutes d'un égal intérêt, ont souvent du charme, une perfection de facture et une fraîcheur d'invention qui font que certaines mériteraient d'être plus fréquemment jouées en concert. La plupart sont regroupées en cycles ou en séries : Thème et variations *(1876)*, Danses écossaises (1877), Silhouettes *(1879)*, Six Mazurkas *(1880)*, Impressions poétiques *(1889)*, Humoresques *(1894)*, ces deux derniers recueils contenant les pages les plus réussies, et Suite *(1894)*. Parmi les autres pièces, il faut citer la Dumka *de 1876 et les deux* Furiants *de 1878. Enfin, outre les deux recueils des* Danses slaves *(plus connus dans leur version orchestrale), Dvorak écrivit pour deux pianos les cycles des* Légendes *(1881) et de* La Forêt de Bohême *(1884). A côté de la veine slave, toujours abondamment présente, son œuvre pianistique reflète souvent l'influence de Schumann, de Brahms, parfois celle de Beethoven* (Thème et variations) *ou de Chopin.*

Thème et variations, *(Tema con variazioni)* en *la* bémol majeur (op. 36)

Écrit en 1876, c'est un thème avec huit variations, — visiblement inspiré par le premier mouvement de la *12e Sonate op. 26* de Beethoven (dans la même tonalité de *la* bémol majeur).

Si le thème n'offre que quelques points de ressemblance assez lointains avec celui de Beethoven, certaines variations présentent des parentés beaucoup plus évidentes : deuxième variation de Dvorak et cinquième de Beethoven, et, surtout, la troisième chez l'un et l'autre, en *la* bémol mineur, sur le même rythme syncopé. La quatrième variation de Dvorak est un scherzando en staccatos dont la tonalité passe rapidement en *mi* majeur-*ut* dièse mineur. La cinquième variation offre des difficultés considérables avec ses sauts d'octaves. Après le recueillement de la sixième, la septième variation présente une écriture et une technique toutes en finesse. La huitième variation est un finale brillant, très diversifié : le début alterne des ponctuations d'accords avec des fragments d'arpèges descendants en rythmes pointés, — rappelant cette fois un passage du finale de la *Sonate op. 111* de Beethoven. Au milieu et vers la fin de la variation, le thème est rappelé sous sa forme initiale.

Douze Silhouettes (op. 8)

Ce recueil de douze pièces écrites en 1879 porte un numéro d'opus qui ne correspond pas à la chronologie. Les *Silhouettes* ont été composées à la demande de l'éditeur allemand Hofmeister, à la suite du succès des *Danses slaves*. Mais ces dernières avaient été éditées chez Simrock, et Dvorak fut obligé, afin de ne pas froisser ce dernier, de prétendre que les *Silhouettes* avaient été écrites bien auparavant ! Ces pièces ne sont pas sans rapport avec les sentiments que Dvorak éprouva pour Josephine Cermakova, sa future belle-sœur : tour à tour lyriques, martiales, gracieuses, dansantes, elles peuvent être ressenties tant comme des états d'âme que comme des croquis psychologiques individuels. Le cycle appelle d'ailleurs des comparaisons avec certaines œuvres de Schumann (*Carnaval*, par exemple). D'autre part, il est traversé par plusieurs thèmes empruntés à des œuvres antérieures de Dvorak : le principal emprunt est celui du thème principal de la *1re Symphonie (Cloches de Zlonice)*, cité dans les pièces n° *1, 5* et *12*; de cette même symphonie, on retrouve le thème du scherzo dans la huitième pièce, et celui du finale dans la neuvième. De sa *2e Symphonie*, Dvorak cite le thème du finale dans la sixième pièce, et celui du scherzo dans la onzième. Par ailleurs, une mélodie du cycle *les Cyprès (Zde v lese u potocka)* a fourni le thème de la partie centrale de la première *Silhouette*. Les douze *Silhouettes* sont indiquées successivement :
1. *Allegro feroce* (*ut* dièse mineur) ; 2. *Andantino* (*ré* bémol majeur) ; 3. *Allegretto* (*ré* bémol majeur) ; 4. *Vivace* (*fa* dièse mineur) ; 5. *Presto* (*fa* dièse mineur) ; 6. *Poco sostenuto* (*si* bémol majeur) ; 7. *Allegro* (*ré* majeur) ; 8. *Allegretto* (*si* mineur) ; 9. *Allegro* (*si*

majeur) ; 10. *Allegretto grazioso* (*mi* mineur) ; 11. *Allegro moderato* (*la* majeur) ; 12. *Allegro feroce* (*ut* dièse mineur).

Treize Impressions poétiques (op. 85)

Ce recueil de treize pièces fut écrit au printemps de 1889, partiellement à Prague, et partiellement à Vysocka, lieu de villégiature du compositeur. Les titres et le contenu furent expliqués par Dvorak à son éditeur Simrock. La forme de la plupart de ces pièces est celle du rondo à structure tripartite. Ce sont certainement les compositions les plus attachantes de Dvorak pour le piano, — chacune étant en elle-même un petit poème ou une scène de genre, dense et contrastée.
1. CHEMIN NOCTURNE (en *si* mineur) : fait alterner un motif mi-populaire et mi-religieux, avec un épisode dansant, un peu fantastique, et une idylle pastorale où passent les murmures de la nature.
2. BADINAGE (en *sol* majeur) : très schumannien, — partagé entre l'enjouement, la tendresse et la fièvre.
3. AU VIEUX CHÂTEAU (en *mi* bémol majeur) : élégie épique slave, pensive et noble, — avec quelques archaïsmes.
4. CHANT DE PRINTEMPS (en *la* majeur) : paisible et lumineux, — avec une cantilène soulignée par des ruissellements d'arpèges.
5. BALLADE PAYSANNE (en *si* bémol mineur) : des motifs populaires caractéristiques.
6. SOUVENIR (en *sol* dièse mineur) : quelques parentés avec certaines *Mazurkas* de Chopin ; pareillement partagé entre la danse et la mélancolie.
7. FURIANT (en *la* bémol mineur) : remarquable exemple de cette exubérante danse tchèque, affectionnée par Dvorak.
8. DANSE DES LUTINS (en *la* bémol majeur) : énergique, alliant quelques touches de féerie à la verve et au lyrisme populaires.
9. SÉRÉNADE (en *ut* majeur) : se rattacherait à un type de folklore citadin, — avec une pointe de vulgarité partiellement rattrapée par une harmonisation élaborée.
10. BACCHANALE (en *ut* mineur) : du sourd martèlement des basses naît une scène tumultueuse, tour à tour farouche, joyeuse (fanfares), puis majestueuse, — avec un choral coupé de carillonnements visiblement inspiré du *3e Scherzo* de Chopin.
11. CAUSERIE (en *fa* majeur) : c'est un divertissement lyrique, assez proche de la pièce *no 2*.
12. SUR UNE TOMBE (sans armure, mais la tonalité dominante est *fa* mineur) : le dramatisme un peu emphatique du début se mue en un flot d'impressions diverses, agitées, sombres ou recueillies.
13. SUR LA MONTAGNE SACRÉE (en *ré* bémol majeur) : finale sur un rythme, à cinq temps, — qui se veut grandiose en reprenant l'idée (déjà utilisée dans le *no 10*) d'un choral avec carillon d'arpèges, mais qui tourne un peu court.

Suite en *la* majeur (op. 98)

Écrite aux États-Unis en 1894, en quelques jours seulement (du 24 février au 1er mars), et orchestrée l'année suivante. Elle comporte cinq mouvements, sans sous-titres : 1. *Moderato* ; 2. *Vivace* ; 3. *Allegretto* ; 4. *Andante* ; 5. *Allegro*.

Le style américain s'y reconnaît à travers l'abondance des voisinages harmoniques de tonique majeure et du relatif mineur, ainsi que par la présence de la syncope à l'intérieur des phrases mélodiques (typique du folklore d'origine celtique). En même temps, des réminiscences du piano schumannien se discernent (arpèges partagés entre les deux mains à la voix intermédiaire). Le finale, pour sa part, offre quelques ressemblances de formules avec la *Sonatine pour piano et violon op. 100* (de 1893). La *Suite* est une œuvre sans prétentions ni grandes difficultés techniques, — à part quelques passages rapides en octaves.

Huit Humoresques (op. 101)

Recueil de huit pièces écrites en 1894 aux États-Unis, à partir de thèmes notés sur place. Prévues à l'origine pour être de « Nouvelles Danses écossaises », ces pièces, trop variées pour se définir comme telles, furent finalement intitulées *Humoresques*. Avec les *Impressions poétiques* (v. plus haut), elles comptent parmi les miniatures les plus réussies de Dvorak. Le pentatonisme de certaines mélodies rappelle leur origine américaine. La quatrième pièce est inspirée du *Chant de Hiawatha* du poète Longfellow, et dépeint Hiawatha dans son enfance (Dvorak avait projeté d'écrire un opéra sur ce sujet). La septième, la plus connue, révèle dans certains passages une influence manifeste de la *Valse en sol bémol*

majeur de Chopin. Les huit Humoresques sont désignées sous les tonalités :
1. Mi *bémol mineur*; 2. Si *majeur*; 3. La *bémol majeur*; 4. Fa *majeur*; 5. La *mineur*; 6. Si *majeur*; 7. Sol *bémol majeur*; 8. Si *bémol mineur*.

Pièces isolées

Doumka, en *ré* mineur (op. 35)

Elle fut écrite en 1876. Le mot « doumka » (ou « dumka ») signifie rêverie : à l'origine ce fut une sorte de nocturne populaire slave, propre aux Russes, aux Ukrainiens et aux Tchèques. Cette *Doumka* est contemporaine du *Thème et variations op. 36* (v. plus haut), et suit de peu le *Concerto pour piano*. C'est une pièce à plusieurs épisodes (ABACDCA'B') incluant des procédés de variations dont l'ornementation avive le cours d'une mélodie, qui est au départ simple et quasi improvisée ; ce qui donne, en fin de compte, un morceau pianistique de style plutôt brillant.

Deux Furiants (op. 42)

Écrits en 1878 pour le pianiste Karel ze Slavkovskych, qui avait souvent interprété les œuvres de Dvorak. Le genre du « furiant » se rencontre assez souvent chez Dvorak, ainsi que chez Smetana. Il s'agit d'une danse à trois temps, avec, par moments, une subdivision binaire du rythme. Ce sont ici deux pièces brillantes de concert, — la première en *ré* majeur, la seconde en *fa* majeur.

Œuvres à quatre mains

Seize Danses slaves (op. 46 et op. 72)

Ces deux recueils — commandés à Dvorak par l'éditeur Simrock (l'idée du premier recueil étant suggérée par le succès des *Danses hongroises* de Brahms) — ont été composés originellement pour piano à quatre mains. Ils datent respectivement de 1872 et de 1886. Tous deux furent ensuite orchestrés par Dvorak, et la célébrité qu'ils se sont acquise dans cette version a totalement occulté leur origine pianistique. Il s'agit pourtant d'un jalon important dans la littérature du piano à quatre mains*.

---
* Il en existe d'ailleurs, sous cette forme, quelques enregistrements discographiques complets.

Dvorak ne cite pas de thèmes authentiquement populaires, mais recrée ses propres mélodies slaves, aussi vraies que nature, — ainsi que l'ont souvent fait les compositeurs nationalistes. Le second recueil mérite davantage le titre général de *Danses slaves* car, ne se limitant pas aux danses spécifiquement tchèques, il inclut également des genres slovaques, polonais et serbes.

Op. 46 : il comprend huit numéros : 1. *Presto* (*ut* majeur) : furiant ; 2. *Allegretto scherzando* (*mi* mineur) : doumka ukrainienne ; 3. *Poco allegro* (*la* bémol majeur) : polka ; 4. *Tempo di minuetto* (*fa* majeur) : sousedska ; 5. *Allegro vivace* (*la* majeur) : skocna ; 6. *Allegro scherzando* (*ré* majeur) : sousedska ; 7. *Allegro assai* (*ut* majeur) : skocna ; 8. *Presto* (*sol* mineur) : furiant.

Op. 72 : huit pièces également : 1. *Molto vivace* (*si* majeur) : odzemek (slovaque) ; 2. *Allegretto grazioso* (*mi* mineur) : doumka ; 3. *Allegro* (*fa* majeur) : skocna ; 4. *Allegretto grazioso* (*ré* bémol majeur) : doumka ; 5. *Poco adagio* (*si* bémol mineur) : spacirka ; 6. *Moderato quasi minuetto* (*si* bémol majeur) : polonaise ; 7. *Allegro vivace* (*ut* majeur) : kolo (serbe ; il s'agit d'une ronde) ; 8. *Grazioso e lento ma non troppo* (*la* bémol majeur) : sousedska.

On remarquera que, dans ces deux recueils, les doumkas constituent des exceptions, — car n'étant pas des genres dansants.

Huit Légendes (op. 49)

Écrites entre décembre 1880 et mars 1881, elles furent également orchestrées (fin 1881) mais restent beaucoup moins jouées que les *Danses slaves,* — que ce soit dans l'une ou dans l'autre version. Il s'agit de huit pièces, sans sous-titres, romantiques, populaires ou dansantes. Dvorak les dédia au célèbre critique Hanslick, et recueillit ses éloges, ainsi que ceux de Brahms.

Ce sont, successivement : 1. *Allegro non troppo, quasi andantino* (*ré* mineur) ; 2. *Molto moderato* (*sol* majeur) ; 3. *Allegro giusto* (*sol* mineur) ; 4. *Molto maestoso* (*ut* majeur) ; 5. *Allegro giusto* (*la* bémol majeur) ; 6. *Allegro con moto* (*ut* dièse mineur) ; 7. *Allegretto grazioso* (*la* majeur) ; 8. *Un poco allegretto e grazioso, quasi andantino* (*fa* majeur).

De la Forêt de Bohême (Ze Sumavy) (op. 68)

Recueil composé entre la fin de 1883 et le début de 1884, sur commande de l'éditeur Simrock. Comme dans beaucoup de cycles de Dvorak, voisinent ici la danse et le divertissement populaire, le fantastique et l'épique. Il y a six pièces dites « caractéristiques », et portant les titres suivants :
1. *Au rouet* (*Allegro molto,* en *ré* mineur) : un folklore bon enfant, joyeux, sans prétentions ; 2. *Près du Lac Noir* (*Lento,* en *fa* dièse mineur) : fantastique, inquiétant, — avec des touches d'impressionnisme ; 3. *Nuit de sabbat* (*Molto vivace,* en *si* bémol majeur) : contrairement à ce que son titre pourrait suggérer, cette pièce est traitée dans un esprit de bacchanale populaire, robuste et débridée ; 4. *Montant la garde* (*Allegro comodo,* en *fa* majeur) : rythmé, tendu ; 5. *Silence de la forêt* (*Lento e molto cantabile,* en *si* bémol mineur) : chantant et rêveur ; existe en adaptation pour violoncelle avec piano ou avec orchestre ; 6. *Des temps troublés* (*Allegro con fuoco,* en *la* mineur) : tumultueux, un déploiement de puissance farouche.

A.L.

JOHANN GOTTFRIED ECKARD

Né à Augsbourg, le 21 janvier 1735 ; mort à Paris, le 24 juillet 1809. Originaire de Bavière, ce musicien allemand arriva à Paris en 1758 : il y vécut le reste de sa vie et y connut de nombreux succès. Eckard gagna d'abord sa vie en peignant des miniatures, pratiquant épisodiquement le clavecin et le piano-forte sur lesquels il allait se révéler un virtuose remarquable. Jean-Benjamin de La Borde put écrire en 1780 : « Professeur de clavecin d'une grande réputation et bon peintre en miniature..., M. Eckard a le jeu le plus brillant et le plus agréable. Il excelle surtout à préluder pendant des heures entières, qu'il trouve moyen de faire passer comme des moments pour ceux qui l'écoutent. » Eckard, que Leopold Mozart tenait en haute estime, exerça une grande influence sur le jeune Mozart qu'il rencontra à Paris en 1763. Lorsqu'il mourut à l'aube du XIXe siècle, il jouissait dans la capitale d'une grande popularité.

La musique de clavier

L'œuvre pour clavier d'Eckard se compose de sonates et de variations. En 1763, il publia lui-même à Paris *Six Sonates pour le clavecin..., 1e œuvre,* — en tête desquelles il laisse une préface particulièrement intéressante : « J'ai tâché de rendre cet ouvrage d'une utilité commune au clavecin, au clavicorde et au forté e piano*. C'est pour cette raison que je me suis cru obligé de marquer aussi souvent les doux et les forts, ce qui eut été inutile si je n'avais eu que le clavecin en vue... » Précision essentielle qui permet de conclure qu'Eckard a été l'un des premiers musiciens à Paris à écrire pour le nouveau piano-forte, qui n'apparut officiellement devant le public parisien qu'en 1768. Il est d'ailleurs considéré aujourd'hui, avec Schobert (v. ce nom), comme l'un des pionniers de l'école française de piano.

Cette première série de sonates fut suivie quelques mois plus tard de *Deux Sonates..., IIe œuvre* et de *Variations sur le Menuet d'Exaudet*. En 1804, parurent encore à Paris des *Variations sur piano-forte sur un air de Don Juan de Mozart* et des *Variations pour piano-forte sur un air des Mystères d'Isis* (*les Mystères d'Isis* étaient un arrangement malheureux de *la Flûte enchantée* de Mozart, dû à Lachnith).

Généralement construites en trois mouvements, les sonates d'Eckard débutent par un mouvement vif qui répond au schéma de la forme sonate conforme à la tradition, — avec deux thèmes opposés. Deux thèmes s'affrontent, par exemple, dans l'*Allegro assai* de la **Sonate en *fa* majeur** *(op. 1 n° 1)* : le premier s'impose avec franchise sur une basse volubile ; le second, en *ut* majeur, ondule sur le souple balancement de ses syn-

---
* Nous avons respecté ici l'orthographe d'Eckard.

copes. Ailleurs, l'*Allegro* de la jolie **Sonate en *fa* majeur** *(op. 2 n° 1)* est un modèle de construction classique : l'un des thèmes tournoie sur des syncopes énergiques :

L'autre lui répond par sa mélodie gracieuse :

Le développement, basé sur le thème initial, se termine par un trait de virtuosité en notes alternées sur pédale de dominante qui s'arrête sur un point d'orgue, — prétexte, semble-t-il, à l'improvisation d'une cadence dans la tradition de l'époque galante. Comme il convient, les deux thèmes sont ensuite réexposés ; mais le premier réapparaît dans la tonalité inattendue de *fa* mineur.

Eckard compose aussi bien pour le piano-forte que pour le clavecin, et dans ses sonates transparaît cette interférence des deux instruments : les anciennes formules d'écriture du clavecin y côtoient les nouveaux éléments de style du piano-forte. Eckard utilise souvent le contrepoint riche et à plusieurs voix qui convient au clavecin. Par ailleurs, les nuances « forte » et « piano », clairement notées en vue d'effets particuliers, témoignent d'une volonté de donner à sa musique de clavier ce caractère expressif que renforçait la sonorité moelleuse du piano-forte.

Un goût manifeste pour la virtuosité brillante ainsi qu'une réelle fantaisie rythmique (qui doit à Carl Philipp Emanuel Bach, à l'école duquel Eckard s'est formé) n'entravent en rien la variété du langage harmonique qu'il développe. Cette fantaisie rythmique se retrouve notamment dans l'emploi fréquent de silences ou de syncopes, et dans de subtils enchaînements de modulations. Les traits de virtuosité étincelants, comme les dessins mélodiques sinueux, sont fréquemment soutenus chez Eckard par la basse d'Alberti qu'il utilise à profusion. Jean-Benjamin de La Borde le considérait d'ailleurs comme l'un des créateurs en France de cette formule d'accompagnement : « Eckard est un des premiers qui ait introduit en France l'usage de faire travailler en batteries les basses dans les pièces de clavecin, usage inventé en Italie par le célèbre Alberti, et qui fait quelquefois plaisir lorsque le chant l'exige, mais qui devient insipide quand on l'emploie sans cesse, ainsi qu'on le fait aujourd'hui. »

A. d. P.

HANNS EISLER

Né le 6 juillet 1898, à Leipzig ; mort à Berlin-Est, le 6 septembre 1962. Autodidacte, puis élève de Schönberg à Vienne, et à Berlin à partir de 1925, Eisler fut un musicien politiquement engagé dont les œuvres, à caractère critique marxiste, échappèrent très tôt aux salles de concert. Le théâtre, le cinéma l'attirèrent : il y put faire valoir ses talents évidents de « propagandiste » (ses Massenlieder, *« lieder de masse », ses cantates et ballades sur les textes de Bertolt Brecht, avec lequel il collabora longtemps, ses musiques de films). De 1933 à 1947, Eisler quitta l'Allemagne nazie, voyagea à travers l'Europe — Paris, Londres, Copenhague —, puis vécut aux États-Unis, à Hollywood, continuant à produire (la* Deutsche Sinfonie, *en 1937, les subtiles* Quatorze manières de décrire la pluie, *en 1940) et, surtout, à approfondir son expérience cinématographique (le livre* Composing for the Films, *en collaboration avec T.W. Adorno, en 1947). En 1948, il dut s'exiler à nouveau, à la suite de la campagne anticommuniste de McCarthy, pour s'installer d'abord à Vienne, puis, en 1952, à Berlin-Est, où ses compositions « socialistes » : lui valurent d'être comblé d'honneurs (Eisler fut, notamment, l'auteur de l'hymne officiel de* *la R.D.A.)**. *En dépit des simplifications harmoniques de son style volontairement prolétarien, Eisler n'a jamais renié les techniques dodécaphoniques qu'il a souplement adaptées à son écriture suivant les besoins. L'œuvre pour piano comporte de petites pièces pédagogiques, ainsi que trois* Sonates, *une* Sonatine, *et un* Thème et Variations *daté de 1941. En voici la présentation.*

Eisler, que Schönberg considérait comme le plus doué de ses élèves de l'après-guerre de 1914 (il recommanda à l'éditeur Universal la publication de la *Sonate opus 1* avant même son achèvement!), se révolta contre son maître pour des raisons idéologiques et politiques mais sans jamais cesser, jusqu'à la fin de sa vie, de le vénérer et de lui rendre publiquement hommage. De même, sa musique fut tantôt sérielle, tantôt tonale, tantôt les deux, — un peu à la manière de Berg. Le piano n'occupe dans sa très vaste production (surtout vocale) qu'une place quantitativement modeste; mais la qualité rachète le nombre restreint de ces œuvres pianistiques qui se divisent en deux groupes, séparés par un hiatus de sept ou huit ans durant lequel la musique vocale militante ou la musique de film mobilisa toute l'attention du compositeur. Qu'elle soit tonale ou dodécaphonique, cette musique se distingue toujours par un souci prioritaire de clarté, de cohérence et d'accessibilité. Eisler voulait montrer — et il y a réussi — que même la musique sérielle peut être directe et compréhensible.

Cinq *Pièces* très courtes et sans numéro opus datent de ses débuts (entre 1918 et 1920 probablement), avant même qu'il ne soit devenu l'élève de Schönberg. Au-delà de l'influence de Brahms, on y sent déjà le besoin d'un langage nouveau.

La **Première Sonate** *(op. 1),* de 1923, obtint d'emblée le Prix de la Ville de Vienne, et fut rapidement éditée et souvent jouée. Ses trois mouvements *(Allegro, Intermezzo : Andante con moto, Finale : Allegro)* sont de forme toute classique, les mouvements extrêmes comportant même une barre de reprise après l'exposition des thèmes (bien que le *Finale* ait plutôt la structure d'un rondo). Ils se recommandent par la concision et la netteté de leurs idées, par la virtuosité de leur écriture instrumentale, par leur vitalité exubérante. L'*Intermezzo* est une passacaille à treize variations, de forme ternaire (cinq, trois et cinq variations).

Mais, au-dessus de la basse obstinée, s'élève dès la cinquième mesure un thème de caractère élégiaque, et durant l'épisode central la basse se dissimule sous une riche figuration qui en est cependant directement issue : une pareille concentration et une pareille économie relèvent entièrement déjà de l'esprit sériel. Ce coup d'essai est un coup de maître, d'une fougue expressionniste encore proche de l'*Opus 11* de Schönberg.

De la même année 1923 datent les **Quatre Pièces** *(op. 3),* plus rigoureuses encore d'écriture, témoignant cependant d'une nette détente expressive : ce sont des morceaux sereins, aimables, très « viennois », d'une légèreté presque mozartienne. Thématiquement apparentées, les quatre *Pièces* constituent un bref cycle. La première en particulier, jonglant avec la cellule *si-do-si* bémol-*do* dièse, use simultanément des renversements, permutations, transpositions, augmentations, diminutions et autres finesses d'écriture avec la plus souriante aisance. Les quatre morceaux s'intitulent : *Andante con moto, Allegro molto, Andante* et *Allegretto*.

En 1924, Eisler achève sa **Deuxième Sonate, en forme de Variations** *(op. 6).* D'écriture strictement dodécaphonique, elle se présente d'un seul tenant, comme un thème de forme ternaire (seize mesures) suivi de quatorze variations dont la dernière reprend le thème initial ; ce qui donne à l'ensemble la structure d'une forme sonate classique, — tout en englobant les caractéristiques de quatre mouvements traditionnels, selon l'exemple de la *Première Symphonie de chambre* de Schönberg**. Le thème possède le caractère d'une exposition, les *Variations 1* à *3* sont un *Scherzo* avec trio et reprise variée, les *Variations 4* à *6* tiennent lieu de mouvement lent, la sixième constituant une synthèse des deux précédentes (*Larghetto* et *Allegretto*) ; les *Variations 7* à *9*, d'écriture plus tendue et serrée, représentent un développement de sonate, culminant en un *Martiale ed energico* ; puis commence une gradation me-

---

* Voir le très intéressant ouvrage d'Albrecht Betz, *Musique et politique, Hanns Eisler* (Éd. le Sycomore, 1982).

** Voir *Guide de la musique symphonique*.

nant de la détente *cantabile* de la *Variation 10*, à travers les rythmes de valse de la *Variation 11*, au sommet de puissance des *Variations 12* et *13*, avec leurs vives figurations de toccata, leurs rythmes et leurs accords martelés. La *Variation 14*, enfin, reprend le thème en une ultime synthèse, mais « purifié » de sa violence éruptive du début, transfiguré en un lyrisme ample et serein. Eisler affirme, dans cette œuvre, une personnalité qui ne doit plus rien à Schönberg.

Les **Huit Pièces op. 8** (1925) concluent cette première phase de la production pianistique du compositeur. Simplification et détente (le recueil fait voisiner des pièces dodécaphoniques et d'autres échappant à la loi de la série) vont de pair avec une expression plus distanciée, plus sèche parfois, qui tourne définitivement le dos à l'expressionnisme pour se rapprocher de l'objectivité réaliste du Eisler des pages « militantes », désormais toutes proches. Se succèdent ainsi un *Allegretto* léger et dansant ; un *Scherzo* marqué *Kräftig, energisch* (« vigoureux, énergique ») ; un *Thème avec quatre Variations et coda* à l'allure de gracieux menuet (cette pièce révèle des intentions pédagogiques) ; un *Allegro con fuoco*, à la fois vigoureux et burlesque ; un *Poco Allegretto grazioso* rythmé comme une petite chanson berceuse, et qui soumet les accords parfaits à un très curieux processus de « distanciation » au sens brechtien ; un *Hastig, aufgeregt* (« hâtif, excité ») à 5/4 ; un *Andante* à nouveau gracieux ; enfin un *Allegro* unissant la polyphonie linéaire d'une toccata et des traits mélodiques plus chantants, voire déclamatoires.

De 1932 à 1934, Eisler revint au piano dans un esprit très différent : sur la suggestion des Éditions d'État de Moscou (juste avant la dure reprise en main stalinienne), il écrivit des pièces à but pédagogique. Son dessein était de traiter les enfants en petits êtres intelligents, de leur apprendre à penser musicalement et de manière logique à l'aide d'un matériau nouveau, — un idéal comparable à celui de Bartok projetant son *Mikrokosmos** à la même époque. L'**Opus 31** se subdivise en deux cahiers : d'une part, un thème à l'allure de marche suivi de dix variations, très simples, à deux voix ou en accords, — le tout destiné à des enfants de six ans ; d'autre part, sept morceaux un petit peu plus développés, faisant largement appel au procédé du renversement, et destinés à développer autant l'esprit de logique que l'agilité des doigts. Un deuxième recueil, **Opus 32**, se compose également de sept pièces, mais un peu plus difficiles déjà, et destinées à des enfants plus grands. Elles sont devenues plus connues que les précédentes, et peuvent fort bien se jouer au concert. La première est une *Invention*, la quatrième une *Chaconne* en neuf variations sur une basse de neuf sons, la dernière un *Rondo*. En 1934, enfin, naquit la **Sonatine op. 44**, sous-titrée *Gradus ad Parnassum* (allusion malicieuse à Clementi ?), œuvre strictement sérielle dont les quatre morceaux, basés sur la même série de douze sons (*Andante, Allegretto scherzando, Larghetto* et *Allegro commodo*), visent — selon les propres paroles du compositeur — à « démontrer aux jeunes gens qu'il est possible de faire de la musique de douze sons d'une manière simple, facile à comprendre et logique », car il s'affirme convaincu « que cette technique jouera un grand rôle dans l'avenir ».

L'exil américain vit naître deux œuvres de grande envergure, les plus mûres et sans doute les plus importantes que Eisler ait composées pour le piano.

Les **Variations pour piano** (1941) sont écrites sur un thème assez complexe de forme ternaire, déjà varié en lui-même, et dont le profil mélodique et rythmique rappelle l'air que chante, dans *la Flûte enchantée*, Papageno la bouche cadenassée :

Allusion à la liberté étouffée par le nazisme totalitaire, mais aussi aux limites mises par la censure américaine à l'activité militante du compositeur et de Bertolt Brecht, son compagnon d'exil. Suivent onze « *Variations de caractère* » (dont la neuvième fait office de reprise) et une *Coda*. Mais l'œuvre n'en est qu'à la moitié de son déroulement, et Eisler enchaîne à présent non moins de trois *Finales* fort développés. Le *Finale I*, de caractère élégiaque (*Andante con moto*), comporte en son centre une *Marche funèbre* à la mémoire de Grete Steffin, la collaboratrice de Brecht, morte de tuberculose à Moscou au cours de sa fuite devant les Nazis, le 4 juin 1941. Le *Finale II*, de forme ternaire comme le précédent, est une marche énergique à la poly-

---

* Voir, ici même, à : *Bartok*.

phonie très élaborée, tandis que le *Finale III* forme une brillante *Tarentelle (Presto)* qui, à la fin, se combine avec la série originelle — l'œuvre étant entièrement dodécaphonique — exposée à la manière d'un cantus firmus syncopé.

La **Troisième Sonate** (1943), dont la division en trois mouvements (sans indication, *Adagio* et *Allegro con spirito*) et la structure formelle aux symétries très classiques rappellent la *Première Sonate*, surprend par sa violence expressionniste et par son langage atonal, mais non sériel. Seul le mouvement lent s'astreint à la rigueur du contrepoint renversable. Pour le reste, règne ici une liberté du discours fort éloignée de la stricte discipline des œuvres précédentes. A partir d'un départ contenu, le premier morceau décrit un vaste crescendo expressif, développant son thème unique tour à tour en style de récitatif, en transparentes cantilènes, ou en accords massifs et quasi-brahmsiens. L'*Adagio* possède le caractère d'un chant funèbre et, au gré d'une forme concentrique en cinq sections incorporant le principe de la stricte variation de type choral figuré, élève la tendre et fragile cantilène initiale jusqu'à un hymne pathétique, pour revenir à la sombre méditation de départ. L'*Allegro con spirito*, en forme de libre rondo, possède le caractère d'un âpre caprice, aux rythmes déchiquetés, aux brefs motifs martelés, aux dures dissonances. Mais la vaste coda sait faire place à l'apaisement passager d'un *Andante* chantant. Cette *Sonate* si puissamment expressive (sans doute le chef-d'œuvre de Eisler au piano) présente des rapports musicaux évidents avec certains des admirables *Lieder* qu'il composait alors sur des poèmes de Brecht, et reflète certainement l'expérience traumatisante de la guerre et de l'exil. Elle semble paraphraser l'un de ces poèmes : « En ces temps si sombres, pourra-t-on encore chanter ? Oui ! Ce sont ces temps si sombres qu'on chantera ! »

En 1946, Eisler a composé, à nouveau dans un but pédagogique, deux *Fugues* purement tonales (en *sol* mineur et en *si* bémol majeur). Enfin, écrite à une date imprécise entre 1940 et 1945, existe une *Ouverture pour deux pianos*, en trois parties enchaînées, — page brève dans le style des *Pièces op. 32*, et dont les deux volets extrêmes comportent chacun un fugato. Comme les deux *Fugues*, ce sont là des pages d'intérêt secondaire, qu'on ne saurait placer sur le plan des *Variations* ou de la *Troisième Sonate*.

H.H.

MAURICE EMMANUEL

Né à Bar-sur-Aube, le 2 mai 1862 ; mort à Paris, le 14 décembre 1938. On a peut-être un peu trop oublié aujourd'hui quel fut l'apport précieux à la musique française de ce compositeur indépendant qui, s'appuyant sur sa connaissance de l'Orchestique grecque (titre de sa thèse de doctorat en Sorbonne) et des vieux modes populaires (il découvrit les richesses du folklore dès son enfance bourguignonne), a réalisé une œuvre très originale. Emmanuel fut, au Conservatoire de Paris, l'élève de Bourgault-Ducoudray pour l'histoire de la musique, — discipline qu'il enseigna lui-même dans le même établissement sans interruption de 1907 à 1936. Il avait enseigné auparavant l'histoire de l'art dans des lycées, après avoir suivi les cours de l'École du Louvre. C'est dire quelle fut l'érudition de ce maître qui tenta, sa vie durant, de « retrouver la vie et, musicalement, les richesses en sommeil » du passé. Outre sa thèse sur la métrique grecque, Emmanuel a laissé plusieurs ouvrages musicologiques, — dont une Histoire de la langue musicale, des écrits sur César Franck et Anton Reicha, et une étude, qui fit date, sur Pelléas et Mélisande (il connut fort bien Debussy). Ses compositions furent peu exécutées, si l'on excepte la tragédie lyrique Salamine (dont la création, en 1929 à l'Opéra de Paris, fut remarquée), et ses six Sonatines pour piano composées entre 1893 et 1925, — dont on trouvera l'aperçu ci-après. Emmanuel a produit par ailleurs deux symphonies, des œuvres de musique de chambre, et de la musique vocale (dont les Trente Chansons bourguignonnes et Prométhée enchaîné, qui, comme Salamine, est une tragédie lyrique).

Les Sonatines

Les six *Sonatines* constituent l'une des provinces les plus originales de la musique française de piano, province d'étendue restreinte, mais d'une saveur unique. On a peine à croire que les deux premières datent de l'autre siècle (1893 et 1897), tant elles sont en avance sur leur époque en matière d'harmonie, de libre polymodalité ou polytonalité, d'émancipation de la dissonance, d'audace dans le discours rythmique et instrumental, de fantaisie dans la forme enfin, n'excluant nullement la rigueur. Elles ne furent d'ailleurs publiées et jouées qu'après 1920, au moment de la composition des suivantes, avec lesquelles elles forment vraiment un tout. Malgré leur titre, ce ne sont nullement des miniatures ou des pages légères, mais de véritables concentrés de grandes Sonates, d'une richesse de substance, mais aussi d'une densité événementielle, d'une vitesse de déroulement qui exigent de l'auditeur l'attention la plus vigilante. Ajoutons qu'elles ne tombent pas aisément sous les doigts, avec leur recours fréquent au croisement des mains, et que leur virtuosité, réelle, n'est pas du type « payant ». Mais ces pages exigeantes n'ont rien d'austère. Venant d'un savant musicologue — plus connu de son vivant pour son érudition que pour son génie créateur —, ce sont là des pages d'une fraîcheur et d'une spontanéité exquises, toutes parfumées de leurs harmonies modales, tantôt insidieusement rêveuses, tantôt — le plus souvent — d'une rude et tonique vigueur, celle d'un vin de terroir à la saveur âpre et rocailleuse, d'une verdeur drue, d'une franchise et d'une santé réjouissantes. Leur place dans la vie musicale est très loin de correspondre à leur valeur, qui les situe à proximité immédiate des plus hauts sommets de la musique française de piano.

La **Première Sonatine** *(op. 4)* est la *Sonatine bourguignonne* (1893), et puise aux sources du terroir du pays de Beaune, dont Emmanuel tira également son précieux recueil des *Trente Chansons bourguignonnes*. Les mouvements impairs s'inspirent des carillons, les pairs des danses locales. L'*Allegro con spirito*, en *la* majeur (mais fréquemment modal lydien, avec quarte haussée), s'élabore sur un chant d'enfants de chœur tiré du carillon (de trois notes) de Notre-Dame de Beaune, et, d'autre part, sur les quatre variantes (de plus en plus complètes, du quart à l'heure juste) du carillon de Saint-Bénigne de Dijon, — qui est en *mi* mineur. Vient ensuite un *Branle à la manière de Bourgogne (Scherzando)*, à l'origine en *ré* dorien, mais modulant capricieusement à travers diverses tonalités, écrit sur un rythme binaire, « à périodes égales et carrées, avec refrains précédés de redites, emboîtées d'une période à l'autre » (Maurice emmanuel). L'*Andante simplice* (sic !), en *la* bémol, très court, utilise un air simple inventé par le vieux carillonneur aveugle de l'Hôtel-Dieu de Beaune. Et cette œuvre si colorée, si truculente, se termine par une *Ronde à la manière morvar.delle (Giocoso)*, aux périodes savoureusement inégales, dans lesquelles « vient s'insinuer le carillon de Saint-Bénigne, de plus en plus détraqué » (Maurice Emmanuel). Conclusion en *la* majeur.

La **Deuxième Sonatine** *(op. 5)*, dite *Pastorale* (1897), est d'un caractère tout différent, d'une poésie plus rêveuse et plus enveloppée, d'une écriture instrumentale ondoyante et « impressionniste » anticipant sur le Debussy des *Estampes* et des *Images*, ou sur le Ravel des *Miroirs*. Les trois morceaux évoquent successivement les trois oiseaux de la « Scène au bord du ruisseau », de la *Symphonie Pastorale* de Beethoven, et l'œuvre annonce ainsi Messiaen (qui ne naquit que onze ans plus tard !) du double point de vue modal et ornithologique. *La Caille (Moderato, ma jocoso)*, à l'appel pointé caractéristique, se déroule en *sol* majeur, tandis que *le Rossignol* déploie sa brève mais poétique rêverie *(Adagio)* en *si* bémol. C'est ici que l'hommage à la *Symphonie Pastorale* est le plus fidèle, avec le rappel de *la Caille* en conclusion. La *Sonatine* se termine par un très agile *Scherzo* à 3/8 évoquant *le Coucou (Leggero)*, et retrouvant le ton de *sol* majeur.

La **Troisième Sonatine** *(op. 19)* est postérieure de près d'un quart de siècle (1920), et témoigne d'une nette évolution vers un langage plus complexe et plus dissonant. Au contraire des deux précédentes, celle-ci est de la musique pure, sans aucun prétexte poétique, et ses trois mouvements — un *Moderato* à 3/4, un *Andante tranquillo* à 3/8, et un *Vivace* à 2/8 — se rapprochent davantage des formes classiques. Les deux morceaux liminaires sont basés sur *mi* bémol, le mouvement lent sur *ut*, mais avec de fortes tendances lydiennes (mode de *fa*). L'*Andante tranquillo*, en particulier, constitue l'une des pages les plus significatives et les plus avancées du langage d'Emmanuel. Cette œuvre si ramassée se prêterait à une analyse longue et détaillée : comme la suivante, la *Troisième Sonatine*, écrite par un quasi-sexagénaire plus connu comme érudit, se révèle une œuvre authentique d'avant-garde.

La **Quatrième Sonatine** *(op. 20)*, de la même année 1920, est la fameuse *Sonatine sur des modes hindous* : c'est peut-être la plus passionnante de toutes, même si elle n'anticipe pas sur Messiaen (ainsi qu'on l'a écrit erronément), car ce dernier a utilisé les rythmes de l'Inde et non ses modes. Il était prévisible que le grand compositeur modal que fut Emmanuel s'intéresserait à ce fonds si riche (non moins de soixante-douze modes « karnatiques », ceux de l'Inde du Sud). Emmanuel n'en retient que deux : pour les mouvements vifs liminaires (*Allegro* et *Allegro con spirito*), c'est *Kâmavardini*, un mode de *fa*, mais modifié dans sa forme descendante (toujours différente de la forme ascendante dans la musique indienne, comme dans notre mode mineur), par altération descendante du deuxième et du sixième degrés, et transposé à la tonique *ut*, — ce qui donne : *do-ré* bémol-*mi-fa* dièse-*sol-la* bémol-*si*. L'*Adagio* central est basé sur le mode *Hunumatodi*, identique à notre mode de *mi* (le phrygien ecclésiastique, mais le *doristi* grec), transposé en *fa* dièse, — ce qui établit en outre un rapport de triton entre ce morceau et ceux qui l'entourent. Cette partition si audacieuse et novatrice porte dignement sa dédicace au grand pionnier que fut Ferruccio Busoni (voir ce nom).

Les deux dernières *Sonatines* naquirent coup sur coup en 1925. La **Cinquième Sonatine** *(op. 22)* est dite *alla Francese*, et se distingue en effet de toutes ses sœurs en ce qu'elle n'est pas vraiment une Sonatine, mais une authentique Suite de danses précédée d'une *Ouverture*. Le compositeur devait du reste la transcrire pour orchestre, dix ans plus tard, sous le nom de *Suite française (op. 26)* en l'augmentant d'un *Divertissement* pour violon et instruments à vent. Cette *Sonatine*, techniquement difficile, et d'un langage harmonique encore plus libre et dissonant que les œuvres précédentes, se compose donc d'une *Ouverture* de type français (*Adagio-Allegro vivo-Adagio*) en *si* bémol « lydien » ; d'une *Courante (Allegretto)* de type italien, en *sol* majeur (mais concluant inopinément à la dominante) ; d'une grave et expressive *Sarabande (Adagio)*, en mode de *ré* transposé en *sol* ; d'une espiègle *Gavotte (Allegro giocoso)* dont le *ré* lydien se trouve poivré de toutes sortes de dissonances plaisamment bitonales ; d'une *Pavane et Gaillarde (Solenne*, en *fa* dièse mineur, puis *Più mosso, scherzando*, en *fa* dièse myxolydien), l'une étant la transformation rythmique de l'autre, conformément à l'usage de la Renaissance ; enfin d'une *Gigue (Vivace)*, un 12/16 aux sextolets virevoltants, en *ré* majeur relevé d'épices dissonantes (l'œuvre n'a donc pas d'unité tonale comme les précédentes), page brillante et virtuose.

La **Sixième Sonatine** *(op. 23)* est la plus courte, mais non la moins substantielle. Si ses trois mouvements — un *Scherzando* à 6/8, un *Adagio* à 3/4, d'une écriture hardie, et une étincelante *Toccata, Presto con fuoco* à 2/4 — affichent des tonalités « officielles » (*la* majeur pour les mouvements rapides, *fa* majeur pour l'*Adagio*), jamais en réalité le langage d'Emmanuel n'a été plus libre, plus elliptique, plus subtil, et plus rayonnant de jeunesse. Cette *Sixième Sonatine* est sans doute la plus difficile de langage de toutes (c'est aussi la plus virtuose techniquement), en raison de son extraordinaire concentration. Mais c'est peut-être le chef-d'œuvre de la série : il devrait, depuis longtemps, être « classique » !

H.H.

GEORGES ENESCO

Né le 19 août 1881, à Liveni-Virnav (aujourd'hui George Enescu), en Roumanie, mort le 4 mai 1955, à Paris. Ses études musicales se déroulèrent à Vienne, où il travailla notamment le violon avec J. Hellmesberger (et où il rencontra Brahms), puis au Conservatoire de Paris où il fut l'élève, entre autres, de Marsick pour le violon, de Gédalge pour le contrepoint, de Massenet et Fauré pour la composition. Ce fut Paris qui adopta ce vio-

loniste virtuose dont la carrière sera éblouissante, en même temps que le compositeur (dont une des premières œuvres, le Poème roumain, *sera créée dès 1898 par Edouard Colonne). Et c'est à Paris que s'établit Enesco après la Première Guerre mondiale — d'où il entreprit ses tournées internationales. On notera, par ailleurs, que ce musicien complet, éminent professeur de violon (Yehudi Menuhin fut son élève), fut aussi un excellent pianiste, participa à plusieurs ensembles de musique de chambre (avec Cortot, Thibaud, Casals en particulier), fonda un quatuor à son nom, et dirigea des orchestres. Sa renommée d'interprète en vint à éclipser une œuvre dont la valeur est à présent reconnue (Enesco est devenu, à la Roumanie, ce que Bartok fut à la Hongrie ou Szymanowski à la Pologne), et dominée par ce qui fut le projet, remarquablement abouti, d'une partie de sa vie créative : la tragédie lyrique* Œdipe *(création à l'Opéra de Paris en 1936). Auteur éclectique de trois symphonies, des célèbres* Rhapsodies roumaines, *de trois suites pour orchestre, de mélodies et cantates, d'une belle musique de chambre (dont quatre* Quatuors, *un* Quintette, *un* Octuor, *un* Dixtuor*), Enesco laisse une œuvre de piano composée de trois* Suites, *de deux* Sonates, *de* Variations *pour deux pianos, et de pièces diverses sans numéro d'opus.*

L'œuvre de piano

Musicien complet, Enesco ne fut pas seulement un compositeur, un violoniste, un chef d'orchestre et un pédagogue de génie, mais aussi un grand pianiste dont il nous reste des disques éloquents. Compositeur encore beaucoup trop méconnu — mais que la postérité situera, à n'en pas douter, aux côtés de Bartok, de Janacek et de Szymanowski —, il a enrichi le piano d'une dizaine d'ouvrages, dont quelques-uns sont d'authentiques chefs-d'œuvre : c'est le cas, en particulier, des deux grandes *Sonates*, encore à peine connues aujourd'hui.

Le style d'Enesco est extrêmement difficile à saisir : à première vue, il apparaît traditionnel, d'abord influencé par Brahms, puis par Fauré, qui fut son maître. Mais cette curieuse et rare symbiose culturelle germano-latine — que seul pouvait accomplir un musicien venu des confins de l'Europe — s'effectue chez une personnalité exceptionnellement forte et originale. Dans sa maturité créatrice (Enesco mûrit lentement et évolua considérablement), il se forgea un langage d'une nouveauté et d'une audace rares. Le premier recourant aux sources gréco-byzantines du folklore roumain, il élabora une hétérophonie complexe comme alternative valable à la polyphonie de tradition occidentale, — modèle de tous les compositeurs roumains d'aujourd'hui et, de plus en plus, modèle universel. De manière toute spontanée et naturelle, il dépassa le tempérament pour intégrer le quart de ton à son langage musical (*Œdipe, Troisième Sonate pour violon et piano*). Sa conception nouvelle du temps musical, la complexité et la richesse de ses rythmes et de ses combinaisons polyrythmiques peuvent faire penser à Messiaen. Mais cette modernité énescienne est sous-jacente à un classicisme de surface, et ne livre ses secrets et ses hardiesses qu'à l'examen approfondi. Il est en réalité peu de musiques plus complexes que les siennes, et qui posent autant de problèmes à l'analyste. Si, déjà, une page de jeunesse comme le génial *Octuor*, achevé à dix-neuf ans, égale Schönberg en richesse combinatoire et formelle, que dire des œuvres de maturité !

La production pianistique d'Enesco, peut se diviser en trois étapes — dont la première est de loin la plus importante quantitativement, alors qu'au contraire les œuvres maîtresses se situent plus tard. L'adolescent génial, élève du Conservatoire de Paris, donne, dès l'âge de quinze ans, un *Prélude et Scherzo* (1896), suivi bientôt d'une *Barcarolle* et d'une *Fileuse* (1897), puis, la même année, d'une œuvre plus importante, la première à laquelle Enesco ait accordé un numéro d'opus : la **Première Suite en *sol* mineur, dans le Style ancien** *(op. 3)*. Elle se compose d'un *Prélude (Grave)*, d'une *Fugue (Allegro moderato)*, d'un vaste *Adagio* et d'un finale *Presto* ; elle se réclame très clairement des modèles de Bach, de Haendel, des clavecinistes français ou italiens — démarche anticipant de dix ou vingt ans celle des compositeurs français (Ravel, Roussel) auxquels on pourrait penser ici, bien que *Pour le piano* de Debussy date de 1896. En décembre 1898, Enesco compose un *Impromptu* qui marque déjà un progrès vers une forme et un plan tonal plus libres.

De 1899 datent les **Variations sur un thème original pour deux pianos** *(op. 5)*, surtout remarquables par le caractère du thème, proche du folklore roumain, avec sa métrique mixte à cinq temps. Dans cette œuvre de jeunesse, couronnée par une fugue grandiose, se rencontrent déjà la densité harmonique et polyphonique, la subtilité des nuances, les interférences de modalité et de tonalité, propres à la maturité du compositeur. A cet égard, c'est un jalon important.

Le premier chef-d'œuvre pianistique d'Enesco, cependant, est la **Deuxième Suite, en *ré* majeur** *(op. 10)*. En 1901, le musicien avait écrit une *Toccata* : un concours de composition organisé par la revue « Musica » l'incita à ajouter les autres mouvements, achevés en 1903. Bien lui en prit : le jury, qui comprenait notamment Debussy, d'Indy et Pierné, lui accorda le premier prix à l'unanimité. Malgré le choix de titres et de cadres empruntés à la musique baroque, il n'est plus ici question de pastiche, et l'œuvre soutient pleinement la comparaison avec la *Suite op. 14* de Roussel ou *le Tombeau de Couperin* de Ravel, tous deux bien postérieurs. Enesco lui-même déclara plus tard : « J'ai assez aimé Ravel et Debussy pour subir ici et là leur influence. » Il parla, pour la *Pavane* et la *Bourrée*, d'un « coloris passablement debussyste, assez Ile-de-France », et fit remarquer que le deuxième thème de la *Toccata* reproduisait, mais à l'envers, le motif rythmique de celle du *Tombeau de Couperin*... composée en 1915 ! Tous ces traits de caractère français n'empêchent pas la présence du « doux paysage moldave » ; en fait, l'ouvrage présente une synthèse assez unique d'éléments néo-classiques, romantiques et impressionnistes. La *Toccata (Majestueusement, mais pas trop lent)* débute par un thème simple, enrobé d'harmonies somptueuses et — chose curieuse pour une pièce de ce genre — présente un caractère plus mélodique que rythmique. La *Sarabande (Noblement)* frappe par ses harmonies archaïsantes de quartes et de quintes ; son milieu rend nettement hommage à Debussy. La *Pavane (Lentement, bercé)* s'édifie entièrement sur une cellule de quatre sons. Mais le morceau le plus remarquable, et d'ailleurs le plus attrayant, est incontestablement la *Bourrée* conclusive *(Vivement)*. Elle est plus dynamique, plus martelée, avec ses quartes suivies d'accords altérés et d'emprunts, ses oscillations entre tierce majeure et mineure, son attirance vers la monodie et la richesse de ses variations rythmiques.

De la même année 1903 date un **Prélude et Fugue** sans numéro d'opus, de publication posthume, page plus proche des modèles baroques et rappelant parfois, par ses sonorités, le clavecin, voire l'orgue. Le *Prélude* se déroule en croches régulières dans un cadre métrique inexorable, mais sa tonalité se colore fréquemment d'inflexions modales, myxolydiennes ou lydiennes. On retrouve ces teintes modales dans la *Fugue* — fait insolite et alors sans précédent dans une forme aussi liée à la tonalité. Cette *Fugue*, d'abord à trois voix, s'anime peu à peu, devient plus virtuose, et culmine en une strette majestueuse évoquant l'orgue, où le sujet reparaît en sonores octaves.

Après 1903, Enesco se détourne longtemps du piano. Un **Nocturne** de 1907, demeuré inédit jusqu'à ces dernières années, se présente comme une page typiquement de transition, aux dimensions très — trop ? — généreuses, puisqu'elle dure un plein quart d'heure. C'est une longue rêverie, puissamment expressive, parfois tragique, et d'une grande complexité de forme et de structure.

De 1913 à 1916, Enesco travaille à sa **Troisième Suite** *(op. 18)*, longtemps connue comme *Suite inédite*, car on n'en a retrouvé le manuscrit qu'après sa mort, mais que lui-même avait baptisée *Pièces impromptues*. Ces pièces sont au nombre de sept (les deux dernières formant un tout), et n'ont plus rien à voir avec des modèles baroques. De vastes dimensions (une grande demi-heure), cette *Suite* s'oriente vers l'évocation poétique de la terre roumaine, si typique de l'évolution plus tardive de l'auteur. Les deux premières pièces — *Mélodie (Andantino)* et *Voix de la Steppe (Allegro moderato)* sont plus brèves ; elles furent encore écrites à Paris, et possèdent un reste de parfum fauréen. Rentré au pays, Enesco écrivit tout d'abord la *Mazurka mélancolique (Moderato un poco allegretto)*, la *Burlesque (Vivace non troppo)*, et l'*Appassionato (Con slancio, ma ben sostenuto)* d'une écriture pianistique plus dense, d'une substance harmonique plus richement modale. Mais le cycle culmine sans contredit dans le diptyque final, *Choral (Moderato, non troppo lento)* et *Carillon nocturne (L'istesso tempo)*, admirable évocation poétique inspirée par la montagne (Enesco composa cette pièce à Sinaia), pleine de flûtes de bergers, de clochettes de troupeaux, et, à la fin, évoquant les cloches du monastère proche de la maison d'enfance du compositeur. Nous sommes déjà là tout proches de l'extraordinaire finale de la *Sonate en* fa *dièse* : ici comme là, les rythmes s'estompent et font place à un rubato noté avec la plus extrême minutie, la modalité règne, suprême, l'esprit pastoral roumain, la *doïna* ancestrale, les mélopées infinies du *cant lung* opèrent une extraordinaire synthèse avec les traditions les plus élevées de la musique savante occidentale dont Enesco s'était imprégné à Paris. La route est ouverte vers le chef-d'œuvre pianistique du compositeur, son *Opus 24*. Cet *op. 24* devait grouper trois *Sonates pour piano* ; mais la deuxième d'entre elles, en *mi* bémol mineur, bien que, entièrement imaginée et même esquissée sur le papier en 1937, ne fut jamais rédigée. Il n'y eut donc que deux *Sonates*, qui portent paradoxalement les numéros *1* et *3*. Plus de dix ans les séparent.

La **Sonate en** *fa* **dièse mineur** *(op. 24 n° 1)* date de 1924 ; elle se situe donc au milieu de la longue élaboration d'*Œdipe*, à laquelle Enesco s'arracha ainsi provisoirement. C'est l'une des plus grandes sonates de ce siècle, et elle mériterait une notoriété égale à celle de la fameuse *Troisième Sonate pour violon et piano, dans le Caractère populaire roumain (op. 25)*, qui lui succède immédiatement. Sans doute son extrême difficulté d'interprétation et sa fin peu spectaculaire (un immense mouvement lent) expliquent-elles qu'elle reste peu connue. Comme toujours, Enesco dissimule ses audaces, et même la construction rigoureuse et très élaborée n'est pas de prime abord évidente derrière son allure apparemment improvisée. La symbiose entre la pensée folklorique, mais sublimée, puisée aux sources rhapsodiques ancestrales, et les exigences architecturales les plus élevées atteint un universalisme, un classicisme dignes de soutenir la comparaison avec ce que Bartok, Janacek ou Szymanowski écrivaient au même moment. En même temps, la *Sonate en fa dièse mineur* représente un très émouvant témoignage d'une vie intérieure intense. Dès les premières mesures, la richesse harmonique et l'ambiguïté modale dépassent de loin le cadre tonal annoncé par le titre. De dimensions peu communes, l'*Allegro molto moderato e grave* (titre bien typique du compositeur, toujours porté à la contemplation introspective) installe d'emblée cette ambiguïté modale. Malgré les quintes à vide de l'idée secondaire, malgré des inflexions harmoniques inattendues, malgré les éléments discrets et subtils de variations, cette grande méditation s'offre comme une coulée unitaire, renonçant délibérément aux contrastes trop marqués.

Comme dans sa *Troisième Symphonie avec chœurs*, Enesco fait suivre ce mouvement modéré d'un *Scherzo (Presto vivace)* dramatique, où les rythmes violemment pulsés prédominent — rythmes dont l'asymétrie tend sans cesse à briser l'écriture de toccata. Et, comme dans la *Symphonie* encore, le compositeur termine par un mouvement lent, *Andante molto espressivo*, point culminant de l'ouvrage. Enesco lui-même déclara avoir voulu recréer « l'atmosphère nocturne de la plaine roumaine » ; il y atteint de fait, une sorte de poésie de l'espace intemporel — anticipant sur la musique d'un Messiaen en ce qu'elle participe d'une philosophie du temps autre que celle de l'Occident*. Sur une pédale légèrement rythmique se dessine une courte mélopée nostalgique, caractérisée par le jeu modalement ambigu des tierces et des secondes, à l'allure d'un libre récit proche des mélopées traditionnelles des bergers des Carpathes.

La **Sonate en** *ré* **majeur** *(op. 24 n° 3)*, composée en 1935, s'avère d'un caractère totalement différent : elle revient à une sorte de néo-classicisme renouant avec les *Suites* de jeunesse, mais avec tous les acquis de langage de la haute maturité. Exceptionnellement pour Enesco à ce stade, il s'agit d'une œuvre de joie, voire d'allégresse, dont le bondissement rythmique, dans le premier morceau notamment, va jusqu'à faire évoquer Scarlatti. Les trois mouvements, de forme très claire et classique, sont : *Vivace con brio* ; *Andantino cantabile* ; *Allegro con spirito*. A la recherche d'un second souffle à l'issue de l'immense travail sur *Œdipe*, Enesco s'est accordé cette halte de sérénité et de lumière avant d'aborder sa dernière et suprême étape créatrice, dont le piano se trouve malheureusement absent. Il importe de ne pas sous-estimer cette *Sonate en ré* qui, à sa manière, n'est pas moins parfaite que la précédente, et qui offre un visage complémentaire, tout aussi indispensable, de la si riche personnalité de son auteur.

H.H.

---

* Renvoyons le lecteur, ici même, à *Messiaen*.

MANUEL DE FALLA

Né à Cadix, le 23 novembre 1876 ; mort à Alta Gracia, en Argentine, le 14 novembre 1946. Élève de José Tragó à Madrid, il obtient un prix de piano en 1899, et effectue ses études d'écriture avec Pedrell. Le premier Falla est un pur continuateur d'Albéniz et de Chapi — la « zarzuela » —, et ses compositions s'imprègnent de folklorisme et du postromantisme ambiant. Une évolution marquée résultera de son séjour à Paris, où il se fixera de 1907 jusqu'à la Première Guerre mondiale : la rencontre et les influences conjuguées de Debussy, de Dukas, de Ravel notamment, seront telles que son œuvre en portera désormais la profonde empreinte. Ce qui n'altérera pas sa fidélité envers la musique traditionnelle andalouse (rentré dans son pays au moment de la guerre, Falla instituera un concours de « cante jondo », et fondera un orchestre « bétique »). Souci de la forme, concision de l'expression, sur le tard une ascèse, une spiritualisation quasi mystique de la musique, — tels sont les traits schématiques d'une production relativement peu abondante dans laquelle le piano tient une place restreinte mais caractéristique. Les Quatre Pièces espagnoles, *puis la* Fantasia Baetica, *enfin — dans l'âge mûr — un* Tombeau de Paul Dukas *en constituent les fleurons. On ne mentionnera que pour mémoire des pièces beaucoup plus secondaires, en particulier cette fameuse* Danse du feu *extraite du ballet* l'Amour sorcier, *— d'un démonisme propre à faire frémir tous les auditoires du monde.*

Quatre Pièces espagnoles

Ébauchées à Madrid en 1907, elles furent achevées en France en 1908 (Falla, entretemps, était arrivé à Paris), et créées en novembre de cette même année par le pianiste Ricardo Viñes à la Société Nationale de Musique (ayant joué cette œuvre, c'est Viñes qui suggéra au compositeur ses *Nuits dans les jardins d'Espagne*). Les *Pièces espagnoles* sont donc du jeune Falla subissant l'influence de son aîné Albéniz (à qui elles sont dédiées, qui meurt en 1909, et dont Blanche Selva a joué, en 1908 également, les deux trois premiers cahiers d'*Iberia*), — influence tempérée cependant par celle de musiciens français dont il a fait la connaissance, de Dukas, de Debussy et, surtout, de Ravel ; tous trois, d'ailleurs intéressés par les *Pièces espagnoles*, proposèrent aussitôt à l'éditeur Durand de les publier, ce qu'il fit. « Il y a là — a écrit à leur propos Louis Aguettant* — quelque chose de la netteté française, c'est un art d'un style parfait »... En effet, l'on peut considérer que les couleurs albéniziennes s'y estompent, et, dans une certaine mesure, l'exubérance de l'écriture ; qu'en revanche, le dessin adopte des contours plus précis, tracés d'une main ferme, évitant la surcharge et, plus essentiellement, la sentimentalité (à la Granados, par exemple). Une modération, donc, une retenue toute aristocratique ; qui n'exclut en rien la souplesse, les passages de virtuosité (ceux-ci bien hérités d'Albéniz), un discours nuancé par endroits de poésie quasi ravélienne. Bref, un Falla qui « assimile », mais dont se révèle la véritable personnalité.

Les quatre pièces se succèdent ainsi : une *Aragonesa* bâtie sur le rythme ternaire de la « jota » (danse, en effet, d'origine aragonaise), avec son intense vitalité, sa figure caractéristique de triolet sur le deuxième temps et son accentuation sur le troisième. D'une grâce un peu indécise, d'un charme nonchalant — celui des chansons populaires cubaines —, vient ensuite *Cubana*, qui développe l'équivoque rythmique d'un 3/4 alternant avec un 6/8 quelque peu décoratif. La pièce suivante, *Montañesa*, semble la seule du recueil qui, sans expression rythmique marquée, laisse paraître un sentiment de nostalgie et recrée par des moyens qu'on qualifiera d'impressionnistes un paysage de chants populaires (une chanson de Santander connue sous le titre de « La Casa del señor Cura ») et de sons de cloche qui hantèrent l'esprit du mucisien espagnol en « exil ». C'est la pièce intitulée *Andaluza* qui termine, — sans doute la plus audacieuse dans son parcours harmonique (à partir de la gamme andalouse nettement chromatisée et dans un ambitus mélodique réduit autour d'une note-pivot), la plus brillante pianistiquement, la plus déchirante aussi — ainsi « cette grande plainte sauvage qui éclate au milieu » (Louis Aguettant), et qui, pour finir, s'évanouit comme

---
* L. Aguettant, in : *La musique de piano des origines à Ravel* (Albin Michel, Paris, 1954).

une fantasmagorie dans les lointains du souvenir...

Fantasia Baetica (Fantaisie bétique)

Comme les *Quatre Pièces espagnoles*, cette œuvre, pourtant remarquable, ne figure qu'exceptionnellement au répertoire des pianistes actuels (excepté, sans doute, les espagnols)* : elle devrait, en vérité, jouir d'une audience internationale que lui refusent donc les interprètes. Elle fut composée de janvier à mai 1919 à l'instigation d'Arthur Rubinstein et aurait été créée par celui-ci — devenu son dédicataire — à New York en 1920 (en fait, la première audition publique demeure non datée). Le titre fait allusion à la Bétique, nom porté par l'Andalousie au temps de l'Empire romain : Falla ne négligea jamais les racines « bétiques » de son pays et devait, en 1923, fonder un Orquestra Bética de Cámara (Orchestre bétique de musique de chambre).

La *Fantaisie bétique* se présente comme une « stylisation » à la fois des données du folklore et des modes de la musique espagnole traditionnelle : s'il retient les rythmes du flamenco et exploite des thèmes du cante jondo, Falla les soumet avec intransigeance à une technique instrumentale amplement inspirée du jeu de la guitare, — tels les véloces arpèges du jeu « rasgueado » et les notes infiniment répétées du jeu « punteado ». L'œuvre refuse donc toute complaisance et toute séduction immédiate, — bien qu'on ne soit pas si éloigné des envoûtements que créent certaines pièces de l'*Iberia* d'Albéniz : de rudes dissonances, des glissandos à l'arraché, une écriture puissante et sèche ne ménagent en rien une oreille seulement habituée à de fades « espagnolades ». Bref, la *Fantaisie bétique* reste une page secrètement mélancolique, et d'un dédain affiché de toute joliesse.

De forme libre, elle adopte la répartition A B A : exposition de deux thèmes rapides, violemment scandés, en petites notes pressées, en vastes arpèges glissés sur des accords graves, en triolets tintant brièvement sur d'instantanés silences. Le court épisode intermédiaire (B) fait entendre un chant lyrique, doux, presque pudique, d'inflexions fauréennes. Réexposition à peine modifiée de A, et coda énergique, sans emphase, en accords alternés aux deux mains.

---

* Superbe enregistrement, en particulier, de la pianiste Alicia de Larrocha.

Autres pièces de piano

Il serait mal venu d'insister sur des pièces de jeunesse — une *Sérénade andalouse*, un *Nocturne*, une *Valse caprice* entre autres — qui n'ajoutent guère à la gloire de leur auteur.

Mention doit être faite, en revanche, de deux « tombeaux » orchestrés sur le tard pour entrer dans la série des *Hommages* créés en 1939 à Buenos Aires sous la conduite du compositeur** : l'*Hommage pour le tombeau de Claude Debussy* fut écrit pour guitare en décembre 1920 sur commande de « La Revue Musicale », et transcrit ensuite au piano ; cette pièce, d'une émotion discrète, séduit essentiellement les guitaristes. C'est surtout le **Tombeau de Paul Dukas**, composé directement pour le piano en décembre 1935 (toujours à l'instigation de « La Revue Musicale »), qu'il faut retenir ici : dette de reconnaissance au grand compositeur français (disparu en mai de cette même année), d'une solennité sévère et dépouillée, — que la version orchestrale cuivre et alourdit un peu inutilement, qu'il s'impose donc d'écouter dans sa version pianistique.

Plus brève mention, enfin, des transcriptions — ou arrangements — au piano (ou à la guitare), dont se délectent certains interprètes en mal d'exhibitions : citons par conséquent les deux *Danses espagnoles* extraites de l'opéra *la Vie brève*, les *Trois danses* tirées des suites du *Tricorne (Danse de la meunière, Les voisins, Danse du meunier)* ; et, plus que toute autre, la célébrissime **Danse rituelle du feu** provenant de *l'Amour sorcier*, — cette dernière pièce fournissant un « bis » dont l'effet demeure, bien sûr, irrésistible***. Pourquoi s'en priver ? Mais, aussi, pourquoi se priver de l'orchestre, merveilleux, que proposent l'opéra et les deux ballets précités ?

F.R.T.

** (V. *Guide de la musique symphonique*.)
*** Falla en conçut un vif dépit : le pianiste Arthur Rubinstein s'en était fait, dans ses récitals, le propagandiste si histrionesque, qu'il fallut n'en jamais parler devant le compositeur ; il entrait alors dans une violente colère.

GILES FARNABY

Né vers 1565, mort à Londres, le 25 novembre 1640. On ne sait presque rien de sa vie. Sa carrière se déroula sans doute en grande partie à Londres. Fut-il organiste, ou se consacra-t-il exclusivement au virginal? Nul ne peut répondre, mais, hormis quelques pages de musique vocale — psaumes et canzonets —, l'essentiel de son œuvre se compose des cinquante-deux pièces pour virginal regroupées dans le Fitzwilliam Virginal Book. *Homme spontané, Giles Farnaby sait être tour à tour enjoué, gracieux ou pétulant. Sa musique est empreinte d'un caractère fantasque et d'un charme romantique avant la lettre, — qui le placent à part parmi les compositeurs de l'époque élisabéthaine.*

L'œuvre de clavier

Le *Fitzwilliam Virginal Book* contient cinquante-deux pièces de Giles Farnaby et quelques pages de son fils, Richard. L'œuvre pour virginal de Giles Farnaby se compose de fantaisies — qui figurent parmi les pièces les plus intéressantes de leur auteur —, de mouvements de danses (pavanes, gaillardes, gigues, allemandes, une allemande *For two virginals*), de « miniatures » très caractéristiques de son art (*Giles Farnaby's Dreame, Farnabye's concert, His Rest, His Humour*, etc.), de quatre *Maskes* et de variations sur des thèmes populaires (*Put up thy Dagger, Jemy, Bony sweet Robin, Muscadin, Up Tails All, Tell me Daphne, Spagnioletta, Why aske you, Rosasolis*, etc.).

Aucune des **fantaisies** de Farnaby n'est basée sur un motif de plain-chant. Quelques-unes semblent découler d'un thème de polyphonie vocale. Ces fantaisies consistent le plus souvent en divers épisodes d'une grande variété, se succédant les uns aux autres. La *Fantasia CXXIX* du deuxième tome du *Fitzwilliam Virginal Book* est faite, par exemple, de plusieurs sections. La première est conçue autour d'un thème plein de grâce et de son contresujet, qui entrent en imitation et reviennent régulièrement de mesure en mesure. Une autre section, très différente, sur un rythme à 9/4, se présente plus loin comme une danse et se résout dans les mesures finales en un mouvement de toccata très brillant.

Sans doute destinés à accompagner la représentation des « masques » — ces actions allégoriques et mythologiques typiquement anglaises, et si appréciées d'Henri VIII et des Stuart —, les quatre *Maskes* composés par Farnaby sont des pièces agréables faites de courts épisodes qui invitent à danser. Par ailleurs, Farnaby apparaît véritablement un maître dans l'art de la « miniature » et nous laisse quelques pièces de ce genre, au titre particulièrement évocateur : *Farnabye's concert* et *His Humour* se composent respectivement de sept et vingt-deux mesures ; *A Toye* évolue sur vingt-deux mesures ; *Giles Farnaby's Dreame*, qui est en réalité une pavane, et la charmante gaillarde *His Rest* sont toutes les deux faites de treize mesures.

Dans ses **variations,** Farnaby est attiré vers les airs de chansons ou de danses populaires pittoresques. Il y mêle toutes sortes de figurations de virtuosité : octaves et accords brisés, sauts d'octaves, notes rapides répétées, arpèges brisés dans la ligne mélodique et dans l'accompagnement, trilles parallèles aux deux mains, écriture en tierces, etc. Certaines variations sont assez courtes *(Spagnioletta)*, d'autres se développent en une vingtaine d'épisodes *(Up Tails All)*.

Enfin, Farnaby est l'un des seuls virginalistes à avoir composé une pièce pour deux virginals, **For two virginals** (*LV* du *Fitzwilliam Virginal Book*). Le premier virginal propose une sobre mélodie dans le rythme de l'allemande. Cette mélodie est reprise simultanément par le second virginal, mais avec une ornementation rapide faite de figurations diverses en doubles croches (trilles, gammes, arpèges et sauts d'octaves essentiellement). La basse subit le même traitement.

A. d. P.

GABRIEL FAURÉ

Né à Pamiers (Ariège), le 12 mai 1845 ; mort à Paris, le 4 novembre 1924. Précocement doué pour la musique, il fut admis gratuitement à la célèbre école Niedermeyer, à Paris, dont il fut l'élève pendant dix ans (1855-1865) et où il eut Saint-Saëns comme professeur de piano. C'est Saint-Saëns qui initia le jeune musicien à la pratique des œuvres des maîtres classiques, à celles de Jean-Sébastien Bach notamment. Ses études terminées, Fauré entama une brillante carrière d'organiste, d'abord à Rennes, puis à Paris ; en 1896 il deviendra titulaire à l'église de la Madeleine, — succédant à Saint-Saëns à cette tribune. La même année il était nommé à la chaire de composition au Conservatoire, — succédant à Massenet. De son enseignement lumineux bénéficieront Ravel, Koechlin, Florent Schmitt, Enesco entre autres. Viendront ensuite les consécrations officielles : direction du Conservatoire à partir de 1905, succession au fauteuil de Reyer à l'Institut en 1909, grand cordon de la Légion d'honneur en 1920. Atteint de surdité, et contraint en 1920 de démissionner du Conservatoire, Fauré vécut ses dernières années dans l'isolement et, à sa mort, eut des obsèques nationales. L'art de Fauré — qui, comme nombre de ses contemporains, fit le voyage de Bayreuth mais ne subit aucune influence de Wagner — n'a pas toujours fait l'unanimité du public, enclin à lui reprocher sa discrétion, sinon de s'adresser à une élite. Reproche complètement injustifié : Fauré fut simplement l'ennemi de toute emphase, l'ami de la clarté mélodique et des subtilités de l'écriture harmonique. La production de Fauré n'est pas immense, mais d'une extrême qualité, — avec des musiques de scène (Shylock, Pelléas et Mélisande) *et un seul véritable opéra,* Pénélope, *de la musique vocale (l'admirable* Requiem *et, surtout, des mélodies dont les cycles de* la Bonne Chanson *et de* l'Horizon chimérique*), une prenante musique de chambre (dont le* Quatuor à cordes, *chef-d'œuvre absolu), enfin — pour ce qui nous occupe ici — une très belle littérature pour piano : outre la* Ballade *(avec orchestre), les* Nocturnes, *les* Barcarolles, *les* Impromptus, Dolly *(pour quatre mains), etc., sans oublier ces* Souvenirs de Bayreuth *— en collaboration avec André Messager — qui introduisent une note d'humour dans cet univers intime imprégné de la plus délicate sensibilité.*

*L'œuvre de piano**

Les œuvres pour piano de Fauré couvrent la majeure partie de sa vie créatrice, de 1881 à 1921. Ces quarante années furent les témoins de changements considérables, tant dans l'histoire générale que dans le langage musical. Lorsque Fauré écrivit ses premières œuvres pour piano, Wagner et Liszt étaient encore en vie et Brahms se trouvait au sommet de sa puissance créatrice, — tandis qu'en France Saint-Saëns et Lalo occupaient une position dominante en matière de musique instrumentale, alors que César Franck n'avait pas encore donné ses partitions les plus importantes. A l'époque du *13e Nocturne*, l'ultime chef-d'œuvre pianistique de Fauré, la plus grande révolution de l'histoire musicale, incarnée par Schoenberg et Stravinski, avait déjà eu lieu, et le jeune Groupe des Six avait opéré son premier impact. L'époque d'après 1918 constituait un univers artistique et spirituel vertigineusement éloigné de celui de la jeunesse de Fauré. De plus, dans l'intervalle, la totalité de l'œuvre pianistique de Debussy (qui mourut en 1918) et de Ravel avait vu le jour.

Il est certain que les œuvres pianistiques de Fauré, comme le reste de sa production, révèlent une évolution frappante, de l'élégance brillante des premiers *Nocturnes* et *Impromptus* à l'atmosphère d'introspection sublimée et raréfiée de son ascétique dernière manière. Mais il semble que cette évolution soit une affaire strictement personnelle, et l'on trouverait difficilement un compositeur, français ou étranger, qui ait été si peu affecté par les tendances de son temps. L'harmonie hautement personnelle de Fauré, son usage nouveau et audacieux de la modulation, sa déconcertante aisance dans l'enchaînement des tonalités les plus éloignées, tout cela fut le résultat d'un processus graduel qui, bien qu'enraciné dans le langage romantique d'un Chopin ou d'un Schumann, transcenda rapidement le

---
* Adapté d'après un texte accompagnant le coffret « Œuvre de piano de G. Fauré » (disques Erato).

XIXe siècle, sans devenir pour autant une part intégrante du XXe. Les détracteurs de Fauré, qui demeurent nombreux, tant en France qu'ailleurs, s'empressent de souligner l'anachronisme de sa musique. Mais, en fait, il demeura en dehors du temps, et son style tardif est un phénomène tout à fait isolé dans l'histoire de la musique, qui n'eut jamais de descendance que dans l'œuvre mineure de quelques épigones et qui, inimitable par essence, ne pouvait constituer qu'un cul-de-sac. La qualité la plus frappante de la personnalité musicale de Fauré est bien son caractère intemporel, et c'est très justement que son ami Saint-Saëns affirmait : « Fauré n'a pas d'âge et n'en aura jamais. »

Par son importance quantitative, la musique pour piano de Fauré ne le cède à celle d'aucun compositeur français, tout en égalant à peu près celle de Debussy. Dans sa propre production, son volume équivaut sensiblement à celui des mélodies, bien que celles-ci se répartissent plus régulièrement sur l'ensemble de sa carrière, et ce dès le début.

En décomptant la version avec orchestre de la *Ballade* ainsi que la tardive *Fantaisie* pour piano et orchestre opus 111*, mais en comprenant la suite à quatre mains *Dolly*, l'œuvre pour piano de Fauré se compose de soixante-cinq pièces. La plupart d'entre elles sont de dimensions réduites, et il ne s'essaya que deux fois à une forme plus vaste, dans la *Ballade* et dans le *Thème et Variations*. La plupart des genres qu'il cultiva se trouvent chez Chopin : *Nocturnes, Barcarolles, Impromptus, Valses, Préludes*, et même une *Mazurka* isolée. Mais, au contraire de Debussy, il ne se sentit jamais suffisamment concerné par les problèmes de la technique instrumentale pour entreprendre un recueil d'*Études*. Quant à l'absence de toute *Sonate* dans la production pianistique d'un maître ayant si admirablement enrichi les grandes formes de la musique de chambre, elle ne fait que refléter le déclin général du genre à la fin de l'ère romantique.

Comme pour la plupart des grands compositeurs qui ne moururent pas trop jeunes, le développement esthétique et stylistique de Fauré passa par trois phases successives. Elles apparaissent avec une netteté particulière dans sa musique de piano, qui se divise clairement en trois groupes :

Une *première période* comprend les œuvres écrites entre 1881 et 1886 : *Nocturnes 1* à *5, Barcarolles 1* à *4, Impromptus 1* à *3, Valses-Caprices 1* et *2*, la *Ballade*, la *Mazurka* et les trois *Romances sans Paroles*. On trouve dans ce premier groupe la majorité de ses pages les plus connues et les plus jouées. Les pianistes préfèrent généralement ces pièces de jeunesse à cause de leurs séductions brillantes et immédiates.

La *seconde période*, d'une maturité croissante, débute en 1892 après six ans d'interruption dans le domaine pianistique, et s'étend jusqu'en 1904. On y trouve les *Nocturnes 6* à *8*, les *Barcarolles 5* et *6*, les *Valses-Caprices 3* et *4*, *les Pièces brèves*, le *Thème et Variations*, enfin la suite à quatre mains *Dolly*. Deux chefs-d'œuvre indiscutés, le *6e Nocturne* et *Thème et Variations*, ont atteint à quelque célébrité, et ce sont les seules pages pianistiques pleinement dignes du génie de Fauré figurant régulièrement au répertoire des pianistes.

La *troisième période*, la moins connue des trois, couvre une période de quelque seize ans, de 1905 à 1921. Aucune coupure nette, aucune interruption, ne la séparent de la précédente, mais on peut considérer qu'elle s'ouvre avec la *7e Barcarolle*, écrite en même temps que le *Premier Quintette* (op. 89) qui constitue, lui, un jalon très net dans l'évolution fauréenne. Cette dernière période comprend une succession ininterrompue de nobles chefs-d'œuvre : *Nocturnes 9* à *13, Barcarolles 7* à *13, Impromptus 4* à *6* et les neuf *Préludes*. Ce sont les dignes voisins des derniers cycles de mélodies, des grandes pages de musique de chambre et de l'admirable *Pénélope*, l'unique opéra de Fauré.

Fauré a été appelé parfois « le Schumann français », car il concentra lui aussi ses efforts dans le domaine intime du piano, de la mélodie et de la musique de chambre. Et pourtant, on ne saurait imaginer comparaison plus erronée. A l'exception de quelques rares et fugitifs échos dans les premières pages de musique de chambre, on ne trouve dans l'œuvre de Fauré aucune trace de l'influence du style de Schumann. Son tempérament serein et mesuré, son sens inné de l'équilibre et du raffinement, sa faculté, digne de Bach, de soutenir le fil de la pensée musicale et d'en assurer la continuité sonore et rythmique, tout cela est aux antipodes du tempérament impulsif et fiévreux de Schumann, de ses éclats de passion intenses et brefs, de ses contrastes brutaux et de sa perpétuelle inquiétude. Fauré est bien plus proche de son

---

* V. *Guide de la musique symphonique*.

GABRIEL FAURÉ

presque contemporain Brahms, dont la position, dans la musique allemande, est quelque peu semblable à la sienne. Tous deux sont des artistes tournés vers l'intérieur, fuyant l'éclat factice et la vulgarité, et qui, tout en refusant la banalité, sont cependant soucieux de ne pas choquer leurs auditeurs, et s'appliquent donc à dissimuler leurs nombreuses innovations de langage, — attitude qui les a fait passer à tort pour des esprits timorés et tournés vers le passé.

En abordant le domaine particulier de la musique pour piano de Fauré, le nom de Chopin s'impose avant tout autre. Les titres de ses œuvres n'en sont pas l'unique raison, encore que dans un cas au moins, celui des *Nocturnes* — le plus important, certes, de ses recueils pianistiques — Fauré apparaisse comme le plus authentique héritier de Chopin. C'est avant tout dans ses œuvres de jeunesse que son écriture pianistique procède de celle de Chopin, mais pas d'une manière plus marquée que chez Debussy. Par contre, dans ses chefs-d'œuvre de maturité, on ne retrouve que peu de chose de la fluidité et de la luxuriance pianistique de Chopin, et dans la plupart des *Préludes* ou les derniers *Nocturnes* l'écriture polyphonique devient aussi stricte et aussi dépouillée que chez Bach.

Fauré rappelle également Chopin par le choix des tonalités, et, pour d'évidentes raisons de technique instrumentale, il préfère lui aussi les tonalités « noires », chargées d'altérations, surtout les tons bémolisés. *Ré* bémol majeur apparaît non moins de huit fois, *la* bémol, sept fois, *mi* bémol, six. Au contraire, la plupart des tonalités mineures sont diésées : *mi* mineur (cinq fois), *ut* dièse mineur et *la* mineur (quatre fois chacune). Les chefs-d'œuvre les plus élevés des dernières années adoptent généralement ces dernières tonalités, — alors que les pages plus populaires du début s'en tiennent aux tons riches de bémols.

Avant d'examiner les différentes œuvres avec quelque détail, voici une brève synthèse chronologique (qui dispensera de répéter ces dates, ainsi que les numéros d'opus, par la suite) :

PREMIÈRE PÉRIODE

1881 : *Ballade* op. 19.
1883 : *3 Romances sans Paroles* op. 17 ; *Impromptus n° 1* op. 25 ; *n° 2* op. 31 ; *n° 3* op. 34 ; *Barcarolle n° 1* op. 26 ; *Valse-Caprice n° 1* op. 30 ; *Nocturnes nos 1 à 3* op. 33 ; *Marzuka* op. 32.
1884 : *Nocturnes n° 4* op. 36 ; *n° 5* op. 37 ; *Valse-Caprice n° 2* op. 38.
1885 : *Barcarolles n° 2* op. 41 ; *n° 3* op. 42.
1886 : *Barcarolle n° 4* op. 44.

DEUXIÈME PÉRIODE

1892 : *Valse-Caprice n° 3* op. 59.
1893/96 : *Dolly* op. 56.
1894 : *Valse-Caprice n° 4* op. 62 ; *Nocturne n° 6* op. 63.
1895 : *Barcarolles n° 5* op. 66.
1896 : *Barcarolle n° 6* op. 70.
1897 : *Thème et Variations* op. 73.
1898 : *Nocturne n° 7* op. 74.
1902 : *8 Pièces brèves* op. 84 (la huitième est le *Nocturne n° 8* ; certaines pièces sont de composition antérieure).

TROISIÈME PÉRIODE

1905 : *Barcarolle n° 7* op. 90 ; *Impromptu n° 4* op. 91.
1908 : *Barcarolle n° 8* op. 96 ; *Nocturne n° 9* op. 97.
1909 : *Nocturne n° 10* op. 99.
1910 : *Bacarolle n° 9* op. 101 ; *Impromptu n° 5* op. 102.
1909/10 : *9 Préludes* op. 103.
1913 : *Impromptu n° 6* op. 86 bis (version originale pour harpe op. 86, composée en 1904) ; *Nocturne n° 11* op. 104 n° 1 ; *Barcarolle n° 10* op. 104 n° 2.
1915 : *Barcarolles nos 11* et *12* op. 105 ; *Nocturne n° 12* op. 107.
1921 : *Barcarolle n° 13* op. 116 ; *Nocturne n° 13* op. 119.

Les Nocturnes

Les *Nocturnes* de Fauré sont bien davantage que de simples évocations de la nuit. Ce sont des études d'introspection musicale d'une grande profondeur expressive. Dans quelques-uns seulement (ceux du début surtout), la magie d'un paysage baigné de lune est le véritable sujet du compositeur. Mais, dans la plupart des cas, Fauré affectionne les heures nocturnes pour leur silence et leur solitude. Lorsque le bruit et l'agitation de la vie diurne se sont éteints, l'homme demeure seul, face à ses rêves ou à ses problèmes. Ainsi le *Nocturne*, sous la plume de Fauré, devient une sorte d'examen de conscience musical. Tous ne sont pas calmes ou réservés dans leur expression. Certains d'entre eux s'élèvent à des grandes tensions dramatiques, généralement absentes des *Nocturnes* de Chopin. Le tempo ne demeure pas toujours lent ou modéré. Dès le *Premier Nocturne*, cet élément dramatique s'affirme avec une grande puissance, et il demeurera présent jusqu'à la fin, troublant les hautes méditations de la vieillesse par des souvenirs de jeunesse d'une déchirante intensité *(n° 13)* ou par des explosions de désespoir chargées de défi *(n° 12)*. Ces treize pièces témoignent d'une extraordinaire variété de forme et de contenu et, bien que de valeur inégale, elles constituent dans leur ensemble un cycle parfait, véritable journal intime parcourant la longue existence du compositeur.

Les trois premiers *Nocturnes* parurent ensemble sous un même numéro d'opus, mais ils diffèrent profondément l'un de l'autre. Le PREMIER, en *mi* bémol mineur, le plus développé des trois, est sans doute la page pianistique la plus personnelle et la plus significative de toute la première période de Fauré, à la seule exception possible de la *Ballade*. Si l'écriture pianistique ne peut dissimuler ses sources chopiniennes, certaines harmonies sont déjà typiquement fauréennes. L'atmosphère d'ensemble est sombre et passionnée, très intense dans l'expression d'une souffrance aiguë, avec, dans la coda, un rappel discret de la célèbre *Chanson du Pêcheur*. La coupe ternaire du morceau, avec son épisode central plus agité, annonce celle de maint *Nocturne* futur, en particulier du *Treizième*. Ni le SECOND NOCTURNE, en *si* majeur, ni le TROISIÈME, en *la* bémol majeur, ne parviennent à égaler les quantités musicales et expressives du *Premier*. Ce sont des scènes d'amour pleines de charme et de sérénité, d'une grande séduction mélodique, dans lesquelles la solitude de la nuit fait l'objet d'un heureux partage avec l'âme aimée. Même l'*Allegro* agité, interrompant de manière imprévue le jeu raffiné de dissonances du *Second Nocturne*, est dépourvu de signification dramatique, et joue plutôt le rôle d'un contraste pittoresque ou évocateur. Le *Troisième Nocturne* est le plus immédiatement séduisant et peut-être le moins profond de la série, — page d'excellente musique de salon, mais « sauvée » par l'infaillible élégance de plume de Fauré. Il contient trois idées mélodiques différentes, et leur accompagnement rythmique témoigne d'une subtilité exquise.

Les deux *Nocturnes* suivants, écrits en succession rapide, sans apporter de nouveauté décisive, illustrent cependant une évolution psychologique, vers une plus grande profondeur de sentiment. Comme le *Troisième*, le QUATRIÈME NOCTURNE, en *si* bémol majeur, est une image du bonheur de l'amour partagé, et la limpidité de ses mélodies enchanteresses est rehaussée par un accompagnement suggérant des cloches lointaines, en particulier dans la section centrale. Le CINQUIÈME NOCTURNE, en *si* bémol majeur, témoigne d'un progrès vers une plus grande liberté périodique et rythmique, et son climat de sensualité gracieuse se métamorphose de manière plutôt abrupte en une tension dramatique plus extérieure que réellement vécue au cours de l'épisode médian agité.

Nous pénétrons dans un nouvel univers avec le SIXIÈME NOCTURNE, en *ré* bémol majeur, le plus célèbre de la série, et certes l'un des plus beaux et des plus importants. Interrogé sur le lieu de l'inspiration de son merveilleux début, Fauré est censé avoir répondu : « Sous le tunnel du Simplon ! » L'anecdote est apocryphe, à moins que Fauré n'ait délibérément plaisanté, car le tunnel du Simplon ne fut pas ouvert avant 1905, onze ans après la composition de l'œuvre ! Quoi qu'il en soit, c'est le plus grand Fauré qui s'exprime dans le *Sixième Nocturne*, en un équilibre parfait entre les exigences d'une profondeur accrue de l'expression et celles d'une écriture pianistique encore très attachée à l'éclat des pièces précédentes. Cette heureuse synthèse, de pair avec une rare générosité de l'invention (c'est l'un des plus développés parmi les *Nocturnes*), explique sa position privilégiée, au point de rencontre entre l'opinion du grand public et celle des connaisseurs les plus subtils. De pair avec le *Thème et Variations*, qui est de la même époque, le *Sixième Nocturne* illustre le point de parfaite harmonie avant le début de la sublime ascèse des œuvres dernières. Par l'esprit et le style, il est proche de *la Bonne Chanson*, écrite juste avant. A nouveau, Fauré fait usage d'une ample et libre forme ternaire, avec un épisode central pathétique s'élevant à une grande intensité de sentiment, et une conclusion tranquille retrouvant l'atmosphère sereine du début.

Le SEPTIÈME NOCTURNE, en *ut* dièse mineur, adopte une coupe aussi spacieuse que celle de son prédécesseur, dont il égale la beauté et la richesse d'invention, — tout en éclairant plus profondément encore les mystères de l'âme humaine. Plus sombre et plus passionné que le *Sixième*, il est aussi plus elliptique et plus secret en ses harmonies mouvantes aux modulations rapides, plus austère en sa parure instrumentale, et, par conséquent, moins populaire et moins joué, d'autant plus qu'il est l'une des pages de Fauré les plus difficiles d'exécution. Mais c'est un jalon décisif au seuil de l'ultime maturité fauréenne. Bien que de forme ternaire lui aussi, il semble inverser les étapes psychologiques de son prédécesseur, puisqu'ici c'est l'épisode central qui offre l'éclaircie de sa douce consolation, éclaircie qui illuminera à nouveau les dernières mesures.

Le HUITIÈME NOCTURNE, en *ré* bémol majeur comme le *Sixième,* est le plus bref et le moins complexe de tous, et ne reçut pas de numéro d'opus indépendant, mais fut intégré dans le cycle des *Huit Pièces brèves,* qu'il termine *(Op. 84 n° 8).* Sans prétendre égaler la splendeur ni la profondeur de ses voisins, il constitue néanmoins un tableau d'atmosphère intime plein de charme, évocation du crépuscule plutôt que de la nuit, rehaussée de cloches lointaines. Renonçant à l'habituel épisode contrastant, il déploie une ligne mélodique unique.

Les quatre *Nocturnes* suivants (n°s 9 à *12)* témoignent d'une concentration et d'un dépouillement accrus par rapport aux précédents, renonçant à leur luxuriance sonore et instrumentale et atteignant à une pureté distillée de l'expression dont on trouverait malaisément l'équivalent dans tout le répertoire pianistique. Le NEUVIÈME NOCTURNE, en *si* mineur, nous introduit de plain-pied dans le jardin clos (titre, rappelons-le, d'un des plus sublimes parmi ses derniers cycles de mélodies !) de la vie intérieure du maître sourd et vieillissant. Le langage tonal et harmonique, plus personnel que jamais, est devenu à la fois elliptique et énigmatique, avec ses raccourcis enharmoniques d'une évidence trompeuse et ses équivoques subtiles entre modalité et tonalité. Les rythmes, le plus souvent syncopés, sont devenus plus fuyants et plus insaisissables qu'autrefois, cependant que l'invention mélodique est à la fois plus concentrée, plus nette et plus austère de profil, et moins directement séduisante. L'écriture instrumentale, enfin, est un modèle d'efficacité et d'économie, renonçant à tout ce qui n'est pas strictement essentiel ; en dépit de quoi jamais cette musique ne sonne maigre ou âpre. Les dernières œuvres pianistiques de Fauré, *Préludes, Nocturnes* ou *Barcarolles,* sont un trésor unique de la culture d'Occident, dont la véritable importance n'est encore guère reconnue, loin de là. Quant au *Neuvième Nocturne,* il développe un thème unique, d'une beauté poignante, à travers une progression d'une intensité croissante, dont la tension se résout enfin en une sereine conclusion en majeur. Écrit durant la composition du premier acte de *Pénélope,* le DIXIÈME NOCTURNE, en *mi* mineur, s'apparente de près au précédent et suit un plan similaire, mais avec encore davantage de noblesse dépouillée, davantage de raffinement dans le langage et la sonorité. Le ONZIÈME NOCTURNE, en *fa* dièse mineur, est le plus secret de tous (on aimerait écrire le plus silencieux), l'un des plus brefs, aussi, et en même temps l'un des plus émouvants. Peu de notes, il est vrai, mais aucune qui ne soit essentielle. Il s'agit d'une pièce funèbre, écrite à la mémoire de Noémie Lalo, l'épouse du critique musical Pierre Lalo, et qui doit son impact expressif tout particulier à l'utilisation très personnelle de cadences modales doriennes. C'est une stèle parfaite du plus pur marbre hellénique, une digne réplique de la *Canope* de Debussy, écrite au même moment. Au contraire, le DOUZIÈME NOCTURNE, en *mi* mineur, est l'un des plus dramatiques de la série. Ce tableau sombre et agité d'une nocturne tempête marine (c'est comme le « négatif » de la marine « diurne », si passionnée, que constitue le premier temps de la *Seconde Sonate pour violon* dans le même ton, écrite immédiatement après), hésitant jusqu'au tout dernier accord entre le majeur et le mineur, celui-ci conservant le dernier mot à l'issue d'une gradation tourmentée et chaotique, que soulignent des secondes dissonantes d'une âpreté exceptionnelle sous cette plume. Le TREIZIÈME NOCTURNE, en *si* mineur, enfin, achevé le dernier jour de 1921, couronne dignement toute la production pianistique de Fauré, qui n'écrivit plus ensuite que son *Trio* et son *Quatuor à cordes.* Ses dimensions sont plus vastes et imposantes que celles d'aucun *Nocturne* depuis le *Septième,* et dans aucun autre le contraste musical et dramatique entre le milieu et les épisodes extrêmes n'atteint à plus de bouleversante intensité. Le sublime début, dont l'écriture polyphonique égale en pureté et en densité les plus hautes pages de Bach, est une évocation poignante de la vieillesse :

L'*Allegro* médian, en *si* majeur, tente

d'échapper à cette réalité par une évocation passionnée des souvenirs d'une jeunesse heureuse depuis longtemps révolue. Mais l'impitoyable présent garde le dernier mot : la fin n'est rien que cendres, la poigne glaciale de la mort imminente...

Les Barcarolles

Au nombre de treize comme les *Nocturnes*, elles accompagnèrent elles aussi Fauré durant sa longue existence comme une sorte de contrepoint plus animé et plus léger aux *Nocturnes*. Elles sont généralement plus courtes, moins élaborées, moins profondes d'expression, mais on trouve parmi elles quelques-uns des plus précieux joyaux de la muse fauréenne. De plus, le genre lui-même est idéalement adapté au caractère propre du génie de Fauré. Son nom à lui seul évoque des tableaux de Venise, de nuits d'amour baignées de lune, du doux frémissement des eaux. La fluidité du langage harmonique et instrumental de Fauré — sa ressemblance la plus frappante avec Chopin — son don particulier du clair-obscur, n'en font-ils pas un musicien prédestiné de l'Eau ?...

Les quatre premières *Barcarolles* forment un groupe homogène. Elles voguent sur des lacs sereins, sur de calmes lagunes, et non point sur des mers agitées comme certaines des suivantes. Elles révèlent les traits charmeurs et gracieux du jeune Fauré, et n'atteignent pas encore à la magie évocatrice de leurs cadettes. Ainsi, la PREMIÈRE BARCAROLLE, en *la* mineur, apparentée au *Premier Impromptu* (qui ressemble lui-même à une *Barcarolle*!) ne quitte guère le doux balancement de son début, bien qu'elle soit bâtie sur trois thèmes différents (dont le troisième fait office de *Trio*). La SECONDE BARCAROLLE, en *sol* majeur, construite sur un plan semblable, est cependant plus animée et plus riche de contrastes. Mais elle n'égale pas la qualité d'inspiration de la précédente, pas plus que la gracieuse et chopinesque TROISIÈME, en *sol* bémol majeur. Ces deux pièces semblent même un peu longues pour la minceur de leur contenu, — reproche fort peu fréquent chez Fauré. Tout en retournant délibérément (et pour la dernière fois dans sa musique de piano) au charme spontané de sa « première manière », Fauré, dans sa QUATRIÈME BARCAROLLE, en *la* bémol majeur, nous offre une page à la fois plus concise et plus spontanément inspirée que les précédentes, avec ses oppositions charmantes de 3/4 et de 6/8. Premier chef-d'œuvre authentique de la série, la CINQUIÈME BARCAROLLE, en *fa* dièse mineur, occupe une place un peu comparable à celle du *Sixième Nocturne*, écrit l'année précédente. Fauré y fait hardiment voile vers le grand large, dont la houle puissante soulève le morceau tout entier, rehaussée par l'âpre et tonique saveur des embruns salés. La SIXIÈME BARCAROLLE, en *mi* bémol majeur, tout en retrouvant les eaux plus calmes des premières, révèle déjà la fermeté et la sobriété d'écriture caractéristiques du dernier Fauré, et ceci est encore plus vrai de la SEPTIÈME, en *ré* mineur, page brève et énigmatique, étrangement sombre et agitée, non dépourvue d'angoisse, et qui ouvre dignement la « troisième » période. Après une entrée en matière légère et animée, la HUITIÈME BARCAROLLE, en *ré* bémol majeur, touche des sentiments plus profonds, mais sa conclusion inopinément vigoureuse la distingue de toutes ses devancières. La NEUVIÈME et la DIXIÈME sont toutes deux en *la* mineur ; mais la poétique évocation vénitienne, pleine de nostalgie et de charme subtil, de la *Neuvième*, s'oppose à l'austère grisaille de la *Dixième*, sans doute la plus énigmatique des treize. La ONZIÈME BARCAROLLE, en *sol* mineur, atteint à un niveau d'abstraction presque métaphysique : c'est une noble stylisation de l'élément liquide, dont tout élément pittoresque a désormais disparu. Après le fugitif rayon de soleil de la DOUZIÈME BARCAROLLE, en *mi* bémol majeur, dont le charme souriant semble presque une évocation du Fauré d'antan, la série se termine par la parfaite épure de la *Treizième*, dans la tonalité « blanche » d'*ut* majeur. Ses sonorités rares et sublimées semblent ne plus appartenir à ce monde : elles évoquent plutôt les rives paisibles de l'au-delà...

Les Impromptus

Contrairement aux *Nocturnes* et aux *Barcarolles*, ils ne couvrent pas toute la carrière de Fauré, mais se répartissent en deux groupes de trois, séparés par plus de vingt ans. Bien que leur titre même suggère quelque très libre fantaisie, les *Impromptus* de Fauré sont écrits avec le même soin et le même souci d'équilibre formel que ses autres œuvres, encore qu'ils participent d'un genre plus léger par le style et l'expression.

Le PREMIER IMPROMPTU, en *mi* bémol

majeur, rappelle presque une barcarolle rapide ou une valse ; mais il n'atteint ni au charme ni à la valeur du SECOND, en *fa* mineur, qui est l'une des pièces pour piano les plus aimées et les plus fréquemment jouées de Fauré, sorte de tarentelle aérienne et impétueuse d'un effet très sûr et d'un grand éclat pianistique. Le bref et effervescent TROISIÈME IMPROMPTU, en *la* bémol majeur, page d'une fraîcheur et d'un élan de jeunesse irrésistibles, complète cette première trilogie, qui concrétise les meilleures qualités du « premier » Fauré. Le QUATRIÈME IMPROMPTU, en *ré* bémol majeur, sans doute le plus remarquable des six, est tout différent. Si ses épisodes extrêmes parviennent à concilier l'exubérance des *Impromptus* de jeunesse avec les exigences du style de maturité de Fauré, son *Andante* médian vient y ajouter une touche inattendue d'introspection nostalgique. On ne trouvera rien de pareil dans le spirituel CINQUIÈME IMPROMPTU, en *fa* dièse mineur, sorte de mouvement perpétuel en doubles croches dans lequel, pour répondre à un défi, Fauré utilise systématiquement la gamme par tons. Ce morceau insolite annonce nettement le *Scherzo* du *Second Quintette*. Quant au SIXIÈME IMPROMPTU, en *ré* bémol majeur, il s'agit tout simplement d'une transcription de l'*Impromptu pour harpe,* composé à l'origine avant le *Quatrième Impromptu* (d'où son numéro d'opus inférieur). Sous sa forme originale, c'est un joyau au sein du maigre répertoire de valeur de la harpe, et la transcription, bien que réalisée avec toute l'infaillible maîtrise de Fauré, n'en retrouve pas toute la magie sonore. Plus développée que les autres *Impromptus,* cette page mériterait plutôt le titre de Ballade ou de Fantaisie.

Les Valses-Caprices

Les quatre *Valses-Caprices* font toutes partie de la première moitié de la carrière de Fauré. Non sans signification, la dernière d'entre elles précède juste le *Sixième Nocturne,* qui ouvre une phase nouvelle dans son évolution artistique. Mais il est trop facile de parler, de manière condescendante, de leur charme de salon et de leur brillant quelque peu superficiel. A leur manière, ce sont des pages très réussies et d'un effet assuré, et leurs séductions mondaines demeurent le reflet fidèle de la vie sociale de leur époque. De ce point de vue, leur valeur humaine et documentaire ne le

cède nullement à celle des *Valses* de Chopin. Mais elles sont avant tout des pages de bonne et belle musique, supérieurement écrite, — dans lesquelles Fauré transcende la Valse au niveau de l'archétype, tout en y intégrant un plein succès un esprit fantaisiste rappelant celui de ses *Impromptus* : conformément au titre choisi, le résultat est bien à la fois une *Valse* et un *Caprice*.

La PREMIÈRE VALSE-*Caprice,* en *la* majeur définit d'emblée le cadre formel et l'esprit de toute la série, avec ses deux thèmes contrastant (auxquels s'ajoutent deux idées secondaires), et son atmosphère de fête brillante et sensuelle. La SECONDE, en *ré* bémol majeur, plus sombre et plus passionnée, se rapproche davantage du modèle de Chopin, ainsi que sa tonalité le laisse supposer. La TROISIÈME, en *sol* bémol majeur, tout en conservant le charme et l'éclat des précédentes, témoigne d'une pensée musicale plus mûre et plus concentrée ; et cela est plus vrai encore de la QUATRIÈME, en *la* bémol majeur, l'une des pages les plus raffinées de Fauré sur le plan harmonique et modulant.

Les Préludes

Au contraire des groupes d'œuvres examinés jusqu'ici, les *Préludes* ont vu le jour comme un recueil homogène et unique, composé durant les étés de 1909 et 1910, alors que Fauré travaillait à *Pénélope*. A tout instant, on ressent la proximité de ce noble chef-d'œuvre à l'écoute de ce cahier splendide et si lamentablement négligé, — l'une des cimes de toute l'œuvre pianistique fauréenne, et qui mériterait assurément une notoriété égale à celle des *Préludes* de Chopin ou de Debussy. Alors qu'il y travaillait, Fauré écrivit des mots lourds de signification : « Dans la musique pour le piano, il n'y a pas à user de remplissages, il faut payer comptant, et que ce soit tout le temps intéressant. C'est le genre peut-être le plus difficile, si l'on veut y être aussi satisfaisant que possible... et je m'y efforce ! » Ajoutons qu'il y réussit magistralement, car chacun de ces *Préludes* est un chef-d'œuvre, et, comme ils sont tous différents, c'est joués en cycle — ainsi que le voulait l'auteur — qu'ils produisent le plus d'effet.

Le PREMIER, en *ré* bémol majeur, un *Andante* d'un charme intime et méditatif, captive d'emblée l'oreille par l'extraordinaire raffinement de son langage harmonique et modulant, réalisé à l'aide d'un minimum de notes. Son calme contraste avec le tournoiement inquiet et quelque peu mystérieux du SECOND, en *ut* dièse mineur. Le TROISIÈME, en *sol* mineur, nous propose une sorte de berceuse ou de lente barcarolle, dont l'expression sévère et concentrée est à nouveau rehaussée par la magie des harmonies. Le QUATRIÈME, en *fa* majeur, déroule sa mélodie tendrement berceuse dans une atmosphère de sérénité pastorale presque naïve, des plus insolites chez Fauré. L'explosion de passion orageuse du dramatique CINQUIÈME, en *ré* mineur, avec sa conclusion calme inopinée, annonciatrice du Fauré « blanc » de l'ultime *Quatuor à cordes,* offre un contraste des plus frappants. Le SIXIÈME, en *mi* bémol mineur, est un strict canon avec une troisième voix libre médiane, à nouveau une page d'une grande subtilité tonale, trompeuse en son flot mélodique aisé. Le SEPTIÈME, en *la* majeur, offre une seule grande progression, menant de son début modéré et souriant à son sommet d'intensité passionné. Le brillant et vigoureux *Scherzo* du HUITIÈME, en *ut* mineur, avec son écriture en staccato de cet effet si vivant, présente de nouveau un contraste total par rapport au sublime NEUVIÈME, en *mi* mineur, méditation sombre et grande, d'une expression à la fois intense et secrète, l'un des suprêmes messages de Fauré.

Thème et Variations

Achevée en 1897, cette noble page est la seule tentative pianistique de Fauré dans le domaine de la grande forme. Elle est considérée à bon droit comme l'un des suprêmes chefs-d'œuvre du genre, et apparaît par conséquent aux programmes des concerts moins rarement que d'autres pièces de Fauré. C'est un monument imposant en sa force concise, illustrant le classicisme inné du compositeur. Bien que l'architecture d'ensemble en soit sévèrement contrôlée (seule l'avant-dernière Variation s'écarte de la structure périodique du thème, et seule la dernière abandonne la tonalité originale pour la tonique majeure), chaque Variation apparaît comme un précieux morceau de caractère doté de sa personnalité propre.

Le Thème *(Quasi Adagio* en *ut* dièse mineur), une grave et solennelle mélodie en rythmes pointés, dans le caractère d'une procession funèbre, fait alterner deux éléments complémentaires dans le cadre d'une structure symétrique en cinq périodes :

La première Variation confie le thème à la main gauche, où il est énoncé sous sa forme originelle pour la seconde et dernière fois. Les Variations 2 à 5 accroissent graduellement la tension par l'accélération du tempo, les changements de mesure, l'apparition de syncopes et du chromatisme, enfin l'utilisation de nouvelles figures pianistiques. La sixième Variation *(Molto Adagio)* offre le contraste de sa profonde méditation, tandis que la septième possède le caractère d'un dialogue dramatique et la huitième celui d'un paisible interlude. Dans le *Quasi Adagio* de la neuvième Variation, l'usage caractéristique de l'enharmonie fauréenne apparaît pour la première fois. La dixième, Variation « amplificatrice » de 134 mesures, est un brillant Scherzo *(Allegro vivo* à 3/8) culminant en un sonore fortissimo. S'enchaîne alors le sublime épilogue de la onzième Variation, *Andante molto moderato, espressivo,* merveilleuse polymélodie à quatre voix en *ut* dièse majeur s'éteignant paisiblement dans une atmosphère de réconciliation sereine.

Les Pièces brèves

Ces huit *Pièces* furent publiées en recueil en 1902, mais certaines d'entre elles remontent sans doute à une époque bien antérieure. Leurs difficultés techniques modérées et leur absence d'éclat extérieur les font généralement négliger par les pianistes ; mais leur modestie dissimule bien des charmes, et leur ensemble constitue une sorte de petit journal intime qui demeure cher au cœur de tous les fauréens. Précisons que les titres des morceaux furent ajoutés par l'éditeur et ne sont donc pas de Fauré.

Un charmant et spirituel *Capriccio en mi bémol majeur,* presque un *Impromptu* en miniature, est suivi d'une *Fantaisie en la bémol majeur,* souple et chantante, qui eût pu s'intituler aussi bien *Romance sans Paroles.* Vient ensuite une merveilleuse petite *Fugue en la mineur,* à quatre voix, que Fauré écrivit encore étudiant, à moins de vingt ans, et dont l'absolue pureté d'écriture s'accompagne d'un charme et d'une tendresse uniques. L'expression grave et intime de l'*Adagietto en* mi *mineur*, presque une marche funèbre, contraste avec l'animation de l'*Improvisation en* ut *dièse mineur*, composée à l'origine pour l'examen de déchiffrage du Conservatoire de Paris. Une seconde *Fugue en* mi *mineur*, qui n'égale pas tout à fait la première, est suivie de l'exubérante *Allégresse en ut majeur*, page d'une chaleureuse bonne humeur et d'une jeunesse contagieuse. La dernière pièce, *Nocturne en* ré *bémol majeur*, n'est autre que le *Huitième Nocturne* (v. *Les Nocturnes*).

Romances sans Paroles et Mazurka

Il faut mentionner brièvement ces pièces isolées complétant l'œuvre pour piano seul de Fauré. Il s'agit de produits de ses années de jeunesse, de pages agréables, mais d'importance mineure.

Les trois *Romances sans Paroles,* publiées en 1883 (mais sous le numéro d'opus relativement peu élevé de 17), furent très probablement écrites quelques années plus tôt. Ce sont de petites pièces sans prétention, mélodiquement fort attrayantes, qui tiennent exactement les promesses de leur titre. Bien que la personnalité de Fauré s'y affirme déjà nettement par moments, elles ne cherchent pas à cacher leur dette envers Mendelssohn, au moins dans la première et la troisième, — toutes deux en *la* bémol majeur. La seconde *Romance,* en *la* mineur, d'une expression plus passionnée, est plus proche de Schumann.

L'unique *Mazurka* de Fauré, en *si* bémol majeur, est sans doute bien antérieure à sa date de publication (1883) elle aussi, car cette page, la moins personnelle et la moins significative de toutes ses œuvres pour piano, ne soutient pas la comparaison avec les premiers *Nocturnes, Impromptus* ou *Valses-Caprices*, et ses charmes un peu faciles ne sont pas réellement dignes de son auteur.

Œuvres pour piano à quatre mains

Dolly

L'unique composition notable de Fauré pour piano à quatre mains, écrite entre 1893 et 1896 (il n'est plus possible d'en établir la date précise), prend place, aux côtés des *Scènes d'Enfants* de Schumannn et du *Children's corner* de Debussy, parmi les musiques les plus ravissantes jamais inspirées par l'enfance. La source d'inspiration de Fauré était la petite fille d'Emma Bardac, dédicataire de *la Bonne Chanson*, et devenue par la suite la seconde épouse de Debussy. Les deux filles de Mme Bardac, issues de deux mariages différents, ont donc chacune inspiré un chef-d'œuvre musical ! Quant à Dolly, elle se fit plus tard un nom en littérature (Mme de Tinan). Les six mouvements composant la suite de *Dolly* sont les seules pièces instrumentales de Fauré portant des titres autres que ceux de formes musicales abstraites. Certains de ces titres ont fait l'objet d'explications contradictoires, mais Marguerite Long, amie personnelle de Dolly et de sa mère, a mis les choses au point dans son livre sur la musique pour piano de Fauré.

La *Berceuse* initiale (en *mi* majeur), page d'une fraîcheur et d'une simplicité exquises, utilise le strict procédé du canon avec une discrète aisance. Dolly chante-t-elle une berceuse à sa poupée, ou bien la petite fille se fait-elle endormir elle-même par sa maman ?... *Mi-a-ou,* un vif et spirituel *Scherzo-Valse* en *fa* majeur, n'est nullement la description des ébats d'un chaton, mais, selon Marguerite Long, le surnom que Dolly avait donné à son frère Raoul. *Le Jardin de Dolly* retrouve le ton de *mi* majeur de la *Berceuse,* ainsi que son expression de délicate rêverie, tandis que *Kitty-Valse* (en *mi* bémol majeur), une brillante petite *Valse-Caprice*, évoque les bonds tourbillonnants d'une petite chienne (exactement comme une célèbre *Valse* de Chopin !). *Tendresse,* un gracieux *Andante* dans la chaude tonalité de *ré* bémol majeur, exprime le charme de la petite fille (avec une prémonition de la future femme) ainsi que l'amour la liant à sa maman. Le brillant et impétueux *Pas espagnol,* spirituel hommage à Chabrier, termine la Suite par un irrésistible éclat de rire en musique. Toujours selon Marguerite Long, *le Pas espagnol* (*Allegro* à 3/8, en *fa* majeur) n'est pas une évocation de quelque travesti de Dolly à l'occasion de Mardi gras, mais la transposition musicale d'un bronze équestre du sculpteur Frémiet, le beau-père de Fauré, bronze qui ornait la maison de Mme Bardac et excitait la vive admiration de sa petite fille.

C'est pour prolonger cette note spirituelle qu'on mentionnera, pour terminer, ce « quadrille sur des motifs favoris de *l'Anneau du Nibelung* de Wagner » intitulé

Souvenirs de Bayreuth, — que Fauré commit en compagnie de son ami André Messager en 1880 : il s'agit là aussi d'une composition pour quatre mains, — dans laquelle la paraphrase prend les allures d'une parodie facétieuse et pleine de truculence.

H.H.

JOHN FIELD

Né à Dublin, le 26 juillet 1782 ; mort à Moscou, le 23 janvier 1837. Fils d'un violoniste de l'orchestre du théâtre de Dublin, ce musicien irlandais commença à travailler dans sa ville natale avec Tommaso Giordani. Installé à Londres avec sa famille en 1793, il entra comme apprenti et démonstrateur dans la fabrique de pianos de Clementi, dont il devint très vite l'un des élèves préférés. Il fit ses débuts de pianiste à l'âge de dix ans, et ses apparitions publiques produisaient toujours le plus grand effet. Un long voyage entrepris en 1802 en compagnie de Clementi le mena jusqu'en Russie, via Paris et Vienne. Partout il rencontra de nombreux succès. En 1803, Clementi regagna seul l'Angleterre, alors que Field décidait de se fixer à Saint-Pétersbourg. En dépit de tournées qui, entre 1831 et 1835, devaient le conduire à travers l'Europe, il vécut l'essentiel de sa vie en Russie. Malheureusement, une existence nomade et aventureuse, une certaine intempérance et une vie d'excès l'empêchèrent de tirer parti de sa brillante position. Field occupe cependant une place de choix dans l'évolution de l'école romantique de piano. Précurseur de Chopin, créateur du « nocturne » pour piano, il fut l'instigateur d'un style pianistique original basé sur un charme mélancolique, sur une exécution délicate et légère, et sur une sonorité précise et moelleuse à la fois.

L'œuvre de piano

Field, qui fut l'un des pianistes les plus populaires en Europe dans la première moitié du XIXe siècle, est à l'origine de l'école romantique de piano, — dominée plus tard par Chopin sur lequel il eut une influence indéniable. Il est l'un de ces artistes représentatifs de la période de transition pianistique entre la génération des musiciens formés dans la tradition classique et celle des jeunes romantiques. Sa musique, pleine de charme, de sensibilité et de finesse, contraste avec la nature fruste de son tempérament ; mais son toucher fut expressif, presque aérien dans les traits rapides, et d'une élégance qui permettait les sonorités les plus raffinées. Selon Jean-Jacques Eigeldinger, les contemporains ont fréquemment comparé les touchers respectifs de Field et de Chopin, « tout en reconnaissant au Polonais une virtuosité transcendante qu'ils ne concédaient pas à l'Irlandais. »

Field a écrit une œuvre abondante, entièrement destinée au piano : sept concertos, des pages de musique de chambre avec piano, des pièces à quatre mains et un nombre considérable de compositions pour piano seul, dans lesquelles il a abordé les genres les plus divers. Ce sont des fantaisies, dont les plus célèbres restent la *Fantaisie sur l'andante de Martini op. 3* (1811) et la *Nouvelle Fantaisie sur le motif de la polonaise « Ah, quel dommage ! »* (1816) ; des rondos, — certains sous-titrés *« Come again, come again »*, *Introduction et Rondo* (1832), *« Go to the devil and shake Yourself »*, rondo (1797), ou *« Logie of Buchan »*, rondo (1799), par exemple ; des romances, des divertissements, des études et exercices, des sonates (les *Trois Sonates op. 1*, publiées en 1801, sont dédiées à Clementi), des pièces de genre (comme cette *Marche triomphale en honneur des victoires du Général Comte de Wittgenstein*, écrite à Saint-Pétersbourg entre 1812 et 1813) ; et quelque dix-huit *Nocturnes* auxquels Field doit aujourd'hui sa célébrité.

Les Nocturnes

Lorsqu'au début du XIXe siècle, Field écrivit les premiers *Nocturnes pour piano*, le genre était tout à fait nouveau, — car sonates, fantaisies, rondos, variations, pièces descriptives et autres caprices étaient alors au répertoire courant des pianistes. En créant cette forme originale, Field délaissait la technique brillante développée par les musiciens de la génération précédente au profit d'un autre mode d'expression orienté vers une nostalgie et une sensibilité répondant mieux aux aspirations des jeunes romantiques. En même temps, il cultivait les possibilités de contrastes et de nuances qu'offrait le mécanisme du piano, qui subissait de perpétuelles transformations et améliorations.

Field composa son premier *Nocturne* en 1812 à Saint-Pétersbourg, et le dernier vers 1835. Ce sont des pièces expressives en un seul mouvement, — sortes de libres méditations ou de petits poèmes pleins de grâce, de rêverie et de sentiments tendres et élégants, parfois maniérés mais dénués de tout accent pathétique, en lesquels le pianiste Hans von Bülow, gendre de Lizst, voyait des exercices « comme il n'y en a pas deux en matière de goût et de délicatesse dans les nuances du toucher ». On peut les considérer comme les premières « Romances sans paroles ».

Chopin, qui les jouait avec prédilection et en y ajoutant « des fioritures du plus grand charme », les faisait travailler à ses élèves pour leur apprendre à se familiariser avec le légato et « le beau voile du chant ». On sait que Field influença fortement Chopin — certains de ses *Nocturnes,* comme le *n° 5* en *si* bémol majeur et le *n° 7* en *ut* majeur, sont de véritables anticipations de ceux de Chopin —, mais ce dernier dépassa totalement son modèle et porta le genre à la perfection en composant des pièces qui demeurent des sommets de la littérature pianistique. On retrouve des échos de l'influence de Field jusque chez Mendelssohn, Liszt, Schumann et, plus près de nous, chez Fauré.

Même lorsqu'il développe une idée unique, comme dans le **Nocturne n° 7** en *ut* majeur, écrit à Saint-Pétersbourg en 1821,

Field ne s'attache à aucune forme définie, à aucun programme littéraire. Ses *Nocturnes* respectent une construction qui lui est personnelle : l'accompagnement, réservé à la main gauche et généralement dessiné en ondulations d'arpèges ou d'accords brisés, ne nuit jamais à la liberté de la ligne mélodique. Le **Nocturne n° 1** en *mi* bémol majeur, daté de Saint-Pétersbourg en 1812, propose une simple figure d'accompagnement qui représente, à elle seule, la meilleure formule pour soutenir une ligne mélodique claire :

Cette ligne mélodique est jouée à la main droite dans une nuance cantabile et avec le maximum d'expression. Elle se détache le plus souvent très distinctement, comme dans le **Nocturne n° 3** en *la* bémol majeur écrit à Moscou vers 1812 :

Field ne recherche pas nécessairement des effets harmoniques excessifs ; il ouvre cependant son **Nocturne n° 11** en *mi* bémol majeur par une longue pédale de dominante, qui donne à cette pièce un caractère très original.

Enfin, l'utilisation de la pédale revêt une importance capitale pour l'exécution de tous les *Nocturnes* de Field. Dans le **Nocturne n° 12** en *sol* majeur, achevé à Paris en 1834, elle doit entretenir une couleur chaude et vaporeuse dans laquelle se fondent les harmonies :

A. d. P.

CÉSAR FRANCK

Né à Liège, le 10 décembre 1822 ; mort à Paris, le 8 novembre 1890. Né d'un père wallon, mais d'origine germanique, et d'une mère allemande, ce musicien traditionnellement rattaché à l'école française ne deviendra vraiment français, et à sa demande, qu'à l'âge de cinquante ans (1873). Après ses premières études musicales à Liège, poussé par un père abusif et intéressé qui voulait faire de son fils un pianiste virtuose, il entra au Conservatoire de Paris où il fit de solides études (piano, fugue, contrepoint, orgue). Titulaire du grand orgue Cavaillé-Coll de l'église Sainte-Clotilde à Paris, poste qu'il occupa durant trente ans jusqu'à sa mort, membre du comité de la Société Nationale de Musique créée par Saint-Saëns au lendemain de la guerre de 1870 pour encourager la diffusion des œuvres des compositeurs français modernes, en réaction contre l'envahissement de la musique étrangère (et de la musique allemande en particulier), professeur d'orgue au Conservatoire, Franck eut une influence déterminante sur ses nombreux disciples, et parmi eux : Louis Vierne, Gabriel Pierné, son successeur à la tribune de Sainte-Clotilde, Ernest Chausson, Henri Duparc ou Vincent d'Indy, véritable hagiographe de son maître*. Artiste méconnu, homme réservé et effacé, mais habité par un tempérament passionné, il ne sortit de l'ombre que dans les dernières années de sa vie et ne connut son premier véritable succès qu'en 1880 avec son Quintette pour piano et cordes. *Ses plus grandes œuvres datent de sa pleine maturité :* les Djinns, *poème symphonique avec piano principal d'après V. Hugo (1884),* Prélude, Choral et Fugue *(1884), les* Variations symphoniques *pour piano et orchestre (1885), la magnifique* Sonate pour piano et violon *(1886), la* Symphonie en ré mineur *(1888), le* Quatuor à cordes *(1889). Claude Rostand voit là des « œuvres essentielles dans la production française de la fin du XIXe siècle », et en quelques lignes, Léon Vallas, historiographe de César Franck**, résume parfaitement la personnalité du musicien : « Il offre à l'histoire le cas singulier d'un compositeur de souche germanique, de nationalité belge, qui, dans les dernières années d'une existence modeste, effacée, a exercé sur la musique de la France, son pays d'adoption, une influence profonde et durable, directe ou indirecte. »*

L'œuvre de piano

Franck a dépassé la soixantaine lorsqu'en 1884 il fait publier *Prélude, Choral et Fugue,* sa première grande œuvre pour piano seul. Dans sa jeunesse, entre 1842 et 1845, il avait composé des pièces brillantes, mais superficielles et quelque peu oubliées aujourd'hui : *Eglogue* (1842), *Souvenir d'Aix-la-Chapelle* (1843), *Grand Caprice* (1843), *Ballade, op. 9* (1844), quatre fantaisies (1844-1845) et *Trois petits riens* (1845), suivies vingt ans plus tard de la célébrissime bluette *les Plaintes d'une poupée* (1865).

Franck ne reviendra véritablement au piano que dans les toutes dernières années de son existence, et, entre 1884 et 1887, quatre chefs-d'œuvre verront le jour : deux œuvres pour piano et orchestre, *les Djinns* et les *Variations symphoniques ;* et deux œuvres pour piano seul, *Prélude, Choral et Fugue* (1884), et *Prélude, Aria et Final* (1887). Ces deux dernières œuvres sont considérables. Alfred Cortot considère aussi la partie de piano de la *Sonate pour piano et violon* (1886) comme une manifestation complémentaire de l'orientation de Franck, « aussi significative de sa conception pianistique que les œuvres qu'il consacre à l'instrument élu*** ».

Le retour de Franck vers le piano coïncide avec la renaissance de cet instrument dans l'histoire de la musique française, renaissance due en grande partie à l'activité de Saint-Saëns qui, depuis 1858, avait enrichi le répertoire pianistique de plusieurs concertos. Selon Vincent d'Indy, Franck voulait remédier à la décadence inféconde dans laquelle était tombée la littérature française de piano, car à l'heure où brillaient Beethoven, Schubert, Schumann, Chopin ou Liszt, à une époque où le piano

---

* V. d'Indy, *César Franck* (Paris, Félix Alcan, 1906).
** Léon Vallas, *La véritable histoire de César Franck* (Paris, Flammarion, 1955).

*** Alfred Cortot, in : *La musique française de piano* (Paris, Presses Universitaires de France, 1930-1932 ; t. I).

était pourtant au centre de la vie musicale parisienne, et malgré les efforts de musiciens français comme Alkan, les successeurs de Boïeldieu et de Boëly semblaient avoir presque totalement oublié l'instrument. Berlioz l'avait ignoré, et Gounod, Lalo ou Massenet, contemporains de Franck, le pratiquèrent très peu. Après Saint-Saëns, il fallut attendre le jeune Fauré, qui publia en 1863 ses *Trois Romances sans paroles op. 17*, points de départ d'une œuvre pianistique considérable. En 1871, Bizet avait composé ses *Jeux d'enfants*, suite de douze morceaux pour piano à quatre mains ; enfin, dix ans plus tard, Chabrier avait donné ses *Pièces pittoresques* pour piano (1881).

Les pages que Franck a destinées au piano sont empreintes de sérieux et de gravité. Comme le souligne Alfred Cortot*, l'effusion lyrique contenue dans ces pages n'a pas le goût de la confidence personnelle, qui était celui de Chopin ou de Schumann. Elle est soutenue par un fort instinct classique qui « tend à généraliser le sentiment qui l'anime ». Au contraire d'un Saint-Saëns ou d'un Fauré qui recherchaient la clarté, la souplesse et la légèreté, Franck traite le piano comme un instrument polyphonique et harmonique. Il utilise une écriture riche et touffue, une mélodie d'une ampleur particulière, et fait souvent appel à la plus haute virtuosité. La beauté de cette musique réside en grande partie dans son extraordinaire architecture sonore. Franck emprunte à l'art de Beethoven (dont il s'est nourri dès sa jeunesse), de Schumann et de Liszt, mais aussi à l'art de Bach qu'il a découvert plus tardivement. Il traite son œuvre de piano de manière cyclique. On sait que ce procédé, qui lui était si cher, consiste à développer, d'un mouvement à l'autre d'une seule œuvre, une cellule mélodique qui assure en quelque sorte l'unité profonde de l'œuvre concernée. Selon Claude Rostand, Franck utilisait ce procédé aussi instinctivement qu'automatiquement, comme une forme de pensée.

Prélude, Choral et Fugue

Ce magnifique triptyque fut édité en 1884 dans la collection Litolff, chez Enoch frères et Costallat. L'œuvre fut exécutée en première audition à la Société Nationale de Musique le 25 janvier 1885 (deux mois avant le succès des *Djinns*), par Marie Poitevin, sa dédicataire. Le concert fut un triomphe.

Franck se consacre ici à des formes typiquement classiques — prélude, choral, fugue —, et abandonne le diptyque « prélude et fugue » que Bach avait porté à un haut degré de perfection, et qui était à peu près abandonné depuis les *Six Préludes et fugues pour piano op. 35* (1832-1837) et les *Trois Préludes et fugues pour orgue op. 37* (1837) de Mendelssohn. Il adopte le genre du triptyque que Bach n'avait abordé qu'une seule fois dans sa *Toccata, Adagio et Fugue* pour orgue. Selon Vincent d'Indy, l'intention première de Franck était de revenir à la disposition traditionnelle du prélude suivi de sa fugue, et ce n'est que plus tard qu'il songea à relier ces deux éléments par un choral. En 1862, il avait déjà composé un *Prélude, fugue et variation*, dédié à Saint-Saëns, et qui faisait partie des *Six pièces pour grand orgue op. 16*.

Prélude, Choral et Fugue est une œuvre cyclique. Le thème cyclique réapparaît dans les trois mouvements : sous forme de récitatif dans le *Prélude*, puis dans le passage de transition qui précède l'énoncé du choral, enfin dans le sujet même de la *Fugue*.

1. PRÉLUDE (« moderato »), en *si* mineur) : Vincent d'Indy souligne que le *Prélude* est conçu dans le moule classique de l'ancien prélude de suite. Le début, non mesuré et de caractère méditatif, repose sur un dessin de triples croches arpégées qui enveloppent un thème unique, exposé trois fois : à la tonique, à la dominante, puis de nouveau à la tonique. Des épisodes mesurés font entendre un motif modulant intermédiaire, sous lequel Franck a noté « a capriccio ». De lourds silences annoncent l'atmosphère de gravité dans laquelle se termine le *Prélude*. Tout ce mouvement est empli de belles modulations qui témoignent de la hardiesse du style de Franck.

2. CHORAL (« poco più lento », en *mi* bémol majeur) : ce mouvement est bâti sur trois exposés du thème du *Choral*, séparés par des épisodes de transition « cantabile », très modulants. Une longue phrase douloureuse, dans le style de l'*arioso*, soutenue par une grande basse chromatique et dans laquelle apparaît la cellule cyclique,

précède la première apparition du choral. Comme une réponse à l'*arioso*, celui-ci s'af-

---

* A. Cortot, *op. cit.*

firme majestueusement sur d'amples accords arpégés, reposant sur une gamme descendante solennelle :

Ce thème, en lequel certains ont reconnu le thème « des cloches » des chevaliers du Graal du *Parsifal* de Wagner, reviendra deux fois encore, et à chaque fois précédé par un épisode méditatif. Le langage harmonique de Franck est ici très personnel ; s'il utilise le chromatisme, c'est pour en tirer des effets très différents du chromatisme de Wagner, dont il se souvient cependant.

3. FUGUE : un passage de transition de quarante-deux mesures mène du *Choral* à la *Fugue*; treize mesures de récitatif s'enchaînent à vingt-neuf mesures rhapsodiques, où s'épanouissent de larges arabesques de triolets de croches à la main gauche. La tête du sujet de la fugue apparaît, et se précise de plus en plus jusqu'à l'exposition de la fugue :

Le sujet de la fugue n'est autre que le thème cyclique de l'œuvre qui revient en expositions classiques de fugue. Dans la première partie, la progression dramatique est obtenue par des moyens rythmiques que Franck superpose à plusieurs motifs contrapuntiques : contrepoint chromatique ou contrepoint en triolets de croches au-dessus desquels la cellule initiale de la fugue apparaît constamment. Les expositions successives du sujet se poursuivent jusqu'au finale « come una cadenza ». Dans une nuance très douce, le thème du choral revient enrobé dans le dessin d'arpèges du *Prélude*; puis le sujet de la fugue se fait de nouveau entendre, et les éléments des trois mouvements de l'œuvre vont enfin se réunir pour la magnifique péroraison finale qui s'intensifie jusqu'à la conclusion en un débordement d'extrême virtuosité.

Franck se situe ici dans la lignée beethovénienne, avec ce sens extraordinaire de la vaste architecture et de l'amplification. En même temps, sa virtuosité tient parfois de Liszt. Saint-Saëns, qui ne comprit pas toujours la musique de Franck, voit en ce *Prélude, Choral et Fugue* un « morceau d'exécution disgracieuse et incommode, où le *Choral* n'est pas un choral, où la *Fugue* n'est pas une fugue, car elle perd courage dès que son exposition est terminée, et se continue par d'interminables digressions. qui font payer bien cher une pareille péroraison ». Pour Alfred Cortot au contraire, cette œuvre ouvre au pianiste qui l'aborde un vaste champ de méditations, qui « ont trait, tant au véritable caractère, à l'expression juste qu'il convient de lui donner, qu'aux difficultés techniques qu'elle suscite* ».

Prélude, Aria et Final

Franck composa son *Prélude, Aria et Final* dans les années 1886-1887. L'œuvre, éditée à Paris chez J. Hamelle, fut jouée en première audition à la Société Nationale de Musique le 12 mai 1888, par Mme Bordes-Pêne, sa dédicataire. L'exécution se solda par un demi-échec. Le critique du « Ménestrel » jugea la pièce « longue et ennuyeuse ».

Ce triptyque, traité comme le prédent de manière cyclique, peut être considéré comme un grand mouvement de sonate en trois parties. Alfred Cortot pense que l'intention de Franck était de renouveler la forme sonate « par l'emploi d'un procédé cyclique analogue à celui qui assure l'intensité expressive de la *Symphonie en ré mineur** ». Dans cette œuvre, Franck qui apparaît plus organiste que pianiste, traite son piano comme un instrument harmonique. Certains passages particulièrement riches évoquent l'orgue.

1. PRÉLUDE (« allegro moderato e maestoso », « poco ritenuto il tempo », « risoluto », « poco animato », en *mi* majeur, à 4/4) : les quarante-deux premières mesures « allegro moderato e maestoso », sous lesquelles Franck note « sopre molto sostenuto », exposent le grand thème du *Prélude* sur de larges accords, dans le style du choral. La progression débouche sur un épisode plus léger en triolets de croches, « poco ritenuto ». A partir de la mesure 60, l'ensemble s'anime de nouveau en doubles croches, pour se conclure par quelques mesures « risoluto » beaucoup plus rythmiques, qui se jouent avec intensité. Un thème de choral entre à l'unisson des deux

---

* A. Cortot, *op. cit.*

mains, pour réapparaître à la basse en octaves (mesure 92), se développer de voix en voix, puis s'intensifier jusqu'au « poco animato » qui progresse encore rythmiquement. La dernière partie récapitule les éléments de ces divers épisodes. Le langage harmonique de Franck est très audacieux. Il règne dans ce mouvement une certaine instabilité tonale due aux passages successifs de tonalités éloignées (*si* mineur, *sol* dièse mineur, *mi* bémol majeur, *mi* bémol mineur, etc.), avec changements d'armures aux mesures 141 et 171.

2. ARIA (« lento », à 2/2) : pour Alfred Cortot, cette deuxième section est la clef de voûte de l'édifice. Il y a une grande similitude de rythmes et d'idées mélodiques entre le *Prélude* et l'*Aria*. Celui-ci est traité comme une vaste variation sur un thème de lied. Une introduction très modulante « lento », puis « animato », sert de transition avec le *Prélude*. Le thème de l'*Aria* apparaît à la mesure 17, dans une atmosphère très expressive :

Ce thème est repris à la basse, puis développé dans une progression rythmique de croches, de triolets de croches et de doubles croches. Cette animation précède le calme qui revient sur les mesures de cadence en *la* bémol majeur.

3. FINAL (« allegro molto ed agitato ») : obéissant à la forme cyclique, ce mouvement se présente comme un allegro de sonate, avec l'opposition de ses deux thèmes :

l'un rythmique et « chargé de demi-tons », l'autre harmonique et traité en fanfare. Le premier thème se fait entendre dans le tumulte des roulades et des doubles croches des mesures initiales qui se jouent dans la nuance « pianissimo », et qui se prolongent entre les mesures 39 et 80 dans une superposition d'octaves éclatantes « animato », avec changement d'armure en *la* bémol majeur (mesures 57 à 80). Le second motif a fait son apparition « brillante », sur un rythme régulièrement répété à la main gauche. La reprise de la première partie mène au retour du thème de l'*Aria* (en *ré* bémol majeur), qui chante sur de volubiles doubles croches « dolcissimo ». Le développement « animato » conduit à la conclusion, avec une dernière affirmation du thème du *Prélude* en valeurs longues. L'ensemble prend fin dans l'apaisement le plus complet : les sonorités s'évanouissent lentement, et le thème se perd et se dilue jusqu'aux mesures finales.

Le demi-échec de ce *Prélude, Aria et Final* n'empêcha pas Franck de se remettre au travail, et l'année 1888 fut couronnée par la *Symphonie en ré mineur*, elle-même accueillie avec réserve par le public et la critique. « Devant les œuvres de César Franck, moi qui n'ai point de foi et ne crois point à son Dieu, j'éprouve ce trouble puissant, cette admiration redoutable que me donne le spectacle des cathédrales de Bruges, de ces montées, en acte de foi, de la pierre rouge dans l'infini du firmament », notait Octave Mirbeau en 1896 dans son *Journal*.

A. d. P.

GIROLAMO FRESCOBALDI

Né à Ferrare, en septembre 1583 ; mort à Rome, le 1er mars 1643. C'est à Ferrare, au cœur d'un des centres musicaux les plus brillants d'Italie, que naquit Frescobaldi. Il eut comme maître le célèbre Luzzaschi (1545-1607), organiste de cette cour de Ferrare que le duc Alfonso II d'Este, amateur passionné de toutes les formes d'expression artistiques, avait portée à un haut degré de magnificence. Est-ce la mort du duc en 1597 qui poussa Frescobaldi à partir pour Rome ? On ne connaît pas avec exactitude la date de son arrivée dans la Ville éternelle, mais en 1604 il y était reçu, comme organiste, et en 1607 il entrait au service du cardinal Guido Bentivoglio, en lequel il sut trouver un protecteur aussi éminent que bienveillant. Nommé la même année nonce apostolique dans les Flandres, le cardinal emmena avec lui son organiste. L'influence des musiciens vivant dans ces régions cosmopolites — le virginaliste anglais Peter Philips était par exemple installé à Bruxelles, et l'organiste néerlandais Sweelinck travaillait à Amsterdam — fut détermi-

nante pour Frescobaldi. Avant son retour à Rome à la fin de l'été 1608, il séjourna quelque temps à Anvers, l'une des plaques tournantes de l'Europe musicale. Élu organiste de Saint-Pierre de Rome, il occupera ce poste jusqu'à sa mort, — soit pendant près de trente-cinq ans. En 1628, il s'établit cependant à Florence comme musicien du grand duc de Toscane, auquel il dédia deux livres d'airs italiens. Il restera dans la ville des Médicis jusqu'en 1634. C'est au cours de ses dernières années passées à Rome qu'il rencontra Froberger, qui devint son élève et allait subir si profondément son influence. Il fut enterré le lendemain de son décès, et la messe de ses funérailles fut chantée par les meilleurs musiciens de la ville. La réputation de Frescobaldi était en son temps aussi immense dans son pays qu'à l'étranger. Ses contemporains célébrèrent le rôle primordial qu'il joua dans l'évolution de la musique de clavier, et certains le saluèrent comme un artiste surprenant et merveilleux. Malheureusement, après Frescobaldi, le clavecin italien commença à péricliter avec l'installation de la virtuosité et l'envahissement du style concertant. C'est Bernardo Pasquini (1637-1710) qui peut être considéré comme le meilleur trait d'union entre Frescobaldi et Domenico Scarlatti.

Frescobaldi et son temps

Le XVIe siècle représente très certainement le véritable âge d'or de la polyphonie vocale, mais en même temps le point de départ d'un art nouveau en formation : l'art instrumental. L'art vocal, qui avait atteint son plein apogée au temps des Palestrina, Lassus et Vittoria, se trouvait en effet de plus en plus menacé par la prépondérance affirmée de l'instrument. A cette époque cependant, clavecin, virginal, épinette et orgue étaient encore traités à égalité par la plupart des compositeurs, et ce n'est qu'au début du XVIIe siècle que le clavecin et l'orgue commenceront vraiment à se désolidariser, notamment en France et en Angleterre. Les artistes flamands, néerlandais, allemands et italiens, pour leur part, seront plus lents à faire tomber les barrières entre les deux familles d'instruments. Frescobaldi est de ceux-ci. Il publia, par exemple, en 1627 un second livre de toccatas qui contient autant de pièces d'orgue que de pièces de clavecin ; et, en 1637, paraissait à Rome un recueil de *Toccate d'intavolatura di cimbalo et organo... di Girolamo Frescobaldi.*

La transcription d'œuvres vocales qu'avaient tellement cultivée les musiciens du XVIe siècle laisse alors progressivement la place à la musique pure : fantaisies, préludes, toccatas, capricci, ricercari, variations, suites de danses. S'il compose des danses, Frescobaldi n'utilise pas encore l'organisation de la suite de danses en une succession de mouvements bien déterminés.

Quels étaient enfin les instruments dont il disposait ? Les clavecins italiens de son temps étaient de superbes instruments, légers de forme et d'aspect, souvent à un clavier avec un jeu de huit pieds et un jeu de quatre pieds. La belle sonorité de ces clavecins, claire, limpide, mais en même temps profonde, était parfaitement adaptée à la souplesse et à la plénitude sonore des vastes pages de Frescobaldi. On ne connaît malheureusement pas l'impression que ressentit ce dernier devant la grande variété de clavecins construits à Anvers par la famille Rückers, — clavecins qu'il ne manqua pas de découvrir lors de son court voyage dans les Flandres. Grandioses et imposants, les instruments des Rückers étaient très différents des instruments que Frescobaldi jouait en Italie.

La part la plus importante de l'œuvre de Frescobaldi est réservée au clavier : clavecin et orgue. Le plus beau recueil pour orgue reste ce livre des *Fiori musicali*, publié à Venise en 1635, et qui groupe des toccatas, des kyrie, des canzone, des ricercari, etc. L'ouvrage était dédié au cardinal Antonio Barberini. Frescobaldi laisse aussi des œuvres vocales (comme des madrigaux publiés à Anvers en 1608 chez P. Phalèse, les deux livres d'*Arie musicali* édités à Florence en 1630, des pièces de musique sacrée en latin, etc.), et plusieurs recueils de *Canzone* à divers instruments, parus entre 1608 et 1634. Mais l'aspect le plus intéressant de son œuvre se situe dans sa musique de clavecin.

Premier Livre de toccatas

Frescobaldi publia deux grands recueils de toccatas, respectivement en 1615 et en 1627. Le premier livre connut plusieurs éditions successives au cours desquelles il subit diverses modifications. Les *Toccate e partite d'intavolatura di cimbalo... libro primo* furent éditées à Rome chez Borboni en 1615. Elles étaient dédiées au duc Ferdinand de Gonzague. On se souviendra, à ce propos, que Frescobaldi avait séjourné quelques mois à Mantoue en 1614 et 1615. Ce premier livre contenait douze toccatas et trois séries de variations *(partite) sopra Rugiero, sopra la Romanca* et *sopra lamonicha*. En 1616, l'éditeur Borboni en proposa une nouvelle édition : aux douze toccatas et aux trois variations initiales étaient ajoutées quatre courantes et les *partita sopra Folia*. Les courantes représentaient les premiers essais de Frescobaldi dans le domaine de la danse. Cette seconde édition reparut à Rome en 1628 ; puis, en 1637, elle était suivie de la version définitive de ce premier recueil.

Les éditions de 1615 et de 1616 portaient uniquement la mention de leur destination pour le clavecin. A celles de 1628 et de 1637 était jointe la mention de l'orgue. L'édition définitive de 1637, sans dédicace, réunissait toutes les pièces publiées dans les éditions précédentes, mais Frescobaldi y avait joint des additions (qu'il nomme *Aggiunta*), — soit douze séries de pièces nouvelles : deux *Balletto e corente, Passacagli e balletto, Passacagli, Cento partite sopra passacagli, Capriccio Fra Iacopino sopra l'aria du Ruggiero, Capriccio sopra la battaglia* (pièce descriptive peu développée et l'une des moins intéressantes de Frescobaldi), *Balletto e ciaccona, Corrente e ciaccona*, et *Capriccio sopra la Pastorale* (page véritablement destinée à l'orgue avec ses valeurs longues et ses larges tenues de pédale qui « tiennent » du début à la fin).

A son premier livre de toccatas, Frescobaldi avait ajouté des avertissements au lecteur dans lesquels il consignait de précieux conseils pour l'exécution de sa musique. En résumé, il préconisait, par exemple, d'éviter un tempo trop rigoureux au profit d'une liberté qui s'opposait au strict respect de la mesure, ailleurs il invitait le claveciniste à jouer lentement les traits expressifs et à ralentir la fin des cadences et des trilles.

Œuvre spontanée et purement instrumentale, la *toccata* répond à un style libre qui relève de l'improvisation. Ici, Frescobaldi laisse aller sa puissante fantaisie créatrice et livre au clavier de son clavecin les *passagi* et les *affetti* caractéristiques du madrigal de Ferrare. Très influencé par les flots de gammes reposant sur de grands accords des toccatas d'Andrea Gabrieli et de Claudio Merulo, Frescobaldi organise les siennes en larges sections autonomes et utilise un langage mi-tonal, mi-modal. Son écriture harmonique est très personnelle. La plupart de ses toccatas sont des pièces brillantes et décoratives, débutant par des dessins en imitation entre les différentes voix *(Toccata I)* :

D'autres sont de type méditatif ou recueilli *(Toccata XII)* :

Les variations jointes à ce premier livre sont généralement écrites sur des thèmes déjà traités par ses prédécesseurs *(la Romanesca, le Ruggiero, la Folia)*; mais c'est la série des *Cento partite sopra passacagli* qui reste le chef-d'œuvre du maître romain. Bâties sur les brèves progressions harmoniques des *passacagli* et *ciaccona*, au centre desquelles Frescobaldi intercale une *corrente*, ces variations témoignent de la part de leur auteur d'une richesse d'invention infinie : travail chromatique, traitement extraordinaire du rythme avec de soudaines ruptures rythmiques, figurations brillantes, emploi des trilles, etc.

Second Livre de toccatas

Le second livre de toccatas parut en 1627 sous le titre de *Il secondo libro di toccate, canzone, verse d'hinni, magnificat, gagliarde, correnti et altre partite d'intavolatura di cimbalo e organo...* dédié à Luigi Gallo, évêque d'Ancone, musicien amateur et peut-être élève de Frescobaldi. Il fut réédité à Rome en 1637. Comme l'indique son titre, ce recueil contient des pages pour clavecin et des pages pour orgue. Mises à part onze toccatas (dont cinq sont écrites pour l'orgue), il réunit six *canzone* (quatre d'entre elles reprennent la forme de la variation), quatre hymnes et trois Magnificat pour orgue, cinq gaillardes, six courantes, des variations *(sopra ciaccona, sopra passacagli)*, ainsi que l'*Aria detto balletto* et l'*Aria detta la frescobaldia*.

Frescobaldi présenta lui-même ce livre comme un exemple de sa « nouvelle manière ». En réalité, il y développe la forme des toccatas du premier livre. Les détails y sont plus fouillés, les grandes sections des toccatas de 1615 sont ici réduites à des dimensions plus courtes et mieux définies. La virtuosité s'est développée et les figurations sont plus variées. Certaines difficultés techniques ne sont pas épargnées au claveciniste *(Toccata IX)* :

Comme l'a souligné Norbert Dufourcq, ces pages sont de merveilleuses « improvisations d'une émouvante liberté, musique de rêve, d'une inégalable variété de figurations rythmiques par lesquelles le clavecin perd toute la sécheresse que l'on pourrait lui reprocher et acquiert une souplesse, une poésie qui en font l'instrument des confidences ».

Fantaisies

En 1608, Frescobaldi fit publier à Milan *Il primo libro delle Fantasie a quattro...* Ce premier livre, qui était en même temps la première publication de son auteur, ne fut suivi d'aucun autre. Dédié à Francesco Borghese, frère du pape Paul V, il contient quatre groupes de trois fantaisies à un, deux, trois et quatre sujets, à l'intérieur desquelles Frescobaldi s'impose une grande rigueur de style. Il reste dans la tradition de la fantaisie du XVIe siècle, reflet du ricercare, mais il la conçoit dans un esprit purement instrumental, totalement affranchi de tout contexte littéraire. Sept de ces pièces sont des œuvres tripartites, avec triple section finale. Elles témoignent déjà de la maîtrise de Frescobaldi et font preuve d'une grande variété de proportions et de structure.

Ricercari et Canzone

En 1615, paraissait à Rome le premier livre de *Recercari et canzoni franzese fatte sopra diversi obloghi in partitura...*, dédié au cardinal Pietro Aldobrandini. Il fut de nouveau publié sans modifications dans une nouvelle édition datée de 1618. Il regroupe dix *ricercari* et cinq *canzone*. On notera que les *Fiori musicali* (1635) contiennent plusieurs *ricercari* et cinq *canzone* pour orgue. Dans ses *ricercari*, Frescobaldi opte pour une forme proche des mises en tablature des polyphonies vocales. Il reste dans la lignée des maîtres italiens, notamment Gabrieli, et fragmente son propos en divers épisodes, certains ayant leur thème propre, d'autres développant un thème commun à tous les épisodes, d'autres enfin basés sur différents thèmes issus les uns des autres. Le sixième *ricercare* est une véritable étude de l'ostinato *fa, fa, sol, la, fa*.

Alors que le *ricercare* est un genre austère, la *canzona*, née de la chanson polyphonique, est une œuvre alerte. Dans ces *canzone*, Frescobaldi s'écarte totalement du style vocal. La *Canzona prima*, par exemple, est faite de plusieurs sections qui se succèdent avec entrées de leur thème en imitation. Le thème initial,

soutenu par une figuration brillante et légère, se trouve bientôt noyé sous une polyphonie d'où s'échappe un nouveau thème. Certaines figurations passent d'une main à l'autre, et l'écriture est pleine d'effets irréalisables à la voix. La deuxième section, en valeurs longues et dans un style de fugato, s'écarte du principe de la vélocité. La pièce se termine enfin par des traits de toccata.

En 1645, deux ans après la mort de Frescobaldi, l'éditeur Alessandro Vincenti faisait paraître à Venise un recueil de *Canzoni alla francese in partitura del signor Girolamo Frescobaldi...*, dédié à Giovanni Pozzo, abbé de San Salvatore de Venise. Onze *canzone* y étaient réunies, — chacune portant un titre : *detta la Rouetta, detta la Sabattina, detta la Cruielli, detta la Scacchi, detta la Bellerofonte, detta la Presenti, detta la Tarditi, detta la Vincenti, detta la Querina, detta la Paulini, detta la Gardana*. L'écriture de leur auteur est arrivée ici à pleine maturité. Seul héritage de l'art vocal, le thème de ces *canzone*, alors que l'écriture très virtuose se rapproche de l'art de la toccata.

On fera cependant remarquer ici que la paternité de Frescobaldi, en ce qui concerne cet ouvrage, a souvent été mise en doute.

Capricci

Le premier livre de *Capricci fatti sopra diversi soggetti et arie in partitura*... parut à Rome en 1624, chez l'éditeur Lucas Antonio Soldi. Frescobaldi l'avait dédié à Alfonse d'Este, prince de Modène. Il comprenait douze caprices, certains sur des thèmes connus, comme *Il Cucho, la Spagnoletta* ou l'*Aria di Ruggiero*. Deux années plus tard, l'éditeur vénitien Alessandro Vincenti publiait *Il primo libro di capricci, canzone francese e recercari fatti sopra soggetti et arie un partitura*..., réunissant les mêmes douze caprices que l'édition de 1624, auxquels étaient joints les onze *ricercari* et les cinq *canzone* parus en 1615. Deux éditions devaient suivre chez le même éditeur, — l'une en 1628, l'autre en 1642, une année avant la mort de Frescobaldi.

Le *capriccio* est un genre qui tient à la fois de la *canzona*, du *ricercare* et de la variation ; Frescobaldi peut donc y laisser libre cours à sa fantaisie. Ses *capricci* sont généralement composés sur le thème indiqué par le titre : il choisit l'hexacorde *ut, ré, mi, fa, sol, la* et *la, sol, fa, mi, ré, ut* dans le premier et le second caprices ; ailleurs il aborde des thèmes populaires comme *La Spagnoletta*, ou un thème évocateur comme *le Coucou (Il Cucho)*. Le *capriccio settimo sopra or che noi rimena* est une série de cinq variations, et le *Capriccio ottavo cromatico di ligatura al contrario* est une des premiers vrais essais de Frescobaldi dans le domaine du chromatisme qu'avaient tellement exploité les artistes napolitains contemporains.

Artiste immense, Frescobaldi laisse des œuvres qui, suivant le jugement de Paul Guglietti, ont stimulé « des compositeurs non seulement en Italie, mais aussi en Europe du Nord, directement dans le cas de son élève J.J. Froberger, indirectement dans celui de Dietrich Buxtehude et J.S. Bach. Il est rare qu'un compositeur attaché à un seul domaine ait eu une telle influence ».

A.d.P.

JOHANN JAKOB FROBERGER

Baptisé à Stuttgart, le 19 mai 1616 ; mort à Héricourt, le 6 ou 7 mai 1667. Curieusement, on connaît peu de détails précis sur la vie de ce musicien qui fut le plus grand compositeur allemand de musique de clavier du XVIIe siècle. Son premier professeur dut être son père, maître de chapelle de la cour de Stuttgart. Les influences les plus diverses se mêlaient en cette cour où la vie musicale était particulièrement brillante. Froberger se forma ainsi à l'art des Italiens, des Français, des Anglais et des Allemands. Il fut un temps organiste de la cour de Vienne, poste qu'il abandonna provisoirement pour aller travailler à Rome avec Frescobaldi, et qu'il retrouva après avoir voyagé à Bruxelles, à Paris (où il rencontra Louis Couperin et le luthiste Denis Gaultier), puis en Angleterre. C'est auprès de la princesse Sybille de Wurtemberg, elle-même retirée à Héricourt, près de Montbéliard, qu'il termina sa vie. Converti au catholicisme lors de son séjour à Rome, il s'éteignit pieusement à l'âge de cinquante ans. Applaudi dans une grande partie de l'Europe, admiré par Huygens, par l'empereur Ferdinand et par l'archiduc Rodolphe, gouverneur des Pays-Bas, Froberger eut une influence prépondérante sur la musique instrumentale de son siècle. Comment ne pas s'étonner alors que son œuvre n'ait été publiée qu'après sa mort ?

L'œuvre de clavecin

Mises à part deux pièces de musique vocale religieuse, l'ensemble de l'œuvre de Froberger est exclusivement consacré au clavier, clavecin et orgue. Cette œuvre se compose de toccatas, de ricercari, de canzone, de fantaisies et de capricci, autant de pièces où s'impose le disciple de Frescobaldi, et d'une trentaine de suites qui sont, elles, tout à fait d'influence française. Les pages les plus célèbres aujourd'hui sont sans doute celles auxquelles Froberger a donné des sous-titres descriptifs joliment imagés, comme cette *Plainte faite à Londres pour passer la mélancholie, laquelle se joue lentement avec discrétion* et cette *Lamentation sur ce que j'ay été volé et se joue à discrétion et encore mieux que les soldats m'ont traité*, ou d'autres plus graves, comme cette *Lamentation faite sur la mort très douloureuse de Sa Majesté Impériale Ferdinand le troisième*, ce *Lamento sopra la dolorosa perdita della Real Mstà di Ferdinando IV, Rè de Romani* qui ouvre la *Suite XII* pour clavecin, ou ce *Tombeau fait à Paris sur la mort de Monsieur Blancrocher*. (On sait que la mort accidentelle du luthiste Blancrocher, à laquelle Froberger assista lors de son voyage à Paris, inspira aussi à Louis Couperin un *Tombeau de M. de Blancrocher*.)

L'essentiel de l'œuvre de Froberger se trouve réuni dans plusieurs recueils parus après sa mort. Les *Diverse ingegnosissime, rarissime et non maj più viste curiose partite, di toccate, canzone, ricercate, alemande, correnti, sarabande e gigue, di cimbali, organi e instromenti...*, suivies des *Diverse curiose e rarissime partite...*, furent publiées à Mayence, respectivement en 1693 et en 1695. Vers 1697, était édité à Amsterdam, chez l'éditeur Pierre Mortier, un volume de *10 suittes de clavessin... mises en meilleur ordre et corrigées d'un grand nombre de fautes.*

Une seconde édition de ces suites — seconde édition « très exactement corrigée » — fut imprimée quelque temps après à Amsterdam, chez l'éditeur Étienne Roger. Deux livres contenant plusieurs suites de Froberger avaient été d'autre part présentés à Vienne à l'empereur Ferdinand III en 1649, et vers 1656.

C'est Sweelinck et Frescobaldi qui ont donné ses lettres de noblesse à la toccata, genre purement instrumental, mais c'est Froberger qui devait le perfectionner. Écrites à l'origine sur une portée de six lignes pour la main droite et sur une portée de sept lignes pour la main gauche, les **Toccatas** de Froberger sont, dans l'ensemble, très influencées par l'art de Frescobaldi. Si elles sont moins variées que celles du maître romain, elles paraissent mieux organisées parce que découpées en grandes sections contrastées. Elles débutent en général par une ouverture pleine d'improvisation et de liberté, — (*Toccata III*, par exemple) :

Elles se poursuivent par un épisode en forme de prélude, bâti sur un contrepoint en imitation où se superposent parfois deux thèmes. Tel passage de ce prélude peut aussi prendre l'aspect d'une courante. Les formules d'écriture imposent une virtuosité brillante : gammes montantes et descendantes, longs accords arpégés, grandes pédales harmoniques supportant des traits rapides et variés, etc.

Organisés en plusieurs sections, les **Canzone**, qui empruntent leurs thèmes à des chansons, et les **Capricci** sont construits dans un style fugué qui les apparente à la fugue. Les **Fantaisies**, pour leur part, sont conçues comme de grands « alla breve », avec leurs valeurs longues :

L'influence des virginalistes anglais se ressent ici profondément, même si Froberger a aussi puisé aux sources de l'Italie, de la France et des Pays-Bas.

Ses **Suites** pour clavecin représentent une part très importante et très intéressante de l'œuvre de Froberger. Ce ne sont pas des pièces aux vastes dimensions (certaines ne contiennent que trois mouvements), mais elles respectent généralement l'ordre habituel des mouvements de la suite de danses : les allemandes, courantes, sarabandes et gigues sont parfois accompagnées de leurs doubles (*Suites XXI, XXIII ou XXIV*). Dans une seule de ses suites (*Suite VI*), Froberger sacrifie à l'art de la variation, avec six variations *auff die Maÿrin*, suivies d'une courante *sopra Maÿrin* et de son double, et d'une sarabande *sopra Maÿrin*. La *Suite XII* s'ouvre par le *Lamento sopra la dolorosa perdita della Real Mstà di Ferdinando IV, Rè de Romani*, écrit à la manière des « Tombeaux » chers aux luthistes français :

Dans ses mouvements de danses, en général pièces binaires, Froberger reste proche d'un Chambonnières ou d'un Louis Couperin, — lequel l'admirait suffisamment pour nous laisser un magnifique prélude non mesuré *A l'imitation de Mr. Froberger*. A l'instar de ces musiciens, Froberger compose des allemandes très écrites, dont les formules expressives passent alternativement d'une main à l'autre. Avec leur rythme à 3/2, à 3/4 ou même à 6/4, ses courantes sont tantôt d'essence française, tantôt d'essence italienne, tandis que ses gigues reposent le plus souvent sur des entrées en imitation.

Selon Norbert Dufourcq, chacune des suites de Froberger, « sans sacrifier aux prouesses du rythme, est comme humanisée par une émotion pénétrante ».

A. d. P.

BALDASSARE GALUPPI

Né à Burano, près de Venise, le 18 octobre 1706 ; mort à Venise, le 3 janvier 1785. Galuppi est une des grandes figures de la musique italienne du XVIIIe siècle. Élève de son père, barbier et violoniste, puis d'Antonio Lotti, il connut son premier succès à Venise en 1729 avec la représentation de son opéra Dorinda. *Il vécut quelques mois à Florence en 1726 comme claveciniste du Théâtre de la Pergola, voyagea ensuite en Angleterre entre 1741 et 1743 pour faire jouer ses « opere serie », et fut enfin appelé en Russie auprès de l'Impératrice Catherine II en 1765. Il restera à Saint-Pétersbourg jusqu'en 1768, — composant des opéras italiens pour la cour et écrivant de la musique religieuse sur des textes russes pour l'église orthodoxe. A l'exception de ces trois voyages, Galuppi passa l'essentiel de sa vie à Venise, où il fut successivement maître de chapelle de l' « Ospedale dei Mendicanti » (1740), vice-maître de chapelle (1748), puis maître de chapelle de la basilique Saint-Marc (1762), et directeur de la musique de l' « Ospedale degli Incurabili » (1768). Il termina sa vie dans la Cité des Doges, — délaissant peu à peu le théâtre pour la musique sacrée et le clavecin. Charles Burney, qui rencontra Galuppi à Venise en 1770, nous laisse son témoignage : « ... Il est l'un des derniers génies originaux de la meilleure école qui ait jamais existé en Italie. Ses œuvres sont emplies de talent et de naturel, et je peux ajouter que c'est un contrapuntiste et un ami de la poésie. »*

L'œuvre de clavecin

L'œuvre de Galuppi est considérable. On lui doit une centaine d'opéras (dont une vingtaine d'opéras bouffes sur des livrets de Goldoni, qui sont des chefs-d'œuvre), vingt-sept oratorios, un grand nombre de cantates et de pièces de musique sacrée (et notamment ces quinze œuvres à quatre voix a cappella écrites pour le culte orthodoxe), enfin de très nombreuses sonates, toccatas, « lessons », œuvres concertantes et pages diverses pour le clavecin.

On a inventorié plus de cinquante *Sonates pour clavecin*. La plupart, non datées, sont restées longtemps manuscrites. L'éditeur anglais Walsh publia cependant deux séries de Sonates sous les numéros d'*op. 1* et *2*, en 1756 et en 1759. Les Sonates de Galuppi sont généralement construites en deux ou trois mouvements, plus rarement en quatre mouvements. Le plus souvent de forme binaire, ceux-ci adoptent parfois le schéma de la forme sonate la plus classique, — avec deux thèmes distincts. Ces mouvements sont d'amples morceaux au dessin mélodique aussi brillant que naturel.

Galuppi reste tout à fait étranger à l'art savant et raffiné de ses contemporains allemands et français. Il n'utilise pas, par exemple, les agréments des clavecinistes français, et son contrepoint est essentiellement clair et élégant. Compositeur d'opéras, il déploie son talent à transposer au clavecin, avec une maîtrise exceptionnelle, l'art du chant italien. Il faut noter cependant que cette assimilation, admirablement réussie par Galuppi, marquera l'origine de la décadence de l'école italienne de clavecin dans les dernières années du XVIIIe siècle.

Les Sonates de Galuppi attestent une extraordinaire variété de figures, de rythmes et de structures, en même temps qu'un remarquable don d'invention mélodique. Parmi les Sonates éditées par Walsh, la **Sonate en *ut* mineur** débute par un *Larghetto* conçu dans le style d'un prélude improvisé aux sonorités pleines et quasi orchestrales qui annoncent le piano :

Les deux mouvements rapides, *Allegro* et *Allegro assai*, sont des pièces de pure virtuosité que n'eût point renié Scarlatti. La basse d'Alberti y est largement utilisée.

Le mouvement initial de la **Sonate en *fa* majeur** est un gracieux *Andante* aux jolis effets d'écho. L'*Allegretto* central, plein de joie, propose un thème principal entouré de motifs secondaires se succédant en une écriture aérée où sont introduits quelques traits de virtuosité (octaves brisées, par exemple). La dernière pièce est une gigue *(giga)*, *Allegro moderato* à 6/8 qui évoque le style de Scarlatti.

L'*Andante* de la **Sonate en *la* majeur** s'impose dès l'abord par la diversité des figures mélodiques et rythmiques développées par Galuppi. L'écriture de clavier est ici très riche, et difficile techniquement. Les deux *Allegros* qui suivent débordent d'allégresse et de vitalité : Galuppi recherche les effets brillants par l'intermédiaire de traits étincelants qui « sonnent » très agréablement sur le clavier du clavecin.

A. d. P.

GEORGE GERSHWIN

Né à Brooklyn (New York), le 25 septembre 1898 ; mort à Beverly Hills (Californie), le 11 juillet 1937. D'origine russe par son père et d'extraction modeste, il dut sa première renommée à ses dons exceptionnels de mélodiste — qui lui firent composer, en collaboration notamment avec son frère Ira, quelque cinq cents « songs » — et à ses non moins rares qualités de pianiste improvisateur (après avoir été l'élève de Charles Hambitzer). Les succès de ses comédies musicales, ou « shows », à Broadway l'amenèrent à se tourner vers ce qui deviendrait, bien mal nommé, le « jazz symphonique ». Des partitions comme Rhapsody in Blue, Un Américain à Paris *ou le* Concerto en Fa *ont conquis le répertoire des orchestres symphoniques du monde entier, et l'opéra* Porgy and Bess *s'est imposé sur toutes les scènes lyriques. Ajoutons que Gershwin, sollicité par Hollywood, a écrit des musiques de film dès l'avènement du cinéma parlant, et que celui-ci s'est largement inspiré de ses shows, de ses œuvres symphoniques, de son opéra, et même de sa vie. Instrument d'élection du compositeur, le piano occupe une place éminente dans sa production : mentionnons seulement — pour mémoire — les versions pour un ou deux pianos de* Rhapsody in Blue *(sa forme originale fut pour deux pianos), d'*Un Américain à Paris, *du* Concerto en Fa, *— ainsi qu'une certaine* Fantaisie sur « Porgy and Bess » *(pour deux pianos) réalisée par Percy Grainger après la mort du compositeur. Attachons-nous ici aux pièces écrites exclusivement pour l'instrument, — des valses, des transcriptions diverses et, plus particulièrement, des* Préludes pour piano, *de même que les dix-huit pièces constituant le recueil intitulé* Song-Book.

Preludes for Piano

Officiellement ils sont trois, — qui furent publiés sous ce titre en 1927, avec une dédicace à Bill Daly. Mais les biographes du compositeur nous apprennent qu'il y en eut davantage : Gershwin, en effet, joua pour la première fois cinq *Préludes* lors d'un concert qu'il donna, le 4 décembre 1926, à l'Hôtel Roosevelt de New York, en compagnie de la contralto Marguerite d'Alvarez (c'est au cours de ce même concert qu'il présenta la version originale pour deux pianos de sa *Rhapsody in Blue*). Les *Préludes*, qui n'intervinrent alors que comme brefs intermèdes musicaux, passèrent à peu près inaperçus du public. Un sixième *Prélude*, enfin, fut joué par Gershwin à Boston, au début de 1927, également avec Marguerite d'Alvarez. Telle est, brièvement résumée, l' « histoire » des créations de ces six *Préludes*, — dont les pianistes ne retiennent d'ordinaire que les trois publiés par volonté du compositeur (et dont existent plusieurs transcriptions, dont une pour violon et piano par Jascha Heifetz).

Ces trois *Préludes*, qui se sont acquis la notoriété dès leur publication, sont constitués de deux pièces rapides encadrant une plus lente : la première et la troisième sont indiquées *Allegro ben ritmato e deciso*, — avec un caractère jazzique accentué ; la deuxième — *Andante con moto e poco rubato* — relève de l'esprit du blues. La mélodie de ce *Prélude* central, nostalgique et pénétrante, jouant avec insistance sur l'intervalle d'une tierce mineure (dans lequel les commentateurs ont cru déceler l'empreinte des origines juives du musicien), est un exemple de choix de cette « facilité » de Gershwin à intégrer dans son langage propre des éléments traditionnels de la forme « blues », sans verser dans la sophistication de ses dérivés modernes. Et sans doute cette « facilité » — ce naturel inné — en fait-elle tout le prix :

On ne peut douter cependant que, dans ses *Préludes*, le compositeur américain se montre en proie à la tentation « classique », — après Chopin et Debussy, ses modèles préférés : les égale-t-il ? Sans doute non. Mais on notera — ce qui n'est pas négligeable — que les trois *Préludes* pré-cités furent orchestrés par Arnold Schönberg, ami de Gershwin.

Song-Book

En septembre 1932, l'éditeur Simon and Schuster fit paraître un volume de pièces pour piano titré *George Gershwin's Song-Book*, illustré par Alajálov, et dédié à Kay Swift. Son succès fut immédiat : il répondait à une demande d'un très large public que la qualité des « songs » du compositeur avait su conquérir. Les dix-huit pièces du volume représentaient des transcriptions d' « improvisations » les plus diverses, — transcriptions dont on ne cessa de se demander si Gershwin en était vraiment l'auteur ; il paraît vraisemblable, en effet, que sa relative inexpérience (Gershwin n'eut qu'une formation d'autodidacte) ne lui permit pas de réaliser certaines harmonisations, — qui seraient d'une main étrangère. Quoi qu'il en soit, les qualités du génial improvisateur ne furent jamais mieux mises en valeur que dans ce *Song-Book*.

L'ensemble forme une anthologie de « songs » dont le plus ancien remontait à 1919 (« Swanee », qui fit le renom d'un Gershwin alors inconnu), — les thèmes étant tirés de « musicals » devenus célèbres et donnant lieu à de libres variations. Les dix-huit titres sont les suivants : « Swanee », déjà cité, « Nobody But You », « I'll Build a Stairway to Paradise », « Do It Again », « Fascinating Rhythm », « Oh, Lady, Be Good ! », « Somebody Loves Me », « Sweet and Low-Down », « That Certain Feeling », « The Man I Love », « Clap Yo'Hands », « Do, Do, Do », « My One and Only », « 'S Wonderful », « Strike Up the Band », « Liza », « I Got Rhythm », et « Who Cares ? »... Qui — de « Do It Again » à « The Man I Love » et à « 'S Wonderful » — n'a en mémoire, n'a même fredonné, quelques-uns de ces airs d'un charme à la fois subtil et spontané ? L'élément mélodique — où se retrouve l'usage fréquent de la tierce mineure (v. les *Préludes* : exemple musical), où se distinguent des traits de déclamation dans un ambitus étroit et quasi obsessionnel — semble dominer la recherche harmonique, plus élémentaire, parfois rude et inattendue, et une rythmique un peu uniforme exigeant surtout le jeu « staccato » propre au ragtime comme à la musique de jazz. A noter cependant ce jugement d'un Schönberg : « Les mélodies de Gershwin ne sont pas le produit d'une forme appliquée mécaniquement : ce sont des entités indissolubles. Mélodie, harmonie et rythmes sont faits dans le même moule, et ne sont jamais des pièces rapportées. » On regrettera seulement de ne disposer d'aucun enregistrement du *Song-Book* par le compositeur-pianiste lui-même ; il est probable que les interprètes actuels ne restituent qu'imparfaitement le style « improvisé » qui fut éminemment le sien.

Autres « versions » pour piano

Plusieurs représentent — comme indiqué plus haut — les « originaux » d'œuvres universellement connues sous leur forme orchestrale : ainsi de la fameuse *Rhapsody in Blue* écrite pour deux pianos (dont fut réalisée aussi une version pour piano seul). La *Seconde Rhapsodie* fut également conçue pour deux pianos avant son instrumentation ; enfin, les versions pour deux pianos et pour orchestre des *Variations sur « I Got Rhythm »* furent publiées simultanément*. Fréquemment, Gershwin écrivait une première version pour deux pianos de ses partitions symphoniques opposant l'instrument soliste à l'orchestre ou pour l'orchestre seul. Il réduisait également certaines de ces partitions en « arrangements » pianistiques (et d'autres prirent la relève après sa mort). Mais il n'est pas sûr qu'on retrouve dans ces différentes « versions » pour piano la brillance, la richesse de couleurs, la virtuosité purement instrumentale des grandes œuvres du compositeur : à défaut, leur verve, leur irrésistible vitalité demeurent intactes, et peuvent encore être appréciées sous les doigts les plus aptes à les faire valoir.

F.R.T.

ORLANDO GIBBONS

Né à Oxford, en décembre 1583 ; mort à Cantorbery, le 5 juin 1625. Né dans une famille de musiciens, il fut l'une des grandes figures de la musique anglaise du XVIIe siècle. Son père et deux de ses frères furent de bons musiciens, et son fils Christopher (1615-1676) occupa le poste d'organiste de la Chapelle royale. Gibbons fit partie des chœurs du King's College de Cambridge, où il semble avoir été élevé. Après un bref passage à l'université, il obtint la charge enviée d'organiste de la Chapelle royale, charge qu'il conserva jusqu'à sa mort Il cumula en même temps les honneurs : docteur de l'université d'Oxford, organiste de l'abbaye de Westminster à partir de 1623, et organisateur des cérémonies et funérailles royales. C'est au cours des cérémonies célébrant l'avènement du roi Charles Ier d'Angleterre que Gibbons succomba brutalement, victime d'une attaque d'apoplexie. S'il paraît moins fécond que certains de ses contemporains, il mania les formes et les styles les plus variés, et l'on a pu dire qu'il fut l'un des génies « romantiques » de son temps.

L'œuvre de clavecin

L'œuvre pour virginal de Gibbons est moins importante en quantité que le reste de sa production. Il écrivit un grand nombre d'œuvres de musique religieuse (anthems, services, etc.), de la musique instrumentale (notamment de superbes fantaisies pour violes) et des madrigaux anglais. Pour le virginal, il laisse des danses (allemandes, courantes, pavanes, gaillardes), des préludes, des fantaisies, un air français *(French ayre)*, quatre maskes *(Welcome home, The fairest nimphs, The Temple maske, Lincoln's Inn maske)*, des variations *(The woods so wild, Pescod time (The King's hunt), Whoop do me no harm, good man, The Queen's commands)*. Les plus belles de ces pages sont regroupées dans le *Parthenia of the maydenhead*, célèbre recueil du début du XVIIe siè-

---

* Voir, pour ces œuvres en particulier, *Guide de la musique symphonique*.

cle, essentiellement composé d'œuvres de Bull, Byrd et Gibbons. Le *Fitzwilliam Virginal Book* ne contient que deux pièces de Gibbons : les variations sur *The woods so wild* et une *Pavana*.

Si les fantaisies de Gibbons évoluent en sections imitatives, ses pavanes et ses gaillardes témoignent de sa science extraordinaire du contrepoint. Les célèbres **Lord of Salisbury Pavan and Galliard**, conservées dans le *Parthenia* sont de magnifiques morceaux empreints de grandeur. L'écriture contrapuntique de Gibbons paraît ici infaillible. La *Pavana* publiée dans le *Fitzwilliam Virginal Book* est moins intéressante.

Comme William Byrd, Orlando Gibbons compose des variations sur le thème **The woods so wild** (n° XL du *Fitzwilliam Virginal Book*) : il met ici en pratique tous les procédés d'écriture utilisés par les virginalistes pour faire briller leur faible instrument. Le thème est d'abord énoncé au superius dans une écriture polyphonique parfaite. Il revient au ténor surmonté d'un contrepoint de doubles croches à la main droite, contrepoint qui passe à la main gauche dans la variation suivante et supporte le thème au superius. Le quatrième épisode, à trois voix, précède une variation de virtuosité où les doubles croches ininterrompues de la main droite se heurtent au rythme immuable de la basse, — rythme rehaussé par la régularité des ornements continus qui s'affirment sur chaque temps. La figuration est déformée dans l'épisode suivant en valeurs longues (noires, blanches). La conclusion est annoncée par un déploiement brillant de doubles croches sur d'extraordinaires pédales de tonique, et la pièce se termine par un rappel du thème à la basse de la dernière variation à trois voix.

A. d. P.

ALEXANDRE GLAZOUNOV

Né à Saint-Pétersbourg, le 10 août 1865 ; mort à Neuilly-sur-Seine, le 21 mars 1936. A quatorze ans il fit la connaissance de Balakirev, puis celle de Rimski-Korsakov avec lequel il travailla à titre privé, — il n'étudia jamais dans aucun conservatoire. A seize ans il composait sa Première Symphonie. *A partir de 1882, il devint l'un des principaux membres du Groupe Belaiev, où sa musique de chambre était particulièrement appréciée. En 1884, il effectua un grand voyage en Europe et rencontra Liszt. En 1887, il aida Rimski-Korsakov à terminer et à orchestrer le* Prince Igor *de Borodine. Comme compositeur, Glazounov, resté toute sa vie conservateur et académique, s'est surtout exprimé à travers les genres de la symphonie, du ballet et du quatuor. Pianiste, mais non virtuose, il a laissé pour piano quelques compositions non dépourvues de mérites, mais à peu près oubliées aujourd'hui, — qui attestent d'une part l'influence romantique de Schumann, d'autre part celle du style national hérité du Groupe des Cinq : la suite* Sacha *(1883) ; trois* Études *(1890) ; un* Thème avec Variations *(1900, sur une mélodie populaire finlandaise) ; deux* Sonates *(si bémol mineur op. 74, et mi mineur op. 75, 1901) ; plusieurs* Préludes et Fugues *dans lesquels il se rapproche de Max Reger, et diverses miniatures, souvent remarquables par leur facture et par leur finition :* Prélude op. 25 *(1888, une pastorale russe fort semblable à certaines pièces de Liadov),* Grande valse de concert op. 41 *(1891),* Valse de salon op. 43 *(1893), deux* Poèmes-Improvisations *(1918),* Idylle *(1926). Ces dernières pièces attestent que Glazounov n'a pu ignorer l'évolution de Scriabine, — malgré ses réticences affichées envers ce dernier.*

Sonate n° 1, en si bémol mineur (op. 74)

Écrite en 1901, parfois encore jouée de nos jours, la *Première Sonate* reste probablement l'œuvre qui allie le plus grand intérêt technique à la qualité et à l'équilibre des idées.

Elle est en trois mouvements : 1. *Allegro moderato ;* 2. *Andante ;* 3. *Allegro scherzando,* — faisant se succéder une agitation fiévreuse traversée de cantilènes, une gravité paisible évoluant vers un *Appassionato* généreux, et un finale brillamment virtuose où la mélodie n'est pas oubliée pour autant.

A.L.

MIKHAIL GLINKA

Né à Novospasskoïe (province de Smolensk), le 1er juin 1804; mort à Berlin, le 15 février 1857. Né dans une famille de petite noblesse, cultivée, il fut familiarisé avec la musique dès son enfance, étudiant la flûte, le violon et le piano. A Saint-Pétersbourg, il prit quelques cours avec John Field, puis travailla avec Charles Meier. Son premier essai de composition furent des Variations *pour piano (ou harpe) sur un thème de Mozart (vers 1822). En 1830-1833 il séjourna en Italie, où il étudia l'art du bel canto et composa des cycles de variations sur des thèmes d'opéras italiens, puis à Berlin, où il fut l'élève de Siegfried Dehn en harmonie et contrepoint. Il mit le meilleur de lui-même dans ses deux opéras (*Une Vie pour le tsar, *1836, et* Rouslan et Ludmilla, *1842), dans ses deux fantaisies espagnoles et sa* Kamarinskaïa *pour orchestre, ainsi que dans ses mélodies. Les œuvres pour piano de Glinka appartiennent au domaine de la musique de salon et ont, dans l'ensemble, moins d'importance : agréables, souvent brillantes, elles ne présentent pas toujours une grande originalité. Outre les nombreux cycles de variations, on compte une trentaine de pièces diverses, écrites à différents moments de sa vie : mazurkas, valses, contredanses, polonaise, nocturne, boléro, tarentelle, barcarolle...*

Les cycles de Variations

Variations sur un thème de Mozart (*mi* bémol majeur) : commencées vraisemblablement vers 1822 ; c'est un petit cycle de cinq variations sur un thème pris dans la partie orchestrale du « Chœur et Danse des Esclaves » de *la Flûte enchantée.*

Variations sur la chanson russe « Au milieu de la plaine » (*la* mineur) : écrites en 1826 ; cinq variations sur une des romances russes les plus populaires de l'époque.

Variations sur un thème de l'opéra « Anne Boleyn » de Donizetti (*la* majeur) : écrites à Milan, en 1831. « Désirant entretenir une certaine notoriété que j'avais acquise, je me mis à écrire des pièces pour piano », a noté Glinka dans ses *Mémoires.* Le cycle comprend quatre variations et une coda. Le thème est la seconde partie de l'air de Percy, « Nel veder tua constanza », au deuxième acte, — la première partie servant d'intermède *(Andante)* entre les troisième et quatrième variations.

Rondino brillant sur un thème de l'opéra « Les Capulet et les Montaigu » de Bellini (*si* bémol majeur) : écrit à Milan, en 1831 ; le thème est « La tremenda ultrice spada ».

Variations sur un thème de l'opéra « Les Capulet et les Montaigu » (*ut* majeur) : écrites en 1832. Trois variations sur l'air de Tybalt « L'amo, l'amo, e a me più cara ». Comme dans le cycle sur un air d'*Anne Boleyn*, c'est la seconde partie du thème qui est utilisée pour les variations, — la première partie servant d'intermède *(Andante mosso)* entre les variations 2 et 3.

Par la suite, Glinka lui-même ne fit pas grand cas de ces compositions de circonstance : « Toutes les pièces que j'avais écrites pour plaire aux milanais et qui furent éditées dans une fort belle présentation par Giovanni Ricordi m'avaient convaincu que je n'étais pas sur ma voie, et qu'en toute sincérité je ne pouvais être italien ». *(Mémoires).*

Variations sur « le Rossignol » d'Alabiev : écrites à Berlin en 1833, sur la romance la plus populaire du compositeur, qui fut un contemporain de Glinka. Pianistiquement, elles ne soutiennent guère la comparaison avec l'arrangement de Liszt.

Variations sur un chant écossais (*fa* majeur) : écrites en 1847. Deux variations et finale. Le thème, en fait, n'est pas écossais, mais irlandais : il fait partie du recueil *Irish melodies* de Stevenson et Thomas Moore. Il avait été utilisé par Flotow dans l'opéra *Martha*, d'après lequel Glinka le connaissait.

Pièces diverses

Parmi elles, on retiendra la *Valse-fantaisie* (*si* mineur), avec quelques intonations orientalisantes dans la mélodie (1839)* ; la *Tarentelle* (*la* mineur), assez spirituelle, qui est un arrangement de la chanson populaire « Un bouleau se dressait dans le champ » (1843) ; la *Mazurka en ut mineur*, au ton particulièrement élégiaque (1843) ; le *Souvenir de mazurka* (*si* bémol majeur), remarquable par ses modulations et ses ornements, et qui porte en épigraphe un vers de Métastase, « Sans illusions, adieu la vie » (1847) ; la *Barcarolle en sol majeur*, avec son thème parsemé d'acciacatures à intervalles de dixième (1847). Ces deux dernières pièces ont été éditées ensemble sous le titre « Salut à la Patrie ».

A.L.

LOUIS MOREAU GOTTSCHALK

Né en 1829, à La Nouvelle-Orléans (Louisiane) ; mort le 18 décembre 1869, à Tijuca (Rio de Janeiro). Celui qui fut surnommé — non sans emphase — « le Chopin des Amériques » fut un enfant prodige du piano que son père, un homme d'affaires britannique, envoya en 1842 à Paris pour compléter son éducation musicale : fixé pendant dix ans en France, Gottschalk fut l'élève de Charles Hallé et de Camille Stamaty, et le condisciple, chez l'un d'eux, de Saint-Saëns. Il commença sa carrière de pianiste vers 1844, — éblouissant les salons parisiens, et jusqu'à Chopin (qu'il interprétait couramment). Berlioz, un moment son professeur, fut également sensible à l'art du pianiste, devenu compositeur avec ses propres œuvres, — morceaux de genre brillants et très « romantiques » inspirés des rythmes afro-américains et d'airs du folklore natal. De retour aux États-Unis, son succès fut immense, et, durant la Guerre de Sécession, Gottschalk donna près d'un millier de récitals au bénéfice des hôpitaux et des victimes civiles : ainsi affirma-t-il ses convictions abolitionnistes. Une affaire de mœurs le contraignit à s'exiler ensuite en Amérique du Sud, où il reprit ses tournées, avant d'être emporté en pleine activité, au Brésil, par une péritonite. Ses nombreuses pièces pour piano, longtemps oubliées, ont été redécouvertes assez récemment : l'inspiration est courte, mais leur charme agit encore. Il n'est pas déshonorant de les écouter avec nostalgie, avec la sympathie qu'inspira en son temps ce musicien dilettante. Il est à noter que Gottschalk écrivit aussi deux symphonies (dont une Symphonie exotique*) et deux opéras.*

L'œuvre de piano

Comme on l'a compris, le piano de Gottschalk n'a d'autre prétention que de plaire ; il n'en faut pas conclure à l'insignifiance. Sa virtuosité, parfois redoutable et qui exige de tout interprète un engagement technique sans réticences, est typique d'une grande partie de la littérature pianistique dans la première moitié du XIXe siècle. Son originalité tient à la double influence européenne — abondance des formules empruntées à Chopin et à Liszt — et du folklore créole (agrément mélodique, frénésies rythmiques).

Une des pièces les plus remarquables est cette « paraphrase de concert sur des airs nationaux » intitulée **The Union** (op. 48), écrite sous le coup de la nouvelle de l'assassinat de Lincoln, dans laquelle le compositeur déchaîne au clavier des orages tout à fait lisztiens. Autre morceau intéressant — chopinien celui-ci —, la *Mazurka*, d'un style délié, sans afféterie. Mais sont à citer plus particulièrement — car marquées d'un exotisme qui fit leur succès — ces pages d'une vie frémissante, parfois d'une poésie simple et attachante, que sont *la Savane* ou *le Mancenillier* (deux ballades

---

* Orchestrée par la suite : v. *Guide de la musique symphonique*.

créoles), *Bamboula* (danse nègre) ou *le Bananier* (chanson nègre). D'autres sont plus « pittoresques », moins mystérieuses, d'un propos évocateur trop évident, — par là même plus anodines : *Souvenir d'Andalousie* et *Minuit à Séville* (qui n'anticipent guère sur ce qu'offriront d'autres compositeurs dans le genre hispanisant), ou *The Banjo* et **Souvenir de Porto-Rico**. On peut s'arrêter un instant sur cette dernière pièce pour comprendre ce qui enthousiasma les auditoires du pianiste : présentation d'un rythme entraînant et fortement syncopé, sur lequel s'établit une ligne mélodique nette et détachée, ensuite sujette à variations par « couplets », sollicitant momentanément l'aigu scintillant du clavier et provoquant l'avalanche de petites notes acérées ; retour conclusif à la base rythmique initiale ; le langage harmonique est fruste ; mais un « parfum » se dégage, et prévaut une bonne humeur quasi facétieuse. Bref, quelques minutes d'une musique sûrement « facile », mais non point indifférente.

On mentionnera, pour achever ce bref aperçu, deux pièces qui captivèrent également l'attention des publics parisien et américain : la première titrée *The Dying Poet* (« le Poète mourant »), non dénuée de sentimentalité à la mode ; la seconde pompeusement intitulée *Battle cry of freedom*, « Grand caprice de concert d'inspiration patriotique », — profession de foi énergique d'un musicien engagé dans le combat anti-esclavagiste. Ne parlons surtout pas de chefs-d'œuvre, mais, à certains égards, de témoignages qui ont leur place dans l'histoire de la musique de piano.

F.R.T.

ENRIQUE GRANADOS

Né à Lerida (Catalogne), le 27 juillet 1867; mort en mer (dans la Manche), le 24 mars 1916. Son nom complet fut Don Enrique Granados y Campina. Après des études à Barcelone avec Pujol pour le piano, avec Pedrell pour la composition, il suivit à Paris l'enseignement de Bériot. Un premier récital en 1890 à Barcelone inaugura sa très brillante carrière de pianiste en Europe et aux États-Unis. Simultanément, le compositeur se fit remarquer avec son opéra Maria del Carmen *(1898), ses mélodies (les* Tonadillas, *en 1914), et, surtout, ses nombreuses pièces pour piano, — dont les plus fameuses,* Goyescas, *furent adaptées pour un opéra du même nom. La création de ce dernier, empêchée à Paris par la guerre, eut lieu à New York en janvier 1916 : vif succès. C'est au retour des États-Unis que Granados périt avec sa femme dans le torpillage par un sous-marin allemand du paquebot qui le ramenait en Europe. Ses succès de virtuose (et d'extraordinaire improvisateur), sa musique pour piano avaient attiré l'attention de l'Europe sur l'Espagne : et, cependant, Granados, de culture romantique (influences de Chopin, de Schumann, de Grieg, voire de Liszt), n'est pas vraiment un représentant de l' « hispanisme » comme Albeniz, ou comme Falla. Il s'est tourné plus vers l'Espagne galante du XVIIIe siècle que vers un folklore authentique, — dont il ne conserve que les tournures et les rythmes essentiels. A ce titre, les* Goyescas *sont exemplaires d'un art à mi-chemin entre la confession lyrique, toute personnelle, et l'expression de l'âme profonde d'un pays, secrète et non immédiatement perceptible par qui lui est étranger.*

Les détracteurs de Granados, cependant, ne sont pas rares, — qui l'estiment fade et superficiel, trop souvent prisonnier de sa virtuosité pianistique, et lui font grief de ne pas égaler son aîné Albeniz. Grief en partie justifié : s'attachant à l'ornementation, à la ciselure de la phrase, n'évitant pas certaines maladresses techniques, Granados n'est pas un très grand musicien, et — à la différence d'Albeniz — n'est en rien novateur (on a peine à l'imaginer contemporain d'un Debussy !). Mais sa sensibilité nerveuse, sa grâce un peu mélancolique, sa générosité mélodique, la diversité de tons qu'il sait introduire dans ses meilleures pièces, — il y a bien là les qualités d'un talent particulier qu'on ne saurait lui dénier.

Préalablement aux *Goyescas*, s'impose la

présentation de deux recueils intéressants quoique de moindre renommée, — les *Danses espagnoles* et les *Scènes romantiques*, partitions qu'on qualifiera « de jeunesse » dans la mesure où s'y sent un compositeur encore novice, où rien n'y semble parfaitement abouti.

Danses espagnoles

Il s'agit d'une suite de douze pièces brèves écrites entre 1892 et 1900, dont la publication parisienne attira particulièrement l'attention de musiciens tels que Saint-Saëns, Grieg ou César Cui : la réputation de Granados pianiste était grande, celle du compositeur s'installa... « Toutes les provinces péninsulaires ou presque sont représentées dans les *Danses espagnoles*, chacune évoquée en son mélos caractéristique avec une incroyable richesse thématique... Aucun emprunt, mais une étonnante diversité de ton dont les expressions contrastées se fondent dans la même aura populaire, d'une vérité au-delà de la ressemblance » (Christiane Le Bordays)*. Ce jugement — bien que trop généreux à notre goût — met l'accent sur l'inspiration ibérique du recueil. Stylistiquement, c'est néanmoins un romantisme acquis qui prévaut, — avivé des rythmes et des couleurs crues que proposent les *Danses* évoquées. Ces douze pièces s'instituent successivement :
1. *Minuetto* (qui est un *Allegro*) ; 2. *Oriental (Andante)* ; 3. *Zarabanda* (un *Energico* en *ré* majeur) ; 4. *Villanesca (Allegretto alla pastorale)* ; 5. *Andaluza*, ou *Plazera (Andantino quasi allegretto)* ; 6. *Rondalla aragonese (Allegretto poco a poco accelerando* en *ré* majeur) ; 7. *Valenciana (Allegro airoso)* ; 8. *Asturiana (Assai moderato* en *ut* majeur) ; 9. *Mazurca (Molto allegro* en *si* bémol mineur) ; 10. *Tonadilla* « *Danza triste* » *(Allegretto)* ; 11. *Zambra (Largo a placer* en *sol* mineur) ; 12. *Arabesca (Andante* en *la* mineur).

De toutes, l'*Andaluza (nº 5)*, avec sa mélodie intensément nostalgique, est restée la pièce la plus célèbre, au répertoire même des guitaristes, voire dans un arrangement pour violon et piano. La *Danse triste (nº 10)* lui cède de peu en réputation (également monopolisée par les guitaristes). Mais il faut écouter plus spécialement les pièces — peut-être plus originales — faisant référence à la musique arabe *(Oriental, Asturiana)* ou à l'ancienne musique de cour espagnole (la belle et sobre *Villanesca*).

Scènes romantiques

Cette suite de six pièces, qu'on date sans absolue certitude de 1904, a été conçue comme un hommage à Chopin, — dont Granados subit l'influence indélébile. Il n'y faut pas voir l'œuvre, toutefois, d'un simple admirateur ou d'un pur épigone : le « tempérament » ibérique — dont Granados se réclamait — est bien présent, et colore ces confessions que sont les *Scènes romantiques* d'un hispanisme à la fois délicat et passionné.

La première pièce — *Mazurca* —, d'expression mélancolique, se signale d'emblée par sa souplesse de lignes et par une extrême mobilité harmonique, tandis que le *Recitativo y Berceuse* qui succède revêt un caractère de grande simplicité, sous forme de monodie très pure à travers laquelle passe un écho de danse ; la *Berceuse* elle-même, pleine de tendresse, comporte d'ailleurs une *copla* andalouse dont la passion ne s'épuisera que dans le calme conclusion. La troisième pièce était originellement sans désignation : Granados lui attribua par la suite celle de *El poeta y el ruiseñor* (« Le poète et le rossignol »), — qui annonce sans équivoque le titre d'une pièce des *Goyescas*. Des *Goyescas* on est, ici, déjà le plus proche : ample espace sonore, sensibilité passionnée, — avant qu'une conclusion modulante, agrémentée de trilles, n'apporte une sorte de paix limpide. Le bref *Allegretto (Pequena danza)* qui suit n'est qu'une pièce mineure, dans l'esprit d'une mazurka chopinienne. Au contraire, l'*Allegro appasionato*, qui peut faire évoquer Schumann, donne le pas à certaine virtuosité, en giboulées de notes traduisant des élans pulsionnels, — tandis que l'*Epilogo* final *(Andantino spianato)*, éminemment poétique, s'épanouit en un chant d'un lyrisme serein.

Goyescas

Ce grand recueil — qui comporte à coup sûr les plus belles pièces pour piano de Granados — fut créé par le compositeur en mars 1911. Aux six pièces d'origine vint ensuite s'ajouter une septième, *El Pelele*, qu'on intercale d'ordinaire en cinquième

---
* C. Le Bordays, *La musique espagnole* (Presses Universitaires de France, coll. « Que sais-je ? », Paris, 1977).

position. Inspirées par des peintures de Goya exposées au musée du Prado, à Madrid, elles furent globalement sous-titrées *Los Majos enamorados* (« Les Jeunes Gens amoureux ») : en fait, c'est au Goya de *Los Caprichos*, à l'évocation d'une Espagne de la fin du XVIIIe siècle, galante et frivole, que Granados entendait se référer. Il « visualisa » chacune de ses pièces sous forme de scènes de comédie, — au point d'en effectuer des croquis, puis même des projets de décors pour l'adaptation théâtrale qu'il réalisa plus tard (c'est — nous l'avons dit — en rentrant de New York où se fit la création de l'opéra, en janvier 1916, que le compositeur périt en mer). Si les scènes lyriques n'ont pas adopté — un peu à tort — ces *Goyescas*, c'est dans leur traduction pianistique qu'elles survivent et perpétuent le plus largement le nom du musicien. Celui-ci en disait lui-même : « Je voudrais donner dans les *Goyescas* une note personnelle, *un mélange d'amertume et de grâce**, et je désirerais qu'aucune de ces phases ne l'emportât sur l'autre dans une atmosphère de poésie raffinée... Le rythme, la couleur et la vie nettement espagnole, la note de sentiment aussi soudainement amoureuse et passionnée que dramatique et tragique, ainsi qu'elle apparaît dans toute l'œuvre de Goya. »

1. LOS REQUIEBROS (« Les compliments ») : cette première pièce est l'une des plus difficiles d'exécution, — par l'abondance presque excessive de ses notes d'ornement, de ses virtuoses arabesques, et de tous ces mordants qui l'ont fait rapprocher de la « manière » d'un Domenico Scarlatti ou d'un Soler. L'esprit est celui de la galanterie, qui prend la saveur des *tonadillas* — ces mélodies dont Granados fit son miel —, et dont s'inspirent les deux motifs, très variés, sur la base rythmique d'une *jota* : le premier d'une grâce exquise, un peu précieuse ; l'autre plus fantaisiste et vivement rythmé. Tout, dans cette page inaugurale, respire d'une liberté qui semble pure improvisation, et néanmoins ingénieusement contrôlée.

2. COLOQUIO EN LA REJA (« Colloque dans la rue ») : il faut comprendre « entretien à la fenêtre grillagée ». « Toutes les basses imitant la guitare », a précisé le compositeur, — pour cette conversation amoureuse où s'interpellent et se répondent les voix masculine et féminine. Maints commentateurs ont fait remarquer que s'y

* C'est nous qui soulignons.

établit un climat doublement instrumental et vocal : si l'on ne peut affirmer qu'il soit véritablement passionné, c'est qu'il alterne insidieusement fougue, exaltation, et sentimentalité, résignation. Cette oscillation permanente en crée l'intérêt, — le fond rythmique étant prioritairement celui d'une *copla*.

3. EL FANDANGO DE CANDIL (« Le fandango à la clarté des lampes ») : « scène chantée et dansée », indique Granados. Mais la danse l'emporte, — qui trouve son origine dans les populaires *Currutacas modestas*, avec leurs rythmes âpres, obstinés. Les sonorités guitaresques sont omniprésentes, et ces claquements de castagnettes produits par la découpe percutante de triolets. On retrouve deux thèmes, — dont une effusive *malagueña* (donc apparentée au fandango) laissant, au centre de la pièce, s'épancher une mélodie d'un chaud lyrisme : ce ne peut qu'être la mélodie des aveux et de l'union des amants.

4. QUEJAS, O LA MAJA Y EL RUISEÑOR (« Complainte, ou la jeune fille et le rossignol ») : on tient communément ce morceau pour le chef-d'œuvre de Granados, — qui crut nécessaire d'en préciser le climat émotionnel : « Avec la jalousie d'une femme et non avec la tristesse d'une veuve. » En dépit de sa mélancolie rêveuse, c'est donc la passion que l'on sent sourdre, vivante, dans l'inassouvissement « expressif » de ces notes ornementées — grupettos, mordants — qui racontent la « plainte » de la *maja* :

Il faut entendre aussi les murmures de la nuit, sentir ses parfums, dans cette page richement harmonisée, — que viennent conclure les trilles du rossignol qui répond à l'amoureuse, sans rompre les enchantements d'un « nocturne » pianistiquement raffiné.

5. EL PELELE (« Le mannequin ») : qui ne connaît la célèbre toile de Goya ? Les soubresauts du pauvre pantin de chiffon qui rebondit dans l'air sont traduits avec une grâce ironique et un brio très efficace — petites notes véloces, octaves alternées —,

qui font de cette page l'une des plus populaires de la série.

6. EL AMOR Y LA MUERTE (« L'Amour et la Mort ») : c'est une *Balada* — ballade — dans laquelle dominent les accents dramatiques, — sur l'indication *Molto espressivo e come una felicità nel dolore* (« comme du bonheur dans la douleur »). Cette pièce, assez longue, peut-être trop répétitive, utilise des thèmes entendus précédemment (hormis ceux d'*El Pelele*, — puisque de composition plus tardive), qui en multiplient les éclairages. Triste et lancinante réminiscence de l'un d'entre eux ; puis quelques sombres accords signifiant les arrêts tragiques de la Mort. Et des sonorités de glas, très étouffées, marquent le terme de cette pièce d'une grande simplicité d'écriture.

7. SERENATA DEL ESPECTRO *(Epilogo)* : « Sérénade du spectre », — en un allegretto qui emprunte, sur de brefs accords staccato, un rythme de *copla.* Le spectre — un galant tué en duel et qui revient sous les fenêtres de sa belle — donne une sérénade vengeresse, que parcourent les thèmes fantomatiques de sa passion défunte. Évocation mystérieuse et inquiétante, sorte d'eauforte où se préfigure la ravélienne *Alborada del gracioso,* — réduite finalement aux pincements guitaresques que suggère un piano capricieux, quelque peu satanique, volontairement inexpressif.

Œuvres diverses

Il paraît équitable de compléter cette description des partitions majeures par la mention de pièces diverses — généralement œuvres « de jeunesse » — qui ne bénéficient pas toutes d'un même renom.

Si les dix numéros des *Cuentos de la juventud* (« Contes de la jeunesse », écrits de 1902 à 1906) peuvent s'oublier, bien que les sept pièces constituant les *Valses poétiques,* l'**Allegro de concert** (1904), auquel s'attache une réputation de superficialité, ne doit pas être tout à fait négligé : c'est une page de haute virtuosité, rendue célèbre naguère par un José Iturbi, qui s'écoute sans y quérir la moindre émotion, mais s'avère en fin de compte remarquablement composée.

Mais, surtout, l'on découvrira avec intérêt les six **Pièces sur des chants populaires espagnols,** beaucoup trop ignorées : conçues dans l'esprit des plus fameuses *Danses espagnoles* (v. plus haut), elles sont aussi plus dépouillées, d'un pianisme autrement discipliné. S'y remarquent en particulier la brillance rythmique, la luminosité de coloris de pièces telles que *Vascongada* ou *Zambra,* — évocations pleines de charme d'un hispanisme « à fleur de peau », par là même plus subtilement enivrant.

F.R.T.

EDVARD GRIEG

Né à Bergen, en Norvège, le 15 juin 1843 ; mort dans la même ville, le 4 septembre 1907. Il aborda très jeune l'étude du piano avec sa mère et, en 1858, fut envoyé au Conservatoire de Leipzig pour se perfectionner : il y fut l'élève, notamment, de Moscheles et de Reinecke, et y entendit le Concerto pour piano de Schumann interprété par Clara. Parti en 1863 pour Copenhague où il reçut les conseils de Niels Gade, c'est surtout sa rencontre avec son compatriote Richard Nordraak qui se révéla décisive : celui-ci lui fit découvrir le folklore norvégien, et tous deux, en collaboration avec le danois C.F. Emil Horneman, créèrent l'éphémère groupe Euterpe, — en réaction contre l'influence allemande. Rentré définitivement en Norvège, Grieg s'installa à Christiana (Oslo), où il fonda en 1867 l'Académie norvégienne de musique : sa lutte pour un art national serait reconnue dans son propre pays, et révélée à l'étranger par Liszt dès 1870. Ensuite, l'existence du musicien se partage entre la composition, l'organisation de la vie musicale en Norvège, et de nombreuses et triomphales tournées de concerts — comme pianiste et comme chef d'orchestre — dans la plupart des pays d'Europe (rencontres de Liszt, Wagner, Brahms, Tchaïkovski...). Il s'éteindra dans les premières années du siècle, épuisé physiquement par ces incessants voyages. Plusieurs malentendus entourent l'œuvre de Grieg, — car le très illustre Concerto en *la mineur donne l'image d'un compositeur mélodiquement doué, mais facile et un peu fade. Or, Grieg — véritable maître de la « petite forme » —*

manifeste ailleurs sa personnalité : dans ses innombrables mélodies, et dans ses pièces pour piano dont le catalogue n'est pas moins fourni. A cet égard, c'est non seulement la perfection de l'écriture pianistique qu'il faut admirer, mais l'audace des harmonies (qui annoncent parfois certain impressionnisme), ainsi que l'authenticité — et la sincérité — de l'inspiration « populaire » filtrée par une fine sensibilité, essentiellement lyrique. Rien, donc, de ces pièces de salon « fin de siècle », comme on s'est longtemps plu à le faire croire.

L'œuvre de piano

En préalable à la présentation de certaines de ces œuvres pour piano, il semble fort utile d'en dresser un inventaire complet (n'exceptant que quelques pièces de prime jeunesse, ou des transcriptions d'intérêt très mineur). Ainsi se succédèrent selon leurs numéros d'opus (respectant généralement la chronologie) : *Quatre pièces, op. 1* (année de composition : 1861) ; six *Images poétiques, op. 3* (1863) ; quatre *Humoresques, op. 6* (1865) ; une *Sonate en mi mineur, op. 7* (1865) ; la *Marche funèbre à la mémoire de Richard Nordraak*, sans n° d'opus (1866) ; huit *Pièces lyriques (Cahier I), op. 12* (1867) ; vingt-cinq *Chants et Danses populaires norvégiens, op. 17* (1870) ; trois *Scènes de la vie populaire, op. 19* (1872) ; une *Ballade en forme de variations sur un air populaire norvégien, op. 24* (1875) ; six *Mélodies montagnardes norvégiennes*, sans n° d'opus (c. 1875) ; quatre *Feuilles d'album, op. 28* (1864-1878) ; deux *Improvisations sur des chants populaires norvégiens, op. 29* (1878) ; quatre *Danses norvégiennes* pour piano à quatre mains, *op. 35* (1881) ; deux *Valses-caprices* pour piano à quatre mains, *op. 37* (1883) ; huit *Pièces lyriques (Cahier II), op. 38* (1883) ; *Au temps de Holberg*, suite *op. 40* (1884) ; six *Pièces d'après des mélodies originales, op. 41* (1885) ; six *Pièces lyriques (Cahier III), op. 43* (1886) ; sept *Pièces lyriques (Cahier IV), op. 47* (1887-1888) ; des *Variations sur une mélodie ancienne norvégienne* pour deux pianos, *p. 51* (1891) ; six *Pièces d'après des mélodies originales, op. 52* (1891) ; six *Pièces lyriques (Cahier V), op. 54* (1891) ; six *Pièces lyriques (Cahier VI), op. 57* (1893) ; six *Pièces lyriques (Cahier VII), op. 62* (1895) ; quatre *Danses symphoniques* pour piano à quatre mains, *op. 64* (1898) ; six *Pièces lyriques (Cahier VIII), op. 65* (1896) ; dix-neuf *Chants populaires norvégiens, op. 66* (1896) ; six *Pièces lyriques (Cahier IX), op. 68* (1898) ; sept *Pièces lyriques (Cahier X), op. 71* (1901) ; dix-sept *Danses paysannes norvégiennes, op. 72* (1902) ; sept *Impressions, op. 73* (1905) ; trois *Pièces pour piano* (publication posthume)... Ensemble considérable — on le voit —, d'une exceptionnelle continuité, et dont maint recueil, en particulier les dix cahiers de *Pièces lyriques*, comporte de petits chefs-d'œuvre. Au prix d'une inévitable sélection, nous en présentons ci-après le plus essentiel.

Qu'il nous soit permis, tout d'abord, de citer un peu longuement Louis Aguettant[*], qui sut cerner les trais de cette musique si directement évocatrice de tout un pays : « Grieg est le type même des musiciens qui s'appuient sur le folklore, non seulement musical mais poétique. On sent que toute la vie familière de la Norvège vit dans son imagination... Sa musique est hantée d'êtres fantastiques qui voltigent, bondissent ou sautillent, bons ou mauvais génies, elfes, trolls, nains et géants ; comme cadre à tout cela, la nature norvégienne avec des champs de neige, de profondes forêts de sapins, les fjords et la mer au loin... De tout cela se dégage une poésie spéciale, timide, frileuse, qui a une fraîcheur virginale et sauvage, une poésie à la fois intime et visionnaire comme celle des *Contes* du danois Andersen. » Et, quant aux formes et techniques musicales qui s'en déduisent, le même auteur commente : « Les rythmes sont tantôt fluides et souples, se prêtant au rubato et correspondant à la fantaisie et au rêve sentimental ; tantôt francs et carrés, empruntés aux danses populaires : le springdans à trois temps, le halling à deux temps... Les mélodies sont originales, et leur mode flotte parfois entre le majeur et le mineur ; les unes sont très ingénument diatoniques, les autres très nuancées de chromatisme... L'harmonie est dérivée nettement de ces mélodies ; elle est très personnelle, audacieuse pour le temps, presque géniale. Grieg fait un usage hardi des notes de passage et des appoggiatures chromatiques, amenant des accords altérés nombreux et une harmonie dissonante assez neuve. » Ces caractéristiques, entre autres, nous les rencontrerons à peu près sans discontinuer dans toutes les œuvres décrites ci-dessous.

---

[*] L. Aguettant, in : *La musique de piano des origines à Ravel* (Albin Michel, Paris, 1954).

Pièces lyriques (op. divers)

Ce sont les *Pièces lyriques* — au moins quelques-unes d'entre elles — qui ont le mieux contribué à faire connaître dans le monde l'art pianistique de Grieg. Et à établir une réputation, qui est justifiée, de « miniaturiste » (sans valeur dépréciative). S'il est certain qu'elles cultivent à souhait un genre parent de celui des mendelssohniennes *Romances sans paroles* (c'est d'ailleurs à Mendelssohn, un peu à Schumann également, qu'on songera en écoutant bon nombre d'entre elles), leur facture concise, d'une éloquence tournant court parfois, et leur brièveté — une page, deux pages tout au plus — n'excluent pas les richesses de l'invention mélodique, et, plus particulièrement, d'une écriture harmonique propre à les sauver de la banalité. Leur composition — dix cahiers complets, soixante-six pièces au total — s'étend de 1867 (à vingt-quatre ans, Grieg est encore au Danemark et subit maintes influences du Romantisme allemand) à l'année 1901 (à cinquante-huit ans, le compositeur a pratiquement achevé son œuvre). Les *Pièces lyriques,* dans la production pianistique de Grieg, forment une sorte de fil conducteur : le piano — instrument de prédilection — y est souvent un confident familier de sentiments intimes, de brusques émotions ; ou l'outil qui permet de peindre des scènes, des épisodes quotidiens ; ou encore le traducteur privilégié des impressions ressenties devant la nature (comme beaucoup de musiciens nordiques ou slaves, Grieg éprouve des joies « panthéistes »), et surtout au contact des manifestations foisonnantes du folklore national.

L'énumération qui suit des soixante-six pièces réparties en cahiers pourra sembler fastidieuse ; elle s'impose néanmoins au lecteur-auditeur désireux de repères lorsque l'occasion se présentera d'écouter tel ou tel morceau (les pianistes, aujourd'hui, n'en fréquentent que peu, — avec toutefois une préférence pour quelques cahiers). Les *Pièces lyriques* nous paraissant les plus dignes d'attention sont sommairement commentées.

a. *Cahier I (op. 12)* : il date de 1867, et comporte huit pièces : 1. *Arietta* ; 2. *Valse* ; 3. *Chant du gardien de nuit* ; 4. *Danse des fées* ; 5. *Chant populaire* ; 6. *Mélodie norvégienne* ; 7. *Feuille d'album* ; 8. *Chant national* (ce dernier numéro arrangé pour voix mixtes, sur un texte de Bjornson, en 1868).

Cahier déjà caractéristique de la « manière » à venir de l'auteur de *Peer Gynt,* avec ces quelques pièces d'atmosphères contrastées, d'un clair-obscur un peu sentimental ou joyeusement exubérantes, et d'exécution « facile ». L'*Arietta* est une mélodie rêveuse, tournée vers Schumann. Si la *Valse* en *la* mineur a peu de caractère, beaucoup plus remarquable s'avère le *Chant du gardien de nuit,* grave choral qu'interrompt une sorte d'intermezzo nocturne. Quant à la courte *Danse des fées,* on notera dès les premières mesures la juxtaposition « irréelle » de tonalités telles que *mi* mineur et *ut* majeur sur le tourbillon de petites notes rapides et ailées (le Mendelssohn du *Scherzo de la reine Mab* n'est pas bien éloigné !). Le *Chant populaire* et la *Mélodie norvégienne* se signalent par leurs rythmes robustes, et l'insouciante *Feuille d'album* par ses figures évanescentes de triolets ; enfin le *Chant national,* d'une lenteur hymnique, progresse avec conviction par grands accords majestueux.

b. *Cahier II (op. 38)* : de 1883, — soit après une interruption d'une quinzaine d'années (alors que les Cahiers suivants paraîtront selon une régulière périodicité). Il y a huit numéros également : 1. *Berceuse* ; 2. *Chant populaire* ; 3. *Mélodie* ; 4. *Halling* ; 5. *Springdans* ; 6. *Élégie* ; 7. *Valse* ; 8. *Canon.*

A signaler, surtout, la *Berceuse,* d'une chaude intimité, aux harmonies envoûtantes. Les autres pièces ne sont pas mémorables.

c. *Cahier III (op. 43)* : de 1886, avec six pièces : 1. *Papillon* ; 2. *Voyageur solitaire* ; 3. *Au pays natal* ; 4. *Petit oiseau* ; 5. *Érotique* ; 6. *Au printemps.*

Cahier généralement aimé des pianistes pour la légèreté, l'élégante perfection de *Papillon* ou de *Petit oiseau* ; pour la qualité mélodique d'*Érotique* (malencontreusement titré, — il s'agit en fait d'un très beau chant d'amour). *Au printemps* n'a pas moins de charme spontané.

d. *Cahier IV* (op. 47) : de 1887-88, et comprenant sept titres : 1. *Valse-Impromptu* ; 2. *Feuille d'album* ; 3. *Mélodie* ; 4. *Halling* ; 5. *Mélancolie* ; 6. *Springdans* ; 7. *Élégie.*

A remarquer, surtout, la *Valse-Impromptu* juxtaposant le mode mineur à la mélodie en majeur.

e. *Cahier V (op. 54)* : de 1891, avec six numéros : 1. *Le Berger* ; 2. *Gangar (Marche de paysans norvégiens)* ; 3. *Cortège de trolls* ; 4. *Notturno* ; 5. *Scherzo* ; 6. *Sonnerie de cloches.*

On remarquera, ici, le mélancolique *Berger,* aux chromatismes plaintifs (pièce orchestrée par Grieg, — outre une orchestration des autres pièces par le chef austro-hongrois Anton Seidl et qui constitua la *Suite lyrique*,* réinstrumentée sur le tard par le compositeur lui-même). A la rusticité du *Gangar,* le *Cortège de trolls* oppose sa

---

* V. *Guide de la musique symphonique.*

fantaisie burlesque, tandis que le *Notturno* sera comparé, par son atmosphère, au *Clair de lune* debussyste (composé la même année). Mais la pièce étonnante de ce Cahier est très certainement *Sonnerie de cloches*, remarquable construction sonore superposant des quintes justes, syncopées entre main gauche et main droite : l'influence des « Impressionnistes » français fut-elle ici déterminante ? (A l'époque, séjour de Grieg à Paris, à l'occasion d'une tournée de concerts.)

f. *Cahier VI (op. 57)* : de 1893, avec six pièces : 1. *Jours évanouis* ; 2. *Gade* ; 3. *Illusion* ; 4. *Secret* ; 5. *Elle danse* ; 6. *Mal du pays*.

Un Cahier « intimiste » ; trois pièces sont harmoniquement intéressantes : *Jours évanouis*, *Illusion* et *Secret*.

g. *Cahier VII (op. 62)* : de 1895, avec six numéros : 1. *Sylphe* ; 2. *Gratitude* ; 3. *Sérénade française* ; 4. *Le ruisseau* ; 5. *Vision en rêve (Fantôme)* ; 6. *Retour au pays*.

On remarquera, dans ce Cahier, les deux dernières pièces : *Fantôme* et ses infinies subtilités harmoniques ; *Retour au pays*, qui est dans la forme lied intercalant un rythme de danse, et dans lequel la quarte « lydienne » introduit toute son étrangeté.

h. *Cahier VIII* (op. 65) : de 1896, avec six titres : 1. *Des jours de jeunesse* ; 2. *Chant de paysan* ; 3. *Mélancolie* ; 4. *Salon* ; 5. *Dans le style d'une ballade* ; 6. *Jour de noces à Troldhaugen*.

Deux pièces notables, au moins : *Mélancolie*, de couleurs sombres, dans la manière du tout premier Scriabine ; et l'éclatant *Jour de noces*, — pièce réputée d'ailleurs, pleine de bruits de fête.

i. *Cahier IX (op. 68)*, de 1898, avec six numéros : 1. *Chœur de marins* ; 2. *Menuet de grand-mère* ; 3. *A tes pieds* ; 4. *Soir en haute montagne* ; 5. *Berceuse* ; 6. *Valse mélancolique* (*Soir en haute montagne* fut arrangé par Grieg pour hautbois, cor et cordes, la *Berceuse* pour orchestre à cordes).

Sont à signaler les richesses harmoniques de *Soir en haute montagne* et, plus spécialement, de la *Valse mélancolique* avec ses fréquents accords de neuvième et de treizième.

j. *Cahier X (op. 71)* : de 1901, et comprenant sept titres : 1. *Il était une fois* ; 2. *Soir d'été* ; 3. *Kobold* ; 4. *Paix des bois* ; 5. *Halling* ; 6. *Passé* ; 7. *Souvenirs*.

Parmi ces pièces ultimes, peuvent retenir l'attention : *Paix des bois*, d'essence impressionniste, *Passé* et ses tensions chromatiques, — tandis que *Souvenirs* referme le « cycle » des *Pièces lyriques*, harmonisant, sur un trois temps un peu nostalgique, le thème de l'*Arietta* qui ouvrait le premier Cahier ; tout s'évanouit, par modulations, en une sorte d'interrogation dans le pianissimo.

ŒUVRES DIVERSES

Quatre Pièces (op. 1)

Partition précoce, écrite au moment des études au Conservatoire de Leipzig (1861), et située, en grande partie, dans la descendance des *Phantasiestücke* de Schumann (c'est d'ailleurs ce titre qu'elle porta d'abord). Cependant, nulle servile imitation : le jeune Grieg y affirme un talent certain, qui sait utiliser notamment les vastes accords chromatiques et tirer parti de leurs altérations, de leur tension interne, — tandis que s'avoue une prédilection qui ne fera que croître pour les rythmes de danses traditionnelles. Ne citons pour exemple que la quatrième pièce, *Allegro con moto*, bâtie sur un rythme de *gangar*, — danse de procession campagnarde. Les trois pièces précédentes sont indiquées : *Allegro con leggerezza*, *Non allegro e molto espressivo*, *Mazurka*.

Six Images poétiques (op. 3)

Deux ans plus tard, en 1863, Grieg est au Danemark, où il rencontre en particulier son compatriote Richard Nordraak (v. plus loin, *Marche funèbre*) : sous l'influence de ce dernier, voici la naissance d'un groupe d'œuvres où l'art pianistique de Grieg s'élargit tout en se « folklorisant », et surtout gagne en véritable lyrisme.

Seul le tout premier recueil échappe encore à l'emprise de Nordraak : ces *Images poétiques* sont dédiées à Benjamin Feddersen, l'hôte de Grieg pendant une partie de son séjour danois et bon musicien amateur. Épisodiquement influencées par Chopin (le *n° 4, Andante con sentimento*) ou par Mendelssohn (le *n° 6, Allegro scherzando*), elles sont plus encore tributaire de l'art d'un Niels Gade — sa discrète élégance, beaucoup de mièvreries —, et n'offrent donc pas une personnalité marquée.

Quatre Humoresques (op. 6)

Il en va tout autrement des *Humoresques*, écrites à Rungsted au début de l'été 1865, et dédiées à Nordraak dont elles portent la salutaire empreinte « nationaliste » ; le romantisme quelque peu salonnard qui affadissait les *Images poétiques* s'estompe au profit de la vraie couleur norvégienne, de ses rythmes, de ses rudes harmonies : rythmes de *springdans* notamment, imitations du rustique violon de Hardanger (accords de neuvième), emploi fréquent de notes pédalisées, utilisation déjà marquée d'agrégats sonores souvent dissonants, dans le registre grave du clavier.

Les quatre *Humoresques* ont successivement pour titres : *Tempo di valse, Tempo di Menuetto ed energico, Allegretto con grazia* et *Allegro alla burla* (cette dernière pièce sans doute la plus intéressante).

Sonate pour piano, en *mi* mineur (op. 7)

Composée la même année (1865), cette œuvre plus ambitieuse ne partage peut-être pas entièrement les mêmes qualités : elle semble parfois un retour à l'influence des danois Niels Gade (à qui elle est dédiée) et J. P. E. Hartmann, et à leur romantisme germanophile. En outre, Grieg ne se montre pas, ne se montrera jamais à l'aise dans le traitement des grandes formes.

Ceci est particulièrement sensible dans le finale de la *Sonate,* dont la construction paraît faible en dépit de son alacrité rythmique. Le mouvement initial, avec son thème principal présenté en canon, ne manque ni de force ni de fraîcheur : là encore, toutefois, les déficiences de la forme ne peuvent être masquées. Ce qu'on reprochera moins aux mouvements intermédiaires : le deuxième, un lent et pathétique *Andante molto,* pourrait préfigurer, par sa beauté mélodique, le mouvement central du fameux — beaucoup plus fameux — *Concerto en la mineur*; et le troisième mouvement, *Alla Menuetto,* ne manque pas de charme. L'œuvre, qui ne tente guère les pianistes*, se distinguerait-elle par de plus impérieuses qualités ? On les cherchera, pensons-nous, en vain...

Marche funèbre à la mémoire de Richard Nordraak, en *la* mineur
(sans n° d'opus)

En mars 1866, le compositeur norvégien Richard Nordraak — il n'a que vingt-deux ans — meurt à Berlin : « Lorsque je connus le jeune Nordraak, il me tomba des écailles des yeux. J'appris à connaître nos chants du Nord, j'entrai dans une voie nouvelle... » Grieg (il n'avait alors lui-même que vingt-trois ans) perdit donc plus qu'un ami, un « guide » ; il reçut la nouvelle à Rome en avril suivant, et composa immédiatement cette *Marche funèbre,* d'une grande émotion, et qui présente de nouvelles qualités, — d'écriture harmonique, parfois singulièrement hardie. Le beau thème de déploration du *Lento* central, d'écriture modale, mérite quant à lui une citation :

A noter qu'une transcription pour orchestre de cuivres fut réalisée par l'auteur.

Vingt-cinq Chants et Danses populaires norvégiens (op. 17)

En 1867 intervint la composition d'un premier cahier des *Pièces lyriques* (v. plus haut). C'est de 1870 — année de la rencontre de Liszt à Rome — que datent les *Chants et Danses populaires norvégiens,* — premier essai véritable de transpositions pianistiques d'éléments du folklore national. Ces différentes pièces, dédiées au violoniste et compositeur Ole Bull (que Grieg, sa vie durant, considéra comme son vrai maître), sont très brèves, — même introduites par une sorte de prélude ou répétées da capo.

Les vingt-cinq numéros sont les suivants : 1. *Danse du printemps*; 2. *L'Adolescent*; 3. *Danse (Springdans)*; 4. *Niels Tallefjorn*; 5. *Danse de Jölster*; 6. *Chanson de fiançailles*; 7. *Halling*; 8. *Grisen*; 9. *Chant religieux « Quand mes yeux... »*; 10. *Lied « Quand Ole... »*; 11. *Lied héroïque*; 12. *Solfager*; 13. *Chanson de voyage*; 14. *Chant funèbre*; 15. *La dernière soirée de samedi*; 16. *Je connais une petite fille*; 17. *La mouche*; 18. *Danse humoristique*; 19. *Hölje Dale*; 20. *Halling*; 21. *Sabygga*; 22. *L'Appel (Ranz des vaches)*; 23. *Chanson de paysan*; 24. *Chanson de fiançailles*; 25. *Les noces du corbeau.*

Deux de ces pièces furent transcrites plus tard pour orchestre à cordes : le *n° 18, Danse humoristique* (une turbulente danse de noces), et *l'Appel (n° 22).* Deux autres seront réutilisées dans les *Danses symphoniques* pour piano à quatre mains, en 1898

---

* A l'exception notable d'un Glenn Gould, qui en effectua un enregistrement.

(v. plus loin). D'une façon générale, Grieg varie harmoniquement de courts fragments mélodiques, et sait leur donner une couleur définie en dépit d'une sorte de timidité à l'égard du modalisme qui imprègne la plupart de ces thèmes traditionnels.

Trois Scènes de la vie populaire (op. 19)

Écrites en 1872, et sous-titrées d'abord *Humoresques pour piano,* ces trois pièces sont du meilleur Grieg, — assumant enfin sa vraie personnalité. La première, intitulée *Sur les sommets,* déroule son thème en ostinato, dans des harmonies « primitives » et sur une solide assise rythmique ; un second motif, plus chantant, contrepointe le premier. *Cortège nuptial norvégien,* la deuxième pièce, a toutes les saveurs colorées du terroir ; le morceau final, *Carnaval,* plein de verve, avec quelques échos des deux pièces précédentes, conclut ce petit « cycle » en un *Prestissimo* plein de force.

Ballade, en *sol* mineur (op. 24)

Datée de 1875, cette *Ballade en forme de variations sur un air populaire norvégien* est la seule œuvre de certaine envergure conçue par Grieg pour le piano, — à l'exception de la *Sonate* (v. plus haut). Le thème est une authentique mélodie empruntée à la monumentale collection de musique folklorique élaborée par le compositeur norvégien Ludvig Mathias Lindeman, — dont une partie avait paru dès 1853.

Ce thème, de ton élégiaque, porteur d'émotion, se fait volontiers répétitif, mais magnifiquement harmonisé par Grieg sur une basse chromatique insistante. Cette basse s'impose au long de la première variation, vive, harmoniquement moins chargée, — tandis que la mélodie initiale passe au registre moyen. Aux deux variations suivantes, elles-mêmes fortement contrastées — un *Allegro agitato* brillant, avec ses arpèges montant à l'aigu du clavier, puis un *Adagio* contemplatif —, la quatrième variation, *Allegro capriccioso,* oppose à son tour un rythme de *springdans* et ses guirlandes de notes chromatisées dévalant depuis l'aigu, et la cinquième variation un très beau récitatif montant du grave, auquel répondent des harmonisations quasi-chopiniennes. La sixième variation, rapide et gaie, se signale par ses brèves formules acciacaturées aux deux mains alternées, la septième, qui enchaîne sans tarder, par son traitement en imitations staccato et le déferlement de doubles croches échangées aux deux mains. Le *Lento* de la huitième variation, plus longue, recueillie, égrène des sons de cloches graves sur des accords compacts, — alors que la variation suivante, *Un poco andante,* élargit le thème et le magnifie par brusques envolées. *Un poco allegro e alla burla,* c'est une joyeuse animation que suggère la dixième variation, très rythmée, en accords saccadés fortissimo, — suivie d'un intermède modulant vers *sol* majeur : dans cette nouvelle tonalité, la onzième variation propose avec ampleur, en larges accords, le thème en augmentation, ponctué par une redite du rythme festif de la variation précédente. C'est une cadence indiquée *crescendo molto a strepitoso* qui prélude, par bourrasques, à la conclusion dans laquelle la mélodie originelle reparaît dans sa tonalité de *sol* mineur, et se transforme en une sorte de galop frénétique d'un effet tout à fait remarquable. Tout s'interrompt brusquement sur un *mi* bémol grave ; et le thème est résumé dans sa forme première, doucement énoncée, variée en de subtiles modifications harmoniques, — achevant cette belle partition, très injustement négligée.

Au temps de Holberg, suite pour piano (op. 40)

C'est dans sa version pour orchestre à cordes que cette œuvre a quelque peu élargi la renommée internationale de Grieg*. Œuvre de commande (pour le bicentenaire de l'écrivain philosophe Holberg), elle fut néanmoins conçue, en 1884, pour le piano (l'orchestration date de l'année suivante), et toujours considérée par son auteur comme une composition de circonstance — « en perruque », disait-il —, de faible intérêt. A la fois pastiche du « style » baroque et re-création des suites pour clavier d'un Jean-Sébastien Bach, *Au temps de Holberg* n'en présente pas moins des qualités de délicatesse et d'originalité marquées.

Les cinq numéros de la suite pour piano sont : *Prélude, Sarabande, Gavotte, Air* et *Rigaudon.* On peut admettre, malgré la réussite incontestable de la transcription

---

* V. *Guide de la musique symphonique : Suite Holberg.*

orchestrale, que le joyeux *Rigaudon (Allegro con brio)* offre bien des vertus pianistiques, et reconnaître que l'*Allegretto* de la *Gavotte*, toute de légèreté, n'est pas sans ressusciter avec goût et vivacité l'art des clavecinistes français.

Dix-neuf Chants populaires norvégiens (op. 66)

Ces *Chants populaires* furent composés pendant l'été de 1896, et publiés l'année suivante avec une dédicace à Frants Beyer, musicien amateur et ancien élève de Grieg pour le piano, — qui fournit à ce dernier un important matériel d'airs traditionnels de la région de Gudbrandsdal. Ces airs traditionnels n'avaient encore jamais fait l'objet d'une collecte, et seulement quelques arrangements en avaient paru dans les publications de Lindeman (V. plus haut : *Ballade*). Grieg s'en empara aussitôt au piano, et réalisa l'un de ses recueils les plus intéressants à la fois par la liberté du traitement rythmico-mélodique et par les audaces de l'harmonisation. Plusieurs sont d'ailleurs de simples prétextes et ont donné naissance à de véritables pièces originales. Les dix-neuf titres sont les suivants : 1. *Kulok (Ranz des vaches)*; 2. *C'est une grande folie*; 3. *Un roi régnait à l'Est*; 4. *Chant de Siri Dale*; 5. *C'était dans ma jeunesse*; 6. *Lok (Appel)* et *Berceuse*; 7. *Berceuse*; 8. *Lok*; 9. *C'était un petit enfant*; 10. *Demain tu te marieras*; 11. *Il y avait deux filles*; 12. *Ranveig*; 13. *Un petit homme gris*; 14. *Dans la vallée Ola, au bord du lac Ola*; 15. *Berceuse*; 16. *Petite Astrid*; 17. *Berceuse*; 18. *J'allais plongé dans mes pensées*; 19. *Berceuse de Gjendine Slaalien*.

Plusieurs — on le voit — sont des pièces enfantines, dont les cinq *Berceuses* d'une parfaite ingénuité. Beaucoup bénéficient de riches harmonies « impressionnistes », d'accentuations rythmiques inattendues (par rapport aux originaux), de traits chromatiques en renforçant l'intensité : ainsi, le n° 2, *C'est une grande folie*, — l'une des pièces préférées du compositeur. Également dignes d'attention le n° 14, *Dans la vallée Ola...*, merveilleusement harmonisée, et dont la mélodie inspira à l'anglais Delius son *On hearing the first Cuckoo in Spring**; ainsi que l'émouvant n° 18, *J'allais plongé dans mes pensées*, une des grandes réussites du Grieg introspectif.

---

* V. *Guide de la musique symphonique*.

Dix-sept Danses paysannes norvégiennes (Slatter) (op. 72)

Ce recueil, daté de 1902, appartient à la manière tardive de Grieg (toutes les *Pièces lyriques* ont alors paru, le musicien ne composera plus guère pour le piano qui l'accompagna si fidèlement toute sa vie). Les modèles furent, pour une grande part, des airs joués par un instrumentiste nommé Knut Dale, — virtuose du *hardingfele*, ou violon de Hardanger (pourvu de quatre cordes principales, et d'autant de cordes vibrant par sympathie sur des notes relevant de l'échelle pentatonique). Grieg déclara qu'il souhaitait... « élever ces airs populaires au niveau artistique sans altérer ce qu'on peut appeler une harmonisation traditionnelle ». Ce qu'il ne réalisa que partiellement : les recherches harmoniques modifient quelque peu le « style » traditionnel, truffé de rudes dissonances et très ornementé, du *hardingfele*, — dont Grieg, de toute façon, n'a pas tenté de reproduire trop exactement les sonorités au piano ; il transpose dans divers registres de son propre instrument à des fins d'expressivité.

Voici les titres des dix-sept numéros composant ces *Slatter* (à l'origine, pièces instrumentales accompagnant les mariages sous forme processionnelle, mais également sous la forme de danses auxquelles il a été déjà fait allusion : *halling, springdans, gangar*) : 1. *Marche nuptiale de Giboens*; 2. *Springdans de John Voestafoe*; 3. *Marche de Telemark*; 4. *Air de Haugelat*; 5. *Air pour la corne de chèvre*; 6. *Gangar*; 7. *Halling*; 8. *Marche*; 9. *Halling de Nils Rekve*; 10. *Halling de Knut Lurasen (I)*; 11. *Halling (II)*; 12. *Springdans*; 13. *Rêve de Havar Giboens*; 14. *Procession nuptiale*; 15. *La mariée de Skuldal*; 16. *Les filles de Kivledal (Springdans)*; 17. *Les filles de Kivledal (Gangar)*.

Plusieurs pièces mériteraient certes des commentaires, — en particulier du point de vue des transformations des motifs originaux et de leur « stylisation » : mais il y faudrait bien des pages. Ne citons pour exemple que l'*Allegro moderato* de la pièce n° 7 (*Halling*), rehaussé d'une couleur modale très délicate :

Sept Impressions (op. 73)

Recueil de piano le plus tardif — 1905 —, si l'on excepte trois pièces de publication posthume et d'intérêt mineur. Il comporte sept titres : 1. *Résignation*; 2. *Scherzo-Impromptu*; 3. *Chevauchée nocturne*; 4. *Air populaire de Valders*; 5. *Étude (Hommage à Chopin)*; 6. *Sérénade d'étudiants*; 7. *Mélodie montagnarde*.

Toutes ces pièces, de l'âge mûr, présentent un intérêt non négligeable, et l'on citera particulièrement la *Chevauchée nocturne*, l'*Hommage à Chopin*, ainsi que ce merveilleux « paysage » sonore, d'une rare transparence, qu'est la *Mélodie montagnarde*.

LES ŒUVRES POUR QUATRE MAINS OU DEUX PIANOS

Quatre Danses norvégiennes, pour quatre mains (op. 35)

Composées en 1881, elles empruntent chacune à l'inépuisable collection folklorique réunie par Lindeman (v. plus haut : *Ballade*). La première *Danse*, marquée *Allegro marcato*, utilise l'air connu sous le titre « Marche de Sinclair ». Les trois autres *Danses* exploitent des rythmes de *halling*: l'*Allegretto tranquillo e grazioso* de la deuxième, — d'humeurs changeantes, alternant modes majeur et mineur ; l'*Allegro moderato alla marcia* de la troisième, — primesautière, mais assombrie en son milieu, *legato*, en mineur ; l'*Allegro molto* de la dernière *Danse* enfin, — amplement, et exceptionnellement, développé.

Les *Danses norvégiennes* ont été orchestrées par Hans Sitt, et introduites en 1885 dans des représentations de *Peer Gynt* à Copenhague.

Variations sur une mélodie ancienne norvégienne, pour deux pianos (op. 51)

Elles furent écrites dix ans plus tard, en 1891, toujours d'après le recueil de thèmes populaires de Lindeman, — le thème présent étant à l'origine une ballade dont la mélodie — « Sjugur aa Trolalbrura » — fut arrangée par Lindeman lui-même en un *Adagio* à 2/4. Grieg l'a transposée un ton plus bas — *fa* majeur —, et modifiée en un *Allegretto espressivo* à 4/4 :

Cette mélodie reste belle, rêveuse, profondément émouvante, avec sa bémolisation intermittente de la note *la* et son calme accompagnement par accords de la main gauche. Il y a quatorze variations, plus un finale (malheureusement hypertrophié), — procédant pour la plupart d'un remarquable travail de construction : ces *Variations* sont un des rares ouvrages virtuoses du compositeur. La treizième, en particulier, un *Tempo di valse* plein de charme, mérite la célébrité qu'elle s'est acquise.

L'œuvre fut dédiée au compositeur français Benjamin Godard. En 1901, Grieg réalisa une orchestration omettant deux variations purement pianistiques et pratiquant des coupes dans le finale.

Quatre Danses symphoniques, pour quatre mains (op. 64)

Composées en 1898, elles furent d'abord conçues pour l'orchestre (peut-être en vue du premier Festival de Bergen, bien qu'elles n'y furent pas jouées), puis publiées dans cette version pianistique à quatre mains, et dédiées au virtuose belge Arthur de Gneef, propagandiste du *Concerto en la mineur* à travers toute l'Europe.

Elles s'intitulent successivement : *Allegro moderato e marcato*, *Allegretto grazioso*, *Allegro giocoso* et *Andante — Allegro molto e risoluto*. Les thèmes sont évidemment folkloriques, et les rythmes ceux du *halling* et du *springdans*. L'habileté du musicien à harmoniser de simples mélodies diatoniques est éclatante. La franchise rythmique, la couleur, le brio se peuvent comparer à ceux des *Danses slaves* (également pour quatre mains) d'un Dvorak, parues vingt ans plus tôt : les *Danses symphoniques* n'en sont nullement indignes[*].

F.R.T.

---

[*] Pour un exposé complet de l'œuvre, voir : *Guide de la musique symphonique*.

GEORG FRIEDRICH HAENDEL

Né à Halle, le 23 février 1685 ; mort à Londres, le 14 avril 1759. Né la même année que Jean-Sébastien Bach et Domenico Scarlatti, il devint musicien après de solides études générales, et malgré l'opposition de son père. D'abord organiste à Halle, sa ville natale, puis à Hambourg, il entreprit dès 1706 un voyage en Italie qui devait avoir une influence déterminante sur son art et sur son style. Visitant les grands foyers musicaux italiens, Florence, Naples, Rome, Venise, il y rencontra les maîtres les plus célèbres : Alessandro et Domenico Scarlatti, Corelli et Pasquini. Mais, après un court séjour à Hanovre, la partie essentielle de sa carrière se déroula en Angleterre où il se fixa définitivement en 1712. Il se mêla totalement à la vie musicale de ce pays, où il passa plus de quarante ans et composa ses œuvres les plus importantes. La musique italienne était accueillie avec enthousiasme en Angleterre, et, en dépit de violentes rivalités, ce musicien allemand allait écrire pour le public londonien des opéras italiens, et transformer l'oratorio, hérité du romain Giacomo Carissimi, en un genre typiquement anglais. La première audition du Messie à Dublin, en 1742, fut un triomphe. Naturalisé anglais, c'est à Londres qu'il mourut, atteint de cécité. Considéré par ses contemporains comme le plus grand compositeur britannique, il fut enterré dans les honneurs à l'abbaye de Westminster. Virtuose extraordinaire sur l'orgue et le clavecin, cet artiste éclectique, qui subit très fortement l'influence italienne, se laissa en même temps séduire par l'art français (Lully) et par la manière anglaise (Purcell notamment). Véritable lien entre les grandes écoles européennes, Haendel fut et reste une sorte de génie international.

L'œuvre de clavecin

L'œuvre pour clavecin de Haendel, publiée de son vivant, est réunie en plusieurs recueils.

Le premier recueil, **Suites de pièces pour le clavecin, composées par G. F. Haendel. Premier volume** (le titre est rédigé en français), fut édité à Londres en 1720 par Haendel. Dans sa préface, l'auteur tient à préciser que la circulation frauduleuse de mauvaises copies de ces suites l'a contraint à préparer et à surveiller lui-même la publication du volume. Celui-ci contient huit suites sans doute composées dès 1700-1710, — car on en retrouve des extraits dans un manuscrit datant des années 1710. Ce premier volume traduit une maîtrise exceptionnelle chez un si jeune compositeur. Romain Rolland y voit deux caractéristiques : la précoce maturité, et l'universalité. En effet, avec une parfaite autorité, Haendel mêle page après page les trois styles qui l'ont influencé : celui de l'Allemagne, celui de l'Italie, et celui de la France.

De l'art allemand (Haendel connaissait parfaitement la musique d'un Kuhnau, par exemple), on retiendra la limpidité des lignes et la sobriété d'écriture ; puis, plus particulièrement, la grandeur des *Fugues en* fa *dièse mineur* et *en* fa *mineur*.

La tradition française se retrouve dans l'enchaînement des danses (allemande, courante, sarabande, gigue) des *Suites en* mi *mineur* et *en la majeur,* dans les parentés thématiques entre certains mouvements de la *Suite en* mi *majeur* et les pièces de clavecin de François Couperin, dans la rythmique du prélude initial de la *Suite en* fa *dièse mineur* et, mieux encore, dans l'Ouverture à la française de la *Suite en* sol *mineur.*

Aux Italiens Haendel reprend les formes de l'*allegro* et de l'*adagio* (Suite en fa majeur), de l'*aria* sur basse continue à l'italienne (*Suites en* fa *majeur* et *en* ré *mineur*). Ailleurs, il puise à la technique d'un Scarlatti (*Allegro* des *Suites en* fa *majeur* et *en* sol *mineur,* ou *Presto* de la *Suite en* ré *mineur*).

A l'intérieur d'une même suite, il n'hésite pas à mêler le style français et l'art italien : la *Suite en* sol *mineur* débute par une ouverture à la française traditionnelle en trois parties, et se poursuit jusqu'à la *passacaglia* en une succession de mouvements où brille l'homophonie italienne.

L'ordre des mouvements varie d'une suite à l'autre. Certaines s'ouvrent sur un prélude, d'autres sur une fugue, un adagio ou une ouverture. Quelques danses ont une parenté thématique évidente (allemandes et courantes des *Suites en* mi *mineur* et *en* fa *mineur*), et les gigues sont presque toutes fuguées. Mais, malgré ces différences, il règne à l'intérieur de ces suites une extraordinaire unité.

Suite n° 1, en *la* majeur : cette première suite, qui compte quatre pièces (dont trois danses), ne contient ni sarabande, ni mouvement lent. Elle débute par un *Prélude* conçu dans un esprit d'improvisation organisée et basée sur une succession d'accords décomposés, séparés par des traits de gammes et d'arpèges, et par des épisodes cadentiels réunissant deux groupes d'accords. Les trois danses sont une *Allemande* dominée par une idée thématique de quatre notes ascendantes (on notera cependant qu'au début de chaque section, cette idée entre en mouvement contraire entre les deux mains), une *Courante* à la carrure solide, et une *Gigue* à 12/8 d'une grande vivacité. Son thème joyeux, traité en imitations, se distingue par ses quatre répétitions de notes à l'octave.

Suite n° 2, en *fa* majeur : très différente de la précédente, cette suite est-elle vraiment une suite ? Elle ressemble plutôt à une sonate à l'italienne et ne comprend, d'ailleurs, aucun mouvement de danses. Un grand *Air* à l'italienne, *Adagio*, lui sert d'ouverture : les accents élégiaques de sa mélodie ornementée, sinueuse et expressive, ondulent sur une basse continue liée et régulière. Deux mesures de cadence concluent sur un accord en *la* mineur. Le second mouvement, *Allegro*, est une pièce de virtuosité toute italienne et entièrement à deux voix. La main droite y court en doubles croches sur une basse égale en croches. Écrit en valeurs longues avec un premier temps appuyé, l'*Adagio* en *ré* mineur qui lui succède exige très certainement un remplissage harmonique dans l'esprit du temps. Il prend fin sur l'interrogation d'une demi-cadence, et s'enchaîne à une fugue *Allegro* dont le sujet, lié et plein de gaieté, s'abaisse puis s'élève par degrés conjoints :

Il s'oppose au contre-sujet obstinément rythmique, qui, par son insistance, peut être pris pour un second sujet. Les divertissements, issus de la seconde partie du sujet, reviennent surtout en imitations.

Suite n° 3, en *ré* mineur : six mouvements se succèdent dans cette suite aux éléments composites. Le *Prélude* d'ouverture, *Presto*, est une véritable toccata basée sur une virtuosité brillante et sur une rythmique continue de doubles croches et de triolets. Une cadence conclusive, *Adagio*, introduit une fugue à trois voix, *Allegro :* le mouvement ascendant de son sujet animé

contraste avec le mouvement descendant des divertissements, qui se déploient le plus souvent en marches d'harmonie. Deux danses s'intercalent entre ces épisodes allemands et les éléments italiens qui suivront : une *Allemande* très construite à trois et quatre voix, aux modulations sages, et une *Courante* qui répond au même schéma. La cinquième pièce est un *Air* ornementé et tourmenté, qui donne lieu à cinq *Doubles* ou variations : la trame mélodique de l'*Air* est d'abord développée à la main droite, puis harmonisée sur une basse mouvante de doubles croches. Dans le troisième *Double*, les deux voix extrêmes sont accompagnées d'un contrepoint intermédiaire. Le quatrième *Double* est une sorte de gigue à 12/8, et la dernière variation un morceau rapide qui décompose le thème en notes alternées, sur un dessin d'arpèges brisés et de gammes descendantes. La suite s'achève avec brio sur un *Presto*, véritable mouvement de concerto avec ses grands tutti majestueux et son solo agile à deux voix, très italien.

Suite n° 4, en *mi* mineur : cette suite est construite dans le cadre traditionnel de la suite de danses. Elle s'ouvre cependant par une fugue *Allegro*, joyeuse et pleine d'éclat, qui frappe dès l'abord par l'affirmation des trois notes répétées et le tournoiement des doubles croches de son long sujet. Une calme *Allemande* à deux et trois voix introduit la suite de danses : une *Courante* rapide, harmoniquement et thématiquement apparentée à l'*Allemande*, précède une *Sarabande* dont l'écriture polyphonique n'est pas sans rappeler celle de l'*Adagio* de la *Suite n° 3*. Selon son inspiration, le claveciniste habile saura l'orner de quelques traits expressifs improvisés. Une *Gigue* fuguée, pleine d'entrain, conclut sur son rythme à 12/8 : le thème alerte s'en répercute de mesure en mesure.

Suite n° 5, en *mi* majeur : c'est sans doute la plus célèbre de la série, — ne serait-ce que parce qu'elle contient le fameux air dit *L'Harmonieux forgeron* (sur lequel de nombreux apprentis pianistes se sont entraînés à l'art de délier les doigts). Elle débute par un beau *Prélude* construit sur les accords fondamentaux du ton initial et des tons voisins, autour d'un dessin qui s'affirme dès la première mesure sur l'accord parfait. L'*Allemande* est une page chorégraphique tranquille, d'une belle plénitude sonore, qui se joue avec grâce. Une *Courante* rapide à l'italienne (à 3/8) lui succède :

On remarquera que le thème de cette *Courante* est très exactement celui d'une pièce du *19e Ordre* du *Troisième Livre de pièces de clavecin* de François Couperin, — intitulée *L'Artiste*. La pièce de Couperin, en *ré* majeur, se joue « modérément » sur un rythme à 6/8. Couperin s'est-il inspiré de Haendel, ou Haendel de Couperin ? La suite s'achève sur le fameux *Air* à quatre voix connu sous le nom (qui n'est pas de Haendel) de *L'Harmonieux forgeron* :

Air populaire ou thème de choral, il est suivi de cinq *Doubles* ou variations. Ici encore, on notera la parenté de ce thème avec celui du second acte des *Fastes de la grande et ancienne Ménestrandise (Les vielleux et les gueux), 11e Ordre* du *Deuxième Livre de pièces de clavecin* de François Couperin, édité en 1716-1717.

Suite n° 6 en *fa* dièse mineur : c'est une suite sévère en quatre mouvements. Par l'utilisation de rythmes pointés français et de traits de toccata à l'italienne, Haendel mêle deux traditions distinctes dans son *Prélude* d'ouverture. Celui-ci est suivi d'un *Largo* majestueux, écrit sur une polyphonie à quatre voix : derrière ces grands accords et ces valeurs pointées, on devine encore la manière française. Le mouvement central est une ample double fugue, *Allegro*, reprise par Haendel dans son *Concerto grosso op. 3 n°5*, et qui reste un modèle parfait d'écriture contrapuntique. Une vaste gigue fuguée, *Presto* à 12/8, apporte un air d'entrain au milieu de cette austérité.

Suite n° 7, en *sol* mineur : l'avant-dernière suite est à la fois la plus développée de la série, et la plus variée par la réunion des genres et des influences qui la composent. Son *Ouverture* est une noble ouverture à la française en trois parties. Tous les artifices de l'écriture française se déploient dans les deux *Adagios* : gammes-fusées rapides, accords, valeurs pointées, etc. Ceux-ci entourent un *Presto* fugué, dont le rythme pointé insistant représente une des formules rythmiques que l'on trouvera fréquemment dans l'œuvre de Haendel. L'*Andante* et l'*Allegro* qui suivent reprennent en réalité les caractères de l'allemande et de la courante : la *Courante* italienne rapide à 3/8 est un duo digne de Domenico Scarlatti. Notée en valeurs longues (rondes et blanches principalement) et en accords plaqués, la *Sarabande* exige bien évidemment un remplissage harmonique et mélodique. Haendel fixe la trame harmonique de sa pièce, et il est impossible de la jouer en accords plaqués sans trahir l'esprit de l'époque. Après une *Gigue* à 12/8 qui, contrairement aux précédentes, n'est pas fuguée, Haendel fait une nouvelle place à la variation, avec une très célèbre *Passacaille*,

suivie d'une série de courtes variations non numérotées : variations mélodiques, variations rythmiques, mouvement inversé d'une variation à l'autre, superpositions rythmiques, courtes variations rapides. La dernière variation résume à elle seule la série : les deux mains y jouent simultanément de rapides arpèges de doubles croches.

Suite n° 8, en *fa* mineur : avec ses longues tenues de pédales harmoniques, le *Prélude (Adagio)* ressemble à un prélude d'orgue. Le rythme pointé, élément français, domine la seconde partie. Ce prélude introduit une fugue austère et grandiose : la quatrième entrée de son sujet a la particularité de s'affirmer en accords et en octaves. On pressent ici encore l'influence de l'orgue. Son abondance et son « appareil figuratif » — selon l'expression de Norbert Dufourcq — font de cette fugue (comme de la fugue de la *Suite n° 6*) un modèle du genre. Malgré sa simplicité apparente, l'*Allemande* est d'une grande richesse : c'est un bicinium agile auquel vient s'adjoindre, çà et là, une troisième voix. Non moins riche est la *Courante* : son dessin ascendant contraste avec le mouvement descendant de l'*Allemande*. La *Gigue* conclusive à 12/8 est une pièce très animée : son thème entre en imitation, et se prolonge sur une ligne de marches d'harmonie qui se déploient de mesure en mesure.

Le deuxième livre, **Suites de pièces pour le clavecin, composées par G. F. Haendel. Second volume** (le titre est également rédigé en français), parut à Londres en 1733 chez l'éditeur John Walsh, à l'insu de Haendel. Il comprend huit suites qui sont moins riches que celles du premier recueil ; elles sont également de dimensions moindres. Contrairement au livre précédent, il n'y a ici ni prélude ni fugue, mais surtout des variations sur des thèmes de menuet *(Suite en ré mineur)*, de gigue *(Suite en sol mineur)*, de gavotte *(Suite en sol majeur)*, et une succession de mouvements de danses principalement d'esprit italien. La *Suite en sol majeur* est cependant de tradition française : le *Menuet* y est traité comme un rondo à la française, et l'*Allemande* initiale ressemble, en réduction, à une courte ouverture française. Chaque suite débute généralement par une allemande bien construite, et se poursuit par une courante rapide et une gigue légère, souvent très longue, — entre lesquelles s'intercale parfois une sarabande. Il n'y a ni courante ni sarabande dans la *Suite n° 10* (en *ré* mineur), mais, à la place, un *Allegro* à 3/8 construit comme une courante vive et alerte, et un *Air* qui se joue « lentement ». Il n'y a pas de sarabande dans la *Suite n° 14* (en *sol* majeur), la plus facile de cette seconde série, et, entre l'allemande et la courante, Haendel a inséré un joyeux *Allegro*.

Un **troisième recueil**, publié à Amsterdam vers 1732, regroupe une variété de pièces d'époques différentes : *Prélude et Chaconne* avec soixante-deux variations, *Sonata, Capriccio* dans le style d'un allegro de concerto italien, *Fantasia, Prélude* et *Allegro*. A quoi se doivent ajouter une vaste *Chaconne en* fa *majeur* accompagnée de variations non numérotées, deux *Menuets* (également en *fa* majeur) et *A Third set of Lessons* qui seront édités à Londres à la fin du XVIIIe siècle.

Enfin, en 1735, Haendel fit éditer à Londres, chez John Walsh, **Six Fugues or Voluntarys for the organ or harpsichord** (« Six Fugues ou Voluntaries pour l'orgue ou le clavecin »), qui furent publiées à Paris en 1738, chez l'éditeur Boivin. Ces six fugues *(sol* mineur, *sol* majeur, *si* bémol majeur, *si* mineur, *la* mineur, *ut* majeur) furent célèbres dès leur publication. Haendel les appela « voluntarys », — d'un terme anglais qui, à l'origine, désignait généralement une pièce d'orgue ouvrant ou terminant une cérémonie. De forme improvisée, le voluntary se rapprocha de plus en plus du prélude ou de la fantaisie.

Ces fugues ressemblent à de magistrales improvisations. On ne peut oublier le génie de Haendel dans ce domaine, et l'on sait comment le compositeur maniait l'art de l'improvisation lorsque, au milieu d'un opéra ou d'un oratorio, il attaquait à l'orgue ou au clavecin un interlude qui ravissait le public londonien. La *Fugue à trois voix en* sol *majeur* est composée dans cet esprit : c'est un véritable morceau de concerto bâti sur les joyeuses notes répétées de son sujet. La plupart de ces fugues sont essentiellement mélodiques, et certaines sont de vraies pièces vocales. En 1742, Haendel reprit deux d'entre elles dans les chœurs de l'oratorio *Israel en Égypte*, — et notamment la magnifique *Fugue expressive en la mineur* qui repose sur un savant travail contrapuntique.

A. d. P.

KARL AMADEUS HARTMANN

Né à Munich, le 2 août 1905 ; mort dans cette même ville, le 5 décembre 1963 (jour anniversaire de la mort du plus célèbre de tous les Amadeus !). Il était d'une famille d'artistes, et son frère fut un peintre réputé. Après des études à l'Académie d'État de Munich, il s'orienta très vite vers une musique engagée au service des idéaux de la gauche. C'est ainsi qu'il fut amené à rencontrer le chef Hermann Scherchen, dont il devint dès lors le protégé. Après quelques premiers succès, l'avènement du nazisme fit de lui un « émigré de l'intérieur ». Interdite en Allemagne, sa musique continua à remporter de vifs succès à l'étranger jusqu'à la Seconde Guerre mondiale ; puis ce fut le « blackout » total, tandis que les manuscrits s'accumulaient dans ses tiroirs. Au lendemain de la guerre, les autorités d'occupation américaines confièrent à Hartmann le soin de réorganiser la vie musicale à Munich : ce fut alors qu'il fonda les célèbres concerts « Musica Viva » dont il s'occupa jusqu'à sa mort, et qui existent toujours. Destinés d'abord à familiariser le public allemand avec toute la musique interdite sous le nazisme, ils devinrent ensuite l'une des plus importantes plates-formes de création en Europe. Parallèlement, Hartmann poursuivit sa carrière de compositeur, tout d'abord en remaniant et en publiant toutes ses œuvres des années « brunes », puis avec des œuvres nouvelles. Son catalogue est peu nombreux, mais de première importance. Ses huit Symphonies *(1935-1962) font de lui le plus grand symphoniste germanique depuis Mahler. Il faut y ajouter la bouleversante* Scène de chant *(d'après le prologue de* Sodome et Gomorrhe, *de Giraudoux), son chant du cygne, dont les dernières mesures furent interrompues par la mort. Son unique opéra,* Simplicius Simplicissimus, *ses cantates, ses deux* Quatuors, *ses concertos révèlent la même inspiration ardente, survoltée, généreuse, sombre et dramatique le plus souvent, — celle d'un humaniste et d'un démocrate passionnément engagé, d'un expressionniste dans la plus belle descendance d'Alban Berg. Hartmann n'a que peu écrit pour le piano : c'était un homme de fresque, et d'orchestre ; mais sa* Deuxième Sonate, *au moins, doit figurer ici.*

L'œuvre pianistique de Hartmann, entièrement publiée après sa mort, et même fort récemment, se compose d'une *Jazz-Toccata et Fugue* (1928), d'une *Sonatine* (1931), et de deux *Sonates* (1932 et 1945).

La **Deuxième Sonate** date des dernières semaines de la Seconde Guerre mondiale, — alors que Hartmann, vivant encore en semi-clandestinité, esquissait son *Deuxième Quatuor*. L'œuvre est intitulée *27 avril 1945*, et porte l'épigraphe suivante : « Le 27 et le 28 avril 1945 nous vîmes passer dans les rues de la ville le cortège lamentable, le fleuve humain, de 20 000 prisonniers sortis du camp de Dachau. Infini était le fleuve. Infinie était la misère. Infinie était la souffrance... » L'œuvre existe en deux versions manuscrites différentes. La première est en quatre mouvements : *Bewegt* (« mouvementé ») ; *Presto assai (Scherzo)* ; *Adagio marziale* ; *Allegro furioso (stürmisch, leidenschaftlich,* « tempétueux, passionné ») ; la seconde n'en comporte que trois, renonçant au *Scherzo*, remaniant le troisième morceau, devenu *Marcia funebre (Lento)*, et proposant un finale complètement différent *(Allegro risoluto)*. La partition imprimée, qui ne remonte qu'à 1983, propose la version en quatre mouvements, mais avec les deux finales.

Cette *Sonate* est une œuvre considérable, d'une véhémence et d'une intensité expressives impressionnantes, mais d'une difficulté telle que certains passages sont à la limite de l'exécutable. Rarement Hartmann aura exprimé avec autant de force émotive le désarroi, le deuil, le désespoir, la colère et l'accusation ; mais aussi la révolte et la détermination farouche que lui inspirent la guerre, la torture et la dictature. Le premier morceau alterne le pur cantabile et le quasi récitatif, le second pousse la violence rythmique jusqu'à la frénésie, et, après la pesante et sombre marche funèbre, le finale déchaîne une toccata à la fois spectaculaire et chaotique.

H.H.

JOSEPH HAYDN

Né à Rohrau (Basse-Autriche), le 31 mars ou le 1ᵉʳ avril 1732 ; mort à Vienne, le 31 mai 1809. Il fut d'extraction modeste (son père était charron), et de famille nombreuse (douze enfants, — dont son cadet, Michael, lui-même plus tard compositeur en renom). Il entra dans la carrière musicale grâce à sa voix, en devenant petit chanteur à la cathé-

drale de Vienne. Mais le premier événement important de sa vie fut la rencontre de l'illustre Porpora, qui lui enseigna sa méthode de chant ainsi que la composition. Vers 1757, Haydn produit ses premiers quatuors à cordes (op. 1 et 2) : ils établissent sa réputation parmi l'aristocratie viennoise. Vers 1758, il est engagé par le comte Morzin. Troisième événement capital : en 1761, Haydn entre au service des princes Eszterhazy à Eisenstadt, puis à Eszterhaza, — un « petit Versailles » pourvu de deux théâtres ; il y restera jusqu'en 1790, composant pour Eszterhaza presque tous ses opéras et nombre de ses œuvres symphoniques et de chambre. Pendant l'hiver 1781-1782, rencontre de Mozart à Vienne : une amitié faite d'admiration réciproque liera les deux hommes. En 1791 (année de la mort de Mozart), Haydn, libéré de ses engagements à Eszterhaza, arrive à Londres qui lui réserve un accueil triomphal : il y compose une première série de six symphonies « londoniennes » (n° 93 à 98). Second séjour à Londres en 1794-1795, — avec six nouvelles symphonies (n° 99 à 104) : même triomphe. En 1795, retour définitif à Vienne : Haydn composera encore six messes, des quatuors à cordes et, surtout, deux grands oratorios, la Création et les Saisons. Il fait, en 1808, son ultime apparition en public pour une exécution de la Création : c'est l'apothéose. Il mourra l'année suivante, — année de Wagram qui voit l'occupation de Vienne par les troupes françaises... Longue et fructueuse carrière que celle de ce musicien d'une grande noblesse d'âme et tout pétri d'humour, — dont l'œuvre abondante aura embrassé à peu près tous les genres. Outre l'importante production symphonique et les deux célèbres oratorios déjà cités, il s'impose de mentionner l'admirable musique de chambre (soixante-huit quatuors à cordes, ainsi que des trios, des divertissements, des cassations, etc.), les ouvrages pour l'église (comportant, notamment, les extraordinaires Sept dernières paroles du Christ sur la croix), des cantates, des lieder et des opéras (dont le regain de faveur actuel paraît marquer une nouvelle appréciation du génie complet de Haydn). Et le piano ? Il semble un peu négligé de nos jours. Or, n'oublions pas que des artistes aussi éminents qu'un Wilhelm Backhaus, qu'une Lili Kraus, qu'un Glenn Gould même, ont dispensé des moments d'intense bonheur dans leurs enregistrements de diverses Sonates ; et, qu'à présent, un Paul Badura-Skoda propose — sur piano-forte — l'écoute la plus authentique possible d'un Haydn remarquablement revivifié.

*LES SONATES**

Dans l'œuvre immense de Haydn, la production pianistique ne le cède en étendue qu'à la symphonie et au quatuor à cordes. En face des cent six symphonies et des soixante-huit quatuors, nous trouvons en effet près de soixante sonates pour clavier — les premières étant manifestement destinées au clavecin —, auxquelles il faut ajouter quelques pièces diverses de grande valeur : thèmes variés, un *Capriccio*, une *Fantaisie* et, surtout, l'admirable série des quarante-cinq *Trios pour piano, violon et violoncelle* où les cordes ne jouent qu'un rôle modeste et effacé.

Pas plus que Haydn n'est le « Père de la symphonie », il n'est celui de la sonate pour clavier. Mais, dans les deux cas, son apport est beaucoup plus important qu'une paternité honorifique : le maître d'Esterhaz a fait de la Sonate une forme aux ressources variées et infinies, capable de répondre à toutes les exigences d'une expression que le Romantisme naissant veut de plus en plus personnelle et véhémente. Les cadres créés par Haydn sont toujours vivants et neufs grâce à la merveilleuse spontanéité, à la liberté d'esprit, à la sagacité sans pareilles de l'auteur de *la Création*, pour qui jamais la forme ne fut quelque chose de préfabriqué, de figé, mais, bien au contraire, un moule souple et malléable au service de la pensée et de l'expression.

Certes, la sonate de Haydn n'est pas un phénomène de génération spontanée, et le musicien à la fin de sa vie a souvent proclamé son admiration et sa reconnaissance envers son père spirituel en ce domaine : Carl Philipp Emanuel Bach. A partir des années 1760, l'art de ce dernier, expression typique de l'*Empfindsamkeit* (sensibilité) du milieu du siècle, avec ses brusqueries, ses sautes d'humeur frisant parfois l'incohérence, ses nostalgies indicibles et sou-

---

* Certaines analyses sont issues partiellement d'un texte accompagnant un coffret de sonates de Haydn (disques Valois).

daines, ses éclats de rage ou de joie subite, a profondément marqué Haydn, — cependant beaucoup plus maîtrisé et plus équilibré que son prédécesseur du Nord. Une autre influence sans doute prépondérante est celle de Domenico Scarlatti, bien que Haydn ne parle nulle part du génial auteur des *Essercizi per Gravicembalo* dont l'influence se manifeste surtout sur le plan de l'écriture et de la mélodie, Scarlatti étant demeuré en marge de la réforme décisive de la forme sonate. Enfin, les premiers essais de Haydn portent aussi l'empreinte — éphémère du reste — de ses prédécesseurs viennois comme Wagenseil.

La nouvelle édition critique réalisée dans les années 1960 par Christa Landon recense soixante-deux sonates, dont quelques-unes, il est vrai, d'authenticité douteuse, et corrige à maintes reprises la chronologie adoptée dans l'édition Breitkopf & Härtel, assurée en 1918 par Karl Päsler, — chronologie reprise telle quelle par Anthony van Hoboken. Cette édition comprenait cinquante-deux sonates, et sa préface en mentionnait huit autres, dont les thèmes figurent dans l'*Entwurf Katalog* dressé par Haydn lui-même, mais dont le texte intégral a disparu. Par voie de conséquence, Päsler n'en tenait pas compte dans sa numérotation. Si Christa Landon les inclut au contraire dans la sienne, c'est que la redécouverte en 1961 d'un important fragment de l'une de ces sonates (Christa Landon *n° 28 en* ré *majeur*) permet d'espérer qu'on en retrouvera d'autres. Cinq autres sonates ne figuraient pas dans l'ancienne liste : trois d'entre elles (*n°s 17, 18* et *19*) sont également de redécouverte récente, la *Sonate n° 19* constituant la version primitive (en *mi* majeur) et seule authentique de la *Sonate n° 57 (H.XVI.47)*, en *fa* majeur. Les deux autres avaient été classées à tort par Hoboken dans d'autres catégories d'œuvres : *Sonate n° 4* parmi les Divertimenti, et *Sonate n° 7* parmi les pièces diverses pour clavier (variations). Par contre, les trois *Sonates H.XVI.15, 16* et *17* ont été retirées par Christa Landon, car leur attribution à Haydn est extrêmement douteuse, pour ne pas dire fausse.

On peut diviser les sonates en quatre périodes. En tenant compte de la numérotation nouvelle et des œuvres redécouvertes, ces périodes se présentent comme suit :

1. Les dix-huit premières sonates, jusqu'à 1765 environ, caractérisées par l'esprit de divertissement, le caractère clavecinistique et l'influence de Wagenseil et de divers compositeurs viennois et italiens, dont sans doute D. Scarlatti.

2. De 1766 à 1773 (*Sonates n°s 19* à *33*), Haydn subit l'envoûtement de C. Ph. E. Bach, — d'où un élargissement de la forme et un approfondissement de l'expression dont la *Sonate n° 33*, en *ut* mineur, symbole du *Sturm und Drang* haydnien, reste l'exemple le plus fameux. La mutation plutôt soudaine dont témoigne la *Sonate n° 29* s'explique peut-être par la perte d'œuvres intermédiaires.

3. De 1773 à 1784 environ (*Sonates n°s 34* à *56*), la tourmente s'apaise et une certaine galanterie envahit l'œuvre de Haydn en même temps que son style pianistique s'assouplit, se clarifie au contact de Mozart, malgré de brusques crises romantiques (*Sonates n°s 47* et, dans une moindre mesure, *49* et *53*). Il faut noter que la *Sonate n° 57* telle que nous la connaissons ne provient pas de Haydn.

4. De 1789 à 1794 (ou 1795), le groupe étonnant des cinq dernières sonates (*n°s 58* à *62*), — apogée de la production pianistique de Haydn. Avec ces ultimes chefs-d'œuvre, il semble avoir tout dit, puisqu'il ne composera plus pour le piano. A la grâce mozartienne de la *Sonate n° 59* (1789-1790), les trois dernières, écrites à Londres au cours du second séjour (1794-1795), opposent un style symphonique, ample, majestueux, un peu massif. Les recherches d'Olivier Strunk, corroborées par Hoboken, tendent à démontrer que ces sonates ont été écrites dans l'ordre inverse de leur numérotation *(62, 61, 60)*, — la soixantième étant donc la dernière et datant peut-être même de l'année 1795. En l'absence de certitude absolue, Christa Landon a conservé l'ordre traditionnel, qui met mieux en vedette le caractère d'aboutissement final de la grande *Sonate n° 62* en *mi* bémol, *H.XVI.52*.

Sonate n° 30, en *ré* majeur (Hob XVI. 19)

Les sept *Sonates n° 20* et *n°s 28* à *33* — pour ne parler que de celles de l'époque qui ont été conservées — forment un groupe d'œuvres unique dans la production de Haydn : composées entre 1766 et 1773, elles ne furent alors ni diffusées ni éditées. Haydn les conserva par-devers soi, pour finalement faire paraître la *33e* en 1780 (avec les *n°s 48-52*). Quant aux *Sonates n°s 20* et *n°s 29* à *32*, elles furent publiées en 1788 par Artaria, probablement sans l'assentiment du compositeur.

La *Sonate n° 30*, composée en 1767 (autographe), est une grande sonate « de concert », comme avant elle la *29e* et après elles les *31e* et *33e*, par opposition au caractère plus intime des *20e* et *32e*. Son *Moderato* initial, riche en thèmes, s'ouvre par un motif dont Brahms se souvint peut-être pour le finale de sa *Deuxième Symphonie*.

Caractéristiques des nouveaux domaines conquis par Haydn sont les notes répétées de main droite accompagnant le « thème secondaire », — quant à lui à la main gauche (plus tard, le thème passe à la main droite et les notes répétées à la main gauche) ; la puissante assise fournie par les basses (octaves), et une spectaculaire modulation de la dominante (*la* majeur) à *fa* majeur (relation de tierce). Le développement central, dramatique et harmoniquement audacieux, culmine en un vaste crescendo conduisant à la réexposition, assez régulière. Suit un *Adagio ma non troppo* en *la* majeur, centré sur la beauté mélodique, avec de nettes oppositions de registres. La main droite ne néglige pas les aigus, mais évoque aussi le chant d'un violoncelle. Le finale *(Allegro assai)* est un rondo enjoué suivi d'une coda. Le refrain, entendu trois fois, est toujours présenté sous un aspect nouveau. Le premier couplet est au relatif (*ré* mineur), et le second à la dominante (*la* majeur) : il fait le lien avec le deuxième mouvement non seulement par sa tonalité, mais aussi en plaçant la main droite dans le registre grave.

Sonate n° 31, en *la* bémol majeur
(Hob XVI. 46)

Contrairement à la *30e*, qui ne dépassait pas vers l'aigu le *ré* au-dessus de la portée, cette *Sonate n° 31* — à juste titre une des plus jouées de Haydn — atteint le *fa*, — ce qui est aussi le cas des *20e*, *28e* et *32e* : on peut en déduire que ces quatre sonates sont postérieures à la *30e*. La *31e*, de très vastes dimensions, fut sans doute composée en 1768-1770, avant les *20e* et *32e*.

L'*Allegro moderato* initial est une page brillante, contrastée, heurtée même par endroits, et pleine de surprises, avec d'impressionnants battements de main gauche dans le registre grave et, à la main droite, d'agiles sextolets de doubles croches. L'*Adagio*, en *ré* bémol, au beau contrepoint linéaire,

est un des sommets de la musique pour clavier de Haydn. On a rapproché sa facture de celle du mouvement correspondant du *Concerto Italien* de Bach. Peu avant la fin, six mesures aux harmonies aventureuses débouchent sur un point d'orgue, ou plutôt sur une cadence improvisée. Le finale *Presto* est une forme sonate virtuose.

Sonate n° 32, en *sol* mineur
(Hob XVI. 44)

Si la trente-deuxième, sans doute composée vers 1771-1773, ne possède pas la force dramatique éruptive d'autres sonates en mineur, comme la trente-troisième ou la quarante-septième, elle se meut dans un climat intime, fait de mélancolie et de charme automnal.

Le premier des deux mouvements, *Moderato*, est une forme sonate assez brève, entrecoupée de soupirs et de silences, dont le développement est encore plus modulant que proprement thématique. La reprise varie très heureusement les registres et les sonorités. L'*Allegretto* final, au rythme de menuet, comporte un important trio en *sol* majeur, fortement apparenté à la partie principale. Après la reprise de celui-ci, il revient inopinément, en guise de coda, et la sonate s'éteint, dans le grave, sur un *sol* majeur.

Sonate n° 33, en *ut* mineur (Hob XVI. 20)

Cette sonate de 1771 domine de haut toute la production de Haydn dans ce domaine jusqu'aux cinq sonates de la fin. Elle s'oppose à elle seule aux grandes symphonies (*nos 42* à *47*) et aux quatuors (*op. 17* et *20*) de la phase *Sturm und Drang*, dont elle constitue l'unique pendant pianistique ; elle date également de 1771, l'année prodigieuse de fièvre romantique de la création haydnienne. Cette fièvre se trouve ici maîtrisée par une forme et une écriture parfaites, de sorte que ce chef-d'œuvre unissant « tension, violence et poésie » (Marc Vignal) est aussi un modèle d'équilibre.

Le premier mouvement, *Moderato* au tempo très retenu,

est une page lyrique et élégiaque de caractère essentiellement mélodique, à l'instar du premier mouvement du *Quatuor en fa mineur, op. 20/5*. Une cadence libre, sur un point d'orgue, *Adagio*, précède et prépare son second thème, aux nuances dynamiques subtiles. La tension s'élève progressivement au cours du grand développement dramatique, d'une somptueuse richesse d'inspiration. Un passage chromatique d'une grande beauté expressive précède la réexposition, variée dans le détail. Dans l'*Andante con moto* à 3/4, en *la* bémol majeur, modèle accompli de forme sonate lente, l'écriture linéaire à deux voix (que sépare parfois un espace considérable) s'assortit d'effets de syncopes évoquant l'*Empfindsamkeit* d'un C. Ph. E. Bach. L'admirable développement contient une anticipation textuelle d'un passage séquentiel du premier mouvement du *Quatrième Concerto* de Beethoven. Il se dégage de ce morceau une grandeur austère. L'*Allegro* final, à l'allure de menuet rapide, loin d'apporter la détente, mène l'œuvre à son sommet dramatique, notamment grâce à l'intervention de l'écriture polyphonique au cours du développement. Il est suivi d'une réexposition complètement renouvelée, multipliant les frottements dissonants, affirmant jusqu'au bout le mode mineur et, par un trait de génie, ramenant une seconde fois le thème principal pour une grande coda qui est un véritable développement final, et qui, après une évasion illusoire vers la sixte napolitaine, conclut sobrement dans la résignation. L'œuvre ne fut publiée qu'en 1780, de pair avec les *Sonates nos 48 à 52*, et le recueil ainsi constitué porte une dédicace aux sœurs Franziska et Marianna Auenbrugger.

Sonate n° 35, en *la* bémol majeur (Hob XVI. 43)

Cette sonate est l'une de celles dont la date de composition est la plus difficile à établir. Elle fut publiée en 1783 mais Christa Landon en situe la naissance une quinzaine d'années plus tôt, vers 1771-1773, alors que d'autres spécialistes suggèrent 1783 ou 1784 pour des raisons avant tout stylistiques. Elle est en effet étonnamment proche de Mozart, que Haydn dut connaître précisément vers cette époque. Influence ou prémonition, quoi qu'on en décide, Mozart est présent dans les trois premiers mouvements de cette œuvre charmante et poétique, — aussi bien dans la souplesse mélodique que dans l'écriture du piano, allégée et presque totalement dépourvue d'accords plaqués, ceux-ci cédant la place aux arpèges.

Le *Moderato* initial est le plus significatif à cet égard, et fait un usage abondant de triolets arpégés. La qualité mélodique de ce mouvement est remarquable, et davantage encore les modulations romantiques et rêveuses du développement médian qui est toujours, chez Haydn, le moment où il se passe quelque chose.

Point de mouvement lent ici. Un charmant menuet aux nombreux rythmes pointés, contrastant avec un fluide trio en croches égales. Pour conclure, un rondo preste, espiègle et spirituel en diable, aux reprises variées avec un humour délicieux et dont le dernier couplet pourrait être, une fois encore, de Mozart.

Sonate n° 38, en *fa* majeur (Hob XVI. 23)

Cette sonate fait partie d'un recueil de six (*nos 36 à 41*) composé en 1773 et publié en 1774. Elle se situe après la grande explosion romantique du *Sturm und Drang* (1771-1772). C'est une des sonates les mieux équilibrées de l'époque, et sa clarté est mise en valeur par une écriture très pianistique.

Elle s'ouvre sur un *Moderato* en forme sonate dont le premier thème vif et espiègle est abondamment enjolivé d'ornements très rococo. Le groupe conclusif démarre sur une brusque plongée en *la* bémol. Quant au développement assez important, il séjourne longuement au relatif mineur et traverse un épisode en rapides arpèges chromatiques dont la couleur évoque Chopin. Dans la réexposition variée, on remarquera la savoureuse pédale trillée de six mesures.

L'*Adagio* qui suit possède une couleur archaïque, et le fait même qu'il soit écrit à la tonique mineure marque la survivance d'habitudes anciennes. Sa rythmique nonchalante et rêveuse assouplit la mesure à 6/8, et fait de ce morceau une méditation doucement romantique, — proche de C. Ph. E. Bach. Le finale, *Presto,* est un morceau vif et spirituel, au thème bien découpé, avec ses grands sauts mélodiques. Ce thème semble promettre un rondo, mais évolue dans le cadre de la forme sonate monothématique. La conclusion est discrète et ne fait pas appel aux énergiques cadences affirmatives sur lesquelles Haydn termine si souvent.

Sonate n° 47, en *si* mineur (Hob XVI. 32)

La *Sonate en* si *mineur* fait partie d'un recueil de six diffusé sous forme de copies en 1776, et est un des grands chefs-d'œuvre pianistiques, — témoignage intense de passion romantique d'autant plus surprenante que la composition se situe en pleine période galante, si toutefois la date de diffusion est aussi celle de composition. Ainsi la *Sonate en* si *mineur* domine de haut les œuvres du même recueil (*n^{os}* 42 à 47), et s'égale aux dernières œuvres pianistiques par la perfection de l'écriture, la concentration formelle, avec en plus un emportement fiévreux qui culmine dans l'étonnant *Presto* final.

Si, dans l'*Allegro moderato* initial, le relatif majeur occupe encore une place importante dans le déroulement de la forme sonate, le finale, farouchement monothématique, voit la victoire du mineur dans toute sa nudité. C'est là le sommet musical et émotionnel de l'œuvre entière, et la polyphonie très dépouillée

accuse avec vigueur l'élan rythmique de ce morceau, dominé sans arrêt par les croches répétées du thème initial. Ce martèlement obsédant envahit même la polyphonie, par endroits véritable contrepoint de rythmes. La sonate s'achève sur des unissons sauvages, affirmation inexorable d'esprit tout beethovénien.

Haydn a renoncé ici à la détente d'un mouvement lent qu'il a remplacé par un bref et saisissant *Menuet,* dont seule la partie principale s'éclaire en *si* majeur, alors que le trio, sombre et grondant, retrouve l'atmosphère orageuse de cette œuvre exceptionnelle.

Sonate n° 48, en *ut* majeur (Hob XVI. 35)

Cette sonate ouvre un recueil de six publiées par l'éditeur viennois Artaria en 1780, — recueil qui comprend les *Sonates n^{os}* 48 à *52* et la fameuse *Sonate n° 33 en ut mineur* de 1771. Dédiée aux riches et talentueuses sœurs von Auenbrugger, cette série semble vouloir faire la part égale au romantisme *Sturm und Drang* (*n°* 33, premier mouvement de *n°* 49) et à la galanterie charmante et mondaine.

L'*Allegro con brio* initial possède un développement central, dont la force expressive et la richesse modulante surprennent après un début primesautier et léger qui ne pouvait les faire prévoir. Calme et sans problème, l'*Adagio* suivant évoque quelque romance pastorale dans le goût de l'époque. Et la sonate se termine sur un *Rondo* vif, spirituel, au rythme ternaire et pointé de menuet accéléré, à peine troublé par un court nuage de mélancolie mineure.

Sonate n° 49, en *ut* dièse mineur (Hob XVI. 36)

C'est surtout dans son *Moderato* initial, l'une des plus belles et des plus dramatiques formes sonate que Haydn ait confiées au piano, que cette œuvre peut-être composée sensiblement avant 1780 (année de la publication) honore les promesses de sa tonalité d'exception. Le puissant unisson du premier thème, remarquable par les contrastes opposant ses divers éléments, évoque l'orchestre. Surprises, oppositions de registres, modulations imprévues, se succèdent au cours d'un développement particulièrement mouvementé, et se poursuivent encore dans la réexposition, amenée de main de maître et s'éteignant brusquement.

Malheureusement, le *Scherzando (Allegro con brio)* en *la* majeur qui vient ensuite — la sonate ne comporte pas de mouvement lent — est bien loin de présenter le même intérêt. Il se compose de variations alternées majeur-mineur, avec coda, du type familier chez Haydn, sur un thème également varié dans le premier mouvement de la *Sonate n° 52 en sol majeur*, publiée dans le même recueil. Haydn n'a pas manqué de souligner dans une note liminaire l'intérêt de cette expérience ; mais dans le morceau qui nous occupe, l'inspiration n'est pas au rendez-vous.

Elle se manifeste par contre avec vigueur dans le *Menuet* conclusif, repris du *Trio pour baryton n° 35*, — page dont la mélancolie fait place un instant, dans le trio en *ut* dièse majeur si proche déjà de Schubert, à une éclaircie tendrement consolatrice.

Sonate n° 50, en *ré* majeur (Hob XVI. 37)

Cette sonate, publiée en 1780, est une des plus populaires, — une aussi, hélas !, qui a contribué à répandre le portrait stéréotypé de « papa Haydn ». Ce n'est pas qu'elle soit dépourvue de séduction, ni même de réelle valeur ; mais elle éclipse trop souvent des œuvres d'une bien plus haute tenue.

La *Sonate en ré majeur* forme un tout particulièrement heureux avec son important *Allegro* initial, basé sur deux thèmes de caractère plaisant et humoristique. Le *Presto* final lui fait équilibre, aussi vif que spirituel. Mais le joyau, c'est — inattendu, inoubliable — le *Largo e sostenuto* médian, brève échappée de dix-neuf mesures seulement vers ces domaines troublants auxquels Mozart accède parfois par l'entremise de Wilhelm Friedemann Bach. Sorte de grave sarabande, d'un archaïsme désolé, d'une polyphonie chromatique, qui sont d'un tout grand maître. Haydn, le mondain, se ressaisit soudain comme s'il avait conscience que ces confidences sont d'un autre monde que le reste de la sonate, ne conclut pas et plonge directement dans le badinage aimable du finale.

Sonate n° 53, en *mi* mineur (Hob XVI. 34)

Moins imposante que la *Sonate n° 33*, moins violente que la *n° 47*, cette troisième grande œuvre en mineur de la production pianistique de Haydn séduit par son charme intime et discret. Composée probablement vers 1781-1782, elle fut publiée en 1784.

Le début du *Presto* initial à 6/8, avec son jeu de réponses original entre les deux mains, évoque de près le souvenir de Scarlatti. Ce rythme initial persiste durant l'ensemble du morceau, forme sonate d'une concision et d'une unité parfaites, dont le second thème, très proche du premier, revêt cependant un aspect plus doux et chantant. Une petite coda s'évanouit dans le silence. Également en forme sonate, l'*Adagio* en *sol* majeur nous offre une longue rêverie solitaire, d'une admirable sérénité, dont la floraison des ornements mélodiques atteint à une somptuosité digne de celle des grands mouvements lents de symphonies ou de quatuors. Par une cadence de dominante, ce morceau s'enchaîne sans interruption au *Vivace molto* final, rondo dont le refrain, modulant vers le relatif majeur, évoque à s'y méprendre certains thèmes du jeune Beethoven. Il alterne par deux fois avec un couplet en *mi* majeur, et toutes les reprises des deux idées sont ornées. La sonate se termine discrètement et sans vain pathos, mais en mineur.

Sonate n° 54, en *sol* majeur (Hob XVI. 40)

C'est la première d'un groupe de trois sonates en deux mouvements chacune et parues en 1784 avec une dédicace à la princesse Marie Esterhazy, épouse du (futur) prince Nicolas II. Des versions pour trio à cordes parurent en 1788, mais celles pour piano sont les versions originales et les seules authentiques.

La *Sonate n° 54* s'ouvre par un *Allegretto innocente* à 6/8 de forme ABA'B'A'' tenant à la fois de la variation et du rondo (les parties B sont en *sol* mineur). Suit un *Presto* à 4/4, de forme ABA'. La partie centrale B est en *mi* mineur ; les parties A et A' sont faites de deux sections chacune répétée, — la répétition de la première section de la partie A' étant écrite et variée. Le 3 juin 1785, à Eszterhaza, Haydn joua les trois *Sonates n°s 54-56* au père Werigan Rettensteiner, un ami de son frère Michael.

Sonate n° 58, en *ut* majeur (Hob XVI. 48)

Cette œuvre, qui ouvre dignement le groupe glorieux des cinq dernières sonates, date de 1789 (Haydn venait de s'acheter un piano-forte « moderne ») et représente la contribution du compositeur à un « Pot-Pourri musical » publié par l'éditeur Breitkopf. C'est l'une des neuf sonates de Haydn qui ne comportent que deux mouvements.

Le premier, *Andante con espressione* à 3/4, s'inscrit avec une souveraine liberté dans le cadre familier des variations sur deux thèmes consanguins, — trois épisodes en majeur alternant ici avec deux intermèdes en mineur. Mais le premier thème réserve déjà une place insolite à la tonalité d'*ut* mineur. La richesse de l'ornementation mélodique, la plénitude sonore de l'accompagnement en arpèges, enfin et surtout la prédilection pour le registre de ténor (médium grave) du clavier, concourent à assurer à ce morceau l'intensité expressive promise par le titre. La même opposition tranchée entre *ut* majeur et *ut* mineur se retrouve dans le vigoureux *Rondo (Presto)* faisant office de finale, — morceau étonnamment proche des finales des grandes symphonies de la même époque, et tout particulièrement de celui de la *Symphonie no 88 en sol majeur*.

Sonate n° 59, en *mi* bémol majeur (Hob XVI. 49)

Parmi les cinq dernières sonates, la présente œuvre — composée en 1789-1790 — occupe une position particulière : il s'agit en effet du célèbre témoignage de l'affection qui liait Haydn et Marianne von Genzinger, et qui fut au musicien d'un si grand secours dans les dernières années solitaires du séjour à Esterhaz. L'écriture pianistique est fluide et légère, et jamais Haydn n'a été plus proche de son grand ami Mozart.

L'*Allegro* initial, à 3/4,

offre une grande richesse de thèmes (trait mozartien) tout en conservant une puissante unité. Signalons le *pont* suivant le premier thème dont les souples séquences vivifieront la conclusion et le groupe terminal dont le rythme annonce le *Destin* beethovénien, mais sert ici, à plusieurs reprises, d'élément de suspens harmonique. Le très important développement de cette forme sonate continue tout d'abord sur la lancée thématique des dernières mesures de l'exposition, — procédé beaucoup plus fréquent chez Mozart que chez Haydn. La réexposition, précédée d'une grande cadence et d'un point d'orgue, est quelque peu condensée ; mais un véritable développement terminal lui succède, exploitant le pont déjà cité qui n'était pas apparu au cours du développement principal.

L'ample *Adagio e cantabile*, cœur de la sonate, écrit dans la grande tonalité haydnienne de *si* bémol, est un de ses suprêmes messages expressifs. Haydn lui-même en était conscient, puisqu'il écrivait à Marianne von Genzinger : « Je le recommande spécialement à votre attention... Il possède une signification profonde que je vous expliquerai quand j'en aurai l'occasion... Il est plutôt difficile mais plein de sentiment. » De forme ternaire, il use abondamment en ses volets extérieurs de la variation ornementale. Les troublantes incursions en mineur annoncent la partie centrale, où un dialogue pathétique entre les registres extrêmes du clavier s'engage sur un ample déroulement d'arpèges. On module romantiquement en *ré* bémol majeur et, au retour du thème initial, le rythme de sextolets de doubles croches des arpèges demeure encore présent, assurant avec une subtilité géniale l'unité profonde du morceau qui se termine dans le mystère et la résignation.

Le finale s'intitule *Tempo di Menuet* et, du menuet, il possède davantage le rythme que l'esprit ou la forme. L'architecture est étrange et très neuve, synthèse de rondo et de variation. Les deux phrases habituelles du menuet sont suivies d'un trio dans le même ton ; mais, à la reprise, la deuxième période du menuet bifurque inopinément vers la tonique mineure dans laquelle se déroule une sorte de grand développement ou variation amplificatrice. Une réexposition suivie d'une coda conclut ce morceau qui, parti comme un menuet traditionnel, a grandi aux proportions d'une véritable forme sonate en cours de route. Procédé de croissance organique expansive qui fait de Haydn, une fois de plus, le précurseur du dernier Beethoven.

Sonate n° 60, en *ut* majeur (Hob XVI. 50)

Qu'elle soit ou non la dernière que Haydn ait composée, on ne sait quel mouvement admirer davantage dans cette sonate publiée en 1800 seulement.

L'*Allegro* initial repose sur un seul thème, anguleux, austère d'apparence, mais qui s'ornera d'un contre-chant nouveau à chaque apparition. Ces trois apparitions dans l'exposition auxquelles en répondent d'autres, toutes différentes, dans la reprise, permettent de se demander si Haydn n'a pas eu le dessein d'unir ici les deux grandes formes inconciliables de la musique pure : sonate et variation. Le vaste développement dépasse tous ceux des autres sonates par sa hardiesse modulante quasi visionnaire. Plus étonnante encore, cependant, est la variation de la seconde apparition du thème dans la réexposition : pianissimo, dans l'aigu du clavier, legato, avec des harmonies audacieuses et syncopées, auréolées d'un halo de pédale expressément indiqué par Haydn.

L'*Adagio* en *fa* peut être considéré comme un hommage funèbre à Mozart dont il évoque l'*Andante cantabile* de la *Sonate K 310*. C'est une sublime *fantaisie* où la rêverie nous entraîne vers les tons les plus éloignés, où la soudaine plongée en *fa* mineur semble pleurer le grand ami disparu, où la coda céleste, visionnaire, frôle ces zones de béatitude sereine que nous ouvre, à la même époque, l'*Andante* de la dernière *Symphonie (n° 104)*.

L'*Allegro* molto final a été qualifié de « *Menuet en folie* ». C'est un caprice d'une allure rythmique déjà schumanienne ; mais, en même temps, on y trouve les savoureux témoignages de cet humour qui fait de Haydn le « compositeur le plus spirituel qui ait jamais existé », — humour aux conséquences parfois très audacieuses mais jamais inconscientes. Ainsi, dès le début, le thème s'égare dans un ton très éloigné. Un bref silence, et on repart en *ut* majeur comme si de rien n'était :

Pour la première fois — Mozart avait cependant procédé de même dans son dernier *Quatuor, K 590* — il est fait appel à l'esprit de l'auditeur pour *reconstituer* mentalement, pendant le bref silence, l'enchaînement harmonique, la transition permettant de retrouver le ton principal. Premier signe encore imperceptible de la dégradation de la tonalité : un peu plus d'un siècle plus tard, Schœnberg demandera constamment à ses auditeurs cet effort de *reconstitution harmonique*...

Sonate n° 61, en *ré* majeur (Hob XVI.51)

Cette pénultième sonate de Haydn, élément central de l'ultime trilogie, écrite pour Thérèse Jansen ou pour Rebecca Schrœter au cours du second séjour à Londres (1794-1795) et publiée en 1805 seulement, constitue l'une des plus puissamment originales que nous ayons de lui. Sa concision lapidaire, l'opposition presque dialectique de ses deux mouvements ne font qu'en souligner l'audace et l'individualité. Rarement Haydn s'est avancé aussi nettement vers le XIX siècle.

C'est ainsi qu'on a pu qualifier l'*Andante* initial d' « Impromptu schubertien avant la lettre » ; et de fait, tout ici, la nature des idées mélodiques, la persistance des paisibles triolets de croches dans l'accompagnement, le clair-obscur subtil des alternances de majeur et de mineur, le jeu des modulations, annonce Schubert de manière extraordinaire. Il n'est pas jusqu'à la construction qui ne se distancie tranquillement de la forme sonate habituelle au profit d'une sorte de libre rondo-sonate : le ravissant cantabile de la onzième mesure, dont on espère vainement le retour, ne réapparaîtra jamais plus, et à un pseudo-développement, qui est une seconde exposition librement paraphrasée, succédera une réexposition des plus concises. Cependant, le *Presto* conclusif va plus loin encore : c'est un bref scherzo monothématique, de simple forme binaire à reprises variées, qui, pour Rosemary Hughes, biographe anglaise de Haydn, illustre dramatiquement « the Haydnishness of Beethoven ». En réalité, ce morceau prophétique se projette plus avant dans l'avenir de la musique, et c'est bien à Schumann que font penser ses rythmes persistants, ses syncopes, ses notes liées, ses progressions harmoniques ardentes et rapides aux retards osés. Ainsi, cette sonate singulièrement romantique illustre-t-elle avec éloquence l'infatigable esprit d'aventure qui animait le maître largement sexagénaire, tout frémissant encore de grands départs inassouvis.

Sonate n° 62, en *mi* bémol majeur (Hob XVI.52)

Troisième élément de l'ultime trilogie composée à Londres pour Thérèse Jansen, cette sonate, bien qu'écrite en 1794, ne fut publiée que quatre ans plus tard. Le fait que sa position de dernière sonate ne fut pas, pendant longtemps, mise en cause, lui valut une grande faveur, — d'ailleurs amplement justifiée. Totalement différent de celui de Mozart, le style pianistique de Haydn se révèle ici massif, héroïque, puissant, symphonique en un mot, et c'est là une des nombreuses caractéristiques qui rapprochent les trois dernières sonates de Beethoven. La force expressive, la profondeur déjà romantique du sentiment font de la *Soixante-deuxième Sonate* une œuvre prophétique qui annonce le XIXe siècle.

Le début de l'œuvre est réellement imposant : après une puissante affirmation en harmonies massives, sur un rythme héroïque et pointé,

c'est la soudaine et bouleversante plongée vers les zones d'ombre de la sous-dominante, en modulations chromatiques d'essence purement romantique. Le développement central débutant d'emblée en *ut* majeur — et modulant jusqu'en *mi* majeur — est basé uniquement sur le second thème.

La liberté souveraine avec laquelle Haydn règne à présent sur l'empire tonal trouve une de ses plus saisissantes illustrations avec le choix de la tonalité de *mi* majeur — la plus éloignée de *mi* bémol — pour l'*Adagio*. C'est un aria intensément expressif, de forme ternaire, avec un milieu sombre en *mi* mineur.

Le *Presto* final, fort vaste, adopte la forme sonate et non le rondo habituel, ainsi que l'allure de son thème initial à grands silences humoristiques pourrait le faire croire, — forme sonate particulière, du reste, puisque ce mouvement est monothématique tout en donnant l'impression d'une variété extraordinaire. Son développement médian témoigne d'une imagination harmonique et modulante incroyable.

ŒUVRES DIVERSES

La plus ancienne est sans doute le **Capriccio en *sol* majeur** sur la chanson populaire *Acht Sauschneider müssen sein* (« Il faut huit hommes pour castrer un verrat »), *Hob XVII.1*. L'œuvre fut publiée en 1788, mais la découverte de son manuscrit autographe montra qu'elle avait été composée dès 1765. Mozart devait utiliser l'année suivante la même chanson

dans son *Galimathias Musicum K 32*. Le *Capriccio* (dénomination authentique) apparaît comme la première grande page pianistique de Haydn influencée par Carl Philipp Emanuel Bach, peut-être plus par son *Versuch* (dont les deux parties étaient disponibles à Vienne depuis 1763) que par ses sonates. L'œuvre est soigneusement et subtilement construite, mais donne l'impression d'une libre improvisation, — le thème revenant dans les tonalités les plus diverses.

Vers 1765 furent probablement composées les **Vingt Variations en *la* majeur** *Hob XVII.2* (la tonalité d'origine était *sol*), — ouvrage témoignant d'une invention et d'un charme de tous les instants. La première publication fut réalisée par Artaria en 1788 (avec douze *Variations* seulement). A la même époque, Artaria publia aussi les *Douze Variations en mi bémol majeur Hob XVII.3* (sur le thème du menuet du *Quatuor à cordes op. 9 n° 2*), composées vers 1770-1774. Tant pour *Hob XVII.2* que pour *Hob XVII.3*, le titre de l'édition Artaria fut *Arietta con 12 Variazioni*.

La **Fantaisie en *ut* majeur** *Hob XVII.4* fut la première œuvre pour clavier seul composée par Haydn sur le piano-forte Schanz qu'il acheta à la fin de 1788. Le 29 mars 1789, il écrivit à Artaria : « J'ai produit pendant mes heures de loisir une nouvelle fantaisie pour le piano-forte dont on peut penser que, compte tenu de son style, de son originalité et de la façon dont elle a été composée, elle ne pourra manquer d'obtenir l'approbation des connaisseurs et des amateurs. Elle est faite d'une seule pièce, assez longue mais pas trop difficile. » Marquée *Presto* (à 3/8), la *Fantaisie en ut* rend hommage avec une liberté extrême aux principes de la forme sonate. Au thème principal

s'opposent deux éléments, — l'un évoquant Domenico Scarlatti et ses imitations de fanfares de cor,

l'autre fondé sur les passages de main et les oppositions de registre. L'esprit d'aventure règne en maître, et à peu près toutes les tonalités sont abordées, — parfois par des modulations abruptes (glissements de demi-ton). Parmi les traits indiquant comme instrument destinataire un pianoforte récent, citons les accords plaqués tenus pendant quatre mesures, et la recommandation (émanant de Haydn lui-même) de tenir aux mesures 192 et 302 (avec point d'orgue) l'octave dans les basses « jusqu'à ce que le son soit devenu inaudible ».

En novembre 1790 furent composées pour Artaria *Six Variations en ut majeur (HobXVII.5),* parues l'année suivante sous le titre de *Variations faciles et agréables.*

En 1793, entre ses deux séjours à Londres, Haydn composa à Vienne une très grande œuvre pour piano seul, les **Variations en fa mineur** *(HobXVII.6).* La destinataire fut alors Barbara (Babette) Ployer, — pour qui, en 1784, Mozart avait écrit ses *Concertos en mi bémol n⁰ 14 (K 449)* et *en sol n⁰ 17 (K 453).* L'autographe de Haydn porte comme titre « Sonata », une copie authentique de la même année « Un piccolo divertimento », et la première édition (1799, avec une dédicace à la baronne de Braun), « Variations ». L'œuvre suit le principe de la double variation : un thème de vingt-neuf mesures (avec deux reprises) en *fa* mineur est énoncé,

puis un thème de vingt mesures (également avec deux reprises) en *fa* majeur. Les deux thèmes sont ensuite variés alternativement, chacun deux fois. Après la seconde variation en majeur, le thème en mineur est repris textuellement pendant vingt-deux mesures. Intervient ensuite une vaste coda de soixante et une mesures, extrêmement dramatique, tragique et désolée. Après un dernier sursaut, l'ouvrage — d'écriture pianistique très « avancée », avec ses longs trilles et ses grappes de notes — se perd au loin, et prend fin dans la nuance pianissimo, sur un *fa* dans l'aigu.

Des *Variations en ré majeur (HobXVII.7)* parurent en manuscrit en 1766, et un *Adagio en fa majeur (HobXVII.9)* fut édité en 1786. Doivent encore être mentionnées la version pianistique authentique des variations sur le *Gott erhalte* ou « Hymne autrichien » (deuxième mouvement du *Quatuor à cordes op. 76 n⁰ 3,* 1797) ; la version originale pour piano seul de l'*Adagio* (en *sol*) du *Trio avec clavier en mi bémol n⁰ 36* (*HobXV.22,* 1794-1795) ; la version pianistique abrégée du finale du *Quatuor à cordes op. 33 n⁰ 5* (1781) ; et la version pianistique d'une pièce pour horloge mécanique de 1793 *(HobXVII.10).*

Pour quatre mains existe une page intitulée *Il Maestro e Lo Scolare* (*Andante varié* suivi d'un *Menuet*), en *fa* majeur (*HobXVIIa.1,* 1778 au plus tard, peut-être vers 1768-1770).

H.H. et M.V.

STEPHEN HELLER

Né à Budapest, le 15 mai 1813 ; mort à Paris, le 14 janvier 1888. Il se révéla musicien très précoce. Elève à Vienne de Czerny et du compositeur Anton Halm, il fit des débuts prometteurs en 1826. Dès 1828, il entreprenait des tournées de concerts qui l'amenèrent à rencontrer Schubert, Beethoven, Chopin et Paganini. Il fut également l'ami de Schumann, et devint l'un des personnages favoris des « Davidsbündler. » En 1838, Heller s'installa à Paris où il vécut le reste de son existence, partageant son temps entre ses leçons, ses concerts et son activité de critique à la Gazette musicale. *A Paris, il se lia d'amitié avec Chopin, Liszt et Berlioz ; mais, frappé de cécité, il eut une fin de vie douloureuse et dut solliciter l'aide du chef d'orchestre Charles Hallé. Marmontel a décrit Heller comme un travailleur infatigable doublé d'un artiste d'une grande probité intellectuelle, témoignant d'un amour désintéressé pour son art.*

L'œuvre de piano

A part quelques lieder (sur des textes de Goethe et de Heine, notamment) et deux pièces pour violon et piano, toute l'œuvre de Stephen Heller est destinée au piano. Ce sont neuf cycles de **Variations**, dont quelques pages superbes comme les *Trente-trois Variations sur un thème de Beethoven op. 130* (1871) et les *Variations sur « Warum » de Schumann op. 142* (1877), des caprices, des impromptus, des rondos sur des airs d'opéras, des préludes, des valses, des mazurkas, des fantaisies, des transcriptions d'opéras, des polonaises, des ballades, des lieder pour piano. Ce sont aussi trois *Sonatines*, quatre *Arabesque op. 49* (1844), quatre **Sonates** *op. 9* (1829), *op. 65* (1844), *op. 86* (1856) et *op. 143* (1878), largement développées et dans lesquelles ne se discerne aucune influence des contemporains (car, ainsi que le souligne Marmontel, Heller y reste avant tout lui-même), sept *Tarentelles* composées entre 1845 et 1873, qui scintillent d'un éclat et d'une verve toute napolitaine, les *Scherzi op. 8* (1831) et *op. 24* (1844), et le *Scherzo fantastique op. 57* (1845), dédié à Liszt. Ce sont enfin les innombrables pièces aux titres descriptifs : *Rêveries d'un promeneur solitaire* (d'après Jean-Jacques Rousseau) *op. 101* (1861); *Aux mânes de Chopin, Élégie et marche funèbre op. 71* (1849); cinq morceaux du *Voyage autour de ma chambre op. 140* (1875); les *Feuillets d'album op. 83* (1853); six pièces évocatrices *Spaziergänge eines Einsamen op. 78* (1851); ou encore les trois séries intitulées **Im Walde** *op. 86, op. 128* et *op. 136* (1854 à 1873), véritables pages de la nature pleines de raffinement, pour n'en citer que quelques-unes comme autant de petits poèmes simples et aimables où se mêlent, suivant les cas, grâce, tendresse, énergie, calme ou désespoir.

En 1830, Schumann avait été enthousiasmé par l'*Introduction, variations et finale (sur des thèmes favoris de « Zampa ») op. 6*, et avait prédit à Heller le succès qu'il devait connaître en tant que compositeur. Sa musique, malheureusement peu familière aux pianistes actuels, est, en effet, digne du plus haut intérêt : Heller y impose une grande fermeté de style, une variété de rythmes qui n'appartient qu'à lui, des phrases délicates mais sans emphase, une harmonie très personnelle, — comme ces dissonances inattendues ou ces suites d'appoggiatures. Il y apparaît aussi, souvent, plus symphoniste que virtuose, particulièrement lorsqu'il recherche des effets de pédale tout à fait inhabituels.

Heller fut d'autre part un grand pédagogue. Comme celui de Chopin, son enseignement était basé sur le travail de la technique pianistique, considérée comme le moyen essentiel par lequel tout interprète devait arriver à s'exprimer musicalement. En cela, Heller tourne le dos à la conception résolument mécanique de la technique développée par Czerny ou par Kalkbrenner. Ses **Études** sont d'abord des exercices de style et d'expression, abordant des problèmes musicaux qui ne se rattachent pas forcément à une difficulté mécanique : citons les vingt-quatre études constituant l'*Art du phraser op. 16* (1840), vingt *Études pour former au sentiment du rythme et à l'expression op. 47* (1844), vingt-quatre *Études d'expression et de rythme op. 125* (1868), ou la *Chasse, Étude de concert op. 29* (1844), qui fut exécutée par Liszt. Toutes ces pièces sont des pages exceptionnelles par leur style et par leur goût.

A. d. P.

HANS WERNER HENZE

Né le 1er juillet 1926, à Gütersloh (Westphalie). Il fut l'élève, à Heidelberg, de Wolfgang Fortner dès la fin de la Seconde Guerre mondiale, ainsi que de René Leibowitz à partir de 1948 : son adhésion au dodécaphonisme sériel — ce fut l'époque de l'« école de Darmstadt » — lui valut alors une célébrité immédiate (les Variations pour piano*), qu'élargirait encore le succès remporté par son opéra* Boulevard Solitude *en 1952. Mais Henze ne tarda pas à décevoir ses plus chauds partisans, — abandonnant l'écriture sérielle pour affirmer son indépendance avec un style de composition plus libre. Dès 1953, il quitta l'Allemagne pour s'installer définitivement en Italie. Néanmoins, sa célébrité* s'accrut à nouveau avec une succession d'opéras — parmi lesquels le Prince de Hombourg, Elégie pour de jeunes amants ou le Jeune Lord — d'une remarquable efficacité dramatique. Dans le même temps, virent le jour ses premières symphonies (on en compte sept aujourd'hui), des œuvres vocales (les cinq Lieder napolitains, un oratorio, une cantate), des œuvres concertantes (le Doppio Concerto notamment). A partir de 1967 environ, les ouvrages de Henze exprimèrent de plus en plus ses engagements politiques : ainsi le Radeau de la Méduse, sorte de requiem à la mémoire de Che Guevara, et mémorable scandale lors de sa création à Hambourg en 1968. Depuis, le compositeur — prolifique — a continué de produire des partitions accordant une large place à la voix (ainsi les « actions en musique » constituant We come to the River, ou l'opéra pour enfants Pollicino), et dédaignant rarement de poser certaines questions fondamentales des sociétés contemporaines. Les partitions pour le piano (ou le clavecin) sont, dans l'ensemble, antérieures à cette évolution « engagée » du musicien, et peuvent être considérées comme œuvres de musique pure. Moins connues que le reste d'une production au demeurant assez inégale (et fort discutée), elles apportent elles aussi la preuve de l'électisme de leur auteur.

L'œuvre de piano

Un *Concerto de chambre* pour piano, flûte et cordes (1946), puis un *Concertino* pour piano, vents et percussion (1947), quelque peu stravinskien, devaient précéder la composition des **Variations pour piano** (op. 13) — seul ouvrage du catalogue du musicien portant un numéro d'opus —, datées de 1949 : c'était, comme on l'a dit, l'époque « de Darmstadt », et ces *Variations* témoignent d'une exceptionnelle aisance dans le maniement du langage dodécaphonique, hors de l'académisme ambiant, — la pratique sérielle totale conduisant alors aux pires résultats d'un intellectualisme rigide et desséchant. Chez Henze, le lyrisme l'emporte, l'émotion même, avec une très sûre valorisation des effets dramatiques annonçant une vocation théâtrale. La technique pianistique en est parfois périlleuse, — exposant l'interprète à un jeu de couleurs et d'intensités difficile à maîtriser. L'œuvre, toutefois, qui obtint un grand succès, n'a pas subi le sort du virtuose *Premier Concerto pour piano et orchestre*, de l'année suivante, qu'on ne joue pratiquement plus.

Un plus célèbre *Concerto per il Marigny* pour piano et sept instruments, alors destiné au Domaine Musical qu'animait Pierre Boulez à Paris, précéda de trois ans une partition purement pianistique d'envergure : la **Sonata per il piano-forte** (1959). Ouvrage fermement architecturé, qui fait retour aux cadres formels traditionnels sans pourtant s'y emprisonner : trois mouvements en effet, — dont le premier, *Molto movimentato*, interprète très librement la forme sonate, le deuxième, *Cantabile con tenerezza*, cultive l'art de la variation (une canzone et six « métamorphoses »), le troisième, *Vivace*, propose une fugue à quatre voix. Le sommet de l'œuvre est sans doute le deuxième mouvement, — épicentre lyrique et dramatique. La fugue conclusive débute et se termine en *ut*, mais son développement, d'une logique rigoureuse, échappe à cette attraction tonale :

Il s'agit d'un remarquable travail de construction canonique, faisant alterner réponses « tonales » et « réelles » (ainsi *ut-ut* dièse-*sol*, et *sol-fa* dièse-*ut* en lieu et place de *sol-sol* dièse-*ré*). Souplesse, éclat et science de l'instrument confèrent à la partition entière sa force exceptionnelle.

Les *Divertimenti* pour deux pianos (datés de 1964) se situent presque à l'opposé : œuvre légère et virtuose, où les deux partenaires se livrent à un jeu familier, de peu d'importance. On fera plus de cas de deux ouvrages écrits pour un autre instrument, le clavecin, — les *Six Absences* (1961) et, surtout, les **Lucy Escott-Variations** (1953), ces dernières existant également dans une version pour piano. Elles consistent en une paraphrase sept fois variée de l'air « Come per me sereno » extrait de l'opéra de Bellini, *la Somnambule* (le nom de Lucy Escott faisant référence à une légendaire cantatrice coloratura des années 1820, à Londres : son « histoire », très romantique, fait l'objet d'un avant-propos plein d'ironie du compositeur). La partition, absolument tonale, fait appel à toutes les ressources de coloris et de nuances que peut offrir le clavecin moderne, dont les sonorités doivent être celles d'un rêve. Mais le belcantisme de la mélodie brille d'un éclat plus vif et peut-être plus flatteur dans la traduction pianistique.

Mentionnons enfin pour mémoire le *Concerto n° 2 pour piano*, créé en 1968*, ainsi qu'une partition intitulée *Tristan* (1973), dans laquelle le piano cohabite avec l'orchestre et un dispositif électronique.

F.R.T.

PAUL HINDEMITH

Né le 16 novembre 1895, à Hanau (Hesse); mort le 28 décembre 1963, à Francfort-sur-le-Main. Issu d'une famille modeste et précocement doué pour la musique, il accomplit ses études au Conservatoire de Francfort avec Arnold Mendelssohn et Bernhard Sekles pour la composition, A. Rebner pour le violon. A vingt ans, il devient directeur musical de l'Opéra de cette ville, et fonde le quatuor Amar dans lequel il joue comme altiste: Hindemith, sa vie durant, sera un virtuose hors pair de l'alto. Il écrit alors des sonates pour divers instruments, de la musique de chambre, et, dès 1922 sera reconnu comme un compositeur important, — avec sa Musique de chambre op. 24 *et la* Suite 1922 *pour piano; il est, à cette époque, également l'auteur d'œuvres à scandale, tels les opéras en un acte* Assassin, espoir des femmes *et* Sancta Susanna. *Mais il n'en est pas moins un musicien sérieux, épris de technique contrapuntique et trouvant ses modèles chez Bach et Haendel. En 1927, il est professeur de composition à la Hochschule für Musik de Berlin; mais, peu après l'avènement du nazisme, ses œuvres seront suspectées de « pervertir » la musique allemande, et le compositeur, s'expatriera d'abord vers la Suisse, pour s'installer en 1940 aux États-Unis. Il y dirigera le département musical de l'Université de Yale jusqu'en 1953, puis, pressenti pour le même poste à l'Université de Zürich, s'établira ensuite en Suisse, sans jamais cesser de composer. Hindemith fut un théoricien passionné qui exposa les résultats de sa recherche dans un traité de composition et de syntaxe musicale intitulé* Unterweisung im Tonsatz: *il y posa en principe l'irréductibilité du fait tonal, et la nécessité d'une tonalité « élargie » affranchie de l'opposition majeur-mineur et s'appuyant en partie sur un ordre hiérarchique des intervalles. D'où le grand nombre de ses œuvres à caractère didactique, tel ce fameux* Ludus Tonalis *pour piano (1942), suite de fugues reliées par des interludes. Si l'opéra* Mathis le peintre, *si une œuvre orchestrale comme* Métamorphoses symphoniques sur des thèmes de Weber *ont maintenu le renom international de Hindemith — d'ailleurs toujours fort prisé en Allemagne —, on ne peut affirmer que le reste de sa production soit aujourd'hui bien connu: production abondante, — dont on isole ici, non seulement le* Ludus Tonalis, *mais les* Tanzstücke op. 19, *la* Suite 1922 *déjà mentionnée, une* Klaviermusik op. 37, *les trois* Sonates, *et diverses pièces pour quatre mains et pour deux pianos.*

Hindemith, après des débuts d'un expressionnisme post-romantique aussi violent que généreux, mais qu'on ne redécouvre qu'à présent (car il renia ses premières œuvres et refusa qu'on les joue ou les publie), fut, au début des années 1920, l'iconoclaste, le brise-vitres, le symbole de l'Allemagne d'après-guerre, tour à tour amère et corrosive ou joyeusement cynique, en tout cas brûlant les dieux romantiques qu'elle avait adorés. Très vite, il prit la tête du mouvement néo-classique, du fameux « retour à Bach », — ce à quoi le prédisposait un génie inné de la fugue et du contrepoint, qui en fait le digne héritier de Max Reger. A partir du milieu des années 1920, sa musique, moins agressive, moins provo-

---

* Commenté dans: *Guide de la musique symphonique.*

cante, se tourna vers des buts plus pratiques, vers les besoins de l'enseignement ou vers ceux des amateurs (la fameuse *Gebrauchsmusik*). A partir du milieu des années 1930, Hindemith atteignit l'équilibre de son propre classicisme, et, dans *Unterweisung im Tonsatz*, codifia sa nouvelle théorie d'une tonalité élargie. Après la Deuxième Guerre mondiale, son style, peu à peu, se dessécha, se pétrifia dans un académisme de plus en plus stérile, auquel échappèrent cependant certaines de ses toutes dernières œuvres. Altiste émérite, Hindemith ne fut pas un pianiste, et l'instrument en tant que tel l'intéresse moins pour ses ressources sonores ou virtuoses que pour ses possiblités polyphoniques et la clarté, l'objectivité du discours qu'il permet.

Assez abondante, sa production pianistique s'interrompt cependant après 1942. Un premier groupe d'œuvres relève de la période révolutionnaire : il s'agit des *op. 15, 17, 19 et 26*. Mentionnons pour mémoire une *Valse* à quatre mains demeurée inédite, — et *Drei wunderschöne Mädchen im Schwarzwald* (« Trois superbes filles dans la Forêt-Noire »), *op. 6* (1916).

In einer Nacht (« En une nuit ») *op. 15,* un cycle de quatorze pièces brèves sous-titré *Träume und Erlebnisse* (« Rêves et Expériences vécus »), est la première œuvre pour piano seul de Hindemith. Quelques pièces naquirent dès 1917, alors qu'il faisait la guerre, mais la plus grande partie fut écrite en 1919. Le cycle reste encore inédit, bien qu'il en existe déjà un enregistrement. Dans ces pages concises, d'une acuité souvent saisissante, le jeune génie du compositeur se manifeste dans toute son audace. On peut diviser l'ensemble en quatre parties. Les quatre premières pièces, les plus proches par l'esprit du titre et du sous-titre du recueil, sont tranquilles et mélancoliques, presque statiques, fascinées par la force d'attraction de leurs sons-pédales (*ut* dièse pour les deux premières). Successivement : *Müdigkeiten* (« Lassitudes ») ; *Sehr langsam* (« Très lent ») ; *Phantastisches Duett zweier Bäume vor dem Fenster* (« Duo fantastique de deux arbres devant la fenêtre ») ; et *Rufe in der horchenden Nacht* (« Appels dans la nuit qui écoute »). Les quatre pièces suivantes sont au contraire chromatiques, non tonales (excepté la première des quatre, ancrée en *ré* majeur), d'allure rapide et instable, avec des agrégats dissonants proches de clusters. Successivement : *Ziemlich schnelle Achtel* (« Assez rapide ») ; *Sehr lebhaft, flimmernd* (« Très vif, scintillant ») ; *Nervosität* ; et *Scherzo.* Les trois pièces suivantes marquent une progression vers une musique de plus en plus organisée et formelle : *Programm-Musik : Kuckuck und Uhu*, tableautin malicieux faisant dialoguer le coucou et le hibou ; *In der Art eines langsamen Menuetts* (« A l'allure d'un Menuet lent »), tout voilé de nostalgie ; et un *Prestissimo* impétueux et dynamique. Les trois derniers morceaux, enfin, se confrontent aux modèles musicaux les plus importants pour le jeune Hindemith : la tradition classique dans *Böser Traum* (« Mauvais rêve »), qui dénature un motif de *Rigoletto* ; le jazz dans toute son agressivité insolente, dans un martial *Foxtrot* ; enfin le contrepoint transcendant, dans une monumentale et quelque peu grandiloquente *Double-Fugue avec Strettes,* — laquelle, provocation typique, s'enchaîne au *Foxtrott* sans interruption.

La **Sonate op. 17,** de 1920, demeura elle aussi inédite, mais son manuscrit s'est perdu. A l'aide d'un brouillon assez poussé, récemment retrouvé, on a cependant pu reconstituer assez exactement cette partition ambitieuse et hardie, en deux mouvements — une forme sonate et un thème varié, modèle formel emprunté à l'*op. 111* de Beethoven.

De 1921 date une amusante pochade tout récemment retrouvée, un *Ragtime Wohltemperiert,* qui élabore en ragtime le sujet de la *Fugue en ut mineur* du Premier livre du *Clavier bien tempéré*. Hindemith en réalisa aussi une version pour grand orchestre.

Les deux recueils suivants, tous deux de 1922, attaquent la culture petite-bourgeoise et son goût pour les variétés de bas étage, en soumettant cette musique « vulgaire » au vitriol d'un style antidissonant et percussif. Dans les cinq **Tanzstücke** (« Pièces de danses ») *op. 19,* Hindemith jette pardessus les moulins tout reste d'expression sentimentale, mais aussi d'harmonie d'école, émancipant la dissonance, se complaisant agressivement dans la « note à côté ». Les complexes de quartes, de septièmes et de secondes se superposent crûment. La quatrième pièce, une *Pantomime,* évoque peut-être des scènes de cirque.

La célèbre **Suite 1922** *(op. 26)* va beaucoup plus loin encore — rejoignant les excentricités les plus provocantes des « Six » à leur apogée. La couverture de la partition s'orne d'un dessin du compositeur lui-même représentant la vie de la grande ville, d'un crayon primitif à la Georges Grosz. Mais à la vulgarité voulue des rythmes et de l'expression (c'est le triomphe de la « foire » et du « music-hall » que revendiquait Cocteau, — davantage encore que celui du jazz dans lequel l'allemand Hindemith se sentait moins à l'aise que le français Milhaud ou le russe parisianisé Stravinski) s'oppose une harmonie très complexe, polytonale et atonale, parfois toute proche du total chromatique. Pour commencer, une *Marche* évoquant la fanfare de cirque ou le piano de bastringue désaccordé. Le *Shimmy* qui suit accumule les accords massifs, et s'élève jusqu'à un grotesque *Maestoso*. Mais, au centre de l'œuvre, on trouve un *Nachtstück* (« Nocturne ») qui soudain la hisse loin au-dessus de son propos premier : c'est la vision tout intériorisée d'un monde lointain de paix et de sérénité. Le *Boston* sert alors de transition vers le retour à la brutale réalité urbaine du *Ragtime* conclusif, — dont la note liminaire du compositeur a fait davantage que toute la musique pour la célébrité de cet *op. 26* : « Mode d'emploi : ne tiens aucun compte de ce que tu as appris au cours de piano. Ne réfléchis pas si tu dois frapper le *ré* dièse avec le quatrième ou le sixième doigt. Joue ce morceau de manière très sauvage, mais dans un rythme toujours strict, comme une machine. Considère ici le piano comme une espèce intéressante de percussion, et traite-le en conséquence. »

L'étape suivante — nous l'avons dit — fut celle de la *Gebrauchsmusik* et de la pédagogie. La **Klaviermusik op. 37** se compose de deux moitiés distinctes : une *Übung in drei Stücken* (« Étude en trois morceaux ») de 1925, et une *Reihe kleiner Stücke* (« Série de petites pièces », quatorze au total) de 1927. Les trois morceaux de 1925 marquent une évolution très nette vers une écriture polyphonique rigoureuse. C'est le moment culminant du fameux contrepoint linéaire de Hindemith, assorti de la non moins fameuse *Motorik* rythmique. L'agressivité demeure ; mais elle s'est canalisée, disciplinée. Ces pièces, dont le titre *Übung* se réfère explicitement à Bach, visent à la rigoureuse indépendance des mains dans le jeu polyphonique, même avec les structures rythmiques les plus complexes. Dans la première pièce, presque uniquement à deux voix, on trouve en un endroit trois groupes de quatre doubles croches à la main droite contre quatre groupes de trois à la main gauche, — ce à quoi s'ajoutent des accents irréguliers à contretemps. Polytonalité, polyrythmie, superpositions d'ostinatos asymétriques ajoutent à la fête. La mesure change sans cesse, elle est différente d'une main à l'autre, et finit par disparaître tout à fait au milieu de la pièce. Le deuxième morceau accompagne une mélodie de figurations complexes en miroir aux deux mains, — ce qui produit l'effet d'une musique pour deux pianos. Après la triple exposition du cantus firmus, la pièce culmine en une chaconne *Prestissimo* sur les notes du tétracorde descendant de *si* bémol. Le cycle se termine par un *Rondo* très animé, polyrythmique lui aussi, mais plutôt d'un point de vue homophone et harmonique. Ces pièces s'adressent à des exécutants techniquement et musicalement mûrs — faut-il le souligner ?

Le titre de l'*op. 37 II* est trompeur à tous égards : ce ne sont pas de « petites » pièces (la première est même monumentale, et elles durent au total une demi-heure) ; elles ne sont nullement faciles, et elles ne constituent pas non plus une « série » qu'il faille jouer d'affilée, mais plutôt un recueil où l'on peut puiser à sa guise. Hindemith y franchit une nouvelle étape décisive vers son classicisme, et s'y trouvent préfigurés bien des aspects qui seront théorisés dans l'*Unterweisung im Tonsatz,* puis codifiés dans le *Ludus Tonalis* (qui ne dépassera pas la maîtrise de l'*op. 37 II*, tout en n'en retrouvant pas toujours la fraîcheur spontanée de l'inspiration)*. Sous un titre trop modeste se cachent quelques-unes des plus belles inspirations du compositeur. Souvent il se sert du total chromatique, ou presque ; mais cette dodécaphonie, à la différence de celle de Schönberg, ne remet jamais en question la prééminence d'un pôle tonical unique. Cette prééminence sera de plus en plus systématisée dans les œuvres à venir, lesquelles, à partir des *Sonates,* seront à nouveau réellement tonales. Le diptyque initial *Introduction et Lied* domine l'ensemble par l'ampleur de ses proportions. L'*Introduction* canalise son expressionnisme dans la carrure stricte des rythmes pointés d'une Ouverture à la française, richement ornés. Mais ces ornements n'ont rien d'arabesques flexibles : ils rappellent bien plutôt ceux de modernes structures métalliques. De plus en plus serrés, ils accumulent peu à peu une tension qui explose soudain en un trait foudroyant de quadruples croches zébrant le clavier de haut en bas. Quant au *Lied,* l'une des plus

---

* Voir plus loin.

belles pages de Hindemith, de forme binaire variée, polarisé successivement autour de *fa* dièse, puis *do* dièse, il atteint pour la première fois à un nouveau style mélodique dont le compositeur ne surpassera jamais la souple et expressive cantilène. Vient ensuite un vif et allègre morceau à deux voix *(Lebhaft)*, en stricte fugue canonique, par mouvement contraire lors de la troisième et dernière exposition. La quatrième pièce est une danse à trois voix ; la cinquième, polarisée autour de *ré* dièse, une tranquille et ample mélodie contrepointée par une arabesque obstinée — les deux voix permutant ensuite en contrepoint renversable. En numéro six, un *Rondo* aux traits virtuoses, dont le refrain, immuable, se trouve contrepointé à chacune de ses quatre apparitions par la même mélodie, mais sur un degré différent. La septième pièce, l'une des plus ardues, alterne les sauts les plus bizarres et les passages mélodiques presque immobiles. Après une *Invention* animée sur la note *fa* — aimant inexorable déjouant les tentatives d'évasion modulante les plus téméraires —, nous abordons la partie la plus exigeante du recueil, à savoir les trois *Trios I, II et III*, à la polyphonie particulièrement stricte et serrée, mais à la réalisation instrumentale particulièrement difficile. Si le premier d'entre eux se déroule avec une aisance apparente, le deuxième n'est vraiment réalisable qu'en pleine clarté qu'avec l'appoint de la troisième pédale (comme déjà le deuxième des trois morceaux de l'*op. 37 I*). Le troisième est un decrescendo constant du quadruple fortissimo au triple pianissimo, correspondant à une montée non moins constante de l'extrême grave vers l'extrême aigu. Les trois dernières pièces offrent quelque détente : il s'agit d'un morceau lent, tendre et expressif, d'une brève et fine *Humoresque*, enfin d'un *Finale* exubérant et espiègle, qui se gausse avec ironie des dangers de l'excès de contrepoint !...

De 1919 date l'*op. 45 n° 4*, **Kleine Klaviermusik**, qui se rattache à tout un cycle pédagogique. Ce sont douze pièces brèves sur cinq notes *(Leichte Fünftonstücke)*, suivant plus ou moins l'ordre de la gamme chromatique, parfois dans le style de la chanson populaire. Elles constituent un matériau de choix pour les enseignants, seulement un peu plus difficiles que *les Cinq Doigts* de Stravinski, et offrent une excellente initiation au langage de Hindemith. On trouve également des pièces faciles dans le « Jeu pour enfants » *Wir bauen eine Stadt* (« Nous bâtissons une ville ») de 1930.

Les Sonates

Les trois grandes *Sonates* composées coup sur coup en 1936 occupent une position centrale dans l'œuvre pianistique de Hindemith, entre les œuvres « révolutionnaires » de 1919-1927 et le testament que constitue le *Ludus Tonalis* de 1942, — tout en se situant presque au début de la fantastique vague d'activité créatrice qui verra naître en peu d'années des sonates pour tous les instruments possibles. Ces *Sonates* ont toutes une tonalité, mais au sens hindemithien, — c'est-à-dire sans définition de modes majeur ou mineur. Cette tonalité signifie simplement que le total chromatique est polarisé autour d'un seul centre tonal, selon les lois codifiées vers la même époque, et que nous exposerons brièvement à propos de l'œuvre-manifeste que constitue en ce domaine le *Ludus Tonalis*.

La **Première Sonate**, en *la*, est intitulée *Der Main* (« le Main ») ; elle s'inspire en effet du poème du même nom de Hölderlin, dont elle cite un bref fragment en exergue (« ... doch nimmer verges' ich dich, so fern ich wandre, schöner Main, und deine Gestade, die vielbeglückten... », « mais jamais je ne t'oublierai, si loin que me portent mes pas, mon beau Main, et tes rives, les bienheureuses »). Le Main, rappelons-le, baigne Hanau, la ville natale du compositeur, ainsi que Francfort, où il vécut longtemps et où il mourut. Cette *Sonate n° 1*, la plus puissante et la plus vaste des trois, n'est évidemment pas de la musique à programme ; mais elle chante avec un généreux romantisme l'intimité du paysage, la splendeur baroque des villes, les sombres et fiers témoins du passé. Cette œuvre si riche est ainsi tour à tour idyllique et monumentale dans son expression. Bien qu'elle comporte cinq mouvements, ceux-ci se regroupent en fait en trois grandes parties. En effet, le premier morceau, rêveur et aimable (*Ruhig bewegte Viertel* : « tranquillement animé ») n'a qu'une fonction introductive, s'enchaînant directement à la sévère et imposante Marche funèbre *(Im Zeitmass eines sehr langsamen Marsches)*. Au milieu de la *Sonate*, se trouve un vaste *Scherzo* (*Lebhaft* : « vif »), d'une ampleur symphonique, et même par endroits hymnique. Suit le retour au morceau d'introduction dans l'esprit d'une réminiscence poétique (on pense à la *Sonate op. 5* de Brahms !), auquel le finale s'enchaîne directement. De vastes proportions, ce *Lebhaft* se divise en trois épisodes fortement contrastants, dont le deuxième, très énergique, commence à la manière d'une marche militaire.

Face à la puissante charpente symphonique de la *Première,* la **Deuxième Sonate,** en *sol,* fait presque l'effet d'une gracile sonatine. Après l'imposant romantisme de l'œuvre précédente, c'est un authentique classicisme qui prédomine : rigueur de l'écriture instrumentale, économie des moyens sonores et de la construction, extrême transparence de la polyphonie, concision de la forme. Et ce n'est point un hasard si chacun des trois morceaux se termine pianissimo. Pour commencer, un *Mässig schnell* (« modérément rapide »), à la lumière limpide et un peu froide, en forme sonate, mais sans les gradations et les contrastes habituels ; puis un *Scherzo* bref, mais plein d'élan *(Lebhaft)*; enfin un allègre *Rondo* (*Bewegt* : « animé »), précédé d'une introduction lente *(Sehr langsam),* reprise en une conclusion de tranquille méditation.

La **Troisième Sonate,** en *si* bémol, est la plus jouée et sans doute la plus significative des trois, — unissant la chaleur romantique et l'ampleur de la *Première* à la perfection classique de la *Deuxième*. Les quatre mouvements s'équilibrent et se complètent admirablement et leur succession n'est pas sans rappeler l'*op. 101* de Beethoven*. L'œuvre commence par une paisible pastorale, dans le rythme calmement berceur d'une sicilienne à 6/8 (*Ruhig bewegt).* Vient ensuite un très original et caractéristique *Scherzo (Sehr lebhaft),* peut-être inspiré par le *Presto* du *Quatuor op. 130* de Beethoven (dans la même tonalité de *si* bémol mineur) : c'est l'un des meilleurs morceaux de Hindemith, dont l'étincelante virtuosité instrumentale se trouve tout au service d'une vitalité exubérante. Au trio succède une reprise élégamment abrégée. Le troisème mouvement, plutôt lent (malgré son indication *Mässig schnell),* s'élève peu à peu de son début sombre et contenu jusqu'à un point culminant d'une âpre grandeur. Le centre de cette forme ternaire est un *Fugato* :

* Voir, ici même, à *Beethoven : Sonate n° 28.*

La puissante *Fugue* finale *(Lebhaft)* couronne non seulement la *Sonate,* mais toute l'œuvre pianistique du compositeur. C'est son matériau thématique à base de quartes qui lui prête cette force impressionnante :

Il s'agit d'une double fugue, dont le deuxième sujet provient du *Fugato* du mouvement lent. Les deux sujets sont suffisamment semblables dans leur construction et dans la nature de leur matériau pour pouvoir se fondre en une structure unique peu avant la fin du morceau. Cette péroraison d'une puissance véritablement colossale couronne l'œuvre en gloire.

Ludus Tonalis

En dehors de la *Sonate à quatre mains* de 1938, dont il sera question plus loin, Hindemith n'est plus revenu au piano seul avant 1942, — lorsque, dans l'exil américain, il édifia le monument suprême du *Ludus Tonalis*. Le sous-titre de ce « jeu de sons » est : *Kontrapunktische, tonale und klaviertechnische Übungen* (« Études, ou Exercices contrapuntiques, tonaux et techniques pour le piano »). Bien plus ambitieux encore que ne le révèle le titre, le projet de Hindemith vise tout simplement à nous donner un équivalent, au XXe siècle, du *Clavier bien tempéré,* — un *Clavier bien tempéré* revu à la lumière de la nouvelle théorie tonale du compositeur : les douze sons de la gamme tempérée se définissent tous par rapport à l'un d'entre eux, tonique avec laquelle ils présentent une affinité plus ou moins forte selon leur distance dans l'échelle des harmoniques naturels. A l'intérieur de ces limites très strictes le système permet une libre combinatoire ; et, dans cette tonalité renouvelée et élargie, l'opposition entre majeur et mineur n'a plus sa raison d'être. C'est là un affaiblissement sérieux des possibilités expressives du langage tonal, — de même que l'effacement du concept de modulation : une tonalité beaucoup moins dynamique que l'ancienne, créant souvent l'impression que le mouvement harmonique se trouve comme figé, congelé. Face à l'organisation atonale, sérielle du total chromatique (elle aussi désormais caduque), le système de Hindemith ne s'imposa que temporairement, et seulement pour une poignée d'épigones ; mais il reste un certain nombre d'œuvres importantes — parmi lesquelles *Ludus Tonalis* brille au premier rang — qui méritent de survivre par elles-mêmes.

Prenant *ut* comme fondamentale de départ théorique (mais, bien sûr, l'ensemble peut être transposé sur n'importe lequel des douze degrés), Hindemith établit une « Série 1 » *(Reihe 1)*, qui classe les douze sons en ordre décroissant d'affinité harmonique avec le son de départ. Il n'est pas étonnant que le *sol*, puis le *fa* (dominante et sous-dominante) figurent en premier lieu, ni que le *fa* dièse/*sol* bémol (ou triton) se trouve à l'extrémité opposée :

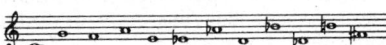

Cette « Série 1 » est imprimée en forme de spirale partant du *do* sur la page de couverture de la partition. Il existe aussi une « Série 2 » qui calcule la distance intervallique entre les sons et donc leur « pente harmonique » — autrement dit la valeur de tension des accords résultants.

Ludus Tonalis, d'une durée totale d'un peu moins d'une heure, se compose de vingt-cinq morceaux. Entre le *Praeludium*, qui affirme l'*ut* priméval, et qui se présente un peu à la manière d'une *Toccata* de Bach en ses trois volets (libre improvisation, *Moderato*; *Arioso* à trois voix, *Tranquillo*; nouvelle improvisation, mais cette fois-ci liée à un motif unique, *Lento-Solenne, Largo),* et le *Postludium*, qui en est l'exacte rétrogradation renversée (ou « miroir de l'écrevisse »), se succèdent douze *Fugues* séparées par onze *Interludes.* Les tonalités des *Fugues* suivent l'ordre de la « Série 1 », les *Interludes* servent de liens modulants d'une tonalité à une autre. Toutes les *Fugues* sont à trois voix, mais la seconde entrée n'est que rarement au cinquième degré, contrairement à la règle classique. Les *Fugues* peuvent se diviser en trois groupes de quatre. Le premier groupe est le plus rigoureux d'écriture, le plus cérébral et le plus abstrait. La *Fugue I*, en *ut*, est une ample triple fugue *(Lento),* qui superpose pour finir ses trois sujets. La *Fugue 2*, en *sol,* frappe par son sujet d'allure grotesque à 5/8 *(Allegro),* et la nature capricieuse de ce sujet contraste avec la rigueur et la complexité de son élaboration, riche en strettes. La *Fugue 3*, en *fa (Andante),* fait abondamment usage du renversement, et sa seconde moitié rétrograde exactement la première. La *Fugue 4*, en *la,* est une double fugue en forme de triptyque, dont le milieu *(Lento, grazioso* à 3/4) contraste par sa transparence gracile avec la robustesse massive du *Con energia* initial à 3/2, avec lequel il se combine pourtant dans le troisième volet. Les quatre *Fugues* centrales sont plus détendues et plus aimables, voire plus dansantes : l'abstraction y fait place à davantage de rythme et de couleur. La *Fugue 5*, en *mi (Vivace),* par exemple, possède le caractère d'une gigue. Après les *Fugues 6*, en *mi* bémol *(Tranquillo),* 7 en *la* bémol *(Moderato)* et 8 en *ré (Con forza),* le dernier groupe commence par une des *Fugues* les plus singulières de la série, la *Fugue 9* en *si* bémol *(Moderato, scherzando),* avec son sujet capricieux et désinvolte, dont la liberté d'allure rappelle celle de la *Fugue 2* :

Cette liberté contraste d'ailleurs avec la complexité de sa mise en œuvre, — accumulant rétrogradations, simples ou en miroir, strettes, augmentations, etc. Car les quatre dernières *Fugues* retrouvent, en l'accentuant encore, l'abstraction constructiviste des premières. C'est ainsi que la deuxième moitié de la *Fugue 10* en *ré* bémol *(Allegro moderato, grazioso)* est un miroir exact de la première, — tandis que la *Fugue 11* en *si (Lento),* au sujet chromatique tendu, est un canon à la quinte sur une libre basse faisant office de pédale. Enfin, la *Fugue 12* en *fa* dièse *(Molto tranquillo)* expose d'emblée son sujet en strette, tout en le confrontant à un contre-sujet obligé. De son détachement presque mystique, au pôle tonal opposé à l'*ut* initial, la transition se fait alors vers le « retour sur terre » du *Postludium* refermant le cercle.

Face à la rigueur des *Fugues,* les onze *Interludes* se présentent avec davantage de séduction, et leur liberté d'allure, leur plaisir de la pure sonorité les rapprochent de pièces de genre à la manière du XIXe siècle. Outre leur rôle de liaison tonale entre les *Fugues,* ils fournissent l'indispensable détente intellectuelle à ce cycle dont ils égayent l'austérité. Dans l'*Interlude 1 (Moderato energia),* les accords parfaits s'intègrent dans le tissu serré de figurations de telle sorte que leur effet s'avère, paradoxalement, plus dissonant que celui des agrégats de quartes qui les entourent. L'*Interlude 2 (Pastorale moderato)* est une expressive sicilienne, l'*Interlude 3* un *Scherzando* burlesque, l'*Interlude 4 (Vivace)* un mouvement perpétuel dans le caractère d'une étude ; l'*Interlude 5 (Moderato)* est une libre forme lied de caractère mélodique, évoquant la finesse du clavecin et contrastant avec la truculence haute en couleurs de l'*Interlude 6 (Marcia)*, une marche typiquement hindemithienne, avec son trio aux octaves plaisantes qui évoquent le cor ou le basson. Après l'*Interlude 7 (Molto largo)*, c'est l'*Interlude 8 (Allegro molto)* qui nous offre le moment le plus brillant et le plus spectaculaire de tout l'ouvrage, — selon l'alternance rapide d'accords percussifs entre les deux mains (rappelant même le *Ragtime* de l'*op. 26*). Les trois derniers *Interludes* sont un *Molto tranquillo*, un *Allegro pesante* et une *Valse*, légère et planante.

De 1938 date la très séduisante **Sonate pour piano à quatre mains**, avec laquelle Hindemith enrichit un répertoire demeuré presque en friche après le XIXe siècle. Alors qu'une œuvre à deux pianos sera naturellement axée sur le dialogue concertant et l'opposition des sonorités, une œuvre à quatre mains vise au contraire à l'homogénéité, et sert essentiellement à rendre possible une polyphonie non réalisable à deux mains. Dans le *Mässig bewegt* (« modérément animé ») initial, assez proche de la forme sonate traditionnelle, il s'agit avant tout de permettre le legato au sein d'une polyphonie souvent très étalée dans la tessiture, ou encore d'y intégrer sans heurts des accords des deux mains. Hindemith parvient par instants à évoquer la disposition d'un orgue, — avec ses deux claviers manuels et son pédalier. Au centre de l'œuvre, on trouve un bref *Scherzo (Lebhaft)* « vif » où les quatre voix de la polyphonie sont traitées, non en style legato comme dans le morceau précédent, mais à la manière d'un délicat carillon de verre et de métal, transparent et lumineux : le piano y est une fois de plus sollicité comme instrument de percussion, mais sans aucune brutalité, avec une finesse de sonorités évoquant le glockenspiel ou le marimba. Dans le *Ruhig bewegt* final, c'est le style de la mélodie ornée qui l'emporte, — ainsi que l'écriture en imitations, qui atteint une richesse presque orchestrale. On notera, au début, la savoureuse doublure de la mélodie à la douzième supérieure, — à la manière d'une mixture d'orgue.

La **Sonate pour deux pianos** est une œuvre beaucoup plus importante, c'est même l'un des chefs-d'œuvre de Hindemith. Composée aux États-Unis en 1942, elle est donc contemporaine du *Ludus Tonalis*, — dont elle surpasse peut-être encore l'impressionnante maîtrise polyphonique. La succession de ses cinq mouvements (regroupés en trois parties principales) s'écarte fortement du schéma classique de la sonate. C'est ainsi que la première partie débute par un extraordinaire *Glockenspiel* (« carillon ») qui sert d'introduction lente à l'*Allegro* suivant. Sa parfaite stylisation de cloches, réalisée avec un grand raffinement acoustique (son ostinato sur trois notes, *si-ré-mi*), annonce le matériau thématique de l'*Allegro*, page énergique d'une polyphonie très serrée et d'une puissance sonore quasi orchestrale, adoptant une sorte de forme sonate libre et condensée. Le lent *Canon* occupant le centre de l'œuvre représente un tour de force exceptionnel, même pour un Hindemith. Le premier piano expose une ample mélodie, d'une grande puissance expressive, richement harmonisée ; l'ensemble, accompagnement compris, est imité à distance d'une mesure et à l'octave inférieure par le second piano avec une aisance confondante. Vers la fin, Hindemith réintroduit certains motifs du *Carillon*. La troisième partie de la *Sonate* commence à nouveau par une vaste introduction lente, mais celle-ci, le *Récitatif*, constitue le véritable cœur thématique et spirituel de l'ouvrage. Il s'agit d'une paraphrase minutieusement fidèle d'un poème médiéval anglais datant de l'an 1300 environ, *This World's Joy* (« la Joie de ce monde »), dont Hindemith trouva le texte dans l'anthologie *The Oxford Book of English Verse*. Les paroles, graves et austères, méditent sur la nature périssable de ce monde, et le compositeur respecte leur signification expressive avec la même fidélité que leur rythme phonétique, — de sorte que leur connaissance s'avère indispensable pour une bonne interprétation de la partition. La paraphrase est presque entièrement confiée au premier piano, jusqu'à l'endroit où le poème invoque le Sauveur. Le second piano intervient alors avec de profondes résonances de cloches, qui révèlent a posteriori la signification véritable du *Carillon* initial. Le *Récitatif* s'enchaîne sans interruption à la puissante *Fugue* finale, — la plus monumentale et la plus complexe de toute l'œuvre de Hindemith :

Il s'agit, en fait, d'une double fugue à quatre voix ; mais, durant sa seconde moitié, un puissant ostinato ascendant assume pratiquement le rôle d'un troisième sujet, de sorte que l'effet pour l'auditeur est celui d'une triple fugue. Elle s'élève graduellement jusqu'à l'un des sommets d'intensité sonore et de densité polyphonique les plus impressionnants de tout le répertoire pianistique.

H.H.

ARTHUR HONEGGER

Né au Havre, le 10 mars 1892 ; mort à Paris, le 27 novembre 1955. Issu d'une famille zurichoise, Honegger reçut de son origine alémanique l'empreinte protestante, mais devint assez rapidement français de cœur et d'adoption. C'est à Paris d'ailleurs qu'il acheva sa formation musicale, avec Capet pour le violon (qu'il ne cessera jamais de pratiquer), Gédalge pour le contrepoint et la fugue, Widor pour la composition, et Vincent d'Indy pour la direction d'orchestre. C'est chez Gédalge, au Conservatoire, qu'il rencontra Darius Milhaud, qui devint son ami et l'introduisit dans les milieux artistiques de la capitale. Peu après, Honegger adhéra au fameux Groupe des Six, sans en adopter vraiment les principes esthétiques ; de même devait-il s'écarter de Schönberg et de son école, jugée « abstraite ». Ennemi de tout système, — tel restera le compositeur, résolument « artisanal » et « populaire », affirmant un lyrisme vigoureux, cultivant volontiers les grandes formes classiques (et vouant un culte à Bach comme à Beethoven). Si les cinq Symphonies, *ainsi que d'importants ouvrages dramatiques* (le Roi David, Jeanne d'Arc au bûcher), *dominent de haut sa production, les œuvres de musique de chambre (les trois* Quatuors *à cordes notamment) ne sont pas à négliger, non plus que plusieurs pièces pour piano, — parmi lesquelles se comptent un* Hommage à Albert Roussel, *un* Prélude, Arioso, Fughette sur le nom de Bach, *un* Cahier romand, *et deux séries de* Pièces *et* Pièces brèves, *toutes partitions écrites par un musicien qui jouait mal de l'instrument et ne l'utilisa jamais dans l'élaboration de ses autres compositions.*

L'œuvre pianistique de Honegger représente à peine une heure de musique. Violoniste de formation, il n'éprouvait guère d'affinité pour l'instrument. Homme de fresque porté vers l'oratorio et la symphonie, il se sentait à l'étroit dans le cadre du seul clavier. Et cependant subsistent quelques pages de grande valeur parmi cette douzaine de titres, — même si l'on n'y trouve que rarement de grandes formes.

On peut passer rapidement sur les *Trois Pièces* de 1910 *(Scherzo, Humoresque* et *Adagio),* — officiel *opus 1* du compositeur et simple essai de jeunesse. **Toccata et Variations** (1916) nous rappelle que Honegger fut l'élève de d'Indy, mais aussi que ses études à Zürich lui permirent de se familiariser avec la musique de Max Reger, totalement inconnue en France à cette époque. Témoignant déjà de l'inclination du jeune compositeur vers la rigueur formelle et la pensée polyphonique, ce diptyque infuse une âpreté et un dépouillement nouveaux au chromatisme post-romantique. La *Toccata (Vif,* avec un milieu *Lento),* en *si* bémol majeur, fait émerger peu à peu des figurations rapides une sorte de mélodie de choral alternant entre le grave et l'aigu. Elle se cristallisera graduellement pour donner naissance au simple thème homophone en *mi* bémol mineur, espèce de choral, qui fera l'objet de cinq *Variations,* d'une grande variété et d'une grande tension expressives.

Les **Trois Pièces** de 1919 (mais la deuxième remonte à 1915) marquent une nette évolution vers la concision et vers un langage plus audacieux, d'un expressionnisme souvent proche de l'atonalité. Ainsi du sombre et puissant *Prélude (Lourd et grave* à 9/8), avec ses vigoureuses quintes à la basse, si typiques de Honegger, génératrices de riches résonances harmoniques, soubassements d'agrégats complexes et dissonants, — auxquels elles prêtent la solididité de leurs références tonales. La pièce, d'essence très germanique, s'élève jusqu'à une monumentalité non dépourvue de pathos.

Antérieur de quatre ans, l'**Hommage à Ravel**, un *Modéré* en *mi* mineur à 2/4, est évidemment tout différent dans sa simplicité harmonieuse, son lyrisme tendrement rêveur, sa curieuse et efficace intégration de traits harmoniques et sonores typiquement ravéliens au sein d'une personnalité toujours reconnaissable. Nouveau contraste avec la **Danse** (*Rapide*, 6/8), sorte de robuste mouvement perpétuel au tourbillon durement percussif, sacrifiant à un certain « motorisme » en vogue à l'époque, — du reste avec une efficacité certaine.

Les **Sept Pièces brèves**, de 1919-1920, sont peut-être ce que Honegger a écrit de meilleur pour piano seul. Concises, bien contrastées, constamment intéressantes, radicales de sonorité et d'harmonie (on y a relevé l'impact de Schönberg!), elles forment un petit cycle remarquablement unifié. La première est un gracieux et insouciant feuillet d'album, de nature surtout mélodique ; puis c'est le petit « coup de tabac » chromatique de la deuxième, plus agitée, bien que se déroulant dans l'ambitus restreint d'une octave. Le tout ne fait que passer, en quelque vingt secondes ! Au contraire, la troisième pièce, lente, expressive, de sonorités pleines, occupe à elle seule un tiers de la durée totale du cycle : c'est une sorte de cortège funèbre, dont les sombres harmonies chromatiques atteignent à une complexité extrême, avec des enchaînements d'agrégats de six et de sept sons. Après la très courte quatrième pièce, seize mesures d'une polytonalité acidulée qui agace les dents, la cinquième se déroule sur un langoureux et nostalgique rythme de tango ; sa couleur très espagnole semble se souvenir parfois de certaine *Soirée dans Grenade*... Très originale, la sixième pièce, aux rythmes audacieux, à la rusticité sarcastique, évoque les timbres des instruments à vent. Et le cycle se termine par la plus « Groupe des Six » des sept pièces, — un hommage percussif et ultra-dissonant au jazz (mais revu par Stravinski) et à « la foire et au music-hall », tant prôné par Cocteau et habituellement si éloigné de Honegger.

La contribution de Honegger au fameux *Album des Six* (1920) est une sombre *Sarabande*, — qui n'est pas l'une de ses meilleures réussites. Par contre, les cinq pièces du **Cahier romand** (1921-1922) méritent d'être mises tout près des *Sept Pièces brèves*, dont elles se distinguent cependant par une simplicité et une transparence allant de pair avec une inspiration détendue, idyllique, voire pastorale. Seul le burlesque quatrième morceau tranche sur ce lyrisme souriant, reflet d'heureux moments passés en Suisse romande (d'où le titre du recueil) chez des amis dédicataires des diverses pièces. Celles-ci s'intitulent successivement *Calme*, simple mélodie variée de miniforme ternaire avec codetta ; *Un peu animé*, esquisse souplement dansante ; *Calme et doux*, page rêveuse et mélancolique ; *Rythmé*, caprice aux puissantes et audacieuses syncopes ; *Égal*, enfin, retour à la tendresse et à l'émotion pudique du début.

En 1928, Honegger rend un **Hommage à Albert Roussel**, qui allait bientôt fêter ses soixante ans, avec une petite pièce en *ré* majeur, dont le thème correspond aux lettres du nom du compositeur (*la*, *mi* dièse, *si* bémol, *mi*, *fa* bémol, *la* bémol, pour « Albert » ; *fa* bémol, *do* bémol, *si* bémol, *sol* bémol, *sol* bémol, *mi*, *mi* dièse, pour « Roussel »), mais qui cite également deux thèmes rousséliens, — l'un emprunté au *Festin de l'Araignée (Valse)*, l'autre au *Concerto pour piano*.

En 1932, un autre hommage permit à Honegger d'écrire un petit joyau, — d'ailleurs plus connu dans sa transcription pour orchestre à cordes par Arthur Hoérée que sous sa forme pianistique originale : **Prélude, Arioso et Fughette sur le nom de Bach**. Le bref *Prélude* élabore les quatre notes fatidiques en prestes arpèges de toccata, — grimpant durant les seize premières mesures à travers les douze demi-tons chromatiques, pour effectuer le chemin inverse, descendant, au cours des seize suivantes. Dans l'*Arioso*, BACH, articulé en blanches, devient une sorte de cantus firmus harmonisé, soubassement d'une expressive cantilène ornée qui se déroule sur cette basse obstinée rappelant un peu le principe de la passacaille :

Brusquement on passe à l'allègre *Fughette* en forme d'invention à deux voix, qui renouvelle l'intérêt du motif BACH à l'aide de transpositions partielles à l'octave, et qui s'élève peu à peu jusqu'à une péroraison rayonnante, couronnée par les quatre notes harmonisées comme un choral, avec un lumineux accord de *si* majeur pour finir.

On ne trouve plus, après cette œuvre, que deux petites partitions, — presque de circonstance. En 1943 et 1944, Honegger écrivit deux *Esquisses* dans la nouvelle notation simplifiée inventée par Nicolas Obouhov, — notation qui ne parvint pas à s'imposer, et dont ces deux charmantes miniatures demeurent aujourd'hui prisonnières. En 1947, dans *Souvenir de Chopin*, Honegger rendit enfin un hommage sensible et ému au maître polonais.

Pour deux pianos, Honegger laisse deux compositions d'importance bien inégale. La *Suite*, de 1930, est une transcription des *Trois Contrepoints (Prélude, Choral, Basse obstinée)*, composés en 1922 pour petite flûte, hautbois (prenant le cor anglais), violon et violoncelle, — trois jolies pièces, peut-être plus attrayantes dans leur rédaction d'origine. Par contre, la monumentale **Partita** de 1940 constitue certainement l'œuvre pianistique la plus importante de son auteur ; sa méconnaissance s'explique par le fait que, pour des raisons extra-musicales, elle ne s'est trouvée accessible par l'édition que depuis peu. Elle comporte quatre mouvements enchaînés *(Largo, Vivace Allegretto, Largo, Allegro moderato)*, et oppose en les alternant de grands blocs d'accords dissonants, rudement percussifs en leurs rythmes martelés, et de fraîches cantilènes pastorales entremêlées d'aériens carillons. Nul doute que ce puissant polyptyque ne soit amené à occuper une place de choix au sein du point trop vaste répertoire à deux pianos.

H.H.

JOHANN NEPOMUK HUMMEL

Né à Presbourg, le 14 septembre 1778 ; mort à Weimar, le 17 octobre 1837. Enfant prodige et fils du directeur de la musique du Théâtre de Vienne, il fut pendant deux ans l'élève de Mozart à Vienne. Entre 1788 et 1793, il fit une tournée en Bohême (à Prague, il rencontra Dussek), en Allemagne, au Danemark, en Angleterre, en France, en Espagne et en Hollande. De retour à Vienne, il entreprit l'étude du contrepoint avec Albrechtsberger et de la composition avec Salieri. De 1804 à 1811, il occupa le poste de « Konzermeister » du prince Esterhazy à Eisenstadt, en 1816 celui du maître de chapelle de la cour de Stuttgart, puis dès 1818 et jusqu'à sa mort celui de « Kapellmeister » du grand-duc de Weimar. Les années passées à Weimar furent parmi les meilleures de sa carrière. Entre 1820 et 1834, de nouvelles tournées le conduisirent en Russie et en Pologne (où il fit la connaissance de Field et de Chopin), à Paris, en Hollande, à Londres, puis à Vienne. Ami de Goethe et de Haydn qui l'encouragea, Hummel entretint des relations très peu amicales avec Beethoven. Parmi ses nombreux élèves figurent notamment Czerny, Hiller et Thalberg. Comme Clementi, Field et Cramer, Hummel s'inscrit dans la lignée des pianistes classiques.

L'œuvre de piano

Comme exécutant, Hummel a contribué à transformer l'école du piano en Allemagne. Grâce à la clarté des pianos-forte viennois, il a su développer une écriture délicate et modifier les timbres de son instrument. A sa célébrité de virtuose, il joignit d'autre part celle d'un improvisateur incomparable. Il a laissé des œuvres nombreuses : quelques opéras, des ballets, des cantates, de la musique religieuse ; mais c'est à sa musique instrumentale qu'il doit son renom de compositeur. Pour le piano, il écrivit une littérature abondante : de la musique de chambre, des œuvres concertantes et des concertos, des arrangements et transcriptions, un grand nombre de variations, fugues, fantaisies, rondos, caprices et pots-pourris, six sonates, des études et une méthode en trois volumes, *Ausführliche theoretisch-practische Anweisung zum Pianoforte Spiel* (1828), — l'une des premières grandes méthodes de piano, en particulier pour le doigté et l'ornementation.

L'influence pédagogique de Hummel fut,

en effet, très importante. Sa méthode est un précieux recueil contenant d'excellents exemples de doigtés. Chopin la considérait comme l'une des meilleures de ce genre, et lui réservait une place de choix dans son enseignement : « ... Le tout, c'est de savoir bien employer les doigts, c'est de savoir bien doigter. Hummel a été le plus savant à ce sujet », disait-il.

Les **Sonates** de Hummel sont des œuvres très intéressantes, et certaines ont des accents presque beethovéniens. Ces sonates — en *ut* majeur *op. 3* (1792), en *mi* bémol majeur *op. 13* (vers 1805), en *fa* mineur *op. 20* (vers 1807), en *ut* majeur *op. 38* (vers 1808), en *fa* dièse mineur *op. 81* (1819), en *ré* majeur *op. 106* (vers 1825) — sont parmi les plus belles composées dans les dernières années de l'époque classique. Hummel y respecte le schéma de la forme sonate, tout en sachant s'écarter de tout plan préétabli : il varie, par exemple, la réexposition de ses thèmes, ou introduit des effets dramatiques frappants dans une écriture d'essence classique. Ses phrases sont bien tournées et ses mélodies ornées sont toujours séduisantes, même si son invention thématique peut paraître un peu faible.

La **Sonate en *fa* dièse mineur op. 81** est une des meilleures : les mouvements y sont puissants et vigoureux, et le *Largo* contient des motifs passionnés, vraiment romantiques. La **Grande Sonate brillante en *ré* majeur op. 106** est la plus ambitieuse : son *Scherzo all'antico* et le finale sont marqués par l'influence de Beethoven (notamment dans la coda contrapuntique du finale). Les premières œuvres sont, en revanche, plus proches de celles de Mozart : le finale de la **Sonate en *fa* mineur op. 20** propose une citation quasi textuelle d'un des thèmes de la *Symphonie « Jupiter »*, et le second thème du premier mouvement de la **Sonate en *ut* majeur op. 38** offre une ressemblance évidente avec le motif principal du charmant *Allegretto* de la *Sonate en ut majeur K. 330* de Mozart.

A. d. P.

VINCENT D'INDY

Né le 27 mars 1851, à Paris ; mort le 2 décembre 1931, à Paris. D'une famille orginaire du Vivarais, musicalement éduqué par sa grand-mère dans une stricte orthodoxie « classique », il devint à onze ans l'élève de Diemer et Marmontel (pour le piano), puis de Lavignac (pour l'harmonie), avant de recevoir l'enseignement de César Franck au Conservatoire de Paris après la guerre de 1870. Dès l'année suivante il participe, avec ce dernier, à la fondation de la Société Nationale de Musique dont il deviendra président, après la mort de son maître en 1890. Il a déjà beaucoup composé suivant l'esthétique franckiste, attentif également aux ressources de l'art populaire, — singulièrement des Cévennes familiales qu'il retrouve une fois l'an et qui inspirent nombre de ses œuvres (la fameuse Symphonie « cévenole » *est de 1886). A partir de 1896, d'Indy professe à la Schola Cantorum, — véritable temple du franckisme, ennemi de toute modernité « debussyste ». Il formera cependant des musiciens aussi divers que Roussel, Séverac, Satie, Honegger ou Auric, en particulier grâce à un enseignement de direction d'orchestre au Conservatoire de Paris, en 1912. Actif et généreux — mais d'un catholicisme intransigeant et d'un nationalisme outrancier (en dépit de sa forte culture germanique) —, d'Indy sera aussi un écrivain (outre son* Cours de composition musicale, *des livres passionnés sur Beethoven, Wagner, Franck) et l'ardent défenseur de maîtres du passé (de Monteverdi comme de Rameau). Sa production, qui aborde tous les genres et compte des réussites certaines, n'est en rien novatrice, mais ne mérite nullement le dédain — sinon le mépris — dont on l'accable aujourd'hui. Et il y a lieu de faire une place, ici, aux œuvres pour piano — du beau* Poème des montagnes *(1881) à la* Fantaisie sur un vieil Air de ronde française *(1930) —, de qualité certes inégale, mais scandaleusement négligées par nos contemporains.*

VINCENT D'INDY

L'œuvre pianistique de d'Indy, forte d'une vingtaine d'opus d'importance et de valeur bien inégales, se divise en trois groupes chronologiques. Le premier (1881-1889) comprend principalement des évocations poétiques, selon la tradition schumannienne du cycle de pièces lyriques. Il s'agit avant tout du *Poème des Montagnes op. 15* (1881), puis des *Tableaux de Voyage op. 33* (1889), — tandis que l'on attachera moins d'importance aux *Quatre Pièces op. 16* (1882) (une jolie *Sérénade*, un *Choral grave*, un *Scherzetto* et un *Agitato*), au *Nocturne en sol bémol op. 26* (1886), à la *Promenade op. 27* (1887), et aux trois pièces des *Schumanniana op. 30* de la même année. Par contre, les trois charmantes *Valses* intitulées **Helvétia** *(op. 17*, 1882) méritent de retenir l'attention : ce sont encore trois vignettes de voyage dont les titres, *Aarau, Schinznach* et *Laufenburg,* localités de Suisse alémanique, signalent autant d'étapes, et dont le caractère amène et souriant tranche sur la réputation d'austérité trop souvent faite à d'Indy, — qui n'est que partiellement justifiée.

Le deuxième groupe est dominé par la grande *Sonate en mi op. 63* (1907), page austère et abrupte, chef-d'œuvre du « d'Indysme ». A cette époque, il n'y a guère à citer par ailleurs qu'une *Petite Chanson grégorienne* à quatre mains (*op. 60, 1904*), un *Menuet sur le nom de Haydn op. 65* (1909), et divers recueils pédagogiques d'importance secondaire *(op. 68, 69, 74),* dont on détachera tout au plus les *Sept Chants du terroir* à quatre mains *op. 73* (1918).

A côté de deux nouveaux recueils destinés à la jeunesse, les *Contes de fées op. 86* (1925) et les *Six Paraphrases sur des Chansons enfantines de France op. 95* (1928), les années d'après-guerre sont surtout marquées par deux œuvres importantes, de propos et d'inspiration semblables : *Thème varié, Fugue et Chanson op. 85* (1925), et *Fantaisie sur un vieil Air de ronde française op. 99* (1930).

Le Poème des montagnes (op. 15)

Composé en mars 1881 à Paris, dédié à Emmanuel Chabrier, qui l'admirait beaucoup, ce « Poème symphonique pour piano » (sic!) possède une signification subjective et intime qui lui donne une place à part dans l'œuvre de d'Indy. Il chante l'amour du compositeur pour sa cousine germaine, à travers cette terre cévenole où il naquit et s'épanouit. C'est sept ans auparavant, durant l'été de 1874, que d'Indy avait passé au domaine familial de Chabret, que les jeunes gens s'étaient fiancés. Ils avaient dû vaincre une longue opposition familiale avant de pouvoir unir leurs vies, mais au moment de la rédaction du *Poème des montagnes,* Isabelle avait déjà donné trois enfants à son époux. Sans doute est-ce à ces circonstances que l'œuvre doit une spontanéité, une fraîcheur et un charme mélodique rares à ce degré chez d'Indy : l'inspiration n'est nullement austère ni rocailleuse. D'ailleurs, les montagnes ardéchoises sont boisées et semées de pâturages, elles n'ont pas la rudesse grandiose des Alpes...

En dépit de sa liberté d'allure et de sa fragmentation apparente, le *Poème des montagnes* obéit à une construction très concertée et efficace. Encadrées par un bref *Prélude* et un *Postlude* équivalent, voici trois parties, celle du milieu plus vive que les deux autres, et dont chacune suit un plan librement ternaire. Un « leitmotiv » sentimental, le thème de la Bien-Aimée, circule librement à travers la partition, et son rôle rappelle un peu celui de l' « idée fixe » berliozienne. C'est un simple dessin de quelques notes, mais rehaussé d'harmonies très expressives et colorées. L'œuvre dans son ensemble révèle d'ailleurs un sens harmonique rare, trop souvent dénié à l'auteur de *Fervaal*. C'est ainsi que le bref *Prologue*, intitulé précisément « Harmonie » (harmonie de l'âme, du paysage...) vit entièrement de la juxtaposition d'accords sidéraux, aux enchaînements audacieux et générateurs de mystère : c'est l'aube, encore indécise et grise. La première partie, dont le titre général est le *Chant des bruyères*, s'enchaîne sans interruption : thème doux et harmonieux, déjà le soleil baigne les sommets, alors qu'à nos pieds la mer de nuées recouvre encore les vallées. De l'évocation mouvante de ce *Brouillard,* jalonné par un curieux rappel de la Valse du *Freischütz* (que signale l'indication « Weber »), surgit enfin le thème de la Bien-Aimée, intimement intégré dans le paysage ambiant, comme si l'amour de d'Indy pour sa femme et pour le Vivarais ne faisaient qu'un. *Lointain,* dernier épisode de ce premier volet, reprend le thème du *Chant des bruyères,* mais enveloppé d'un accompagnement dérivé de *Brouillard*.

La seconde partie, animée, s'intitule *Danses rythmiques* et évoque le piétinement des rudes ébats des montagnards à l'aide de rythmes irréguliers audacieux et complexes, alternant librement les mesures à sept, quatre, six et cinq temps. Soudain *(Valse grotesque)*, c'est une vigoureuse « sabotée » ternaire, proche de la Bourrée auvergnate, telle que d'Indy la reprendra dans le volet central du *Jour d'été à la montagne**. L'exubérance de la fête, interrompue un instant par un rappel du thème de la Bien-Aimée, à la faveur d'une admirable modulation en *ré* bémol, reprend bientôt, une reprise de la *Valse* s'inscrivant entre deux épisodes irrégulièrement rythmés, comme au début. Mais la fin sera rêveuse et calme, — prêtant à toute l'évocation l'auréole du souvenir...

Les divers épisodes du dernier volet sont rassemblés sous le titre générique de *Plein Air* : voici d'abord la paisible mélodie à 12/8 de la *Promenade* évoquant le moutonnement des collines, puis la soudaine et tonique rafale de *Hêtres et Pins*. A nouveau, la Bien-Aimée affirme sa douce présence ; puis nous entendons une reprise variée et amplifiée des deux éléments précédents, devenus *Calme* et *Coup de Vent*. A présent, l'amour de Vincent et d'Isabelle va s'exalter avec une chaste mais frémissante ardeur dans les deux transfigurations ultimes du « leitmotiv », — *A Deux* (thème de la Bien-Aimée dialogué en canon à l'octave) et *Amour*, où le thème, pour la première fois, repose sur le ferme soutien de la tonique, symbole de certitude. Il ne reste plus qu'à conclure, et ce sera le rôle du bref *Postlude* reprenant les accords sidéraux du début, à nouveau sous le nom d'*Harmonie*. Mais l'œuvre se meurt sur six mesures de tendre et nostalgique réminiscence du « leitmotiv », que d'Indy a explicitées de l'interrogatif *Souvenir*. Un quart de siècle plus tard, lorsque son épouse aura prématurément disparu, le compositeur écrira à sa mémoire un émouvant poème symphonique intitulé *Souvenirs* (*op. 62*, 1906), basé sur ce même thème cher à son cœur.

Tableaux de voyage (op. 33)

Cette succession de treize pièces brèves (1889) retrace les étapes, à travers la Forêt-Noire, la Bavière et le Tyrol, d'un pèlerinage à Bayreuth. Comme dans le *Poème des montagnes*, un thème cyclique sert d'élément unificateur. Il apparaît dans la première pièce, intitulée mystérieusement

---
* Voir *Guide de la musique symphonique*.

?, et parcourt tout le cycle à la manière d'un leitmotiv. Plaisante et pittoresque, l'œuvre (dont six morceaux furent par la suite orchestrés par l'auteur)** ne prétend pas à la haute signification spirituelle et autobiographique du *Poème des montagnes,* dont elle ne rejoint pas la signification. Après la pièce liminaire, nous entendons successivement *En Marche*, joyeuse randonnée à deux ; *Pâturage,* calme évocation vespérale émaillée de clochettes de troupeaux, en forme de duo ; *Lac vert*, séduisante aquarelle rapportée du Fernsee, au Tyrol, — le vert sombre des sapins se mirant dans la calme nappe d'eau, verte elle aussi ; *le Glas*, souvenir d'un enterrement dans un village tyrolien, émaillé de cloches qu'assourdit le brouillard matinal ; *la Poste*, qui oppose en une plaisante polyrythmie l'appel ternaire du cor de postillon et le trottinement binaire des grelots de l'attelage du voiturier ; *Fête de village*, aux sons d'un ländler bavarois un peu lourdaud accentué sur le second temps ; *Halte au soir*, rêveuse et schumannienne ; *Départ matinal*, alternant par deux fois l'allégresse et la lassitude mélancolique ; *Lermoos*, évocation d'un autre village tyrolien « d'où on part difficilement après un copieux repas » ; *Beuron*, souvenir de la fameuse abbaye fortifiée des Bénédictins de Haute-Bavière, prétexte d'une méditative fugue en *fa* mineur, dont le contre-sujet en cantus firmus n'est autre que BACH ; *la Pluie*, qui cloue les voyageurs à l'auberge ; enfin *Rêve,* épilogue nostalgique rappelant le souvenir de diverses étapes du voyage, notamment *le Glas*, le *Lac Vert*, et, bien évidemment, le mystérieux *?*...

Sonate en *mi* (op. 63)

Cette imposante architecture (elle dure de trente à trente-cinq minutes), la plus considérable que d'Indy ait confiée au piano (1907), est l'une des grandes sonates françaises du début du siècle avec celle de Paul Dukas ; elle a fait l'objet de jugements très contradictoires, et généralement passionnés. D'Indy l'a voulue telle une œuvre-manifeste de son esthétique et de ses principes compositionnels, une sorte de démonstration du bien-fondé de sa démarche créatrice ; à l'époque, ses disciples n'ont pas manqué de l'opposer aux œuvres « mo-

---
** Voir, également, *Guide de la musique symphonique*.

dernes » de Debussy ou de Ravel. Mais la *Sonate en* mi est beaucoup plus que cela : dès lors qu'un interprète chevronné en surmonte les redoutables difficultés techniques et constructives (ce qui arrive trop rarement), on découvre une partition d'une belle et riche portée humaine et expressive, débordant d'une inspiration généreuse et nullement bridée par les exigences d'une forme très étudiée.

Cette forme est assez particulière, et s'écarte nettement des schémas classiques. Deux morceaux de très vaste envergure encadrent symétriquement un mouvement central plus bref et plus léger ayant fonction d'intermède et de détente. Le fait que chacun des morceaux extrêmes s'ouvre sur une importante introduction lente justifie le fait que la *Sonate* ne comporte point de mouvement lent autonome. Elle s'édifie sur trois thèmes cycliques, — dont le premier est de loin le plus important. Tous trois sont exposés dans la majestueuse introduction du premier mouvement, *Modéré,* mais c'est le premier, un beau choral grave, qui fera l'objet des quatre grandes variations amplificatrices dont se compose, après l'introduction, ce premier mouvement (qui renonce donc à la forme sonate habituelle, réservée au *Finale).* Ce premier thème, d'amples proportions, constitue lui-même un lied ternaire. Exposé d'abord en *mi* mineur, il se transfigure ensuite en un rayonnant *mi* majeur, et d'Indy soulignera cette métamorphose par l'indication *Thema mutatum.* Comme l'expliqua fort bien Blanche Selva, dédicataire de la *Sonate,* le thème s'affirme et se fortifie au gré de ses variations afin d'être en mesure, dans le *Finale,* d'affronter les conflits inhérents à un développement de forme sonate. Mais, auparavant, il y aura le répit du deuxième mouvement, un *Scherzo* marqué *Très animé,* et muni de deux trios. C'est une saine et vigoureuse musique de plein air, expression du d'Indy cévenol, utilisant le rythme à cinq temps que le compositeur affectionne, — danse vive et souple qu'interrompt (premier trio) l'évocation d'un calme paysage sylvestre, puis (deuxième trio) un badinage alerte et quelque peu malicieux. Sans vouloir, comme certains exégètes, parler ici d'aspects fantasques et maléfiques, admettons pourtant l'inspiration résolument terrestre et profane de ce morceau, — alors que le premier était d'essence plus spirituelle, voire religieuse. Le vaste *Finale (Modéré)* va opposer, puis concilier ces deux aspects au cours d'une magistrale forme sonate précédée, comme le premier mouvement, d'une introduction lente, qui fait reparaître les trois thèmes cycliques. Ceux-ci vont entrer en lutte, se superposer, se métamorphoser ; le thème principal, fortifié par ses avatars du premier mouvement, arrivé à présent à maturité, va triompher de toutes les embûches du Mal et du Monde (pour le catholique manichéen que fut d'Indy, les deux ne sauraient se dissocier), — pour éclater enfin, écrasant, grandiose, dans la magnifique péroraison qui est un véritable *Hosanna.*

Thème varié, Fugue et Chanson
(opus 85)

Écrit en l'espace d'un mois en 1925 — délai exceptionnellement bref pour ce compositeur scrupuleux et réfléchi —, ce triptyque participe de l'esthétique aérée, concise et souriante du d'Indy tardif : sa durée n'atteint même pas la moitié de celle de l'austère *Sonate !* Il y a, dans cette musique, un élan, une fraîcheur, une spontanéité qui étonnent de la part d'une plume largement septuagénaire. Le thème initial, long et assez complexe, frappe par la présence obstinée de son intervalle de quarte diminuée *(sol* dièse-*do).* Il fait tout d'abord l'objet de sept variations, du type de la « grande variation amplificatrice » beethovénienne, tour à tour douces et lyriques *(n° 4),* martiales *(n° 6),* ou dramatiques. La dernière variation est en fait un pont, fait de récitatifs dramatiques et conduisant à la *Fugue* à quatre voix, vivante et souple malgré sa rigueur d'écriture, dont le sujet est également issu du thème initial. Quant à la *Chanson,* c'est en fait un rondeau à la française, avec couplets et refrains tour à tour gais, mélancoliques, passionnés ou brillants, aboutissant à un majestueux *Choral* qui est une ultime variation du thème de départ, — à laquelle succèdent encore huit mesures de rêveuse et paisible conclusion.

Fantaisie sur un vieil Air de ronde française (op. 99)

De style et de proportions architecturales assez semblables à ceux de l'œuvre précédente, l'*op. 99* s'en distingue cependant par la nature de son thème, non point inventé par le compositeur, mais emprunté au vieux terroir français. Ce thème, dansant et gai, est celui de *la Marjolaine,* et donne lieu successivement à une série de variations, à une fugue et à un finale entraînant. D'une inspiration fraîche et spontanée, cette création d'un quasi-octogénaire (1930) marque même une surprenante évolution vers une écriture pianistique plus colorée et plus sensuelle, vers une réalisation sonore plus souple, plus décorative. Il est grand temps de redécouvrir ces deux œuvres tardives, si séduisantes !

H.H.

JOHN IRELAND

Né le 13 août 1879, à Bowdon (Cheshire); mort le 12 juin 1962, à Washington (Sussex). Fils de l'écrivain Alexander Ireland, il étudia le piano, puis la composition, avec Stanford au Royal College of Music de Londres, — avant d'y devenir lui-même professeur : Benjamin Britten (v. ce nom) compta parmi ses élèves. Son style fut manifestement influencé par le romantisme allemand — par Brahms notamment —, mais aussi par ses contemporains, Debussy, Ravel, Stravinski, — tout en conservant quelque personnalité dans un langage harmonique raffiné. On retient, de sa production, de très nombreuses mélodies (dont beaucoup recourent au pentatonisme des vieux chants populaires), des œuvres chorales, des pièces symphoniques, de la musique de chambre et, surtout, une abondante musique pour piano (dont un Concerto *fréquemment joué au concert outre-Manche, et une* Legend *avec orchestre). Pour l'instrument seul, plusieurs pièces — qui établirent en grande partie la réputation du musicien anglais — sont brièvement présentées ci-après.*

L'œuvre de piano

Elle comporte deux types de partitions, — dont le second l'emporte largement sur le premier : la *Sonate en mi mineur* (1918-1920) et la *Sonatine* (1926-1927) se signalent par leur maîtrise formelle, — l'une très « romantique », d'une rhétorique un peu redondante, l'autre d'un sentiment plus délicat, d'une écriture plus concentrée et sans doute moins épigonale. En dépit de ses hardiesses harmoniques, un *Prélude en mi bémol majeur,* de 1924, n'est pas sans verser dans quelque académisme. Telles sont, pour l'essentiel, les œuvres de musique « pure ». Ireland, en revanche, a cultivé selon sa prédilection personnelle, assez britannique il est vrai, le « genre » descriptif ou illustratif, dans une longue série de pièces de caractère.

C'est de cette série qu'il convient, plus particulièrement, d'apprécier le meilleur. *Decorations* (1921) comporte trois pièces dont une demeure plus connue, *The Island Spell*; de même les trois *London Pieces* (1917-1920) ont-elles conservé une notoriété grâce à la première, *Chelsea Reach* : la petite forme s'y prête à de curieuses évocations, d'une belle intensité pianistique. C'est encore le cas de pièces isolées comme *Merry Andrew* et *The Towing-Path* (1918), comme *Summer Evening* (1919), comme *For Remembrance* et, surtout, *Amberley Wild Brooks,* — ces deux dernières réunies sous le titre anonyme de *Two Pieces* (1921). Passons plus rapidement sur la *Ballade of London Nights* (vers 1929), sur les trois *Lyric Pieces* de *Greenways* (1937), sur les trois *Pastels* (1941), d'écriture un peu terne. C'est l'ensemble de trois pièces rassemblées sous le titre **Sarnia,** daté de 1940-1941, et créé en 1942 par le pianiste Clifford Curzon, qu'on retiendra ici : « Sarnia » n'est autre que l'ancien nom romain porté par les îles anglo-normandes, dont celle de Guernesey, — dans laquelle le musicien séjourna durant plusieurs années ; d'où le sous-titre du recueil, *An Island Sequence*. Ces trois pièces sont respectivement intitulées *Le Catioroc, In a May Morning,* et *Song of the Springtides.* Il s'agit là de « paysages marins » d'un impressionnisme musical enrichi de lyrisme fiévreux, parfois exalté, — qu'on peut compter parmi les meilleures réussites du piano anglais en notre siècle : elles demeurent, certes, en retrait de ce qu'avaient déjà produit — au titre du « pittoresque » ou de la pièce d'ambiance — maints compositeurs français. Mais elles méritent l'écoute qu'on accorde, par exemple, aux quatre *Sea Interludes* orchestraux d'un Benjamin Britten : « la mer, la mer toujours recommencée »... par ces insulaires que demeurent, comme les poètes, les musiciens britanniques.

F.R.T.

CHARLES IVES

Né le 20 octobre 1874, à Danbury (Connecticut) ; mort à New York, le 19 mai 1954. Son père, chef de fanfare, lui enseigne très tôt l'harmonie et le contrepoint au travers de sa vénération pour Bach, et lui transmet son goût pour les superpositions neuves (recherches sur les quarts de ton, expériences polymélodiques et polyrythmiques) qui marqueront la musique de Ives. Dès 1888, date des premières œuvres pour orgue (dont Variations on America), *il fait preuve d'une originalité déroutante. De 1894 à 1898, il étudie à l'Université de Yale, où seule la musique de Beethoven semble retenir son attention : de la confrontation avec la musique européenne naissent le* Premier Quatuor *et la* Première Symphonie, *dans lesquels la polytonalité et les chansons américaines voisinent avec un aspect post-romantique. Après la* Seconde Symphonie, *il entreprend une brillante carrière dans les assurances (1907), — tout en composant pendant ses heures de loisirs : « Un homme peut garder son intérêt pour la musique, plus fort, plus clair, plus libre, s'il ne tente pas de gagner sa vie par elle ». Cette distance le conduit à une attitude d'une extrême lucidité, écrivant dans l'isolement volontaire. Accordant une grande importance à la spiritualité, comme Schönberg et Kandinsky à la même époque, il justifie sa volonté d'intégrer l'existence dans la musique en prenant appui sur les philosophes transcendantalistes : il expose ses idées dans ses fameux « Essais » qui accompagnent la* Sonate « Concord ». *Une santé précaire, et sa déception face à l'échec de la transcendance de l'esprit humain, l'amènent à renoncer à la composition après 1926. Peu joué jusqu'alors, et surtout non reconnu — à l'exception d'un Mahler, convergence non fortuite —, il influencera considérablement les compositeurs tels que Cowell, Ruggles et Carter. Dans un catalogue imposant — de la musique de chambre à la musique symphonique —, son œuvre pour piano, dominée par la* Sonate nº 2, *compte de nombreuses pièces parmi lesquelles* Three-page Sonata, Studies, Varied Air and Variations, *ou les* Pièces en quarts de ton *pour deux pianos.*

Studies

Probablement composées entre 1907 et 1909 pour la plupart, les *Études* constituent un ensemble de vingt-trois pièces dont certaines sont inachevées. Parmi les plus connues, citons la *nº 9, The Anti-Abolitionist Riots in the 1830's and 1840's,* dont le titre évoque le drame de l'esclavagisme, et qui utilise un matériau commun avec la *Sonate « Concord »** (avec la citation beethovénienne) : une écriture très libre, quasi improvisée (fréquente suppression des barres de mesure) et ponctuée de larges clusters.

* Voir plus loin.

La *nº 21, Some Southpaw Pitching !,* est une pièce brillante, transposant au clavier un effet emprunté au base-ball, et traduit ici par une grande indépendance des deux mains.

Three-page Sonata

Écrite en 1905, et donc contemporaine de la *Première Sonate,* cette œuvre fait doublement référence par son titre à sa relative brièveté — trois pages dans le manuscrit —, et au genre par son découpage en trois mouvements sur le modèle vif-lent-vif. Délibérément satirique, elle a été composée comme étant « une plaisanterie pour heurter les oreilles douillettes », et prend le contrepied de la sonate —, soit en cachant les références pour les dévoiler par la suite, soit en cultivant les ambiguïtés plus ouvertement (troisième pièce). L'*Allegro moderato* est entièrement écrit sur le motif BACH avec toutes les permutations possibles, mais non identifiables thématiquement, dans une combinatoire digne du *Quatuor op. 28* de Webern. La seconde pièce, un *Adagio* encadré par deux *Andantes*, requiert également un célesta pour greffer des sonorités de cloches sur la partie de piano descendant progressivement dans le grave, — seule l'extrême fin du mouvement révélant la référence au carillon de Westminster. L'*Allegro — March time* est une combinaison entre la marche à 4/4 et le rythme de valse, chacun distribué à une main : expérience de non-coïncidence entre les schémas rythmiques et les schémas mélodiques. Comme le souligne H. Hitchcock, l'œuvre est troublante tant par la façon de reconstituer des techniques révolues (le motet isorythmique dans la troisième pièce) que par l'annonce du dodécaphonisme (première et deuxième pièces). La durée d'exécution n'atteint pas les dix minutes.

Trois pièces en quarts de ton

Écrites pour deux pianos, dont l'un est accordé un quart de ton plus haut, ces trois pièces sont achevées en 1923, à l'époque où Haba et Wyschnegradsky* en Europe avaient les mêmes préoccupations. Ne renonçant pas pour autant à des emprunts au fonds populaire, Ives joue sur les colorations harmoniques ou les complémentarités qu'il est possible d'obtenir d'un piano à l'autre (gammes en quarts de ton). Des trois volets qui constituent la partition *(Largo-Allegro-Chorale)*, le dernier est issu d'une œuvre antérieure pour orchestre à cordes (1913-1914) combinant les hymnes « America » et « la Marseillaise », — dont les retombées lointaines, en dehors de la pure expérimentation, semblent être les *Ramifications* de Ligeti (1968-1969)**.

---

* Voir, ici même, *Wyschnegradsky*.
** Voir à : *Ligeti*.

Sonate n° 1

Écrite entre 1901 et 1909, cette *Sonate n° 1* est la première partition pour piano de grandes dimensions de Ives. Comme c'est souvent le cas dans son œuvre, et en raison de la longue durée de la composition, elle emprunte son matériau à diverses autres œuvres rédigées simultanément : le second des cinq mouvements — *In the Inn* — a en effet connu une version isolée dans le *Set for Theater* (1906-1911) pour orchestre de chambre, après avoir, avec le quatrième mouvement, constitué l'essentiel des *Ragtime Pieces* (1902-1904) pour piano ou petit orchestre. Contrairement à la *Deuxième Sonate* (v. ci-après), les mouvements ne portent pas de titre — à l'exception du second déjà cité —, mais répondent déjà à la volonté de donner un équivalent musical, « une sorte d'impression, de souvenir, de la vie dans les villages du Connecticut vers 1880-1890 ». De ce fait, la *Sonate* est architecturée de façon concentrique à partir d'un « scénario », — les mouvements extrêmes (de tempo général lent) étant consacrés à « la famille rassemblée », deux mouvements inspirés des ragtimes à « l'enfant semant l'avoine », le mouvement central, lui-même symétrique — *Largo, Allegro, Largo* — à « l'anxiété des parents ». Au-delà de ce programme, une thématique commune relie les premier, troisième et cinquième mouvements, de même que les deux ragtimes entre eux. Sans être aussi aboutie que la suivante, cette *Première Sonate*, créée seulement en 1949, est d'un abord plus simple mais non moins importante pour la connaissance de Ives. Sa durée d'exécution avoisine quarante minutes.

Sonate n° 2 « Concord »

D'une gestation longue et complexe (1911-1915), la *Sonate « Concord, Massachussets, 1840-1860 »* a été publiée par l'auteur à ses frais en 1920, avec un volumineux commentaire, « Essays before a Sonata », dans lequel Ives présente la partition comme « un ensemble de quatre pièces, appelé sonate à défaut d'un nom plus adéquat, puisque la forme, peut-être même le matériau, ne le justifie pas ». Loin d'être un véritable programme sous-jacent à la musique, ces *Essais* se veulent une « tentative pour montrer les impressions de quelqu'un sur l'esprit du Transcendantalisme qui, dans la pensée de beaucoup, est associé à la ville de Concord d'il y a plus d'un demi-siècle ». Très attaché à ce mouvement philosophico-religieux qui postulait que toute expérience peut mener à une connaissance de l'Univers, Ives consacre chacun des quatre mouvements aux personnalités les plus représentatives de cette pensée — Emerson, Hawthorne, Alcott et Thoreau —, en précisant, en particulier pour les mouvements extrêmes, qu'ils ne visent pas à illustrer la vie ou quelque œuvre que ce soit de ces auteurs, mais plutôt des « images composites ». Il n'en déclarera pas moins, dans sa biographie (1932), que l'œuvre ne peut être appréhendée sans une bonne connaissance des *Essais*. On a pu d'ailleurs relever des correspondances incontestables entre l'écriture d'Emerson — « par phrases ou par périodes plutôt que selon une séquence logique » — et celle du premier mouvement, ou encore la relation entre l'ajout d'une flûte dans « Thoreau » et « celle du poète entendue par-dessus l'étang ». Autre ambiguïté de la *Concord Sonata*, le recours à des formes originales par juxtaposition d'éléments parfois hétéroclites, dans le cadre conventionnel des quatre mouvements, — la coexistence entre la tradition et la modernité étant celle d'une musique liée à un vécu et non à l'Histoire : « Que la musique doive être entendue n'est pas l'essentiel — la façon dont elle *sonne* peut ne pas correspondre à ce qu'elle *est* » *(Essais).*

La malléabilité du projet compositionnel, qui ne semble pas avoir été à la hauteur de ses ambitions, en raison de la limitation des moyens musicaux (« Qu'est-ce que le son a à faire avec la musique ? »), est illustrée par les nombreuses possibilités envisagées pour chacun des mouvements : « Emerson » fut prévu d'abord pour orchestre (ou concerto), dont la partie d'alto intervenant à la fin du mouvement pourrait être un lointain écho ; « Hawthorne » pour un ou douze pianos (!) ; « The Alcotts » pour orgue ou piano avec voix (ou violon) ; et « Thoreau » pour cordes « éventuellement colorées par une flûte ou un cor ». De plus, il faut mentionner les relations étroites entre le matériau de la *Sonate* et d'autres partitions telles que les *Études 2* et *9* pour « Emerson », ou *The celestial Railroad* — titre d'un écrit de Hawthorne — pour piano (inédit) pour le second mouvement qui réutilise lui-même des idées de la *Symphonie n° 4* et des *Three Places in New England* : la *Sonate* reste la partition ivesienne où tout semble converger, et d'où tout semble rayonner.

La thématique est aussi originale qu'empruntée, ne serait-ce que dans la citation de la *Symphonie n° 5* de Beethoven — « mélodie de la foi humaine » — qui parcourt les quatre mouvements, émergeant plus nettement dans le troisième, et que Ives a astucieusement combinée avec deux hymnes, — soulignant ainsi l'universalité de la référence.

Créée en 1939 dans son intégralité par John Kirkpatrick, la *Concord Sonata* a subi en 1947 une importante révision proposant une version très différente d' « Emerson » : acte symptomatique de ce mi-chemin entre « ouverture » et « détermination » dont *Halloween* (cordes et piano, 1906), dans laquelle Ives demandait aux instrumentistes de choisir entre plusieurs tempos et dynamiques, était déjà une illustration prémonitoire. L'exécution de la *Concord Sonata* n'est pas loin d'atteindre une durée de cinquante minutes.

Varied air and Variations (Étude n° 2)

La dernière partition pour piano seul composée par Ives (1923 ?), — d'abord publiée sous la forme incomplète de *Three Protests*. Intitulée « Study for Ears or aural and mental exercise », elle consiste en une interpolation entre un thème — de douze sons — en octaves, suivi de cinq variations, et les *Protests* plaintifs qui les « commentent » parallèlement. Ce double niveau obéit à une intention satirique du compositeur au sujet de sa musique et de son public : chaque variation utilisant progressivement toutes les ressources du contrepoint (miroir, canon) est froidement accueillie par un *Protest*, — jusqu'à la variation 4, « autant en *mi* mineur que possible » satisfaisant enfin le goût du public (« applaudissements » en *ut* majeur) ; la cinquième variation aura cependant le dernier mot en prolongeant les trois premières jusqu'à l'insolent cluster final.

Cultivant ici sa prédilection pour la juxtaposition d'éléments étrangers, Ives manifeste, non sans humour, son mépris pour le public, — ce dont l'exergue à ses *Essais* (voir, précédemment *Sonate n° 2*) était déjà porteur : « A ceux qui ne peuvent souffrir ni les essais, ni la musique du compositeur, le tout est respectueusement dédié ! »

A.P.

ÉLISABETH JACQUET DE LA GUERRE

Née à Paris, vers 1666; morte à Paris, le 27 juin 1729. Issue d'une famille de musiciens, elle était la fille de Claude Jacquet (mort à Paris en 1702), claveciniste et organiste de l'église Saint-Louis-en-l'Ile, et la sœur de Pierre Jacquet (mort à Paris en 1729), lui aussi claveciniste et organiste des églises Saint-Nicolas-du-Chardonnet et Saint-Louis-en-l'Ile. Enfant prodige, vivement encouragée tout au long de sa carrière par Louis XIV, elle épousa Marin de La Guerre (1658-1704), organiste de Saint-Séverin et de la Sainte-Chapelle, et lui-même membre d'une célèbre famille de musiciens parisiens. Considérée par ses contemporains comme une remarquable musicienne, elle était admirée par les plus grands connaisseurs de son temps. Elle mourut à Paris et fut enterrée à Saint-Eustache. Élisabeth Jacquet de La Guerre laisse une œuvre importante : un Livre de pièces de clavecin (1687), mais aussi un opéra, Céphale et Procris *(1694), des cantates françaises, des chansons et airs à boire, des pièces de musique de chambre, des chants et scènes comiques composés pour le Théâtre de la Foire, un ballet,* Les jeux à l'honneur de la Victoire *(1691), perdu aujourd'hui.*

L'œuvre de clavecin

Élisabeth Jacquet de La Guerre n'écrivit qu'un **Livre de clavecin**, composé de douze pièces. Il fut annoncé dans le « Mercure galant » en 1687*, et dédié au roi Louis XIV en remerciement pour ses encouragements : « Sire... vous n'avez pas dédaigné mon enfance, vous preniez plaisir à voir naître un talent que je vous consacrais, et vous m'honoriez même alors de vos louanges, dont je ne connaissais pas encore tout le prix... » Dans cette œuvre pleine de charme, Élisabeth Jacquet de La Guerre fait preuve d'une grande finesse et d'un sentiment délicat. Elle ne dédaigne pas les tournures italiennes, en 1687*, compose des pièces gracieuses qui n'ont pas la rigueur de celles d'un Chambonnières ou d'un Lebègue.

Son œuvre de clavecin n'est pas organisée en suites, et elle ne contient aucun prélude libre. Élisabeth Jacquet de La Guerre écrit une *flamande* en *ré* mineur et son double dans le style de l'allemande, deux *rigaudons* (*ré* mineur et *ré* majeur), courtes pièces simples mais animées, deux *courantes* (*sol* majeur et *ré* mineur). La *courante* en *ré* mineur est une longue pièce suivie de son double. Entre ces deux courantes, elle intercale une *chaconne* en *ré* majeur faite de cinq couplets (le premier de ces couplets est très français, avec son ornementation et ses valeurs pointées), une *allemande* et une *sarabande* en *sol* majeur, légère et gracieuse. Le livre se termine enfin par deux *gigues* en *ré* mineur, un charmant *menuet* en *sol* majeur, et un *rondeau* en *sol* mineur, avec alternance d'un refrain et de deux couplets, d'une grande simplicité mais qui évoque certains rondeaux de François Couperin. La première des deux *gigues* est écrite sur un rythme à 6/4 et suivie de son double qui décompose les valeurs de la gigue, prenant ainsi l'aspect d'une pièce de virtuosité. La seconde *gigue*, à 6/8, est une danse légère, bâtie essentiellement sur un rythme de triolets.

A. d. P.

HYACINTHE JADIN

Né à Versailles, en 1769; mort à Paris, en octobre 1800. Fils d'un musicien attaché à la chapelle de Louis XV à Versailles, il fut l'élève de son père, puis de Nicolas-Joseph Hüllmandel. Excellent pianiste, il connut le succès tout au long de sa courte carrière : il se produisit régulièrement au concert et fut nommé professeur de piano au Conservatoire

---

* Certains le datent de 1707.

National de Musique en 1795, dès la création de cet établissement. En raison de sa mort prématurée, Hyacinthe Jadin laisse une œuvre peu abondante, — longtemps considérée à tort comme très inférieure à celle de son frère Louis-Emmanuel, musicien original et extrêmement prolixe. D'une rare qualité, la musique de Hyacinthe Jadin porte cependant la marque du remarquable tempérament de son auteur.

La musique de piano de Hyacinthe Jadin est très réduite. Indépendamment de concertos joués et appréciés par ses contemporains, elle se compose de sonates et de quelques pièces isolées : *Trois Sonates pour piano-forte avec accompagnement de violon ad libitum op. 3*, parues vers 1795, *Trois Sonates op. 4* et *Trois Sonates op. 5* pour piano seul, publiées à Paris en 1795 au Magasin de musique à l'usage des fêtes nationales, un *Duo à quatre mains*, dédié à Louis-Emmanuel Jadin, édité en 1796 par l'Imprimerie du Conservatoire, un *Premier pot-pourri pour le forte-piano*, paru chez Cousineau en 1798, enfin *Trois Sonates pour le piano-forte*, œuvre posthume, sixième œuvre de sonates, publiées en 1804 chez Mlles Erard. Hyacinthe Jadin est aussi l'auteur de *Vingt Petites leçons pour le piano à l'usage des commençants*, parues à la fin de l'année 1798 au Magasin de musique du Conservatoire.

A l'époque où composa Hyacinthe Jadin, l'écriture pianistique devait connaître une profonde évolution, — liée en partie aux progrès de la facture instrumentale. Cette évolution se manifesta au niveau de la technique, du traitement de la virtuosité, de l'ampleur des partitions ou du choix des formes qui, se développant, entraînèrent l'apparition d'un style nouveau adapté au piano-forte. En même temps, le style galant disparaissait.

La musique de Jadin présente tous les aspects de ce nouveau style. Son écriture est claire, souvent sévère. Les passages tourmentés, les modulations expressives et les effets passionnés et pathétiques y sont fréquents. L'harmonie raffinée souligne l'intensité dramatique d'un discours que Jadin n'encombre pas de traits superflus de virtuosité.

Ses *Sonates*, remarquablement écrites et habilement construites, portent déjà l'empreinte d'un sentiment pré-romantique. Elles sont conçues en trois mouvements : vif-lent-vif. Dans la **Sonate en fa dièse mineur op. 3 n° 2**, Jadin a encore recours au schéma classique du menuet suivi de son trio ; mais il y mêle des effets de nuances particuliers typiques du style de l'époque. Les *Allegros* initiaux sont des allegros de sonate à deux thèmes (à trois thèmes dans la *Sonate en fa mineur op. 5 n° 1*), contrastés dans leurs contours mélodiques et les procédés d'accompagnement utilisés. Les mouvements lents peuvent atteindre à une certaine austérité : ainsi en est-il de l'*Adagio* de la **Sonate en ut dièse mineur op. 4 n° 3**, écrit dans la tonalité lumineuse de *mi* majeur sur une ligne simple et souple. Les finales brillants manquent un peu d'originalité. Ces œuvres dénotent un véritable musicien : l'expérience du professeur et la maîtrise du pianiste s'affirment à travers elles. Les difficultés techniques et les effets de virtuosité, dignes souvent de Hummel ou de Dussek, sont employés avec discernement ; Jadin ne tombe jamais dans le piège de l'affectation, — préférant mesure et simplicité. L'*Allegro moderato* de la **Sonate en fa mineur op. 5 n° 1** est à cet égard révélateur : il repose sur trois thèmes opposés. Le premier thème, très passionné, est exposé sur un accompagnement d'octaves brisées et contraste avec l'expressivité des deux suivants. Jadin connaît les effets sonores et les améliorations que procure l'usage de la pédale ; mais, comme beaucoup de ses contemporains, il n'utilise celle-ci qu'avec modération.

Le **Duo à quatre mains**, dédié en 1796 à Louis-Emmanuel Jadin, est une œuvre de vastes proportions, en trois mouvements *(Allegro brillante, Andante* et *Rondeau)*, d'une grande intensité sonore. Dans son **Premier pot-pourri**, Jadin sacrifie à la mode de l'époque. Le pot-pourri, considéré par un critique du temps comme un « genre misérable », n'était qu'une suite d'airs célèbres tirés d'opéras ou romances connues, ou pris dans la musique instrumentale, et réduits au piano seul sans aucun lien de tonalité, de genre ou de tempo. Dans son unique pot-pourri, Jadin n'emploie pas moins de quinze airs célèbres de Kreutzer, Gluck, Garat, Louis-Emmanuel Jadin, et autres compositeurs.

A.d.P.

LEOS JANACEK

Né à Hukvaldy, le 3 juillet 1854 ; mort à Moravska Ostrava, le 12 août 1928. Fils d'un organiste de paroisse, il étudia l'écriture musicale avec Krzysztowski, puis travailla à l'École d'orgue de Prague. Il se perfectionna par la suite dans les Conservatoires de Leipzig avec Grill, et de Vienne avec Krenn (1879-1880). En 1881 il fonda à Brno une école d'orgue dont il resta directeur jusqu'en 1919. A partir de 1886 il commença, avec F. Bartos, à rassembler des thèmes folkloriques de son pays, — dont ses œuvres sont largement imprégnées. Janacek est surtout célèbre pour ses opéras et ses œuvres symphoniques, ainsi que pour ses chœurs et, dans une certaine mesure, pour sa musique de chambre. Il fut bon praticien du piano, mais non virtuose ; son œuvre pour cet instrument est assez réduite, et se limite à des miniatures dont il faut chercher les antécédents chez Schumann et Dvorak ; ce qui n'en diminue nullement la qualité expressive et la densité. Le recueil Sur un sentier herbeux, *les deux mouvements de la* Sonate « 1er Octobre 1905 », *les quatre pièces de* Dans les brumes, *contiennent des pages d'une incontestable originalité, souvent écrites à partir d'une, ou de quelques formules, dont les variantes ou les paraphrases assurent une unité d'idées fondée sur le principe de la richesse dans l'économie.*

Sonate « 1er Octobre 1905 », en *mi* bémol mineur

Elle fut écrite en 1905. Deux mouvements seulement s'en sont conservés ; le finale fut détruit par Janacek. Du reste, le compositeur détruisit aussi les deux premiers mouvements, — mécontent de son œuvre après l'avoir entendue jouer par la pianiste Ludmila Toutchkova ; mais cette dernière avait heureusement pris le temps de les recopier. La *Sonate* a été inspirée par un événement : la mort de l'ouvrier Frantisek Pavlik, tué lors d'une manifestation de soutien en faveur de l'Université de Brno. Les deux premiers mouvements, brefs, sont unis par des cellules communes.
1. CON MOTO. « PRESSENTIMENT » (à l'origine : « Dans la rue le 1er octobre 1905 ») : dès les premières mesures sont exposées les deux idées thématiques dominantes du mouvement :

La quasi-totalité du matériau musical en sera dérivée. Ces deux motifs représentent les deux faces de l'angoisse, — l'une mélancolique, dépouillée, l'autre violemment tendue. Un troisième thème — un bref choral — introduit l'apaisement d'une méditation lyrique, teintée de religiosité. Tout le développement, laconique, abonde en effets d'ostinato. Une culmination, au centre, est marquée par quelques accords fortissimo.
2. ADAGIO. « LA MORT » (à l'origine : « Élégie ») : encore plus condensé du point de vue de l'écriture, il consiste presque intégralement dans la paraphrase de deux idées : un thème issu de l'exemple B du mouvement précédent, qui se répète au cours d'une première page ; l'apparition d'une figure rythmique, — rythme pointé à l'intérieur d'un triolet de doubles croches :

La coda, qui est une sorte de pendant à la première page, combine ces deux éléments. Peu pianistiques dans le sens usuel du terme, souvent gauches d'exécution, les deux mouvements de cette *Sonate* sont pénétrés d'un fort sentiment obsessionnel.

Sur un sentier herbeux*

Cycle de quinze pièces écrites entre 1901 et 1911. Les dix premières portent des sous-titres, et cinq d'entre elles (n° 1, 2, 4, 7 et

---

* Autres traductions courantes : *Sur un sentier recouvert,* ou *Sur un sentier broussailleux.*

10) ont été originalement conçues pour harmonium et publiées dans le recueil *Mélodies slaves*. Après avoir achevé ce premier cycle de dix pièces, Janacek songea à en écrire un second : trois nouvelles pièces furent composées en 1911, et il en reprit deux autres datant de 1902. Le titre d'ensemble suggère la restitution de sentiments du passé.

1. NOS SOIRÉES (*Moderato*, en *ut* dièse mineur) : pièce d'un lyrisme tout schumannien.
2. UNE FEUILLE EMPORTÉE (*Andante*, en *ré* bémol majeur) : d'un charme élégiaque, — avec une mélodie régulièrement et discrètement ponctuée par le balancement d'une cellule à la main gauche.
3. VENEZ AVEC NOUS (*Andante*, en *si* mineur) : d'une insistance persuasive, — avec un dessin mélodique traduisant le geste de l'appel vers soi.
4. LA VIERGE DE FRYDEK (*Grave*, en *ré* bémol majeur) : scène de piété populaire, partagée entre un choral et un chant rustique.
5. ELLES BAVARDAIENT COMME DES HIRONDELLES (*Con moto*, en *ut* dièse mineur) : un croquis humoristique, léger et volubile, qui ironise sans méchanceté sur le babil des femmes. Paraphrase quasi permanente d'une même figure dynamique.
6. LA PAROLE MANQUE (*Andante*, en *mi* bémol majeur) : l'amertume des regrets, — une page parcourue de tremblements convulsifs.
7. BONNE NUIT (*Andante*, en *ut* majeur) : une berceuse.
8. ANXIÉTÉ INDICIBLE (*Andante*, en *mi* mineur) ; 9. EN PLEURS (*Larghetto*, en *sol* majeur) ; 10. LA CHEVÊCHE NE S'EST PAS ENVOLÉE *(Andante)* : ces trois pièces expriment la douleur de Janacek après la mort de sa fille Olga.

Les cinq pièces annexes, sans sous-titres, sont : 1. *Andante* (en *mi* bémol majeur) ; 2. *Allegretto* (en *sol* bémol majeur) ; 3. *Piu mosso* (en *si* mineur) ; 4. *Allegro* (en *ut* mineur) ; *Vivo* (en *mi* bémol majeur).

Dans les brumes

Ce cycle de quatre pièces fut composé en 1912, et le tirage, l'année suivante, fut effectué à l'intention des membres du Club des Amis de l'Art de Brno. Elles sont probablement la meilleure réussite de Janacek dans le domaine pianistique, par leur richesse d'écriture, leur densité et leur intériorité.

1. ANDANTE (à 2/4, en *ré* bémol majeur) : une atmosphère debussyste, en demi-teintes, surtout dans la première partie, — avec la mélodie soutenue par un doux balancement. La partie centrale oppose deux éléments contrastés : un choral populaire et des giboulées d'arpèges. Retour, ensuite, au thème initial.
2. MOLTO ADAGIO (à 2/8, en *ré* bémol majeur) : les contrastes, les oppositions de tempos y sont fréquents. Le premier thème, sombre, en accords entrecoupés de suspensions expressives, est d'esprit assez brahmsien. Il cède régulièrement la place à des sursauts inattendus qui, partis de la même idée mélodique, la transforment en des convulsions ou des élans tumultueux. Après un épisode de caractère quelque peu énigmatique, qui paraphrase une même formule mélodico-rythmique, un regain de vitalité structurée donne lieu à des procédés d'imitations. La conclusion s'estompe dans un apaisement progressivement retrouvé.
3. ANDANTINO (à 4/8, en *sol* bémol majeur) : pièce la plus tendre et la plus lyrique, dans sa première partie d'exposition ; mais avec un épisode central (*si* mineur, à 2/4), volontaire, voire fougueux, — avant une brève réexposition.
4. PRESTO (à 5/4, 2/4, en *ré* bémol majeur) : la plus importante des quatre pièces ; elle est presque constamment en mode mineur, malgré son armure en majeur. Ses sonorités évoquent quelque instrument ancien à cordes pincées, — avec ses tournoiements de notes conjointes et ses arpeggiandos ; l'impression d'archaïsme est accentuée par des cadences modales. Dans la dernière partie, des traits d'arpèges, déferlant de l'aigu au grave, apportent une touche de virtuosité romantique peu courante chez Janacek ; ces arpèges sont ponctués par des répétitions insistantes d'accords. La fin, sur un accord mineur grondant dans les basses, laisse sur une impression de dramatisme affirmé.

A.L.

ANDRÉ JOLIVET

Né à Paris, le 8 août 1905 ; mort à Paris, le 20 décembre 1974. Ouvert très jeune à tous les arts, il se montre attiré par la peinture, par le théâtre autant que par la musique. C'est à la suite d'une rencontre avec Paul Le Flem qu'il entreprend de sérieuses études musicales ; il lui doit aussi la découverte de la musique de Schönberg, et surtout d'être présenté à Varèse. Travaillant avec ce dernier de 1930 à 1933, Jolivet s'initie à l'acoustique musicale, et étudie le rythme et l'orchestration, — s'intéressant particulièrement aux instruments à percussion qui seront toujours abondamment utilisés dans son œuvre. En 1936 il participe, avec Olivier Messiaen, Daniel-Lesur et Yves Baudrier, à la fondation du groupe « Jeune France » dont le principal but fut de réagir contre le néo-classicisme. De cette époque datent les premières compositions importantes et les plus neuves : Mana *pour piano, les* Incantations *pour flûte et les* Danses rituelles, *qui correspondent à la première phase de son œuvre, Jolivet visant alors « à rendre à la musique son sens original antique, lorsqu'elle était l'expression magique et incantatoire de la religiosité des groupements humains ». Le choc de la guerre l'amènera à rechercher un langage plus abordable, plus clairement modal, — ce qui constituera une seconde phase dans une évolution dont les œuvres les plus représentatives restent les* Complaintes du soldat *et la* Suite delphique. *La troisième et dernière phase, débutant en 1945 avec la* Première Sonate, *cherchera à concilier les deux précédentes avec de nombreux concertos, trois symphonies ainsi que des œuvres vocales* (Epithalame). *Nommé en 1945 directeur de la musique de scène à la Comédie-Française (pour laquelle il écrira un grand nombre de partitions), professeur de composition au Conservatoire de Paris de 1966 à 1970, Jolivet verra enfin son œuvre couronnée d'un grand Prix National de la musique en 1972. Bien que non pianiste lui-même, Jolivet a destiné à l'instrument quelques-unes de ses principales partitions, parmi lesquelles on retiendra en priorité* Mana *et les* Danses rituelles, *ainsi que deux* Sonates.

Cinq Danses rituelles

Composées en 1939, et créées par Lucette Descaves en 1942 à Paris. Comme *Cosmogonie,* court prélude pour piano (1938), les *Cinq Danses rituelles* ont été immédiatement suivies d'une orchestration* : si la première pièce a pu y gagner, les *Danses rituelles* conservent tout leur intérêt dans leur version originale, qui reste la partition pour piano la plus célèbre de son auteur et la plus justement caractéristique de la dimension incantatoire qu'il entendait donner à sa musique : « Les *Danses rituelles* se réfèrent aux groupements humains de toujours, mais particulièrement ici à ceux dits " primitifs " chez lesquels l'âme humaine a gardé toute sa virginité ; les titres correspondent aux étapes principales de la vie sociale et religieuse... de toute vie humaine. » Si l'expression brute des forces primitives peut être rapprochée de la pensée de Varèse, on ne peut éviter la relation avec *le Sacre du Printemps,* pour lequel Jolivet professa la même admiration que Messiaen.

La *Danse initiatique,* en 7/4 (4 + 3), est parcourue de syncopes mystérieuses sur lesquelles se détache progressivement une ligne de plus en plus souple et ornée dans l'esprit des *Incantations* pour flûte (1936) ; la partie centrale, sur un accompagnement invarié rythmiquement (assez pesant), conduit à un sommet extatique avant de se figer dans le retour au statisme initial.

Plus violente, la *Danse du Héros* est écrite sur un ostinato dans le grave.

Il est interrompu à plusieurs reprises par des figures rapides, mais s'imposant de plus en plus fortement dans une seconde partie, enrichi par des groupes de « petites

---
* Voir *Guide de la musique symphonique.*

notes », et commenté par des grappes d'accords syncopés proches de l'écriture de Messiaen. La dernière partie repartira de l'extrême grave pour conquérir à nouveau, dans un grand crescendo récapitulatif, toute l'étendue du clavier.

La *Danse nuptiale*, également tripartite, est introduite par un rappel d'éléments de la première pièce, et repose sur une unique et courte phrase abondamment répétée et variée.

Sur un rythme de marche à la basse, la *Danse du rapt* installe un mouvement mélodique tournant autour d'une note-pivot — comme en référence à l'« action rituelle des ancêtres » du *Sacre du Printemps* —, et procède par paliers successifs jusqu'au « stringendo » final.

Enfin, la *Danse funéraire* est une oscillation entre deux sons (*fa* dièse — *fa*) autour desquels gravitent des résonances harmoniques plus ou moins éloignées, sur une basse tout aussi hésitante (*si* — *si* bémol) dont la prégnance s'intensifiera jusqu'à passer au premier plan à la fin de la pièce, — la tonalité de *si* bémol émergeant enfin clairement.

Étude sur les modes antiques

Œuvre d'importance secondaire, composée en 1944 à la demande des Éditions Durand, cette *Étude* présentait la particularité d'être écrite en notation Obouhov (du nom du compositeur qui désira simplifier l'écriture en remplaçant les dièses et bémols, n'ayant plus de fonction harmonique hors du système tonal, par un seul et même signe). La pièce, exploitant principalement trois modes (*la, fa* et *mi*) est caractéristique de la « seconde manière » de Jolivet. Sa durée d'exécution n'excède pas trois minutes.

Mana

Lors de son départ pour les États-Unis en 1933, Varèse, interrompant ainsi trois années de travail avec son jeune élève, fit cadeau à Jolivet d'objets divers qui sont à l'origine des six pièces de *Mana* : un pantin (baptisé « Beaujolais » par Varèse), deux sculptures de Calder (un oiseau, une vache), une statuette que Jolivet appellera « la Princesse de Bali », et deux animaux en paille (une chèvre et un cheval — « Pégase »). Quant au titre, emprunté au vocabulaire mélanésien, il correspond à la fascination exercée par ces objets chargés de souvenirs et porteurs d'un fluide qui symbolisait pour Jolivet « cette force qui nous prolonge dans nos fétiches familiers ». *Mana* est la première œuvre importante *(1935)* de Jolivet, dans laquelle il a réalisé ses ambitions de conférer un pouvoir incantatoire et magique à la musique. Créé cette même année par Nadine Destouches, *Mana* — dédié à Louise Varèse — est également l'œuvre qui attira l'attention de Messiaen, qui témoignera son amitié au compositeur en ajoutant par la suite une préface admirative à sa partition. La principale notion sur laquelle insiste Messiaen concerne le traitement de l'espace sonore : exploitation des registres grave et aigu, fréquemment opposés, densité harmonique de même mobilité, importance du silence au sujet duquel « Jolivet observe les seules attitudes à tenir : le soumettre ou le laisser passer ». Le langage de *Mana* est non tonal, mais joue sur des polarisations autour de notes-pivot, — ce qui se traduit par une écriture pianistique basée sur les résonances naturelles, le plus souvent éloignées de la fondamentale, une variété d'attaques répondant aux effets d'éloignement et de rapprochement subits, et une répartition rythmique élaborée à partir de rythmes irrationnels.

Symbolisant le pantin désarticulé — « avec entrain, non sans bizarrerie » note Jolivet —, *Beaujolais* expose trois fois le même matériau en variant les dispositions, seule la dernière n'aboutissant pas à une densification rythmique —, la musique se figeant progressivement jusqu'à l'immobilisation. De même procède *l'Oiseau,* à partir d'une texture très contrastée (registres, intensités) dont se dégage un chant qui se prolonge en trilles et trémolos évocateurs, avant que n'en subsiste qu'un écho lointain. Dans *la Princesse de Bali*, Jolivet a multiplié les références aux sonorités balinaises avec les effets de percussion dans le registre grave du clavier, jusqu'à la dernière mesure déroulant lentement un arpège résonnant « comme un gong très grave » (procédés dont se souviendra Messiaen dans *le Regard n° 12* et dans *Ile de Feu I*).

Un triton, intervalle cher à Jolivet, ainsi qu'une courte figure obsédante forment l'essentiel de *la Chèvre,* avec une alternance entre les condensations en harmonies martelées et le déploiement linéaire au rythme très souple. *La Vache* est entièrement constituée autour d'une grande ligne mélodique d'abord non accompagnée, puis colorée harmoniquement, avec, dans les dernières mesures, un rappel du début de *Beaujolais*. On comprend que ce soit pour *Pégase* que Messiaen manifesta le plus d'enthousiasme : par son aspect répétitif juxtaposant des périodes très contrastées, ainsi que par l'écriture d'une même ligne mélodique à deux octaves de distance dans un style très « oiseau », cette dernière pièce, la plus longue du recueil, met clairement en évidence ce qui pouvait rapprocher les deux compositeurs.

Les Sonates

Caractéristiques de la « troisième manière » de Jolivet par la synthèse de ses recherches antérieures, les deux *Sonates* paraissent plus classiques, serait-ce seulement dans le rapprochement avec les modèles historiques : il ne fait aucun doute que les pièces courtes et libres de *Mana* ou des *Danses rituelles* convenaient mieux au langage de Jolivet, qui a probablement gagné ici en netteté des contours ce qu'il a perdu en originalité.

La **Première Sonate**, composée en 1945 et créée par Yvette Grimaud en 1947, fut dédiée à la mémoire de Bartok, disparu cette même année. « J'ai voulu inclure — confia Jolivet — un certain nombre de procédés sonores ou rythmiques ou d'effets de résonances qui formaient la trame de *Mana* dans un discours rigoureusement développé ; réaliser un long discours dans l'atonal en des phrases mélodiques s'articulant sur de clairs appuis harmoniques. » Les trois mouvements confirment cette déclaration : un *Allegro* de forme sonate avec les deux thèmes traditionnellement opposés, un *Lento* plus riche et plus mystérieux, et un *Allegro ritmico* en forme de rondo (introduit par un *Largo*), véritable hommage à Bartok.

La **Deuxième Sonate**, écrite en 1957, a été créée par Yvonne Loriod en 1959. Se tournant une dernière fois vers le piano (mise à part une courte pièce pour deux pianos, *Patchinko*, de 1970), Jolivet conserve le plan formel de la *Première Sonate* et du *Concerto pour piano* (1949-1950), mais en plus condensé : un *Allegro* et un *Largo* central directement enchaîné au *Finale*, avec les mêmes formes sonate et rondo pour les mouvements extrêmes. L'écriture en est toutefois plus recherchée, — en particulier dans les deux premiers mouvements, mettant moins en relief que dans la *Première Sonate* son évidence classique.

A.P.

SCOTT JOPLIN

Né à Texarkana (Arkansas), le 24 novembre 1868 ; mort à New York, le 1er avril 1917. Ce compositeur noir américain, remarquable virtuose du clavier, a écrit un nombre assez considérable de « rags » (ragtimes) dont la découverte est due en grande partie au pianiste et musicologue Joshua Rifkin dans les années 1970. Après une carrière de pianiste accompagnateur et improvisateur à Saint-Louis puis à Chicago, Joplin vécut à New York pratiquement jusqu'à sa mort. Ses opéras A Guest of Honor *et, surtout,* Treemonisha *(publié en 1911 à Harlem) furent les premiers « ragtime operas », mais ne remportèrent pas le succès escompté par leur auteur : le second ne connut, de son vivant, qu'une exécution (sans mise en scène) en 1915 ; son échec précipita certainement le déclin du musicien, déjà gravement atteint par la syphilis. Parmi les pièces pour piano, ou leurs arrangements pour deux pianos*, nous évoquerons ici succinctement les plus connues.*

Le « ragtime » (de l'anglais *ragged*, « haché », « déchiré ») est un style de piano qui naquit dans le Missouri à partir des années 1890, se développa vers le sud-ouest des Etats-Unis, puis connut sa plus importante diffusion entre 1900 et 1930. C'est alors qu'il fut révélé en Europe même, — où un musicien tel qu'Igor Stravinski s'en inspira

---

* On compte aussi des arrangements pour orgue, ou pour flûte, piano, batterie et tuba, ou pour ensemble de cuivres, etc.

dans son *Histoire du soldat* ou dans son propre *Ragtime* pour quatorze instruments. Au succès du ragtime contribua largement l'enregistrement sur cylindres des pianos mécaniques, grâce auquel maints interprètes-compositeurs fixèrent acoustiquement leurs créations. Forme fixe à l'origine, le ragtime évolua rapidement vers la complexité, intégra les « blue notes » qui lui étaient à l'origine étrangères, accorda place à l'improvisation, pour, finalement, devenir partie intégrante de la musique de jazz. Ainsi peut être fort sommairement résumée son « histoire ».

De cette « histoire » Scott Joplin demeure le plus doué, le plus illustre représentant. Il codifia, en quelque sorte, les lois de la composition du ragtime sous les appellations d' « Original Rags », puis de « Classic Rags ». L' « Original Rag », en effet, se composait généralement de quatre parties, ou « strains » (airs), — chacune de seize mesures avec reprise, avec parfois interlude de deux ou quatre mesures entre elles, et disposées selon l'ordre A A B B A C C D D. Cette coupe s'inspirait manifestement des marches militaires jouées par les fanfares en vogue aux États-Unis. Une basse constante, régulièrement accentuée (mesure à 2/4, ou « beat »), assurait le rythme à la main gauche ; la main droite jouait une mélodie fortement syncopée (« off-beat » stylisé), en principe selon la succession de huit doubles croches accentuées sur un décalage ternaire. Tous ces éléments formels furent réunis, admirablement synthétisés, dans *Maple Leaf Rag,* publié par Joplin en 1899, et qui établit sa renommée. Le « Classic Rag » — le terme n'apparut guère avant 1910, mais le concept en fut bien antérieur — dénota dès lors les ambitions du musicien, attaché à enrichir la structure rythmico-harmonique de la basse, à instaurer des liens motiviques entre les différents « strains », — jusqu'à atteindre une organisation parfois extrêmement complexe : ainsi du demeuré fameux *The Entertainer* (1902), de *The Sycamore,* sous-titré « A Concert Rag » (1904), de *Sugar Cane,* sous-titré « A Ragtime Classic Two Step » (1908), ou du très connu *Wall Street Rag* (1909). Bien d'autres titres pourraient être cités : il n'est pas douteux que toutes ces pièces de piano, d'une remarquable invention mélodique, d'un entrain souvent irrésistible, ne représentent plus en rien l'héritage d'un folklore afro-américain (bien que Joplin n'en ait jamais renié les particularités), mais en sont venues à constituer un « genre » dont les structures — tonalité, harmonie, organisation formelle — les rapprochent de la tradition musicale européenne. Ce qui explique certainement leur succès dans nos propres salles de concerts.

F.R.T.

DIMITRI KABALEVSKI

Né à Saint-Pétersbourg, le 30 décembre 1904. Il fit ses études à Moscou, d'abord à l'École Scriabine, puis au Conservatoire, où il fut l'élève de Goldenweiser (piano), de Catoire et de Miaskovski (composition). Célèbre en premier lieu pour son opéra Colas Breugnon *(1937) et pour ses œuvres symphoniques et concertantes, il s'acquit également la réputation d'un des meilleurs compositeurs pédagogues de son pays, et sa vaste production à l'intention des enfants a connu une renommée mondiale (deux sonatines, variations, préludes et fugues, pièces diverses). Il a par ailleurs composé pour le piano trois* Sonates *(1927, 1945, 1946), un cycle de vingt-quatre* Préludes *(1944), et un* Rondo *(1952). Ces œuvres, d'une facture pianistique brillante et souvent d'un haut niveau de virtuosité (*2e Sonate *notamment), restent d'un style relativement conservateur, rehaussé parfois de hardiesses harmoniques redevables à Prokofiev. Malgré sa fidélité au régime, Kabalevski fut atteint par la campagne « anti-formaliste » de Jdanov en 1948, au même titre que Chostakovitch, Prokofiev et Khatchaturian.*

Sonate n° 1, en *fa* majeur (op. 6)

Écrite en 1927. Non dépourvue d'inégalités, elle se caractérise par ses intonations populaires russes (second thème du premier mouvement), par un *Andante* serein et chantant, et par un finale riche et varié, avec des chromatismes, des syncopes et des dissonances aiguës, mais où la référence au folklore reste également sensible dans une citation bien reconnaissable des *Bateliers de la Volga*.

Sonate n° 2, en *mi* bémol majeur (op. 45)

Écrite en 1945, elle s'inclut dans la vaste cohorte des œuvres soviétiques de guerre, à la suite des *Sonates n° 6, 7* et *8* de Prokofiev. C'est l'œuvre pianistique la plus vaste et la plus virtuose de Kabalevski, évoquant fréquemment des sonorités orchestrales.
1. ALLEGRO MODERATO, FESTIVAMENTE : l'idée générale du premier mouvement peut être comparée, dans une certaine mesure, à celle de la *7e Symphonie* de Chostakovitch. C'est d'abord l'évocation d'un bouillonnement de vie joyeuse (sonorités de fête), à laquelle succède la vision de la horde des envahisseurs, sur un rythme de chevauchée. Après les clameurs de douleur et de rage, la réexposition est brève et condensée.
2. ANDANTE SOSTENUTO : page grave et recueillie, qui peut être ressentie comme une déploration, avec ses intonations amères et ses sonorités de glas. Dans la partie centrale, des traits à la main gauche ajoutent un souffle dramatique.
3. PRESTO ASSAI : un élan irrésistible, à l'allure de toccata, sollicitant la technique des doigts autant que celle du poignet. Des thèmes simples et affirmés se détachent, et la culmination est un hymne radieux et triomphant.

Sonate n° 3, en *fa* majeur (op. 46)

Écrite en 1946, presque simultanément à la *Deuxième Sonate*. Bien que de moindre envergure, elle est tout aussi populaire dans son pays. Plus modeste et lyrique, elle est aussi plus fraîche, moins tourmentée, et, par moments, franchement humoristique (*Allegro giocoso* final).

Deux Sonatines, en *ut* majeur et *sol* mineur (op. 13 n° 1 et n° 2)

Écrites en 1930 et 1933. Pensées comme pièces pour enfants, elles se justifient aussi bien dans le répertoire des adultes, tout en étant faciles à jouer. La *1re Sonatine*, en trois mouvements, la plus réussie, est énergique et ouverte ; la *2e Sonatine*, en quatre mouvements, est plus mélancolique, mais retrouve une humeur positive dans le finale.

Vingt-quatre Préludes (op. 38)

Écrits en 1943-1944. Le contexte de la guerre a incité Kabalevski à affirmer son attachement à une culture nationale en recherchant son inspiration dans le thématisme populaire russe. Le cycle utilise des mélodies empruntées aux recueils de Rimski-Korsakov, Balakirev et Liadov, — qui sont harmonisées et transformées d'une manière très personnelle et très diversifiée. Ces *Préludes* sont, selon les cas, des scènes de genre, des croquis lyriques ou spirituels, des moments de méditation ou d'angoisse, et parfois des poèmes relativement développés, comme le *24e Prélude* (*ré* mineur), partiellement écrit sous forme de variations.

Rondo, en *la* mineur (op. 60)

Écrit en 1958 pour servir de pièce imposée au 1er Concours Tchaïkovski de piano. Il oppose la vivacité d'une écriture précise, sèche et mordante, à deux épisodes très « vocalisants », l'un de climat légendaire, avec une partie supérieure ornée et une harmonie dans la grave, l'autre élégiaque, en quartolets, chantant avec simplicité.

Pièces enfantines

Parmi les nombreuses petites pièces composées à l'intention des pianistes en herbe, et portant souvent des sous-titres illustratifs qui se rapportent à la vie enfantine, il faut citer *De la vie des pionniers* (cinq pièces, 1931), *Trente Pièces pour enfants* (1938), *Vingt-quatre Pièces faciles* (1944), *Six Préludes et fugues* (1959), *Danses et jeux de printemps* (1965, petit cycle écrit pour le 3e Concours de jeunes pianistes de Kouïbychev).

A.L.

JOHANN KASPAR KERLL

Né à Adorf, le 9 avril 1627 ; mort à Munich, le 13 février 1693. Compositeur et organiste très admiré par ses contemporains, en particulier pour sa musique de clavier, ce fils d'un organiste protestant se convertit au catholicisme et occupa de hautes fonctions dans plusieurs grands foyers musicaux européens : élève de Carissimi à Rome, organiste de la cour du vice-roi des Pays-Bas à Bruxelles, maître de chapelle de la cour de Bavière à Munich, organiste de la cour impériale de Vienne. C'est avec ses opéras composés pour l'Opéra de Munich qu'il connut ses premiers grands succès. Ces ouvrages sont malheureusement perdus aujourd'hui ; mais on lui doit aussi de nombreuses pièces de musique sacrée, essentiellement écrites à Vienne, de la musique d'orgue et de la musique de clavecin. L'œuvre de ce musicien allemand qui eut Pachelbel comme élève, que Frescobaldi influença et que Bach et Haendel admiraient, est intéressante et tout à fait originale.

L'œuvre de clavecin

Dans les années 1685-1686, Kerll dressa lui-même le catalogue de son œuvre pour clavier. Dans cette œuvre sont réunis entre autres : huit *Toccaten*, six *Canonen*, un *Capriccio sopra il cucu*, une *Battaglia*, une *Ciaccona*, une *Passacaglia*, et quatre suites. Ces pièces témoignent de la maîtrise et de l'originalité de leur auteur. Très influencé par l'art de Frescobaldi, Kerll y apparaît comme un musicien plein d'imagination, qui sait aussi bien faire appel à l'improvisation qu'à l'organisation.

Parmi les œuvres pour clavecin, les plus connues sont très certainement le *Capriccio sopra il cucu*, et la *Battaglia* qui a fait l'objet d'enregistrements récents. Dans l'une ou l'autre de ces deux pièces, Kerll sacrifie au genre descriptif qui fut très populaire en Europe entre le XVIe et le XIXe siècle.

Contrairement à la plupart des scènes guerrières mises en musique par ses contemporains, Kerll n'accompagne la partition de sa **Battaglia** d'aucun commentaire ni sous-titre descriptif. Cette « bataille » musicale s'ouvre sur un ample mouvement dont le rythme pointé évoque la marche au combat et les chevauchées sur des fanfares de trompettes. Tout s'articule autour des notes-clés du ton d'*ut* majeur et de sa dominante *sol* majeur. Le dessin obstiné des tierces légères de l'*Aria* central annonce la bataille. Un nouvel appel de trompettes mène au cœur du combat ; et c'est la mêlée avec ses répétitions de doubles croches, ses roulades de triples croches, ses variations rythmiques, ses grands accords en « coups de canon », ses batteries de basse, etc. Tout s'achève dans la joie et l'allégresse d'un court et ravissant chant de victoire digne de Frescobaldi.

A. d. P.

ARAM KHATCHATURIAN

Né à Kodjori, près de Tbilissi, le 6 juin 1903 ; mort à Moscou, le 1er mai 1978. Il fut élève de Gnessine, à l'Institut de celui-ci à Moscou, puis étudia au Conservatoire de cette ville avec Miaskovski (composition), Glière et Vassilenko (orchestration). Il garda cependant des rapports constants avec l'Arménie, et rencontra dans sa jeunesse Spendiarov, son grand prédécesseur. Il termina le Conservatoire en 1934. Un certain nombre de ses pièces pour piano datent de ses années d'études : Valse caprice *(1926),* Poème *(1927),* Toccata *(1932). Cependant, Khatchaturian ne fut pas véritablement un compositeur-pianiste, mais bien plus un orchestrateur ; aussi le catalogue de ses œuvres pianistiques est-il assez limité, et contient-il peu de pages majeures. Comme un certain nombre de Soviétiques (Prokofiev, Chostakovitch, et surtout Kabalevski), il paya son tribut à la musique pour enfants, avec ses deux* Albums *(1947 et 1965). Dans la maturité, il produisit encore une* Sonatine *(1958) et une* Sonate *(1961). Par ailleurs il existe un certain nombre de transcriptions d'extraits de ses œuvres orchestrales, scéniques ou cinématographiques, — effectuées par d'autres musiciens (cinq pièces de la musique pour le drame de Lermontov* Mascarade, *quatre extraits de la musique du film* Othello*).*

Sonate, en *mi* bémol majeur

Datée de 1961 et dédiée à Emil Guilels, qui en fut le créateur. Khatchaturian déclara y avoir recherché des rythmes nouveaux, acérés, tout en s'efforçant de garder des coloris transparents et légers. La version publiée de l'œuvre contient quelques coupures, notamment dans le finale. La forme est en trois mouvements classiques : *Allegro vivace, Andante tranquillo, Allegro assai*. Des éléments de toccata sont sensibles dans le premier mouvement et dans le finale.

Albums pour enfants

1er ALBUM : composé pour l'essentiel en 1947, sauf trois pièces écrites antérieurement. Il se compose de dix morceaux, — dont l'un est une adaptation de la *Danse de Gayaneh*, extraite du ballet. Le dernier morceau est une fugue.
2e ALBUM : composé en 1964-1965. Dix morceaux également, mais d'une difficulté supérieure à celle du *1er Album*; se conclut également par une fugue.

Poème, en *ut* dièse mineur

Daté de 1927. C'est un morceau fondé sur des répétitions de figures diversifiées par les rythmes et les harmonies. Il baigne dans un climat de légende, et la veine exotique s'y mêle à certains procédés empruntés aux impressionnistes français.

Toccata, en *mi* bémol mineur

Datée de 1932, c'est la pièce la plus populaire de Khatchaturian, brillante et avantageuse, tout en restant d'une difficulté modérée. Là encore, l'influence de Debussy et de Ravel est évidente, tant au niveau de la technique pianistique que de certaines successions harmoniques. Comme le veut l'usage de la toccata, l'intensité dynamique s'y trouve épisodiquement coupée par des suites de vigoureux accords. Pour le reste, son relief est dû à des juxtapositions dissonantes, des effets d'ostinato et des heurts rythmiques.

A.L.

ZOLTAN KODALY

Né le 16 décembre 1882, à Kecskemet ; mort le 6 mars 1967, à Budapest. Après avoir commencé à apprendre la musique en autodidacte, il entra au Conservatoire de Budapest dans la classe de composition de H. Koessler. Sa rencontre avec Bartok en 1906 fut déterminante pour son orientation musicale. Cependant il vint aussi en France en 1906-1907 pour étudier avec Charles-Marie Widor, et subit alors l'influence de Debussy à qui il rendit hommage dans une pièce pour piano, Méditation sur un motif de Claude Debussy *(1907). Revenu dans son pays il fut, de 1907 à 1940, professeur au Conservatoire de Budapest. Bien que moins radicalement novateur dans son langage que Bartok, Kodaly reste avec ce dernier le grand représentant de l'école hongroise au XXe siècle. Comme lui, il consacra une partie importante de son activité à rassembler les chants populaires, qui constituent le matériau de base de son œuvre. Créateur de la méthode pédagogique qui porte son nom et qui connaît une grande vogue dans son pays et dans l'Europe de l'Est, Kodaly est avant tout un compositeur de musique chorale, — domaine dans lequel il a laissé une œuvre immense. Symphoniste également, auteur d'œuvres scéniques (dont le fameux* Hary Janos*), de musique de chambre, Kodaly, qui fut par ailleurs* violoncelliste et chef d'orchestre, n'a que peu écrit pour le piano, mais a laissé quelques œuvres remarquablement réussies et attrayantes : les Danses de Marosszek *(1927)*, connues également dans leur version orchestrale, et deux recueils, Neuf Pièces op. 3 et Sept Pièces op. 11.

Neuf Pièces (op. 3)

Écrites en 1905-1909. Dépouillées, nostalgiquement évocatrices ou violentes, parfois d'une virtuosité considérable, elles utilisent les éléments du folklore hongrois, reconnaissables à leur modalisme, parfois la gamme tzigane avec la seconde augmentée, mais aussi, à l'occasion, la gamme par tons entiers debussyste. S'il arrive à Kodaly de se complaire dans des harmonies de quartes et quintes, base de tout folklore, des dissonances souvent crues révèlent par ailleurs que l'influence de Bartok est d'ores et déjà une réalité bien affirmée. Un autre de ses procédés expressifs favoris y est l'ostinato, tantôt lent et obsédant, tantôt martelé rapidement, avec frénésie.

Valsette

Ce devait être à l'origine la dixième pièce de l'*op. 3*. Mais Kodaly la détacha du cycle et la fit publier séparément. Elle est allante, aimable, mais, pour tout dire, assez quelconque.

Sept Pièces (op. 11)

Écrites en 1917-1918, sauf la pièce *n° 3*, qui date de 1910 et porte en épigraphe un vers extrait des *Romances sans paroles* de Verlaine (*Ariette oubliée n° 3 « Il pleure sur la ville comme il pleut dans mon cœur »*). Ce prétexte pessimiste semble s'être étendu à tout le cycle, — qui est placé sous le signe de pénibles tourments, des déchirements et du drame. L'élément populaire n'y est pas moins abondamment présent, à travers de nombreux thèmes pentatoniques.
1. Lento : dépouillement et désolation.
2. Szekely lament : pentatonique ; l'intensité augmente jusqu'à évoquer de puissantes sonneries de cloches.
3. Il pleut sur la ville comme il pleut dans mon cœur : un égrènement de gouttes, des syncopes, et une monotonie pleine de sous-entendus amers.
4. Épitaphe : la pièce la plus vaste et la plus virtuose. Ravel et Debussy resurgissent soudainement ici, — jusqu'à donner l'impression de pastiche. L'élément thématique le plus frappant est un choral grave, austère, archaïsant (très sensiblement inspiré de *la Cathédrale engloutie*)*, qui donne tout son sens au titre de la pièce.
5. Tranquillo : après un début harmonique, déploiement d'un chant large et dépouillé, en octaves sur fond d'accords tenus.
6. Poco rubato : populaire, — s'ornant de cadences et d'arpeggiandos, et montant jusqu'à une puissance imposante.
7. Rubato : par son écriture, semble une fusion des deux pièces précédentes. Le thème est très orné, des séries d'accords arpégés lui succèdent, — tandis que le milieu et la fin font entendre des phrases en octaves aux deux mains, comme dans le *n° 5*.

Danses de Marosszek

Écrites en 1927, elles sont la mouture pianistique d'une œuvre prévue pour orchestre et, de fait, orchestrée en 1930**. Le projet en remontait à 1923, lorsque Kodaly reçut une commande pour les fêtes marquant le cinquantenaire de la réunification de Buda et de Pesth. Mais, comme Bartok écrivait pour cette même occasion sa *Suite de Danses,* il renonça à une œuvre qui aurait fait double emploi (il composa, à la place, son *Psalmus hungaricus*). Le matériau thématique des *Danses de Marosszek* est constitué de mélodies populaires de Transylvanie que le compositeur avait notées en 1912.

L'œuvre, d'une durée de dix à onze minutes, se présente sous forme d'un rondo, — avec trois couplets et un épilogue différents, et un thème-refrain qui, après son exposition, reviendra à trois reprises, formant des interludes thématiquement identiques, mais différenciés par leur caractère. Lors de sa présentation ce thème, noble et large, est accompagné d'amples accords. Le premier couplet, partant sur quelques notes précédées d'acciacatures, lance un mouve-

---

* Voir, ici même, à *Debussy : Préludes (Livre I)*.
** Voir *Guide de la musique symphonique*.

ment plein de verve, semblant opposer différents groupes orchestraux. Le premier retour du refrain oppose d'abord, dans un bref dialogue, les basses et les aigus du piano, puis donne lieu à un développement d'une exceptionnelle tension sonore, avec les fragments du thème entrecoupés de trémolos. Le second couplet, débutant avec timidité, est admirable de délicatesse, — restant dans le registre aigu, avec une ornementation de la ligne lui conférant un coloris pastoral. Le retour de l'interlude oppose des registres de force différente. Le troisième couplet, démarrant sur un martèlement répétitif de quinte, est un tournoiement vertigineux, qui s'évanouit soudainement. A nouveau le thème initial revient, apaisé et méditatif, — avant que la partie conclusive ne laisse le dernier mot à une effervescence de joie populaire.

A.L.

CHARLES KOECHLIN

Né à Paris, le 27 novembre 1867; mort au Canadel (Var), le 31 décembre 1950. D'origine alsacienne, Koechlin fut polytechnicien avant d'entrer tardivement — à vingt-deux ans — au Conservatoire de Paris; ses maîtres pour la composition furent Massenet, Gédalge et, surtout, Fauré qui sera amené à lui confier l'orchestration de sa suite Pelléas et Mélisande. *C'est qu'en effet Koechlin ne tarda pas à faire la preuve d'un très solide métier, puis à s'imposer par ses qualités de pédagogue et, grâce à son immense érudition, de remarquable théoricien (avec, entre autres, des traités d'harmonie et d'orchestration qui font encore autorité de nos jours). Signalons d'autre part que Koechlin participa en 1909 — avec Fauré, Ravel, Florent Schmitt notamment — à la fondation de la Société Musicale Indépendante, prête à partir en guerre contre la trop conservatrice Société Nationale de Musique. Indépendant lui-même au sens le plus absolu, le plus noble du terme, d'une parfaite indifférence aux modes et aux jugements de ses contemporains, Koechlin édifia une œuvre considérable — deux cent vingt-cinq numéros d'opus — où dominent de grandes fresques symphoniques (*le Livre de la jungle *et son épisode le plus fameux,* les Bandar-Log, *en constituant le plus bel exemple), mais qui aborde tous les genres à l'exception de l'opéra. La musique pour piano n'en occupe qu'une petite partie, complètement négligée aujourd'hui : à tort, pensons-nous. Ses qualités peu ambitieuses de simplicité, de fraîcheur poétique et d'écriture sans complications (sinon polytonales), la rendent accessible à un large public — plus particulièrement à de jeunes apprentis musiciens qui n'auraient qu'à se réjouir de sa découverte. Les partitions les plus intéressantes furent toutes composées entre 1915 et 1920.*

L'œuvre de piano

Le plus essentiel reste constitué par un ensemble de *Sonatines* pour deux et quatre mains : cinq *Sonatines pour piano*, de 1916 ; quatre *Sonatines françaises* à quatre mains, de 1919. Les cinq **Sonatines pour piano** sont des pages d'un naturel exquis qui, sans se complaire dans l'étalage savant de nombreuses références — les clavecinistes français, Haydn, Schumann entre autres —, proposent un équilibre de la forme, une souplesse, une clarté de l'écriture mélodique et harmonique — les deux mains bien dégagées —, avec une sorte d'ingénuité aimable où sait se glisser la malice (dans l'emploi, par exemple, de motifs de rondes et comptines enfantines). Les difficultés techniques sont légères, — exception faite de la *Cinquième Sonatine,* en *ut* majeur, détentrice d'une petite fugue qui requiert une certaine force digitale et quelque intensité. C'est dans la *Sonatine n° 2* que se savoure une très charmeuse et fauréenne *Sicilienne* — hommage du disciple à un maître estimé —, que Koechlin utilisera par la suite dans un ballet de sa confection, *la Divine Vesprée.*

En dehors, principalement, d'une *Suite (op. 6)* écrite pour deux pianos, d'un *Prélude (op. 209)* et des *Sonatines françaises* pré-citées réalisés pour quatre mains, se comptent dix-huit opus destinés aux deux mains, — dont le cycle de douze pièces intitulé *l'Ancienne Maison de campagne (op. 124)*, ou de tardifs *Chants de Kervéléan (op. 197)*. Une série de pièces, en revanche, mérite plus que cette simple mention.

Les Heures persanes *(op. 65)* se compose de seize morceaux écrits de 1916 à 1919 d'après un roman de Pierre Loti, *Vers Ispahan*. Ce recueil, dans lequel Koechlin a tenté de restituer par des équivalences (modalisme, bitonalité) maints envoûtements de la musique arabe et de l'Orient, pourrait figurer dans la littérature de piano comme les « fragments d'un rêve sans fin » — nous empruntons cette belle formule à Jacques Lonchampt* — caressé par nombre de compositeurs occidentaux. Les titres de certaines pièces ne sont pas à commenter : *Caravane, Arabesque* (suggérant les minuties décoratives de l'art musulman), *Clair de lune sur les terrasses* (dont l'intitulé, au moins, nous rappelle un grand titre debussyste), *Matin frais dans la haute vallée, A l'ombre près de la fontaine de marbre*, ou ces *Derviches de la nuit* qui clôturent le recueil dans une sorte de mystère insondable et terrifiant... On notera que ces pièces furent orchestrées par l'auteur, et données — pour partie d'entre elles — en première audition au Théâtre des Champs-Élysées, à Paris, en 1923.

Pour terminer, doit être cité le recueil des **Paysages et marines**, composé vers 1916 : pièces empreintes d'un riche sentiment de la nature, — source d'inspiration et de méditation permanente du musicien : s'y remarquent notamment d'audacieuses recherches de polytonalité, — sans qu'il soit possible de créditer cet ensemble des mêmes pouvoirs d'évocation que *les Heures persanes*. Enfin, accordons une mention spéciale à cette délicieuse **Leçon de piano** (1932), — courte partition destinée par Koechlin à l'apprenti pianiste, construite par brèves séquences en forme d'exercices : les citations pleine d'humour y abondent. Sur un brusque accelerando conclusif et la désinvolte envolée de petites notes se termine le « calvaire » de l'enfant, qui claque le couvercle de l'instrument !

F.R.T.

JOSEPH MARTIN KRAUS

Né à Miltenberg-sur-le-Main, le 20 juin 1756; mort à Stockholm, le 15 décembre 1792. Il étudia le droit à Mayence, Erfurt et Göttingen (1773-1778), et dans cette dernière ville, fréquenta les poètes du Hainbund. Il y rencontra aussi l'étudiant suédois Carl Stridsberg, qu'il résolut de suivre dans son pays, décidant en même temps de se consacrer à la musique. Arrivé à Stockholm en 1778, il contribua la même année à préparer la première représentation dans la capitale suédoise d'Iphigénie en Aulide de Gluck (28 décembre) avant de diriger lui-même celle d'Alceste le 1er mars 1781. En 1780, il commença son opéra Proserpine et fut nommé membre de l'Académie de musique de Suède. En 1781, il devint chef adjoint de l'orchestre de la cour de Gustave III. A la demande du souverain, il effectua ensuite un voyage de près de cinq ans à travers l'Europe, quittant Stockholm le 7 octobre 1782 pour y revenir fin décembre 1786. Ce voyage le mena en Allemagne et en Autriche, où il rencontra Gluck et Haydn (1783), en Italie, à Paris (où il séjourna de 1784 à 1786), à Londres à l'occasion du festival Haendel de 1785, et de nouveau en Allemagne. Après son retour en Suède, il composa son opéra Énée à Carthage, et en 1788, devint officiellement maître de chapelle du roi Gustave III. Ce dernier mourut le 29 mars 1792, des suites d'un coup de pistolet reçu dans la nuit du 16 au 17 lors d'un bal masqué à Stockholm. Pour sa mise en bière le 13 avril et pour ses funérailles le 14 mai, Kraus déjà gravement atteint par la phtisie composa respectivement une symphonie et une cantate funèbres qui devaient être ses dernières œuvres.

---

* Titre d'un article paru dans « Le Monde », en date du 20/21 juin 1982.

Fervent admirateur de Gluck, contemporain exact de Mozart, Kraus n'évoque guère ce dernier, et apparaît plutôt, dans son unique sonate pour piano originale, en *mi* majeur et composée après 1787, comme un audacieux « précurseur » de Beethoven (celle en *mi* bémol n'est autre qu'une transcription d'une sonate pour piano et violon datée de 1785). On lui doit aussi, dans le domaine instrumental, plusieurs pages de musique de chambre dont un quintette en *ré* majeur pour flûte et cordes, et plusieurs symphonies dont une, en *ut* mineur, fut dirigée par Haydn à Eszterhaza.

La **Sonate en *mi* majeur** est certainement l'une des plus remarquables de l'époque classique, tant sur le plan formel et expressif que sur celui de la technique pianistique. Le *Vivace* initial, à 3/4, s'en tient certes à la forme sonate et rappelle le Haydn tardif, tant par sa concentration que par ses audaces harmoniques, mais avec l'*Adagio* en *la* majeur, des horizons nouveaux s'ouvrent. Ce deuxième mouvement débute sur une mélodie très chantante, mais se transforme vite en « capriccio » aventureux pour déboucher sur une sorte de réexposition amplifiée centrée sur *ut* majeur. Soudain intervient, en guise d'intermède, un *Allegretto* en *mi* majeur à allure de menuet, suivi d'un retour de l'*Adagio* en *la* à fonction de coda. Quant au finale, marqué *Andantino*, et qui retrouve *mi* majeur, il fait entendre un thème et sept variations, et annonce de très près le mouvement correspondant de la *Sonate opus 109* de Beethoven, dans la même tonalité (et de trente ans postérieure). Il règne ici une grande liberté harmonique, périodique et rythmique. L'ultime variation se métamorphose en une « coda de rêve » et se dissout dans le silence.

M.V.

ERNST KRENEK

Né à Vienne, le 23 août 1900. Ce compositeur autrichien, installé aux États-Unis depuis 1938, et qui pâtit aujourd'hui d'une certaine désaffection, laisse une œuvre abondante mais difficilement cernable (autant que la personnalité complexe du musicien). Cet ancien élève de Franz Schreker, ami de Busoni, gendre de Mahler avant son divorce, pédagogue et musicologue de grande valeur, s'est engagé successivement dans des « voies » divergentes — atonalisme, dodécaphonisme, musiques expérimentales (jusqu'à l'emploi de l'ordinateur), sans compter l'intérêt porté d'abord au jazz, puis au chant grégorien —, et a donc abordé tous les genres. Il suffit de rappeler qu'il fut l'auteur de l'opéra Jonny spielt auf, *dont la création fit scandale en 1927, ou de la* Symphonic Elegy *(1946), œuvre de la période « américaine » explorant jusqu'à l'automatisme la technique sérielle. Ainsi a-t-on pu écrire de lui* : « Tempérament fougueux plus que superficiel, allant toujours au fond des choses et restant critique vis-à-vis de ses propres œuvres et de son époque, Krenek peut-être considéré comme une image de cet homme " multidimensionnel ", que réclamaient futuristes et tenants de l'école à orientation à la fois artistique et technologique du Bauhaus... » De la production pour piano, elle-même révélatrice de différentes tendances, nous retenons quelques œuvres essentielles, — bien qu'il faille constater le peu d'intérêt que lui portent les interprètes actuels.*

L'œuvre de piano

Alors que Berg (par son unique *Sonate op. 1*) et que Webern (grâce aux seules *Variations op. 27*) appartiennent de droit à la littérature moderne du piano, Krenek en paraît banni, — si l'on excepte quelques tentatives isolées de « réhabilitation »**.

Le premier coup d'éclat pianistique du jeune Krenek, alors adepte de l'atonalisme (1922), a consisté en une **Toccata et Chaconne** *(op. 13)*, bâtie sur le choral « Ja, ich

---

* Emmanuelle Loubet, in : *Larousse de la Musique* (Librairie Larousse, Paris, 1982).

** Celle d'un Glenn Gould, par exemple, qui a enregistré la *Sonate n° 3*.

glaub' an Jesum Christum » : œuvre assez complexe, d'une architecture ample et puissante, — que son auteur prit un malin plaisir à faire suivre d'une **Petite Suite** *(op. 13 a)* dans laquelle se succèdent des mouvements de danses pastichant à satiété ce même choral. Si l'on considère que cette double partition fut contemporaine des trois premières *Symphonies,* d'une agressivité sonore provocante, on comprendra dans quel esprit elle fut conçue, quoique soumise aux exigences d'une écriture élaborée, éminemment respectueuse d'une « tradition » (et fortement influencée par Hindemith).

Très différentes les *Cinq Pièces pour piano (op. 39),* de 1928 ; et surtout les **Douze Petites Pièces pour piano** *(op. 83),* de dix années postérieures (1938), — d'écriture dodécaphonique : mais considérablement assouplie par une longue expérience acquise au contact de Schönberg, et qui a pu faire qualifier Krenek de « néo-schubertien » : inclinant vers une « sentimentalité » typiquement viennoise, Krenek sait alors séduire, — les pièces de ce recueil portant des titres tels que *Der Mond geht auf* (« La lune se lève »), *Glocken im Nebel* (« Cloches dans la brume »), ou *Spätsommertag* (« Soirée d'été »). Chaque pièce, constituant la transformation d'une série de base, apporte autant d'agrément au simple auditeur que de savoir-faire à l'intention de tout apprenti musicien. La sévère pédagogie du professeur sait s'humaniser et s'y montrer souriante.

Il n'apparaît pas que l'inspiration de Krenek se soit renouvelée dans les œuvres pour piano de sa « période américaine », — asservies soit à un emploi un peu trop systématique de la technique sérielle, soit à des spéculations mathématiques desséchantes : ce qui semble en particulier le cas des **Sechs Vermessene** (1958) et du **Basler Massarbeit** pour deux pianos (1960), — qu'on peut traduire respectivement par « Six Pièces mesurées » et « Travail sur les mesures » : le compositeur y introduit méthodiquement divers paramètres métriques dans de nouvelles notations, et soulève des difficultés techniques de lecture et d'interprétation propres à décourager plus d'un. On ne pourra qu'effectuer le rapprochement avec ce qu'entreprit Pierre Boulez, dès 1952, dans son premier livre des *Structures* pour deux pianos (v. l'œuvre) : avec un tout autre talent.

On indiquera, pour terminer, que Krenek a composé six *Sonates pour piano* (dont les deux premières avant son installation aux États-Unis) : elles offrent, à elles seules, une sorte de survol de l'évolution du musicien. Il semble cependant que les troisième et quatrième (l'une, *op. 92,* de 1943 ; l'autre, sans numéro d'opus, de 1948) soient les plus accessibles à un public peu familiarisé avec le langage dodécaphonique, et moins encore la technique sérielle : particulièrement la **Sonate n° 4,** dans laquelle le compositeur paraît tendre vers la simplicité d'écriture, une saisance faisant s'épanouir un lyrisme généreux — c'est peut-être son œuvre la plus « chantante » — sur des repères et articulations rythmiques vigoureusement énoncés (on en dira à peu près autant d'un *Quatrième Concerto pour piano,* exactement contemporain). Enfin convient-il de mentionner des pièces isolées dont les titres parlent d'eux-mêmes : les *George Washington Variations,* de 1950, ou des *Echoes from Austria* (« Échos d'Autriche »), de 1958 ; et de signaler que Krenek a tenté — ceci dès 1921 — de compléter ce chef-d'œuvre inabouti du piano qu'est la *Sonate en ut majeur D 840* de Schubert.

F.R.T.

JOHANN KUHNAU

Né à Geising, le 6 avril 1660 ; mort à Leipzig, le 5 juin 1722. Prédécesseur immédiat de J. S. Bach à Saint-Thomas de Leipzig, compositeur, claveciniste, organiste, mathématicien, théoricien de la musique, écrivain polyglotte et homme de loi, il est l'un des plus grands représentants de l'école allemande antérieure à Bach. Après des études générales et musicales à Dresde et à Zittau, il s'installa à Leipzig pour y poursuivre des études de droit, de mathématiques et de langues. Sa carrière musicale se déroula essentiellement à l'église Saint-Thomas, où il fut nommé organiste, puis cantor. Il devait y rencontrer les mêmes difficultés que Bach, son successeur. Très estimé de ses contemporains, il n'est malheureusement pas assez joué aujourd'hui. On lui doit de nombreuses œuvres de musique sacrée en allemand et en latin, des ouvrages théoriques, un opéra perdu (Orpheus), *un roman,* Der musicalische Quack-Saber *(1700), qui narre l'histoire d'un charlatan musical mal élevé, — prétexte pour Kuhnau à tourner en dérision, et avec humour, le monde musical allemand de son temps. Mais c'est surtout le domaine du clavecin qu'il a marqué d'une empreinte particulièrement neuve et étonnante.*

L'œuvre de clavecin

L'essentiel de l'œuvre pour clavecin de Kuhnau est réuni en quatre livres. Les deux volumes de la *Neue Clavier-Übung* parurent respectivement à Leipzig en 1689 et en 1692. A Leipzig encore furent publiées en 1696 les sept sonates de la *Frische Clavier Früchte*, puis en 1700 les six sonates connues sous le nom de *Sonates bibliques (Musicalische Vorstellung einiger biblischer Historien).*

Chacune des deux parties de la *Neue Clavier-Übung* est constituée de sept *suites,* classées par tonalités majeures et mineures. Une sonate a été ajoutée en appendice de la deuxième partie. Les suites débutent généralement par un solide prélude d'une envergure toute nouvelle pour l'époque, et se poursuivent par une allemande, une courante et une sarabande. C'est une gigue qui sert le plus souvent de mouvement conclusif, mais elle peut être remplacée par un autre morceau (chaconne ou aria, par exemple).

Les six **Sonates bibliques** sont les œuvres les plus célèbres de Kuhnau. Composées d'un nombre de pièces variable, toutes accompagnées de sous-titres italiens résumant l'action, ces sonates mettent en scène des épisodes de la vie de personnages célèbres de l'Ancien Testament (Jacob, David et Goliath, Saül, Hézéquiel, Gédéon). Très simples sur le plan de la mélodie et de l'écriture harmonique, voire parfois un peu naïves, elles sont cependant riches d'une grande variété rythmique et témoignent de l'esprit d'invention de leur auteur.

La première de ces six sonates *(Suonata prima)* décrit en sept tableaux le combat de David contre le géant philistin Goliath *(Il Combattimento trà David e Goliath).* Le premier tableau, avec son rythme pointé entrecoupé d'arpèges évoluant autour de l'accord parfait, dépeint les « provocations » de Goliath *(Le bravate di Goliath).* Les « tremblements » des Israélites à l'approche du géant *(Il tremore degl'Israeliti alla comparsa del Gigante, e la loro preghera falta a Dio),* évoqués par des saccades immuables de croches, rappèleront à plus d'un le fameux chœur des *Trembleurs* de l'opéra de Lully, *Isis.* On se souviendra ici à quel point fut grande l'influence française en Allemagne dans la seconde moitié du XVIIe siècle. Autour des pédales de tonique et de dominante et sur son écriture en tierces, le « courage » de David et son « ardeur » semblent curieusement fort sereins *(Il coraggio di David, ed il di lui ardore di rintuzzar l'orgoglio del nemico spaventole, colla sua confidanza messa nell'ajuto di Dio).* Des traits de toccata figurent le « combat » *(Il combattere frà l'uno e l'altro e la loro contesa),* au cours duquel quelques effets descriptifs rehaussés de commentaires soulignent les incidents de la bataille : sur une gamme rapide, la « pierre mortelle » frappe Goliath au front *(vien tirata la selce colla frombola nella fronte del Gigante),* quatre mesures de modulations brutales évoquent la « chute » du géant *(casca Goliath),* une poursuite de gammes rapides traduit la « fuite des Philistins » *(la fuga de' Filistei, che vengono persequitati ed amozzati dagl'Israeliti).* Dans le cinquième tableau *(La gioia degl'Israeliti, per la loro vittoria),* Kuhnau dépeint la « joie des Israélites » sur un rythme enjoué à 3/8. Un charmant « concert musical » offert par les femmes à David *(Il concerto musico delle Donne in honor di Davide)* précède le dernier épisode. Le peuple tout entier y chante son « allégresse » sur un air de danse extrêmement gracieux *(Il giubilo comune, ed i balli d'allegrezza del populo).*

A.d.P.

NICOLAS LEBÈGUE

Né à Laon, vers 1631 ; mort à Paris, le 6 juillet 1702. On sait très peu de choses sur ses années de jeunesse passées à Laon. Sans doute élève de Chambonnières, il fut pendant près de quarante ans, et jusqu'à sa mort, organiste de l'église Saint-Merry à Paris, puis organiste du Roi (1678). Il joua aussi un rôle très important dans le domaine de la facture d'orgue et fut un excellent professeur : parmi ses élèves, on compte notamment Grigny et d'Agincourt. L'œuvre de Lebègue n'est pas immense en quantité ; on connaît de lui trois Livres de pièces d'orgue, des Motets pour les principales fêtes de l'année (1687), diverses œuvres religieuses, et deux Livres de pièces de clavecin dans lesquels il sait se montrer subtil et délicat.

L'œuvre de clavecin

Les *Pièces de clavessin. Premier Livre...* de Nicolas Lebègue furent publiées en 1677. Elles se vendaient à Paris chez l'éditeur Baillon et chez leur auteur. Le *Second Livre de clavessin* parut sans doute dix ans plus tard (1687), mais il n'est pas daté. On pouvait le trouver à Paris chez le facteur d'orgues Lesclop, rue du Temple. Avec les livres de Chambonnières et de d'Anglebert, les deux livres de Lebègue sont les seuls ouvrages pour clavecin imprimés en France au XVIIe siècle.

Un peu plus tardive que celle de Louis Couperin et presque contemporaine de celle de Chambonnières, l'œuvre de clavecin de Lebègue se situe, comme les précédentes, à l'aube de l'histoire du clavecin français. Mais, face à ses deux prédécesseurs, Lebègue apparaît comme un organisateur : il serait en effet le créateur de la *suite* pour clavier française (et aurait d'ailleurs été le premier à utiliser le terme de « suite »). Aucune de ses pièces ne porte de sous-titre littéraire, — car Lebègue renonce aux éléments descriptifs et pittoresques pour se consacrer avant tout à la danse.

Premier Livre

Dans son *Premier Livre,* après un prélude non mesuré, Lebègue assemble avec logique des séries de danses, et chaque suite débute par un prélude non mesuré. Ces préludes libres sont plus fragmentés et plus organisés que ceux de Louis Couperin, même si les emprunts à l'écriture du luth sont semblables. L'écriture en rondes de Louis Couperin n'est pas reprise, et laisse place à une ébauche d'organisation rythmique et mélodique. Les liaisons sont là, cependant, pour indiquer les intonations harmoniques et les inflexions mélodiques. Dans sa préface, Lebègue donne les indications qu'il juge nécessaires pour la bonne exécution de ses préludes : « J'ai tâché de mettre les préludes avec toute la facilité possible, tant pour la conformité que pour le toucher du clavecin, dont la manière est de séparer et rebattre plus tôt les accords que de les tenir ensemble comme à l'orgue ; si quelque chose s'y rencontre un peu difficile et obscur, je prie messieurs les intelligents de vouloir suppléer aux défauts, en considérant la grande difficulté de rendre cette méthode de préluder assez intelligible à un chacun. »

Les danses qui suivent les préludes non mesurés sont des pièces binaires à reprise, organisées autour des allemandes, courantes et sarabandes. Lebègue compose des courantes graves et des courantes gaies, — certaines accompagnées de leur double (*Courante gaye* en *ré* mineur) ; il ajoute parfois des mouvements de canaries au rythme souple (*Canaries* en *ré* mineur), ou intercale un *Ballet* en *ré* majeur, courte pièce dont les valeurs pointées semblent issues du rythme carré de la marche. Ses gigues et leurs reprises tiennent le plus souvent du style de l'imitation. Il écrit une *Gigue d'Angleterre* « fort viste » (très rapide), sur un rythme à 6/4 et en quatre couplets, qui se distingue par sa simplicité, sa fraîcheur et sa légèreté.

Second Livre

Le *Second Livre* de clavecin est plus élaboré que le premier. Les suites (plus courtes que dans le *Premier Livre*) y sont régulièrement formées et tirent leur unité de leur organisation. Elles sont ordonnées autour des trois danses initiales : allemande, courante, sarabande, qui sont suivies de divers mouvements de danses (menuets, gavottes, gigues, bourrées, chaconnes, etc.).

Le prélude non mesuré a disparu de ce deuxième livre ; en revanche chaque suite débute par une allemande. La *Suite en sol mineur* s'ouvre par deux allemandes avec leurs reprises, et se poursuit plus loin par une pièce courte et charmante intitulée *Rondeau*, puis par une passacaille. Dans la *Suite en la majeur,* Lebègue place une sarabande « fort grave », et dans la *Suite en sol majeur* il compose deux chaconnes : une *Chaconne grave* en six couplets, et une *Petite chaconne*. Son *Air de hautbois* est ici l'œuvre de l'organiste. Tout au long de ce *Second Livre*, le style de Lebègue s'affermit ; il parvient à des tournures plus équilibrées et plus élégantes, et en même temps plus développées. Même si son écriture est parfois un peu académique, il sait être charmant et raffiné.

A. d. P.

GUILLAUME LEKEU

Né à Heusy (près de Verviers), le 20 janvier 1870 ; mort à Angers, le 21 janvier 1894. Celui qu'on a surnommé un peu vite le « Rimbaud de la musique » (il mourut à vingt-quatre ans, emporté par le typhus) n'a laissé qu'assez peu d'œuvres achevées. Beaucoup, cependant, s'animent d'un lyrisme ardent et très personnel, et témoignent d'un souci de la forme acquis à l'école de César Franck (puis de Vincent d'Indy). Qu'aurait donc produit, s'il avait vécu, le musicien belge ? Question à laquelle des partitions telles que sa Sonate pour violoncelle et piano *(1888), sa* Sonate pour piano *(1891), sa* Sonate pour piano et violon *(1892), son* Quatuor pour piano et cordes *(1893), apportent une réponse sans équivoque : sûrement plusieurs chefs-d'œuvre aboutis, pleinement organisés, — peut-être les fruits d'un authentique génie... Pour le piano seul — et mis à part la* Sonate *déjà memtionnée ainsi qu'un très bel* Andante *— subsistent sept numéros d'opus qui ne sont que des pièces mineures (certaines perdues, d'ailleurs), qu'on présentera néanmoins brièvement.*

Sonate pour piano, en *sol* mineur

Écrite en 1891, — soit l'année précédant la superbe *Sonate pour piano et violon*, la *Sonate* pour piano seul ne présente qu'épisodiquement les qualités de sa cadette. Lekeu lui-même la considéra comme un exercice, — le premier conscient qu'il ne s'agissait en rien d'une sonate, mais d'une suite assemblant des mouvements que relie leur commune idée thématique (le titre de *Sonate* n'apparut qu'avec l'édition posthume de l'œuvre). A cette *Suite,* donc, dédiée au musicologue ami Alexandre Tissier, le jeune musicien joignit l'épigraphe suivante : « Comme une mère veille auprès de son enfant/Elle a bercé de ses chansons ma mâle fièvre... » Deux vers de Georges Vanor : ne commentons pas.

Il y a cinq brefs mouvements, — la durée totale d'exécution n'excédant pas les vingt minutes. Le premier est intitulé *Prélude, Très modéré :* il expose le thème, d'une grande simplicité d'expression, destiné à cimenter l'unité de l'ensemble. Suit une *Fugue,* inscrite dans le même tempo, développant ce thème uniquement dans la tonalité de *si* mineur. Lekeu déclarait : « (tel) passage, je ne l'écrirais plus aujourd'hui, mais la fugue est bien » ; et, certes, les commentateurs ont toujours dit leur admiration pour l'exceptionnelle réussite de cette pièce, d'une parfaite clarté d'élocution, « digne de figurer à côté des plus belles fugues du vieux Bach ! » (Alexandre Tissier). Les deux mouvements suivants, également dans le style fugué, avouent malheureusement des faiblesses : le troisième est sans indication de tempo, le quatrième spécifié *Plus lent* ; ils combinent le thème, omniprésent, avec d'autres lui servant de contre-sujets. Cette double élaboration contrapuntique, conforme à l'enseignement franckiste, a suscité de sévères constats : Lekeu... « s'est donné un thème et s'est efforcé d'en trouver d'autres qui fussent capables de marcher avec lui. Malgré son ingéniosité, on sent le travail d'école, l'élève grisé de la technique qu'il vient d'apprendre » (Louis Aguettant)*. Le finale en revanche, indiqué *Tempo du Prélude* (mais en majeur), au lyrisme aéré, souvent délicat, voire effusif, rachète sans doute bien des choses : « Le cinquième mouvement, qui s'évade à la fois de la fugue et du mode mineur, produit une impression singulière, presque délicieuse, d'allégement et de délivrance. » Ainsi jugea encore Louis Aguettant, et peut-on souscrire à son opinion : la contrainte formelle s'efface devant le jaillissement, inspiré, de l'esprit créatif. Ainsi faut-il goûter, également, l'ensemble d'une œuvre encore trop « jeune », malhabile, imparfaite en certaines de ses parties, mais contenant de si belles promesses.

Pièces diverses

On ne peut que faire allusion à de petites pièces de piano qui sont le produit d'une jeune imagination encore mal armée de technique, — les « brouillons » du grand lecteur de musique qu'était alors Lekeu (Bach, Haydn, Beethoven), et cherchant sa voie personnelle : ainsi d'un très bref *Andantino semplice e molto espressivo*, et de ce *Tempo di Mazurka* dédié à sa mère, qui sera publié — la première œuvre publiée — à la fin de 1887.

Andante, en *sol* mineur

Mais, de l'année suivante, doit être retenue une page fort intéressante : un *Andante en* sol *mineur*, figurant comme le cinquième et dernier des *Morceaux égoïstes* que Lekeu écrivit au piano, « pour lui seul », dans des moments de doute et d'exaltation tout à la fois, — il hésitait encore sur le choix d'une carrière de compositeur**. A cette époque, il confiait : « Je suis sur le point de pleurer à chaque note que j'en écris : chaque mesure, chaque vibration, chaque silence même y est pour moi une larme, un soupir. Ce n'est pas de la musique, c'est une pensée même... » Cet *Andante* — deux pages et demie de cahier — porte la date du 17 mai 1888 (Lekeu, lycéen à Poitiers, se préparait au baccalauréat!). L'œuvre porte la douloureuse empreinte de l' « angoisse » — les incertitudes, une maladie passagère — que le jeune homme éprouvait. C'est son chromatisme sombrement passionné (continûment dans le registre moyen du clavier) qui retient l'attention, — bien que les mesures initiales, d'un diatonisme affirmé, n'en puissent donner l'idée :

Les configurations de triolets, en revanche, parcourent toute la pièce. Vers le second tiers de la partition, l'indication « de plus en plus triste » ne laisse planer aucun doute sur le climat presque morbide qui l'imprègne. Et c'est, pour conclure, un accord de *mi* bémol, pianissimo, qui vient prolonger la confidence comme un sanglot étouffé.

De 1889 sont datés un autre *Andante*, à quatre mains, mais perdu, ainsi qu'une *Fugue à quatre voix*, inédite. On peut donc terminer ce recensement de tout ce que Lekeu écrivit pour le piano par la mention de *Trois Pièces* faciles, de 1892, — date à laquelle la vocation du musicien s'était définitivement affermie (1. *Chansonnette sans paroles* ; 2. *Valse oubliée* ; 3. *Danse joyeuse*). Une *Berceuse*, enfin, fut composée la même année. Mais rien, dans cette production, n'est mémorable, — Lekeu s'étant voué dès lors tout entier à l'écriture d'orchestre et de musique de chambre ou vocale.

F.R.T.

---

* L. Aguettant, in : *La musique de piano des origines à Ravel* (Albin Michel, Paris, 1954).
** Les manuscrits des quatre premiers *Morceaux égoïstes* se sont perdus. On en connaît l'existence par la correspondance de l'auteur. Ces pièces étaient un *Lamento*, un *Chant pastoral*, un troisième morceau sans indication de titre, enfin un *Lento Doloroso* dont l'exergue, emprunté au poète Gustave Kahn, portait son poids de signification : « Les vagues de souffrance se sont accumulées... »

GASPARD LE ROUX

Né vers 1660 (?); sans doute mort à Paris, vers 1705-1707. On ne sait pratiquement rien aujourd'hui sur la vie de Gaspard Le Roux. Seules quelques mentions de ses contemporains sur son œuvre et sur sa personnalité, et la publication de son unique Livre de pièces de clavecin *en 1705, nous permettent de connaître son existence. Le musicographe français Sébastien de Brossard (1655-1730) le considérait comme un excellent claveciniste et un remarquable musicien. Mis à part des motets et des airs sérieux, conservés pour la plupart en manuscrits, l'essentiel de la production musicale de Le Roux se réduit à son œuvre de clavecin.*

L'œuvre de clavecin

C'est en 1705 que Le Roux fit publier son seul livre de **Pièces de clavessins,** — pour lequel un privilège lui avait été accordé le 21 avril de la même année. Le recueil, qui ne portait aucune dédicace, se vendait à Paris chez le marchand de musique Foucaut. Le Roux avait certainement déjà acquis une certaine notoriété à cette époque, puisque des copies de ses pièces avaient été éditées à son insu. Il s'explique d'ailleurs sur ces contrefaçons dans la préface de son livre : « Encouragé par des gens qui ont beaucoup de connaissances, et touché des fautes grossières que j'ai remarquées dans les copies qui ont couru malgré moi de mes pièces de clavecin, j'ai enfin pris la résolution de les faire graver... ». Cette préface est précédée d'une « marque des agréments et leur signification », c'est-à-dire d'une table des dix-huit agréments utilisés par Le Roux dans sa musique de clavecin.

Les *suites* de Gaspard Le Roux se composent essentiellement de mouvements de danses (allemandes, courantes, sarabandes, gigues, menuets, passepieds, etc.), auxquels se mêlent quelques pièces sous-titrées (*La Favorite, Le bel ébat* « gaiement », *Pièce sans titre* « gaiement »). Certaines danses sont elles-mêmes sous-titrées (*Allemande grave La Lorenzani,* ou *Courante La Vénitienne*). Ces suites débutent par un prélude non mesuré ou par une allemande.

Une des originalités de Le Roux est d'y intercaler des pièces qu'il arrange pour leur exécution en trio : la pièce est d'abord écrite sous sa forme clavecin, puis dans la réduction sonate à trois, avec la basse (basse chiffrée ou non chiffrée) et deux parties mélodiques (*La Favorite,* par exemple). Enfin, il termine son livre par six pièces à deux clavecins.

Le Roux écrit de véritables préludes libres, à la manière de Louis Couperin. Ils sont cependant plus simples que ceux de Couperin. Les préludes sont notés en rondes, sans indications rythmiques, mais avec de grandes liaisons qui servent à donner les intonations. Les allemandes et les courantes sont composées dans le style français issu de l'école du luth *(Courante luthée).* Une *Sarabande en rondeau* tient du genre de la chaconne en rondeau. L'écriture de ses couplets montre que Le Roux connaissait parfaitement le contrepoint germanique. En retour, le musicologue André Pirro pense que J.-S. Bach s'est inspiré de l'œuvre de Le Roux qu'il avait étudiée. Les gigues sont généralement de style français. Deux *Gigues en rondeau* sont proches de l'art de Rameau.

A. d. P.

ANATOLE LIADOV

Né à Saint-Pétersbourg, le 11 mai 1855; mort dans le domaine de Polynovka, province de Novgorod, le 28 août 1914. Fils de chef d'orchestre, il entra au conservatoire de sa ville natale, en 1870 dans les classes de piano et de violon, et en 1872 dans celle de Rimski-Korsakov (écriture). Après avoir été exclu en 1876 pour absentéisme, il y fut réad-

mis en 1878 et obtint la même année une médaille d'argent en composition. Nommé aussitôt professeur (harmonie, puis composition), il forma de nombreux élèves, — dont Gnessine, Miaskovski et Prokofiev. Depuis 1877, il s'était joint aux membres de l'ancien Groupe des Cinq, et devint par la suite l'un des principaux représentants du Groupe Belaiev. Son œuvre pianistique est abondante, mais consiste essentiellement en miniatures et en quelques cycles (Birioulki, Variations sur un thème de Glinka, Variations sur un thème populaire polonais) : doté d'un remarquable métier, d'un goût très fin et d'un sens du parachèvement, Liadov a toujours manqué de souffle et d'envergure. Il n'est pas davantage un novateur, et son style se ressent de la triple influence de Schumann, de Chopin et de ses maîtres russes. Ses pièces n'en possèdent pas moins un certain attrait et un intérêt technique. Parmi les plus célèbres, il faut citer en premier lieu la Tabatière à musique, et, dans le style national, la Ballade de l'Ancien temps (l'une et l'autre sont aussi connues dans leur version orchestrée). Dans l'ensemble, les œuvres de Liadov sont peu jouées à l'étranger, — alors qu'elles restent très populaires dans leur pays.

Birioulki (op. 2)

Ce sont les premières compositions pour piano de Liadov, datées de 1876, — il avait donc vingt et un ans. Il s'agit de quatorze petites pièces formant un cycle dont le titre, *Birioulki*, désigne en russe le jeu du mikado. Ce titre a été traduit en français par « Jeux d'enfants », mais, plus souvent, par « Bagatelles ». Selon O. Korsakevitch, ami de Liadov auquel elles sont dédiées, l'auteur aurait eu, à l'origine, l'intention de les intituler *Images de mai* pour souligner leur caractère de fraîcheur printanière. Des comparaisons peuvent être invoquées avec les *Scènes d'enfants* de Schumann, voire avec certaines pièces du *Carnaval*. Toutefois, Liadov ne donne pas à ses pièces de sous-titres séparés. Certaines sont simples ; d'autres recèlent quelques pièges techniques, accentués par la nécessité d'observer une finesse constante de la sonorité et du phrasé. L'ensemble fait alterner des motifs chantants, parfois populaires, et des mouvements de danse (le n° 3 est une valse, de même que le n° 11), des allures de scherzo (n° 7), ou l'esprit de système de l'étude (n° 8 avec ses acciacatures à grands intervalles, n° 12 avec le martèlement rapide aux deux mains alternées). Le style spécifiquement russe se reconnaît dans le n° 5, avec sa mesure à 5/4.

Variations sur un thème de Glinka, en *si* bémol majeur (op. 35)

Elles furent écrites en 1895. C'est l'une des rares œuvres de Liadov dépassant les dimensions de la miniature pianistique. Il s'agit de douze variations sur le thème d'une barcarolle, *la Nuit vénitienne*, de Glinka. Elles sont tour à tour ornementales, d'une virtuosité fluide (1re), proches d'un scherzo en accords répétés et légers (2e), en rythme de mazurka (3e) ou de barcarolle lente (4e, en mode mineur), martiales (5e). Plusieurs variations centrales sont manifestement influencées par Chopin : la 6e, en accords arpégés, par l'*Étude op. 10 n° 11*, la 7e-a (mode mineur), aux deux mains à l'octave, par le *Prélude en mi bémol mineur n° 14*, — quoique dans un mouvement lent ; si la 7e-b rappelle assez certains préludes de Bach, on retrouve Chopin dans la 8e variation, en sixtes (influence de l'*Étude op. 25 n° 8*) ; la 9e et la 10e offrent des superpositions rythmiques, — l'une à 5/8 à la main droite et 2/4 à la main gauche, l'autre en triolets contre croches. Ce même rythme se retrouve dans la 11e (*ré* majeur), également traversée d'intonations chopiniennes avec ses doubles notes alternées à la main droite. Le finale est une page de grande virtuosité, coupée en son milieu par un rappel des premières mesures du thème sous sa forme initiale.

Ballade de l'Ancien temps (op. 21)

Écrite en 1889, c'est un bel exemple de style archaïco-épique russe, — dont la référence est le troisième mouvement de la 2e *Symphonie* de Borodine. Le début se présente en accords arpégés imitant les « gousli » (instruments à cordes pincées des bardes russes), qui accompagnent une cantilène noble et vibrante. La partie centrale, *Allegro*, est une scène populaire sur un rythme à cinq temps typique du folklore russe. La version pour orchestre, réalisée peu après, fut publiée en 1906*. La *Ballade de l'Ancien temps* avait suscité l'admiration du critique d'art Vladimir Stassov.

Une Tabatière à musique, en *la* majeur (op. 32)

Écrite en 1893, cette « valse badinage » fut dédiée par Liadov à son jeune fils Michel. De forme ABCDAB, c'est une ravissante pochade dont les staccatos, les acciacatures, les trilles, les ornements dans l'aigu du piano imitent avec fidélité les sons d'une boîte à musique :

En 1897, Liadov en réalisa une version orchestrale pour piccolo, deux flûtes, trois clarinettes, harpe et clochettes ; mais l'original pianistique reste le plus populaire, — fréquemment joué, surtout en bis, par les pianistes russes.

A. L.

SERGE LIAPOUNOV

Né à Iaroslavl, le 18 novembre 1859 ; mort à Paris, le 8 novembre 1924. Après avoir commencé ses études musicales à Nijni-Novgorod, il les termina au Conservatoire de Moscou en 1883 ; il y fut élève de Hubert, de Taneiev, de Klindworth et de Pabst. Installé ensuite à Saint-Pétersbourg, il y rencontra Balakirev et devint le membre le plus fidèle du nouveau cénacle que l'ancien chef du Groupe des Cinq rassembla autour de lui à partir de 1885. L'influence de Balakirev acheva de faire de Liapounov le type du compositeur épigone. Brillant pianiste, ayant recueilli la tradition lisztienne, il laissa une vaste production d'œuvres diverses pour son instrument — sonate, études, préludes, variations, mazurkas, etc. —, dont n'a guère survécu que le cycle des douze Études d'exécution transcendante *(1897-1905). Décalques de celles de Liszt (à la mémoire duquel elles sont dédiées), elles en pastichent même parfois les titres. Après la Révolution, Liapounov émigra et termina ses jours en France.*

Études d'exécution transcendante

Elles ont été publiées en deux cahiers séparés (*n° 1-6* et *n° 7-12*). Leur ordre suit le cercle des quintes à rebours, — partant de la tonalité de *fa* dièse majeur. Cet ordre est le suivant : 1. *Berceuse*, en *fa* dièse majeur ; 2. *Ronde des fantômes*, en *ré* dièse mineur ; 3. *Carillon*, en *si* majeur ; 4. *Terek*, en *sol* dièse mineur ; 6. *Tempête*, en *ut* dièse mineur ; 7. *Idylle*, en *la* majeur ; 8. *Chant épique* (« Byline »), en *fa* dièse mineur ; 9. *Harpes éoliennes*, en *ré* majeur ; 10. *Lezghinka*, en *si* mineur ; 11. *Ronde des sylphes*, en *sol* majeur ; 12. *Élégie en mémoire de François Liszt*, en *mi* mineur.

L'ensemble du recueil reflète bien les diverses esthétiques dont Liapounov a subi l'influence : romantisme fantastique *(n°s 2, 11)*, images de la nature *(n°s 4, 5, 6 ;* à noter que le Terek, au *n° 4*, est un fleuve du Caucase), attachement à la tradition grand-russienne transmise par le Groupe des Cinq *(n°s 3, 8)*, orientalisme. La *Lezghinka* (danse caucasienne) du *n° 10*, qui est restée la pièce de piano la plus célèbre de Liapounov, constitue, pour sa part, un hommage à Balakirev en étant un « remake » de la fantaisie orientale *Islamey* de ce dernier.

A.L.

---

* V. *Guide de la musique symphonique.*

GYÖRGY LIGETI

Né le 28 mai 1923, à Dicsöszentmaron (Transylvanie). Ayant effectué des études à l'Académie de Musique de Budapest où il enseigna lui-même à partir de 1950, il quitte la Hongrie après les événements de 1956. Pendant les trois années suivantes, Ligeti travaille auprès de Stockhausen au Studio de Musique électronique de Cologne, où il compose Artikulation *(1958). Découvrant tardivement la musique contemporaine des années 1950, Ligeti assimile rapidement les nouvelles techniques d'écriture, mais sera l'un des rares compositeurs de sa génération à n'avoir pas expérimenté directement le sérialisme. Dès ses premières œuvres pour orchestre,* Apparitions *(1958-1959) et* Atmosphères *(1961)*, il impose une conception basée sur une masse sonore évoluant lentement, donnant une impression de statisme grâce à ce qu'il appelle la « micropolyphonie ». A l'opposé, ses expériences de théâtre musical* (Aventures, 1962), *l'amènent à travailler un « style haché » qui, combiné avec le statisme, débouchera sur une synthèse à partir du* Requiem *(1963-1965), puis dans le* Second Quatuor *et dans le* Concerto de chambre *(1969-1970). Sa musique postérieure à 1970 tend à accorder de plus en plus d'importance à l'aspect mélodique et à une certaine clarté harmonique. Après son opéra* le Grand Macabre, *Ligeti a principalement écrit de la musique de chambre (*Trio *pour violon, cor et piano), des œuvres chorales, et le* Concerto pour piano *(1984). Bien que son catalogue d'avant 1956 comporte plusieurs partitions pour piano, sa production concerne essentiellement les* Trois pièces *pour deux pianos et les récentes* Études, — *auxquelles on adjoindra les pièces pour clavecin, dont le fameux* Continuum.

Continuum, pour clavecin

Composée en 1968, et créée la même année à Bâle par la dédicataire Antoinette Vischer, cette pièce virtuose, l'une des plus célèbres du répertoire contemporain pour clavecin, présente la particularité de recréer une sensation harmonique par la vitesse extrême d'exécution *(Prestissimo)* : partant du simple intervalle donné à chaque clavier, Ligeti l'enrichit par ajouts successifs de sons, aboutissant progressivement à des clusters, puis par phénomène inverse à la fin de la pièce, l'éclaircit par élimination jusqu'à terminer sur un unisson tendu dans l'aigu. Ainsi l'idée fondamentale est-elle de faire dériver le rythme — un « rythme d'illusion » — d'une harmonie sans cesse changeante :

A partir des désynchronisations se produisant entre les deux mains s'ensuivent des accelerandos et des ritenutos, sans que jamais le tempo ne subisse de modification.

Ce procédé sera réutilisé par Ligeti en particulier dans le finale du *Second Quatuor,* ainsi que dans l'*Étude no 2 pour orgue* « *Coulée* » (1969). La durée d'exécution de *Continuum* est de quatre minutes environ.

Études, pour piano

Le premier livre des *Études,* composé en 1985, est constitué de six pièces exploitant chacune une particularité d'écriture — et d'exécution — propre à Ligeti. La première, intitulée *Désordre (Molto vivace),* est fondée sur une polymétrie entre les deux mains, avec des accentuations peu à peu décalées jusqu'à la dissociation des parties ; par ailleurs, cette opposition rythmique est confirmée par une armature de cinq dièses pour la main gauche (contre cinq bécarres pour la main droite), — corroborant la tendance récente de la musique de Ligeti à renouer avec des harmonies qui ne cachent pas une certaine nostalgie du système tonal. La troisième étude, dédiée comme les deux précédentes à Pierre Boulez à l'occasion de son soixantième anniversaire, réutilise la technique des « touches bloquées » *(Presto possibile)* qui constituait déjà l'essentiel de *Selbstportrait* pour deux pianos (v. plus loin).

La brillante étude *Fanfares (Vivacissimo)* est entièrement écrite sur un ostinato, dans

---

* Voir *Guide de la musique symphonique.*

l'esprit de la première des *Danses bulgares* de Bartok*, — ici dans une accentuation 3 + 2 + 3, avec une forte consonance de *do* majeur.

L'écriture à quatre voix d'*Arc-en-ciel (Andante)* joue sur une nouvelle polymétrie (6/8 à la main gauche contre 3/4 à la main droite), d'où se détache une double ligne mélodique très souple — « with swing » note Ligeti — qui se dissoudra dans l'extrême aigu à la fin de la pièce.

La dernière étude, *Automne à Varsovie (Presto cantabile)*, dédiée par l'auteur « à ses amis polonais », repose sur un « continuum » quasiment ininterrompu de doubles croches, — juxtaposant les contrastes dynamiques avant de terminer par un effondrement d'une grande violence dans le registre grave.

Hungarian Rock/Passacaglia hungherese, pour clavecin

Datant de 1978, et créées par Elizabeth Chojnacka pour la première, par Eva Nordwall pour la seconde, ces deux pièces se veulent ironiques : « Étant assez critique à l'égard de la tendance néo-tonale et néo-romantique, j'ai essayé d'en discuter sous la forme d'un pastiche plutôt que verbalement »**. Comme dans le finale du *Grand Macabre* auquel elles succèdent chronologiquement, les deux pièces sont des passacailles, — donc avec une basse régulièrement répétée. Sur la rigueur rythmique de la main gauche (9/8 décomposable en 2 + 2 + 3 + 2 pour *Hungarian Rock*) se développent des lignes plus libres, — avec une harmonie, d'une part, à base de tierces *(Passacaglia hungherese)* et, d'autre part, « inspirée par celle des Beatles » *(Hungarian Rock)*. Chaque pièce est d'une durée d'exécution d'environ quatre minutes.

Monument, Selbstportrait, Bewegung, pour deux pianos

Composées en 1976, et données en création la même année par les dédicataires Alfons et Aloys Kontarsky, ces trois pièces constituent la première partition pour piano de Ligeti depuis son départ de Hongrie. Se référant à une écriture pianistique traditionnelle d'un point de vue technique (sauf la seconde), elles exploitent tant le timbre homogène des deux instruments, « qui peuvent s'unir pour donner une sonorité commune », que la possibilité de créer une polymétrie complexe « du fait de l'indépendance mutuelle des deux interprètes ».

Dans *Monument,* c'est une densification rythmique croissante qui conduit rapidement à un étagement de mètres différents en six couches, — la même densité que dans *Structures 1 a* de Boulez*** (que Ligeti avait attentivement analysé en 1958) : ces six couches, mises en évidence par une différenciation dynamique (du fortissimo au pianissimo), engendrent « une illusion spatiale qui confère à la musique un caractère statuaire, immobile, d'où le titre *Monument* » (Ligeti).

La deuxième pièce, dont le titre complet est *Autoportrait avec Reich et Riley (avec Chopin à l'arrière-plan),* se situe dans la lignée des œuvres « ironiques » de Ligeti, empruntant aux compositeurs américains leurs techniques répétitives, rapprochées de celles de la transformation progressive, typique de *Continuum* (v. plus haut), et du « mécanisme détraqué » (mouvement pizzicato du *Second Quatuor)*. La remarque la plus intéressante concerne l'usage astucieux du « blocage mobile des touches » : « Une main appuie sur les touches sans bruit et en les changeant pendant que l'autre main joue aussi bien sur les touches qui fonctionnent que sur celles qui sont bloquées, d'où il résulte des configurations rythmiques d'un type absolument nouveau » (Ligeti). Quant à la référence à Chopin, plus stylistique que textuelle, elle concerne la dernière partie du mouvement, lorsque les deux pianos se rejoignent dans un *Presto* à l'unisson que l'auteur a rapproché du finale de la *Sonate nº 2* :

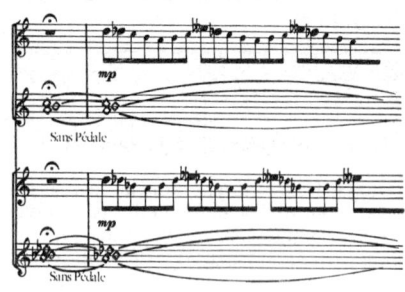

---

* Voir à *Bartok* : *Mikrokosmos*.
** Voir Pierre Michel, *György Ligeti compositeur d'aujourd'hui* (Minerve, 1985).

*** Voir, ici même, à *Boulez*.

La démarche de *Bewegung* est inversée par rapport à celle de *Monument* : partant d'une polyphonie d'où émergent des sons isolés — à la manière du *Mikrokosmos (Ce que la mouche raconte)*, les deux pianos seront progressivement séparés par l'élargissement des registres soutenu par un crescendo, jusqu'au choral final qui brisera le processus.

A.P.

FRANZ LISZT

Né à Raiding (Hongrie), le 22 octobre 1811 ; mort à Bayreuth, le 31 juillet 1886. Fils d'un intendant du prince Esterhazy, Liszt (à l'origine orthographié List) fit ses débuts de pianiste virtuose dès l'âge de neuf ans : il connaissait déjà les œuvres de Haydn, de Mozart et de Beethoven. Il se produit à Vienne à douze ans, et y reçoit l'enseignement de Czerny pour le piano et de Salieri pour la composition. A partir de 1823, il vit principalement à Paris, où Cherubini lui refuse l'entrée du Conservatoire ; mais il devient l'élève de Paër et de Reicha pour la fugue et le contrepoint ; il est également fêté dans les salons parisiens comme le plus éminent pianiste de son temps, et fréquente avec profit les milieux littéraires (Hugo, Musset, George Sand, Heine, Lamartine). Chez Chopin, il rencontre la comtesse Marie d'Agoult : de leur liaison naîtront trois enfants, — dont Cosima, future épouse de Hans von Bülow, puis de Richard Wagner. Jusqu'alors Liszt n'aura composé que pour le piano ; quand il s'établit en 1842 à Weimar comme Kapellmeister de la Cour, c'est vers l'orchestre qu'il se tourne (les deux Concertos, *presque tous les poèmes symphoniques). Liszt se consacre aussi, généreusement, à la défense d'œuvres de Wagner, de Berlioz, de Schumann entre autres, et réussit à faire de la petite cité allemande un centre musical de première grandeur. Puis c'est l'entrée en religion (il avait très sincèrement manifesté le désir d'entrer dans les ordres dès sa jeunesse) : installé à Rome à partir de 1861, le musicien se heurte au refus papal de légaliser son union avec la princesse Sayn-Wittgenstein, elle-même mariée ; il prend les ordres mineurs en 1865 (il ne sera jamais ordonné prêtre, et conservera donc le droit de se marier). Du séjour romain, poursuivi jusqu'en 1869, dates les splendides* Variations sur « Weinen, Klagen, Sorgen, Zagen » *d'après J.-S. Bach (dont il sera question ici même), et le goût des grandes partitions religieuses qui marqueront le terme de sa carrière de compositeur. C'est grâce à celles-ci que Liszt obtiendra ses derniers triomphes en Europe. Mais c'est également la vieillesse qui fera naître les plus grands chefs-d'œuvre du piano, — tels les* Jeux d'eau de la villa d'Este, *la* 3e Année de pèlerinage, *ou ces pièces prophétiques que sont la* Lugubre Gondole *et* Bagatelle sans tonalité. *Le catalogue pianistique de Liszt est considérable, et son importance dans l'évolution technique et proprement musicale du piano n'est plus à démontrer. On n'hésitera pas cependant à la réaffirmer ci-après. Les innombrables transcriptions et paraphrases auxquelles Liszt se livra non sans quelques excès d'appropriation seront présentées en fin de parcours.*

Le piano de Liszt

Liszt a créé la technique moderne du piano, — sans qu'on prenne garde toujours que cette technique reste éminemment naturelle, c'est-à-dire parfaitement adaptée aux possibilités naturelles de la main. A cet égard, Saint-Saëns, pour une fois, vit juste :

« A l'encontre de Beethoven méprisant les fatalités de la physiologie et imposant aux doigts contrariés et surmenés sa volonté tyrannique, Liszt les prend et les exerce dans leur nature, de manière à obtenir, sans les violenter, le maximum d'effet qu'ils sont susceptibles de produire. Aussi sa musique, effrayante à première vue pour les timides, est-elle, en réalité, moins difficile qu'elle ne paraît. » Au point, même, qu'elle nous sem-

---

* Voir à *Bartok : Mikrokosmos.*

blerait aujourd'hui plus accessible — une fois la technique contrôlée — que celles d'un Debussy, d'un Prokofiev, d'un Boulez. Cependant Liszt a réalisé les plus grands bouleversements dans l'approche et la maîtrise du clavier de l'époque. Non qu'il ait été un « révolutionnaire ». Mais il a provoqué une autre façon de faire sonner l'instrument, — par l'accroissement de sa sonorité, par la multiplication des effets et des moyens employés pour les obtenir : il faut citer — pêle-mêle — les thèmes développés en accords (souvent doublés aux deux mains), l'usage des octaves (tant à la main droite qu'à la gauche), l'emploi fascinant des trémolos à la basse, celui des trilles, des arpèges, des sauts vertigineux et fulgurants, la fréquence des successions de doubles notes, ou encore de ces notes-pivot échelonnées aux différents registres, sur lesquelles prennent appui les traits de virtuosité. Virtuosité : le mot est lâché. Si le piano de Liszt n'était que « virtuose », diabolique au sens paganinien du terme (ce qu'il est parfois par nécessité), il serait passablement oublié. De la virtuosité cultivée pour elle-même, son contemporain Thalberg (v. ce nom) a fait les frais au regard de l'histoire : on ne joue plus Thalberg. Liszt, lui, est resté : « il ne fait pas de la technique pour la technique, mais de la technique pour la musique » (Claude Rostand*). Liszt possédait une main lui permettant de frapper des intervalles supérieurs à la dixième : mais cela n'aurait pas suffi à faire de lui un créateur. L'évolution du piano (sa mécanique, l'extension du clavier aux quatre-vingt-huit touches avec son ambitus actuel dépassant sept octaves) l'y aida bien davantage : c'est au moment de la maturité de Liszt que prit forme l'instrument moderne déjà prêt pour la grande salle de concert. Ne nous étonnons pas dès lors que Liszt se soit comporté, avec un génie prémonitoire, comme un symphoniste du clavier. Il n'hésita pas, par exemple, à utiliser un système de trois portées (le *Mazeppa* des *Études d'exécution transcendante*), et même de quatre (*Sonnet 47 de Pétrarque*) : pour la clarté de l'écriture, certes ; mais également en homme d'orchestre soucieux des différents pupitres, et d'assurer son emprise totale sur un instrument pluri-vocal. Autres innovations de cet ordre : un emploi quasi impressionniste de la pédale, la présence insistante de grandes basses harmoniques à la main gauche, le chant aux pouces des deux mains dans le médium du clavier, — tous procédés audacieux, extravagants à l'époque, contribuant à une sorte de registration de la musique de piano, dont les plus grands par la suite — d'Albeniz à Bartok, ou à bien d'autres — ont su tirer profit.

L'immense production pianistique de Liszt, aussi variée que fragile (car l'abondance a nui parfois à la qualité), ne se laisse pas facilement « classer ». On a, par exemple, proposé cette répartition : les études ou exercices ; les œuvres de création originale relevant soit de la musique « pure », soit de la musique « à programme » ; les œuvres sur des thèmes populaires (le folklore hongrois notamment) ; enfin les transcriptions et paraphrases, non moins que divers « arrangements ». Mais, si l'on excepte la dernière catégorie, force est de constater que ces cloisonnements ne sont ni homogènes ni étanches : telle *Étude d'exécution transcendante* est musique à programme ; telle *Rhapsodie hongroise* oublie le folklore pour entrer au royaume de la musique pure. Mises à part — donc — les transcriptions et paraphrases, nous ne pensons pas qu'il soit nécessaire de procéder à ces systématisations : nous avons par conséquent adopté une présentation approximativement chronologique. Approximativement, — compte tenu des fréquentes révisions apportées par Liszt lui-même, les versions définitives n'apparaissant souvent que plusieurs années après la première rédaction des œuvres. C'est généralement la date de celle-ci qui nous a paru le mieux convenir à notre présentation.

Grande Fantaisie de bravoure sur la clochette de Paganini (op. 2)

L'œuvre parut à Paris — comme *Opus 2* — quatre ans avant la première publication des six *Études d'après Paganini*, soit en 1834. Elle en constitue, somme toute, l'avant-propos, — une première tentative pour rivaliser au piano avec la technique violonistique. Le thème bien connu est emprunté au finale du *Concerto pour violon en si mineur* (« La Campanella ») de Paganini. Il ne paraît d'ailleurs qu'après une lente introduction de style imposant, suivie d'une coda cadentielle. Une « Variation à la Paganini » se remarque par ses effets imitatifs de staccato. Le « Finale di Bravura » s'avère, quant à lui, précurseur des *Études* par l'intuition qu'il manifeste du véritable génie du violoniste-compositeur, solitaire,

---

* C. Rostand, *Liszt* (Éd. du Seuil, Paris, 1960).

enfermé en lui-même, pour qui la virtuosité ne fut qu'un don céleste, non point le résultat d'un laborieux apprentissage : Liszt a fort bien compris cela.

Apparitions

Ce petit recueil méconnu de trois pièces, écrit en 1834 et publié l'année suivante, constitue sans doute une préface à l'ensemble beaucoup plus vaste des *Années de pèlerinage*; il en préfigure, à tout le moins, la *Première Année* et certaines de ses innovations « impressionnistes ». Comment, en effet, ne pas remarquer dès la première pièce la parfaite fusion des éléments rythmiques, mélodiques et harmoniques en un chant exprimant l'éveil de la sensibilité devant le spectacle de la nature ? La deuxième *Apparition* est un délicat Caprice, de rythme dansant. Mais plus notable, certainement, la troisième *Apparition* dite « Fantaisie sur une valse de Franz Schubert » : son style improvisé ne laisse pas de surprendre, — avec une multiplicité d'indications d'expression *(precipitato, vibrante delirando, improvisato, avec coquetterie, religiosamente...).* Cette étonnante versatilité, qui ne rompt pas le ton d'ensemble, annonce à coup sûr l'aspect protéiforme des plus hauts chefs-d'œuvre.

Les Valses

Aux années de virtuosité appartient une **Grande Valse de bravoure** *(op. 6),* écrite en 1836 : elle semble d'abord de facture assez conventionnelle ; mais la mesure binaire de son *Presto fuocoso,* inattendu, contredit non sans esprit le rythme de la valse et fait paraître une fantaisie opportune ; l'œuvre — signalons-le — fut remaniée pour piano à quatre mains en 1852. Entre 1841 et 1843, à Saint-Pétersbourg, Liszt a composé d'autre part plusieurs pièces en forme de valses, — dont la dernière, publiée en 1852, est l'assez célèbre **Valse-Impromptu en *la* bémol majeur,** d'un charme subtil, féminin : le thème principal *Scherzando* est habilement contrasté par le recours à un motif mélodique très chantant indiqué *Rallentando il tempo,* que Liszt, non sans humour, a baptisé *ff appassionanto* (« Ainsi que je le joue parfois », précisa-t-il à la dédicataire, la comtesse russe Marie Moukhanoff-Kalergis, qui n'eut probablement pas le génie du clavier).

Des quatre **Valses oubliées,** les trois premières furent composées entre 1881 et 1883, la quatrième encore plus tardivement (1885). Ce sont presque des épures. La première, en particulier, qui est à deux thèmes, se remarque par son élégance toute nimbée de tendresse.

Grand Galop chromatique

Écrite en 1837, cette pièce favorite des prodiges du piano (que Liszt lui-même eut plaisir à jouer fréquemment durant ses années de concerts) n'est, en fait, qu'un « exercice » assez vain, qui vaut essentiellement par ses changements d'humeur, ses climats variés. Le thème principal *(Presto)* reste cependant fort célèbre :

Il entre en combinaison contrapuntique avec un second motif, — pour faire, en conclusion, la démonstration la plus éclatante des possibilités digitales : sauts d'octaves, croisements de mains, trilles sur les quatrième et cinquième doigts... Mais l'œuvre recueille de tels suffrages enthousiastes quand elle est jouée qu'il est impossible de la passer sous silence.

Six Études d'après Paganini

Elles furent composées en 1838, publiées vers 1840, et dédiées à « Frau Clara Schumann, née Wieck ». Elles constituent une adaptation — ou plutôt des « répliques » — pour piano de six *Caprices* pour violon seul du célèbre virtuose. « L'esprit de rivalité qui animait alors Liszt à l'égard du « violoniste infernal » fait que ces *Études* témoignent d'une hardiesse prodigieuse, d'une nouveauté incroyable pour l'époque dans la technique instrumentale. Toutes les trouvailles de l'écriture pianistique lisztienne sont déjà là... » (Claude Rostand*). Quelles sont ces trouvailles ? Au premier chef une extension maximale de l'ambitus du clavier permettant d'explorer simultanément les registres extrêmes, de réaliser de nouvelles présentations d'accords, de diver-

---

* C. Rostand, *op. cit.*

sifier considérablement les couleurs harmoniques ; ensuite une gamme d'effets qui — dans le cas particulier — empruntent à la technique violonistique, mais deviendront chez Liszt constitutifs d'un « style » pianistique qui éblouit les contemporains et devait influencer profondément ses successeurs : ainsi les bonds rapides sur de vastes intervalles, les trémolos et les répétitions de notes accélérées, les attaques martelées, les glissandos et pizzicatos, la répartition aux deux mains des trilles ou des gammes en octaves... Tel ou tel de ces effets n'était pas une innovation : Beethoven, Chopin, Thalberg même en avaient fait l'usage. Liszt fut celui qui les rassembla soudain, et en assura le premier une maîtrise absolue, — poussé par une audace, un esprit d'invention qui devait autant à l'émulation (celle d'un Chopin, en particulier) qu'à son génie de l'instrument. En 1851, le compositeur fit paraître une révision de ses *Études d'après Paganini*, avec le titre *Études d'exécution transcendante d'après Paganini* (on a conservé également l'appellation *Grandes Études de Paganini*).

1. IL TREMOLO (ce titre a été donné par Busoni) : en *sol* mineur. Opposition entre un trémolo rapide et égal à la main gauche et une ligne mélodique ne parvenant qu'avec peine à se dégager. Dans une seconde partie, éclaircissement dynamique et coloristique de la main droite, — tandis que se maintient à la basse le trémolo, dense et obstiné. Dans la révision de 1851, cette pièce fut intitulée *Preludio et Étude*.

2. ANDANTINO CAPRICCIOSO (l'intitulé *Octaves* date de la première version, et celui d'*Andante* apparut dans la seconde) : en *mi* bémol majeur. Le jeu « violonistique » — avec passages en tierces — se répartit entre les deux mains. Pour l'essentiel, il s'agit d'une étude sur les octaves chromatisées, — avec, dans une partie centrale particulièrement animée, des sauts intervalliques d'une grande légèreté.

3. LA CAMPANELLA (titre identique dans les deux éditions) : de cette pièce illustrissime (transcription du *Rondo* du *Deuxième Concerto en si mineur op. 7* de Paganini) existe une version rédigée par Liszt en 1832*. En voici un commentaire tout à fait convaincant, emprunté à Jean Dupart** : « *La Campanella*... apparaît comme une page nécessitant une virtuosité « diabolique » (sauts périlleux, traits vertigineux, trilles fulgurants, sollicitations très inhabituelles de l'aigu du clavier) mais de laquelle poésie et lyrisme ne sont jamais absents. Si acrobatique soit-il, le discours conserve toujours la spontanéité, la fraîcheur et la générosité qui l'empêchent de tourner à vide et lui permettent au contraire... de toucher à coup sûr la sensibilité de l'auditeur ». Ajoutons que la seconde version s'avère plus unie, plus homogène, plus complètement pianistique — « d'un jet », estima Busoni — que la première.

4. ARPEGGIO (*Vivo* dans l'édition de 1851) : en *mi* majeur. Le titre *Arpeggio* fut accrédité par Busoni. La version originale offre un staccato distribué à deux ou quatre voix, — que la seconde version transforme en un jeu à une voix partagé aux deux mains ; les passages en accords sont désormais en tierces ; et l'*Andante quasi allegretto* initial est devenu un *Vivo*.

5. LA CHASSE (indiqué *Allegretto* dans la seconde version) : en *mi* majeur également. Remarquable par ses doublements d'octaves, en effets de « flauti » et de « corni ».

6. THÈME ET VARIATIONS (dénommé *Quasi presto* dans la seconde version) : le thème est emprunté au célèbre *Caprice* en *la* mineur de Paganini, utilisé par Brahms lui-même dans ses deux cahiers de *Variations sur un thème de Paganini op. 35* quelques années plus tard. Ce thème, constitué par une petite figure de doubles croches répétée avec insistance à distance de quarte entre une série d'accords arpégés se prête excellemment à la variation, — qui atteint chez Liszt des sommets de virtuosité. S'y reflètent à coup sûr les « diableries » de l'original. Le compositeur n'aurait-il pas tenté de démontrer péremptoirement que les ressources du piano surpassent celles du violon ? Plus que les pianistes, ce sont les virtuoses de l'archet qui, ici, répondront.

Douze Études d'exécution transcendante

Entièrement de Liszt et non plus composées selon des emprunts, ces *Études* — alpha et oméga de la technique la plus élevée du clavier — ne trouvèrent leur forme définitive qu'en 1851, — année de la révision des *Études d'après Paganini* (v. précédemment). C'est en 1826, en effet, que Liszt —

---

* Voir *Grande Fantaisie de bravoure sur la clochette de Paganini*.
** In : *Larousse de la Musique* (Librairie Larousse, Paris, 1982).

qui n'avait alors que quinze ans — entreprit la rédaction d'*Études pour le piano-forte en quarante-huit exercices dans tous les tons majeurs et mineurs*, « exercices » didactiques conçus d'abord dans la manière d'un Cramer ou d'un Czerny ; mais seulement douze pièces furent terminées, et publiées alors par l'éditeur marseillais Boisselot. En 1837 le compositeur, mu par l'impérieuse nécessité de se forger un instrument de haute virtuosité entièrement à sa mesure, reprit ce premier travail : il conserva le matériau thématique des *Études* publiées dix années auparavant, mais en amplifia les développements et en diversifia les trouvailles de technique instrumentale jusqu'à atteindre d'extrêmes difficultés d'exécution. Il n'en faudrait pas conclure aux seules préoccupations de digitalité, de tours de force pianistique : ces pièces laissent paraître le musicien romantique nourri de littérature et de poésie, — chacune d'entre elles (sauf deux) portant un titre, apparu dans une édition remaniée de 1851, suscité par une lecture ou par une impression. Elles forment « le premier état de l'embryon d'où sortira, après les autres œuvres pour piano, le feu d'artifice de la musique à programme dont Liszt sera un des héros » (Claude Rostand*). Et citons un autre commentateur : « Par-delà des buts didactiques qui, de toute façon, ne peuvent concerner que des pianistes chevronnés, elles constituent un véritable feu d'artifice de couleurs et de rythmes, une étonnante synthèse des possibilités expressives du piano » (Jean Dupart**).

Un ordre tonal logique — ton, relatif mineur, sous-dominante — régit leur succession. D'un ton généralement héroïque, voire dramatique, elles s'infléchissent parfois jusqu'à la plus profonde poésie ou l'évocation d'immatérielles féeries. La version définitive de 1851 s'avère beaucoup plus jouable que la deuxième version de 1837, — encore souvent inutilement surchargée.

1. PRELUDIO (*Presto*, en *ut* majeur) : pièce très brève, — qui n'est qu'une « mise en train » préliminaire ouvrant l'éventail du clavier.

2. Sans titre (*Molto vivace*, en *la* mineur) : étude « de bravoure » pleine de véhémence expressionniste, — assez proche de la conception esthétique des *Études d'après Paganini*. L'« expressionnisme » transparaît surtout dans les « diaboliques » dissonances d'intervalles de seconde.

3. PAYSAGE (*Poco adagio*, en *fa* majeur) : d'un charme simple, parfois évanescent, c'est un calme tableau pastoral dont la démarche rythmique, cependant, se fait de plus en plus pesante et oppressante. Un épisode *Presto agitato* figurant dans la première version n'a pas été conservé.

4. MAZEPPA (en *ré* mineur) : de cette *Étude* magistrale dédicacée à Victor Hugo, Liszt tira plus tard la substance son poème symphonique du même titre***. C'est un véritable drame, — sans doute l'une des plus passionnantes compositions pianistiques du musicien. Une courte introduction (accords brisés de septième, puis cadence en unisono) précède l'énoncé du thème principal en *ré* mineur *(Allegro)* : « chevauchée » du héros ligoté sur le dos d'un cheval sauvage et entraîné à travers les steppes de l'Ukraine. Tierces réparties aux deux mains, — sur lesquelles s'élève un chant pathétique. Cette « chevauchée » se fera entendre à quatre reprises, par strophes d'un tempo toujours accéléré, sur un rythme de plus en plus resserré (divisions successives de huit, de six, de trois, enfin de deux unités). Épisodes intercalaires en *si* bémol majeur ; puis « héroïsation » du thème principal richement harmonisé, — qui résonne par deux fois, au registre de ténor d'abord, ensuite à distance d'une octave ; à partir duquel un appel gémissant — *il canto vibrato ed appassionato assai* — se fait entendre en accords chromatiques de la main gauche, pour chuter brusquement sur un accord de quarte et sixte. Une série d'accords syncopés suggèrent en un récitatif tragique l'anéantissement du héros : « Il tombe enfin !... et se relève Roi ! » (Victor Hugo). Des signaux de trompettes célèbrent sa « résurrection » : une jubilante coda (*ré* majeur) consacre sa nouvelle gloire. A noter, dans cette pièce « symphonique », l'usage intermittent de trois portées.

5. FEUX FOLLETS (*Allegretto*, en *si* bémol majeur) : contraste absolu avec cette évocation étincelante, d'une poésie très impressionniste, d'une danse de lutins, — qui est une étude *Leggiero* en perpetuum mobile. Le thème se construit sur une introduction de triples croches en succession de secondes majeures/mineures :

---

* C. Rostand, *op. cit.*
** J. Dupart, *op. cit.*

*** Voir *Guide de la musique symphonique*.

Elle engendre un mouvement ondulant, presque trillé, en *dolce legato* :

Ces chatoiements chromatiques provoquent un effacement des harmonies verticales, en même temps qu'une sorte d'indécision tonale. Une section centrale (*la majeur*) annoncée par un point d'orgue d'*ut* dièse entraîne l'idée principale vers un staccato léger, — que seize mesures de coda, par deux fois, noient dans le chromatisme antécédent... Les six mesures conclusives laisseront se dissiper la féerie dans une fluidité grêlée de petites dissonances (*sol* bémol-*si* bémol majeur).

6. VISION (*Lento*) : pièce contrastante à nouveau, — pesante et puissante, dramatique, — qui est une étude « de bravoure » en arpèges et trémolos.

7. EROICA (*Allegro*) : les mesures d'introduction ont été empruntées au début d'un *Impromptu sur des thèmes de Rossini et Spontini (op. 3),* daté de 1824 ; du moins en sont-elles extrêmement proches. Dans un climat d'épopée hautaine, c'est un motif de marche évoluant aux divers registres du piano, — cependant qu'un épisode sonore et brillant (*ré* bémol majeur) ainsi qu'une culmination finale (en doubles octaves) lui confèrent l'héroïsme nécessaire.

8. WILD JAGD (« Chasse sauvage », *Presto furioso* en *ut* mineur) : avec ses imitations de cors, ses claquements de fouets, ses rythmes syncopés, ses stridences berlioziennes *(la Damnation de Faust),* cette huitième *Étude* passe tel l'ouragan d'un équipage nocturne et démoniaque. Un épisode en *mi* bémol majeur éclaircit momentanément cette sombre vision.

9. RICORDANZA (« Souvenir », *Andantino* en *la* bémol majeur) : feuillet d'album qui a la nostalgie d'une romance de jeunesse, et peut-être teintée de quelque ironie. La construction est à un thème assorti de plusieurs variations. L'expression, d'une poésie sereine dans la version mûrie de 1851, n'en est pas moins profonde, et les difficultés techniques sont réelles, — si moins apparente.

10. Sans titre (mais surnommée *Appassionata* ; *Allegro agitato molto,* en *fa* mineur) : on ne peut douter que Liszt y a songé au thème initial de l'*Étude en* fa *mineur* de l'*Opus 10* de Chopin :

Le style déclamatoire et chaleureux, la fièvre qui emplit le clavier dans l'épanouissement de ses registres, une magnifique strette en octaves signalent une page du plus pur « style » lisztien.

11. HARMONIES DU SOIR (*Andantino,* en *ré* bémol majeur) : certainement l'*Étude* la plus célèbre du recueil, — imprégnée de poésie contemplative, lamartinienne, aux sonorités envoûtantes. Les symétries de la forme — A B C B A — ont elles-mêmes leur « harmonie ». La pièce résonne tout entière de larges accords arpégés sur lesquels s'élève un hymne enrichi de tintements de cloches :

Douce élégie du volet central, dans une atmosphère crépusculaire d'une grande pureté.

12. CHASSE-NEIGE (*Andante con moto,* en *si* bémol mineur) : cette page achève le recueil sur un tableau d'hiver dans lequel des figures de trémolo suggèrent un ciel lourd et blafard ; une densification des chromatismes fait évoquer des tourbillons de neige noyant peu à peu le paysage, — qui s'efface...

ANNÉES DE PÈLERINAGE

« Ayant parcouru en ces temps bien des pays nouveaux, bien des sites divers, bien des lieux consacrés par l'histoire et la poésie ; ayant senti que les aspects variés de la nature et les scènes qui s'y rattachaient ne passaient pas devant mes yeux comme de vaines images, mais qu'elles remuaient dans mon âme des émotions profondes, qu'il s'établissait entre elles et moi une relation vague mais immédiate, un rapport indéfini mais réel, une communication inexplicable mais certaine, j'ai essayé de rendre en musique quelques-unes de mes sensations les plus fortes, de mes plus vives perceptions »... Tels sont les propos qui formèrent la préface du premier volume des *Années de pèlerinage,* très important recueil pianistique comprenant vingt-six pièces réparties en trois cahiers, — dont la composition devait s'étendre sur une quarantaine d'années : sorte de journal-souvenir musical traduisant des impressions de nature ou prenant prétexte d'œuvres littéraires et artistiques pour exprimer des sentiments — d'ordre religieux, voire mystique — tout personnels.

Rédigé à partir de 1836 — mais reprenant en partie des éléments d'un recueil intitulé d'abord *Album d'un voyageur* —, le premier livre (*Suisse,* ou *Première Année*) ne fut publié qu'en 1855 : ses neuf pièces évoquaient le séjour et les excursions entreprises à travers la Suisse quelque vingt ans plus tôt en compagnie de Marie d'Agoult. Composé entre 1837 et 1849, publié en 1858, le deuxième livre (*Italie* ou *Deuxième Année*) fut consacré lui aussi aux souvenirs d'un voyage avec Marie d'Agoult. Toutefois ses sept pièces reflétaient une évolution de la pensée musicale de Liszt : les centres d'intérêt s'étaient en effet déplacés vers la littérature (Dante, Pétrarque), et vers la peinture et la sculpture (Raphaël, Michel-Ange), — établissant des correspondances entre les arts et préfigurant, d'une certaine manière, la synthèse bientôt tentée par Richard Wagner dans ses opéras. A ce deuxième cahier furent annexées trois pièces mineures, publiées en 1859, regroupées sous le titre *Venezia e Napoli.* Beaucoup plus tardif que les précédents, le troisième livre enfin *(Troisième Année)* comprit sept pièces écrites en 1867 *(n° 6),* 1872 *(n° 5)* et 1877 *(n°s 1, 2, 3, 4, 7); leur publication* n'intervint qu'en 1883, — trois ans avant la mort du musicien. Nouvel et dernier aspect du génie musical de Liszt (qui avait reçu les Ordres mineurs en 1865), — reflet d'une sérénité conquise au seuil de l'Éternité... Ainsi les *Années de pèlerinage* nous révèlent-elles, au terme d'un long parcours, leur signification la plus profonde, spirituelle : « La grandeur au-dessus de tout ! » — a écrit Guy Ferchault, qu'il faut citer absolument pour conclure ce court préambule. « Liszt la cherche dans le feu passionné de ses premières amours, croit la rencontrer dans l'art et ne la trouve finalement que dans le dépouillement austère qui conduit à Dieu. C'est de cette étonnante ascèse que nous entretiennent les *Années de pèlerinage*; elles accompagnent la montée vers la Lumière d'un artiste romantique dont la nostalgie de l'Absolu s'identifie avec un sens mystique de l'art ; et nous ne saurions en trouver d'écho plus complet, plus fidèle et plus pur dans aucune des autres œuvres, si géniales fussent-elles *. » Ajoutons — mais cela va déjà de soi — que ces *Années de pèlerinage* renferment quelques-unes des pages les plus grandioses, les plus achevées (et les plus justement célèbres) du piano lisztien.

Première Année : Suisse

1. CHAPELLE DE GUILLAUME TELL *(Lento — Più lento — Allegro vivace)* : sorte de portrait musical du héros de l'Helvétie, — avec en exergue ce vers de Schiller tenant lieu de fière devise : « Un pour tous, tous pour un. » C'est un chant hymnique qui, lors de sa reprise, atteindra une exceptionnelle ampleur sonore, — sur accompagnement d'accords arpégés. Scène de tempête en épisode intermédiaire. Parmi des accords de septième en trémolo, motif signalétique de trompettes dont un double écho se répercute à travers le « paysage ». Les appels à la révolte se transforment, à la fin, en un chœur glorieux.

2. AU LAC DE WALLENSTADT *(Andante placido)* : cette belle pièce lyrique est précédée d'une citation du *Childe Harold* de Byron (... « thy contrasted lake, / With the wild world I dwell in, is a thing / Which warms me, with its stillness, to forsake / Earth's troubled waters for a purer spring »). L'intention descriptive, voire imitative, n'est pas niable (Marie d'Agoult a rapporté dans ses « Mémoires » que Liszt souhaitait évoquer à la fois le soupir des eaux et la cadence des rames). Nul doute, en effet, que la figure de triolet et de deux duolets de doubles croches à la main gauche ne suggère un scintillement liquide, — tandis que s'élève la mélodie pastorale d'un chalumeau en intervalles de quinte et de quarte, d'allure pentatonique :

---

* Extrait d'un texte de présentation discographique (*Années de pèlerinage,* par Lazar Berman, Deutsche Grammophon).

Cette mélodie résonne doucement, — pour se fondre, aux mesures conclusives, dans une brume sonore purement impressionniste.

3. PASTORALE *(Vivace)* : cette courte pièce (à peine une minute et demie) eut pour titre d'origine *la Fête villageoise*. Évocation un peu banale d'une petite danse folklorique dans le ton aéré, lumineux, de *mi* majeur.

4. AU BORD D'UNE SOURCE *(Allegretto grazioso)* : une brève citation de Schiller l'accompagne (« In säuselnder Kühle beginnen die Spiele der jungen Natur », « Dans une murmurante fraîcheur commencent les jeux de la jeune Nature »). Exquise rêverie d'une délicate texture harmonique, — avec d'incessants croisements de mains. La « fraîcheur » et le « murmure » de la source sont suggérés, dès les premières mesures, par un mouvement de doubles croches que viennent piquer de dissonantes secondes :

C'est un thème unique, en ses nombreuses métamorphoses, qui décrit pour l'oreille les miroitements de l'eau.

5. ORAGE *(Allegro molto — Presto furioso — Meno Allegro — Più moto)* : cette cinquième pièce n'est guère plus développée que la précédente (à peine quatre minutes), mais d'une autre diversité de mouvements, — cherchant à évoquer simultanément un phénomène naturel et son équivalent psychologique : tempêtes de la nature, et tempêtes de l'âme. C'est une sorte d'improvisation aux effets assurés : déchaînements grandioses d'octaves, chromatismes déferlant en bourrasques, — auxquels on ne pourra reprocher qu'un réalisme un peu tapageur. Mais l'écriture est souvent audacieuse, et remarquablement efficace.

6. VALLÉE D'OBERMANN *(Lento assai — Più lento — Recitativo — Più mosso — Presto — Lento)* : c'est la pièce la plus longue — près de quinze minutes — et la plus élaborée du volume. Elle est préfacée par une longue citation de l'écrivain français Sénancour dont le roman autobiographique *Obermann* — portrait d'un homme solitaire à mi-chemin entre Rousseau et le *Werther* de Goethe — avait conservé la célébrité depuis sa parution en 1804. C'est à Sénancour (qui mourut en 1846) que Liszt a dédié sa *Vallée d'Obermann*. « Que suis-je ? » : ainsi commence la citation du poète, — interrogation amère, désenchantée, que paraît traduire le libre récitatif d'introduction. La partition, d'une éloquence pathétique, révèle de belles audaces, très concertées : harmonies dissonantes, modulations dans des tons éloignés, — tandis que, dans une exaltation croissante, s'affirme un contre-thème *(Presto)* qui permettra de conclure sur une note optimiste ; grand apaisement lyrique, dans la joie d'une conquête du « moi » sur l'indifférence de la nature et sur la désespérance.

7. ÉGLOGUE *(Allegretto con moto)* : charmante « pastorale » assortie, quant à elle, d'une citation de *Childe Harold*. Une poésie toute virgilienne baigne ses harmonies transparentes : on y entend la flûte d'un berger, qui se fond ensuite dans une chanson joyeuse, de rythme allant. Aux dernières mesures, les improvisations de flûte s'évanouissent dans le lointain...

8. LE MAL DU PAYS *(Lento — Adagio dolente — Lento — Andantino — Adagio dolente — Più lento)* : la huitième pièce de cette *Première Année*, assez mal connue, mérite certainement la notoriété d'*Au bord d'une source* ou de la *Vallée d'Obermann*. C'est une « scène » lyrico-dramatique dont les thèmes proviennent de deux compositions de 1835 (*n° 2* des *Fleurs mélodiques des Alpes* extraites de l'*Album d'un voyageur*, et *Fantaisie romantique*). Une atmosphère pastorale s'instaure au *Lento* initial, — avec en particulier ce motif d'appel en écho (un « ranz des vaches ») :

Un chant calme et plaintif (*sol* dièse mineur) engendre, après quatre mesures, une phrase en majeur d'une intense nostalgie. Les deux se répètent en *sol* mineur et *si* mineur, dans un sentiment accablé que rompt brusquement un récitatif dramatique. Puis le motif du « mal du pays » réapparaîtra, en une déclamation précipitée débouchant sur la brève coda : résonnera dans celle-ci, étouffé, presque douloureux, le motif d'appel du début.

9. LES CLOCHES DE GENÈVE. NOCTURNE *(Quasi Allegretto — Cantabile con moto — Animato — Più lento)* : ce *Nocturne* fut dédicacé par Liszt à sa première fille, Blandine, née le 18 décembre 1835 dans la cité helvétique. Une nouvelle citation du *Childe Harold* byronien l'accompagne (« I live not in myself, but I become / Portion of that around me », « Je ne vis pas en moi-même, mais je deviens une part de ce qui m'entoure »). Sur de douces sonorités de cloches s'exprime un chant plein de tendresse ; en écho, dans le registre grave, d'autres cloches semblent retentir depuis d'autres rives, et le chant se répète à la façon d'une berceuse. Une partie centrale contrastante propose une sorte d'hymne à la Vie sur des accords de harpe : il s'amplifie, puis, après une cadence d'octaves d'un sentiment plus intime, s'éteint en un faible *Arpeggio*. Les cloches résonnent encore un moment, et quelques accords concluent dans la solennité.

Deuxième Année : Italie

1. SPOSALIZIO *(Andante — Andante quieto — Più lento — Quasi allegretto mosso Adagio)* : inspiré par la toile de Raphaël *le Mariage de la Vierge* (1504), au palais Brera de Milan. La vision « sacrale » du peintre, les parfaites symétries du tableau trouvent leur correspondance dans la simplicité et la pureté de forme de cette pièce essentiellement lyrique. Se remarquent cependant d'inusuelles progressions harmoniques (libre utilisation de notes étrangères à l'harmonie principale). C'est un calme motif de cloches qui « ouvre » le décor ; les harmonies éthérées de l'*Andante quieto* suivant paraissent suggérer les couleurs adoucies du Quattrocento, la lumière blonde inondant les personnages, la fragilité, l'inaccomplissement de leurs attitudes et de leurs gestes au premier plan du tableau. Un jeu de questions et de réponses, en huit mesures, célèbre le rituel des noces :

La cadence sur dominante du ton principal (*mi* majeur) se résout en doux accords de *sol* majeur, — tandis que résonne un chœur marial sur le motif initial de cloches, avec de belles modulations en *si* bémol et *ré* bémol : une culmination sera atteinte, — le chœur enflant sa puissance sur un mouvement effervescent d'octaves, jusqu'à l'extase mystique du thème de l'*Andante*. Puis tout reflue peu à peu dans la douceur, presque dans un effacement obscur aux accords conclusifs d'*ut* dièse mineur et de *mi* majeur.

2. IL PENSEROSO *(Lento)* : la deuxième pièce prend également prétexte d'un chef-d'œuvre des arts plastiques. Ce « Penseur », en effet, tire son inspiration de la statue de Michel-Ange sur la tombe de Julien de Médicis située dans l'église San Lorenzo à Florence. En exergue, un quatrain de Michel-Ange ayant pour titre *le Discours de la Nuit* (« Je rends grâce au sommeil, et plus encore au fait d'être de pierre. Aussi longtemps que l'injustice et la honte règnent sur terre, j'estime comme bénédiction de ne rien voir ni rien sentir. Donc ne me réveillez pas, et parlez doucement. ») La partition de Liszt exprime de façon saisissante la mélancolie du Penseur sur un motif d'accords sombres, expressivement modulé (voir, en particulier, le thème de la *Marcia funebre* de la *Sonate n° 12* de Beethoven, — dont nous avons ici une sorte de raccourci) :

Des quintes vides suggèrent le tragique immanent du marbre silencieux, et la déclinaison chromatique de la conclusion, avec ses dissonances douloureuses d'*ut* dièse et de *ré,* annonce quelque harmonie « tristanienne » (à venir vingt années plus tard !). *Il Penseroso* revêtait pour Liszt une signification très intime et particulière : il en réalisa plus tard une version élargie à l'orchestre sous le titre *La Notte* (du nom d'une autre statue de Michel-Ange dans la même église), et souhaita qu'on exécute cette pièce à ses propres funérailles. Mais ce vœu ne fut pas exaucé...

3. CANZONETTA DEL SALVATOR ROSA *(Andante marziale)* : transcrite fidèlement d'un chant populaire italien, — qui est un air de marche sur un poème attribué au peintre et aventurier napolitain du XVIIe siècle (« Vado ben spesso cangiando loco »). La mélodie n'est pas de Rosa lui-même, mais de Giovanni Battista Bononcini. La pièce de Liszt (à peine trois minutes) est d'un charme sans prétention.

4. SONETTO 47 DEL PETRARCA *(Preludio con moto — Ritenuto — Sempre mosso con intimo sentimento)* : les trois *Sonnets de Pétrarque* (voir également les n°s 5 et 6 suivants) furent écrits à l'origine en 1838-1839 comme lieder pour une voix de ténor aigu ; puis Liszt les transcrivit au piano à peu près à la même époque (publication en 1847) ; peu avant 1858, le compositeur, enfin, les révisa sous la forme que nous connaissons aujourd'hui (Il réalisa d'autre part, vers 1865, une seconde version chantée — simplifiée — pour voix de baryton). Mais qu'importent, ici, ces traductions vocales, — qui ne sont pas des meilleures ? Au piano, les trois *Sonnets de Pétrarque* atteignent un lyrisme, une richesse et une efficacité de l'expression les situant au premier rang de la musique romantique pour l'instrument. Ils affectent — pour simplifier — la forme lied.

Le *Sonnet 47* baigne dans la félicité (« Bénis soient le jour, le mois, l'année, l'heure, le lieu, l'instant où je fus emprisonné par ces deux yeux brillants... ») : après un court prélude en récitatif, la mélodie principale — *ré* bémol majeur — s'installe calmement à la main droite sur l'accompagnement de doux accords de luth. Une soudaine et brève explosion de passion charnelle (modulation en *sol* majeur) se produit vers la fin, — avec cadence de quintes diminuées.

5. SONETTO 104 DEL PETRARCA *(Agitato assai — Adagio)* : « Paix je ne trouve et n'ai à faire guerre, et je crains et espère, et brûle et suis de glace... En cet état je suis, Dame, à cause de vous. » De nouveau un bref prélude, mais dont le récitatif est ici d'une véhémence soutenue. « Pace non trovo » : l'élégie amoureuse — thème principal en *mi* majeur — est écrite *molto espressivo,* alternant les moments d'enthousiasme *(vibrato, con esultazione)* et ceux de la plus poignante tristesse *(languido, dolce dolente).* A la fin cependant, tout s'apaise en un soupir de réconciliation avec une passion plus sereine.

6. SONETTO 123 DEL PETRARCA *(Lento placido — Sempre lento — Più lento)* : « Je vis sur terre des images angéliques et une beauté céleste... » Rêve d'amour contemplatif, d'une plénitude confiante. La mélodie principale s'enveloppe d'une infinie tendresse, mais cède devant un épisode dramatiquement contrasté, tendu, tempétueux, dans l'*ut* majeur et le registre élevé du piano ; elle reparaît cependant par trois fois, sur de « célestes » accords de harpe *(una corda, dolcissimo armonioso).* L'épilogue est un magnifique finale : triomphe de l'amour mystique, détaché de toute entrave terrestre.

7. APRÈS UNE LECTURE DE DANTE. FANTASIA QUASI SONATA : la dernière pièce du cahier — appelée aussi *Dante Sonata* — est la plus étendue (environ dix-sept minutes) et la plus longuement élaborée. Le titre en est emprunté à un poème de Victor Hugo ; mais la biographie de Liszt nous apprend que, dans les années 1830, le musicien lut abondamment la *Divine Comédie* en compagnie de Marie d'Agoult (une première dénomination de l'œuvre, en 1837, fut *Paralipomènes à la Divina Commedia, Fantasie symphonique).* Il joua une première version de sa partition à Vienne en 1839, puis la révisa l'année suivante, avant de lui apporter sa forme définitive en 1849. C'est l'*Inferno* de Dante qui y est peint, — avec ses « étranges langues, horribles cris, paroles de souffrance, rugissements de colère ». Elle est d'un seul mouvement continu, puissant, passionné, éminemment « orchestral », — qui dénonce son caractère d'ample improvisation ; toutefois s'y discerne une permanente hésitation — une confrontation — entre des éléments de la forme sonate et la structure de la forme cyclique. Épique, grandiose, la *Dante Sonata* compte parmi les plus belles réussites des *Années de pèlerinage,* et anticipe à maints égards la grands *Sonate en si mineur.*

Il y a trois thèmes — ou groupes de thèmes — principaux, avec idées subsidiaires. Dans la lente introduction d'un *Andante maestoso* paraît le premier, construit sur l'intervalle de triton en chutes impressionnantes, — dont se maintiendra longtemps la présence obsessionnelle :

Un *Presto agitato assai* succède, — comportant les deux autres thèmes : l'un en martèlement chromatique ascendant de doubles croches fébriles, rageuses ; puis un ample thème de choral en octaves — *fa* dièse majeur — sur une montée fortissimo. Le « développement » (répétons qu'il ne se conforme pas strictement au plan d'un développement de sonate, mais évolue selon de libres « transformations thématiques ») propose une vision contrastée, picturale, des épreuves et des tourments que subissent les damnés ; simultanément le thème de choral s'adoucit en un chant d'amour plein de noblesse et d'espoir, — allusion vraisemblable à l'épisode de Francesca da Rimini. Noter, en tout cas, la multiplicité des indications de mouvement : *Andante quasi improvvisato, Andante, Recitativo, Adagio, Più mosso.* A l'indication *Tempo rubato e molto ritenuto,* reprise du motif chromatique, puis du choral qui, sous des appels de trompettes, prend un ton héroïque... La coda est en succession d'accords pesants, — qui achèveront l'œuvre en apogée quelque peu théâtral : les portes de l'Enfer semblent se refermer sans espoir de rémission.

Venezia e Napoli : en supplément au deuxième cahier des *Années de pèlerinage* Liszt a composé le triptyque intitulé *Venezia e Napoli,* sortes d'évocations populaires dont une première version — 1838 — comprenait quatre pièces (la première d'après un chant de gondolier vénitien, et qui devint plus tard le thème principal du poème symphonique *Tasso**). Les trois pièces de la seconde version — 1859 (publication en 1861) — sont, pour la première et la troisième, des révisions des troisième et quatrième pièces du recueil antérieur. Par rapport à celui-ci, la facture est à la fois plus riche, plus déliée et plus élégante.

1. GONDOLIERA *(Quasi allegretto)* : à partir d'une Canzone du Cavaliere Peruchini, *La biondina in Gondoletta.* Pièce aimable, construite en strophes ; à la fin, le chant s'évanouit dans un lointain indécis sur les accords d'une harmonie évasive.

2. CANZONE *(Lento doloroso — Più lento)* : d'après un air de gondolier — « Nessùn maggior dolore » — figurant dans l'opéra de Rossini, *Otello.* C'est la pièce la plus courte (environ quatre minutes) et la plus simple : sorte de paraphrase sur un trémolo guitaresque. Elle enchaîne, sans cadence, avec la troisième pièce.

3. TARANTELLA *(Presto — Più vivace — Canzone napoletana — Prestissimo),* — qui est le morceau le plus développé (plus de neuf minutes), jouant sur le mineur/majeur du ton de *sol.* Le thème en fut emprunté à Guillaume Louis Cottrau (1797-1847). Après une longue période d'attente sur point d'orgue *(ré),* il entre à la mesure 74 : vivant, brillant, avec de légères accalmies. La *Canzone napoletana* le reprend en cantabile, sur des figurations de triolets, puis le varie à profusion (cadences, arpèges, etc.). Le *Prestissimo* conclusif — *giocoso assai* — fait montre d'une virtuosité étourdissante.

Troisième Année

1. ANGELUS ! PRIÈRE AUX ANGES GARDIENS *(Andante pietoso)* : écrite en 1877, à Tivoli, cette pièce fut dédiée par Liszt à sa petite-fille Daniela von Bülow ; primitivement destinée au quatuor à cordes, elle fut plus tard arrangée pour cette formation avec harmonium. Évocation sans originalité marquée des cloches d'Angélus que le musicien entendait par de calmes soirées romaines.

2. AUX CYPRÈS DE LA VILLA D'ESTE. THRÉNODIE N° 1 *(Andante — Più agitato — Tempo I).*

3. AUX CYPRÈS DE LA VILLA D'ESTE. THRÉNODIE N° 2 *(Andante non troppo lento — Un poco animato — Tempo I — Un poco animato — Tempo I — Più lento)* : de 1877 également, ces deux *Thrénodies* — déplorations funèbres — forment une seule et même élégie inspirée par le décor d'immenses cyprès ornant l'illustre palais du XVIe siècle, à Tivoli (Liszt y séjourna à plusieurs reprises à partir de 1864, grâce à la générosité de son ami le cardinal Hohenlohe). A la vérité, la seconde *Thrénodie* serait née de la vision des cyprès de l'église Santa Maria degli Angeli à Rome, — cyprès prétendument plantés par Michel-Ange en personne. Les deux pièces, de ton grave, émouvant, révèlent un travail harmonique affiné : développements chromatiques de la mélodie dans la première ; motif d'entrée « tristanien » et parcours d'arpèges dans la seconde.

4. LES JEUX D'EAU DE LA VILLA D'ESTE *(Allegretto — Un poco più moderato — Un poco accelerando — Un poco più lento)* : merveilleuse pièce impressionniste avant la lettre (également de 1877), n'est-ce pas aussi la plus célèbre de cette *Troisième Année,* et, peut-être, du recueil tout entier ? Non moins célèbre que le lieu qui inspira sa composition, — ce réseau ombragé de sources, de fontaines, de cascades et de grottes ruisselantes agrémentant les jardins de la Villa. La réalisation pianistique s'en révèle accomplie : écriture fluide, miroitante, reflétant aux prismes d'une lumière irisée l'eau jaillissante, — petites notes en éclaboussures de perles fines, trémolos, trilles, passages de tierces, formules arpé-

---

* Voir *Guide de la musique symphonique.*

gées, harmonies fluctuantes... Et le constat s'en est abondamment fait : en cet « archétype de toutes les fontaines musicales qui ont coulé depuis » (Busoni) se préfigurent autant les *Jeux d'eau* d'un Maurice Ravel* que nombre de pièces pianistiques (et orchestrales) du XXe siècle.

L'*Allegretto* initial débute par une envolée d'arpèges en triples croches sur des séries de neuvièmes, — que prolongent les frémissements d'un *leggerissimo non legato*. Une mélodie que se partagent les deux mains paraît en *Un poco più moderato*, sur un accompagnement en trémolos puis staccatos. C'est ensuite un chant plus passionné sur une pédale de *ré* majeur qu'exprime la main droite, surmontant des arpèges de doubles croches : citation, dans l'édition originale, d'un passage de l'Évangile selon saint Jean, — nous en livrant la signification spirituelle (« Celui qui boira de cette eau ne sera jamais plus altéré, car l'eau que je lui donne ainsi sera pour lui source de vie éternelle », — paroles de baptême du Christ en Samaritanie). Retour des formules arpégées, extatiques, du début ; dix mesures avant la fin, un bref accord déchiré paraît briser le « rêve » ; mais l'*Un poco più lento* final achève l'œuvre en accords d'une solennité recueillie.

5. SUNT LACRYMAE RERUM. EN MODE HONGROIS *(Lento assai — Più lento — Un poco più mosso)* : d'une durée à peu près équivalente (à peine huit minutes), cette pièce porta le titre originel de « Thrénodie hongroise » : Liszt y faisait allusion à l'échec de la guerre de libération hongroise de 1848-1849 (thème récurrent dans plusieurs de ses œuvres, — comme *Funérailles*** ou le poème symphonique *Hungaria*). La partition fut écrite en 1872 (année de la première visite à Bayreuth), et dédiée à Hans von Bülow, — dont Liszt soutenait alors la cause face à l'abandon de Cosima. « Sunt lacrymae rerum » est une citation de l'*Énéide* de Virgile, se rapportant à la chute de Troie. Le « style » hongrois s'en signale par l'utilisation d'une gamme comprenant deux secondes augmentées et d'un rythme de marche typiquement populaire. Cette page affecte une grandeur qu'on peut juger un peu factice.

6. MARCHE FUNÈBRE *(Andante maestoso, funebre — Recitativo)* : Marche à la mémoire de l'infortuné empereur Maximilien Ier du Mexique, exécuté lors de la révolution de 1867. Il s'agit de la première en date — 1867 — des compositions du présent volume, et portant en exergue une maxime de Propertius (« In magnis et voluisse sat est »). C'est une ample méditation sur la mort.

7. SURSUM CORDA. ERHEBET EURE HERZEN *(Andante maestoso, non troppo lento)* : plus courte (environ quatre minutes). Cette pièce conclusive emprunte son titre et sa citation (« Que vos cœurs s'élèvent ») au préambule de la messe catholique. Elle fut composée à Tivoli en 1877. D'une austérité contemplative, elle fait un usage intermittent de la gamme par tons entiers, mais apparaît d'un style trop décoratif — dans son finale *grandioso* notamment — pour compter parmi les ouvrages très intéressants du compositeur.

Trois Études de concert (Caprices poétiques)

Ces *Études* datent de 1848, — l'année révolutionnaire ; mais rien, à proprement parler, de « révolutionnaire » dans ces trois pièces d'une souveraine élégance de la forme, d'un grand charme mélodique et d'une richesse d'invention laissant paraître — au meilleur d'elle-même — l'admiration que Liszt portait à Chopin. La dénomination de *Caprices poétiques* fut celle de l'édition française originale, — de même que les titres qui l'assortissent : *Il lamento, La leggierezza* et *Un sospiro*. Soulignons que ce petit recueil demeure très prisé des pianistes lisztiens.

IL LAMENTO (en *la* bémol majeur) déploie très largement son chant en arpèges d'une intense expressivité, dans un climat d'élégie.

Sœur de la seconde des *Études op. 25* de Chopin, LA LEGGIEREZZA (*fa* mineur) est une sorte de perpetuum mobile en forme d' « exercice » pour les cinq doigts dans de rapides configurations diatoniques et chromatiques ; un brillant intermède de tierces et sixtes rompt la course fluide, échevelée, du mouvement.

La dernière pièce — UN SOSPIRO — est en *ré* bémol majeur : la mélodie se partage d'abord entre les deux mains, — que vient brouiller un mouvement bouillonnant d'arpèges. Le thème « soupiré », en réalité harmonisé, sera brisé par une cadence virtuose

---

* Voir, ici même, à *Ravel*.
** Voir, ici même, *Harmonies poétiques et religieuses*.

le laissant reparaître, au registre médian, en un « concerto » d'arpèges de la plus vive exubérance.

Deux Ballades

Les deux *Ballades* n'appartiennent pas au piano le plus connu de Liszt. Elles semblent cultiver l'une et l'autre une problématique propre au compositeur, — celle d'un désir de concentration et d'intériorisation contredit par la virtuosité concertante. A cet égard, on ne saurait parler de véritable achèvement pianistique, — tel qu'on peut le diagnostiquer chez Chopin. La *Deuxième Ballade*, néanmoins, mérite une écoute attentive avant celles d'un Brahms, évidemment d'un tout autre esprit.

Une esquisse préliminaire de la PREMIÈRE BALLADE, en *ré* bémol majeur, fut réalisée dès 1845 ; cependant l'œuvre ne prit sa forme définitive qu'en 1849 à Paris, — sous l'appellation « Chant du Croisé » (avec une dédicace au comte Eugen Wittgenstein). Deux thèmes se partagent la primauté, — le premier d'une sentimentalité un peu ostentatoire, le second dans un *Tempo di Marcia* évoquant, évasivement, le temps héroïque des Croisades. Le thème initial reparaît, plein de force, lors de la réexposition, tandis que s'impose avec éclat le motif de « Marche » dans les mesures conclusives.

La DEUXIÈME BALLADE, en *si* mineur, peut être datée de 1853, et présente un tout autre intérêt. C'est une forme sonate à six grandes parties et basée sur trois thèmes. Un mouvement chromatique de la main gauche, adjacent au thème principal, confère au début de la pièce un caractère ombreux, presque inquiétant dans son insinuante douceur :

Un motif mélodique, très lyrique (*fa* dièse majeur), apporte l'éclaircissement. Ces deux thèmes se répètent au demi-ton supérieur. Puis un motif rythmique — *Allegro deciso* — introduit l'épisode animé, presque violent, d'un accroissement de sonorité des deux premiers thèmes, trouvant toute leur ampleur. L'*Allegro moderato* qui succède a certes moins de force : luxuriance harmonique, mais expression mélodique plus convenue. Après un *Grandioso* en augmentation, reparaît le second thème lyrique, qui laissera s'évanouir le son dans un doux pianissimo.

Consolations

Les six pièces composant le recueil des *Consolations* datent de la période de Weimar (vers 1850) ; elles représentent des transcriptions musicales de poèmes de Sainte-Beuve portant le même titre. Dédiés à Victor Hugo, publiés en mars 1830, les vingt-neuf poèmes de l'écrivain français ne purent que séduire le musicien par leur ton de complaisante mélancolie en même temps que de confidence intime. Les six *Consolations* de Liszt sont en effet des pièces brèves, d'exécution relativement aisée, point trop éloignées d'un style schumannien et souvent touchantes, mais dont certaines suavités ne peuvent être rachetées que sous les doigts d'un pianiste ennemi de tout maniérisme. Musique « de salon » ? Peut-être. Il faut cependant constater l'injuste désaffection dont elles souffrent aujourd'hui, tant auprès du public que des interprètes. A l'*Andante con moto* méditatif, un peu solennel, de la première *Consolation* s'oppose d'emblée la fluidité souriante et svelte de la deuxième (*Poco più mosso*), avec ses sonorités de harpe. La troisième pièce est un *Lento placido* sans doute plus personnel, évoquant le souvenir des *Nocturnes* de Chopin, — avec son accompagnement ondulant et sa mélodie de main droite qui module d'un calme *ré* bémol majeur vers *fa*, puis dans un *la* mineur douloureux, pour revenir avec tendresse au ton de départ. *Cantabile con devozione*, la quatrième *Consolation* prend l'allure d'une marche lente cérémoniale, — en une sorte d'adoration mystique. Plus remarquable peut-être, la cinquième pièce (*Andante con grazia*), d'abord mystérieuse, fait valoir des oppositions de majeur/mineur dans le style d'un lied naïf et dévot. L'*Allegretto sempre cantabile* concluant le recueil (inspiré, semble-t-il, de *la Harpe éolienne*, vingt-septième poème de Sainte-Beuve) est enfin la seule pièce d'une rhétorique plus passionnée, extravertie, — avec plusieurs passages de virtuosité.

Trois Nocturnes (Liebesträume)

Les trois *Nocturnes* que Liszt écrivit en 1850 pour le piano furent d'abord pensés comme lieder pour voix de ténor. Les sous-titres des deux premiers — *Hohe Liebe* et *Seliger Tod* — font d'ailleurs référence à des poèmes de Ludwig Uhland. Mais c'est le troisième *Nocturne,* universellement connu sous l'appellation « Rêve d'amour » (qui, en fait, appartient aux trois pièces), qui a conquis les auditoires en même temps que l'affection des pianistes, — du modeste amateur au plus esbrouffeur d'estrade. On peut considérer que les deux premiers *Nocturnes* sont des décalques affadis des *Sonnets de Pétrarque* apparus au cours des *Années de pèlerinage* : ils en ont le lyrisme, la somptuosité de la réalisation pianistique, mais non toute la poésie. Le troisième *Nocturne* (en *la* bémol majeur) doit d'abord sa renommée à l'expression mélodique, d'une beauté prenante, puis à la richesse des modulations et des harmonies. L'éloquence pathétique de la strophe centrale ainsi qu'un passage en récitatif, d'accents plaintifs, lorsque est atteinte la coda (modulant par enharmonie vers *la* majeur), contribuent tout autant à l'envoûtement que crée cette pièce certes mineure, — mais de la veine « élégiaque » la plus intense du compositeur.

Le **Concerto pathétique,** intitulé « Grand solo de concert », fut écrit pour le concours du Conservatoire de Paris en 1850, puis augmenté d'une participation orchestrale avant de connaître sa forme définitive pour deux pianos en 1856. Il s'agit là d'une pièce de « démonstration » du plus brillant effet ; mais la substance thématique en est mince, peu caractérisée. On n'en retient guère que l'endurance pianistique et, en sa creuse éloquence, les efforts qu'elle réclame pour obtenir l'attention.

Deux Polonaises

Liszt et la Pologne : autrement dit Chopin. Une *Mazurka brillante,* datée de 1850, ne mérite qu'un très bref commentaire : elle n'offre qu'un bien faible écho des merveilleuses pièces du musicien polonais, — en sa basse obstinée sur les quintes. En revanche, les deux *Polonaises,* de 1851, présentent un certain intérêt : la première (en *ut* mineur) est légère, brillante, — le motif principal animé d'un mouvement incessant d'octaves, orné de figurations diverses et de passages cadencés ; le thème secondaire, chantant, a beaucoup moins de relief. On préférera peut-être la seconde *Polonaise* (en *mi* majeur), sœur de la *Polonaise en la majeur* de Chopin : la thématique en paraît mieux affirmée, — avec, pour chacune des deux idées, la même éloquence héroïque, le même ton chevaleresque. Dans la partie centrale, le premier thème est ornementé avec une élégance toute weberienne... Mais les *Polonaises* lisztiennes ont-elles jamais la profonde poésie de celles de Chopin ? Nous ne le pensons nullement ; encore l'auditeur sera-t-il peut-être d'un avis différent.

Harmonies poétiques et religieuses

Ce recueil fut composé de 1834 — avec *Pensées des morts,* première en date des *Harmonies* — à 1852, lorsque les dix pièces qu'il comporte furent réunies par Liszt sous le titre emprunté à Lamartine. Les *Harmonies poétiques et religieuses* du poète français avaient été publiées en 1830, en quatre livres rassemblant quarante-sept poèmes visant « à reproduire un grand nombre des impressions de la nature et de la vie sur l'âme humaine », — avec cet avertissement : « Ces vers ne s'adressent qu'à un petit nombre ». Le musicien, qui avait vingt-deux ans lorsqu'il lut Lamartine, ne douta pas d'en faire partie. Des poèmes qu'il retint, quatre seulement conservèrent leur titre : *Invocation, Bénédiction de Dieu dans la solitude, Pensées des morts* et *Hymne de l'enfant à son réveil* ; les six autres pièces portent des titres de Liszt lui-même. Pour l'ensemble, la dédicace fut adressée à « Jeanne Elisabeth Carolyne » (la princesse Sayn-Wittgenstein, devenue sa maîtresse). On ne peut mettre en doute que ce recueil recèle le meilleur et le moins bon piano lisztien : des moments sublimes, et, malencontreusement, quelques pièces d'une éloquence factice, où se reflètent les ambiguïtés (et les faiblesses) du sentiment religieux.

1. I<small>NVOCATION</small> *(Andante con moto)* : ce morceau inaugural, d'une rhétorique un peu redondante, veut évoquer les « orages », le « tonnerre » et le « fracas des flots » dont parle le poète. On peut estimer toutefois qu'il s'agit là d'un très beau piano « décoratif ».

2. A<small>VE</small> M<small>ARIA</small> *(Moderato)* : en forme et dans le ton humble d'une petite prière (transcription d'un chœur pour voix mixtes et orgue), — mais d'une plus émouvante sincérité.

3. **BÉNÉDICTION DE DIEU DANS LA SOLITUDE** *(Moderato — Andante)* : voici, à présent, une grande pièce lisztienne, — où l'inspiration religieuse du compositeur trouve une traduction musicale adéquate : ni effets de manche, ni fausse suavité. Elle se déploie d'abord dans un large cantabile *(fa* dièse majeur) qu'enveloppent à la main droite des sonorités de harpe, — véritable orchestre de harpes en arpèges plongeant l'auditeur « dans ce qui semble être une sorte d'intoxication pentatonique » (Alfred Brendel)* :

... « Existe-t-il une autre pièce pour piano d'une douceur sonore aussi grisante ? », se demande encore Brendel. Le chant — thème principal — gagne le registre moyen du piano, puis l'aigu en harmonisation de quartes et de quintes. Un mouvement d'*Andante* en *ré* majeur — récitatif d'*Intermezzo* — fait quitter ces régions de béatitude pour une méditation plus terrestre. Cependant le ton de *si* bémol majeur, *quasi Preludio*, ramène à la plus haute extase. Un *Andante semplice* se combinant au motif de l'*Intermezzo* conduira pour finir vers une calme et noble coda, — atteinte comme un « idéal » vers lequel a tendu toute la « pensée » du morceau.

4. **PENSÉES DES MORTS** *(Lento assai)* : pièce étrange, pleine d'interrogations angoissées, — sans doute la plus hardie du recueil. Les couleurs en sont sombres, le phrasé presque déclamatoire. Une grande partie est notée à 5/4 ou à 7/4, — accentuant le caractère psalmodique d'un « chœur » où se trouve suggérée la scansion obsessionnelle du « De profundis » (martèlement en accords graves de huit notes). L'effet de transe liturgique s'avère saisissant, mais ne subsiste pas tout à fait dans la conclusion qui se veut chant de consolation, cependant un peu théâtrale.

5. **PASTER NOSTER** *((Andante)* : c'est une sorte d'élégie, d'esprit comparable à celui du *n° 2* antécédent.

6. **HYMNE DE L'ENFANT À SON RÉVEIL** *(Poco Allegretto)* : issu d'un chœur de femmes avec accompagnement d'harmonium et de harpe. On ne saurait cacher qu'il s'agit ici d'une de ces pièces « angéliques », d'un lyrisme douceâtre, telles qu'en a commises le compositeur dans ses jours les moins inspirés.

7. **FUNÉRAILLES** *(Adagio)* : ce qu'on n'affirmera sûrement pas de ces superbes *Funérailles,* — page composée en octobre 1849 — mois et année de la mort de Chopin —, magnifiant trois des victimes de la révolution qui déchira la Hongrie de 1848 à 1850, le prince Felix de Lichnowsky, le comte Seleky et le comte Balthyanyi. L'introduction, indiquée *forte* et *pesante,* fait entendre un glas dissonant qui, à travers signaux de trompettes et roulements de tambours d'une marche de parade, atteint un crescendo impressionnant. Le thème de marche proprement dit n'apparaît qu'ensuite en un *sotto voce* accablé, presque douloureux :

Du *fa* mineur initial, ce thème module vers *ut* dièse, puis en *sol* dièse mineur. Une voix plaintive — *lagrimoso* — s'élève alors doucement en *la* bémol majeur, puis, tel un cri, en *si*. Le motif de marche résonne encore, et amène une puissante déclamation d'octaves. Brève réminiscence, en écho de huit mesures, de la plainte antérieure, — tandis que grondent encore les basses sous des éclats de trompettes à la conclusion de cette sorte de « poème symphonique » à la gloire des héros.

8. **MISERERE** *(Largo)* : dans le style liturgique et implorant des *n° 2* et *n° 5,* c'est un hommage rendu à Palestrina que Liszt avait découvert et étudié lors d'un séjour à Rome en 1839.

9. **ANDANTE LAGRIMOSO** : cette pièce (d'après le poème « Une larme ou Consolation ») est sans doute plus intéressante, — sorte de confession autobiographique (amour sacré, amour profane ?) comme le sera également le morceau suivant. D'abord une phrase expressive, syncopée, dans le ton de *sol* dièse mineur, qui s'élève au registre supérieur du clavier ; puis un second thème chantant, en *la* bémol majeur, — telle une « consolation » divine ; enfin la profonde affliction des huit mesures finales. Faut-il s'interroger sur l'absolue sincérité du musicien, ou simplement considérer ce *Lagrimoso* comme une page de piano d'une sentimentalité exaspérante ? L'audi-

---
* A. Brendel, in : *Réflexions faites* (Ed. Buchet/Chastel, Paris, 1979).

teur n'est nullement contraint à l'adhésion sans conditions.

10. CANTIQUE D'AMOUR *(Andante)* : il y a peut-être plus de musique sincère dans la pièce conclusive, une sobriété plus juste, sans épanchements ni ostentation virtuose. Surgi de la main droite, puis d'un mouvement d'octaves puissamment amplifié (en accords et arpèges), le chant y revêt une signification plus humaine et plus grave, — jusqu'à emplir tous les registres d'un clavier sonnant avec somptuosité.

Dans l'ensemble, les pianistes aujourd'hui pratiquent peu ces *Harmonies,* — quand bien même deux pièces au moins (*Bénédiction de Dieu dans la solitude* et *Funérailles*) demeurent au répertoire courant de grands lisztiens. Mais si le recueil, certes, souffre de ses inégalités, n'en imputera-t-on pas certaines aux interprètes eux-mêmes ? Citons de nouveau Alfred Brendel, à propos de la *Bénédiction* : « Un tel morceau permet de tester la veine poétique d'un exécutant. Si Liszt ici sonne creux, la faute n'en sera pas nécessairement à Liszt »... Dont acte, pour l'auditeur qui n'aurait pas la chance d'avoir affaire au pianiste qui convient.

Sonate en *si* mineur

Commencée au cours de l'année 1852, achevée à Weimar le 2 février 1853, l'œuvre fut dédiée à Robert Schumann qui lui-même avait offert à Liszt sa *Fantaisie en ut majeur op. 17* : en remerciement, et un gage d'admiration qui ne fut pas réciproque. Car ni Schumann (déjà interné dans une institution), ni Clara, ni même Brahms (à qui Liszt avait joué sa partition à Weimar) ne surent l'apprécier. Seul Wagner devait se montrer enthousiaste. Et ce n'est qu'en juillet 1857 qu'eut lieu à Berlin la première exécution sous les doigts de Hans von Bülow (dont on n'oubliera pas qu'il fut élève du maître).

La *Sonate* de Liszt se situe à une période-charnière de sa vie créatrice : la pensée prend manifestement le pas sur la virtuosité. Jamais, d'autre part, le compositeur n'avait conçu au piano une œuvre aussi longue (la plus vaste pour l'instrument : une demi-heure environ, sept cent soixante mesures). Monumentale, véritable « action musicale » dans laquelle les thèmes sont caractérisés comme des personnages, la *Sonate en si mineur* bénéficie à tous égards d'un statut à part : elle reste unique dans la production du musicien, — tout en annonçant les audaces harmoniques des pièces ultimes pour piano ; elle reste unique dans la littérature romantique par son originalité, son inspiration, les hardiesses de sa construction, — tout en recueillant les fruits du tout dernier Beethoven et en admettant l'influence de la *Wanderer Fantasie* de Schubert (que Liszt avait orchestrée en 1851). Bref, la *Sonate en si mineur* constitue un point de repère dans l'histoire de la musique du XIXe siècle, en même temps qu'elle résume à elle seule le génie de Liszt.

Écrite en un seul mouvement — d'une seule « coulée » —, c'est une œuvre cyclique marquant un bouleversement complet du genre : elle plie et adapte inexorablement le moule traditionnel de la forme sonate à de nouvelles exigences de l'expression, non sans un formidable travail architectural, une fantastique dramatisation de tous les éléments du discours. Citons Claude Rostand* : « ... C'est la plus haute réalisation pianistique de Liszt, et il lui arrive parfois même d'excéder les limites normales de l'instrument. Bien que tout à fait différente de propos, la *Sonate* vient dans la lancée des *Poèmes symphoniques* dont elle affecte la liberté de forme, dont elle a l'ampleur et la grandeur orchestrales, et dont elle reflète l'essentiel souci qui restera toujours celui de Liszt : ne pas s'en remettre à un cadre formel préétabli, mais au contraire chercher la forme spéciale convenant à telle pensée musicale. » Mais le même auteur ajoutait avec raison : « Beethoven avait utilisé le principe bithématique de la sonate classique dans l'esprit d'un dialogue ou d'une lutte dramatiques. C'est ce même esprit que va consacrer Liszt en l'exploitant avec une totale liberté. » De ces quelques remarques se déduit que la *Sonate en si mineur* réclame de ses interprètes — les plus grands, toujours, y triompheront — une toute autre approche que simplement virtuose : elle est une pierre de touche pour tout pianiste, exigeant un sens réfléchi de la construction et des divers plans sonores, en même temps qu'un coloris pianistique tenant compte de son écriture « orchestrale ».

Il découle aussi de ce qui précède que l'œuvre échappe à la succession ordinaire exposition — développement — réexposition, mais s'articule selon un certain « cyclisme » (qui n'a rien de la rigueur franckiste) dont le principe d'argumenta-

---
* C. Rostand, *op. cit.*

tion thématique s'appuie sur le procédé de la variation. Encore faudrait-il nuancer : les thèmes subissent des transformations rythmiques, mélodiques ou harmoniques qui relèvent davantage de la préoccupation dramatique que d'une logique proprement musicale. Les indications principales de mouvement sont les suivantes : *Lento assai, Allegro energico, Andante sostenuto, Allegro energico, Andante sostenuto,* enfin *Lento assai.* A elles seules, ces indications affirment déjà l'organisation de l'ensemble ; mais, dans les « interstices », que d'événements imprévus, que de dérangeants dérapages ! Quant au nombre des thèmes, les avis des commentateurs ont toujours un peu divergé : que l'on attribue à la *Sonate* quatre, cinq ou six thèmes dépend de la manière dont on envisage le groupe thématique constituant le *Lento* et l'*Allegro* initiaux ; de même a-t-on pu estimer que s'établit une division bipartite entre le thème « passif » du *Lento* et le second double thème « actif » de l'*Allegro*. L'analyse que nous proposons se fonde sur six thèmes : elle facilite essentiellement une lecture de la partition dans laquelle — pour reprendre une observation du pianiste Alfred Brendel * — « la première impression que nous fait chacun de ces thèmes, c'est-à-dire leur caractère initial, constiue, malgré tous les développements et changements psychologiques qui s'ensuivent, le repère d'orientation le plus important ».

Les trois premiers thèmes sont présentés immédiatement. L'introduction *Lento, sotto voce* (sept mesures), dans un climat mystérieux et sombrement méditatif — « il n'y a ici ni parole ni chant, mais pure pensée » (A. Brendel) —, fait paraître le premier :

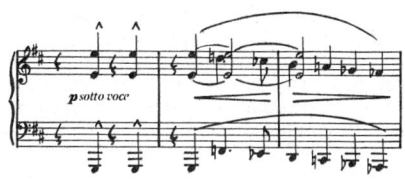

Entre de sourds battements sur *sol* — pulsation rythmique coupée de silences —, il se construit au registre grave sur deux gammes descendantes de *sol* mineur, — la première phrygienne (avec *la* bémol), la seconde tzigane (avec deux secondes augmentées). Ce *Lento* amène le deuxième thème (*Allegro energico* dans le ton principal), d'une âpreté sauvage, « dans un mélange de révolte, de désespoir et de mépris, un acteur : Faust ? » (A. Brendel) ; intervalles de septième diminuée en figures d'unisson doublées sur quatre octaves :

Ce thème n'occupe que les mesures 8 à 13. Dès la mesure 14 s'affirme sans transition un troisième thème *(Marcato)* : il est brutal et sarcastique, « railleur, subversif, méphistophélique » (A. Brendel) ; martèlement répété à la basse, dans un ambitus réduit et très assombri :

Une lutte acharnée s'engage aussitôt, après un silence, entre ces deux thèmes : c'est un « combat de fauves » en un développement *(sempre forte ed agitato)* qui ne décide d'aucune victoire. Ne faisons pas fi de la formule lapidaire d'Alfred Brendel —, entièrement justifiée par la proximité de la *Faust Symphonie* (dont la composition fut entreprise l'année suivante) : « Faust et Méphisto s'unissent à la manière d'un centaure ». Néanmoins, le thème « faustien » semble provisoirement triompher en un passage d'octaves staccato d'un effet saisissant. Une sorte de coda grandiose termine en faisant reparaître le thème initial de la gamme tzigane descendante, ici harmonisée. Avec la présentation, puis les affrontements de ce premier groupe de thèmes s'achève un assez vaste préambule dont nous connaissons dès lors la substance motivique. Les thèmes qui vont suivre seront, à présent, en majeur.

C'est d'abord un épisode indiqué *Grandioso* (au ton relatif *ré* majeur), emplissant les mesures 105 à 113 : lent, d'une ample solennité de choral, ce quatrième thème se déploie sur une harmonie nourrie — densité des accords, sonorités d'orgue —, avec ses basses profondes sur le *ré* grave et ses attaques *ff* aux temps forts :

---

* Toutes nos citations proviennent ici soit de son livre, *Réflexions faites*, déjà mentionné, soit d'un texte par lui rédigé pour un enregistrement d'œuvres de Liszt (disques Philips).

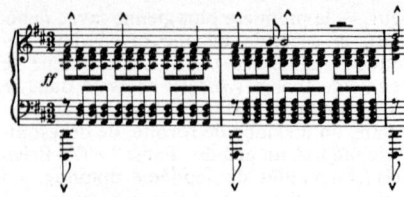

Le deuxième thème resurgit alors, mais *dolce con grazia,* en une suite étirée d'arpèges languissantes, — que rompt à son tour brusquement le troisième thème, toujours satanique et incisif. Et, cependant, c'est un lyrique *Cantando espressivo* (ré majeur) qui propose, à la mesure 153, une variante de celui-ci, — comme émerveillé (vision de Marguerite ?) : ce cinquième thème, rêveur, et qui a la suavité d'une cantilène italienne, se déroule sur accompagnement d'arpèges en triolets ; puis devient nocturne s'intériorisant longuement, — avant une cadence *piano* où fusent des trilles. Les thèmes « faustien » et « méphistophélique » retrouvent alors leur vigueur combative en un éclatant développement contrapuntique (augmentations, diminutions, renversement, mouvements contraires) que traverse par instants la gamme descendante initiale. Après un nouvel épisode d'octaves issu du deuxième thème, le motif *Grandioso* du quatrième affirme passagèrement, en grands accords, sa puissance hymnique. Bref *Recitativo* sur un dessin provenant du deuxième thème, redite des accords *Grandioso,* puis nouveau récitatif... Voici enfin un sixième thème en un court *Andante sostenuto* mélodique (*fa* dièse majeur), — sorte d'épisode central autonome qui ne s'étend que des mesures 331 à 346 : s'y exprime une extase religieuse, — « traduction musicale d'une idée, l'Éternel féminin nous attire là-haut » (A. Brendel). Cet *Andante,* incorporé à l'œuvre comme par miracle, introduit un *Quasi adagio* chantant *dolcissimo con intimo sentimento* sur un motif dérivé du troisième thème. A la suite d'une brève cadence, le thème *Grandioso* paraît encore, dans un ton pathétique ; un nouveau développement se termine cette fois comme la conclusion d'un cycle, — avec rappel de la gamme descendante originelle qui s'éteint sur deux *fa* graves frappés sourdement.

Au terme d'un « cycle », nous le sommes sûrement. Et, pourtant, s'annonce un épisode inédit en fugato, — qui fait office de troisième développement en même temps que de scherzo : il s'agit d'un nouvel *Allegro energico* dont la fugue s'élabore sur deux sujets qui ne sont autres que les thèmes « faustien » et « méphistophélique » (pour mémoire, les deuxième et troisième). Cette fugue fait pénétrer en un monde infernal où Bartok estima que Liszt « exprimait pour la première fois l'ironie en musique »... Dès la violente exposition en *si* bémol mineur (en place du *si* mineur) les deux thèmes se succèdent en répliques d'une agressivité menaçante, semblent se jeter des défis inquiétants. Écrit à trois voix, le développement fugué, d'une tension croissante (accélérations, condensations rythmiques), s'enfle jusqu'à atteindre une envergure symphonique. Les deux thèmes s'affrontent avec éclat, — l'un en octaves *precipitato,* l'autre en un unisson fortissimo. On s'achemine progressivement vers un épilogue, un « dénouement », — qui sera une vaste récapitulation de tous les motifs dans la tonalité fondamentale, si longtemps combattue et retardée. Le thème *Grandioso* résonne avec une grandeur accrue, puis le thème *Cantando* selon des variantes... Sur un *Prestissimo fuocoso assai* s'entend encore le thème « faustien » ramenant au *Grandioso.* Après un silence subit, bref épisode de l'*Andante sostenuto,* — à la suite duquel un *Allegro moderato* de quelques mesures réintroduit le thème « méphistophélique » en un *sotto voce* qui semble d'outre-tombe, et s'éloigner tandis qu'émerge, dans une sérénité conquise, le thème « faustien ». Et tout prend fin en un *Lento assai* sur la gamme tzigane que surmontent de larges accords extatiques à l'aigu du clavier. Un *si* grave — « comme un coup de timbales assourdi » (Claude Rostand)* — signe la conclusion.

Somme absolue du savoir et du savoir-faire lisztiens, la *Sonate en si mineur* est restée — dans son splendide isolement — le lieu d'un formidable enjeu : c'est à l'issue du combat qui s'y jouait que se sont fixées définitivement les destinées du piano moderne. Cependant, cette œuvre de génie n'a jamais connu d'imitateurs et n'a exercé une véritable influence que par certains de ses aspects structurels (la forme « libre » de la sonate-cycle, — préliminaire à la forme « ouverte » de maintes œuvres contemporaines). Mais c'est, pour terminer, le propos exhaustif du musicologue Viktor Zuckerman qui peut être ici rapporté** : « Rappe-

---

* C. Rostand, *op. cit.*
** Reproduit dans la revue « Silences », n° 3 : *Liszt* (Éd. de la Différence, Paris, 1986).

lons les qualités les plus générales de la *Sonate* : la grandeur de ses idées, la grandeur de ses dimensions, l'intensité et la continuité dans le développement de ses sphères expressives. En fait, toutes ces particularités prises ensemble — la profondeur, les dimensions, l'intensité de l'action — définissent le *symphonisme*, le déroulement symphonique. Aussi sommes-nous en droit d'affirmer que la *Sonate en si mineur* de Liszt est un poème symphonique pour le piano. En même temps elle demeure une véritable encyclopédie du romantisme musical. Dans son sens le plus large, cette œuvre nous dévoile ce que seul un créateur de génie peut créer : un contenu humain infiniment profond et hors temps. »

Les Rhapsodies hongroises

« J'ai voulu donner une sorte d'épopée nationale de la musique bohémienne... Par le mot « rhapsodie », nous avons voulu désigner l'élément fantastiquement épique que nous avons cru y reconnaître. Chacune de ces productions nous a toujours paru faire partie d'un cycle poétique. Ces fragments ne narrent point de faits, il est vrai : mais les oreilles qui savent entendre y surprendront l'expression de certains des états de l'âme dans lesquels se résume l'idéal d'une nation. » Cette citation provient du volume que Liszt fit paraître en 1859, *Des Bohémiens et de leur musique en Hongrie*. On s'est souvent référé à ce type de déclarations — le livre en comporte bien d'autres — pour excuser le musicien de sa confusion entre hongrois et tzigane ; ou pour lui en faire grief. En réalité, en effet, les *Rhapsodies* de Liszt sont proprement tziganes, — de même que les célèbres *Danses* de Brahms. A l'époque du compositeur, le folklore magyar — élément de l'authentique musique hongroise — s'était à peu près perdu, et ne serait exhumé qu'au début du XXe siècle par des musiciens tels que Bartok et Kodaly. Tout hungarisme n'est certes pas banni alors de la musique tzigane, en particulier l'usage de l'échelle pentatonique. Mais ni les mélodies, ni les rythmes, ni même le style instrumental (essentiellement sobre) de la musique hongroise ne s'y retrouvent. Les *Rhapsodies* de Liszt représentent donc des évocations stylisées d'une musique à demi improvisée par ces orchestres tziganes itinérants qu'adoptèrent et fixèrent les seigneurs magyars, — dont les deux protagonistes étaient un violon soliste et le « zymbalier » (joueur de cymbalum). C'est dans la restitution au piano de particularités de jeu et d'effets sonores empruntés à ces deux instruments types que réside une grande partie de leur intérêt, — parallèlement à l'utilisation persistante de la gamme tzigane (gamme mineure avec une quarte altérée, ou gamme majeure avec seconde et sixte altérées) et à l'alternance brusque des rythmes de « Lassan » (de *lassu* = lent) et de « Friska » (de *friss* = rapide), tous deux de mesure binaire. Le premier de caractère généralement grave, mélancolique ; le second animé d'élans fougueux. La composition des dix-neuf *Rhapsodies hongroises* s'échelonne de 1846 à 1886 ; mais la plupart semblent avoir été écrites avant 1854. Les deux premières, en effet, parurent en 1851, les *n° 3* à *15* en 1853, — les quatre dernières seulement appartenant à la période 1882-1886. Valent-elles, en tant qu'œuvres sur des thèmes populaires, les *Polonaises* et les *Mazurkas* de Chopin ? La virtuosité domine, soutenue par l'étonnante imagination sonore du musicien, par l'éloquence du discours, par ses multiples feux d'artifice pianistiques (et des difficultés d'interprétation très particulières). Mais la matière, sans doute, en est moins constamment belle, moins poétique, et l'on peut estimer qu'une facture trop brillante masque parfois leur signification profonde : cette « sorte d'épopée nationale, d'épopée bohémienne » que le musicien hongrois a voulu offrir. Mésestimées pendant des décennies — médiocrement « arrangées » pour orchestre (certaines par Liszt lui-même) —, les *Rhapsodies hongroises,* cependant, méritent — pour beaucoup — une réhabilitation : « Il faut les défendre sur deux fronts, contre les musiciens sérieux qui considèrent les *Rhapsodies* comme de la musique de cirque, et contre les maniaques du piano qui les trahissent en les jouant effectivement comme de la musique de cirque », estime le pianiste Alfred Brendel*, — précisant en une formule que nous soulignons : « Le génie improvisateur et la fougue de l'interprète étant essentiels pour insuffler vie aux *Rhapsodies,* elles sont plus que tout autre pièce *comme de la cire entre ses doigts.* »

RHAPSODIE N° 1 (en *ut* dièse mineur) : elle donne le « ton », — avec ce motif aux syncopes caractéristiques :

---

* A. Brendel, *op. cit.*

La seconde partie introduit un rythme de Csardas, mais ne dégage aucun thème remarquable en dépit d'une écriture aisée, assez brillante (tierces en staccato, octaves, etc.).

RHAPSODIE N° 2 (en *ut* dièse mineur) : elle s'est acquise, à juste titre, la célébrité. L'introduction majestueuse, marquée d'appoggiatures énergiques, est dans toutes les oreilles :

La première partie est un « Lassan », sur un motif dansant qui s'accélère et s'éclaircit en majeur avec une grâce élégante. La « Friska » de la seconde partie s'amorce sur une reprise du « Lassan » et du motif d'introduction : ardente et capricieuse, — avec des effets scintillants de triangle et de cymbalum. Douze mesures de rallentando débouchent sur une courte cadence, et un *Prestissimo* d'octaves figure l'abrupte coda.

RHAPSODIE N° 3 (en *si* bémol majeur) : un parfait exemple d'utilisation de la gamme tzigane. Il n'y a pas de « Friska » dans cette courte *Rhapsodie,* qui oppose poétiquement les tonalités de *si* bémol majeur et de son relatif *sol* mineur dans un climat de ballade ; cadence ad libitum.

RHAPSODIE N° 4 (en *mi* bémol majeur) : l'opposition lent/rapide est à nouveau de mise. Les deux thèmes de la première partie ne sont pas mémorables ; le staccato d'octaves de la seconde partie, en revanche, a beaucoup plus de relief.

RHAPSODIE N° 5 (en *mi* mineur) : sous le titre originel d'« Héroïde Elégiaque », elle présente un motif de marche funèbre (à double trio), bien détaché du thème mélodique ; aucune spécificité « hongroise », mais un caractère orchestral évident.

RHAPSODIE N° 6 (en *ré* bémol majeur) : c'est un chant national magyar, d'allure altière, qui constitue la première partie ; la seconde partie — un *Presto* — est sur un rythme de Csardas fortement syncopé ; puis la troisième, sorte de récitatif pathétique, vient conférer à cette riche *Rhapsodie* son caractère improvisé. Le finale débouche rapidement sur une strette en octaves de la plus haute virtuosité.

RHAPSODIE N° 7 (en *ré* mineur) : « dans le style tzigane le plus provocant et le plus profond » (indications de Liszt). Courte introduction en un *Lento* ornementée à la tzigane, puis *Vivace* plus amplement développé : son premier thème paraît en écho de la fameuse Marche de Rakoczy (qu'on rencontrera plus loin), et le second tel un chant bohémien de la plus vraisemblable authenticité.

RHAPSODIE N° 8 (en *fa* dièse mineur) : cette courte *Rhapsodie* semble répondre de façon plus appropriée aux indications de la précédente, — dans la remarquable diversité de ses rythmes, de ses accents, de ses atmosphères. Introduction — *Lento a capriccio* — immergée dans un rêve « profond » ; *Allegretto con grazia* plein de charme spontané ; partie conclusive en un *Presto* fougueux, effectivement « provocant », sur le rythme d'une Csardas.

RHAPSODIE N° 9 (en *mi* bémol majeur) : ou « Carnaval de Pest ». D'une seule coulée sonore, — bien qu'on distingue les trois parties habituelles. Le thème initial, peu distinctif en lui-même, fait néanmoins grand effet grâce à sa versatilité rythmique et de registres (passages en tierces, accentuations imprévues, colorations du clavier). L'*Allegretto* de la partie médiane est une sorte de variation virtuose ; le *Presto* du finale répète avec force le thème de la première partie, et se termine en un mouvement d'octaves plein de tumulte populaire.

RHAPSODIE N° 10 (en *mi* majeur) : un motif rythmique léger pour l'*Andante deciso* introductif ; l'*Allegretto capriccioso* suivant fait paraître quelques mesures d'une cadence en récitatif *(quasi zimbalo)* amenant un épisode en glissandos dont le motif, après une brève reprise du thème d'*Allegretto,* forme la strette, — courte mais d'une extrême virtuosité.

RHAPSODIE N° 11 (en *la* mineur) : sonorités de cymbalum, phrases rêveuses de violon, accentuations marquées signalent à l'attention cette belle « improvisation », — très évocatrice de l'orchestre tzigane. C'est un thème mélodique nerveux, aux appoggiatures fermes, qui forme contraste avec une introduction plus évasive :

Il conduit, en stringendo, à la courte Csardas du finale.

RHAPSODIE N° 12 (en *ut* dièse mineur) : *Rhapsodie* virtuose, mais qu'on pourra taxer de quelque superficialité. Première partie lente à deux thèmes d'un grandiose appuyé, et brillant *Allegro zingarese* combinant ces deux thèmes et un motif chantant d'*Allegretto* ; strette endiablée qui, aux mesures finales, résume avec éclat la thématique de l'œuvre.

RHAPSODIE N° 13 (en *la* mineur) : sur un mouvement arpégé s'ouvre, dans un *dolce* mélancolique, cette délicieuse *Rhapsodie* (avec quarte altérée de la gamme mineure tzigane). Un contre-thème, en majeur, affirme la même particularité tzigane du point de vue rythmique. C'est un thème violonistique de six mesures sautillantes qui caractérise le *Vivace* suivant ; un second motif, également de six mesures, fait paraître à son tour la quarte altérée :

La strette, tourbillonnante, est une Casardas.

RHAPSODIE N° 14 (en *fa* mineur) : ou « Fantaisie hongroise », — l'une des plus justement célèbres. Le thème principal, en hymne populaire magyar, se présente d'abord sous l'aspect d'une marche funèbre (sur une scansion étouffée de tambours). Puis ce thème paraît dans sa configuration originale, — en un *Allegro eroico* plein de panache patriotique, fortissimo, syncopé (l'accent, aux mesures 1 et 2 de l'exemple ci-après, est sur chaque dernier accord pointé) :

Un *Allegretto alla Zingarese*, en imitations de cymbalum, laisse resurgir le thème héroïque, — que brisera la jaillissante Csardas conclusive *(Vivace)*, pleine d'effets pianistiques (déplacements d'accents, trilles, trémolos, glissandos). Une strette *(Prestissimo)* vient achever dans l'ivresse de sa propre virtuosité. En 1852-1853, Liszt adapta le matériel thématique de cette *Quatorzième Rhapsodie* pour le piano et l'orchestre avec sa *Fantaisie sur des mélodies populaires hongroises**.

RHAPSODIE N° 15 (en *la* mineur) : dite « Rakocsy ». Il s'agit d'une des trois versions réalisées par Liszt de l'illustre *Marche de Rakoczy*, — qui permirent peut-être à Berlioz de la découvrir (mais ceci est historiquement discutable)**. Rappelons simplement que le rebelle Rakoczy avait conduit la guerre d'indépendance de la Hongrie contre l'Autriche, et pris en peu de temps une dimension héroïque et légendaire. Cependant l'élément mélodique de cette *Marche* ne doit rien à l'époque du « héros », — car le prétendu « Chant de Rakoczy », qui connut maintes variantes entre 1780 et 1800, ne contient aucun des motifs de la *Marche*. C'est en réalité une création de Franz Erkel (vers 1840) que Liszt a paraphrasée : le sentiment de ferveur patriotique qui l'anime n'en a pas moins son authenticité. La pièce débute, *tumultuoso*, en crescendo d'octaves brisées ; le thème de Marche *(marcatissimo)*, d'une progression presque terrifiante, s'adoucit en un trio qui contraste par son motif gracieux (sonorités claires et éparses de cymbalum et de triangle) ; une cadence tempêtueuse mène à la reprise, — tandis que la coda revêt tout l'innombrable éclat de cris de victoire.

Les quatre dernières *Rhapsodies*, postérieures d'une trentaine d'années, ne peuvent se rattacher que par artifice aux quinze précédentes. Les circonstances « nationales » de leur composition furent diverses : la *Seizième Rhapsodie* fut écrite pour commémorer les festivités en l'honneur du peintre Munkaczy à Budapest (il fut l'auteur d'un célèbre portrait du musicien) ; la *Dix-septième* pour un « Album de Figaro » ; la *Dix-huitième* pour un album consacré à des poètes hongrois publié en 1885 ; et la *Dix-neuvième*, la même année, comme paraphrase de *Csardas nobles* du compositeur Kornel Abrányi. Ce sont donc, d'une certaine manière, des « hommages » qui appartiennent à la dernière période créatrice, — celle dans laquelle l' « amertume du cœur » a remplacé l' « exubérance du cœur » (de l'aveu même de Liszt).

La sonorité se raréfie, la forme se rétracte, la tonalité est minée jusqu'à la disso-

---

* Voir *Fantaisie hongroise*, in : *Guide de la musique symphonique*.
** Voir à *Berlioz* : *Marche hongroise*, de *la Damnation de Faust* (in : même ouvrage).

lution, et la monotonie de la gamme tzigane se répercute sur l'harmonie. Les dernières *Rhapsodies hongroises,* longtemps — et encore — mal comprises, voire négligées, forment des épures du genre. Tel ce thème introductif de la **RHAPSODIE** N° **16** dont on perçoit difficilement l'axe tonal (en réalité *la* mineur), suivi d'un motif de « Lassan » avec cadence, puis d'une Csardas (*Allegro* en *la* majeur). Tel ce récitatif élégiaque par quoi commence la **RHAPSODIE** N° **17** (en *ré* mineur), dont la modulation en majeur n'affecte en rien l'ambiance tonale, déterminée par une quarte lydienne ; la strette, en *ré* majeur, débouche sur un unisono trouvant un repos, pour conclure, en *si* bémol. La **RHAPSODIE** N° **18** (en *fa* dièse mineur) comporte un bref « Lassan », puis une « Friska » indiquée *Presto* que parcourt un petit motif syncopé. Enfin, plus développée, la **RHAPSODIE** N° **19** (en *ré* mineur) se construit sur un thème de chanson (« Lassan »), puis sur un motif de Csardas (marqué *Vivace*) qui semble s'épuiser à travers ses nombreuses redites.

Les Méphisto-Valses II-22

On sait que le thème « méphistophélique » parcourt l'œuvre de Liszt tel un corollaire du thème « divin » : « Qui croit en Dieu ne peut révoquer en doute le Malin »... La première version de **Méphisto-Valse** écrite pour le piano en 1860 s'inspire de la partition orchestrale conçue deux années auparavant, intitulée *Épisodes pour le Faust de Lenau* ; c'est le second épisode — *Danse à l'auberge du village* — qui fait ici l'objet d'une libre transcription pianistique, — d'une virtuosité telle qu'elle l'emporte sur son modèle. Sur un *marcato* à 3/8, la partie introductive évoque en une succession de quintes vides les coups d'archet du « violon du Diable » avec une précision toute satanique. Puis voici l'entrée dans la danse sur un motif (*la* majeur) demeuré célèbre, — dont les figurations sautillantes de doubles croches semblent caricaturer le rythme :

marcato

Un second thème paraît calmement, en un épisode central (*ré* bémol majeur) dont le lyrisme s'exacerbe dans la rencontre du premier, — la combinaison des deux motifs provoquant une amplification sonore considérable. Et toute la fin du morceau résonne d'un fantastique macabre : arpèges enlaçant les thèmes, qui se livrent ensuite à de prodigieux bonds intervalliques, — tandis qu'un tendre et insinuant récitatif suggère que le Diable entraîne les vivants dans sa ronde infernale sur des rythmes tourbillonnants.

On ne peut que faire mention des trois versions suivantes — beaucoup plus tardives — de cette *Méphisto-Valse* : elles sont respectivement de 1880, 1883 et 1885. La version de 1883 se signale par son motif de quartes en triolets ascendants et descendants (en *fa* dièse majeur) ; la version de 1885 est demeurée inachevée. Plus intéressante — comme cinquième version — une courte pièce intitulée **Bagatelle sans tonalité**, vraisemblablement datée de 1885 (découverte seulement en 1958 à Weimar). Elle marque en effet l'avancée extrême du compositeur vers la dissolution du monde tonal (qu'un théoricien musicologue belge, Fétis, lui avait fait entrevoir). Liszt, il est vrai, s'était aventuré déjà vers ces terres inconnues par le recours à la polyharmonie et aux systématisations chromatiques. Mais la *Bagatelle sans tonalité* atteste une évolution très nettement ressentie dans toutes les œuvres tardives[*], — et qui atteint ici un point de non-retour. Ce Liszt-là appartient entièrement au XXe siècle.

Pour mémoire, enfin, indiquons qu'une *Méphisto-Polka* (1883) est à considérer comme la sixième et dernière version de la série.

Deux Études de concert

Leur composition date de 1862, — année de séjour romain succédant à l'échec du projet de mariage entre Liszt et la princesse Sayn-Wittgenstein. Elles sont donc postérieures de dix ans aux *Études d'exécution transcendante*, et contemporaines des *Variations sur « Weinen, Klagen, Sorgen, Zagen »* (dont elles ne partagent nullement l'esprit austère cependant). Ce sont là deux pièces de caractère abolissant toute virtuosité, ou — pour mieux dire — dans lesquelles la virtuosité n'apparaît que promulguée par la forme qui en sous-tend les divers éléments.

1. WALDESRAUSCHEN (« Murmures de la forêt ») : pièce pastorale à variations — on

---

[*] Voir, plus loin, *Dernières œuvres pour piano.*

en compte sept — à partir d'un thème qui est une douce mélodie paraissant au registre d'alto (figures de triolets *una corda*), et culminant en une strette syncopée. Poésie, sérénité.

2. GNOMENREIGEN (« Ronde des lutins ») : une sorte d'hommage aux elfes mendelssohniens, — à moins qu'on ne songe immédiatement au Puck shakespearien. Les deux motifs conducteurs se mêlent dans la forme d'un rondo, selon tous les caprices d'un parcours à travers les tonalités : *fa* dièse mineur — *la* majeur, *fa* dièse mineur — *si* bémol majeur, *sol* mineur — *fa* dièse mineur — *fa* dièse majeur. Le rendu de cette pièce exige une technique du staccato éprouvée. Cependant ni celle-ci, ni la précédente ne justifient à proprement parler le titre d'*Études*.

Variations sur « Weinen, Klagen, Sorgen, Zagen »

La composition de ces très belles *Variations* peut être datée de 1862. Le thème principal en provient du premier chœur de la cantate de Jean-Sébastien Bach *Weinen, Klagen, Sorgen, Zagen, Angst und Not sind der Christen Tränenbrot* (« Pleurer, gémir, se tourmenter, désespérer... », *BWV 12*), écrite en 1714. L'œuvre est une passacaille qui, après une libre fantaisie sur une basse obstinée chromatique descendante (basse qui est celle du *Crucifixus* de la *Messe en si mineur* de Bach, — lui-même emprunté à la cantate), débouche sur le choral *Was Gott tut, das ist wohlgetan* (« Ce que Dieu fait est bien fait »), par lequel s'achève la partition du Cantor. Au motif sévère du thème principal, aux chromatismes exprimant accablement, peur, désespoir, angoisse en une vision « dantesque »*, se substitue finalement la lumière : à l'instant le plus douloureux (récitatif que ponctue un cri pathétique), paraît un pur diatonisme dans le mode majeur, — engendrant un sentiment de confiance et de douce résignation consolatrice (la mort de la fille de Liszt, Blandine Ollivier, le 11 septembre 1862 fut sans doute la cause occasionnelle de ces *Variations*). Concentrée, émouvante à l'extrême, cette partition, qui dure une quinzaine de minutes, contient des progressions harmoniques d'une riche diversité, — où s'annoncent tant un César Franck qu'un Scriabine.

De cette version originale pour piano (dédiée au grand pianiste Anton Rubinstein, qui semble ne l'avoir jamais jouée en public), Liszt réalisa en 1863 une transcription pour orgue, — qui lui est sensiblement inférieure. D'inspiration similaire, la *Fantaisie et Fugue sur le nom de BACH* (1855), — dont l'adaptation pianistique (1871) n'a pas détrôné la version originale, et qui appartient de plein droit à l'univers de l'orgue.

Deux Légendes

A la veine des *Années de pèlerinage* (entre les deuxième et troisième *Années*) se rattachent deux *Légendes* que Liszt composa au plus tard en 1863. Ce sont, peut-on dire, de brefs « poèmes symphoniques » pour piano.

C'est au Chapitre 16 des « Fioretti » (tirés du livre de Frédéric Ozanam, *les Poètes franciscains en Italie*) que fut empruntée l'image pleine d'innocence évangélique — préraphaélite — de SAINT FRANÇOIS D'ASSISE, LA PRÉDICATION AUX OISEAUX, première *Légende* évoquant avec la « grâce naïve » de l'original les gazouillements et les chants d'oiseaux auxquels s'adresse le « poverello » d'Assise. Le sermon du saint — récitatif *dolce parlante* — est introduit par de solennels accords auxquels répondent les oiseaux *(Allegretto)* : trilles, arpèges, figurations chromatiques. Le piano commente avec de plus en plus d'ampleur, tandis que le chœur des oiseaux, sous forme de phrases construites, devient une voix unanimement céleste. Une sorte d'impressionnisme mystique paraît baigner la pièce entière.

La seconde *Légende* — SAINT FRANÇOIS DE PAULE MARCHANT SUR LES FLOTS (d'après G. Miscimarra, *Vita di S. Francesco di Paola*, Chapitre 35) — est de nature plus descriptive. Un thème-conducteur de choral, *Andante maestoso* (en *mi* majeur), caractérise dès les premières mesures la personnalité du saint franchissant le détroit de Messine, sa foi robuste, sa tranquille assurance face à l'agitation des flots : murmure de trémolos et vastes arpèges. La tempête se déchaîne en houles chromatiques, en assauts virtuoses de tierces et d'octaves trouant l'aigu du clavier, — jusqu'à l'instant où le saint, miraculeusement, s'avance sur la mer et apaise le chaos. La pièce est conclue en « action de grâces » victo-

---

* Voir, ici même, *Années de pèlerinage : Après une lecture de Dante*; les deux œuvres ne sont pas sans affinités, — celle-ci plus sobre et plus austère.

rieuse : sur le thème initial de choral poudroient les rayons d'une lumière d'apothéose divine, d'une sorte d'Alleluia... Chacune des *Légendes* n'excède pas les dix minutes d'exécution.

En marge des *Rhapsodies hongroises* se situe, datée de 1863, une pièce titrée **Rhapsodie espagnole** : à l'instar de beaucoup d'autres, elle exploite les thèmes des « Folies d'Espagne » et de la « Jota aragonesa ». Il n'y faut pas chercher autre chose qu'un prétexte à une virtuosité plus salonarde qu'authentiquement inspirée : on se trouve loin, ici, des réussites remarquables et des joies musicales que procurent maintes *Rhapsodies hongroises*.

LES DERNIÈRES ŒUVRES POUR PIANO

Les pièces tardives pour piano ont longtemps subi l'éclipse imposée par ceux qui n'y trouvaient plus « leur » Liszt, mais ont cru à un appauvrissement de la pensée comme de la réalisation musicale. « Ce n'est certes plus l'estrade du XIXe siècle, avec l'éclat et l'enchantement de la virtuosité, qui détermine ces œuvres : celles-ci ne cherchent plus à séduire, et guère davantage à convaincre » (Alfred Brendel)*. C'est qu'à l' « exubérance du cœur » a succédé, de l'aveu même du compositeur, l' « amertume du cœur » : dépouillement de l'âme recueillie, et dépouillement de l'écriture comme seul écho des voix intérieures et, parfois, de voix d'au-delà. C'est, en tout cas, ce que nous y découvrons aujourd'hui. L'impression se dégage d'un discours fragmenté, émietté, gouverné par l'aléatoire, et de sonorités raréfiées ; l'abandon de la stabilité tonale ne peut que l'accentuer, — ainsi que le refus du cantabile mélodique. Parmi ces œuvres encore un peu méconnues, voire mésestimées, nous retenons ici celles qui nous ont semblé les plus essentielles.

De la suite de douze pièces brèves écrites par Liszt à l'intention de sa petite-fille Daniela von Bülow entre 1873 et 1876, et intitulée **Arbre de Noël**, on ne joue plus qu'occasionnellement deux ou trois numéros. Les quatre premiers forment des paraphrases simplifiées de chœurs et de chants populaires de Noël (tel le *n° 2 « O heilige Nacht »*) ; les trois suivants sont des « scènes d'enfants » presque schumanniennes : citons le délicat *Glockenspiel* (« Carillon »), aux harmonies aériennes et de texture impressionniste, et le charmant *Schlummerlied* (« Berceuse »). Parmi les dernières pièces se remarquent surtout le *n° 11 « Ungarisch »* et le *n° 12 « Polnisch »*, — tous deux prenant prétexte de rythmes populaires, une marche héroïque à la hongroise, une mazurka polonaise pleine d'élégance.

Les trois *Csardas — Csardas macabre (1882), Csardas 1 (Allegro)* et *Csardas obstiné* (1884) appartiennent encore à l'inspiration « nationale » du compositeur, qui résidait alors fréquemment à Budapest. La **Csardas macabre**, comme les deux autres, ne comporte pas le mouvement lent d'introduction, mais conserve le rythme binaire, syncopé, de l'épisode vif traditionnel (v. également les *Rhapsodies hongroises*). Le piano, sur ce rythme implacable, s'y trouve traité en véritable instrument à percussion. De fiévreuses successions de quintes accentuent ce caractère tourmenté, barbare, de la pièce (qui dure huit minutes environ), — où deux « complexes » tonaux entrent d'ailleurs en conflit (*fa* majeur et *ré* majeur). « Par ailleurs, son thème anguleux, ses brusques oppositions de registres, ses modulations aventureuses et sa tonalité incertaine en font, sur le plan de l'écriture, une page curieusement prémonitoire » (Jean Dupart)**.

Trübe Wolken (« Nuages gris ») est une composition de 1881 : cette pièce mélancolique, concise et d'une économie de moyens étonnante, est bâtie sur un motif de quartes, très nu, linéaire, surmontant un trémolo de la basse ; puis une progression chromatique ascendante fait paraître deux accords arpégés entre les registres médian et aigu du piano : ainsi d'évasives dissonances concluent-elles une page énigmatique et prenante à la fois.

On passera plus rapidement sur les deux pièces suivantes : **Schlaflos — Frage und Antwort** (« Sans sommeil — question et réponse ») fut composé en 1883. Il s'agit d'un nocturne écrit sur un texte du poète Toni Raab ; la « question » est posée en une phrase d'une profonde tristesse sur un mouvement de triolets de croches ; la « réponse » se veut consolante, mais sans illusions. **Unstern** (« Étoile du malheur ») est de 1885 : elle semble, dans sa sombre monotonie, vouloir écarter les coups du

---

* A. Brendel, *op. cit.*

** J. Dupart, *op. cit.*

Destin — violentes dissonances, accords d'orgue —, mais retombe à la fin dans un accablement sans espoir, comme figé.

Die Trauergondel (« La Lugubre Gondole ») a connu plusieurs versions : d'abord pour piano, puis pour piano et violon (ou violoncelle), enfin cette seconde version retravaillée pour piano seul. Il est fréquent que les pianistes jouent les versions 1 et 2 : on peut hésiter, en effet, entre la concentration de la première (quatre minutes environ) et une théâtralité plus marquée de la seconde (près de sept minutes), — celle-ci n'étant pas sans emprunter à la rhétorique des *Funérailles* de 1849*. L'œuvre fut conçue peu de mois avant la mort de Richard Wagner, à Venise où Liszt s'était installé pendant l'hiver de 1882-1883 : il occupait un appartement du palais Vendramin loué par Wagner, qu'il quitta le 14 janvier pour ne plus jamais revoir ce dernier. Terrible pressentiment exprimé par cette musique, — étrange élégie d'une éloquence erratique, emplie de chromatismes et qu'aucune assise tonale ne paraît plus soutenir. C'est de cette même époque de deuil — 1883 — qu'il faut dater la pièce intitulée *Richard Wagner — Venezia*, qui est un « tombeau ».

TRANSCRIPTIONS ET PARAPHRASES

Les « arrangements » pianistiques occupent une place importante — au moins quantitativement — dans l'œuvre de Liszt : pour piano à deux mains, à quatre mains (notamment de ses propres poèmes symphoniques ou partitions vocales), pour deux pianos (*Neuvième Symphonie* de Beethoven en particulier). En cela le musicien sacrifia largement au goût de l'époque, — nombre de virtuoses du siècle dernier n'y résistèrent pas ; et précisons qu'à de rares exceptions près, toutes les publications d'œuvres anciennes furent alors des arrangements. Cependant le cas de Liszt semble un peu différent, et l'on a tenté d'expliquer sa passion pour les arrangements « par la qualité nettement inférieure de ses œuvres orchestrales par rapport à ses œuvres pour piano... Il est étrange que ce musicien qui savait avec tant de brio et de mystère évoquer toutes sortes d'instruments au piano n'ait pas eu la main plus heureuse quand il s'agissait d'orchestrer » (Alfred Brendel)**. Cette argumentation a sa valeur. Il faut néanmoins ajouter que les réussites furent très inégales, — soit qu'elles se justifient mal musicalement (particulièrement les transcriptions de lieder, inutilement enjolivées), soit que le matériau en fût réellement insignifiant (œuvres d'Alabiev, de Conradi, etc.). On ne saurait dresser ici une liste qui comporte environ trois cent cinquante numéros***. Contentons-nous de signaler les œuvres les plus significatives, — parmi lesquelles se distinguent :

Les transcriptions littérales : c'est le cas des réductions pour piano des neuf *Symphonies* de Beethoven, de la *Symphonie fantastique* de Berlioz, ou de l'Ouverture du *Tannhäuser* de Wagner.

Les paraphrases d'opéras : elles prennent prétexte d'un air ou d'une scène (le *Rigoletto* de Verdi, par exemple), ou de plusieurs formant une sorte de résumé dramatique de l'œuvre (ainsi *les Huguenots* de Meyerbeer).

Les arrangements de lieder : parfois transcrits fidèlement, mais souvent soumis à un traitement quelque peu extravagant (Schubert, Schumann, Mendelssohn, etc.).

Les fantaisies sur des œuvres diverses, — de la *Grande Fantaisie sur des motifs des « Soirées musicales »* de Rossini aux *Valses-Caprices « Soirées de Vienne »* d'après Schubert.

Les paraphrases d'opéras sont indéniablement les plus intéressantes (et ont conservé la plus grande notoriété), dans la mesure où Liszt a souvent réussi à saisir l'« ambiance » de tel ou tel ouvrage, à transmettre ses « symboles dramatiques » sans préjudice de la beauté mélodique, de la pureté belcantiste de certains d'entre eux. Il faut donc citer, au premier chef, les **Réminiscences de Don Juan,** de 1841, — brillantes variations sur le duo « Là ci darem la mano » et, en finale, paraphrase de bravoure de l'Air du champagne, dépeignant le double caractère séducteur et démoniaque du héros. Les **Réminiscences de Lucia de Lammermoor,** écrites en 1835-1836, s'éloignent davantage de l'original, — bien que la plus grande partie soit une transcription, introduite par de belles improvisations, du célèbre sextuor du deuxième acte ; la seconde partie com-

---

* Voir *Harmonies poétiques et religieuses.*

** A. Brendel, *op. cit.*
*** Voir le livre de Jacques Drillon, *Liszt transcripteur* (Éd. Actes Sud, 1986), qui en donne le catalogue complet.

mence avec la Marche funèbre, et propose quelques souvenirs de scènes antérieures conclues par l'air final du ténor qui débouche sur une strette pleine d'accents douloureux. Datées de 1841, les **Réminiscences de Norma** ne sont qu'une fantaisie ressuscitant le ton héroïque de l'opéra (*Allegro deciso* en octaves fortissimo sur de larges arpèges), au détriment sans doute de son aspect tragique. Du « grand opéra » meyerbeerien se retiennent ici les paraphrases des *Huguenots* (« Grande fantaisie sur des thèmes », 1836), de *Robert de Diable* (« Réminiscences », 1841), du *Prophète* (« Illustrations », 1849), de *l'Africaine* (« Illustrations », 1865) : l'élaboration polyphonique des « voix » constitue l'élément le plus intéressant. Enfin plusieurs opéras de Verdi ont également fourni leur contribution (notamment l'illustre quatuor du dernier acte de *Rigoletto*, « Paraphrase de concert » de 1859), — tandis que c'est peut-être à Wagner que Liszt a consacré ses pages les plus accomplies dans ce domaine : il est vrai que l'harmonie wagnérienne était particulièrement propice à ces registrations pianistiques dans lesquelles Liszt excella. C'est au chapitre *Wagner* qu'on en trouvera le bref commentaire.

F.R.T.

WITOLD LUTOSLAWSKI

Né à Varsovie, le 25 janvier 1913. Il étudia au Conservatoire de sa ville natale, avec Lefeld (piano) et Maliszewski (composition). Sa première œuvre importante, les Variations symphoniques, *paraît en 1938. Mobilisé au début de la guerre, fait prisonnier, évadé, il passe ensuite quatre années à Varsovie, — où il gagne sa vie en se produisant en duo de pianos avec Andrzej Panufnik. C'est de cette période que datent les* Variations sur un thème de Paganini *pour deux pianos (1941), ainsi que les* Deux Études *pour piano seul. Toutefois Lutoslawski, bien que pianiste, a peu écrit pour son instrument, et n'a pas laissé de pages majeures ; c'est l'orchestre qui a toujours été son terrain de prédilection. Ayant subi d'abord l'influence de Szymanowski, il évolue bientôt vers Stravinski, Bartok, Roussel et Prokofiev. En même temps, il n'ignore pas le folklore de son pays, comme l'attestent les* Mélodies populaires *(1945) et le petit cycle* Bucoliques, *écrit en 1952, qui constitue certainement sa contribution la plus attachante à la littérature pianistique. Détenteur de nombreuses récompenses, Lutoslawski a beaucoup enseigné à l'étranger (Tanglewood, Académie de Stockholm, Conservatoire de Copenhague, Université du Texas entre autres), et s'est produit comme pianiste et chef d'orchestre.*

Deux Études

Elles ont été composées en 1941.

1. ALLEGRO : étude de vélocité et d'indépendance des mains. Passant constamment des touches blanches aux touches noires, elle fait alterner les mouvements symétriques, parallèles et asymétriques des deux mains.

2. NON TROPPO ALLEGRO : staccatos de quartes, quintes et octaves ; puis superposition binaire-triolet. Les harmonies « vides » de la main gauche sont rehaussées par les dissonances et, parfois, la bitonalité qu'elles créent avec la partie de la main droite.

Mélodies populaires

Composées en 1945. Il s'agit d'un recueil de douze pièces faciles écrites à partir de chants polonais, notés par Jerzy Olszewski, et provenant de diverses régions de Pologne : Silésie, Podolie, Sieradz, Lowicz, Cracovie, Kurpie, Mazurie.

Bucoliques

Cycle composé en 1952, à partir de thèmes populaires polonais de la région de Kurpie (au nord-est de Varsovie), collecté par Wladislaw Skierkowski. Lutoslawski en donna lui-même la première exécution à Varsovie en 1953. 1. *Allegro vivace* ; 2. *Alle-*

gretto sostenuto ; 3. *Allegro molto* ; 4. *Andantino* ; 5. *Allegro marciale* : ces cinq pièces brèves et peu difficiles, dans le genre de bagatelles pleines de fraîcheur, sont partagées entre la vivacité et parfois l'asymétrie rythmique, l'émotion mélodique et les superpositions de figures harmoniques inattendues.

Pour deux pianos

Variations sur un thème de Paganini

Composées en 1941, alors que Lutoslawski se produisait en duo avec Panufnik dans les cafés de Varsovie. Le thème de Paganini est celui du célébrissime *24e Caprice* pour violon, — déjà utilisé par Liszt, Brahms, Szymanowski, Rachmaninov... Il s'agit en fait davantage d'un arrangement que d'une œuvre originale, car Lutoslawski se base sur les onze variations de Paganini lui-même, — qu'il réadapte à sa manière, offrant un kaléidoscope de procédés d'écriture et de technique pianistique. Ce cycle présente un certain attrait tant par cette union de la nouveauté et de la tradition qu'il réalise, que par sa mise en valeur des deux exécutants. Toutefois, la partie de premier piano est nettement la plus difficile : Lutoslawski se l'était réservée, car il possédait une technique plus solide que son partenaire. Brillante donc, l'œuvre est définitivement restée au répertoire des duettistes de piano*.

A.L.

ALBÉRIC MAGNARD

Né à Paris, le 9 juin 1865 ; mort à Baron (Oise), le 3 septembre 1914. Après un bref séjour au Conservatoire de Paris (classe de Massenet), il devient, de 1888 à 1892, l'élève particulier de d'Indy. Vers 1897, il est atteint de surdité partielle, ce qui accentue sa misanthropie naturelle. Aussi, en 1904, acquiert-il un vieux manoir à Baron, où il se retire, — ne faisant plus que de rares apparitions à Paris. Un concert de ses œuvres, organisé par lui en 1899, avait obtenu un succès sans lendemain, et en 1910 sa Bérénice, malgré un excellent accueil, n'obtiendra que huit représentations à l'Opéra-Comique. Au tout début de la Première Guerre mondiale, les soldats allemands pénètrent sur son domaine : Magnard meurt en le défendant les armes à la main. On retrouvera son corps carbonisé sous les ruines de sa maison incendiée par les envahisseurs. Ses manuscrits ont presque tous été détruits, et sa dernière œuvre, Douze Poèmes en musique, *non encore gravée, perdue à tout jamais. Son catalogue ne comporte que vingt et un numéros d'opus, mais on n'y trouve guère d'œuvres secondaires. A l'orchestre, il laisse quatre symphonies, dont les deux dernières sont au nombre des plus fortes de l'école française, et divers poèmes symphoniques ; au théâtre, trois opéras, — dont* Guercœur *et* Bérénice *sont les plus importants. Sa musique de chambre se compose d'un* Quintette, *d'un imposant* Quatuor à cordes, *d'un* Trio *et de deux* Sonates. *Il laisse encore deux recueils de mélodies. Enfin, son œuvre pianistique, outre les* Promenades *présentées ci-après, comprend encore* Trois Pièces, *son Opus 1.*

Son intransigeance et sa pureté, sa haine de tout compromis (« l'artiste qui ne puise pas sa force dans l'abnégation est ou près de la mort, ou près du déshonneur »), expliquent que Magnard ait refusé de profiter de sa qualité de « fils du *Figaro* » (dont son père était en effet le directeur) pour se faire un nom, et qu'il ait poussé le refus de la publicité jusqu'à vouloir assurer lui-même — et bien mal ! — l'édition et la diffusion de ses ouvrages. Avec un pareil caractère, l'œuvre de Magnard ne peut être que le fidèle reflet de l'homme et, en effet, elle apparaît avant tout comme celle d'un « musicien du cœur et de l'esprit » dont le but est de « servir la vérité, plaindre la souffrance

---

* Voir, en particulier, l'enregistrement transcendant qu'en ont effectué les pianistes Martha Argerich et Nelson Freire (disque Philips).

humaine et réparer l'injustice ». Tout naturellement, les préoccupations expressives prendront le pas, chez lui, sur les recherches de langage. En possession d'un langage puissamment personnel et immédiatement reconnaissable, Magnard n'est donc point pour autant un novateur. Son grand modèle reste Beethoven, dont il reprend et transfigure les grands cadres formels : « Comme Beethoven, il compose une musique âpre, rude, aux façons heurtées, brusque dans ses oppositions d'harmonies, de rythmes ou de dessins mélodiques. Il n'a guère le souci de charmer, mais il veut émouvoir, et souvent par des moyens où il y a plus de force que de grâce. » (Paul Landormy.) Cette musique, tombée dans l'oubli après avoir connu une notoriété toute relative, a suscité l'enthousiasme d'une petite élite assez privilégiée pour la connaître. Darius Milhaud a toujours reconnu en Magnard l'un de ses maîtres à penser, et il semble que l'heure soit venue de réviser notre opinion à son égard.

Promenades

Magnard a composé cet important cycle pour piano en 1893, alors qu'il travaillait à sa *2e Symphonie*. Exemple typique de l'obscurité dans laquelle il demeurait, — il ne put entendre la première audition de cette œuvre que dix-huit ans plus tard, lorsque Blanche Selva la fit chaleureusement applaudir aux Concerts Durand, à Paris, le 15 mars 1911. C'est l'une de ses œuvres les plus souriantes et les plus aisées d'approche, pour les mêmes raisons qui facilitent, chez Vincent d'Indy, l'accès du *Poème des montagnes*. Ici comme là, il s'agit d'évocations de paysages, au gré des étapes d'un itinéraire sentimental. C'est en effet à sa future femme que Magnard fait l'hommage de ces pages : trois ans plus tard, il épousera Julia Creton. Aussi, le « programme » secret qui guide l'ordonnance de l'ouvrage n'a-t-il été connu que de la seule dédicataire. C'est lui qui motive, sans nul doute, le retour discret de certains éléments cycliques, — notamment du thème de la pièce initiale, intitulée *Envoi*.

C'est dans ces coins charmants et verts de la banlieue parisienne que vont nous emmener ces *Promenades,* et chacune d'entre elles marquera un jalon nouveau dans l'histoire de cette liaison amoureuse. Le thème de l'*Envoi,* que l'on retrouve, modifié, métamorphosé, tant dans *Bois de Boulogne* que dans *Trianon,* et qui reviendra à la fin de *Rambouillet* pour conclure le cycle, semble incarner la « Bien-Aimée », et suivre ses changements d'humeur au gré de paysages différents. Les deux extrémités du pèlerinage amoureux, départ *(Bois de Boulogne)* et aboutissement *(Rambouillet),* sont elles aussi reliées par des rappels thématiques. Enfin, il existe des liens, moins définis certes, entre la plupart des thèmes propres aux paysages eux-mêmes, — par exemple entre ceux de *Bois de Boulogne,* de *Saint-Cloud,* de *Saint-Germain* et de *Rambouillet.*

Après la douce et rêveuse entrée en matière que constitue l'*Envoi* (que Magnard a marqué « Tendre »), voici la première rencontre de l'Aimée, au *Bois de Boulogne.* Le rythme de valse, marqué « Élégant », est coupé à plusieurs reprises par un thème d'*Allegro* bondissant, auquel Magnard a donné l'indication « Pimpant ». *Villebon* est une évocation voilée de brume, sous forme d'un choral (« Mystérieux, *pp.* dans le lointain »), qui fera l'objet de trois variations et qui s'achèvera, au terme d'une ample gradation, dans l'éclat de la pleine puissance. *Saint-Cloud* nous offre un exemple-type du scherzo magnardien, dont l'indication « Avec franchise » dit assez le caractère, et dont la danse musclée et spirituelle est interrompue par un bref intermède « Large » et chantant joyeusement « à toute voix », qui tient lieu de trio. Vient ensuite *Saint-Germain,* langoureux sous-bois nous donnant une de ces évocations lumineuses du soleil jouant à travers les feuillages qui sont un des secrets de la palette de Magnard. La signification de cette halte de détente nous est livrée par l'indication « Amoureusement ». *Trianon* est une gracieuse fugue à trois voix, marquée « Joliment », et introduite par quelques mesures énergiques de « Large », qui reviendront avant la conclusion doucement alanguie. Et notre itinéraire se termine à *Rambouillet,* halte beaucoup plus prolongée que les précédentes, et dont l'indication de tête, « Nuptial », nous dit la raison. Cette pièce de grandes dimensions adopte le cadre, librement traité, de la forme sonate, — que jalonnent des sonneries militaires très lointaines (« l'appel », puis « l'extinction des feux »), au sens anecdotique précis, ainsi que les rappels cycliques déjà signalés. Et cette page, toute en demi-teintes, s'achève dans la paix affectueuse et intime de l'*Envoi* initial.

Ce cycle pianistique si riche et si divers

donnera certainement l'envie de connaître mieux un des maîtres les plus attachants de la musique française du début du siècle, qui serait peut-être devenu un autre Roussel si une fin tragique ne l'avait fauché dans la force de l'âge...

H.H.

LOUIS MARCHAND

Né à Lyon, le 2 février 1669 ; mort à Paris, le 17 février 1732. Fils d'un organiste que Titon du Tillet considérait comme un musicien médiocre*, Louis Marchand fut en revanche reconnu de son temps comme un virtuose remarquable sur l'orgue et le clavecin. Titulaire dès sa jeunesse d'importantes tribunes d'orgue à Nevers, Auxerre et Paris, il succéda à G.-G. Nivers (1632-1714) au poste d'organiste du Roi. Est-ce en raison de son attitude impertinente envers Louis XIV qu'il fut banni de la cour ? Il quitta en tout cas la France pour gagner l'Allemagne, où il séjourna plusieurs années. Il est encore connu de nos jours pour avoir discrètement fui la ville de Dresde à la veille d'affronter en tournoi musical J.-S. Bach, — dont la renommée n'était plus à faire. Ses revenus de virtuose et de professeur lui permirent de terminer sa vie à Paris dans l'aisance. Daquin fut l'un de ses élèves. Un petit nombre de ses œuvres lui survécurent : deux Livres de pièces de clavecin, *une collection de pièces d'orgue, des airs publiés dans les anthologies de l'éditeur Ballard, diverses œuvres vocales, une cantate, un opéra perdu, et un traité des* Règles de la composition. *Mais l'importance de Marchand réside dans sa musique de clavier. Ses contemporains disaient qu'il était « le plus grand qu'il y ait jamais eu pour le toucher ».*

L'œuvre de clavecin

L'œuvre pour clavecin de Louis Marchand se limite à deux livres de *Pièces de clavecin... dédiées au Roy,* publiés chez Ballard en 1702. La dédicace de ces deux recueils nous apprend que leur auteur était alors « organiste de l'église de Saint-Benoît, des RR. PP. Jésuites de la rue Saint-Jacques et du grand couvent des RR. PP. Cordeliers ». Les deux livres ne comptent qu'une seule *suite* chacun : la suite du **Premier Livre,** en *ré* mineur, contient neuf morceaux (prélude, allemande, courantes I et II, sarabande, gigue, chaconne, gavotte, menuet) ; celle du **Second Livre,** en *sol* mineur, en contient huit (prélude, allemande, courante, sarabande, gigue, gavotte, menuet, menuet en rondeau).

Marchand respecte donc l'ordre de la suite de danses héritée des luthistes : ses suites débutent chacune par un prélude, auquel succèdent les quatre mouvements classiques de la suite (allemande, courante, sarabande, gigue), et quelques danses ajoutées.

Le prélude en *ré* mineur, à quatre temps, est un prélude mesuré mais empruntant encore aux procédés d'écriture des luthistes. Le prélude en *sol* mineur est non mesuré. Seule la première mesure est mesurée, — le reste de la pièce ne comportant aucune barre de mesure ; mais, comme le fit Rameau dans le prélude de la suite de son *Premier Livre* (1706), Marchand n'adopte pas le système des seules rondes voulues dans les préludes de luth. Il y a au contraire une ébauche d'organisation, et aux rondes traditionnelles se mêlent des croches, et un esprit d'ornementation.

Dans chacune des deux suites, les caractères des mouvements de danse sont respectés. La plupart de ces pièces sont des pièces binaires à reprise, parfois à petite reprise (courante II et sarabande de la suite en *ré* mineur). Les allemandes et les courantes ont une forme contrapuntique qui contraste avec les sarabandes, plus harmoniques. L'allemande en *ré* mineur, à quatre temps, est proche des allemandes des premiers ordres de François Couperin, et l'allemande en *sol* mineur, à deux temps, est plus légère.

Marchand oppose ensuite les deux courantes rapides de la suite en *ré* mineur à la

---

* Titon du Tillet, *Le Parnasse françois* (1732).

courante à la française plus raffinée, sur son rythme à 3/2, de la suite en *sol* mineur. Les gigues à 6/4 sont des pièces légères. La gigue en *ré* mineur est rehaussée de beaucoup d'agréments. Sa première partie débute sur un mouvement ascendant, et sa seconde partie s'ouvre par un mouvement descendant. La gigue en *sol* mineur évolue sur le rythme régulier de ses noires. La chaconne en *ré* mineur est proche des chaconnes d'un Chambonnières ou d'un Louis Couperin. Elle est suivie de quatre couplets qui s'animent de plus en plus jusqu'aux traits de virtuosité du dernier couplet. La gavotte en rondeau en *ré* mineur engendre elle aussi deux couplets.

Chaque suite se conclut par de charmants menuets. Le menuet en rondeau de la seconde suite est un court morceau de seize mesures, mais sans aucune trace de rondeau. Ces quelques pièces sont pleines de grâce. Louis Marchand a su leur apporter tout le charme et toute la fraîcheur qui caractérisent le style français contemporain.

A.d.P.

FRANK MARTIN

Né le 15 septembre 1890, à Eaux-Vives (Genève); mort le 21 novembre 1974, à Naarden (Pays-Bas). Fils de pasteur, imprégné de culture allemande, mais vivement attiré par la musique française, le musicien suisse n'a jamais fréquenté le moindre conservatoire, a reçu sa formation, en privé, de Joseph Lauber (piano, harmonie et composition), a étudié d'autre part la physique et les mathématiques, et a enseigné la théorie rythmique à l'Institut Jaques-Dalcroze ainsi que la musique de chambre au Conservatoire de Genève; il sera, sur le tard (de 1950 à 1957), professeur de composition à l'École supérieure de musique de Cologne : parmi ses élèves, Karlheinz Stockhausen. Frank Martin évolua curieusement — influence de Ravel, stricte composition sérielle —, avant de se définir un style personnel, la cinquantaine venue : style de synthèse entre éléments germaniques et latins, entre acquis fondamentaux de la tonalité et exploitation originale, très libre, du dodécaphonisme. Plusieurs chefs-d'œuvre sont à son actif, — donnant la primauté à la voix (de l'oratorio profane le Vin herbé *à l'oratorio religieux* Golgotha, *du cycle de mélodies* Der Cornet *aux admirables* Monologues de Jedermann*). Mais il faut compter, d'autre part, avec certaines partitions d'orchestre — dont la célèbre* Petite Symphonie concertante *—, ou avec les concertos et quelques œuvres de musique de chambre. Si l'on y dénombre plusieurs interventions du piano (les deux* Concertos, *une* Ballade *avec orchestre), il est pour le moins étrange que Frank Martin n'ait composé que rarement pour l'instrument seul : ce sont notamment les* Huit Préludes *évoqués ci-après, — partition suffisamment riche pour justifier cette présentation.*

La première œuvre pour piano seul de Frank Martin, et du même coup la plus importante — le recueil des *Huit Préludes* —, est l'œuvre d'un homme de cinquante-huit ans parvenu à la pleine maturité de son art. Auparavant, il avait pourtant fréquemment employé l'instrument, dont il jouait lui-même en virtuose, notamment dans un *Concerto* et une *Ballade* avec orchestre*. Il avait d'autre part transcrit pour piano *Guitare* (1933), cycle de quatre pièces brèves dont il craignait, à l'époque, qu'il ne soit jamais joué par les guitaristes (ceux-ci en ont fait un élément de leur répertoire de base!), et dont il réalisa aussi une orchestration. Enfin, il avait écrit de brèves pièces pour deux pianos, qu'il n'avait pas publiées (un *Foxtrott* en 1925, puis, en 1937, *les Grenouilles, le Rossignol et la Pluie, Petite Marche blanche et Trio noir*).

Après les *Huit Préludes,* Martin n'écrivit plus que trois pièces très courtes : *Clair de lune,* en 1952 ; *Étude rythmique* et *Esquisse* (à l'origine *Étude de lecture),* en 1965 ; ce ne fut que peu avant sa mort qu'il consacra de

---

* Voir *Guide de la musique symphonique.*

nouveau à l'instrument une page importante, la *Fantaisie sur des rythmes flamenco* (1973), son avant-dernier opus. A cette liste, point trop longue, il convient d'ajouter cependant la transcription pour deux pianos de ses *Études pour orchestre à cordes* de 1955-1956.

Les quatre pièces de **Guitare** *(Prélude, Air, Plainte, Comme une Gigue)* se situent au début de la brève période durant laquelle Frank Martin s'adonna, de manière très libre et non contraignante, à la technique dodécaphonique. Ces pages furent destinées à l'origine à Andres Segovia, qui ne les joua jamais et n'en accusa même pas réception au compositeur. Mais cette destination explique leur coloris chaudement espagnol. L'**Étude rythmique** de 1965 mérite quelque commentaire. Frank Martin l'écrivit pour la soirée d'inauguration d'un nouveau piano à l'Institut Jaques-Dalcroze, à Genève, auquel il avait été attaché dans les années 1920. S'agissant d'une maison où le *rythme* était à l'honneur, le compositeur décida de baser sa pièce sur un problème de cet ordre : les deux mains jouent en « 3 contre 4 » ; mais l'élément musical de la main jouant les 3 est rythmé par groupes de 4, tandis que celui de la main jouant les 4 est rythmé par groupes de 3. Au bout de douze mesures, les deux mains se retrouvent ainsi, rythmiquement, comme au point de départ. La pièce est donc de réalisation très délicate.

Huit Préludes

Ils furent écrits en 1948, peu avant l'achèvement de l'oratorio *Golgotha*, et dédiés à Dinu Lipatti ; ce dernier, atteint déjà par sa fatale maladie, ne put les jouer. Conçues de manière à former un cycle, ces pièces fascinent par leur variété d'inspiration, et constituent un authentique chef-d'œuvre du piano moderne.

Martin débute par un *Grave* noblement pathétique, dans le caractère d'un récitatif, avec des nuances très singulières dans les attaques dues à un usage subtil de la pédale droite. Vient ensuite un *Allegretto tranquillo* dont l'allure gracieuse évoque presque le clavecin. Les mystérieuses vagues modulantes du troisième morceau *(Tranquillo, ma con moto)* annoncent déjà l'atmosphère poétique de l'opéra *la Tempête*. Les rythmes irréguliers du bref *Allegro* se déroulent de manière sombre, violente et heurtée. Là fileuse arachnéenne du cinquième *Prélude (Vivace),* sorte de mouvement perpétuel, s'élève jusqu'à un bref mais éclatant sommet. Strictement canonique, l'invention à deux voix du sixième morceau *(Andantino grazioso)* atteint à une pureté transparente digne de Bach, tout en rappelant plutôt la nouvelle école viennoise par ses larges sauts d'intervalles. Les deux derniers *Préludes* sont notablement plus développés : le septième *(Lento)*, sans doute le sommet expressif de la série, débute par une introduction mystérieuse et suprêmement poétique, conduisant à un grand récitatif à deux voix de la main gauche seule, semblable à quelque cadence de violoncelle. Après un épisode médian plus agité, il reparaît, agrémenté à présent d'un contrepoint de la main droite, dans le caractère d'un solo de violon ou de flûte. Après un sommet d'intensité, le morceau se referme sur le retour de l'impalpable introduction. Un *Rondo* plein d'élan, d'une virtuosité étincelante *(Vivace),* vient couronner le cycle, — avec son refrain nettement profilé évoquant le souvenir de la *Petite Symphonie concertante* ; il alterne avec trois couplets plus légers et capricieux, dont le premier fascine par ses syncopes de jazz, et se termine en un triple fortissimo plein d'éclat.

Fantaisie sur des rythmes flamenco

Paul Badura-Skoda, dédicataire du *Deuxième Concerto pour piano* (1968-1969), pressait depuis plusieurs années le compositeur de lui écrire une pièce importante pour piano seul, — ce que Martin n'avait pas fait depuis les *Préludes* de 1948. De plus, il désirait une pièce de forme libre, une *Fantaisie*. Or, Martin se passionnait depuis longtemps pour les rythmes si riches et complexes du flamenco, auxquels l'avait initié sa fille Teresa, devenue danseuse du genre. Les *Trois Danses pour hautbois, harpe et orchestre à cordes* (1970) sont un premier résultat de cette passion. Puis, ayant revu sa fille en 1973 avec un groupe majorquin, Frank Martin pensa qu'il pourrait écrire une pièce sur laquelle elle danserait. Il était fasciné également par « l'esprit mêlé de tragique, de fierté face au destin et de gaîté que cet art exprime ». Partant d'un enchaînement d'accords au rythme de rumba lente, — première idée de l'œuvre nouvelle —, il composa ainsi une *Fantaisie* en quatre épisodes enchaînés *(Rumba lente, Rumba rapide, Soleares, Petenera)*, qui est bien l'une des plus singulières synthèses culturelles qui soient, et à coup sûr l'œuvre la plus authentiquement *flamenco* jamais conçue par un compositeur non espagnol.

Après un début lent et contenu, le rythme s'accélère progressivement jusqu'à éclater dans la frénésie d'une *Rumba flamenco. Soleares* — nous rappelle le compositeur — est un terme impliquant la solitude, une solitude qui est en même temps nostalgie, révolte et acceptation du destin. La *Petenera*, enfin, est un vieux poème de caractère épique, relatant le destin tragique d'une femme abandonnée par son amant. La création mondiale de l'œuvre eut lieu, selon la volonté du compositeur, comme support d'une chorégraphie de sa fille. Mais la *Fantaisie* a repris depuis sa vie autonome, qui est celle d'un brillant morceau de concert, — saisissante interprétation des rythmes traditionnels du flamenco coulée dans le langage musical si personnel du compositeur suisse.

H.H.

BOHUSLAV MARTINU

Né le 8 décembre 1890, à Policka (Bohême); mort le 28 août 1959, à Liestal (Suisse). Élève de Joseh Suk au Conservatoire de Prague de 1906 à 1910, puis second violon à la Philharmonie Tchèque (où il découvrit, notamment, la musique française), élève enfin d'Albert Roussel lorsqu'il s'établit à Paris en 1923, Martinu — héritier des Smetana, Dvorak et Janacek — fut le plus « occidental » des musiciens d'Europe centrale dans le premier demi-siècle. Cette assertion mérite cependant d'être nuancée, — car le compositeur, si fortement épris de debussysme (vers l'âge de vingt ans, sa découverte de Pelléas et Mélisande le marqua d'une empreinte indélébile), demeura fidèle à son pays et à ses particularités nationales. S'ajoutera à ces influences celle, décisive, du Concerto grosso de l'époque baroque (fondant sa conception d'une « musique de chambre à l'échelle symphonique »). En 1941, Martinu quitta Paris pour s'installer aux États-Unis, où il vécut jusqu'en 1953 : sa musique s'anima d'un lyrisme encore inconnu, — avant qu'une dernière « période », celle du retour en Europe, ne se caractérise par une sorte de néo-impressionnisme tardif. L'œuvre est considérable*, certes inégale, avec de superbes sommets, — en particulier parmi les six symphonies, les partitions pour grand orchestre, les trente concertos, les innombrables œuvres de musique de chambre et les quinze opéras (dont Juliette ou la Clef des songes, *et* Passion grecque*). Les pièces pour piano seul sont également très nombreuses : on retiendra les ensembles que forment les* Esquisses de danses, *les* Ritournelles, *les* Études et Polkas, *ou le cycle des* Préludes, *— huit pièces « en forme de » marquées d'une incontestable originalité; mais, surtout, deux œuvres maîtresses dominant cette partie de sa production —* Fantaisie et Toccata *(1940) et l'unique* Sonate *(1954) —, ainsi que les* Trois Danses tchèques *pour deux pianos (1949).*

Violoniste de formation, Martinu ne devint jamais un grand pianiste, — ce qui ne l'empêcha pas de composer d'abondance pour le piano sa vie durant : plus de deux cents morceaux, qu'il n'est évidemment pas possible de citer ici, encore moins d'analyser. Ils virent le jour pendant près d'un demi-siècle, bien que leur nombre ait beaucoup diminué après 1940. Mais Martinu n'a que rarement confié des choses essentielles au piano seul. A côté de quantité de jolies pages, dont les plus savoureuses puisent aux sources du folklore tchéco-morave, et d'autres, plus faciles et parfaitement adaptées à l'enseignement, on ne trouve que deux chefs-d'œuvre d'envergure : *Fantaisie et Toccata (H. 281)* et l'unique *Sonate* de 1954 *(H. 350)*. On leur adjoindra les étincelantes *Trois Danses tchèques* pour deux pianos *(H. 324)*.

Les trois recueils de **Marionnettes** *(Loutký) (H. 92, 116* et *137),* au total qua-

---

* Un catalogue chronologique complet a été dressé par le signataire de ces lignes.

torze pièces composées entre 1914 et 1924, comptent au nombre des premières inspirations personnelles. Avec leur formulation claire et concise, leur simplicité mélodique, leur franchise rythmique, elles se différencient nettement du reste de la production de cette époque, encore placée sous le signe du post-romantisme et, surtout, de l'impressionnisme français. L'élément populaire — l'aspect « marionnette » précisément — annonce l'évolution ultérieure de Martinu telle qu'elle se manifestera au début des années 1930, par exemple dans le ballet *Spalicek*, l'opéra *Comédie sur le Pont*, ou les *Sérénades* pour petites formations. Les *Loutký*, constamment réédités en Tchécoslovaquie, où ils sont très populaires, ont été utilisés également par des marionnettistes pour des réalisations scéniques.

De 1920 date le petit recueil des *Papillons et Oiseaux de Paradis (Motyli a Rajky) (H. 127)*, trois pièces néo-impressionnistes inspirées par des collections rares que Martinu admirait beaucoup.

Film en miniature (*H. 148*, 1925), l'une des premières compositions parisiennes de Martinu, témoigne à la fois de son amour du cinéma (on pourrait imaginer ces morceaux comme accompagnements de films muets) et de son attirance pour les danses modernes, voire la musique de variétés. Le *Tango* est sans doute la plus réussie de ces six miniatures, qui comprend ensuite un *Scherzo (Allegretto)*, une *Berceuse (Andante moderato)*, une très curieuse *Valse (Poco Allegro)*, une *Chanson (Allegro moderato)*, enfin un *Carillon (Allegro)*.

Les **Trois Danses tchèques** de 1926 (*H. 154*), succédant à toute une série de *Polkas* de jeunesse encore inédites, sont la première œuvre de réelle valeur que Martinu ait consacrée au piano seul. Ce sont des pages brillantes et pleines de tempérament, débordant d'invention rythmique et harmonique, dans le meilleur style « parisien » du compositeur. Elles furent d'ailleurs sa première œuvre publiée à Paris. Successivement : *Obkrocak (Tempo di Polka); Dupak (Allegro con brio); Polka,* précédée d'une introduction *Rubato*. Dans un langage tout à fait contemporain, Martinu s'inscrit ici dans la descendance directe de Smetana, de Dvorak et de Janacek.

Les huit **Préludes** de 1929 (*H. 181*) montrent une autre facette de l'inspiration si variée de Martinu, et regardent plutôt vers le jazz, — particulièrement dans le premier et le dernier morceaux. Ce sont des *Préludes* « en forme de... » *Blues, Scherzo, Andante,* *Danse, Capriccio, Largo, Étude* et *Fox-Trot*.

Les sept Danses tchèques réunies sous le titre de *Borova* (1929, *H. 195*), une localité proche de la petite ville natale de Martinu, poursuivent sur la lancée des *Trois Danses tchèques* de 1926 ; mais ces pièces nouvelles sont moins élaborées et moins exigeantes techniquement. Elles adoptent toutes, la carrure rythmique de base de la polka, à 2/4.

Avec les cinq **Esquisses de danses** de 1932 *(H. 220)*, nous retrouvons le climat des *Préludes*; mais ces pièces sont plus hardies quant à l'harmonie, souvent « poivrée » et polytonale, et quant au rythme qui renonce fréquemment au carcan de la barre de mesure. L'*Allegro moderato* initial est une spirituelle Marche, percussive et dissonante. Vient ensuite un *Poco Andantino*, d'une nostalgie très slave, mais qui se transforme très vite en un espiègle *Allegreto*, pour revenir à la fin au tempo de départ. Le recueil se poursuit par un *Allegro vivo* percutant, le plus irrégulier et le plus fantaisiste quant à la structure rythmique, puis un *Tempo di Valse* avec une cadence libre, enfin un *Allegro* aux rythmes capricieux et aux curieuses appoggiatures rapides et concentriques aux deux mains.

De la même année 1932 datent les **Ritournelles** *(H. 227)*, suite de six pièces qui comptent au nombre des meilleures du Martinu des années parisiennes. Contrairement aux recueils précédents, celui-ci comporte une majorité de pages lyriques et d'allure modérée, — seule la dernière étant rapide. Les pièces n°s 1, 2 et 4 *(Andante, Poco Allegro; Andante moderato, Allegro moderato; Andante, Poco Allegro)* débutent toutes par la même ritournelle lente, mais à chaque fois variée, qui est à l'origine du titre de l'œuvre. Les pièces n°s 3 et 5, respectivement *Andantino* et *Andante* sont désignées comme *Intermezzi 1 et 2*, tandis que le turbulent *Allegro vivo* final sert de brillante conclusion. Le langage est aussi simple qu'original et efficace, et à nouveau le rythme, ignorant les servitudes de la barre de mesure, atteint une liberté extrême.

En 1938, à Vieux-Moulin, près de Compiègne, village de son épouse, Martinu compose **Fenêtre sur le jardin** *(H. 270)*, un merveilleux petit cycle de quatre pièces purement lyriques, dont les souples courbes mélodiques, la totale liberté métrique et les harmonies raffinées traduisent un rare bonheur intime. Successivement : *Poco Andante ; Allegro moderato ; Moderato ; Allegretto*. Ce sont de petits joyaux.

C'est dans un climat bien différent, celui du précaire refuge trouvé à Aix-en-Provence alors qu'il fuyait l'invasion allemande (les Nazis l'avaient mis sur leur liste noire en tant que patriote tchèque), que Martinu composa en août-septembre 1940 sa première œuvre pianistique de grande envergure, **Fantaisie et Toccata** *(H. 281).* Ces circonstances se reflètent dans ce diptyque dramatique, violent débordant de tension et de révolte, et qui exige un virtuose de première force ainsi que d'un puissant tempérament. Les deux morceaux *(Fantaisie : Andante-Poco moderato-Allegro-Andante,* et *Toccata : Allegro),* très libres de forme et de structure rythmique, atteignent néanmoins à une puissante unité. La *Fantaisie* débute en *si* majeur pour aboutir en *mi* mineur, tandis que la *Toccata,* à partir de *sol* mineur, regagne *si* majeur pour terminer.

C'est aux États-Unis, en été 1945, tôt après l'achèvement de la plus ensoleillée de ses *Symphonies,* la *Quatrième,* que Martinu, à la demande de son éditeur, rédigea rapidement les trois cahiers d'**Études et Polkas** *(H. 308)* contenant au total seize morceaux, dont six *Polkas,* neuf *Études* et une *Pastorale.* Ce sont des pages concises, gaies et fraîches, sans exception dans des tonalités majeures, beaucoup moins dissonantes et plus « sages » que les recueils des années parisiennes, mais d'une inspiration également généreuse et spontanée. Les *Polkas* sont particulièrement séduisantes.

Sonate pour piano (H. 350)

Composée à Nice à la fin de 1954, l'unique *Sonate* pour piano de Martinu domine sa production pianistique. Elle fut dédiée à Rudolf Serkin, qui n'hésite pas à la programmer au voisinage de l'*op. 106* beethovénien ! Elle se situe entre la *Sixième Symphonie* et le *Quatrième Concerto pour piano (Incantation)* et, tant par la liberté de la forme que par l'audace du langage et la tension dramatique de l'expression, elle est proche de ces deux chefs-d'œuvre. Cette tension s'exprime en une harmonie hardie, fortement dissonante, et une rythmique très libre et changeante, qui se dispense le plus souvent de barres de mesure. La couleur de l'œuvre est âpre et sombre, presque abstraite, l'expression des deux mouvements extrêmes tendue et violente, celle du magnifique mouvement lent noblement nostalgique. Le *Poco Allegro* initial, en prédominance à 3/8, évolue de *mi* bémol mineur à *mi* bémol majeur, le vaste *Moderato (Poco Andante)* de *fa* mineur vers *fa* majeur. Une brève introduction lente *(Adagio)* précède le *Poco Allegro* final, qui commence en *mi* bémol mineur comme le premier morceau, mais conclut dans la lumière de *mi* majeur. C'est une admirable *Sonate,* mais elle impose de redoutables exigences à l'interprète, — non seulement techniques mais musicales : il faut être un familier du style tardif de Martinu qui, selon ses propres déclarations, abandonna alors la « géométrie » au profit de la « fantaisie », rejoignant la liberté extrême du discours propre à un Janacek sans renoncer à la solidité et à la cohérence formelles.

Pour deux pianos, Martinu a écrit tout d'abord une **Fantaisie,** datée d'août-septembre 1929 *(H. 180),* mais qui ne fut publiée qu'après sa mort en 1965. Produit type de ses années parisiennes, c'est une pièce d'un seul tenant (*Allegro* en *sol* majeur), âpre, énergique et brillante, une toccata d'un grand effet, — se déroulant suivant un impitoyable « motorisme » de doubles croches, relevé de violents chocs dissonants et de successions de secondes poivrées et bitonales. On y trouvera aussi quelques reflets de l'intérêt que Martinu portait au jazz.

Trois Danses tchèques (H. 324)

Les *Trois Danses tchèques* écrites à New York au début de 1949 à la demande du duo Bartlett-Robertson, sont totalement différentes. Elles dépassent toutes les *Danses tchèques* précédentes (pour un piano) par leur ampleur, leur complexité et leur richesse de matière. Elles sont aussi moins littéralement chorégraphiques, et constituent, en fait, une sorte de libre sonate en trois mouvements sur des rythmes de danses. En dépit de leur titre, l'élément folklorique y est moins en évidence qu'un langage à la fois plus vigoureux, plus fouillé et plus abstrait. Harmonies et rythmes ne reculent pas devant une certaine âpreté, ni devant une certaine audace, et la densité magistrale de l'écriture polyphonique suggère, elle aussi, davantage une sonate que de simples Danses.

L'*Allegro* initial, en *si* bémol majeur, est tout entier dominé par les rythmes pointés énergiques de ses premières mesures. Cette pièce, la plus courte et la plus concentrée des trois, est suivie d'un *Andante moderato* d'une grande beauté lyrique (débutant en *ut* majeur, mais se terminant en *la*), — un vrai mouvement lent d'une luxuriance sonore tout impressionniste, dans lequel l'élément chorégraphique recule à l'arrièreplan. Quant au dernier mouvement *(Allegro non troppo)*, le plus développé et le plus brillant des trois, évoluant d'*ut* vers *fa* majeur, il emprunte l'allure d'une impétueuse toccata à 2/4, avec un épisode central contrastant à 3/8.

En 1935, Martinu reçut de Marcelle de Lacour la commande d'un *Concerto pour clavecin et orchestre*. Pour se « faire la main » (sur un instrument pour lequel il n'avait encore jamais écrit), il composa deux **Pièces** *(H. 244)*, *Lento* et *Allegro con brio*, — dont on préférera sans contredit la seconde, spirituelle danse de marionnettes dans la descendance de Scarlatti, à la première, encore trop asservie aux modèles classiques.

En mars 1958 naquit la brève **Sonate** *(H. 368)*, écrite à la demande de la claveciniste suisse Antoinette Vischer, dont les trois parties, relevant du style de fantaisie libre de la dernière période du compositeur, s'enchaînent sans interruption *(Poco Allegro; Poco moderato cantabile; Allegretto)*. Un an plus tard, Martinu dédiait encore à la même interprète deux *Impromptus (H. 381)*, *Allegretto* et *Allegro*, qui sont une de ses toutes dernières œuvres, et même la dernière totalement achevée.

H.H.

NIKOLAI MEDTNER

Né à Moscou, le 24 décembre 1879; mort à Londres, le 13 novembre 1951. Il fut élève — au Conservatoire de sa ville natale, — de Pabst, Sapelnikoff, puis Safonov au piano, Arenski et Taneiev pour l'écriture musicale. Il entreprit une carrière de pianiste-compositeur, effectua des tournées en Europe, et émigra en 1921 (il effectua cependant à nouveau un court séjour en U.R.S.S. en 1926-1927). A partir de 1936, il vécut principalement en Angleterre. Son existence fut souvent problématique, — malgré des succès épisodiques. Dans les dernières années de sa vie, il eut la chance inattendue de susciter l'attention admirative du Maharadjah de Mysore, qui finança des enregistrements que Medtner réalisa de ses propres œuvres. Adversaire irréductible de la musique contemporaine (qu'il stigmatisa dans son ouvrage polémique la Muse et la Mode, *1935), Medtner fut un postromantique germano-slave influencé par Schumann et Brahms, autant que par Rachmaninov et le premier Scriabine. Grand maître du clavier, il a laissé une production abondante, dont douze sonates, et un grand nombre de pièces diverses, — dont beaucoup portent le titre de* Conte (Skazka). *Malgré l'admiration que lui voua Rachmaninov, il eut à souffrir de la comparaison avec celui-ci, et fut souvent considéré comme son « parent pauvre ». Son œuvre a connu une période d'éclipse, tant en Occident qu'en U.R.S.S., mais l'intérêt que lui a manifesté, à partir de la fin des années 1950, le pianiste Emil Guilels réussit à la tirer partiellement de l'oubli. Elle connaît, de nos jours, une certaine diffusion en Amérique, en Grande-Bretagne et en Allemagne, — alors qu'elle reste à peu près ignorée en France.*

Les Sonates

Généralement d'une grande difficulté d'exécution, elles se partagent entre un dramatisme généreux, un lyrisme tour à tour intériorisé ou exacerbé, et des moments plus arides, plus cérébraux. Elles peuvent adopter des formes diverses : soit celle traditionnelle en trois ou quatre mouvements séparés *(op. 5* en *fa* mineur), ou enchaînés entre eux *(op. 22* en *sol* mineur, *Sonate-ballade op. 27* en *fa* dièse majeur); soit en un seul mouvement, — comme les trois sonates relativement brèves composant la triade de l'*op. 11*, ou les grands panneaux de l'*op. 25 n° 2* en *mi* mineur (portant en épigraphe un poème de Tioutchev, *le Vent nocturne*) et de l'*op. 30* en *la* mineur. La plus jouée d'entre elles est l'*op. 22*, d'une fougue et d'une profondeur véritablement brahmsiennes.

Pièces diverses

A côté de pièces intitulées *Arabesques, Dithyrambes, Improvisations, Hymnes, Élégies*, et des cycles de *Mélodies oubliées* (*op. 38 à 40*), ce sont les nombreux Contes qui constituent le meilleur des œuvres de petite et de moyenne forme chez Medtner. Au nombre d'une trentaine (dont les *op. 8, 9, 14, 20, 26, 34, 35, 42, 48, 51*), ils sont comparables aux *Préludes* ou aux *Études-tableaux* de Rachmaninov. La traduction anglaise usuelle « Fairy tale » n'en donne pas l'idée exacte, — car ces pièces n'ont pas de prétextes féeriques ni de programme précis. Même si certaines portent des sous-titres, elles proposent davantage à l'auditeur un contenu qu'un contexte. Parmi les plus jouées et les plus réussies on retiendra : l'*op. 9 n° 3* (*sol* majeur), sorte de « vision fugitive » avec un soupçon d'impressionnisme ; le diptyque de l'*op. 14* constitué de deux pièces contrastées, — *Chant d'Ophélie* (*fa* mineur), une poignante complainte, et *Marche du Paladin* (*mi* mineur), d'une bravoure et d'une écriture pianistique très lisztiennes ; l'*op. 26 n° 2* (*mi* bémol majeur), courte page tumultueuse, héroïco-fantastique ; l'*op. 35 n° 4* (*ut* dièse mineur), grande étude de concert.

A.L.

FELIX MENDELSSOHN-BARTHOLDY

Né le 3 février 1809, à Hambourg ; mort le 4 novembre 1847 à Leipzig. Précocement doué pour la musique, jouissant d'une situation sociale enviable (il était fils d'un banquier), grand voyageur, fort cultivé et manifestant un talent évident dans plusieurs domaines artistiques (la peinture en particulier), Mendelssohn a exercé une forte influence sur la vie musicale de son temps : redécouverte de Jean-Sébastien Bach, qu'il vénéra, ou de Haendel, interprétations modèles des symphonies de Beethoven comme des opéras de Mozart. On a prétendu — on prétend encore parfois — que tant d'activités et tant d'aisance ont nui à son travail de compositeur, — à la qualité d'une musique volontiers qualifiée de « facile », voire de mièvre. Cependant les œuvres symphoniques (cinq Symphonies, *plus douze autres, de jeunesse, pour les seules cordes ; des musiques de scène, dont le merveilleux* Songe d'une nuit d'été *; des ouvertures, dont les célèbres* Hébrides*) échappent largement à de tels griefs. Car Mendelssohn fut sans doute, avec Berlioz, le meilleur orchestrateur de son temps : dès l'adolescence — du vivant même de Beethoven — il avait composé des Ouvertures dont l'instrumentation raffinée, les mélanges de timbres inédits, le coloris pittoresque étaient jusqu'alors inouïs, et qui devaient servir de modèles à de nombreux musiciens. Contrairement à Chopin ou à Schumann, le piano ne fut pour lui qu'un instrument parmi d'autres, — où passent bien souvent des échos de cette palette orchestrale si riche. Il fut cependant un pianiste admirable, fêté dans toute l'Europe pour ses interprétations de Bach, de Mozart, de Beethoven.*

Élève à Berlin de L. Berger, il donne son premier concert à l'âge de neuf ans, le 24 octobre 1818. A Paris, en 1816, il rencontre Marie Bigot, l'amie et interprète de Beethoven et de Haydn, qui lui donne de précieux conseils pour l'interprétation des sonates de Beethoven ; il fera beaucoup pour la diffusion des œuvres de ce dernier, — en particulier en Angleterre où il interprète ses concertos pour piano ; Clara Schumann, qui tremble en jouant devant lui, écrit quand elle l'entend pour la première fois au Gewandhaus de Leipzig en 1835 : « Il a joué de façon magistrale, et avec tant de fougue qu'à certains moments il me fut vraiment impossible de retenir mes larmes. Pour moi c'est le plus merveilleux des pianistes. » Et, pourtant le piano ne retient jamais longtemps son attention ; dès 1825 il écrit à l'éditeur Nägeli qu'il n'a que peu écrit pour son instrument ; il se plaint sans cesse de sa pauvreté d'invention en fait de tournures pianistiques : « Les pièces pour piano ne sont certainement pas ce que j'écris avec le plus de plaisir, ni peut-être avec beaucoup de succès, mais à l'occasion j'aime avoir quelque chose de nouveau à jouer » (lettre à Ferdinand Hiller, 17 août 1838). Dans ses meilleures pages *(Préludes et Fugues, Romances sans paroles)*, les problèmes de technique pianistique passent après les questions de style. Trop souvent considéré comme un épigone, Mendelssohn fut au contraire soucieux, dans sa musique pour piano, de créer une esthétique nouvelle ; dès 1820 il écrit sa première œuvre pianistique, un *Récitatif* fort original pour un enfant de onze ans ! Il compose cinq *Sonates pour piano* entre 1821 et 1827, — avant de renoncer définitivement à affronter sur ce terrain l'exemple de Beethoven, dont l'influence s'y faisait trop nettement sentir. Aux grands développements il préfère les petites formes : la « romance sans paroles » (une invention personnelle), la fugue, romantique et expressive, et les différentes variétés de *Klavierstücke* ; ces petites pièces inspirées sans doute par les *Bagatelles (op. 119* et *126)* de Beethoven*, et par quelques formules de Weber ou de Hummel, rivaliseront avec les *Préludes* de Chopin, les *Moments musicaux* de Schubert et les *Novelettes* de Schumann. Une imitation séduisante de l'orchestre passe dans les meilleures de ces pages, le capriccio léger, la fantaisie, le fameux scherzo mendelssohnien tout frémissant et rempli de jeux de fées, de pizzicatos et de sonneries de trompettes.

Capriccio (op. 5)

Daté du 23 juillet 1825, Mendelssohn considérait comme une « absurdité » (en français !) ce premier opus pianistique publié (en 1828). Schumann le jugeait « classique ». On y découvre, pour la première fois, l'alacrité du scherzo typiquement mendelssohnien. Rossini, l'entendant à Francfort en 1836, déclara : « Ça sent la sonate de Scarlatti ! » Avec raison, — ne serait-ce qu'à cause de la légèreté pianistique et de la nervosité de ce *perpetuum mobile* en doubles croches dispersées sur le clavier.

---

* Voir, ici même, à *Beethoven.*

Sept Pièces caractéristiques (op. 7)

Publiées par Laue à Berlin, ces *Pièces* furent composées dans les années 1827-1828 et montrent un Mendelssohn attaché à des modèles illustres, Bach et Beethoven, déchiré entre le passé et l'avenir ; le modèle de la fugue baroque le dispute ici à la pièce de caractère, au bref *Albumblatt* romantique ; il s'agit, en fait, d'une suite baroque de pièces contrastées, regroupées autour de la tonalité de *mi* mineur (avec des emprunts à *si* mineur et *la* majeur). Le jeune Mendelssohn s'y révèle tel un Janus musicien, — partagé entre l'archaïsme du contrepoint baroque et le modernisme absolu du scherzo gracieux ; c'est un des premiers recueils pianistiques où chaque pièce est pourvue d'un titre allemand et non italien.

1. SANFT MIT EMPFINDUNG : dans la tonalité favorite du compositeur, *mi* mineur, une paisible improvisation polyphonique où se discerne aisément l'influence des *Inventions* de Bach.

2. MIT HEFTIGER BEWEGUNG : un capriccio à 3/8, en *si* mineur ; page intéressante aidant à comprendre comment le style aérien et bondissant des scherzos mendelssohniens s'est dégagé de l'écriture pétillante des pièces de clavecin de Scarlatti.

3. KRAFTIG UND FEURIG : une fugue tonale à quatre voix, en *ré* majeur, menée avec brio et élégance ; Mendelssohn montre comment s'échapper avec aisance des pièges de l'académisme, et construire une page aimable et pleine de fougue.

4. SCHNELL UND BEWEGLICH : c'est une toccata en *la* majeur, à 2/4, qui s'élance avec une « motorik » visiblement inspirée de l'ère baroque, et qui sert de prélude à la fugue suivante.

5. ERNST, UND MIT STEIGENDER LEBHAFTIGKEIT : le sujet de cette double fugue pompeuse est une augmentation du thème du prélude précédent. Le jeune Felix parade ici avec tous les procédés scholastiques (renversements, strettes, augmentation et diminution), mais finit par s'empêtrer dans ce trop vaste *ricercar*.

6. SEHNSUCHTIG : une page nostalgique, qui se souvient des sarabandes des *Suites* de Jean-Sébastien Bach, mais qui pare au jeu polyphonique austère d'une sorte de mélancolie très romantique.

7. LEICHT UND LUFTIG : une des meilleures pages du piano de Mendelssohn. Schumann y voyait un avant-goût du *Songe d'une nuit d'été*. Nous sommes en présence de l'univers des elfes et des fées qui, chez

Mendelssohn, est souvent lié à la tonalité de *mi* (majeur ou mineur, — ainsi dans les *op. 14, 16, 21* et *61*). Toutes les caractéristiques si plaisantes du scherzo mendelssohnien sont réunies : imitation pianistique du staccato des cordes, traits de flûtes qui voltigent, batteries des bois, notes répétées, piquées, septièmes diminuées qui s'entrelacent sur des pédales de tonique, écriture sans cesse alternée aux deux mains. La pièce finit curieusement en mineur : les esprits s'évanouissent dans la nuit.

Rondo Capriccioso (op. 14)

Andante en *mi* majeur, à 3/4 ; *Presto* en *mi* mineur, à 6/8.

Composée en 1827, cette pièce célèbre, d'un modernisme étonnant, reflète la virtuosité pianistique de l'auteur ; littéralement inouïe à l'époque, cette musique, loin d'être celle d'un épigone, devait engendrer bien des imitations, — entre autres sous la plume de Liszt. Le rondo proprement dit est précédé d'un *Andante* chantant, en forme de chant scénique (proche même de certaines cantilènes de Weber). Les deux mains (et ce trait est caractéristique de l'écriture de Mendelssohn, et de sa formation « sérieuse ») doivent faire face à des obligations contrapuntiques et pianistiques d'un intérêt égal. Comme dans l'*Ouverture du Songe d'une nuit d'été** le premier thème du rondo (*Presto* en forme de rondo-sonate) s'enchaîne en mineur à l'introduction. C'est un canon à quatre voix qui a la légèreté d'une toile d'araignée et que traversent des sonorités d'orchestre : pizzicatos, flûtes en tierces, etc.

Le second thème, très lyrique, est au relatif (*sol* majeur, à la mesure 41). Il est redit (mesure 56) à la main gauche, enrobé dans des arpèges de doubles croches à la main droite ; système qui devait faire florès par la suite, mais qui était alors dans toute sa nouveauté. Les deux thèmes sont développés légèrement (mesure 99) ; puis la coda ramène le refrain une dernière fois.

---

* Voir *Guide de la musique symphonique.*

Trois Fantaisies ou Caprices (op. 16)

En 1829, au cours de son premier voyage en Angleterre (où il devait trouver l'inspiration de sa *Symphonie Écossaise* et des *Hébrides*), Mendelssohn fut accueilli au Pays de Galles chez les Taylor, une aimable famille de mineurs qui résidait à Coed Du, près de Holiwell. Il flirta assidûment avec les trois filles de la maison, et chacune lui inspira une petite pièce pour piano : « Mon séjour chez les Taylor ne s'effacera jamais de mon esprit, écrit-il à sa famille le 10 septembre 1829 ; il me rendra toujours une humeur fleurie, et je me rappellerai toujours les prairiries et les bois, le ruisseau avec ses cailloux et son murmure. Je crois que nous sommes amis, j'adore les jeunes filles et elles m'aiment bien aussi, car nous sommes très heureux ensemble. En plus, je leur dois trois de mes meilleures compositions pour piano. Quand les deux plus jeunes ont vu que je prenais au sérieux les œillets et les roses, et que je commençais à composer, la seconde est venue me trouver avec de petites clochettes jaunes dans les cheveux, m'assurant que c'étaient des trompettes, et me demanda si je pouvais les mettre dans mon orchestre, car auparavant j'avais dit que je recherchais de nouveaux instruments. Et le soir, comme nous dansions sur la musique des mineurs, et que les trompettes étaient plutôt criardes, elle me dit qu'à son avis ses trompettes feraient meilleur effet, et j'ai donc écrit une danse pour le bal dans laquelle on entend les petites fleurs en forme de cloches. Pour la seconde je me suis inspiré du ruisseau qui nous avait tellement plu durant une promenade que nous étions descendu de cheval pour nous asseoir sur ses rives. Cette dernière page est ce que j'ai fait de mieux dans ce genre. »

1. La première FANTAISIE, destinée à Anne Taylor, évoque un bouquet d'œillets. C'est une remarquable étude pour le premier mouvement de la *Symphonie Écossaise*, achevée treize ans plus tard : un *Allegro* en *la* mineur, à 6/8, encadré par deux *Andante* symétriques, à 4/4.

2. Le SCHERZO, à 4/4, inspiré par les fleurs-trompettes d'Honoria Taylor, est une splendide réussite, — qui annonce la *Marche des fées* dans la musique du *Songe d'une nuit d'été* de 1843 (toujours dans la même tonalité de *mi* mineur !). C'est un allegro de sonate en miniature, introduit par de petites fanfares, — avec deux thèmes (en *mi* mineur, à la mesure 5, et en *si* mi-

neur, à la mesure 21) qui imitent naïvement les sonorités d'un orchestre de fées : pizzicatos, tenues des cors, flûtes légères, — le tout s'achevant sur une étincelante coda en majeur.

3. ANDANTE, en *mi* majeur : le fameux *Rivulet* destiné à Susan Taylor est un tableau musical à la Constable, plein de charme, d'une élégante simplicité, et le favori de son auteur. Le murmure du ruisseau est traduit en un flot régulier de doubles croches. Mendelssohn fut, rappelons-le, un spécialiste des marines en musique.

Fantaisie en *fa* dièse mineur (op. 28)

Cette *Fantaisie* fut achevée le 29 janvier 1833 ; mais, dès 1830, Mendelssohn joua devant Goethe à Weimar une première version intitulée *Sonate Écossaise*, et qui est bien évidemment un souvenir des vacances en Écosse de 1829. L'exemple de l'*op. 27* de Beethoven* peut expliquer l'hésitation entre deux titres ; il s'agit bien d'une improvisation (au sens allemand de *Phantasie*). Le premier mouvement fait alterner deux idées : un prélude flou en arpèges de triples croches, et une mélodie populaire et sentimentale à la fois (*Andante* à 2/4), qui possède un certain charme nordique ; après une brève section centrale en *la* majeur, d'un intérêt moins soutenu, le finale (*Presto* à 6/8, en *fa* dièse mineur) explose en un mouvement perpétuel de doubles croches dans le style de Weber, — avec cette note particulière à Mendelssohn des mouvements rapides écrits dans une tonalité mineure, qui possèdent une sorte d'âpreté noyée dans l'exubérance pianistique. L'œuvre est dédiée à Ignaz Moscheles, pianiste éblouissant et l'un des plus fidèles amis de Mendelssohn.

Trois Caprices (op. 33)

Dédiés à Karl Klingemann, diplomate et ami de Mendelssohn, ces trois *Caprices*, composés entre 1833 et 1835, furent publiés par Breitkopf et Härtel en avril 1836, et suscitèrent l'enthousiasme de Schumann qui en fit aussitôt un compte rendu élogieux. Ce sont trois allegros de sonates pourvus d'une introduction lente, et qui témoignent d'une certaine prolixité. A propos du premier, achevé à Düsseldorf le 9 avril 1834, Schumann écrivit : « Nous traversons avec lui une douleur légère, qui de la musique où elle s'est jetée demande et reçoit allègement. » Le second, de 1835, présente une analogie thématique avec l'*Ouverture de la Belle Mélusine (op. 32)* : « Celui-là, je l'aime par-dessus tout : je le tiens pour quelque génie qui s'est furtivement glissé sur la terre. Là, point de surexcitation, point de tapage, aucune apparition de spectre, aucune agacerie de fée... Partout on marche sur un sol ferme, un sol fleuri, allemand. » Et à propos du troisième (de 1833), toujours Schumann : « On remarque comme quelque rage sans nom, concentrée, qui s'apaise insensiblement jusqu'à la fin du morceau, mais pour éclater alors à cœur joie. »

Six Préludes et Fugues (op. 35)

Dès l'automne de 1835 Mendelssohn s'est installé à Leipzig, la ville de Bach, où il se lie immédiatement d'amitié avec Schumann qui l'enrôle dans le cercle très romantique des *Davidsbündler* sous le nom de *Felix Meritis*. L'influence grandissante de l'art de Bach se fait sentir après le choc douloureux de la mort de son père (novembre 1835) dans l'oratorio *Paulus (op. 36)*, qui est encadré de *Préludes et fugues* pour piano *(op. 35)* et pour orgue *(op. 37)*. Une méditation chrétienne sur la mort, assez exceptionnelle chez les premiers romantiques allemands, transparaît dans ces pages qui tirent leur inspiration du choral et de la fugue baroque. Schumann les loua fort, — sentant bien qu'il y avait là mieux qu'une pâle imitation du *Clavier bien tempéré* ; Mendelssohn a su éviter ici les dangers de l'archaïsme ou de l'académisme, et réussir une synthèse de la polyphonie et du style pianistique libre. « On pourrait faire passer aux yeux de mainte jeune fille — écrivit Schumann — la dernière partie d'une des fugues de Mendelssohn... pour une romance sans paroles... Ce ne sont pas seulement des fugues travaillées avec la tête et d'après la recette, mais des morceaux de musique tout jaillis de l'esprit et poussés suivant le mode poétique. » Aussi bien, l'auteur se moquait-il de lui-même à sa manière habituelle en écrivant à son ami Hiller à propos de la publication de cet *op. 35* : « Me voila perruque ! » Les six *Préludes et Fugues*, composés entre 1827 et 1837, constituent donc le fruit d'une longue ré-

---

* Voir, à *Beethoven : Sonates n°s 13 et 14 (« Quasi una fantasia »).

flexion : l'auteur tente ici de proposer une solution au problème de la fugue romantique, déjà envisagé par Beethoven dans l'*op. 133*.

Un autre *Prélude et Fugue* en *mi* mineur, sans n° d'opus, fut publié en août 1841 dans l'album *Notre Temps* de Schott, — avec des œuvres de Czerny, Thalberg, Kalkbrenner et Chopin.

1. Prélude et fugue en *mi* mineur : le plus célèbre et le plus joué du recueil. Le *Prélude* (de 1837) renoue avec la tradition du grand déploiement d'improvisation du baroque, mais sous une forme nouvelle, éminemment romantique : c'est un flot d'arpèges en triples croches partagé entre les deux mains, dans lequel vient s'insérer dans le médium du clavier un chant très expressif, emporté et impérieux. La *Fugue*, antérieure de dix ans, fut écrite au chevet de Hanstein, un ami de Mendelssohn à l'agonie, et pourrait s'intituler *Mort et Transfiguration*. Le sujet (*Andante espressivo* à 4/4) est une de ces souples cantilènes dont Mendelssohn eut le secret :

L'intérêt — et le modernisme — de cette page provient de la tension dynamique croissante qui emporte peu à peu, tel un flot montant, le déroulement des différents divertissements ; à la fin éclate en majeur un choral triomphant, posé sur les octaves tumultueuses de la main gauche, et qui symbolisait dans l'esprit de l'auteur la délivrance de son ami. Mendelssohn reprit ce procédé — riche, à vrai dire, de promesses orchestrales — dans l'ouverture et le premier chœur d'*Élias* en 1846.

2. Prélude et fugue en *ré* majeur : le *Prélude* (*Allegretto* à 4/4), de 1836, est une placide invention à trois voix : une mélodie sereine posée sur le mouvement continu de doubles croches à la main droite, et de croches régulières en octaves piquées à la main gauche. La *Fugue* (*Tranquillo e sempre legato* à 3/4), de 1837, est brève et mélodieuse comme une *Romance sans paroles* fuguée ; le contrepoint le plus sévère y est habilement masqué.

3. Prélude et fugue en *si* mineur : le *Prélude* (*Prestissimo staccato* à 12/8) est de 1836. C'est une étude en forme de scherzo d'une grande difficulté, en croches détachées aux deux mains. La *Fugue*, très réussie (*Allegro con brio* à 3/4), utilise un sujet fougueux et fragmenté :

Il se prête particulièrement à un déluge de tours de force : renversements, divertissements canoniques et strettes.

4. Prélude et fugue en *la* bémol majeur : le *Prélude* (*Con moto* à 6/8), de 1837, est un duo vocal en imitations (à la main droite) avec accompagnement en doubles croches fluides à la main gauche, — proche de la dix-huitième *Romance sans paroles (op. 38 n° 6)* écrite dans le même style, dans la même tonalité et la même année. La double *Fugue (Con moto ma sostenuto)*, plus solennelle, commence comme un archaïque *ricercar*. Le second sujet (*Un poco animato*, mesure 46) en croches, plus léger, fait l'objet d'une seconde exposition, et se superpose ensuite au premier (mesure 97).

5. Prélude et fugue en *fa* mineur : le *Prélude* (*Andante lento* à 2/4), de 1836, d'une écriture vocale comme le précédent, semble cette fois tiré de *Paulus* ou d'*Élias* ; sur un fond de batteries en doubles croches (aux deux mains) s'élève un chant plaintif, tantôt à la basse, tantôt au soprano. La *Fugue* (tonale, *Allegro con fuoco* à 6/8) est une des plus belles du recueil. Elle possède à la fois l'élan des anciennes gigues fuguées du XVIIIe siècle et l'éclat désinvolte d'un scherzo. La tête du sujet (un saut d'octave et six croches répétées) est suivie d'un tourbillon de doubles croches :

6. Prélude et fugue en *si* bémol majeur : le *Prélude*, composé en 1837 (*Maestoso moderato* à 6/4), est une méditation religieuse, un vaste chœur posé sur un accompagnement de croches ascendantes qui rappellent l'*Ave Maria* de Schubert. La fugue (*Allegro con brio* à 6/8) date de 1836 : le sujet, véhément, bicéphale, comprend un trait ascendant de cinq groupes de doubles croches, suivi d'un dessin morcelé, au rythme pointé, qui va déclencher le contresujet, et qui sera d'ailleurs développé séparément (mesure 62) :

Cette page brillante clôt ce recueil faussement archaïque, — qui engendrera bien des imitations sous la plume de Franck, de Saint-Saëns, de Liszt ou de Reger.

LES VARIATIONS

Les trois cycles de *Variations* de Mendelssohn datent de juin 1841. « Sais-tu ce que j'ai composé récemment avec enthousiasme ? — écrit-il à son ami Klingemann le 15 juillet ; des variations pour piano, dix-huit sur un thème en *ré mineur*, et ce faisant je me suis si divinement amusé, que j'en ai fait séance tenante d'autres sur un thème en *mi bémol*, et d'autres encore en *si bémol*. J'ai eu l'impression d'avoir à rattraper le temps perdu, car je n'en avais encore jamais écrit. » Ces trois cahiers constituent, en effet, une incursion ponctuelle dans le domaine de la variation : « Je varie tout ce me vient à l'esprit — écrit-il encore à sa sœur Rebecka ; j'en ai fait d'abord dix-huit *sérieuses,* puis six *sentimentales,* je vais en composer maintenant dix *gracieuses.* » Et Mendelssohn ajoute avec l'ironie qui le caractérise : « Les variations sérieuses, en *ré mineur,* sont renfrognées » *(verdriesslich).*

Variations Sérieuses (op. 54)

Les *Variations Sérieuses,* un des grands chefs-d'œuvre de la musique pour piano romantique, constituent une sorte de « pont » entre les *Variations Goldberg* et les *Variations Diabelli* d'une part, les variations de Brahms et celles Reger d'autre part ; ceci à une époque où tout le monde composait des variations plus ou moins brillantes sur des airs d'opéras à la mode, — mais dépourvues du moindre sérieux. Achevées le 4 juin 1841, elles seront publiées par Mechetti, à Vienne, en 1842 dans un album destiné à financer le monument de Beethoven à Bonn.

En ces années 1840-1847, Mendelssohn va donner le meilleur de lui-même : la *Symphonie Écossaise* (1842), la seconde *Sonate pour violoncelle* et *la Nuit de Walpurgis* (1843), le *Concerto pour violon* (1844), les *Six Sonates pour orgue* (1845), enfin l'oratorio *Élias.* Ces œuvres voient le jour parmi les difficultés sans nombre occasionnées par les exigences artistiques du nouveau roi de Prusse Frédéric-Guillaume IV qui contraint Mendelssohn a vivre entre Leipzig et Berlin, où il va donner à son intention les musiques de scène pour *Antigone* et le *Songe d'une nuit d'été.* A Leipzig, au printemps de 1841, il crée la *Première Symphonie* de son ami Schumann, et encourage le succès de Clara en concert (elle sera la première et fidèle interprète des *Variations Sérieuses* jusqu'à sa mort).

Par rapport aux œuvres analogues de Beethoven, cet *op.* 54 s'apparente d'ailleurs moins aux *Variations Diabelli* qu'aux *Trente-deux Variations en ut mineur,* dans la mesure où elles restent fidèles à l'idéal de la stricte variation classique, sans que l'intégrité du thème soit mise en cause. Ce thème, très chromatique, pathétique, est remarquable par son étendue et par son écriture sévère, à quatre parties, dans l'esprit d'un choral. Les quatre premières mesures cheminent en trois incises de la tonique à la dominante, les quatre suivantes de la tonique au relatif majeur. Le charme étrange de ce thème provient des retards, des fausses relations constantes entre les parties et des résolutions absentes :

1. Dans la première variation, trois voix sont confiées à la main droite : le thème au soprano et à l'alto, et un dessin legato en croches au ténor, sur les octaves piquées de la main gauche.

2. UN POCO PIÙ ANIMATO : le thème est agrémenté d'un jeu de tierces en sextolets de doubles croches, très fluides, à l'alto et au ténor, — qui est repris ensuite au soprano.

3. PIÙ ANIMATO : c'est un mouvement perpétuel en doubles croches staccato, en écho aux deux mains.

4. Un magnifique SCHERZO, — qui est en

fait une étude en forme de canon entre les deux mains, avec une strette habile (mesure 8).

5. AGITATO : suite d'accords alternés aux deux mains, posés sur une pédale de tonique, avec une cadence plagale conclusive.

6. VARIATION EN ÉCHO : le thème est morcelé en groupes de deux croches dispersés entre le médium et l'aigu du clavier.

7. CON FUOCO : également très pianistique, utilise pour chaque incise du thème une cellule rythmique groupant deux accords (deux doubles croches/une croche) suivis d'une fusée d'arpèges en triples croches.

8. ALLEGRO VIVACE : cette variation, jumelée à la suivante, brise la charpente harmonique du thème ; c'est une étude pour les substitutions de doigts, en triolets de doubles croches.

9. Le système de la variation précédente est, cette fois-ci, étendu aux deux mains.

10. MODERATO : c'est un bref fugato sur un motif tiré de la tête du thème, à quatre entrées.

11. CANTABILE : variation très poétique, assez schumannienne ; la mélodie en noires, posée sur une basse obstinée en croches, est accompagnée d'accords syncopés aux harmonies étranges.

12. TEMPO DI TEMA : une étude pour les accords, violemment martelés aux deux mains, en groupes alternés de deux triples croches.

13. SEMPRE ASSAI LEGGIERO : très belle page, — qui demande une grande indépendance des deux mains ; la main gauche doit jouer à la fois le thème legato et quelques doubles croches piquées à la basse ; la main droite se voit confier un dessin staccato, léger et aérien, en triples croches.

14. ADAGIO EN *RÉ* MAJEUR : la seule variation en majeur est cet *Adagio* de sentiment religieux, assombri parfois par quelques retards douloureux.

15. POCO A POCO PIÙ AGITATO : ce mystérieux intermède propose des accords syncopés à la main droite, et une basse mouvante et disjointe en noires. L'intensité croissante appelle la seizième variation.

16. ALLEGRO VIVACE : grande étude de virtuosité où chaque note du thème est décomposée en deux triolets de doubles croches (une note à la main gauche contre deux à la main droite).

17. Très ample, la dernière variation commence comme la précédente : mais avec deux doubles croches à la main gauche et une seule à l'aigu de la main droite ; la tension dynamique mène à une sorte d'apothéose où la main droite reprend le thème, sur les roulements de timbales de la main gauche (pédale de dominante). La coda, *Presto,* conclut dans un grand déferlement d'accords alternés et de traits de virtuosité ; tout rentre cependant dans l'ombre avec les cinq mesures de cadence finale (sans dominante), typiquement mendelssohnienne.

Variations en *mi* bémol majeur (op. 82)

Terminées le 25 juin 1841. Mendelssohn, avec la sévérité qui lui était coutumière à l'égard de ses propres œuvres, ne jugea pas les deux cahiers *op. 82* et *83* dignes d'être publiés. Sévérité excessive — nous semble-t-il — car, outre les recherches d'écriture pianistique qu'elles renferment, ces *Variations op. 82* offrent des aspects inhabituels du langage harmonique de leur auteur. Ainsi le thème *(Andante assai espressivo)* « sentimental » selon Mendelssohn, commence-t-il par un accord de septième renversé du second degré.

1. La première variation morcèle ce thème en fragments heurtés, au rythme violemment pointé.

2. Étude pour la main gauche, qui déroule un flot ininterrompu de triolets de doubles croches.

3. PIÙ VIVACE : des accords en doubles croches, aux sonorités opposées dans plusieurs registres.

4. PIÙ MODERATO : une variation mystérieuse, fantomatique, où les octaves vides de la main gauche (pédale de tonique obstinée) répondent aux accords de la main droite.

5. La dernière variation s'enchaîne à une longue et belle coda ; le thème est tout d'abord enrobé d'un dessin très chromatique, en triples croches, dans le grave du clavier. Puis ce motif est réparti entre les deux mains, dans une belle envolée chopinienne. La coda comprend deux expositions du thème dans sa sévérité originelle, harmonisé à quatre parties, — qui encadrent une sorte d'épanchement très lyrique par grands arpèges balayant le clavier.

Variations en *si* bémol majeur (op. 83)

Ce troisième et dernier cahier de *Variations* date donc de juillet 1841, et ne sera publié qu'en 1850. Mendelssohn en rédigea peu après une version pour piano à quatre mains, à la demande de sa sœur bien-aimée Fanny *(op. 83 a)*. Le thème possède bien le caractère gracieux mentionné par l'auteur.

1. Ce thème passe à la voix intermédiaire, surmonté d'arabesques en triples croches de la main droite, sur des basses piquées, — selon la formule de la treizième *Variation Sérieuse*.

2. Seule la tête du thème subsiste, — mêlée à un riche développement polyphonique.

3. ALLEGRO : c'est une métamorphose complète, accords au chromatisme rampant à la main droite, sur une basse obstinée en doubles croches.

4. Variation en *sol* mineur, de caractère lugubre, ponctuée par les coups de timbales de la main gauche en triples croches violentes.

5. Variation très schumannienne, au charme harmonique étrange, — avec d'incessants changements de registre.

La coda, très développée, est un *Allegro assai vivace* d'une superbe envolée. Il est très possible que Schumann se soit souvenu de ces pages dans ses propres *Variations pour deux pianos op. 46**, qui furent créées d'ailleurs par Mendelssohn et Clara.

Six Kinderstücke (op. 72)

Publiées en décembre 1847, quelques jours après la mort de Mendelssohn, ces six brèves pages destinées à l'enfance constituent la dernière œuvre de son catalogue (les *op. 73* à *120* sont des publications posthumes — y compris des œuvres aussi importantes que la *Symphonie Italienne* ou la *Symphonie Réformation*). Composées après les *Scènes d'enfants op. 15* de Schumann, mais deux ans avant son *Album pour la Jeunesse op. 68*, ces pièces enfantines sont de simples miniatures dans lesquelles les spécialités pianistiques de l'auteur (Scherzo délié ou Romance sans paroles) sont réduites à un petit format ; elles reflètent l'amour de Mendelssohn pour le monde de l'enfance, — dont Schumann témoigna dans le livre de souvenirs qu'il lui a consacré.

1. ALLEGRO NON TROPPO : intermezzo gracieux, en *sol* majeur, sur un rythme de polonaise.

2. ANDANTE SOSTENUTO : une brève Romance sans paroles, en *mi* bémol majeur (à 2/4), d'une belle inspiration mélodique, sur un accompagnement de doubles croches.

3. ALLEGRETTO : c'est une petite marche en *sol* majeur, aux harmonies délicates.

4. ANDANTE CON MOTO : une seconde Romance sans paroles, en *ré* majeur (6/8), assez proche de la célèbre *Chanson de printemps*.

5. ALLEGRO ASSAI, en *sol* mineur, à 2/2 : page très remarquable, proche des scherzos de l'*Octuor op. 20* (1825) et du *Songe d'une nuit d'été* (1843), tous deux dans la même tonalité ; elle en possède le caractère impétueux et trépidant.

6. VIVACE : cette petite étude (en *fa* majeur, à 3/8), en doubles croches alternées aux deux mains, est conçue comme un mouvement perpétuel tourbillonnant.

LES ROMANCES SANS PAROLES

Invention personnelle de Mendelssohn, la *Romance sans paroles* (traduction assez peu satisfaisante de *Lied ohne Worte*) marque l'irruption du Romantisme dans la musique pour piano des années 1830. Elle tire son origine des *Handstücke*, — ces pièces brèves de compositeurs du début du XIXe siècle que Mendelssohn put connaître : ainsi Clementi, puis Moscheles, Hummel ou Weber, compositeurs qu'il a fréquentés personnellement. Cette littérature engendrera d'ailleurs le répertoire de danses ou d'études stylisées dans lequel le piano de Chopin prend racine ; de son côté, Mendelssohn va créer une forme de pièce lyrique qui correspond à l'idéal vocal du piano romantique. Le piano doit chanter (ainsi, dans les *Nocturnes* de Chopin, trouve-t-on une stylisation du bel canto). Les *Romances sans paroles* ne doivent pas être détachées des *Romances avec paroles (Lieder mit oder ohne Worte)*, — car l'inspiration est identique (aussi bien le premier cahier, *op. 19*, contient-il six Romances *avec* paroles et six *sans* paroles). Ces feuillets d'album, qui naissent dans une quotidienneté souriante, constituent une sorte de « Journal d'un romantique », mais en aucun cas des vignettes pour salon « Biedermeyer ».

La *Romance sans paroles* mendelssohnienne apparaît, après le labeur quotidien, comme l'expression de la liberté subjective, un jeu libre qui prend forme dans l'instant. C'est un plaisir idéaliste, pur et sans effort. Les *Romances sans paroles* furent conser-

---

* Voir, ici même, à *Schumann*.

vées dans un tiroir, et livrées peu à peu à la demande de l'éditeur Simrock. Le public apprécia lentement leur originalité : on ne vendit pas cinquante exemplaires du premier cahier ! Bientôt Hans von Bülow les jugera aussi classiques qu'un poème de Goethe. Le genre sera imité dans l'esprit ou à la lettre par tous les musiciens de la fin du siècle. Par ses petites dimensions, sa concision, la *Romance sans paroles* s'oppose aux grands développements de la sonate ; elle se limite à un motif caractéristique, unique, mais se tient à l'écart de tout « programme » littéraire ou pittoresque. L'auteur, dans une lettre du 15 octobre 1842, affirma clairement sa foi en une musique plus universellement compréhensible que les mots : aussi les titres donnés à ces pages (en particulier dans l'édition de Stephen Heller) sont-ils dépourvus de toute authenticité. Seuls quelques titres célèbres *(Gondellied, Frühlingslied, Spinnerlied)* proviennent du cercle de Mendelssohn. Ils correspondent d'ailleurs aux catégories les plus répandues : ainsi le *Frühlingslied (nos 1, 15, 18, 20, 25, 30, 31, 36)*, ou le lied *Im Volkston (nos 4, 9, 16, 23, 28)*. La structure est celle des lieder chantés : souvent en forme ABA ; un tiers des *Romances* possède un prélude et un postlude « instrumental ». L'écriture, qui se propose toujours de « chanter », s'inspire du *lied*, du duo *(op. 38 no 6)*, ou du chœur.

Mendelssohn composa exactement cinquante *Romances sans paroles* entre 1828 et 1845. Quarante-huit furent publiées en recueils (dont deux publications posthumes). Cinq cahiers sont dédiés à des dames élégantes : Élise et Rosa von Woringen, Clara Schumann, Sophie Rosen et Sophie Horsley. Le terme *Lied ohne Worte* n'apparaît qu'en 1828 sous la plume de Fanny, la sœur du compositeur ; lui-même l'utilisa pour la première fois dans une lettre du 10 novembre 1830.

Premier cahier (op. 19)

Les premières *Romances sans paroles* datent du grand voyage du jeune Felix à travers l'Europe (1830-1832). Elles furent publiées chez Novello, à Londres, le 20 juillet 1832 sous le titre *Original Melodies for the Pianoforte*, sans numéro d'opus, et l'année suivante par Simrock.

1. ANDANTE CON MOTO (en *mi* majeur, à 4/4) : charte du romantisme pianistique. C'est une page d'une grande simplicité, — la cantilène flotte sur un accompagnement intermédiaire en arpèges de doubles croches.

2. ANDANTE ESPRESSIVO (en *la* mineur, à 3/8) : dans le style des *Bagatelles* de Beethoven, une *Romance* très simple, d'une saveur populaire.

3. MOLTO ALLEGRO E VIVACE (en *la* majeur, à 6/8) : la célèbre « Chasse », — morceau d'une grande envolée pianistique où les imitations naïves de sonneries de cors sont agrémentées de figurations en doubles croches.

4. MODERATO (en *la* majeur, à 4/4) : selon Schumann, la première *Romance sans paroles* composée par Mendelssohn. C'est un *Chorlied* d'une écriture homophone, encadré par quatre mesures instrumentales.

5. POCO AGITATO (en *fa* dièse mineur, à 6/4) : ce nocturne mystérieux et tourmenté, proche de certaines fantaisies de Schumann, est plus développé que d'ordinaire. Le premier thème est enveloppé dans un flot de croches tumultueux ; la seconde idée *(Cantabile* en *la* majeur) passe à la main gauche. Le développement central est dans l'esprit d'une sonate.

6. ANDANTE SOSTENUTO (en *sol* mineur, à 6/8) : une des premières Barcarolles de l'histoire de la musique pour piano. Datée de Venise, 16 octobre 1830 : le jeune berlinois de vingt et un ans découvre avec enthousiasme l'Italie. La mélodie très suave est chantée en duo ; l'introduction de sept mesures sonne comme un appel lointain.

Deuxième cahier (op. 30)

Composé à Düsseldorf entre 1833 et 1834, ce recueil parut en mai 1835 à Paris, chez Mori et Lavenu ; il fut dédié à Élise von Woringen. L'édition allemande, chez Simrock, inspira à Schumann (il venait de faire la connaissance de Mendelssohn) un très bel article dans la *Neue Zeitschrift für Musik*. Sous le ton hautement romantique transparaissent les aspirations de la bourgeoisie allemande du *Vormärz*, qui allait voir dans ces *Romances* l'équivalent des tableaux de Moritz von Schwind, de Friedrich, ou de Schinkel : « Qui ne s'est jamais assis au crépuscule devant un piano droit (un piano à queue ferait trop cérémonieux) et n'a chanté inconsciemment, en pleine improvisation, une douce mélodie ? Si l'on peut par hasard lier aux deux mains l'accompagnement et la mélodie, et surtout si l'on est un Mendelssohn, alors naissent les plus belles romances sans paroles... C'est limpides comme le soleil qu'elles se présentent à nos regards » (Schumann).

7. ANDANTE ESPRESSIVO (en *mi* bémol majeur, à 4/4) : une mélodie très pure, posée sur des arpèges en triolets aux deux mains. « Qui a chanté pareille chose a encore une longue vie à attendre, aussi bien en ce temps d'existence terrestre qu'après la mort » (Florestan).

8. ALLEGRO DI MOLTO (en *si* bémol mineur, à 6/16) : ce capriccio fiévreux est caractéristique de l'inspiration nerveuse et angoissée de Mendelssohn.

9. ADAGIO NON TROPPO (en *mi* majeur, à 4/4) : cette *Romance* appartient à la catégorie du « Chœur imaginaire » par son écriture compacte, ses harmonies très simples, populaires. Le prélude et le postule en arpèges sont symétriques. Le thème annonce le mouvement lent de la *Symphonie Écossaise* (1842) :

10. AGITATO E CON FUOCO (en *si* mineur, à 3/8) : cette page « aimable, un peu triste et repliée sur elle-même, mais avec l'espoir et la patrie parlant dans le lointain » (selon Schumann), est en fait un scherzo où passent des elfes tourbillonnants, sur un accompagnement à la « motorik » acérée.

11. ANDANTE GRACIOSO (en *ré* majeur, à 2/4) : c'est une étude pour la main gauche, un mouvement perpétuel en triples croches (*il basso sempre piano e leggierissimo,* indique l'auteur).

12. ALLEGRETTO TRANQUILLO (en *fa* dièse mineur, à 6/8) : c'est encore un chant de gondolier vénitien qui ferme le recueil, — plus parfait que le premier. Appels lointains, thème langoureux, ornements vocaux à profusion évoquent quelque promenade sur les lagunes. Wagner, jouant cette page à Cosima, en blâmait « la médiocrité et les italianismes », et n'y voyait sottement qu'un plagiat de l'*Otello* de Rossini !

Troisième cahier (op. 38)

Dédié à Rosa von Woringen, ce recueil fut édité par Novello à Londres en 1837, sous le titre : *Six Songs without words. The celebrated Lieder ohne Worte.* « Un buisson de roses qui fleurit et embaume tout autour de lui... Un œil, qui lève un regard heureux vers la lune », selon Schumann. Ce troisième recueil reflète le bonheur conjugal de Mendelssohn, marié depuis le 28 mars 1837 à l'exquise Cécile Jeanrenaud. Les mélodies sont fraîches, pleines de naïvetés et de grâce.

13. CON MOTO (en *mi* bémol majeur, à 12/8) : proche de l'*op. 19 n° 1*, c'est un lied printanier, posé sur un accompagnement régulier en noires pointées, avec une voix intermédiaire en croches.

14. ALLEGRO NON TROPPO (en *ut* mineur, à 2/4) : au relatif de la précédente, une page tourmentée, d'une écriture très dense, assombrie par son accompagnement syncopé.

15. PRESTO E MOLTO VIVACE (en *mi* majeur, à 3/4) : une *Romance* passionnée ; l'accompagnement fougueux, en triolets de doubles croches, interrompt la mélodie à plusieurs reprises en grands traits dans le style de la harpe.

16. ANDANTE (en *la* majeur, à 4/4) : exemple parfait du *Chorlied* avec une introduction improvisée, en arpèges, comme un écho des forêts d'Eichendorff.

17. AGITATO (en *la* mineur, à 12/8) : une poursuite éperdue, qui annonce l'*Intermezzo* du *Songe d'une nuit d'été* (dans la même tonalité). La mélodie et l'accompagnement syncopé sont à la main droite, la basse obstinée, en croches staccato, à la main gauche.

18. DUETTO (*Andante con moto* en *la* bémol majeur, à 6/8) : ce duo d'opéra (« deux amoureux qui causent doucement, intimement, en toute confiance », a dit Schumann) aurait pu figurer dans *la Loreley,* l'opéra inachevé de Mendelssohn. Sur l'accompagnement en doubles croches s'élève un chant confié tantôt au soprano, tantôt au ténor, par phrases de quatre mesures ; puis (mesure 30) les deux voix reprennent le thème à l'octave.

Quatrième cahier (op. 53)

Ce cahier, édité par Simrock en 1841, et contemporain des *Variations Sérieuses* (voir plus haut), fut dédié à Sophie Horsley. Schumann y remarqua « une simplicité plus grande et, au point de vue mélodique, des airs plus légers et souvent populaires ». Visiblement Mendelssohn tenta de transformer son style, — car, en dix ans, les *Romances sans paroles* avaient suscité bien des imitations plus ou moins heureuses qui l'agaçaient, et il hésitait à en publier d'autres.

19. ANDANTE CON MOTO (en *la* bémol majeur, à 12/8) : une page suave et tendre ; l'accompagnement berceur, en croches, est partagé entre les deux mains ; la mélodie est ornée d'appoggiatures délicates.

20. ALLEGRO NON TROPPO (en *mi* bémol majeur, à 3/4) : étude en « deux pour trois », très intérieure, — avec un beau développement du thème à la basse dans la partie centrale.

21. PRESTO AGITATO (en *sol* mineur, à 6/8) : de larges accords à la main droite, et un accompagnement d'arpèges orageux à la main gauche donnent à cette ballade passionnée un avant-goût brahmsien.

22. ADAGIO CANTABILE (en *fa* majeur, à 9/8) : un des très rares Adagios figurant dans ces *Romances*; il rappelle le ton de certains Adagios des derniers quatuors de Beethoven.

23. ALLEGRO CON FUOCO (en *la* mineur, à 4/4) : un exemple de *Chorlied* plus développé que dans les premiers cahiers ; la ritournelle initiale revient, comme un refrain, interrompre les robustes couplets du chœur.

24. MOLTO ALLEGRO, VIVACE (en *la* majeur, à 6/8) : une des plus belles *Romances,* qui est aussi un tour de force pianistique unique en son genre. C'est un rondo dont la mélodie très simple est enrobée dans un mouvement continu d'accords alternés aux deux mains, la main gauche se chargeant des appoggiatures inférieures, — procédé hardi qui fera fortune sous la plume de bien des compositeurs de Liszt à Bartok.

Cinquième cahier (op. 62)

Édité en 1844, ce cahier fut composé à l'intention de Clara Schumann, qui remporta de grands succès, durant sa tournée en Russie, avec les *Romances sans paroles.* Depuis plusieurs années les Schumann participaient activement à l'essor de la vie musicale de Leipzig sous l'impulsion de Mendelssohn, qui dirigea la création de plusieurs œuvres de Schumann.

25. ANDANTE ESPRESSIVO (en *sol* majeur, à 4/4) : composé à Berlin en 1844. Suave cantilène qui, comme de nombreuses *Romances sans paroles,* commence sur la dominante ; l'accompagnement berceur, réparti entre les deux mains, s'appuie sur un rythme continu (une croche/six doubles croches).

26. ALLEGRO CON FUOCO (en *si* bémol majeur, à 12/8) : les trois *Romances* suivantes sont contemporaines — 1843 — de la musique de scène pour *le Songe d'une nuit d'été.* La première est une toccata fougueuse, sur un rythme trépidant d'accords en croches staccato.

27. ANDANTE MAESTOSO (en *mi* mineur, à 2/4) : cette page célèbre, intitulée *Marche funèbre,* fut instrumentée en quelques heures par Ignaz Moscheles pour les funérailles de Mendelssohn, qui eurent lieu à Leipzig le 7 novembre 1847. Elle est évidemment dans la tonalité favorite du musicien — *mi* mineur —, et entrecoupée de lugubres sonneries de cuivres, en triolets de triples croches.

28. ALLEGRO CON ANIMA (en *sol* majeur, à 9/8) : un bref *Chorlied,* d'un sentiment profond.

29. ANDANTE CON MOTO (en *la* mineur, à 6/8) : la dernière Barcarolle vénitienne de ces cahiers, plus raffinée que les deux précédentes, montre l'art de Mendelssohn à son apogée. L'appel des gondoliers initial revient à plusieurs reprises avec une sorte de morbidezza étrange (la quinte diminuée de la mesure 30) ; les ornements vocaux (appoggiatures, grupettos), répandus à profusion, nous rappellent que Mendelssohn fut un grand admirateur de Chopin.

30. ALLEGRETTO GRAZIOSO (en *la* majeur, à 2/4) : la plus célèbre d'entre toutes, cette *Chanson de printemps (Frühlingslied)* fut apportée en cadeau d'anniversaire à Clara Schumann, au matin du 13 septembre 1843 :

Sixième cahier (op. 67)

Ce dernier cahier publié par Mendelssohn vit le jour en octobre 1845. Il fut dédié à Sophie Rosen, la fiancée de son ami le diplomate Karl Klingemann.

31. ANDANTE (en *mi* bémol majeur, à 4/4) : comme les cinq précédents, ce cahier s'ouvre sur une *Romance* fraîche et printanière, avec une reprise variée où un *si* bémol vient tinter régulièrement comme une clochette.

32. ALLEGRO LEGGIERO (en *fa* dièse mineur, à 12/16) : cette *Romance* date de 1839. C'est une splendide étude en arpèges staccato aux deux mains, qui accompagne une mélodie nostalgique.

33. ANDANTE TRANQUILLO (en *si* bémol majeur, à 2/4) : bref canon entre les deux mains sur un accompagnement syncopé.

34. PRESTO (en *ut* majeur, à 6/8) : cette célèbre *Fileuse* fut composée — 1843 — alors que Mendelssohn préparait sa musique de scène pour *le Songe d'une nuit d'été* (où figure un Chœur de fées conçu dans le même esprit). Wagner venait de donner à Dresde, le 2 janvier 1843, *le Vaisseau fantôme,* dans lequel figure un chœur de fileuses bien proche de celui-ci :

35. MODERATO (en *si* mineur, à 3/4) : à cette page mélancolique, chantée en duo aux deux mains, les quintes vides de l'introduction donnent une teinte « gothique » : quelque souvenir de *Marguerite au rouet*.

36. ALLEGRETTO NON TROPPO (en *mi* majeur, à 3/8) : surnommée parfois *Berceuse* ou *Sérénade* en raison de son accompagnement léger, c'est une valse légère et gracieuse.

Septième et huitième cahiers (op. 85 et op. 102)

Les deux derniers cahiers de *Romances sans paroles,* édités en 1851 et en 1868, renferment des *Romances* retrouvées dans les papiers de Mendelssohn : pages de valeur inégale, composées à des époques diverses, — où figurent quelques chefs-d'œuvre : ainsi, dans l'*op. 85, le nº 2* (composé à Düsseldorf en 1834, dans lequel passe un souvenir du finale de la *Sonate en* la *mineur* de Mozart), et le *nº 4* (1845). Dans l'*op. 102,* le *nº 3* (un amusant scherzo en *ut* majeur) et le capriccio du *nº 5*.

Piano à quatre mains

Le piano à quatre mains suscita peu de créations originales sous la plume de Mendelssohn ; il faut toutefois signaler une œuvre encore inédite, la *Fantaisie en* ré *mineur,* composée vers 1825. Dans les années 1840, Mendelssohn joua souvent en concert à quatre mains avec Clara Schumann ; pour le concert donné au Gewandhaus de Leipzig, le 31 mars 1841 (où il dirigea en première audition la *Première Symphonie* de Schumann), il écrivit en quelques jours une splendide pièce à l'intention de Clara, l'**Allegro brillant op. 92** : c'est un joyau de la littérature à quatre mains, d'une difficulté d'exécution rare en ce domaine.

J.A.M.

OLIVIER MESSIAEN

Né en Avignon, le 10 décembre 1908. Il est le plus grand compositeur français vivant, et les hommages, à présent innombrables, qui lui ont été rendus pourraient en faire foi, — sans qu'il soit nécessaire de discuter ici s'ils ont été toujours justifiés. Il est entré dès l'âge de onze ans au Conservatoire de Paris, où ses maîtres les plus marquants furent Maurice Emmanuel (qui lui fit connaître la métrique grecque), Paul Dukas (pour la composition), ainsi que Marcel Dupré (pour l'orgue). C'est d'ailleurs une pièce pour orgue publiée en 1928 — le Banquet céleste — qui le révèle : la richesse ambiguë de l'écriture (les « modes à transposition limitée »), une sensualité mélodique et harmonique très particulière, le sujet religieux (Messiaen proclame d'emblée sa foi catholique), — tous traits de sa musique, et d'une esthétique, aisément perceptibles dans toute la production à venir. Sa réputation est rapide : dès 1930 on se presse à l'église de La Trinité, à Paris, pour entendre le jeune titulaire des grandes orgues. A cet égard, il faut souligner que c'est dans l'improvisation à l'orgue que Messiaen expérimentera ses recherches d'expression, de rythme et d'harmonie, — qu'il les traduise au piano, à l'orchestre, ou dans sa musique vocale. Avant la Seconde Guerre mondiale, Messiaen aura participé à la fondation du groupe « Jeune France », en compagnie notamment d'André Jolivet pour lequel il ne cachera pas son admiration. Un de ses chefs-d'œuvre, le Quatuor pour la fin du temps, *est composé lors de sa déportation dans un camp en Silésie. Mais, à partir de 1942, Messiaen est professeur d'harmonie au Conservatoire de Paris, et, en 1947, devient titulaire d'une classe d'analyse musicale spécialement créée pour lui, — qui deviendra rapidement une classe de composition : ses élèves — dont un Pierre Boulez — seront nombreux, et l'influence profonde qu'il exercera sur toute une génération de musiciens parfois fortement controversée. Ses œuvres, également, susciteront quelques « scandales » mémorables, — d'ailleurs assez équivoques : on incriminera bien plus son mysticisme « saint-sulpicien », ou la prolixité des commentaires qui accompagnent ses œuvres, que la valeur intrinsèque de ces dernières... Depuis, tout s'est calmé, et les honneurs divers n'ont cessé d'assaillir le compositeur : commandes officielles, festivals, nomination à l'Institut, etc. La production de Messiaen est aujourd'hui considérable : pour l'orgue, en priorité, avec des partitions majeures telles que* l'Ascension *ou* les Corps glorieux ; *dans le domaine vocal avec, en particulier, les* Trois petites Liturgies de la Présence divine, la Transfiguration de Notre-Seigneur Jésus-Christ, *ou le récent opéra* Saint François d'Assise ; *dans le domaine purement symphonique, avec les* Offrandes oubliées, *l'imposante* Turangalîlâ-Symphonie, Chronochromie, *ou les merveilleux* Réveil des Oiseaux *et* Oiseaux exotiques *faisant intervenir le piano en soliste, etc.* ; pour le piano seul enfin, — dont la production est examinée ci-après. La présentation des œuvres est chronologique.*

L'œuvre de piano**

L'œuvre pour piano de Messiaen s'affirme d'ores et déjà comme le monument le plus imposant que l'instrument ait suscité depuis Debussy. Du seul point de vue quantitatif, cela représente quelque sept heures de musique — sans compter les *Visions de l'Amen* pour deux pianos —, et le renouvellement extraordinaire que Messiaen a apporté au traitement de l'instrument n'a dégal que la qualité de l'inspiration, d'un niveau étonnamment soutenu en dehors de quelques pages mineures datant de sa jeunesse. Les deux grands mobiles d'inspiration de toute l'œuvre de Messiaen, sa foi chrétienne et son amour de la nature et des oiseaux, se partagent de manière presque égale son œuvre pianistique. Chacun d'eux est à l'origine d'un des deux cycles monumentaux qui dominent cette partie de sa production : les *Vingt Regards sur l'Enfant-Jésus* et le *Catalogue d'Oiseaux*.

Par leur ampleur et leur richesse, ils sont sans aucun équivalent dans l'ensemble de la littérature de l'instrument. A côté d'eux, on trouve deux cycles de dimensions plus modestes, les *Huit Préludes* de 1928-1929, première œuvre pianistique pleinement originale d'un musicien de vingt ans, déjà épris de modes et de couleurs, et les *Quatre Études de rythme* (1949-1950), pages capitales quant à la définition de son langage rythmique et quant à la sérialisation systématique des paramètres, pages spéculatives à l'égal du *Livre d'Orgue,* qu'elles précèdent de peu, et dont elles égalent l'audace sans compromis. La partie essentielle de l'œuvre pianistique de Messiaen, outre les *Visions de l'Amen* déjà citées, comporte encore deux grandes pièces séparées, *Cantéyodjâya* (1949), proches des *Études de rythme*, dont maintes préoccupations s'affirment déjà ici, et *la Fauvette des jardins*, continuation du *Catalogue d'Oiseaux* dont cette pièce admirable constitue peut-être l'annonce d'une seconde partie... Restent quatre petites pièces de jeunesse de moindre importance, plus une cinquième demeurée inédite *(la Tristesse d'un grand ciel blanc*, 1925). Il faut ajouter enfin que le piano apparaît comme soliste dans non moins de huit partitions symphoniques, avec ou sans voix, des *Trois*

---

* On peut se reporter, pour un panorama complet de ce « domaine », au *Guide de la musique symphonique.*
** Adapté d'après un texte paru in : *Olivier Messiaen* d'Harry Halbreich (Fayard-Sacem, Paris, 1980).

petites Liturgies de 1944 à *Des Canyons aux Étoiles*, de trente ans postérieur.

Du point de vue chronologique, il est remarquable que le piano, pourtant défini par l'auteur comme « son » instrument par excellence, ne l'ait sollicité qu'assez tard après son premier recueil de *Préludes*. Lorsqu'il y revint, à la suite de sa rencontre avec Yvonne Loriod, ce fut par le biais d'un cycle pour deux pianos, — et il avait dans l'intervalle créé une grande moitié de son œuvre d'orgue. Dans l'ordre de leur composition, les œuvres pianistiques de Messiaen peuvent se diviser en quatre groupes :

a) Œuvres de jeunesse *(Préludes, Fantaisie burlesque, Pièce pour le tombeau de Paul Dukas, Rondeau)*.

b) Deux grands cycles « théologiques » des années de guerre : *Visions de l'Amen* (deux pianos), et *Vingt Regards sur l'Enfant-Jésus*.

c) Pièces de recherche de 1949-1950 *(Cantéyodjâya* et *Quatre Études de rythme)*.

d) Catalogue d'oiseaux et sa suite, *la Fauvette des jardins* et les *Six petites esquisses d'oiseaux*. On pourrait y rattacher les deux pièces pour piano seul de *Des Canyons aux Étoiles* (n° 4, *le Cossyphe d'Heuglin,* et n° 9, *le Moqueur polyglotte)*.

Huit Préludes

Composés à Fuligny (Aube) en 1928-1929, ils furent donnés en première audition par Henriette Roget à la Société Nationale, à Paris, en 1931 (Éd. Durand).

Selon le compositeur, les titres de ces pièces cachent des études de couleurs, effectuées à l'aide des modes harmoniques qui furent le premier élément fixé de son langage de maturité. On n'y cherchera encore ni innovations rythmiques, ni chants d'oiseaux.

On a souligné à l'envi la dette du jeune Messiaen envers Debussy. Certes, elle est indéniable ; mais, à l'exception d'un ou deux passages, il n'y a là rien d'épigonal, et déjà l'auteur utilise avec une maîtrise toute personnelle ses modes à transpositions limitées et les oppositions colorées qui en découlent. Déjà il se différencie profondément de Debussy par une conception tout autre de l'espace, de la durée et du nombre ; déjà il s'oppose à lui par le romantisme spiritualiste de son inspiration. Certes, les cadres formels sont encore tout classiques, voire parfois académiques, bien loin de la liberté debussyste et de celle du Messiaen de la maturité. Et l'harmonie modale s'inscrit dans un contexte tonal non moins classique, ainsi qu'en témoignent du reste les altérations à la clé. Ici et dans toutes les analyses qui suivent, la mention d'une tonalité implique surtout celle d'un pôle, d'un centre d'attraction.

I. LA COLOMBE : pièce très simple et brève, en *mi* majeur, en deux parties suivies d'une petite coda. Le mode 2^2 (orangé, veiné de violet) prédomine*. Le joli effet de carillon des dernières mesures, les deux mains à distance de double octave diminuée, évoquent une registration d'orgue.

II. CHANT D'EXTASE DANS UN PAYSAGE TRISTE : beaucoup plus élaborée et complexe que la précédente, cette pièce en *fa* dièse mineur adopte le plan formel d'un triptyque rigoureusement symétrique, dont chaque volet comprent lui-même trois éléments, — hommage précoce à la Sainte Trinité ! L'élément central de chaque volet confesse éperdument l'admiration du jeune musicien pour Debussy. La partie centrale du morceau, qui passe en majeur, dans un tempo plus vif, comporte en son milieu un canon, — sans doute le moment le plus intéressant de la pièce, dont Messiaen définit les couleurs ainsi : gris, mauve, bleu de prusse pour le début et la fin ; diamanté, argenté pour le milieu.

III. LE NOMBRE LÉGER : simple, preste et bref, ce troisième *Prélude* oppose à une première phrase très mélodique, qui inscrit à nouveau le mode 2 dans le contexte tonal de *mi* (d'où la même couleur, orangé veiné de violet, que dans *la Colombe*), un passage volubile dont l'écriture instrumentale rappelle les *Poissons d'Or* de Debussy. Reprise des deux éléments à la dominante, bref retour de la mélodie initiale en canon, suivi de quelques mesures de coda.

IV. INSTANTS DÉFUNTS : malgré le bémol à la clé, *ré* mineur s'affirme difficilement, le début donnant une curieuse sensation de dominante d'*ut,* bien que le refrain termine

---

* Il s'agit des sept modes à transpositions limitées, — dont certains particulièrement affectionnés par Messiaen et utilisés par lui à la fois mélodiquement et harmoniquement. On sait que Messiaen est un musicien *modal*, — se distinguant du musicien *tonal* qui travaille sur deux échelles seulement (gammes majeure et mineure). A la vérité, Messiaen additionne les richesses de l'univers modal et de l'univers tonal.

toujours en *ré* majeur (tierce picarde). C'est un lied à cinq compartiments plutôt qu'un rondo (car les deux couplets sont semblables), suivi d'une coda. Mais le refrain diminue d'ampleur à chaque apparition et se désagrège pour finir, « mangé » de silences selon le système des « caches » utilisé par Debussy dans *Brouillards*. Le rythme non rétrogradable de la première mesure, les accords de quarte et sixte avec quarte augmentée ajoutée et non résolue, sont déjà du Messiaen très typique. La coda, différente de ce qui précède, s'envole inopinément par tons ascendants, de *ré* à *mi*, puis à *fa* dièse majeur. Couleurs : gris velouté, reflets mauves et verts.

V. LES SONS IMPALPABLES DU RÊVE : avec le suivant, ce *Prélude* demeure aujourd'hui encore le préféré de Messiaen et c'est en effet peut-être le plus personnel du recueil. A nouveau nous avons affaire à une forme ternaire, dont les deux volets extrêmes, dans le ton principal de *la* majeur, sont à leur tour des mini-triptyques. D'emblée nous sommes frappés par les grappes d'accords en groupes-pédales (mode 3, bleu orange) de la main droite, sous lesquels se déploie à la main gauche une mélodie syncopée d'une grande liberté rythmique, harmonisée en mode 2 (violet pourpre, traité en timbre cuivré). La partie centrale, dans le caractère d'un développement, n'est pas vraiment contrastée, si ce n'est par une couleur plus proche de *la* mineur, mais les grappes d'accords passent à la voix médiane, entourées par un canon par mouvement contraire. Il y a une brève coda, retenue, puis brillante.

VI. CLOCHES D'ANGOISSE ET LARMES D'ADIEU : selon Messiaen, cette histoire triste est ensevelie dans de somptueuses draperies violettes, oranges et pourpres, — cependant que les cloches opèrent des mélanges plus complexes, leurs résultantes graves et leurs harmoniques supérieurs se résolvant en vibrations lumineuses. C'est le plus riche et le plus complexe des huit *Préludes*, le plus libéré du point de vue rythmique et formel, le plus beau d'harmonie malgré un certain abus des septièmes diminuées (sur tonique ou non). C'est aussi le plus concentré de matériau, étant issu tout entier de ses cinq mesures initiales. Le début impose le net souvenir de la *Habañera* de Ravel, mais la pédale de dominante en syncopes obsédantes rappelle aussi *le Gibet* du même auteur. Cette première section est curieusement en *ut* mineur, abordant ainsi le ton principal de *si* mineur par le biais de la sixte napolitaine minorisée. Cependant, les dernières mesures affirment la primauté du seul intervalle de quarte augmentée (*si-mi* dièse-*si*). Cette charpente tonale solidement traditionnelle accueille des harmonies modales et polymodales d'une beauté et d'une nouveauté très grandes : ainsi, dès le début (mesure 5), la combinaison du mode 6^1 et du mode 2^2. La pièce tout entière est d'une expression sombre et tendue, presque tragique, en tout cas profondément émouvante.

VII. PLAINTE CALME : dans les mêmes couleurs qu'*Instants défunts* (gris velouté, reflets mauves et verts), cette pièce brève et simple, un peu scriabinienne dans ses volets extrêmes, vit de la tension propre à la quarte augmentée, — qui se traduit ici par les constantes oppositions entre dominantes de *ré* bémol et de *sol*.

VIII. UN REFLET DANS LE VENT : le recueil se termine par la pièce la plus développée, — exemple rarissime sous cette plume de forme sonate à deux thèmes, dans le ton principal de *ré* majeur. Le modèle semble avoir été ici l'*Isle joyeuse* de Debussy, dont l'empreinte se remarque dès le preste bouillonnement du premier thème à 3/8 (alternance d'orangé veiné de vert et quelques taches noires). Un bref pont conduit à la seconde idée, à 2/4, à la dominante *la* majeur, beaucoup plus développée, — en trois belles périodes mélodiques, bleu-orange (et vert-orange lors de sa réexposition au ton principal). Le développement central, en trois sections, travaille surtout le premier thème, animé d'une brusque énergie motrice, et, après avoir progressé par *si* bémol mineur et *si* mineur, aboutit à un *fa* dièse majeur, puis un *mi* majeur très éclatants (c'est ici surtout que l'on pense à *l'Isle joyeuse*). Mais la réexposition, suivie d'une coda percutante et rythmique rappelant le début du développement, est trop littérale, et, dans l'ensemble, cette pièce solide et brillante demeure nettement plus traditionnelle d'esprit que les deux *Préludes* que Messiaen préfère.

Fantaisie burlesque

Composée à Paris en 1932, et donnée en première audition par Robert Casadesus aux Concerts de la S.M.I., à Paris, en 1932 (Éd. Durand).

Messiaen raconte que ses anciens camarades de la classe de Dukas lui reprochaient d'être trop sérieux, trop contemplatif, et qu'il voulut leur prouver le contraire en écrivant cette pièce. Mais c'est un registre d'expression qui lui convient mal, et seule la partie centrale, qui n'a plus rien de burlesque, est de meilleure qualité. Les volets extérieurs, en un *fa* majeur pimenté d'harmonies modales variées, justifient dans une certaine mesure la sévérité de l'auteur. Le thème initial peut faire penser à l'appel moqueur et obsédant de quelque gros oiseau imaginaire. Dans la partie centrale, *ut* majeur — ton de la dominante — demeure un pôle d'attraction perceptible malgré l'abondance des notes étrangères. La deuxième de ses trois sections est interrompue en son milieu par une importante parenthèse, moment le plus prophétique et le plus personnel de l'œuvre, avec en particulier la superposition de deux groupes-pédales d'inégale longueur, — l'un de cinq accords en mode 3^3, l'autre de quatre en mode 2^1. Mais la pièce dans son ensemble souffre d'une forme trop symétrique, trop riche de redites et trop morcelée, pas plus adaptée au matériau que dans le dernier *Prélude* (v. plus haut).

Pièce pour le tombeau de Paul Dukas

Composée à Grenoble en été 1935, elle a été éditée par « la Revue Musicale ». C'est la contribution de Messiaen au tombeau élevé à la mémoire de Paul Dukas par ses élèves et amis sous l'égide de « la Revue Musicale ». « C'est un mode 3 dans sa première transposition » — explique l'auteur — « dont l'éclairage orangé, blanc et or tombe perpétuellement sur une longue septième de dominante de *mi*. C'est statique, solennel et dépouillé comme une énorme bloc de pierre. » Ce bloc est une stèle du marbre le plus pur : treize mesures seulement, ou plutôt treize neumes d'inégale ampleur (c'est la première pièce pour piano où Messiaen renonce au chiffrage des mesures) ; mais, en leur lenteur énorme, elles affirment avec une puissance inégalée jusque-là dans sa musique de piano la nouvelle dimension du temps musical propre à leur auteur. La mesure 8 offre un exemple parfait d'accords à renversements transposés. D'autre part, c'est une série de variations rythmiques de la mesure initiale (épitrite 2 + longue), avec ajout de valeurs, augmentations inexactes, etc. Bien que d'une seule coulée, *très lent et solennel,* en fortissimo permanent, on peut y distinguer une première période de six « neumes », une deuxième de quatre (dans laquelle les deux premiers de la précédente sont coupés d'interpolations amplificatrices), enfin une conclusion aux valeurs démesurément allongées avant le brusque unisson final. Un chef-d'œuvre.

Rondeau

Composé à Paris en 1943 (Éd. Leduc), commande de Claude Delvincourt pour le concours de piano du Conservatoire, ce petit morceau simple et sans prétention frappe par sa régularité métrique, insolite sous cette plume à cette époque, — et rappelle en cela, et aussi par son caractère léger et plaisant, l'*Intermède* du *Quatuor pour la fin du Temps*. Contrairement à ce qu'affirme Messiaen, ce n'est pas un vrai rondo, mais plutôt un lied à cinq compartiments, puisque les deux couplets sont semblables. Le pôle tonal oscille entre *si* et *mi*.

Visions de l'Amen, pour deux pianos

Composées à Paris en 1943, et données en première audition par Yonne Loriod et l'auteur aux concerts de la Pléiade, à Paris, le 10 mai 1943 (Éd. Durand).
La partition, commande de Denise Tual, porte en exergue une citation d'Ernest Hello : « Amen, parole de la Genèse, qui est l'Apocalypse de l'ouverture. Amen, parole de l'Apocalypse, qui est la Genèse de la consommation. » Puis le compositeur explique le contenu spirituel de l'ouvrage :
« Amen revêt quatre sens différents :
Amen, que cela soit ! L'acte créateur.
Amen, je me soumets, j'accepte. Que votre volonté soit faite !
Amen, le souhait, le désir que cela soit, que vous vous donniez à moi et moi à vous !
Amen, cela est, tout est fixé pour toujours, consommé dans le Paradis. En y joignant la vie des créatures qui disent amen par le fait même qu'elles existent, j'ai essayé d'exprimer les richesses si variées de l'Amen en *sept* visions musicales. »
« Sept est le nombre parfait, la Création de six jours sanctifié par le sabbat divin », nous rappelle Messiaen. Or, si nous examinons les sept *Visions de l'Amen,* nous constatons que les numéros *1, 3, 4* et *7* correspondent, dans cet ordre, aux quatre sens du mot « amen » définis plus haut, tandis que les numéros *2* et *5* sont réservés aux

créatures. Reste donc le numéro 6, l'*Amen du Jugement*, qui évoque en peu d'instants (c'est la pièce la plus courte) et d'une manière abrupte et violente le sort de ceux qui se sont volontairement exclus de la Grâce divine. Et l'on sent fort bien que Messiaen considère ce gouffre avec une sorte de recul horrifié devant ce froid terrible, ce zéro absolu de l'Amour...

Premier fruit de la rencontre avec Yvonne Loriod, les *Visions de l'Amen* sont aussi la première œuvre pianistique de Messiaen qui reprenne l'inspiration théologique des grands cycles d'orgue de l'avant-guerre. De même que les *Vingt Regards sur l'Enfant-Jésus*, elle se situent donc bien plus dans la succession de *la Nativité* ou des *Corps glorieux* que dans celle des pages pianistiques de jeunesse. D'ailleurs l'écriture instrumentale atteint ici à une ampleur proprement orchestrale. Les *Visions de l'Amen* sont aussi la première œuvre de Messiaen qui introduise la notion de thème cyclique, importante pour tous les grands ouvrages jusqu'à la *Turangalîlâ-Symphonie*. La présence de pareils thèmes, aisément reconnaissables, a certainement contribué à rendre les œuvres de cette époque plus accessibles au grand public, — ce qui explique leur popularité. Dans les *Visions de l'Amen*, il y a un seul thème cyclique, le *Thème de la Création* :

Sorte d'ample choral en quatre grandes phrases de quatre périodes chacune, — exposé dans la première pièce *(Amen de la Création)*, dont il constitue toute la matière, cité dans la coda de la troisième *(Amen de l'Agonie de Jésus)*, utilisé comme deuxième thème de la cinquième *(Amen des Anges, des Saints, du Chant des Oiseaux)*, et enfin amplifié en apothéose dans la septième et dernière *(Amen de la Consommation)*, symétrique de la première. La tonalité principale de l'œuvre est *la* majeur, tonalité « bleue » que Messiaen affectionne, et qui sera également celle de l'œuvre suivante, les *Trois petites Liturgies*. C'est celle des pièces *1, 5,* et *7*. Les pôles des autres pièces sont : *mi* mineur *(n° 2)*, dominante d'*ut* mineur *(n° 3), sol* majeur *(n° 4),* dominante de *la* mineur *(n° 6)* : plan tonal tout classique !

Messiaen a fortement différencié le rôle de chaque piano, ainsi qu'il l'explique lui-même : « J'ai confié au premier piano les difficultés rythmiques, les grappes d'accords, tout ce qui est vélocité, charme et qualité de son. J'ai confié au deuxième piano la mélodie principale, les éléments thématiques, tout ce qui réclame émotion et puissance. » Ajoutons que ce deuxième piano joue d'importants solos dans les numéros *2, 3* et *5*.

I. AMEN DE LA CRÉATION. AMEN, QUE CELA SOIT ! *« Dieu dit : que la lumière soit ! Et la lumière fut ! » (Genèse) :* le thème de la Création est exposé intégralement en un immense crescendo, partant du pianissimo impalpable, « dans le mystère de cette nébuleuse primitive qui contient déjà en puissance la lumière ». Il chante au deuxième piano, sous la double pédale rythmique en carillon du premier, faite sur des rythmes non rétrogradables amplifiés ou contractés à chaque répétition.

II. AMEN DES ÉTOILES, DE LA PLANÈTE À L'ANNEAU : c'est la première en date des grandes danses dionysiaques qui jalonneront la musique de Messiaen jusqu'aux *Cinq Rechants*. Tournoiement sauvage et violent des astres : *« Dieu les appelle, et ils disent : " Amen, nous voici ! " » (Livre de Baruch).* Le thème principal, sur cinq notes, exposé au deuxième piano seul, fait ensuite l'objet de trois développements successifs, — le premier par changements de rythme et de registre sous un tournoiement polymodal, le deuxième par élimination de la tête du thème, mouvement contraire et droit, et par agrandissements d'intervalles, le troisième superposant la tête du thème en pédale rythmique à cette même tête avec changements de registre. La reprise variée de la danse, enrichie, corsée, « orchestrée » en quelque sorte (« modéré, solide et décidé »), est encore suivie de quatre puissantes mesures de coda.

III. AMEN DE L'AGONIE DE JÉSUS : c'est l'évocation du Jardin des Oliviers : *« Mon père, si ce calice ne peut passer sans que je le boive, que ta volonté soit faite et non la mienne. » (Évangile selon saint Matthieu).* La forme est celle d'une triade grecque : strophe, antistrophe, épode, — forme que Messiaen affectionne, et qui correspond à la *Barform* de l'analyse classique (A/ A'/B), A' étant une reprise variée de A, B offrant un constraste. Il y a quatre éléments musicaux : le premier incarne « la malédiction du Père sur le péché du monde que Jésus représente en cet instant » ; le deuxième (« un peu plus lent ») est un cri de douleur ; le troisième (« un peu plus lent »), que Messiaen omet curieusement de mentionner, représente la seule éclaircie, sous forme d'un des leitmotive préférés du compositeur, — qu'il fait lui-même dériver de *Boris Godounov*, et qui constitue ici un rappel de *la Vierge et l'Enfant (n° 1 de la Nativité)*,

le quatrième enfin, une plainte déchirante sur quatre notes (« bien modéré »), exposée d'abord au deuxième piano seul, et dont les secondes mineures douloureuses et astringentes opposent à la brève détente qui précédait leur contraste fulgurant. La pièce tout entière est exceptionnellement sombre et tendue, dissonante et peu tonale. Lors de la reprise de la plainte par les deux pianos, la tension devient insoutenable, les larmes et la sueur de sang d'une imminence tangible. L'épode, conclusion sur le thème cyclique de la Création (« les souffrances du Christ donnent la grâce et créent l'homme nouveau », explique Messiaen), agit à la manière d'une catharsis libératrice : le sacrifice de l'Agneau nous a libérés du péché.

IV. AMEN DU DÉSIR : devant les malentendus et les jugements malveillants suscités par cette musique d'une expression si audacieuse dans sa traduction de l'amour mystique porté à son paroxysme, Messiaen a été obligé de préciser qu'il fallait entendre le mot Désir dans son sens spirituel le plus élevé, celui de l'Ange nommant le prophète Daniel « Homme de Désir ». Après le paroxysme de la souffrance, voici le paroxysme de l'Amour dans sa plénitude, que cette souffrance a fécondé et rendu possible. Le premier thème est un nouvel avatar du leitmotiv *Boris Godounov* utilisé dans la pièce précédente : c'est l'agonie de Gethsémani qui nous ouvre la béatitude du Paradis. Ce thème plane ici statique, serein, dans un climat harmonieux et consonant (*sol* majeur). Quant au deuxième thème, qui apparaît en *mi* bémol sous forme d'un long et véhément solo du deuxième piano, on y reconnaîtra une nette prémonition du *thème de Joie*, tel qu'il se présentera dans le dixième des *Vingt Regards, le Regard de l'Esprit de Joie* (v. plus loin) :

Car c'est la joie permanente de la vision béatifique, illuminée de la présence du Saint-Esprit, qui est l'objet le plus ardent de notre désir. Messiaen précise : « L'âme y est tirée par un amour terrible, qui s'exprime de façon charnelle (voir le *Cantique des Cantiques*), mais il n'y a ici rien de charnel, seulement un Paroxysme de la soif d'Amour ». Ce thème fait l'objet d'une grande amplification modulante aux enchaînements presque wagnériens. La reprise variée du premier thème (« très lent, avec amour ») se fait pianissimo, avec de nouvelles cascades de triples croches d'une infinie douceur ; celle du deuxième, au contraire, avec de sauvages pédales rythmiques annonçant déjà les danses de Papouasie des *Iles de Feu*. Après une dernière reprise apaisée du premier thème, une coda fond les deux voix principales l'une dans l'autre, « et il n'y a plus que le silence harmonieux du Ciel... ». Pour comprendre cette pièce — l'un des sommets de l'œuvre de Messiaen —, il faut appeler à la rescousse Catherine de Sienne, Jean de la Croix, Thérèse d'Avila, tous les saints et saintes qui ont sublimé l'Amour au creuset de la soif la plus dévorante de l'Absolu divin...

V. AMEN DES ANGES, DES SAINTS, DU CHANT DES OISEAUX : Messiaen explique : « Chant de la pureté des Saints : Amen. Vocalise exultante des oiseaux : Amen. Anges se prosternant devant le Trône : Amen *(Apocalypse de saint Jean)*. » C'est la pièce la plus considérable du recueil, la plus riche de matière, et un découpage détaillé fait apparaître non moins de dix-huit sections. Le premier volet, consacré aux anges et aux saints, fait alterner deux éléments : une monodie toute diatonique, de caractère plain-chantesque, et une variante à peine modifiée du thème cyclique de la Création, bien en situation, — puisqu'il s'agit de l'amen des créatures. Le milieu, sur le chant des oiseaux (« modéré, presque vif, joyeux »), d'une écriture instrumentale plus brillante, permet d'entendre, mais sytlisés, idéalisés, merle, pinson, fauvette à tête noire, « confondus avec les mille bruits de la nature dans un turbulent et souriant mélange ». Chacune des trois expositions du thème est suivie d'un développement. Dans la reprise variée du thème de plain-chant (« très modéré »), on remarquera l'ambiance sonore et harmonique toute debussyste, due à l'environnement de prestes arpèges en neuvièmes de dominante. La suite de la reprise comporte des canons de rythmes non rétrogradables en triple étagement. Il y a une brève coda de six mesures sur les oiseaux.

VI. AMEN DU JUGEMENT : commentaire de Messiaen : « Trois notes glacées comme la cloche de l'évidence. En vérité, je vous le dis, Amen. *« Maudits retirez-vous de moi. »* *(Évangile selon saint Matthieu)*. Les maudits sont fixés dans leur état. Morceau volontairement dur et bref. » Plus dissonante et plus âcre encore que la troisième, cette *Vision* est de la famille restreinte, mais terrible, des pièces pénitentielles de Messiaen *(Regard de l'Onction terrible ; les Mains de l'Abîme...)*. Elle est d'une seule coulée, — sa rigueur n'admet aucune diversion, aucun contraste. Trois présentations d'une grande phrase en quatre périodes, — la deuxième avec inversion des registres, la troisième dans l'esprit d'une réexposition, puis trois mesures de coda au paroxysme de la violence sonore. Et chaque période finit par la chute d'une condamnation implacable, *clouant* de manière cruellement réaliste les réprouvés dans leur état : c'est la « cloche de l'évidence »...

VII. AMEN DE LA CONSOMMATION : évocation de la vie des Corps glorieux au Paradis, — l'un des sujets favoris de Messiaen, qui cite à ce propos le *Livre des Proverbes* : *« De clarté en clarté »*. D'une simplicité péremptoire, cette apothéose du thème cyclique adopte l'allure d'une procession joyeuse et éclatante, sans cesse plus rapide, au cours de laquelle l'exposé complet du thème est suivi d'un développement modulant plein de surprises, tel le rêve féerique d'un brusque triple pianissimo. Le tout environné du carillon incessant d'accords et de rythmes du premier piano, en canons rythmiques de plus en plus serrés, évoquant l'éblouissement multicolore des pierres précieuses de l'Apocalypse « qui sonnent, choquent, dansent, colorent et parfument la lumière de Vie ». Cet éblouissement inspirera par la suite à Messiaen une œuvre entière, *Couleurs de la Cité céleste,* qui ira beaucoup plus loin quant à la différenciation et à la variété des couleurs, sans surpasser l'éclat de cette dernière *Vision*. Car à l'issue de plusieurs accélérations, la coda atteint à une puissance et à un volume sonore tels (quintuple fortissimo) qu'on se demande à quoi peut encore servir un orchestre !

A son apparition, ce cycle eût pu à bon droit être considéré comme un aboutissement, tellement il surpassait les œuvres précédentes. Et pourtant — l'avenir devait le montrer très vite — il s'agissait seulement d'un somptueux galop d'essai destiné à mettre à l'épreuve les ressources d'Yvonne Loriod. Sûr désormais de ses possibilités prodigieuses, Messiaen écrivit pour elle un cycle d'une ampleur monumentale et d'une difficulté sans précédents dans le répertoire de l'instrument : les *Vingt Regards sur l'Enfant-Jésus*.

Vingt Regards sur l'Enfant-Jésus

Composés à Paris du 23 mars au 8 septembre 1944, et donnés en première audition par Yvonne Loriod, salle Gaveau à Paris, le 26 mars 1945 (Éd. Durand).

Pour aborder cette œuvre colossale (presque deux mille mesures, cent-soixante-dix sept grandes pages de partition, plus de deux heures d'audition !), il est indispensable de reproduire intégralement le texte d'introduction générale de l'auteur, qui en expose les mobiles spirituels, mais aussi les lois complexes de la symbolique des nombres qui en gouverne l'architecture de manière plus déterminante, peut-être, que pour toute autre œuvre de sa plume.

Commentaire du compositeur

« Contemplation de l'Enfant-Dieu de la crèche et regards qui se posent sur Lui : depuis le regard indicible de Dieu le Père jusqu'au regard multiple de l'Église d'amour, en passant par le regard inouï de l'esprit de Joie, par le regard si tendre de la Vierge, puis des Anges, des Mages et des créatures immatérielles ou symboliques (le Temps, les Hauteurs, le Silence, l'Étoile, la Croix). En dehors des thèmes particuliers à chacune des vingt pièces, quatre thèmes cycliques circulent à travers l'œuvre :

a) le thème de Dieu ;

b) le thème de l'amour mystique ;

c) le thème de l'Étoile et de la Croix ;

d) le thème d'accords.

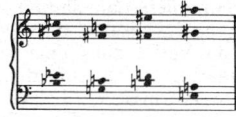

Le *thème de Dieu* se trouve dans les trois pièces dédiées aux trois Personnes de la Sainte Trinité *(n° 1, Regard du Père ; n° 5, Regard du Fils sur le Fils ; n° 10, Regard de l'esprit de Joie).* Il se trouve encore dans *Par Lui tout a été fait (n° 6)* (puisque la Création est attribuée au Verbe sans qui rien n'a été fait) ; il est présent dans *le Baiser de l'Enfant-Jésus (n° 15)* et dans *Première communion de la Vierge (n° 11)* (elle portait Jésus en elle) ; il est magnifié dans *Regard de l'Église d'amour (n° 20)* (l'Église et tous les croyants sont le corps du Christ). Le *thème de l'amour mystique* revient dans *Par Lui tout a été fait (n° 6), Je dors, mais mon cœur veille (n° 19)* et *Regards de l'Église d'amour (n° 20).* L'*Étoile et la Croix* ont le même thème, parce que l'une ouvre et l'autre ferme la période terrestre de Jésus (voir *Regard de l'Étoile, n° 2,* et *Regard de la Croix, n° 7).* Le *thème d'accords* se trouve partout, fractionné, concentré, auréolé de résonances, combiné avec lui-même, changé de rythme et de registre, transformé, transmuté de toutes sortes de façons : c'est un complexe de sons destiné à de perpétuelles variations, préexistant dans l'abstrait comme une série, mais bien concret et très aisément reconnaissable par ses couleurs : un gris-bleu d'acier traversé de rouge et d'orangé vif, un violet mauve taché d'un brun cuir et cerclé de pourpre violacé.

Les numéros des pièces sont ordonnés par les contrastes de tempo, d'intensité, de couleur — et aussi par des raisons symboliques. Sont distribués de cinq en cinq les regards qui traitent de la Divinité : *n° 1, Regard du Père ; n° 5, Regard du Fils sur le Fils ; n° 10, Regard de l'esprit de Joie ; n° 15, le Baiser de l'Enfant-Jésus* (manifestation visible du Dieu invisible) ; *n° 20, Regard de l'Église d'amour* (qui prolonge le Christ). Le *Regard de la Croix* porte le *n° 7,* chiffre parfait, parce que les souffrances du Christ en croix ont rétabli l'ordre troublé par le péché. Les Anges étant confirmés en grâce, le *Regard des Anges* porte le *n° 14* (deux fois 7). Le *Regard du Temps* porte le *n° 9* : le Temps a vu naître en lui Celui qui est Éternel en l'enfermant dans les neuf mois de maternité que connaissent tous les autres enfants. Le *Regard de l'Onction terrible* porte le *n° 18* (deux fois 9) : la Divinité est répandue sur l'Humanité du Christ en une seule personne qui est le Fils de Dieu ; cette Onction stupéfiante, ce choix d'une certaine chair par la Majesté épouvantable, suppose l'Incarnation et la Nativité. Les deux pièces qui parlent de la Création et du Gouvernement divin ou soutien de toutes choses et Création continuée sans cesse sont : *Par Lui tout a été fait (n° 6,* chiffre de la Création) et *La Parole toute-puissante (n° 12,* deux fois 6).

Dom Columba Marmion *(le Christ dans ses Mystères)* et après lui Maurice Toesca *(les douze Regards)* ont parlé des regards des bergers, des Anges, de la Vierge, du Père céleste : j'ai repris la même idée en la traitant de façon un peu différente et en ajoutant seize nouveaux regards. Sans parler des chants d'oiseaux, carillons, spirales, stalactites, galaxies, photons, des textes de saint Thomas, saint Jean de la Croix, sainte Thérèse de Lisieux, des Évangiles et du Missel m'ont également influencé. Plus que dans toutes mes précédentes œuvres, j'ai cherché ici un langage d'amour mystique, à la fois varié, puissant et tendre, parfois brutal, aux ordonnances multicolores. »

Il y a fort peu à ajouter à cette introduction, — sinon que les différentes pièces n'ont pas été composées dans l'ordre : la première écrite fut le *Regard du Fils sur le Fils (n° 5),* la dernière, *Par lui tout a été fait (n° 6).* Il y a ici aussi une tonalité principale, celle de *fa* dièse majeur, dans laquelle s'expose le thème de Dieu, et à laquelle se rattachent non moins de sept des vingt pièces *(n°s 1, 5, 6, 10, 15, 19* et *20).* Trois pièces seulement *(n°s 8, 14* et *17)* échappent à un pôle définissable.

On admirera la manière dont les principaux thèmes à la fois s'opposent et se complètent : le *thème de Dieu,* le plus important de tous, apothéose du mode 2*; le *thème de l'Étoile et de la Croix,* au contraire monodique, en mode 4^3 (jaune et violet); le *thème d'accords,* contenant le total chromatique et se composant de deux accords en quartes suivis d'un accord sur dominante de *mi,* fractionné en deux termes; enfin le *thème d'Amour,* avec sa valeur ajoutée qui en fait un troisième épitrite grec et sa chute finale de quarte, — thème que l'on retrouvera dans *Turangalîlâ-Symphonie* (où il symbolisera encore l'Amour).

Chaque pièce comporte en exergue un très court poème mystique du compositeur, que l'on trouvera ci-après à la suite de chaque titre.

I. REGARD DU PÈRE. « Et Dieu dit : "Celui-ci est mon Fils bien-aimé en qui j'ai pris toutes mes complaisances"... » *(Évangile selon saint Matthieu, 3, 17)* : c'est la double exposition du thème de Dieu, en mode 2^1, inscrit dans le ton de *fa* dièse majeur, — de caractère calme et majestueux.

II. REGARD DE L'ÉTOILE. « Choc de la grâce... l'étoile luit naïvement, surmontée d'une croix » introduit le thème de l'Étoile et de la Croix en mode 4^3 inscrit dans le ton de *la* bémol mineur, dont s'évadent les trois derniers accords de cette pièce de forme binaire avec coda où prédominent les quartes augmentées nues et de dépouillement monodique. Les rythmes relèvent de la métrique grecque et des neumes plain-chantesques.

III. L'ÉCHANGE. « Descente en gerbe, montée en spirale ; terrible commerce humano-divin. Dieu se fait homme pour nous rendre dieux... » : c'est un unique et vaste crescendo, utilisant le procédé de l'agrandissement asymétrique des intervalles, commentant cette antienne du Missel : « O commerce admirable ! le Créateur du genre humain, prenant un corps et une âme, a daigné naître de la Vierge, pour nous faire part de sa divinité. » Paradoxalement, Dieu est représenté par le trait immuable en tierces alternées, ce qui ne bouge pas, ce qui est tout petit, alors que les agrandissements asymétriques concernent l'homme. Messiaen explique cette contradiction apparente : l'Éternité, qui fait partie de l'essence de Dieu, est symbolisée par un point ou par l'instant, afin de supprimer toute notion de lieu et de temps. La dernière mesure fortissimo s'évade du pôle de *mi* bémol mineur vers le total chromatique, comme si l'homme se désagrégeait brusquement.

---

* V. note en bas de page 501.

IV. REGARD DE LA VIERGE. « Innocence et tendresse... La femme de la Pureté, la femme du Magnificat, la Vierge regarde son Enfant... » : pièce d'une charmante fraîcheur, toute de naïveté et de tendresse, aux couleurs vives et gaies, dues aux mélanges de modes de la deuxième idée (4^4 et 3^4 puis 6^3 et 2^2, enfin 3^2 et 4^2). D'*ut* dièse, cette deuxième idée déplace le pôle d'attraction vers *ut* naturel. Elle possède l'esprit plus vif d'un scherzo, — la première, plus rêveuse, se balançant entre ionique mineur et épitrite 3. Les deux éléments sont repris, variés, « un contrepoint mélodique nouveau exprimant la tendresse du regard maternel ».

V. REGARD DU FILS SUR LE FILS. « Mystère, rais de lumière dans la nuit — réfraction de la joie, les oiseaux du silence — la personne du Verbe dans une nature humaine — mariage des natures divine et humaine de Jésus-Christ. » : il s'agit donc du Fils-Verbe regardant le Fils-Enfant-Jésus. C'est en fait une première grande variation du thème de Dieu, présenté deux fois au complet. A chaque fois, la première moitié du thème se déroule sous un canon rythmique complexe, par ajout du point, par l'enchaînement de trois *déci-tâlas :* râgavardhana, candrakalâ, lakskmiça, — la réponse pointant les valeurs de sorte que la partie supérieure peut dérouler trois termes pendant que la partie médiane n'en déroule que deux. La troisième voix, c'est le thème, en valeurs lentes. Durant sa deuxième moitié, le canon rythmique des voix supérieures s'interrompt pour faire place à des chants d'oiseaux. A cette simultanéité de musiques et de rythmes différents s'ajoute une simultanéité de couleurs modales : mode 6^3 (jaune soufre transparent, à reflets mauves, avec des coins bleu de prusse et brun violacé) à la partie supérieure ; mode 4^4 (violet sombre, blanc à dessin violet, violet pourpre, comme la fleur de pétunia) à la partie médiane ; mode 2 dans ses trois transpositions, surtout la première (bleu violet) pour le thème. Mais, explique Messiaen, « le registre général étant aigu, le ton lumineux de *fa* dièse majeur absorbant en partie le mode 2, tous ces violets et ces bleus circulent dans une atmosphère générale d'or et d'argent avec un peu de rouge cuivré ». Une brève coda effectue la synthèse du morceau en faisant alterner une fois encore canon rythmique et chants d'oiseaux.

VI. PAR LUI TOUT A ÉTÉ FAIT. « Foisonnement des espaces et durées ; galaxies, photons, spirales contraires, foudres inverses ; par *Lui* (le Verbe) tout a été fait... à un moment, la création nous ouvre l'ombre lumineuse de sa Voix. » : il s'agit donc — explique Messiaen — de la Création, accomplie par le Fils de Dieu ou Verbe, dont l'Enfant-Jésus est l'incarnation humaine : « Par le Verbe tout a été fait, et sans Lui rien n'a été fait. » *(Évangile selon saint Jean, 1, 3.)* Pour aborder ce sujet « dont personne ne peut parler », le compositeur « s'est caché derrière une fugue » gigantesque, digne des modèles dont elle se réclame, la septième *Fugue* de *l'Art de la Fugue* de Bach et le *Finale* de la *Sonate opus 106* de Beethoven, et non moins « antischolastique » qu'eux. On peut y distinguer six grandes sections :

1. L'exposition, dans laquelle le sujet :

f staccato

apparaît d'emblée modifié dans ses rythmes et ses intervalles à chaque entrée de l'exposition. Suit une *strette* en triple canon de rythmes non rétrogradables ; et au cours des développements complexes qui suivent le thème d'accords, sous divers aspects, vient se mêler au discours. Vient à présent un grand *divertissement* superposant, à la main droite, le sujet en rythme non rétrogradable progressivement éliminé aux extrêmes ; à la main gauche, un fragment du même sujet en agrandissement asymétrique, fortissimo dans le grave.

2. Commence alors le *milieu*, en groupes alternés de durées très brèves et très longues, — les premières (contre-sujet en triples croches rapides en opposition de registres) représentent électrons et photons (l'infiniment petit), les deuxièmes les galaxies (l'infiniment grand). Le thème d'accords est scindé, changé de registres : à la fulgurance du trait fortissimo des premières dans les extrêmes s'oppose le brouillage pianissimo des deuxièmes dans le médium.

3. Tout la *Fugue* est ensuite reprise « à l'écrevisse », en stricte rétrogradation.

4. Suit une grande *strette* (« moins vif »), sur le sujet en triple canon par agrandissement asymétrique, — ce qui finit par entraîner des croisements de voix. Puis les accords s'épaississent, tandis que le reflux rythmique du rallentando succédant à l'accelerando s'oppose au monolithisme d'un crescendo unique et gigantesque d'agogique, d'intensité et de densité, cependant — autre crescendo — que « l'on passe insensiblement d'un langage noir et atonal à la victoire de la couleur et de la clarté par l'entrée en force de la joyeuse tierce majeure ».

5. On débouche en pleine lumière aveuglante de *fa* dièse majeur pour la réapparition du thème de Dieu (« victorieux et agité »), qui fait l'objet d'un développement, de pair avec le thème de l'amour mystique (« un peu plus lent »). Le début de cette section représente « la Face de Dieu derrière la flamme et le bouillonnement », avec ce réalisme symbolique qui situe Messiaen aussi bien dans la descendance du Bach des *Cantates* et des *Passions* que dans celle de son cher Berlioz, et confronte les accents puissamment martelés du thème de Dieu aux éléments du thème d'accords en batteries alternant aux deux mains en triples croches d'une vitesse foudroyante, — écriture instrumentale tout à fait lisztienne !... Au cours de cette section, les tons majeurs *(fa* dièse, *si* bémol, *ré)* sont toujours « colorés » d'harmonies modales, et le sujet de fugue demeure présent, martelé dans le grave avec changements de registre.

6. A un silence succède la *Conclusion,* ou double coda : d'abord, c'est l'hymne de gloire de toute la Création, en *fa* dièse majeur, sur les deux grands thèmes de Dieu et de l'amour mystique (« moins vif »), puis (« modéré ») une reprise des structures rythmiques de la section 3, mais avec une autre musique, — une dernière proclamation du sujet par changements de registre, en canon à l'octave, et un grand arpège final synthétique de toute la pièce, puisque englobant tierce majeure, thème d'accords et total chromatique.

Cette fugue cyclopéenne, premier grand sommet des *Vingt Regards* et souvent jouée séparément (de même que le *Regard de l'Esprit de Joie,* deuxième grand sommet), contient véritablement — comme le remarque Messiaen lui-même — la fusion de deux mondes : à une première partie dodécaphonique (mais non sérielle), englobant les trois premières sections, s'oppose une deuxième partie tonale (sections 5 et 6), toute la strette (section 4) servant à passer du total chromatique au mode 2 (majeur). La simplicité du sujet de départ le rend apte à toutes sortes de transformations, sans qu'il cesse de demeurer reconnaissable.

VII. REGARD DE LA CROIX. « La Croix lui dit : tu seras prêtre dans mes bras... » : cette pièce d'une seule coulée, âpre et sombre, aux dissonances serrées (secondes mineures), retrouve le pôle de *la* bémol mineur du *Regard de l'Étoile,* dont elle partage le thème. Ce thème est accompagné d'un gémissement chromatique perpétuel, qui se transforme entre chaque période en polymodalité douloureuse (mode 6^4, bandes verticales jaunes, violettes et noires, superposé à mode 4^6, reflets rouge carmin, pourpre violacée, orange, gris-mauve, gris-rose). Cette superposition s'oppose au gris noirâtre du chromatisme et aboutit toujours à un accord mineur avec sixte majeure, d'un violet intense.

VIII. REGARD DES HAUTEURS. « Gloire dans les hauteurs... les hauteurs descendent sur la crèche comme un chant d'alouette... ». Le *Gloria in excelsis* des Anges, retentissant pour la première fois dans la nuit de la Nativité, est incarné ici par les chants d'oiseaux, grive musicienne, rossignol, merle noir, fauvette des jardins, mais surtout l'alouette des champs, « oiseau de plein ciel, oiseau des hauteurs par excellence, dont le chant évolue entre deux pôles : une note grave longue dans les courts moments de vol plané, une dominante suraiguë pour le vol battu, autour de laquelle s'enroulent toutes les guirlandes mélodiques du solo, comme vers un plafond perpétuel, sublime et increvable ! ». Cette première pièce de Messiaen presque exclusivement basée sur les chants d'oiseaux annonce beaucoup le style du *Catalogue d'Oiseaux.* Dans la coda, la main gauche s'évade à son tour vers les hauteurs en gravissant prestement l'escalier des douze quintes !

IX. REGARD DU TEMPS. « Mystère de la plénitude des temps ; le Temps voit naître en lui Celui qui est éternel... » ; Messiaen explique : « l'Incarnation du Verbe est comme une irruption de l'Éternité dans le Temps. » : ce mystère a suscité une musique étrange et secrète, faite de l'alternance d'un thème « court, froid, étrange, comme les têtes en œuf de Chirico » et d'un triple canon rythmique en complexe de quartes augmentées et justes, en rythme crétique sans cesse modifié dans ses proportions. C'est une pièce tendue, énigmatique, autour du pôle de *mi,* qui expose trois fois son thème, avec interpolations variables du canon rythmique et brève coda.

X. REGARD DE L'ESPRIT DE JOIE. « Danse véhémente, ton ivre des cors, transport du Saint-Esprit... la joie d'amour du Dieu bienheureux dans l'âme de Jésus-Christ... » ; Messiaen explique : « L'âme du Christ, au cours de sa vie terrestre, a joui du privilège constant de la vision béatifique. Dieu est heureux et le Christ possédait cette même joie, ce transport, cette ivresse spirituelle (dans le sens le plus *fou* du terme) que nous traduisons par ces mots : *tu solus Sanctus* (Toi, le seul Saint !). Cette joie entraînait l'habitation permanente du Saint-Esprit : tel est le sens du titre de la pièce. »

Des *Vingt Regards,* celui-ci possède indubitablement l'impact le plus direct, grâce à cette joie extraordinaire, grâce à des profils thématiques frappants et contrastés, grâce à un élan vital et rythmique irrésistible. C'est l'équivalent pianistique du cinquième mouvement de *Turangalîlâ-Symphonie*, Joie du sang des Étoiles,* — de même que *le Baiser de l'Enfant-Jésus (n° 15)* correspondra au *Jardin du sommeil d'Amour,* sixième partie de la *Symphonie.*

On distinguera sept sections, dont Messiaen définit la première comme une *danse orientale,* dans l'extrême-grave du clavier, — tumulte aux scansions irrégulières mêlant neumes plain-chantesque et sons répétés. Suit un premier développement sur le thème de Joie (« modéré »), nouvel élément, très simple et diatonique, fait sur la gamme ascendante de *mi* bémol majeur. Puis vient un passage de transition (« un peu plus vif »), — superposition de deux agrandissements asymétriques autour du pivot *mi* (dominante du *la* majeur à venir). On notera le mouvement de balancier des quatre doigts autour du pouce couché, procédé pianistique propre à Messiaen, qui qualifie toute cette section de « tunnel » plutôt que de « pont » à cause de sa sonorité brouillée !
On débouche enfin sur le troisième thème (section 4) (« comme un air de chasse »), en rythme crétique, évoquant une fanfare de cors et varié trois fois (*la* majeur, *ré* bémol majeur, *fa* majeur). Un deuxième développement, sur le thème de Joie traité en carillon dans l'aigu et sur le thème de Dieu, précède la reprise de la danse orientale (« presque vif »), en opposition de registres extrêmes. La coda (« très lent »), clame à toute volée le thème de Joie avec de puissantes résonances, — un dernier rappel du thème de chasse précédant le trait final butant sur un coup de grosse caisse.

XI. PREMIÈRE COMMUNION DE LA VIERGE. « Après l'Annonciation, Marie adore Jésus en elle... Mon Dieu, mon fils, mon magnificat — mon amour sans bruit de paroles... ».

---
* V. *Guide de la musique symphonique.*

Commentaire de Messiaen : « Un tableau où la Vierge est représentée à genoux, repliée sur elle-même, dans la nuit — une auréole lumineuse surplombe ses entrailles. Les yeux fermés, elle adore le fruit caché en elle. Ceci se passe entre l'Annonciation et la Nativité : c'est la première et la plus grande de toutes les communions... » : on peut considérer cette page douce et sereine, dans la claire pénombre de *si* bémol majeur, comme la deuxième grande variation du thème de Dieu (après le *n° 5, Regard du Fils sur le Fils),* — thème qui demeure ici omniprésent, environné de guirlandes évoquant des stalactites, puis des volutes plus lentes « comme deux flûtes idéales, refermant les bras avec une grande tendresse sur cette Vérité qui parle en nous silencieusement ». A un court rappel de *la Vierge et l'Enfant* (*n° 1,* de *la Nativité,* « plus lent ») succède le *Magnificat* (« modéré, un peu vif »), — triple paraphrase, d'une joie plus haletante, du thème de Dieu modifié en rythmes crétique et trochaïque. Une litanie harmonique sur la note *ré* (accords à renversements transposés) précède les pulsations régulières dans le grave représentant les battements du cœur de l'Enfant. Coda (« très lent ») sur le thème de Dieu s'évanouissant dans le silence « vers la dernière tierce de l'embrassement intérieur ».

XII. La Parole toute-puissante. « Cet enfant est le Verbe qui soutient toutes choses par la puissance de sa parole » *(Épitre aux Hébreux, 1, 3)...* Pièce d'un seul bloc, d'une puissance élémentaire : une monodie fortissimo déroule ses trois grandes phrases, — la première et la troisième autour de *ré* mineur, la deuxième autour de sa dominante *la* mineur, établie sur un grand mode mélodique s'étendant sur trois octaves, aux intervalles de plus en plus serrés du grave (trois quintes) à l'aigu. Un ostinato en rythmes non rétrogradables tonne dans le grave à la manière d'un tamtam aux résonances formidables, annonçant la violence élémentaire des *Iles de Feu.*

XIII. Noël. « Les cloches de Noël disent avec nous les deux noms de Jésus, Marie, Joseph... » : le carillon qui sonne à toute volée, échevelé, se polarise autour d'*ut* dièse et rappelle un peu ceux des église d'Orient. Messiaen intègre également le thème d'accords, concentré, puis fractionné, et le rythme hindou *miçra varna,* dont le nom signifie « mélange de couleurs ». Ces couleurs éclatent dans la partie centrale (« très modéré »), représentant la Sainte-Famille et l'Adoration devant l'Enfant de la crèche : orangé, or et blanc laiteux du mode 3^1, s'opposant à la superposition du mode 3^4 (orangé, rouge avec un peu de bleu) et du mode 2^2 (or et brun) ainsi qu'à une troisième couleur, celle du mode 3^2 (gris et mauve), avec une pédale supérieure dont les notes étrangères ajoutent un peu de rouge ! Dans cette partie centrale, fixée autour du pivot d'*ut,* on saluera au passage un nouveau rappel du leitmotiv *Boris Godounov,* — thème, on le sait, de *la Vierge et l'Enfant* dont la présence ici ne saurait étonner ! La première partie est reprise (« très vif »), avec un nouveau mouvement convergent des cloches ; et un court rappel du milieu conclut cette pièce dont Messiaen précise qu'elle exige du pianiste des dons de coloriste peu communs, afin de suggérer divers timbres orchestraux : cloches, tam-tam, xylophone, marimba, clarinettes, flûtes, timbales... et le frou-frou de soieries !

XIV. Regard des Anges. « Scintillements, percussions ; souffle puissant dans d'immenses trombones ; tes serviteurs sont des flammes de feu... puis le chant des oiseaux qui avale du bleu — et la stupeur des anges s'agrandit : — car ce n'est pas à eux mais à la race humaine que Dieu s'est uni... » : encore une page puissamment tonique, d'une saine vigueur rythmique, comprenant cinq strophes, dont la dernière diffère des autres, qui varient le même matériau. Un trait tournant à mains croisées illustre les flammes de feu qu'évoque le *Psaume 104.* Après le thème d'accords et un triple canon rythmique sur des rythmes hindous, voici les trombones gigantesques en agrandissements d'intervalles dans le grave, inspirés par les anges athlétiques, aux yeux révulsés par l'effort du souffle, que l'on voit dans le *Jugement dernier* de la Sixtine. Les deux strophes suivantes (« très vif ») amplifient le même matériau, auquel la quatrième (« même mouvement ») adjoint encore des chants d'oiseaux. Mais dans la cinquième (« bien modéré »), le thème de trombones reste seul, soumis à un gigantesque agrandissement d'intervalles en crescendo du *pianissimo* au *più fortissimo,* — exprimant la stupeur croissante des anges en constatant que « le Fils de Dieu incarné ne rougit pas de nous appeler ses frères » *(Épître aux Hébreux, 2, 11).*

XV. Le Baiser de l'Enfant-Jésus. « A chaque communion, l'Enfant-Jésus dort avec nous près de la porte ; puis il l'ouvre sur le jardin et se précipite à toute lumière pour nous embrasser... » : cette pièce s'inspire d'une image que Messiaen aimait beaucoup étant enfant, et qui représentait l'Enfant-Jésus quittant les bras de sa Mère pour embrasser la petite sœur Thérèse. On en retrouve le souvenir dans la première des *Trois petites Liturgies* (« d'un baiser votre main dépasse le tableau »)!... C'est ici le grand repos, le grand mouvement lent de l'œuvre, déjà un *Jardin du sommeil d'Amour*, comme celui de *Turangalîla-Symphonie*, et dans le même ton de *fa* dièse majeur. Mais c'est ici également, après les *Regards n°s 5 et 11*, la troisième grande série de variations du thème de Dieu, traité en berceuse. Et Messiaen commente : « Comme si le cœur du ciel entourait notre sommeil de son inépuisable tendresse... Et comme le dit avec tant d'amour l'*Apocalypse (21,4)* : « Dieu essuiera toute larme de nos yeux ! » Il faut aimer pour aimer ce sujet et cette musique, qui voudraient être tendres comme le cœur du ciel, et il n'y a rien d'autre. » C'est le triomphe du mode 2 dans ses trois transpositions, de la souplesse rythmique, de l'écriture pianistique la plus fine et la plus déliée. Après la présentation du thème (*le Sommeil*), une première variation ornementale, aux arabesques, trilles et traits de main droite très lisztiens conduit à l'épisode intitulé *le Jardin* (« modéré »), qui développe la tête du thème de Dieu. Un travail sur le thème d'accords et les carillons (« modéré ») constitue la seule section où l'on quitte *fa* dièse majeur. L'ardente aspiration à y revenir se confond avec celle de l'âme *les bras tendus vers l'amour* (« presque vif, avec passion »), au cours d'une gigantesque pédale de dominante aux tensions toutes wagnériennes. La béatitude et l'assouvissement interviennent par la grâce du *Baiser* (« modéré »), dans un éclairage à la fois éclatant et doux, illuminé par les arabesques lisztiennes de la main droite. Celles-ci se poursuivent en quadruples croches insaisissables dans l'extrême-aigu cristallin du piano au cours de la coda (*l'Ombre du baiser*, « très modéré »). C'est évidemment là une de ces pièces qui ont toujours déchaîné contre Messiaen la meute coalisée des critiques mondains et des avant-gardistes au cœur sec ; mais ce sont précisément leurs objections que le compositeur avait prévues dans la dernière phrase de son commentaire cité ci-dessus ! Tant pis pour eux ! D'ailleurs, d'un point de vue purement esthétique et psychologique, un tel moment de repos est indispensable à ce point de l'œuvre.

XVI. REGARD DES PROPHÈTES, DES BERGERS ET DES MAGES. « Musique exotique : tam-tams et hautbois, concert énorme et nasillard... » : les tam-tams s'affirment dans l'introduction, accelerando chromatique en decrescendo, et dans la conclusion exactement inverse, rallentando chromatique en crescendo. Le corps même de cette pièce, qui partage avec le *n° 13 (Noël)* la même tonique d'*ut* dièse et le même caractère de joie rude et étrange, provient de la mélodie nasillarde et exotique à la manière d'un hautbois arabe (« un peu criard »), soumise à des variations, — l'un des rares moments de l'œuvre de Messiaen où l'on pense à Jolivet (peut-être à cause de la couleur modale ?), bien que les rythmes demeurent tout à fait personnels.

XVII. REGARDS DU SILENCE. « Silence dans la main, arc-en-ciel renversé... chaque silence de la crèche révèle musiques et couleurs qui sont les mystères de Jésus-Christ... » : une des pièces les plus raffinées d'harmonies et de couleurs, une des plus féeriques du recueil. Elle démarre sur le même canon rythmique par ajout du point que le *n° 5 (Regard du Fils sur le Fils)*, mais appliqué à deux ostinatos de dix-sept accords, respectivement en mode 3^4 et en mode 4^4. Après cette introduction « où la musique semble sortir du silence comme les couleurs sortent de la nuit », on trouve deux strophes (« bien modéré » et « même mouvement »), élaborant le même matériau. Les notes *sol* et *fa* y sont harmonisées de maintes manières différentes (procédé de la litanie harmonique), avec des accords à renversements transposés, à résonance contractée ; mais la pièce comporte également le thème d'accords, concentré en un agrégat unique, des oppositions de couleurs (mode 3^3, bleu et vert, mode 2^2, mauve et rose dans l'aigu, or et brun dans le grave, mode 4^4, violet veiné de blanc), — sans compter des arpèges contraires à mains croisées évoquant d'impalpables toiles d'araignée. Puis le thème d'accords se superpose à sa propre rétrogradation « comme deux arcs-en-ciel dont l'un entoure l'autre ». La coda (« modéré, un peu vif ») reprend la polymodalité du début en mouvement perpétuel dans le registre suraigu, « confetti, pierreries légères, reflets entrechoqués ».

XVIII. REGARDS DE L'ONCTION TERRIBLE. « Le Verbe assume une certaine nature humaine ; choix de la chair de Jésus par la Majesté épouvantable... » : Messiaen se réfère ici au *Psaume 45*, et s'inspire d'une vieille tapisserie représentant une scène de l'Apocalypse : le Verbe de Dieu en lutte sous les traits du Christ à cheval, ses deux mains brandissant la garde de l'épée au milieu des éclairs !... D'où un puissant choral d'airain, ancré autour du pôle d'*ut* dièse, et dont les quatre périodes sont présentées deux fois, avec variantes. Les quintes nues règnent de toute leur âpreté granitique dans cette page d'un dépouillement minéral, où Messiaen s'est peut-être souvenu, le prétexte pictural aidant, du *Choral des Hommes Armés* de la *Flûte enchantée* de Mozart... Mais le choral est précédé d'une introduction, superposition d'un accelerando et d'un rallentando en gammes chromatiques de durées, puissant crescendo par mouvement convergent. Et il est suivi d'une conclusion exactement symétrique (accelerando à la main droite, maintenant, rallentando à la gauche), en crescendo encore, mais par mouvement divergent.

XIX. JE DORS, MAIS MON CŒUR VEILLE. « Ce n'est pas d'un ange l'archet qui sourit — c'est Jésus dormant qui nous aime dans son dimanche et nous donne l'oubli... » : encore un poème d'amour, un dialogue d'amour mystique, dont le thème réapparaît ici. C'est l'âme attendant le Bien-Aimé du *Cantique des Cantiques*. Cette pièce s'insère logiquement ici, car c'est le Christ en armes de la pièce précédente qui est le garant de la sécurité et du salut de notre âme. Ce grand mouvement lent, dans lequel les silences jouent un grand rôle, dernier repos avant l'apothéose finale, s'apparente au *Baiser de l'Enfant-Jésus* (également en *fa* dièse majeur) et reprend d'ailleurs, transformé, le thème du Baiser. Après une introduction faite uniquement sur les notes de l'accord parfait apparaît ce thème issu du Baiser (« un peu lent »), et l'on conclut sur un nouveau rappel discret du leitmotiv *Boris Godounov*. Un double développement (« un peu plus vif ») du thème d'Amour et du thème du Baiser commence en *mi* bémol mineur avant de regagner *fa* dièse. Après une reprise ornée du thème du Baiser et une reprise de l'introduction (« lent »), les neuf mesures de coda unissent une dernière fois les deux thèmes. Messiaen illustre ce moment d'émotion intense par une citation des *Fioretti* : « l'Ange poussa l'archet sur la viole et fit une note si suave que s'il avait continué en tirant l'archet, on serait mort de joie... »

XX. REGARD DE L'ÉGLISE D'AMOUR. « La grâce nous fait aimer Dieu comme Dieu s'aime ; après les gerbes de nuit, les spirales d'angoisse, voici les cloches, la gloire et le baiser d'amour... toute la passion de nos bras autour de l'Invisible... » : ce Finale grandiose surpasse en éclat et en puissance celui des *Visions de l'Amen*, et surtout constitue une synthèse de l'œuvre entière dont il ramasse une dernière fois les principaux éléments. Comme dans certaines autres pages de Messiaen (notamment le *Combat de la Mort et de la Vie*), le développement y précède l'exposition. Après une entrée en matière mouvementée, le thème de Dieu apparaît en *si* majeur. Un puissant crescendo, « confus et menaçant comme la marée montante », ramène ce thème en *ré* bémol majeur, une deuxième « marée » la ramène en *fa* majeur. Puis c'est le thème de l'amour mystique qui est développé (« presque vif »), suivi d'un retour de la chaotique introduction et d'une troisième « marée » (« presque vif »), plus longue et plus agitée que les précédentes. La réapparition du thème de Dieu précède une vaste pédale de dominante de *fa* dièse (« très modéré »), traitée en carillon de cloches avec participation du thème d'accords ; et un crescendo d'intensité, de densité et de durées, convergeant vers la note unique *do* dièse, aboutit enfin à l'*Exposition* (« très lent, solennel ») : le thème de Dieu, en *fa* dièse majeur, est clamé au grand complet, en pleine gloire, dans la lumière éblouissante d'une fanfare de cuivres environnée de cymbales, cloches, tam-tams et chants d'oiseaux. L'immense coda, aboutissement et couronnement de deux grandes heures de musique, proclame inlassablement le triomphe de l'Amour et les larmes de joie.

Les *Vingt Regards* partagent avec les *Trois petites Liturgies* et la *Turangalîlâ-Symphonie* la grâce d'une sorte de chaleur sainte de l'inspiration, s'alliant ici à une richesse foisonnante, euphorique. La popularité de ces œuvres est donc aussi justifiée que dans le cas des pages de la jeune maturité de Beethoven. Si l'on fait abstraction du *Catalogue des Oiseaux*, qui n'a pas la même conception unitaire et cyclique, les *Vingt Regards* sont l'œuvre pour piano de Messiaen la plus longue de durée à ce jour ; mais la variété des vingt pièces est telle que cette durée paraît courte à l'audition et que l'attention passionnée ne se relâche pas un instant. Si certains exégètes attachent plus de prix aux pages plus expérimentales des années suivantes, l'on peut conserver une préférence pour cette inspiration généreuse et spiritualiste, dont Messiaen a fort heureusement retrouvé toutes les richesses avec une maturité et une audace accrues dans ses œuvres les plus récentes.

Cantéyodjâya

Composé à Tanglewood (U.S.A.), en été 1949. La première audition en fut donnée par Yvonne Loriod aux concerts du Domaine Musical, à Paris, le 23 février 1954 (Éd. Universal).

Fruit des matinées libres que laissait à Messiaen son enseignement de composition et de rythme musical aux cours d'été du Berkshire Music Center, cette grande pièce est un véritable condensé des recherches rythmiques du compositeur, et se rattache donc directement aux quatre *Études de rythme,* de peu postérieures. Mais elle est moins abstraite de matière ; surtout, elle se distingue par une structure formelle aussi intéressante que prophétique : c'est en effet un kaléidoscope de vingt-sept sections brèves, se rattachant à douze types différents, et traités un peu comme les *groupes* dans le sens de Stockhausen. D'autre part, un type de texture (homophonie, polyphonie), d'intensité ou de rythme peut jouer le rôle d'un retour de thème dans la structure formelle, — ce qui annonce la conception « statistique » du matériau musical qui développera Xenakis. L'œuvre utilise d'assez nombreux *décî-tâlas* soumis aux procédés de transformation habituels à Messiaen ; mais d'autres types de rythmes proviennent du système karnatique, rarement sollicité ailleurs chez lui. Les noms des différents groupes, et ceux de cellules rythmiques partielles de ces groupes, ne sont pas tous transcrits : ils relèvent en partie de la langue imaginaire que Messiaen affectionnait à cette époque, et ont une valeur à la fois poétique et descriptive. En symbolisant les groupes par des lettres, on arrive au schéma formel suivant, — qui fait ressortir la forme d'ensemble : deux rondos libres imbriqués l'un dans l'autre, avec rappel bref du premier en guise de coda : c'est peut-être un souvenir de la *Huitième Novelette* de Schumann.
Premier rondo : A-B-A-B-A-C-A--D-A-E-A-B.
Deuxième rondo : F-G-H-I-J-F-K-J-G-L-F-C-H.
C (rappel du premier rondo) annonce la coda : A-D, qui termine le premier rondo, après le déroulement du deuxième. L'unité de l'ensemble est assurée par le refrain A,

— celui, précisément, qui s'intitule *Cantéyodjâya :*

Il est impossible d'analyser ici tous les groupes. C, c'est *Râgarhanaki,* équivalence rythmique de la combinaison anacrouse-accent-désinence, avec ses harmonies en résonances contractées. D, c'est *Alba,* qui évolue sur une pédale rythmique à résonance de tam-tam grave, pédale basée sur le rythme *lakskmiça.* Une place à part revient aux groupes E et J, qui échappent à la rythmique hindoue. E est un mode de durées, de hauteurs et d'intensités, anticipant sur la célèbre *Deuxième Étude de rythme* de l'année suivante : seules les attaques ne sont pas encore intégrées dans le processus. Le mode comporte huit sons à chacune des trois voix. Du point de vue des durées, la voix médiane est l'augmentation, la voix grave la double augmentation de la voix supérieure. Quant à J, on y retrouve un accelerando et un rallentando superposés en gamme chromatique des durées (« modéré »). Il y a encore bien d'autres procédés familiers, comme l'amplification au centre d'un rythme non rétrogradable. Cette page n'est certainement pas aussi connue et jouée qu'elle le mérite...

Quatre Études de rythme

Composées en 1949 à Tanglewood *(Neumes rythmiques)* et à Darmstadt *(Mode de Valeurs et d'Intensités),* à Paris en 1950 *(Iles de Feu I et II).* Première audition (dans l'ordre de l'analyse ci-après, que l'auteur désire conserver) : le compositeur, à Tunis, en 1950. En France : Yvonne Loriod, à Toulouse, le 7 juin 1951 (Éd. Durand).

Dans toute l'œuvre pianistique de Messiaen, rien n'est d'un abord plus austère ni plus abrupt. Ces pièces d'une inestimable importance quant à leur influence sur la jeune musique partagent les mobiles spéculatifs du *Livre d'Orgue,* de peu postérieur. La frénésie noire des deux *Iles de Feu,* les violents contrastes de registres et de dynamique des *Neumes rythmiques* constituent les seuls « points de repère » à quoi puisse s'agripper l'auditeur profane. Des quatre *Études*, la plus abstraite, mais la plus lourde de conséquence, est le fameux *Mode de Valeurs et d'Intensités* qui suscita, par voie de révélation foudroyante, la vocation du jeune Stockhausen, — qui la découvrit aux cours d'été de Darmstadt où elle avait été conçue (il devint dès l'année suivante l'élève de Messiaen). Les *Structures* de Boulez sont également impensables sans ce précédent, auquel elles rendent d'ailleurs hommage par le choix de leur série de hauteurs. On sait que ce premier essai de prédétermination totale des paramètres musicaux est demeuré unique dans l'œuvre de Messiaen, qui ne persévéra pas dans cette voie. Sans doute avait-il vu avec dix ou quinze ans d'avance qu'elle représentait une impasse, même si cette impasse a permis une brève et éblouissante floraison de chefs-d'œuvre...

Exceptionnellement, comme nous l'avons dit ci-dessus, les quatre pièces seront examinées dans l'ordre souhaité par l'auteur pour l'exécution, — et non dans l'ordre chronologique de composition.

I. ILE DE FEU I : les deux *Iles de Feu* sont dédiées à la Papouasie, et « leurs thèmes ont donc toute la violence des organisations magiques de ce pays. » Cette première *Étude*, fort brève, d'une sauvagerie envoûtante et très belle, est une série de variations sur un thème martelé dans le registre grave et s'appuyant sur un ostinato de tam-tam semblable à celui du *Regard n° 12 (La Parole toute-puissante).* Suivent quatre variations, la première avec un chant d'oiseau (« modéré »), la deuxième avec des effets de résonances (« très modéré, lourd »), la troisième plus complexe, la quatrième sous un mouvement perpétuel de doubles croches (« vif »). Une coda (« modéré ») rappelle quelques éléments des variations précédentes.

II. MODE DE VALEURS ET D'INTENSITÉS : ces neuf pages de musique (moins de quatre minutes d'audition) ont fait couler plus d'encre qu'aucune autre œuvre de Messiaen ! Tous les paramètres sonores y sont prédéterminés. On y trouve en effet :
— un mode de hauteurs : trente-six sons, — soit trois ensembles mélodiques de douze sons s'étendant chacun sur plusieurs octaves, et donc croisés entre eux (ce n'était pas encore le cas dans *Cantéyodjâya* ; v. plus haut).
— un mode de valeurs de durées de la triple croche à la ronde pointée ;
— un mode de douze attaques (équivalent des timbres au piano) ;
— un mode de sept intensités du *ppp* au *fff*.

Voici le mode :

I
(la Division I est utilisée dans la portée supérieure du piano)

II
(la Division II est utilisée dans la portée médiane du piano)

III
(la Division III est utilisée dans la portée inférieure du piano)

La pièce est écrite à trois voix, chacune ayant son propre tempo, comme dans le passage correspondant de *Cantéyodjâya* : la voix médiane est une augmentation simple, la voix grave une augmentation double de la voix supérieure. Chaque « étage » dispose de douze durées chromatiques. Les mêmes sons, passant d'une octave à l'autre, changent d'« habit » : c'est-à-dire que les hauteurs de même son changent de durée, d'intensité, et d'attaque. Quelques licences et permutations visent à éviter d'éventuelles rencontres en unisson, intensités ou attaques. Le déroulement des hauteurs fait parfois déjà appel au principe des reprises par interversions (cf. *Livre d'Orgue*, première pièce), — jalon sur la voie menant aux permutations symétriques de *Chronochromie*. Pour Messiaen, l'ensemble du mode donne des couleurs de durées et d'intensités, et il voit un intérêt particulier dans l'influence du registre (chacun des trois niveaux définis par les trois voix) sur l'état quantitatif, phonétique et dynamique du son : possibilité de nouvelles variations de couleurs. Ces préoccupations, celles du Messiaen de toujours, ne sont donc pas du tout celles des musiciens sériels se réclamant de cette pièce. Et d'ailleurs les modes de Messiaen, même ici, ne sont pas des séries : ce terme impliquerait un ordre invariable et une liberté des paramètres, alors que c'est ici le contraire. Cette fixité, nouvelle manifestation du statisme de Messiaen, musicien *métaphysique* du son-couleur, est à l'extrême opposé du principe schönbergien et webernien de la variation perpétuelle, manifestation d'une dialectique musicale ! Il reste que les limitations du procédé sont graves : impossibilité des silences, des agrégats harmoniques ; que la pièce est d'une extrême difficulté d'exécution, — la quadruple tension résultant de la superposition d'éléments complètement autonomes exigeant un véritable dédoublement physiologique ; enfin et surtout que la réussite esthétique, tout de même déterminante, est loin d'être aussi évidente que la réussite technique : l'effet à l'audition est abstrait et glacial. Mais ceci ne diminue en rien son importance historique, et elle a permis à Messiaen mainte conquête ultérieure...

III. Neumes rythmiques : ici, Messiaen a voulu établir des équivalences rythmiques, des correspondances, avec les neumes du plain-chant. Trois éléments principaux alternent selon la succession : ABCB — ABCB — ABCB — ABC. L'élément A, ou premier refrain, présente trois durées (brève, moyenne, longue), progressivement allongées d'une double croche à chaque retour du refrain. L'élément C, ou deuxième refrain, consiste en des nombres premiers plus grands à chaque apparition du refrain, traités en rythmes non rétrogradables. L'élément B offre les neumes rythmiques proprement dits. Les sept strophes sont de plus en plus développées. Chaque neume possède ses résonances et ses intensités fixes (même principe que dans *Mode de Valeurs et d'Intensités*). Ce travail sur les résonances est un aspect particulièrement intéressant de la pièce, proche des recherches de Messiaen en matière de registrations d'orgue (mixtures sans fondamentales) : il manquait ici à des harmoniques tant supérieurs qu'inférieurs (sons résultants, ou différentiels) fort éloignés de la fondamentale, par suppression des premiers harmoniques. Démarche prophétique de toutes les recherches actuelles de la jeune musique en France. Quant au caractère expressif de cette pièce, il est sombre et âpre, triste et méditatif, coupé de brefs accès de rage (les refrains C). Nous sommes aussi loin de la joie rayonnante des *Vingt Regards* que de celle du *Catalogue d'Oiseaux*, dont Messiaen ne saurait se passer bien longtemps...

IV. Ile de Feu II : encore des variations, sur un thème féroce et violent très proche de celui d'*Ile de Feu I*, mais présenté d'emblée en carillon (résonances). Mais, surtout, ces variations alternent ici avec des permutations, toujours interverties dans le même ordre de lecture et superposées deux par deux. Cette nouvelle incarnation du « charme des impossibilités », qui triomphera dans *Chronochromie*, fête ici sa première apparition pleinement réalisée. Il y a au total dix interversions, permutant les douze sons en douze durées, quatre attaques et cinq intensités. Les permutations paires (celles de la main gauche) sont traitées « en éventail » du centre aux extrêmes, — procédé favori du compositeur. La pièce présente le plan formel suivant : thème ; interversions *1 à 4* ; variation *1* ; interversions *5 à 8* ; variation *2* (« un peu moins vif ») ; interversions *9 et 10* et, simultanément, le thème dans le grave (« vif et féroce ») ; transition (« un peu lent et lourd ») ; toccata finale (« vif »). Cette toccata brillante, en mouvement perpétuel à mains croisées dans le grave du clavier, d'un effet électrisant, rappelle la « danse orientale » ouvrant le *Regard de l'esprit de Joie ;* mais, alors que celle-ci tirait son profil mélodique du plainchant, ici c'est des *jâtis* hindous que la mélodie de la main droite se rapproche, — tandis que la main gauche réalise des permutations symétriques de hauteurs.

Dès 1952, Pierre Boulez rendait hommage à son maître à propos des *Études de rythme* : « Nous devons à Olivier Messiaen d'avoir créé une *technique consciente de la durée*. Le fait est sans doute d'importance, puisqu'il faut remonter jusqu'au XIVᵉ siècle pour retrouver semblable préoccupation dans la musique occidentale, alors que ce fut une des constantes de la musique dans d'autres civilisations (Afrique noire, Inde, Bali, Java). »

Tout en tirant parti jusqu'à ce jour de ces recherches si fécondes, Messiaen a pris toutefois rapidement de la distance par rapport à l'intransigeance de son *Mode de Valeurs et d'Intensités,* — demeuré, on le sait, sans lendemain dans sa production. Dès 1960, au terme de sa « décade oiseau », il s'adressait en ces termes aux jeunes compositeurs :

« Qu'ils oublient pour un temps les instruments de musique, les salles de concert, les villes, et les horribles maisons qui remplissent ces villes, et qu'ils s'oublient eux-mêmes, pour essayer de vivre au moins de temps à autre en contact avec la nature et avec les merveilleuses musiques qu'elle nous offre : harmonie du vent dans les arbres, rythme des vagues de la mer, chants d'oiseaux aussi et les cris d'animaux et tant d'autres merveilles qu'il serait trop long d'énumérer ; et tirer des conclusions d'un enseignement sans parti pris dans lequel tout est toujours vivant et où l'on ne

rencontre ni l'erreur, ni la défaillance*. »
Si son appel n'a pas été entendu par les technocrates de l'I.R.C.A.M. et d'ailleurs, du moins féconde-t-il largement l'aile marchande de la jeune musique, qui a fini par se rallier à cette conception éternellement ouverte et disponible de la création musicale. *Mode de Valeurs* était une nécessaire porte étroite que l'évolution musicale devait franchir.

Catalogue d'Oiseaux

L'œuvre, dont la durée d'exécution atteint 2 h 45 mn, fut composé d'octobre 1956 au 1er septembre 1958, et donnée en première audition par Yvonne Loriod, à la salle Gaveau (concerts du Domaine Musical), le 15 avril 1959 (Éd. Leduc).
Jamais sans doute Messiaen n'a fait preuve de plus de tranquille démesure que dans cette entreprise gigantesque. Après deux œuvres pour piano et orchestre *(Réveil des Oiseaux et Oiseaux exotiques)*, il se décide donc pour le piano seul, plus souple, plus libre, sans les servitudes de la coordination du jeu collectif. Sur le plan instrumental, le *Catalogue d'Oiseaux* marque un pas de géant par rapport aux *Vingt Regards*; et sans ce précédent prodigieux, certaines pages de Boulez, Stockhausen ou Xenakis seraient inconcevables.
Chacun des sept *Livres* regroupant les treize pièces selon une ordonnance non rétrogradable quant à leur nombre (nombre de pièces : 3-1-2-1-2-1-3) — la plus longue se trouvant au centre — comporte un soustitre : « Chants d'oiseaux des provinces de France. Chaque soliste est présenté dans son habitat, entouré de son paysage et des chants des autres oiseaux qui affectionnent la même région. » Puis vient la notice suivante : « Les voyages et séjours répétés, nécessaires pour la notation des chants de chaque oiseau, ont été parfois très antérieurs à la composition des pièces. Ses indications étant très précises, l'auteur a pu sans peine réveiller des souvenirs vieux de quelques heures ou de plusieurs années. »
Enfin, la double dédicace : « à mes modèles ailés, à la pianiste Yvonne Loriod. »
Dans la longue préface du *Catalogue*, Messiaen classe les chants d'oiseaux en trois catégories principales : les cris (rapaces, corvidés, nocturnes, oiseaux marins...), « souvent très ouvragés, et toujours surprenants comme rythme et comme timbre » ; les strophes (chardonneret, pinson, bruants, pouillots, troglodyte, pic-vert, traquets), d'ampleur très variable selon les espèces ; enfin, les cadenzas et soli, apanage de très grands chanteurs, et pouvant atteindre jusqu'à la demi-heure ! Qu'il s'agisse de la grive musicienne, du rouge-gorge, du rossignol, des divers merles et grives, des fauvettes terrestres ou aquatiques, des hypolaïs, du loriot ou des alouettes, il s'agit évidemment de la matière la plus belle et la plus riche, et donc de celle qui occupe dans l'œuvre la place la plus importante. Messiaen précise qu'à de rares stylisations près (merle de roche, buse variable, loriot, merle bleu), tous ces chants sont rigoureusement authentiques (transcrits, évidemment, « à l'échelle humaine » quant aux intervalles, tessitures et durées), de même que leurs montages en duos ou en tutti et les paysages qui les environnent.

On relève au total soixante-dix-sept oiseaux différents dans ces treize pièces, mais l'oiseau donnant son nom à une pièce n'y a pas toujours les soli les plus longs. Le matériau musical, outre les chants (le plus souvent « harmonisés » selon les registrations-timbres déjà définies), comporte tout ce qui doit évoquer le paysage, à l'aide des modes colorés, ainsi que les divers procédés d'écriture rythmique familiers au compositeur. Quant à la forme, elle est d'une interprétation délicate, — vu l'absence de thèmes au sens traditionnel du terme. Messiaen lui-même est prudent, et s'il mentionne la forme, évidente, du *Chocard des Alpes* — la plus « classique » des treize pièces de ce point de vue —, il indique qu'ailleurs « la forme suit, pas à pas, minute par minute, la marche vivante des heures du jour et de la nuit ». Pour dégager des schèmes formels comme ceux que l'on trouvera ci-après, il est nécessaire de faire appel à la notion de « formant », ou d'objet sonore, — un chant d'oiseau, un complexe de couleurs ou de rythmes, bien entendu jamais semblables à eux-mêmes d'une apparition à l'autre, prenant la place des anciens thèmes. Ceci ne va pas sans poser de gros problèmes à l'auditeur, et son attention risque de se lasser à moins de pouvoir suivre très attentivement le scénario extrêmement précis que Messiaen nous propose sous forme de commentaire littéraire de grande valeur. Cela n'est possible qu'en suivant la partition, qui fourmille d'indications verbales et descriptives, et

---

* In : Antoine Goléa, *Rencontres avec Olivier Messiaen* (Éd. Julliard, Paris, 1960).

nous le recommandons vivement à tous ceux qui en ont la possibilité : leur plaisir en sera décuplé dans ce cas précis, — et suivre une partition de piano exige beaucoup moins de connaissances techniques que dans le cas d'une partition d'orchestre... De toute manière subsiste un problème d'ordre esthétique auquel Messiaen ne peut rien, — celui de l'environnement : le silence d'une salle de concert ne sera jamais celui d'un paysage ; d'où, à l'audition, une certaine sensation de discontinuité. Elle disparaît dans une large mesure dans *la Fauvette des jardins* (v. plus loin), à cet égard nouvelle étape du compositeur vers la maîtrise absolue... L'ordre des treize pièces est aussi important que leur équilibre d'ensemble (la durée de chaque pièce sera indiquée), et Messiaen fait observer : « Au début et à la fin de l'œuvre, les grandes forces naturelles, la montagne et la mer : première pièce, la haute montagne, avec les trois glaciers de la Meije en Oisans et le *Chocard des Alpes;* dernière pièce, le grand océan, avec l'île d'Ouessant, dans le Finistère et le *Courlis cendré.* »

Les commentaires poétiques de Messiaen sont de véritables petits chefs-d'œuvre, et comme ils sont aussi précis qu'exhaustifs, ils seront reproduits intégralement ici, — suivis seulement de quelques brèves remarques d'ordre technique et du schéma de la forme.

1. LE CHOCARD DES ALPES (durée : *13 mn 1/2*) : « Strophe : les Alpes du Dauphiné, l'Oisans. Montée vers la Meije et ses trois glaciers. Premier couplet (p. 2, « bien modéré ») : le lac de Puy-Vacher, merveilleux paysage de montagne, abîmes et précipices. Un Chocard des Alpes, séparé de sa troupe, traverse le précipice en criant. Vol à voile, silencieux et majestueux, du grand aigle royal, porté sur les courants aériens. Croassements rauques et féroces, grognements du grand corbeau, seigneur de la haute montagne. Différents cris de chocards et leur vol acrobatique (glissades, piqués, loopings) au-dessus des abîmes. Antistrophe (p. 4, « modéré ») : avant Saint-Christophe-en-Oisans, le clapier Saint-Christophe : chaos de blocs écroulés, rochers dantesques, accumulés en désordre par les géants de la montagne. Deuxième couplet (bas p. 6, « bien modéré ») : un chocard des Alpes fait le tour du paysage en survolant les précipices. Mêmes cris et mêmes vols que dans le premier couplet. Epode (p. 11 ; « modéré ») : les Écrins, le cirque de Bonne-Pierre, avec ses immenses rochers, alignés comme des fantômes géants, ou comme les tours d'une forteresse surnaturelle ! »

Il s'agit donc d'une triade grecque, entre les termes de laquelle s'intercalent des couplets de rondo, seuls moments où l'on entende des oiseaux. En effet, les trois parties de la triade sont réservées à l'évocation de formidables paysages minéraux et glacés, au moyen de libres permutations de séries de douze sons (le total chromatique évoque toujours pour Messiaen la grisaille, l'absence de couleurs !), sur des rythmes hindous et grecs traités en personnages rythmiques. C'est une pièce âpre et dissonante, réellement grandiose. Notons la stupéfiante habileté de certains détails d'écriture instrumentale : les cris du grand corbeau suggèrent l'illusion parfaite du port de voix !

2. LE LORIOT (durée : *9 mn 1/2*) : « Fin juin. Branderaie de Gardépée (Charente), vers 5 h 30 du matin. — Orgeval, vers 6 h. — Les Maremberts (Loir-et-Cher), dans le plein soleil de midi. Le loriot, le bel oiseau jaune aux ailes noires, siffle dans les chênes. Son chant, coulé, doré, comme un rire de prince étranger, évoque l'Afrique et l'Asie, ou quelque planète inconnue, remplie de lumière et d'arcs-en-ciel, remplie de sourires à la Léonard de Vinci. Dans les jardins, dans les bois, d'autres oiseaux : la strophe rapide et décidée du troglodyte, la caresse confiante du rouge-gorge, le brio du merle, l'amphimacre du rouge-queue à front blanc et gorge noire, les répétitions incantatoires de la grive musicienne. Longtemps, sans se lasser, les fauvettes des jardins déversent leur virtuosité douce (bas p. 3, " lent "). Le pouillot véloce ajoute ses gouttes d'eau sautillantes. Rappel nonchalant, souvenir d'or et d'arc-en-ciel (bas p. 9, " lent ") : le soleil semble être l'émanation dorée du chant du loriot. »

De simple forme ternaire avec *coda* (haut p. 11, « lent »), le milieu étant occupé par le long duo des fauvettes, cette pièce douce, harmonieuse, consonante, dans la chaude lumière de *mi* majeur, contraste absolument avec l'austérité de la précédente. Accords de septième et de neuvième, puis grand choral d'accords parfaits dont les termes séparent les périodes du duo central : Debussy n'est pas loin ! Les fauvettes étant deux, Messiaen ne peut pas les « registrer », ainsi qu'il fera dans *la Fauvette des jardins.* Mais quel merveilleux éclat de soleil dans l'« orchestration » du loriot !...

3. LE MERLE BLEU (durée : *13 mn 1/2*) : « Au mois de juin. Le Roussillon, la Côte

Vermeille. Près de Banyuls : cap l'Abeille, cap Rederis. Surplomb des falaises, au-dessus de la mer bleu de prusse et bleu saphir. Cris des martinets noirs, clapotis de l'eau. Les caps s'allongent dans la mer comme des crocodiles. Dans une anfractuosité de rocher qui fait écho, le merle bleu chante. Il est d'un autre bleu que la mer : bleu violacé, ardoisé, satiné, bleu noir. Presque exotique, rappelant les musiques balinaises, son chant se mêle au bruit des vagues. On entend aussi le cochevis de Thékla, qui papillonne dans le ciel au-dessus des vignobles et du romarin. Les goélands argentés hurlent au loin sur la mer. Les falaises sont terribles. L'eau vient mourir à leur pieds dans le souvenir du merle bleu. »

Cette pièce exubérante et vive est une pure marine musicale, une symphonie de bleus, dont le paysage comprend seulement falaises, vagues et ciel ! Aussi baigne-t-elle dans le mode 2 et en *la* majeur, — ton de prédilection même du soliste titulaire, dans le chant duquel on notera la prédominance des quartes et des septièmes. Il est admirablement « registré » en disposition croisée, avec doublures et mixtures changeantes. Forme « non rétrogradables » : A — B (p. 3, 4e ligne) — C (p. 10, début) — B' (p. 18, 4e ligne) — A' (p. 23, 2e ligne).

4. Le Traquet stapazin (durée : *16 mn*) : « Fin juin. Le Roussillon, la Côte Vermeille. Au-dessus de Banyuls : le cap l'Abeille, le cap Rederis. Les falaises rocheuses, les montagnes, la mer, les vignobles en terrasses. La vigne est encore en feuilles vertes. Au bord de la route, un traquet stapazin. Fier, noble, il se dresse sur les pierres, dans son beau costume de soie orange et de velours noir — un T noir renversé partageant le blanc de sa queue, un masque noir profond couvrant le dessus de son œil, ses joues et sa gorge. On dirait un grand seigneur espagnol se rendant à un bal masqué. Sa strophe est forte, brusque, brève. Non loin, dans la vigne, le bruant ortolan lance avec extase ses notes répétées, flûtées, à terminaison mélancolique. — Voici la garrigue, fouillis de plantes basses et épineuses, ajonc, romarin, cyste, chêne kermès. Dans la garrigue : le chant exquis de l'invisible fauvette à lunettes. Volant haut et loin sur la mer, les goélands argentés font entendre leur hurlement cruel, leur ricanement sec et percué. Un trio de grands corbeaux survole les rochers de la falaise avec des croassements puissants et graves. Un petit chardonneret fait tinter ses clochettes... 5 h du matin (bas p. 8, " lent "). Le disque rouge et or du soleil sort de la mer et monte dans le ciel. Au sommet du disque, la couronne d'or augmente, jusqu'au moment où le soleil est tout entier jaune et or. Il monte plus haut. Une bande lumineuse se forme sur la mer. 9 h du matin (p. 12 " lent "). Dans la lumière et la chaleur, d'autres voix se succèdent : batteries sur deux notes flûtées de la fauvette orphée, cachée dans les chênes-lièges — cassures de cristal du bruant proyer, gaîté un peu étrange du bruant fou, volubilité de l'hypolaïs polyglotte — chant au vol, exultant, grésillant, mêlé de cris aigus, de cochevis de Thékla. Plusieurs traquets stapazins se répondent. 9 h du soir (bas p. 22, " lent "). Entouré de sang et d'or, le soleil descend derrière les montagnes. Les monts Albères se couvrent d'incendie. La mer s'assombrit. Le ciel passe du rouge à l'orange, puis s'emplit d'un violet de rêve... Dernières strophes de la fauvette à lunettes. Trois notes du bruant ortolan dans la vigne couverte de nuit. Encore un traquet stapazin, loin sur la route. Percussion sèche d'un goéland argenté, très loin sur la mer noire. Silence... 10 h du soir. Nuit totale. Souvenir de la fauvette à lunettes. »

Plus calme que la précédente, moins exclusivement marine, cette grande pièce ancrée autour du pôle de *mi* est l'une des plus riches et des plus variées de la série. Comme *la Rousserolle effarvatte* et *la Fauvette des jardins,* elle comporte d'admirables levers et couchers de soleil, pour l'évocation desquels Messiaen déploie tous les sortilèges de sa palette d'harmoniste-coloriste (notamment les accords à renversements transposés et à résonance contractée pour le rouge et l'orangé du couchant). Pas d'autres césures formelles véritables que les étapes du bruant du jour : divine liberté...

5. La Chouette hulotte (durée : *8 mn*) : « Plumage tacheté de brun et de roux, énormes disques faciaux, regard solennel, empreint de mystère, de sagesse et de surnaturel. Plus encore que son aspect, la voix de cet oiseau nocturne provoque la terreur. Je l'ai souvent entendue, en pleine nuit, vers 2 h du matin, dans les bois d'Orgeval, de Saint-Germain-en-Laye, sur la route de Petichet à Cholonge (Isère). — Ténèbres, peur, cœur qui bat trop vite, miaulements et jappements de la chouette chevêche, cris du hibou moyen-duc : et voici l'appel de la hulotte : tantôt lugubre et douloureux, tantôt vague et inquiétant (avec un tremblement étrange), tantôt vociféré dans l'épouvante comme un cri d'en-

fant assassiné !... Silence. Ululement plus lointain, semblant une cloche de l'autre monde... »

Le troisième des sept *Livres* comprend deux pièces nocturnes et brèves de caractère opposé : ici, c'est la nuit sinistre et effrayante, et la peur y est rendue au moyen d'un mode de valeurs (46, de la triple croche à la ronde pointée), et d'intensités (en éventail autour du *la* tonique, *fff*, et en dégradé jusqu'au *ppp* du pôle opposé *ré* dièse), comportant au total trente-deux sons différents, et étagé sur trois voix (avec croisements). La forme de la pièce est très claire : A (le mode défini ci-dessus, sans aucun oiseau) — B (p. 2, 2e ligne : les oiseaux nocturnes) — A' (p. 4, 2e ligne : le mode, deux fois plus long) — B' (bas p. 6 : suite de B) — Coda (les 6 dernières mesures). Le mode de valeurs et d'intensités atteint ici à une tout autre valeur expressive que dans l'*Étude* expérimentale de 1949, pourtant nécessaire... (v. plus haut : *Quatre Études de rythme*, II).

6. L'ALOUETTE LULU (durée : *9 mn*) : « Au col du Grand-Bois, à Saint-Sauveur-en-Rue, dans le Forez. Bois de pins à droite de la route, prairies de pâturage à gauche. Du haut du ciel, dans l'obscurité, la Lulu égrène ses deux en deux : séries descendantes chromatiques et liquides. Caché dans un buisson, en clairière du bois, un rossignol lui répond. Contraste entre les trémolos mordants du rossignol et cette voix mystérieuse des hauteurs. La Lulu, invisible, se rapproche, s'éloigne. Les arbres et les champs sont noirs et calmes. Il est minuit... »

La nuit encore, mais amie, avec ses harmonies solennelles et sereines autour de la tonique *si* bémol (la mesure lente initiale est une plagale mineure modifiée !). Une note de la partition précise : « La voix de la terre (rossignol) s'oppose à la voix du ciel (Lulu). » D'une parfaite concision, c'est une forme à milieu (p. 3, 3e ligne), avec reprise variée du début (p. 5, haut).

5. LA ROUSSEROLLE EFFARVATTE (durée : *30 mn 1/2*) : « Toute la pièce est un grand mouvement courbe, de minuit — 3 h du matin à minuit — 3 h du matin, les événements de l'après-midi à la nuit répétant en ordre inverse ceux de la nuit au matin. Elle est écrite pour la rousserolle effarvatte et, en général, à la gloire des oiseaux des roseaux, des étangs et des marais — et de quelques oiseaux des bois et des champs qui sont leurs voisins.

« La Sologne. Entre Saint-Viâtre, Nouan-le-Fuzelier, Salbris et Marcilly-en-Gault : les étangs du Petit et du Grand-Rancy, des Noues, de la Briquerie, des Trois-Croix, des Coups-de-Vent, de la rue Verte, des Chapelières, de la Vieille Futaie, et tant d'autres étangs... je les nomme plus naïvement : étang des nénuphars, étang des roseaux, étang des iris, etc.

« Minuit : la musique des étangs et le chœur des grenouilles. 3 h du matin (haut p. 4) : la rousserolle effarvatte, cachée dans les roseaux, fait entendre un long solo de timbre gratté, évoquant à la fois le xylophone, le bouchon qui grince, les pizzi des cordes et le glissando de la harpe, avec quelque chose de sauvage et d'obstiné dans le rythme qui n'existe que chez les oiseaux des roseaux. La nuit est solennelle comme une résonance de tam-tam (haut p. 9). 6 h du matin (milieu p. 11) : lever de soleil, rose, orangé, mauve, sur l'étang des nénuphars. Strophes joyeuses du merle noir, gazouillis de la pie-grièche écorcheur et du rouge-queue à front blanc. 8 h du matin (bas p. 15, " lent "), les iris jaunes : double cri rauque du faisan, glissando sifflé de l'étourneau-sansonnet, éclat de rire étrange et surnaturel du pic-vert — le bruant des roseaux, la mésange charbonnière et l'exquise bergeronnette grise (si distinguée dans son costume demi-deuil) ajoutent quelques sons. Midi (milieu p. 18) : la locustelle tachetée fait entendre son interminable grillottement d'insecte. 5 h de l'après-midi (bas p. 18), la digitale pourprée : crescendo trillé du phragmite des joncs, rythmes puissants, acidulés et grincés de la rousserolle turdoïde. Coassement sec et flasque d'une grenouille. La mouette rieuse part en chasse. Les nénuphars. Concert en duo de deux rousserolles effarvattes (p. 26, " vif "). 6 h du soir (bas p. 34), les iris jaunes et la locustelle tachetée. Une foulque (noire, plaque frontale blanche) semble choquer des pierres et souffler dans une petite trompette pointue. L'alouette des champs s'élève et jubile en plein ciel, les grenouilles lui répondent dans l'étang. Un râle d'eau, invisible, pousse une série de cris effroyables — cris de pourceau qu'on égorge en hurlement décroissant, diminuendo. 9 h du soir (haut p. 38) : coucher de soleil, rouge, orangé, violet, sur l'étang des iris. Le héron butor mugit — son de trompe grave, un peu terrifiant. Le soleil est un disque de sang : l'étang le répète — le soleil rejoint son reflet et s'enfonce dans l'eau. Le ciel est violet sombre... Minuit (p. 42, 2e ligne) : la nuit est installée, toujours solennelle comme une résonance de tam-tam. Le rossignol commence ses strophes mystérieuses ou mordantes. Une grenouille agite des ossements. 3 h du matin (haut p. 46) : de nouveau, un grand solo de rousserolle effarvatte. Et nous terminons sur un rappel de la musique des étangs (p. 50, début), avec le dernier mugissement du héron butor... »

Au centre du *Catalogue d'Oiseaux* se trouve la pièce la plus vaste (sept cent cinquante-et-une mesures), que seule surpassera encore *la Fauvette des jardins*. Les modes colorés accompagnant le lever du soleil (p. 11, 3e ligne) sont d'une beauté extraordinaire (mode 7^2, rose-mauve ; 3^1, orangé), de même que ceux du coucher (haut p. 38 : 3^1, orangé ; 2^1, rouge violet), et enfin la couleur étrange du mode 4^5, violet intense virant au noir à cause du registre grave, évoquant la mort du soleil sur l'étang aux iris. On a fait remarquer que Messiaen représente les fleurs des marais par des motifs dérivés du *thème-fleur* de la *Turangalîlâ-Symphonie**. Le trille de la locustelle est réellement interminable : trente-cinq secondes ! Messiaen, en note, explique qu'« elle symbolise l'heure de midi et la lassitude grésillante de la Nature sous le soleil... » Les étapes de ces vingt-quatre heures définissent douze grandes sections, — dont les quatre dernières rétrogradent librement les quatre premières. Nulle part Messiaen n'a été aussi totalement indépendant de tous les courants de son époque, nulle part il n'a ouvert une porte aussi féconde pour ceux de demain...

8. L'ALOUETTE CALANDRELLE (durée : *5 mn 1/2*) : « Provence, mois de juillet : l'alouette calandrelle. 2 h de l'après-midi, les Baux, les Alpilles, rochers arides, genêts et cyprès. Percussion monotone des cigales, alarme en staccato du faucon crécerelle. Route d'Entressen : l'alouette cochevis ou cochevis huppé en contrepoint à deux voix avec la calandrelle (milieu p. 3). 4 h de l'après-midi, la Crau (haut p. 7). Désert de cailloux, lumière intense, chaleur torride. Seule la petite phrase courte de l'alouette calandrelle peuple le silence. Vers 6 h du soir (haut p. 8), une alouette des champs s'élève dans le ciel et lance une strophe jubilante. Amphimacre de la caille, souvenir de la calandrelle... »

Brève vision de chaleur et de lumière aveuglante, autour des tonalités les plus diésées (*la, fa* dièse, *ut* dièse...). Forme concentrique suivie d'une coda (l'alouette des champs).

9. LA BOUSCARLE (durée : *11 mn 1/2*) : « Derniers jours d'avril. Saint-Brice, la Trache, Bourg-Charente, les bords de la Charente et ceux du Charenton (petit bras de rivière). L'eau verte reflète les saules et les peupliers. Tout à coup, une voix éclate avec violence dans les roseaux ou les ronces : c'est la bouscarle, petite fauvette rageuse et invisible. La poule d'eau caquette. Une flèche bleu-verte scintille au ras de l'eau : le martin-pêcheur passe, avec quelques cris aigus, et colore le paysage. La rivière est calme. C'est une belle matinée d'ombre et de lumière. Le merle siffle, la grive musicienne joint ses incantations rythmées aux cascades perlées du rougegorge. Articulations et trémolos du petit troglodyte, refrain clair et flûté de la fauvette à tête noire, anapeste de la huppe, attaques auréolées (comme un clavecin mêlé de gong), notes lointaines et lunaires, traits incisifs du rossignol. Quel est ce bruit étrange ? Une scie, une faux qu'on affûte, le raclement d'un réco-réco ? C'est le râle des genêts qui répète son rythme iambique dans les hautes herbes de la prairie... Voici encore la strophe victorieuse du pinson et les bruissements suraigus de l'hirondelle de rivage. Tête bleu cendré, poitrine jaune comme un bouton-d'or, la bergeronnette printanière marche avec élégance le long de la rive. Vol nuptial du martin-pêcheur qui tourne, exposant au soleil ses belles couleurs de myosotis, de saphir et d'émeraude. Un silence... Ponctuation brutale de la matinée : la bouscarle explose une dernière fois ! »

Encore une pièce à dominante bleue (*la* majeur), de forme librement concentrique A-B-C-B'-A' avec coda, avec un milieu très long et varié. Les sections B (p. 2, 3e ligne), puis p. 17, 3e ligne) évoquent l'ondoiement des saules se reflétant dans l'eau par un libre maniement sériel en canon rythmique. Le thème de la rivière (début du milieu, p. 4, 2e ligne), inscrit dans le ton de *la* majeur, est en mode 3^1 (orange, or et blanc laiteux) et en mode 3^3 (bleu et vert comme le martin-pêcheur !). Il rappelle le *Thème d'amour* de *Turangalîlâ***, notamment par sa cadence finale.

10. LE MERLE DE ROCHE (durée : *19 mn*) : « Mois de mai. L'Hérault. Le cirque de

---

* V. ce qu'en dit le compositeur, in : *Guide de la musique symphonique*, p. 483.

** *Ibid.*

Mourèze : chaos de dolomies, rochers aux formes fantastiques. Nuit, clair de lune. Dominant tous les autres rochers, une immense main de pierre ! Vers la fin de la nuit, le grand duc fait entendre son ululement puissant et grave — sa femelle répond par des percussions étouffées : hilarité sinistre dont le rythme se confond avec les battements de cœur de l'effroi. Début de l'aube : cris variés des choucas. Puis le rouge-queue tithys commence sa chanson monotone (bas p. 5) : au milieu de la strophe, bruitage, évoquant des perles secouées, du papier froissé, un frou-frou de soie. Les rochers sont terrifiants : des animaux préhistoriques de pierre, stégosaure, diplodocus, semblent monter la garde — un groupe à la Max Ernst : fantômes de pierre en cagoule, transportant une femme morte dont les cheveux traînent à terre... Perché sur une pointe vive, un merle de roche ! Comme il est beau ! Tête bleue, queue rousse, ailes noires, poitrine orangé vif. Il chante aux heures de soleil, de chaleur et de lumière : 10 h du matin (haut p. 9), 5 h de l'après-midi (milieu p. 12) — et son chant est lumineusement orangé, comme son plumage ! Les moments de silence se rythment et se nombrent en durées lentes. Le rouge-queue tithys reprend son bruitage. Derniers cris des choucas. Fin du crépuscule (haut p. 26) : le grand duc ulule, et sa voix résonne dans les rochers, apportant l'ombre et l'épouvante. Nuit, clair de lune. La main gigantesque est toujours là, dressée au-dessus des monstres de pierre, en signe magique !... »

Cette grande pièce, l'une des plus belles de toutes, correspond dans l'architecture d'ensemble du *Catalogue* au nº 4 *(Le Traquet stapazin).* Les silences y sont particulièrement impressionnants. Lorsqu'ils « se rythment et se nombrent », c'est en permutations de durées chromatiques de une à trente-deux triples croches, alternant avec les chants d'oiseaux. Le « cortège des fantômes de pierre » donne lieu à des harmonies admirables, en résonances contractées. On peut distinguer huit sections, — dont la deuxième marque le début des permutations (p. 5, 4ᵉ ligne), la troisième (p. 9, début) et la cinquième (p. 12, 3ᵉ ligne), le grand solo du merle de roche, interrompu par la suite des permutations (section 4, bas p. 10). Section 6 : divers oiseaux mêlent leurs chants à celui du merle de roche (bas p. 14). Section 7 : reprise de l'évocation du décor de pierre (bas p. 19), puis des permutations (milieu p. 21, sans oiseaux). La coda (début p. 26) correspond à la première section.

11. LA BUSE VARIABLE (durée : *9 mn 1/2*) : « Le Dauphiné, la Matheysine. Grand espace découvert des champs de Petitchet, à la fin du lac de Laffrey, au pied de la montagne chauve du Grand Serre. Introduction — Cri de la buse variable : elle se rapproche, elle s'éloigne. Elle plane en cercles : les orbes de son vol emplissent tout le paysage. Elle descend lentement. Premier couplet (bas p. 2). — Pinson, bruant jaune, chardonneret. Cri de la buse. Refrain par la grive draine (bas p. 3). Deuxième couplet (haut p. 4). — Les mêmes, plus les hirondelles de cheminée. Troisième couplet (haut p. 6). — Pour quelque proie commune, six corneilles noires attaquent la buse. Croassements graves et féroces des unes, tremblements grincés, miaulements étranges de l'autre. Alarme de la pie-grièche écorcheur, strophes précipitées de la fauvette grisette. Refrain par la grive draine. Coda (haut p. 16). — Cri de la buse, son vol en cercles. Elle remonte lentement. »

Inscrite dans une forme très claire en neuf sections (introduction, quatre couplets alternant avec trois refrains, coda), — encore une pièce admirablement évocatrice ! Comme celui de l'aigle dans *le Chocard des Alpes,* le vol de la buse est dépeint par des croches en legato synchrones aux deux mains. Ici, deux séries de douze sons superposées, avec permutations et changements de registre à chaque apparition, les mains toujours en mouvement contraire s'organisent en un vaste crescendo au début, auquel correspond un non moins ample decrescendo à la fin, lorsque l'oiseau disparaît de notre vue. Le combat du troisième couplet traite les protagonistes comme des personnates rythmiques ! Les attaquants : les corneilles ; l'attaquée : la buse ; le spectateur passif : la pie-grièche écorcheur. Le chant de la grive draine servant de refrain est d'une merveilleuse beauté. Messiaen indique en note « comme une fanfare courageuse et triste ».

12. LE TRAQUET RIEUR (durée : *8 mn 1/2*) : « Mois de mai. Belle matinée ensoleillée. Le cap Béar, au-dessus de Port-Vendres (Roussillon). Falaise rocheuse, garrigues, mer bleu saphir et bleu Nattier, argentée de soleil. Joie de la mer bleue. Chant du traquet rieur. Dialogue entre le merle bleu, plus caressant, et le traquet rieur, plus éclatant, coupé par les aboiements du goéland argenté, les cris stridents des martinets noirs, les brèves interjections des traquets stapazins. Noir, queue blanche à dessin noir, le traquet rieur est perché sur une pointe de roche, au bas de la falaise. La fauvette à lunettes s'excite dans les garrigues. Un coup de vent passe sur la mer, toujours bleu saphir et bleu Nattier, argentée de soleil. Joie de la mer bleue. »

Pour la troisième et dernière fois, la côte Vermeille, dont nous retrouvons de nombreux personnages ailés rencontrés dans *le Merle bleu* et *le Traquet stapazin*. C'est la première de ces pièces que le *Traquet rieur* évoque surtout, et la tonalité bleue de *la* majeur y prédomine encore : c'est celle du bref refrain « Joie de la mer bleue », tonifiant paquet d'eau salée qui nous éclabousse, et qui ouvre chacun des trois couplets dont se compose la pièce (le deuxième : p. 6, 2e ligne ; le troisième : p. 12, 2e ligne), avant de conclure. La pièce contient de beaux accords tournants, et à renversements transposés, et à résonance contractée.

13. LE COURLIS CENDRÉ (durée : *11 mn*) : « L'île d'Ouessant (Enes Eusa), dans le Finistère ; à la pointe de Pern, on peut voir un grand oiseau au plumage rayé, tacheté de roux jaunâtre, de gris et de brun, haut sur pattes, pourvu d'un très long bec recourbé en forme de faucille ou de yatagan : le courlis cendré ! Voici son solo : trémolos lents et tristes, montées chromatiques, trilles sauvages, et un appel en glissando tragiquement répété qui exprime toute la désolation des paysages marins. A la pointe de Feunteun-Velen (haut p. 5), hachés par le bruit des vagues, tous les cris des oiseaux de rivage : appel cruel de la mouette rieuse, rythmes cuivrés (à sonorités de cor de chasse) du goéland argenté, mélodie flûtée du chevalier gambette, notes répétées du tournepierre à collier, sifflements stridents, roulements aigus de l'huîtrier pie — et d'autres cris encore : ceux du petit gravelot, du goéland cendré, du guillemot de Troïl, de la sterne naine et de la sterne Caugek. L'eau s'étend à perte de vue (haut p. 14). Peu à peu, le brouillard et la nuit se répandent sur la mer (haut p. 16). Tout est noir et terrible. Au milieu de ses rochers déchiquetés, le phare du Créac'h fait entendre un mugissement puissant et lugubre (p. 17, dernière mesure) : c'est la sirène d'alarme ! Encore quelques cris d'oiseaux, et la plainte du courlis cendré qui se répète et s'éloigne (milieu p. 20)... Froid, nuit totale, bruit du ressac... »

Admirable marine, digne de *Ce qu'a vu le vent d'Ouest* de Debussy, rejoignant l'âpreté et la désolation grandiose du *Chocard des Alpes*. L'appel tragique du courlis a inspiré nombre de poètes et de musiciens, surtout en Angleterre, pour sa valeur symbolique (*The Curlew,* de Peter Warlock ; *Curlew River,* de Benjamin Britten). Au début et à la fin, Messiaen le répète non moins de dix-sept fois, et l'abondance des formules itératives, d'une lancinance toute litanique ajoutant beaucoup à l'atmosphère envoûtante, obsédante de la pièce, se nourrit généralement des nombres premiers chers au compositeur. Le grand interlude aquatique de la page 14, désert, sans aucun oiseau, est un crescendo sur deux séries superposées librement permutées au cours de leurs dix-sept reprises : procédé analogue à celui du vol de *la Buse variable*. Le total chromatique incarne la grisaille du brouillard qui descend ! Le triple appel de la sirène d'alarme est un terrible cluster de onze sons, et le total chromatique domine encore dans la conclusion sourde et confuse, — chaos des vagues dans les ténèbres. Les sept sections du morceau s'équilibrent en une architecture d'une concision magistrale. Aucune pièce du *Catalogue d'Oiseaux* ne surpasse *le Courlis cendré* en envoûtante puissance d'atmosphère : c'est suprêmement émouvant !

La Fauvette des jardins

Œuvre composée à Petichet en été 1970, et présentée en première audition par Yvonne Loriod, Espace Cardin, à Paris, le 7 novembre 1972 (Éd. Leduc).

« Entre la muraille casquée de l'Obiou (au Sud) et l'éperon de Chamechaude (au Nord), quatre lacs : c'est la Matheysine en Dauphiné. A la fin du grand lac de Laffrey, au pied de la montagne du Grand Serre (à l'Est) : voici les champs de Petichet.

« Fin juin, début juillet. Il fait encore nuit. Les dernières vagues du grand lac viennent s'éteindre sous les saules. La montagne du Grand Serre est là, avec ses taches d'arbres au bas de son crâne chauve. Vers 4 h du matin, la caille fait entendre son appel en rythme crétique. Le rossignol termine une strophe : notes lointaines et lunaires, conclusion brusquement forte et victorieuse, longs roulements jusqu'à perdre haleine. Les frênes surveillent le passage aux roseaux du grand lac. Au milieu du pré, les aulnes grisâtres voisinent avec les noisetiers.

« Puis l'aurore couvre de rose le ciel, les arbres, le pré (bas p. 4). Le grand lac aussi devient rose. Chant de la fauvette des jardins, cachée dans les frênes, les saules, les buissons, au bord du grand lac. Deux premiers essais, puis un solo. Le petit troglodyte lance quelques notes rapides et fortes, avec un trille au milieu de sa strophe. La fauvette des jardins chante encore, de sa voix limpide, des traits toujours nouveaux.

« Cinq heures du matin (haut p. 12). L'arrivée du jour dessine le feuillage argenté des aulnes, avive l'odeur et la couleur de la menthe mauve et de l'herbe verte. Un merle siffle. Le pic-vert rit avec force. De l'autre côté du talus, près du lac de Petichet, une alouette des champs s'élève en plein ciel, enroulant sa jubilation autour d'une dominante aiguë. La fauvette des jardins entame un nouveau solo : ses vocalises rapides, sa virtuosité sans fatigue, le flot régulier de son discours, semblent arrêter le temps...

« Cependant, la matinée avance (bas p. 18), et voici une menace d'orage. Le grand lac de Laffrey se partage en bandes vertes et violettes. Deux pinsons se répondent avec des variantes dans leur codetta. Soudain, une voix râpeuse, grinçante, acidulée, s'élève dans les roseaux du grand lac, alternant les rythmes graves et les cris aigus : c'est la rousserolle turdoïde.

« Mais le soleil est revenu, et voici une autre voix, inattendue, merveilleusement dorée, riche en harmoniques : c'est un loriot de passage (bas p. 21), qui vient manger des cerises. La fauvette des jardins continue ses soli, interrompue de temps à autre par les croassements rauques des corneilles, les alarmes dures et sèches de la pie-grièche écorcheur, les cris tremblés du milan noir.

« Le Grand Serre (haut p. 29) oppose la descente de sa masse énorme à la montée élégante du vol des hirondelles de cheminée. Au statisme de la montagne chauve s'oppose encore la mouvance des ondulations de l'eau. La fauvette des jardins chante et rechante inlassablement. Nouveau contraste (bas p. 44) : le vol du milan noir et le calme subit du grand lac. Le milan monte et descend, décrivants de grandes spirales dans le ciel, et les orbes de son vol se resserrent (les torsions de la queue aidant le mouvement des ailes), jusqu'à ce qu'il touche enfin le dessus de l'eau. Le soleil répand lumière et chaleur. Ce sont les plus belles heures de l'après-midi, et le grand lac étend sa nappe bleue de tous les bleus (milieu p. 47) : bleu paon, azur, saphir. Le silence n'est troublé que par les pinsons, les clochettes du chardonneret et la note répétée naïve du bruant jaune. Les hauteurs des montagnes sont vertes et dorées...

« Vers le soir (haut p. 50), la fauvette des jardins recommence un solo. La fauvette à tête noire, moins virtuose, possède un refrain plus éclatant, au timbre flûté, liquide. Après ce refrain, la voix du rossignol s'élève, annonçant le coucher du soleil. Le ciel devient rouge, orangé, violet (p. 53, 2e ligne). La corneille et la pie-grièche donnent l'alarme. Dernier rire du pic-vert. La nuit vient (milieu p. 54).

« Neuf heures du soir. Dans le silence grandissant retentit le double appel de la chouette hulotte, sauvage et terrifiant. Le grand lac est maintenant faiblement éclairé par le clair de lune. Les silhouettes des aulnes sont toutes noires. Tout s'enfonce dans l'ombre grandiose du souvenir. Et le Grand Serre est toujours là, au-dessus de la nuit... »

Plus développée encore que *la Rousserolle effarvate** (neuf cent quatre-vingt treize mesures !), *la Fauvette des jardins,* inspirée par le paysage même qui abrite les étés paisibles et laborieux du compositeur depuis tant d'années, semble vouloir résumer en un chef-d'œuvre unique tout l'acquis de son œuvre pianistique, — de même que les *Méditations sur le Mystère de la Sainte Trinité* couronnent l'ensemble de son œuvre d'orgue. Cette synthèse suprême doit en principe constituer le pivot central d'un futur *Deuxième Catalogue d'Oiseaux*, dont le matériau est prêt depuis longtemps ; mais on ne peut s'empêcher de ressentir le majestueux épilogue vespéral, puis nocturne, de *la Fauvette des jardins*, comme étrangement final en sa solennité grandiose. Jamais auparavant le compositeur — qui la considère d'ailleurs comme sa meilleure œuvre pianistique — n'avait suggéré avec autant de force une vision cosmique de l'éternité. De plus, l'immense courbe de l'œuvre est soulevée par un souffle unitaire, par un sens de la continuité discursive, que les précédentes pièces du *Catalogue d'Oiseaux* ne possédaient pas au même degré : si le « programme » est toujours d'un apport inappréciable, il est peut-être moins indispensable qu'auparavant... Les richesses harmoniques, colorées et rythmiques du compositeur se trouvent ici réunies

---

* V. plus haut, *Catalogue d'Oiseaux, n° 7.*

à leur apogée. Et, comme dans toutes ses œuvres récentes depuis *la Transfiguration,* les accords parfaits majeurs y éclatent parfois dans toute leur pureté, sans l'adjonction d'aucune note étrangère, — ceci dans les phrases représentant le lac aux différentes heures, thème apparaissant six fois au total, et chaque fois dans des tons et des modes différents, correspondant aux variations de couleurs et d'éclairage. L'avant-dernière apparition, précédant le sublime coucher de soleil, est dans le ton « bleu » de *la* majeur, auquel le bruant jaune ajoute une fine résonance supérieure, exactement de la même manière qu'à la fin de plusieurs des *Méditations (nos 2, 5, 8* et *9). La* majeur dans toute sa pureté s'affirme enfin ; puis, avant le dernier *solo* de la fauvette vient un sommet de beauté d'une splendeur insurpassable : sur le quatrième degré de *la* majeur, le bleu du ciel (mode 2, partie supérieure) s'allie au vert foncé de la montagne (mode 3, partie médiane), en un véritable « petit coin de paradis » (Michèle Reverdy*) :

A ce « formant » ou leitmotiv aquatique, sans cesse changeant, s'oppose l'immuabilité de l'univers, symbolisée par la montagne du Grand Serre, que représente un thème descendant, minéral, coupant, austère,

développé à chacune de ses sept apparitions, dont l'avant-dernière prend l'aspect d'un canon rythmique, et dont la dernière termine la pièce. Parmi les oiseaux, celui qui donne son titre à l'œuvre se taille la part du lion. Ses neuf grands soli proviennent de centaines de pages de notations, échelonnées sur plusieurs années successives, — toujours durant la même saison. Tous ces éléments s'organisent en une grande forme épousant fidèlement le rythme d'une journée, mais qu'avec Michèle Reverdy on peut diviser en six étapes principales (la deuxième : p. 4, 4e ligne ; la troisième : p. 18, 5e ligne ; la quatrième : p. 25, 4e ligne ; la cinquième : p. 42, début ; la sixième : p. 52, début).

La Fauvette des jardins marque l'avancée la plus extrême de Messiaen dans ce domaine précis. Car les deux pièces pour piano seul des *Des Canyons aux Étoiles* sont faites exclusivement de chants d'oiseaux, et ne comportent donc point de paysages colorés.

Petites Esquisses d'Oiseaux

Écrites durant l'été 1985, ces six pièces brèves ont été jouées pour la première fois par Yvonne Loriod le 26 janvier 1987, au cours du concert des dix ans de l'Ensemble Intercontemporain donné au Théâtre de la Ville de Paris. Acune partition n'en est encore accessible, et ne rend possible une analyse précise**.

Chose nouvelle pour Messiaen, il s'agit de six miniatures, dont l'audition intégrale n'occupe que quelque quatorze minutes. Mais ce sont d'authentiques petits joyaux, quintessence du style inimitable de leur auteur, et que leur format, ainsi que leur niveau de difficulté technique, plus modestes sans doute que ceux des grands cycles précédents, ne manqueront pas de rendre populaires dès qu'ils seront publiés. Il faut préciser cependant que ces pièces sont destinées à un instrument particulier, à savoir le grand modèle « Impérial » de Bösendorfer, qui, descendant jusqu'à l'*ut* ultra-grave, prolonge donc la tessiture habituelle d'une sixte. Dans la deuxième pièce, notamment, Messiaen tire parti de manière saisissante des possibilités de résonance qu'offre cette octave grave. Les six pièces s'intitulent : *1. Le Rouge-gorge. — 2. Le Merle noir. —*

---

* M. Reverdy, *L'Œuvre pour piano d'Olivier Messiaen* (Éd. Leduc, Paris, 1978).

** A la date de parution de ce livre.

3. Le Rouge-gorge. — 4. La Grive musicienne. — 5. Le Rouge-gorge. — 6. L'Alouette des champs. Après tant de voyages au fin fond des cinq continents, Messiaen revient donc ici aux oiseaux de France, dans ce qu'on hésite à qualifier d'épilogue au *Catalogue d'Oiseaux* et à *la Fauvette des jardins.*

H. H.

MARCEL MIHALOVICI

Né à Bucarest, le 22 octobre 1898 ; mort à Paris, en 1985. Ce compositeur roumain et naturalisé français effectua d'abord des études de violon, d'harmonie et de contrepoint dans sa ville natale, puis devint en 1919 l'élève de Vincent d'Indy à la Schola Cantorum, à Paris (composition et direction d'orchestre). En 1928, Mihalovici fut — avec notamment Martinu, Harsanyi, puis Tcherepnine — l'un des animateurs du groupe connu sous le nom d'« École de Paris », rassemblant des musiciens d'origine étrangère vivant en France. De 1959 à 1962, il enseigna lui-même à la Schola Cantorum ; en 1979, il serait titulaire d'un grand prix de la S.A.C.E.M. L'œuvre de Mihalovici, resté profondément attaché à sa culture nationale (sans être pour autant un « folkloriste »), mériterait une réhabilitation, — après avoir été beaucoup plus jouée qu'aujourd'hui (mais fort peu enregistrée) : des opéras tels que Phèdre *(d'après Racine) ou* Krapp, *un ballet tel que* Thésée au labyrinthe, *la musique pour* Meurtre dans la cathédrale *d'Eliot en soulignent le lyrisme vigoureux. Mihalovici a écrit également cinq symphonies (dont la* Sinfonia giocosa *et* Symphonie pour le temps présent *), des chœurs a cappella et des mélodies, des partitions de chambre (trois quatuors à cordes, une belle* Sonate pour violon et violoncelle *), ainsi que des œuvres de piano (seul ou concertant) — une douzaine d'opus — révélant sa libre et forte personnalité.*

L'œuvre de piano

C'est à la suite d'une virtuose *Toccata pour piano et orchestre (op. 44)* que Mihalovici conçut ses **Ricercari (Variations libres pour piano) op. 46**, partition monumentale et remarquablement stylisée. Le titre lui-même fournit la véritable signification de l'ouvrage, — *ricercar*, « chercher ». Recherche de timbres et de rythmes nouveaux, sans préjudice de la forme dont un thème — atonal — de passacaille assure la cohésion et l'unité. Succèdent dix grandes variations « libres » qu'une fugue conclusive vient couronner.

C'est vers les modes et les rythmes du folklore roumain qu'inclinent les *Quatre Pastorales (op. 62)*, d'esprit, voire de style bartokien, — alors que les **Trois Pièces nocturnes** libèrent un lyrisme beaucoup plus profond et personnel : successivement un *Impromptu* en forme de valse, un scherzo quasi-fantomatique intitulé *Rêve*, et, surtout, un très émouvant *Épilogue* de caractère introspectif et, d'une certaine manière, romantique.

On signalera, d'autre part, les trois mouvements d'une *Sonate (op. 90)*, dont les recherches sonores sont à rapprocher de celles entreprises dans les *Ricercari*, — avant de mentionner une dernière partition importante : la **Passacaglia op. 105**, écrite pour la seule main gauche. Les dix-huit variations qui constituent l'œuvre sont bâties sur un thème dont il faut admirer l'extraordinaire subtilité des métamorphoses à travers la souplesse et tous les raffinements de son traitement polyphonique.

Indiquons pour terminer que la *Toccata pour piano et orchestre* ainsi que les *Ricercari* furent dédiés par Mihalovici à sa femme, la très grande pianiste Monique Haas, — qui en effectua les créations.

F. R. T.

DARIUS MILHAUD

Né à Marseille, le 4 septembre 1892 ; mort à Genève, le 22 juin 1974. « Je suis un Français de Provence et de religion israélite », se plaisait-il à répéter. Issu d'une famille fixée de longue date dans le Midi de la France, il eut une enfance heureuse. Initié très tôt à la musique, il entra au Conservatoire de Paris, mais étudia surtout en privé avec Charles Koechlin, qui fut en définitive son véritable maître. Peu attiré par Schumann, Wagner ou Franck, Milhaud, qui aimait Berlioz, Bizet et Chabrier, s'enthousiasma en 1913 pour le Sacre du Printemps. A vingt ans, il était déjà l'auteur d'un opéra (la Brebis égarée, d'après Francis Jammes), d'un quatuor à cordes, de plusieurs mélodies, d'une musique de scène (Agamemnon, pour l'Orestie d'Eschyle traduite par Paul Claudel). Sa rencontre avec Francis Jammes et Paul Claudel fut un épisode marquant de sa vie : elle élargit son horizon poétique. Choisi comme secrétaire par Paul Claudel, nouvel ambassadeur de France au Brésil, il séjourna en Amérique latine en 1917 et 1918, et subit profondément l'influence du folklore sud-américain. De retour à Paris, il fit représenter en 1919, avec un immense succès, son ballet le Bœuf sur le toit, sur un argument de Jean Cocteau et dans les décors de Raoul Dufy, puis adhéra au fameux Groupe des Six. En 1925, il épousa sa cousine Madeleine Milhaud, devenue sa fidèle collaboratrice. Dans les années qui suivront, et jusqu'au début de la guerre, Milhaud voyagera beaucoup, mais, en 1940, devant la montée du nazisme, devra s'expatrier avec sa famille aux États-Unis : installé à Oakland, en Californie, il occupera une chaire au Mills College. Il séjournera aux États-Unis jusqu'en 1947, date de son retour en Europe. Nommé professeur de composition au Conservatoire de Paris, il partagera désormais son temps entre la Californie et la France. Son œuvre, qui illustre tous les genres, est absolument gigantesque : on a d'ailleurs souvent reproché à Milhaud sa prolixité ; mais sa musique, qui porte l'empreinte de la culture provençale, est lumineuse et claire. Son invention mélodique, intarissable, est à la fois originale, pure, lyrique, chaude et profonde, — au point que Paul Collaer a pu comparer Milhaud à un poète lyrique qui s'exprime en musique.

Extrêmement abondante, l'œuvre pour piano de Milhaud touche aux genres les plus variés. C'est une musique équilibrée qui, en quelque sorte, représente la continuité d'une tradition française, — de Couperin à Berlioz, de Rameau à Chabrier. Ardent à connaître toute musique populaire, Milhaud s'est profondément imprégné de la grâce, de l'entrain et de la franchise du terroir provençal ; il a su donner à ses compositions issues du folklore israélite un accent inimitable ; il s'est enfin passionné pour les rythmes et le chaud langage de la musique sud-américaine, — autant d'influences qui se retrouvent dans sa musique de piano. Parmi les musiciens du Groupe des Six, Milhaud fut peut-être le plus grand expérimentateur : il s'engagea dans la recherche d'une langue originale et dans la mise au point de nouveaux moyens d'expression. Son goût de la recherche harmonique et de la perfection mélodique le poussa vers la polytonalité et la polymélodie, — procédés qui apparaissent dans beaucoup de ses pages pour piano. Sa mélodie reste toujours très claire, et son harmonie, souvent audacieuse, ne nuit en rien à cette clarté.

Milhaud aborda le piano en 1913 avec une *Suite (op. 8)* en cinq mouvements : *Lent, Vif et clair, Lourd et rythmé, Lent et grave, Modéré animé.* Après une série de *Variations sur un thème de Cliquet (op. 23),* datées de 1915, la première œuvre importante parut entre 1915 et 1920, en deux cahiers : **les Printemps (op. 25 et op. 66).** Ces six pages brèves, conçues dans le genre de la « romance sans paroles », paraissent, selon Alfred Cortot, « effleurées par la grâce d'une subtile et discrète sensibilité [*] ». Milhaud y utilise un langage polytonal qui assure à chaque partie sa propre indépendance.

Saudades do Brasil (op. 67)

Cette suite de douze danses sur des rythmes sud-américains fut écrite en 1920

---

[*] A. Cortot, in : *la Musique française de piano* (Paris, Presses Universitaires de France, 1948).

et 1921. Il en existe deux versions : l'une pour piano, l'autre pour orchestre *.

Le mot portugais « saudade », intraduisible en français, a sensiblement la même signification que le mot « zal » polonais, — c'est-à-dire celle d'une nostalgie, d'un vague à l'âme indescriptible. Alors que ses contemporains recherchaient leur inspiration vers l'Espagne, Milhaud se tourne résolument vers l'Amérique latine (où il vécut entre 1917 et 1918). Jean Roy note qu'il n'y a pas ici de référence textuelle au folklore, mais plutôt une « tradition d'un folklore imaginaire ** », ou la recréation de l'atmosphère musicale du Brésil qui a hanté Milhaud. Le folklore est moins inventé que réinventé.

A chacune des douze danses, dédiées à plusieurs de ses amis, Milhaud a donné le nom d'un quartier de Rio de Janeiro. Chacune est basée sur le rythme à deux temps du tango ou de la samba qui oscille entre différents tempos.

Soracaba est rythmé et syncopé, mais se joue dans un tempo modéré sur un rythme de tango :

Suivent *Botafogo* « doucement », *Leme* « à l'aise », et *Copacabana* « calme » ; *Ispamera* est dédié à Arthur Rubinstein ; le rythme du tango y est plus nerveux :

Viennent ensuite un tango vif *Gavea*, un tango alangui *Corcovado*, un tango triste *Tijuca* (dédié à Ricardo Viñes), une danse légère *Sumare*, puis le chant « souple », très lié et très doux, de *Paineras* :

---

* Voir *Guide de la musique symphonique*.
** J. Roy, *Darius Milhaud* (Seghers, Paris, 1968).

L'alerte *Laranjeiras* est dédié à Audrey Pann ; et c'est à Paul Claudel que Milhaud a dédicacé le dernier *Paysandù*, à la mélodie pure, expressive et pleine d'émotion.

Caramel mou (op. 68), « shimmy » dédié à George Auric, fut terminé à Aix-en-Provence à Pâques, en 1921. Il fut ultérieurement orchestré pour un violon et orchestre de jazz. Sur son rythme enlevé, ce « mouvement de shimmy » représente, pour Alfred Cortot, « une évocation curieusement précise des premières manifestations de jazz et de l'atmosphère des dancings de Haarlem et de Manhattan ***. Il fut suivi de trois *Rag-Caprices (op. 78)*, composés au cours de l'été 1922.

Les **Enfantines** pour piano à quatre mains, transcriptions de trois poèmes de Jean Cocteau, revues et doigtées par Marguerite Long, parurent en 1928. La partie supérieure du piano, très facile, se joue à l'unisson : elle est destinée à l'élève. La partie inférieure, beaucoup plus difficile, est chargée de l'accompagnement. *Fumée* se joue « vivement » dans un mouvement de gigue ; à la *Fête de Bordeaux,* « doucement » animée, succède une *Fête de Montmartre* bien rythmée.

En 1932 et 1933, virent successivement le jour la suite de **l'Automne (op. 115)**, puis les quatre *Romances sans paroles*. Par leurs titres et par leur contenu, les trois pièces de *l'Automne* évoquent le voyage effectué par Milhaud au Portugal en 1931 : ce sont *Septembre, Alfama* sur un refrain populaire exubérant, et *Adieu,* danse vive curieusement rendue au ralenti.

Pleines de charme, les quatre *Romances sans paroles*, hommages discrets à Mendelssohn, s'imposent, selon Alfred Cortot, par la distinction de l'écriture et la spontanéité de leur improvisation.

Scaramouche, suite pour deux pianos (op. 165b)

Scaramouche est issu d'une commande d'Ida Jankelevitch et de Marcelle Meyer,

---

*** A. Cortot, *op. cit.*

— commande qui, au premier abord, ne séduisit pas beaucoup Milhaud ; il se mit cependant au travail, mais sans enthousiasme. Il reprit une musique de scène qu'il avait composée, cette même année 1937, pour des représentations du *Médecin volant* de Molière, et réunit ses divers éléments pour composer cette œuvre célèbre en trois mouvements, pleins de charme et d'allégresse. Milhaud se sentit particulièrement à l'aise dans cette musique pour deux pianos.

Le premier mouvement, vif et d'un entrain irrésistible, est une ouverture joyeuse et exubérante. Les deux pianos y sont traités à égalité sur un rythme très marqué. Des passages en doubles croches à l'unisson ajoutent à l'allégresse de ce morceau, qui se conclut dans une véritable apothéose sonore. Le second mouvement, *Modéré*, développe avec mélancolie un thème « très expressif »,

exposé d'abord au premier piano sur un balancement de blues. L'idée se dédouble en doubles croches dans la partie centrale, puis le thème réapparaît au deuxième piano, et s'étire de plus en plus pour conclure. C'est la samba éblouissante du *Brazileira*,

qui apporte une conclusion endiablée, d'un chaud exotisme*.

Entre 1940 et 1947, Milhaud séjourne aux États-Unis et compose pour piano : quatre *Esquisses (op. 227)* datées de 1941 ; deux recueils de *Touches blanches* et de *Touches noires* écrits à Oakland en janvier 1941 ; *la Libertadora (op. 236)* et *les Songes* pour deux pianos *(op. 237)* composés en 1943 ; les deux morceaux du *Bal martiniquais* pour deux pianos *(op. 249)* — *Chanson créole* et *Biguine* — achevés en 1944 ; enfin une suite de quinze pièces, *la Muse ménagère (op. 245)*, terminée à Mills College en juillet 1944. Dernières œuvres écrites aux États-Unis, — les cinq morceaux de la suite *Une journée* datée de Mills College en juillet 1946 *(l'Aube, la Matinée, Midi, l'Après-midi, le Crépuscule)* ; et le **Carnaval à La Nouvelle-Orléans (op. 275)** pour deux pianos, achevé à Mills College entre mars et avril 1947 : quatre pièces aux titres pittoresques le composent, — *Mardi gras! chic à la paille!, Domino noir de Cajun, On danse chez Monsieur Degas, les Mille cents coups.*

Au cours de son séjour aux États-Unis, Milhaud écrivit un nouveau recueil de charmantes pièces enfantines, gracieusement sous-titrées, écrites entre 1943 et 1947 et réunies sous le nom d'*Accueil amical*. Enfin une très intéressante suite de six pièces pour quatre pianos fut composée à Paris en mai 1948, et intitulée **Paris (op. 284)** : *Montmartre, l'Ile Saint-Louis, Montparnasse, Bateaux-Mouches, Longchamp,* puis un magnifique morceau aux effets tout à fait extraordinaires, *la Tour Eiffel.*

Deuxième Sonate pour piano (op. 293)

Une première *Sonate op. 33* avait été composée en 1916 ; celle-ci fut écrite à Carpinteria en août 1949, et dédiée à la pianiste Monique Haas. Quatre mouvements s'y enchaînent. Le premier, *Alerte*, évolue dans un style simple et dépouillé, et sur de souples arabesques, — malgré d'audacieuses modulations s'exprimant avec naturel. Le second épisode, *Léger*, sur son curieux rythme à 7/8, évoque d'abord la danse. Il précède un *Doucement* dont la suave mélodie se voit brutalement interrompue par des traits rapides et capricieux, qui ralentissent bientôt pour terminer calmement. Un finale *Rapide*, plein de rythme, conclut joyeusement, — avec cet entrain méridional qui est une des caractéristiques de l'art de Milhaud.

Deux œuvres vont témoigner du lyrisme religieux du compositeur : **le Candélabre à sept branches (op. 315)**, publié en 1952, et l'*Hymne de glorification (op. 331)*, terminé à Paris en janvier 1954. Les sept pièces brèves du *Candélabre à sept branches (Premier jour de l'an, Jour de pénitence, Fête des cabanes, la Résistance des Macchabées, Fête de la Reine Esther, Fête de la Pâque, Fête de la Pentecôte)* évoquent avec lyrisme les grandes fêtes juives ; les accents de cette musique sont à la fois sombres et colorés, chauds, intimes et profonds. *L'Hymne de glorification* est une page grandiose.

En 1956, paraissaient *la Couronne de Marguerite (op. 353), le Globe-trotter*

---

* Voir également, pour une version orchestrale de l'œuvre, *Guide de la musique symphonique.*

(op. 358), terminé à Paris au mois d'avril, et une **Sonatine (op. 354)** en trois mouvements : *Décidé* et rythmé, *Modéré* et chantant, *Alerte* et exubérant.

Dernières pages à inscrire au catalogue de la musique de piano de Milhaud : les **Six Danses en trois mouvements (op. 433)** pour deux pianos, écrites à Aix-en-Provence et Paris entre décembre 1969 et mars 1970 ; les trois mouvements font alterner : *Tarentelle-bourrée, Sarabande-pavane*, et *Rumba-gigue* en un « cocktail » à la fois rustique, savoureux et pétillant.

A. d. P.

FEDERICO MOMPOU

Né à Barcelone, le 16 avril 1893 ; mort en 1987. Il commença ses études musiccles au Liceo de Barcelona, avant de se rendre à Paris en 1911 pour y perfectionner son métier de pianiste et de compositeur. Rentré en Espagne durant la Première Guerre mondiale, il écrivit toute une série de pièces pour piano qui lui permirent de conquérir sa réputation à Paris, lorsqu'il y revint en 1921 (pour s'y installer jusqu'en 1941) : le critique Émile Vuillermoz, enthousiasmé, imposa le nom de ce Catalan qui manifestait une véritable originalité. Mompou, en effet, se qualifia lui-même de « primitif », — supprimant la barre de mesure et les armures pour libérer la souplesse et toute la pureté de ses mélodies, affranchissant son harmonie — très subtile — des cadences et des résolutions, accordant la primauté à la sonorité, enrichie en particulier de phénomènes de résonance. A peu près aucun « ibérisme » chez Mompou, mais du debussysme non dissimulé. L'œuvre n'est pas abondante, axée principalement autour du piano : « l'un des plus purs poètes du piano depuis Chopin et Debussy », a pu écrire Roland de Candé. Elle comporte également une cantate scénique, des chœurs, surtout de nombreuses mélodies sur des poèmes espagnols et français (Cinq Chansons sur des textes de Paul Valéry, de 1973), ainsi que des pièces pour guitare et pour orgue. Concluons cette brève présentation par ce jugement de Marcel Marnat* : « Avec Déodat de Séverac, Mompou fait partie de ces musiciens qui, sans chercher à révolutionner, ont su faire entendre une voix dont les inflexions, sitôt perçues, nous deviennent volontiers nécessaires, irremplaçables. » Ajoutons qu'après avoir connu la célébrité, Mompou demeure trop ignoré du public français actuel, et que, remarquable pianiste, il a enregistré lui-même l'intégralité de son œuvre pour le clavier** : une opportunité pour faire sa connaissance.

En dépit de la remarquable continuité de son œuvre pianistique, il est possible de distinguer entre ce que Mompou écrivit lors de son premier retour en Espagne, puis après son rapatriement définitif en pleine Seconde Guerre mondiale. Certes, certaines pièces furent composées aussi à Paris ; mais il est frappant de constater à quel point ce musicien sensible et secret — pour qui « la solitude se fait musique*** » — n'aura trouvé sa véritable inspiration qu'à l'écoute d'un « silence » vers lequel il s'est peu à peu acheminé.

Impressions intimes

Le recueil inaugurant la « période » initiale est celui des *Impresiones intimas*, écrit entre 1911 et 1914 (donc pendant le premier séjour parisien). Il s'agit de six pièces relativement brèves et généralement assez lentes, un peu hiératiques, dans lesquelles se discerne aussitôt l'influence d'un Satie (en particulier dans la cinquième pièce). S'y révèle également une constante de l'œuvre à venir : Mompou ne développe pas, atteint directement l'essentiel. Il ne

---

* In : *Larousse de la Musique* (Librairie Larousse, Paris, 1982).
** Disques sous la marque Ensayo.
*** Préface au premier cahier de *Música callada* (v. plus loin).

dédaigne pas pour autant les notes d'ornement (à l'aigu du piano), ni le chant expressif au médium, ni même certain rubato chopinien : mais sans afféteries, avec un admirable délié. A cette occasion peut être cité Vladimir Jankélévitch * : « Mompou rivalise avec Chopin dans la connaissance instinctive des " bonnes notes " de l'harmonie ; doué d'un instinct quasi infaillible, Mompou sait obtenir la plus grande plénitude sonore par les moyens les plus économiques, grâce à l'écartement des mains et à l'espacement des parties, et en utilisant la résonance des harmoniques. » Les *Impressions intimes* — « intérieures » conviendrait mieux — ne démentent pas un tel commentaire.

Les pièces qui suivirent manifestèrent plus d'aisance, parfois plus d'audace, — une écriture assez impressionniste qui fit surnommer Mompou « le Debussy espagnol » (Émile Vuillermoz). Elles furent composées de 1914 à 1921 : ce sont, pour la plupart, des instantanés d'une extrême acuité auditive, qui, par conséquent, valent par la précision, l'immédiateté du rendu sonore, — toujours subtil et quelquefois ambigu. Citons *Crèches* (1914-1917), *Scènes d'enfants* (1915-1918) **, *Suburbios* (1916-1917), et les *Cants Màgics*, « Chants magiques » écrits de 1917 à 1919 : notations pleines d'animation et de fraîcheur dans ces *Cris dans la rue* de *Scènes d'enfants,* pleines de malicieuse saveur avec la valse-rengaine du guitariste de *Suburbios* (les faubourgs de Barcelone), pleines d'interrogations mystérieuses, quasi obsessionnelles, dans les *Chants magiques.*

Fêtes lointaines (1920), ainsi que les *Trois Variations* (1921), relèvent de l'inspiration épigrammatique de *Scènes d'enfants* et, surtout, de *Suburbios*. Il en est tout autrement de *Charmes,* — prolongement des *Chants magiques.*

Charmes

Recueil de six pièces brèves, faisant référence aux poèmes de Paul Valéry, — que Mompou écrivit à partir de 1920, et daté de 1925. Peut-être le musicien espagnol songea-t-il aussi aux six *Épigraphes antiques* de Debussy (v. l'œuvre), dont *Charmes* partage la concision, la forme lapidaire : « ... Nous devrions plutôt dire Incantations, car c'est par la répétition obsédante d'un motif incantatoire que ces musiques, semblables en cela à certains *Cirandas* de Villa-Lobos ou aux *Gnossiennes* de Satie, envoûtent et fascinent l'auditeur. De là le visage étrangement immobile et stationnaire de ces *Charmes* » (Vladimir Jankélévitch).

On signalera particulièrement à l'attention de l'amateur d'un piano « hypnotisant » les quatrième et sixième pièces, — respectivement *Pour les guérisons,* sorte d'invocation aux sonorités sourdes et profondes, et *Pour appeler la joie,* d'un autre esprit, enivré d'allégresse jaillie de toutes ses notes, d'une pureté cristalline, à l'aigu du clavier.

Entre 1921 et 1928, Mompou élabora une partie de ses **Cançons i dansas** (« Chants et danses »), qui formeront un cycle de douze pièces où agissent plus directement les origines catalanes du compositeur ; mais la plupart furent écrites entre 1942 et 1960, — soit après le retour définitif à Barcelone. Chaque *Cançó i dansa* semble « l'âme chantante de la Catalogne » (Vladimir Jankélévitch). Nulle transcription du folklore, mais une restitution de sa fraîcheur et de sa rusticité par la netteté, la vivacité lumineuse des contours mélodiques, la délicatesse des coloris et maintes saveurs harmoniques, — le cycle évoluant progressivement vers la plus parfaite simplicité. A noter encore, des mêmes années, la composition de trois *Paisajes* (« Paysages »), — dont le troisième (1962) absolument remarquable, évoquant l'aride Galice à travers ses rugueux accords de quartes. Dix *Préludes,* enfin, furent écrits de 1927 à 1951, un onzième en 1960 : le septième — *Palmier d'étoiles* —, tout scintillant d'accords subtilement dissonants, troué de brusques déchirures, fut dédié à la grande pianiste espagnole Alicia de Larrocha. De même que dans les *Chants et danses,* une évolution vers le dépouillement du langage fait présager l'œuvre ultime pour piano, *Música callada.*

Música callada

« Musiques du silence », réparties en quatre cahiers composés successivement en 1959, 1962, 1966, puis 1974. Chef-d'œuvre du musicien, sans doute, qui a puisé son inspiration chez Saint Jean de la Croix.

---

* A qui nous emprunterons ici certains commentaires particulièrement éclairants ; in : *la Présence lointaine* (Éd. du Seuil, Paris, 1983).
** Qui ont été orchestrées par le compositeur Alexandre Tansman.

Pièces courtes et denses, parvenues à une sorte d'ascétisme de la forme et de la langue.

Vladimir Jankélévitch a proposé cette rapide analyse, que nous reproduisons presque entièrement : « Les trois (premiers) cahiers de *Música callada*, à travers les vingt-et-une pièces qui les composent, résument en quelque sorte le progrès de cette ascèse. Les troisième et treizième pièces... laissent toutes les deux dissonner une fausse note insistante, *sol* bémol en *si* bémol majeur dans la troisième, *fa* dièse en *mi* bémol majeur dans la treizième, et les cadences qui ramènent obstinément au ton principal exhalent dans l'une et l'autre je ne sais quelle pénétrante nostalgie... Les accords déchirants retentissent dans la douzième pièce comme des exclamations. Les dissonances plaintives gémissent, dans la quinzième pièce, sur un rythme hésitant. La quatorzième pièce, si retorse, est presque atonale..., et le troisième cahier en général semble avoir congédié toute complaisance mélodique. » Puis, ce très beau commentaire : « Mompou aspire à laisser chanter la voix de l'âme pure, de l'âme seule, de l'âme elle-même en elle-même... Pour pouvoir entendre ce chant, il faut d'abord faire taire le tumulte des vaines paroles ou retrouver la voix secrète au centre de ce tumulte. Mompou s'y emploie tout au long des vingt-et-une Solitudes, des vingt-et-un silences de *Música callada,* en suivant un itinéraire de dépouillement et de dénudement qui n'est pas sans analogie avec celui de Manuel de Falla et que l'on peut considérer comme une véritable catharsis. » Ce qui est fort bien dire que *Música callada* se prête même difficilement à la salle de concert ; c'est un piano qu'il faut écouter seul et cloîtré. Ajoutons que le quatrième et dernier cahier * — toute intériorité et toute infrangible pureté sonore — apporte la confirmation d'un tel jugement.

F.R.T.

IGNAZ MOSCHELES

Né à Prague, le 23 mai 1794 ; mort à Leipzig, le 10 mars 1870. Après avoir commencé ses études musicales à Prague avec Denis Weber, directeur du Conservatoire, qui l'initia à Bach, à Mozart et à Clementi, il devint en 1808, à Vienne, l'élève d'Albrechtsberger (pour le contrepoint) et de Salieri (pour la composition). Il débuta comme virtuose à l'âge de quatorze ans, — prélude à une carrière triomphale en Europe. En 1820, il séjourna quelques mois à Paris où ses concerts produisirent une très forte impression. L'année suivante, il s'installa à Londres : il y resta jusqu'en 1846. A Londres, ses activités furent multiples : professeur de piano à la Royal Academy of Music, directeur de la Société Philharmonique, organisateur de concerts de musique de chambre et de concerts historiques, interprète du répertoire ancien, — de Bach et Scarlatti notamment. Au cours d'un voyage à Paris en 1839, il joua avec Chopin sa Grande Sonate à quatre mains op. 47 *devant Louis-Philippe et sa cour, au château de Saint-Cloud. Moscheles termina sa vie à Leipzig où, en 1846 et à l'initiative de Mendelssohn, il avait été nommé professeur de piano au Conservatoire. Lié avec Clementi, Cramer et Beethoven (qui lui avait confié la transcription pour piano de son opéra* Fidelio *), il entretint surtout une amitié sincère et constante avec Mendelssohn rencontré en 1824 à Berlin. Tous ses contemporains ont unanimement salué et estimé Moscheles — l'homme et l'artiste —, et admiré son immense érudition, son étonnante facilité et sa prodigieuse mémoire.*

L'œuvre de piano

Moscheles, qui fut l'un des meilleurs pianistes de sa génération, est encore considéré de nos jours comme l'un des grands maîtres de l'école de piano du XIXe siècle. La littérature qu'il consacra à l'instrument est aussi vaste que variée : à côté d'œuvres

---

* Voir l'exceptionnelle interprétation d'Alicia de Larrocha (disque Decca).

concertantes (comme les huit *Concertos pour piano,* écrits entre 1819 et 1838, ou *la Marche d'Alexandre op. 35* qui, en 1815, lui ouvrit les portes du succès), il laisse plus d'une centaine de pages répondant aux genres les plus divers. Rondos, fantaisies, sonates, polonaises, caprices, variations, études, arrangements et transcriptions se succédèrent. Mocheles avait aussi un profond respect pour la musique ancienne, qu'il édita et interpréta, et pour la musique de ses contemporains : on lui doit ainsi — entre autres — un *Hommage à Haendel pour deux pianos op. 92,* achevé en 1833, et un *Hommage à Weber pour piano à quatre mains op. 102,* composé en 1842.

Chopin admirait Moscheles, et introduisait fréquemment ses **Études** dans le programme de travail qu'il confiait à ses élèves. Certaines figurent encore aujourd'hui au répertoire des étudiants pianistes : les vingt-quatre *Études op. 70,* publiées à Paris en 1828, les *Préludes op. 73,* écrits en 1827, et surtout les douze *Nouvelles Études caractéristiques op. 95,* datées de 1836. Toutes ces pièces portent l'empreinte d'un style noble, coloré et nerveux, plein de force et de brio. On sait que l'exécution de Moscheles était brillante, et que son jeu était naturel et élégant, notamment dans sa manière de phraser. Il rédigea également, en collaboration avec Fétis, une méthode demeurée fameuse, la *Méthode des méthodes,* qui parut à Paris en 1840.

Le meilleur de l'œuvre de Moscheles réside cependant dans ses **Sonates.** Il composa deux sonates pour piano à quatre mains : la *Grande Sonate en mi bémol majeur op. 47* (1816) — que Chopin aimait et joua avec son auteur devant Louis-Philippe en 1839 —, et la *Grande Sonate symphonique op. 112* (1845) ; ainsi que quatre sonates pour piano seul : la *Sonate en ré majeur op. 22* et la *Sonate caractéristique en si bémol majeur op. 27,* écrites avant 1815, une *Grande Sonate en mi bémol majeur op. 41* (1816), et la *Sonate mélancolique en fa dièse mineur op. 49* (1814), qui sera publiée à Paris en 1821. Ces œuvres se ressentent de l'influence de Beethoven que Moscheles admirait profondément, et qu'il rencontra à Vienne à l'époque de leur composition, dans les années 1815. Moscheles y mêle avec une extraordinaire habileté des idées thématiques de conception classique et un dynamisme résolument romantique. Schumann le considérait d'ailleurs comme l'un des meilleurs auteurs de sonates.

La **Sonate caractéristique en *si* bémol majeur op. 27** fut écrite pour célébrer le retour à Vienne de l'empereur d'Autriche. Le premier mouvement dépeint le bonheur ressenti par la population à l'annonce du retour du souverain ; le second est un *Andantino espressivo* basé sur le thème célèbre « Freut Euch des Lebens » ; le troisième est une valse-rondo.

La **Sonate mélancolique en *fa* dièse mineur op. 49** offre la particularité d'être écrite en un seul mouvement, — page superbe et d'un grand intérêt. Dans la forme sonate, c'est un ample mouvement lent à 12/8, en deux épisodes, avec de nombreuses variations rythmiques qui s'enchaînent les unes aux autres. On peut y voir un immense récitatif aux réelles inflexions romantiques, à l'intérieur duquel se succèdent des phrases mélodiques et mélancoliques, régulièrement coupées par une rupture de rythme ou par quelque trait de virtuosité.

A. d. P.

MORITZ MOSZKOWSKI

Né le 23 août 1854, à Wroclaw ; mort le 4 mars 1925, à Paris. Fils de musicien, il étudia le piano avec Theodor Kullak à Berlin, puis enseigna dans l'école de ce dernier, dans cette même ville. Il effectua des tournées en Europe, et se produisit également comme chef d'orchestre. A partir de 1897 il vécut à Paris. Il fut extrêmement populaire en son temps, en particulier grâce à ses Danses espagnoles *(pour deux pianos à l'origine, adaptée ensuite au piano seul, et à l'orchestre), et à de petites pièces telles que* la Jongleuse *ou* Etincelles. *Toutefois, malgré sa virtuosité, Moszkowski demeura un compositeur de salon, — ce qui explique que sa musique ne lui ait guère survécu, à l'exception d'un recueil, les* Quinze Études de virtuosité. *Parmi ses élèves, il faut citer le pianiste polonais Josef Hofmann, qui a fait aussi une carrière internationale, et Vlado Perlemuter.*

Quinze Études de virtuosité (op. 72)

Elles sont constituées de :
1. *Vivace* (*mi* majeur); 2. *Allegro brillante* (*sol* mineur); 3. *Vivo e con fuoco* (*sol* majeur); 4. *Allegro moderato* (*ut* majeur); 5. *Veloce e leggiero* (*ut* majeur); 6. *Presto* (*fa* majeur); 7. *Allegro energico* (*mi* bémol majeur); 8. *Allegro energico* (*ut* majeur); 9. *Allegro* (*ré* mineur); 10. *Allegro* (*ut* majeur); 11. *Presto e con leggierezza* (*la* bémol majeur); 12. *Presto* (*ré* bémol majeur); 13. *Molto animato* (*la* bémol mineur); 14. *Moderato* (*ut* mineur); 15. *Allegro* (*si* majeur).

D'une incontestable valeur pédagogique pour la technique des doigts, du poignet, des tierces *(n° 8)* des octaves *(n° 9)*, des enchaînements d'intervalles divers *(n° 13, n° 15)*, ces *Études* sont restées presque aussi prisées que celle de Czerny. Musicalement elles ne s'élèvent que peu au-dessus. Certaines réussissent à être relativement attrayantes par leur brillant, leur délié et leur élégance *(n°s 1, 6, 11, 13)*; d'autres sont franchement arides et ne prétendent qu'à être des exercices *(n°s 4, 8, 10)*. Moszkowski procède souvent en faisant alterner, à l'intérieur d'une même étude, les difficultés entre main droite et main gauche. L'*Étude n° 7* est entièrement jouée aux deux mains à l'octave.

A. L.

MODEST MOUSSORGSKI

Né à Karevo (province de Pskov), le 9 mars 1839; mort à Saint-Pétersbourg, le 16 mars 1881. Dès son enfance il reçut une formation pianistique accomplie, d'abord auprès de sa mère (à neuf ans il jouait un concerto de Field), puis avec Anton Herke. À treize ans, il fit publier sa première pièce pour piano, Porte-enseigne Polka. *En 1857 il fut le premier, avec César Cui, à se joindre à Balakirev pour constituer le futur Groupe des Cinq. De ces années datent plusieurs pièces :* Souvenir d'enfance *et* Plaisanterie enfantine *(1857-1858),* Impromptu passionné *(1859) et, surtout,* Intermezzo in modo classico *(1861). Deux autres* Souvenirs d'enfance *(1865), une* Doumka, *et l'amusante* Couturière *(1871) forment quelques jalons précédant l'œuvre maîtresse, les* Tableaux d'une Exposition *(1874), — dont la célébrité a occulté le reste de la production pianistique de Moussorgski. Il est certain, toutefois, que ce compositeur, qui était un virtuose hors pair — on le comparait à Anton Rubinstein —, n'a pas donné tout ce qu'on pouvait attendre de lui, ni comme pianiste, ni en tant que musicien de l'instrument. Pourtant, aucune de ses miniatures n'est sans intérêt, et celles qu'il écrivit dans les dernières années de sa vie* (Sur la côte sud de Crimée, Au village, Méditation, Une larme) *présentent, selon les cas, autant de caractère que de lyrisme, et méritent de se maintenir au répertoire.*

Tableaux d'une Exposition

A l'origine de la composition de ce cycle, la mort de l'architecte Viktor Hartmann, ami de Moussorgski et du Groupe des Cinq, décédé en 1873. Au début de l'année suivante, une exposition de ses dessins et maquettes fut organisée en sa mémoire. Moussorgski la visita, et sur des prétextes picturaux souvent anodins, écrivit en trois semaines (juin-juillet 1874) cette suite pour piano. « Hartmann bouillonne comme bouillonnait Boris », confia-t-il à Vladimir Stassov. « Les sons et les idées sont suspendus dans l'air, j'en absorbe jusqu'à m'en gaver, et j'ai à peine le temps de les coucher sur papier »...

On a souvent fait observer le décalage existant entre les dessins et objets ayant réellement figuré à l'exposition, et la vision qu'en propose Moussorgski. De fait, à de nombreuses reprises, le compositeur est parti de suggestions insignifiantes pour brosser des « tableaux » correspondant à ses fascinations et à ses archétypes : scènes populaires, univers des enfants, fantasmagories, obsession de la mort, attachement à la grandeur épique de l'ancienne Russie. Du point de vue de la forme, on peut rapprocher dans une certaine mesure les *Tableaux d'une Exposition* des cycles schumanniens (du *Carnaval,* notamment) : juxtapositions de miniatures caractéristiques, dont l'ensemble constitue un ouvrage d'ampleur considérable. Les tableaux sont reliés, pour certains d'entre eux, par une *Promenade* (« in modo russico »), — intermède dont Moussorgski avait déclaré qu'on pouvait y apercevoir sa physionomie. Exploitant toutes les ressources sonores et toutes les techniques possibles du clavier, d'une grande difficulté d'exécution, les *Tableaux d'une Exposition* sont devenus tout aussi populaires dans l'orchestration qu'en a réalisé Ravel (1922)*.

PROMENADE (*Allegro giusto nel modo russico ; senza allegrezza ma poco sostenuto,* en *si* bémol majeur) : le thème russe, pentatonique, est une phrase à onze temps, partagée par commodité en deux mesures à 5/4 et 6/4 :

Par la suite, c'est ce dernier rythme qui se maintient, égalisant l'asymétrie initiale. Une introduction richement harmonisée, sonore et rayonnante.

1. GNOMUS (*Vivo,* en *mi* bémol mineur) : soubresauts violents et convulsifs, claudications douloureuses, reptations, clameurs haineuses, trépignements, dépeignent un être dont l'état grotesque confine à l'effrayant et au démoniaque. A travers les dissonances, les chromatismes acides, l'écriture s'avère paradoxalement d'une grande symétrie.

PROMENADE (*Moderato commodo e con delicatezza,* en *la* bémol majeur) : le thème est à la main gauche, avec l'harmonie aux parties supérieures ou à la main droite.

2. IL VECCHIO CASTELLO (*Andante,* en *sol* dièse mineur) : d'une nostalgie têtue, dont l'intemporalité est suggérée par la pédale de tonique, inlassablement répétée de la première mesure à la dernière. Deux thèmes principaux, différents plus qu'opposés : l'un grave et morne, le second plus chantant mais également empreint de tristesse. Un motif annexe, planant, est une mélodie en accords dont la fin s'avère identique à celle du premier thème.

PROMENADE (*Moderato non tanto, pesante,* en *si* majeur) : très martiale et pompeuse, s'estompant soudainement dans les dernières mesures.

3. TUILERIES (*Allegretto non troppo, capriccioso,* en *si* majeur) : une dispute d'enfants après les jeux, dans la forme ABA. Appoggiatures d'accords entrecoupés de brèves arabesques en staccato. Dans la partie B, une mélodie souple et spirituelle s'ébauche, aussitôt interrompue par de nouveaux traits. C'est donc une pièce courte, vive et légère, à l'humour taquin.

4. BYDLO (*Sempre moderato e pesante,* en *sol* dièse mineur) : un chariot polonais tiré par des bœufs (le mot « bydlo » signifiant bétail en polonais). L'ostinato, aimé des compositeurs russes, sert ici à rythmer la marche lourde et régulière d'un véritable mécanisme vivant, — au-dessus de laquelle retentit un chant ample et robuste.

PROMENADE (*Tranquillo,* en *la* mineur) : c'est la première fois qu'on entend le thème de la promenade en mineur, dans une harmonisation fine, créant une ambiance énigmatique. L'avant-dernière mesure est un prééccho de la pièce qui va suivre.

5. BALLET DES POUSSINS DANS LEURS COQUES (*Scherzino. Vivo, leggiero,* en *fa* majeur) : l'une des rares pièces qui soient exactement conformes à un dessin vu à l'exposition (Hartmann avait imaginé des costumes pour une mise en scène du ballet *Trilby*). C'est un chef-d'œuvre d'humour raffiné, avec des accords rapides et légers précédés de mordants, ou trillés dans la partie centrale, où ils sont suivis de piaulements comiques. La totalité de cette pièce doit être jouée pianissimo, avec la pédale de sourdine.

6. SAMUEL GOLDENBERG ET SCHMUYLE (*Andante,* en *si* bémol mineur) : deux Juifs, l'un riche l'autre pauvre, en une remarquable scène psychologique. Arrogance ostensible du premier, caractérisé par un thème juif authentique que Moussorgski nota sur le vif, et qui est joué à l'unisson (on remarquera la gamme orientale) ; jérémiades du second, en notes répétées, avec le soubresaut d'un mordant sur la dernière. L'intensité de la lamentation s'accroît, alors que le

---

* V. *Guide de la musique symphonique.*

retour du premier thème lui fait contrepoint. C'est lui qui aura le dernier mot. Après une brève hésitation bourrue — va-t-il se laisser attendrir ? —, le riche congédie brutalement le quémandeur.

PROMENADE : elle reprend presque textuellement celle du début (Ravel l'a supprimée dans sa version orchestrée). La tenue du *si* bémol final fait la jonction avec le début de la pièce suivante.

7. LIMOGES. LE MARCHÉ (*Allegretto vivo sempre scherzando*, en *mi* bémol majeur) : à partir de quelques têtes de paysans dessinées par Hartmann, Moussorgski a imaginé des dialogues comiques. Cette scène populaire, foisonnante de vie et de couleurs, à l'entrain irrésistible — c'est l'une des plus ardues techniquement —, s'achève par un trait vertigineux, martelé entre les deux mains, qui plonge sans aucune transition dans le gouffre des *Catacombes*.

8. CATACOMBAE. SEPULCHRUM ROMANUM (*Andante*, en *si* mineur) : accords aux sonorités d'orgue, — les uns retentissants, les autres voilés ; les harmonies sont remarquables par les effets de retards.

CUM MORTUIS IN LINGUA MORTUA (*Andante non troppo, con lamento*, en *si* mineur) : c'est une *Promenade* à travers les catacombes ; le thème, en mode mineur, s'élève parmi des frémissements d'outre-tombe. Un léger apaisement semble pourtant s'affirmer à la fin, avec le rétablissement du mode majeur.

9. LA CABANE SUR DES PATTES DE POULE (*Allegro con brio, feroce*, sans indication de tonalité) : une horloge dans le style populaire, munie effectivement de pattes de poule, est à l'origine de cette évocation de la demeure de Baba-Yaga, la sorcière des contes russes. On est, ici, en pleine fantasmagorie légendaire, — avec des bonds grotesques, du fracas, des avalanches de sonorités torrentueuses, et, dans la partie centrale, d'obscurs marmonnements à mi-voix dans le grave. La reprise de la partie principale aboutit directement au premier accord du dernier tableau.

10. LA GRANDE PORTE DE KIEV (*Allegro alla breve. Maestoso. Con grandezza*, en *mi* bémol majeur) : les accords majestueux du début rappellent assez ceux par lesquels commence le second mouvement de la *Fantaisie op. 17* de Schumann. Toutefois, le caractère national russe de cette musique se reconnaît aussitôt — il est proche du thème de la *Promenade* —, et un choral orthodoxe, suivi de carillonnements, vient confirmer l'intention de l'auteur de conclure par une fresque unissant l'épique et le religieux. Au milieu des cloches sonnant à toute volée, la *Promenade* réapparaît, devenue cortège solennel. Et le cycle se conclut en apothéose sur une dernière reprise du thème de la *Grande Porte*.

PIÈCES DIVERSES

Au nombre d'une quinzaine, elles jalonnent la vie créatrice de Moussorgski, — se regroupant souvent par périodes : les premières remontent aux années fin 1850-début 1860 ; un petit groupe date de 1865 ; les dernières ont été écrites en 1879-1880. Miniatures sans prétentions, elles n'en sont pas moins, pour la plupart, d'un réel intérêt expressif et pianistique.

Porte-enseigne. Polka : écrite en 1852, c'est la première composition de Moussorgski, — déjà remarquable par son caractère, son dynamisme et son langage harmonique, compte tenu de l'âge du compositeur (treize ans). Éditée à un petit nombre d'exemplaires, elle fut ensuite considérée comme perdue, jusqu'en 1947 où le musicologue soviétique Pekelis en retrouva un exemplaire chez un bouquiniste.

Souvenir d'enfance et **Plaisanterie enfantine** : écrits en 1857-1858. *Si* mineur et *ré* majeur. Dans la première, après une introduction *Lento cantabile* en staccatos d'accords descendants, la partie principale *Allegretto quasi Andante* paraphrase une ritournelle pleine d'esprit. La seconde est un petit scherzo dont le thématisme finement ouvragé cède la place, dans la partie centrale, à une course de gammes alternativement à la main droite et à la main gauche.

A ces deux pièces spirituelles et ludiques répliqueront, en 1865, deux autres de la même inspiration, qui seront, comme celles-ci, des prémices des futures *Enfantines* vocales : **Niania et moi**, et **Première punition**. L'une (*sol* majeur), tendre et enjouée, pourrait être une des *Scènes d'enfants* de Schumann, — mises à part quelques harmonies attestant la nationalité de l'auteur. L'autre (*la* mineur), en avalanche de notes aux deux mains alternées, traduit une panique incontrôlable. Restée inachevée, elle a été terminée par le musicologue Karatyguine.

Scherzo (en *ut* dièse mineur) : écrit en 1858. Impétueux, avec un thème en accords, et une partie centrale harmonieuse et chantante teintée d'esprit populaire.

Impromptu passionné (en *fa* dièse majeur) : écrit en 1859 et dédié à Nadejda Opotchinine, dont Moussorgski était platoniquement amoureux. Il serait inspiré du roman de Herzen, *A qui la faute ?* C'est une pièce de salon, assez schumannienne, mais sans originalité particulière.

Intermezzo (en *si* mineur) : écrit en 1861, il fut orchestré et agrandi en 1867*. C'est une pièce remarquable, tant par son caractère que par l'osmose des styles classique et russe : le premier thème pourrait être celui d'une fugue de Bach ; mais il est bientôt rehaussé d'harmonies typiquement moussorgskiennes, annonciatrices de celles des grandes œuvres à venir. Le second thème, à la fois noble et élégiaque, est d'une veine nationale bien reconnaissable.

Rêverie et **La Capricieuse** : composées toutes deux en 1865, ces pièces forment diptyque. Leurs thèmes sont dus respectivement à Loguinov et au comte de Heyden, deux amis de Moussorgski. La première est d'un lyrisme pur, la seconde d'une agitation intérieure très schumannienne.

La Couturière (en *ré* bémol majeur) : écrite en 1871. C'est un petit chef-d'œuvre d'humour illustratif en même temps qu'une pièce d'une certaine virtuosité, avec ses figures rapides et répétitives de doubles croches. Quelques syncopes sur des chromatismes suggèrent que l'aiguille a pu connaître des incidents de parcours... Plus qu'à la *Fileuse* de Mendelssohn, cette *Couturière* fait songer aux *Tricoteuses* de François Couperin.

Sur la côte sud de Crimée : en 1879 Moussorgski, alors dans une profonde déchéance matérielle et morale, accepta une tournée avec la cantatrice Daria Leonova, qui le mena notamment en Crimée. Les impressions de ce séjour donnèrent lieu à trois pièces pour piano (dont l'une, *Tempête sur la mer Noire*, n'a jamais été notée). Les deux autres, *Gourzouf* (*mi* bémol mineur) et *Baidary* (*si* bémol mineur), sont des images assez hautes en couleurs et d'une certaine originalité. Les parties centrales de l'une et l'autre sont très proches, — avec des rythmes énergiques qui font songer au tambourin, et un thématisme nettement oriental, parsemé d'arabesques. Mais le lent mouvement des deux mains à l'octave du début de *Gourzouf*, ponctué d'enchaînements harmoniques curieusement debussystes, contraste avec le dynamisme un peu rude et obstiné de *Baidary*.

Gopak (en *sol* majeur) : c'est la transcription pour piano de la danse ukrainienne qui termine l'opéra *la Foire de Sorotchintsy*, que Moussorgski réalisa au cours de cette même tournée avec Daria Leonova, où il se produisit également en soliste. Débutant sur un martèlement de quintes, c'est une page joyeuse et robuste, au thème traversé d'âpretés harmoniques.

Au village (*si* mineur — *sol* majeur) : écrite en 1880, c'est une pièce intéressante, et l'une des plus intégralement populaires. Elle enchaîne plusieurs petits épisodes. Le premier thème, un chant campagnard russe, d'abord exposé monodiquement, est ensuite repris dans deux harmonisations différentes : l'une simple, en choral, l'autre en grands accords solennels. Quelques mesures de transition où passent des sons de balalaïka mènent à une nouvelle partie « Alla zingara », dansante sans hâte, où l'on peut deviner un violon et une guitare. La partie conclusive est une danse tourbillonnante.

Méditation (*ré* mineur-majeur) : page datée de 1880, et sous-titrée *Feuillet d'album*. Une amertume discrète mais inexorable se dégage de la longue phrase monodique exposée à la main gauche, qui servira ensuite d'accompagnement à une mélodie aux intonations chagrines. La partie centrale, en *fa* dièse mineur, fait naître ensuite une douleur sourde et lancinante, sur fond de notes répétées vaguement évocatrices de la « Goutte d'eau » de Chopin. La coda, en *ré* majeur, reprend ces sourds martèlements, soutenant une phrase tristement sereine.

Une larme (en *sol* mineur) : écrite à la fin de 1880, — le chant du cygne de Moussorgski. D'un dépouillement total, c'est une page poignante, mi-nocturne et mi-lamento, bâtie sur quelques harmonies fondamentales. La partie centrale, en majeur, tisse une mélodie toute de finesse, et fait figure d'ultime rayon de lumière ou de consolation illusoire.

A. L.

V. *Guide de la musique symphonique.*

WOLFGANG AMADEUS MOZART

Né à Salzbourg, le 27 janvier 1756 ; mort à Vienne, le 5 décembre 1791. Seul survivant avec sa sœur Nannerl des sept enfants de Léopold Mozart (1719-1787), musicien à la cour de l'archevêque de Salzbourg, il n'eut d'autre maître que son père. Frappé par les dons exceptionnellement précoces de son fils, Léopold décida de l'exhiber avec sa sœur à travers les grandes villes européennes. Dès 1762, des tournées épuisantes mènent les deux enfants prodiges et leur père à Munich, Vienne, La Haye, Bruxelles, Amsterdam, Paris, Londres, etc., où ils sont acclamés. A Londres, la rencontre de Jean-Chrétien Bach influencera profondément le génie naissant du jeune Mozart. Entre la fin de l'année 1769 et 1778, c'est de nouveau la découverte de l'Europe musicale. L'Italie d'abord, où Mozart se rend trois fois. En 1770, à Milan, il suit les conseils de Sammartini et fait représenter son premier opera seria, Mitridate, Rè di Ponto *; à Bologne, il travaille le contrepoint avec le Padre Martini. Après de courtes escales à Salzbourg, il reprend la route de l'Italie en 1771, puis en 1772. A Milan, les créations d'*Ascanio in Alba *au cours de l'été 1771, et de* Lucio Silla *en décembre 1772, remportent un succès certain. Revenu à Salzbourg en mars 1773, Mozart est nommé « Konzertmeister » de la cour : il se trouve sous le joug du nouveau prince-archevêque, Hieronymus Colloredo, intronisé un an plus tôt. On connaît l'animosité qui allait s'installer de part et d'autre. Jusqu'en 1775, quelques déplacements conduisent Mozart à Vienne et à Munich, et, en 1777, il redécouvre Augsbourg et surtout Mannheim, l'une des capitales artistiques de l'Allemagne. Il s'enthousiasme pour l'orchestre de la ville, — cet orchestre fort et puissant considéré comme l'un des meilleurs du moment. Quelques mois plus tard, plein d'espoir, Mozart reprend le chemin de Paris où il arrive en mars 1778. Ce séjour, endeuillé par la mort subite de sa mère qui l'accompagne, restera l'une des périodes les plus sombres de sa vie : il ne rencontre qu'indifférence et mépris. De retour à Salzbourg en janvier 1779, il obtient le poste d'organiste de cette cour archiépiscopale qu'il déteste; mais la tension grandit entre l'archevêque et son musicien, — lequel est brutalement renvoyé le 8 juin 1781 après une vive altercation. Mozart s'installe alors à Vienne : le 16 juillet 1782, il y fait représenter* l'Enlèvement au sérail *et, le 4 août, il épouse Constance Weber. L'année 1784 sera marquée par l'un des événements dominants de la vie de Mozart. Poussé, selon l'expression d'Alfred Einstein, par « le sentiment du profond isolement où il se trouvait comme artiste et le besoin d'une amitié sans réserve qui lui a toujours manqué », il adhère à la franc-maçonnerie. Dès lors, tout en restant hanté par le théâtre, il compose pour sa loge des œuvres d'une extraordinaire gravité. Il triomphe à Prague avec* les Noces de Figaro *en 1786, puis avec* Don Giovanni *en 1787; mais ses dernières années, si riches en chefs-d'œuvre, seront tragiques sur le plan moral et matériel. De plus en plus isolé sur le plan artistique, il sent sa santé s'affaiblir et voit sa situation financière se détériorer. Le triomphe de* la Flûte enchantée *en 1791, qui suit de quelques mois le succès relatif de* Cosi fan tutte, *arrive trop tard : à bout de souffle, Mozart meurt épuisé dans la nuit du 4 au 5 décembre 1791, laissant son* Requiem *inachevé. « Nul autre musicien, même parmi les plus grands, n'a vécu une telle vie : sous sa médiocrité, sous sa misère même, se cache le signe d'une prédestination unique », écrivit Georges de Saint-Foix.*

Mozart et le piano

Mozart fut un très grand virtuose du piano. La majeure partie de son œuvre pour clavier a été écrite pour le piano-forte, — seules ses toutes premières pièces ont été dédiées au clavecin. Dans les années 1770, le piano-forte était un instrument nouveau qui n'avait que quelques décennies d'existence, et dont le mécanisme subissait de perpétuelles améliorations. Sa vogue s'intensifiant rapidement avec les progrès de sa facture, cet instrument nouveau allait peu à peu supplanter le clavecin, son concurrent, et le remplacer dans les dernières années du XVIIIe siècle.

En 1763, lors de son passage à Augsbourg avec ses deux enfants, Léopold avait rencontré le grand facteur Andreas Stein et lui avait acheté un clavecin. En voyage dans la même ville en 1777, Mozart visita de nouveau les ateliers de Stein et s'enthousiasma pour ses pianos-forte. Vers 1775, Stein avait mis au point sur ses pianos un mécanisme à échappement qui en avait considérablement amélioré les qualités sonores. Grâce à ce procédé, le marteau (élément essentiel du mécanisme à percussion du piano) se retirait immédiatement après avoir frappé la corde et se trouvait entièrement libre pour la frappe suivante. Ce mouvement du marteau supprimant toute vibration, l'exécution des notes répétées et des trilles était grandement facilitée. Les instruments de Stein se trouvaient ainsi dotés d'une sonorité aussi claire que brillante. Leurs basses étaient pleines et profondes. Dans une lettre qu'il adressa à son père en 1777, Mozart témoigne de son admiration pour les pianos de Stein : « Quand je frappe fort, je peux laisser le doigt sur la touche, ou le relever ; le son cesse au moment même que je le fais entendre. Je puis faire des touches ce que je veux : le son est toujours égal ; il ne tinte pas désagréablement, il n'est pas trop fort, ou trop faible, ou tout à fait manquant..., non, il est partout bien égal. »

C'est pour un tel instrument que Mozart a composé l'essentiel de ses sonates et de ses concertos pour clavier. L'interprétation de sa musique exige donc une technique appropriée : ses qualités premières seront surtout la clarté du toucher et le naturel de l'expression. Selon C.M. Girdlestone*, «... il y a deux façons habituelles de mal jouer Mozart. La première consiste à le rendre gracieux, élégant, doux, léger, avec un jeu " perlé " ; la seconde, à le présenter avec vivacité et brio, avec un jeu " enlevé " et plein de tendresse... A vrai dire, aucun jeu n'est particulier à Mozart. Il faut jouer sa musique telle qu'elle est et, pour cela, être comme elle, tour à tour vigoureux, gracieux, délicat, gai, spirituel, sombre, pétillant, profond et toujours clair. La clarté est la seule qualité qui soit toujours requise. »

Qu'il joue sur un piano moderne ou, par un souci d'authenticité historique, sur un piano-forte du XVIIIe siècle, le pianiste d'aujourd'hui doit viser avant tout la beauté et la sensibilité du phraser mélodique, avec la clarté de l'élocution. L'interprétation de la musique pour clavier de Mozart sur un instrument ancien pose cependant nombre de problèmes, en premier lieu — comme le soulignent Paul et Éva Badura-Skoda** — parce que nous ne savons plus jouer ces instruments comme ils étaient joués il y a un ou deux siècles : « Tenir toute chose ancienne pour belle, simplement parce qu'elle est ancienne, est une erreur aussi manifeste que de vouloir appliquer tels quels les critères de notre époque à l'art des temps passés » ; mais « travailler sur un vieux piano-forte est la meilleure façon de se faire une idée de la sonorité que Mozart pouvait avoir en tête ». Le grand piano contemporain, déjà très différent du piano romantique de Chopin, n'a en effet plus rien à voir avec le piano-forte de Mozart.

LES ŒUVRES DE JEUNESSE

On a coutume de cataloguer l'œuvre pour piano seul de Mozart à partir de la *Sonate K. 279*, composée à l'automne de 1774. A partir de cette date, Mozart écrivit dix-huit sonates pour piano, des sonates pour piano à quatre mains, une douzaine de séries de variations, des fantaisies et des pièces diverses. On ne saurait cependant oublier les œuvres de jeunesse : menuets, variations, et rien moins que seize sonates pour clavecin avec accompagnement de violon, conçues entre 1764 et 1766.

Dès l'âge de six ans, l'enfant prodige compose quelques petites pièces : œuvres d'écolier, faciles mais charmantes, les *Menuets K. 1, 2, 4* et *5*, et l'*Allegro K. 3* datent en effet de l'année 1762.

Un peu plus tard, au cours des tournées qui, entre 1763 et 1766, le conduisirent avec son père et sa sœur à travers l'Europe, Mozart sacrifia à un genre hybride très répandu à l'époque : la sonate pour clavecin avec accompagnement d'un violon (ou d'une flûte). Mozart se soumet là à un usage quasi général dans la littérature musicale de ces années 1760-1770, — et notamment à Paris où Johann Schobert (v. ce nom) avait développé le genre à la suite de Mondonville et de ses successeurs qui en avaient jeté les bases. La partie d'accompagnement, parfois non obligée et souvent ajoutée après coup, était couramment très réduite. Flûte ou violon se bornaient à soutenir, voire à doubler la mélodie ou la basse du clavecin ; ailleurs ils ponctuaient les temps, parfois ils joignaient quelques traits

---

* C.M. Girdlestone, *Mozart et ses concertos pour piano* (Desclée de Brouwer, 1953).

** E. et P. Badura-Skoda, *L'Art de jouer Mozart au piano* (Paris, 1974).

aux mesures moins remplies du clavier, créant une ébauche de dialogue.

La page de titre des quatre sonates (*K. 6 à 9*) que Léopold Mozart fit graver à Paris en 1764 porte *Sonates pour le clavecin qui peuvent se jouer avec l'accompagnement de violon..., par J.G. Wolfgang Mozart de Salzbourg, âgé de sept ans, œuvres I et II.* Comme leur titre l'indique, elles peuvent se jouer avec ou sans la partie de violon, qui n'entrave en rien la conduite de la ligne mélodique dévolue au clavecin. Elles entrent donc, si l'on veut, à la fois dans le cadre de la musique pour clavier seul et dans celui de la musique de chambre. Les **Sonates K. 6** et **7** sont dédiées à Madame Victoire de France, fille de Louis XV, qui reçut les enfants Mozart à Versailles à la fin de l'année 1763. Les **Sonates K. 8** et **9** sont dédiées à Madame de Tessé, dame d'honneur de la Dauphine. Ce sont des œuvres charmantes, pleines de fraîcheur, influencées par les pièces de Schobert, et dans lesquelles apparaît déjà ce sens de la mélodie qui sera celui de Mozart dans sa maturité.

En 1765, étaient publiées à Londres *Six sonates pour le clavecin qui peuvent se jouer avec l'accompagnement de violon ou de flûte traversière..., œuvre III* (**Sonates K. 10 à 15**), dédiées à la reine Sophie-Charlotte d'Angleterre. Comme les précédentes, ces sonates sont en même temps œuvres de soliste et œuvres de musique de chambre. A côté de l'influence toujours présente de Schobert, y transparaît maintenant celle de Jean-Chrétien Bach rencontré à Londres, et celle d'un certain italianisme très en faveur en Angleterre en cette deuxième moitié du XVIIIe siècle. Comme l'a écrit Alfred Einstein[*], ces pages « nous montrent de plus en plus Mozart lui-même. Mozart se sert de ses modèles comme d'un tremplin, — il s'envole plus haut et les dépasse ».

L'année suivante, en 1766, Léopold Mozart faisait éditer à La Haye six nouvelles *Sonates pour clavecin avec accompagnement de violon* (**Sonates K. 27 à 31**), dédiées à la princesse de Nassau. Ces œuvres d'un musicien de dix ans sont encore très influencées par Jean-Chrétien Bach. Mozart y pratique avec bonheur tous les artifices de la virtuosité déployés par le dernier fils de Bach dans ses propres sonates.

Citons encore les **huit Variations sur un thème de Graf** (K. 24) et les **sept Variations sur l'air « Willem von Nassau »**

---

[*] A. Einstein, *Mozart, l'homme et l'œuvre* (Desclée de Brouwer, 1954).

(K. 25), respectivement écrites à La Haye et à Amsterdam en 1766, — témoignages de la virtuosité et des dons d'improvisation du jeune Mozart. Au centre de ces deux séries apparaît une variation lente et expressive.

LES SONATES POUR PIANO

Si l'on excepte les *Six Sonates pour piano et violon K. 55 à 60* écrites à Milan au début de 1773, mais dont l'authenticité s'avère aujourd'hui très douteuse, c'est dans la série des six *Sonates pour piano K. 279 à 284*, datées de l'automne 1774, que Mozart rompt définitivement avec le genre de la sonate pour clavecin avec accompagnement de violon. Depuis 1766 il avait cependant quelque peu abandonné le clavier, — ne composant pour piano seul que deux sonates à quatre mains (*K. 381*, en 1772, et *K. 358*, en 1774), et deux séries de variations : respectivement conçues en 1773 et en 1774, les **six Variations sur l'air « mio caro »** de Salieri (K. 180) et les **douze Variations sur un menuet de Fischer** (K. 179) furent publiées à Paris en 1778. Sans doute Mozart les a-t-il d'ailleurs arrangées et remaniées en vue de leur publication. Œuvres brillantes et élégantes, ce sont en même temps des exercices de virtuosité qui attestent du génie d'improvisateur de leur auteur. Les thèmes y sont ornés de jolies arabesques, destinées à séduire un public toujours friand de démonstrations de vélocité.

Mozart a attendu longtemps avant d'aborder le genre plus délicat de la sonate pour piano. On remarquera aussi que chacune des séries de sonates qu'il fera publier sera séparée par un intervalle relativement long : les six *Sonates K. 279 à 284* datent de 1774, les six *Sonates* suivantes *K. 309 à 311*, et *K. 330 à 333*, voient le jour trois à quatre ans plus tard, entre 1777 et 1778. Entre 1778 et 1784, Mozart délaisse presque totalement la sonate pour piano : une seule sonate est écrite en 1784, la *Sonate en ut mineur K. 457*. Il se concentre alors sur d'autres genres : une dizaine de concertos pour piano sont ainsi composés de 1782 à 1784. Parallèlement, le musicien conçoit encore quelques-unes de ses plus belles symphonies, — dont les *Symphonies « Haffner »* et *« Linz »*, et la magnifique *Symphonie concertante en mi bémol majeur pour violon et alto K. 364*. En 1782 il revient au quatuor à cordes et triomphe avec *l'Enlèvement au sérail*; et, en 1783, il fait exécuter l'un des sommets de son œuvre religieuse, la *Messe en ut mineur K. 427*. C'est donc avec les pages immenses de cette période que s'affirme la véritable maturité de Mozart, et il faudra attendre 1788 et 1789 pour que paraisse une dernière série de quatre *Sonates pour piano K. 535, 545, 570 et 576.*

Toutes ces sonates sont en trois mouvements. Mozart adopte le plus souvent la forme conventionnelle d'un mouvement lent entouré de deux mouvements vifs, — le dernier étant généralement un rondo, et le premier un *allegro de sonate,* c'est-à-dire basé sur l'exposition, le développement et la réexposition de deux thèmes traités parfois avec une grande liberté formelle. L'épisode central, lent et expressif, repose sur un cadre différent suivant les cas.

Pour trois de ses sonates, Mozart s'écarte de ce schéma traditionnel : la *Sonate en mi bémol majeur K. 282* débute par un *Adagio,* suivi de deux *Menuettos* et d'un finale *Allegro* de forme sonate. La *Sonate en ré majeur K. 284* s'ouvre par l'habituel *Allegro* de sonate, mais son mouvement lent central prend la forme d'un *Rondeau en polonaise,* et le finale est un *Andante* suivi de douze variations. La *Sonate en la majeur K. 331,* l'une des plus connues, commence par un thème varié (*Andante grazioso* et six variations), avec en son milieu un *Menuetto* et son trio, et, pour conclure, le célèbre *Allegro alla turca* (dit *Marche turque*).

Terminons en constatant que Mozart ne fut pas un grand innovateur dans le domaine de la sonate pour piano : ses sonates, qui sont loin de couvrir toute sa carrière, n'ont pas dans son œuvre l'importance qu'auront les sonates de Beethoven pour la compréhension de l'évolution de leur auteur.

Les Sonates K. 279 à 284

La série des six *Sonates K. 279 à 284* ouvre l'ensemble des dix-huit sonates pour piano seul de Mozart. Les cinq premières (*K. 279 à 283*) datent de l'automne 1774 : Mozart est alors à Salzbourg, à la veille d'un nouveau voyage à Munich ; c'est à Munich qu'il composera la dernière sonate, la *Sonate en ré majeur K. 284,* — la seule de cette série publiée de son vivant, en 1784.

Ces œuvres, connues des jeunes pianistes, ne sont pas toutes des pièces faciles. Elles sont très influencées par six sonates de Joseph Haydn écrites à la même époque, les *Sonates n° 21 à 26.* On relèvera, notamment, une réelle parenté entre deux sonates en *fa,* la *Sonate n° 23* de Haydn et la *Sonate K. 280* de Mozart. Toutefois, l'influence de Jean-Chrétien Bach est également très présente, — en particulier dans les épisodes expressifs et dans les mesures d'introduction des mouvements rapides (*Allegro* de la *Sonate en sol majeur K. 283,* par exemple). Mozart, qui s'est « laissé prendre par l'atmosphère insouciante et mondaine de Salzbourg », se montre ici en pleine période galante.

Sonate en *ut* majeur (K. 279) : l'*Allegro* initial à 4/4, de forme sonate, est une page extrêmement brillante. Alfred Einstein y décèle un esprit d'improvisation, qui apparaît dès la montée rapide des doubles croches du début :

Le développement débute de façon très inattendue dans le ton de *sol* mineur, puis module rapidement avec beaucoup d'expression. La réexposition s'orne de délicates variantes harmoniques et thématiques, grâce auxquelles Mozart évite les redites. L'*Andante* en *fa* majeur, à 3/4, est une tendre cantilène dont le caractère expressif s'égaye de souples triolets. Au centre, un bref développement dans le mode mineur précède une réexposition variée. Le finale, *Allegro* à 2/4, adopte lui aussi la forme sonate : le premier thème, fait de dynamiques arabesques de doubles croches, s'efface devant les notes répétées du second thème qui domine le développement et la réexposition.

Sonate en *fa* majeur (K. 280) : l'*Assai allegro,* à 2/4, repose sur deux thèmes séparés par une transition de triolets de croches repris à la basse comme point de départ du développement. L'*Adagio* en *fa* mineur, à 6/8, est le seul mouvement lent des dix-huit sonates de Mozart qui soit écrit dans le mode mineur. Le rythme est celui d'une sicilienne empreinte d'une mélancolie presque pathétique. Sur une écriture de clavier très brillante, le *Presto* à 3/8 oppose deux thèmes extrêmement joyeux.

Sonate en *si* bémol majeur (K. 281) : d'une construction très stricte, l'*Allegro* à

2/4, de forme sonate, est plus étendu que les précédents. Ses deux thèmes sont contrastés, et la variété rythmique du mouvement est constante. L'*Andante amoroso* en *mi* bémol majeur, à 3/8, expose un chant gracieux et raffiné. Et l'œuvre se termine par un *Rondo, Allegro* à deux temps, très développé autour de son refrain plein de gaieté : ce finale possède la remarquable intensité des pages de maturité de Mozart ; l'élan spirituel du morceau se tend brusquement lorsque intervient le dramatique deuxième couplet en *sol* mineur.

Sonate en *mi* bémol majeur (K. 282) : exceptionnellement, cette sonate débute par un *Adagio* à quatre temps dont les motifs mélodiques, lyriques et parfois tourmentés, semblent dus à Jean-Chrétien Bach ; une coda de trois mesures conclut ce morceau de forme binaire. Deux *Menuets* apportent leur touche de grâce et de sensibilité ; puis, avec son thème unique, l'*Allegro* final à 2/4 est bref et fugace.

Sonate en *sol* majeur (K. 283) : les deux thèmes de l'*Allegro* à 3/4 ont toute la saveur mélodique des beaux thèmes de Jean-Chrétien Bach. Mozart s'écarte de toute contingence formelle en ouvrant son développement par un motif nouveau, mais éphémère. L'*Andante,* en *ut* majeur, est en trois parties : au centre, une phrase sombre et passionnée dans le mode mineur. C'est la fougue et l'exubérance d'un finale *Presto,* à 3/8, qui clôt cette sonate paisible et expressive.

Sonate en *ré* majeur (K. 284) : commandée à Mozart par le baron von Dürnitz, excellent pianiste (d'où son titre de *Sonate Dürnitz*), elle est la plus belle et la plus ambitieuse de la série. Mozart estimait qu'elle sortait « d'une façon incomparable sur les pianos-forte de Stein ». Il la jouait très régulièrement, et la trouvait certainement supérieure aux précédentes puisqu'elle fut la seule à être publiée. L'*Allegro* à 4/4 est construit autour de deux thèmes contrastés. Avec les grands unissons de ses trois mesures initiales, le premier a toute l'énergie d'un tutti de concerto ou de symphonie :

Sur ses batteries de tierces, le second est plus expressif. Le développement s'écarte de ces deux thèmes en un débordement passionné de doubles croches, implacables sous de délicats croisements de mains. Le motif, simple en apparence, du *Rondeau en polonaise* (*Andante* à 3/4, en *la* majeur) revient de plus en plus orné à chaque reprise. Son titre est rédigé en français, — car plus qu'au rythme de la polonaise dont elle semble assez éloignée, cette page doit surtout au goût français, cultivé et admiré à Munich au temps de Mozart. La série des variations finales est d'une ampleur tout à fait exceptionnelle pour un mouvement de sonate : le thème, *Andante,* est suivi de douze variations (triolets, doubles croches, croisements de mains, octaves, syncopes, battements d'octaves, variation mineure, etc.). Alfred Einstein[*] note qu'« un effet de nouveauté et d'étrangeté se dégage surtout de la richesse sonore et de la cohérence des variations ».

Les Sonates K. 309 à 311, et K. 330 à 333

Une deuxième série de sept sonates voit le jour entre 1777 et 1778, au cours du long voyage vers Paris : ce sont les *Sonates K. 309 à 311* et *K. 330 à 333*. Sans doute improvisée par Mozart lors du concert qu'il donna à Augsbourg quelques jours avant son arrivée à Mannheim, la *Sonate en ut majeur K. 309* fut achevée à Mannheim en novembre 1777, en même temps que la *Sonate en ré majeur K. 311*. Les quatre *Sonates K. 310,* et *330 à 332,* ont été pour leur part écrites à Paris entre le printemps et l'été 1778, et l'on admet généralement que c'est à Strasbourg en octobre 1778, sur le chemin du retour, que Mozart mit la dernière main à la *Sonate en si bémol majeur K. 333*. Les *Sonates K. 309, 310* et *311* furent publiées à Paris en 1778. Les autres parurent à Vienne en 1784 : les *Sonates K. 330, 331* et *332* chez Artaria, et la *Sonate K. 333* chez Toricella (avec la *Sonate Dürnitz, K. 284* : v. plus haut).

Séduit par la sonorité des pianos de Stein découverts à Augsbourg, en même temps très influencé par les musiciens de l'école de Mannheim, Mozart enrichit son écriture pianistique et introduit dans cette deuxième série de sonates de nouveaux ef-

---

[*] A. Einstein, *op. cit.*

fets orchestraux. A Paris il s'est souvenu de l'œuvre de Schobert, mort onze ans auparavant, et il a retrouvé avec plaisir et émotion Jean-Chrétien Bach, — lui-même en voyage dans la capitale. A côté des influences réunies de Schobert et de Jean-Chrétien Bach, les sonates « parisiennes » sont pleines d'un ton pathétique, pré-romantique, témoignant de la tristesse et de la déception qui accompagnèrent Mozart durant son séjour à Paris ; autant d'épreuves qui marquèrent chez lui un mûrissement décisif.

Sonate en *ut* majeur (K. 309) : elle débute par un *Allegro spirito* qui, selon Einstein, fait penser « à la transcription sur un piano de Stein d'une symphonie salzbourgeoise ». Les thèmes y sont précis et expressifs, et le développement, qui s'étend sur le premier thème, s'oriente vers de sérieuses tonalités mineures. L'*Andante, quasi un poco adagio*, en *fa* majeur, mêle les formes de la variation et du rondo : chaque rappel du thème paraît varié et ornementé de manière différente. Le vaste *Rondo, Allegretto grazioso*, est un moment heureux et souriant dans le style d'un finale de concerto.

Sonate en *la* mineur (K. 310) : composée à Paris en 1778, cette sonate est une page dramatique. L'*Allegro maestoso* est rempli d'effets pathétiques et tragiques, rehaussés par les chocs harmoniques qui s'intensifient au cours du mouvement :

La tension atteint un paroxysme au milieu du développement, lors de l'énoncé d'une séquence polyphonique aux étranges dissonances. Malgré la note souriante de ses premières mesures, l'atmosphère de l'*Andante cantabile con espressione*, en *fa* majeur, reste extrêmement sombre. Girdlestone y a relevé la citation quasi textuelle d'un thème de Schobert. Même atmosphère d'intensité poignante dans le finale *Presto*, — que l'épisode central majeur n'arrive pas à détendre. Ce finale est un des rares rondos écrits par Mozart dans le mode mineur : pour Alfred Einstein*, « *la mineur...*, c'est pour Mozart le ton de la désolation. On ne retrouve plus rien, en cette sonate, de l'esprit de salon ; elle est l'expression du sentiment le plus personnel ».

Sonate en *ré* majeur (K. 311) : œuvre de virtuosité, et divertissement gracieux et brillant. Aux deux thèmes habituels, Mozart adjoint dans l'*Allegro con spirito* une troisième idée qui trouve sa place dans un développement aux belles dissonances et aux ‘effets chromatiques soudains. L'*Andante con espressione*, en *sol* majeur, est une sorte de sérénade sur plusieurs motifs ; alors que le *Rondo, Allegro* à 6/8, s'impose d'emblée par la verve de son rythme de chasse. Au centre, Mozart a intercalé une cadence de virtuosité.

Sonate en *ut* majeur (K. 330) : sous son apparente simplicité, cette sonate présente une richesse mélodique remarquable. L'*Allegro maestoso* repose sur plusieurs motifs absents d'un développement mélancolique relativement court, qui expose d'autres idées. La coupe de l'*Andante cantabile*, en *fa* majeur, est nouvelle chez Mozart : on peut y voir un lied dont la phrase centrale est énoncée dans le mode mineur, pour revenir en guise de brève conclusion en *fa* majeur. Le charmant finale *Allegretto* est en quelque sorte un rondo traité en morceau de sonate avec des thèmes multiples. En 1784 Mozart a ajouté une petite coda, en vue de la publication de cette sonate chez Artaria.

Sonate en *la* majeur (K. 331) : l'une des plus célèbres sonates de Mozart, avec la *Sonate K. 545*. De coupe libre, elle est la seule à ne comporter aucun allegro de sonate. Par leur esprit, ses trois mouvements constituent un hommage à la France, — ce pays qui sut si mal accueillir Mozart. L'allegro initial est remplacé par une série de six variations sur un thème, *Andante grazioso*, d'une grande pureté mélodique, tiré d'un lied allemand. D'essence très française par son rythme et sa thématique, il est aussi tout à fait mozartien dans son harmonisation :

Dans ses variations, au centre desquelles il intercale une variation mineure ainsi

---
* A. Einstein, *op. cit.*

qu'une variation lente *Adagio*, Mozart utilise une écriture de virtuose : traits en octaves, croisements de mains, tierces parallèles, arpèges brisés, etc. Le *Menuetto* (avec son trio en *ré* majeur) est une grande pièce noble et lyrique, — traitée librement à la manière française. C'est par le célébrissime *Alla turca, Allegretto*, rondeau plus français que « turc », que se conclut la sonate : le refrain, en *la* mineur, est rigoureusement suivi de couplets en *la* majeur. La coda a été ajoutée par Mozart en 1784.

Sonate en *fa* majeur (K. 332) : œuvre limpide et d'apparence modeste, elle s'ouvre sur un *Allegro* dont les deux thèmes principaux, lyriques et expressifs, sont particulièrement chantants. En un style très ornementé, Mozart oppose deux couplets dans l'*Adagio* en *si* bémol majeur : le premier, traité comme une cantilène, trouve sa réponse dans un second couplet en *fa* majeur. Le magnifique *Assai allegro* final est à la fois un rondo brillant et un morceau de sonate à plusieurs thèmes. La virtuosité la plus étincelante s'y affirme dès la première mesure de la ritournelle :

Entre les rappels de cette ritournelle se glissent des motifs gracieux et très touchants.

Sonate en *si* bémol majeur (K. 333) : sans doute achevée à Strasbourg en octobre 1778, cette sonate marque le retour de Mozart vers Jean-Chrétien Bach, vers l'ancien ami londonien retrouvé avec joie à Paris quelques semaines auparavant. Cette œuvre, d'une ampleur inhabituelle, apparaît d'abord comme une page de grâce détendue, mais aussi comme une pièce de virtuosité difficile. Dans l'*Allegro*, l'invention mélodique de Mozart semble très proche de celle de Jean-Chrétien Bach : il suffira de comparer ce mouvement et les plus beaux mouvements des *Sonates op. XVII* du dernier fils de Bach. Les thèmes de Mozart sont cependant plus riches, plus élaborés et plus variés. Le développement évolue, pour une grande partie, vers le mode mineur. L'*Andante cantabile* en *mi* bémol majeur, assez éloigné du style de Jean-Chrétien Bach, est saisissant par les accents sombres et désolés de sa partie médiane. Le joyeux *Allegretto grazioso* est un rondo libre de la plus grande originalité : Mozart y introduit des cadences de virtuosité et, notamment, quelques mesures avant l'accord final, une authentique cadence de concerto débutant sur un point d'orgue.

Les Sonates K. 457, 533, 545, 570 et 576

Contrairement aux deux séries précédentes, les cinq dernières sonates de Mozart ne forment pas un groupe homogène. Elles sont d'ailleurs très différentes les unes des autres. Pendant près de dix ans — entre la *Sonate K. 333* datée d'octobre 1778 et la *Sonate K. 533* datée de janvier 1788 — Mozart n'écrivit qu'une seule sonate pour piano, la *Sonate en ut mineur K. 457*.

Sonate en *ut* mineur (K. 457) : composée au mois d'octobre 1784, quelques jours après le *Concerto pour piano en si bémol majeur (K. 456)*, et dédiée à son élève Theresa von Trattner (épouse de l'éditeur du même nom), la *Sonate en ut mineur K. 457* est peut-être la plus belle de toutes les sonates pour piano de Mozart. Elle fut publiée par ses soins avec la *Fantaisie en ut mineur K. 475*, terminée le 20 mai 1785. Cette sonate en trois mouvements est une œuvre de solitude et de passion qui, selon Hermann Abert, « finit par une sombre résignation ». C'est un tableau extrêmement noir, qui contraste radicalement avec le *Concerto en si bémol majeur*, œuvre de douceur ; mais, comme le souligne Girdlestone*, deux courants d'émotion traversent les pages de cette période, — « l'un, brillant et superficiel, l'autre, intime, parfois inquiet... ».

Le premier mouvement, *Molto allegro*, débute sur un thème affirmé, avec l'opposition de l'unisson « forte » et de sa réponse « piano » :

Le second sujet s'expose en des croisements de mains. C'est le premier thème, mais dans le mode majeur, qui domine le développement assez court où il se répercute de main en main ; c'est encore ce même thème qui, dix-huit mesures avant la conclusion, introduit une sorte de strette

---

* C.M. Girdlestone, *op. cit.*

par laquelle prend fin ce mouvement passionné et plein d'agitation inquiète. L'*Adagio*, en *mi* bémol majeur, saisit par son calme intérieur. Chaque retour du refrain est ornementé et varié. L'écriture harmonique et les contours mélodiques sont extrêmement riches. A la fois rondo et allegro de sonate, le finale *Assai allegro* expose un thème syncopé, à l'expression haletante, — auquel répond une idée martelée. Plus encore que le reste de la sonate, cet ultime mouvement apparaît comme une page tragique et désespérée. Georges de Saint-Foix a écrit * : « Nous ne croyons pas que l'on puisse trouver dans la musique de piano, ou même dans toute la musique, quelque chose d'aussi proprement « beethovénien », avant Beethoven... ».

Sonate en *fa* majeur (K. 533) : commencée en janvier 1788, cette sonate ne comprenait à l'origine que deux mouvements. Mozart lui adjoignit en guise de finale un *Rondo* en fa *majeur K. 494,* composé en juin 1786. L'*Allegro* est construit sur trois thèmes principaux contrastés, qui s'imposent en un développement audacieux dans ses modulations et son écriture contrapuntique.

Sonate en *ut* majeur (K. 545) : célèbre entre toutes, cette sonate dite « facile » a été achevée en juin 1788. Elle ne sera éditée qu'après la mort de Mozart, qui lui avait donné le titre de *Petite sonate pour débutant*. Son sous-titre de « Sonate facile » est trompeur, — car elle contient des passages très périlleux, comme les arpèges brisés et les gammes rapides de l'*Allegro* ou les effets d'écho du *Rondo, Allegretto*. L'*Andante* en *sol* majeur, entièrement bâti sur une basse d'Alberti, est un exemple frappant du style galant auquel Mozart revient au moment où il travaille sur ses grandes symphonies.

Sonate en *si* bémol majeur (K. 570) : selon Alfred Einstein**, cette sonate, terminée en février 1789, est « peut-être le type le mieux équilibré, l'idéal de la sonate pour piano ». L'*Allegro*, assez concis, est une page essentiellement chantante. L'*Adagio*, en *mi* bémol majeur, forme exceptionnellement — pour un mouvement lent — un rondo à deux couplets : le premier, tourmenté ; le second, apaisant. La sonate se conclut par un autre *Rondo, Allegretto,* plein d'humour.

Sonate en *ré* majeur (K. 576) : elle fut écrite à Vienne au cours de l'été 1789. L'*Allegro* initial est un morceau splendide, construit sur une très belle écriture canonique. Il débute avec un thème qui s'affirme par un unisson des deux mains, — unisson immédiatement suivi d'une courte réponse :

Ce thème réapparaît en contrepoint, puis, après son retour en *la*, est traité en imitations canoniques qui témoignent, chez Mozart, d'une parfaite connaissance de l'art de Bach et de Haendel (découverts grâce au baron van Swieten en 1782). De nombreux épisodes en canon se succèdent dans le développement et dans la réexposition, et, selon Georges de Saint-Foix***, l'amplification du contrepoint « achève d'enlever toute apparence de facilité à cette sonate... ». L'*Adagio* en *la* majeur, très ornementé et très mouvementé, est basé sur quatre expositions d'un même thème expressif, entrecoupées d'intermèdes pleins de modulations inattendues. Le finale, *Allegretto* à 2/4, s'ouvre par un double exposé de son thème, — le second exposé soutenu par une basse mouvante de triolets de doubles croches. Son contrepoint et ses harmonies font de cette ultime page une œuvre tout à fait saisissante.

LES FANTAISIES

Mozart a laissé peu de fantaisies pour piano. Le sommet dans ce domaine est la *Fantaisie en ut mineur K. 475,* publiée en même temps que la *Sonate en ut mineur K. 457.* A côté, les *Fantaisies en ut mineur K. 396* et *en ré mineur K. 397,* commencées à Vienne en 1782 et inachevées, et la *Fantaisie et fugue en ut majeur K. 394,* datée aussi de 1782, sont des œuvres de moindres dimensions. La **Fantaisie en *ut* majeur K. 394** introduit une fugue ; Mozart y ex-

---

* G. de Saint-Foix, *W.-A. Mozart* (Desclée de Brouwer, 1936-1946).
** A. Einstein, *op. cit.*

*** G. de Saint-Foix, *op. cit.*

ploite largement toutes les ressources du piano, mais Alfred Einstein n'y voit qu' « une étude préparatoire » à la composition des autres fantaisies. Parmi celles-ci, la **Fantaisie en *ut* mineur K. 396** aurait été initialement conçue pour piano et violon. La **Fantaisie en *ré* mineur K. 397**, pleine de réminiscences d'opéra, est une pièce relativement courte, proche des pages improvisées de Karl Philipp Emanuel Bach : elle représente le type même de l'improvisation mozartienne, qui débute sur les effets pathétiques et violents de l'*Adagio* initial, pour se poursuivre en un sombre épisode aux basses chromatiques. Le finale, *Allegretto* en *ré* majeur, trop bref pour avoir été achevé par Mozart, conclut dans une allégresse en laquelle Einstein voit trop de naïveté.

Fantaisie en *ut* mineur (K. 475)

Achevée le 20 mai 1785 à Vienne, quelques mois après la *Sonate* en ut *mineur (K. 457)* — avec laquelle elle sera publiée sous le numéro d'*op. XI*, à Vienne chez Artaria —, elle est également dédiée à Theresa von Trattner. Dans l'ordre de la publication, la fantaisie précède la sonate.

Il existe un lien intime entre les deux œuvres : même émotion, même agitation tragique, et mêmes instants de tendresse. L'extraordinaire génie d'improvisateur de Mozart est encore amplifié par un langage aussi libre qu'audacieux. La variété des matériaux utilisés dans un espace si restreint et la hardiesse de l'harmonie sont exceptionnelles. Épisodes lyriques et épisodes alertes se succèdent, après les accents dramatiques de l'*Adagio* initial. Un bref *Allegro*, au contenu émotionnel intense dans la diversité de ses motifs, sert de lien avec un *Andantino* annoncé par un grand trait cadentiel de quatre mesures se concluant sur deux points d'orgue. Moment de lyrisme pathétique, il débouche sur un mouvement *Più allegro*, très agité, avec ses traits de triples croches rapides et de triolets qui se calment progressivement pour amorcer dans l'émotion le retour de la dramatique introduction, un peu modifiée.

LES VARIATIONS

Dès son enfance et jusqu'à ses dernières années, Mozart a sacrifié au genre de la variation. Entre les *Variations Goldberg* de Bach et les immenses *Variations Diabelli* de Beethoven, le genre avait quelque peu sombré dans le superficiel, — devenant une forme aimable qui comptait d'abord sur le triomphe de la virtuosité. Dans ses variations, à l'instar de ses contemporains, Mozart sait être élégant et brillant, mais par la richesse de son écriture et de son invention mélodique, il sait aussi atteindre à la plus grande intensité expressive, notamment dans les épisodes mineurs.

Après les variations de jeunesse *K. 24, K. 25, K. 179* et *K. 180,* précédemment citées, Mozart revient à la variation en 1778, — lors de son séjour parisien. Il fait alors paraître quelques-unes de ses plus célèbres séries de variations. Les **douze Variations en *mi* bémol majeur sur l'air « Je suis Lindor »** (K. 354) ont été publiées à Paris en 1778 avec les *Variations K.179* et *K. 180* : l'air choisi par Mozart était un air écrit à l'origine par Dezède pour *le Barbier de Séville* de Beaumarchais. Mozart abandonne ici la facilité galante, et, après des épisodes ornementaux et brillants, place une variation mineure dans laquelle le thème est presque entièrement transformé, et une avant-dernière variation qui prend l'aspect d'une grande fantaisie improvisée *Molto adagio*. C'est une coda en forme de « caprice » qui clôt la série.

Autres variations parisiennes : les *neuf Variations en* ut *majeur sur l'air « Lison dormait »* (K. 264), d'après Dezède, — air repris plus tard par Clementi, et qui visent d'abord à la virtuosité ; les *douze Variations en* mi *bémol majeur sur l'air de « La belle Française » (H. 353),* — tirées d'un pot-pourri français sur Malbrough ; et, surtout, les **douze Variations en *ut* majeur sur « Ah ! vous dirai-je, maman »** (K. 265) : sans doute composées dans un but pédagogique, ces charmantes variations sont traitées à la manière française. Dans sa simplicité élégante, le thème subit peu de transformations : dans la seconde variation, seules les liaisons et les intervalles de secondes en modifient l'harmonie ; le même procédé est repris dans la quatrième variation, mais sur une basse en triolets. Mozart impose une modification rythmique à son thème dans la cinquième variation, et intercale un épisode mineur (huitième variation), assez sobre en apparence, mais d'une grande intensité harmonique. Un *Adagio* expressif précède le finale, *Allegro* brillant et débordant de virtuosité.

Une nouvelle série de variations voit le jour en 1781 : ce sont les *huit Variations sur la « Marche des Mariages Sam-*

nites » de Grétry (K. 352); Mozart revient là au style galant, — qu'il cultive encore deux ans plus tard, en 1783, dans *six Variations sur un air de Paisiello (K. 398)*.

En 1784, Mozart rendit hommage au musicien italien Giuseppe Sarti en reprenant un thème d'un de ses opéras dans ses *huit Variations sur « Come un'agnello » (K. 460)*, traitées avec beaucoup de fantaisie ; puis il célébra Gluck dans ses **dix Variations sur « Unser dummer Pöbel meint »** (K. 455), extrait des *Pèlerins de La Mecque* du Chevalier : avec cette œuvre la forme de la variation s'élargit, le thème est traité plus librement, tandis que les formules se diversifient.

Les ultimes variations de Mozart furent écrites entre 1786 et 1791 : les *Variations en si bémol majeur (K. 500)* sont datées de novembre 1786 ; les *Variations en ré majeur sur un thème de Duport (K. 573)*, qui ne sont pas les plus intéressantes, ont été écrites en 1789 ; et les **huit Variations sur « Ein Weib ist das herrlichste Ding »** (K. 613), air de Benedikt Skack, ont été terminées à Vienne au printemps de 1791 : Georges de Saint-Foix* souligne qu'ici la virtuosité ordinaire a disparu « pour faire place à une admirable unité de toutes les parties : le grand chant s'étend à travers toutes les variations, qui ont pour effet de se continuer en quelque sorte, l'une par l'autre ».

LES SONATES POUR PIANO À QUATRE MAINS

Les sonates pour piano à quatre mains de Mozart, comme ses œuvres à deux pianos, sont parmi les plus purs exemples de son style concertant. Hormis la *Sonate pour clavecin à quatre mains en ut majeur K. 19d*, composée en 1765 et très influencée par Jean-Chrétien Bach, et l'*Andante con variazioni K. 501* daté de 1786, Mozart a écrit cinq sonates pour piano à quatre mains. Les *Sonates en ré majeur K. 381 et en si bémol majeur K. 358* sont des œuvres de jeunesse, respectivement conçues à Salzbourg en 1772 et en 1774.

Alfred Einstein compare la joyeuse **Sonate en *ré* majeur** (K. 381) à une symphonie italienne réduite au clavier. Dans l'*Allegro* initial qui débute sur un grand unisson des deux partenaires, Mozart opère une nette et savoureuse distinction entre les parties de tutti et les parties de soli. La tendre mélodie de l'*Andante* en *sol* majeur, qui chante plus volontiers dans la partie supérieure du piano, se voit parfois doublée par une véritable basse de violoncelle. Avec ses motifs qui passent alternativement d'une partie à l'autre, l'*Allegro molto* apparaît de nouveau comme la transcription d'un finale de symphonie.

Écrite deux ans après la *Sonate K. 381*, la **Sonate en *si* bémol majeur** (K. 358) est moins intéressante : il y a plus de banalités dans ses deux mouvements rapides, *Allegro* et *Molto presto*, — ce dernier n'étant pour Einstein qu'une conclusion triviale. Le thème de l'*Adagio* central en *mi* bémol majeur, déjà repris par Mozart dans l'*Allegro* de son *Quatuor en mi bémol majeur K. 160* daté de 1773, est emprunté au *Premier Quatuor* de Joseph Haydn ; il est traité avec une réelle délicatesse mélodique sur des dessins d'accompagnement d'une grande finesse.

Mozart a délaissé le genre de la sonate à quatre mains pendant une douzaine d'années : lorsqu'il y revient au cours de l'été de 1786, il compose la plus belle de ses sonates à quatre mains, la **Sonate en *fa* majeur** (K. 497). Style concertant et style galant s'y mêlent harmonieusement, mais ici le style concertant est très nouveau. Si Mozart ne cherche plus à obtenir l'effet orchestral des sonates précédentes, il s'oriente davantage vers un enrichissement de son écriture mélodique. La sonate débute par un *Adagio* très expressif où la partie supérieure se voit confier le rôle principal, et se poursuit par un *Allegro di molto*, long mouvement dans lequel Mozart exploite à fond son nouveau style concertant. L'*Andante*, en *si* bémol majeur, donne lieu à un admirable dialogue pathétique entre les deux solistes : chacun est traité à égalité en un échange de motifs d'une grande élégance. L'ample *Allegro* conclusif se caractérise par la circulation, d'une partie à l'autre, de gammes ascendantes fougueuses et impétueuses.

Une seconde sonate pour piano à quatre mains, la **Sonate en *sol* majeur** (K. 357), a été ébauchée en cette même année 1786, mais elle est restée inachevée et incomplète. Deux mouvements nous sont parvenus : un *Allegro* et un rondo *Andante*, qui marquent un retour en arrière du style mozartien par rapport aux mouvements de la sonate précédente.

La dernière sonate pour piano à quatre mains a été composée à Vienne au mois de

---
* G. de Saint-Foix, *op. cit.*

mai 1787 : la **Sonate en *ut* majeur** (K. 521). Elle n'a ni l'éclat ni la force de la *Sonate K. 497*. Écrite d'abord pour Franziska von Jacquin, sœur d'un ami de Mozart, elle fut dédiée par la suite aux deux sœurs Natorp, Nanette et Babette. Mozart la jugeait lui-même assez difficile. Les deux *Allegros* sont pleins de brio, — le dernier notamment resplendit d'une pétillante virtuosité. L'*Andante* en *fa* majeur impose aux deux partenaires des traits animés et tourmentés de triples croches.

L'ŒUVRE POUR DEUX PIANOS

A côté de cette littérature relativement importante pour piano à quatre mains, Mozart ne composa que deux œuvres pour deux pianos (indépendamment du *Concerto en mi bémol majeur pour deux pianos* K. 365) : une sonate et une fugue.

La **Sonate en *ré* majeur** (K. 448) fut achevée en 1781 pour être exécutée à Vienne le 23 novembre de la même année par Mozart lui-même et par la pianiste Josefa von Aurnhammer. Œuvre ravissante, mais néanmoins profonde, c'est une page de style galant en trois mouvements : *Allegro con spirito, Andante* et *Allegro molto*, où s'affirme le juste équilibre du dialogue entre les deux partenaires. On remarquera que le thème principal de l'*Allegro spirito* est directement issu du thème du premier mouvement de la *Sonate en ré majeur op. 13, no 2* de Jean-Chrétien Bach, écrite quelques années auparavant (v. J.-C. Bach).

Mozart termina la **Fugue en *ut* mineur pour deux pianos** (K. 426) le 29 décembre 1793. Il la transcrivit en 1788 pour quatuor à cordes et la fit alors précéder d'un *Adagio* (*Prélude et fugue en ut mineur pour quatuor à cordes* K. 546). La fugue en *ut* mineur est une fugue à trois voix de style sévère, basée sur un sujet grave qui comporte un élément chromatique. Mozart y déploie avec un art particulièrement achevé les procédés de la diminution et du renversement. Alfred Einstein voit en cette œuvre le bilan des études de Mozart sur Jean-Sébastien Bach, qu'il avait découvert en 1782 auprès du baron von Swieten, amateur de musique et fervent admirateur de Haendel et de Bach.

A. d. P.

GOTTLIEB MUFFAT

Baptisé à Passau, le 25 avril 1690; mort à Vienne, le 9 ou 10 décembre 1770. Fils de Georg Muffat (1653-1704), lui-même disciple de Lulli et de Pasquini, maître de chapelle de la cour de Passau et l'un des plus grands représentants de l'école d'orgue de l'Allemagne du Sud. Gottlieb Muffat s'installa à Vienne à la mort de son père. Là, il entreprit des études musicales très complètes sous la direction de Johann Fux. Nommé organiste de la cour de Vienne et maître de musique des enfants de la famille impériale, il fut promu premier organiste à l'avènement de l'impératrice Marie-Thérèse. Il occupa ce poste pendant plus de vingt ans, et passa à Vienne la plus grande partie de sa vie, — qu'il termina décemment grâce à la pension qui lui fut régulièrement versée en reconnaissance de sa valeur. Ce compositeur, malheureusement trop méconnu de nos jours, est certainement, dans le domaine du clavecin, l'un des meilleurs successeurs immédiats de J.-S. Bach.

L'œuvre de clavecin

Presque exclusivement consacrée au clavecin, l'œuvre de Gottlieb Muffat est restée très longtemps manuscrite. C'est pour cette raison peut-être qu'elle est un peu oubliée aujourd'hui. Cette œuvre, qui se compose de suites, de toccatas, de partitas, de préludes et fugues, etc., a été publiée en deux recueils. Le premier recueil, daté de 1726, réunit soixante-douze versets avec douze toccatas ; le second, paru à Augsbourg vers 1739 et intitulé *Componimenti musicali per il cembalo*, contient six suites et une *Ciaccona* (chaconne). Cette **Ciaccona en *sol*** majeur est suivie de trente-huit variations conçues à la manière de Haendel, et à l'intérieur desquelles Muffat emploie largement toutes les formules d'écriture propres au clavecin. Selon le principe des grandes séries de variations de Haendel, celles-ci évoluent le plus souvent deux par deux, avec interversion régulière du mouvement des mains. Au centre, huit variations écrites dans le mode mineur créent un autre climat, même si les formules restent identiques ; et c'est par une succession de variations de virtuosité que se conclut cette longue chaconne.

Dans les six suites des *Componimenti musicali per il cembalo*, Muffat respecte les structures de la suite baroque. On y trouve un morceau d'introduction (fantaisie, ouverture ou prélude et fugue), des danses qui alternent selon l'ordre de la suite de danses (allemande, courante, sarabande) et des mouvements de danses divers, tels que menuet ou rigaudon. A la manière de Bach, Muffat sait intercaler un *Air,* page généralement expressive, ou des pièces de caractère comme *La Hardiesse (Suite nº IV).* Enfin, à la place de la gigue conclusive, il compose parfois un *Finale* d'aspect vif, construit sur de courtes phrases dominées par la répétition d'un même motif.

La musique de Muffat trahit l'influence de Haendel et de Fux, son maître, mais aussi celle de Couperin et de Bach, — dont il reste assez proche. Ces influences prouvent qu'il avait une profonde connaissance de l'art de ses prédécesseurs et de ses contemporains. Il avait effectivement assimilé la tradition italienne, mais savait néanmoins pratiquer le style sévère enseigné par Fux. A la manière d'un Couperin, il termine souvent ses pièces par une « petite reprise », — procédé typiquement français qui consistait à conclure par un bref rappel de la reprise. Enfin, Muffat utilise de nombreux signes d'agréments, dont certains lui sont particuliers.

Componimenti musicali per il cembalo

Suite nº III, en *ré* majeur : cette suite débute par une *Fantaisie* en deux parties : un *grave* à 3/4 de dix-huit mesures, où les arpèges d'accords servent d'introduction ; puis un *vivace* à quatre temps qui développe un unique motif thématique. Elle se poursuit par trois pièces binaires à reprise, dans la tradition de la suite de danses : une *Allemande* proche des allemandes des suites pour clavecin de Haendel, une *Courante* à 3/4 édifiée dans un contrepoint serré, et une *Sarabande* où se superposent une écriture monumentale à trois et quatre parties et des traits rapides quasi improvisés. Muffat intercale ici un court et charmant *Menuet*, une pièce spirituelle qu'il nomme « Rigaudon bizarre » et dont les longues notes tenues évoquent des tenues d'orgue, ainsi qu'un *Air, affettuoso* à 3/4 en *ré* mineur, lent et expressif. Un *Finale, spiritoso* à 3/8, conclut la suite par la répétition régulière des notes et des accords de son thème.

Suite nº IV, en *si* bémol majeur : cette œuvre en onze mouvements s'ouvre par une *Fantaisie, tempo giusto,* conçue comme un grand prélude de clavier, et suivie d'une *Fuga a quatro* strictement construite sur un sujet animé et conjoint. Une *Allemande* très écrite et complexe, et une *Courante* rapide, précèdent une *Sarabande* rigoureuse. Après cette danse sévère, Muffat introduit un *allegro* à 2/4, qu'il nomme *La Hardiesse,* pièce de caractère où se mêlent des notes piquées et des valeurs pointées pleines de vivacité. Deux *Menuets* se succèdent : l'un gai et charmant, l'autre plus mélancolique, en *sol* mineur ; puis un *Air, cantabile,* essentiellement mélodique, précède un *Hornpipe*, spiritoso* à 3/2, qui débute comme une courante et se déploie progressivement jusqu'aux mesures finales. Une *Gigue* traditionnelle à 6/8, à la manière de Haendel, termine cette quatrième suite.

A. d. P.

---

* Le *Hornpipe* était une danse anglaise très en faveur dans les régions d'Outre-Manche au XVIIIe siècle.

CARL NIELSEN

Né le 9 juin 1865, à Norre-Lyndelse, près d'Odense (dans une île de l'archipel danois); mort le 2 octobre 1931, à Copenhague. *Manifestant une extrême précocité pour la musique, mais handicapé par la pauvreté familiale, il réussit cependant à former un quatuor à cordes dès l'âge de dix-sept ans, puis à entrer au Conservatoire royal de Copenhague à dix-neuf ans : il y étudia le violon, et eut pour professeur Niels Gade (histoire de la musique). Il put, grâce à une bourse, effectuer des voyages d'étude en Allemagne, en France et en Italie, — qui élargirent l'étroit horizon de son pays. En 1889, Nielsen est violoniste à l'Opéra de Copenhague, et il débute une carrière de chef d'orchestre en 1908. En 1915, il enseigne au Conservatoire, dont il deviendra le directeur honoraire en 1930. Il paraîtra, pendant ces années, comme chef d'orchestre à Berlin, Londres et Paris, — dirigeant ses propres ouvrages. Assez longtemps, toutefois, ceux-ci resteront à peu près ignorés hors du petit Danemark : c'est après la Seconde Guerre mondiale que s'imposeront en Europe, puis outre-Atlantique, les symphonies et certaines pages de musique de chambre, reconnues dans leur puissante originalité. Les principes de composition « organique », ainsi que de tonalité « évolutive » (voir également le Finlandais Sibelius), ressortent à l'évidence d'un examen des symphonies**. D'autres caractéristiques peuvent également se dégager des partitions pour piano, constituées de* Pièces *diverses et de titres tels que* Chaconne, Suite *ou* Thème et variations, *dont on trouvera ci-dessous la présentation.*

Nielsen n'était pas un grand pianiste ; de ce fait même, il trouva des solutions originales dans le domaine de l'écriture instrumentale. Entre 1901 et 1915 il n'écrivit pas pour l'instrument, — de sorte que sa production pianistique, peu vaste, se divise en deux moitiés de bien inégale importance. Parmi les œuvres de jeunesse, les *Cinq Pièces op. 3* (1890) et les six pièces intitulées *Humoresques-Bagatelles op. 11* (1897), ou le bref *Prélude de Fête* de 1900, pèsent de peu de poids, et demeurent tributaires du style de salon d'un Gade, voire d'un Grieg. Au contraire, la **Suite symphonique op. 8** (1894), en dépit d'une influence parfois assez forte de Brahms — sensible dans une écriture compacte et massive, riche en accords, aux sonorités reflétant bien le titre de l'œuvre —, n'est nullement négligeable. Elle se compose de quatre mouvements bien contrastés : *Intonation (Maestoso); Quasi Allegretto ; Andante ; Finale (Allegro);* le dernier d'entre eux rappelle, à la manière cyclique, les thèmes des trois précédents.

C'est à partir de 1916 seulement que Nielsen donna au piano des œuvres vraiment significatives, quatre au total, dont il sera question ci-après : les *op. 32, 40, 45* et *59*. A l'extrême fin de sa vie, en 1930, il devait clôturer sa production pianistique par un délicieux recueil pédagogique, vingt-quatre pièces « pour les cinq doigts » réunies sous le titre de *Musique pour piano pour Petits et Grands (op. 53).*

Chaconne (op. 32)

1916 fut une grande année pour Nielsen : celle de l'achèvement de la puissante *Quatrième Symphonie (« l'Inextinguible »),* et celle de deux de ses meilleures compositions pianistiques. Toutes deux opèrent une synthèse très personnelle de maîtrise contrapuntique et d'intensité dramatique : Bach et Beethoven, filtrés au prisme inimitable de Nielsen. La *Chaconne,* en *ré* mineur, débute dans un style presque archaïque ; puis, au cours de vingt variations, son thème si nu, à la manière d'un antique cantus firmus, peu à peu se gonfle de chair et de sang, dans une grande variété d'expression et d'écriture, — de l'éclat le plus puissant à la contemplation la plus intime. Après la dernière variation, l'œuvre se termine par une coda en *ré* majeur d'une transparence et d'une sérénité merveilleuse, essaim de gouttelettes en triples croches irisées.

Thème et Variations (op. 40)

De la même année 1916 date ce cycle encore plus remarquable. Le thème possède

---

* Voir *Guide de la musique symphonique.*

une allure franche, presque populaire, à la manière d'un choral aux harmonies très pleines. Mais on notera d'emblée que s'il commence en *si* mineur, il se termine en *sol* mineur. Or, chacune des quinze variations va s'astreindre à ce parcours tonal contraignant sans que la fantaisie de l'auteur en soit bridée le moins du monde. L'écriture passe du contrepoint à deux voix le plus dépouillé (comme dans le merveilleux canon orné de la troisième variation) à des structures plus complexes, aux contrastes brutaux (l'impétueuse quatrième variation) ou, au contraire, à la contemplation la plus profonde, comme dans les septième et huitième variations, — cœur expressif de l'ouvrage. Celui-ci s'élève à un sommet d'intensité d'un éclat et d'une lumière extraordinaires en *si* majeur.

Suite (op. 45)

L'œuvre pour piano la plus importante de Nielsen, et l'une des plus singulières et des plus fortes du premier demi-siècle tout entier, est cette *Suite* en six mouvements, écrite en 1919-1920, dédiée à Artur Schnabel, et intitulée tout d'abord *Suite luciférique*. Elle précède de peu l'impressionnante *Cinquième Symphonie,* dont elle égale la violence et les tensions dramatiques. La libre succession de six morceaux de dimensions diverses (le troisième et le sixième sont les plus développés, le cinquième ne dure pas même une minute !) évoque irrésistiblement le Beethoven tardif, celui du *Quatuor op. 130* par exemple. C'est cette liberté qui a poussé Nielsen à ne pas intituler cette œuvre *Sonate,* — d'autant qu'on n'y trouve aucune trace de forme sonate, sauf dans le *Finale.* Comme les grandes Symphonies, l'œuvre illustre le concept de « tonalité évolutive », et se déroule entre le pôle de départ *fa* dièse, et celui d'arrivée *si* bémol.

L'*Allegretto un pochettino* (à 3/8) débute innocemment en *fa* dièse mineur avec un thème descendant en croches liées ; déjà, au contraire, la seconde idée n'est plus placide, mais découpée et tourmentée. Elle s'élève vers un puissant sommet d'intensité où s'affirme pour la première fois la tonalité « antagoniste », *si* bémol, étayée par une puissante pédale. Mais l'on revient au thème et au climat du début pour une reprise librement variée, qui demeure suspendue sur *ut* dièse majeur, comme dominante du ton de départ. Le bref *Poco moderato* (à 2/4) est une mystérieuse vision de rêve, évoluant de *si* bémol majeur vers *sol* majeur, dont l'essaim de secondes tourbillonnantes évoque une atmosphère très fine d'impressionnisme nordique. Le *Molto Adagio e patetico* constitue le moment le plus profond de la *Suite,* — élaborant un thème aux rythmes pointés majestueux, aux riches accords, de manière avant tout mélodique, avec une liberté rhapsodique qui n'est qu'apparente. Alternant grands éclats et accalmies secrètes, son itinéraire est celui de la recherche de *si* bémol majeur à partir du *sol* mineur de départ, ton relatif. Le but atteint, la conclusion se fait apaisée mais encore anxieuse. Contraste total avec l'*Allegro innocente* (à 2/4), limpide et glacé en son imperturbable contrepoint à trois voix, retrouvant le *fa* dièse majeur le plus dépourvu d'ambiguïté, et évoquant quelque délicate figurine de porcelaine. L'*Allegretto vivo* (à 3/8), espiègle et enjoué, autour de *si* mineur, est un bref interlude qui ne fait que passer. Au contraire, l'*Allegro non troppo ma vigoroso* (à 2/4) est le plus développé des six mouvements : c'est une sorte de forme sonate, mais dominée par un thème unique, en *si* bémol mineur, aux notes répétées détachées si typiques de Nielsen. Son caractère menaçant fait rapidement monter la tension, qui se traduit par un âpre contrepoint linéaire, des périodes bitonales ou même dépourvues d'attache tonale, des ostinatos martelés, et qui aboutit pour finir à une sauvage explosion de puissance, d'une ampleur proprement symphonique, — affirmant la victoire définitive de *si* bémol.

Trois Pièces (op. 59)

Dernière œuvre importante de Nielsen pour le piano, ce triptyque de 1928 (mais de publication posthume) témoigne de l'évolution considérable du compositeur danois durant la dernière décennie de son existence vers un langage étonnamment audacieux et moderne. Ce langage est dépouillé, concentré, elliptique, au point qu'à première vue on pourrait croire à des ébauches. Il n'en est rien, et le premier morceau, un *Impromptu (Allegro fluente),* fait alterner des arpèges liquides et perlés et des épisodes contrastants d'humour grotesque : la fin porte l'indication *molto patetico quasi parodico.* Vient ensuite un *Molto Adagio,* où les harmonies les plus tortueuses et les plus complexes contrastent à plusieurs reprises avec une cadence tonale toute simple, presque enfantine, — comme l'évocation nostalgique de quelque paradis perdu. Le cycle se termine avec un fougueux *Allegro non troppo,* dont l'éclat parfois presque agressif dissimule des ombres inquiétantes. C'est le plus serré, le plus libre et le plus imprévisible des trois morceaux, le plus difficile d'interprétation et de compréhension, mais sans doute le plus avancé et le plus original. Tout en demeurant toujours « nielsenien » jusqu'au bout des doigts, cet ultime recueil s'aventure par instants en des parages étonnamment proches d'un certain Schönberg.

H.H.

JOAQUIN NIN

Né à La Havane, le 29 septembre 1879 ; mort à La Havane, le 24 octobre 1949. Ce musicien cubain, mais d'origine catalane, est à mentionner dans ce « Guide » moins comme compositeur pour le piano qu'en sa qualité de chercheur et de musicologue. Pianiste — et des plus brillants —, il le fut certes, à la suite d'études avec Carlos Vidiella à Barcelone, puis à Paris avec Moszkowski et Vincent d'Indy (il devint lui-même professeur à la Schola Cantorum de 1905 à 1908), enfin à Berlin jusqu'en 1910. Comme son contemporain Ricardo Viñes, il s'attacha à faire connaître la culture musicale ibérique en effectuant de nombreuses tournées de concerts à travers l'Europe et en Amérique latine. L'occasion lui fut donnée de fonder un conservatoire à La Havane ; puis il vécut principalement à Bruxelles et à Paris, — qu'il quitta en 1939, lors de la déclaration de la guerre, pour regagner définitivement son pays. Si ses harmonisations de chants populaires anciens espagnols — de véritables re-créations — restent aujourd'hui de référence, c'est sur ses travaux en faveur d'une juste réhabilitation de maîtres du clavier que nous insistons présentement.

L'œuvre musicologique

Elle demeure exemplaire, et mérite ici un hommage. Joaquin Nin consacra une grande partie de ses activités à publier des maîtres espagnols oubliés, à ressusciter leur musique — conférences, articles —, à les interpréter. Ainsi faut-il faire cas de son édition critique de *Seize sonates anciennes d'auteurs espagnols,* parue chez Max Eschig, à Paris, en 1925 : la préface qu'elle contenait s'efforça particulièrement de faire le point sur la concurrence, dans la musique espagnole, entre clavicorde et clavecin. Au premier rang des compositeurs réhabilités par Nin, le Padre Soler (v. ce nom). Mais il faut citer aussi — pour le XVIIIe siècle — les noms d'un Vincente Rodriguez, d'un Narciso Casanovas, d'un Felipe Rodriguez, d'un Rafaël Anglés ; et — au XIXe siècle — ceux de Mateo Albéniz, de José Gallès, de Mateo Ferrer, ces derniers ayant écrit pour le piano-forte. Imprégné de culture française, Nin fit connaître également un compositeur tel que Chambonnières (v. ce nom). Enfin, on ne passera pas sous silence la polémique intense qui l'opposa à l'illustre claveciniste polonaise Wanda Landowska, — en pleine période de renaissance d'un instrument pour lequel les critères d'interprétation restaient mal définis*.

Parmi les œuvres pour piano — un piano raffiné, sinon d'une écriture intrinsèquement originale — laissées par Joaquin Nin : une *Dansa ibérica* (1926), et un *Mensaje a Claudio Debussy* (1929).

F.R.T.

---

* Signalons qu'en 1923 Manuel de Falla introduisit le clavecin dans son *Retable de Maître Pierre,* — avant de lui consacrer, trois ans plus tard, un *Concerto* avec instruments solistes (dédié d'ailleurs à Wanda Landowska).

LUIGI NONO

Né à Venise, le 29 janvier 1924. Il étudia dès l'âge de dix-sept ans auprès de Gian-Francesco Malipiero, puis, après avoir achevé ses études de droit en 1946, fut puissamment stimulé au contact de Bruno Maderna, son aîné de quatre ans seulement, et de Hermann Scherchen. Il fit partie, au début des années 1950, du premier noyau de jeunes radicaux aux cours d'été de Darmstadt qui allaient changer la face de la jeune musique. Ayant épousé Nuria, la fille d'Arnold Schönberg, il pratiqua dès lors un sérialisme très strict, pur et dur, allant de pair avec un engagement politique lucide et passionné (il demeure membre du Comité central du Parti Communiste Italien), — qui le sépara bientôt de ses camarades et entraîna sa rupture avec Darmstadt, où il enseigna cependant de 1957 à 1960. Dès 1960, il participa activement aux travaux du Studio de phonologie de la RAI à Milan, et, jusqu'à ce jour, l'électro-acoustique est restée au centre de ses préoccupations et de son travail créateur : Nono dirige actuellement le Studio de la Fondation Strobel à Freiburg, en Allemagne. Nono écrit avec prédilection pour la voix, soliste ou en chœur, qu'il combine fréquemment avec les instruments, et, surtout, qu'il manipule et transforme par l'électronique. Ses chefs-d'œuvre, Il Canto sospeso, *sur des textes de condamnés à mort de la Résistance,* Canti di Vita e d'Amore, Per Bastiana, Ein Gespenst geht um in der Welt, Como una ola de fuerza y luz, *et les opéras* Intolleranza *et* Al gran sole carico d'amore, *sont la manifestation d'un esprit intransigeant et pur, hostile à tout compromis tant idéologique qu'esthétique, — l'un des compositeurs les plus radicaux et le plus géniaux de notre temps. Mais son évolution récente l'a porté de plus en plus à l'introspection, à la méditation spirituelle, voire même à une sorte de mysticisme agnostique (l'admirable* Quatuor *dit* Fragmente-Stille : An Diotima *; le vaste « opéra pour l'oreille »* Prometeo, Tragedia dell'Ascolto*). C'est au seuil de cette dernière époque que se situe son unique œuvre pour piano, décrite ci-après.*

... sofferte onde serene...,
pour piano et bande magnétique

Le compositeur explique lui-même que cette œuvre (1976) lui fut inspirée, d'une part par le jeu exceptionnel de son dédicataire et premier interprète Maurizio Pollini (en particulier par son sens unique de la sonorité), d'autre part par une série de deuils douloureux survenus soudain dans sa propre famille et dans celle du pianiste. Et il parle de la « tristesse du sourire infini » de ces ... *sereines ondes souffertes*... Compositeur vénitien, Nono a toujours été attentif au milieu sonore très particulier de la cité lagunaire, notamment aux sons de cloches si variés qui en rythment la vie quotidienne, et qui, à travers la brume ou le soleil, parviennent jusqu'à sa maison de la Giudecca. Et Nono poursuit : « Ce sont des signes de vie sur la lagune, sur la mer. Des invitations au travail, à la méditation, des avertissements. Et la vie continue dans la nécessité subie et sereine de l' « équilibre au fond de notre être », comme dit Kafka. Pollini, piano « live », s'amplifie avec Pollini, piano élaboré et composé sur bande. Ni contraste, ni contrepoint. Des enregistrements de Pollini effectués en studio, avant tout ses attaques de sons, sa manière extrêmement articulée de percuter les touches, divers champs d'intervalles ont été ultérieurement composés sur bande (...). Il en résulte deux plans acoustiques qui souvent se confondent, annulant fréquemment de la sorte l'étrangeté mécanique de la bande enregistrée. Entre ces deux plans ont été étudiés les rapports de formation du son, notamment l'utilisation des vibrations des coups de pédale, qui sont peut-être des résonances particulières « au fond de notre être ». Ce ne sont pas des « épisodes » qui s'épuisent dans la succession, mais des « mémoires » et « présences » qui se superposent et qui, en tant que mémoires et présences, se confondent avec les « ondes sereines ».

Il s'agit donc avant tout d'une analyse spectrale du potentiel sonore du piano, confronté à sa transformation et à sa décomposition par le moyen de l'électro-acoustique. Ce travail porte simultanément sur trois lignes de force : timbres, harmonies et résonances (détempérées par la manipulation électronique), articulation et attaques. Le tout au service d'une expression tournée vers l'élégie et la contemplation philosophique, expression d'une intériorité authentiquement émouvante, — qui fait de cette œuvre l'une des plus prenantes et des plus singulières du répertoire pianistique contemporain.

H.H.

VITESLAV NOVAK

Né à Kamenice, le 5 décembre 1870 ; mort à Skoutec, le 16 juillet 1949. Il commença la musique avec Vilem Pojman, puis, effectuant ses études à l'université, obtint une bourse qui lui permit de suivre les cours du Conservatoire de Prague, — où il fut l'élève de Jiranek (piano), Knittl (harmonie), Stecker (contrepoint), puis Dvorak. Ayant obtenu le diplôme du Conservatoire en 1892, il continua à se perfectionner au piano. En 1896, il entreprit des voyages d'études folkloriques en Slovaquie et en Moravie, — utilisant dans ses œuvres les thèmes populaires recueillis. Comme Fibich, Suk et Janacek, quoique moins radical que ce dernier, Novak représente la nouvelle génération tchèque perpétuant la tradition nationale de Smetana et de Dvorak (bien qu'une querelle assez artificielle ait tenté d'opposer ces deux noms). En 1909, Novak fut nommé professeur au Conservatoire de Prague où il enseigna jusqu'à sa mort, et dont il fut directeur de 1919 à 1922. Il forma un grand nombre d'élèves, dont Kapr et Haba. Sa période de popularité fut considérable vers 1900-1910, puis subit un déclin en raison de l'ascendance de Janacek, pour connaître un nouveau regain de faveur à partir de la fin des années 1930. Symphoniste avant tout, auteur d'opéras, d'œuvres de musique de chambre, de cantates (dont la monumentale Tempête*), Novak a laissé un certain nombre de compositions intéressantes pour piano :* Ballade *d'après le* Manfred *de Byron (1893),* Réminiscences *(1894),* Barcarolles *(1896),* Eglogues *(1896),* Sonata Eroica *(1900), la suite* Exoticon *(1911),* Mladi *(« Jeunesse ») en deux volumes (1920). Mais son œuvre majeure reste la suite* Pan *(1910), — qui constitue le plus vaste monument de la littérature pianistique tchèque.*

Sonata Eroica

Écrite en 1900, et comportant trois mouvements : 1. *Allegro patetico* ; 2. *Andante mesto* ; 3. *Allegro energico* ; les deux derniers mouvements sont liés. Cette œuvre de dimensions considérables est fondée sur un thème générateur issu d'un chant populaire, *Okolo Horovan*. Témoignant de l'envergure et des moyens pianistiques de son auteur, elle n'est cependant pas dépourvue de lieux communs, — surtout dans les deux *Allegros*. L'*Andante*, pour sa part, s'avère remarquable par sa concentration de pensée et son originalité.

Pan, suite (op. 43)

Cette œuvre colossale fut écrite pour le piano en 1910, puis orchestrée en 1912. C'est un poème musical en cinq parties : 1. *Prologue* ; 2. *Hory* (« les Montagnes ») ; 3. *More* (« la Mer ») ; 4. *Les* (« la Forêt ») ; 5. *Zena* (« la Femme »). Ces cinq parties constituent un cycle basé sur un même thème, — exposé dans les premières mesures du *Prologue*, et qui sera amplement varié à travers toute la partition ; c'est le thème de Pan, avec sa puissance dépouillée, intemporelle :

(Il sera intégralement réexposé, tel quel, au début de *la Forêt*). *Pan* est l'hommage de Novak à la Mère Nature et à toute forme de vie, ressentie à travers ses manifestations élémentaires et dionysiaques. Lui-même, alpiniste passionné, avait déjà rendu hommage aux montagnes avec son poème symphonique *Dans les Tatras* (1902)*. La richesse des timbres, des rythmes, des procédés techniques et illustratifs — notamment dans *la Mer*, avec la poursuite serrée des deux mains en martèlements d'octaves alternées — est à l'avenant de l'élaboration du langage harmonique et modal. On y rencontre fréquemment le pentatonisme et la gamme par tons entiers, — attestant à la fois de l'héritage populaire et de parentés avec les compositeurs russes, ainsi qu'avec Debussy.

A. L.

MAURICE OHANA

Compositeur français d'origine espagnole, né le 12 juin 1914 à Casablanca. Parallèlement à des études d'architecture à Paris, à partir de 1932, Ohana continue à travailler le piano et suit les cours d'écriture de Daniel-Lesur à la Schola Cantorum (1936). Après la guerre, qui le mène d'Afrique en Italie, il perfectionne le piano auprès de Casella à Rome. Revenu à Paris en 1946, il participe à la fondation du groupe « Le Zodiaque » l'année suivante, et écrit l'oratorio Llanto *(1950) à côté de musiques radiophoniques. Les années 1950 sont riches en expériences diverses qui témoignent de sa grande curiosité d'esprit : approche de la musique concrète avec Pierre Schaeffer, composition des* Cantigas *sur des textes espagnols des XVe et XVIe siècles (1953-1954), et du ballet pour percussions* Études chorégraphiques *(1955), révélation de l'opéra chinois, — jusqu'à l'utilisation de micro-intervalles (les* Hommes et les autres, *1956). A partir de 1960, date à laquelle il se consacre entièrement à la composition, se succèdent de nombreuses partitions, dont l'*Hommage à Debussy, *l'opéra de chambre* Syllabaire pour Phèdre *(1966-1967), l'*Anneau du Tamarit *pour violoncelle et orchestre (1976), les* Trois contes de l'Honorable Fleur *(1977-1978), et le* Livre des Prodiges *pour orchestre (1979). Attaché au « contact sensoriel immédiat avec le sonore », Ohana se réclame de Debussy et Falla, restant fidèle à ses origines ibériques, et prône le sens du timbre et du rythme avant celui de la structure. Près de vingt-cinq années séparent les premières œuvres pour piano* (Sonatine, Caprichos) *des* Préludes, *— Ohana s'étant davantage consacré au clavier ces dernières années, tant au piano qu'au clavecin* (Wamba-Conga), *notamment avec le* Concerto pour piano *(1980-1981) et les deux cahiers d'*Études.

Caprichos

La composition de ces trois pièces fut étalée sur neuf ans, entre 1944 pour la première et 1953 pour celle qui sera éditée en seconde position, — la troisième dans l'édition datant de 1948. Sous forme d'hommages à l'histoire artistique espagnole, les trois *Caprices* restent encore peu caractéristiques (à l'exception du second) des orientations futures de la musique de Ohana.

Inspiré par une gravure de Goya, l'une des références privilégiées de l'auteur, *Enterrar y callar* (« Les enterrer et se taire »), porte la marque des années de guerre au travers de la tension de l'écriture, — une longue suite d'harmonies mêlée de violents sursauts, avec l'évocation finale d'un glas qui a fait parfois rapprocher cette pièce du *Gibet* de Maurice Ravel**. En rendant un *Hommage à Luis Milan,* Ohana entend souligner « la vigueur hautaine et lumineuse » du fameux luthiste du XVe siècle : c'est ici l'une des premières manifestations de son intérêt pour les résonances qui prolongent chaque agrégat. La dernière pièce, *Paso*, qui emprunte par son titre à une forme de la musique d'orgue du Padre Soler, est plus animée, — opposant la nervosité des halos mélodiques dans l'aigu à la solennité grave des pédales harmoniques.

---

* Voir *Guide de la musique symphonique.*

** Voir, ici même, à *Ravel : Gaspard de la nuit.*

Douze Études d'interprétation

Immédiatement après la composition du *Concerto pour piano* en 1981, Ohana a entrepris d'écrire, par souci didactique, une série de quarante *Études d'initiation* destinées à préparer les jeunes pianistes aux modes de jeu contemporains. Ce sont cependant ces *Douze Études* (1982-1985) qui ont d'abord été terminées, — considérées par Ohana comme une excellente introduction à l'écriture de ses *Préludes* (v. plus loin). Les deux livres, dédiés respectivement à Paul Roberts et à Jay et Gordon Gottlieb, ont été créés par ces mêmes interprètes en 1983 à Londres pour le premier et à Paris en 1985 pour le second (avec Vincent Bauer aux percussions). Comme pour les *Préludes*, les *Études* se situent dans le sillage de Chopin et, surtout, de Debussy : comme chez ce dernier, l'instrument chez Ohana « ne subit pas la musique mais, au contraire, en est la source ; il explore et découvre sans cesse au plan de la résonance, de la texture et du timbre » (Paul Roberts)*. Consacrées tantôt à des problèmes purement pianistiques, tantôt à des problèmes compositionnels, les *Études* sont caractéristiques des principaux éléments stylistiques d'Ohana mis en œuvre dans les *Préludes* : *Cadences libres (I)*

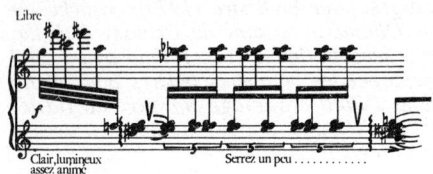

Agrégats sonores (III), *Contrepoints libres (IX)*, aux titres révélateurs de l'écriture du compositeur, ou *Mouvements parallèles (II)* et *Main gauche seule (IV)*, toutes deux d'essence fondamentalement monodique. Le rapprochement avec le premier cahier des *Études* de Debussy est encore plus évident dans les *Études* consacrées à un intervalle, les secondes, quintes, septièmes et neuvièmes, — précisément les seuls intervalles que n'avait pas abordés Debussy.

Les deux dernières *Études* ont la particularité d'être écrites pour piano et percussions, et, de ce fait, peuvent être jouées séparément. *Sons confondus,* concernant les métaux, explore les effets de résonances entre les percussions à hauteurs déterminées (vibraphone, cithare en tiers de ton) ou non (cymbales, gongs), et le piano ; *Imitations-Dialogues,* qui ne requiert que les peaux, est basée, comme l'indique clairement son titre, sur des échos subtilement renvoyés d'un groupe de timbre à l'autre.

Vingt-quatre Préludes

Composés en 1972-1973, ils ont été créés partiellement par Gérard Frémy à Royan en 1973, et intégralement peu après à Paris par Jean-Claude Pennetier. Bien que le piano ait souvent été utilisé dans ses œuvres précédentes, comme dans *Signes* (1965), « qui contient toute la substance qui conduit aux grands ouvrages pour le piano des décades suivantes » (Paul Roberts)**, les *Préludes* constituent la première partition de grande envergure qu'Ohana ait consacrée à l'instrument : d'une part, un hommage explicite à Chopin (avec le même *ré* grave final) au travers des vingt-quatre pièces de durées et de caractères différents, mais formant un tout ; d'autre part, une œuvre dans laquelle Ohana a concentré l'essentiel de ses idées, tant du point de vue compositionnel qu'instrumental, la principale résidant dans son attachement à la ligne : « Le fondement de ma musique est monodique, que ce soit dans une séquence d'accords ou des masses sonores ; ce qui s'y ajoute n'est qu'un sillage ou une ombre portée ». D'où la prédilection d'Ohana pour le non-mesuré dans lequel l'absence de contrainte métrique oblige le pianiste à trouver une souplesse permettant d'intégrer ces cadences dans le discours, — et ce grâce aux indications de l'auteur, comme dans le premier *Prélude* :

L'interprète est également sollicité à de nombreuses reprises, d'abord à partir d'une

---

* Voir *La musique de piano de Ohana* in « La Revue Musicale », n° 391-393 (Richard-Masse, Paris, 1986).

** P. Roberts, *op. cit.*

courte séquence fixée dans sa notation à répéter librement *(n° 4)*, ou à insérer dans le cours du texte « en interrompant le moins possible la figuration rythmique » *(n°s 14, 22)*; ensuite, par une improvisation locale, sur des neumes, en les permutant, rétrogradant ou dérythmant *(n° 8)*, sur une séquence mélodique *(n°s 3, 20)*, ou, à l'inverse, en rythmant l'une des voix *(n° 8)* : techniquement, ces passages exigent une complète indépendance des mains dans un contrepoint libre entre plusieurs voix *(n°s 10, 19)*.

D'autre part, le piano est largement utilisé pour ses possibilités de résonances, à partir des harmoniques *(n°s 13, 18)* — grâce à la troisième pédale, calée pendant toute la durée du *n° 10* par exemple —, des trémolos *(n°s 7, 8, 21)*, — jusqu'aux clusters, soit traditionnels, soit ne sélectionnant que les touches blanches ou noires entre deux sons extrêmes *(n°s 8, 14, 17)*, voire requérant l'usage de règles feutrées *(n° 24)*. La fin de ce même *Prélude* prescrit l'emploi de baguettes de timbale et de xylophone pour intervenir directement sur les cordes. La subtilité du toucher peut être aussi suggérée par les annotations du compositeur souhaitant obtenir une « brume sonore », une « résonance métallique », ou, plus précisément, des effets de timbres tels que « flûté », « carillonné » au sujet d'un trait *(n° 19)*, empruntant même à la guitare une sonorité particulière (« fouetté, comme un rasgueado » dans le *n° 15*). En voici un exemple :

Enfin, la richesse du monde sonore d'Ohana lui permet de rendre de discrets hommages à des personnalités qui lui sont chères, — comme à la fin du neuvième *Prélude* : « In memory of Fats Waller and Count Basie ».

Sonatine monodique

Composée en 1944, et créée en 1947 par Massimo Bogianckino, la *Sonatine,* première œuvre retenue par Ohana pour figurer à son catalogue, repose sur une véritable gageure, — l'écriture évitant systématiquement toute rencontre verticale à l'exception de l'octave. On rappellera au passage que le monodisme, qui a marqué Ohana pendant sa période africaine des années de guerre, constitue l'une des caractéristiques essentielles de sa musique. En quatre mouvements traditionnels, mais condensés, la *Sonatine* est une œuvre brillante dans laquelle alternent une écriture d'aspect « toccata » et une longue et calme mélodie épaissie en octaves, — en particulier dans les trois mouvements vifs, avec un clin d'œil à la *Toccata* de Debussy dans le second. Après l'*Andante* parcouru de chants d'oiseaux qui commentent la mélodie, le dernier mouvement, *Animé*, a la particularité de présenter, outre la succession irrégulière 3/8-2/8, une fugue « mise à plat », vite interrompue par l'élément « toccata » qui clôt la partition.

Wamba-Conga, pour clavecin

Ce diptyque, composé en 1982-1983, a été créé par la dédicataire Élisabeth Chojnacka à Paris en 1984. Ohana n'avait pas écrit pour l'instrument depuis les *Carillons pour les heures du jour et de la nuit* (1960), et les *Chiffres* pour clavecin et vingt-trois instruments (1967-1968). *Wamba* est d'ailleurs une réécriture de la pièce de même nom destinée au carillon de St-Germain l'Auxerrois. Ohana ayant toujours manifesté un grand intérêt pour les résonances particulières des cloches, le titre fait doublement référence aux bourdons des églises de Castille, ainsi qu'au nom du roi Wisigoth couronné à Tolède au VIIe siècle. A partir d'un balancement rythmique régulier qui lui confère une allure solennelle, *Wamba* égrène lentement des harmoniques qui, par accumulation, convergent vers des agrégats de plus en plus riches. Dans un esprit très différent, *Conga* est marquée par les rythmes afro-cubains, Ohana — très attaché à « la mémoire immémoriale » des mythes — empruntant ici au rite « Congo » le principe d'une danse extatique.

A.P.

JOHANN PACHELBEL

Baptisé à Nuremberg, le 1er septembre 1653 ; mort à Nuremberg, le 6 ou 7 mars 1706. On n'a pas de détails précis sur ses années de jeunesse. A-t-il réellement vécu à Vienne et à Regensburg (Ratisbonne) ? A-t-il travaillé avec Kerll ? Ce ne sont là que des suppositions. Quoi qu'il en soit, il débuta dans la carrière musicale après de brèves études générales à l'université d'Altdorf. Organiste à Eisenach en 1677 et à Erfurt en 1678, il y rencontra la famille Bach. Appelé en 1690 à Stuttgart par la cour de Wurtemberg, Pachelbel dut fuir deux ans plus tard devant l'invasion française et se retrouva organiste de la cour de Gotha. Nommé organiste de Saint-Sebald à Nuremberg en 1695, il termina sa vie dans sa ville natale. Quatre de ses fils furent d'excellents musiciens : l'un d'eux, Charles-Théodore, qui vécut à Boston et à New York, fut un ambassadeur de la culture musicale européenne dans les colonies anglaises d'Amérique. Artiste remarquable et très fécond, Pachelbel reste un des plus grands compositeurs de la génération précédant immédiatement celle de J.-S. Bach, sur lequel il exerça une profonde influence.

L'œuvre de clavecin

La production de Pachelbel est très vaste, car il s'est attaqué à de nombreux genres musicaux : musique sacrée, musique pour orgue (toccatas, préludes, fantaisies, chaconnes, chorals, chorals variés, etc.) et pour clavecin, musique de chambre. Sa musique de clavecin se compose principalement de suites, de variations, de fugues. Il laisse surtout vingt et une suites, dix-sept d'entre elles étant datées de 1683, et des arias avec variations réunies dans un recueil de 1699 intitulé *Hexachordium Apollinis, sex arias exhibens... quam singulis suae sunt subjectae variationes.*

Comme son titre l'indique, **Hexachordium Apollinis** regroupe six arias suivies de variations qui peuvent être jouées indifféremment à l'orgue ou au clavecin. Quatre arias sont accompagnées de six variations (*Arias prima, tertia, quarta* et *quinta*), l'*Aria seconda* ne donne lieu qu'à cinq variations, et la sixième aria, l'*Aria sebaldina* (qui doit sans doute son nom à l'église Saint-Sebald de Nuremberg où Pachelbel était organiste) est à l'origine de huit variations, — certainement les plus intéressantes. Ces variations sont dans l'ensemble des pièces relativement courtes à l'intérieur desquelles se déploie toute la variété des figures mélodiques et rythmiques propres à l'art de la variation, ou tout au moins comme le concevaient les compositeurs de la fin du XVIIe siècle. Le thème, qui apparaît tantôt dans les parties supérieures, tantôt dans les voix de basse, est accompagné de dessins divers qui se font de plus en plus brillants au fur et à mesure des variations. Dans ce recueil qu'il accompagne d'une préface dans laquelle il rend hommage à ses contemporains (à Buxtehude notamment), Pachelbel se révèle un maître du clavier à la fois élégant et solide, habité par une inspiration soutenue et un sens architectural indiscutable.

Dans ses **Suites pour clavecin**, dont beaucoup sont d'essence française, Pachelbel respecte la construction traditionnelle : allemande-courante-sarabande-gigue (qu'il nomme « Gyque »). Au milieu de ces morceaux essentiels, il intercale çà et là différentes pièces comme une aria, une gavotte ou un ballet. La *Suite en* sol *mineur* contient un « Ballett » qui ressemble à une danse vive et carrée à quatre temps. Toutes ces pages, parfois très courtes (les deux gavottes de la *Suite en* la *mineur* n'ont respectivement que quatre et huit mesures), sont des pièces binaires dont les deux parties sont séparées par des doubles barres. Allemandes, courantes et sarabandes sont généralement très écrites dans un contrepoint serré. Certaines sont de style français (*Allemande en* sol *mineur* ou *Sarabande en* mi *mineur*), d'autres annoncent maintes formules que l'on retrouvera chez J.-S. Bach (allemande de la *Suite en* mi *majeur*). Les courantes sont le plus souvent des pièces rapides, tandis que les gigues reprennent différents aspects : la *Gigue en* mi *mineur* est une danse à 12/8 dont les entrées se succèdent en imitations, la *Gigue en* mi *majeur* un morceau dépouillé qui n'a pas vraiment le caractère de la gigue ; et, avec les notes répétées de son thème alerte, la première partie de la *Gigue en* sol *mineur* ressemble à une petite fugue. Certaines pièces, enfin, sont suivies d'un double ou de variations : la *Sarabande à la manière française* de la *Suite en* mi *mineur* est accompagnée de son *Double*, tandis que la deuxième gavotte et la sarabande de la *Suite en la* mi*neur* sont suivies de variations qui ne sont que le développement de l'original.

A. d. P.

IGNAZ JAN PADEREWSKI

Né à Kurilowka, en Podolie, le 18 novembre 1860 ; mort à New York, le 29 juin 1941. Il étudia le piano successivement avec plusieurs professeurs : Strobl, Janota et Schloezer à l'Institut Musical de Varsovie, puis Leschetitski à Vienne. Il fut aussi, à Berlin, élève de Kiel en composition et de Urban en orchestration. Après avoir été professeur pendant un an au Conservatoire de Strasbourg, il entama, à partir de 1887, une carrière de virtuose et devint l'un des pianistes de sa génération les plus adulés dans le monde entier. Il se spécialisa dans le répertoire romantique, — et tout particulièrement dans Chopin, dont il assura par la suite (1935-1940) l'édition intégrale des œuvres, qui continue à faire autorité. Homme de contacts, excellent tribun, il eut ce sort — relativement rare pour un musicien — de jouer un rôle politique, devenant, en 1919, ministre polonais des Affaires étrangères. Il interrompit alors provisoirement ses activités musicales, mais les reprit bientôt, après avoir abandonné ses fonctions en 1921. Néanmoins vers la fin de sa vie, en 1940, il fut encore, à Paris, président du Comité Polonais en exil. Comme compositeur, il a laissé un opéra, Manru, *une symphonie, un concerto ainsi qu'une* Fantaisie polonaise *pour piano et orchestre, et un certain nombre de pièces pour piano seul.*

L'œuvre de piano

L'une de ces pièces surtout, le **Menuet en *sol* majeur** *(op. 14)*, extrait d'une suite de six morceaux intitulée *Humoresque de concert*, est devenu mondialement célèbre, et reste à peu près sa seule œuvre qui ait survécu. C'est un morceau de salon, élégant, très pianistique, plus brillant que difficile. Parmi les autres compositions de Paderewski, on citera la *Sonate en* mi *bémol mineur*, les *Variations en* la *majeur* extraites des *Miscelannea (op. 16)*, ainsi que les *Danses polonaises* (*op. 5* et *op. 9*) : comme tous les compositeurs polonais, Paderewski s'est intéressé au folklore de son pays, particulièrement aux chants des montagnards des Tatras. Par ailleurs, il a toujours conservé un langage harmonique traditionnel, et son écriture pianistique reste plus sobre, moins extérieurement virtuose que ne l'est généralement celle des pianistes-compositeurs.

A.L.

HANS PFITZNER

Né à Moscou, le 5 mai 1869 ; mort à Salzbourg, le 22 mai 1949. Ce compositeur allemand — qui, grâce à son opéra Palestrina, *conserve une audience dans son pays mais ne s'est jamais imposé à l'étranger — se présente comme le musicien le plus farouchement réactionnaire de la première moitié du XXe siècle. Il fut élève du Conservatoire de Francfort entre 1886 et 1890, puis devint en 1892 professeur au Conservatoire de Coblence, et en 1894 chef d'orchestre au théâtre de Mayence. Il enseignera ensuite à Berlin et à Munich, avant d'être, de 1908 à 1916, directeur du Conservatoire et de l'Opéra de Stras-*

bourg. C'est en 1917 que fut créé à Munich, sous la direction de Bruno Walter, Palestrina, — ouvrage dramatique le plus significatif de son esthétique conservatrice : fidélité à la tradition de l'opéra wagnérien (on parla d'un nouveau Parsifal), hommage rendu à la polyphonie de la Renaissance à travers la figure de Palestrina. Imprégné de la philosophie schopenhauérienne, ennemi des recherches d'un Schönberg ou d'un Busoni (contre lequel il décocha son pamphlet le Danger futuriste), Pfitzner se considéra comme le dernier survivant, dans un monde en délire, du romantisme musical allemand. D'une production comportant cinq opéras, des œuvres symphoniques et chorales, divers concertos, de la musique de chambre et plus de cent mélodies, nous retenons ici — pour le piano seul — cinq Klavierstücke, qui méritent un bref commentaire.

Cinq Pièces pour piano (op. 47)

Elles furent écrites en 1941, — le compositeur ayant atteint soixante-douze ans (Rappelons que Pfitzner avait produit un Concerto pour piano en mi bémol majeur une vingtaine d'années auparavant*). Les cinq pièces portent des titres parfois métaphoriques, — Letztes Aufbäumen (« Dernière rébellion »), Ausgelassenheit (« Turbulence »), Hieroglyphe, Zerrissenheit (« Déchirement »), Melodie ; plus d'un reflète l'attitude d'un musicien se réfugiant dans un romantisme désenchanté face aux cruelles réalités du moment. Et c'est sans doute ce qui nuit le plus à l'ensemble du recueil, — dont seuls les troisième et cinquième numéros présentent un intérêt marqué : Hieroglyphe et son climat de mystère raréfié, Melodie dans un fa dièse majeur qui semble un hommage à Schumann. On ne saurait dissimuler, en ce qui concerne les autres pièces, une absence navrante de personnalité, — la substance thématique paraissant procéder par « clichés » et s'anémier au fil du discours ; et la pâleur de la réalisation pianistique ne peut racheter ce qu'eût pu exprimer — sur le mode de la révolte et non du renoncement — un compositeur qui, sa vie durant, avait su lutter pour défendre ses principes artistiques.

Les cinq Klavierstücke ne s'écouteront donc vraiment qu'au titre d'un témoignage de l'irréversible déclin du piano romantique, en plein cœur du XXe siècle.

F.R.T.

PETER PHILIPS

Né à Londres, vers 1560 ; mort à Bruxelles, en 1628. Écclésiastique formé à la cathédrale Saint-Paul de Londres, il fait partie de ces musiciens anglais qui, par fidélité à leur foi catholique, ont fui l'Angleterre pour trouver refuge sur le continent. Installé d'abord à Rome, puis définitivement aux Pays-Bas — Anvers et Bruxelles —, il fut, avec Byrd, l'un des compositeurs anglais les plus publiés de son temps. Poursuivi par l'animosité de la reine Élisabeth d'Angleterre, arrêté et emprisonné, il composa pendant son séjour en prison deux de ses plus belles pièces : Pavana Doloroso *et* Galiarda Dolorosa, *datées de 1593 et insérées dans le* Fitzwilliam Virginal Book. *Admiré par Sweelinck, et influencé par l'Italie autant que par les Pays-Bas, Peter Philips perfectionna la technique du virginal par l'application de procédés propres au madrigal.*

L'œuvre de clavier

L'œuvre pour virginal de Philips se compose essentiellement des dix-neuf pièces regroupées dans le Fitzwilliam Virginal Book, — soit huit pavanes et gaillardes, deux fantaisies et, surtout, neuf transcriptions de madrigaux et de chansons de Luca Marenzio (Tirsi, Freno, Cosi moriro, Fece da voi), d'Alessandro Striggio (Chi fara fede al Cielo), de Roland de Lassus (Bon Jour mo Cueur, Margott Laborez, Le Rossignuol), et

---

* On peut donc dire que Pfitzner — bien que pianiste — écrivit pour le piano aussi peu que Richard Strauss, son presque exact contemporain : mais, à l'inverse de Strauss, il attendit l'âge mûr.

de Giulio Caccini *(Amarilli)*, transcriptions dont il s'était fait en quelque sorte une spécialité. Il est intéressant de constater que dix de ces pages sont datées : la plus ancienne est une pavane de 1580, qui permit à son auteur d'acquérir une certaine notoriété. Les autres pièces datées sont la *Passamezzo Pavana* et la *Galiarda Passamezzo* (1592), *Bon Jour mo Cueur* (1602), la *Pavana Doloroso* et la *Galiarda Dolorosa* (1593), *Amarilli* (1603), *Margott Laborez* (1605), *Le Rossignuol* (1595), et une fantaisie de 1582.

Les deux **fantaisies** restent dans la tradition de la « fancy » anglaise, amplification du ricercare. Elles débutent par un épisode en contrepoint imitatif où le thème s'impose de voix en voix. La *Fantasia* de 1582 (pièce LXXXVIII du *Fitzwilliam Virginal Book*) semble être une adaptation claire et ornementée d'une œuvre de polyphonie vocale de style italien. Cette pièce date de l'époque de l'installation de Peter Philips à Rome. Parmi les **pavanes,** la *Pavana Pagget* et la *Pavana Doloroso* sont les plus remarquables : l'écriture contrapuntique et polyphonique, d'une grande richesse, est splendide. A côté du titre de la *Pavana Doloroso* se trouve, en abrégé, le nom de Tregian, le « copiste » du *Fitzwilliam Virginal Book*. C'est en effet Francis Tregian qui a recueilli et transcrit dans ce recueil quelque quatre cents pièces de ses contemporains. Serait-il alors à l'origine du thème de la pavane, — comme le titre semblerait l'indiquer ? Dès les premières mesures de cette pièce, on est frappé par la noblesse de l'ensemble. Chromatisme et dissonances viennent intensifier l'émotion et le sentiment d'angoisse de Peter Philips, emprisonné à l'époque de la composition de cette pièce.

Quant aux **transcriptions,** Peter Philips, lui-même auteur de madrigaux, réussit parfaitement à adapter au clavier l'écriture du madrigal et de la chanson polyphonique. Il fait le travail harmonique, et colore la trame mélodique en ajoutant des « coloratures ». Celles-ci restent sobres dans *Amarilli* (d'après Caccini), mais se développent dans *Margott Laborez* (de Lassus), au point de noyer l'original : gammes rapides, octaves et accords brisés, traits de triolets, emploi de trilles qui comblent les vides sonores, superpositions rythmiques, utilisation à la main gauche d'une figure d'accompagnement qui annonce curieusement la basse d'Alberti des pianistes. *Le Rossignuol* est une adaptation plus timide de la chanson de Lassus : ici, Peter Philips se base essentiellement sur des figurations mélodiques comme les broderies, ainsi que sur des gammes rapides à l'italienne et sur quelques figures rythmiques ternaires.

A. d. P.

GABRIEL PIERNÉ

Né à Metz, le 16 août 1863 ; mort à Ploujean (Finistère), le 17 juillet 1937. Condisciple de Debussy au Conservatoire de Paris, élève de Massenet et de César Franck, Pierné remporte le Prix de Rome en 1883. Il succède à Franck à l'orgue de Sainte-Clotilde en 1890. Chef des Concerts Colonne en 1910, membre de l'institut en 1924, c'est un chef d'orchestre prestigieux, grand interprète de Debussy, de Ravel, ardent défenseur de la musique contemporaine (il crée l'Oiseau de feu *de Stravinski en 1910). Il aborde avec le même bonheur tous les genres. Au théâtre il donne* On ne badine pas avec l'amour *(1910,* Sophie Arnould *(1927),* Fragonard *(1934), écrits dans la tradition de Massenet. Ses ballets (*Cydalise et le Chèvre-pied, *1919,* Impressions de Music-hall, *1927,* Giration, *1935) révèlent des dons exceptionnels d'orchestrateur. Il est l'auteur de grandes fresques chorales* (L'An Mil, la Croisade des enfants, Saint François d'Assise).

Pierné a laissé une cinquantaine de pièces pour piano, parfois groupées en recueils (ainsi les *Quinze Pièces, l'Album pour mes petits amis,* les *Airs à danser* et les *Six Pièces posthumes*). « L'habileté et la légèreté toutes françaises avec lesquelles Pierné, interprète, touchait l'ivoire, se reflète dans la nature de ses compositions pianistiques : phrase ciselée, aimable, brillante, distinguée, parfois volubile ; ajoutons-y équilibre et concision de la forme » (Georges Masson). A vingt ans il publie ses premières compositions, les *Quinze Pièces*, qui ne dépassent guère le niveau d'une jolie musique de salon ; les pages brèves composées dans les années 1890 s'apparentent aux feuillets d'album à la mode : citons l'ingénieuse *Etude de concert*, en *ut* mineur *(op. 13)* l'*Album pour mes petits amis* (dédié aux enfants d'Edmond Rostand et de Rosemonde Gérard, — où figure la célèbre *Marche des Petits soldats de plomb)*, l'*Humoresque op. 17* (dédiée à F. Planté), *Almée op. 18*, la jolie *Rêverie op. 20, Improvisata op. 22*, la *Pantomime op. 24*, la *Mazurka* et le *Scherzando op. 29*. Un *Nocturne op. 31* se souvient de Chopin, la *Sérénade à Izeyl* de Saint-Saëns, la *Bagatelle op. 33* de Fauré. Les *Six Airs à danser du Ballet de Cour* (où figure un joli *Passamezzo)* annoncent plutôt le Poulenc de la *Suite française*. Enfin les **Six Pièces** composées en 1935 montrent l'évolution étonnante d'un homme de soixante-douze ans à l'écoute de son temps : ainsi le *Prélude* lugubre, hommage à P. Dukas, la *Poupée mécanique de Debussy*, bien proche du *Children's Corner*, *Mendelssohnia*, une « Romance sans paroles » aux sonorités étranges, un *Tombeau* en hommage au maître César Franck, et un amusant *Gulliver au pays de Lilliput*, avec ses dissonances cocasses. Parmi les grandes œuvres retenons les **Trois Pièces formant suite de concert op. 40** (1903), qui comprennent un vigoureux *Preludio e Fughetta* (dédié à Raoul Pugno), un *Nocturne en forme de valse*, avec ses curieuses hésitations tonales, et une *Etude Symphonique* (dédiée à E. Risler).

Variations en *ut* mineur (op. 42)

Elles sont le fruit d'un choc esthétique : en 1918 Pierné découvre, grâce à Alfred Cortot, la suite d'*Iberia* d'Albeniz. Frappé par la nouveauté de cette musique, il s'en inspire pour écrire l'année suivante sa meilleure œuvre dédiée au piano, — ces *Variations* d'une conception grandiose, qui révèlent un homme très sensible aux transformations du langage musical de son temps.

Le thème, funèbre et solennel, est une ample cantilène exposée en octaves aux deux mains, qui regroupe quatre fois quatre mesures. Les cinq premières variations, brèves, respectent cette carrure : la première, notée sur trois portées, offre un accompagnement de triolets, repris dans la seconde, plus animée, au chromatisme plus insistant. La troisième traduit en *ut* majeur une poésie sereine, — tandis que la quatrième, mystérieuse et lointaine, paraît singulièrement proche de l'univers debussyste. Le thème revient en *mi* bémol majeur, effiloché sur de longs arpèges (*lent*, à 3/4), dans la brève cinquième variation. Les trois dernières variations sont plus importantes : la sixième débute sur un petit fugato pimpant, issu, semble-t-il, de *Cydalise et le Chèvre-pied* ; il vient à plusieurs reprises interrompre les rappels du thème initial, qui réapparait dans toute sa puissance au relatif majeur. La septième variation, en *mi* majeur (*très lent*, à 3/4), comprend deux épisodes : l'un s'appuyant sur le rythme pointé du thème, l'autre sur sa courbe mélodique. La huitième variation (*le double plus vite*, à 3/4), la plus ample, se développe peu à peu dans l'esprit d'une moderne toccata, tel un tourbillon obsédant, dans un large crescendo d'intensité et de virtuosité. Enfin le thème triomphe dans un déferlement d'octaves, — avant d'être balayé dans la coda.

La **Passacaille, Étude de concert op. 52** (1934), s'inspire visiblement de la *Passacaille* pour orgue de Bach : la basse est presque la même. Les dix-sept variations et la fugue conclusive présentent une écriture ingénieuse : l'académisme des années 1890 rejoint sans effort le néo-classicisme des années 1930..

J.A.M.

IGNAZ PLEYEL

Né à Ruppersthal, en Basse-Autriche, le 1er juin 1757 ; mort à Paris, le 14 novembre 1831. Cet artiste d'origine autrichienne, protégé par le comte Erdödy, dont il deviendra maître de chapelle, débute avec Joseph Haydn avant d'entreprendre plusieurs voyages en Italie pour y parfaire ses études musicales. On le trouve en 1783 à Strasbourg, où il est assistant du maître de chapelle de la cathédrale, Franz Xaver Richter, auquel il succède en 1789. Fuyant les secousses de la Révolution, il se rend à Londres en décembre 1791. Il y restera cinq mois, regagnant le sol français en 1792 : Strasbourg d'abord, puis Paris où il se fixe en 1795. Pleyel y fonde une maison d'édition qui survivra jusqu'au milieu du XIXe siècle, et en 1807 une fabrique de pianos qui deviendra, avec celle d'Erard, l'une des premières d'Europe. Ses « pianos ne laissent rien à désirer, tant pour la qualité du son, que pour la solidité et le fini de la main d'œuvre », déclarait en 1809 un chroniqueur du Journal de Paris. Jusqu'à sa mort, Pleyel fut une des grandes personnalités du monde musical parisien. C'est son fils Camille qui lui succéda en 1824. On lui doit une quarantaine de symphonies — le meilleur de son œuvre —, quelques concertos, de nombreuses pages de musique de chambre, de la musique vocale, des pièces pour piano et une méthode de piano.

En comparaison de son œuvre symphonique, la musique de piano de Pleyel est de moindre importance. La plupart de ses partitions pour clavecin ou piano-forte comportent un accompagnement de violon : ce sont plusieurs collections de *Petits airs et rondeaux d'une exécution facile...*, destinées à l'usage des jeunes élèves et publiées à Paris entre 1791 et 1794, ainsi que diverses petites pièces, des sonates, des sonates à quatre mains et quelques variations. Sacrifiant à la mode, Pleyel composa aussi des « tableaux révolutionnaires », comme cette *Révolution du 10 août 1792, ou le Toscin allégorique pour piano-forte*, daté de Strasbourg le 10 août 1793.

Méthode pour le piano-forte

Écrite par Pleyel en collaboration avec Dussek, la *Méthode pour le piano-forte, contenant les principes du doigter* fut éditée par ses soins dans les dernières années du XVIIIe siècle. Sa publication fut annoncée dans les *Affiches, Annonces et Avis divers* du 10 janvier 1797. Cette méthode est importante et intéressante, car sa composition se situe à ce moment de l'histoire de la musique où l'on prit conscience de l'utilité d'un effort de structuration de l'éducation musicale. Effort qui se concrétisa, notamment, avec la création du Conservatoire de Paris en 1795. En même temps, on songea à codifier les principes techniques propres à chaque instrument, en les réunissant dans de vastes méthodes. L'ouvrage de Pleyel et Dussek représente l'un des premiers exemples de codification des règles fondamentales de l'art du piano-forte. Il contient plusieurs parties divisées en leçons : explications des notes, de leurs signes, de leur valeur ; explication de la mesure, des différentes clefs, des intervalles, des tons et des modes ; description de la meilleure position de la main sur le clavier. La neuvième leçon s'attarde sur les agréments, et sur l'expression et le goût en matière d'agréments. Mais le chapitre essentiel, et le plus développé, concerne les *règles du doigter*, — ordonnées d'abord autour de l'étude des gammes. C'est avec cette méthode que ces règles commencent à être rassemblées de façon raisonnée : en réalité, plus que d'une méthode de piano-forte proprement dite, il s'agit surtout ici d'un « traité du doigter », comme le précisent les auteurs, qui insistent : « Nous supplions les élèves d'étudier les règles ci-dessus avec la plus sévère attention ». L'ouvrage se termine par une série de petits airs de difficulté graduée, exercices récréatifs offerts à l'élève, et par une brève méthode de la manière d'accorder le piano-forte.

A. d. P.

FRANCIS POULENC

Né à Paris, le 7 janvier 1899 ; mort à Paris, le 30 janvier 1963. Parisien de cœur et d'ascendance, né dans une famille où l'on aimait et pratiquait la musique, il commence à étudier le piano dès l'âge de cinq ans. Parallèlement à ses études secondaires, il se perfectionne au piano avec Ricardo Viñes, grand interprète de Debussy et de Ravel : « Je lui dois tout », disait volontiers Poulenc. C'est chez Viñes qu'il rencontre Erik Satie, dont il subit fortement l'influence. Le 11 décembre 1917, quelques semaines avant sa mobilisation, il connaît son premier grand succès auprès du public parisien avec la création de sa Rhapsodie nègre au Théâtre du Vieux-Colombier, puis adhère en 1919 (avec Auric, Louis Durey, Honegger, Milhaud et Germaine Taillefer) au fameux Groupe des Six. Aucune esthétique commune ne réunissait ces six jeunes musiciens, mais plutôt une grande amitié et des affinités de goût. Pour combler des lacunes techniques, Poulenc décide dès 1921, sur les conseils de Milhaud, de travailler la composition avec Charles Koechlin, — ce qui lui permet de consolider son métier et de connaître de nouveaux succès : le ballet les Biches *(1924)*, le Concert champêtre *pour clavecin (1929)*, ou Aubade, *concerto chorégraphique (1930)*. Mais c'est dans le domaine de la musique vocale que Poulenc donne le meilleur de lui-même : il a considérablement enrichi le répertoire de la mélodie française, — recherchant toujours les plus beaux textes de poètes anciens ou contemporains, Charles d'Orléans, ou Eluard, Max Jacob, Apollinaire, Aragon, Cocteau, etc. En même temps, il est attiré par la musique religieuse, et compose dès 1935 sa première œuvre chorale, les Litanies à la Vierge noire. Réussissant à amalgamer l'ironie et la gravité, la gaieté et la mélancolie, la spontanéité et le raffinement, il écrit des pages marquantes telles que les Mamelles de Tirésias, *opéra-bouffe sur des paroles d'Apollinaire (1944)*, un Stabat Mater *(1951)*, les Dialogues des Carmélites, *opéra sur un livret de Bernanos (1957)*, ou la Voix humaine, *« concerto pour voix et orchestre » sur un texte de Cocteau (1959)*. Poulenc mourra subitement à Paris, en 1963. Il aura laissé une musique très française, tour à tour gracieuse, naturelle, légère, grave et subtile. « Amoureux de la vie, mélancolique et sereinement mystique, à la fois moine et mauvais garçon », — ainsi le décrivit Stéphane Audel.

L'œuvre de piano

Poulenc était un excellent pianiste : le piano était pour lui un moyen d'expression naturel. Ce goût de l'instrument lui venait de sa mère, délicate interprète de Mozart, de Schumann, de Chopin et de Schubert. Mais plusieurs influences furent déterminantes, à ses débuts : celles de Viñes, de Satie et de Stravinski. La rencontre avec Ricardo Viñes, le créateur de ses premières œuvres, fut une date décisive dans la vie de Poulenc. Henri Hell* souligne, à ce propos, que « l'influence technique de Viñes sur l'écriture pianistique de Poulenc est indéniable ». De Viñes, le compositeur hérita un style clair mais coloré, et un art subtil et maîtrisé de l'emploi de la pédale : « le jeu des pédales, le facteur essentiel de la musique moderne, personne ne l'indiquait mieux que Viñes. Il arrivait à jouer clair dans un flot de pédale ! Et quelle science dans le staccato opposé à un legato absolu », confiait-il. De Satie, rencontré en 1916 chez Viñes, Poulenc tint son sens de l'ironie, l'équilibre, la simplicité et la pureté de ses mélodies, — teintées de poésie,

de charme ou de verve populaire. De Stravinski, il disait parfois : « Rien ne m'enorgueillit davantage que... de lui devoir le plus clair de mon langage musical ». On pourrait aussi noter, dans sa musique de piano, les influences conjuguées de Debussy, de Chabrier, de Ravel, et celle des clavecinistes français du XVIIIe siècle qu'il admirait profondément.

Poulenc laisse une musique de piano relativement abondante, mais de qualité inégale. Ce n'est d'ailleurs pas la partie de son œuvre qu'il préférait. Curieusement, si c'est grâce au piano qu'il découvrit la musique, « l'instrument où il semblait qu'il dût trouver son expression la plus naturelle n'a pas donné naissance à ses œuvres les plus éclatantes, les plus significatives, les plus importantes », constate Henri Hell**.

Sa première pièce, Processionnal pour la crémation d'un mandarin, « visiblement inspirée du Rossignol de Stravinski », comme il l'avouait lui-même, date de 1914, — époque de ses débuts avec Ricardo Viñes. Elle fut suivie, en 1916, par des *Préludes* demeurés inédits, et, en 1917, par une *Pastorale* dédiée à Viñes, et intégrée plus tard dans le cycle des *Trois Pièces* parues en 1928.

---

* Henri Hell, Francis Poulenc, musicien français (Éd. Fayard, Paris, 1978).

** *Op. cit.*

Mouvements perpétuels

Les *Mouvements perpétuels,* écrits à Paris en décembre 1918, contribuèrent pour une large part à faire connaître Poulenc, — lui apportant d'emblée la célébrité. Ils sont dédiés à Valentine Gross, future femme du peintre Jean Hugo, chez laquelle Poulenc avait rencontré pour la première fois Apollinaire et Stravinski. C'est Ricardo Viñes qui les créa en 1919 lors d'un concert du groupe « Lyre et Palette », qui réunissait dans un atelier de Montparnasse les jeunes musiciens du Groupe des Six et des peintres comme Braque, Modigliani ou Picasso. Ces trois pièces brèves, que leur auteur jugeait « ultra-faciles », se ressentent à la fois de l'influence du Satie des *Gymnopédies* et de celle d'un certain classicisme nourri par les clavecinistes français du XVIIIe siècle. Le thème du premier mouvement, sur un rythme « balancé, modéré », est enfoui dans un halo sonore reposant sur une basse immuable que Poulenc jouait « en général sans nuance ». Le second mouvement est « modéré » : à son motif initial « indifférent », répond un thème « très chanté », puis une phrase légèrement timbrée qui mène à une ironique conclusion sur un glissando. La clarté des sujets de la troisième pièce,

au rythme « alerte », vif et constamment changeant, évoque la musique de Satie « si simple, si crue, si naïvement savante », comme disait Poulenc.

Sonate à quatre mains

Composée la même année (1918), la *Sonate à quatre mains* fut publiée en 1919 à Londres, chez Chester. Elle comprend trois mouvements brefs, faits de cette clarté et de cette transparence chère à Poulenc. Nul mieux qu'Ernest Ansermet n'a sans doute décrit cette œuvre conçue « dans un style mélodique et harmonique très clair et concis, dépouillé et cru, qui dénote une connaissance réfléchie de Stravinski, mais animé d'un esprit très français : ce même esprit de finesse qu'il y a dans Ravel, quoique autrement manifeste, un peu de la gaieté de Satie (voyez le *Finale*), et ici et là un certain abandon (sixième mesure du *Rustique*) qui fait penser à Chabrier »... Quelques réminiscences de chansons populaires françaises apportent à cette *Sonate* une autre touche de jovialité.

En 1919 encore, Poulenc fit éditer à Paris, chez Eschig, une *Valse,* et en 1920 il fit paraître à Londres, chez Chester, deux œuvres de quelque intérêt : *Cinq Impromptus* et une *Suite en ut.* Les **Cinq Impromptus,** dédiés à Marcelle Meyer, l'une des plus brillantes élèves de Viñes, furent créés par ce dernier à l'un des concerts de « Lyre et Palette ». Ce sont des pièces pleines de clarté et de grâce spontanée. On retrouve cette même clarté dans les trois mouvements *(Presto, Andante* et *Vif)* de la **Suite en ut,** dédiée à Viñes, dont la simplification mélodique évoque irrésistiblement Satie.

Promenades

Les dix *Promenades,* écrites en 1921 pour le pianiste Arthur Rubinstein, ont été publiées en 1924 à Londres, chez Chester. Ce sont dix pièces, ou plutôt dix croquis sonores au langage harmonique solide, — qui dépeignent différents moyens de locomotion. Dans une lettre au musicologue belge Paul Collaer, Poulenc donnait en juillet 1921 la clef de ces courts tableaux : « Les dix promenades étant considérées par moi comme dix variations sur dix thèmes différents (un pour chaque promenade), la technique spéciale de chaque numéro achèvera de faire « trompe-l'oreille », vu qu'il y en aura un en tierces, un autre en octaves répétées, etc., etc. Ainsi j'obtiendrai un semblant d'unité »... La premenade *A pied* est nonchalante, sur son balancement rythmique :

Le promenade *En auto,* « très agité », s'effectue sur des doubles croches trépidantes, apaisées au centre par les arabesques d'un épisode intitulé « Chopin », et s'achève sur la pirouette d'un glissando et d'un trille. L'interprète se promène *A cheval* sur un rythme « modéré » et « bien chanté », *En bateau* dans un tumulte sonore de traits variés en bourrasque, *En avion* sur des sonorités dissonantes et dans un mouvement lent, calme et régulier. Le voyage *En autobus* se fait sur les trépidations d'accords sonores en demi-tons « con fuoco » ; il se poursuit lentement *En voiture,* puis vivement *En chemin de fer* et *A bicyclette,* pour se conclure paisiblement, et mélancoliquement, *En diligence.*

Napoli

La suite *Napoli,* écrite en 1925, parut à Paris chez l'éditeur Rouart-Lerolle. Composée au retour d'un voyage que Poulenc effectua en Italie avec Darius Milhaud en 1924, elle fut dédiée à la pianiste Juliette Meerovitch, élève de Cortot. Elle est constituée de trois morceaux, *Barcarolle, Nocturne* et *Caprice italien,* qui, selon Henri Hell*, sont « ce que Poulenc a écrit de plus faible, de moins personnel, pour le piano ». Pour Cortot**, au contraire, la suite « mérite par maints détails de s'inscrire au nombre des réalisations qui font juste mesure aux rares qualités du talent de Poulenc ». Les deux premières pièces sont brèves, on y découvre la fugacité d'un thème commun. Le *Caprice italien,* que Poulenc avait conçu « dans le genre de la *Bourrée fantasque* », et qui selon lui faisait « pas mal d'effet », est plus développé. C'est une page brillante à la verve truculente, qui a la faveur de tous les pianistes.

La **Pastourelle,** publiée à Londres chez Chester, et datée de 1927, est une de ses pièces que Poulenc jugeait maudite parce que trop ressassée. « Je ne peux plus l'entendre, excepté jouée par Horowitz qui lui donne chaque fois une fraîcheur nouvelle », confia-t-il plus tard à Stéphane Audel. C'est pourtant une œuvre délicieuse, — version pour piano d'un ballet écrit en collaboration avec d'autres compositeurs à la demande de Madame Renée Dubost : *L'Éventail de Jeanne.* A noter que c'est Ravel qui composa la *Fanfare* ouvrant le ballet.

Éditées à Londres, chez Chester, à la même époque, les deux **Novelettes** figurent parmi les pages les plus réussies de Poulenc. Il n'y a ici « plus aucune trace de naïveté, ni de gaucherie », note Henri Hell***. L'écriture est considérablement affermie. » La première *Novelette,* datée de 1927, est une pièce expressive, pleine de poésie ; la seconde, de 1928, très animée, brille par son caractère spirituel et narquois, débordant de malice.

Trois Pièces

Deux des *Trois Pièces* — *Pastorale, Toccata, Hymne* —, parues à Paris chez Heugel, furent écrites en 1928. La *Pastorale,* dédiée à Ricardo Viñes, avait été cependant composée « un an avant les *Mouvements perpétuels,* soit en 1917 », précisait Poulenc ; qui ajoutait : « Elle faisait partie d'une suite de trois pastorales. En 1929, Alfredo Casella m'ayant demandé pourquoi j'avais mis au rancard les pastorales, je refis la première, que j'accompagnai d'une *Toccata* — très connue grâce à l'interprétation inouïe d'Horowitz — et d'un *Hymne* — proche parent de mon *Concert champêtre* — que l'on joue trop rarement. » La *Toccata* resplendit d'un entrain vif et pétillant, d'une écriture à la virtuosité éblouissante. L'*Hymne* est une page lyrique, entrecoupée, selon Cortot, « par une sorte d'intermède vocalisant » qui se ressent, dans son rythme, de l'influence de Stravinski ; alors que son intensité mélodique tient, d'après Henri Hell, de Chopin.

L'année 1929 fut marquée par la composition d'un *Hommage à Albert Roussel,* publié à Paris chez Leduc, et par celle du premier des huit *Nocturnes.*

Nocturnes

Les huit *Nocturnes,* dont la composition s'échelonne sur une dizaine d'années (1929-1938), ont été édités à Paris chez Heugel. Ce sont des pièces d'expression variée, parmi les meilleures de Poulenc. Le premier *Nocturne,* en *ut* majeur, écrit « pour Suzette », se joue sans traîner. Une sobre mélodie se noie dans une harmonie subtile, et sur l' « accompagnement très estompé et régulier » des croches de la basse. Le second, en *la* majeur, terminé à Paris le 24 décembre 1933, est dédié à Janine Salles. Il porte le titre charmant de *Bal de jeunes filles.* C'est un morceau « très animé » conçu à la manière de Chopin,

---

* *Op. cit.*
** *Alfred Cortot, La musique française de piano* (Presses Universitaires de France, Paris, 1930-1932).

*** *Op. cit.*

avec une conclusion en longs accords très expressifs. Le troisième a été achevé à Malines en 1934. Son rythme obstiné, au tempo « modéré mais sans lenteur », lui donne un caractère très pittoresque. En tête du quatrième *Nocturne*, en *ut* mineur, écrit à Rome en mars 1934, Poulenc a placé comme exergue une phrase du *Visionnaire* de Julien Green, — son dédicataire : son mouvement est « lent, très las et piano ». Le cinquième, en *ré* mineur, intitulé *Phalènes* et dédié à Jean-Michel Franck, est un « presto misterioso » dont le rythme ne se ralentit jamais. Le sixième, en *sol* majeur, a été composé à Noizay, en mai 1934, pour Waldemar Stenger, — dans le style d'une grande improvisation expressive « très calme sans traîner », entrecoupée d'intermèdes murmurés et doux. Poulenc a dédié le septième *Nocturne* à Fred Timar, en août 1935, et l'a également composé dans le genre d'une improvisation qui se laisse aller. Le dernier *Nocturne* est là « pour servir de coda au cycle » : c'est un mouvement « très modéré », calme et lyrique, qui fut achevé à Noizay en décembre 1938.

Improvisations

Les six premières *Improvisations* ont été écrites à Noizay en décembre 1932, les huit autres couvrent les années 1933-1959. Henri Hell* y voit « le meilleur de ce que Poulenc a écrit pour le piano ». Ce sont des courtes pièces très variées et pleines d'invention, dans lesquelles on ne relève aucune construction formelle, mais, au contraire, toute la liberté de l'improvisation. La première *Improvisation*, en *si* mineur, composée pour la pianiste Marguerite Long, débute « presto ritmico » comme une toccata, — avec une partie centrale plus expressive. La deuxième *Improvisation*, en *la* majeur, assez animée, est dédiée à Louis Duffey, et la troisième en *si* mineur, « presto très sec », à Brigitte Manceaux, nièce de Poulenc. L'influence de Chopin éclate dans la quatrième *Improvisation*, en *la* bémol majeur, « presto con fuoco », écrite pour Claude Popelin. La cinquième *Improvisation*, en *la* mineur, dédiée à Georges Auric, repose sur un chromatisme persistant :

Dernière de la série des *Improvisations* datées de 1932, la sixième, en *si* bémol majeur, composée pour le pianiste Jacques Février, se joue « à toute vitesse », à la manière d'une toccata sur des syncopes et des contretemps obsédants. La septième *Improvisation*, en *ut* majeur, achevée à Noizay, en novembre 1933, pour la comtesse de Noailles, est une page d'un étonnant classicisme : son thème suave y est soutenu par une véritable basse d'Alberti. La huitième *Improvisation* en *la* mineur, dédiée à Nora Auric, épouse de Georges Auric, et la neuvième, en *ré* majeur, dédiée à Thérèse Dorny, sont des pièces piquantes par leur ironie et leur malice ; elles ont été écrites à Noizay en 1934. La dixième, en *fa* majeur, datée de Paris septembre 1934, est intitulée *École des gammes*; son dédicataire est Jacques Lerolle. La onzième et la douzième *Improvisations*, en *sol* mineur et en *mi* bémol majeur, ont été composées en 1941. La douzième est un *Hommage à Schubert*. Les deux suivantes, en *la* mineur et en *ré* bémol majeur, furent terminées en 1958. C'est par un *Hommage à Édith Piaf* que Poulenc a conclu, en 1959, sa série d'*Improvisations*.

Les années 1933-1937 furent très fécondes dans le domaine du piano : Poulenc était alors en pleine possession de son métier. Dès 1933 voient le jour de petites pièces enfantines réunies sous le titre de *Villageoises (Valse tyrolienne, Staccato, Rustique, Polka, Petite ronde, Coda)*, et l'œuvre que Henri Hell considérait comme « l'adieu du musicien à sa jeunesse » : les *Feuillets d'album*.

Feuillets d'album

Trois morceaux dans ces *Feuillets d'album : Ariette, Rêve* et *Gigue*. On y trouve toutes les qualités de l'écriture pianistique

---
* *Op. cit.*

de Poulenc : clarté, netteté, simplicité, volubilité, et une certaine aisance naturelle. L'*Ariette*, dédiée à Yvonne Martin, débute en un tempo « décidé » sur un thème charmant qui s'anime tout en conservant son accent de tendresse. Le *Rêve* est écrit pour Madame A. Besson. C'est un « allegretto » tour à tour joyeux, gracieux, espiègle et expressif. La *Gigue*, dédiée à Marcelle Meyer, est une page rapide, légère et incisive, que Poulenc jouait dans une grande clarté « sans pédale ».

En 1934, un *Presto*, deux *Intermezzi* (en *ut* majeur et en *ré* bémol majeur), un *Badinage* et une *Humoresque* se succèdent.

Suite française d'après Claude Gervaise

L'année suivante, Poulenc reçut commande d'une musique de scène pour la pièce d'Édouard Bourdet, *La Reine Margot*. Il s'inspire alors des « danceries » de Claude Gervaise, et harmonise ces danses de la Renaissance « d'une façon piquante et savoureuse ». La version pour piano, la première, est moins connue aujourd'hui que la version orchestrale (que Poulenc ne fit paraître qu'en 1948). L'œuvre, dédiée à Édouard Bourdet, fut achevée à Noizay en octobre 1935.

Sept danses composent cette *Suite française d'après Gervaise* : un *Bransle de Bourgogne* plein d'entrain, « gai, mais sans hâte » ; une *Pavane* grave et mélancolique, au rythme pesant sur des accords de noires et de blanches ; une *Petite marche militaire* ; une *Complainte* aux accents dolents, calmes et nostalgiques ; un *Bransle de Champagne* « mystérieux », sur une écriture à quatre parties que le pianiste doit jouer « de façon très précise en faisant ressortir alternativement l'une des quatre parties » ; une douce *Sicilienne*, et un *Carillon* très gai et très animé, concluent.

Les Soirées de Nazelles

Les Soirées de Nazelles, esquissées en 1930, furent terminées à Noizay le 1er octobre 1936. Poulenc confie qu'il les composa « à la mémoire de ma tante Liénard, en souvenir de Nazelles ». Madame Liénard possédait à Nazelles, près d'Amboise, une charmante maison où Poulenc séjourna souvent. Dans un avertissement, Poulenc nous livre les clés des quatre pièces constituant ces *Soirées de Nazelles* : « Les variations qui forment le centre de cette œuvre ont été composées à Nazelles au cours de longues soirées de campagne où l'auteur jouait aux « portraits » avec des amis groupés autour de son piano. Nous espérons aujourd'hui que, présentées entre un *Préambule* et un *Final*, elles auront le pouvoir d'évoquer ce jeu dans le cadre d'un salon tourangeau, une fenêtre ouverte sur la nuit »... Le *Préambule* est un vaste prélude « extrêmement animé et décidé », dont l'écriture très dense se trouve brisée par quelques épisodes mélancoliques ou légers ; il est conclu par une *Cadence, Largo*, quasi improvisée, dans le style des préludes pour clavecin (accords arpégés et plaqués, gammes rapides, etc.). Les huit *Variations* sont autant de portraits musicaux qui portent des titres : *le Comble de la distinction, le Cœur sur la main, la Désinvolture et la Distinction, la Suite dans les idées, le Charme enjôleur, le Contentement de soi, le Goût du malheur, l'alerte Vieillesse*. Une large *Cadence*, improvisée très librement, sert d'enchaînement à un *Final* qui s'exécute « follement vite » dans une éblouissante virtuosité, — mais que Poulenc voulait « très précis ». Une coupure centrale facultative et plus modérée mène vers une conclusion calme.

A partir de 1937, Poulenc abandonna peu à peu le piano, — auquel il ne revint qu'épisodiquement : en 1937 avec la *Bourrée au pavillon d'Auvergne* ; en 1940 avec une *Mélancolie* ; en 1943 avec un dernier *Intermezzo*, en *la* bémol majeur ; en 1951 avec un *Thème varié*, « œuvre sérieuse, mais j'espère pas embêtante », disait-il, et avec *l'Embarquement pour Cythère*, valse musette pour deux pianos écrite pour les besoins du film *Le Voyage en Amérique*, pièce charmante et joyeuse qui figure souvent et pour le plus grand plaisir des auditeurs au répertoire des duettistes ; en 1953 avec une *Sonate pour deux pianos* ; enfin, en 1959, avec une *Novelette sur un thème de Manuel de Falla*, tiré de *l'Amour sorcier*. Entre-temps, il avait composé cinq des quinze *Improvisations* (v. précédemment).

Sonate pour deux pianos

Elle fut commencée à Marseille en décembre 1952 et achevée à Noizay au printemps de 1953. Elle est dédiée aux pianistes américains Arthur Gold et Robert Fizdale, fervents interprètes de la musique française. Henri Hell considère cette sonate comme l'une « des œuvres les plus complètes de Poulenc, l'une de celles où on le trouve tout entier ». C'est une œuvre rigoureusement construite, mais en même temps « relativement libérée » qui a, selon Poulenc, « la gravité d'un quatuor à cordes ».

Composée de quatre mouvements, elle débute par un *Prologue* que Poulenc a conçu « non pas comme un premier mouvement de sonate, mais comme un véritable *Prologue.* » Son second thème, « animé », n'est qu'une progression rythmique destinée à faire valoir le lyrisme de la mélodie, « extrêmement lente » en *ut* majeur, qui forme l'épisode central. Deux thèmes donc dans ce premier mouvement : un thème très lent et très calme énoncé dans une nuance presque transparente, puis un thème qui contraste immédiatement par son animation. Au *Prologue* succède un *Allegro molto* écrit, selon Poulenc, comme « un scherzo dont l'intérêt principal réside dans l'épisode médian, extraordinairement paisible ». L'*Andante lirico* chantant et lyrique et d'une intensité infaillible était, toujours pour Poulenc, « le centre même de l'œuvre ». « Il ne s'agit plus, comme dans l'Andante du *Concerto pour deux pianos*, d'un jeu poétique devant un portrait de Mozart, accroché à mon mur, mais d'un élan lyrique et profond, écrivait-il en 1955 aux deux dédicataires. M'inspirant parfois de l'écriture de ma musique chorale, j'ai tenté, par endroits, une grande pureté de lignes — exemple les basses à l'unisson des dernières mesures de l'Andante ». La sonate se conclut par un *Épilogue* qui, selon la description de son auteur, n'est pas à proprement parler un finale, « mais précédée par un thème nouveau, la récapitulation des trois autres mouvements. »

« Miracle d'un équilibre mystérieux entre le neuf et le classique, entre l'héritage des maîtres, l'invention robuste et comme paysanne des mélodies où la science et la fraîcheur enfantine s'enroulaient ensemble... », — ainsi Jean Cocteau définissait-il l'art de Poulenc, que son œuvre de piano, dénuée de prétentions, révèle le plus souvent avec bonheur.

A. d. P.

SERGE PROKOFIEV

Né à Sontsovka (Ukraine), le 23 avril 1891 ; mort à Nikolina Gora, près de Moscou, le 5 mars 1953. Précocement doué pour le piano et la composition, il entra à quatorze ans au Conservatoire de Saint-Pétersbourg où il reçut une formation complète : piano (Winckler, Essipova), harmonie (Liadov), composition (Vitol), orchestration (Rimski-Korsakov), direction d'orchestre (Tcherepnine). Intéressé par les contemporains occidentaux (Reger, d'Indy, Debussy, Richard Strauss) qu'il entendit aux Soirées de Musique Contemporaine (où il se produisit lui-même dans ses premières œuvres), il s'affirma rapidement dans un langage esthétique révolutionnaire d'une grande âpreté harmonique et rythmique, — s'inscrivant parmi les esthétiques symboliste et futuriste prédominantes à l'époque. Dès ses premières compositions pour piano (Études op. 2, Pièces op. 3 et 4), il attira l'attention par sa technique et son sens d'un traitement percussif du clavier (souvent comparable à Bartok), mais capable aussi d'une riche invention mélodique. En 1914, il remporta le concours Rubinstein de piano. Illustrant ses audaces iconoclastes avec ses Sarcasmes *et démontrant son sens du symbolisme dans les* Visions Fugitives, *c'est toutefois dans ses neuf* Sonates *pour piano qu'il a donné le maximum de ses possibilités, — rendant par là ses lettres de noblesse à la forme classique de la sonate en trois ou quatre mouvements (à l'inverse des poèmes « monoblocs » d'un Scriabine). Son style pianistique se caractérise par une articulation puissante et motorique (d'où son goût pour le genre de la toccata), par un art du martèlement des accords (le finale de la 7e sonate en est un des meilleurs exemples), un attachement aux rythmes de danses pré-classiques (gavotte, menuet) et aux rythmes de marche, une utilisation fréquente du parallélisme des mains, — tandis que son écriture combine habilement l'harmonie et la polyphonie. Ses* Sonates *nos 6, 7 et 8, dites « de guerre » (composées entre 1939 et 1943), s'avèrent sans conteste les plus importantes et originales du XXe siècle ; on y retrouve une densité* harmonique que d'autres ouvrages de la période soviétique ne possèdent pas toujours. Ce style pianistique a marqué, dans leur jeunesse, des virtuoses comme Sviatoslav Richter et Emil Guilels. Prokofiev lui-même a effectué quelques enregistrements de ses œuvres pour piano.

LES SONATES

En 1907-1909, alors qu'il était élève au Conservatoire de Saint-Pétersbourg, Prokofiev a écrit six sonates pour piano, dont aucune ne fut publiée telle quelle. Deux sont perdues ; quant aux quatre autres, leur matériau a été réutilisé par la suite dans des œuvres nouvelles.

Sonate n° 1, en *fa* mineur (op. 1)

Elle est adaptée d'une de ces sonates de jeunesse, — initialement en trois mouvements. Prokofiev n'en conserva que le premier, qu'il retravailla et dont il se contenta pour réaliser son *opus I*. Œuvre d'un compositeur de dix-huit ans, elle doit encore beaucoup à Schumann, à Rachmaninov et au premier Scriabine ; elle est sans doute maladroite dans le développement des idées et dans certains enchaînements, mais homogène par son caractère.. La technique pianistique et les procédés d'expression paraissent entièrement tributaires du piano romantique : thèmes en accords, motifs secondaires sur des crêtes d'arpèges, fréquence de la superposition rythmique binaire-triolet entre la mélodie et l'accompagnement.

La future personnalité de Prokofiev transparaît pourtant dans la netteté verticale (l'attaque abrupte des mesures introductives est particulièrement révélatrice), et dans l'exacerbation de l'agressivité dynamique marquée de quelques dissonances, — en particulier lors de la culmination de la partie développement. Le musicologue Assafiev avait bien défini cette sonate en observant que Prokofiev « y parle de choses anciennes, mais d'une façon nouvelle ».

Sonate n° 2, en *ré* mineur (op. 14)

Composée en 1912, elle est partiellement issue, elle aussi, d'une sonate de jeunesse. Comparée à la *1re Sonate*, elle atteste une évolution étonnante en l'espace de quatre ans. Tout Prokofiev s'y trouve déjà : dans le lien tracé entre le classicisme et le modernisme, comme dans les contrastes accusés entre la vigueur des rythmes et des harmonies et un lyrisme teinté par moments de couleur nationale. Les références postromantiques, qui prédominaient dans la *1re Sonate*, ne disparaissent pas encore totalement, mais passent au second plan. Cette *2e Sonate* reste l'une des plus jouées de Prokofiev.

1. ALLEGRO NON TROPPO : l'exposition est caractéristique par le laconisme de la présentation des divers éléments thématiques, et par l'abondance de contrastes entre eux. Le premier thème, en valeurs binaires, montant par paliers, accompagné de triolets, recèle encore quelque chose de la fièvre scriabinienne. Mais son ascension est rapidement interrompue par une nouvelle idée totalement différente, qui fait irruption avec violence : un martèlement de secondes, sur un rythme syncopé répétitif . Cette figure sert d'ostinato au-dessus d'un motif sec, bartokien, en notes accentuées. Le premier thème revient aussitôt après, mais se trouve coupé, aussi rapidement que la première fois, par une cadence assez classique. Vient alors un troisième élément *Più mosso* dans l'aigu, mécanique et régulier, descendant en marches harmoniques. Il conduit à la quatrième idée thématique, d'un lyrisme inattendu, magnifique, — une mélodie sur fond d'accords doucement répétés, dont la plainte s'infléchit sur l'intervalle de seconde augmentée :

Elle est reprise avec un contrepoint à la voix supérieure, puis interrompue par des figures et des accords convulsifs issus du troisième thème. Revenant une nouvelle fois, elle cédera la place ensuite au développement, qui s'effectuera à partir du troisième thème (lequel servira de basse jusqu'à la réexposition), puis à partir d'éléments du second : notes accentuées d'abord, puis rythmes syncopés, — le tout atteignant une causticité harmonique considérable, qu'accompagne un effet de piétinement obstiné. La réexposition fait revenir le thème initial une octave plus bas, à la main gauche, et enchaîne directement avec le troisième thème, puis le quatrième. C'est encore sur le premier thème qu'est bâtie la coda.

2. ALLEGRO MODERATO : dans la forme ABA classique, c'est une page assez courte mais remarquable par son relief et son esprit. La partie A est rythmique, volontaire, en staccatos robustes, avec la main basse constamment partagée entre les basses et les aigus, passant par-dessus la main droite. La partie B se fait plus légère et dansante, — paraphrasant une formule souplement rebondissante et enjouée à travers diverses tonalités (passant de *la* mineur en *la* bémol majeur, puis en *fa* dièse mineur et *la* majeur). La reprise de A est exactement identique, note pour note.

3. ANDANTE : une des très belles pages narratives de Prokofiev. Son atmosphère de mystère et de légende renoue, dans une certaine mesure, avec la tradition russe. Le thème, diatonique, en croches continues, pensif et hypnotisant, s'avive soudain d'une douce formule d'appel, identique à un passage du *Vecchio Castello* des *Tableaux d'une Exposition* de Moussorgski (et dans la même tonalité de *sol* dièse mineur). Une autre mélodie naît à la voix supérieure, — à laquelle le thème initial fera désormais contrepoint. Un nouvel épisode, avec encore un autre thème, est marqué par le changement d'armure (*ut* majeur), par une mesure à 7/8, et par un resserrement de la voix intermédiaire ornementale en doubles croches chromatiques. Les harmonies se font de plus en plus riches et complexes, tendant vers la polytonalité. Le retour du *sol* dièse mineur initial coïncide avec la réapparition du premier thème à la basse, à la main gauche en octaves, — sorte de cantus firmus au-dessus duquel les doubles croches du contrepoint sont maintenant répétées deux par deux. La suite du thème revenant à la voix supérieure, la main gauche exécute à présent un trait continu. L'intensité augmente progressivement, et la formule d'appel entendue au début revient avec une insistance dramatique. Après un maximum de condensation, une descente en triolets de doubles croches à la main gauche ramène, pianissimo, le second épisode du mouvement (armure d'*ut* majeur) qui sert de conclusion, — retrouvant la tonalité de base dans les deux dernières mesures.

4. VIVACE : c'est ici que va se déployer la virtuosité spécifique de Prokofiev. Le mouvement se rapproche d'une toccata, bien que plus diversifié dans ses procédés. La forme est celle d'un rondo-sonate. Les premières lignes enchaînent une figure tourbillonnante, des bondissements vers l'aigu, et un déferlement d'arpèges aux deux mains de haut en bas du clavier. Le tourbillon deviendra accompagnement, et les bondissements, vifs, légers et spirituels, formeront le thème d'un premier et bref épisode, — qui est rejoué. Suit un martèlement d'accords précipités, sans dureté toutefois ; après quoi un changement de mesure (de 9/8 à 2/4) fait surgir des staccatos marqués qui semblent, par leur esprit, des réminiscences du deuxième mouvement. Sur ce fond reparaîtront les accords entendus précédemment ; et l'épisode ira s'estompant; se terminant par une cadence pianissimo. Apparaît alors, soudain, la mélodie lyrique du premier mouvement (v. exemple musical plus haut) : ce procédé cyclique est assez courant chez Prokofiev, — unissant le premier mouvement et le finale d'une œuvre. Puis le thème bondissant du finale renaîtra, très diversifié dans ses intervalles et ses harmonies, et préparera peu à peu la réexposition, symétrique. Une ultime cascade d'arpèges aboutit aux puissants accords et octaves de la cadence.

Sonate nº 3, en *la* mineur (op. 28)

Écrite au cours du printemps 1917, elle est sous-titrée « d'après des vieux cahiers » : elle se trouve donc être, elle aussi, une reprise retravaillée d'une sonate de jeunesse (1907). Comme la *1re*, la *3e Sonate* est en un seul mouvement, d'une extrême densité. Sa popularité est grande. Très différente de la *2e Sonate*, elle manifeste, par comparaison, un regain de dramatisme, de volonté farouche, « une passion sérieuse » selon le mot de Miaskovski. La mesure est à 12/8 - 4/4 ; Prokofiev tirera fréquemment parti de cette équivoque binaire-ternaire.

Du martèlement sur l'harmonie de *mi* majeur (ton de la dominante), naît fortissimo un motif montant, résolu, souligné de chromatismes. Cet épisode est repris trois fois avec des variantes (intercalant, la troisième fois, un élément thématique intermédiaire de quelques mesures). Dans une première partie, thèmes et rythmes sont paraphrasés et entrecoupés de traits aux deux mains, note contre note, en mouvements divergents. Après un ritenuto sur des octaves à la basse, une nouvelle partie *Moderato*, qui débute par un murmure chromatique pianissimo sur deux octaves, fait entendre un thème lyrique simple, limpide et ingénu. Un thème secondaire plus rythmé lui réplique, — rappelant certaines des *Visions fugitives* contemporaines. Le diatonisme prédomine ici. Après une cadence en *ut* majeur, la partie développement, *Allegro tempestoso*, attaque brutalement par la reprise d'un de ces traits divergents entendus dans la première partie. Le matériau thématique sera transformé, souvent dans le sens d'un durcissement dramatique, entrecoupé de signaux impérieux, d'ostinatos et de progressions d'accords parallèles à la basse. Le thème lyrique réapparaît sur fond de rythmes haletants ♩♩♩ ♩♩♩. Mais, peu à peu, il deviendra lui aussi plus anguleux, — atteignant une culmination d'une violence forcenée. D'un accord dissonant, un tournoiement en demi-teintes fait la jonction avec une réexposition assez différente de la première partie, — réexposition dans laquelle les éléments dynamiques jouent un rôle prépondérant. La coda, *Poco più mosso*, commence staccato en tierces au-dessus de formules mécaniques, reprenant le second thème de la partie centrale ; et l'œuvre, après quelques oppositions de nuances, se conclut en un éclat de puissance herculéenne.

Sonate nº 4, en *ut* mineur (op. 29)

Succédant immédiatement à la précédente, écrite au cours de la même année 1917, elle est également sous-titrée « d'après des vieux cahiers ». Comme les trois premières sonates, elle est la reprise menée à bien d'une sonate commencée en 1908. L'*Andante*, pour sa part, est emprunté à une symphonie de la même époque. La *4ᵉ Sonate* clôture l'œuvre pianistique de la première période, pré-révolutionnaire, de Prokofiev. Elle est en trois mouvements.

1. Allegro molto sostenuto : début dans un grave voilé, pour monter ensuite progressivement, avec des ornements d'acciacature. L'atmosphère est celle d'un conte relaté sur le ton de la confidence : toute l'exposition demeure en demi-teintes. Le second thème, avec sa reptation chromatique dans les basses et ses effets de harpe à la main droite, renforce cette impression de mystère et de légende. Le développement, de dimensions modérées, est contrapuntique, — superposant les deux thèmes ; il culmine sur des fortissimos d'octaves et d'accords soutenus par des rythmes pointés. La réexposition atténue un peu la gravité au profit du lyrisme ; le second thème réapparaît une octave plus haut.

2. Andante assai : le mouvement central est de forme tripartite : A. Thème avec deux variations ; B. nouvel épisode ; A'. deux nouvelles variations. Le thème naît dans le grave, sur fond d'accords répétés. La première variation le reprend à la voix supérieure avec un ornement d'arpèges brisés et des notes piquées descendant par octaves ; puis le thème est repris à la main gauche. La deuxième variation le fait entendre aux deux mains en mouvements contraires, convergeant et se croisant, puis divergeant. L'épisode central introduit une nouvelle mélodie douce et calme dans l'aigu, — un chant que l'on entendrait joué à la flûte, accompagné de triolets. La dernière partie reprend d'abord la seconde variation entendue précédemment ; puis une dernière variation combine les deux thèmes du mouvement, soutenus par des accords et ornés d'arpèges brisés de dixième. Prokofiev considérait ce mouvement comme l'une de ses réussites, le jouait volontiers en bis, et en effectua une nouvelle orchestration en 1934.

3. Allegro con brio, ma non leggiero : après la coloration essentiellement mineure des deux premiers mouvements, celui-ci est en majeur. De forme rondo-sonate, c'est un carnaval débridé, foisonnant, plein d'humour et de vigueur. Il débute par une gamme montante, presque un glissando, lançant un motif qui rebondit par paliers descendants. Ce dynamisme un peu mécanique cède la place à un second thème burlesque, ironique, sur un murmure continu de la main gauche. La partie centrale (armure de *mi* bémol majeur, mais c'est le ton de *la* bémol majeur qui domine de fait) est simple et chantante, avec un contre-chant à la voix intermédiaire. La réexposition différencie les deux thèmes : le premier, atténué, est pris dans un registre plus élevé ; le second, au contraire, se durcit en passant à la main gauche. La coda est précédée de plusieurs traits montants semblables à celui du début du mouvement.

Sonate nº 5, en *ut* majeur (op. 38)

C'est la seule des neuf sonates pour

piano écrite en Occident, en 1923, au cours d'un séjour de Prokofiev à Ettal, dans les Alpes bavaroises. Elle fut remaniée par le compositeur en 1952-1953, peu avant sa mort. Elle est dédiée au musicologue Pierre Souvtchinski, proche ami de Prokofiev et de Stravinski. Nullement inférieure, dans son ensemble, aux autres sonates, elle reste — de façon incompréhensible — la moins populaire. Il y a trois mouvements.

1. ALLEGRO TRANQUILLO : l'esprit du début est un peu celui d'une sonatine, avec sa finesse ouvragée et sa cellule enjouée de doubles croches. La mélodie semble proche des chants populaires. Mais l'élément le plus caractéristique de l'exposition est sans conteste le second thème, — sur des arabesques de quintolets chromatiques ; il est indiqué *narrante*, et implique donc, une nouvelle fois, la référence à l'univers légendaire. Un épisode *marcato*, péremptoire, lui réplique. Le développement, en trois subdivisions, suit une montée constante de la tension qui rompt totalement avec la transparence souriante du début. Une « fausse réexposition » indiquée *sonoramente* précède la réexposition réelle.

2. ANDANTINO : insolite, sarcastique mais subtil, — sur des accords staccato, chaque premier temps étant marqué d'une acciacature. Les modulations et les dissonances sont nombreuses ; cependant, tout le mouvement paraît d'une grande clarté, due au maintien quasi constant du jeu pianistique dans le médium et l'aigu, sauf dans la partie centrale et la coda. Le retour de la partie principale est précédé d'une série de glissandos sur des sextolets.

3. UN POCO ALLEGRETTO : tout en se souvenant de la transparence du premier mouvement en son thème principal, ainsi que l'*Andantino* dont il retrouve çà et là les accords avec acciacature, ce finale, de forme rondo-sonate, combine des éléments de toccata et de scherzo. Il déploie progressivement une puissance de frappe et une densité harmonique qui en font une des pages spectaculaires de Prokofiev, injustement dédaignée.

Sonate n° 6, en *la* mineur (op. 82)

Seize années devaient s'écouler avant que Prokofiev, revenu en U.R.S.S. définitivement, n'écrivît sa sonate suivante, — qui fut la première d'un grand triptyque appelé « sonates de guerre ». L'idée de les concevoir toutes trois comme une sorte d'immense sonate en onze mouvements remonte à cette année 1939 où la *6e Sonate* fut entreprise, et est liée — selon Myra Mendelssohn — à la lecture du livre de Romain Rolland sur Beethoven. Après le compositeur, le premier interprète de la *6e Sonate* fut le jeune Sviatoslav Richter : « ... Je fus frappé par l'extraordinaire clarté de style, et la perfection de construction de cette musique. Je n'avais jamais rien entendu de semblable. Avec une hardiesse barbare, le compositeur rompt avec les idéaux romantiques pour animer sa musique des pulsions dévastatrices du XXe siècle. » De fait, le terme « barbare » n'est pas inapproprié à la *6e Sonate,* dans laquelle Prokofiev retrouve une violence ainsi qu'un radicalisme du langage qu'on ne lui a guère connu depuis son retour en U.R.S.S., et qui est directement lié à l'imminence du conflit mondial. Il y a quatre mouvements.

1. ALLEGRO MODERATO : le motif en tierces — majeur-mineur —, dur, nerveux et tranchant, par lequel débute le mouvement est l'un des plus caractéristiques et des plus identifiables de Prokofiev :

Il est répété avec insistance entre le grave et l'aigu. Une transition en accords et octaves alternés entre les deux mains précède un second thème, à la tendresse épurée, avec sa mélodie partiellement jouée à l'octave. L'écriture, linéaire, devient ensuite plus ramassée et tourmentée, utilisant à nouveau ce procédé technique aussi usité qu'efficace de l'alternance des mains. La conclusion de l'exposition est marquée par des triolets inquiétants, en staccatos à la basse. Dans la partie développement, le mélange de menace et de pulsions angoissées s'exprime par des notes répétées, martelées avec impatience. La teneur conflictuelle de cette partie résulte de la tentative de réapparition du thème lyrique, aussitôt interrompu par les répliques acerbes de la cellule de tierces initiale. La cruauté sonore augmente en des accords brutaux et des glissandos ; puis la tension retombe avec une transition en harmonies plus paisibles, et le développement se termine comme la partie exposition, en triolets staccato à la basse. La réexposition, courte, débutant une octave plus bas, confirme ces visions chaotiques.

2. ALLEGRETTO : le second mouvement est une détente faisant reparaître un Prokofiev plus spirituel qu'agressif. L'écriture est d'abord verticale, en staccatos légers d'accords ; une mélodie déliée, que se partagent de larges intervalles et des chromatismes, lui réplique. Au changement d'armure (de *mi* majeur en *ut* majeur), des accords répétés ainsi qu'une nouvelle phrase robuste à la main gauche font bientôt revenir le premier thème à l'aigu, — souligné de rapides chutes d'arpèges en quintolets. Tout cet épisode est repris dans le ton de la dominante. Après une transition rythmique (rythme pointé), le retour à l'armure initiale correspond à une nouvelle variation du premier thème. La partie centrale — *Meno mosso* — est mélodique et linéaire, tout en incluant quelques éléments de l'épisode précédent (rythme pointé, accords répétés). Le tempo primo reprend la variation du premier thème avec sa figure d'arpèges descendants, puis fait entendre en ordre inverse les deux motifs secondaires qui lui ont succédé dans l'exposition.

3. TEMPO DI VALZER LENTISSIMO : après le mouvement précédent proche d'un scherzando, c'est un lyrisme amoureux qui s'exprime à traverse cette valse à 9/8, — aux modulations souples et caressantes. Cependant, dans la partie centrale, un assombrissement s'observe, d'abord avec le sourd balancement d'octaves à la basse, tandis que l'élégie se maintient dans le chant à la main droite ; puis, brusquement, la crispation survient, en sonorités acérées sur fond d'ostinato en triolets de doubles croches. La reprise de la première partie est condensée.

4. VIVACE : retour au drame ; le monde entre dans la guerre. La figure tourmentée, coupée de haut-le-cœur, lance un tournoiement halluciné. Entre ses réapparitions régulières, de nouveaux thèmes surgissent, — l'un mélodieux et populaire, qui est le principal élément contrastant du finale, les autres anguleux, déhanchés et grimaçants. L'épisode central, *Andante,* fait revenir le thème principal du premier mouvement (v. exemple musical précédent), mais qui résonne maintenant comme une évocation lointaine voilée de brumes harmonieuses. Dans la réexposition, les thèmes secondaires réapparaissent en ordre inverse, — la mélodie lyrique en dernier lieu, accompagnée d'appoggiatures de neuvièmes. Dans la partie conclusive, une lutte sans merci s'engage entre les thèmes principaux du finale et du premier mouvement. C'est celui-ci qui clôt la sonate dans un trépignement forcené, après la course divergente de deux gammes de tonalités différentes : *ré* majeur à la main gauche, et *si* bémol majeur à la main droite.

Sonate n° 7, en *si* bémol majeur (op. 83)

Achevée en 1942, c'est la plus célèbre des neuf sonates pour piano de Prokofiev. Plus brève que la *6e Sonate,* elle lui est comparable par son mélange d'angoisse extériorisée, de paroxysmes de rage, de moments pensifs et lyriques. Le premier mouvement ne comporte pas d'indication de tonalité ; le second est partagé entre *mi* majeur et *la* bémol majeur ; le dernier est en *si* bémol majeur, — et c'est par cette tonalité que la sonate est en général globalement désignée. Elle fut créée par Sviatoslav Richter (qui l'aurait apprise en quatre jours).

1. ALLEGRO INQUIETO : la forme est ABA'BA''. Le thème initial, aux deux mains parallèlement, est court, agité, en lignes brisées :

Aussitôt, un martèlement sec lui réplique, dont la cellule rythmique de quatre notes répétées prendra une importance considérable dans tout le mouvement. La partie A est partagée entre une écriture horizontale parfois contrapuntique (en imitations) et des chocs d'accords sur des rythmes heurtés, avec des dissonances crues. Une relative accalmie s'observe à partir du retour de la cellule de quatre notes (peut-être inspirée par le thème du Destin beethovénien), sur un *do* « quasi timpani » et la réponse d'un motif chromatique à la partie supérieure. Quelques sursauts d'énergie mènent aux longs accords conclusifs. Dans la partie B, *Andantino,* l'atmosphère change totalement, faisant ressentir une intimité douloureuse et une orientation indécise, — alors que le langage et le matériau restent semblables : la cellule de quatre notes — qui est ici l'élément générateur —, les mouvements en lignes brisées, les imitations. Sans interruption, la transition s'effectue progressivement *(Poco a poco accelerando)* vers le retour de la partie A, — assez considérablement différenciée au profit d'une rage encore plus percutante et exacerbée. La cellule rythmique mentionnée y réapparaîtra en valeurs plus longues, faisant naître dans le grave un nouveau thème, dramatique et rigide. Retour de l'*Andantino* abrégé, puis d'une dernière variante de A dont les ultimes rappels rythmiques se perdent dans les ténèbres de l'extrême grave.

2. ANDANTE CALOROSO : aux aspérités meurtrières du premier mouvement et à son écriture quasi atonale, Prokofiev oppose à présent, dans un contexte tonal retrouvé, la chaleur d'une vibrante cantilène qui semble avoir été pensée pour le violoncelle. Des sonorités semblables, nobles et pathétiques, font la transition avec l'importante partie centrale (*la* bémol majeur), où bientôt l'animation d'un trait de doubles croches provoque un éclatement des harmonies et de la dynamique. Le cœur de cette partie est constitué par des accords et des sonorités imitant les sons de cloches, coupés à deux reprises par des fusées de gammes ascendantes. Progressivement l'apaisement revient, — avec, par deux fois, un épisode répétitif aux effets hypnotisants, dans lequel persiste, à la voix intermédiaire, un carillonnement sur deux notes voisines (*la* bémol-*sol*). La coda est une courte reprise du chant du début.

3. PRECIPITATO : page célébrissime, cheval de bataille de tous les grands virtuoses, ce martèlement ininterrompu est écrit sur un rythme à 7/8 dont l'asymétrie accentue encore la difficulté. Pas un instant de répit n'est accordé au pianiste au cours de ce pilonnage d'accords, jetés d'un seul souffle, d'une totale unité de pensée. Si la forme est ABC BA, les nouveaux thèmes des parties B et C (réminiscence du premier mouvement) ne constituent pas des contrastes avec la partie A, mais sont uniquement les différentes phases d'un même élan dynamique. Les harmonies restent assez nettement tonales, malgré leur dureté. Un des procédés caractéristiques de la partie A est la tierce mineure de la basse, venant s'opposer à la tierce majeure de la main droite. Ce finale pourrait être défini comme une toccata basée non sur la technique digitale mais sur celle du poignet.

Sonate n° 8, en *si* bémol majeur (op. 84)

Dernière pièce de l'immense triptyque des « sonates de guerre », elle est sans doute la plus complexe par son contenu, et souffre un peu des difficultés qu'elle pose à l'auditeur ; aussi sa popularité demeure-t-elle nettement moindre que celle des deux sonates précédentes. Le pianiste Sviatoslav Richter l'a bien définie : « Une certaine lourdeur, mais qui est due à la richesse, comme un arbre qui ploie sous le poids des fruits ». La principale différence de cette sonate avec les 6e et 7e réside dans une tendance à l'introversion méditative (surtout dans le premier mouvement), et dans un élargissement du temps sonore. La *8e Sonate* fut créée en 1944 par Emil Guilels. Elle est en trois mouvements.

1. ANDANTE DOLCE : musique discrète et sérieuse, exprimée à mi-voix, comme voilée, à la respiration mélodique calme, — bientôt légèrement avivée de triolets. Une partie transitoire *Poco più animato* offre un motif nouveau, quoique présentant peu de contrastes expressifs. Cependant, une animation décisive ne tarde pas : murmure de doubles croches, donnant lieu à un épisode juxtaposant les arpèges de diverses tonalités, et dans lequel le premier thème revient à la basse. Ce n'est qu'avec le troisième thème que surgit la véritable idée contrastante : il s'agit d'un signal bref et sombre, avec une chute de neuvième, que suit une réponse plaintive clairement issue du folklore. L'épisode central du mouvement, *Allegro moderato*, est d'un dynamisme fluide, — reprenant les éléments analogues de l'exposition, mais cédant bientôt la place à une rythmique fortement scandée. Un *Andante* puissant et chaotique, parcouru de traits d'arpèges, précède la réexposition. La coda voit un accroissement de la virtuosité, avec, à la main gauche, des suites de quintes d'une couleur harmonique soudainement ravélienne.

2. ANDANTE SOGNANDO : en *ré* bémol majeur. On y retrouve l'attirance que Prokofiev a toujours éprouvée pour les danses classiques. Ici, c'est un menuet avec son élégance un peu pompeuse. Relativement concis, il est en procédés polyphoniques (voix secondaires). Ce mouvement n'offre guère d'effets d'oppositions, — sinon un certain affinement de l'écriture dans la partie centrale. Le retour du thème principal est à la main gauche.

3. VIVACE : dans ce long finale, dont les dimensions font pendant à celles du premier mouvement, c'est le Prokofiev motoriste qui reprend ses droits, — avec une sorte de nouvelle toccata opposant une course à ras du clavier et des signaux de staccatos rythmés. Le second thème, dans un épisode en *si* majeur, retentit en notes claires à la voix supérieure. Un retour abrégé de la partie initiale précède le long *Allegro ben marcato* central : c'est une marche en *ré* bémol majeur dont le caractère rappelle un épisode semblable du premier mouvement, — tandis que la tonalité marque une rétrospective de celle du menuet antérieur. La dureté de cette musique réintroduit au premier plan — comme dans les *Sonates* n°s 6 et 7 — les visions de guerre. En réponse, s'élèveront les plaintes des deux épisodes suivants, plus brefs, *Pochissimo meno mosso* et *Andantino*, — avec la citation, quelque peu modifiée, d'un des thèmes du premier mouvement. Un *Vivace come prima* marque le retour à la partie initiale du finale, lancée ici par ses signaux de staccatos rythmés, et dont le dynamisme ne faiblira plus jusqu'à une fin jubilatoire.

Sonate n° 9, en *ut* majeur (op. 103)

Dernière œuvre achevée pour piano seul, elle fut composée en 1946-1947 à l'intention de Sviatoslav Richter : « Ce sera votre sonate », avait déclaré Prokofiev au pianiste. « Mais ne vous attendez pas à une œuvre à effets. Ce n'est pas destiné à frapper la Grande Salle du Conservatoire... » Bien que de dimensions considérables et comportant quelques sérieuses embûches techniques, la *9e Sonate* présente une finesse de facture qui la rapproche, par moments, de l'esprit d'une sonatine. La décantation du style qui caractérise en général la dernière période de Prokofiev s'y trouve parfaitement illustrée. A bien des titres, on peut tracer un parallèle avec l'élégance racée de Poulenc, — ancien ami de Prokofiev. Il y a quatre mouvements.

1. ALLEGRETTO : il débute sans hâte, dans une limpidité sereine. Ses pulsions soudaines se manifestent lors de la transition vers le second thème, avec quelques courts glissandos (triples croches, triolets de doubles) et des rythmes heurtés ; ces éléments seront réutilisés plus loin. Le second thème, extrêmement dépouillé, est centré autour de quelques notes répétées. A l'indication *Poco meno mosso* paraît la troisième idée motivique, descendant par paliers chromatiques discrètement soulignés de rythmes pointés. Un rappel condensé de la première partie, avec les deux premiers thèmes, suscite bientôt un accompagnement mouvant (croches, puis triolets) qui s'étend au troisième thème, — tout en incluant les cellules de glissandos mentionnées plus haut. Cet épisode relève davantage du style pianistique habituel de Prokofiev. Une transition pianissimo, dans laquelle gronde la tonique sur deux octaves à la basse, amène la réexposition dans le ton de *si* majeur, — surprise du parcours tonal qui rejoint néanmoins, pour le second thème et la coda, l'*ut* majeur initial. Un dernier jaillissement de vitalité (gammes fortissimo en triolets) marque la coda.

2. ALLEGRO STREPITOSO : on retrouve ici le Prokofiev dynamique, sec et vigoureux. Le trait fulgurant sur lequel part le mouvement avait été, en quelque sorte, « annoncé » dans la coda du mouvement précédent. Ponctué de quelques staccatos nerveux, il enchaîne avec un bref épisode rythmique aux sonorités intentionnellement grotesques, puis avec un nouveau motif où les staccatos sont suivis de cellules chromatiques. Un court développement à partir des divers éléments entendus aboutit à quelques mesures transitoires *Meno mosso*, puis à un *Andantino* à l'écriture très ordonnée, — opposant des arpèges brisés de la main droite aux chromatismes de la main gauche. Retour de la partie initiale condensée, et coda qui meurt dans une montée adoucie et dépouillée.

3. ANDANTE TRANQUILLO : de forme ABA'B'A''. On pourrait définir ce mouvement comme « la nuit et le jour ». C'est d'abord un nocturne en *la* bémol majeur, — belle mélodie aux harmonies très tonales quoique non stéréotypées. Avec la partie B *(Allegro sostenuto),* en *ut* majeur, la lumière et la vie du jour font une soudaine irruption, apportant une agitation à la fois joyeuse et un peu prosaïque. Ces deux épisodes contrastants reviendront, selon certaines différenciations : A' abrégé ; B' débutant d'abord dans le grave, avec le thème accompagné de quintolets. Le dernier retour de la partie A aboutit à une coda où passe à plusieurs reprises une cellule de quatre doubles croches, — prémice thématique du finale.

4. ALLEGRO CON BRIO MA NON TROPPO PRESTO : vif, dansant, virevoltant, le finale est dynamiquement issu de cette cellule, — qui en devient une des unités génératrices, l'autre étant un petit groupe de staccatos alternés aux deux mains. Un nouveau thème *Poco meno mosso* enchaîne divers éléments structuraux, tout en gardant un esprit général burlesque. Dans la partie centrale *An-*

dantino, en *mi* bémol majeur, les deux mains jouent par moments à l'octave. A l'*Allegretto*, les deux thèmes de la partie principale réapparaissent en ordre inverse, préparant la réexposition. Dans la longue coda, de caractère improvisé dès l'abord, resurgit le thème du premier mouvement, à l'aigu, soutenu par des ostinatos de quintolets. Les mesures conclusives font s'estomper les sonorités dans une brume harmonique. Pour sa dernière sonate, Prokofiev a choisi — exceptionnellement — une fin aussi discrète et pudique que possible.

PIÈCES DIVERSES

Quatre Études (op. 2)

Écrites en 1909 alors que Prokofiev était encore élève au Conservatoire de Saint-Pétersbourg, elles attestent à la fois du radicalisme de son invention et des particularités, déjà affirmées, de sa technique.

1. ALLEGRO (*ré* mineur) : écriture drue, martèlements continus, quoique d'intensité variable, espace sonore très vaste couvrant tout le clavier. Ponctuation par des basses retentissantes, tenues à la pédale.
2. MODERATO (*mi* mineur) : post-romantique, dans le style de Rachmaninov et du premier Scriabine ; essentiellement en demi-teintes. Technique digitale, avec quelques effets de polyrythmie.
3. ANDANTE SEMPLICE (*ut* mineur) : changements fréquents du tempo, faisant alterner recherches de sonorités et prouesses techniques, — celles-ci s'imposant définitivement.
4. PRESTO ENERGICO (*ut* mineur) : pièce la plus hardie, la plus caustique, — avec ses accents et ses difficultés de précision de frappe.

Pièces pour piano op. 3 et 4

Écrites en 1907-1908, donc avant les *Études*, elles furent éditées en 1911. Pièces à programme, elles reflètent — pour certaines d'entre elles — l'influence de Scriabine, surtout à travers leurs titres.

Quatre Pièces (op. 3)

1. CONTE : égrené sans hâte, diatonique, c'est une évocation de légende populaire. Peut être considéré comme prémice des *Contes de la vieille grand'mère*.
2. PLAISANTERIE : morceau très bref, burlesque, humoristique.
3. MARCHE : également quelque ironie dans sa rigidité volontairement exagérée, et dans certains mouvements anguleux.
4. FANTÔMES : « Ce sont des contours vagues de silhouettes dans l'obscurité. Un seul rayon de lumière perce les ténèbres au milieu, puis tout disparaît aussi vite et avec autant d'affolement que c'est apparu » (Prokofiev).

Quatre Pièces (op. 4)

1. RÉMINISCENCE : thème au milieu d'harmonies altérées ; calme, transparent.
2. ÉLAN : écriture héritée de Schumann, avec la même hâte exacerbée, mais dans un langage harmonique moderne.
3. DÉSESPOIR : un ostinato lancinant de trois notes chromatiques descendantes, — au-dessus desquelles s'élèvent des accords gémissants.
4. SUGGESTION DIABOLIQUE : (le terme russe *navajdenié* signifie en fait « hallucination »). L'une des pièces célébrissimes de Prokofiev, — la plus caractérisée de ce recueil. La complicité de Prokofiev avec le « diabolique » s'y exprime au début par des grondements et des trilles, puis par des martellatos précipités et des glissandos. Cette intensité dynamique a provoqué des comparaisons avec l'*Allegro Barbaro* de Bartok. Futurisme et primitivisme se confondent ici ; d'un point de vue technique, cette pièce annonce la prédilection que Prokofiev marquera pour le genre de la toccata.

Toccata (op. 11)

Composée au printemps de 1912. Le genre de la toccata fait le « pont » entre l'écriture pour clavier de l'époque baroque et classique, et celle du XXe siècle. Le terme, en effet, était relativement peu à la mode au XIXe siècle, qui était cependant celui de la virtuosité pianistique : peut-être parce que la toccata implique une objectivité à l'opposé des principes musicaux romantiques, — avec un rythme « ontologique », et non « psychologique », pour reprendre les définitions stravinskiennes. La volonté dynamique, le motorisme, le refus de la joliesse au profit de la vigueur et de l'endurance, toutes ces qualités propres au style pianistique de Prokofiev ont trouvé leur champ d'action optimal dans la *Toccata*... « Prokofiev vient de composer une pièce dont je suis absolument émerveillé », écrivait son ami Nikolaï Miaskovski. « C'est diablement spirituel, acéré, énergique et caractérisé. »

La *Toccata,* néanmoins, était plus ou moins annoncée dans des œuvres antérieures (les *Études op. 2* et, surtout, la *Suggestion diabolique* dans l'*op. 4*). Pièce monolithique, perpetuum mobile d'une redoutable difficulté tant pour les doigts que pour le poignet, elle n'accorde aucun instant de répit au pianiste, et exige constamment une tenue de la main à ras du clavier. Ce style se rencontrera, à maintes reprises, dans divers mouvements de sonates de toutes les périodes :

La partie centrale est spirituelle, en staccatos et glissandos ; toute la pièce est rigoureusement tonale et diatonique, avec peu de dissonances ; 8. *Allemande (fa* dièse mineur), verticale, scandée, pesante ; 9. *Scherzo humoristique pour quatre bassons* (*ut* majeur) : existe, en transcription effective, pour quatre bassons ; ostinatos comiques, acciacatures, dialogues bouffons, fausse solennité, — tous les éléments du grotesque sont réunis ; 10. *Scherzo* (*la* mineur), pièce de haute virtuosité en une course précipitée au ras du clavier, sur un rythme joyeux dans la partie médiane.

Dix Pièces pour piano (op. 12)

Elles furent écrites entre 1906 et 1913. La plupart des titres révèlent le goût de Prokofiev pour les partitions à caractère rythmique, — avec de fréquentes références aux danses pré-classiques.

1. *Marche* (*fa* dièse mineur), aux harmonies crues ; 2. *Gavotte* (*sol* mineur), avec des croisements de mains dans la partie centrale, — pour laquelle deux variantes sont proposées ; 3. *Rigaudon* (*ut* majeur), un antécédent de celui du *Tombeau de Couperin* de Ravel (?) ; 4. *Mazurka* (*si* majeur), entièrement écrite en quartes aux deux mains ; 5. *Capriccio* (*mi* mineur) : alternance de diatonisme et de chromatisme ; 6. *Légende* (*ré* mineur), voilée de mystère et de gravité, aux harmonies très recherchées ; 7. *Prélude* (*ut* majeur, pour « harpe ») — sans conteste la page pianistique la plus fine, la plus charmante, et l'une des plus populaires de Prokofiev, avec son ostinato d'arpèges brisés à la main droite et sa mélodie gracieusement lyrique, en tierces, de la main gauche :

Sarcasmes (op. 17)

Ces cinq pièces, écrites entre 1912 et 1914, sont certainement les plus représentatives du Prokofiev iconoclaste, irrévérencieux et « gauchiste » des années pré-révolutionnaires. Ce sont aussi celles où le traitement percussif, bartokien, du piano est le plus ostensible. Selon les déclarations du compositeur, la cinquième pièce comporte le programme suivant : « Il nous arrive parfois de rire cruellement de quelqu'un ou de quelque chose, mais lorsque nous y regardons de plus près, nous voyons combien pitoyable et malheureuse est la chose dont nous avons ri. Alors nous commençons à nous sentir mal à l'aise. Le rire résonne encore dans nos oreilles, mais c'est de nous-mêmes que nous rions à présent. » Cette idée d'un « choc en retour » du sarcasme peut étonner de la part d'un musicien affirmant plutôt dans ces pièces sa familiarité avec le « diabolique » (v. plus haut, l'*Opus 4 : Suggestion diabolique*) ; mais elle dénonce avec lucidité, et fait comprendre, l'envers de la notion d'agressivité.

1. TEMPESTOSO : la première pièce débute par un martèlement sur l'intervalle de quarte augmentée (« diabolus in musica » !). Alternance des accents rythmiques entre les deux mains, syncopes, crispations sur des trilles en sextolets. En réponse, un thème mélodique ascendant semble se dégager, mais se perd assez rapidement.

2. ALLEGRO RUBATO : plus contrasté et plus imprévisible, il atteste que l'influence

impressionniste n'a pas été oubliée. Accords tantôt staccato, tantôt tenus, coupés par de fulgurants arpèges :

Progressivement, la pièce se transforme en une danse grotesque et déhanchée, ponctuée de notes piquées dans l'aigu.

3. ALLEGRO PRECIPITATO : partiellement polytonal (main droite en *fa* dièse mineur, main gauche en *si* bémol mineur); mais cette polytonalité est plus frappante à la lecture de la partition qu'à l'audition. Ostinato de tierces à la main droite, et thème staccato à la main gauche imitant le basson. Au milieu, un épisode d'un lyrisme inattendu.

4. SMANIOSO (« dément ») : première partie en éclaboussures de notes à l'aigu, — contrastant ensuite avec un *Poco più sostenuto* vertical, en accords massifs et syncopés, aux dissonances diatoniques. La coda combine, pianissimo, les éléments des deux parties.

5. PRECIPITOSISSIMO : trois parties bien distinctes. A : accords fortissimo aux deux mains, avec alternance de mesures à 2/4 et à 3/8 ; quelques effets de polytonalité. B : *Andantino ;* des staccatos à peine audibles, espacés, s'organisent en une figure qui sert d'accompagnement répétitif à des arabesques capricieuses de la main droite. Une transition harmonique dans l'aigu, en grappes d'accords légers, mène à *L'istesso tempo*. C : un nouvel ostinato fait entendre dans l'extrême grave des « coups de griffes » sur des figures arpégées de trois notes. La fin s'estompe, pour ne plus garder que quelques notes isolées dans des basses ténébreuses.

Visions fugitives (op. 22)

Cycle de vingt pièces brèves écrites entre 1915 et 1917. Prokofiev le néo-classique et le « futuriste » n'a pas échappé, comme la plupart des artistes de son temps, au courant symboliste. En poésie, l'un des représentants de ce courant (non le plus intéressant, du reste) fut Constantin Balmont, — dont deux vers inspirèrent au musicien l'idée générale de ce cycle :

« Dans chaque vision fugitive, je vois des mondes
Pleins de jeux changeants et irisés. »

Les *Visions fugitives* sont à la musique de leur époque ce que furent les *Préludes* de Chopin à la musique romantique : des croquis se situant au point de rencontre et de fusion des deux antithèses que sont l'ébauche et la finition. Les caractères les plus divers se succèdent dans ces vingt pièces, d'une durée moyenne d'une minute chacune.

1. Introduction, simple et épurée. *2*. Arabesques ouvragées ; quelques parentés avec l'impressionnisme. *3*. Voilée, allante sans hâte, pièce un peu dansante, un peu humoristique avec douceur, un peu insolite. *4*. L'une des pièces les plus denses et les plus construites, énergique et agressive, — avec le thème principal repris au ralenti dans une coda rythmée par un tic-tac d'accords. *5*. Pièce la plus courte, fraîche et joyeuse. *6*. A deux voix, gracieuse et raffinée. *7*. Narrative et impressionniste, avec des accords de harpe. *8*. Répétitive, harmoniquement simplifiée, diatonique. *9*. Spirituelle et claire, animée sans précipitation, superposant à la fin deux gammes différentes (*la* majeur et *ré* bémol majeur). *10*. Pièce indiquée *Ridicolosamente,* grotesque, caustique, annonçant certaines pages de *l'Amour des Trois Oranges* :

11. Pièce légère et convulsive, avec en son milieu une détente lyrique, — les deux mains jouant à l'octave. *12*. Valse lente, qui préfigure les *Contes de la vieille grand'mère* (v. ci-après). *13*. Sorte de scherzo un peu ironique, dont quelques trilles prolongés suggèrent une irisation. *14*. Dure, violente, pièce formant une rétrospective des *Sarcasmes* (v. plus haut). *15*. Tourmentée, pièce dont une certaine angoisse latente ne se libère que dans les dernières mesures. *16, 17* et *18*. Forment un triptyque lyrique (dans la *17e*, effets d'ostinato). *19*. Illustrerait la foule agitée dans les rues de Pétrograd, lors de la Révolution de février 1917 ; cette pièce a été écrite la dernière. *20*. Conclusion lyrique, — avec quelques contrastes dynamiques.

Ce cycle de *Visions fugitives* reste aussi populaire que certaines sonates de Prokofiev : il offre un kaléidoscope de ses procédés d'expression artistique, d'écriture et de technique pianistiques.

Contes de la vieille grand'mère (op. 31)

Ce furent les premières pièces composées par Prokofiev à l'étranger, après son émigration en 1918 : écrites aux États-Unis, elles répondirent aux commandes d'éditeurs américains. Peut-être sous l'effet d'un début de nostalgie, Prokofiev leur a conféré un coloris national assez reconnaissable. On a pu y voir des références aux *Tableaux d'une Exposition* moussorgskiens, et plus encore aux miniatures de Liadov (qui fut le professeur de Prokofiev). La teneur poétique du titre est explicitée par cette phrase placée en épigraphe de la partition : « Certains souvenirs se sont à moitié effacés dans sa mémoire, d'autres ne s'effaceront jamais. »
1. MODERATO (*ré* mineur) : les accords arpégés et l'accompagnement staccato évoquent d'anciens instruments populaires. Au centre surgissent des évocations maléfiques, — opposant une mélodie dans l'aigu et des harmonies dans les basses.
2. ANDANTINO (*fa* dièse mineur) : courte page, qui est une élégie populaire en mode mineur naturel. Proche de certaines *Visions fugitives* (v. plus haut).
3. ANDANTE ASSAI (*mi* mineur) : sombre, — opposant un récitatif diatonique, quelque peu syncopé et heurté, sur fond de basses staccato, et une partie centrale chromatique, inquiétante.
4. SOSTENUTO (*si* mineur) : atmosphère de « byline » (chanson de geste) au début ; puis cantilène sur une figure rythmique répétitive, — laquelle se maintient ensuite pour elle-même.

Quatre Pièces de danses (op. 32)

Écrites en 1918, elles sont contemporaines des *Contes de la vieille grand'mère* et, comme elles, le résultat de commandes d'éditeurs américains. De ces quatre mouvements de danses *(Danse, Menuet, Gavotte, Valse)*, la *Gavotte*, en *fa* dièse mineur, s'est acquise une renommée considérable grâce à sa fraîcheur et à son humour discret :

Au centre, une mélodie nostalgique produit un contraste d'autant plus frappant.

Choses en soi (op. 45 a/b)

Écrites à Paris en 1928, elles marquent le retour de Prokofiev au piano après cinq années écoulées depuis sa *5e Sonate*. Elles inaugurent également une série de compositions marquées par un certain esprit spéculatif ; elles furent, de ce fait, diversement appréciées, et restent d'une popularité réduite. Les *Choses en soi* sont un diptyque, — dont le titre ne constitue nullement un programme en soi, mais rappelle l'intérêt que Prokofiev avait manifesté pendant quelque temps pour la philosophie de Kant. Les deux pièces sont dans la tonalité d'*ut* majeur, préférée du compositeur.
A. ALLEGRO MODERATO : allie résolution et robustesse, où passent des échos archaïsants, voire épiques, non sans moments d'intériorité méditative (épisode *Un poco animato*, en *si* bémol majeur).
B. MODERATO SCHERZANDO : plus léger, spirituel et ouvragé. Dans les deux pièces, l'écriture combine habilement — comme souvent chez Prokofiev — l'invention harmonique et polyphonique.

Deux Sonatines (op. 54)

Écrites en 1931-1932, elles sont contemporaines des deux derniers *Concertos pour piano*... « J'ai toujours été attiré par les sonatines », déclara Prokofiev. « J'aimais cette idée d'écrire une œuvre tout à fait simple dans cette forme supérieure qu'est celle de la sonate. Dans ces deux sonatines, ce sont les mouvements lents qui sont les meilleurs. »
On peut certainement voir dans le projet compositionnel de ces *Sonatines* l'influence de celle de Ravel. Influence qui n'est en rien textuelle, certes ; mais les *Sonatines* de Prokofiev sont, elles aussi, fines, fraîches, dépourvues du dramatisme et de la violence des grandes sonates ; elles n'en deviennent pas pour autant « enfantines », totalement faciles, ni édulcorées harmoniquement. Elles sont toutes deux — *mi* mineur et *sol* majeur — en trois mouvements classiques.

Trois Pièces pour piano (op. 59)

Écrites en 1934, ces trois pièces — *Pro-*

menade (*ut* majeur), *Paysage* (*sol* majeur) et *Sonatine pastorale* (*ut* majeur) — se signalent par leur clarté, une sorte de douceur bucolique, mais restent d'importance secondaire. La *Sonatine* s'inscrit naturellement à la suite de celles de l'*op. 54*; mais Prokofiev observa qu'il « réussit à la faire plus proche d'une véritable sonatine ». Elle est en un seul mouvement *(Moderato),* et considérablement plus simple harmoniquement et pianistiquement.

Pensées (op. 62)

Composées en 1933-1934, ces trois pièces sont peu jouées et conservent — peut-être en raison de leur titre — une réputation d'aridité spéculative. Ceci reste partiellement vrai pour la première d'entre elles *(Adagio penseroso)*; mais la seconde *(Lento),* après un début pensif, déploie bientôt plus d'attrait pianistique grâce à sa longue figure ornementale en triples croches ; et la troisième *(Andante)* atteint progressivement une culmination dont la vitalité rythmique porte bien la signature de Prokofiev.

Musiques d'enfants (op. 65)

Douze pièces faciles écrites après le retour en U.R.S.S., en été 1935, — alors que Prokofiev travaillait à son ballet *Roméo et Juliette*. La dernière pièce, *Sur les prés la lune se promène,* reflète les observations de la nature sur les rives de la rivière Oka où le musicien avait séjourné.

Ce cycle est construit selon un programme : il suit les événements dans la vie d'un enfant au cours d'une journée d'été. On a successivement : 1. *Le matin ;* 2. *Promenade ;* 3. *Historiette ;* 4. *Tarentelle ;* 5. *Repentir ;* 6. *Valse ;* 7. *Cortège des sauterelles ;* 8. *La pluie et l'arc-en-ciel ;* 9. *Attrape-qui-peut ;* 10. *Marche ;* 11. *Soir ;* 12. *Sur les prés la lune se promène.*

Comme de nombreux compositeurs soviétiques (parmi lesquels Chostakovitch et, surtout, Kabalevski), Prokofiev a de cette manière apporté sa contribution à la pédagogie musicale ; il la poursuivra, d'une façon différente (à l'orchestre), avec *Pierre et le Loup* l'année suivante.

LES TRANSCRIPTIONS

Prokofiev a réalisé un certain nombre de transcriptions pour piano, — la plupart extraites de ses ballets. Ainsi faut-il mentionner :

L'Amour des Trois Oranges (op. 33 ter)

Deux pièces — *Marche* et *Scherzo* — ont été transcrites de cet opéra (op. 33), appartenant elles-mêmes à la suite symphonique *(op. 33 bis)* qui en fut tirée*.

Six Pièces (op. 52)

Transcriptions effectuées en 1931 : *Intermezzo, Rondo, Étude, Scherzino, Andante* et *Scherzo.* Les trois premiers numéros sont extraits du ballet *le Fils prodigue* (première scène, thèmes de la séductrice, scène au cours de laquelle le Fils prodigue est dépouillé de ses biens). Le *Scherzino* est l'un des *Chants sans paroles op. 35,* l'*Andante* est celui du *1er Quatuor op. 50,* et le *Scherzo* provient de la *Sinfonietta op. 48.*

Roméo et Juliette (op. 75)

Outre trois suites d'orchestre tirées de son ballet le plus fameux *(op. 64 bis, op. 64 ter, op. 101),* Prokofiev a réalisé une suite pour piano qui est constituée de dix numéros : 1. *Danse ;* 2. *Scène ;* 3. *Menuet ;* 4. *Juliette petite fille ;* 5. *Jeu de masques ;* 6. *Les Montaigus et les Capulets ;* 7. *Frère Laurent ;* 8. *Mercutio ;* 9. *Danse des jeunes filles antillaises ;* 10. *Roméo et Juliette avant la séparation.* Par la beauté des thèmes, par les finesses de l'écriture, ces pièces demeurent de pures merveilles pianistiques.

Cendrillon (op. 97)

Comme *Roméo et Juliette,* le ballet *Cendrillon* a donné lieu à trois suites symphoniques *(op. 107, 108, 109),* ainsi qu'à une suite pour piano de dix pièces, réalisée en 1943. Il faut y ajouter la transcription de trois autres numéros, — devenus *Op. 95* : *Intermezzo, Gavotte* et *Valse lente.*

---

* V. *Guide de la musique symphonique.*

Les dix pièces de l'*Op. 97* sont : 1. *La Fée du Printemps* ; 2. *La Fée de l'Été* ; 3. *La Fée de l'Automne* ; 4. *La Fée de l'Hiver* ; 5. *Les sauterelles et les libellules* ; 6. *Orientalie* ; 7. *Passepied* ; 8. *Capriccio* (« Variation de Boulotte ») ; 9. *Bourrée* ; 10. *Adagio*.

A.L.

HENRY PURCELL

Né à Londres, vers 1659 ; mort à Londres, le 21 novembre 1695. Membre d'une famille de musiciens, fils ou neveu de Thomas Purcell, compositeur du roi, il débuta comme choriste de la Chapelle royale sous la direction de Henry Cooke (1610-1672), dit « Captain Cooke », maître des enfants de la Chapelle royale. Remarquablement doué, il se perfectionna auprès de John Blow qui lui céda son poste à l'orgue de Westminster, puis, à la mort d'Edward Lowe (v. 1610-1680), devint l'un des organistes de la Chapelle royale. En même temps, il était nommé facteur d'orgues, chargé de l'entretien des instruments de la cour. On connaît peu de détails sur les dernières années de la vie de Purcell. A cette époque, l'histoire de sa vie se confond avec ses activités de compositeur et d'homme de théâtre. C'est à l'âge de trente-sept ans qu'il mourut, en pleine possession de ses moyens et entouré de l'admiration de ses contemporains. Ses funérailles grandioses furent célébrées le 26 novembre 1695 à l'abbaye de Westminster, où il est enterré. Avec Purcell, la musique anglaise avait atteint son apogée ; avec sa disparition prématurée, elle amorçait un déclin qui devait durer près de deux siècles. Des musiciens étrangers, Haendel, puis Jean-Chrétien Bach entre autres, allaient prendre la relève dans ce pays qui, de tout temps, sut accueillir et encourager les artistes venus du continent.

L'œuvre de clavecin

S'il n'eut qu'une courte existence, Purcell fut néanmoins un compositeur très fécond. Le catalogue de ses œuvres est extrêmement vaste : un opéra *(Didon et Enée)*, des semi-opéras mêlant airs d'opéra et scènes parlées, une multitude d'œuvres de musique vocale religieuse ou profane (airs, anthems, services, odes ou chants de bienvenue), des *catches* (sortes de canons libres proches du madrigal, mais ponctués de difficultés), de la musique instrumentale pour cordes ou instruments à vent, de la musique de chambre, et des pièces pour orgue ou pour clavecin.

De cette production gigantesque dont elle est loin de posséder l'intérêt, la musique de clavecin de Purcell, facile et charmante, ne représente qu'une infime partie. Elle se compose de transcriptions et de pièces diverses relativement aisées, dont la plupart ont été réunies par l'éditeur londonien Henry Playford dans la seconde partie de son recueil *Musik's Handmaid* édité en 1689, et de huit suites qui forment un volume paru sous le titre de *A Choice Collection of Lessons for the harpsichord or spinet*. Ce volume, publié en 1696, un an après la mort de Purcell, par sa veuve, était aussi vendu chez Playford. Ces suites furent dédiées par Mme Purcell à la future reine Anne. Elles semblent avoir été écrites dans un but pédagogique, car une autre édition à peu près contemporaine contient en introduction des instructions élémentaires de musique proposées aux commençants.

Le recueil de **Musik's Handmaid** regroupe des menuets, des marches, des grounds, des airs irlandais et écossais, des pièces descriptives, — autant de pages simples, parfois très courtes, mais toujours agréables et spontanées. De cet ensemble disparate se détache une superbe *Toccata* que certains commentateurs ont attribuée à Bach : c'est un long morceau brillant qui repose sur une extraordinaire variété de figures de virtuosité (gammes, arpèges, accords brisés, formules d'accompagnement rapides, superpositions de mains, mouvements contraires, etc.).

Les huit suites de la **Choice Collection of Lessons for the harpsichord or spinet** sont d'ampleur inégale. Si elles sont toutes formées de trois ou quatre mouvements, sur un contrepoint à deux ou trois voix, certaines, comme la première et la quatrième, sont très courtes. Chacune débute par un prélude ou par une allemande (almand). L'*Almand* lente qui ouvre la *Suite n° VII* est une pièce très noble. Les préludes sont dignes de Bach : si celui de la *Suite n° I* est aussi bref que simple, ceux des *Suites n° II* et *III* sont de véritables inventions (à trois et deux voix) avec entrées fuguées. Leur écriture serrée et leurs dessins de doubles croches ne sont pas sans suggérer le caractère alerte des sonates d'orgue de Bach ; ainsi, du *Prélude* de la *Suite n° III* :

Le prélude de la *Suite n° V* est réellement un petit mouvement de concerto pour clavecin.

Chaque *Lesson* s'organise ensuite autour de l'allemande et de la courante (corant). Deux de ces pièces sont conçues à la manière française (allemandes des *Suites n° II* et *VII*). Purcell ajoute çà et là une sobre sarabande *(Suite n° II)*, un menuet facile *(Suite n° I)*, ou de ravissants hornpipes (*Suites n° VI* et *VII*). Le *Hornpipe* de la *Suite n° VI* est une charmante danse à 3/2, dans laquelle Purcell manie avec infiniment de grâce des thèmes issus du folklore :

Dernier héritier des Virginalistes, Purcell a su pleinement assimiler l'apport étranger qui devait façonner la musique anglaise : ainsi constate-t-on qu'il emprunta aux Italiens et aux Français qui fréquentaient la cour du roi Charles II, admirateur du Roi-Soleil, et qu'il se forma à l'art d'un Frescobaldi, d'un Froberger, d'un Lully ou d'un Sweelinck.

A.d.P.

SERGE RACHMANINOV

Né le 20 mars 1873 à Oneg, province de Novgorod ; mort le 28 mars 1943 à Beverley Hills, U.S.A. Après avoir étudié au Conservatoire de Saint-Pétersbourg, il passa par celui de Moscou où il fut l'élève de Zverev, puis de Siloti dont il était le neveu. Il étudia l'écriture musicale avec Arensky et Tanéiev, et ses débuts en tant que compositeur furent encouragés par Tchaïkovski. Il s'affirma rapidement comme le pianiste-compositeur le plus brillant de sa génération, — dernier représentant de la grande tradition romantique de Liszt et d'Anton Rubinstein. Son style pianistique s'affirme dès les Pièces op. 3 (1892), se développe dans les Moments musicaux op. 16 (1896), et accède à la maturité dans les Préludes et les Études-tableaux (1902-1910 et 1911-1916). Il peut paraître paradoxal qu'en dépit de son envergure pianistique, Rachmaninov soit plus à l'aise dans les œuvres de petite et de moyenne dimensions que dans les grandes formes traditionnelles. De fait (si l'on met à part les concertos), ses œuvres pour piano de dimensions importantes ne sont qu'au nombre de quatre : deux sonates, et deux cycles de variations (Sur un thème de Chopin, et Sur un thème de Corelli). Excepté ce dernier cycle, pratiquement toute l'œuvre pour piano de Rachmaninov a été écrite dans la première moitié de sa vie, avant la Révolution. Une fois émigré, il se consacra principalement à sa carrière de virtuose et ne composa plus que par intermittences, — ce qui n'amoindrit nullement la valeur de ses dernières œuvres. Bien qu'évidemment « décalé » par rapport à son époque, Rachmaninov n'est en rien un épigone : sa musique porte un cachet personnel bien reconnaissable, qui tient à l'union constante de la virtuosité, de l'harmonie et de la spatialité sonore, — avec, en particulier, un art de faire résonner le clavier comme un ensemble de cloches, ce qui constitue sa véritable signature.

LES SONATES

Contrairement à Scriabine et Prokofiev qui ont rendu à la sonate au XXe siècle ses lettres de noblesse, la contribution de Rachmaninov à cette forme fut beaucoup plus réduite. Ses deux Sonates sont certes des monuments, mais restent moins jouées que ses *Préludes* ou ses *Études-tableaux*; elles souffrent notamment d'une certaine prolixité pianistique.

Sonate n° 1, en *ré* mineur (op. 28)

Composée en 1907, elle est contemporaine de la *2e Symphonie* et fut écrite en Allemagne, à Dresde, où Rachmaninov vécut entre 1906 et 1909. Dans une lettre à son ami Nikita Morozov (8 mai 1907), le musicien fait état d'un programme pour sa sonate consistant en « trois types humains contrastés, pris dans une œuvre de la littérature mondiale ». Il s'agit du *Faust* de Goethe, et les trois mouvements de l'œuvre reflètent respectivement les visages de Faust, de Marguerite et de Méphisto. On peut donc tracer un parallèle, au niveau de l'idée tout au moins, avec la *Faust-Symphonie* de Liszt (et sans doute aussi avec sa *Sonate*). La *Sonate n° 1* est une œuvre très vaste, trop vaste, comme le compositeur lui-même le reconnut ; ceci explique sa relative désaffection auprès des pianistes qui lui préfèrent la *2e Sonate*, relativement plus condensée. Exceptionnellement, le premier exécutant de l'œuvre ne fut pas Rachmaninov lui-même, mais Constantin Igoumnov, qui la joua le 17 octobre 1908 à Moscou.

1. ALLEGRO MODERATO : il débute par un sourd balancement de quinte, ponctué d'accords soudains ; le dynamisme se libère bientôt dans les rafales de traits. Le second thème introduit le contraste d'une ferveur spirituelle, résonnant comme la partie supérieure d'un choral autour de la note *ré* répétée à plusieurs reprises. Le développement s'efforce d'équilibrer la participation des deux thèmes, — se perdant parfois dans des flots de virtuosité, s'organisant, en d'autres moments, en structures puissantes et rythmées où passent des accents scriabiniens. La réexposition est précédée d'un moment de profond apaisement. Après une série de grands accords, la coda s'effectue en mode majeur.

2. ANDANTE : simplicité, dépouillement, mélange de recueillement et de désolation d'un thème particulièrement « parlant », — auquel la cellule de quinte du premier mouvement sert d'accompagnement. Il est enveloppé bientôt dans une texture sonore plus complexe, mais gardant toujours son relief et accentuant encore son intensité expressive. Dans la partie centrale, l'agitation est marquée par l'accélération des valeurs rythmiques (quintolets de doubles croches). A la fin de la reprise, quelques ornements en miroitement de trémolos. Ce mouvement reste une des très belles pages méconnues de Rachmaninov.

3.. ALLEGRO MOLTO : on ne peut malheureusement en dire autant du finale, qui pèche par sa prolixité et par un manque d'organisation. Ceci malgré quelques idées thématiques intéressantes, — comme le motif rythmé, sorte de chevauchée fantastique (très méphistophélique, dans le sens lisztien du terme), qui surgit peu après le début. Il évolue vers un lyrisme tourmenté, puis s'estompe dans un pianissimo dont il renaîtra de nouveau. Les deux thèmes du premier mouvement sont présents dans le finale, — le second thème servant de péroraison en accords majestueux.

Sonate n° 2, en *si* bémol mineur (op. 36)

Écrite en 1913, puis révisée en Occident en 1931 : Rachmaninov effectua alors un certain nombre de coupures. Plus populaire que la *Sonate n° 1*, elle est typique du Rachmaninov de la maturité par sa fougue et sa richesse sonore, bien que non plus totalement dépourvue d'un abus de virtuosité. Rachmaninov la dédia à Mathieu Presman, un de ses condisciples chez Zverev, et la créa lui-même, à Moscou, le 3 décembre 1913.

1. ALLEGRO AGITATO : après un fulgurant arpège descendant, des martèlements effrénés d'accords semblent annoncer d'emblée une résolution aussi dramatique que péremptoire. Le tumulte et les grondements du clavier diminuent progressivement, amenant l'éclaircie du second thème en harmonies limpides, calme mais avec une intonation interrogative. Tout au long du mouvement, ce thème viendra en atténuer la puissance épique et entrecouper ses déploiements de technique spectaculaires.

2. NON ALLEGRO : paisible, songeur, en demi-teintes, ce mouvement central se développe en variations amplificatrices, puis évolue vers un épisode de style improvisé. A la fin, la reprise du thème sous sa forme initiale enchaîne immédiatement avec le finale.

3. ALLEGRO MOLTO : il est partagé entre la rage impulsive et un certain enjouement, qui s'exprime dans des staccatos pleins de verve et de vigueur. Le lyrisme ne perd pas pour autant ses droits, ni son ampleur sonore. La dernière partie du mouvement, en mode majeur, évolue vers une majesté rayonnante.

LES VARIATIONS

On peut considérer qu'elles constituent, avec Rachmaninov, l'aboutissement des grands cycles de variations romantiques qui, à partir des *Variations Diabelli* de Beethoven, sont représentés au cours du XIXe siècle par les *Variations Sérieuses* de Mendelssohn, les *Études symphoniques* de Schumann, et les *Variations sur un thème de Haendel* et *sur un thème de Paganini* de Brahms.

Variations sur un thème de Chopin (op. 22)

Écrites d'août 1902 au début de 1903, et créées le 10 février de cette même année par le compositeur. C'est un cycle de vingt-deux variations sur le *Prélude n° 20 en ut mineur* de Chopin.

Les huit premières variations sont enchaînées. La *1re* offre un monologue de doubles croches à la main droite, — figure qui servira, dans la *2e variation* d'accompagnement à la cellule de l'incipit du thème. Dans les variations suivantes le thème sera morcelé, et des superpositions de valeurs rythmiques différentes apparaîtront. A partir de la *9e*, les variations vont se personnaliser : celle-ci est une pièce héroïque ; la *10e variation* débute par une course de staccatos en imitations ; la *11e*, lente, est une reptation d'harmonies chromatiques ; la *12e* une fugue ; la *13e*, *Largo*, alterne des accords par deux avec une brève figure ornementale. Dans la *14e variation*, le thème est en cantus firmus. Après le scherzando de la *15e variation*, en volètements et staccatos féeriques (*fa mineur*), viennent trois variations lentes, — respectivement lyrique (*fa mineur*), funèbre (*si bémol mineur*), et méditative (*si bémol mineur*). Avec la *19e variation* (*la majeur*), une fête russe éclate soudain. La *20e*, en *ut dièse mineur*, est d'une virtuosité très chopinienne, avec un motif en valeurs binaires à l'intérieur d'une mesure à 3/4. La *21e variation* (*ré bémol majeur*) fait passer le thème en cantus firmus parmi des arabesques de valeurs rythmiques différentes ; puis l'armure change en *ut majeur*, dans une atmosphère mystérieuse et inquiète, et aboutit au finale.

Le brillant, la puissance, la légèreté sont servis par des procédés de virtuosité divers en ce cycle riche et pianistiquement intéressant, — qui ne connaît cependant qu'une popularité assez faible, éclipsée par celle des *Variations sur un thème de Corelli*.

Variations sur un thème de Corelli (op. 42)

Composées en 1931 en France, à Clairefontaine, où Rachmaninov possédait une propriété. C'est sa dernière œuvre importante pour piano. Le titre repose sur une méprise : le thème utilisé par Rachmaninov est celui de la célèbre « Folia », danse espagnole du XVIe siècle, qui a suscité des variations de nombreux compositeurs, — dont Corelli. Sans conteste, il s'agit là de la plus populaire, et de la plus réussie, des grandes œuvres pianistiques de Rachmaninov qui en donna la première audition à Montréal le 12 octobre 1931.

Le thème est exposé dans sa tonalité usuelle de *ré mineur* :

VAR. 1 : houle modérée d'arpèges.

VAR. 2 : thème en rythme pointé, harmonisé verticalement, avec des broderies à la voix intermédiaire et des enchaînements harmoniques avivés par des chromatismes.

VAR. 3 : menuet, avec des effets d'écho d'une cellule de chromatisme retourné.

VAR. 4 : l'harmonisation du thème comporte des variantes, avec des touches de modalisme ; ponctuation régulière d'accords précédés d'acciacatures.

VAR. 5 : rythmés, énergique, alternant les mesures à 3/4 et 2/4 ; les deux mains jouent parallèlement sur des intervalles de quarte et de quinte.

VAR. 6 : accords légers en triolets.

VAR. 7 : toccata, sur fond de tonique.

VAR. 8 : harmonies et coloris impressionnistes.

VAR. 9 et VAR. 10 : une rêverie, sur un dessin d'arpèges sans hâte à la main droite, débouche dans un scherzando féerique, aux piétinements vifs et légers.

VAR. 11 (peut être omise) : véhémence tzigane, avec des appoggiatures vigoureuses.

VAR. 12 (peut être omise) : les deux mains en alternance, avec le thème à la basse.

VAR. 13 : paraphrase la cellule rythmique ♪♩♩.

Intermezzo : intéressante allaince d'un langage harmonique post-romantique avec des procédés ornementaux pré-classiques (mordants, tremblements) et des échappées de virtuosité en style d'improvisation.

VAR. 14 et VAR. 15 : un choral ; puis un nocturne, avec un contre-chant à l'intérieur de l'harmonie à la main gauche.

VAR. 16 et VAR. 17 : accents sur des accords « vides » (quartes et quintes) ; allure de galop, puis thème sur fond d'ostinato rythmique.

VAR. 18 : héroïque, bondissements d'accords aux deux mains.

VAR. 19 : (peut être omise) : propose deux variantes ; paraphrase d'une figure rythmique, puis texture se resserrant dans la seconde partie de la variation. Une descente d'accords parallèles aboutit à la :

VAR. 20 : mesure à 9/8, avec des rythmes pointés. Le thème est en lignes brisées, tombant sur chaque temps (grande difficulté pour la précision de la frappe). Après un martèlement effréné d'octaves sur la tonique, tels des coups de timbales, vient une coda, paisible épilogue qui ramène le thème orné de quelques broderies et échappées, avec de larges arpèges à la main gauche, et mourant pianissimo dans le grave.

La valeur de cette œuvre tient autant à la variété et à la qualité de ses idées, qu'à sa densité et à son laconisme : elle est en effet totalement dépourvue de cette prolixité pianistique et des abus de virtuosité gratuite qui entachèrent plus d'une œuvre antérieure.

AUTRES ŒUVRES À DEUX MAINS

Plusieurs pièces de jeunesse de Rachmaninov n'ont été publiées qu'à titre posthume : *Trois Nocturnes* écrits en 1887-1888 (parus en 1944), *Quatre Pièces* de 1889 (parues en 1948). D'un intérêt mineur, elles ne méritent ici que d'être mentionnées.

Cinq Morceaux de fantaisie (op. 3)

Ils datent de l'automne de 1892, et furent ses premières compositions pour piano que Rachmaninov jugea suffisamment réussies pour être publiées. Toutes ne sont pas encore du grand Rachmaninov, mais elles restent, dans l'ensemble, assez prisées ; l'une d'entre elles est même devenue la pièce la plus jouée du musicien : le *Prélude en ut dièse mineur**. L'ensemble fut créé par le compositeur le 28 décembre 1892, à Kharkov.

1. ÉLÉGIE (en *mi* bémol mineur) : des sonorités douces, moelleuses, profondes, et montant vers un crescendo, une mélodie simple et émouvante suffisent pour assurer quelque succès à cette musique d'ambiance.

2. PRÉLUDE (en *ut* dièse mineur) : célébrissime, déjà, du vivant de Rachmaninov qui se voyait contraint de le jouer en bis à la fin de presque tous ses concerts. Typique du style pianistique de son auteur, il est cependant plus riche par ses effets que par son contenu. La forme est ABA : une cellule de trois notes en octaves graves est l'idée dominante de la partie A, — qu'elle traverse au milieu de sonorités de glas :

La partie B, animée, fait émerger un motif chromatique et haletant sur un fond houleux. Une cascade d'accords aux deux mains alternées introduit la reprise de A, amplifiée fortissimo aux deux mains. La suggestion d'un critique musical américain selon lequel ce *Prélude* décrirait le convoi d'un enterré vivant a été reprise parfois, mais ne correspond à aucune idée de l'auteur.

3. MÉLODIE (en *mi* majeur) : une agréable rêverie (révisée et étoffée, en 1940).

4. POLICHINELLE (en *fa* dièse mineur) : la pièce la plus originale et la plus vivante du cycle. Burlesque, avec ses échos de fête foraine, ses effervescences soudaines, elle fait aussi ressentir le côté humain du personnage. Peut-être influencée par le *Paillasse* de la *Suite pour deux pianos* d'Arenski.

---

* Rachmaninov en réalisa une transcription pour deux pianos en 1938.

5. SÉRÉNADE (en *si* bémol mineur) : c'est une mélodie hispanisante, qui semble jouée à la guitare ; de la même veine que le sera la *Sérénade interrompue* de Debussy (comme la *Mélodie,* cette pièce a été révisée en 1940).

Sept Morceaux de salon (op. 10)

Ce recueil fut écrit de décembre 1893 à janvier 1894, et créé partiellement par le compositeur le 31 janvier de cette même année à Moscou.
1. NOCTURNE (*Andante espressivo,* en *la* mineur) : atteste des multiples influences de Chopin. Dans la partie A, chromatismes mélodico-harmoniques. Dans la partie B, accords proches d'un choral. Puis reprise de A, très brève.
2. VALSE (*Allegro assai,* en *la* majeur) : élégante, d'une virtuosité fluide. La partie B (en *ré* bémol majeur) est plus modérée, avec une écriture harmonique.
3. BARCAROLLE (*Moderato,* en *sol* mineur) : mélodie sur fond d'ostinato rythmique ♪♪ ♩ ; puis scintillement continu et léger de doubles croches, impressionniste.
4. MÉLODIE (*Allegretto,* en *mi* mineur) : nostalgique, proche d'un chant tzigane, accompagné d'accords arpégés ; suit un *Allegro moderato,* plus allant.
5. HUMORESQUE (*Allegro vivace,* en *sol* majeur) : existe en deux versions, — la seconde datant de 1940. Il s'agit ici d'humeur autant que d'humour. Inflexions inattendues de la mélodie, équivoque majeur-mineur, syncopes, échappées soudaines de virtuosité. La version révisée est encore plus énergique, plus brillante, d'un langage plus acéré.
6. ROMANCE (*Andante doloroso,* en *la* mineur) : une intériorité, une profondeur, qui en font une méditation plus qu'une pièce de salon.
7. MAZURKA (*Tempo di mazurka,* en *ré* bémol majeur) : pièce d'apparat, sonore et brillante comme doit l'être un finale ; effets faciles et souvent lourds.

Six Moments musicaux (op. 16)

Écrits d'octobre à décembre 1896, ils marquent une évolution dans le style pianistique de Rachmaninov, — annonçant les œuvres ultérieures (*Préludes* et *Études-tableaux*) auxquelles ils sont même parfois supérieurs par leurs dimensions. Ils ne faut évidemment chercher aucune parenté directe avec les *Moments musicaux* schubertiens.
1. ANDANTINO (en *si* bémol mineur) : douloureux et introspectif, avec, au milieu, un épisode de virtuosité finement ouvragé.
2. ALLEGRETTO (en *mi* bémol mineur) : c'est un mouvement tumultueux ininterrompu, dominé par une mélodie chromatique, — avec des accroissements et des retombées d'intensité (une révision eut lieu en 1940).
3. ANDANTE CANTABILE (en *si* mineur) : le plus populaire des six *Moments* (et le moins difficile). Il est centré principalement dans le médium et le grave du clavier : thème en tierces, d'un lyrisme sombre, avec une harmonisation très fournie. Monothématique, il comporte dans sa seconde partie un contrepoint d'octaves staccato à la basse, renforçant le climat inquiétant et fantastique.
4. PRESTO (en *mi* bémol mineur) : morceau de grande virtuosité, d'un dynamisme intense. C'est un peu une étude pour la main gauche où sont concentrées les difficultés sous forme d'une figure houleuse de sextolets avec des progressions chromatiques, accompagnant un thème à la main droite, lapidaire, dramatique et impératif. Épisodiquement, les deux mains jouent parallèlement.
5. ADAGIO SOSTENUTO (en *ré* bémol majeur) : dans une certaine mesure, c'est une réplique en mode majeur au $n^o 3$. On peut constater, par moments, des similitudes au niveau du thème en tierces. La main gauche exécute d'un bout à l'autre une même formule de batteries d'arpèges.
6. MAESTOSO (en *ut* majeur) : un finale de bravoure, très rachmaninovien. Grondement continu aux deux mains parallèles, — rappelant parfois le $n^o 4$ par ses progressions chromatiques, d'où émerge un thème épique ponctué de puissants accords.

Les Préludes (op. 23 et 32)

L'idée globale est évidemment calquée sur celle des *Préludes* de Chopin. Mais ceux de Rachmaninov s'en différencient par leurs dimensions souvent plus vastes, ainsi que par un ordre tonal plus libre. L'ensemble des *Préludes* — vingt-quatre en tout — se compose d'une pièce isolée, l'*op. 3 $n^o 2$,* de dix préludes *op. 23* composés en 1901-1903, et de treize de l'*op. 32* datés de 1910.

1. LENTO (en *ut* dièse mineur) : cf. plus haut *Cinq Morceaux de fantaisie (n° 2)*.

2. Op. 23 n° 1 (*Largo,* en *la* dièse mineur) : aux lentes batteries de la main gauche avec des appoggiatures chromatiques, répond un chant dépouillé à l'extrême. Au milieu, quelques effets d'écho entre la partie supérieure et la basse. Cette pièce assez austère est intéressante par son écriture harmonique où abondent des dissonances subtiles.

3. Op. 23 n° 2 (*Maestoso,* en *si* bémol majeur) : une des pages le plus spectaculairement virtuoses. Sur des roulements d'arpèges à la main gauche, un motif énergique carillonne à la main droite en alternances rapides d'octaves et de tierces, — le tout ponctué d'accords éclatants. Les couleurs très chaudes et nourries s'allègent dans la partie centrale, où des miroitements à l'aigu accompagnent une mélodie dans le médium. La texture harmonique s'épaissit à nouveau, et le dynamisme s'intensifie en vue de la réexposition.

4. Op. 23 n° 3 (*Tempo di minuetto,* en *ré* mineur) : les staccatos d'accords, et des doubles croches précédées d'un triolet de triples, souples et énigmatiques, suggèrent une atmosphère de ballade. Dans le développement, plus animé, ainsi que dans la réexposition, l'écriture est fréquemment contrapuntique, avec de nombreuses imitations.

5. Op. 23 n° 4 (*Andante cantabile,* en *ré* majeur) : de l'élégie pure. De larges et lents arpèges à la main gauche, et, à la main droite, une vibrante cantilène. Un léger resserrement du tissu sonore est ensuite marqué par la superposition de lignes de triolets ornementaux sur des arpèges en valeurs binaires, puis par un renversement de ce rythme, avec une ligne mélodique en tierces et en octaves à la main droite. Dans la dernière partie, le chant à la voix supérieure est entrecoupé d'accords à l'octave inférieure. C'est une pièce dont l'évolution interne évite intentionnellement les contrastes.

6. Op. 23 n° 5 (*Alla marcia,* en *sol* mineur) : *Prélude* le plus populaire, avec l'*Ut dièse mineur* de l'*op. 3*. La forme est ABA'. La partie A est rythmée par des accords en martèlement de chevauchée :

La partie B offre un contraste total, — avec un chant vaguement teinté d'exotisme ; les arpèges de l'accompagnement font naître bientôt tout un réseau de contrechants. Le retour des rythmes et des formules de la partie A évolue vers une tension dynamique accrue, jusqu'à une conclusion rapide et laconique, en demi-teintes.

7. Op. 23 n° 6 (*Andante,* en *mi* bémol majeur) : pièce monothématique. C'est une rêverie sans dramatisme dans lequelle un trait continu de doubles croches à la main droite, sans hâte, ample et délié, sert de fond à une cantilène paraphrasée à travers quelques modulations, puis enrichie d'un contrepoint. La coda est une longue phrase aux deux mains à l'aplomb, à la tierce et à la sixte.

8. Op. 23 n° 7 (*Allegro,* en *ut* mineur) : dans le style d'une improvisation ou d'une étude. Sur des arabesques continues de doubles croches, les notes du chant apparaissent comme sur des crêtes de vagues ; puis le médium répond à la manière d'un cantus firmus. Une page de virtuosité, avec un échantillonnage de nuances allant du murmure au grondement.

9. Op. 23 n° 8 (*Allegro vivace,* en *la* bémol majeur) : d'une envolée lyrique assez chopinienne, selon une écriture pianistique en clapotis fins et continus. Pièce de demi-caractère, d'un charme un peu superficiel.

10. Op. 23 n° 9 (*Presto,* en *mi* bémol mineur) : très condensée, c'est une authentique étude, un redoutable tour de force technique, avec la course rapide et légère de tierces et de sixtes à la main droite.

11. Op. 23 n° 10 (*Largo,* en *sol* bémol majeur) : proche d'un nocturne. Débute par une formule ostinato de cinq accords précédés d'un demi-soupir et contenant une intonation ascendante, qui devient accompagnement d'une mélodie de violoncelle à la main gauche. Le chant de la basse et les accords de la partie supérieure alternent ensuite ; puis la cellule initiale réapparaît dans un nouveau contexte harmonique et contrapuntique, — bientôt soulignée de triolets à la main gauche et de larges accords arpégés.

12. Op. 32 n° 1 (*Allegro vivace,* en *ut* majeur) : prélude le plus bref de tout le recueil, intéressant par ses accents et ses appoggiatures de quinte augmentée, — le tout créant des irisations de dissonances fugitives dans une page au dynamisme intense, très virtuose.

13. Op. 32 n° 2 (*Allegretto,* en *si* bémol

mineur) : mouvement dansant, s'apparentant à une sicilienne (rythme ♩♪♪), et bientôt orné de figures de doubles croches.

14. Op. 32 n° 3 (*Allegro vivace*, en *mi* majeur) : carillonnements sonores, avec des harmonies la plupart du temps diatoniques, voire modales. Rayonnement et héroïsme, qui s'estompent dans le coda.

15. Op. 32 n° 4 (*Allegro con brio*, en *mi* mineur) : l'un des plus vastes préludes, et des plus diversifiés par la forme. De courtes phrases rapides d'accords sont d'abord coupées par des signaux d'octaves. L'épisode suivant, *Più vivo*, débute en fugato : la légèreté acquiert rapidement de la puissance. Une série d'accords précède un rappel du début, avec la partie centrale *Lento*. Une formule thématique répétitive s'y trouve ornée d'une paisible ligne contrapuntique, de plus en plus chromatique, puis de trilles et de brèves fusées montantes. Au *Tempo primo*, le thème initial réapparaît sous un nouvel aspect, pour connaître une spectaculaire amplification pianistique avant une retombée progressive et d'ultimes rappels dans la coda.

16. Op. 32 n° 5 (*Moderato*, en *sol* majeur) : l'un des plus beaux préludes lyriques. Sur un accompagnement en quintolets à la main gauche, s'élève un chant simple et limpide cédant bientôt la place à une série d'ornements mélodiques, qui constituent l'élément le plus caractéristique du morceau. La reprise du thème s'effectue d'abord en *sol* mineur, avant de retrouver le mode majeur. La coda est irisée de quelques chromatismes.

17. Op. 32 n° 6 (*Allegro appassionato*, en *fa* mineur) : à partir d'une cellule très beethovénienne, rude et lapidaire, s'élabore une sorte de brève toccata, sombrement agitée.

18. Op. 32 n° 7 (*Moderato*, en *la* majeur) : fin et gracieux, avec des harmonies recherchées, ponctué par des tierces, et des vaguelettes d'arpèges dans la dernière partie.

19. Op. 32 n° 8 (*Vivo*, en *la* mineur) : après un double « faux départ », c'est une page de virtuosité légère et vertigineuse.

20. Op. 32 n° 9 (*Allegro moderato*, en *la* majeur) : une mouvance grave, une inquiétude qui a du mal à se définir. La dernière partie, *Più vivo*, est plus ornementale. Ce prélude ne compte pas parmi les plus intéressants.

21. Op. 32 n° 10 (*Lento*, en *si* mineur) : recueilli, archaïsant du fait d'un modalisme qui juxtapose les accords mineurs de la tonique et de la dominante. Dans la partie centrale, le thème est repris en valeurs longues, en cantus firmus entouré d'accords puissamment martelés ; puis il est ponctué de rythmes spasmodiques, avant qu'un trait de virtuosité ne le ramène à son état initial.

22. Op. 32 n° 11 (*Allegretto*, en *si* majeur) : une page sans grand relief, entièrement harmonique, qui paraphrase un dessin rythmique.

23. Op. 32 n° 12 (*Allegro*, en *sol* dièse mineur) : son mélange de fraîcheur et d'élégiaque, la finesse de sa texture pianistique, la qualité de son invention mélodique, aussi sobre que prenante, en font un des préludes les plus appréciés. Les registres sont principalement le médium et l'aigu.

24. Op. 32 n° 13 (*Grave*, en *ré* bémol majeur) : plus que le thématisme lui-même, c'est la matière sonore, l'alliance des timbres avec les harmonies, qui confèrent à ce prélude une majesté sombre où le cachet rachmaninovien s'identifie immédiatement. Le dynamisme augmente très progressivement, en une opposition des registres qui amplifie les carillonnements de la partie centrale. Les martèlements d'accords et d'octaves se resserrent dans les dernières mesures. Les puissants accords conclusifs nécessitent des mains capables d'écartements inusités.

Études-tableaux

Postérieurs aux *Préludes*, les deux recueils *op. 33* et *39* datent respectivement de 1911 et 1916-1917. Le premier contenait à l'origine neuf pièces, mais Rachmaninov retira les n°s 4, 5 et 6 avant la publication. Le n° 4 devint par la suite le n° 6 de l'*op. 39*. Les deux autres furent publiés posthumement en 1948. (Nous les réinsérons dans l'*op. 33*, sous les n°s 4 et 5). Les *Études-tableaux* sont, dans l'ensemble, de dimensions légèrement supérieures aux *Préludes*, surtout l'*op. 39*. Le terme « étude » est à prendre autant dans son sens pianistique (nombre d'entre elles présentent des problèmes techniques considérables), que dans une acception picturale que le mot « tableau » confirme.

Au départ, Rachmaninov n'a cependant proposé aucun prétexte visuel, aucun « programme » à ces pièces. Toutefois, lorsqu'en 1930 Respighi s'adressa à lui avec l'intention d'orchestrer cinq *Études-tableaux* (*op. 33* n° 7, *op. 39* n°s 2, 6, 7, 9), Rachmaninov accepta de donner « quelques explications concernant les mystères des intentions de l'auteur, qui vous aideront à comprendre le caractère de ces *Études* et de trouver les couleurs adéquates en les orchestrant » (lettre du 2 janvier 1930). Nous reproduisons ces « explications » à la fin de chaque commentaire correspondant.

L'op. 33

1. ALLEGRO NON TROPPO (en *fa* mineur) : rythme marqué, écriture verticale, octaves et accords en alternance aux deux mains. Le thème est en notes conjointes, avec réponse d'un contre-chant à la main gauche.
2. ALLEGRO (en *ut* majeur) : frémissements continus de vaguelettes d'arpèges suivant une figure rythmique immuablement répétée, et dominées par une mélodie sereine.
3. GRAVE (en *ut* mineur) : sombre, avec des accords et des cellules thématiques éparses au début, puis s'organisant. La seconde partie, en *ut* majeur, est calme et majestueuse.
4. MODERATO (en *ré* mineur) : animé sans hâte, spirituel, avec des effets rythmiques de carillon.
5. NON ALLEGRO (en *mi* bémol mineur) : après deux mesures d'introduction en lente descente de tierces, la course vertigineuse de traits à la main droite lance une pièce de grande virtuosité dont le tumulte fait émerger des motifs haletants. Plus que par le détail des idées, cette étude vaut par son climat d'ensemble.
6. ALLEGRO CON FUOCO, ALLA BREVE (en *mi* bémol majeur) : une des rares pages de Rachmaninov qui soit dépourvue d'ombres. Solennité rayonnante et bonne humeur : mais les idées ont plus de brillant que d'originalité (« Une fête foraine », selon le compositeur).
7. MODERATO (en *sol* mineur) : douloureux, interrogatif.
8. GRAVE (en *ut* dièse mineur) : d'un grand poids sonore et dramatique — entre les effets de glas du début, les répétitions serrées d'accords voisins, les grondements de larges arpèges à la main gauche, et les pulsions de rythmes pointés. Une des études les plus spectaculaires ; mais, derrière ces effets appuyés, la qualité de l'invention reste relative.

L'op. 39

1. ALLEGRO AGITATO (en *ut* mineur) : c'est une étude dans le sens technique du terme ; un tissu d'arpèges brisés à la main droite auxquels la main gauche oppose une figure en octaves, avec quelques syncopes. Dans la partie centrale un certain enjouement se précise, en des staccatos scherzando.
2. LENTO ASSAI (en *la* mineur) : une douleur intériorisée. Sur des triolets continus qui incluent un motif visiblement issu du « Dies irae », la main droite, après quelques balancements syncopés, enchaîne avec des cantilènes aussi sobres que recherchées (« La mer et les mouettes »).
3. ALLEGRO MOLTO (en *fa* dièse mineur) : miroitements rapides, — avec des tierces à l'intérieur des octaves évoluant vers un style improvisé, avec des traits chromatiques, des superpositions de valeurs binaires et ternaires, des appoggiatures. Abondance d'embûches techniques.
4. ALLEGRO ASSAI (en *si* mineur) : une certaine verve spirituelle, évoluant peu à peu vers le climat fantastique d'une ballade.
5. APPASSIONATO (en *mi* bémol mineur) : l'une des études les plus connues. Sur fond d'accords battus s'élève un motif simple et ardent, qu'on a parfois comparé à celui du *24e Prélude* de Chopin. La partie centrale offre un chromatisme de plus en plus dense, avec un accompagnement d'arpèges. Le thème initial est paraphrasé à travers diverses tonalités, avant de réapparaître à l'octave inférieure dans une harmonie encore plus fournie :

6. ALLEGRO (en *la* mineur) : vif et transparent, dans le registre aigu ; avec des interventions soudainement menaçantes dans le grave (« Le petit Chaperon Rouge et le Loup »).
7. LENTO (en *ut* mineur) : il offre quelques parentés, au début, avec le n° 8 de l'*op. 33*. Sombre et fantastique, il prend par moments des accents religieux. Les doubles croches qui viennent ensuite évoquent « une pluie continue et désespérante » (« Marche funèbre », selon l'auteur).
8. ALLEGRO MODERATO (en *ré* mineur) : modalismes contrastant avec une partie centrale chromatique.
9. ALLEGRO MODERATO (en *ré* majeur) :

une marche, sur le rythme ♪♫ Du piano en force, une fougue tapageuse (« Marche orientale », affirma Rachmaninov).

ŒUVRES POUR QUATRE MAINS

Six Duos (op. 11)

Écrits en avril 1894, pour piano à quatre mains.
   1. BARCAROLLE (en *sol* mineur) : sans hâte, mélancolique et désolée. La dernière partie est ornée d'une course de traits légers et scintillants dans l'aigu.
   2. SCHERZO (en *ré* majeur) : partagé entre l'inquiétude, des visions soudaines, une fièvre intense, et des instants de répit (thème lyrique en majeur, puis en mineur).
   3. CHANSON RUSSE (en *si* bémol mineur) : sur un thème populaire, une chanson de bateliers *(Durant toute la nuit noire).* Cette mélodie du terroir est ornée successivement de contrepoints divers, qui culminent dans des carillonnements chers à Rachmaninov, et de grondements de gammes dans le grave ; la dernière partie s'estompe dans un decrescendo.
   4. VALSE (en *la* majeur) : spirituelle, avec quelques contrastes inattendus, — telle la série de cinq accords montants, en choral, qui entrecoupent le mouvement de la danse pour mieux le relancer.
   5. ROMANCE (en *ut* mineur) : une romance douloureuse aux chromatismes amers, se rassérénant vers la fin. Rythmiquement, elle préfigure le mouvement lent du *2e Concerto pour piano,* avec la même découpe du thème à l'intérieur de triolets.
   6. GLOIRE (« Slava ») (en *ut* majeur) : finale à la russe, avec des accents épiques borodiniens. Le thème est un chant russe bien connu, utilisé maintes fois par les compositeurs, — dont Moussorgski dans la scène du Couronnement de *Boris Godounov.*
Il est à noter que la double présence de mélodies authentiquement populaires dans ces *Duos* est un fait relativement rare chez Rachmaninov, peu enclin à ce genre de citations textuelles.

Rhapsodie russe, en *mi* mineur

Écrite en janvier 1891, pour deux pianos (création à Moscou par Rachmaninov et Levin, le 17 octobre de cette même année).

Elle utilise, elle aussi, un thème populaire, simple, ingénu, légèrement teinté d'orientalisme. Orné de divers procédés de virtuosité, morcelé en cellules entrecoupées de traits à la manière lisztienne, ce thème amène une danse populaire pleine d'entrain. La partie centrale, rêveuse, présente une autre idée thématique, plus complexe mélodiquement, mais portant également le cachet national.

Suite n° 1 « Fantaisie-tableaux » (op. 5)

Écrite en 1893 pour deux pianos (et créée par l'auteur et Pavel Pabst, le 30 novembre de cette année à Moscou), Rachmaninov s'y était donné pour but d'illustrer quatre extraits de poèmes de Lermontov, Byron, Tioutchev et Khomiakov, — placés en épigraphe de chacune des pièces. Cette *Suite* fut dédiée à Tchaïkovski.
   1. BARCAROLLE *(Allegretto,* en *sol* mineur) : dans la même tonalité que la *Barcarolle* de l'*op. 10.* Pièce d'un effet sûr, très pianistique, en une osmose intime de la mélodie et des clapotis et ruissellements dans lesquels Rachmaninov se complaît avec quelques excès.
   2. LA NUIT... L'AMOUR... (*Adagio sostenuto,* en *ré* majeur) : pièce très romantique, partagée entre les épanchements, les effusions et les angoisses, — atteignant par moments une réelle intensité émotionnelle, avec en arrière-fond les trilles du rossignol.
   3. LES LARMES (*Largo di molto,* en *sol* mineur) : toute la pièce est traversée par un ostinato de quatre notes descendantes, dérivé des sons de cloches de la cathédrale Sainte-Sophie de Novgorod. Rachmaninov a eu l'idée curieuse d'assimiler l'égrènement obsessionnel de ces notes à l'image, évoquée par Tioutchev, de larmes qui tombent.
   4. PÂQUES (*Allegro maestoso,* en *sol* mineur) : c'est la « Sainte Fête », décrite par l'un des plus éminents poètes du courant slavophile. A nouveau ce sont les cloches qui fournissent ici le matériau sonore, — transcrites par un compositeur qui excelle à faire carillonner son clavier, et rappelant assez celles du Couronnement de *Boris Godounov* :

Suite n° 2 (op. 17)

Composée dans les premiers mois de 1901, elle est contemporaine du *2e Concerto pour piano*, et confirme le retour de Rachmaninov à la créativité après un silence de près de quatre ans dû à l'échec de sa *1re Symphonie* en 1897. Elle fut écrite en Italie, où le compositeur avait séjourné avec Chaliapine. A l'inverse de la *1re Suite*, celle-ci est dépourvue de tout prétexte littéraire, et la présence de deux danses, sur les quatre mouvements, tend à la rapprocher de la suite traditionnelle. Pour la création, le 24 novembre 1901 à Moscou, les deux pianos furent tenus par Rachmaninov et Siloti.

1. INTRODUCTION (*Alla marcia*, en *ut* majeur) : écriture en accords, à la fois puissante et légère ; d'une solennité rayonnante et de bonne humeur.
2. VALSE (*Presto*, en *sol* majeur) : une valse n'a rien d'exceptionnel chez Rachmaninov ; mais celle-ci est d'un style assez inattendu qui la rapproche un peu des musiques de cabaret. La partie centrale, *Meno mosso* en *mi* bémol majeur, est dominée par une mélodie vibrante, d'un pathétique un peu appuyé.
3. ROMANCE (*Andantino*, en *la* bémol majeur) : une cantilène en notes conjointes donne lieu à un dialogue entre les deux pianos, s'enveloppant d'un tissu ornemental à la fois abondant et toujours subordonné à l'expressivité.
4. TARENTELLE (*Presto*, en *ut* mineur) : pleine de feu et de caractère, farouche et fougueuse, elle est bien plus qu'une simple danse, — un poème dionysiaque à la facture pianistique d'une richesse et d'une densité exceptionnelles. Rachmaninov y utilise un thème populaire italien noté sur le vif.

On notera pour terminer qu'en 1890 puis 1891, Rachmaninov écrivit deux pièces pour piano à six mains à l'intention de ses cousines, les sœurs Skalon : une *Valse* en *la* majeur, brève mais brillante, sur un thème de Natalia Skalon ; et une *Romance* dans le même ton, dont les premières mesures furent reprises au début de l'*Adagio* du *2e Concerto pour piano*.

A.L.

JEAN-PHILIPPE RAMEAU

Né à Dijon, le 25 septembre 1683 ; mort à Paris, le 12 septembre 1764. Né deux ans avant Bach, Scarlatti et Haendel, il survivra à tous les trois. Auteur fécond, travailleur infatigable, théoricien ardent et remarquable — il laisse des écrits théoriques d'une importance capitale —, Rameau reste l'une des très grandes figures musicales du XVIIIe siècle français. On sait peu de choses sur sa vie. La moitié de la carrière de ce musicien solitaire, discret et peu porté aux confidences, se passa dans l'obscurité. Il fut d'abord organiste à Avignon, Clermont-Ferrand, Paris, Dijon et Lyon avant de se fixer définitivement à Paris en 1723, et lorsqu'il put affirmer totalement sa puissance créatrice sur le plan dramatique, il avait atteint l'âge de cinquante ans. Le soutien du fermier général La Pouplinière lui ouvrit les portes de l'Académie Royale de Musique où il fit représenter en 1733 Hippolyte et Aricie. Tragédies lyriques, opéras-ballets, pastorales héroïques et actes-ballets vont alors se succéder, parfois au rythme de plusieurs par an. Loin d'être l'homme taciturne, sec et brutal décrit par ses contemporains — il conserve encore cette réputation aujourd'hui —, loin d'être le compositeur uniquement cérébral et insensible que l'on a prétendu — sa renommée de théoricien paraissant inconciliable avec l'imagination du créateur —, Rameau cachait une âme sensible et un goût exquis, liés à une grande intelligence. Pour lui la musique était à la fois une science et un art. N'écrivait-il pas : « La vraie musique est le langage du cœur. » ? Et son ami Piron disait de lui : « Toute son âme et son esprit étaient dans son clavecin ; quand il l'avait fermé, il n'y avait plus personne au logis. » Après sa mort, Rameau tomba rapidement dans l'oubli. Au XIXe siècle, il n'était plus qu'un nom. Il ne retrouva la place qu'il mérite qu'en 1895, lorsque Saint-Saëns et Charles Malherbe entreprirent l'édition complète de son œuvre (édition malheureusement interrompue par la guerre de 1914). Auteur d'un admirable Hommage à Rameau, Debussy put écrire que, si l'auteur des Indes Galantes avait été moins oublié, « l'art musical français n'aurait pas demandé aussi souvent son chemin à des gens trop intéressés à le lui faire perdre ».

L'œuvre de clavecin

L'œuvre de clavecin de Rameau n'a pas, en quantité, l'importance de celle de Couperin : à peine une soixantaine de pages, dont la composition s'échelonne sur quelque quarante ans ; mais elle est immense par sa qualité, et demeure l'un des sommets de la musique française.

Elle comprend trois recueils de pièces pour clavecin édités en 1706, 1724 et vers 1728, cinq pièces tirées des *Pièces de clavecin en concerts*, publiées en 1741, et que Rameau arrangea lui-même pour le clavecin seul, et une pièce isolée, *La Dauphine*, écrite en 1747 à l'occasion du mariage du Dauphin, père du futur Louis XVI, avec Marie-Josèphe de Saxe. Les œuvres de clavecin de Rameau sont donc, pour l'essentiel, des « fruits de jeunesse », en comparaison surtout de son importante production dramatique qui couvre les années 1733-1760.

Si Rameau fut le cadet de François Couperin (quinze ans les séparaient), sa musique de clavecin est antérieure à celle de son aîné. Le premier recueil de Rameau parut en effet sept ans avant le *Premier Livre de Pièces de clavecin* de Couperin, publié en 1713. Si Rameau et François Couperin sont indubitablement les deux grandes figures du clavecin français, leurs manières apparaissent fondamentalement distinctes : Couperin est avant tout le poète subtil qui manie le lyrisme et l'ironie avec la même délicatesse. Rameau, quant à lui, incarne l'esprit classique cultivant dans un même équilibre la rigueur et la puissance, l'austérité et la grandeur (dont ne s'exclut pas certaine sensibilité).

Premier recueil de pièces de clavecin

Le *Premier Livre de Pièces de clavecin* parut à Paris en 1706. Il se vendait chez l'auteur, domicilié « Vieille Rue du Temple, vis-à-vis les Consignations ». Rameau effectuait un court séjour à Paris, et la page de titre du recueil indique qu'il était alors organiste des Jésuites de la rue Saint-Jacques et des Pères de la Mercy.

Ce *Premier Livre* est accompagné d'une courte table des agréments (sept signes). Dix pièces y sont réunies, — qui suivent le schéma de la suite de danses à la française ; aucune ne porte de sous-titre. Œuvre de jeunesse, ces pièces sont cependant marquées de la griffe du maître qui, s'il paraît encore un peu influencé par l'art italien, affirme déjà sa personnalité : il n'est que d'écouter le *Prélude* d'ouverture ou la *Courante,* par exemple, pour s'en convaincre.

1. PRÉLUDE (*la* mineur) : ce prélude est construit en deux parties : une première partie non mesurée, et une seconde mesurée à 12/8. C'est le seul exemple de prélude non mesuré laissé par Rameau. Unique hommage au style français ancien, il s'écarte du cadre du prélude non mesuré de Louis Couperin entièrement noté en rondes. Un enchevêtrement de rondes, de noires pointées, de croches et de doubles croches donne à cette première partie une prodigieuse vie rythmique :

Le prélude débute sur une basse et un accord bien assis de tonique, mais les intervalles harmoniques recherchés (septièmes, neuvièmes, onzièmes) et les modulations qui suivent annoncent le grand théoricien de la musique. La seconde partie (mesurée) est une gigue à 12/8, d'une grâce ailée toute italienne.

2. ALLEMANDE I (*la* mineur, à 4/4) : rehaussée de nombreux agréments, cette première allemande, à l'allure solennelle, est une longue ligne mélodique continue encadrée par une polyphonie serrée.

3. ALLEMANDE II (*la* mineur, à deux temps) : beaucoup plus courte est cette seconde allemande, assez légère. Son écriture à trois voix, très ornementée, adopte une démarche rythmique plus libre.

4. COURANTE (*la* mineur, à 3/2) : l'édition originale indique ici un rythme à 2/3. Avec ses deux reprises, cette pièces peut être assimilée à un rondeau à deux couplets. C'est une courante à la française, écrite encore dans le style luthé, et dont les basses bondissantes sont pleines de souplesse.

5. GIGUE (*la* mineur, à 3/2 dans l'édition originale, mais jouée généralement à 6/4) : cette danse noble est écrite sur un rythme typiquement français. Son thème, qui entre en imitation, se poursuit en mouvement contraire sur un contrepoint aéré qui parcourt le clavier de haut en bas.

6. SARABANDE I (*la* mineur, à trois temps) : air tendre soutenu par une basse de style luthé dans sa première partie, et par une basse de notes conjointes dans sa seconde partie ainsi que dans la petite reprise.

7. SARABANDE II (*la* majeur, à trois temps) : plus rythmique que la précédente, cette danse appelle un da capo à la première sarabande.

8. VÉNITIENNE (*la* majeur, à trois temps) : sur un rythme proche de celui de la barcarolle et d'allure modérée, Rameau mêle une écriture à deux voix à l'italienne et le genre du rondeau à la française avec deux couplets.

9. GAVOTTE (*la* mineur, à deux temps) : cette gavotte, qui est un rondeau, apparaît comme une ébauche de *La Livri* des *Pièces de clavecin en concerts.* (On remarque une parenté thématique évidente entre les refrains de ces deux rondeaux.) Ici, Rameau accompagne son refrain d'un « Double de la basse », avec quelques modifications rythmiques de la ligne mélodique.

10. MENUET (*la* mineur, à trois temps) : c'est par ce court morceau, très simple, que Rameau termine sa suite de danses.

Deuxième recueil de pièces de clavecin

D'abord publié en 1724 chez Hochereau et Boivin, il fut réédité en 1731 et en 1736 sous le titre de *Pièces de clavecin avec une table pour les agrémens**. Il se vendait chez l'auteur et chez les éditeurs Boivin et Le Clair. Ce second recueil est accompagné d'une table des agréments utilisés par Rameau et d'un court *Menuet en rondeau,* doigté pour exercer les deux mains à aller ensemble. En tête de la première édition de 1724, Rameau a placé une courte méthode intitulée *De la méchanique des doigts sur le clavessin** : les conseils qu'il donne sont encore valables de nos jours pour le claveciniste qui entreprend l'étude de sa musique.

Les œuvres qui composent ce second recueil sont classées par tonalités. Peut-on parler de suites : suite en *mi,* et suite en *ré* ? Il s'agit plutôt de pièces isolées portant pour la plupart un titre descriptif, comme chez Couperin, et épousant, pour la moitié d'entre elles, la forme du rondeau.

1. ALLEMANDE (*mi* mineur, à quatre temps) : l'écriture de cette pièce développée rappelle l'*Allemande* du premier recueil de 1706 ; mais ici l'invention est plus libre, et le contrepoint plus léger.

2. COURANTE (*mi* mineur, à 3/2) : conçue comme la *Courante* du premier livre avec un refrain et deux reprises, cette danse est écrite dans le style français, avec ses valeurs pointées et son rythme caractéristique à 3/2.

3. GIGUE EN RONDEAU (*si* mineur, à 6/8) : avec ses deux gigues, Rameau abandonne le cadre de la suite, — dans ce recueil du moins. Il y reviendra dans le livre suivant. Cette première gigue prouve que, contrairement aux idées reçues, il sait être charmant. Le refrain rappelle le thème d'une ronde enfantine écrite sur l'air du *Bon Roi Dagobert.*

4. 2e GIGUE EN RONDEAU (*mi* majeur, à 6/8) : avec la régularité de ses croches, cette seconde gigue est, comme la première, de type italien. Trois couplets sont coupés par la reprise du refrain construit sur une basse de musette. Avec le premier couplet, Rameau nous plonge dans une adorable atmosphère champêtre. Le second couplet est un duo très ornementé, dont le thème s'impose en imitation. Le troisième, beaucoup plus développé, s'avère l'œuvre du théoricien.

5. LE RAPPEL DES OISEAUX (*mi* mineur, à deux temps) : pièce binaire à reprise, pleine de mélancolie et de charme poétique. Dès les mesures initiales, les ornements prennent toute leur valeur expressive :

Presque entièrement écrite à deux voix sur un décalage de syncopes, cette pièce de genre — la première de Rameau — fait appel à des modulations audacieuses. L'écriture harmonique est recherchée (importance des pédales de tonique et de dominante, marches harmoniques, marches

---

* On a respecté l'orthographe de Rameau, dans les titres et dans les citations.

harmoniques chromatiques, retards, appoggiatures, fuite tonale). La reprise contient un très beau passage luthé.

6. RIGAUDON I (*mi* mineur, à deux temps) : le thème de cette danse rapide et gaie (originaire du sud de la France) entre en imitation et évolue, dans la reprise, sur une écriture à trois voix.

7. RIGAUDON II et DOUBLE (*mi* majeur, à deux temps) : ce rigaudon (avec petite reprise) et son *Double* sont d'une grande gaieté.

8. MUSETTE EN RONDEAU, « tendrement » (*mi* majeur, à trois temps) : Rameau a repris cette musette dans le troisième acte des *Fêtes d'Hébé*. Dans sa méthode, *De la méchanique des doigts sur le clavessin*, il précise que cette pièce, comme les rigaudons précédents, peut être transposée « sur tout pour être jouée avec la violle ». Trois couplets entourent le refrain. Les deux premiers couplets reprennent les mêmes moyens.

9. TAMBOURIN, « vif » (*mi* mineur, à deux temps) : ce rondeau à trois couplets apparaît ainsi dans le troisième acte des *Fêtes d'Hébé*, opéra-ballet représenté en 1739. La tonalité de *mi* est omniprésente.

10. LA VILLAGEOISE, RONDEAU (*mi* mineur, à deux temps) : le refrain et le premier couplet, coulés dans un même moule, sont de caractère tendre et délicat. Le deuxième couplet brille par sa carrure solide et sa virtuosité.

11. LES TENDRES PLAINTES, RONDEAU (*ré* mineur, à trois temps) : ce rondeau a été repris comme « Air tendre en rondeau » dans *Zoroastre,* tragédie-lyrique représentée en 1749. Les deux couplets, mélancoliques, et le refrain se développent en un rythme de menuet sur une basse mouvante.

12. LES NIAIS DE SOLOGNE, *1er* et *2e Doubles des Niais* (*ré* majeur, à deux temps) : cette pièce, qui apparaît dans la version de 1739 de *Dardanus,* est l'un des chefs-d'œuvre du recueil. Elle reprend la forme du rondeau, suivi de deux doubles. Le thème presque identique du refrain et des couplets, d'une lourdeur voulue, fait penser à un motif de vielle progressant sur une basse de cordes régulière et pesante, — sous laquelle Rameau a écrit « notes égales » :

Les deux doubles sont en réalité des variations rythmiques du rondeau. Rameau fait ici appel à une conception très française de la variation basée sur l'art de la diminution. Le *1er Double* transforme le thème en triolets de croches qui s'opposent aux croches régulières de la basse. La difficulté de l'exécution provient alors de cette superposition rythmique. Le *2e Double,* d'une grande virtuosité, s'affirme sur un déploiement de doubles croches qui soutiennent le thème lourd du rondeau, et se termine par une coda et une petite reprise en fanfare.

13. LES SOUPIRS, « tendrement » (*ré* majeur, à trois temps) : le caractère de cette pièce binaire à reprise (avec petite reprise) tranche totalement avec celui de la précédente. Elle est basée sur une écriture luthée à trois voix, dans laquelle Rameau ne dédaigne pas d'introduire des audaces harmoniques. La valeur expressive de cette page intime — l'une des plus tendres de Rameau — est accentuée par les nombreux silences et syncopes qui lui donnent son nom.

14. LA JOYEUSE, RONDEAU (*ré* majeur, à deux temps) : ce simple rondeau court sur des gammes parallèles descendantes, qui se poursuivent aux deux mains.

15. LA FOLLETTE, RONDEAU (*ré* majeur, à deux temps) : le titre de ce petit rondeau suggère un tempo joyeux sur un rythme de gigue.

16. L'ENTRETIEN DES MUSES (*ré* mineur, à trois temps) : ce petit chef-d'œuvre a été transcrit par Rameau dans *les Fêtes d'Hébé.* Sur un tissu polyphonique à trois voix et dans un registre tendre, la pièce se développe comme un « murmure de croches » qui se maintient d'une voix à l'autre :

Les mains sont rarement séparées, mais chacune garde son indépendance.

17. LES TOURBILLONS, RONDEAU (*ré* majeur, à deux temps) : dans ce rondeau, Rameau a voulu dépeindre les « tourbillons de poussière agités par les grands vents ». L'intensité rythmique va croissant jusqu'au deuxième couplet, où s'impose une réelle virtuosité en un dessin de gammes et d'arpèges montants et descendants, — que Rameau nomme « roulements » et qui se croisent aux deux mains.

18. LES CYCLOPES, RONDEAU (*ré* mineur, à deux temps) : Rameau rompt ici avec les règles du rondeau, et annonce les futurs allegros de sonate. Ce morceau débute par une première partie qui expose et développe un thème divisé lui-même en deux idées : une idée principale, impétueuse, qui reviendra au cours de la pièce d'une manière insistante et obsédante ; une idée secondaire basée sur des croches staccato et syncopées avec des croisements de mains. Rameau n'hésite pas à faire appel à une figure d'accompagnement à la main gauche, — qu'il appelle « batteries » et dont le dessin régulier préfigure la basse d'Alberti pianistique :

Une deuxième partie développe les éléments du thème en des épisodes très modulants. Une courte transition conduit au deuxième couplet — ou troisième partie —, axé sur l'idée secondaire du thème, puis sur une idée nouvelle accompagnée de « batteries ». Quelques mesures de cadence ramènent au refrain initial. Rameau déploie dans cette pièce une extraordinaire virtuosité, qui donne à certains passages de réels effets orchestraux.

19. LE LARDON, MENUET (*ré* majeur, à trois temps) : ce menuet, bref mais plein d'humour, a inspiré à Paul Dukas ses *Variations, Interlude et Finale* (1903).

20. LA BOITEUSE (*ré* mineur, à deux temps) : morceau conclusif du recueil, écrit sur un rythme de gigue avec ce « boitement » caractéristique de sa basse.

Troisième recueil :
Nouvelles Suites de pièces de clavecin

Les *Nouvelles Suites de pièces de clavecin* ont été publiées à Paris vers 1728 accompagnées d'une préface, *Remarques sur les pièces de ce livre, et sur les différents genres de musique,* dans laquelle Rameau donne de précieux conseils sur la manière de jouer ces nouvelles pièces : « ... celles-ci roulent plutôt sur la vitesse que sur la lenteur, excepté l'*Allemande,* la *Sarabande,* le simple de la *Gavotte,* le *Triolet* et l'*Enharmonique.* Mais souvenez-vous toujours qu'il vaut mieux, en général, y pécher par le trop de lenteur, que par le trop de vitesse ». A côté de ces intéressantes précisions, la préface concerne aussi et surtout des questions d'harmonie, et notamment celles soulevées par *L'Enharmonique* et par *La Triomphante.*

Ce recueil, peut-être moins homogène que le précédent, paraît néanmoins plus ambitieux. Il représente sans conteste le sommet de la musique de clavecin de Rameau, et on a pu le comparer aux *Partitas pour clavecin* de Bach composées à peu près à la même époque. Il réunit des pièces séparées, — groupées par tonalités : sept sont en *la,* neuf sont en *sol.* Dans son important ouvrage sur Rameau, C.M. Girdlestone* constate que chez celui-ci, le clavecin est traité comme un instrument à son continu. C'est pourquoi beaucoup de ses pièces « sonnent » parfaitement au piano.

1. ALLEMANDE (*la* mineur, à quatre temps) : par son envergure et sa majesté, cette danse très développée évoque J.-S. Bach. Le contrepoint à deux, trois et quatre voix, conçu dans un style continu, se détend dans sa terminaison en une accélération rythmique de triolets de doubles croches et de notes répétées, — qui évoquent les procédés de la toccata. L'écriture harmonique de Rameau atteint ici un suprême raffinement (équivoques entre mode majeur et mode mineur, enchaînements d'accords audacieux, emprunts à des tonalités éloignées, marches harmoniques, etc.).

2. COURANTE (*la* mineur, à trois temps) : on relèvera la grandeur majestueuse de cette courante, qui s'éloigne totalement de l'esprit de la danse pure. Quatre motifs y dominent ; parmi eux, ce motif bondissant qui se détache constamment sur une polyphonie serrée témoigne de l'extraordinaire invention du compositeur.

3. SARABANDE (*la* majeur, à trois temps) : cette grandiose sarabande a été reprise par Rameau dans le troisième acte de *Zoroastre* (1749). Au début de sa préface, Rameau conseille un mouvement modéré pour cette danse processionnelle très ornementale, qui regarde à la fois vers l'avenir et vers le passé avec ses passages « harpégés » amplifiant le style luthé.

4. LES TROIS MAINS (*la* mineur, à trois temps) : la virtuosité de cette vaste pièce binaire à reprise, un peu rigide, fait irrésistiblement penser à Scarlatti. Elle repose sur

---
* C. M. GIRDLESTONE, *Rameau, sa vie, son œuvre* (Paris, 1962).

deux éléments : un épisode en duo avec croisements de mains (qui donnent l'illusion des « trois mains »), puis un épisode brillant avec ses doubles croches et ses croisements de mains. Cet épisode est très développé dans la reprise.

5. FANFARINETTE (*la* majeur, à deux temps) : cette simple pièce au caractère lié et ornementé est écrite sur le tempo d'une gigue.

6. LA TRIOMPHANTE (*la* majeur, à deux temps) : deux couplets entourent le refrain de ce rondeau. Il y a encore du Scarlatti dans le refrain et dans le premier couplet. Le second couplet, qui module rapidement, contient beaucoup de surprises : progressions harmoniques, modulations hardies, chromatisme et, surtout, cet effet d'enharmonie à la cinquième mesure sur lequel Rameau s'explique dans sa préface. « Cet effet naît de la différence d'un quart de ton qui se trouve... entre le *si* dièze et l'*ut*. »

7. GAVOTTE et DOUBLES DE LA GAVOTTE (*la* mineur, à deux temps) : les doubles sont des variations du thème de la gavotte. Ce thème ornementé, qui évoque le luth, sera dépouillé de tous ses ornements dans les doubles. Selon le conseil donné par Rameau dans sa préface, il doit être joué dans un tempo modéré. Dans le *1er Double*, à trois voix, le thème, traité à la manière d'un choral, apparaît à la main gauche sous une ligne continue de doubles croches qui s'enroulent à la main droite. Le *2e Double* reprend l'idée contraire : thème à la main droite, et contrepoint de doubles croches à la main gauche. Le *3e Double,* à quatre parties, s'enrichit d'un accompagnement nouveau. Le contrepoint de cette variation n'est en réalité que celui du premier double, mais avec transposition des voix. Avec ses notes répétées égales, la virtuosité du *4e Double* est digne de Domenico Scarlatti. Dans le *5e Double,* le thème est noyé dans un dessin d'arpèges et de notes répétées en doubles croches à la main droite. Le *6e Double* reprend les mêmes moyens, mais en sens contraire : ici, le thème se dégage de l'accompagnement en doubles croches de la main gauche qui exige du claveciniste la plus grande dextérité.

8. LES TRICOTETS, RONDEAU (*sol* majeur, à trois temps) : le refrain et les deux couplets en style luthé oscillent entre le 3/4 et le 6/8.

9. L'INDIFFÉRENCE (*sol* mineur, à trois temps) : cette pièce binaire à reprise est écrite en duo, avec travail parallèle des mains.

10 et 11. MENUETS I ET II (*sol* majeur et *sol* mineur, à trois temps) : Rameau les a repris dans *Castor et Pollux*. Ces deux pièces sont basées sur les mêmes idées, mais avec un éclairage plus sombre dans la seconde.

12. LA POULE (*sol* mineur, à trois temps) : pièce descriptive et imitative que certains ont comparée à un drame, et dont le caractère obsessionnel oscille — selon C. M. Girdlestone* — entre l'espoir et le désespoir, avec une éclaircie incomparable dans la reprise. Le thème de cinq croches évoque dès les premières mesures le caquet de la poule :

co co co co co   co co dai

Rameau a tenu à noter lui-même, sous chaque croche, le « co-co-co-co-co-coco-dai » évocateur. Il nous entraîne, par la suite, vers une succession de recherches les plus hardies. La liberté des modulations, en particulier, est extraordinaire. On atteint l'apogée du morceau à la fin de la reprise, — lorsque les cinq croches du thème deviennent de violents accords martelés. Rameau consigne quelques indications de nuances, passant du « fort » au « doux ».

13. LES TRIOLETS (*sol* majeur, à trois temps) : pour cette pièce rêveuse et tranquille, Rameau réclame un tempo modéré. Elle s'appuie le plus souvent sur un mouvement parallèle des deux mains.

14. LES SAUVAGES (*sol* mineur, à deux temps) : de ce rondeau, Rameau a fait un grand chœur des *Indes Galantes*. C'est une danse au caractère violent, construite sur les sauts mélodiques des arpèges du thème, et qui veut dépeindre « la danse de deux Indiens de la Louisiane » qui se produisirent au Théâtre de la Foire en 1725. Le deuxième couplet contient des modulations audacieuses et des effets harmoniques étonnants.

15. L'ENHARMONIQUE, « gracieusement » (*sol* mineur, à deux temps) : dans cette pièce savante, Rameau avoue ses préoccupations de théoricien. Elle tire son nom de l'effet de modulation enharmonique obtenu par le passage du *do* dièse au *ré* bémol, — entre les mesures 11 et 12 de la reprise. Rameau s'est longuement expliqué là-dessus dans la préface de son Livre : « l'effet qu'on éprouve dans la douzième mesure de la reprise... ne sera peut-être pas

---
* C.M. Girdlestone, *op. cit.*

d'abord du goût de tout le monde ; on s'y accoutume cependant pour peu qu'on s'y prête, et l'on en sent même toute la beauté, quand on a surmonté la première répugnance que le défaut d'habitude peut occasionner en ce cas. L'harmonie qui cause cet effet n'est point jetée au hasard ; elle est fondée en raisons, et autorisée par la nature même... ». Cette pièce, où Rameau a tenu à noter lui-même des indications de nuances et de tempo (« hardiment, sans altérer la mesure », « gracieusement », « hardiment »), est une œuvre expressive pleine de mélancolie.

16. L'ÉGYPTIENNE (*sol* mineur, à deux temps) : dans cette pièce très brillante, la danse emportée de l'Égyptienne se traduit, dans un lyrisme furieux, par des traits de virtuosité (petits sauts, arpèges brisés en doubles croches, croisements de mains, triolets de doubles croches).

Cinq Pièces pour clavecin seul, extraites des Pièces de clavecin en concerts

Les *Pièces de clavecin en concerts* ont été publiées à Paris en 1741. Rameau choisit cinq d'entre elles et les arrangea pour le clavecin seul. Il changea radicalement deux d'entre elles (*La Livri* et *L'Indiscrète*), par des omissions ou des substitutions.

1. LA LIVRI, RONDEAU, « gracieux » (*ut* mineur, à deux temps) : c'est en quelque sorte un « tombeau » écrit à la mémoire du comte de Livri, bienfaiteur de Rameau, mort en 1741. Il a été repris dans *Zoroastre*. Le refrain est traité dans l'esprit de l'aria italienne sur une basse égale à l'italienne.

2. L'AGAÇANTE, « rondement » (*sol* majeur, à trois temps) : deux motifs dominent ici, — un motif de notes répétées, et un dessin de doubles croches.

3 et 4. LA TIMIDE, 1er RONDEAU, « gracieux » (*la* mineur, à deux temps), et 2e RONDEAU (*la* majeur, à deux temps) : Rameau reprend au clavecin la mélodie du violon et de la viole à la sixte sur une basse mouvante, — qui s'agite en traits de virtuosité sur les doubles croches de la seconde reprise du deuxième rondeau.

5. L'INDISCRÈTE, RONDEAU, « vivement » (*si* bémol majeur, à deux temps) : deux thèmes apparaissent dans ce dernier rondeau, — le thème du refrain traité à la tierce entre les deux mains, et le thème des couplets avec ses arpèges et ses sauts.

La Dauphine

C'est une pièce isolée composée en 1747 à l'occasion du mariage du Dauphin, fils de Louis XV, et de Marie-Josèphe de Saxe. C'est également la seule pièce de clavecin dont nous possédons le manuscrit autographe de Rameau, conservé à la Bibliothèque nationale. En *sol* mineur et à trois temps, elle débute comme une improvisation et se poursuit sur un rythme exubérant en traits de toccata (mains qui se chevauchent, gammes, accords brisés, arpèges). Cette toccata est interrompue par la reprise, qui s'ouvre sur un épisode de poésie de quatorze mesures. Celles-ci précèdent un retour à la toccata, qui trouve sa résolution sur des roulements de gammes et d'arpèges en doubles et triples croches.

A. d. P.

MAURICE RAVEL

Né à Ciboure (Pyrénées-Atlantiques), le 7 mars 1875 ; mort à Paris, le 28 décembre 1937. Fils d'un ingénieur bon musicien amateur, il prit des leçons de piano dès l'âge de six ans, puis entra en 1889 au Conservatoire de Paris où ses maîtres furent Charles de Bériot pour le piano, Gédalge pour le contrepoint, et, surtout, Fauré pour la composition. Ayant obtenu en 1901 un Second prix de Rome, il tentera en vain, à deux reprises, de remporter le Premier prix ; une troisième tentative infructueuse déclenchera l'« affaire Ravel », dans laquelle les critiques — dont Romain Rolland — brocarderont le jury et provoqueront la démission de Théodore Dubois, directeur du Conservatoire. Mais, à l'époque, Ravel a déjà publié la Pavane pour une infante défunte, Jeux d'eau, *son* Quatuor à cordes ; *il termine* Miroirs, *la* Sonatine, *l'*Introduction et Allegro. *Il est connu, sinon reconnu, ... et bientôt taxé d'imiter Debussy. En 1910, Ravel participe à la fondation de la Société Musicale Indépendante — la S.M.I. —, qui s'oppose aussitôt à la conservatrice Société Nationale de Musique. Avant la Première Guerre mondiale, sa carrière est plus particulièrement marquée par la création, aux Ballets russes de Serge de Diaghilev, de* Daphnis et Chloé *(1912), splendide partition orchestrale, un chef-d'œuvre absolu de la musique symphonique au* xxe *siècle. Réformé pour sa faiblesse de constitution, le musicien parvient néanmoins à s'engager comme conducteur du train, mais est démobilisé en 1917. Après la guerre, il s'installe définitivement dans une maison à Montfort-l'Amaury (devenue depuis un musée), où il vivra retiré, entouré de chats et d'une collection d'automates et jouets mécaniques dont il raffola. En 1920, nouveau scandale : Ravel refuse la Légion d'honneur. Sa réputation le contraint à plusieurs voyages à l'étranger, — notamment à partir de 1932 dans la plupart des pays d'Europe pour interpréter, comme chef d'orchestre, son* Concerto en sol *avec la pianiste Marguerite Long : partout l'accueil est triomphal. En 1928, il aura composé son œuvre la plus célèbre, le* Boléro, *et, auparavant, cette merveilleuse fantaisie lyrique qu'est* l'Enfant et les sortilèges, *créée en 1925 à Monte-Carlo. En 1932, il subit un traumatisme consécutif à un accident de taxi : Ravel sera progressivement frappé d'infirmité cérébrale ; en dépit, sur le tard, d'une intervention chirurgicale, il mourra cinq ans après ; il aura vécu cet ultime calvaire sans écrire la moindre note de musique. Sensible et pudique — sa compréhension du monde enfantin, son amour des bêtes, son humour —, Ravel a cultivé un art où prédominent la clarté, la précision, un goût de la perfection formelle, un « classicisme » qui le rattache, à bien des égards, aux maîtres —* Couperin, Rameau *— du* xviiie *siècle français. Ravel — nul ne l'ignore — fut un prodigieux orchestrateur : il en a fait la preuve non seulement avec ses ouvrages symphoniques (ou en instrumentant de façon magistrale les* Tableaux d'une Exposition *de Moussorgski), mais en orchestrant lui-même certaines de ses partitions de piano, — telles la* Pavane, *les* Valses nobles et sentimentales, *ou le* Tombeau de Couperin... *« D'une manière générale, l'ingéniosité pianistique s'affirme chez Ravel plus diverse et plus caractéristique que chez Debussy. Elle tend à aviver les rythmes, à accuser les reliefs et les saillies d'un discours musical essentiellement mobile et vivant. Elle s'inspire davantage de l'orchestre, oppose des timbres, des valeurs, des volumes. Elle revêt l'organisme sonore d'un réseau de nerfs au jeu souple et volontaire. Et, tout en conservant une transparence parfaite, elle se manifeste avec un caractère de densité plus marquée. » Ce jugement du pianiste Alfred Cortot, qui délimite avec pertinence le « domaine » d'un compositeur trop souvent accusé de debussysme, en souligne également l'originalité. Les œuvres de piano présentées ci-après le sont chronologiquement ; ont été rassemblées à part (à la fin) les quelques partitions pour quatre mains ou pour deux pianos.*

Menuet antique

Cette courte page — sa durée d'exécution n'excède pas cinq minutes — est la première œuvre de piano publiée par un Ravel âgé de vingt ans lorsqu'il la composa (novembre 1895) ; elle sera éditée chez Enoch, à Paris, en 1898. La création s'en fit en privé par le dédicataire, le pianiste Ricardo Viñes, en janvier 1898 ; la première audition publique, par le même, le 18 avril suivant à la salle Erard, à Paris. « Première œuvre de piano publiée » laisse entendre que le jeune musicien avait déjà composé pour l'instrument : des exercices d'élève (demeurés inédits), — dont principalement des *Variations* (sur un thème de Grieg, sur un thème de Schumann), ainsi qu'une *Sérénade grotesque* qui, elle, serait exécutée par Viñes en 1901. Le *Menuet antique* révèle-t-il un Ravel tout nouveau, et d'une foncière originalité ?

Pas encore : cette pièce doit beaucoup à Chabrier — celui du *Menuet pompeux* des *Pièces pittoresques,* publié en 1881 —, dont elle partage, comme l'a pertinemment noté Louis Aguettant[*], ... « la franchise mélodique et les altérations et appogiatures, semées tout exprès pour produire des frottements, et qui semblent craquer sous la dent ». Quant au titre, à l'épithète « anti-

---

[*] L. Aguettant, in : *La musique de piano des origines à Ravel* (Albin Michel, Paris, 1954).

que » non dépourvu d'humour narquois, il s'explique en particulier par l'emploi délibéré du ton de *fa* dièse mineur privé de sa note sensible (*mi* naturel au lieu de *mi* dièse), — le second degré de la gamme étant également altéré (*sol* naturel en place de *sol* dièse) : « archaïsme » obligé à cadences modales, dans une vêture moderne. La forme est tripartite : aux deux mouvements extrêmes, à leur rythmique heurtée, à leurs syncopes agressives, à leur parcours en imitations échangeant le thème entre main droite et main gauche, s'opposent le charme ingénu, le lyrisme délicat, évanescent, du trio central en majeur (*ut* dièse, — dont le *si* dièse cède la place à un *si* bécarre). Au terme de la reprise du menuet, le trio réapparaît en contrepoint, revivifié.

En dépit toutefois de sa vigueur, et de subtilités harmoniques déjà personnelles, l'écriture reste assez conventionnelle (des modulations bien peu hardies), et ce *Menuet antique* un peu scolaire se tient encore loin d'un futur *Menuet sur le nom de Haydn* qui sera plus maîtrisé. Il sera orchestré par l'auteur en 1929, non sans quelques retouches d'organisation (du trio, en particulier) : l'œuvre reste encore jouée dans sa version originale pour piano ; mais l'orchestre, en adoucissant sensiblement les contours, n'en a pas défiguré la physionomie générale.

Pavane pour une infante défunte

Cette *Pavane* est connue de tout mélomane dans sa version orchestrale (réalisée par Ravel en 1910). C'est oublier trop facilement que sa première rédaction fut pour le piano dès le début de 1899, et que Ricardo Viñes en effectua la création à Paris, à la Société Nationale de Musique (ancienne salle Pleyel), le 5 avril 1902. La dédicataire en fut la princesse Edmond de Polignac. Courte pièce — six minutes environ, à peine plus longue que le *Menuet antique* (v. précédemment) — dont l'auteur déclara : « Je n'ai songé, en assemblant les mots qui composent le titre, qu'au plaisir de faire une allitération ! ». Plus tard, d'ailleurs, Ravel sera peu tendre pour sa *Pavane* : « ... J'en perçois fort bien les défauts : l'influence de Chabrier, trop flagrante, et la forme assez pauvre*. » Sévérité nullement ratifiée par la postérité.

Alfred Cortot, cependant, devait en dénoncer lui aussi la popularité jugée par lui « en contradiction avec les raisons d'une admiration intelligente pour le génie de Ravel... Elle est d'un tour mélodique assez incolore... Elle est loin de posséder la grâce raffinée de l'*Idylle* de Chabrier, ou de la *Pavane* de Fauré dont elle s'inspire visiblement**. » Or, il nous faut louer — contre l'avis de Cortot — l'élégante, la souveraine simplicité de ce thème de pavane — danse de cour, lente et grave, florissante au XVIe siècle —, en un 4/4 ample et mesuré (*sol* majeur), rêveur, d'une tristesse à peine exprimée, et d'un propos sans doute plus nostalgique que véritablement funèbre. Tel la danse qui l'inspire, le thème mélodique que soutient un staccato de la main gauche est varié trois fois en un parcours assez sinueux, — notamment dans les formules d'accompagnement. Un épisode en *ré* mineur (sans note sensible) s'intercale et accentue son caractère d'archaïsme un peu précieux. De cette page aux harmonies subtiles (même si « empruntées » à Chabrier), Cortot suggère une « interprétation mélancolique et douce, lointaine et voilée » ; et Ravel lui-même conseillait d'éviter tout alanguissement du tempo : car, disait-il, il ne s'agit en rien d'« une pavane défunte pour une infante » !

Jeux d'eau

Un premier grand chef-d'œuvre du piano ravélien naquit avec *Jeux d'eau*. Cette pièce, non moins brève que les précédentes, fut achevée en novembre 1901, et créée par Ricardo Viñes le 5 avril 1902 (en même temps que la *Pavane pour une infante défunte*) à la Société Nationale de Musique (ancienne salle Pleyel, à Paris). La dédicace : « A mon cher maître Gabriel Fauré. » Entre la *Pavane* et *Jeux d'eau*, Ravel aura produit, pour le piano seul, plusieurs fugues et un *Prélude et fugue*, — soit comme morceaux pour le prix de composition du Conservatoire, soit comme pièces de concours pour le prix de Rome. Or, avec *Jeux d'eau*, rien de l'exercice imposé, rien de contraint : voici le jeune Ravel en liberté ; mais un Ravel jugé « cacophonique » par les premiers auditeurs de l'œuvre !

En exergue, ce vers emprunté au poète

---

* Pour Roland-Manuel, elle gagna au musicien « l'estime des salons et l'admiration des demoiselles qui ne jouent pas très bien du piano » !

** A. Cortot, in : *La musique française de piano* (Presses Universitaires de France, Paris, 1930-1932).

— passablement oublié de nos jours, mais chéri par Ravel — Henri de Régnier (1864-1936) : « Dieu fluvial riant de l'eau qui le chatouille. » On l'a maintes fois souligné : ces *Jeux d'eau* sont « une surprenante réussite d'impressionnisme musical » dans laquelle le musicien « a évoqué tout le poème de l'eau » (Louis Aguettant*). On ne saurait nier, en effet, la filiation avec *Au bord d'une source* et les *Jeux d'eau de la Villa d'Este* de Liszt, — tandis que s'annoncent les harmonies fluides de *Jardins sous la pluie*, dernière pièce des *Estampes* écrites deux ans plus tard par Debussy. Ravel enclot son « poème » — sa « poésie liquide », pour reprendre cette formule d'Alfred Cortot — dans la forme librement traitée d'un premier mouvement de sonate, dont le premier élément thématique s'expose, dans la nuance *pp*, en ostinato mélodique qu'éclaboussent les notes grêles, irisées, scintillantes, de onzièmes arpégées à la main droite :

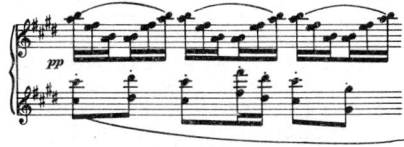

Cet ostinato ondule sur des accords de neuvième et de septième majeurs, — dont les reflets dissonants et changeants engendrent un second sujet plus précis, quelque peu « oriental », en succession de secondes et de quartes que traversent des répétitions de quartes et quintes à la main droite :

Son développement, modulant, s'amplifiant, culmine sur un long trille alterné, — que résorbe un extraordinaire glissando (sur les touches noires), qui ruisselle de haut et vient se diluer au plus grave du clavier (mesure 48). A la mesure suivante, c'est un *la* naturel qui résonne (la touche noire du *sol* dièse attendu étant absente sur le piano normal) : ce *la* formera l'appui permanent d'une pédale sur laquelle se réexposent le second motif, puis le premier, —

---
* L. Aguettant, *op. cit.*

suivis d'une cadence non mesurée (et empreinte de bitonalité : *fa* dièse — *ut*). Un rappel évasif de la seconde idée, puis l'énoncé persistant du thème initial précèdent la disparition progressive de sonorités adoucies, — conclue par un accord sur la note sensible, donc non résolu.

« Ce morceau en ailes de papillons ne supporte pas le *poids* (ou le *pied,* à votre choix) du virtuose », fit remarquer Debussy à l'éditeur Durand. De fait, toute notion de haute voltige pianistique se doit bannir de l'interprétation de ces *Jeux d'eau,* qui sollicitent en notes immatérielles (et pour les deux mains à égalité) les registres aigus du clavier : un jeu trop appuyé et trop véloce, le brouillard des pédales, ne pourraient qu'en ternir la jaillissante transparence, qu'en détruire le caractère ambigu de « divertissement » mi-rêveur et mi-joyeux tel que l'a souhaité Ravel.

Sonatine

Entreprise en 1903 en vue d'un concours organisé par une revue musicale, sa composition ne fut achevée qu'en 1905 (date de sa publication par Durand, à Paris). La première audition publique s'en fit à Lyon le 10 mars 1906, par Paule de Lestang ; la création parisienne eut lieu le 31 mars suivant à la Société Nationale de Musique (salle de la Schola Cantorum), avec Gabriel Grovlez. Les dédicataires de la *Sonatine* furent Ida et Cyprien Godebski (celui-ci sculpteur, — tous deux amis « à vie » du compositeur). L'œuvre suscita d'emblée une très grande admiration.

Par ses courtes dimensions — trois mouvements dont la durée d'exécution n'atteint pas treize minutes —, elle s'oppose à la partition d'un Dukas, par exemple (la beethovénienne *Sonate en* mi *bémol mineur,* datée de 1900), pour se comparer plutôt à celle, à venir, de Roussel (*Sonatine op. 16,* de 1912). Par la finesse de l'écriture, par le classicisme de la forme, elle est également aux antipodes du post-romantisme d'indyste dont elle récuse les excès ; bien au contraire, elle renoue avec un genre très en faveur vers la fin du XVIIIe siècle, et tourne le dos au XIXe. Œuvre qu'on a parfois qualifiée de « délicieusement archaïsante », — alors qu'il faut y trouver l'expression d'une sensibilité moderne (ce sera celle, aussi bien, d'un Prokofiev dans ce genre d'ouvrage), aiguisée par le goût d'une concise perfection. Comme ... « nulle part

— écrivit José Bruyr — ne sera plus parfait cet équilibre entre un état d'âme mélancolique et une lucidité sereine de la forme ».

1. Modéré : sa construction emprunte à la forme sonate, — sur un faux départ introductif modulant, d'une fluidité un peu triste, aux couleurs pastellisées. Au *fa* dièse mineur du thème initial, qui « s'envole avec grâce sur des battements de triples croches qui palpitent dans ce ciel crépusculaire » (Vladimir Jankélévitch*), se substitue son relatif majeur *(la)* dans la seconde idée, — plus claire et plus souriante. Le développement est bref, et la réexposition ramène le ton principal. A noter particulièrement la versatilité des harmonies, et la limpidité d'une écriture « volontairement grêle » (V. Jankélévitch), qui se prive à dessein de pédale et de l'assise des basses.

2. Mouvement de menuet (en *ré* bémol majeur) : il tient lieu de mouvement « lent mais allant », avec « une grande rigueur de rythme » (indications du musicien), et cependant d'une extrême brièveté (en durée, la moitié de celle de chacun des mouvements qui l'entourent). D'une élégance un peu solennelle, ne faisant pas fi de quelques inflexions modales, il n'est pas sans liens avec le premier mouvement (l'intervalle de tonique-dominante par lequel il commence s'y trouve toutefois renversé), — notamment par un thème provenant de ses mesures finales :

Le trio, très souple et de quelques mesures seulement, semble d'une grâce un peu précieuse en ses ornementations : on y perçoit encore des réminiscences du thème initial du premier mouvement. Puis la réexposition fait valoir un subtil et magnifique travail du contrepoint.

3. Animé : écrit en style de toccata, le finale s'offre comme un « divertissement » virtuose sur plusieurs thèmes — on a pu parler aussi d'un « mouvement perpétuel » —, dont on distingue néanmoins l'exposition, le développement, puis la réexposition. Le premier thème « très vite mais pas précipité » (indications de la partition), affirmatif, effervescent, au rythme haché de chevauchée, monte en « fanfare ». S'y oppose le second, d'un charme un peu éploré, — qui n'est autre qu'un rappel du thème initial du premier mouvement. Un troisième motif paraît dans le développement, — emprunté au *Menuet* et dérivant lui-même du thème d'ouverture : héritage, clairement exprimé, du cyclisme franckiste. Mais héritage métamorphosé par les caprices d'une sensibilité et d'une imagination créatrice autrement fécondes que ne pourrait l'être une application scolaire du simple principe cyclique. Étincelante, jubilante péroraison dans le ton de *fa* dièse majeur, — sciemment opposé au mineur du départ.

Miroirs

De nouveau un chef-d'œuvre incontesté du piano ravélien : sensiblement contemporain de la précédente *Sonatine* (ainsi que du premier livre d'*Images* de Debussy), *Miroirs* fut composé à Paris de 1904 à fin 1905. Il s'agit, cette fois, d'un recueil de plusieurs pièces — la durée totale d'exécution est d'environ vingt-cinq minutes —, dont la seconde, *Oiseaux tristes*, fut jouée en privé par l'auteur en janvier 1905 chez Mme de Saint-Marceaux (mais aucune de ces pièces ne fut composée dans l'ordre définitif de leur publication). La première audition publique et intégrale eut lieu un an plus tard, le 6 janvier 1906, à la Société Nationale de Musique (salle Erard), avec le concours du fidèle Ricardo Viñes. L'œuvre fut éditée la même année par Demets. Elle comprend donc cinq pièces respectivement intitulées *Noctuelles, Oiseaux tristes, Une barque sur l'océan, Alborada del gracioso, La Vallée des cloches*. *Oiseaux tristes* est la plus courte (en durée, trois minutes et demie environ), l'*Alborada* la plus longue (à peu près six minutes). Chaque pièce fut dédiée à une personnalité distincte. Et indiquons immédiatement que Ravel orchestra *Une barque sur l'océan* dès 1906 (il ne s'en montra pas satisfait, et désavoua cette orchestration « insuffisante »), puis l'*Alborada del gracioso* en 1918 (pièce qui a fait son tour du monde dans cette version).

« Les *Miroirs* forment un recueil de pièces pour le piano qui marque dans mon évolution harmonique un changement assez considérable pour avoir décontenancé

---

* V. Jankélévitch, in : *Ravel* (Éd. du Seuil, « Solfèges », Paris, 1956).

les musiciens les plus accoutumés jusqu'alors à ma manière », devait écrire Ravel dans son *Esquisse biographique*. Et il est vrai que ... « la sensibilité de Ravel ne veut être ici que le " miroir " des choses, mais n'interdit pas d'exprimer l'âme qui semble vivre derrière les apparences » (Louis Aguettant*). Comme *Jeux d'eau* en effet, *Miroirs* recourt à un impressionnisme dans lequel l'harmonie prédomine sur l'élément mélodique (bien que — on ne peut s'y tromper — celui-ci ne s'efface jamais absolument) ; et un certain lyrisme — surtout dans la pièce conclusive — semble s'embuer de poésie affective, peut-être aux limites de la confession. Les intentions, de prime abord, furent descriptives : la réalité décrite s'est trouvée déformée aux différents reflets qu'en propose le « rendu » ravélien.

1. Noctuelles (pièce dédiée au poète Léon-Paul Fargue, sur une versification mise en épigraphe de celui-ci : « Les noctuelles d'un hangar (qui) partent d'un vol gauche cravater d'autres poutres ») : toute de bruissements furtifs et d'obscurs frôlements, cette première page — indiquée « très léger » — évoque, dans l'air crépusculaire, ce vol hagard de papillons traduit par des harmonies floues, les grappes de notes opposant triolets et doubles croches, l'indécision des notes de passage, des chromatismes subits, la discontinuité des rythmes, des sonorités souvent indéfinissables. Un bref épisode central — « sombre et expressif » —, en calmes accords de septième à 5/4 et 3/4, relève d'un sentiment plus poétique, moins directement évocateur.

2. Oiseaux tristes (pièce dédiée à Ricardo Viñes) : « Le premier morceau en date, et à mon sens le plus typique de tous, ... évoque des oiseaux perdus dans la torpeur d'une forêt très sombre aux heures les plus chaudes de l'été » *(Esquisse biographique)* ; il est aussi le plus court, le plus statique, marqué « très lent ». Ravel aurait ainsi noté un chant de merle entendu dans la forêt de Fontainebleau :

Il devint, dans *Oiseaux tristes* :

Des sonorités plaintives enveloppent un *ré* dièse désolé (« sombre et lointain »), obtenu par enharmonie, et qui se répète jusqu'à l'obsession. Les accords arpégés, les lignes superposées, les basses mouvantes suggèrent des frottements d'ailes, — et les dissonances des appels de la plus pénétrante mélancolie.

3. Une barque sur l'océan (pièce entreprise la deuxième, et dédiée au peintre Paul Sordes) : on s'immerge ici dans un univers maritime miroitant, tour à tour indolent et soulevé de puissantes houles. Vastes arpèges, trilles aigus, thèmes épars, un rythme souplement balancé et fortement pédalisé : « La ruisselante barcarolle, avec ses accords brisés sur lesquels flottent quintes, quartes et secondes, évoque la grande berceuse de l'océan et l'ondulation d'une barque qui monte et redescend dans les vallées liquides » (Vladimir Jankélévitch**). Le fréquent rapprochement avec Debussy — notamment le mouvement médian de *la Mer* — s'impose-t-il vraiment ? *Une barque sur l'océan* reste, on en conviendra, la pièce mineure du recueil, et l'orchestration qu'en tentera Ravel ne pourra l'améliorer.

4. Alborada del gracioso (dédicataire : le musicologue Michel D. Calvocoressi) : saisissant contraste suscité par cette « Aubade du bouffon » du théâtre espagnol, — page demeurée la plus célèbre, et principalement dans sa formulation orchestrale (cette fois, une exceptionnelle réussite). Contraste accusé par le burin du trait, la netteté des staccatos, les brefs accords pincés de guitare. Nervosité acérée des rythmes (sur un 6/8 de départ), acidité des harmonies, — même dans le sinueux récitatif central en forme de « copla » marquée d'acciacatures, et qui coupe l'Aubade, et sa danse, d'une plainte amoureuse frelatée :

Réduite à la pointe sèche, au croquis stylisé, cette *Alborada* ravélienne ressemble

---

* L. Aguettant, *op. cit.*

** V. Jankélévitch, *op. cit.*

peu aux évocations chaleureuses contenues dans l'*Iberia* d'Albeniz. Pour autant, elle n'en paraît pas moins imprégnée d'hispanisme, et, parfois, révélatrice d'une angoisse profonde devant le mystère des jeux du « bouffon ».

5. LA VALLÉE DES CLOCHES (dernière pièce dédiée au compositeur Maurice Delage, le premier élève de Ravel) : d'une immobilité, d'une sérénité contemplative, ce « paysage » — indiqué « très lent » (à 4/4) — s'offre « comme une longue phrase continue, annonciatrice du mouvement lent du *Concerto en sol*. Dès lors, ce sont les nuances du toucher qui sont ici sollicitées afin que le son de cette page... puisse se dilater dans toutes les directions » (Marcel Marnat*). La construction est tripartite, — dont le premier volet semble faire entendre de lointains carillons en octaves et en broderies de quartes à la main droite, puis en dissonances assourdies par de subtiles modulations, flottant dans le crépuscule :

L'épisode central, tel un cantique « largement chanté » — de même que le bref intermezzo de *Noctuelles* —, déploie l'une des plus belles inspirations lyriques du musicien, sur des accords parfaits de *fa* dièse majeur : instants de recueillement, que ne troubleront pas les longues sonorités et les harmonies évanouies du soir enténébrant peu à peu la Vallée des cloches.

Gaspard de la nuit

Après les *Miroirs*, il faut attendre trois ans pour voir paraître l'ensemble des trois pièces composant ce *Gaspard de la nuit*, — unanimement tenu pour le sommet pianistique de Ravel, et l'une des grandes pages de piano du XXe siècle. Dans l'intervalle — il est vrai — Ravel aura signé des œuvres qui ne sont pas les moindres dans des domaines et registres bien différents : la musique de chambre avec l'*Introduction et Allegro*, en 1905 ; la mélodie grâce à trois des *Cinq Mélodies populaires grecques*, au tout début de 1906, puis aux très subtiles *Histoires naturelles*, la même année ; l'opéra dans *l'Heure espagnole*, de 1907 (l'orchestration en sera réalisée un peu plus tard) ; la musique symphonique, enfin, avec la *Rhapsodie espagnole* en 1908, — ouvrage qui précéda immédiatement *Gaspard de la nuit*.

La lecture des soixante-cinq petits poèmes en prose, écrits dans les années 1830, du romantique Aloysius Bertrand, écrivain très étrange, très hoffmannesque, envoûta le compositeur, — qui décida d'en illustrer trois : travail qu'il n'accomplit, de son propre aveu, qu' « après de trop longs mois de gestation » (de mai à début septembre 1908). La première exécution publique eut lieu à Paris, le 9 janvier 1909, à la Société Nationale de Musique (salle Erard), par Ricardo Viñes (publication, cette même année, chez Durand). La première pièce — *Ondine* — était dédiée au pianiste Harold Bauer, et la troisième — *Scarbo* — à un autre pianiste défenseur de l'œuvre de Ravel, Rudolf Ganz ; la pièce intermédiaire — *Le Gibet* — remerciait le critique du « Mercure de France » Jean Marnold, l'un des tout premiers à faire connaître et apprécier le musicien.

Comment qualifier ce triptyque désigné par Ravel « Poèmes pour piano », — dans lequel le compositeur s'est plu à dissimuler sa personnalité derrière celle du poète (en regard de chaque morceau, il fit reproduire scrupuleusement le texte littéraire qui était son prétexte) ? On a parlé de ciselures, d'eaux-fortes, d'estampes musicales, de « visions d'outre-part ». Il importe, surtout, d'observer que le compositeur n'a voulu que proposer des équivalences sonores à ces « fantaisies à la manière de Callot » qu'étaient les contes d'Aloysius Bertrand (bien que seule la première pièce — *Ondine* — ait été véritablement extraite de ces *Fantaisies* ; les deux suivantes proviennent de poèmes détachés qui n'en font pas à proprement parler partie). Mais, comme l'a fort bien marqué Alfred Cortot**, « nous ne le verrons pas moins en négliger les péripéties, ne retenir de l'argument que le trait essentiel, l'élément suggestif, point de départ d'un nouveau poème qui se profile sur l'ancien plutôt qu'il ne le commente ».

---

* M. Marnat, in : *Maurice Ravel* (Éd. Fayard, Paris, 1986).

** A. Cortot, *op. cit.*

1. ONDINE : « Écoute ! Écoute ! C'est moi, c'est Ondine qui frôle de ces gouttes d'eau les losanges sonores de ta fenêtre illuminée par les mornes rayons de la lune »... : chant de la séductrice des eaux que le poète, qui aime une mortelle, n'entend pas. Alors, « boudeuse et dépitée, l'ondine pleura quelques larmes, poussa un éclat de rire, et s'évanouit en giboulées »... C'est d'abord une effusion mélodique sur un lent trémolo (à 4/4) de triples croches ruisselantes et d'une parfaite égalité, — en un arrière-plan voilé, indiqué *ppp,* de la main droite accompagnatrice :

L'ondine chante tendrement (« très doux et expressif ») dans une indécision tonale créant l'envoûtement ; elle insiste en un crescendo véhément et passionné, supplie dans le grondement des basses (tempo « animé »). Puis, c'est un brusque decrescendo : la vision d'enchantement disparaît en « giboulées » d'arpèges. « C'est... une sorte de miracle d'avoir su renouveler, après les précédents des *Jeux d'eau* et d'*Une barque sur l'océan,* les effets pianistiques destinés à évoquer une fois encore les captivants mirages de l'eau et ses mouvants mystères » (Alfred Cortot*).

2. LE GIBET : « C'est la cloche qui tinte aux murs d'une ville, sous l'horizon, et la carcasse d'un pendu que rougit le soleil couchant »... Cinquante-deux mesures construites lentement, « sans presser ni ralentir jusqu'à la fin » (indications de Ravel), autour d'une obsédante note-pivot : une pédale intérieure de *si* bémol (qui retentit cent cinquante-trois fois), « dont les vibrations syncopées se heurtent plaintivement à l'impassibilité d'un rythme de plomb » (Alfred Cortot*) :

Pédale intérieure

Superposition de deux atmosphères « expressionnistes », — celle d'un glas lugubre qui sanglote obstinément ; celle de la plainte désespérée du « pendu qui pousse un soupir sur la fourche patibulaire ». Deux états de conscience sonores qui s'enchevêtrent en harmonies dissonantes, en agrégats de septièmes et de neuvièmes, dans le tragique effroi du trépas. La nuance pianissimo domine, ainsi que la rigueur implacable du métronome. Qui s'étonnera donc que cette page unique d'hallucination, d'une exécution redoutable, ait donné lieu chez les interprètes à d'éclatantes réussites comme aux moins prévisibles désastres ?

3. SCARBO : Scarbo est le nom d'un gnome surgi de visions cauchemardesques : ... « Que de fois j'ai entendu bourdonner son rire dans l'ombre de mon alcôve et grincer son ongle sur la soie des courtines de mon lit ! Que de fois je l'ai vu descendre le plancher, pirouetter sur un pied et rouler par la chambre comme le fuseau tombé de la quenouille d'une sorcière ! ». Cette pièce virtuose et démoniaque est un scherzo dans lequel deux thèmes principaux se distinguent (mais des motifs adjacents se feront jour dans la trame sonore imprévisible, déchiquetée, du morceau). Ils sont d'abord mal perceptibles dans la mystérieuse improvisation du début : on discerne néanmoins trois notes ascendantes au grave du clavier — annonce du premier thème —, alternant un trémolo sur *ré* dièse — prémice du second. Puis le scherzo proprement dit s'élance sur une rythmique instable et disloquée, en écarts et sursauts montants et descendants :

Cet élan désordonné fait s'enchaîner l'agitation frénétique, grotesque, délirante du second thème, — et son « bourdonnement sardonique » (Alfred Cortot) de notes rageusement répétées :

Le développement provoque « l'ironique déformation du motif au travers de laquelle se profile symboliquement l'ombre démesurée du gnome » (Alfred Cortot**). A noter particulièrement les effrayants cahots du rythme, les successions, en âpres et cris-

---

* A. Cortot, *op. cit.*

** A. Cortot, *op. cit.*

santes dissonances, de secondes majeures (ou de grandes octaves de secondes), l'abondance des points d'orgue, et — plus que tout autre détail d'analyse — la poursuite constante de sonorités extraordinaires, quasi orchestrales, sous le mobile éclairage d'impressions fantastiques. A la fin, tout se dissipe comme un mauvais rêve : c'est « la décoloration vacillante des dernières mesures qui voient s'évanouir le frissonnant reflet d'une apparition dérisoire » (Alfred Cortot*).

Menuet sur le nom de Haydn

Cette très courte pièce — cinquante-six mesures, une durée d'exécution d'à peine deux minutes — fut composée à Paris en septembre 1909, et créée le 11 mars 1911, à la Société Nationale de Musique (ancienne salle Pleyel), par Ennemond Trillat. Ravel contribuait ainsi à un hommage collectif — centenaire de la mort de Joseph Haydn — auquel s'associèrent d'autre part Debussy, Dukas, d'Indy, Reynaldo Hahn et Widor (à l'intention de la toute nouvelle « Revue musicale de la Société de Musique Indépendante »).

Le thème générateur utilise les lettres H, A et D (*si* naturel, *la* et *ré* dans la notation allemande), ainsi que les lettres Y et N (qui, par équivalence alphabétique, donnent les notes *ré* et *sol*). D'où la « série » *si, la, ré, ré, sol*, — dont Ravel exploite la rétrogradation *(sol, ré, ré, la, si)* et le renversement *(ré, sol, sol, do, si).* L'exposition du nom de Haydn se contente de trois mesures, et ce nom — épelé « correctement » — ne reparaîtra qu'à la fin de la pièce. Pièce mineure assurément, « mignonne silhouette, bien cintrée, mélancolique sans être fade » (Marcel Marnat**) : un XVIIIᵉ siècle fugitivement rêvé, peu haydnien à la vérité, — qui toutefois ne déshonore en rien l'auteur.

Valses nobles et sentimentales

Ce recueil autrement important fut écrit à Paris au début de 1911. La création eut lieu le 9 mai de la même année à la Société Musicale Indépendante (salle Gaveau) avec le concours du pianiste et compositeur Louis Aubert, le dédicataire (édition de la partition, en 1911 également, chez Durand). Dès mars 1912, Ravel procédera à l'orchestration complète pour un ballet intitulé *Adélaïde ou le Langage des fleurs* (créé au Théâtre du Châtelet en avril 1912) ; le titre original ne reparaîtra que deux ans plus tard, en février 1914. L'on peut noter que ces *Valses nobles et sentimentales,* dans leur version pianistique, furent exécutées sans nom d'auteur lors d'un concert-référendum qui provoqua de mémorables méprises : non seulement Ravel n'obtint pas la majorité des suffrages, mais ses *Valses* furent attribuées à Satie, à Kodaly, et même à l'illustre Théodore Dubois (dont on ne connaît plus que le *Traité d'harmonie)* !

« Le titre de *Valses nobles et sentimentales* indique assez mon intention de composer une chaîne de valses à l'exemple de Schubert. A la virtuosité qui faisait le fond de *Gaspard de la nuit* succède une écriture nettement plus clarifiée qui durcit l'harmonie et accuse les reliefs de la musique... Les *Valses nobles* furent exécutées pour la première fois au milieu des protestations et des huées » *(Esquisse biographique).* Au vrai, elles ne furent même pas écoutées jusqu'au bout... Certes, Ravel « paraphrase » Schubert en un hommage parfois déconcertant ; mais, outre son goût permanent pour la danse, il a, tout jeune, aimé les *Valses romantiques* de Chabrier, et fera plus tard l'éclatante démonstration d'artificieuses affinités dans un poème chorégraphique, *la Valse,* — dont le projet remontait à 1906 (soit cinq années avant même les *Valses nobles et sentimentales*) : quelle constance, et quel précieux aveu dans l'épigraphe ici placée, — empruntée une fois encore au cher Henri de Régnier : ce « plaisir délicieux et toujours nouveau d'une occupation inutile » !

Sept valses se succèdent, juxtaposant des éléments d'écriture, et de sensibilité, bien différenciés, — dans lesquelles s'affirment toutefois des tendances bitonales et la propension aux harmonies agressives, aux acidités, aux « angulosités » qui firent dire à Debussy qu'elles étaient nées de « l'oreille la plus raffinée qui eût jamais existé ».

1. MODÉRÉ, TRÈS FRANC : la première valse (*sol* majeur), d'un rythme énergique, plutôt robuste, inaugure l'ensemble en accords dissonants (dès la première mesure, septième de dominante avec *mi* dièse au lieu de *fa* dièse, puis « fausse note » de l'accord de *fa* dièse majeur avec le *ré* naturel de la basse) :

---

* A. Cortot, *op. cit.*
** M. Marnat, *op. cit.*

Altérations, appoggiatures, frottements paraissent grimacer autour d'un thème « noble », essentiellement incisif et progressant avec décision.

2. Assez lent, avec une expression intense : toute en demi-teintes, la deuxième valse semble rêveuse, un peu mélancolique, « sentimentale » celle-ci, — « vraie danse au crépuscule » (Louis Aguettant*), mais sans aucun alanguissement.

3. Modéré : sur un rythme de Ländler (dans un *mi* mineur relatif du ton initial), cette pièce est d'une élégance exquise, un peu hautaine... « Un mineur sans note sensible et de suaves dissonances lui donnent une couleur magique » (Louis Aguettant*).

4. Assez animé : la quatrième valse s'avère la plus modulante et la plus imprévue dans ses sinuosités ; le rythme est devenu vif, capricieux, les harmonies fuyantes en des séries de septièmes majeures.

5. Presque lent, dans un sentiment intime : par sa répétition d'un thème insidieux, la cinquième valse (en *mi* majeur) expose l'artifice des harmonies les plus rares.

6. Vif : pièce en *ut* majeur, toute d'agilité, d'élasticité, — en progressions chromatiques, en appoggiatures déliées, avec d'imperceptibles ralentis sur l'équivoque d'une superposition de rythmes binaire et ternaire.

7. Moins vif : une « apothéose » de la valse, toute d'esquives et d'éclats, et passionnée jusqu'à la frénésie. Petit intermède plus animé, en effets savoureux de bitonalité, par modulations sur une pédale obstinée.

8. Épilogue, lent : huitième et dernière valse, — réalisant une synthèse de motifs antérieurs dont passent des lambeaux, des réminiscences estompées, qui s'éparpillent à la fin sur une pédale de tonique *(sol)*... Page « d'une musicalité si neuve et d'une poésie si intense, où, comme des revenants de la nuit, tous les thèmes précédents s'enchevêtrent », remarquait Jean Marnold, le critique ami de Ravel. Mais, pour terminer,

---

* L. Aguettant, *op. cit.*

tout s'évanouit dans une sorte de brume matinale.

A la manière de...
1. Borodine
2. Chabrier

Ce double pastiche fut suggéré à Ravel par le pianiste et compositeur italien Alfredo Casella, dont la carrière se déroulait alors en France. Il fut vraisemblablement composé à Valvins, chez les Godebski, couple ami du musicien, pendant l'été de 1912 (mais, peut-être, dans le cours de 1913 à Paris). Casella en fut le créateur, le 10 décembre 1913, à la Société de Musique Indépendante (ancienne salle Pleyel) ; les dédicataires : Ida et Cyprien Godebski. Les deux pièces constituent, à leur manière désinvolte, de charmants « hommages » pianistiques à des compositeurs particulièrement aimés par Ravel dans sa jeunesse.

A la manière de Borodine est une courte valse (son exécution ne dure qu'une minute et demie environ), — un peu triste, d'un « slavisme » distancié en dépit d'une écriture très dense, richement harmonisée.

Plus significatif — du moins plus réjouissant — paraît **A la manière de Chabrier** (un peu plus long d'une minute), qui n'est pastiche qu'à un second degré : il fait imaginer ce qu'eût écrit Chabrier sur un air du *Faust* de Gounod, la romance de Siebel au second acte de l'opéra**. Voici donc une paraphrase de paraphrase, — épicée d'harmonies telles qu'en prodigua le compositeur de la *Bourrée fantasque,* et de coq-à-l'âne intempestifs : ainsi — vraie trouvaille de Ravel — l'insignifiante mélodie de *Faust* s'épuise-t-elle bien vite, et doit être reprise à son début ; inutilement... Sans y insister, Ravel renonce : le coup de griffe au « grand opéra » du XIXe siècle est donné ; Chabrier eût été ravi.

Prélude

C'est, ici également, une pièce brève, commande du Conservatoire de Paris (et destinée à l'épreuve de lecture à vue du concours de piano). Ravel l'écrivit à Saint-

---

** On sait que l'auteur du *Roi malgré lui* se délecta de parodies : ainsi, dans cet ouvrage, la solennelle et comique « copie conforme » d'une certaine *Bénédiction des poignards,* au quatrième acte des *Huguenots* de Meyerbeer.

Jean-de-Luz en mai 1913, et sa dédicataire, Jeanne Leleu, la joua en juin suivant au Conservatoire même. Le titre n'est pas sans ironie marquée à l'endroit d'une institution qui n'avait pas porté chance au jeune Ravel... « En *la* mineur, ces vingt-sept mesures semées d'embûches durent à peine plus d'une minute. Motif sinueux, sans cesse à la limite de la dissonance, fine harmonie menacée où Ravel se reconnaît de suite » (Marcel Marnat*).

Le Tombeau de Couperin

En pleine guerre, *le Tombeau de Couperin* clôt la production pianistique de Ravel (pour piano seul, s'entend : les deux *Concertos* paraîtront seulement dans les années 1930). Entreprise en juillet 1914 à Saint-Jean-de-Luz, l'œuvre ne sera achevée qu'entre juin et novembre 1917 à Lyons-la-Forêt, et ses diverses pièces dédiées à des amis tombés au front (La page de titre de la partition, parue dès 1918 chez Durand, fut illustrée d'une urne cinéraire dessinée par Ravel lui-même). La première audition aura lieu à Paris, à la Société de Musique Indépendante (salle Gaveau), le 11 avril 1919 : au piano, Marguerite Long, veuve du dédicataire de la sixième et dernière pièce. Hommage non point seulement à Couperin, mais à toute la musique française du XVIIIᵉ siècle, le *Tombeau* est aussi un adieu — aux amis disparus, à une époque d'avant-guerre défunte. Notons par ailleurs que, dès juin 1919, Ravel instrumentera quatre mouvements (en modifiant l'ordre initial) : *Prélude*, *Forlane*, *Menuet* et *Rigaudon*, — dont la création se fera en février 1920, à Paris, avec l'Orchestre Pasdeloup conduit par Rhené-Baton ; d'autre part, une transcription chorégraphique de la *Forlane*, du *Menuet* et du *Rigaudon* sera présentée, à la fin de cette même année, par les Ballets suédois, au Théâtre des Champs-Élysées, sous la baguette de D.-E. Inghelbrecht.

Cette « suite pour piano » — il faut y insister — ne comporte aucune intention de pastiche : c'est l'ouvrage d'un pur classique, épris de clarté, d'équilibre, de rigueur formelle, qui revendique sa filiation intrinsèquement nationale. L'appartenance de tonalités voisines — quatre en *mi* mineur, les deux autres respectivement en *ut* majeur et *sol* majeur —, et l'alternance de mouvements vifs et modérés (jamais lents), en cimentent admirablement l'unité.

1. PRÉLUDE (à la mémoire du lieutenant Jacques Charlot, auteur de plusieurs réductions pour piano d'œuvres de Ravel) : la première pièce — à 12/16 et en *mi* mineur (sans note sensible) — est un *Vif* aimable et d'une fluidité caressante bâti sur un seul thème, — motif en triolets tournoyants qui engendre une expression mélodique prenant l'allure d'un « perpetuum mobile » ; celui-ci s'agrémente de mordants « clavecinistes », et est conclu par un long trémolo.

2. FUGUE (à la mémoire du sous-lieutenant Jean Cruppi, dont la femme avait été la dédicataire de *l'Heure espagnole*) : également en *mi* mineur (sans sensible), cette fugue est écrite à trois voix, en un *Allegro moderato* à 4/4. Le sujet se présente, légèrement syncopé, à la main droite (*mi* mineur) :

puis, une quarte au-dessous (en *si*), à la main gauche ; il est contrepointé par un contre-sujet que caractérise son triolet de croches... Pièce d'atmosphère assez mélancolique, mais de sonorités piquantes, évoluant « dans une tessiture quasi féminine » (Alfred Cortot**), — limitée généralement au registre moyen du clavier.

3. FORLANE (à la mémoire du lieutenant Gabriel Deluc, un ami de Saint-Jean-de-Luz) : encore un *mi* mineur pour cet *Allegretto* à 6/8, d'une souple et nonchalante élégance, à la mélodie contournée, aux altérations délicieusement dissonantes, aux équivoques harmonies. Entre les trois expositions du thème, trois intermèdes contrastant par leur variété, — en particulier le deuxième, typiquement « claveciniste ». Dans la conclusion, le thème reste comme suspendu, en écho, sur la sensible.

4. RIGAUDON (à la mémoire de Pierre et Pascal Gaudin, deux frères également amis de Saint-Jean-de-Luz) : un *Assez vif* en *ut* majeur, et à 2/4. Climat joyeux, sonore et franc, verdeur rythmique, — qu'un bref intermezzo central, de caractère bucolique, teinte d'un peu de nostalgie : sur l'accompagnement en pizzicatos, tendre et berceuse mélodie de la main droite. Mais reprise du motif initial, d'humeur autrement roborative.

5. MENUET (à la mémoire de Jean Drey-

---

* M. Marnat, *op. cit.*

** A. Cortot, *op. cit.*

fus, beau-fils de la marraine de guerre du compositeur) : c'est un *Allegro moderato* à 3/4, dans la tonalité de *sol* majeur, faisant paraître une grâce aristocratique, aux transparences évocatrices de charmes surannés. Une « musette » fait office de trio, — en récitatif introduit par une série d'accords parfaits, qui module et s'amplifie jusqu'au fortissimo le plus pathétique. Le motif même du trio sert d'accompagnement à la reprise du thème de menuet (Ravel avait déjà usé du procédé dans sa première œuvre pianistique éditée, le *Menuet antique*; v. plus haut). Tout s'estompe à la fin en un trille vaporeux, sur un accord de neuvième inattendu, interrogatif.

6. TOCCATA (à la mémoire du capitaine Joseph de Marliave, époux de la pianiste Marguerite Long) : cette splendide pièce conclusive — un *Vif* en *mi* mineur et à 2/4 — suscite la virtuosité la moins « claveciniste », la plus dépendante du piano moderne, — une virtuosité à la *Scarbo* (v. plus haut, *Gaspard de la nuit*), toute en notes répétées, en tierces alternées, en échanges de registres. La *Toccata* frémit tout entière d'une vie intense, sur un rythme martelé, percutant jusqu'à l'excès, — que se partagent les deux mains. Un épisode en *fa* dièse propose l'accalmie mélodique de ses valeurs allongées. Sur un crescendo reparaît le thème initial, qui s'épanouira dans un *mi* majeur rayonnant, — tonalité d' « apothéose » pour ce *Tombeau de Couperin* qui, décidément, n'a rien de funèbre.

ŒUVRES POUR QUATRE MAINS ET POUR DEUX PIANOS

Sites auriculaires

En novembre 1895, simultanément au *Menuet antique* (v. plus haut), le jeune Ravel compose une pièce pour deux pianos qu'il intitule *Habanera*. Pour deux pianos également, une seconde pièce — *Entre cloches* — verra le jour deux ans plus tard, en décembre 1897. C'est sous le titre commun de *Sites auriculaires* — un titre à la Satie ! — que les deux seront créées l'année suivante à Paris, le 5 mars 1898, à la Société Nationale de Musique (ancienne salle Pleyel), par Marthe Dron et Ricardo Viñes. L'une et l'autre présentent sensiblement la même durée : environ deux minutes et demie. Mais leur postérité sera plus inégale : *Entre cloches* sombrera, injustement d'ailleurs, dans l'oubli ; la *Habanera*, en revanche, instrumentée par l'auteur, deviendra le troisième mouvement de la fameuse *Rhapsodie espagnole* et, à ce titre, une pièce d'anthologie orchestrale.

1. HABANERA

... « J'estime que cette œuvre contient en germe plusieurs éléments qui devaient prédominer dans mes compositions ultérieures et que l'influence de Chabrier... m'avait aidé à préciser » *(Esquisse biographique).* Si la *Habanera* constitue un hommage juvénile à l'Espagne — pays dont Ravel se sentit toujours proche —, l'est-elle aussi à l'auteur d'*España*, alors vénéré ? Moins qu'on ne le croirait : une mélodie, certes, d'une sensualité languide, imprégnée de nostalgie ; mais bien d'autres audaces ; des « accords durs et fermés » (Roland-Manuel), une rythmique (à partir d'un 2/4) d'une immuabilité provocante, — avec cette pédale intérieure (*ut* dièse) annonciatrice du *Gibet* de *Gaspard de la nuit* (v. plus haut) ; une indécision tonale dont s'irisent les timbres pianistiques. Bref, un coup d'éclat du jeune maître, — qui stupéfia son public, certainement plus habitué aux inoffensives « espagnolades » d'un Lalo ou d'un Saint-Saëns.

2. ENTRE CLOCHES

Ce deuxième volet des *Sites auriculaires* justifie davantage un titre suggérant la transposition d'impressions sonores sur l'écran des images et de l'espace visuel. Citons ici l'excellent commentaire qu'en propose Marcel Marnat[*] : « Le problème — Ravel exploite ici l'écartement dans l'espace des deux pianos — est de donner l'illusion que les sons viennent de distances différentes, d'où un micro-travail d'intensités diverses, dispersées dans le temps et se répondant. Placé au centre, l'auditeur doit s'orienter dans une harmonie complexe, reconstituer le relief, faire une lecture d'espaces autant que de sons. C'est là une préoccupation qui réapparaîtra plusieurs fois chez l'auteur et trouvera son expression la plus heureuse dans *la Vallée des cloches...* » (v. plus haut, *Miroirs*). Ne sommes-nous pas ici à l'orée des « découvertes » parmi les plus significatives du XXe siècle musical ? Songeons à Charles Ives, et à bien d'autres... Frappé en combinaisons d'accords et sur des rythmes d'une pleine vigueur (au départ, sur un 10/8), *Entre cloches,* en effet, semble émettre des sonori-

---

[*] M. Marnat, *op. cit.*

tés spatiales dont « les vibrations se confondent entre les deux pianos, à l'instar des résonances de l'airain » (Alfred Cortot*).

Ma mère l'Oye

Ce recueil de « cinq pièces enfantines » ravit l'oreille du mélomane plus souvent aux concerts symphoniques que dans les récitals de piano : la suite pour orchestre qu'en réalisa Ravel en 1911 s'est acquis une renommée mondiale. La version originale, toutefois, fut pour piano à quatre mains, — composée à Paris entre septembre 1908 et avril 1910, et créée le 20 avril de cette même année à la Société Musicale Indépendante (salle Gaveau) par Jeanne Leleu et Geneviève Durony. Les dédicataires : Mimie et Jean Godebski, jeunes enfants du couple parisien très cher à Ravel. Celui-ci a puisé son inspiration dans des contes de fées du XVIIe siècle français, — chez Charles Perrault, la comtesse d'Aulnoy et Marie Leprince de Beaumont. On ne niera pas que la transcription orchestrale — éblouissante — ait plusieurs raisons d'éclipser la version pianistique, à propos de laquelle Ravel précisa : « Le dessein d'évoquer dans ces pièces la poésie de l'enfance m'a naturellement conduit à simplifier ma manière et à dépouiller mon écriture. » C'est dans cet esprit de simplicité et d'ingénuité enfantine qu'il faut les écouter.
1. PAVANE DE LA BELLE AU BOIS DORMANT (d'après Perrault) : un *lent* à 4/4, en *la* mineur. De doux accords, de mystérieuses harmonies, un léger balancement enveloppent un thème tendre et naïf, — dans le mode éolien.
2. PETIT POUCET (d'après Perrault) : *très modéré* à 3/4, en *ut* mineur. Un cheminement sinueux et insistant de tierces traduit les hésitations de la marche de Poucet, — accentuées par plusieurs changements de mesure (2/4, 4/4..., et retour à 3/4). Une mélodie simple, dont l'expression devient poignante, suggère ses terribles inquiétudes.
3. LAIDERONNETTE, IMPÉRATRICE DES PAGODES (d'après *le Serpentin vert* de Mme d'Aulnoy) : en *fa* dièse majeur et à 2/4, c'est une « chinoiserie » en alerte *mouvement de marche*. Un premier thème, en gamme pentatonique, fait évoquer toute une « musique lilliputienne » (Louis Aguettant). On peut remarquer sa ressemblance avec celui de *Pagodes* au premier cahier des *Estampes* de Debussy (1901). Le second thème contraste par ses accords « liturgiques ». La reprise combine les deux motifs, non sans mêler quelque ironie.
4. ENTRETIENS DE LA BELLE ET DE LA BÊTE (d'après *la Belle et la Bête* de Mme Leprince de Beaumont) : *mouvement de valse très modéré*, à 3/4 (*fa* majeur). Comme on peut s'y attendre, dialogue amoureux sur le thème de la Belle, d'une séduction précieuse (avec un souvenir des *Gymnopédies* de Satie), et celui de la Bête, aux basses « grognant » ses supplications maladroites. Tout se termine dans l'enchantement : sur un glissando, transfiguration de la Bête en Prince charmant.
5. LE JARDIN FÉERIQUE : *lent et grave* à 3/4 (*ut* majeur), formant une rayonnante apothéose, — avec un début « tout embaumé d'effluves fauréennes » (Alfred Cortot), et montant en larges accords solennels.

Frontispice

Cette petite pièce fut composée près de Paris, à Saint-Cloud, en juin 1918, comme indicatif musical pour un texte intitulé *le Poème de Vardar*, de Ricciotto Canudo, animateur d'un cercle littéraire et artistique ancré dans l'« avant-garde » parisienne des années 1910. C'est l'œuvre la plus courte de Ravel : elle comporte quinze mesures. Mais sa moindre originalité n'est-elle pas d'être écrite pour deux pianos et une « cinquième main » (sur trois portées) ?

En voici le bref commentaire, sous la plume autorisée de Marcel Marnat** : « Moins de deux minutes résolument polytonales avec trois lignes mélodiques indépendantes superposées, bientôt bafouées par l'intervention des accords incléments qu'y introduit la cinquième main. La basse seule reste stable, répétant sinistrement la même note. Le langage est ici aussi nouveau que possible, étonnamment libéré de tout le reste de la création ravélienne. Peut-être faut-il y entendre un écho chaotique du dernier Satie... Trois accords finals mettent le comble à la surprise de l'auditeur par une brutale interrogation débouchant sur le vide. » On se doit d'ajouter que cette rareté — fort peu prisée par les pianistes — mériterait une réhabilitation complétant

---

* A. Cortot, *op. cit.*

** M. Marnat, *op. cit.*

utilement notre connaissance du piano de Ravel, — d'un Ravel moins que jamais conventionnel!

La Valse

Ce « poème chorégraphique » — une commande, à l'origine, de Serge de Diaghilev — fut composé à Lapras, en Ardèche, entre décembre 1919 et avril 1920 : la version primitive pour piano à deux mains fut rapidement remplacée par une seconde version pour deux pianos, soigneusement élaborée ; c'est à partir de celle-ci que fut effectuée l'orchestration dans laquelle l'œuvre s'est définitivement imposée. Dès son esquisse, la Valse eut pour dédicataire Misia Godebska, devenue l'épouse du peintre José Maria Sert que Diaghilev avait pressenti pour les décors du futur ballet. En réalité, cette chorégraphie ne verrait le jour qu'en mai 1929 dans des décors d'Alexandre Benois, par les Ballets Ida Rubinstein. Mais, avant même la partition d'orchestre, la version pour deux pianos fut créée le 23 octobre 1920 au Kleiner Konzerthaussaal de Vienne, par l'auteur et son ami Alfredo Casella. Dès 1920 également, Durand édita cette version (ainsi que celle pour deux mains).

On ne répétera pas ici l'analyse habituellement fournie de l'œuvre dans sa traduction orchestrale*, — sinon pour observer que la rédaction pour deux pianos se soucie manifestement d'élargir la palette sonore de l'instrument (en particulier dans les parties médianes). Plus qu'à l'orchestre, sans doute, éclate la maîtrise absolue du compositeur : tout à la fois dans la conduite du discours (vaste crescendo en deux parties), dans la netteté du trait et des articulations, dans le contrôle d'une virtuosité qui ne se peut comparer qu'à celle du Scarbo de Gaspard de la nuit (v. plus haut). Il convient aussi de remarquer comme cette « apothéose de la valse viennoise » fait contraste avec les *Valses nobles et sentimentales*, — dont elle ne retient que des échos presque caricaturaux : ... « une Valse unique, une grande Valse tragique qui est à elle toute seule et du même coup noble et sentimentale ; mais cette fois sérieusement » (Vladimir Jankélévitch**). Dans ce tourbillon sans répit qu'est la Valse se perçoit une angoisse, le sentiment d'une irrévocable fatalité ; et peut-être cette version pianistique, plus drue, moins charmeuse qu'à l'orchestre, s'en fait-elle mieux révélatrice.

F.R.T.

MAX REGER

Né à Brand (Franconie), le 19 mars 1873. Mort le 11 mai 1916, à Leipzig. « Pensez à Mendelssohn, à Mozart, à Schubert, à Wolf, on ne nous laisse pas beaucoup de temps, et je désire achever ma tâche », disait Reger. Vingt-cinq années lui suffiront pour achever cette œuvre considérable (cent quarante-six numéros d'opus!), qui peut apparaître comme un complément et une antithèse à la fois de l'art de Richard Strauss : ignorant l'opéra, elle est axée essentiellement sur le piano, l'orgue et la musique de chambre. D'esprit romantique, elle tente de faire revivre des formes anciennes et refuse la musique « à programme » : Strauss, ayant entendu les quatre Poèmes Symphoniques *op. 128 d'après Böcklin, lui déclare : « Reger, encore un pas en avant et vous serez parmi nous » ; « Mon cher Strauss, répondit Reger, ce pas je ne le ferai jamais ! ». En 1888, à Bayreuth, une représentation de* Parsifal *déclenche sa vocation. Élève de l'organiste Adalbert Lindner, puis de Hugo Riemann à Wiesbaden (où il se lie avec Busoni), il entreprend de nombreuses tournées à travers l'Europe comme pianiste ou organiste. Installé à Weiden, de 1898 à 1901 il ne compose pas moins de trente-huit numéros d'opus. Pour l'essentiel des lieder, de la musique pour orgue, pour piano, et de la musique de chambre. A Munich (1901-1907) où il enseigne à l'Académie des Beaux-Arts, il compose ses op. 58 à 100, —*

---

* V., en particulier, *Guide de la musique symphonique*.

** V. Jankélévitch, *op. cit.*

en particulier les sonates difficiles destinées au violoniste H. Marteau. De 1907 à 1911 il s'installe à Leipzig — la ville de Bach et de Mendelssohn —, et enseigne au Conservatoire. En 1911 il est engagé comme Kapellmeister à la cour du duc Georg II de Meiningen, où il succède à Hans de Bülow et à Richard Strauss : c'est là qu'il compose ses plus belles œuvres pour orchestre (Variations et fugue sur un thème de Mozart op. 132)*. *Il passe la dernière année de son existence à Iéna : à peine a-t-il le temps de se forger une nouvelle esthétique, le « style libre d'Iéna » ; Reger est un colosse aux pieds d'argile : il meurt à quarante-trois ans dans un hôtel de Leipzig. Souvent contesté (Stravinski le trouvait « aussi répugnant que sa musique »), il a fait école en Allemagne : Hindemith s'est proclamé son disciple. « Reger est un des grands maîtres de la musique. Nous devons étudier sa musique en profondeur, pour en apprendre davantage sur son génie, son style et sa technique créatrice » : ces mots sont de Schönberg, qui fonde en novembre 1918 à Vienne, en compagnie de Berg et de Webern, une société de concerts dont les programmes donnent une priorité absolue à Reger ; en trois ans, soixante-deux concerts lui seront consacrés !*

L'œuvre de piano

Le piano occupe une place importante dans l'œuvre considérable de Max Reger, depuis les *Valses-Caprices op. 9* composées à Wiesbaden en 1892 (alors qu'il était encore l'élève de Hugo Riemann), jusqu'aux *Traüme am Kamin op. 143* achevés à Iéna en 1915. La plus grande partie, sinon la plus importante, se situe avant le tournant du siècle. Reger considérait ses premières œuvres comme des essais, conçus dans la tradition brahmsienne. En 1910, alors qu'il n'a plus que six années à vivre, il déclare : « Mes enfants, maintenant je vais commencer à composer ! »... Il revendique avec lucidité ses influences : Beethoven, tout d'abord, dans ses grands cycles de *Variations* ; Mozart et Haydn dans les *Sonatines op. 89*. Schumann dans les premières pièces brèves (*Aus des Jugendzeit op. 17, Intermezzi op. 45, Silhouettes op. 53),* Chopin et Liszt (la dernière pièce pour piano de Reger, *op. 143 n° 12,* est un pastiche de la *Berceuse* de Chopin). Mais Brahms et Bach, en premier lieu, ont joué un rôle primordial dans la genèse des œuvres pour piano, qui constituent souvent une synthèse de l'art de ces deux maîtres.

De 1892 à 1897 Reger est l'élève de Hugo Riemann, qui influence la formation de l'écriture harmonique si spéciale de Reger, et qui l'initie à l'univers de Bach. Les premières pièces pour piano sont des feuillets d'album rapidement esquissés : les *Valses op. 9* et les *Danses Allemandes* pour piano à quatre mains (très schubertiennes), puis les *Valses op. 11,* les *Lose Blätter op. 13* dédiées au fils de H. Riemann (1894). Les vingt tableaux du cycle *Aus der Jugendzeit op. 17* se souviennent de Schumann (ainsi *l'Oiseau mort,* le *Rêve de Noël,* la petite fugue intitulée *Presque trop sérieux*). Cette période s'achève avec les *Improvisations op. 18,* d'octobre 1897. Toutes ces partitions (« Des imbécillités sans recours » selon leur auteur !) payent leur tribut au goût dominant d'une époque.

De 1898 à 1901, à Weiden, Reger compose la plus grande partie de son œuvre pianistique (il n'abordera l'orchestre qu'à l'âge de trente-deux ans). L'influence de Brahms, qui vient de mourir, est très frappante : dans les *Cinq Humoresques op. 20,* dans les *Six Morceaux op. 24* (dédiés à la pianiste Teresa Carreño, épouse d'Eugen d'Albert), — dont la *Rhapsodie n° 6* s'intitule *Aux mânes de J. Brahms.* Parmi les *Sept Fantaisies* de l'*op. 26,* la *Résignation (n° 5),* composée le 3 avril 1897, se termine avec une citation du deuxième mouvement de la *Quatrième Symphonie* de Brahms. Comme dans ses splendides pièces pour orgue, un style pianistique personnel se dégage peu à peu : ainsi dans les *Sieben Charakterstücke op. 32* de 1899 *(Improvisation, Intermezzo),* et dans les *Bunte Blätter op. 36,* de la même année. Les dix **Petites Études op. 44,** en dépit de leur caractère didactique, possèdent souvent le charme mélodique de Schubert (ainsi *Albumblatt, Il était une fois, Moment musical,* — alors que la *Fughetta* en la mineur témoigne de l'admiration de Reger pour la « gigantesque hardiesse » de Jean-Sébastien Bach. De cette même année 1900 datent les *Six Intermezzi op. 45* et les *Silhouettes op. 53,* qui marquent la transformation du langage de Reger ; c'est l'époque des grandes fantaisies et des *Variations sur BACH* pour orgue, des premières difficul-

---

* Voir *Guide de la musique symphonique.*

tés de technique pianistique et de la fermentation harmonique qui va parfois jusqu'à la boursouflure. Cette période s'achève avec les *Burlesques op. 58* pour piano à quatre mains. Les premières années passées à Munich (1901-1907) sont d'abord consacrées à la musique de chambre et aux lieder ; Reger ne revient au piano qu'en 1903 avec les *Dix pièces op. 79a* intitulées *Pour la maison*. Les *Variations et Fugue op. 81* (sur un thème de Bach) marquent la naissance d'un style vraiment personnel et, en même temps, la fin du « Wilde Reger » : l'art révolutionnaire fait place à une synthèse du baroque et du style de Brahms, qui trouve sa meilleure expression dans la variation et dans la fugue. En 1904 et 1906 paraissent les deux premiers cahiers du recueil *op. 82, Aus meinem Tagebuch* (« Pages de mon journal »). Les deux cahiers suivants paraîtront en 1911 et 1912. Sous l'influence de Bach l'écriture est toujours plus transparente et linéaire, sans affaiblissement de la puissance dynamique. Ainsi dans les *Six Préludes et Fugues op. 99*, composés durant l'hiver 1906-1907, ou dans les *Sonatines* de l'*op. 89 (n° 1* et *2* de 1905, *n° 3* et *4* de 1908). Reger aborde l'orchestre avec la *Sinfonietta op. 90* (1905), et surtout ses *Variations sur un thème de Hiller op. 100* (1907). En 1907 il s'installe à Leipzig. Les *Épisodes op. 115*, de 1910, sont les seules pièces pour piano qui rivalisent avec les grandes œuvres chorales et orchestrales de ces années : le *Psaume 100*, le *Prologue Symphonique op. 108*, la *Suite romantique op. 125*. La guerre vient bouleverser son existence ; en août 1914 l'orchestre de Meiningen est dissous. Reger compose alors son chef-d'œuvre pour le piano, les *Variations et Fugue sur un thème de Telemann op. 134*. Réfugié à Iéna, il y écrit sa dernière œuvre pour piano, les *Traüme am Kamin op. 143* (juin 1915).

Variations et Fugue sur un thème de Bach (op. 81)

« Je crois pouvoir dire que c'est une œuvre colossale, ce que j'ai fait de mieux jusqu'ici ». Cette partition fut achevée le 12 août 1904, au cours de vacances d'été sur le lac de Starnberg. Il s'agit d'une des premières œuvres, rares au XXe siècle, conçues dans la tradition des *Variations Goldberg* de Bach, des *Variations Diabelli* de Beethoven et des *Variations sur un thème de Haendel* de Brahms*. Le thème est emprunté à la *Cantate BWV 128* « *Auf Christi Himmelfahrt allein* » (il est joué par le hautbois d'amour dans le *duo n° 4* pour contralto et ténor) :

Reger l'a fait suivre de quatorze variations et d'une fugue. L'œuvre fut dédiée au pianiste A. Schmid-Lindner, qui assura la création à Munich le 14 décembre 1904.

Les deux premières variations ornementent le thème de façon classique (la seconde dans la mesure peu usitée de 18/16). La troisième variation *(Grave assai)* explore des contrastes extrêmes entre le *ppp* et le *fff*, et se détache de l'original en une improvisation très libre. La quatrième variation est très légère, schumannienne. La cinquième, *Vivace* également, est une toccata qui présente à la main gauche ces dessins de cors si chers à Reger (intervalles successifs de sixtes, quintes et tierces), sur les octaves piquées de la main droite ; la conclusion, *quasi Adagio*, offre un répit avant l'*Allegro moderato* de la variation suivante : le 6/8 original se transforme en 2/4. La septième variation est un *Adagio* grave et méditatif ; la huitième est tumultueuse, avec des accords fracassants, sur un rythme violemment pointé, tantôt à 6/8, tantôt à 9/8, et d'une écriture très chromatique. La neuvième variation, *Grave e sempre molto espressivo*, doit être jouée rubato : elle reprend le 18/16 de la deuxième variation, en *si* majeur. La dixième, au relatif de la précédente (*sol* dièse mineur, *Poco vivace*), est écrite en mouvement contraire aux deux mains. La onzième variation *(Allegro agitato* en *ut* dièse mineur, à 2/4) est puissante, et contient un *Adagio* central. La douzième variation revient au *si* majeur, à 6/8 : le thème de Bach, avec sa quarte initiale reconnaissable, réapparait. La treizième variation est un *Vivace* (*si* mineur, 2/4), fortissimo, qui requiert un jeu legato à la main droite et staccato à la main gauche, en doubles et triples croches. La quatorzième variation enfin *(Con moto* en *si* mineur, à 6/8) sert de portail à la *Fugue* : le thème réappa-

---

* Voir, ici même, ces différentes œuvres.

rait à la basse, — chargé d'un contrepoint poussé aux limites de l'atonalité. Tous les cycles de variations de Reger se terminent par une fugue : dans l'*op. 81* il s'agit d'une fugue double, — dont les deux sujets sont très contrastés ; le premier reprend le thème de Bach, le second est une suite de doubles croches répétées.

Variations et Fugue sur un thème de G.P. Telemann (op. 134)

Composées en un temps incroyablement bref (du 8 au 15 août 1914), ces dernières grandes *Variations* de Reger furent créées par Frida Kwast-Hodapp (épouse du dédicataire) au Gewandhaus de Leipzig le 14 mars 1915, et éditées par Simrock. Le thème (un innocent menuet) est emprunté à une *Tafelmusik (Suite pour deux hautbois et cordes en* si *bémol majeur,* composée par Telemann à Hambourg en 1733) :

Le choix du thème, la tonalité de l'esprit de ces pages rappellent les *Variations sur un thème de Haendel op. 24* de Brahms.

Les neuf premières variations sont ornementales, et dans l'esprit de la variation classique. *I.* Le thème, partagé entre les deux mains, est enjolivé de traits staccato en doubles croches piquées. *II.* Le thème est à la main gauche, avec des fusées de triples croches à la main droite. *III.* Un délicat *Scherzo* en triolets détachés ; le thème est paré d'appoggiatures. *IV.* Une étude d'arpèges en doubles croches, en écho aux deux mains. *V. Non troppo vivace :* des fanfares de cors dispersées sur le clavier. *VI.* Étude d'octaves en triolets aux deux mains. *VII. Quasi tempo primo :* les mêmes triolets passent à la main gauche sur les gammes en doubles croches de la main droite. *VIII. Tempo primo :* un carillon léger, où les tierces gracieuses de la main gauche alternent avec les doubles croches détachées de la main droite. *IX. Non troppo vivace :* une étude de bravoure sur le rythme deux doubles croches/une croche. *X. Quasi adagio :* une méditation tragique sous la forme d'un choral à quatre parties, au rythme régulier mais sur des harmonies wagnériennes. *XI.* Dans le même esprit, un *Adagio* plus paisible ; chaque mesure comprend cinq croches sur une basse au rythme berceur. *XII. Poco vivace :* de grands écarts dans les extrêmes du clavier, en croches détachées, et un motif en croches alternées aux deux mains dans le médium. *XIII. Tempo primo :* c'est un canon entre les deux mains sur un léger dessin de quatre doubles croches. *XIV. Meno vivace :* le thème est aux deux mains, sur un tourbillon de triolets en doubles croches. *XV. Andante :* le thème est à la main gauche, sur des arabesques en doubles croches à la main droite. *XVI. Adagio* (les *Variations XVI, XVII* et *XVIII* sont en mineur) : la seizième variation est mélancolique ; le thème (sur un rythme de trois noires/un triolet) y est peu à peu noyé dans un jeu d'harmonies glissantes. *XVII. Poco andante :* le thème est doucement varié en « deux pour trois ». *XVIII.* Un délicat *Scherzo* ; les croches piquées en octaves de la main droite sont accompagnées d'un dessin léger en triples croches à la main gauche. *XIX. Poco vivace :* des doubles croches rappellent la première des *Variations sur un thème de Haendel* de Brahms. *XX* à *XXII.* Trois études *Vivace* en rythmes réguliers de doubles croches. La *Variation XXIII. (Molto adagio)* introduit la fugue, — avec son long sujet si typique de l'art de Reger.

Œuvres pour deux pianos

Le jeu à deux pianos, que Reger affectionnait personnellement, lui a inspiré deux grandes pages dans lesquelles sa pensée très riche, son écriture pianistique chargée peuvent se donner libre cours, dans un déploiement de sonorités symphoniques.

Les **Variations et Fugue sur un thème de Beethoven** *op. 86,* datées de l'été 1904, sont contemporaines des *Variations sur un thème de Bach* ; elles furent créées par l'auteur à Munich le 22 octobre de la même année. Le thème (la dernière *Bagatelle* de l'*op. 119,* en *si* bémol majeur) est suivi de douze variations titanesques et d'une fugue grandiose.

L'**Introduction, Passacaille et fugue** *op. 96* date de 1906. C'est une œuvre profonde, austère, audacieuse, — dont le sentiment pathétique éclate dans les premières mesures de l'*Introduction (Grave assai).* La *Passacaille (Andante Sostenuto)* se compose de vingt-huit variations reposant sur une basse de huit mesures étrangement chromatique (il s'agit presque d'une série, seul le *ré* dièse fait défaut). La *Fugue (Allegro moderato, ma con spirito)* s'élève progressivement du *ppp* le plus délicat aux accords colossaux de la coda épique.

J.A.M.

ANTON REICHA

Né à Prague, le 26 février 1770 ; mort à Paris, le 28 mai 1836. Ce compositeur exceptionnellement fécond fut l'un des plus grands théoriciens de la musique du XIXe siècle. Pianiste, violoniste et flûtiste, il exerça à Bonn, à Hambourg, à Paris et à Vienne, où il séjourna entre 1802 et 1808. Il y rencontra Haydn, Albrechtsberger, Salieri et Beethoven pour lequel, selon Berlioz, il n'eut jamais « une bien vive sympathie ». Définitivement fixé à Paris en 1808, il acquit une grande renommée qui lui valut d'être nommé en 1818 professeur de fugue et de contrepoint au Conservatoire. Excellent pédagogue, il eut d'illustres élèves, — dont Liszt, César Franck, Gounod, Berlioz qui confia dans ses Mémoires *: « Reicha professait le contrepoint avec une clarté remarquable ; il m'a beaucoup appris en peu de temps et en peu de mots. » Naturalisé français en 1829, il succéda à Boïeldieu à l'Institut en 1835, quelques mois avant sa mort. Son œuvre extrêmement abondante touche tous les genres. Reicha laisse des ouvrages lyriques, de la musique vocale religieuse et profane, plusieurs symphonies, ouvertures et concertos, de nombreuses œuvres de musique de chambre, des pages pour piano, et d'importants ouvrages théoriques et pédagogiques, — notamment un* Cours de composition musicale *(1818), qui devint l'ouvrage officiel du Conservatoire, et un* Traité de haute composition musicale *(1824-1826) dans lequel il expose des conceptions très personnelles sur le contrepoint qui divisèrent professeurs et élèves du Conservatoire. Son œuvre de piano rejoint en quelque sorte son œuvre théorique. Reicha « n'était ni un empirique, ni un esprit stationnaire », disait Berlioz ; mais « un esprit positif, éloigné de tout dogmatisme, ... plus porté à la spéculation qu'à la poésie », ajoute Claude Ballif aujourd'hui.*

L'œuvre pour piano de Reicha semble d'abord orientée vers la théorie et la pédagogie. S'il a écrit des sonates, des variations et diverses pièces, l'essentiel de son œuvre se compose en effet d'études, d'exercices et de fugues.

Les sonates de Reicha ont été publiées à Leipzig dans les années 1804 : *Sonate en mi majeur op. 40, Sonate en mi bémol majeur op. 43, Trois sonates op. 46.* Les variations sont plus tardives : les *Variations pour piano-forte op. 83*, les *Variations sur l'air « Charmante Gabrielle » op. 85* et les *Variations sur un thème de Gluck op. 87* parurent à Paris respectivement en 1813, 1814 et 1815.

Les premiers recueils de pièces pédagogiques datent du court séjour que Reicha fit à Paris entre 1799 et 1802, avant son installation à Vienne : les *Douze Fugues composées dans un genre nouveau,* et dédiées à Méhul, Cherubini, Gossec, Lesueur et Martini, ont été éditées chez Imbault en 1800 ; les *Études ou exercices op. 30,* que Reicha a composés pour les « personnes qui veulent avoir un talent distingué » sur le piano et pour celles qui, « parvenues à ce point, veulent s'y maintenir », sont parus chez le même éditeur en 1801. L'*Étude de transition et deux fantaisies op. 31* et la *Fugue sur un thème de Domenico Scarlatti op. 32* sont contemporaines.

Les *Trente-six Fugues composées d'après un nouveau système,* et dédiées à Haydn, ont été publiées en 1803 à Vienne. Elles furent suivies de *l'Art de varier... op. 57,* écrit à la même époque. A Paris, Reicha fit encore paraître *Six Fugues op. 81* éditées chez Pleyel, des *Études de piano, ou cinquante-sept variations sur un thème de Grétry suivies d'un rondo op. 102,* et des *Études dans le genre fugué op. 97* datées de 1820.

Trente-six Fugues composées d'après un nouveau système

Le recueil s'ouvre avec un poème écrit par Reicha en l'honneur de Joseph Haydn, son dédicataire. Puis Reicha introduit ses *Fugues* par des remarques et des explications sur le « nouveau système » harmonique qu'il met ici en pratique. Certaines ressemblent, en effet, à ces « combinaisons abstraites » ou « ardues », à ces « jeux d'esprit » musicaux, à ces « propositions épineuses » dont parle Berlioz lorsque, dans ses *Mémoires,* il décrit la manière de Reicha.

Un certain nombre d'entre elles sont à deux sujets *(Fugues nos 13, 18, 31, 32* et *34),* une est à trois sujets *(Fugue no 30),* — tandis que la belle *Fugue no 15,* dont le sujet est issu d'un thème de Haendel, est une immense fugue à six sujets et à six parties. Pour les sujets de cinq de ses fugues, Reicha s'inspire précisément de thèmes célèbres de compositeurs illustres : on reconnaît Jean-Sébastien Bach et le sujet de la *Fugue* en sol *majeur* du Deuxième livre du *Clavier bien tempéré (Fugue no 5);* plus loin on rencontre Mozart *(Fugue no 7),* Domenico Scarlatti *(Fugue no 9),* Frescobaldi *(Fugue no 14),* et Haendel *(Fugue no 15).* Mais les plus étonnantes sont les fugues dans lesquelles Reicha exploite une sorte de technique polyrythmique ou, tout au moins, une assimilation rythmique très élaborée : dans la *Fugue no 10* la mesure à 3/4 est divisée en 12/4, dans les *Fugues nos 20, 24* et *28* rythmes binaires et rythmes ternaires se superposent ou s'amalgament. La *Fugue no 30* est, à cet égard, la plus caractéristique : écrite sur trois sujets, elle expose le premier et le troisième sujets sur une mesure à 2/2, puis le deuxième sujet sur un rythme à 3/4. Reicha explique alors que le second sujet doit être exécuté en triolets ; mais on ne doit pas trop les faire sentir, — c'est la raison pour laquelle ils sont notés à 3/4 :

Enfin, la *Fugue no 8* est dite *Cercle harmonique,* — alors que la *Fugue no 27* s'ouvre par une introduction solennelle.

L'Art de varier... (op. 57)

Publié à Leipzig chez Breitkopf et Härtel dans les années 1803-1804, *l'Art de varier, ou cinquante-sept variations pour le pianoforte... op. 57* a été dédié au prince Louis-Ferdinand de Prusse, musicien et ami de Beethoven. Le prince aurait aimé faire de Reicha l'un de ses professeurs et son maître de chapelle ; mais, en 1802, Reicha avait décliné cette offre. Dans cet ouvrage pédagogique d'une valeur remarquable, Reicha aborde la technique de la variation avec une maîtrise exceptionnelle. Ses recherches dans ce domaine peuvent être alors comparées à celles que Bach a développées dans ses grands recueils didactiques.

Les cinquante-sept *Variations* trouvent leur unité dans le plan tonal *(fa* majeur et *fa* mineur), et dans la construction formelle directement dérivée de l'exposition d'un thème simple en *fa* majeur. Celui-ci est d'abord présenté sobrement sur une seule voix ; puis, à intervalle de quatre mesures, une seconde voix et une troisième voix apparaissent à la basse. De nombreuses variations vont reprendre ce schéma. Toutes ces pièces, de la plus facile à la plus difficile, exploitent largement les ressources du piano. Chacune est d'ailleurs écrite en fonction de la nature propre de l'instrument, et chacune est axée sur un problème technique particulier : difficulté d'exécution des octaves brisées *(Var. 4),* exécution des sextolets et des triolets *(Var. 12* et *21),* traits de virtuosité *(Var. 13),* mouvements contraires *(Var. 15),* extension de la main droite dans le style du cinquième double de la *Gavotte* des *Nouvelles Suites de pièces de clavecin* de Rameau *(Var. 17),* notes répétées *(Var. 22),* etc. Les variations s'enchaînent comme une suite de morceaux extrêmement divers. La *Variation 25,* richement modulante, évoquera maintes pièces pour piano de Schumann. La *Variation 27* procède essentiellement par mouvements chromatiques. D'autres sont sous-titrées *Marche funèbre (Var. 31), Minuetto col suo tempo giusto (Var. 40), Gavotte (Var. 52), Fuga (Var. 56).* Particulièrement difficile techniquement, la *Variation 44* est écrite dans le style d'une toccata « moderne » à la manière de Debussy. Plus traditionnelle est la toccata de la *Variation 36.* L'ensemble est conclu par la *Variation 57, Presto :* vaste unisson qui, très curieusement, annonce le finale de la *Sonate en si bémol mineur* de Chopin*.

A. d. P.

---

* Voir cette œuvre, à : *Chopin.*

JULIUS REUBKE

Né à Hausneindorf, le 23 mars 1834 ; mort à Pillnitz, le 3 juin 1858. Une mention s'impose de ce musicien allemand, fils du facteur d'orgues Adolf Reubke, qui fut un élève — remarquablement doué — de Liszt, mais n'eut le temps d'écrire qu'une Sonate pour orgue, et, pour le piano, quelques pièces ainsi qu'une Sonate en si bémol mineur (il mourut à l'âge de vingt-quatre ans). C'est cette œuvre en particulier, d'un style libre et hardi, qui fait ici l'objet d'une présentation.

Les deux grandes *Sonates* de Reubke sont la manifestation extraordinaire d'un génie aux promesses aussitôt fauchées. La **Grande Sonate en *si* bémol mineur** pour piano fut écrite en 1856-1857, donc un peu avant la *Sonate pour orgue sur le Psaume 94*. Si cette dernière s'est imposée au répertoire des organistes, qui disposent de relativement peu d'œuvres romantiques de valeur, celle pour piano est demeurée presque inconnue. Il est vrai qu'elle est très longue (une demi-heure), touffue, complexe, et d'une extrême difficulté technique. Dédiée par Reubke à son maître Liszt, elle a été trop souvent jugée comme un simple décalque de la *Sonate en si mineur* de ce dernier, — visiblement par des auteurs qui ne se sont pas donné la peine d'en prendre connaissance. Car, au-delà de ressemblances superficielles, les différences l'emportent. Certes les deux œuvres sont de dimensions comparables, et d'un seul tenant. Mais celle de Reubke est plus libre de forme et plus morcelée, et cette conception formelle par segments organiquement issus l'un de l'autre, véritable forme ouverte, fait de Reubke un précurseur immédiat de Scriabine (à partir de sa *Cinquième Sonate**).

C'est ainsi qu'on peut distinguer à l'analyse non moins de trente-deux sections, — respectivement seize, sept et neuf dans les trois grands volets dont se compose l'œuvre : *Allegro maestoso, Andante sostenuto* et *Allegro assai*. Lien entre Liszt et Scriabine du point de vue de la structure, Reubke relie Liszt à Reger quant à l'harmonie chromatique atteignant souvent les limites de la tonalité. Surtout, on trouve dans cette *Sonate* les plus étonnantes prémonitions des œuvres tardives de Brahms, — *Intermezzi*, ou, tout particulièrement, *Deuxième Concerto pour piano*. Quant à l'expressionnisme tourmenté, déchiré, de cette immense et géniale ballade, qui ne fait aucune concession à l'agrément ou à la facilité, c'est un Hugo Wolf qu'elle annonce ! Et sa virtuosité, immense, n'est jamais « payante », — ce en quoi elle tourne bien le dos à Liszt pour tendre la main, au contraire, à un autre grand méconnu de cette époque, aussi ardu d'accès : Charles-Valentin Alkan.

H.H.

NICOLAS RIMSKI-KORSAKOV

Né à Tikhvine, le 6 mars 1844 ; mort à Lioubensk, le 8 juin 1908. Tout en faisant ses études à l'École navale de Saint-Pétersbourg, il prit des leçons de piano avec Canille, puis devint en 1861 membre du Groupe des Cinq. En 1871 il fut nommé professeur au Conservatoire de Saint-Pétersbourg (alors qu'il n'avait lui-même jamais suivi aucun véritable cursus d'études musicales). Constatant les insuffisances de sa formation, il prit pendant deux ans (1873-1875) des cours par correspondance avec Tchaïkovski. Ceux-ci furent à l'origine de la composition de fugues pour piano. Rimski-Korsakov devint successivement inspecteur des Orchestres de la Marine (1873-1884), directeur de l'École Gratuite de Musique (1874-1881), assistant de Balakirev à la Chapelle Impériale (1883-1894), animateur du Groupe Belaiev (à partir de 1883), et chef d'orchestre des Concerts Symphoni-

---

* Voir à : *Scriabine*.

ques Russes (à partir de 1886). Il prit sur lui d'achever certaines œuvres de plusieurs de ses confrères (Moussorgski, Dargomyjski) : ce qu'il fit avec une liberté souvent contestable. Il a mis le meilleur de lui-même dans des œuvres symphoniques libres et dans les opéras, — servi par son invention mélodique, sa science exceptionnelle de l'orchestre et son sens narratif. Le piano ne fut jamais pour lui qu'un instrument utilitaire (il était lui-même fort médiocre pianiste). Il n'a donc pas produit d'œuvres majeures pour cet instrument, et ses diverses miniatures ne conservent qu'un intérêt secondaire.

Fugues (op. 17)

Écrites en 1875-1876, en conclusion aux deux années d'études sous la supervision de Tchaïkovski. Six fugues furent publiées aussitôt par Bessel ; les autres ne furent éditées qu'en 1955, dans le cadre de la publication intégrale des œuvres de Rimski en URSS. Ce ne sont rien d'autre que de bons exercices de contrepoint. Parmi elles, trois fuguettes sont écrites sur des thèmes de chansons russes, et une double fugue sur le nom de BACH.

Trois pièces (op. 15)

Valse (*ut* dièse mineur), *Romance* (*la* bémol majeur), *Fugue* (*ut* dièse mineur). Écrites en 1875-1876, ce sont des pièces de peu de relief, — exceptée la *Fugue,* assez vaste, sur un thème dont la structure (triolets de doubles croches en lignes brisées) imite le style pré-classique.

Quatre pièces (op. 11)

Impromptu (*si* majeur), *Novelette* (*si* mineur), *Scherzino* (*la* majeur), *Étude* (*ré* bémol majeur). Écrites en 1876-1877, ce sont les pièces les plus pianistiques et les plus virtuoses de Rimski. Elles sont conçues chacune à partir d'une formule qui se répète, en se modifiant quelque peu dans la partie centrale du morceau.
IMPROMPTU : triolets aux deux mains, avec de grands écarts et un thème à la partie supérieure ; influence évidente de Chopin.
NOVELETTE : schummanienne (comme son titre l'indique), c'est une pièce martiale, en accords sur le rythme immuable ♫ .
SCHERZINO : fin et transparent ; vaguelettes descendantes de doubles notes, partagées entre les deux mains.
. ÉTUDES : en sixtes à la main droite ; la tonalité de *ré* bémol majeur et le procédé technique font référence à l'*Étude op. 25 nº 8* de Chopin, — avec laquelle ce morceau ne supporte guère la comparaison.

Six Variations sur Bach (op. 10)

Écrites en 1878 : *Valse, Intermezzo, Scherzo, Nocturne, Prélude* et *Fugue.* Dans ces six variations, le thème est généralement utilisé en cantus firmus à différentes voix. Sans être d'écriture inintéressante, ce cycle se ressent d'une certaine cérébralité technicienne.

Pièces pour piano à quatre mains

En 1878 Rimski-Korsakov prit part à une sorte de divertissement avec Borodine, César Cui et Liadov, — consistant en une série de pièces sur un thème enfantin « tatitati » *(fa, sol, fa, sol, mi, la, mi, la, ré, si, ré, si, do, do)* qui devait être joué tout du long par un pianiste débutant. Parmi ces diverses *Paraphrases* se trouve un cycle de vingt-quatre variations, dont huit sont de Rimski. De lui également, une *Berceuse sur un thème de chanson enfantine,* une *Petite fugue sur BACH* (encore une !), une *Tarentelle,* un *Menuet,* un *Carillon,* et une *Fugue comique.*

A. L.

GUY ROPARTZ

Né à Guingamp (Côtes-du-Nord), le 15 juin 1864 ; mort à Lanloup (Côtes-du-Nord), le 22 novembre 1955. Après avoir étudié le droit à Rennes, il s'installe à Paris en 1885, et devient le disciple de Franck l'année suivante. Pendant quelque temps, il est poète autant que musicien, et publie plusieurs recueils de vers. Lorsqu'en 1894 il est nommé, à trente ans, directeur du Conservatoire de Nancy (le plus jeune directeur de France !), la musique l'emporte définitivement. Grâce à son talent, son énergie et son ardent idéal, il fait de la capitale lorraine l'un des premiers centres de la vie musicale française. En 1919, il quitte Nancy pour Strasbourg où, à la tête du Conservatoire et des concerts symphoniques, il restaure en dix ans la culture musicale française. En 1929, en pleine force, il se retire dans sa Bretagne natale, au manoir familial de Lanloup par Plouha où il continue à composer. Seule la cécité, survenue en 1953, l'oblige à interrompre son travail créateur. Il meurt deux ans plus tard.

Son œuvre immense, étalée sur quelque soixante-cinq années, avoisine les deux cent opus. On y trouve un émouvant opéra d'inspiration bretonne, le Pays, cinq symphonies, plusieurs poèmes symphoniques, deux ballets, de grandes pages religieuses, une abondante production de musique de chambre, des chœurs et des mélodies, des pièces pour orgue et pour piano. Ses œuvres de début sont fortement influencées par Franck, puis le folklore breton gagne de plus en plus en importance, cependant que la forme cyclique s'assouplit graduellement. Ropartz l'abandonnera totalement après 1918 : dès lors, on peut parler de classicisme (évolution parallèle à celle d'un Roussel !). La sérénité l'emporte toujours davantage sur la nostalgie et la mélancolie celtiques, la forme s'allège et se resserre, l'harmonie devient plus chatoyante et plus audacieuse, et ce jusqu'à la fin de sa longue existence, que n'assombrit nul déclin.

Sa production pianistique, forte d'une douzaine de titres, s'échelonne entre 1904 et 1929, et comprend notamment une *Ouverture, Variation et Final* (1904), trois beaux *Nocturnes* (1911-1916), et plusieurs cycles de pièces lyriques ou évocatrices : *Dans l'Ombre de la Montagne* (1913), *Musiques au Jardin* (1916-1917), *Croquis d'Été* (1918), *Croquis d'Automne* (1929) ; enfin ces *Jeunes Filles* qui, composées en 1929, sont la dernière œuvre qu'il ait consacrée au clavier, — l'œuvre tendre et fraîche d'un homme de soixante-cinq ans !...

Jeunes filles

Dans ces cinq pages, tracées d'une plume alerte et spirituelle, nous sommes aux antipodes de la gravité austère d'un certain Ropartz, — celui que Cœuroy appelait « Menhir mélodieux ». Il fait preuve ici d'une psychologie fine et souriante. Comment, à l'énoncé des titres, ne point évoquer le souvenir de nos clavecinistes, de Couperin ou de Rameau, qui se délectaient, eux aussi, à esquisser de tels portraits féminins ? Le biographe alsacien de Ropartz, Louis Kornprobst, y reconnaît à juste titre « tout ce que le terme " jeune fille " peut receler de charme, de candeur, de mystère, de pureté frémissante et d'ardeur naïve ».

La série s'ouvre avec le détachement allègre de *L'Insouciante* dédiée au grand pianiste Robert Casadesus. *La Nonchalante* adopte le rythme d'un langoureux tango (dédié à Nathalie Radisse). La pianiste Hélène Pignari reçoit l'hommage du scherzo-valse enjoué de *La Coquette*, alors qu'Andrée Vaurabourg (Madame Arthur Honegger) est invitée à se reconnaître dans la douce et expressive rêverie de *La Tendre*, au roulement berceur. *La Capricieuse*, dédiée à Marcel Ciampi, clôt le cycle sur un autre scherzo ternaire, non moins entraînant que celui de *La Coquette*. En 1941, Guy Ropartz a transcrit ce cycle pour l'orchestre.

H. H.

GIOACCHINO ROSSINI

Né à Pesaro, le 29 février 1792 ; mort à Paris, le 13 novembre 1868. Quelque peu livré à lui-même dans sa jeunesse, il a fait de courtes études au Liceo musicale de Bologne. A dix-huit ans, il donne à Venise son premier opéra, la Cambiale di matrimonio : *le succès l'encourage, et plusieurs ouvrages vont se succéder entre 1811 et 1813. Mais c'est* Tancrède *et* l'Italienne à Alger *qui, en 1813, lui apportent la gloire et confirment véritablement sa réputation. Très vite, Rossini s'impose comme un grand compositeur de théâtre et fait jouer à Rome, en 1816, le* Barbier de Séville : *l'échec retentissant de la première, immédiatement démenti par le succès de la seconde représentation, consacre Rossini comme le maître incontesté du théâtre lyrique italien. Installé à Paris en 1824, il devient directeur du Théâtre-Italien, puis, jusqu'à la Révolution de Juillet, intendant général de la musique de Charles X et inspecteur général du chant. En 1829, après avoir donné à l'Opéra son dernier ouvrage lyrique,* Guillaume Tell, *il décide à trente-sept ans de mettre un terme à sa carrière de musicien, — ne revenant épisodiquement sur cette décision que pour écrire des pièces de circonstances ou de salon, ainsi que de la musique religieuse, tel le beau* Stabat Mater. *Définitivement fixé à Paris en 1853, il fait construire à Passy une maison qui deviendra l'un des salons les plus élégants et les plus en vue de la capitale. On a presque complètement oublié aujourd'hui l'œuvre pour piano de Rossini : il est vrai que celui-ci en avait refusé la publication de son vivant. C'est grâce aux travaux de la Fondation Rossini que, dans les années 1950, cette œuvre est parvenue jusqu'à nous dans son édition moderne. Mais on peut regretter qu'elle soit rarement interprétée de nos jours.*

La majeure partie date des dernières années de la vie du compositeur, — années qu'il passa à Paris dans son appartement de la rue de la Chaussée-d'Antin et dans sa maison de Passy. Cette œuvre est réunie dans les albums des **Péchés de vieillesse** qui, outre les pièces pour piano, regroupent des morceaux de musique de chambre et de musique vocale, — autant d'œuvres charmantes sans doute écrites pour les réunions aimables que Rossini offrait à ses amis. Sept des treize volumes des *Péchés de vieillesse (vol. IV* à *VIII, et vol. X* et *XII)* sont entièrement consacrés au piano. Quelques pièces pour piano encore rassemblées dans le *vol. IX* y côtoient des œuvres pour violon, violoncelle, harmonium et cor. La plupart de ces albums portent un titre plaisant : *Quatre mendiants et quatre hors-d'œuvres (vol. IV), Album pour les enfants adolescents (vol. V), Album pour les enfants dégourdis (vol. VI), Album de chaumière (vol. VII), Album de château (vol. VIII) ;* chacun contient des pièces aux sous-titres cocasses et humoristiques que n'aurait pas reniés un Satie. Les volumes *IV* à *VIII* comportent plus de cinquante morceaux semi-comiques : les *Quatre mendiants* ne sont autres que les quatre fruits secs du dessert, — soit *les Figues sèches* (« Me voilà, bonjour madame »), *les Amandes* (« Minuit sonne, bonsoir madame »), *les Raisins* (« A ma petite perruche »), *les Noisettes* (« A ma chère Nini »),
et les *Quatre hors-d'œuvres* figurent *Radis, Anchois, Cornichons* et *Beurre ; l'Album pour les enfants adolescents* réunit, par exemple, une *Première Communion,* une *Valse lugubre,* un *Hachis romantique ; l'Album pour les enfants dégourdis* un *Prélude hygiénique du matin* ou une *Fausse couche de Polka-mazurka ;* on trouve encore un *Prélude fugassé,* une *Petite valse de l'huile de ricin* ou une *Valse boiteuse* dans *l'Album de chaumière,* ainsi qu'un *Prélude prétentieux* dans *l'Album de château.*

Musique pleine de piquant, de poésie ou de grâce, — donnant lieu parfois à la parodie acerbe dont n'est pas exclue, toutefois, certaine naïveté charmante ; musique écrite à la manière d'un Chabrier, et qui annonce indirectement l'œuvre de Saint-Saëns, et celle de Satie. La technique requise peut d'ailleurs atteindre de grandes difficultés. Le **Petit Caprice** *dans le style « Offenbach » (vol. X)* est une délicieuse parodie de *la Belle Hélène,* pour laquelle Rossini indique un tempo *Allegro grotesco* et un doigté très surprenant.

Volume VII : Album de chaumière

Dix pièces y sont rassemblées :
1. Gymnastique d'écartement *(Allegro brillante) :* étude sur l'écartement des doigts des deux mains.

2. Prélude fugassé *(Andante maestoso)* : une ouverture pompeuse y précède un *Allegro* en forme de fugue dont le sujet et les divertissements contrefont le style contrapuntique sérieux.

3. Petite polka chinoise *(Allegro brillante)* : imitations de sonorités exotiques sur un rythme de polka :

4. Petite valse du boudoir.

5. Petite valse de l'huile de ricin *(Allegro brillante)* : valse brillante et rapide, introduite par une étonnante succession de blanches pointées sur des mouvements chromatiques de main gauche.

6. Un profond sommeil *(Allegro molto moderato)* : la mélodie se perd au milieu d'obsédantes arabesques de triples croches.

7. Un réveil en sursaut *(Allegro vivace)* : la pièce s'enchaîne directement à la précédente.

8. Plein chant chinois *(Scherzo, Andante)* : on appréciera le calembour du titre, et les imitations pleines d'humour de la musique chinoise.

9. Un cauchemar.

10. Valse boiteuse : elle évolue sur les « boitements » du rythme de la main gauche.

A. d. P.

ALBERT ROUSSEL

Né à Tourcoing, le 5 avril 1869 ; mort à Royan, le 23 août 1937. Irrésistiblement attiré par la mer, il entre à l'École navale de Brest en 1887 et deviendra officier de marine. En 1894, il démissionne pour s'installer à Paris où il travaille l'harmonie, le contrepoint et la fugue avec Eugène Gigout, puis l'orchestration avec Vincent d'Indy à la Schola Cantorum. Il y enseignera lui-même le contrepoint jusqu'en 1914, — avec, parmi ses élèves, Satie, Varèse, Martinu. Hormis un long voyage vers l'Orient en 1909, et plus tard un séjour au États-Unis, sa vie sera exclusivement vouée à la composition ; en 1936, lorsque le Front Populaire constituera une Fédération Musicale Populaire, Roussel en assumera la présidence pendant la dernière année de sa vie. Homme d'une envergure exceptionnelle — ses qualités de cœur autant que celles de l'esprit —, Roussel s'est tout entier mis dans sa musique : celle-ci concilie avec bonheur le souci de rigueur formelle appris à la Schola, et une imagination très vive, un sentiment tout panthéiste de la nature, ainsi qu'un sens inné de la « vie intérieure ». Traits les plus marquants d'un art qui s'affirme très tôt en marge de l'impressionnisme ambiant : le refus de tout élément pittoresque (il voulut écrire « une musique... à jamais éloignée de toute localisation dans l'espace ») ; puis l'ampleur des phrases mélodiques, une harmonie à la fois âpre et raffinée (avec, fréquemment, des incursions dans la polytonalité), la transparence et l'éclat des polyphonies instrumentales ; enfin de très franches accentuations rythmiques, — qui rendent la musique rousselienne immédiatement reconnaissable. Si l'opéra-ballet Padmâvatî *et de belles œuvres de musique de chambre portent témoignage d'un tel art, c'est néanmoins par ses suites de ballet (le Festin de l'araignée, Bacchus et Ariane) et par ses partitions symphoniques (les quatre Symphonies, la Suite en fa ou la Sinfonietta) que l'œuvre de Roussel demeure le mieux connue. Il n'en faut pas négliger pour autant l'œuvre pianistique, restreinte en volume mais importante par le contenu. Outre les pages présentées ci-après, elle comporte surtout un Concerto avec orchestre (op. 36), austère et grandiose, — l'un des sommets de sa production. On observera que la majorité des partitions pour piano de Roussel date d'avant 1914. Cependant, le Suite en fa dièse ou la Sonatine annoncent clairement l'évolution ultérieure du musicien vers un classicisme de toute première grandeur.*

Si l'*op. 1* de Roussel — les quatre pièces réunies sous le titre de *Des heures passent (Graves, légères; Joyeuses; Tragiques; Champêtres)* — ne constitue encore qu'un début remarquablement tardif (1898, l'auteur avait près de trente ans), encore assez timide et impersonnel dans la carrière du compositeur, si le *Conte à la Poupée* de 1904 n'est qu'une bluette, il faut en revanche s'arrêter sur le remarquable triptyque des *Rustiques*.

Rustiques (op. 5)

Les deux premières pièces en remontent à 1904 également, tandis que la dernière est postérieure de deux ans. Ces dates font des *Rustiques* une œuvre exactement contemporaine du *Poème de la Forêt (op. 7)*, qui est la *Première Symphonie* de Roussel, et qui s'inspire pareillement des paysages d'Ile-de-France, en particulier de la forêt de Fontainebleau, des bords de la Seine et du Loing (Roussel possédait alors une villa à Bois-le-Roi).

La première pièce, *Danse au bord de l'eau*, doit son exquise fluidité, évocatrice de quelque Corot vaporeux hanté par la présence de naïades, à l'équivoque balancement de son rythme à 5/8 (trois croches-triolet de croches).

Si de pareils jeux rythmiques se trouvent fréquemment chez d'Indy, le maître de Roussel, celui-ci en use avec une souplesse et une fantaisie bien à lui, et son harmonie à base de quartes est tout aussi personnelle. La deuxième pièce, lente *(Promenade sentimentale en forêt)*, est assez proche par son inspiration du *Soir d'été* du *Poème de la Forêt* : c'est un lied ternaire, au milieu plus lyrique, à l'ample courbe mélodique bien roussélienne, — avec sa polyphonie syncopée et riche d'appoggiatures. *Retour de fête*, enfin, d'une allégresse franche et authentiquement rustique, rappelle par sa vigueur un peu acide le *Divertissement* pour vents et piano de la même année *(op. 6)*, mais s'interrompt le temps d'un bref et nostalgique interlude, pour se terminer évasivement sur une neuvième non résolue.

Suite en *fa* dièse (op. 14)

C'est la plus considérable par ses dimensions de toutes les œuvres pour piano seul de Roussel. Le *Prélude* date de juillet 1909, suivi en août de la *Bourrée* et, le 1er septembre, de la *Sicilienne*. La *Ronde* conclusive ne fut écrite qu'en avril 1910. La dédicataire de cette *Suite*. Blanche Selva, en donna la première audition à la Société Nationale, à Paris, le 28 janvier 1911. L'édition imprimée intervertit la *Bourrée* et la *Sicilienne*, — cette dernière succédant ainsi immédiatement au *Prélude*. Mais la succession dans l'ordre chronologique de composition est meilleure, elle ménage mieux les contrastes. C'est elle que Roussel préférait, c'est elle qu'adoptent la plupart des pianistes.

1. Le *Prélude* est une page d'une extraordinaire puissance tragique, et son caractère de sombre violence, sans précédent chez Roussel, préfigure *Padmâvatî*. Dans un tempo très lent, les basses déroulent un ostinato en croches régulières, d'une mesure seulement, dont la persistance, au gré d'une vaste progression dynamique, acquiert peu à peu une intensité dramatique terrifiante. De ce « piège sournois et plein d'ombre » (Louis Vuillemin) jaillit une idée contrastante, dont la fraîcheur passagère se trouve comme emportée dans un tourbillon furieux. Sans cesse la tension croît, pour atteindre à son point de rupture au sommet d'une progression magistrale. Et l'obsession première revient, pour mourir sourdement dans la nuit d'où elle avait surgi.

Chef-d'œuvre de musique pure, cette page grandiose, dont on chercherait vainement l'équivalent dans tout le répertoire pianistique, possède un sens secret dont la veuve du compositeur révéla la teneur à Arthur Hoérée : en 1893, la canonnière cuirassée « Styx », que Roussel commandait en second, fut prise dans un cyclone au sud de la Crète. Un marin tomba à la mer. Ne pouvant s'arrêter sous peine de naufrage, le navire dut abandonner le malheureux, qui n'avait pu saisir la bouée de sauvetage qu'on lui avait lancée. Le prêtre du bord, le crucifix à la main, bénissait le désespéré, tandis que les officiers priaient. Cette terrible épreuve marqua profondément le jeune officier, et c'est son souvenir transposé que l'on trouve dans le *Prélude*, avec un réalisme presque insoutenable.

2. La *Bourrée* adopte la scansion ternaire énergique et martelée propre à la danse populaire d'Auvergne, et non pas la légèreté stylisée et de pulsation binaire caractérisant la Bourrée de la Suite de danses classique. C'est un scherzo, rude, viril, sauvage, — dont les agrégats dissonants et les effets percussifs, tournant le dos aux suavités impressionnistes, sont d'une audace et d'une nouveauté étonnantes pour 1909. Sa truculence farouche et brutale se tempère de grâce ironique, le temps d'un intermède central aux rythmes curieusement boiteux et déhanchés (une mesure à 3/8 sur quatre est privée d'une croche, ce qui donne un 11/8 !).

3. C'est un Roussel subtil et raffiné qui nous parle dans la *Sicilienne* au lyrisme tout intérieur, moment de calme, aux harmonies complexes et sensuelles exprimant une secrète ardeur. Unifié par le balancement propre à la danse que suggère le titre, mais que Roussel se plaît à compliquer en alternant insidieusement le 6/8 et le 12/8, ce morceau s'édifie sur trois idées mélodiques.

4. La *Ronde* finale, d'un élan direct et d'une écriture brillante, évoque la verve robuste d'un Chabrier, mais son refrain « dru, preste et décidé » (Alfred Cortot) annonce également le Roussel à venir, — celui, en particulier, des ultimes *Pièces op. 49*. Elle termine dans l'allégresse une œuvre commencée dans l'angoisse, une œuvre d'une richesse presque excessive et d'une écriture touffue, que seul un interprète de premier ordre peut mettre pleinement en valeur.

Sonatine (op. 16)

Terminée le 3 septembre 1912, créée à la Société Nationale, à Paris, le 18 janvier suivant par sa dédicataire Marthe Dron, la *Sonatine* est d'une écriture beaucoup plus aérée et d'une forme plus concise que la *Suite op. 14*. Mais elle en égale la signification, par des moyens tout différents : c'est un délicat chef-d'œuvre, qui mériterait une notoriété égale à celle de la *Sonatine* de Ravel.

Les quatre épisodes de la sonate traditionnelle se trouvent fondus en deux parties seulement, — d'une rédaction très libre et de rapports thématiques subtils. Comme dans toutes les grandes œuvres de Roussel, le rythme prédomine, mais il se fait ici fuyant et capricieux, avec sa prédilection pour l'impair. Le premier mouvement débute par un « Modéré », forme sonate en raccourci, de caractère mélodique, s'animant progressivement jusqu'à un « Très énergique », d'où l'on reflue vers la nonchalance du début. S'enchaîne alors sans interruption un *Scherzo* preste et moqueur (« Vif et très léger »), piétinement de satyres et de faunes capricants. Le second mouvement, voué tout entier au balancement du 5/8, nous présente d'abord un « Très lent », d'une expression soudain grave et profonde, puis, dans la même lancée, un « Modéré » graduellement accéléré jusqu'à « Très animé », *Finale* d'une limpide allégresse dont l'irrésistible progression est soulevée par le souffle même de la vie.

L'Accueil des muses

Cette pièce, qui ne comporte pas de numéro d'opus, fut composée en septembre 1920 pour le Tombeau que la *Revue musicale* élevait alors à Claude Debussy, et auquel participèrent notamment Stravinski, Ravel, Manuel de Falla et Paul Dukas. L'offrande de Roussel égale les leurs. Une émotion intense pénètre ce lent et douloureux cortège, aux harmonies cruelles et raffinées à la fois. Page dont la pureté de stèle et l'élévation retrouvent celles d'un « Tombeau » élevé naguère par Debussy lui-même, l'*Hommage à Rameau* (voir cette œuvre).

Prélude et Fugue (op. 46)

C'est en septembre 1932 que Roussel, pour répondre à une demande de la *Revue musicale* en vue d'un numéro spécial consacré à Bach, composa une *Fugue* sur les quatre lettres fameuses du nom du Cantor, BACH (*si* bémol, *la*, *ut*, *si* bécarre). Il renouvelle l'intérêt de ce motif si souvent utilisé en transposant le *si* bécarre à l'octave supérieure, — ce qui occasionne un saut de septième majeure, principe générateur de tension de cette page puissamment concentrée, dont la vigueur première cède peu à peu à la méditation, et qui conclut inopinément dans le calme. En 1934, le compositeur fit précéder cette *Fugue* d'un bref *Prélude*, *Allegro* âpre et farouche, qui est sa dernière page pianistique (postérieure, en effet, à l'*Opus 49* !) et l'une des plus belles.

Trois Pièces (op. 49)

D'août à novembre 1933, Roussel écrivit ce bref mais important recueil, que son dédicataire Robert Casadesus révéla à la Société Nationale le 14 avril suivant. Ces trois pages, d'une perfection sans faille en leur dépouillement tout classique, débordent de cette vie frémissante, de cette jeunesse bondissante et dionysiaque, propres à toute la production tardive de celui qui, peu auparavant, avait composé *Bacchus et Ariane.* Tout d'abord, un *Allegro con brio* musclé, carré, tout en blocs d'accords percussifs, en dissonances truculentes. A cette brève *Toccata* succède, en guise de contraste, un *Allegro grazioso,* valse flexible et nonchalante, aux séductions capricieuses. Le cycle se termine par une page beaucoup plus développée, enchâssant un très expressif *Andante,* d'un sentiment grave et émouvant, entre un *Allegro con spirito* d'une légèreté enjouée et sa répétition textuelle.

L'œuvre pianistique d'Albert Roussel comporte encore deux brefs morceaux sans numéro d'opus : un **Petit Canon perpétuel** (1913), pièce à trois voix, dont celle du milieu est libre, tandis que les deux autres tissent un canon à la quinzième ; et **Doute** (1919), page sombre, chromatique et tortueuse, aux âpres dissonances, se terminant sur une quarte augmentée non résolue : austère mais puissante, elle annonce la *Deuxième Symphonie,* — alors en gestation.

H.H.

ANTON RUBINSTEIN

Né à Vykhvatinets (Moldavie), le 28 novembre 1829 ; mort à Peterhof, près de Saint-Pétersbourg, le 20 novembre 1894. Il commença ses études de piano avec Villoing, et se révéla un enfant prodige. Des séjours prolongés en Europe, dans sa jeunesse, le mirent en contact avec Liszt, Mendelssohn et Siefried Dehn, avec qui il étudia la composition. Revenu en Russie, il fonda en 1859 la Société Musicale Russe, et en 1862 le Conservatoire de Saint-Pétersbourg, premier établissement de ce genre en Russie. Persuadé de la nécessité d'organiser l'enseignement musical en Russie d'après les modèles des conservatoires occidentaux, Rubinstein s'opposait diamétralement aux nationalistes du Groupe des Cinq, — mais ces deux tendances se rééquilibrèrent par la suite. Il enseigna lui-même au Conservatoire de 1862 à 1867 (Tchaïkovski compta parmi ses élèves), puis de 1887 à 1891. Il eut une influence considérable sur la vie musicale russe, à la fois comme pédagogue, comme compositeur, et comme pianiste virtuose, considéré à cet égard comme l'égal de Liszt. En 1885-1886, il donna à Saint-Pétersbourg, Moscou, et dans une série de capitales européennes des cycles de « Concerts Historiques » recouvrant toute l'histoire de la production pour clavier depuis le XVIe siècle jusqu'à ses contemporains. Compositeur d'une prodigieuse fécondité, ayant pratiqué à peu près tous les genres existants (opéra, oratorio, symphonie, concerto, musique de chambre, musique vocale, musique de piano), Rubinstein a difficilement supporté l'épreuve du temps. Les diverses influences qu'il a subies (Mendelssohn, Schumann, Liszt, Saint-Saëns) l'ont empêché de développer un langage suffisamment personnel. Si des extraits de son opéra le Démon, sa 2e Symphonie « Océan », son 4e Concerto pour piano, certaines pages de musique de chambre et quelques mélodies ont réussi à survivre, son œuvre pour piano seul, paradoxalement, ne recueille que rarement les faveurs des virtuoses contemporains. Elle fut pourtant fort abondante (deux cents compositions environ), — offrant les genres, les styles et les niveaux techniques les plus variés ; en opérant une sélection rationnelle, il serait possible d'en faire redécouvrir les plus caractéristiques.

L'œuvre de piano

Rubinstein est l'auteur de quatre **Sonates** pour piano. Les trois premières (*mi* majeur *op. 12, mi* mineur *op. 20, fa* majeur *op. 40*), datent des années 1851-1855 ; la dernière, en *la* mineur *(op. 100),* a été écrite en 1877, et reste la plus accomplie. Elle est en quatre mouvements : 1. *Moderato con moto ;* 2. *Allegro vivace (Scherzo) ;* 3. *Andante ;* 4. *Allegro assai.*

Parmi les œuvres de virtuosité, une place

assez importante est occupée par les Études : six *Études op. 23* (1849-1850), six *Études op. 81* (éditées en 1870), deux *Études op. 93, Étude op. 104 n° 3* (éditée en 1882), *Étude op. 109 n° 9* (éditée en 1883). Sans doute la technique y prévaut-elle sur l'inspiration ; mais certaines restent encore parfois jouées, comme l'*op. 23 n° 2* en *ut* majeur.

Des très nombreuses pièces diverses de Rubinstein — valses, romances, polkas, barcarolles, nocturnes, fantaisie, ballade, etc.—, on retiendra en premier lieu une œuvre de jeunesse, la **Mélodie en *fa* majeur** *op. 3* (suivie d'une *Mélodie en si mineur*) écrite en 1852 ; aimablement schumannienne, elle doit à sa spontanéité lyrique d'avoir survécu à côté d'autres compositions plus importantes.

Parmi les morceaux regroupés en cycles, il faut citer les vingt-quatre pièces de *L'Ile Rocheuse op. 10* (vers 1855), les *Soirées de Saint-Pétersbourg op. 44* (six pièces, vers 1860), l'album *Peterhof op. 75* (douze pièces, 1866), et les *Miscelannées op. 93* (douze pièces réparties sur neuf cahiers, 1873).

A.L.

MICHEL DE SAINT-LAMBERT

XVIIe-XVIIIe siècle. On ne sait à peu près rien de ce compositeur, qui dut être un éminent claveciniste et très certainement un grand pédagogue. Ses seules œuvres connues aujourd'hui sont deux recueils didactiques qu'il fit publier à Paris dans les premières années du XVIIIe siècle.

Saint-Lambert affirmait que, parmi les instruments, « il n'y en a point après l'orgue de si parfait que le clavecin ». Le premier ouvrage qu'il signa, **Les Principes du clavecin contenant une explication exacte de tout ce qui concerne la tablature et le clavier...**, parut à Paris en 1702 chez l'éditeur Christophe Ballard. L'ouvrage fut, semble-t-il, bien accueilli, car dans sa préface l'auteur précise : « J'ai lu ma méthode à des personnes qui n'avaient nulle teinture de musique, pour voir si j'avais réussi dans le dessein que j'ai eu de me faire entendre à ceux qui n'ont aucune connaissance de cet art. Ces personnes m'ont assuré que de bonne foi, et sans me flatter, elles comprenaient facilement tous les principes qui y sont enseignés ». Ces principes sont réunis en vingt-huit chapitres, suivis de *Remarques sur quelques endroits de cet ouvrage*. Les règles contenues dans ce recueil relèvent autant de la théorie élémentaire de la musique que de l'art de l'interprétation proprement dit, — organisation habituelle dans la plupart des méthodes de clavecin du XVIIIe siècle et valable jusqu'aux premières méthodes de piano au début du XIXe siècle. Les notes et les clés, le clavier, la manière d'étudier les pièces, la valeur des notes, le point, la tenue, la liaison, le dièse, le bémol, le bécarre, la transposition, les agréments en général, etc..., sont traités et accompagnés de nombreux exemples.

Le chapitre XX, consacré aux *ornements*, est sans aucun doute l'un des plus intéressants. Saint-Lambert passe en revue tous les agréments utilisés à son époque dans la musique de clavecin, avec illustrations de la manière de les exprimer et démonstrations des signes qui leur sont propres : tremblement, double cadence, pincé, port de voix, coulé, arpégé, aspiration. Il puise aussi ses exemples dans les œuvres de d'Anglebert, de Nivers et de Chambonnières, ses contemporains, et explique les différentes conceptions de ces compositeurs.

Pour Saint-Lambert, le bon goût dans ce domaine doit être la qualité première de tout interprète : « Le bon goût est la seule loi qu'on y doive suivre... Il y a des agréments qui sont comme essentiels aux pièces, et dont elles auraient peine à se passer » ; il ajoute plus loin : « On est extrêmement libre sur le choix des agréments, et dans les pièces qu'on étudie, on peut en faire aux endroits même où ils ne sont pas marqués, retrancher ceux qui y sont, si l'on trouve qu'il ne soient pas bien à la pièce, et y en ajouter d'autre à son gré ». De précieux conseils d'interprétation sont donnés au claveciniste : « Jamais les agréments ne doivent altérer le chant, ni la mesure de la pièce. Qu'ainsi dans les pièces d'un mouvement gai, les coulés et les arpégés doivent passer plus vite que quand le mouvement est lent, qu'il ne faut jamais se presser pour faire un agrément, quelque vite qu'il doive passer, qu'il faut prendre son temps, préparer ses doigts et l'exécuter avec hardiesse et liberté ». Autant de principes que chaque claveciniste devrait méditer! Il est d'ailleurs intéressant de les comparer avec ceux que Couperin consigne dans son *Art de toucher le clavecin*. Les principes du clavecin se terminent par deux pièces, — un *Menuet* et une *Gavotte* que Saint-Lambert a soigneusement doigtés, et « qui sont comme la pratique de tous les principes de cette méthode ».

Le second ouvrage didactique de Saint-Lambert, **Nouveau Traité de l'accompagnement du clavecin et de l'orgue et des autres instruments**, fut publié à Paris chez Christophe Ballard en 1707. Il se compose de neuf chapitres consacrés aux règles de l'accompagnement, notamment les tons, les modes, les intervalles, la transposition, les accords, les chiffrages de la basse continue, etc.

A. d. P.

CAMILLE SAINT-SAËNS

*Né à Paris, le 9 octobre 1835 ; mort en Alger, le 16 décembre 1921. Jeune pianiste prodige, et bientôt organiste renommé, Saint-Saëns entra au Conservatoire de Paris dès l'âge de treize ans (il y fut l'élève de Halévy pour la composition). Suscitant une admiration presque unanime par l'abondance de ses dons, il devint rapidement un « chef d'école » pour la musique française, — en tant que pédagogue (un temps à l'école Niedermeyer, il y eut Fauré parmi ses élèves), en tant que vigoureux défenseur d'un « Ars Gallica » (devise de la Société Nationale de Musique, dont il fut l'un des fondateurs en 1871). Grand voyageur, curieux de tout (philosophie, peinture, etc.), prônant les meilleures causes de la musique (la remise en honneur d'un Rameau, par exemple), Saint-Saëns fut le contraire d'un esprit sectaire et étriqué. Et, cependant, cet artisan scrupuleux, cet amoureux intransigeant de la forme (« Pour moi, l'art c'est avant tout la forme »), n'aura pas franchi son siècle sans d'immenses dommages pour son œuvre, abondante et variée : tout — ou presque — y semble inhibé par les exigences du métier et le refus de l'émotivité. On a donc vite fait de la taxer d'académisme. Ce qui est singulièrement le cas de la production pour piano, — offrant le paradoxe d'être celle d'un pianiste éminent qui n'est parvenu à dédier à son instrument aucune partition vraiment remarquable (ce n'est qu'en l'associant à l'orchestre — les cinq Concertos notamment — que le musicien a obtenu quelques réussites). Ces œuvres pour piano seul sont nombreuses : beaucoup de pièces isolées, brillantes et extérieures — une littérature de salon —, sans compter des transcriptions, des arrangements, des paraphrases, et même des cadences pour des concertos de Mozart et de Beethoven. Ne se distinguent véritablement que deux cahiers d'*Études*, et des *Variations sur un thème de Beethoven pour deux pianos*. Par souci d'équité, cependant, nous mentionnerons la plupart de ces pièces (soit enregistrées au disque*, soit figurant très épisodiquement dans des programmes de concerts), — avant d'aborder avec quelque détail les deux œuvres précitées.*

Qu'il nous soit permis de citer préalablement le pianiste Alfred Cortot, — qui eut une intime familiarité avec l'œuvre** : « Pour Saint-Saëns, le piano c'est le clavier

---

* Dont la reproduction d'enregistrements sur rouleaux qu'effectua le compositeur lui-même.

** A. Cortot, *La musique française de piano* (Presses Universitaires de France, Paris, 1930-1932).

et ses ressources spécifiques. Il admet l'instrument tel qu'il est, avec son timbre court et les caractéristiques de ses sonorités percutées. Il redoute pour lui le mirage fallacieux des pédales, le sortilège maléfique des harmonies qui se confondent, les langueurs du toucher, l'abus des nuances et ce qu'il dénomme " la manie d'un jeu expressif et la monotonie du legato "... Partant de ces principes, ses idées pianistiques se manifestent sur un plan net, décidé, sans mystère. » On voit donc, par là, de ce quoi le piano de Saint-Saëns nous prive !

Voici, pour l'essentiel, les titres composant son catalogue en ce domaine (énumération alphabétique, et mises à part les *Études* et les *Variations sur un thème de Beethoven*) :

Africa, op. 89 (version pour piano seul de la partition du même nom pour piano et orchestre); *Album de six pièces, op. 72*; *Allegro appassionato, op. 70* (version pour piano seul de la partition pour piano et orchestre); *Six Bagatelles, op. 3*; *Berceuse* pour quatre mains, *op. 105*; *Caprice arabe, op. 96*; *Caprice héroïque* pour deux pianos, *op. 106*; *Caprice sur des airs de ballet d'« Alceste » de Gluck**; *Les Cloches du soir, op. 85*; *Duettino* pour quatre mains, *op. 11*; *Feuillet d'album*; *Feuillet d'album, op. 169*; *Six Fugues, op. 161*; *Gavotte, op. 3*; *Mazurka, op. 21*; *Mazurka, op. 24*; *Mazurka, op. 66*; *Menuet et Valse, op. 56*; *Une nuit à Lisbonne*, barcarolle, *op. 63*; *Polonaise* pour deux pianos, *op. 77*; *Rhapsodie d'Auvergne, op. 73* (version pour piano seul de la partition pour piano et orchestre); *Romance sans paroles*; *Le Rouet d'Omphale, op. 31* (version pour piano seul du poème symphonique); *Scherzo* pour deux pianos, *op. 87*; *Souvenir d'Ismaïlia, op. 100*; *Souvenir d'Italie, op. 80*; *Suite de quatre pièces, op. 90*; *Thème varié, op. 97*; *Valses* : *Valse canariote, op. 88*; *Valse mignonne, op. 104*; *Valse nonchalante, op. 110*; *Valse langoureuse, op. 120*; *Valse gaie, op. 139*.

De très brefs commentaires, pour quelques pièces : l'**Allegro appassionato, op. 70,** écrit en 1884 pour le concours du Conservatoire de Paris, d'une vaillance tempérée par « l'agrément d'un moment d'abandon mélodique assez exceptionnel chez son auteur » (Alfred Cortot); le **Scherzo, op. 87,** pour deux pianos, composé en 1889 à Cadix, dont la fantaisie stylisée se pare de verve et de couleurs point trop éloignées de celles d'un Chabrier; le **Caprice arabe, op. 96,** écrit à Las Palmas en 1894, avec ses rythmes « orientaux » (dont Saint-Saëns se montra friand) souplement adaptés à l'esprit d'une simple pièce de circonstance ; le recueil de **Six Fugues, op. 161,** œuvre tardive (1920), d'une rigoureuse architecture, — « divertissement abstrait, industrieux, plein de savoir et nourri d'expertes subtilités » (Alfred Cortot).

---

* Fait inattendu, Debussy (qui n'aimait pas Saint-Saëns) en réalisa un arrangement pour piano à quatre mains.

Les Études pour piano (op. 52, 111 et 135)

Elles se répartissent en trois cahiers, composés à des époques fort différentes (1877, 1899 et 1912). Ce sont des pièces de haute voltige pianistique et d'une écriture ferme, ingénieuse, parfois hardie. Rien de chopinien, l'on s'en doute ! Encore moins de debussyste ! Seul Liszt — par admiration mutuelle — pourrait avoir droit de cité dans ces *Études* : mais un Liszt étrangement discipliné, dépouillé de son génie. Les deux premiers cahiers furent dédiés à des pianistes virtuoses tels qu'Anton et Nikolai Rubinstein, Marie Jaëll, Clotilde Kleeberg, Édouard Risler et Raoul Pugno. Le troisième cahier (« pour la main gauche seule ») fut adressé à Mme Montigny-Rémaury, qu'un accident avait privée de l'usage de sa main droite.

Six Études, op. 52 : ce sont successivement : 1. *Prélude*; 2. *Pour l'indépendance des doigts*; 3. *Prélude et Fugue*; 4. *Étude de rythme*; 5. *Prélude et Fugue*; 6. *En forme de valse*. Trois pièces méritent un commentaire particulier : la troisième *(Prélude et Fugue)*, d'une extrême concentration de moyens atteignant leur plénitude dans les passages en octaves et dans la belle architecture de la *Fugue*; la quatrième *(Étude de rythme)*, en rythmes ternaires et binaires dont le compositeur « a tiré un parti délicieux du flottement spécial » (Louis Aguettant)** que crée leur combinaison ; enfin la sixième *(En forme de valse)*, de facture lisztienne, sertie dans le registre le plus brillant du clavier (on y remarquera notamment la dernière partie, « leggiero », avec ses cascades d'accords de sixte, de quinte, de quarte, de tierce).

Six Études, op. 111 : le second cahier est composé de : 1. *Tierces majeures et mineures*; 2. *Traits chromatiques*; 3. *Prélude et Fugue*; 4. *Les cloches de Las Palmas*; 5. *Tierces majeures chromatiques*; 6. *Toccata* (d'après le finale du *Cinquième Concerto pour piano*). Les première, deuxième et cinquième pièces — sur les tierces et la chromatisation — présentent une indéniable valeur technique (et pédagogique), — tandis que se distinguent également le très beau *Prélude* en *mi* bémol mineur de la troisième pièce, *Les cloches de Las Palmas*, modérément impressionnistes, et, surtout, la *Toccata* conclusive, d'une effervescente virtuosité.

** L. Aguettant, *La musique de piano des origines à Ravel* (Albin Michel, Paris, 1954).

Des **Six Études, op. 135,** on ne peut guère retenir qu'une *Élégie* pseudo-schumannienne, et — puisqu'elle a conservé une petite renommée — la très alerte *Bourrée.* Louis Aguettant a qualifié ce dernier cahier de « simple amusette ». On ne saurait en dire davantage.

Variations sur un thème de Beethoven, pour deux pianos (op. 35)

Tous les commentateurs de l'œuvre pianistique de Saint-Saëns ont souligné l'importance de ces *Variations,* datées de 1874 ; ils les considèrent comme un modèle d'écriture répartie entre deux pianos, « le type parfait du duo pianistique » (Louis Aguettant).

Le thème beethovénien qui sert de prétexte est le trio du *Menuet* de la *Sonate en mi bémol majeur (op. 31 n° 3)* :

(original)

On ne niera pas, en effet, la remarquable adéquation stylistique de l'œuvre à son « modèle », ni l'élégant classicisme de l'art de la variation. Les transformations thématiques s'y coulent avec efficacité dans une architecture ferme et fluide à la fois, — en ornementations du thème, sur son renversement, en accords, sur des rythmes de danses, en arpèges, dans un tempo de marche funèbre. Un passage en récitatif précède l'entrée d'une fugue brillante et souverainement maîtrisée, et le finale *(Presto),* en véloces octaves, est dédié tout entier au jeu vivement alterné des deux pianos. Résumons : l'œuvre n'est pas indigne des grandes variations de la littérature pianistique du XIXe siècle ; n'y manquent que les signes distinctifs du vrai génie.

F.R.T.

ERIK SATIE

Né à Honfleur, le 17 mai 1866 ; mort à Paris, le 1er juillet 1925. Eric-Alfred-Leslie Satie était le fils d'Alfred Satie, courtier maritime devenu papetier et éditeur de musique (C'est chez son père, d'ailleurs, que seront éditées plusieurs de ses premières œuvres). Sa mère, Anglaise, était d'origine écossaise, et c'est dans la religion anglicane que fut d'abord baptisé le jeune garçon. Ses études musicales révèlent des dons manifestes qui lui permettent d'entrer au Conservatoire de Paris, où il se montre peu studieux et indiscipliné. L'enseignement rigide de l'illustre maison lui pèse et l'ennuie. Satie contracte alors, en 1886, un engagement volontaire pour l'armée. Peu fait pour la carrière militaire, il effectuera un court séjour à la caserne d'Arras. Rendu à la vie civile, il connaît une première crise mystique ; il fréquente en même temps, à Montmartre, le Cabaret du Chat noir et l'Auberge du Clou où il a trouvé un emploi de pianiste. En 1891, la rencontre avec le Sâr Josephin Péladan, grand-maître de la Rose-Croix, le conduit vers une seconde crise mystique : il adhère alors à l'ordre de la Rose-Croix, pour lequel il compose quelques œuvres. Mais c'est bientôt la rupture, suivie de la fondation de l'« Église métropolitaine d'Art et de Jésus conducteur », dont il devient le seul et unique membre. C'est à l'Auberge du Clou qu'il rencontre Debussy, dont il sera l'ami intime jusqu'en 1916, lorsqu'un malentendu les brouillera pour toujours. En 1898, Satie s'installe dans une modeste maison d'Arcueil-Cachan, dans la banlieue parisienne, où il vivra jusqu'à sa mort. En 1905, las d'être traité d'amateur, il s'inscrit à la Schola Cantorum, où, très sérieusement et durant trois ans, il suit les cours d'Albert Roussel en particulier. La renommée lui vient en 1917 avec le ballet Parade, *écrit en collaboration avec Cocteau et Picasso pour les Ballets russes, et qui fait scandale. Satie évite de justesse la prison, mais le scandale sert à merveille sa publicité. Il est alors promu au rang de chef d'école — celui de la fameuse École d'Arcueil — et se lie aussi vite qu'il se brouille avec les plus grands artistes contemporains : les péripéties de ses disputes avec Debussy, Ravel, Poulenc ou Auric sont restées légendaires. Satie mourra comme il avait vécu, solitaire et dans* *le plus complet dénuement. Pourtant, ce personnage mystérieux, pittoresque et énigmatique aimait la compagnie et la vie des cafés. Mais l'on a pu dire qu'il connut une véritable vie d'ermite, « faite de renoncement, d'intransigeante pureté, de pauvreté et d'humble grandeur ».*

Pour les uns précurseur de génie, pour les autres mystificateur — mais mystificateur génial —, Satie occupe une place à part dans l'histoire de la musique française. Qu'il soit admiré ou rejeté, on ne peut discuter l'influence qu'il a exercée sur ses contemporains et sur les musiciens de la génération suivante : Debussy, Ravel, Stravinski, Poulenc, Milhaud et d'autres. Debussy, son ami, s'est, par exemple, laissé séduire par l'audace du vocabulaire harmonique de Satie et par l'atmosphère sonore très particulière de ses œuvres. Selon Alfred Cortot, la production pianistique de Satie — au demeurant très vaste — peut être divisée en trois grandes « périodes » : les pièces de caractère mystique ou médiéval, écrites notamment lors de ses différentes crises de mysticisme ; la musique de cabaret, composée surtout à l'époque du Chat noir et de l'Auberge du Clou ; enfin les œuvres dites « d'ameublement », pour reprendre sa propre expression.

Satie ne semble pas avoir été un très grand pianiste, et Poulenc confia qu'il « jouait très médiocrement du piano, surtout vers la fin de sa vie. Pourtant, il aimait beaucoup le piano, c'est certain, mais la plupart de ses pièces furent écrites sur des tables de café à Arcueil-Cachan. D'ailleurs, le seul piano qu'on a retrouvé chez Satie, après sa mort, était absolument injouable, et Braque l'a acheté comme une relique, tout simplement... »

Les premières œuvres pour piano de Satie, un *Allegro* de 1884, une *Valse-ballet* et une *Fantaisie-valse* écrites en 1885, sont des pièces charmantes, mais un peu complaisantes en ce qu'elles sacrifient trop facilement à la mode de la rengaine populaire.

Quatre Ogives

Avec les *Quatre Ogives* écrites en 1886, l'atmosphère change déjà complètement. Ces œuvres sont les témoignages les plus significatifs de la période mystique que traverse alors Satie : touché par la grâce, il hante la cathédrale Notre-Dame et fréquent assidûment la Bibliothèque Nationale, où il se familiarise avec le chant grégorien et l'art médiéval. Dans ces pièces sévères, le compositeur se laisse aller à un « néo-grégorianisme » grave et austère : pas de barres de mesures, mais des mélodies modales aux accents quasi médiévaux inspirés du plain-chant, et une harmonie presque mystérieuse.

Trois Sarabandes

Les *Sarabandes* ont été écrites en septembre 1887 ; à l'époque, Satie se sent de plus en plus attiré par les cabarets de la butte Montmartre. La seconde est dédiée à Maurice Ravel. Ces trois pièces, rigides dans leur écriture verticale, mais non monotones, regorgent de suites d'accords aux enchaînements inattendus, presque prophétiques. En exergue, Satie a placé une phrase au ton biblique de Contamine de Latour, « Soudain s'ouvrit la nue et les maudits tombèrent » ; et Alfred Cortot a noté que ces *Sarabandes,* « malgré leur titre de goût séculier et l'emploi délibéré d'harmonies nettement profanes, affectent la marche lente et psalmodiée des liturgies »...

Trois Gymnopédies

Elles figurent parmi les pièces les plus célèbres de Satie, qui les composa entre février et avril 1888 et les fit éditer chez son père. Deux d'entre elles — la première et la troisième — furent somptueusement orchestrées par Debussy en 1897[*]. S'agit-il, de la part de Satie, d'un retour imaginatif à la musique grecque archaïque ? Dans l'Antiquité grecque, les gymnopédies étaient, en effet, des danses exécutées par de jeunes éphèbes lors des fêtes rituelles. Avec ces trois pages, que l'on a dit inspirées du roman de Flaubert, *Salammbô,* Satie inaugure ce style volontairement dépouillé qui contribuera largement à sa popularité : « La musique de Satie va toute nue », écrit à ce propos Jean Cocteau.

L'écriture est souple et concise, lumineuse et transparente. Le rythme est celui d'une valse lente stylisée, et les harmonies

---

[*] Voir *Guide de la musique symphonique.*

restent indécises. La *première Gymnopédie*, dédiée à Mademoiselle Jeanne de Bret, se joue dans un tempo « lent et douloureux » sur le délicieux balancement de son indolente mélodie :

La *seconde Gymnopédie*, écrite sur un rythme « lent et triste » pour Conrad, frère de Satie, semble moins spontanée que les deux autres, — Debussy la délaissa d'ailleurs dans son orchestration. La *troisième Gymnopédie*, au tempo « lent et grave », dédiée au compositeur Charles Levadé, est peut-être la plus mystérieusement belle.

Trois Gnossiennes

Elles furent composées entre 1889 et 1891. La première est dédiée à Roland-Manuel. Le climat est le même que celui des *Gymnopédies* (v. ci-dessus), mais l'ornementation mélodique donne à ces pièces un extraordinaire parfum d'exotisme. Dans chacune d'elles, le rythme joue un rôle essentiel : pas de barres de mesure, mais une seule figure syncopée assurant l'unité de l'accompagnement :

Pour Alfred Cortot, « de même que pour les *Gymnopédies*, le procédé des *Gnossiennes* s'affirme dans la redite obstinée de mélismes identiques établis sur un accompagnement de rythme uniforme ». Apparaissent aussi, et pour la première fois dans la musique de piano de Satie, ces fameuses annotations énigmatiques, rédigées en français à l'intention de l'interprète et qui remplacent les termes italiens en usage dans la musique : « très luisant », « du bout de la pensée », « postulez vous-même », « conseillez-vous soigneusement », « munissez-vous de clairvoyance », « ouvrez la tête », etc. A chacun de se pénétrer de tels conseils, et d'en tirer un profit personnel.

En 1891, la rencontre avec le Sâr Joséphin Péladan, grand-maître de la « Rose-Croix catholique du temple et du graal », entraîne Satie vers une recrudescence de mysticisme. Il devient le Maître de chapelle attitré de la Rose-Croix, pour laquelle il écrit des œuvres destinées à illustrer les rites de la confrérie, — œuvres dont le statisme et la rigueur paraîtront, selon Vincent Lajoinie*, soit impressionnants, soit ennuyeux, selon la réceptivité de l'auditeur. La *Première Pensée Rose-Croix*, composée en janvier 1891, est de conception résolument mystique. Les austères et majestueuses *Sonneries de la Rose-Croix (Air de l'ordre, Air du grand-maître* et *Air du grand-prieur)* furent éditées par les soins de l'Ordre avec un superbe frontispice de Puvis de Chavannes, « Fragment de la guerre ». L'*Hymne pour le salut du drapeau*, daté de novembre 1891, fut suivi en 1892 par les trois préludes du *Fils des étoiles*, dernière des œuvres Rose-Croix. La version initiale, pour flûte et harpe, avait été créée en mars 1892. La rupture avec la Rose-Croix et la fondation de l'« Église métropolitaine d'Art et de Jésus conducteur », dont Satie fut le seul Maître de chapelle et le seul membre, furent marquées par la composition du **Prélude de « La Porte Héroïque du Ciel »** (1894), orchestré en 1912 par Roland-Manuel. Cortot en a donné la définition suivante : « Une succession de sonorités statiques, traitées en accords creux, à la manière d'un plain-chant rudimentaire, en fournit le fonds accoutumé, interprété, de l'aveu même de Satie, selon les données des lointains de Puvis de Chavannes, en teintes atténuées, en lignes vaguement définies »... « Je me dédie cette œuvre », a déclaré Satie.

Quelques pièces se succédèrent encore dans ces « années mystiques », — dont une *Fête donnée par des chevaliers normands « en l'honneur d'une jeune demoiselle »* (1892), les *Vexations* (vers 1893), ou les *Danses gothiques* (1893). Entre 1895 et 1897, Satie reste silencieux. Lorsqu'il revient au piano en 1897, il abandonne les pièces de caractère mystique, et semble même se détourner de toute religion. Deux recueils de *Pièces froides* paraissent en cette année 1897.

Pièces froides

Ces deux recueils, qui annoncent la pé-

---

* Vincent Lajoinie, *Erik Satie* (Éd. l'Age d'Homme, Paris, 1985) : ouvrage important pour la connaissance et la compréhension de l'œuvre de Satie.

riode humoristique de Satie, portent chacun un titre : *Airs à faire fuir*, et *Danses de travers*. Dédiés à Ricardo Viñes, les trois *Airs à faire fuir* s'inscrivent, selon Vincent Lajoinie *, « comme la première tentative d'inclure dans une œuvre musicale une intention critique, et préludent ainsi d'une certaine façon à la longue et fructueuse série de pièces humoristiques de 1913 ». Le rythme se diversifie au profit d'une écriture syncopée caractéristique et uniforme que l'on retrouve surtout dans le premier et dans le troisième airs, et toujours ces mêmes procédés chers à Satie : absence de barres de mesure, et formulations en français (« obéir », « se fixer », « ne pas se tourmenter », « ne pas trop manger », etc.).

Le principe des trois *Danses de travers*, dédiées à Madame Jules Ecorcheville, repose sur la répétition à satiété d'un même motif, qui se poursuit sans barres de mesure au milieu d'indications énigmatiques (« se le dire », « à plat », « blanc », « passer », etc.). La basse arpégée est immuable. Tous ces éléments ont fait dire à Vladimir Jankélévitch que les trois pièces constituent une sorte de suite sans fin.

Après la composition des *Pièces froides*, Satie replonge dans une période de silence qui dure deux années : 1897 à 1899. Il écrit peu. En 1899, il donne cependant trois morceaux intitulés **Jack in the box** : véritables pièces de music-hall rythmées, alertes et enthousiastes, elles seront orchestrées en 1926 par Darius Milhaud pour les Ballets russes.

Trois Morceaux en forme de poire, pour piano à quatre mains

Satie les composa en septembre 1903, et leur donna ce titre qui choqua profondément le public. On rapporte souvent que ces *Trois Morceaux*, qui en réalité sont sept, auraient été écrits comme une boutade en réponse à une remarque de Debussy reprochant à Satie son manque de forme.

Manière de commencement, « allez modérément » : le thème sur l'accompagnement très sobre des voix inférieures, avec ses rythmes obsessionnels et ses passages suraigus, a quelque chose d'exotique.

Prolongation du même, « au pas » : son motif animé a la forme d'un sujet de fugue :

I, « lentement » : morceau mélancolique sur une basse très chargée.

II, « enlevé » : thème plein de gaieté et d'élan, débouchant sur un trio « de moitié » plus alangui.

III, « brutal » : introduit par de véhéments accords qui se calment dans une phrase centrale plus légère et expressive, et se poursuit « comme une bête » dans un tempo plus animé.

En plus, « calme » : sa sobre mélodie renoue avec la mélancolie du premier morceau.

Redite, « dans le lent » : brève conclusion légère et bien chantée.

Quelques pièces voient peu après le jour, — notamment un *Prélude en tapisserie* et une *Passacaille* en 1906, suivis en 1908 des *Aperçus désagréables* pour piano à quatre mains.

Aperçus désagréables, pour piano à quatre mains

A l'époque où — entre 1908 et 1912 — il ébauche les trois pièces des *Aperçus désagréables*, Satie sort de plusieurs années d'études à la Schola Cantorum. Alfred Cortot ne les analyse pas, car il constate à regret que « toute fantaisie, tout naturel y sont abdiqués au profit d'une recherche laborieuse et d'un étroit parti pris scholastique ».

Le *Choral* central, « large de vue », paraît certes un peu sévère. Le thème très lié et mélancolique de la *Pastorale* d'ouverture, qui se joue en un tempo « assez lent », est conçu dans une simplicité propre au musicien. La *Fugue* finale, pleine de noblesse, s'impose comme une pièce de grande qualité :

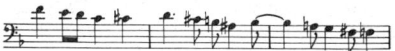

Toute la partition est également remplie d'indications étranges et précises à la fois : « positivement », « ne tournez pas », « grattez », « souriez », « ne parlez pas », etc.

Les *Songes creux*, datés de 1908, ne figurent pas parmi les œuvres les plus connues de Satie ; ils possèdent cependant un caractère méditatif très intense, et reposent sur

---

* V. Lajoinie, *op. cit.*

une écriture contrapuntique extrêmement subtile. Avec les deux *Rêveries nocturnes,* écrites en 1911, Satie paraît revenir au style qu'il pratiquait avant ses austères études de contrepoint à la Schola Cantorum. On y trouvera une certaine affinité avec les *Sarabandes.*

En habit de cheval, pour piano à quatre mains

Pour maints commentateurs de la musique de Satie, ces quatre pièces au titre cocasse ressemblent à un adieu du musicien aux exigeants exercices d'école auxquels il s'était soumis à la Schola. Lors de sa création, l'œuvre fut d'ailleurs jugée trop sévère.

Elle se compose de deux brefs chorals et de deux fugues, qu'avec ironie Satie jugeait comparables aux chorals et aux fugues de Bach; mais, ajoutait-il, à la différence qu'ils sont moins prétentieux! Un premier *Choral,* « grave », renferme douze mesures nobles et solennelles. La *Fugue litanique,* « soigneusement et sans lenteur », est une véritable fugue d'école au sujet sobre et mélancolique. Tout doit être clair et chanté dans l'*Autre Choral,* « non lent », encore plus court que le premier (dix mesures), mais au langage harmonique particulièrement riche. La *Fugue de papier* est une page animée au tempo « assez modéré »; son long sujet déborde d'une plaisante légèreté :

Trois *Nouvelles Pièces froides (Sur un mur, Sur un arbre, Sur un pont)* furent publiées à Paris entre 1910 et 1912 : elles sont construites comme des variations harmoniques et contrapuntiques autour d'un thème commun. Dans les années 1912-1913, Satie compose encore une *Froide songerie,* une *Nostalgie,* une *Poésie,* les *Préludes flasques (« Pour un chien »)* et les *Véritables Préludes flasques (« Pour un chien »).*

Préludes flasques (« Pour un chien »)

Écrits en juillet 1912, ces quatre *Préludes* avaient été commandés à Satie par l'éditeur Demets. On les considère généralement comme ses premières œuvres humoristiques. Vincent Lajoinie* y voit comme une sorte d'autobiographie triste du compositeur s'identifiant à un chien. Est-il besoin de rappeler ici que Satie adorait les chiens?

Les deux voix graves de *Voix d'intérieur* sonnent comme un choral « sérieusement et sans larmes ». Chaque partie de l'*Idylle cynique* a une personnalité bien définie. La *Chanson canine* ressemble à une pièce imitative. Les deux thèmes d'*Avec camaraderie* font songer à la construction d'une forme sonate.

Véritables Préludes flasques (« Pour un chien »)

Ces trois nouveaux *Préludes* suivirent de très près les précédents : Satie les composa entre les 12 et 23 août 1912. Il s'agit, là encore, de boutades autobiographiques aux titres pittoresques. Quelques différences, cependant, avec le premier recueil : disparition des barres de mesure, assouplissement de la ligne mélodique, et introduction d'annotations suggestives en latin (« corpulantus », « caeremonius », « paedagogus », etc.).

Sévère réprimande est une sorte de toccata qui se joue dans une nuance « très neuf heures du matin ». A la main droite, un ostinato; à la main gauche, un thème de choral en octaves. Vladimir Jankélévitch conçoit *Seul à la maison,* non pas comme « la journée d'un chien », mais comme la journée du musicien solitaire dans sa modeste maison d'Arcueil, — journée de solitude exprimée par la résignation du motif mélodique. *On joue,* pièce pleine de saveur, conclut ce second recueil de *Préludes flasques.*

Descriptions automatiques

« J'écrivis les *Descriptions automatiques* à l'occasion de ma fête », confia Satie. « Cette œuvre fait suite aux *Véritables Préludes flasques.* Il est de toute évidence que les aplatis, les insignifiants et les boursouflés n'y prendront aucun plaisir. Qu'ils avalent leur barbe! Qu'ils se dansent sur le ventre! » Ces trois courtes pièces, dans lesquelles Satie vise au flou impressionniste, ont été composées en avril 1913. La partition est émaillée de ces commentaires verbaux cocasses, de plus en plus fréquents

---

* V. Lajoinie, *op. cit.*

dans la musique de Satie en ces années 1913-1914. A l'époque, celle-ci ne « s'explique et même ne se justifie que par l'exactitude avec laquelle elle adhère aux suggestions burlesques d'un texte sciemment proposé », a remarqué Alfred Cortot.

Un balancement obsédant envahit la première pièce, *Sur un vaisseau*. Au milieu d'indications pittoresques (« n'allumez pas encore », « éclairez un peu devant vous », « votre main devant la lumière », etc.), on notera, dans *Sur une lanterne*, le rappel du refrain de *la Carmagnole*. Une parodie grotesque de la fête et de l'état militaire termine le dernier morceau, *Sur un casque*, — avec de savoureuses annotations : « que de monde », « le colonel, ce bel homme tout seul », etc.

Embryons desséchés

Dans la série des pièces humoristiques de 1913, ce nouveau recueil fut composé en cinq jours, entre le 30 juin et le 4 juillet 1913, et publié peu après avec ce commentaire de Satie : « Cette œuvre est absolument incompréhensible, même pour moi. D'une profondeur singulière, elle m'étonne toujours. Je l'ai écrite malgré moi, poussé par le destin. Peut-être ai-je voulu faire de l'humour ? Cela ne me surprendrait pas, et serait assez dans ma manière. Toutefois, je n'aurai aucune indulgence pour ceux qui en feront fi. Qu'ils le sachent »...

Il s'agit de trois morceaux parodiques destinés à ironiser sur des airs connus ou sur la musique des grands maîtres, — autour de titres à consonances zoologiques. La première pièce, *Holothurie*, se termine avec bouffonnerie sur les dix-huit répétitions d'un même accord. *Edriophtalma* plagie la *Marche funèbre* de Chopin avec ces commentaires : « que c'est triste », « ils se mettent tous à pleurer », « pauvres bêtes », etc. Le *Podophtalma* clôt cette suite insolite d'*Embryons desséchés*.

Dans les mois qui suivent, se multiplient les œuvres de style humoristique basées, selon Alfred Cortot, sur l' « emploi uniforme d'un procédé sans renouvellement et sans joie », dont la régularité monotone peut paraître lassante. Ce sont d'abord les **Croquis et Agaceries d'un gros bonhomme en bois,** écrits au cours de l'été 1913, et composés d'une *Tyrolienne turque*, pastiche de la *Marche turque* de Mozart, d'une *Danse maigre*, et d'une *España* qui tourne en dérision les rythmes espagnols utilisés par Chabrier, Bizet ou Ravel.

A la fin de l'été 1913, ce sont encore les **Chapitres tournés en tous sens,** qui stigmatisent avec ironie les rengaines à la mode : dans *Celle qui parle trop*, la femme qui parle trop s'exprime sur un ostinato de croches volubiles ; le mari, qui répond rarement, emprunte un air célèbre d'opéra-comique, mais s'impatiente sur un motif rythmé et saccadé. La marche déséquilibrée du *Porteur de grosses pierres* est suggérée par un dessin de doubles croches lentes, irrégulièrement interrompues par des points d'orgue :

Avec ces commentaires : « avec beaucoup de mal », « en traînant les jambes », « ça y est, elle tombe », etc. Des citations humoristiques de « nous n'irons plus au bois » et d' « une souris verte » ponctuent les *Regrets des enfermés*, sans doute la plus réussie des trois pièces.

Entre septembre et novembre 1913 paraissent successivement *Vieux sequins et vieilles cuirasses*, — nouveaux plagiats d'airs connus en trois pièces : *Chez le marchand d'or* (« Venise XIIIe siècle »), *Danse cuirassée* (« Période grecque »), et *La Défaite des Cimbres* (« Cauchemar »). Puis quelques recueils pédagogiques pour débutants : *Menus propos enfantins, Enfantillages pittoresques, Peccadilles importunes, Choses vues à droite et à gauche (sans lunettes)* ; enfin, une pièce isolée, *les Pantins dansent*.

Sports et Divertissements

Ce recueil de vingt-et-une miniatures qui, pour Milhaud, forme « l'une des œuvres les plus caractéristiques de l'école française », a été esquissé entre mars et mai 1914 avec cette préface de Satie : « Cette publication est constituée de deux éléments artistiques : dessin et musique. La partie dessin est figurée par des traits — des traits d'esprit ; la partie musique est représentée par des points — des points noirs... »

Accompagnées de dessins de Charles Martin, ces pièces extrêmement brèves sont en réalité des instantanés musicaux qui, selon Alfred Cortot, correspondent le mieux « à la nature momentanée du singulier génie de Satie ». Les citations parodiques des œuvres précédentes ont disparu, remplacées par des commentaires qui s'intercalent entre deux portées. On peut donc y voir « l'intégration simultanée de trois dimensions (visuelle, littéraire et sonore) ».

Le recueil s'ouvre par un *Choral inappétissant,* que Satie juge « grave et convenable » et qu'il dédie aux « recroquevillés » et aux « abêtis ». « Ce choral est une sorte de préambule amer, une manière d'introduction austère et infrivole », poursuit-il. « J'y ai mis tout ce que je connais sur l'ennui. Je dédie ce choral à ceux qui ne m'aiment pas. Je me retire ». *La Balançoire,* notée sur trois portées, introduit la série des sports et des divertissements. Le balancement de ses motifs sur l'accompagnement stylisé des batteries de croches, sur un *mi* qui passe d'une main à l'autre, est agrémenté d'un texte poétique qui, comme dans les autres pièces, se glisse au cœur de la musique : « C'est mon cœur qui balance ainsi. Il n'a pas le vertige. Comme il a de petits pieds. Voudra-t-il revenir dans ma poitrine ? ». Deux rythmes caractéristiques badinent dans *la Chasse.* La *Comédie-Italienne* se joue dans un « style napolitain » relevé des remarques de Scaramouche. Un plaisant *Réveil de la mariée* précède l'émouvant *Colin-Maillard,* aux tendres annotations : « Cherchez, Mademoiselle, celui qui vous aime est à deux pas. Comme il est pâle ; ses lèvres tremblent. Vous riez ? Il tient son cœur à deux mains. Mais vous passez sans le deviner ». *La Pêche* se conclut avec ironie, car « chacun rentre chez soi, même le pêcheur » ! Puis se succèdent un *Yachting* mouvementé, un *Bain de mer* ondoyant sur ses grandes « vagues » d'arpèges montants et descendants, un *Carnaval* aux rythmes burlesques, et un *Golf* au tempo enthousiaste. Une *Pieuvre* mystérieuse s'intercale au milieu des divertissements, qui reprennent immédiatement le dessus avec *les Courses* et leur ironique conclusion sur *la Marseillaise,*

avec de spirituels *Quatre-coins,* un *Pique-nique* au rythme de rag-time, un *Water-chute* au rythme de valse, un *Tango* qui ne ressemble pas à un tango, et un frénétique *Traîneau.* Le recueil prend fin sur un *Flirt,* sur des *Feux d'artifice* malicieux et brillants, puis sur un *Tennis* parodiant « d'une sèche pulsation le choc régulier des balles sur la raquette »... « Ici, point de prétention à l'œuvre préméditée. Le burlesque à l'état pur, et sans prolongement esthétique », a écrit Alfred Cortot.

Les trois pièces des *Heures séculaires et instantanées,* destinées à « Quiconque » et datées de juin et juillet 1914, furent publiées avec ce commentaire de Satie : « Je défends de lire, à haute voix, le texte, durant le temps de l'exécution musicale. Tout manquement à cette observation entraînerait ma juste indignation contre l'outrecuidant ». Les trois *Valses distinguées du précieux dégoûté* furent également écrites en juillet 1914 : ce sont, pour Alfred Cortot, trois vraies valses à l'écriture ravissante qui, en dépit de leurs annotations, valent par elles-mêmes, — et qu'il compare aux *Valses nobles et sentimentales* de Ravel.

Avant-dernières pensées

Composées entre août et octobre 1915, elles marquent la période où Satie commence à délaisser le piano pour explorer d'autres moyens (l'orchestre notamment). *Parade* sera créé deux ans plus tard). Quelques œuvres pour piano, d'intérêt mineur, seront néanmoins conçues avant 1920 : une *Sonate bureaucratique* (1917), « parodie inoffensive » de la musique de piano classique, cinq *Nocturnes* (1919), *Trois Petites Pièces montées* pour piano à quatre mains, sur l'enfance de Pantagruel *(Rêverie, Démarche, Coin de Polka),* ainsi qu'un unique *Premier Menuet* (1920) ; puis, en 1922, Satie revient au style music-hall avec *la Belle Excentrique,* « fantaisie sérieuse » pour piano à quatre mains *(Grande ritournelle, Marche franco-lunaire, Valse du mystérieux baiser dans l'œil,* et *Cancan grand-mondain).*

Trois pièces dans les *Avant-dernières pensées.* L'*Idylle* est dédiée à Debussy ; ses brefs motifs thématiques, au caractère « modéré, je vous prie », évoluent sur un dessin persistant de l'accompagnement de « la basse liée, n'est-ce pas ». Dans *Aubade,* écrite pour Paul Dukas, un seul rythme, « pas vite », à la main droite, et un chant sérieux à la main gauche. Une ultime *Méditation,* dédiée à Albert Roussel, s'anime curieusement dans un tempo indiqué « un peu vif ».

A. d. P.

ALESSANDRO SCARLATTI

Né à Palerme, le 2 mai 1660 ; mort à Naples, le 22 octobre 1725. Fils et frère de musiciens, Alessandro Scarlatti eut lui-même plusieurs enfants musiciens : le plus célèbre d'entre eux est évidemment Domenico. On ne sait pratiquement rien sur l'éducation musicale d'Alessandro Scarlatti : certains pensent qu'il eut son père comme premier maître, d'autres évoquent ici le nom de Pasquini. La tradition veut qu'il ait quitté sa Sicile natale en 1672 pour aller travailler à Rome avec le grand Carissimi, mort deux ans plus tard. En 1679, il y fit jouer avec succès son premier opéra connu, — succès qui lui valut la protection de la reine Christine de Suède. Installée dans la capitale italienne où elle avait fondé une académie, la fantasque souveraine lui confia le poste de maître de sa chapelle privée. Sollicité par le vice-roi de Naples, Scarlatti abandonna ce poste en 1684, et c'est à Naples, l'un des centres musicaux très actifs de la péninsule, qu'allait alors se dérouler l'essentiel de sa carrière : il y composa un nombre considérable de cantates et d'opéras qui contribuèrent à sa renommée. C'est d'ailleurs à Naples que naquit son fils, Domenico. Ce séjour napolitain fut coupé par plusieurs intermèdes : en 1702 et 1703, le temps pour Alessandro et Domenico de travailler quelques mois à Florence pour le prince Ferdinand III de Médicis, puis en 1703, année où Alessandro fut nommé à Rome maître de chapelle assistant de Sainte-Marie-Majeure et maître de la musique privée du puissant cardinal Ottoboni. Cette période romaine ne semble pas avoir été très favorable à Scarlatti, qui dut attendre 1707 pour obtenir le poste en titre de maître de chapelle de Sainte-Marie-Majeure. L'année suivante, il était déjà de retour à Naples, après un détour par Venise pour la création de deux opéras nouveaux. Alessandro séjourna une seconde fois à Rome entre 1717 et 1722 : il y fit représenter plusieurs ouvrages lyriques et y composa une partie de sa musique religieuse. Réinstallé à Naples en 1723, il y termina paisiblement sa vie. Le catalogue de son œuvre est considérable ; mais Alessandro Scarlatti est surtout célèbré aujourd'hui pour sa contribution au rayonnement de l'école napolitaine et au développement de l'opéra napolitain, dans lequel il sut mêler avec bonheur le comique et le tragique, — apparaissant en cela comme l'un des précurseurs directs de Mozart. Créateur génial, il fut aussi un maître incontesté dans le domaine de la musique de chambre vocale, et notamment dans celui de la cantate. Sa musique instrumentale, à laquelle il se consacra principalement dans la deuxième partie de sa carrière, est peut-être moins connue de nos jours.

L'œuvre pour clavier

La production vocale d'Alessandro Scarlatti est immense : plus de cent opéras italiens écrits entre 1679 et 1721, plus de six cents cantates, environ cent cinquante oratorios, un nombre important de sérénades pour plusieurs voix et instruments, quelques madrigaux et des œuvres de musique religieuse (notamment une dizaine de messes de style palestrinien). En regard, sa musique instrumentale paraît beaucoup plus réduite : elle se compose surtout de douze *Sinfonie di concerto grosso*, de sonates à quatre, de suites pour flûte et clavecin et de plusieurs recueils de pièces pour clavecin, — essentiellement des variations et des toccatas. Scarlatti fit paraître des *Toccate per cembalo*, une *Toccata d'intavolatura per cembalo o pure organo d'ottava stesa*, et deux livres de toccatas *(Primo e secondo libro di toccate)*, — autant d'œuvres non datées. En 1716 furent publiées une *Toccata per studio di cembalo* et *Tre toccate, ognuna seguita da fuga e minuetto*. A côté de ses célèbres variations sur *la Folia*, Scarlatti composa *Dieci partite sopra basso obligato* (1716). A cela s'ajoutent *Due sinfonie per cembalo* datées du 16 juin 1699.

L'œuvre de clavecin d'Alessandro Scarlatti est une œuvre de maturité, dont une partie ne fut éditée qu'aux alentours de 1715. Elle est donc relativement tardive, et ceci peut s'expliquer par le fait que Scarlatti n'occupa jamais de poste officiel de claveciniste ou d'organiste, axant ses principales activités sur le théâtre. L'orgue et le clavecin ne furent en réalité pour lui que des occupations secondaires.

Ses toccatas des ces pièces tout à fait intéressantes. Cependant, le terme de *toccata* employé par Scarlatti semble impropre : la véritable toccata, ou tout au moins celle de ses prédécesseurs immédiats, était généralement une composition libre et brillante en un seul mouvement. Or, les toccatas d'Alessandro Scarlatti sont de vastes pièces très construites, en plusieurs mouvements (jusqu'à six ou sept). Elles représentent plutôt la forme italienne de la suite, ancêtre de la sonate, faite d'une succession de mouvements divers et non de danses. Scarlatti s'éloigne du style monumental d'un Claudio Merulo comme de la puissance expressive d'un Frescobaldi, et construit ses toccatas sur une écriture contrapuntique recherchée. Sa science de l'harmonie peut être audacieuse, et il ne dédaigne pas d'introduire çà et là d'étonnantes colorations chromatiques ou de curieuses dissonances. Certaines toccatas contiennent des passages d'une grande virtuosité qui mettent en valeur l'habileté technique de l'interprète.

Primo e secondo libro di toccate

Les deux livres de toccatas publiés par Scarlatti regroupent dix toccatas. Formées d'une sucession de mouvements divers, elles se terminent le plus souvent par une fugue ou par un mouvement rapide fugué. Certaines n'ont que deux mouvements : un *allegro* et une fugue (*Toccatas IV* et *V*, en *la* mineur et *sol* majeur), un *allegro* et un *allegro quasi tempo di minuetto* (*Toccata I*, en *sol* majeur), un *allegro* de virtuosité et une *aria alla francese, andante* sur des rythmes pointés à la française (*Toccata VI*, en *ré* mineur). D'autres sont construites en trois (*Toccata III*, en *sol* majeur), en quatre (*Toccata IX*, en *sol* majeur), ou en cinq mouvements (*Toccata X*, en *fa* majeur). La *Toccata VIII*, en *la* mineur, est en deux mouvements qui se suivent sans interruption, — comme une seule vaste pièce *allegro*. Les *Toccatas II* et *VII* sont les plus longues.

La **Deuxième Toccata**, en *la* mineur et en six mouvements, s'ouvre sur un *Preludiando, allegro* dans lequel se déploient de grands accords qui ne s'écartent pas du ton initial. Le premier *Allegro* brille par la virtuosité toute italienne de ses motifs qui alternent d'une voix à l'autre. Plus tourmenté paraît le second *Allegro* en *la* majeur, avec ses variations de tempo et ses accords appuyés. Un *Presto* en *la* majeur, conçu comme un éclatant mouvement perpétuel, précède une curieuse *Partita alla Lombarda, allegro non troppo* en *la* majeur : la démarche régulière de ses triolets de noires imprime à cette pièce un caractère d'apaisement :

C'est par le sujet joyeux d'une *fuga, allegro* à deux voix que prend fin cette toccata.

La **Septième Toccata**, *Toccata primo tono* en *ré* mineur, est la plus vaste de la série : sept mouvements variés s'y succèdent. La très longue pièce d'ouverture, *Allegro*, difficile techniquement, s'impose dès l'abord par sa virtuosité. Elle se termine dans un débordement de roulements de gammes de triples croches exubérantes, qui contrastent avec l'atmosphère profondément élégiaque de l'épisode suivant, *Adagio recitando*. Ce récitatif instrumental très ornementé, qui relève du style dramatique, est une pièce passionnée parsemée d'extraordinaires modulations : la main droite y chante comme un solo de violon. Un court *Presto* précède une *Fuga* construite sur un long sujet brillant,

prétexte pour Scarlatti à un grand déploiement de formules diverses. L'*Adagio cantabile ed appoggiato* débute sur des mesures quasi-improvisées reposant sur des accords que la main gauche arpège et que la main droite développe comme un long dessin rythmique. Ce mouvement se termine sur des traits de toccata pleins d'impétuosité :

Une des pages les plus célèbres d'Alessandro Scarlatti, ses *Variations sur la Folia (Partite sull'aria della Folia)*, précède le dernier épisode de la toccata, *Allegro* de virtuosité. Danse d'origine portugaise qui passa à l'Espagne (le plus souvent sous le nom de *Folies d'Espagne*), la *Folia* se répandit dans toute l'Europe, se transformant progressivement en une sorte de passacaille assez grave. Elle fut reprise et traitée par de très nombreux musiciens : Frescobaldi, Corelli, Lully, d'Anglebert, Vivaldi, et jusqu'à Liszt qui inséra son thème dans sa *Rhapsodie espagnole* pour piano (1863). Ces variations, qui témoignent de la part de Scarlatti d'un réel sens de la construction, ne s'ouvrent pas sur l'énoncé du thème, mais directement sur la première variation. Celle-ci est suivie des figures mélodiques et rythmiques habituelles à cette forme musicale qu'est la variation : mouvement perpétuel *(Var. 9)*, variation rythmique *(Var. 11)*, traits énergiques *(Var. 12)*, dessin de syncopes *(Var. 15)*, brillants épisodes de toccata *(Var. 17, 18* et *19)*, figures d'accords arpégés *(Var. 24)* et d'accords alternés *(Var. 29)* ; valeurs pointées, triolets, notes alternées, etc., se succèdent ailleurs.

A. d. P.

DOMENICO SCARLATTI

Né à Naples, le 26 octobre 1685 ; mort à Madrid, le 23 juillet 1757. Napolitain et fils d'Alessandro Scarlatti, il est contemporain de J.-S. Bach et de Haendel, nés tous les deux la même année. Malgré sa précocité, ses débuts se déroulèrent dans l'ombre de son père. Domenico Scarlatti commença sa carrière comme organiste et comme compositeur d'opéras et de cantates. On peut à ce propos regretter que son œuvre vocale, lyrique ou religieuse, soit quelque peu oubliée aujourd'hui. Un séjour à Venise lui aurait permis de suivre les leçons d'un des meilleurs professeurs de son temps, Francesco Gasparini (1668-1727), et de se lier d'amitié avec Haendel. Attaché à la cour de la reine Marie-Casimire de Pologne, il fut peu après nommé maître de chapelle de la basilique Saint-Pierre. Sa musique d'église date de cette époque. En 1720, on le trouve à Lisbonne où il dirige la chapelle du roi Jean V du Portugal et l'éducation musicale de l'infante Maria-Barbara. C'est cette infante, devenue l'épouse de l'héritier du trône d'Espagne, qui l'attira à Madrid où il passa la partie essentielle de son existence ; et c'est à Madrid qu'il mourut, âgé de soixante-et-onze ans. On sait malheureusement peu de choses sur cette période madrilène de la vie de Scarlatti. Se consacra-t-il alors exclusivement à son œuvre de clavecin ? Il semble en effet que la plus grande partie de ses quelque cinq cent cinquante-cinq sonates pour clavecin aient été composées à cette époque. C'est dans cette œuvre que réside tout le génie de Scarlatti, qui apparaît comme l'un des musiciens les plus originaux du XVIIIe siècle. Aussi connue qu'admirée de nos jours, cette musique d'une richesse exceptionnelle témoigne de la part de son auteur d'un extraordinaire esprit créatif. Certains voient en Scarlatti le père de la technique moderne de clavier, tandis que d'autres lui prêtent la grâce d'un Watteau. Le poète Gabriele d'Annunzio comparait son œuvre à une fontaine autour de laquelle « dames et gentilhommes crient, rient, courent, s'esquivent, se sauvent... Le premier collier de perles se brise et s'éparpille : les grains ruissellent le long des gradins lisses et roses où l'eau dévale en cascatelles... Les perles se multiplient, fine grêle, roulent de tous côtés, brillent, résonnent, rebondissent, se mêlent au ruissellement. On dirait des bulles précieuses de l'eau, ou bien les gouttes de la beauté ruisselante : ce sont les sonates de Domenico Scarlatti... »

Historique de l'œuvre de clavecin

Aucun autographe des sonates de Scarlatti n'est connu de nos jours, et leur chronologie pose de délicats problèmes en raison de l'imprécision des dates. Une seule édition fut publiée sous la direction de Scarlatti lui-même, en 1738 (sans doute à Londres) : ce sont les fameux *Essercizi per Gravicembalo,* — soit trente sonates dédiées au roi du Portugal. Les autres sources sont manuscrites. Elles circulaient d'ailleurs à l'époque à travers toute l'Europe, où la réputation de Scarlatti n'était plus à faire ! Il est important de les connaître pour suivre l'historique de son œuvre. Reportons-nous à la classification qu'en fit Ralph Kirkpatrick dans la magnifique étude qu'il a consacrée à Scarlatti, et qui reste l'ouvrage de référence en la matière :

— Quinze volumes manuscrits contenant quatre cent quatre-vingt-seize sonates copiées en Espagne pour la reine Maria-Barbara, élève de Scarlatti, sont conservés à la Biblioteca Marciana de Venise. Deux de ces volumes sont datés de 1742 et 1749.

— Quinze volumes manuscrits contenant quatre cent soixante-trois sonates (doublant pour la plupart celles des manuscrits de Venise), copiées en Espagne et datées des années 1752-1757, sont conservés à Parme dans le fonds de la Biblioteca Palatina.

— Le British Museum de Londres possède un manuscrit espagnol, apparemment contemporain du manuscrit de Venise, et regroupant quarante-quatre sonates.

— Enfin, trente-deux sonates sont réunies dans un manuscrit espagnol conservé au Fitzwilliam Museum de Cambridge.

Ralph Kirkpatrick affirme que les manuscrits de Venise et de Parme sont issus de la même source, et en partie copiés par les mêmes mains. Il semble en réalité que, dans sa vieillesse, Scarlatti ait voulu rassembler la plus grande partie de son œuvre pour clavecin en la confiant à des copistes après l'avoir revue et corrigée, — car, selon Kirkpatrick, plus de la moitié de ses sonates auraient été composées dans les dernières années de son existence, alors qu'il vivait une période d'intense activité créatrice. Il est cependant très difficile de dater cet ensemble, puisqu'il ne s'agit que de copies.

Plusieurs extraits de cette œuvre parurent au XVIIIe siècle, notamment à Londres en 1739 *(XLII Suites de pièces pour le Clavecin,* éditées par Thomas Roseingrave, élève et ami de Scarlatti, et contenant les trente *Essercizi* ainsi que douze autres pièces), et à Paris dans les années 1742-1746 chez l'éditeur Boivin.

C'est au XIXe siècle que furent mises à jour d'importantes éditions de l'œuvre de Scarlatti. En 1839, Karl Czerny fut le premier à s'atteler à la tâche en publiant quelque deux cents sonates, sur lesquelles Schumann émit ce jugement sévère : « Scarlatti est sous de nombreux aspects excellent... mais bien qu'une place importante dans l'histoire du clavier revienne à ses compositions, plusieurs parmi elles ne nous plaisent plus et ne peuvent nous plaire. Comment d'ailleurs comparer ces morceaux à ceux de l'un de nos meilleurs compositeurs, tant la forme est encore grossière, la mélodie négligée et les modulations pauvres ! »

Plus près de nous, en 1906, Alessandro Longo se lança dans la première édition complète des sonates pour clavecin de Scarlatti, en dix volumes et un supplément : *Opere Complete per Clavicembalo di Domenico Scarlatti.* Publiées à Milan chez l'éditeur Ricordi, cinq cent quarante-cinq sonates sont réunies et cataloguées (chacune portant un numéro précédé de la lettre *L* dans les éditions modernes). L'ordre choisi par Longo est purement arbitraire, et c'est l'unité tonale qu'il a retenue pour sa classification.

Enfin, la palme revient au claveciniste et musicologue américain Ralph Kirkpatrick, qui fit paraître en 1953 l'ouvrage précédemment cité, ouvrage suivi de sept éditions revues et corrigées par l'auteur. Cette étude magistrale est accompagnée d'un catalogue de l'œuvre complète de Scarlatti connue de nos jours, et présentée pour la première fois dans un ordre chronologique qui suit scrupuleusement les dates apposées sur les diverses sources (dans les éditions modernes, le numéro des sonates issues du catalogue de R. Kirkpatrick est précédé de la lettre *K*). On notera également que R. Kirkpatrick est le seul qui respecte l'organisation originale de ces sonates par paires, comme le voulait Scarlatti. Et on ne répétera jamais assez que son ouvrage est aujourd'hui la référence de fond pour tout mélomane ou pour tout interprète désireux de parfaire sa connaissance de l'œuvre pour clavecin de Scarlatti.

L'œuvre de clavecin : caractères et choix de l'instrument

Scarlatti est un artiste italien transplanté en Espagne. La tradition italienne qu'il a assimilée auprès de son père se transformera chez lui avec la découverte de la guitare et des rythmes populaires espagnols. Scarlatti est en même temps l'homme d'un seul instrument : le clavecin ; et de cet instrument, qu'il enrichit considérablement, il fait sortir une forme qui vaut par les mille détails de son écriture.

Bien peu d'éditions modernes respectent l'organisation des sonates par paires, — organisation voulue par Scarlatti comme le prouvent les sources manuscrites conservées à Venise et à Parme. Généralement, entre les deux sonates d'une paire, il y a des similitudes ou des contrastes, complémentarité ou opposition intentionnelles. Certaines analogies apparaissent : dans le choix d'une même tonalité (*Sonates K 115* et *K 116*), mais dans un mode différent (*Sonates K 394* en *mi* mineur et *K 395* en *mi* majeur), dans le développement d'une même idée thématique (les notes répétées des *Sonates K 119* en *ré* majeur et *K 120* en *ré* mineur), ou encore dans la recherche d'un même cadre harmonique (*K 308* et *K 309*). Ailleurs, c'est le contraste entre une sonate lente et une sonate rapide, toutes deux dans la même tonalité, qui s'affirme (*Sonates K 132* et *K 133*).

On notera également qu'en 1738, lorsqu'il publie les *Essercizi,* Scarlatti ne leur donne pas le titre de « sonates ». En réalité, on a du mal à situer avec exactitude le genre de ces œuvres. Sont-elles des sonates, des exercices, des études, des suites ? Certaines sont l'un et l'autre à la fois, et leur forme particulière est véritablement née du génie et l'originalité de leur auteur. La plupart des trente *Essercizi* sont toutefois des pièces de virtuosité, parfois extrêmement brillantes et difficiles : *Sonates K 28 (Essercizi 28)* et *K 29 (Essercizi 29)*, par exemple. En tête de cette première édition de ses « sonates », Scarlatti laisse au lecteur un avertissement extrêmement précieux pour la compréhension de son œuvre : « Ne t'attends pas, que tu sois dilettante ou professeur, à trouver dans ces compositions d'intention profonde, mais plutôt un ingénieux badinage de l'art pour t'exercer au jeu hardi sur le clavecin. Aucune vue d'intérêt, aucun but d'ambition, mais l'obéissance m'a porté à les publier. Peut-être te seront-elles agréables et plus volontiers alors obéirai-je à d'autres ordres de te complaire par un style plus facile et plus varié. Montre-toi donc plus humain que critique et ainsi tu accroîtras ton propre plaisir. Pour t'enseigner la disposition des mains, je t'avise que le *D* indique la main droite et le *M* la main gauche. Vis heureux. »

En principe, la forme de la sonate de Scarlatti est simple. Presque toujours en un seul mouvement où règne une concision constante, elle est bipartite, — c'est-à-dire en deux parties séparées par une barre de reprise. La première partie annonce la tonalité principale et progresse généralement de la tonique à la dominante, pour revenir, selon le schéma bien connu de la suite, de la dominante à la tonique. A la différence de la sonate classique, où se succèdent une exposition, un développement et une réexposition, la sonate de Scarlatti ne se termine pas obligatoirement par un retour de l'exposition à la tonique. Il n'y a donc pas à proprement parler de construction bithématique, même si de temps en temps un élément thématique nouveau vient se joindre à l'idée principale. Le traitement de ces thèmes varie d'une sonate à l'autre, et il y a plusieurs types de sonates : certaines sont monothématiques, d'autre mêlent deux ou trois thèmes contrastés mais d'égale importance, enfin les dernières reposent sur l'exposition d'un seul thème et de plusieurs motifs secondaires.

Ralph Kirkpatrick affirme que c'est « l'orientation harmonique » autour d'un axe tonal, plus que l'élément thématique, qui fixe la forme définitive de la sonate de Scarlatti. Celui-ci utilise un langage harmonique qui semble déroutant au premier abord, mais qui est plus simple qu'il n'y paraît à l'analyse. Son harmonie est très légère, mais choisie. L'essentiel de ce langage est construit sur l'accord parfait et sur les diverses formes de l'accord de septième. L'usage de l'accord de septième de dominante sur tonique est par exemple très fréquent, de même que la place laissée aux pédales harmoniques, retards, appoggiatures, broderies et autres notes de passage. Scarlatti vit dans un monde tonal, mais passe à tout moment du mode majeur au mode mineur. Il manie à la perfection la science des tonalités et l'art de la modulation. En plaquant certains accords très lourds, il accentue leur portée harmonique, et, profitant des accords de la guitare, il se permet des dissonances audacieuses qui ne répondent à aucune règle tonale.

Le dessin de Scarlatti est très personnel. Ses thèmes sont brefs, et son invention mélodique et rythmique est inépuisable. Il fait appel en effet à toutes sortes d'artifices d'écriture, et certaines de ses sonates sont éblouissantes de virtuosité (On regrettera d'ailleurs que cette virtuosité soit, aujourd'hui, trop souvent synonyme de vitesse et de précipitation). Scarlatti est dans ce domaine un novateur, — car à l'intérieur d'une seule et même sonate il arrive à mêler quantité de moyens techniques : croisements de mains, sauts d'octaves, chevauchements rythmiques, répétition continue et rapide d'une même note qui impose des changements de doigts, écriture en tierces ou en sixtes, accords battus ou arpégés, procédé des notes jetées d'une octave à l'autre, batteries, trilles simultanés sur plusieurs notes, octaves brisées se succédant avec frénésie, glissandos, etc. Il ne note cependant aucun doigté, et respecte le plus souvent une écriture à deux voix.

Scarlatti utilise d'une façon très particulière l'*acciacatura* : cet ornement, différent de l'appoggiature à laquelle on l'a souvent comparé, consiste à frapper un agrément en même temps que la note qu'il précède. Celui-ci est généralement représenté par une petite note placée immédiatement au-dessus ou au-dessous de la note réelle, et coupée par une barre transversale. Chez Scarlatti, il est souvent écrit en toutes notes. L'acciacatura est également employée par les clavecinistes français, par Rameau et Couperin en particulier. Mais, alors que chez ces derniers elle représente un ornement mélodique le plus souvent arpégé, elle a chez Scarlatti une application harmonique.

La musique de Scarlatti est une musique de gaieté, de vivacité et de grandeur personnelle, qui exercera une influence considérable, pendant tout le XVIIIe siècle, sur ses contemporains et sur ses successeurs directs : Francesco Durante, Baldassare Galuppi, le padre Giovanni Battista Martini, Giovanni Marco Rutini, le padre Antonio Soler et, plus loin, Muzio Clementi.

Plus, peut-être, que pour aucun autre compositeur du XVIIIe siècle se pose la question de l'interprétation de l'œuvre de Scarlatti au piano. Que savons-nous des instruments qu'il eut à sa disposition ? R. Kirkpatrick nous apprend que la cour de Madrid possédait sept clavecins et cinq pianos-forte. Scarlatti connaissait donc le piano-forte. Était-ce méfiance à l'égard de toute nouveauté ? Deux de ces pianos avaient été transformés en clavecins. En outre, trois des clavecins étaient des clavecins espagnols d'une grande étendue (soixante-et-une touches et deux claviers), et certaines sonates de Scarlatti demandent une étendue de cinq octaves que ne pouvaient offrir la plupart des pianos du XVIIIe siècle. On remarquera d'autre part que beaucoup de ces sonates peuvent se jouer sur un seul clavier. Alors, clavecin ou piano ? Il faut reconnaître que les grands accords dissonants de Scarlatti, l'acciacatura et les rythmes pris à la guitare, conviennent mieux à la sonorité du clavecin, — là où le piano risque de « noyer » la perception sonore de ces procédés d'écriture. D'un autre côté, l'exécution au piano de ces sonates permet la recherche d'une extraordinaire intensité sonore. On se gardera bien d'affirmer péremptoirement, avec les uns que le clavecin est le seul instrument utilisé par Scarlatti, avec les autres que son œuvre repose presque entièrement sur une écriture pianistique, — tant est vaste et variée la discographie de ce musicien. Finalement tout reste affaire de goût. Laissons Kirkpatrick conclure que... « bien que Scarlatti soit par excellence un compositeur pour clavecin, bien que presque toutes ses œuvres pour clavier soient conçues en fonction du langage propre au clavecin, les qualités, plus importantes que les effets sonores nécessaires à une exécution adéquate de sa musique, peuvent s'appliquer à pratiquement n'importe quel instrument ».

Quelques Sonates

La numérotation est celle du catalogue de Ralph Kirkpatrick (K) ; entre parenthèses, son équivalent dans l'ancien catalogue Longo (L).

Sonate K 6 (L 479) (*fa* majeur, à 3/8) : cette sonate fait partie des *Essercizi* publiés par Scarlatti en 1738. Plusieurs groupes de phrases s'y succèdent et, par leurs caractères différents, s'y opposent. Ces phrases, très courtes pour la plupart, s'enchaînent irrégulièrement : de cette irrégularité naissent des effets rythmiques extraordinaires. Il y a un contraste évident entre la première phrase, essentiellement rythmique et ascendante, avec ses croches affirmées, et la seconde phrase, mélodique et descendante, où les triolets de doubles croches couvrent plus de trois octaves :

Un troisième épisode, plus souple, s'impose avec un dessin de triolets qui se répète sur des accords de deux ou trois sons. D'épisode en épisode, la sonate parvient à sa conclusion sur une immense dégringolade de gammes. La seconde partie de cette pièce suit approximativement la même construction.

Sonate K 7 (L 379) (*la* mineur, à 3/8) : voici encore une sonate appartenant à la série des *Essercizi*. Cette pièce rapide, très difficile techniquement, est remarquable par la diversité des moyens mis en œuvre. Plusieurs motifs se succèdent, et certains atteignent à la plus haute virtuosité, — comme ces vingt-deux mesures (mesures 9 à 30 de la première partie, et mesures 95 à 116 de la seconde partie) qui se jouent entièrement en croisements de mains :

La main gauche y chevauche parfois la main droite à distance d'une octave. Quelques épisodes plus souples (traits de triolets, par exemple) s'interposent entre les divers passages de virtuosité.

Sonate K 115 (L 407) (*ut* mineur, à 3/4) : cette sonate est l'un des chefs-d'œuvre de Domenico Scarlatti. Les moyens techniques les plus variés sont utilisés ici : dégringolades d'arpèges, croisements de mains, sauts d'octaves, trille continu sur plusieurs notes, arpèges brisés, larges accords de guitare, etc. Les dix premières mesures affirment la tonalité d'*ut* mineur, et la première partie se termine sur la dominante. On remarquera que l'idée thématique initiale se développe comme une introduction, mais ne réapparaît pas dans la suite de la sonate. L'élément dominant est donc le thème plus nerveux qui débute à la mesure 21. On notera encore que c'est un élément nouveau et expressif, mais relativement bref (mesures 47 à 56), qui ouvre cette deuxième partie. Le matériel thématique du départ n'est pas réutilisé. Cette sonate repose en réalité sur trois idées thématiques, — séparées les unes des autres par un long point d'orgue d'une mesure. Parmi ces trois idées, la seconde est la plus importante. Scarlatti donne ici à ses silences un caractère expressif extraordinaire, car ceux-ci rompent en permanence la continuité rythmique de l'ensemble.

Sonate K 120 (L 215) (*ré* mineur, à 12/8) : cette sonate est une œuvre de virtuosité éblouissante, d'une richesse et d'une variété extraordinaires. Scarlatti se joue de toutes les prouesses acrobatiques, et base sa pièce sur des croisements de mains extravagants. Le tout se suit sur un rythme effréné. La main gauche se trouve ici dans l'extrême aigu du clavier, alors que la main droite impose là des basses profondes. Le résultat obtenu est saisissant sur le clavecin :

Sonate K 149 (L 913) (*la* mineur) : Ralph Kirkpatrick pense que cette sonate « sonne » comme une sonate pour pianoforte. La cour d'Espagne possédait des pianos-forte. Scarlatti a-t-il conçu son morceau pour un tel instrument ? Il est vrai que les basses paraissaient ici « inertes et dépourvues d'harmoniques » dans leur exécution au clavecin ; elles sont en réalité peu remplies. Toute cette œuvre semble imprégnée d'un esprit intimiste qui convient parfaitement à la sonorité chaude du pianoforte. Aucun trait de virtuosité n'altère cette impression, — si ce n'est les quelques notes répétées qui reviennent avec régularité.

Sonate K 206 (L 257) (*mi* majeur, à deux temps) : cette sonate lente est remarquable par la variété expressive qui s'en dégage. L'introduction calme et sereine, avec la régularité de ses triolets, est brutalement interrompue (mesure 17) par une modulation en *mi* bémol. Cet épisode inattendu s'imposera durant huit mesures, avant le retour dans le ton initial : mais cette brisure a brièvement annoncé la conclusion de la sonate, — conclusion qui monte puis redescend vers le mode mineur.

Sonate K 208 (L 238) (*la* majeur, à 4/4) : dans cette sonate *cantabile*, R. Kirkpatrick voit une influence de la musique de flamenco. De larges arabesques vocales se déploient sur des accords de guitare dont la régularité rythmique est inflexible. Un thème domine, auquel viennent s'adjoindre quelques motifs secondaires. Toute la sonate repose sur une écriture syncopée.

Sonate K 209 (L 428) (*la* majeur, à 3/8) : entre ces deux sonates d'une même paire *(K 208* et *209)* il y a similitude de tonalité, mais contraste de mouvement. Celle-ci s'ouvre sur un thème de fanfare et sur sa réponse, qui décomposent l'accord parfait majeur déployé sur huit mesures. Ce thème ouvrira (à la dominante) la deuxième partie. L'ensemble évolue essentiellement sur une écriture à deux voix qui lui donne une apparence de simplicité. Des thèmes secondaires entrent aux mesures 33 et 62, et reviennent dans la seconde partie. En conclusion de ces deux parties, Scarlatti utilise une sorte de basse d'Alberti presque pianistique (mesures 78 à 87, et mesures 155 à 165).

Sonate K 259 (L 103) (*sol* majeur, à 3/4) : dès les premières mesures, Scarlatti nous plonge dans une atmosphère de tendresse lyrique. Malgré quelques passages un peu délicats, comme ces successions de sixtes et de tierces sur une basse profonde répétée, malgré quelques traits de doubles croches qui passent d'une main à l'autre main sur les mêmes formules, la virtuosité reste ici pondérée.

Sonate K 260 (L 124) (*sol* majeur, à 3/4) : les deux sonates *K 259* et *K 260* trouvent leur unité dans une tonalité commune, mais en même temps dans le contraste de leur tempo : l'un est modéré, celui-ci est rapide. Dans la première partie, tout se joue autour d'un jeu d'arpèges montants et descendants passant d'une main à l'autre. Un épisode mineur plus calme repose sur les batteries d'octaves soutenues par de longs accords de trois sons. La virtuosité se précipite dans la troisième partie, lorsque des gammes viennent s'ajouter aux dessins initiaux. Ralph Kirkpatrick note que cette sonate vive est remplie de modulations qui sont les noyaux de l'imagerie poétique employés par Scarlatti « pour nous émouvoir et nous transporter »...

Sonate K 284 (L 90) (*sol* majeur, à 3/8) : le matériel thématique est ici restreint. Deux idées dominent cette sonate et reviennent inlassablement. Un passage dans le mode mineur n'arrive pas à rompre l'unité mélodique de ce mouvement de danse, qu'animent quelques traits de triolets peu avant la conclusion.

Sonate K 308 (L 359) (*ut* majeur, à 2/2) : l'influence de la basse continue italienne soutenant des arabesques vocales est ici frappante. Cette sonate repose sur deux thèmes contrastés mais d'égale importance (mesure 1 et 22), dont l'exposition est dans chaque partie séparée par un point d'orgue. L'acciacatura est très employée dans le deuxième thème.

Sonate K 309 (L 454) (*ut* majeur, à 2/2) : la seconde sonate de cette paire *(K 308* et *309)*, où une sonate rapide succède à une sonate lente, repose sur le même schéma harmonique et sur les même idées (basse continue, construction formelle, etc.).

Sonate K 420 (L S 2) (*ut* majeur, à 2/2) : l'influence de la guitare et des rythmes espagnols s'affirme dès les premières mesures de cette sonate brillante, avec ses grands accords plaqués aux deux mains et ses répétitions continues d'une même note. Il y a aussi deux idées thématiques principales séparées par un point d'orgue, et se répétant dans la seconde partie. Le schéma tonique-dominante, dominante-tonique, est respecté.

Sonate K 460 (L 324) (*ut* majeur, à 2/2) : le langage harmonique de cette sonate est relativement simple, mais parfois audacieux : les premières mesures, en *ut* majeur, modulent, par exemple, vers le ton voisin de *sol* majeur, avec conclusion sur un point d'orgue (mesure 13). Une modulation inattendue en *ut* mineur apparaît, pour évoluer ensuite vers les tons de *la* mineur et de *la* majeur. Chaque séquence se conclura sur un large point d'orgue. Puis, comme si cette première partie de la sonate était elle-même construite en deux parties, tout change à partir de la mesure 56. Il y a beaucoup plus d'unité dans les trente-neuf mesures finales, brillantes et rapides : on notera les sauts d'octaves délicats de la main gauche, et les sauts d'une octave et demie à la main droite (mesures 85 et 86). La seconde partie de cette sonate se présente comme un condensé, en soixante-quatre mesures, de tous les moyens utilisés dans l'épisode initial.

Sonate K 461 (L 8) (*ut* majeur, à 3/8) : voici de nouveau une paire *(K 460* et *461)* construite sur l'unité tonale. La virtuosité de Scarlatti est ici resplendissante : écriture en tierces et en sixtes, mouvements contraires rapides des deux mains, traits de virtuosité incessants en doubles croches, etc. Toute la partie centrale de la sonate, qui s'ouvre au début de la seconde partie (mesures 55 à 93), repose à la main gauche sur une basse d'Alberti qui soutient les accords frappés de deux sons de la main droite. On notera qu'entre les deux parties de cette sonate, Scarlatti passe d'un mode à l'autre : la première partie se conclut en *sol* majeur, dominante d'*ut* majeur, — alors que la seconde partie débute en *sol* mineur, avec changement d'armure à la mesure 55. Des modulations de passage ramènent progressivement le ton d'*ut* majeur à la mesure 107, avec un nouveau changement d'armure.

Sonate K 513 (L s 3) (*ut* majeur, à 12/8) : cette sonate est en deux mouvements. Son premier mouvement — *Pastorale, moderato* — est écrit sur un rythme de sicilienne. L'écriture à trois ou quatre voix y est extrêmement riche :

Le déhanchement rythmique, rompu par quelques traits de triples croches rapides, s'accentue dans une seconde partie *Molto allegro*. Ce mouvement tendre et délicat s'enchaîne avec un *Presto* qui se joue avec brio sur un jeu d'arpèges, de gammes et de batteries.

A. d. P.

GIACINTO SCELSI

Né à La Spezia, le 8 janvier 1905. Après des études traditionnelles au Conservatoire de Rome, il a été le premier musicien italien, dès 1936 (soit bien avant Dallapiccola), à adopter les techniques dodécaphoniques, qu'il étudia à Vienne avec Walter Klein à partir de 1935. Mais il s'en détourna pour s'initier à la musique de Scriabine auprès d'un élève de ce dernier à Genève. Rentré en Italie, il y organisa des concerts de musique contemporaine qui firent un certain bruit ; mais il passa les années de guerre en Suisse, où il écrivit des essais de musicologie. Après une interruption causée par une grave crise de santé, il vécut après la guerre à Paris, composant et écrivant de remarquables recueils de poèmes en français. Rentré à Rome au début des années 1950, il participa un certain temps au mouvement Nuova Consonanza, *mais mena bientôt une vie de plus en plus discrète et retirée, tout en composant d'abondance. Objet d'un boycott organisé en Italie, la musique de cet indépendant dérangeant, car libre de toute attache matérielle, de tout système, et en avance d'une génération au moins sur l'évolution générale, se trouvait totalement en porte-à-faux par rapport à l'esthétique sérielle des années 1950 et 1960. Ce n'est que depuis une dizaine d'années que l'on découvre une production considérable (plus de cent cinquante titres), abordant tous les domaines sauf le théâtre, et qui devient maintenant seulement accessible par l'édition. Les créations d'œuvres parfois anciennes se poursuivent, et le répertoriage même de cet immense corpus n'est pas terminé. Son abondante musique de chambre, tant vocale qu'instrumentale (avec cinq admirables* Quatuors*), s'est imposée d'abord ; mais il existe aussi des chefs-d'œuvre dans le domaine orchestral et symphonico-choral (*Quatre Pièces sur une seule note ; Hurqualia ; Aion ; Anahit ; Uaxuctum ; Konx-Om-Pax, *etc.). L'œuvre pour piano, quantitativement la plus nombreuse, est encore en cours d'édition, et n'a été que partiellement jouée en public.*

Scelsi est un très grand pianiste, un improvisateur de génie, et beaucoup de ses œuvres pour piano résultent de la réélaboration et de la mise en forme de ses improvisations. Rappelons que sa musique, profondément influencée par les philosophies de l'Orient (bouddhisme zen, taoïsme...) et par la conception orientale du son et de la durée, se situe en marge de toutes les esthétiques de la musique contemporaine, — alors même que la sienne propre fait de plus en plus école dans la jeune génération. Le Son est essentiel et fondamental pour Scelsi, qui veut en explorer les virtualités les plus infimes et, par une pénétration à l'intérieur même de ce Son, en dégager toute la prodigieuse énergie par un véritable processus de fission nucléaire. C'est une voie où il n'a guère eu comme prédécesseur, mais de manière fort différente, qu'un Varèse ; de nos jours, un Xenakis suit une voie parallèle. Cette démarche singulière a amené Scelsi à se concentrer sur le Son unique, qui n'est plus un point, mais une sphère douée de profondeur. Sa musique innove énormément dans le domaine des attaques, de l'articulation, de la dynamique, du grain (lisse ou rugueux), et, inévitablement, de l'infrachromatisme. C'est ici que le piano impose les limites contraignantes du tempérament égal. Abordant le quart de ton et les divers types de glissando à partir du milieu des années 1950, Scelsi a dû mettre fin à son abondante production pianistique. La seule exception est une pièce de 1974, *Aitsi*, où la transformation électronique du son « détempère » l'instrument. Il est typique que l'origine de cette pièce soit un dérèglement accidentel de magnétophone, et que sa matrice ait été reprise pour servir de base au récent *Cinquième Quatuor*. Car ce sont avant tout les instruments à archet et les voix qui permettent à Scelsi de prospecter l'intérieur du son ainsi qu'il le désire. Il n'en demeure pas moins que sa production pianistique, immense (une dizaine d'heures), se révèle l'une des plus importantes de ce siècle, et qu'elle ne va certainement pas tarder à s'installer au répertoire des pianistes ; d'autant que, conçue par un exécutant émérite, elle est admirablement écrite pour l'instrument et que, même lorsque sa virtuosité est extrême, elle « tombe toujours sous les doigts ». Scelsi garde encore par devers lui une partie de ses œuvres, — soit qu'il ne les juge plus dignes d'être publiées, soit qu'il les réserve pour plus tard. C'est ainsi que, parmi les œuvres numérotées, manquent la *Première* des quatre *Sonates* ainsi que les *Première, Troisième* et *Quatrième* des onze *Suites* (il en existerait une douzième). Par la liberté de leur forme et par la grande complexité de leur langage, ces œuvres ne se prêtent pas à une analyse rapide que l'auteur, d'ailleurs, désapprouve. Il semble qu'en ce qui concerne forme et structure, il se soit rapproché plus que tout autre compositeur de l'infinie complexité des modèles naturels, — celle-là même qui attend les compositeurs de demain lorsqu'ils auront épuisé les petits plaisirs, combien plus simplets, de l'ordinateur !

Chronologiquement, la production pianistique de Scelsi se divise en deux « périodes », l'une de 1930 à 1941, l'autre de 1952 à 1956 ; mais déjà la première permet de constater une évolution considérable, surtout à partir de 1939.

La première œuvre conservée du musicien est une brève composition intitulée **Rotative**, dont la rédaction originelle (1929) fait appel à l'orchestre, mais que Scelsi a transcrite en 1938 pour deux pianos et percussion (celle-ci s'avérant facultative). C'est pourquoi cette page curieuse, à mi-chemin du mécanisme des Futuristes italiens et du style de Satie, figure ici. Elle n'est nullement typique de son auteur, mais plaisante, virtuose et efficace. Parmi les pages les plus anciennes pour piano seul, la **Suite nº 2** (1930), en douze mouvements, intitulée *les Douze Prophètes mineurs,* fait penser à la fois à Bartok et à Scriabine, avec son alternance de sauvagerie percussive et d'exubérance harmonique. La richesse proprement sonore en est déjà remarquable. Parmi les œuvres de jeunesse, on citera encore un *Scherzo* (1930), une *Danse* (1931), une *Toccata* (1934), un *Capriccio* (1935), un recueil intitulé *Paralipomena* et comprenant six morceaux écrits entre 1930 et 1940, enfin, de la même décennie, un nombre indéterminé de *Préludes* (entre vingt-quatre et quarante), qui n'ont pas tous été retrouvés. Une *Suite nº 5, le Cirque,* en dix mouvements, date de 1935. Puis, à la suite du séjour d'études à Vienne auprès de Walter Klein, 1937 voit naître le remarquable recueil des **Quattro Poemi** : ici s'observe une étonnante affinité avec Alban Berg, que Scelsi admirait beaucoup. Chacune de ces pièces est précédée d'une brève épigraphe poétique : *Une dernière fois la terre* pour la première, dédiée par Scelsi à sa femme Dorothy ; *Comme un cri traverse un cerveau* pour la deuxième, qui cite indirectement le début de la *Sonate op. 1* de Berg* ; *Chemin du Rêve* pour la troisième ; enfin *Passage du Poète* (titre emprunté à C.F. Ramuz) pour la dernière, dédiée à la mémoire d'Alban Berg. C'est un véritable chef-d'œuvre, — la première œuvre strictement dodécaphonique écrite par un Italien, et l'une des plus parfaites et des plus émouvantes : elle mériterait une longue analyse.

De 1938-1939 date l'une des œuvres les plus révolutionnaires de Scelsi, la **Suite nº 6,** dite *I Capricci di Ty* (Ty était le diminutif familier de son épouse), quinze pièces brèves d'une audace et d'une violence rythmique et sonore sans exemple avant Xenakis, explorant jusqu'au bout toutes les dimensions du Son pianistique. Il s'agit certainement d'une des œuvres les plus spectaculaires et les plus virtuoses du piano contemporain. La *Suite nº 7*, en six mouvements (1939), est de dimensions plus modestes, mais de non moindre valeur. De la même année date une autre œuvre extraordinaire, le grand triptyque intitulé **Hispania** *(Mosso, con spirito ; Moderato ; Mosso-Presto-Grandioso),* évocation par le rêve d'une Espagne où Scelsi ne s'était jamais rendu, mais d'où il était en partie originaire par sa mère. Qu'il s'agisse de l'évocation du cante jondo, de celle des processions de la Semaine sainte en Andalousie, ou de celle, tragique, d'une corrida, le compositeur rejoint les grandes réussites d'un Debussy ou d'un Ravel dans le portrait « de l'extérieur » d'une Espagne plus vraie que

---

* Voir, ici même, à : *Berg*.

nature : encore un atout sûr dans le répertoire des virtuoses de demain ! Puis vinrent trois **Sonates** (*Deuxième* et *Troisième* de 1939, *Quatrième* de 1941, la *Première* semble avoir disparu), de dimensions plus restreintes, de proportions externes plus « classiques » : elles sont en trois mouvements, dans l'ordre vif-lent-vif, sauf la *Troisième*, dont les tempos des trois morceaux sont plus libres. C'est cette *Troisième*, très expressive, que le compositeur préfère : il l'appelle « l'Amoureuse ». La *Quatrième* débute par une polyphonie très belle et très stricte, tassée dans le grave de l'instrument, et d'une couleur curieusement scriabinienne. Partout règne la plus souveraine liberté formelle et rythmique. Les dernières œuvres de cette première période (*Variations* de 1940, et *Variations et Fugue* de 1941) ne sont pas encore accessibles.

Après un long silence dans le domaine du piano (mais qui vit naître, notamment, l'impressionnant *Premier Quatuor* et la grande cantate *la Naissance du Verbe*), sept œuvres maîtresses se succèdent rapidement entre 1952 et 1956. Tout d'abord, dès 1952, la **Suite n° 8**, *Bot-Ba*, en six mouvements de grande envergure, « une évocation du Tibet avec ses monastères sur les hautes montagnes — Rituels tibétains — Prières et Danses », — une œuvre où se précise l'attirance de Scelsi vers le Son unique, « épaissi » en clusters serrés indiquant la nostalgie de l'espace infrachromatique. Moins violente physiquement que la *Sixième Suite*, la *Huitième* est d'une grandeur plus statique, sombre et monumentale à l'égal des monastères tibétains.

Les **Quattro Illustrazioni**, de 1953, sont peut-être l'œuvre pianistique la plus immédiatement attrayante de Scelsi, grâce également à leur concision et à leur diversité. Encore inspirées par l'Inde, ce sont quatre illustrations des métamorphoses de Vichnou. La première *(Sostenuto)* représente Vichnou endormi, tandis que Sarasvati joue du sitar. La deuxième, un morceau d'une extraordinaire violence (on dirait un *Allegro barbaro* de notre temps), décrit Vichnou sous l'aspect d'un sanglier sauvage dévastant la contrée ; la course obstinée de l'animal, à ras de terre, est rendue avec beaucoup de réalisme. La troisième pièce *(Con eleganza e seduzione)* évoque Vichnou sous sa forme humaine, celle du Prince Krishna couvert de joyaux, — tandis que la dernière *(Calmo, radioso)*, très lente et méditative, nous montre Vichnou, le Dieu tout-puissant dans toute sa gloire.

De cette année 1953 date également un recueil de même essence, et de même valeur, celui des **Cinque Incantesimi** (« Cinq Enchantements », ou « Invocations »), dédié à Henri Michaux (à la mémoire duquel Scelsi écrira son *Cinquième Quatuor* en 1984). Successivement : *Deciso imperioso*, puis *Sostenuto* ; *Presto (Sauvage et strident)* ; *Agitato* ; *Lento (misterioso, sopranaturale)*, — avec des effets d'harmoniques obtenus au moyen de l'attaque muette, pédale de droite baissée ; enfin, *Sauvage et strident*.

L'année 1953 a vu naître encore une troisième grande œuvre pianistique, la **Suite n° 9**, *Ttai*, extrêmement développée en ses neuf mouvements, et d'une expression de plus en plus intériorisée et méditative. Scelsi indique : » Une succession d'épisodes qui exprime alternativement le Temps — ou, plus précisément, le Temps en mouvement ; et l'Homme, tel qu'il est symbolisé par les cathédrales ou des monastères, avec le son du " Om " sacré. » Et il fait précéder la partition de ce singulier avertissement : « Cette Suite doit être écoutée et jouée avec le plus grand calme intérieur. Les agités s'abstiennent. » Plus brève, plus dépouillée, la **Suite n° 10**, en sept mouvements (1954), s'intitule *Ka* (« Ce mot a des significations différentes, mais " Essence " est la principale »). On observe l'importance croissante de la monodie dans la pensée de Scelsi.

1955 apporte, cependant, la surprise d'une œuvre extrême, — au point qu'elle n'a été jouée jusqu'ici qu'une seule fois en public : les neuf morceaux d'**Action Music** explorent systématiquement les agrégats serrés de type cluster, dernière étape possible au piano avant le saut dans l'infrachromatique, et exigent par conséquent le jeu presque constant avec les paumes, les poings, voire les avant-bras. Cette œuvre extraordinairement violente représente assurément un cas-limite, et l'interprète (comme dans tel *Klavierstück* de Stockhausen à peu près contemporain) aurait avantage à se munir de mitaines. En 1956, une dernière grande *Suite*, la **Suite n° 11**, en neuf mouvements, n'ira pas au-delà, — seul le premier morceau étant à nouveau écrit en clusters. Pour le reste, cette *Suite*, d'une belle variété d'inspiration, constitue une ultime synthèse, de vaste envergure, de Scelsi compositeur pour piano. Pour l'instant, elle ne semble pas encore avoir été exécutée en public.

H.H.

FLORENT SCHMITT

Né le 28 septembre 1870, à Blamont (Meurthe-et-Moselle); mort le 17 août 1958, à Neuilly-sur-Seine. Après ses premières études musicales à Nancy, il entra en 1889 au Conservatoire de Paris où ses professeurs furent, notamment, Lavignac pour l'harmonie, Gédalge pour la fugue, Massenet et Fauré pour la composition. Il concourut quatre fois sans succès pour le prix de Rome, avant d'obtenir celui-ci en 1900 avec sa cantate Sémiramis. *Son séjour romain fut cependant écourté par de nombreux voyages à travers l'Europe, dont il rapporta diverses pièces pour le piano. En 1906, la première audition de son* Psaume XLVII *crée l'événement; autre événement, l'année suivante, avec la* Tragédie de Salomé, *dansée par la célèbre Loïe Fuller. Puis, en 1908, le* Quintette pour piano et cordes *établit définitivement la réputation du musicien, dont les œuvres ultérieures ne connaîtront plus le même succès. En 1936, Florent Schmitt sera élu à l'Institut au fauteuil de Paul Dukas. C'est l'année même de sa mort que sera créée une tardive* Deuxième Symphonie *au festival de Strasbourg, sous la direction de Charles Münch. L'œuvre, diverse, de Florent Schmitt est celle d'un maître de l'orchestre — un symphoniste-né —, de même que de l'écriture instrumentale (sa remarquable production de chambre). Sa musique, à l'image de sa personnalité franche et assez rude, n'a guère subi d'influences, — bien que Schmitt ait parfaitement connu les œuvres d'un Debussy, d'un Stravinski ou d'un Schönberg; l'inspiration mélodique est généreuse, le langage harmonique riche jusqu'à la complexité. Le piano occupe une place non négligeable au sein d'un catalogue comportant près de cent trente numéros d'opus; nombre de recueils — dont certains didactiques — se situent dans une première « période », que suivront les grandes partitions de la maturité : car Florent Schmitt n'a jamais cessé de composer pour un instrument qu'il maîtrisa parfaitement.*

Schmitt n'a jamais abordé la « grande forme » au clavier. Ses différents recueils se composent de petites pièces aux titres suggestifs, souvent malicieux ou cocasses, de caractère parfois récréatif. Le piano fut abordé entre 1890 et 1896, avec des séries de préludes et, parmi les plus intéressants, les dix préludes assemblés sous le titre général **Soirs (op. 5)**, qui furent d'ailleurs orchestrés : « fraîches rêveries », a écrit P.-O. Ferroud*, qui « résument toute une époque où les lendemains sont sans angoisse, la vie facile, heureuse et sans histoire ». Les titres parlent d'eux-mêmes : *En rêvant, Gaiety, Spleen, Après l'été, Parfum exotique, Un soir, Tziganiana, Églogue, Sur l'onde, Dernières pages.* La dénomination de « préludes » n'est sûrement pas la mieux adaptée : ces pièces modestes et faciles — « romances sans paroles » plutôt — restent à bonne distance autant de Chopin que de Debussy ; certaines seraient plus proches de Chabrier. Il y aura plus d'originalité, sans doute, dans les *Sept Pièces op. 15* pour piano à quatre mains, publiées en 1899, et, surtout, dans un recueil intitulé **Musiques foraines (op. 22)**, toujours pour quatre mains, composé de 1895 à 1902. Il s'agit, cette fois, de pièces d'humour et de fine moquerie, dont il est aisé de situer les filiations pianistiques, typiquement françaises : les six titres, en effet, sont successivement *Parade, Boniment de clowns, La belle Fathma, Les éléphants savants, La pythonisse, Chevaux de bois.* Encore l'humour, et l'ironie de l'observateur de choses étrangères, dans ces impressions de voyage rapportées par Schmitt avec **Reflets d'Allemagne (op. 28)**, publiés en 1905. Ce sont huit valses, de nouveau à quatre mains, qui seront orchestrées et données au concert en 1909, avant de former les numéros d'un ballet présenté au Théâtre de l'Opéra-Comique en 1932 ; les intitulés sont : *Heidelberg, Coblentz, Lübeck, Werder, Vienne, Dresde, Nuremberg* et *Munich.* Il ne semble pas utile de souligner que les diverses facettes de la vie et des coutumes germaniques trouvent ici des reflets musicaux quelque peu déformés, par touches un peu voyantes, — le compositeur français pris au piège de sa propre naïveté. Autre recueil un peu antérieur (1895 à 1903) : les **Neuf Pièces (op. 27)**, d'un ton tout différent, parfois fauréen *(Chanson mélancolique, Nocturne, Sicilienne,* notamment), et comportant une *Danse orientale* préfigurant

---

* P.-O. Ferroud, *Autour de Florent Schmitt* (Éd. Durand, Paris, 1927).

l'inspiration du compositeur de *la Tragédie de Salomé* ou de la *Danse d'Abisag*. Doivent être cités enfin les plaisants cahiers constitués par *Petites Musiques (op. 32), Sur cinq notes (op. 34), Puppazzi (op. 36)* et *Quatre Pièces récréatives (op. 37)*, écrits pendant les années 1906 et 1907, — dont certains à quatre mains, et destinés aux apprentis pianistes.

Suivirent les partitions d'une élaboration plus complète, qui émaillent un catalogue dès lors plus nettement orienté vers la musique de chambre et d'orchestre. Commencées en 1900, terminées en 1908, les **Pièces romantiques (op. 42)** constituent un recueil de courte durée (une dizaine de minutes), mais de riche substance musicale. Les six pièces sont : *Lied tendre* (un élan, des frémissements de passion schumanniens), *Barcarolle* (toute fauréenne, du « presque lent » au « presque vite »), *Valse nostalgique* (pièce aisée, peut-être même d'un délié trop sentimental), *Improvisation* (d'un caractère fantasque), *Nocturne* (bref, d'une exquise délicatesse), et *Souvenir* (d'un lyrisme profond, richement harmonisé, en un développement pianistique changeant et magistralement conduit). De nouveau un ton, des éclairages différents avec l'opus suivant : **Six Humoresques (op. 43)** pour piano à quatre mains. Le recueil n'est guère plus étendu (douze minutes environ), et fut composée en 1911. Il enchaîne une *Marche militaire* d'un éclat factice, assez parodique, un *Rondeau* au 3/4 animé, un *Bucolique* plus apaisé, un *Scherzetto* vif et spirituel, une *Valse mélancolique* un peu molle, une *Danse grotesque* enfin, plutôt appuyée.

Si l'on néglige quatre *Crépuscules (op. 56)* écrits entre 1901 et 1911, la suite tardive intitulée *Small Gestures (op. 92)*, composée en 1940, ainsi qu'une œuvre pour clavecin — *Clavecin obtempérant (op. 107)*, de 1945, d'écriture dense et virtuose —, on en arrive, pour terminer, à ce qui constitue le meilleur Florent Schmitt au piano, — son recueil certainement le plus considérable, qui ne comporte cependant que trois pièces : **Ombres (op. 64)**, élaboré de 1913 à 1917, d'une durée avoisinant vingt minutes. Il s'agit là d'une suite en trois mouvements, — les deux extrêmes encadrant une *Mauresque* d'une sensualité langoureuse et violente à la fois, évoquant celle des grandes pages d'orchestre « orientales » du compositeur. Le premier morceau, *J'entends dans le lointain...* (« J'entends dans le lointain des cris prolongés de la douleur la plus poignante », phrase extraite des *Chants de Maldoror*), constitue la plus belle page de piano que Schmitt ait conçue, d'une écriture extraordinairement fouillée, hardie, et d'exécution difficile (étagement sur trois portées, superpositions de lignes), en même temps que d'une expressivité soutenue, déchirante et morbide : la forme lied prédomine, non sans liberté ni surcharges dans la partie médiane. L'œuvre s'achève avec *Cette ombre, mon image...* (sur un vers de Walt Whitman, « Cette ombre, mon image, qui va et vient cherchant sa vie »), — une rêverie d'indicible poésie, d'un lyrisme délicat, aux voix multiples (trois portées également), palpitant dans son développement central, et conclue sur un pianissimo transparent...

F.R.T.

JOHANN SCHOBERT

Sans doute né en Silésie, vers 1735 ; mort à Paris, le 28 août 1767. La première partie de la vie de ce musicien silésien est restée dans l'ombre. Fixé en France, il n'apparaît dans la vie musicale parisienne que vers 1760. Il est alors au service du prince de Conti, et fait graver à ses frais l'essentiel de son œuvre. Le jeune Mozart, qui le rencontra lors de son premier voyage à Paris en 1764, l'admira beaucoup et subit très fortement son influence. Schobert mourut prématurément avec toute sa famille, vraisemblablement empoisonné par des champignons vénéneux. Il jouissait alors d'une grande réputation qui fit dire à Jean-Benjamin de La Borde, quelques années après sa mort, qu'il était « l'un des plus étonnants professeurs de clavecin que l'on ait jamais entendu. Il fallait lui voir exécuter ses pièces pour croire que ce qu'il faisait fût possible. Il avait aussi le talent de composer des pièces charmantes et pleines de chant. Ses œuvres sont entre les mains de tous ceux qui cultivent le clavecin et le forte-piano ».

L'œuvre de clavier

L'œuvre de Schobert est principalement axée sur le clavier. Il fit publier à Paris, entre 1761 et 1767, un grand nombre de sonates pour clavecin (notamment **Six Sonates pour le clavecin op. XIV** parues en 1766), des sonates pour clavecin avec accompagnement de violon ad libitum, des sonates en trio, en quatuor, des sinfonies et des concertos pour clavecin. Il reste aussi la trace d'un opéra-comique qu'il aurait fait représenter au Théâtre-Italien à Paris en 1766, mais qui est aujourd'hui perdu.

Johann Schobert peut être considéré (avec Johann Gottfried Eckard) comme l'un des fondateurs de la première école française de piano. A l'heure où le genre précieux et la mélodie ornée chers aux clavecinistes tendent à disparaître au profit d'une thématique qui, par sa simplicité et sa souplesse, répondait mieux aux exigences du mécanisme du nouveau pianoforte, Schobert sera en effet l'un des premiers en France à élaborer une nouvelle technique d'écriture. S'il n'écrit pas expressément pour le piano-forte, que sans aucun doute il connaissait et pratiquait, il introduit dans son œuvre de clavier des formules propres au clavecin et des éléments de style caractéristiques du piano-forte. Aux clavecinistes il reprend, par exemple, certains agréments et l'usage d'une écriture contrapuntique et à plusieurs voix. Il se rapproche en revanche du piano-forte lorsqu'il utilise des indications de nuances dynamiques. Celles-ci restent cependant assez discrètes, et ressemblent encore aux effets particuliers de registration obtenus par la différence de timbre des deux claviers du clavecin.

Schobert opère avec un art remarquable la synthèse entre les goûts français, italien et allemand. Ses thèmes sont d'une grande fraîcheur, ses phrases sont brèves mais expressives, et ses développements sont concis mais parfaitement construits. Ses premiers mouvements de sonates sont conçus selon la forme sonate traditionnelle, — avec ses deux thèmes opposés. Il y emploie largement la basse d'Alberti comme moyen d'accompagnement d'une ligne mélodique dépouillée.

Lors de son premier voyage à Paris en 1764, Mozart eut l'occasion de rencontrer Schobert, alors au faîte de la célébrité. Dans sa correspondance, Léopold Mozart laisse quelques témoignages sur cette rencontre avec un musicien qu'il ne semblait pas tenir en haute estime : « ... Il y a ici une guerre continuelle entre la musique française et la musique italienne. Toute la musique française ne vaut pas le diable ; mais l'on commence maintenant à changer énormément... Ce sont les Allemands qui sont les maîtres pour la musique publiée ; parmi eux MM. Schobert, Eckard et Honnauer sont très appréciés pour le clavecin... Quant à ma fille, elle joue les pièces les plus difficiles que nous ayons à présent de Schobert, d'Eckard, etc., et les pièces d'Eckard sont de loin les plus difficiles. Elle joue tout cela avec une incroyable précision, à tel point que le misérable Schobert ne peut cacher sa jalousie et son envie, et qu'il se rend ainsi odieux auprès de M. Eckard, qui est un honnête homme, et auprès de bien des gens. »

Très impressionné par les œuvres de Schobert, par leur spontanéité, par leur perfection formelle et leur expression, le jeune Mozart composa à Paris en 1764 des sonates pour clavecin avec accompagnement de violon *(K. 6 à 9)* qui témoignent de cette influence, — influence que l'on retrouvera, avec moins d'intensité cependant, dans quelques-unes des sonates pour piano écrites lors du second voyage à Paris en 1778. Nouvel hommage à Schobert en 1767, — lorsque Mozart réunit plusieurs mouvements de sonates françaises pour les arranger en concertos pour clavecin *(K. 37, 39, 40 et 41)* : les sonates de Schobert y figurent en bonne place.

A. d. P.

ARNOLD SCHŒNBERG

Né à Vienne, le 13 septembre 1874; mort à Los Angeles, le 13 juillet 1951. Le « fondateur » de ce qu'on a nommé la seconde École de Vienne fut un autodidacte : il ne reçut, à vingt ans, que quelques leçons de contrepoint d'Alexander von Zemlinsky. Après un court séjour à Berlin, où il dut orchestrer et diriger des opérettes, il revint à Vienne en 1903, et y amorça ses premières activités pédagogiques, — comptant aussitôt Berg et Webern parmi ses « disciples ». Un poste de professeur de composition au Conservatoire Stern, à Berlin, l'éloigna de nouveau de la capitale autrichienne en 1910. C'est en 1917 que s'effectua son second retour à Vienne, où il créa sa propre école de musique, grande propagandiste d'œuvres d'avant-garde. En 1924, Schönberg est une fois encore à Berlin, où il enseigne à l'Académie des Arts. Mais l'avènement du nazisme, en 1933, le chasse de ses fonctions (bien qu'il ait abandonné la confession israélite depuis 1921) : le musicien s'exile à Paris, puis gagne les États-Unis où il s'installera définitivement ; il sera professeur à Boston et à New York, avant de diriger le département musical de l'Université de Californie ; c'est en Californie qu'il mourra, ayant opté pour la nationalité américaine dès 1941. Le mélomane d'aujourd'hui — qui a pu s'initier aux principes de composition schönbergiens — s'est surtout familiarisé avec les pages d'orchestre, les grandes fresques vocales (des Gurrelieder *à l'opéra* Moïse et Aaron*), et même le* Concerto pour violon, *ou cette* Nuit transfigurée, *très souvent jouée, et trop méconnue dans sa version d'origine pour sextuor à cordes. Mais plus mal connues encore demeurent la musique de chambre et, singulièrement, l'œuvre pour piano, — qui, en durée, n'est pas considérable, qui n'est pas non plus d'accès facile, mais qui recèle une extraordinaire richesse : cinq numéros d'opus doivent être retenus — les* Klavierstücke op. 11, op. 19, op. 23, op. 33, *la* Suite op. 25 —, *qui seront examinés ci-après.*

Si, d'autre part, le piano n'occupe pas une place dominante dans la production schönbergienne, il présente toutefois l'inestimable intérêt de se situer régulièrement à ce que René Leibowitz a appelé des « moments cruciaux » de son évolution. Appelons-en, par ailleurs, au témoignage du pianiste Glenn Gould* : « ... Il est possible de retracer jusqu'à un certain point l'évolution des idées stylistiques de Schönberg à travers son écriture pour le piano... On en arrivera, par cette démarche, à la conclusion que, au fur et à mesure que se succèdent ses œuvres, le piano *en soi* a pour Schönberg de moins en moins de signification. Mais... il serait erroné de supposer que Schönberg était indifférent à la mécanique de l'instrument. Il n'y a pas une seule phrase de toute sa musique pour piano qui soit mal conçue pour le clavier. » Et ajoutons, cependant, que Schönberg ne fut pas pianiste !

Pour en venir rapidement à l'essentiel, négligeons un certain nombre de compositions de jeunesse, — qui ne firent qu'assumer sans originalité marquée l'héritage romantique. Ainsi citerons-nous pour mémoire un ensemble de *Trois Pièces pour piano* daté de 1894 — le musicien avait vingt ans — dont l'*Andantino*, puis l'*Andantino grazioso*, enfin le *Presto* peuvent être considérés comme un démarquage des derniers *Intermezzi* de Brahms, compositeur dont Schönberg ne renierait jamais l'influence.

Trois Pièces pour piano (op. 11)

Le premier recueil pianistique tout à fait digne d'attention est celui des trois *Klavierstücke op. 11* (premier opus pour piano publié), daté de 1909 : les deux pièces initiales furent achevées coup sur coup les 19 et 22 février (et communiquées, pour avis, à Busoni qui réalisa une « version de concert » de la seconde !) ; la troisième fut composée quelques mois plus tard, et terminée le 7 août. L'audition complète en eut lieu le 14 janvier 1910 à Vienne. L'année 1909 — Schönberg ayant atteint trente-cinq ans — est à marquer d'une pierre blanche dans la carrière du musicien qui, outre cet *Opus 11*, acheva alors son cycle de mélodies du *Livre des jardins suspendus*, et com-

---

* In : Geoffrey Payzant, *Un homme du futur* (Éd. Fayard, Paris, 1983).

posa les *Cinq Pièces pour orchestre op. 16* ainsi que le monodrame *Erwartung*. Ces titres divers fournissent au lecteur averti de l'évolution schönbergienne une précieuse indication : nous sommes au seuil d'une « période » importante, — celle de l'exploration de la totalité chromatique qui conduira vers l'atonalité. A cet égard, l'*Opus 11* est marqué d'un caractère d'expérimentation, — qui prolonge immédiatement celle entreprise dans les *Jardins suspendus*. Schönberg, certes, ne franchit pas l'étape d'une enjambée : par maints détails d'écriture se discerne encore l'emprise du Brahms tardif, — avec l'assise profonde de ses basses et tous ses effets de syncopes. Mais Schönberg réussit à se forger un langage très personnel, qui transparaît moins dans les similitudes stylistiques qu'offrent les trois pièces de l'*Opus 11* que dans leurs différences mêmes.

1. MÄSSIG (« modéré ») : c'est la pièce la plus simple, — s'ordonnant clairement dans la forme tripartite A B A'. Tout le matériau harmonique, rythmique et dynamique dérive d'une cellule mélodique de trois mesures sur laquelle se construit le thème principal :

On peut en décrire ainsi la structure* : les groupes de notes *si — sol* dièse — *sol*, puis *la — fa — mi* (et les intervalles qu'ils déterminent) constituent la proposition à laquelle répond une section contrastante de trois mesures également, — qui utilise les mêmes sons, et est suivie d'une brève césure d'une mesure. Ces mesures 1 à 8 forment l'*antécédent* auquel succèdera son *conséquent* : répétition variée de la proposition (mesures 9 à 11), et cadence (mesures 12 à 18). Cette cadence, en particulier, s'avère remarquable par l'emploi du « flageolet », — autrement dit de sons harmoniques obtenus par effets de résonance à l'octave (mesure 14 à 16) : procédé tout à fait novateur, dont les musiciens de l'École de Vienne de même que leurs émules feront un ample usage. La partie B apparaît à la mesure 34, et se distingue nettement par son écriture fortement chromatisée.

2. MÄSSIG (« modéré ») : indiquée dans le même tempo, mais plus vaste, aux oppositions thématiques et dynamiques plus accentuées, la deuxième pièce se caractérise par la tension qu'introduit aussitôt un ostinato de la basse, — une pédale sur les notes *fa — ré* :

On y perçoit l'attraction du ton de *ré* mineur, — dont la mélodie, « sotto voce », de la main droite ne se dégage qu'avec effort. Deux forces antagonistes sont en action : insistante, la basse s'impose de façon obsessionnelle, et tente de contrarier tout élan de passion, toute émotivité. Celle-ci, toutefois, parvient à s'installer, se détermine harmoniquement, et atteindra un *ff* frémissant au registre aigu du clavier ; pour ensuite refluer de nouveau, — comme victime d'une pesanteur « tonale » qu'elle n'a pu maîtriser.

3. BEWEGT (« mouvementé ») : est-ce en raison de sa composition plus tardive, — quelques mois seulement ? La troisième et dernière pièce s'avère, de loin, la plus audacieuse, la plus originale, la plus tournée vers un avenir que concrétisera, sous peu, la création d'*Erwartung*. C'est aussi la pièce la plus purement pianistique, et d'une grande difficulté d'exécution. Les deux pièces précédentes reproduisaient plus ou moins fidèlement les schémas traditionnels du développement et de la récapitulation : il n'en est plus rien ici, — avec une construction par séquences individualisées, tantôt mobiles, tantôt statiques, dont aucune n'est la répétition de l'autre, contenant chacune son propre développement. Schönberg... « inaugure ainsi une dimension formelle inédite, *athématique* » (René Leibowitz)**, qu'il n'est pas téméraire de qualifier de « forme ouverte » et comme en constante improvisation. Mais Leibowitz fait justement remarquer : « L'idée d'athématisme n'implique nullement l'abandon d'une structuration, ni d'une logique compositionnelle rigoureuses ». De fait, l'unité

---

* On trouve également cette analyse chez René Leibowitz, in *Schönberg* (Éd. du Seuil, Paris, 1968).

** R. Leibowitz, *op. cit.*

n'apparaît jamais compromise par les accumulations découlant du principe de non-répétition (et des successions d'agrégats défiant les lois de l'harmonie tonale), — depuis les violents accords du début jusqu'au diminuendo conclusif (avec l'indication *pppp*), et son extinction au grave du piano.

Six Petites Pièces pour piano (op. 19)

Écrites deux ans plus tard — de février à juin 1911 —, ces « miniatures » forment contraste avec l'*Opus 11* non seulement par leur durée — l'ensemble ne dépasse pas cinq minutes —, mais par leur style aphoristique : elles se situent ainsi dans le prolongement des *Trois Petites Pièces pour orchestre de chambre* (de 1910), — concentrant les événements musicaux dans un minimum de temps, avec un minimum de moyens. On y constate une réaction contre l'hypertrophie de la « grande forme » — instrumentale ou de format symphonique — telle que la pratiqua Schönberg lui-même dans nombre de ses œuvres. On notera que la dernière pièce fut écrite peu de temps après les obsèques à Vienne, en mai 1911, de Gustav Mahler, — à la mémoire duquel Schönberg dédiera son *Traité d'harmonie* publié dès le mois de juillet suivant.

Les six *Petites Pièces* sont intitulées *Leicht, zart* (« léger, délicat »); *Langsam* (« lent »); *Sehr langsam* (« très lent »); *Rasch, aber leicht* (« rapide, mais léger »); *Etwas rasch* (« assez rapide »); *Sehr langsam* (« très lent »). La plus longue — la première — comporte dix-huit mesures ; les plus courtes — les deuxième et troisième — seulement neuf chacune. On a souvent fait le rapprochement avec Webern : ce qui ne va pas sans malentendu. Alors qu'on peut tenir la forme épigrammatique comme consubstantielle au génie webernien, elle ne représente chez Schönberg qu'une exception, un condensé de l'expression, ample et fortement émotionnelle, vers laquelle il était naturellement porté. Ces pièces sont donc peu « weberniennes » en elles-mêmes, mais une quintessence d'éléments stylistiques antérieurs — de l'*Opus 11* par exemple —, isolés dans leur formulation la plus concise et, pour l'auditeur, la plus attrayante.

C'est une logique toute intuitive qui paraît gouverner la pièce initiale, d'une fine texture harmonique, — tandis qu'un ostinato de tierce *(sol — si)*, dans une mesure à quatre temps décomposés, engendre les configurations mélodiques de la seconde. D'un lyrisme plus évident, la pièce suivante expose les accords de la main droite sur un chant en octaves à la basse (« à jouer de bout en bout *pp* »). On remarquera surtout, dans la quatrième pièce, un récitatif de treize mesures, intensément dramatique, qui prend place en conclusion ; à quoi s'oppose le fluide legato de la cinquième pièce portant la mention « zart aber voll » (« délicat mais plein ») ; tout concept de tonalité y paraît définitivement aboli. Mais sans doute la plus belle, la plus émouvante, est-elle la pièce finale, — qui fait résonner un glas funèbre expirant mélancoliquement en un double accord de six notes (du grave à l'aigu, *sol, ut, fa, la , fa* dièse et *si*), « wie ein Hauch » (« comme un souffle ») :

Cinq Pièces pour piano (op. 23)

La composition des *Pièces op. 23* et celle de la *Suite pour piano op. 25* (v. plus loin) relèvent, elles aussi, d'une période « cruciale » : celle de la mise en œuvre du principe sériel, — c'est-à-dire d' « un procédé de déduction des figures mélodiques et harmoniques à partir d'une *série fondamentale* de certains sons et des intervalles qu'ils déterminent » (René Leibowitz) [*]. Nous citerons également le musicien, — s'expliquant sur la constitution de cette nouvelle technique de composition (lettre de juin 1937, à Nicolas Slonimsky) : « La méthode de composer avec douze sons a eu beaucoup de tentatives préparatoires... Comme exemple de ces essais, je puis mentionner les *Pièces pour piano op. 23*. Ici j'étais arrivé à la technique que j'intitulais " composer avec des sons ", terme très vague mais qui avait un sens pour moi. A savoir : à l'inverse de la manière courante de se servir d'un motif, je m'en servais déjà presque comme d'une série de douze sons fondamentale. Je construisais d'autres motifs et thèmes en partant de cette série, et aussi

---
[*]R. Leibowitz, *op. cit.*

des accompagnements et autres accords, — mais le thème ne comportait pas les douze sons... » Pas encore, certes, dans cet *Opus 23*, — entrepris dès 1920, mais qui ne fut achevé qu'en avril 1923 (en même temps que la *Sérénade op. 24* pour ensemble de chambre et voix de baryton). Cependant, la cinquième pièce — *Valse* — fut la première pièce intégralement « à douze sons » publiée, en novembre de la même année. Alors que les quatre premières pièces sont encore des préliminaires, fort avancés, au principe de sérialisation, la *Valse* conclusive en constitue l'application sans compromis.

1. SEHR LANGSAM (« très lent ») : on est d'emblée frappé par une sorte d'allègement du jeu pianistique (quoique largement étalé sur toute l'étendue du clavier), par la transparence de la texture, par la variété, la subtilité des colorations à travers les différents registres. Simultanément, une certaine objectivité semble s'être substituée à l'expressionnisme des opus précédents. Dans une calme efflorescence se déploie la mélodie à 4/8, en un vaste ambitus de quatre octaves. Le matériau thématique dérive d'une complexe figuration, qui peut être décrite comme une invention à trois voix dans laquelle la voix intermédiaire transpose la notation des lettres B A C H :

La pièce, dans son parcours, déroule un contrepoint chromatique d'une souveraine aisance.

2. SEHR RASCH (« très rapide ») : la seconde pièce est bâtie sur une série horizontale de neuf sons (un son unique se répétant à la main gauche). Elle emprunte, dans un moindre format, à la forme sonate, — avec exposition et développement. Toutefois, ce sont les courbes et intensités dynamiques qu'on percevra le plus immédiatement, — jusqu'à une brève culmination *fff*. La structure sérielle est mise en évidence à trois reprises, — avant que la course ne s'épuise en une lente coda qui rejoint, pianissimo, l'extrême grave du clavier. Les deux ultimes mesures répètent la configuration thématique initiale.

3. LANGSAM (« lent ») : c'est le lyrisme épanoui de cette pièce centrale — la plus longue et la plus développée — qui surprendra peut-être davantage l'auditeur. La main gauche expose les cinq notes — *si* bémol, *ré, mi, si, ut* dièse — de la série de base, — sur laquelle la main droite s'épanche en grands intervalles arpégés dans un « legato leggiero ». Tant de délicatesse, de pureté, d'élégante maîtrise des couleurs les plus lumineuses du clavier ont incité à une comparaison avec l'écriture ravélienne, — ainsi dans l'exemple ci-dessous :

Dans la subtile et merveilleuse coda de six mesures, tintent comme le cristal les notes de la série.

4. SCHWUNGVOLL (« plein d'élan ») : la quatrième pièce fait office de scherzo, — d'une moindre complexité que les pièces précédentes. Un unique intervalle de sixte (et son renversement, la tierce majeure) en constitue l' « espace » thématique dès la première mesure, — que prolongent des descentes chromatiques répétées. Ce thème engendre la série proprement dite, — inspirant une mélodie d'allure dépressive : *ré* dièse, *si, ré, mi, sol*. Un parcours capricieux fait atteindre un sommet d'intensité (mesure 19), qui réitère l'intervalle initial. On revient ensuite progressivement vers un climat moins concentré, et vers une conclusion étonnamment tempérée.

5. WALZER (« Valse ») : seule pièce intégralement sérielle du recueil, elle répète plusieurs fois une série de douze sons sur un trois temps qui n'est pas sans faire songer, épisodiquement, à celui de l'ancien Ländler (mesures 29 à 34). Pour le reste, c'est plutôt un semblant de valse viennoise où se décèle quelque intention parodique. Tout s'évanouit à la fin sur un trille, — tel un adieu poétique (ou ironique, l'auditeur en jugera) à une époque révolue.

Suite pour piano (op. 25)

L'œuvre est exactement contemporaine

des *Pièces op. 23,* — puisque entreprise en 1921 et terminée en juillet 1923. Mais, à l'inverse de l'*Opus 23,* il s'agit là de la première partition intégralement dodécaphonique de Schönberg : ce qui est en particulier le cas de la pièce initiale — *Präludium* — qui, bien que publiée seulement en 1925, vit le jour dès juillet 1921 (le compositeur étant alors âgé de quarante-sept ans). C'est dire quelle est l'importance historique de cette pièce notamment, et de l'*Opus 25* dans son ensemble, — même s'il n'apparaît pas comme une œuvre majeure dans la production schönbergienne.

Rappelons succinctement que le dodécaphonisme repose sur un postulat d'égalité absolue entre les douze sons de l'échelle chromatique, et qu'à la base de la méthode se trouve la série (en allemand « Reihe »), — dans laquelle les douze sons se succèdent selon un ordre fixé à l'avance par le compositeur. Hormis les répétitions d'une même note, aucune des notes de la série de base (en allemand « Grundgestalt ») ne doit réapparaître avant qu'aient été entendues les onze autres. La série détermine également les relations d'intervalles, et l'ordre de leur succession fournissant la structure mélodique de la composition. La série de base est donc énoncée d'emblée ; puis sont établies ses trois variantes fondamentales, qui sont : la forme rétrograde, ou *récurrence* (les notes de la série sont lues en revenant de la dernière à la première) ; le mouvement contraire, ou *renversement* (on renverse les intervalles de la série initiale) ; la *récurrence du renversement* (forme rétrograde de ce mouvement contraire). Ce qui confine à l'abstraction s'illustre et s'éclaire dans l'exemple ci-dessous, — celui de la série de base énoncée au tout début de la *Suite op. 25,* avec ses trois variantes :

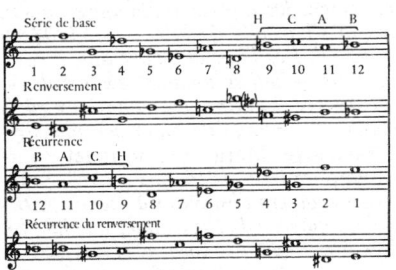

On remarquera que la série comporte un « hommage » à Bach (les quatre derniers sons en notation allemande), — musicien auquel Schönberg emprunte délibérément le schéma formel de la suite instrumentale (succession de danses en nombre variable). Ainsi débute l'œuvre :

La série y est donc présentée, accompagnée à la main gauche par une variante rythmique transposée au triton (le triton *ré* bémol — *sol* forme un intervalle qui reparaîtra plusieurs fois dans le cours de la *Suite*). Ces précisions techniques apportées, on caractérisera rapidement les cinq pièces constituant l'*Opus 25,* — que des commentateurs ont un peu hâtivement affublé de l'étiquette « néo-classicisme sériel ». Il semble, plutôt, que Schönberg s'y soit beaucoup diverti, — la discipline des formes anciennes lui permettant d'éprouver la richesse d'un langage tout nouvellement inventé.

La première pièce est intitulée *Präludium* (« Prélude »), dans un mouvement vif de toccata, en figurations insistantes de doubles croches (v. exemple ci-dessus). Lui succède une *Gavotte et Musette* (dans celle-ci, l'intervalle de triton se substitue à la quinte juste ordinairement émise par l'instrument du même nom). Vient ensuite l'*Intermezzo,* — qui semble appartenir à un autre univers que celui des danses qui l'entourent : le triton persiste en ostinato. Les deux dernières pièces sont respectivement un *Menuet et Trio* (ce dernier en traitement canonique), puis une *Gigue* non dénuée d'humour et qui conlut abruptement.

Deux Pièces pour piano (op. 33 a et 33 b)

Sous un numéro d'opus commun, ce sont là les dernières partitions pour piano seul de Schönberg : la première pièce date des années 1928-1929, — époque des *Variations pour orchestre op. 31* et de la *Musique d'accompagnement pour une scène de film**. La seconde est de 1931, — alors que Schönberg commençait la composition de son ouvrage lyrique le plus ambitieux, *Moïse et Aaron*. Chacune représente une sorte de synthèse de tout ce qu'écrivit le compositeur pour le piano. Cependant, « tout est différent entre elles, qu'il s'agisse des séries de base, de l'allure générale, des matériaux

---

* Voir *Guide de la musique symphonique.*

mélodiques et harmoniques, ou même de l'écriture pianistique. Et pourtant, on ne saurait imaginer un plus heureux *accouplement* » (René Leibowitz)*.

Op. 33 a : quoique de dimensions réduites, c'est certainement une des pages importantes du musicien dans sa période de création dodécaphonique. Bien qu'indiquée *mässig* (« modéré »), elle est d'un tempo rapide, impétueux. Les trois premiers accords sont fondés sur la série initiale *si* bémol, *fa, si* bécarre, *do, la, fa* dièse, *do* dièse, *ré* dièse, *sol, la* bémol, *ré* bécarre et *mi*. Les trois accords suivants proposent les notes de la récurrence du renversement, — transposée à la quarte :

Schönberg obtient ainsi des agrégats sonores — d'une grande beauté — à l'intérieur desquels, notons-le, la position des notes reste libre. Ce thème de départ se coule dans la forme sonate — ici extraordinairement « compressée » —, avec un thème secondaire, un développement extrêmement dense, puis la reprise variée du thème principal dont se dégage, en un raccourci inattendu, la ligne mélodique. Pour terminer, une brève conclusion pleine de force.

Op. 33 b : non moins représentative du dodécaphonisme sériel, la seconde pièce est plus lente, beaucoup plus développée, d'une grande richesse polyphonique, et de construction strophique (AB — A'B' — coda). Elle comporte donc également deux thèmes, — le premier distingué par ses grands intervalles disjoints, le second par un diatonisme plus resserré. On sera frappé par l'extrême amplitude mélodique (écriture horizontale), que contrepointe un rythme indiqué « molto staccato ». On ne sera pas moins étonné par le caractère d'introspection et, somme toute, d'épanouissement que semble revêtir cet *Op. 33 b,* — sans aucun doute l'une des plus parfaites réussites du piano schönbergien.

F.R.T.

FRANZ SCHUBERT

*Né le 31 janvier 1797, à Vienne ; mort le 19 novembre 1828, dans la même ville. Fils d'un maître d'école violoncelliste amateur (il y eut quatorze enfants, dont cinq seulement vécurent), le jeune Franz vécut une enfance modeste mais chaleureusement familiale : sa vocation musicale, contrariée par son père qui désirait qu'il devienne son assistant, fut néanmoins favorisée par l'apprentissage de l'orgue, du piano, du chant et de l'harmonie près d'un organiste de paroisse qui, rapidement, perçut les dons exceptionnels de son élève. Sa jolie voix lui permit d'être admis dans la Chappelle de la cour en 1808, et d'accomplir des études gratuites au Séminaire impérial. Dès l'âge de douze ans, il composa : les premiers quatuors qui nous soient parvenus — qui se jouaient en famille — datent des années 1811-1812. Après ses études générales, il devint enseignant aux côtés de son père, sans la moindre aptitude pour ce métier : il continua de composer intensivement, non sans produire déjà ses plus hauts chefs-d'œuvre (*Marguerite au rouet *est de 1814,* le Roi des aulnes *de 1815,* la Cinquième Symphonie *de 1816...). En 1818, Schubert quitte définitivement l'école de son père : sa vie s'écoulera désormais à Vienne, entièrement consacrée à la composition, — avec les faibles moyens de subsistance que lui procureront quelques leçons, la cession de ses œuvres à des éditeurs voraces et, surtout, la générosité de ses nombreux amis (qui n'eurent de cesse de secourir celui qui, avec ses fameuses « Schubertiades », leur octroyait sans compter les plus grandes joies musicales). Atteint de syphilis dès 1822, dès lors sujet à des accès de mélancolie, le musicien*

---

*R. Leibowitz, *op. cit.*

n'en lutta pas moins, par un énorme travail, jusqu'au terme fatal, — lorsque, typhoïdique, il s'éteignit à l'âge de trente et un ans : enseveli à Währing, son corps fut transféré au cimetière central de Vienne, à proximité de Beethoven comme il l'avait souhaité. Une grande partie de l'œuvre de Schubert ne fut découverte, exécutée et éditée qu'après sa mort. De même, sa valeur et son importance ne furent reconnues qu'un siècle plus tard, — la plus grande injustice commise par la postérité à l'égard d'un compositeur, puis sa plus juste revanche posthume. Ce pur génie — avec Mozart — de l'histoire de la musique (et le plus instinctif, le moins intellectuel) a laissé une œuvre considérable, dont il est bien superflu d'énumérer ici les divers opus. Pour s'en tenir au piano, qui ne fut pas moins inspiré que le lied ou la musique de chambre, vingt-trois Sonates, huit Impromptus, six Moments musicaux, l'admirable Wanderer-Fantasie, des Danses allemandes, Écossaises, Valses, Variations, et un immense répertoire pour quatre mains, constituent un florilège qu'on ne se lasse jamais d'explorer de l'expression romantique allemande, de ses confidences et de tous ses élans. En voici la présentation la plus exhaustive.

Schubert et le piano

Schubert fut le dernier grand compositeur chez qui la Sonate pour piano occupe une position centrale dans la musique de clavier. L'ensemble de ses vingt-trois sonates, dont douze achevées, peut se comparer aux séries similaires de Haydn, Mozart et Beethoven. Au contraire, les compositeurs romantiques devaient s'écarter de la Sonate, et ne plus la cultiver que de manière sporadique. Pour ne citer que les grands maîtres du piano, on trouve trois sonates dans les catalogues de Mendelssohn, Schumann, Chopin et Brahms, une seule chez Liszt. L'expression intime et subjective du romantisme musical s'accommodait mal de cadres aussi vastes et contraignants, que Schubert lui-même traite avec une grande désinvolture à l'intérieur de grands piliers familiers. Les musiciens-pianistes du XIXe siècle trouvèrent des formes à leur mesure dans la pièce lyrique de brèves dimensions, isolée ou groupée en cycles. Schubert ne fut pas à proprement parler l'inventeur du genre, mais il en créa les premiers chefs-d'œuvre, dont s'inspirèrent tous ses successeurs.

Déjà certains compositeurs du XVIIIe siècle finissant, en proie aux affres de la première vague romantique du *Sturm und Drang*, avaient cédé à un besoin d'évasion vers la confidence subjective, notamment Wilhelm Friedemann Bach, son frère Carl Philipp Emanuel, ainsi que Mozart. Mais leurs Fantaisies, répudiant les contraintes de la sonate, ne créent pas de nouveaux cadres formels, se contentant d'une liberté proche de l'improvision. Les *Bagatelles* de Beethoven, parfaites miniatures, sont des microcosmes musicaux renonçant délibérément à tout développement, des esquisses parfaites en soi. Les prédécesseurs immédiats de Schubert sont des musiciens tchèques, — le praguois Václav Jan Tomásek (1774-1850) avait publié non moins de huit recueils d'*Églogues, Rhapsodies* et *Dithyrambes* au moment où Schubert, en 1827, rédigea ses *Impromptus* et *Moments musicaux*. Mais Tomásek avait un disciple hautement inspiré, et c'est ce Jan Hugo Vorisek (1791-1825), mort à la fleur de l'âge, fixé à Vienne dès 1813, et dont nous savons qu'il fut lié d'amitié avec Schubert, qui fournit à notre musicien ses modèles immédiats : les six *Impromptus, op. 7*, publiés en 1822, premières pièces pianistiques à utiliser ce titre, sont des pages de grande valeur, — encore pleinement viables aujourd'hui. Ils sonnent fréquemment comme du Schubert avant la lettre. Il fallait du reste que l'idée fût dans l'air, puisqu'en cette même année 1822, le compositeur Heinrich Marschner fit paraître à Leipzig deux séries d'*Impromptus*.

La contribution de Schubert au genre de la pièce lyrique pour piano, peu volumineuse, mais entièrement de premier ordre, comprend quatre recueils : les deux séries d'*Impromptus*, les *Moments musicaux* et les trois *Klavierstücke* posthumes de 1828. Toute cette production, à laquelle on peut joindre encore le merveilleux *Allegretto* isolé en *ut* mineur *(D 915)*, écrit pour Ferdinand Walcher le 26 avril 1827, date des deux dernières années de sa vie. Il ne faut pas en conclure que Schubert avait renoncé à la Sonate, puisque son testament musical fut précisément la grande trilogie de septembre 1828 *(D 958-960)*. Il est à peine utile de citer la féconde descendance des pièces lyriques de Schubert : *Romances sans Paroles* de Mendelssohn, *Ballades, Scherzos* et *Impromptus* de Chopin, grands cycles pianistiques de Schumann, *Intermezzi* et *Caprices* de Brahms, et bien d'autres encore, jusqu'à Fauré et Debussy. Sur le plan de la structure interne, Schubert n'a pas innové davantage qu'ailleurs : ces pièces adoptent une simple forme ternaire, ou encore la coupe d'un rondo ou d'un lied, occasionnellement celle d'une forme sonate, une fois *(Impromptu op. 142/3)* celle d'un thème varié.

Ce qui est nouveau dans ces pièces, outre leur contenu poétique, c'est leur autonomie formelle et expressive. Chacune d'entre elles pourrait se suffire à elle-même, et lorsqu'on les réunit en cycles comme l'a fait Schubert lui-même, le sens cumulatif, foncièrement statique, est tout différent de celui d'une sonate. Nous présentons les deux séries d'*Impromptus* et les *Klavierstücke*, qui s'y rattachent étroitement, ainsi que nous le verrons. Plus brefs, comme leur titre l'indique, les six *Moments musicaux*, d'origine partiellement un peu plus ancienne, seront examinés à leur suite.

LES SONATES

Les Sonates de Schubert sont probablement l'ensemble d'œuvres le moins connu et le plus injustement négligé de tout le répertoire pianistique. Davantage encore que le reste de sa production dans les grandes formes instrumentales, elles souffrent d'un discrédit né d'une méconnaissance foncière de leur signification exacte et des problèmes qu'elle soulève. Hypnotisées par les prodigieuses conquêtes formelles de la sonate beethovénienne, de longues générations n'ont eu que dédain pour Schubert, qui n'a pas cherché à renouveler l'architecture externe du genre. L'époque actuelle, qui semble enfin émerger de nombreuses années de formalisme exclusif pour accorder à nouveau son importance véritable aux questions de langage et de matière sonore, réunit les données favorables à une réévaluation totale de l'œuvre de Schubert.

Sur le plan du cadre formel, Schubert s'en tient aux données acquises : sonate, rondo, lied, scherzo et trio, variations. Il fait se succéder, à de rares exceptions près, trois ou quatre mouvements dans l'ordre traditionnel. Mais le langage qui vient s'inscrire dans ces infrastructures classiques est d'une exceptionnelle nouveauté. L'harmonie schubertienne explore jusqu'en ses ultimes limites le domaine d'une tonalité déjà singulièrement élargie, définissant les frontières de l'atonalité. D'essence à la fois audacieusement fonctionnelle, subtilement impressionniste, et profondément psychologique, cette harmonie constitue à elle seule un apport capital, dont il est inconcevable qu'on ait pu le sous-estimer à ce point. Mais la nature originale du mélos schubertien, le caractère essentiellement épique et contemplatif de son lyrisme, renouvellent la notion de thème et de développement. La dialectique dramatique et affective du dualisme thématique beethovénien cède la place à d'amples périodes qui trouvent leur fin en elles-mêmes. Il est donc faux de prétendre que Schubert développait mal car ses critères étaient diamétralement opposés à ceux de Beethoven. Moins mouvementé, moins actif, le développement schubertien procède essentiellement par oppositions d'éclairages, de timbre et d'harmonie, exprimant autant de fluctuations subtiles de la vie intérieure. Il est extraordinaire qu'après Debussy on n'ait pas compris cela !

C'est pourquoi les Sonates de Schubert seront nécessairement longues et leur richesse affective précisément fonction de cette longueur. Schubert a remis en cause la notion même de temps musical. Contemplatif, éternel voyageur étranger sur cette terre, il a le temps, même l'éternité pour lui. Sa musique épouse le temps complice et adopte le rythme des éléments bien plus que celui de l'homme. Ainsi s'éclaire le panthéisme profond du musicien qui aspira toujours à la réunion de son être temporel avec les éléments telluriques dont il le sentait issu. Dépassement de la dimension temporelle humaine, essai d'identification avec celle de l'univers, tel nous semble le mobile fondamental de la longueur schubertienne.

Les quinze premières Sonates peuvent être groupées sous le titre d'œuvres de jeunesse. Seules sont complètement achevées les Sonates portant les numéros 3, 5, 6, 9, 11 et 15, le numéro 8 n'étant qu'un premier état de la Sonate suivante. Les autres œuvres se présentent sous des formes diverses allant du bref fragment à l'œuvre entière dépourvue seulement d'un mouvement. Le nombre imposant de pièces inachevées témoigne de la dure lutte créatrice de Schubert, aux prises avec une forme marquée du sceau de ses grands prédécesseurs, et qu'il cherche à adapter aux exigences de sa propre expression poétique. La dernière de ces sonates de jeunesse

(D 664) représente une première réussite parfaite, mais dans un cadre formel et expressif encore volontairement limité. A l'exception de la *Sonate n° 16,* isolée *(D 784),* chaînon intermédiaire au seuil de la plus haute maturité, Schubert abandonne alors le genre de la Sonate pendant exactement six ans.

La série grandiose des sept dernières Sonates, ensemble où Schubert, à l'apogée de son génie, prend possession de sa propre dimension temporelle — toutes ces œuvres avoisinent ou dépassent la demi-heure — comprend deux trilogies (1825 et 1828), que sépare un chef-d'œuvre isolé (1826). Seule la première des trois Sonates de 1825 n'est pas tout à fait achevée.

Sonate n° 1, en *mi* majeur (D 157)

En automne 1814, Schubert avait reçu de son père un excellent piano — « un pianoforte à cinq octaves » — pour le récompenser de la réussite de sa *Messe en fa majeur, D 105,* exécutée à l'occasion du centenaire de l'église de Lichtenthal. Ce fut en février 1815 que le musicien de dix-huit ans aborda pour la première fois de front la composition d'œuvres pour piano seul, — jusqu'alors pratiquement absentes de son copieux catalogue. Le 11 février, il esquissait un *Allegro* en *mi* majeur, *D 154,* poussé jusqu'à la fin du développement. C'est un premier état du premier mouvement de la *Sonate D 157,* présentant le second groupe thématique, mais non le premier, sous sa forme définitive. Abandonnant cette ébauche, il nota ensuite un *Thème et Variations (D 156),* mais il revint à la Sonate dès le 18 février, et le 21, trois mouvements étaient achevés. Il n'y eut jamais de finale. Comme sa cadette immédiate en *ut* majeur *(D 279),* cette première Sonate est donc inachevée, le *Menuetto* sur lequel elle se termine n'étant pas dans le ton principal.

1. L'ALLEGRO MA NON TROPPO (4/4), aux accents presque italianisants, déborde d'une franche gaieté, plutôt inhabituelle de la part d'un musicien qui devait demander plus tard : « Connaissez-vous des musiques gaies ? Moi pas. » On y constate déjà une tendance typiquement schubertienne à s'évader du ton principal aussitôt celui-ci établi. Par rapport à l'ébauche *D 154,* le début semble plus imposant et héroïque, sans pour autant réussir à s'affirmer autrement que comme un portique introduisant le second thème. On remarque un réel souci d'unité organique, se manifestant dans le conséquent de ce premier thème, qui contient déjà le motif sautillant en staccato avec appoggiature sur quoi se base la seconde idée. Cette dernière rayonne de lyrisme et d'une joie délicieuse, et Alfred Einstein* compare ici le jeune musicien à l'Anacréon de son lied, dont la lyre, « au lieu de faire retentir des chants héroïques, ne sait chanter que l'amour ». Le bref développement, nous jetant brusquement de *si* majeur en *fa* majeur, utilise exclusivement le bref motif commun aux deux thèmes. A la réexposition classique ne succède aucune coda, puisque aussi bien il n'y a pas de conflit thématique à dénouer.

2. A ce morceau sans prétention, tout de charme et de fraîcheur, succède un authentique joyau, cet ANDANTE en *mi* mineur (6/8) qui possède déjà la perfection achevée des plus beaux lieder contemporains. Son thème principal établit le climat de mélancolie discrète, de grâce nonchalante et rêveuse, que soulignent l'emploi expressif des silences et une sensibilité harmonique aiguë : que l'on considère la beauté des modulations passagères, *la* majeur et *sol* majeur dans la première reprise, *ut* majeur dans la seconde ! Lui succède un premier interlude consolant en *sol* majeur, forme ternaire en miniature ; puis il revient brièvement, étrangement dépouillé et simplifié, désincarné, pour ainsi dire, sur une basse hésitante, coupée de silences, accusant son irréalité. Un second interlude, également ternaire (en *ut* majeur et *la* mineur) introduit un contraste brutal, par son fortissimo et son agitation rythmique, laquelle, comme si souvent chez Schubert, se prolonge lors de l'ultime retour du thème initial sous forme d'un accompagnement en doubles croches haletantes, dont l'étreinte ne se desserre que dans les quatre mesures d'une codetta toute simple en pianissimo.

3. Le MENUETTO *(Allegro vivace),* en *si* majeur, est un véritable scherzo, nonobstant son titre, page d'une saine et vigoureuse gaieté dont la seconde reprise s'évade vers les tonalités les plus lointaines. Il enserre un trio en *sol* majeur tout en noires piquées, pianissimo, — petite merveille d'intérêt presque exclusivement harmonique. Les pages demeurées vides dans le manuscrit indiquent que Schubert avait sans doute l'intention de composer un finale.

---

* A. Einstein, in : *Schubert* (Éd. Gallimard, Paris, 1958).

Sonate nº 2, en *ut* majeur (D 279/346)

Cette seconde Sonate date de septembre 1815 ; durant les sept mois qui la séparent de la première, Schubert avait écrit, outre plus de cent lieder, une nouvelle symphonie (la troisième), un quatuor, une messe et... trois opéras ! Au milieu de cette incroyable frénésie créatrice se situe la composition d'une œuvre plus riche, plus variée et plus ambitieuse que la Sonate précédente, mais peut-être moins homogène et plus inégale. Comme sa devancière, elle s'interrompt après un *Menuetto* au relatif mineur, et il arrive qu'on la complète par un *Allegretto* datant à peu près de la même époque.

1. L'ALLEGRO MODERATO (4/4) fait preuve d'une liberté tonale et modulante infiniment plus grande que la *Sonate en mi majeur*. Dès le puissant unisson en octaves du thème d'ouverture, on sent que Schubert a voulu sacrifier au type spectaculaire de la grande Sonate. Ce sujet est repris sur un contrepoint en croches un rien scolastique. Le véritable Schubert s'affirme dans le second thème, modulant, au charme proprement irrésistible, — à quoi succède encore un long déploiement de virtuosité en traits assez creux. Le développement, tout en modulations chromatiques ou par rapports de tierces, embrasse en une prémonition géniale tout l'espace tonal de la musique postromantique. Comme dans beaucoup d'œuvres de jeunesse de Schubert, la réexposition s'effectue à la sous-dominante, ce qui lui permet de retrouver automatiquement le ton principal pour conclure, par une simple transposition littérale de l'exposition. Solution de paresse, si l'on veut, mais que l'on pardonnera bien volontiers au vu d'une inspiration d'une telle générosité. Une brève coda brillante termine le morceau avec panache.

2. Comme dans la Sonate précédente, c'est l'ANDANTE en *fa* majeur (3/4) qui nous livre l'inspiration la plus précieuse du jeune compositeur. C'est une pièce de simple forme ternaire, toute simple et intériorisée. Haydn et le jeune Beethoven sont proches, bien que la richesse de l'harmonie ne soit qu'à Schubert. Néanmoins, c'est avant tout l'extraordinaire liberté de l'agogique et de la structure des périodes qui frappe ici. Dans les volets extrêmes, surtout, le 3/4 apparaît comme une simple convention d'écriture, tant les groupes de deux ou de quatre temps sont fréquents. L'abondance des figurations, des triolets, confirme de son côté que la grande leçon d'émancipation rythmique de l'*Andante* de la *Symphonie « Jupiter »* n'est pas demeurée sans effet sur l'adolescent. L'agitation de la section centrale en *ré* mineur se communique à la libre reprise du début.

3. Le MENUETTO *(Allegro vivace)* en *la* mineur, de caractère étonnamment rude et sombre, nous est parvenu également comme pièce séparée, mais cet autographe comporte un autre trio. Dans notre Sonate, c'est précisément le trio (en *la* majeur), véritable arc-en-ciel de modulations, d'une grâce indicible en ses rythmes irréguliers, qui constitue le moment le plus précieux du morceau, voire de l'œuvre entière.

Pour conclure, il est loisible de choisir un *Allegretto en ut majeur* (2/4) *(D 346),* écrit vers la fin de 1815 ou le début de 1816, et laissé inachevé par Schubert : pièce ravissante, ariélesque en sa grâce poétique et légère, avec son petit motif mélodique doucement obsédant d'une quarte ascendante par degrés. La forme est proche du rondo. Au refrain, en deux phrases reprises, suivies d'une conclusion assez longue, succède un épisode bruyant et rude en *la* mineur, cédant bientôt la place à un développement lumineux du thème initial, en doubles croches volubiles. Un brusque accord-surprise de *ré* bémol majeur, fortissimo, introduit une fausse reprise du refrain, soumis à un bref développement contrapuntique en octaves des deux mains qui précède la rentrée véritable. Tout se déroule comme au début, et l'interlude bruyant s'affirme maintenant en *fa* mineur. Schubert s'est arrêté là.

Sonate nº 3, en *mi* majeur, « Fünf Klavierstücke » (D 459)

Un certain mystère entoure cette œuvre, dont la date de composition (août 1816) n'est connue que depuis la redécouverte, en 1928, d'un autographe comportant les deux premiers mouvements, et intitulé *Sonate*. En dépit de quoi l'éditeur Klemm de Leipzig publia l'ensemble en 1843 sous le titre de *Fünf Klavierstücke*. Il est désormais infiniment probable, sinon tout à fait certain, que les cinq morceaux forment bien un tout, auquel cas il s'agirait de la première Sonate complète de Schubert. Certes, on a fait remarquer que nulle part ailleurs on ne trouve chez Schubert de composition instrumentale en cinq mouvements, mais les deux scherzos entourant le mouvement lent central sont si différents d'inspiration et de structure formelle qu'il n'en résulte nulle impression de double emploi. Au contraire, les cinq pièces, toutes de dimensions comparables, et relativement modestes, s'équilibrent de la manière la plus heureuse, et seul le finale, par son pathos et sa virtuosité spectaculaire, échappe un peu au climat de l'ensemble. Chronologiquement, l'œuvre se situe entre les *Quatrième* et *Cinquième Symphonies,* et dans le voisinage immédiat de la *Messe en ut majeur.* C'est la seule Sonate pour piano de cette année 1816.

1. Plus modeste et plus intime que ceux des Sonates précédentes, plus concis aussi, le premier mouvement, ALLEGRO MODERATO (4/4), déroule les trésors de son invention dans une atmosphère paisible et lumineuse : les échos lointains de Beethoven y sont comme apprivoisés par la tendresse schubertienne. Les thèmes sont tous deux d'essence mélodique, et le second, en *si* majeur, possède un petit motif conclusif longuement répété sous un éclairage harmonique sans cesse changeant, aux contrastes subtils de majeur et de mineur. Le bref développement s'effectue entièrement sur le premier thème, présenté successivement en *si* majeur, *mi* mineur et *ut* majeur. Un jeu d'imitations accroît légèrement la tension, préparant la réexposition à la sous-dominante, tout à fait conforme à l'exposition.

2. Le second mouvement (ALLEGRO en *mi* majeur, 3/4) est désigné comme *Scherzo* dans l'édition de 1843, mais non dans l'autographe ; et, de fait, il s'agit bien plutôt d'un *Impromptu* avant la lettre, en forme sonate, d'expression fiévreuse, inquiète et nostalgique, caractérisé par une grande instabilité tonale. Déjà l'unisson du premier thème balance entre la tonique et le relatif, et cette fluidité atteint à son comble au cours du sombre et mystérieux développement. Les octaves brisées du second thème, contrepointées par une mélodie de la basse, sont typiques d'une certaine écriture pianistique liée, propre à Schubert dans l'expression lyrique.

3. Au contraire, le dépouillement instrumental de l'ADAGIO en *ut* majeur (3/8) s'oppose vivement à la richesse sonore des mouvements avoisinants. Cette transparence ne fait qu'exalter la douce effusion lyrique de ce morceau d'une angélique simplicité. Au premier thème tout de sérénité en succède un second voilé de légère mélancolie, en *ut* mineur. Tous deux sont repris (le second en *la* mineur) avec des accompagnements variés, et une petite coda discrète met le point final.

4. Le SCHERZO CON TRIO (ALLEGRO) en *la* majeur, un vrai scherzo, cette fois-ci, et l'un des plus réussis du jeune Schubert, tout de charme viennois, forme un ravissant *Moment musical* avant la lettre avec son bref et étrange trio en *ré* majeur *(Più tardo),* aux chromatismes descendants, à l'écriture curieusement linéaire en ses harmonies chatoyantes.

5. L'ALLEGRO PATETICO (4/4), plus dramatique que pathétique à vrai dire, diffère considérablement des morceaux précédents par sa virtuosité très wébérienne, à grands renforts de quintolets et de sextolets volubiles. Son romantisme juvénile se déploie en sonorités exubérantes et triomphales, au panache un rien superficiel. Le motif arpégé de la première mesure ne nous lâchera pas jusqu'à la fin, soit comme élément mélodique, soit comme accompagnement :

S'il n'y a pas de second thème à proprement parler, un élément de pont très caractéristique en *si* mineur (démarqué du début de la *Sonate opus 31/2,* en *ré* mineur de Beethoven !) et, surtout, une ravissante idée conclusive confirment que l'inspiration demeure au rendez-vous. Dans le développement, puis dans la coda, tous deux d'une puissance sonore quasi orchestrale, les traits sonores et brillants du motif arpégé se combinent avec un rythme héroïque fortement pointé de la main gauche : le résultat est tout proche de Bruckner.

Sonate n° 4, en *mi* mineur (D 994)

Ce bref fragment de trente-huit mesures seulement, le plus court que nous possédions d'une Sonate de Schubert, n'a pu être daté avec précision ; mais il y a de fortes chances pour qu'il se situe parmi les multiples ébauches de Sonates de l'année 1817. Sa grande beauté nous fait regretter que le compositeur l'ait abandonné : ce début est en effet plein des plus troublantes promesses. C'est un *Allegro* à 3/4 qui, du climat élégiaque des premières mesures, s'élève rapidement vers un impressionnant sommet dramatique fortissimo aux modulations audacieuses : c'est à cet endroit, hélas, que Schubert l'a interrompu, et nul ne saurait reprendre la plume pour lui !

Sonate n° 5, en *la* mineur (D 537, op. 164)

De mars à août 1817, Schubert a travaillé à sept, peut-être même à huit Sonates pour piano (en comptant l'ébauche *n° 4, D 994,* de date incertaine) ; mais trois d'entre elles seulement ont été menées à bien, — ce qui souligne suffisamment l'âpreté de la lutte du jeune créateur aux prises avec une forme rebelle. De ces trois Sonates, c'est ici la première, composée en mars 1817. Schubert pouvait disposer alors d'excellents pianos chez plusieurs de ses amis, et l'un d'eux, le peintre Rieder, en acheta même un tout spécialement à cet effet. Ces circonstances favorisèrent sans nul doute l'éclosion rapide de cette série de Sonates, dont le rythme n'est comparable qu'à celui du jeune Beethoven. Mais alors que ce dernier s'acharnait sur plusieurs états successifs d'une même œuvre jusqu'à sa formulation définitive, Schubert, toujours possédé par une inspiration torrentielle, préférait abandonner une œuvre non achevée pour se consacrer aussitôt à une autre. Cette petite *Sonate en la mineur,* la première des trois écrites dans ce ton, est une œuvre à la fois très romantique et très intime, la première du genre où l'univers nocturne de Schubert trouve une expression adéquate. Contrairement aux deux autres Sonates complètes de 1817, elle ne comporte que trois mouvements, mais Einstein suppose qu'elle possédait à l'origine un menuet (sans doute *D 334).*

1. L'ALLEGRO MA NON TROPPO à 6/8 est beaucoup plus développé que les autres morceaux. C'est une page magistrale, d'une rare intensité poétique, à vrai dire plus soucieuse de fantaisie et de couleur que de strict travail thématique. La forme sonate, traitée avec désinvolture (la réexposition se fait à la sous-dominante) n'est plus que le simple cadre de la rêverie romantique, et le développement est remplacé par des recherches harmoniques extraordinaires sur des idées nouvelles, absentes de l'exposition. A cet égard, ce morceau annonce l'avenir : c'est le premier où s'affirme l'idéal schubertien de la Sonate, aux antipodes de la conception beethovénienne, le premier où, de manière bien modeste encore, s'ébauche une nouvelle notion du temps et de l'espace musicaux. L'attaque énergiquement pointée du thème, passionnée et mouvementée, contraste immédiatement avec un conséquent en doubles croches régulières, et la musique ne tarde pas à s'installer dans le rêve, non sans sursauts cependant : les rythmes singuliers, souvent heurtés, de ce mouvement évoquent une variante « féminisée » de ceux du finale du *Concerto « l'Empereur ».* Le second thème, en *fa* majeur, contemplatif et souriant, s'édifie sur quatre notes seulement : véritable abstraction de thème chantant. On remarquera la beauté de la fin de l'exposition, mystérieuse et crépusculaire, pianissimo sur la dominante de *si* bémol mineur, se prolongeant par une transition impalpable, impressionniste, en *sol* bémol majeur, dont un brusque sursaut en *mi* majeur nous arrache brutalement, inaugurant le développement. De même, dans la coda, seul l'ultime rappel du thème initial nous arrache au royaume des ombres.

2. C'est aux futurs *Impromptus* que l'on rattachera le délicieux ALLEGRETTO QUASI ANDANTINO en *mi* majeur (2/4), sorte d'intermède léger et animé adoptant la forme d'un libre rondo, avec un thème principal d'un charme populaire inimitable, que Schubert reprendra, magnifié, dans le finale de sa grande *Sonate en la majeur (n° 22, D 959)* de 1828. Il s'expose tout d'abord sur un accompagnement en croches piquées spirituelles, puis un premier couplet en *ut* majeur impose une mélodie en doubles croches liées, qui accompagneront le retour du refrain en *fa* majeur. Après un nouveau couplet en *ré* mineur, à l'allure de marche légèrement hongroise, une transition pleine de tensions harmoniques mène au dernier retour du refrain, qui alimente encore une petite coda.

3. L'ALLEGRO VIVACE conclusif (à 3/8) nous replonge dans l'inquiétude nocturne et fantastique du premier mouvement, avec davantage de fièvre et une grande instabilité émotionnelle se traduisant en contrastes heurtés de nuances dynamiques, de rythmes et d'harmonies. Parmi les finales des Sonates de 1817, c'est le seul rondo ; mais son expression est paradoxalement plus sérieuse et plus passionnée que celle des finales de forme sonate. Chose curieuse, à maints endroits la musique fait songer à Scarlatti, que Schubert ne connaissait certainement pas. Le thème initial contient en germe les contradictions psychologiques d'une pièce sans cesse ballottée entre l'agitation véhémente et le renoncement mélancolique. Un second groupe de thèmes (en *ré* majeur, puis en *mi* majeur)

nous captive par sa grâce souriante ; mais des appels nostalgiques de plus en plus éloquents restaurent graduellement l'angoisse du début. La musique entendue jusqu'ici est alors reprise, transposée (le premier groupe en *mi* mineur, le second en *sol* et en *la* majeur), et enfin le retour du ton principal marque le début de la coda, decrescendo mystique coupé de silences se mourant sur un martèlement de croches répétées dans l'extrême-grave. In extremis, Schubert restaure le mode majeur. Un accord solitaire, fortissimo, nous arrache brutalement au rêve. Schubert vient de mener à bien une première exploration instrumentale, encore partielle et imparfaite sans doute, de ce monde au-delà du réel que seuls ses lieder avaient scruté jusque-là. Ainsi, cette petite *Sonate en la mineur* demeure plus importante, sans doute, par ses perspectives d'avenir que par sa réussite immédiate, — l'inspiration poétique dominant de haut ici les moyens formels et techniques.

Sonate n° 6, en *la* bémol majeur (D 557)

Schubert semble avoir pris peur en constatant à quel point son inspiration fantasque et nocturne l'avait entraîné loin de la conception classique de la sonate dans la passionnante et aventureuse *Sonate n° 5 en la mineur (D 537, op. 164)*, de mars 1817. Se rendant compte qu'il ne disposait pas encore d'un cadre formel adéquat pour contenir une poétique aussi personnelle, craignant à juste titre le chaos, il résolut de repartir à zéro, en reprenant le problème de la Sonate au point où l'avaient laissé Haydn et Mozart. C'est ainsi que naquit en mai 1817 cette brève *Sonate en la bémol majeur*, qui est en réalité une sonatine, la seule de sa plume pour piano seul, mais apparentée aux trois *Sonatines pour violon et piano* de l'année précédente *(D 384, 385* et *408)* : œuvre modeste, légère, bien équilibrée, salutaire exercice d'autodiscipline dont la contrainte classique n'exclut ni la séduction mélodique, ni la fraîcheur, tout en renonçant pour l'instant à toute expression profonde ou trop subjective. Mozart semble avoir servi de modèle aux deux mouvements vifs, alors que l'*Andante* évoque plutôt Haydn. Chose étrange, le finale est en *mi* bémol majeur, malgré son caractère conclusif indiscutable. Selon Alfred Einstein*, Schubert aurait simplement « oublié » de le transposer dans le ton principal de *la* bémol...

1. Seules quelques harmonies typiques révèlent la personnalité de l'auteur dans la parfaite forme sonate miniature de l'ALLEGRO MODERATO à 3/4 : aucune aventure, deux thèmes bien contrastés, le second à la dominante, un bref développement modulant basé sur le pont entre les deux thèmes, une réexposition bien sage à la tonique, pas de coda. Mais tant de simplicité n'exclut nullement le charme !

2. Suit une espèce de petite marche en *mi* bémol majeur (ANDANTE, 2/4) de simple forme ternaire, parfait petit *Impromptu* avant la lettre, dont le thème initial semble se souvenir de celui du finale de la *Symphonie n° 103* de Haydn. A sa douceur placide s'oppose un intermède plus volubile en mineur, d'expression plus personnelle, dont l'écriture en doubles croches régulières de la main droite, s'opposant aux croches détachées de la main gauche, avec des octaves séquentielles très caractéristiques, rappelle Jean-Sébastien Bach et annonce par là le quatrième des *Moments musicaux*. La reprise un peu modifiée et abrégée du début se meurt pianissimo.

3. Pour finir, Schubert nous donne un ALLEGRO à 6/8 en *mi* bémol majeur, danse souriante et ensoleillée adoptant une forme sonate aussi sage et rigoureuse que celle du premier morceau, — à cette réserve près, pourtant, que le développement, modulant audacieusement par tierces, s'écarte des thèmes de l'exposition. Le premier de ceux-ci semble une première ébauche de celui du finale de la *Sonate n° 15 en la majeur (D 664, op. 120)*.

Sonate n° 7, en *mi* mineur (D 566/506)

Aucune des Sonates de Schubert n'a une histoire aussi compliquée que celle-ci, composée en juin 1817 comme les deux suivantes. En 1842, Ferdinand, le frère du compositeur, en offrit le manuscrit à l'éditeur Whistling, de Leipzig, en spécifiant qu'il y avait trois mouvements (les trois réunis ici sous le numéro *D 566*) ; mais Whistling ne publia pas la Sonate, et seul le premier mouvement parut dans l'édition complète de Breitkopf & Härtel en 1888. Erich Prieger finit pas publier le second chez le même éditeur en 1907, mais il fallut attendre le centenaire de Schubert en 1928 pour voir paraître enfin le scherzo dans la revue *Die Musik*. Ce scherzo étant en *la* bémol

---
* A. Einstein, *op. cit.*

majeur, manquait encore un finale plausible. Kathleen Dale, qui assura la première édition intégrale de la Sonate en 1948, eut recours à une œuvre hybride aux origines mal définies, l'*Adagio et Rondo en mi majeur*, publié en 1847 par Diabelli sous le numéro d'opus posthume 145. De bonne heure on soupçonna que ces deux morceaux avaient été accouplés arbitrairement, et un examen de nouvelles sources manuscrites confirma ces doutes : le *Rondo* y apparaissait sous le titre de « Sonate », et son appartenance à notre Sonate est pour le moins hautement probable, tandis que l'*Adagio*, dont la véritable tonalité est *ré* bémol majeur, diffère considérablement de la version abrégée (22 mesures au lieu de 49 !) et simplifiée, publiée par Diabelli. Sa version authentique et complète *(D 505)* a repris sa place comme mouvement lent de la *Sonate n° 13 en fa mineur, D 625* (voir plus loin). Les quatre mouvements de la *Sonate n° 7* forment un tout harmonieux et pleinement convaincant.

1. Schubert semble avoir fait grand cas du MODERATO initial (4/4), car il l'a copié deux fois avec de légères variantes. Il est aisé de comprendre sa satisfaction, car la clarté, la simplicité et l'équilibre classique atteints au prix d'un renoncement sévère dans la précédente *Sonate n° 6 en la bémol, D 557*, s'accompagnent ici d'une expression et d'un langage infiniment plus personnels : l'ascèse a porté ses fruits. Brièveté, concentration, unité, telles sont les vertus de ce morceau merveilleusement poétique, d'un sentiment doucement voilé, à mi-chemin entre le bonheur et le désespoir (jamais très éloignés l'un de l'autre chez Schubert !), et dont l'écriture témoigne aussi d'un grand progrès dans la conduite des voix chantantes intermédiaires. L'exposition toute simple, discrètement élégiaque, affirme avec sobriété le ton principal, dont un second thème élyséen, aux ravissants effets d'écho, s'évade par le relatif *sol* majeur, en son mouvement paisiblement ascendant. C'est sur ce motif d'écho que le développement démarre en *mi* majeur. Après de très libres modulations, il aboutit à une réexposition classique, sans coda.

2. C'est encore à la forme sonate que se rattache l'ALLEGRETTO en *mi* majeur (à 2/4), bien que les tensions et les contrastes inhérents à la dialectique de la sonate brillent par leur absence. D'ailleurs son milieu est plutôt un pont modulant qu'un développement véritable. A la paix idyllique du premier thème succède l'agitation un peu wébérienne du second, en *si* majeur, puis en *sol* dièse mineur ; mais' tous deux sont d'essence mélodique, et l'exposition se termine par une exquise variante du premier. Ici encore, le morceau comporte une réexposition sagement régulière, sans coda.

3. Le SCHERZO *(Allegro vivace)* adopte la tonalité de *la* bémol majeur, bien insolite pour une œuvre en *mi*. De dimensions fort étendues, avec, dans sa seconde reprise, un véritable développement modulant par tierces, il fait montre d'une rude vigueur, sauf dans le gracieux intermède mélodique un peu mozartien de son trio en *ré* bémol majeur.

4. L'ALLEGRETTO MOTO à 2/4 *(D 506)*, dont le refrain gracieux en deux périodes reprises, se détachant sur un accompagnement staccato, établit d'emblée le climat aimablement souriant, est un rondo dont la forme peut se ramener en fait à deux moitiés identiques suivies d'une petite coda. Un couplet tapageur en *mi* mineur introduit une nouvelle figure d'accompagnement, — petite fusée ascendante en doubles croches. Elle nourrit une transition pianissimo et agrémente le retour du refrain en *sol* majeur. Un bref rappel du couplet précède le retour du thème initial au ton principal, signal d'une reprise partiellement transposée de la musique entendue jusqu'ici : le couplet revient en *la* mineur, le refrain en *ut* majeur. La conclusion, ramenant une dernière fois la séduisante mélodie, se meurt en triple pianissimo et nous abandonne sur la pointe des pieds...

Sonate n° 8, en *ré* bémol majeur (D 567)

Composée en juin 1817 comme la précédente en *mi* mineur *(D 566)*, cette Sonate n'est en fait que le premier état de la *Sonate n° 9 en mi bémol majeur, D 568*. Seuls le menuet et la fin du finale font défaut. On s'est perdu en conjectures sur les raisons qui poussèrent Schubert à transposer presque immédiatement son œuvre de *ré* bémol majeur en *mi* bémol. On sait qu'il attachait une très grande importance à la couleur propre de chaque tonalité (sa musique nous en convainc à chaque instant), et il allait même jusqu'à dénier toute musicalité à une personne insensible à cette couleur. Or, en 1817, il ne pensait nullement à une publication : il ne saurait donc être question de considérations commerciales (transposition dans une tonalité plus facile, et donc plus favorable à la vente) telles que celles qui guidèrent un éditeur posthume peu scrupuleux dans la transposition du troisième *Impromptu* de l'opus 90 de *sol* bémol à *sol* naturel majeur. L'énigme demeure donc entière. C'est surtout dans le cas de l'*Andante molto* que la transposition peut paraître regrettable : il est certain que sa tonalité originelle d'*ut* dièse mineur (tonique mineure par enharmonie de la Sonate) lui prête une couleur poétique incomparablement supérieure à celle du *sol* mineur de la version définitive. Renvoyant le lecteur à l'analyse de la *Sonate n° 9* (voir ci-après), nous nous contenterons de signaler ici les quelques minimes différences entre les deux versions.

Dans le premier mouvement, le saut de sixte descendant de la troisième mesure (et tous les passages apparentés) n'a pas encore le rythme pointé énergique de la seconde version ; le développement sera amplifié ultérieurement d'une période de quatorze mesures, — qui ne sera d'ailleurs que la transposition exacte d'un passage déjà existant ; mais le mouvement y gagnera un meilleur équilibre d'ensemble. Enfin, la réexposition variée, syncopée, du premier thème, est également une innovation de la seconde rédaction. S'il n'y a aucune différence, tonalité mise à part, entre les deux versions de l'*Andante molto*, le *finale* présente des modifications plus importantes. L'exposition comportera une petite interpolation nouvelle de quatre mesures peu avant la double barre, et, surtout, Schubert refera entièrement le développement, introduisant un remarquable nouveau thème et doublant ses dimensions, qui passeront de vingt-sept à cinquante-six mesures. Remarquons enfin que la première version s'interrompt vingt-trois mesures avant la fin du morceau.

Sonate n° 9, en *mi* bémol majeur
(op. 122, D 568)

Parmi les trois Sonates achevées des huit auxquelles Schubert travailla en succession rapide durant les huit premiers mois de 1817, celle-ci est la seconde, et la plus vaste de dimensions. C'est une œuvre beaucoup plus claire et plus détendue que la précédente Sonate complète (*n° 5 en la mineur, D 537*, du mois de mars), et, à l'exception du mélancolique *Andante molto*, elle se meut tout entière dans un climat printanier et euphorique.

1. L'ALLEGRO MODERATO, à 3/4, est sans doute le premier morceau de sonate où Schubert prend possession de sa propre dimension spatio-temporelle. Aussi y cherchera-t-on vainement les tensions propres à la sonate beethovénienne. La méditation rêveuse du premier thème s'articule en périodes mélodiques souples et irrégulières. Un pont assombri en *mi* bémol mineur, de sonorité instrumentale très beethovénienne, apporte une brève poussée de fièvre ; mais le second thème, berceur, insinuant, tout de charme, avec ses ornements élégants et ses broderies chromatiques, restaure la paix et le mode majeur. Cependant l'exposition n'en est encore qu'à mi-course, et de vastes et enchanteresses excursions à travers les tonalités (*ré* bémol majeur, *ut* mineur) nous séparent encore de la double barre, atteinte en *si* bémol, ton de la dominante. Le développement, illustrant le génie harmonique du jeune maître, avec ses retards, ses modulations et ses chromatismes, s'édifie principalement sur un nouveau petit motif capricieux, fait de l'arpège de doubles croches qui terminait l'exposition et des troisième et quatrième mesures du premier thème, accélérées en croches. Une souple transition legato conduit à la réexposition, qui varie la présentation du premier thème par des syncopes et des trilles, et qui aboutit à une fin rêveuse délicatement dégradée.

2. C'est une ombre d'indicible tristesse qui descend sur cette lumineuse Sonate avec le merveilleux ANDANTE MOLTO en *sol* mineur (2/4), dans lequel Alfred Eistein[*] voit fort justement une prémonition du mouvement correspondant de la grande *Sonate en ut mineur* de 1828 *(n° 21, D 958)*, soulignant tout particulièrement la parenté profonde de leurs sections médianes. La douleur toute intime de la plainte initiale est soulignée par une écriture pianistique très dépouillée. Au terme d'éclaircies illusoires, la mélancolie reprend toujours le dessus. Par une transition mêlant soupirs et accents rudes, elle s'élève à la révolte de l'épisode central en *ut* mineur, dont les lourdes basses descendantes en rythmes pointés ressortent au sein d'un accompagnement chatoyant en triolets de doubles croches, créant des effets fantastiques de clair-obscur. Cet accompagnement persiste durant la reprise abrégée du thème initial, dont l'évasion vers *si* bémol majeur est mise en échec par l'affirmation de la seconde idée au ton principal, précédant la brève et sombre coda.

---

[*] A. Einstein, *op. cit.*

3. L'idylle capricieuse et souriante du **MENUETTO** *(Allegretto)*, un vrai menuet à danser d'allure modérée, et non un scherzo, dissipe les nuages. Les lignes mélodiques toutes simples sont rehaussées par des trouvailles harmoniques exquises, que soulignent des silences, et par de piquants rythmes pointés. Ces derniers dominent le trio, avec sa mélodie populaire rappelant quelque Ländler viennois joué à la clarinette. Ce trio figure d'ailleurs également, sous une forme plus ample, dans le deuxième (en *ré* bémol majeur) des deux scherzos de novembre 1817 *(D 593)*, peut-être prévu à l'origine pour cette Sonate, puis écarté parce que trop développé.

4. L'**ALLEGRO MODERATO** final (à 6/8), enjoué et brillant à la manière de Weber, se livre sans réserve à la joie délicieuse de la flânerie, qu'entretient une imagination inépuisable. Si le charme l'emporte ici sur la profondeur, c'est que le caractère d'ensemble de la sonate le veut ainsi. Le gracieux thème initial doit son expression espiègle à ses silences sur les temps forts. La seconde idée, d'allure bourrue et beethovénienne, se présente inopinément en *si* bémol mineur, et gagne la dominante majeure par le biais de *ré* bémol, ajoutant au morceau juste ce qu'il faut d'ombre pour en souligner l'éclat. Le développement, qui s'effectue sur un nouveau thème, librement dérivé du premier, rappelle encore le jeune Beethoven. Modulant en *ut* bémol, puis en *mi* bémol et en *sol* majeur, il s'achève en un étourdissant kaléidoscope d'harmonies changeantes, dans lequel le thème se dissout en doubles croches volubiles. Ce remarquable développement ne figurait pas dans la version primitive *D 567*. Comme les trois mouvements précédents, celui-ci, après la réexposition d'usage, se termine pianissimo, — les dernières mesures doucement ralenties se mourant dans le grave de l'instrument.

Sonate n° 10, en *fa* dièse mineur
(D 571/570)

En juillet 1817, Schubert mit en chantier sa septième Sonate pour piano depuis le début de l'année! Mais cet *Allegro moderato* en *fa* dièse mineur *(D 571)* fut abandonné avant la réexposition. De la même époque exactement datent deux autres morceaux *(D 570)*, un *Allegro*, également inachevé, en *fa* dièse mineur lui aussi, et un *Scherzo* en *ré* majeur. En inversant l'ordre de ces deux dernières pièces, et en achevant les deux Allegros, on peut reconstituer le véritable visage de cette *Dixième Sonate*, — sauvant de l'oubli un pur joyau. Il faut souligner à nouveau ici l'intérêt capital de ces pages inachevées, souvent plus audacieuses et plus inspirées que celles que Schubert a menées à bien, comme s'il avait reculé devant les perspectives qu'ouvraient des idées si hardies.

1. C'est ainsi que l'**ALLEGRO MODERATO**, *D 571*, se présente comme une page géniale, d'une poésie et d'une originalité extraordinaires, ne ressemblant à aucune autre. Une figure obstinée de cinq croches, en arpège brisé ascendant, surgit furtivement du silence nocturne et s'installe, dominant tout le morceau de son pouls de vague marine battant les flancs du navire. Là-dessus, naît, venant d'ailleurs, de nulle part, un thème étrange, elliptique, en noires répétées. En lieu et place d'un second thème, les vagues du début prennent possession de tout l'espace sonore aux deux mains. Parfois en émerge un cantus firmus en blanches ascendantes. Après bien des aventures modulantes, l'exposition se termine inopinément en *ré* majeur. Le développement s'enfonce dans les ténèbres harmoniques noyées de mystère, atteignant un *ut* bémol mineur! Schubert s'est arrêté au seuil de la reprise.

2. Le génie à l'état pur s'exprime encore dans le **SCHERZO** *(Allegro vivace)* en *ré* majeur, avec son trio en *si* bémol majeur, exquise miniature d'une sensibilité harmonique aiguë, jaillissant comme une fleur au bord d'un abîme.

3. Quant à l'**ALLEGRO** à 2/4, s'il n'atteint pas à l'unité, à la perfection, à l'unique poésie du premier mouvement, avec lequel les notes répétées de son premier thème créent d'ailleurs un certain lien, c'est néanmoins un très joli morceau, plein d'alacrité. Le second thème, en *la* majeur, dont les croches détachées en octaves se découpent sur un accompagnement en doubles croches un peu beethovénien, est suivi encore d'une longue conclusion en triolets de croches occupant presque la moitié de l'exposition. Ces triolets persistent au cours du très beau développement, démarrant en *ré* majeur sur un nouveau thème, et se cristallisent pour finir en accords martelés menant à la réexposition, — au-delà de laquelle le compositeur n'a pas poursuivi...

Sonate n° 11, en *si* majeur (D 575, op. 147)

Dernière des huit Sonates de l'année 1817, et l'une des trois complètement achevées par Schubert, la *Sonate en si majeur* date du mois d'août de cette année mirifique. Sa première édition, posthume, fut assurée en 1843 par Diabelli, qui la dédia à Thalberg et la munit de son numéro d'opus fantaisiste. C'est la plus libre et la plus fantasque, peut-être, de toutes les Sonates de Schubert, et il semble que le compositeur, faisant fi de toute contrainte formelle ou scolastique, ait décidé de se livrer sans frein aux démons de son inspiration, pour sa plus grande joie et pour la nôtre. La *Sonate en si majeur* est en effet une œuvre heureuse, haute en couleur, pleine d'impressions de nature, et rehaussée plus que toute autre des prestiges éblouissants d'une inépuisable invention harmonique : il n'en est guère qui traitent le plan tonal avec davantage de désinvolte liberté.

1. L'ALLEGRO MA NON TROPPO (à 4/4), tout en rythmes pointés et en triolets de croches, nous montre Schubert l'*homo viator* avançant gaiement sur une route campagnarde. Le thème initial, énergique fanfare ascendante suivie d'une capricieuse descente chromatique, brille d'un éclat chevaleresque. Mais, à l'issue de cet exorde au flamboiement trompeur, la musique s'installe dans un bonheur mélodieux. Un fortissimo en *ut* majeur a tôt fait d'annuler la primauté de l'officiel ton principal, et c'est par une transition aux harmonies multicolores que nous atteignons le sublime deuxième thème en *sol* majeur, avec l'ardente nostalgie de sa sixte mineure : c'est l'un des plus mémorables de Schubert. Il y a encore une troisième idée, marche bouffonne « alla Rossini » en *mi* majeur, qui ne fait que passer ; et l'exposition se termine par un tendre decrescendo en *fa* dièse majeur. Le développement, d'une virtuosité splendide, réintroduit le thème initial fortissimo en *si* mineur, puis le promène mystérieusement en *fa* majeur, *la* bémol et *mi* bémol, affirmant à nouveau la magie parfaitement irrationnelle d'une harmonie trouvant son bonheur en elle-même. En veine de paresse, Schubert se contente, pour sa réexposition, de transposer littéralement l'exposition à la sous-dominante, et conclut dans un climat tendrement lyrique.

2. Suit un ANDANTE en *mi* majeur (à 3/4), vision de rêve pleine d'impalpables rumeurs, perdue dans les pianissimos les plus finement dégradés. La mélodie, dont l'effusion va droit au cœur, semble avoir hanté Schumann dans le troisième lied de son *Liederkreis* d'après Heine *(Ich wandelte unter den Bäumen)*. La profusion polymélodique de l'écriture instrumentale de cette vision enchantée d'Arcadie atteint à une somptuosité tout orchestrale. Cinq mesures de dur fortissimo en *mi* mineur, dont la puissance dramatique annonce déjà les grands éclats de l'*Andante* de la *Symphonie Inachevée,* dissipent brutalement cette quiétude. Un long interlude hésitant en *ut* majeur précède la reprise du début ; mais l'agitation persiste dans l'accompagnement, jusqu'à l'orée de la conclusion, berceuse doucement syncopée sur fond de doubles croches staccato dans l'extrême grave.

3. Le SCHERZO *(Allegretto)* en *sol* majeur, d'allure modérée et gentiment sautillante, pourrait être écrit pour quatuor à cordes, tant il est transparent. Avec son thème capricieux et gai, ses fines harmonies, ses imitations charmantes, c'est un petit chef-d'œuvre d'humour délicat. Le bref trio en *ré* majeur allonge ses croches liées sur les tenues de quintes savoureuses de la main gauche.

4. La même joie irréelle et magique imprègne l'ALLEGRO GIUSTO final à 3/8, dont le rythme rapide évoque un scherzo, mais dont l'invention heureuse et pléthorique, les thèmes cabriolants, les contrastes incessants de nuances, de couleurs, d'harmonies, s'inscrivent le plus aisément du monde dans une très classique forme sonate à deux thèmes. Le développement, il est vrai, se sert exclusivement d'un troisième. Et cette quintessence de Vienne en musique, mélange d'affectueuse coquetterie et de sensualité légère, se termine par un unique accord fortissimo, qui fait l'effet d'un point d'exclamation !

Sonate n° 12, en *ut* majeur (D 613/612)

En avril 1818, un mois avant de se livrer à un important travail sur une *Symphonie en ré majeur* demeurée à l'état d'esquisses *(D 615),* Schubert aborda à nouveau le problème de la Sonate pour piano, abandonné depuis le mois d'août précédent. Dans l'intervalle avait vu le jour la *Sixième Symphonie (D 589),* la *petite Symphonie en ut majeur.* La *Douzième Sonate* est en *ut* majeur elle aussi, du moins en ses deux mouvements extrêmes, inachevés tous deux. Manquait un mouvement lent : le très curieux *Adagio* en *mi* majeur *(D 612),* achevé quant à lui, et exactement contemporain, en tient lieu.

1. Avec le **MODERATO** à 3/4, interrompu en plein développement, on tient encore une merveille. Il semble bien que ce soit le hiatus entre une thématique toute classique, voire mozartienne, et une harmonie de plus en plus hardie, qui ait fait abandonner le compositeur. Car la sagesse du début s'avère bien trompeuse ! Déjà l'enchanteur second thème surgit inopinément en *mi* bémol majeur. Schubert regagne le *sol* majeur avec une brusquerie géniale, par une solution d'une divine aisance mais plus naturelle à l'époque de Debussy ou de Fauré : une simple juxtaposition des dominantes de *ré* bémol majeur et de *sol* majeur. Le développement commence en *la* bémol majeur sur une nouvelle idée, et vagabonde à travers les tonalités les plus lointaines. Schubert l'abandonne dans les parages de la dominante de *mi*, en jouant audacieusement sur les quintes augmentées.

2. L'ADAGIO en *mi* majeur, à 6/8 *(D 612)*, a fait l'objet d'une condamnation très sévère de la part d'Alfred Einstein*, qui y voit Schubert s'égarer dans la fioriture et la virtuosité de salon, et n'hésite pas à évoquer à son sujet « les morceaux de salon douceâtres du violoniste Rode, ou une imitation de la lente introduction précédant un air à roulades chez un émule de Rossini » !... Il s'agit assurément d'une expérience, peut-être pas entièrement heureuse ni convaincante, au cours de laquelle la mélodie initiale, très italianisante, se dissout bientôt en un jeu exubérant et irréel d'ornements, de traits et de vocalises, à la limite de l'informel. Or, il subsiste, même ici, de la magie schubertienne. Cette ornementation profuse et impalpable n'annonce-t-elle pas tel *Nocturne* de Chopin ? Et est-il interdit de croire que Schubert s'est inspiré d'un mouvement lent beethovénien comme l'*Adagio con molt'espressione* de la *Sonate op. 22,* par exemple ?...

3. Nous retrouvons le Schubert familier avec l'ALLEGRETTO à 6/8, sicilienne animée et allègre toute pleine de chromatismes mélodiques en chaînes de doubles croches, où le compositeur joue à travers les tonalités avec la désinvolture d'un jeune chat. Du second thème délicieusement rossinien en *mi* majeur, on regagne *sol* majeur par maintes cabioles harmoniques. Celles-ci se poursuivent dans le développement, qui démarre en *mi* bémol majeur et qui, évidemment, ne se soucie guère des thèmes de l'exposition. Schubert s'interrompt juste avant la réexposition.

Sonate n° 13, en *fa* mineur (D 625 et D 505)

A la *Sonate n° 12,* d'avril 1818, succède, en septembre de la même année, l'admirable *Sonate en fa mineur, D 625,* que Schubert a presque achevée. En avril 1819, il ébauche une nouvelle sonate, la seule notée en *ut* dièse mineur, mais ne la poursuit pas au-delà de la fin de l'exposition du premier mouvement. Néanmoins, le temps des tâtonnements touche à son terme ; dès le mois de juillant suivant, il réalisera la parfaite petite merveille de la *Sonate en* la *majeur, D 664,* et parmi ses Sonates ultérieures, une seule (*n° 17* en *ut* majeur, *D 840,* d'avril 1825), ne sera pas tout à fait menée à bien.

Schubert travailla à trois mouvements de la *Sonate en* fa *mineur* — les deux allegros et le scherzo — au mois de septembre 1818, au cours de son premier séjour à Zseliz, en Hongrie, où il enseignait la musique aux filles du Comte Esterhazy. Dans le premier mouvement, il s'arrêta au début de la réexposition dont l'achèvement ne pose néanmoins aucun problème puisqu'il suffit de reprendre l'exposition avec les quelques modulations d'usage. A fortiori, l'absence de quelques mesures dans la reprise du finale ne saurait constituer un obstacle pour l'exécution de cette œuvre admirable. Mais dans un catalogue thématique manuscrit des œuvres pour piano et de la musique de chambre de Schubert, peut-être rédigé par son frère Ferdinand, on trouve les *incipit* thématiques de quatre mouvements : en seconde position figure l'*Adagio* en *ré* bémol majeur, *D 505,* composé sans doute dès décembre 1816, et dont la tonalité s'accorde en effet particulièrement au contexte de la Sonate. Or, l'histoire de ce morceau est fort compliquée : il fut édité en 1850 par Diabelli, qui l'accoupla par erreur à un *Rondo* en *mi* majeur, *D 506,* et qui publia le tout comme opus posthume 145, — alors que les deux pièces n'ont rien à voir l'une avec l'autre. La Sonate en *fa* mineur restituée est une œuvre sombre et passionnée, qui a davantage en commun avec la Sonate *Appassionata* de Beethoven que la seule tonalité en *fa* mineur.

1. En fait, dans le puissant ALLEGRO initial, Schubert semble avoir voulu surpasser

---
* A. Einstein, *op. cit.*

Beethoven sur son propre terrain. Cependant le matériau mélodique évoque par instants l'influence de l'Italie, ce qui n'est pas pour nous étonner car la période durant laquelle cette Sonate fut composée fut celle de la phase de la plus italianisante de Schubert, — celle de la *Sixième Symphonie* et des deux *Ouvertures dans le style Italien*. En 1818, la popularité de Rossini à Vienne était à son apogée. Et il est fort étrange de voir coexister cette veine mélodique transalpine et une expression tout à tour sauvage et véhémente ou, au contraire, d'une sombre solennité, dont l'ampleur de souffle et l'audace modulante annoncent les grands mouvements symphoniques brucknériens.

2. Après cette page impressionnante, l'ADAGIO en *ré* bémol, en dépit de sa réelle beauté mélodique, paraît d'un charme un peu plus superficiel, tout en ménageant une judicieuse détente avant le rude et vigoureux *Scherzo (Allegretto)*, écrit dans le ton très éloigné de *mi* majeur, — cette relation tonale, qui possède en commun avec *fa* mineur la tierce, par enharmonie, étant typiquement schubertienne. L'influence du style pianistique brillant de Weber s'y fait également sentir, mais le trio en *la* majeur, éperdument chromatique, témoigne d'une magie harmonique et modulante qui n'est qu'à Schubert.

3. L'orageux finale, ALLEGRO, avec son thème principal tumultueux et chaotique, s'élevant de la pénombre fantomatique du début à une noire violence, est cependant le point culminant de la Sonate. Ce morceau audacieux et prophétique se situe ainsi à mi-chemin entre le finale de l'*Appassionata* et celui de la *Sonate funèbre* de Chopin, — que Schubert évoque irrésistiblement vingt ans à l'avance. Mais nous trouvons au centre un épisode mélodique, purement lyrique, dont aucun contemporain ou successeur de Schubert n'a égalé l'envoûtement. Encore quelque peu inégale, parce que peut-être trop ambitieuse pour le moment où elle fut conçue, la *Sonate en fa mineur* contient des instants de la plus haute inspiration et d'une profondeur nouvelle chez son auteur : l'univers des grandes Sonates de la maturité y est plus qu'exploré.

Sonate n° 14, en *ut* dièse mineur (D 655)

Il n'est évidemment pas question de compléter un fragment dépourvu de l'indispensable développement. Pas question non plus de passer pareil joyau sous silence. Comme le dit Alfred Einstein*, « on peut y voir aussi bien un essai complètement manqué qu'un merveilleux exemple de la science harmonique de Schubert. » Dans cette exposition de sonate fantasque et sans but, les thèmes sont de peu d'importance ; seule compte la volupté de moduler, de trouver sans cesse de nouvelles sonorités, de nouveaux éclairages. En fait, on aurait plus vite fait de dénombrer les tonalités que Schubert ne touche pas au cours de ces soixante-treize mesures ! Que de merveilles gaspillées, quelle prodigalité du génie ! Si seulement Schubert avait vécu à l'époque de Debussy, libéré des conventions de la forme classique, il eût été, sans avoir à lutter contre lui-même, le premier et le plus génial des musiciens informels !...

Sonate n° 15, en *la* majeur (op. posthume 120, D 664)

Schubert passa l'été 1819 dans la ville de Steyr, en Haute-Autriche. C'est à l'intention de la fille d'un de ses hôtes, Joséphine von Koller, charmante jeune fille de dix-huit ans, qu'il écrivit la *Sonate en* la *majeur, D 664*. Sa veine mélodique d'une délicieuse fraîcheur populaire et sa simplicité de forme et de contenu la rapprochent fort d'une autre œuvre composée presqu'en même temps à Steyr : le fameux *Quintette « la Truite »*. La personnalité de la jolie dédicataire qui, au dire de Schubert, jouait gentiment du piano, explique l'envergure et la difficulté modérées de cette séduisante Sonate.

1. Einstein y trouve « le lyrisme à l'état pur », et cela se manifeste dès les premières mesures de l'ALLEGRO MODERATO, avec son thème avenant si typiquement viennois en sa tendresse mélodique :

A lui seul, il a assuré à cette page délicieuse une popularité du meilleur aloi. Certes, dans le bref développement, quelques passages plus rudes, en octaves puissantes,

---

* A. Einstein, *op. cit.*

viennent troubler quelque peu cette limpidité de source ; mais la conclusion paisible, doucement estompée, nous replonge en pleine félicité.

2. L'ANDANTE en *ré*, avec son thème curieusement asymétrique de sept mesures, est une douce contemplation à peine voilée de la mélancolie du bonheur fugitif. Einstein y voit un simple lied « parlant à mots couverts des joies de la résignation * ». Sa pureté cristalline se colore, sur la fin, de subtiles oppositions de majeur et de mineur.

3. Le rondo conclusif, ALLEGRO, possède toute l'allégresse juvénile d'un amour de vingt ans payé de retour. Les thèmes, tour à tour élégants, espiègles et tendres, sont entourés de gouttelettes cristallines de brillantes figurations, et le morceau, qu'aucune ombre ne vient troubler, termine la Sonate dans un jaillissement de bonheur. Aucune Sonate de Schubert ne devait plus jamais retrouver cette insouciance légère.

Sonate n° 16, en *la* mineur (op. posthume 143, D 784)

Œuvre isolée et énigmatique, la *Sonate en la mineur, D 784*, seconde de cette tonalité, est le premier fruit de la grande maturité schubertienne et se rattache, par son inspiration, à la *Symphonie Inachevée* ou au *Quatuor en la mineur, op. 29*. Chronologiquement, elle se situe du reste à mi-chemin entre ces deux grandes pages. Elle fut publiée en 1839 par Diabelli, sous le numéro d'opus fantaisiste 143, avec dédicace à Mendelssohn. Malgré le titre de *Grande Sonate* dont l'affubla Diabelli pour des raisons commerciales, c'est une œuvre intime, introspective, — la dernière que Schubert écrira en trois mouvements.

1. L'ALLEGRO GIUSTO initial est aussi développé que les deux autres mouvements réunis. L'atmosphère en est épique, comme d'une ballade ancienne et douloureuse, tour à tour chevaleresque et nostalgique, d'une écriture pianistique quasi orchestrale.

2. Le bref et tout simple ANDANTE en *fa* majeur, d'une ineffable magie poétique, présente une lente procession de pèlerins égrenant un cantique dans la nuit limpide et solitaire. Son mysticisme retiré est troublé passagèrement par une explosion dramatique à laquelle il sera fait fugitivement

___
* A. Einstein, *op. cit.*

allusion au cours de la conclusion, qui frappe par la beauté de ses harmonies. La reprise de l'hymne des pèlerins aura été ornée de triolets cristallins, — souvenir transfiguré de l'épisode médian. Que de nostalgie ici encore !

3. L'ALLEGRO VIVACE conclusif ne cherche plus à donner le change. Ses triolets initiaux sont une évocation déjà impressionniste du vent dans les feuillages, vent qui s'enfle rapidement en tempête. Au milieu de cette agitation passionnée, que souligne une grande instabilité tonale, le contraste d'un second thème à la fois suppliant et paradisiaque semble plus fort encore que dans le premier mouvement. L'orageuse et farouche conclusion, d'une puissance beethovénienne, l'emporte à tout jamais : cette œuvre de crise, écrite à un des moments les plus douloureux de la brève existence de Schubert, s'achève ainsi en désolation sans remède.

Sonate n° 17, en *ut* majeur, « Reliquie » (D 840)

On se perd en conjonctures quant aux raisons de l'inachèvement de cette œuvre magistrale, — l'une des plus vastes et des plus puissantes que Schubert ait confiées au piano, l'une des plus hardies et des plus inspirées aussi. Il y travailla en avril 1825, terminant complètement les deux premiers mouvements, mais abandonnant le *Menuet* et son trio à la seconde reprise, et le *Rondo* final avant même d'arriver à mi-chemin. Certes, ces deux morceaux étaient totalement achevés en son esprit et il se proposait d'y revenir après avoir noté d'autres idées qui le travaillaient. Il n'en fut rien. Or, le mois suivant, Schubert menait à bien sa grande *Sonate en la mineur, D 845*, qui ressemble comme une sœur à notre « Inachevée », surtout si l'on compare les mouvements initiaux. Schubert a-t-il estimé que les deux œuvres feraient double emploi, qu'il avait réussi à exprimer sa pensée de manière plus parfaite ? Toujours est-il que la *Sonate en ut majeur* ne fut jamais achevée. Elle fut publiée pour la première fois en 1861 sous le titre ridicule et impropre de *Reliquie*, dû au fait qu'on croyait qu'il s'agissait de la dernière Sonate du compositeur et que l'inachèvement était dû à la mort. Nous savons qu'il n'en est rien et que Schubert vécut encore trois années et demie, réalisant quelque cent trente compositions de tout genre.

Plusieurs musiciens, notamment Ernst Krenek, ont complété les parties manquantes de cette sonate. Des critères de musicologie nous amènent à ne présenter que les deux mouvements achevés par Schubert, — d'ailleurs les plus considérables et les plus significatifs. L'expression de cette sonate est d'une ampleur peu commune. Elle se déroule dans un climat de sérénité et de paix profonde, presque métaphysique, et ses longues périodes mélodiques font alterner la méditation imprégnée d'indicible nostalgie de l'au-delà et une sagesse déjà comme détachée de ce monde. C'est l'une des œuvres de Schubert reflétant de la manière la plus frappante sa nature de pèlerin, d'*homo viator*.

1. Le MODERATO, en dépit de ses dimensions exceptionnelles, est l'un des mouvements de forme sonate les plus parfaits de Schubert. Son écriture pianistique très orchestrale — le morceau se prêterait à l'amplification symphonique au moins autant que le *Grand Duo* à quatre mains, *D 812*, d'une inspiration assez voisine —, ainsi que l'ampleur des progressions dynamiques et la richesse du plan tonal et modulant, évoquent irrésistiblement les grandes architectures sonores d'un Bruckner que jamais Schubert n'a annoncé de si près. Le thème initial, exposé deux fois, la seconde avec un vigoureux accompagnement rythmique, est suivi d'une seconde idée pleine d'élan lyrique, d'un souffle splendide et d'un développement périodique exceptionnel, l'une des inspirations les plus imposantes du compositeur. Celui-ci assure d'ailleurs à son mouvement une profonde unité, grâce à la parenté de ses deux thèmes au niveau organique. Il apparaît une fois de plus ici que le but de Schubert n'est nullement le conflit dramatique du dualisme thématique beethovénien. Il le confirme d'ailleurs en bâtissant son développement central, aux gradations modulantes d'une extraordinaire audace, sur le seul premier thème. La coda souligne encore son propos en opérant une synthèse magistrale du contenu du morceau.

2. L'ANDANTE en *ut* mineur, d'un lyrisme beaucoup plus sombre, fait succéder à la poignante nostalgie de la première idée la tendre consolation d'un second thème en *la* bémol majeur. Mais cette éclaircie fugitive est suivie d'une série d'interjections en forme de récitatifs, rehaussant encore le caractère passionné de la section centrale. On remarquera dans ce mouvement l'utilisation géniale des silences, tout chargés d'une intense signification.

Sonate n° 18, en *la* mineur (op. 42, D 845)

Cette Sonate fut composée en mai 1825, et Schubert la présenta à plusieurs reprises au cours de la tournée qu'il effectua durant l'été de la même année à travers l'Autriche, en compagnie du chanteur Michael Vogl. Ce fut la première Sonate publiée par Schubert et elle fut éditée en 1826 sous le titre de *Première Grande Sonate*, avec une dédicace à l'archiduc Rodolphe d'Autriche, — qui avait reçu l'hommage d'un grand nombre d'œuvres importantes de Beethoven. A sa parution, la *Gazette Musicale* de Leipzig lui réserva un accueil très favorable, tout en soulignant que le titre de Fantaisie eût été plus approprié que celui de Sonate ; jugement curieux s'agissant d'une des plus rigoureuses et des plus homogènes parmi les Sonates de Schubert.

La *Sonate en* la *mineur* présente avec la *Sonate en* ut *majeur, D 840,* une analogie surprenante dans le plan d'ensemble, et surtout dans la coupe des thèmes initiaux, étroitement apparentés. Comme si Schubert avait voulu traiter la même idée successivement en majeur et en mineur, et que cette dernière forme l'ait emporté, reléguant l'œuvre précédente dans les limbes de l'inachèvement...

C'est la troisième et dernière Sonate en *la* mineur que Schubert ait écrite, après *D 537* et *D 784*, et c'est l'une des plus parfaites que nous ayons de lui, l'une de celles dont le style et le climat expressif sont le plus profondément homogènes. C'est également la première Sonate achevée dans laquelle le compositeur prenne pleinement possession de ses nouvelles dimensions spatiales et temporelles. Comme la plupart des œuvres de Schubert écrites dans cette tonalité, elle est de caractère sombre et mélancolique, mais plus élégiaque et résignée que réellement tragique. On en rapprochera tout particulièrement le caractère expressif de celui du *Quatuor op. 29, D 804*.

1. Dans le MODERATO initial, le compositeur se meut dans un univers à la fois mystérieux et désenchanté. La passion demeure contenue, comme étouffée, ne s'élevant que rarement à la violence. Le thème initial se compose de deux éléments contrastants et complémentaires, — un unisson purement mélodique, exposé pianissimo legato, et une série d'accords plus marqués et plus énergiques. En quatre mesures, l'opposition dont vivra le morceau se trouve ainsi génialement définie :

Ce Schubert, auquel on refuse toujours la concentration, s'exprime ici avec une netteté et une densité toutes beethovéniennes. Une puissante progression, aboutissant à des accords violemment martelés, introduit le second élément, en *ut* majeur, dont la ligne mélodique plus légère et plus gracieuse s'inscrit sur un fond d'accords dérivé du second motif du thème initial. Mêlée de rappels de violence, cette idylle se meurt sur une double pause. Le thème du début reparaît alors en *ut* mineur, et l'exposition se termine par une allusion très nette au lied *Totengräbers Heimweh* (« Nostalgie du fossoyeur ») *D 842*, exactement contemporain. Au cours du développement qui suit, Schubert intensifie le climat d'inquiétude par toutes les ressources de l'harmonie romantique — tonalités mineures, labyrinthes chromatiques — et de la polyphonie. Le mystère s'épaissit au moment de la réexposition du thème initial, qui s'effectue en *fa* dièse mineur : le compositeur a réussi à voiler au maximum cette péripétie clef de la forme sonate, qui n'est guère perçue par l'auditeur, toujours sous l'envoûtement du rêve. La suite de la réexposition touchera le ton principal mais se cantonnera dans une très grande instabilité modulante. Elle est suivie d'une coda amplement développée, basée essentiellement sur l'élément du « fossoyeur » dérivé du thème fondamental. Il rampe sourdement dans les basses, s'enfle en un choral d'une impressionnante puissance et, après une dernière montée chromatique, affirme brutalement le ton principal. Les ultimes mesures de ce morceau, qui évoluait en grande partie en demi-teintes, révèlent brusquement la présence de la Mort implacable : le premier mouvement du *Quatuor D 804* se terminait ainsi.

2. Comme dans le *Quatuor* encore, Schubert donne, en guise de mouvement lent, un thème varié, — le seul que l'on puisse trouver dans l'ensemble des Sonates pour piano. Le thème, ANDANTE POCO MOTO en *ut* majeur, possède ce caractère chantant et limpide par lequel Schubert, tout comme Mozart, excelle à exprimer l'illusion du bonheur sur un fond de tableau enténébré. Il fait l'objet de cinq variations dont la première entoure le thème de paisibles figurations, qui s'imposent davantage à l'attention au cours de la seconde. La troisième variation affirme *ut* mineur avec une soudaine violence dramatique : accumulation de retards dissonants, basses martelées en octaves, accroissement de l'intensité. La scintillante quatrième, en *la* bémol majeur, s'évade du côté de la virtuosité agile, des contrastes de dynamique, de couleur. La dernière enfin revient au ton initial et restaure le visage originel du thème, si proche par son inspiration de *la Belle Meunière* qu'on l'en pourrait croire issu. Dans la tendre et nostalgique conclusion, il nous semble entendre l'écho de quelque cor sylvestre...

3. Le SCHERZO, *Allegro vivace*, plein d'élan et de feu, rejoint le romantisme fantastique et pittoresque d'un Weber, mais avec combien plus de subtilité dans les contrastes harmoniques, les alternances et équivoques géniales entre majeur et mineur, le jeu des modulations, les syncopes inquiètes. Et que dire de la soudaine éclaircie du trio en *fa* majeur, radieuse et apaisante vision d'Arcadie rayonnant du plus tendre bonheur ?

4. Le caractère expressif du rondo conclusif, ALLEGRO VIVACE, l'un des finales les plus concis de Schubert, a été fréquemment comparé à celui du mouvement correspondant de la Sonate de même tonalité de Mozart *(K 310)* : même agitation fiévreuse, d'abord fuyante et mystérieuse, puis quittant l'esprit de résignation un rien sardonique pour s'élever, sur la fin, à la révolte véhémente ; même alternance infiniment subtile de mineur pas tout à fait sombre et de majeur voilé et équivoque. Le tout basé sur une matière thématique d'une simplicité trompeuse, avec ses inflexions parfois presque smetaniennes, — rappelant l'atavisme slave de Schubert. Dans ce mouvement encore, des explosions dynamiques soudaines, des concentrations d'accords martelés, contrastent avec le niveau d'ensemble du discours musical. Il faut savoir lire entre les lignes de cette musique dont la limpidité apparente dissimule beaucoup de fatalisme, et dont seule l'incomparable pureté de l'âme schubertienne permet d'échapper à l'amertume...

Sonate n° 19, en *ré* majeur (op. 53, D 850)

Cette Sonate de vaste envergure est le reflet d'une période heureuse de la vie de Schubert. Elle fut en effet composée à Gastein, dans les Alpes salzbourgeoises, en août 1825, au cours de la grande tournée que le compositeur avait entreprise à travers l'Autriche en compagnie de Michael Vogl. Son joyeux optimisme, sa fraîcheur juvénile, son élan radieux et puissamment viril témoignent de l'influence bienfaisante et réparatrice que les magnifiques paysages alpestres exercèrent sur Schubert : les sombres pensées qui hantaient la Sonate précédente — en *la* mineur, *op. 42, D 845* — ont totalement disparu. La *Sonate en* ré est l'une des plus brillantes et des plus virtuoses, et cela est certainement dû à la personnalité de son dédicataire, le fameux pianiste Carl-Maria Bocklet, grand ami du compositeur et son cadet de quatre ans. De toutes les Sonates de Schubert, aucune ne montre mieux son génie rythmique, d'une verve et d'une variété inépuisables. L'œuvre fut publiée peu après la Sonate précédente sous le titre de *Deuxième Grande Sonate*.

1. La primauté du rythme s'affirme dès le début de l'ALLEGRO VIVACE, dont le thème initial en notes répétées martelées rappelle de manière frappante le départ de la *Sonate Waldstein* de Beethoven, publiée — amusante coïncidence — sous le même numéro d'opus :

Immédiatement repris en mineur, ce thème s'aventure bientôt jusqu'aux parages lointains d'*ut* dièse majeur. A sa troisième affirmation, dans le ton originel de *ré* majeur, il s'amplifie en une puissante progression, portée par les triolets qui joueront un grand rôle tout au long du morceau. Simple et discret, le second thème, purement mélodique, nous frappe moins par l'élément conclusif, étrangement syncopé, clamé en puissantes octaves aux deux mains, auquel le soudain fortissimo et surtout l'élargissement du tempo *(Un poco più lento)* contribuent à donner un relief tout particulier. Le développement, extrêmement modulant, démarre en *si* bémol majeur et touche ensuite des tonalités aussi lointaines que *fa* majeur, *la* bémol majeur, *si* mineur et *ut* dièse mineur. De brillants passages en triolets précèdent la réexposition, à laquelle succède une coda d'un éclat un peu primitif, mais qui convainc et même subjugue par sa prodigieuse vitalité physique. C'est elle, c'est cette joie éclatante et solaire, qui nous dédommagent aisément d'une absence relative de l'habituelle magie schubertienne.

2. Celle-ci s'affirme d'ailleurs avec plus de force dans l'incomparable joyau du CON MOTO en *la* majeur à (3/4), — l'une des pages les plus intimes et les plus raffinées de sonorité jamais écrites par son auteur. Il ne s'agit d'ailleurs pas d'un mouvement lent à proprement parler — le caractère général de la Sonate ne le permettrait pas — mais d'une sorte de danse d'allure modérée, évoquant un Menuet. Et pourtant, l'atmosphère prédominante est celle d'un calme contemplation des mystères de la nature, soudain rehaussée de puissantes progressions harmoniques. D'ailleurs, si le rythme régnait en maître dans le premier mouvement, c'est l'harmonie qui domine ici sans partage. C'est elle qui suscite ces étonnants changements d'éclairage dans la présentation du premier thème ; c'est elle, surtout, qui conditionne entièrement l'invention du second élément, dans lequel l'idéal entrevu dans le *poco più lento* du premier temps trouve son plein accomplissement : épisode extraordinairement impressionniste, jeu d'ombres et de lumières d'une subtilité incomparable, effleurant les tonalités les plus variées. Près d'un siècle avant Debussy, Schubert traite la couleur sonore, aussi bien les accords que les contrastes de timbres, comme élément autonome. Le thème initial est enfin repris à la main gauche, environné d'un essaim de figurations scintillantes. Il s'élèvera pour finir à une véritable apothéose, d'une incroyable splendeur sonore, où le compositeur semble s'enivrer des sonorités et des harmonies que prodigue la corne d'abondance de son imagination. La vision merveilleuse meurt enfin doucement dans les basses.

3. Le SCHERZO, *Allegro vivace,* l'un des rares de Schubert qui débute sur un temps levé, s'amuse à créer des équivoques métriques entre 3/4 et 3/2 grâce à l'usage des contretemps. La persistance des rythmes pointés lui prête un caractère de fougue héroïque ; cependant des contrechants pleins de grâce enjouée viennent contrepointer l'énergique idée initiale, qui finit par se métamorphoser elle-même en Ländler paisible. Mais le moment le plus précieux du morceau, c'est le merveilleux trio, d'une beauté calme, d'une admirable plénitude sonore, où les rythmes s'estompent, où la seule magie harmonique reprend une fois encore le dessus. De *sol* majeur, la musique s'évade vers les zones ombrées de bémols par les modulations d'une singulière audace.

4. Il est permis de considérer le rondo, ALLEGRO MODERATO, comme le plus beau des quatre mouvements, — bien que Schumann, qui le trouvait « peu en harmonie avec l'ensemble et passablement burlesque » n'ait pu saisir son message poétique. La forme en est d'une simplicité déconcertante : il s'agit d'un rondo aux épisodes juxtaposés directement, sans transitions, à la manière de couplets et de refrains d'une chanson. Le thème initial, d'une fraîcheur et d'une naïveté adorables, fait son entrée en sautillant avec grâce sur un accompagnement discret en accords staccato non dépourvu d'une douce ironie. On y retrouve, idéalisé, l'esprit des innombrables danses par lesquelles le compositeur animait les *Schubertiades*. Einstein, qui souligne avec une grande pertinence que ce thème est à ces danses ce que les lieder schubertiens sont aux chants populaires, en a même trouvé le germe dans l'une des huit petites *Écossaises D 977,* malheureusement impossibles à dater avec précision. Est-ce cette candeur toute angélique, est-ce cette divine simplicité, cette innocence si spontanée qui ont échappé à Schumann, au point de l'amener à refuser de « prendre ce morceau au sérieux » ? Nous nous gardons bien de le suivre, nous laissant envoûter sans arrière-pensée par toutes les félicités de l'invention schubertienne, par ce second groupe thématique en doubles croches agiles, par le troisième, un *Poco più lento* en *sol* majeur, qui est un Impromptu lyrique en soi, par la faculté de renouvellement du thème initial, varié et orné à chacune de ses réapparitions, en sorte qu'on peut considérer ce finale comme une heureuse synthèse de rondo et de thème varié. Jamais nous ne quittons cette exquise gaieté viennoise, sauf pour un bref éclat dramatique dans l'épisode en *sol*. Et Schubert termine sa Sonate par un pianissimo diaphane, doucement ralenti. Ainsi, à la fin d'une Sonate commencée sous des auspices si vigoureusement telluriques, la pure poésie et le rêve conservent-ils le dernier mot : c'est là tout Schubert !

Sonate n° 20, en *sol* majeur, « Fantaisie » (op. 78, D 894)

Cette Sonate, couronnement et aboutissement de la trilogie de 1825, et que Schumann considérait déjà comme « la plus parfaite de toutes quant à l'esprit et à la forme », naquit en octobre 1826, peu après le *Quatuor* de même tonalité, *op. 161, D 887,* et fut dédiée à un ami intime de Schubert, Josef von Spaun. L'éditeur Haslinger la publia dès le mois d'avril suivant mais sous le titre fallacieux de *Fantasia, Andante, Menuetto* et *Allegretto,* quatre pièces séparées étant d'un meilleur rapport commercial qu'une grande Sonate. Cependant la page de titre de l'édition porte la mention *Fantaisie ou Sonate,* tandis que le manuscrit de Schubert indique *IVᵉ Sonate. D 845* et *D 850* ayant reçu, en édition imprimée, les numéros 1 *(op. 42)* et 2 *(op. 53),* il faut en conclure que le compositeur pensait encore achever la *Sonate en ut majeur, D 840,* prévue dès lors comme troisième Sonate. Quoi qu'il en soit, la *Sonate en* sol a conservé le surnom de Fantaisie, que justifie, sinon la forme, assez orthodoxe, du moins l'allure et le contenu poétique insolites du premier mouvement. Comme Schumann, Liszt chérissait cette œuvre qu'il qualifiait de « poème virgilien », terme parfaitement approprié à l'exception, toutefois, du développement central dramatique du premier morceau.

1. Ce MOLTO MODERATO E CANTABILE à 12/8 est le premier mouvement de Sonate le plus original de Schubert, celui qui, par son ampleur métrique et son essence contemplative, s'éloigne le plus du caractère traditionnellement actif d'un premier temps classique. Son pur lyrisme, dans lequel Rehberg voit très justement l'expression « du pressentiment imminent de l'arrivée du printemps », s'inscrit sans effort dans le cadre ternaire de la forme sonate. Le thème initial est un complexe harmonique d'une indicible beauté, presque immobile en sa tendre extase :

Par le biais de *si* mineur, il gagne bientôt les parages lumineux de *si* majeur. Puis apparaît l'ample mélodie au second thème, chantant en douces octaves de la main droite sur un accompagnement pointé de la main gauche, dont l'exquis balancement introduit juste ce qu'il faut d'animation pour que la musique progresse. Mais un élément conclusif voilé de mystère, fait de quatre notes seulement, retrouve le climat initial de contemplation. Schubert a concentré tous les accents héroïques ou dramatiques, tous les éléments contrapuntiques, dans le développement central, presque entièrement basé sur le thème initial et ses variantes. Il débute fortissimo en *sol* mineur, et, par une progression canonique, s'élève à une imposante affirmation du thème principal en *si* bémol mineur. Une intervention apaisante du second élément ne fait que passer ; à nouveau la musique bande ses énergies en un canon qui aboutit au sommet dramatique du morceau : proclamation en *ut* mineur du grand thème, qui, dévoilant semble-t-il son vrai visage, assume à présent une grandeur tragique et sinistre. A propos du contraste si frappant entre l'exposition et le développement, comment ne pas citer, avec Rehberg, le grand poète épique suisse Carl Spitteler : « Lorsque nous voyons Schubert, étendu dans l'herbe parmi les fleurs — et c'est là sa position habituelle — nous sommes tentés de le considérer comme un pâtre et un dormeur innocent. Mais se lève-t-il, nous nous étonnons de sa stature de géant, de la majesté de ses mouvements, de la force herculéenne que révèlent ses exploits. » La réexposition est précédée d'une brève zone de silence. Nous retrouvons le climat idyllique du début, mais ne parvenons plus à oublier le drame que nous savons à présent sous-jacent à tant de bonheur.

2. D'ans l'ANDANTE en *ré* majeur, qui le dispute en beauté et en intensité expressive au morceau précédent, on peut reconnaître un écho amplifié, mûri, de celui de la juvénile *Sonate en la majeur, D 664*. La forme, toute simple, est celle du lied à cinq compartiments, dont les sections paires, à chaque fois variées, opposent la tendre contemplation de leur mélodie lyrique à l'énergie passionnée des deux intermèdes en *si* mineur. La richesse sonore de ce morceau culmine dans le magistral épilogue, aux modulations si émouvantes.

3. Le délicieux MENUETTO, *Allegro moderato*, véritable écho amplifié des *Valses nobles* de 1825, exprime la quintessence de Vienne et suscitait déjà l'enthousiasme des contemporains de Schubert. Les rythmes énergiques de la partie principale, avec ses syncopes capricieuses et ses trilles, s'opposent au chant céleste et extatique du trio en *si* majeur, dont l'intimité rêveuse semble vouloir concentrer en un moment unique de félicité et de miracle harmonique toutes les vertus qui nous rendent Schubert irremplaçable.

4. L'ALLEGRETTO conclusif, à la fois rondo librement traité et amplifié et divertissement, termine la Sonate de manière particulièrement heureuse. Ses sources mélodiques tirent leur saveur inimitable d'origines ethniques les plus variées : c'est encore un de ces morceaux où semblent passer des silhouettes de paysans de Bohême, de Tziganes de la Puszta hongroise et, bien entendu, de gracieuses Viennoises. Vraie fête mélodique et sonore, exprimant tour à tour une joie raffinée et une allégresse exubérante, c'est une corne d'abondance du point de vue de l'invention musicale. Le cœur à la fois géographique et spirituel en est l'épisode dansant en *mi* bémol majeur, dont la forme ternaire enchâsse en son milieu un joyau mélodique, — l'une des manifestations essentielles de l'âme schubertienne saisie en son mystère intime. D'*ut* mineur, la céleste mélodie s'illumine du tendre sourire d'*ut* majeur, se déployant dans tout l'éclat de sa beauté ; puis elle est attirée à nouveau par les zones d'ombre des tons mineurs, et finit par disparaître aussi mystérieusement qu'elle était venue : passage insaisissable de la Beauté sur cette terre ! Après, il ne reste plus qu'à conclure avec une reprise abrégée des thèmes du début, et la Sonate s'évanouit délicatement sur le sourire d'un pianissimo limpide...

Sonate n° 21, en *ut* mineur (D 958)

La *Sonate en ut mineur* ouvre la grande trilogie que Schubert composa en septembre 1828, moins de deux mois avant sa mort. Si la rédaction définitive de ces trois chefs-d'œuvre — les dernières entreprises de grande envergure qu'il put encore mener à bien — s'effectua avec une grande rapidité, elle fut cependant préparée par des ébauches fort poussées que nous avons conservées. Le musicien voulait dédier à Hummel cette trilogie, avec laquelle il était conscient de prendre la succession des dernières Sonates de Beethoven, mort l'année précédente, mais Diabelli la fit paraître en 1839 avec une dédicace à Robert Schumann. Schubert parvient ici à la parfaite synthèse de l'influence beethovénienne et du lyrisme intime de ses propres Sonates de jeunesse. La forme classique, dans laquelle l'inspiration se coule avec une aisance frisant l'indifférence, n'est plus que le cadre externe permettant de canaliser dans des dimensions temporelles à l'échelle humaine un message poétique essentiellement métaphysique et cosmique.

Des trois Sonates, *D 958,* ainsi que l'annonce sa tonalité, est la plus agitée, la plus sombrement passionnée et la plus violente, la plus beethovénienne aussi, encore qu'elle ne contienne pas une mesure qu'un autre que Schubert eût pu écrire.

1. Le thème initial de l'ALLEGRO à 3/4, d'une puissance titanesque, s'affirme par des accords martelés dont la silhouette évoque le début de l'*opus 111* de Beethoven,

puis se précipite vers les ténèbres de l'extrême grave par un grand trait de triolets de doubles croches en octaves tonnantes, pour remonter ensuite en vagues furieuses et plonger encore. Cette passion démoniaque se calme progressivement, transformant le thème initial en un élément subsidiaire devenu plainte émouvante, et introduisant enfin le second élément, au ton relatif de *mi* bémol majeur, chant de douce consolation richement harmonisé qui demeurera maître du terrain jusqu'au début du développement. Celui-ci s'éloigne complètement de la conception classique, il devient une audacieuse fantaisie dominée par l'invention harmonique et purement sonore, musique athématique comme pourra l'être celle de Debussy. Le conflit dramatique, à peine amorcé, s'évanouit dans les brumes mystérieuses d'un chromatisme houleux, à l'écart de toute structure organique. Impressionnisme, comme déjà l'étonnante mélodie *Die Stadt* (« la Ville », *D 957*) qui fait partie du cycle *le Chant du Cygne,* de peu antérieur à la Sonate ? Peut-être Schubert va-t-il plus loin encore dans l'intuition toute neuve d'une musique informelle : nous sommes ici aux antipodes d'un Beethoven. Un bref crescendo conduit à la réexposition, qui affirme l'idée initiale avec une énergie décuplée. Le morceau se termine par une longue coda, issue de l'élément chromatique qui avait dominé le développement. Après un ultime déchaînement de révolte véhémente, la musique se meurt enfin, ses derniers soubresauts épuisés, dans un néant obscur.

2. L'ADAGIO en *la* bémol majeur, l'un des rares mouvements instrumentaux véritablement lents de Schubert, est aussi l'un des plus profonds. Il se présente comme un rondo, dont les refrains, d'un calme détachement mystique, environnant leur ample mélodie sacrée d'un voile mystérieux, s'opposent aux couplets, d'une sauvagerie et d'une violence élémentaires. Les somptueuses richesses de l'écriture pianistique et celles du langage harmonique, qui tire de l'usage fréquent de l'enharmonie les effets les plus troublants, contribuent à souligner l'étrange magie de l'inspiration schubertienne. On peut reconnaître dans ce morceau une version mûrie, amplifiée, de l'*Andante molto* de la *Sonate en mi bémol* de 1817, *op. 122, D 568.*

3. Le caractère du MENUETTO, *Allegro,* est en fait celui d'un scherzo, l'un des plus subtils et des plus capricieux de Schubert, oscillant sans cesse entre le sourire et la passion dramatique, avec ses périodes inégales, ses brusques silences, ses contrastes dynamiques. A son caractère fantastique s'oppose la grâce apaisante, la chaleur mélodique du merveilleux trio en *la* bémol majeur, aux amples cantilènes, et dont même les imitations contrapuntiques acquièrent un caractère contemplatif.

4. La Sonate se termine par une impétueuse tarentelle, ALLEGRO, d'une ampleur de développement peu commune, dont le thème initial nous révèle d'emblée la parenté profonde avec ces danses macabres, d'une allégresse sardonique et horrible, que sont les finales des *Quatuors en ré mineur, la Jeune Fille et la Mort, D 810,* et *sol majeur, op. 161, D 887.* C'est ce dernier qu'on évoque le plus ici, avec une même oscillation permanente entre majeur et mineur, de mêmes scintillements fantasmagoriques d'harmonies multicolores et, de temps à autre, de mêmes blocs de larges accords sur lesquels vient buter temporairement l'infernale chevauchée. Rares sont les répits qu'offre ce mouvement en forme de libre rondo, dont la richesse d'invention et l'animation frénétique font oublier les dimensions peut-être excessives. Un second élément, tout en sauts de quintes, démarre en *ut* dièse mineur pour vagabonder librement à travers le cycle des tonalités. Un troisième, brève extase lyrique, chante en *si* majeur avant d'être aspiré par le tourbillon d'*ut* mineur qui se précipite inéluctablement vers la cataracte conclusive.

Sonate n° 22, en *la* majeur (D 959)

La dernière année de sa vie, passé le cul-de-sac de la folie guettante incarnée par le Ménétrier du *Voyage d'hiver,* Schubert devait atteindre à cette sérénité seconde qui est également celle du Mozart de 1791, à cette zone de paix surhumaine que plus rien ne saurait ébranler désormais, et où la joie résulte de la surmultiplication du désespoir, où le majeur est un mineur à la seconde puissance. De ces rivages élyséens, il n'est point de plus beau message que la grande *Sonate en* la *majeur,* seconde des trois que Schubert composa en succession rapide en septembre 1828, moins de deux mois avant sa mort. Malgré ses vastes dimensions — c'est la plus développée de Schubert — elle convainc par l'harmonieuse perfection de ses proportions, qui ne laissent place à aucune longueur.

1. L'ALLEGRO initial commence par l'affirmation, énergiquement rythmée, de la note *la,* éclairée par des harmonies changeantes. A la sixième mesure, se dégage un trait mélodique, introduisant les triolets de croches qui domineront tout le déroulement du morceau. Un pont aux marches harmoniques extraordinaires, avec leurs âpres frottements de seconde, conduit au second thème, chant imprégné de noble sérénité. Les progressions reprennent alors sous une forme hardiment chromatique à partir de l'extrême grave du clavier, — sur quoi une reprise du second thème conclut l'exposition par une zone de calme et de contemplation. Le développement travaillera exclusivement un thème neuf, splendide, dans une atmosphère de ballade fantastique, dont la limpidité ne fait que souligner l'étrangeté. Après avoir atteint à une sorte de désincarnation dans les tessitures les plus élevées, un crescendo dynamique, en accords massifs, introduit la rentrée. Dans la coda, la vigoureuse assertion initiale se voit transfigurée en réminiscence de rêve, terminant dans la douceur cette magique évocation d'un printemps, ou mieux, d'une résurrection.

2. L'ANDANTINO en *fa* dièse mineur, d'une concision insolite, a été comparé à une barcarolle vénitienne, voire à une romance. Dans l'envoûtement lancinant de son balancement initial, nous verrons bien plutôt une « berceuse de la douleur » pour citer Brahms. Alfred Einstein* a souligné la parenté de ce morceau avec le lied *Pilgerweise* (« Chant du pèlerin », d'après Schober, *D 789*), de mai 1823 : « Je suis sur la terre un pèlerin, toujours marchant de porte en porte... ». Un fantastique inquiétant, hoffmanesque, s'exprime dans l'épisode du milieu, d'une étonnante liberté en son agitation. Aussi, que de résignation dans la sérénité retrouvée de la fin, qui se fond en d'ultimes ténèbres. L'espace de quelques instants, ce morceau nous a révélé l'abîme sous-jacent qui sert d'assise à cette Sonate joyeuse et printanière...

3. C'est un morceau d'essence purement viennoise que le bref SCHERZO *(Allegro vivace),* avec ses échos de valses et son staccato capricieux. Si sa brillante écriture pianistique peut évoquer Weber, quelques brusques contrastes d'ombres n'en sont point absents.

4. L'ALLEGRETTO final, d'une étendue peu commune, est bien l'apothéose de la « divine longueur » schubertienne que célébrait Schumann. Son plan formel est, une fois encore, d'une déroutante simplicité : rondo de sonate ou, si l'on préfère, forme sonate avec retour du premier thème en conclusion de l'exposition et de la reprise. En tout état de cause, ces deux thèmes suffisent à alimenter cette lumineuse vision d'Arcadie, cette corne d'abondance de divine et fraîche simplicité, livrée à la joie incessante de chanter et de moduler. C'est encore une fois Einstein qui nous en livre la clé : le lied *Im Frühling* (« Au printemps », d'après Schulze, *D 882*) de 1826 : « Je suis assis en paix au flanc de la colline ; le ciel est si limpide... ». Le thème enjoué de refrain semble se pencher une fois encore sur une jeunesse heureuse et révolue, et son expression tendre et paisible évoque Mozart. Au cours du second couplet, il acquerra un visage dramatique inattendu, grâce à un véritable développement thématique, puissamment tendu. A la reprise fort variée succède une grande coda sur le thème principal, d'abord hésitante, coupée de silences et de modulations subites, puis se précipitant joyeusement en une strette rapide, que vient couronner, en coup de maître, une vigoureuse allusion aux premières mesures de la Sonate.

---

* A. Einstein, *op. cit.*

Sonate n° 23, en *si* bémol majeur (D 960)

Achevée le 26 septembre 1828, la *Sonate en si bémol* est donc la dernière composition de grande envergure qu'ait écrite Schubert, qui devait mourir moins de deux mois plus tard.

1. Comme souvent chez Schubert, l'inoubliable mélodie initiale du MOLTO MODERATO semble surgir d'un rêve bien avant de nous devenir perceptible :

Au-delà de tout désespoir et de toute misère, elle nous transporte dans cet univers de sage résignation et de sérénité seconde qui sera celui de toute l'œuvre et qui caractérisait également la production du Mozart des derniers mois. Cet ample mélodie se voit étayée d'un trille dissonant (*sol* bémol) grondant mystérieusement dans les basses, et dont le rôle structural et cadentiel sera important : c'est lui qui introduit une reprise féerique en *sol* bémol majeur du thème, qui s'affirme enfin en pleine puissance dans le ton principal : premier *forte* du morceau. Le second thème, plutôt complément lyrique qu'antithèse, s'expose de façon surprenante en *fa* dièse mineur, allusion par enharmonie au *sol* bémol précédent. Des modulations magiques mènent au long apaisement qui, comme plus tard chez Bruckner, signale la fin de l'exposition, et qui fixe la musique de manière toute classique au ton de la dominante, *fa* majeur, dont la tierce est commune avec *fa* dièse mineur. Une brusque modulation en *ut* dièse mineur — l'effet est prodigieux — introduit le développement qui travaille les deux thèmes avec une richesse harmonique incomparable, et qui culmine en un dramatique fortissimo en *ré* mineur. Une lente et graduelle accalmie, d'une atmosphère raréfiée — nous touchons ici au cœur du mystère romantique — précède la réexposition, enrichie d'harmonies nouvelles, et suivie d'une grande coda où le thème initial reparaît encore par trois fois, en des éclairages sans cesse renouvelés, pour retourner enfin doucement au silence d'où il avait surgi.

2. L'ANDANTE SOSTENUTO en *ut* dièse mineur est le cœur et l'apogée de la Sonate, et sa bouleversante beauté défie toute description. La forme, un da capo varié, est d'une simplicité déroutante. Une mélodie calme et recueillie, doucement plaintive, s'expose sur un fond de cloches solennelles étagées sur trois octaves aux basses en pédales rythmiques obstinées. Son expression s'intensifie progressivement jusqu'à l'entrée du thème central, en *la* majeur, hymne sublime de transfiguration et d'extase mystique, auquel ses riches sonorités dans le médium grave prêtent des teintes de noble nocturne, bientôt entouré de la féerie de figurations scintillantes. Mais c'est la reprise variée du début qui atteint aux cimes les plus hautes de l'inspiration : la douleur poigne, plus pressante, plus lancinante, lorsque, soudain, une modulation imprévue de *sol* dièse mineur à *ut* majeur crée un merveilleux changement d'éclairage, — amenant la conclusion spiritualisée, épurée, dans la lumière céleste d'*ut* dièse majeur : Beethoven a-t-il jamais dépassé pareil sommet ? Peut-être dans l'*Adagio* de l'*Opus 106*...

3. Fraîcheur, raffinement, parfums éthérés nous accueillent à l'audition du thème angélique et tendre du scherzo, ALLEGRO VIVACE CON DELICATEZZA, dont le titre dit si bien l'esprit. Ses appoggiatures délicates, ses allusions fugitives aux tons les plus lointains, soulignent sa poésie irréelle autant que le contraste du bref trio en mineur, plus sévère, plus rude, avec ses étranges périodes irrégulières, dix mesures, et ses accents décalés.

4. Le finale, ALLEGRO MA NON TROPPO, combine rondo et forme sonate. Le thème, quelque peu badin et même espiègle, démarre en *ut* mineur avant de regagner le ton principal, procédé familier à Schubert, encore que le modèle le plus proche, à tous points de vue, rythme et tonalité compris, soit le finale du *Quatuor op. 130* de Beethoven. Une seconde mélodie, large, hymnique, en noires liées, nous porte en *sol* majeur et retrouve passagèrement le climat du premier mouvement. Mais, soudain, deux accords violents affirment *fa* mineur et introduisent un troisième élément, aux rythmes fortement pointés. Le refrain est alors repris, toujours annoncé par son *sol* initial, et développé au cours d'un épisode vigoureux, aux modulations météoriques d'une folle audace. Comme dans le premier morceau, c'est une longue accalmie graduelle qui prépare la reprise, relativement régulière. Après un dernier épisode qui s'attarde à plaisir dans la joie de moduler, une brève strette, *Presto*, brillante et allègre, de couleur fort beethovénienne avec les grondements de ses batteries d'octaves aux basses, termine la Sonate.

LES PIÈCES LYRIQUES

Quatre Impromptus (op. 90, D 899)

Leur composition se situe probablement vers la fin de 1827, sans qu'il soit possible de préciser davantage. En décembre de cette année, l'éditeur viennois Tobias Haslinger annonça les deux premières de ces pièces sous le numéro d'*op. 87*. Comme le succès commercial ne se manifestait pas assez rapidement, il renonça tout simplement à publier les deux autres, qu'il ne fit paraître que vingt-sept ans après la mort de Schubert, en 1855. A cette occasion, il se permit de transposer le *Troisième Impromptu* de *sol* bémol majeur, ton jugé compliqué pour le public d'amateurs, en *sol* naturel, — alors qu'en fait le morceau tombe beaucoup mieux sous les doigts dans le ton original, en dépit d'une lecture plus délicate. De même, le peu scrupuleux éditeur remplaça l'ample mesure à 4/2 de la version d'origine par un 2/2, plus courant, mais plus étriqué. Il fallut attendre pas mal d'années encore avant que les quatre pièces ne fussent enfin réunies dans l'ordre et dans la rédaction voulus par Schubert. C'est bien entendu ainsi que nous les présentons.

1. Le **Premier Impromptu**, *Allegro molto moderato* en *ut* mineur, dans le rythme d'une marche assez lente, s'édifie tout entier sur une seule et admirable mélodie, prenant appui sur la dominante et exprimant une nostalgie et une tristesse indicibles.

Alfred Einstein* la rapproche du chœur de femmes avec piano *Gott in der Natur* (*D 757*, 1820), mais elle est aussi de la famille du thème lancinant de l'*Andante un poco moto* de l'ultime *Quatuor* en *sol majeur, D 887*, de juin 1826. L'affirmation fortissimo de la note *sol* sur quatre octaves ouvre la porte au thème, exposé d'abord dans la nudité d'une monodie non accompagnée. Peu à peu, les harmonies s'étoffent, la dynamique s'accroît, sans que nous quittions ce climat doucement obsessionnel, litanique et incantatoire. C'est l'une des expressions suprêmes de Schubert-le-voyageur, tout imprégnée d'une sombre fatalité, que soulignent les triolets d'accompagnement, volontairement uniformes comme ceux du *Roi des Aulnes*, ou encore de lourdes basses en octaves, d'une majesté sépulcrale. L'expression de la mélodie elle-même est sans cesse renouvelée par la variété des attaques, staccato énergique ou au contraire legato lyrique. Toute la fin demeure longuement suspendue en dehors du temps, entre mineur et majeur, — ce dernier l'emportant in extremis dans un dégradé mystérieux.

2. Massacré depuis des temps immémoriaux dans tous les pensionnats de jeunes filles le **Second Impromptu,** *Allegro* en *mi* bémol majeur (à 3/4), conserve intact sa fraîcheur et son charme. Le thème flotte gracieusement en guirlandes de triolets ascendants et descendants, à la manière d'un mouvement perpétuel. Jamais Schubert n'a été plus proche d'un certain Chopin, et l'écriture pianistique témoigne d'une volonté de brillant et de virtuosité très rare chez lui. Au milieu, nous trouvons un épisode en *si* mineur, aux accents piaffants et martelés à la hongroise. Chose surprenante, on le retrouve à la fin du morceau, qui conclut inopinément en *mi* bémol mineur.

3. Schubert nous offre l'une de ses suprêmes inspirations dans le sublime **Troisième Impromptu,** en *sol* bémol majeur (*Andante mosso* à 4/2). Une ample mélodie hymnique de caractère sacré déroule sa longue courbe paisible sur un accompagnement en triolets évoquant de célestes harpes. Tout en demeurant presque constamment dans le pianissimo, l'ardente prière, toute baignée du sentiment cosmique de la nature, s'élève peu à peu vers *mi* bémol. Il est vain d'analyser dans le détail cette effusion d'une irréelle beauté, dont Einstein** a souligné les affinités qui l'unissent à un lied de 1819 sur un poème de Schlegel, *Die Gebüsche (les Broussailles, D 646)*. Or, Schumann devait en choisir les quatre derniers vers pour les faire figurer en épigraphe de sa *Fantaisie op. 17* :

« Parmi tous les sons confus
Qui bercent ici-bas notre rêve,
Il passe un son léger
Pour l'oreille attentive. »

Celui-là même que Schubert a su capter

---

* A. Einstein, *Schubert, portrait d'un musicien* (Ed. Gallimard, Paris, 1958).

** A. Einstein, *op. cit.*

dans son miraculeux *Impromptu en sol bémol majeur.*

4. Le cycle se termine par une pièce apparentée à la seconde, comme elle légère et virtuose, bénéficiant d'une égale popularité, mais plus audacieuse de langage et plus personnelle d'expression. Ce QUATRIÈME IMPROMPTU, *Allegretto* en *la* bémol mineur (à 3/4), fait chanter la main gauche dans le registre généreux du violoncelle sous le papillonnement éthéré des arpèges perlés de la main droite. L'épisode central en *ut* dièse mineur — il s'agit en fait d'un trio de scherzo — apporte le contraste expressif de sa mélodie passionnément nostalgique, se découpant sur des batteries haletantes de doubles croches. De là, on regagne la reprise du début par une série de modulations enharmoniques d'une folle témérité.

Quatre Impromptus (op. 142, D 935)

Par une lettre datée du 21 février 1828, Schubert proposa à l'éditeur Schott de Mayence une série de quatre Impromptus, qu'il désirait voir paraître sous le numéro d'opus 101, et poussa même la conciliation jusqu'à autoriser une publication par morceaux séparés. Il en fut pour ses frais : on lui répondit que ces pièces « étaient trop difficiles pour des bagatelles ». Ce fut Diabelli qui les fit paraître en 1838, dix ans après la mort de Schubert, sous le numéro d'opus fantaisiste 142, et avec une dédicace à Franz Liszt.

Frappé par la perfection de la forme sonate du premier morceau autant que par la manière logique et harmonieuse par laquelle il s'enchaînait au second, Robert Schumann, qui consacra à ces Impromptus un article enthousiaste, exprima le premier l'hypothèse qu'il pourrait s'agir d'une Sonate cachée, que Schubert n'aurait pas présentée comme telle afin de la placer plus facilement. Outre qu'une telle attitude ne correspond nullement à sa nature, aucune preuve matérielle ne pouvait corroborer l'opinion de Schumann, qu'Alfred Einstein a reprise de nos jours sur des bases purement esthétiques. L'examen du manuscrit, qui situe la composition du cycle en décembre 1827, réduit ce point de vue à néant : Schubert a bien intitulé *Impromptus* ces quatre morceaux, les numérotant même de 5 à 8, en continuation du premier recueil (v. précédemment).

1. Quoi qu'il en soit, le PREMIER IMPROMPTU, *Allegro moderato* en *fa* mineur, est bel et bien l'une des formes sonates les plus parfaites que nous laisse Schubert, dont l'ampleur, comparable à celle des premiers mouvements des deux dernières Sonates, *D 959* et *960*, s'accompagne d'une concentration expressive extraordinaire. Rarement le compositeur a témoigné d'autant de richesse et de noble plénitude dans l'invention. Le premier thème, avec sa double chute mélodique de près de deux octaves qu'interrompent de violents accords, possède une fonction plutôt introductive. Puis s'installe un murmure mystérieux de doubles croches, dont se dégage graduellement un noyau mélodique très simple, qui sera le second thème. Le lyrisme schubertien, fait de tendresse doucement meurtrie, est entrecoupé sans cesse d'explosions d'unissons passionnés, d'appels nostalgiques et plaintifs. Schumann commente à ce sujet : « Toute cette page est née d'une heure douloureuse, comme si le musicien se penchait sur son passé. » Le développement thématique est remplacé par une·mer agitée de sombres harmonies, où des épaves de mélodies voguent à la dérive : épisode voilé et terrible, annonçant les pièces nocturnes les plus fantastiques de Schumann. Ces remous de doubles croches reparaissent d'ailleurs au terme d'une réexposition dont le mode majeur n'aura été qu'illusoire : un dernier retour de l'exode restaure définitivement *fa* mineur.

2. Le SECOND IMPROMPTU, *Allegretto* en *la* bémol majeur (à 3/4), est une sorte de bref menuet lent, sublime par la simplicité parfaite, et dont le charme mélodique tout autant que l'expression doucement nostalgique expliquent la popularité de bon aloi. Toute la magie romantique du piano se trouve saisie en ces quelques pages. Le trio, en *ré* bémol majeur, d'un caractère plus sombre et plus agité, avec ses triolets et ses syncopes fiévreuses, ses modulations rapides et ses enharmonies subtiles, se développe en une progression d'une puissance inattendue.

3. Le TROISIÈME IMPROMPTU, *Andante* en *si* bémol majeur, aussi populaire que le précédent, nous offre une série de variations sur un thème favori de Schubert, celui de l'entracte de l'acte IV de *Rosamunde* :

Ce thème au rythme dactylique semble avoir revêtu pour lui une signification toute particulière. Après avoir été repris dans le second mouvement du *Quatuor en la mineur D 804, op. 29,* de 1824, et avoir fourni le prétexte, sous une forme un peu modifiée, des *Variations à quatre mains* en *la* bémol majeur *(D 813, op. 35),* il connaît ici son dernier avatar, et certes l'un des plus heureux. Les cinq variations, gracieuses et bien contrastées, possèdent un caractère éminemment chorégraphique. Dans la première, des doubles croches caressantes entourent de leurs guirlandes berceuses la mélodie transformée en valeurs pointées. Les figurations élégantes de la seconde, où le thème se dissout en traits ascendants et descendants de doubles croches, avec des mouvements de basse vifs et indépendants, s'intègrent dans un rythme proche de la polonaise, malgré la mesure à 4/4. Changement de climat dans la troisième variation, en *si* bémol mineur, d'une expression noblement passionnée avec son accompagnement de triolets. La quatrième, en *sol* bémol majeur, qui transfère le thème à la basse, retrouve le sourire avec ses rythmes syncopés et ses accords brisés. Dans la brillante cinquième, les sextolets glissent prestement à la main droite, puis à la basse. Elle s'enchaîne à une coda doucement ralentie, dernier retour du thème harmonisé expressivement dans le grave, dans le caractère d'un souvenir sentimental nimbé de mélancolie.

4. Le cycle se termine avec l'explosion de passion slave — ou méridionale — du QUATRIÈME IMPROMPTU, *Allegro scherzando* en *fa* mineur (à 3/8), dont le rythme, mêlant les scansions à deux et à trois, rappelle de près le *Furiant* tchèque, mais aussi certaines danses espagnoles. C'est un morceau extraordinairement sauvage et haut en couleurs, avec ses traits mordants, ses trilles et ses éclairs démoniaques, quintolets, sextolets, septolets, fouettés de syncopes, de sforzandos, s'enflammant jusqu'à la frénésie. De tout cela surgit soudain, à 6/8, un épisode médian purement viennois, en fluides doubles croches d'un lyrisme délicat. Une transition raffinée ramène la danse du début, plus brûlante et plus fougueuse encore, culminant en un brillant *Presto* auquel coupe court un trait fulgurant balayant le clavier de haut en bas fortissimo et disparaissant dans un trou.

Trois Klavierstücke (D 946)

Ces trois grandes pièces, publiées en 1868 seulement par Johannes Brahms sous le titre discret de *Trois Pièces pour Piano,* appartiennent à la suprême maturité de Schubert et occupent une place capitale parmi ses pièces lyriques, car elles égalent certainement les célèbres *Impromptus,* — auxquels elles s'apparentent. De fait, on les a parfois appelées *Impromptus posthumes,* bien que Schubert les ait laissées sans titre. Sans doute eût-il ajouté une quatrième pièce avant de les proposer à l'édition comme troisième série d'Impromptus. L'*Allegretto en ut mineur, D 915,* pièce isolée d'avril 1827, pourrait compléter la série, s'il n'était de dimensions trop modestes. Signalons que les titres descriptifs dont ces *Klavierstücke* furent affublés durant le XIXe siècle, et qui se rapportent à la *Promenade pascale de Faust (Soldats et filles bourgeoises — Libéré des glaces — Paysans sous la tonnelle)* sont des élucubrations apocryphes.

Ces trois grandes pages de pure musique, qui ont inspiré à Alfred Einstein[*] un jugement d'une incompréhensible sévérité, furent composées en mai 1828, six mois avant la mort de Schubert, dans l'auguste voisinage des chefs-d'œuvre suprêmes que sont la *Messe en* mi *bémol majeur. D 950,* la grande *Symphonie en ut majeur. D 944,* *Quintette à deux violoncelles. D 956,* et la *Fantaisie en fa mineur* à quatre mains. *D 940.* Elles précèdent de peu les trois dernières *Sonates pour piano. D 958-960,* qui forment le testament artistique de Schubert.

1. La première pièce, ALLEGRO ASSAI en *mi* bémol mineur (à 2/4), adopte, comme la suivante, la forme d'un rondo à trois refrains et deux couplets. Le refrain prend la forme d'une exclamation sombrement passionnée, aux progressions menaçantes, avec son thème haletant, obstinément fixé sur le cinquième degré.

Ce refrain s'ordonne lui-même comme un petit triptyque, mais le retour de la mélodie en majeur ne suffit pas à dissiper l'angoisse. Les deux refrains éclairent cependant l'atmosphère, qu'il s'agisse de l'*Andante* en *si* majeur, chaleureux et consolant, ou de l'*Andantino molto* en *la* bémol majeur, gracieux et aimable. Signalons que Schubert, craignant peut-être que le mor-

---

[*] A. Einstein, *op. cit.*

ceau ne devienne trop long, avait supprimé cet *Andantino* sur son manuscrit, et qu'il ne figure pas dans la première édition de Breitkopf & Härtel.

2. La seconde pièce, ALLEGRETTO en *mi* bémol majeur (à 6/8), adopte la même spacieuse ordonnance que la précédente, tout en en inversant les oppositions, — car nous avons ici un refrain paisible et chantant, tendre et berceuse romance aux tierces harmonieuses, alors que les deux couplets apportent des visions fantastiques d'angoisse et même de désespoir, dans la plus sombre teinte *Voyage d'Hiver :* le premier en *ut* mineur, avec ses noirs tremblements de doubles croches répétées modulant par tierces descendantes ; le second en *la* bémol mineur, froid et blême en son agitation inquiète, aboutissant, au début de la seconde reprise, à un bref éclat de passion en *si* mineur. Le dernier retour du refrain agit comme un baume sur le cœur altéré.

3. La dernière pièce, ALLEGRO en *ut* majeur (à 2/4), plus courte, se suffit d'une simple forme ternaire, suivie d'une coda étendue. C'est la plus brillante des trois, remarquable surtout par sa variété rythmique, ses syncopes et ses accents à contretemps, d'une force primitive et rude toute proche de Beethoven. La technique pianistique éblouissante, les modulations ingénieuses et hardies, sont une joie permanente. Au milieu, on trouve un intermède en *ré* bémol majeur à 3/2, qui se développe longuement sur le rythme obstiné de deux noires-deux blanches. La spirituelle coda couronne avec éclat ce cycle d'une haute signification, qui mérite d'être connu et aimé au même titre que les autres pièces lyriques de Schubert.

Six Moments musicaux (D 780, op. 94)

Le recueil des six *Moments musicaux* semble avoir été réuni en 1827, bien que deux au moins de ces pièces (les n° 3 et 6) soient d'origine plus ancienne. La première édition portait le titre, d'un français approximatif, de *Moments musicals,* et bien des pays en dehors de la France sont demeurés fidèles jusqu'à ce jour à cette appellation... pittoresque. Ainsi que le titre l'indique, il s'agit de pièces notablement plus brèves que les *Impromptus*. La troisième et la cinquième, en particulier, ne font que passer.

1. Schubert commence par un *Moderato* en *ut* majeur (à 3/4), à l'allure de menuet, qui enrichit le matériau mélodique le plus simple des ressources d'une invention inépuisable. Une gracieuse fanfare, à la fois solennelle et intime, est proclamée à l'unisson des deux mains. On la retrouve ensuite en imitations spirituelles. En peu de mesures, Schubert s'évade du ton principal, effleurant les tons les plus lointains sans presque y prendre garde, et sans que le déroulement de la musique, en staccato léger et sans accents, en soit perturbé le moins du monde. Le trio, mystérieux et rêveur, se déroule sur des triolets de croches. Schubert conclut en toute simplicité, sans coda.

2. L'*Andantino* en *la* bémol majeur (à 9/8) nous offre une douce et gracieuse berceuse au rythme de barcarolle, évoquant quelque voluptueuse nuit d'été, dont l'enchantement est interrompu soudain par une section médiane en *fa* dièse, à l'ardente mélodie colorée de souvenirs hongrois. Flambée de passion de brève durée, à l'issue de laquelle nous retrouvons l'intimité tiède et parfumée, dont l'ivresse se distille en une fin infiniment délicate, hors de ce monde.

3. Le *troisième Moment musical,* incontestablement le plus célèbre, est un très bref *Allegro moderato* en *fa* mineur (à 2/4), pièce délicieusement dansante, dont le thème spirituel et élégant, orné de mordants délicieux et mis en valeur par un accompagnement piquant, ainsi que les subtiles alternances de majeur et de mineur, font un parfait petit chef-d'œuvre. Du fait que cette précieuse épigramme sonore nous semble si proche par l'esprit de la musique hongroise, il est surprenant d'apprendre qu'elle avait paru dès 1823 dans l'*Album musical* de l'éditeur Sauer & Leidesdorf sous le titre d'*Air russe* !

4. Au plus court et au plus léger des *Moments musicaux* succède le plus développé et le plus profond sans doute aussi le plus original. Dans ce *Moderato* en *ut* dièse mineur (à 2/4), tous les commentateurs ont reconnu l'influence des *Préludes* de Bach, qui se manifeste dans le débit limpide et souple des doubles croches liées. Cependant, Schubert en fait un chuchotement, un murmure purement romantique, alternant avec des rythmes de danses sombres et farouches. L'épisode central en *ré* bémol majeur nous offre le contraste d'une berceuse sentimentale tendrement mélancolique, au rythme immuable (deux doubles croches, une noire, une croche). Son rêve éthéré atteint jusqu'aux régions lointaines et enchantées de *fa* bémol majeur. La fin discrètement résignée du morceau s'éclairera encore d'un fugitif souvenir de ces instants heureux.

5. Le *cinquième Moment musical, Allegro vivace* en *fa* mineur (à 2/4), est un bref *Scherzo* aux modulations violentes et hardies, faisant usage du rythme dactylique obstiné cher à Schubert. Son atmosphère violemment passionnée, presque démoniaque, s'éclaircit graduellement jusqu'à la conclusion truculente et humoristique en *fa* majeur, pleine de contrastes dynamiques animés et imprévus.

6. Et le cyle se termine par un des joyaux les plus irremplaçables de son auteur, cet *Allegretto* en *la* bémol majeur (à 3/4), déjà publié antérieurement lui aussi dans un recueil collectif de Sauer & Leidesdorf (en 1825), et auquel son tendre charme mélodique viennois, allié à son incomparable raffinement harmonique (il faut noter ses exquises modulations, telle l'enharmonie ramenant de *mi* majeur au *la* bémol initial) prêtent une saveur merveilleusement subtile, au bord du sourire et des larmes. Nous sommes ici au tréfonds du mystère schubertien, et cette musique du cœur nous parle avec une spontanéité et une délicatesse incomparables. Une fois seulement, la plainte discrète s'élève en un formidable fortissimo en accords, auquel répond le trio en *ré* bémol majeur, solennel et résigné. L'indicible, la bouleversante conclusion exprime la quintessence de cette *Wonne der Wehmut*, de cette douce volupté des larmes, dont Schubert fut entre tous les musiciens le chantre privilégié. Souvenons-nous de sa question : « Connaissez-vous des musiques gaies ? Moi pas... ».

En dehors des quatre grands recueils que nous venons d'examiner, Schubert laisse un assez grand nombre de morceaux isolés, dont il ne sera tenu compte ici que des plus significatifs : certains, en effet, sont inachevés, d'autres représentent peut-être les chutes de ses travaux sur les sonates de jeunesse.

Andante en *ut* majeur (D 29)

Écrit par l'adolescent de quinze ans (1812), ce simple morceau de forme ternaire, dont le thème est issu d'une première tentative de quatuor à cordes, témoigne déjà d'une gravité insolite de l'inspiration, d'un très pur lyrisme.

Adagio en *sol* majeur (D 178)

Daté du 8 avril 1815, il est évidemment d'une matière beaucoup plus riche et d'une écriture plus travaillée. Forme ternaire ici encore : une ample mélodie, évoquant la plénitude du quatuor à cordes, adopte au milieu un visage tout différent, — rehaussé d'appoggiatures plaintives et de chromatismes hardis sur un accompagnement de croches régulières, avant de revenir sous sa forme première, mais ornée, rendue presque héroïque par l'appoint d'accords arpégés fortissimo.

Andante en *la* majeur (D 604)

Longtemps discutée, sa date de composition (qu'on allait autrefois jusqu'à situer en 1825 !) est probablement 1817, ou la fin de l'année précédente. Il est possible que Schubert y ait d'abord pensé comme mouvement lent de la *Sonate en mi mineur (D 506/566)*, mais son appartenance à la fragmentaire *Sonate en fa dièse mineur (D 570/71)* semble plus probable, et il vaudrait la peine de l'essayer une fois dans ce contexte. Quoi qu'il en soit, c'est une très belle page, « à la fois rêveuse et ardente, vigoureuse et tendre » (Brigitte Massin), sur un thème ample et expressif commençant par une appoggiature chromatique frappante, dont la tension initiale est entretenue et intensifiée par d'abondantes figurations et traits en tierces.

Deux Scherzos (D 593)

Ces deux pages, la première en *si* bémol majeur, la deuxième en *ré* bémol majeur, auraient été destinées à l'origine respectivement aux *Sonates D 567* et *568*, toutes deux écrites vers juin 1817, et dont la seconde n'est que la version définitive et remaniée de la première. Le premier *Scherzo* contraste par son caractère aimable et gracieux avec l'expression beaucoup plus sombre, voire pathétique, du second, avec ses chromatismes et son instabilité tonale (attirance vers *mi* majeur). Son délicieux trio en *la* bémol a été repris, inchangé, dans la *Sonate D 568*.

Marche en *mi* majeur (D 606)

Écrite sans doute en juillet 1818, c'est

l'unique *Marche* pour piano à deux mains de Schubert, face à l'imposant ensemble des dix-sept *Marches* à quatre mains. C'est une page plus tourmentée que nombre d'entre elles, dense et tendue, d'une agressivité rentrée, même dans son trio dans la tonalité éloignée de *la* bémol majeur, — dont la mélodie plus liée contraste cependant avec les rudes accents qui l'entourent. Tout à fait inconnue, c'est une pièce qui ne mérite pas cette obscurité !

Mélodie hongroise en *si* mineur (D 817)

Notée au vol par Schubert lors de son séjour à Zseliz, le 2 septembre 1824, elle ne fut publiée sous la forme que voici qu'en 1928, pour le centenaire du compositeur. Mais chacun y reconnaîtra le thème du finale du *Divertissement à la Hongroise* à quatre mains *(D 818)*, rédigé tout de suite après, où cette mélodie, transposée en *sol* mineur, se trouve élargie et développée.

Allegretto en *ut* mineur (D 915)

Écrit le 26 avril 1827 pour son ami Walcher, qui quittait Vienne pour Venise, ce modeste feuillet d'album est en réalité un joyau des plus rares. Trop court et trop simple pour figurer parmi les *Impromptus*, il serait digne, en revanche, d'être un septième *Moment musical*. C'est une forme ternaire toute classique, dont la première partie est reprise exactement ; mais Schubert s'exprime tout entier dans cette brève page, d'un dépouillement parfait, d'une tristesse discrète et sans vains éclats. Le thème, direct et touchant, s'expose à mi-voix, à l'unisson des deux mains, devient ensuite duo imitatif, s'éclaire passagèrement à la lumière du mode majeur, pour retrouver le mineur initial. Les nombreux silences pèsent de tout le poids pschychologique du non-dit. Dans le volet central, ces silences, alternant avec des appoggiatures douloureuses, de poignantes dissonances, se font plus présents encore. Le morceau se termine sur la pointe des pieds, — comme il avait commencé. « Le dialogue est indifférent à l'absence », commente Brigitte Massin.

LES FANTAISIES

Il y en a trois, mais les deux premières sont de peu d'importance. Rappelons également l'existence de quatre *Fantaisies* à quatre mains (voir plus loin). *D 993* en *ut* mineur, qui remonte à 1813 en dépit de son numéro élevé, est presque un décalque de la *Fantaisie* dans le même ton *(K 475)* de Mozart. *D 605 A* n'a été redécouverte qu'en 1962, et publiée en 1969. Elle daterait de 1817 ou 1818, mais ne semble pas très schubertienne : elle ne nous est parvenue que dans une copie faite par son ami Josef Hüttenbrenner, qui en est peut-être l'auteur, à partir de thèmes ou d'une esquisse de Schubert. Elle a été éditée sous le titre de *Fantaisie de Graz*, car c'est dans cette ville qu'on l'a retrouvée. D'une écriture curieusement extérieure et virtuose, avec des transitions assez maladroites, elle enchaîne très librement divers épisodes, dont une *Polonaise*, entre lesquels le thème initial constitue un lien un peu précaire. L'œuvre débute et finit en *ut* majeur, mais parcourt un grand nombre de tonalités : *fa* dièse majeur, puis mineur, *ré* mineur, *ut* dièse majeur, *la* bémol majeur, *mi* bémol majeur, *mi* majeur, *sol* majeur...

Wanderer — Fantaisie en *ut* majeur (D 760, op. 15)

Le seul chef-d'œuvre de grande envergure pour piano à deux mains en dehors des *Sonates* occupe une place toute particulière au sein de l'œuvre de Schubert. Celui-ci en reprendra à peu de choses près le plan formel dans la sublime *Fantaisie en fa mineur* pour piano à quatre mains de 1828 *(D 940)*. Mais jamais plus il n'écrira une page pareillement axée sur la virtuosité, — au point que ses difficultés surpassaient, paraît-il, ses propres capacités de pianiste, pourtant considérables. Il est significatif que Liszt se soit intéressé à cette œuvre au point d'en réaliser une transcription pour piano et orchestre. Il était fasciné autant par cette virtuosité, précisément, que par la nouveauté du propos formel : quatre parties enchaînées, correspondant grosso modo aux quatre mouvements d'une sonate traditionnelle (mais nous verrons qu'il n'en est rien au niveau de la structure interne de chaque partie), et issues toutes quatre des transformations d'un thème nourricier unique. C'est une anticipation géniale des principes formels du poème symphonique lisztien, et tous les analystes s'accordent pour reconnaître dans la *Wanderer-Fantaisie* le modèle le plus important de la *Sonate en si mineur* de Liszt*.

---

* Voir cette œuvre, à *Liszt*.

Dans l'évolution stylistique de Schubert, il est significatif que l'œuvre se situe après une pause de près de trois ans dans le domaine de la Sonate, succédant à une activité forcenée, mais riche d'échecs et d'inachèvements. Au contraire, peu après avoir achevé la *Wanderer-Fantaisie,* Schubert se remettra aux sonates, et produira ses plus grandes. La composition de la *Fantaisie* se situe en effet en novembre 1822, juste après le travail interrompu sur la *Symphonie Inachevée.* Elle résulte d'une commande d'un riche aristocrate viennois élève de Hummel, Emmanuel von Liebenberg, dont la personnalité n'est certes pas étrangère au caractère spécial de la partition (les traits brillants rappellent en effet parfois Hummel). Mais cette seule page pianistique vraiment spectaculaire de Schubert, très souvent jouée pour cette raison même, n'en est pas moins puissamment inspirée et se situe à un rang élevé dans sa production. Le thème unique a été emprunté par Schubert à son lied *Der Wanderer* (« le Voyageur »), composé dès 1816 sur un poème de Schmidt von Lübeck. Ce poème, d'une nostalgie et d'une mélancolie profondes, culmine sur les paroles *« Dort, wo du nicht bist, dort ist das Glück »* (« Là-bas où tu n'es pas, là-bas est le bonheur »). Mais la mélodie que Schubert a empruntée pour sa *Fantaisie* correspond, elle, aux paroles : *« Die Sonne dünkt mir hier so kalt, die Blüte welk, das Leben alt, und was sie reden, leerer Schall; ich bin ein Fremdling überall. »* (« Le soleil me semble ici si froid, la fleur flétrie, la vie vieille, et ce qu'ils racontent bruit vide et creux ; je suis un étranger partout. ») Sa forme originale n'est pas celle du début de la *Fantaisie,* mais celle de sa deuxième partie, l'*Adagio* :

On la rapprochera aussi du thème principal de l'*Adagio* de la *Huitième Symphonie* de Bruckner! Cet *Adagio* est en *mi* majeur, mais atteint à partir de son relatif *ut* dièse mineur, à la dominante duquel s'interrompait la première partie. Le *Scherzo,* lui, est en *la* bémol. Le plan tonal d'ensemble s'édifie donc sur les relations de tierce majeure, que Schubert affectionnait tant ; mais, ici, les fonctions de dominante et sous-dominante sont totalement absentes, alors que dans les œuvres de forme sonate elles coexistent nécessairement avec les rapports de tierce définis à l'instant. Car, une fois encore, il n'est plus question de forme sonate ici.

L'ALLEGRO CON FUOCO, MA NON TROPPO commence d'emblée par le thème cyclique, vaillamment scandé en dactyles (le rythme préféré de Schubert!) par grands accords martelés :

Cette variante du thème se termine par une appoggiature chromatique montante en désinence féminine, d'une grande importance par la suite. La forme de ce premier morceau peut se ramener au schème : A-B-a-b-C-A (a et b constituent une reprise très abrégée et variée de A et B). Repris pianissimo après un silence en point d'orgue, le thème est suivi d'un grand déferlement de doubles croches en traits virtuoses, puis s'expose une seconde idée (B), dérivée de la première, en *mi* majeur, d'un caractère plus doux. La première idée est reprise au ton d'origine, fortissimo, suivie de la seconde, à présent en *la* mineur, fortissimo également, et en développement séquentiel descendant. C'est alors qu'apparaît une troisième idée (C), également issue de la première, mais de sa désinence-appoggiature, — idée très mélodique qui chante d'abord en *mi* bémol majeur, puis en *la* bémol majeur (remarquons qu'au cours de ce premier mouvement déjà, Schubert a défini les principaux pôles tonaux de toute l'œuvre!). Le retour du thème initial s'effectue d'abord en *ré* bémol majeur ; puis, toujours contrepointé de traits de doubles croches, il évolue vers *sol* bémol/*fa* dièse, touche *ré* et *ut* mineur, pour aboutir, à l'issue d'un long descrescendo sur le rythme dactylique obsédant, à la dominante d'*ut* dièse. A ce premier volet extraverti et hyperactif va succéder un ADAGIO d'une expression intense et émouvante. Le thème générateur sous sa forme d'origine, long de huit mesures, en un *mi* majeur sans cesse attiré par son relatif mineur *ut* dièse, va faire l'objet de cinq variations. Dans la première le thème orné se déroule sur le murmure liquide d'un lit de doubles croches. La deuxième, très libre, au ton relatif, présente d'abord le crescendo d'un tonnerre de triples croches dans l'extrême-grave, puis des rythmes rapides, entrecoupés, haletants, alternant entre les deux mains. La troisième, en *ut* dièse majeur, mais passagèrement en *mi*, fait chanter largement le thème orné sur de luxuriantes figurations. La virtuosité atteint à son sommet dans la quatrième, en *ut* dièse mineur, toute en traits vertigineux ; puis la cinquième, en manière de coda, déroule une dernière fois l'obsédante mélodie sur un tapis de quadruples croches, rejoignant pour finir *mi* majeur. Le SCHERZO s'enchaîne (*Presto*, en *la* bémol majeur). Le rythme dactylique d'origine y est transformé en noire pointée-croche-noire, mais le thème demeure aisément reconnaissable :

La forme de ce morceau rappelle exactement celle du premier : *Scherzo* en *la* bémol, premier *Trio* en *ut* bémol, reprise abrégée de ces deux sections en *la* bémol, deuxième *Trio* en *ré* bémol, dernier retour du *Scherzo* en *la* bémol, mais se mettant très vite à moduler abondamment, pour atterrir sur la dominante d'*ut* afin de s'enchaîner au finale. Le rythme obsédant issu du thème cyclique (sa forme, dans le *Scherzo*, rappelle aussi celle du *Scherzo* du futur *Quatuor La Jeune Fille et la Mort*, tous deux annonçant... la forge de *Siegfried !*) n'est abandonné que durant le deuxième *Trio*, qui chante longuement sur une ample mélodie dérivée de la désinence-appoggiature. Quant au FINALE (*Allegro*), il reprend le thème cyclique sous son visage du premier morceau, le traite en puissante exposition de fugue à quatre voix, de caractère cyclopéen, le développe ensuite plus librement, et, à mi-chemin exactement, le réexpose à toute force dans le grave, tel un cantus firmus, pour s'étendre enfin en une immense coda virtuose et triomphale. Certes, la *Wanderer-Fantasie*, à l'exception de son *Adagio*, n'est pas du Schubert le plus bouleversant ou le plus profond ; mais, même exposé au monde extérieur de la grande virtuosité, le compositeur a su rester lui-même.

LES VARIATIONS

Les chefs-d'œuvre de Schubert dans le domaine du thème varié au piano se trouvent dans sa musique à quatre mains ; mais deux séries de *Variations* méritent cependant de retenir notre attention ici.

Dix Variations sur un thème original, en *fa* majeur (D 156)

Elles datent de février 1815, alors que Schubert achevait sa formation auprès de Salieri, — dont le nom figure d'ailleurs dans l'intitulé original (« élève de Salieri »). Elles ne parurent que longtemps après la mort du compositeur, en 1887, et demeurent regrettablement inconnues aujourd'hui encore, — alors qu'il s'agit d'une des meilleures pages pianistiques de la jeunesse de Schubert. Le thème, très chantant, possède un charme spécifiquement schubertien, avec son emprunt étonnant à *la* majeur dans la troisième mesure et l'asymétrie de sa structure périodique : neuf (quatre plus cinq), sept et neuf (quatre plus cinq) mesures, — la période centrale empruntant elle aussi à *la* majeur. Dans certaines des *Variations*, ces asymétries seront égalisées en périodes de huit ou de dix mesures. Dans la première variation, le thème, orné de mordants, passe à l'octave supérieure, sur un accompagnement de doubles croches liées qui se transforme en vigoureux accords détachés dans la deuxième. Le tourbillon de triples croches de la troisième rappelle une Étude. La quatrième, en *fa* mineur (*Più lento*), est la plus profondément expressive, avec ses sombres harmonies chromatiques. La cinquième variation, renonçant à toute basse, fait chanter la mélodie dans le médium, sous des accords répétés évoquant la couleur des bois. La sixième est en octaves aux deux mains, la septième est un *Scherzando*, la huitième une alerte marche. La neuvième, *Adagio*, rappelle Beethoven par ses trilles et autres figurations. La dixième, enfin, à 3/8, évoque fugitivement le « Se vuol ballare » de *Don Giovanni*, — sur quoi le thème revient sous son visage d'origine, avant qu'un trait *Presto* s'élevant à travers trois octaves n'apporte une conclusion quelque peu abrupte.

Treize Variations sur un thème d'Anselm Hüttenbrenner, en *la* mineur (D 576)

Ces *Variations* datent d'août 1817, et ce sont les seules où Schubert élabore un thème d'un de ses amis, en l'occurrence un *Andantino* en *la* mineur (à 2/4) extrait d'un *Quatuor* de Hüttenbrenner, — simple suite d'accords de seize mesures dont le rythme dactylique et la tonalité rappellent évidemment l'*Allegretto* de la *Septième Symphonie* de Beethoven, l'une des obsessions familières de Schubert tout au long de sa vie. Ces *Variations* sont plus modestes, techniquement plus simples et moins élaborées que les précédentes, mais d'une belle musicalité. A l'exception de la neuvième, elles ne dépassent jamais les seize mesures du thème. Cette neuvième variation, en *la* majeur, transforme le thème en une très expressive mélodie accompagnée de triolets. La seule autre variation qui s'écarte de *la* mineur est la sixième, en *fa* dièse mineur, d'une belle couleur rêveuse et sombre, adoucissant la carrure un peu raide du thème de Hüttenbrenner. Il faudrait citer encore la troisième variation, qui découpe le thème en mesures alternativement martelées et staccato ; ou encore la onzième, au début canonique curieusement archaïsant. La dernière, enfin, offre la surprise d'une allègre danse à 3/8, bien différente de tout ce qui précède, et qui brusquement met sur le ton relatif *ut* majeur, à peine suggéré dans le thème lui-même, un tel accent que seules les toutes dernières mesures reviennent précipitamment à *la* majeur, puis *la* mineur.

Variation sur une Valse de Diabelli
(D 718)

En 1821, Schubert fut de ceux qui répondirent à l'appel de Diabelli ; il fut même le tout premier. Mais il n'envoya pas trente-trois *Variations,* comme Beethoven*, et se contenta d'une seule — un très joli morceau en *ut* mineur — d'écriture et d'harmonie subtiles, qui demeure d'ailleurs fidèle au caractère dansant de l'original. C'est pourquoi on pourrait aussi bien le classer parmi les nombreuses *Valses* du compositeur.

LES DANSES

Les *Danses* de Schubert constituent un monde en soi — et un labyrinthe. Combien d'autres furent improvisées lors des fameuses Schubertiades et perdues à jamais ! Brigitte Massin a réussi à mettre un peu d'ordre dans une situation à vrai dire inextricable : les recueils édités puisent en effet indistinctement dans des manuscrits d'époques différentes, et mélangent même différents types de danse. Exceptionnellement,

---
* Voir, à *Beethoven, Variations Diabelli.*

le catalogue Deutsch en arrive donc à regrouper sous un même numéro des pièces écrites à des moments parfois très différents, — ce numéro correspondant alors à un recueil publié à l'époque. D'autre part, il n'est pas toujours facile de distinguer entre eux, *Ländler, Valses* et *Deutsche* (ou « danses allemandes »), ces danses étant tellement proches que, parfois, les pièces changent d'affectation ou mentionnent une alternative. Brigitte Massin a tenté de retrouver, chaque fois que c'était possible, le type original de danse tel que Schubert le mentionne dans son manuscrit ; et le fait que les recueils édités changent parfois le titre explique les différences que voici quant à la comptabilité des *Danses* schubertiennes :

Selon la classification de Brigitte Massin, nous possédons de Schubert 110 *Deutsche,* 92 *Valses* et 97 *Ländler* pour piano, — alors que les recueils imprimés font passer ces nombres respectivement à 62, 116 et 101, le total demeurant de 299. Ce à quoi viennent s'ajouter 29 *Menuets,* 79 *Écossaises,* 2 *Galops* et 1 *Cotillon,* — soit au total 410 *Danses.* Avec celles mentionnées par O.E. Deutsch (mais perdues), on arrive à 452, ce à quoi doivent s'ajouter les 17 *Danses* à quatre mains, sans compter celles pour quatuor, pour orchestre, ou pour d'autres formations instrumentales !

Les onze recueils publiés du vivant de Schubert, ou peu après sa mort, comprennent un peu plus de la moitié de ces pièces, soit 226. Signe des temps et de la mode, ils englobent pratiquement toutes les *Valses,* une bonne partie des *Deutsche* et des *Ländler* (en partie rebaptisés *Valses* pour les besoins de la cause) ; mais aucun *Menuet,* et seulement 22 *Écossaises* sur 79.

Il peut être intéressant aussi de situer ces types de *Danses* chronologiquement dans la production de Schubert, — qui en écrivit pratiquement toute sa vie, mais surtout à partir de 1820 lorsqu'il mena une vie sociale très active auprès de ses nombreux amis. Fait significatif, il cessa complètement d'en composer l'année de sa mort, 1828 ! Les *Menuets* se situent uniquement entre 1813 et 1816, moment où les *Ländler* prennent le relais jusqu'en 1824 (surtout à partir de 1820). Si les *Deutsche* se rencontrent dès 1812 et jusqu'en 1825 (surtout entre 1821 et 1824), si les *Écossaises* apparaissent assez régulièrement entre 1815 et 1824, les *Valses,* mise à part une unique série de douze en 1815, appartiennent entièrement aux années 1821 et 1827. Surtout à partir de

1823, elles l'emportent de loin sur les autres types de *Danses*.

Voici, à présent, la nomenclature des recueils du temps de Schubert :

Op. 9 (D 365) : 36 *Valses* de 1818-1821, « *Premières Valses* » ou « *Danses originales* ».

Op. 18 (D 145) : 12 *Valses*, 17 *Ländler* et 9 *Écossaises* de 1818-1823.

Op. 33 (D 783) : 16 *Deutsche* et 2 *Écossaises* de 1823-1824.

Op. 49 (D 735) : 1 *Galop* et 8 *Écossaises* de 1822.

Op. 50 (D 779) : 34 *Valses sentimentales* de 1823-1825.

Op. 67 (D 734) : 16 *Ländler (Damenländler*, ou *Hommage aux Belles Viennoises)* et 2 *Écossaises* de 1822.

Op. 77 (D 969) : 12 *Valses nobles* de 1827.

Op. 91 (D 924) : 12 *Valses de Graz (Grazer Walzer)* de 1827.

Op. 127 (posthume) (D 146) : 20 *Valses* (« *Dernières Valses* ») de 1815-1823.

Op. 171 (posthume) (D 790) : 12 *Ländler* de 1823.

Sans n° d'opus (posthume) (D 366) : 17 *Ländler* de 1818-1824.

A l'exception des *Écossaises*, à deux temps rapides, et des *Galops*, qui s'y rattachent de près, il s'agit toujours de danses à trois temps. Si le *Menuet*, danse aristocratique, déjà désuet du temps de Schubert, comporte toujours un trio central, le *Deutscher* et le *Ländler* n'en ont pas, et la *Valse* pas toujours. *Deutscher* et *Ländler*, ce dernier plus spécifiquement attaché aux terrois germains du Sud (Autriche, Tyrol, Bavière), sont des cousins rustiques et de forme très simple, des cousins campagnards de la *Valse*, qui est plus rapide qu'eux et accentuée différemment : si les trois temps du *Deutscher* sont presque égaux, l'accent du *Ländler* est sur le deuxième, et celui de la *Valse* sur le premier. En 1781, Joseph II avait pour la première fois autorisé une *Valse* dans un bal de la Cour ; mais elle ne prit véritablement son essor qu'au moment du Congrès de Vienne, et surtout dans les années 1820, où son impact devint irrésistible, supplantant toutes les autres danses à trois temps.

Il ne saurait être question d'examiner dans le détail cette innombrable production, où Schubert a prodigué les trésors d'une imagination inépuisable, toujours d'une adorable fraîcheur, — tantôt d'une gaîté exubérante, tantôt embuée de larmes, voire même en proie à une insondable mélancolie. Mélancolie du bonheur, certes, mais du bonheur des autres : à partir du moment où il se sait atteint irrémédiablement dans sa santé, Schubert va faire inlassablement danser ses amis et ses proches, puis, par le truchement de l'édition, tout Vienne, et bientôt le monde entier ; mais il ne participera plus lui-même à la fête, condamné, au-delà de son affabilité quotidienne, aux affres de la solitude intérieure. C'est pourquoi ces pages de pur divertissement, ces miniatures jetées sur le papier d'une plume rapide et intarissable, nous renseignent autant que ses œuvres les plus profondes sur les tréfonds de son âme blessée et aimante. A tout instant s'y rencontrent de troublantes confidences, exprimées à l'aide d'une inspiration mélodique, rythmique, et particulièrement harmonique, qui fera toujours la joie des amoureux de musique. Il faudra nous borner ici à donner un aperçu des principaux recueils, puis à mentionner quelques pages isolées de premier ordre.

Trente-six Valses « Premières Valses » (op. 9, D 365)

C'est dans l'*op. 9* que se trouve, dès le *n° 2*, la très expressive *Valse en la bémol majeur* (à l'origine, un *Deutscher* de mars 1818) dite *Trauerwalzer* (« Valse triste », ou « funèbre »), ou encore *Sehnsuchtswalzer* (« Valse nostalgique »), écrite en mars 1818 et devenue largement populaire dès avant sa publication en novembre 1821. Le titre, imposé par l'éditeur, devait sans doute circuler depuis des années déjà. Par la suite, cette *Valse* suscita de nombreuses paraphrases et variations, et fut même attribuée à... Beethoven ! Les *n° 25 à 31*, écrits à Atzenbrugg au cours d'un séjour en juillet-août 1821, sont également des *Deutsche* connus sous le nom de leur lieu d'origine. Dans cet *op. 9*, les pièces sont rangées par tonalités : *la* bémol majeur *(n°s 1-13)*, *ré* bémol majeur *(n°s 14-15)*, *la* majeur *(n°s 16-18*, puis de nouveau *n°s 28 et 30)*, *sol* majeur *(n°s 19-21)*, *si* majeur *(n°s 22-24)*, *mi* majeur *(n°s 25-27)*, *ré* majeur *(n°s 29)*, *ut* majeur *(n° 31)*, *fa* majeur *(n°s 32-36)*.

Douze Valses, dix-sept Ländler et neuf Écossaises (op. 18, D 145)

Cette collection particulièrement variée, publiée en février 1823, la seule qui contienne trois types de *Danses* (ici, comme ailleurs, les *Écossaises* figurent en fin de volume, un peu comme des primes ou des « extras », contient comme la précédente des pages de style très simple et direct, d'un immédiat impact populaire. Pourtant, Schubert y aborde des tonalités pour le moins insolites. Le cycle des *Valses* est révélateur à cet égard : *mi* majeur, *si* majeur, *la* mineur, *ut* dièse mineur, *sol* majeur, *si* mineur, *mi* bémol majeur, *sol* bémol majeur, *fa* dièse mineur, *si* mineur, *si* majeur, *mi* majeur.

Seize Deutsche et deux Écossaises
(op. 33, D 783)

En janvier 1825 parut ce recueil, — le seul qui contienne des *Deutsche*. Peut-être écrites lors du séjour à Zseliz en 1824, ce sont des pages en conséquence plus robustes et plus rustiques. La première pièce, très décidée, en *la* majeur, s'est acquis une certaine célébrité.

Trente-quatre Valses sentimentales
(op. 50, D 779)

Provenant de sources manuscrites différentes, et donc non conçu comme un cycle par le compositeur, ce recueil, publié en novembre 1825, est peut-être le plus riche de tous, et contient maint joyau de prix. Leur charme mélodique, leur tendresse, leur douceur, justifient le titre choisi par l'éditeur pour ces *Valses,* qui se regroupent en deux séries de dix-sept, différenciées par leurs tonalités, — plus simples dans le premier groupe (*ut, sol, si* bémol, *ré, la, fa*), plus diversifiées dans le second, de composition peut-être postérieure (*la* bémol, *mi* bémol, *si* bémol, *sol, ut*). On remarquera qu'aucune pièce n'est en mineur ! Rythmiquement, ces *Valses* sont d'une grande liberté, plaçant l'accent tantôt sur le premier temps *(n° 5),* tantôt sur le deuxième *(n° 10),* tantôt sur le troisième *(n° 6),* mêlant librement valeurs binaires et ternaires. La treizième, la seule en *la* majeur, marquée *Zart* (« tendre »), avec sa modulation magique vers *ut* dièse majeur, est sans doute le joyau du recueil, — voire de toutes les *Valses* schubertiennes : c'est un merveilleux duo d'amour. Mais il faudrait citer au moins la dix-huitième, en *la* bémol, si chantante, ou la vingt-huitième, en *mi* bémol, la plus riche harmoniquement, avec sa fugitive et unique incursion vers les sombres parages de *mi* bémol mineur.

Seize Ländler (« Hommage aux belles Viennoises ») et deux Écossaises
(op. 67, D 734)

Ici, au contraire, c'est la gaîté exubérante qui prédomine. La publication est de février 1827 ; mais la composition est nettement antérieure, — se situant en 1822. Ces pièces se bornent à des tonalités simples, modulent avec clarté et sans beaucoup de surprises, et semblent s'adresser aux cercles les plus vastes d'amateurs. Ce qui n'empêche nullement Schubert de demeurer fidèle à lui-même, et même de nous offrir le petit joyau du *huitième Ländler,* dont l'*ut* majeur s'évade le plus subtilement, mais le plus naturellement du monde, vers *fa* mineur, *la* bémol et *mi* bémol majeur.

Douze Valses nobles (op. 77, D 969)

Publiées en janvier 1827, c'est-à-dire un mois avant l'opus précédent, ces *Valses* sont beaucoup plus vigoureuses, plus carrées, plus imposantes extérieurement que les *Sentimentales,* — dont elles n'ont certes pas la subtilité ni la richesse de nuances. Mais une écriture pianistique riche en octaves indique une plus grande puissance sonore. Tonalités et modulations sont volontairement simplifiées, les rythmes, très marqués, se complaisent aux groupes de deux croches répétées (c'est presque un élément unificateur), et le caractère de synthèse de la dernière *Valse* semble confirmer qu'il s'agit bien d'un cycle pensé comme tel (et probablement rédigé peu avant sa publication). Une seule *Valse* est en mineur (la neuvième, en *la* mineur) ; c'est aussi la plus chromatique. Mais on n'appréciera pas moins celles qui l'entourent : la coulante huitième (*la* majeur), ou la spirituelle dixième (*fa* majeur), avec ses mordants. Dans son célèbre recueil de 1912, Maurice Ravel tentera de faire la synthèse de ces deux aspects de la *Valse* que Schubert (ou plutôt son éditeur) a préféré garder séparés.

Douze Valses de Graz (« Grazer Walzer ») (op. 91, D 924)

C'est le dernier recueil paru du vivant de Schubert (janvier 1828), et ce sont aussi ses dernières *Valses,* rapportées d'un voyage à Graz en septembre 1827. A nouveau, elles embrassent un cycle restreint de tonalités (les trois premières et la dernière en *mi* majeur, la septième en *la* mineur, la neuvième en *ut* majeur, la onzième en *sol* majeur, toutes les autres en *la* majeur). Ici, c'est une joie lumineuse qui l'emporte, avec des échos de folklore styrien (arpèges évoquant les jodleurs, déplacements d'accents, abondance des mordants et des appoggiatures). Une saine vitalité soulève ces pages affectionnant les registres aigus et les larges sauts mélodiques. Ce sont peut-être les *Valses* les moins « urbaines » que Schubert ait écrites : avec elles s'effectue la jonction idéale avec le *Ländler*.

Vingt Valses, « Dernières Valses » (op. 127, D 146)

C'est un recueil posthume puisant à deux sources manuscrites principales, — l'une de 1815 (*nos 1* et *3-11*), l'autre de 1823 (*nos 2* et *12-20*) ;mais l'éditeur, Diabelli, n'a pas hésité à apporter certaines modifications, transposant telle pièce, affublant telle autre d'un trio qui ne lui était pas destiné... Au moins n'a-t-il pas altéré la matière musicale proprement dite. Les dix *Valses* de 1815, toutes avec trio (et ce trio est quelquefois dans une tonalité très éloignée : *ut* dièse majeur/*la* majeur, ou *si* mineur/*sol* majeur), sont les toutes premières que Schubert ait écrites (il n'y en eut pas d'autres avant l'été 1821) ; il est donc un peu paradoxal que Diabelli les ait fait paraître comme « Dernières Valses » ! Les dix pièces de 1823 étaient à l'origine des *Deutsche*, fort simples et sans trios, et voisinaient avec d'autres pages constituant un premier jet de certaines des *Valses sentimentales*.

Douze Ländler (op. 171, D 790)

Ce cycle occupe à tous égards une place exceptionnelle dans cette partie de l'œuvre de Schubert. Il ne fut publié que longtemps après sa mort, en 1864, et par les soins de Brahms. Malgré le titre choisi par celui-ci, il s'agit bien à l'origine de *Deutsche*; mais nous savons que la distinction n'est pas si aisée. Avec ces douze pièces brèves (la première, la plus longue, a cinquante-deux mesures, la quatrième et la neuvième n'en ont que seize) composées en mai 1823, Schubert a voulu créer un véritable ensemble, auquel Brahms n'a heureusement pas touché. Et, pour une fois, ce ne sont pas des pièces à danser (bien qu'elles soient aussi dansantes que d'autres), mais de délicates et subtiles stylisations annonçant de manière frappante ce que Chopin fera de la *Mazurka* ou de la *Valse*. La matière mélodique en est plus recherchée, l'harmonie plus raffinée et plus complexe que dans les autres Danses de Schubert, souvent plus âprement dissonante aussi. L'écriture instrumentale elle-même est plus poussée, plus différenciée, et le tout se trouve mis au service d'une inspiration singulièrement méditative et élégiaque. Le cycle des tonalités est fort complexe, et présuppose le recours fréquent à l'enharmonie. Comment passer, sinon, de *sol* dièse mineur *(no 6)* à *la* bémol majeur *(no 7)*, de *la* bémol mineur *(no 8)* à *si* majeur *(no 9)*, enfin de *si* majeur *(no 10)* à *la* bémol majeur *(no 11)*, pour conclure en *mi* majeur *(no 12)*?... Improvisé en apparence (et peut-être dans la réalité des faits !), ce plan tonal n'en témoigne pas moins d'un instinct très sûr. Seul le tempo (*Deutsches Tempo*, a simplement indiqué Schubert) sert de ciment unificateur à ce petit cycle admirable, où tout serait à citer, et qui sans cesse oscille entre l'action vivace et la tentation de l'évasion et du rêve. Malgré ses dimensions restreintes, c'est un témoignage du Schubert le plus essentiel.

Quelques autres Danses

En feuilletant les centaines de Danses séparées, on est tenté de s'arrêter sans cesse et de grapiller parmi tant de petites merveilles. Il y a là, par exemple, certain *Trio en mi majeur* (D. 610) « à considérer comme le fils perdu d'un menuet de Franz Schubert et à nouveau récrit pour M. son frère bien-aimé en février 1818 », comme l'indique le manuscrit. Mais peut-être le *Menuet* en question n'est-il pas perdu, après tout : ce pourrait être D. 600 en *ut* dièse mineur... Il y a ensuite, en novembre 1819, le très curieux couple constitué par un *Deutscher en ut* dièse mineur s'enchaînant à une *Écossaise en ré bémol majeur* (D. 643) ; et c'est le moment de rappeler les trésors qu'on pourra découvrir dans cette province totalement vierge du continent schubertien : les soixante-dix-neuf *Écossaises*. Les six *Deutsche D. 820*, d'octobre 1824, ont eu l'honneur d'être orchestrés par Anton Webern (il en subsiste même un enregistrement sous sa direction, seul témoignage de son talent de chef d'orchestre). Le 16 avril 1825, Schubert inscrit sur l'album de Hanna Hönig, fiancée de son ami Moritz von Schwind, une délicate *Valse en sol majeur (D. 844)*, et en automne de la même année naît une autre *Valse en la bémol majeur (D. 978)*, « petite sœur des *Valses sentimentales* » selon Brigitte Massin. Pour finir, rappelons l'allègre *Galop de Graz (D. 925)*, rapporté de Styrie en même temps que les douze *Valses D. 924* et publié avec elles : adieu de Schubert à quinze années d'activité frénétique comme compositeur de danses...

ŒUVRES POUR PIANO À QUATRE MAINS

La première œuvre connue de Schubert, une vaste *Fantaisie en sol majeur (D. 1)* composée à treize ans, fut écrite pour piano à quatre mains ; et c'est l'année même de sa mort que le musicien créa pour cette formation trois de ses plus hauts chefs-d'œuvre. L'œuvre à quatre mains de Schubert occupe une position unique dans l'histoire de la musique, sans équivalent dans la production d'aucun autre compositeur (même chez Mozart, auteur pourtant de quelques pages maîtresses dans ce domaine). C'est que le jeu à quatre mains revêt pour lui une signification toute particulière : comme l'a écrit excellemment Brigitte Massin, « il sera toujours pour lui le lieu de l'échange et du dialogue amical, symbole de la communion fraternelle au sein d'un même univers affectif ». Et nous savons que la soif d'amitié sera le mobile psychologique peut-être le plus puissant de son existence, — mobile sans lequel son travail créateur paraîtrait impensable.

Il en résulte une production magnifique, d'une stupéfiante abondance : non moins de trente-deux œuvres, réparties principalement sur deux grandes époques, de fin 1817 à fin 1819, et, surtout, de juin 1824 à juin 1828. Cette production se compose de deux *Sonates*, quatre *Fantaisies*, deux *Divertissements*, quatre *Thèmes variés*, deux *Rondos*, quatre *Ouvertures*, trois pièces diverses, dix-sept *Marches* et quatre recueils de *Danses* totalisant dix-sept pièces ; c'est dans cet ordre qu'il sera procédé à leur examen.

Les Sonates

Sonate en si bémol majeur (op. 30, D. 617)

En dépit de son titre de *Grande Sonate*, choisi par l'éditeur qui la publia en 1824, cette œuvre en trois mouvements, écrite à Zseliz en 1818, semble bien modeste face au *Grand Duo (D. 812)* composé au même endroit six ans plus tard, auquel Schubert lui-même devait réserver le titre de *Grande Sonate*, ce qu'elle est absolument.

La *Sonate en si bémol* n'en est pas moins une œuvre charmante, au lyrisme souriant et frais, typique de cette période de la vie de Schubert précédant immédiatement la grande mutation de 1820-1821. Par son caractère, elle se rapproche assez bien de la *Sonate en la majeur (D. 664)*, ou encore du *Quintette « la Truite »*. Son atmosphère détendue n'empêche d'ailleurs pas la présence des modulations audacieuses sans lesquelles Schubert ne serait pas entièrement lui-même.

Le début de l'ALLEGRO MODERATO, avec sa brillante cadence pour le premier pianiste, en annonce fort bien le caractère enjoué. Le premier thème, très mélodique, se déroule paisible, un peu mozartien. Mais voici la surprise d'un deuxième thème, non point à la dominante, mais en *ré* bémol majeur, — thème double aux triolets de croches un peu rossiniens, combinant le motif d'appel de cor en sixtes du deuxième pianiste et l'agile arabesque du premier en un contrepoint le plus aisé et le moins scolastique qui soit. Le développement, relativement vaste, débute mystérieusement, module avec liberté, et s'organise autour des tonalités éloignées de *ré* et de *la* majeur. Dans la réexposition, la seconde idée revient en *sol* bémol majeur ! Suit un ANDANTE CON MOTO en *ré* mineur, à l'allure de lied ou de ballade, — l'une des innombrables incarnations de Schubert-le-voyageur. Sa mélodie de caractère presque populaire est présentée comme un lied véritable, le second pianiste accompagnant le premier. De forme ternaire très simple, ce morceau se termine sur une belle éclaircie en *ré* majeur. Et l'ALLEGRETTO final (à 6/8) fera mine, un court instant, d'enchaîner dans ce ton, avant de retrouver bien vite *si* bémol. Cependant, son déroulement si léger et si volubile sera interrompu passagèrement par un épisode plus sombre et plus vigoureux, en *ré* mineur, — rappel tonal et expressif du mouvement lent.

Sonate en *ut* majeur, « Grand Duo »
(op. 140, D. 812)

Le titre de *Grand Duo* est de l'éditeur Diabelli, qui publia l'œuvre en 1838 avec une dédicace à Clara Wieck. Schubert, lui, l'avait simplement intitulée *Grande Sonate*. Avec ses dimensions véritablement symphoniques, c'est la plus développée de toutes les œuvres à quatre mains de Schubert, et l'une de ses plus vastes architectures instrumentales en général. Mais ce puissant bloc de musique, sans doute ce que l'année 1824 produisit chez lui de plus impressionnant, est aussi l'une de ses partitions les plus inspirées, d'une audace harmonique et d'une variété mélodique rares. Bien que le plan tonal en soit plus libre que, par exemple, dans la grande *Symphonie en* ut *majeur,* l'architecture de l'ouvrage est tout aussi solide et bien équilibrée.

Déjà l'ALLEGRO MODERATO initial atteint à une unité organique supérieure, en ce que ses deux thèmes principaux (le deuxième, chose étonnante, apparaît en *la* bémol, en relation de sixte napolitaine par rapport à la dominante habituelle) diffèrent certes mélodiquement, mais sont identiques rythmiquement :

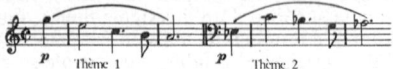

Ils ont en commun un ample souffle lyrique et, comme si souvent chez Schubert, les contrastes rythmiques et dynamiques naissent du développement et de l'opposition d'éléments secondaires. Après un départ tranquille, la musique s'élève bientôt à une grandeur héroïque toute beethovénienne, qui fait place à des accents dramatiques au cours d'un développement central bref, mais riche de tensions. Fortement amplifiée, la réexposition atteint également à un sommet de virtuosité pianistique. Après un silence, la poétique coda réconcilie les deux thèmes, avant de s'éteindre en pianissimo.

Un ANDANTE en *la* bémol majeur, à 3/8, rappelle fort le *Larghetto* de la *Deuxième Symphonie* de Beethoven, morceau que Schubert aimait particulièrement, et qui est en effet très « schubertien » avant la lettre. La prodigalité de l'invention mélodique du compositeur nous offre ici trois thèmes principaux, dont le deuxième, en *mi* majeur (toujours les relations de tierces que Schubert affectionne !) évoque déjà très nettement le morceau de Beethoven, alors que le troisième (en *mi* bémol majeur) en semble presque une citation, très certainement consciente, et même voulue. En lieu et place d'un développement, superflu avec une telle richesse d'invention, une brève transition modulante ramène la réexposition, variée et enrichie, à laquelle succède tout à fait inopinément une coda soudain douloureuse, semée de dures dissonances, qui se termine cependant paisiblement.

Le SCHERZO *(Allegro vivace)* dans le ton principal *ut* majeur, débordant de vitalité, évoque lui aussi Beethoven, mais de façon plus générale. Il nous réserve cependant la surprise de son extraordinaire trio en *fa* mineur : par-dessus un accompagnement syncopé se déploie une ample mélodie, étrangement rampante, évoquant quelque vénérable cantus firmus ; le tout annonce de près telle page de Schumann. L'œuvre culmine cependant dans la splendide FINALE *(Allegro vivace)* dont le thème principal, hésitant entre *la* mineur et *ut* majeur, possède des accents indubitablement « hongrois »,

tandis que le deuxième thème, de nouveau apparenté rythmiquement, serait d'une truculence plutôt viennoise. Le morceau entier est une véritable corne d'abondance de rythmes et d'harmonies inattendus, et le développement adopte tout soudain un caractère fortement dramatique et à nouveau un peu beethovénien. Après la réexposition, le mouvement semble vouloir s'arrêter, de grands silences interrompent le déroulement du développement terminal, et la grandiose « Symphonie pianistique » se termine certes avec décision, mais non plus sans trouble.

Les Fantaisies

Elles sont au nombre de quatre, mais on pourra passer très vite sur les trois premières, œuvres d'extrême jeunesse. La *première*, en *sol* majeur *(D. 1)* est, nous l'avons vu, la toute première œuvre préservée de Schubert (1810), — sorte d'immense improvisation (huit cent cinquante mesures !) en une quinzaine d'épisodes assez disparates, se terminant en *ut* majeur, et faisant déjà appel à certaines tonalités rares. Progrès très net vers la concision (deux cent dix-sept mesures seulement) et vers une forme plus construite avec la *Deuxième Fantaisie,* en *sol* mineur (se terminant en *ré* mineur) *(D. 9),* qui se compose d'un *Largo,* repris pour finir, d'un *Allegro* et d'un *Tempo di Marcia.* Quant à la *Fantaisie en ut mineur* de 1813 *(D. 48),* fortement influencée par Mozart, Schubert la remania pour lui adjoindre un épisode final fugué en *si* bémol majeur.

Fantaisie en *fa* mineur (op. 103, D. 940)

Aux trois chefs-d'œuvre à quatre mains de 1824 *(Grand Duo, Variations en* la *bémol, Divertissement à la Hongroise),* répondent les trois chefs-d'œuvre de 1828, peut-être plus élevés encore, en tout cas plus resserrés et plus denses : la *Fantaisie en fa mineur,* l'*Allegro en* la *mineur* (dit « *Lebensstürme* ») et le *Grand Rondeau en* la *majeur.* Parmi eux, on accordera sans doute la palme à la *Fantaisie,* peut-être la plus belle œuvre jamais écrite pour quatre mains, et l'une des confidences les plus profondes, les plus bouleversantes de son auteur. Longuement travaillée entre janvier et avril 1928 (elle fut entendue pour la première fois dans l'intimité des amis de Schubert le 9 mai), cette *Fantaisie* est dédiée à la princesse Caroline Esterhazy, qui, on le sait, l' « immortelle bien-aimée » de Schubert (« Toutes mes œuvres ne lui sont-elles pas dédiées ? », disait-il) : amour sans doute payé de retour, mais impossible, — tant à cause de la maladie qui rongeait le compositeur que de la différence de classe sociale. Il reste que la musique à quatre mains reste liée pour lui à Zseliz et à ses habitants, comme en témoignent les nombreuses œuvres écrites au cours de ses deux séjours là-bas, en 1818 et en 1824. La *Fantaisie* reprend, mais sur un plan d'inspiration beaucoup plus élevé et personnel, et avec une maîtrise formelle accrue, le plan de la *Wanderer-Fantasie* (v. plus haut) : quatre parties enchaînées dans l'ordre de la sonate traditionnelle, mais sans trace de forme sonate ni de développements, reprise du matériau de la première partie dans la dernière, dont l'essentiel est constitué par un puissant développement fugué. Le plan tonal de l'ouvrage est singulier, et simple : il ne juxtapose que deux tonalités : *fa* et *fa* dièse, ton de la sixte napolitaine qui est celui des deux morceaux médians, le *Largo* et le *Scherzo.* Schubert a certainement dû penser à la grande *Fantaisie pour orgue mécanique* *(K. 608)* de Mozart, qui juxtapose elle aussi violemment ces deux mêmes tonalités, et comporte également d'importants développements fugués.

Il existe peu d'entrées en matière aussi envoûtantes que celle de l'ALLEGRO MOLTO MODERATO : un thème aux rythmes pointés, à l'appoggiature caractéristique et obsédante associée à un saut ascendant de quarte, exhale doucement sa plainte, au ras du silence ; son phrasé, son expression mélodique, annoncent déjà Chopin :

Il se déroule longuement dans un climat de douce fatalité, passe à la basse, tandis que se déploie un contrechant associé à un accompagnement médian en croches mélodiques, — exemple magistral de ce contrepoint chantant si spontané auquel le compositeur avait atteint à la fin de sa vie. Silence ; puis le thème, plus pianissimo que jamais, est repris dans un lumineux *fa* majeur. Pas pour longtemps : voici qu'aux basses tonne une deuxième idée, à nouveau en *fa* mineur, au dessin impérieux et obsédant, au rythme martelé, qui semble appeler d'emblée l'élaboration fuguée, que Schubert réserve cependant pour la dernière partie :

L'opposition, traditionnelle depuis Beethoven, entre thèmes « masculin » et « féminin » se trouve donc ici inversée dans le temps. Par deux fois, la première idée, pianissimo, voudra s'affirmer ; mais si, la première fois, c'est la deuxième qui l'interrompt rudement, la deuxième, elle, se fond insensiblement dans un sourd trémolo dans le grave, dont surgit la deuxième idée, en imitations, et provisoirement domptée sous forme de legato. Mais le conflit, éludé, n'est remis qu'à plus tard ; car rien n'a été résolu.

Voici que d'un geste puissamment dramatique Schubert nous projette brutalement de *fa* mineur en *fa* dièse mineur (on pense irrésistiblement au passage similaire dans la *Fantaisie* de Mozart déjà évoquée !) : c'est le début du LARGO, en récitatif imposant ponctué de rudes accords en rythmes pointés. Mais il en va surgir la plus enchanteresse des mélodies d'opéra italien, un ineffable duo d'amour en *fa* dièse majeur par libre canon entre soprano et basse, — ce duo à jamais inaccompli de Franz et de Caroline, ici transfiguré en pure musique. Et ce « Récitatif et Aria » (mais le théâtre de Schubert est celui, exclusivement, de la vie intérieure !) demeure doucement suspendu sur *ut* dièse majeur, dominante de *fa* dièse.

C'est dans ce dernier ton qu'enchaîne l'ALLEGRO VIVACE, qui est un grand *Scherzo* longuement développé, plein d'alerte vitalité, bourré de pittoresques imitations canoniques parfaitement spontanées, et s'accordant la halte d'un trio idyllique en *ré* majeur *(con delicatezza)*, toile d'araignée d'arpèges et de traits scintillants dans la lumière d'une harmonie raffinée : comme la vie pourrait être belle !... Mais après la reprise du *Scherzo,* c'est le brutal rappel à l'ordre : un bref retour du « Récitatif » nous ramène brusquement de *fa* dièse en *fa* mineur, et le *Finale* reprend exactement la nostalgique mélodie du début de l'œuvre. Parvenu à l'impérieuse deuxième idée, Schubert va en faire l'objet d'un double fugato (plutôt que d'une fugue véritable), avec contre-sujet obligé, — lequel, au terme de l'exposition à quatre voix, s'amplifie en libres développements abandonnant l'écriture stricte, et s'élevant en une gradation grandiose, soudain coupée : la mélodie initiale reparaît une dernière fois, infiniment touchante et vulnérable ; puis c'est la coda, d'un pathétique indicible en ses dissonances poignantes qui tardent le plus longtemps possible à se résoudre, comme pour reculer l'issue inéluctable. Et la musique retombe et meurt, résignée...

Les Divertissements

Divertissement à la Hongroise, en *sol* mineur (op. 54, D. 818)

Le 2 septembre 1824, Schubert entendit, chantée par une jeune servante du château des Esterhazy, une mélodie hongroise qui le fascina au point qu'il la nota immédiatement et en fit un court morceau de piano. Mais cette *Mélodie hongroise* (en *si* mineur) ne fut retrouvée et publiée qu'en 1928. L'air, cependant, devint l'élément principal du troisième mouvement, le plus développé, du *Divertissement à la Hongroise à quatre mains* composé en automne, après le retour de Schubert à Vienne. Le titre de cette partition correspond exactement à ce que l'auteur a voulu y mettre : pas de stricte forme sonate, pas de développements thématiques, mais une libre succession de ravissantes idées mélodiques, une espèce de rhapsodie, une délicieuse flânerie musicale, un regard en arrière à la fois souriant et nostalgique vers l'heureux été passé en Hongrie. Schubert ne nous propose nullement quelque imitation à la mode du folklore hongrois (que son époque confondait d'ailleurs avec le folklore tzigane, erreur dans laquelle même Liszt devait encore tomber !). Il s'agit plutôt d'une stylisation des plus subtiles, telle qu'on la trouve également dans les finales du *Quatuor en* la *mineur* et du *Quintette en* ut. Les deux mouvements extrêmes du *Divertissement à la Hongroise,* tous deux au ton principal de *sol* mineur, enchâssent un morceau central beaucoup plus bref, une Marche très simple en *ut* mineur. Le premier mouvement *(Andante)* aligne sans transitions, à la manière d'un pot-pourri, trois complexes thématiques. Le thème d'introduction, au parfum immédiatement magyar, fait un peu office de refrain d'un très libre rondo. Le deuxième thème, en *mi* bémol majeur, souple et élégant, accélère l'allure et se voit varié avec une richesse d'invention inépuisable. Une libre cadence de la voix supérieure (ici, Schubert a peut-être pensé au cymbalum) interrompt cet enchantement, ramène brièvement le thème initial et introduit ensuite le troisième thème, en *si* bémol majeur, dont le caractère héroïque et fortement scandé contraste du tout au tout avec la musique entendue jusqu'ici, mais qui abrite en lui-même le contraste d'une sorte de trio en *ré* mineur, d'une grande beauté mélodique et d'une calme tristesse. La cadence de cymbalum et le premier thème terminent le morceau par une sorte de coda.

Une marche toute simple, murmurée à mi-voix, en *ut* mineur *(Andante con moto),* avec un ravissant trio folklorisant en *la* bémol majeur, fait office de morceau central, à la manière de quelque bref et mystérieux Intermezzo romantique. L'ample *Finale (Allegretto),* le plus vaste des trois morceaux et le plus « hongrois », le plus inspiré et le plus riche également, en paraît d'autant plus éclatant et coloré. Ici règne la joie de la danse, ici des rythmes bondissants et vigoureux alternent avec des épisodes tour à tour lyriques et capricieux selon les péripéties d'un libre rondo, assez semblable au premier mouvement quant à la forme. Ici comme là, nous trouvons un thème introductif faisant fonction de refrain, un deuxième thème dans lequel nous reconnaissons la « Mélodie hongroise » notée à Zseliz (transposée ici en *ut* mineur) et qui alterne lui-même avec un trio contrastant en *sol* mineur, enfin un troisième groupe qui, par son extension et sa diversité, est un véritable complexe thématique : un *Maestoso* retenu en *si* bémol majeur, puis un épisode « guerrier » en *fa* dièse mineur, environné de gracieuses mélodies se répondant dans les registres extrêmes du clavier et soudainement interrompu par un extraordinaire et limpide choral en *fa* dièse majeur. Le morceau tout entier, baignant dans le clair-obscur typiquement schubertien de l'opposition majeur/mineur, captive par son inépuisable richesse d'imagination. L'œuvre s'éteint pianissimo, ce qui prouve que Schubert n'avait nullement en vue un brillant morceau de concert, mais seulement une musique divertissante et agréable à jouer dans l'intimité du foyer. Sauf au disque, notre siècle n'a plus guère de place pour ce genre de musique !...

Divertissement à la Française en *mi* mineur (op. 63/84, D. 823)

On connaît peu l'existence d'un deuxième *Divertissement,* de peu postérieur au précédent, de proportions et d'envergure comparables. Faute en est à son destin matériel, — que le double numéro d'opus permet de deviner : les éditeurs dépecèrent ce triptyque et le publièrent en pièces détachées, occultant le projet unitaire de Schubert. Le premier mouvement parut sous le titre de *Divertissement en forme d'une Marche brillante et raisonnée* (sic) en juin 1826 comme *op. 63 n° 1* (il n'y eut jamais de n° 2), et les deux autres en juillet 1827 comme *Andantino varié et Rondeau brillant sur des motifs originaux français,* un *op. 84 n° 1* et *2.* Cette dernière indication n'obéit peut-être qu'à des motifs commerciaux : en tous cas, on n'a jamais retrouvé la source des motifs français en question, qui pourraient fort bien être de l'invention du compositeur lui-même. Si l'ensemble n'atteint sans doute pas à la qualité d'inspiration du *Divertissement à la Hongroise* et souffre de dimensions un peu trop généreuses, il n'en demeure pas moins riche d'idées et de séductions. L'ouvrage fut composé à l'automne de 1825.

Le vaste premier morceau, qui tient lieu d'ouverture, oppose un thème à la carrure solide, portant l'indication TEMPO DI MARCIA, et un autre mélodique et joyeusement chantant, au relatif *sol* majeur (peut-être d'origine française), qui ne va pas tarder à supplanter le précédent : il reviendra plusieurs fois, en *la* bémol, puis en *si* majeur, enfin dans son ton d'origine ; mais c'est le thème de marche qui clôturera le morceau.

L'ANDANTINO varié, en *si* mineur, constitue sans contredit la plus belle partie de ce triptyque, et se joue aussi séparément. C'est un thème simple, à l'allure de marche lente, presque immobile en ses degrés conjoints et son agogique calme. Sa grâce rêveuse et mélancolique semble inviter à l'évasion et au voyage, — celui dont les étapes seront définies par les quatre variations. La première, sur une basse déhanchée, démultiplie le thème en rythmes dactyliques. La deuxième combine joyeuses fanfares dont les sonneries (toujours dactyliques) se répondent d'un registre à l'autre et prestes figurations de triolets. La troisième, accélérant encore l'agogique, qui passe à présent aux doubles croches, fait chanter la mélodie en canon dans l'aigu de l'instrument. La quatrième variation, *Un poco più lento,* passe en *si* majeur, dans un climat féerique fait de subtiles superpositions de rythmes, combinant triolets et valeurs pointées. Plus développée que les autres, elle adopte une mini-forme ternaire, englobant ce qu'on pourrait presque définir comme une variation supplémentaire. Pour finir, le thème original reparaît en *si* mineur en quelques mesures de coda discrète, qui le remportent vers le silence dont il était issu.

Le RONDEAU BRILLANT (*Allegretto* en *mi* mineur, à 2/4), au thème décidé, un peu haydnien, justifie bien son titre par son écriture instrumentale exubérante, mais n'échappe pas à une certaine uniformité rythmique que compensent, dans une certaine mesure, les évasions des couplets vers *mi* majeur puis *ut* majeur.

Les Variations

Les *Thèmes variés* pour piano à quatre mains sont au nombre de quatre, — dont l'un d'attribution douteuse. Les *Variations en la bémol op. 35 (D. 813)* dominent ce petit groupe, et comptent au nombre des chefs-d'œuvre de Schubert.

Introduction et Variations sur un thème original, en si bémol majeur (op. 82 n° 2, D. 603)

Les avis divergent quant à l'authenticité de cette œuvre dont il n'existe pas de manuscrit autographe, et qui ne parut qu'en 1860 en complément d'une réédition des *Variations sur un thème de la « Marie » de Hérold (D. 908)*, publiées du vivant de Schubert sous le numéro d'*op. 82*, et devenues à présent *op. 82 n° 2*. Mais leur écriture pianistique « trop brillante pour 1818 » n'est pas une raison suffisante pour refuser à Schubert la paternité d'une œuvre mineure, sans doute, mais assez proche par le style et la matière d'autres pages à quatre mains composées à Zseliz en été 1818. Chose exceptionnelle, du moins dans la musique à quatre mains (car les *Variations pour flûte et piano sur « Trockene Blumen » D. 802* se comportent de même), les quatre *Variations* sont précédées d'une importante *Introduction*, à la fois brillante et solennelle, et qui promet en fait davantage que les *Variations* ne vont tenir. Car elles sont rapides, simples, essentiellement ornementales, du moins les trois premières, — proches par leur caractère des trois *Marches héroïques (D. 602)* de la même époque. Seule l'expressive quatrième, *Più lento*, est plus élaborée ; elle aboutit à une cadence introduisant un *Finale* fort développé, qui n'a plus rien à voir avec le thème original, mais en exploite un autre, issu du *Finale* de la *Sonate en si majeur (D. 575)* écrite l'année précédente. Schubert lui-même aurait-il admis cette forme un peu hybride ? La question reste posée ; mais l'œuvre est agréable.

Huit Variations sur un chant français, en mi mineur (op. 10, D. 624)

L'importance biographique de cette œuvre, composée à Zseliz en juillet 1818, dépasse sans doute son importance musicale : lors de sa publication comme *op. 10* en 1822, Schubert la dédia en effet à Beethoven, et lui remit personnellement un exemplaire dédicacé au cours d'une entrevue demeurée célèbre, — car il demeura paralysé par la timidité devant le grand homme. On se demande si ce n'est pas par timidité, également, qu'il choisit une œuvre agréable et bien faite, mais relativement anodine, plutôt qu'un des chefs-d'œuvre autrement personnels qui abondaient à son catalogue en 1822... Il avait trouvé le thème dans un recueil de romances françaises à la mode, publié en 1813, dont il avait pris connaissance à Zseliz. Cette romance s'intitule *Le bon Chevalier*, et son auteur en fut sans doute le flûtiste Louis Drouet. C'est une mélodie carrée et simple à l'allure de marche, en deux périodes bien symétriques. Les *Variations* ne s'en tiennent pas toutes au *mi* mineur d'origine : c'est ainsi que la troisième passe en *ut* majeur, la cinquième en *mi* majeur, la sixième en *ut* dièse mineur, tandis que la dernière retrouve *mi* majeur. Les plus belles sont peut-être la cinquième, qui traite le thème à la manière d'un lied accompagné par un jeu lié de triolets ; la septième *(Più lento)*, la plus développée et la plus lyrique, la plus libre aussi, en ses trois volets dont le dernier établit un rythme nouveau (12/8) ; la dernière enfin, joyeuse marche de vastes proportions également, avec un intermède en *la* bémol majeur, puis mineur, restaurant passagèrement le thème dans son visage initial, et une coda où il s'affirme en octaves triomphantes.

Huit Variations sur un thème original, en la bémol majeur (op. 35, D. 813)

Composées à Zselig durant le fécond été de 1824, ces merveilleuses *Variations*, un sommet de tout le répertoire à quatre mains, y connurent un très vif succès, selon le témoignage de Schubert lui-même. Succès compréhensible, car l'œuvre est moins exigeante que le *Grand Duo*, moins dure pour les interprètes, plus brève et plus aimable, plus intime, moins « symphonique » et d'autant plus « pianistique ». Le succès se confirma à Vienne, et c'est ainsi que l'œuvre fut éditée dès le printemps suivant.

Le gracieux thème de marche *(Allegretto)*, plus dansant que guerrier à la vérité,

est varié huit fois, et chacune de ces huit transformations est un petit joyau ; aucune n'est semblable à ses voisines ! Les deux premières sont surtout ornementales, mais déjà la deuxième introduit de rapides traits de doubles croches à la basse. La troisième offre un ravissant duo, presque comme un lied, en canon des voix supérieures, cependant que la basse accompagne en accords. Après la quatrième, de nouveau plus incisive et rythmique, la cinquième, profondément expressive, passe en *la* bémol mineur pour un ensorcelant nocturne, une élégie lyrique aux nuances d'une infinie délicatesse. Les rythmes de marche virils et la claire lumière diurne du mode majeur dominent la sixième *Variation,* intitulée *Maestoso.* Mais on accordera la palme à la féerique septième *(Più lento),* avec ses subtiles hésitations entre majeur et mineur traduisant les plus fines nuances de la vie intérieure, ses modulations hardies, ses chromatismes insidieux. Une transition à la manière d'une cadence conduit à la huitième et dernière *Variation,* de loin la plus développée, qui transforme le thème en une large sicilienne à 12/8, et couronne le cycle par une enivrante et toute viennoise fête de la danse.

Huit Variations sur un thème de la « Marie » de Hérold, en *ut* majeur (op. 82, D. 908)

Marie est un opéra de Hérold dont la première viennoise, en décembre 1826, avait connu un vif succès. C'est en février 1827 que Schubert écrivit cette série de *Variations* sur le chant du meunier Lubin, au troisième acte, — escomptant de ce choix un succès public et critique qui en effet, pour une fois, ne lui fut pas ménagé : dès sa parution, en septembre 1827, l'œuvre fut saluée par la presse comme la meilleure de son auteur (!). Nous n'irons pas si loin. On ne peut qu'admirer cependant le parti que Schubert a su tirer d'un thème à la structure binaire assez curieuse *(Allegretto),* qui oppose une première partie à l'allure de marche, qui est reprise, à une deuxième plus mouvementée évoquant le tic-tac du moulin. De l'une, le compositeur retient le rythme fondamental qui est son obsession familière *(la Jeune Fille et la Mort, Rosamunde,* etc.) : dactyle et spondée ; de l'autre, une figure en triolets assurant l'indispensable contraste d'une animation de l'agogique. A nouveau, certaines des *Variations* s'écartent de l'*ut* majeur d'origine : la quatrième est un *ut* mineur, la cinquième en *la* bémol majeur, la septième en *la* mineur. On donnera la préférence à l'âpre et dramatique quatrième, qui durcit et pointe les rythmes du thème relégué à la basse, sous des accords fortement dissonants ; et davantage encore à la septième, la plus belle sans doute, *Andantino* en *la* mineur, dont le rêve douloureux et nostalgique ne laisse subsister du thème qu'un souvenir lointain, brumeux, estompé par les guirlandes de gammes qui l'environnent : son visage se colore à présent de l'évocation de douces sonorités de cors... La dernière *Variation (Allegro vivace, ma non più)* nous ramène sur terre, à la réalité du thème et aussi de la vie de tous les jours, en une fête à la fois héroïque et populaire.

Les Rondos

Ils sont deux, — d'importance bien inégale : une gracieuse page de jeunesse, et un sublime témoignage de l'ultime maturité.

Rondo en *ré* majeur (op. 138, D. 608)

C'est en janvier 1818 que Schubert a écrit cette page entraînante et gaie, à l'intention sans doute de son ami hongrois Josef von Gahy. Diabelli la publia en 1835 sous une forme gravement mutilée, non seulement par des coupures, mais par une modification de la disposition instrumentale dans un passage près de la fin, qui entraîne des croisements de mains entre les deux pianistes, — justification du sous-titre accompagnant cette édition, *Notre amitié est invariable.* Si Schubert n'y est pour rien, du moins indique-t-il l'atmosphère détendue et enjouée de cette pièce, qui fut publiée sous une forme plus fidèle à l'original en 1897 seulement. Mais Schubert avait laissé inachevé le troisième couplet de ce *Rondo,* qui ne figure que dans la récente édition critique publiée chez Henle et que les interprètes omettent généralement. Le refrain, à la fois gracieux et sentimental, a l'allure d'une polonaise *(Allegretto* à 3/4), — ce que confirme son accompagnement rythmique. Ses trois apparitions (dans la version achevée par Schubert) alternent avec deux couplets dont on a relevé le parfum légèrement hongrois : le premier en *ré* mineur, vigoureux et rythmique ; le second en *sol* majeur, plus fluide, plus volubile, plus étendu aussi. Le dernier retour du refrain est suivi d'une longue coda se prolongeant en un poétique jeu d'échos avant de conclure.

Grand Rondeau en *la* majeur (op. 107, D. 951)

En juin 1828, Schubert compose sa dernière œuvre pour piano à quatre mains, et conclut ainsi l'admirable trilogie dont la *Fantaisie en* fa *mineur* et l'*Allegro en* la *mineur* (« *Lebensstürme* ») constituaient les deux premiers volets. D'angoisses et de tourments il n'y a plus trace ici : c'est la sérénité après la tempête, mais, bien davantage, une espèce de paix surnaturelle au-delà de toute souffrance, — celle qu'on trouve également dans quelques-unes des toutes dernières pages de Mozart. Très largement développé, à l'allure nonchalante et épanouie de son *Allegretto quasi Andantino* à 2/4, le *Grand Rondeau* (le titre français est de l'éditeur, qui publia l'œuvre quelques mois après la mort de Schubert) nous emmène dans la retraite élyséenne d'une printanière thébaïde d'où toute l'agitation du siècle semble bannie. La grande *Sonate en* la *majeur. (D. 959)* retrouvera parfois ce climat de rêve et de bonheur.

Quoi de plus adorablement spontané que ce thème de refrain, au profil si simple, doucement descendant, fleuri d'ornements discrets, un thème si purement vocal qu'on pourrait le fredonner mieux encore que le jouer ?

Et c'est en fait un véritable lied, en quatre périodes de huit mesures chacune. Il y a certes un deuxième thème, lyrique également ; mais il n'offre avec le premier aucun contraste, et en approfondit bien plutôt le climat. Une troisième idée, *Maestoso* en *ut* majeur, présente une plus grande opposition, mais ne fait en vérité que passer. Parvenu à son apogée, le morceau fait chanter la mélodie d'origine à pleine gorge, dans le registre de ténor, par la main droite du deuxième pianiste qu'environnent les guirlandes de doubles croches du premier. Les deux thèmes alternent à trois reprises au cours de variantes sans cesse unes et diverses à la fois, — au gré d'une flânerie dont on voudrait qu'elle ne finisse jamais. Il le faut pourtant : après que les deux thèmes aient été réunis (le premier dans les profondeurs du grave, le deuxième dans l'aigu), la cadence conclusive s'assombrit fugitivement d'une unique altération mineure du sixième degré, imperceptible bouffée de nostalgie au milieu de tant de bonheur...

Les Ouvertures

Il existe de Schubert quatre *Ouvertures* pour piano à quatre mains. Deux d'entre elles (*D. 592* et *D. 597*) ne sont que des transcriptions des deux populaires *Ouvertures dans le style Italien* (en *ré* majeur et en *ut* majeur), amusants pastiches rossiniens d'une saveur d'ailleurs purement schubertienne, composées pour orchestre en 1817. Les deux autres *Ouvertures* datent d'octobre-novembre 1819.

Ouverture en *sol* mineur (D. 668)

Il n'est pas impossible que cette pièce, retrouvée en 1896 seulement, soit la transcription d'un original pour orchestre aujourd'hui perdu. S'écartant de la forme sonate habituelle, elle se présente en trois parties, — dont seule la première, l'*Adagio* introductif, est en *sol* mineur. Vient ensuite un *Allegretto* en *si* bémol, à 2/4, épisode de loin le plus développé et le plus intéressant, notamment par ses modulations hardies et ses équivoques entre majeur et mineur. L'*Ouverture* se termine par un *Allegro vivace* en *sol* majeur.

Ouverture en *fa* majeur (op. 34, D. 675)

Contrairement à la précédente, cette *Ouverture* fut publiée du vivant de Schubert. Elle est pourtant moins significative et semble avoir été rédigée en quelques heures, en s'inspirant du modèle de l'Ouverture d'*Egmont* de Beethoven que Schubert aimait alors jouer à quatre mains avec son ami Josef Hüttenbrenner. Ici comme là, un sombre et dramatique *Adagio* en *fa* mineur précède un *Allegro* en *fa* majeur. Schubert termine dans un grand crescendo à la Rossini. Cette *Ouverture,* au demeurant attrayante, ne dépasse pas la portée d'une œuvre de circonstance : nous sommes bien loin du modèle beethovénien !

Pièces diverses

Cette rubrique réunit trois pages de valeur bien inégale. On passera très vite sur un *Allegro moderato* en *ut majeur* suivi d'un *Andante* en la *mineur (D. 968),* œuvres de prime jeunesse (1812 ?), d'une facture encore primitive, peut-être fragments d'une sonate abandonnée. Les deux autres œuvres datent de la dernière année de la vie de Schubert. La *Fugue en* mi *mineur (op. 152, D. 952)*, de juin 1828, est en réalité destinée à l'orgue (c'est la seule pièce de Schubert pour cet instrument). Très sage et régulière, cette *Fugue* à quatre voix, qui n'a rien de pianistique (il n'y a aucune indication dynamique à l'exception du *forte* initial) se déroule, *Allegro moderato*, plutôt comme un exercice d'écriture, d'ailleurs très soigné et harmonieux : on pourrait la croire suscitée par l'enseignement de Simon Sechter, si celui-ci n'avait pas commencé quelques mois plus tard... Mais cette catégorie de pièces diverses contient un authentique chef-d'œuvre, — présenté ci-après.

Allegro en *la* mineur, « Lebensstürme » (op. 144, D. 947)

Le titre (il signifie « Orages » ou « Tourmentes de la vie »), romantique à souhait, est le fait de Diabelli, qui publia l'œuvre en 1840. Il traduit d'ailleurs assez bien l'esprit de ce volet central de la géniale trilogie à quatre mains de 1828. Composé en mai, cet *Allegro ma non troppo* se situe en effet entre la *Fantaisie en fa mineur* et le *Grand Rondeau en la majeur* (voir plus haut). Après le caractère éminemment subjectif et élégiaque de la *Fantaisie*, la véhémente révolte qu'exprime *Lebensstürme* représente le geste de libération qui, seul, rendra possible la percée vers les rivages de paix du *Grand Rondeau* (voir plus haut).

Jamais Schubert n'a composé une page plus orchestrale pour quatre mains, jamais non plus il n'a été plus proche de l'ampleur épique d'un Bruckner. Car il ne s'agit de rien d'autre que d'un premier morceau de symphonie, d'une forme sonate dont la régularité de structure constitue le contrepoids indispensable à la folle audace de son plan tonal et modulant. Brucknérienne est l'ampleur de l'exposition des deux grands complexes thématiques : quatre-vingts mesures pour le premier, quarante-cinq pour le second. Le premier résume en lui-même l'opposition fondamentale entre affirmation rythmique et expression mélodique. Le geste initial, d'une étonnante violence, martèle des rythmes d'anapestes en blocs d'accords agressifs :

Mais tout aussitôt répond un ample conséquent mélodique, de caractère pathétique :

Au terme d'un parcours modulant accidenté, un saisissant tour de passe-passe enharmonique (la tierce *sol* dièse de l'accord de *mi* majeur, dominante de *la*, devient *la* bémol tonique) ; et c'est en *la* bémol que s'expose le deuxième grand thème, choral mystique tel que personne n'en avait écrit avant les grandes Symphonies de Bruckner :

Il est repris ensuite en *ut* majeur, ton relatif régulier, agrémenté d'un contrechant en triolets de noires qui acquerra une importance thématique autonome. L'exposition se termine sur une accalmie et confirme *ut* majeur ; mais le développement se précipite soudain en une tempête d'accords en *fa* mineur, rappelant le thème initial. Ce développement est l'un des plus serrés et des plus dramatiques qui se puisse trouver chez Schubert ; comme dans certains développements mozartiens *(Quarantième Symphonie)*, il utilise la tension contrapuntique comme élément de tension psychologique. Accidenté, voire chaotique, il mène à la réexposition qui fait chanter le thème de choral d'abord en *fa* majeur, puis en *la* majeur, dans la magie lumineuse d'un pianissimo indiqué *con delicatezza*. Le premier thème tonne en *la* mineur au début de la coda ; mais celle-ci se poursuit longuement en un decrescendo progressif, de plus en plus détendu (ou, plutôt, découragé), — sorte de rêve dépressif où le thème s'effiloche et auquel mettent fin deux violents accords conclusifs.

Les Marches

Les dix-sept *Marches* pour piano à quatre mains, toutes composées entre 1822 et 1827, représentent la province peut-être la plus ignorée de l'œuvre de Schubert. Qui se doute que ces pièces de grande envergure (*D. 885* dépasse largement le quart d'heure) représentent au total plus de deux heures de musique, et de musique le plus souvent de premier ordre ? La populaire *Marche militaire en ré majeur (op. 51 no 1, D. 733/1)*, dont il n'est pas question de nier le charme, n'est nullement représentative de cet étonnant ensemble.

Cette prédilection pour la *Marche* peut surprendre chez un être aussi doux et peu belliqueux que Schubert. Mais la *Marche* est une constante dans l'inspiration des compositeurs autrichiens, comme le montre fort bien la filière menant de Haydn à Mahler, — filière dont Schubert constitue le jalon essentiel. De plus, grâce aux progrès accomplis dans la qualité sonore, le volume et la précision de l'attaque par la facture de pianos de l'époque, la musique à quatre mains devint le truchement idéal pour restituer la vigueur, l'alacrité et l'entrain des musiques martiales. Certaines des *Marches* de Schubert (et notamment les trois célèbres *Marches militaires D. 733*) semblent refléter plutôt une atmosphère de « guerre en dentelles ». Mais c'est l'exception ; non la règle : dès la toute première de ces *Marches,* nous verrons que Schubert n'imagine nullement la guerre comme « fraîche et joyeuse », — bien au contraire. Il ne faut pas oublier non plus l'atmosphère d'exaltation patriotique consécutive aux guerres napoléoniennes, ni la lourde et tâtillonne oppression du régime de Metternich assombrissant la vie à Vienne au temps de Schubert : certaines de ces *Marches* sont autant de cris de révolte, de revendications révolutionnaires ; d'autres, au contraire, s'évadent vers le rêve fantastique, comme le feront celles de Gustav Malher ; d'autres enfin retrouvent la démarche la plus intimement personnelle de Schubert : l'*homo viator,* l'éternel voyageur, en marche, en marche...

Trois Marches (op. 27, D. 602)

Publiées en 1824, elles furent très probablement composées en 1818 à Zseliz, au cours d'un séjour particulièrement fécond dans le domaine de la musique à quatre mains. Le premier éditeur les présenta sous le titre de *Marches héroïques*.

La *Première,* en *si* mineur *(Allegro moderato),* la plus courte, reprend la matière d'un prélude projeté en 1816 pour une cantate, jamais réalisée, sur le poème de Schiller *Die Schlacht* (« la Bataille »). Pas question de guerre en dentelles dans cette pièce dramatique et sombre, — qui semble paraphraser les paroles du poète : « *Schwer und dumpfig, eine Wetterwolke, durch die grüne Ebne schwankt der Marsch* » (« Lourde et sombre, une nuée d'orage, la marche roule à travers la verte plaine »). Canons, modulations, progressions hardies, évocations de timbres orchestraux viennent enrichir le discours dès cette première *Marche* schubertinienne, le dessin de quartes ascendantes qui ouvre le morceau servant d'élément unificateur avec le trio en *sol* majeur. La *Deuxième Marche,* en *ut* majeur *(Maestoso),* est d'expression plus amène et plus légère, de sonorités beaucoup plus éclatantes, d'un discours plus riche et plus haut en couleurs, tout en fanfares truculentes, en rythmes et en modulations nous éclaboussant de leurs vives taches de lumière. Comme dans toutes ces *Marches,* le trio (ici en *la* bémol majeur) représente une accalmie, un épisode chantant, d'ailleurs thématiquement issu du début. La *Troisième Marche,* en *ré* majeur *(Moderato),* la plus vive, se présente comme une sorte de pas redoublé à la française, aux couleurs sonores particulièrement orchestrales, avec un trio nostalgique en *ré* mineur en canon des deux voix supérieures.

Trois Marches militaires (op. 51, D. 733)

Composées probablement en 1822 (on ne peut affirmer davantage, le manuscrit ayant disparu), elles marquent un net progrès par rapport aux précédentes dans le sens d'une facture plus fine, moins réaliste, d'une plus grande stylisation.

La *Première,* en *ré* majeur *(Allegro vivace)* est « la » célèbre *Marche militaire* de Schubert, — sans doute la *Marche* la plus populaire de tous les temps. Cette pièce allègre et entraînante, au parfum légèrement hongrois, puis viennois dans le trio en *sol* majeur (modulant vers *sol* mineur et *si* bémol), rappelle l'atmosphère des intermèdes dansants les plus séduisants de *Rosamunde*. Mais la *Deuxième,* en *sol* majeur *(Allegro molto moderato),* ne le lui cède en rien quant au charme mélodique, avec son trio modulant de manière si typique d'*ut* majeur vers *sol,* puis *la* bémol majeur ; elle est nettement moins guerrière que la précédente. On en dira autant de la *Troisième,* en *mi* bémol majeur *(Allegro moderato),* dans laquelle passe un jodler tout droit échappé de Styrie ou du Tyrole. Son trio est en *la* bémol, la mélodie dans l'aigu se détachant sur une basse imperturbable de l'effet le plus plaisant.

Six Grandes Marches et Trios (op. 40, D. 819)

Cet important recueil, dont l'audition intégrale représente presque une heure de musique, naquit probablement durant l'été 1824, et fut publié dès l'année suivante (on remarquera, qu'à l'exception des trois dernières, toutes les *Marches* de Schubert furent éditées de son vivant, — ce qui illustre bien la popularité dont bénéficiait alors ce genre de musique). Beaucoup plus développées que les précédentes, les *Marches* de l'*op. 40* marquent aussi l'évolution vers une inspiration plus subjective et plus libre, vers un détachement accru par rapport aux conventions du genre : Schubert fait ici de la *Marche* un moyen d'expression purement personnel, à partir d'un point de départ qui n'est plus qu'un prétexte. Mais ces *Marches* demeurent néanmoins des pages brillantes, virtuoses, d'un grand effet sonore.

C'est ainsi que la *Première*, en *mi* bémol majeur *(Allegro maestoso)*, suggère, par des effets de staccato rapide sur la même note répétée (rendus possibles par le double échappement de Pleyel, d'invention alors toute récente), le triple coup de langue des trompettes ou le « ra » des caisses claires. La partie principale contraste avec la fluidité mélodique du trio en *la* bémol majeur, qui retrouve le climat délicat des *Variations* à quatre mains de même tonalité, probablement contemporaines. La *Deuxième*, en *sol* mineur *(Allegro ma non troppo)*, plus légère et sautillante, frappe par ses chromatismes ; le trio en *sol* majeur conserve la même articulation détachée, tout en nous transportant dans l'ambiance élégante d'un bal viennois. La *Troisème*, en *si* mineur *(Allegretto)*, très développée, semble vouloir nous emmener en Hongrie. Son rythme dactylique familier se propage par un jeu d'échos et de fanfares, — tandis que, dans le trio en *si* majeur, un chant populaire jaillit soudain au milieu de toute cette animation. La joyeuse solennité de la *Quatrième*, en *ré* majeur *(Allegro maestoso)*, très longue elle aussi, contraste avec l'expression paisible et nostalgique de son très chantant trio en *sol* majeur. La *Cinquième*, en *mi* bémol mineur *(Andante)*, se situe sur un autre plan que toutes ses compagnes, comme l'annoncent déjà son tempo, sa tonalité et sa durée également exceptionnels : c'est une Marche funèbre, d'une profonde et émouvante beauté, d'une expression éminemment personnelle et subjective, avec son éclaircie enharmonique vers *fa* dièse mineur et *la* majeur précédant la consolation plus affirmée de son trio, très mélodique, en *mi* bémol majeur. Enfin, la *Sixième*, en *mi* majeur *(Allegro con brio)*, se propose comme la plus enlevée de la série, avec la présence constante de ses rythmes pointés, — dont on retrouve même le souvenir dans le trio en *ut* majeur, et son écho fugace du thème de *la Jeune Fille et la Mort*.

Grande Marche funèbre en *ut* mineur, pour la mort du tsar Alexandre (op. 55, D. 859)

Alexandre 1er, Tsar de toutes les Russies, passa de vie à trépas le 1er décembre 1825 : Schubert composa aussitôt cette *Marche (Andante sostenuto)*, sachant qu'une pièce de ce genre aurait un succès immédiat auprès du public viennois, qui avait beaucoup aimé ce souverain. De fait, l'œuvre parut dès février 1826. Une fois de plus, Schubert a réussi à transcender de très haut la pièce de circonstance : ce grand cortège, ponctué par le roulement sourd des tambours voilés, s'éclairant le temps d'un trio en *la* bémol majeur, à la mélodie presque liturgique, dégage une émotion collective qui justifierait que cette *Marche* rejoigne la popularité de celles de Beethoven ou de Chopin.

Grande Marche héroïque en *la* mineur, pour le sacre du tsar Nicolas Ier (op. 66, D. 885)

C'est la plus développée de toutes les *Marches* de Schubert, avec, exceptionnellement, deux trios et une grande coda. Composée au printemps 1826, elle parut dès le mois de septembre suivant, — l'éditeur comptant bien rééditer le succès de l'œuvre précédente. De fait, cette *Marche* surpasse la précédente par la richesse et la qualité de son inspiration. La tonalité de *la* mineur, peut-être insolite pour une œuvre de fête, l'est beaucoup moins dans le contexte slave d'un couronnement impérial.

La première *Marche*, *Maestoso*, passe d'ailleurs en *la* majeur en son milieu. Le premier trio, en *mi* mineur, puis majeur, se présente comme un lied accompagné, une espède de danse (russe ?) aux accents à contre-temps. La deuxième *Marche*, différente de la première, s'anime en *Allegro giusto*, et retrouve *la* mineur, — tandis que le second trio, beaucoup plus vigoureusement rythmé que le premier, passe en *fa* majeur pous se terminer au relatif *ré* mineur. L'*Allegro giusto* revient ensuite, précédant une importante coda qui mêle habilement tous les thèmes entendus précédemment. Cette grande *Marche* a été transcrite pour orchestre par Rimski-Korsakov.

Deux Marches caractéristiques, en *ut* majeur (op. 121, D. 886)

Toutes deux *Allegro vivace*, toutes deux à 6/8, toutes deux munies d'un trio au relatif *la* mineur, ces deux *Marches,* composées elles aussi au printemps de 1826 selon toute probabilité, jouissent d'une popularité particulière : ce sont les plus connues après « la » *Marche militaire.*

Plus brèves et moins complexes que les précédentes, elles l'emportent sur toutes leurs devancières par leur élan irrésistible, leur prodigieux dynamisme, leur étincellement de sonorités et de rythmes évoquant fifres, clarinettes, trompettes et tambours. Leur 6/8 enlevé, maintenu même dans les trios, évoque le rythme caracolant d'une charge de cavalerie bien plus que celui, plus carré, de la piétaille. Mais si la *Première* est livrée à la joie sans partage, la *Deuxième* se voile de quelque tourment, dans un trio d'une étrange et prenante nostalgie.

Marche enfantine, en *sol* majeur (« Kindermarsch ») (D. 928)

Épilogue inattendu et souriant de cette imposante série, voici enfin la petite *Marche* miniature (avec trio en *ut* majeur), écrite par Schubert en octobre 1827 au cours de son séjour à Graz, à l'occasion de la fête de son ami Pachler : elle devait être jouée à cette occasion par le petit Faust Pachler, âgé de huit ans, et par sa mère. La pièce est donc délibérément facile (davantage encore pour la partie supérieure, réservée à l'enfant) ; mais c'est une œuvrette charmante, basée sur le rythme dactylique préféré de Schubert et, dans le trio, sur une superposition de trois croches contre deux.

Les Danses

Face aux quelque quatre cent dix *Danses* pour piano seul, celles pour piano à quatre mains sont beaucoup moins nombreuses. Elles ne répondent pas au même but : elles ne sont pas destinées à être dansées, mais à être jouées dans l'intimité, voire au concert. Il s'agit de quatre recueils, — dont les deux premiers naquirent à Zseliz au cours du fécond été 1818, tandis que les deux autres appartiennent à la maturité du compositeur.

Quatre Polonaises (op. 75, D. 599)

Il existe deux séries de *Polonaises* à quatre mains, — alors que Schubert n'a jamais abordé cette danse au piano seul. Le rythme relativement strict de la Polonaise se prête moins à la liberté improvisée que permet le jeu à un seul piano, et qui convient à la souplesse ternaire des *Valses* et autres *Ländler.* On ne trouvera pas dans les *Polonaises* de Schubert l'éclat virtuose de celles de Weber ou de Chopin ; elles n'en dégagent pas moins un grand charmes, avec leur richesse mélodique au parfum légèrement slave, leur tendance au chromatisme mélodique, la douceur de leurs trios où le rythme chevaleresque tend à s'estomper un peu. Ce premier cahier constitue un petit cycle dont les morceaux sont successivement en *fa* majeur, *mi* bémol majeur, *mi* majeur et *fa* majeur.

Trois Deutsche (D. 618)

Ces trois *Danses allemandes* sont contemporaines des *Polonaises* évoquées à l'instant. La *Première* est la plus développée : elle est en *sol* majeur, avec deux trios (le second en *ut* majeur) et une coda. Les deux autres, en *mi* majeur toutes deux, ne comportent point de trio (à moins que la *Troisième* ne soit le trio de la *Deuxième ?*). Ce sont des pages charmantes et simples, ne nécessitant pas de commentaire particulier.

Quatre Ländler (D. 814)

Ce sont quatre pièces très courtes (dix-huit ou vingt mesures chacune), écrites à Zseliz en juillet 1824, se regroupant deux par deux de la manière suivante : le *Deuxième Ländler,* en *la* bémol, sert de trio au *Premier,* en *ut* mineur ; et le *Quatrième,* en *ut* majeur, de trio au *Troisième,* en *ut* mineur lui aussi.

Six Polonaises (op. 61, D. 824)

D'une tout autre importance, ces six grandes pièces, chacune avec trio, écrites à la fin de 1825 ou au début de 1826, constituent un admirable recueil et occupent un rang élevé dans la musique à quatre mains de Schubert. On pourrait comparer un peu leur position à celle des douze *Ländler* (ou *Deutsche*) *D. 790* pour piano seul : ici comme là, le cadre très souplement utilisé de la danse devient le prétexte d'une confession hautement personnelle. Avant Chopin, Schubert a fait de la Polonaise un véritable « poème des sons » *(Tondichtung)*. En particulier, on trouve dans ces pages toute la richesse harmonique et modulante propre au génie de Schubert.

La *Première Polonaise* est en *ré* mineur, avec un trio en *si* bémol : elle se recommande surtout par sa souplesse mélodique. Celle-ci cède la place à l'éclat et à la vigueur rythmique dans la *Deuxième Polonaise*, en *fa* majeur, pour se retrouver pourtant dans son trio aux modulations très hardies (*ré* bémol majeur, *mi* majeur, *ut* dièse mineur...) Rythmique elle aussi, la *Troisième Polonaise*, en *si* bémol (trio en *sol* mineur) joue sur l'effet de clair-obscur des oppositions entre majeur et mineur. La *Quatrième*, en *ré* majeur (trio en *sol* majeur), se déroule à vive allure, atteint une certaine âpreté virile, et adopte une disposition évoquant un duo accompagné. La *Cinquième*, en *la* majeur (trio en *ré* majeur), est la plus dramatique de la série, — alors que la *Sixième Polonaise*, en *mi* majeur (trio en *ut* majeur), plus développée que les précédentes, parvient à une finesse d'écriture évoquant la musique de chambre : son trio, mélodique et aéré, offre un contraste plus marqué que dans les autres pièces avec la carrure martiale de la partie principale.

H.H.

CLARA (WIECK) SCHUMANN

Née à Leipzig, le 13 septembre 1819 ; morte à Francfort, le 20 mai 1896. Fille de Frédéric Wieck (1785-1873), pédagogue remarquable et despotique qui révéla à Schumann ses dons pianistiques, elle devint par la volonté de son père une enfant prodige du piano. Elle n'avait pas dix ans lorsqu'elle donna son premier concert public à Leipzig, et elle en avait douze lorsqu'elle fit publier ses premières œuvres. Des tournées extrêmement brillantes la menèrent dans sa jeunesse à travers toute l'Europe, où elle recueillit l'admiration des plus grands : Chopin, Liszt, Mendelssohn. Son mariage avec Schumann (1840), après des années d'une lutte acharnée contre son père, et la naissance de huit enfants, allaient un peu ralentir ses activités de compositeur et de virtuose. Elle n'en continua pas moins ses tournées qui, pendant plus de vingt ans, devaient la conduire au Danemark, en Russie, en Allemagne, en Hollande, à Vienne, en Angleterre, etc. Mais c'est une Clara brisée qui vécut la maladie et la fin tragique de son mari (1856), et c'est en Brahms, l'ami incomparable, qu'elle trouva son soutien le plus précieux. Tendre amitié ou profond amour, nul ne perça jamais réellement le secret de leur attachement, — secret qui leur appartient. Interprète privilégiée de la musique de Schumann, elle travailla avec Brahms à l'édition intégrale de l'œuvre de son mari, parue entre 1881 et 1893. La fin de sa vie fut attristée par des deuils familiaux, et, victime de plusieurs attaques, elle mourut en 1896. Brahms devait disparaître un an plus tard. Celle qui compta parmi les plus grands virtuoses de son siècle et devint l'inspiratrice de Schumann, fut en même temps une musicienne pleine de sensibilité. Douée d'une technique exceptionnelle, elle sut imposer un large répertoire qui allait de Bach à Brahms. Goethe disait qu'elle jouait avec « plus de force que six garçons réunis ».

L'œuvre de piano

Comme compositeur, Clara Schumann n'eut ni prétention, ni ambition sérieuse. Son œuvre, dont la première partie fut publiée sous son nom de jeune fille, n'est pas uniquement orientée vers le piano, — car elle laisse un important catalogue de musique vocale (et notamment des lieder). Elle se consacra aussi à de la musique de chambre *(Trio avec piano op. 17*, et *Deux Romances pour violon et piano op. 22)* et à la musique concertante (un *Concerto pour piano op. 7*, œuvre de jeunesse, et un *Concertino pour piano*). Elle écrivit encore plusieurs cadences pour les concertos de piano de Mozart et de Beethoven, qu'elle jouait au concert.

Ses premières pages pour piano seul furent éditées alors qu'elle n'avait qu'une douzaine d'années. Ce sont les *Quatre Polonaises op. 1*, suivies peu après des *Caprices en forme de valses op. 2*, d'une *Romance variée op. 3*, des *Valses romantiques op. 4*, et d'un *Rondo*.

Aux *Quatre Pièces caractéristiques* de l'*op. 5*, parues dans les années 1835, Clara a donné des titres fantastiques et suggestifs : *Impromptu : le Sabbat, Caprice à la boléro, Romance, Scènes fantastiques : le ballet des revenants*. A la même époque, les *Variations de concert sur la Cavatine du « Pirate » de Bellini op. 8* devaient lui permettre de faire briller en public son extraordinaire virtuosité.

Avant son mariage, elle allait encore publier les pièces des *Soirées musicales op. 6*, où transparaissent les influences de Chopin et de Mendelssohn qu'elle admirait *(Toccatina, Ballade, Nocturne, Polonaise* et *Mazurkas)*, un *Impromptu* qu'elle nomma *Plaisir de Vienne*, un *Scherzo*, et *Trois Romances op. 11*.

Le **Scherzo** fut aussi édité à Paris chez l'éditeur Schoenenberger. La page de titre indique « Scherzo pour le piano, par Clara Wieck, pianiste de S.M. l'Empereur d'Autriche », charge officielle que Clara occupait depuis 1838. Ce morceau ressemble à un mouvement perpétuel construit sur un motif principal, et coupé en son milieu par un épisode *doloroso* très mélodique.

Les **Trois Romances op. 11** sont parues à Paris chez S. Richault avec ce titre : « Trois Romances sans paroles pour le piano œuvre 11, par Clara Schumann, née Wieck, pianiste de S.M.I.R. l'Empereur d'Autriche ». La première romance, *Andante* à 3/4 en *sol* bémol, repose sur un thème plein de sensibilité, soutenu par de longues volutes d'arpèges à la main gauche. Si l'invention ne témoigne pas d'un génie créateur exceptionnel, la technique y est brillante et l'écriture décorative. La seconde pièce, *Andante* à quatre temps en *sol* mineur, est une page lente et expressive où dominent syncopes et contretemps, avec un épisode central *Allegro passione*. La dernière romance, à trois temps et en *la* bémol majeur, se joue moderato : Clara y utilise de façon quasi permanente les pédales harmoniques. Cette œuvre calme n'offre pas de réelles difficultés techniques.

Après son mariage avec Schumann, Clara ralentit ses activités de compositeur. Elle écrivit néanmoins une *Sonatina*, un *Scherzo op. 14, Quatre Pièces fugitives op. 15*, un recueil de *Préludes et fugues op. 16* conçus dans un style ferme. Puis, en 1853, parurent les *Variations sur un thème de R. Schumann op. 20* (tiré des *Bunte Blätter* et que Brahms mit aussi en variations en 1854), et les **Romances op. 21**, dédiées à Brahms où s'affirme l'influence de Mendelssohn et dont l'écriture tout à fait maîtrisée prouve que Clara Schumann était un compositeur de talent doué d'une réelle originalité.

A. d. P.

ROBERT SCHUMANN

Né à Zwickau (Saxe), le 8 juin 1810 ; mort à Endenich, près de Bonn, le 29 juillet 1856. Ses années de jeunesse sont consacrées à l'apprentissage du piano, encouragé par son père, libraire cultivé mais écrivain manqué. Celui-ci l'initie également aux poètes allemands et, au seuil de l'adolescence, Robert s'enthousiasme pour l'œuvre de Jean-Paul Richter, — qui deviendra le guide spirituel de son existence ; simultanément, il écrit des articles, compose des poèmes, ainsi que ses premiers lieder (il découvre Schubert), — car sa passion pour la musique n'est pas moindre : dès lors il se heurte à l'impérieuse nécessité de choisir entre deux voies également attirantes, musique ou poésie ? Cependant le jeune homme, affecté par la disparition de sa sœur et de son père, victimes de troubles mentaux, sombre déjà dans de graves crises de mélancolie, présages lointains de la folie. Sur les instances de sa mère, il se rend à l'Université de Leipzig pour étudier le droit, — qu'il néglige complètement : il rencontre en effet Friedrich Wieck, éminent professeur de piano qui, par une méthode despotique, est parvenu à faire de sa fille Clara une virtuose de l'instrument ; sous la direction de Wieck, Schumann entame de sérieuses études de piano, — dont les progrès lui paraîtront trop lents et qu'il tentera d'accélérer par la ligature inconsidérée du quatrième doigt de la main droite : le doigt restera paralysé, et cet accident lui coûtera la carrière de virtuose qu'il espérait. C'est alors qu'il composera, après avoir complété sa formation en étudiant Bach — modèle absolu — et le contrepoint. En 1843 Schumann deviendra professeur au Conservatoire de Leipzig, fondé par son ami Mendelssohn ; mais il se révélera aussi piètre pédagogue que mauvais chef d'orchestre, — souffrant en outre de troubles nerveux et psychiques de plus en plus fréquents. Ayant fondé sa propre revue musicale, Neue Leipziger Zeitschrift für Musik, il s'affirmera en revanche comme un critique de premier ordre. 1835 aura été l'année de la découverte de l'amour unissant Robert et Clara Wieck, mariés enfin en 1840 en dépit de l'hostilité agissante du père de la jeune femme. C'est de cette période que datent les plus longues et difficiles fiançailles que datent les plus grandes œuvres de piano, — magnifiées par l'art de Clara, éblouissante pianiste. L'année du mariage est une année de précaire bonheur, qui voit une floraison de lieder : c'est d'ailleurs par le piano et les lieder que Schumann survivra essentiellement pour la postérité. Dans les années suivantes, le compositeur abordera certes la symphonie, la musique de chambre, l'art lyrique, — toutes partitions qui regorgeront de beautés et de richesses cependant moins contrôlées. En 1854, le couple Schumann accueille Brahms : le jeune musicien hambourgeois incarne aussitôt pour Robert l' « avenir » de la musique. Or, peu après, pour échapper aux hallucinations qui l'assaillent, Schumann va se jeter dans le Rhin ; il sera admis dans un asile d'aliénés près de Bonn, où il mourra deux ans plus tard, à quarante-six ans seulement, veillé par Clara et par Brahms.

L'Œuvre de piano*

Schumann est le musicien romantique par excellence : c'est un poète s'exprimant par les sons. Sa vocation première fut littéraire, et il est impossible de pousser l'exégèse de son œuvre musicale, et en particulier de son œuvre pianistique, sans la connaissance des sources littéraires et poétiques. Alors que l'œuvre de Chopin est musique pure au sens le plus intransigeant du terme, alors que celle de Liszt est suscitée soit par les problèmes de la virtuosité, soit par des prétextes extra-musicaux qu'on peut grosso modo qualifier d'extérieurs — folklore, évocations de paysages, idées philosophiques ou métaphysiques — chez Schumann, c'est la poésie elle-même qui se fait musique. On peut dire que les *Kreisleriana*, le *Carnaval* ou l'*Humoresque*, pour citer trois exemples entre vingt, sont les paraphrases recréées du message poétique de Hoffmann, Jean-Paul ou Novalis. Mais les œuvres de Schumann ne se réclamant d'aucune source poétique précise sont tout simplement les paraphrases des poèmes qu'il n'a pas écrits. L'expression musicale a jailli lorsqu'il s'est rendu compte qu'elle était pour lui un langage plus puissant et plus précis que le verbe. Mais il ne fut pas, primordialement, compositeur, pas plus que Berlioz ou Wagner. Il le devint après avoir voulu être poète, puis pianiste virtuose. Son premier élan vers la musique l'entraîna non vers la création, mais vers l'interprétation. Tout le monde connaît l'histoire de ce rêve détruit, du quatrième doigt paralysé à la suite d'une initiative insensée ; alors que, sous la férule de Friedrich Wieck, le jeune Robert conquérait durement sa technique de virtuose, il imagina d'entraver son quatrième doigt — toujours le plus faible, on le sait — afin d'en améliorer le rendement. Si le monde y perdit un virtuose parmi d'autres, il y gagna un compositeur de génie.

La production pianistique de Schumann se divise en deux moitiés de très inégale importance : d'une part, les *Opus 1 à 23, 26, 28 et 32*, couvrant la décade exclusivement

---

* Adapté d'après un texte accompagnant le coffret « Œuvre de piano de R. Schumann » (disques Valois).

vouée au clavier, de l'autre, des œuvres beaucoup plus rares et éparses, jalonnant discrètement la seconde partie de sa carrière. Jusqu'en 1848, il ne revient au piano que pour la brève ascèse contrapuntique de l'année 1845, véritable cure artistique et mentale que l'artiste lucide s'impose lors d'une grave crise, et qui voit naître également ses rares œuvres pour orgue ou piano à pédalier. A partir de 1848, la création pianistique, sans jamais revenir au premier plan, redevient plus suivie. Elle assume dès lors un caractère rétrospectif, regard nostalgique jeté vers les années heureuses — *Scènes de la Forêt, Phantasiestücke op. 111* — voire même vers l'enfance — *Album* et *Trois Sonates pour la Jeunesse*. Et c'est enfin, le cercle se refermant, le piano qui recueille les suprêmes confidences de Schumann, avec ces *Chants de l'Aube*, tournés, eux, vers un avenir sans issue terrestre, et auxquels ne succéderont plus que les quelques *Variations* arrachées à la nuit montante, et qui veulent paraphraser un thème « dicté par les Anges »...

Ainsi, intégrer dans un tableau chronologique l'œuvre pour piano de Schumann au reste de sa production ne présente qu'un intérêt limité : à partir de 1840, le piano devient un domaine secondaire, un peu en marge, malgré la valeur inestimable de quelques réalisations isolées et trop méconnues. Le *Concerto* unique et les deux *Konzertstücke* avec orchestre s'intègrent bien plus directement au flot surabondant des grandes fresques symphoniques ou chorales.

De par la tectonique de sa pensée musicale, Schumann est très exactement l'opposé de Schubert : chez le Viennois, l'ampleur de la perspective spatiale, de grands profils étales et simples, le débit du récit, qui peut devenir épique, des structures formelles expansives et peu accidentées ; chez le Saxon, la brièveté fiévreuse du souffle qui se fait haletant, des profils découpés en dents de scie, aux élans vite retombés, le ton de la confidence lyrique, éperdue ou murmurée, des structures formelles compartimentées, cloisonnées comme des boîtes japonaises. Les idées musicales de Schumann sont parfaites et complètes en leur exposition première, elles ne justifient que rarement un développement. Le cadre formel qui leur convient le mieux est celui de contrastes par juxtapositions, par alternances symétriques ou non. La plupart de ses cycles pianistiques peuvent se ramener à des successions de formes ternaires (scherzo-trio) ou de rondos (couplets-refrains). Si la durée du morceau outrepasse les capacités du matériau disponible, la pensée musicale piétine, tourne en rond, les rythmes, d'obsédants, se font oppressifs. Le plus souvent, le compositeur, loin de chercher à cacher les coutures, les souligne plutôt. Lorsque l'inspiration s'y prête, cette faiblesse de départ peut devenir une force *(Kreisleriana, Novellettes)*. La grande forme d'un seul élan, sans chutes de tension ni repentirs, est le fruit d'une conjonction particulièrement heureuse ; coulée de passion à la manière d'un torrent de lave incandescente (premier temps de la *Fantaisie op. 17*) ou explosion de saine euphorie (premier mouvement du *Carnaval de Vienne*).

Dans le tissu de paradoxes de l'écriture schumannienne, la présence obsédante du contrepoint n'est qu'une contradiction apparente. C'est que la pensée polyphonique est chez lui un phénomène absolument spontané, au point qu'il avouait qu'une idée mélodique ne lui venait qu'enrobée d'un tissu contrapuntique complexe, dont il devait d'abord la dégager. Venue du contrepoint instinctif, sa pensée musicale, exposée nue à l'agression du monde extérieur, retourne au contrepoint raisonné, celui de Bach, comme à un refuge.

Si donc on ne saurait définir dans l'œuvre de Schumann une ligne proprement ascendante, il s'en faut que la succession de ses créations se déroule selon le désordre du hasard. De même que l'histoire de sa vie de compositeur, saisie dans son ensemble, est celle de la conquête successive des moyens matériels, de plus en plus importants, menant du piano seul à la masse des chœurs et de l'orchestre, voire à la scène, de même, sa production pianistique de 1829-1839 est faite de vagues d'assaut enlevant successivement diverses positions techniques ou esthétiques. Surgis de la chrysalide mondaine des *Abegg*, les *Papillons* de 1830 marquent le premier stade, celui de l'affirmation personnelle. Vient ensuite la conquête ardue de la virtuosité transcendante, réalisée de 1831 à 1834 à travers ces « travaux herculéens », ainsi que les appelait Schumann lui-même, l'*Allegro op. 8*, la *Toccata*, les *Intermezzi*, les *Impromptus* et les deux cahiers d'*Études d'après Paganini*. A présent, le compositeur dispose de la maîtrise technique nécessaire pour se lancer à l'assaut de la grande forme, obsession de tous les héritiers directs de Beethoven, dont le défi demeurera toujours hors d'atteinte. Schumann y remportera néanmoins des victoires superbes, mais précaires, au cours de ces passionnantes années 1834 à 1836, qui voient naître parallèlement les trois *Sonates* et les *Études symphoniques,* pour culminer dans la réussite unique de la grande *Fantaisie* op. 17.

En 1837, année des *Davidsbündler* et des *Phantasiestücke,* sa production atteint à sa vitesse de croisière : débouchant au terme de sept ans d'ascension sur l'étroite crête sommitale de sa grande exaltation d'amant et d'artiste, il trouve le cadre privilégié de son expression de musicien de piano dans le cycle de pièces lyriques, non plus miniatures fugitives, comme dans *Papillons,* ou encore dans *Carnaval,* mais structures polymorphes, que vient souvent souder la consanguinité des liens cycliques : *Kreisleriana, Novellettes, Humoresque, Nachtstücke, Carnaval de Vienne,* autant de parfaites réussites émaillant ces fécondes années 1838 et 1839, où elles coexistent avec des pages d'envergure plus modeste, parmi lesquelles il faut faire une place à part au mystère limpide des *Scènes d'enfants.* La moisson est d'une telle abondance qu'elle n'est pas engrangée tout entière : douze ou quinze ans plus tard, Schumann en ramassera les glanes dans deux recueils trop méconnus, les *Bunte Blätter* op. 99 et les *Albumblätter* op. 124.

Si un tableau chronologique insérant l'œuvre de piano de Schumann dans l'ensemble de sa production présente, nous l'avons vu, un intérêt limité, il est en revanche aussi passionnant qu'instructif de montrer sa place au sein de la grande floraison du piano romantique. Schumann entre en scène presque exactement en même temps que Chopin, Mendelssohn, un peu plus précoce, car enfant prodige, et Liszt, un peu plus tardif, car d'abord exclusivement virtuose de l'exécution. Weber est mort en 1826, Beethoven en 1827, mais il a cessé d'écrire pour le clavier dès 1823, Schubert, enfin, en 1828. Les *Abegg* et les *Papillons* enchaînent directement, chronologiquement parlant, sur les trois *Klavierstücke* et les trois dernières *Sonates* du jeune musicien viennois prématurément disparu. Dès lors, les quatre grands pianistes-compositeurs de la génération de 1810 vont produire leur œuvre parallèlement. Certes, la mort arrachera la plume des mains de Mendelssohn, puis de Chopin, quelques années avant que la folie ne la ravisse de celles de Schumann. Mais au moment où celui-ci achève les *Chants de l'Aube,* Liszt, qui lui dédie alors son unique *Sonate* — son plus haut chef-d'œuvre — a encore plus de trente ans de création devant lui, et d'autre part, prenant la relève, un nouveau venu, Johannes Brahms, entre en scène.

Quelques mots, pour conclure, sur l'écriture instrumentale de Schumann. Moins révolutionnaire que celle de Liszt ou de Chopin, elle ne sollicite que rarement les registres extrêmes du piano. Elle est plus compacte, moins ailée que la leur, à la fois par la nature même de la pensée musicale schumannienne, toujours portée vers la complexité polyphonique et vers l'enchevêtrement des rythmes, et par une moindre aisance matérielle — sous ce rapport, nous l'avons vu, Schumann le cède également à Mendelssohn. Ce piano, d'une plénitude admirable, parfois à la limite de la lourdeur, annonce bien davantage celui de Brahms. Comme lui, il a des résonances nettement symphoniques, et pourtant toute réalisation orchestrale en serait impensable, et en trahirait l'esprit et la lettre. C'est là un autre paradoxe schumannien : son quatuor ou son orchestre trahissent une pensée d'essence pianistique, et pourtant ne sauraient être réduits au piano, tandis que son piano est de l'admirable orchestre inorchestrable !

Variations Abegg (op. 1)

Officiel *Opus 1* de Schumann, le *Thème varié sur le nom ABEGG* date de 1830 : Schumann avait tout juste vingt ans, et se destinait encore à la carrière de pianiste virtuose. Rappelons que certaines des pièces de *Papillons* remontent à 1829, mais le recueil entier fut achevé après les *Variations.* Celles-ci furent inspirées par une jolie fille, pianiste de surcroît, rencontrée au cours d'un bal à Mannheim, et répondant au nom de Meta Abegg. Schumann s'aperçut bien vite que ce patronyme était entièrement « musicable » (en notation allemande, ABEGG correspond à *la-si* bémol-*mi-sol-sol*), et nous savons la fascination qu'exerçait sur lui la symbolique des lettres musicales :

Dans la dédicace de l'*Opus 1,* Schumann se permit une innocente supercherie : il voulait qu'à Zwickau on crût à une aventure avec une grande dame, et dédia donc les *Variations* à une comtesse Pauline von Abegg parfaitement fictive.

D'abord prévue pour piano et orchestre, cette charmante œuvrette — ce n'est guère davantage — se compose du thème, de trois variations, d'un intermède *Cantabile* et d'un *Finale alla Fantasia* assez développé. Le thème (*fa* majeur, 3/4) commence par la suite ascendante des lettres, reprises séquentiellement sur d'autres degrés, puis rétrogradées suivant un procédé bien familier depuis l'ère baroque. Thème aimable et inoffensif, dans le goût des salons de l'époque. Les trois variations s'en tiennent également à la virtuosité élégante et facile des Hummel, Moscheles et autres John Field, qui faisait la joie des belles écouteuses de 1830.

Mais, si la virtuosité de salon des variations *1* et *3* n'annonce en rien le Schumann à venir, il n'en va pas de même pour la variation *2*, dont le frémissant lyrisme syncopé porte déjà l'empreinte d'une plume entre toutes reconnaissable. Le *Cantabile* s'évade passagèrement du ton principal pour dérouler en *la* bémol ses guirlandes de chromatismes mélodiques. Quant au brillant *Finale* à 6/8, il recèle quelques modulations déjà très personnelles sous l'éclat factice de son pianisme à la Hummel. Après un arrêt amusant en rondes, détaillant à découvert les lettres A-B-E-G-G, la musique se précipite en une conclusion spirituelle disparaissant prestement dans un trou.

Papillons (op. 2)

Les *Papillons*, s'ils furent composés surtout en 1830 et publiés l'année suivante, remontent en bonne partie à des esquisses de 1829 ou même d'avant, et leur conception même semble antérieure à celle de l'officiel *Opus 1* de Schumann : les *Variations Abegg*. Le matériau des *Papillons* provient en effet en partie de *Valses* à deux mains et de *Polonaises* à quatre mains, demeurées inédites. En fait, la source musicale la plus importante de l'œuvre s'appelle bel et bien Schubert : les *Polonaises* (n^{os} *5* et *11* des *Papillons*) sont proches parentes de celles de l'*Opus 75* de l'auteur de *Rosamunde*, et quant aux *Valses* (*Papillons* n^{os} *2, 3, 7, 8, 9* et *10*), elles sont si schubertiennes que le jeune musicien réussit à faire passer le n^o *8* pour une page inédite de Schubert.

Mais les sources littéraires du recueil sont bien plus déterminantes que ses sources musicales. En fait, les *Papillons* marquent une date dans l'histoire de l'œuvre de Schumann, et même dans celle de la musique tout entière : celle de l'intrusion d'une inspiration proprement littéraire, transposée en musique avec beaucoup d'exactitude. Ici, ce sont les dernières pages des *Flegeljahre* (littéralement l'Age ingrat), le célèbre roman de Jean-Paul (Richter), que Schumann admirait tant, qui sont à l'origine de la partition. Trois personnages principaux : Walt, son *alter ego* et contraire Vult, et Wina, la jeune fille aimée. Walt et Vult, ce sont déjà des préfigurations de Florestan et d'Eusébius, ce sont des témoins précoces de l'éclatement schumannien, et le choix du roman de Jean-Paul prouve que le tout jeune homme de vingt ans, encore indécis entre ses deux vocations musicale et poétique, sent déjà en lui la présence de cette étoile double, qui se désintégrera tragiquement vingt ans plus tard.

La connaissance de la scène finale des *Flegeljahre*, un bal masqué fantastique et irréel, au cours duquel, pour accroître la confusion, Walt et Vult, les deux frères d'élection, échangent leurs masques, semble indispensable à la totale compréhension de cette suite de douze pièces brèves, précédées d'une *Introduzione* de six mesures seulement, et dont la structure proprement musicale n'offre quant à elle guère de problèmes. Schumann a dédié les *Papillons* à ses belles-sœurs Thérèse, Rosalie et Émilie ; il éprouvait une tendre amitié surtout pour la seconde d'entre elles. L'accueil de la critique fut excellent, et Grillparzer, dans la *Wiener Musikalische Zeitung*, vante l'originalité du jeune compositeur. En effet, les *Papillons* marquent un très grand pas en avant par rapport aux *Variations Abegg* : ils sont du très jeune Schumann, certes, mais du Schumann authentique.

A l'*Introduzione* en *ré* majeur s'enchaîne le très bref premier morceau, dans le même ton, simple valse de forme binaire (*Danse des larves*), qui sera citée dans le sixième morceau (*Florestan*) du *Carnaval* de 1835. Walt quitte sa petite chambre, et, impatient de retrouver Wina, pénètre dans la salle de bal, « vibrante de sons, flambante, emplie de formes, un ciel nordique, plein d'aurores boréales, bousculé des zigzags de créatures entrechoquées. » Et c'est, se faufilant parmi ce tumulte, le passage fugitif d'un premier Papillon véritable (*Walt*), brévissime *Prestissimo* à perte d'haleine, en *mi* bémol, puis *la* bémol. Mais voici, à côté de *Vult*, sujet de la troisième pièce, l'apparition grotesque et un peu effrayante d'« une botte, chaussée çà et là, et chaussée seulement d'elle-même, se portant elle-même. » Elle claudique en lourdes octaves à la basse (*fa* dièse mineur), se dédoublant pour finir en canon. La valse-éclair tourbillonnante du n° 4 (*Presto, fa* dièse mineur, 3/8), au rythme pointé de scherzo, veut évoquer simplement des masques : l'Espérance (masque de Vult), une bergère, une petite nonne, un Arlequin taquinant les filles... Plus développée que les pièces précédentes, l'aimable « Polonaise larvée » (selon M. Beaufils) du *n° 5*, en *si* bémol, incarne *Wina*, qui était, après tout, polonaise elle aussi. Le *n° 6* retrouve l'allure de valse (*ré* mineur), et Schumann indique qu'il évoque la *Danse de Vult* et le moment décisif de l'*échange des masques*. Dans le *n° 7* (*Semplice* à 3/8), petite valse toute simple et douce, évoluant de *fa* mineur vers *la* bémol, nous entendons les *aveux* de Vult-Eusebius, le tendre, le vulnérable, qui met Walt dans le secret de son amour. Mais c'est Walt qui l'emportera auprès de la coquette Wina, dont il frôle le dos d'une « aile de papillon ». Une valse vigoureuse, martelée, très proche des *Valses nobles* de Schubert illustre cet épisode.

Les valses se succèdent, perdant peu à peu le souci d'un scénario trop précis : *n° 9*, *Prestissimo* en *si* bémol mineur *(Révélations)*, *n° 10*, *Départ précipité*, quelques mesures de *Vivo* en *ut* majeur suivies d'une nouvelle Valse de type « noble », plus modérée, en *sol* majeur. Et voici *(Scène finale et départ du frère)*, la onzième pièce, la plus longue de toutes, nouvelle *Polonaise* en *ré* majeur (avec un milieu plus calme en *sol)*, intercalant capricieusement une mesure à 4/4 dans le 3/4. Il ne reste plus qu'à conclure, ce dont se charge la douzième pièce, *Finale* en *ré* majeur qui introduit d'emblée la mélodie populaire lourdement scandée du *Grossvatertanz*, avec sa vive réplique conclusive pleine d'ironie. Puis, la musique s'éloigne peu à peu en un long decrescendo : « Les rumeurs de la nuit de Carnaval s'éteignent, le carillon de la tour sonne six heures », nous dit Schumann. Et les notes du dernier accord de septième, longuement tenu, s'évanouissent l'une après l'autre, comme des bulles qui crèvent. Trois notes piquées dans le grave, et tout est fini...

Allegro en *si* mineur (op. 8)

C'est Ernestine von Fricken qui va nous fournir le lien entre le *Carnaval* et l'*Allegro en si mineur*, qui appartient à un tout autre domaine de l'inspiration schumannienne, celui des grandes *Sonates* et de la *Fantaisie op. 17*. Cette œuvre très peu connue est le précurseur, encore un peu inégal, de ces grands ouvrages, et constitue le premier volet d'une sonate avortée. Le numéro d'opus est trompeur : l'*Allegro* date de 1831, et succède donc immédiatement aux *Variations Abegg* et aux *Papillons*. Dédié à Ernestine, il demeure le témoignage essentiel d'un grand amour que Schumann lui voua avant de s'attacher définitivement à Clara. Souvent critiqué sans indulgence, c'est un morceau d'une grandiose démesure, qui ne parvient pas encore à réaliser toutes ses ambitions. Schumann n'avait que vingt et un ans, et la grande rhétorique épique, le geste quasi symphonique qu'il tente ici ne trouveront leur forme la plus achevée que dans le premier morceau de la *Fantaisie op. 17*, postérieure de cinq ans seulement. Ici, comme l'explique Marcel Beaufils[*], le jeune musicien ne domine pas encore sa matière. A cheval sur le style virtuose, il se heurte à la contradiction de « deux procédés à peu près inconciliables : le volume sonore de la vélocité et la dimension thématique intérieure, pour laquelle il entasse motif sur motif. » Et Beaufils poursuit, avec une parfaite justesse de vue, en observant que s'il y a là « construction, et même très apparente, c'est dans l'homme même que la construction n'est pas faite. » En conclusion, « ce bel exemple de désordre ordonné n'est pas un ordre. » Soit. Nul ne niera les faiblesses structurelles de ce premier affrontement de Schumann avec la grande forme, aussi difficile que le seront les suivants, nul ne niera certaines inégalités de style, une invention thématique parfois profuse et hétérogène. Il reste que le morceau a fière allure, qu'il accumule tant d'ambition, de passion débridée, de richesse d'invention, que cette fougue torrentielle balaie bien vite toute prévention.

Que l'on voie déjà l'audace de cette introduction *Prestissimo senza tempo*, sans barres de mesure, toute proche de la liberté d'allure d'une improvisation ou d'un récitatif. Ses trois rondes fortissimo en point

---

[*] M. Beaufils, *La musique de piano de Schumann* (Larousse, Paris 1951) ; ainsi que toutes les citations qui suivront dans le cours des analyses.

d'orgue (*si-do-fa* dièse) reviendront dans le courant de l'*Allegro* proprement dit, forme sonate assez irrégulière, mais où l'on peut reconnaître deux thèmes contrastants, le premier violent et emporté, le second, chantant et serein, au relatif *ré* majeur. En dépit de quoi l'écriture, accumulant avec la profusion de la jeunesse les figurations de bravoure, demeure constamment proche de la fantaisie. Après un développement orageux et chaotique, aux belles embardées modulantes, la réexposition, profondément modifiée, est annoncée par le retour de l'introduction *senza misura*. Mais vers la fin, l'atmosphère s'éclaircit en *si* majeur, au cours d'une coda d'une beauté lyrique déjà digne du grand Schumann. Cette porte héroïque ouverte, celui-ci est désormais à portée de main : les *Intermezzi op. 4* sont de 1832, l'année suivante.

Les *Études d'après Paganini*

On a parfois tendance, au vu de certaines déficiences de forme ou d'orchestration, à considérer Schumann comme un amateur génial, mais au métier insuffisant. C'est méconnaître le travail acharné qu'il consacra, des années durant, à sa double formation de pianiste et de compositeur. Le jeune musicien s'était vite rendu compte que les *Variations Abegg* et les *Papillons* n'étaient qu'un début, qu'il avait beaucoup à apprendre encore. Il s'imposa alors quelques dures années d'apprentissage, à l'issue desquelles il put produire ses premiers chefs-d'œuvre : dès les *Intermezzi op. 4*, qui ne sont pourtant que de 1832, on sent un mûrissement décisif.

Pour tous les jeunes artistes de l'époque, à commencer par Berlioz et Liszt, l'extraordinaire figure de Nicolo Paganini représentait le modèle suprême en matière de virtuosité instrumentale. Schumann lui aussi avait entendu le génial ménétrier d'enfer en 1830. Il en fut si impressionné qu'il écrivit ses *Opus 3* et *10*, les deux cahiers d'*Études d'après des Caprices de Paganini*. Il qualifie lui-même de « travaux divins, mais quelque peu herculéens » ces douze grandes pièces dont la rédaction lui permit de résoudre quantité de problèmes de technique pianistique, et d'aborder ensuite avec des armes toutes neuves la suite de son œuvre personnelle. Les deux recueils datent respectivement de 1832 et 1833, Schumann a donc précédé de quelques années Franz Liszt, dont les célèbres *Études d'après Paganini* datent de 1838 seulement (version remaniée en 1851). Celles-ci ont malheureusement éclipsé les pièces de Schumann, moins spectaculaires assurément, et qui demeurent ainsi les moins connues des œuvres pianistiques du musicien. Pour juger équitablement, il faut cependant savoir que Schumann ne poursuivait pas du tout le même objectif que son prestigieux rival. Il s'en est expliqué lui-même dans un article, soulignant que, si Liszt a écrit des Études de bravoure pour la virtuosité, il s'est quant à lui fixé pour but de révéler la poésie de la musique originale de Paganini. Si Liszt cherchait à dériver de nouveaux effets pianistiques des effets violonistiques de Paganini, Schumann, lui, désirait surtout développer le noyau musical des pièces et approfondir l'harmonie latente tout en consolidant la forme. Il précise d'ailleurs dans une lettre à Rellstab que le travail de décryptage des harmonies implicites « obscures et ambiguës » des originaux a été pour lui un « examen théorique », soulignant ainsi que l'apprentissage de la technique instrumentale était pour lui inséparable de celui du langage musical. Il semble d'ailleurs avoir été fort satisfait de son travail, puisqu'il ajoute : « Même si je ne parle que pour un enfant adoptif, je l'ai élevé avec diligence et plaisir. »

Les deux recueils sont fort différents : l'*Opus 3*, intitulé simplement *Études d'après des Caprices de Paganini*, demeure le plus proche possible du texte original, tandis que l'*Opus 10* (*Six Études de concert composées d'après des Caprices de Paganini*, on remarquera la nuance !) s'en écarte beaucoup plus. Schumann admirait dans les œuvres de Paganini « la hardiesse et la grandeur des idées, la fantaisie enthousiaste et déchaînée »... Deux des *Caprices* choisis par Schumann ont été également traités par Liszt : *n° 9* en *mi* majeur *(op. 3, n° 2* chez Schumann ; *n° 5, la Chasse,* chez Liszt) et *n° 6* en *sol* mineur *(op. 10, n° 2* chez Schumann, *n° 1* chez Liszt). Pour cette dernière pièce, Liszt, dans la première édition de son recueil — qui, soit dit en passant, est dédié à Clara Schumann ! — fit imprimer tout le texte de Schumann au-dessus du sien, afin de permettre des comparaisons. Celles-ci, du point de vue pianistique, vont incontestablement en faveur de Liszt, dont l'apparent hommage comporte ainsi une nuance de défi...

Six Études d'après des Caprices de Paganini (op. 3)

Les *Caprices* traités dans ce recueil sont, dans l'ordre, les numéros *5, 9, 11, 13, 19* et *16* de *l'Opus I* de Paganini. Schumann a fait précéder son œuvre d'une très importante préface explicative. Après une introduction générale quant au but de ces *Études,* il pourvoit chacune d'entre elles d'une explication propre et de quelques exercices préliminaires destinés à aider l'interprète à en maîtriser les difficultés. A vingt-deux ans, il s'y révèle comme pédagogue parfaitement au courant de toutes les conquêtes pianistiques de son temps. Il s'agit d'abord pour lui d'entraîner les doigts à toutes les nuances d'attaques et de dynamique, l'élément purement mécanique passant derrière l'apprentissage des accents et des différentes variétés de rythmes. Les six pièces sont de caractères fortement contrastants, ce que la rédaction pianistique met fort bien en valeur.

« Ce qu'il y a de plus difficile dans le *premier Caprice* (en *la* mineur), nous dit Schumann, c'est que chacune des deux mains de l'interprète doit maintenir un coloris propre et particulier du jeu. Les mains n'agiront avec une force égale qu'après que les différentes parties se seront réunies dans le fortissimo. » Dans cette pièce, une introduction libre en vertigineux arpèges de triples croches montantes et descendantes, brièvement reprise pour finir, mais en majeur, précède un *Agitato* de forme binaire, étude en doubles croches rapides, liées ou détachées.

Le *deuxième Caprice* (en *mi* majeur) est la fameuse étude en tierces popularisée dans la transcription de Liszt sous le nom de *la Chasse*. Schumann écrit notamment : « Le second Caprice peut servir d'étude des doubles notes pour la main droite et des sauts pour la main gauche. L'exécutant a surtout à veiller sur une parfaite précision dans les tierces, effectuées par un jeu de doigts bien agiles. » Cet *Allegretto* est un rondo à deux couplets, dont le second, le plus important, en *la* mineur, se déroule en fusées, puis en traits de triples croches.

Nous trouvons ensuite, comme *troisième Caprice* (en *ut* majeur), un simple *aria* tripartite à 3/4, purement expressif, avec un bref milieu modulant de la tonique mineure au relatif. Schumann lui-même constate « qu'il n'est pas à considérer comme une étude, ayant été ajouté en faveur de la touchante simplicité de la composition ».

Par contre, dans le *quatrième Caprice* (en *si* bémol majeur), dont Schumann précise qu'il « veut être exécuté dans toutes les couleurs et dans toute la force d'une passion animée », et que « pour produire l'effet brillant qu'il exige, il ne faut laisser aucune note sans expression », la virtuosité la plus déliée reprend tous ses droits. Cet *Allegro* à 6/8 est une étude en tierces chromatiques en croches piquées, le milieu en *sol* mineur *(poco più lento)* se déroulant en traits de doubles croches.

Le *cinquième Caprice* (en *mi* bémol majeur) comporte une brève introduction pompeuse *(Lento),* puis un *Allegro assai* surtout remarquable par ses oppositions dynamiques (brusques interjections *forte* de la main gauche dans le contexte piano), constituant la principale difficulté d'exécution du morceau. Le milieu, en *ut* mineur, se déroule en doubles croches volubiles, fortissimo la première fois, piano la deuxième. Schumann souligne ces difficultés essentiellement dynamiques dans son introduction.

Dans le *sixième Caprice* (en *sol* mineur) que Schumann conseille de ne pas jouer trop rapidement, « la plus grande difficulté consiste dans la nécessité de prononcer fortement certaines notes pendant que les autres parties se jouent sans accents ou interruptions extraordinaires ». C'est un *Molto allegro* de forme binaire, les blocs d'accords de la main droite s'opposant au grand travail de traits de doubles croches de la main gauche. Dans la partie centrale, les mains échangent leurs rôles.

Six Études de concert d'après des Caprices de Paganini (op. 10)

Beaucoup plus important en tant qu'œuvre originale de Schumann, ce second recueil reflète de la part du compositeur l'ambition « de donner l'impression d'une composition originale pour piano qui, sans se séparer de l'idée poétique d'origine, aurait oublié ses sources violonistiques ».

Le *premier Caprice* (en *la* bémol majeur, *n° 12* chez Paganini) est une sorte de toccata de doubles croches *(Allegro molto),* aux accents à contretemps à la main gauche. Le milieu en *sol* dièse mineur présente une mélodie chromatique descendante. Quelques mesures de codetta *Vivace* terminent la première partie et la fin.

La contrepoint expressif de la basse ajouté par Schumann au *deuxième Carpice* (en *sol* mineur, n° 6 chez Paganini, également traité par Liszt qui l'a placé en tête de son recueil) lui prête une couleur élégiaque très romantique mais nullement paganinesque... C'est une simple mélodie accompagnée, de forme binaire. Mais quel accompagnement ! Acrobatique au possible, avec ses essaims de triolets de doubles croches aux deux mains...

Le *troisième Caprice* (en *sol* mineur également, n° 10 chez Paganini), un *Vivace* à 6/8 tout étincelant de cris d'octaves descendants en doubles croches piquées à la main droite, les fait alterner avec des blocs d'accords et un grand luxe de figurations de doubles et triples croches aux deux mains. Au milieu, le compositeur module audacieusement, passant en *fa* mineur, puis en *ré* bémol majeur, et, par enharmonie, regagnant le ton d'origine à travers tout le cycle des quintes, de *si* majeur à *sol* majeur.

Avec le *quatrième Caprice* (en *ut* mineur, n° 4 chez Paganini) nous atteignons la pièce la plus développée des deux recueils, et une page annonçant nettement le grand Schumann des *Études symphoniques*. Une première section *(Maestoso)* présente une mélodie séquentielle harmonisée en tierces parallèles. Une soudaine explosion de fortissimo déclenche un déluge de grappes d'accords de quatre sons en vertigineux triolets ascendants de doubles croches, qui gagnent ensuite la main gauche. La seconde section offre une mélodie majestueuse, aux rythmes pointés, en octaves de la main droite, sur un accompagnement volubile de tierces en triples croches de la main gauche. Ensuite, les difficultés s'accumulent : sauts en octaves ultra-rapides, croisements de mains, etc. Ces deux sections font ensuite l'objet d'une reprise profondément variée.

Le *cinquième Caprice* (en *si* mineur, n° 2 chez Paganini), à 6/8, ne comporte aucune indication de mouvement, mais il s'agit d'un moto perpetuo de doubles croches en batteries, tantôt à la main droite, tantôt aux deux mains.

Enfin le *sixième* et dernier *Caprice* (en *mi* mineur, n° 3 chez Paganini), aussi satisfaisant pour le virtuose que le quatrième, débute par une introduction pompeuse *(Sostenuto)*, en immenses accords arpégés sur toute l'étendue du clavier et que Schumann confie à la main gauche. Ils reviennent brièvement pour conclure le morceau, en decrescendo. Le milieu, de forme binaire, est une toccata de doubles croches à 3/8, d'allure gaie *(Allegro)*, écrite strictement à deux voix : on dirait une Sonate de Scarlatti !

Ces deux recueils n'ont jamais connu la faveur des interprètes ou du public. Marcel Beaufils remarque, cependant, que « la virtuosité y est sollicitée dans le sens de sa rédemption », et que « Schumann lui offre tour à tour toutes les possibilités de la musique à la fois » ; mais il constate ensuite qu'à la différence de Chopin, « il n'est pas parvenu à réaliser l'identification de la vélocité et de la poésie ». Est-ce là la cause de la désaffection dont souffrent ces pages ? Mais des œuvres comme le *sixième* et surtout le *quatrième Caprice* de l'*opus 10* méritent assurément de vivre au sein de la production schumannienne.

Intermezzi (op. 4)

Composés en 1832, à vingt-deux ans, les *Intermezzi* peuvent être considérés comme le premier chef-d'œuvre personnel de Schumann, et à ce titre ils mériteraient une notoriété égale à celle des grands cycles suivants, — alors qu'ils demeurent l'une de ses œuvres les moins jouées. Le terme d'*Intermezzo*, qui sera repris par Brahms, s'applique ici à des morceaux relativement développés, tous de forme ternaire, avec un épisode médian de caractère contrastant, intitulé par Schumann *alternativo* plutôt que *trio*, bien que toutes ces pages se rattachent au type du scherzo.

Les *Intermezzi*, suivis de peu des *Impromptus*, se situent au centre de la grande période de virtuosité du piano schumannien.

De fait, les *Intermezzi* atteignent à une difficulté technique considérable, et abondent en innovations pianistiques. Cependant, leur originalité la plus frappante se situe au niveau du rythme : c'est dans ce recueil que Schumann conquiert son langage rythmique original, que s'affirment pour la première fois ses obsessions dans ce domaine : usage personnel de la syncope, des valeurs pointées, de l'ostinato, de la polyrythmie, de l'équivoque entre deux mesures différentes, aux deux mains, etc. Cependant que le raffinement et l'audace de l'harmonie marquent eux aussi une étape. Ce langage neuf sert de truchement à une sensibilité neuve : pour la première fois, le poète s'exprime avec toute la libre plénitude de sa subjectivité. Schumann tenait cette œuvre pour une de ses meilleures, précisant qu'il s'y était efforcé à un « style sévère » : allusion à la complexité du langage et à l'abondance du contrepoint.

Celui-ci s'affirme d'emblée, après trois mesures d'appel, dans le *premier Intermezzo, Allegro quasi maestoso* (*la* majeur, 3/4), avec l'exposition canonique de son thème pointé descendant. Ce canon nous entraîne vers le relatif, *fa* dièse mineur, mais la première reprise se termine par un grand passage ascendant en accords, affirmant *la* majeur. La seconde reprise rétablit *fa* dièse mineur, avec un nouveau thème, homophone, d'allure brahmsienne ; puis le thème principal est soumis à un développement canonique aux modulations hardies et complexes, toutes en porte-à-faux par rapport à la barre de mesure. Dans l'alternativo *(Più vivo, ré* majeur), fantasque, capricieux, disjoint, on retrouve épisodiquement le thème pointé descendant du canon initial, cependant que les rythmes pointés sont monnayés en doubles croches sur les premiers temps.

Le *second Intermezzo, Presto a capriccio* (*mi* mineur, 6/8) est peut-être le plus beau des six. Son torrent de passion aux sombres et chaotiques remous, par constants déplacements d'accents annonce le ton haletant des *Phantasiestücke op. 12.* Après la double barre, le juvénile amant s'élance en un second thème en *sol* majeur, clair et frémissant, à quoi succède un grand tourbillon dont le crescendo aboutit à l'alternativo à 2/4 : ici, Schumann nous livre la clé en citant, au-dessus des premières notes de la mélodie, les paroles de Marguerite au Rouet : *Meine Ruhe ist hin* (« ma paix s'en est allée ») : première allusion au *Faust* de Goethe, qui hantera le compositeur jusqu'à son dernier souffle. Après cet interlude inquiet et d'ailleurs bref, la matière du début est reprise, considérablement modifiée et amplifiée. A la fin, le *Meine Ruhe ist hin* chante une fois encore sur de nostalgiques harmonies. Le *mi* mineur conclusif s'enchaîne sans interruption à l'accord de septième de dominante de *la* mineur ouvrant le troisième morceau.

Celui-ci (*Allegro marcato, la* mineur, 3/4), bizarre et fiévreux, burlesque, mais d'un burlesque quelque peu macabre, constitue la première manifestation de fantastique hoffmanesque dans l'œuvre de Schumann. Deux évasions en émaillent le parcours, la première vers *fa* majeur, la seconde, beaucoup plus importante, vers *ré* bémol majeur, avec un merveilleux thème de choral mystérieux, comme venant d'un autre monde. Au contraire, l'alternativo (*Assai vivo, mi* majeur, 3/4), virevolte avec insouciance. La reprise du début, resserrée, commence par le choral céleste en *ré* bémol.

Le *quatrième Intermezzo*, malgré son titre d'*Allegro semplice* (*ut* majeur, 12/8), constitue la seule pièce calme et lente au sein de cet ensemble si passionné : dix-huit mesures d'oasis lyrique et quasi schubertienne. Il s'agit d'un véritable petit *Moment musical*, dont les ultimes mesures rendent à Schubert un hommage aussi littéral que touchant.

Mais c'est dans le *cinquième Intermezzo* (*Allegro moderato, ré* mineur, 3/4), qualifié par Schumann de cri du plus profond du cœur, que l'audace et la richesse de l'invention harmonique atteignent à leur apogée, de même que, par deux fois, on y trouve de surprenants mélanges de 6/8 et de 3/4. Tout le début oscille entre les dominantes de *fa* majeur, de *si* bémol et de *ré* mineur ; par un jeu tout fauréen d'appoggiatures fuyantes, le compositeur nous entraîne dans un véritable chaos harmonique et rythmique, avant de reprendre la musique du début. Quant à l'alternativo, oscillant sans cesse entre *si* bémol et son relatif *sol* mineur, c'est le triomphe de l'enharmonie : certaines solutions, d'une témérité incroyable, semblent véritablement jouer sur la corde raide, et leur acrobatie paradoxale n'a pas été du goût de tous les censeurs, même actuels.

Le dernier *Intermezzo* (*Allegro, si* mineur, 3/4) et un grand jaillissement de virtuosité passionnée assez proche de Chopin, au sein duquel, onze mesures avant l'alternativo, on trouve une citation clandestine du motif Abegg (v. plus haut, *Variations Abegg*). L'alternativo lui-même, en *ré* majeur, déchaîne son scherzando sautillant et narquois, dont les sonorités de guitare, hautes en couleur, se retrouveront un jour dans la *Rhapsodie op. 119 n° 4* de Brahms...

Impromptus sur un thème de Clara Wieck (op. 5)

Voici l'une des pages les plus ignorées de Schumann. Rien ne justifie cette méconnaissance, même s'il ne s'agit pas d'une des plus parfaites réussites de son auteur. Les *Impromptus* succèdent de peu aux *Inter-*

mezzi. Ils sont le fruit de cet heureux été de 1833, au cours duquel Schumann travailla avec Friedrich Wieck et s'éprit de sa fille de quatorze ans, Clara. Dans cette œuvre, leur trois noms sont indissolublement liés : elle fut dédiée à Friedrich Wieck pour son anniversaire, en août 1833, et se compose d'une série de variations sur un thème de Clara, basé sur une basse fournie par Robert, qui reçut, en retour, la dédicace d'une suite de variations brillantes que la jeune fille avait écrites sur son thème ! Le titre d'*Impromptus*, choisi en hommage à Schubert ne rend donc pas compte de la nature véritable de l'ouvrage ; comme pour les *Variations Abegg* et les *Études symphoniques,* il s'agit d'un thème varié, et dans l'évolution de Schumann, l'*Opus 5* tient exactement le milieu entre ces pages.

Le thème de Clara possède l'allure d'un chant populaire allemand, et en rappelle un de façon assez précise (*Ach, wie ist's möglich dann*). Schumann le fait précéder de l'exposition, à découvert, de la basse primitivement donnée à Clara. La basse et la mélodie seront toutes deux variées et traitées en alternance sur un pied d'égalité, — les quatre premières notes de la basse fournissant le sujet de la fugue finale : on voit que le modèle de Schumann a été l'*Opus 35* de Beethoven, la série de *Variations en* mi *bémol majeur* sur le futur thème du finale de la *Symphonie héroïque,* emprunté au ballet *les Créatures de Prométhée.*

L'*Opus 5* de Schumann possède un caractère hybride, voire expérimental : c'est un premier essai, encore imparfaitement réussi, d'inscrire l'exubérante poétique de son expression romantique dans un cadre sévère. C'est à ce moment que Bach devient son pain quotidien : « Presque tout ce temps, je cultivai Bach. C'est dans cette ambiance que naquirent les Impromptus opus 5, qu'on ne devra pas regarder comme une forme nouvelle de variations. » Ultérieurement, Schumann ne sera plus entièrement satisfait de la rédaction de son œuvre : pour la seconde édition, en 1850, il la remaniera de manière assez substantielle.

Sous sa forme première, l'*Opus 5* se composait de l'exposition du thème de Clara, précédée de celle de la basse seule, puis d'une série de dix variations, enfin d'une onzième variation s'épanouissant en un grand finale fugué.

Le thème, en *ut* majeur, à 2/4, se compose de deux périodes de huit mesures, dont la seconde seule est munie de barres de reprise. Les variations en conservent la structure périodique, sauf à varier la reprise, ou à prescrire la répétition aux deux périodes. Ainsi, la *seconde variation* est une variation double cependant que la *sixième* se compose de deux fois seize mesures, et que la *septième* étend la seconde période à douze mesures. Dans les *première, deuxième* et *cinquième variations,* la basse est traitée en ostinato, à la manière d'une passacaille. Les *variations 2* et *8* citent le thème de Clara à découvert, intact. La *variation 2* oppose le 2/4 de la main droite au 6/8 de la main gauche, disposition que la *cinquième* inversera. La *variation 3,* lyrique et syncopée, est l'une des deux qui disparut de la seconde édition. La *variation 6,* vive et à 6/8, se souvient d'une des *Variations op. 35,* à quatre mains, de Schubert.

Si la première moitié de l'œuvre reste d'inspiration inégale, bien que l'invention rythmique demeure savoureuse et riche, les choses changent à la très belle *variation 7,* pièce rapide et passionnée, dont la première rédaction comportait une expressive phrase centrale en *la* majeur, supprimée en 1850, pour ne pas rompre l'élan du morceau. De semblables raisons ont conduit Schumann a supprimer la fort belle variation succédant à l'origine à la *variation 10,* qui gênait en le retardant le développement formel de l'ensemble. Les *variations 9* et *10* comptent parmi les plus belles inspirations du jeune Schumann, la première avec ses rythmes vigoureux et marqués, la seconde avec son brûlant élan de romantisme et ses modulations chatoyantes, transfigurant la simple mélodie de Clara. La *variation 11,* celle que Schumann supprime sans la remplacer, est un *Allegro con brio* à 3/4 de vastes dimensions, plutôt une grande variation amplificatrice ou un libre développement des divers éléments du thème et de sa basse. Débutant en *fa* mineur, elle affirme bientôt, en dépit de nombreuses modulations, *la* bémol majeur comme tonalité principale, mais se termine en *ut* mineur, avec cependant une tierce picarde préparant l'entrée du finale, l'élément le plus intéressant de l'ouvrage. Tout d'abord, voici une variation parfaitement régulière, en deux périodes reprises comme les précédentes, jouant sur le 6/8 bondissant et pointé cher au compositeur. Celui-ci se poursuit après la seconde double barre, coupé soudain par l'apparition du thème de basse, du moins de ses quatre premières notes : *sol-do-ré-sol,* deux sauts de quinte descendante, sorte de carillon de Westminster. Commence alors une vaste fugue de près de quatre vingt-dix mesures, à laquelle la présence d'un contre-sujet satirique, sur le rythme à 6/8 précédent, prête l'allure capricieuse d'une gigue, dont les accents à contretemps soulignent l'aspect parodique. Ce qui n'empêche nullement le jeune apprenti contrapuntiste de réussir vaillamment une triple strette, ainsi qu'un fort impressionnant point d'orgue sur la dominante. La fugue s'était déroulée en *ut* mineur. Schumann retrouve le mode majeur pour une double péroraison : joyeux déchaînement du 6/8 pointé d'abord, provoquant un rappel très net de la schubertienne *Variation 6*, puis retour au 2/4 pour un ultime souvenir du thème original et de sa basse-squelette, qui se fondent peu à peu dans le silence au cours d'un très beau decrescendo d'intensité et de tempo d'une trentaine de mesures. Plus saisissante, plus lapidaire, la première version de cet épilogue était presque irréalisable au clavier, raison pour laquelle le compositeur l'a remplacée par celle-ci.

Toccata en *ut* majeur (op. 7).

C'est dans cette page fameuse que les conquêtes techniques des *Études d'après Paganini* (v. plus haut) portent sans doute leurs premiers fruits. Les longues chaînes parallèles de quartes et sixtes ou tierces et sixtes demandent une agilité et une maîtrise digitale parfaites, une endurance à toute épreuve. Schumann croyait réellement avoir écrit la pièce la plus difficile jamais conçue pour le piano. Aussi fut-il fort étonné lorsque son jeune ami Ludwig Schunke, pianiste de grand talent qui devait disparaître prématurément, la lui joua brillamment sans autre préparation : du coup il la lui dédia ! Esquissée comme *Étude fantastique* (mais en *ré* majeur) dès 1829, à Heidelberg, terminée l'année suivante dans sa première version, la *Toccata* fut remaniée en 1832, pendant que Schumann poursuivait ses études théoriques à Leipzig auprès de Heinrich Dorn, pour atteindre à sa formulation définitive en 1833. On lui a cherché plusieurs modèles, notamment la *Toccata* alors déjà bien connue de Czerny, mais aussi celle de Charles Meyer, thématiquement proche, dont nous savons que Schumann l'avait étudiée de près, et enfin celle d'Onslow, où l'on trouve des traits chromatiques fort apparentés. Il n'empêche que l'*Opus 7* possède déjà tous les caractères du Schumann de la maturité. Marcel Beaufils observe très justement : « Qui dit toccata dit hantise rythmique, et sur ce point Schumann était plus supérieurement doué que quiconque. » Adoptant le cadre d'une forme sonate très stricte (avec reprise de l'exposition), la *Toccata* réalise une synthèse d'un rare bonheur entre l'écriture stricte issue de Bach et l'univers poétique romantique qui s'en évade, c'est-à-dire entre les deux préoccupations majeures de l'époque, comme en témoignent de leur côté Mendelssohn ou Chopin. Il importe de jouer les chaînes d'accords en doubles croches *legato*, comme le veut Schumann, mais comme certains virtuoses plus soucieux de clinquant que d'authenticité omettent de le faire : alors seulement se dégagera, loin de toute *Motorik* intempestive, la joie vitale profonde et saine habitant ce morceau. Le pianiste Mieczyslav Horszowski reconnaît dans cette ondulation puissante et pleine du mouvement même du *Vater Rhein*, et de fait le deuxième thème lyrique possède un certain caractère de chant populaire allemand autorisant cette interprétation.

Deux mesures d'accords syncopés (croche - noire - croche) donnent le signal du départ de la course : elles jalonneront les étapes de la forme sonate. Le mouvement ondulatoire en doubles croches — la toccata proprement dite — tient lieu de premier thème :

Le second, à la dominante, chante généreusement à la main gauche :

Il est précédé, puis suivi d'un pont syncopé et audacieusement dissonant, surtout la deuxième fois : Beaufils parle à ce sujet de « plages de jeu modulé et appoggiaturé, moins modulé d'ailleurs que jonglé fugitivement sur les degrés, avec pimentations harmoniques diverses ». Un rappel du deuxième thème termine l'exposition. Le signal du début, mais transposé au relatif, donne le départ d'un développement bref mais serré. On voit apparaître un nouveau motif en doubles croches en octaves répétées staccato, évoquant Scarlatti ou même Vivaldi, — motif qui se combine ensuite avec un fugato sur le motif-signal dépouillé de son épaisseur d'accords. Dans la réexposition, le premier pont se voit modifié et amplifié, et le second est remplacé par un vaste développement terminal en strette syncopée chaotique, vertigineuse. Dans la coda *(Più mosso)* le deuxième thème reparaît encore une fois, à la main gauche dans le grave, comme toujours. Et c'est la surprise finale d'une conclusion tranquille : quatre accords piano en noires, effectuant une cadence plagale mineure altérée (septième et quinte diminuée) : l'énergie physique s'est dépensée, c'est la détente du repos ! Bartok terminera de la même manière sa *Sonate pour deux pianos et percussion*.

Carnaval (op. 9)

Depuis quelques années — Clara était encore une enfant — Schumann était épris d'Ernestine von Fricken, jeune baronne originaire d'une petite ville de Bohême. Les jeunes gens se fiancèrent secrètement en septembre 1834, juste avant qu'Ernestine ne retournât dans sa ville d'Asch. Dès l'année suivante, leurs relations devaient se refroidir, par manque d'affinités réelles. Mais cet amour passager porta un dernier fruit particulièrement précieux, le *Carnaval op. 9,* composé aux alentours du mardi-gras de 1835. Intitulé *Scènes mignonnes sur quatre notes,* ce recueil est en effet réalisé presque uniquement à partir des lettres du nom ASCH, qui se trouvent par le plus grand des hasards être les seules lettres « musicables » du nom de Schumann. Après la huitième pièce, Schumann a intercalé dans la partition trois groupes de notes intitulées *Sphinxes* qui donnent la clé du matériau de base de l'ouvrage, en citant les trois formes possibles, en musique, du nom de la ville où résidait Ernestine : *mi* bémol-*ut-si-la* (EsCHA) ; *la* bémol-*ut-si* (AsCH) et *la-mi* bémol-*ut-si* (AEsCH), — la première de ces formes constituant une libre rétrogradation.

Le *Carnaval* n'est pas l'œuvre la plus profonde ni la plus significative que Schumann ait léguée aux pianistes. Mais c'est l'une des plus séduisantes, l'une des plus brillantes et des plus variées en ce qui concerne l'écriture instrumentale. Celle-ci suscitait l'admiration de Liszt, qui fut le premier à exécuter en public le cycle en son entier.

Les *Papillons,* carnaval de rêve, partaient de Jean-Paul et de ses *Flegeljahre*. Les personnages masqués de l'*Opus 9* sont bien réels, ou procèdent de la mythologie familière de Schumann lui-même, ce qui revient au même. Masqués ? Deux au moins ne le sont point : Chopin et Paganini, identifiés sans ambiguïté. D'autres masques sont bien transparents, dès lors qu'on connaît un peu les activités littéraires et critiques de Schumann à la tête de sa revue musicale, la *Neue Zeitschrift für Musik,* dont le premier numéro avait paru en avril 1834. Schumann y introduit les personnages du *Davidsbund* (ou Ligue des Compagnons de David), association purement imaginaire destinée à combattre les Philistins de l'art. Il y est lui-même représenté sous les deux noms d'Eusebius et de Florestan, dont les contradictions sont parfois surmontées grâce à l'intervention de leur conciliateur, Maître Raro, — intervention aussi peu fréquente que son nom l'indique. Mais on y trouve également Clara (sous le pseudonyme de Chiarina) et Ernestine (Estrella). Tous ces personnages participent aux réjouissances de notre *Carnaval*. Divers masques de la *Commedia dell'arte* complètent la distribution. Les pièces sont au nombre de vingt, — il y en avait davantage à l'origine. La création de l'ouvrage en France par les soins de Clara, en 1839, passa complètement inaperçue. Lorsqu'elle revint présenter le *Carnaval* aux Parisiens, en 1862, le critique Scudo écrivit : « Triste bouffonnerie d'un esprit malade. C'est le rêve trouble d'une imagination fiévreuse, qui n'a plus conscience de la liaison des idées. » Passons...

Le *Préambule* et la *Marche* finale, musicalement très apparentés, encadrent à la manière de piliers relativement étendus dix-huit miniatures qui s'en tiennent toutes à des formes très simples : binaire à reprises le plus souvent, parfois da capo. Dicté par le choix des notes-lettres symboliques, le cycle des tonalités est relativement peu étendu, et ne s'écarte du ton principal, *la* bémol majeur, qu'en direction des tons voisins majeurs et mineurs.

Le *Préambule* est le seul morceau qui ne doive rien aux lettres fatidiques. De solennelles et joyeuses fanfares *(Maestoso)* appellent à la danse, qui ne tarde pas à s'élancer en un tourbillon sans cesse accéléré de silhouettes fugitives et entremêlées. A la fin, par deux fois, le rythme s'emballe (4/4 intercalé dans le 3/4). *Pierrot (Moderato, mi* bémol majeur) c'est le masque d'Eusebius, masque de Schumann. Rêverie insinuante, avec son lancinant refrain magique Es-C-H (*mi* bémol-*ut-si*), qui retombe dans sa langueur après un fugitif essai de réveil. *Arlequin (Vivo, si* bémol majeur), c'est le masque de Florestan, autre masque de Schumann, valse vive et spirituelle au refrain non moins lancinant — gamme descendante de *fa* à *si* bémol — s'enchaînant sans pause à une très schubertienne *Valse noble* (*Un poco maestoso, si* bémol majeur). Et voici *Eusebius* lui-même (*Adagio, mi* bémol majeur), hésitant en ses fluides septolets, tendre et craintif, frère du *Pierrot*, mais ayant définitivement abdiqué toute volonté d'action. La valse passionnée, juvénile et orageuse de *Florestan (Passionato, sol* mineur), un autoportrait encore, en l'instabilité frémissante de ses constants changements de tempo, cite brièvement la première pièce des *Papillons* (Schumann a inscrit le mot sous le thème !) : est-ce une allusion à sa propre attitude papillonnante entre Chiarina et Estrella ?... Pour lors, Florestan se heurte à une tierce figure féminine, masque frivole et non identifié (*Coquette, Vivo, si* bémol majeur), silhouette agile et élégante, aux capricieux déhanchements pointés :

S'enchaînant toujours, *Réplique (L'istesso tempo, sol* mineur) nous montre un Florestan un peu ébranlé par sa rencontre, soudain plus rêveur, les rythmes sautillants hantant sa mémoire en diminuendo doucement mélancolique. Mais le tourbillon de la fête reprend son rythme fou, avec le caprice brillant de ces *Papillons (Prestissimo, si* bémol majeur), poursuite à perte d'haleine, puis avec la valse capricieuse des *Lettres dansantes (ASCHSCHA) (Presto, mi* bémol majeur), dont les diverses combinaisons évoquent encore Ernestine. Mais c'est sa jeune rivale *Chiarina* qui apparaît maintenant, sous les espèces d'un *Passionato* en *ut* mineur, dont les rythmes de mazurka semblent annoncer l'arrivée de *Chopin (Agitato, la* bémol majeur), représenté par une magnifique phrase chantante, à la fois élégiaque et frémissante, reprise par deux fois comme pour faire admirer mieux la parure harmonique raffinée de son accompagnement en arpèges, bien digne du modèle choisi. *Estrella*, elle, ne fait que passer (*Con affetto, fa* mineur), et c'est une valse encore, mais violente et passionnée. Contraste total, *Reconnaissance (Animato, la* bémol majeur) offre l'insouciant tableau d'allègres retrouvailles, trottinant sur l'accompagnement de ses savoureuses doubles croches staccato :

Ici, nous avons une forme ternaire un peu plus étendue, dont le milieu, en *si* majeur, reprend la même mélodie legato et en canon. Le retour à *la* bémol est un petit miracle d'ingéniosité harmonique. *Pantalon et Colombine (Presto, fa* mineur) se taquinent gentiment en un petit caprice staccato, coupé d'un bref repos (*ré* bémol majeur) de style contrapuntique lié et chantant, avant de disparaître sur quatre mesures de codetta inopinée en *fa* majeur. La *Valse allemande (Molto vivace, la* bémol majeur) déroule ses volutes gracieuses et souples sur le rythme bien schubertien noire-quatre croches. Apparaît alors soudainement *Paganini (Intermezzo, Presto, fa* mineur), dont l'intervention turbulente interrompt un instant le déroulement de la paisible valse de son staccato périlleux plein de contretemps. *Aveu (Passionato)* nous offre ensuite ses quelques mesures, discrètes et frémissantes, de lyrisme syncopé, évoluant de *fa* mineur vers *la* bémol majeur. Et c'est alors la *Promenade (Comodo, ré* bémol majeur), une valse encore, mais la plus authentique de toutes, valse toute chopinienne par son élégance, ses chuchotements en aparté, son inquiétude harmonique, aux soudaines plongées vers *si* bémol mineur. Dernier temps d'arrêt, tout relatif. Car le très bref tumulte de la *Pause (Vivo, la* bémol majeur) nous précipite sans coup férir dans la *Marche des Davidsbündler contre les Philistins*, dont la mesure à 3/4 (pour une marche !) constitue à elle seule un pied de nez à la convention. Si l'on prend à la lettre les indications de mouvement, le morceau tout entier est un énorme accelerando. Sa coupe et ses thèmes rappellent ceux du *Préambule*. Le *Non Allegro*, lourdement scandé, avec quelques archaïsmes d'écriture très voulus, précède la joyeuse ruée du tourbillon des danseurs *(Molto più vivo)*, sorte de brillant monôme des amis de Schumann. Déjà le rythme du *Grossvatertanz*

s'annonce à la main droite en de très brahmsiennes harmonies dissonantes de dominante d'*ut* mineur. Le thème lui-même apparaît pesamment aux basses, en *mi* bémol majeur, plus tard en *la* bémol. Cette vieille mélodie populaire allemande — Schumann la désigne ici comme « thème du XVIIe siècle » — utilisée déjà dans le finale des *Papillons,* veut symboliser ici les Philistins, les éternels vieillards, les bourgeois de l'art et de la vie. La suite de la musique fait alterner cette mélodie avec des réminiscences importantes de la partie rapide du *Préambule* ; et c'est sa coda-stretta aux syncopes haletantes, aux embardées délirantes, qui couronne gaiement, mais sous une forme amplifiée, ce chef-d'œuvre de verve, dont la joyeuse bigarrure révèle à maint endroit la mélancolie de cœur sous-jacente.

Études symphoniques (op. 13) et Variations posthumes

C'est en 1834 que Schumann commença la composition des *Études symphoniques,* menée à terme en septembre 1835. Cette œuvre, « l'une des pages les plus hautes de toute cette vie » (Marcel Beaufils), nécessita un travail considérable, et Schumann la remania à plusieurs reprises avant de lui conférer son visage définitif. Le titre même changea plusieurs fois : de *Variations pathétiques,* l'auteur passa à *Études de caractère orchestral,* et ce fut la première édition imprimée, en 1837, qui imposa le titre aujourd'hui familier. Cependant, la seconde édition, de 1852, adopte celui d'*Études en forme de variations,* mais l'édition posthume définitive (1857) rétablit celui que nous connaissons à présent. Ces fluctuations définissent bien le caractère à la fois un et multiple de la partition, l'une des plus riches et des plus parfaites de son auteur : ce sont, en effet, à la fois des études traitant fréquemment le piano dans le sens d'une recherche de couleur orchestrale et des variations. Entre les *Diabelli* de Beethoven et les grands cycles de Brahms, l'*Opus 13* schumannien marque une date décisive dans l'histoire de la variation pianistique.

Les *Études symphoniques* constituent un nouvel hommage de Robert au talent de Clara Wieck, qui en donna d'ailleurs elle-même la première exécution publique, au cours d'un récital au Gewandhaus de Leipzig, — « avec un courage d'homme », nous dit Schumann. De fait l'ouvrage n'en exige pas moins : c'est l'œuvre héroïque, « athlétique par excellence », nous dit Beaufils, qui parle plus loin d'« épopée beethovénienne », et qui la classe « parmi les grands hymnes à la joie douloureuse des forts ». Tous les remaniements de Schumann sont allés dans le sens de cette vigueur extraordinaire. Chez ce génie fantasque et impulsif, voici un moment unique de force bandée, de concentration sans faiblesse. Florestan règne en maître presque absolu dans l'*Opus 13,* et dans cette volonté obstinée d'action, les droits d'Eusebius le rêveur ne se manifestent que dans l'ultime variation en *sol* dièse mineur, mais pour mieux mettre en valeur encore l'irrésistible élan viril du finale. Nous tenons là la raison pour laquelle Schumann a supprimé cinq variations, pourtant admirables : le compositeur a senti que ces pages, toutes de caractère rêveur ou contemplatif, risquaient de rompre le fulgurant impact d'une succession continue de pièces actives et vivaces. Leur présence eût donné à la structure globale de l'ouvrage un « caractère flottant et évasif » (Beaufils). Mais il serait infiniment dommage d'ignorer leurs grandes beautés. Plutôt que de les réintégrer dans le cycle existant, nous avons préféré les regrouper isolément afin de ne pas compromettre l'architecture d'ensemble voulue par Schumann. Celle-ci a d'ailleurs connu elle aussi des variantes, et c'est ainsi que l'édition de 1852 supprimait deux pièces, les *Études 3* et *9.* Elles furent réintégrées dès l'édition posthume de 1857, et sont toujours exécutées aujourd'hui ; mais il en résulte, dans les éditions imprimées, un décalage entre la numérotation des neuf *Variations* et celle des onze *Études.* Nous suivons ici la numérotation de *1* à *11,* tout en parlant de Variations, ce qu'elles sont, en fait — plutôt que d'Études.

Le thème, en *ut* dièse mineur, est une belle mélodie de seize mesures, de caractère tout simple au profil allongé, déroulant ses quatre périodes de quatre mesures chacune dans un climat de noble gravité et d'émouvante déploration. La première moitié du thème cadence au relatif majeur, tandis que la seconde, curieusement, demeure suspendue sur la dominante, sans résolution, s'enchaînant donc directement à la première variation. Les variations, si elles conservent dans l'ensemble la structure périodique du thème, en usent avec plus de liberté quant au schème tonal, et certaines concluent à la tonique. De même, plusieurs variations comportent des barres de reprise affectant l'une ou l'autre moitié du thème. Celui-ci acquiert une unité frappante par la présence de l'arpège descendant d'*ut dièse mineur* par lequel commencent toutes ses périodes, à l'exception de la troisième : véritable leitmotiv de quatre notes dont la présence hantera toutes les variations, — alors même que le reste de son visage mélodique tendra à disparaître. Le plan tonal de l'ouvrage est d'une simplicité toute classique, et toute nouvelle chez Schumann à ce stade de son évolution : il s'est imposé ici une discipline et une rigueur dont l'effet d'ensemble ne peut que bénéficier, ce qui n'empêche nullement la présence de multiples modulations passagères souvent très hardies. Mais l'unité tonale est maintenue.

Le dédicataire de l'œuvre fut le compositeur anglais William Sterndale Bennett (1816-1875), ami de Schumann, qui commit à son sujet l'une de ses rares erreurs de jugement critique en le prenant pour un génie. Il lui a rendu hommage de manière précise dans le finale des *Études symphoniques*, basé sur un thème emprunté à un chœur de l'opéra de Heinrich Marschner *le Templier et la Juive*, chœur écrit sur les paroles *Ha, stolzes England, freue dich !* (« Ah, fière Angleterre, réjouis-toi ! »).

Le *thème* est exposé d'emblée sur de grands accords larges, et cette harmonisation somptueuse, avec la richesse des voix médianes, accuse immédiatement le parti pris d'écriture orchestrale de l'auteur :

Le très expressif trille des mesures 10 à 12 n'est autre qu'un roulement de timbale stylisé.

La *première Variation (Un poco più vivo)* s'écarte déjà considérablement du thème, dont les quatre premières notes n'apparaissent clairement que deux fois. Un nouveau motif, de marche héroïque, très profilé, est traité en imitations. On remarquera la surprenante incursion vers *sol* majeur dans la seconde reprise.

Le lyrisme schumannien le plus brûlant et le plus pur s'exalte dans la grande mélodie pathétique confiée à la main droite dans la *seconde Variation*, vaillamment pointée, cependant que le leitmotiv de quatre notes, présent au début à la basse, disparaît le plus souvent par la suite au sein de la richesse mélodique et harmonique de l'ensemble. Les allusions au début de la *Marseillaise* (mais en mineur) sont-elles vraiment fortuites ?...

Contraste total avec la brillante *troisième Variation (Vivace, 2/4)*, dans laquelle on trouve à la fois Chopin et Paganini. Sous les arpèges de la main droite dans l'aigu, en *staccato saltando* typiquement violonistique, une éloquente phrase de lied chante dans le registre du violoncelle :

Nous sommes ici très loin du thème d'origine, — de sorte que cette page largement orientée vers le relatif *mi* majeur est plus une étude qu'une variation.

Au contraire, le thème reparaît au premier plan dans les trois variations suivantes. Dans la *quatrième*, marche d'une énergie farouche et quelque peu beethovénienne, il est traité en canon d'accords à distance d'une mesure, avec de vigoureux sforzandos se contredisant d'une main à l'autre. La *cinquième* passe à 12/8 pour un scherzo aux modulations fantasques, aux rythmes pointés de sicilienne vive typiquement schumanniens, abandonnés seulement à la fin de chaque reprise pour une petite fuite en croches staccato accélérées. Cette variation conclut en *mi* majeur. La *sixième (Agitato* à 2/4, avec l'indication *con gran bravura*) est un génial et sombre tumulte aux syncopes haletantes, aux anticipations conduisant la mélodie en porte-à-faux, dont l'écriture purement pianistique contraste avec les recherches orchestrales des pages précédentes.

Nouveau contraste avec la *septième Variation (Allegro molto, 2/4)*, au relatif *mi* majeur, qui ne se souvient du thème que par la présence en fanfares claironnantes du leitmotiv de quatre notes. La seconde reprise est amplifiée par un retour de la première phrase, — ce qui donne à l'ensemble de la variation une coupe ternaire, contrairement à ses voisines.

Réservons cependant notre admiration pour la *huitième Variation*, superbe ouverture à la française où l'on trouve l'esprit de Bach à l'état pur : la flamme du lyrisme schumannien se plie ici à la discipline de fer d'une écriture polyphonique aussi puissante que riche, et qui en exalte encore l'élan. L'ensemble respire une souveraine et majestueuse énergie.

Nouveau contraste avec la bondissante *neuvième Variation* (*Presto possibile* à 3/16), lumineux scherzo mendelssohnien d'une virtuosité arachnéenne, poétisant le staccato en anches de rêve.

L'obsession des rythmes pointés domine à nouveau la *dixième Variation*, qui dissout le thème en successions d'accords de bravoure agressant le clavier avec une rude tonicité et une densité symphonique déjà brahmsiennes. Mais ce n'est que pour mettre mieux en valeur le merveilleux chant d'amour de la *onzième Variation*, en *sol* dièse mineur, la seule où Eusebius s'exprime enfin : sur le frémissement glauque et aquatique des triples croches de la main gauche, la droite enchevêtre un dialogue lyrique aux voix tour à tour convergentes et divergentes, dont les quintolets accusent le caractère de récitatif passionné.

Du morendo doucement dégradé jaillit soudain le chant de victoire, fanfarant et saccadé, refrain du vaste *finale*, *Allegro brillante* en *ré* bémol majeur. La coupe formelle en est très simple : par deux fois, un second thème, plus chantant, dans le caractère d'un lied, alterne avec le refrain et fait l'objet de grandes progressions victorieuses, au cours desquelles le rythme pointé obstiné du thème de refrain, passant dans l'accompagnement, acquiert une présence obsédante, que seul l'élan et l'exaltation juvénile du morceau empêchent de devenir lassante. Le second thème apparaît d'abord à la dominante, *la* bémol majeur, puis à la sous-dominante *sol* bémol. A chaque fois, c'est une longue et puissante pédale de dominante qui ramène le thème de refrain, dont la dernière apparition s'élargit en une coda d'un éclat triomphal, après une brève et audacieuse incursion en *si* bémol. Durant tout ce magistral *finale*, le thème originel reste présent par son leitmotiv de quatre notes s'affirmant en claires fanfares de trompettes. Tout ce morceau illustre d'ailleurs admirablement le caractère symphonique que Schumann a voulu donner à l'ouvrage. Et cependant, toute réalisation orchestrale serait impensable, et ne pourrait qu'en trahir tant la lettre que l'esprit.

Il reste à dire quelques mots au sujet des cinq *Variations posthumes,* que leurs beautés plus intimes et discrètes pourraient faire bien à tort sous-estimer. La *première* fait chanter le thème intact à la main gauche, sous d'expressives figurations arpégées en triples croches de la droite, qui ne reprend la mélodie, en accords, qu'au début de la seconde reprise. La *seconde Variation*, beaucoup plus originale et élaborée, adopte la mesure insolite à 12/4 et s'éloigne considérablement du thème, monnayé par moments en batteries d'octaves brisées très orchestrales. La richesse des figurations, la subtilité des rythmes, la liberté de la structure périodique par rapport à celle du thème, tout cela souligne le caractère d'exception de cette page très originale. La *troisième Variation*, renonçant à toute reprise, intègre le dessin de la mélodie originelle dans le mouvement d'une langoureuse sicilienne à 12/8, aux accents contrariés et aux nombreuses syncopes. La *quatrième*, exceptionnellement à 3/4, caprice d'une grâce nonchalante et rêveuse, s'apparente à certaines pages de Chopin, mais davantage encore à tel épisode chorégraphique de *Carnaval*. Contretemps et accents décalés sont rois, ici encore. Et c'est enfin la *cinquième Variation*, en *ré* bémol majeur, étude d'expression et de rêve aux chatoyantes harmonies romantiques, dernière affirmation de la prédilection de Schumann pour le porte-à-faux agogique.

Fantaisie en *ut* majeur (op. 17)

Déchiré sa vie durant entre les exigences du rêve (Eusebius) et de l'action vivace (Florestan), entre les impulsions de l'instant et la volonté de permanence, il était fatal que le problème de la grande forme se situe au centre même de la pensée créatrice de Schumann. Dans la mythologie familière qu'il s'était créée, la sagesse souveraine de Maître Raro intervenait parfois pour départager des adversaires par trop opposés. On sait que la force centrifuge finit par l'emporter et que, l'équilibre précaire des contraires rompu, la raison de Schumann éclata littéralement. Sur le plan de la composition, il n'atteignit que rarement à l'équilibre tant recherché dans la grande architecture, et lorsqu'il le réalisa, ce fut trop souvent aux dépens de la tension vitale. Une seule fois dans sa vie, il incarna dans une œuvre parfaite ce paradoxe du déséquilibre dans l'équilibre, du chaos dans l'ordre, de la fuite dans la permanence : dans cette *Fantaisie op. 17*, qui demeure peut-être la réalisation la plus haute de toute son œuvre pianistique. Schumann y réussit ce qu'à la même époque il chercha vainement à accomplir dans ses trois *Sonates*. La *Fantaisie* devait s'intituler à l'origine *Sonate*, elle aussi, et dans une certaine mesure, elle mérite davantage ce titre que les trois *Sonates* « officielles ». Celles-ci s'échelonnent de 1835 à 1838, et la *Fantaisie* (1836) vient s'intercaler au centre de cette quête opiniâtre de la grande forme, qui s'est peut-être poursuivie encore jusqu'en 1839 avec cette autre sonate inavouée (moins ample, déjà) qu'est le *Carnaval de Vienne*, — avant de s'évader vers les horizons tout aussi chimériques de la symphonie ou du quatuor...

Succédant aux *Études symphoniques*, précédant les *Phantasiestücke*, la *Fantaisie* est la seule œuvre qu'ait vu naître l'année 1836, durant laquelle Schumann se consacra surtout à la rédaction de sa revue musicale, la *Neue Zeitschrift für Musik*. Mais 1836 fut aussi une année d'intense crise personnelle pour Schumann, qui fut alors brutalement séparé de Clara par la volonté du père de celle-ci. C'est en proie à un profond désespoir qu'il entreprit, au mois de juin, la rédaction de la *Fantaisie*. Sa signification intime ressort sans équivoque possible d'une lettre que Schumann écrivit à Clara deux ans plus tard : « Pour comprendre la *Fantaisie*, il faut que tu te reportes à ce malheureux été de 1836 où j'avais renoncé à toi (...) La première partie est sans aucun doute ce que j'ai écrit de plus passionné, une plainte déchirante vers toi. »

Schumann a dédié la plus vaste, la plus puissante et la plus audacieuse de ses compositions pianistiques à Franz Liszt, le seul musicien, sans doute, qui ait été alors en mesure de comprendre la *Fantaisie*. De fait, il la jugea aussitôt « merveilleuse et magnifique ». Dix-sept ans plus tard, il devait à son tour faire hommage à Schumann de son unique *Sonate en si mineur*. Mais on peut découvrir un sens plus profond dans le geste de Schumann : Liszt était alors le seul interprète capable de jouer les dernières Sonates de Beethoven qui figuraient régulièrement à son répertoire, et Schumann ambitionnait, avec sa *Fantaisie*, d'en poursuivre la lignée. De toutes les grandes pages du piano romantique, c'est incontestablement la *Fantaisie* de Schumann qui assume le plus dignement cet écrasant héritage.

Les trois grands mouvements de l'ouvrage suivent une courbe descendante, — de la tension fébrile du premier mouvement, mêlée angoissée où Florestan et Eusebius se trouvent inextricablement confondus, à la paix étale des dernières mesures du *Finale*, méditation toute intime et lyrique, à l'opposé de tout ce que l'on est en droit d'attendre d'un finale traditionnel. Eusebius l'emporte ici sans partage. Il est certain que l'exemple des *Opus 109* et *111* de Beethoven a constitué pour Schumann un précédent d'une immense importance pour une démarche aussi insolite. Entre ces deux extrêmes, le mouvement médian, sorte de scherzo martial d'une éclatante virtuosité pianistique, fait fonction de fléau de la balance : les deux êtres de rêve qui s'arrachent Schumann y sont dissociés et autonomes, donc provisoirement maîtrisés.

L'immense premier mouvement (*A jouer d'un bout à l'autre d'une manière fantastique et passionnée* nous dit Schumann), le plus développé et le plus riche de contenu des trois, est une quasi-forme sonate. En dépit de la violence du langage, il ne faudrait pas s'exagérer le désordre d'une structure formelle malgré tout très maîtrisée, même si la nature instable, dynamique, de ses lignes de force en rend la perception plus difficile. La tension surhumaine du début prend appui, comme souvent chez Schumann, sur la dominante (ici, la neuvième majeure, plus forte encore) :

Ce majeur exalté est en fait un mineur à la seconde puissance, ainsi que le prouve la suite. Très vite, les bémols envahissent la scène, le thème initial se fragmente, se contracte, halète, cependant que l'agogique de la main gauche, petit à petit, se détend : les embardées furieuses de doubles croches deviennent sextolets de croches, puis croches simples. Un vrai second thème chante doucement en *fa* majeur, tonalité la plus improbable qui soit en pareil lieu (la sous-dominante du ton principal !), mais préparée par l'épisode orageux en *ré* mineur qui précède :

Ce thème, où l'on entend pour la première fois peut-être le « son très doux » et secret dont parle l'épigraphe de Friedrich Schlegel*, révélera son vrai visage dans la coda. Le mouvement parvient à un arrêt total durant cinq mesures de récitatif aboutissant à un suspens harmonique en point d'orgue. Mais un redépart passionné et brutal nous entraîne vers un chaos de dissonances syncopées. Reparaissant brièvement en *ut* majeur, le thème initial est aussitôt mangé, enlevé par une chevauchée fantastique, qui se calme enfin. Alors commence, en *ut* mineur, le grand épisode central tenant lieu de développement, bien qu'il ne présente guère de lien avec la musique qui l'entoure. La mesure passe à 2/4, mais le caractère intime et mystérieux indiqué par Schumann (*Im Legendenton*, « dans le ton d'une légende »), n'y perdure guère :

La musique s'élève en un nouvel accès de passion, avec la longue éclaircie illusoire de la sixte napolitaine *ré* bémol, et atteint à son sommet de tension avec un accord « tristanesque » martelé en arpège fortissimo. La réexposition, privée de tout son début (les vingt-huit premières mesures manquent) plonge tout de suite en *ut* mineur. Elle demeure assez régulière jusqu'à l'ultime apparition du thème initial ; mais, au lieu d'une chevauchée fantastique, c'est à présent une sublime coda *Adagio* qui lui succède : le deuxième thème y apparaît sous son vrai jour, qui n'est autre qu'une citation du sixième lied du cycle *A la Bien-Aimée lointaine* de Beethoven (« *Nimm sie hin, denn, diese Lieder* »). Double hommage à l'auteur de *Fidelio* et à l'inaccessible fiancée... Et le morceau se termine dans un grand calme.

La plupart des commentateurs s'accordent à estimer le second morceau inférieur aux autres par la qualité de l'inspiration. Cependant, son rôle dans l'équilibre d'ensemble de l'ouvrage s'avère irremplaçable, et, avant de critiquer son éclat plus « extérieur » et son héroïsme triomphal, il est bon de rappeler son titre originel (dans le cadre de l'offrande à Beethoven) : *Arcs de Triomphe (Trophées)*. La forme est celle, chère à Schumann, d'un libre rondo concentrique dominé par les rythmes pointés chevaleresques du début, à l'exception de l'épisode central faisant office de trio. Le splendide éclat conquérant du thème de refrain, dont la puissance évoque les cent musiciens d'un grand orchestre, se retrouvera, très proche, dans la *Fantaisie en fa mineur op. 49* de Chopin, quelques années plus tard. Le premier couplet, agité et orageux, s'évade du *mi* bémol majeur initial vers les tonalités mineures. Le vaste épisode central se subdivise lui-même en trois éléments contradictoires, dont aucun n'est repris : une rêverie passionnée aux syncopes ardentes et fiévreuses, fief d'Eusebius (*la* bémol majeur, *Un peu plus lent*) ; un intermède plus clair, sautillant et espiègle ; enfin, un libre développement du premier couplet. Celui-ci est réexposé intégralement, encadré par les deux apparitions du refrain, lors d'une toute régulière « reprise ». La coda, enfin, revêt l'allure d'une course vertigineuse *(Beaucoup plus animé)*, — strette haletante dont les sauts justement célèbres ont longtemps fait l'effroi des pianistes.

Dans le sublime finale *(Lent et soutenu, toujours dans les nuances douces)*, Schumann entonne un hymne à la nuit d'une beauté supra-terrestre, qui retrouve en musique l'expression d'extase nostalgique propre aux *Hymnes* fameux de Novalis. C'est ici que le piano s'avère le truchement irremplaçable du plus intime de l'âme romantique, ici, également, que Schumann, la seule fois peut-être, s'approche de la vision insondable du dernier Beethoven. Après le désespoir tumultueux du premier morceau, après l'ivresse de l'action virile du second, voici, enfin, au-delà de toute expression verbale, voici la Paix. Mais il est un grand musicien dont Schumann est encore bien plus proche ici que de Beethoven, et c'est (on ne l'a guère souligné) Schubert. Le Schubert de la *Sonate Fantaisie en sol majeur (op. 78)*, celui surtout, du sublime *Impromptu en sol bémol (op. 90/3)*, cité par deux fois à découvert. C'est Schubert qu'évoque l'écriture en arpèges tranquilles (issue, il est vrai, du « Clair de lune » beethovénien) ; c'est lui, surtout, qui revit dans ces audacieux enchaînements de tonalités par tierces, créant une subtilité déjà impressionniste de l'éclairage harmonique et so-

---

* Mise en tête de la partition imprimée, — un quatrain au sens assez mystérieux extrait du poème *Die Gebüsche* (« Les Broussailles »), dont Schubert avait fait un lied en 1819.

nore. Rien de plus simple que le propos formel de ce morceau, dont le statisme tourne radicalement le dos à la dialectique de la sonate pour se cantonner dans la contemplation pure : une introduction, à laquelle fera pendant la coda, et, par deux fois, la succession de deux idées consanguines, dont la seconde, à peine plus animée, s'élève à un bref fortissimo, d'un enthousiasme contenu et presque sacré. La reprise de ces deux éléments est variée par la seule grâce des modulations et du plan tonal, procédé de non-développement encore une fois typiquement schubertien... Au contact d'une telle paix, on comprend que le rôle, si souvent mésestimé, du second mouvement a été celui de l'arrachement au cercle maudit du tourment intérieur par l'irruption dans le monde, grâce à quoi la catharsis de la conclusion devient humainement possible.

Phantasiestücke (op. 12)

Composé en 1837, ce cycle se situe donc entre la *Fantaisie en ut majeur op. 17,* de l'année précédente, et les *Davidsbündlertänze op. 6,* de 1837 également *. Schumann écrivit les *Phantasiestücke* lors d'un séjour à Rosenthal, auprès de la pianiste anglaise Anna Robena Laidlaw, dédicataire de ces huit pièces. Ce qui ne signifie nullement qu'il cessât de penser à Clara, dont il était tragiquement séparé par la volonté du père Wieck.

Le titre même de *Phantasiestücke* est emprunté à Hoffmann, dont les *Pièces de Fantaisie à la manière de Callot* avaient établi la réputation. Le nom de Callot suggère l'ironie macabre propre au génial graveur lorrain du XVIIe siècle, et c'est bien ce fantastique sombre qui pouvait attirer Schumann. Souvenons-nous également de la présence, dans ce recueil d'Hoffmann, de la série des *Kreisleriana,* qui allait inspirer le compositeur dès l'année suivante pour l'un de ses suprêmes chefs-d'œuvre. Et rappelons qu'en allemand, le mot *phantasieren* désigne l'acte d'improviser, une justification très nette de la grande liberté formelle régnant ici.

De pair avec les *Scènes d'enfants,* les *Phantasiestücke* sont le seul recueil de pièces lyriques de Schumann dont tous les morceaux comportent un titre précis.

Celles-ci constituent-elles un cycle homogène destiné à l'exécution intégrale d'un seul tenant ? On sait qu'actuellement les interprètes en usent ainsi, et l'alternance des contrastes de l'*Opus 12* leur donne raison. Cependant, l'unité organique est moins saisissante ici que dans tel autre cycle, comme les *Kreisleriana,* et du point de vue tonal, par exemple, l'ensemble des cinq premières pièces (tonalités à quatre ou cinq bémols) s'oppose à celui des trois dernières (*ut* majeur et *fa* majeur).

Des Abends (« au soir »), morceau pour lequel Schumann demande une exécution très intime, ouvre le recueil dans un climat de douce sérénité, de rêverie à laquelle l'attaque sur le quatrième degré et l'ondoiement des triolets prête un caractère un peu vague :

Son bercement oscillant, hésitant (le 2/8 est en fait un 6/16) indique une paix secrètement menacée, ainsi que nous le confirmera la suite du cycle. Par deux fois, une modulation surprenante nous entraîne de *ré* bémol majeur, ton principal, en *mi* majeur. L'écriture pianistique, d'une tendresse et d'une délicatesse infinies, fait appel à un procédé cher à Schumann : le monnayage de la mélodie par son accompagnement arpégé.

Le célèbre *Aufschwung* (« Essor ou élan »), avec sa joie de vivre juvénile, en dépit ou à cause de la violence passionnée de ses accents, est l'une des suprêmes manifestations de Florestan, qui répond ici à son alter ego Eusebius, maître du premier mouvement. *Aufschwung,* un rapide 6/8 en *fa* mineur, se présente à la manière d'un rondo rigoureusement concentrique, de forme ABACABA. Le bref refrain, dont l'appui sur la dominante renforce l'âpre tension,

alterne successivement avec un jeu agile et souriant de doubles croches en *ré* bémol majeur (en *la* bémol lors de sa seconde apparition), et avec un très important épisode

---

* Voilà qui illustre bien le désordre régnant dans les numéros d'opus schumanniens, dont la signification chronologique est pratiquement nulle.

central en *si* bémol majeur aux calmes harmonies de choral, conservant cependant une tension rythmique sous-jacente.

Suit la brève, mais ardente confidence de *Warum ?* (« Pourquoi ? »), dont la tendre interrogation de deux mesures, élaborée en une polyphonie raffinée et savante, se développe en une évocation poétique d'une sensibilité harmonique aiguë, exceptionnelle, même pour Schumann, au point que la tonalité officielle de *ré* bémol majeur n'est que difficilement saisissable.

Grillen (« Chimères, Fantasmes »), c'est le caprice bourru, presque brahmsien, d'un scherzo pesamment et rudement martelé, oscillant curieusement entre *ré* bémol (encore !) et son relatif *si* bémol mineur. A nouveau, cette forme concentrique à tiroirs chère à Schumann, avec la diversion plus amène d'un premier épisode en *fa* mineur (*si* bémol mineur à la reprise), et l'inquiétant trou d'ombre de la partie centrale, sorte de trio, où soudain le rythme trébuche, se dérobe, se fait haletant, « donnant sournoisement toute sa valeur à l'ensemble », ainsi que le remarque Marcel Beaufils.

In der Nacht (« Dans la nuit ») déchaîne les ténèbres hurlantes et chaotiques de la mer en furie, cet Hellespont séparant les deux jeunes amoureux évoqués par le poète hellénistique, Héro, prêtresse d'Aphrodite, guettant sur le rivage, une torche à la main, Léandre, qui lutte contre les flots pour la rejoindre. Ce prétexte très concret, de l'aveu de Schumann lui-même (qui s'identifiait sans peine à Léandre, tendu qu'il était vers l'inaccessible Clara), lui a inspiré une grande fantaisie dans le caractère fantastique d'une ballade nordique, à mi-chemin de celles de Chopin et de Brahms. Moins fragmentée, plus ample de souffle que les pièces qui l'entourent, elle adopte le cadre d'un triptyque, dont les volets extrêmes, en *fa* mineur, semblent dépeindre la violence des flots, des appels angoissés se découpant par instants sur la houle puissante et noire, — tandis que le milieu, moins agité, fait entendre la douce cantilène d'Héro appelant son bien-aimé. La tourmente mal contenue se déchaîne à nouveau, zébrée de modulations blafardes, se dirigeant vers l'issue inéluctable de la fin tragique de Léandre, entraîné par le tourbillon des eaux.

Au sortir des ténèbres, la rêveuse interrogation en *ut* majeur de *Fabel* (« Fable ») semble hésiter au seuil du jour. Elle interrompt une fois encore le scherzando sautillant qui lui répond, et qui se développe ensuite en un tableautin un rien grotesque dont toute inquiétude n'est pas absente. Et c'est la question songeuse du poète qui conserve le dernier mot... *Traumes Wirren* (« Songes troubles, ou Brumes de songe ») ne se chargera guère d'y apporter une réponse. Extérieurement, — c'est une brillante étude de concert en *fa* majeur, dont l'animation ne s'interrompt que le temps d'un de ces chorals syncopés dans le registre chaud de l'instrument dont Schumann a le secret.

Déjà, le jour se termine. C'est l' « Épilogue » *(Ende vom Lied)* qui ne résoudra rien, si ce n'est dans la mort : d'abord, un thème carré, un peu lourdaud, en *fa* majeur *(mit gutem Humor),* — rien que de très prosaïque, voire de bourgeois. Puis, l'effervescence d'une brève réjouissance populaire, nuptiale dans l'esprit de Schumann, ainsi que nous l'allons voir. Le retour de l'idée initiale — un certain esprit *Maîtres Chanteurs* ne lui est pas étranger ! — débouche sur la coda la plus inattendue et la plus énigmatique : lentes et graves harmonies, avec une surprenante et poétique évasion vers *ré* bémol majeur (ton initial du cycle, est-ce voulu ?), cependant que parmi les glas rampe, très ralentie, et en canon, la mélodie bourgeoise. Au sujet de cette fin déroutante, Schumann s'est expliqué dans une lettre à Clara : « Je pensais que pour finir, tout se terminerait très heureusement par une noce joyeuse, mais vers la fin, penser à toi m'a rendu triste, et voilà pourquoi, au tintement enthousiaste de la clochette annonciatrice de bonnes nouvelles, se mêle le glas de la cloche funèbre. »

Davidsbündlertänze (Danses des Compagnons de David) (op. 6)

Le 3 avril 1834 parut le premier numéro de la *Neue Zeitschrift für Musik* (« Nouvelle Revue musicale »), fondée par Schumann, et qui paraît encore ; Schumann lui-même écrivait la plus grande partie des articles, qu'il signait de trois pseudonymes différents, selon leur esprit : Florestan, l'homme d'action fougueux, passionné, hardi et chevaleresque s'opposait à Eusebius, le dépressif, le tendre, le rêveur sentimental. Parfois Schumann faisait intervenir un médiateur, un sage, Maître Raro, qui reprenait certains traits de Friedrich Wieck, du moins aussi longtemps que son hostilité irréductible au mariage de Schumann avec sa fille Clara n'eut pas détérioré leurs rapports.

Mais, dès les débuts de la *Neue Zeitschrift für Musik*, Schumann leur adjoignit toute une cohorte de compagnons de combat, cohorte dont l'existence fut toujours plus ou moins mythique, même si ses membres étaient, eux, bien réels. C'est le fameux groupe des *Davidsbündler*, ou Compagnons de David, unis dans la guerre contre les Philistins de l'art, Schumann lui-même s'attribuant le rôle de David. Les Compagnons de David se réunissaient au *Kaffeebaum*, taverne de Leipzig rebaptisée pour la circonstance *Ludlamshöhle*, du nom de la grotte d'Adoullam, où David s'était réfugié avec ses compagnons pour fuir les persécutions de Saül. Parmi les premiers Compagnons de David, collaborateurs de la *Neue Zeitschrift*, on trouvait notamment Mendelssohn et le jeune Wagner. Mais la confrérie englobait aussi bien Mozart, Beethoven, Schubert, Chopin ou Berlioz, pour ne citer que ceux que nomme Schumann, par opposition aux Philistins de l'art : Rossini, Herz, Meyerbeer, Czerny, Pleyel et autres Thalberg. Ainsi que toute la critique conformiste et réactionnaire, et le public bourgeois, ennemi de toute nouveauté.

Le recueil des *Davidsbündlertänze*, l'une des plus belles créations de son auteur, est né sous le double signe de l'amour pour Clara, qu'en cette année 1837 Robert espérait plus ardemment que jamais pouvoir conquérir, et de la lutte militante du *Davidsbund* : espoir en son amour et en son art, indissolublement liés. Œuvre de combat : contre l'impitoyable père de sa bien-aimée — pourtant du côté des *Davidsbündler* quant à l'esthétique ! — et contre les trafiquants de l'art, les *Davidsbündlertänze* sont l'une des œuvres les plus hardies et les plus modernes de Schumann, par la liberté de leur écriture tonale, harmonique et rythmique, ainsi que par une forme rebelle à tous les schémas traditionnels. La première édition (1838), divisée en deux cahiers de neuf pièces, ne donnait aucun nom d'auteur, mais seulement la mention *Pièces caractéristiques composées par Florestan et Eusebius*. Chaque pièce était signée d'une initiale, parfois *(1, 13, 15, 17)* de toutes les deux.

Les initiales disparurent de la seconde édition, de 1850, ainsi que le suffixe *-tänze* du titre qui a cependant continué à s'imposer, car la majorité des dix-huit morceaux possède un caractère indubitablement chorégraphique. Six seulement échappent à l'obsession ternaire de la valse ou du Ländler, les numéros *5, 8, 11, 12, 13* (à 2/4) et le numéro *6* (à 6/8). Ainsi, des pièces de caractère intime, lyriques et chantantes, et d'autres au contraire orageuses dans l'esprit de la ballade viennent-elles alterner judicieusement avec les pages dansantes. Les *Davidsbündertänze*, bien que pensés par et pour Clara, sont dédiés à Walter von Goethe, neveu de l'auteur de *Faust*.

Au-delà d'une écriture harmonique et modulante d'une étonnante souplesse et d'une instabilité bien schumannienne, il est intéressant de dégager le plan total du cycle dans son ensemble, — plan qui est très loin de l'arbitraire que l'on imagine parfois. Les pièces *1* à *5* gravitent autour du *sol* majeur, de *si* mineur et de son relatif *ré* majeur. Par un simple changement de mode, la sixième pièce *(ré* mineur) nous introduit dans les régions bémolisées, où nous demeurons jusqu'au numéro *10*, en passant par *sol* mineur, *mi* bémol majeur, *ut* mineur, *ut* majeur, enfin *ré* mineur. En changeant à nouveau de mode, mais en sens inverse, la onzième pièce nous ramène dans les tonalités diésées jusqu'à la treizième : *si* mineur, *ré* majeur, *mi* mineur, *si* majeur. Une dernière et brutale incursion vers les bémols, par enchaînement enharmonique (le *mi* bémol majeur du *14* succédant au *si* majeur du *13*) perdure encore durant le *15* (*si* bémol majeur). Les numéros *16* et *17* retrouvent les tonalités du début *(sol, ré, si)*, — l'épilogue rêveur en *ut* majeur de la dernière pièce constituant à la fois un rappel des excursions précédentes et une évasion, qui souligne de manière frappante la forme ouverte de l'ensemble du cycle.

A l'appel initial du thème de Clara,

répond le *Lebhaft* (« Vif ») de la première danse, valse à la fois souple et énergique, avec son dessin ondoyant de croches, tantôt ascendant, tantôt descendant, et ses constantes équivoques entre *sol* majeur et *si* mineur. La grâce chopinienne et l'exaspération des syncopes alternent au gré d'une libre forme à refrain, et la diversité des sentiments exprimés justifie bien la double signature. Par contre, le second morceau, *Innig* (« Intime ») appartient à Eusebius, page d'une grande subtilité agogique dans la répartition des accents entre les six croches de chaque mesure,

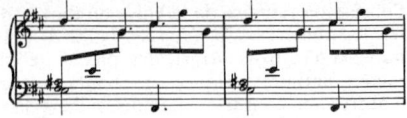

adoptant une petite forme ternaire, dont le milieu, un lumineux *si* majeur, présente de merveilleux enchaînements de neuvièmes à la Chopin. C'est au contraire à certaines valses de Schubert que l'on pense à l'orée de la troisième pièce, signée Florestan, et dont Schumann a remplacé, dans la seconde édition, l'indication *Etwas hahnbüchen* (« quelque peu fanfaron »), par un *Mit Humor* plus compréhensible. Le *sol* majeur du début s'oriente tout de suite vers *si* mineur ; mais le très vaste volet du milieu, en *ré* majeur, de tempo plus rapide, comporte une assez longue incursion vers les parages lointains de *si* bémol. A la reprise du début succède une brève coda en arpèges rapides. *Ungeduldig* (« Impatient »), définit à merveille les sentiments de Florestan au cours de la pièce *n° 4,* en *si* mineur, très brève et très rapide valse syncopée à la Chopin, orageuse, tourmentée, d'un seul jet. Eusebius révèle sa nature tendre et vulnérable dans l'*Einfach* (« simple ») du *n° 5* en *ré* majeur, — petite pièce lyrique dont l'épisode central n'est qu'un double des volets qui l'entourent, les paraphasant à l'aide de triolets de croches. C'est le visage le plus sombre de Florestan qu'offre la sixième pièce, en *ré* mineur, marquée *Sehr rasch* (« Très rapide »), — ce à quoi la première édition ajoutait *und in sich hinein* (« et tourné vers soi-même »). C'est un scherzo rapide, aux syncopes emportées et viriles, faisant place durant l'épisode central en *ré* majeur à un staccato vertigineux, qu'un bref alanguissement séparé de la reprise, suivie, elle, d'une coda tentant une vaine évasion vers la sixte napolitaine. *Nicht schnell, mit äusserst starker Empfindung* (« Pas vite, avec une expression extrêmement intense »), c'est là la définition que donne Eusebius de la pièce *7,* en *sol* mineur, dont le début arpégé, rêveur et hésitant, les modulations constantes, génératrices d'une grande instabilité tonale, expriment à merveille le sourire embué de larmes, d'une adorable tendresse. Le milieu, en *mi* bémol majeur, essaye d'apporter une consolation, mais s'enlise dans ses chromatismes déliquescents : c'est l'un des moments les plus touchants du recueil. Florestan balaie tout cela par la brève bourrasque de la huitième pièce (*Frisch,* « frais », à 2/4, en *ut* mineur), — page bondissante, haletante, aux périodes irrégulières. La neuvième pièce n'est pas signée, mais le commentaire nous éclaire : « Après quoi Florestan s'interrompit, et ses lèvres tremblaient d'une douloureuse émotion. » Après cette pièce vive *(Lebhaft),* aux rythmes pointés obstinés jusqu'à l'obsession, et dont l'*ut* majeur est sans cesse compromis par les chromatismes mélodiques, sommes-nous à mi-chemin du recueil.

C'est encore Florestan qui entame le second cycle, par un *Balladenmässig, sehr rasch* (« dans le caractère d'une ballade, très rapide ») en *ré* mineur, sombre tourmente annonçant le début des *Kreisleriana,* et entretenant constamment l'équivoque entre le 6/8 et le 3/4, — ce dernier ne devenant sensible qu'à l'apparition éphémère de la mélodie de la main gauche dans la seconde partie. Une tierce picarde en est le point final. Revoici à présent Eusebius l'éternel hésitant (*Einfach,* « simple », à 2/4), oscillant entre *si* mineur et *ré* majeur, entre les larmes et le sourire, en proie à son habituel chromatisme dépressif. Comme dans la pièce *5,* le milieu n'est qu'une paraphrase variée des volets qui l'entourent. Florestan propose à présent *(n° 12, Mit Humor),* un vrai capriccio en *mi* mineur, insolent, bondissant, piaffant avec chic et virtuosité. La petite forme binaire aboutit à une codetta accélérée en point d'exclamation. Les deux doubles de Schumann ont co-signé la treizième pièce, *Wild und lustig* (« sauvage et gai »), qui est en fait une forme ouverte : première partie en *si* mineur, dont la rudesse tonique et carrée annonce Brahms ; puis grande mélodie à l'allure de choral, en *si* majeur, chantant dans le grave, soutenue par de riches harmonies chromatiques ; enfin coda sereine et réconciliée. Eusebius seul revendique la pièce *n° 14* (*Zart und singend,* « tendre et chantant ») passant de manière surprenante en *mi* bémol majeur : avec ses chromatismes d'accompagnement, c'est comme un sourire doucement navré, tout de charme, de fraîcheur et de naïveté, menant à une conclusion alanguie... Puis, c'est à nouveau une pièce bicéphale (*n° 15, Frisch,* en *si* bémol majeur), l'une de celles qui rend le mieux compte du conflit des deux personnages : une vraie valse noble à la Schubert, énergique et élégante, encadre une grande mélodie lyrique eusébienne en *mi* bémol, dont les notes longues sont accompagnées par les arpèges et les grands trilles passionnés de Florestan. Les deux pièces suivantes s'enchaînent : la seizième, en *sol* majeur *(Mit gutem Humor),* toute en staccato de croches un peu lourdes, reprises en syncopes décalées, se poursuit par un trio dans la lancée, en *ré* majeur, aboutissant inopinément dans le *si* majeur du merveilleux rêve de tendresse de la dix-septième *(Wie aus der Ferne,* « comme venant de très loin »), aux accords de neuvième magnifiques, aux syncopes ondulantes et aux chromatismes de féerie. Ceci sans compter l'incursion magique en *fa* majeur ! Et c'est, toujours sous le signe des deux incarnations de Schumann enfin réconciliées, la plus grande surprise de l'œuvre tout entière : le retour intégral de la seconde pièce, affirmant contre toute attente la victoire d'Eusebius, le faible, le sentimental. Son alter ego tente bien un dernier sursaut en une coda passionnée, mais dont l'orage tourne court. Et c'est (n° 18, *Nicht schnell,* « sans rapidité » *ut* majeur) le sublime épilogue où le rêve l'emporte, et l'amour, et le chant de la nuit. Schumann commente : « Et Eusebius songeait encore à beaucoup d'autres choses, et une grande félicité se lisait dans ses yeux ». Superposant les fonctions de dominante et de tonique en un amalgame déjà impressionniste, le chant palpite et vibre doucement au rythme de ses syncopes désormais apaisées, au gré de magnifiques modulations nocturnes. Puis, les harmonies chromatiques, sur la pédale d'*ut* grave des douze coups de minuit, s'enfoncent doucement dans les ténèbres...

Kinderszenen
(Scènes d'enfants) (op. 15)

Avant Moussorgski, avant Bizet, avant Fauré, avant Debussy ou Ravel, Schumann a été le premier poète en musique qui se soit penché vers le frais mystère de l'enfance. S'adaptant aux dimensions même de l'univers enfantin, il est aussi le premier compositeur qui ait mené à son parfait accomplissement le genre de la miniature instrumentale monothématique, tentée auparavant par le Beethoven des *Bagatelles,* puis poursuivie par le Schubert des *Moments musicaux.* Le plus grand miracle, cependant, c'est que ces pièces d'une pureté et d'une sérénité si adorables aient pu voir le jour en même temps — ou peu s'en faut — que ces fruits angoissants de la nuit hoffmannesque, les *Kreisleriana.* Ces deux recueils, que tout oppose, datent en effet de cette même année 1838, exceptionnellement féconde.

Contrairement à l'*Album pour la jeunesse op. 68,* écrit dix ans plus tard, les *Scènes d'enfants* ne s'adressent pas à des mains enfantines, — pas plus que le *Children's Corner* de Debussy. Selon les propres termes de Schumann, ces « treize petits trucs » (il y en avait trente à l'origine !) ont été conçus « par un grand enfant » comme « souvenirs pour des personnes qui ont grandi ». Comment dissocier cependant cette nostalgie de l'enfance de l'espoir de la paternité ? C'est encore à Clara que Schumann a pensé avant tout, et en lui envoyant le recueil, il lui écrit ces mots : « Est-ce une réponse inconsciente au sens des mots que tu m'écrivais un jour : *tu me fais parfois l'effet d'un enfant !* S'il en est ainsi, tu verras que les ailes ont poussé à cet enfant... Tu prendras sans doute plaisir à jouer ces petites pièces, mais il te faudra oublier que tu es une virtuose. (...) Il faudra te garder des effets, mais te laisser aller à leur grâce toute simple, naturelle et sans apprêt. » Il faut rappeler également que Schumann affirmait n'avoir rajouté les titres des morceaux qu'après leur composition, alors qu'il nous en semblent absolument inséparables !

Ces treize miniatures, dont aucune n'occupe plus de deux pages de partition, se satisfont des schèmes formels les plus simples : forme ternaire pour les numéros *6, 7, 12* et *13,* petit rondo pour le numéro *11,* forme binaire partout ailleurs, avec petite coda dans les numéros *8* et *10*. Mais chacune possède son caractère expressif propre, et chacune est un petit joyau de pure musique.

Le cycle s'ouvre sur la rêveuse et délicate évocation des *Gens et pays étrangers,* que l'imagination nimbe d'un rien de nostalgie :

Prenons ces quelques mesures de musique : aspiration à l'évasion de la mélodie, avec sa sixte ascendante, doux balancement de triolets de la voix médiane, harmonies toutes simples de septième diminuée et de dominante avant le retour à la tonique *sol* majeur. Tout est dit, et rien n'est dit !

Drôle d'histoire (*ré* majeur) nous propose une petite humoresque sautillante et guillerette, qui semble glousser sous cape de quelque bon tour. *Colin-Maillard* (*si* mineur), c'est une brévissime poursuite éperdue en doubles croches staccato. Comment dépeindre mieux que Marcel Beaufils l'innocente câlinerie de *l'Enfant supplie* (*ré* majeur) : « Tordu de mimiques enjôleuses, il réclame avec obstination quelque sucre d'orge ou quelque joujou. » Demeurée suspendue sur la dominante, sa « scie » est exaucée dans le morceau suivant, — *Bonheur parfait* (*ré* majeur), manifestation d'allégresse satisfaite et paisible :

Mais voici *Un événement important* (*la* majeur), dont les sonorités énergiques et pleines semblent évoquer le « si j'étais... je ferais », si fréquent chez l'enfant rêveur. Cependant, l'illustre *Rêverie* (*fa* majeur) qui suit est bien celle de Schumann, non celle d'un tout petit :

Sans vouloir épiloguer sur ce morceau fameux, rappelons qu'il fit l'objet, en 1920, d'une mémorable polémique entre Hans Pfitzner et Aban Berg, au cours de laquelle ce dernier démontra avec éclat que la pièce la plus simple est immensément riche d'enseignements pour un musicien intelligent. *Au coin du feu* (*fa* majeur) conserve une atmosphère de confiance heureuse, que vient rompre la très courte chevauchée (le tour de chambre, tout juste !) du *Chevalier sur le cheval de bois* (*ut* majeur) avec son rythme syncopé comique. Soudain, une ombre légère vient à passer, avec *Presque trop sérieux* : l'inquiétude schumannienne se manifeste par le choix (unique dans ce recueil) d'une tonalité compliquée (*sol* dièse mineur), par les syncopes perpétuelles, enfin par les nombreux arrêts-hésitations en point d'orgue, qui découpent cette page et demie de musique en non moins de sept phrases. *Croquemitaine* (*sol* majeur) exprime la peur par l'accelerando avec une grande pénétration psychologique. Par quatre fois, la voix du conteur s'élève doucement, évoquant les mauvais esprits, qui passent très vite, à peine saisissables. Mais ce n'est qu'une plaisanterie, et la cadence finale dissipe toute inquiétude chez l'enfant. D'ailleurs, il est l'heure d'aller au lit, et *l'enfant s'endort* (*mi* mineur) en un tableautin d'une adorable délicatesse : l'on voit ses yeux se voiler peu à peu, et, pour finir, il bascule dans l'inconscient du rêve sur des harmonies vagues, demeurant suspendues sur un accord de sous-dominante (*la* mineur). A présent, contemplant ce merveilleux sommeil, *le Poète parle* (*sol* majeur), ou plutôt il rêve lui aussi, au cours de quelques mesures de récitatif en imitations d'une infinie tendresse :

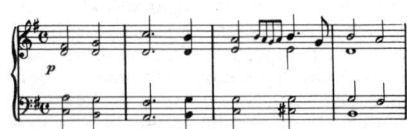

Avec Marcel Beaufils nous citerons ici Hölderlin, dont Schumann a réussi l'idéale transposition musicale des vers fameux : « Calme heureux de l'enfance, calme divin, que de fois je m'arrête devant toi en silence, et te contemple avec amour... »

Kreisleriana (op. 16)

Kater Murr (le chat Murr) est l'un des ouvrages les plus saisissants du romantisme littéraire allemand. C'est là que E. Th. A. Hoffmann fait apparaître l'inquiétante silhouette de Kreisler, le Kappelmeister fou, qui impressionna si profondément Schumann ; tandis que le jeune Brahms devait signer quelques-unes de ses premières œuvres du pseudonyme de *Kreisler Junior*, Schumann, lui, identifia l'énigmatique héros de Hoffmann avec un musicien bien vivant, un certain Ludwig Böhner, compositeur thuringien ambitieux mais raté. Cependant, le Kreisler idéal imaginé par l'auteur des *Serapions brüder* ne pouvait composer des musiques qu'aussi sombres, fantasques et follement audacieuses que les huit grandes *Fantaisies* que Schumann a placées sous son parrainage spirituel en les intitulant *Kreisleriana*. Ce cycle, l'un des sommets du romantisme musical et l'un des hauts chefs-d'œuvre de son auteur, vit le jour en 1838, — année miraculeuse puisqu'elle permit à Schumann de donner également les *Sonates en fa (Concert sans orchestre)* et *en sol mineur*, les *Novellettes* et les *Scènes d'enfants*. Schumann a dédié les *Kreisleriana* « à son ami Monsieur Frédéric Chopin », et cette dédicace nous paraît aussi parfaitement appropriée que celle de la *Fantaisie op. 17* à Liszt deux ans plus tôt : à Liszt l'œuvre la plus monumentale, la plus puissante, la plus généreuse et la plus hardie du point de vue pianistique ; à Chopin, la plus tourmentée, la plus subtile, la plus fantasque et la plus intimement subjective.

On a souligné à l'envi le caractère exceptionnellement sombre de l'inspiration des *Kreisleriana*, le démonisme angoissant qui en domine une grande partie. Cependant, les éclaircies n'y sont pas rares, et Schumann lui-même n'a jamais fait coexister en l'espace le plus restreint des humeurs aussi violemment opposées et contradictoires. Il faut rappeler aussi que l'exquise et sereine tendresse des *Scènes d'enfants* est exactement contemporaine, que le témoignage des proches du compositeur s'accordent pour nous dépeindre à cette époque un Schumann en pleine santé, à l'apogée de sa force créatrice et, passagèrement, de son équilibre. Il y a enfin, pour dissiper les derniers doutes à ce sujet, la lettre fameuse qu'il envoya alors à Clara : « J'ai terminé encore une série de nouvelles pièces ; je les appelle *Kreisleriana*. Toi et ta pensée les dominent complètement et je veux te les dédier, à toi et à personne d'autre. Et alors tu souriras avec cette grâce qui t'est particulière et tu t'y reconnaîtras. Ma musique me semble maintenant si merveilleusement réalisée, si simple et venant droit du cœur... Musique bizarre, musique folle, voire solennelle ; tu en feras des yeux quand tu la joueras ! D'ailleurs il m'arrive maintes fois en ce moment de me sentir éclater à force de musique ! »

Les huit pièces constituent un cycle beaucoup plus homogène que les *Phantasiestücke* et les *Novellettes*, et l'on ne saurait en imaginer d'exécution autre qu'intégrale. D'ailleurs, le cycle restreint des tonalités (*ré* mineur pour la première pièce, *ut* mineur pour la septième, *sol* mineur ou son relatif *si* bémol pour toutes les autres) souligne cette unité. Quant au caractère d'ensemble de ces morceaux de forme et de dimensions très diverses, on peut avec Marcel Beaufils, schématiser ainsi : « Les numéros impairs sont violents, déchirés, bouillonnants de visions fantastiques, que traversent des épisodes lents, creux comme des vertiges. Les numéros pairs sont lents, plus que dépressifs : engloutis dans des manières de questions angoissées, avec des essais de révolte. »

D'emblée nous sommes entraînés dans le tourbillon irrésistiblement ascendant du premier morceau (*extrêmement agité, ré* mineur) dont l'élan est à chaque fois coupé net au sommet de la vague, comme d'un papillon de nuit butant contre la vitre, ivre de lumière :

Dans l'épisode médian, trio en *si* bémol majeur (il s'agit d'un scherzo de forme rigoureusement classique), l'essaim de triolets de doubles croches persiste, mais sa signification expressive change totalement : les lignes sont descendantes ou planes, une euphorie, une détente passagères s'installent. Le second morceau, de loin le plus développé de la série, l'emporte par la merveilleuse beauté mélodique de son élément de refrain (*très intime et pas trop rapide, 3/4, si* bémol majeur) :

Sans doute Schumann pensait-il avant tout à ce thème en parlant à Clara de « musique si simple et venant droit du cœur ». La phrase au galbe splendide, avec son double élan ascendant, se poursuit en imitations, et son contrepoint chantant à toutes les voix évoque la pure écriture du quatuor. La présence de la mélodie dans le grave généreux de la main gauche, les tranquilles mouvements contraires en gammes, les douces et fidèles pédales, tout cela évoque une sérénité quasi beethovénienne. Le premier *Intermezzo* (*très vif, 2/4*), ne fait que passer, avec son staccato truculent et espiègle. La reprise fidèle du refrain est suivie d'un *Intermezzo II* (*plus animé, sol* mineur), orageux et passionné, retrouvant le climat de violence de la première pièce et son mouvement en spirales ascendantes. La dernière reprise du refrain apparaît profondément modifiée, avec cette merveilleuse transition de pure rêverie harmonique, dont nous avons déjà souligné l'audace, culminant avec la fugitive apparition du thème en un *fa* dièse majeur extatique, puis, après une réexposition tronquée, avec le long apaisement songeur d'une coda *Adagio*, à la cadence finale chopinienne.

Très agité, nous indique le compositeur en tête du troisième morceau (en *sol* mineur) ; et le volètement inquiet de ses triolets démarre sur une sombre pédale grave de *sol*, annonçant déjà la dernière pièce, Mais ici, c'est l'épisode du milieu *(un peu plus lent)*, en *si* bémol majeur, qui est le plus développé : écheveau complexe de gammes par mouvements contraires se répondant en une polyphonie serrée, dont la tension intellectuelle, à elle seule, empêche toute paix réelle. Dans la coda-stretta *(encore plus vif)*, le mouvement s'exaspère, et finit par se dépouiller de ses triolets, pour terminer sa course à l'abîme par une succession d'accords syncopés brutaux.

Tendre et dépressive — c'est Eusebius qui parle ici —, avec ses gruppettos chopiniens et son chant descendant dans les profondeurs sonores du grave de l'instrument, la mélodie de la quatrième pièce *(très lent, si* bémol majeur), s'arrête, suspendue sur le vide béant d'un silence en point d'orgue. L'intermède central *(plus animé)*, bien que plus tourmenté harmoniquement, apporte paradoxalement la consolation, grâce à son agogique plus paisible et égale de doubles croches. La brève reprise du début atterrit inopinément sur un accord de dominante de *sol* (*ré* majeur), préparant l'enchaînement du morceau suivant.

Malgré la persistance toute schumannienne des rythmes pointés et des imitations, celui-ci *(très vif, sol* mineur) est le plus proche de Chopin de toute la série, surtout après la première double barre. Ce caractère se confirme dans l'épisode de trio, qui conserve exceptionnellement la même tonalité, et où la souffrance semble s'exaspérer en un délire chopinien de la persécution, rarissime chez Schumann, cependant que le mouvement s'emballe au point de désarticuler la mesure (effet de 3/2 dans le 3/5). Comme souvent chez Schumann, la reprise est privée de sa première phrase.

Dans la sixième pièce (*très lent*, 12/8, *si* bémol majeur), la douce obsession de l'«il était une fois» de la mélodie de vieille ballade allemande circule d'une voix à l'autre, du médium ombreux au grave chaleureux :

Bientôt interviennent les tourments des fusées de triples croches, puis un intermède en enharmonies d'une magnifique audace précède la reprise du thème. Un second intermède fait, lui, diversion par le tempo (un 6/8 *plus animé*), et l'expression plus allégée, comme d'une tendre présence amie. La dernière reprise du thème, très abrégée, demeure lourde de la nostalgie inassouvie de sa sixte napolitaine conclusive.

La septième pièce (*très rapide, ut* mineur), la plus courte, la plus fulgurante, est propulsée par un élan frénétique et sans trêve, emportée par son tournoiement diabolique de doubles croches :

Dans le trio, une amorce de fugato est balayée elle aussi par la toute-puissance de cette agogique de l'effroi, livrée à la folie destructrice. La brève reprise tronquée s'exaspère *(encore plus rapide)* avant de déboucher inopinément sur le grand calme noir et serein d'outre-tombe de la coda en *mi* bémol majeur, faite de grands accords : c'est un *Requiescat in pace*.

Pour lors, c'est l'épilogue spectral de la huitième pièce, à nouveau en *sol* mineur. «Rapide et comme en jouant» *(Spielend)*, nous dit Schumann : drôle de jeu, en vérité, que cette mystérieuse, chevauchée nocturne, avec les accents déplacés de ses basses, aboutissant, comme chez le Beethoven tardif, à l'harmonisation paradoxale des anacrouses, et son rythme pointé obstiné et sinistre ! Deux intermèdes, ici encore : le premier (en *mi* bémol majeur) essaie de se rassurer, mais sa large mélodie demeure prisonnière du registre grave, cependant que le rythme inexorable volète à la main droite comme quelque oiseau de nuit. Le second intermède exaspère ce rythme en un martèlement d'une sombre et impitoyable violence. Avec sa dernière réapparition, le refrain s'évanouit dans un trou. Le Kapellmeister Kreisler a été réabsorbé par les ténèbres d'où l'imagination conjuguée d'Hoffmann et de Schumann l'avaient fait surgir.

Novellettes (op. 21)

Les *Novellettes op. 21* sont l'un des recueils pianistiques les plus considérables de Schumann, tant par leurs dimensions que par la richesse encore trop méconnue de leur contenu. Elles datent de la féconde année 1838, qui vit naître également les *Sonates op. 14* et *op. 22*, les *Scènes d'enfants* et les *Kreisleriana*, et il faut dire avec force qu'elles ne le cèdent en rien aux pages plus célèbres qui les entourent. Sans doute leur longueur et leur difficulté intimident-elles les interprètes. Et pourtant, à mi-chemin de l'exubérance juvénile des *Carnavals* et du fantastique sombre des *Kreisleriana* ou des *Nachtstücke,* elles constituent une sorte de lieu de rencontre privilégié des obsessions schumanniennes.

1838 fut dominé plus que jamais par la pure figure de Clara, si proche et si inaccessible à la fois. Toute cette musique n'existe que par et pour elle. Le mardi de Pâques, Schumann lui fait cet aveu qui se passe de commentaires : « C'est très curieux, mais si je t'écris beaucoup, comme je le fais en ce moment, je ne puis composer. La musique s'en va toute vers toi... ». Dans une autre lettre, il parle plus précisément des *Novellettes*, dont il nous dit que ce sont « de longues histoires excentriques, mais d'un seul tenant », et dont il nous révèle en même temps la petite énigme du titre : « Ce sont des badinages, des histoires d'Egmont — il fait évidemment le lien entre le personnage de Clärchen, dans le drame de Goethe, et Clara — des scènes de famille avec des pères, un mariage, bref rien que les choses les plus chères et les plus aimables. Je les ai intitulées *Novellettes* parce que tu t'appelles Clara, et que *Wieckettes* ne sonne pas bien. » Il y a là une allusion plaisante à la pianiste Clara Novello, dont Schumann admirait beaucoup le jeu, et le titre ne doit donc pas s'interpréter comme un diminutif de *nouvelles*. La haute virtuosité de l'écriture pianistique de cet imposant recueil — il ne compte pas moins de soixante-neuf pages de partition imprimée ! — constitue une forme d'hommage à son dédicataire, Adolph Henselt, l'un des plus puissants pianistes de l'époque.

Les huit pièces relèvent toutes du principe formel du rondo (refrains-couplets), le plus adéquat, assurément, au kaléidoscope d'envolées brèves de l'inspiration schumannienne.

Le plan tonal du cycle des *Novellettes* révèle des préoccupations — des obsessions plutôt — toutes semblables. La tonalité principale, *ré* majeur, ne prend possession du terrain qu'avec le début de la deuxième pièce. Elle le conserve en maître durant les trois suivantes, pour s'éclipser durant les pièces six et sept, et revenir seulement au cours de la dernière. Or, la première pièce est construite, elle, sur trois tonalités à distance de tierce majeure : *fa* majeur, *ré* bémol majeur, *la* majeur. Durant toute la suite du recueil, on trouve de nombreuses, mais brèves et illusoires évasions vers ces tonalités du début, qui semblent symboliser d'heureux rêves de jeunesse. *Ré* majeur, ton robuste de la réalité quotidienne, reprend toujours le dessus. Il y a trois autres pôles d'évasion, dont les deux premiers, *fa* dièse mineur et *ut* majeur, demeurent d'importance relativement secondaire. Mais, par trois fois (pièces *3, 5* et *8*) *si* bémol majeur nous ouvre les portes de la nuit, avec des musiques étrangement semblables, en chromatismes glissants et onduleux tassés dans le médium et le grave. Inutile de souligner que ces lignes de force, si différentes de l'équilibre tonal des classiques, n'apparaissent qu'à l'audition intégrale.

Le refrain de la première pièce *(Marqué et vigoureux)* est une marche, décidée, carrée, un peu lourde, ponctuée à la main gauche de triolets disposés asymétriquement. Ses trois périodes couvrent déjà les tonalités de *fa* majeur, *ré* bémol et *la* majeur sur lesquelles s'édifie tout le morceau. Aussi le premier couplet peut-il s'en tenir d'abord au ton principal de *fa* : il offre le contraste de sa belle courbe lyrique, légère et frémissante, véritable lied de forme binaire, sur lequel on a envie de mettre des paroles :

Sa seconde moitié offre de brèves, mais fulgurantes évasions vers la sixte napolitaine et vers le sixième degré (*ré* bémol !), — cette dernière étonnamment fauréenne. La reprise abrégée du refrain, demeurant au ton principal, conduit au second couplet, en *ré* bémol, canon sinueux aux ondulations dépressives. Une simple allusion au refrain aboutit à la prise du premier couplet, transposé en toute logique en *la* majeur, troisième pôle tonal de la pièce. Et l'on conclut par le dernier retour du refrain au ton principal, non sans nouvelles velléités d'évasions napolitaines dans la coda.

La virtuosité brûlante et frénétique de la seconde pièce enthousiasmait Liszt, qui la joua à Leipzig le 20 avril 1838. La partie principale se déroule sur le tourbillon sans relâche de ses doubles croches tournoyantes. Le *ré* majeur officiel est bien peu fréquenté, et Schumann se complaît en modulations rapides et hardies, empruntant à des tonalités éloignées et créant une impression de tourment et d'instabilité. Les lignes de force de la musique se trouvent évidemment à la main gauche, sous l'essaim des doubles croches. On y retrouve ces marches séquentielles aux résolutions en porte-à-faux, autre obsession schumannienne. En intermède, dans le trio central en *la* majeur, comportant lui aussi quelques écarts modulants d'une belle audace, le compositeur nous propose le jeu frôleur et glissant de ses triolets de croches dans le cadre du 2/4. A cet épisode de tendresse troublée succède la reprise du tourbillon initial, mais amputé de son début.

L'humour, fantasque et un peu inquiétant, fait irruption dans la troisième pièce, nouveau scherzo en carnaval de rêve sylvestre, avec ses elfes et ses lutins presque mendelssohniens. Mais ces appoggiatures croustillantes, mais ce staccato truculent, ces alanguissements en points d'orgue rêveurs, ces glissades chromatiques déliquescentes, — tout cela n'est qu'à Schumann seul. Du *ré* majeur initial, on s'évade bien vite vers le pays du *fa,* pour y demeurer longuement. Mais voici un *Intermezzo* central à tiroirs, comme Schumann les aime, et dont l'indication *Rapide et sauvage* remplace une allusion beaucoup plus précise figurant sur le manuscrit originel : une citation de *Macbeth* et de son trio de sorcières : « Quand nous retrouverons-nous toutes trois, dans la foudre, l'éclair ou la pluie ? » Trois éléments ici, en disposition concentrique asymétrique, tous en mesure 6/8 : une chevauchée en staccato entre *si* mineur et *ré* majeur, un épisode en *si* bémol majeur entretenant l'équivoque entre 6/8 et 3/4 par le jeu glissant de ses syncopes décalées, non sans évasions vers ce *ré* bémol que nous connaissons bien, enfin un mouvement de croches continues en *si* majeur. Une simple allusion passagère au second élément mène à la reprise du premier, suivi de celle du scherzo initial, fortement abrégé, et se terminant inopinément par deux mesures d'adagio, avec l'appoggiature mélodique de la basse si merveilleusement schumannienne.

La quatrième pièce nous ramène dans la salle de danse de quelque carnaval, — ainsi que l'indique déjà le titre *Ballmässig*. Fête tachée d'ombres tragiques, d'ailleurs, et dont le sourire demeure comme crispé. Au départ, l'élégance et le chic d'un Ländler slavo-viennois, dont la scansion obstinée deux croches-deux noires s'emballe parfois en un deux temps à la manière du *Furiant* de Bohême, peut donner le change, encore que la brutale incursion vers *ut* majeur en dise long sur l'inquiétude sous-jacente. Mais voici un trio en *la* majeur, aux syncopes décalées, à la belle mélodie toute gonflée de désir, avec une brève aspiration, tôt jugulée, à l'évasion vers *fa* majeur. A la reprise amplifiée du Ländler succède contre toute attente une grande stretto tourbillonnante en croches, s'exaspérant pour finir en 2/4 détaché. On revient encore une fois au premier tempo pour finir.

Voici la cinquième pièce, l'une des plus riches de substance, l'une des plus déconcertantes de forme. Le refrain en est une polonaise piaffante et emportée, en *ré* majeur, mais dont les modulations très brusques par enchaînements rapides de dominantes font penser, par leur audace, à Max Reger. Au premier couplet, nous retrouvons le royaume ombreux et velouté de *si* bémol majeur, ses croches onduleuses et liées, sa polyphonie tassée dans le médium chaleureux et le grave (on dirait des violoncelles divisés). La seconde moitié de cet épisode s'ancre sur une pédale grave de *fa*, au pouvoir hypnotique. Une belle modulation vers *ré* bémol tente de s'y attacher passagèrement. Mais voici que le rythme de polonaise du refrain reparaît, et un conduit modulant tortueux et complexe nous ramène à sa reprise littérale. Le second couplet, cœur affectif du morceau, voire du cycle tout entier, est un aveu d'amour à peine suggéré, avec la confidence effleurée de sa note *la* obstinée sur un accompagnement en douces syncopes. « Espèce de carillon à demi-timbre, lointain, comme étiré dans l'espace », nous dit Marcel Beaufils. Ce tête-à-tête des deux amoureux en aparté secret et complice crée une zone de vide et de silence au cœur du tourbillon dansant, qui reprend avec le retour du refrain, atteint cette fois-ci par une longue pédale de dominante de *ré* en dramatique trémolo d'opéra, procédé rarissime chez Schumann. Le troisième couplet, en *sol* mineur, est une héroïque chevauchée en fanfares dactyliques obstinées. Le retour suivant du colérique refrain sera le dernier, — quoique nous ne puissions le savoir encore. Voici en effet un quatrième et ultime couplet, rappelant un peu le premier par ses croches liées ondulantes, et où l'on remarquera une saisissante cadence rompue résolue en *fa* dièse majeur. La musique décroît en une longue et envoûtante rêverie, aboutissant à une coda tranquille et intime, mêlant des souvenirs de l'aparté des amoureux et le rythme de polonaise du refrain, désormais dompté dans les basses.

Les deux pièces suivantes, plus simples, nous arrêteront moins longuement. La sixième, la plus folle, la plus rhapsodique, est un kaléidoscope joyeusement anarchique de thèmes (non moins de huit !) et de tonalités (non moins de douze !). Du point de vue du matériau mélodique, la pièce est « bipolarisée » à la manière schumannienne : un refrain alterne d'abord avec trois couplets, puis disparaît à jamais, un nouveau thème prenant le relais en tant que refrain de la seconde moitié de la pièce. Seul lien entre les deux moitiés, précaire et subtil : le premier couplet, réapparaissant in extremis avant la coda doucement ralentie, regagnant enfin le ton initial de *la* majeur au terme d'un passionnant voyage modulant, au cours duquel on touche toutes les tonalités les plus variées, à l'exception, soigneusement prévue, de *ré* majeur, désormais absent jusqu'au milieu de la huitième pièce.

Le scherzo vif de la septième, en *mi* majeur, ne fait que passer, avec le contraste opposant les octaves tourbillonnantes de sa patrie principale, d'allure quasi beethovénienne (ménageant une longue échappée vers *ut* majeur, et, accessoirement, *la* bémol)

à la jolie phrase chantante en *la* majeur du trio, dont l'important épisode médian en *fa* dièse mineur annonce la tonalité initiale de la dernière pièce.

Celle-ci, de loin la plus développée, se compose en fait de deux morceaux soudés, que ne relie que le fil ténu, mais psychologiquement capital, d'une citation de la femme aimée. Mais du point de vue du retour des thèmes, il s'agit d'une juxtaposition de triptyques où l'on chercherait en vain le moindre refrain permanent, tel qu'il en subsistait encore dans la cinquième pièce : ici, c'est la forme ouverte dans toute sa radicale nouveauté. Aussi, le schéma de la pièce peut-il se symboliser comme suit, une double barre marquant la césure entre ses deux grandes moitiés : ABACDC/ /EFEGH(D)HGE. A, premier refrain en *fa* dièse mineur, inquiet et passionné, expose sa ligne mélodique ascendante en entrées successives du soprano à la basse, le rythme obstiné des triolets de doubles croches propulsant ses spirales centrifuges. B, en *ré* bémol majeur, offre un intermède scherzando tout en staccatos et rythmes pointés, curieusement proche de Schubert, tout en préservant mainte obsession schumannienne, notamment celle des chocs séquentiels de seconde. Le refrain initial revient en *fa* dièse mineur, mais nous ne le reverrons plus, pas plus que sa tonalité, qui cède la place, dès l'apparition du thème suivant, à *ré* majeur : ainsi, tout rentre dans l'odre. Ce nouveau thème (C), intitulé *Trio 2*, est une joyeuse fanfare au rythme obstiné (croche pointée-double croche-deux croches) que l'on rencontre si fréquemment sous la plume de Schumann. Il se permet quelques excursions sans lendemain vers les tons de rêve, notamment *fa*, puis se calme par un lent decrescendo introduisant l'entrée mystérieuse, en *si* mineur, du thème D, que Schumann a intitulé *Stimme aus der Ferne* (« la Voix lointaine ») et qui n'est autre qu'une citation du *Nocturne* de l'*Opus 6* de Clara. C'est une mélodie toute simple, frémissante de passion contenue, et que le rythme pointé du thème C accompagne à pas furtifs : second sommet affectif du cycle, qu'on n'hésitera pas à rapprocher de celui, si semblable, de la cinquième pièce. Clara semble répondre ici à l'appel de Robert, et nous allons voir que son intervention change tout, infléchissant le morceau vers les rebondissements de sa seconde moitié, qui tourne le dos à la première. La lente rêverie se poursuit en toute simplicité, et le refrain C ne lui suc-

cède qu'avec réticence, sur la pointe des pieds. Une cadence plagale mineure, sans sensible, conclut cette première moitié dans le calme total. Alors jaillit de cette cadence un nouveau thème (E), robuste *Allegro* pesant à 3/4, proche de l'atmosphère des *Carnavals*, et qui lance la seconde partie, affirmant la primauté définitive de *ré* majeur, qui ne sera plus guère contestée que par les épisodes à venir. Le premier (thème F) est une sorte de trio très modulant et instable, gravitant autour de *la* majeur. Le second (thème G) ramène pour la dernière fois l'étrange atmosphère nocturne, glissante chromatique, de *si* bémol majeur, s'enchaînant à l'épisode précédent par un prodigieux effet de surprise tonale, — échappée indicible vers des horizons nouveaux et lointains. C'est l'un des moments les plus géniaux et hardis de toute l'œuvre de Schumann. L'élément H, enfin, est un long épisode oscillant entre *fa* majeur — avec *ré* bémol et *la*, les trois tonalités de rêve de la première pièce ont donc été évoquées ! — et *ré* mineur, pour s'infléchir ensuite vers *la* mineur, toujours sur son propre rythme obstiné (quatre croches — une noire). Et soudain, cependant que cette musique continue, voici le retour du thème de Clara (D) mais repris à pleine gorge, en un grand *forte* solennel et passionné, par la voix grave de Robert-Florestan. Il ne reste plus alors qu'à conclure, — ce dont se charge le retour de l'épisode G en *si* bémol, dont l'effet de surprise est évidemment beaucoup moins fort que la première fois, et enfin celui du refrain E, qui termine gaiement en *ré* majeur. On estimera avec raison que cette brève conclusion optimiste ne suffit pas à faire contrepoids à la quantité d'ombres et de tourments dont regorge ce recueil passionnant.

Arabesque en *ut* majeur (op. 18)

L'*Arabesque* ouvre la production de l'année 1839, — la dernière grande année purement pianistique de Schumann. Comme le *Blumenstück* qui lui succède de peu, cette page brève a fait l'objet de jugements plutôt condescendants. Peut-être une relative facilité d'exécution, jointe à une forme claire et sans problèmes et à une expression aimable, souriante, et détendue, tend-elle à donner le change sur la valeur réelle de pages qui, si elles ne sont pas du Schumann essentiel, présentent quand même de bien vives séductions. L'indication de mouvement *Leicht und zart* (« léger et tendre ») définit à merveille le caractère de l'élément de refrain en *ut* majeur, dont le doux moutonnement évolue au-delà de toute pesanteur. Deux couplets contrastants — deux trios — viennent en interrompre le cours : le premier, en *mi* mineur, d'une pure écriture de quatuor à cordes, s'élève jusqu'à un aveu passionné, avant de refluer vers la reprise du refrain par douze mesures de transition dont la subtilité harmonique et la liberté agogique ne peuvent se rencontrer que sous la plume géniale de Schumann. Le second intermède, en *la* mineur, ne fait que passer : ses tendres interrogations — qui conservent la petite appoggiature expressive du refrain, dont on ne perd donc point le souvenir — sont interrompues par d'énergiques et pesants rythmes de marche, irruption soudaine de la réalité quotidienne. Mais à l'issue du dernier retour du refrain, le rêve, et de la plus rare qualité poétique, conserve le dernier mot grâce au merveilleux épilogue lent intitulé simplement *Zum Schluss* (« Pour finir »), et qui, au terme d'un long suspens harmonique, s'évanouit avec bonheur dans la sphère idéale de l'imagination. Pour ces seize mesures seules, comme pour la transition succédant au premier minore, l'*Arabesque* mérite l'affection de tous les Schumanniens...

Blumenstück (op. 19)

Avec l'*Arabesque op. 18*, et les trois *Romances op. 28*, le *Blumenstück* — littéralement « Pièce de fleurs » — compte parmi les productions mineures de la féconde année 1839. On aurait le plus grand tort d'en négliger les charmes intimes, car ce romantisme souriant et doucement sentimental, expression parfaite de la *Gemütlichkeit* germanique, est un élément de la personnalité de Schumann qu'on ne saurait ignorer. Comme l'*Arabesque*, le *Blumenstück*, grâce à sa relative simplicité technique et musicale, est à la portée des bons amateurs, et constitue donc une excellente introduction à la connaissance de l'œuvre pianistique de Schumann. Si l'*Arabesque* pouvait évoquer le souvenir d'Hoffmann, c'est à Jean-Paul que fait allusion le titre même du *Blumenstück*. Pour le poète comme pour le musicien, il signifie en fait bien davantage qu'un simple bouquet de pensées parfumées à l'usage de quelques belles écouteuses. Les cinq sections alternent dans un ordre en apparence capricieux, mais possèdent toutes une mystérieuse parenté interne, concrétisée par un petit motif de quatre doubles croches descendantes. A l'exception du bref *Lebhaft* (« Vif ») du numéro *V*, nous demeurons dans un même climat de tendre rêverie. Schumann gomme délibérément contrastes ou contours trop accusés, mais c'est précisément ce lyrisme intime et sans apprêt qui fait le charme de cette petite composition. Il y a au total neuf petits épisodes, dans l'ordre suivant des cinq sections constituant la matière de l'ouvrage : *I-II-III-II-IV-V-II-IV-II*. On voit que c'est la section *II* qui fait ici office de refrain, la section *I* se bornant à un rôle introductif. Elle établit le ton principal de *ré* bémol majeur, et le climat d'ensemble de douceur discrète, se contentant d'une toute simple petite forme binaire à reprises. *II (Un peu plus lent)*, en *la* bémol majeur avec une brève incursion en *mi* majeur, est issu du milieu de l'épisode précédent. *III*, oscillant entre *mi* bémol mineur et le ton principal, est un intermède modulant et chromatique, au terme duquel *II* est repris abrégé, sans incursion en *mi*. *IV* retrouve le caractère de *II*, alors que *V*, en *mi* bémol mineur, constitue, nous l'avons dit, le seul et très bref intermède vif de l'ensemble. Il reparaît alors au relatif *si* bémol mineur, et une reprise fidèle de *IV* précède le dernier retour de *II*, agrandi en une petite coda lente de cinq mesures.

Grande Humoresque, en *si* bémol majeur (op. 20)

Tel est le titre exact et complet de la plus négligée, peut-être, des très grandes œuvres pour piano de Schumann. L'œuvre est longue, difficile à construire, déroutante par certains aspects, et son état d'esprit n'est pas lui-même d'un abord aisé. Schumann écrivait à ce sujet à un ami français : « Les Français ne peuvent pas comprendre non plus le terme d'« humoresque ». Et il est bien malheureux que votre langue n'ait pas de mot exact pour rendre justement deux particularités aussi enracinées dans la nationalité allemande que l'exaltation du rêve *(das Schwärmerische)* et l'humour : lequel est précisément un mélange heureux d'exaltation et d'esprit farceur ». Mais, en même temps, il confiait à un ami allemand que l'œuvre était « peu gaie, et peut-être ce que j'ai fait de plus déprimé ». La contradiction n'est qu'apparente, ou plutôt elle est inhérente à la nature complexe de l'*Humoresque*, conçue en huit jours exaltés, à la fin du séjour de Schumann à Vienne. Le 11 mars 1839, il écrit de la capitale à Clara : « J'ai été toute la semaine au piano, composant, écrivant, riant et pleurant tout à la fois. Tu trouveras une bonne description de cet état de choses dans mon opus 20, la *Grande Humoresque*. » C'est l'humour un peu bizarre, inquiétant et vagabond, de son cher Jean-Paul que nous trouvons dans cette succession très lâche de cinq sections principales indissolublement liées de manière à former un seul tout, sans coutures visibles. En fait, c'est l'essai le plus vaste et le plus ambitieux de Schumann de s'exprimer dans une grande forme libre, — ni sonate, ni suite, ni même cyclique. Et cependant, pour qui sait l'entendre, et surtout l'articuler en véritable architecte l'*Humoresque* n'apparaît nullement comme un kaléidoscope ou comme une mosaïque multicolore et fragmentée. Il s'agit d'une suite de variations de climat expressif — de *Stimmung* comme disent les Allemands — dont le lien unificateur est de nature poétique bien plus que musicale ou même esthétique. La conception de l'œuvre est vraiment sans précédent, même chez Schumann ! Un puissant facteur d'unité demeure la tonalité : les cinq sections sont presque entièrement articulées autour de la tonique *si* bémol et de son relatif *sol* mineur. D'autre part, les trois premières obéissent à la relative symétrie d'un da capo.

Au début, la rêverie flottante de l'*Einfach* (« simplement »), au lyrisme tout chantant, dérive en son milieu, d'une manière surprenante et très schubertienne, vers *sol* bémol majeur, — tonalité qui polarisera par la suite la musique à la manière d'une véritable tonique secondaire. *Sehr rasch und leicht* (« très rapide et léger ») adopte la forme concentrique en « boîte japonaise » si chère à Schumann. *A*, en *si* bémol majeur, déroule sa course hâtive sur un thème obstiné croche - deux doubles croches - deux croches. La répétition de deux mesures identiques, mais en opposition dynamique *(forte* puis *piano)* crée l'illusion passagère de phrases de longueur inégale. On note encore des emprunts passagers à *sol* bémol majeur ! *B*, bien qu'encore plus rapide, conserve le même rythme, pour une sombre, mais brève chevauchée en *sol* mineur. Après une introduction en accords, avec syncopes effectuant un lien précaire avec *A*, *C* précipite sa course en rythmes pointés à la main gauche, en triolets de croches à la main droite. Une simple allusion à *B* ramène *A*; et cette première section se termine par le retour de l'introduction modérée, finissant par une dernière allusion à *sol* bémol majeur, grâce à une cadence par enharmonie d'une extrême subtilité, peut-être plus perceptible pour l'œil que pour l'oreille...

Une fébrilité inquiète caractérise le début du deuxième « chapitre » — ce terme convenant mieux que section ou mouvement — avec son chant large et viril à la basse (*Hastig*, « hâtif »). C'est ici qu'entre les deux portées Schumann en a noté une troisième, sur laquelle figure une « voix intérieure » *(innere Stimme)*, inexprimée, et qui n'est pas destinée à être jouée, — « filigrane du rêve », comme l'appelle admirablement Marcel Beaufils. Mais très vite, cette voix disparue, le tempo s'emballe, se désagrège en syncopes haletantes *(Wie ausser Tempo*, note Schumann : « comme hors de tempo ») et la musique s'enfle en un tourbillon éperdu, sans cesse accéléré, que rien ne semble pouvoir arrêter. Cette accélération s'effectue par décrochement de l'agogique, les valeurs brèves cédant la place à leurs multiples, mais tellement plus rapides que l'effet de ralentissement est annulé : sensation de tournoiement, d'engrenage. Le summum de la vitesse est atteint avec des blocs d'accords sur un rythme obsédant : double croche - trois noires, l'accent sur la dernière. Une longue accalmie ramène enfin le retour du début, à présent hésitant, rêveur, coupé de points d'orgue, et dépourvu de « voix intérieure ». En épilogue, un *Adagio* d'une grande tendresse, cadençant à la tonique *si* bémol.

Le troisième chapitre s'ouvre sur une merveilleuse phrase intensément lyrique (*Einfach und zart*, c'est-à-dire : « simplement et avec tendresse », en *sol* mineur), gonflée de désir et d'aspirations, élaborée en un riche contrepoint chromatique. Soudain, en guise d'Intermezzo, voici un preste et énergique mouvement de toccata en *si* bémol majeur, en séquences de doubles croches descendantes. La reprise du début aboutit à une brève conclusion résignée et amère (cadence napolitaine sur tonique).

Au contraire des précédents, le quatrième chapitre adopte une forme ouverte, et ses trois parties n'ont point de lien entre elles. Tout d'abord, au ton principal, s'élève une phrase chantante, heureuse et douce (*Innig*, c'est-à-dire : « avec intimité »). C'est un rondo à deux couplets, — le premier, brève embardée d'accords entrechoqués aux deux mains, le deuxième, nouvelle évasion dans les parages magiques de *sol* bémol majeur. Pour finir, une coda étrangement discordante, aux appoggiatures hardies. A présent, en guise de seconde partie, voici une fougueuse chevauchée en *sol* mineur (*Sehr lebhaft*, « très vif »), avec de nouveaux emprunts à *sol* bémol, mais aussi des passages dissonants sur pédale. Cet épisode se termine par une strette tumultueuse brusquement coupée. Surgit alors une fanfare pompeuse, modulant de *mi* bémol vers différentes tonalités, toujours sur le même rythme uniforme et délibérément bête. Les sept dernières mesures de cette troisième partie, soudain en pianissimo mystérieux, échouent sur la dominante de *si* bémol...

Alors s'élève la tendre méditation mélodique de l'« épilogue » *(Zum Beschluss)*, avec ses molles tierces et sixtes parallèles si eusébriennes. Au cours de cette longue rêverie dont on ne peut s'évader, on espère toujours *sol* bémol majeur, mais par deux fois une échappée en direction de *ré* bémol est coupée par le retour au ton principal. Une brève et énergique coda nous arrache enfin à cette sorte d'engourdissement : grands piliers d'accords de la main droite, en succession chromatique descendante, fouettés de brèves fusées de la main gauche. A présent seulement, on salue *sol* bémol, mais très vite, comme accord de passage : trop tard maintenant !...

Nachtstücke (Pièces nocturnes) (op. 23)

« On y voit davantage d'yeux de chouettes que d'étoiles », affirmait Liszt qui s'y connaissait en diableries !... Et de fait, voici l'un des cycles les plus inquiétants, les plus ténébreux, les plus mal connus aussi, de la maturité de Schumann. Les circonstances qui l'ont vu naître sont à elles seules des plus singulières. Schumann se trouvait alors à la fin de son séjour à Vienne. Du 24 au 27 mars 1839, il y fut en proie à des obsessions macabres, tout en travaillant à son œuvre nouvelle. Un peu plus tard, le 7 avril, il fit le récit de ce qui lui était arrivé dans une lettre à Clara : « Je t'ai parlé d'un pressentiment que j'ai eu en travaillant à ma nouvelle composition. Il y avait un passage auquel je retournais sans cesse, car c'était comme si quelqu'un soupirait d'un cœur lourd « O mon Dieu ! ». Pendant que j'écrivais, je ne cessais de voir des visions de processions funèbres, de cercueils, de visages malheureux et désespérés. Lorsque j'eus terminé, et que je cherchai un titre, je revenais toujours à *Leichenfantasie* (fantaisie cadavérique). N'est-ce pas étrange ? Pendant que je composais, j'étais sans cesse profondément ému, et des larmes coulaient de mes yeux sans raison apparente. Puis arriva la lettre de Thérèse, et d'un seul coup tout devint clair ».

Thérèse était la belle-sœur de Schumann, et sa lettre annonçait que son mari, Eduard, le frère que Schumann aimait tendrement, était au plus mal. Le compositeur quitta immédiatement Vienne, dans l'espoir de le revoir, mais le 6 avril, il entendit distinctement un choral funèbre joué par des trombones : il apprit un peu plus tard qu'Eduard était mort à ce même instant ! Pour lui, qui acceptait aisément le mystique et le surnaturel, il n'y avait rien là d'étonnant : on sait le rôle croissant que le spiritisme devait jouer dans la détérioration finale de son état de santé mentale. D'ailleurs, l'époque était malheureuse : Clara, pour la première fois seule à Paris en tournée de concerts, écrivit alors à Robert, sous l'influence de son père, qu'il valait décidément mieux remettre leur mariage jusqu'à ce que sa situation matérielle à lui fût mieux assurée. C'est dans ces sombres circonstances que sont nées les quatre *Nachtstücke* : ce titre, emprunté à un cycle de huit contes tragiques de Hoffmann, fut finalement choisi de préférence au macabre *Leichenfantasie*, qui provenait de poèmes de jeunesse de Schiller. A l'origine, les quatre morceaux portaient des titres descriptifs, supprimés lors de l'édition définitive : *Trauerzug* (« cortège funèbre »), *Kuriose Gesellschaft* (« curieuse assemblée »), *Nächtliches Gelage* (« banque nocturne ») et enfin *Rundgesang* (« ronde »). Ces titres correspondent encore très fidèlement au contenu poétique des différentes pièces du cycle.

La première (*Mehr langsam, oft zurückhaltend*, c'est-à-dire : « plutôt lent, en retenant souvent ») est une étrange marche en clair-obscur s'enfonçant graduellement dans les ténèbres. Impossible de lui trouver un centre tonal, car on module sans arrêt, et cette instabilité reflète bien l'inquiétude psychologique du compositeur, qu'il nous semble voir une torche à la main, marchant sur la pointe des pieds (comme il le faisait réellement dans la vie), à la recherche du cœur de la nuit. Les phrases de huit mesures, aux rythmes pointés, partent toujours d'un accord de septième diminuée pour aboutir immanquablement à un accord parfait majeur : mais ce ne sont jamais les mêmes accords ! La forme est celle d'un rondo avec quatre couplets, dont le deuxième fait entendre une sombre mélodie de la basse en *la* mineur. Au début du troisième, brusquement le sol manque, se dérobe : c'est la gamme par tons *do, si* bémol, *la* bémol, *sol* bémol (au lieu du *sol* naturel que l'on attendait) qui donne cette impression de vide soudain ; puis, par enharmonie, on gagne les parages de *fa* dièse majeur — *si* majeur où, parmi les imitations mélodiques obsédantes, s'installe une nouvelle lumière crépusculaire, celle du monde d'en bas. Le dernier couplet, mélodie-miroir aux deux mains par mouvement contraire *(Eulen-Spiegel)*, ramène le refrain à la démarche saccadée, à présent sur des *sol* lourdement scandés, glas-pédales sonores et terribles. Après un dernier fortissimo, tout s'évanouit dans les ténèbres.

Chapitre deux : *Markiert und lebhaft* (« marqué et animé »), en *fa* majeur. Le bref refrain en accords énergiques a le caractère, fidèle jusqu'à l'onomatopée, d'un éclat de rire quelque peu démoniaque. Ici, la forme obéit au schéma A B A'C B A. *B*, l'épisode de loin le plus long, en *la* bémol majeur, reprend la mélodie du refrain, mais ralentie, alanguie, — ce qui souligne encore son profil descendant, dépressif, étayé par des harmonies langoureuses et déliquescentes, culminant à la fin en longues hésitations, en équivoques harmoniques. De temps en temps, on conclut sur une cadence ecclésiastique, dont la présence en ces lieux a quelque chose de blasphématoire. A une reprise abrégée du refrain succède un nouveau couplet en *ré* bémol majeur, très animé, en croches piquées, précédant le retour inopiné de *B* in extenso. Coda brève et vive sur le refrain ricanant, couronné par la précipitation de trois mesures *Presto*.

Mit grosser Lebhaftigkeit (« avec une grande vivacité »), la troisième pièce (*ré* bémol majeur) nous précipite dans le tourbillon d'une valse avec deux trios. Le rythme martelé (noire - deux croches - noire) est schubertien. Dans le premier trio (au relatif *si* bémol mineur) un cantus firmus en valeurs longues, à l'allure de glas ou de *Dies irae*, se dégage du tournoiement de croches. Il chante ensuite en octaves éclatantes à la main droite, module par des chemins tourmentés et rejoint la reprise du refrain. Le deuxième trio précipite encore l'allure, en accords de noires modulant rapidement vers *fa* dièse mineur. Après une dernière reprise de la valse, quelques brèves mesures de coda mettent le point final.

Deux mesures cadentielles à l'étrange puissance d'envoûtement, dont Mahler se servira pour ouvrir la deuxième *Nachtmusik* de sa *Septième Symphonie*, introduisent le finale marqué *Einfach* (« simplement »), en *fa* majeur. On ne sait quel exorcisme a dissipé les maléfices. Une marche lente et calme déroule sa procession sereine, et ses périodes se terminent par la même cadence pieuse qui émaillait la deuxième pièce. Mais ici, plus de blasphème, la formule retrouve son cadre naturel, et l'on s'avise tout à coup que Bruckner l'a utilisée plusieurs fois dans sa *Cinquième Symphonie*. La forme, simple triptyque avec reprise variée, ménage un épisode central en *la* bémol majeur, dont les imitations mélodiques séquentielles modulent avec beaucoup de finesse. La reprise abrégée du début se complaît en harmonies raffinées, recherchées ; puis la musique s'éteint doucement dans les basses, en *Adagio decrescendo* : les ombres d'une nuit à présent réconciliée et complice se referment sur elle...

Carnaval de Vienne (op. 26)

Au début de 1839, Schumann séjourna pendant quelques mois à Vienne, dans l'espoir d'y trouver une situation stable. Il fut déçu dans ses ambitions, et ne garda pas un très bon souvenir d'une ville qu'il trouva bien frivole. Cependant ce voyage fut loin d'être vain. D'une part, Schumann découvrit à Vienne le manuscrit de la grande *Symphonie en ut majeur* de Schubert, qui reposait oublié parmi des liasses d'autres partitions chez le frère du musicien défunt depuis onze ans. D'autre part, il ramena de la capitale des Habsbourg l'inspiration d'une de ses œuvres pianistiques les plus gaies et les plus brillantes, le *Carnaval de Vienne (Faschingsschwank aus Wien)*, composé cette même année 1839, — la dernière grande année du piano schumannien, qui vit naître également l'*Arabesque*, le *Blumenstück*, la grande *Humoresque*, les *Nachtstücke* et les trois *Romances*. Dès l'année suivante, le lied allait prendre possession exclusive de son inspiration, avant de céder la place à l'orchestre, puis à la musique de chambre.

Le *Carnaval de Vienne (Fasching* est le terme spécifiquement viennois pour désigner le carnaval, quant à *Schwank*, ce mot signifie farce, conte plaisant) semble déjà vouloir déborder le cadre du piano, bientôt trop étroit pour le compositeur. Aucune de ses œuvres pour clavier n'est plus orchestrale d'allure. Une telle débauche de couleurs entraîne un climat expressif nettement plus extraverti, disons le mot, plus extérieur, que de coutume ; et certes, on ne cherchera pas ici les suprêmes confidences. Ni fièvre, ni vertige dans cette fresque rutilante, où seul le bref intermède du quatrième morceau nous donne un aperçu brûlant de la vie intérieure de l'auteur. Mais ce n'est nullement une raison pour traiter de haut une partition débordante de vraie musique, ainsi que cela s'est produit trop souvent.

Le *Carnaval de Vienne* se distingue du précédent et plus célèbre *Carnaval op. 9*, de 1835, non seulement par son caractère moins intimement subjectif, mais aussi par sa forme. Au lieu d'une série de miniatures, nous avons affaire ici à une succession de cinq morceaux seulement, de dimensions relativement considérables, en particulier le premier et le dernier. Dépourvus de titres descriptifs, ils se rapprochent d'une sorte de suite, voire même de libre sonate, ce que confirme le plan tonal tout classique : les trois morceaux impairs s'en tiennent au ton principal de *si* bémol majeur, tandis que les morceaux pairs sont respectivement au relatif (*sol* mineur) et à la sous-dominante mineure (*mi* bémol mineur).

Le premier *Allegro* (à 3/4), le plus considérable des cinq mouvements, établit d'emblée l'ambiance bruyante et débridée des réjouissances populaires dans les rues de Vienne. C'est un grand rondo, de coupe très libre, mais dont les épisodes, très variés, sont unifiés par l'inébranlable mesure à 3/4. Le refrain, robuste et carré,

alterne avec des couplets qui sont autant d'évasions vers le domaine du rêve : évasion vers l'harmonie et les modulations les plus subtiles dans le premier, en *sol* mineur ; vers l'ivresse des syncopes à outrance dans le second, en *mi* bémol, — et cette exacerbation est ici poussée à l'absurde, puisque les syncopes finissent par se détruire mutuellement... ; évasion dans le temps, simplement, avec le troisième couplet, très développé, en *sol* mineur, d'un caractère plus rude et plus sombre que la musique qui l'entoure. Mais voici de plus grandes surprises : Schumann ne pouvait certes avoir visité Vienne sans y avoir rencontré le souvenir de Schubert, et c'est à un hommage non déguisé que nous convie le merveilleux quatrième couplet, authentique *Valse noble* à la manière de l'auteur de *Rosamunde*, dont Schumann reprend même la liberté modulante (*fa* dièse majeur n'est qu'un point de départ !). C'est au cours de cet épisode que surgit soudain, en éclatante fanfare de trompettes, la célèbre citation de la *Marseillaise*, véritable pied-de-nez carnavalesque à la censure de Metternich, qui avait interdit cet hymne révolutionnaire dans tout l'Empire des Habsbourg. Il n'y a pas de reprise du refrain, mais seulement une brève transition modulante qui y fait allusion, avant le cinquième et dernier couplet, hommage à Beethoven, cette fois-ci, et plus précisément au Beethoven de la *Sonate en* mi *bémol opus 31/3* (Schumann évoque ici le trio du *Menuet*). Cette citation est loin d'être fortuite et Schumann nourrissait une tendresse particulière envers cette Sonate, dont le début se retrouve fidèlement dans les premières mesures de son *Quatuor en* la *majeur op. 41/3*. Cependant, l'hommage possède une portée plus profonde, et une étude plus attentive de cet épisode magnifique révèle, surtout en sa seconde partie, une assimilation en profondeur des procédés d'écriture du Beethoven tardif. L'ultime reprise du refrain est encore suivie d'une grande coda, d'abord calme et syncopée à la manière du second couplet, puis brillante et vigoureuse, dans l'amplification du matériau qui servait de pont entre les deux derniers intermèdes.

A ce morceau de vaste envergure succèdent trois miniatures. Et tout d'abord une touchante *Romance en* sol *mineur*, seul et bref intermède lent au sein de cette mêlée tumultueuse. Le même motif plaintif, d'une indicible mélancolie, est repris par six fois ; après la consolation éphémère de six mesures d'*ut* majeur (à 3/4), il revient encore trois fois, toujours aussi pitoyable et endeuillé, jusqu'à la modulation magique de sixte napolitaine précédant la cadence conclusive avec tierce picarde : petit miracle de l'harmoniste Schumann !... Le *Scherzino* qui suit n'est que badinerie pleine de verve espiègle et ne s'écarte guère de son rythme pointé obstiné, malgré une surprenante incursion en *la* majeur, avant la pirouette des dernières mesures en accelerando.

Joyau de l'ouvrage, l'*Intermezzo,* tout frémissant de sombre passion, nous restitue l'espace d'un instant le Schumann essentiel, le poète de l'amour et de la nuit : c'est lui-même qui apparaît ainsi au milieu des masques et des réjouissances. Sa mélodie au souffle ample et noble, enveloppée d'un essaim tourbillonnant de triolets volubiles de doubles croches,

semble comme une transfiguration de l'esprit des *Romances sans paroles* de son ami Mendelssohn, mais avec combien plus d'envolée et de violence expressive !

Le *Finale (Extrêmement vif)* ne se maintient pas à de pareilles hauteurs, mais c'est un joyeux tourbillon de musique qui semble s'enivrer de sa propre vitesse. On y reconnaîtra avec surprise une forme sonate des plus classiques, avec second thème chantant et expressif, où même la traditionnelle barre de reprise au terme de l'exposition ne fait pas défaut. Le bref développement introduit, il est vrai, un élément nouveau de rythme martial. Et, à l'issue de la réexposition de rigueur, la musique s'élance avec bonheur en une strette virevoltante, aboutissant enfin aux grands accords terminaux, dont la puissance sonore évoque le tutti d'orchestre.

Trois Romances (op. 28)

Les trois volets de ce bref triptyque, composé en 1839, ont connu des fortunes bien diverses. Alors que le second — le seul qui, par son caractère, se rapproche du type traditionnel de la romance romantique — bénéficie à juste titre d'une large popularité, les deux autres, moins inspirés il faut bien l'avouer, demeurent négligés.

La *première Romance*, en *si* bémol mineur, aux rythmes *très marqués*, n'échappe pas à une certaine monotonie de l'écriture pianistique et rythmique, en dépit de ses beaux accents passionnés. Elle adopte la forme très classique d'un scherzo, avec un trio central en *fa* dièse majeur, suivi, comme souvent chez Schumann, d'une sorte de développement du scherzo servant de transition vers la reprise de ce dernier.

Avec la *seconde Romance,* en *fa* dièse

majeur, nous abordons un petit joyau du piano romantique, un authentique chef-d'œuvre de trois pages seulement (trente-quatre mesures), dont le chant paisible pénètre les profondeurs insondables de l'âme. Dans le chaud et sonore registre de violoncelle de l'instrument, l'ardente mélodie vibre sous les pouces des deux mains à distance de tierce, effet pianistique qui ne se trouve sous cette forme ni chez Chopin ni chez Liszt, et qui nécessite — l'une des toutes premières fois dans l'histoire de l'instrument — la notation sur trois portées (deux pour la main droite). La frémissante phrase initiale de huit mesures est reprise, puis un intermède aux modulations audacieuses, tout en glissements chromatiques, conduit à la reprise variée, qui s'élève rapidement jusqu'à un sommet expressif en point d'orgue. A la manière d'une récitatif, les voix entrent alors l'une après l'autre pour la cadence finale, d'une magnifique générosité mélodique ; mais la tension harmonique ne se résout qu'au cours des quatre mesures de coda, qui rappellent paisiblement le thème principal.

La *troisième Romance*, en *si* majeur, plus longue à elle seule que les deux autres réunies, retrouve le rythme rapide de la première, et cette vivacité un peu sèche s'écarte davantage encore du propos expressif suggéré par le titre. C'est une de ces pièces « à tiroirs » chères à Schumann, et dont le schéma formel peut s'indiquer comme suit : ABACADBA. Comme dans la *première Romance*, A est une forme binaire à reprises, mais ici c'est elle qui fait office de refrain. B (*Un peu plus animé*) est une sorte de trio en *mi* majeur, mais c'est aux couplets suivants, beaucoup plus contrastés, que Schumann a réservé la dénomination d'*Intermezzo*. L'*Intermezzo I* (C dans le schéma d'ensemble), *Presto* à 6/8 en *ut* dièse mineur, adopte lui-même une coupe ternaire, avec petit développement et reprise en *ré* bémol majeur. Plus bref, et à nouveau *un peu plus lent*, l'*Intermezzo II* (D), en *mi* mineur, s'abandonne à l'ivresse schumannienne des syncopes perpétuelles.

Quatre Pièces : Scherzo, Gigue, Romance et Fughetta (op. 32)

Peu après son retour de Vienne, Schumann a réuni ces quatre pièces écrites en 1838 et 1839 en une courte Suite aujourd'hui bien oubliée. Elles sont apparentées par leurs tonalités voisines, certes, mais aussi par leur inspiration. A première vue, le *Scherzo* et la *Romance* relèveraient du Schumann romantique, les deux autres morceaux de l'admirateur de Bach ; et pourtant une réelle unité d'atmosphère exclut tout sentiment de disparate. Ce sont de petites pièces d'envergure secondaire, mais nullement insignifiantes.

Le *Scherzo* (*Sehr markiert*, en *si* bémol majeur) déroule le tressaillement de ses rythmes pointés sautillants, obsédants, aux modulations inquiètes, aux points d'orgue soudains. Dans le trio en *ré* mineur, plus chantant, plus lié, rappelant un peu la cinquième pièce des *Kreisleriana*, le volètement inquiet de ces rythmes pointés persiste cependant.

La *Gigue* (*Sehr schnell*, « très rapide ») en *sol* mineur est fuguée, et essaie de rivaliser avec celle, fameuse, de Mozart (*K 574* en *sol* majeur). Jamais il n'y a plus de trois voix, souvent deux seulement. Les rythmes pointés, et le thème lui-même, sont très proches du *Scherzo* dans *Ouverture, Scherzo et Finale* pour orchestre *(op. 52);* mais on pense également à la dernière pièce de *Kreisleriana*.

Curieux tempo pour une *Romance* que ce 2/4, *Sehr rasch und mit Bravour*, « très rapide et avec bravoure » ! Cette pièce en *ré* mineur, au débit haletant, haché, présente un thème aux rythmes pointés obsédants, accompagné par des groupes de deux doubles croches staccato scandant violemment les quatre temps de la mesure. Le milieu du morceau, qui souffre de quelque abus des séquences, est un intermède en *fa* majeur plus lent et plus mélodique, mais dont l'accompagnement intérieur conserve une agitation typiquement schumannienne. La reprise du premier thème se précipite à la fin en coda-stretta sur accompagnement de triolets de doubles croches.

Vient enfin une mystérieuse *Fughette* en *sol* mineur, à 6/8, sur un petit motif de chasse furtif, balancé, curieusement harmonisé en accords à chacune de ses entrées, morceau murmuré, ne s'élevant jamais au-dessus de la nuance piano, et se terminant par une discrète cadence picarde *Adagio*. Une fois de plus, notre poète-rêveur nous quitte sur la pointe des pieds...

Quatre Fugues (op. 72)

Après 1839, le piano disparaît de la vie créatrice de Schumann, désormais absorbé par la voix, puis l'orchestre et la musique de chambre. Il y revient seulement en 1845, mais dans un but autre qu'au temps de sa jeunesse. En 1845, il se livre à l'étude de Bach, et il en résulte toute une série d'œuvres contrapuntiques : *Études op. 56* et *Esquisses op. 58,* pour piano à pédalier, six *Fugues sur B.A.C.H. op. 60* pour orgue, enfin quatre *Fugues op. 72* pour piano. Au cours de cette année 1845, la première passée à Dresde, Schumann, outre les pièces précitées, a seulement achevé son *Concerto pour piano,* commencé quatre ans auparavant, et jeté les esquisses de ce qui sera sa *Deuxième Symphonie.*

Comme l'a très bien dit Marcel Beaufils, Schumannn « a vécu toute sa vie au bord de la fugue, comme il a vécu sur les rives fleuries du *Clavier bien tempéré,* son pain quotidien ». Selon Boetticher, il existe non moins de soixante-sept esquisses de fugues non publiées, sans compter celles qui se sont altérées en thèmes libres. En effet, de son propre aveu, Schumann concevait très souvent un thème sous forme fuguée, et il lui fallait le dépouiller d'abord des contrepoints qui l'entouraient pour cerner sa vraie nature. On trouve des fugues et des fugatos dans nombre de ses grandes œuvres de chambre, d'orchestre ou de musique chorale. Les quatre fugues réunies sous le numéro d'*Opus 72,* de pair avec les sept *Fughettes op. 126,* constituent cependant les deux seuls recueils de fugues que l'on puisse trouver dans sa production pianistique.

La première fugue, en *ré* mineur, *Nicht schnell* (« pas vite ») à 6/8, n'est pas sans rappeler le caractère des *Fugues op. 35* de Mendelssohn, que Schumann admirait beaucoup. A quatre voix, elle se déroule au gré d'un balancement berceur, un peu mou peut-être, un peu uniforme dans la succession de ses croches liées égales et placides, toujours dans la même nuance piano. Le contre-sujet, en noires pointées, intervient fréquemment à deux voix simultanément, par mouvement contraire convergent. Une seule fois, Schumann esquisse brièvement une libre augmentation de son sujet.

Également en *ré* mineur, la deuxième fugue adopte au contraire une allure « très animée » *(Sehr lebhaft).* Le sujet, d'allure très classique, de cette fugue à trois voix, rappelle, transposé et très accéléré, celui de la *Fugue en si bémol mineur* du premier Livre du *Clavier bien tempéré.* Schumann l'utilise aussi bien droit que renversé. Tout à la fin, il intervient en augmentation à la basse, en puissantes octaves.

Profondément élégiaque et même mélancolique, très mélodique et liée, telle apparaît la troisième fugue, en *fa* mineur (*Nicht schnell und ausdrucksvoll,* soit : « pas vite et très expressif »). Le sujet de cette fugue à quatre voix — mais le plus souvent à trois seulement — présente par son profil mélodique une analogie frappante avec l'*Étude en fa mineur* de Chopin. Ce sujet de deux mesures possède une fin cadentielle, ce qui constitue plutôt une faiblesse pour un sujet de fugue.

Im mässigen Tempo (« dans un tempo modéré ») se déroule la quatrième fugue, en *fa* majeur, dont le sujet, cette fois-ci, paraît directement inspiré de celui de la fugue géante figurant au cœur de la *Sonate* pour violon seul en *ut* majeur de Bach. A mi-course, le débit de cette fugue à quatre voix s'anime *(Etwas belebter)* sur une variante séquentielle issue du dessin de croches descendantes du sujet. Un humour typiquement schumannien anime la preste conclusion homophone intitulée coda.

Album pour la jeunesse (op. 68)

Avec le cycle des *Scènes d'enfants,* le Schumann de 1838 s'était le premier penché sur le mystère limpide de l'âme enfantine. Dix ans plus tard, Schumann est un époux et un père comblé. S'évadant du piano, il a édifié une œuvre aussi vaste que variée dans tous les domaines : lied, musique de chambre, musique symphonique, oratorio, opéra... Certes, quelques alertes — la plus grave en 1845-1846 — sont venues lui rappeler sa précaire condition de sursitaire de la nuit, mais ces menaces encore vagues ne font que stimuler son ardeur : de 1849 date le fameux « Créer tant qu'il fera jour » ; et, de fait, sur le seul plan de la quantité, ces années sont les plus fécondes de sa vie. C'est au milieu de travaux de beaucoup plus vaste envergure qu'en septembre 1848, en quelques semaines, il rassemble le bouquet épars de dizaines de piécettes faciles écrites au cours des ans, et qu'il les complète par d'autres, de niveau tout à fait élémentaire, accessibles aux doigts menus et malhabiles des pianistes en herbe.

Comme d'habitude, Schumann s'était trouvé devant une surabondance de matière, et les quarante-trois pièces de l'*Album pour la jeunesse,* publié sous le numéro d'*Opus 68,* résultent d'un choix : quatre pièces ignorées devaient voir le jour en 1924, et six autres en 1958 seulement.

Sur la propre insistance de Schumann, la première édition parut avec une couverture dessinée par Ludwig Richter, célèbre illustrateur de contes de fées, et nombre de morceaux rappellent effectivement beaucoup l'univers intime de ce peintre. Marcel Beaufils explique très simplement le secret de l'inépuisable popularité de ce recueil, qui a ouvert des centaines de milliers d'enfants à la musique dans le monde entier, — succès que d'autres pages destinées à la jeunesse, comme les trois *Sonates,* n'ont pas connu au même degré : « C'est qu'il contient tout le folklore de l'enfance, qui se transpose de peuple à peuple et définit un univers. » On ne saurait mieux dire.

Si chaque pièce dissimule un petit problème technique sous un titre séduisant, Schumann a en effet réussi le miracle de faire de ces miniatures des morceaux de musique véritable, le plus souvent inspirée et hautement personnelle. Peut-être les cinq premières pièces, les plus élémentaires, permettent-elles seules au but pédagogique de l'emporter, et encore... L'ensemble illustre bien cette phrase des *Conseils aux jeunes musiciens* du même Schumann : « Sans enthousiasme, on ne fait rien comme il faut en art », et la fraîcheur d'esprit avec laquelle il aborda ce travail trouve son témoignage dans cette déclaration : « Je me sentais comme si je recommençais à composer en partant du tout début. » Cela dit, l'univers expressif du recueil demeure adapté à l'âge de ses jeunes destinataires : de la gravité mais pas de métaphysique, de la tristesse mais pas de désespoir, de la joie exubérante mais pas d'exaltation passionnée : c'est bien un *Mikrokosmos* que Schumann a réalisé ici, cent ans avant Bartok.

L'*Album* se divise en deux moitiés : la première, réservée aux petits comprend les dix-neuf premières pièces, la seconde, « pour les plus grands », les autres, un peu plus longues et élaborées. Quant aux tonalités, Schumann s'en tient aux plus simples, s'aventurant par trois fois jusqu'aux quatre dièses de *mi* majeur. Les tonalités les plus fréquentes sont, dans l'ordre : *la* mineur, *ut* majeur et *fa* majeur. Au total, dix-sept pièces sont dans une tonalité mineure. Les plus courtes ont quatre lignes, les plus longues, trois pages.

1. Mélodie : c'est la manifestation de la musique à son stade le plus simple : une toute petite mélodie en *ut* majeur, accompagnée en croches régulières. Rien de plus limpide, rien de plus mystérieux que cette naissance, l'Amazone de la *Tétralogie,* le Nil du *Sacre* ont été ce ruisselet surgissant à flanc de montagne.

2. Marche militaire : première sortie : on s'arme d'un dièse, celui de *sol* majeur. Cette piécette vive et gaie, en staccato, reprend sur un autre rythme la courbe mélodique du scherzo de la *Sonate du Printemps* de Beethoven.

3. En fredonnant : on retrouve une simple mélodie en *ut* majeur, comme dans le premier morceau ; mais l'allure est déjà plus rapide, et la main gauche chante également, abandonnant parfois les croches d'accompagnement de la droite.

4. Un choral : dans tout bon foyer évangélique comme celui des Schumann, le choral ne saurait manquer : il nous ouvre le domaine des accords, ici bien simples et consonants, habillant la mélodie bien familière *Freue dich, o meine Seele* (« Réjouis-toi, ô mon âme ! »).

5. Petit morceau : une dernière fois, une petite mélodie accompagnée en *ut* majeur, comme la première pièce.

6. Pauvre orphelin : évocation touchante d'un petit malheureux abandonné, bien à la portée des petits. Ici pour la première fois le mode mineur (*la* mineur) trouve son emploi, ainsi que la sensibilité personnelle de Schumann.

7. Petit chant de chasseur : « frais et joyeux », un petit scherzino vif et preste (*fa* majeur, 6/8) déroule ses fanfares de chasse que Schumann aimait tant.

8. Le Cavalier farouche semble poursuivre sur la lancée du morceau précédent, mais en *la* mineur. Bonne occasion de s'exercer au staccato, aux deux mains :

9. La Chanson populaire propose pour la première fois une petite forme à milieu. Deux épisodes doucement plaintifs *(im Klagenden Ton),* en *ré* mineur, encadrent un *lustig* (« gai ») animé en majeur, aux rythmes sautillants et capricieux.

10. Nulle pièce du recueil n'a atteint à la popularité du Joyeux Laboureur. Aussi sa fraîche mélodie en *fa* majeur, chantant à la main gauche, se passe-t-elle de tout commentaire.

11. La Sicilienne nous fait franchir une double étape importante : les volets extérieurs, à 6/8, de ce nouveau scherzino, intitulés *schalkhaft* (« fripon »), nous initient à un art de la modulation déjà très personnel, — tandis que le petit milieu à 2/4, nous propose, sur un accompagnement staccato en croches, une première et encore modeste épreuve de vélocité avec les doubles croches de la main droite.

12. KNECHT RUPRECHT : pour les enfants allemands, c'est Croquemitaine, le Loup-Garou, le Moine bourru, — tout ce qui fait peur. On peut voir dans cette pièce sombre et rapide à 2/4 (*la* mineur), nettement plus développée que les précédentes, comme une lointaine prémonition de la *Baba Yaga* de Moussorgski.

13. MAI, JOLI MAI, TE VOICI BIENTÔT DE RETOUR ! : voilà qui a tôt fait de dissiper les ombres menaçantes. Mais il n'y faut pas moins de quatre dièses (*mi* majeur), auxquels l'enfant aura tout loisir de s'initier au cours de cette gracieuse chanson en doubles croches, preste, légère et printanière à souhait.

14. PETITE ÉTUDE : ici interviennent un petit chef-d'œuvre, tout en croches liées (6/8) passant d'une main à l'autre comme dans le *premier Prélude* du *Clavier bien tempéré* qui semble lui avoir servi de modèle. Le but pédagogique de cette ravissante pièce aux harmonies raffinées personnelles est évident : égalité du toucher et du phrasé. C'est une délicate merveille !

15. LA CHANSON DE PRINTEMPS n'est pas un moindre joyau : en *mi* majeur, c'est une gracieuse et tendre sicilienne, aux rythmes souples et incertains, dont les syncopes — véritable rubato noté — ne sont pas du tout faciles à rendre. Schumann recommande de jouer « dans un sentiment intime » cette page, assurément l'une des plus délicatement poétiques du recueil.

16. PREMIER SOUCI traduit un chagrin discret par une très simple esquisse à deux voix, proche par l'esprit de certaines *Scènes d'enfants*, qui s'illumine par instant d'un pâle sourire, pour se terminer cependant par deux accents forts, comme d'un cœur trop gros qui éclate...

17. LE PETIT PROMENEUR MATINAL aura vite fait de nous consoler par sa petite marche claire et joyeuse, en *la* majeur, aux jolies modulations, à la fin rêveuse et poétique...

18. LA CHANSON DU FAUCHEUR (à ne pas confondre avec le *Chant de moisson, n° 24*), avec ses rustiques basses de musette en quintes, offre un charmant petit scherzino en *ut* majeur, à la spirituelle conclusion en staccato, qui termine la partie enfantine du recueil.

La seconde partie, destinée aux plus grands, s'ouvre sur une PETITE ROMANCE **(19)** en *la* mineur, qui est déjà une véritable petite œuvre d'art, d'une expression douce et mélancolique, en dehors de quelques accents fortissimo dans le mode majeur. Bien d'autres pièces à venir mériteraient ce titre de *Romance*, même si elles ne le portent pas.

20. Ce n'est pas le cas de l'AIR CHAMPÊTRE, chanson d'allure typiquement allemande, avec ses harmonies naturelles évoquant la chasse, et son milieu si étonnamment schubertien, à l'accompagnement délicat.

21. Mais c'est certainement celui de la présente pièce, en *ut* majeur, « à jouer lentement et avec expression » dit le compositeur qui a mis *** en guise de titre ! En quatre lignes, c'est tout un microcosme schumannien : la courbe mélodique, aux modulations inquiètes, la soudaine bouffée de lyrisme brûlant dans la seconde reprise, voilà qui ne saurait tromper !

22. C'est encore une jolie pièce très schumannienne, aux fraîches modulations, que le RONDEL — le terme allemand *Rundgesang* implique à la fois l'idée de ronde et celle de rondeau —, sorte de barcarolle rapide en *la* majeur alternant trois refrains et deux couplets.

23. Le pittoresque CAVALIER, aux rythmes réalistes pas du tout faciles à jouer sec pour un jeune, apparaît, très décidé, en *ré* mineur, s'affirme au cours d'un trio en majeur, puis s'éloigne en un très long decrescendo aux belles harmonies chromatiques — la moitié du morceau ! — pour s'évanouir enfin à l'horizon.

24. Avec le CHANT DE MOISSON, voici encore une joyeuse et limpide mélodie d'allure populaire, offrant un petit milieu capricieux.

25. ÉCHOS DU THÉÂTRE est un petit intermède insolite dans la vie régulière et sans aventures d'un enfant du siècle dernier. Et cette perturbation se traduit par un bref et vigoureux éclat de passion typiquement schumannien, à l'accompagnement obstiné en dactyles, tandis que le milieu fait éclater des fanfares (de théâtre, évidemment !).

26. Nouvelle pièce sans titre que cette poétique romance en *fa* majeur, qui demande une interprétation très sensible, expressive et bien phrasée. Mélodie et accompagnement permutent d'une main à l'autre, de telle sorte que l'exercice est complet. Remarquez tout particulièrement les harmonies exquises de la conclusion !

27. Dans la CHANSONNETTE EN FORME DE CANON, les répétitions inhérentes à l'écriture choisie soulignent la mélancolie de l'idée mélodique, sauf au milieu, plus gai et plus animé.

28. Souvenir : il s'agit d'un souvenir bien précis : « 4 novembre 1847, mort de Mendelssohn ». Mais il n'y a rien de triste dans cette gracieuse *Romance sans paroles*, claire et printanière, salut au grand ami disparu, auquel Schumann emprunte ici quelques tournures caractéristiques, sans cesser jamais de demeurer lui-même.

29. L'Inconnu : cet inquiétant personnage, thématiquement apparenté aux célèbres *Deux grenadiers*, fournit le prétexte de l'une des pages les plus développées du recueil, exigeant une certaine force physique. C'est une marche énergique et bourrue, en *ré* mineur, avec imitations et rythmes pointés, dont le milieu (trio), plus calme et plus souriant, se voit bientôt troublé par des intrusions de la marche initiale. La fin énigmatique nous indique que le secret de l'identité du personnage n'a pas été percé.

30. Cette troisième et dernière pièce sans titre est, comme les précédentes, une belle et ample romance schumannienne, calme et lyrique, dont l'appel initial exprime une tendre nostalgie. La forme s'élargit ici en un lied à cinq compartiments, avec deux intermèdes en *fa* mineur déroulant un contrepoint chantant en paisibles croches.

31. Le Chant guerrier, plutôt cynégétique que martial ou belliqueux, module beaucoup et très librement à partir de son thème initial de fanfare à l'unisson. La fin, en sonnerie militaire, en est fort drôle.

32. Sheherazade donne lieu à une romance en *la* mineur, très triste et sentimentale, mais un peu longue et monotone, malgré d'expressives modulations, à cause d'une trop grande uniformité de la disposition et des rythmes. Mais où sont les Mille et une Nuits ? Cette bonne étude pour le legato mélodique semble bien peu orientale !

33. Vendanges — joyeux temps ! : très amusante, variée et un peu folle, cette pièce capricieuse vacille en effet comme si elle était prise d'ivresse ! Rythmes dégingandés, trilles, appoggiatures, changements de rythme subits, triolets soudains : que de douces extravagances provoquées par le vin nouveau !

34. Thème : sous ce titre neutre et dans la tonalité d'*ut* majeur qui ne l'est pas moins, voici une pièce difficile (mais oui !), aux syncopes lourdes d'hésitations, aux rythmes pointés, aux appoggiatures ombreuses : tout le trouble du lyrisme schumannien se trouve enclos dans ces quatre lignes de musique de la plus rare qualité poétique.

35. Mignon : la célèbre héroïne de *Wilhelm Meister* est évoquée par le pur rêve d'une tendre et nostalgique romance, dont l'accompagnement souple et ondulant suggère le rythme berceur des rames malgré la mesure à quatre temps.

36. Le Chant des mariniers italiens surprend par son appel de triton, repris en écho pianissimo, et précédant une preste tarentelle napolitaine, aux accords coquins à contre-temps. Ce caprice mendelsshonien constitue une excellente étude de staccato.

37. C'est, par contre, une bien sombre invitation au voyage que nous adresse l'appel initial du **Chant de matelots**, et l'on a peine à réaliser que la tonalité de cette pièce austère et grave, d'une tristesse évoquant les horizons gris des mers nordiques, soit la même que celle de la joyeuse pochade précédente : *sol* mineur.

38 et 39. Avec les deux morceaux intitulés **En hiver**, nous demeurons sous l'influence de cette grande ombre froide qui s'est soudain étendue comme un linceul de brume, nous transportant bien loin de l'enfance heureuse. Tous deux sont en *ut* mineur, tonalité sombre et nouvelle dans ce recueil, et la nostalgie intense émanant de l'appel du premier, aux harmonies douloureuses et pathétiques, se poursuit dans le blême unisson du second, où la pesante tristesse nordique et l'incurable grisaille se font tout à fait brahmsiennes. Vers la fin, cependant, une éclaircie rêveuse du *Grossvatertanz*, évocation des jours heureux de *Papillons* et de *Carnaval*. Après un dernier retour du mode mineur, c'est le majeur qui conclut doucement dans un singulier clair-obscur.

40. Avec la **Petite fugue** — en réalité, un petit prélude et fugue en *la* majeur — Schumann revient à ses préoccupations didactiques, et en même temps au sourire de l'enfance. Les doubles croches régulières et sages du prélude à 2/4 évoquent immanquablement le souvenir de Bach, bien que les modulations témoignent d'une liberté toute schumannienne. Le sujet capricieux de la fugue à trois voix (à 6/8) dérive visiblement de celui du prélude. Avec ses forzandos à contre-temps et son staccato moqueur, c'est comme si Schumann s'adressait aux petits : « Il était une fois un Bach... » Mais l'écriture, ferme et élégante, ne fait aucune concession.

41. La Chanson nordique est un amical salut à Gade, le compositeur danois, dont les lettres du nom fournissent le début du thème *(sol-la-ré-mi)* selon une habitude chère à Schumann. C'est un chant grave, aux harmonies de choral d'une noble plénitude, évoluant de *ré* mineur à son relatif *fa* majeur au gré de belles modulations.

42. CHORAL FIGURÉ : encore un Bach que Schumann a voulu mettre à la portée des enfants. Mais on doute que ceux-ci le trouvent à leur goût, car cette pièce, l'une des rares du recueil à manquer d'inspiration, paraît un peu bien austère et scolastique, voire pédante, en son contrepoint inexorable de croches accompagnant la mélodie en blanches.

43. Mais on finit en beauté avec le CHANT POUR LA SAINT SYLVESTRE, adieu calme et serein, tout de tendre sagesse, dont le sourire se voile d'une fine nuance de mélancolie : ce n'est qu'un au revoir, la vieille année s'en est allée. Et l'enfant, parvenu au bout du cahier, a maintenant un an de plus...

Quatre Marches (op. 76)

Au mois de juin 1849, la révolution grondait à Dresde, l'un des innombrables contrecoups européens de la grande flambée née à Paris en février de l'année précédente. Alors que Richard Wagner, payant de sa personne, faisait le coup de feu sur les barricades aux côtés de Bakounine, et ne tardait pas à faire l'objet de poursuites qui le condamnèrent au long exil que l'on sait, Schumann avait prudemment quitté la ville pour se réfugier, avec sa famille, dans deux petites localités avoisinantes, Kreischa, puis Maxen. Certes, ses sympathies pour les forces démocratiques ne faisaient aucun doute, mais il hésitait à les afficher publiquement. C'est ainsi que, l'année précédente, il avait composé trois chants révolutionnaires pour chœur d'hommes et harmonie militaire ; mais, au dernier instant, il avait renoncé à les publier. Par contre, il avait plusieurs fois, au cours de sa carrière, cité dans sa musique le thème de la *Marseillaise,* notamment dans le *Carnaval de Vienne* — alors que l'hymne révolutionnaire était interdit dans la capitale autrichienne — et dans son lied des *Deux Grenadiers,* en attendant de le reprendre une fois encore dans son *Ouverture* pour *Hermann et Dorothée* de Goethe en 1851. Au début de juin 1849, la tempête se calmant, Schumann rentra à Dresde. La première des quatre *Marches* porte précisément la mention : « composée le 12 juin 1849 sur le chemin de Kreischa à Dresde. » Les trois autres *marches* suivirent très rapidement. Une cinquième, rejetée, trouva place dans le recueil des *Bunte Blätter op. 99,* où elle figure sous le numéro *14.* Elle est bien de la même encre que les autres, mais celles-ci, de par leurs enchaînements de tonalités (*mi* bémol majeur, *sol* mineur, *si* bémol majeur, *mi* bémol majeur) forment un cycle, dont il eût été dommage de compromettre l'équilibre. Schumann était conscient de la portée politique de ces *Marches.* Le 17 juin, il écrivait à Whistling : « Ce ne sont pas de vieilles marches comme celles de Dessau, mais des marches plutôt républicaines. Je n'ai pas su comment lâcher autrement mon émotion : elles ont été écrites vraiment dans le feu. » Et à Liszt il précisait : « La date qui s'y trouve inscrite a pour cette fois un sens ; et vous vous en apercevrez vite... O temps, ô princes, ô peuple ! » Et cependant, une fois de plus, il renonça à son intention première, qui était de faire paraître le recueil avec un énorme « 1849 » sur la couverture en guise de titre.

Occupant une position d'exception au sein de l'œuvre pianistique schumannienne, ces *Marches* dépassent de haut le niveau habituel des musiques de circonstance. Dans un genre à la fois héroïque et populaire, dont l'écriture instrumentale un peu massive et surchargée ne fait que souligner la verve ardente et généreuse, elles élèvent l'idéal de la révolution sur le plan de la pure musique. Il faut admirer la richesse et la variété de l'invention rythmique, s'agissant d'un cadre somme toute fort contraignant. La *première Marche,* en *mi* bémol majeur, intitulée *Avec la plus grande énergie,* renonce à un intermède central constrastant, contrairement aux suivantes, et ne se départit point d'une hâte un peu saccadée, ni d'un héroïsme sainement claironnant. Moins abrupte, moins emportée, la *seconde Marche,* en *sol* mineur (très vigoureux), chante avec une grande ampleur lyrique, avec un milieu plus calme en *mi* bémol majeur, d'une tendresse inattendue en pareil contexte, et une fin doucement rêveuse en ritardando. Sous-titrée *Lager-Scene* (« Scène de Camp »), la *troisième Marche,* en *si* bémol majeur *(Très modéré),* est d'une veine très différente de ses voisines. C'est un moment de repos, mais d'un calme précaire et un peu fébrile, avec son milieu plus animé et sa fin mystérieuse, simple trêve entre deux combats. *Avec force et feu,* la *quatrième Marche,* en *mi* bémol majeur comme la première, repart vaillamment à l'assaut, non sans panache, tout en se réservant l'oasis lyrique d'un *Très soutenu* central dans le ton éloigné de *si* majeur, avant que de conclure le cycle dans l'éclat victorieux des fanfares.

Waldszenen (Scènes de la forêt) (op. 82)

1849, cette fameuse année que Schumann lui-même appelait « l'année féconde » et que, conscient de ce que le temps lui était compté, il avait placé sous le signe de la devise « créer tant qu'il fera jour », 1849 vit aussi l'achèvement d'un nouveau cycle pianistique entrepris l'année précédente : les *Scènes de la forêt,* seule œuvre pour piano de la fin de sa vie qui retrouve le lyrisme intime et simple de certaines de ses pages plus heureuses d'avant 1840, des *Scènes d'enfants* notamment. Il s'agit de neuf miniatures cimentées par leur unité tonale, s'organisant autour de la tonalité principale de *si* bémol majeur, peut-être la favorite de Schumann comme elle l'avait été de Haydn. Les pièces n°s 2 et 4 sont en *ré* mineur, les pièces n°s 6 et 8 en *mi* bémol majeur, la pièce n° 7 en *sol* mineur : une telle symétrie ne saurait être fortuite ! Mais il existe un lien plus puissant entre ces pages que celui de la tonalité, c'est le romantisme spécifiquement allemand de la forêt, tel que Weber l'avait exalté le premier avec génie. A l'origine, chaque pièce comportait d'ailleurs une épigraphe empruntée au *Jagdrevier* de Laube (v. plus loin), de « bouquets de l'amour et de la peur », de « suites crépusculaires d'une étrange lumière ». Cette lumière est due en partie à l'élargissement, trop peu remarqué, de la palette harmonique chez le dernier Schumann, dans le sens de la conquête des accords de neuvième et de leurs renversements. Mais avec l'idylle sylvestre de l'*Opus 82,* et en dépit de quelques ombres inquiétantes dans la quatrième pièce, nous sommes loin encore des angoisses du terrible *Opus 133...*

Eintritt (« Entrée en forêt ») : elle ne s'effectue « pas trop vite » *(nicht zu schnell),* au rythme d'une paisible promenade annonçant l'atmosphère d'*Idylle* ou de *Sous bois* de Chabrier, — ce que soulignent les lumineuses et déjà impressionnistes neuvièmes. On admirera la finesse et la transparence de l'écriture de cette salutation cordiale et sereine.

Mais voici le « Chasseur aux aguets » *(Jäger auf der Lauer),* pièce gaie en tourbillon de triolets, « très animée » *(Höchst lebhaft)* et se terminant drôlement par le piffpaf de deux coups de fusil.

Les « Fleurs solitaires » *(Einsame Blumen)* déroulent alors le délicat travail de filigrane de leur tapis contrapuntique émaillé de dissonances subtiles et savoureuses, se terminant par une cadence napolitaine résignée.

Mais toutes ces fleurs ne sont pas aussi innocentes : nous voici parvenus en un « Lieu maudit » *(Verrufene Stelle),* dans lequel la démarche doit se faire précautionneuse, silencieuse et lente (rythmes très pointés, mis en valeur parfois par le contraste de groupes de doubles croches piquées) :

Les appoggiatures douloureuses, les sourdes dissonances en font bien cette « ballade de la peur dans la forêt, terre baignée de sang », dont parle M. Beaufils. En effet Schumann a fait procéder cette pièce de la citation d'un poème de Hebbel :

Les fleurs, si haut croissent-elles,
Sont pâles ici comme la mort ;
Une seule d'entre elles, au centre,
Se dresse dans sa parure rouge sombre.

Elle ne l'a point reçue du soleil :
Jamais elle n'en rencontra la chaleur ;
Elle la tient de la terre,
Car elle a bu du sang humain.

C'est avec soulagement que l'on atteint le « Paysage souriant » *(Freundliche Landschaft),* clairière où le soleil joue fugitivement en prestes triolets de croches, à peine freinés, par deux fois, par un bref alanguissement.

Et déjà c'est la halte bienvenue à l'« Auberge » *(Heberge)* résonnant de la gaîté des chants populaires, émaillés de quelques discrètes exclamations de joie. Tableautin idyllique, parfumé, proche du troisième morceau *(Nicht schnell)* de la *Symphonie Rhénane.*

L'« Oiseau prohète » *(Vogel als Prophet),* la pièce la plus célèbre et la plus originale du cycle, déploie son jeu merveilleux d'appoggiatures dissonantes au gré des prestes fusées ascendantes ou descendantes reproduisant le chant de l'oiseau avec un réalisme bien supérieur à celui d'un Couperin ou d'un Rameau, — bien que fort éloigné encore de la précision d'un Messiaen. Cette pièce admirable demeure une pierre de touche... de l'art du toucher précisément. Au milieu de ce « lied adorable et tout de même tragique » (Beaufils), on trouve six mesures de paisible mélodie populaire en *sol* majeur, étoffée d'harmonies de choral à la fois simples et riches. A la fin, la reprise du chant de l'oiseau mystérieux reste suspendue, sans résolution...

La robuste et bien terrestre « Chanson de chasse » *(Jagdlied)* vient nous arracher brusquement à la rêverie. C'est un joyeux scherzo à 6/8, d'une allégresse un peu grosse typiquement germanique. On croit entendre les chasseurs entrechoquant leurs pots de grès. Même le milieu, plus léger, en *la* bémol majeur, conserve le rythme obsédant de leur chanson : noire - croche - trois croches.

Le moment est venu de dire « Adieu à la forêt » *(Abschied),* en un paisible 12/8 chantant, aux harmonies douces et pleines (treize mesures avant la fin, à nouveau une magnifique neuvième !). Épilogue bienfaisant, réconcilié où, comme à la fin des *Scènes d'enfants,* auxquelles tant d'affinités secrète unissent les *Scènes de la forêt,* « le Poète parle », sans doute pour la dernière fois avec cette plénitude dans le bonheur.

Phantasiestücke (op. 111)

L'année 1851, passée à Düsseldorf, fut l'une des plus heureuses et des plus fécondes de la fin de la vie de Schumann, qui bénéficia alors d'un répit dans l'évolution de son mal qui lui permit de composer d'abondance, selon son propre vœu prémonitoire, « créer tant qu'il fera jour ». Cette année, qui vit naître les deux *Sonates* pour violon et le *troisième Trio,* sans compter trois *Ouvertures* pour orchestre et diverses œuvres chorales, est également celle des trois *Phantasiestücke op. 111,* dédiés à la princesse de Reuss-Köstritz, et qui constituent une étonnante continuation directe du grand recueil homonyme *Opus 12,* de 1837.

Ces trois pièces forment un bref cycle, ainsi que l'indiquent les rapports de tonalités et l'indication *attacca* figurant à la fin des deux premières d'entre elles. Le premier morceau, *Très rapide, à jouer avec une expression passionnée,* en *ut* mineur, est un bref et irrésistible tourbillon de musique, jailli d'un seul jet. Par sa sombre turbulence, et par son écriture très chromatique, il n'est pas sans rappeler l'*Étude révolutionnaire* de Chopin. Mais nous sommes proches, également, du *n° 5 (In der Nacht)* du précédent recueil de *Phantasiestücke* : même écriture pianistique, même véhémence expressive, et jusqu'à une parenté dans la courbe mélodique. Ici aussi, la fin ouvre un abîme béant. Mais des ténèbres sort la sublime cantilène, d'un galbe parfait, de l'*Assez lent* en *la* bémol majeur qui forme le centre de ce triptyque, — sorte de lied pianistique dont les premières mesures constituent un hommage non déguisé à Schubert, sans que la personnalité propre de Schumann cesse un seul instant d'être présente. Au centre de ce morceau, on trouve un intermède en *ut* mineur plus mouvementé, d'une frémissante ardeur romantique, rappel tonal et expressif des volets extrêmes du cycle. Celui-ci va conclure par une robuste marche, en *ut* mineur *(Vigoureux et très marqué),* supérieure par la qualité de l'inspiration à celles de l'*Opus 76* qu'elle rappelle parfois. En son centre, et sans quitter le ton principal, nous trouvons un intermède léger et fantaisiste, au charme subtil et évanescent, merveille de subtilité harmonique, intermède sur lequel, contre toute attente, se fera la conclusion, avec ses échappées étonnantes vers le *ré* bémol et *sol* bémol majeur, par des accords de neuvième dignes de Chopin !

Bunte Blätter (Feuilles multicolores) (op. 99)

A la fin de sa vie, Schumann décida de faire paraître les plus intéressants de ses « fonds de tiroir », comportant des pièces souvent écartées à regret de ses cycles publiés. Trente-quatre pièces s'échelonnant de 1832 à 1849 furent ainsi réunies en deux recueils : les *Bunte Blätter,* publiés en 1851 sous le numéro d'*Opus 99,* et les *Albumblätter,* publiés trois ans plus tard comme *Opus 124.* Schumann qualifiait modestement ces morceaux de *Spreu* (littéralement la balle du grain), et c'est sous ce titre qu'il envisagea d'abord de faire paraître l'*Opus 99.* Lorsqu'il changea d'avis, en faveur du titre actuel, il voulut le prendre à la lettre en faisant imprimer chacune des pièces en une couleur différente. Mais ce projet fut également abandonné.

Les *Bunte Blätter* comportent quatorze morceaux, de tailles très diverses s'échelonnant entre 1837 et 1849 ; mais huit d'entre eux datent des seules années 1838 et 1839. Ce recueil est malheureusement très négligé par les pianistes, peut-être parce qu'il ne constitue pas un cycle unifié. Mais il contient maint joyau méconnu.

Les trois premières pièces, très courtes, datent de 1839 et Schumann les a regroupées sous le titre de *Drei Stücklein* (« Trois piécettes »). Nous entendons successivement une espèce de petite romance d'une charmante fraîcheur, d'une simplicité liliale digne des *Scènes d'enfants (Nicht schnell, mit Innigkeit ;* « pas vite, avec intimité », en *la* majeur), puis une page rapide (*Sehr rasch),* plus tourmentée, plus orageuse, en *mi* mineur, qui semble sortie tout droit des *Kreisleriana,* avec son chant en triolets contrepointé par une main gauche en porte-à-faux au-dessus de laquelle se déchaîne un tourbillon de triples croches ; et enfin une courte et entraînante marche, au rythme de chasse rapide (*Frisch,* à 6/8, en *mi* majeur), d'allure très *Davidsbündler.*

Les cinq pièces suivantes (*n°s 4 à 8),* bien que d'époques différentes, ont été réunies elles aussi par Schumann comme « Feuillets d'album » *(Albumblätter) n°s 1 à 5.* Le premier d'entre eux, en *fa* dièse mineur (1841), tendre pièce au tour à la fois mélancolique et populaire (*Ziemlich langsam,* « assez lent », à 2/4), merveille de simplicité et de justesse harmonique, a servi de thème à Clara Schumann pour ses *Variations op. 20,* et un peu plus tard à Johannes Brahms pour ses *Variations op 9.* Ces dernières incorporent dans la neuvième d'entre elles une partie de l'*Albumblatt* suivant, page rapide *(Schnell)* en *si* mineur de 1838, preste et mystérieuse chevauchée nocturne d'exécution délicate, avec ses guirlandes de triolets de doubles croches rebondissant sur les deux croches piquées de la main gauche. Vient ensuite une *Valse* en *la* bémol majeur de 1837 *(Ziemlich langsam, sehr gesangvoll,* « assez lent, très chantant »), aux belles modulations typiquement schumanniennes. Le *Sehr langsam* (« très lent ») en *mi* bémol mineur de 1838, court mais dense, pourrait être de Brahms, avec l'obsédante mélancolie de ses courbes descendantes endeuillées, de ses dissonances douloureuses, de ses neuvièmes mineures lancinantes. Et la petite série de termine par une charmante miniature de 1838, *Langsam* (« lent ») en *mi* bémol majeur.

Les pièces suivantes sont plus développées, à commencer par le numéro *9,* une *Novellette* de 1838 en *si* mineur, rejetée du cycle de l'*Opus 21.* C'est un vigoureux scherzo *(Lebhaft :* « vif ») démarrant à la main gauche sur le rythme obstiné triolet de croches — deux noires qui en dominera tout le déroulement, — à l'exception toutefois du trio central, — dont le flux et reflux chromatique de croches, alternant aux deux mains, évoque Chopin de façon étonnante. En numéro *10,* Schumann propose un bref *Präludium* en *si* bémol mineur de 1839, pièce extraordinairement mouvementée et quelque peu rhétorique *(Energisch,* à 6/8), avec un thème déclamatoire et pathétique planant sur la houle vertigineuse des traits ininterrompus de triples croches : ici encore, on pense irrésistiblement à Chopin.

Purement schumannienne apparaît par contre la superbe marche funèbre *(n° 11)* de 1843 : *Marsch* en *ré* mineur, marquée *Sehr getragen,* « très soutenu ». Sa gravité recueillie ne s'interrompt que le temps d'un bref intermède (trio) au relatif *la* majeur, se déroulant en croches staccato de 12/8 et précédant la reprise exacte de la marche.

Schumann a intitulé *Abendmusik* (« musique du soir ») une pièce de 1841 en *si* bémol majeur, numéro *12* du recueil, sorte de menuet *(Im Menuett Tempo)* d'une atmosphère fort prenante, avec ses harmonies à la fois tendres et raffinées. On pense un peu à Mendelssohn, notamment au Menuet de la *Symphonie Italienne ;* mais Schumann s'amuse à désarticuler sans cesse la mesure en créant l'illusion d'un 2/4 dans le 3/4. Les emprunts fréquents à *sol* bémol majeur, s'agissant d'une pièce en *si* bémol, n'étonneront pas le connaisseur de Schumann.

La treizième pièce, de 1841 également, la plus développée du recueil, est un grand *Scherzo* en *sol* mineur destiné à l'origine à une *Symphonie en* ut *mineur* demeurée à l'état d'esquisse. Dans la partie principale, aux accords énergiques suivant le rythme noire-noire-deux croches, les accents et l'agogique se trouvent répartis de manière à créer des équivoques quant à l'emplacement des temps forts, — ce qui donne une impression d'irrégularité des périodes. La deuxième reprise propose un petit développement en imitations, tandis que la coda se déroule sur une longue pédale de tonique. Quant au trio de cette pièce d'allure résolument symphonique, il s'anime *(Lebhafter)* dans la lumière de *sol* majeur, les rythmes devenant capricieux et pointés.

Schumann termine son recueil de la manière la plus imprévue avec un *Geschwindmarsch* (« marche rapide », ou « pas redoublé ») en *sol* mineur, pièce datée du 16 juin 1849, contemporaine des quatre *Marches* républicaines de l'*Opus 76*, — celles que Liszt disait « taillées dans un rocher ». Si Schumann ne l'a pas fait figurer à leurs côtés, n'est-ce pas précisément parce qu'elle n'est rien moins que « taillée dans le rocher » ? C'est en effet une véritable *Joyeuse Marche* de Chabrier avant la lettre, avec ses appoggiatures poivrées, truculentes, son allure de cortège d'étudiants séditieux et insolents, *Davidsbund* pas mort ! Le trio en *si* bémol majeur adopte d'abord une allure plus reposée, mais bientôt les appoggiatures s'y infiltrent aussi, et la mélodie se résout en fanfares primitives et drôles. Ce trio reviendra une deuxième fois en *sol* majeur. La dernière reprise de la marche débouche inopinément sur une coda piano, en calmes noires, jeu d'harmonies fugitives et magiques sur pédale de tonique. Puis, en un rien de temps, c'est fini : deux accords piano dans le grave !... Silence....

Albumblätter
(Feuilles d'album) (op. 124)

Encore moins connu que l'*Opus 99 (Bunte Blätter)*, ce recueil, qui participe du même principe de publication de pièces écartées des grands cycles, réunit vingt pièces brèves composées entre 1832 et 1845. La majorité est de 1832 (cinq), 1835 (quatre) et 1838 (quatre également). Trois des pièces de 1835 (n°s 4, 11 et 17) devaient faire partie à l'origine du *Carnaval op. 9* : la présence du motif A-S-C-H permettra aux Schumanniens de les identifier aisément.

On commence par un petit *Impromptu* en *ré* mineur de 1832, preste forme binaire *(sehr schnell*, « très rapide »), sur un dessin obsédant de doubles croches. Vient ensuite une page de 1835, mais provenant de *Variations* de jeunesse inédites sur l'*Allegretto* de la *Septième Symphonie* de Beethoven. Intitulée *Leides Ahnung* (« pressentiment de la douleur »), c'est une très simple et lente plainte, chantant en octaves réparties entre les deux mains dans le médium du clavier, et ponctuée d'accords piqués (*Langsam*, « lent », en *la* mineur). Le bref, mais ravissant *Scherzino* en *fa* majeur de 1832 (*Rasch*, à 6/8) devait sans doute faire partie à l'origine des *Papillons*. Au milieu de la piécette, un rythme de quatre contre six s'articule sur un fond mouvant de doubles croches. En numéro quatre, voici la première pièce issue du *Carnaval*, une jolie petite *Valse* mélancolique en *la* mineur (1835) où il faut décrypter le motif A-S-C-H par enharmonie, un *ré* dièse (Dis) remplaçant le *mi* bémol (Es = S) ! La cinquième pièce, un *Phantasietanz* en *mi* mineur de 1836, rapide, aux rythmes capricieux, serait à sa place dans l'*Album pour la jeunesse*, tout autant que le *Wiegenliedchen* (« petite berceuse ») en *sol* majeur de 1843, qui lui succède, pièce limpide et naïve, dont la simple mélodie est supportée par un accompagnement de triolets. Le petit *Ländler* en *ré* majeur de 1836 frappe par ses harmonies vigoureuses et colorées. *Leid ohne Ende* (« peine sans fin »), morceau lent en *fa* majeur de 1837, nous présente le sourire navré d'Eusebius, comme d'un soleil triste. Les huit mesures du milieu (*Leidenschaftlicher*, « plus passionné ») suggèrent un fugitif sursaut de révolte. C'est encore Eusebius qui parle dans l'*Impromptu* en *si* bémol majeur de 1838 (*Mit zartem Vortrag* : « à jouer tendrement »), pièce aux harmonies riches et pleines, syncopes et contretemps nombreux entretenant l'équivoque entre 3/4 et 6/8. La petite *Valse* en *mi* bémol majeur de 1838 *(n° 10)* est un véritable hommage à Schubert : elle pourrait être de lui ! La *Romance* en *si* bémol majeur de 1835 *(n° 11)* était destinée à *Carnaval*, ainsi qu'en témoigne sa mélodie principale édifiée sur A-S-C-H. Les deux mesures de salut introductif reviennent pour conclure. Au centre se trouve un petit intermède animé en *la* majeur, plein de syncopes. Un rythme pointé obsédant parcourt toute la *Burla* en *fa* mineur de 1832, brève plaisanterie à l'allure pressée *(Presto)*. En numéro *13,* nous trouvons, de 1832 également, un tout petit *Larghetto* à 12/8 de neuf mesures seulement, lui aussi en *fa* mineur, simple chant souplement balancé. *Vision* (1838), en *fa* majeur, sorte de scherzino tout en pianissimo, en triolets de croches staccato très rapide, s'enchaîne parfaitement à la pièce précédente, grâce au *fa* tenu en point d'orgue dans le grave figurant au début. En numéro *15,* encore une *Valse,* en *la* bémol majeur, celle-là, datée de 1832, typiquement schumannienne avec ses syncopes perpétuelles sur les premiers temps. Le *Schlummerlied* (« chanson pour s'endormir ») en *mi* bémol majeur, de 1841, tendre berceuse écrite par le jeune père pour sa petite fille Marie (on dirait un tableautin des *Scènes d'enfants*) s'est acquis une popularité très explicable auprès des jeunes pianistes. C'est une page toute simple, mélodique, populaire, disposée en rondo concentrique à trois couplets. En numéro *17,* nous trouvons la dernière pièce empruntée à *Carnaval, Elfe,* en *la* bémol majeur, morceau extrêmemement rapide, ainsi que le suggère son titre (*so schnell als möglich*, « aussi vite que possible »). Les deux mains, jouant par mouvement contraire, ne quittent guère le rythme dactylique sautillant du début, et c'est aussi entre les deux mains qu'il faut chercher la répartition des notes magiques A-S-C-H. La dix-huitième pièce, de 1838, s'intitule *Botschaft* (« message »), en *mi* majeur, preste et charmante pensée lyrique, qui ne fait que passer. Le *Phantasiestück* en *la* majeur de 1839, d'une belle plénitude harmonique, déroule dans un tempo animé, léger et gracieux, ses constantes syncopes. Et encore une fois, Schumann nous réserve une surprise en guise de conclusion : un *Canon* en *ré* majeur, datant de l'année contrapuntique 1845, et qui, en la lente et solennelle plénitude de sa polyphonie serrée à cinq voix — dont deux seulement sont canoniques, à l'octave et à distance d'une mesure — sonnerait certainement aussi bien à l'orgue. Il rappelle fort, mais dans un tempo infiniment plus lent, le deuxième trio du *Scherzo* de la *Deuxième Symphonie,* esquissée à la même époque.

Sept Pièces en forme de fughettes (op. 126)

Schumann pensait spontanément en termes de polyphonie, et faisait remarquer que tous ses thèmes lui venaient à l'esprit armés de leurs virtualités contrapuntiques, de sorte qu'il lui fallait en débrouiller d'abord l'écheveau canonique avant de pouvoir les saisir. Son culte de Bach aidant — le *Clavier bien tempéré* était, selon ses propres termes, « son pain quotidien »—, il n'est donc point étonnant qu'il ait composé de nombreuses fugues. En 1845, ce sont les six *Fugues* d'orgue *sur le nom de Bach (op. 60),* puis les quatre *Fugues* pour piano *op. 72,* enfin les *Études* et les *Esquisses* pour piano à pédalier. Mais on a retrouvé de non moins de soixante-sept esquisses de fugues non publiées. Les *Sept Pièces pour piano en forme de Fughettes op. 126,* composées en 1853, constituent un petit cycle d'une rare et intime poésie, épilogue plus transparent et plus léger des pages fuguées de 1845. Comme le dit de manière si charmante Marcel Beaufils, « toute cette demi-ascèse finit par faire un joli jardin de cloître, où chantent les oiseaux ».

Ces morceaux limpides et brefs — seule la quatrième pièce, de débit rapide, dépasse les deux pages de musique — respirent une sérénité qui nous fait oublier à quel point, en cette année 1853, le terme est proche. Ces *Fughettes* sont à quatre voix, — sauf la première et la sixième, qui se contentent de trois, cependant que la quatrième alterne les deux écritures. Cette dernière pièce se rattache à une illustre et antique lignée par le profil de son sujet, au saut de septième diminuée descendante (*si* bémol - *ut* dièse). Chacune de ces précieuses miniatures possède son charme propre, qu'il n'est pas possible de détailler ici ; mais on accorderait peut-être la palme de la séduction poétique à la dernière, dont le *la* mineur se déguise si joliment en *ut* majeur avant de dévoiler sa vraie nature...

Chants de l'Aube (op. 133)

Les *Chants de l'Aube,* entrepris le 2 novembre 1853 sous l'impression profonde de la visite de Brahms et de ses premières œuvres, furent achevés en quelques jours, et constituent la dernière œuvre que Schumann ait pu encore mener à bien, postérieure d'un mois à son *Concerto pour violon.* Le 27 février suivant, les mariniers repêcheront des flots glacés du Rhin un être à demi inconscient, à jamais brisé... Schumann a dédié ce dernier cycle « à la très haute poétesse Bettina », c'est-à-dire à Bettina Brentano, confidente et amie de Gœthe et de Beethoven. Mais, juste avant de sombrer dans la folie, il en associera la pensée à celle de Diotima, l'inspiratrice de Hölderlin dément. A son éditeur, il expliquait ainsi le sens du titre qu'il avait choisi : « Ce sont des pièces qui traduisent une émotion à l'approche de l'aube ; plus qu'une description pittoresque, elles sont l'expression d'un sentiment. »

Ces pages bouleversantes, et déjà hallucinées, semblent intimider les pianistes, qui ne les jouent jamais. Placées sous le signe de la folie guettante, ce sont des perspectives étrangement désincarnées et indécises d'une aube blême débouchant sur l'éternelle nuit. Et ce n'est pas sans raisons profondes que Marcel Beaufils fait allusion au *Champ de blé aux corbeaux* de Van Gogh...

Quelle musique étrange et dépouillée que celle du premier morceau, en *ré* majeur *(Dans un tempo tranquille)*, dont la monodie sinueuse

s'étoffe bientôt d'harmonies aux dissonances imprévues et grinçantes, aux appoggiatures stupéfiantes résolues à contretemps : comme d'un explorateur du pays interdit, s'aventurant précautionneusement, pas à pas, aux lisières du mystère ! Nulle angoisse, pourtant, dans cette musique de confins, mais ce terrible goût d'éternité que l'on trouve seulement dans l'*Art de la Fugue,* ou encore dans l'*Adagio* de la *Neuvième Symphonie* de Bruckner. Comme chez Bach, ces harmonies profondes et meurtries sont les résultantes d'une suprême logique de l'écriture contrapuntique. Chaque note semble ici la quintessence distillée de l'expérience de toute une vie, portant une charge latente de prodigieuse énergie spirituelle.

L'itinéraire se poursuit par le halètement instable de la seconde pièce, également en *ré* majeur *(Animé, pas trop rapide)*, avec ses temps forts dérobés mordant le vide, arceaux décapités de triolets soutenant en porte-à-faux l'ascension précaire d'une sorte de grand choral triste :

Au centre du cycle, nous trouvons *(Animé, la* majeur, 9/8) une fantastique chevauchée de nocturnes Walkyries, en route vers on ne sait que trop quel abîme. Le quatrième morceau, *Mouvant,* en *fa* dièse mineur, élève un large chant à la fois tendre et endeuillé, sur un accompagnement en vagues de triples croches descendantes, dont l'aspect graphique, étrangement dépressif, évoque des branches de saule :

Et voici (*Calme d'abord, puis plus animé, ré* majeur) l'ultime étape du voyage inachevé, aboutissant aux rivages d'oubli, à la vacuité de cette sérénité désormais inutile, livrée au vertige du vide. Au-delà de cette grève grisâtre, il n'y a rien. Et pourtant, aucune sensation de désespoir ne naît de cette étendue déserte : du corps abandonné, l'âme s'est envolée, emportant son mystère vers la paix ensoleillée du pays de l'Aube, où tout est Musique.

Variations posthumes, en *mi* bémol majeur

Le 7 février 1854, une lettre de Schumann à Joseph Joachim, dans l'ensemble positive et pleine de projets, se termine sur ces mots lourds de sens : « Je dois terminer à présent, il commence à faire sombre. » La nuit du 10, les ténèbres sont là : débute à présent une semaine sans paix ni répit. Une note unique, obsédante, lui vrille le cerveau ; mais bientôt il en naît une « musique étrange, plus merveilleuse, et jouée par des instruments plus exquis qu'on n'en entendit jamais sur terre ». Et durant la nuit du 17, c'est la vision : Schumann saute de son lit et, sous la dictée des anges, croit-il, note un thème que lui suggèrent les âmes de Schubert et de Mendelssohn. Ces musiciens bien-aimés lui demandent de varier ce thème, mais bientôt les voix célestes se changent en ricanements démoniaques, et Schumann se rend compte que l'heure a sonné, que ses craintes de toujours se concrétisent en hideuse réalité. Il supplie qu'on le mette à l'asile, mais le lendemain 18 février il se sent mieux, et retrouve assez de calme pour commencer à travailler aux *Variations.* Cependant, ses troubles nerveux reprennent, deviennent insupportables. La nuit du 27, jour de carnaval !, c'est la catastrophe : après avoir copié les *Variations* au net sauf la dernière, il dit à sa femme d'une voix brisée : « Ah, Clara, je ne suis pas digne de ton amour ! », puis il se retire en soupirant dans sa chambre et, échappant pour la première fois à dix jours de surveillance incessante, il se précipite dans la nuit, en manteau mais sans chapeau ni chaussures, pour aller se jeter dans le Rhin. Sauvé par les mariniers, il est ramené chez lui prostré, à demi inconscient. Le 4 mars, sur sa propre demande, les portes de l'asile privé du docteur Richarz, à Endenich près de Bonn, se referment sur lui pour toujours. A Endenich, il essaie de travailler quand même, et réussit à mettre au point une cinquième Variation. Puis, c'est le vide, et les ténèbres qui s'épaississent de plus en plus : la schizophrénie devenue aiguë achève son œuvre...

Ces ultimes *Variations* n'ont été publiées qu'en 1939, sur la base du manuscrit appartenant à des particuliers en Angleterre. Le thème, que ni Schumann lui-même, ni ses familiers, ni ses amis n'avaient reconnu, n'est pas du tout de Schubert ou de Mendelssohn, mais provient du mouvement lent du *Concerto pour violon* d'octobre 1853, — où il servait le deuxième idée. C'est une mélodie douce et tendre, en *mi* bémol majeur (*Moderato* à 2/4), formée d'un antécédent et d'un conséquent de huit mesures chacun, puis d'une période de douze mesures, subdivisée en trois fois quatre, et munie de barres de reprise. Sous le coup de la fin tragique de Schumann, Brahms reprendra ce thème pour le varier à son tour dans des *Variations pour piano à quatre mains (op. 23),* qui sont une sorte de pieux *in memoriam.* Les *Variations* de Schumann, très simples, ne s'écartent guère de la carrure du thème, ni même de sa ligne mélodique, qui demeure toujours parfaitement reconnaissable. Il ne faut pas chercher ici un bouleversant chef-d'œuvre comme dans les *Chants de l'Aube* de l'automne précédent, mais bien les derniers soubresauts d'un génie agonisant. La *première variation* ajoute des triolets à la voix médiane, la *seconde* propose un canon à l'octave à distance d'une noire, la *troisième (Poco più mosso)* fait passer la mélodie à la main gauche, sous les triolets de doubles croches de la droite. Suit une très belle *variation* harmonique en *sol* mineur, aux dissonances poignantes qu'éclairent deux fugitives, mais chaudes lueurs de *mi* bémol majeur : le génie de Schumann y parle pour la dernière fois. Quant à la *cinquième variation*, terminée à Endenich, elle retourne à la tonalité principale et adopte une allure plus agitée, la mélodie monnayée en doubles croches égales (broderies chromatiques du thème) se détachant sur un accompagnement sautillant (quart de soupir — trois doubles croches). C'est fini.

LES SONATES

Comme tous les compositeurs entrant dans la carrière vers 1830, au lendemain de la mort de Beethoven, le jeune Schumann s'est trouvé confronté au problème du renouvellement de la sonate, puis de la symphonie et du quatuor. De ces trois genres suprêmes de la musique instrumentale classique, Beethoven semblait avoir fait sa chasse gardée, bouchant par avance toute issue à ses successeurs assez téméraires pour le défier.

Pour nous limiter au problème de la *Sonate pour piano,* il est impossible de n'être pas frappé par son relatif abandon après 1830. Après quatre essais de jeunesse, tous antérieurs à 1828, Mendelssohn n'insista pas et se tourna vers des formes plus intimes et moins ambitieuses. Chopin n'écrivit que trois sonates, dont une d'extrême jeunesse. De même Brahms devait abandonner définitivement le genre après sa *troisième Sonate, op. 5,* écrite à vingt ans en 1853, — l'année même où Franz Liszt terminait son unique *Sonate,* dédiée à Robert Schumann. Et cette œuvre géniale, la seule au XIXe siècle qui ait complètement renouvelé les possibilités du genre, n'y parvient qu'en tournant radicalement le dos à Beethoven.

Schumann n'a lui aussi écrit que trois sonates pour piano, dont la conception et la réalisation — presque simultanées pour les trois — s'échelonne sur peu d'années. Après une phase de préparation sur laquelle nous reviendrons, la mise au net s'opère durant les années charnières 1835 et 1836. Deux ans plus tard, Schumann écrit un nouveau finale pour la *Sonate en sol mineur,* puis il évite d'affronter à nouveau ce genre si périlleux. Ce n'est pas tout à la fin de sa vie qu'on retrouvera dans son catalogue des œuvres intitulés Sonates : les deux belles *Sonates pour violon et piano* de 1851, puis les trois modestes *Sonates pour la jeunesse* de 1853.

De prime abord, le cadre de la sonate, tel que Beethoven l'a défini, semblerait convenir à merveille à l'expression de la dualité schumannienne : le thème masculin et le thème féminin, n'est-ce pas Florestan et Eusébius ? Seulement, la dialectique de la sonate exige que cette opposition soit assumée, surmontée, qu'il y ait synthèse. Certes, dans les sonates de Schumann, les thèmes opposés sont bien campés et les expositions semblent lourdes des plus belles promesses. Ce sont, trop souvent, les développements qui piétinent, qui tournent en rond. La vérité est que ces idées ne sont pas, a priori, faites pour être développées, et que Schumann n'est pas l'homme du développement.

Personne n'a jamais reproché à ces sonates leur manque d'inspiration ou la qualité de leur matériau : c'est sur le plan de l'organisation formelle qu'il y a à redire.

Schumann a relevé le défi très tôt. Le premier mouvement de l'*Opus 11* fut esquissé dès 1832 comme *Fandango* indépendant, et la conception tout entière de l'*Opus 22* remonte à 1833. En 1835, ces deux *Sonates* furent terminées, et une troisième, le futur *Opus 14,* commencée à son tour, et achevée en 1836. Cette même année, Schumann composa d'un seul jet la plus parfaite et la plus inspirée de toutes ses sonates, et qui doit sa réussite au fait qu'elle n'en est pas une : la *Fantaisie, Opus 17*. La *Sonate en* sol *mineur op. 22* se distingue nettement de ses voisines par sa clarté et sa concision plus grandes. Mais, plus brève et plus facile, elle est aussi moins passionnante et moins riche de contenu, même si on la rencontre plus fréquemment à l'affiche des récitals. L'*Opus 11* et l'*Opus 14* ont de quoi intimider interprètes et public : ce sont les pages les plus ardues et le moins payantes du piano schumannien, et seule une approche en profondeur, une analyse attentive permettent d'en décrypter le message abrupt.

Sonate n° 1, en *fa* dièse mineur (op. 11)

Cette *Sonate* est sans aucun doute la plus significative des trois, bien que ce soit précisément ici que le débordement de la passion juvénile et le souffle brûlant du sentiment submergent le plus le déroulement normal de la forme en un paroxysme de tension sans précédent en cette année 1835 où l'œuvre fut achevée. Schumann y prend les plus grands risques, et c'est dans ce sens qu'on a pu qualifier cette œuvre, la plus moderne qu'il ait écrite jusqu'alors, d' « acte de rebellion très rimbaldien ». L'inspiratrice, c'est évidemment Clara, et l'édition originale — pas même signée du nom du compositeur — comporte simplement la mention : « Pour Clara, de Florestan et Eusébius ». Clara créera la *Sonate* en août 1837, au cours d'un récital donné à Leipzig : les fiançailles secrètes avec Robert datent du 14 de ce même mois. Cette œuvre ardue n'a été comprise que lentement et, au nombre de ses premiers et plus lucides admirateurs compte Franz Liszt, qui en publia un compte rendu enthousiaste.

L'immense *Allegro vivace* est précédé d'une monumentale *Introduzione (Un poco Adagio)* à 3/4, qui sert de portique à toute la *Sonate* : son élément central — elle se présente en forme de triptyque — donnera naissance au second mouvement, l'*Aria* en *la* majeur. Cet exorde à lui seul définit les ambitions du musicien : seul le départ de la *Fantaisie op. 17* en égalera l'emphase grandiose. Dans sa vaste mélodie se découpant sur le fond houleux des triolets de croches on reconnaît sans peine le *Herzensschrei* dont parle Schumann, et seul Chopin osait alors au clavier de pareils paroxysmes pasionnels :

Mais l'ensemble de cette introduction est parfaitement clair et solide, grâce à un plan tonal très simple (tonique-relatif-tonique) étayé par de puissantes pédales. Au récit éloquent, parlant, des deux volets extrêmes s'oppose le chant plus intime, à la main gauche, puis à la droite du milieu, d'où naîtra l'Aria. La fin de l'introduction se précipite en un crescendo sauvage, refluant cependant sur la double attente de deux points d'orgue, précédant l'*Allegro vivace* à 2/4. Celui-ci, nous l'avons vu, fut esquissé dès 1832 comme fandango, et son thème principal si frappant cite de plus l'une des *Scènes fantastiques op. 5* de Clara, qui figurait à ses programmes sous le titre de *Hexentanz* (« Danse des sorcières »). Les deux motifs complémentaires de ce thème domineront tout le morceau, reléguant le second thème au rôle de simple intermède lyrique. De ces motifs, le premier (les quintes descendantes en staccato à la main gauche) n'acquerra toute son importance qu'au cours du développement, tandis que le second (rythme d'anapestes, deux brèves — une longue, à la main droite) s'impose tout de suite et tout le temps. L'exposition affirme le parti-pris d'audace subversive qui anime ici Schumann : dissonances hardies, secondes vénéneuses aux basses, modulations par tierce avec changement de mode. Ce dernier procédé, on le sait, est typiquement schubertien, autant que la variante du thème en sixtes et dixièmes parallèles. Un pont passionné, modulant, aboutit au second thème, de caractère dépressif et eusébien, élément purement mélodique en croches régulières descendantes qui termine l'exposition, le rythme de la danse demeurant cependant sous-jacent. Modulant et séquentiel, le développement élabore les deux motifs du premier thème, démultipliant parfois les anapestes en tourbillon de doubles croches égales. Mais voici que soudain, au milieu de la tempête, le grand chant déclamé de l'introduction lente reparaît puissamment aux basses en *fa* (naturel) mineur, dérythmé à 2/4 *(il basso parlando)*. Le développement se termine par l'affirmation triomphale, en triple fortissimo, du motif de quintes en *fa* dièse majeur, — à quoi succède la réexposition, régulière mais abrégée, se terminant sans coda par un simple decrescendo-rallentando, le battement de quinte se mourant dans le grave de la main gauche.

A cet édifice tumultueux et complexe, l'*Aria* en *la* majeur (3/4) oppose sa simplicité et sa brièveté : la détente était nécessaire. Ces quarante-cinq mesures de pur lyrisme schumannien portent l'indication *senza passione ma espressivo,* mais Liszt, qui qualifie justement cette page de « l'une des choses les plus parfaites que nous connaissions », affirme à bon droit que « son caractère est celui de l'abandon le plus passionné ». Certes Schumann, illuminé par l'amour, semble y surmonter ses démons et crée un chant d'amour de la plus sereine tendresse ; mais il y a l'auditeur attentif, les appoggiatures, les modulations expressives, tel sforzando, indiquent à tout instant la passion sous-jacente. Le thème, nous l'avons vu, est issu du second élément de l'*Introduzione,* mais celui-ci remonte à son tour à l'un des onze lieder de jeunesse de 1827-1828, *An Anna* de Kremer. Nous avons affaire ici à une très simple forme ternaire, dont le volet central, par le choix de la tonalité de *fa* majeur, rappelle une fois encore la prédilection, partagée par Schumann et Schubert, pour les relations de tierce. La mélodie y chante à la main gauche à la manière d'un violoncelle. Le retour au ton principal s'effectue non par modulation, mais par simple juxtaposition, comme chez le Beethoven tardif.

Le *Scherzo* (*Allegrissimo, fa* dièse mineur, 3/4) fait éclater le cadre symétrique habituel par l'inclusion d'un *Intermezzo* lent faisant office de second trio. Le *Scherzo* proprement dit, aux rythmes pointés insolents et impétueux, aux sauts virtuoses et téméraires, oscille sans cesse entre *fa* dièse mineur et son relatif *la* majeur, au point que les deux acquièrent une égale importance. On y retrouve les séquences modulantes aux secondes parallèles vénéneuses dans les basses, qui nous frappaient déjà dans le premier morceau. Contraste, voici le *Trio I* en *la* majeur, fuyant et syncopé, doux et ombreux en ses glissements chromatiques émaillés de brutaux coups de frein modifiant le tempo. Après la reprise du scherzo intervient la surprise de l'*Intermezzo* en *ré* majeur, marqué *Lento, alla burla ma pomposo,* — ce qui en définit d'emblée l'intention parodique. Avec cette charge burlesque, nous sommes en plein *Davidsbund !* Et davantage encore dans la cadence-récitatif amenant la dernière reprise du scherzo : « citation blasphématoire, au *fa* près, de la *Neuvième* et de l'*Opus 110* » (M. Beaufils), et dont la caricature d'orchestre est soulignée par l'indication « *quasi oboe* » accompagnant les doubles croches piquées ascendantes.

Après ces deux pièces brèves — la miniaturisation des mouvements médians est une constante du romantisme jusqu'à Brahms compris —, l'immense finale retrouve les dimensions héroïques du premier mouvement. Cet *Allegro un poco maestoso* à 3/4 s'est toujours heurté à des jugements négatifs. Le morceau est difficile, certes, et nécessite impérativement un grand interprète romantique, qui parvienne à le construire et à l'unifier. Mais il suffit de bien vouloir essayer de le comprendre pour le voir prendre forme : voici d'abord un thème en accords, très symphonique, où, tout comme dans le scherzo, la tonique *fa* dièse est sans cesse attirée, polarisée par le relatif *la* majeur. Un pont modulant introduit le rythme de volètement inquiet qui sera celui du second thème, exposé inopinément en *mi* bémol majeur (relatif par échange des modes), thème modulant, lui aussi, enfermant en son milieu une période mélodique schubertienne, seul élément d'accalmie du morceau. Ces divers éléments sont ensuite repris dans le même ordre, amplifiés et transposés dans d'autres tonalités. Mais voici une troisième partie contrastante : de prestes accords en croches détachées *(brillante e veloce),* très modulants, s'accélèrent en un long passage aux hardiesses modulantes déjà fauréennes (nombreux emprunts à la sixte napolitaine), où s'affirment des liens rythmiques avec le premier mouvement croche pointée — double croche et croche — deux doubles croches). Un passage mélodique calme et triste aboutit à un point mort, nadir du morceau. Une remontée s'opère graduellement sur le grondement en trémolo des basses et le jeu de secondes dissonantes ténébreuses de la main droite, débouchant enfin sur la réexposition du thème initial. Toute la musique déjà entendue est alors intégralement reprise, cette redite constituant le talon d'Achille, déjà signalé, de cette *Sonate*. A l'issue de cette réexposition, le premier thème redémarre une fois encore : va-t-on recommencer une fois de plus ? Non, car Schumann débouche enfin sur une grande coda virtuose *Più Allegro* en octaves aux deux mains, pleine d'imitations et de chromatismes. Le mouvement, tourbillonnant, s'accélère en vertige giratoire, au volètement de ses rythmes pointés haletants, pour affirmer enfin *fa* dièse majeur en une triomphale strette conclusive.

Sonate n° 2, en *sol* mineur (op. 22)

Les trois premiers morceaux de cette *Sonate* furent esquissés dès 1833 et l'œuvre achevée en 1836, la même année que l'*Opus 11*. Elle comportait alors un autre finale, que Clara trouva « beaucoup trop difficile ». Aussi Schumann en écrivit-il un autre à la fin de 1838, et ce fut lui qui parut dans la première édition imprimée de la *Sonate*, qui doit son numéro d'opus relativement élevé à ce délai de trois ans dans la publication. Aussi est-il correct d'appeler l'*Opus 22 Seconde Sonate,* la troisième étant bien l'*Opus 14* malgré un numéro inférieur. Le finale originel de 1835 ne parut qu'après la mort du compositeur. Certes plus concise, plus claire, plus facile que ses voisines, la *Sonate en sol mineur* a toujours bénéficié d'une popularité plus grande, et il est indéniable que Schumann s'est imposé ici un resserrement thématique et formel nécessaire après les débordements de l'œuvre précédente. D'ailleurs, n'exagérons pas, l'*Opus 22* comporte sa part de fièvre, et pour preuve les indications de tempo, aussi célèbres que paradoxales, dont s'orne son premier mouvement. Marqué au départ *so rasch wie möglich* (« aussi vite que possible »), il s'accélère dans la coda en *schneller* (« plus rapide »), puis en *noch schneller* (« encore plus rapide »). La gageure n'est qu'apparente, évidemment : c'est une simple question d'agogique, de répartition des valeurs dans le cadre du 2/4 initial. Le tétracorde descendant *(sol-fa-mi-ré)* du thème initial domine tout le morceau, de même que les figurations de doubles croches (on a parlé d'une « sonate en doubles croches » !). Dès le pont apparaissent les syncopes chaotiques et haletantes qui, après un puissant passage assez beethovénien en octaves et accords, dominent entièrement le deuxième thème au relatif majeur. Dans le groupe de cadence, le thème initial chante à la main gauche en imitations. A cette exposition concise succède un très vaste développement. Modulant, canonique et séquentiel, très homogène, il est basé uniquement sur la tête du premier thème, dont le rythme devient parfois pointé. Une fausse reprise précède la réexposition, très régulière, suivie de la codastrette dont les accélérations ont déjà été signalées, et qui après avoir exalté les doubles croches seules en unisson rythmique, bâtit sur le thème initial un dernier crescendo-accelerando aboutissant au fortissimo final.

Le mouvement lent, *Andantino* à 6/8 en *ut* majeur portant l'indication *Getragen* (« soutenu »), égale l'*Aria* de l'*Opus 11* par l'intensité de son lyrisme intime, le travail de filigrane de sa polyphonie et la simplicité évidente de sa forme ternaire, suivie ici d'une coda. Comme l'*Aria* en question, il est basé sur l'un des onze lieder de jeunesse de 1827-1828, *Im Herbst* (« En automne ») de Kerner. Une aspiration nostalgique déjà tristanesque émane du 6/8 initial, lequel s'installe une rythmique très libre, avec le 2/4 de la main droite. La première phrase est reprise ornée, mais le rythme originel est pointé. Le milieu du morceau offre un développement modulant du thème pointé, avec deux longues pédales de *si* bémol. La première phrase est ensuite reprise, puis la coda, ainsi indiquée par Schumann, propose un dialogue de registres entre les deux mains sur la variante pointée du thème agrandie en saut d'octave, aboutissant à une fin calme et extatique. En sa limpidité mystérieuse, cette page brève est l'une des expressions les plus parfaites du lyrisme intime de Schumann.

Le très bref *Scherzo* (*Sehr rasch und markiert*, « très rapide et marqué », 3/4 *sol* mineur) est un tourbillon d'une sauvage ivresse égalant les meilleures pièces de genre des *Carnavals*. Trois éléments rythmiques différents s'opposent en un délicat équilibre. Les rythmes pointés de l'appel initial sont si rapides que l'oreille les perçoit comme des acciacatures. Vient ensuite un élément décidé, carré, sur croches détachées robustes de la main gauche, et enfin un troisième motif syncopé. C'est ce dernier qui donnera naissance à la mélodie en *mi* bémol du trio. La reprise du début aboutit à une fin abrupte.

Le *Presto* final à 2/4 porte le titre de *Rondo*; en réalité il s'agit, comme pour les finales des deux autres *Sonates,* d'une forme sonate dont le développement est repris après la réexposition. L'agogique en mouvement perpétuel de doubles croches domine le morceau davantage encore que ce n'était le cas dans le premier mouvement, et on ne saurait nier l'impact de l'ardeur passionnée du thème principal. Le mouvement perpétuel n'est interrompu que deux fois par un épisode lyrique au relatif majeur, pure expression d'Eusébius, dont le beau motif de quatre notes est répété non moins de sept fois. Le développement se divise en deux parties : élaboration séquentielle d'une phrase de quatre mesures dérivée du premier thème, puis développement canonique de ce premier thème à travers les tons bémolisés. Après la double reprise déjà signalée de l'exposition et du développement, qui donne effectivement à l'ensemble la forme d'un *Rondo,* vient une brillante coda-strette *(Quasi cadenza prestissimo)* en doubles croches, sans cesse accélérées jusqu'à l'ultime réapparition du thème. Par un élan d'ardeur triomphante, Florestan chasse énergiquement tout vestige d'introspection eusébienne.

Il est tout de même permis de préférer le *Presto passionato* à 6/16 d'octobre 1835, finale primitif de la *Sonate*. C'et une pièce plus forte, plus chaotique, plus hardie, mais aussi beaucoup plus difficile que l'autre finale, et elle se rapproche beaucoup plus du *Finale de la Sonate op. 14.* Toute la tension fébrile qui l'habite se résume dans l'opposition entre l'indication du premier thème, *molto teneramente* (« très tendrement »), et celle du morceau lui-même, *passionato*. De constants changements d'accents créent une équivoque entre le 6/16 (qui peut devenir 2/4) et le 3/8. Rythmes binaires et ternaires alternent ainsi au gré d'une course fébrile. L'exposition comporte encore de nouvelles idées, notamment une période chantante au relatif majeur, amplement développée en variantes harmoniques et rythmiques. Cependant, il n'y a pas de développement véritable, mais une partie centrale poursuivant d'abord sur la lancée de ce qui précède, pour faire place soudain à un épisode contrastant tout à fait différent, à 2/4, en *fa* majeur, accumulant des accords vigoureux sur le rythme schumannien bien familier croche — quart de soupir — double croche — croche — croche. Une transition à 6/16, avec bientôt, aux basses, de puissants quartolets de croches, amène une reprise de tout le début, suivie enfin d'une puissante coda-strette fortissimo en imitations aux deux mains (main gauche en octaves, main droite en accords). Un ultime diminuendo précède les quelques brefs et énergiques accords conclusifs confirmant le ton de *sol* mineur. Mieux que son cadet de 1838, ce finale génial illustre la parfaite indépendance d'esprit de son auteur.

Concert sans orchestre (Grande Sonate) en *fa* mineur (op. 14)

Voici la plus méconnue et la moins jouée de toutes les grandes œuvres pour piano de Schumann. Et pourtant Liszt l'aimait beaucoup et lui consacra un article enthousiaste. Peut-être Schumann, pour une fois, a-t-il vu trop grand. L'écriture pianistique est réellement très difficile et virtuose, mais parfois malcommode et d'une massivité quasi orchestrale. Plus encore que dans l'*Opus 11*, dont l'inspiration demeure sans doute plus spontanée et plus brûlante, il y a ici dans l'harmonie (selon Marcel Beaufils) « une recherche des frottements les plus scandaleux, des notes de passage les plus abruptes, des modulations les plus imprévues ». Les rythmes, avec l'abondance des canons syncopés enchevêtrés, ne sont pas moins complexes. L'œuvre, l'une des plus travaillées et des plus riches de son auteur, continue à susciter des jugements contradictoires, mais dans une bonne interprétation, elle s'avère être l'une des créations les plus passionnantes de la jeune maturité schumanienne. Sa rédaction est presque contemporaine de celle des autres *Sonates* : entreprise en 1835, elle fut terminée l'année suivante, et publiée très vite par l'éditeur viennois Tobis Haslinger, avec une dédicace à Moschelès, qu'elle scandalisa. Schumann avait proposé à Haslinger une grande *Sonate en cinq mouvements*, comportant deux scherzos. Mais l'éditeur trouva l'œuvre si orchestrale, si difficile, si insolite, qu'il n'accepta de la publier qu'à condition que Schumann l'intitule *Concert sans orchestre* et supprime les scherzos. Il en advint ainsi, et l'œuvre parut donc en trois mouvements, Schumann ayant encore révisé le premier d'entre eux dans le sens d'une plus grande virtuosité. Cependant, en 1853, il fit paraître une nouvelle édition, revenant à la forme primitive, légèrement plus simple, du premier morceau, et remettant, mais en seconde position, le second scherzo. En quatre mouvements, l'œuvre portait à présent le titre de *Troisième Grande Sonate*, nonobstant le numéro d'*Opus 14*, puisque la *Sonate en sol mineur, Opus 22*, avait paru dès 1838 sous le titre de *Seconde Sonate*.

Le cœur de l'ouvrage, et probablement le premier morceau achevé, est le second mouvement, — une série de variations sur un thème de Clara, que certains virtuoses programment parfois séparément. Or, le premier allegro et le scherzo qui suit dans la version de 1853 se nourrissent tous deux de ce thème encore inexprimé, ce qui assure à l'ensemble de l'œuvre une réelle unité organique : autre manifestation de ce cyclisme diffus que l'on trouve tout au long de la carrière de Schumann.

Le monumental *Allegro* initial surpasse ceux des deux autres *Sonates* en pathos et en puissance tempétueuse. Tumulte et chaos s'expriment en un style grandiose, d'un héroïsme résolument symphonique. L'appel de départ en octaves de la main gauche, au profil descendant et au rythme de marche préfigurant le thème des variations du second morceau, ne possède pas la fonction organique d'un thème : c'est un geste seulement, une descente aux enfers ouvrant la porte au domaine des passions orageuses. Il précédera les grandes étapes formelles du morceau, inaugurant le développement, la réexposition, enfin la coda. L'exposition est tout entière un sombre tumulte chromatique, syncopé, sauvagement dissonant, comportant des harmonies hardiment fauréennes. Le second thème de cette forme sonate fait contraste par son allure sautillante et insouciante : *un poco leggiero*. Le développement revêt l'aspect d'une sorte de vaste amplification ou reprise variée, aux progressions modulantes et aux frottements dissonants hardis. La réexposition s'effectue fortissimo dans la lancée du mouvement, sans césure. Comme dans les finales des trois *Sonates*, elle est suivie d'une reprise intégrale du développement, à quoi succède encore une grande coda virtuose et concertante, sombre et compacte, affirmant le ton de *fa* mineur.

Le second mouvement, *Quasi Variazioni : Andantino di Clara Wieck*, conserve ce même ton. Après les *Impromptus op. 5*, voici donc une nouvelle série de variations sur un thème de Clara, qui avait alors seize ans. Il a l'allure d'une marche, presque funèbre : seize mesures en *fa* mineur, puis deux périodes de quatre mesures en majeur, avec allusion à la sixte napolitaine, mais se terminant évasivement à la dominante majeure, tout comme le thème des *Études symphoniques*. Schumann aborde ce thème dans un esprit à la fois de gravité et de passion, et les quatre variations constituent une gradation parfaite et concise aboutissant à une conclusion tragique, et même funèbre. Les deux premières sont de caractère agogique et ornemental — respectivement en doubles croches et en triolets de croches — mais enrichissent simultanément l'harmonie et la polyphonie, tout en amplifiant les périodes du thème. Rapide et fiévreuse, la troisième variation *(Passionato)*, toute en syncopes, ne fait que passer, préparant la grande marche funèbre de la quatrième, dont les imitations en écho de la main gauche sur la tête descendante du thème ne font que souligner le caractère obsédant, inéluctable, aboutissant logiquement aux neuf grands accords de *fa* mineur lourdement répétés...

L'immense finale, *Prestissimo possibile (Passionato)*, à 2/4, cède une fois encore au vertige de la vitesse qui emportait le finale de l'*Opus 22*. Le premier thème évoque les formules pianistiques des *Préludes* de Chopin, postérieurs de deux ou trois ans, et le morceau utilise continuellement, en une sorte de délire pianistique, des dessins de triolets extrêmement rapides, souvent assortis d'une syncopation curieuse et comme bégayante. A nouveau, le développement est intégralement repris après la réexposition. L'ensemble évoque le chaos marin, le mouvement inlassable des vagues en triolets de doubles croches. Du début si proche de Chopin se dégage bientôt une grande mélodie schumannienne montant vers le ton de la sixte napolitaine (*sol* bémol majeur). Un long séquentiel sur des marches harmoniques discordantes, car légèrement détraquées — tient lieu de développement *(scherzando)*, qui poursuit le mouvement perpétuel de tout ce morceau. Après la reprise complète, la coda développera encore l'élément moteur initial chopinien. Pourquoi faut-il, hélas, que neuf mesures bruyantes et conventionnelles de *fa* majeur banal viennent tout gâcher, en une fin digne de Moscheles, non de Schumann : quel dommage !

Deux Scherzos pour la Sonate op. 14

Sous sa forme première, la *Sonate en fa mineur* comprenait cinq mouvements dont deux scherzos : sur les instances de l'éditeur, Schumann la fit paraître sans ces scherzos, réduite à ses trois autres mouvements, sous le titre de *Concert sans orchestre* (v. précédemment). En 1853, Schumann fit paraître une nouvelle édition, modifiée dans quelques détails du premier mouvement, sous le titre de *Troisième Grande Sonate*, en y adjoignant le second des deux scherzos intercalé entre le premier et le second mouvements. L'autre scherzo ne fut publié qu'après la mort du compositeur, en même temps que le finale primitif (1835) de la *Sonate en sol mineur op. 22*. Ces deux scherzos sont donc présentés ici comme des morceaux séparés.

Le *Scherzo I* (posthume), en *fa* mineur, est un *Vivacissimo* à 6/8, sorte de mouvement perpétuel fort difficile à jouer à cause du constant décalage rythmique d'une croche par rapport à la mesure, — syncopes perpétuelles mordant le vide, au point que les temps forts, par instants, deviennent de véritables trous de silence. De *fa* mineur, on passe en *ut* dièse mineur, pour regagner ensuite le ton de départ par des enharmonies téméraires. Dans le trio en *fa* majeur, une ample mélodie ascendante chante à la main gauche. Reprise en *ré* bémol majeur, elle module vers *ré* mineur, pour être paraphrasée ensuite en croches piquées de 2/4, toujours à la main gauche, avant de chanter à nouveau comme au début. La reprise du Scherzo passe par *fa* dièse mineur au lieu d'*ut* dièse, puis culmine en une grande coda fortissimo en strette tumultueuse et sans cesse accélérée. Ce morceau est daté de juin 1836.

Le *Scherzo II*, repris dans l'édition de 1853 de la *Sonate op. 14*, contraste par sa massivité symphonique avec l'agilité et la fugacité fantastique du précédent. D'allure modérée (*Molto comodo*, *ré* bémol majeur, 3/4), il anticipe sur le style quasi-orchestral de certaines *Novellettes*, et même sur les *Scherzos* des *Symphonies* : c'est dire qu'il n'est pas particulièrement pianistique ! Sa tonalité est si mouvante, si oscillante, qu'on hésite même entre *si* bémol mineur, *ré* bémol majeur, *fa* mineur et *la* bémol majeur au moment de lui attribuer un ton principal, et ce en dépit des cinq bémols figurant à la clef. Quant à la forme, c'est une forme « à tiroirs » typiquement schumannienne. Après deux périodes munies de barres de reprise vient un quasi-trio qui développe les gammes du thème de Scherzo. Une reprise de la première phrase seulement aboutit au véritable trio, en *ré* majeur, page d'essence mélodique annonçant Brahms. Des interventions du motif de tête, pointé, du Scherzo, le perturbent et le font aller en *si* bémol, puis en *ré* bémol. La tête du Scherzo, de plus en plus insistante (rappelons ici ses liens avec le thème de Clara, varié dans l'*Andantino* de la *Sonate!*), finit par déclencher, sans la moindre césure, la reprise complète du début, y compris le premier quasi-trio suivi de la phrase initiale. La fin abrupte en *ré* bémol majeur désigne enfin , a posteriori, quel était le ton principal.

Trois Sonates pour la jeunesse (op. 118)

La même année que l'*Album pour la jeunesse*, 1848, Schumann dédie aux jeunes son premier recueil à quatre mains : *Images d'Orient (op. 66)*. D'autres suivront : *Douze Pièces à quatre mains pour les petits et les grands enfants (op. 85*, 1849), *Scènes de bal (op. 109*, 1851), *Bal d'enfants (op. 130*, 1853). De cette même année, la dernière de la vie lucide de Schumann, datent également les *Trois Sonates pour la jeunesse, Opus 118*, à nouveau à deux mains comme l'*Album*. « Il est certain », remarque Marcel Beaufils, « que pendant le crépuscule de sa vie Schumann a voulu écrire pour l'enfance un vaste livre de contes ». Il est vrai que certains de ces feuillets ont jauni avec le temps, — en particulier les pages à quatre mains, d'un exotisme si modeste et désuet. La miraculeuse réussite de l'*Album* tenait à sa concision, arme suprême de Schumann, l'homme de l'instant et de l'intensité brève. Cependant, les trois *Sonates* sont loin d'être indifférentes : à côté de pages un peu pâles, elles en contiennent de jaillissantes, et qui sont du meilleur Schumann.

C'est à ses trois filles que Schumann a pensé en les écrivant. La cadette, Julie (huit ans), reçut la première, de loin la plus simple, celle que Beaufils surnomme gentiment la *Sonate-Bébé*, et dont il dit qu'à l'instar de telle page de l'*Album* « elle fleure l'anniversaire, les répétitions en secret et la surprise (feinte) du père au grand jour ». La joyeuse Élise (six ans) se vit offrir la seconde *Sonate*, paradoxalement plus complexe et plus difficile que la troisième, destinée pourtant à l'aînée des trois filles, Marie (douze ans). C'est à juste titre que Beaufils estime que la seconde surtout « nous montre un Schumann plus préoccupé encore d'écriture stricte que d'enfance ». Et il ajoute : « Tout cela est charmant, sans joie réelle, enjoué pourtant et plein d'amour, un peu rhapsodique. » Nonobstant ce dernier adjectif, les trois *Sonates* frappent par la sagesse de leur cadre formel, par la régularité de leurs réexpositions.

La PREMIÈRE SONATE, en *sol* majeur, intitulée par Schumann lui-même *Kinder-Sonate,* débute par un petit *Allegro,* qui fait chanter une simple et insouciante mélodie populaire, brièvement développée en capricieux accords coupés de silences, puis fidèlement réexposés. Le second morceau reste du même niveau. C'est un *Thème et variations* en *mi* mineur, sur une petite mélodie de six mesures seulement, à l'allure de marche lente, qui passe aux différentes voix au cours de cinq variations très simples (la quatrième en majeur), suivies d'une jolie coda nostalgique. Le troisième morceau, *Berceuse à la poupée,* est une fraîche mélodie en *ut* majeur, au legato tranquille et doux, mais sans lenteur (il s'agit d'un petit enfant !), et avec un petit milieu plus enjoué en doubles croches. Si Schumann n'a point écrit ici de scherzo, c'est que le *Rondoletto* conclusif à 3/8 en possède le caractère. Cette pièce espiègle, rappelant certaines pages de jeunesse de Beethoven, est un peu plus difficile à jouer que les précédentes et présente quelques problèmes rythmiques. Le premier couplet, capricieux, s'oriente vers les tons mineurs, le second, en *ré* majeur, offre un dialogue des deux mains sur un petit motif lié en tierces et sixtes. Après le *forte* de la conclusion, Julie Schumann prend congé de nous sur la pointe des pieds, par la révérence furtive de deux accords narquois *piano*.

Beaucoup plus importante, la SECONDE SONATE, en *ré* majeur, commence par un *Allegro* de sept pages, qui est un véritable morceau de sonate, et non plus de sonatine. Le motif initial, apparemment enjoué, avec ses détentes de doubles croches, domine toute l'exposition de sa présence obsédante, même lorsque le second thème chante sagement à la dominante. Un motif de pont, reparaissant à la fin de l'exposition, voisine dans le développement central avec l'idée initiale, et tous deux passent dans les tonalités mineures (*la* et *mi*) à la faveur de quelques imitations et séquences. Suit une réexposition tout-à-fait régulière. L'épisode scherzando se trouve ici en numéro deux : c'est un spirituel *Canon* en *si* mineur (2/4) en croches piquées, petite pochade très réussie ! Très court également, le *Chant du soir,* petit intermède lyrique en *sol* majeur (avec un léger assombrissement en *mi* mineur au milieu) d'une *Gemutlichkeit* bien schumannienne, évoque, par sa ligne mélodique, le souvenir de l'*Adagio contabile* de la *Sonate Pathétique* de Beethoven. Après la relative ampleur du premier morceau, les deux suivants ont ménagé quelque répit à la jeune interprète. Mais c'est reculer pour mieux sauter, car dans le finale, *Kindergesellschaft* (« Réunion d'enfants »), un *très vif* à 2/4, sa virtuosité encore incertaine va être mise à rude épreuve. Ses doubles croches inlassables, tantôt liées, tantôt staccato (étude de vélocité et de régularité pas facile du tout !), dominent le morceau à la manière d'un mouvement perpétuel, même quand apparaît le second thème en accords énergiques. Le développement module avec liberté et même avec hardiesse, et nous entraîne par enharmonie jusqu'en *mi* bémol à travers une succession d'enchaînements de dominantes telle que seul Schumann pouvait en signer. Lorsque la réexposition, régulière, intervient enfin, la pauvre Élise n'est pas au bout de ses peines : son papa lui réserve encore un développement terminal, mais il lui a quand même ménagé la récompense finale de dix mesures conclusives d'accords fortissimo : enfin on peut se défouler et taper un peu !

La TROISIÈME SONATE, en *ut* majeur, nettement moins difficile et un peu moins longue que la précédente, demande de la force et de la vaillance (Schumann disait de Marie qu'elle était déjà « quelque peu aguerrie »), mais ni finesse, ni virtuosité. Elle commence par un *Allegro* en tempo de marche, d'un héroïsme éclatant, d'une énergie à toute épreuve, avec son rythme pointé initial sur le premier temps et son petit motif de doubles croches flottant au vent comme un drapeau. Quelques modulations passagères ne parviennent pas à assombrir le beau fixe, et si le second thème chante beaucoup plus doucement en *sol* majeur, le premier domine à nouveau la fin de l'exposition, ainsi que le développement, qui s'édifie sur ses deux éléments à travers un parcours modulant et séquentiel notoirement plus simple que celui du finale de la Sonate précédente. Suit une réexposition absolument régulière. L'*Andante* à 9/8 en *fa* majeur, marqué expressif, se déroule sur des rythmes pointés de barcarolle assez complexes, parsemés même de quelques duolets-attrapes. Le milieu, dans les tons mineurs, alterne aux deux mains de fluides traits et arpèges de doubles croches liées, dont il subsiste un souvenir dans la conclusion du morceau. En guise de scherzo, Schumann propose à Marie un petit morceau de genre, une *Danse tzigane* rapide en *la* mineur, au tourbillon obsédant et monotone de triolets de doubles croches. Quelques fusées rapides en interrompent seules la giration obstinée. Le finale, *Songe d'enfant*, édifie une petite forme sonate sur un thème initial à 6/8, au balancement immuable (noire-croche) qui deviendrait vite monotone s'il n'était coupé par deux fois, avant la fin de l'exposition (et deux fois encore durant la réexposition), par l'intrusion inopinée du thème initial de la *Sonate-Bébé* en *sol* majeur : c'est l'espiègle Julie qui vient interrompre le rêve doux et ronronnant de son aînée. Du coup, le développement se fait plus animé, avec des croches staccato dont on avait déjà eu un avant-goût fugitif, avec, surtout, de joyeuses fanfares de chasse aux brusques modulations (*mi* bémol majeur, *si* majeur, etc.). La réexposition se prolonge en un assez important développement terminal concluant fortissimo.

ŒUVRES À QUATRE MAINS ET POUR DEUX PIANOS

Les œuvres pour piano à quatre mains de Schuman sont peu nombreuses et sont loin d'atteindre la signification de celles de Schubert, — qu'il admirait tant. La nature trop subjective, trop passionnée, trop impulsive surtout, de son inspiration se prêtait mal à la coexistence paisible de deux personnes devant un même clavier.

En 1933 furent publiées pour la première fois *Huit Polonaises*, pages d'extrême jeunesse écrites en 1828. Vingt ans plus tard, en 1848, Schumann nous donne avec les **Bilder aus Osten** (« Images d'Orient») *op. 66* la meilleure de ses œuvres à quatre mains. Il s'agit d'une série de six *Impromptus* inspirés, nous dit le compositeur, par une lecture des *Maqams* du poète arabe Hariri, dans la traduction allemande de Friedrich Rückert, — poèmes racontant les exploits d'Abou Saïd, le Till Eulenspiegel arabe. La première pièce (*Lebhaft*, « Vif »), en *si* bémol mineur, de caractère passionné, permet de reconnaître certaines inflexions « turques » ; la deuxième (*Nicht schnell und sehr gesangvoll zu spielen*, « Pas vite et à jouer de manière très chantante », en *ré* bémol majeur) se voile de quelque nostalgie, cependant que le n° 3 propose une joyeuse marche (*Im Volkston*, « dans le ton populaire »), sans cesse accélérée. La grâce un rien flâneuse de la quatrième pièce (*Nicht schnell*, en *si* bémol mineur) rappelle un peu Schubert, — tandis que la cinquième (*Lebhaft*, en *fa* mineur) s'avère la plus riche et la plus diversifiée de la série, avec ses rythmes pointés qui ne s'interrompent que dans une brève partie centrale. Le dernier morceau, à nouveau en *si* bémol mineur, porte la curieuse indication *Reuig, andächtig* (« repentant et dévôt »), — conclusion moins assagie que doucement ironique de l'existence mouvementée de notre ribaud...

En 1849 Schumann compose **Douze Pièces pour Grands et Petits enfants** *(op. 85)*, plaisantes et inspirées, et qui mériteraient un meilleur sort. Successivement : *Marche d'anniversaire ; Danse de l'ours ; Mélodie au jardin ; En tressant des guirlandes ; Marche croate ; Tristesse ; Marche de tournoi ; Danse ; Au jet d'eau* (un jet bien académique auprès des frémissantes évocations liquides de Liszt, Debussy ou Ravel !) ; *Cache-cache* (avec d'amusantes allusions à des thèmes « cachés » de la *Symphonie Pastorale* de Beethoven, du *Marche militaire* de Schubert, du *Songe d'une nuit d'été* de Mendelssohn) ; *Histoire de fantômes ;* enfin *Chanson du soir (Abendlied)*, à trois mains dans la version originale, mais bien connue dans de nombreuses transcriptions.

Également destinés à la jeunesse, les deux derniers recueils sont de valeur moindre, — d'une inspiration plus pâle et plus fatiguée. Les *Scènes de bal op. 109* (1851) se présentent comme un *« Bal masqué en neuf pièces de caractère plutôt mélancolique »* (Schumann), tandis que le *Kinderball (Bal d'enfants) op. 130* (1853) offre *« six pièces de danses faciles »*.

Schumann n'a écrit qu'une seule œuvre pour deux pianos, l'*Andante et Variations en si bémol majeur op. 46* (1843), destiné sans doute d'abord à quelque célébration intime ou familiale, ainsi que l'indique sa curieuse instrumentation d'origine, qui adjoignait aux deux pianos deux cors et un violoncelle. Instruments si peu indispensables que Schumann s'en passa dans la version définitive. Il lui suffit pour cela de supprimer l'une des dernières *Variations* (où ils apparaissaient davantage), ainsi que la brève introduction *Sostenuto* et l'interlude menant de la cinquième *Variation* à la sixième, — interlude qui citait le thème initial de *la Vie et l'Amour d'une femme* (ce qui semble confirmer également la destination première de l'ouvrage). Celui-ci a suscité des jugements mitigés, — avant tout à cause de la manière décevante dont Schumann écrit pour deux pianos. L'un des deux est trop souvent redondant, se bornant à renforcer l'harmonie à l'aide d'octaves ou de simples accords, si même *(Troisième Variation)* il ne double pas purement et simplement l'autre ! Au moins les deux instruments alternent-ils dans la présentation du matériau musical. Et celui-ci est loin d'être négligeable, même si l'on a pu taxer de quelque sentimentalité le très mélodique thème de départ.

C'est un *Andante espressivo* élégiaque, que les *Variations* infléchissent tantôt vers le tendre lyrisme d'Eusebius qui lui est congénital, tantôt vers une énergie plus extérieure à la Florestan. Il n'y a que peu de travail contrapuntique, — ce qui peut étonner de la part d'un Schumann ; mais la *Septième Variation* entoure le thème de tout un réseau d'agiles figurations en appoggiatures. L'œuvre se termine en tendres arabesques des deux instruments. Un peu délaissée aujourd'hui, elle fut créée à l'époque par Clara Schumann et Mendelssohn en personne, et Brahms la jouait volontiers... à un seul piano !

Il faut signaler pour finir les deux petits recueils que Schumann consacra en 1845 au piano à pédalier, à une époque où il se passionnait pour Bach et les études contrapuntiques : les six *Fugues pour orgue sur Bach (op. 60)* et les quatre *Fugues pour piano (op. 72)* sont contemporaines. Le piano à pédalier ne s'est jamais imposé, de sorte que ces pages ne se jouent plus guère, si ce n'est à l'orgue, pour lequel elles ne furent pas conçues, ou encore à quatre mains ou à deux pianos, ce qui est un pis-aller plus acceptable.

Les **Études op. 56** se composent de six *Pièces en forme de canon*. La première est une pièce en trio au paisible déroulement de doubles croches, les deux voix supérieures étant écrites en canon à l'octave ; c'est la plus proche de Bach, — dont on évoque telle *Invention*. La deuxième est d'allure et d'expression beaucoup plus romantique ; sa mélodie berceuse, accompagnée d'abord par de simples accords, avant d'être élaborée en canon, n'est pas sans rappeler les *Romances sans paroles* de Mendelssohn, — alors que, vers la fin, les appoggiatures chromatiques font même penser à Chopin. Les deux suivantes sont également proches des *Romances sans paroles*, mais un autre Mendelssohn s'impose à notre souvenir à l'écoute de la cinquième, — celui des prestes évocations d'elfes et de lutins ; c'est un spirituel *Scherzo* aux rythmes piqués, aux dissonances savoureuses, un morceau d'une rare séduction se terminant par un clin d'œil au *Songe d'une nuit d'été*. Quant à la dernière pièce, elle se présente comme un solennel cortège d'accords, plein de complexités canoniques, interrompu en son milieu par un bref fugato.

Les quatre **Esquisses op. 58** ne sont peut-être pas tout à fait du même niveau d'inspiration, — bien qu'elles ne manquent nullement de charme, en particulier la troisième, dont le déferlement rappelle le troisième des *Nachtstücke op. 23*. Dans l'ensemble, l'*op. 58* est d'une écriture plus harmonique, moins contrapuntique que le recueil précédent. Clara Schumann l'a arrangé pour un seul piano normal, alors que Debussy a transcrit les deux recueils pour deux pianos.

H. H.

ALEXANDRE SCRIABINE

Né à Moscou, le 6 janvier 1872 ; mort à Pétrograd, le 27 avril 1915. Dès l'âge de dix ans il commença à prendre des leçons de piano, qu'il poursuivit au Conservatoire de Moscou avec Safonov. Il y étudia la théorie musicale avec Taneiev et la composition avec Arenski, - terminant ses classes en 1892 (Sa Sonate nº 1 *date de 1893). Il aborda une carrière de virtuose en Russie et à l'étranger (première tournée en 1896). De 1898 à 1905, il fut professeur de piano au Conservatoire de Moscou. Sa « première période », délimitée par la charnière des deux siècles, se limite à peu de choses près au piano, et est mar-*

quée par l'influence de Chopin et de Liszt ; la petite forme y prédomine : Mazurkas (op. 3), Études (op. 8), Préludes (op. 11, 13, 15, 16, 17). Mais les Sonates n° 2 *(1897)* et 3 *(1898)* témoignent déjà du renouveau de vitalité que Scriabine donnera à cette forme. Les premières années du XXe siècle sont consacrées essentiellement à la composition symphonique, et c'est à travers elle que se réalise la première évolution du langage de Scriabine, marqué désormais par l'harmonie wagnérienne. La Sonate n° 4 *(1903)* est typique de cette période transitoire. De 1904 à 1908, Scriabine vit à l'étranger (Suisse, USA, France, Belgique). A Bruxelles il fréquente les milieux théosophiques, avec lesquels il se découvre une communauté d'idées ; il n'est pas prouvé cependant qu'il ait été membre de l'officielle Société Théosophique. En 1907, il participe aux concerts de Diaghilev à Paris. Sa Sonate n° 5 *(1907)* est contemporaine de son Poème de l'Extase *pour orchestre*. Le chromatisme de son langage s'exacerbe, et ses œuvres prennent de plus en plus des titres symbolistes : Fragilité, Poème ailé, Danse languide... Avec sa dernière œuvre symphonique, Prométhée ou le Poème du Feu *(1910)*, Scriabine franchit les limites de la tonalité et élabore un style harmonique fondé sur les superpositions de quartes diminuées ou augmentées: Ses cinq dernières années seront intégralement consacrées au piano : Sonates n° 6 à 10, et nombreux groupes de miniatures, — ainsi qu'une pièce remarquable, Vers la flamme. *Cette dernière période se caractérise par une dissolution de la battue rythmique, remplacée la plupart du temps par des superpositions de valeurs différentes, par un étagement des données thématiques et harmoniques, et par un emploi des effets acoustiques (trilles, trémolos). La technique pianistique de Scriabine montre une propension aux larges intervalles en arpèges, octaves et accords, nécessitant des déplacements rapides et souvent périlleux. Représentant-type du symbolisme en musique, adepte des doctrines mystiques dérivées des philosophies orientales (très répandues en Russie et en Europe à cette époque), Scriabine cherche à faire atteindre à la musique les limites de la densité sonore et des possibilités expressives, afin de créer un climat d'extase spirituelle et esthétique. Les critiques et le scepticisme que ces idées ont pu susciter ne doivent pas faire oublier qu'elles sont indissociables de l'évolution de son style. Ayant toujours refusé, par contre, le recours au folklore, Scriabine apparaît, aux côtés de ses compatriotes nationalistes, comme « une autre façon d'être Russe en musique ». Bien que n'ayant pas formé de disciples directs, il n'en a pas moins annoncé directement l'univers sonore du* XXe *siècle, et a servi de modèle musical et philosophique à des compositeurs tels que Obouhov et Wyschnegradsky, et même à une partie de l'avant-garde soviétique des années 1920. Son œuvre pianistique, qui a mis un certain temps à s'imposer définitivement au répertoire, a été défendue par quelques virtuoses de premier plan, — parmi lesquels son gendre Vladimir Sofronitski, Samuel Feinberg, et Vladimir Horowitz.*

LES SONATES

Il a appartenu à deux compositeurs russes — Scriabine et Prokofiev — de redonner une nouvelle existence à la sonate pour piano au XXe siècle, avec, respectivement, dix et neuf opus. Mais, alors que Prokofiev représenta le pont reliant modernisme et classicisme, et conserva, sauf exceptions, la forme traditionnelle en trois ou quatre mouvements, Scriabine s'inscrivit dans le prolongement du principe romantique lisztien, — transformant la sonate en un poème aux épisodes et aux idées multiples, sans préjudice d'une forme rigoureusement étudiée et équilibrée. Ses *Sonates n° 1* et *3* sont les seules à comporter quatre mouvements ; le *2e*, « *Sonate-Fantaisie* », et la *4e* forment deux diptyques ; avec la *5e*, la forme « monobloc » est définitivement adoptée.

Sonate n° 1, en *fa* mineur (op. 6)

Composée en 1893, un an après l'achèvement des études au Conservatoire. A cette date, Scriabine avait déjà à son actif un certain nombre de petites pièces pour piano, dont les deux *Valses op. 1, Prélude, Étude et Impromptu en forme de mazurka op. 2, Allegro appassionato op. 4,* deux *Nocturnes op. 5...* Cette première sonate restera la plus longue des dix.

1. ALLEGRO CON FUOCO : une succession

d'élans ascensionnels en octaves, accords et arpèges, fixe d'emblée ce qu'on pourrait appeler une constante dynamique de Scriabine, — qui se retrouvera, diversités de langage comprises, dans ses œuvres de toutes les périodes. Pour l'instant, le résultat est un post-romantisme fort proche de Rachmaninov. Le second thème *(Meno mosso)* est une mélodie affectueuse, dont l'évolution donne lieu à des successions de quartolets. Le retour à une écriture plus verticale, avec de grands accords et de rapides changements de registres, prépare la partie développement (Scriabine propose toutefois la reprise traditionnelle de l'exposition). Le développement est décevant à bien des titres, — laissant apparaître l'inexpérience à travers une difficulté à enrichir le matériau thématique autrement que par des procédés du tout-venant (abondance de notes de passage, accompagnement en grands arpèges brisés), et donnant l'impression que les données initiales brident l'invention plus qu'elles ne la stimulent.

2. (sans indication de tempo ; métronome : *40* à la noire) : ici encore domine la sensation que le compositeur n'a pas réussi à tirer tout le profit possible d'une idée pourtant remarquablement formulée. Ce mouvement lent est construit sur un thème rythmico-harmonique de 4×4 mesures. Une écriture ornementale s'en échappe ensuite, — gardant présentes les constantes rythmiques dans les accords de l'accompagnement. Puis tout le thème reparaît tel quel à la main droite, avec des broderies et des contre-chants à la main gauche. Dans l'ensemble, ce mouvement fait figure d'un intermède et donne l'impression de tourner court, — compte tenu de l'ampleur de l'édifice qu'on était en droit d'attendre.

3. PRESTO : se rapprochant d'un scherzo par la forme et d'une rhapsodie par le style, ce mouvement se veut une réplique à l'*Allegro* initial. Dans un rythme à 12/8, le thème en accords est soutenu par un martèlement d'octaves à la main gauche, avec une rythmique syncopée du fait de l'anacrouse : ♩♩♩. Les syncopes en général, ainsi que la superposition binaire-ternaire, émailleront cette page échevelée et fantastique, tempéré en son milieu par une méditation lyrique qui est une variante du second thème du premier mouvement. Un silence, après un accord de septième de dominante, enchaîne directement sur le finale.

4. FUNÈBRE : pour sa première sonate, Scriabine commence par une exception notable, — concluant par une marche funèbre d'un incontestable impact dramatique, avec en son milieu un choral étrange *(pppp, quasi niente)*. Pour souligner l'idée d'une musique « dématérialisée », le choral est écrit en petites notes. Si le fait d'inclure une marche funèbre dans une sonate est évidemment dû à Chopin, l'idée d'en constituer un mouvement final fait apparaître la coïncidence pour le moins frappante avec la *Symphonie Pathétique* de Tchaïkovski (qui s'achève, elle aussi, par les sonorités funèbres d'un *Adagio lamentoso**). Il n'existe pourtant aucun rapport entre les deux œuvres, ni aucune possibilité d'influence dans un sens ou dans l'autre. Dans son journal personnel, Scriabine avait fait mention de « murmures contre le destin et contre Dieu » : cette crise de pessimisme était probablement due à une grave névralgie de la main, dont il souffrait à ce moment.

Sonate-fantaisie n° 2, en *sol* dièse mineur (op. 19)

Écrite en 1896. Selon les témoignages, elle aurait été inspirée à Scriabine par la contemplation de paysages marins en Italie. Il est, en effet, possible de voir dans le premier mouvement une nuit en bord de mer, et dans le second une tempête. Ces deux mouvements se succèdent pratiquement sans interruption.

1. ANDANTE : il s'ouvre par un thème-signal doux, lointain, étouffé, au rythme souplement balancé :

Quelques séries d'accords en rythmes pointés mènent à la seconde idée, — cantilène proche d'un choral, ponctuée par les triolets du premier thème et prise dans un mouvement d'arpèges. Des figures ornementales apparaissent et les valeurs rythmiques se resserrent, tandis que l'étendue des arpèges s'élargit. Un puissant développement fait resurgir le premier thème, vigoureusement affirmé, lui conférant souffle et profondeur. La réexposition se fait fortis-

---

* Voir *Guide de la musique symphonique.*

simo, et enchaîne immédiatement le second thème. Toute la coda est en succession d'arpèges, avec un chant en cantus firmus à la partie médiane. Un dernier rappel du premier thème avec un point d'orgue précède l'attaque du finale.

PRESTO : de forme ABA, c'est une page de grande virtuosité, un perpetuum mobile qui pourrait être une étude, ou le jet immédiat d'une improvisation. Dans la partie A, il n'y a pas vraiment de thème d'un point de vue mélodique. La course précipitée des triolets soutenus par des octaves ne laisse guère surgir que des ébauches de contrechants à la basse, ou sur les crêtes d'arpèges brisés. Dans la partie B en revanche, une mélodie ardente et dramatique s'élève à la main droite *(ben marcato il canto)*. Conformément aux lois de la forme, elle reparaîtra dans la coda.

Par rapport à la *1re Sonate*, il est indéniable que celle-ci — dense, concise et équilibrée — marque une nette évolution au niveau de l'exploitation des idées et de leur mise en valeur pianistique.

Sonate n° 3, en *fa* dièse mineur (op. 23)

En quatre mouvements, elle peut être définie comme l'œuvre marquant le début de la période transitoire de Scriabine. Le style reste post-romantique, se rapprochant parfois du Liszt de la dernière période. Mais l'évolution de la personnalité créatrice de Scriabine se reconnaît ici au programme des quatre mouvements, intitulés « États d'âme » ; ce programme, ne figurant pas sur la partition, avait été publié posthumement dans le numéro spécial consacré à Scriabine par la revue *Mouzykalny Sovremennik* (« le Contemporain Musical ») en 1915. Ce texte, sorte de mise en scène visionnaire, atteste bien que l'imagination messianique de Scriabine avait précédé et déterminé la transformation de son langage musical.

1. DRAMMATICO (« L'âme libre et farouche se précipite avec passion dans la douleur et dans la lutte ») : le thème initial de ce mouvement se souvient manifestement, par sa structure, de celui de la *2e Sonate*. Mais à la douceur en demi-teintes de celle-ci, il oppose une rythmique directe et agressive, *fortissimo* :

La violence passionnée et dramatique, l'impulsion donnée par les sauts d'octaves dominent l'essentiel du mouvement, — laissant cependant le second thème apporter le contraste traditionnel avec un *Cantabile* pénétré de pureté contemplative. Un troisième élément, qui lui succède aussitôt, retrouve une ardeur marquée d'une certaine verve *(poco scherzando)*, et donne lieu à quelques imitations entre les deux mains. Le développement est un dense et habile brassage de tous les thèmes, avec des superpositions où s'équilibrent l'harmonie et le contrepoint. Comme dans le premier mouvement de la *2e Sonate*, la réexposition enchaîne les thèmes de façon plus resserrée. Dès le second thème, l'armure de *fa* dièse majeur s'établit et se maintient jusqu'à la fin du mouvement.

2. ALLEGRETTO (« L'âme a trouvé une sorte de repos momentané. Lassée de souffrir, elle veut s'étourdir, chanter et fleurir quand même. Mais le rythme léger, les harmonies parfumées ne sont qu'un voile à travers lequel transparaît l'âme inquiète et meurtrie ») : dans le ton de *mi* bémol majeur, c'est un court scherzo partagé entre la danse et le chant. La première s'engage d'emblée, lancée par le rythme en octaves de la basse. La joie de vivre se transforme bientôt en frénésie bondissante, pouvant être une bacchanale autant qu'une lutte. Dans le trio en *la* bémol majeur, la grâce poétique d'une mélodie enchanteresse animée de fins ornements de triolets justifie l'image un peu précieuse d'« harmonies parfumées » que mentionne le programme. La reprise de la partie A est condensée, se réduisant principalement à ses mesures de culmination.

3. ANDANTE (« L'âme vogue à la dérive dans une mer de sentiments doux et mélancoliques : amour, tristesse, désirs vagues, pensées indéfinissables d'un charme fragile de fantôme ») : un thème pensif et serein, dérivé de l'idée initiale du premier mouvement, mais totalement différent de caractère, est doublé d'un contre-chant à la main gauche. C'est ce dernier qui ressort tout d'abord dans l'important épisode varié qui suit, — orné d'une reptation chromatique à la main droite et alternant avec des montées menaçantes d'octaves à la basse. Le thème du début émerge ensuite à la partie supérieure, avant de passer au médium. Toute l'écriture de cette page annonce les étagements de couches sonores des œuvres à venir. Le retour du thème du mouvement initial, sous sa forme originale, prépare le passage sans interruption au finale, introduit par la répétition en accelerando d'une figure pulsionnelle.

4. PRESTO CON FUOCO (« Dans la tourmente des éléments déchaînés, l'âme se débat et lutte avec ivresse. Des profondeurs de l'être s'élève la voix formidable de l'Homme-Dieu dont le chant de victoire résonne triomphant ! Mais trop faible encore, prêt d'atteindre le sommet, il tombe foudroyé dans l'abîme du Néant ») : ce finale démiurgique est d'une redoutable difficulté d'exécution, en raison surtout des larges arpèges de la main gauche (au rythme quasi invariable de deux triolets de croches suivis de quatre doubles), — pour lesquels existe d'ailleurs une version très relativement facilitée, que Scriabine lui-même adoptait en jouant sa sonate. Le tumulte, la succession d'élans brefs et intenses ne tardent pas à faire entendre la phrase brève (montée et redescente), mais d'un remarquable relief, de l'« Homme-Dieu » mentionné dans le texte. Le changement radical d'atmosphère, avec une nouvelle mélodie *(Meno mosso)*, captivante par sa simplicité et sa ferveur, n'est qu'une brève accalmie, un instant d'introspection, — avant la reprise du combat épique. Le thème du finale s'enchaîne avec la réapparition du second thème du premier mouvement, chargé à présent d'inquiétude, adapté à l'atmosphère ambiante. La culmination est à nouveau une série d'imitations, en étagements serrés. Après un nouvel appel de l'« Homme-Dieu », une réexposition dans la tonalité de *ré* dièse mineur aboutit aux chocs cyclopéens du *Maestoso*, dont l'ultime et colossal déploiement de puissance s'altérera bientôt de signes d'épuisement. Une montée précipitée et hallucinée, tandis que le thème retentit en accords funèbres à la main gauche, et trois rappels espacés, en fortissimos secs, de l'élan qui avait lancé le finale, scellent l'inéluctabilité de la défaite.

Sonate n° 4, en *fa* dièse majeur (op. 30)

Elle est typique de la période intermédiaire de Scriabine, tant par l'harmonie que par la forme : renonçant aux quatre mouvements traditionnels, elle se limite à deux parties faisant se succéder un *Andante* assez court et un vaste finale, unis par leur thématisme. Le mysticisme cosmique du compositeur s'est exprimé dans une phrase qui résume le programme de la sonate : « Le vol de l'homme vers l'étoile, symbole du bonheur ».

1. ANDANTE : les harmonies frêles du motif initial évoquent la lumière lointaine, à peine perceptible, de l'astre, — en même temps que le sentiment de langueur qui naît de sa contemplation :

L'héritage du langage harmonique de *Tristan et Isolde* se reconnaît dès les premières mesures. Un thème secondaire partant de la figure est paraphrasé ensuite, avec des superpositions de valeurs rythmiques différentes (quintolets contre quartolets de larges arpèges à la main gauche). Le thème principal est ensuite repris deux fois à la main gauche, avec des ornementations différentes : quartolets d'accords répétés dans l'aigu, puis arpèges brisés en triolets de doubles croches, — créant d'une fois sur l'autre la sensation d'une intensification de la fréquence d'irradiation lumineuse. Un épilogue avec quelques accords brièvement espacés mène directement au finale.

2. PRESTISSIMO VOLANDO : le vol enthousiaste, extatique autant que sensuel, s'effectue en élans rapides et saccadés. Le thème du finale, par son contour et son intonation, est dérivé de celui de l'*Andante*. S'atténuant par moments, canalisé ensuite dans un dynamisme plus continu (au changement d'armure en *ré* majeur), puis laissant resurgir le thème de l'*Andante* sous sa forme originale, le mouvement intensifie ses pulsions tout en opposant, par de fréquents changements de nuances, les coloris et les zones d'ombre. L'apothéose affirme, dans un fortissimo radieux, le thème initial soutenu par de puissants martèlements d'accords.

Cette sonate est la plus brève des dix (à peine huit minutes de durée) ; mais sa richesse condensée, son attrait poétique et sa beauté sonore en font l'une des plus populaires.

Sonate n° 5, en *fa* dièse majeur (op. 53)

Esquissée vraisemblablement pendant l'été de 1907, elle fut reprise et achevée en quelques jours au mois de décembre de la même année. Dans cette sonate, Scriabine rompt définitivement avec la forme en mouvements séparés au profit du « monobloc » selon le principe lisztien, — rassemblant et juxtaposant divers épisodes, et transformant la sonate en poème pianistique. La *5e Sonate* succède immédiatement au *Poème de l'Extase*, avec lequel elle possède des liens étroits : elle porte en exergue quatre vers extraits du texte de programme de ce *Poème* :

« Je vous appelle à la vie, ô forces mystérieuses

Noyées dans les obscures profondeurs de l'esprit créateur,

Craintives ébauches de la vie,

A vous j'apporte l'audace. »

Par ailleurs le thématisme, les sonorités et l'enchaînement des épisodes offrent beaucoup de ressemblances avec la *4e Sonate*. Mais l'harmonie a franchi une nouvelle étape : si, dans l'ensemble, le lien avec la tonalité n'est pas rompu, et si certains passages se maintiennent même sur des accords assez usuels, d'autres moments se situent à l'orée de l'atonalisme. Si *fa* dièse majeur est la tonalité dominante, indiquée dès l'abord à l'armure, les changements assez nombreux de celle-ci (la dernière étant *mi* bémol majeur) et l'abondance d'altérations en cours de texte attestent la relativité des indications de tonalité. Ainsi, la courte introduction de onze mesures *(Allegro impetuoso, con stravaganza)*, avec ses grondements telluriques de trémolos et de trilles d'où jaillissent, des ténèbres vers la lumière, des jets ascensionnels, appartient pratiquement au domaine des effets acoustiques. Le *Languido* qui lui succède est très proche de l'*Andante* de la *4e Sonate* par les intonations, la tonalité, les harmonies, et l'égrènement cristallin des notes dans les mesures indiquées *accarezzevole*. De même, l'attaque du grand *Presto con allegrezza*, du *Prestissimo* de la *4e Sonate*. Mais les bonds légers d'accords staccato suggèrent ici une danse vertigineuse et fantastique, que viendra troubler un court signal descendant *(imperioso)* qui alterne avec des secousses inquiètes d'accords. Après une dissolution progressive de l'élément rythmique au profit des glissements chromatiques et des arpèges descendants, une relance soudaine de la frénésie pulsionnelle et bondissante aboutit au retour de l'introduction de la sonate, puis de l'épisode *Languido*. Mais la suite de ce dernier, en laissant réapparaître les éléments du *Presto*, établit maintenant un climat conflictuel. C'est une sorte de développement-fantaisie, qui brasse les motifs en les opposant. Au prix de nouveaux efforts, de sursauts d'énergie d'abord contrariés, puis se libérant de manière spectaculaire, le rythme de danse réapparaîtra enfin avec le *Prestissimo*, — qui est la véritable réexposition de cette partie principale de la sonate : une réexposition parfaitement symétrique, avant l'apothéose dans laquelle les accords serrés et précipités vont s'irradier vers l'aigu, en sonneries solennelles et extatiques. Le couronnement sonore, fort semblable à celui de la *4e Sonate*, sera la réapparition du thème du *Languido* au-dessus d'un martèlement continu d'accords, eux-mêmes soutenus par des harmonies-pédales. La coda *Presto* s'achève par les jaillissements de l'introduction, — donnant la sensation d'une suspension soudaine des sonorités et des élans, en lieu et place d'une cadence conclusive.

Sonate n° 6 (op. 62)

Commencée dans l'été de 1911, elle fut terminée à la fin de l'automne : entre la *5e* et la *6e Sonates*, il y eut *Prométhée*, dernière œuvre orchestrale de Scriabine, qui n'écrirait désormais plus que pour le piano, et est entré dans sa dernière « période ». La tonalité ne fait plus que de lointaines réapparitions, au profit d'un langage harmonique nouveau, — fondé sur des superpositions d'accords dans lesquels les intervalles de septième et de neuvième, incorporant des quartes augmentées, sont fréquents. Le rythme, certes marqué par moments, se dissoudra pourtant de plus en plus dans les entrelacs de valeurs différentes. Du point de vue de la forme, on tient ici un premier mouvement de sonate assez identifiable par sa symétrie, avec les différents épisodes enchaînés plus directement que dans la sonate précédente. Notables, d'autre part, sont les nombreuses indications en français dont Scriabine émaille sa partition, et qui peuvent être poétiques, étranges, ou carrément baroques : « avec une chaleur contenue », « souffle mystérieux », « onde caressante », « le rêve prend forme (clarté, douceur, pureté) »...

Une succession de larges accords coupés

de quelques soubresauts introduit le thème principal, — phrase relativement simple, montante puis descendante, structurée sur l'échelle ton — demi-ton. Le tout est repris, avec le thème souligné d'arpèges descendants, et aboutit à une page épurée, où l'économie des notes met d'autant mieux en valeur les timbres. Une cellule de cinq notes montantes, dérivée du thème, prépare la transition vers la partie principale. Après cette longue introduction-exposition d'allure modérée, c'est maintenant un *Allegro* (« avec entraînement ») dans lequel les cinq notes calmement égrenées jusque-là se transforment en rapides quintolets, presque glissando, eux-mêmes rapidement condensés en accords arpégés. Mais, dans ce vol féerique (« ailé, tourbillonnant »), l'épouvante surgit sous forme de violents chocs d'accords. Une multiplication des quintolets, entrecoupés de sombres rallentandos ou d'« appels mystérieux », mène à un épisode en demi-teintes, tout en ondoiements et frémissements, — où la figure ascendante se maintient avec de nouvelles valeurs rythmiques. La culmination (« joyeux, triomphant ») est la réapparition du thème principal, avec, successivement, plusieurs harmonisations et accompagnements (accords battus, arpèges dans le grave, triolets syncopés). Une série de martèlements d'accords (« effondrement subit ») précède la réexposition. Celle-ci s'oriente vers de nouvelles variations du thème, bientôt notées sur trois portées, — prodigieux édifice rythmico-harmonique (presque constamment joué *piano*) que le thème domine, en cantus firmus, à la partie supérieure. Le dernier épisode est la réexposition à peu près symétrique de l'*Allegro,* avec ses fusées de quintolets, et l'intrusion de la vision d'épouvante dans une lutte qui se poursuivra jusqu'à la coda. Cette dernière débute dans les registres extrêmes (avec, à la main droite, un accord qui prévoit une note n'existant pas sur le piano, le $ré^8$!), puis amorce une descente et un dégradé qui, après un ultime rappel des pulsions vitales, s'achèvent sur un agrégat harmonique laissant une impression de trouble et d'inquiétude.

Sonate n° 7 (op. 64)

Commencée en même temps que la *6e Sonate,* elle fut achevée peu après, en janvier 1912. Selon les proches de Scriabine, elle resta son œuvre préférée. Lui ayant donné le sous-titre de « messe blanche », le musicien la considérait comme porteuse d'une joie plus authentique encore que celle de *Prométhée*, et approchant déjà le *Mystère* qu'il méditait. De fait, c'est sans doute celle, des dix sonates, dans laquelle les paroxysmes sonores et psychologiques sont les plus marqués, où les harmonies et l'écriture sont les plus denses et les plus complexes. Le plan global peut encore s'apparenter à celui de la forme traditionnelle, — avec, en outre, une rigoureuse structure mathématique interne.

La très vaste exposition ne contient pas moins de sept idées thématiques distinctes. Sans préambule, dès les premières mesures, le courant sonore est à « haute tension », — avec des appels lancés sur fond d'accords syncopés et entrecoupés d'arpèges grondants. Une série d'accords de septième majeure leur réplique, menant au troisième thème, — signal péremptoire de quatre notes (« avec une sombre majesté ») qui se multiplie en montant. A cette intensité harmonique et pulsionnelle s'opposeront à présent deux idées mélodiques, séparées par un rappel des accords du second thème : l'une, toute de douceur et de sensualité (« avec une céleste volupté ») ; l'autre — en fait un contre-chant à la première —, qui deviendra une figure thématique en soi : un court arpège égréné en mouvement descendant. Bientôt un autre contre-chant naît à la main gauche, — sorte de cantus firmus grave et austère. Mais les arpèges s'animent ensuite (« animé, ailé »), entrecoupés de glissements chromatiques d'accords. Les deux derniers éléments de l'exposition sont une succession d'arpeggiandos dont les notes extrêmes se répondent (« étincelant »), et un motif rythmé et symétrique.

La partie développement débute par le premier thème et peut donner, dans un premier temps, l'impression d'une fausse reprise de l'exposition. Les autres thèmes, présentés maintenant dans un ordre et selon une importance hiérarchique différents, entament un prodigieux ballet dans lequel imitations, accélérations, envols, retombées se succèdent jusqu'à ce que le mouvement ascendant s'affirme. Une page contrastée, entre des accords clairs dans l'aigu (« de plus en plus sonore et animé ») et des secousses dans le grave (« comme des éclairs »), mène au *Tempo primo* (« foudroyant »). La particularité de forme consiste à présenter là, simultanément, la culmination sonore du développement et la réexposition : c'est le retour du premier thème qui retentit à présent au médium, dans une nouvelle illustration harmonique. Mais la suite sera si différenciée que l'on peut y voir, également une seconde phase du développement. Jusqu'à la moitié de celui-ci, ce sera le thématisme linéaire, mélodique qui prévaudra (le cinquième thème devenant maintenant une guirlande de quartes) ; puis l'écriture s'orientera de plus en plus vers le sonorisme (trilles, arpeggiandos), l'exploitation du timbre et des harmonies, et les superpositions d'idées de diverses catégories. Un carillonnement exultant d'accords (« avec une joie débordante », « en délire ») aboutit à l'arpègement d'un accord de cinq sons reproduit sur cinq octaves (!). La courte coda, en vaguelettes montantes et en trilles, offre le paradoxe d'un diminuendo tandis que le mouvement va s'accélérant. Elle termine l'œuvre sur une évasion smorzando et une interruption, — qui ne sont pas vraiment une ponctuation finale et rappellent un peu la conclusion de la *5e Sonate,* bien qu'en plus atténué.

Sonate n° 8 (op. 66)

Commencée en 1912, elle fut achevée, en même temps que les *Sonates n° 9* et *n° 10,* pendant l'été de 1913, — que Scriabine passa au domaine de Petrovskoïe, dans la province de Kalouga. L'œuvre évoquerait les quatre éléments et l'éther mythique. Scriabine s'y montre plus parcimonieux sur les indications d'interprétation ésotériques en langue française, revenant plus volontiers aux termes italiens traditionnels. C'est la plus longue parmi les dernières sonates, mais elle reste moins prisée que les autres. A bien des titres, elle est constituée de redites de ce qui fut déjà exploité dans les *Sonates n° 6* et *n° 7,* et, si l'on y note bien certaine décantation par rapport à la véhémence de la sonate précédente, elle n'atteint pas encore tout à fait ce degré initiatique supérieur auquel accèderont les *Sonates n° 9* et *10*. On y constate, d'autre part, une abondance de répétitions qui peut donner l'impression d'une invention tournant en « circuit fermé » ; ceci malgré la solidité et la logique de la construction, et l'intention réussie de l'auteur de créer un univers où « tout se correspond », où « ce qui est en haut est comme ce qui est en bas ».

Le premier épisode *Lento,* assez bref mais d'une densité maximale, rassemble une partie importante des thèmes de la sonate. Il s'ouvre par une série d'accords calmes, aux résonances riches et douces comme des sons de cloches. Leur partie supérieure constitue un thème qui reviendra par la suite, plus autonome et dans d'autres contextes harmoniques. Une lente arabesque surgit bientôt, puis un quartolet ascendant, suivi aussitôt d'une pulsion soudaine dans le grave. Plus loin, on entend une formule plus animée et nerveuse en doubles croches, au-dessus d'une oscillation *mi* dièse — *mi* bécarre. Tels sont les éléments qui subissent déjà, au cours des vingt-deux mesures de ce *Lento,* une première ébauche de brassage. L'*Allegro agitato* qui succède part sur deux idées contrastantes. A la pulsion (entendue déjà dans le *Lento*) qui le lance, répond une guirlande de quartes descendantes (fort semblable à celle de la *7e Sonate*). Mais la pulsion cherche à se réaliser, en un thème en accords saccadés. La lutte entre ces deux éléments atteindra un premier paroxysme, avec une crispation de rythmes pointés *(Molto più vivo).* Suit une reprise à peu près symétrique, mais dans d'autres registres, — à la fin de laquelle un nouveau thème apparaît : il est issu de l'« oscillation » de deux intervalles conjoints entendue dans le *Lento,* harmonisée maintenant en alternances de tierces et de quintes augmentées. Ceci fera revenir, dans un ordre et un esprit totalement renouvelés, d'autres thèmes du *Lento* (à partir de l'indication « tragique »), — en un épisode qui consiste en un double jeu sur les timbres (nombreux trilles, oppositions de registres) et les éléments de construction. Le retour des deux accords oscillants, répétés plus longuement, relance le thème pulsionnel (attestant leur parenté) ainsi qu'une nouvelle version de l'*Allegro*. D'autres variantes thématiques s'effectueront dans le *Meno vivo* (marqué par des arpeggiandos montants), puis dans le *Tragique. Molto più vivo.* Une transformation du caractère, un nouvel aspect psychologique s'imposent à l'indication *Presto* : quelques mesures à rapprocher d'un scherzando féerique parsemé d'étincelles. De là, un brassage de toutes les idées en entrelacs de plus en plus serrés débouchera sur un intermède où se multiplieront de fins arpeggiandos. L'épisode suivant est un « miroir » de celui qui l'a précédé : le *Molto più vivo. Agitato,* suivi du *Presto,* est une redite approximative du *Tragique. Molto più vivo.* Une précipitation de rythmes pointés précède la culmination sonore, qui consiste en répétitions insistantes de l'accord de *sol* mineur. C'est alors l'autre versant de l'œuvre, — la réexposition *Allegro Tempo primo*. Même si elle n'est pas vraiment symétrique (divers épisodes donnent lieu à des « collages » fort habiles), on n'y trouvera désormais aucun matériau nouveau, ni davantage la sensation de progression à travers les contrastes qui constituait la qualité inimitable de la *7e Sonate*. La coda — vaguelettes montantes avec trilles (« doux, languissant ») — est calquée sur celle de cette dernière.

Sonate n° 9 (op. 68)

Achevé en été de l'année 1913, — en même temps que les *Sonates n° 8 et 10*. D'après les souvenirs de Leonid Sabaneiev, Scriabine appelait cette sonate *Poème satanique*, et comparait son ambiance à celle d'un cauchemar où le rêveur est hanté par des visions démoniaques ; le sous-titre de *Messe noire* qu'on lui donne souvent reste donc dans le même ordre d'idées, — bien que non attribuable au compositeur mais à une amie, Mme Podgaestski. On retrouve à plusieurs reprises dans cette sonate les indications d'interprétation imagées en français, à côté d'indications italiennes usuelles. Au niveau de son évolution dynamique, la *9e Sonate* se caractérise par une unité dans la progression. Dans un premier temps, il y a peu d'oppositions de tempos, peu de contrastes au niveau des enchaînements d'épisodes, et, jusqu'aux deux tiers de sa longueur à peu près, l'œuvre donne l'impression d'avoir renoncé aux élans véhéments et aux tempêtes qui avaient agité les précédentes, de s'être orientée vers un univers sonore impressionniste. En réalité il ne s'agit que d'une lente préparation à une prise d'élan, et à la culmination dynamique qui s'accomplira dans la dernière partie avec une intensité ne le cédant en rien à celle des sonates antérieures. Cependant on remarque, dans l'ensemble, une plus grande économie de moyens, un plus grand laconisme et, en général, une introspection qui met d'autant mieux en valeur l'accomplissement de l'éclat final.

On peut distinguer cinq idées fondamentales ; quatre d'entre elles sont des thèmes dans le sens usuel du terme, ayant un visage mélodique, — tandis qu'une autre appartient davantage à la catégorie des effets sonoristes. Le premier thème (« légendaire ») frappe à la fois par sa simplicité symétrique et son pouvoir d'évocation. Il est constitué d'une progression chromatique de tierces et de sixtes, où la main droite et la main gauche se répondent :

Dès la cinquième mesure un second thème surgit, faisant contrepoint au précédent : c'est un fragment de gamme montante, sur l'échelle demi-ton/ton en rythme pointé, soulignée de courts arpèges descendants (Il ne jouera toutefois guère de rôle par la suite). Aussitôt après — on connaît l'habitude de Scriabine d'exposer ses idées les unes à la suite des autres dans l'espace le plus restreint —, retentit le troisième thème (« mystérieusement murmuré »), signal inquiet autour de l'intervalle de tierce mineure. Son intonation satanique peut appeler la comparaison avec le troisième thème de la *Sonate* de Liszt*. Une redite de toute cette partie dans d'autres registres et dans une autre disposition (le second thème apparaît maintenant à la partie supérieure) aboutit au quatrième élément de l'exposition, — celui défini comme « sonoriste » (car caractérisé par ses timbres et son coloris, plus que par le détail de ses notes) : il est structuré comme une longue série de fusées de quadruples croches, alternativement montantes et descendantes, séparées par des trilles. C'est la première apparition d'une source de lumière dans les jeux d'ombres qui se sont succédés jusque-là, mais d'une lumière qui ne fait qu'apporter un éclairage nouveau à un tableau resté inquiétant. Dernier thème enfin (« avec une langueur naissante »), — une série de soupirs sensuels, qui marquent un retour vers l'harmonie tonale. Il seront ornés, en un second temps, par de brefs arpeggiandos scintillants et des miroitements d'intervalles de seconde. Le retour, ensuite, du quatrième thème conclut cette partie sur une répétition d'accords trillés.

Au *Tempo primo* commence le développement consistant, comme de coutume, en un jeu à partir de plusieurs éléments thématiques dans des contextes sonores et des modes rythmiques renouvelés : ce sera d'abord entre le premier et le troisième thèmes (ce dernier transformé rythmique-

---
* Voir, ici même, à *Liszt.*

ment, devenu syncopé); au *Molto meno vivo*, le retour du cinquième, souligné de convulsions répétées, précédera le troisième, bientôt accompagné d'arpèges, puis le premier. Avec l'*Allegro*, le dynamisme franchit une nouvelle étape, — faisant lutter dans un mouvement de danse étrange et nerveuse ces trois mêmes thèmes, de plus en plus crispés. Et l'on arrive à la partie la plus virtuose, l'*Allegro molto* dans lequel les tierces et sixtes du premier thème se multiplient, — dévalant le clavier de haut en bas en un long trait de doubles croches, avec, en contrepoint, les signaux du troisième thème et la pulsion d'un rythme pointé inversé. C'est ce dernier qui lancera l'ultime épisode *Alla marcia*, où l'élan précédent se transmute en puissance agressive sur la base d'une nouvelle présentation du cinquième thème. Quelques réapparitions des fusées et trilles du quatrième thème, des arpèges grondants, des martèlements insistants d'accords, tandis que le tempo s'accélère, aboutissent à une série de soubresauts qui font effet d'une dispersion finale. Et la très courte coda est une réminiscence des premières mesures de la sonate, s'arrêtant sur la superposition de deux tierces et le point final d'un *fa* grave.

Sonate n° 10 (op. 70)

Dernière sonate de Scriabine, elle fut composée en 1913. A l'inverse du démonisme qui hantait la précédente, celle-ci est « un hommage mystique à la Nature et à l'Eros cosmique » (Manfred Kelkel). On l'a nommée parfois « Sonate des insectes », sur la base de l'interprétation du compositeur lui-même : « Les insectes sont nés du soleil qui les nourrit. Ils sont les baisers du soleil, comme ma *10e Sonate* qui est une sonate d'insectes. Le monde nous apparaît comme une entité quand nous considérons les choses de cette façon »... Plus que dans toutes ses autres œuvres, Scriabine aura ici recours aux sonorismes, — en particulier aux trilles et trémolos — pour traduire les frémissements exaltés de la vie.

Les thèmes fondamentaux sont, comme de coutume, exposés de manière très serrée dans une première partie de vingt-huit mesures, elle-même subdivisée en deux groupes. Certains de ces thèmes sont limités à des cellules de quelques notes, toujours aisément reconnaissables. Le premier groupe de trois thèmes est répété deux fois ; le troisième thème, ébauché la première fois, se trouve parachevé lors de la redite. Ces thèmes, lapidaires et caractéristiques, sont perçus comme des signaux. Le premier (« très doux et pur »), qui jalonnera toute l'œuvre, est structuré sur les degrés de l'accord de quinte augmentée, puis de la quinte diminuée :

Il est suivi d'une cellule de quatre notes (deuxième thème), puis d'un appel murmuré dans l'aigu (troisième thème). Le second épisode de l'exposition (« avec une ardeur profonde et voilée ») fait naître un motif plus long, sur les degrés chromatiques, et empreint de langueur (quatrième thème). Il est ponctué de pulsions de quartes descendantes ; le deuxième thème revient en contrepoint à la partie supérieure.

Une courte transition reprenant les premières mesures se résout presque aussitôt dans des trilles (« lumineux, vibrant ») qui lancent l'*Allegro*, — première phase de développement où se trouvent paraphrasés successivement les quatrième et premier thèmes, puis le deuxième thème, ce dernier entrecoupé de trilles abondants. A l'indication « avec une joie exaltée », un nouveau thème surgit, — chute d'intervalle de sixte redoublée suivie d'une montée, et soulignée par un égrènement de larges arpèges. Enfin, le dernier élément thématique de la sonate, au passage de la mesure à 3/8, est structuré sur des intervalles de tierces, avec une réponse à la partie supérieure ponctuée de trilles. Cela amène une redite du début de la sonate, — se précipitant en hâte vers une série de pulsions et de trilles. Cet épisodes est repris une tierce plus haut. Un premier sommet d'intensité, avec une répétition martelée d'accords soutenant le troisième thème, conduit à une nouvelle phase du développement. C'est d'abord une reprise différenciée de l'*Allegro* précédent. Puis, après une nouvelle interruption par le rappel du premier thème, une intensification progressive des sonorités aboutit à la prodigieuse série de trémolos (« puissant, radieux »), — véritable embrasement sonore et harmonique. C'est la culmination de l'œuvre. On passe, dès lors, sur « l'autre versant », — qui commence par un vaste panneau *Allegro* (redite à peu près textuelle de celui de la première partie). Au *Più vivo* débute l'épisode final, qui marque le franchissement d'une nouvelle étape dans le langage sonore de Scriabine : le morcellement convulsif et scintillant des figures évoque un ballet de micro-organismes, justifiant le programme suggéré par le compositeur et permettant, d'autre part, de parler ici de pointillisme. A ce ravissement solaire succède la coda en demi-teintes (*Moderato,* « avec une douce langueur de plus en plus éteinte ») qui répète, dans un agrandissement des valeurs rythmiques, les deuxième et quatrième thèmes superposés. Et les dernières mesures, à l'exemple de la *Sonate n° 9,* font réentendre pianissimo les mesures initiales de l'œuvre, suivies de la ponctuation finale de deux octaves dans les basses.

CYCLES ET PIÈCES GROUPÉES

Les très nombreuses pièces pour piano de Scriabine *(Préludes, Études, Mazurkas, Impromptus, Nocturnes, Valses, Danses, Poèmes)* sont souvent regroupées en cycles de dimensions diverses. Après les vastes recueils des années 1890 *(Dix Mazurkas op. 3, Douze Études op. 8, Vingt-quatre Préludes op. 11),* le nombre de pièces groupées se réduira, — se limitant généralement à trois, quatre ou cinq (exception faite des *Huit Études op. 42*), ou formera des diptyques contrastés. Ces petits cycles jalonneront toute la vie créatrice de Scriabine, s'adaptant à tous ses styles, — jusqu'au dépouillement atonal des dernières années où ils alterneront avec les *Sonates n° 6 à 10.*

Douze Études (op. 8)

Composées en 1894-1895. Inspirées naturellement de celles de Chopin, elles sont autant œuvres didactiques que moments poétiques, avec des pages pleines de fraîcheur ou de lyrisme côtoyant des ombres inquiétantes. Si la plupart sont de haute virtuosité, certaines se consacrent également à l'amélioration du toucher et du phrasé. La particularité de leur ordre tonal est — pour les six premières du moins — de suivre le cercle des quintes à rebours (commençant par *ut* dièse majeur).

1. ALLEGRO : (*ut* dièse majeur) : ardeur et bien-être lyrique ; en triolets martelés, avec des contre-chants mélodiques.
2. A CAPRICCIO CON FORZA (*fa* dièse mineur) : des sonorités évoquant les instruments à cordes pincées ; une certaine agitation intérieure, qui s'évanouit dans le mode majeur des derniers accords.
3. TEMPESTOSO (*si* mineur) : d'un piétinement rapide et inquiet naît, au bout d'un certain temps, une magnifique mélodie, noble et fervente.
4. PIACEVOLE (*si* majeur) : la finesse de ses ondoiements peut évoquer des images aquatiques, encadrant un chant plus appuyé.
5. BRIOSO (*mi* majeur) : l'élégance et le charme d'une danse sans hâte, qui acquiert bientôt un poids et un affermissement en multipliant les octaves.
6. CON GRAZIA (*la* majeur) : en sixtes ; un peu salonnarde, typiquement « sous-chopinienne ».
7. PRESTO TENEBROSO, AGITATO (*si* bémol mineur) : sombre et fiévreux, avec des mouvements fuyants ; le thème en accords de la main droite tombe sur la troisième note de triolets de la main gauche, eux-mêmes commençant en anacrouse. La partie centrale *Meno vivo,* d'écriture harmonique, serait plus calme sans les grondements à la basse qui entretiennent une sensation de menace.
8. LENTO (*la* bémol majeur) : limpide, sans prétentions, assez facile (sauf dans sa dernière partie), expose un thème en choral qui, après un épisode transitoire, sera varié avec simplicité.
9. ALLA BALLATA (*sol* dièse mineur) : une grande ballade, fougueuse et fantastique, mais un peu desservie par son emphase. La partie centrale, cependant, vaut par une certaine majesté harmonique.
10. ALLEGRO (*ré* bémol majeur) : redoutable étude en tierces, quartes et sixtes, tantôt staccato, tantôt legato, dans l'esprit d'une humoresque.
11. ANDANTE (*si* bémol mineur) : d'une expressivité poignante, profondément douloureuse. Une des rares pièces de Scriabine où se puisse déceler une lointaine parenté avec le chant populaire russe. Nullement virtuose, reste cependant assez malaisée en raison de grands écarts.
12. PATETICO (*ré* dièse mineur) :

L'*Étude* la plus célèbre et la plus spectaculaire, bondissante et échevelée, paroxystique d'un bout à l'autre : elle est parfois comparée à l'*Étude « Révolutionnaire » (op. 10 n° 12)* de Chopin, — avec laquelle elle possède en commun la puissance de l'évocation dramatico-épique.

Prélude et Nocturne pour la main gauche (op. 9)

Ce diptyque a été écrit en 1894 ; Scriabine souffrait alors d'une grave névralgie à la main droite. Noté sur deux portées, il donne cependant l'impression — tant à la vue qu'à l'audition — d'exiger la participation des deux mains et nécessite, de fait, des déplacements et des écarts souvent périlleux. Le *Prélude* (*ut* dièse mineur), intimiste et mélancolique, n'a guère de personnalité ; le *Nocturne* (*ré* bémol majeur) est relativement plus intéressant, avec sa large cantilène soulignée de mouvements montants de la basse. Le style se rapproche de celui du Liszt des pièces lyriques, — avec au milieu et à la fin, les inévitables cadences de virtuosité. Bien qu'en n'étant pas, tant s'en faut, du meilleur Scriabine, ces deux pièces demeurent relativement populaires.

Vingt-quatre Préludes (op. 11)

Écrits entre 1888 et 1896, au cours d'une période riche en voyages à travers l'Europe. C'est l'hommage le plus direct de Scriabine à Chopin, — tant par le caractère des pièces que par leur ordre tonal, qui suit le cercle des quintes en alternant le majeur et le relatif mineur. L'intention première de Scriabine était cependant d'écrire un cycle de quarante-huit préludes. Mais l'éditeur Belaiev le pressait de remettre son manuscrit, et certaines pièces déjà écrites entrèrent ensuite dans les *op. 13, 15, 16* et *17*. Les *Vingt-quatre Préludes* furent édités en quatre cahiers de six.

1. VIVACE (*ut* majeur) : en grande partie pentatonique, en quintolets.
2. ALLEGRETTO (*la* mineur) : une sorte de « Romance sans paroles », sur un rythme de valse.
3. VIVO (*sol* majeur) : fin, rapide, léger.
4. LENTO (*mi* mineur) : page d'intense douleur, avec un thème descendant à la main gauche infléchi de chromatismes. L'écriture — phrasé de violoncelle et harmonie à la partie supérieure — évoque le *Prélude n° 6* de Chopin.
5. ANDANTE CANTABILE (*ré* majeur) : une rêverie paisible, avivée de quelques étincelles dans les dernières mesures.
6. ALLEGRO (*si* mineur) : sombre, puissant et impétueux, en octaves avec imitation entre les deux mains.
7. ALLEGRO ASSAI (*la* majeur) : une fraîcheur lyrique animée et chantante, avec de grands déplacements d'octaves et d'accords à la main gauche.
8. ALLEGRO AGITATO (*fa* dièse mineur) : fines guirlandes de traits à la main droite accompagnées de larges arpèges à la main gauche.
9. ANDANTINO (*mi* majeur) : une page en demi-teintes, entretenant une équivoque constante entre le mode majeur et son relatif mineur.
10. ANDANTE (*ut* dièse mineur) : une tendresse, aux harmonies recherchées, se muant en passion farouche.
11. ALLEGRO ASSAI (*si* majeur) : une certaine virtuosité, surtout à la main gauche qui exécute un contre-chant en staccatos pris dans le mouvement de l'accompagnement.
12. ANDANTE (*sol* dièse mineur) : des arabesques sans hâte dont la structure harmonique fait apparaître fréquemment l'intervalle de septième, et auxquelles répond un choral.
13. LENTO (*sol* bémol majeur) : un nocturne serein, tout juste altéré en son centre par quelques resserrements chromatiques.
14. PRESTO (*mi* bémol mineur) : rythme à 15/8. Tumultueux et bondissant, offre quelques similitudes avec le *n° 6*. Selon Scriabine, l'idée lui en serait venue en Suisse en contemplant le bouillonnement d'un torrent.
15. LENTO (*ré* bémol majeur) : d'une abstraction totale ; l'un des *Préludes* les plus étranges et les plus captivants. Lent égrènement de tierces et de sixtes à la main gauche, — phrases en soi d'abord, puis devenant soutien d'un chant pur et dépouillé. Écrit sans une seule altération, reste partagé entre le ton majeur et son relatif mineur naturel.
16. MISTERIOSO (*si* bémol mineur) : obsessionnel et inquiétant, en courtes phrases répétitives lancées par une même cellule de triolet. La mesure alterne 5/8 et 4/8 ; les deux mains jouent parallèlement.
17. ALLEGRETTO (*la* bémol majeur) : gracile, aimable et pudique ; une économie de notes mise au service d'un maximum d'expressivité.
18. ALLEGRO AGITATO (*fa* mineur) : un

martèlement effréné d'octaves, une course à l'abîme, — dont l'angoisse se traduit par le halètement que provoquent silences et syncopes dans une superposition binaire-triolet.
19. AFFETUOSO (*mi* bémol majeur) : une sensibilité virile, positive et généreuse.
20. APPASSIONATO (*ut* mineur) : dramatique et conflictuel.
21. ANDANTE (*si* bémol majeur) : original, du fait de l'alternance de mesures à 3/4, 5/4, 6/4, — engendrant des phrases de longueur irrégulière, séparées par des soupirs, dans une écriture transparente et aérée.
22. LENTO (*sol* mineur) : une gravité intériorisée, pessimiste ; quelques modulations surprenantes.
23. VIVO (*fa* majeur) : assez proche du *23ᵉ Prélude* de Chopin, — avec la même fraîcheur fluide, évocatrice de l'élément aquatique.
24. PRESTO (*ré* mineur) : fulgurant, en martèlement impitoyables d'accords à la main droite, avec les larges enjambées de la basse en binaire contre ternaire. La mesure alterne 6/8 et 5/8.

Préludes (op. 13, 15, 16, 17)

Écrits en 1895-1896, ils s'inscrivent naturellement sur la lancée du cycle de l'*op. 11*, — quoique de valeur plus inégale. Ces quatre recueils comprennent respectivement six, cinq, cinq et sept pièces.
Dans l'*op. 13*, les *Préludes* les plus intéressants sont le premier (*ut* majeur), avec son écriture en accords majestueux, et le deuxième (*la* mineur), et sa virtuosité ouvragée de la main droite ; le troisième (*sol* majeur) est d'un lyrisme discret, — tandis que les trois derniers sont proches d'études, faisant travailler respectivement l'agilité digitale et la superposition quintolet-triolet, les sixtes, et les octaves.
Dans l'*op. 15*, après un premier *Prélude* (*la* majeur) aux débuts de phrases ornés, les deux suivants (*fa* dièse mineur et *mi* majeur) s'orientent à nouveau vers les principe de l'étude, — rappelant l'*op. 25 nº 2* et l'*op. 10 nº 11* (en accords arpégés) de Chopin ; tandis que les deux derniers (*mi* majeur et *ut* dièse mineur) offrent un lyrisme intériorisé et quelque peu spéculatif.
L'*op. 16* est le recueil le plus intéressant dans l'ensemble : le premier *Prélude* (*si* majeur) est doux, ample et majestueux ; le deuxième (*sol* dièse mineur) paraphrase une seule figure, et évolue de la timidité vers une assurance puissante ; le troisième (*sol* bémol majeur) est une narration douce et persuasive, avec un fond de religiosité, — dont le quatrième *Prélude* (*mi* bémol mineur) semble le prolongement ; le cinquième (*fa* dièse majeur) forme une coda sereine, semi-animée.
L'*op. 17* s'avère plus inégal : le *Prélude* initial (*ré* mineur), en rythme de valse, n'est pas sans intérêt harmonique, mais assez terne ; le deuxième (*mi* bémol majeur) compense difficilement la facilité de l'invention par la bravoure de l'allure, avec de grands sauts d'octaves à la main gauche ; le troisième morceau (*ré* bémol majeur), en revanche, est superbe d'irisations pré-impressionnistes ; le quatrième (*si* bémol mineur) semble assez aride ; le cinquième (*fa* mineur) est une étude ; après l'évidente mollesse du sixième *Prélude* (*si* bémol majeur), le septième (*sol* mineur), plus animé, reste passablement académique.

Des quatre *Préludes* de l'*op. 22*, assez peu significatifs, on retiendra le premier (*sol* dièse mineur), avec ses demi-soupirs du premier temps à la basse, et le troisième (*si* majeur), qui est une gracieuse mazurka.

Les **Mazurkas** de Scriabine sont sans doute, après celles de Balakirev, parmi les plus réussies des compositeurs-pianistes russes. Après en avoir écrit une série de dix dans sa jeunesse (*op. 3*, 1888-1890), Scriabine en produisit un nouveau cycle dans les dernières années du siècle : *Neuf Mazurkas op. 25* (1898-1899). Il ne reviendra plus guère à ce genre par la suite, sauf avec les *Deux Mazurkas op. 40* (1903), attestant par ce renoncement qu'elles ne pouvaient trouver place dans son œuvre que dans la mesure où l'influence de Chopin y prévalait.

La période « transitoire » de Scriabine, délimitée par les *4ᵉ* et *5ᵉ Sonates* (v. plus haut), est largement représentée par des miniatures : ce sont les *Préludes op. 31, 33, 35, 37, 39* (1903) et *op. 48* (1905) ; les deux *Poèmes op. 32*, le *Poème tragique op. 34*, le *Poème satanique op. 36* (1903 ; pour ces deux derniers, voir plus loin, parmi les *Pièces séparées*), ainsi que les deux *Poèmes op. 44* (1904) ; les très belles *Études op. 42* (1903) ; les *Pièces op. 45, 49, 51, 52*, (1904, 1905, 1906, 1907). Par rapport à la période précédente, les cycles diminuent de longueur : excepté l'*op. 42*, ils contiennent le plus souvent trois ou quatre pièces. Les modulations se multiplient, — donnant pafois de véritables kaléidoscopes de tonalités à l'intérieur de brèves pages, et les dissonances, se succédant ou faisant tarder leur résolution, deviennent des phénomènes sonores en soi, exacerbant les sensations fiévreuses.

Huit Études (op. 42)

Ce cycle est le plus important, le plus célèbre à juste titre, et le plus représentatif de cette période, — tant par l'harmonie et le rythme que par la technique.
 1. PRESTO (*ré* bémol majeur) : en lignes brisées, avec des retours de notes altérées sur des notes naturelles, et en superpositions rythmiques de triolets de croches contre quintolets de noires (au début), ou de croches (seconde partie). La partie centrale et la coda sont simplifiées techniquement et rythmiquement.
 2. (*112* à la noire ; *fa* dièse mineur) : pièce brève, avec le thème à la main droite et les difficultés à la main gauche, et une formule de quintolets qui fait particulièrement travailler les quatrième et cinquième doigts.
 3. PRESTISSIMO (*fa* dièse majeur) : *Étude* parfois surnommée « le Moucheron ». C'est un frémissement scintillant de notes conjointes devenant, en fait, des trilles dans la rapidité du tempo, — tantôt à une main, tantôt à l'autre.
 4. ANDANTE (*fa* dièse majeur) : une *Étude* pour l'expressivité, excluant toute recherche technique. La mélodie voluptueuse est ponctuée, de loin en loin, par le doux signal de quelques staccatos d'accords.
 5. AFFANATO (*ut* dièse mineur) : l'*Étude* la plus grandiose, la plus souvent jouée malgré sa redoutable difficulté, — et l'une des pages les plus captivantes de Scriabine. Sur un grondement ininterrompu d'arpèges, un premier thème est exposé, heurté, inquiet, obsessionnel, se libérant par quelques échappées montantes. La réponse vient sous forme d'une magnifique mélodie, sincère et prenante. Dans la seconde partie, les deux thèmes sont amplifiés techniquement et harmoniquement, avec, pour le premier, des bondissements spectaculaires d'accords et d'octaves à la basse.
 6. ESALTATO (*ré* bémol majeur) : une mélodie ardente à la partie supérieure, avec, en-dessous, un enchevêtrement de quintolets de doubles croches contre triolets de croches à la main gauche.
 7. AGITATO (*fa* mineur) : alternance de notes doubles (sixtes et tierces) et simples à la main droite, produisant des effets de carillonnement.
 8. ALLEGRO (*mi* bémol majeur) : un tourbillon descendant, coupé en son milieu par la majesté d'un choral.

Quatre Pièces (op. 51)

Écrites en 1906. Elles furent refusées par l'éditeur Zimmermann, qui les trouva trop compliquées et inaccessibles au public, et éditées chez Belaiev.
 1. FRAGILITÉ (*Allegretto*, en *mi* bémol majeur) : volètement de staccatos légers d'accords sur un accompagnement en triolets recelant un contre-chant.
 2. PRÉLUDE (*Lugubre*, en *la* mineur) : mystérieux et obscur, — répétant quelques harmonies de prédilection.
 3. POÈME AILÉ (*si* majeur) : l'esprit de système au service de l'image ; succession de groupes de notes rapides se terminant par un intervalle montant.
 4. DANSE LANGUIDE : esprit de système également, — en rythmes pointés et appoggiatures, avec des accords de septième de dominante à la main gauche.

Trois Pièces (op. 52)

Elles furent écrites l'année suivante (1907).
 1. LENTO : arabesques lentes, appoggiatures, reptations chromatiques de tierces, — le tout en changements constants de mesure. *Più vivo* au milieu.
 2. ENIGME (*ré* bémol majeur) : des égrènements montants de notes alternent avec des soubresauts et des clapotis.
 3. POÈME LANGUIDE (*Pas vite*, en *si* majeur) : sensualité et irisations impressionnistes, avec, à la main gauche, les larges arpèges descendants affectionnés par Scriabine.

Dans l'espace de quatre années (1907-1911) qui séparent la *5e* et la *6e Sonates*, c'est évidemment le poème symphonique *Prométhée* qui occupe la première place. Les miniatures pianistiques de cette période se limitent aux *Quatre Pièces op. 56*, *Deux Pièces op. 57*, un *Feuillet d'Album op. 58*, *Deux Morceaux op. 59*, et le *Poème-Nocturne op. 61*.

Quatre Pièces (op. 56)

Écrites en 1908.

1. Prélude (*Violent, très accentué,* en *mi* bémol majeur) : bondissements rageurs et imprécations. C'est la dernière pièce à comporter une indication d'armure.

2. Ironies *(Vivo, scherzoso)* : une causticité plus fine que dans les futurs *Sarcasmes* de Prokofiev (v. cette œuvre).

3. Nuances *(Fondu, velouté)* : le thème se souvient de celui de la *4e Sonate,* — orné d'un accompagnement linéaire très élaboré.

4. Étude *(Presto)* : extrêmement brève, en triolets de lignes brisées, rythmés par des accords de dixième avec septième de dominante.

Deux Pièces (op. 57)

Écrites en 1908 ; remarquables par leur économie de moyens, leur perfection d'écriture et leur portée expressive. La première — *Désir* — est un dialogue où tout est suggéré à travers les intonations et les harmonies ; la seconde — *Caresse dansée* —, faisant apparaître rétrospectivement la précédente comme une invitation à cette danse, garde la même douceur de ton, mais plus animée, avec une émotion qu'accentuent des syncopes discrètes.

Deux Pièces (op. 59)

Écrites en 1910, elle sont présentées dans un ordre inverse de celui que leurs titres — *Poème* et *Prélude* — pouvaient suggérer. La première (*Allegretto*, avec grâce et douceur), très plastique et aérée, peut évoquer des mouvements de bras dans un exercice d'expression corporelle. La deuxième *(sauvage, belliqueux)* est toute de pulsions, accents, aspérités, décharges brusques et brèves d'énergie.

Deux Poèmes (op. 63)

Écrits en 1911, ils succèdent immédiatement à la *6e Sonate.* L'un est statique et uniforme, l'autre animé et imprévisible.

1. Masque : atmosphère générale assez debussyste ; un peu oriental, — avec des mouvements tournants autour de la tierce majeure et mineure, coupés par des arrêts sur des accords ; peut être perçu, effectivement, comme la suggestion d'un visage aux traits figés.

2. Étrangeté : énigmatique, à la fois brillant et ésotérique, — avec des staccatos spirituels, et des traits et arpeggiandos soudains et fulgurants.

Trois Études (op. 65)

Ce triptyque composé en 1912 ne manque pas d'originalité. Les trois *Études* sont écrites respectivement sur des intervalles de neuvième, de septième et de quinte. La première *Étude (Allegro fantastico),* terrible épreuve pour les muscles extenseurs, n'a jamais été jouée par son auteur, — qui avait les mains trop petites ! La deuxième *(Allegretto)* est davantage une étude de sonorités que de technique ; dans la troisième *(Molto vivace),* aux entrechocs puissants, la sonorité vide des quintes est évitée par des harmonies différentes à l'autre main, ou grâce à des superpositions ou des successions précipitées.

Deux Préludes (op. 67)

Écrits en 1913. L'*Andante* à 5/8, hypnotique, est la transformation continue d'une cellule initiale de cinq notes ; le *Presto,* en accords de deux notes à la main droite, offre à la main gauche des batteries continues alternant quarte juste et quarte augmentée.

Deux Poèmes (op. 69)

Écrits en 1913. Le premier, *Allegretto,* d'abord assez abstrait et contemplatif, s'anime au milieu et à la fin, — l'espace de quelques mesures. Le deuxième *(Allegretto),* très différent, est burlesque et humoristique, parfois dansant, parsemé d'éclaboussures sonores.

Succédant à la *10e Sonate,* les quatre numéros d'opus restants *(71 à 74),* écrits en 1914, sont les dernières œuvres de Scriabine : deux diptyques *(op. 71* et *73)* séparés par le célèbre poème *Vers la flamme* (v. plus loin) ; puis l'ultime cycle de *Cinq Préludes,* lapidaires et condensés au maximum.

Deux poèmes (op. 71)

1. Fantastique : mystérieux et initiatique d'abord, laissant peu à peu se manifester des forces sous-jacentes.

2. En rêvant : légèrement irisé ; un rêve éveillé.

Deux Danses (op. 73)

1. GUIRLANDES *(Avec une grâce languissante)* : la notion d'ornementation que suggère le titre est traitée avec une grande rigueur au niveau de l'ordonnance thématique et du dosage sonore. L'essentiel du matériau est constitué de deux groupes de figures qui se répondent, — la première partant sur un mouvement ascendant et thématiquement caractérisé, la seconde en spirale descendante, plus purement décorative.

2. FLAMMES SOMBRES *(Avec une grâce dolente)* : douloureuse et torturée au début, la matière musicale fait sentir ses efforts pour s'animer et se libérer, et n'y parvient réellement que dans le *Presto* dru et violent des dernières lignes.

Cinq Préludes (op. 74)

1. DOULOUREUX, DÉCHIRANT : un piétinement, donnant la sensation de buter sur des obstacles. Les dissonances sont particulièrement intenses.

2. TRÈS LENT, CONTEMPLATIF : marque un certain retour à la tonalité, centrée sur *fa* dièse, ton favori de Scriabine. Le caractère est abstrait, spéculatif.

3. ALLEGRO DRAMMATICO : sonore et tourmenté, c'est l'antithèse mais aussi, dans une certaine mesure, le prolongement du précédent. La tonalité s'y profile également, — avec une équivoque sur le majeur-mineur des intervalles, surtout dans le trait de la main droite au milieu et à la fin du morceau.

4. LENT, VAGUE, INDÉCIS : une écriture à quatre voix, très dépouillée, avec des superpositions de triolets de noires contre des croches.

5. FIER, BELLIQUEUX : la dernière œuvre de Scriabine retrouve une vitalité puissante, — s'opposant à l'intériorité des pièces précédentes. Lancée et ponctuée régulièrement par les vigoureux bonds de deux octaves descendantes à la main gauche, elle libère des successions de brefs jaillissements d'arpèges, — leur opposant ces trépignements sur des notes voisines qui sont la signature rythmique de Scriabine, et, à deux reprises (au milieu et à la fin), le déferlement d'un trait descendant.

PIÈCES SÉPARÉES

Les pièces isolées sont beaucoup moins nombreuses chez Scriabine que celles groupées en cycles ; mais elles sont, dans nombre de cas, de dimensions plus importantes. Une majorité date de la première période : *Allegro appassionato op. 4* (1889-1894), *Allegro de concert op. 18* (1895-1896), *Polonaise op. 21* (1897-1898), *Fantaisie op. 28* (1900-1901). La période « intermédiaire » est représentée par le *Poème tragique op. 34*, le *Poème satanique op. 36* (1903), et le bref *Scherzo op. 46* (1905) ; la dernière période par le célèbre et magnifique *Vers la flamme op. 72* (1914).

Allegro appassionato, en *mi* bémol mineur (op. 4)

Écrit entre 1889 et 1894. A l'origine, il s'agissait du premier mouvement d'une sonate à laquelle Scriabine avait commencé à travailler vers l'âge de dix-sept ans, et qui est restée inachevée. Quelques années plus tard ce mouvement, assez considérablement retravaillé, fut publié comme pièce indépendante. Même si sa partie développement paraît plus improvisée que structurée, c'est l'une des belles réussites du Scriabine de jeunesse, — dont la générosité des élans, le raffinement mélodico-harmonique et le rythme laissent clairement percevoir l'orientation à venir.

Allegro de concert, en *si* bémol mineur (op. 18)

Écrite en 1986, cette pièce — fort rarement jouée — est d'un héroïsme sombre et d'une virtuosité souvent trop lourde et ostensible. Plus que la technique des doigts (déferlements de traits, souvent aux deux mains à l'octave), c'est la technique du poignet qui prévaut, avec, dans les culminations du milieu et de la fin, des sauts d'octaves et d'accords particulièrement périlleux, surtout à la main gauche.

Polonaise, en *si* bémol mineur (op. 21)

Écrite en 1897-1898. Peu connue également, elle mériterait plus d'intérêt de la part des virtuoses pour sa richesse d'invention thématique, rythmique et technique ;

Scriabine réussit là une remarquable osmose de son langage personnel avec la verve chevaleresque et dramatique de Chopin.

Fantaisie, en *si* mineur (op. 28)

Écrite en 1900. Grande pièce de concert pouvant s'apparenter à la fois à l'*Allegro appassionato* par la qualité de ses idées, et à l'*Allegro de concert* par une certaine exubérance technique. Comme l'implique la forme (ouverte par définition), elle rassemble de nombreuses données thématiques. Le début *Moderato* est calme et profond, se rappelant visiblement du début de la *Sonate-Fantaisie n° 2,* mais laisse ressentir en même temps une fougue contenue dans le quintolet d'octaves, qui prend une signification quasi obsessionnelle. Le *Più vivo* qui suit, en *ré* majeur, est la réponse lyrique, admirable de délicatesse ; elle évolue vers un *appassionato* laissant éclater une ardeur irrésistible. Ce sont les thèmes du premier épisode — ainsi que celui de ce dernier — qui seront amplifiés à travers les bonds d'octaves et d'accords, et les roulements d'arpèges parsemés de tierces. Après la culmination puis la retombée de l'intensité, le *Più vivo* lyrique réapparaît, — précédant une coda passablement emphatique, qui est une péroraison sur la figure d'octaves de la première partie.

Poème tragique (op. 34) ; Poème satanique (op. 36)

Bien que séparés par un numéro d'opus, ces deux *Poèmes* écrits en 1903 forment évidemment diptyque. La référence à Liszt s'impose pour l'un comme pour l'autre, mais à des titres différents : dans le premier, au niveau de l'harmonie, de l'ampleur sonore et de la théâtralité, — opposant le rayonnement et le drame ; dans le second (de loin le plus intéressant des deux), à travers un « méphistophélisme » plus moqueur et facétieux qu'inquiétant. Mais, plus que par le prétexte évocateur, la qualité du *Poème satanique* tient à un langage et à des procédés rythmiques qui anticipent étonnamment sur la *5e Sonate.*

Vers la flamme (op. 72)

Écrit en 1914. Après la *10e Sonate,* c'est la dernière œuvre de dimensions relativement importantes, — parmi les croquis lapidaires que constituent les derniers numéros d'opus. C'est un poème musical d'une densité exceptionnelle, parfaitement équilibré entre l'architecture et la formulation évolutive des idées. Des lents accords du début, qui semblent s'interroger avec insistance sur la voie à suivre, naît une mouvance qui se transforme rapidement en frémissements incandescents et réalise la vision d'un brasier apocalyptique. On retrouve ici, systématisés jusqu'aux limites de leurs possibilités sonores, les procédés acoustiques utilisés par Scriabine dans ses dernières sonates, et notamment dans la *10e* : trilles, trémolos et accords vivement battus. Par son idée et son message, *Vers la flamme* cherche pourtant à dépasser le stade d'expression pianistique de son auteur, et fait office de « pont » entre le poème symphonique *Prométhée* (ou *Poème du Feu*) et cet *Acte préalable* que Scriabine méditait à la fin de sa vie...

A. L.

DÉODAT DE SÉVERAC

Né à Saint-Félix-de-Caraman, dans le Lauraguais, le 20 juillet 1873 ; mort à Céret (Pyrénées-Orientales), le 24 mars 1921. Fils du peintre de talent Gilbert de Séverac, il naquit dans une vieille famille languedocienne et, après de brèves études musicales aux conservatoires de Toulouse et de Paris, fut de 1897 à 1907 élève de la Schola Cantorum où ses maîtres s'appelèrent Vincent d'Indy, Charles Bordes, Albéric Magnard. Dès ses premières compositions, il affirma la nécessité d'un art national fidèle au génie des provinces françaises, — au Languedoc natal tel qu'il l'a célébré, en particulier, dans d'admi-

*rables pièces pour piano (*En Languedoc, Baigneuses au soleil, Cerdaña, *toutes écrites entre 1904 et 1911); Séverac écrivit aussi des mélodies (dont quelques-unes en langue d'oc), des pièces d'orgue, de la musique de scène (pour* Hélène de Sparte, *une pièce de Verhaeren), et deux opéras (*le Cœur du moulin, *« poème lyrique » de 1908, et* Héliogabale, *« tragédie lyrique » de 1910). Mais l'essentiel de son génie — une écriture brillante et parfois audacieuse, le naturel du discours, une poésie toute familière — réside dans les œuvres pour le piano qui séduisirent un virtuose tel que Ricardo Viñes, et qu'on joue encore aujourd'hui assez fréquemment. Leur musique « sent bon », disait Debussy; et fions-nous à ce jugement d'un Pierre Lalo, qui écrivit: « L'œuvre de Déodat de Séverac sort de la nature; elle est pleine de l'odeur du terroir, on y respire le parfum du sol. Les courses dans le soleil, les haltes à l'ombre, les cloches discrètes tintant dans l'air du soir, les heures de repos et de rêve à la fin du jour, les labeurs des champs, les divertissements après le travail, les peines et les joies de la vie rustique, sa musique exprime toutes ces choses... »*

Deux séries de pièces, principalement, ont perpétué le nom de Déodat de Séverac, — ici présentées en priorité. A leur suite seront évoqués des ensembles ou des pièces isolées; dont plusieurs remarquables, encore que de moindre notoriété.

En Languedoc

C'est cette suite de cinq pièces, écrite de 1903 à 1904, qui consacra la réputation du jeune compositeur, encore élève de la Schola Cantorum, à Paris. Elle révélait une personnalité prête à s'affranchir de l'enseignement d'un d'Indy, sans renier pour autant une fidélité que le recueil antérieur du *Chant de la terre* (v. plus loin) avait montré un peu trop embarrassée de scrupules. C'est néanmoins à la Schola Cantorum, le 25 mai 1905, que s'en fit la création sous les doigts de l'illustre pianiste Ricardo Viñes.

Rien, dans ces pièces mobiles et allusives, d'une musique « folklorisante » (aucune citation textuelle de thèmes populaires, comme ce sera le cas dans *Cerdaña*); rien visant au pittoresque. Le musicien s'y livre sans détours, avec une spontanéité candide, à « la diversité des impressions visuelles ou sentimentales » (Alfred Cortot)*, reçues au hasard des circonstances; et, ainsi qu'on l'a souligné pertinemment: « C'est aussi une musique très *orale,* faite directement au piano, comme celle de Chopin, où la partition semble n'avoir servi que pour enregistrer l'élan créateur vital et le flux d'impressions** ». La composition, en mosaïque de motifs, reste lâche, — Séverac répète plus qu'il ne développe; mais la franchise mélodique, la nervosité des rythmes, les couleurs changeantes que déterminent des harmonies subtilement nuancées, estompent facilement une telle déficience.

1. **VERS LE MAS EN FÊTE**: cette pièce inaugurale, d'esprit rhapsodique, comme construite par séquences et par tempos variés, suggère un retour vers la maison familiale par des chemins et des sites familiers, la résurrection de souvenirs d'école buissonnière. C'est un sentiment d'allégresse qui domine dans le ton de *la* bémol mineur, avec un épisode central plus calme, presque recueilli, en arpèges et petites notes perlées. Le parcours est parsemé de « fausses » notes furtives créant une atmosphère harmonique propice à cette rêverie sur l'enfance:

On avance d'une sorte de pas rapide à nouveau, avant une fin ralentie.

2. **SUR L'ÉTANG, LE SOIR**: pièce lente, de nature impressionniste, se déroulant dans un engourdissement proche du sommeil. Bercement rythmique sur lequel la main droite suggère — pour répéter Alfred Cortot — des « rumeurs indécises », des « frôlements crépusculaires », des « miroitements paresseux »..., avec de soudaines ruptures.

3. **A CHEVAL DANS LA PRAIRIE**: à l'inverse de la précédente, on pourrait tenir cette

---

* A Cortot, *La musique française de piano* (Presses Universitaires de France, Paris, 1930-1932).
** Michel Chion, in: *Larousse de la musique* (Librairie Larousse, Paris, 1982).

pièce pour purement descriptive. Du moins est-elle celle qui « décrit » avec une acuité pointilliste des épisodes distincts : piaffements avant le départ (sur une batterie rythmique des deux mains), le galop vif, le pas cadencé, l'étape (détente rythmique); le retour. Réussite propre à ce morceau, qui n'est ni « chevauchée fantastique », ni musique « de cow-boy » : la suggestion, remarquablement agencée, de l'espace, qui semble vibrer d'un mouvement continu.

4. COIN DE CIMETIÈRE AU PRINTEMPS : émouvante élégie que cette quatrième pièce dans laquelle domine l'élément mélodique, chant de déploration d'un mouvement ascendant, puis descendant, fréquemment bémolisé. Des accents pathétiques sont atteints à l'aigu du clavier, sur les rythmes unanimistes « des cyprès dans la brise, du pépiement des oiseaux, du sourd éclatement des bourgeons pleins de sève, de la rumeur innombrable et divine des choses qui vivent sous le soleil, dans ce calme enclos du souvenir » (commentaire d'Alfred Cortot qui, à la vérité, nous semble ici solliciter quelque peu le texte musical) *. Mais, sans nul doute, rien n'est assombri de pessimisme, tout reflète une sérénité conquise. Pour conclure, discrètement, notes assourdies de « Dies Irae » expirant doucement parmi tous les murmures d'une pensée intérieure.

5. LE JOUR DE LA FOIRE, AU MAS : terminant la suite par le contraste de son tumulte ensoleillé, par son pétillement rythmique, par sa fraîcheur paysanne, le mouvement est progressivement accéléré. Des sonneries de cloches matinales, un peu solennelles, viennent un moment le ralentir, avant la rapide évocation humoristique de démarches titubantes sous les précoces effets du vin (hoquets de notes aiguës). De brefs accords au grave du piano viennent rompre tant de joyeuse effervescence, et tout retourne au calme sur la réplique apaisée de courts arpèges au registre élevé du clavier.

Cerdaña

La composition de cette suite en cinq mouvements se répartit sur trois années, de 1908 à 1911, — date d'édition de l'ensemble du recueil par la Schola Cantorum et de sa première audition partielle (quatre pièces) par la pianiste Blanche Selva, le 11 avril de cette même année, à Bruxelles.

* A. Cortot, *op. cit.*

Une sixième pièce, *Baigneuses au soleil* (v. plus loin), fut détachée pour être publiée à part. Cette libre évocation de la Cerdagne — si proche du Lauraguais natal, et si familière à cet amoureux des sonorités de plein air que fut Déodat de Séverac — n'est pas loin de susciter du piano les mêmes sortilèges que certains cahiers d'*Iberia,* du catalan Albeniz. Mais ce dernier subit l'irrésistible attrait du sud de l'Espagne ; Séverac ne s'aventura guère au-delà de la frontière des Pyrénées : encore celle-ci, du moins musicalement, paraît-elle des plus floues. Ce que propose, en effet, *Cerdaña* est un voyage dont les trois étapes importantes seront successivement Puigcerda, Font-Romeu, et enfin Llivia. C'est peut-être dans ce recueil — vraie « musique de terroir », citant des thèmes authentiques dont elle conserve les saveurs harmoniques sans toutefois verser dans le folklorisme — que Séverac s'est livré le plus complètement, avec la plus grande spontanéité.

1. EN TARTANE (L'ARRIVÉE EN CERDAGNE) : courte introduction d'abord, comme improvisée, préludant au voyage entrepris au rythme cahotant d'une tartane, carriole rustique à deux roues tirée par des mules. En staccato, le trot léger et nerveux des bêtes, le bruissement de leurs grelots, sont un moment interrompus par une halte, un motif mélodique, un écho de danse catalane ; puis on repart. Rien qui ne soit, dans cette pièce inaugurale, teinté d'un vif humour.

2. LES FÊTES (SOUVENIR DE PUIGCERDA) : pièce rhapsodique toute de feu, de danses, de refrains dont vibre l'étendue du clavier. L'humour n'est pas absent non plus dans certains épisodes de nature anecdotique : le rythme d'un *fandango,* danse andalouse qui n'a pas forcément sa place ici, mais qui forme une sorte d'hommage à la musique espagnole, plus spécialement à Albeniz, un maître du musicien français (Rappelons que c'est Déodat de Séverac qui termina une pièce inachevée — *Navarra* — du chef-d'œuvre d'Albeniz qu'est *Iberia*). Et, surtout, les dissonances comiques d'une fanfare de « carabineros », dont les clairons s'obstinent à sonner en *mi,* puis *si* naturel, sur une pédale de *mi* bémol majeur :

Tout cela superbement réalisé sur les notes les plus clinquantes du piano. Tintement de cloches crépusculaires, avant la nuit amenant le relâchement rythmique, puis le silence.

3. MÉNÉTRIERS ET GLANEUSES (SOUVENIR D'UN PÈLERINAGE À FONT-ROMEU) : nous citerons ici le si beau commentaire d'Alfred Cortot* : ... « l'atmosphère demeure catalane par l'emploi typique du thème de danse qui suggère la présence, près du lieu consacré où prient les glaneuses, d'une *banda* rustique, d'une troupe de musiciens villageois. Un malicieux artifice musical insinue ce motif annonciateur des joyeux ébats qui succèderont aux oraisons, tel un profane et tentant contrepoint, dans les accents dévots des femmes agenouillées. Confrontation ingénieusement symbolique de l'idée de plaisir et de l'idée de religion qui coexistent d'une même ardeur dans l'âme candide du paysan pyrénéen. » Là encore, la forme rhapsodique, souveraine, l'emporte sur le développement classique de la forme sonate, qu'on imaginerait mal appropriée à ce genre d'évocation qui, non contente d'aligner deux thèmes différenciés, en consacre la fusion sensuelle.

4. LES MULETIERS DEVANT LE CHRIST DE LLIVIA : admirable pièce que celle-ci — pur chef-d'œuvre de la littérature pianistique —, qui eût seule suffi à assurer la gloire de ce recueil, alors qu'elle n'y figurait point lors de la création bruxelloise par Blanche Selva. C'est la pianiste qui suggéra au compositeur d'introduire un « repos » entre *Ménétriers et glaneuses* et la pièce conclusive, *Le retour des muletiers*. Ce que Séverac réalisa en proposant *Le vieux Christ de l'église de Llivia* (titre d'origine), « une sorte de cantilène expressive » selon ses propres mots, qui ne prendrait sa place définitive dans *Cerdaña* qu'après avoir été créée isolément par Alfred Cortot à la Société Nationale de Musique, à Paris, le 8 juin 1911. Nous voici de nouveau en Cerdagne française, en une petite enclave espagnole, la vieille cité de Llivia, détentrice d'un Christ dont Séverac déclara qu'il était « une des œuvres du réalisme mystique espagnol les plus émouvantes » qu'il ait connues. Une fois encore, nul mieux qu'Alfred Cortot n'a fait valoir le caractère unique de cette page recueillie et n'a dégagé sa poésie profonde, son pouvoir d'émotion contrastant fortement avec celui plus « descriptif », plus brillant, des autres pièces :

« La complainte naïve et fervente qui monte du cœur des rudes paysans devant la douloureuse image s'accompagne d'un léger frémissement de sonnailles suggérant la présence du convoi arrêté, et comme d'un imperceptible balancement de sérénade. Subtils accents de couleur locale, suggestions, en quelque sorte atmosphériques, qui ne rendent que plus sensible la sincérité pathétique du tableau... » « Voix de la terre et chant du ciel ! », s'écria Blanche Selva, pour cette page qu'enveloppent, sur toute l'étendue du clavier, les inflexions de la prière.

5. LE RETOUR DES MULETIERS : pour terminer, pièce vivement rythmée, qui clôt le recueil sur un trottinement de mules suggéré par un franc staccato et des sonorités claquantes dans le tourbillon de petites notes à l'aigu, puis au registre moyen du piano. La forme, librement adaptée du rondo, fait alterner un « refrain » qui — comme l'a signalé Harry Halbreich** — passe ainsi qu'un souvenir du finale de la *Symphonie « cévenole »* de d'Indy. La pianiste Marguerite Long fut la dédicataire.

AUTRES ŒUVRES

Le Chant de la Terre, poème géorgique pour piano

Ce recueil, daté de 1901, fut composé sous l'influence évidente de Vincent d'Indy, le d'Indy du *Poème des montagnes* et de *Tableaux de voyage*. Hommage ingénu, inexpérimenté, mais d'une émouvante gravité, au maître admiré. Et prémonition de l'œuvre à venir : « Ce sera... le signe frappant de l'orientation musicale de Déodat de Séverac que de prétendre constamment à l'évocation simultanée du sentiment et du décor. Son œuvre n'est pas limitée par le souci du pittoresque. Mais elle y puise une valeur atmosphérique qui rend plus sensible la tendance émotive du développement musical proprement dit » (Alfred Cortot) ***. Ainsi la nature descriptive de chaque pièce est-elle déjà définie par son titre (sans compter un commentaire d'accompagnement que rédigea le musicien). Mais, en dépit d'une réalisation pianistique encore hésitante, c'est vers certain

---

* A. Cortot, *op. cit.*

** Texte de présentation pour un enregistrement Érato.
*** A. Cortot, *op. cit.*

« impressionnisme » que nous entraînent les sept évocations constituant cette suite, un impressionnisme qui ne saurait découler de l'enseignement reçu à la Schola Cantorum ! Les numéros s'enchaînent ainsi : 1. *Prologue (L'Ame de la Terre)*; 2. *Le Labour*; 3. *Les Semailles*; 4. *Interlude (Conte à la veillée)*; 5. *La Grêle*; 6. *Les Moissons*; 7. *Épilogue (Le Jour des noces)*. L'ensemble s'organise à partir d'une tonalité lourde, pesante et solennelle — celle de *ré* —, pour progresser insensiblement, par épisodes divers, par rythmes « saisonniers », vers la clarté, l'animation, le faste nuptial de la pièce conclusive. Au *Prologue* s'installe, dans les basses, une mélodie ample et puissante, qui « nous ouvre le large horizon pacifique des champs et des monts, situe le fond robuste du tableau pyrénéen » (Alfred Cortot)*. *Le Labour* — le labeur — se déroule également au registre grave du clavier, avec une monotonie lente, austère, qu'éclaircit la fin plus souriante du morceau (transition du *ré* mineur au *ré* majeur). Persistance, également, d'un sombre ostinato dans *Les Semailles*, avec les sonorités douces, vespérales, d'un angélus. A l'interlude du *Conte à la veillée*, évocateur d'une histoire rustique racontée au coin du feu, succède un morceau qui fait contraste, d'une éloquente expressivité : aux tintements de glas, à ce cantique suppliant élevé vers le ciel inclément, aux déferlements de *La Grêle* en notes hachées, se substitueront pour finir de lentes sonorités apaisées. Nouveau contraste du « tableau » des *Moissons*, développé sur deux thèmes issus du *Prologue* et du *Labour*, empli d'une joie populaire que prolonge le *Jour des noces* final, dans la jubilation de rythmes campagnards et des cloches nuptiales dont les quartes et quintes, égrenées avec éclat, vibrent dans l'espace, et s'y diluent peu à peu en carillons aériens.

Baigneuses au soleil

Cette pièce, publiée en 1908, était primitivement destinée à la suite *Cerdaña* (v. plus haut), dont elle fut ensuite isolée par son auteur, estimant ... « qu'il valait mieux laisser ces dames seules et nues ». Elle fut dédiée à Alfred Cortot, mais créée par Blanche Selva le 30 mars 1909 à Bruxelles. « Ce que le titre suggère — a commenté Cortot** —, la musique le précise de ses enchaînements. Sorte de vision païenne, image de beaux corps nus, ruisselants dans l'air marin et baignés de lumière méditerranéenne » (Dans la réalité, comme prosaïque prétexte à cette évocation, les « ébats maladroits » d'un baigneur dans le port de Banyuls !). *Baigneuses au soleil*, d'essence impressionniste — comment éviter la référence picturale ?, forme une notable exception dans l'inspiration pianistique de Séverac, terrien par excellence. Et Cortot nota fort justement que cette page « marine » marquait chez le compositeur « le point culminant d'une recherche instrumentale dont le souci ne s'affirmera plus avec la même évidence dans ses productions ultérieures *** ».

Le début est marqué *Assez lent et un peu maniéré,* suggérant un alanguissement des corps féminins, engourdis de torpeur : arpèges depuis le registre grave, onctueux, du piano, et notes perlées dans l'aigu. Le mouvement s'anime avec un éclaircissement du clavier, et les scintillements sonores évoquent l'appel de la mer préludant à l'*Étincelant* qu'indique la partition : les éclaboussures de « fausses » notes aiguës, rieuses, chatoyantes, s'y pulvérisent en reflets d'une discrète bi-tonalité, en de quasi-appoggiatures. La reprise variée du motif initial s'y fait entendre avec insistance. Et cette pièce virtuose conduira, en modulant sur une large pédale, vers les vibrations indécises et raffinées d'une sixte ajoutée, prolongeant cette « féerie de sonorités » (Cortot) dont l'auditeur sort ébloui.

En vacances, petites pièces romantiques

Ce recueil, paru en 1911, demeure secondaire dans la production pianistique de Séverac : huit petites pièces constituant un « Carnaval en miniature habillé à la mode romantique » (Vladimir Jankélévitch) ****. En 1921, les éditeurs parisiens Rouart et Lerolle lui adjoindrent un recueil posthume réunissant trois morceaux inachevés.

Voici les titres du premier recueil : 1. *Invocation à Schumann* (pris comme « modèle » dans cette série de pièces) ; 2. *Les caresses de grand-maman*; 3. *Les petites voi-*

---

* A. Cortot, *op. cit.*

** A. Cortot, *op. cit.*
*** A. Cortot, *op. cit.*
**** V. Jankélévitch, in : *La Présence lointaine* (Éd. du Seuil, Paris, 1983).

sines en visite; 4. *Toto déguisé en suisse d'église;* 5. *Mimi se déguise en marquise;* 6. *Rondo dans le parc;* 7. *Où l'on entend une vieille boîte à musique;* 8. *Valse romantique.* Le second recueil comprend : 1. *La Fontaine de Chopin;* 2. *La Vasque aux colombes;* 3. *Les deux Mousquetaires* (sous-titré, dans la manière de Satie, *Canon sans danger, en style pompier*).

« Collection agréable » — pour citer Alfred Cortot — d'œuvrettes quasi improvisées, mais nullement futiles, simplement enfantines, et d'une écriture aisée, fruitée, mais — on l'admettra — assez pauvre (Schumann, c'est tout autre chose!). Peuvent s'en détacher, parmi d'autres, cette *Invocation à Schumann* précisément, doucement syncopée, d'une poésie sentimentale; les *Petites voisines en visite*, pièce vivement rythmée, en petites notes pointées; ou l'élégante *Fontaine de Chopin* du deuxième cahier, n'hésitant pas à tirer parti de la dissonance créée par une pédale de *ré* bémol sur le *ré* naturel de sa mélodie.

Dans ce même esprit enfantin, citons ici une partition écrite antérieurement, en 1904, et publiée en 1905 par la Schola Cantorum au sein d'un album « pour enfants petits et grands », *Le Soldat de plomb* : cette « Histoire vraie en trois récits » pour piano à quatre mains, dédiée au jeune Nino de Bonnefoy, présente aussi ce caractère de miniature simple, sans afféterie, qu'offre *En Vacances*. Les trois « récits » ont pour titres respectifs : *Sérénade interrompue, Quat'jours de boîte* et *Défilé nuptial.*

Sous les lauriers roses

Écrite en 1918, publiée l'année suivante, et dédiée « à la mémoire des maîtres aimés, Emmanuel Chabrier, Isaac Albeniz et Charles Bordes », cette évocation d' « un soir de Carnaval sur la côte catalane » fut curieusement qualifiée par son auteur de *Suite en une partie*. Peut-être pour en atténuer le disparate, qui fait s'enchaîner des impressions sonores quelque peu inattendues. Pour en suivre le plan, on citera les termes d'une lettre adressée par Séverac à la pianiste Blanche Selva, dédicataire de l'œuvre : « Des turlututus de Banda espagnole, des danses de Carabiniers, une Sardaña, un petit Scherzo à la Chabrier, des rythmes basques pour Charles Bordes, des Coucous pour Daquin, une petite « fugue folichonne »... et même un piano mécanique! » Un fourre-tout, donc, en forme de variations, principalement rythmiques, et constituant une sorte de vaste allegro assez fantasque qu'accompagne une réexposition. Rien n'y est absolument mémorable, sinon la vivacité de l'inspiration, et ces touches d'humour parsemant quelques épisodes.

Les Naïades et le faune indiscret

Ultime pièce pour piano que l'on puisse mentionner (nous passons sous silence des *Stances à Madame de Pompadour*, platement « imitées » de l'art claveciniste du XVIIIe siècle français et ne parvenant pas à ressusciter une langue disparue), cette partition demeura longtemps inédite, et, sans qu'on puisse dater précisément sa composition (1908-1921 ?), fut retrouvée par la fille du musicien pour n'être publiée qu'en 1952; Jean Doyen en assura alors la première audition. Citons Harry Halbreich, son commentateur averti* : « L'œuvre porte le sous-titre de *Danse nocturne* et, dans ses alternances de rêverie alanguie et de grâce mutine et légère, s'égale aux meilleures réussites de son auteur, tout en illustrant le propos de son titre avec une très vivante puissance de suggestion. »

F.R.T.

JEAN SIBELIUS

Né à Hämeenlinna (Tavastehus), le 8 décembre 1865; mort à Järvenpää, près d'Helsinki, le 20 septembre 1957. Il prend ses premières leçons de piano à neuf ans, puis commence à apprendre le violon à quinze, avant de s'orienter vers le droit tout en composant. Sa carrière d'instrumentiste — de violoniste dans un quatuor — et, surtout, de composi-

---

* H. Halbreich, *op. cit.*

teur se décide à vingt et un ans : c'est à Helsinki, puis à Berlin et à Vienne qu'il recevra sa formation. Devenu lui-même professeur de violon et de théorie musicale à Helsinki, Sibelius s'impose rapidement comme chef de l'École nationale finlandaise (en 1897 une rente annuelle lui est allouée par le gouvernement, qui sera transformée en pension à vie). C'est dès 1904 qu'il s'installe à Järvenpää (il y entreprend alors sa Troisième Symphonie), où il passera toute sa vie, entrecoupée de tournées régulières à l'étranger et, même, d'un enseignement, en 1914, au Conservatoire de Boston. Car Sibelius est un solitaire, d'une intransigeante sévérité pour son œuvre (au-delà de sa Septième Symphonie, il estimera n'avoir plus rien à dire), comme à l'égard de ses contemporains. En 1929 — il a soixante-quatre ans — le musicien publie sa dernière œuvre, et se retranche dans un silence définitif. Il mourra d'une hémorragie cérébrale âgé de quatre-vingt onze ans. Un malentendu s'est créé et propagé autour de l'œuvre de Sibelius, considéré comme un folkloriste : or, hormis ce que lui inspirèrent certaines mythologies nordiques — purs prétextes à des évocations musicales très originales —, Sibelius fut avant tout un créateur inventif, et un chercheur se préoccupant peu des formes préétablies. L'organisation de ses symphonies, de ses nombreux poèmes symphoniques, en témoigne, le situant parmi les plus grands compositeurs de ce siècle (même si, parfois encore, violemment contesté).

L'ŒUVRE DE PIANO

Sibelius fut un maître de l'orchestre, un maître de la symphonie : le piano, qu'il pratiqua par périodes tout au long de son existence créatrice, ne représente pas le meilleur de sa production, n'est pas non plus significatif de son art. De son propre aveu, Sibelius avait peu d'affinités pour l'instrument. Il n'est que de comparer avec ce qu'écrivit le danois Nielsen (v. ce nom) : les œuvres pour piano de ce dernier possèdent un équilibre, une ampleur, une qualité de l'élaboration thématique que jamais n'atteignit Sibelius. Et — si l'on tient aux comparaisons —, les pièces pour piano de Grieg, le Norvégien, sont de petits chefs-d'œuvre de charme, de lyrisme, de spontanéité que Sibelius ne réussit que rarement à égaler. Il est remarquable, d'ailleurs, que le Finlandais, qui n'eut pas le souffle court lorsqu'il s'agissait de composer pour l'orchestre, n'a jamais donné au piano d'ouvrage d'envergure (son unique *Sonate* faisant exception). La « petite forme » qu'il y cultive semble l'avoir constamment gêné : un de ses biographes, Robert Layton, a pu considérer qu'il y souffrait d'inhibition, notant d'autre part que Sibelius se préoccupe peu d'exploiter toute l'étendue du clavier, en particulier les registres extrêmes (comme surent le faire un Debussy, un Ravel), et pas davantage les qualités percussives de l'instrument (comme un Bartok, par exemple). Tout n'est pas condamnable — il s'en faut — dans cette production somme toute marginale ; mais rien ne se hisse au niveau de la grande littérature européenne du piano.

Le catalogue, néanmoins, est relativement fourni, et — à l'intention du lecteur-auditeur souhaitant quelques repères — doit être détaillé. Il comporte (dans l'ordre des numéros d'opus) : *Six Impromptus,* op. 5 (1893) ; une *Sonate en fa majeur,* op. 12 (1893) ; *Dix Pièces,* op. 24 (1894-1903) ; *Dix Pièces,* op. 34 (1914-16) ; *Dix Pensées lyriques,* op. 40 (1912-14) ; *Kyllikki, trois pièces lyriques,* op. 41 (1904) ; *Dix Pièces,* op. 58 (1909) ; trois *Sonatines,* op. 67 (1912) ; deux *Rondinos,* op. 68 (1912) ; *Quatre Pièces lyriques,* op. 74 (1914) ; *Cinq Pièces,* op. 75 (1914) ; *Treize Pièces,* op. 76 (1914) ; *Cinq Pièces,* op. 85 (1916) ; *Six Pièces,* op. 94 (1919) ; *Six Bagatelles,* op. 97 (1920) ; *Huit Pièces,* op. 99 (1922) ; *Cinq Pièces romantiques,* op. 101 (1923) ; *Cinq Impressions caractéristiques,* op. 103 (1924) ; *Cinq Esquisses,* op. 114 (1929) ; enfin un certain nombre de pièces sans numéros d'opus, dont on peut citer une suite en quatre mouvements intitulée *Florestan,* de 1889, ainsi que les arrangements pour le piano de six *Chants populaires finlandais,* datés de 1903. Suivent les assez brefs commentaires que peut exiger cet ensemble de quelque cent vingt pièces.

De 1893 — l'auteur est âgé de vingt-huit ans, c'est l'année de l'inoubliable *Cygne de Tuonela* —, doit être retenue la **Sonate en fa majeur** *(op. 12),* du moins pour son mouvement initial dont l'intérêt se manifeste dans la façon dont Sibelius développe par « croissance thématique », ainsi qu'il procède à l'orchestre ; mais ce principe même, bridé par la forme sonate du morceau, semble se heurter à une rigidité dont le musicien n'est pas parvenu à s'affranchir. L'invention mélodique n'est pas négligeable, non sans références à l'esprit de la balade, sans qu'on puisse discerner une véritable originalité.

Plus personnelles, au moins pour certaines d'entre elles, les dix **Pièces** de l'**op. 24** dont la composition s'échelonna de 1894 à 1903. Deux pages retiendront l'attention, le *Nocturno* dont la mélodie s'épanche à la main gauche, et fait évoquer les cordes graves, unisono, de l'orchestre ; la *Barcarola* qui clôt le recueil, pour l'intensité de son chant. De même, parmi les dix pièces constituant les **Pensées lyriques** *(op. 40)*, des années 1912-1914, s'impose d'être mentionnée la sixième — *Pensée mélodique* —, d'un ton mélancolique et que traversent d'incessantes modulations.

Kyllikki (op. 41)

Ce petit recueil réunit trois « pièces lyriques » datées de 1904, inspirées par un fragment (chant XI) des récits épiques finlandais du *Kalevala* : Kyllikki est le nom d'une jeune fille de l'île de Saari dont le héros, Lemminkainen, s'éprend, qu'il enlève de force et qu'il quitte pour d'autres aventures. Ce seul argument — un fil conducteur — relie les trois mouvements, dont les deux premiers suggèrent visiblement une conclusion (ils demeurent comme en suspens), librement interprétée par le troisième.

Lorsqu'il compose ces pièces, Sibelius est l'auteur d'une *Deuxième Symphonie* dont se reflète ici l'écriture harmonique et rythmique. De caractère sombrement passionné, le premier mouvement est un *Largamente* — *Allegro* d'une grande expressivité mélodique, agité d'assauts nerveux, — les efforts du héros pour conquérir celle qu'il convoite. *Andantino*, le volet intermédiaire reste plus anodin : scène d'amour, semble-t-il, que trouble en son milieu une instabilité faisant présager l'épisode final. Celui-ci, figuré par un *Commodo* d'allure dansante, s'avère remarquable par l'effet lancinant que crée un *tranquillo* central, alors que la conclusion s'impose péremptoirement. S'il faut juger de l'ensemble, force est de constater que le piano s'avoue impuissant à restituer les couleurs orchestrales requises pour cet épisode de la lyrique amoureuse du *Kalevala*, couleurs qui se laissent admirer dans la glorieuse *Suite de Lemminkainen*.

Trois Sonatines (op. 67)

Écrites en 1912 — année qui suivit celle de la création de la *Quatrième Symphonie* et qui précéda la composition de cet extraordinaire poème chanté que sera *Luonnotar* —, ce sont là des œuvres d'une toute autre importance en dépit de leur brièveté : des deux partitions citées, elles partagent d'ailleurs l'esthétique de dépouillement et d'ascèse qu'on a pu supposer engendrée par la pensée de la mort (Sibelius fut atteint d'un cancer de la gorge dès 1908, heureusement opéré avec succès). Cette esthétique même semble avoir été gage de réussite : on sent les trois *Sonatines* véritablement écrites pour l'instrument, qui ne tente pas — cette fois — de se substituer à l'orchestre ; et la faible durée de chacun des trois mouvements qui les constituent provoque une concentration de l'expression à laquelle se montra sensible un pianiste tel que Glenn Gould* : ... « Les trois *Sonatines* me fascinent. Elles ont la même concision spartiate que les symphonies, mais leur style est presque néo-classique ». Gould concédait : « Ce ne sont évidemment pas des chefs-d'œuvre. » Certes : mais c'est ici le meilleur piano de Sibelius.

En particulier la première *Sonatine*, en *fa* dièse mineur (l'armure est au ton relatif de *la* majeur), dont on remarque d'emblée la maîtrise formelle (de courtes idées, aucun développement inutile), l'aisance inaccoutumée de l'écriture, très linéaire, l'absence d'empâtements sonores, les proportions équilibrées. Du très fluide *Allegro* à 4/4 au dynamisme rythmique dont fait preuve la finale, rien qui ne manifeste une adaptation très naturelle aux moyens spécifiques du piano.

Les deux *Sonatines* suivantes sont respectivement en *mi* majeur et en *si* bémol mineur, — celle en *mi* intéressante par le traitement en imitations de son mouvement initial (ainsi que par son charme mélodique), celle en *si* bémol par sa forte unité grâce aux relations thématiques s'établissant entre les mouvements.

---

* Qui fut parmi les très rares à enregistrer ces *Sonatines* (avec *Kyllikki*) ; in : *Non, je ne suis pas du tout un excentrique* (Éd. Fayard, Paris, 1986).

Non loin d'égaler cette réussite, les deux **Rondinos** *(op. 68)* datés de la même année — 1912 —, et peut-être destinés à d'autres sonatines qui ne furent pas écrites. Le premier, en *sol* dièse mineur, est le plus séduisant : c'est un beau mouvement lent, poétique, avec ses écarts suggestifs de neuvième. Le second *Rondino*, en *ut* dièse mineur, plus vif, plus plaisant, a moins de caractère.

Des années qui suivirent, il y a peu à signaler, même à l'intention de l'amateur de raretés. Toutefois mentionnons, parmi les cinq **Pièces** formant l'**op. 75** (de 1914), la troisième d'entre elles, *Aspen* (« Le frêne ») : un sentiment poignant de la nature s'y exprime nostalgiquement. Les cinq **Pièces** de l'**op. 85** (de 1916), qui portent chacune un titre floral, dispensent un charme ténu, un peu tchaïkovskien. Les deux séries de cinq **Pièces** portant les numéros d'**op. 103** et **114** sont des « impressions », des scènes de genre vivement décrites (*Le Violoneux, Le Rameur*, du premier recueil), parfois poétiquement évocatrices (*Paysage, Chant dans la forêt, Vision de printemps,* dans le second). Et terminons avec les six **Chants populaires finlandais** arrangés pour le piano en 1903, qui représentent à peu près l'unique essai de transcription directe d'un authentique folklore, dont le parfum subsiste épisodiquement.

F.R.T.

BEDRICH SMETANA

Né à Litomysl (Bohême), le 2 mars 1824; mort à Prague, le 12 mai 1884. Ses études scolaires furent médiocres, mais il montra des aptitudes précoces pour le violon, le piano et la composition. Il prit des leçons de piano avec Batka et Beer, et de composition avec Josef Proksch à Prague, tandis qu'il travaillait comme maître de musique chez le comte Leopold Thun. Devenu excellent pianiste, admirateur de Chopin, de Liszt, de Mendelssohn, de Schumann, ainsi que de Henselt, il composa d'abord exclusivement pour le piano, — produisant de nombreuses miniatures et des cycles dont les Bagatelles *et* Impromptus *(1844), et les* Six Pièces *caractéristiques (1848); ces dernières furent envoyées à Liszt, avec une lettre de sollicitation, et furent éditées grâce à ce dernier. De cette période date également la* Sonate *en* sol *mineur (1846), seule œuvre pianistique de vastes dimensions. Toute sa vie, Smetana continuera à écrire pour le piano, laissant dans le domaine de la petite forme quantité de pièces souvent remarquablement originales, attrayantes (dont les nombreux* Feuillets d'album, *et les* Esquisses *), et parfois d'une virtuosité considérable (plusieurs* Études, Polkas de concert *). L'élément national, fréquemment présent à travers les rythmes de danses et les emprunts directs au folklore, trouve sa concrétisation dans les deux cahiers de* Danses tchèques *(1877-1879). Devenu sourd à partir de 1874, Smetana n'en abandonna pas pour autant la pratique pianistique. La notoriété de son œuvre pour piano reste certainement inférieure à celle de sa musique symphonique et dramatique, et elle n'en a certes pas l'envergure. Mais ces miniatures pianistiques, comme celles de Dvorak par la suite, abondent en trouvailles, et sont, par l'achèvement de leur facture, d'authentiques chefs-d'œuvre.*

Sonate, en *sol* mineur

Elle fut écrite en 1846, et comporte quatre mouvements : *1. Sostenuto. Allegro; 2. Adagio; 3. Scherzo vivace; 4. Finale. Molto vivace.*

Vaste partition d'une trentaine de minutes, elle possède un brillant et un panache qui peuvent parfois rappeler Liszt, et une considérable richesse, parfois même une grande complexité rythmique. L'*Adagio*, sous forme de variations, s'avère particulièrement réussi, faisant valoir une large palette sonore. Le *Scherzo* est d'abord assez beethovénien par son rythme et par ses procédés ; le trio, quant à lui, sur un rythme de *furiant*, présente l'ambiguïté binaire-ternaire. A l'origine, Smetana avait écrit une polka comme troisième mouvement ; mais Josef Proksch l'en dissuada, — trouvant cette danse peu adaptée à une sonate. Quant au *Finale,* son thème principal fut repris dans le *Trio pour piano, violon et violoncelle* qui est dans la même tonalité.

De la même année 1846 datent quatre *Pièces de forme sonate,* respectivement en *ut* majeur, en *si* bémol majeur, en *la* majeur, et en *ré* majeur.

CYCLES ET RECUEILS DIVERS

Variations

Les **Variations formelles** (*fa* majeur) furent écrites en 1846 : ce sont quarante-huit exercices de style sur un thème de trois mesures, épuisant toutes les possibilités d'écriture. Les **Variations sur un chant populaire tchèque** (*sol* mineur) prennent pour thème la chanson « sil jsem proso na souvrati » : six variations sur un air simple et amusant, qui en gardent l'allant et la fraîcheur sans prétention. La quatrième variation est dans le mode mineur. Pratiquement dépourvues de modulations, elles développent en revanche une virtuosité brillante, notamment la sixième variation avec son début fugué et ses sauts d'octaves.

Bagatelles et Impromptus

Ces huit pièces écrites en 1844 suivent les tonalités du cercle des quintes, alternant majeur et relatif mineur. Miniatures d'un compositeur de vingt ans, elles sont remarquables surtout par l'abondance et les hardiesses de leurs trouvailles harmoniques. Elles furent composées par Smetana à l'intention de sa fiancée Catherine Kolar.

1. NEVINNOST (« L'innocence »), *Allegretto* en *ut* majeur : l'ingénuité de la mélodie est subtilement contredite par une harmonie recherchée.
2. SKLICENOST (« L'abattement »), *Allegro* en *la* mineur : des dissonances grinçantes, des cris de douleur dont l'âpreté s'atténue, se transformant en tristesse.
3. IDYLLE, *Moderato* en *sol* majeur : c'est une pastorale, avec, en son centre, quelques mesures de danse joyeuse en accords.
4. TOUHA (« Le désir »), *Appassionato* en *mi* mineur : ardent, avec des chromatismes à l'intérieur des formules de l'accompagnement.
5. RADOST (« La joie »), *Vivace* en *ré* majeur : pièce écrite à partir d'une cellule développée avec une énergie déterminée et rayonnante.
6. POHADKA (« Conte »), *Moderato* en *si* mineur : au-dessus de basses sombrement répétées s'élèvent des phrases tantôt saisissantes, tantôt naïvement poétiques, coupées de silences.
7. LASKA (« L'amour »), *Tranquillo* en *la* majeur : rythme de valse, avec un remarquable procédé de « double harmonisation » alternant des accords différents entre les deux mains, et donnant l'impression du murmure de deux voix.
8. NESVAR (« La discorde »), *Presto* en *fa* dièse mineur : termine le recueil sur une page de virtuosité d'où jaillissent imprécations, élans brutaux, appoggiatures acerbes. Fréquents parallélismes des deux mains ; quelques imitations donnant lieu à des modulations chromatiques.

Six Pièces caractéristiques (op. 1)

Composées vraisemblablement entre la fin de 1847 et le début de 1848. Le 23 mars 1848 Smetana les envoya à Liszt, sollicitant son aide. Elles furent éditées en 1851 par Kistner, à qui Liszt les avait recommandées. Ce fut la première publication de Smetana. Elles sont écrites suivant un ordre de tonalités différent de celui des *Bagatelles et Impromptus* (v. ci-dessus) : gardant l'ordre tonal *(ut, sol, ré),* elles alternent le majeur et le mineur du même ton.

1. VESE (« Dans la forêt »), *Moderato* en *ut* majeur : fut intitulé primitivement *Gretel* ; mais Liszt proposa de changer ce titre, trouvant le sujet « trop scientifique pour faire le portrait d'une fille comme Gretel ». C'est un morceau contrapuntique, mais qui équilibre la technique d'écriture et le charme expressif.
2. VZNIKAJICI VASEN (« Passion montante »), *Vivace* en *ut* mineur : agité, écrit entièrement à partir d'une seule formule, avec une appoggiature dissonante sur chaque premier temps.
3. PASTYRKA (« La bergère »), *Allegro* en *sol* majeur : grâce pastorale et vivacité de tempérament s'allient sur un rythme de polka.
4. TOUHA (« Le désir »), *Andantino più moto* en *sol* mineur : s'apparente à un nocturne, avec des soupirs chagrins au début, puis des palpitations d'angoisse.
5. VALECNIK (« Le soldat »), *Maestoso* en *ré* majeur : une marche héroïque, avec les accords arpégés de la main gauche.

6. ZOUFALSTVI (« Le désespoir »), *Presto rubato* en *ré* mineur : précipité et haletant, puis plaintif avec une formule obsessionnelle à la basse. Caractéristique par la direction descendante de ses lignes.

Études

Deux **Études** pour piano furent écrites en 1846. La première (*ut* majeur), en forme de prélude, paraphrase une seule formule symétrique aux deux mains, — formée d'une octave et d'une sixte brisées. C'est un exercice pour l'écartement des doigts et la précision. La seconde (*la* mineur), en forme de chant, fait entendre un martèlement rapide et léger d'accords et d'octaves, au-dessus desquels surgit épisodiquement une mélodie lyrique. Redoutable épreuve pour le poignet et l'avant-bras.

L'**Étude de concert** en *ut* majeur (op. 12) fut composée en 1858. Elle s'intitulait à l'origine *Pièce de concert* ou *Scherzo-étude*. Très lisztienne, elle oppose un vaste panneau d'accords martelés aux deux mains et une partie centrale (*la* bémol majeur) chantante, sur fond d'arpèges. Quant à l'**Étude de concert « Na brehu morskem »** (« Au bord de la mer »), en *sol* dièse mineur (op. 17), écrite en 1861 à la fin du séjour en Suède, le prétexte du paysagisme marin s'y trouve mis au service d'une écriture pianistique dans laquelle prédomine l'esprit de système : tumulte d'arpèges infléchis de chromatismes, — avec un thème à la partie supérieure, simple et éloquent. La partie conclusive est un martellato d'octaves. Redevable également à Liszt, cette *Étude* annonce aussi, à plus d'un titre, le style de Rachmaninov.

Feuillets d'album (op. 2 et op. 3)

Cette appellation désigne une quarantaine de petites pièces écrites à diverses périodes de la vie de Smetana (une majorité date, toutefois, des années 1844-1849). Elles sont nées d'occasions diverses, souvent dédiées à des connaissances du compositeur, ou parfois à des musiciens, — tel Robert Schumann. On peut, dans l'ensemble, faire une distinction entre, d'une part des pièces manifestement écrites d'un trait et justifiant une interprétation du titre au pied de la lettre, et qui ne furent pas prévues pour l'édition (comme celles à Katerina Kolarova, Elisabeth Thun, Maria Proksch) ; d'autre part, des pièces d'une écriture plus achevée, et manifestement destinées à la publication : ce qui est le cas des *op. 2* et *3*, ainsi que des *Esquisses op. 4* et *5*.

Opus 2 :

A l'image des *Bagatelles et Impromptus* (v. plus haut), ces six pièces suivent l'ordre des tonalités. Smetana avait songé à un cycle de vingt-quatre pièces, dans l'intention de réaliser un équivalent des *Préludes* de Chopin. Mais l'éditeur ne voulut pas aller au-delà de six.

1. PRÉLUDE (*Allegro*, en *ut* majeur) : en accords alternés aux deux mains.
2. CHANSON (*Moderato*, en *la* mineur) : très schumannienne ; mélodie en rythme pointé, sur la crête d'arpèges ascendants en triolets de doubles croches.
3. VIVACE (*sol* majeur) : perpetuum mobile de petites lignes brisées de doubles croches à la main droite, — soutenu par des staccatos d'accords sur un rythme de polka. Spirituel et animé, s'apparente à une étude.
4. ALLEGRO COMODO SEMPRE MARCATO (*mi* mineur) : quatre vagues de gamme montante aboutissent à une réponse lyrique, dans la nuance *dolce*. Dans la partie centrale, ces deux éléments se superposent, la figure montante devenant accompagnement.
5. MODERATO CON ANIMA (*ré* majeur) : courte page, toute de fraîcheur et de délicatesse.
6. ANDANTE MA NON TROPPO (*si* mineur) : sombre, en accords répétitifs, c'est une intéressante étude harmonique sur les diverses modulations obtenues à partir de l'accord de quinte augmentée.

Opus 3 :

1. A ROBERT SCHUMANN (*Allegro con moto*, en *mi* majeur) : capte à merveille le style du dédicataire, avec son lyrisme animé et inquiet, et l'abondance de marches harmoniques en son centre.
2. PISEN POCESTNEHO (*Allegro moderato*, en *la* majeur) : pièce dansante, mais avec un fond de gravité et de solennité.
3. JE SLYSET SYKOT, HUKOT A SVIST (*ut* dièse mineur) : étude pour la main gauche, qui exécute des figures obstinées et virtuoses en doubles croches continues, —

tandis que l'harmonie et le rythme sont à la main droite. La coda est en trémolos dans l'extrême grave.

Esquisses (op. 4 et op. 5)

Elles furent composées en 1856-1857.

Opus 4 :

1. ALLEGRO (*fa* dièse mineur) : du « trois pour deux », avec la main droite en accords et la mélodie au médium. Au milieu, un enchaînement de syncopes et de marches harmoniques.
2. IDYLA (*si* majeur) : une pastorale pleine de charme.
3. SOUVENIR (*Andante,* en *la* bémol majeur) : thème à la main droite, avec un contre-chant à la basse.
4. VYTIVALA SNAHA (*sol* dièse mineur) : une fugue dont le thème, fort long, débute en rythmes pointés et se poursuit en triolets d'arpèges, qui deviendront par la suite des éléments dynamiques en soi.

Opus 5 :

1. SCHERZO-POLKA (*Allegramente,* en *fa* dièse majeur) : spirituel et sautillant.
2. RÊVERIE (*Allegretto,* en *sol* dièse mineur) : sur un fond d'arpèges larges et sans hâte s'élève une mélodie plaintive émaillée de chromatismes.
3. PRIVETIVA KRAJINA (« Contrée accueillante ») (*Moderato,* en *ré* bémol majeur) : guirlandes descendantes de tierces, quintes et sixtes.
4. RHAPSODIE (*Vivace ed energico,* en *fa* majeur) : une mesure à 6/8, en rythme pointé immuable, dans la partie A. Dans la partie B, superposition de binaire et ternaire.

Rêves

Écrits en 1875. Smetana venait de perdre l'ouïe ; il continuait cependant, non seulement à composer activement, mais à jouer du piano. Ces six morceaux furent dédiés à d'anciens élèves.

1. BONHEUR ÉTEINT (*mi* bémol majeur) : c'est une rétrospective du musicien sur sa vie. Une cadence libre au début, un *Andante* à la mélodie triste, mais digne et vibrante, puis un développement de virtuosité lisztienne.
2. CONSOLATION (*la* bémol majeur) : plus proche de Chopin que des pièces du même titre de Liszt. La partie centrale est en triolets serrés d'accords battus aux deux mains.
3. EN BOHÊME (*la* mineur) : d'une inspiration comparable à celle de *Par les prés et les bois de Bohême* du cycle symphonique *Ma Patrie,* composé à peu près en même temps*. Le début est à l'octave, chantant comme un air pastoral. Suivent des thèmes dansants, et une course de traits légers et fluides.
4. AU SALON (*si* majeur) : c'est une valse, avec un rythme pointé lui ajoutant une solennité pompeuse, — avant une évolution vers de fines figures d'arpèges brisés.
5. PRÈS DU CHÂTEAU (*si* majeur) : l'une des nombreuses évocations du passé héroïque dans la musique tchèque, avec sa noblesse rude et archaïsante, et des bouffées d'un lyrisme nostalgique.
6. LA FÊTE DES PAYSANS BOHÉMIENS : le rythme de la polka règne en maître dans cette pièce conclusive d'une vitalité exceptionnelle, à la limite de la bacchanale, — et qui donne lieu à des démonstrations diverses de technique pianistique.

Danses tchèques (Recueils I et II)

Le premier recueil, contenant quatre polkas, fut écrit en 1877 lors d'une villégiature à Jakbenice ; en dépit de sa surdité, Smetana cherchait à entretenir sa technique pianistique. Le second recueil — celui qui porte le titre général de *Danses tchèques* — est une réponse aux *Danses slaves* de Dvorak ; Smetana éprouvait envers ce dernier un double sentiment d'estime et de défiance. On a là, néanmoins, l'exemple d'une influence à rebours, — du cadet sur l'aîné. Mais, par réaction contre l'appellation trop générale de « slaves », Smetana choisit de présenter exclusivement une série de danses de son pays. L'autre différence est que Dvorak n'utilise pas de thèmes populaires authentiques, créant les siens propres, qui sonnent aussi vrais que nature ; Smetana, au contraire, cite (en les indiquant chaque fois) un certain nombre de motifs traditionnels pris chez Erben (introduit notamment dans les *Danses n° 1, 3,*

---

* V. *Guide de la musique symphonique.*

5, 6, 7). Il se fit également expliquer les pas de danses par un violoniste populaire.

Recueil I

Il comporte, comme on l'a dit, quatre polkas : *1. Non molto allegro* (*fa* dièse mineur) ; *2. Moderato* (*la* mineur) ; *3. Allegro* (*fa* majeur) ; *4. Lento* (*si* bémol majeur). Dans les première, deuxième et quatrième polkas, Smetana cultive volontiers la demi-teinte, un certain intimisme, qui met d'autant mieux en valeur les moments de verve. La troisième polka, en revanche, est la plus extravertie et la plus virtuose.

Recueil II

On y trouve dix numéros ; dans l'ordre :
1. FURIANT (*Presto*, en *la* mineur) : avec l'alternance caractéristique de subdivisions ternaire et binaire d'une mesure à trois temps.
2. SLEPICKA (« La petite poule ») (*Moderato*, en *si* bémol majeur) : c'est une danse de jeunes filles en staccatos légers, proche de la polka ; au centre, une page de virtuosité brillante dans le registre aigu du clavier.
3. OVES (« L'avoine ») (*Andantino*, en *la* bémol majeur) : mélodie déliée, alternant avec des enchaînements d'accords légers.
4. MEDVED (« L'ours ») (*Allegro*, en *ut* majeur) : lourd, d'un humour sciemment grotesque, avec des basses pesantes et des chromatismes grondants. Le rythme alterne les mesures à 3/4 et à 2/4.
5. CIBULICKA (« Le petit oignon ») (*Moderato*, en *sol* majeur) : populaire.
6. DUPAK (« Le trépignement ») (*Vivacissimo*, en *si* bémol majeur) : une danse d'hommes. Virtuosité toute lisztienne d'octaves martelées.
7. HULAN (« Le lancier ») (*Andantino*, en *la* majeur) : une chanson de femmes.
8. OBKROCAK (« L'enjambante ») (*Allegro*, en *mi* bémol majeur) : danse de deux femmes, — la riche arrogante, et la pauvre pleine de charme.
9. SOUSEDSKA (« Danse du voisin ») (*Moderato*, en *si* majeur) : un rythme à trois temps, dont on peut situer l'allure entre le menuet et la valse. Ici, le premier temps est syncopé.
10. SKOCNA (« Sauteuse ») (*Vivace*, en *la* majeur) : à deux temps, la plus effrénée des danses paysannes tchèques. Smetana en avait introduit une dans son opéra *la Fiancée vendue* (« Danse des comédiens »).

Polkas

La plus populaire des danses tchèques, dont le rythme est contamment présent chez Smetana, a donné lieu, par ailleurs, à une vingtaine de pièces (sans compter les inachevées), écrites dans les années 1840-1850, — souvent remarquables par leur caractère et par leur facture pianistique : *Polka pour Louise* (1840), *Polka pour Georgette, Polka pour Marie* (1841), *Polka et Allegro* (1846), et, surtout les trois triptyques *Trois Polkas de concert, Trois Polkas de salon et Trois Polkas poétiques* (1855), ainsi que les deux *Polkas caractéristiques* (1858-1859), et les deux *Souvenirs de Bohême en forme de polkas* (1859-1860).

Il importe, pour conclure, d'indiquer que Smetana a composé quelques partitions pour quatre mains (un ou deux pianos). Sont à signaler deux *Ouvertures* pour piano à quatre mains, — l'une en *ut* mineur, l'autre en *la* majeur ; et, pour deux pianos à quatre mains, un *Rondo* en *ut* majeur, ainsi qu'une *Sonate* en *mi* mineur.

A. L.

ANTONIO SOLER

Né à Olot (Catalogne), le 3 décembre 1729 ; mort à l'Escurial, le 20 décembre 1783. Elève et héritier direct de Domenico Scarlatti qui eut une immense influence sur son œuvre, Soler est certainement le plus grand musicien espagnol du XVIIIe siècle. D'origine catalane, il étudia la musique à Montserrat dès l'âge de sept ans. Nommé maître de chapelle à la cathédrale de Lerida vers 1750, il abandonna ce poste pour se consacrer à la vie monastique, et entra en 1752 comme moine hiéronymite au monastère de l'Escurial. Il y vécut le reste de sa vie, et y occupa les fonctions d'organiste et de maître de chapelle. Sa renommée et son talent lui valurent d'être choisi comme maître de clavecin de l'infant Don Gabriel de Bourbon. Excellent compositeur, théoricien qui entretint une correspondance suivie avec le Padre Martini, remarquable exécutant, il fut aussi inventeur et constructeur d'instruments. Soler est un maillon exceptionnel dans l'histoire de la musique espagnole : entre la mort d'Antonio de Cabezón, grand maître de l'école de clavier de la Renaissance, et la naissance d'Isaac Albeniz, considéré comme le fondateur de l'école « nationale », trois siècles devaient en effet s'écouler !

L'œuvre de clavecin

Maître de chapelle et organiste de l'Escurial, le Padre Soler se consacra tour à tour à la musique vocale religieuse (messes, motets, magnificat, *villancicos* apparentés à nos Noëls), à l'orgue et au clavecin. Son œuvre théorique est importante et son fameux traité, *Llave de la modulación... (Clef de la modulation...),* édité à Madrir en 1762, suscita à l'époque de très violentes controverses. Sa musique instrumentale, encore trop méconnue et trop peu interprétée de nos jours, est d'une grande originalité. Elle se compose surtout de six quintettes pour cordes avec orgue ou clavecin obligé, datés de 1776, de six concertos pour deux orgues, et de plus de cent sonates pour clavecin, — dont une partie a été publiée à Londres chez Robert Birchell à la fin du XVIIIe siècle.

Les *sonates pour clavecin* de Soler sont des pièces extrêmement séduisantes. Si Domenico Scarlatti organisait ses sonates en un mouvement par paires, Soler choisit des dispositions différentes : un ou plusieurs mouvements (jusqu'à trois ou quatre), tous écrits dans une même tonalité, — ce qui laisserait à penser qu'il voulait respecter l'esprit de la suite. A l'intérieur de ces mouvements apparaissent parfois des genres aussi variés que menuets, rondos ou fugues. Généralement de forme bipartite, les sonates de Soler portent une empreinte originale. Elles se composent le plus souvent d'une succession de courts épisodes —, chacun ayant un thème bien défini —, épisodes qui seront repris l'un après l'autre.

S'il reste imprégné du souvenir de Scarlatti, Soler n'utilise pas toujours les mêmes moyens. Les influences de Scarlatti sur Soler ne sont d'ailleurs pas aussi nombreuses qu'on a tendance à le croire habituellement : Soler semble beaucoup moins sensible que son maître à l'influence de la guitare. Son langage est cependant essentiellement espagnol, et les répétitions de notes dont il parsème ses sonates sont, par exemple, des procédés typiques du style de la vihuela. Son écriture harmonique, qui peut paraître moins hardie que celle de Scarlatti, est néanmoins très intéressante : elle est l'œuvre d'un grand théoricien de l'harmonie, et certaines modulations utilisées par Soler sont parfois très étonnantes.

Vivant au moment de l'apparition des premiers pianos-forte (l'on sait que la cour d'Espagne au temps de Soler et de Scarlatti possédait plusieurs pianos-forte), et composant à l'époque du déclin du clavecin, Soler dut connaître les deux instruments. Est-ce pour cette raison qu'il délaisse l'acciacatura, — cet agrément caractéristique de l'écriture du clavecin et tellement employé par Scarlatti ? L'acciacatura, que rendait magnifiquement la sonorité cristalline du clavecin, ne procurait aucun effet sur un piano-forte. En outre, Soler utilise parfois des procédés d'accompagnement typiquement pianistiques, comme ces basses d'Alberti qui « sonnent » mal sur le clavier du clavecin :

On peut donc penser qu'il a réellement conçu certaines de ses sonates pour le piano-forte.

D'autres sonates, beaucoup plus rares, semble avoir été composées pour l'orgue, — telle cette sonate en *ut* majeur *(Sonate n° 44)* dont les grandes pédales tenues de la basse, destinées sans aucun doute à un pédalier, sont irréalisables sur un clavecin ou sur un piano-forte :

Soler marque une prédilection évidente pour les tempos rapides ; mais il sait aussi être lyrique et expressif, et quelques-unes de ses sonates sont de remarquables *Andante* ou *Cantabile*. Son écriture, pleine d'énergie, atteint souvent la plus haute virtuosité et exige une véritable habileté technique. Il utilise alors les formules les plus diverses : traits en octaves très difficiles, sauts agiles sur de grands intervalles, croisements de mains rapides, — comme dans cette *Sonate n° 10*,

gammes et arpèges sous toutes les formes possibles, tournoiements de gammes montantes et descendantes qui ressemblent à des glissandos, passages en tierces et en sixtes très délicats (à la main droite surtout), syncopes, etc.

Soler aime pratiquer l'ostinato et mettre en valeur des danses espagnoles comme le fandango, le boléro ou la jota. Une sonate écrite selon le mode dorique propose un bel exemple de *jota (Sonate n° 48)* :

Les quelque quatre cent cinquante mesures de son célèbre *Fandango* évoluent sur un ostinato harmonique qui est un modèle du genre. Ravel reprendra un peu le même procédé dans son non moins célèbre *Boléro*. Autre modèle de danse espagnole, cette sonate en *sol* majeur, d'une virtuosité débordante, qui débute sur un thème au rythme de boléro (v., plus loin, *Sonate n° 4*).

A côté d'Antonio Soler, il faut encore mentionner quelques noms comme ceux de Mateo Albeniz, de Blas Serrano, de Freixanet (dont quelques pages ont été enregistrées çà et là), et qui, bien que beaucoup moins célèbres que Scarlatti et Soler, et sans doute moins intéressants, représentent à leur tour cette école de clavecin espagnole du XVIIIe siècle, — qui est restée longtemps dans l'ombre en grande partie à cause de la prééminence de la guitare, instrument national.

Sonate n° 3, en *si* bémol majeur (*Andante*, à deux temps) : cette sonate est faite d'une succession de motifs concis et gracieux caractéristiques du langage musical de Soler. Elle débute sur la souplesse d'un motif tendre et expressif. Celui-ci se répète d'une main à l'autre, pour s'enchaîner immédiatement à un nouvel épisode imprégné de réminiscences folkloriques. Ces quelques mesures débouchent sur des traits de gammes descendantes et d'arpèges en triolets de croches. Un quatrième élément conclut la première partie de la sonate. Tous ces motifs réapparaîtront dans la seconde partie.

Sonate n° 4, en *sol* majeur (*Allegro*, à 3/4) : voici de nouveau une sonate construite sur un enchaînement de petits épisodes, exposés diversement dans des tonalités différentes (*sol* majeur, *ut* majeur, *sol* majeur, *si* bémol majeur, *sol* majeur). Les premières mesures s'ouvrent avec un thème au rythme de boléro :

La sonate se poursuit en un déploiement extraordinaire de virtuosité (écriture en tierces, octaves brisées aux deux mains, notes répétées, etc.). Un court intermède en *ut* majeur ramène le thème de boléro, mais sur une basse mouvante de doubles croches. Jusqu'à la fin de la pièce, le rythme s'intensifie avec le développement de la virtuosité.

Sonate n° 10, en *si* mineur (*Allegro*, à 3/4) : les deux parties de cette sonate débordent d'une virtuosité époustouflante. Trois grandes gammes rapides servent d'ouverture :

Puis des traits pleins d'énergie et d'une extrême variété se développent : tierces parallèles sur basse d'Alberti (cette basse d'Alberti qui prouve que Soler était attiré par le style galant), dessins d'octaves brisées, tourbillonnements de gammes montantes et descendantes, croisements de mains en pleine vitesse, sauts périlleux, etc. C'est une sorte de grande cadence de virtuosité, faite de gammes et d'arpèges de triples croches, qui achève cette sonate dans une apothéose sonore extraordinaire.

Sonate n° 61, en *ut* majeur : au centre de ses sonates en quatre mouvements, Soler introduit généralement un menuet. Les trois autres mouvements sont ici des morceaux rapides. Le premier — *Rondo-Allegro* — ne renferme pas de réelles difficultés techniques ; mais, sous la simplicité, règne une grande variété. Celle-ci tient surtout à la diversité des formules employées dans les couplets : arpèges, fioritures de doubles croches, passages en notes alternées, succession de trilles, etc. Au contraire, le refrain s'affirme avec une extraordinaire économie de moyens : une mélodie toute simple soutenue par une gamme descendante de tonique, — le tout en noires et dans une écriture à deux voix. Dans le second mouvement, *Allegretto*, se rencontre toujours cet enchaînement d'épisodes caractéristique de l'art de Soler, — les uns mélodiques, les autres plus rythmiques. C'est un dessin de triolets souples et chantants qui domine le *Minue di rivolti*. Le dernier mouvement, *Allegro*, est un morceau brillant où Soler a recours à tous les artifices qu'il utilise habituellement dans ses pièces de virtuosité.

Sonate n° 63, en *fa* majeur : comme la plupart des sonates en trois mouvements de Soler, celle-ci se termine par une fugue (ou *Intento*). Elle s'ouvre par un *Cantabile* très expressif, néanmoins animé grâce à la variété des rythmes et à l'élan donné par les appoggiatures et les trilles. L'*Allegro* central est une composition de virtuosité brillante entièrement à deux voix. La fugue *(Intento)* finale a les dimensions et le caractère d'une fugue d'orgue : avec ses valeurs longues, le sujet lui-même semble être celui d'une fugue d'orgue. En bon organiste, Soler fait usage de tous les procédés du contrepoint pour développer et amplifier ce sujet : imitations, canons, réexposition sur de longues pédales harmoniques, etc. Tous ces procédés sont accompagnés de modulations qui, parfois, s'éloignent tout à fait du ton initial.

Sonate n° 79, en *fa* dièse majeur : cette sonate en deux parties comprend un mouvement expressif, *Cantabile*, et un mouvement très rapide, *Allegro*. Le *Cantabile* est très riche dans sa diversité mélodique et rythmique, et dans son écriture harmonique où s'imposent des modulations hardies et inattendues. L'*Allegro* repose sur une virtuosité éblouissante : jusqu'à la mesure finale, il s'emballe et tournoie en un élan effréné de doubles croches.

A. d. P.

KARLHEINZ STOCKHAUSEN

Né à Mödrath, près de Cologne, le 22 août 1928. Après des études à l'École Supérieure de musique et à l'Université de Cologne, il suit les cours de Darmstadt en 1951, puis le cours d'analyse d'Olivier Messiaen au Conservatoire de Paris (1951-1952). De cette époque datent les premières œuvres importantes, Kreuzspiel *et* Kontra-Punkte, *qui relèvent du mouvement post-webernien et exploitent le sérialisme généralisé. Travaillant au Studio de Musique électronique de Cologne à partir de 1953* (Études électroniques 1 *et* 2), *il se préoccupe de la question du temps, aussi bien d'un point de vue théorique (articles), que compositionnel avec* Zeitmasse *et surtout* Gruppen *pour trois orchestres (1956-1957), l'un des chefs-d'œuvre de la seconde moitié de ce siècle*. Parallèlement à de nouvelles études en phonétique, qu'il utilisera dans la composition de* Gesang der Jünglinge, *il propose sa conception de l' « œuvre ouverte » avec le célèbre* Klavierstück XI *(1956) qui, avec la* Troisième Sonate *de Boulez**, restera l'une des partitions les*

---

* Voir *Guide de la musique symphonique.*
** Voir, ici même, à Boulez.

plus remarquées dans ce domaine. A partir de 1962, date de la première version de Momente, *Stockhausen poursuit ses recherches en combinant sons électroniques et instrumentaux dans des œuvres « mixtes »* (Mikrophonie, Mixtur), *puis uniquement électroniques* (Telemusik, Hymnen), *tout en enseignant régulièrement dans des universités aux États-Unis. Suivent diverses périodes marquées par les musiques méditatives (*Stimmung, 1968*), la création collective* (Für Kommende Zeiten), *ou encore les « musiques de parc »* avec Sternklang *(1971). Plus récemment, il a entrepris la composition de grands cycles tels que* Tierkreis *d'après les signes du Zodiaque, et surtout* Licht, *grande fresque « musico-dramatique » commencée en 1977 et conçue autour des sept jours de la semaine. Son œuvre pour piano — en particulier les* Klavierstücke *— reste l'une des plus essentielles de la production contemporaine.*

LES KLAVIERSTÜCKE

Publiés en plusieurs livraisons, les quatorze *Klavierstücke* concernent des périodes très différentes de l'œuvre de Stockhausen : les onze premiers datent des années 1950 et sont de durée très variable, de quelques secondes *(III)* à vingt-six minutes *(VI)*, — jusqu'au *Klavierstück XI* laissant un grand nombre d'initiatives à l'interprète. Le regroupement adopté par l'auteur en recueils — *I* à *IV, V* à *X* — correspond à des préoccupations très précises, parallèlement à une réflexion théorique qui est peut-être la plus élaborée de cette époque. De ce fait, les *Klavierstücke* sont à mettre en relation avec les autres œuvres, en particulier les deux *Études électroniques* composées entre les deux cahiers. Quant aux trois dernières pièces en date, elles ont été écrites dans une toute autre optique et demandent à être examinées indépendamment des précédentes.

Klavierstücke I-IV

Sous le *no 2* au catalogue du compositeur sont rassemblés quatre *Klavierstücke* écrits en 1952-1953 — *III* et *II* pendant le séjour parisien, *IV* et *I* à Cologne —, et créés à Darmstadt par Marcelle Mercenier en 1954. Prises dans l'ordre de composition, ces pièces décrivent le passage du pointillisme post-webernien à la « composition en groupes » *(I)*.
Conçus dans l'esprit de la « sérialisation généralisée », les différents paramètres étant inclus dans la combinatoire, les *Klavierstücke II* à *IV* relèvent encore d'une écriture « ponctuelle », — chaque note étant affectée d'une valeur rythmique et d'une intensité : si le troisième est le plus caractéristique de cette démarche, on peut noter dans le second une tendance au regroupement de sons en agrégats qui se confirmera par la suite. Par ailleurs, le silence joue un rôle important, — Stockhausen ayant mis l'accent dès cette époque sur cette dimension : « Jusqu'ici, nous n'avons pas encore appris ceci dans notre langage musical : se taire au bon moment, ressentir dans les silences une aussi grande diversité que dans les sons. »

Le *Klavierstück I* est un pas en avant vers des formes complexes plus organisées avec lesquelles commence ce que Stockhausen a appelé la « composition en groupes » : « Il s'agit d'un ensemble de sons dont plusieurs qualités peuvent être différentes, mais qui possèdent au moins *une* qualité en commun — durée, intensité, orientation... » (André Boucourechliev). La pièce repose sur une architecture répartie en six zones de durées globales (de vingt et une noires chacune), dans lesquelles la notation rythmique est rendue très complexe par l'utilisation des valeurs irrationnelles :

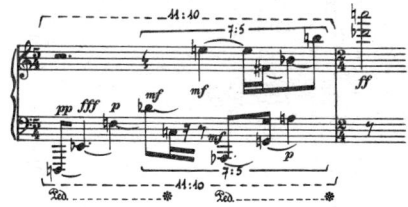

L'exécution en est d'autant plus difficile que le tempo doit être « aussi rapide que possible » pour chacune des pièces, — étant, par là même, fonction des possibilités de l'interprète.

Klavierstücke V-X

Composés en 1954-1955 et créés par Marcelle Mercenier à Darmstadt en 1955

(*V* à *VIII*), Aloys Kontarsky à Cologne en 1962 *(IX)*, et Frederic Rzewski à Palerme la même année *(X)*. Publié sous le *n° 4*, l'ensemble de ces six pièces illustre les nouvelles orientations de Stockhausen qui rejailliront sur des partitions telles que *Zeitmasse* ou *Gruppen*. Poursuivant la démarche du premier *Klavierstück*, Stockhausen reconsidère la notion d'interprétation instrumentale. Après l'expérience des *Études électroniques*, il prend en effet conscience de phénomènes musicaux non quantifiables sur la partition, mais qui n'en sont pas moins réels, et qui conduisent à une nouvelle conception du temps musical : « Les infinies subtilités des nuances « irrationnelles » et les fluctuations de mouvement faits par un bon interprète sont souvent plus conformes aux intentions de la pièce qu'une mesure en centimètres sur une bande. » Il s'agit donc d'établir une relation entre le résultat sonore propre à l'instrument et la façon de jouer de cet instrument. Le *Klavierstück V* introduit la notion de « champ temporel », « où la durée est fonction des ressources mêmes du pianiste : l'*action* de l'interprète est intégrée à l'écriture » (André Boucourechliev). Chacune des pièces est ainsi organisée à partir de tempos, ceux-ci étant même notés visuellement et non plus verbalement dans le *Klavierstück VI*, — une ligne continue placée au-dessus du texte musical indiquant les moindres fluctuations de vitesse :

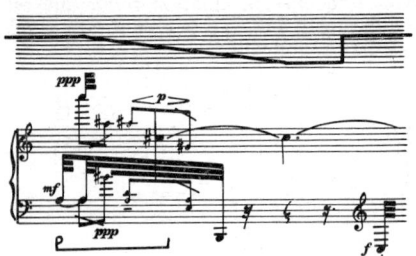

Quant à l'utilisation des possibilités de l'instrument, elles sont particulièrement mises en valeur dans le remarquable *Klavierstück VII*, avec ses effets de résonances tant grâce à l'emploi des harmoniques qu'à une notation très précise des trois pédales.

Le *Klavierstück IX*, révisé avec le suivant en 1961, est l'un des plus joués. Il repose sur l'alternance entre deux pôles opposés qui finiront progressivement par se rejoindre : un accord répété régulièrement (périodicité) confronté à des zones infiniment plus souples et de caractère quasi improvisé (apériodicité), — le tout régi par les lois de la Section d'Or :

Le *Klavierstück X* relève du même principe — fondamental chez Stockhausen — d'un rapprochement entre deux catégories extrêmes — ici « ordre et désordre », avec tous les degrés intermédiaires, du son isolé aux clusters utilisés en glissandos, et nécessitant le recours à des gants dont les doigts ont été spécialement découpés.

Klavierstück XI

Composé en 1956, et créé l'année suivante par Paul Jacobs à Darmstadt, le *Klavierstück XI* est l'une des pièces pour piano les plus célèbres du répertoire contemporain. L'ensemble de la composition est constitué par dix-neuf cellules réparties sur une feuille de grand format, et donc toutes visibles par l'interprète. Celui-ci doit « commencer l'exécution par le premier groupe que son regard rencontrera : il décidera lui-même de la vitesse, de la dynamique et de l'attaque » (préface de la partition). Il passera ensuite d'une cellule à l'autre, toujours « sans intention préconçue », mais en tenant compte cette fois-ci des indications portées à la fin de la précédente et qui concernent le tempo, l'intensité et l'attaque de la suivante. Pour chacun de ces paramètres, six catégories graduées, plus un « ad libitum », organisent les enchaînements :

Une même cellule jouée deux fois dans le cours de l'exécution peut ainsi être donnée en tempo 1 (très vite), mezzo-forte et staccato, puis très lent, pianissimo et legato. Le pianiste pouvant ne pas jouer telle ou telle cellule, les possibilités de réapparition sont, à l'inverse, limitées à un maximum : « Lorsqu'on retrouve un même groupe pour la troisième fois, l'une des réalisations possibles de la pièce est achevée » (Stockhausen).

Cette introduction du hasard dans l'interprétation est à relier avec la volonté du compositeur d'abolir tout début et toute fin d'un morceau, — puisque, au contraire de la *Troisième Sonate* de Boulez, aucun enchaînement n'est obligatoire et que, par là même, aucune cellule ne sera antérieure ou postérieure à une autre : il s'agit, pour Stockhausen, de reconsidérer le temps comme « passé-présent-futur » ne faisant qu'un (notion qu'il développera quelques années plus tard avec la « Moment-Form »). L'œuvre est désormais envisagée comme un parcours variable à l'intérieur d'un « tout », de même que le compositeur a exploré un son au travers de ses composantes : « Si je conçois une pièce construite exactement comme est organisé un son, il s'ensuivra naturellement que les éléments qui composent la pièce pourront être permutés, échangés, bousculés sans que le caractère de base de la pièce s'en trouve modifié. » Dans cette optique, l'auteur demande que le *Klavierstück* soit interprété deux ou plusieurs fois au cours d'un même programme. La durée d'exécution est tributaire des choix de l'interprète.

Klavierstücke XII-XIV

Ces trois pièces sont issues du grand cycle en sept journées *Licht*, — dont Stockhausen a tiré un certain nombre de transcriptions pour divers instruments. Le *Klavierstück XII* (1978-1979), dédié à sa fille Majella, est une version pour piano seul d'*Examen*, troisième scène du premier acte de *Donnerstag aus Licht* (« Jeudi de Lumière ») ; de même, le *Klavierstück XIV* (1985) provient de *Montag aus Licht* (« Lundi ») consacré au thème de la naissance, et dédié à Pierre Boulez à l'occasion de son soixantième anniversaire. Le *Klavierstück XIII* (1981), emprunté à *Samstag aus Licht* (« Samedi »), est le plus développé (trente-cinq minutes). Correspondant à la première scène de l'œuvre, le *Rêve de Lucifer*, la pièce ne cache pas son voisinage avec le théâtre, le rôle de l'interprète étant autant vocal (du chuchoté au crié en passant par les gémissements) qu'instrumental, — avec pincement des cordes, utilisation de gants pour certains clusters toutefois traditionnels, alors que d'autres, d'un type particulier, exigent le concours de la partie la plus charnue de l'interprète.

Mantra, pour deux pianos

Composé et créé en 1970 à Donaueschingen par Alfons et Aloys Kontarsky, *Mantra* renoue d'une part avec une pratique du « tout-écrit », au contraire des compositions « méditatives » des années précédentes, et d'autre part prolonge les expériences d'œuvres « mixtes » dans la confrontation entre l'électronique et l'instrumental. La partition est écrite pour deux pianos, deux jeux de cymbales antiques, deux wood-blocks et deux modulateurs en anneaux. Elle repose entièrement sur une « formule », le « Mantra », qui est conçu comme un modèle (procédé que l'on retrouvera par la suite dans *Inori* ou *Sirius*). Cette formule est constituée de treize notes réparties en quatre sections, — donnée à la fois sous sa forme originale et sa forme miroir, et dont chaque note est caractérisée par une qualité particulière (rythme, attaque, ornement...). Elle se répète tout au long de l'œuvre sous des formes plus ou moins développées, ou plus ou moins contractées, sans faire référence à un procédé de variation, mais plutôt à une série d'extensions dans le temps et l'espace. A partir d'unités de temps différentes se succèdent douze « tailles » du « Mantra » après l'énoncé initial, — de trois secondes et demie pour la plus courte à près de quatre minutes pour la plus longue : « Chacun des treize grands cycles, pour lesquels chacun des sons du Mantra est respectivement son central autour duquel se constituent les formes d'augmentation, est dominé par un caractère mantrique différent[*]. » L'idée fondamentale de l'auteur est donc d'établir une relation entre le microcosme (la formule) et le macrocosme (la forme), selon le principe qui lui est cher et qui sous-tend toute son attitude de compositeur : « Considérer à grande échelle ce qui se passe à très petite échelle, à l'intérieur d'un son. » Les différentes sections, basées sur des transformations du « Mantra » par modifications des intervalles, sont signalées par les cymbales. Quant au rôle des modulateurs, ils permettent des synthèses de fré-

---

[*] Voir : *Conversations avec Stockhausen*, par J. Cott (J.-C. Lattès, Paris, 1979).

quence entre les sons purs électroniques et les sons instrumentaux, modifiant directement les timbres pendant l'exécution.

Par sa conception cherchant à donner une vision du cosmos à partir d'une formule — contenant déjà en elle-même la superstructure générale —, *Mantra*, « sorte de galaxie en miniature », est l'une des œuvres à l'origine de la série des « cycles » entrepris par Stockhausen dans les années suivantes. Sa durée d'exécution avoisine l'heure.

A.P.

RICHARD STRAUSS

Né le 11 juin 1864, à Munich; mort le 8 septembre 1949, à Garmisch (Alpes bavaroises). On sait quelle fut la carrière glorieuse, dès la fin du XIXe siècle et durant la première moitié du XXe, de ce musicien allemand, d'abord symphoniste, puis chantre de la féminité à travers ses quinze opéras et ses quelque cent cinquante lieder. On sait aussi quelles furent sa collaboration exceptionnelle avec le grand écrivain viennois Hugo von Hofmannsthal, puis, après l'avènement du nazisme, ses quelques compromissions avec un régime dont il ne soupçonnait pas les finalités. Il faut ajouter que l'auteur du Chevalier à la rose *fut par ailleurs un chef d'orchestre de tout premier plan, ainsi qu'un brillant directeur de théâtres d'opéra et un homme d'affaires avisé, vivant dans une aisance acquise qu'il sut remarquablement gérer. On lui reproche parfois d'avoir su trop bien* « gérer », *également, sa musique, audacieuse, novatrice jusque vers 1910, puis tempérée, conjugant un idéal classique mozartien, le goût du baroque et des éléments du langage post-romantique. Une musique qui devint* « confortable », *à coup sûr étrangère à son siècle. Et, pourtant, grâce aux prestiges d'un métier sans pareil, rien — ou presque — n'est absolument à rejeter. Peut-être serait-on tenté de le faire pour ses très rares œuvres de piano — part infime de son catalogue —, qui sont péchés de jeunesse ? On aurait un peu tort, sachant toutefois qu'il n'existe qu'une véritable partition, suffisamment élaborée, pour cet instrument (mais concertant)*, et que le piano accompagnateur des nombreux lieder s'avère un partenaire idéal de la voix humaine. A cet égard, nul doute :* « Strauss était capable d'écrire magnifiquement bien pour le piano. Son écriture de piano était dépourvue de toute ostentation, d'exhibitionnisme ou de creuse virtuosité » *(Glenn Gould)***.

Richard Strauss n'a donc composé pour le piano seul que dans sa prime jeunesse : avant une *Sonate en si mineur (op. 5)*, de 1881, plusieurs pièces isolées, sonates ou sonatines, qui ne purent survivre à l'inexpérience de leur auteur. De même, la *Sonate* précitée a-t-elle sombré sans grands dommages dans l'oubli.

De la même année 1881 — c'est l'œuvre d'un jeune homme de dix-sept ans — date un court recueil de **Cinq Pièces pour piano (op. 3)**, adressées aussitôt au célèbre Hans von Bülow à qui elles déplurent « profondément » : Bülow y discerna bien l'habileté d'un musicien précoce, mais dénonça sans pitié l'absence de toute « jeunesse d'invention » et beaucoup d' « effet extérieur ». Les cinq pièces sont un *Andante-Teneramente*, un *Allegro vivace scherzando*, un *Largo*, un *Allegro molto*, et un *Allegro marcatissimo*. Il y aurait de l'imposture à y lire l'avenir : ce sont d'honnêtes exercices de piano romantique, qui trouvent leurs modèles chez Mendelssohn et, plus artificieusement, chez Schumann***. Sans doute le meilleur se rencontre-t-il dans les deux derniers morceaux : l'*Allegro molto*, virtuose avec ses grappes de notes

---

* La *Burlesque*, pour piano et orchestre : v. *Guide de la musique symphonique*.
** In : *Non, je ne suis pas du tout un excentrique* (Éd. Fayard, Paris, 1986).

*** Glenn Gould les qualifie de « petits miracles » avec une admirable indulgence.

perlées, se révèle d'un sentiment assez uni ; et l'*Allegro marcatissimo*, qui prélude sur un « tempo di marcia » évoquant le Schumann du *Carnaval*, fait entendre une fugue sans subtilités notables, mais réintroduisant la « marche » adroitement ; hélas, la conclusion tourne court.

Stimmungsbilder (op. 9)

Bien plus intéressantes sont les cinq pièces constituant ces *Stimmungsbilder*, que le jeune Strauss entreprit à Munich en 1882 pour les terminer deux ans plus tard à Berlin (elles furent créées le 4 février 1884 à Munich). Plus intéressantes, car révélant une maturation (de l'époque datent, par exemple, le *Premier Concerto pour cor* et le *Quatuor avec piano op. 13*), car l'esprit critique opère, élimine bien des facilités.

Ce petit cycle, dont le titre (« Images poétiques », ou « Évocations » *) suggère que le musicien a tenté de restituer de fugitives atmosphères naturistes ou sentimentales, comporte les morceaux suivants, — chacun assorti d'un sous-titre :
1. ANDANTE (*Auf stillem Waldpfad*, « Sur le sentier tranquille de la forêt ») : dès cette première pièce s'affirme, par rapport au piano de l'*Opus 3*, un enrichissement de la composante harmonique, avec une main gauche qui n'est plus inerte, qui dialogue véritablement en un calme « nocturne ».
2. LENTO (*An einsamer Quelle*, « Près de la source solitaire ») : très allusif, en notes égrenées avec fluidité, avec un raffinement des sonorités ; subtilité des modulations également, — on est à la limite de l'épure, on est d'emblée séduit.
3. ALLEGRETTO *(Intermezzo)* : vif et contrasté (épisode central à 6/8), c'est le seul mouvement rapide du recueil, mais, curieusement aussi, le plus banal ; la virtuosité en est assez quelconque.
4. ANDANTINO (*Träumerei*, « Rêverie ») : bref morceau témoignant d'un lyrisme léger, presque évanescent en ses notes arpégées.
5. LENTO MA NON TROPPO (*Heidenbild*, « Paysage de lande », ou « Dans les bruyères ») : la dernière pièce, enfin, d'atmosphère étrangement raréfiée, paraît sans doute la plus originale, en particulier grâce au martèlement de sa basse obstinée.

Recherches harmoniques et de sonorités, développements thématiques mieux assurés, ce modeste recueil marque une étape vers l'autonomie de langage du jeune Strauss : aucune influence n'y est, à vrai dire, reniée (Schumann, Brahms notamment), sans compter quelques parentés avec Fauré, voire le Chabrier des *Pièces pittoresques*. Mais chacune s'y trouve « distanciée », et permet d'écouter l'œuvre pour elle-même sans l'accabler sous de désobligeantes comparaisons.

F.R.T.

IGOR STRAVINSKI

Né à Oranienbaum (Russie), le 17 juin 1882 ; mort à New York, le 6 avril 1971. Son père était chanteur des Théâtres Impériaux. Tout en faisant des études de droit, Stravinski commença à apprendre l'écriture musicale avec Akimenko et Kalafati, puis devint à partir de 1903 élève privé de Rimski-Korsakov (il n'entra jamais au Conservatoire). De cette période date une Sonate *en fa dièse mineur, qui fut jouée aux Soirées de Musique Contemporaine de Saint-Pétersbourg en 1905, puis* Quatre Études op. 7 *écrites en 1908. Pianiste de force moyenne, Stravinski ne se produisit jamais dans le répertoire classique, mais fut un bon exécutant de ses propres œuvres. Ses compositions les plus importantes pour piano seul datent des années 1920 : plus que le* Piano-Rag-Music *de 1919, ce sera la transcription spectaculaire de trois scènes de* Petrouchka *(1921) à l'intention du pianiste Arthur Rubinstein, puis la* Sonate *(1924) et la* Sérénade *(1925). Toutefois, c'est dans ses œuvres pour deux pianos qu'il faut chercher le meilleur de sa production pour le*

---

* A la vérité, approximativement traduisible ; c'est pourquoi nous l'avons conservé en allemand.

clavier, et tout particulièrement dans le Concerto pour deux pianos solo *(1935)*; la Sonate pour deux pianos, écrite aux États-Unis en 1944, est également intéressante, mais de moindre envergure. A l'exception de *Petrouchka*, ce n'est cependant pas par sa musique de piano que Stravinski demeure le mieux connu. D'une exécution souvent ardue, sans être pour autant valorisantes pour l'interprète, ces œuvres sont jouées assez parcimonieusement. Stravinski est compositeur de musique pure avant d'être pianiste, et poursuit le but — avoué — de faire de la musique de piano, et non de la musique pour piano. Toutefois, dans ce domaine comme dans les autres, la densité, l'équilibre des éléments, la richesse dans l'économie constituent des qualités réelles rachetant un manque de séduction extérieure.

Sonate en *fa* dièse mineur

Écrite en 1903-1904, elle fut jouée le 9 février 1904 par Nikolaï Richter. Stravinski lui-même n'en fit pas grand cas par la suite — à juste titre —, et crut le manuscrit perdu. Or il fut retrouvé posthumement à Léningrad, et édité en 1974 par le musicologue Eric Walter White. Cette œuvre, fort longue, n'est certes pas promise à un grand avenir dans le répertoire des virtuoses (bien qu'il en existe des enregistrements). Elle est en quatre mouvements, — les deux derniers enchaînés.

1. ALLEGRO : le début est en accords nerveux, saccadés. Le thème rappelle un peu le début de la *1re Sonate* de Prokofiev. Puis l'entrée du second thème en *la* majeur fait naître la mouvance lyrique, dans laquelle s'identifie aussitôt l'influence de Rachmaninov. Le développement retrouve l'écriture verticale du début, et ne manque pas d'être lassant par son absence de diversité et de progression dans les idées.

2. VIVO : un scherzo fluide, ornemental, vaguement chopinien. La partie centrale est en choral. Pianistiquement, c'est le mouvement le mieux écrit.

3 et 4. ANDANTE et ALLEGRO : l'un comme l'autre, ces deux mouvements ne se départissent guère d'une platitude laborieuse.

Cet essai d'élève présente un intérêt paradoxal : ne permettant nullement de deviner la future évolution du musicien, il la rend, par cela même, d'autant plus remarquable.

Sonate

Écrite en août et octobre 1924, à Nice et dédiée à la princesse de Polignac. Première exécution par l'auteur à Donaueschingen, en juillet 1925. La *Sonate* a été conçue sur la lancée du *Concerto pour piano et vents*, qui la précède de quelques mois et marque le retour de Stravinski à la pratique du piano. Sur l'idée de l'œuvre, le compositeur explique dans ses *Chroniques de ma vie*:

« Je l'ai nommée ainsi sans vouloir, toutefois, lui donner la forme classique telle que nous la trouvons chez Clementi, Haydn et Mozart, et qui est toujours, comme on le sait, conditionnée par son Allegro. Le terme « sonate », je l'ai employé dans sa signification originelle, comme dérivant du mot *sonare*, en opposition à *cantare* d'où vient cantate. Par conséquent, en usant de ce terme, je ne me voyais pas lié par la forme consacrée dès le fin du XVIIIe siècle ».

1. Le premier mouvement n'est désigné par aucun tempo ; l'indication métronomique donne 112 à la noire. L'écriture est simple et homogène, — consistant essentiellement en trois procédés : lignes brisées, arpèges, tierces. Il y a deux thèmes, — le premier clair et diatonique en tierces, le second sorte de bref choral modulant, en tierces et sixtes. La partie centrale, fantaisie - improvisation plus que développement, est d'un dynamisme continu qui tient de la toccata. La très brève réexposition aboutit à une coda identique à l'introduction. La particularité de ce mouvement consiste en une complète indépendance harmonique de l'accompagnement par rapport à la partie supérieure : tous deux sont pensés linéairement, — ce qui créé, malgré la sobriété de l'écriture, une certaine complexité sonore.

2. ADAGIETTO : c'est le mouvement le plus riche et le plus important. Stravinski lui-même, et beaucoup d'autres à sa suite, ont insisté sur le retour à Beethoven. (Après une période de réaction anti-beethovénienne, Stravinski était revenu à ses sonates pour piano et l'avait reconnu « souverain incontestable de l'instrument ».) Certes, il y a du Beethoven dans ce mouvement, tant par le thématisme de base que par le rôle des trilles et par la richesse rythmique (notamment les pulsions obstinées de la partie centrale). La profusion de traits ornementaux, enchaînant triolets, quintolets, sextolets, etc., peut être également, dans une certaine mesure, rapportée à Beethoven (Stravinski avait parlé d'un « Beethoven frisé ! » !) ; mais elle témoigne aussi de références à la fois plus vastes et plus ambiguës, entre l'ornementation baroque d'une part, et celle de Chopin de l'autre.

3. Le finale fait pendant avec le premier mouvement : même indication métronomique remplaçant la désignation du tempo, même laconisme, et coda identique. S'y observe, cependant, une plus grande diversité d'écriture. Le début est en imitation à deux voix ; puis la progression linéaire évolue peu à peu vers un thématisme accompagné, gardant presque tout le temps une même figure à la main gauche. Au milieu, un groupe d'accords fait transition avant une nouvelle partie, à l'écriture plus aérée, se resserrant ensuite sur un épisode homophonique. Après quoi, la pensée thématique redevient plus claire, avant la coda.

Sérénade en *la*

Écrite en 1925, elle succède immédiatement à la *Sonate*. Stravinski l'avait conçue « à l'instar des Nachtmusike du XVIIIe siècle ». Toutefois, on peut reconnaître, à la suite d'E. W. White, que le piano ne s'est pas révélé l'instrument idéal pour réaliser les idées du compositeur, qui appellent souvent des timbres orchestraux. Il n'en reste pas moins que, de par son invention, la *Sérénade* est à bien des titres plus riche et plus attrayante que la *Sonate*. Elle comporte quatre mouvements.

1. HYMNE : « une entrée solennelle » *(Chroniques de ma vie)*. Thème en accords de sixte, dont le contour rappelle un fragment de la *2e Ballade* de Chopin, — accompagné de grondements spasmodiques :

Suit un épisode harmonique en demi-teintes, au milieu duquel le thème repasse dans le médium. Un dernier volet constitue à la fois un prolongement mélodique et une vaste amplification harmonique, avec un accompagnement continu d'arpèges.

2. ROMANZA (« Cérémonieux hommage aux hôtes de la part de l'artiste ») : encadré par des cadences de virtuosité, c'est un thème gracieux, sur un accompagnement en staccatos imitant les sonorités de la guitare.

3. RONDOLETTO (« Un mouvement soutenu et rythmé tient la place des différentes musiques intercalées selon la tradition dans les sérénades et suites de l'époque ») : la technique rappelle un peu celle du premier mouvement et du finale de la *Sonate*, avec son allure de toccata. On l'entendrait volontiers joué au clavecin.

4. CADENZA FINALA (« Une espèce d'épilogue qui équivaudrait à une signature aux paraphes soigneusement calligraphiés ») : à partir d'une suite d'accords parallèles partagés entre les deux mains, Stravinski bâtit une sorte d'improvisation aux changements de mesure constants, aux sonorités riches, mais dans un mouvement allant et délié.

Petrouchka, suite

En 1921 Stravinski réalisa une transcription pour piano de trois scènes de son ballet, à l'intention d'Arthur Rubinstein : *Danse russe, Chez Petrouchka* et *la Semaine Grasse*. Cette suite est devenue la principale référence, en matière de virtuosité pianistique, de toute l'œuvre de Stravinski. Il est à noter que le ballet avait été pensé à l'origine comme un Konzertstück pour piano et orchestre, et que le piano joue un rôle important dans la version originale de la *Danse russe* et de *Chez Petrouchka**.

Stravinski ne cherche pas tant à reproduire au piano les timbres de l'orchestre qu'à mettre en valeur la mobilité, et les possibilités harmoniques et percussives de l'instrument. Il en résulte une partition d'une redoutable difficulté. Dans la *Danse russe*, l'effet principal est dû à la netteté de la frappe et aux bondissements d'accords :

Dans *Chez Petrouchka*, après le fameux cri du malheureux héros (superposition de deux arpèges d'*ut* majeur et *fa* dièse ma-

---
* V. *Guide de la musique symphonique*.

jeur), ce sont les avalanches de traits, les mouvements convulsifs, les trépignements de trémolos, le mélange de burlesque et de sensibilité qui forment le portrait physique et moral du personnage. Dans *la Semaine Grasse,* qui est la partie la plus vaste, c'est la création d'une atmosphère de foule en mouvement, d'où émergent des rengaines populaires, robustes ou humoristiques, — comme la chanson *Akh vy seni* de la *Danse des nourrices* dont le motif, en se disloquant, donne lieu à de rapides croisements de mains. Plus encore que les deux précédentes, cette partie est un tour de force, tant du compositeur qui a réussi à conserver l'essentiel du matériau sonore de sa partition, que de l'interprète qui en restitue le dynamisme multiforme.

PIÈCES DIVERSES

Quatre Études (op. 7)

Composées en 1908. Stravinski en donna lui-même la première exécution, la même année. D'une difficulté considérable, superposant fréquemment des valeurs rythmiques différentes, les quatre *Études pour piano* s'apparentent à Scriabine par le style et l'harmonie.
1. CON MOTO (*ut* mineur) : tumultueuse, entrecoupée de brefs arrêts, avec une phrase de cantilène en son milieu.
2. ALLEGRO BRILLANTE (*ré* majeur) : perpetuum mobile, articulé et anguleux.
3. ANDANTINO (*mi* mineur) : renonce à la virtuosité au profit d'une recherche harmonique très élaborée et d'une grande finesse des timbres ; le chant est à la main gauche.
4. VIVO (*fa* dièse majeur) : figure d'arpèges brisés à la main droite, cédant la place dans la partie centrale à des sauts d'accords, — tandis que la virtuosité passe à la main gauche en larges arpèges et gammes chromatiques.
Ces *Études* sont dédiées respectivement à Stepan Mitoussov, Nikolaï Richter, Andréï et Vladimir Rimski-Korsakov.

Piano-Rag-Music

Écrit à Morges en juin 1919, à l'intention d'Arthur Rubinstein. « Je poursuivais le même but que pour le *Ragtime,* mais cette fois-ci en exploitant le côté percussion du piano. Ce qui me passionnait surtout là-dedans, c'était que les différents épisodes rythmiques de cette pièce m'étaient dictés par les doigts eux-mêmes » *(Chroniques de ma vie).*

Accords violents, lignes et rythmes heurtés, fréquents changements de mesure cèdent ensuite la place à une écriture quasi improvisée, — suivant un certain esprit de système, et abolissant pratiquement la barre de mesure. On ne peut guère dégager de thématisme dans cette œuvre : trop fragmenté d'abord, il est ensuite réduit à des progressions chromatiques. C'est une pièce chaotique, dont les effets sont dus à l'agressivité des élans, des timbres et des dissonances.

Les cinq Doigts

Recueil de petites pièces pour enfants, écrit à Garches, près de Paris, en février 1921. Ce sont successivement : *1. Andantino ; 2. Allegro ; 3. Allegretto ; 4. Larghetto ; 5. Moderato ; 6. Lento ; 7. Vivo ; 8. Pesante.*
... « Ce sont huit mélodies très faciles où les cinq doigts de la main droite, une fois posés sur les touches, ne se déplacent plus durant une période ou une pièce entière, tandis que la main gauche, destinée à accompagner la mélodie, exécute un dessin soit harmonique soit contrapuntique de la plus grande simplicité » *(Chroniques de ma vie).*

Stravinski, d'autre part, a effectué des transcriptions pour piano de la *Valse de l'Histoire du Soldat,* de deux extraits de *Pulcinella (Gavotte avec variations* et *Scherzino),* et de la *Circus-Polka.*

ŒUVRES POUR QUATRE MAINS OU DEUX PIANOS

Trois Pièces faciles

Écrites à Clarens, en 1914-1915. Ce sont : *1. Marche ; 2. Valse ; 3. Polka.* Elles sont dédiées respectivement à Casella, à Satie et à Diaghilev.

Cinq Pièces faciles

Écrites en 1916-1917 à Morges, à l'intention de ses enfants. Successivement : *1. Andante ; 2. Española ; 3. Balalaïka ; 4. Napolitana ; 5. Galop. Española* et *Napolitana* sont des souvenirs de séjours en Espagne et en Italie.

Ces deux recueils se complètent, — le premier ayant une « main gauche facile » et le second une « main droite facile », l'autre main s'arrogeant dans chaque cas une partie plus élaborée. Des huit pièces, c'est la *Balalaïka* que Stravinski déclarait préférer. Elles furent toutes orchestrées, pour former les *Deux Suites pour petit orchestre*.

Concerto pour deux pianos solo

Achevé à Paris en 1934-1935. Le début date de 1931, composé à Voreppe. La partition porte cette mention, de la main de Stravinski : « Ce concerto a été exécuté par moi et mon fils Sviatoslav Soulima. Stravinski pour la première fois à l'Université des Annales à Paris, en la salle Gaveau, le 21 novembre 1935. » Pour l'écrire, Stravinski s'était plongé dans l'étude des cycles de variations de Beethoven et de Brahms, ainsi que dans les fugues de Beethoven. Ce *Concerto* est sans conteste la meilleure réussite du musicien russe dans le domaine pianistique.

1. Con moto : le premier mouvement frappe par sa densité sonore et technique, par l'effort placé dans le traitement symphonique des deux pianos, et par la parfaite égalité de participation des deux exécutants. Les deux thèmes contrastants du mouvement sont exposés l'un à la suite de l'autre : le premier est court, net, en rythme pointé ; le second très simple, en valeurs longues, tel un cantique, et souligné de traits. Une grande diversité des procédés d'écriture — gammes, arpèges, trilles, trémolos, notes et accords répétés — conduit vers une partie centrale où des martèlements aux deux mains alternées font paraître une technique ravélienne.

2. Notturno *(Adagietto)* : un lyrisme original, mêlé d'humour — avec une ornementation abondante et une harmonie aussi complexe que subtile. A nouveau, c'est Ravel qui transparaît ici par moments. Au milieu — épisode en *ré* bémol majeur —, utilisation de figures classiques (basses d'Alberti). Le *Nocturne* est suivi de quatre variations :

Var. 1 : le second piano se limite essentiellement au rôle d'accompagnateur selon une formule répétitive souple et dansante ; le premier piano exécute une ornementation coupée de silences et de notes tenues.

Var. 2 : tumultueuse et puissante, avec des glissandos et des avalanches d'octaves.

Var. 3 : proche d'une petite toccata, animée, d'une finesse cristalline, avec de nombreux chromatismes.

Var. 4 : harmonique, en successions et entrechocs d'accords.

3. Prélude et fugue : le *Prélude (Lento)* est une courte page verticale et solennelle, un peu archaïsante. La *Fugue* se construit sur un thème anguleux et rythmé,

soutenu à l'autre piano par une répétition obstinée de notes, s'amplifiant en octaves et accords. La coda est une inversion de la fugue.

Sonate pour deux pianos

Composée en 1943-1944 à Hollywood, elle est contemporaine des *Scènes de ballet* pour orchestre. Elle fut d'abord prévue pour piano seul, mais Stravinski la repensa, se rendant compte « qu'il fallait quatre mains pour réaliser clairement les quatre lignes ». Les créateurs furent, en 1944, Nadia Boulanger et Richard Johnson. Cette *Sonate*, assez nettement inférieure au *Concerto pour deux pianos*, (v. ci-dessus) se caractérise par son laconisme, sa discrétion et sa limpidité toute classique.

1. Moderato *(fa* majeur) : bi-thématique, — avec un premier thème à la tonique, animé, tournant sur lui-même, et un second thème à la dominante, dépouillé, accompagné par un dérivé du premier. Toute la partie exposition est assez neutre expressivement. Le développement est plus spirituel, en staccatos de notes et d'accords. La réexposition inverse les tonalités : premier thème en *ut* majeur, second en *fa* majeur.

2. Thème et variations *(sol* majeur) : thème *(Largo)* très simple, lent, diatonique, en blanches et noires, exposé en canon par renversement. Les variations :

Var. 1 : sur fond d'une formule répétitive d'accords au second piano, le premier exécute une harmonisation à trois ou quatre voix du thème, — lequel est subdivisé en segments.

Var. 2 : thème au second piano en rythme pointé, ornementé au premier piano en un fin martèlement monodique de triples croches symétriquement ouvragées.

Var. 3: une petite fugue entre les deux pianos.

Var. 4. Conclusion: le thème revient sous sa forme originale au second piano, — accompagné par des accords en choral.

3. ALLEGRETTO (*sol* mineur): de forme ABA. La première partie est allante, avec quelques accents et syncopes, et la partie centrale en mode majeur, lyrique, — dans laquelle on a pu déceler des réminiscences du folklore russe.

Il existe des transcriptions, effectuées par le compositeur, du *Concertino pour quatuor à cordes* (1920, connu également dans une version pour douze instruments), adapté pour quatre mains; ainsi que du *Dumbarton Oaks Concerto* (1938), pour deux pianos.

A. L.

JAN PIETERSZOON SWEELINCK

Né à Deventer, en mai 1562; mort à Amsterdam, le 16 octobre 1621. Né dans une famille d'organistes, il adopte le nom patronymique de sa mère : Sweelinck. Contrairement à l'affirmation de Mattheson qui voulait qu'il ait voyagé à Venise pour travailler avec Zarlino, il semble avoir toujours vécu à Amsterdam où il occupa toute sa vie le poste d'organiste à Oude Kerk, l'église où il fut enterré. Célèbre comme virtuose et improvisateur au clavecin et à l'orgue, il était en même temps considéré comme un professeur remarquable. Sweelinck sut mettre à profit l'art et les conquêtes de ses prédécesseurs anglais et italiens, qu'il perfectionna magistralement, et son influence sur ses contemporains et sur ses successeurs fut particulièrement importante, — car chargée d'internationalisme.

L'œuvre de clavecin

Mis à part un important catalogue de musique vocale (madrigaux, motets, psaumes, chansons, etc.), la musique instrumentale de Sweelinck est exclusivement consacrée au clavier, orgue et clavecin. Son œuvre de clavecin se compose essentiellement de fantaisies, de toccatas et de variations, — pièces dans lesquelles se mêlent l'influence des Virginalistes anglais, avec lesquels il eut d'étroits contacts (Peter Philips, John Bull, Pieter Cornet ont vécu aux Pays-Bas), et l'influence des artistes italiens dont la musique circulait à l'époque dans toute l'Europe.

Les **Fantaisies** de Sweelinck sont certainement ses œuvres les plus caractéristiques : longues pièces construites en plusieurs sections, elles reposent généralement sur un seul thème. Celui-ci est le plus souvent présenté en valeurs longues et en imitations, parfois en mouvement contraire :

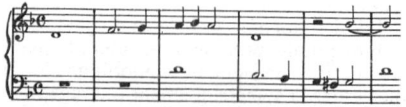

Puis il est traité en augmentation et en diminution, avec des figures variées. Certaines fantaisies sont des œuvres très travaillées, enrichies d'éléments figuratifs et de passages de virtuosité spécifiquement instrumentaux (sauts d'intervalles, écritures en tierces ou en sixtes, traits de toccatas, brisures d'intervalles et d'accords, etc.).

A l'exemple des Virginalistes (William Byrd et John Bull notamment), Sweelinck compose une *Fantaisie sur ut, ré, mi, fa, sol, la* où l'héxacorde est traité de manière contrapuntique. Il laisse aussi des fantaisies « en écho », pages libres écrites à la manière de l'écho, dans lesquelles des figures mélodiques semblent se répondre d'un clavier à l'autre du clavecin. Ces fantaisies débutent généralement par une longue introduction de style imitatif.

Dans ses **Toccatas**, Sweelinck apparaît comme l'un des héritiers d'Andrea Gabrieli et de Claudio Merulo : bien que moins brillantes que celles de ses contemporains italiens, ses toccatas sont cependant plus organisées en sections déterminées. Certaines commencent par une introduction de longs accords,

auxquels succèdent des dessins de plus en plus animés sur une grande variété de figures ; d'autres s'ouvrent par un épisode en imitation et se poursuivent en roulades de virtuosité. Quelques-unes enfin sont de très courtes pièces.

La série de VARIATIONS composées par Sweelinck est l'exemple le plus frappant de ce qu'il retira de ses contacts avec les Virginalistes anglais. Ces variations, essentiellement mélodiques, doivent en effet presque tout à l'Angleterre. Le thème y est en général présenté sur une simple harmonie, tandis que les épisodes suivants, de plus en plus virtuoses, font appel à des procédés purement instrumentaux, — tels que répétitions de notes, motifs rythmiques variés, sauts d'octaves, accords brisés, batteries, gammes en tierces, etc. Sweelinck composa notamment sept variations sur la célèbre chanson *Est-ce mars ?*, reprise en 1624 par son élève Samuel Scheidt, dans lesquelles un réel souci de virtuosité supprime totalement le caractère vocal de l'original. Il écrit aussi des variations sur des thèmes sacrés *(Allein Gott in der Höh sei Ehr*, par exemple) ou sur des pages de contemporains, comme ses deux grandes *Variations sur une pavane de Peter Philips.*

A. d. P.

KAROL SZYMANOWSKI

Né à Timoszowka (Ukraine), le 6 octobre 1882 ; mort à Lausanne, le 29 mars 1937. Dès son enfance il étudia le piano avec son père, puis avec son oncle Gustav Neuhaus, et s'essaya de bonne heure à la composition. Ses neuf Préludes op. 1 datent de 1899-1900. De 1901 à 1905 il vécut à Varsovie, et travailla l'harmonie et la composition avec Zavirski et Noskowski. De cette période date sa 1re Sonate pour piano (1904). En 1905 il fonda avec Fitelberg, Rozycki et Szeluto le groupe Jeune Pologne qui reçut le soutien actif de pianistes tels qu'Arthur Rubinstein et Heinrich Neuhaus. On distingue trois étapes dans la production de Szymanowski : romantique, impressionniste et populaire. Un grand nombre de ses œuvres pianistiques les plus marquantes correspondent à la seconde période, — à l'orée de laquelle se situe la 2e Sonate (1911) ; l'influence jusque-là prédominante de Strauss et Reger va de plus en plus laisser la place à celles de Scriabine et de Debussy. Le cachet impressionniste et exotique s'accentuera avec les voyages effectués par le compositeur, entre 1910 et 1914, en Italie, en Afrique du Nord et en Égypte. Ces séjours lui inspireront les deux grands triptyques Métopes op. 29 (1915) et Masques op. 34 (1916), suivis aussitôt par la 3e Sonate (1917). A partir de 1920, Szymanowski s'orientera vers la recherche de ses racines musicales nationales, qui s'exprimeront dans son œuvre pour piano avec le cycle de vingt Mazurkas op. 50 (1924-1926), puis encore de deux Mazurkas op. 62 (1933-1934). La complexité d'écriture et de technique y est considérablement réduite par rapport à la période précédente. Entre 1927 et 1933, Szymanowski fut directeur du Conservatoire de Varsovie. Il mourut prématurément, à cinquante-quatre ans, miné par la tuberculose. Personnalité centrale du renouveau de la musique polonaise, tand dans le domaine pianistique que dans celui de l'orchestre, de la musique de chambre ou de la musique vocale, il a ouvert la voie à l'école polonaise contemporaine.

LES SONATES

Sonate n° 1, en *ut* mineur (op. 8)

Écrite en 1903-1904, elle fut présentée en 1910 au Concours Chopin de composition, où elle obtint le premier prix. Elle reste cependant la moins jouée des trois sonates, — attestant d'un style encore à la recherche de lui-même, en même temps que d'une fidélité aux canons de la forme classique.

1. ALLEGRO MODERATO : le Scriabine de la fin de la première période s'y profile déjà, à travers le chromatisme et la fièvre dont sont empreints le premier thème et les figures pianistiques qui l'ornent. Ce premier thème est exposé en deux reprises, — d'abord dans une version « serrée » dès les premières mesures, puis dans une version « large » à l'indication *Agitato*, où il se partage entre les deux mains. Le motif contrastant *(Meno mosso, amoroso)*, dans le relatif majeur, est en choral avec des échappées de virtuosité chopiniennes. Le développement, où abondent les arpèges et les octaves brisées, progresse moins au niveau de l'exploitation des thèmes qu'à celui d'une condensation du climat dramatique. Après la réexposition, la coda est marquée d'une série d'accords répétés, d'abord espacés puis se resserrant.

2. ADAGIO, MOLTO TRANQUILLO E DOLCE : en *la* bémol majeur, de forme lied traditionnelle, il débute par une partie A simple et chantante, avec une mélodie dérivée du second thème du mouvement précédent. La partie B *(Più mosso, agitato)* est en figures tournantes de doubles croches, avec un nouveau motif à la partie supérieure et un contre-chant à la basse, opposant l'ambitus étroit de l'un aux larges intervalles de l'autre, — lequel est fort proche du premier thème de l'*Allegro* sous sa forme définitive. Le dernier volet, A', est une reprise ornée du début.

3. TEMPO DI MINUETTO, COMODO : un menuet d'allure classique, en accords arpégés dans l'aigu, qui contraste avec le trio d'une écriture harmonique plus complexe, post-romantique, traversé d'un passage de virtuosité en doubles notes où l'héritage pianistique de Chopin se reconnaît à nouveau.

4. FINALE, INTRODUZIONE, ADAGIO, FUGA : l'alliance du genre de la fugue avec la complexité du chromatisme post-romantique démontre l'influence considérable que Max Reger a exercée sur Szymanowski. L'introduction expose d'abord une mélodie grave à l'octave, suivie d'un épisode proche d'une marche funèbre. Une courte cadence introduit la double fugue. Elle est à trois voix, — le premier sujet étant le thème entendu au début de l'introduction. Le second *(Poco meno mosso)* possède la particularité de n'être différent du précédent que dans ses premières mesures, et identique par la suite. Les trois épisodes de la fugue (premier sujet, second sujet et superposition des deux) s'équilibrent entre l'écriture purement contrapuntique et des divertissements où la virtuosité pianistique exploitée pour elle-même retrouve ses droits. Entre le second et le troisième épisodes, se situe un intermède *Adagio sostenuto. Mesto* qui fait réapparaître le thème initial du premier mouvement. La conclusion est un puissant carillonnement d'accords en *ut* majeur.

Sonate n° 2, en *la* mineur (op. 21)

Écrite en 1910-1911, elle fut créée le 7 mai 1911 à Varsovie par Arthur Rubinstein. Elle succède de peu à la *2e Symphonie*, — avec laquelle elle possède des parentés au niveau de la forme. A un premier mouvement de forme sonate succède un cycle de variations aboutissant à une fugue. Impressionnant édifice pianistique, elle est d'une complexité et d'une difficulté d'exécution qui rebutent trop souvent les interprètes.

1. ALLEGRO ASSAI. MOLTO APPASSIONNATO : le ton à la fois ardent et angoissé est donné d'emblée par un thème en octaves ; d'abord ascendant, il se met ensuite à errer suivant une direction moins déterminée ; la respiration haletante est créée par des triolets partagés entre le premier temps sur le thème et les deux autres à l'accompagnement. La texture sonore s'épaissit rapidement du fait de remplissages d'arpèges et d'accords. Des chocs de rythmes pointés conduisent au *Quasi Andante* du second thème, profond, pensif et majestueux, dont le discours mélodico-harmonique s'élabore progressivement, — donnant bientôt lieu à un élément thématique annexe, contrastant *(avvivando)*, dont la frénésie ira s'accentuant. Le bref développement se fond bientôt avec la réexposition, symétrique, mais se chargeant considérablement, vers la fin, d'octaves, d'accords et d'arpèges. Tout au long de ce mouvement, les modulations constantes, les altérations et les dissonances ne laissent émerger le coloris tonal que de loin en loin : *ré* bémol majeur dans l'exposition à partir du second thème, et *la* majeur à partir de l'endroit équivalent de la réexposition.

2. Cet immense mouvement — constitué d'un thème avec huit variations et fugue finale — offre, en fait, un découpage assez net en quatre parties. **TEMA. ALLEGRETTO. TRANQUILLO. GRAZIOSO :** le thème en *la* majeur est léger, dansant sans hâte, spirituel, pimenté de trouvailles harmoniques. Les quatre premières variations font alterner un léger regain de vivacité, une douceur chantante, une écriture chromatique toute en adhérence, contrastant avec quelques larges enjambées de la main gauche, puis un scherzando émaillé de staccatos appuyés. Une première grande partie prend fin ici. La partie suivante représente un contraste notable, — faisant apparaître, de manière inattendue, une *Sarabande*, puis un *Menuet*, et adoptant une écriture plus diatonique. Ce retour à la netteté classique n'est toutefois que provisoire, et les variations suivantes sont marquées d'un accroissement de la tension pianistique et harmonique. Un *Largo* sourd et grave, avec des basses syncopées dans les premières mesures, aboutit à un épisode *Moderato* de caractère improvisé, qui sert d'introduction à la fugue. C'est la dernière partie du mouvement. Le sujet est habilement composé à partir des diverses voix du thème initial du finale, et offre une distorsion à la fois grotesque et douloureuse. La fugue est à quatre voix. Après avoir été traité sous sa forme originale, le sujet apparaîtra renversé, puis dans une superposition de ses deux aspects, — évoluant vers un déploiement de puissance et de difficulté pianistique spectaculaire.

Sonate n° 3 (op. 36)

Écrite en 1917, elle succède donc aux cycles des *Métopes*, des *Masques* et des *Études* (v. plus loin). C'est la plus concise et la plus dense des trois sonates de Szymanowski. D'un seul tenant, elle comprend un certain nombre de subdivisions internes dont l'enchaînement correspond aux différents mouvements de la forme sonate traditionnelle : un premier mouvement à deux thèmes principaux, un *Adagio*, un bref *Scherzando* aboutissant au *Finale*. Comme dans les œuvres du Scriabine de la maturité — qui sont en l'occurrence la référence principale —, l'écriture représente une osmose entre l'harmonie et la polyphonie, superposant des lignes, des couches et des agrégats sonores indépendants. C'est cependant une polyphonie plus classique qui aura le dernier mot, le finale étant une fugue, — principe auquel Szymanowski reste fidèle ici comme dans ses deux sonates précédentes.

Le début — *Presto* — expose, pianissimo, le premier thème, répétitif, en rythme pointé, orné de fines irisations :

Il reviendra à deux reprises, — une première fois sur fond d'un trille prolongé, une seconde fois en octaves profondes à la basse, accompagné de trémolos d'accords et de courtes fusées ascendantes. Un épisode *Meno mosso* fait entendre un chant à la partie supérieure, au-dessus d'arpèges et d'ornements, — auquel succèdent des formules rythmiques convulsives dans un mouvement *allargando*. A l'indication *Animato* apparaît le second thème, montant en rythme pointé, avec un contre-chant descendant. Il donnera lieu à divers traitements contrapuntiques, dont quelques imitations. A l'*Allegretto* le retour du premier thème s'effectue, à partir d'une succession de trémolos et d'arpeggiandos. La culmination du mouvement est un développement de plus en plus dense pianistiquement et harmoniquement, — où le premier thème cède progressivement la place au second. La conclusion de tout ce mouvement est une reprise de l'*Allegretto* qui a précédé la réexposition.

Des trilles prolongés, ponctués d'octaves à la basse, précèdent l'*Adagio Mesto*. Les sombres méandres d'une mélodie traitée en polyphonie harmonique, puis enrichie de mouvements d'accords, tournent autour de la cellule du premier thème de la sonate. Avec la légère animation que fait naître le *Più mosso*, une nouvelle variante de cette idée originelle surgit, progressant par marches harmoniques, dans une écriture dont l'abondance des couches superposées et l'étendue de l'espace pianistique sollicité nécessitent une notation sur trois portées. Un decrescendo ramène les mesures du début de l'*Adagio*, transposées.

Un accelerando sur une seule note répétée (*do* dièse) lance alors le court *Assai vivace, Scherzando* : c'est un intermède impétueux, où quelques rapides imitations structurent les bondissements et les martèlements. Un choc violent et une brève rafale de gammes mènent abruptement à la fugue *Allegro moderato, Scherzando e buffo* : un humour grinçant à la Prokofiev s'y affirme d'emblée dans le sujet qui est, en son début, une déformation du thème initial. Comme dans les deux sonates précédentes, ce sera une double fugue, — le second thème de l'œuvre intervenant par la suite pour se conjuguer avec le précédent. Rythmiquement, la fugue offre une différence notable avec le reste de la sonate par sa netteté homophonique, son renoncement quasi total aux superpositions de valeurs différentes. Les attaques verticales, l'abondance de staccatos, le dynamisme puissant et contrôlé — ménageant cependant des moments de détente et d'introspection lyrique — attestent que l'esprit et la rigueur classique de Prokofiev ont trouvé leur application dans le style de Szymanowski, — assimilés à la polyphonie régerienne et à l'impressionnisme scriabinien.

LES CYCLES

Neuf Préludes (op. 1)

Écrits en 1899-1900, — sauf les n°s 7 et 8 qui remontent à 1896. Ces premiers essais pianistiques sont remarquables par l'évidence avec laquelle ils annoncent le style à venir de leur auteur. On reconnaît dans ces pièces le langage de Max Reger, mais aussi l'esprit du premier Scriabine, — alors que la véritable influence de ce dernier n'allait véritablement s'exercer que plus tard. A l'exception du véhément *Prélude n° 5 (Allegro molto impetuoso)*, les autres sont totalement dépourvus de virtuosité ; ce sont des pièces d'ambiance, des moments de méditation axés sur le raffinement des couleurs et des rythmes.

Métopes (op. 29)

C'est à la suite de son séjour en Sicile que Szymanowski conçut, en 1915, ce triptyque dont le titre général lui a été inspiré par les ornements de l'architecture antique (sculptures en bas-relief ornant l'espace du fronton situé entre deux colonnes), et dont chacune des trois parties illustre un lieu ou un personnage de *l'Odyssée*. L'impressionnisme debussyste règne ici en maître, mais dans un langage harmonique qui, parfois, est encore plus avancé. Sauf dans la dernière pièce, le thématisme est réduit à l'état de cellules dont la transformation s'orne de foisonnements de formules coloristes.
1. L'ILE DES SIRÈNES (Chant 12 de *l'Odyssée* : Ulysse se faisant attacher au mât de son navire peut écouter le chant envoûteur des Sirènes, qui attiraient les navigateurs dans les flots) : paradoxalement ce sont moins les échos d'un chant que Szymanowski cherche à traduire, que la consistance de l'élément aquatique, — qui est recréée d'emblée par une série de vaguelettes irisées. A partir d'un thème qui sert de soutien sonore, un balancement s'imprime, orné de clapotis légers. Les trilles, trémolos se multiplient ensuite, évocateurs d'une magie des formes et des mouvements : les jeux des Sirènes atteignent progressivement une animation dionysiaque, — avant de laisser à nouveau la vision d'un paysage marin apaisé.
2. CALYPSO (Chant 5 de *l'Odyssée* : la nymphe Calypso cherche vainement à retenir Ulysse auprès d'elle) : le début est quasiment un pastiche de Debussy, — avec sa succession d'accords parallèles, qu'on réentendra vers le milieu du morceau. Plus que dans la pièce précédente, l'idée d'envoûtement sera ensuite suggérée, ici, par des effets d'ostinato hypnotisants. Le mi-voix s'élèvera jusqu'à des accents de passion, pour revenir ensuite à une sensualité raffinée. Cette pièce est entièrement notée sur trois portées.
3. NAUSICAA (Chant 6 de *l'Odyssée* : Ulysse est réveillé par Nausicaa, fille du roi Alcinoos, qui joue à la balle avec ses compagnes) : par son caractère autant que par son écriture, cette pièce est assez différente des deux précédentes. Après les évocations des entités mythologiques, c'est le retour à l'univers humain. Le rythme dansant, enjoué, laissant ressentir une recherche de l'élément populaire, s'affirme rapidement, — entrecoupé de brefs passages de virtuosité digitale. Après un épisode où l'ivresse dynamique atteint à son paroxysme, une cadence brillante introduit la conclusion qui offre un contraste saisissant par sa sensibilité épurée, avec une écriture harmonique ponctuée de quelques notes graves.

Masques (op. 34)

Écrit en 1916, ce triptyque fait pendant aux *Métopes*, — étant lui aussi le fruit des voyages méditerranéens de Szymanowski. Comme toutes les œuvres de cette période, il atteint à une exubérance considérable de l'expression pianistique, surtout dans les deux dernières pièces. Se rattachant naturellement, lui aussi, à la double esthétique impressionniste et scriabinienne, il se distingue à certains moments par des aspérités sonores dues autant aux harmonies qu'au traitement du clavier.

1. Shéhérazade : à la suite de Rimski-Korsakov et de Ravel, Szymanowski rend hommage à l'héroïne des *Contes des Mille et une Nuits*. Cet enthousiasme pour la littérature orientale a trouvé, à la même époque, son expression dans la *3e Symphonie* (« *Chant de la Nuit* »). Il ne faut cependant pas chercher dans *Shéhérazade* de relation précise avec tel ou tel conte, ni de programme en général. Les efforts du compositeur tendent davantage à éveiller l'imagination en élaborant progressivement une dynamique du récit musical, — partant d'accords, d'égrènements pensifs de notes, puis animant peu à peu son discours d'arabesques, de staccatos répétitifs, de chocs soudains. Les ostinatos en général, sous des aspects divers, jouent un rôle important comme fond sonore sur lequel se transforment les idées thématiques. Toutefois l'orientalisme, dans son sens musical traditionnel, n'est que peu présent ici, sauf peut-être, à certains moments, dans la seconde partie. Les contrastes, en revanche, sont nombreux comme toujours chez Szymanowski, — au niveau de l'élan rythmique, des changements d'atmosphère, voire des harmonies, faisant émerger parfois des oasis tonales inattendues. Comme *Calypso* des *Métopes* et certaines parties de la *3e Sonate* (v. plus haut), cette pièce est presque entièrement notée sur trois portées.

2. Tantris le bouffon : Szymanowski s'est inspiré ici d'une pièce de l'écrivain allemand Ernest Hardt, qui est une parodie de *Tristan*. Le héros se déguise en bouffon pour s'introduire à la cour du roi Marke, et voir Isolde. Aussi le grotesque, la gesticulation anguleuse, se manifesteront-ils d'emblée ; mais ce masque irrévérencieux de dissonances grinçantes montrera aussi son revers : celui de la langueur et de la sensibilité, en accords recherchés et atténués. Après la culmination d'une grande véhémence, des notes sourdement frappées concluent, espacées et inquiètes. Une pièce étrange, spirituelle et dramatique.

3. Sérénade de Don Juan : le piano s'y évertue à des imitations diverses de la guitare — furieux accords du début, ou pincements nets et précis par la suite — qui obéissent à une rythmique haletante et irrégulière, comme traductrice d'une impatience. Les habituels ruissellements d'arpèges, trilles et trémolos accentuent l'incandescence de cette scène parcourue de sursauts de passion et de crispations sardoniques, — mais à laquelle l'héritage de la *Sérénade interrompue* de Debussy ou de l'*Alborada del gracioso* de Ravel n'est évidemment pas étranger.

Il est à noter que les trois pièces n'ont pas été écrites dans l'ordre dans lequel elles sont présentées : La *Sérénade de Don Juan* fut composée en premier lieu, et *Shéhérazade* en dernier.

Mazurkas (op. 50 et op. 62)

La troisième période de Szymanowski, qui commence à partir de 1920, est celle du retour au folklore polonais, en particulier celui des Tatras. Elle donnera, en matière de musique orchestrale, le ballet *Harnasie,* la *4e Symphonie concertante pour piano,* et le *2e Concerto pour violon* ; au piano, les vingt-deux *Mazurkas* : vingt de l'*op. 50* (composées en 1924-1925, et éditées en trois cahiers : n^{os} *1* à *8* en 1926, n^{os} *9* à *12* en 1929, et n^{os} *13* à *20* en 1931) ; deux de l'*op. 62* (1933-1934), celles-ci comptant parmi les dernières œuvres. L'écriture pianistique s'est considérablement simplifiée par rapport aux *2e* et *3e Sonates*, aux *Métopes* et aux *Masques*. De fait, le type de thématisme et les formules d'accompagnement des *Mazurkas* restent ceux de Chopin, mais avec les acquis sonores du XXe siècle. Réagissant à présent contre les chatoiements et les ambiguïtés impressionnistes, Szymanowski exploite — outre la netteté de la scansion rythmique — les ressources du modalisme mélodique, rehaussé d'un langage harmonique qui, paradoxalement, a encore gagné en âpreté et en richesse alors qu'il a perdu en complexité. Le chromatisme est désormais réinséré dans le système tonal (la plupart des *Mazurkas* comportent une indication d'armure), ou parfois polytonal (par exemple dans l'*op. 50* *no 3*, où se trouvent superposés le *la* mineur et l'*ut* dièse majeur). Szymanowski utilise aussi bien des accords dissonants en soi que des harmonies fondamentales (accords de quinte avec des parallélismes fréquents), faisant dissonance avec la ligne mélodique. Saveur populaire, modernisme et objectivité positive sont les caractéristiques prédominantes de ces *Mazurkas* avec lesquelles Szymanowski, homme aux références culturelles multiples, réaffirme son identité nationale.

Un certain nombre de *Mazurkas* sont dédiées à des amis du compositeur, — en premier lieu à Arthur Rubinstein qui les joua dans le monde entier.

A.L.

PIOTR ILYITCH TCHAÏKOVSKI

Né à Votkinsk (Oural), le 7 mai 1840 ; mort à Saint-Pétersbourg, le 18 novembre 1893. Il étudia le piano dans son enfance, puis entra à l'École de Droit de Saint-Pétersbourg ; mais il abandonna bientôt la carrière juridique pour se consacrer à la musique, et fut parmi les premiers élèves du Conservatoire de Saint-Pétersbourg : il y étudia de 1862 à 1866 avec Zaremba (harmonie) et Anton Rubinstein (composition, orchestration). En 1866, il devint professeur au Conservatoire de Moscou, nouvellement créé, et y enseigna jusqu'en 1878. A partir de cette année, l'aide matérielle que lui apporta sa mécène Mme von Meck lui permit de se consacrer entièrement à la composition. C'est dans les domaines de la symphonie, de l'opéra et du ballet que Tchaïkovski a donné le meilleur de lui-même. Bon pianiste dans sa jeunesse, il n'envisagea jamais de devenir un virtuose, et le piano resta pour lui un instrument utilitaire avant tout. Au demeurant, son œuvre pianistique est abondante, mais, en dehors de ses deux Sonates *(1865 et 1878), reste principalement constituée de pièces de petite ou moyenne dimension, souvent regroupées en séries ou par cycles. Toujours admirablement achevées du point de vue de l'écriture, parfois ingrates pour l'exécutant — malaisées sans donner l'impression d'être virtuoses —, elles sont inégales d'inspiration. Le cycle des* Saisons *(1875) jouit toutefois d'une popularité justifiée. D'autres pièces restent dans l'esprit de la musique de salon. Les titres* Valse, Mazurka, Scherzo, Impromptu, *sont fréquents. Tchaïkovski lui-même n'attachait qu'une importance secondaire à ces compositions souvent écrites comme délassement, à titre de dédicace ou sur commande.*

LES SONATES

Les deux sonates de Tchaïkosvi, malgré leurs dimensions importantes, ne comptent pas parmi ses œuvres les plus célèbres ni les plus réussies. Si la monumentale *2ᵉ Sonate* fait encore partie du répertoire de quelques pianistes, la *1ʳᵉ Sonate*, œuvre de jeunesse, est à peu près complètement oubliée.

Sonate n° 1, en *ut* dièse mineur

Écrite en 1865, alors que Tchaïkovski était encore élève au Conservatoire, elle ne fut publiée que posthumement en 1900, dans une révision effectuée par Taneiev. Ses quatre mouvements sont successivement : 1. *Allegro con fuoco ;* 2. *Andante ;* 3. *Scherzo : Allegri vivo ;* 4. *Allegro vivo.*

L'œuvre n'est pas dépourvue de qualités thématiques et pianistiques, et témoigne d'une fougue et d'un sens des contrastes qui sont déjà bien représentatifs de la personnalité de Tchaïkovski ; mais l'inexpérience de l'auteur se révèle dans un manque de densité de l'ensemble, et dans des développements assez vagues. La partie la plus réussie semble le *Scherzo*, — avec son rythme pointé caractéristique et son mouvement dansant et aérien. Tchaïkovski en réutilisera la section principale dans le scherzo de sa *1ʳᵉ Symphonie « Rêves d'hiver ».*

Sonate n° 2 (« Grande Sonate »), en *sol* majeur (op. 37)

Elle fut composée en mars-avril 1878, à la même époque que le *Concerto pour violon* : commencée en Suisse, à Clarens, elle fut achevée au domaine de Kamenka, en Ukraine. Elle fut créée par Nikolaï Rubinstein le 21 octobre 1879. Tchaïkovski écrivit à Mme von Meck qu'il avait été « émerveillé par la force et la qualité artistique avec lesquelles Rubinstein avait exécuté cette œuvre quelque peu sèche et complexe ». Par la suite, au moment de l'édition, le compositeur dédia la sonate à Karl Klindworth, élève de Liszt, et professeur au Conservatoire de Moscou. Partition vaste et ardue, elle est assez peu populaire, — bien qu'un Sviatoslav Richter en ait donné une version magistrale. Elle ne manque ni de caractère ni de déploiements sonores, mais souffre de longueurs, de difficultés inutiles, et nombre de passages sont des décalques schumanniens (et chopiniens dans l'*Andante*) un peu trop évidents. Confronté à un instrument ainsi qu'à une forme qu'il a toujours eu quelque peine à dominer,

Tchaïkovski ne réussit pas à montrer là son vrai visage.

1. MODERATO E RISOLUTO : il est caractérisé par l'abondance des thèmes. Le premier, en accords, recèle quelque chose des futurs carillonnements de Rachmaninov. Le second thème, à la tonique mineure, avec son balancement d'arpèges est schumannien : la référence à Schumann se précisera d'ailleurs dans les pages suivantes, — tant au niveau des procédés pianistiques qu'à travers les intonations mélodiques. Un dernier motif surgit, visiblement issu du *Dies Irae* médiéval. Le développement, à partir du premier thème essentiellement, n'est pas toujours habile, et toute cette partie souffre de remplissages (surabondance d'accords en rythmes pointés, notamment). Dans la réexposition, l'ordre de présentation des deux premiers thèmes est inversé.

2. ANDANTE NON TROPPO, QUASI MODERATO : thème à variations, — entrecoupé d'épisodes-intermèdes (la forme est ABA' CA" BA''', et coda). Le thème, en *mi* mineur, révèle, par ses intonations et par les glissements chromatiques de ses harmonies, l'influence du *4e Prélude* de Chopin. Dans son ensemble, le mouvement est bien long : les variations sont sans grande originalité, — avec des temps morts et, une fois encore, l'emphase inutile de rythmes pointés qui les rendent fastidieuses. Le passage le plus intéressant est l'épisode central (C), *Moderato con animazione,* de caractère improvisé, dans lequel Schumann resurgit à travers une animation lyrique et un peu fiévreuse.

3. SCHERZO : ALLEGRO GIOCOSO : Schumann encore, et plus que jamais, dans les incessants triolets de doubles croches qui portent la mélodie. Page écrite d'un seul souffle dynamique, sans guère de contrastes. Par son caractère et la fonction qu'elle remplit au sein de la sonate, ce serait davantage un intermezzo, — qui sert à régénérer l'inspiration.

4. ALLEGRO VIVACE : de forme rondo-sonate. Le début en accords rappelle un peu le premier mouvement. Par la suite, un thème en légers accords staccato, un autre de caractère « russe » (ici seul tribut payé par le compositeur à ses origines), ainsi qu'une partie centrale en *mi* bémol majeur, introduisent une certaine diversité, — à défaut de la densité et d'une originalité dont ce finale, comme le reste de l'œuvre, accuse les manques.

CYCLES ET SÉRIES

Scherzo à la russe et Impromptu (op. 1)

Le *Scherzo* en *si* bémol majeur fut écrit en 1867 à la demande de Nikolaï Rubinstein. Cette pièce brillante, très pianistique est écrite à partir d'une chanson ukrainienne et s'apparente à un « trépak » effréné. La partie centrale, d'écriture harmonique, s'apparente curieusement à celle du *Nocturne* n° 11 (op. 37 n° 1) de Chopin.

L'*Impromptu* en *mi* bémol mineur, antérieur au *Scherzo,* date vraisemblablement de 1864. Tumultueux, tourmenté, avec des sonorités presque rachmaninoviennes, il garde, dans le lyrisme interrogatif de sa partie centrale *Andante,* un fond constant d'inquiétude à travers un ostinato rythmique.

Souvenir de Hapsal (op. 2)

Ce triptyque constitue le premier petit « cycle » pour piano de Tchaïkovski. Les pièces *n° 1* et *n° 3* ont été écrites à Hapsal, où le compositeur séjourna pendant l'été de 1867 avec ses frères et ses cousins Davydov. La pièce *n° 2* est un scherzo adapté d'une œuvre antérieure, — un *Allegro* pour piano écrit au cours des années d'études au Conservatoire.

1. RUINES D'UN CHÂTEAU (en *mi* mineur) : l'attrait pour les ruines, vestiges de l'Antiquité, forme une des constantes du Romantisme, et non seulement musical. La première partie de la pièce, sur un ostinato de deux quintes à la basse, est grave et pensive, — quoique la mélodie ne présente aucune originalité particulière. La partie centrale, très différente, fait surgir des visions de combats chevaleresques.

2. SCHERZO (en *fa* majeur) : de la verve et du brillant, — le thématisme s'échangeant entre les deux mains. La section centrale, en *la* bémol majeur, est parcourue de fusées d'arpèges brèves et rythmées.

3. CHANT SANS PAROLES (en *fa* majeur) : de moindre valeur, c'est une pièce de salon plus intéressante par son écriture (imitations, contre-chants) que par ses idées.

Six Pièces sur un même thème (op. 21)

Écrites à l'automne de 1873, elles furent

dédiées à Anton Rubinstein qui ne les inclut dans son répertoire que de nombreuses années plus tard. Au départ, Tchaïkosvki n'avait prévu que trois pièces ; les trois autres naquirent au cours du travail. Originellement, le cycle devait s'intituler *Suite*. C'est un intéressant exercice de style. L'idée — que l'on peut comparer, ne serait-ce que lointainement, au *Carnaval* de Schumann — donne lieu à des pièces variées et d'une facture pianistique assez élaborée. A partir du motif mélodique exposé dans le *Prélude* (en *sol* dièse mineur), Tchaïkovski, qui le transforme rythmiquement, construit une *Fugue* à quatre voix (même tonalité), un *Impromptu* (*ut* dièse mineur), avec une mélodie en triolets sur accompagnement binaire, une *Marche funèbre* (*la* bémol mineur) très développée, comportant une partie médiane spectaculaire, enfin un *Scherzo* (*la* bémol majeur) à la subdivision rythmique, alternativement binaire et ternaire, d'une mesure à 6/8.

Les Saisons (op. 37 bis)

Cycle de douze pièces écrites entre décembre 1875 et mai 1876 sur commande de la revue mensuelle *Le Nouvelliste*, — qui les publia une par une dans ses numéros de l'année 1876. Ces pièces furent annoncées dans le numéro de décembre 1875 par l'encadré suivant : « Notre célèbre compositeur P. I. Tchaïkovski a promis sa collaboration à la rédaction du *Nouvelliste* et s'apprête à publier l'année prochaine une série de pièces pour piano écrites spécialement pour notre revue, — pièces dont le caractère correspondra exactement tant à leur titre qu'aux impressions du mois qui verra leur publication. »

La version selon laquelle Tchaïkovski écrivait une pièce chaque mois, à la dernière minute, sur l'injonction de son domestique Alexis Sofronov, semble dénuée de fondement. Les sept dernières pièces, tout au moins, furent écrites simultanément, — car le musicien devait partir pour l'étranger en mai 1876. Ces douze scènes de genre — que d'aucuns ont pu qualifier de « chromos d'almanach » — comptent à juste titre parmi les compositions les plus jouées de Tchaïkovski ; elles allient la valeur pédagogique aux subtilités harmoniques et contrapuntiques, ainsi qu'au charme lyrique et à l'esprit.

1. JANVIER : AU COIN DU FEU (en *la* majeur) : une idylle schumannienne, un bien-être lyrique et paisible, — avivé en son milieu par des guirlandes d'arpèges, tels de petits jaillissements de flammes.

2. FÉVRIER : CARNAVAL (*Allegro giusto*, en *ré* majeur) : scène de masse populaire, sonore, pleine de vie exubérante.

3. MARS : CHANT DE L'ALOUETTE (*Andantino espressivo*, en *sol* mineur) : la plus brève des douze pièces ; la mélodie est ornée, la stylisation intentionnellement naïve.

4. AVRIL : PERCE-NEIGE (*Allegretto con moto e un poco rubato*, en *si* bémol majeur) : d'un lyrisme ingénu ; dialogue mélodique entre la partie supérieure et le médium sur figure d'accords, puis avec quelques ornements de traits montants.

5. MAI : LES NUITS BLANCHES (*Andantino*, en *sol* majeur) : oppose une partie A sereine et majestueuse, avec une mélodie soutenue par des accords arpégés, à une partie B fiévreusement agitée.

6. JUIN : BARCAROLLE (*Andante cantabile*, en *sol* mineur) : c'est la pièce la plus populaire du cycle (bien que le titre de « barcarolle » ne lui soit pas vraiment approprié) :

Élégie discrète, intimiste, — avec des effets d'échos et des contre-chants, surtout dans la reprise de la partie A. La partie B est en mode majeur : mélodie en tierces sur un accompagnement syncopé.

7. JUILLET : CHANT DU FAUCHEUR (*Allegro moderato con moto*, en *mi* bémol majeur).

8. AOÛT : LES MOISSONS (*Allegro vivace*, en *si* mineur) : ces deux pages forment un diptyque. La première, saine et positive, est à la fois une impression notée sur le vif et un portrait psychologique. La seconde, qui est un croquis d'ensemble, bouillonne de vie ; sa partie centrale, lente, évoque peut-être le repos des moissonneurs dans la chaleur de midi.

9. SEPTEMBRE : LA CHASSE (*Allegro non troppo*, en *sol* majeur) : sonore, dynamique, — avec des sonneries et des chevauchées ; mais pièce très extérieure et d'une écriture harmonique dépourvue des subtilités contrapuntiques de la plupart des autres pièces.

10. OCTOBRE : CHANT D'AUTOMNE (*Andante doloroso e molto cantabile*, en *ré* mineur) : une mélodie amèrement mélancolique, dont naît ensuite un véritable duo accompagné. L'une des pièces les plus contrapuntiques, — contrairement à la précédente.

11. NOVEMBRE : TROÏKA (*Allegro moderato*, en *mi* majeur) : aussi populaire que la *Barcarolle*, c'est une des pièces les plus riches et les plus attrayantes du recueil :

Un chant à l'octave, bientôt amplifié harmoniquement, cède la place à un nouveau thème, joyeux et populaire, typiquement russe, qui alterne avec les grelots du traîneau : un des rares exemples, dans ce cycle, d'imitation directe. La reprise de la partie A orne le thème initial d'une figure répétitive dans l'aigu.

12. DÉCEMBRE : NOËL (*Tempo di Valse*, en *la* bémol majeur) : scène d'intérieur de la bonne société, — avec une valse, danse affectionnée par Tchaïkovski (*les Saisons* sont contemporaines du *Lac des Cygnes*), et qui termine le cycle avec une élégance sereine. A noter, au début du thème, une équivoque rythmique donnant l'impression d'une mélodie à deux temps à l'intérieur de la mesure à 3/4.

Album d'enfants (op. 39)

Recueil de vingt-quatre petites pièces composées à Kamenka, en Ukraine, entre mai et juillet 1878. Elles suivent donc de peu la *2e Sonate*... « Je veux faire une série de petits morceaux tout à fait faciles, avec des titres qui plairaient aux enfants, comme chez Schumann », écrivit Tchaïkovski à Nadejda von Meck. L'*Album d'enfants* fut dédié par le compositeur à son neveu Vladimir Davydov (« Bob »), — alors âgé de six ans. Ces petites pièces restent d'une incontestable valeur pédagogique pour les pianistes en herbe, et sont toujours populaires. Certaines apparaissent manifestement comme des décalques de Schumann (*Le petit cavalier*), d'autres utilisent des thèmes populaires russes *(Chanson russe)*, italiens *(Chanson napolitaine, Chanson italienne)*, ou français *(Vieille chanson française)*. En voici les titres :

1. *Prière du matin* (*Andante*, en *sol* majeur) ; 2. *Le matin en hiver* (*Allegro*, en *si* mineur) ; 3. *Le petit cavalier* (*Presto*, en *ré* majeur) ; 4. *Maman* (*Moderato*, en *sol* majeur) ; 5. *Marche des soldats de bois* (*Moderato*, en *ré* majeur) ; 6. *La poupée malade* (*Moderato*, en *sol* mineur) ; 7. *Enterrement de la poupée* (*Adagio*, en *ut* mineur) ; 8. *Valse* (*Allegro assai*, en *mi* bémol majeur) ; 9. *La nouvelle poupée* (*Allegro*, en *si* bémol majeur) ; 10. *Mazurka* (*Allegro non troppo*, en *ré* mineur) ; 11. *Chanson russe* (*Allegro*, en *fa* majeur) ; 12. *Le paysan joue de l'harmonica* (*Adagio*, en *si* bémol majeur) ; 13. *Chanson napolitaine* (*Vivace*, en *ré* majeur) ; 14. *Polka* (*Moderato*, en *si* bémol majeur) ; 15. *Chanson italienne* (*Moderato assai*, en *ré* majeur) ; 16. *Vieille chanson française* (*Molto moderato*, en *sol* mineur) ; 17. *Chanson allemande* (*Molto moderato*, en *mi* bémol majeur) ; 18. *Chanson napolitaine* (*Andante*, en *mi* bémol majeur) ; 19. *Le conte de la vieille* (*Moderato*, en *ut* majeur) ; 20. *La sorcière* (*Presto*, en *mi* mineur) ; 21. *Douce rêverie* (*Moderato*, en *ut* majeur) ; 22. *Le chant de l'alouette* (*Moderato*, en *sol* majeur) ; 23. *L'orgue de Barbarie* (*Andante*, en *sol* majeur) ; 24. *A l'église* (*Moderato*, en *mi* mineur).

Dix-Huit Pièces (op. 72)

C'est en avril 1893, sept mois avant sa mort, que Tchaïkovski écrivit, parallèlement à la *Symphonie « Pathétique »*, son dernier recueil pour piano. Certaines esquisses remontaient vraisemblablement à l'année précédente. A l'origine Tchaïkovski avait projeté un cycle de trente pièces, mais ne réussit pas à le mener à bien. Ce travail, entrepris principalement pour des raisons financières, lui coûta une certaine peine au début, et ces pièces n'avaient à ses yeux qu'une importance secondaire. Toutes furent dédiées à divers amis. Le cycle est inégal, — qui fait voisiner des trouvailles remarquables avec des banalités, et présentant beaucoup de ressemblances, voulues ou non, avec les œuvres d'autres compositeurs. Certaines pièces atteignent un niveau de virtuosité considérable.

1. IMPROMPTU (*Allegro moderato e giocoso*, en *fa* mineur) : proche de certains *Impromptus* de Schubert.

2. BERCEUSE (*Andante mosso*, en *la* bémol majeur) : du Tchaïkovski fauréen.

3. TENDRES REPROCHES (*Allegro non tanto e agitato*, en *ut* dièse mineur) : assez quelconque, mis à part quelques staccatos de doubles croches.

4. DANSE CARACTÉRISTIQUE (*Allegro giusto,* en *ré* majeur) : teintée de folklore ; ce pourrait être une pièce des *Saisons* (v. plus haut).

5. MÉDITATION (*Andante mosso,* en *ré* majeur) : un lyrisme de pièce de salon, — avec quelques accords arpégés au début et des trilles dans la coda.

6. MAZURQUE POUR DANSER (*Tempo di mazurka,* en *si* bémol majeur) : dansante, certes, mais cependant guère originale.

7. POLACCA DE CONCERT (*Tempo di polacca,* en *mi* bémol majeur) : brillante, virtuose, extérieure ; c'est une des pièces les plus importantes du recueil. A certains moments, l'influence de la *Polonaise en fa dièse mineur* de Chopin est très sensible.

8. DIALOGUE (*Allegro moderato,* en *si* majeur) : le titre se justifie par les oppositions de registres du clavier (croisement des mains). La veine mélodique révèle des parentés avec Weber.

9. UN POCO DI SCHUMANN (*Moderato mosso,* en *ré* bémol majeur) : plus tchaïkovskien que schumannien !

10. SCHERZO-FANTAISIE (*Vivace assai,* en *mi* bémol mineur) : avec la *Polonaise,* c'est la pièce la plus importante du cycle. Intéressante pianistiquement, — avec quelques traits quasi lisztiens (elle provient de la *Symphonie en mi bémol majeur* à laquelle Tchaïkovski travailla en 1892).

11. VALSE-BLUETTE (*Tempo di valse,* en *mi* bémol majeur) : agréable et divertissante, sans plus.

12. L'ESPIÈGLE (*Allegro moderato,* en *mi* majeur) : un charme facile, rehaussé par une vitalité enjouée.

13. ÉCHO RUSTIQUE (*Allegro non troppo,* en *mi* bémol majeur) : schumannien, — donc plus allemand que russe.

14. CHANT ÉLÉGIAQUE (*Adagio,* en *ré* bémol majeur) : rappelle les *Consolations* de Liszt, — voire, par moments, le *Rêve d'amour.* La plus longue pièce du recueil par sa durée.

15. UN POCO DI CHOPIN (*Tempo di mazurka,* en *ut* dièse mineur) : sans doute plus proche de son modèle que ne l'était *Un poco di Schumann.*

16. VALSE À CINQ TEMPS (*Vivace,* en *ré* majeur) : malgré la différence de caractère, la contemporanéité avec le second mouvement de la *Symphonie « Pathétique »* n'est évidemment pas fortuite.

17. PASSÉ LOINTAIN (*Moderato assai, quasi andante,* en *mi* bémol majeur) : une des innombrables élégies de salon dont pullule la littérature pianistique.

18. SCÈNE DANSANTE, INVITATION AU TRÉPAK (*Allegro non tanto,* en *ut* majeur) : le rythme du « trépak » (danse ukrainienne énergique, à deux temps) s'ébauche progressivement, et débouche sur une scène de verve populaire fort enlevée. On regrette la conclusion solennelle qui reprend les mesures du début, — brisant ainsi le rythme, et une vitalité qu'on aurait aimé voir aboutir.

Les autres recueils pour piano de Tchaïkovski qu'on puisse mentionner sont les *Six Pièces, op. 19* (1873), qui se concluent sur un *Thème avec variations* en *fa* majeur ; les *Douze pièces de difficulté moyenne, op. 40* (1878, donc contemporaines de la *2e Sonate* et de l'*Album d'enfants*) ; enfin *Six Pièces, op. 51* (1882).

Doumka (op. 59)

Sous-titrée *Scène rustique russe,* l'œuvre fut écrite en février 1886 à la demande de Félix Mackar, l'éditeur français de Tchaïkovski. Toutefois le manuscrit passa d'abord chez Jurgenson et y resta, — en dépit des rappels de Mackar et des insistances du compositeur. Dédiée à Marmontel, professeur au Conservatoire de Paris, la *Doumka* fut jouée pour la première fois par Blumenfeld le 20 novembre 1893, quelques jours après la mort de Tchaïkovski. Cette pièce, dont son auteur parlait d'abord comme d'une « rhapsodie », s'avère sans conteste la plus intéressante et techniquement l'une des plus développées de toute sa production pianistique. C'est aussi celle dans laquelle le cachet russe est le mieux rendu ; le thème initial aurait pu être d'un membre du Groupe des Cinq :

De forme libre, la *Doumka* enchaîne plusieurs épisodes, dans le développement desquels la variation joue un rôle prépondérant. Traits ornementaux, contre-chants, carillonnements colorés, marches harmoniques se succèdent, — faisant se côtoyer le style épique national et quelques procédés scholastiques auxquels Tchaïkovski n'échappe jamais tout à fait. Une cadence très lisztienne sert de transition, avant une dernière partie où l'ultime culmination de puissance et de virtuosité ramène, en guise de coda, le thème initial.

Piano à quatre mains

Cinquante Chants populaires russes

Ces arrangements furent effectués par Tchaïkovski en 1868-1869, et regroupés en deux cahiers de vingt-cinq pièces. Tous ces *Chants* sont authentiquement populaires, et la plupart de leurs mélodies provient de recueils antérieurs : celui de Villebois (1860) pour le premier cahier, celui de Balakirev (1866) pour le second. Certaines de ces mélodies ont été utilisées ensuite par Tchaïkovski dans ses œuvres (*2e Symphonie*, l'opéra *l'Opritchnik*, la musique de scène de *Snegourotchka*, le finale de la *Sérénade pour cordes*, l'*Andante* du *1er Quatuor à cordes*).

A.L.

ALEXANDRE TCHEREPNINE

Né à Saint-Pétersbourg, le 21 janvier 1899 ; mort à Paris, le 29 septembre 1977. Il reçut les bases de sa formation musicale auprès de son père Nikolaï, compositeur, élève de Rimski-Korsakov et professeur de direction d'orchestre au Conservatoire de Saint-Pétersbourg. Il prit aussi des leçons de piano avec Kachperova. En 1918, émigrant d'abord à Tiflis en Géorgie, il continua ses études au conservatoire de cette ville. En 1921, la famille vint s'installer à Paris ; Tcherepnine se perfectionna alors avec I. Philipp et P. Vidal. A cette date, il avait déjà à son actif un nombre important de compositions pour piano, sonates ou pièces appelées Blochki *(« petites puces »), restées inédites sous leur forme première, mais souvent réadaptées par la suite dans des œuvres plus élaborées (ce fut le cas, notamment, pour la* Sonatine romantique*). A Paris, Tcherepnine se lia avec Marcel Mihalovici et Bohuslav Martinu. Il entreprit une carrière de pianiste-compositeur, — effectuant des tournées en Europe, aux États-Unis, dans les pays du pourtour méditerranéen, et en Extrême-Orient (1934-1937) où il rencontra la pianiste chinoise Lee Hsien Ming qu'il épousa. A partir de 1948, il enseigna et vécut aux États-Unis. La personnalité de Tcherepnine pourrait être définie comme un mélange de Prokofiev et de Stravinski, à la fois russe et cosmopolite. Sa musique — claire, positive, vitale, anti-impressionniste — unit les données classiques et populaires à celles de son époque, utilisant abondamment le modalisme russe, le pentatonisme oriental (dans les* Études *op. 51, 52, 53, entre autres), ainsi qu'une échelle artificielle de neuf sons qu'il conçut lui-même* (do, ré bémol, mi bémol, mi bécarre, fa, sol, la bémol, la bécarre, si). *Dans son œuvre pour piano, très abondante, Tcherepnine s'en tient généralement à la petite ou à la moyenne forme. Attrayantes, fraîches, remarquablement pianistiques, ces pièces semblent pourtant supporter assez difficilement l'épreuve du temps... et la comparaison avec les œuvres de Prokofiev (avec lesquelles on a souvent tendance à les mettre en parallèle, à leur détriment).*

Sonatine romantique (op. 4)

Éditée en 1925 à Paris, il s'agit en fait d'une des nombreuses sonates de jeunesse de Tcherepnine ; celle-ci fut écrite en 1918, à Petrograd, peu de temps avant le départ pour Tiflis, dans une période particulièrement pénible physiquement et moralement.

Elle est en quatre mouvements : 1. *Allegro* ; 2. *Canzonetta Allegretto* ; 3. *Andantino* ; 4. *Tempestoso*. Le thème initial, exposé à la basse, est inspiré des anciennes mélodies religieuses russes. Ce sera aussi le thème du finale, pris dans le tourbillon d'une toccata. La *Canzonetta* est un mouvement de demi-caractère, fin, allant, avec un thème simple et dépouillé. Le troisième mouvement, entièrement en accords, est un rythme de valse.

Sonate, en *la* mineur (op. 22)

Elle fut commencée à Petrograd et terminée à Tiflis en 1918, pour être publiée à Paris en 1924. En voici les quatre mouvements :
1. *Allegro commodo* : dense, aux formules symétriques, très organisé, tirant profit de la frappe autant que de la ligne affinée.
2. *Andante* : accords obstinés, au-dessus desquels jaillissent à intervalles réguliers les éléments d'un thème fragmenté.
3. *Allegro* : bref, martelé à ras du clavier, — avec, soudain, un chant étrange dans l'aigu.
4. *Grave* : une marche funèbre dont les accords cèdent la place à une mélodie d'abord plaintive, puis de plus en plus abstraite, — dans un rythme binaire contre ternaire. Les accords funèbres concluent sourdement.

Pièces diverses

Arabesques (op. 11)

Écrites en 1920-1921, elles sont au nombre de cinq, — les quatre premières pour piano, la cinquième pour piano et violon. Ce sont des miniatures aux lignes ouvragées, vives et précises.
1. ANDANTINO : quelques mesures de danse, puis des ornements de traits dans l'aigu et des batteries.
2. ALLEGRO VIVO : thème sec et nerveux, avec un accompagnement en arpèges ostinato coupé d'un passage en accords.
3. ALLEGRETTO : batteries rapides ou guirlandes, — avec le thème staccato à la main gauche, ou piqué au-dessus des batteries à la main droite.
4. PRESTO : équivoque constante entre majeur et mineur.

Message (op. 39)

Écrite en 1926, cette pièce est un exemple intéressant d'un type de contrepoint que le compositeur désigne par le terme « entrepoint », — les voix faisant alterner leurs notes. Cette écriture est combinée avec des épisodes de virtuosité motorique et des martèlements d'accords dissonants. A la fin, l'interprète frappe sur le bois du piano le premier rythme du thème initial.

Sept Études (op. 56)

Écrites en 1938. D'une virtuosité moins exubérante, dans l'ensemble, que celle des études romantiques, celles-ci sont des pièces assez brèves dans lesquelles les difficultés tiennent parfois autant à des problèmes de mise en place rythmique qu'aux embûches purement digitales.
1. MODERATO : parallélisme des mains ou lignes brisées ; thème pentatonique. Superposition des subdivisions binaire-ternaire de la mesure à 12/8.
2. ALLEGRO : ostinato avec des accents asymétriques, — entrecoupé de roulements de notes conjointes.
3. ALLEGRO MARCIALE : staccatos d'accords aux deux mains, avec, au milieu du morceau, le contraste d'une mélodie archaïsante jouée *piano*.
4. ALLEGRO : perpetuum mobile dans le genre d'une toccata, — sur les intervalles de quartes et de quintes justes et augmentées.
5. ALLEGRO RISOLUTO : sec, agressif, syncopé, très proche de Prokofiev.
6. ALLEGRO MODERATO : c'est l'*Étude* qui fait le plus « exercice », — basée sur la répétition de notes par deux dans un mouvement rapide et continu.
7. ANDANTINO : opposition d'arabesques en une écriture ouvragée, à la découpe rythmique subtile.

Parmi les nombreuses autres pièces ou cycles de Tcherepnine figurent les *Bagatelles op. 5* (1913-1918), les *Huit Préludes op. 9* (1919-1920), les *Feuilles libres op. 10* (1920-1924), les *Neuf Inventions op. 13* (1920-1921), deux *Toccatas op. 1* (1921) et *op. 20* (1922), les *Transcriptions slaves op. 27* (1924), *l'Histoire de la petite Thérèse de l'Enfant-Jésus op. 36 b* (1925), les diverses *Études sur la gamme pentatonique* citées plus haut. La production pianistique, prédominante dans la première partie de la vie créatrice du compositeur, s'espace ensuite, pour connaître un regain dans les années 1950 : *le Monde en Vitrine op. 75* (1946), *Expressions op. 81* (1951), *Chants sans paroles op. 82* (1949-1951), *Douze Préludes op. 85* (1952-1953), *Huit Pièces op. 88* (1954-1955), *Sonate n° 2 op. 94* (1961)...

Suite pour clavecin (op. 100)

Écrite en 1966, c'est la contribution inattendue d'un Russe au répertoire de clavecin du XXe siècle, — à une époque où l'intérêt pour cet instrument se manifestait aussi chez les compositeurs soviétiques et polonais.

Ce court cycle de cinq pièces comprend :

1. *Introduction*; 2. *Séquences*; 3. *Explorations*; 4. *Interlude*; 5. *Conclusion*. D'une écriture assez diversifiée, il laisse reconnaître le cachet de son auteur à travers son organisation très précise de l'asymétrie des rythmes, tout en maniant avec finesse l'atonalisme, et recourant parfois à l'emploi de clusters.

A.L.

GEORG PHILIPP TELEMANN

Né à Magdebourg, le 14 mars 1681 ; mort à Hambourg, le 25 juin 1767. Plus admiré en son temps que J.-S. Bach, son ami et parfois son rival, ce fils de pasteur, qui n'eut pas de véritable maître sur le plan musical, cumula les activités les plus variées avec une prodigieuse vitalité. Etudiant en droit et en lettres à Leipzig, organiste et maître de chapelle de plusieurs cours allemandes, organisateur de la vie musicale hambourgeoise (sa carrière se déroula en grande partie à Hambourg), musicien d'église et musicien de théâtre, théoricien et voyageur (on le retrouve à Paris en 1737), fondateur du premier journal musical et du premier concert public allemands, il composa avec une extraordinaire fécondité et toucha à tous les genres (oratorios, passions, messes, cantates, opéras, ouvertures et suites orchestrales, concertos, sérénades, musique de chambre, etc.). Son œuvre est inépuisable, et lui-même se disait incapable d'en dresser le catalogue ! Compositeur allemand, mais grand connaisseur de la manière française et de l'art italien, Telemann sut favoriser l'union de ces trois « styles », et, en 1770, le musicographe allemand Christoph Daniel Ebeling pouvait dire de lui que, tout influencé qu'il fut par la France, il « sut apporter aux Allemands de l'allégresse et du naturel dans ses mélodies ».

L'œuvre de clavecin

A côté de quelques pièces isolées, les œuvres pour clavecin les plus célèbres de Telemann sont sans conteste les trente-six *Fantaisies pour le clavessin, Trois douzaines* (le titre est rédigé en français), — qu'il publia lui-même à Hambourg entre 1732 et 1733 en un seul recueil de trois douzaines. Ces *fantaisies* ont fait l'objet de plusieurs enregistrements. La première et la troisième douzaines sont d'essence italienne (les tempos y sont notés en italien), tandis que la seconde douzaine se réclame de la France (les indications de mouvement et de reprise sont écrites en français). De dimensions restreintes, ces *fantaisies* vont par paires. Elles sont en effet groupées par deux, et chaque *fantaisie* paire trouvera en quelque sorte sa réponse (au ton relatif ou dans un ton voisin) dans la *fantaisie* impaire qui lui succède.

Les douze premières *fantaisies* « italiennes » sont construites en deux parties : un mouvement vif précède un bref épisode de tempo modéré, avec da capo au mouvement vif initial. Elles répondent en cela au schéma vif-lent-vif de la sinfonia italienne. Les douze autres *fantaisies* « italiennes » sont également des diptyques, mais les mouvements y sont le plus souvent d'égale longueur. D'autre part, Telemann fait parfois se succéder deux épisodes rapides (« vivace » et « tempo giusto » dans la *Fantasia 1*, ou « tempo giusto » et « presto » dans la *Fantasia 3*), ou un épisode modéré et un mouvement rapide (« gracioso » et « vivace », dans la *Fantasia 6*, par exemple).

Chaque *fantaisie* « *à la française* » est constituée de trois mouvements. Directement inspirée de l'ouverture lullyste — Telemann fut un des champions en Allemagne de l'ouverture française à la Lully —, chacune débute par un mouvement modéré (« gravement », « pompeusement »,

« mélodieusement », « flatteusement », etc.) auquel s'enchaîne une partie rapide, parfois de style fugué, avec, comme dans toute ouverture française, retour au grave initial. Un troisième mouvement, le plus souvent chorégraphique, termine chaque fantaisie. Les introductions « pompeusement » des *Fantasia 3* et *11* sont basées sur des valeurs pointées typiquement françaises ; ailleurs Telemann reste proche du rondeau de Couperin (« gayement » de la *Fantasia 6,* ou « vite » de la *Fantasia 8*) ; plus loin il compose un tambourin (« très vite » de la *Fantasia 11*), ou un air de trompettes à la française (« gayement » de la *Fantasia 10*).

Première douzaine de fantaisies italiennes

FANTASIA 1 *(ré* majeur) ET 2 *(ré* mineur) : un *Allegro* à 3/8, écrit dans le style de Scarlatti, précède un *Adagio* à 4/4 en *si* mineur, basé sur des syncopes expressives. Un *Presto* à 4/4, qui repose sur un thème carré et affirmé très italien, puis un *Adagio* modulant et très harmonique à 3/2 leur serviront de répliques. Dans le second *Adagio,* la notation en valeurs longues et la régularité rythmique semblent appeler un remplissage harmonique.

FANTASIA 3 *(mi* majeur) ET 4 *(mi* mineur) : le thème du *Vivace* initial, à 3/4, évolue sur une basse continue à l'italienne. Il est suivi par un *Largo* à 3/4, en *ut* dièse mineur. L'*Allegro* à 12/8 en *mi* mineur, joyeuse gigue en canon, s'oppose à un gracieux menuet, *dolce* à 3/4.

FANTASIA 5 *(fa* majeur) ET 6 *(fa* mineur) : cette paire de fantaisies s'ouvre par un solo de clavecin, *Vivace* à 4/4 écrit dans le style de Haendel, et se continue sur un rythme de sicilienne, *Largo* à 6/8 en *ré* mineur. Une longue pièce en *fa* mineur à 3/8, écrite sur un *Tempo di minuetto,* leur succède, et l'ensemble se conclut sur un *Largo* à 3/4.

FANTASIA 7 *(sol* majeur) ET 8 *(sol* mineur) : c'est une marche *Presto* à 4/4, dont le rythme s'assouplit en son milieu, qui introduit la septième *fantaisie.* Elle est suivie d'un mouvement de sicilienne, *Largo* en *mi* mineur à 6/8. La huitième *fantaisie* débute par un *Vivace* à 3/4, très allemand et proche de Bach, et se termine par un air *Cantabile* à 3/2. Un remplissage harmonique s'impose de nouveau ici.

FANTASIA 9 *(la* majeur) ET 10 *(la* mineur) : véritable gigue, l'*Allegro* à 4/4 initial comporte tout l'élan d'un Scarlatti. Un court intermède *Grave* à 3/2, en *fa* dièse mineur, sert de transition avec un *Allegro* à 3/4 en *la* mineur, dans lequel certains reconnaîtront une invention à deux voix. La *fantaisie* prend fin sur un *Largo* en *ut* majeur à 4/4, qui précède le da capo.

FANTASIA 11 *(si* bémol majeur) ET 12 *(mi* bémol majeur) : on est de nouveau proche de Scarlatti dans l'*Allegro* à 6/8, en *si* bémol majeur. Le *Largo* central à 6/4 est une sorte de sicilienne. La *Première douzaine de fantaisies italiennes* se conclut par un *Vivace* à 4/4 en *mi* bémol majeur, conçu dans la manière de Haendel, et par un *Largo* à 3/4 de style luthé.

A. d. P.

SIGISMOND THALBERG

Né à Pâquis, près de Genève, le 8 janvier 1812 ; mort à Posillipo, près de Naples, le 27 avril 1871. Il passe pour avoir été le fils illégitime du comte Dietrichstein. Envoyé à Vienne dès l'âge de dix ans pour poursuivre des études générales, il y travaille en même temps la musique et se perfectionne au piano auprès de Hummel. L'extraordinaire virtuosité qu'il acquiert bientôt lui apportera succès et célébrité. Dès 1830, Thalberg entreprend des tournées triomphales à travers l'Europe. Au cours de ces tournées, il rencontre Kalkbrenner (à Paris) et Moscheles (à Londres), — avec lesquels il continue à travailler. A Paris, il rivalise durement avec Liszt qui avait sévèrement critiqué sa musique. Son immense popularité le conduit encore en 1855 au Brésil et à La Havane, puis aux États-Unis où il séjourne plusieurs années. Installé définitivement près de Naples en 1858, il y terminera sa vie. Ses œuvres de piano, le plus souvent destinées à ses propres concerts, sont aujourd'hui complètement tombées dans l'oubli. Si l'on se souvient du nom de Thalberg, c'est de celui d'un pianiste à la technique éblouissante.

L'œuvre de piano

Thalberg fut, avec Liszt, l'un des plus grands virtuoses du XIXe siècle. Les péripéties du « duel » musical qui les opposèrent au piano chez la duchesse Belgiojoso, à Paris, sont restées célèbres. Les deux musiciens étaient aussi brillants l'un que l'autre, mais, selon Emile Haraszti, c'est Liszt qui en sortit vainqueur. Fétis prit cependant la défense de Thalberg. Cette joute ne se limita pas au concert, — puisque Liszt attaqua violemment l'œuvre de Thalberg dans les colonnes de la *Revue et Gazette musicale*.

En dépit de quelques lieder, de rares pièces de musique de chambre et de deux opéras, l'œuvre de Thalberg est presque exclusivement consacrée au piano. Cette musique brillante, parsemée d'étincelants effets de virtuosité, est parfois bien construite, même si les facultés créatrices de leur auteur paraissent souvent assez faibles. Schumann a d'ailleurs écrit à ce sujet : « Le don réel de Thalberg pour la composition fut à peu près ruiné par la vanité de l'exécutant ! »

A côté de morceaux un peu inconsistants comme ses Nocturnes, ses Caprices ou ses Airs variés, à côté de ses Études et de sa *Sonate en* ut *mineur op. 56*, le meilleur de l'œuvre de Thalberg réside certainement dans ses innombrables **Fantaisies** et **Variations** sur les plus célèbres thèmes des opéras joués à l'époque. Ce sont, pour n'en citer que quelques-unes, les fantaisies et variations écrites sur les motifs d'*Euryanthe* de Weber *(op. 1)*, de *Robert le Diable* de Meyerbeer *(op. 6)*, de *La Straniera* de Bellini *(op. 9)*, de *Norma* de Bellini *(op. 12)*, de *Don Giovanni* de Mozart *(op. 14)*, des *Huguenots* de Meyerbeer *(op. 20)*, d'*Obéron* de Weber *(op. 37)*, de *Moïse* de Rossini *(op. 40)*, ou du *Barbier de Séville* de Rossini *(op. 65)*.

Dans ces pièces, Thalberg a l'art de réunir avec une prodigieuse adresse la virtuosité la plus brillante et les ondulations les plus inépuisables du style « chantant ». Pour cela, il adopte des procédés d'écriture relativement simples : la mélodie, fondue au centre du clavier, est soutenue par des dessins d'arpèges que se partagent les deux mains. Marmontel a décrit cette technique : « Les doigts forts peuvent marquer le chant avec plus de fermeté, tandis que l'harmonie, plus croisée, est soutenue aux deux mains par des basses profondes et des arpèges rapides. »

Thalberg laisse aussi un ouvrage pédagogique, **l'Art du chant appliqué au piano** *(op. 70)*, publié à Paris chez Heugel entre 1853 et 1863. Cet ouvrage regroupe encore des arrangements d'airs d'opéra et de musique d'église, — arrangements qui ont pour but de réhabiliter au piano la tradition du bel canto et du cantabile, que les pianistes contemporains avaient tendance à oublier au profit d'une écriture plus orchestrale. Thalberg puise aux sources les plus diverses : il emprunte aussi bien à Bellini, à Rossini, à Beethoven qu'à Mozart, à Pergolèse ou à Stradella.

A. d. P.

MICHAEL TIPPETT

Né à Londres, le 2 janvier 1905. Élève du Royal College of Music, où il étudia la composition avec Charles Wood et la direction d'orchestre avec Adrian Boult et Malcolm Sargent, il devint chef de chœurs, puis directeur musical du Morley College où il enseigna l'art vocal du XVIe siècle jusqu'en 1951. Il sera plus tard, de 1971 à 1974, directeur du festival de Bath qui connut, grâce à lui, un bel essor. A noter que, durant la Seconde Guerre mondiale, le musicien subit plusieurs mois de prison pour objection de conscience : Sir Michael Tippett n'en est pas moins membre de l'Ordre de l'Empire Britannique depuis 1959, et fut anobli en 1966... Comme compositeur, il se fit connaître assez tardivement : l'ouvrage qui établit sa réputation, le Concerto pour double orchestre à cordes, *date de 1939, tandis que l'oratorio* A Child of Our Time, *manifeste pacifiste, fut écrit de 1939 à 1941. En 1955 devait paraître son premier opéra,* The Midsummer Marriage, *qui lui coûta six ans d'efforts : l'œuvre marqua le terme d'une première « période » caractérisée par un lyrisme « madrigalesque », linéaire et contrapuntique.*

Une seconde « période » — *un style plus vertical et dynamique* — *s'ouvrit avec la* Deuxième Symphonie *et, surtout, l'opéra* King Priam *(1962) ; le* Concerto pour orchestre *et la cantate* The Vision of Saint Augustine *(1965) en situèrent l'apogée. La troisième « période », enfin, s'est présentée comme une fusion des deux précédentes, avec l'enrichissement singulier de références tant au blues américain qu'au patrimoine de la musique occidentale, à Monteverdi en particulier ; simultanément le contrôle de la forme, les exigences de l'écriture se sont accentués : peuvent en témoigner l'opéra* The Knot Garden *(1970), ou la* Troisième Symphonie *(1972). Depuis, la musique de Tippett a tendu vers une certaine abstraction,* — *dans son quatrième opéra par exemple,* The Ice Break *(1976), ou dans le* Triple concerto *achevé en 1979. L'oratorio* The Mask of Time *(1980-1982) constitue une grandiose synthèse, et occupe dans son œuvre une position comparable à celle de* Saint François d'Assise *chez Messiaen. Le compositeur anglais travaille actuellement à un cinquième opéra. Sa production, remarquablement variée, est aujourd'hui jalonnée de réussites dont on s'étonne qu'elles n'aient pas davantage propagé son nom en France : l'un des grands noms de la musique du XXe siècle. Si les œuvres vocales occupent* — *ainsi qu'il se doit chez un Britannique* — *une place éminente, rien n'est à négliger de ce que Tippett a écrit dans le domaine symphonique*, ni, surtout, dans ceux de la musique de chambre (les quatre quatuors à cordes, notamment) et de la musique pour piano,* — *constituée de quatre sonates se trouvant réparties entre les « périodes » que nous avons énumérées. La* Sonate pour piano no 4 *(1984) peut être d'ailleurs considérée comme la dernière partition importante du musicien à ce jour.*

L'œuvre pianistique de Tippett se réduit aux quatre *Sonates*. Elles sont toutes importantes, et chacune marque une étape définie dans une évolution créatrice qui s'étend sur un grand demi-siècle.

Sonate no 1

Composée en 1936-1937, elle représente, avec le *Premier Quatuor,* le début de la carrière de compositeur de Tippett : ce sont les deux œuvres les plus anciennes qu'il admette aujourd'hui encore à son catalogue, antérieures, donc, au *Concerto pour double orchestre à cordes* qui établit sa renommée, et qui fut sa première œuvre à ne nécessiter aucun remaniement ultérieur pour passer à la postérité. Il n'en fut pas de même pour cette *Sonate,* revue et resserrée en 1942, puis encore légèrement retouchée en 1954. Tippett l'avait d'abord intitulée *Fantasy-Sonata,* — car elle commence par un thème varié, et non par la forme sonate habituelle. Ayant remarqué que Beethoven usait de libertés bien plus grandes encore, il la rebaptisa simplement *Sonate no 1.* C'est une œuvre juvénile et fraîche, d'un langage encore sage et traditionnel en ce qui concerne la tonalité et l'harmonie ; mais elle se distingue déjà par la liberté et la richesse d'invention rythmique (parfois proche du jazz),

si typique de la production ultérieure de Tippett.

L'ALLEGRO initial est donc un thème varié, thème de carrure toute classique en deux phrases reprises mais variées, caractérisé par ses nombreuses syncopes. La succession des variations évoque une sonate complète en miniature : les deux premières accroissent la tension, et constituent avec le thème un premier volet rapide ; mais, si la première est de caractère romantique et beethovénien, la deuxième s'astreint à la rigueur d'un contrepoint néo-baroque. La troisième variation est lente, mais agrémentée de prestes figurations en gammes rappelant la musique de virginal de la Renaissance. La quatrième se présente comme un *Scherzo* fouetté d'énergiques *scotch snaps* (en français, on dirait « rythmes lombards », mais Tippett pensait vraiment à l'Écosse). La cinquième variation s'avère la plus originale : c'est une libre cadence dont les sonorités évoquent celle du gamelang balinais. La reprise du thème d'origine clôt le cycle.

Vient ensuite un ANDANTE TRANQUILLO basé sur une vieille mélodie écossaise, *Ca'the yowes tae the Knowes* (sans doute choisie pour ses premières notes qui renversent la mélodie variée du premier mouvement !) ; cette mélodie intervient à trois reprises, alternant avec une invention à deux voix servant d'intermède ou de couplet. Le SCHERZO *(Presto),* bien que le plus

---
* Voir *Guide de la musique symphonique.*

court de durée, est le morceau le plus fort, le plus personnel et le plus mûr. Inopinément, il adopte le schéma de la forme sonate, absent du premier mouvement. En moins de quatre minutes de musique d'une vitalité explosive, aux rudes chocs dissonants, non moins de six idées thématiques sont exposées, confrontées et reprises. Par sa rythmique unitaire, son intense dynamisme, sa joie de vivre, le morceau répond fort bien à sa si paradoxale double fonction.

La *Sonate* se termine par un RONDO GIOCOSO CON MOTO dont le refrain regarde du côté du jazz nord-américain, mais vu à travers l'Écosse une fois de plus. Au centre, un épisode de bravoure rappelant l'écriture d'un concerto, et qui occupe un peu l'emplacement d'un développement dans ce qui est davantage un rondo-sonate qu'un rondo proprement dit. On remarquera, dans ces deux derniers mouvements, un plan tonal fort peu orthodoxe, — éludant la dominante en faveur de tonalités plus éloignées dans le cycle des quintes, jusqu'au triton compris.

Sonate n° 2

Construite d'un seul tenant, durant à peine douze minutes, c'est de loin la plus courte des quatre *Sonates,* mais aussi la plus difficile d'accès et la plus radicale de forme et de langage. Datée de 1962, elle succède immédiatement à l'opéra *King Priam* dont elle est en quelque sorte issue, — moins parce qu'elle en reprend deux brèves citations thématiques que par ses principes structurels. A cette époque, la plus expérimentale de son évolution de compositeur, Tippett s'orienta en effet vers ce qu'il a appelé la forme « mosaïque », juxtaposition cumulative de séquences en général brèves, sans aucun élément de développement. La forme globale de la *Sonate* est donc un montage de huit musiques différentes, chacune possédant son tempo propre. L'œuvre comporte au total trente-huit séquences, dont la plus courte dure une mesure et la plus longue soixante-sept, regroupées en huit grandes sections. C'est un procédé formel très proche de celui rencontré dans certaines œuvres de Messiaen, telles que *Cantéyodjaya* ou *Couleurs de la Cité céleste.* En l'absence de développements et de ponts, l'œuvre ne procède donc que par expositions, par effets cumulatifs, — soit par adjonction d'un nouveau matériau, soit par variation et répétition, le plus souvent par dilatation ou contraction : Stravinski n'est pas si loin non plus ! Les contrastes sont ceux, immédiats, de timbre ou de tempo, mais aussi de musique coulante, dynamique, et de musique statique, en blocs d'accords : c'est une première approche du principe de l'opposition entre *arrest* et *movement,* dont la dialectique nourrira toute la première partie de la *Troisième Symphonie.* En l'absence des éléments de tension dynamique traditionnels, Tippett édifie sa progression vers un climat final en alternant de plus en plus rapidement des séquences de plus en plus brèves (la dernière des huit sections de l'œuvre, bien que n'occupant que soixante-huit mesures sur trois cent dix-sept, se compose de dix-huit séquences sur un total de trente-huit !).

Dès les premières mesures, les accords dissonants très âpres, les rythmes heurtés, hachés de silences, donnent une idée du climat stimulant et agressif d'une œuvre à peu près dépourvue de références tonales, où règnent secondes et neuvièmes, tant majeures que mineures.

Sonate n° 3

Datée de 1973, elle succède immédiatement à la *Troisième Symphonie;* mais, contrairement à la *Deuxième Sonate,* aucun lien n'existe avec l'œuvre précédente. C'est une page de dimensions beethovéniennes, en trois mouvements dans l'ordre traditionnel *(Allegro-Lento-Allegro energico)* mais enchaînés, avec un *Lento* central plus long en durée que les deux *Allegros* réunis. Tippett explique que les deux mouvements rapides poussent à l'extrême l'indépendance des mains, souvent aux extrémités opposées du clavier, tandis qu'elles sont, dans le *Lento,* appelées à jouer surtout ensemble. En clair, cela signifie deux mouvements rapides plutôt contrapuntiques, et un mouvement central plutôt harmonique.

Le premier ALLEGRO adopte le plan d'un mouvement de sonate, mais très concentré, avec réexposition variée et ornée. D'emblée, le compositeur oppose deux idées violemment contrastantes : un contrepoint à deux voix dansant, syncopé, anguleux, puis (après une mesure de silence) de paisibles accords parcourant le clavier. Une variante adoucie de l'idée initiale (mais l'intervalle de neuvième mineure domine toujours), brièvement interrompue par d'agressifs rythmes pointés, mène au développement du premier thème, — qui va neutraliser les rythmes pointés en les absorbant. Un motif tout nouveau — des accords environnés de grands sauts staccato — introduisent la réexposition, entièrement ornée de trilles, et un ton plus haut qu'au début. Les six dernières mesures du développement, transposées à la quinte supérieure, interrompent cette réexposition, et la musique demeure en suspens, s'enchaînant directement au LENTO.

Celui-ci varie quatre fois une succession de dix-sept accords complexes de six sons. Chaque variation expose la série d'accords une tierce mineure plus haut, — de sorte qu'à la quatrième variation on a retrouvé le niveau tonal d'origine. Ce sont donc soixante-huit accords différents qui se succèdent, embrassant progressivement toute l'étendue du clavier. C'est une immense méditation d'une grande beauté expressive et d'une incroyable magie sonore, — d'autant que l'esprit de variation reste partout présent : jamais, par exemple, l'accord 12 n'est présenté autrement que richement orné. De plus, la troisième variation fait apparaître au-dessus des accords une belle et simple mélodie.

Quant à l'ALLEGRO ENERGICO final, le compositeur le présente comme une toccata de forme ternaire modifiée, — le milieu étant le miroir (renversement exact) du premier volet, qui est ensuite repris, mais abrégé et suivi d'une coda. A nouveau, comme dans le premier mouvement, le contrepoint à deux voix le plus anguleux règne en maître, de pair avec une énergie rythmique sans relâche qui atteint son sommet dans la coda toute en doubles croches tourbillonnantes et violents accords répétés. Ce finale, très virtuose de surcroît, est un véritable tour de force, terminant la Sonate en spectaculaire feu d'artifice.

Sonate n° 4

Postérieure à l'oratorio *The Mask of Time*, c'est la plus récente des grandes œuvres de Tippett (1983-1984), et la plus vaste, la plus puissante, la plus profonde des quatre *Sonates*. Ses cinq mouvements durent largement plus de trente-cinq minutes. Pour la première fois, les parties lentes et méditatives l'emportent sur les morceaux rapides (qui sont ici les mouvements pairs) ; il en résulte une dimension temporelle, en même temps que spirituelle, qui ne peut manquer de faire penser à Messiaen, — sans doute le seul autre compositeur capable d'écrire aujourd'hui pour le piano à une échelle aussi monumentale. Pourtant, cette œuvre immense devait d'abord, dans l'idée de son auteur, devenir un cycle de *Bagatelles* ! De ce projet primitif ne restent guère que le plan en cinq mouvements, l'alternance très étudiée de mouvements contrastants et — nous dit l'auteur — une certaine influence sur le style. Malgré ses dimensions, ou peut-être à cause d'elles, la *Quatrième Sonate* est plus détendue que les deux précédentes, et respire un calme presque grandiose. Tippett fait remarquer qu'une architecture en cinq mouvements (plus rare, au demeurant, pour une sonate pour piano que pour un quatuor, par exemple), entraîne presque fatalement une structure concentrique, et symétrique par rapport au morceau central, — qui sera soit le plus spectaculaire, soit le plus intense. C'est le second cas qui prévaut ici, et cet imposant *Slow* central contient, de plus, un dernier écho sonore du monde de la *Quatrième Symphonie*, de sorte qu'à vrai dire du musicien anglais il clôture véritablement une période créatrice.

La structure centripète de la *Sonate* justifie d'ailleurs qu'on en commence l'examen par ce troisième mouvement, qui reproduit lui-même l'architecture concentrique en cinq volets de l'œuvre entière. Il est flanqué de deux mouvements rapides *(Medium Fast et Fast)*, dont le premier beaucoup plus court que le second, qui font un peu fonction de Scherzos. Restent les mouvements liminaires : un *Medium slow* de dimensions moyennes, servant de prélude à l'ensemble de la *Sonate*, et un *Slow* final au contraire plus développé que tous les autres morceaux, et qui se présente comme un thème suivi de quatre variations, en prédominance d'allure lente ou modérée. Plus encore que les précédentes, cette *Quatrième Sonate* s'avère un incomparable chef-d'œuvre, d'un langage et d'une expression entièrement personnels, — très au-dessus de toute querelle esthétique ou de toute option de chapelle. En sa somptueuse richesse musicale, en sa haute et sereine sagesse, voilà une œuvre faite pour rester !

H.H.

JOAQUIN TURINA

Né à Séville, le 9 décembre 1882; mort à Madrid, le 14 janvier 1949. Il accomplit ses études musicales à Madrid avec José Tragó pour le piano, puis à Paris avec Moritz Moszkowski (piano) et Vincent d'Indy (composition). Son long séjour en France (1905-1914), marqué par l'amitié protectrice que lui offrit son aîné Albeniz, lui permit de connaître Debussy et Ravel dont l'influence ne fut pas négligeable sur son art : dédain du « pittoresque », amour du coloris, de la nervosité rythmique, de la stylisation. De même l'exemple d'Albeniz — celui d'Iberia — fut-il salutaire : c'est à Iberia que certaines pièces pour piano de Turina doivent toute leur fermeté de dessin. Rentré à Madrid, où il passerait pratiquement le reste de sa vie, Turina déploya des activités multiples de pédagogue (professeur, puis directeur du Conservatoire), de chef d'orchestre (au théâtre Real, et notamment pour l'orchestre des Ballets russes), de critique musical, ... et de pianiste : en effet — hormis quelques œuvres d'orchestre (dont l'intéressante Sinfonia Sevillana), de musique de chambre et de musique vocale (mélodies) —, c'est au piano (ainsi qu'à la guitare) que le musicien a confié ses meilleures inspirations. Pour n'avoir pas atteint la notoriété du piano d'Albeniz ou de Granados, celui de Turina n'en mérite pas moins quelque attention : d'autant qu'il fut prolixe, avec quarante-neuf séries de pièces!

Danses fantastiques (op. 22)

Ce recueil fut écrit à Madrid en 1920, et devait être orchestré six ans plus tard par son auteur*. Il comprend trois *Danzas* dans lesquelles on peut considérer que s'affirme le mieux la personnalité du musicien : primauté accordée à la vigueur rythmique, mélodie nette, bien détachée. C'est également la forme rhapsodique — héritage à la fois de l'enseignement d'yndiste et du piano lisztien — qui s'impose (comme dans la plupart des œuvres de Turina). Deux pièces rapides encadrent une pièce plus lente.

La première est intitulée *Exaltación* : c'est une *jota* animée et largement développée dont Turina tire parti moins par souci d'atmosphère que par la clarté franche et percussive du clavier (Il faut signaler que cette danse populaire à 3/4, d'origine aragonaise, a été utilisée par la plupart des compositeurs espagnols, par Albeniz, par Granados comme par Falla, — sans compter des « étrangers » tels que Chabrier, Liszt, et même le russe Glinka). La seconde pièce — *Ensueño* (« rêverie ») — serait moins une *Danza* qu'une lente improvisation aux harmonies raffinées, n'était le très caractéristique rythme à 5/8 du *zortzico* basque qui la soutient. Enfin, *Orgía*, pièce rapide à nouveau, constitue la conclusion colorée, acérée, typiquement andalouse, du cahier ; et sans doute la plus « pittoresque », — bien que le musicien se soit

---

* Voir *Guide de la musique symphonique*.

gardé, il l'a déclaré lui-même, d'en faire un morceau « pour touristes » : on estimera même que l'ibérisme le plus authentique imprègne ce finale tout à fait albénizien.

AUTRES ŒUVRES

L'inspiration de Turina fut souvent inégale, et les œuvres pour piano de la première période — parisienne — en font particulièrement la preuve : elles apparaissent tributaires d'un piano qui se veut trop démonstratif, trop uniment brillant. Mais peut-être la qualité de l'inspiration est-elle moins en cause que celle de la réalisation ; né à Séville, Turina n'en pouvait exprimer qu'avec sincérité le « complexe sensuel et sentimental » ; non sans quelque complaisance devant un public français. Ainsi peut-on citer, de l'année 1909, la *Sonata romántica* (dédiée à Albeniz), constituée par une série de variations sur le thème d'une mélodie espagnole, ainsi que la suite **Sevilla** en trois parties dont se remarque surtout l'alacrité rythmique : la première, *Sous les orangers*, sur des rythmes de malagueña et de habanera ; la dernière également, *Feria*, plus composite. Les mêmes commentaires peuvent s'appliquer aux *Rincones Sevillanos* (« Coins de Séville », de 1911), ou aux trois *Danses andalouses* de 1912 (avec un *Zapateado* très vif et d'un effet certain).

Turina obtint de meilleures réussites au piano lorsque, rentré en Espagne, et muni des conseils d'Albeniz, se disciplinèrent ses épanchements et s'affina très nettement son écriture. Sont, dès lors, à mentionner les partitions de *Mujeres españoles* (« Femmes espagnoles »), de 1917, suite de croquis stylisés ; puis, plus tard, des *Jardines de Andalusia* (1924), des cinq *Tarjetas postales* (« Cartes postales, 1930), et des cinq *Siluetas* (« Silhouettes », 1932), — toutes révélatrices d'une maîtrise indéniable de la petite forme, de caractère délicatement impressionniste, souvent allusif et relevé de traits piquants. Ainsi, parmi les **Cartes postales,** cette *Boutique du cordonnier* dans laquelle s'insinue un thème du Hans Schas wagnérien, ou ce *Cirque* dont les numéros sont finement parodiés. Mais on prêtera peut-être plus d'attention au recueil des **Danzas gitanas** (1930-1934), dont les âpretés rythmiques et harmoniques, qui ne se contentent plus de l'esquisse, confèrent au piano une toute autre signification expressive.

Le catalogue pianistique de Turina comporte encore bien d'autres œuvres, — de moindre valeur : à moins qu'il n'en reste à découvrir, par la grâce d'interprètes pour l'instant peu curieux. On signalera simplement l'audience obtenue par le compositeur parmi les guitaristes avec des pièces aussi connues que le *Fandanguillo*, l'*Hommage à Tarrega*, voire la *Sonate en ré mineur* : l'instrument à six cordes — remarquablement exploité — y supplante avec une réelle efficacité le piano. Ce qui marque bien la singularité, mais aussi les limites, de ce compositeur.

F. R. T.

HEITOR VILLA-LOBOS

Né le 5 mars 1887, à Rio de Janeiro ; mort dans la même ville, le 17 novembre 1959. Ce compositeur surabondant — un catalogue de mille œuvres environ ! — offre l'exemple d'une synthèse accomplie entre deux cultures fort distantes l'une de l'autre, — celle de la musique populaire brésilienne, celle de la musique savante occidentale. De la première, Villa-Lobos eut à connaître très jeune les formes les plus libres et les plus spontanées, celles de la rue où se faisaient entendre les « seresteiros » (chanteurs populaires) ; il fit partie, comme guitariste, de groupes de musiciens ambulants, les « chôros », puis, parcourant le Brésil, s'assimila tous les folklores régionaux. Cependant, de retour à Rio, Villa-Lobos compléta sa formation d'autodidacte en lisant les partitions des maîtres classiques et romantiques ; il en conserva une vénération pour Bach. En 1915 a lieu le premier concert de ses œuvres à Rio. Mais décisifs seront les deux longs séjours qu'il effectuera à Paris entre 1923 et 1930 : sa musique y fera sensation, parfois dans le tumulte, et Villa-Lobos se créera de solides amitiés, — celle d'un Florent Schmitt en particulier. Rentré au Brésil, il déploiera une immense activité non seulement de compositeur, mais de pédagogue et d'animateur : il organisera notamment de grands concerts faisant découvrir à ses compatriotes les œuvres chorales de Bach et de Beethoven, mais aussi nombre de compositeurs français (Ravel, Roussel, Honegger, Milhaud, etc.), et deviendra président de l'Académie Brésilienne de Musique en 1945. Une quinzaine d'années plus tard, la mort viendra tarir tant d'énergie et de fécondité ; mais un musée Villa-Lobos verra le jour, perpétuant le nom du premier musicien brésilien de renommée mondiale... « Le folklore, c'est moi ! » : chez Villa-Lobos, aucune citation proprement dite, mais l'intégration du patrimoine national dans un langage toujours personnel, même si parfois l'inspiration peut tourner court. L'harmonie est très libre, souvent hardie, le lyrisme fréquemment explosif, et l'on a pu dire que la musique de Villa-Lobos reflétait à merveille l'infinie diversité — géographique et humaine — du continent brésilien. Villa-Lobos eut d'autre part une attache particulière au monde de l'enfance, qu'il sut comprendre intuitivement et que traduit en particulier une bonne partie de sa musique pour piano. Celle-ci, non moins riche que le reste de sa production (cinq opéras, quinze ballets, douze symphonies et des poèmes symphoniques, des concertos, des pièces de musique de chambre, pour la guitare, etc.), mérite une attention qu'on ne lui accorde pas toujours — à tort — de ce côté-ci de l'Atlantique.

Villa-Lobos a beaucoup écrit pour le piano seul, — bien qu'il ne fût pas pianiste lui-même : la petite forme prédomine (aucune Sonate, par exemple, pas davantage de Variations), et un grand nombre sont des collections de pièces courtes portant chacune un titre généralement descriptif. A l'exception d'une seule *(Hommage à Chopin)*, elles furent toutes composées avant 1939, — ce qui signifie que Villa-Lobos délaissa l'instrument pendant les vingt dernières années de sa vie. Les biographes du musicien distinguent également une évolution perceptible à partir des années 1925-1927, — d'un piano volontiers percussif, n'utilisant qu'un registre limité du clavier, vers une expression plus large, plus virtuose et plus passionnée, à certains égards « romantique », prenant possession de toute l'étendue du clavier. Ainsi les suites célèbres de *Prole do Bebê* (1918 et 1921), ou les *Cirandas* (1926), se rattachent-elles à la première manière, *Saudades das Selvas Brasileiras* (1927) et le fameux *Ciclo Brasileiro* (1936) très nettement à la seconde. On ne peut s'autoriser ici qu'un survol chronologique de cette abondante production — au demeurant parfois inégale — du compositeur. Mais des commentaires plus détaillés seront consacrés aux œuvres majeures, — que maints pianistes (non seulement sud-américains) inscrivent épisodiquement à leurs programmes.

Antérieures à 1911, des valses intitulées *Valsa Romântica, Valsa Lenta*, ou *Tristorosa* (« Pleine de tristesse »), ainsi qu'une *Mazurka*, nous conservent le souvenir du jeune musicien fréquentant les maîtres populaires du « Chôro », — dont il se faisait volontiers le partenaire. La première pièce vraiment marquante fut un *Movimento de Tarentela (op. 30)*, — « Mouvement de tarentelle » écrit pour deux pianos et créé en 1917 à Rio de Janeiro par Lucilia Guimarães (première épouse du compositeur) et Ernâni Braga : le thème de la tarentelle fut pratiquement inventé par Lucilia Guimarães (qui seconda longtemps son mari dans ses travaux pianistiques), alors que Villa-Lobos songeait à celui d'un « Ave Maria » ! La **Suite Infantil n° 1** (« Première Suite enfantine ») fut composée en 1912 : première incursion du musicien brésilien dans l'univers de l'enfance, de ses jeux, de ses enchantements, — avec cinq petites pièces de genre dont les titres tels que « Dansant » *(Minueto più animato)*, « Astuces » *(Allegretto quasi allegro)*, ou « Sur la balançoire » *(Allegro non troppo)*; une seconde *Suite Infantil* vit le jour l'année suivante, — en quatre parties ne portant pas de titres particuliers *(Allegro, Andantino, Allegretto* et *Allegro non troppo)*. Également de 1913, une *Valse-Scherzo (op. 17)*, dédiée à la pianiste brésilienne Sylvia Figueiredo, — plus ambitieuse, n'oubliant pas Chopin, mais tombant dans une convention de salon ; et, encore de 1913, une pièce titrée **Ondulando, Estudo op. 31** (« Ondoyant, étude op. 31 »), cette fois mendelssohnienne (le sous-titre, non équivoque, est « Romance sans paroles ») : l'écriture demeure traditionnelle, mais fait la preuve d'une recherche harmonique intéressante, — avec la mélodie se dégageant d'un dessin mouvant de doubles croches aux deux mains.

L'évocation des comptines, des chansons et des légendes enfantines réussissait beaucoup mieux au compositeur : non datées, mais de cette même époque, les six pièces de *Petizada* (« Les gosses »), et les six pièces également de **Brinquedo de Roda** (« Rondes enfantines ») forment un florilège de mélodies agréablement stylisées que précisent des titres suggestifs, — « La main droite tient un rosier », « La petite mendiante du pays », du premier recueil, ou, mieux, dans le second, « Lève ton petit pied », « Une, deux pintades », « Allons tous danser dans la ronde » ; ici, les pièces sont souvent bâties sur un ostinato rythmique plein d'entrain et de délicate invention.

Les trois **Danças Caracteristicas Africanas** furent terminées en 1915, à une époque où le compositeur ne connaissait pas encore l'Afrique : les thèmes, en réalité empruntés à des danses d'indiens métis de l'Ouest du Brésil, animent une « Danse des jeunes », une « Danse des vieillards » et une « Danse des enfants » alternant des rythmes remarquablement typés. La **Suite Floral op. 97** (« Suite florale op. 97 ») fut composée de 1917 à 1919 : les trois morceaux — « Idylle dans le hamac », « Une paysanne qui chante » et « Badinage dans le jardin potager » — ont un caractère bucolique et légèrement impressionniste, qui a fait notamment le succès du dernier, joué pour la première fois en public par Arthur Rubinstein en 1922. Trois pièces composent également la suite *Simples Coletânea* (« Simple recueil ») : « Valse mystique » (1917), « Dans un berceau enchanté » (1918), et « La roue du moulin à eau » (1919) ; des harmonies impressionnistes pimentent en particulier la troisième pièce.

A Prole do Bebê (La famille du Bébé)

Villa-Lobos a composé trois séries de petites pièces enfantines pour le piano, extrêmement originales, portant le titre commun de *Prole do Bebê* : la première série (1918, créée à Rio de Janeiro le 5 juillet 1922 par Arthur Rubinstein) est consacrée aux poupées ; la seconde (1921, créée le 5 décembre 1927 à Paris, à la salle Gaveau, par sa dédicataire Aline van Barentzen) décrit les petits animaux-jouets de l'enfant ; la troisième série, dévolue aux sports et jeux, ne fut jamais éditée et le manuscrit s'en est perdu. Les deux recueils subsistants présentent le meilleur piano du genre, — d'une écriture harmonique souvent piquante, et baignant dans une atmosphère impressionniste qui, si elle doit à Debussy, se démarque assez nettement de ce « modèle » par ses traits d'inspiration folklorique. Les huit miniatures de la *Première Suite* furent fréquemment jouées (et enregistrées) par Arthur Rubinstein, et consacrèrent le renom du musicien.

Première Suite

1. BRANQUINHA (la poupée blanche en biscuit) : c'est la poupée à tête de porcelaine des enfants riches. Un motif mélodique tendre et délicat, un peu suranné, — qui sera repris deux octaves plus haut en un *Poco meno* chantant.
2. MORENINHA (la poupée brune de papier mâché) : celle-ci est plus décidée, plus nerveuse, sinon coléreuse (sur une basse obstinée) ; le thème initial, repris dans une nouvelle tonalité, sert de coda.
3. CABOCLINHA (la petite indienne, poupée de terre cuite) : sur un rythme ternaire de tam-tam, petite danse indienne ; la mélodie un peu criarde, modulante, s'évanouit à la fin.
4. MULATINHA (la petite mulâtresse, poupée de caoutchouc) : mélodie « élastique » en effet, — marquée d'appoggiatures, sur un rythme de deux triolets.
5. NEGRINHA (la petite négresse, poupée de bois) : tout l'intérêt réside dans le rythme, d'une monotonie envoûtante.
6. A POBREZINHA (la pauvrette, poupée de chiffon) : pièce très particulière, comme effacée, redoutant qu'on la remarque ; répétition d'accords que la ligne mélodique — groupe de triolets et de croches — surmonte en sforzando.
7. O POLICHINELO (le polichinelle) : c'est le Petrouchka de la galerie, agité de frénésie, au son d'une vive mélodie enfantine fort prisée au Brésil ; un rythme de carnaval, énergiquement martelé, paraît dans le grave du piano. Le pantin semble tomber inerte sous le coup sec de l'ultime mesure.
8. A BRUXA (la sorcière, poupée de toile) : c'est la poupée des plus pauvres, et qui effraie tous les enfants ; apprivoisée par Villa-Lobos, est-elle si terrifiante que cela ?

Deuxième Suite

Plus virtuose, d'une palette harmonique encore enrichie, et d'une plus grande complexité rythmique, la *Seconde Suite* — cependant moins universellement connue que la première — contient neuf pièces dont les titres sont : *A Barintha de papel* (« Le petit cafard en papier »), *A Gatinha de papelão* (« La petite chatte en carton »), *O Camondongo de massa* (« La petite souris en papier mâché »), *O Cachorrinho de borracha* (« Le petit chien en caoutchouc »), *O Cavalinho de pau* (« Le petit cheval de bois »), *O Boizinho de chumbo* (« Le petit bœuf de plomb »), *O Passarinho de pano* (« Le petit oiseau en étoffe »), *O Ursinho de algodão* (« Le petit ours en coton »), *O Lobozinho de vidro* (« Le petit loup en verre »).

« Si les pièces de *La famille du Bébé* anticipent sur les recherches pianistiques de la seconde moitié du XXe siècle, leurs dissonances, leur atonalité parfois, et leur polytonalité ne doivent pas faire oublier qu'elles émanent de la personnalité originale de Villa-Lobos, avec son humour, sa poésie, sa faculté d'émerveillement devant les mille aspects de l'univers » (Pierre Vidal)*.

C'est après la première Suite d'*A Prole do Bebê* que furent écrites, en 1919, les quatre pièces d'*Histórias da Carochinha* (« Contes de fées »), puis, en 1919-1920, les huit numéros formant **Carnaval das Crianças Brasileiras** (« Carnaval d'enfants brésiliens »), — œuvre créée le 22 septembre 1925 à Rio de Janeiro par l'épouse du compositeur ; elle devait fournir à Villa-Lobos le matériau de base de sa fantaisie pour piano et orchestre *Momoprecoce*, en 1929. C'est une série de tableautins colorés, spirituels, des cortèges d'enfants costumés défilant pendant les fêtes du grand Carnaval

---
* In : *Larousse de la Musique* (Librairie Larousse, Paris, 1982).

dans les faubourgs de Rio. En 1920 paraît une pièce isolée, **A Lenda do Caboclo** (« La légende du métis »), que Villa-Lobos dédia au compositeur et pianiste Arthur Iberê de Lemos, — qui la créa le 13 juin 1921. Cette *Lenda do Caboclo* est devenue l'une des pages très connues du musicien : elle représente, en effet, une très grande réussite mélodique. Après un début d'atmosphère mystérieusement indéfinissable, paraît le motif principal, profondément mélancolique — l' « âme » du Caboclo (métis de blanc et d'indien) :

Il se répète en pianissimo, se prolonge comme un rêve, puis, à la suite d'un *Più mosso* lyriquement expansif, resurgit encore pour laisser le morceau s'achever dans l'ambiance indécise et décolorée du début.

Rudepoema (« Rude Poème »), écrit entre 1921 et 1926, créé le 24 octobre 1927 à Paris (salle Gaveau) par son dédicataire Arthur Rubinstein, constitue une autre indéniable réussite du piano brésilien au XXe siècle. C'est l'œuvre la plus longue d'un seul tenant que Villa-Lobos ait composée pour le clavier, — riche jusqu'à l'excès d'idées musicales, d'une architecture complexe, d'une force âpre, et parfois violente jusqu'à la brutalité. Elle est, à l'occasion, écrite sur trois portées qui lui donnent une ampleur symphonique et ne sont pas sans poser à l'interprète quelques difficultés (elle fut d'ailleurs orchestrée en 1932). Elle présente également un portrait psychologique du pianiste ami du compositeur : ... « Si j'ai réussi, écrivit ce dernier à Rubinstein, ce sera toujours toi le véritable auteur de cette œuvre. » En voici un bref commentaire sous la plume de Vasco Mariz * : « La partition commence sur une grave mélodie jouée à la main gauche, à laquelle répond une autre mélodie jouée à la main droite. Les deux peuvent être considérées comme thèmes principaux dont les vestiges apparaissent clairement dans toute la pièce. Le climax, en fortissimo hallucinant, est obtenu dans les cinq dernières mesures, par quatre coups de poing de la main droite sur trois notes graves, en degrés conjoints *(do, si, la)*. Pour compléter cette sonorité grandiose, Villa-Lobos a imaginé une pédale permanente qui contribue largement à construire l'atmosphère brutale et sauvage désirée pour ce *Rude Poème*. »

On sait l'importance des *Chôros* dans l'inspiration « populaire » de Villa-Lobos : en 1924, fut écrite une transcription pour piano du *Chôros no 2* dont l'original était pour flûte et clarinette : cette pièce développe un beau contrepoint à deux voix. Le **Chôros no 5**, sous-titré *Alma Brasileira* (« l'Ame brésilienne »), fut conçu directement pour le clavier (1925) : c'est une sorte d'évocation de l'homme brésilien, une « synthèse de son âme » simple, naïve autant que perverse et brûlante, parfois délirante. D'un équilibre parfait, cette page s'ouvre par un chant éminemment expressif et contient une partie centrale rythmique, — véritable explosion de vie sauvage, dionysiaque ; l'épilogue, plus nonchalant, reprend le chant initial.

Cirandas (Rondes)

Une série de douze *Cirandhinas* — petites *Cirandas* — précéda en 1925 la composition des seize *Cirandas* constituant l'un des grands recueils pour piano de Villa-Lobos : datées de 1926, ces seize courtes pièces furent dédiées au pianiste brésilien Alfredo Oswald, et créées le 14 mars 1930. D'une grande variété harmonique et rythmique, dans leur éblouissante spontanéité, elles proposent à l'interprète des effets de sonorité raffinés, le charme de leur agilité, de leurs articulations précises, de leurs dissonances bien calculées, — bref, une virtuosité qui tombe à merveille sous les doigts. Leur structure, dans la plupart des cas, est identique : l'introduction instaure une ambiance sonore qui prépare l'apparition de la mélodie, — qui peut lui être étrangère ; celle-ci est ensuite variée à profusion, en particulier par des formules rythmiques et des accentuations qu'il s'impose de scrupuleusement respecter.

Les titres sont : *A Teresinha de Jesus* (« La petite Thérèse de l'Enfant Jésus »), sur un thème délicat, tout d'innocence enfantine ; *A Condêssa* (« La comtesse ») ; *Senhora Dona Sancha ; O Cravo brigou com a Rosa* (« L'œillet s'est fâché avec la rose »), pièce exceptionnelle par la présentation du thème, brillant, dans des tonalités diverses sur un rythme intercalé ; *Pobre cega* (« Pauvre aveugle ») ; *Passa, passa, gavião* (« Passe, passe, faucon »), sorte d'étude d'agilité ; *Xô, xô passarinho* (« Va-

---

* V. Mariz, *Hector Villa-Lobos* (Éd. Seghers, Paris, 1967).

t'en, petit oiseau »), d'une belle simplicité, aux curieux accouplements harmoniques ; *Vamos atrás da serra, Calunga* (« Allons de l'autre côté de la montagne, Calunga »), d'ampleur grave et quasi symphonique ; *Fui no Tororô* (« Je suis allé à Tororo »), pièce virtuose ; *O pintor de Canai* (« Le peintre de Canai ») ; *Nesta rua, nesta rua* (« Dans cette rue... »), pièce extrêmement réussie, aux harmonies subtiles, — qui est une ronde d'enfants *molto cantato* se terminant dans un diminuendo teinté d'intense nostalgie ; *Olha o passarinho, Dominé* (« Regarde le petit oiseau, Dominé »), nouvelle page virtuose ; *A procura de uma agulha* (« A la recherche d'une aiguille »), dont le thème se développe à travers de nombreuses variations ; *A Canoa virou* (« Le canot a chaviré ») ; *Que lindos olhos* (« Quels jolis yeux ! ») ; et, enfin, *Có, có, có,* — venant conclure dans une exubérante gaieté.

Saudades das Selvas Brasileiras (« Souvenirs des forêts brésiliennes ») date de 1927 ; composée à Paris, l'œuvre fut donnée en première audition le 25 novembre 1930 par la pianiste Janine Cools, à la salle Chopin. Il y a deux parties, — la première d'une étrangeté « végétale », la seconde suggérant une présence humaine plus chaleureuse et familière : on retrouve ici un motif de tierces qui semble une variante du thème mélodique d'*A Lenda do Caboclo* (v., plus haut, exemple musical).

Ciclo Brasileiro (Cycle brésilien)

Le très célèbre *Cycle brésilien* comporte quatre pièces composées par Villa-Lobos en 1936-1937, et créées le 11 octobre 1941 : elles devinrent rapidement populaires. Le musicien aborde ici véritablement le piano de sa seconde « manière », ample et brillante, passionnée, — mettant à profit plus qu'ailleurs toutes les ressources (et toute l'étendue) du clavier. Mais Villa-Lobos n'abdique en rien son identité nationale ; la puissante originalité des thèmes et des formules rythmiques éclate à l'évidence.
1. PLANTIO DO CABOCLO (« La plantation du paysan ») : *Caboclo* désigne ici, non point seulement le métis d'*A Lenda do Caboclo* (v. plus haut), mais le simple et pauvre paysan dont le cheminement du soc au labour semble reproduit par une figure en ostinato de triolets à la basse ; le dessin rythmique de la main droite fait évoquer, quant à lui, les fulgurances d'un soleil de plomb.
2. IMPRESSÕES SERESTEIRAS (« Impressions de sérénades ») : réminiscences des sérénades de jeunesse, à la guitare, que le compositeur donnait en accompagnant les musiciens noctambules des faubourgs de Rio. C'est peut-être la plus belle pièce dans sa fluidité harmonique (sur des accords de septième), dolente et langoureuse.
3. FESTA NO SERTÃO (« Fête dans le Sertao ») : pièce descriptive, — les régions sèches du Nord-est du Brésil ; une danse inlassable, par nuit claire.
4. DANÇA DO INDIO BRANCO (« Danse de l'Indien blanc ») : sur un rythme binaire, les deux mains jouent en alternance. Elles ébauchent un thème mélodique d'une extrême sensualité ; cette page de haute virtuosité achève le « cycle » par une modulation accélérée et brillante.

La *Bachiana Brasileira n° 4,* composée par Villa-Lobos après son retour au pays natal entre 1930 et 1940, fut conçue originellement pour le piano seul et créée sous cette forme le 11 octobre 1941 ; c'est néanmoins la version orchestrale définitive, présentée à Rio de Janeiro l'année suivante, qui s'est imposée depuis*. Chronologiquement dernière en date des œuvres pour le piano, l'*Hommage à Chopin* fut écrit quelques années plus tard, en 1949, à la requête de l'UNESCO en vue d'une commémoration du centenaire de la mort du grand musicien polonais (plusieurs compositeurs de toutes nationalités furent d'ailleurs sollicités, — de Carlos Chavez à Malipiero et Martinu, en passant par Jacques Ibert ou Florent Schmitt) : la partition de Villa-Lobos fut donc créée lors d'un concert collectif, le 3 octobre de cette année, à Paris (salle Gaveau). Elle comporte deux morceaux — *Nocturne* et *Ballade* — qui n'ont d'autre intérêt que d'illustrer ces « genres » éminemment chopiniens dans un langage moderne, et cependant fort académique.

F.R.T.

---

* Voir *Guide de la musique symphonique.*

JAN VACLAV VORISEK

Né à Vamberk (Bohême), le 11 mai 1791 ; mort à Vienne, le 19 septembre 1825. Vorisek apprit la musique avec son père, organiste et chef de chœur : à huit ans, il jouait de l'orgue, du violon, était déjà un virtuose du piano. Il étudia également le droit, la philosophie et les mathématiques à Prague, où il fut envoyé pour compléter sa formation musicale près de Tomasek. Puis il s'établit à Vienne en 1813, travailla encore le piano avec Hummel, dont il fut l'ami, — ainsi que de Meyerbeer et de Moscheles. Chef d'orchestre à la Société des amis de la musique (Gesellschaft der Musikfreunde), il devint organiste adjoint, puis, en 1824, premier organiste de la Chapelle impériale. Mais le musicien tchèque mourut l'année suivante, miné par la tuberculose. Auteur d'une symphonie, d'œuvres religieuses et vocales (lieder), Vorisek déploya son meilleur talent au piano : ses Rapsodies op. 1, partition de jeunesse, ne laissèrent pas Beethoven indifférent, et ses Impromptus op. 7 illustrent avec bonheur un genre que Schubert reprendrait bientôt. Il faut citer encore la Fantaisie op. 12, un Thème et Variations op. 19, ou la Sonate en si bémol mineur op. 20 — pur chef-d'œuvre —, dont on trouvera ci-après les commentaires.

Des quatre compositeurs tchèques éminents du premier quart du XIXe siècle — Jan-Ladislas Dusík (Dussek), Antonin Rejcha, Vaclav Jan Tomasek et Jan Vaclav (Hugo) Vorisek, — ce dernier, le plus jeune, mais prématurément fauché à trente-quatre ans, fut sans doute le plus génialement doué : il fut le seul musicien établi à Vienne à cette époque pouvant supporter la confrontation avec Beethoven, dont il subit fortement l'influence (avant tout dans sa *Symphonie en* ré, sa grande *Sonate pour violon et piano*, et la *Sonate pour piano* examinée ci-après), et avec Schubert auquel il fraya la voie dans ses pièces lyriques (*Rapsodies* et, surtout, *Impromptus*). Mais les Tchèques en font aussi le plus important précurseur de Smetana, et sa musique, ardemment romantique d'expression, annonce même souvent Chopin, voire Brahms.

Le recueil des **Douze Rapsodies op. 1** fut publié à compte d'auteur en 1818, mais Beethoven en vit et en approuva au moins une partie dès 1814. Infusant un sang neuf au modèle formel trouvé chez V.J. Tomasek, le jeune compositeur nous donne de grandes pièces, dans le caractère de Scherzos tour à tour brillants et dramatiques, et qui présentent tous la même forme ternaire élargie : ABA-CDC-ABA ; c'est-à-dire que *Scherzo* et *Trio* sont tout deux en miniforme ternaire. Le recueil se partage pour moitié entre pièces en majeur et en mineur, — le *Trio* adoptant alors le mode complémentaire. Dans ces *Trios*, on trouve parfois des thèmes d'origine ou d'allure populaire (par exemple, la chanson *Dies und Das* dans la *Neuvième Rapsodie*, l'une des meilleures et des plus ardemment romantique) ; c'est là, surtout, qu'on pense déjà à Smetana. Voici la nomenclature de ce recueil : *no 1* en *ut* dièse mineur *(Allegro)* ; *no 2* en *mi* majeur *(Allegro)* ; *no 3* en *la* mineur *(Allegro con brio)* ; *no 4* en *fa* majeur *(Vivace)* ; *no 5* en *fa* mineur *(Allegro)* ; *no 6* en *la* bémol majeur *(Allegretto ma agitato)* ; *no 7* en *ré* mineur *(Allegro furioso)* ; *no 8* en *ré* majeur *(Veloce, ardito)* ; *no 9* en *sol* mineur *(Allegro appassionato)* ; *no 10* en *ut* majeur *(Allegro risvegliato)* ; *no 11* en *si* mineur *(Allegro brioso)* ; *no 12* en *mi* bémol majeur *(Allegro tempestoso)*.

Entre 1818 et 1820, Vorisek fait paraître deux pièces plus développées, aux titres bien dans l'esprit de l'époque, et qui adoptent le même schème formel que les *Rapsodies*, mais augmenté d'une coda. **Le Désir (op. 3)** est un *Andante con moto* à 2/4, en *mi* bémol majeur, avec un trio langoureux en *la* bémol ; tandis que **le Plaisir (op. 4)** est plus brillant et plus animé *(Allegro* à 6/8, en *sol* majeur) ; son trio *(Tranquillamente)* cite le thème d'un chœur de Vorisek *(Gott im Frühling* : « Dieu au printemps »), — pratique éminemment schubertienne s'il en fut.

Le recueil des **Six Impromptus op. 7** parut en 1822, et constitue l'une des sources essentielles des pièces homonymes de Schubert. Le cadre formel est toujours celui des *Rapsodies*, mais le contenu musical est plus varié, bien que le modèle soit toujours Tomasek, — celui des nombreuses *Eglogues* (ce fut d'ailleurs le titre d'abord choisi par Vorisek). Le *Premier Impromptu*, en *ut* majeur (*Allegro* à 2/2), mêle valeurs binaires et souples triolets en une expression doucement lyrique, avec un trio plus mélancolique au relatif *la* mineur. Le *Deuxième*, en *sol* majeur (*Allegro moderato* à 3/4), est une sorte de Ländler gracieux et nonchalant, particulièrement proche de Schubert. Le *Troisième*, en *ré* majeur (*Allegretto* à 2/4), aux modulations nombreuses et hardies (le milieu de la première partie passe en *la* mineur, le trio en *si* mineur), paraît peut-être plus schubertien encore. On en dira autant du *Quatrième Impromptu*, en *la* majeur (*Allegretto* à 3/4), qui est une « valse sentimentale » d'un charme inimitable, accompagnée par des triolets descendants. Le *Cinquième Impromptu*, en *mi* majeur (*Allegretto* à 6/8), est le plus amplement développé de la série, avec sa mélodie berceuse, quasi populaire, ses belles modulations, et son trio à l'énergique appel de cors de chasse. Enfin le *Sixième*, en *si* majeur (*Allegretto* à 3/4), est encore une valse, mais rapide et entraînante, assortie d'un trio au relatif *sol* dièse mineur.

Ce recueil mérite la plus grande attention : pour les pianistes aimant sortir des sentiers battus, le début du XIXe siècle n'a rien produit de meilleur en dehors des grands « classiques » reconnus ! L'ordre des tonalités du cycle, par quintes ascendantes, procède d'un projet précis. Il est probable que Vorisek envisageait une deuxième série de six pièces. Il existe, de fait, une pièce de peu postérieure intitulée **Eglogue 7** (rappelons que c'était le nom d'origine des *Impromptus*) : cette *Eglogue*, en *ut* majeur (*Allegro* à 2/4), page alerte et enlevée, avec un trio en *la* mineur plus en demi-teintes, serait ainsi l'unique pièce survivante (ou écrite) de la nouvelle série. Mais deux autres **Impromptus** nous sont parvenus : si le premier, en *si* bémol majeur (*Vivace* à 3/4), une preste valse ici encore, datée de 1817, n'est qu'un bref et modeste précurseur de l'*op. 7* (il ne comporte pas de trio), le second, en revanche, un *Allegretto* à 2/4 en *fa* majeur, semble dater de la fin de la vie du compositeur (il parut en 1824), et retrouve la grande forme de ceux de l'*op. 7* Il s'agit d'un morceau gracieux et pimpant, mais avec, soudain, un trio en *ré* mineur aux rythmes énergiquement pointés qui évoquent une marche.

La **Fantaisie en *ut* majeur** *(op. 12)*, publiée en 1822, diptyque d'assez vaste envergure (sa deuxième partie est un *Allegro con brio* en *ut* mineur), est la pièce la plus brillante et la plus virtuose de Vorisek annonçant la technique de Chopin, voire de Liszt, et l'esprit des compositions lyriques de Smetana. L'*Andante* initial à 3/4 (qui comporte lui-même un bref interlude en *ut* mineur) se complaît en coloratures exubérantes qui réalisent, avant Chopin, l'idéal d'un bel canto pianistique.

Les **Variations en *si* bémol majeur** *(op. 19)*, publiées en 1825, semblent tenir compte des capacités techniques limitées de la dédicataire, — peut-être une élève, une certaine Rosalie Haupt. Mais, musicalement, elles sont loin d'être négligeables. Le thème de deux fois huit mesures, un simple *Andante* à 3/4 à l'allure de menuet lent, fait l'objet de six variations, dont la dernière est un *Finale* plus développé ; variations agréablement contrastées, — la première toute en rythmes pointés, la troisième en mineur, la quatrième accompagnée par une houle de sextolets rappelant Dussek, la cinquième une gracieuse Sicilienne, la dernière un preste 3/8.

De 1822 date un très bref *Feuillet d'album* (*Vivace* à 3/4) en *la* majeur, et de 1824 les deux petits **Rondos** *op. 18* (en *sol* majeur, *Allegro* à 6/8 ; en *ut* majeur, *Vivace* à 2/4). Tous deux possèdent un couplet central en mineur, tous deux sont de facétieux Scherzos rappelant la verve la plus « déboutonnée » de Beethoven (dont celui en *ut* rappelle passagèrement la *Colère sur un gros sou perdu*) ; Beethoven que nous allons retrouver à propos du chef-d'œuvre pianistique de Vorisek, sa *Sonate*. Non sans avoir mentionné en passant l'existence d'un très agréable *Rondo brillant (op. 16)* pour deux pianos, dans l'esprit des pages virtuoses de l'époque, de Hummel ou de Weber.

Sonate en *si* bémol mineur *(op. 20)*

La date de composition de la *Sonate en si bémol mineur* n'est pas certaine, mais se situe entre 1820 et 1824, probablement après celle de la *Symphonie en* ré. C'est une œuvre étonnamment concise (un petit quart d'heure), et qui renonce complètement à un mouvement lent, — ce qui est assez rare. L'empreinte du Beethoven de la période « moyenne » *(op. 31...)* y est indéniable, bien que le puissant thème initial de l'*Allegro con brio*, avec son saut d'octave et son trille, semble se souvenir plutôt du début de la *Symphonie Haffner* de Mozart :

Mais ce thème possède aussi un conséquent, — arpège montant en croches détachées suivi d'une désinence mélodique en noires liées descendant par degrés conjoints. Assez rapidement apparaît un deuxième thème, au relatif *ré* bémol majeur, doux et consolant; et, après un groupe de cadence fort élaboré et virtuose, l'exposition (qui ne comporte pas de barre de reprise) s'achève sur une accalmie aux syncopes très beethovéniennes. Le bref développement se sert du conséquent du thème principal pour moduler avec une belle audace en *fa* mineur, *la* bémol mineur, et enfin *si* mineur (ici on pense au *Finale* de la *Quarantième Symphonie* de Mozart!). Un court travail sur la tête de ce premier thème ramène la réexposition qui, contrairement à l'exposition, conclut en force.

Suit un *Scherzo (Allegro)* impétueux, emporté, noté dans la tonalité extraordinaire d'*ut* dièse majeur (il s'agit en fait de *ré* bémol, relatif du ton principal). Son thème initial, avec saut d'octave et trille, est directement dérivé de celui du premier morceau. Le morceau s'éclaire du bref contraste d'un trio paisible et chantant en *fa* dièse majeur. La *Sonate* prend fin avec un magistral *Allegro con brio* (à 2/4), dont la forme, assez libre et complexe, participe du rondo et de la sonate. Le refrain comporte deux éléments, — un preste dessin de doubles croches et un motif très marqué, en croches martelées d'allure étonnamment beethovénienne, qui se grave d'emblée dans la mémoire. Après un couplet assez développé au relatif majeur, de forme binaire à reprises (chacune se termine par une allusion au thème « beethovénien »), celui-ci fait l'objet d'un développement propre. Après la reprise du refrain initial complet, en deux éléments, cet *Allegro* se termine par une grande coda-strette, sans cesse accélérée, sur le motif initial en doubles croches. Mis à part Beethoven et Schubert, quelle serait la sonate du premier quart du XIXe siècle qui égale celle-là ?...

H.H.

RICHARD WAGNER

Né à Leipzig, le 22 mai 1813 ; mort à Venise, le 13 février 1883. Wagner reste un géant de l'art lyrique du XIXe siècle, ce mage d'un « art total » non seulement musical, mais poétique, philosophique et religieux, cet apôtre également d'une sorte de pangermanisme qui ne fut pas sans inspirer l'idéologie nazie. Celle-ci condamnée, et le bric-à-brac culturel du compositeur mis de côté, on ne s'intéresse plus aujourd'hui qu'au génie musical, — incomparable au plein sens du terme. Génie qui ne s'est tourné que très occasionnellement vers le piano, et surtout dans la jeunesse, avec une application studieuse (les Sonates*) ; puis en quelques pièces de circonstance, — parmi lesquelles des* Albumblätter*, qui comptent comme de simples dédicaces à de belles écouteuses. Mais sans doute faut-il par ailleurs prêter attention aux arrangements et transcriptions suscités par les opéras : les transcriptions d'un Franz Liszt d'abord, puis celles, plus récentes, du pianiste Glenn Gould, — brièvement commentées à la suite. On n'oubliera pas, enfin, ces « hommages » pianistiques que furent les* Souvenirs de Munich *d'un Chabrier, ainsi que les* Souvenirs de Bayreuth *de Fauré et Messager*.*

L'œuvre de piano

On peut dater de 1829 — première année d'études avec le Cantor de Leipzig Theodor Weinlig, année capitale également puisque le jeune Wagner s'y décida pour la carrière de compositeur — une *Sonate en ré mineur* (qui a disparu). Deux ans plus tard fut écrite une *Sonate en si bémol majeur* pour piano à quatre mains, instrumentée par la suite : elle fut dédiée à Weinlig, qui s'en montra satisfait et la fit imprimer en 1832 chez Breitkopf et Härtel, en compagnie d'une *Polonaise en* ré *majeur* (également pour quatre mains) ; mais de tels travaux, purement scolaires et passablement acadé-

---

* Voir à *Chabrier* et à *Fauré*.

miques, méritaient-ils tant ? Il en fut tout autrement d'une **Fantaisie en fa dièse mineur** que le musicien termina en novembre 1831, — prémonition inattendue d'un génie dramatique : de forme libre, utilisant maladroitement la technique de la variation, mais entrecoupée de récitatifs d'une réelle intensité, l'œuvre n'est pas sans évoquer le premier Beethoven, ni même, par endroits, le phrasé musical d'un Schubert. Comme l'a écrit fort justement Martin Gregor-Dellin * : « On dirait un être encore trop jeune qui tendrait l'oreille vers son futur et y percevrait des sons qu'il ne saurait encore transcrire »... Plus tard, Wagner déclara à Cosima que la *Fantaisie* ressemblait à l'œuvre « d'un élève de Spohr » (musicien dont il sut apprécier le talent de compositeur d'opéras) ; elle rassemblait, en fait, quelques prémices du grand leitmotiv wagnérien.

La **Sonate en la majeur** présente un intérêt tout différent : elle révèle l'importance contraignante du modèle beethovénien. Un peu plus tardive — 1832 — et contemporaine de l'*Ouverture en ut majeur,* l'œuvre comporte notamment un deuxième mouvement lent (en *fa* dièse mineur) dont l'écriture doit sans conteste à Beethoven, et, comme troisième mouvement, une fugue à trois voix assez réussie, — en dépit d'un finale beaucoup plus conventionnel. Il faut franchir une vingtaine d'années pour retrouver Wagner au piano : c'est en juin 1853, en effet, qu'il écrivit pour l'album de Mathilde Wesendonck une **Sonate en la bémol majeur,** en un seul mouvement. Plus tard son auteur sera amené à juger cette composition de circonstance — un « remerciement » — futile, insignifiante et « triviale » (selon le Journal de Cosima). L'œuvre était ambitieuse cependant ; mais, inspirée seulement par le sentiment sans le recours à un texte littéraire ou à un mythe (1853 fut l'année de conception du Prélude de *l'Or du Rhin*), elle sombra dans une sorte de vacuité redondante.

Dès 1842, alors qu'il séjournait à Paris, Wagner avait dédié au peintre Kietz un *Albumblatt* (« Feuillet d'album ») en *mi* majeur. Plus tardifs, les autres **Albumblätter** furent également des pièces de circonstance dont l'intérêt reste surtout documentaire. En 1861, la princesse Metternich fut la dédicataire d'un *Feuillet d'album en* ut *majeur,* — modeste gage de reconnaissance

* G. Gregor-Dellin, *Richard Wagner* (Éd. Fayard, Paris, 1981).

à celle qui était intervenue en faveur de *Tannhäuser* (représenté alors à l'Opéra de Paris dans les conditions déplorables que l'on sait) : pièce « qui ressemblait bien peu à du Wagner, mais était plutôt le résultat d'un croisement entre une œuvre mineure de Liszt et une petite pièce anodine de Schubert » (Martin Gregor-Dellin). Peu après, en juillet 1861, fut composé pour la comtesse de Pourtalès un *Feuillet d'album en* la *bémol majeur* sous-titré « Arrivée chez les cygnes noirs » (Wagner, hôte du comte de Pourtalès, ambassadeur de Prusse à Paris, avait admiré les évolutions de cygnes noirs sur un bassin du parc dont jouissait ce dernier) : cette pièce est certainement plus « wagnérienne », un peu tristanienne, dans le ton des *Wesendonck-Lieder,* imprégnée de mélancolie que brise une cadence de concert conclusive trop abrupte. La dernière composition du genre fut un *Albumblatt für Frau Betty Schott,* l'épouse de l'éditeur Franz Schott, de Mayence : pièce datée de 1874 (année d'achèvement de *la Tétralogie*), — pur exercice pianistique pour un musicien dont toutes les préoccupations étaient ailleurs.

LES TRANSCRIPTIONS

Il a paru indispensable de compléter cet aperçu du « piano wagnérien » par la mention de diverses transcriptions pour le clavier d'ouvrages dramatiques : la richesse du matériau musical donne, il est vrai, une tout autre dimension à ces pièces qui ne peuvent résonner qu'avec familiarité aux oreilles du mélomane.

Retenons d'abord les transcriptions, fantaisies et paraphrases effectuées par **Franz Liszt,** — qui intéressent les œuvres suivantes (dans l'ordre alphabétique) : *l'Anneau du Nibelung* (« Walhall », transcription, vers 1876) ; *Lohengrin* (« Défilé nuptial », 1852 ; « Chœur des fiançailles », « Rêve d'Elsa » et « Reproches de Lohengrin à Elsa », 1854) ; *les Maîtres chanteurs de Nuremberg* (Air de Walther « Am stillen Herd », transcription, 1871) ; *Parsifal* (« Marche solennelle », 1883) ; *Rienzi* (fantaisie sur trois thèmes, 1859) ; *Tannhäuser* (Ouverture, paraphrase de concert, 1848 ; « Romance à l'étoile », 1849 ; « Entrée des chevaliers », 1852 ; « Chœur des pèlerins », paraphrase, 1861) ; *Tristan et Isolde* (« Liebestod », 1867) ; *le Vaisseau fantôme* (« Ballade de Senta », transcription, 1872 ; « Chœur des fileuses », 1880). Soit, au total, quinze pièces, — auxquelles s'ajoute une seizième écrite également pour deux pianos, le « Chœur des pèlerins » de *Tannhäuser* (1860). La plupart peuvent être tenues pour des transcriptions fidèles, parfois littérales (« Chœur des fileuses » du *Vaisseau fantôme,* les quatre morceaux de *Lohengrin*), — même lorsque le titre suggère certaines libertés (l'Ouverture de *Tannhäuser* n'est en rien une « paraphrase » au sens strict). D'autres, en revanche, démentent leur propos initial, — telle l' « Entrée des chevaliers » de *Tannhäuser* (d'abord textuelle, puis s'évadant vers la paraphrase), ou comme le « Walhall » de *l'Anneau du Nibelung,* qui se veut transcription, mais s'adonne à un très libre jeu leitmotivique... Bref, ne point trop se fier aux indications du compositeur, — mais écouter ce piano lisztien souvent somptueux, inventif en sa découverte de nouvelles harmonies, livré à la virtuosité polyphonique de l'instrument (on éprouve parfois l'impression d'un trois ou quatre mains !).

Les transcriptions réalisées, en ce second demi-siècle, par le pianiste canadien **Glenn Gould** sont au nombre de quatre : extraits des *Maîtres chanteurs,* « Lever du jour » et « Voyage de Siegfried sur le Rhin » extraits du *Crépuscule des dieux,* enfin *Siegfried-Idyll.* Leur mérite n'est pas prioritairement celui de la fidélité au texte wagnérien, — dont elles s'écartent parfois un peu à l'excès *(Crépuscule des dieux).* Il est d'un autre ordre : la mise en évidence, limpide et éclatante, de son organisation profonde, voire de ses structures orchestrales. La tâche de transcripteur que s'est assignée Gould fut de « reconstruire l'œuvre pour le piano », — ce que Liszt n'avait pas tenté. Pour Gould, plusieurs œuvres transcrites par Liszt *(Rienzi, Tannhäuser, Lohengrin)* sont dépourvues de qualité intrinsèquement pianistique, car « assorties de thèmes qui peuvent incontestablement, à titre de thèmes, sonner magnifiquement au piano, mais les figures d'accompagnement font terriblement penser à des flonflons d'harmonie municipale »... Si l'on s'en rapporte à ce jugement, la transcription de *Siegfried-Idyll* représente à coup sûr la meilleure réussite de Gould : elle « marche toute seule au piano ; toute sa tension dramatique passe par le contrepoint, jamais par des effets de percussion* ». L'œuvre, qui semble jaillie de source, est une remarquable « leçon de musique » quant à l'art des transmutations sonores (transpositions de registres, colorations timbriques, etc.). Mais peut-être était-ce la partition de Wagner la plus propice à cette alchimie.

Pour terminer, un document « historique » qui ne peut se passer sous silence : il s'agit d'un enregistrement, exceptionnel, d'*Arrangements pour piano joués et gravés sur rouleaux par des pianistes légendaires* (tel est l'intitulé), — reproduits sur le piano même du compositeur à la villa Wahnfried, à Bayreuth, par le procédé Welte-Mignon**. On peut entendre — sous ces doigts « légendaires » — la « Marche funèbre » extraite du *Crépuscule des dieux,* l'Ouverture des *Maîtres chanteurs,* celle du *Vaisseau fantôme,* « Prélude » et « Mort d'Isolde » de *Tristan,* enfin la « Chevauchée », les « Adieux de Wotan » ainsi que l' « Incantation du feu » de *la Walkyrie.*

F.R.T.

CARL MARIA VON WEBER

Né à Eutin, près de Lübeck, le 18 (ou 19) novembre 1786 ; mort à Londres, le 5 juin 1826. Il était fils d'un violoniste devenu directeur d'une compagnie théâtrale, dont les tournées sillonnèrent l'Allemagne. Son enfance se déroula donc dans les coulisses des théâtres où se produisait son père. Il ne commença à travailler la musique qu'en 1796 à Salzbourg avec Michel Haydn, puis quelques mois plus tard à Munich avec l'organiste de la cour ; enfin, en 1803, il se perfectionna à Vienne avec le célèbre abbé Vogler. Premier poste officiel : Weber fut nommé chef d'orchestre du Théâtre de Breslau en 1804. Malgré

---

* In : Geoffrey Payzant, *Glenn Gould, Un homme du futur* (Éd. Fayard, Paris, 1983).

** Disque La Voix de son Maître.

sa vie dissolue, les deux ans qu'il y passa lui permirent de parfaire sa connaissance du théâtre et d'améliorer sa brillante technique pianistique. Forcé de quitter Breslau en 1806 à la suite d'un stupide accident, il se fixa à Carlsruhe comme intendant du duc de Wurtemberg, puis à Stuttgart comme secrétaire privé du duc Ludwig de Wurtemberg, frère du précédent. Emprisonné à tort pour escroquerie, il abandonna la cour de Wurtemberg et entreprit une longue tournée qui, de 1811 à 1813, allait le mener à travers toute l'Allemagne. C'est au cours de cette tournée qu'il fut engagé comme directeur de la musique du Théâtre de Prague : il y resta trois années qui furent parmi les plus actives de sa carrière. En 1816, il fut nommé « Kapellmeister » de l'Opéra de Dresde, — poste qu'il occupa jusqu'à sa mort. Durant ses dix dernières années Weber connut de prodigieux succès, notamment avec la création du Freischütz *(en 1821) dont le triomphe exceptionnel eut un retentissement dans toute l'Europe. En 1823,* Euryanthe *fut aussi un succès, quoique plus mitigé ; enfin,* Obéron, *opéra féerique, triompha à son tour à Londres le 12 avril 1826. Weber profita peu de cette consécration : la tuberculose devait l'emporter quelques semaines plus tard. Son corps, inhumé à Londres, ne fut rapatrié à Dresde qu'en 1844. A cette occasion, Wagner prononça un remarquable éloge funèbre... Weber ne s'est pas contenté d'être un immense musicien : éminent pianiste et dramaturge, non moins excellent écrivain et critique, il est reconnu aujourd'hui comme le créateur du modèle de l'opéra romantique allemand. Le succès de sa musique dramatique a éclipsé le reste de son œuvre, — au demeurant très vaste : cantates, airs de concert, chœurs, musique religieuse, musique de chambre, lieder, musique symphonique, et musique de piano présentée ci-après.*

La composition de sa musique de piano — essentiellement des variations, des danses, des pièces à quatre mains et quatre sonates — couvre à peu près toute la carrière de Weber : 1800-1822. L'ensemble de cette œuvre paraît quelque peu oublié de nos jours : c'est cependant une œuvre que Liszt admirait au point d'en préparer une édition, et que Chopin aimait jusqu'à la jouer avec une réelle prédilection et la faire travailler à ses élèves « avec un soin extrême ». On a d'ailleurs souvent fait un rapprochement entre le début de l'*Étude op. 10 nº 12*, dite « Révolutionnaire », de Chopin et l'étonnante introduction de l'*Allegro* de la *Première Sonate* de Weber.

Comme Beethoven et Schubert — mais chacun de manière différente —, Weber, musicien issu de l'école classique, a su faire éclater les cadres étroits du petit pianoforte du XVIIIe siècle. Avec un sens aigu de la coloration pianistique, il écrit une musique brillante, émaillée de difficultés techniques et d'effets de virtuosité, mais aussi d'accents expressifs et de mélodies touchantes, — auxquels il donne ces inflexions quasi vocales que lui inspire son génie d'homme de théâtre.

Après les six courtes *Fughettas (op. 1)*, composées en 1798 sous la direction de Michel Haydn, Weber aborda réellement le piano en 1800 avec *Six variations sur un thème original (op. 2)*, dédiées à Johann Nepomuk Kalcher, organiste de la cour de Munich, son professeur. Ces variations sont avant tout des études de virtuosité. Elles furent suivies en 1801 par un charmant recueil de **Six Petites pièces pour piano à quatre mains,** *(op. 3),* écrites pour le pianiste et compositeur Paul Schultesius, et par *Douze Allemandes (op. 4)* : l'*Op. 3* renferme de ravissants morceaux, *Sonatine, Romanze, Menuetto, Rondo*, qui entourent un *Andante con variazioni* et une marche *(Marcia),* que Weber transcrivit ultérieurement pour instruments à vent et pour chœur. Le « primo » (première partie) joue ici le rôle principal en exposant les thèmes, — le « secondo » (seconde partie) se bornant le plus souvent à l'emploi d'accompagnateur.

Entre 1804 et 1808 parurent de nouvelles séries de variations : *Huit Variations sur un thème de Castor et Pollux, de Vogler* (*op. 5*; 1804) ; *Sept Variations sur « Vien quà, Dorina bella », de Bianchi* (*op. 7*; 1807), dans lesquelles Weber traite avec une inspiration très personnelle un thème d'apparence simple ; et surtout **Sept Variations sur un thème original** (*op. 9*; 1808), qui comportent de fréquents moments de virtuosité : traits de toccata, main gauche volubile, études sur les tierces ; la quatrième variation est intitulée « spagnuolo moderato », et la sixième ressemble à une fantaisie.

Le bref et éblouissant *Momento Capric-*

cioso (op. 12), conçu à la manière de Mendelssohn comme une toccata brillante, fut écrit en 1808, — la même année que la **Grande Polonaise** *(op. 21)* : pleine de brio, cette vaste pièce est introduite par un thème « alla polacca » au rythme joyeux ; plusieurs épisodes lui répondent, — prétextes pour Weber à l'exploitation de modulations éloignées et inattendues.

Le 27 novembre 1809, Weber achevait à Stuttgart **Six Pièces pour piano à quatre mains** *(op. 10),* qu'il dédiait « à Leurs Altesses Sérénissimes Mesdames les Princesses Marie et Amélie de Wurtemberg ». Plus élaborées que les pièces de l'*Op. 3,* celles-ci exposent des thèmes mélodiques simples et gracieux *(no 1, Moderato),* parfois en un dialogue concertant entre les quatre mains *(no 2, Andante con moto).* Les deux parties s'imposent en toute égalité dans l'*Andante con variazioni* du *no 3.* Une très plaisante *Mazurka* leur succède, puis un *Adagio* en *la* bémol majeur aux effets dramatiques. Un *Rondo* rapide conclut allègrement cette seconde série de pièces à quatre mains. En 1812, année de la *Première Sonate* pour piano, intervient la composition de *Sept Variations sur un thème de Joseph, de Méhul (op. 28),* plus ambitieuses et plus personnelles que les précédentes, et dédiées à Fanny von Wiebeking, ainsi que de *Six valses favorites de la Reine de France, Marie-Louise.* Entre 1814 et 1816 (composition de la *Sonate no 2),* Weber écrivit une nouvelle série de **Variations sur un air russe « Schöne Minka »** *(op. 50;* 1815), — très certainement les plus intéressantes : la variation finale est un « Alla spagnuola » qui tient à la fois du boléro et de la polonaise.

Une dernière série de variations, les *Sept variations sur un chant bohémien (op. 55),* fut écrite en 1817, — suivie deux années plus tard de pages éblouissantes : un *Rondo brillante (op. 62)* que Weber sous-titra « La Gaieté », éclatante musique de salon ; une *Polacca brillante (op. 72),* intitulée « L'Hilarité », qui apparaît comme une anticipation de la Polonaise romantique portée à un haut degré de perfection par Chopin ; enfin, la plus célèbre de toutes : l'*Invitation à la Danse (Aufforderung zum Tanz).*

Invitation à la Danse (op. 65)

On a un peu oublié cette version pianistique au profit de la version orchestrale qu'en réalisa Berlioz*. Weber la dédia à la cantatrice Caroline Brandt, qu'il avait épousée à Prague en 1817. Les historiographes de Weber ont décrit cette œuvre comme l'exemple le plus brillant et le plus poétique de la valse de concert romantique. Comme le sera un siècle plus tard *la Valse* de Ravel, l'*Invitation à la Danse* présente une apothéose de valse. Plusieurs thèmes s'y succèdent, — véritable programme clairement expliqué par Weber : invitation du cavalier, refus poli puis acceptation de la dame,

leur conversation avant la danse, début de la valse qui peu à peu s'anime et bat son plein,

A la fin de la valse remerciements des danseurs, leur séparation, enfin leur départ après un silence.

Les **Huit Pièces pour piano à quatre mains** *(op. 60)* furent composées dans les années 1818-1819. L'*Allegro (no 2),* plein de gaieté, offre deux parties concertantes. Un *Adagio (no 3),* aux accents dramatiques, et un *Alla siciliana (no 5),* très chorégraphique, s'enchaînent à un thème varié, *Tema variatio (no 6)* sur l'air « Ich hab' mir eins arwalet », écrit par Weber en 1817. La septième pièce est une *Marcia* : marche funèbre en *sol* mineur sur une sourde basse d'accords répétés en triolets de doubles croches. La conclusion est un rondo *Scherzando vivace* plein d'entrain.

LES SONATES

Sonate no 1, en *ut* majeur (op. 24)

Elle date de 1812, et fut dédiée « à S.A.I. Madame la Grande Duchesse Maria Paulowna », sœur du tzar et grande duchesse de Weimar. Weber avait séjourné à Weimar au cours de la tournée qui le conduisit à travers l'Allemagne entre 1811 et 1813.

---

* V. *Invitation à la valse,* in : *Guide de la musique symphonique.*

Cette sonate de jeunesse est une page brillante dont la virtuosité ne nuit en rien à l'inflexion dramatique et expressive. La coupe des mélodies, les éléments descriptifs et les effets poignants découlent directement de l'art de l'opéra.

1. ALLEGRO (à quatre temps) : il offre la particularité de s'ouvrir par un saisissant accord de septième diminuée, affirmé et décomposé dans une nuance « fortissimo » :

Deux thèmes sont ensuite exposés : un premier thème lyrique (*tranquillamente* a noté ici Weber), et un second plus clinquant. Un développement relativement court débouche sur la réexposition surprenante du premier sujet dans le ton de *mi* bémol majeur. Le triomphe de la virtuosité éclate dans la conclusion.

2. ADAGIO (en *fa* majeur, à 3/4) : il s'ouvre sereinement par quelques mesures qui s'amplifient rapidement dans un climat de mélancolie et d'émotion. Weber exploite des sonorités pianistiques d'une grande sensibilité, — notamment dans ces répétitions rythmiques obsessionnelles de la seconde partie du mouvement.

3. MENUETTO (*Allegro* en *mi* mineur, à 3/4) et *Trio* (*Poco ritenuto* en *mi* majeur) : le menuet, dynamique, contraste avec un délicieux trio dont les accords carillonnants semblent annoncer *Obéron*.

4. RONDO (*Presto*, à 2/4) : dernier mouvement, mais en réalité le premier écrit par Weber qui l'intitula « L'Infatigable ». Il s'agit en effet d'un « infatigable » et spectaculaire mouvement perpétuel, — immenses traits de doubles croches qu'aucun silence ne vient briser.

Sonate n° 2, en *la* bémol majeur (op. 39)

Commencée en 1814, elle fut achevée en 1816. Entre ces deux dates furent écrites les *Variations sur un air russe op. 40* (v. plus haut). La *Seconde Sonate*, élaborée lors du séjour de Weber à Prague et dédiée à François Lauska, marque une nette évolution par rapport à la précédente. Elle est construite en quatre mouvements.

1. ALLEGRO MODERATO CON SPIRITO ED ASSAI ALLEGRO (à 12/8) : il s'agit là sans doute du plus beau mouvement de sonate laissé par Weber. Tout imprégné de réminiscences et de couleurs d'opéra, il débute par quelques mesures qui offrent de superbes effets orchestraux : on croirait, en effet, entendre le chant d'un cor annonçant l'Ouverture du *Freischütz*. Aux courbes du premier thème largement arpégé succède le chant aimable du second motif. La conclusion est un véritable morceau de bravoure.

2. ANDANTE (en *mi* bémol majeur, à 2/4) : ce mouvement lent paraît basé sur l'idée de la variation, à partir d'un sujet initial qui « sonne » comme le chant d'un hautbois :

3. MENUETTO CAPRICCIOSO (*Presto assai* en *la* bémol majeur, à 3/4) et *Trio* (en *ré* bémol majeur) : sorte de scherzo auquel Weber donna le nom de « Menuetto capriccioso », et que Tchaïkowski orchestra dans les années 1863-1864. De courtes phrases s'y répètent de quatre en quatre mesures avec une extraordinaire régularité.

4. RONDO (*Moderato cantabile*, à 2/4) : le finale est un gracieux rondo, dans lequel certains commentateurs ont reconnu des accents beethovéniens.

Sonate n° 3, en *ré* mineur (op. 49)

Contemporaine de la précédente, elle fut terminée à la fin de l'année 1816. C'est la dernière œuvre importante composée par Weber durant son séjour à Prague, — dans quelques semaines il s'installera à Dresde. Elle est conçue en trois mouvements : l'*Allegro feroce* et le *Rondo* furent écrits avant l'*Andante*.

1. ALLEGRO FEROCE (à quatre temps) : il y a beaucoup d'effets théâtraux dans ce mouvement puissant. Le premier motif est un vrai thème de marche énoncé avec affirmation dans une nuance « fortissimo » :

Le second thème, très expressif, ressemble à un chant doux et caressant. Curieusement, la réexposition réapparaît dans le mode majeur.

2. ANDANTE CON MOTO (en *si* bémol majeur, à 2/4) : c'est de nouveau la forme de la variation que Weber choisit ici. Le thème subit peu de transformations, mais s'entoure de figurations très variées.

3. RONDO (*Presto* en *ré* majeur, à 3/8) : plusieurs sujets distincts s'affrontent dans ce finale radieux dont les traits scintillants sillonnent le clavier.

Sonate n° 4, en *sol* majeur (op. 70)

Dernière partition pour piano de Weber, contemporaine du *Freischütz*, elle fut commencée en 1819 et achevée en 1822. Elle fut dédiée au critique Johann Friedrich Rochlitz. Selon le journal de Weber, le *Scherzo* fut écrit le premier en août 1819, et l'*Andante* fut terminé en février 1822.

1. MODERATO (à quatre temps) : ce mouvement mélancolique est construit sur deux thèmes lyriques. Selon Julius Benedict, élève de Weber, il dépeint un état de souffrance et d'abattement, furtivement éclairé par des épisodes d'espoir presque toujours brisés sur une ombre de tristesse émouvante.

2. MENUETTO (*Presto vivace ed energico* en *mi* mineur, à 3/4) et Trio (*Leggiermente et mormorando* en *mi* majeur) : toujours d'après Julius Benedict, le menuet décrit un débordement de rage et d'agitation intérieure. Sa violence contraste avec le paisible trio.

3. ANDANTE *(quasi allegretto) consolante* (en *ut* majeur, à 2/4) : c'est une pièce calme et affectueuse, de nature consolatrice comme l'indique son titre, mais d'où n'est pas exclue certaine fièvre.

4. FINALE (*Prestissimo*, à 2/4) : pour Julius Benedict encore, ce finale forme une sorte de capricieuse tarentelle aux accents mélancoliques, — qui s'achève dans l'accablement des mesures finales. Il trouve son énergie dans l'insistance de ses triolets et de son rythme pointé :

A.d.P.

ANTON WEBERN

Né à Vienne, le 3 décembre 1883 ; mort à Mittersill (Alpes salzbourgeoises), le 15 septembre 1945. C'est au lendemain de la Seconde Guerre mondiale que l'œuvre du moins connu des musiciens « fondateurs » de la seconde École de Vienne a fait l'objet d'une redécouverte par une génération fascinée, trouvant en elle un modèle d'utilisation radicale de la technique sérielle, — alors prônée par une nouvelle avant-garde. Quelques décennies se sont écoulées, et le sérialisme n'a plus toutes les faveurs de nos contemporains. Mais Webern demeure : celui qui s'était donné pour devise esthétique Non multa sed multum *(peu en quantité, beaucoup en qualité) laisse une œuvre dont rien n'est à négliger. Ayant accompli des études de philosophie et de musicologie à l'Université de Vienne, Webern commença à composer avant même sa rencontre décisive, en 1904, avec Arnold Schönberg. Pendant quelques années, il occupera pour vivre divers postes de chef d'orchestre à travers l'Allemagne, puis à Vienne, — avant de se fixer à Mödling, aux environs de la capitale autrichienne, en 1918 : il y put composer dans la solitude, tout en enseignant. Lors de l'annexion hitlérienne de l'Autriche en 1938, ses œuvres — bien que peu connues — seront rangées parmi les produits de l'« art dégénéré ». Vienne étant bombardée, Webern se réfugia vers la fin de la guerre non loin de Salzbourg : c'est là qu'il fut tué, de par sa propre inadvertance, par un soldat de l'armée américaine.*

Variations pour piano (op. 27)

Comme chez Berg (v. ce nom), ces *Variations* sont l'unique composition pour piano de leur auteur. Une différence, toutefois : la *Sonate* de Berg constituait une sorte de préliminaire à toute sa production ; les *Variations*, au contraire, détiennent une place centrale dans la création webernienne ; et sans doute peut-on parler à leur propos d'un aboutissement : « J'espère avoir réalisé avec les *Variations* ce dont je rêvais déjà depuis des années » (lettre du compositeur à Hildegard Jone). Autre différence : l'*Opus 1* de Berg appartenait encore à l'univers tonal, et trouvait son accomplissement dans l'expression d'un romantisme exacerbé ; l'*Opus 27* applique rigoureusement les principes de l'écriture sérielle, et s'interdit d'autre part l'émotion, ou — pour mieux dire — toute interprétation ouvrant sur quelque subjectivité.

La composition en fut entreprise en octobre 1935, achevée en septembre 1936. La partition parut en juin 1937, et la première audition en fut donnée le 26 octobre de cette même année à Vienne, avec le concours du pianiste Peter Stadlen : celui-ci l'avait assidûment travaillée avec le compositeur. La dédicace, en revanche, fut adressée à Eduard Steuermann, autre pianiste familier de la musique dodécaphonique. Avant toute description de l'œuvre, nous croyons indispensable de citer ces lignes de Claude Rostand * : « Il semble évident que le choix du piano est dans la logique de l'évolution webernienne qui... tend à priver les timbres de leurs possibilités coloristiques et décoratives pour ne les conserver que comme éléments de structure : dans cet esprit, le piano — qui peut être dans la musique traditionnelle un instrument si riche et si divers — possède une égalité de timbre pouvant voisiner l'anonymat. Par contre, il est le seul instrument à posséder des ressources polyphoniques aussi riches, — ce qui convient à une période où Webern atteint le sommet de ses réalisations de cet ordre. » Ajoutons toutefois que l'utilisation sonore du piano ne manque pas d'originalité : chaque son, en effet, s'y trouve nettement individualisé, et l'on peut remarquer, plus particulièrement, que les attaques tendent à s'émanciper de la métrique indiquée.

Le titre de *Variations,* que Webern utilise pour la première fois (il y reviendra, un peu plus tard, avec les *Variations pour orchestre op. 30*), se révèle le plus caractéristique, le plus emblématique de l'art du compositeur, — tout entier tendu vers l'idéal schönbergien de la variation perpétuelle. L'œuvre, cependant, est constituée de trois mouvements distincts formant une sorte de Suite (telle que l'avait envisagée Webern dès l'élaboration du premier mouvement) : « Chacun des trois morceaux de la *suite* applique à une architecture donnée des procédés de variations différents et appropriés. » (Claude Rostand.)

1. SEHR MÄSSIG (« très modéré ») : le principe structurel du mouvement initial est mis en évidence dans les dix-huit premières mesures constituant une exposition, pianissimo ; c'est celui du *Spiegelbild* (« image en miroir »), élément fondamental de l'écriture contrapuntique, — ici soumise à la notation sérielle. Nous la reproduisons dans l'exemple ci-après, qui en éclaire le fonctionnement :

Tout le mouvement, jouant de ce même principe, offre de semblables symétries en superposant les différentes présentations de la série : succession de « périodes combinatoires », — qui varient la fréquence et l'intensité des intervalles donnés initialement. Aussi bien peut-on distinguer deux variations (également de dix-huit mesures chacune), — dont la seconde manifeste des analogies avec l'exposition (mais les voix sont inversées).

2. SEHR SCHNELL (« très vite ») : c'est le mouvement le plus court. Il se compose de deux épisodes par moitié, — chacun de onze mesures avec reprises. Le premier épisode expose la structure — mélodique, harmonique et rythmique — du morceau. Le second épisode en constitue la variation. C'est ici l'écriture en canon par mouvement contraire qui prédomine. Grands intervalles, nuances de dynamique opposées, choc répété de sonorités percussives :

---

* C. Rostand, in : *Anton Webern* (Éd. Seghers, Paris, 1969).

mais élaguée, plus fluide qu'auparavant, sur des intervalles de septième majeure :

Non seulement le tempo rapide et agité fait contraste avec celui des mouvements extrêmes, mais la tension que provoque une sorte de fixité structurelle des deux parties (et de leurs répétitions).

3. RUHIG FLIESSEND (« tranquille et coulant ») : avec le mouvement conclusif — le plus développé des trois —, on revient à la souplesse du premier mouvement, — accusant ainsi la symétrie générale de l'œuvre. Six parties s'y distinguent en variations successives, — la première partie, qui définit la nouvelle structure de base, étant elle-même une variation de onze mesures. De nouveau s'impose l'écriture « en miroir »,

La première variation proprement dite devient à la fois plus compacte et plus heurtée, — avec les empilements verticaux des mêmes septièmes. Mais la deuxième variation retrouve la souplesse antérieure, et les septièmes s'étalent horizontalement. C'est une certaine fébrilité qu'installe la variation suivante, sur un motif persistant de croches, — dont la quatrième variation prolonge l'agitation rythmique en de fortes syncopes. La cinquième et dernière variation couronne l'ensemble en réinstaurant, dans une nuance piano, la calme fluidité du début.

F.R.T.

IVAN WYSCHNEGRADSKY

Né à Saint-Pétersbourg, le 4 mai 1893 ; mort à Paris, le 5 septembre 1979. Simultanément à des études universitaires de droit et de philosophie, il travailla l'écriture musicale avec Nikolas Sokolov, lui-même élève de Rimski-Korsakov. Mais il se découvrit rapidement un modèle qu'il conserva toute sa vie : Scriabine. Partant de l'esthétique ainsi que de la philosophie messianique de ce dernier, Wyschnegradsky — qui déclarait lui-même avoir vécu dans sa jeunesse une expérience mystique révélatrice — chercha à réaliser dans sa musique le principe d'un « continuum sonore » reflétant le « tout dans le tout » cosmique. L'étape marquante de son œuvre fut, en 1917, sa vaste pièce pour orchestre et récitant la Journée de l'Existence, *inspirée par la métaphysique hindoue (et remaniée à deux reprises, en 1927 et 1940). A peu d'exceptions près, ce fut sa dernière composition écrite dans le système tempéré traditionnel. Désormais Wyschnegradsky allait devenir, avec le tchèque Alois Haba, le pionnier d'une musique ultra-chromatique utilisant quarts de ton, sixièmes de ton, et autres micro-intervalles. Il se fit alors construire par la firme Förster un piano à quarts de ton possédant trois claviers, — l'un accordé au diapason habituel, les deux autres un quart de ton au-dessous et au-dessus. Les exécutions en concert de ses œuvres pianistiques nécessitent, pour leur part, plusieurs instruments différents, et entièrement réaccordés. Ces difficultés expliquent que le nom du compositeur n'ait fait, jusqu'à présent, que de sporadiques apparitions à l'affiche. Wyschnegradsky connut cependant un regain de notoriété dans les dernières années de sa vie ; et il n'est inutile de rappeler, qu'admiré et soutenu par Olivier Messiaen, ce musicien original, qui n'a pas véritablement fait école, a marqué plusieurs compositeurs contemporains, — dont Alain Bancquart et Claude Ballif.*

L'œuvre de piano

Ses œuvres ultra-chromatiques pour piano(s) les plus significatives sont *Ainsi parlait Zarathoustra* (*op. 17*, 1930), — une « symphonie pour quatre pianos » que Wyschnegradsky, grand admirateur de Nietzsche, écrivit en réponse à la partition du même titre de Richard Strauss (qu'il tenait en piètre estime); deux *Études de concert* (*op. 19*); une *Étude en forme de scherzo* (*op. 20*, 1932); un *Prélude et fugue* (*op. 21*, 1933); vingt-quatre *Préludes dans tous les tons de l'échelle chromatique diatonisée à 13 sons* (*op. 22*, 1934; révision en 1960); quatre *Fragments symphoniques* pour quatre pianos (*op. 23, 24, 32* et *38*: 1934, 1937, 1946 et 1956); *Cosmos* pour quatre pianos (*op. 28*, 1940); *Intégrations, deux pièces op. 49* (1967); *Arc-en-ciel* pour six pianos en douzièmes de ton (!) (*op. 37*, 1959). Par ailleurs, Wyschnegradsky composa dans la seconde partie de sa vie une intéressante pièce pour piano dans le système chromatique usuel, — consistant en une exploration des « espaces non-octaviants » : **Étude sur le carré magique sonore op. 40** (1956), qui est un essai d'équivalence musicale du « carré magique » formé par les mots latins SATOR AREPO TENET OPERA ROTAS.

A.L.

IANNIS XENAKIS

Né à Braïla (Roumanie), le 29 mai 1922. Après une formation musicale commencée jeune, et parallèlement à des études à l'École polytechnique d'Athènes, Xenakis participe à la résistance, — ce qui le conduira à s'expatrier en 1947. Arrivé en France, il collabore pendant douze ans avec Le Corbusier, et suit, dès 1950, les cours d'Olivier Messiaen au Conservatoire de Paris. Réagissant fortement contre le sérialisme, il écrit Metastasis *(1954), puis* Pithoprakta *(1955-1956) pour orchestre, qui reposent sur la transformation du continu (glissando) au discontinu (pizzicatos, percussion...) en empruntant ses lois de composition au calcul des probabilités : c'est le début de la « Musique stochastique ». En tant qu'architecte, il participe à l'Exposition universelle de Bruxelles en 1958, par la conception du Pavillon Philips qui accueillera le* Poème électronique *de Varèse. Suivent de nombreuses partitions basées sur diverses théories mathématiques, dont les plus célèbres sont* Eonta, Nomos Alpha *pour violoncelle, ou* Persephassa *pour six percussionnistes disposés autour du public. En 1966, il fonde l'Équipe de Mathématique et Automatique Musicales, qui deviendra l'actuel CEMAMu en 1972, et enseigne régulièrement pendant cette période aux États-Unis. Auteur de plusieurs ouvrages consacrés à sa musique* (Musiques formelles, Musique Architecture), *il compose autant des œuvres de musique de chambre* (Anaktoria), *d'orchestre* (Jonchaies), *que des musiques de scène* (Oresteia) *et des spectacles lumineux et sonores* (Persepolis, Polytopes), *tout en ayant mis au point l'UPIC, système informatique permettant d'aborder la composition par le dessin. Sa production pour piano (ou clavecin), toujours d'une extrême difficulté d'exécution, concerne quatre partitions, — à côté d'œuvres concertantes (*Synaphai *et* Erikhton *pour piano et orchestre) ou de musique de chambre (*Dikhtas *pour violon et piano, ou* Komboï *pour clavecin et percussion).*

Herma

Composé en 1960-1961, et créé par le dédicataire Yuji Takahashi en 1962 à Tokyo. Première œuvre destinée au piano, *Herma*, dont le titre signifie « lien » (mais aussi « fondation », « embryon »), marque une étape dans l'évolution de Xenakis, qui emprunte ici à la théorie des ensembles pour déterminer la macrostructure de la pièce : ce type d'opérations logiques, que Xenakis qualifie de « Musique symbolique », sera réutilisé dans *Eonta* (1963-1964) pour piano et cinq cuivres. La composition est basée sur des transformations à partir d'un ensemble de référence (R) qui concerne la totalité du clavier, et de trois classes de hauteurs, A, B et C, déterminés dans la partition par rapport à la notion de « nuages » (grande densité de sons). La caractérisation des trois classes est la suivante : opposition entre des nuages et une écriture linéaire (A) ; nuages sans pédale (B) ; nuages très brefs avec pédale (C). Le premier exposé de ces classes est suivi de sa « négation », c'est-à-dire le complément des sons n'appartenant pas à chacune de ces classes. Les opérations suivantes, qui sont indiquées directement sur la partition, concernent la réunion et l'intersection de toutes ces catégories, et répondent à une fonction empruntée à l'algèbre de Boole, définissant ainsi la forme générale. Xenakis distingue la conception abstraite de la pièce — « hors-temps » — et la réalisation sur le papier à musique — « en-temps » —, « les intensités de *ppp* à *fff* servant à clarifier la perception des classes lors de leur gravure temporelle » (Xenakis). D'une extrême difficulté d'exécution, due en particulier aux très grands écarts intervalliques, *Herma* entretient une tension constante jusqu'à l'aboutissement des opérations dans la très forte densité *(fff)* de la dernière page. La durée d'exécution est d'environ huit minutes.

Evryali

Écrite en 1973, la partition est dédiée à la pianiste Marie-Françoise Bucquet, — qui l'a créée au Lincoln Center de New York la même année. Seconde œuvre pour piano de Xenakis, *Evryali* (« La mer au large », ou « Méduse »), propose une démarche « nettement plus proche et concrète que *Herma* » (Claude Helffer). Comme *Erikhton* pour piano et orchestre (1974), *Evryali* se réfère au principe des « arborescences » (une série de ramifications donnant lieu à des « buissons de lignes mélodiques »). Partant d'une écriture ponctuelle (une intensité par note) et sans pédale, l'œuvre procède par paliers menant rapidement à des sommets de grande intensité, et repose sur une opposition — procédé cher à Xenakis — entre des blocs répétitifs à tendance statique et des lignes isolées avec des intervalles brisés. La synthèse entre ces deux pôles apparaît dans les plages fortement scandées rythmiquement avec émergence d'un chromatisme. Outre l'extraordinaire tension — « aux limites de la résistance physique » (Claude Helffer) — provoquée par les répétitions souvent réparties sur quatre portées, l'écriture pianistique est aussi caractérisée par la grande importance accordée aux registres extrêmes, ainsi que par la précision dans la notation des pédales. La durée d'exécution est d'une dizaine de minutes.

Khoaï, pour clavecin

Partition écrite en 1976, à la suite d'une commande de la West Deutsche Rundfunk suscitée par Elisabeth Chojnacka (à qui l'œuvre est dédiée), qui l'a créée à Cologne la même année. Signifiant « offrandes destinées aux dieux chtoniens (infernaux) », *Khoaï* est la seule œuvre de Xenakis pour clavecin solo, qu'il réutilisera cependant avec percussion dans *Komboï* (1981). Attiré par les sons de l'instrument « qui n'ont pas de durée mais une incisivité plus grande que le piano », et par les possibilités de timbre des divers registres, Xenakis a exploité les ressources de l'instrument moderne, ici amplifié, au travers des répétitions très serrées qui caractérisaient déjà *Evryali*. Composé d'ailleurs suivant le même principe des « arborescences », *Khoaï* « n'est que tension continue, ascension sans arrêt vers la fin, les silences y étant toujours tensions (musicalement parlant) et non chutes » (Elisabeth Chojnacka). Jouant sur quatre registres différents (de 4 à 16 pieds), l'œuvre exige des changements de pédales et des sauts très rapides entre les deux claviers, — diversifiant ainsi les plans sonores au maximum.

Mists

Composé en 1980, et créé à Édimbourg par le dédicataire Roger Woodward en 1981. Troisième partition pour piano de Xenakis, *Mists* (« brumes, brouillards ») a été essentiellement élaboré à partir de deux notions souvent utilisées par l'auteur dans ses œuvres précédentes : d'une part, les « arborescences » caractéristiques de l'écriture de *Evryali* et de *Khoaï* (v. précédemment) ; les « cribles », d'autre part (déjà à la base de *Nomos Alpha* pour violoncelle, 1966), qui consistent en une sélection de sons répartis en quatre échelles, conçues comme des éléments générateurs et exploitées mélodiquement. Après les expositions successives de ces échelles, clairement identifiables du grave à l'aigu au début de la pièce, et suivies à chaque fois par le foisonnement des arborescences, l'œuvre alterne et mêle le continu (traits en mouvement contraire se croisant) et le discontinu dans une écriture rythmique d'une rare complexité. La durée d'exécution avoisine douze minutes.

A.P.

BERND ALOIS ZIMMERMANN

Né le 20 mars 1918, à Bliescheim, près de Cologne ; mort le 5 août 1970, à Groß-Königsdorf, près de Cologne. Ayant entrepris des études universitaires en philologie allemande, philosophie, psychologie et musicologie en 1937, Zimmermann entre l'année suivante à la Musikhochschule de Cologne. Mobilisé de 1939 à 1942, il travaille la composition en particulier avec Philipp Jarnach en 1942, puis avec Fortner et Leibowitz à Darmstadt entre 1948 et 1950. Nommé à l'Université de Cologne en 1950, puis professeur de composition et d'analyse à la Musikhochschule en 1958, il se consacre à sa musique, — dont le monumental opéra les Soldats *terminé en 1960. Les trois phases de sa production, déterminées par Harry Halbreich en « expressionniste, pluraliste et statique », révèlent un créateur tragiquement partagé entre deux pôles, se définissant lui-même comme « un mélange typiquement rhénan de moine et Dionysos ». De la phase expressionniste datent le* Concerto pour violon *(1950) et, surtout, la* Symphonie en un mouvement *terminée en 1953, dans laquelle alternent, selon l'auteur, « la menace apocalyptique et le calme mystique ». La seconde phase « pluraliste » est avant tout dominée par* les Soldats, *probablement la partition lyrique la plus étonnante depuis* Wozzeck, *et les œuvres consacrées au violoncelle (*Sonate, *1960, et le* Concerto en forme de pas de trois, *1965-1966). Enfin, à côté de* Photoptosis *et des* Études *pour violoncelle, la dernière phase est surtout marquée par ce qui est peut-être le chef-d'œuvre de Zimmermann, le* Requiem pour un jeune poète *(1967-1969). Torturé entre la vision d'un monde moderne et une foi profonde, le compositeur a choisi de se donner la mort après avoir achevé l'*Action ecclésiastique. *Il reste sûrement l'un des créateurs les plus puissants de sa génération.*

Konfigurationen

Œuvre composée entre 1954 et 1956, et créée par Alexander Kaul peu après son achèvement. Datant de la première phase de la production du compositeur, ce second recueil pour piano — après *Enchiridion* (1949-1952) — rassemble huit pièces — miniatures qui ne cachent pas leur dette envers le Webern des *Bagatelles* pour la brièveté (neuf mesures pour la plus courte), et celui du sérialisme dodécaphonique — dévoré par le silence — pour l'écriture (avec un écho des *Variations op. 27*, en particulier dans la quatrième). L'ensemble, conçu comme une étude compositionnelle sur les « configurations multiples » issues d'un matériau restreint, exploite les registres opposés et les intensités extrêmes (du *pppp* au *fff*), avec une abondante utilisation des harmoniques et une notation mesurée des deux pédales d'une grande précision (à la double croche près).

Monologe, pour deux pianos

Terminé en 1964, et créé l'année suivante par Alfons et Aloys Kontarsky auxquels l'œuvre est dédiée « en souvenir et en guise de remerciement », *Monologe* est en réalité une version pour deux pianos de *Dialoge* pour deux pianos et orchestre*, et porte le même sous-titre d' « Hommage à Claude Debussy ». Dans le même esprit que *les Soldats*, cette partition prône le « pluralisme » cher à l'auteur, — conséquence du concept de la « sphéricité du temps » : grâce au hasard — que Zimmermann refusait en tant que facteur déterminant dans

---

* Voir *Guide de la musique symphonique.*

l'interprétation, en réaction à l'engouement des compositeurs pour la « forme ouverte » —, « la multiplicité tout à fait prodigieuse de la pensée musicale de tous les temps est devenue, avec lui, expérimentable, reconnaissable * ». L'œuvre intègre donc de nombreuses citations, de l'hymne « Veni Creator Spiritus » au jazz, en passant par Bach (« Wachet auf »), Debussy ou Messiaen, dans une succession de « dialogues ou communications, mille fois répétés », non seulement entre les instruments, mais plus généralement avec l'histoire. Sa durée d'exécution avoisine dix-huit minutes.

Perspektiven, pour deux pianos

Composée à la suite d'une commande de la ville de Darmstadt pour le dixième anniversaire des « Rencontres internationales », et créée la même année par Alfons et Aloys Kontarsky, la partition est intitulée *Musique pour un ballet imaginaire,* sous-titre déjà utilisé pour une œuvre d'orchestre antérieure *(Kontraste).* La proximité entre la musique de chambre et le théâtre, fréquente dans l'œuvre de Zimmermann (*Presence* pour violon, violoncelle et piano, 1961) conduira *Perspektiven* à connaître une création scénique en 1957 à Düsseldorf (une danseuse et deux danseurs). *Perspektiven* occupe une place importante dans l'œuvre de l'auteur, et correspond, avec la *Sonate* pour alto et le *Canto di Speranza* pour violoncelle et orchestre, à la fois à l'assimilation de l'héritage webernien (notamment par le recours à une série présentant les mêmes propriétés que celle du *Konzert op. 24),* qu'à une distance prise avec le sérialisme : en intégrant « un accord dodécaphonique dans un espace très réduit, sous forme d'anti-accord en quelque sorte, j'ai introduit les clusters dans la musique sérielle, tout autant parce que la technique propre de ces *Perspectives* l'exigeait, que pour exprimer mon plus profond désaccord ». C'est cette démarche qui conduira progressivement Zimmermann vers le « pluralisme » des œuvres suivantes.

Le premier des deux mouvements privilégie une écriture le plus souvent parallèle entre les deux pianos, — l'un suscitant immédiatement un écho chez l'autre, à partir de gestes sonores très typés (accords arpégés, trilles, clusters, notes répétées, etc.), jusqu'à la section centrale, la plus vive, basée sur une succession de passages en canon rétrograde. Le second mouvement, plus court, est plus détaché de ses antécédents historiques que le précédent — seule la dernière section reprenant textuellement le principe de l'écriture en miroir —, et travaille au contraire sur les contrastes entre les deux pianos, dans une densité croissante pour les sections vives, entrecoupées périodiquement par le *Tranquillo* initial. La durée d'exécution est de treize minutes environ.

A.P.

---

* Voir les article de Zimmermann et les études qui lui sont consacrées, in : *Contrechamps n° 5* (Éd. L'Age d'Homme, 1985).

GLOSSAIRE

Les définitions données ci-après sont aussi condensées que possible, — destinées à faciliter la lecture sans l'interrompre. Seuls les mots clavecin, clavicorde, épinette, piano, piano-forte *et* virginal *font l'objet de petits développements quant à leurs caractéristiques techniques.*

Accent : renforcement, régulier ou accidentel, de notes essentielles dans une phrase musicale.

Acciacature : de l'it. « acciacatura ». Ornement mélodique utilisé dans la musique de clavecin : frappement simultané d'une note principale et de sa seconde mineure inférieure, la note principale restant seule tenue. Produit un léger effet de dissonance.

Accident : signe d'altération affectant la note seule devant laquelle il est placé, et pour une mesure seulement.

Accord : émission simultanée de trois sons au minimum. Dans l'harmonie classique, l'accord est défini comme une superposition de tierces ; l'émission de deux sons seulement forme un intervalle, et non un accord.

Accouplement : au clavecin (comme à l'orgue), système mécanique permettant de faire sonner simultanément différents jeux sur plusieurs claviers ; on parle donc d'« accouplement » des claviers entre eux.

Agogique : néologisme (d'après l'all. « Agogik »). Désigne les légères modifications ou fluctuations de tempo apportées à la stricte notation musicale pour satisfaire aux nécessités de l'expression, voire au caractère d'une phrase musicale (par exemple le *rubato* ; v. ce mot). Par extension, s'applique à « la théorie du mouvement dans l'exécution musicale » (in *Science de la Musique,* Bordas, Paris, 1976).

Agrément : formule d'ornementation introduite dans la musique occidentale au XVIIe siècle. Indiqué sous forme abrégée, l'agrément s'ajoute à la note écrite qu'il orne d'une petite figuration mélodique.

Alla breve : locution italienne appliquée à la mesure à C barré (2/2), dans laquelle l'unité de temps est la blanche.

Ambitus : synonyme d'étendue, — de la note la plus grave à la note la plus élevée ; à distinguer de *tessiture* (v. ce mot).

Anacrouse : note(s) initiale(s) d'un morceau extérieure(s) au premier temps fort de la mesure. S'applique également à toute note qui, au cours du morceau, forme, avec une valeur plus accentuée lui faisant suite, un motif rythmique continu.

Antécédent : synonyme de « sujet » dans une fugue ou un canon ; ou, dans une phrase mélodique, première période à caractère suspensif, à laquelle répond une période dite *conséquent*.

Appog(g)iature : de l'it. « appoggiare ». Son dissonant étranger à l'accord avec lequel il résonne (un demi-ton au-dessus ou au-dessous), qui précède et prend momentanément la place de la note réelle de cet accord. C'est un accent expressif se jouant de façon plus « appuyée » que cette note réelle.

Armure (ou **Armature**) : ensemble des accidents placés en tête de chaque portée après la clé. Ils désignent ainsi toutes les notes altérées constitutives de la tonalité choisie.

Arpège (ou **Arpègement**) : terme issu du jeu de la harpe. Exécution successive, mais rapprochée, des notes d'un accord du grave à l'aigu (ou inversement) ; l'arpège est « brisé » lorsque les notes ne sont pas émises dans l'ordre normal.

Augmentation : dans son sens strict, prolongation de la durée d'une note par l'adjonction de la moitié de sa valeur (v. également *Note pointée*). Dans les pièces de style contrapuntique (v. ce mot), il s'agit de la répétition en valeurs plus longues d'un thème ou d'un motif : cas fréquent de la fugue, dont le sujet est repris en augmentation.

Basse : partie servant de base à l'enchaînement des accords, c'est-à-dire à l'harmonie d'une œuvre musicale. Également registre grave du clavier.

Basse continue : système de notation, dite « basse chiffrée », employé aux XVIIe et XVIIIe siècles et permettant aux clavecinistes (comme aux organistes) de réaliser sur une note de basse donnée la suite d'accords destinés à soutenir harmoniquement une composition.

Basse d'Alberti : formule d'accompagnement en accords brisés répétés pendant plusieurs mesures.

Basse obstinée : formule de basse employée dans certains types de composition (chaconne, passacaille), et consistant dans la répétition continuelle d'une série de notes.

Battement : formule ornementale utilisée dans l'ancienne musique de clavier, consistant dans l'alternance continue de deux sons conjoints (note principale et seconde inférieure). Au sens moderne, plus extensif, alternance de deux notes à divers intervalles.

Batterie : formule d'accompagnement soit en accords arpégés, soit en accords brisés (v. *Basse d'Alberti*).

Brisé : qualificatif caractérisant un style mis en valeur par les virginalistes et clavecinistes jusqu'au XVIIIe siècle. La technique de jeu consistait dans l'exécution d'accords présentés sous la forme d'arpèges ou de batteries (v. ces mots), et exigeait une très grande virtuosité.

Cadence (ou **Cadenza**) : phrase conclusive, ou formule mélodique, voire harmonique, terminant une phrase musicale. Par extension, improvisation généralement virtuose placée en principe avant la fin d'un mouvement. Au XVIIIe siècle, équivalent de *trille* (v. ce mot).

Cadence plagale : relève d'une classification de l'harmonie traditionnelle selon laquelle la cadence plagale — qui est courante — correspond à un enchaînement de la sous-dominante à la tonique (v. ce mot). On distingue aussi les cadences parfaites (de la dominante à la tonique), imparfaites, rompues, etc. La cadence parfaite est nettement conclusive ; la cadence plagale l'est de façon moins affirmative.

Canonique : se rapporte au canon, type d'écriture contrapuntique (v. ce mot) dans lequel les « voix » énoncent le même motif, mélodique et souvent rythmique, mais décalées les unes par rapport aux autres, — à des distances variables et à des hauteurs différentes.

Cantabile : mot italien. Par analogie avec la musique vocale, désigne une pièce ou un passage dont le caractère mélodique « chantant » est mis en relief.

Carrure : construction symétrique partageant la phrase musicale en fragments d'égale durée (par groupes de deux, de quatre, de huit mesures, etc.), et ponctués par un repos, une cadence, ou toute autre formule.

Chromatique : faisant l'emploi d'une succession d'altérations des degrés de l'échelle fondamentale (un demi-ton vers le grave ou vers l'aigu). La gamme chromatique fait se succéder douze demi-tons diatoniques (v. ce mot) et chromatiques à l'octave.

Clavecin (caractéristiques techniques) : se compose d'une caisse montée sur pieds affectant approximativement la forme d'une aile d'oiseau (d'où l'all. « Flügel ») ; dans ses plus vastes dimensions, cette caisse atteint 2,30 m de long et 0,90 m de large. Les cordes métalliques ou filées, parallèles au grand côté et de longueurs dégressives, sont tendues sur deux chevalets et fixées à des chevilles ; ces chevilles sont fichées dans le sommier, sur lequel est collé le premier chevalet : les vibrations des cordes sont transmises par le second chevalet à la table d'harmonie, percée d'une rosace. L'espace entre sommier et table d'harmonie est occupé par les « registres » où se trouve mis en œuvre le mécanisme pincé de l'instrument (« sautereaux ») : lorsqu'une touche est appuyée, un bec de cuir situé dans chaque sautereau, et qui fait office de plectre, griffe une corde en passant ; un dispositif ingénieux permet au bec de ne pas accrocher de nouveau la corde lorsque le sautereau retombe. Chaque touche peut actionner un ou plusieurs sautereaux correspondant aux différents « jeux » : ces jeux permettent des différenciations de timbre, et son désignés par analogie avec ceux de l'orgue ; un jeu très remarquable est le « jeu de luth » qui a équipé les instruments classiques, — avec sa sonorité aigrelette et son timbre voilé. Au XVIIe siècle, le clavier comporte généralement quarante-neuf touches correspondant à une étendue de quatre octaves et demie ; à l'imitation de l'orgue également, on construit des instruments à deux claviers qui peuvent s'accoupler ; deux claviers, parfois trois, offrent un plus grand choix de sonorités : le claveciniste peut sélectionner des jeux différents pour chaque clavier. Le grand clavecin Pleyel actuel comprend deux claviers de soixante et une touches chacun ; sept pédales permettent d'introduire ou de supprimer les divers jeux, ou d'accoupler les deux claviers.

Clavicorde (caractéristiques techniques) : sa première description date de la fin du XVe siècle ; peu à peu agrandi et perfectionné, l'instrument a subsisté jusqu'au début du XIXe siècle, en raison notamment de sa valeur pédagogique. Son mécanisme ne peut être confondu avec celui du piano : les cordes sont parallèles au clavier, donc perpendiculaires aux touches. De longueurs presque identiques mais diversement accordées, elles sont tendues au-dessus d'une caisse rectangulaire oblongue, et heurtées selon un dispositif à « tangentes ». Ces tangentes frappent en des points déterminés de division des cordes ; on tire donc d'une même corde plusieurs sons de hauteurs différentes. Il y eut des cordes simples, puis doubles et triples : le plus ancien clavicorde conservé est doté d'un clavier de quarante-cinq touches, pour vingt-deux doubles cordes. Dans les premiers temps de son développement, l'instrument se posa sur une table ; au début du XVIIIe siècle, il évolua vers des dimensions plus importantes et fut monté sur pieds ; il n'y eut plus qu'une tangente par corde, donc une touche par corde. Ce fut le clavicorde « libre », sur lequel tous les accords et ornements rapides devinrent possibles ; l'étendue atteignit cinq, parfois six octaves. La sonorité, malgré sa discrétion, fut richement expressive, — avec une sorte de vibrato dû au contact prolongé des tangentes avec les cordes. Au milieu du XVIIIe siècle, le clavicorde coexista sans conteste avec le clavecin et le piano-forte : Hadyn et Mozart ont possédé chacun le sien.

Clavier : du lat. « clavis », clé. Dispositif réunissant les touches d'instruments tels que l'orgue, le clavecin, le piano ; sous la pression des doigts, ces touches commandent le mécanisme producteur du son. Dans l'histoire de la facture européenne, différents types de clavier ont été expérimentés, en particulier au piano (claviers en arc, claviers renversés). D'autre part, un même instrument peut comporter plusieurs claviers : clavecins à deux ou trois claviers ; on a même construit des pianos à six claviers superposés.

Cluster : voir, dans ce même volume, à *Henry Cowell*.

Coda : mot italien (queue). Employé, très généralement, comme synonyme de conclusion, de péroraison.

Conséquent : v. *Antécédent*.

Continuo : abréviation pour *Basse continue* (v. ce mot).

Contrapuntique : respectant les règles du contrepoint, — discipline essentielle de la composition dans la musique occidentale. Tandis que l'harmonie, autre discipline fondamentale, s'intéresse à l'enchaînement des accords, le contrepoint envisage la conduite de deux ou plusieurs lignes mélodiques indépendantes et simultanées à partir d'un thème donné (v. également *Harmonique*).

Coulé : agrément employé par les clavecinistes français des XVIIe et XVIIIe siècles, consistant dans la succession rapide, à intervalle de tierce ascendante ou descendante, de deux notes diatoniques précédant la note principale ; peut être considéré comme une appoggiature double (v. ce mot). S'applique aussi à la liaison de deux notes dont la première est plus accentuée que la seconde.

Croisement : s'applique, dans le jeu des instruments à clavier, à l'interversion de la position normale des mains, — à des fins expressives le plus généralement.

Da capo : locution italienne (« du commencement »). Indication de reprise d'un morceau à son début (jusqu'à l'endroit marqué « Fine »). La forme Da capo peut être schématisée par A B A : après la partie centrale B, reprise de la partie A formant conclusion.

Développement : désigne, très généralement, toute la partie d'une composition musicale dans laquelle les « idées » sont « travaillées » après leur exposition (v. ce mot). Thèmes, motifs mélodiques ou rythmiques sont modifiés, amplifiés ou morcelés suivant des procédés d'élaboration extrêmement variés (rythme, harmonie, dynamique, mesure, tempo, etc.). Dans la forme sonate (v. ce mot), le développement est la partie médiane entre exposition et réexposition.

Diatonique : faisant l'emploi des intervalles normaux de la gamme par tons et demi-tons (ces derniers ne se succédant jamais immédiatement). Il y a donc diatonisme quand n'apparaît pas plus d'un demi-ton de suite dans la succession des degrés de l'échelle ; sinon, v. *Chromatique*.

Diminution : dans une pièce de style contrapuntique (v. ce mot), procédé de présentation du thème en valeurs moindres que celles de son exposition. Le contraire est l'augmentation (v. ce mot). Plus généralement, synonyme d'ornementation dans laquelle un motif mélodique est passagèrement décomposé en notes brèves. V. également *Ornements*.

Dodécaphonique : en rapport avec le système de composition créé et codifié par Arnold Schönberg. Il repose sur le postulat de l'égalité absolue des douze sons (demi-tons) de l'échelle chromatique tempérée, — donc sur la négation de la hiérarchie entre les notes jusqu'alors admise. Les douze demi-tons se succèdent dans un ordre librement fixé à l'avance par le compositeur, et formant une « série » comme principe générateur de l'œuvre.

Doigté : procédé consistant à préciser le rôle des doigts dans une exécution musicale, en faisant figurer des indications chiffrées sur la partition.

Doigté lié : dit également « de substitution ». Technique de jeu employée au piano, qui permet de changer de doigts sur une même touche du clavier sans lâcher celle-ci.

Dominante : cinquième degré d'un ton donné, donc à la quinte de la tonique (v. ce mot) : par exemple *sol* pour le ton d'*ut* majeur. Dans l'harmonie tonale classique, on a là un élément d'équilibre essentiel, — la dominante créant une instabilité, une tension que la tonique, stable et statique, peut seule résorber.

Double barre : double trait vertical traversant la ou les portées, et marquant la fin d'une œuvre ou d'une de ses parties ; v. également *Da capo*.

Duolet : division binaire d'une unité de temps en principe ternaire ; v. également *Triolet*.

Enharmonique (Par enharmonie) : procédé usité de modulation (v. ce mot) par lequel est momentanément établie l'équivalence, quant à la hauteur, de deux notes de noms différents mais de son identique (par exemple *fa* dièse et *sol* bémol). Il est employé surtout pour atteindre rapidement des tons éloignés.

Épinette (caractéristiques techniques) : très répandue aux XVIIe et XVIIIe siècles, l'épinette (de l'italien « spinetta » et, suppose-t-on, d'après le nom du facteur vénitien Spinetti) fut un instrument proche du clavecin et fonctionnant suivant un principe identique (cordes pincées par des sautereaux) ; mais il s'en distingua par la disposition des cordes, perpendiculaires ou obliques par rapport aux touches du clavier (et non parallèles comme dans le clavecin). La caisse de résonance était rectangulaire, parfois pentagonale ou à côte courbe. En général, l'épinette fut plus petite que le clavecin, portative, à un seul jeu de cordes, et couvrant une étendue de quatre octaves et demie. Le jeu en était difficile (inégale résistance de note à note), mais la sonorité douce, un peu aigrelette, néanmoins fort agréable.

Étendue : v. *Ambitus*.

Exposition : partie initiale d'une composition de style fugué ou de forme sonate. Dans la fugue (v. ce mot), présentation du sujet et de la réponse ; dans la forme sonate (v. ce mot), présentation du thème principal et du second thème. Par extension, présentation du « matériau » thématique d'une œuvre ; lui fait suite, exploitant ce matériau, le développement (v. ce mot).

Forme lied : v. *Lied*.

Forme rondo : v. *Rondo*.

Forme sonate : v. *Sonate*.

Fugato : mot italien. Passage en style fugué, mais non astreint aux règles constitutives de la fugue : en général, une exposition de fugue, ou quelques entrées en imitation (v. ce mot).

Fugue : grande forme polyphonique faisant appel aux ressources du contrepoint dans le traitement des différentes « voix » : Schématiquement, les règles sont : un nombre constant de voix réelles et équivalentes ; le monothématisme (un thème fugué — le sujet — fournit les éléments du développement complet) ; des entrées successives des voix selon les principes d'imitation (v. ce mot). Schématiquement aussi, la construction fait se succéder : la présentation du sujet, puis réponse dans une seconde voix doublée contrapuntiquement d'un contre-sujet (ensuite sujet à la troisième voix, et réponse à la quatrième) ; un développement avec les différentes voix en imitations et des épisodes contrapuntiques plus libres ; enfin une conclusion — ou strette (v. ce mot) — par entrées de plus en plus serrées du sujet et du contre-sujet dans les différentes voix.

Glissando : mot italien (« en glissant »). Technique d'exécution consistant à réaliser un intervalle en glissant rapidement sur tous les degrés intermédiaires, sans aucune accentuation. Le ou les doigts — l'ongle sur le clavier — effleurent simplement les touches correspondantes du clavier.

Gruppetto : mot italien. Petit groupe ornemental de trois ou quatre notes précédant ou suivant rapidement la note principale. V. également *Ornements*.

Harmonique : relatif et conforme à l'ensemble des règles régissant la formation et l'enchaînement des accords, — règles qui constituent une discipline fondamentale de la musique occidentale. L'harmonie, qu'on peut qualifier de « verticale », s'oppose à la mélodie dans son déroulement « horizontal ».

Homophone : s'applique aux compositions dans lesquelles mélodie principale et autres parties, simplement accompagnatrices, sont exécutées à l'unisson (ou à l'octave, ou à la double octave). Par extension, lorsque toutes les « voix » obéissent au même rythme (homorythmie).

Imitation : procédé courant de composition polyphonique consistant dans la reproduction par une « voix » nouvelle d'une mélodie (ou d'un fragment mélodique) exposée par une « voix » antérieure. Il s'agit d'un des fondements du style contrapuntique (v. ce mot).

Intermédiaire : qualificatif appliqué aux parties situées entre la basse et la partie la plus aiguë ; elles sont dotées ou non d'une individualité mélodique, — selon qu'elles appartiennent réellement à la polyphonie d'un morceau ou qu'elles ne constituent qu'un élément de son soutien harmonique.

Inversion : v. *Renversement*.

Legato : mot italien (« lié »). Précise le caractère d'une exécution sans interruption ni diminution du son entre les notes ; sur les instruments à clavier, s'effectue en maintenant la touche enfoncée jusqu'à l'attaque de la note suivante. Le legato s'oppose principalement au staccato (v. ce mot).

Lié : v. *Doigté lié*.

Lied (forme) : forme basée sur la succession de deux thèmes, en trois parties A B A (A comme exposition du premier thème, B comme partie médiane avec un second thème, et A comme réexposition du premier thème). L'expression « forme lied » s'applique parfois au mouvement lent d'une sonate, — formé d'un thème principal très développé, avec insertion brève de la partie médiane. Cette forme peut admettre en outre des subdivisions internes, ou engendrer des variations.

Marche harmonique : répétition sur différents degrés de la gamme d'un même mouvement mélodique et de l'harmonie qui le soutient.

Martellato : mot italien (« martelé »). Indique, au piano, que les doigts doivent agir comme des marteaux, — en particulier dans l'exécution de successions d'octaves.

Médium : du lat. (« milieu »). Registre intermédiaire entre le grave et l'aigu.

Modulation : passage d'une tonalité à une autre. On module par accord-pivot, par juxtaposition d'accords, par changement de mode, par enharmonie (v. ce mot).

Monodique : à une « voix », par opposition à polyphonique (v. ce mot).

Mordant : agrément fréquemment utilisé dans la musique de clavier ancienne, en particulier par les clavecinistes français et allemands des XVIIe et XVIIIe siècles. Il consiste en un ou plusieurs battements faisant alterner une note principale, la note immédiatement inférieure, pour s'achever sur la note principale, — le tout exécuté plus ou moins rapidement.

Nuance : spécifiquement, toute modification de l'intensité des sons ou des phrases dans le cours d'une exécution musicale (par exemple, crescendo ou decrescendo). Plus généralement, modification du phrasé, du mouvement, du toucher, — à des fins expressives.

Opus : du lat. (« œuvre »), couramment abrégé *op*. Terme permettant de repérer la situation chronologique d'une œuvre donnée, en général suivant l'ordre de publication (et non de composition). Mais d'autres termes (et abréviations) de classification peuvent intervenir, — portant normalement le nom du musicologue qui a dressé tel ou tel catalogue, pour tel ou tel compositeur (par exemple, *Köchel* — abréviation *K* — pour les œuvres de Mozart).

Ordre : synonyme de « suite » dans la terminologie des clavecinistes français du XVIIIe siècle, — avec, cependant, un nombre de pièces souvent plus important et disposé plus librement (v., en particulier, *François Couperin*).

Ornements (et **Ornementation**) : dits également « agréments » et consistant, par l'ornement de brèves figures accessoires, à embellir ou varier une ligne mélodique. L'ornementation est l'art de disposer ces ornements : parmi ceux-ci, l'appoggiature, l'arpègement, le gruppetto, le trille, etc. (v. ces mots).

Ostinato : mot italien. Équivalent de basse obstinée (v. ce mot), — formule de répétition continuelle, à la basse, d'une série de notes. Peut cependant s'appliquer à d'autres registres du clavier.

Passage : développement d'un motif de caractère virtuose et ornemental, — par exemple en arpèges.

Pédale : note tenue immuablement soit à la basse, soit à la partie supérieure, soit dans une partie intermédiaire, pendant que les autres parties enchaînent des accords plus ou moins libres par rapport à elle. Le rôle harmonique de la pédale est d'exercer une attraction tonale par rapport aux harmonies étrangères qui l'entourent ; elle affirme donc la tonalité d'un morceau. Au clavecin, mécanisme permettant l'accouplement (v. ce mot), et, sur le piano, de modifier la sonorité (v. *Piano*).

Pentatonique : s'applique à une échelle de cinq sons à l'octave. Dans un tel système musical, la forme la plus typique est celle de la gamme par tons entiers sans demi-tons intermédiaires, — dont maints compositeurs du XXe siècle (influences des folklores européens, des musiques orientales) ont fait usage.

Perpétuel (mouvement) : ou « Perpetuum mobile ». Mouvement rapide et virtuose fondé, de façon ininterrompue et régulière, sur des notes de valeur brève et égale.

Phrasé : ponctuation du texte musical consistant à respecter un certain nombre de signes suggérés ou imposés par le compositeur, ou par le caractère de la pièce exécutée (divisions en périodes et phrases, suspensions, repos, enchaînements).

Piano (caractéristiques techniques) : le *piano à queue* moderne — dit « piano de concert » — se compose pour l'essentiel d'une table d'harmonie montée sur une charpente appelée barrage, et que surplombent les cordes ; celles-ci sont mises en vibration par des marteaux que commandent les touches du clavier : ce dispositif constitue la « mécanique » proprement dite de l'instrument ; on fait intervenir enfin des pédales qui modifient l'impact des marteaux sur les cordes. Ce « grand queue de concert » mesure généralement entre 2,50 m et 2,75 m de long. Pour entrer dans quelque détail, indiquons que c'est la table d'harmonie qui assure la résonance des cordes, — celles-ci étant fixées à deux sommiers (aujourd'hui remplacés par un cadre métallique d'une seule pièce). Les deux cent vingt-quatre cordes sont tendues sur un chevalet placé sur la table : elles sont triples et en fonte d'acier, excepté dans le grave (cordes simples ou doubles, et filées de cuivre). Le clavier comporte quatre-vingt-huit touches, dont chacune commande un marteau et, simultanément, un étouffoir par l'intermédiaire d'un assemblage assez compliqué de pièces fixes et mobiles : celles-ci assurent, avec l'aide d'échappements (v. ci-après *Piano-forte*), des mouvements de percussion aux marteaux, et des mouvements de déplacement aux étouffoirs qui laissent plus ou moins vibrer les cordes percutées. Les deux pédales, enfin, assument des fonctions différentes : celle de gauche (pédale « douce ») diminue et adoucit le son ; celle de droite (pédale « forte ») augmente la durée de résonance des cordes frappées en éloignant tous les étouffoirs ; en outre, plusieurs autres cordes vibrent par sympathie. Certains pianos à queue comportent d'autre part une troisième pédale, dite « tonale » ou « de prolongation », permettant à l'exécutant de prolonger à volonté un ou plusieurs sons, un accord par exemple, à l'exclusion de tous les autres. L'étendue du piano moderne est de sept octaves un quart (du *la* -2 à l'*ut* 7), la plus vaste après celle de l'orgue ; il exista des pianos à huit octaves au siècle dernier.

Piano-forte (caractéristiques techniques) : en 1698, l'Italien Cristofori construisit le premier « gravicembalo col piano e forte », — pour jouer « piano » et « forte ». Ce piano-forte adopta la forme du clavecin, conservée avec le piano à queue, son futur successeur ; et d'emblée l'instrument fut pourvu des principaux organes de sa mécanique moderne : en particulier, substitution au sautereau du clavecin d'un petit marteau frappant la corde, et double système d'échappement et d'étouffoir (qui, simultanément, déclenche la poussée du marteau contre la corde et permet à celle-ci de vibrer librement) ; le clavier comportait cinq octaves. La souveraineté du piano-forte fut fortement combattue par celle du clavecin, — qui dut cependant capituler devant les perfectionnements du piano dès la fin du XVIIIe siècle. Le regain de faveur dont jouit aujourd'hui le piano-forte, par exemple dans l'interprétation de Mozart, ne peut trop faire illusion : le piano moderne a conquis ses lettres de noblesse au XIXe siècle, et nous a accoutumés à ses irremplaçables sonorités.

Pizzicato : mot italien (« pincé »). Au clavier, technique imitative de celle consistant à pincer les cordes avec les doigts sur les instruments à archet ; les sons émis doivent être brefs, nets, et de faible intensité.

Plaqué : dans le jeu des instruments à clavier, procédé consistant à « faire entendre en même temps et avec force toutes les notes d'un accord » (Marc Honegger). Le contraire du plaqué est l'arpège (v. ce mot).

Point d'orgue : prolongation de la durée d'une note ou d'un silence (point d'arrêt) au-delà de sa valeur réelle, pour une durée indéterminée.

Pointée (note) : note prolongée de la moitié de sa valeur.

Polyphonique : s'applique à une forme d'écriture dans laquelle se combinent plusieurs « voix » simultanées, et dotées chacune d'une plus ou moins grande indépendance mélodique et rythmique ; elles doivent néanmoins constituer un ensemble homogène.

Polytonal : s'emploie lorsque sont superposées plusieurs tonalités différentes entendues simultanément. Mais *bitonal* quand ne sont superposées que deux tonalités, — ce qui représente la forme la plus simple de polytonalité.

Progression : synonyme de marche harmonique (v. ce mot).

Récitatif : employé par analogie avec un style de chant où courbe mélodique et rythme sont plus ou moins restreints à la prosodie du langage parlé ; le récitatif est monodique (v. ce mot).

Récurrence : dans l'écriture contrapuntique (ou dans le système dodécaphonique), désigne la reprise en ordre inversé des notes d'un thème (ou d'une série). On parle aussi d'un procédé d'écriture « à l'écrevisse ».

Registre : partie de l'étendue totale (ou ambitus) présentant les mêmes caractéristiques de sonorité, — ainsi registres « grave », « moyen » (v. médium), « aigu » ou « suraigu ». Le mot s'applique également au clavecin, pour désigner la commande des différents jeux.

Relatif (ton) : s'applique pour désigner le rapport entre deux tons ayant la même armure (v. ce mot), mais dont l'un est majeur et l'autre mineur ; par exemple *ré* mineur relatif de *fa* majeur, avec tous deux un bémol à la clé.

Renversement : interversion des rapports des sons dans un intervalle, un accord. Dans le renversement d'un motif, tous les intervalles ascendants de ce motif deviennent symétriquement descendants, et vice versa.

Reprise : répétition d'une partie d'une œuvre musicale, — par exemple, dans une sonate, de l'exposition (première partie). Signe indiquant le début et la fin du passage qui doit être repris (v. également *Da capo* et *Double barre*).

Résolution : enchaînement d'un son, d'un intervalle ou d'un accord dissonant vers un autre son, intervalle ou accord consonant par un mouvement de seconde majeure ou mineure (ou de demi-ton chromatique). La résolution diminue la tension créée par la dissonance, et donne une impression d'équilibre harmonique.

Rétrogradation : synonyme de *récurrence* (v. ce mot).

Rondo (forme) : mot italien. Forme musicale fondée sur l'alternance d'un refrain (motif principal) et de couplets (motifs secondaires). Au mouvement final de sonates, le couplet peut prendre de l'importance et faire office de second thème, — un tel rondo s'apparentant dès lors à la forme sonate elle-même (v. ce mot).

Rubato (tempo) : de l'italien (« temps volé »). Indication d'expression accordant quelque liberté pour accélérer ou ralentir (*accelerando* ou *ritardando*) certaines notes de la mélodie. Cet assouplissement des rigueurs de la mesure doit se garder de tout excès.

Série : v. *Dodécaphonique*.

Sonate (forme) : forme extrêmement élaborée de la musique occidentale. Elle s'est pleinement épanouie au XIXe siècle sous l'aspect d'un mouvement comportant habituellement une exposition (mise en œuvre du bithématisme), un développement (combinaisons de ces deux thèmes), une réexposition, et parfois aussi une coda (v. ce mot). En principe, l'Allegro initial est la forme sonate proprement dite, — on parle également d'*Allegro de sonate*; mais, avec l'ensemble des mouvements qui lui succèdent, se trouve réalisée parfois une vaste forme sonate. Ce moule formel évoluera notamment avec le principe de composition « cyclique » : voir, en particulier, *Sonate en* si *mineur* de Liszt.

Sotto voce : locution italienne (« sous la voix »). « Indication d'exécution réclamant une émission et une expression retenues, sans aller toutefois jusqu'au piano » (Marc Honegger).

Staccato : mot italien (« détaché »). Exécution séparant nettement les notes les unes des autres ; joué lentement, le staccato tend à devenir un martellato (v. ce mot).

Strette : du lat. strictum (« serré »). Partie finale d'une fugue, dans laquelle les entrées successives du sujet se font très rapprochées. Plus généralement, conclusion accélérée d'un mouvement.

Syncopé : son articulé sur un temps faible ou la partie faible d'un temps, et se prolongeant sur un temps fort ou la partie forte d'un temps. Il en résulte un déplacement des valeurs rythmiques produisant un effet de rupture.

Tempo : mot italien. Désigne le degré de rapidité et la durée absolue des valeurs de notes dans l'exécution d'un morceau ; se précise au moyen d'indications de mouvement (Allegro, Andante, Largo, etc.), ou d'indications métronomiques.

Terminaison : notes ornementales terminant un trille, ou tout autre ornement placé à la fin de la durée d'une note.

Tessiture : de l'it. tessitura (« trame »). Sorte d'étendue moyenne dont les limites de hauteur sonore sont celles entre lesquelles l'instrument évolue le plus aisément ; se distingue de l'ambitus (v. ce mot).

Tierce picarde : tierce apparaissant à la fin d'un morceau en mode mineur, et qu'on hausse en majeur. Cependant la tierce mineure terminale n'est pas en soi une « faute », et peut être conservée à des fins d'expression.

Timbrique : relatif au timbre, — qui détermine une qualité spécifique du son musical indépendamment de sa hauteur et de son intensité.

Tonique : note qui donne son nom à la tonalité choisie. Elle en représente le pôle essentiel de stabilité, — en cela opposée à la dominante (v. ce mot).

Toucher : désigne la manière de frapper les touches. Particulièrement subtil au piano, le toucher conditionne l'articulation des sons et joue un rôle prépondérant — par sa qualité et par sa diversité — dans l'expression musicale, au même titre que le phrasé (v. ce mot). Il est de moindre importance au clavecin, dont le jeu exige surtout des attaques précises.

Trait : formule de virtuosité, — gammes, arpèges, etc.

Trémolo : répétition rapide d'une même note, produisant un effet de tremblement. Dans la musique de piano, est également le battement rapide d'une note avec l'octave, la tierce ou la quinte, supérieures ou inférieures.

Trille : agrément musical courant. Il consiste dans l'alternance plus ou moins rapide d'une note donnée avec sa note conjointe supérieure ; c'est un élément de coloration de la sonorité instrumentale, en même temps qu'un effet de virtuosité. V. également *Ornements*.

Triolet : groupe de trois notes égales, ou division ternaire d'une figure de note. Dans une mesure binaire (à 2/4 par exemple), sa valeur équivaut celle de deux ou quatre notes.

Triton : intervalle de trois tons entiers (par exemple *fa — si*) ; c'est donc une quarte augmentée. La sonorité est tendue, conférant au triton une position exceptionnelle parmi tous les intervalles : au Moyen Age le triton fut interdit, car désigné comme « diabolus in musica ».

Unisono : mot italien (« à l'unisson »). Émission simultanée du même son par deux « voix », — soit à hauteur exactement identique, soit à distance d'une ou plusieurs octaves. V. également *Homophone*.

Virginal (caractéristiques techniques) : cette variété d'épinette (v. ce mot) fut particulièrement prisée en Angleterre aux XVIe et XVIIe siècles ; les « virginalistes » — voir, dans ce volume, à *Byrd, Farnaby* ou *Gibbons* — furent des compositeurs qui écrivirent indifféremment pour le clavecin et pour cet instrument plus modeste. En effet, c'est au XVIIIe siècle seulement que s'établit une véritable distinction avec le clavecin, — le virginal devenant synonyme de petite épinette en forme de boîte rectangulaire, dont le clavier se trouvait à gauche, au milieu, ou à droite d'un des grands côtés. L'instrument était donc aisément transportable et se posait couramment sur une table. Le virginal double fut un modèle dans lequel un second virginal plus petit s'emboîtait, tel un tiroir, sous la table du premier ; il sonnait à l'octave de celui-ci ; l'un et l'autre pouvaient être accouplés. La sonorité ténue, piquante, ne peut être que difficilement restituée par celle du clavecin : celle de l'épinette en donne davantage une idée.

INDEX

L'ordre de présentation des compositeurs, et des œuvres sous chaque nom de compositeur, est alphabétique.
Pour les œuvres, celles formant des ensembles homogènes (les Sonates, par exemple) sont classées par numéros d'opus. Bien entendu, n'ont été retenues que les œuvres faisant l'objet soit d'analyses, soit de commentaires suffisamment détaillés, — à l'exclusion de celles simplement mentionnées au hasard des textes.
Les œuvres pour quatre mains ou deux pianos sont précédées d'un astérisque.

D'AGINCOURT, François par *A. de Place*	1
Livre de pièces de clavecin :	
Premier ordre	1
Deuxième ordre	2
Troisième ordre	2
Quatrième ordre	2
ALBENIZ, Isaac par *F.-R. Tranchefort*	2
Chants d'Espagne, op. 232	3
Espana, op. 165	3
Iberia :	3
Premier cahier	4
Deuxième cahier	5
Troisième cahier	5
Quatrième cahier	6
Souvenirs de voyage, op. 71	3
Suite espagnole n° 1, op. 47	3
ALKAN, Charles-Valentin par *A. de Place*	7
Chemin de fer (Le), op. 27	10
Esquisses (48), op. 63	10
Études dans tous les tons mineurs (12)	10
Grandes Études (3), op. 76	10
Grande Sonate, op. 33	8
Morceaux dans le genre pathétique (3)	11
Saltarelle, op. 23	10
Sonatine, op. 61	10
D'ANGLEBERT, Jean-Henri par *A. de Place*	11
Pièces de clavecin : Suite	11
ARNE, Thomas par *A. de Place*	12
Sonates pour clavecin	13
AURIC, Georges par *A. Poirier*	13
* Doubles Jeux	14
* Partita	14
Sonate en *Fa*	14
BACH, Carl Philipp Emanuel par *A. de Place*	15
Essai sur la véritable manière de jouer du clavecin	18
Sonates pour clavier (Les) :	15
Sonates « prussiennes » :	16
Sonate en *fa* majeur, Wq 48/1	16
Sonate en *si* bém. maj., Wq 48/2	16
Sonate en *mi* majeur, Wq 48/3	16
Sonate en *ut* mineur, Wq 48/4	17
Sonate en *ut* majeur, Wq 48/5	17
Sonate en *la* majeur, Wq 48/6	17
Sonates « wurtembergeoises » :	17
Sonate en *la* majeur, Wq 49/1	17
Sonate en *la* bémol maj., Wq 49/2	17
Sonate en *mi* mineur, Wq 49/3	17
Sonate en *si* bémol maj., Wq 49/4	17
Sonate en *mi* bémol maj., Wq 49/5	17
Sonate en *si* mineur, Wq 49/6	17
Sonate en *si* bémol maj., Wq 51/2	18
Sonate en *fa* dièse min., Wq 52/4	18
Sonate en *mi* bémol maj., Wq 59/3	18
Sonate en *fa* mineur, Wq 63/6	19

Sonate en *ré* mineur, Wq 65/3	16
Sonate en *sol* majeur, Wq 65/48	16
BACH, Jean-Chrétien par *A. de Place*	19
Sonates pour clavier (Les) :	20
Sonate op. 5 n° 2	21
Sonate op. 5 n° 3	21
Sonate op. 5 n° 4	21
Sonate op. 5 n° 5	21
Sonate op. 5 n° 6	22
Sonate op. 17 n° 2	22
Sonate op. 17 n° 3	22
Sonate op. 17 n° 4	22
Sonate op. 17 n° 5	22
Sonate op. 17 n° 6	22
BACH, Jean-Sébastien par *A. de Place*	23
Air varié dans le style italien, BWV 989	69
Capriccio en *mi* majeur, BWV 993	69
Caprice sur le départ de son frère bien-aimé, BWV 992	67
Clavier bien tempéré (Le) :	24
Livre I : Préludes et fugues n°s 1 à 24, BWV 846 à 869	25
Livre II : Préludes et fugues n°s 1 à 24, BWV 870 à 893	34
Clavierbüchlein : v. Petit Livre pour...	
Concerto Italien, BWV 971	65
Concertos transcrits pour clavier seul (Les), BWV 972 à 987	66
Fantaisie chromatique et fugue en *ré* mineur, BWV 903	61
Fantaisie et fugue en *la* mineur, BWV 904	69
Fantaisie en *ut* mineur, BWV 906	62
Fugue en *la* mineur, BWV 944	69
Inventions (Les) :	47
Inv. à 2 voix, BWV 772 à 786	48
Inv. à 3 voix, BWV 787 à 801	49
Ouverture dans le style français, BWV 831	60
Partitas pour clavecin (Les) :	56
Partita n° 1, BWV 825	56
Partita n° 2, BWV 826	57
Partita n° 3, BWV 827	57
Partita n° 4, BWV 828	58
Partita n° 5, BWV 829	59
Partita n° 6, BWV 830	59
Petit Livre pour Anna Magdalena Bach	47
Petit Livre pour W.F. Bach	46
Sonate en *ré* majeur, BWV 963	69
Suite en *fa* mineur, BWV 823	69
Suites Anglaises (Les) :	50
Suite Anglaise n° 1, BWV 806	50
Suite Anglaise n° 2, BWV 807	51
Suite Anglaise n° 3, BWV 808	51
Suite Anglaise n° 4, BWV 809	52
Suite Anglaise n° 5, BWV 810	52
Suite Anglaise n° 6, BWV 811	53
Suites Françaises (Les) :	53
Suite Française n° 1, BWV 812	53
Suite Française n° 2, BWV 813	54
Suite Française n° 3, BWV 814	54
Suite Française n° 4, BWV 815	55
Suite Française n° 5, BWV 816	55
Suite Française n° 6, BWV 817	55
Toccatas pour clavecin (Les) :	62
Toccata en *fa* dièse mineur, BWV 910	63
Toccata en *ut* mineur, BWV 911	63
Toccata en *ré* majeur, BWV 912	64
Toccata en *ré* mineur, BWV 913	64
Toccata en *mi* mineur, BWV 914	64
Toccata en *sol* mineur, BWV 915	65
Toccata en *sol* majeur, BWV 916	65
Variations Goldberg, BWV 988	43
BACH, Wilhelm Friedemann par *A. de Place*	70
* Concerto pour 2 clavecins concertants	71
Fantaisie en *ré* majeur	71
Polonaises (12)	71
Sonates pour clavecin (Les) :	71
Sonate en *ré* majeur	71
Sonate en *mi* bémol majeur	71
Sonate en *sol* majeur	71
Suite en *sol* mineur	71
BALAKIREV, Mily par *A. Lischké*	72
* Chants du peuple russe (30)	75
Doumka	74
Fantaisie sur des thèmes de Glinka	75
Fileuse (la)	75
Gondellied	74
Islamey	73
Mazurkas (Les)	74
Nocturnes (Les)	74
Novelette	75
Scherzo n° 2	74
Sérénade espagnole	74
Sonate en *si* bémol mineur	73
Toccata	74
BALBASTRE, Claude par *A. de Place*	75
Noëls en variations	76
Premier Livre de pièces de clavecin	76
BARRAQUÉ, Jean par *A. Poirier*	77
Sonate	77
BARTOK, Béla par *H. Halbreich*	78
Allegro Barbaro, Sz 49	84
Bagatelles (14), op. 6 (Sz 38)	83
Burlesques (3), op. 8c (Sz 47)	87
Chants de Noël roumains, Sz 57	81
Chants paysans hongrois (15), Sz 71	82
Chants populaires hongrois (3), Sz 35	80
Chants populaires hongrois (3), Sz 66	82
Danses populaires roumaines (6), Sz 56	81

Danses roumaines (2), op. 8a (Sz 43)	82
Élégies (2), op. 8b (Sz 41)	87
En plein air, Sz 81	86
Esquisses (7), op. 9b (Sz 44)	84
Études (3), op. 18 (Sz 72)	85
Improvisations sur des chants paysans hongrois (8), op. 20 (Sz 74)	83
Mikrokosmos, Sz 107	87
Nénies (4), op. 9a (Sz 45)	87
Petites Pièces (9), Sz 82	86
Petite Suite, Sz 105	82
Pièces faciles (10), Sz 39	81
Pour les enfants, Sz 42	81
Rondos sur des thèmes populaires (3), Sz 84	82
Sonate pour piano, Sz 80	85
Sonatine, Sz 55	81
Suite, op. 14 (Sz 62)	85

BEETHOVEN, Ludwig v.

par F.-R. Tranchefort	**89**
Andante en *fa* majeur, WoO 57	148
Bagatelles (Les) :	4
Bagatelles (7), op. 33	145
Bagatelles (11), op. 119	145
Bagatelles (6), op. 126	145
Pour Élise, WoO 59	145
Fantaisie en *sol* mineur, op. 77	148
* Grande Fugue, op. 133 (transcription pour quatre mains, op. 134)	147
* Marches (Trois), op. 45	147
Pièces diverses (Allegrettos, Scherzi, Valses, etc.)	147
Polonaise en *ut* majeur, op. 89	148
Pour Élise : v. Bagatelles	
Rondos (Les) :	
Rondos op. 51 n° 1 et 2	146
Rondo a capriccio, op. 129	146
Sonates (Les) :	
Sonate n° 1, op. 2 n° 1	91
Sonate n° 2, op. 2 n° 2	93
Sonate n° 3, op. 2 n° 3	94
Sonate n° 4, op. 7	96
Sonate n° 5, op. 10 n° 1	96
Sonate n° 6, op. 10 n° 2	97
Sonate n° 7, op. 10 n° 3	98
Sonate n° 8, op. 13 (« Pathétique »)	99
Sonate n° 9, op. 14 n° 1	100
Sonate n° 10, op. 14 n° 2	101
Sonate n° 11, op. 22	102
Sonate n° 12, op. 26 (« Marche funèbre »)	103
Sonate n° 13, op. 27 n° 1 (« Quasi una fantasia »)	104
Sonate n° 14, op. 27 n° 2 (« Clair de lune »)	106
Sonate n° 15, op. 28 (« Pastorale »)	107
Sonate n° 16, op. 31 n° 1	109
Sonate n° 17, op. 31 n° 2 (« Tempête »)	110
Sonate n° 18, op. 31 n° 3	112
Sonate n° 19, op. 49 n° 1	113
Sonate n° 20, op. 49 n° 2	114
Sonate n° 21, op. 53 (« Waldstein », ou « Aurore »)	114
Sonate n° 22, op. 54	116
Sonate n° 23, op. 57 (« Appassionata »)	117
Sonate n° 24, op. 78 (« A Thérèse »)	119
Sonate n° 25, op. 79 (« Alla tedesca »)	120
Sonate n° 26, op. 81 a (« Les Adieux »)	121
Sonate n° 27, op. 90	123
Sonate n° 28, op. 101	124
Sonate n° 29, op. 106 (« Hammerklavier »)	126
Sonate n° 30, op. 109	130
Sonate n° 31, op. 110	132
Sonate n° 32, op. 111	134
* Sonate pour quatre mains, op. 6	147
Sonatines (Les) :	
Sonatines (3), WoO 47	147
Sonatine en *ut* majeur, WoO 51	147
Sonatines (2), op. 157	147
Variations (Les) :	
Var. sur marche de Dressler, WoO 63	137
Var. faciles sur un air suisse, WoO 64	137
Var. sur l'ariette de Righini, WoO 65	137
Var. sur « Es war einmal ein alter Mann » de Dittersdorf, WoO 66	138
* Var. sur un thème du comte Waldstein, WoO 67	137
Var. sur le « Menuetto à la Vigano » de Haibel, WoO 68	138
Var. sur l'air « Quant'è più bello » de « La Molinara », WoO 69	138
Var. sur l'air « Nel cor più non mi sento » de « La Molinara », WoO 70	138
Var. sur « Das Waldmädchen » de Wranitzky, WoO 71	138
Var. sur « Une fièvre brûlante » du « Richard Cœur de Lion » de Grétry, WoO 72	139
Var. sur « La stessa, la stessissima » de Salieri, WoO 73	139
Var. sur « Ich denke dein... » de Goethe, WoO 74	139
Var. sur « Kind, willst du ruhig schlafen » de Winter, WoO 75	139
Var. sur Tändeln und Scherzen de Süssmayr, WoO 76	139
Var. faciles sur un thème original, WoO 77	139
Var. sur un thème original, op. 34	140
Var. Eroica, op. 35	140
Var. sur « God Save the King », WoO 78	141
Var. sur « Rule Britannia », WoO 79	141
Var. sur un thème original, WoO 80	141
Var. sur la « Marche turque » des « Ruines d'Athènes », op. 76	141

Var. sur un thème de Diabelli, op. 120   141

BERG, Alban par *F.-R. Tranchefort*   **149**
Sonate, op. 1   149

BERIO, Luciano par *F.-R. Tranchefort*   **150**
Sequenza IV   150
Variazioni (Cinque)   150

BIZET, Georges par *A. de Place*   **151**
Chants du Rhin   152
Esquisses musicales   152
* Jeux d'enfants   152
Variations chromatiques   152

BOËLY, Alexandre par *A. de Place*   **153**
Caprice pour piano seul, op. 7   154
Caprices (30), op. 2   154
* Duo pour piano à 4 mains, op. 4   154
Pièces d'étude en 2 suites, op. 13   154
Sonate en *ut* mineur, op. 1 nº 1   154
Sonate en *mi* mineur, op. 1 nº 2   154
* Sonate en *fa* mineur pour 4 mains, op. 17   155
Suites dans le style des anciens maîtres, op. 16   154

BOISMORTIER, Joseph Bodin de
par *A. de Place*   **155**
Suites de pièces de clavecin (4), op. 59   156

BORODINE, Alexandre par *A. Lischké*   **156**
* Œuvres pour quatre mains   157
Petite Suite   157
Scherzo en *la* bémol majeur   157

BOUCOURECHLIEV, André
par *A. Poirier*   **157**
Archipel 4   158
Études d'après Piranèse   158

BOULEZ, Pierre par *A. Poirier*   **158**
Sonate nº 1   159
Sonate nº 2   159
Sonate nº 3   160
Structures I   161
Structures II   162

BRAHMS, Johannes par *J.-A. Ménétrier*   **162**
Ballades (4), op. 10   174
Ballade, op. 118 : v. Klav., op. 118
Capriccii (4), op. 76 : v. Klav. op. 76
Capriccii (4), op. 76 : v. Klav. op. 76
Capriccii (3), op. 116 : v. Fant. op. 116
Fantaisies, op. 116   178
Intermezzi (4), op. 76 : v. Klav. op. 76
Intermezzi (4), op. 116 : v. Fant. op. 116
Intermezzi (3), op. 117   179
Intermezzi (4), op. 118 : v. Klav. op. 118

Intermezzi (3), op. 119 : v. Klav. op. 119
Klavierstücke, op. 76   175
Klavierstücke, op. 118   180
Klavierstücke, op. 119   181
Rhapsodies (Deux), op. 79   177
Rhapsodie, op. 119 : v. Klav. op. 119
Romance, op. 118 : v. Klav. op. 118
Scherzo en *mi* bémol mineur, op. 4   174
Sonates (Les) :   164
   Sonate en *ut* majeur, op. 1   164
   Sonate en *fa* dièse mineur, op. 2   165
   Sonate en *fa* mineur, op. 5   166
Variations (Les) :   167
   Var. sur un thème de Schumann, op. 9   167
   Var. sur un thème original, op. 21 nº 1   169
   Var. sur un thème hongrois,
   op. 21 nº 2   170
   Var. sur un thème de Haendel, op. 24   170
   Var. sur un thème de Paganini, op. 35   172
Œuvres pour quatre mains ou deux pianos :
* Danses hongroises (21)   183
* Sonate en *fa* mineur, op. 34 b   185
* Valses (16), op. 39   182
* Variations sur un thème de Haydn,
   op. 56 b   185
* Variations sur un thème de Schumann,
   op. 23   182

BRIDGE, Frank par *H. Halbreich*   **185**
Sonate pour piano   186

BRITTEN, Benjamin
par *F.-R. Tranchefort*   **186**
Holiday Diary, op. 5   187
Introduction and Rondo alla Burlesca,
op. 23 nº 1   187
Mazurka Elegiaca, op. 23 nº 2   187

BULL, John par *A. de Place*   **188**
Variations sur Walsingham   189

BUSONI, Ferruccio par *H. Halbreich*   **189**
Elégies (7), K 249 et 252   190
* Fantasia Contrappuntistica,
K. 255 et 256   191
Indianisches Tagebuch I, K. 267   194
Sonatines (Les) :
   Sonatine nº 1, K 257   193
   Sonatine nº 2 (Sonatina Seconda),
   K 259   193
   Sonatine nº 3, K 268   193
   Sonatine nº 4, K 274   193
   Sonatine nº 5, K 280   194
   Sonatine nº 6, K 284   194
Toccata, K 287   195

BYRD, William par *A. de Place*   **195**
Fantaisies (Les)   196
Variations (Les)   196

INDEX

CAGE, John par *F.-R. Tranchefort*	**196**	Mazurkas, op. 50 n⁰ˢ 1 à 3	218
Études Australes	199	Mazurkas, op. 56 n⁰ˢ 1 à 3	219
Haiku (7)	199	Mazurkas, op. 59 n⁰ˢ 1 à 3	219
HPSCHD	199	Mazurkas, op. 63 n⁰ˢ 1 à 3	220
Music for Piano	198	Mazurkas, op. 67 n⁰ˢ 1 à 4	220
Music of Changes	198	Mazurkas, op. 68 n⁰ˢ 1 à 4	220
« Piano préparé » (Le)	197	Mazurkas en *la* mineur (2), posth.	220
Sonatas and Interludes	197	Nocturnes (Les) :	222
		Nocturnes, op. 9 n⁰ˢ 1 à 3	223
CARTER, Elliott par *A. Poirier*	**200**	Nocturnes, op. 15 n⁰ˢ 1 à 3	224
Night Fantaisies	200	Nocturnes, op. 27 n⁰ˢ 1 et 2	224
Sonate	200	Nocturnes, op. 32 n⁰ˢ 1 et 2	225
		Nocturnes, op. 37 n⁰ˢ 1 et 2	225
CHABRIER, Emmanuel		Nocturnes, op. 48 n⁰ˢ 1 et 2	226
par *F.-R. Tranchefort*	**201**	Nocturnes, op. 55 n⁰ˢ 1 et 2	226
Air de ballet	204	Nocturnes, op. 62 n⁰ˢ 1 et 2	226
Bourrée fantasque	203	Nocturne en *mi* mineur, op. 72	227
* Cortège burlesque	205	Nocturnes (2), en *ut* mineur	
Habanera	204	et en *ut* dièse mineur	227
Impromptu en *ut* majeur	204	Polonaises (Les) :	211
* Joyeuse Marche	206	Pol. en *sol* mineur, posth.	212
Pièces pittoresques (10)	202	Pol. en *si* bémol majeur, posth.	212
Pièces pour piano (5)	204	Pol. en *la* bémol majeur, posth.	212
* Souvenirs de Munich	205	Pol. en *sol* dièse mineur, posth.	212
* Valses romantiques (3)	205	Pol. en *si* bémol mineur, posth.	212
		Pol. en *sol* bémol majeur, posth.	212
CHAMBONNIÈRES,		Pol., op. 26 n⁰ˢ 1 et 2	212
Jacques Champion de par *A. de Place*	**206**	Pol. en *la* majeur, op. 40 n⁰ 1	
Suites de danses (Les)	207	(« Polonaise militaire »)	213
		Pol. en *ut* mineur, op. 40 n⁰ 2	213
CHARPENTIER, Jacques		Pol. en *fa* dièse mineur, op. 44	213
par *F.-R. Tranchefort*	**207**	Pol. en *la* bémol majeur, op. 53	
Études karnatiques	208	(« Polonaise héroïque »)	213
		Pol. en *la* bémol majeur, op. 61	
CHAUSSON, Ernest par *H. Halbreich*	**208**	(« Polonaise-fantaisie »)	214
Quelques Danses, op. 26	209	Pol., op. 71 n⁰ˢ 1 à 3	214
		Préludes (Les) :	243
CHOPIN, Frédéric par *A. de Place*	**209**	Préludes op. 28 n⁰ˢ 1 à 24	243
Ballades (4)	236	Prélude, en *ut* dièse mineur, op. 45	246
Barcarolle en *fa* dièse majeur, op. 60	248	Rondeaux (3)	221
Berceuse en *ré* bémol majeur, op. 57	248	Scherzos (4)	241
Boléro en *la* mineur, op. 10	246	Sonates (Les) :	227
Écossaises (3), op. 72 n⁰ 3	246	Sonate n⁰ 1 en *ut* mineur, op. 4	227
Études (Les) :	230	Sonate n⁰ 2 en *si* bémol mineur, op. 35	228
Études, op. 10 n⁰ˢ 1 à 12	230	Sonate n⁰ 3 en *si* mineur, op. 58	229
Études, op. 25 n⁰ˢ 1 à 12	232	Tarentelle en *la* bémol majeur, op. 43	247
Études (Trois nouvelles)	233	Valses (Les) :	233
Fantaisie en *fa* mineur, op. 49	248	Valse, op. 18	
Fantaisie-Impromptu, op. 66	247	(« Grande Valse brillante »)	234
Impromptus (3)	239	Valses, op. 34 n⁰ˢ 1 à 3	
Marche funèbre, op. 72 n⁰ 2	246	(Valses brillantes)	234
Mazurkas (Les) :		Valse, op. 42 (« Grande Valse »)	234
Mazurkas, op. 6 n⁰ˢ 1 à 4	215	Valses, op. 64 n⁰ˢ 1 à 3	235
Mazurkas, op. 7 n⁰ˢ 1 à 5	215	Valses, op. 69 n⁰ˢ 1 et 2	235
Mazurkas, op. 17 n⁰ˢ 1 à 4	216	Valses, op. 70 n⁰ˢ 1 à 3	235
Mazurkas, op. 24 n⁰ˢ 1 à 4	216	Valse en *mi* mineur, posth.	236
Mazurkas, op. 30 n⁰ˢ 1 à 4	217	Variations (Les) :	226
Mazurkas, op. 33 n⁰ˢ 1 à 4	217	Var. sur « Der Schweizerbub »	221
Mazurkas, op. 41 n⁰ˢ 1 à 4	218	Var. « Souvenir de Paganini »	221

Var. brillantes sur le rondeau « Je vends des scapulaires »	221
Var. sur la Marche des « Puritains » de Bellini	221

CHOSTAKOVITCH, Dimitri
par *A. Lischké*	**249**
Aphorismes, op. 13	251
Cahier d'enfant, op. 69	252
Concertino, op. 94	256
Danses fantastiques (3), op. 5	251
Préludes (24), op. 34	252
Préludes et Fugues (24), op. 87	253
Sonate n° 1, op. 12	250
Sonate n° 2, op. 61	250

CIMAROSA, Domenico par *A. de Place*	**257**
Sonates (Les)	257

CLEMENTI, Muzio par *M. Vignal* **257**
Gradus ad Parnassum, op. 44	261
Sonates (Les) :	
Sonate en *sol* min., op. 7 n° 3	258
Sonate en *fa* min., op. 13 n° 6	259
Sonate en *si* bém. maj., op. 24 n° 2	259
Sonate en *la* maj., op. 25 n° 4	259
Sonate en *fa* dièse min., op. 25 n° 6	259
Sonate en *ut* majeur, op. 33 n° 3	259
Sonate en *sol* mineur, op. 34 n° 2	259
Sonate en *sol* majeur, op. 40 n° 1	260
Sonate en *si* mineur, op. 40 n° 2	260
Sonate en *ré* majeur, op. 40 n° 3	260
Sonate en *mi* bém. maj., op. 41 n° 1	260
Sonate en *la* majeur, op. 50 n° 1	260
Sonate en *sol* mineur (Didone abbandonata), op. 50 n° 3	260

CLÉRAMBAULT, Louis-Nicolas
par *A. de Place*	**261**
Suite en *ut* majeur	262

COPLAND, Aaron
par *F.-R. Tranchefort*	**262**
Piano Fantasy	263
Piano Variations	263
Sonate	263

COUPERIN, François par *A. de Place* 263
Pièces de clavecin (Les) :	
Premier Livre :	264
1er Ordre	264
2e Ordre	265
3e Ordre	266
4e Ordre	267
5e Ordre	267
Deuxième Livre :	268
6e Ordre	268
7e Ordre	269
8e Ordre	269
9e Ordre	270
10e Ordre	270
11e Ordre	271
12e Ordre	272
Troisième Livre :	272
13e Ordre	272
14e Ordre	273
15e Ordre	274
16e Ordre	274
17e Ordre	275
18e Ordre	273
19e Ordre	275
Quatrième Livre :	276
20e Ordre	276
21e Ordre	277
22e Ordre	277
23e Ordre	277
24e Ordre	278
25e Ordre	278
26e Ordre	278
27e Ordre	278

COUPERIN, Louis par *A. de Place* **279**
Allemandes (Les) :	279
Courantes (Les)	280
Passacailles et Chaconnes (Les) :	280
Pavane en *fa* dièse mineur	280
Préludes non mesurés (Les)	281
Sarabandes (Les)	280
Tombeau de Mr. de Blancrocher	281

COWELL, Henry par *F.-R. Tranchefort* **281**
Fabric	282
Sinister Resonance	282
Tides of Manaunaun (The)	282

CRAMER, Johann Baptist
par *A. de Place*	**282**
Études (Les) :	283
Dulce et utile, op. 55	283
Sonates (Les) :	283
Sonates (3), op. 7	283

CUI, César par *A. Lischké* **283**
Œuvre de piano (L')	284

CZERNY, Carl par *A. de Place* **284**
Études (Les)	285

DALLAPICCOLA, Luigi
par *H. Halbreich*	**285**
Quaderno Musicale di Annalibera	286

DANDRIEU (ou d'ANDRIEU), Jean-François par *A. de Place* **286**
Livres de pièces de clavecin (Les)	287

DAQUIN (ou d'AQUIN), Louis-Claude par *A. de Place* **287**

Coucou (Le)	288
Hirondelle (L')	288
Mélodieuse (La)	288
Ronde bachique	288

DEBUSSY, Claude par *H. Halbreich* — **288**

Arabesques (2)	292
Ballade slave	292
Berceuse héroïque	315
Children's Corner	304
Danse (Tarentelle styrienne)	293
Danse bohémienne	291
D'un Cahier d'esquisses	299
* Épigraphes antiques (6)	322
Élégie	320
* En blanc et noir	324
Estampes	297
Études (12)	316
Hommage à Haydn	306
Images :	301
Livre I	301
Livre II	303
Images inédites	295
Isle joyeuse (L')	300
Lindaraja	322
Marche écossaise	321
Masques	299
Mazurka en *fa* dièse mineur	294
Nocturne en *ré* bémol majeur	293
* Petite Suite	320
Petit nègre (Le)	306
Plus que lente (La)	315
Pour le piano	296
Préludes :	306
Livre I	308
Livre II	311
Rêverie	292
Suite bergamasque	294
Tarentelle styrienne : v. Danse	
Valse romantique	293

DECAUX, Abel par *H. Halbreich* — **325**

Clairs de lune	325

DIABELLI, Anton par *A. de Place* — **325**

Sonates et Sonatines pour piano	326
Variations sur une valse de Diabelli : v. à Beethoven	

DUKAS, Paul par *A. de Place* — **326**

Plainte, au loin, du faune (La)	327
Prélude élégiaque	328
Sonate en *mi* bémol mineur	327
Variations, Interlude et Finale sur un thème de Rameau	329

DUPHLY, Jacques par *A. de Place* — **331**

Pièces de clavecin :	
Premier Livre	331
Deuxième Livre	332
Troisième Livre	332
Quatrième Livre	333

DUSSEK, Jan Ladislav par *A. de Place* — **333**

Sonates (Les) :	334
Sonate op. 5 n° 3	335
Sonate op. 9 n° 1	335
Sonate op. 35 n° 3	335
Sonate (Grande), op. 44	335
Sonate op. 61	335
Sonate op. 64 (ou op. 70)	336
Sonate op. 69 n° 3	336
Sonate op. 77	336

DUTILLEUX, Henri par *A. Poirier* — **337**

Figures de résonances	338
Résonances	338
Sonate	337

DVORAK, Antonin par *A. Lischké* — **338**

Danses slaves (16), op. 46 et 72	341
De la Forêt de Bohême, op. 68	342
Doumka, op. 35	341
Furiants (2), op. 42	341
Humoresques (8), op. 101	340
Impressions poétiques (13), op. 85	340
Légendes (8), op. 49	341
Silhouettes (12), op. 8	339
Suite, op. 98	340
Thème et Variations, op. 36	339

ECKARD, Johann Gottfried par *A. de Place* — **342**

Sonates pour clavier (Les) :	
Sonate op. 1 n° 1	342
Sonate op. 2 n° 1	343

EISLER, Hanns par *H. Halbreich* — **343**

Pièces (4), op. 3	344
Pièces (8), op. 8	345
Pièces pédagogiques, op. 31 et 32	345
Sonate n° 1, op. 1	344
Sonate n° 2, op. 6	344
Sonate n° 3	346
Sonatine, op. 44	345
Variations pour piano	345

EMMANUEL, Maurice par *H. Halbreich* — **346**

Sonatines (Les) :	
Sonatine n° 1, op. 4	347
Sonatine n° 2, op. 5	347
Sonatine n° 3, op. 19	347
Sonatine n° 4, op. 20	348
Sonatine n° 5, op. 22	348
Sonatine n° 6, op. 23	348

ENESCO, Georges par *H. Halbreich* — **348**

Nocturne	350
Prélude et Fugue	350
Sonate en *fa* dièse mineur, op. 24 n° 1	351
Sonate en *ré* majeur, op. 24 n° 3	351
Suite n° 1 (dans le style ancien), op. 3	349
Suite n° 2, op. 10	350
Suite n° 3, op. 18	350
Variations sur un thème original, op. 5	350

FALLA, Manuel de
par *F.-R. Tranchefort* 352
Danse rituelle du feu 353
Fantaisie bétique 353
Pièces espagnoles (4) 352
Tombeau de Paul Dukas 353

FARNABY, Giles par *A. de Place* 354
Pièces pour virginal : Fantaisies, Variations, etc. 354
* Pièces pour deux virginals 354

FAURÉ, Gabriel par *H. Halbreich* 355
Barcarolles (13) 360
* Dolly 363
Impromptus (5) 360
Mazurka 363
Nocturnes (Les) 357
Pièces brèves (Les) 362
Préludes (Les) 361
Romances sans Paroles 363
* Souvenirs de Bayreuth 363
Thème et Variations 362
Valses-Caprices (Les) 361

FIELD, John par *A. de Place* 364
Nocturnes (Les) : 364
  Nocturne n° 1, en *mi* bémol majeur 365
  Nocturne n° 3, en *la* bémol majeur 365
  Nocturne n° 7, en *ut* majeur 365
  Nocturne n° 11, en *mi* bémol majeur 365
  Nocturne n° 12, en *sol* majeur 365

FRANCK, César par *A. de Place* 366
Prélude, Aria et Final 368
Prélude, Choral et Fugue 367

FRESCOBALDI, Girolamo
par *A. de Place* 369
Capricci (Les) 373
Fantaisies (Les) 372
Ricercari et Canzone (Les) 372
Toccatas (Les) : 370
  Premier Livre 370
  Deuxième Livre 371

FROBERGER, Johann Jakob
par *A. de Place* 373
Canzone et Capricci (Les) 374
Fantaisies (Les) 374

Suites pour clavecin (Les)	374
Toccatas (Les)	374

GALUPPI, Baldassare par *A. de Place* 375
Sonates pour clavecin (Les) : 376
  Sonate en *ut* mineur 376
  Sonate en *fa* majeur 376
  Sonate en *la* majeur 376

GERSHWIN, George
par *F.-R. Tranchefort* 376
Préludes pour pinao 377
Song-Book 377
« Versions » diverses pour piano 378

GIBBONS, Orlando par *A. de Place* 378
Lord of Salisbury Pavan and Galliard 379
Variations sur « The Woods so wild » 379

GLAZOUNOV, Alexandre
par *A. Lischké* 379
Sonate n° 1, op. 74 379

GLINKA, Mikhail par *A. Lischké* 380
Pièces diverses 381
Variations (Les) 380

GOTTSCHALK, Louis Moreau
par *F.-R. Tranchefort* 381
Souvenir de Porto-Rico 382
Union (The), op. 48 381

GRANADOS, Enrique
par *F.-R. Tranchefort* 382
Allegro de concert 385
Danses espagnoles 382
Goyescas 382
Pièces (6) sur des chants populaires espagnols 385
Scènes romantiques 382

GRIEG, Edvard par *F.-R. Tranchefort* 385
Au temps de Holberg, op. 40 390
Ballade en *sol* mineur, op. 24 390
Chants et Danses populaires norvégiens (25), op. 17 389
Chants populaires norvégiens (19), op. 66 391
* Danses norvégiennes (4), op. 35 392
Danses paysannes norvégiennes (17), op. 72 391
* Danses symphoniques (4), op. 64 392
Humoresques (4), op. 6 388
Images poétiques (6), op. 3 388
Impressions (7), op. 73 392
Marche funèbre à la mémoire de R. Nordraak 389
Pièces (4), op. 1 388
Pièces lyriques (Les) 387

Scènes de la vie populaire (3), op. 19   390
Slatter : v. Danses paysannes norvégiennes
Sonate en *mi* mineur, op. 7   389
* Variations sur une mélodie ancienne
norvégienne, op. 51   392

HAENDEL, Georg Friedrich
par *A. de Place*   **393**
Fugues (6) pour orgue ou clavecin   396
Suites de pièces pour le clavecin, vol I :   393
   Suite n° 1   394
   Suite n° 2   394
   Suite n° 3   394
   Suite n° 4   394
   Suite n° 5   394
   Suite n° 6   395
   Suite n° 7   395
   Suite n° 8   395
Suites de pièces pour le clavecin, vol. II   396
Voluntaries : v. Fugues

HARTMANN, Karl Amadeus
par *H. Halbreich*   **396**
Sonate n° 2   397

HAYDN, Joseph
par *H. Halbreich* et *M. Vignal*   **397**
Capriccio en *sol* majeur (Hob XVII/1)   406
Fantaisie en *ut* majeur (Hob XVII/4)   406
Sonates (Les) :   398
   Sonate n° 30 (Hob XVI/19)   399
   Sonate n° 31 (Hob XVI/46)   400
   Sonate n° 32 (Hob XVI/44)   400
   Sonate n° 33 (Hob XVI/20)   400
   Sonate n° 35 (Hob XVI/43)   401
   Sonate n° 38 (Hob XVI/23)   401
   Sonate n° 47 (Hob XVI/32)   402
   Sonate n° 48 (Hob XVI/35)   402
   Sonate n° 49 (Hob XVI/36)   402
   Sonate n° 50 (Hob XVI/37)   403
   Sonate n° 53 (Hob XVI/34)   403
   Sonate n° 54 (Hob XVI/40)   403
   Sonate n° 58 (Hob XVI/48)   403
   Sonate n° 59 (Hob XVI/49)   404
   Sonate n° 60 (Hob XVI/50)   404
   Sonate n° 61 (Hob XVI/51)   405
   Sonate n° 62 (Hob XVI/52)   405
Variations (Les) :
   Variations en *la* majeur (Hob XVII/2)   406
   Variations en *fa* mineur (Hob XVII/6)   407

HELLER, Stephen par *A. de Place*   **407**
Etudes (Les)   408
Im Walde, op. 86, 128 et 136   408
Sonates (Les)   408
Variations (Les)   408

HENZE, Hans Werner
par *F.-R. Tranchefort*   **408**

Lucy Escott — Variations   409
Sonata per il piano-forte   409
Variations pour piano, op. 13   409

HINDEMITH, Paul par *H. Halbreich*   **410**
In einer Nacht, op. 15   411
Klaviermusik, op. 37   412
Kleine Klaviermusik, op. 45 n° 4   413
Ludus Tonalis   414
Sonates (Les) :
   Sonate n° 1   413
   Sonate n° 2   414
   Sonate n° 3   414
* Sonate pour deux pianos   416
* Sonate pour quatre mains   416
Suite 1922, op. 26   411
Tanzstücke (5), op. 19   411

HONEGGER, Arthur par *H. Halbreich*   **417**
Cahier romand (Le)   418
Danse   418
Hommage à Albert Roussel   418
Hommage à Ravel   418
* Partita pour deux pianos   419
Pièces (3)   417
Pièces brèves (7)   418
Prélude, Arioso et Fughette
sur le nom de Bach   418
Toccata et Variations   417

HUMMEL, Johann Nepomuk
par *A. de Place*   **419**
Sonates (Les) :
   Sonate en *fa* mineur, op. 20   420
   Sonate en *ut* majeur, op. 38   420
   Sonate en *fa* dièse mineur, op. 81   420
   Sonate en *ré* majeur
   (Grande Sonate brillante), op. 106   420

INDY, Vincent d' par *H. Halbreich*   **420**
Fantaisie sur un vieil Air de ronde
française, op. 99   423
Helvetia, op. 17   421
Poème des montagnes (Le), op. 15   421
Sonate en *mi*, op. 63   422
Tableaux de voyage, op. 33   422
Thème varié, Fugue et Chanson, op. 85   423

IRELAND, John par *F.-R. Tranchefort*   **424**
Sarnia   424

IVES, Charles par *A. Poirier*   **425**
Études (Studies)   425
Pièces en quarts de ton (3)   426
Sonate n° 1   426
Sonate n° 2 (Concord Sonata)   426
Three-Page Sonata   425
Varied Air and Variations (Étude n° 2)   427

JACQUET DE LA GUERRE, Elisabeth
par *A. de Place* ... 428
Livre de pièces de clavecin ... 428

JADIN, Hyacinthe par *A. de Place* ... 428
* Duo à quatre mains ... 429
Premier pot-pourri ... 429
Sonates (Les) :
  Sonate en *fa* dièse mineur, op. 3 n° 2 ... 429
  Sonate en *ut* dièse mineur, op. 4 n° 3 ... 429
  Sonate en *fa* mineur, op. 5 n° 1 ... 429

JANACEK, Leos par *A. Lischké* ... 430
Dans les brumes ... 431
Sonate « 1er Octobre 1905 » ... 430
Sur un sentier herbeux ... 430

JOLIVET, André par *A. Poirier* ... 432
Danses rituelles (5) ... 432
Étude sur les modes antiques ... 433
Mana ... 433
Sonate n° 1 ... 434
Sonate n° 2 ... 434

JOPLIN, Scott par *F.-R. Tranchefort* ... 434
« Rags » pour pinao ... 434

KABALEVSKI, Dimitri par *A. Lischké* ... 435
Pièces enfantines ... 436
Préludes (24), op. 38 ... 436
Rondo, op. 60 ... 436
Sonate n° 1, op. 6 ... 436
Sonate n° 2, op. 45 ... 436
Sonate n° 3, op. 46 ... 436
Sonatines (2), op. 13 n° 1 et 2 ... 436

KERLL, Johann Kaspar par *A. de Place* ... 437
Battaglia ... 437

KHATCHATURIAN, Aram
par *A. Lischké* ... 437
Albums pour enfants n°s 1 et 2 ... 438
Poème en *ut* dièse mineur ... 438
Sonate en *mi* bémol majeur ... 438
Toccata en *mi* bémol mineur ... 438

KODALY, Zoltan par *A. Lischké* ... 438
Danses de Marosszek ... 439
Pièces (9), op. 3 ... 439
Pièces (7), op. 11 ... 439
Valsette ... 439

KOECHLIN, Charles
par *F.-R. Tranchefort* ... 440
Heures persanes (Les) ... 441
Leçon de piano (La) ... 441
Paysages et marines ... 441
Sonatines (5) ... 440

KRAUS, Joseph Martin par *M. Vignal* ... 441
Sonate en *mi* majeur ... 442

KRENEK, Ernst par *F.-R. Tranchefort* ... 442
Basler Massarbeit ... 442
Petite Suite, op. 13 a ... 442
Petites Pièces (12), op. 83 ... 442
Sonate n° 4 ... 443
Toccata et Chaconne, op. 13 ... 443
Vermessene (Sechs) ... 443

KUHNAU, Johann par *A. de Place* ... 443
Sonates bibliques (6) : ... 444
  Sonate n° 1, « Il Combattimento
  trà David e Goliath » ... 444

LEBÈGUE, Nicolas par *A. de Place* ... 445
Pièces de clavecin :
  Premier Livre ... 445
  Deuxième Livre ... 445

LEKEU, Guillaume par *F.-R. Tranchefort* ... 446
Andante en *sol* mineur ... 446
Sonate en *sol* mineur ... 447

LE ROUX, Gaspard par *A. de Place* ... 448
Livre de pièces de clavecin : Suites ... 448

LIADOV, Anatole par *A. Lischké* ... 448
Ballade de l'Ancien temps, op. 21 ... 449
Birioulki, op. 2 ... 449
Une tabatière à musique, op. 32 ... 450
Variations sur un thème de Glinka,
op. 35 ... 449

LIAPOUNOV, Serge par *A. Lischké* ... 450
Études d'exécution transcendante ... 450

LIGETI, György par *A. Poirier* ... 451
Continuum ... 451
Études ... 451
Hungarian Rock — Passacaglia
hungherese ... 452
* Pièces pour deux pianos (3) :
Monument, Selbstportrait ;
Bewegung ... 452

LISZT, Franz par *F.-R. Tranchefort* ... 453
Années de pèlerinage : ... 458
  Première Année ... 459
  Deuxième Année ... 461
  Troisième Année ... 463
Apparitions ... 455
Après une lecture de Dante :
v. Années de pèlerinage (2e Année)
Arbre de Noël ... 476
Bagatelle sans tonalité :
v. Mephisto-Valses
Ballades (2) ... 465

INDEX

Bénédiction de Dieu
dans la solitude :
v. Harmonies poétiques
et religieuses
Campanella (La) :
v. Études d'après Paganini
Caprices poétiques (3) :
v. Études de concert
Concerto pathétique 466
Consolations (6) 465
Csardas (3) 476
Études d'après Paganini (6) 457
Études de concert (3) 464
Études de concert (2) 474
Études d'exécution transcendante (12) . . 455
Fantaisie hongroise :
v. Rhapsodies Hongroises
Feux follets :
v. Études d'exécution transcendante
Funérailles :
v. Harmonies poétiques et religieuses
Grande Fantaisie de bravoure
sur la clochette de Paganini, op. 2 454
Grande Valse de bravoure, op. 6 455
Grand Galop chromatique 455
Harmonies du soir :
v. Études d'exécution transcendante
Harmonies poétiques et religieuses 466
Jeux d'eau de la Villa d'Este :
v. Années de pèlerinage (3e Année)
Légendes (Deux) 475
Lugubre gondole (La) 477
Marche de Rakoczy :
v. Rhapsodies hongroises
Mazurka brillante 466
Mephisto-Valses 474
Murmures de la forêt :
v. Études de concert (2)
Nocturnes (3) 466
Nuages gris 476
Pensées des morts : v. Harmonies
poétiques et religieuses
Polonaises (2) 466
Réminiscences :
v. Transcriptions et Paraphrases
Rhapsodie espagnole 476
Rhapsodies hongroises (19) 471
Rêve d'amour : v. Nocturnes
Ronde des lutins :
v. Études de concert (2)
Saint François d'Assise
prêchant aux oiseaux :
v. Légendes
Saint François de Paule
marchant sur les flots :
v. Légendes
Schlaflos (Sans sommeil) 476
Sonate en si mineur 468
Sonnets de Pétrarque :
v. Années de pèlerinage (2e Année)
Sospiro (Un) : v. Études de concert (3)
Transcriptions et Paraphrases 477
Unstern (Étoile du malheur) 476
Vallée d'Obermann : v. Années
de pèlerinage (1re année)
Valse-Impromtu en la bémol majeur . . 455
Valses oubliées (4) 455
Variations sur « Weinen, Klagen,
Sorgen, Zagen » 475
Venezia e Napoli :
v. Années de pèlerinage

LUTOSLAWSKI, Witold par *A. Lischké* **478**
Bucoliques 478
Études (2) 478
Mélodies populaires 478
* Variations sur un thème de Paganini . 479

MAGNARD, Albéric par *H. Halbreich* **479**
Promenades 480

MARCHAND, Louis par *A. de Place* **481**
Pièces de clavecin :
    Premier Livre 481
    Deuxième Livre 481

MARTIN, Frank par *H. Halbreich* **482**
Étude rythmique 483
Fantaisie sur des rythmes flamenco 483
Guitare 483
Préludes (8) 483

MARTINU, Bohuslav par *H. Halbreich* **484**
Danses tchèques (3), H 154 485
* Danses tchèques pour 2 pianos, H 324 486
Esquisses de Danses, H 220 485
Études et Polkas, H 308 486
* Fantaisie, H 180 486
Fantaisie et Toccata, H 281 486
Fenêtre sur le jardin, H 270 485
Film en miniature, H 148 425
Marionnettes, H 92, 116 et 137 484
Pièces pour clavecin (2), H 244 487
Préludes (8), H 181 485
Ritournelles, H 227 485
Sonate pour clavecin, H 368 487
Sonate pour piano, H 350 486

MEDTNER, Nikolai par *A. Lischké* **487**
Contes 488
Sonates (Les) 487

MENDELSSOHN-BARTHOLDY, Felix
par *J.-A. Ménétrier* **488**
* Allegro brillant, op. 92 488
Capriccio, op. 5 489

Caprices (3), op. 33	491
Fantaisies (3), op. 16	490
Fantaisie en *fa* dièse mineur, op. 28	491
Kinderstücke (6), op. 72	495
Pièces caractéristiques (7), op. 7	489
Préludes et Fugues (6), op. 35	491
Romances sans paroles :	495
Premier cahier, op. 19	496
Deuxième cahier, op. 30	496
Troisième cahier, op. 38	497
Quatrième cahier, op. 53	497
Cinquième cahier, op. 62	498
Sixième cahier, op. 67	498
Septième cahier, op. 85	499
Huitième cahier, op. 102	499
Rondo Capriccioso, op. 14	490
Variations (Les) :	493
Variations Sérieuses, op. 54	493
Variations en *mi* bémol maj., op. 82	494
Variations en *si* bémol maj., op. 83	494
MESSIAEN, Olivier par *H. Halbreich*	**499**
Cantéyodjâya	514
Catalogue d'Oiseaux	517
Études de rythme (4)	514
Fantaisie burlesque	502
Fauvette des jardins (La)	502
Pièce pour le tombeau de Paul Dukas	523
Petites Esquisses d'oiseaux	525
Préludes (8)	501
Rondeau	503
Vingt Regards sur l'Enfant-Jésus	506
* Visions de l'Amen	503
MIHALOVICI, Marcel par *F.-R. Tranchefort*	**526**
Passacaglia, op. 105	526
Pièces nocturnes (3)	526
Ricercari, op. 46	526
MILHAUD, Darius par *A. de Place*	**527**
Automne (L'), op. 115	528
Candélabre à sept branches (Le), op. 315	529
Caramel mou, op. 68	528
* Carnaval à La Nouvelle-Orléans, op. 275	529
* Danses en trois mouvements (6), op. 433	530
Enfantines	528
Paris, op. 284	529
Printemps (Le), op. 25 et 66	527
Saudades do Brasil, op. 67	527
* Scaramouche, op. 165 b	528
Sonate n° 2, op. 293	529
Sonatine, op. 354	530
MOMPOU, Federico par *F.-R. Tranchefort*	**530**
Chants et danses	531
Charmes	531
Impressions intimes	530
Música callada	531
MOSCHELES, Ignaz par *A. de Place*	**532**
Études (Les)	533
Sonates (Les) :	
Sonate caractéristique, op. 27	533
Sonate mélancolique, op. 49	533
MOSZKOWSKI, Moritz par *A. Lischké*	**533**
Études de virtuosité (15), op. 72	534
MOUSSORGSKI, Modest par *A. Lischké*	**534**
Au village	536
Capricieuse (La)	536
Couturière (La)	536
Gopak	536
Impromptu passionné	536
Intermezzo	536
Méditation	536
Niania et moi	536
Plaisanterie enfantine	536
Porte-enseigne Polka	536
Première punition	536
Rêverie	536
Scherzo	536
Souvenir d'enfance	536
Sur la côte sud de Crimée	536
Tableaux d'une Exposition	534
Une larme	536
MOZART, Wolfgang Amadeus par *A. de Place*	**538**
Fantaisies (Les) :	
Fantaisie en *ut* majeur, K 394	545
Fantaisie en *ré* mineur, K 397	546
Fantaisie en *ut* mineur, K 475	546
* Fugue en *ut* mineur pour 2 pianos, K 426	548
Œuvres de jeunesse (Les)	539
Sonates pour clavecin (Les) :	
Sonates K 6 à 9	539
Sonates K 10 à 15	539
Sonates K 27 à 31	539
Sonates pour piano (Les) :	
Sonate en *ut* majeur, K 279	541
Sonate en *fa* majeur, K 280	541
Sonate en *si* bémol majeur, K 281	541
Sonate en *mi* bémol majeur, K 282	542
Sonate en *sol* majeur, K 283	542
Sonate en *ré* majeur, K 284	542
Sonate en *ut* majeur, K 309	543
Sonate en *la* mineur, K 310	543
Sonate en *ré* majeur, K 311	543
Sonate en *ut* majeur, K 330	543
Sonate en *la* majeur, K 331	543

Sonate en *fa* majeur, K 332	544
Sonate en *si* bémol majeur, K 333	544
Sonate en *ut* mineur, K 457	544
Sonate en *fa* majeur, K 533	545
Sonate en *ut* majeur, K 545	545
Sonate en *si* bémol majeur, K 570	545
Sonate en *ré* majeur, K 576	545
Sonates pour quatre mains (Les) :	
* Sonate en *ré* majeur, K 381	547
* Sonate en *si* bémol majeur, K 358	547
* Sonate en *fa* majeur, K 497	547
* Sonate en *sol* majeur, K 357	547
* Sonate en *ut* majeur, K 521	548
* Sonate en *ré* majeur pour 2 pianos, K 448	548
Variations (Les) :	
Var. sur un thème de Graf, K 24	540
Var. sur l'air « Willem von Nassau », K 25	540
Var. sur l'air « Mio caro » de Salieri, K 180	540
Var. sur un menuet de Fischer, K 179	540
Var. sur l'air « Je suis Lindor », K 354	546
Var. sur « Ah ! vous dirai-je, maman », K 265	546
Var. sur « Unser dummer Pöbel meint » de Gluck, K 455	547
Var. sur « Ein Weib ist herrlichste Ding », K 613	547
MUFFAT, Gottlieb par *A. de Place*	**548**
Chaconne en *sol* majeur	548
Componimenti musicali per il cembalo :	
Suite nº 3	549
Suite nº 4	549
NIELSEN, Carl par *H. Halbreich*	**550**
Chaconne, op. 32	550
Pièces (3), op. 59	551
Suite, op. 45	551
Suite symphonique, op. 8	550
Thème et Variations, op. 40	550
NIN, Joaquin par *F.-R. Tranchefort*	**552**
Œuvre musicologique (L')	552
NONO, Luigi par *H. Halbreich*	**553**
Sofferte onde serene..	553
NOVAK, Viteslav par *A. Lischké*	**554**
Pan, op. 43	554
Sonata Eroica	554
OHANA, Maurice par *A. Poirier*	**555**
Caprichos (3)	555
Études d'interprétation (12)	556
Préludes (24)	556
Sonatine monodique	557
Wamba-Conga	557

PACHELBEL, Johann par *A. de Place*	**558**
Hexachordium Apollinis	558
Suites pour clavecin	558
PADEREWSKI, Ignaz par *A. Lischké*	**559**
Menuet, op. 14	559
PFITZNER, Hans par *F.-R. Tranchefort*	**559**
Pièces (5), op. 47	560
PHILIPS, Peter par *A. de Place*	**560**
Fantaisies (Les)	561
Pavanes (Les)	561
Transcriptions (Les)	561
PIERNÉ, Gabriel par *J.-A. Ménétrier*	**561**
Passacaille, op. 52	562
Pièces (6)	562
Pièces formant suite de concert (3), op. 40	562
Variations en *ut* mineur, op. 42	562
PLEYEL, Ignaz par *A. de Place*	**562**
Méthode pour le piano-forte	563
POULENC, Francis par *A. de Place*	**563**
Feuillets d'album	567
Impromptus (5)	565
Improvisations (15)	567
Mouvements perpétuels (3)	565
Napoli	566
Nocturnes (8)	566
Novelettes (2)	566
Pastourelle	566
Pièces (3)	566
Promenades	565
Soirées de Nazelles (Les)	568
*Sonate à quatre mains	565
*Sonate pour deux pianos	568
Suite en *ut*	565
Suite française d'après Claude Gervaise	568
PROKOFIEV, Serge par *A. Lischké*	**569**
Choses en soi, op. 45	580
Contes de la vieille grand'mère, op. 31	580
Études (4), op. 2	577
Musiques d'enfants, op. 65	581
Pensées, op. 62	581
Pièces (4), op. 3	577
Pièces (4), op. 4	577
Pièces (10), op. 12	578
Pièces (4), op. 32	580
Pièces (3), op. 59	580
Sarcasmes, op. 17	578
Sonate nº 1, op. 1	570
Sonate nº 2, op. 14	570
Sonate nº 3, op. 28	571
Sonate nº 4, op. 29	572
Sonate nº 5, op. 38	572

Sonate n° 6, op. 82	573
Sonate n° 7, op. 83	574
Sonate n° 8, op. 84	575
Sonate n° 9, op. 103	576
Sonatines (2), op. 54	580
Toccata, op. 11	577
Transcriptions (Les)	581
Visions fugitives, op. 22	579

PURCELL, Henry par *A. de Place*   **582**
Lessons for the harpsichord or spinet :
Suites	582
Musik's Handmaid : Toccata	582

RACHMANINOV, Serge par *A. Lischké*   **583**
*Duos (6), op. 11	591
Études-tableaux :	
Op. 33 n° 1 à 8	589
Op. 39 n° 1 à 9	590
Moments musicaux (6), op. 16	587
Morceaux de fantaisie (5), op. 3	586
Morceaux de salon (7), op. 10	587
Préludes :	
Op. 23 n° 1 à 10	587
Op. 32 n° 1 à 13	588
*Rhapsodie russe en *mi* mineur	591
Sonate n° 1, op. 287	584
Sonate n° 2, op. 36	584
*Suite n° 1 (« Fantaisie-tableaux »), op. 5	591
*Suite n° 2, op. 17	592
Variations sur un thème de Chopin, op. 22	585
Variations sur un thème de Corelli, op. 42	585

RAMEAU, Jean-Philippe par *A. de Place*   **592**
Dauphine (La)	598
Pièces de clavecin :	
Premier Livre	593
Deuxième Livre	594
Troisième Livre	
(Nouvelles Suites de pièces de clavecin)	596
Pièces de clavecin en concerts :	
Pièces (5) pour clavecin seul	598

RAVEL, Maurice par *F.-R. Tranchefort*   **598**
A la manière de Borodine	607
A la manière de Chabrier	607
Entre cloches : v. Sites auriculaires	
*Frontispice	610
Gaspard de la nuit	604
Habanera : v. Sites auriculaires	
Jeux d'eau	600
*Ma mère l'Oye	610
Menuet antique	599
Menuet sur le nom de Haydn	606
Miroirs	602
Pavane pour une infante défunte	600
Prélude	607
*Sites auriculaires	609
Sonatine	601
Tombeau de Couperin (Le)	608
*Valse (La)	611
Valses nobles et sentimentales	606

REGER, Max par *J.-A. Ménétrier*   **611**
*Introduction, Passacaille et Fugue, op. 96	614
Variations (Les) :	
Var. et Fugue sur un thème de Bach, op. 81	613
*Var. et Fugue sur un thème de Beethoven, op. 86	614
Var. et Fugue sur un thème de Telemann, op. 134	614

REICHA, Anton par *A. de Place*   **615**
Art de varier (L'), op. 57	616
Fugues composées d'après un nouveau système (36)	616

REUBKE, Julius par *H. Halbreich*   **617**
Sonate en *si* bémol mineur	617

RIMSKI-KORSAKOV, Nicolas par *A. Lischké*   **617**
Fugues, op. 17	618
Pièces (4), op. 11	618
Pièces (3), op. 15	618
Pièces pour quatre mains	618
Variations sur BACH (6), op. 10	618

ROPARTZ, Guy par *H. Halbreich*   **619**
Jeunes filles	619

ROSSINI, Gioacchino par *A. de Place*   **620**
Péchés de ma vieillesse (Les) :	620
Album de chaumière	620
Petit Caprice (dans le style « Offenbach »)	620

ROUSSEL, Albert par *H. Halbreich*   **621**
Accueil des muses (L')	623
Doute	624
Petit Canon perpétuel	624
Pièces (3), op. 49	623
Prélude et Fugue, op. 46	623
Rustiques, op. 5	622
Sonatine, op. 16	623
Suite en *fa* dièse, op. 14	622

RUBINSTEIN, Anton par *A. Lischké*   **624**
Études (Les)	625
Mélodie en *fa* majeur, op. 3	625
Sonates (Les)	624

SAINT-LAMBERT, Michel de par *A. de Place*   **625**

Principes du clavecin (Les)	625
SAINT-SAËNS, Camille	
par *F.-R. Tranchefort*	**626**
Allegro appassionato, op. 70	627
Caprice arabe, op. 96	627
Études op. 52, 111 et 135	627
Fugues (6), op. 161	627
Scherzo, op. 87	627
*Variations sur un thème de Beethoven, op. 35	628
SATIE, Erik par *A. de Place*	**628**
*Aperçus désagréables	631
Avant-dernières pensées	634
Chapitres tournés en tous sens	633
Croquis et Agaceries d'un gros bonhomme en bois	633
Descriptions automatiques	632
Embryons desséchés	633
*En habit de cheval	631
Gnossiennes (3)	630
Gymnopédies (3)	629
Jack in the box	
*Morceaux en forme de poire (3)	631
Ogives (4)	629
Pièces froides	630
Prélude de «La Porte Héroïque du Ciel»	630
Préludes flasques « Pour un chien »	632
Sarabandes (3)	629
Sports et Divertissements	633
Véritables Préludes flasques « Pour un chien »	632
SCARLATTI, Alessandro par *A. de Place*	**633**
Toccatas (Les) :	
Toccata n° 2, en *la* mineur	636
Toccata n° 7, en *ré* mineur	636
SCARLATTI, Domenico par *A. de Place*	**637**
Œuvre de clavecin (L')	637
Sonates :	
Sonate K 6 (L 479)	640
Sonate K 7 (L 379)	640
Sonate K 115 (L 407)	641
Sonate K 120 (L 215)	641
Sonate K 149 (L 913)	641
Sonate K 206 (L 257)	641
Sonate K 208 (L 238)	641
Sonate K 209 (L 428)	641
Sonate K 259 (L 103)	642
Sonate K 260 (L 124)	642
Sonate K 284 (L 90)	642
Sonate K 308 (L 359)	642
Sonate K 309 (L 454)	642
Sonate K 420 (Ls 2)	642
Sonate K 460 (L 324)	642
Sonate K 461 (L 8)	642
Sonate K 513 (Ls 3)	642
SCELSI, Giacinto par *H. Halbreich*	**643**
Action Music	645
Hispania	644
Illustrazioni (Quattro)	645
Incantesimi (Cinque)	645
Poemi (Quattro)	644
Rotative	644
Sonates (3)	645
Suite n° 2 (les Douze Prophètes mineurs)	644
Suite n° 6 (I Capricci di Ty)	644
Suite n° 8 (Bot-Ba)	645
Suite n° 9 (Ttai)	645
Suite n° 10 (Ka)	645
Suite n° 11	645
SCHMITT, Florent par *F.-R. Tranchefort*	**646**
*Humoresques, op. 43	647
*Musiques foraines, op. 22	646
Ombres, op. 64	647
Pièces (9), op. 27	646
Pièces romantiques, op. 42	647
*Reflets d'Allemagne , op. 28	646
Soirs, op. 5	646
SCHOBERT, Johann par *A. de Place*	**647**
Œuvre de clavier (L')	647
SCHOENBERG, Arnold par *F.-R. Tranchefort*	**649**
Petites Pièces (6), op. 19	651
Pièces (3), op. 11	649
Pièces (5), op. 23	651
Pièces (2), op. 33 a/b	653
Suite, op. 25	652
SCHUBERT, Franz par *H. Halbreich*	**654**
(Le **Piano à quatre mains** est, pour la commodité, rubriqué à part)	
Adagio en *sol* majeur, D 178	681
Allegretto en *ut* mineur, D 915	682
Andante en *ut* majeur, D 29	681
Andante en *la* majeur, D 604	681
Deutsche et Écossaises, D 783	687
Ecossaises : v. D 145, 734 et 783	
Impromptus (Les) :	
Impromptus (4), D 899	677
Impromptus (4), D 935	678
Klavierstücke (3), D 946	679
Ländler (Les) :	
Ländler (12), D 790	688
Ländler (« Hommage aux belles Viennoises ») et Écossaises, D 734	687
Marche en *mi* majeur, D 606	681
Mélodie hongroise en *si* mineur, D 817	682
Moments musicaux (6), D 780	680
Scherzos (2), D 593	681
Sonates (Les) :	
Sonate n° 1 en *mi* majeur, D 157	657
Sonate n° 2 en *ut* majeur, D 279/346	658

Sonate n° 3 en *mi* majeur, D 459	658
Sonate n° 4 en *mi* mineur, D 994	659
Sonate n° 5 en *la* mineur, D 537	660
Sonate n° 6 en *la* bémol majeur, D 557	661
Sonate n° 7 en *mi* mineur, D 506/566	661
Sonate n° 8 en *ré* bémol majeur, D 567	662
Sonate n° 9 en *mi* bémol majeur, D 568	663
Sonate n° 10 en *fa* dièse mineur, D 570/571	664
Sonate n° 11 en *si* majeur, D 575	665
Sonate n° 12 en *ut* majeur, D 612/613	665
Sonate n° 13 en *fa* mineur, D 505/625	666
Sonate n° 14 en *ut* dièse mineur, D 655	667
Sonate n° 15 en *la* majeur, D 664	667
Sonate n° 16 en *la* mineur, D 784	668
Sonate n° 17 en *ut* majeur, D 840	668
Sonate n° 18 en *la* mineur, D 845	669
Sonate n° 19 en *ré* majeur, D 850	671
Sonate n° 20 en *sol* majeur, D 894	672
Sonate n° 21 en *ut* mineur, D 958	673
Sonate n° 22 en *la* majeur, D 954	675
Sonate n° 23 en *si* bémol majeur, D 960	676
Valses (Les) :	
Valses (36), « Premières Valses », D 365	686
Valses (34), D 779	687
Valses nobles (12), D 969	687
Valses de Graz (12), D 924	687
Valses (20), « Dernières Valses », D 146	688
Valses, Ländler et Écossaises, D 145	686
Variations (Les) :	
Var. sur un thème original, D 156	684
Var. sur un thème de Hüttenbrenner D 576	684
Var. sur une valse de Diabelli, D 718	685
Wanderer-Fantaisie	687
Piano à quatre mains :	
*Allegro en *la* mineur («Lebensstürme»), D 947	697
*Deutsche (3), D 618	700
*Divertissements (Les) :	
*Divertissement à la Hongroise, D 818	692
*Divertissement à la Française, D 823	693
*Fantaisie en *fa* mineur, D 940	691
*Ländler (4), D 814	700
Marches (Les) :	
*Marches (3), D 602	698
*Marches militaires (3), D 733	698
*Grandes Marches et Trios (6), D 819	699
*Grande Marche funèbre en *ut* min., D 859	699
*Grande Marche héroïque en *la* mi., D 885	699
*Marches caractéristiques (2), D 886	700
*Marche enfantine («Kindermarsch»), D 928	700
Ouvertures (Les) :	
*Ouverture en *sol* mineur, D 668	696
*Ouverture en *fa* majeur, D 675	696
Polonaises (Les) :	
*Polonaises (4), D 599	700
*Polonaises (6), D 824	701
Rondos (Les) :	
*Rondo en *ré* majeur, D 608	695
*Grand Rondeau en *la* majeur, D 675	695
Sonates (Les) :	
*Sonate en *si* bémol majeur, D 617	689
*Sonate en *ut* majeur («Grand Duo»), D 812	690
Variations (Les) :	
*Introduction et Var. sur un thème original, D 603	694
*Var. sur un chant français (8), D 624	694
*Var. sur un thème original (8), D 813	694
*Var. sur un thème de Hérold (8), D 908	695
SCHUMANN, Clara par *A. de Place*	**701**
Romances (3), op. 11	702
Romances, op. 21	702
Scherzo	702
SCHUMANN, Robert par *H. Halbreich*	**702**
Albumblätter, op. 124	747
Album pour la jeunesse, op. 68	739
Allegro en *si* mineur, op. 8	707
*Andante et Variations en *si* bém. maj., op. 46	758
Arabesque en *ut* majeur, op. 18	732
Blumenstück en *ré* bém. maj., op. 19	732
Bunte Blätter, op. 99	745
Carnaval, op. 9	714
Carnaval de Vienne, op. 26	736
Chants de l'Aube, op. 133	748
Concert sans orchestre, op. 14	754
Davidsbündlertänze (Danses des Compagnons de David), op. 6	722
*Esquisses (4), op. 58	759
*Études (6), op. 56	759
Études d'après Paganini I (6), op. 3	708
Études d'après Paganini II (6), op. 10	709
Études symphoniques, op. 13	716
Fantaisie en *ut* majeur, op. 17	718
Feuilles d'album : v. Albumblätter	
Feuilles multicolores : v. Bunte Blätter	
Fugues (4), op. 72	738
Grande Humoresque, op. 20	733
Grande Sonate : v. Concert sans orchestre	
*Images d'Orient, op. 66	758
Impromptus sur un thème de Clara Wieck, op. 5	711
Intermezzi, op. 4	710

Kinderszenen, op. 15	725
Kreisleriana, op. 16	726
Marches (4), op. 76	743
Nachtstücke, op. 23	734
Novellettes, op. 21	729
Papillons, op. 2	706
Phantasiestücke, op. 12	721
Phantasiestücke, op. 111	745
Pièces (4), op. 32	738
Pièces en forme de fughettes (7), op. 126	748
Pièces nocturnes : v. Nachtstücke	
*Pièces pour grands et petits enfants (12), op. 85	758
Romances (3), op. 28	737
Scènes de la forêt : v. Waldszenen	
Scènes d'enfants : v. Kinderszenen	
Scherzi (2) pour la Sonate op. 14	756
Sonate n° 1 en *fa* dièse mineur, op. 11	751
Sonate n° 2 en *sol* mineur, op. 22	753
Sonates pour la jeunesse (3) :	756
Sonate en *sol* majeur	757
Sonate en *ré* majeur	757
Sonate en *ut* majeur	757
Toccata en *ut* majeur, op. 7	713
Variations Abegg, op. I	705
Variations posthumes : v. Études symphoniques	
Variations posthumes en *mi* bémol majeur	749
Waldszenen, op. 82	744
SCRIABINE, Alexandre par *A. Lischké*	**759**
Allegro appassionato, op. 4	774
Allegro de concert, op. 18	774
Danses (2), op. 73	774
Études (Les) :	
Études (12), op. 8	769
Études (8), op. 42	772
Études (3), op. 65	773
Fantaisie, op. 28	774
Mazurkas, op. 3, 25 et 40	771
Nocturne, op. 9 n° 2	
Pièces (4), op. 51	772
Pièces (3), op. 52	772
Pièces (4), op. 56	772
Pièces (2), op. 57	773
Pièces (2), op. 59	773
Poèmes (Les) :	
Poèmes (2), op. 63	773
Poèmes (2), op. 69	773
Poèmes (2), op. 71	773
Poème satanique, op. 36	775
Poème tragique, op. 34	775
Polonaise, op. 21	774
Préludes (Les) :	
Prélude, op. 9 n° 1	770
Préludes (24), op. 11	770
Préludes op. 13, 15, 16 et 17	771
Préludes (4), op. 22	771
Préludes (2), op. 67	773
Préludes (5), op. 74	774
Sonates (Les) :	
Sonate n° 1, op. 6	760
Sonate n° 2, op. 19	761
Sonate n° 3, op. 23	762
Sonate n° 4, op. 30	763
Sonate n° 5, op. 53	764
Sonate n° 6, op. 62	764
Sonate n° 7, op. 64	765
Sonate n° 8, op. 66	765
Sonate n° 9, op. 68	767
Sonate n° 10, op. 70	768
Vers la flamme, op. 72	775
SÉVERAC, Déodat de par *F.-R. Tranchefort*	**775**
Baigneuses au soleil	779
Cerdana	777
Chant de la terre (Le)	778
En Languedoc	776
En vacances	779
Naïades (Les) et le faune indiscret	780
Soldat de plomb (Le)	780
Sous les lauriers roses	780
Stances à Madame de Pompadour	780
SIBELIUS, Jean par *F.-R. Tranchefort*	**780**
Chants populaires finlandais (6)	783
Kyllikki, op. 41	782
Pièces diverses (op. 24, 40, 75, 85, 103 et 114)	783
Rondinos (2), op. 68	783
Sonate en *fa* majeur, op. 12	781
Sonatines (3), op. 67	782
SMETANA, Bedrich par *A. Lischké*	**783**
Bagatelles et Impromptus	784
Danses tchèques, recueils I et II	786
Esquisses, op. 4 et 5	786
Études (Les)	785
Feuillets d'album, op. 2 et 3	785
Pièces caractéristiques (6), op. 1	784
Polkas (Les)	787
Rêves	786
Sonate en *sol* mineur	783
Variations (Les)	784
SOLER, Antonio par *A. de Place*	**787**
Fandango	789
Sonates pour clavecin :	
Sonate n° 3	789
Sonate n° 4	789
Sonate n° 10	789
Sonate n° 61	790
Sonate n° 63	790
Sonate n° 79	790

STOCKHAUSEN, Karlheinz
par *A. Poirier*   **790**
Klavierstücke :
  Klavierstücke I-IV   791
  Klavierstücke V-X   791
  Klavierstück XI   792
  Klavierstücke XII-XIV   793
*Mantra   793

STRAUSS, RICHARD
par *F.-R. Tranchefort*   **794**
Pièces (5), op. 3   794
Stimmungsbilder, op. 9   795

STRAVINSKI, Igor par *A. Lischké*   **795**
Cinq Doigts (Les)   798
Concerto pour deux pianos solo   799
Études (4), op. 7   798
Petrouchka, suite pour piano   797
Piano-Rag-Music   798
*Pièces faciles (3)   798
*Pièces faciles (5)   798
Sérénade en *la*   797
Sonate   796
Sonate en *fa* dièse mineur   796
*Sonate pour deux pianos   799

SWEELINCK, Jan Pieterszoon
par *A. de Place*   **800**
Fantaisies (Les)   800
Toccatas (Les)   800
Variations (Les)   800

SZYMANOWSKI, Karol par *A. Lischké*   **801**
Masques, op. 34   804
Mazurkas, op. 50 et 62   805
Métopes, op. 29   804
Préludes (9), op. 1   804
Sonate nº 1, op. 8   801
Sonate nº 2, op. 21   802
Sonate nº 3, op. 36   803

TCHAIKOVSKI, Piotr Ilyitch
par *A. Lischké*   **806**
Album d'enfants, op. 39   809
*Chants populaires russes   811
Doumka, op. 59   810
Pièces (18), op. 72   809
Pièces (6) sur un même thème, op. 21   807
Saisons (Les), op. 37 b   808
Scherzo à la russe et Impromptu   807
Sonate nº 1   806
Sonate nº 2, op. 37   806
Souvenir de Hapsal, op. 2   807

TCHEREPNINE, Alexandre
par *A. Lischké*   **811**
Arabesques, op. 11   812
Études (7), op. 56   812

Message, op. 39   812
Sonate, op. 22   812
Sonatine romantique, op. 4   811
Suite pour clavecin, op. 100   813

TELEMANN, Georg Philipp
par *A. de Place*   **813**
Fantaisies pour le clavecin (Les)   813
Première douzaine de fantaisies italiennes   814

THALBERG, Sigismond par *A. de Place*   **814**
Art du chant appliqué au piano (L'), op. 70   815
Fantaisies et Variations   815

TIPPETT, Michael par *H. Halbreich*   **815**
Sonate nº 1   816
Sonate nº 2   817
Sonate nº 3   817
Sonate nº 4   818

TURINA, Joaquin par *F.-R. Tranchefort*   **819**
Cartes postales   820
Danses fantastiques   819
Danses gitanes   820
Sevilla   820

VILLA-LOBOS, Heitor,
par *F.-R. Tranchefort*   **820**
Brinquedo de Roda (Rondes enfantines)   821
Carnaval das Crianças Brasileiras   822
Chôros nº 5   823
Ciclo Brasileiro (Cycle brésilien)   824
Cirandas (16)   823
Danças Caracteristicas Africanas (3)   821
Lenda do Caboclo, A (La légende du Caboclo)   823
Ondulando, étude op. 31   821
Prole do Bebê, A (La famille du Bébé) :   824
  Suite nº 1   822
  Suite nº 2   822
Rudepoema (Rude Poème)   823
Saudades das Selvas Brasileiras   823
Suite Floral, op. 97   821
Suite Infantil nº 1   821

VORISEK, Jan Vaclav par *H. Halbreich*   **825**
Désir (Le), op. 3   825
Eglogue en *ut* majeur (Eglogue nº 7)   826
Fantaisie en *ut* majeur, op. 12   826
Impromptus (6), op. 7   825
Impromptu en *fa* majeur   826
Impromptu en *si* bémol majeur   826
Plaisir (Le), op. 4   825
Rapsodies (12), op. 1   825
Rondos (2), op. 18   826
Sonate en *si* bémol mineur, op. 20   826
Variations en *si* bémol majeur, op. 19   826

INDEX

WAGNER, Richard
par *F.-R. Tranchefort* **827**
Albumblätter 828
Fantaisie en *fa* dièse mineur 828
Sonates (Les) 828
Transcriptions (Les) :
  par Liszt 828
  par Glenn Gould 829

WEBER, Carl Maria v. par *A. de Place* **829**
Grande Polonaise, op. 21 831
Invitation à la Danse, op. 65 831
*Petites Pièces (6), op. 3 830
*Pièces (6), op. 10 831
*Pièces (8), op. 60 831
Sonate nº 1, op. 24 831
Sonate nº 2, op. 39 832
Sonate nº 3, op. 49 832
Sonate nº 4, op. 70 833
Var. sur un air russe « Schöne Minka », op. 40 831
Var. sur un thème original, op. 9 830

WEBERN, Anton par *F.-R. Tranchefort* **833**
Variations, op. 27 834

WYSCHNEGRADSKY, Ivan
par *A. Lischké* **835**
Étude sur le carré magique sonore, op. 46 836

XENAKIS, Iannis par *A. Poirier* **836**
Evryali 837
Herma 836
Khoaï 837
Mists 837

ZIMMERMANN, Bernd Alois
par *A. Poirier* **838**
Konfigurationen 838
*Monologe, pour deux pianos 838
*Perspektiven, pour deux pianos 839

Aubin Imprimeur
LIGUGÉ, POITIERS

35-56-7398-01
ISBN 2-213-01639-3

Achevé d'imprimer en novembre 1987
N° d'édition 6984 / N° d'impression L 22620
Dépôt légal, novembre 1987
Imprimé en France